敦煌

佛爷庙湾—新店台墓群
2015年度发掘报告 上

甘肃省文物考古研究所 编著

陈国科 主编
马洪连 王永安 副主编

甘肃教育出版社

图书在版编目（CIP）数据

敦煌佛爷庙湾—新店台墓群2015年度发掘报告：上、中、下 / 甘肃省文物考古研究所编著；陈国科主编；马洪连，王永安副主编. -- 兰州：甘肃教育出版社，2021.11
　ISBN 978-7-5423-5215-6

Ⅰ. ①敦… Ⅱ. ①甘… ②陈… ③马… ④王… Ⅲ. ①墓群－发掘报告－酒泉－魏晋南北朝时代②墓群－发掘报告－酒泉－隋唐时代 Ⅳ. ①K878.85

中国版本图书馆CIP数据核字(2021)第236940号

敦煌佛爷庙湾—新店台墓群2015年度发掘报告：上、中、下
DUNHUANG FOYEMIAOWAN–XINDIANTAI MUQUN 2015NIANDU FAJUE BAOGAO：SHANG、ZHONG、XIA
甘肃省文物考古研究所 编著；陈国科主编；马洪连，王永安副主编

责任编辑	祁　莲
封面设计	郭佳美

出　版	甘肃教育出版社
社　址	兰州市读者大道568号　730030
网　址	www.gseph.cn　　E-mail　gseph@duzhe.cn
电　话	0931-8436105（编辑部）　0931-8773056（发行部）
传　真	0931-8773056
淘宝官方旗舰店	http://shop111038270.taobao.com

发　行	甘肃教育出版社　印　刷　北京汇林印务有限公司
开　本	880毫米×1230毫米　1/16　印张 81　插页 130　字数 2120千
版　次	2021年11月第1版
印　次	2021年11月第1次印刷
印　数	1～1 300
书　号	ISBN 978-7-5423-5215-6　　定价(上、中、下) 780.00元

图书若有破损、缺页可随时与甘肃教育出版社联系：0931-8432146
本书所有内容经作者同意授权，并许可使用
未经同意，不得以任何形式复制转载

编辑委员会

主　编　陈国科
副主编　马洪连　王永安
编　委　（按姓氏笔画排列）
　　　　　马洪连　王永安　文少卿　卢菲菲　卢敏霞
　　　　　朱明杰　孙明霞　李延祥　李　若　李　昕
　　　　　李翰隆　杨谊时　陈国科　岳晓东　周　静
　　　　　郑国穆　赵亚君　景小庆　蒙海亮　熊建雪
　　　　　魏强兵

目　录

第一章　绪论 ……………………………………………………………………………………… 1
　第一节　地理环境 ……………………………………………………………………………… 1
　第二节　历史沿革 ……………………………………………………………………………… 2
　第三节　敦煌佛爷庙湾—新店台墓群概况 …………………………………………………… 3
　第四节　工作背景 ……………………………………………………………………………… 5
　　一　工作缘起 ………………………………………………………………………………… 5
　　二　工作经过 ………………………………………………………………………………… 5
　第五节　报告体例 ……………………………………………………………………………… 7
　　一　报告内容 ………………………………………………………………………………… 7
　　二　报告体例 ………………………………………………………………………………… 7
　　三　相关说明 ………………………………………………………………………………… 8
第二章　墓葬综述 ………………………………………………………………………………… 10
　第一节　魏晋十六国时期 ……………………………………………………………………… 10
　　一　墓葬结构 ………………………………………………………………………………… 10
　　二　葬具、葬式与葬俗 ……………………………………………………………………… 11
　　三　随葬品及摆放位置 ……………………………………………………………………… 12
　第二节　隋唐时期 ……………………………………………………………………………… 12
　　一　墓葬结构 ………………………………………………………………………………… 12
　　二　葬具、葬式 ……………………………………………………………………………… 13
　　三　随葬品组合 ……………………………………………………………………………… 13
第三章　魏晋十六国时期墓葬形制及随葬品 …………………………………………………… 14
　第一节　墓葬形制 ……………………………………………………………………………… 14
　第二节　随葬品 ………………………………………………………………………………… 24
　　一　陶器 ……………………………………………………………………………………… 24
　　二　泥器 ……………………………………………………………………………………… 46
　　三　铜、铁器 ………………………………………………………………………………… 48
　　四　玉、石器 ………………………………………………………………………………… 59
　　五　木器 ……………………………………………………………………………………… 60

| 六 杂器 | 60 |

第四章 墓葬分述 … 63
- 一 Ⅰ区 … 63
- 二 Ⅱ区 … 127
- 三 Ⅲ区 … 223
- 四 Ⅳ区 … 454
- 五 Ⅴ区 … 584
- 六 Ⅵ区 … 646
- 七 Ⅶ区 … 741

第五章 相关问题讨论 … 763
第一节 魏晋十六国时期墓葬分期与历史背景 … 763
- 一 墓葬年代及相关问题 … 763
- 二 墓葬分期 … 771

第二节 魏晋十六国时期墓葬文化特征 … 799
- 一 墓葬特征 … 799
- 二 与河西地区同时期墓葬比较 … 804

第三节 隋唐时期墓葬文化特征 … 814
- 一 河西地区发现隋唐墓述略 … 814
- 二 敦煌周边地区以往发现唐墓述略 … 816
- 三 佛爷庙湾—新店台墓群新发现隋唐墓文化特征 … 817

第四节 墓主人相关问题的考古学观察 … 820
- 一 墓主性别与年龄初步研究 … 820
- 二 魏晋十六国时期人群族属及层级结构 … 821

附表 … 825
- 附表一 敦煌佛爷庙湾—新店台墓群2015年度发掘墓葬登记表 … 825
- 附表二 敦煌佛爷庙湾—新店台墓群2015年度出土器物登记表 … 860
- 附表三 敦煌佛爷庙湾—新店台墓群2015年度出土铜钱登记表 … 977

附录 … 1201
- 附录一 敦煌佛爷庙湾—新店台墓群人骨初步研究 … 1201
- 附录二 敦煌佛爷庙湾—新店台墓群出土人骨的稳定同位素分析 … 1237
- 附录三 敦煌佛爷庙湾—新店台墓群出土金属器的科学分析 … 1240
- 附录四 敦煌佛爷庙湾—新店台墓群出土植物遗存鉴定报告 … 1251

后记 … 1255

插图目录

图一	敦煌佛爷庙湾—新店台墓群所处河西走廊区域位置示意图	1
图二	敦煌佛爷庙湾—新店台墓群地理位置示意图	4
图三	敦煌佛爷庙湾—新店台墓群2015年发掘区分布图	6
图四	ⅠM9墓室平面图	15
图五	ⅣM15墓室平面图	15
图六	ⅢM54墓室平面图	16
图七	ⅢM29墓室平面图	16
图八	ⅣM18墓室平面图	17
图九	ⅢM25墓室平面图	18
图一〇	ⅣM7墓室平面图	19
图一一	ⅦM28墓室平面图	19
图一二	ⅡM8墓室平面图	20
图一三	ⅦM25墓室平面图	20
图一四	ⅢM23墓室平面图	21
图一五	ⅦM1墓室平面图	22
图一六	ⅣM2墓室平面图	22
图一七	ⅣM16墓室平面图	23
图一八	ⅢM12墓室平面图	23
图一九	ⅢM42墓室平面图	24
图二〇	陶器纹饰拓片	25
图二一	绳纹陶罐、波浪纹陶罐	26
图二二	弦纹陶罐、垂幛纹陶罐、素面陶罐	28
图二三	陶樽	30
图二四	陶釜	31
图二五	陶甑	33
图二六	陶盘	34
图二七	陶槅	35
图二八	陶壶	36

图号	名称	页码
图二九	陶灯	38
图三〇	陶钵、陶碗、陶碟	39
图三一	陶盆	41
图三二	陶耳杯	41
图三三	陶仓、陶灶	42
图三四	陶斗瓶	44
图三五	陶瓶、陶案	45
图三六	陶器盖、陶饼、陶纺轮	45
图三七	泥器	47
图三八	铜、铁器	49
图三九	铜镜拓片（一）	50
图四〇	铜镜拓片（二）	51
图四一	铜钱拓片（一）	53
图四二	铜钱拓片（二）	55
图四三	铜钱拓片（三）	57
图四四	玉石器、木器	59
图四五	杂器	61
图四六	画像砖	62
图四七	Ⅰ区墓葬分布图	64
图四八	ⅠM1平、剖面图	65
图四九	ⅠM2平、剖面图	67
图五〇	ⅠM2出土器物	68
图五一	ⅠM2出土铜钱拓片	70
图五二	ⅠM3平、剖面图	71
图五三	ⅠM3出土器物	73
图五四	ⅠM4平、剖面图	75
图五五	ⅠM4出土器物	76
图五六	ⅠM5平、剖面图	77
图五七	ⅠM6平、剖面图	79
图五八	ⅠM7平、剖面图	80
图五九	ⅠM7出土器物	81
图六〇	ⅠM8平、剖面图	83
图六一	ⅠM9平、剖面图	84

图六二	ⅠM9 墓室平面图	85
图六三	ⅠM9 出土器物（一）	87
图六四	ⅠM9 出土器物（二）	89
图六五	ⅠM9 出土器物（三）	90
图六六	ⅠM9 出土器物（四）	92
图六七	ⅠM9 出土器物（五）	95
图六八	ⅠM9 出土器物（六）	97
图六九	ⅠM9 出土铜钱拓片	99
图七〇	ⅠM10 平、剖面图	100
图七一	ⅠM11 平、剖面图	102
图七二	ⅠM11 出土器物（一）	103
图七三	ⅠM11 出土器物（二）	104
图七四	ⅠM12 平、剖面图	106
图七五	ⅠM12 出土器物	107
图七六	ⅠM13 平、剖面图	108
图七七	ⅠM13 墓室平面图	109
图七八	ⅠM13 出土器物（一）	110
图七九	ⅠM13 出土器物（二）	112
图八〇	ⅠM14 平、剖面图	114
图八一	ⅠM15 平、剖面图	116
图八二	ⅠM16 平、剖面图	118
图八三	ⅠM16 出土器物	119
图八四	ⅠM17 平、剖面图	120
图八五	ⅠM18 平、剖面图	122
图八六	ⅠM19 平、剖面图	123
图八七	ⅠM19 出土器物	124
图八八	ⅠM20 平、剖面图	126
图八九	Ⅱ区墓葬分布图	128
图九〇	ⅡM1 平、剖面图	129
图九一	ⅡM1 出土器物（一）	130
图九二	ⅡM1 出土器物（二）	131
图九三	ⅡM2 平、剖面图	133
图九四	ⅡM2 墓室平面图	134

图九五	ⅡM2 出土器物（一）	135
图九六	ⅡM2 出土器物（二）	137
图九七	ⅡM3 平、剖面图	139
图九八	ⅡM3 墓室平面图	140
图九九	ⅡM3 出土器物（一）	141
图一〇〇	ⅡM3 出土器物（二）	143
图一〇一	ⅡM3 出土器物（三）	144
图一〇二	ⅡM3 出土铜钱拓片	145
图一〇三	ⅡM4 平、剖面图	147
图一〇四	ⅡM4 出土器物	148
图一〇五	ⅡM5 平、剖面图	150
图一〇六	ⅡM5 出土器物	151
图一〇七	ⅡM6 平、剖面图	153
图一〇八	ⅡM6 出土器物	154
图一〇九	ⅡM7 平、剖面图	156
图一一〇	ⅡM7 出土器物	157
图一一一	ⅡM8 平、剖面图	158
图一一二	ⅡM8 出土器物	159
图一一三	ⅡM9 平、剖面图	161
图一一四	ⅡM10 平、剖面图	163
图一一五	ⅡM10 出土器物	164
图一一六	ⅡM11 平、剖面图	165
图一一七	ⅡM11 出土器物	167
图一一八	ⅡM12 平、剖面图	168
图一一九	ⅡM12 出土器物（一）	170
图一二〇	ⅡM12 出土器物（二）	172
图一二一	ⅡM13 平、剖面图	174
图一二二	ⅡM13 出土器物	175
图一二三	ⅡM14 平、剖面图	176
图一二四	ⅡM14 出土器物	177
图一二五	ⅡM15 平、剖面图	179
图一二六	ⅡM15 出土器物	180
图一二七	ⅡM16 平、剖面图	182

图一二八	ⅡM16 出土器物	184
图一二九	ⅡM17 平、剖面图	185
图一三〇	ⅡM17 出土器物	186
图一三一	ⅡM18 平、剖面图	188
图一三二	ⅡM18 出土器物	189
图一三三	ⅡM19 平、剖面图	190
图一三四	ⅡM19 出土器物（一）	192
图一三五	ⅡM19 出土器物（二）	193
图一三六	ⅡM19 出土铜钱拓片	194
图一三七	ⅡM20 平、剖面图	195
图一三八	ⅡM20 出土器物	196
图一三九	ⅡM21 平、剖面图	198
图一四〇	ⅡM21 出土器物（一）	199
图一四一	ⅡM21 出土器物（二）	200
图一四二	ⅡM22 平、剖面图	202
图一四三	ⅡM22 出土器物	204
图一四四	ⅡM23 平、剖面图	205
图一四五	ⅡM23 出土器物（一）	207
图一四六	ⅡM23 出土器物（二）	209
图一四七	ⅡM23 出土器物（三）	210
图一四八	ⅡM24 平、剖面图	212
图一四九	ⅡM24 出土器物	213
图一五〇	ⅡM25 平、剖面图	215
图一五一	ⅡM25 出土器物（一）	217
图一五二	ⅡM25 出土器物（二）	219
图一五三	ⅡM26 平、剖面图	221
图一五四	ⅡM26 出土器物	222
图一五五	Ⅲ区墓葬分布图	224
图一五六	ⅢM1 平、剖面图	225
图一五七	ⅢM1 出土器物（一）	226
图一五八	ⅢM1 出土器物（二）	228
图一五九	ⅢM2 平、剖面图	230
图一六〇	ⅢM2 出土器物	232

图一六一	ⅢM2 出土铜钱拓片	233
图一六二	ⅢM3 平、剖面图	234
图一六三	ⅢM3 出土器物	235
图一六四	ⅢM3 出土铜镜拓片	237
图一六五	ⅢM3 出土铜钱拓片	238
图一六六	ⅢM4 平、剖面图	239
图一六七	ⅢM5 平、剖面图	241
图一六八	ⅢM5 出土器物	242
图一六九	ⅢM6 平、剖面图	244
图一七〇	ⅢM6 出土器物（一）	245
图一七一	ⅢM6 出土器物（二）	246
图一七二	ⅢM7 平、剖面图	248
图一七三	ⅢM7 出土器物	249
图一七四	ⅢM8 平、剖面图	251
图一七五	ⅢM8 出土器物	252
图一七六	ⅢM9 平、剖面图	253
图一七七	ⅢM9 出土器物	255
图一七八	ⅢM9 出土铜钱拓片	255
图一七九	ⅢM10 平、剖面图	257
图一八〇	ⅢM10 出土器物	258
图一八一	ⅢM11 平、剖面图	260
图一八二	ⅢM11 出土器物	262
图一八三	ⅢM11 出土铜镜拓片	263
图一八四	ⅢM11 出土铜钱拓片	264
图一八五	ⅢM12 平、剖面图	265
图一八六	ⅢM12 出土器物	266
图一八七	ⅢM13 平、剖面图	267
图一八八	ⅢM13 出土器物	267
图一八九	ⅢM14 平、剖面图	269
图一九〇	ⅢM14 出土器物	270
图一九一	ⅢM15 平、剖面图	272
图一九二	ⅢM15 出土器物	273
图一九三	ⅢM16 平、剖面图	275

图一九四	ⅢM16 出土器物	276
图一九五	ⅢM17 平、剖面图	278
图一九六	ⅢM17 出土器物	279
图一九七	ⅢM18 平、剖面图	281
图一九八	ⅢM18 出土器物（一）	283
图一九九	ⅢM18 出土器物（二）	284
图二〇〇	ⅢM18 出土器物（三）	285
图二〇一	ⅢM19 平、剖面图	286
图二〇二	ⅢM19 出土器物	288
图二〇三	ⅢM20 平、剖面图	290
图二〇四	ⅢM20 出土器物	292
图二〇五	ⅢM20 出土铜镜拓片	293
图二〇六	ⅢM20 出土铜钱拓片	294
图二〇七	ⅢM21 平、剖面图	295
图二〇八	ⅢM21 出土器物（一）	297
图二〇九	ⅢM21 出土器物（二）	298
图二一〇	ⅢM22 平、剖面图	300
图二一一	ⅢM22 出土器物（一）	302
图二一二	ⅢM22 出土器物（二）	303
图二一三	ⅢM23 平、剖面图	305
图二一四	ⅢM23 出土器物	306
图二一五	ⅢM24 平、剖面图	307
图二一六	ⅢM24 出土器物	309
图二一七	ⅢM25 平、剖面图	311
图二一八	ⅢM25 出土器物	312
图二一九	ⅢM25 出土铜钱拓片	313
图二二〇	ⅢM26 平、剖面图	315
图二二一	ⅢM26 墓室平面图	316
图二二二	ⅢM26 出土器物（一）	317
图二二三	ⅢM26 出土器物（二）	318
图二二四	ⅢM26 出土器物（三）	321
图二二五	ⅢM26 出土铜钱拓片	322
图二二六	ⅢM27 平、剖面图	324

图二二七	ⅢM27 墓室平面图	325
图二二八	ⅢM27 出土器物（一）	326
图二二九	ⅢM27 出土器物（二）	329
图二三〇	ⅢM27 出土器物（三）	330
图二三一	ⅢM27 出土器物（四）	332
图二三二	ⅢM28 平、剖面图	334
图二三三	ⅢM28 墓室平面图	335
图二三四	ⅢM28 出土器物（一）	337
图二三五	ⅢM28 出土器物（二）	339
图二三六	ⅢM29 平、剖面图	341
图二三七	ⅢM29 照墙正视图	342
图二三八	ⅢM29 墓室平面图	344
图二三九	ⅢM29 出土器物（一）	345
图二四〇	ⅢM29 出土器物（二）	347
图二四一	ⅢM29 出土铜钱拓片	348
图二四二	ⅢM30 平、剖面图	350
图二四三	ⅢM31 平、剖面图	352
图二四四	ⅢM31 出土器物	353
图二四五	ⅢM32 平、剖面图	354
图二四六	ⅢM32 出土器物	355
图二四七	ⅢM33 平、剖面图	357
图二四八	ⅢM33 出土器物	359
图二四九	ⅢM34 平、剖面图	361
图二五〇	ⅢM34 出土器物	362
图二五一	ⅢM35 平、剖面图	363
图二五二	ⅢM35 出土器物（一）	365
图二五三	ⅢM35 出土器物（二）	367
图二五四	ⅢM36 平、剖面图	369
图二五五	ⅢM36 出土器物	371
图二五六	ⅢM37 平、剖面图	372
图二五七	ⅢM37 出土器物	374
图二五八	ⅢM38 平、剖面图	375
图二五九	ⅢM38 出土器物	377

图二六〇	ⅢM38 出土铜钱拓片	378
图二六一	ⅢM39 平、剖面图	380
图二六二	ⅢM39 出土器物（一）	381
图二六三	ⅢM39 出土器物（二）	382
图二六四	ⅢM40 平、剖面图	384
图二六五	ⅢM40 出土器物	386
图二六六	ⅢM41 平、剖面图	388
图二六七	ⅢM41 墓室平面图	389
图二六八	ⅢM41 出土器物（一）	390
图二六九	ⅢM41 出土器物（二）	392
图二七〇	ⅢM41 出土铜钱拓片（一）	394
图二七一	ⅢM41 出土铜钱拓片（二）	395
图二七二	ⅢM42 平、剖面图	397
图二七三	ⅢM42 出土器物	398
图二七四	ⅢM43 平、剖面图	399
图二七五	ⅢM43 出土器物	401
图二七六	ⅢM44 平、剖面图	402
图二七七	ⅢM44 出土器物	403
图二七八	ⅢM45 平、剖面图	405
图二七九	ⅢM45 出土器物	406
图二八〇	ⅢM46 平、剖面图	407
图二八一	ⅢM46 出土器物（一）	408
图二八二	ⅢM46 出土器物（二）	410
图二八三	ⅢM47 平、剖面图	411
图二八四	ⅢM47 出土器物	413
图二八五	ⅢM48 平、剖面图	415
图二八六	ⅢM48 出土器物	416
图二八七	ⅢM49 平、剖面图	418
图二八八	ⅢM49 出土器物（一）	420
图二八九	ⅢM49 出土器物（二）	422
图二九〇	ⅢM50 平、剖面图	424
图二九一	ⅢM50 出土器物（一）	425
图二九二	ⅢM50 出土器物（二）	426

图二九三	ⅢM51 平、剖面图	428
图二九四	ⅢM51 出土器物	429
图二九五	ⅢM52 平、剖面图	431
图二九六	ⅢM52 出土器物	432
图二九七	ⅢM53 平、剖面图	435
图二九八	ⅢM53 出土器物	436
图二九九	ⅢM54 平、剖面图	438
图三〇〇	ⅢM54 出土器物	439
图三〇一	ⅢM54 出土铜钱拓片	441
图三〇二	ⅢM55 平、剖面图	443
图三〇三	ⅢM55 出土器物（一）	444
图三〇四	ⅢM55 出土器物（二）	445
图三〇五	ⅢM56 平、剖面图	447
图三〇六	ⅢM56 出土器物	449
图三〇七	ⅢM57 平、剖面图	451
图三〇八	ⅢM57 出土器物	453
图三〇九	Ⅳ区墓葬分布图	455
图三一〇	ⅣM1 平、剖面图	456
图三一一	ⅣM1 出土器物（一）	458
图三一二	ⅣM1 出土器物（二）	460
图三一三	ⅣM1 出土铜钱拓片	461
图三一四	ⅣM2 平、剖面图	463
图三一五	ⅣM2 出土器物（一）	464
图三一六	ⅣM2 出土器物（二）	465
图三一七	ⅣM3 平、剖面图	467
图三一八	ⅣM3 出土器物（一）	469
图三一九	ⅣM3 出土器物（二）	471
图三二〇	ⅣM4 平、剖面图	473
图三二一	ⅣM4 出土器物（一）	475
图三二二	ⅣM4 出土器物（二）	477
图三二三	ⅣM4 出土器物（三）	478
图三二四	ⅣM5 平、剖面图	480
图三二五	ⅣM5 出土器物（一）	482

图三二六	ⅣM5 出土器物（二）	483
图三二七	ⅣM6 平、剖面图	485
图三二八	ⅣM6 出土器物（一）	487
图三二九	ⅣM6 出土器物（二）	489
图三三〇	ⅣM7 平、剖面图	491
图三三一	ⅣM7 出土器物（一）	493
图三三二	ⅣM7 出土器物（二）	494
图三三三	ⅣM8 平、剖面图	496
图三三四	ⅣM8 出土器物（一）	498
图三三五	ⅣM8 出土器物（二）	500
图三三六	ⅣM9 平、剖面图	502
图三三七	ⅣM10 平、剖面图	503
图三三八	ⅣM10 出土器物	505
图三三九	ⅣM11 平、剖面图	507
图三四〇	ⅣM11 出土器物	508
图三四一	ⅣM12 平、剖面图	510
图三四二	ⅣM12 出土器物	512
图三四三	ⅣM13 平、剖面图	513
图三四四	ⅣM13 出土器物	514
图三四五	ⅣM14 平、剖面图	516
图三四六	ⅣM14 出土器物	517
图三四七	ⅣM15 平、剖面图	519
图三四八	ⅣM15 出土器物（一）	520
图三四九	ⅣM15 出土器物（二）	522
图三五〇	ⅣM15 出土器物（三）	523
图三五一	ⅣM16 平、剖面图	525
图三五二	ⅣM16 出土器物	526
图三五三	ⅣM17 平、剖面图	529
图三五四	ⅣM17 出土器物	530
图三五五	ⅣM18 平、剖面图	531
图三五六	ⅣM18 出土器物（一）	533
图三五七	ⅣM18 出土器物（二）	534
图三五八	ⅣM19 平、剖面图	536

图三五九	ⅣM19 出土器物（一）	537
图三六〇	ⅣM19 出土器物（二）	539
图三六一	ⅣM20 平、剖面图	541
图三六二	ⅣM20 出土器物	540
图三六三	ⅣM21 平、剖面图	543
图三六四	ⅣM21 出土器物	544
图三六五	ⅣM22 平、剖面图	545
图三六六	ⅣM22 出土器物（一）	547
图三六七	ⅣM22 出土器物（二）	551
图三六八	ⅣM23 平、剖面图	553
图三六九	ⅣM23 出土器物（一）	555
图三七〇	ⅣM23 出土器物（二）	556
图三七一	ⅣM23 出土器物（三）	559
图三七二	ⅣM24 平、剖面图	561
图三七三	ⅣM24 出土器物（一）	562
图三七四	ⅣM24 出土器物（二）	564
图三七五	ⅣM24 出土器物（三）	565
图三七六	ⅣM25 平、剖面图	567
图三七七	ⅣM25 出土器物	568
图三七八	ⅣM26 平、剖面图	570
图三七九	ⅣM27 平、剖面图	572
图三八〇	ⅣM27 出土器物（一）	574
图三八一	ⅣM27 出土器物（二）	575
图三八二	ⅣM27 出土铜镜拓片	576
图三八三	ⅣM28 平、剖面图	577
图三八四	ⅣM28 出土器物（一）	579
图三八五	ⅣM28 出土器物（二）	580
图三八六	ⅣM28 出土器物（三）	582
图三八七	Ⅴ区墓葬分布图	585
图三八八	ⅤM1 平、剖面图	586
图三八九	ⅤM1 出土器物	587
图三九〇	ⅤM2 平、剖面图	588
图三九一	ⅤM3 平、剖面图	590

图三九二	VM3 出土器物（一）	592
图三九三	VM3 出土器物（二）	594
图三九四	VM3 出土器物（三）	595
图三九五	VM4 平、剖面图	597
图三九六	VM4 出土器物	599
图三九七	VM5 平、剖面图	601
图三九八	VM5 出土器物（一）	603
图三九九	VM5 出土器物（二）	604
图四〇〇	VM6 平、剖面图	606
图四〇一	VM6 出土器物（一）	607
图四〇二	VM6 出土器物（二）	608
图四〇三	VM7 平、剖面图	609
图四〇四	VM7 出土器物	610
图四〇五	VM8 平、剖面图	613
图四〇六	VM8 出土器物（一）	615
图四〇七	VM8 出土器物（二）	616
图四〇八	VM8 出土器物（三）	617
图四〇九	VM9 平、剖面图	619
图四一〇	VM10 平、剖面图	621
图四一一	VM11 平、剖面图	623
图四一二	VM11 出土器物	624
图四一三	VM12 平、剖面图	625
图四一四	VM12 出土器物（一）	627
图四一五	VM12 出土器物（二）	628
图四一六	VM13 平、剖面图	630
图四一七	VM14 平、剖面图	631
图四一八	VM14 出土器物（一）	633
图四一九	VM14 出土器物（二）	634
图四二〇	VM15 平、剖面图	636
图四二一	VM15 出土器物	638
图四二二	VM15 出土铜镜拓片	639
图四二三	VM16 平、剖面图	641
图四二四	VM16 出土器物（一）	643

图四二五	VM16 出土器物（二）	644
图四二六	VM16 出土铜钱拓片	645
图四二七	Ⅵ区墓葬分布图	647
图四二八	ⅥM1 平、剖面图	648
图四二九	ⅥM1 出土器物	649
图四三〇	ⅥM2 平、剖面图	651
图四三一	ⅥM2 出土器物（一）	653
图四三二	ⅥM2 出土器物（二）	654
图四三三	ⅥM3 平、剖面图	656
图四三四	ⅥM3 出土器物	657
图四三五	ⅥM4 平、剖面图	659
图四三六	ⅥM5 平、剖面图	661
图四三七	ⅥM5 出土器物	662
图四三八	ⅥM6 平、剖面图	663
图四三九	ⅥM6 出土器物	664
图四四〇	ⅥM7 平、剖面图	666
图四四一	ⅥM7 出土器物	667
图四四二	ⅥM8 平、剖面图	670
图四四三	ⅥM8 出土器物	671
图四四四	ⅥM9 平、剖面图	672
图四四五	ⅥM9 出土器物	672
图四四六	ⅥM10 平、剖面图	674
图四四七	ⅥM10 出土器物	675
图四四八	ⅥM11 平、剖面图	676
图四四九	ⅥM11 出土器物（一）	678
图四五〇	ⅥM11 出土器物（二）	679
图四五一	ⅥM12 平、剖面图	681
图四五二	ⅥM12 出土器物	683
图四五三	ⅥM13 平、剖面图	685
图四五四	ⅥM13 出土器物（一）	686
图四五五	ⅥM13 出土器物（二）	688
图四五六	ⅥM14 平、剖面图	690
图四五七	ⅥM14 出土器物（一）	692

图四五八	ⅥM14 出土器物（二）	693
图四五九	ⅥM15 平、剖面图	695
图四六〇	ⅥM15 出土器物	697
图四六一	ⅥM15 出土铜钱拓片	698
图四六二	ⅥM16 平、剖面图	699
图四六三	ⅥM16 出土器物（一）	701
图四六四	ⅥM16 出土器物（二）	704
图四六五	ⅥM17 平、剖面图	706
图四六六	ⅥM17 出土器物（一）	708
图四六七	ⅥM17 出土器物（二）	709
图四六九	ⅥM18 出土器物	710
图四六八	ⅥM18 平、剖面图	711
图四七〇	ⅥM19 平、剖面图	712
图四七一	ⅥM19 出土器物	713
图四七二	ⅥM20 平、剖面图	715
图四七三	ⅥM21 平、剖面图	716
图四七四	ⅥM21 出土器物	718
图四七五	ⅥM22 平、剖面图	719
图四七六	ⅥM22 出土器物（一）	722
图四七七	ⅥM22 出土器物（二）	723
图四七八	ⅥM23 平、剖面图	724
图四七九	ⅥM23 出土器物	726
图四八〇	ⅥM24 平、剖面图	727
图四八一	ⅥM24 出土器物	728
图四八二	ⅥM25 平、剖面图	729
图四八三	ⅥM25 出土器物	731
图四八四	ⅥM26 平、剖面图	733
图四八五	ⅥM26 出土器物	734
图四八六	ⅥM27 平、剖面图	735
图四八七	ⅥM27 出土器物	735
图四八八	ⅥM28 平、剖面图	737
图四八九	ⅥM28 出土器物	738
图四九〇	ⅥM29 平、剖面图	739

图四九一	ⅥM30 平、剖面图	740
图四九二	Ⅶ区墓葬分布图	741
图四九三	ⅦM1 平、剖面图	742
图四九四	ⅦM1 出土器物	744
图四九五	ⅦM2 平、剖面图	745
图四九六	ⅦM2 出土器物（一）	747
图四九七	ⅦM2 出土器物（二）	749
图四九八	ⅦM2 出土器物（三）	752
图四九九	ⅦM2 出土铜镜拓片	753
图五〇〇	ⅦM2 出土铜钱拓片	754
图五〇一	ⅦM3 平、剖面图	756
图五〇二	ⅦM3 出土器物（一）	758
图五〇三	ⅦM3 出土器物（二）	759
图五〇四	ⅦM3 出土器物（三）	761
图五〇五	ⅦM3 出土铜钱拓片	762

插表目录

表一	2015年发掘佛爷庙湾—新店台墓群纪年墓葬一览表	763
表二	河西地区魏晋十六国时期纪年墓葬信息统计表	767
表三	典型墓葬与出土陶器型式统计表（带斜坡墓道土洞墓共114座）	773
表四	非典型墓葬与出土陶器型式统计表（35座）	783
表五	典型陶器与墓葬分期对照表	792
表六	敦煌周边地区同时期墓葬统计表	805
表七	酒泉地区同时期墓葬统计表	806
表八	武威地区同时期墓葬统计表	809
表九	河西地区发现隋唐墓葬资料统计表（不包括敦煌地区）	814

图版目录

图版一　ⅢM24~ⅢM29、ⅢM42~ⅢM44 家族墓远景 ································· 1
图版二　ⅢM20、ⅢM29 发掘现场 ·· 2
图版三　报告整理现场 ··· 3
图版四　ⅡM2 墓葬情况 ··· 4
图版五　ⅡM20 墓葬情况 ··· 5
图版六　ⅡM23、ⅢM3 墓室全景 ·· 6
图版七　ⅢM11 墓室及中部尸床出土情况 ··· 7
图版八　ⅢM20 墓葬情况 ··· 8
图版九　ⅢM20 南、北侧墓主及随葬品出土情况 ······································ 9
图版一〇　ⅢM21 甬道及ⅢM22、ⅢM25 墓道东端细沙土封门情况 ········· 10
图版一一　ⅢM26 耳室及南侧墓主随葬斗瓶情况 ······································ 11
图版一二　ⅢM27 墓葬全景及耳室 ·· 12
图版一三　ⅢM27 墓主及葬具 ·· 13
图版一四　ⅢM28 墓葬情况 ··· 14
图版一五　ⅢM28 南侧墓主及耳室 ·· 15
图版一六　ⅢM29 照墙及封门 ·· 16
图版一七　ⅢM29 墓室全景及耳室 ·· 17
图版一八　ⅢM34、ⅢM51 墓室全景 ·· 18
图版一九　ⅢM54、ⅣM7 墓室全景 ·· 19
图版二〇　ⅣM24 墓葬情况 ··· 20
图版二一　ⅥM1、ⅥM3 墓室全景 ·· 21
图版二二　ⅥM7 墓葬情况 ··· 22
图版二三　ⅥM10、ⅥM13 墓室全景 ·· 23
图版二四　ⅥM14 墓门及葬具情况 ·· 24
图版二五　ⅥM14 墓室全景及随葬斗瓶情况 ··· 25
图版二六　ⅥM15 墓葬情况 ··· 26
图版二七　ⅥM16 墓葬情况 ··· 27
图版二八　ⅥM16 斗瓶出土情况及ⅥM26 墓室全景 ······································ 28

图版二九	ⅦM1 封门及南侧墓主随葬斗瓶情况	29
图版三〇	ⅦM2 南侧墓主及随葬斗瓶情况	30
图版三一	ⅦM3 墓葬情况	31
图版三二	ⅦM3 耳室及南侧墓主随葬斗瓶情况	32
图版三三	ⅠM3、ⅠM9、ⅠM11 陶器组合	33
图版三四	ⅡM2、ⅡM5、ⅡM12 陶器组合	34
图版三五	ⅡM15、ⅡM16、ⅡM19 陶器组合	35
图版三六	ⅡM23、ⅡM25、ⅢM1 陶器组合	36
图版三七	ⅢM3、ⅢM6 陶器组合及ⅢM19 器物组合	37
图版三八	ⅢM21、ⅢM26、ⅢM27 陶器组合	38
图版三九	ⅢM28、ⅢM29、ⅢM33 陶器组合	39
图版四〇	ⅢM35、ⅢM39、ⅢM46 陶器组合	40
图版四一	ⅢM49、ⅢM50、ⅣM1 陶器组合	41
图版四二	ⅣM3~ⅣM5 陶器组合	42
图版四三	ⅣM6、ⅣM8、ⅣM10 陶器组合	43
图版四四	ⅣM15、ⅣM16、ⅣM18 陶器组合	44
图版四五	ⅣM19、ⅣM22、ⅣM23 陶器组合	45
图版四六	ⅣM24、ⅣM28、ⅤM3 陶器组合	46
图版四七	ⅤM4、ⅤM5、ⅤM8 陶器组合	47
图版四八	ⅤM15、ⅤM16、ⅥM1 陶器组合	48
图版四九	ⅥM3、ⅥM7、ⅥM11 陶器组合	49
图版五〇	ⅥM13~ⅥM15 陶器组合	50
图版五一	ⅥM16、ⅥM17、ⅥM22 陶器组合	51
图版五二	ⅥM25、ⅦM2、ⅦM3 陶器组合	52
图版五三	ⅠM3 出土器物	53
图版五四	ⅠM3 出土器物	54
图版五五	ⅠM3、ⅠM9 出土器物	55
图版五六	ⅠM9 出土器物	56
图版五七	ⅠM9 出土斗瓶	57
图版五八	ⅠM9 出土器物	58
图版五九	ⅠM9 出土斗瓶	59
图版六〇	ⅠM9 出土器物	60
图版六一	ⅠM9 出土器物	61

图版六二	ⅠM9 出土器物	62
图版六三	ⅠM9、ⅠM11 出土器物	63
图版六四	ⅠM11、ⅠM13 出土器物	64
图版六五	ⅠM13 出土器物	65
图版六六	ⅠM13、ⅡM2 出土器物	66
图版六七	ⅡM2 出土器物	67
图版六八	ⅡM2 出土器物	68
图版六九	ⅡM2、ⅡM3、ⅡM5 出土器物	69
图版七〇	ⅡM5 出土器物	70
图版七一	ⅡM11、ⅡM12 出土器物	71
图版七二	ⅡM12 出土器物	72
图版七三	ⅡM12 出土器物	73
图版七四	ⅡM13、ⅡM15 出土器物	74
图版七五	ⅡM15、ⅡM16 出土器物	75
图版七六	ⅡM16、ⅡM19 出土器物	76
图版七七	ⅡM19 出土器物	77
图版七八	ⅡM20、ⅡM23 出土器物	78
图版七九	ⅡM23 出土器物	79
图版八〇	ⅡM23 出土器物	80
图版八一	ⅡM23、ⅡM25 出土器物	81
图版八二	ⅡM25 出土器物	82
图版八三	ⅡM25、ⅢM1 出土器物	83
图版八四	ⅢM1 出土器物	84
图版八五	ⅢM1、ⅢM2 出土器物	85
图版八六	ⅢM3 出土器物	86
图版八七	ⅢM3 出土器物	87
图版八八	ⅢM6 出土器物	88
图版八九	ⅢM6、ⅢM7 出土器物	89
图版九〇	ⅢM9、ⅢM11、ⅢM13 出土器物	90
图版九一	ⅢM19 出土器物	91
图版九二	ⅢM19 出土器物	92
图版九三	ⅢM19、ⅢM20 出土器物	93
图版九四	ⅢM21 出土器物	94

图版九五	ⅢM21 出土器物	95
图版九六	ⅢM21、ⅢM26 出土器物	96
图版九七	ⅢM26 出土器物	97
图版九八	ⅢM26 出土器物	98
图版九九	ⅢM26 出土器物	99
图版一〇〇	ⅢM26 出土器物	100
图版一〇一	ⅢM27 出土器物	101
图版一〇二	ⅢM27 出土器物	102
图版一〇三	ⅢM27 出土器物	103
图版一〇四	ⅢM27、ⅢM28 出土器物	104
图版一〇五	ⅢM28 出土器物	105
图版一〇六	ⅢM28 出土器物	106
图版一〇七	ⅢM28、ⅢM29 出土器物	107
图版一〇八	ⅢM29 出土器物	108
图版一〇九	ⅢM29 出土器物	109
图版一一〇	ⅢM29、ⅢM31、ⅢM32 出土器物	110
图版一一一	ⅢM32、ⅢM33 出土器物	111
图版一一二	ⅢM33 出土器物	112
图版一一三	ⅢM33、ⅢM34 出土器物	113
图版一一四	ⅢM34、ⅢM35 出土器物	114
图版一一五	ⅢM35 出土器物	115
图版一一六	ⅢM35、ⅢM39 出土器物	116
图版一一七	ⅢM39、ⅢM41 出土器物	117
图版一一八	ⅢM41 出土器物	118
图版一一九	ⅢM41 出土器物	119
图版一二〇	ⅢM41、ⅢM43 出土器物	120
图版一二一	ⅢM43、ⅢM46 出土器物	121
图版一二二	ⅢM46、ⅢM48、ⅢM49 出土器物	122
图版一二三	ⅢM49 出土器物	123
图版一二四	ⅢM49 出土器物	124
图版一二五	ⅢM49、ⅢM50 出土器物	125
图版一二六	ⅢM50 出土器物	126
图版一二七	ⅢM50、ⅢM54 出土器物	127

图版一二八	ⅣM1 出土器物	128
图版一二九	ⅣM1 出土器物	129
图版一三〇	ⅣM1 出土器物	130
图版一三一	ⅣM2、ⅣM3 出土器物	131
图版一三二	ⅣM3 出土器物	132
图版一三三	ⅣM3、ⅣM4 出土器物	133
图版一三四	ⅣM4 出土斗瓶	134
图版一三五	ⅣM4、ⅣM5 出土器物	135
图版一三六	ⅣM5 出土器物	136
图版一三七	ⅣM5、ⅣM6 出土器物	137
图版一三八	ⅣM6 出土器物	138
图版一三九	ⅣM6 出土斗瓶	139
图版一四〇	ⅣM6 出土器物	140
图版一四一	ⅣM6、ⅣM8 出土器物	141
图版一四二	ⅣM8 出土器物	142
图版一四三	ⅣM8、ⅣM10 出土器物	143
图版一四四	ⅣM10 出土器物	144
图版一四五	ⅣM15 出土器物	145
图版一四六	ⅣM15 出土器物	146
图版一四七	ⅣM15 出土器物	147
图版一四八	ⅣM15、ⅣM16 出土器物	148
图版一四九	ⅣM16 出土器物	149
图版一五〇	ⅣM16、ⅣM18 出土器物	150
图版一五一	ⅣM18、ⅣM19 出土器物	151
图版一五二	ⅣM19 出土器物	152
图版一五三	ⅣM19、ⅣM22 出土器物	153
图版一五四	ⅣM22 出土器物	154
图版一五五	ⅣM22 出土斗瓶	155
图版一五六	ⅣM22 出土斗瓶	156
图版一五七	ⅣM22 出土器物	157
图版一五八	ⅣM22、ⅣM23 出土器物	158
图版一五九	ⅣM23 出土器物	159
图版一六〇	ⅣM23 出土器物	160

图版一六一	ⅣM23 出土器物	161
图版一六二	ⅣM23、ⅣM24 出土器物	162
图版一六三	ⅣM24 出土器物	163
图版一六四	ⅣM24 出土器物	164
图版一六五	ⅣM24、ⅣM27 出土器物	165
图版一六六	ⅣM27、ⅣM28 出土器物	166
图版一六七	ⅣM28 出土斗瓶	167
图版一六八	ⅣM28 出土器物	168
图版一六九	ⅣM28、ⅤM1、ⅤM3 出土器物	169
图版一七〇	ⅤM3 出土器物	170
图版一七一	ⅤM3 出土器物	171
图版一七二	ⅤM3 出土器物	172
图版一七三	ⅤM3、ⅤM4 出土器物	173
图版一七四	ⅤM4、ⅤM5 出土器物	174
图版一七五	ⅤM5 出土器物	175
图版一七六	ⅤM5、ⅤM6 出土器物	176
图版一七七	ⅤM8 出土器物	177
图版一七八	ⅤM8 出土器物	178
图版一七九	ⅤM8、ⅤM11 出土器物	179
图版一八〇	ⅤM11、ⅤM15 出土器物	180
图版一八一	ⅤM15、ⅤM16 出土器物	181
图版一八二	ⅤM16 出土器物	182
图版一八三	ⅤM16、ⅦM1、ⅦM3 出土器物	183
图版一八四	ⅦM3 出土器物	184
图版一八五	ⅦM6、ⅦM7 出土器物	185
图版一八六	ⅦM7 出土墓志	186
图版一八七	ⅦM7、ⅦM10、ⅦM11 出土器物	187
图版一八八	ⅦM11 出土器物	188
图版一八九	ⅦM11 出土器物	189
图版一九〇	ⅦM13 出土器物	190
图版一九一	ⅦM13 出土器物	191
图版一九二	ⅦM14 出土器物	192
图版一九三	ⅦM14 出土器物	193

图版一九四	ⅥM14、ⅥM15 出土器物	194
图版一九五	ⅥM15 出土器物	195
图版一九六	ⅥM15、ⅥM16 出土器物	196
图版一九七	ⅥM16 出土器物	197
图版一九八	ⅥM16 出土斗瓶	198
图版一九九	ⅥM16、ⅥM17 出土器物	199
图版二〇〇	ⅥM17 出土器物	200
图版二〇一	ⅥM17、ⅥM19 出土器物	201
图版二〇二	ⅥM22 出土器物	202
图版二〇三	ⅥM22、ⅥM25 出土器物	203
图版二〇四	ⅥM26、ⅦM1、ⅦM2 出土器物	204
图版二〇五	ⅦM2 出土器物	205
图版二〇六	ⅦM2 出土斗瓶	206
图版二〇七	ⅦM2 出土器物	207
图版二〇八	ⅦM2、ⅦM3 出土器物	208
图版二〇九	ⅦM3 出土器物	209
图版二一〇	ⅦM3 出土器物	210
图版二一一	ⅦM3 出土器物	211
图版二一二	ⅠM3、ⅠM15 出土颅骨	212
图版二一三	ⅡM5 出土颅骨	213
图版二一四	ⅡM6、ⅡM9 出土颅骨	214
图版二一五	ⅢM21、ⅢM24 出土颅骨	215
图版二一六	ⅢM27、ⅢM29 出土颅骨	216
图版二一七	ⅢM40、ⅢM41 出土颅骨	217
图版二一八	ⅢM43、ⅢM50 出土颅骨	218
图版二一九	ⅢM50 出土颅骨	219
图版二二〇	ⅢM51、ⅣM9 出土颅骨	220
图版二二一	ⅣM21 出土颅骨	221
图版二二二	ⅣM28 出土颅骨	222
图版二二三	ⅣM22、ⅤM16 出土颅骨	223
图版二二四	人骨病变	224
图版二二五	人骨病变	225
图版二二六	人骨病变	226

图版二二七	人骨病变	227
图版二二八	人骨病变	228
图版二二九	人骨病变	229
图版二三〇	人骨病变	230
图版二三一	人骨病变	231
图版二三二	人骨病变	232
图版二三三	人骨病变	233
图版二三四	金属器金相组织照	234
图版二三五	金属器金相组织照	235
图版二三六	出土植物种子、数据分析图	236

第一章　绪论

第一节　地理环境

佛爷庙湾—新店台墓群区域位置处于甘肃河西走廊西端酒泉市敦煌市（图一）。

河西走廊南倚青藏高原，北接蒙古高原，东连黄土高原，西通塔里木盆地及天山山脉，将我国典型的几大地理板块连接在一起，成为连接不同地理单元的狭长出口。走廊自东向西，依次有石羊河、黑河、疏勒河三大内陆河，贯穿走廊南北。

敦煌位于河西走廊西端，是我国著名的历史文化名城。其南枕祁连，西接西域，鸣沙为环，党河为带，南踞阳关，北扼玉关，兼制伊西，通达漠北，是古代"丝绸之路"之咽喉，中

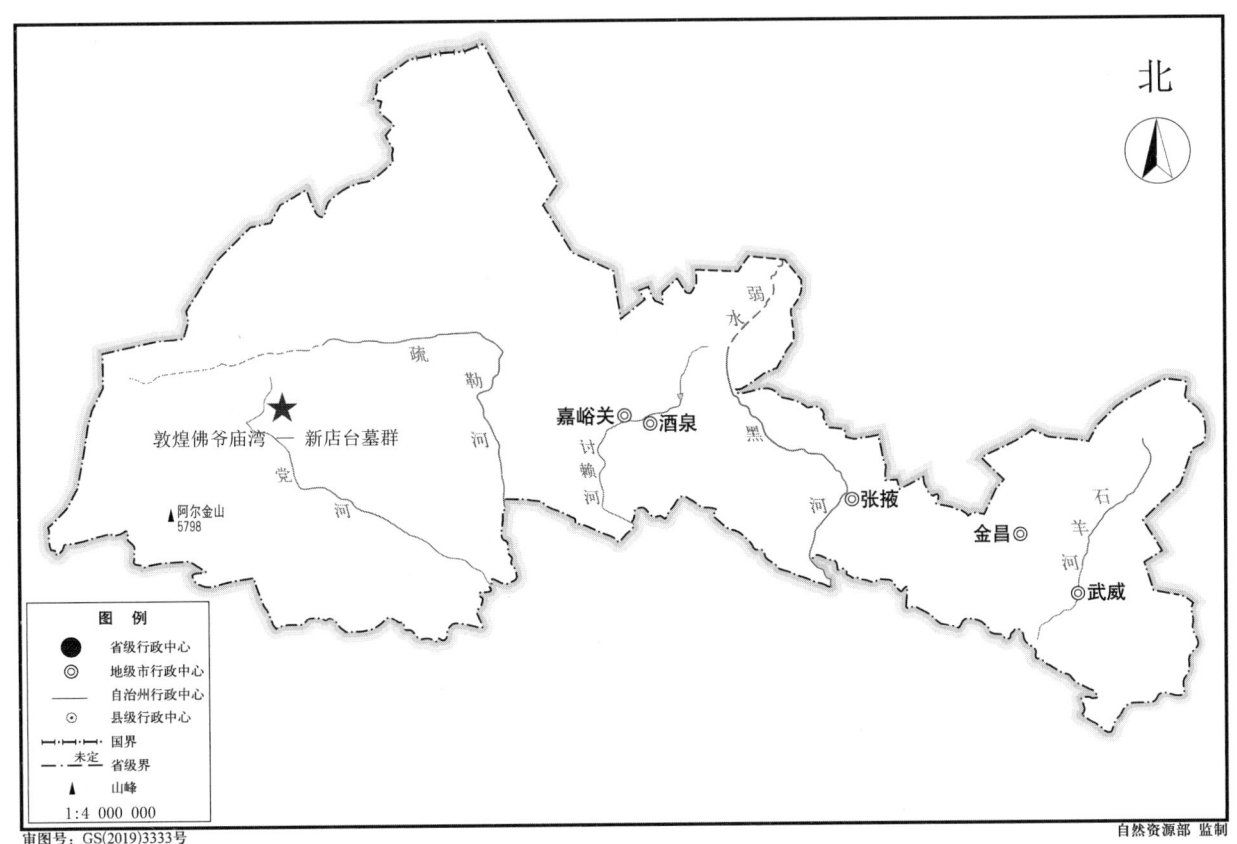

图一　敦煌佛爷庙湾—新店台墓群所处河西走廊区域位置示意图

西交通之枢纽，具有重要的历史和地理地位，史称"华戎所交一都会也"。敦煌现隶属甘肃省酒泉市管辖。东邻瓜州县，西与新疆若羌县接壤，南与肃北蒙古族自治县和阿克塞哈萨克族自治县毗邻，北与新疆哈密市相连，地处东经92°13′~95°30′，北纬39°35′~41°35′之间，东西长60~240千米，南北宽90~190千米，总面积达31200平方千米，占全省总面积的6.9%，仅次于肃北和阿克塞两县。敦煌属青藏高原北部边缘地带，西南有阿尔金山，东南有祁连山，西接南疆盆地，北有马鬃山和天山余脉，形成天然屏障。境内四周高，中间低，平均海拔高度在1200米以下，故有"敦煌盆地"之称。其周围绿洲区为肥沃的耕区平原，略呈三角形，位于党河冲积平原顶部，由西南向东北倾斜，绿洲东北两面与疏勒河下游干三角紧紧相连。由于党河河床多次变迁，形成了不同的地貌特点。三危山以东，安敦公路西南，北山以北至新疆边境，七里镇以西及疏勒河以南，地形较为平坦，为戈壁区；市境周围为党河冲积扇的中部，集中了全市十一个乡镇，是主要的耕作区；市境北湖地区和西湖东段为党河冲积扇的下部，属于荒区平原。党河是全市境内唯一灌溉河流，为疏勒河的主要支流之一，发源于疏勒南山南坡和党河南山北坡的冰川群和祁连山脉，途径戈壁进入敦煌绿洲，年径流量为2.8亿立方米。敦煌地处内陆，四周为沙漠戈壁所包围，气候属于典型的大陆性气候，年平均气温9.3℃，年平均霜期158天，年日照时间数3188小时，年平均降雨量为36.8毫米，年平均沙暴日期16.2天，常年多东风和西北风。全市耕地总面积为15620公顷，由于受地形、植被、气候及人类活动影响，敦煌土壤种类多、肥力低，可分为灌淤土、潮土、棕漠土、风沙土、盐土、草甸土、沼泽土七个类别。土壤有机质贫乏，养分低下，概括来说，"少氮、缺磷、钾够用"。敦煌矿产资源丰富，以芒硝矿和磷矾矿为主，其他矿产次之，已知金属矿有铁、金、锰、铅及锌等，非金属矿有芒硝、磷矾、盐、云母、石英、石灰岩、白云岩、水晶石等。

第二节 历史沿革

敦煌一名始见于《史记·大宛列传》，"始月氏居敦煌、祁连间"，先秦属"瓜州"[①]。早在青铜文化时期，即考古学文化上的西城驿文化、四坝文化时期，已有先民在此蕃息。已考古发掘的西土沟遗址，从出土器物诸如罐、盆及钵等来看，与张掖西城驿文化同类器物具有一致

---

① 先秦古籍涉及三危和瓜州之说，最早见于《尚书·舜典》《尚书·禹贡》《左传·襄公十四年》及《左传·昭公九年》。东汉杜林，西晋杜预、郭璞皆认为古瓜州即（汉）敦煌，北魏郦道元、南梁刘昭继起呼应。学者李正宇先生认为，"敦煌之地原为月氏、乌孙之居，在秦时，西不过临洮，汉武帝时，才正式纳入中央王朝版图之内。在此之前，何以'三危''瓜州'这样的汉语名词成为地名？就连'敦煌'一词亦非汉语"。见李正宇：《敦煌历史地理导论》，新文丰出版公司，1997年。钱伯泉进一步指出，"姜姓允姓之戎所居瓜州，本在姜水、雍水流域，今陕西凤翔一带。后姜、允之戎为周所迫，向西迁徙，至于敦煌。于是将'瓜州'旧名带到敦煌"。见钱伯泉：《敦煌和莫高窟音义考析》，《敦煌研究》1994年第1期。

性。碳十四检测数据为 3470±35BP，经牛津 Oxcal4.2.4 校正为 1886~1692BC（置信度为95.4%）。进入铁器时代，即考古学文化上的骟马文化时期，该地区古先民据文献记载可能为月氏。考古调查发现的古董滩遗址、马圈湾遗址，属典型骟马文化遗存，绝对年代在公元前 1000 年左右。秦汉之际，匈奴逐月氏而占河西。西汉武帝元狩二年（前 121 年），辟疆河西，置武威、酒泉二郡，敦煌地区属酒泉郡①。元鼎六年（前 111 年），"分武威、酒泉地置张掖、敦煌郡，徙民以实之"，敦煌遂正式纳入汉王朝版图之中。东汉永初元年（107 年），罢西域都护，西域副校尉从永初七年（120 年）起常驻敦煌，敦煌成为中原王朝辖西域的军政中心。悬泉置遗址、马圈湾烽燧遗址等出土的汉简最能反映两汉时期政治、经济、文化、军事等生活，其中仅悬泉置遗址就出土汉简 17900 多枚，可补史料之阙载。自永嘉之乱，河西地区先后建立了前凉、后凉、南凉、西凉、北凉等封建政权，而敦煌亦先后归属前凉、前秦、后凉、西凉、北凉。较之中原，其政治清明，社会安定，经济繁荣，特别是西凉时期，敦煌一度为都。已考古发掘的敦煌祁家湾墓群、佛爷庙湾墓群等，其墓葬主体为西晋十六国时期。佛爷庙湾墓群分布面积达 100 平方千米，20 世纪已做过几次发掘，墓葬数量已有 1000 余座。可资说明这一时期河西地区尤其是敦煌已成为中土人士的一方乐土。永建二年（421 年）北凉攻占敦煌，北魏太平真君五年至正平二年（444~452 年）北魏太武帝拓跋焘置敦煌郡，正光五年（545 年）改敦煌为瓜州。隋大业三年（607 年），复称敦煌。唐武德三年（620 年）置瓜州，领敦煌县，后于武德五年（622 年）改瓜州为西沙州，领敦煌县。贞元二年（786 年）被吐蕃占领。北宋景祐三年（1036 年），西夏李元昊攻占瓜、沙、肃三州。元设沙州路总管府，下辖瓜州，隶属甘肃行中书省。明永乐二年（1404 年），设沙州卫。嘉靖四年（1525 年），属吐鲁番。清雍正三年（1725 年），升沙州所为卫，移民成边。乾隆二十五年（1760 年），改沙州卫为敦煌县，属安西直隶州，直至 1912 年辛亥革命。1949 年中华人民共和国成立后，在敦煌设县。1987 年撤县设市，至此敦煌归酒泉市所辖。

第三节　敦煌佛爷庙湾—新店台墓群概况

佛爷庙之由来，据向达《西征小记》"敦煌古城与古墓条"载："该庙修建于光绪十五年（1889 年），栋宇如新。"另据夏鼐《敦煌考古漫记》："（佛爷）庙前东首有一古庙残迹，仅存四壁，还残留有宋代式的壁画。"可证佛爷庙历史渊源悠久。

敦煌佛爷庙湾—新店台墓群位于敦煌市以东，瓜敦公路以南的戈壁之上。北望北湖汉长城

---

① 1994 年，夏鼐先生在敦煌小方盘城北所获汉简云："酒泉玉门都尉护众候畸，兼行丞事。"表明玉门关一带在敦煌建郡前属酒泉郡。

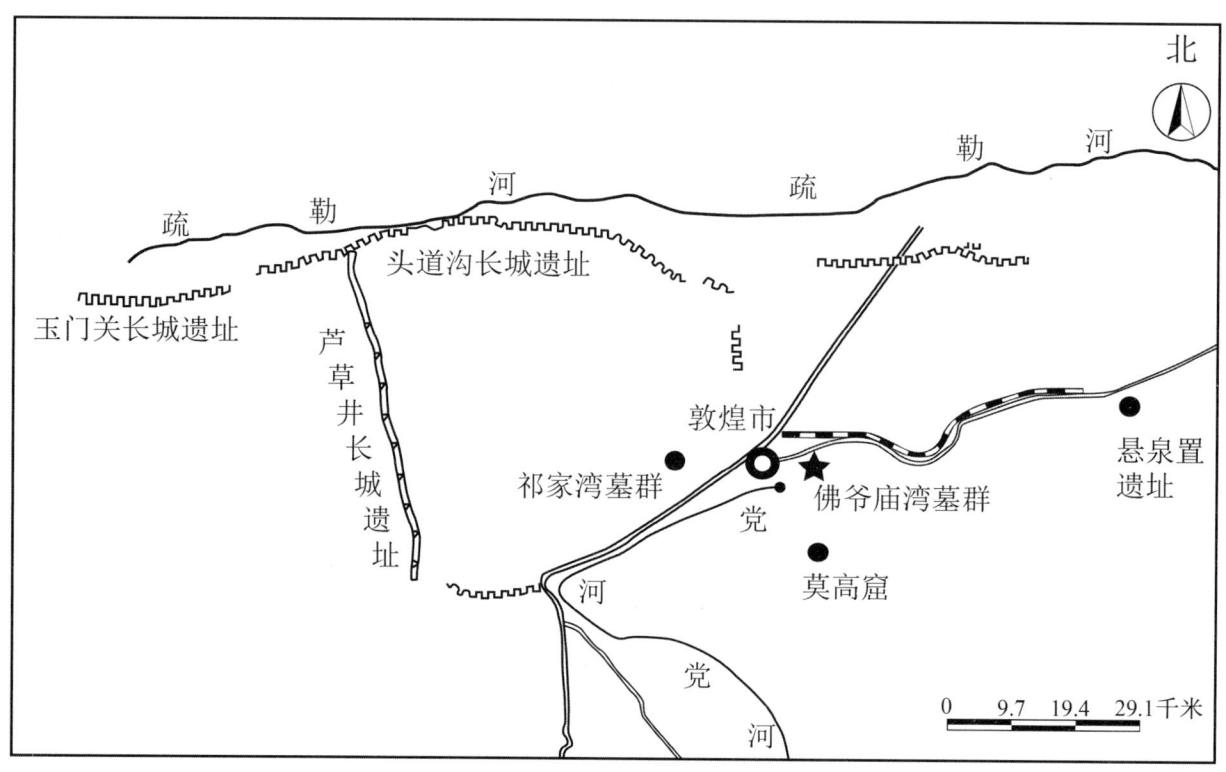

图二 敦煌佛爷庙湾—新店台墓群地理位置示意图

遗址,南临莫高窟,东与悬泉置遗址相隔,西与祁家湾墓群相应(图二)。

该墓群20世纪50年代末即被甘肃省人民政府公布为省级文物保护单位。其西起鸣沙山的佛爷庙湾,东至五墩乡新店台村,东西绵延25千米,南北纵跨5千米,分布面积约125平方千米。墓群主体为西晋十六国时期。早在1944~1945年,历史语言研究所西北科学考查团历史考古组曾对该墓群进行过发掘。20世纪60、70年代,甘肃省博物馆曾在该地区做过部分试掘工作。1982年,敦煌博物馆在新店台清理墓葬46座。之后,甘肃省文物考古研究所在该地区开展过五次大规模发掘,1987年,清理墓葬116座;1995年清理墓葬609座;2000年清理墓葬324座;2014年清理墓葬91座;2015年清理墓葬180座。

从以往发掘情况来看,西晋十六国时期墓葬盛行祔葬与族葬。祔葬墓形式上多见两人合葬、三人合葬;家族成员按其尊卑长幼循序在家族茔域内。墓葬形制主体为带斜坡墓道土洞墓,地表堆培高大覆斗形或丘形封土,墓道地表多起隆。墓葬方向多为朝东或朝西者,南向较少,尚未发现北向墓葬。葬具流行尸床和尸罩,木棺有少量发现。随葬品主要为象征庖厨和食具等日常生活用具的陶器,组合常见罐、樽、盘、甑、釜、灯、壶、榼、碟、耳杯、斗瓶等。墓葬多为单室墓,墓主人身份可能为士、庶地主或下层平民;双室墓有少量发现,墓主人身份等级类似中原地区官秩二千石左右的品官乃至王侯。画像砖墓是佛爷庙湾—新店台墓群中最具代表性的高等级墓葬,以往学者多从图像布局、内容题材等方面展开深入研究。

曹魏时期墓葬在敦煌佛爷庙湾—新店台墓群中发现极少，可能与葬地选择有关。墓葬平面多为长方形单室墓，券顶，属汉墓典型形制。随葬品种类较多，个体较大、制作较规整，有东汉遗风。

唐墓在敦煌佛爷庙湾—新店台墓群中发现较少，早在1944年，夏鼐先生就对该墓群唐代模印塑像砖墓进行了清理。1995年，甘肃省博物馆又清理了6座唐代模印砖墓，它们都为唐时期高等级墓葬的代表。

第四节　工作背景

一　工作缘起

本次考古发掘是为配合敦煌机场扩建工程而进行的抢救性清理。敦煌机场位于敦煌市莫高镇境内，距离敦煌市中心12.7千米。该机场始建于1982年，隶属于甘肃省民航机场集团，是国内重要的支线机场。前后已进行过4次扩建，随着敦煌旅游业的快速发展和旅客吞吐量的逐年增加，现有机场航站楼、跑道及站坪规模偏小等问题已日趋明显，成为制约当地经济社会发展的重要交通因素之一。随着"一带一路"倡议的推进，2015年11月16日国务院批准在敦煌市举办"丝绸之路国际文化博览会"，2016年8月举办第一届，以后每年举办一届，敦煌市成为永久会址。为了确保首届"丝绸之路（敦煌）国际文化博览会"顺利召开，满足国内外D型专机的起降需求，国家批准敦煌国际航空口岸建设和机场扩建工程。甘肃省委、省政府要求省上相关部门和地方政府全力配合甘肃省民航机场集团加紧对敦煌机场进行扩建，力保2016年7月完成扩建任务并正式运营。

敦煌机场紧邻省级文物保护单位佛爷庙湾—新店台墓群，经甘肃省文物考古研究所现场调查，拟扩建区域50.9万平方米建设用地中，有4.6万平方米选址位于该墓群保护范围之内，亟待抢救性考古发掘。

二　工作经过

甘肃省文物考古研究所积极响应国家及省委、省政府号召与要求，按照省文物局部署，及时组织人员对佛爷庙湾—新店台墓群45.9万平方米（拟扩建区域为50.9万平方米，其中Ⅵ区有5.0万平方米已于2014年10月完成考古勘探，此次不再勘探，故实际勘探面积45.9万平方米）的建设控制地带进行考古勘探与发掘区域认定。

（一）考古勘探

该项目考古勘探由甘肃省文物考古研究所委托陕西龙腾钻探有限责任公司与银川惠晟博钻探有限公司全面实施。根据实际施工范围，将勘探区分为8个自然区块，其中重点勘探面积

7.5万平方米，普通勘探面积38.4万平方米（图三）。此次考古勘探从2015年12月开始，截至2016年2月，共发现古墓葬180座。

Ⅰ区：位于新建全向信标台，1.0万平方米，发现古墓葬20座；

Ⅱ区：位于莫高公路以东的灯光带1.4万平方米，莫高公墓路以西的灯光带0.4万平方米，共1.8万平方米，发现古墓葬26座；

Ⅲ区：位于莫高公路以东新建防洪沟，0.7万平方米，发现古墓葬57座；

Ⅳ区：位于跑道延长带21.0万平方米，远期北侧端平滑安全区（东区）5.0万平方米，共26.0万平方米，发现古墓葬28座；

Ⅴ区：位于远期北侧端平滑安全区（西区）2.0万平方米，发现古墓葬16座；

Ⅵ区：位于航站区7.5万平方米（该区共12.5万平方米，其中5.0万平方米已于2014年10月完成考古勘探工作），发现古墓葬30座；

Ⅶ区：位于远期航空公司预留用地5.4万平方米，发现古墓葬3座；

Ⅷ区：位于远期新增GP台及南侧端安全区1.5万平方米，未发现古墓葬。

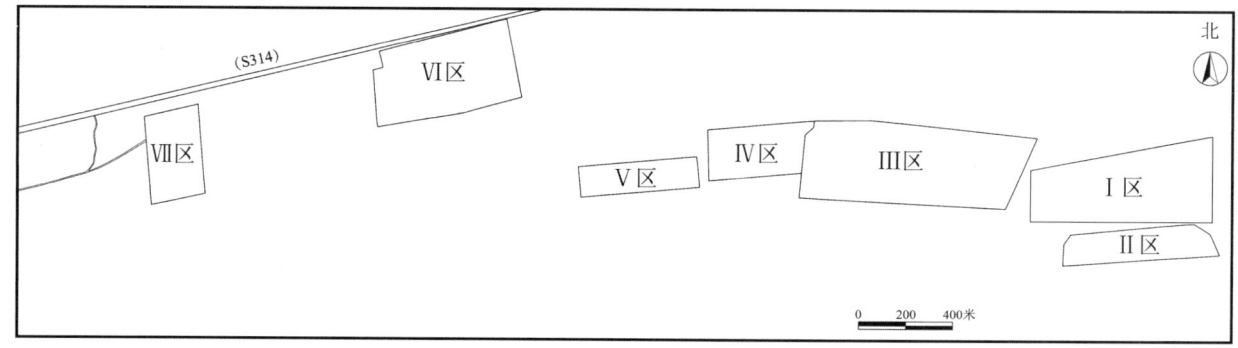

图三　敦煌佛爷庙湾—新店台墓群2015年发掘区分布图

（二）考古发掘

针对实际七个自然区考古勘探发现的古墓葬实际数量，甘肃省文物考古研究所进行全面组织协调，陕西龙腾钻探有限责任公司负责第Ⅱ区、第Ⅳ区、第Ⅶ区的考古发掘；银川惠晟博钻探有限公司负责第Ⅵ区的考古发掘；敦煌市博物馆负责第Ⅰ区、第Ⅴ区的考古发掘；甘肃省文物考古研究所负责第Ⅲ区的考古发掘。

为确保该项目高效落实，甘肃省文物考古研究所特聘请监理机构对项目的实施提供客观、及时、有效的建议和解决方案。项目由具有国家文物局颁发团体考古领队资质的北京大学进行监理。监理方以北京大学文博学院韦正教授为代表及时地对考古发掘、资料整理进行督导、检查。

该墓群考古发掘工作开始前，首先对勘探和发掘所涉及的全部区域进行航拍航测，获取待勘探发掘区域的影像资料和航空三维模型数据。考古发掘严格遵守《田野考古工作规程》。对保存较好的墓葬，采取从墓道进入的方式清理发掘，对因早期盗掘而坍塌的墓葬，采用大揭顶的方式进行发掘。信息采集上采用照相、近景摄影、RTK测绘、摄影测绘和三维扫描全面记录墓葬信息，对墓葬发现的遗物进行全面提取。

此次考古发掘从2015年12月开始，截至2016年2月，共清理古墓葬180座。

(三) 室内整理及报告编写

第一阶段（2019年1月至2019年12月）：对河西走廊地区魏晋十六国时期重要墓群进行实地考察，并观摩途经各县博物馆相关展品及藏品；在现有各项工作的基础上按大的阶段完成魏晋墓和隋唐墓发掘简报的撰写和发表，并进行相关论文的撰写。

第二阶段（2020年1月至2020年12月）：在已有工作的基础上，以墓葬为单位对出土资料进行系统整理，包括器物修复、墓葬及器物的描述、卡片制作、线图绘制、拍照等，初步完成对墓葬及随葬品的类型学研究，并开展动植物遗存、人骨标本、残留物样品等科学分析检测。

第三阶段（2021年1月至2021年6月）：整合初步研究成果、相关检测数据及检测报告，开展综合研究，初步完成考古发掘报告。

第四阶段（2021年7月至2021年11月）：考古发掘报告稿件的校对、订正、出版。

第五节　报告体例

一　报告内容

本报告不仅公布了敦煌佛爷庙湾—新店台墓群2015~2016年清理的古墓葬资料，也以附录形式公布了人骨、植物遗存及金属制品等的分析、研究报告。值得说明的是，人骨鉴定及古DNA的研究分析，对认识魏晋至隋唐时期敦煌地区先民人种结构变化及迁徙过程，特别是敦煌地区魏晋至隋唐时期移民来源及其迁徙过程具有重要的价值。同时，古DNA研究为认识敦煌地区家族墓地演变过程、构建家族谱系关系、判断当时的社会组织，以及和现代人群之间的关系等亦具有重要作用。河西走廊地区汉晋十六国墓葬出土的大量简牍和画像砖，记载和描绘了河西走廊汉晋时期相关农业生产活动，但对当时先民的主要摄食作物缺乏详细的记载和描述。对佛爷庙湾—新店台墓群出土人骨的骨骼同位素研究，对构建敦煌地区魏晋至隋唐时期先民摄食结构及生业模式转变过程具有重要价值。

二　报告体例

以往报告体例一定程度上影响了敦煌地区魏晋十六国时期墓葬综合研究。敦煌地区魏晋十六国时期考古遗存享誉国内，仅墓群就有南湖墓群、山水沟墓群、祁家湾墓群、孟家桥西墓群、五墩墓群、颜家庙墓群、李家墩墓群、敦煌佛爷庙湾—新店台墓群等，业已发掘墓葬数量超过千座，但目前除了一些发掘简报外，仅出版了《敦煌祁家湾—西晋十六国墓葬发掘报告》。该报告集中公布了其中117座墓葬的发掘资料，为敦煌地区该时段墓葬的分期断代研究竖立了标尺。但该报告只以分类举例的形式对少数墓葬材料进行了详述，对多数墓葬基本材料叙述过于简略，着重强调墓葬间的共性，忽视了墓葬个体的差别，给研究带来诸多不便。同时，目前学界对敦煌地区魏晋十六国时期墓葬的研究仍然局限于壁画墓以及结合出土镇墓文对早期道教、巫术进行研究，而对平民墓葬的基础性研究，诸如分期方面关注不多。本报告对发掘材料进行详细梳理和全面公布，对改变这一状况有着重要意义。

1. 本报告分为五章：第一章为绪论，主要对敦煌地区及佛爷庙湾—新店台墓群地理环境、历史沿革、墓群概况、工作背景及报告编写体例情况进行介绍说明。第二章为墓葬综述部分，以大时段对墓群进行分类，从墓葬结构，葬具、葬式及葬俗，随葬品出土及摆放位置等方面对墓群展开综述。第三章对该墓群主体——魏晋十六国时期墓葬形制及随葬品进行类型学划分。第四章以墓葬为基本单位，充分利用文字、线图和数据，全面、系统、客观地公布墓葬、出土器物等相关信息。第五章基于墓群主体——魏晋十六国时期墓葬形制及随葬品的类型学划分，通过展开墓葬分期、历史背景研究及与周边地区同时期的墓葬进行综合分析，就相关问题展开讨论，并基于体质人类学检测数据，展开对其墓主人相关问题的观察。报告的最后，附墓葬、出土器物登记表及体质人类学报告、人骨同位素分析报告、出土金属器检测报告、植物遗存检测报告，为后期进行相关研究提供基础性资料。

2. 本报告涉及大的时段有魏晋十六国与隋唐两个阶段，综述部分依据不同时段对其墓葬形制及随葬品特征等来展开，并就该墓群主体即魏晋十六国时期墓葬进行类型划分，探讨不同类型墓葬的相关性。分述部分按照发掘区号、墓葬号进行逐次公布，并非按照墓葬年代、墓葬类型来分述，以便于研究者查阅。

3. 本报告主旨是基础资料的全面公布，以区号、墓号为基本单元逐次说明，不强加发掘者的主观认识。墓葬及出土器物分型定式均放置于第三章对其说明。

4. 为了客观反映墓葬材料，本报告所有墓葬及出土器物全部以文字描述、线图及照片的形式公布，以便学者进一步研究。

5. 本报告的线图随文字顺序相应插入，并标注线图和照片编号。

三　相关说明

（一）编号说明

本报告所有墓葬编号以发掘资料为准。编号表述为：发掘年代（2015）+地名 D（敦煌）+墓群名称 FX（佛爷庙湾—新店台墓群）+区号Ⅰ—Ⅶ（墓群发掘共分七个自然区）墓号 M（墓葬发掘序号）。编号表述区间为 2015DFXⅠM1—2015DFXⅠM20；2015DFXⅡM1—2015DFXⅡ

M26；2015DFXⅢM1—2015DFXⅢM57；2015DFXⅣM1—2015DFXⅣM28；2015DFXⅤM1—2015DFXⅤM16；2015DFXⅥM1—2015DFXⅥM30；2015DFXⅦM1—2015DFXⅦM3。墓葬内出土器物依次编号，成套器物，诸如釜、甑组合，盘、耳杯、碟及碗等组合，每个器物予以编号。瘗埋大量铜钱，依据相对位置，各统一编号，其下依数量，给予小号。

为行文方便，在说明其相关编号后，下文直接以简称作其说明，例如 2015DFXⅠM1 简化为ⅠM1；2015DFXⅢM1∶12 简化为ⅢM1∶12。

（二）插图说明

本报告图片主要包括墓群地理位置图、2015 年墓葬总平面分布图、单个发掘区墓葬平面分布图、单个墓葬平剖图、出土器物图及部分墓葬照片和器物照片。需要说明的是：

1. 2015 年墓葬总平面图、单个发掘区墓葬平面分布图中的墓葬仅表示墓葬轮廓线，与单个墓葬平面图存在一定出入。

2. 单个墓葬皆有平剖图；墓门保存较好者，附有墓门正视图；墓室顶部多坍塌，保存较好者附墓顶仰视图；纵剖面图均为剖视图；为充分表现墓室结构，部分墓葬绘制横剖面图。

3. 墓葬平面图均绘制所有出土器物，但因质地的不同，诸如部分泥器、铜器及铁器等，仅可见其形，不可提取者，绘制的器物线图与墓葬平面图标注的器物有一定出入。

4. 墓室内尸罩、尸床等多保存较差，仅绘制其轮廓，无法对其细部结构进行专图表现。

5. 器物图版以墓葬为单位进行组版，一般按照同类器物编号进行排列，部分为了排版美观，未按照同类器物号依次排列。

（三）附检测报告说明

本报告最后附体质人类学检测报告、人骨同位素分析报告、出土金属器检测报告、植物遗存检测报告。

（四）表格说明

本报告表格分插表与附表两类，其中墓葬与出土陶器型式统计表、典型陶器形制演变表、河西地区魏晋十六国墓葬统计表以插表形式置于相关问题探讨部分；附表主要包括墓葬登记表、出土器物登记表和出土铜钱登记表。

（五）其他说明

该墓群已发表简报与本报告有出入者，皆以本报告为准。

第二章　墓葬综述

此次清理佛爷庙湾—新店台墓葬180座。发掘区依勘探自然分区，其中Ⅰ区清理墓葬20座；Ⅱ区清理墓葬26座；Ⅲ区清理墓葬57座；Ⅳ区清理墓葬28座；Ⅴ区清理墓葬16座；Ⅵ区清理墓葬30座；Ⅶ区清理墓葬3座。

其中，魏晋十六国时期墓葬共发现149座，为此次墓葬主体。隋唐墓清理13座。此外，时代不明墓葬18座。

第一节　魏晋十六国时期

魏晋十六国时期墓葬分布体现出强烈的家族聚葬特点，少则两个，多则三个以上不等。墓葬形制绝大部分为带斜坡墓道土洞墓，极少数墓葬为竖穴土坑墓。其中竖穴土坑墓形制结构简单，仅由封土与墓室两部分组成。本报告重点对带斜坡墓道土洞墓进行说明。

一　墓葬结构

(一) 茔圈

茔圈大小依聚族墓葬数量多寡而定，系由就近沙砾堆培而成，茔圈平面呈方形，山门一般置于家族墓墓道朝向的左侧或右侧。

(二) 封土

以墓室回填所剩沙砾堆培而成，置于墓室顶部。大型墓且保存较好者为覆斗顶，经解剖，封丘内未发现祭祀现象。小型墓或保存较差者为丘形。

(三) 墓道

墓道整体为斜坡状，西向者居多，东向者次之，南向者再次之，未发现北向者。部分墓道近墓门处以细沙土回填，可能起到一定的防盗作用。依据形制可分四类：

1. 斜坡式

斜坡由高而低延伸至墓门，口小底大或口底等同，墓道长且窄为其特点。依墓室大小而成正比增减。

2. 斜坡式带过洞、天井

墓道后端预留过洞与天井。因向两端同时掏挖，墓道两端壁面整体多未在一条直线上。

3. 斜坡式带过洞、天井+台阶式

墓道形制整体等同于2，在过洞、天井前端预留台阶，多为5级。

4. 斜坡式带台阶

墓道整体较斜坡式偏短，墓道前端预留台阶，2~8级不等。

（四）照墙和墓门

照墙为修建墓道时与墓道等宽的垂直壁面，一般无装饰，个别发现用砖砌的门楼式照墙。

墓门形状基本为拱形，另有部分呈梯形。多垂直于照墙底部，部分墓葬由于存在前后双甬道，墓门置于照墙底部以内。墓门大部分以土坯封堵，主要采取横砌、顺（竖）砌及横顺结合的方式，部分发现以河床泥板与砾石等混合封堵，个别墓葬墓门两侧发现封门板的痕迹。

（五）甬道

高、宽等同于墓门，以连接墓道与墓室。部分发现前后双甬道，且第一进高于第二进，以连接墓道与墓门、墓门与墓室。另外，发现少量耳室与墓室之间以甬道相连的现象。

（六）墓室

均为土洞，分单室墓与双室墓两类。其中单室墓平面为方形或长方形，双室墓为前室方形、后室长方形。墓葬所附耳室或壁龛基本在墓室前端左侧或右侧，偶见墓室后壁正中，下置供台。双室墓的耳室或壁龛均在前室前端。墓室四壁基本平直，四隅分明，单室平面呈方形且保存较好者为覆斗顶，单室平面呈长方形且保存较好者为拱形顶，双室墓中前室保存较好者为覆斗顶，后室保存较好者为拱形顶。

二　葬具、葬式与葬俗

（一）葬具

葬具主要分为尸床与尸罩两部分。

1. 尸床

尸床构筑材料不一，有的用土坯围构出床框，中填以沙土；有的以黄土垒、草木灰等依次堆垒而成；有的以草木灰、白灰等依次堆砌而成；有的以沙砾、泥土堆垒而成。部分墓主人头端枕有灰枕、白灰枕、黄泥枕等，脚端有脚踏。

2. 尸罩

木质。均由侧板、两端挡板及盖板组成，组合方式多为榫卯，部分以铁钉扣合。尸罩放置于尸床之上。此外，部分墓葬发现以草席裹尸。

（二）葬式

合葬墓为主体，或两具，或三具，个别发现四具。尸骨未扰乱者多为仰身直肢葬。存在二次迁葬现象。头向一般与墓向同，部分墓葬墓主人头向与墓向相反。另有少量合葬墓，头向颠倒。

(三) 葬俗

家族墓墓道之间个别发现石圆圈祭祀现象；部分墓主人头端额部位置发现有残存纺织物痕迹，可能存在"覆面"现象；尸身周围多散布有意打碎的灰陶片、云母片，其中陶片经复原多为盆、钵、罐一类陶器。

三 随葬品及摆放位置

随葬品受墓葬大小及是否盗掘等因素影响，多寡不一，少则几件，多则几十件。其种类有陶器、泥器、铜器、铁器、玉石器、木器、杂器等。其中陶器为大宗，主要有罐、樽、盘、釜、甑、壶、灯、钵、碗、碟、耳杯、斗瓶、灶、仓、榼等；泥器有罐、甑、釜、灯、盘、榼、壶、斗瓶等；铜器主要为铜钱、铜镜、铜钗、铜弩机廓、铜叉、铜耳杯、铜削刀、铜铺首等；铁器锈蚀严重，多器形不明，有铁剪刀、铁泡、铁镜等；玉石器有珠饰、水晶饰件、石砚、纺轮等；木器有木梳与木兽俑；杂器有金饰片、银环、银币、砖雕兽俑、三系绛釉罐、画像砖、骨尺、云母片、铅人、丝织物等。

随葬品摆放有一定规律。墓葬有耳室者，其内多以土坯搭建出象征性厨案和灶，案上及地面放置罐、釜、甑及樽等庖厨用具；碗、钵、碟及耳杯等食具放置于盘上，与壶、灯等陶器摆放于墓室正中或靠近尸床一侧。不带耳室或壁龛的墓葬，随葬品多放置于墓室中部，部分放置于墓主人头端或脚端。斗瓶一般成对出现，多置于墓主人头端或脚端。

第二节 隋唐时期

隋唐时期墓葬分布同样体现出家族聚葬特点，少则一至两个，多则达四个。墓葬形制单一，均为带斜坡墓道"刀把"形单室土洞墓。

一 墓葬结构

(一) 封土

以墓室回填所剩沙砾堆培而成，置于墓室顶部。封土现存者均为丘形。

(二) 墓道

墓道整体为斜坡状，南向者居多，北向者、东向者极少发现，尚未发现西向者。依据形制可分两类：

1. 斜坡式

斜坡由高而低延伸至墓门，口小底大或口底等同，墓道长且窄为其特点。

2. 斜坡式带过洞、天井

墓道后端预留过洞与天井。

(三) 墓门

墓门形状保存较好者为拱形。墓门部分以土坯封堵；部分以河床泥板与砾石等混合封堵。

(四) 甬道

高、宽等同于墓门，以连接墓道与墓室。

(五) 墓室

均为土洞单室。平面呈长方形，保存较好者为拱形顶。

二 葬具、葬式

(一) 葬具

葬具主要为尸床，保存较好者由细沙土、木板及草木灰构建而成，个别以木板承尸。

(二) 葬式

基本为单人葬，双人合葬发现极少。尸骨未扰乱者为仰身直肢葬。

三 随葬品组合

出土器物较少。唐墓基本组合为 1 件陶罐，瘗埋少量铜钱及铜带扣。隋墓因被盗，仅出土陶碗、琉璃残件、描金残片、彩绘俑及墓志等。

第三章
魏晋十六国时期墓葬形制及随葬品

此次佛爷庙湾—新店台墓群发掘的180座墓葬中，魏晋十六国时期墓葬有149座，占总数的81%。魏晋十六国时期墓葬按其形制可分为竖穴土坑墓与带斜坡墓道土洞墓两类，其中竖穴土坑墓5座，这里仅对144座带斜坡墓道土洞墓做型式划分。

第一节 墓葬形制

带斜坡墓道土洞墓形制较为复杂，在平面上有单、双室之分，有无耳室、壁龛之别，细部结构存在一定明显区别与变化。本报告据平面结构可分两型。

（一）甲型

前后双室墓 共4座。依据平面形状不同可分为三式。

Ⅰ式 1座。前室近方形，设耳室，前后室以甬道相连，后室为长方形，后室葬人且随葬器物。编号ⅠM9（图四），墓葬形制为双室砖石混合墓。前室平面呈近正方形，砖室，边长3.07~4.06、残高0.60米。前室附耳室，之间以甬道相连，内以青砖搭建条案，象征庖厨。后室与前室同样以甬道相连，为近长方形土洞，东西长2.70，南北宽2.00、残高1.40米。葬式为三人合葬墓，前后室均葬人。出土器物有陶器、铜器、铁器等，其中后室均为陶器，有陶罐、陶碟、陶樽及陶斗瓶。

Ⅱ式 1座。前后室均为长方形，前后室之间无甬道，前室壁龛蜕化为盲龛，后室葬人且随葬器物。编号ⅣM15（图五），墓葬形制为双室土洞墓。前室平面呈长方形，东西长2.90、南北宽2.60、残高2.36米。前室双龛与前室之间已无甬道相连，后室平面亦呈长方形，东西长2.48、南北宽1.00、高1.20米。葬式为单人葬，后室发现零乱人骨。前室出土陶器，后室陶器、铜器均有发现。

Ⅲ式 2座。前后室均为长方形，前后室之间无甬道，前室壁龛退化为盲龛，后室不葬人且不随葬器物。编号ⅢM54（图六），墓葬形制为双室土洞墓。前室平面呈长方形，东西长3.08、南北宽2.30、残高2.75米。前室附一耳室及一龛，前室与耳室及后室之间无甬道相连。

第三章 魏晋十六国时期墓葬形制及随葬品

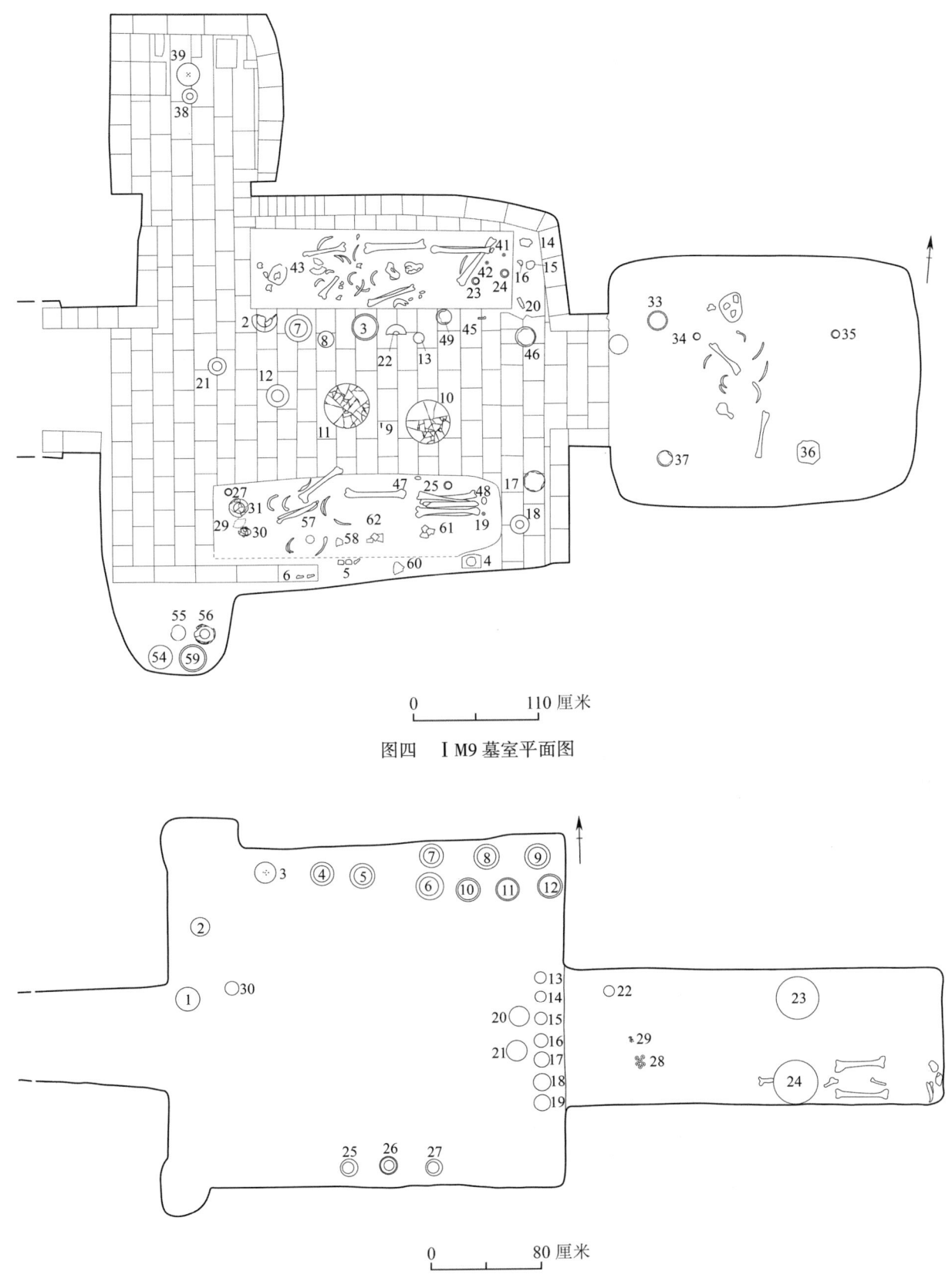

0 ———— 110厘米

图四 ⅠM9 墓室平面图

0 ———— 80厘米

图五 ⅣM15 墓室平面图

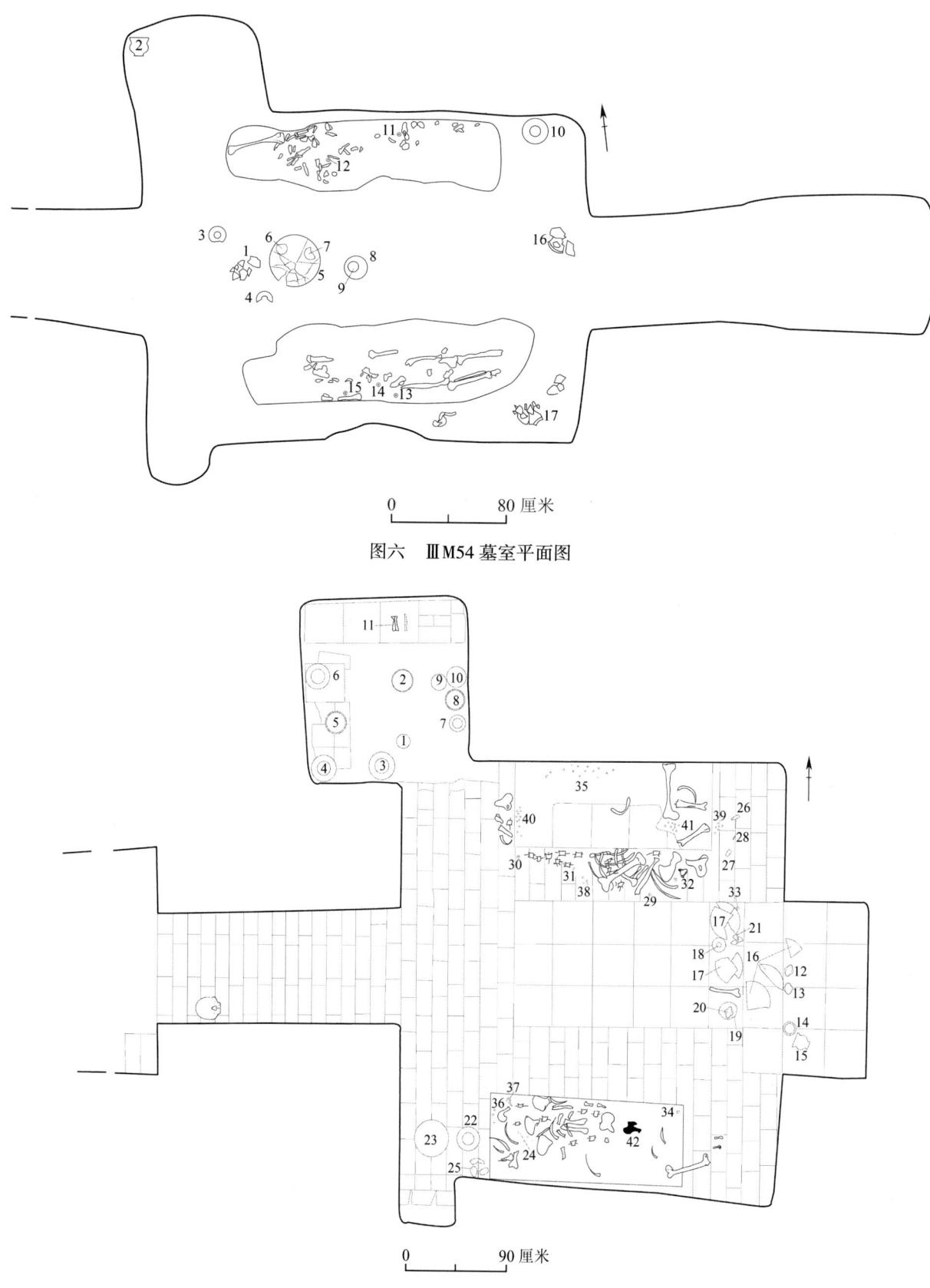

图六　ⅢM54墓室平面图

图七　ⅢM29墓室平面图

后室平面亦呈长方形,东西长 2.40、南北宽 0.80~0.98、高 1.33~1.85 米。葬式为双人合葬墓,仅前室有发现。出土器物以陶器为主,集中分布于前室中部,铜钱散布于人骨周围。

(二) 乙型

单室墓 共 140 座。多呈长方形或近方形,依据耳室、龛等特征分四亚型。

乙 A 型 单室带一耳室及壁龛墓 25 座。根据耳室及壁龛变化分两式。

Ⅰ式 20 座。墓室形制较规则,耳室大且规整,墓室与耳室之间部分有甬道,墓室前侧掏挖一象征性盲龛。编号ⅢM29(图七),墓葬形制为单室砖石混合墓。墓室平面呈近方形,边长 3.50、残高 2.80 米。附一耳室及一龛,其中耳室形制规整且较大,边长约 1.45、进深 1.03、高 1.45 米。

Ⅱ式 5 座。墓室形制不规则,耳室缩小。编号ⅣM18(图八),墓葬形制为单室土洞墓。平面呈长方形,东西长 3.50、南北宽 3.36、残高 2.93 米。附一耳室及一龛,其中耳室形制已不规整且趋小,边长约 0.96、进深 1.18、高 0.88 米。

乙 B 型 单室带一耳室墓 4 座。编号ⅢM25(图九),墓葬形制为单室土洞墓。平面呈近长方形,东西长 3.10、南北宽 1.90、残高 1.94 米。墓室西北角存一耳室,宽 0.70、进深约 0.50、高约 0.68 米。

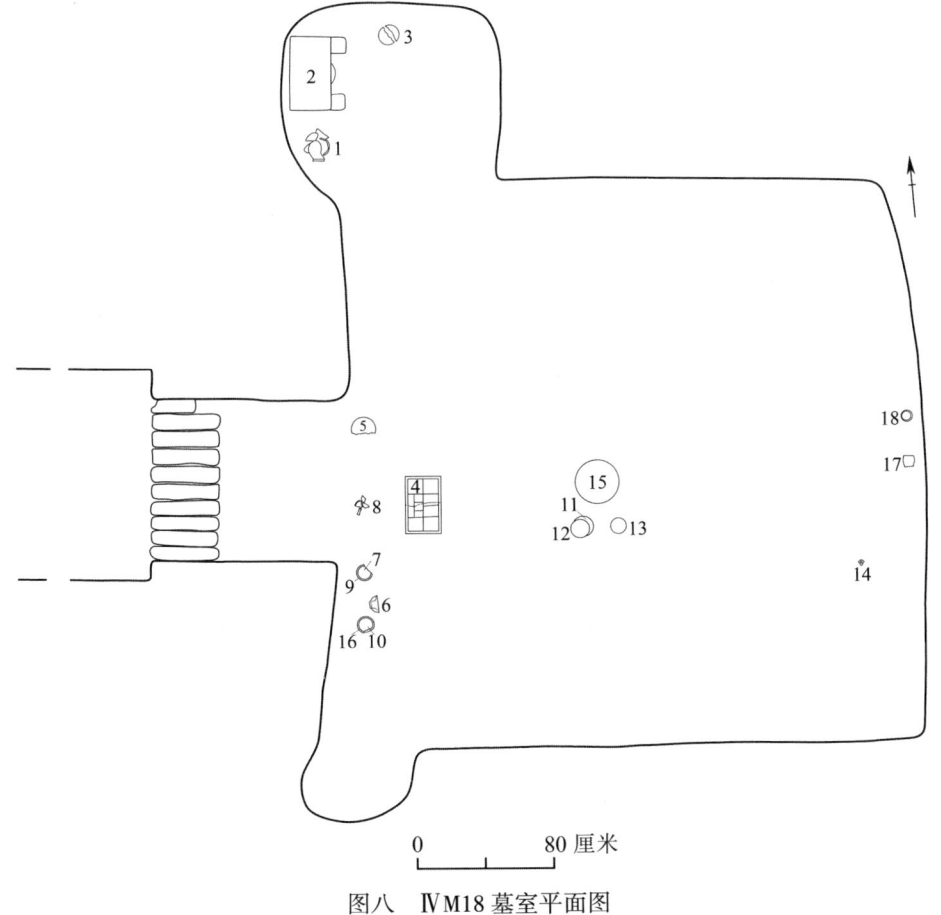

图八 ⅣM18 墓室平面图

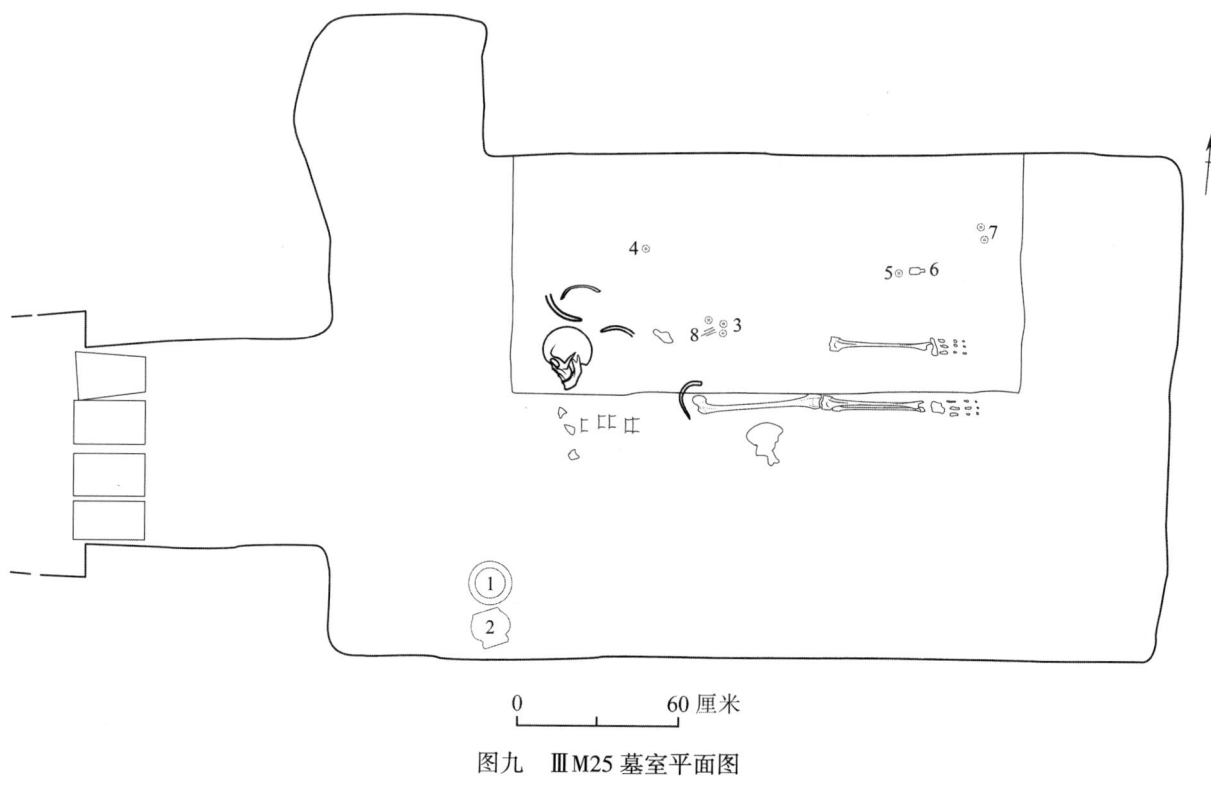

图九 ⅢM25 墓室平面图

乙 C 型 单室带双龛墓 49 座。依据双龛变化分三式。

Ⅰ式 12 座。墓室形制较规则，双壁龛较大且绝大部分规整，一龛随葬器物，一龛为盲龛。编号ⅣM7（图一〇），墓葬形制为单室土洞墓。墓室形制规整，平面呈长方形，南北长 3.04、东西宽 2.90 米。墓室西北角和西南角各有一龛，其中西北角龛口宽 0.70、进深 0.28、高 0.60 米，其内放置陶器；东南角龛口宽 0.60、进深 0.12、高 0.60 米，其内未发现器物。

Ⅱ式 17 座。墓室形制多不规则，壁龛多趋小且不规整，一龛随葬器物，一龛为盲龛。编号ⅥM28（图一一），墓葬形制为单室土洞墓。墓室平面呈长方形，东西长 2.90、南北宽 1.60、残高 1.50 米。墓室东北角和东南角各有一龛。其中东北角龛口宽 0.40、进深 0.16、高 0.23 米，其内未发现器物。东南角龛口宽 0.48、进深 0.20、高 0.57 米，其内放置陶器。

Ⅲ式 20 座。双龛多进一步缩小，双龛或皆放置器物，或一龛放置器物、一龛为盲龛，或双龛皆为盲龛。编号ⅡM8（图一二），墓葬形制为单室土洞墓。墓室平面呈长方形，东西长 3.00、南北宽 2.20 米。墓室西北角和西南角各有一龛，其中西北角壁龛口宽 0.54、进深 0.26、高 0.37 米；西南角龛口宽 0.54、进深 0.24、高 0.50 米。两龛内皆未放置器物。

乙 D 型 单室带单龛墓 20 座。依据单龛变化分两式。

Ⅰ式 7 座。墓室形制多较规整，单龛较大且较规整。编号ⅥM25（图一三），墓葬形制为单室土洞。墓室形制规整，平面呈长方形，东西长 2.70、南北宽 2.80、残高 2.20 米。墓室西南角掏一龛，口宽 0.50、进深 0.40、高 0.53 米。

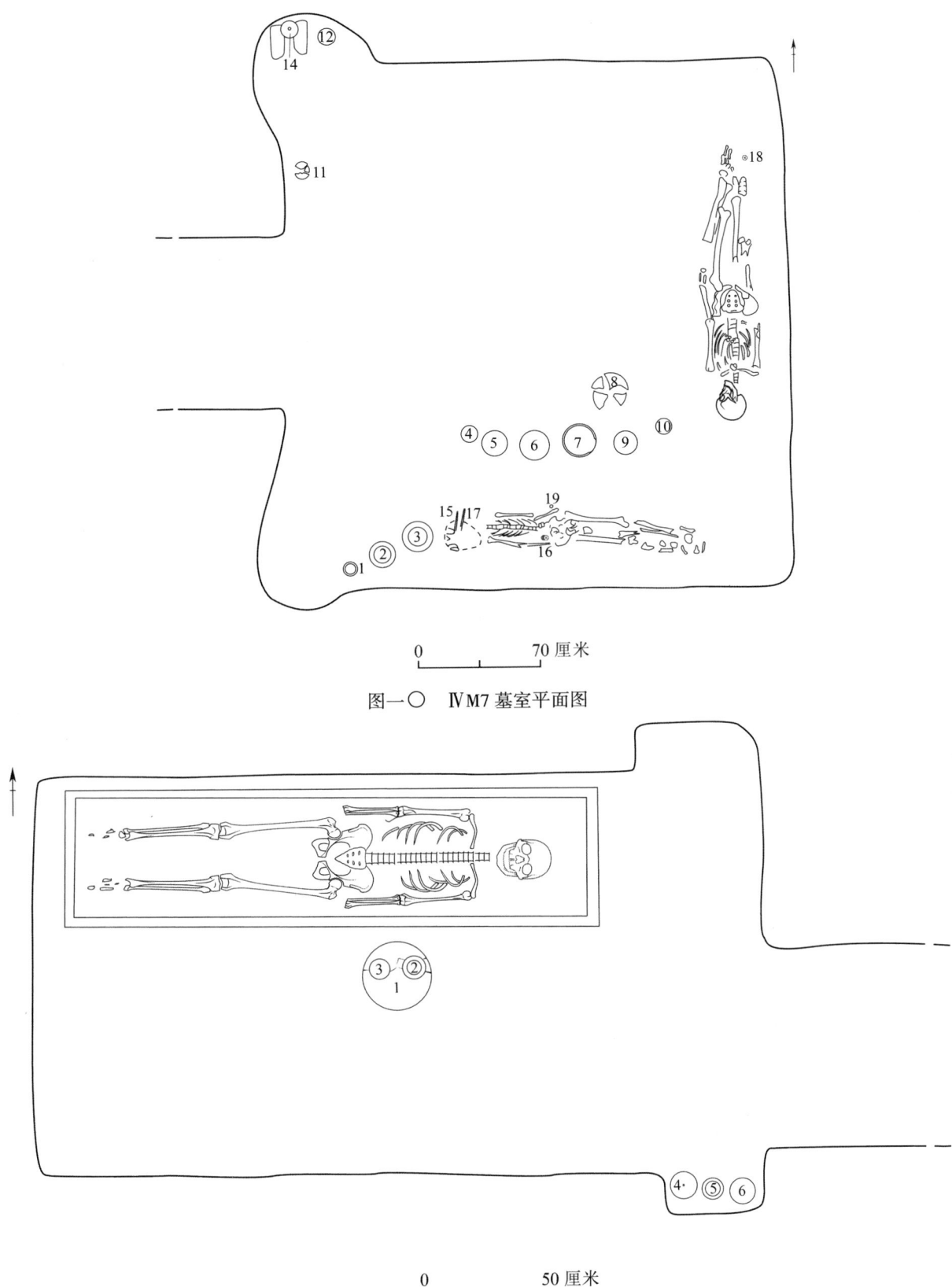

图一〇　ⅣM7 墓室平面图

图一一　ⅥM28 墓室平面图

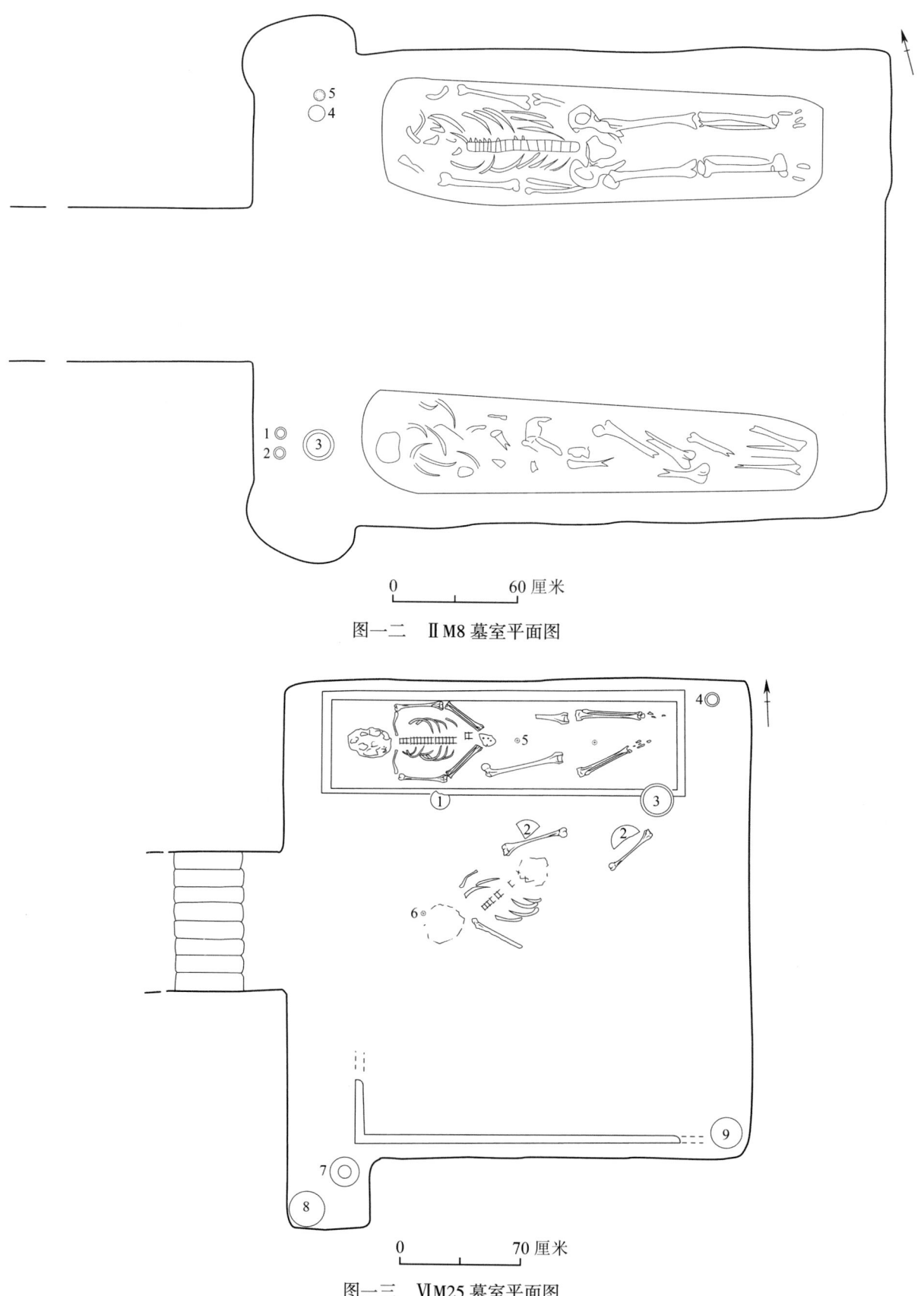

图一二　ⅡM8 墓室平面图

图一三　ⅥM25 墓室平面图

Ⅱ式 13座。墓室形制多不规则，壁龛趋小且不规整。编号ⅢM23（图一四），墓葬形制为单室土洞墓。墓葬形制已不规整，平面形状为圆角长方形，墓室东西长3.10、南北宽2.30、高1.85米。墓室西北角掏一龛，形制亦不规整，龛口宽0.50、进深0.16、高0.47米。

乙E型 单室不带龛 42座。依据墓室平面形状分四个次亚型。

乙Ea型 墓室平面近方形或圆角近方形 5座。编号ⅦM1（图一五），墓葬形制为单室土洞墓。墓室平面近方形，东西长3.20、南北宽3.00米。

乙Eb型 墓室平面呈竖（横）长方形或圆角长方形 27座。编号ⅣM2（图一六），墓葬形制为单室土洞墓。平面呈长方形，东西长2.80、南北宽1.84、残高2.10米。

乙Ec型 墓室平面呈梯形、"凸"字形、椭圆形 8座。编号ⅣM16（图一七），墓葬形制为单室土洞墓。平面形状呈"凸"字形，东西长2.60~3.30、南北宽1.90~2.40米。编号ⅢM12（图一八），墓葬形制为单室土洞墓。平面呈近长方形，南北长2.70、东西宽2.60、残高2.12米。

乙Ed型 墓室平面呈"刀把"形 2座。编号ⅢM42（图一九），墓葬形制为单室土洞墓。平面形状呈"刀把"形，南北长1.75、东西宽1.00、残高1.45米。

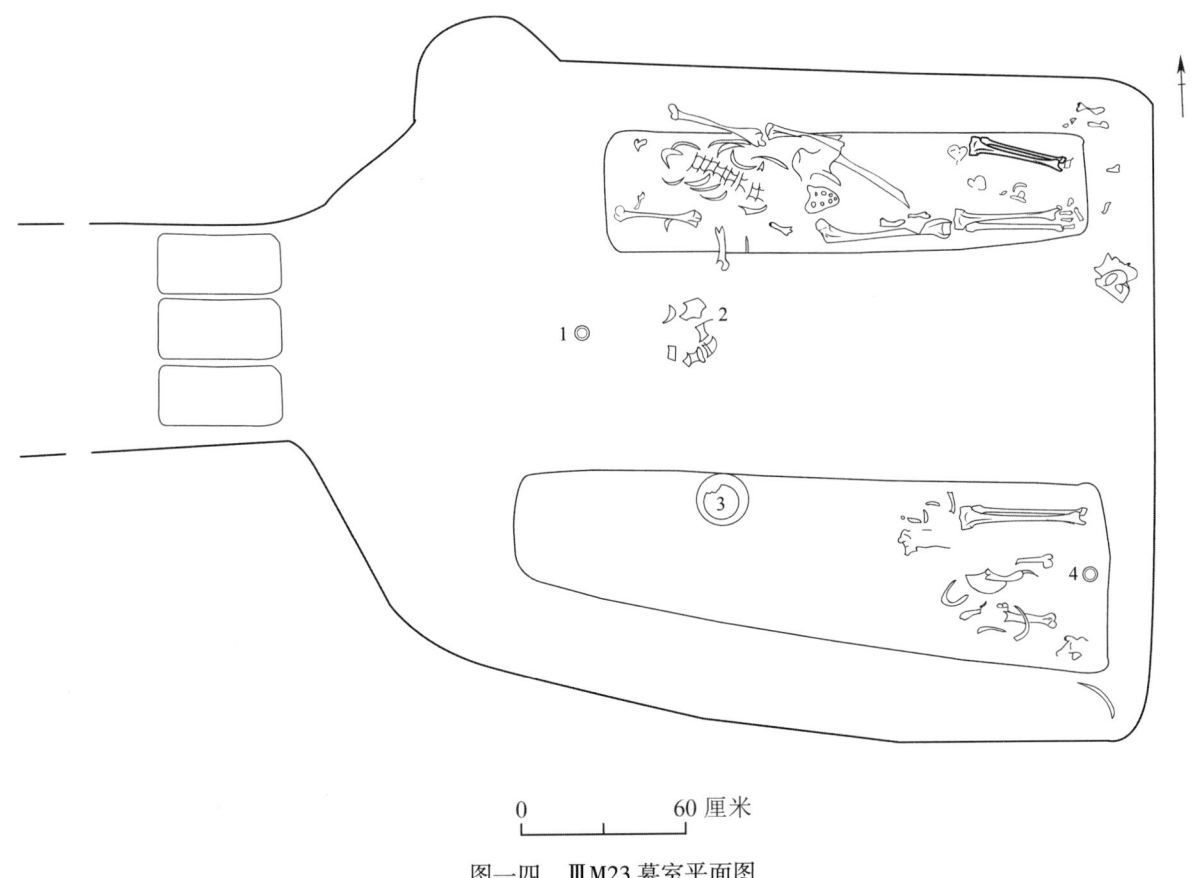

图一四 ⅢM23墓室平面图

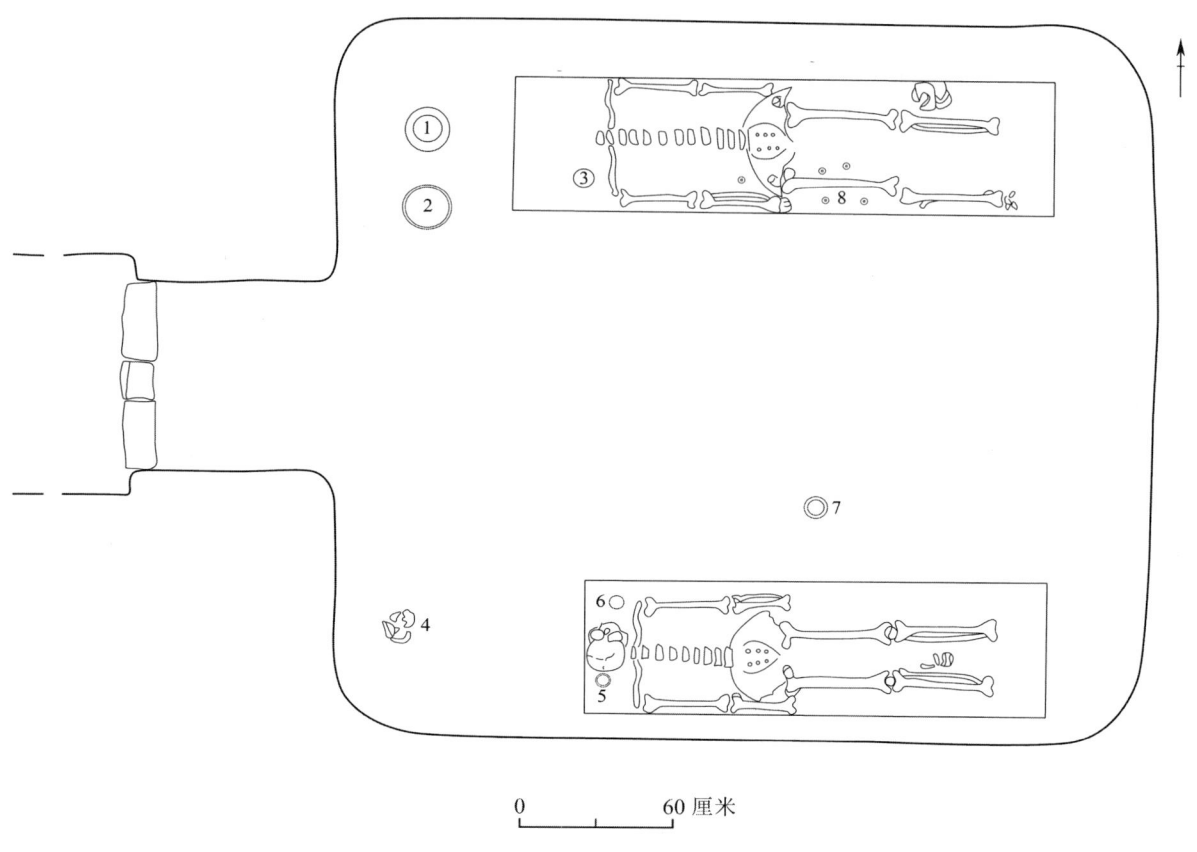

图一五　ⅦM1 墓室平面图

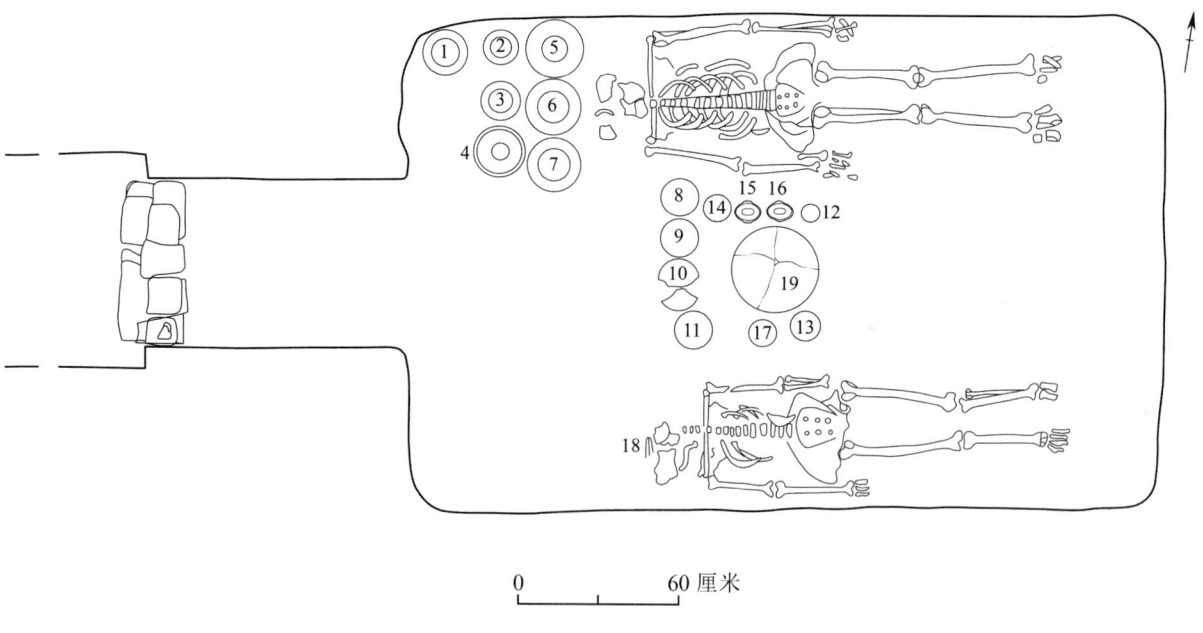

图一六　ⅣM2 墓室平面图

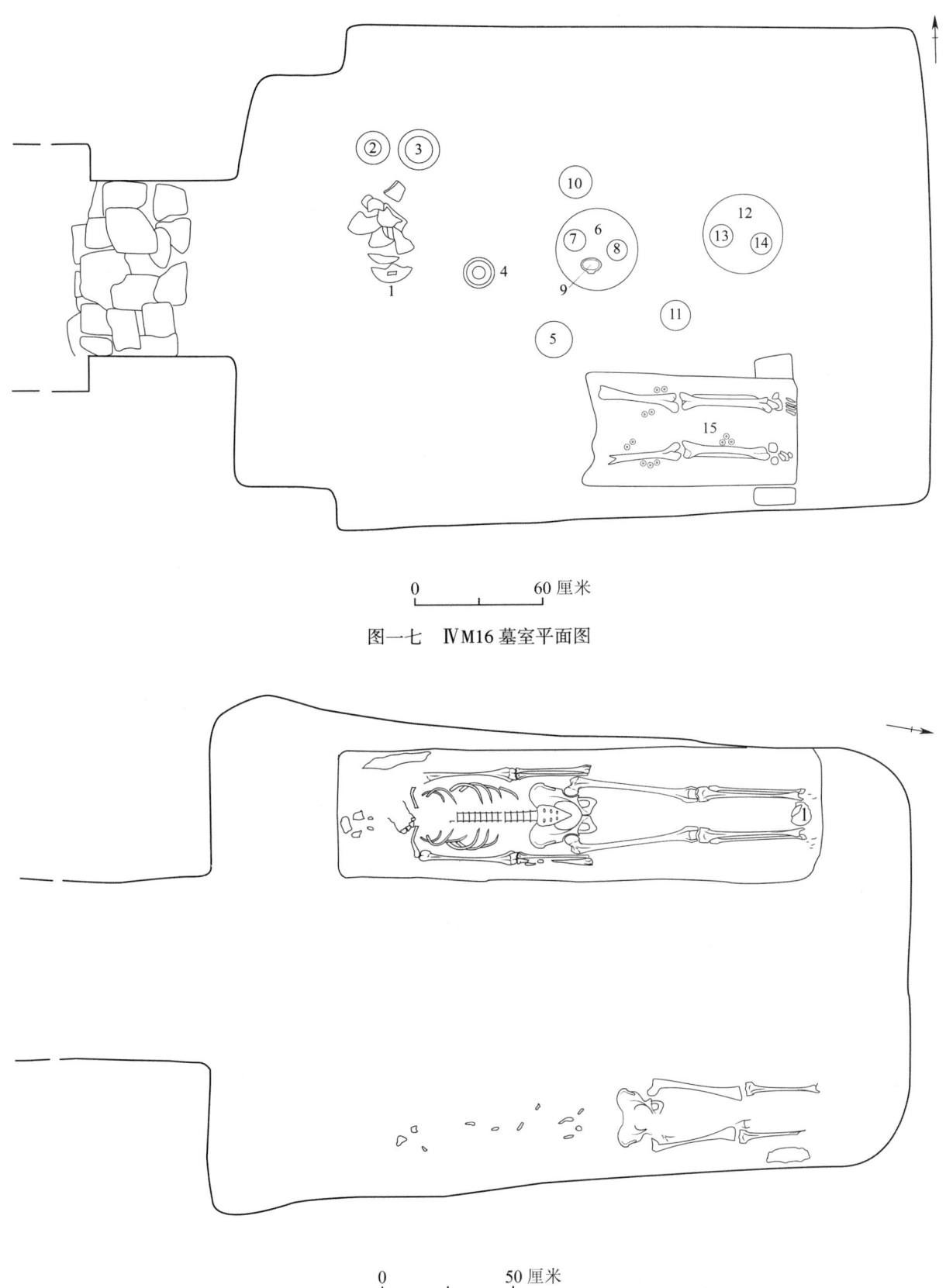

图一七 ⅣM16 墓室平面图

图一八 ⅢM12 墓室平面图

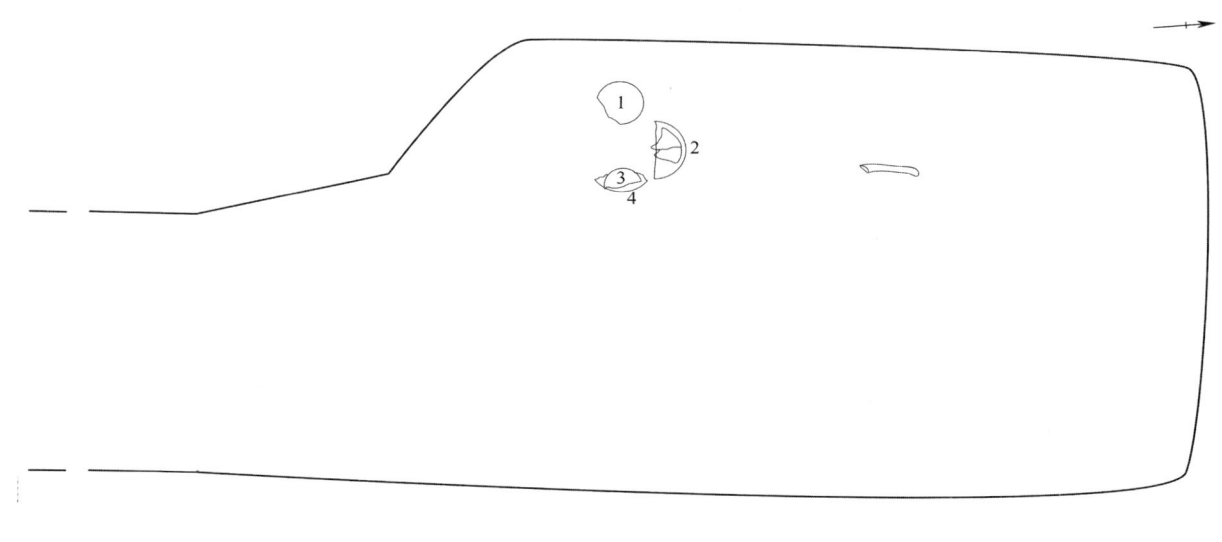

图一九　ⅢM42 墓室平面图

第二节　随葬品

此次魏晋十六国时期墓葬除部分空墓外,大部分墓葬均出土数量不等的随葬品。按质地可分为陶器、泥器、铜器、铁器、玉石器、木器及杂器等。

不同种类的器物在墓室中有较为固定的位置,陶器、泥器依据不同用途多放置于墓室中部或耳室、壁龛内;铜器、铁器、木器及杂器等依据不同的性质多置于墓主人周围。

现按质地分陶器、泥器、铜器、铁器、玉石器、木器及杂器分别叙述。

一　陶器

共计 1772 件。

(一) 陶质、陶色及纹饰

陶质基本为泥质陶,多用未淘洗掺杂细沙的粗质陶土进行制作,胎体颗粒较多,表面部分经过处理,较为细腻,部分未经过处理,沙粒暴露于器表。

陶色有灰、橙黄及红色,其中灰色又可分为灰褐色与灰黑色,红色多为红褐色。部分器物器表呈现出斑驳不均的杂色,应是烧窑受热不匀所致。因部分器物胎体烧制温度不高,断面呈红色或黑色。

陶器以素面为主,常见纹饰为绳纹、波浪纹、弦纹,垂幛纹有少量发现(图二〇)。其中绳纹为竖向或斜向,通体装饰于罐之上;波浪纹多与弦纹搭配,装饰于罐、盘、壶、釜等器

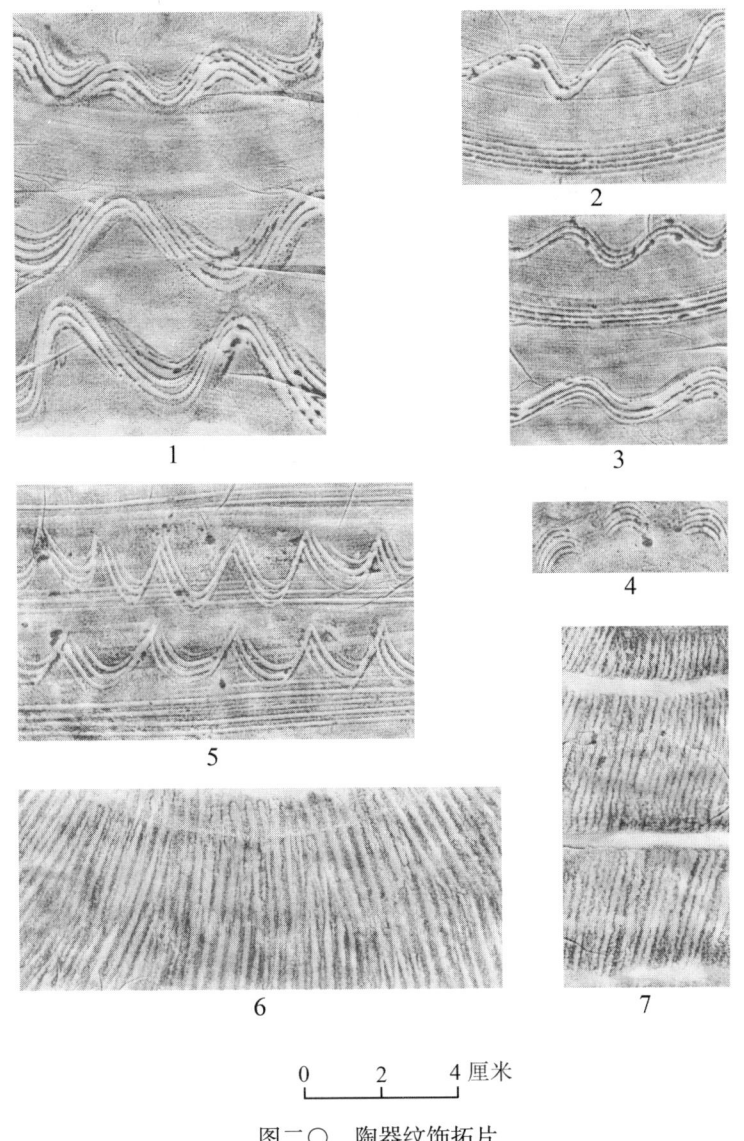

图二〇 陶器纹饰拓片

物,波浪纹或单独出现,其主要作为罐的纹饰;弦纹分凸弦纹与凹弦纹,主要装饰于罐肩腹部;垂幛纹仅见樽、罐一类器物。器物近底部发现竖向刮削痕迹,为河西地区魏晋十六国时期常见特征。

(二)器类

陶器主要为明器化的食具、庖厨用具及生活用具等,有罐、樽、釜、甑、盘、榻、壶、灯、钵、碗、碟、盆、耳杯、仓、灶、斗瓶等。器物除个别三足器、圜底器外,均为平底器。各类器物自身演化脉络清晰。现将可辨形制器物按罐(绳纹罐、波浪纹罐、弦纹罐及素面罐)、樽、釜、甑、盘、榻、壶、灯、钵、碗、碟、盆、耳杯、仓、灶、斗瓶等顺序依次介绍如下:

1. 绳纹罐　39件。陶色以灰色为主,橙黄次之,兼有红陶。肩、腹部通体饰绳纹。依据器物整体形制分两型。

A型 23件。口外侧为三角缘,圆鼓腹,器形整体矮胖。标本ⅠM9∶7,泥质灰陶。口微侈,外缘呈三角状,束颈,圆鼓腹,平底。肩、腹部饰竖向绳纹,近底处有竖向刮削痕迹。口径12.3、腹径23.2、底径15.0、高19.5厘米(图二一,1)。

B型 13件。口外侧为三角缘,肩、腹部比例增长,器形整体瘦高。标本ⅣM15∶8,泥质橙黄陶。近直口,外缘呈三角状,束颈,圆肩,圆鼓腹,平底。肩、腹部饰竖向绳纹,部分有间断,近底处有竖向刮削痕迹。口径12.0、腹径18.3、底径11.0、高18.6厘米(图二一,2)。

2. 波浪纹罐 204件。陶色以灰色为主,橙黄次之,发现少量红陶。肩、腹部饰三道规整波浪纹或为波浪纹、弦纹组合。依据器物整体形制分两型。

A型 101件。圆鼓腹,器形整体矮胖。依据口部及纹饰变化分两式。

Ⅰ式 43件。个体大,直口,口外侧为三角缘,肩、腹部饰三道规整波浪纹。标本ⅢM52∶2,泥质灰陶。直口,圆唇,外缘呈三角状,束颈,溜肩,圆鼓腹,平底。肩、腹部饰三组波浪纹,近底处有竖向刮削痕迹。口径11.0、腹径21.6、底径13.8、高17.3厘米(图二一,3)。

Ⅱ式 58件。个体变小,侈口出现,三角缘基本消失,肩、腹部饰波浪纹、弦纹组合。标

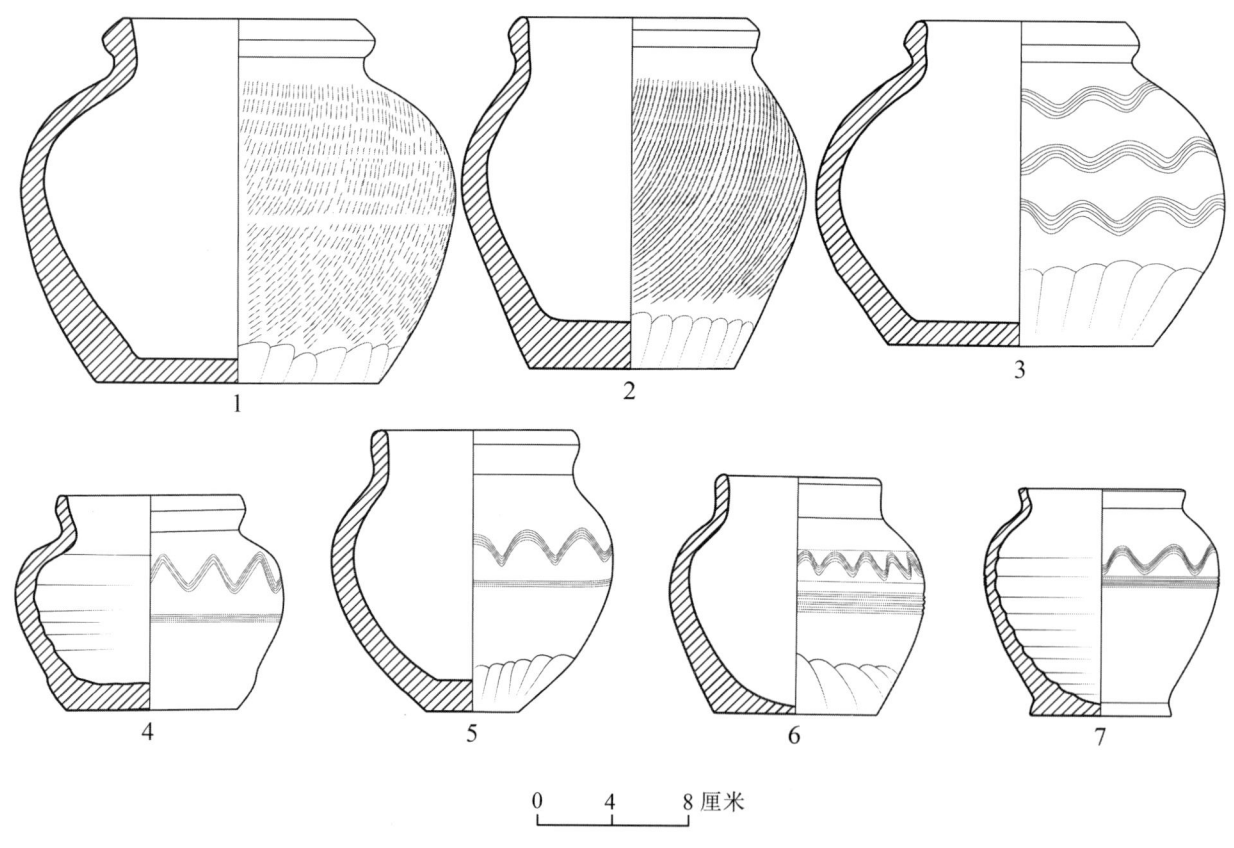

图二一 绳纹陶罐、波浪纹陶罐
1.A型绳纹陶罐(ⅠM9∶7) 2.B型绳纹陶罐(ⅣM15∶8) 3.A型Ⅰ式波浪纹陶罐(ⅢM52∶2) 4.A型Ⅱ式波浪纹陶罐(ⅤM15∶2) 5.B型Ⅰ式波浪纹陶罐(ⅢM18∶2) 6.B型Ⅱ式波浪纹陶罐(ⅢM21∶15) 7.B型Ⅲ式波浪纹陶罐(ⅢM39∶3)

本ⅤM15∶2，泥质灰陶。侈口，圆唇，束颈，圆鼓腹，平底。肩、腹部饰波浪纹和弦纹组合。口径9.6、腹径14.2、底径9.2、高11.4厘米（图二一，4）。

B型　96件。肩腹部比例增长，器形整体瘦高。依据器物整体形制及纹饰变化分三式。

Ⅰ式　52件。三角缘基本消失，肩、腹部饰波浪纹、弦纹组合。标本ⅢM18∶2，泥质红褐陶。直口，圆唇，束颈，圆鼓腹，平底。肩、腹部饰波浪纹、弦纹组合，近底处有竖向刮削痕迹。口径10.0、腹径15.2、底径5.0、高15.0厘米（图二一，5）。

Ⅱ式　27件。个体变小，部分器物口部大于底部，肩部最大径上移。标本ⅢM21∶15，直口，圆唇，鼓腹，平底。肩、腹部饰波浪纹、弦纹组合，近底处有竖向刮削痕迹。口径8.8、腹径13.4、底径8.6、高12.6厘米（图二一，6）。

Ⅲ式　17件。器物大部分为口部大于底部，肩部最大径上移，部分波浪纹出现间断。标本ⅢM39∶3，侈口，方唇，束颈，圆肩，上腹部较圆鼓，下腹部斜收至平底。肩、腹部饰波浪纹和弦纹组合，内壁见轮制痕迹。口径8.8、腹径12.3、底径7.4、高12.2厘米（图二一，7）。

3. 弦纹罐　37件。陶色多为灰色，因火候较高，尤以灰黑陶为最。弦纹分凸弦纹与凹弦纹，多饰于肩、腹部。依据器物整体形制分两型。

A型　28件。圆鼓腹，器形整体矮胖。依据口沿及颈部等特征，分四亚型。

Aa型　16件。直口或侈口，口外侧为三角缘。标本ⅢM2∶1，泥质灰陶。直口，尖圆唇，外缘呈三角状，束颈，圆肩，圆鼓腹，底微凹。肩、腹部饰弦纹，近底处见竖向刮削痕迹。口径9.2、腹径21.0、底径13.8、高20.8厘米（图二二，1）。

Ab型　6件。侈口，束颈。标本ⅢM2∶4，泥质灰陶。侈口，尖圆唇，斜直领，圆肩，圆鼓腹，底微凹。肩、腹部饰弦纹，近底处见竖向刮削痕迹。口径8.8、腹径17.6、底径12.6、高15.6厘米（图二二，3）。

Ac型　4件。侈口，高直领。标本ⅥM3∶5，泥质灰陶。侈口，尖唇，高直领，肩部较宽，圆鼓腹，平底。腹部饰数道弦纹。口径6.4、腹径14.0、底径6.6、高12.6厘米。（图二二，8）。

Ad型　2件。直口，矮领。标本ⅢM33∶11，泥质红褐陶。直口，方唇，矮领，圆肩，圆鼓腹，下腹部斜收至平底。口部有一对穿孔。肩、腹部饰两道弦纹。口径4.6、腹径9.2、底径4.2、高6.7厘米（图二二，4）。

B型　5件。肩、腹部比例增长，器形整体瘦高。标本ⅢM3∶12，泥质灰陶。口残，可复原。侈口，方唇，圆肩，圆鼓腹，下腹斜收至平底。肩部饰弦纹，近底处见竖向刮削痕迹。口径9.4、腹径16.0、底径12.6、高15.1厘米（图二二，9）。

4. 垂幛纹罐　2件。标本ⅢM23∶3，泥质灰陶。底残，可复原。侈口，方唇，束颈，圆肩，圆鼓腹，平底。肩、腹部饰垂帐纹和弦纹组合。口径12.4、腹径18.8、底径13.2、高13.0厘米（图二二，2）。

5. 素面罐　21件。依据口部等特征分三型。

图二二 弦纹陶罐、垂幛纹陶罐、素面陶罐
1.Aa型弦纹陶罐（ⅢM2∶1） 2.垂幛纹陶罐（ⅢM23∶3） 3.Ab型弦纹陶罐（ⅢM2∶4）
4.Ad型弦纹陶罐（ⅢM33∶11） 5.C型素面陶罐（ⅢM28∶1） 6.B型素面陶罐（ⅡM12∶3）
7.A型素面陶罐（ⅡM3∶15） 8.Ac型弦纹陶罐（ⅥM3∶5） 9.B型弦纹陶罐（ⅢM3∶12）

A型　11件。侈口，部分口部外侧发现三角缘，斜直领或束颈。标本ⅡM3∶15，泥质素面灰陶。侈口，圆唇，斜直领，束颈，广肩，圆鼓腹，平底。口径5.2、腹径12.0、底径6.8、高9.5厘米（图二二，7）。

B型　7件。（近）直口，部分口部外侧发现三角缘。标本ⅡM12∶3，泥质素面灰陶。器形较小，直口，圆唇，矮领，溜肩，扁鼓腹，小平底。口径3.8、腹径7.8、底径3.9、高4.4厘米（图二二，6）。

C型　1件。带盖。标本ⅢM28∶1，泥质素面灰陶。盖顶呈弧形，器身口微侈，方唇，束颈，扁鼓腹，底微内凹。盖口径2.2、高1.1厘米；罐口径3.8、腹径6.2、底径3.4、高4.2厘米；通高5.3厘米（图二二，5）。

6. 樽　162件。陶色以灰陶为主。腹部整体较直，多为平底。依据口部、领部等特征分四型。

A型　65件。直口，领部较高。依据口部、领部变化分四式。

Ⅰ式　12件。领部较高。多带盖。标本ⅣM4∶11，泥质素面灰陶。带盖樽，盖呈覆钵状，平顶，弧腹，侈口；樽直口，圆唇，领部变矮，曲腹，平底。盖径16.4、高5.0厘米；樽口径13.2、腹径17.2、底径16.0、高12.0厘米；通高15.6厘米（图二三，9）。

Ⅱ式　43件。器形整体变矮，多为素面。带盖器较少。标本ⅢM50∶15，泥质灰陶。直口，尖圆唇，高领，圆折肩，直腹收至大平底。口径14.4、底径16.5、高11.0厘米（图二三，7）。

Ⅲ式　5件。器形整体变小，领部变矮。无盖。标本ⅡM8∶3，泥质灰陶。直口，圆唇，矮领，折肩，腹部较斜直，近底部饰凸棱纹。口径12.2、腹径14.0、底径14.0、高7.4厘米（图二三，4）。

Ⅳ式　5件。器口增大，变为侈口，口部大于底部。标本ⅣM11∶3，泥质素面红陶。侈口，方唇，肩部发育不明显，直腹中微曲，平底。口径13.4、腹径13.5、底径13.0、高7.5~7.7厘米（图二三，3）。

B型　85件。敛口或直口，矮领。依据口部、领部变化分两式。

Ⅰ式　45件。矮领，平折肩。多带盖。标本ⅠM9∶33，泥质素面灰陶。带盖樽，子母口，盖、口吻合甚严。盖呈覆钵状，平底，弧腹，直口，平沿。樽敛口，方唇，矮领，平折肩，斜直腹，底部微内束，平底。樽口径14.7、底径17.2、高12.6厘米；盖径16.6、高5.1厘米；通高17.1厘米（图二三，1）。

Ⅱ式　40件。器形整体变小，圆肩。无盖。标本ⅢM40∶3，泥质素面灰陶。直口，方唇，矮领，圆折肩，斜直腹，平底。口径13.6、底径15.4、高10.8厘米（图二三，2）。

C型　9件。无领、无肩。依据口部变化分两式。

Ⅰ式　4件。肩部多发育不良，口底等同。标本ⅢM50∶14，泥质素面灰陶。敛口，方唇，无领，无肩，斜直腹收至平底。口径20.1、底径18.8、高13.5厘米（图二三，5）。

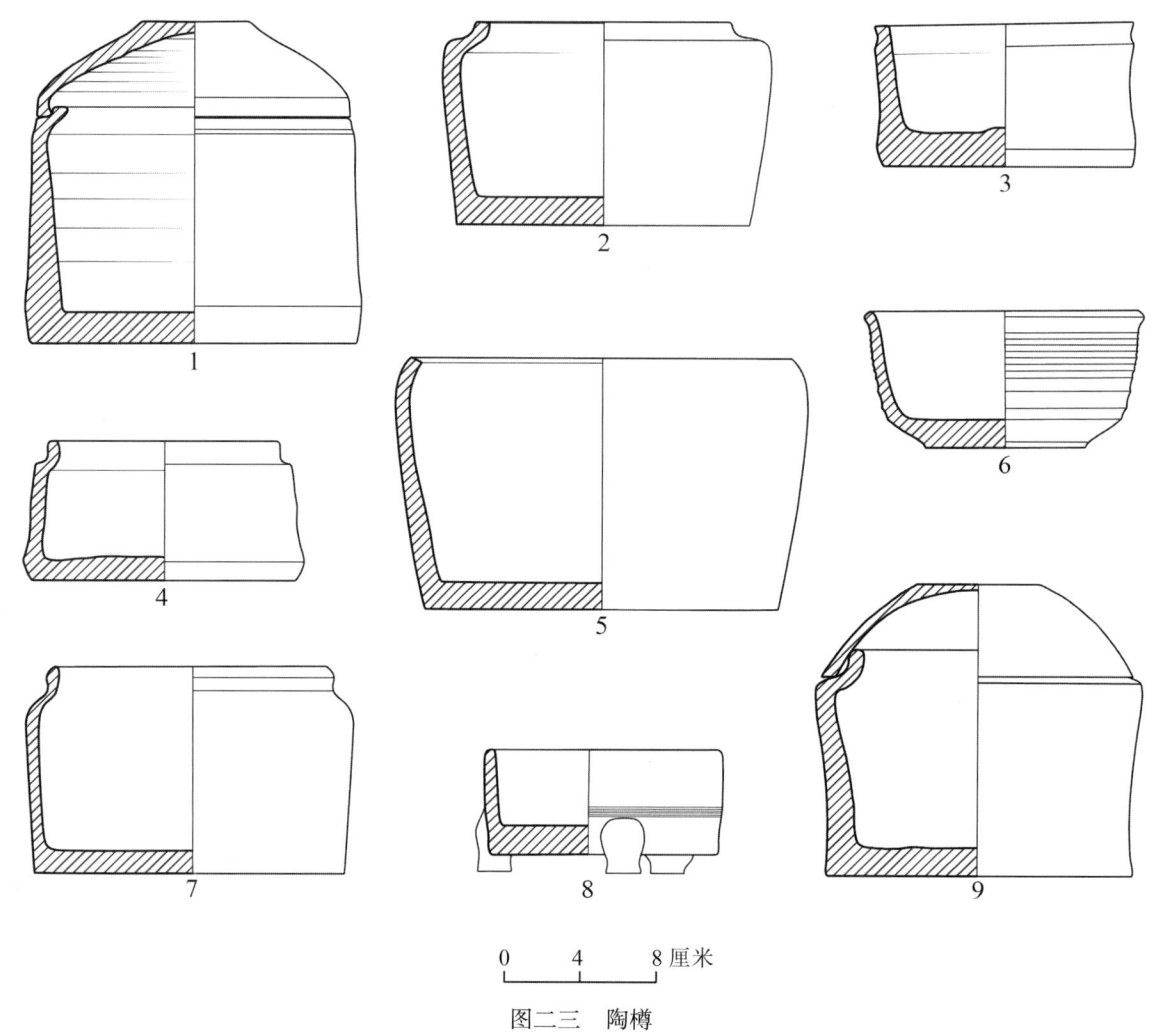

图二三　陶樽

1.B型Ⅰ式（ⅠM9：33）　2.B型Ⅱ式（ⅢM40：3）　3.A型Ⅳ式（ⅣM11：3）　4.A型Ⅲ式（ⅡM8：3）
5.C型Ⅰ式（ⅢM50：14）　6.C型Ⅱ式（ⅢM17：1）　7.A型Ⅱ式（ⅢM50：15）　8.D型（ⅢM27：13）　9.A型Ⅰ式（ⅣM4：11）

Ⅱ式　5件。口部大于底部，器形似碗。标本ⅢM17：1，泥质灰陶。侈口，圆唇，斜直腹，腹部较深，矮假圈足。腹部饰弦纹。口径14.2、底径8.4、高7.4厘米（图二三，6）。

D型　2件。三足樽。标本ⅢM27：13，泥质灰陶。直口，直腹，平底附三足。腹部饰数道弦纹。口径12.3、底径12.1、高6.5厘米（图二三，8）。

7. 釜　69件。陶色有灰陶和橙黄陶。火候一般较高，器形较为规整。依据器形整体特征分四型。

A型　59件。器形整体似罐，腹部较鼓，整体较矮胖。依据底部特征分两亚型。

Aa型　22件。带假圈足。据口部变化分三式。

Ⅰ式　7件。器形整体较大，口多小于底。标本ⅢM29：7，泥质灰陶。敛口，圆唇，圆鼓腹，下腹部内束斜收至平底。肩部及上腹部饰数道凸棱纹。口径8.5、腹径14.6、底径10.8、高9.6厘米（图二四，2）。

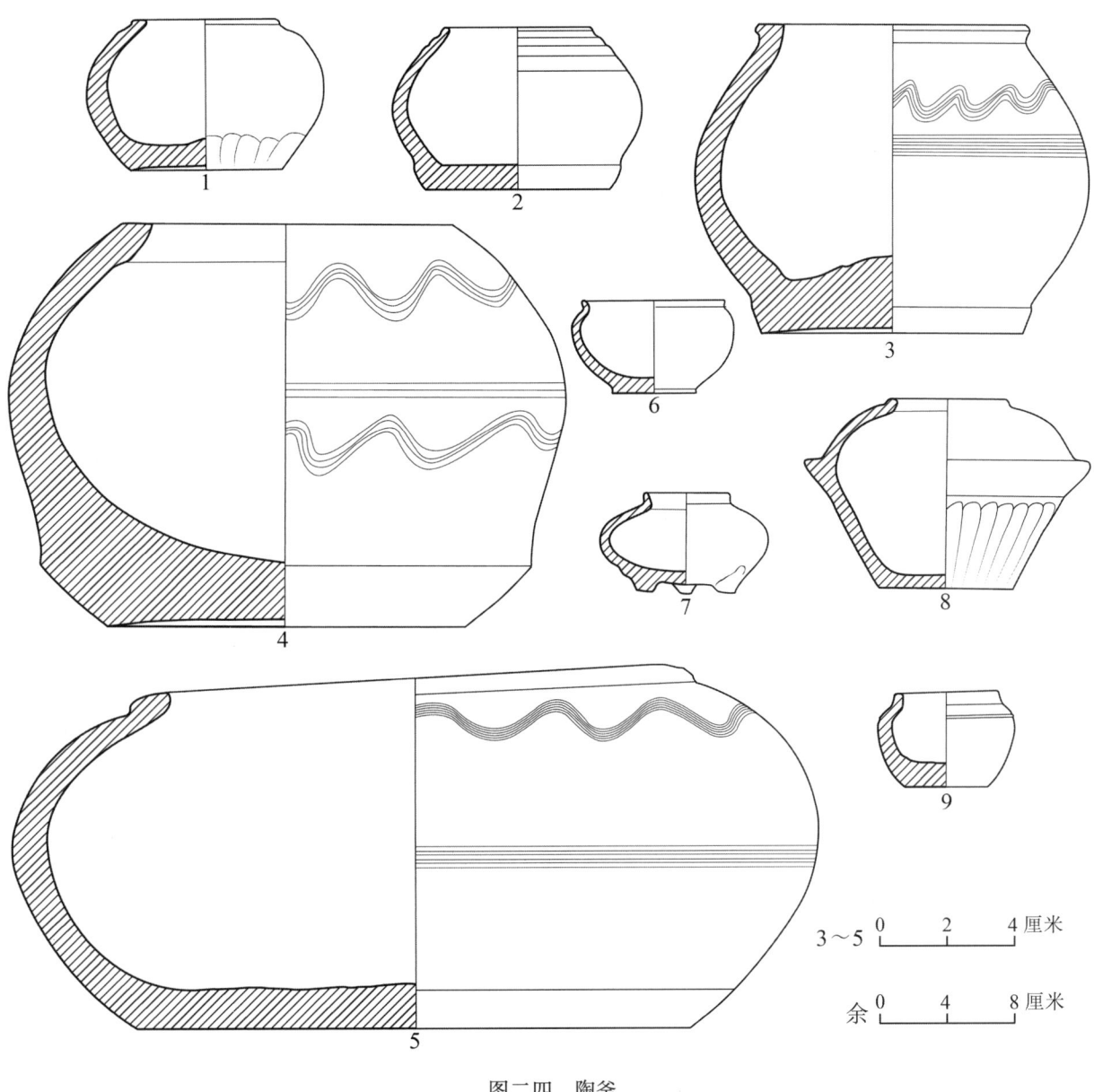

图二四 陶釜

1.Ab型Ⅱ式（ⅢM11：14） 2.Aa型Ⅰ式（ⅢM29：7） 3.Aa型Ⅱ式（ⅢM6：6） 4.Ab型Ⅰ式（ⅢM14：1）
5.B型（ⅡM2：22） 6.Aa型Ⅲ式（ⅢM19：3） 7.D型（ⅦM3：10） 8.C型（ⅦM25：7） 9.Ab型Ⅲ式（ⅡM15：9）

Ⅱ式 6件。器形变小，口底基本等同。标本ⅢM6：6，泥质橙黄陶。敛口，方唇，溜肩，腹部较圆鼓，底作假圈足。肩、腹部饰波浪纹和弦纹组合。口径8.0、腹径11.8、底径7.8、高9.2厘米（图二四，3）。

Ⅲ式 9件。器形骤然变小，口大于底，肩部最大径上移。标本ⅢM19：3，泥质素面灰陶。侈口，尖圆唇，矮领，圆鼓腹，底作假圈足。口径8.4、底径5.0、高5.6厘米（图二四，6）。

Ab型 37件。平底。据口部变化分三式。

Ⅰ式 14件。器形整体较大，口多小于底。标本ⅢM14：1，泥质灰陶。敛口，方唇，圆肩，圆鼓腹，底微凹。肩、腹部饰波浪纹和弦纹组合。口径9.8、腹径16.4、底径10.6、高11.9厘米（图二四，4）。

Ⅱ式　18件。器形变小，口底基本等同。标本ⅢM11：14，泥质灰陶。敛口，方唇，矮圆领，溜肩，圆鼓腹，底微凹。近底处有竖向刮削痕迹。口径8.8、腹径14.0、底径9.0、高9.0厘米（图二四，1）。

Ⅲ式　5件。器形骤然变小，口大于底，肩部最大径上移。标本ⅡM15：9，泥质灰陶。直口，圆唇，矮领，溜肩，鼓腹，平底。肩部饰一周凸棱纹。口径6.2、腹径8.2、底径4.9、高5.5~5.7厘米（图二四，9）。

B型　5件。器形整体似盂，器形扁圆，腹部较鼓。标本ⅡM2：22，泥质素面灰陶。敛口，尖圆唇，溜肩，扁鼓腹，下腹斜收至平底。肩、腹部饰波浪纹和弦纹组合。口径16.5、腹径23.8、底径16.2、高10.0~10.8厘米（图二四，5）。

C型　1件。釜中有凸棱。标本ⅦM25：7，泥质素面灰陶。敛口，圆唇，上腹部呈倒钵状，弧腹，底部外撇出沿，下腹部呈盆状，斜直沿斜直腹收至平底。近底处有竖向刮削痕迹。口径7.0、腹径17.0、底径8.0、高11.2厘米（图二四，8）。

D型　1件。釜底有三足。标本ⅦM3：10，泥质素面灰陶。侈口，尖唇，矮领，肩部近平，腹部外鼓，圜底近平，附三矮足。口径5.0、腹径10.0、通高6.0厘米（图二四，7）。

8. 甑　71件。陶色以灰陶为主。依据器形整体特征分两型。

A型　65件。盆形甑。依据腹部等特征分四亚型。

Aa型　5件。个体大，弧腹。标本ⅡM2：28，泥质素面橙黄陶。盆形甑，侈口，圆唇，斜平沿微凹沿，弧腹，平底，底有三孔。口径16.0、底径5.2、高6.3~7.3厘米（图二五，4）。

Ab型　28件。个体小，弧腹。标本ⅡM1：2，泥质素面灰陶。盆形甑。侈口，斜平沿，圆唇，浅腹，平底，底部有一圆孔。口径10.8、底径4.6、高4.7厘米（图二五，3）。

Ac型　27件。个体小，斜直腹。标本ⅢM10：4，泥质素面灰陶。盆形甑，侈口，方唇，弧腹斜收至平底，底有五孔。口径9.2、底径4.4、高4.3厘米（图二五，5）。

Ad型　5件。个体大，斜直腹。标本ⅡM12：19，泥质素面灰陶。盆形甑，侈口，圆唇，斜平沿，斜直腹，平底，底有四孔。口径15.8、底径7.4、高7.1厘米（图二五，2）。

B型　6件。钵形甑。标本ⅢM8：1，泥质素面灰陶。钵形甑，敛口，方唇，弧腹，腹部穿一孔，平底，底穿一孔。口径14.4、底径5.6、高5.1厘米（图二五，1）。

9. 盘　122件。陶色有灰陶、橙黄陶及红陶。圆形，平底。盘面饰波浪纹或弦纹。分四式。

Ⅰ式　16件。器体较大，直径接近40厘米，盘面饰三组波浪纹或弦纹。标本ⅣM16：6，泥质灰陶。平沿，外缘微弧。盘面饰弦纹。盘径39.0、厚1.8厘米（图二六，4）。

Ⅱ式　48件。器体变小，直径在30~35厘米之间，盘面多饰两组波浪纹。标本ⅢM29：16，泥质灰陶。平沿微凹，斜直缘。盘面饰一组弦纹间隔的两组波浪纹。口径34.0、厚1.9厘米

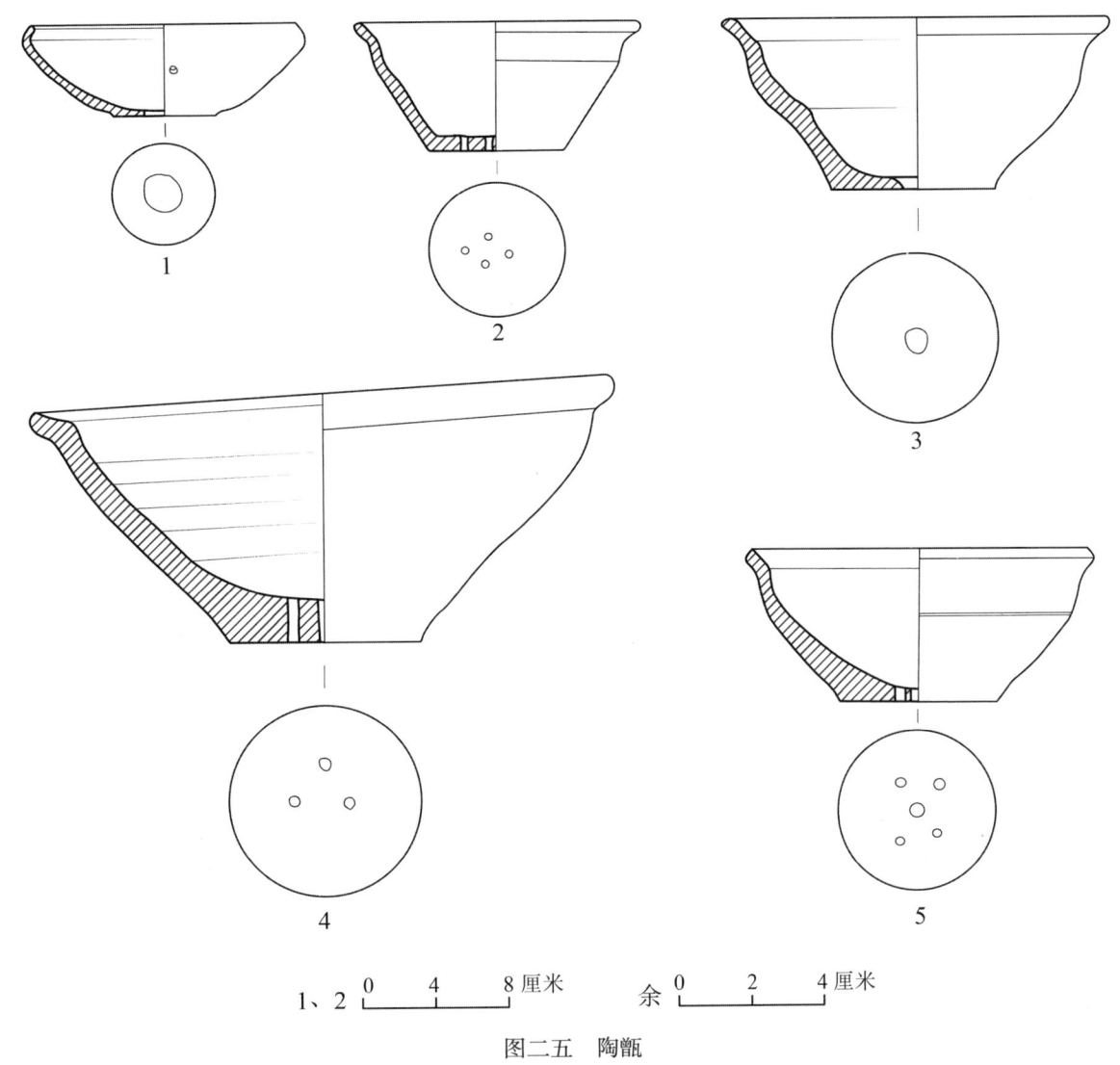

图二五 陶甑

1.B型（ⅢM8:1) 2.Ad型（ⅡM12:19) 3.Ab型（ⅡM1:2) 4.Aa型（ⅡM2:28) 5.Ac型（ⅢM10:4)

（图二六，3）。

Ⅲ式 48件。器体进一步变小，直径在20厘米以上，盘面饰两组波浪纹，波浪纹稀疏、简单及流畅。标本ⅤM15:9，泥质橙黄陶。盘沿较平，外缘斜直，盘面平整低于盘沿，平底。盘面饰两组波浪纹和一组弦纹组合。盘径25.8、厚2.4厘米（图二六，2）。

Ⅳ式 10件。器体最小，直径在20厘米左右，盘面饰两组波浪纹，草率，简化，部分波浪纹出现间断。标本ⅥM14:6，泥质灰陶。斜沿，外缘微弧缘，盘面较平整，低于盘沿，平底。盘面饰弦纹和波浪纹组合。盘径21.0、厚2.8厘米（图二六，1）。

10.槅 17件。陶色有灰色与红色，部分器表颜色斑驳不均。平面呈圆形或方形，平底。分内外两圈，内圈一般分隔为三个单元，外圈一般分隔为六个单元。依据器形整体特征，分三型。

A型 10件。圆盘状。依据外缘等变化分三式。

图二六 陶盘
1.Ⅳ式（ⅦM14:6） 2.Ⅲ式（ⅤM15:9） 3.Ⅱ式（ⅢM29:16） 4.Ⅰ式（ⅣM16:6）

Ⅰ式 2件。器体较大，制作规整，外缘一般较高。标本ⅡM15:12，泥质橙黄陶。圆盘状，外缘较高且齐平。外圈被隔成六格，内圈被隔成三格。口径18.5、底径18.6、高3.5厘米（图二七，4）。

Ⅱ式 2件。器体变小，外缘一般较矮，低于内缘。标本ⅢM10:11，泥质素面灰陶。圆盘状，外缘呈尖三角。外圈被隔成六格，内圆被隔成三格。口径 19.6、底径 18.6、厚 2.5 厘米（图二七，1）。

Ⅲ式　6件。器体最小，多制作粗糙，火候较低。标本ⅦM14∶1，泥质素面灰陶。圆盘状，斜直缘，外圈被隔成六格，内圈被隔成三格。口径 15.8、底径 17.2、厚 2.4 厘米（图二七，2）。

B型　1件。圆形钵状。标本ⅢM19∶5，泥质素面灰陶。圆形钵状，敞口，浅腹，平底。外圆被隔成六格，内圆被隔成三格。口径 16.2、底径 7.7、高 4.2 厘米（图二七，3）。

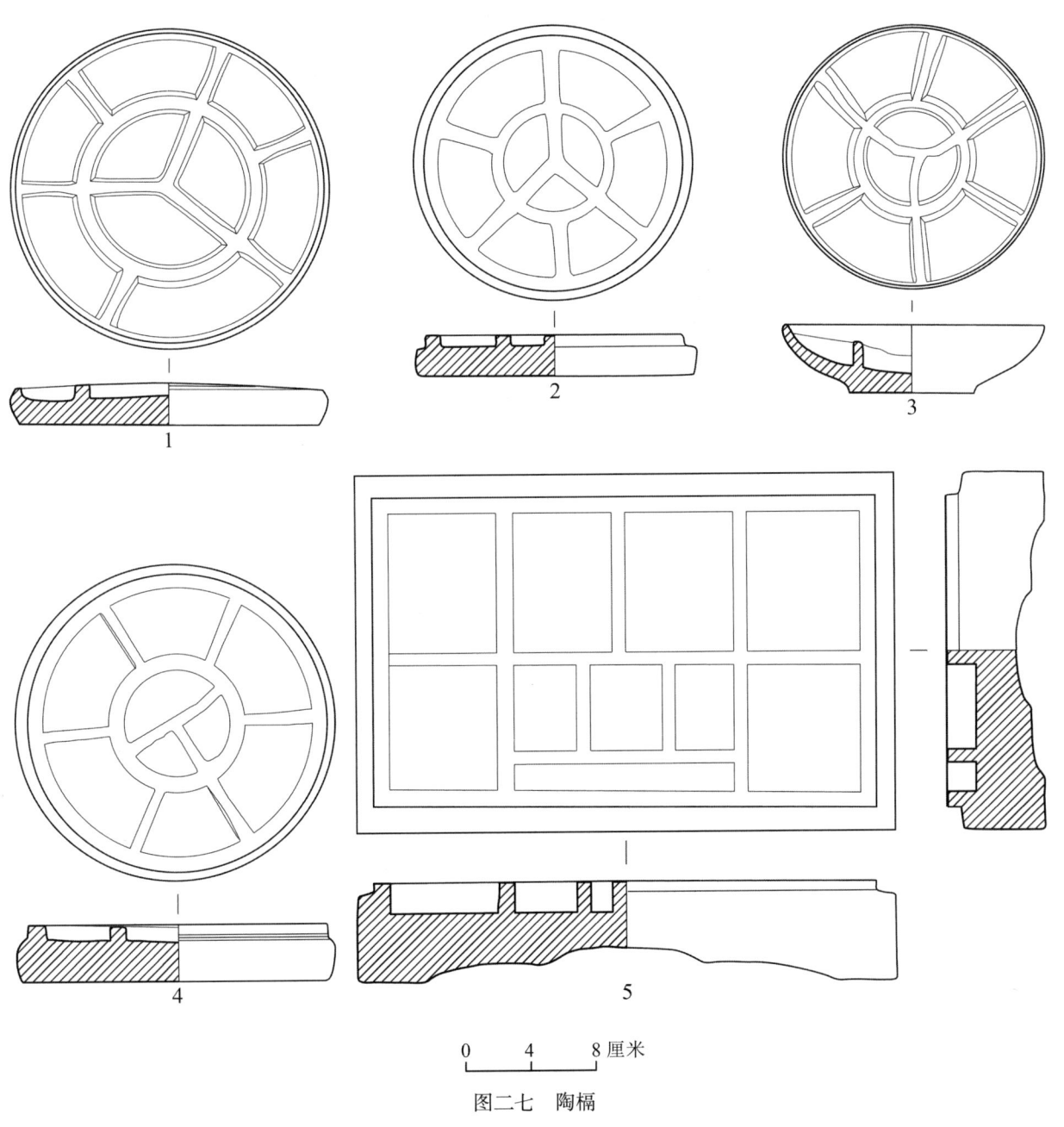

图二七　陶榻

1.A型Ⅱ式（ⅢM10∶11）　2.A型Ⅲ式（ⅦM14∶1）　3.B型（ⅢM19∶5）　4.A型Ⅰ式（ⅡM15∶12）　5.C型（ⅡM3∶16）

C型　5件。长方形。标本ⅡM3∶16，泥质灰陶。长方形，面上有十格，大小不同，深浅不一。通长33.4、宽22.0、高6.0厘米（图二七，5）。

11. 壶　71件。陶色以灰色为主。束颈，鼓腹，平底。依据腹部、底座等特征分三型。

A型　52件。扁鼓腹，喇叭状底座。依据颈部等变化分三式。

Ⅰ式　19件。器体较大，颈部较高。标本ⅣM1∶2，泥质素面橙黄陶。侈口，圆唇，束颈，扁鼓腹，下腹外撇至喇叭形底座，底微凹。口径6.8、腹径13.0、底径13.8、高14.6厘米（图二八，7）。

Ⅱ式　26件。器体多变小，颈部多变矮。标本ⅢM11∶13，泥质灰陶。侈口，圆唇，束颈，溜肩，扁鼓腹，束腰，外撇成低台座，底径大于腹径。肩部饰凸弦纹。口径8.6、腹径11.4、底径11.8、高10.8厘米（图二八，5）。

Ⅲ式　7件。器体最小，制作粗糙，口部多大于底部。标本ⅢM21∶5，泥质素面灰陶。侈口，圆唇，高斜领，束颈，扁鼓腹，座面外斜，底微凹。口径5.2、腹径8.0、底径6.9、高8.7厘米（图二八，1）。

B型　2件。喇叭口，圆鼓腹。标本ⅠM9∶12，泥质素面灰陶。喇叭口，圆唇，束颈，颈短粗，溜肩，圆鼓腹，下腹内收至喇叭状底座，平底。口径10.0、腹径19.4、底径13.8、高

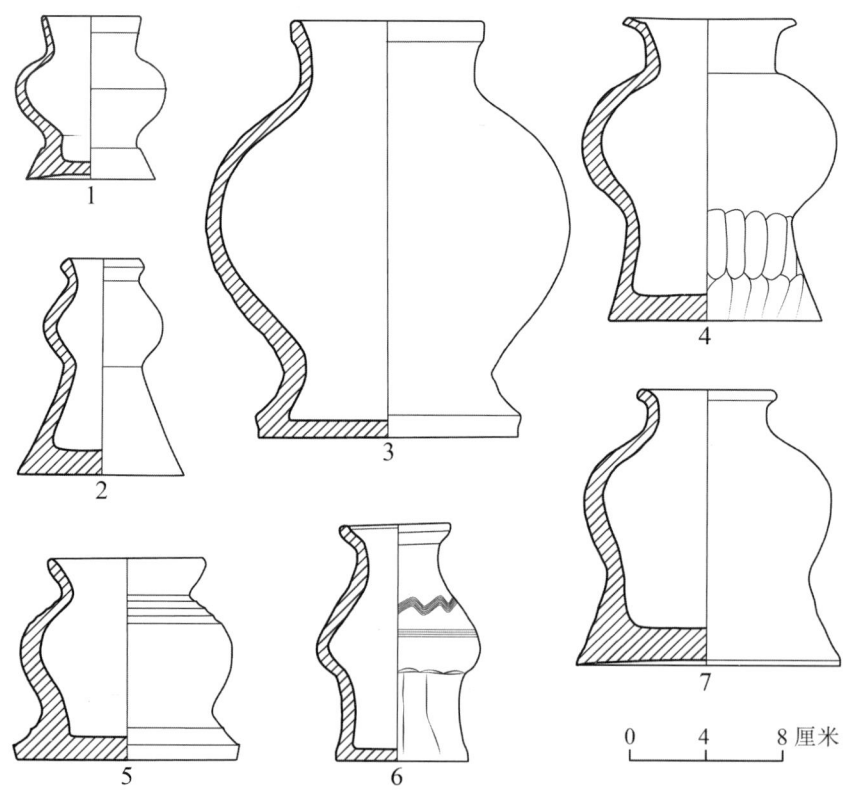

图二八　陶壶
1.A型Ⅲ式（ⅢM21∶5）　2.C型Ⅲ式（ⅢM19∶10）　3.B型（ⅠM9∶12）
4.C型Ⅰ式（ⅣM27∶1）　5.A型Ⅱ式（ⅢM11∶13）　6.C型Ⅱ式（ⅡM5∶6）　7.A型Ⅰ式（ⅣM1∶2）

22.1厘米（图二八，3）。

C型　14件。腹部较鼓且下垂，高底座。依据底座及纹饰变化等分三式。

Ⅰ式　2件。器体较大，底座较高。标本ⅣM27：1，泥质素面灰陶。侈口，斜平沿，高直领，圆肩，扁鼓腹且下垂，高台座，平底。台座上见竖向刮削痕迹。口径9.0、腹径13.4、底径11.2、高16.0厘米（图二八，4）。

Ⅱ式　10件。器体变小，颈腹部多饰有波浪纹、弦纹组合，底座多见刮削痕迹。标本ⅡM5：6，泥质橙黄陶。侈口，圆唇，长颈，溜肩，腹部较鼓且下垂，高台座，平底。肩、腹部饰波浪纹和弦纹各一组，近底处有竖向刮削痕迹。口径5.8、腹径8.5、底径7.0、高12.8厘米（图二八，6）。

Ⅲ式　2件。器体最小，制作粗糙，口部多大于底部，底座未有刮削痕迹。标本ⅢM19：10，泥质素面灰陶。侈口，尖唇，束颈，溜肩，腹部圆鼓且下垂，下腹外撇至大平底。口径3.8、底径9.0、高11.5厘米（图二八，2）。

12. 灯　73件。陶色以灰色为主。灯口呈碟状或钵状，灯柄有实心与空心之别。依据器形整体特征，分两型。

A型　50件。灯口呈碟状。依据口、底变化分四式。

Ⅰ式　12件。器体较大，柄部较粗长，且为空心。标本ⅢM1：15，泥质灰陶。灯口呈碟状，敞口，圆唇，柄部中空，上细下粗，近上部饰一周凸棱纹，近底部外撇形成叠涩圆台状，平底。口径7.6、底径10.8、高13.4厘米（图二九，7）。

Ⅱ式　13件。器体变小，柄部变短，为空心。标本ⅤM16：15，泥质素面灰陶。灯口呈碟状，敞口，尖圆唇，浅弧腹，灯柄空心，上细下粗，近底部外撇形成矮底座。口径7.5、底径12.6、高12.4厘米（图二九，8）。

Ⅲ式　24件。器体进一步变小，柄部为实心，口底大小相当。标本ⅢM15：3，泥质素面灰陶。灯口呈碟状，敞口，尖唇，浅弧腹，灯柄实心，上细下粗，近底部外撇成高台座，底微凹。口径6.4、底径7.6、高10.0厘米（图二九，5）。

Ⅳ式　1件。器体最小，制作粗糙，柄部为实心，口部大于底部。标本ⅢM19：14，泥质素面灰陶。灯口呈碟状，侈口，圆唇，浅弧腹，灯柄实心，近底部外撇，圆台状，平底。口径7.2、底径6.2、高6.4厘米（图二九，3）。

B型　19件。灯口呈钵状。依据口、底变化分四式。

Ⅰ式　6件。器体较大，柄部较粗长，且为空心。标本ⅠM9：21，泥质素面灰陶。体瘦高，灯口呈钵状，直口，方唇，弧腹，灯柄空心，上细下粗，近底外撇成斜缘低台座。口径7.7、底径15.4、高26.8厘米（图二九，1）。

Ⅱ式　2件。器体变小，柄部变短，为空心。标本ⅥM23：11，泥质素面灰陶。口略残，灯口呈钵状，直口，方唇，浅腹，灯柄空心，上细下粗，近底部外撇至平底。口径10.8、底径

15.0、高17.0厘米（图二九，6）。

Ⅲ式 7件。器体进一步变小，柄部为实心，口底大小相当。标本ⅡM3：20，泥质灰陶。灯口呈钵状，侈口，尖唇，弧腹，灯柄实心，上细下粗，近底部外撇形成叠涩圆台状，平底。柄近上部饰一周凸棱纹。口径6.2、底径9.0、高10.4~10.6厘米（图二九，4）。

Ⅳ式 4件。器体最小，制作粗糙，柄部为实心，口部大于底部。标本ⅢM39：7，泥质素面灰陶。口残，可复原。灯口呈钵状，直口，尖圆唇，弧腹，灯柄实心，近底部外撇至平底。口径7.2、底径6.4、高7.6厘米（图二九，2）。

13.钵 296件。陶色有灰色、橙黄色。基本为素面。多制作规整，为实用器。依据器形整体特征分四型。

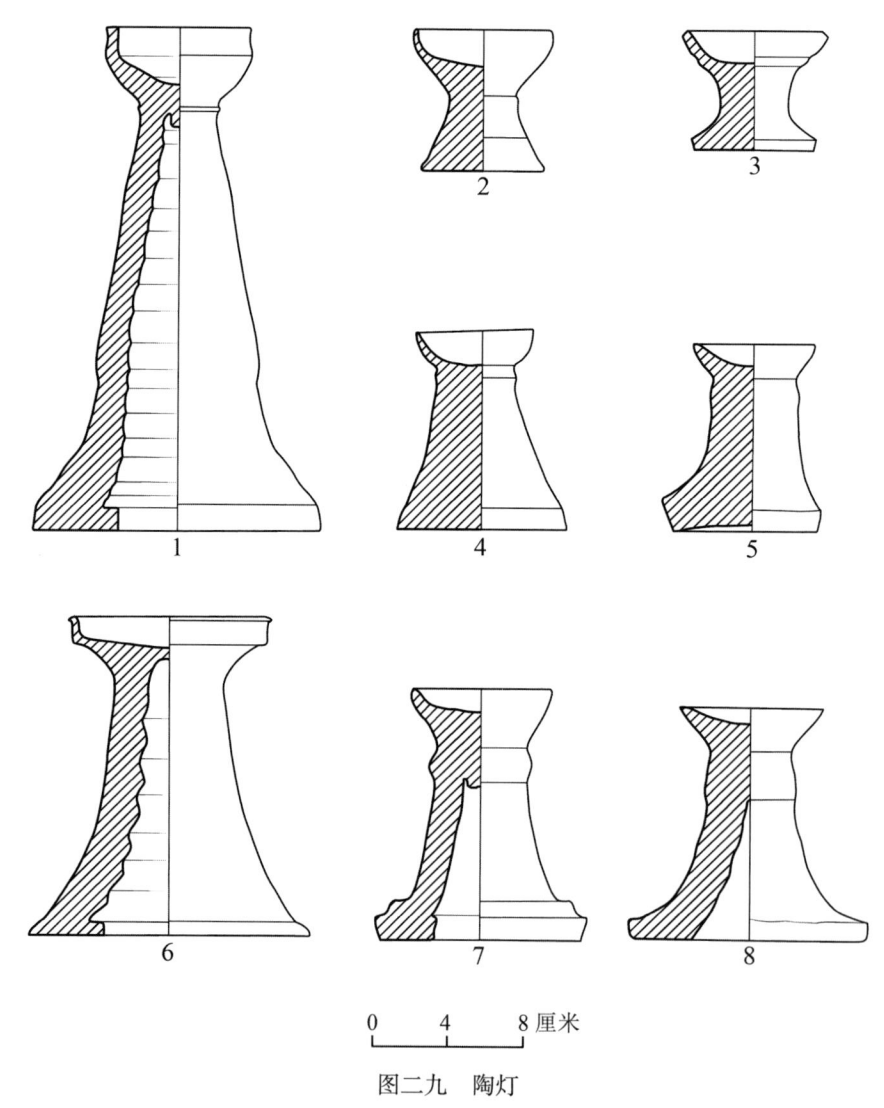

图二九 陶灯

1.B型Ⅰ式（ⅠM9：21） 2.B型Ⅳ式（ⅢM39：7） 3.A型Ⅳ式（ⅢM19：14） 4.B型Ⅲ式（ⅡM3：20）
5.A型Ⅲ式（ⅢM15：3） 6.B型Ⅱ式（ⅦM23：11） 7.A型Ⅰ式（ⅢM1：15） 8.A型Ⅱ式（ⅤM16：15）

A型 55件。敛口，上腹部多外鼓，下腹部圆弧或斜直，平底。标本ⅡM25：8，泥质素面灰陶。敛口，圆唇，上腹较鼓，下腹弧收，平底。口径16.3、底径6.1、高5.6厘米（图三〇，7）。

B型 155件。侈口，腹鼓圆弧，或上腹斜直，下腹圆弧或斜直，平底。标本ⅡM1：13，泥质灰陶。侈口，圆唇，弧腹，小平底。腹部饰弦纹。内壁见轮制痕迹。口径8.3、底径4.2、高2.9厘米（图三〇，1）。

C型 81件。直口，上腹较直或弧腹，下腹为弧腹，平底。标本ⅢM3：21，泥质素面灰陶。残，可复原。直口，圆唇，弧腹收至平底。口径7.8、底径2.3、高2.8厘米（图三〇，2）。

D型 2件。圜底。标本ⅥM21：1，泥质素面灰陶。敛口，圆唇，弧腹，圜底。口径14.6、底径4.0、高6.5厘米（图三〇，6）。

14. 碗 69件。陶色有灰色、橙黄色。基本为素面。多制作规整，为实用器。依据器形整体特征分三型。

A型 40件。侈口，腹鼓圆弧，或上腹斜直，下腹圆弧或斜直。标本ⅥM11：12，泥质素面灰陶。侈口，尖圆唇，弧腹收至平底，底作矮假圈足。口径6.0、底径2.6、高2.6厘米（图

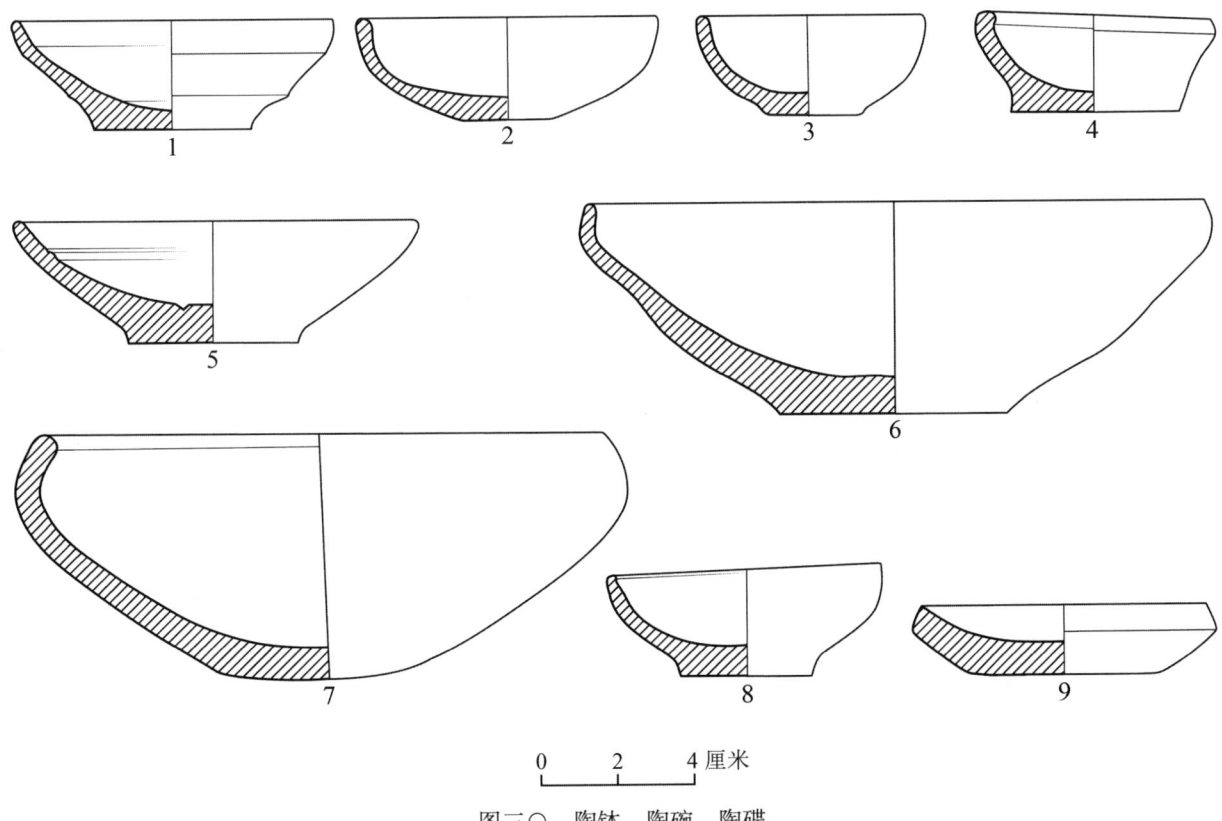

图三〇 陶钵、陶碗、陶碟

1.B型陶钵（ⅡM1：13） 2.C型陶钵（ⅢM3：21） 3.A型陶碗（ⅥM11：12） 4.C型陶碗（ⅤM12：15）
5.B型陶碟（ⅢM26：9） 6.D型陶钵（ⅥM21：1） 7.A型陶钵（ⅡM25：8） 8.B型陶碗（ⅢM18：14） 9.A型陶碟（ⅢM6：2）

三〇，3）。

B型　24件。直口，上腹较直或弧腹，下腹为弧腹。标本ⅢM18：14，泥质素面灰陶。直口，圆唇，弧腹，腹部较浅，底作假圈足。口径7.2、底径3.4、高3.0厘米（图三〇，8）。

C型　5件。敛口，上腹部多外鼓，下腹部圆弧或斜直。标本ⅤM12：15，泥质素面灰陶。敛口，圆唇，弧腹，矮假圈足。口径6.1、底径4.4、高2.5~2.7厘米（图三〇，4）。

15. 碟　112件。陶色以灰色为主。敞口，浅腹，平底或矮圈足。依据器形整体特征，分两型。

A型　81件。平底。标本ⅢM6：2，泥质素面灰陶。敞口，浅腹，平底。口径7.6、底径5.0、高1.9厘米（图三〇，9）。

B型　31件。矮假圈足。标本ⅢM26：9，泥质素面素面灰陶。敞口，尖唇，浅弧腹，底略作假圈足。口径10.6、底径4.5、高3.3厘米（图三〇，5）。

16. 盆　106件。陶色以灰色为主。多为侈口，斜平沿，平底。依据器形整体大小分两型。

A型　18件。大盆。依据腹部特征分两亚型。

Aa型　6件。斜直腹。标本ⅥM15：11，泥质灰陶。侈口，方唇，斜平沿微内凹，颈微束，斜直腹收至平底。上腹部饰两周凸棱纹。口径16.0、底径7.6、高7.4厘米（图三一，2）。

Ab型　12件。弧腹。标本ⅣM1：13，泥质素面灰陶。侈口，斜平沿，方唇，深弧腹，平底。内壁见轮制痕迹。口径16.0、底径7.5、高6.2~6.5厘米（图三一，1）。

B型　87件。小盆。依据腹部等特征分三亚型。

Ba型　37件。斜直腹。标本ⅠM3：2，泥质素面橙黄陶。侈口，圆唇，斜平沿，束颈，斜直腹收至平底。口径12.5、底径5.2、高5.0~5.6厘米（图三一，5）。

Bb型　45件。弧腹。标本ⅣM3：5，泥质素面灰陶。侈口，斜平沿微凹，圆唇，颈微束，弧腹，平底。口径12.6、底径4.2、高5.1厘米（图三一，4）。

Bc型　5件。假圈足。标本ⅥM11：6，泥质素面灰陶。侈口，圆唇，斜平沿，束颈，弧腹，近底时外撇成假圈足，底微凹。口径9.2、底径4.4、高4.7~5.0厘米（图三一，3）。

17. 耳杯　103件。陶色以灰色为主，兼有少量红色。器形整体呈椭圆形，长边两侧附双耳，平底。依据器形整体变化分三式。

Ⅰ式　25件。器体较大，内底多为圜底，器耳制作规整。标本ⅢM35：19，泥质素面灰陶。侈口，方唇，长边两侧附对称双耳，斜弧腹，圜底。长口径10.8、短口径5.8、长底径3.5、短底径1.5、高4.0厘米（图三二，1）。

Ⅱ式　75件。器体相对较小，内底为平底，器耳制作不规整，耳部变长。标本ⅢM35：15，泥质素面灰陶。侈口，方唇，长边两侧附对称双耳，斜弧腹，平底。长口径9.6、短口径5.0、长底径6.4、短底径4.2、耳长3.2、耳宽0.9、高2.5厘米（图三二，2）。

Ⅲ式　3件。器体最小，多不规则。标本ⅡM23：21，泥质灰陶。器形整体制作粗糙，呈椭圆形，长边附双耳。长口径7.9、短口径4.2、长底径5.4、短底径2.0、耳长1.9~2.3、宽0.8~

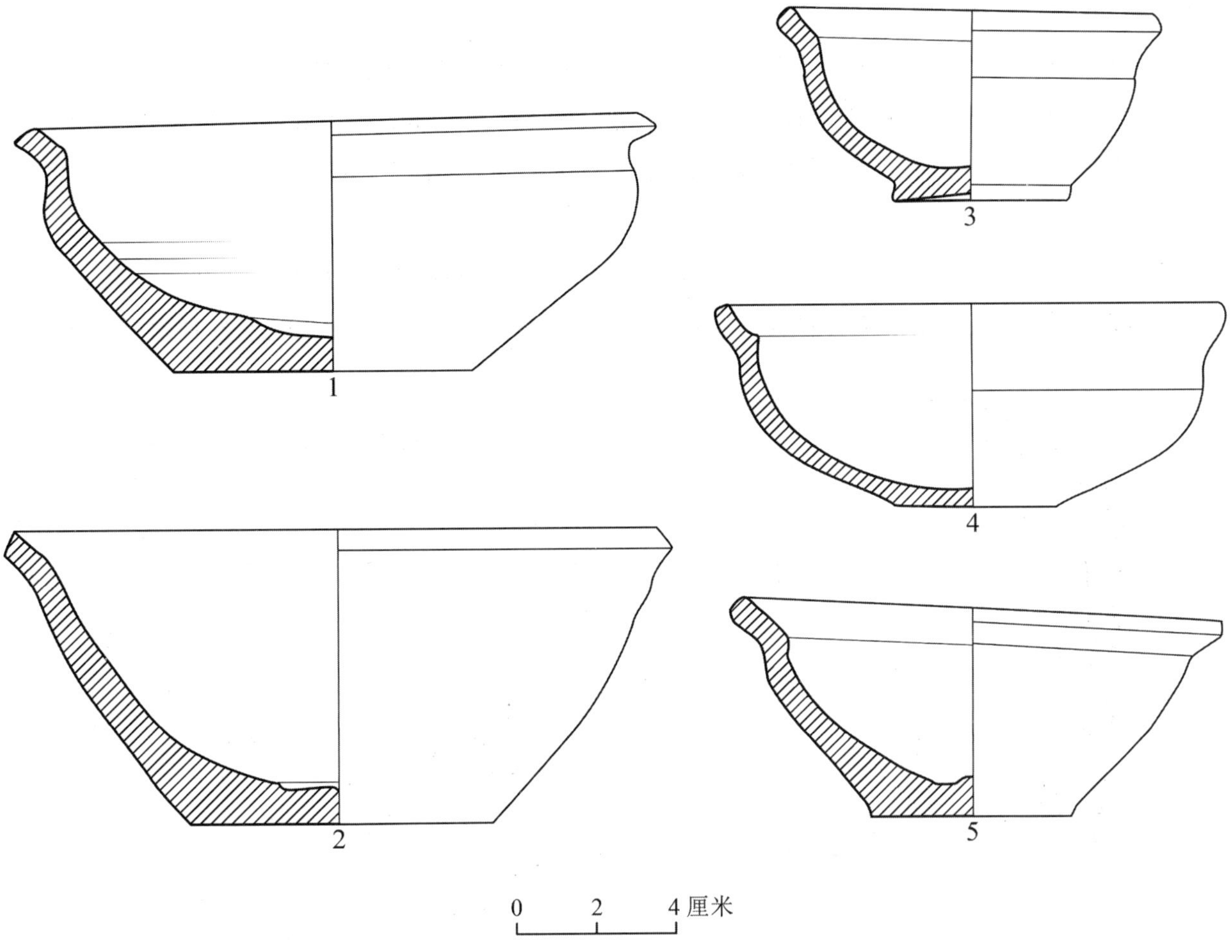

图三一 陶盆

1.Ab型陶盆（ⅣM1:13） 2.Aa型陶盆（ⅥM15:11） 3.Bc型陶盆（ⅦM11:6） 4.Bb型陶盆（ⅣM3:5） 5.Ba型陶盆（ⅠM3:2）

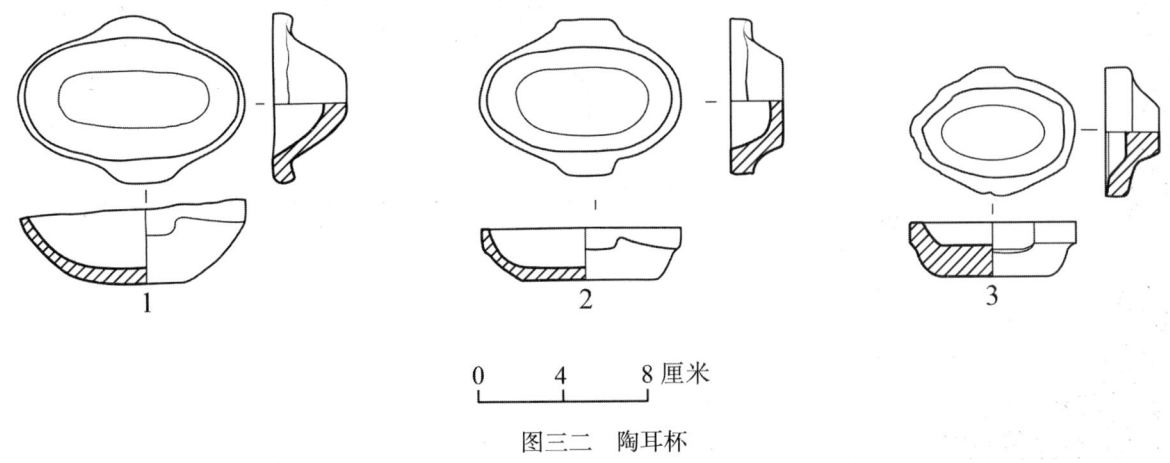

图三二 陶耳杯

1.Ⅰ式陶耳杯（ⅢM35:19） 2.Ⅱ式陶耳杯（ⅢM35:15） 3.Ⅲ式陶耳杯（ⅡM23:21）

1.0、高 2.6 厘米（图三二，3）。

18. 仓　4 件。陶色为灰陶。圆柱状，平底。依据器形顶部特征分两型。

A 型　2 件。仓顶为平口，不封顶。标本ⅢM19∶11，泥质素面灰陶。仓顶呈馒头状，有孔，腹部呈圆柱形，近底部以阴线刻画出门框，平底。顶部孔径 1.6、底径 11.9、高 15.2 厘米（图三三，2）。

B 型　1 件。仓顶为丘形，封顶。标本ⅥM14∶14，泥质灰陶。仓顶呈馒头状，中凸起，无孔，腹部呈圆柱形，中以阴线刻画出长方形门框，门框两侧为卷云纹，框下刻画出梯子形状，

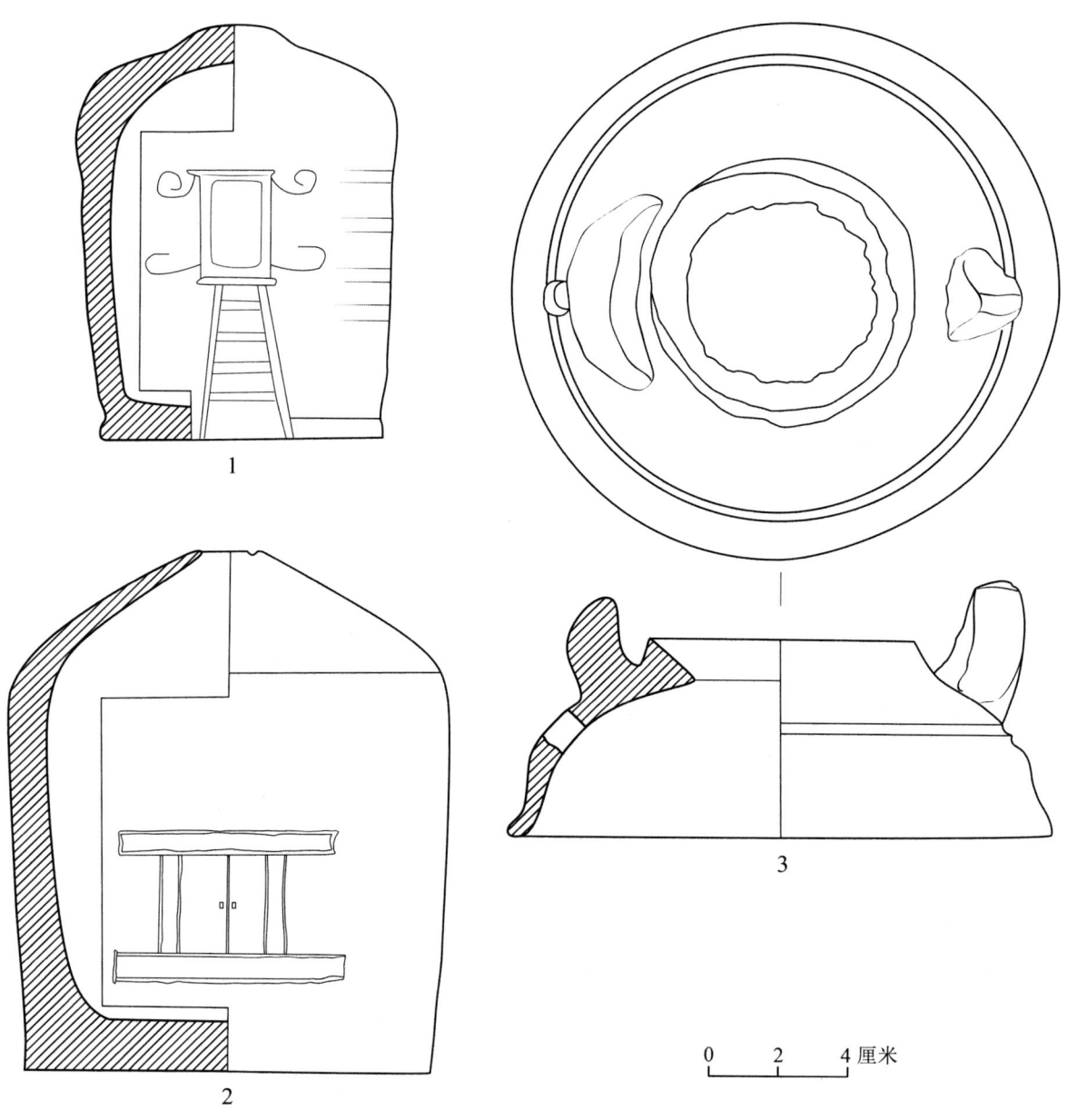

图三三　陶仓、陶灶

1.B 型陶仓（ⅥM14∶14）　2.A 型陶仓（ⅢM19∶11）　3.陶灶（ⅢM19∶4）

平底。底径 8.2、高 12.1 厘米（图三三，1）。

19. 灶　3 件。陶色为灰陶。鸡首灶。标本ⅢM19∶4，泥质灰陶。灶体呈覆钵状，顶部中央开圆形灶孔，灶面立有鸡首、尾，鸡尾下开一近似长方形灶门。灶体腹部饰弦纹。灶口径 7.6、底径 15.8、通高 7.5 厘米（图三三，3）。

20. 斗瓶　140 件。陶色有灰、红及橙黄。腹壁多朱书、墨书镇墓文，部分已漫漶不清。依据肩、腹部特征分三型。

A 型　32 件。（圆）折肩，直腹。依据口及颈部变化分三式。

Ⅰ式　14 件。器口外侧基本为三角缘，直口。标本ⅥM15∶10，泥质素面灰陶。直口，外缘呈三角状，束颈，圆肩，直腹，平底。口径 5.4、底径 7.6、高 11.7~12.0 厘米（图三四，7）。

Ⅱ式　16 件。三角缘基本消失，口部变为侈口。标本ⅢM1∶22，泥质素面灰陶。侈口，尖圆唇，圆肩，腹部较直，平底。口径 5.4、底径 6.4、高 8.0 厘米（图三四，2）。

Ⅲ式　2 件。侈口增大，颈部多加高，口部多大于底部。标本ⅣM28∶11，泥质素面灰陶。侈口，圆唇，长束颈，圆肩，直腹，平底。口径 4.6、腹径 5.2、底径 5.5、高 6.0 厘米。（图三四，3）。

B 型　65 件。（圆）溜肩，腹部较圆鼓。依据口及颈部变化分三式。

Ⅰ式　9 件。器口外侧基本为三角缘，多为敛口。标本ⅠM9∶34，泥质素面灰陶。器形不规整。敛口，外缘呈三角状，圆唇，束颈，溜肩，上腹圆鼓，下腹斜收至平底。口径 4.4、腹径 6.4、底径 4.0、高 8.2 厘米（图三四，6）。

Ⅱ式　37 件。三角缘基本消失，侈口大量出现。标本ⅡM3∶25，泥质素面橙黄陶。直口，圆唇，束颈，溜肩，鼓腹，平底。口径 5.6、腹径 6.6、底径 5.2、高 6.6 厘米（图三四，5）。

Ⅲ式　19 件。侈口增大，颈部多加高，口部多大于底部。标本ⅢM24∶7，泥质素面灰陶。直口，尖唇，束颈，溜肩，鼓腹，平底。口径 4.2、底径 4.0、高 5.6 厘米（图三四，1）。

C 型　38 件。（圆）折肩，斜直腹。依据口及颈部变化分三式。

Ⅰ式　15 件。器口外侧基本为三角缘，直口。标本ⅢM20∶2，泥质红褐陶。直口，外缘呈三角状，圆唇，圆肩，腹部较直，平底。口径 4.0、底径 6.2、高 7.8 厘米（图三四，8）。

Ⅱ式　18 件。三角缘基本消失，侈口明显。标本ⅡM23∶18，泥质素面灰陶。侈口，圆唇，束颈，圆肩，斜直腹，平底。口径 5.1、腹径 5.6、底径 5.2、高 6.0~6.2 厘米（图三四，4）。

Ⅲ式　5 件。侈口增大，颈部多加高，口部多大于底部。标本ⅣM19∶2，泥质素面灰陶。侈口，圆唇，领部较高，圆折肩，斜直腹，平底。口径 5.0、腹径 6.0、底径 4.2、高 6.6 厘米（图三四，9）。

21. 瓶　2 件。标本ⅢM51∶3，泥质素面灰陶。侈口，圆唇，束颈，溜肩，腹部较直，平底。口径 9.4、腹径 18.6、底径 17.4、高 17.8 厘米（图三五，1）。

22. 案　2 件。陶色为灰陶。依据平面形状可分两型。

图三四 陶斗瓶

1.B型Ⅲ式（ⅢM24∶7） 2.A型Ⅱ式（ⅢM1∶22） 3.A型Ⅲ式（ⅣM28∶11） 4.C型Ⅱ式（ⅡM23∶18）
5.B型Ⅱ式（ⅡM3∶25） 6.B型Ⅰ式（ⅠM9∶34） 7.A型Ⅰ式（ⅥM15∶10） 8.C型Ⅰ式（ⅢM20∶2） 9.C型Ⅲ式（ⅣM19∶2）

A型　1件。平面呈长方形。标本ⅢM50∶8，泥质灰陶。平面呈长方形。长33.2、宽25.0、厚1.6厘米（图三五，2）。

B型　1件。平面呈"工"字形。标本ⅢM50∶3，泥质灰陶。平面呈长方形，剖面呈"工"字形，案足置于两侧，承接案面。口径25.7、底径23.0、宽19.7、高6.0厘米（图三五，3）。

23. 器盖　55件。陶色为灰色。整体呈覆钵状。依据器形整体特征分三型。

A型　47件。平顶。标本ⅢM35∶8，泥质素面灰陶。整体呈覆钵状，平顶，弧腹，侈口。盖径16.0、高5.4厘米（图三六，1）。

B型　6件。弧形顶。标本ⅣM27∶7，泥质素面灰陶。整体呈覆钵状，弧形顶，弧腹，直

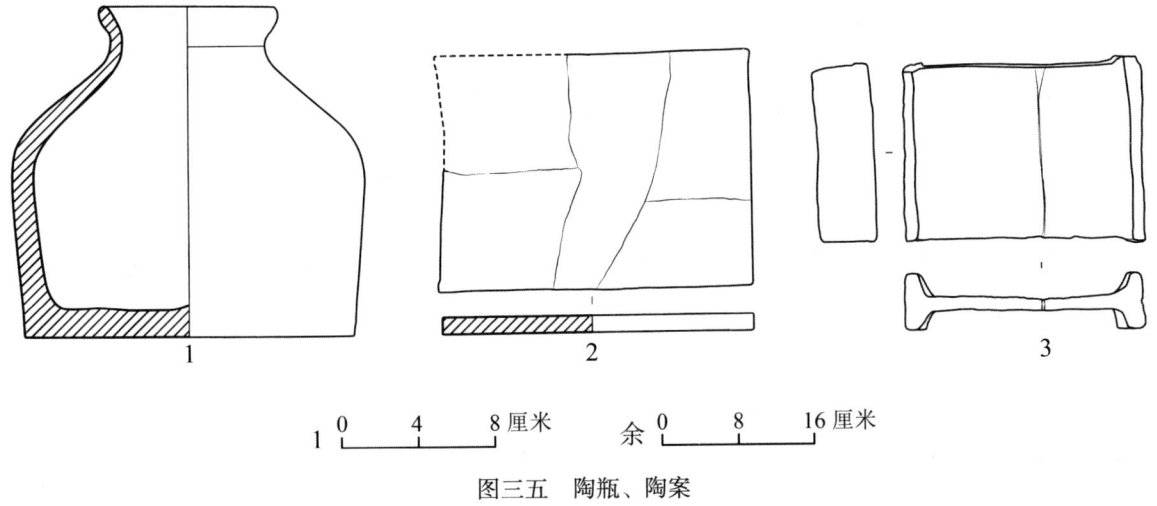

图三五 陶瓶、陶案

1.陶瓶（ⅢM51∶3） 2.A型陶案（ⅢM50∶8） 3.B型陶案（ⅢM50∶3）

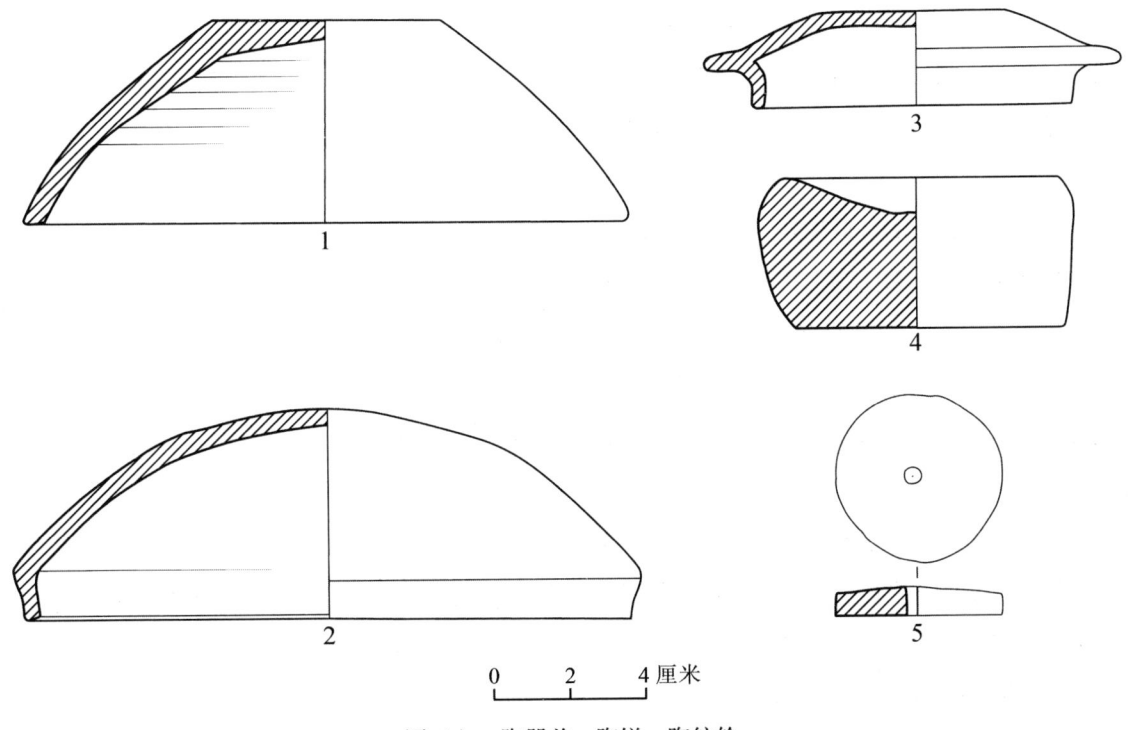

图三六 陶器盖、陶饼、陶纺轮

1.A型陶器盖（ⅢM35∶8） 2.B型陶器盖（ⅣM27∶7） 3.C型陶器盖（ⅤM16∶9） 4.陶饼（ⅡM3∶24） 5.陶纺轮（ⅣM5∶7）

口。盖径16.0、高5.6厘米（图三六，2）。

C型　1件。器盖作子口。标本ⅤM16：9，泥质素面灰陶。作子口，平面呈圆形，周缘向上隆起至平顶。盖径11.1、高2.5厘米（图三六，3）。

24. 陶饼　1件。标本ⅡM3：24，泥质素面红陶。圆形，饼状。正面捏有浅池，底面平整。面径7.5、底径7.2、高4.0厘米（图三六，4）。

25. 陶纺轮　3件。标本ⅣM5：7，泥质素面红陶。圆形，中心有穿孔，顶面微隆，底面较平整。直径4.4~4.5、孔径0.4、厚0.6~0.8厘米（图三六，5）。

二　泥器

共计56件。泥器作为明器化陶器的替代，均手工捏制而成，个体较小，种类同样包含食具、庖厨用具及生活用具。泥质基本呈红色，未经烧制，器形多制作粗糙，少数器物较规整。下文择其可辨识器形进行说明。

1. 泥罐　20件。标本ⅡM4：1，残。直口，圆唇，矮领，圆肩，腹部较鼓，平底。口径3.2、腹径7.4、底径5.0、高7.8~8.2厘米（图三七，6）。

2. 泥釜　7件。标本ⅡM8：2，残。敛口，腹部较鼓，平底。口径3.2、腹径6.0、底径2.5、高4.5~4.9厘米（图三七，4）。

3. 泥甑　4件。标本ⅢM56：3，侈口，斜平沿，腹部较深，圜底，穿有三孔。口径6.8、底径3.0、高4.5厘米（图三七，2）。

4. 泥灯　2件。标本ⅢM24：5，圆柱形，上平面有一凹窝，腹部较直，平底。灯口直径3.1、灯座底径7.0、高4.0厘米（图三七，9）。

5. 泥盘　3件。标本ⅢM24：6，圆形，盘面平整，外缘齐平，平底。盘面横向、竖向刻画线组成方格，每个方格内有一圆形凹窝。口径26.0、底径27.2，厚7.2厘米（图三七，8）。

6. 泥槅　4件。标本ⅢM21：4，泥质红陶。圆盘状，平唇，外缘齐直，平底，外圈现存三格，内圈分三格。每格内模印圆形花卉图案。复原直径21.8、厚2.0厘米（图三七，1）。

7. 泥壶　7件。标本ⅢM33：15，口残，斜直领，溜肩，腹部外鼓形成一凸棱，近底部外撇至平底。腹径5.8、底径3.0、残高4.2厘米（图三七，3）。

8. 泥斗瓶　7件。标本ⅢM33：13，直口，直领，溜肩，腹部圆鼓，下腹直收至平底。口径3.2、底径2.6、高4.5厘米（图三七，5）。

9. 泥仓　1件。标本ⅢM16：8，顶残。形状大致呈圆台形，上小下大，平底，腹部阴线刻画出门框。底径5.6、残高6.4厘米（图三七，7）。

图三七 泥器

1.泥榼（ⅢM21：4） 2.泥甄（ⅢM56：3） 3.泥壶（ⅢM33：15） 4.泥釜（ⅡM8：2） 5.泥斗瓶（ⅢM33：13） 6.泥罐（ⅡM4：1） 7.泥仓（ⅢM16：8） 8.泥盘（ⅢM24：6） 9.泥灯（ⅢM24：5）

三　铜、铁器

共计319件（组）。主要类型包括兵器、生活用具和铜钱等。下文择其可辨识器形进行说明。

(一) 兵器

1. 铜弩机　3件。其中1件保存较好，廓、牙、望山、悬刀、钩心、键俱全。标本ⅣM23：31，长4.0、宽3.2、高1.5厘米（图三八，9）。

2. 铜弩机廓　13件。平面呈"凸"字状，周边有界栏，栏内有两个平行的不规则长条形孔。标本ⅠM9：20，长9.8、宽2.8、厚1.2厘米（图三八，8）。

3. 铁剑　1件。ⅢM41：18，锈蚀残缺严重，仅存剑身，残长23.0、宽约2.5厘米（图三八，15）。

(二) 车马器

铜马镳　1件。ⅥM16：21，总体呈"S"状，中间连接处有两孔，应为穿系之用。通长7.8、宽0.2~0.7厘米（图三八，6）。

(三) 生活用具

1. 铜耳杯　1件。ⅡM19：9，器体呈椭圆形。敞口，浅腹，平底，口沿长边两侧附双耳。长口径11.0、短口径6.2、长底径4.3、短底径3.3、耳长5.4~5.6、宽1.0~1.1、高2.8~3.1厘米（图三八，17）。

2. 铜镜　11件。出土位置比较固定，多置于墓主人头端或上身。其中三件纹饰漫漶不可辨，其余八件依据主题纹饰不同可分为八类：

"位至三公"镜　1件。ⅢM11：1，圆形，较小。镜面微凸。镜背正中为桥形钮，圆形钮座，镜钮上有对穿孔。内区居中直行"位至三公"铭文，钮上下字数相等，两侧饰夔凤纹，外接两圈弦纹及一圈栉齿纹，宽素缘。面径8.9、背径8.5、钮高0.7、钮径1.5、缘宽1.15、缘厚0.3、肉厚0.16厘米，重78.0克（图三九，1）。

"君宜高官"镜　2件。标本ⅢM20：1，镜体厚重。圆形，镜面微弧凸。镜背正中为半球形钮，圆形钮座，镜钮上有对穿孔。内区居中直行"君宜高官"铭文，钮上下字数相等，两侧饰夔凤纹，外接两圈弦纹及一圈栉齿纹，宽素缘。面径10.1、背径9.6、钮高1.0、钮径1.9、缘宽1.3、缘厚0.25、肉厚0.15厘米，重109.0克（图三九，2）。

四乳四虺镜　1件。ⅢM3：1，镜体较厚重。圆形，镜面微弧凸，镜背正中为半球形钮，圆形钮座，镜钮上有半圆形对穿孔。钮座外为两周凸弦纹夹饰一周短斜线纹带两组，两斜线纹带间为四乳与四虺相间环绕，四乳带圆形凸弦纹座，宽素缘。面径8.8、背径8.6、钮高0.8、钮径1.3、缘宽1.2、缘厚0.4、肉厚0.25厘米，重118.7克（图三九，3）。

双龙对峙镜　1件。ⅤM15：7，镜体较大。圆形，镜面微弧凸，镜背正中为半球形钮，圆形钮座，镜钮上有半圆形对穿孔，钮座外为一周宽凸弦纹，其外为高浮雕盘龙纹，两龙头相

图三八 铜、铁器

1.铜指环（ⅢM35∶25） 2.铜铺首（ⅢM41∶44-1） 3.铜泡钉（ⅢM29∶36-2） 4.铁泡（ⅢM27∶31） 5.铜泡（ⅦM2∶32-1）
6.铜马镳（ⅥM16∶21） 7.铜镊（ⅢM21∶2） 8.铜弩机廓（ⅠM9∶20） 9.铜弩机（ⅣM23∶31） 10.铁剪刀（ⅢM27∶55）
11.铜钉（ⅢM29∶28） 12.铜叉（ⅢM27∶10） 13.铜钗（ⅣM8∶23-3） 14.铜削刀（ⅢM29∶11） 15.铁剑（ⅢM41∶18）
16.铁镜（ⅢM48∶13） 17.铜耳杯（ⅡM19∶9） 18.铜铃（ⅢM41∶17）

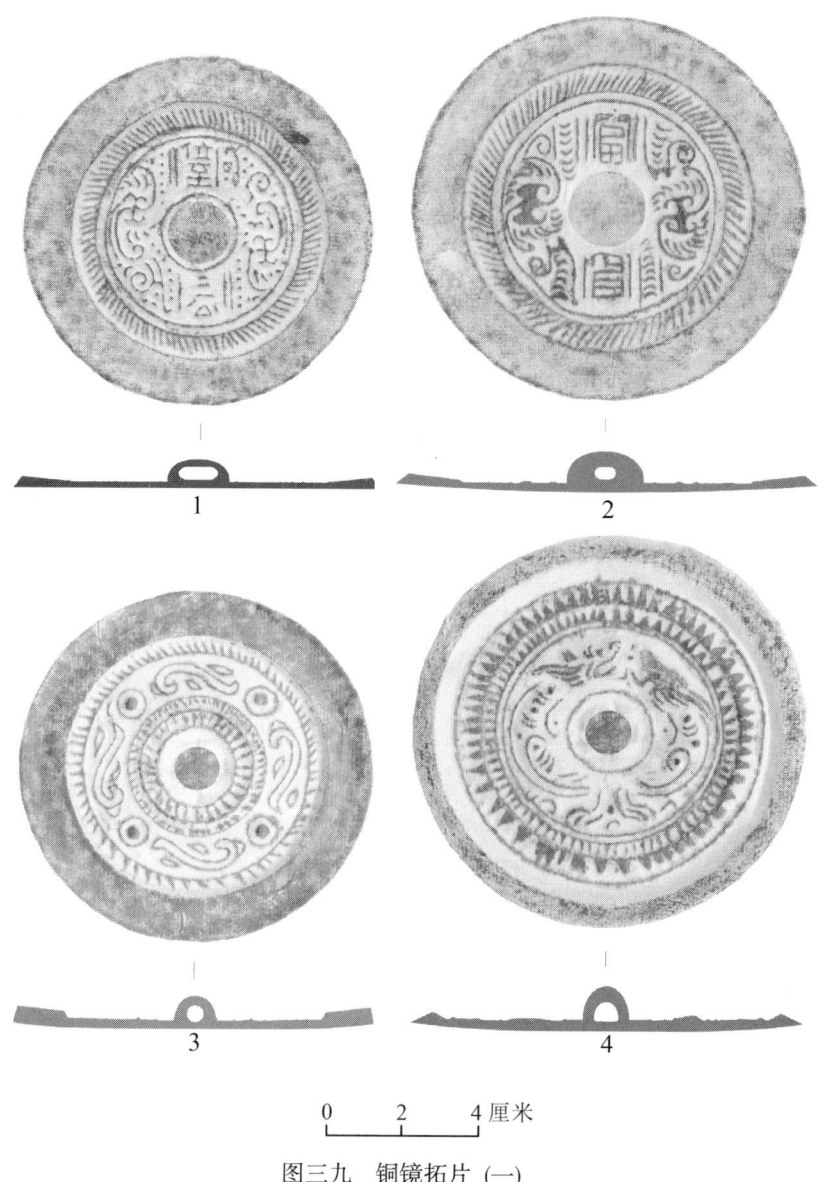

图三九 铜镜拓片（一）
1."位至三公"镜（ⅢM11∶1） 2."君宜高官"镜（ⅢM20∶1） 3.四乳四虺镜（ⅢM3∶1） 4.双龙对峙镜（ⅤM15∶7）

对，再外为两周弦纹，两弦纹间为两组锯齿纹带，窄素缘。面径9.4、背径8.5、钮高1.1、钮径1.1、缘宽0.6、缘厚0.35、肉厚0.2厘米，重93.9克（图三九，4）。

双龙双虎镜 1件。ⅦM2∶6，镜体较大且厚重。圆形，镜面微弧凸，镜背正中为半球形钮，圆形钮座，镜钮上有半圆形对穿孔，钮座外为一周宽凸弦纹，再外为两周短斜线纹带，两斜线纹带间为四乳与双龙双虎相间环绕，四乳带圆形凸弦纹座。宽缘，中间为一周连续"W"形纹和点状凸起相间的纹饰带。面径11.2、背径11.2、钮高1.0、钮径1.5、缘宽1.5、缘厚0.5、肉厚0.2厘米，重264.0克（图四〇，3）。

禽鱼纹镜 1件。ⅣM27∶17，镜体较轻薄。圆形，镜面微弧凸，镜背正中为半球形钮，圆

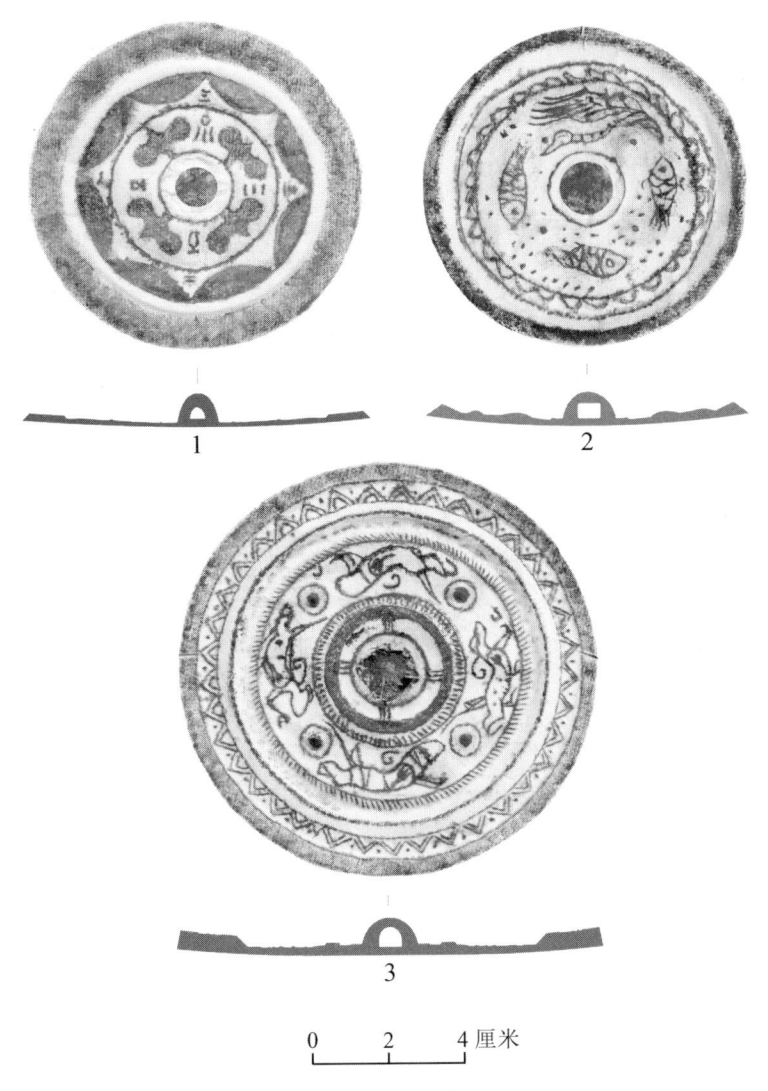

图四〇　铜镜拓片（二）

1.连弧纹镜　（ⅢM3：11）2.禽鱼纹镜（ⅣM27：17）3.双龙双虎镜（ⅦM2：6）

形钮座，镜钮上有半圆形对穿孔，钮座外为对称四乳钉，乳钉间饰三鱼纹和一禽鸟纹，三鱼首尾相接。其外为一周波浪纹。窄素缘。面径8.5、背径7.6、钮高1.0、钮径1.4、缘宽0.6、缘厚0.35、肉厚0.2厘米，重54.6克（图四〇，2）。

连弧纹镜　1件。ⅢM3：11，圆形，镜面微弧凸，镜背正中为半球形钮，圆形钮座，镜钮上有半圆形对穿孔。钮座外为两周弦纹，其间对称饰四蝠形叶，叶间似有铭文，不可辨。其外为八个内向连弧纹组成的圈带，宽素缘。面径9.1、背径8.7、钮高1.0、钮径1.5、缘宽1.0、缘厚0.2、肉厚0.15厘米，重71.8克（图四〇，1）。

3. 铁镜　7件。出土位置亦比较固定，多置于墓主人头端或上身。镜背皆锈蚀严重，纹饰不清。标本ⅢM48：13，锈蚀严重。圆形，半球形钮，镜面外弧。直径13.0、厚1.7厘米（图三八，16）。

4. 铜削刀　3件。单面斜刃，环首直柄，柄末凿孔。标本ⅢM29∶11，整个刀体微弧，柄末凿近似椭圆形孔。通长14.6、刀身长9.9、刀柄宽1.4~2.2、刀刃宽1.1~1.8厘米（图三八，14）。

5. 铜叉　2件。三股叉或两股叉，柄呈长方形。标本ⅢM27∶10，中间叉股及叉柄残断。残长10.0、叉头宽6.0、叉柄宽1.5厘米（图三八，12）。

6. 铁剪刀　5件。保存皆较差。标本ⅢM27∶55，仅剩剪刀把，四棱交股环形把。残长10.3、把长6.0厘米（图三八，10）。

7. 铜镊　1件。ⅢM21∶2，柄尾相连，中空用以悬挂，柄两侧各饰两乳钉，镊头微弧。通长8.6、宽0.4~1.0厘米（图三八，7）。

8. 铜泡钉　2组（4件）。均呈弧面，中空，内有横梁。标本ⅢM29∶36-2，直径1.7、沿宽0.2、高1.0厘米（图三八，3）。

9. 铜泡　1组（2件）。呈半球状，面呈螺旋状，饰三角状短线纹。中心有穿孔。标本ⅦM2∶32-1，直径2.8、厚1.1、孔径0.2厘米（图三八，5）。

10. 铁泡　1件。均呈弧面，中空，内有横梁。ⅢM27∶31，直径2.6、高1.4厘米（图三八，4）。

11. 铜钉　3件。皆残。顶帽有椭圆形及三角形，钉身呈柱状。标本ⅢM29∶28，钉帽略呈椭圆形，钉身上半部分为不规则棱柱状，下半部分残。残长3.4、钉帽径0.8、钉身径0.6厘米（图三八，11）。

12. 铜铃　3件。体呈合瓦形，半环形钮，銎孔内置舌。标本ⅢM41∶17，通高2.0、体径1.1~1.3厘米（图三八，18）。

13. 铜铺首　1组（2件）。形制相同。标本ⅢM41∶44-1，平面呈近梯形，四周呈锯齿状，兽面衔环。长1.0~2.2、残高2.2、厚0.2厘米（图三八，2）。

14. 铜钗　30组（51件）。出土位置比较固定，皆置于墓主人头端。钗分两股，呈"U"字形。标本ⅣM8∶23-3，钗头较尖，截面呈圆形。残长14.0、截面直径0.2厘米（图三八，13）。

15. 铜指环　11件。环状，面多饰弦纹。标本ⅢM35∶25，直径1.7、高0.6厘米（图三八，1）。

（四）铜钱

共计219组（2762枚）。种类繁杂，形制混乱。以五铢钱为主，另有少量大泉五十、货泉、布泉、半两、开元通宝等。五铢钱形制多样，其中不乏剪轮五铢和磨郭五铢，另有特殊符号五铢、蜀五铢、隋五铢、四出五铢、传形五铢、合背五铢等。另外，出土大量剪边钱和冥钱，形制较小，制作粗劣，钱文不可辨。

1. 半两　10枚。标本ⅢM41∶4-21，穿左右篆书"半两"二字，平背无郭。钱径2.38、穿宽0.81、肉厚0.10厘米，重2.41克（图四三，7）。

2. 小泉直一　1枚。标本ⅤM13∶1-1，形制极小，正面穿左右铸"直一"二字，上下铸

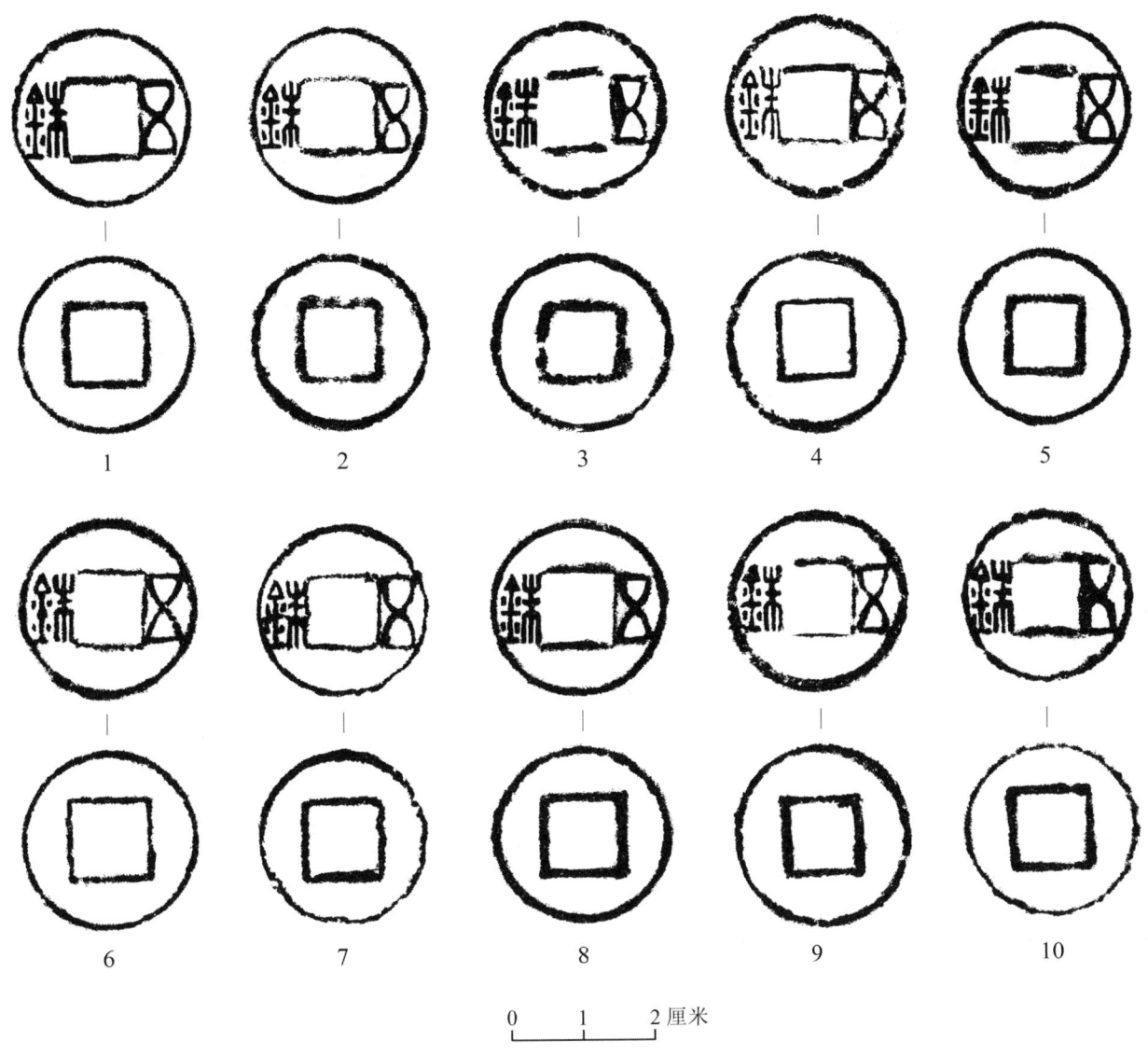

图四一 铜钱拓片（一）

1~10.普通五铢（ⅡM3:31-3、ⅡM12:21-20、ⅢM2:10、ⅢM3:9-1、ⅢM25:4-2、ⅢM26:37、ⅢM35:27-5、ⅣM2:20-10、ⅤM4:8-5、ⅦM2:26-29）

"小泉"二字，均为篆书。钱径1.40、穿宽0.55、郭宽0.12、郭厚0.15、肉厚0.07厘米，重0.98克。

3.五铢 1700枚。形制多样，大致分为普通五铢、各类带特殊符号（记号）的五铢、蜀五铢、直百五铢、隋五铢、剪轮五铢、磨郭五铢等。

普通五铢 1201枚。形制规整，正面穿左右篆书"五铢"二字。"五"字和"铢"字笔画多有不同。标本ⅡM3:31-3，"五"字较宽，交笔弯曲；"铢"字"金"字头呈三角形，中间四点较长，"朱"字上下部均圆折，上部外敞。钱径2.57、穿宽0.94、郭宽0.13、郭厚0.11、肉厚0.09厘米，重2.56克（图四一，1）。标本ⅡM12:21-20，"五"字较窄，交笔弯曲；

"铢"字"金"字头呈三角形，中间四点较长，"朱"字上下部均圆折。钱径 2.55、穿宽 0.98、郭宽 0.13、郭厚 0.11、肉厚 0.07 厘米，重 2.84 克（图四一，2）。标本ⅢM2∶10，"五"字较窄，交笔弯曲；"铢"字"金"字头呈箭镞状，中间四点较长，"朱"字上下部均方折。钱径 2.62、穿宽 1.03、郭宽 0.15、郭厚 0.20、肉厚 0.12 厘米，重 3.80 克（图四一，3）。标本ⅢM3∶9-1，"五"字较宽，交笔弯曲；"铢"字"金"字头呈三角形，中间四点较长，"朱"字上下部均圆折，上部外敞。钱径 2.65、穿宽 0.85、郭宽 0.19、郭厚 0.19、肉厚 0.14 厘米，重 3.64 克（图四一，4）。标本ⅢM25∶4-2，"五"字较窄，交笔弯曲；"铢"字"金"字头呈箭镞状，中间四点较短，"朱"字上下部均圆折。钱径 2.59、穿宽 0.93、郭宽 0.15、郭厚 0.16、肉厚 0.14 厘米，重 3.02 克（图四一，5）。标本ⅢM26∶37，"五"字较宽，交笔微弯曲；"铢"字金字头呈三角形，中间四点较短，"朱"字上下部均方圆折。钱径 2.55、穿宽 0.91、郭宽 0.13、郭厚 0.19、肉厚 0.16 厘米，重 3.15 克（图四一，6）。标本ⅢM35∶27-5，"五"字较宽，交笔弯曲；"铢"字"金"字头呈三角形，中间四点较短，"朱"字上部圆折，下部方圆折。钱径 2.44、穿宽 0.92、郭宽 0.10、郭厚 0.10、肉厚 0.06 厘米，重 1.76 克（图四一，7）。标本ⅣM2∶20-10，"五"字较窄，交笔弯曲；"铢"字"金"字头呈三角形，中间四点较短，"朱"字上下部均圆折。钱径 2.56、穿宽 0.99、郭宽 0.16、郭厚 0.11、肉厚 0.06 厘米，重 2.47 克（图四一，8）。标本ⅤM4∶8-5，"五"字较窄，交笔弯曲；"铢"字"金"字头呈三角形，中间四点较长，"朱"字上部方圆折，下部圆折。钱径 2.61、穿宽 0.89、郭宽 0.22、郭厚 0.25、肉厚 0.18 厘米，重 3.24 克（图四一，9）。标本ⅦM2∶26-29，"五"字较窄，交笔弯曲；"铢"字"金"字头呈三角形，中间四点较长，"朱"字上下部均方折。钱径 2.52、穿宽 0.86、郭宽 0.13、郭厚 0.11、肉厚 0.08 厘米，重 2.27 克（图四一，10）。

符号五铢　4 枚。标本ⅤM8∶19-25，正面穿左右篆书"五铢"二字。"五"字较宽，交笔弯曲；"铢"字"金"字头呈三角形，中间四点较短，"朱"字上下部均方圆折。记号为穿上带"⊥⊥"符号。钱径 2.56、穿宽 1.00、郭宽 0.15、郭厚 0.15、肉厚 0.11 厘米，重 2.39 克（图四二，1）。标本ⅣM7∶18-40，正面穿左右篆书"五铢"二字。"五"字较宽，交笔弯曲；"铢"字"金"字头呈三角形，中间四点较短，"朱"字上下部均圆折。记号为穿上阴刻"Ⅲ"符号、穿右下星。钱径 2.53、穿宽 0.90、郭宽 0.11、郭厚 0.15、肉厚 0.11 厘米，重 2.93 克（图四二，2）。标本ⅢM22∶10-2，磨郭五铢，正面穿左右篆书"五铢"二字。"五"字较宽，交笔弯曲；"铢"字"金"字头呈三角形，中间四点较长，"朱"字上下部均圆折。记号为背面阴刻"✗"记号。钱径 2.41、穿宽 0.90、肉厚 0.08 厘米，重 1.75 克（图四二，3）。

带记号五铢　70 枚。标本ⅦM3∶33-4，"五"字较窄，交笔弯曲；"铢"字"金"字头呈三角形，中间四点较长，"朱"字上下部均方圆折。记号为穿右上星。钱径 2.58、穿宽 0.89、郭宽 0.16、郭厚 0.20、肉厚 0.14 厘米，重 3.75 克（图四二，4）。标本ⅠM9∶42-26，"五"字较窄，交笔弯曲；"铢"字"金"字头呈三角形，中间四点较长，"朱"字上部方折，下部圆

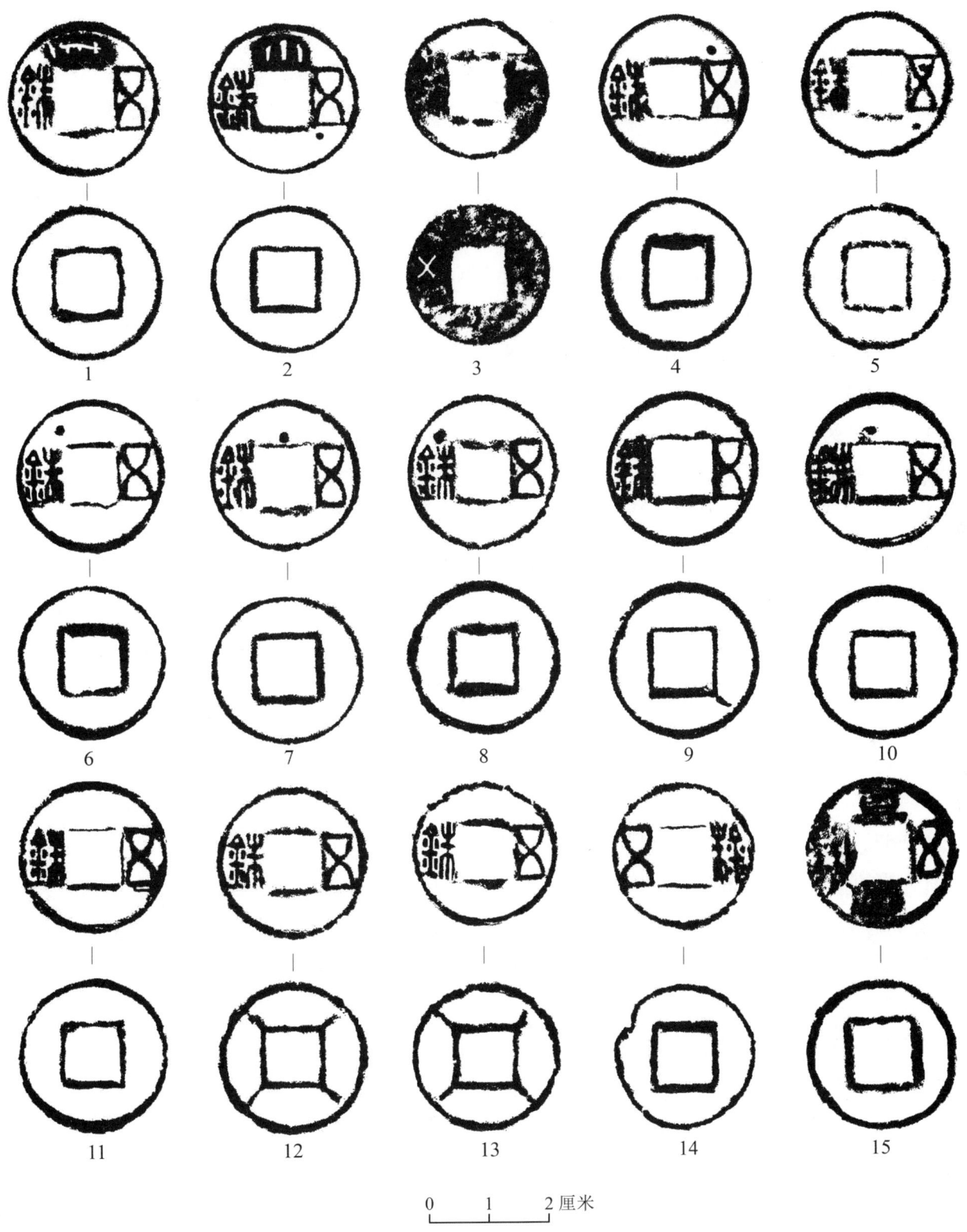

图四二 铜钱拓片（二）

1~3.符号五铢（ⅤM8∶19-25、ⅣM7∶18-40、ⅢM22∶10-2） 4~11.带记号五铢（ⅦM3∶33-4、ⅠM9∶42-26、ⅦM3∶33-10、ⅣM3∶19-28、ⅣM15∶28-6、ⅦM16∶15-34、ⅦM16∶15-50、ⅦM16∶15-63） 12、13.四出五铢（ⅣM3∶19-2、ⅢM54∶14-2） 14.传形五铢（ⅦM3∶33-19） 15.直百五铢（ⅢM9∶11-2）

折。穿上横郭、五内上星、穿右下星。钱径2.55、穿宽0.97、郭宽0.11、郭厚0.17、肉厚0.12厘米，重3.35克（图四二，5）。标本ⅦM3：33-10，"五"字较宽，交笔弯曲；"铢"字"金"字头呈三角形，中间四点较长，"朱"字上下部均圆折。记号为穿左上星。钱径2.53、穿宽0.88、郭宽0.10、郭厚0.14、肉厚0.08厘米，重2.37克（图四二，6）。标本ⅣM3：19-28，"五"字较宽，交笔弯曲；"铢"字"金"字头呈三角形，中间四点较短，"朱"字上部方圆折，下部圆折。记号为穿上星。钱径2.55、穿宽0.98、郭宽0.13、郭厚0.16、肉厚0.07厘米，重2.84克（图四二，7）。标本ⅣM15：28-6，"五"字较宽，交笔弯曲；"铢"字"金"字头呈三角形，中间四点较长，"朱"字上部方圆折，下部圆折。记号为穿左上星。钱径2.58、穿宽0.91、郭宽0.15、郭厚0.16、肉厚0.10厘米，重2.62克（图四二，8）。标本ⅥM16：15-34，"五"字较窄，交笔弯曲；"铢"字"金"字头呈三角形，中间四点较长，"朱"字上下部均圆折。记号为背右下决文。钱径2.60、穿宽0.95、郭宽0.16、郭厚0.12、肉厚0.08厘米，重2.89克（图四二，9）。标本ⅥM16：15-50，"五"字较宽，交笔弯曲；"铢"字"金"字头呈三角形，中间四点较短，上下部均方圆折，"朱"字叠文，记号为穿上星。钱径2.53、穿宽0.87、郭宽0.13、郭厚0.13、肉厚0.08厘米，重3.02克（图四二，10）。标本ⅥM16：15-63，"五"字叠文，较宽，交笔弯曲；"铢"字"金"字头呈三角形，中间四点较长，"朱"字上下部均圆折。钱径2.57、穿宽0.88、郭宽0.14、郭厚0.15、肉厚0.08厘米，重2.94克（图四二，11）。

四出五铢　8枚。ⅣM3：19-2，"五"字较宽，交笔弯曲；"铢"字金字头呈三角形，中间四点较长，"朱"字上下部均圆折。记号为背面内郭四角出文到外郭。钱径2.59、穿宽0.89、郭宽0.18、郭厚0.16、肉厚0.13厘米，重3.48克（图四二，12）。标本ⅢM54：14-2，"铢"字"金"字头呈三角形，中间四点较长，"朱"字上下部均圆折。记号为背面内郭四角出文到外郭。钱径2.57、穿宽0.89、郭宽0.14、郭厚0.16、肉厚0.11厘米，重3.72克（图四二，13）。

传形五铢　1枚。ⅦM3：33-19，"五"字位于穿左，较宽，交笔弯曲；"铢"字位于穿右，其中"金"字位于穿右右侧，头呈三角形，中间四点较短，"朱"字位于穿右左侧，上下部均圆折。钱径2.43、穿宽0.90、郭宽0.12、郭厚0.10、肉厚0.08厘米，重1.58克（图四二，14）。

合背五铢　1枚。ⅢM2：14-7，两面均有"五铢"字样。一面"五"字较宽，交笔弯曲；"铢"字"金"字头呈三角形，中间四点较长，"朱"字上下部均圆折；一面"五"字较窄，交笔弯曲；"铢"字"金"字头锈蚀不明，中间四点较长，"朱"字上部不明，下部较圆折。钱径2.50、穿宽0.95、郭宽0.12、郭厚0.12、肉厚0.08厘米，重1.98克。

剪轮五铢　83枚。形制较小，边有剪凿痕，"五"和半"铢"字部分被裁剪。标本ⅦM2：26-10，"五铢"两字剪去大半，"五"字较窄，交笔弯曲；"铢"字"朱"上下部均方折。钱径1.73、穿宽0.67、肉厚0.09厘米，重0.55克（图四三，2）。

磨郭五铢　297枚。标本ⅣM7：18-8，"五"字较窄，交笔直，"铢"字"金"字头呈三

第三章 魏晋十六国时期墓葬形制及随葬品

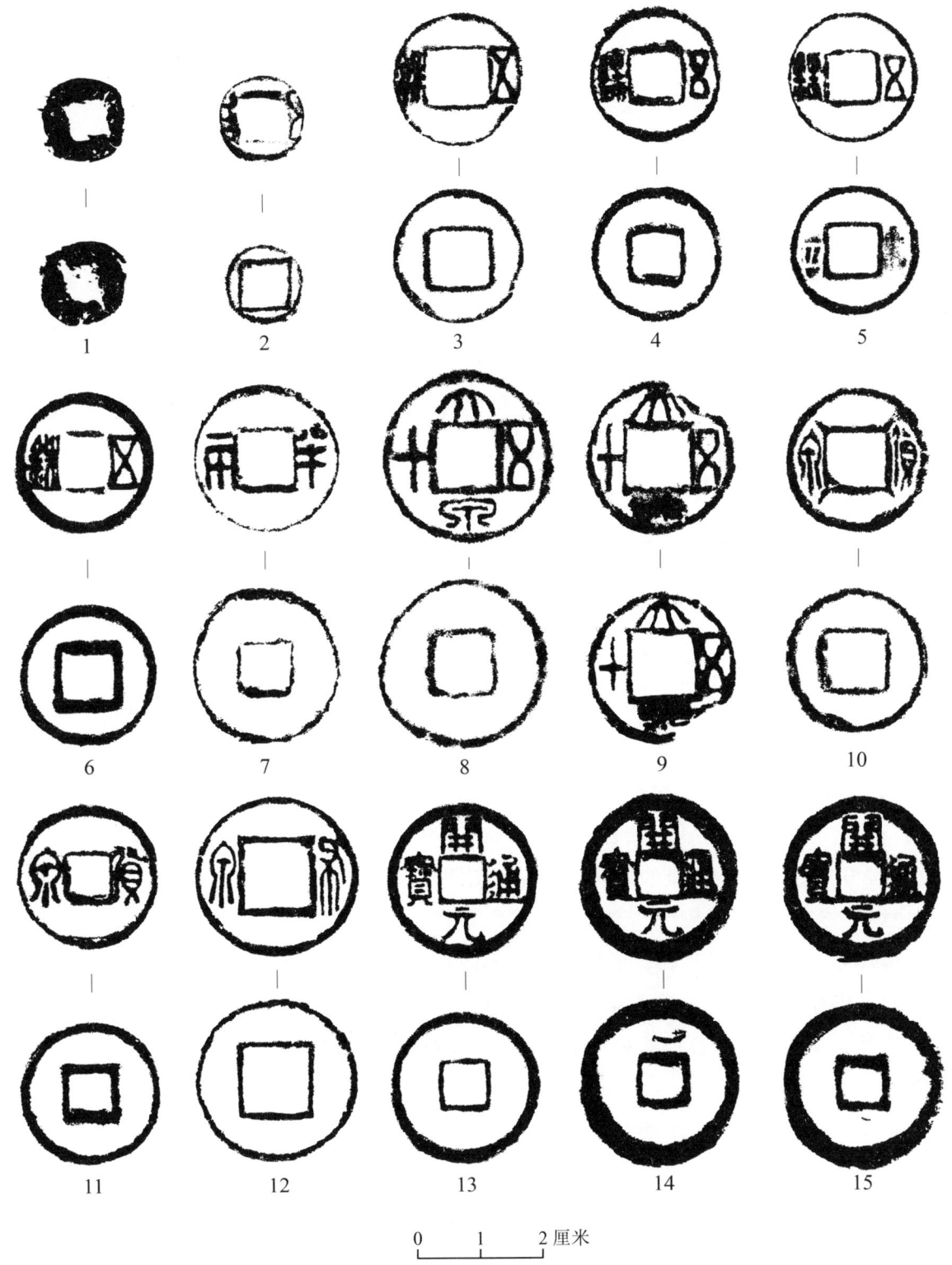

图四三 铜钱拓片（三）

1.冥钱（ⅢM41：40-62） 2.剪轮五铢（ⅦM2：26-10） 3.磨郭五铢（ⅣM7：18-8） 4、5.蜀五铢（ⅢM41：48-1、ⅣM23：30-2） 6.隋五铢（ⅦM7：9-3） 7.半两（ⅢM41：4-21） 8、9.大泉五十（ⅣM27：18-3、ⅠM9：41-1） 10、11.货泉（ⅡM19：16-8、ⅦM25：6-10） 12.布泉（ⅠM9：41-29） 13~15.开元通宝（ⅢM32：4、ⅦM6：1、ⅦM6：2-3）

角形，中间四点较短，"朱"字上下部均圆折。钱径2.10、穿宽0.90、肉厚0.10厘米，重1.93克（图四三，3）。

直百五铢 1枚。ⅢM9∶11-2，两面穿皆有郭。正面穿口左右铸"五铢"二字，为篆书，较瘦长，"五"字较窄，交笔弯曲；"铢"字"金"字锈蚀不可辨，"朱"字上下部均圆折；穿口上下铸"直百"二字，为隶书，较宽矮。记号为背面阴刻"ς""◊"符号。钱径2.59、穿宽0.93、郭宽0.13、郭厚0.12、肉厚0.10厘米，重2.84克（图四二，15）。

蜀五铢 24枚。形制较小，正面穿左右篆书"五铢"二字。两面穿均有郭。标本ⅢM41∶48-1，"五"字较窄，交笔弯曲；"铢"字金字头呈箭镞状，中间四点较短，"朱"字上下部均圆折。钱径2.13、穿宽0.70、郭宽0.18、郭厚0.19、肉厚0.16厘米，重2.68克（图四三，4）。标本ⅣM23∶30-2，"五"字较窄，交笔微弯曲，"铢"字"金"字头呈箭镞状，中间四点较短，"朱"字上下部均圆折。记号为背面阴刻"ᠯ""🐾"符号。钱径2.12、穿宽0.78、郭宽0.10、郭厚0.14、肉厚0.09厘米，重2.17克（图四三，5）。

隋五铢 10枚。形制较小，"五"字较窄，交笔直。标本ⅦM7∶9-3，"铢"字"金"字头呈三角形，中间四点较长，"朱"字上部方折，下部方圆折。钱径2.23、穿宽0.76、郭宽0.17、郭厚0.15、肉厚0.10厘米，重2.50克（图四三，6）。

4. 大泉五十 43枚。正面穿口左右铸"五十"二字，较瘦长，上下铸"大泉"二字，较宽矮，均为篆书。标本ⅣM27∶18-3，形制较大，形体厚重，面背皆有内郭。"五"字较窄，交笔弯曲；"大"字一横较圆弧。钱径2.78、穿宽0.93、郭宽0.19、郭厚0.18、肉厚0.13厘米，重4.64克（图四三，8）。标本ⅠM9∶41-1，形制较小，形体较薄，合背篆文"大泉五十"，面背皆有内郭。"五"字较窄，交笔弯曲；"大"字一横较折弧。钱径2.45、穿宽0.91、郭宽0.17、郭厚0.17、肉厚0.11厘米，重2.63克（图四三，9）。

5. 货泉 31枚。形制较小，"货泉"二字篆书，部分有记号。标本ⅡM19∶16-8，形制较小，形体厚重，两面穿皆有郭。记号为面穿郭四角四出文。钱径2.42、穿宽0.75、郭宽0.19、郭厚0.25、肉厚0.21厘米，重6.30克（图四三，10）。标本ⅥM25∶6-10，形制较小，正面穿无郭。记号为穿右下星。钱径2.30、穿宽0.68、郭宽0.20、郭厚0.13、肉厚0.10厘米，重1.97克（图四三，11）。

6. 布泉 1枚。ⅠM9∶41-29，形制较大，两面穿皆有郭，布泉二字篆书，字体瘦长清秀。钱径2.63、穿宽1.10、郭宽0.17、郭厚0.15、肉厚0.11厘米，重3.28克（图四三，12）。

7. 冥钱 27枚。标本ⅢM41∶40-62，状为不规则圆形，制作粗劣，边有剪凿痕。钱径1.3、穿宽0.58、肉厚0.15厘米，重0.53克（图四三，1）。

8. 开元通宝 11枚。均圆形方穿，面背皆有内郭，轮廓深峻，文字精美，正面穿口左右铸"通宝"二字，上下铸"开元"二字，"元"字第二笔左挑。部分有记号。标本ⅢM32∶4，光背无纹饰。钱径2.42、穿宽0.60、郭宽0.20、郭厚0.20、肉厚0.16厘米，重4.19克（图四三，

13)。标本ⅥM6∶1,记号为背上月。钱径2.60、穿宽0.58、郭宽0.29、郭厚0.21、肉厚0.16厘米,重4.28克(图四三,14)。标本ⅥM6∶2-3,记号为背下半月。钱径2.57、穿宽0.58、郭宽0.23、郭厚0.17、肉厚0.12厘米,重4.23克(图四三,15)。

9. 钱文不明　939枚。锈蚀严重,钱文漫漶不可辨识。其中剪轮钱493枚,制作粗糙,边有剪凿痕迹,钱文不可辨。

四　玉、石器

共计14件(组)。种类包括煤精、料珠组成的珠饰、水晶饰件、石砚、石纺轮、石刀等。

1. 珠饰　6组(44颗)。标本ⅢM29∶24-14,阴刻獠牙鼓睛竖耳怪兽形,兽首侧扭,额首横刻三道,前两足微翘,后腿圆浑作蹲跪状。球径1.5、孔径0.1、高1.5厘米(图四四,4)。标本ⅡM11∶7,墨绿色,圆柱状,中心穿孔,表面受沁。直径0.7、孔径0.2、高0.6厘米。(图四四,3)。

2. 水晶饰件　2件。呈半球形或不规则圆形。标本ⅢM28∶15,整体呈半球状,截面微外鼓,截面呈圆形。截面直径3.0、高2.2厘米(图四四,7)。

3. 石砚　4件。平面呈长方形或梯形,部分表面有墨痕。标本ⅢM2∶9,整体呈不规则椭圆

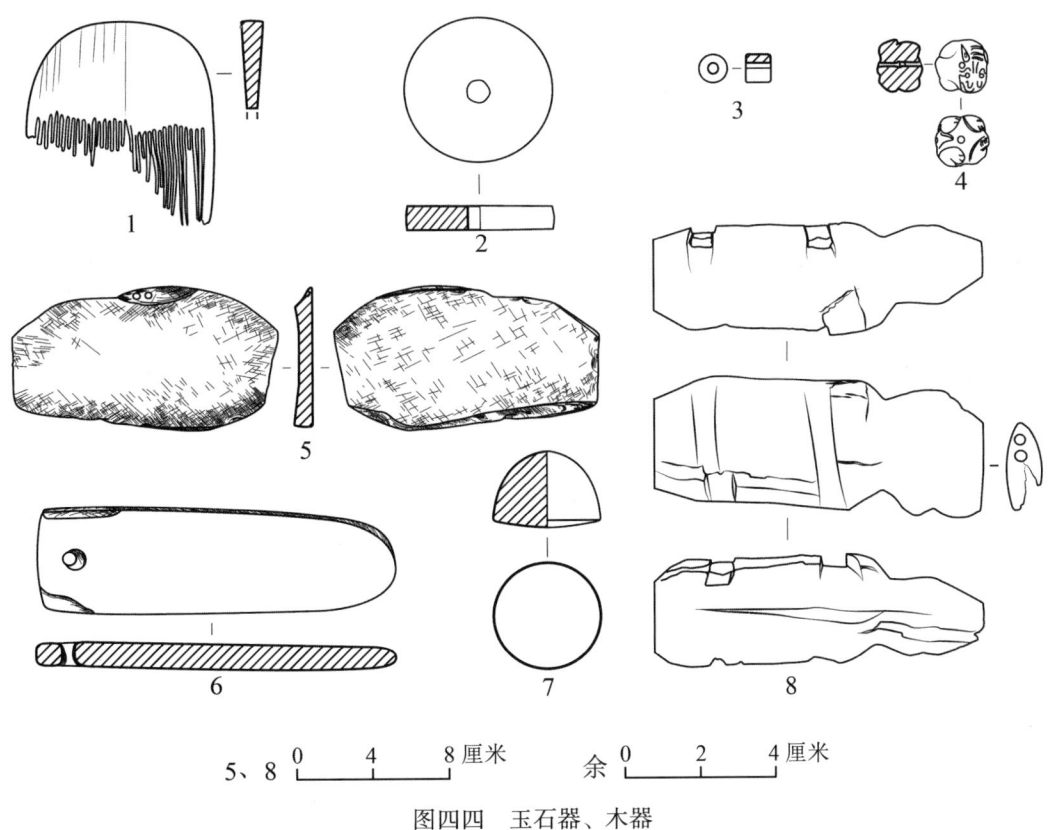

图四四　玉石器、木器
1.木梳(ⅡM13∶2)　2.石纺轮(ⅣM24∶29)　3.珠饰(ⅡM11∶7)　4.珠饰(ⅢM29∶24-14)
5.石砚(ⅢM2∶9)　6.石刀(ⅢM2∶12)　7.水晶饰件(ⅢM28∶15)　8.木兽俑(ⅠM3∶17)

状，一面微内凹，上有墨迹残留物。一侧钻两孔。通长14.9、宽8.2、最厚处1.0厘米（图四四，5）。

4. 石纺轮　1件。ⅣM24∶29，青灰色，圆形，中心穿孔。厚0.7、直径4.2、孔径0.6厘米（图四四，2）。

5. 石刀　1件。ⅢM2∶12，平面呈长方形，柄末凿一圆孔。通长10.1、刀柄宽3.0、厚0.7厘米（图四四，6）。

五　木器

共计2件。有木梳、木兽俑。

1. 木梳　1件。ⅡM13∶2，梳背弧形，前端薄后端（背）厚，梳齿长而尖，三角状。长5.7、宽5.3、厚0.15~0.6、梳齿长3.0厘米（图四四，1）。

2. 木兽俑　1件。ⅠM3∶17，以木块削出动物身体及头部形象，身体两侧各存两个长条形凹槽，应为四肢镶嵌之用，头、尾处有圆孔，原应插嵌角、尾。残长17.6、厚6.2、残高7.3厘米（图四四，8）。

六　杂器

共计36件（组）。有金饰片、银环、砖雕兽俑、三系绛釉罐、铅人、陶砖案、画像砖、模印土坯、骨尺、云母片、丝织物等。

1. 金饰片　3组（4件）。利用金丝围构呈圆形或椭圆形。标本ⅢM41∶54-1，略残，整体呈圆形，边缘凿两孔。直径1.2厘米（图四五，3）。

2. 银环　1件。ⅡM11∶6，已氧化成褐色，呈圆形。直径1.9厘米（图四五，4）。

3. 银币　1件。ⅥM7∶12，残，圆形。应为萨珊银币，正面图案为一圈联珠，中间锈蚀不可辨，顶上有一新月，新月托一圆球；背面图案与正面呈90度错位，联珠圈中有一祭坛，祭坛上火焰右侧有一新月，左侧为一五角星。祭坛两旁图案锈蚀不可辨。直径2.47、厚0.12厘米，重1.79克。

4. 砖雕兽俑　2件。均由青砖雕磨而成，造型简单。标本ⅢM21∶17，出土于墓门内侧。由青砖雕磨而成，造型简单，体型浑圆，作站立状。长13.1、宽4.5、高9.1厘米（图四五，2）。

5. 三系绛釉罐　1件。ⅤM16∶18，直口，斜直领，宽折肩，肩部附三系耳，腹部斜收至平底。通体施釉不均。口径4.2、腹径8.2、底径4.2、高6.6厘米（图四五，1）。

6. 铅人　2组（3件）。均置于斗瓶内，铅质，似浇铸而成，人首呈近圆形，四肢俱全，整体略肖于人形。标本ⅠM9∶63，完整，高4.0、厚0.1厘米（图版五六，4）。

7. 陶砖案　1件。ⅢM3∶2，近方形，上置器物，以作案。长31.4、宽32.4、厚5.0厘米（图四五，8）。

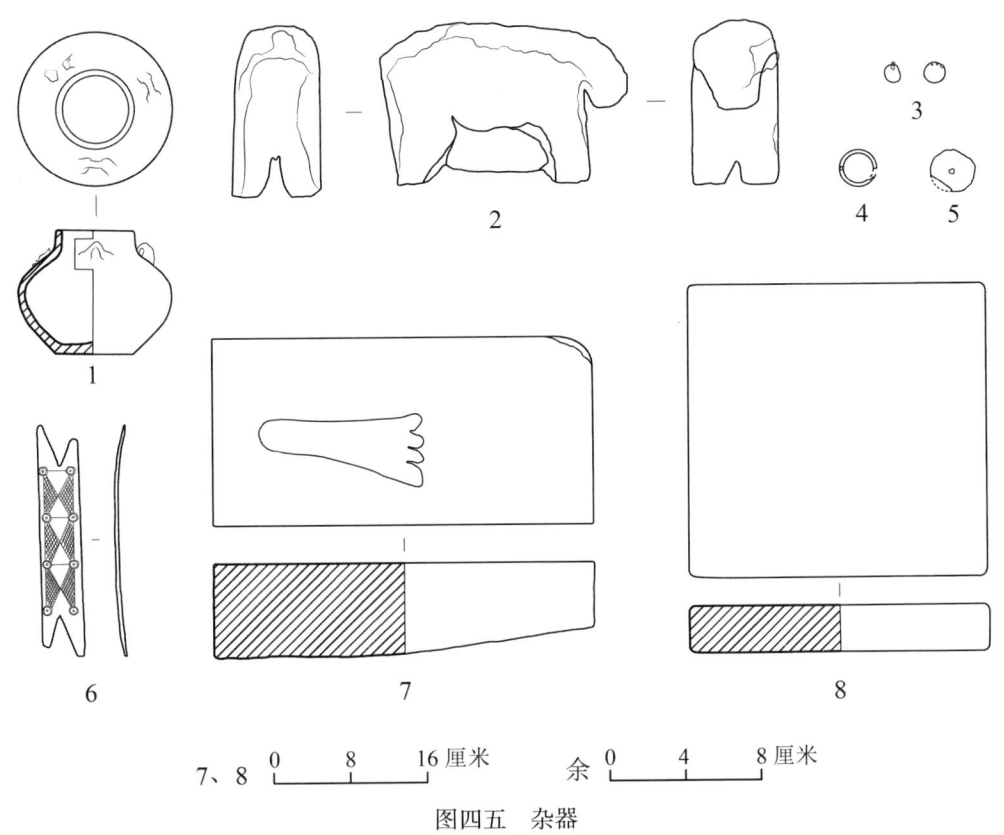

图四五 杂器

1.三系绛釉罐（ⅤM16∶18） 2.砖雕兽俑（ⅢM21∶17） 3.金饰片（ⅢM41∶54-1）
4.银环（ⅡM11∶6） 5.云母片（ⅢM27∶60） 6.骨尺（ⅢM27∶59） 7.模印土坯（ⅦM3∶37） 8.陶砖案（ⅢM3∶2）

8. 画像砖 7组（13件）。标本ⅠM9∶40，熊面人身力士，平额，斜直面颊，面形呈倒梯状，圆丘状鼓腹。从残留颜料可判断，原通体施白彩，再以朱彩、墨线勾画轮廓。高16.6、宽16.0、厚5.1厘米（图四六，2）。标本ⅠM9∶26，彩绘斗拱，以青砖雕刻成斗拱形状，并施以红彩通长32.2、高15.2、厚5.6厘米（图四六，4）。标本ⅠM9∶53，阙形彩绘砖，通体施以黑、红彩，并以墨线勾画出阙柱形状。通高14.0、残宽14.5、厚5.2厘米（图四六，3）。标本ⅠM9∶51-1，承柱赑屃，前额平直，弧状长吻，口微张，眼窝深凹，眼睛圆突，前足置于颊下，呈蹲伏状。从残留颜料可判断，原通体施白彩，再以朱彩、墨线先勾画轮廓。长14.0、残宽10.0、厚5.2厘米（图四六，1）。

9. 模印土坯 1件。ⅦM3∶37，长方形，一面有一孩童脚丫印痕。长40.0、宽20.0、厚10.0厘米（图四五，7）。

10. 骨尺 2件。整体呈长条状，上下对称刻画三组同心圆，以直线相连，将整个平面划分成三角形组成的图案，并在三角形图案内填充菱形纹。标本ⅢM27∶59，长12.5、宽2.2厘米（图四五，6）。

11. 云母片 9组（36件）。圆形圆孔或偶人形状。标本ⅢM27∶60，圆形圆孔，不甚规则，直径2.4、穿0.4厘米（图四五，5）。标本ⅢM19：18，3件，剪切成偶人形状，人首、四肢俱全。高2.0~5.3厘米（图版九一，2）。

12. 丝织物　6件。大部分为墓主人衣服残片，保存状况较差，颜色有红、黄色等。如标本ⅡM11：8，红色、黄色，平纹织物。残长7.5厘米（图版七一，1、2）。

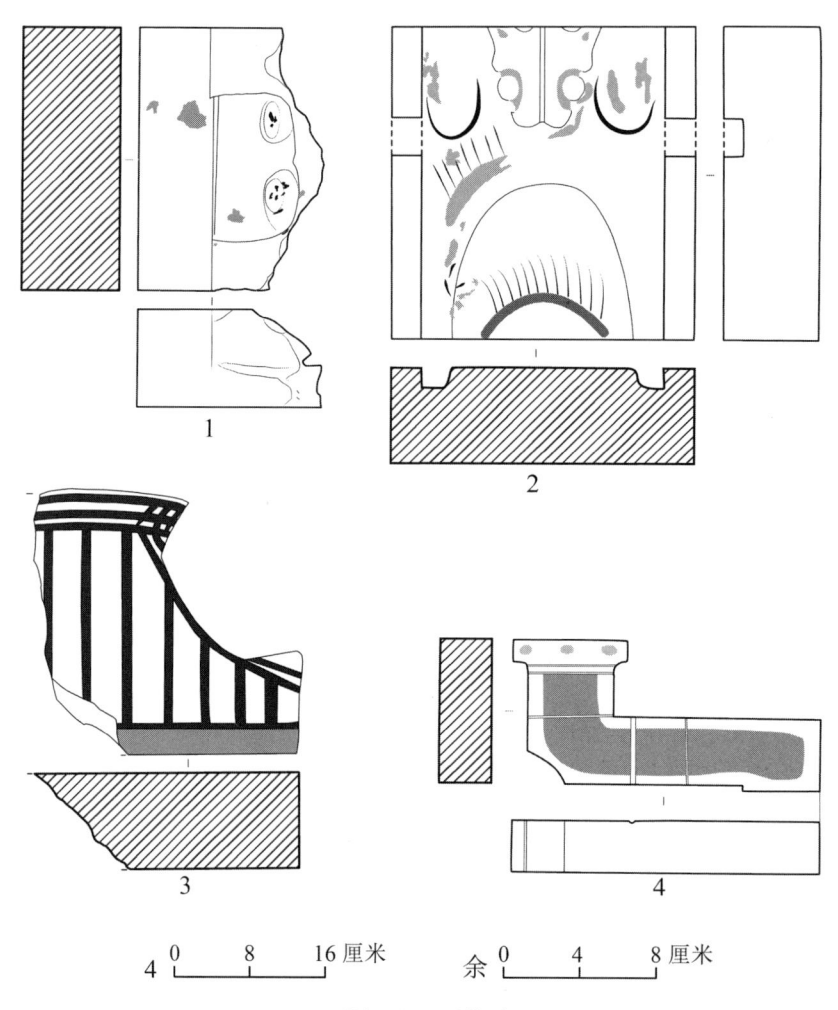

图四六　画像砖

1.承柱颠厕（ⅠM9：51-1）　2.熊面人身力士（ⅠM9：40）　3.阙形彩绘砖（ⅠM9：53）　4.彩绘斗拱（ⅠM9：26）

第四章 墓葬分述

一 Ⅰ区

Ⅰ区位于新建全向信标台，面积1万平方米，共清理墓葬20座（图四七）。

ⅠM1

位于Ⅰ区东部，西北—东南向分布。

1. 墓葬形制

该墓为带长斜坡墓道单室土洞墓，由封土、墓道、甬道、墓室组成。墓向120°（图四八）。

封土　现呈丘状，部分叠压墓道。残径6.20、残高0.22米。

墓道　位于墓室以东，平面呈近梯形，西宽东窄，长15.90、宽0.74~0.88米。西端剖面呈梯形，口小底大，底宽0.98米。东高西低，斜坡至底。近墓门处距地表深5.86米。

甬道　甬道位于墓道西端，连接墓道与墓室，平面呈长方形，进深1.00、宽0.60、高0.80米。墓门呈拱形，与甬道同高等宽。封门无存。

墓室　位于墓道以西，平面呈长方形，覆斗顶，墓顶部分垮塌。墓室东西长2.60、南北宽1.70、高1.96米。墓室东北角和东南角各掏一龛，东北角龛口宽0.36、进深0.24米；东南角龛口宽0.54、进深0.36、高0.22米。

2. 葬具葬式

无葬具。

该墓为双人合葬。墓室南、北壁下各葬一人，尸骨扰乱严重，葬式不详。经鉴定，北侧人骨为男性，年龄40~44岁；南侧人骨为女性，年龄不详。

3. 随葬品

无随葬品。

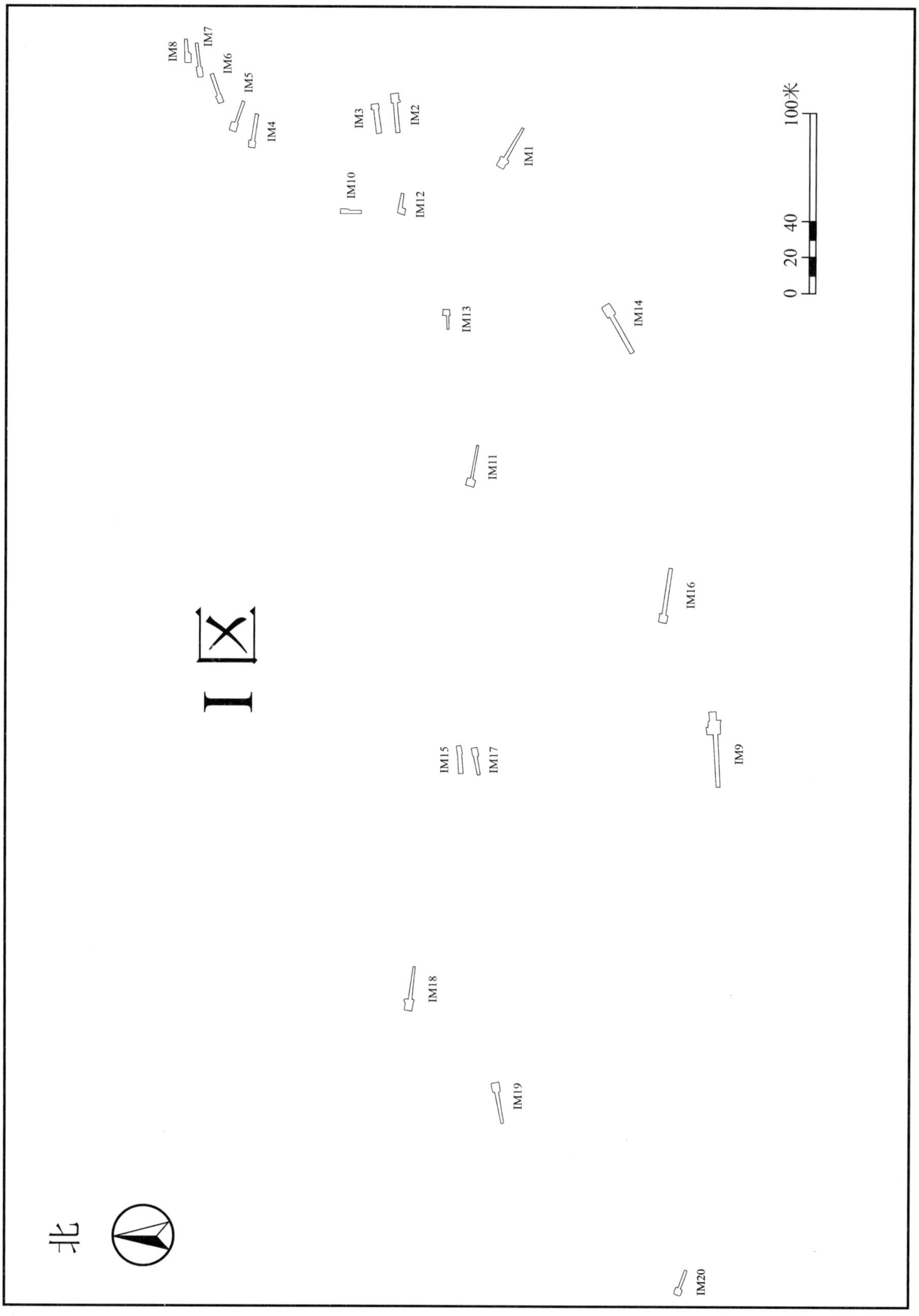

图四七　Ⅰ区墓葬分布图

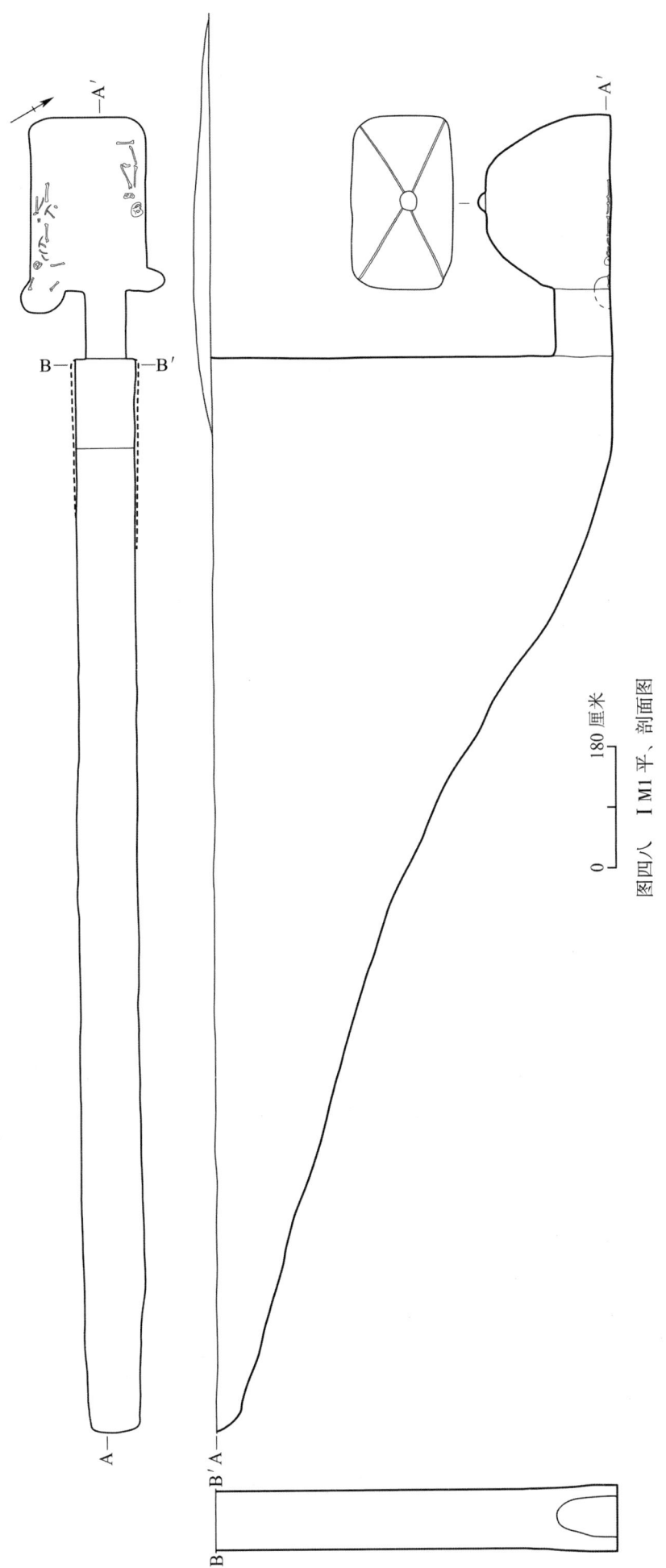

图四八 I M1 平、剖面图

ⅠM2

位于Ⅰ区东部，ⅠM1偏北侧，东西向分布。与ⅠM3为一组，未发现茔圈。

1. 墓葬形制

该墓为带长斜坡墓道单室土洞墓，由封土、墓道、甬道、墓室组成。墓向265°（图四九）。

封土　现呈丘状，部分叠压墓道。残径6.90、残高0.66米。

墓道　墓道位于墓室以西，平面大致呈长方形，长10.85、宽0.77米。东端剖面呈梯形，口小底大，底宽1.00米。西高东低，斜坡至距墓门1.34米处到底，其后平直延伸至墓门处。近墓门处距地表深4.80米。

甬道　位于墓道东端，连接墓道与墓室，平面呈长方形，进深0.80、南北宽0.94、高1.05米。墓门呈拱形，与甬道同高等宽。封门位于甬道内封，以不规则澄泥块和砂石封堵。

墓室　位于墓道以东，平面呈圆角长方形，四壁基本平直，顶部垮塌成穹隆形。墓室东西长2.87、南北宽2.30、残高2.46米。墓室西北角和西南角各掏一龛，西北角龛口宽0.50、进深0.20、高0.52米；西南角龛口宽0.40、进深0.22米。

2. 葬具葬式

无葬具。

该墓为双人合葬。墓室南、北壁下各葬一人，均为仰身直肢葬，头向西。经鉴定，北侧人骨为女性，年龄45~50岁；南侧人骨为男性，年龄40~44岁。

3. 随葬品

随葬品以陶器为主，主要放置于墓室中部及两人骨头端，共13件，包括陶樽4件、陶钵5件、陶盘1件、陶灯1件、陶盆1件、陶甑1件。另于北侧人骨头部出土铜钗1件、南侧人骨腿部出土铜钱1组（12枚）。

陶钵　5件。侈口，圆唇，腹部圆鼓，平底。ⅠM2:3，泥质素面灰陶。口径8.2、底径4.7、高3.2~3.5厘米（图五○，1）。ⅠM2:4，泥质素面灰褐陶。口径9.7、底径4.1、高3.6厘米（图五○，5）。ⅠM2:5，泥质素面灰陶。口径9.0、底径4.0、高3.9厘米（图五○，2）。ⅠM2:6，泥质素面灰陶。口径9.2、底径4.0、高3.9厘米（图五○，3）。ⅠM2:7，泥质素面灰褐陶。残，可复原。口径8.6、底径4.0、高4.2厘米（图五○，6）。

陶甑　1件。ⅠM2:14，泥质素面灰陶。残，可复原。钵形甑，侈口，尖唇，斜弧腹收至平底，底部有两孔。口径7.6、底径4.4、高3.5厘米（图五○，4）。

陶灯　1件。ⅠM2:9，泥质素面灰陶。灯碗残，不可复原。灯口呈碟状，灯碗与灯柄之间

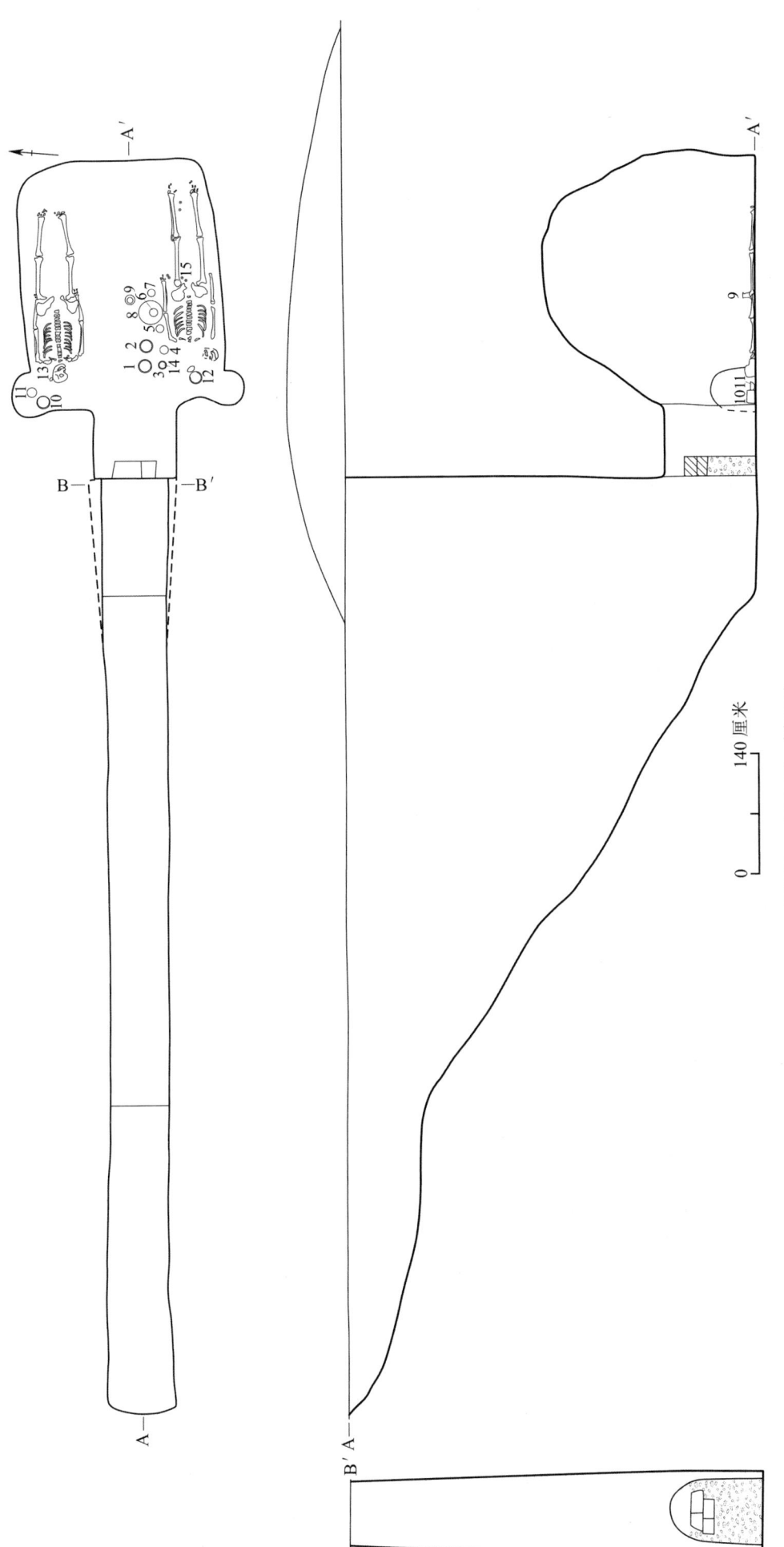

图四九 ⅠM2 平、剖面图

1、2、10、12.陶樽 3~7.陶钵 8.陶盘 9.陶灯 11.陶盆 13.铜钗 14.陶瓶 15.铜钱

图五〇　ⅠM2 出土器物

1~3、5、6.陶钵（ⅠM2:3、ⅠM2:5、ⅠM2:6、ⅠM2:4、ⅠM2:7）　4.陶甑（ⅠM2:14）　7.陶灯（ⅠM2:9）
8.陶盆（ⅠM2:11）　9、11~13.陶樽（ⅠM2:1、ⅠM2:2、ⅠM2:10、ⅠM2:12）　10.陶盘（ⅠM2:8）

收分明显，灯柄实心，上细下粗，底部外撇成齐缘台座，平底。残口径6.8、底径11.2、高13.0厘米（图五〇，7）。

陶盆　1件。ⅠM2∶11，泥质素面灰褐陶。侈口，圆唇，斜平沿，束颈，鼓腹弧收至平底。口径11.2、底径4.6、高4.8厘米（图五〇，8）。

陶盘　1件。ⅠM2∶8，泥质灰陶。残，可复原。平沿微内凹，斜直缘微内束，由盘边缘向中心依次降低，盘面饰三组波浪纹间隔的两组凹弦纹。盘径27.2、厚1.8厘米（图五〇，10）。

陶樽　4件。泥质素面灰褐陶。ⅠM2∶1，残，可复原。直口，圆唇，束颈，领部较高，肩部不明显，直腹，底微凹。口径14.6、底径14.3、高8.2~9.0厘米（图五〇，9）。ⅠM2∶2，直口，方唇，束颈，高直领，肩部不明显，直腹，平底。内壁见轮制痕迹。口径14.6、底径14.8、高11.5厘米（图五〇，11）。ⅠM2∶10，残，可复原。直口，方唇，领部较高，束颈，肩部不明显，斜直腹，大平底。口径13.7、底径14.8、高8.8~9.4厘米（图五〇，12）。ⅠM2∶12，残，可复原。直口，圆唇，高直领，束颈，直腹微内束，平底。内壁见轮制痕迹。口径13.9、底径13.0、高10.5厘米（图五〇，13）。

铜钗　1件。ⅠM2∶13，残缺严重，呈双股"U"形，圆棍状，前端细，后端粗。残长8.6、截面直径0.2厘米。

铜钱　1组。ⅠM2∶15，12枚，均圆形方穿，形制不同，其中剪轮钱1枚、磨郭钱6枚、货泉1枚、五铢钱4枚。

ⅠM2∶15-1，剪轮钱，边有剪凿痕，钱文漫漶不可辨识，制作粗劣。钱径2.06、穿宽1.86、肉厚0.13厘米，重0.67克。ⅠM2∶15-8，货泉，形制较小，两面穿皆有郭，正面穿左右篆书"货泉"二字。ⅠM2∶15-2，磨郭钱，钱文不可辨识。钱径2.51、穿宽0.83、肉厚0.12厘米，重2.17克。ⅠM2∶15-9，五铢钱，正面穿左右篆书"五铢"二字。"五"字较宽，交笔弯曲；"铢"字"金"字头呈三角形，中间四点较长，"朱"字上下部均圆折。钱径2.62、穿宽0.90、郭宽0.18、郭厚0.13、肉厚0.09厘米，重2.19克（图五一，1）。ⅠM2∶15-10，五铢钱，正面穿左右篆书"五铢"二字。"五"字较宽，交笔弯曲；"铢"字"金"字头呈三角形，中间四点较长，"朱"字上部方圆折，下部圆折。钱径2.61、穿宽0.94、郭宽0.17、郭厚0.13、肉厚0.10厘米，重2.58克（图五一，2）。

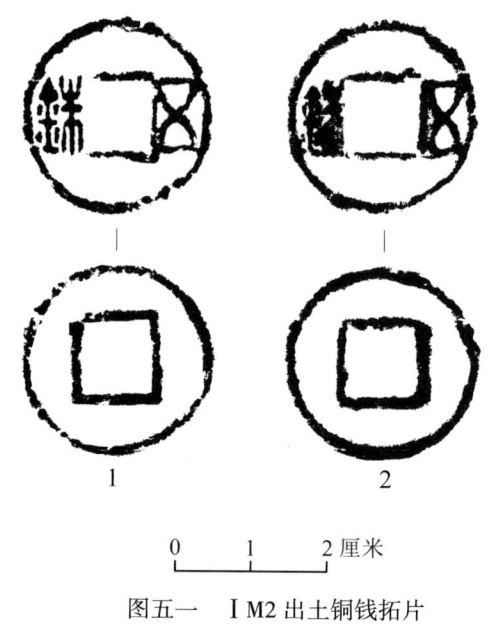

图五一　ⅠM2出土铜钱拓片

1、2.五铢钱（ⅠM2：15-9、ⅠM2：15-10）

ⅠM3

位于Ⅰ区东部，ⅠM2北侧，东西向分布。与ⅠM2为一组，未发现茔圈。

1. 墓葬形制

该墓为带长斜坡墓道单室土洞墓，由封土、墓道、甬道、墓室组成。墓向260°（图五二）。

封土　现呈丘状，部分叠压墓道。残径4.34、残高0.28米。

墓道　墓道位于墓室以西，平面呈梯形，西窄东宽，长10.56、宽0.66~0.80米。东端剖面亦呈长方形，底宽0.80米。西高东低，斜坡至底。近墓门处距地表深4.56米。

甬道　位于墓道东端，连接墓道与墓室，平面呈长方形，进深0.60、宽0.70、高1.38米。墓门呈拱形，与甬道同高等宽。封门位于甬道内封，用不规则澄泥块封堵，高0.48米。

墓室　位于墓道以东，平面呈长方形，四壁基本平直，顶部垮塌严重，现呈拱形。墓室东西长3.00、南北宽1.78、残高2.10米。墓室西北角和西南角各掏一龛，西北角龛口宽0.32、进深0.18、高0.40米；西南角龛口宽0.32、进深0.16米。

2. 葬具葬式

墓室南壁下存尸床、尸罩。尸床由细沙土堆垒而成，尸罩为木质，有榫卯结构，平面呈长方形，腐朽垮塌，长2.20、宽0.60、高0.70米。北壁下仅存草席。

该墓为双人合葬。北侧人骨以草席包裹，仰身直肢葬，头向西。南侧人骨置于尸床之上，

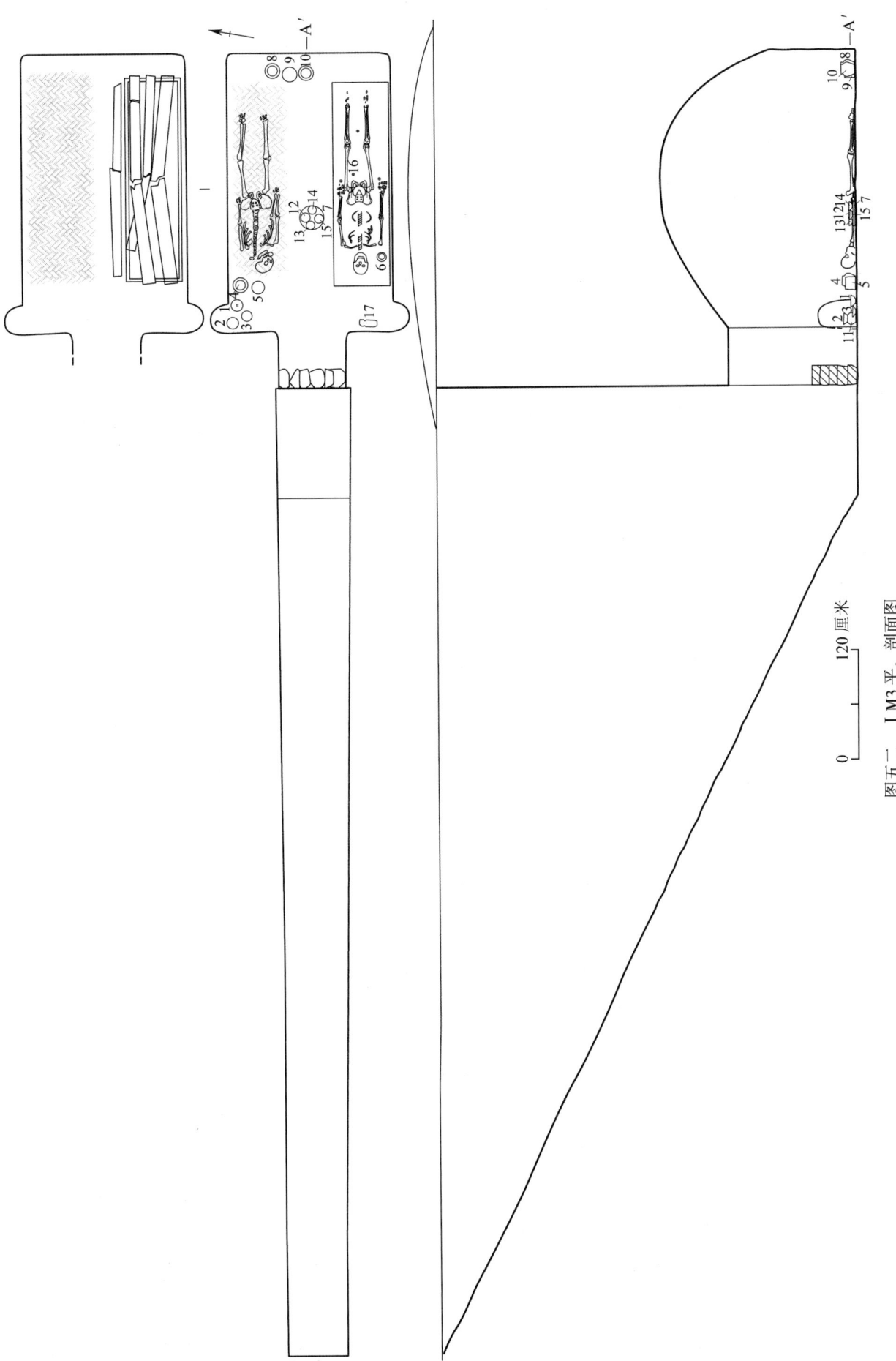

图五二 ⅠM3 平、剖面图

1.陶瓶 2.陶盆 3.陶碟 4、8、10.波浪纹陶罐 5、9.陶樽 6.陶壶 7.陶盘 11.陶釜 12~15.陶钵 16.铜钱 17.木兽甬

仰身直肢葬，头向西。经鉴定，北侧人骨为女性，年龄60~70岁；南侧人骨为男性，年龄45~50岁。

3. 随葬品

随葬品以陶器为主，主要放置于墓室中部、东壁下、西北角龛及附近，共15件，包括陶甑1件、陶盆1件、陶碟1件、波浪纹陶罐3件、陶樽2件、陶壶1件、陶盘1件、陶釜1件、陶钵4件。墓门内侧出土木兽俑1件，南侧人骨腿部出土铜钱1组（4枚）（图版三三，1）。

陶钵　4件。ⅠM3∶12，泥质素面灰陶。侈口，圆唇，弧腹斜收至底平底，底略作假圈足。口径10.0、底径4.1、高4.0厘米（图五三，1；图版五三，4）。ⅠM3∶13，泥质素面灰陶。敛口，尖唇，弧腹斜收至平底。口径8.6、底径3.6、高3.7厘米（图五三，2）。ⅠM3∶14，泥质素面橙黄陶。侈口，尖唇，弧腹斜收至平底，底略作假圈足。口径9.1、底径3.5、高3.4~3.7厘米（图五三，3）。ⅠM3∶15，泥质素面灰陶。口略残，可复原。侈口，圆唇，斜直腹收至小平底。口径9.8、底径3.0、高2.6~3.0厘米（图五三，4；图版五三，6）。

陶碟　1件。ⅠM3∶3，泥质素面橙黄陶。敞口，尖唇，斜直腹收至平底，腹部较浅。口径11.5、底径4.7、高3.0~3.5厘米（图五三，5；图版五三，5）。

陶釜　1件。ⅠM3∶11，泥质橙黄陶。敛口，方唇，小平沿，圆肩，鼓腹弧收至底，底微凹。肩腹部饰波浪纹、弦纹组合。口径8.6、腹径12.7、底径8.7、高8.9厘米（图五三，6；图版五三，3）。

陶甑　1件。ⅠM3∶1，泥质素面橙黄陶。盆形甑，侈口，圆唇，斜平沿，束颈，鼓腹，平底，底略作假圈足。底有五孔。口径12.5、底径5.3、高5.1厘米（图五三，7）。

陶樽　2件。泥质素面橙黄陶。ⅠM3∶5，直口，圆唇，束颈，领部较高，直腹，近底时微内束，底近平。口径13.5、底径14.5、高10.7厘米（图五三，8；图版五四，1）。ⅠM3∶9，直口，方唇，领部较高，束颈，肩部不明显，直腹，平底。口径15.7、底径15.3、高10.6厘米（图五三，9；图版五四，2）。

波浪纹陶罐　3件。泥质橙黄陶。器形整体矮胖，侈口，方唇，束颈，圆肩，圆鼓腹，平底或微凹。肩、腹部饰波浪纹和弦纹组合，内壁见轮制痕迹。ⅠM3∶4，平底。口径10.1、腹径16.2、底径10.7、高14.0~14.3厘米（图五三，10；图版五三，1）。ⅠM3∶8，平底，下腹部见轮制加工痕迹。口径10.8、腹径16.0、底径10.8、高14.5厘米（图五三，11）。ⅠM3∶10，底微内凹。口径11.0、腹径15.9、底径10.2、高14.3厘米（图五三，12；图版五三，2）。

陶盆　1件。ⅠM3∶2，泥质素面橙黄陶。侈口，圆唇，斜平沿，束颈，斜直腹收至平底。口径12.5、底径5.2、高5.0~5.6厘米（图五三，13；图版五四，3）。

陶盘　1件。ⅠM3∶7，泥质灰陶。圆形，平沿微凹，直缘，平底，盘面较平，低于盘沿。

图五三　ⅠM3 出土器物

1~4.陶钵（ⅠM3：12、ⅠM3：13、ⅠM3：14、ⅠM3：15）　5.陶碟（ⅠM3：3）　6.陶釜（ⅠM3：11）
7.陶甑（ⅠM3：1）　8、9.陶樽（ⅠM3：5、ⅠM3：9）　10~12.波浪纹陶罐（ⅠM3：4、ⅠM3：8、ⅠM3：10）
13.陶盆（ⅠM3：2）　14.陶盘（ⅠM3：7）　15.陶壶（ⅠM3：6）　16.木兽俑（ⅠM3：17）

盘面饰三组波浪纹间隔的两组凹弦纹。盘径 26.0、厚 2.2 厘米（图五三，14；图版五四，5）。

陶壶　1 件。ⅠM3：6，泥质灰陶。侈口，圆唇，高斜领，束颈，溜肩，圆鼓腹且下垂，束腰，外撇成高台座，平底。台座见竖向刮削痕迹，肩、腹部饰波浪纹和弦纹组合。口径 6.4、腹径 10.0、底径 9.5、高 15.3~15.8 厘米（图五三，15；图版五四，4）。

木兽俑　1 件。ⅠM3：17，木质，腐朽严重。以木块削出动物身体及头部形象，身体两侧各存两个长条形凹槽，应为四肢镶嵌之用，头、尾处有圆孔，原应插嵌角、尾。残长 17.6、厚 6.2、残高 7.3 厘米（图五三，16；图版五五，6）。

铜钱　1 组。ⅠM3：16，4 枚，均圆形方穿，钱文不可辨识。其中剪轮钱 1 枚、磨郭钱 3 枚。

ⅠM3：16-1，剪轮钱，边有剪凿痕，制作粗劣。钱径 1.84、穿宽 0.95、肉厚 0.14 厘米，重 1.25 克（图版五四，6）。ⅠM3：16-4，磨郭钱。钱径 2.41、穿宽 0.82、肉厚 0.14 厘米，重 2.17 克（图版五四，6）。

ⅠM4

位于Ⅰ区东部，ⅠM3 以北，东西向分布。与ⅠM5 为一组，未发现茔圈。

1. 墓葬形制

该墓为带长斜坡墓道单室土洞墓，由封土、墓道、甬道、墓室组成。墓向 100°（图五四）。

封土　现呈丘状，部分叠压墓道。残径 6.82、残高 0.38 米。

墓道　位于墓室以东，平面呈不规则长方形，长 9.30、宽 0.60 米。西端剖呈近梯形，口小底大，底宽 0.70 米。东高西低，斜坡至底。近墓门处距地表深 3.70 米。

甬道　位于墓道西端，连接墓道与墓室。平面呈长方形，进深 1.50、宽 0.70、高 1.14~1.26 米。墓门呈拱形，与甬道同高等宽。封门位于甬道内封，以不规则澄泥块封堵。

墓室　位于墓道以西，平面呈圆角长方形，四壁基本平直，墓顶垮塌成拱形顶。墓室东西长 2.76、南北宽 1.40、残高 1.55 米。东北角掏一龛，口宽 0.46、进深 0.12、高 0.60 米。

2. 葬具葬式

墓室北壁下存一尸床，以沙石堆垒而成，长 1.80、宽 0.60、高 0.02 米。墓室中见散落的木板痕迹，推测原可能存在棺罩，具体形制不详。

该墓为单人葬。人骨置于尸床之上，仰身直肢葬。经鉴定，人骨为男性，年龄 24~26 岁。

3. 随葬品

随葬品较少，仅于墓室东北部出土泥罐 3 件。

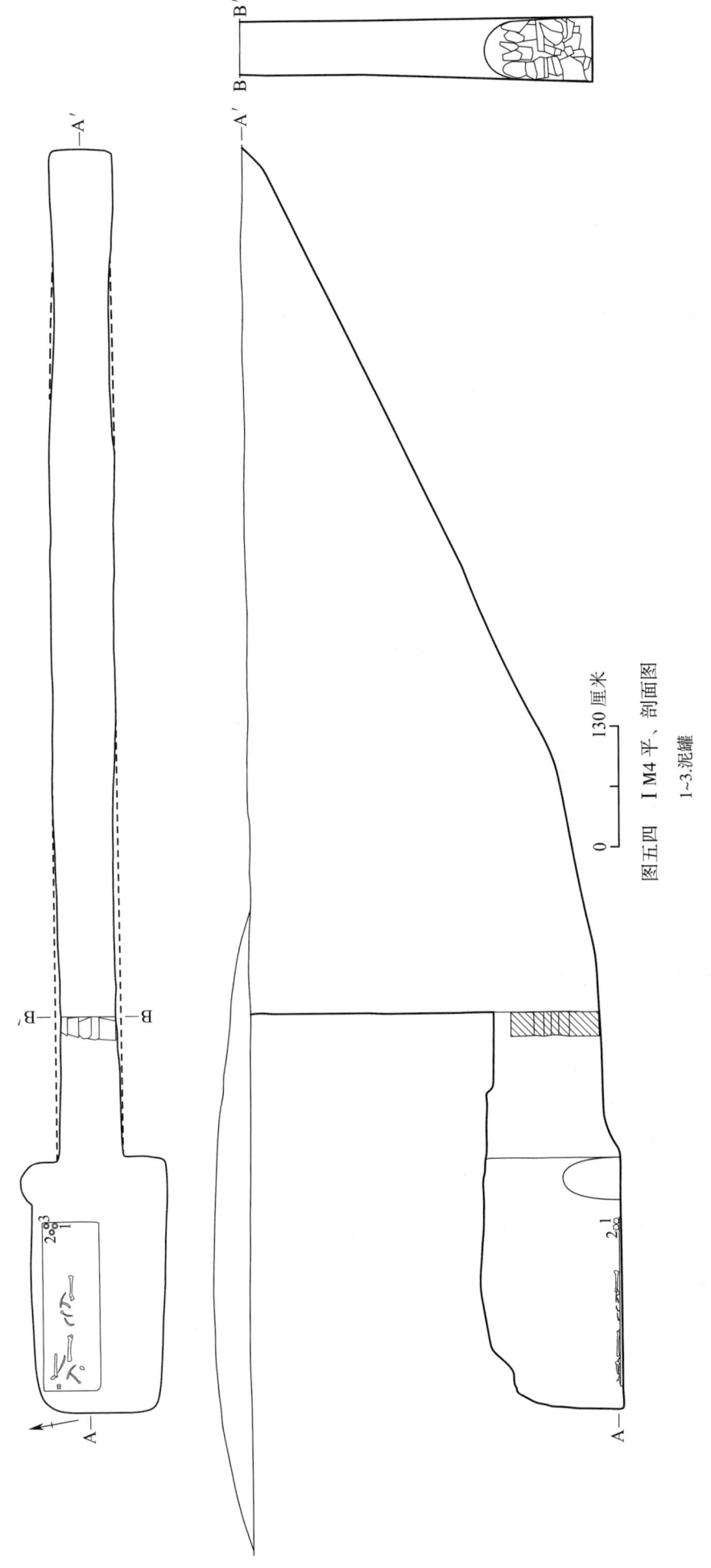

图五四 ⅠM4 平、剖面图
1~3.泥罐

泥罐　3件。红泥捏制而成，未经烧制，器形不规整，均不同程度残缺。均弧腹，平底。ⅠM4：1，残，可复原。侈口，颈微束，溜肩，上腹圆鼓，下腹弧收至圜底。口径3.5、腹径6.2、高5.1厘米（图五五，2）。ⅠM4：2，口残，可复原。侈口，尖唇，束颈，溜肩，鼓腹，圜底。口径3.9、腹径6.0、高5.6厘米（图五五，1）。ⅠM4：3，口残，不可复原。侈口，溜肩，鼓腹，圜底。口径3.7、腹径5.8、高5.0厘米（图五五，3）。

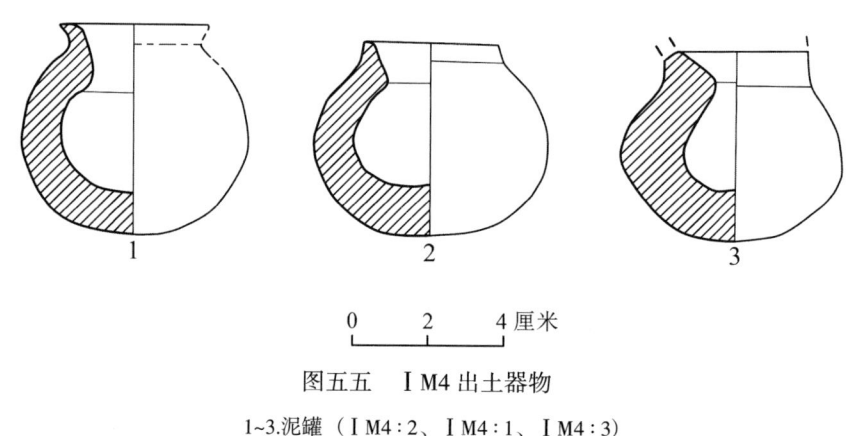

图五五　ⅠM4出土器物

1~3.泥罐（ⅠM4：2、ⅠM4：1、ⅠM4：3）

ⅠM5

位于Ⅰ区东部，ⅠM4以北，东西向分布。与ⅠM4为一组，未发现茔圈。

1. 墓葬形制

该墓为带长斜坡墓道单室土洞墓，由封土、墓道、甬道、墓室组成。墓向110°（图五六）。

封土　现呈丘状，部分叠压墓道。残径5.90、残高0.40厘米。

墓道　位于墓室以东，平面呈近梯形，西窄东宽，长8.30、宽0.70~0.82米。西端剖面呈长方形，底宽0.70米。东高西低，斜坡至底。近墓门处距地表深3.10米。

甬道　位于墓道西端，平面呈长方形，进深1.10、宽0.70、高1.55米。墓门呈拱形，与甬道同高等宽。封门无存。

墓室　位于墓道以西，平面呈圆角正方形，墓室有坍塌，采用大揭顶方式发掘，墓顶形状及墓室高度不详。墓室东西长2.60、南北宽2.54米。

2. 葬具葬式

不见葬具和人骨。

3. 随葬品

无随葬品。

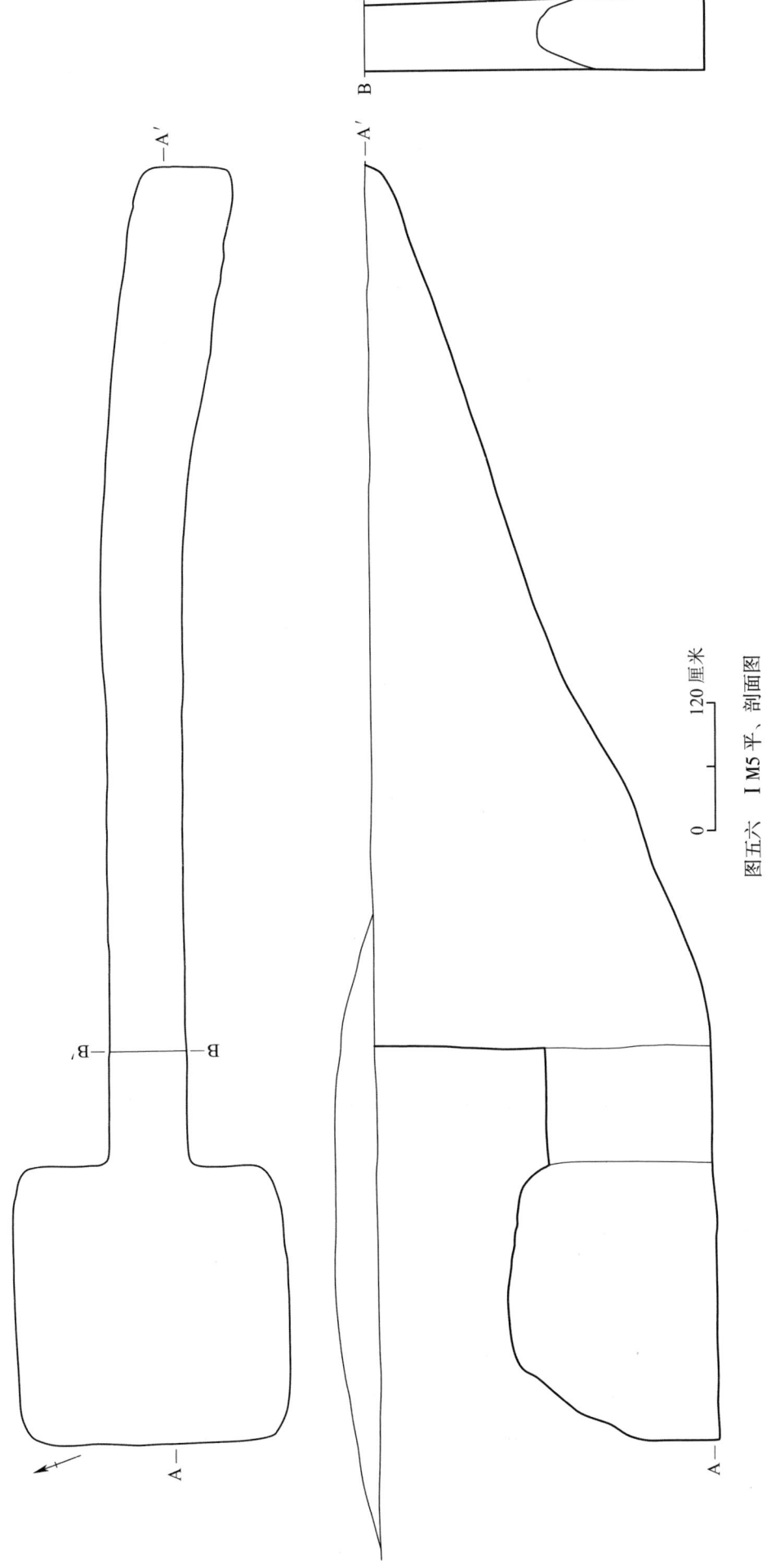

图五六 ⅠM5 平、剖面图

ⅠM6

位于Ⅰ区东部，ⅠM5东北，东北—西南向分布。与ⅠM7、ⅠM8为一组，未发现茔圈。

1. 墓葬形制

该墓为带长斜坡墓道单室土洞墓，由封土、墓道、甬道、墓室组成。墓向70°（图五七）。

封土　现呈丘状，部分叠压墓道。残径7.30、残高0.42米。

墓道　位于墓室以东，平面呈不规则梯形，西窄东宽，长9.10、宽0.62~1.06米。西端剖面呈梯形，口小底大，底宽0.70米。东高西低，斜坡至底。近墓门处距地表深3.80米。

甬道　位于墓道西端，连接墓道与墓室。为双甬道，平面均呈长方形。前甬道进深1.08、宽0.70、高1.88米。后甬道进深0.60、宽0.72、高1.10米。墓门呈拱形，与后甬道同高等宽。封门位于后甬道内封，以不规则澄泥块和沙石封堵。

墓室　位于墓道以西，平面呈圆角长方形，墓顶垮塌成拱形顶。墓室东西长2.70、南北宽1.40、残高1.14米。墓室东北角掏一龛，门宽0.56、进深0.32、高0.70米。

2. 葬具葬式及葬俗

墓室南壁下存尸床、尸罩，尸床沙石堆垒而成，长2.22、宽0.60米。尸罩为木质，部分腐朽坍塌，残长0.80~1.20、宽0.20~0.60、厚0.04米。

该墓为单人葬，置于尸床之上，人骨扰乱严重，葬式不详。经鉴定，人骨疑似女性，年龄21~22岁。

尸床上堆放大量有意打碎的陶片。

3. 随葬品

随葬品较少，仅于人骨头部出土残泥罐1件，泥罐被坍塌沙石压碎，无法采集。

ⅠM7

位于Ⅰ区东部，ⅠM6东北，东西向分布。与ⅠM6、ⅠM8为一组，未发现茔圈。

1. 墓葬形制

该墓为带长斜坡墓道单室土洞墓，由封土、墓道、甬道、墓室组成。墓向82°（图五八）。

封土　现呈丘状，部分叠压墓道。残径6.16、残高0.40米。

墓道　位于墓室以东，平面呈不规则长方形，长10.16、宽0.68米。西端剖面呈近梯形，口小底大，底宽0.74米。东高西低，斜坡至底。近墓门处距地表深3.60米。

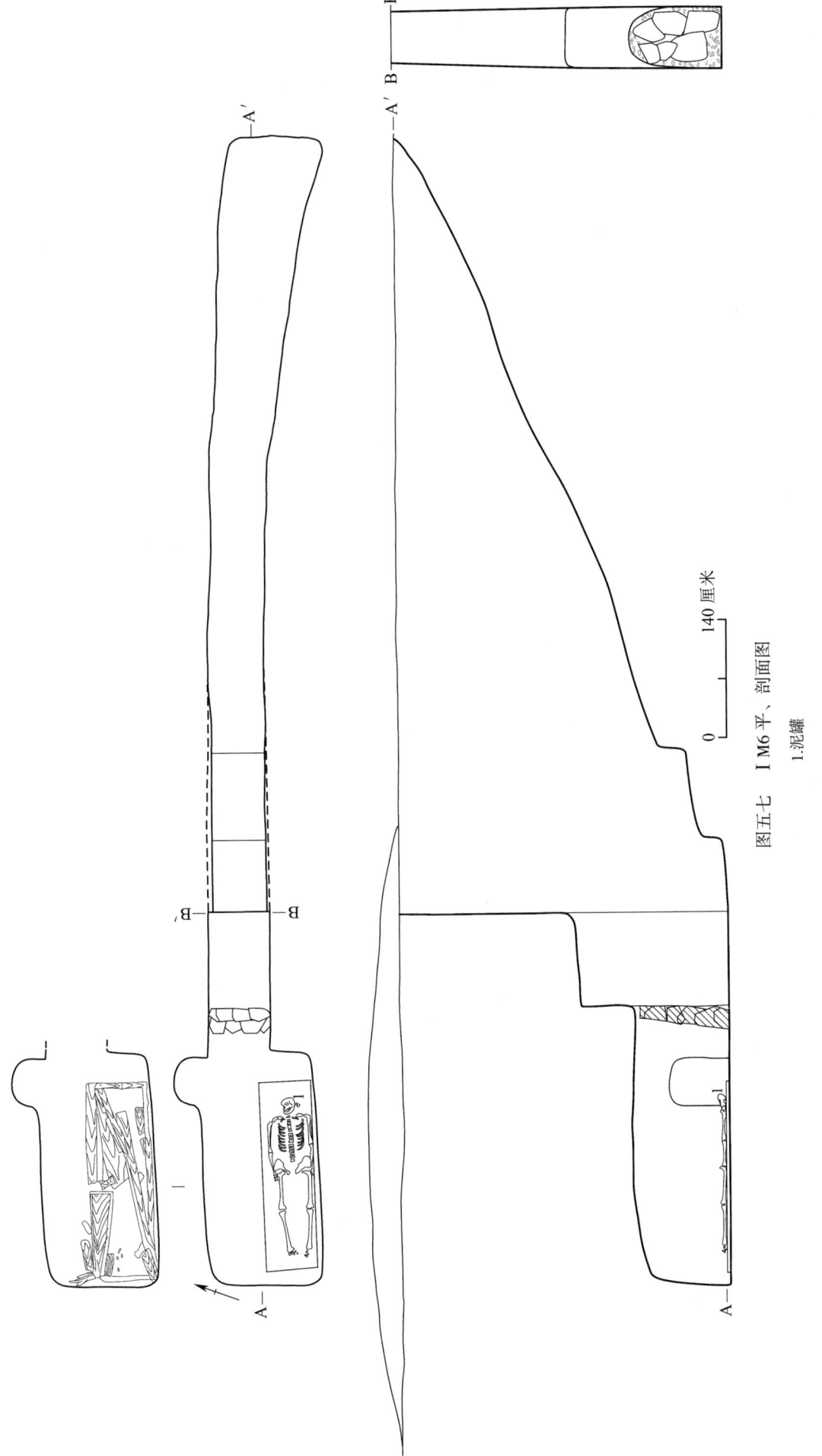

图五七 ⅠM6 平、剖面图
1.泥罐

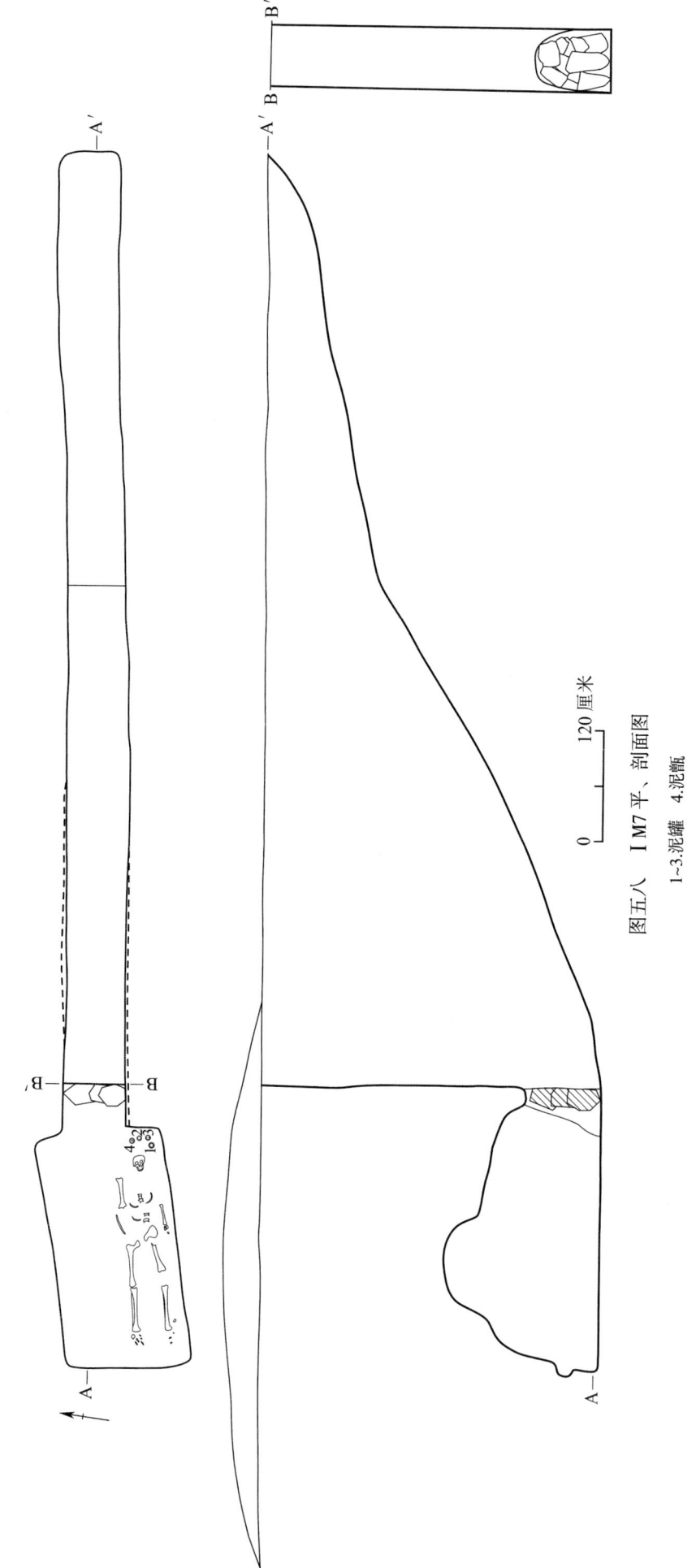

图五八 ⅠM7 平、剖面图
1~3.泥罐 4.泥甑

甬道　位于墓道西端，连接墓道与墓室，平面呈长方形，进深0.50、宽0.70、高0.80米。墓门呈拱形，与甬道同高等宽。封门位于甬道内封，以不规则澄泥块封堵。

墓室　位于墓道以西，平面呈圆角长方形，顶部垮塌严重，形制不明。墓室东西长2.60、南北宽1.40、残高1.66米。

2. 葬具葬式

无葬具。

该墓为单人葬。人骨位于墓室南壁下，扰乱严重，从残存情况判断，可能为仰身直肢葬。经鉴定，人骨为男性，年龄35岁左右。

3. 随葬品

随葬品均为泥器，集中放置于墓室东南角，共4件，包括泥罐3件、泥甑1件。

泥罐　3件。红泥捏制而成，未经烧制，器形不规整，均不同程度残缺。ⅠM7:1，口径4.0、腹径6.2、底径3.7、残高4.5厘米（图五九，1）。ⅠM7:2，腹径5.4、底径0.3、残高3.8厘米（图五九，2）。ⅠM7:3，腹径5.5、残高4.7厘米（图五九，3）。

泥甑　1件。ⅠM7:4，红泥捏制而成，未经烧制，器形不规整。口残，不可复原。敞口，弧腹，平底，底部有一孔。底径3.0、残高3.7、孔径1.0~1.3厘米（图五九，4）。

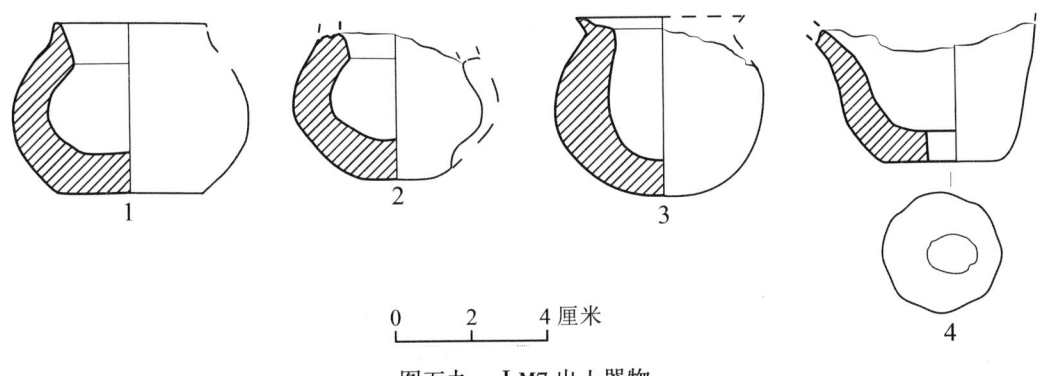

图五九　ⅠM7出土器物
1~3.泥罐（ⅠM7:1、ⅠM7:2、ⅠM7:3）　4.泥甑（ⅠM7:4）

ⅠM8

位于Ⅰ区东部，ⅠM7东北，东西向分布。与ⅠM6、ⅠM7为一组，未发现茔圈。

1. 墓葬形制

该墓为带长斜坡墓道"刀把"形单室土洞墓，由封土、墓道、甬道、墓室组成。墓向85°（图六〇）。

封土　现呈丘状，部分叠压墓道。残径6.26、残高0.60米。

墓道　位于墓室以东，平面呈长方形，长9.44、宽0.70~0.80米。西端剖面呈近梯形，底宽0.82米。东高西低，斜坡至距墓门0.98米处到底，其后平直延伸至墓门处。近墓门处距地表深3.70米。

甬道　位于墓道西端，连接墓道与墓室，坍塌严重，进深0.64、宽0.74、残高1.80米。墓门呈拱形，与甬道同高等宽。封门无存。

墓室　位于墓道以西，平面呈近梯形，西窄东宽，墓室垮塌严重，顶部形制不明。墓室东西长2.86、南北宽0.97~1.14、残高2.10米。

2. 葬具葬式

无葬具。

该墓为单人葬。墓室中散布少量骨渣，葬式及性别、年龄不详。

3. 随葬品

无随葬品。

ⅠM9

位于Ⅰ区中部，ⅠM1西南，东西向分布。

1. 墓葬形制

该墓为带长斜坡墓道双室砖石混合墓。由封土、墓道、照墙、甬道、前室、后室组成。墓向265°（图六一）。

封土　现呈丘状，部分叠压墓道。直径12.25、残高0.95米。

墓道　位于墓室以西，平面呈梯形，西窄东宽，长20.24、宽1.00~1.20米。东端剖面亦呈梯形，底宽1.40米。西高东低，斜坡至距墓门1.02米处到底，其后平直延伸至墓门处。近墓门处距地表深8.00米。墓道填土中混有大量碎砖块。

照墙　坍塌严重，基本无存，仅于填土中出土少量彩绘造型砖。具体形制不明。

甬道　位于墓道东端，连接墓道与墓室，因盗扰坍塌严重，形制及尺寸不明。墓门形制不明，残宽1.00、残高1.20米。前室与后室之间亦有甬道相连，坍塌严重，据残存部分可判断其为拱形顶，进深0.40、宽0.80、残高0.60米。

前室　呈近正方形，砖室，边长3.07~4.06米，因墓室整体坍塌，高度不明。北壁残存错缝平砌青砖数层，残高约0.60米。前室西北角存一耳室，顶部坍塌。耳室门为拱形，宽1.00、残高0.75米。耳室平面呈长方形，耳室与前室有甬道相连，东西宽1.00、南北长1.40、残高

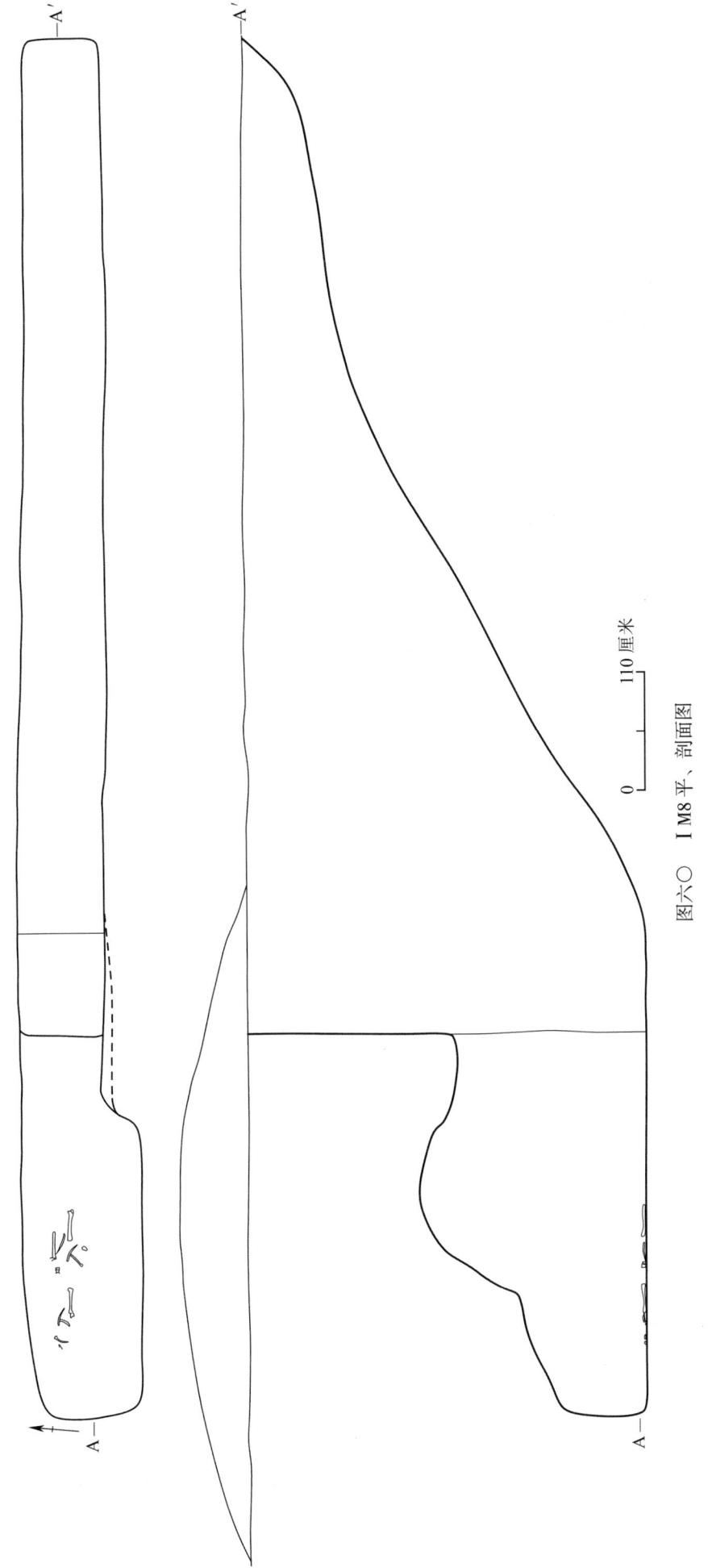

图六〇　ⅠM8 平、剖面图

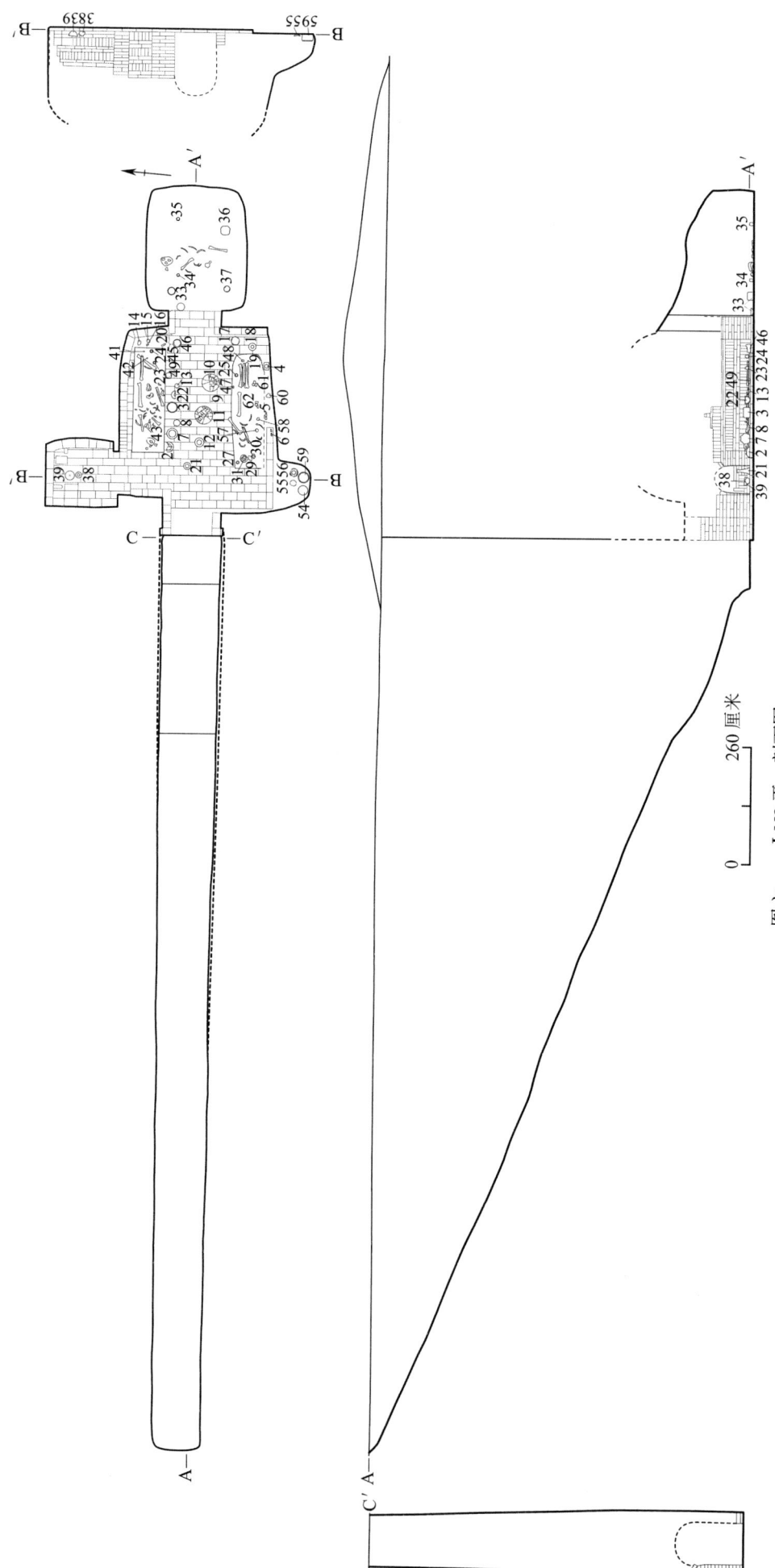

图六一 ⅠM9 平、剖面图

1、26.彩绘斗拱 2、31、56.陶器盖 3、17、33、46、59.陶樽 4.砖臼 5、6.铁器残件 7、36.绳纹陶罐 8、13、29、37、49、55.陶碟 9.铜钉 10、11.陶盘 12.陶壶 14、22、54.陶盆 18、38.弦纹陶罐 20.铜弩机廓 21.陶灯 23、24、25、27、34、35.陶斗瓶 28、32.仿木柱 30.陶耳杯 39.陶甑 41.铜钱 43.陶碗 44.砖雕 45.铜削刀残件 48.铜钗 50.彩绘装饰砖 51.承柱础员 52、40.熊面人身力士 53.鹅形彩绘砖 61、15、16、47、57、58、60、62.陶钵 63、64.铅人 (26、28、32、44、50、51、40、52、53 出土于墓室及墓道填土内;63、64 分别位于 27、35 斗瓶内)

2.20 米，西壁残存错缝平砌青砖高约 0.60 米。耳室内填充大量沙土及碎砖块，沿北壁有砖砌条案，上置动物骨骼，下置木炭，周围有陶罐及釜甑各一件，应象征庖厨之所。前室西南角掏一龛，坍塌严重，宽 1.00、进深 0.75、残高 2.20 米。

后室 平面呈近长方形，砾石洞室，顶部坍塌，前室与后室间亦有甬道相连。墓室东西长 2.70、南北宽 2.00、残高 1.40 米（图六二）。

2. 葬具葬式

墓室南、北壁下各存一尸床，北侧尸床长 2.27、宽 0.70、厚 0.10 米；南侧尸床长 2.40、宽 0.70、厚 0.05 米。

该墓为三人合葬。前室南、北壁下各葬一人，东西向平行放置。后室葬一人，南北向平行放置。尸骨均扰乱严重，葬式不详。经鉴定，前室北侧人骨为女性，年龄 50~60 岁；前室南侧人骨为男性，年龄 45~50 岁；后室人骨性别不详，年龄 12~16 岁。

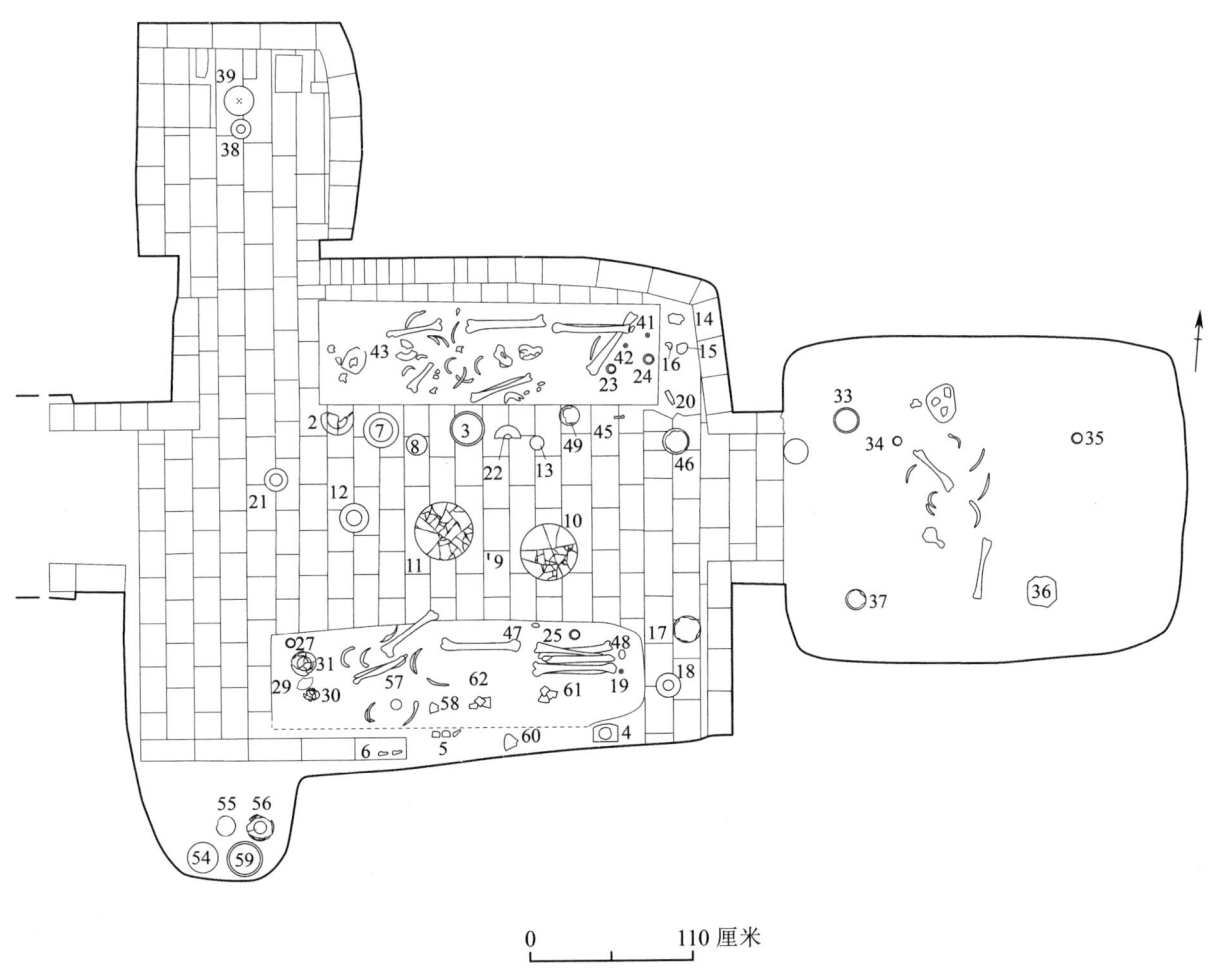

图六二 ⅠM9 墓室平面图

3. 随葬品

该墓遭盗扰，随葬品扰乱严重，散布于墓室之中。主要有陶器、彩绘造型砖、铜器、铁器。陶器出土数量较多，共42件，其中绳纹陶罐2件、弦纹陶罐2件、陶樽5件、陶器盖3件、陶钵8件、陶碟6件、陶盆3件、陶碗1件、陶甑1件、陶壶1件、陶灯1件、陶盘2件、陶耳杯1件、陶斗瓶6件。彩绘造型砖出土于墓道及前室填土中。共15件，其中熊面人身力士2组（3件）、彩绘斗拱1组（2件）、阙形彩绘砖1件、仿木柱1组（2件）、承柱贔屓1组（2件）、彩绘装饰砖1组（3件）、砖臼1件、砖雕1件。铜、铁器残损、锈蚀严重，共8件（组），其中铜弩机廓1件、铁器残件1组（2件）、铜钗1件、铜钉1件、铜削刀残件1件、铜钱3组（128枚）。另于两斗瓶内出土铅人2组（3件）（图版三三，2）。

陶器盖　3件。均残，可复原。整体呈覆钵状，平顶，斜直腹，直口。ⅠM9∶2，泥质灰陶。底部和腹部均饰波浪纹和弦纹组合。盖径22.0、高7.2厘米（图六三，1）。ⅠM9∶31，泥质灰陶。腹部饰波浪纹和弦纹组合，底部饰弦纹。盖径17.0、高6.5厘米（图六三，2）。ⅠM9∶56，因受热不均，器表陶色不均。腹部饰波浪纹和弦纹组合，底部饰弦纹。盖径17.8、高5.8厘米（图六三，3；图版六一，3）。

陶樽　5件。ⅠM9∶3，泥质灰陶。残，可复原。敛口，方唇，矮领，平折肩，弧腹，平底。腹部饰数道棱纹，内壁见轮制痕迹。口径20.0、底径19.5、高13.5厘米（图六三，4）。ⅠM9∶17，泥质素面灰陶。残，可复原。敛口，圆唇，平折肩，斜直腹，底微凹。口径15.2、底径18.0、高12.6~13.1厘米（图六三，6）。ⅠM9∶33，泥质素面灰陶。带盖樽，子母口，盖、口吻合甚严。盖呈覆钵状，平底，弧腹，直口，平沿。樽敛口，方唇，矮领，平折肩，斜直腹，底部微内束，平底。樽口径14.7、底径17.2、高12.6厘米；盖径16.6、高5.1厘米；通高17.1厘米（图六三，5；图版六一，1）。ⅠM9∶46，泥质素面灰陶。残，不可复原。束颈，矮领，平折肩，斜直腹，平底。底径15.4、高6.8~10.5厘米（图六三，7）。ⅠM9∶59，泥质灰陶。残，可复原。敛口，方唇，矮领，平折肩，弧腹，平底。腹部饰数道弦纹。口径20.3、底径22.0、高13.8厘米（图六三，8）。

陶耳杯　1件。ⅠM9∶30，泥质素面灰陶。残，可复原。整体呈椭圆形，侈口，尖唇，长边两侧附对称双耳，耳上端齐平于口沿，腹部弧收至平底。长口径10.5、短口径6.4、长底径3.8、短底径2.7、耳长4.7、宽1.1~1.2、高3.5厘米（图六三，9；图版六〇，3）。

陶盘　2件。残，可复原。ⅠM9∶10，泥质灰陶。斜直缘，宽平沿，由边缘向盘中心依次略低，面饰两组凹弦纹相间的两组波浪纹。盘径38.0、厚2.2厘米（图六四，1）。ⅠM9∶11，泥质灰陶。直缘，宽平沿，由边缘向盘中心依次略低，面饰两组凹弦纹相间的两组波浪纹。盘径39.0、厚2.0厘米（图六四，2；图版六一，6）。

陶壶　1件。ⅠM9∶12，泥质素面灰陶。喇叭口，圆唇，束颈，颈短粗，溜肩，圆鼓腹，

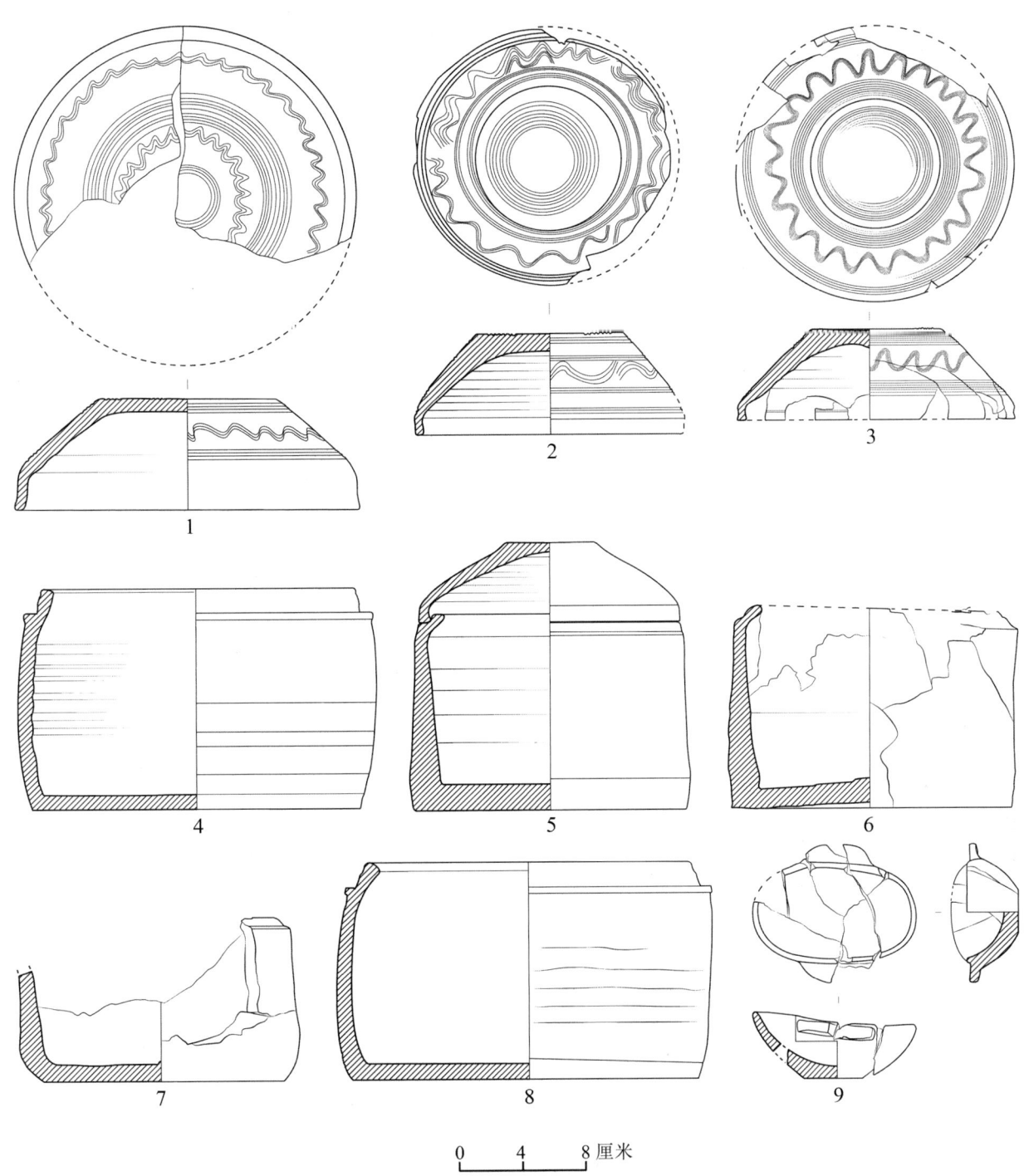

图六三　ⅠM9 出土器物（一）

1~3.陶器盖（ⅠM9：2、ⅠM9：31、ⅠM9：56）　4~8.陶樽（ⅠM9：3、ⅠM9：33、ⅠM9：17、ⅠM9：46、ⅠM9：59）　9.陶耳杯（ⅠM9：30）

下腹内收至喇叭状底座，平底。口径10.0、腹径19.4、底径13.8、高22.1厘米（图六四，3；图版六一，2）。

绳纹陶罐　2件。泥质灰陶。肩、腹部饰竖向绳纹，近底处有竖向刮削痕迹。ⅠM9：7，口微侈，外缘呈三角状，束颈，圆鼓腹，平底。口径12.3、腹径23.2、底径15.0、高19.5厘米（图六四，4；图版六二，3）。ⅠM9：36，泥质灰陶。口残，不可复原。圆鼓腹，平底。腹径24.0、底径16.0、残高16.8厘米（图六四，5）。

弦纹陶罐　2件。泥质灰陶。肩、腹部饰数道凹弦纹。ⅠM9：18，口近直，外缘呈三角状，圆唇，束颈，溜肩，圆鼓腹，平底。口径5.8、腹径16.2、底径8.5、高15.8厘米（图六四，6；图版六二，4）。ⅠM9：38，直口，尖圆唇，束颈，溜肩，圆鼓腹，平底口径5.6、腹径13.0、底径7.0、高10.8厘米（图六四，7；图版六二，2）。

陶灯　1件。ⅠM9：21，泥质素面灰陶。残，可复原。体瘦高，灯口呈钵状，直口，方唇，弧腹，灯柄空心，上细下粗，近底处外撇成斜缘低台座。口径7.7、底径15.4、高26.8厘米（图六四，8；图版五六，5）。

陶盆　3件。ⅠM9：14，泥质灰陶。残，可复原。侈口，宽斜平沿，尖唇，弧腹收至平底。腹部饰数道弦纹。口径36.0、底径20.0、高8.2厘米（图六五，1；图版六〇，6）。ⅠM9：22，泥质灰陶。腹较深，侈口，圆唇，斜平沿，束颈，上腹圆鼓，下腹斜收至平底。上腹部饰一道凹棱纹。口径17.3、底径5.8、高11.5厘米（图六五，2；图版六〇，4）。ⅠM9：54，泥质素面灰陶。残，可复原。腹较深，侈口，圆唇，斜平沿微内凹，束颈，弧腹收至小平底。口径20.5、底径6.0、高10.9厘米（图六五，3；图版六〇，5）。

陶甑　1件。ⅠM9：39，泥质素面灰陶。盆形甑，口略残，侈口，斜平沿，方唇，束颈，弧腹收至平底。内壁有四道凸棱，底有五孔。近底处有竖向刮削痕迹。口径15.0、底径5.3、高12.0厘米（图六五，4；图版六一，5）。

陶碗　1件。ⅠM9：43，泥质灰陶。口近直，圆唇，弧腹收至平底，底略作假圈足。腹部饰凹棱纹和弦纹。口径16.5、底径8.0、高6.1厘米（图六五，5；图版六一，4）。

陶碟　6件。ⅠM9：8，泥质素面灰陶。残，可复原。直口，方唇，浅弧腹收至平底，底略作假圈足。内壁见轮制痕迹。口径13.7、底径5.5、高4.9厘米（图六五，6）。ⅠM9：13，泥质素面橙黄陶。侈口，尖唇，弧腹收至平底，底略作假圈足。内壁见轮制痕迹。口径9.4、底径3.4、高3.6厘米（图六五，11；图版六〇，2）。ⅠM9：29，泥质素面灰陶。残，可复原。侈口，尖唇，浅弧腹。内壁见轮制痕迹。复原口径13.6、底径5.2、高3.3厘米（图六五，10）。ⅠM9：37，泥质素面灰陶。敛口，尖圆唇，弧腹收至平底。内壁见轮制痕迹。口径13.5、底径5.5、高4.0厘米（图六五，7；图版六〇，1）。ⅠM9：49，泥质素面灰陶。残，可复原。浅弧腹，平底。内壁见轮制痕迹。底径5.6、高3.9厘米（图六五，8）。ⅠM9：55，泥质素面橙黄陶。残，可复原。侈口，尖唇，浅弧腹斜收至底。口径13.5、底径5.7、高3.6~4.8厘米（图六五，9）。

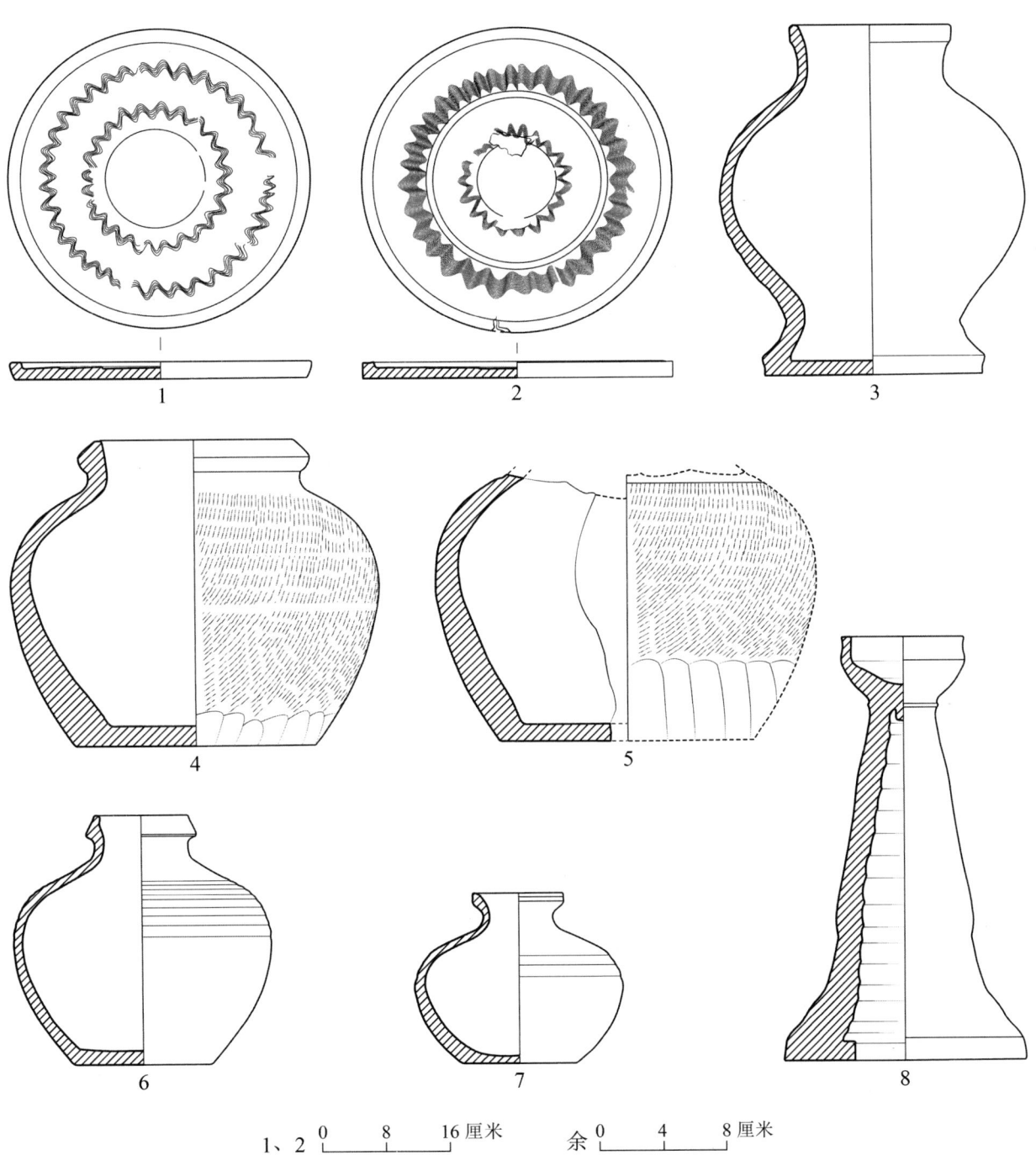

图六四　ⅠM9 出土器物（二）

1、2.陶盘（ⅠM9：10、ⅠM9：11）　3.陶壶（ⅠM9：12）　4、5.绳纹陶罐（ⅠM9：7、ⅠM9：36）
6、7.弦纹陶罐（ⅠM9：18、ⅠM9：38）　8.陶灯（ⅠM9：21）

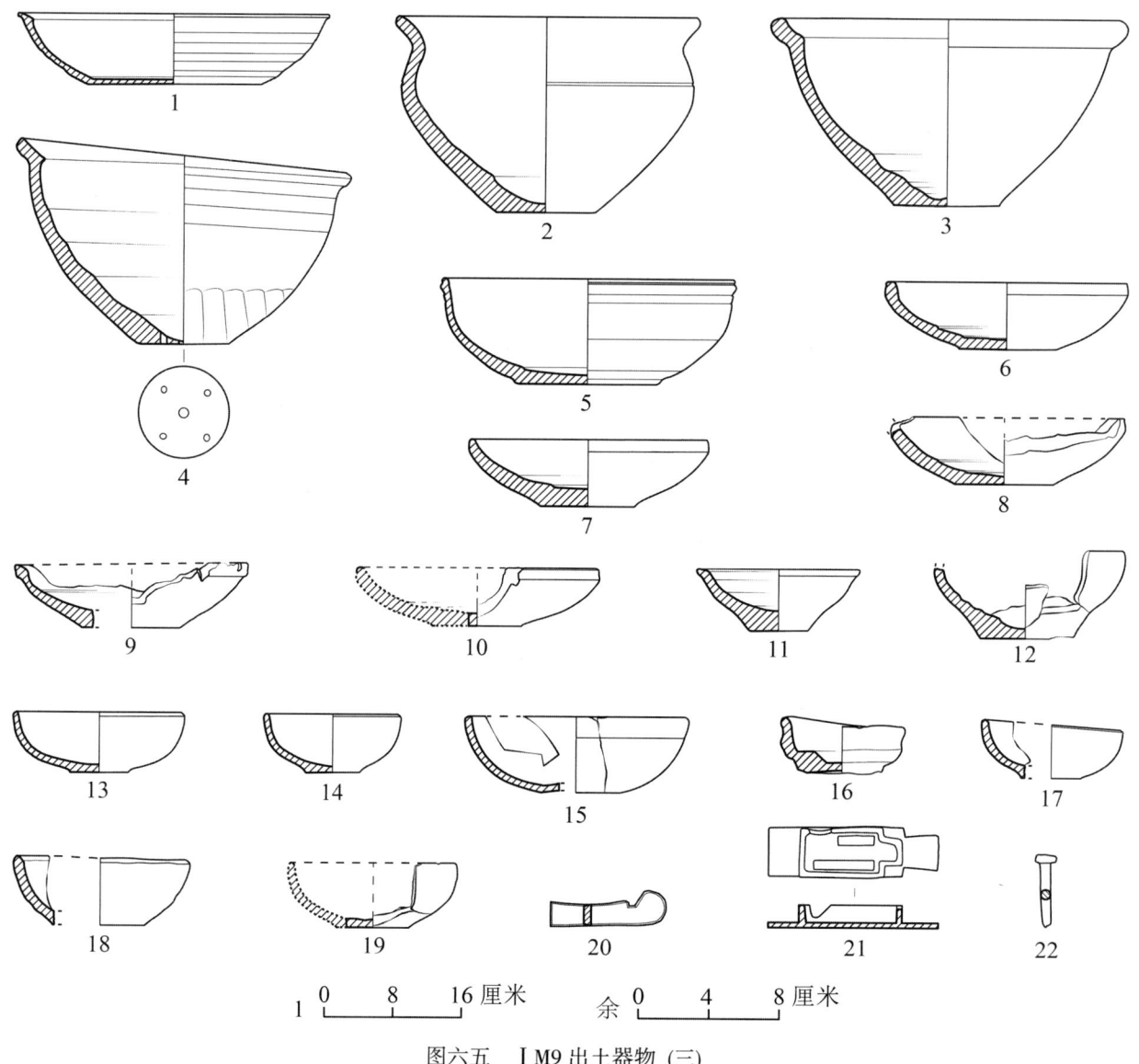

图六五　ⅠM9 出土器物（三）

1~3.陶盆（ⅠM9:14、ⅠM9:22、ⅠM9:54）　4.陶甑（ⅠM9:39）　5.陶碗（ⅠM9:43）
6~11.陶碟（ⅠM9:8、ⅠM9:37、ⅠM9:49、ⅠM9:55、ⅠM9:29、ⅠM9:13）　12~19.陶钵
（ⅠM9:61、ⅠM9:15、ⅠM9:16、ⅠM9:47、ⅠM9:57、ⅠM9:58、ⅠM9:60、ⅠM9:62）
20.铜削刀残件（ⅠM9:45）　21.铜弩机廓（ⅠM9:20）　22.铜钉（ⅠM9:9）

陶钵　8件。ⅠM9:15，泥质素面灰陶。残，可复原。侈口，尖圆唇，弧腹，平底，底略作假圈足。复原口径9.5、底径3.5、高3.5厘米（图六五，13）。ⅠM9:16，泥质素面灰陶。残，可复原。侈口，尖圆唇，弧腹，平底，底略作假圈足。口径7.2、底径3.3、高3.4厘米（图六五，14）。ⅠM9:47，泥质素面灰陶。残，可复原。侈口，尖圆唇，弧腹，平底。口径12.3、底径4.4、高4.4厘米（图六五，15）。ⅠM9:57，泥质素面灰陶。口近直，曲腹，底微凹，底略作假圈足。口径7.1、底径3.6、高2.6~2.8厘米（图六五，16；图版五八，6）。ⅠM9:58，泥质素面灰陶。底残，可复原。侈口，圆唇，弧腹，底略作假圈足。口径8.0、复

原底径 3.4、高 3.1 厘米（图六五，17）。ⅠM9：60，泥质素面橙黄陶。底残，不可复原。侈口，尖唇，弧腹。复原口径 9.8、残高 3.8 厘米（图六五，18）。ⅠM9：61，泥质素面橙黄陶。残，不可复原。仅余腹部及底部，弧腹，平底。底径 5.3、高 5.1 厘米（图六五，12）。ⅠM9：62，泥质素面灰陶。残，可复原。直口，尖圆唇，弧腹，平底。复原口径 9.5、底径 4.1、高 3.6 厘米（图六五，19）。

陶斗瓶　6件。ⅠM9：23，泥质素面灰陶。器形歪扭。敛口，外缘呈三角状，方唇，束颈，溜肩，鼓腹弧收至平底。口径 4.5、腹径 6.5、底径 4.5、高 8.0 厘米（图六六，1；图版五七，1~6、五八，1）。肩、腹部朱书镇墓文，录文作：

甘露三年六月甲子朔
六日己巳直开窦氏
之家后死者阿子今
谨送汝铅人一双
谷以续百廿岁会
须铅人腐五谷生
乃复承为地置根
为奴先移央转咎
后利父母及以兄弟天
寇所过罚不□阿
子死日致八魁九
坎天㷊□□
岁月转……
家人□□□让
莫解□伏令曾
青赤粟以代重
重复之家如
律律令

ⅠM9：24，泥质素面灰陶。敛口，外缘呈三角状，圆唇，束颈，溜肩，上腹圆鼓，斜腹斜收至平底。口径 4.5、底径 4.1、高 7.7~7.9 厘米（图六六，2；图版五八，2）。肩、腹部朱书镇墓文，录文作：

甘露三年六月甲子朔六

日己巳直开窦氏

之家后死者阿□

□谨送汝铅人一双

五谷以续百廿岁

会须铅人腐五谷

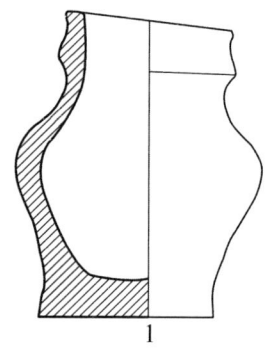

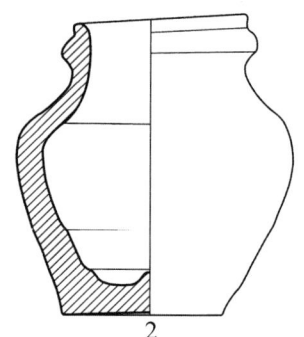

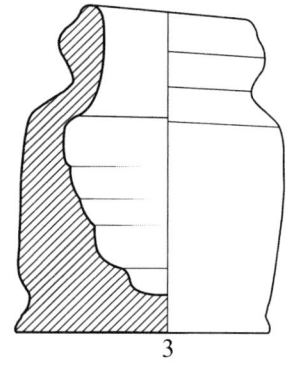

图六六　ⅠM9 出土器物（四）
1~3. 陶斗瓶（ⅠM9：23、ⅠM9：24、ⅠM9：25）

生乃复承为地□

根为……

咎后利父母及以兄

弟天寇□过罚

不再……

八魁九坎……

罗……

与他家人参

……让莫□

难伏令曾青赤

粟以……

家如律令

ⅠM9：25，泥质素面灰陶。直口，外缘呈三角状，圆唇，束颈，折肩，直腹，近底时微内束，平底。口径4.3、底径6.7、高8.3~8.6厘米（图六六，3；图版五八，3）。腹部朱书镇墓文，录文作：

正元二年正月甲寅

朔廿六日己卯窦

氏之家后……女

今谨送汝铅人一

双五谷以续

百廿□会□□

铅人会……

母……

……

转……

家……

铅人……

解难伏□□

青赤粟与□□

复之家如律令

ⅠM9:27，泥质素面灰陶。直口，外缘呈三角状，圆唇，束颈，折肩，直腹，近底时微内束，平底。口径5.0、底径7.3、高8.4厘米（图六七，1；图版五九，1~6）。腹部朱书镇墓文，录文作：

正元二年正月甲寅
朔廿六日己卯窦
氏之家后死者
令女今谨送汝
铅人一双五谷以续
百廿岁会须复
铅人会五谷生
乃得复承为地
置根为奴先移
央转咎后利父
及以弟兄天寇□
过罚不得再
令女死日致意
八魁九坎天㷭
㚔罗岁月转
更持与他家
人参远志铅人
䢱政让莫解难
伏令曾青赤粟与
代重复之家□
如律令

ⅠM9:34，泥质素面灰陶。器形歪扭不规整。敛口，外缘呈三角状，圆唇，束颈，溜肩，上腹圆鼓，下腹斜收至平底。口径4.4、腹径6.4、底径4.0、高8.2厘米（图六七，2；图版五八，4）。肩、腹部朱书镇墓文，录文作：

正始七年十一月壬申朔廿
六日丁酉直收窦
氏之家后死者□

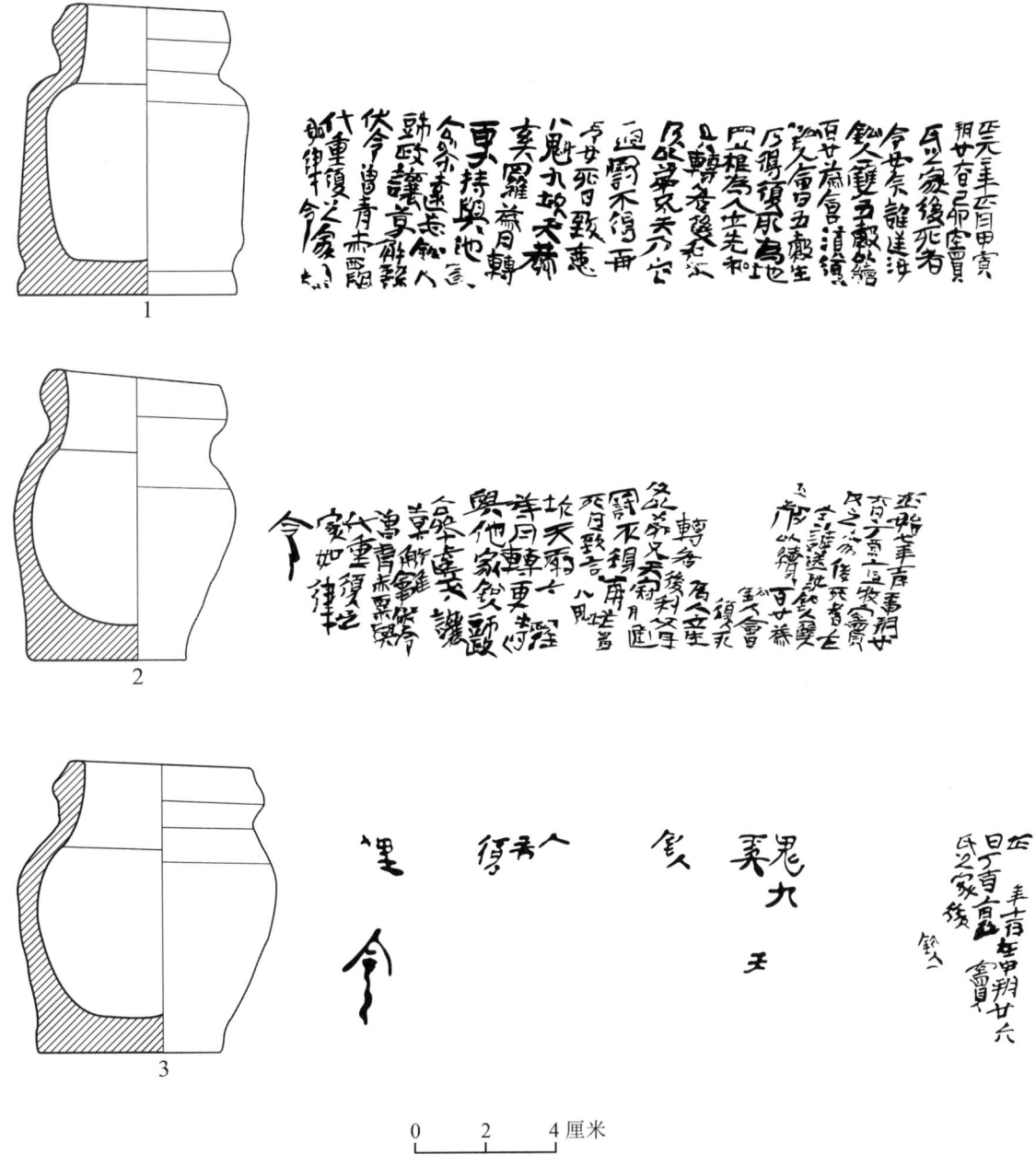

图六七　ⅠM9 出土器物（五）
1~3.陶斗瓶（ⅠM9∶27、ⅠM9∶34、ⅠM9∶35）

□今谨送汝铅人一双

五 谷 以续百廿岁

□□□□铅人会

……复承

……为奴先

□□转咎后利父母

及以弟兄天寇所过

罚不得再□□

死日致□□□

坎天□□罗

岁月转更□

与他家铅人□政

人参远□让

莫解难伏令

曾青赤粟与

代重复之

家如律

令

ⅠM9∶35，泥质素面灰陶。器形歪扭不规整。敛口，外缘呈三角状，圆唇，束颈，溜肩，上腹圆鼓，下腹斜收至平底。口径5.1、腹径7.3、底径5.2、高8.1~8.4厘米（图六七，3；图版五八，5）。肩、腹部朱书镇墓文，大部分漫漶不清，录文作：

正□□年十一月壬申朔廿六

日……

鬼九□天

……令

仿木柱 1组（2件）。形制相同，均以青砖磨制而成，呈近圆柱状，一头大一头小，柱身饰以红彩。ⅠM9∶28，直径4.9~6.4、高14.6厘米（图六八，4）。ⅠM9∶32，直径4.6~6.0、高13.4厘米（图六八，5；图版五五，3）。

熊面人身力士 2组（3件）。彩绘砖雕，造型基本相同。ⅠM9∶40，平额，斜直面颊，面形呈倒梯状，圆丘状鼓腹。从残留颜料可判断，原通体施白彩，再以朱彩、墨线勾画轮廓。高16.6、宽16.0、厚5.1厘米（图六八，9；图版五六，1）。ⅠM9∶52-1，造型与ⅠM9∶40基本相同，唯兽首向左偏斜，高8.6、宽9.6、厚6.0厘米（图六八，6；图版五六，2）。ⅠM9∶52-2，造型与ⅠM9∶40基本相同，唯兽首向右偏斜，高8.6、宽9.9、厚5.8厘米（图六八，7；图版五六，2）。

砖雕 1件。ⅠM9∶44，雕刻而成，风化严重，无法辨识。残径13.2、厚3.2厘米（图六八，8）。

第四章 墓葬分述

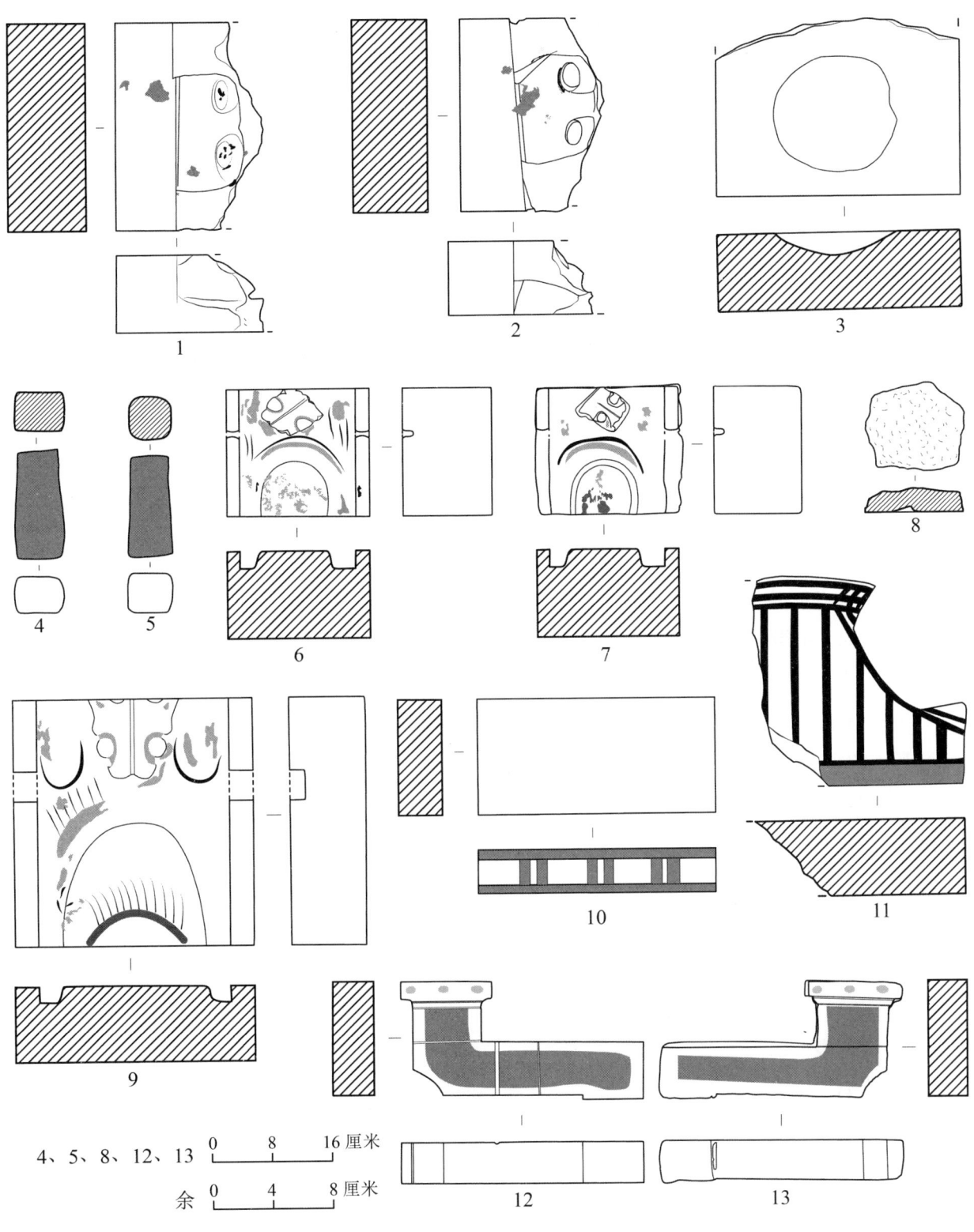

图六八　ⅠM9 出土器物（六）

1、2.承柱颛顼（ⅠM9：51-1、ⅠM9：51-2）　3.砖臼（ⅠM9：4）　4、5.仿木柱（ⅠM9：28、ⅠM9：32）
6、7、9.熊面人身力士（ⅠM9：52-1、ⅠM9：52-2、ⅠM9：40）　8.砖雕（ⅠM9：44）
10.彩绘装饰砖（ⅠM9：50-1）　11.阙形彩绘砖（ⅠM9：53）　12、13.彩绘斗拱（ⅠM9：26、ⅠM9：1）

彩绘装饰砖　1组（3件）。ⅠM9：50，横砌平砖的侧面以红彩绘以横竖向或三角状的辅助装饰纹样（图版五六，6）。ⅠM9：50-1，长32.0、宽16.0、厚6.0厘米（图六八，10）。

阙形彩绘砖　1件。ⅠM9：53，通体施以黑、红彩，并以墨线勾画出阙柱形状。通高14.0、残宽14.5、厚5.2厘米（图六八，11；图版五五，4）。

彩绘斗拱　1组（2件）。形制相同。以青砖雕刻成斗拱形状，并施以红彩。ⅠM9：1，通长32.0、高15.4、厚5.2厘米（图六八，13；图版五五，1）。ⅠM9：26，通长32.2、高15.2、厚5.6厘米（图六八，12；图版五五，2）。

承柱猒厹　1组（2件）。略残。造型基本一致。前额平直，弧状长吻，口微张，眼窝深凹，眼睛圆突，前足置于颊下，呈蹲伏状。从残留颜料可判断，原通体施白彩，再以朱彩、墨线先勾画轮廓。ⅠM9：51-1，长14.0、残宽10.0、厚5.2厘米（图六八，1；图版五五，5）。ⅠM9：51-2，长13.0、残宽9.4、厚5.0厘米（图六八，2；图版五五，5）。

砖臼　1件。ⅠM9：4，残，残存平面呈长方形，其中一面凿有一圜底形浅窝。残长12.0、宽16.5、厚5.2厘米。窝直径8.2、深1.5厘米（图六八，3；图版五五，7）。

铜弩机廓　1件。ⅠM9：20，平面呈"凸"字状，周边有界栏，栏内有两个平行的不规则长条形孔。长9.8、宽2.8、厚1.2厘米（图六五，21；图版六二，1）。

铁器残件　1组（2件）。ⅠM9：5、ⅠM9：6，均锈蚀、残缺严重，形制不可辨。

铜钗　1件。ⅠM9：48，残缺、锈蚀严重，形制不可辨。

铜钉　1件。ⅠM9：9，钉帽呈方形，钉身呈圆柱状。钉帽边长1.0、钉身直径0.5、通高4.2厘米（图六五，22）。

铜削刀残件　1件。ⅠM9：45，残缺较甚，仅余刀柄和部分刀刃。刀柄呈近圆形，刀刃呈长方形。残长6.6、宽1.4~1.9、厚0.3厘米（图六五，20；图版六二，1）。

铅人　2组（3件）。铅质，似浇铸而成，人首呈近圆形，四肢俱全，整体略肖于人形。ⅠM9：63，完整，高4.0、厚0.1厘米（图版五六，4）。ⅠM9：64残，仅余上部分，ⅠM9：64-1，残高2.5、厚0.1厘米（图版五六，3）；ⅠM9：64-2，残高1.6、厚0.1厘米（图版五六，3）。

铜钱　3组（128枚）。均圆形方穿，以五铢钱为主，另有少量带郭无文小钱、大泉五十、货泉和一枚布泉。部分五铢钱有穿上横郭，穿下半星、穿下短杠等记号。

ⅠM9：41-1，大泉五十，合背篆文"大泉五十"，形制较小，形体较薄，面背皆有内郭。正面穿口左右铸"五十"二字，较瘦长，上下铸"大泉"二字，较宽矮，均为篆书。"五"字较窄，交笔弯曲，"大"字一横较折弧。钱径2.45、穿宽0.91、郭宽0.17、郭厚0.17、肉厚0.11厘米，重2.63克（图六九，1）。ⅠM9：41-2，大泉五十，形制较大，形体厚重，面背皆有内郭。正面穿口左右铸"五十"二字，较瘦长，上下铸"大泉"二字，较宽矮，均为篆书。"五"字较窄，交笔弯曲，"大"字一横较圆弧。钱径2.74、穿宽0.82、郭宽0.18、郭厚0.18、肉厚0.12厘米，重4.92克（图六九，2）。ⅠM9：41-29，布泉，形制较大，两面穿皆有郭，

"布泉"二字篆书,字体瘦长清秀。钱径 2.63、穿宽 1.10、郭宽 0.17、郭厚 0.15、肉厚 0.11 厘米,重 3.28 克(图六九,3)。ⅠM9:42-26,五铢钱,正面穿左右篆书"五铢"二字。"五"字较窄,交笔弯曲;"铢"字"金"字头呈三角形,中间四点较长,"朱"字上部方折,下部圆折。穿上横郭、五内上星、穿右下星。钱径 2.55、穿宽 0.97、郭宽 0.11、郭厚 0.17、肉厚 0.12 厘米,重 3.35 克(图六九,4;图版六二,5、6)。

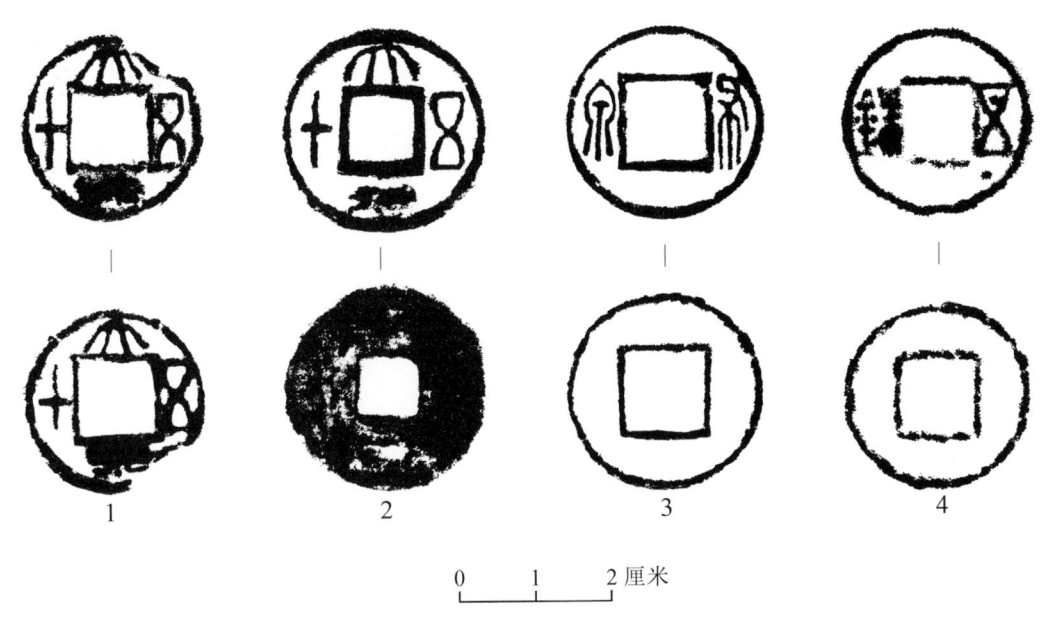

图六九　ⅠM9 出土铜钱拓片

1、2.大泉五十(ⅠM9:41-1、ⅠM9:41-2)　3.布泉(ⅠM9:41-29)　4.五铢钱(ⅠM9:42-26)

ⅠM10

位于Ⅰ区东部,ⅠM3 西北,东西向分布。

1. 墓葬形制

该墓为带长斜坡墓道"刀把"形单室土洞墓,由墓道、墓门、墓室组成。墓向 182°(图七〇)。

墓道　位于墓室以南,平面呈近长方形,长 6.96、宽 0.88 米。南高北低,斜坡至底。近墓门处距地表深 2.76 米。

墓门　坍塌严重,形制、尺寸不详。

墓室　位于墓道以北,平面呈长方形,四壁基本平直,墓室顶严重坍塌,采用大揭顶方式发掘,墓顶形制及高度不详。墓室南北长 1.82、东西宽 1.60 米。

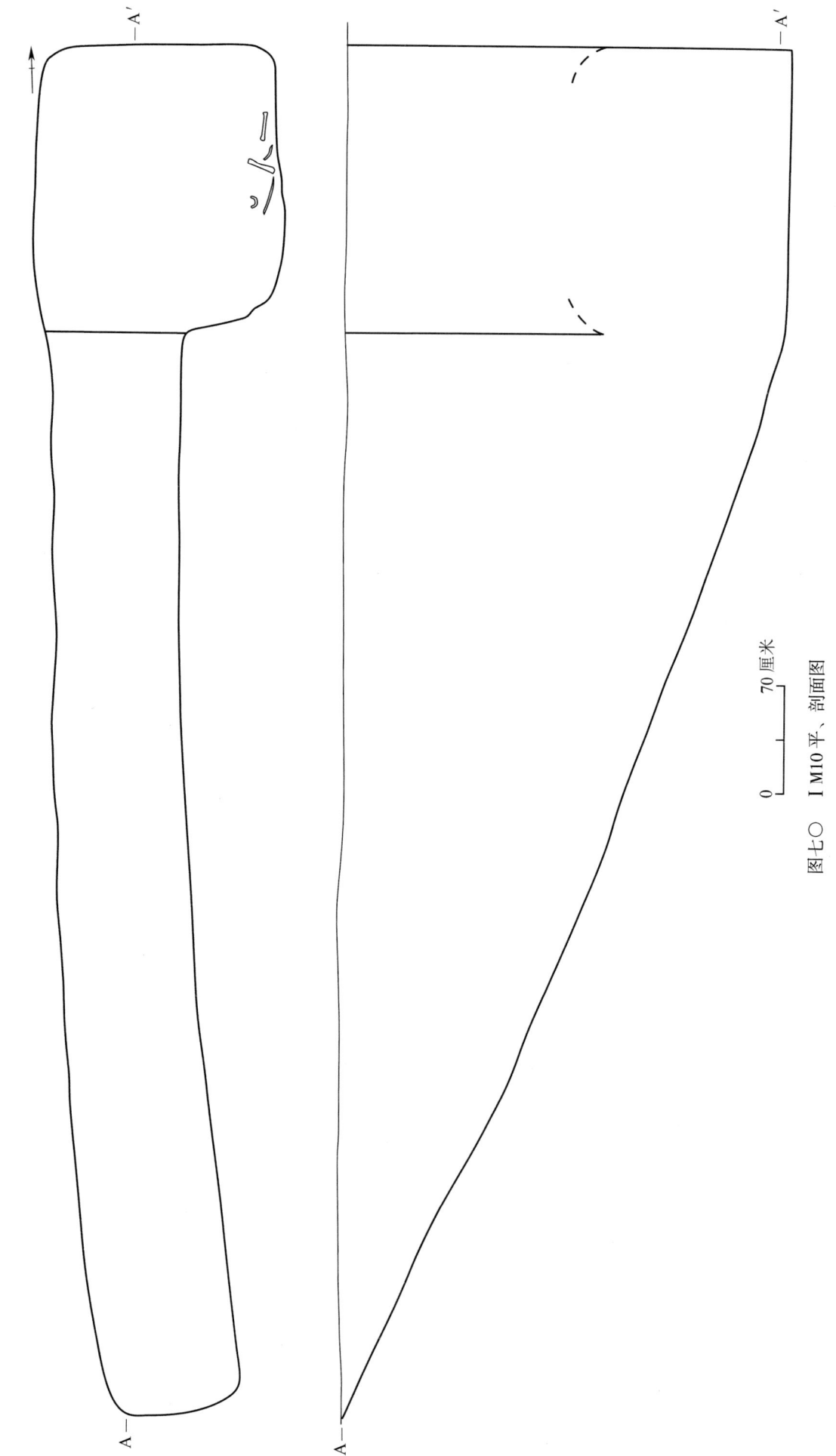

图七〇　ⅠM10 平、剖面图

2. 葬具葬式

无葬具。

该墓为单人葬。墓室东壁下残存少量人骨，葬式不详。性别、年龄不详。

3. 随葬品

无随葬品。

ⅠM11

位于Ⅰ区中部，ⅠM10西南，东西向分布。

1. 墓葬形制

该墓为带长斜坡墓道单室土洞墓，由封土、墓道、甬道、墓室组成。墓向100°（图七一）。

封土　现呈丘状，部分叠压墓道。残径6.54、残高0.84米。

墓道　位于墓室以东，平面呈长方形，长17.80、宽0.90米。西端剖面呈梯形，底宽1.70米。东高西低，斜坡至底，近墓门处有三级台阶。近墓门处距地表深5.70米。

甬道　位于墓道西端，连接墓道与墓室，为双甬道。前甬为拱形顶，东高西低，进深0.38、宽0.88、高1.10~1.22米。后甬道平面呈梯形，西宽东窄，进深0.86、宽0.68~0.82、高0.90米。墓门呈拱形，与后甬道同高等宽。封门无存。

墓室　位于墓道以西，平面呈近梯形，在距墓底0.80米处向上斜收为覆斗顶。墓室东西长2.73、南北宽2.20~2.50、高2.22米。

2. 葬具葬式

墓室北壁下存尸床和尸罩。尸床由细沙土和砾石堆垒而成，长2.00、宽0.60、高0.06米。尸罩腐朽严重，堆放于墓室北壁、西壁下，形制、尺寸不详。

该墓为单人葬。人骨堆放于墓室东南角，疑为二次葬。经鉴定，人骨为男性，年龄40岁左右。

3. 随葬品

随葬品放置在墓室南、北壁下及东北角，以陶器为主，共12件，包括陶甑1件、波浪纹陶罐4件、素面小陶罐1件、陶碟1件、陶榼1件、陶盆2件、陶斗瓶2件。另于墓室南壁下出土铁器残件1件（图版三三，3）。

陶甑　1件。ⅠM11∶1，泥质素面灰陶。器形歪扭。盆形甑，侈口，尖唇，斜平沿，斜直

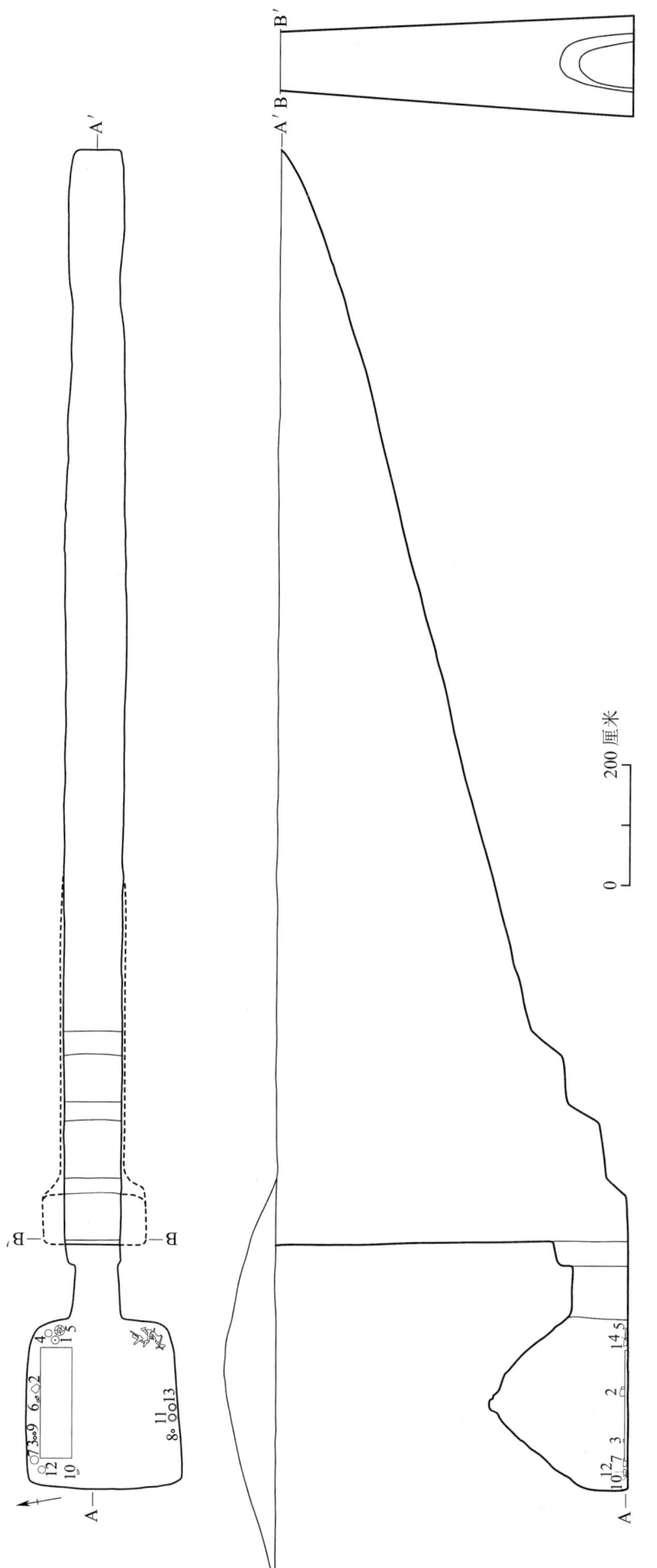

图七 ⅠM11 平、剖面图

1.陶甑 2、6、11、13.波浪纹陶罐 3、8.陶斗瓶 4.陶碟 5.陶槅 7、12.陶盆 9.素面陶罐 10.铁器残件

腹收至平底，底略作假圈足。底部有一不规则孔。内壁见轮制痕迹。口径12.9、底径6.4、高5.7厘米（图七二，7；图版六四，2）。

陶斗瓶　2件。泥质素面灰陶。侈口，尖唇，高斜领，束颈，圆肩，上腹圆鼓，下腹斜收至底。ⅠM11:3，平底。口径4.8、腹径5.7、底径4.7、高6.3厘米（图七二，1；图版六三，3）。ⅠM11:8，底微凹。口径4.3、腹径5.9、底径5.2、高6.4厘米（图七二，2；图版六三，2）。

陶碟　1件。ⅠM11:4，泥质素面灰陶。残，可复原。敞口，尖圆唇，弧腹斜收至平底，底略作假圈足。内壁见轮制痕迹。复原口径11.8、底径5.0、高3.0厘米（图七二，6）。

素面陶罐　1件。ⅠM11:9，泥质素面灰陶。器形较小。侈口，圆唇，沿微卷，束颈，鼓腹斜收至平底。口径3.1、腹径5.5、底径3.4、高4.0厘米（图七二，5；图版六三，6）。

陶盆　2件。泥质素面灰陶。ⅠM11:7，残，可复原。侈口，圆唇，斜平沿，束颈，圆鼓腹，下腹弧收至平底，底作假圈足。口径13.4、底径6.7、高5.7厘米（图七二，3；图版六四，1）。ⅠM11:12，残，可复原。侈口，尖圆唇，斜平沿微内凹，斜直腹收至平底，底略作假圈

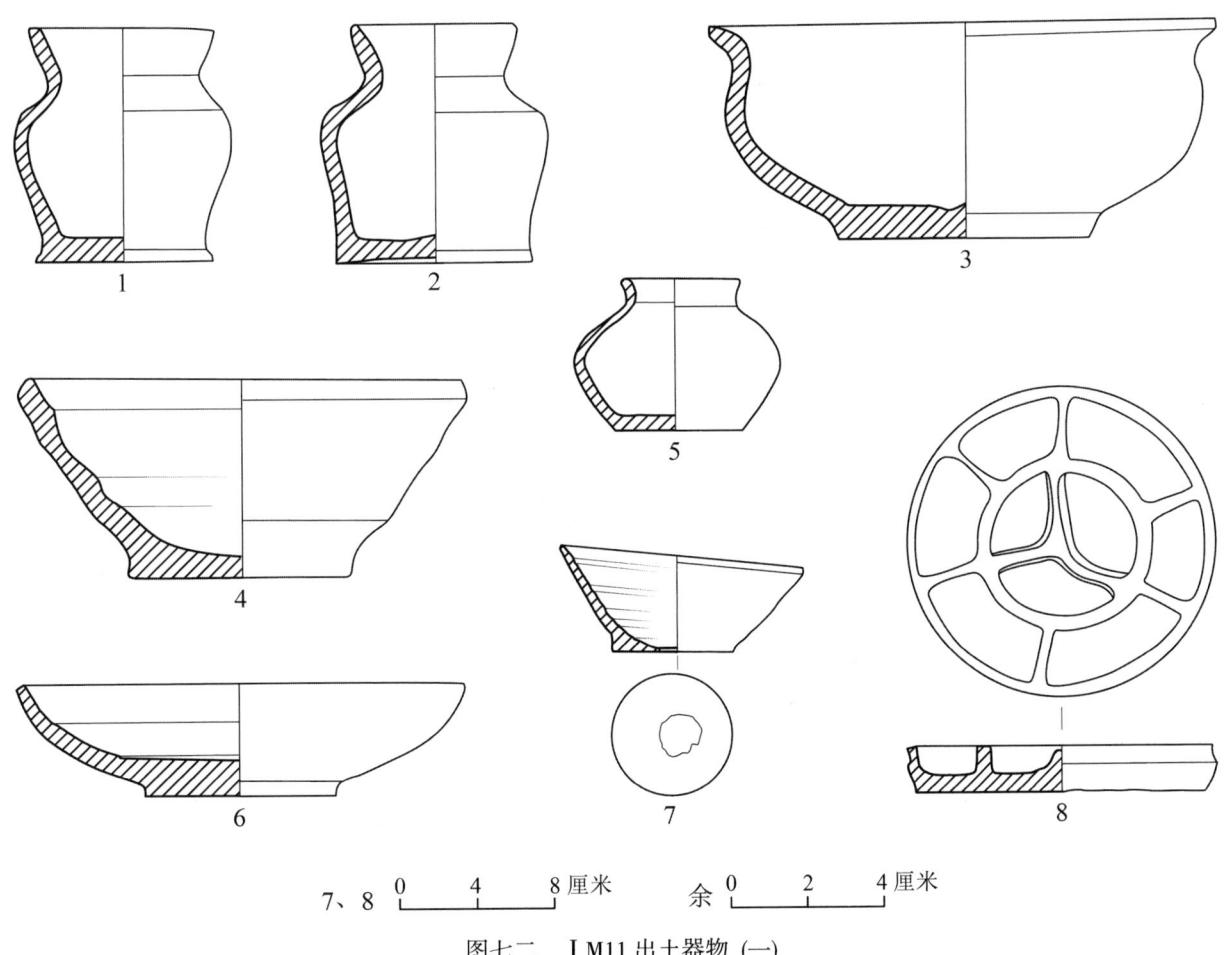

图七二　ⅠM11出土器物（一）

1、2.陶斗瓶（ⅠM11:3、ⅠM11:8）　3、4.陶盆（ⅠM11:7、ⅠM11:12）　5.素面陶罐（ⅠM11:9）
6.陶碟（ⅠM11:4）　7.陶甑（ⅠM11:1）　8.陶桶（ⅠM11:5）

足。内壁见轮制痕迹。口径 11.8、底径 5.9、高 5.3 厘米（图七二，4）。

陶榼　1件。ⅠM11∶5，泥质素面灰陶。圆盘状，口近直，平沿，外缘微内束，近底时斜收至平底。外圆格六格，内圆格三格。口径 16.3、底径 15.5、高 2.5 厘米（图七二，8；图版六四，3）。

波浪纹陶罐　4件。器形整体瘦高，均侈口，方唇，溜肩，上腹圆鼓，下腹斜收至平底。内壁见轮制痕迹。ⅠM11∶2，泥质灰黑陶。肩、腹部饰波浪纹和弦纹组合。口径 9.2、腹径 12.8、底径 7.0、高 12.8 厘米（图七三，2；图版六三，5）。ⅠM11∶6，泥质灰陶。残，可复

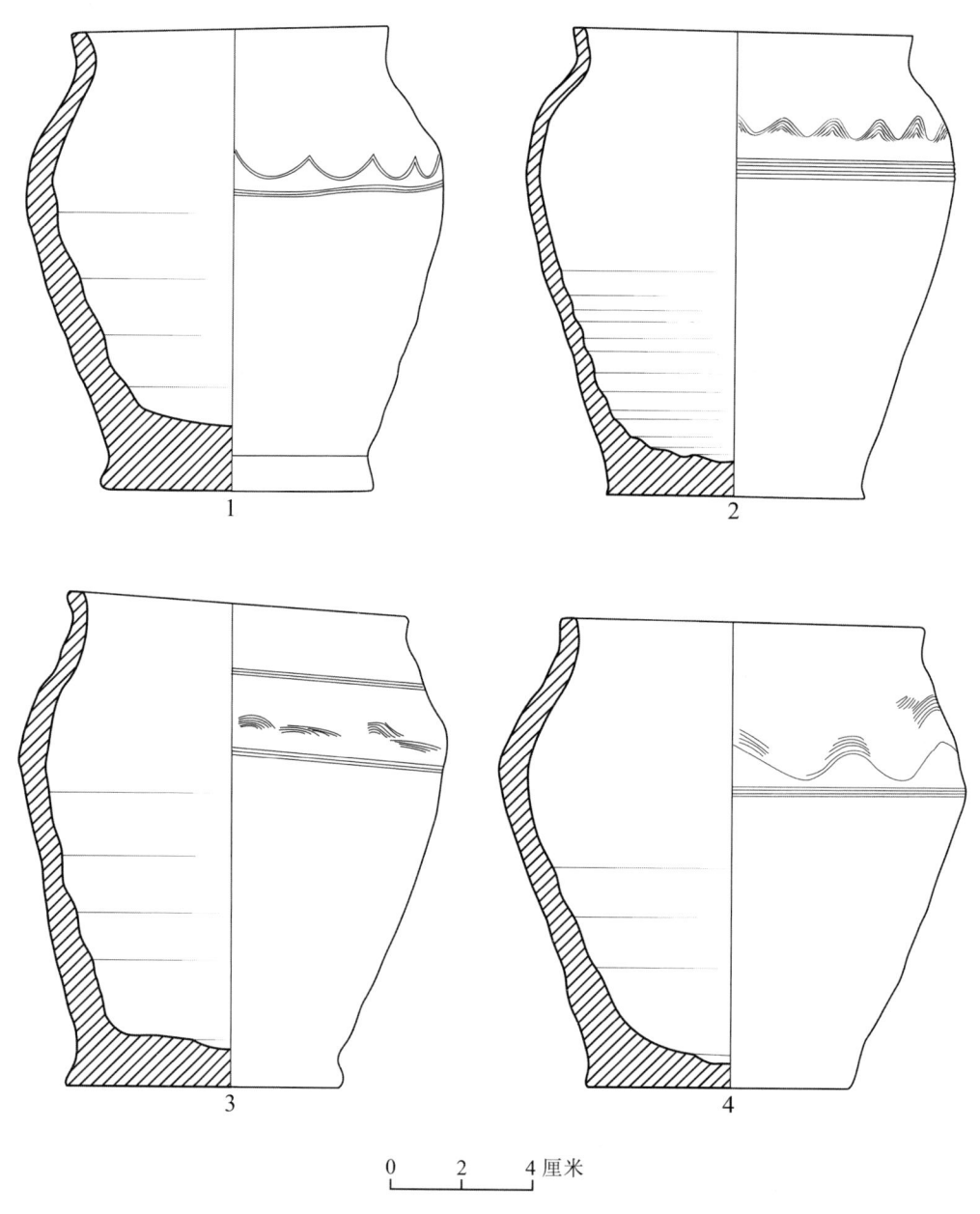

图七三　ⅠM11 出土器物（二）
1~4.波浪纹陶罐（ⅠM11∶6、ⅠM11∶2、ⅠM11∶13、ⅠM11∶11）

原。肩、腹部饰波浪纹和弦纹组合。口径 8.8、腹径 11.4、底径 7.7、高 12.6~12.8 厘米（图七三，1）。ⅠM11：11，泥质灰陶。残，可复原。肩、腹部饰波浪纹和弦纹组合，波浪纹出现间断。口径 10.0、腹径 12.8、底径 7.0、高 12.6 厘米（图七三，4）。ⅠM11：13，泥质灰陶。残，可复原。肩、腹部饰波浪纹和弦纹组合，波浪纹出现间断。口径 9.4、腹径 11.8、底径 7.6、高 13.0~13.6 厘米（图七三，3）。

铁器残件　1件。ⅠM11：10，锈蚀、残缺严重，形制不可辨。

ⅠM12

位于Ⅰ区东部，ⅠM10 南侧，东西向分布。

1. 墓葬形制

该墓为带长斜坡墓道"刀把"形单室土洞墓，由封土、墓道、墓门、墓室组成。墓向 100°（图七四）。

封土　现呈丘形，部分叠压墓道。残径 4.60、残高 0.60 米。

墓道　位于墓室以东，平面呈近长方形，长 6.66、宽 0.60 米。西端剖面亦呈长方形，底宽 0.80 米。东高西低，斜坡至底。近墓门处距地表深 3.23 米。

墓门　位于墓道西端，墓门呈拱形，封门位于墓门内封，以不规则澄泥块封堵，泥块长 0.14~0.25、宽 0.22、厚 0.04~0.08 厘米。

墓室　位于墓道以西，平面呈长方形，四壁基本平直，墓顶部垮塌成拱形顶。墓室东西长 2.93、南北宽 1.20、高 1.50 米。

2. 葬具葬式

无葬具。

该墓为单人葬。墓葬盗扰严重，尸骨散乱堆放于南壁下，葬式不详。经鉴定，人骨为女性，年龄 22~25 岁。

3. 随葬品

随葬品较少，仅于墓室中北部出土弦纹陶罐 1 件、陶钵 1 件、铜钗 1 件。

陶钵　1件。ⅠM12：2，泥质素面灰陶。器形歪扭。侈口，尖唇，弧腹收至平底。口径 7.7、底径 4.0、高 2.2~2.6 厘米（图七五，1）。

弦纹陶罐　1件。ⅠM12：1，泥质灰陶。口沿残，可复原。侈口，尖唇，卷沿，束颈，溜肩，上腹部圆鼓，下腹部弧收至平底。肩部饰四道凹弦纹，近底处见刮削痕迹。口径 8.6、腹

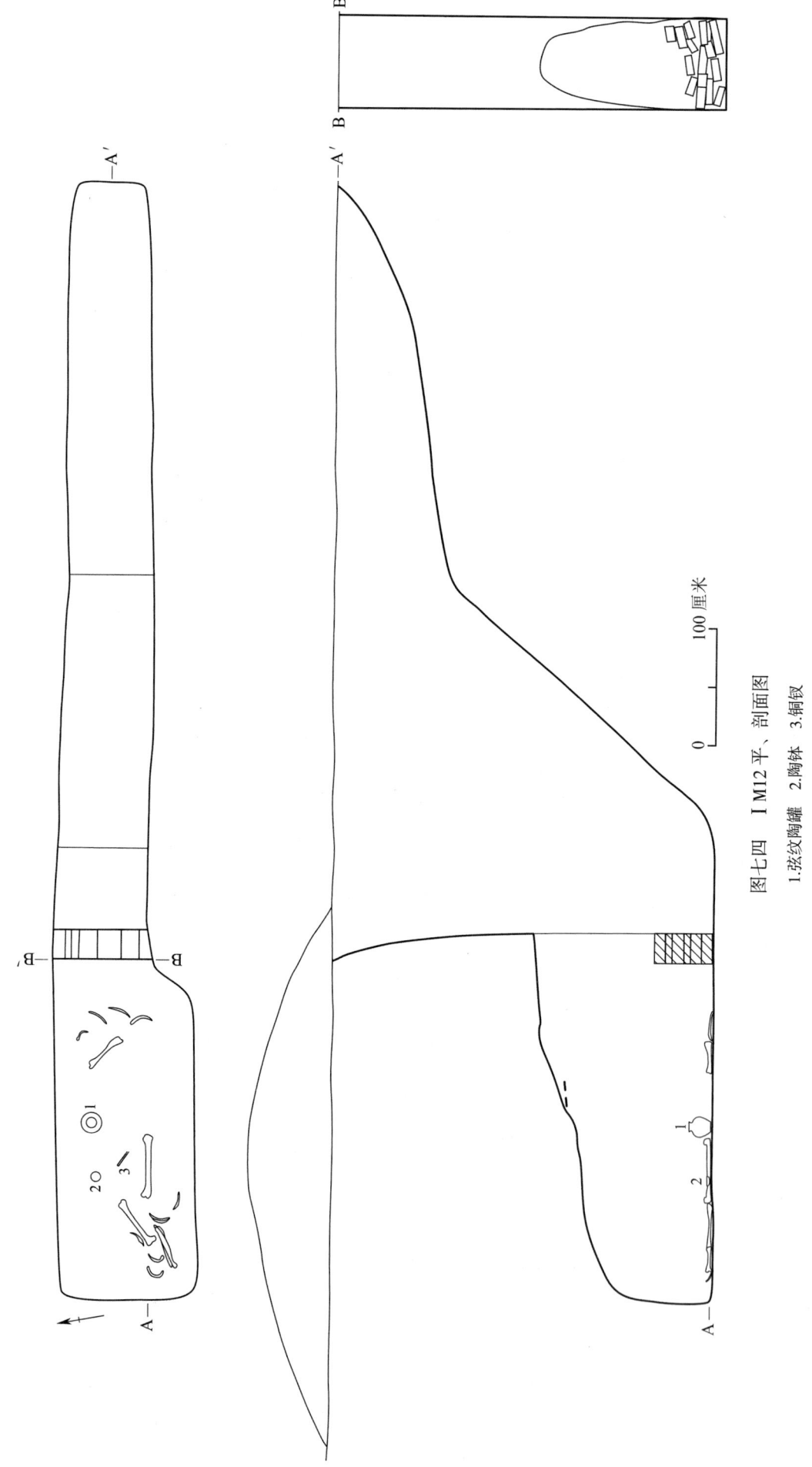

图七四 ⅠM12 平、剖面图
1.弦纹陶罐 2.陶钵 3.铜钗

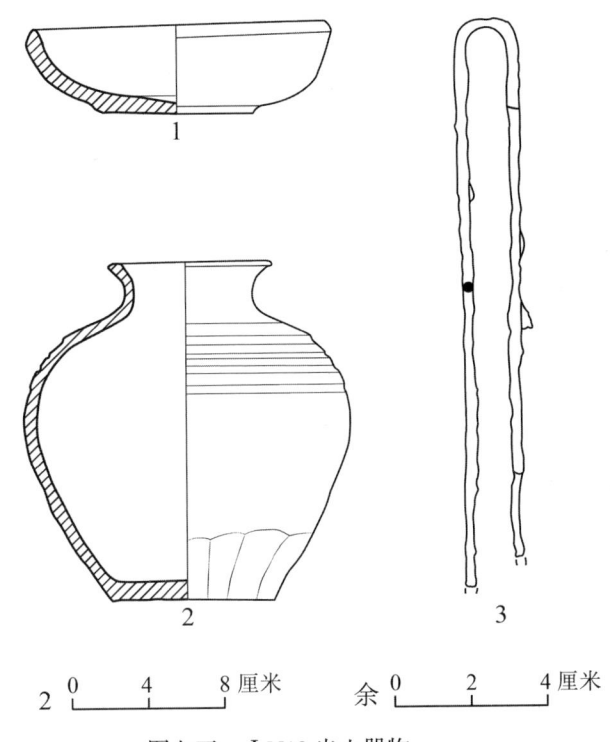

图七五　ⅠM12 出土器物
1.陶钵（ⅠM12:2）　2.弦纹陶罐（ⅠM12:1）　3.铜钗（ⅠM12:3）

径17.2、底径8.5、高18.0厘米（图七五，2）。

铜钗　1件。ⅠM12:3，残。整体呈"U"形，断面呈圆形，连接处呈弧形，截面扁平。残长15.2、股径2.4、头部宽1.7、截面直径0.2厘米（图七五，3）。

ⅠM13

位于Ⅰ区中部，ⅠM12西南，东西向分布。

1. 墓葬形制

该墓为带长斜坡墓道单室土洞墓，由封土、墓道、甬道、墓室组成。墓向273°（图七六）。

封土　现呈丘状，部分叠压墓道。残径9.50、残高0.70米。

墓道　位于墓室以西，平面呈近梯形，西窄东宽，长23.90、宽0.84~1.26米。东端剖面呈梯形，口小底大，底宽1.40米。西高东低，斜坡至底，近墓门处有两级台阶。近墓门处距地表深6.30米。

甬道　位于墓道东端，连接墓道与墓室，为双甬道。前甬道平面呈长方形，顶部西高东低，进深2.00、宽1.30、高1.60~2.30米。前甬道门呈拱形，与前甬道同高等宽，封门位于前甬道内封，以土坯封堵，残存两层，土坯长0.40、宽0.20、厚0.08米。后甬道平面呈长方形，进深1.10、宽1.00、高1.10米。墓门呈近方形，与后甬道同高等宽。

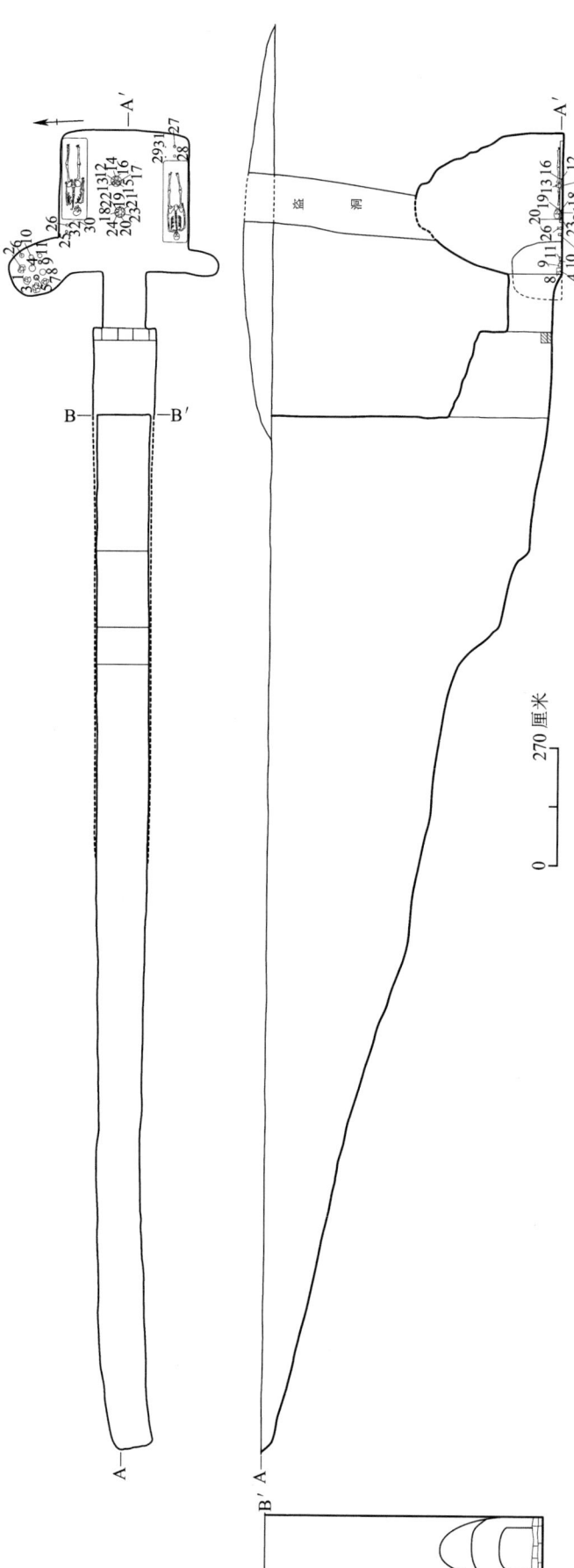

图七六 ⅠM13 平、剖面图

1~3.波浪纹陶罐 4、7、8.陶樽 5.素面陶罐 6.陶甑 9.陶釜 10、11、15.陶盆 12、18.陶盘 13.陶壶 14、21.陶钵 16.陶碟 17、19、20、22~24.陶碗 25、27、28.陶斗瓶 26.陶灯 29.铜钱 30.珠饰 31.铁钉 32.铜钗

墓室 位于墓道以东，平面呈圆角长方形，四角上收作覆斗顶。墓室东西长 3.30、南北宽 3.00、残高 3.50 米。墓室西北角存一耳室，门呈拱形，口宽 0.80、进深 1.10、高 1.02 米。墓室西南角掏一龛，门呈拱形，宽 0.60、进深 0.60、高 0.80 米。墓室顶部存一盗洞（图七七）。

2. 葬具葬式

墓室南、北壁下各存一尸床，由细沙土和砾石堆垒而成，南侧尸床长 1.86、宽 0.56、高 0.06 米。北侧尸床长 1.86、宽 0.56、高 0.06 米。

该墓为双人合葬。尸骨散置于尸床之上，根据现状推断可能为仰身直肢葬。经鉴定，北侧人骨为一成年男性；南侧人骨为女性，年龄 50~55 岁。

3. 随葬品

随葬品以陶器为主，放置于耳室、墓室中部及两人骨头端和脚端，共 28 件，包括波浪纹陶罐 3 件、素面陶罐 1 件、陶樽 3 件、陶釜 1 件、陶碗 6 件、陶钵 2 件、陶盆 3 件、陶盘 2 件、陶壶 1 件、陶碟 1 件、陶灯 1 件、陶斗瓶 3 件、陶甑 1 件。另于北侧人骨头端出土铜钗和珠饰各 1 件，墓室东南角出土铁钉 1 件、铜钱 1 组（19 枚）。

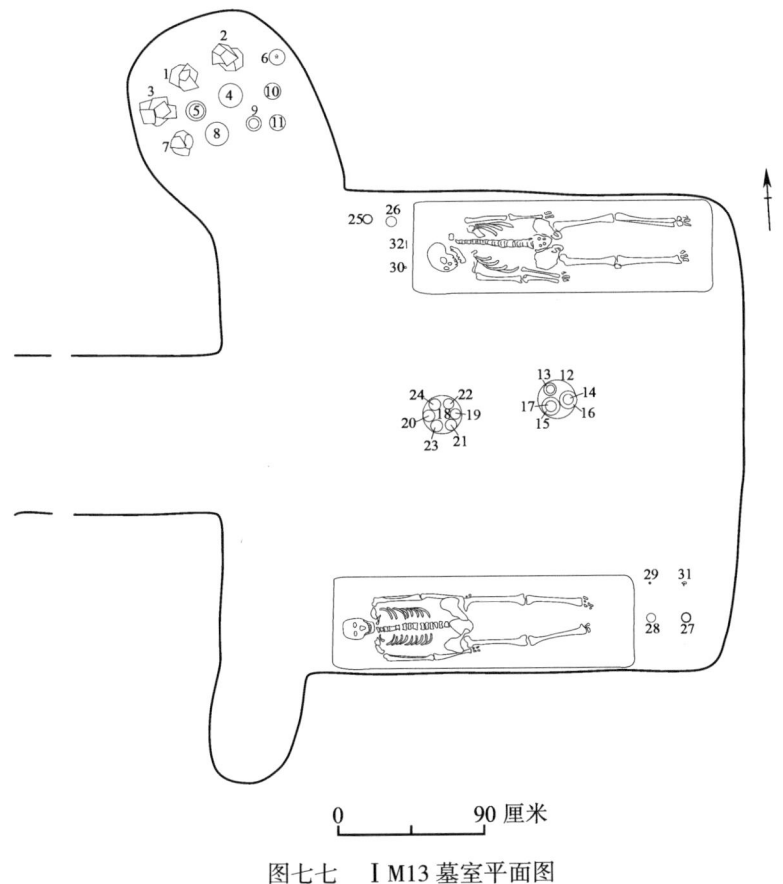

图七七 ⅠM13 墓室平面图

波浪纹陶罐　3件。ⅠM13∶1，泥质灰陶。残，可复原。侈口，圆唇，束颈，溜肩，上腹部圆鼓，下腹部弧收至平底。肩、腹部饰波浪纹弦纹组合，内壁见轮制痕迹。口径8.5、腹径12.9、底径9.1、高13.0厘米（图七八，1）。ⅠM13∶2，泥质橙黄陶。残，可复原。侈口，圆唇，束颈，溜肩，上腹部圆鼓，下腹部弧收至平底。肩、腹部饰波浪纹弦纹组合，内壁见轮制

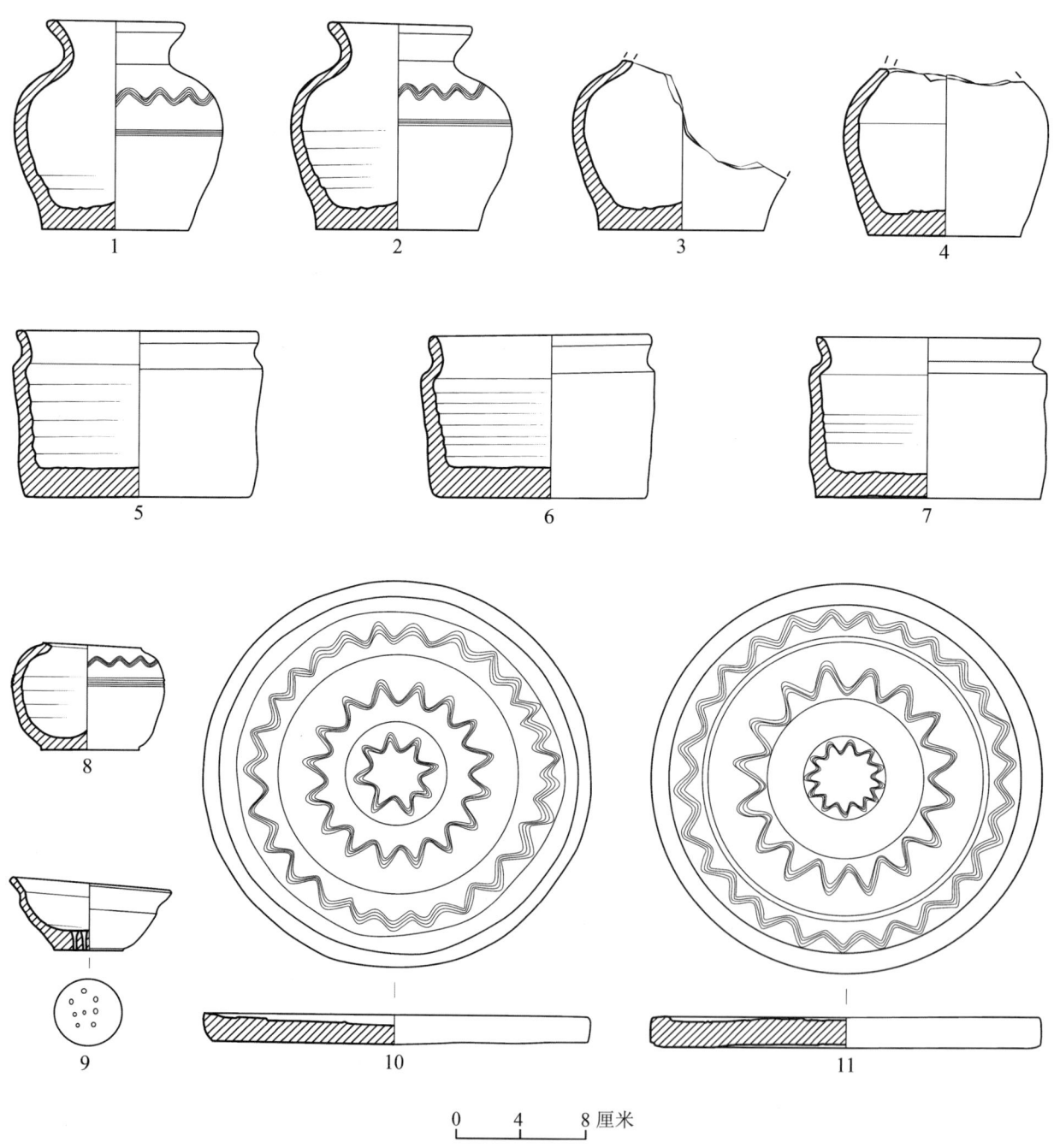

图七八　ⅠM13出土器物（一）
1~3.波浪纹陶罐（ⅠM13∶1、ⅠM13∶2、ⅠM13∶3）　4.素面陶罐（ⅠM13∶5）　5~7.陶樽（ⅠM13∶4、ⅠM13∶7、ⅠM13∶8）
8.陶釜（ⅠM13∶9）　9.陶甑（ⅠM13∶6）　10、11.陶盘（ⅠM13∶12、ⅠM13∶18）

痕迹。口径9.0、腹径13.8、底径10.2、高12.7~12.9厘米（图七八，2）。ⅠM13：3，泥质灰陶。器表剥落严重，残，不可复原。鼓腹弧收至平底。底径10.0、残高10.5厘米（图七八，3）。

素面陶罐 1件。ⅠM13：5，泥质素面灰陶。器表剥落严重，口残，不可复原。圆肩，鼓腹弧收至平底。腹径12.6、底径9.4、残高10.4厘米（图七八，4）。

陶樽 3件。ⅠM13：4，泥质素面橙黄陶。器表剥落严重，残，可复原。口近直，圆唇，束颈，领部较高，腹部较直，底微内凹。内壁见轮制痕迹。口径14.9、底径14.0、高10.4厘米（图七八，5）。ⅠM13：7，泥质素面橙黄陶。器表剥落严重，残，可复原。口近直，圆唇，束颈，领部较高，腹部较直，底微内凹。内壁见轮制痕迹。口径13.7、底径13.1、高10.0~10.2厘米（图七八，6）。ⅠM13：8，泥质素面橙黄陶。侈口，尖唇，束颈，领部较高，斜直腹微内束。平底。内壁见轮制痕迹。口径13.7、底径13.8、高10.0厘米（图七八，7）。

陶釜 1件。ⅠM13：9，泥质灰陶。敛口，圆肩，上腹部圆鼓，下腹部弧收至平底。肩、腹部饰波浪纹和弦纹组合，内壁见轮制痕迹。口径6.2、腹径9.5、底径6.1、高6.3~6.7厘米（图七八，8；图版六五，6）。

陶甑 1件。ⅠM13：6，泥质素面灰陶。盆形甑，侈口，圆唇，斜平沿，束颈，斜直腹弧收至平底。底部有八孔。口径10.1、底径4.2、高3.9~4.6厘米（图七八，9；图版六六，6）。

陶盘 2件。ⅠM13：12，泥质橙黄陶。器形歪扭变形。圆形，平沿内凹，直缘，近底时内收至底。由边缘向盘中心依次渐低，面饰三组波浪纹间隔的两组凹弦纹。盘径24.0、厚1.9厘米（图七八，10）。ⅠM13：18，泥质橙黄陶。圆形，凹沿，斜弧缘，由边缘向盘中心依次渐低，面饰三组波浪纹间隔的两组凹弦纹。盘径24.0、厚1.3~1.8厘米（图七八，11；图版六六，3）。

陶钵 2件。弧腹，平底。ⅠM13：14，泥质素面橙黄陶。侈口，方唇。口径6.6、底径3.4、高2.1~2.6厘米（图七九，1）。ⅠM13：21，泥质素面灰陶。直口，方唇。口径7.0、底径3.7、高2.8厘米（图七九，2；图版六五，2）。

陶碗 6件。泥质素面灰陶。弧腹，平底，底作假圈足。ⅠM13：17，侈口，方唇，口径6.8、底径3.2、高2.2~2.6厘米（图七九，3）。ⅠM13：19，直口，圆唇。口径6.3、底径3.6、高2.0~2.7厘米（图七九，4）。ⅠM13：20，直口，圆唇。口径7.3、底径3.6、高2.1~3.2厘米（图七九，5）。ⅠM13：22，侈口，尖唇。内壁见轮制痕迹。口径6.5、底径3.2、高2.2~2.7厘米（图七九，6）。ⅠM13：23，直口，方唇。口径7.4、底径3.4、高2.2~2.9厘米（图七九，7；图版六六，1）。ⅠM13：24，直口，方唇。口径7.2、底径3.7、高2.0~2.3厘米（图七九，8）。

陶盆 3件。泥质素面灰陶。侈口，斜平沿，束颈，弧腹，平底。ⅠM13：10，尖圆唇。内壁见轮制痕迹。口径10.3、底径4.4、高3.5~3.6厘米（图七九，9）。ⅠM13：11，尖圆唇。内、外壁见轮制痕迹。口径10.0、底径4.2、高4.1~4.3厘米（图七九，10；图版六六，4）。ⅠM13：15，圆唇。内壁见轮制痕迹。口径11.2、底径5.0、高4.5~4.9厘米（图七九，11）。

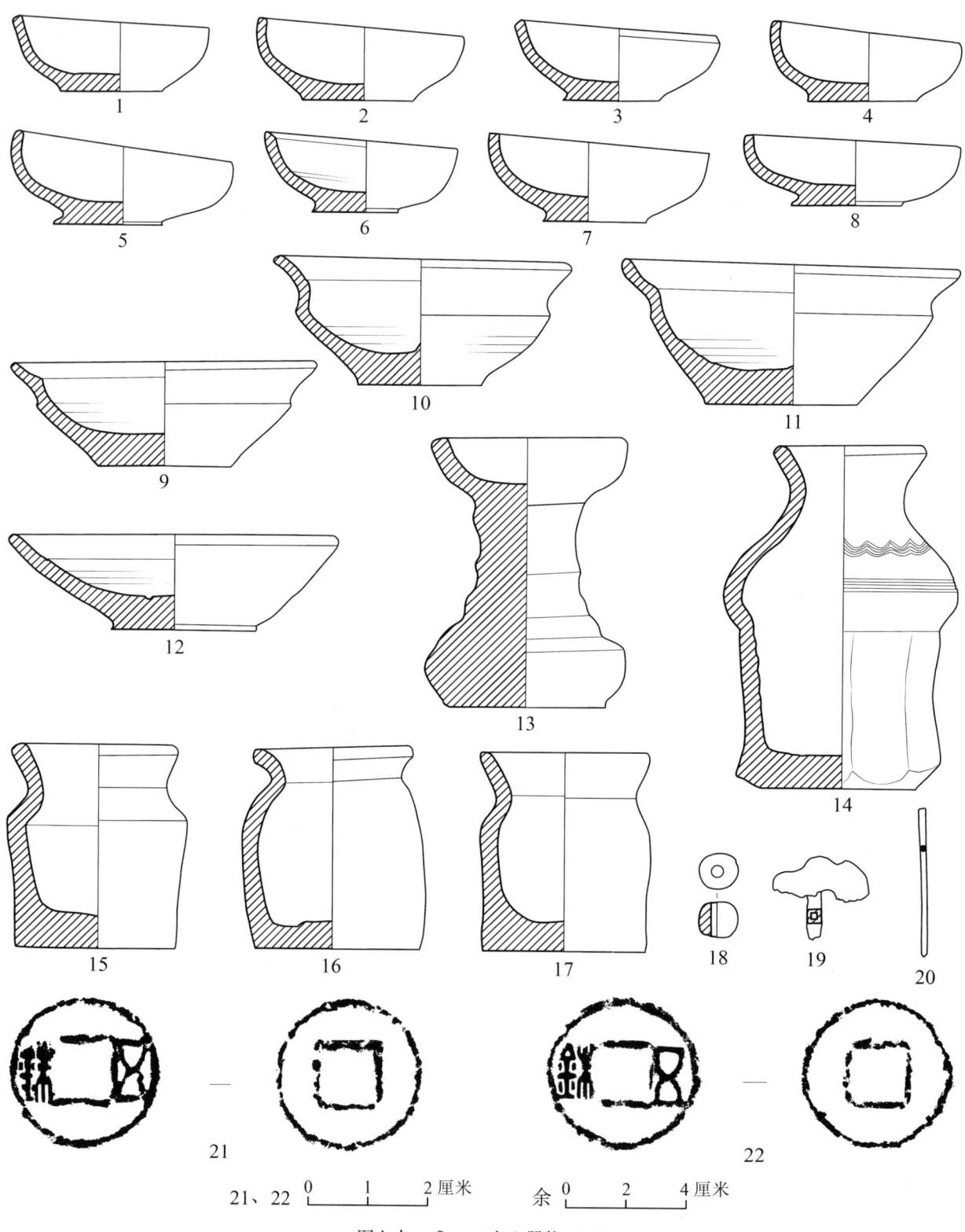

图七九　ⅠM13 出土器物（二）

1、2.陶钵（ⅠM13：14、ⅠM13：21）　3~8.陶碗（ⅠM13：17、ⅠM13：19、ⅠM13：20、ⅠM13：22、ⅠM13：23、ⅠM13：24）
9~11.陶盆（ⅠM13：10、ⅠM13：11、ⅠM13：15）　12.陶碟（ⅠM13：16）　13.陶灯（ⅠM13：26）　14.陶壶（ⅠM13：13）
15~17.陶斗瓶（ⅠM13：25、ⅠM13：27、ⅠM13：28）　18.珠饰（ⅠM13：30）　19.铁钉（ⅠM13：31）　20.铜钗（ⅠM13：32）
21、22.五铢钱（ⅠM13：29-12、ⅠM13：29-15）

陶碟　1件。ⅠM13：16，泥质素面灰陶。敞口，圆唇，弧腹斜收至平底，底略作假圈足。内壁见轮制痕迹。口径11.2、底径4.9、高3.2厘米（图七九，12；图版六五，1）。

陶灯　1件。ⅠM13：26，泥质素面橙黄陶。灯口呈钵状，灯口侈口，圆唇，弧腹，灯碗与灯柄之间收分明显，灯柄实心，上细下粗，近底时内收形成低台座。口径6.6、底径5.3、高9.1厘米（图七九，13；图版六五，4）。

陶壶　1件。ⅠM13：13，泥质橙黄陶。口残，可复原。侈口，圆唇，束颈，高斜领，溜肩，上腹部圆鼓腹，微下垂，下腹束腰微外撇成高台座，平底。肩、腹部饰波浪纹和弦纹组合，底座见竖向刮削痕迹。口径5.1、腹径7.8、底径6.9、高11.6厘米（图七九，14；图版六五，3）。

陶斗瓶　3件。ⅠM13：25，泥质素面橙黄陶。侈口，圆唇，束颈，折肩，腹部较直，底微内凹。口径5.4、底径5.4、高6.8厘米（图七九，15；图版六四，6）。ⅠM13：27，泥质素面橙黄陶。侈口，圆唇，束颈，溜肩，弧腹收至平底。口径5.6、底径5.4、高6.7厘米（图七九，16；图版六四，5）。ⅠM13：28，泥质素面灰陶。侈口，圆唇，束颈，圆肩，腹部较直，平底。口径5.4、底径5.5、高6.8厘米（图七九，17；图版六四，4）。

珠饰　1件。ⅠM13：30，截面呈圆形，中有一孔，用于穿系。截面直径1.2~1.3、孔径0.4厘米（图七九，18）。

铁钉　1件。ⅠM13：31，锈蚀严重。钉帽呈圆弧状，钉身截面呈正方形。通高2.8、钉帽直径3.2、钉身截面直径0.5厘米（图七九，19）。

铜钗　1件。ⅠM13：32，残缺、锈蚀严重，形制不可辨。长5.0、截面直径0.2~0.3厘米（图七九，20）。

铜钱　1组（19枚）。以五铢钱为主，另有少量剪轮钱和磨郭钱。

ⅠM13：29-12，五铢钱，正面穿左右篆书"五铢"二字。"五"字较宽，交笔弯曲；"铢"字"金"字头呈三角形，中间四点较短，"朱"字上下部均圆折。钱径2.57、穿宽0.94、郭宽0.18、郭厚0.16、肉厚0.12厘米，重2.96克（图七九，21；图版六五，5）。ⅠM13：29-15，形制同ⅠM13：29-12，钱径2.62、穿宽0.85、郭宽0.19、郭厚0.16、肉厚0.12厘米，重3.02克（图七九，22）。

ⅠM14

位于Ⅰ区中部，ⅠM13南侧，东北—西南向分布。

1. 墓葬形制

该墓为带长斜坡墓道单室土洞墓，由封土、墓道、甬道、墓室组成。墓向240°（图八〇）。

封土　破坏严重，封土无存。

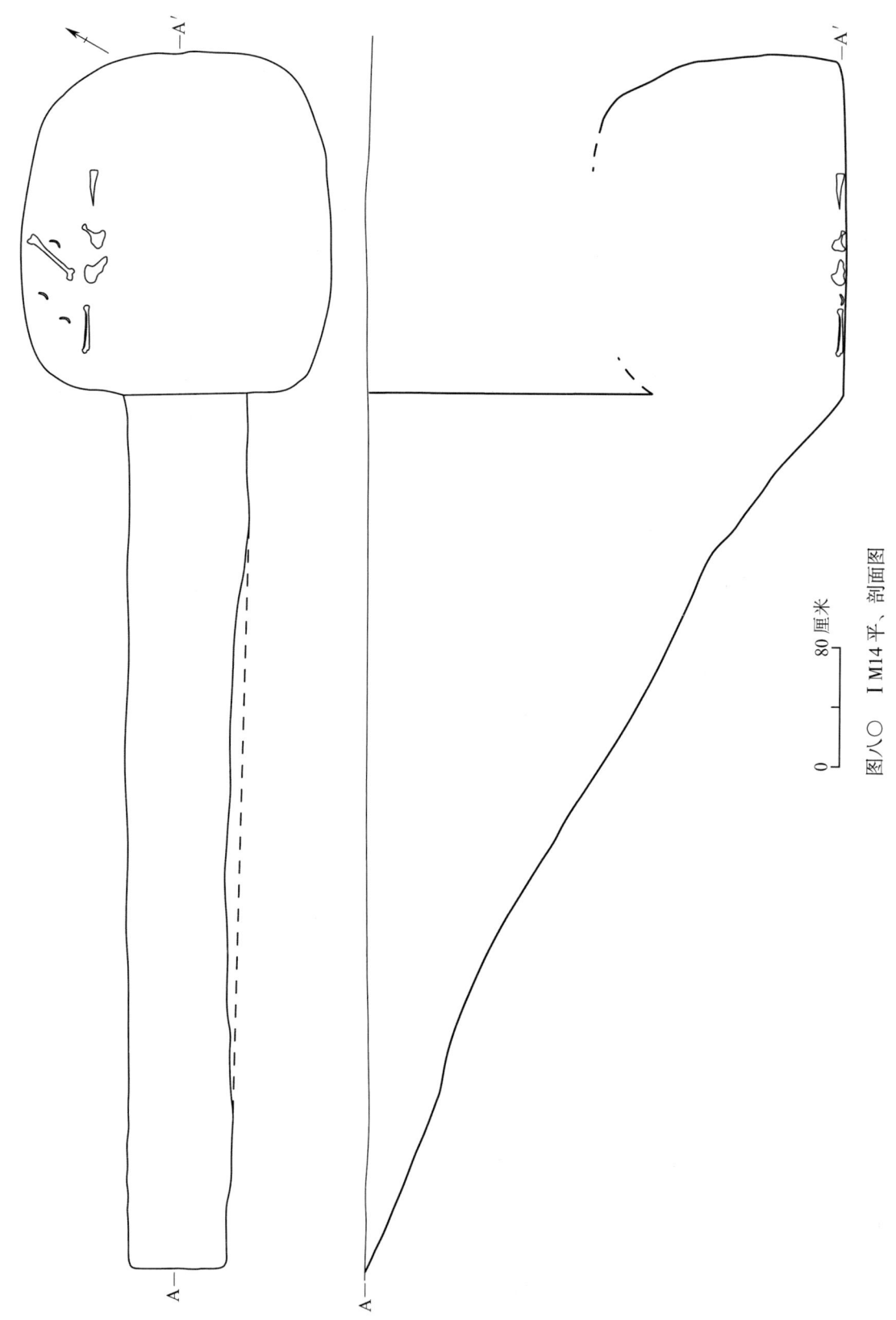

图八〇 ⅠM14 平、剖面图

墓道　位于墓室以西，平面呈长方形，长5.82、宽0.62~0.80米。剖面亦呈长方形，底宽0.80米。西高东低，斜坡至底。近墓门处距地表深3.08米。

甬道　墓室坍塌严重，采取大揭顶方式发掘，故甬道及墓门形制、尺寸不详。

墓室　位于墓道以东，墓室平面呈圆角长方形，墓室坍塌严重，采取大揭顶方式发掘，墓室顶部形制及高度不详。墓室东西长2.24、南北宽2.02米。

2. 葬具葬式

无葬具。

墓室北壁下发现少量骨块，疑为二次葬。性别、年龄不详。

3. 随葬品

无随葬品。

ⅠM15

位于Ⅰ区中部，ⅠM11西侧，东西向分布。与ⅠM17为一组，未发现茔圈。

1. 墓葬形制

该墓为带长斜坡墓道"刀把"形单室土洞墓，由封土、墓道、甬道、墓室组成。墓向260°（图八一）。

封土　现呈丘状，部分叠压墓道。残径6.10、残高0.52米。

墓道　位于墓室以西，平面呈梯形，西窄东宽，长6.78、宽0.55~0.74米。东端剖面呈梯形，口小底大，底宽0.90米。西高东低，斜坡至距墓门0.98米处到底，其后平直延伸至墓门处。近墓门处距地表深3.70米。

甬道　位于墓道东端，平面呈长方形，进深0.60、宽0.86、高1.30米。墓门呈拱形，与甬道同高等宽。封门位于甬道内封，以土坯封堵。

墓室　位于墓道以东，平面呈近长方形，四壁基本平直，顶部垮塌成拱形顶，墓室内堆积大量沙石。墓室东西长2.52、南北宽1.35、残高1.30米。

2. 葬具葬式

墓室中散布木质朽块，推测原可能存在木质尸罩。

该墓为单人葬。人骨扰乱严重，散乱堆放于南壁下，葬式不详。经鉴定，人骨为男性，年龄35~39岁。

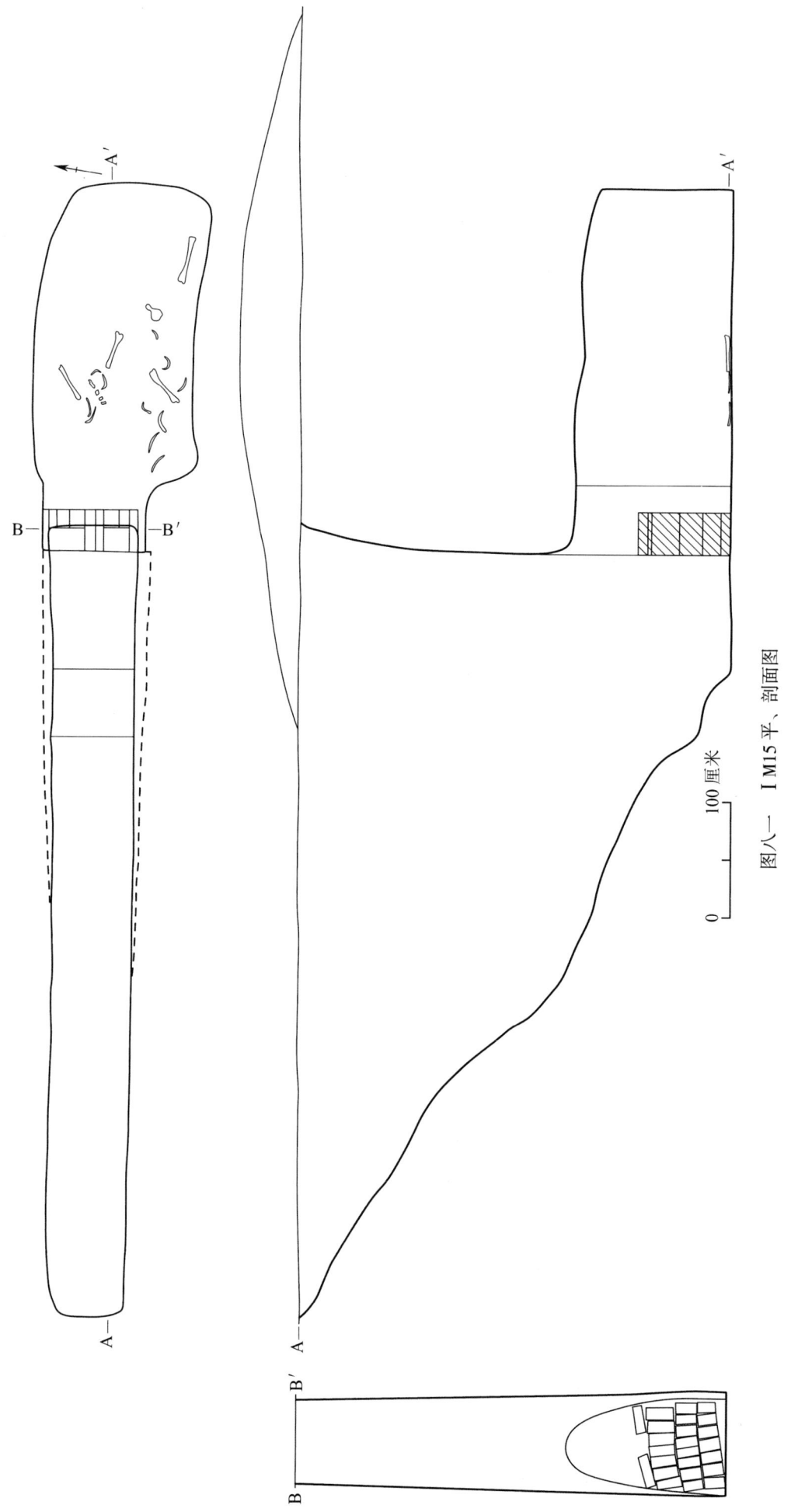

图八一 ⅠM15 平、剖面图

3. 随葬品

无随葬品。

ⅠM16

位于Ⅰ区中部，ⅠM11西南，东西向分布。

1. 墓葬形制

该墓为带长斜坡墓道单室土洞墓，由封土、墓道、甬道、墓室组成。墓向100°（图八二）。

封土　现呈丘状，部分叠压墓道。残径7.84、残高0.84米。

墓道　位于墓室以东，平面呈不规则梯形，东窄西宽，长12.92、宽0.58~1.06米。西端剖面呈梯形，口小底大，底宽1.16米。东高西低，斜坡至距墓门1.56米处到底，其后平直延伸至墓门处。近墓门处距地表深7.96米。

甬道　位于墓道西端，平面呈长方形，进深0.76、宽0.92、高1.30米。墓门呈拱形，与甬道同高等宽。封门位于甬道内封，以不规则土坯封堵。

墓室　位于墓道以西，平面呈圆角长方形，墓顶塌落严重，形制不明。墓室东西长3.00、南北宽2.38、残高2.74米。墓室东北角掏一龛，宽0.64、进深0.20、高0.70米。

2. 葬具葬式

无葬具。

该墓为单人葬。人骨散布于墓室南壁下，葬式不详。经鉴定，人骨疑似男性，年龄30~35岁。

3. 随葬品

随葬品较少，仅于墓室东北角出土波浪纹陶罐2件。

波浪纹陶罐　2件。泥质灰陶。侈口，圆唇，束颈，溜肩，圆鼓腹收至底，底微凹。肩、腹部饰波浪纹和弦纹组合，内壁见轮制痕迹。ⅠM16:1，近底处有竖向刮削痕迹。口径9.2、底径7.6、高12.0~12.7厘米（图八三，1）。ⅠM16:2，口径8.2、底径10.6、高13.5厘米（图八三，2）。

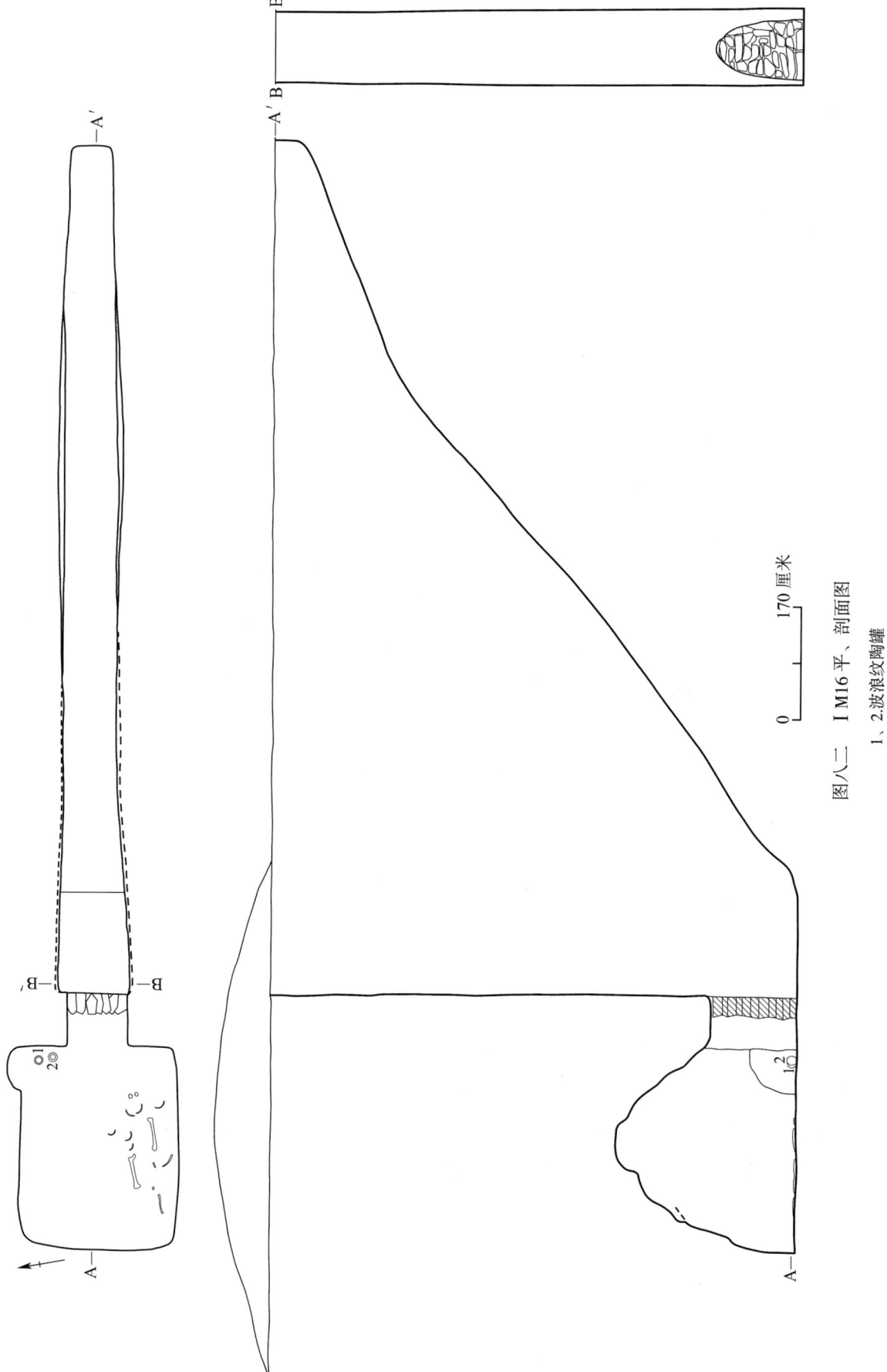

图八二 ⅠM16 平、剖面图
1、2.波浪纹陶罐

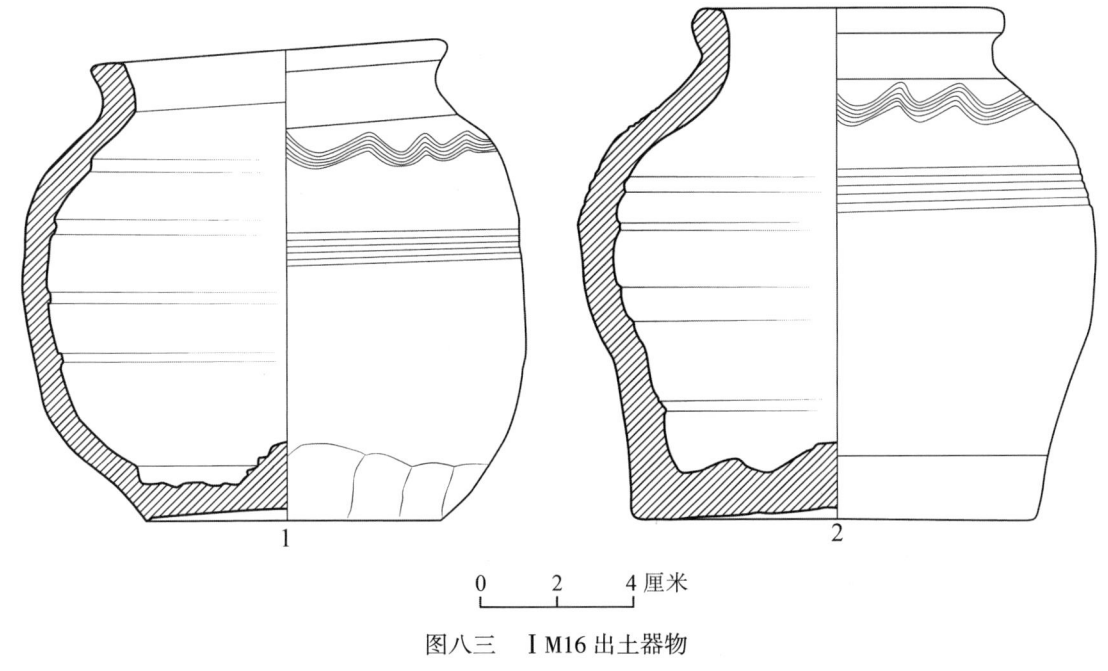

图八三　ⅠM16 出土器物

1、2. 波浪纹陶罐（ⅠM16∶1、ⅠM16∶2）

ⅠM17

位于Ⅰ区中部，ⅠM15 南侧，东西向分布。与ⅠM15 为一组，未发现茔圈。

1. 墓葬形制

该墓为带长斜坡墓道单室土洞墓，由封土、墓道、甬道、墓室组成。墓向 260°（图八四）。

封土　现呈丘状，部分叠压墓道。残径 5.40、残高 0.18 米。

墓道　位于墓室以西，平面呈长方形，长 7.50、宽 0.62~0.70 米。东端剖面呈长方形，底宽 0.70 米。西高东低，斜坡至距墓门 0.64 米处到底，其后平直延伸至墓门处。近墓门处距地表深 2.14 米。

甬道　位于墓道东端，连接墓道与墓室，为双甬道。前甬道平面呈长方形，进深 0.86、宽 0.70、高 0.82 米。后甬道平面呈长方形，进深 0.44、宽 0.56、高 0.56 米。墓门呈拱形，与后甬道同高等宽。封门无存。

墓室　位于墓道以东，平面呈圆角长方形，四壁基本平直，墓顶塌落严重，采取大揭顶方式发掘，形制及尺寸不详。墓室东西长 1.90、南北宽 0.86 米。

2. 葬具葬式

无葬具。

该墓为单人葬。人骨堆放于墓室西部，疑为二次葬。经鉴定，人骨疑似男性，年龄 11~15 岁。

图八四 ⅠM17 平、剖面图
1~3.泥罐

3. 随葬品

随葬较少，仅于墓室中西部出土残泥罐三件，残破较甚，无法采集。

ⅠM18

位于Ⅰ区西部，ⅠM15西北，东西向分布。

1. 墓葬形制

该墓为带长斜坡墓道单室土洞墓，由封土、墓道、甬道、墓室组成。墓向98°（图八五）。

封土 现呈丘状，部分叠压墓道。残径6.12、残高0.50米。

墓道 位于墓室以东，平面呈近梯形，西宽东窄，长13.40、宽0.84~0.92米。西端剖面呈梯形，口小底大，底宽1.04米。东高西低，斜坡至距墓门1.40米处到底，其后平直延伸至墓门处。近墓门处距地表深3.93米。

甬道 位于墓道西端，平面呈长方形，进深0.68、宽0.80、高1.54米。墓门呈拱形，与甬道同高等宽。封门位于甬道内封，以不规则澄泥块和砂石封堵。

墓室 位于墓道以西，平面呈圆角长方形，四壁基本平直，墓顶垮塌成拱形顶。墓室东西长3.10、南北宽1.56、残高1.62米。墓室东北角和东南角各掏一龛。东北角龛宽0.38、进深0.16、高0.50米。东南角龛宽0.38、进深0.30、高0.50米。

2. 葬具葬式

无葬具。

该墓为单人葬。人骨散乱堆放于墓室北壁下，葬式不详。经鉴定，人骨为女性，年龄50~60岁。

3. 随葬品

墓门附近填土中出土泥质残片，形制不可辨。

ⅠM19

位于Ⅰ区西部，ⅠM18西南，东西向分布。

1. 墓葬形制

该墓为带长斜坡墓道单室土洞墓，由封土、墓道、甬道、墓室组成。墓向260°（图八六）。

封土 现呈丘状，部分叠压墓道。残径5.76、残高0.68米。

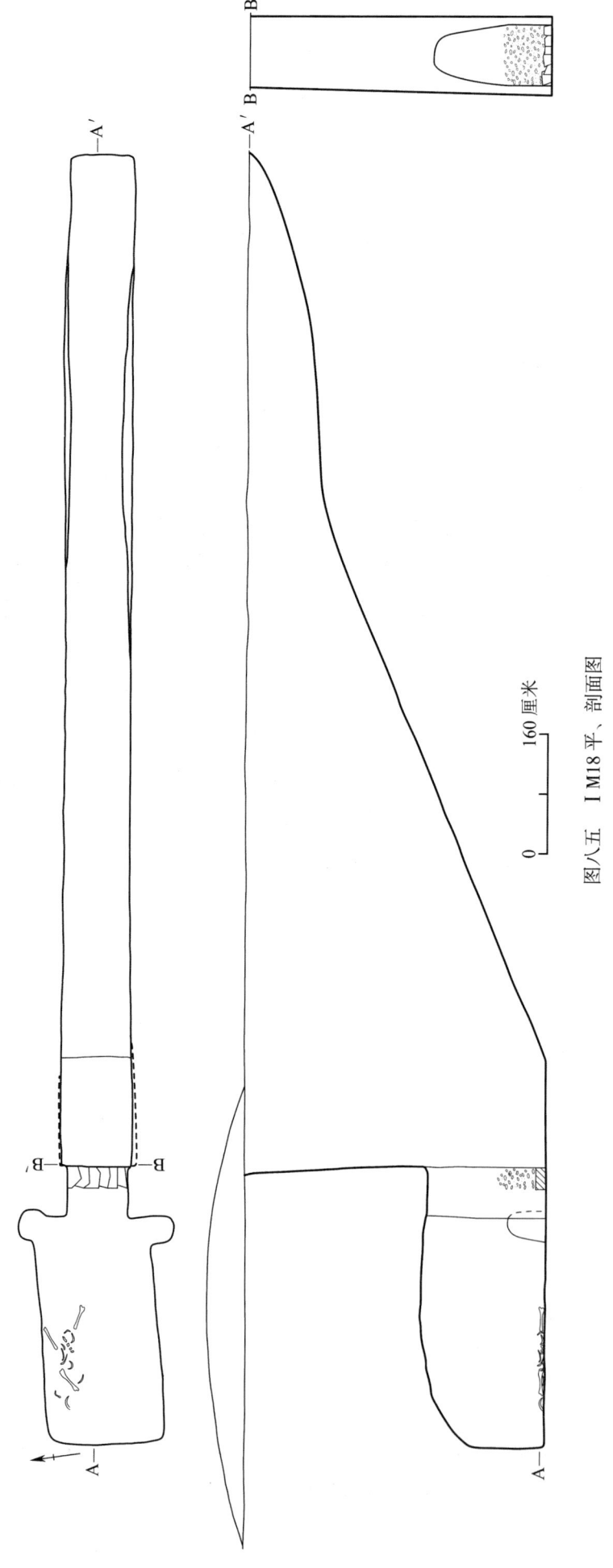

图八五　ⅠM18 平、剖面图

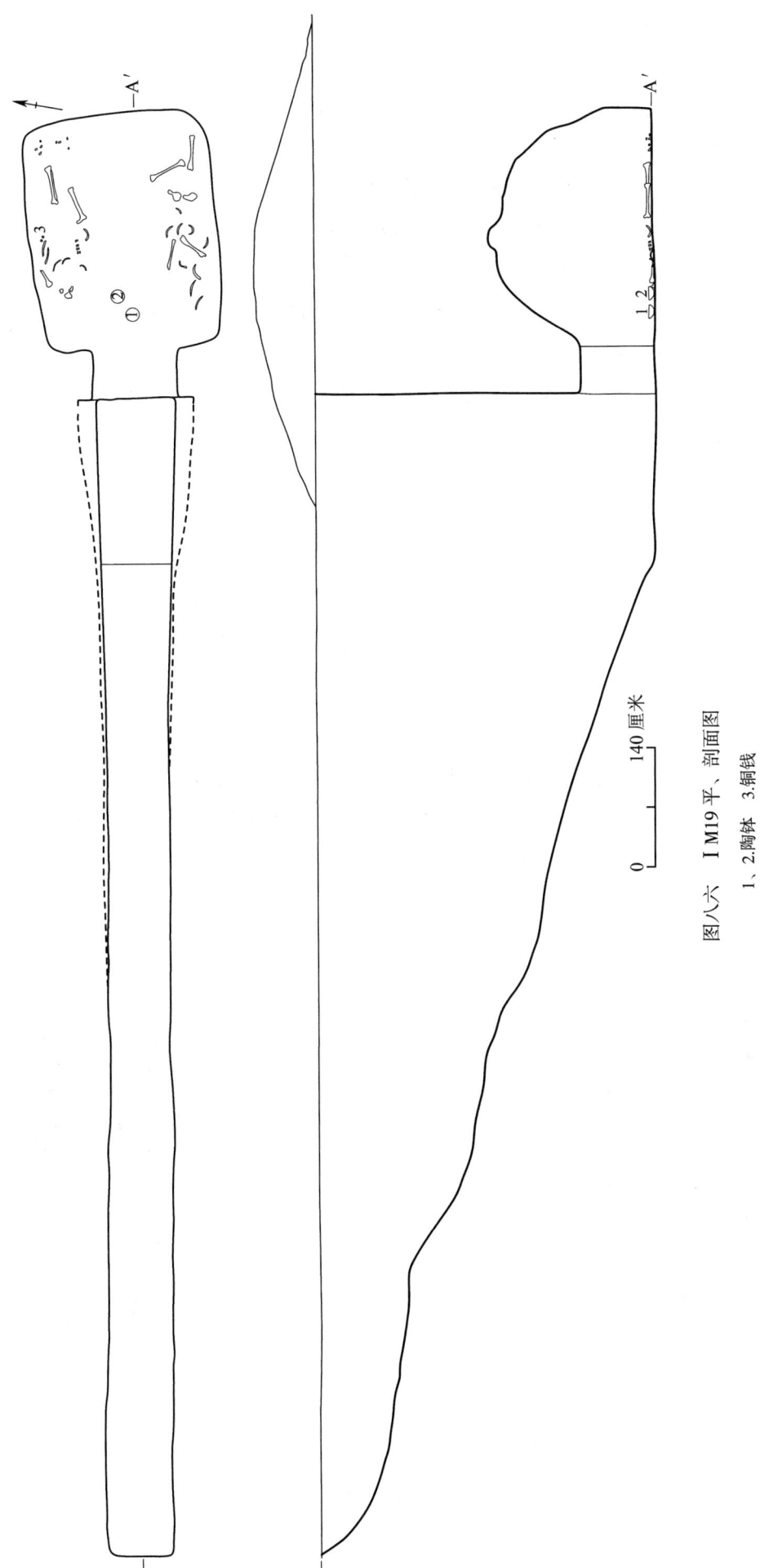

图八六 ⅠM19 平、剖面图
1、2.陶钵 3.铜钱

墓道　位于墓室以西，平面呈梯形，西窄东宽，长13.78、宽0.72~0.94米。东端剖面呈梯形，口小底大，底宽1.32米。西高东低，斜坡至距墓门1.94米处到底，其后平直延伸至墓门处。近墓门处距地表深4.00米。

甬道　位于墓道东端，连接墓道与墓室。平面呈长方形，进深0.54、宽0.96、高0.86米。墓门呈拱形，与甬道同高等宽。封门无存。

墓室　位于墓道以东，平面呈圆角长方形，顶部坍塌严重，形制不详。墓室东西长2.84、南北宽2.16、残高1.92米。

2. 葬具葬式

无葬具。

该墓为双人合葬。人骨分别置于墓室南、北壁下，扰乱严重，葬式不详。经鉴定，北壁下人骨疑似男性，成年；南壁下人骨为女性，年龄45~50岁。

3. 随葬品

随葬品较少，仅于墓室中西部出土陶钵2件，北壁下出土铜钱1组（2枚）。

陶钵　2件。泥质素面灰陶。敛口，圆唇，斜弧腹收至平底。ⅠM19∶1，口径15.3、底径6.7、高5.8~6.2厘米（图八七，1）。ⅠM19∶2，口径15.1、底径5.5、高6.0~6.3厘米（图八

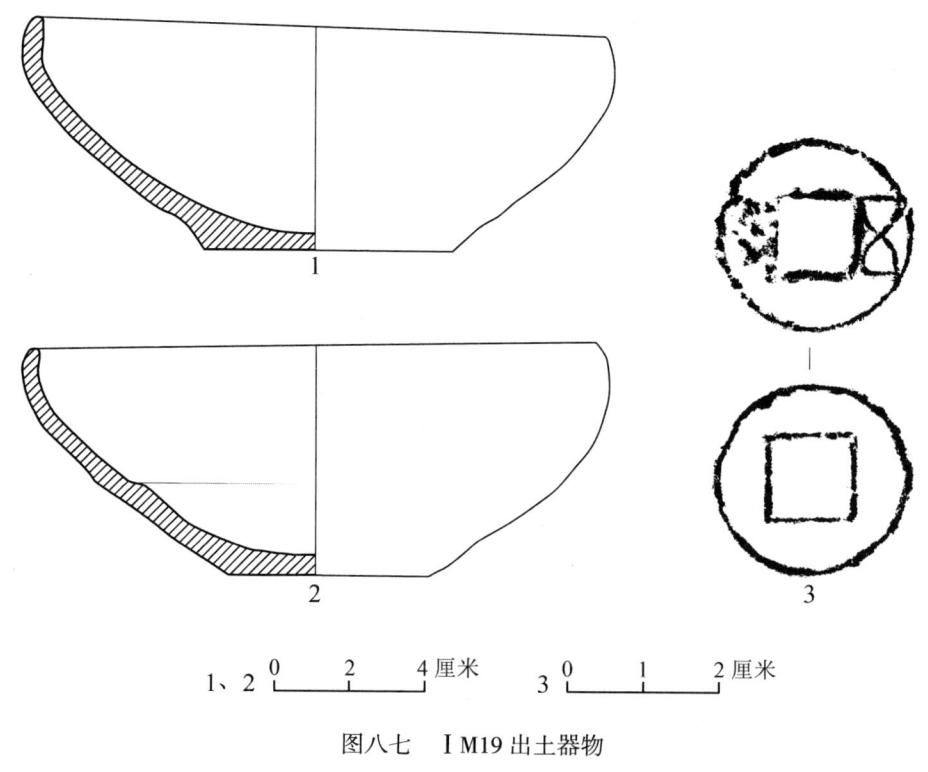

图八七　ⅠM19出土器物
1、2.陶钵（ⅠM19∶1、ⅠM19∶2）　3.五铢钱（ⅠM19∶3-1）

七，2）。

铜钱　1组。ⅠM19：3，2枚，五铢钱和磨郭五铢各一枚。ⅠM19：3-1，五铢钱，"五"字较宽，交笔弯曲，"铢"字锈蚀不可辨。钱径2.65、穿宽0.92、郭宽0.11、郭厚0.13、肉厚0.10厘米，重2.45克（图八七，3）。ⅠM19：3-2，磨郭五铢，"五"字较宽，交笔弯曲，"铢"字"金"字头呈三角形，中间四点较短，"朱"字上下部均圆折。钱径2.42、穿宽0.90、肉厚0.11厘米，重2.45克。

ⅠM20

位于Ⅰ区西部，ⅠM19西南，西北—东南向分布。

1. 墓葬形制

该墓为带长斜坡墓道单室土洞墓，由封土、墓道、甬道、墓室组成。墓向110°（图八八）。

封土　现呈丘状，部分叠压墓道。残径4.78、残高0.42米。

墓道　位于墓室以东，平面呈近长方形，长3.85、宽0.72米。北端剖面亦呈长方形，底宽1.00米。东高西低，斜坡至底。近墓门处距地表深2.97米。

甬道　位于墓道西端，连接墓道与墓室。平面呈长方形，进深0.96、宽0.74、高1.60米。墓门呈拱形，与甬道同高等宽。封门无存。

墓室　位于墓道以西，平面呈圆角长方形，四壁基本平直，墓室顶部坍塌成拱形顶。墓室东西长2.40、南北宽1.80、残高1.76米。

2. 葬具葬式

墓室中散落腐朽的木块，推测原可能存在木质葬具，具体形制不详。

不见人骨，可能为迁葬墓。

3. 随葬品

无随葬品。

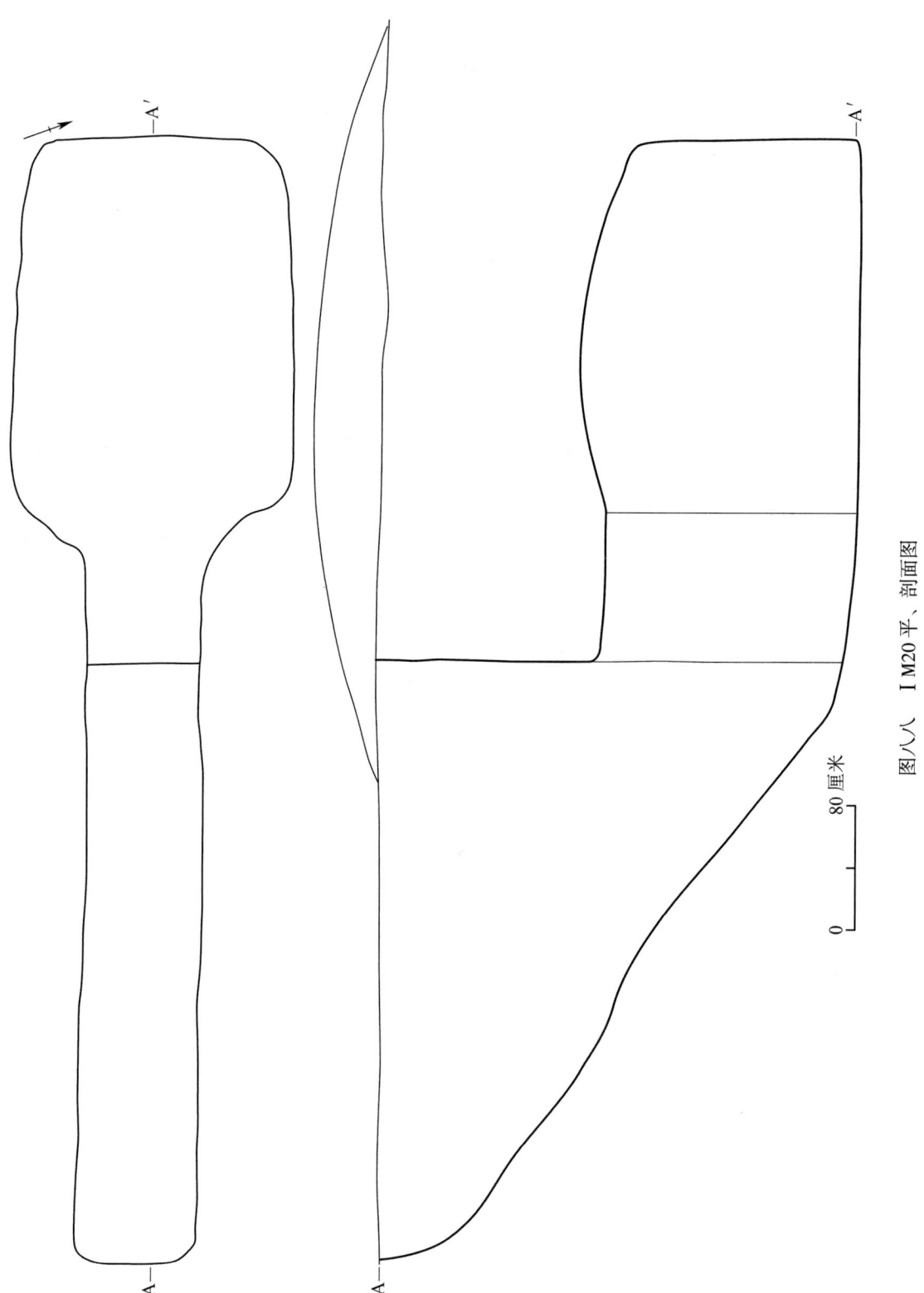

图八八　ⅠM20 平、剖面图

二　Ⅱ区

Ⅱ区位于莫高公路东西两侧的灯光带，共 1.8 万平方米，共清理墓葬 26 座。其中ⅡM2、ⅡM3、ⅡM5 处于同一茔圈内，茔圈平面呈长方形，南北长约 70.60、东西宽约 68.50 米，四面现存沙石混筑的垣墙，现高约 0.30、厚约 0.50 米，北侧偏西处发现一宽约 10.70 米的茔前山门（图八九）。

ⅡM1

位于Ⅱ区西部，东西向分布。

1. 墓葬形制

该墓为带长斜坡墓道单室土洞墓，由封土、墓道、墓门、墓室组成。墓向 275°（图九〇）。

封土　现呈丘状，部分叠压墓道。残径 3.50、残高 0.12 米。

墓道　位于墓室以西，平面呈长方形，长 8.10、宽 0.68 米。东端剖面亦呈长方形，底宽 0.68 米。西高东低，斜坡至底，斜坡长 8.50 米，坡度 28°。近墓门处距地表深约 3.60 米。内填灰黄色沙土，土质松散，含大量细沙、石块。

墓门　墓门呈拱形，封门位于墓室内，原以土坯横立斜砌而成，现存高 0.64、宽 0.68、厚 0.22 米。土坯大小不等、厚约 0.10 米。无甬道。

墓室　位于墓道以东，平面呈长方形，墓室顶部略坍塌。墓室东西长 2.20、南北宽 1.10、残高约 3.60 米。墓室的西北角掏一龛，口宽 0.30、进深 0.20、高 0.36 米。

2. 葬具葬式

无葬具。

仅在墓室南壁下发现肢骨一块，葬式不详。性别、年龄不详。

3. 随葬品

随葬品放置于墓室西北角龛内及附近，共 13 件，包括陶盆 1 件、陶甑 1 件、陶釜 1 件、波浪纹陶罐 3 件、陶樽 1 件、陶盘 1 件、陶碗 3 件、陶钵 2 件。

陶钵　2 件。ⅡM1∶10，泥质素面灰陶。侈口，圆唇，弧腹，小平底。口径 5.6、底径 3.2、高 2.2 厘米。内壁见轮制痕迹（图九一，1）。ⅡM1∶13，泥质灰陶。残，可复原。侈口，圆唇，弧腹，小平底。腹部饰弦纹。内壁见轮制痕迹。口径 8.3、底径 4.2、高 2.9 厘米（图九一，2）。

陶盆　1 件。ⅡM1∶1，泥质素面灰陶。残，可复原。侈口，斜平沿，圆唇，弧腹，平底。

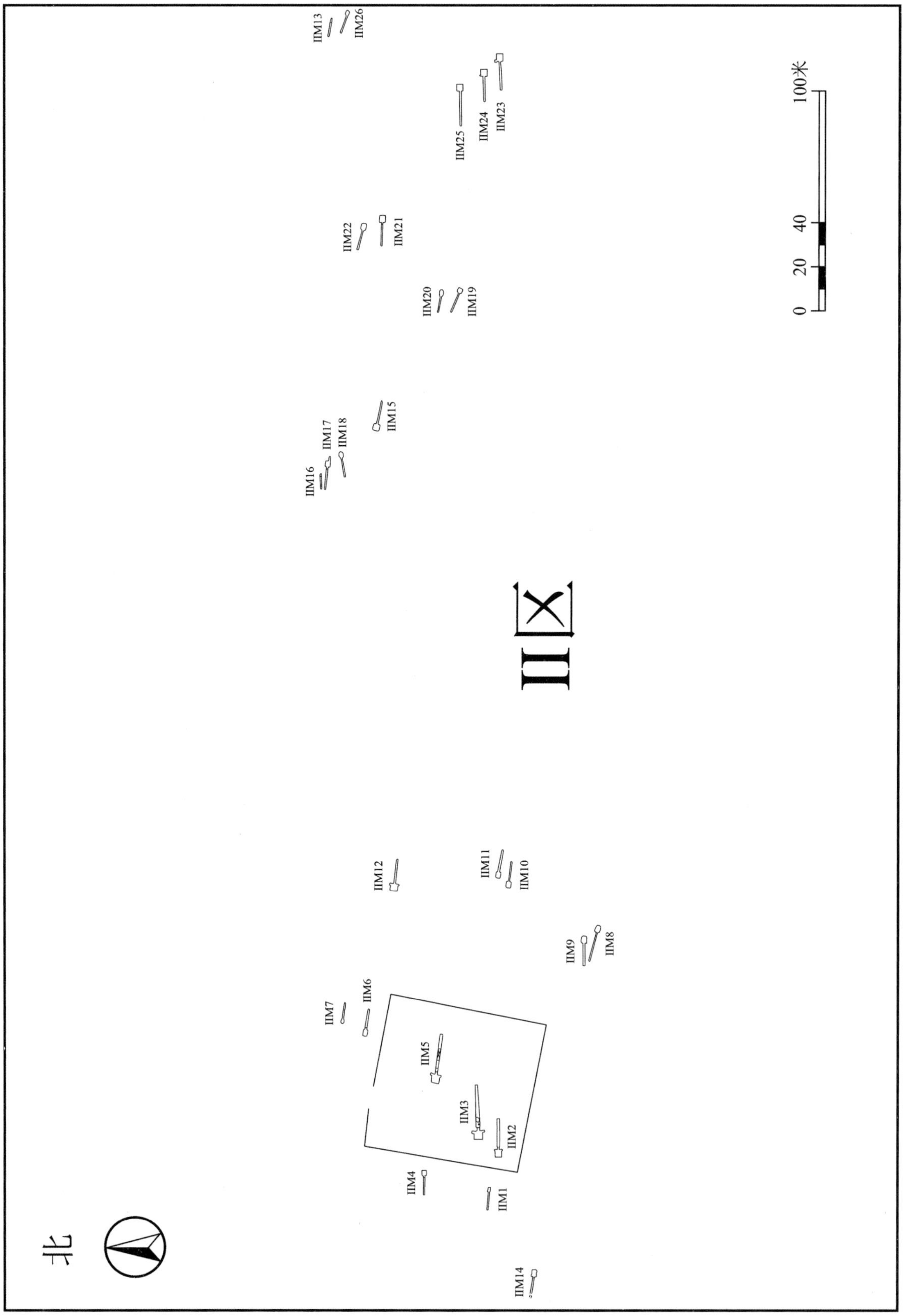

图八九　Ⅱ区墓葬分布图

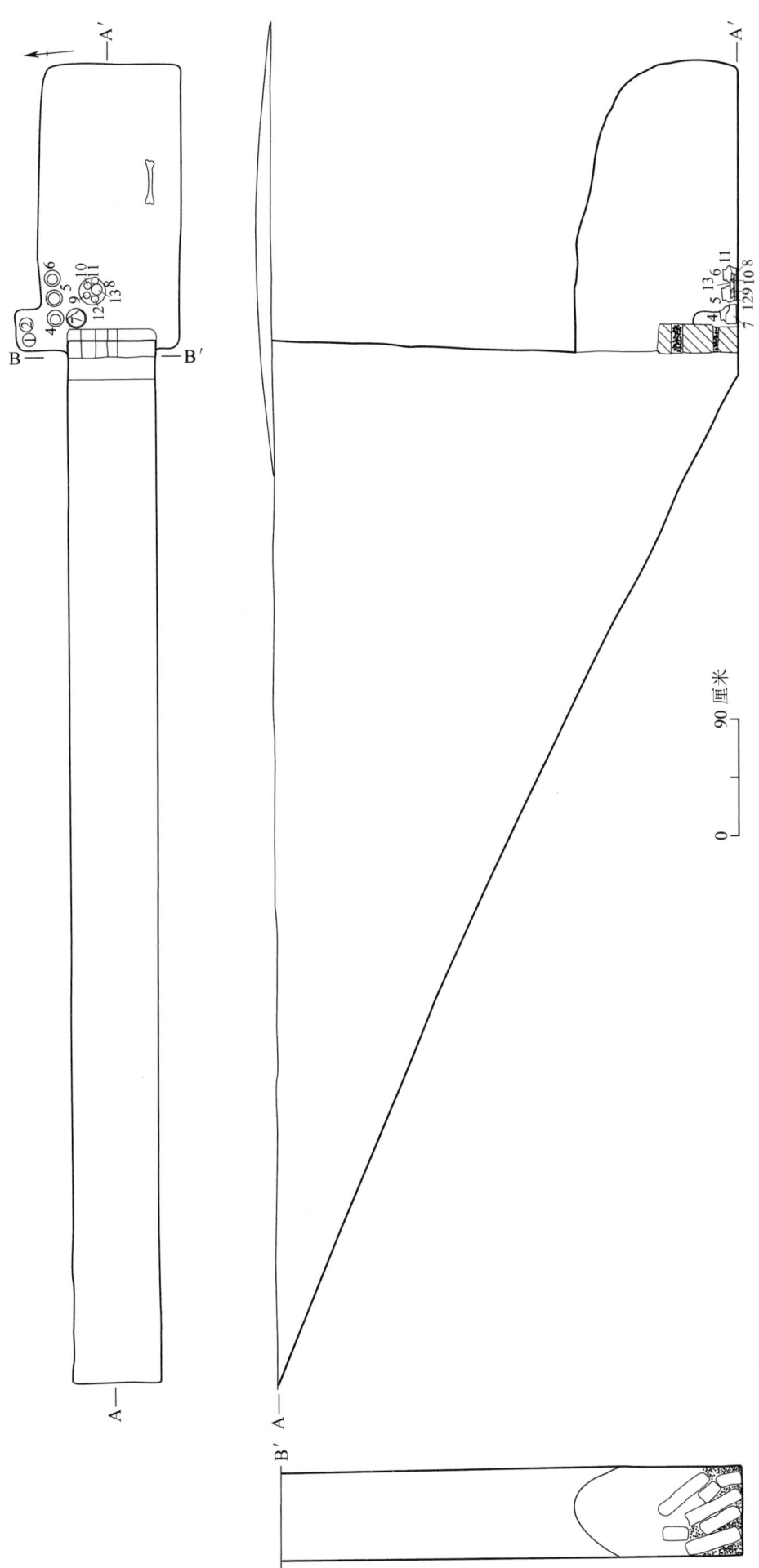

图九〇 ⅡM1 平、剖面图

1.陶盆 2.陶甑 3.陶釜 4~6.波浪纹陶罐 7.陶樽 8.陶盘 9、11、12.陶碗 10、13.陶钵

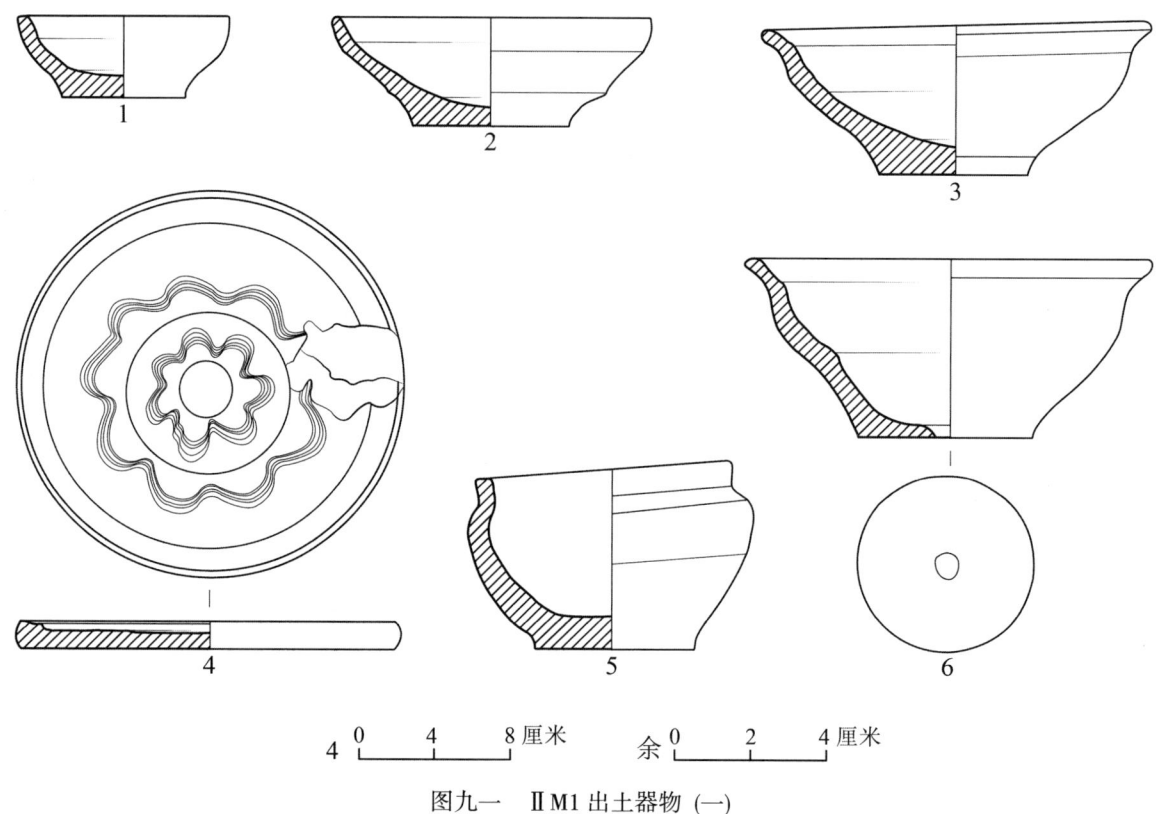

图九一　ⅡM1 出土器物（一）

1、2.陶钵（ⅡM1：10、ⅡM1：13）　3.陶盆（ⅡM1：1）　4.陶盘（ⅡM1：8）　5.陶釜（ⅡM1：3）　6.陶甑（ⅡM1：2）

口径 10.2、底径 3.9、高 3.9~4.1 厘米（图九一，3）。

陶盘　1件。ⅡM1：8，泥质灰陶。残。圆形，盘沿中内凹，外缘微弧，盘面基本平整，低于口沿，平底。盘面饰两组波浪纹。盘径 20.6、厚 1.5 厘米（图九一，4）。

陶釜　1件。ⅡM1：3，泥质素面灰陶。直口，方唇，矮领，圆肩，圆鼓腹，底作假圈足。口径 6.6、腹径 7.5、底径 4.2、高 4.5~5.0 厘米（图九一，5）。

陶甑　1件。ⅡM1：2，泥质素面灰陶。盆形甑，侈口，斜平沿，圆唇，浅腹，平底，底部有一圆孔。口径 10.8、底径 4.6、高 4.7 厘米（图九一，6）。

陶碗　3件。泥质素面灰陶。略残。ⅡM1：9，略残。直口，圆唇，弧腹，底作矮假圈足。内壁见轮制痕迹。口径 5.2、底径 2.8、高 2.2 厘米（图九二，1）。ⅡM1：11，侈口，圆唇，弧腹，底作矮假圈足。内壁见轮制痕迹。口径 5.4、底径 3.2、高 2.0 厘米（图九二，2）。ⅡM1：12，侈口，圆唇，弧腹，底作矮假圈足。内壁见轮制痕迹。口径 5.8、底径 2.6、高 2.5 厘米（图九二，3）。

陶樽　1件。ⅡM1：7，泥质灰陶。近直口，圆唇，矮领，腹部中曲，平底。近底饰一周凸棱纹。口径 14.3、底径 14.6、高 8.5 厘米（图九二，4）。

波浪纹陶罐 3 件。泥质灰陶。近直口，高领，圆肩，腹部较鼓，平底。肩、腹部饰波浪纹和弦纹各一组，内壁见轮制痕迹。ⅡM1:4，器形整体瘦高。口径 7.6、腹径 12.6、底径 8.6、高 12.4~13.2 厘米（图九二，5）。ⅡM1:5，器形整体矮胖。口径 8.5、腹径 12.6、底径 7.0、高 11.0~11.8 厘米（图九二，6）。ⅡM1:6，器形整体显矮胖。口径 7.6、腹径 12.4、底径 8.5、高 10.4~10.8 厘米（图九二，7）。

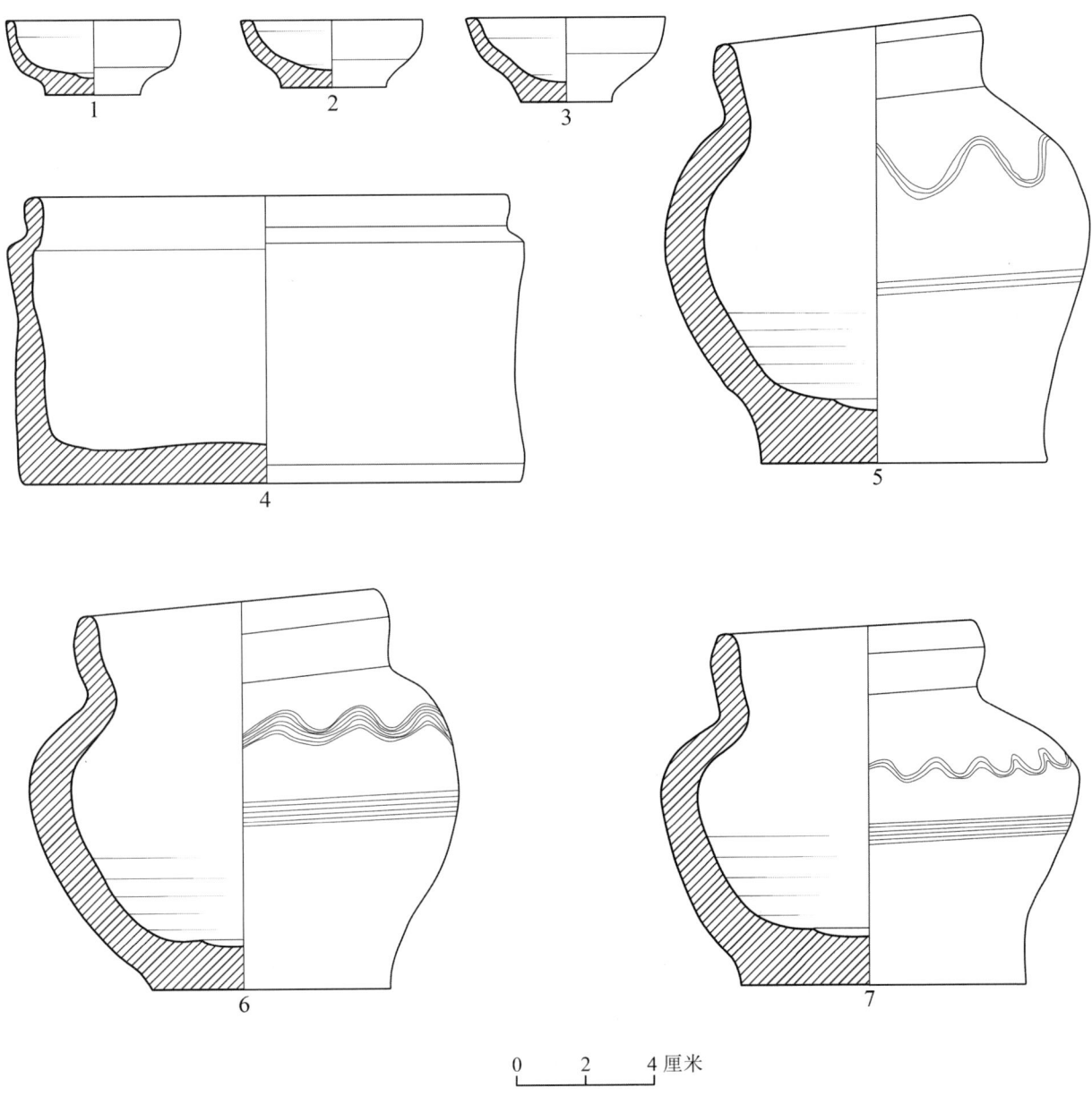

图九二　ⅡM1 出土器物（二）

1~3.陶碗（ⅡM1:9、ⅡM1:11、ⅡM1:12）　4.陶樽（ⅡM1:7）　5~7.波浪纹陶罐（ⅡM1:4、ⅡM1:5、ⅡM1:6）

ⅡM2

位于Ⅱ区西部，ⅡM1以东，东西向分布。与ⅡM3、ⅡM5处于同一茔圈内。

1. 墓葬形制

该墓为带长斜坡墓道单室土洞墓，由封土、墓道、甬道、墓室组成。墓向89°（图九三；图版四，1）。

封土　现呈丘状，部分叠压墓道。残径5.50、残高0.60米。

墓道　位于墓室以东，平面呈长方形，长15.80、宽1.16米。西端剖面呈长方形，底宽1.16米。东高西低，斜坡至底，斜坡长16.30米，坡度16°。近墓门处距地表深约5.40米。内填灰黄色沙土，土质松散，含大量细沙、石块。

甬道　位于墓道西端，连接墓道与墓室，为拱顶土洞式结构，平面呈长方形，进深1.20、宽0.80、高1.10米。墓门呈拱形，与甬道同高等宽。封门位于甬道内封，以土坯封堵，现存高0.90、宽0.80、厚0.38米，土坯厚约0.10、高约0.24米。

墓室　位于甬道以西，平面呈长方形，墓室坍塌严重，采用揭取墓室顶部的方式进行发掘，顶部形制及尺寸不详。墓室东西长3.20、南北宽3.00米。墓室东北角和东南角各掏一龛。东北角龛内有土坯搭制的灶，口宽0.50、进深0.30、高0.62米；东南角龛口宽0.54、进深0.30、高0.60米（图九四；图版四，2）。

2. 葬具葬式

墓室北壁下存尸床和尸罩，尸床由细沙土和草木灰堆垒而成，厚0.04~0.06米。尸罩已朽，仅存痕迹，长2.06、西端宽0.58、东端宽0.66、西端残高0.10、东端残高0.30米。

该墓为单人葬。人骨置于尸床之上，仰身直肢葬。经鉴定，人骨为男性，年龄18~19岁。

3. 随葬品

随葬品以陶器为主，放置于墓室中部、东北角龛内及人骨头端，共31件，包括波浪纹陶罐5件、陶钵4件、陶碟5件、陶樽3件、陶耳杯4件、陶盘2件、陶灯1件、陶壶1件、陶釜1件、陶器盖3件、陶盆1件、陶甑1件。另于北侧人骨头部出土铜弩机廓1件（图版三四，1）。

陶器盖　3件。泥质素面灰陶。整体呈覆钵状。ⅡM2∶24，平顶，斜直腹，侈口。内壁见轮制痕迹。盖径18.2、高5.5厘米（图九五，1）。ⅡM2∶25，平顶，弧腹，侈口。内壁见轮制痕迹。盖径17.0、高6.0厘米（图九五，2；图版六九，3）。ⅡM2∶26，平顶，斜直腹，侈口。内壁见轮制痕迹。盖径17.9、高5.5厘米（图九五，3）。

波浪纹陶罐　5件。泥质橙黄陶。器形整体矮胖，直口，圆唇，外缘呈三角状，束颈，圆

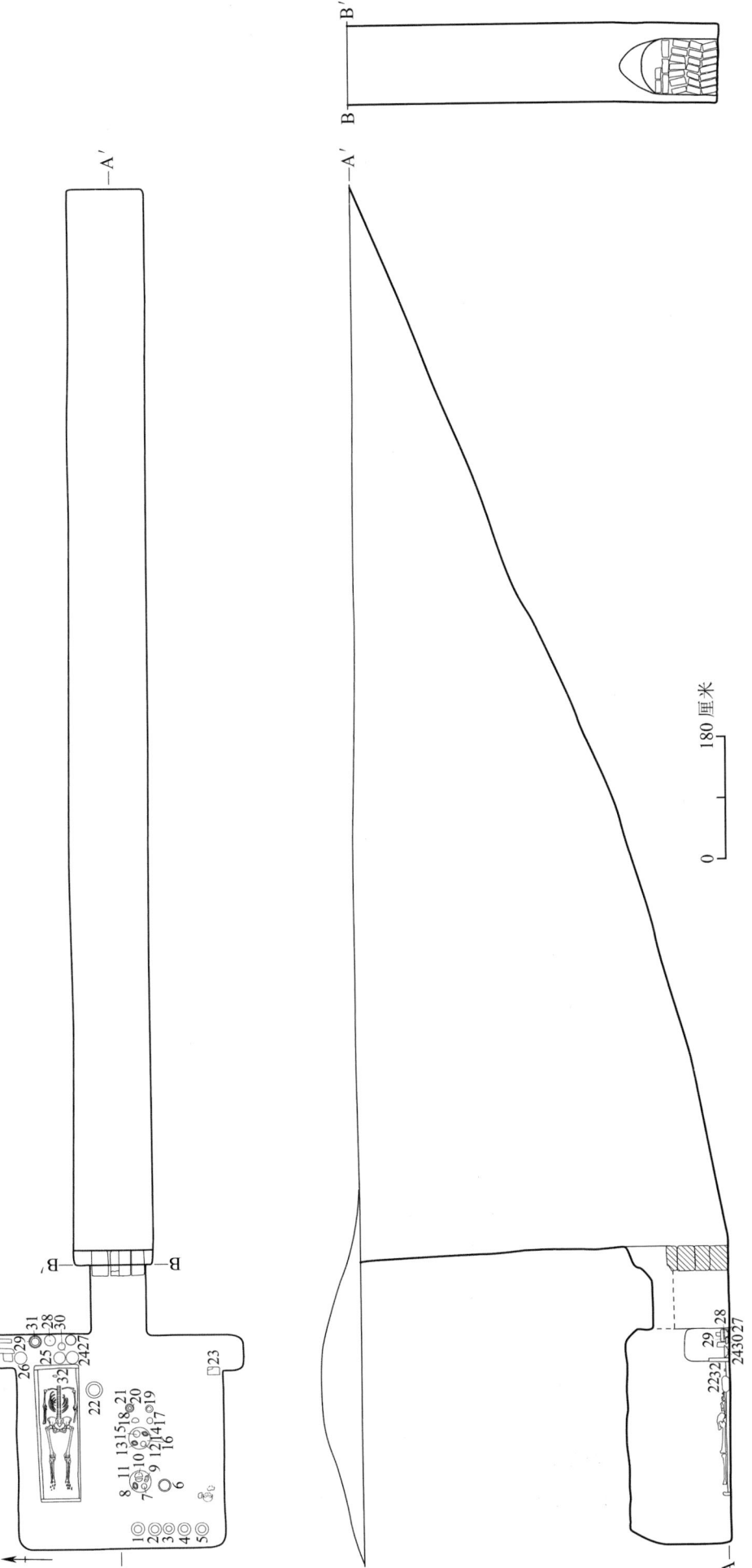

图九三 ⅡM2 平、剖面图

1~5.波浪纹陶罐 6、23、29.陶樽 7、12、30、31.陶钵 8、9、13、14.陶耳杯 10、15、17、18、20.陶碟 11、16.陶盘 19.陶灯 21.陶壶 22.陶釜 24~26.陶器盖 27.陶盆 28.陶甑 32.铜弩机

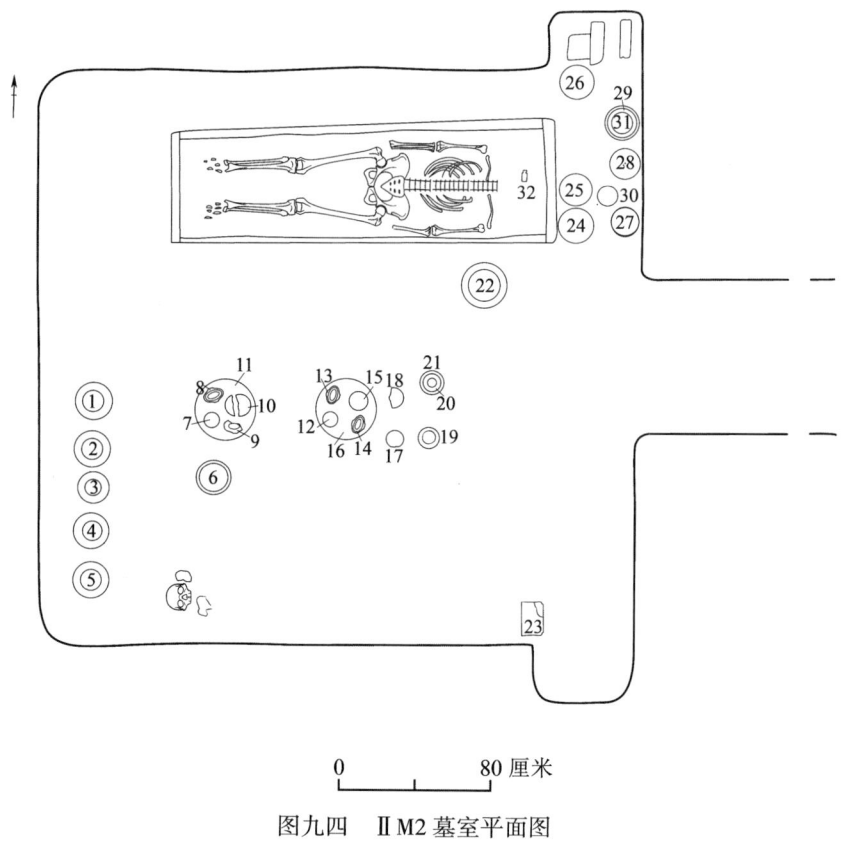

图九四 ⅡM2墓室平面图

肩,圆鼓腹,下腹斜收至平底。肩、腹部饰波浪纹三组,近底处有竖向刮削痕迹。ⅡM2:1,口径9.0、腹径19.3、底径11.8、高15.8~16.0厘米(图九五,4;图版六六,5)。ⅡM2:2,口径9.4、腹径19.0、底径10.8、高18.0厘米(图九五,5)。ⅡM2:3,口径7.4、腹径16.5、底径8.8、高15.0~15.3厘米(图九五,6;图版六七,1)。ⅡM2:4,口径9.5、腹径18.8、底径9.9、高17.1~17.7厘米(图九五,7)。ⅡM2:5,口径9.4、腹径19.0、底径10.6、高17.0厘米(图九五,8;图版六六,6)。

陶耳杯 4件。整体呈椭圆形,侈口,尖唇,长边两侧有对称双耳,斜弧腹,平底。ⅡM2:8,泥质素面灰陶。长口径10.5、短口径5.5、长底径6.8、短底径4.0、耳长2.4~3.0、耳宽1.0~1.2、高2.5~3.0厘米(图九五,9)。ⅡM2:9,泥质素面橙黄陶。残,可复原。复原长口径9.7、短口径4.2、残长底径6.8、短底径2.0、耳长2.5、耳宽1.0、高3.0厘米(图九五,10)。ⅡM2:13,泥质素面橙黄陶。长口径9.5、短口径5.2、长底径5.8、短底径3.6、耳长2.9~3.2、耳宽0.9~1.0、高3.2厘米(图九五,11;图版六七,5)。ⅡM2:14,泥质素面橙黄陶。长口径9.7、短底径4.8、长底径6.0、短底径3.5、耳长2.5~3.0、耳宽0.9~1.1、高2.7~2.9厘米(图九五,12;图版六七,6)。

陶钵 4件。ⅡM2:7,泥质素面灰陶。器形歪扭。侈口,圆唇,弧壁,平底。口径8.0、底径3.6、高2.7~3.0厘米(图九六,1)。ⅡM2:12,泥质素面橙黄陶。直口,圆唇,弧壁,平底。

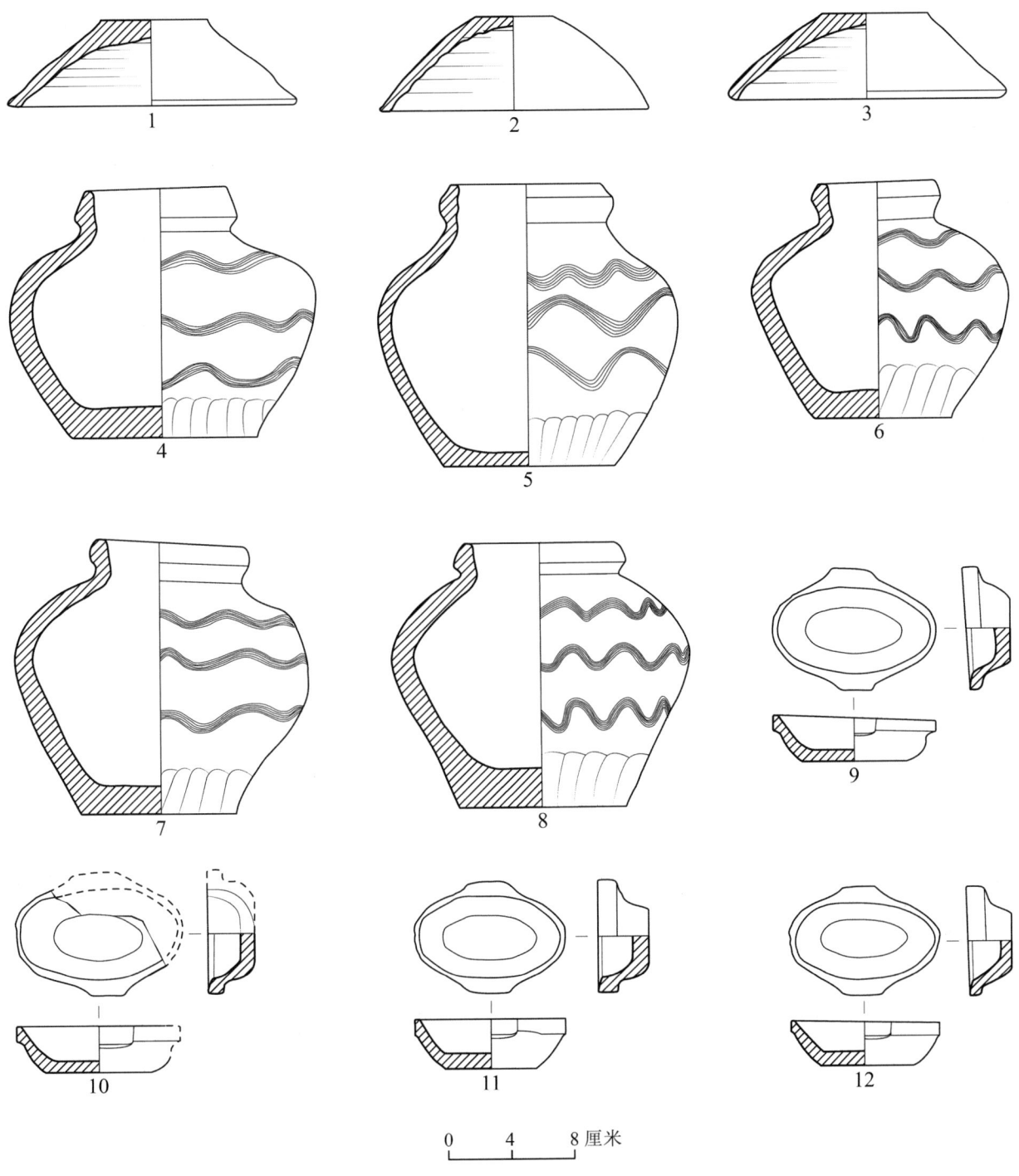

图九五 ⅡM2 出土器物（一）

1~3.陶器盖（ⅡM2：24、ⅡM2：25、ⅡM2：26） 4~8.波浪纹陶罐（ⅡM2：1、ⅡM2：2、ⅡM2：3、ⅡM2：4、ⅡM2：5）
9~12.陶耳杯（ⅡM2：8、ⅡM2：9、ⅡM2：13、ⅡM2：14）

口径8.0、底径4.0、高3.2厘米（图九六，2；图版六七，3）。ⅡM2：30，泥质素面橙黄陶。侈口，圆唇，弧腹，平底。口径10.5、底径4.0、高3.7厘米（图九六，3）。ⅡM2：31，泥质素面灰陶。侈口，圆唇，弧腹，平底。口径11.0、底径5.0、高3.8~4.0厘米（图九六，4；图版六七，4）。

陶碟　5件。敞口，尖唇，浅弧腹，平底或作矮假圈足。内壁见轮制痕迹。ⅡM2：10，泥质素面橙黄陶。底作矮假圈足（图九六，6）。口径11.4、底径5.0、高2.6厘米。ⅡM2：15，泥质素面灰陶。平底。口径10.0、底径4.5、高2.3~2.8厘米（图九六，7；图版六八，7）。ⅡM2：17，泥质素面灰陶。底作矮假圈足。口径9.0、底径4.0、高2.4厘米（图九六，5）。ⅡM2：18，泥质素面灰陶。底作矮假圈足。口径10.6、底径4.7、高2.5厘米（图九六，8）。ⅡM2：20，泥质素面橙黄陶。底作矮假圈足。口径9.3、底径4.7、高2.2~2.5厘米（图九六，9）。

陶壶　1件。ⅡM2：21，泥质素面灰陶。侈口，尖唇，斜直领，束颈，溜肩，扁鼓腹，下腹部束腰外撇至大平底。口径7.0、腹径12.5、底径12.6、高13.4厘米（图九六，11；图版六八，2）。

陶灯　1件。ⅡM2：19，泥质素面灰陶。口残，可复原。灯口呈钵状，尖圆唇，弧腹，灯柄空心，上细下粗，近底部外撇形成叠涩圆台状，平底。复原口径7.0、底径10.3、残高13.2厘米（图九六，12；图版六八，1）。

陶釜　1件。ⅡM2：22，泥质素面灰陶。敛口，尖圆唇，溜肩，扁鼓腹，腹下斜收至平底。肩、腹部饰波浪纹和弦纹组合。口径16.5、腹径23.8、底径16.2、高10.0~10.8厘米（图九六，13；图版六七，2）。

陶樽　3件。ⅡM2：6，泥质素面灰陶。敛口，圆唇，圆肩，直腹，平底。口径14.2、底径17.1、高10.3厘米（图九六，14；图版六八，3）。ⅡM2：23，泥质素面灰陶。直口，圆唇，矮领，圆肩，直腹，平底。口径14.8、底径17.9、高11.4厘米（图九六，15）。ⅡM2：29，泥质素面灰陶。直口，圆唇，圆肩，直腹，平底。口径15.0、底径16.8、高11.0厘米（图九六，16；图版六八，4）。

陶甑　1件。ⅡM2：28，泥质素面橙黄陶。器表剥落严重。盆形甑，侈口，圆唇，斜平沿微凹沿，弧腹，平底，底有三孔。口径16.0、底径5.2、高6.3~7.3厘米（图九六，17；图版六九，1）。

陶盆　1件。ⅡM2：27，泥质素面橙黄陶。侈口，圆唇，斜平沿微凹，斜直腹，平底。内壁见轮制痕迹。口径14.4、底径4.8、高5.4厘米（图九六，18；图版六八，8）。

陶盘　2件。泥质橙黄陶。ⅡM2：11，残，可复原。圆形，斜平沿，外缘微弧，盘面较平整，低于口沿，平底。盘面饰波浪纹两组。盘径32.0、厚2.0厘米（图九六，19；图版六八，5）。ⅡM2：16，残，可复原。圆形，平沿，外缘微弧，盘面较平整，低于口沿，平底。盘中心有轮制痕迹，盘面饰波浪纹和弦纹组合。盘径32.0、厚2.5厘米（图九六，20；图版六八，6）。

铜弩机廓　1件。ⅡM2：32，长方形框状，空心，一端似有穿孔。长6.0、宽2.6~2.7、高1.0厘米（图九六，10；图版六九，2）。

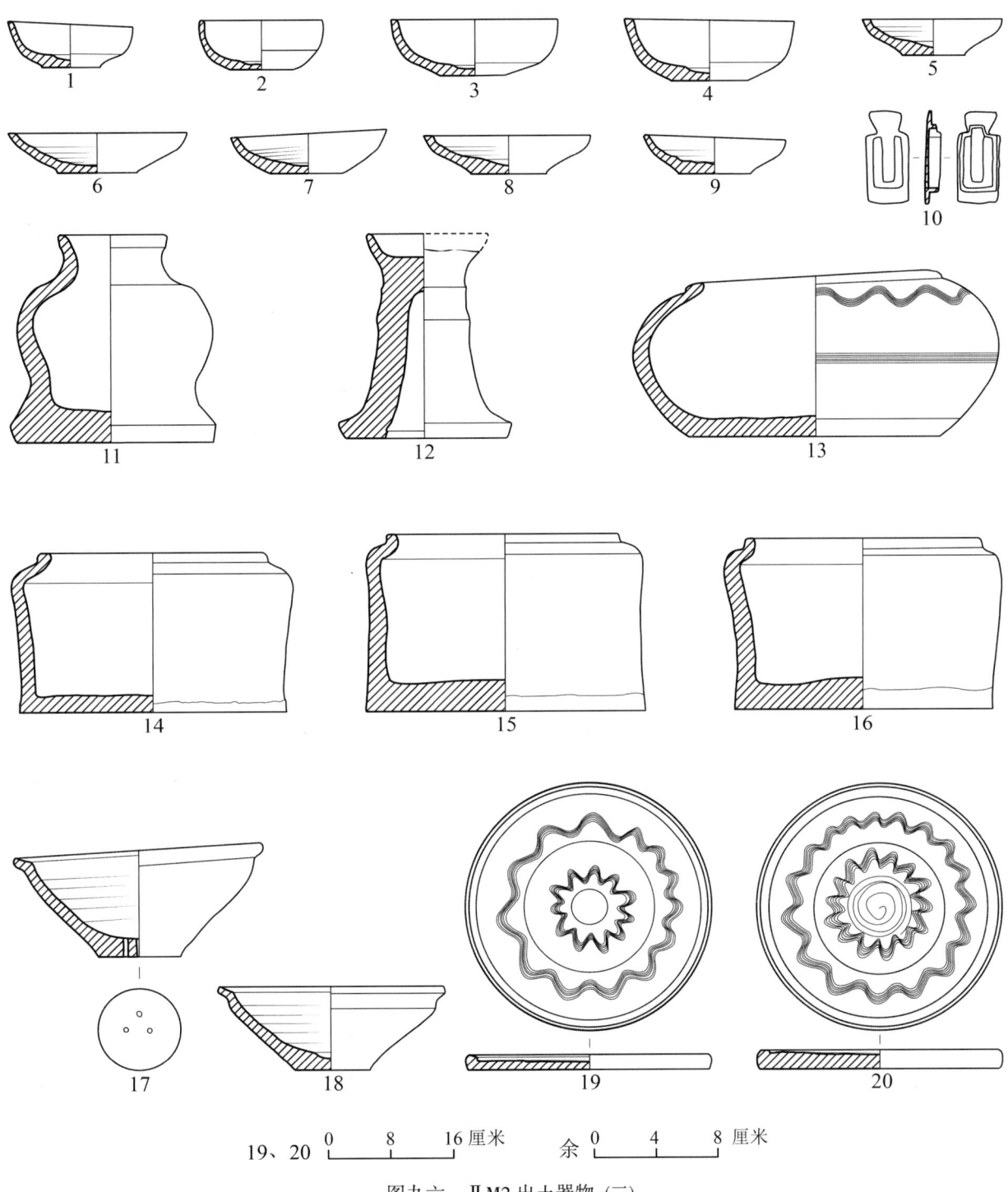

图九六　ⅡM2 出土器物（二）

1~4.陶钵（ⅡM2：7、ⅡM2：12、ⅡM2：30、ⅡM2：31）　5~9.陶碟（ⅡM2：17、ⅡM2：10、ⅡM2：15、ⅡM2：18、ⅡM2：20）　10.铜弩机廓（ⅡM2：32）　11.陶壶（ⅡM2：21）　12.陶灯（ⅡM2：19）　13.陶釜（ⅡM2：22）　14~16.陶樽（ⅡM2：6、ⅡM2：23、ⅡM2：29）　17.陶甑（ⅡM2：28）　18.陶盆（ⅡM2：27）　19、20.陶盘（ⅡM2：11、ⅡM2：16）

ⅡM3

位于Ⅱ区西部，ⅡM2东北，东西向分布。与ⅡM2、ⅡM5处于同一茔圈内。

1. 墓葬形制

该墓为带长斜坡墓道单室土洞墓，由封土、墓道、甬道、墓室组成。墓向88°（图九七）。

封土　现呈丘状，部分叠压墓道。残径7.40、残高1.30米。

墓道　位于墓室以东，平面呈梯形，西宽东窄，长18.20、宽1.20~1.50米。西端剖面亦呈梯形，口小底大，底宽1.80米。东高西低，斜坡至底，斜坡长18.10米，坡度23°。近墓门处距地表深7.10米。内填灰黄色沙土，土质松散，含砾石。距墓道西端0.30米处发现一东西长2.24、南北宽1.42米的椭圆形盗洞，直达墓道底部。

甬道　位于墓道西端，连接墓道与墓室，为双甬道。均为拱顶土洞式结构，前甬道平面呈长方形，东高西低，进深2.36、宽1.76、高1.70~1.90米。后甬道平面呈长方形，进深1.44、宽1.16、高1.40米。墓门呈拱形，与后甬道同高等宽。封门位于后甬道西端，以土坯封堵，现高0.66、宽1.16、厚0.40米。在甬道口封门上部见一凹槽，长1.44、宽0.20、进深0.10米。距前甬道东端0.66米处发现一南北长0.70、东西宽0.50米的椭圆形盗洞，打破前甬道顶部。

墓室　位于墓道以西，平面呈长方形，四壁在1.20米处向上斜收至覆斗顶，顶部正中有一方形藻井，边长0.40、进深0.06米。墓室东西长3.76、南北宽3.90、高2.98米。墓室东北角存一耳室，口宽0.98、进深1.94、高1.24米，耳室东北角发现两块平行横立的土坯搭制而成的灶，灶膛内见木炭痕迹，上放置陶甗一件，象征庖厨；东南角掏一龛，口宽0.66、进深0.90、高0.94米（图九八）。

2. 葬具葬式

墓室南、北壁下各存尸床和尸罩，东西向平行放置。北侧尸床由细沙土、白灰堆垒而成，厚0.04米，尸罩已朽，塌落于尸床之上，长1.86、西端宽约0.66、东端宽约0.70米；南侧尸床由细沙土堆垒而成，尸罩长约2.10、西端宽0.60、东端宽约0.62米。

该墓为双人合葬。人骨置于尸床之上，均为仰身直肢葬。经鉴定，北侧人骨为女性，年龄60~70岁；南侧人骨为男性，年龄40岁左右。

3. 随葬品

随葬品以陶器为主，放置于耳室内及墓室中，共28件，包括波浪纹陶罐5件、陶樽3件、陶甗1件、陶釜1件、陶斗瓶4件、陶器盖2件、陶壶1件、素面陶罐1件、陶槅2件、陶灯

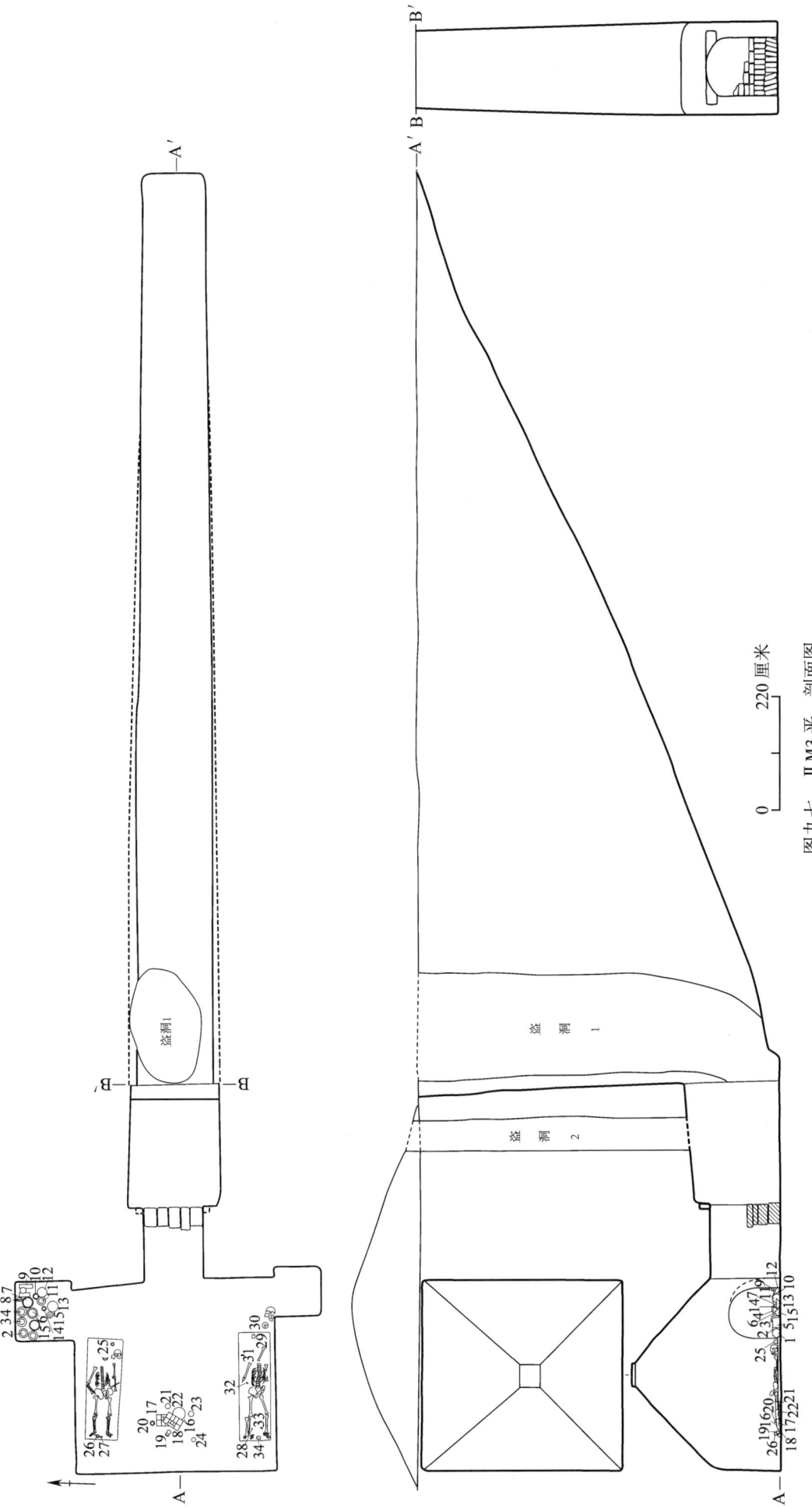

图九七 ⅡM3 平、剖面图

1~4、11.波浪纹陶罐 5~7.陶樽 8.陶瓶 9、18、19.陶钵 10.陶釜 12、13.陶器盖 14.陶壶 15.素面陶罐 16、17.陶槅 20.陶灯 21.陶碟 22.陶盘 23.陶盆 24.陶饼 25、26、29、34.陶斗瓶 27、32.铜弩机郭 28.铜铃 30.铁镜 31.铜钱 33.铜弩机

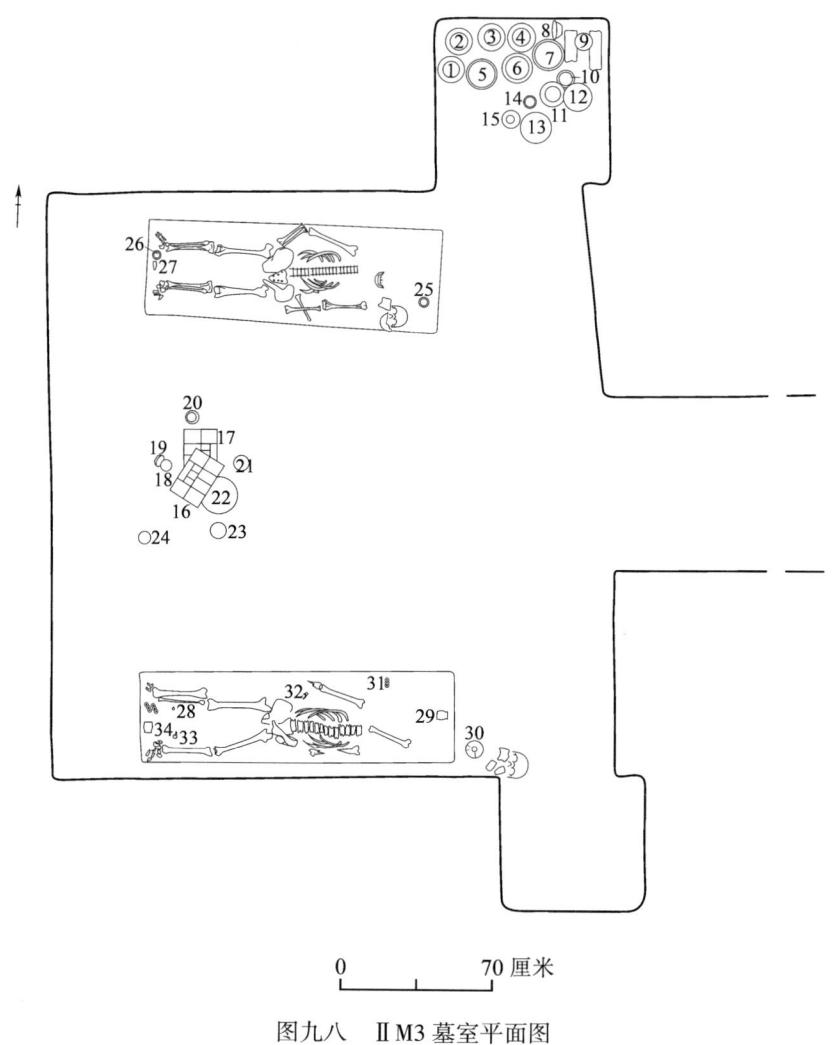

图九八　ⅡM3 墓室平面图

1件、陶碟1件、陶盘1件、陶盆1件、陶钵3件、陶饼1件。铜、铁器放置于两人骨附近，其中铜弩机廓2件、铜弩机1件、铜铃1件、铁镜1件、铜钱1组（9枚）。

波浪纹陶罐5件。器形整体矮胖，直口或侈口，尖圆唇，矮领，束颈，溜肩，圆鼓腹，平底或微凹。肩、腹部饰两组波浪纹和一组弦纹。ⅡM3:1，泥质橙黄陶。残，可复原。底微凹。近底处见竖向刮削痕迹。口径9.8、腹径17.6、底径9.6、高13.8厘米（图九九，1）。ⅡM3:2，泥质橙黄陶。残，可复原。平底。口径9.6、腹径17.8、底径13.0、高14.4厘米（图九九，2）。ⅡM3:3，泥质橙黄陶。器形歪扭。底微凹。口径9.5、腹径18.2、底径12.8、高16.2~16.6厘米（图九九，3）。ⅡM3:4，泥质灰陶。器形歪扭。底微凹。口径10.8、腹径18.6、底径14.0、高15.0~15.2厘米（图九九，4）。ⅡM3:11，泥质橙黄陶。平底。口径9.4、腹径16.6、底径13.6、高13.4厘米（图九九，5）。

陶樽　3件。ⅡM3:5，泥质素面灰陶。敛口，方唇，矮领，平折肩，曲腹，底微内凹。口径17.6、底径20.4、高13.4~13.6厘米（图九九，6）。ⅡM3:6，泥质素面灰陶。器形歪扭。敛

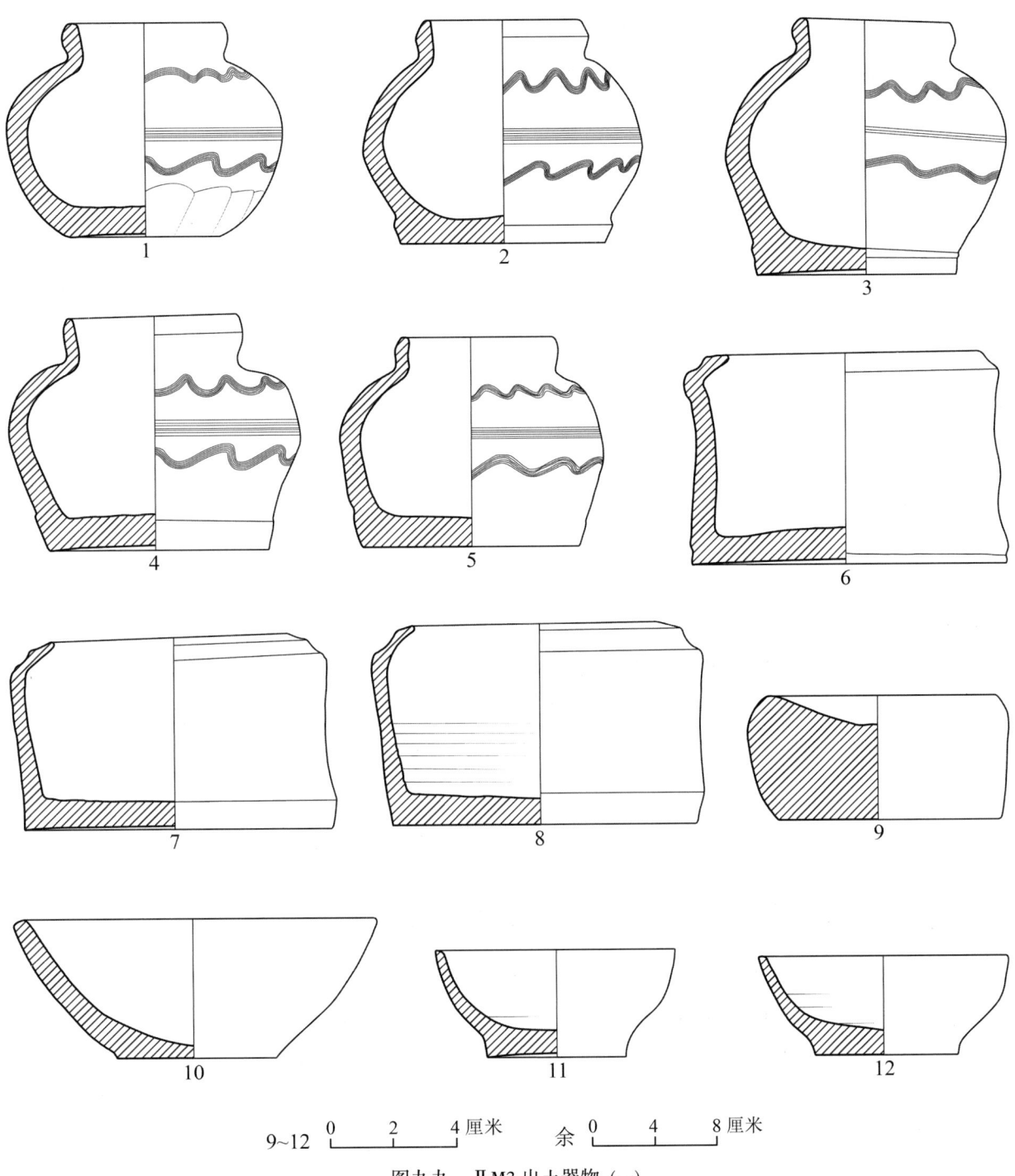

图九九　ⅡM3 出土器物（一）

1~5.波浪纹陶罐（ⅡM3：1、ⅡM3：2、ⅡM3：3、ⅡM3：4、ⅡM3：11）　6~8.陶樽（ⅡM3：5、ⅡM3：6、ⅡM3：7）
9.陶饼（ⅡM3：24）　10~12.陶钵（ⅡM3：9、ⅡM3：18、ⅡM3：19）

口，圆唇，斜直腹，底微凹。口径15.2、底径19.8、高12.0~12.5厘米（图九九，7）。ⅡM3:7，泥质素面灰陶。敛口，圆唇，平折肩，斜直腹，平底。内壁见轮制痕迹。口径15.5、底径19.4、高12.8~13.0厘米（图九九，8）。

陶饼　1件。ⅡM3:24，泥质素面红陶。残，可复原。圆形，饼状。正面捏有浅池，底面平整。面径7.5、底径7.2、高4.0厘米（图九九，9）。

陶钵　3件。ⅡM3:9，泥质素面灰陶。器形歪扭。侈口，圆唇，弧腹，平底。内壁见轮制痕迹。口径11.6、底径5.0、高4.5厘米（图九九，10）。ⅡM3:18，泥质素面橙黄陶。侈口，尖唇，弧腹，底微凹。内壁见轮制痕迹。口径7.5、底径4.4、高3.5厘米（图九九，11）。ⅡM3:19，泥质素面橙黄陶。侈口，尖唇，斜弧腹，平底。内壁见轮制痕迹。口径8.0、底径4.6、高3.2厘米（图九九，12）。

陶碟　1件。ⅡM3:21，泥质素面灰陶。敞口，圆唇，浅弧腹，平底。内壁见轮制痕迹。口径10.4、底径5.0、高2.8~3.3厘米（图一〇〇，5）。

陶器盖　2件。泥质素面灰陶。器形歪扭。整体呈覆钵状，平底，弧腹，侈口。内壁见轮制痕迹。ⅡM3:12，盖径20.0、高5.9~7.0厘米（图一〇〇，7）。ⅡM3:13，盖径20.8、高5.6~6.6厘米（图一〇〇，6）。

陶斗瓶　4件。ⅡM3:25，泥质素面橙黄陶。直口，圆唇，束颈，溜肩，鼓腹，平底。口径5.6、腹径6.6、底径5.2、高6.6厘米（图一〇〇，8）。ⅡM3:26，泥质素面橙黄陶。器形歪扭。直口，圆唇，束颈，溜肩，腹微鼓，平底。口径5.3、腹径6.0、底径4.5、高6.0~6.6厘米（图一〇〇，9）。ⅡM3:29，泥质素面橙黄陶。残，可复原，器形歪扭。侈口，圆唇，束颈，腹微鼓，平底。口径4.9、腹径6.0、底径5.3、高6.9~7.1厘米（图一〇〇，10）。ⅡM3:34，泥质素面橙黄陶。残，可复原。侈口，圆唇，束颈，溜肩，腹微鼓，平底。器内有少许种子炭化物。口径5.0、腹径6.0、底径5.2、高7.0厘米（图一〇〇，11）。

素面陶罐　1件。ⅡM3:15，泥质素面灰陶。残，可复原。侈口，圆唇，斜直领，束颈，广肩，圆鼓腹，平底。口径5.2、腹径12.0、底径6.8、高9.5厘米（图一〇〇，12）。

陶灯　1件。ⅡM3:20，泥质灰陶。器形歪扭。灯口呈钵状。侈口，尖唇，弧腹，灯柄实心，上细下粗，近底部外撇至平底。柄近上部饰一周凸棱纹。口径6.2、底径9.0、高10.4~10.6厘米（图一〇〇，13）。

陶壶　1件。ⅡM3:14，泥质素面灰陶。侈口，厚圆唇，斜领，束颈，溜肩，扁鼓腹，下腹部束腰外撇至大平底。口径6.6、腹径8.5、底径9.0、高9.6厘米（图一〇〇，14）。

陶釜　1件。ⅡM3:10，泥质素面灰陶。敛口，圆唇，溜肩，圆鼓腹，下腹斜收至平底。口径7.6、腹径11.5、底径7.0、高8.0厘米（图一〇一，1）。

陶甑　1件。ⅡM3:8，泥质素面灰陶。盆形甑，侈口，圆唇，斜平沿，深弧腹，平底，底有一孔，不甚规则。口径12.8、底径6.0、高5.0厘米（图一〇一，2）。

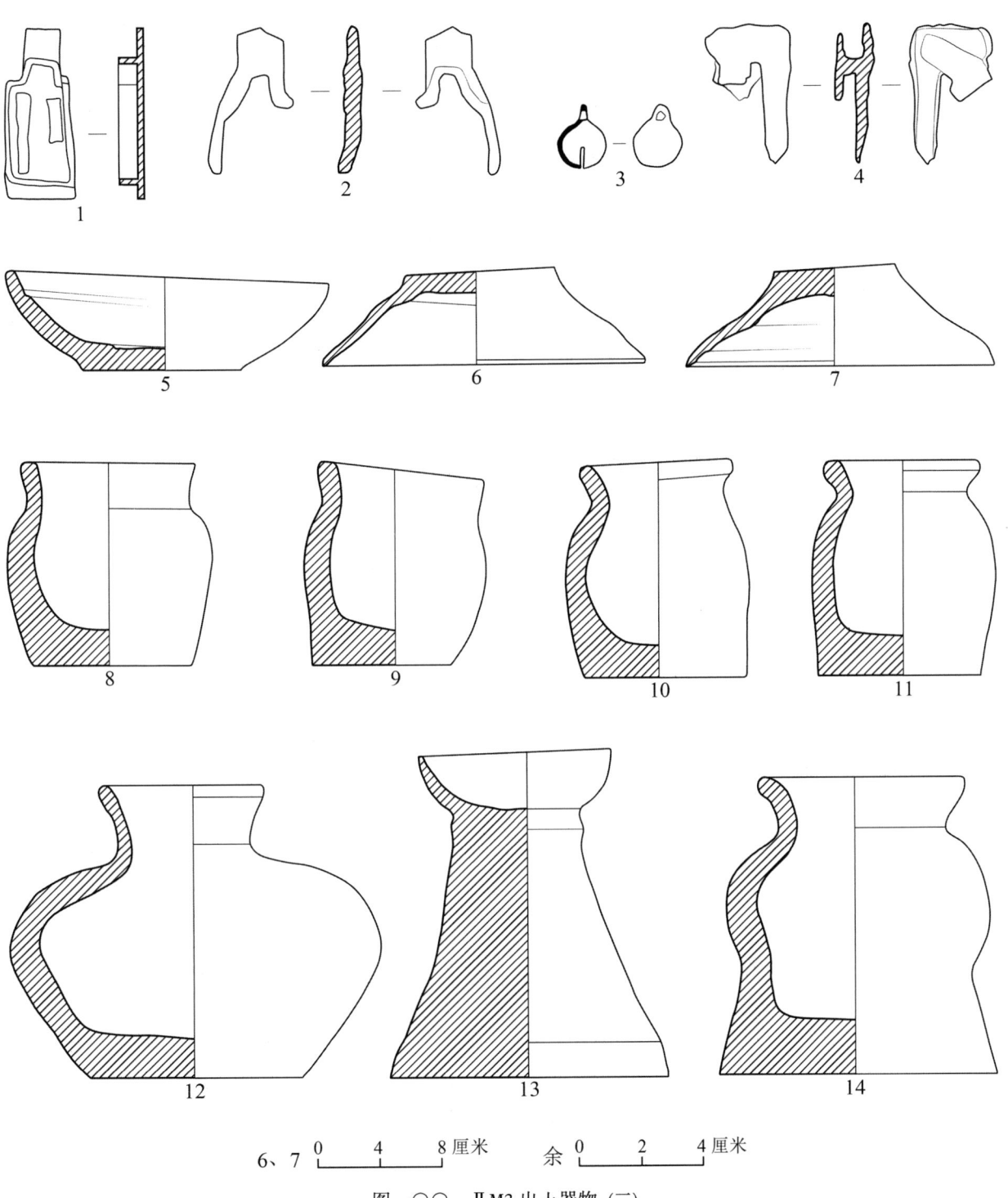

图一〇〇 ⅡM3 出土器物（二）

1、2.铜弩机廓（ⅡM3：27、ⅡM3：32） 3.铜铃（ⅡM3：28） 4.铜弩机（ⅡM3：33） 5.陶碟（ⅡM3：21）
6、7.陶器盖（ⅡM3：13、ⅡM3：12） 8~11.陶斗瓶（ⅡM3：25、ⅡM3：26、ⅡM3：29、ⅡM3：34）
12.素面陶罐（ⅡM3：15） 13.陶灯（ⅡM3：20） 14.陶壶（ⅡM3：14）

陶盆　1件。ⅡM3：23，泥质素面灰陶。侈口，圆唇，斜平沿，颈微束，斜直腹，平底。口径10.5、底径5.0、高5.4厘米（图一〇一，3）。

陶盘　1件。ⅡM3：22，泥质灰陶。圆形，平沿微凹，外缘较直，盘面较平，基本与口沿等高，平底。盘面饰三组波浪纹。盘径24.8、厚2.2厘米（图一〇一，4）。

陶榻　2件。ⅡM3：16，泥质素面灰陶。长方形，面上有十格，略高于台面，台面四周斜沿，底面空心，四周分别雕刻有拱门装饰，格子大小不同，深浅不一。长33.4、宽22.0、高6.0厘米，大长方形格长7.6~8.6、宽6.0~7.0、高1.8厘米，中长方形格长5.2、宽3.4~4.2、高1.8厘米，小长方形格长5.3、宽4.0、深1.0厘米，长条形格长13.6、宽1.4~1.8、高1.8厘米（图一〇一，5）。ⅡM3：17，泥质素面灰陶，胎质较细密。长方形，面上有十榻，略高于台面，台面四周为斜沿，底面空心四周分别雕刻有拱门装饰，中间方形，两边弧形。格子大小不一，深浅不一，最深者1.5、最浅者1.0厘米。长35.4、宽22.0、高6.0、大格子长7.2~8.4、宽6.4~7.4、高1.8厘米，中格子长4.6、高1.8厘米，小格子长5.0、宽3.7~4.0、深1.2厘米，条形格子长14.4、宽1.6、高1.8厘米（图一〇一，6）。

铁镜　1件。ⅡM3：30，锈蚀严重，残。圆形，背面有圆形钮。正背面粘有细布纹朽痕，

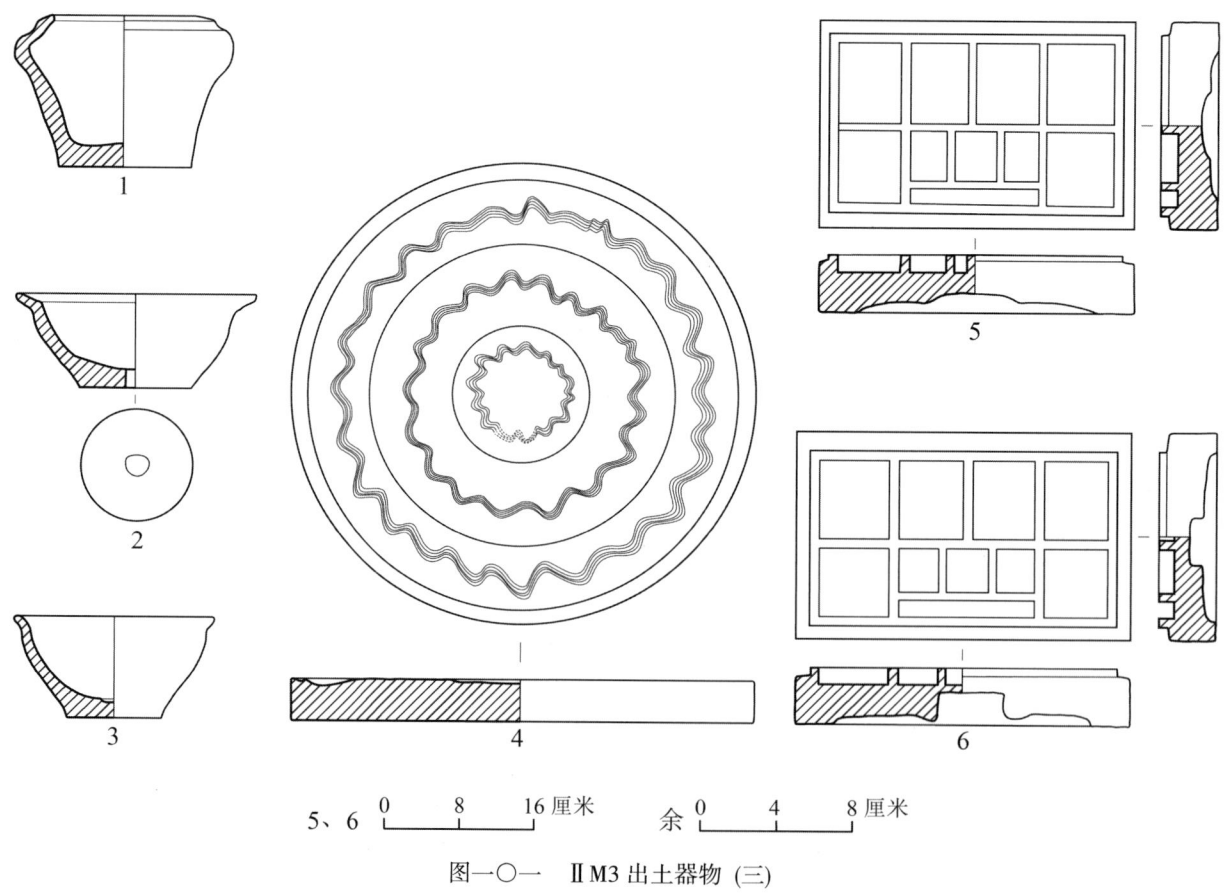

图一〇一　ⅡM3出土器物（三）
1.陶釜（ⅡM3：10）　2.陶甑（ⅡM3：8）　3.陶盆（ⅡM3：23）　4.陶盘（ⅡM3：22）　5、6.陶榻（ⅡM3：16、ⅡM3：17）

镜面光素。残径9.7、厚0.3厘米（图版六九，4）。

铜弩机廓　2件。ⅡM3：27，残。长方形框状，正面凸起，背面平整。中间有长条形镂孔。长5.5、宽2.0~2.2、高0.1~0.2厘米（图一〇〇，1）。ⅡM3：32，残。长方形框状，上窄下宽，空心，背面平整。长5.0、宽1.5~2.4、高0.3~0.5厘米（图一〇〇，2）。

铜铃　1件。ⅡM3：28，残。圆形，上端有穿孔，下端有蛤蟆口，中空。直径1.5、高2.0厘米（图一〇〇，3；图版六九，5）。

铜弩机　1件。ⅡM3：33，残。牙呈三角形。长4.5、厚0.2~0.4、高1.2厘米（图一〇〇，4；图版六九，7）。

铜钱　1组。ⅡM3：31，9枚，均圆形方穿，形制不同，以五铢钱为主。

ⅡM3：31-1，蜀五铢，正面穿左右篆书"五铢"二字。形制较小，两面穿均有郭。"五"字较窄，交笔弯曲；"铢"字金字头呈箭镞状，中间四点较短，"朱"字上下部均圆折。钱径2.28、穿宽0.68、郭宽0.15、郭厚0.15、肉厚0.11厘米，重2.32克（图一〇二，1）。ⅡM3：31-3，五铢钱，正面穿左右篆书"五铢"二字。"五"字较宽，交笔弯曲；"铢"字"金"字头呈三角形，中间四点较长，"朱"字上下部均圆折，上部外敞。钱径2.57、穿宽0.94、郭宽0.13、郭厚0.11、肉厚0.09厘米，重2.56克（图一〇二，2）。ⅡM3：31-4，五铢钱，正面穿左右篆书"五铢"二字。"五"字较宽，交笔弯曲；"铢"字"金"字头呈三角形，中间四点较长，"朱"字上下部均圆折，上部外敞。钱径2.57、穿宽0.98、郭宽0.15、郭厚0.14、肉厚0.10厘米，重2.61克（图一〇二，3）。

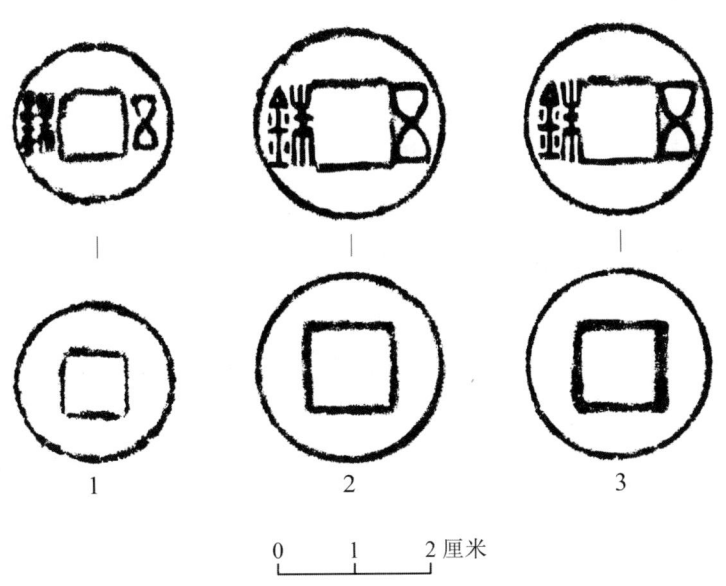

图一〇二　ⅡM3出土铜钱拓片

1~3.五铢钱（ⅡM3：31-1、ⅡM3：31-3、ⅡM3：31-4）

ⅡM4

位于Ⅱ区西部，ⅡM1以北，东西向分布。

1. 墓葬形制

该墓为带长斜坡墓道单室土洞墓，由封土、墓道、甬道、墓室组成。墓向270°（图一〇三）。

封土　现呈丘状，部分叠压墓道。残径4.12、残高0.64米。

墓道　位于墓室以西，平面呈近梯形，西窄东宽，长8.50、宽0.76~0.84米。东端剖面呈长方形，底宽0.84米。西高东低，斜坡至底，斜坡长9.80米，坡度29°。近墓门处距地表深5.00米，内填灰黄色沙土，土质松散，含大量砾石。

甬道　位于墓道东端，连接墓道与墓室，为拱顶土洞式结构，平面呈长方形，进深0.96、宽0.80米，西部已坍塌，现高0.80~1.10米。墓门部分坍塌，应为拱形，封门位于甬道内封，上部以沙石和规格不等的土坯封堵，底部用沙石堆砌。

墓室　位于墓道以东，平面呈正方形，四壁在距墓室底部0.76米处向上斜收至覆斗顶，顶部正中有一藻井，四周略坍塌，边长0.30、进深0.13米。墓室边长2.20、高1.40米。

2. 葬具葬式

无葬具。

该墓为单人葬。人骨凌乱，葬式不详。经鉴定，人骨为男性，年龄40~44岁。

3. 随葬品

随葬品放置在墓室中部，共2件，包括泥罐1件、泥钵1件。

泥罐　1件。ⅡM4:1，泥质，呈红色，未经烧制，器形整体制作粗糙，残。直口，圆唇，矮领，圆肩，腹部较鼓，平底。口径3.2、腹径6.9、底径4.6、高7.3~7.7厘米（图一〇四，1）。

泥钵　1件。ⅡM4:2，泥质，呈红色，未经烧制，残。近似正方体，顶端有圆窝，平底。口径6.8、腹径8.4、底径6.0、高5.2厘米（图一〇四，2）。

第四章 墓葬分述

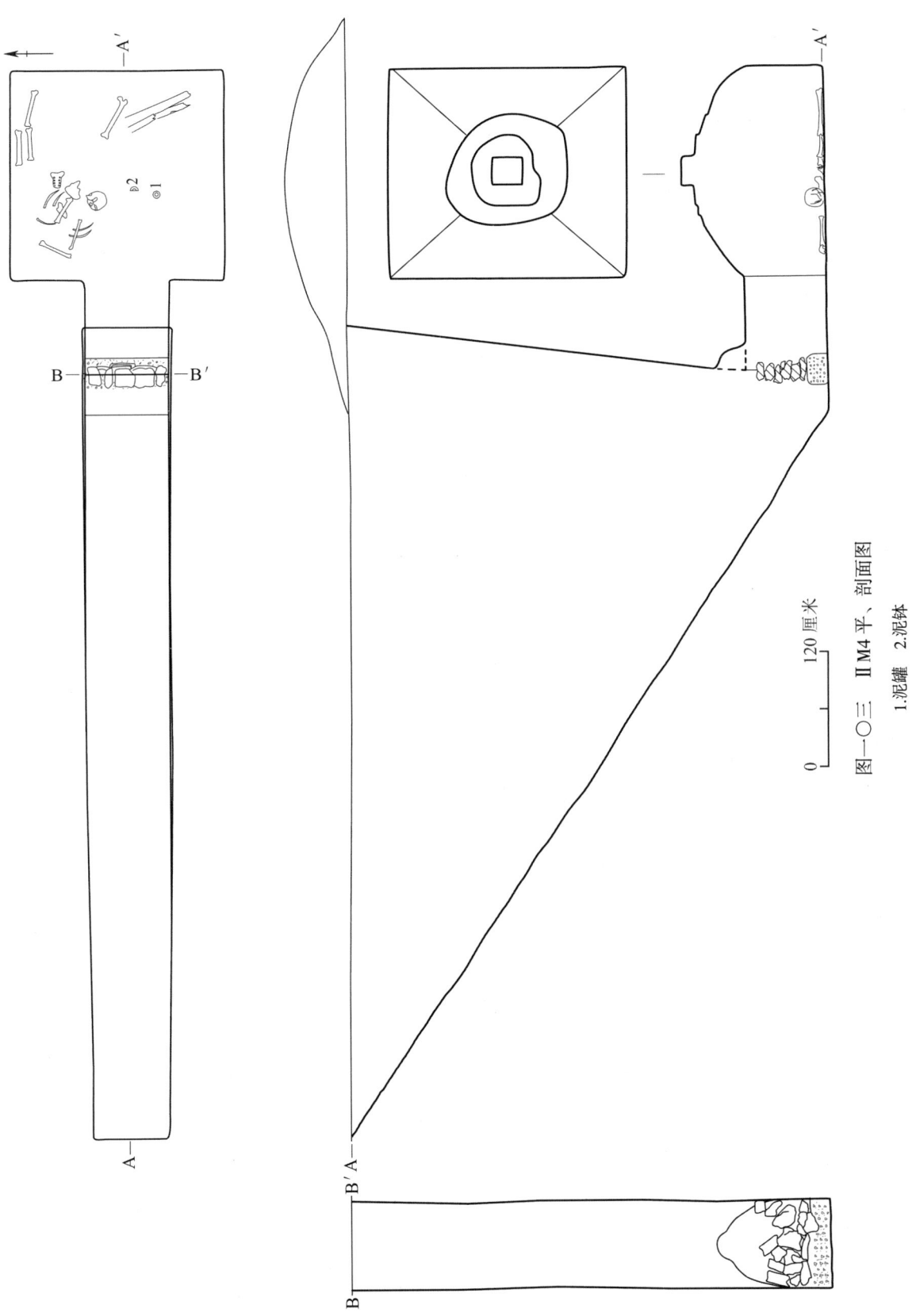

图一〇三 ⅡM4 平、剖面图
1.泥罐 2.泥钵

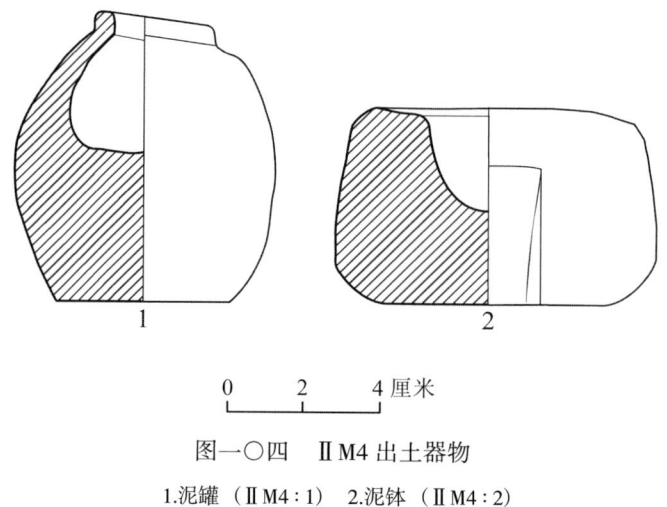

图一〇四　ⅡM4 出土器物
1.泥罐（ⅡM4∶1）　2.泥钵（ⅡM4∶2）

ⅡM5

位于Ⅱ区西部，ⅡM3 东北，东西向分布。与ⅡM2、ⅡM3 处于同一茔圈内。

1. 墓葬形制

该墓为带长斜坡墓道单室土洞墓，由封土、墓道、过洞、天井、甬道、墓室组成。墓向 98°（图一〇五）。

封土　现呈丘状，部分叠压墓道。残径 6.50、残高 1.30 米。

墓道　位于墓室以东，平面呈长方形，长 14.56、宽 1.38 米。西端剖面呈长方形，底宽 1.38 米。东高西低，斜坡至底，近墓门处见两级台阶，高 0.80 米，斜坡长 15.40 米，坡度 29°。近墓门处距地表深 7.80 米。内填灰黄色沙土，土质松散，含大量石砾。

过洞　位于墓道以西，为拱顶土洞式结构，平面呈长方形，过洞顶部已坍塌，长 4.10、宽 1.30、高 1.92~2.74 米。

天井　位于过洞以西，平面呈长方形，东西长 3.60、南北宽 1.40 米，底距现地表深约 7.80 米。

甬道　位于天井西端，与墓室相接，为双甬道，均为拱顶土洞式结构。前甬道平面呈长方形，进深 1.80、南北宽 1.30、现高 1.80~2.00 米；后甬道平面呈长方形，东西长 1.14、南北宽 1.00、现高 1.40 米。墓门呈拱形，与后甬道同高等宽。封门位于后甬道内封，以土坯封堵，残存三层，现存高 0.74、宽 1.00、厚 0.36 米。土坯长 0.36、高 0.26、厚 0.09 米。后甬道东端顶部两壁均见深 0.10 米、宽 0.10 米的洞状孔，且有木屑，疑为木质门楣，已朽，形制不详。

墓室　位于墓道以西，平面呈长方形，四壁在距墓室底部 0.84 米处向上斜收至覆斗顶，顶部正中有一正方形藻井，边长 0.36、深 0.10 米。墓室东西长 3.70、南北宽 3.52、高 2.82 米。

墓室东北角存一耳室，口宽0.64、进深0.80、高1.10米，东北角处发现两块平行横立的土坯搭制而成的灶台。东南角掏一龛，口宽0.80、进深0.60、高0.98米。

2. 葬具葬式

墓室南、北壁下存尸床和尸罩，尸罩已朽，塌落于尸床之上。北侧尸床由细沙土和白灰堆垒而成，厚0.08米，尸罩长2.10、宽0.59米；南侧尸床由细沙土和白灰堆垒而成，厚0.06米，尸罩残长2.12、东端宽0.64、西端宽0.56米。

该墓为双人合葬。人骨置于尸床之上，凌乱不堪，葬式不明。经鉴定，北侧人骨为男性，年龄40~44岁；南侧人骨为女性，年龄40~45岁。

3. 随葬品

随葬品集中放置于墓室中部，陶斗瓶放置于人骨头端和脚端。均为陶器，共9件，包括陶樽2件、陶斗瓶4件、陶灯1件、陶壶1件、陶碗1件（图版三四，2）。

陶斗瓶　4件。泥质素面灰陶。ⅡM5∶2，器形歪扭。侈口，圆唇，束颈，溜肩，腹部微鼓，平底。口径5.3、腹径5.4、底径5.2、高6.8~7.0厘米（图一〇六，1；图版七〇，4）。ⅡM5∶3，器形歪扭。侈口，圆唇，斜直领，圆肩，斜直腹，平底。口径4.6、腹径5.0、底径4.6、高6.7~6.9厘米（图一〇六，2；图版七〇，1）。ⅡM5∶4，侈口，圆唇，斜直领，圆肩，腹部微鼓，平底。口径4.6、腹径5.5、底径5.2、高6.0厘米（图一〇六，3；图版七〇，2）。腹部朱书镇墓文，多漫漶不清，作录文：

……生……律令

ⅡM5∶7，器形歪扭。侈口，圆唇，斜直领，腹部微鼓，平底。口径4.7、腹径5.3、底径4.6、高5.7~6.0厘米（图一〇六，4；图版七〇，3）。腹部朱书镇墓文，多漫漶不清，录文作：

建兴廿□年十二
月……六日□
……
子……
……

陶灯　1件。ⅡM5∶5，泥质素面灰陶。口残，不可复原。灯柄实心，上细下粗，近底部外

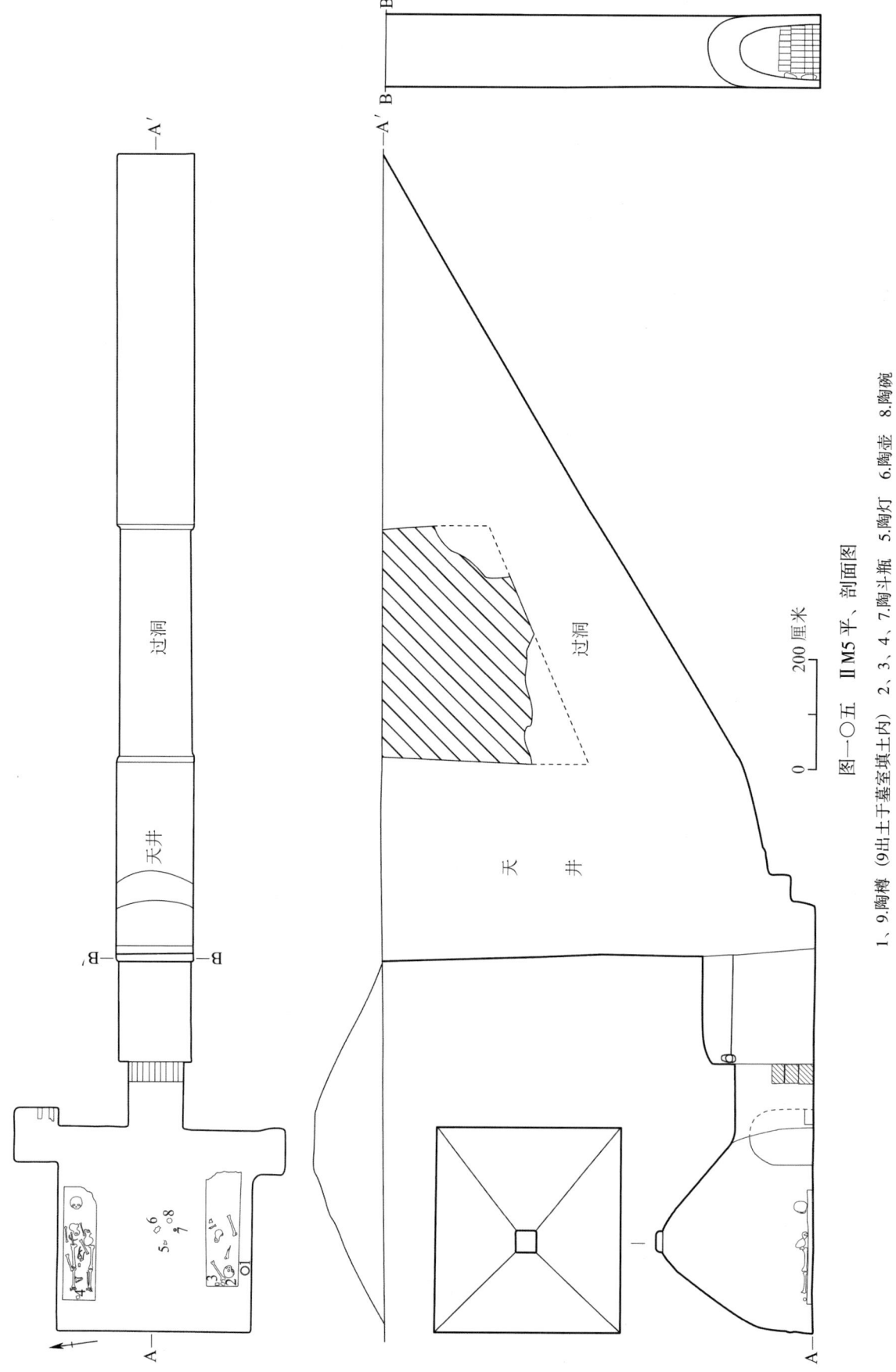

图一〇五 ⅡM5 平、剖面图
1、9.陶樽（9出土于墓室填土内） 2、3、4、7.陶斗瓶 5.陶灯 6.陶壶 8.陶碗

撇形成叠涩圆台状底座，柄部与底座界限明显，平底。底径4.6、残高7.0厘米（图一〇六，5）。

陶碗　1件。ⅡM5：8，泥质素面灰陶。口残，可复原。侈口，尖唇，弧腹，底作矮假圈足。口径9.5、底径4.8、高2.6厘米（图一〇六，6；图版七〇，5）。

陶壶　1件。ⅡM5：6，泥质橙黄陶。侈口，圆唇，长颈，溜肩，腹部较鼓且下垂，高台座，平底。肩、腹部饰波浪纹和弦纹各一组，近底处有竖向刮削痕迹。口径5.8、腹径8.5、底

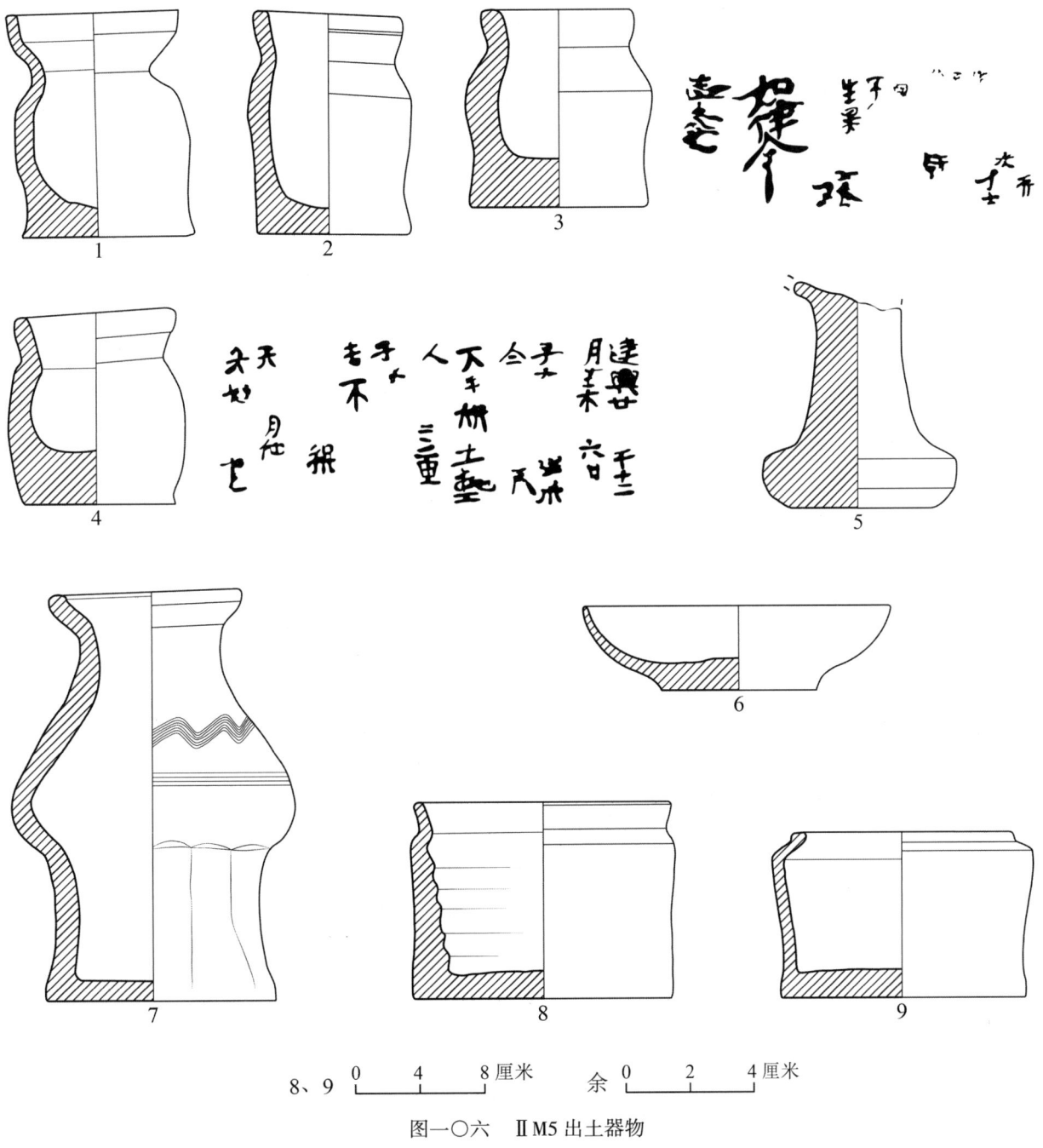

图一〇六　ⅡM5出土器物

1~4.陶斗瓶（ⅡM5：2、ⅡM5：3、ⅡM5：4、ⅡM5：7）　5.陶灯（ⅡM5：5）　6.陶碗（ⅡM5：8）
7.陶壶（ⅡM5：6）　8、9.陶樽（ⅡM5：1、ⅡM5：9）

径 7.0、高 12.8 厘米（图一〇六，7；图版六九，6）。

陶樽　2 件。ⅡM5∶1，泥质素面橙黄陶。口残，可复原。侈口，圆唇，高斜直领，溜肩，腹部较直中微曲，平底。内壁见轮制痕迹。口径 15.5、底径 15.7、高 12.0 厘米（图一〇六，8）。ⅡM5∶9，泥质素面灰陶。口残，可复原。敛口，方唇，矮领，圆肩，曲腹，平底。口径 13.4、底径 15.0、高 10.2 厘米（图一〇六，9；图版七〇，6）。

ⅡM6

位于Ⅱ区西部，ⅡM5 东北，东西向分布。与ⅡM7 为一组，未发现茔圈。

1. 墓葬形制

该墓为带长斜坡墓道单室土洞墓，由封土、墓道、甬道、墓室组成。墓向 98°（图一〇七）。

封土　现呈丘状，部分叠压墓道。残径 4.30、残高 0.52 米。

墓道　位于墓室以东，平面呈长方形，长 8.52、宽 0.90 米。西端剖面呈长方形，底宽 0.90 米。东高西低，斜坡至距墓门 0.38 米处到底，其后平直延伸至墓门处，斜坡长 8.60 米，坡度为 24°。近墓门处距地表深 4.60 米。内填灰黄色沙土，土质松散，含石砾。

甬道　位于墓道西端，连接墓道与墓室，为拱顶土洞式结构，平面呈长方形，进深 0.82、宽 0.90、高 1.10 米。墓门呈拱形，与甬道同高等宽。封门位于甬道内封，由沙石和土坯混合砌成，现高 0.66、宽 0.90、厚 0.20 米。

墓室　位于墓道以西，平面呈长方形，四壁及顶部略有坍塌，距墓室地面 0.60 米处向上斜收至覆斗顶，顶部正中有一正方形藻井，边长 0.24、深 0.06 米。墓室东西长 2.70、南北宽 1.90、高 1.70 米。

2. 葬具葬式

墓室中部存木质葬具，根据形状判断，可能为挡板。

该墓为单人葬。人骨扰乱严重，葬式不详。经鉴定，人骨为男性，年龄 35 岁左右。

3. 随葬品

随葬品主要放置于墓室南部，均为陶器，共 7 件，包括陶盘 1 件、波浪纹陶罐 2 件、陶甑 1 件、陶盆 1 件、陶釜 1 件、陶斗瓶 1 件。

波浪纹陶罐　2 件。泥质橙黄陶。器形整体瘦高，敛口，圆唇，束颈，鼓腹。肩、腹部饰波浪纹和弦纹组合，内壁见轮制痕迹。ⅡM6∶2，器形歪扭，底微凹。口径 7.2、腹径 11.4、底径 7.9、高 11.1~11.7 厘米（图一〇八，1）。ⅡM6∶5，残，可复原。平底。复原口径 5.2、腹径 11.2、底径 7.2、高 12.2 厘米（图一〇八，2）。

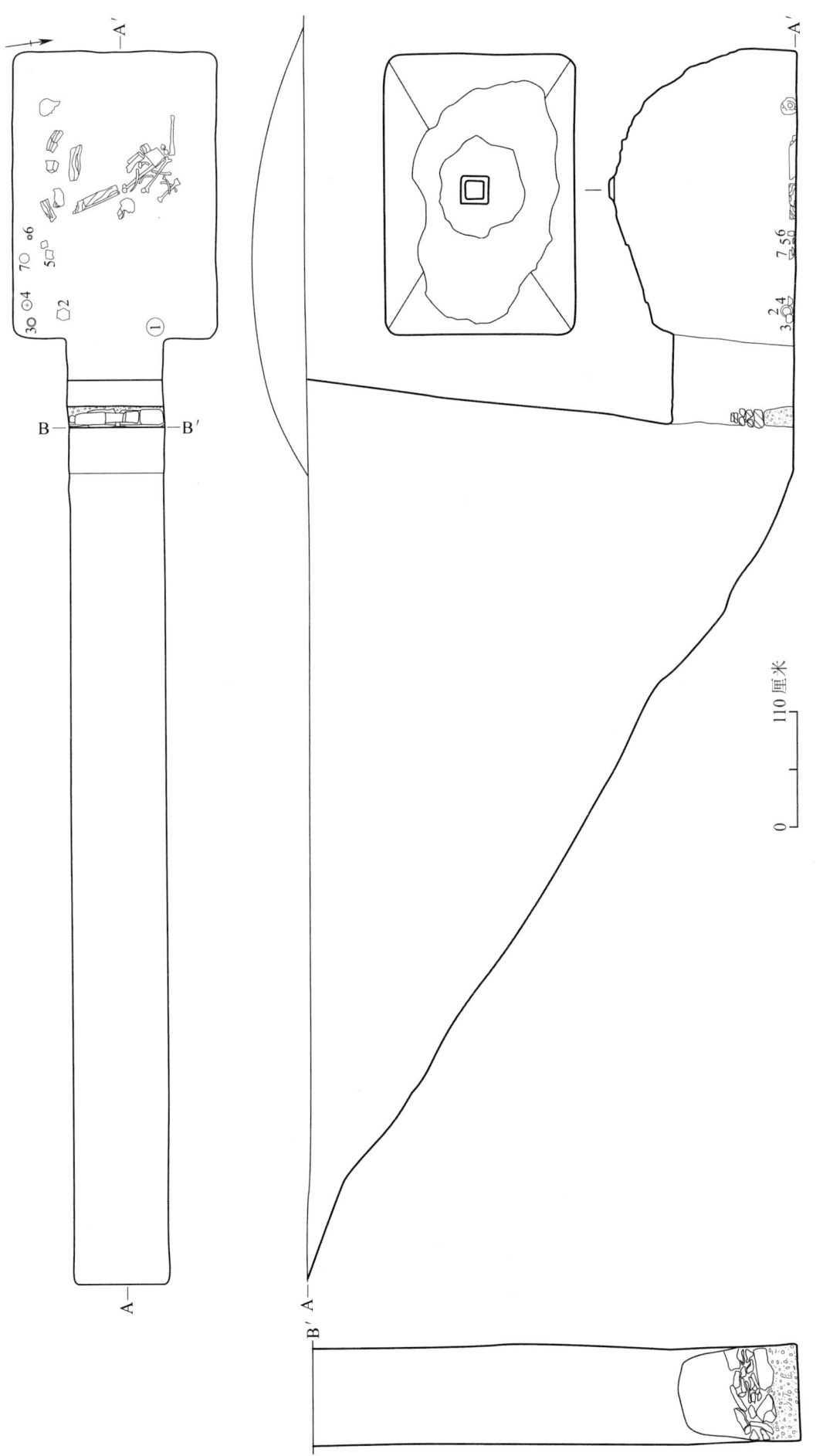

图一〇七 ⅡM6平、剖面图
1.陶盘 2、5.波浪纹陶罐 3.陶釜 4.陶甑 6.陶斗瓶 7.陶盆

图一〇八　ⅡM6 出土器物

1、2.波浪纹陶罐（ⅡM6:2、ⅡM6:5）　3.陶甑（ⅡM6:4）　4.陶盆（ⅡM6:7）
5.陶斗瓶（ⅡM6:6）　6.陶釜（ⅡM6:3）　7.陶盘（ⅡM6:1）

陶甑　1件。ⅡM6：4，泥质橙黄陶。盆形甑，侈口，斜沿微凹，束颈，斜直腹，平底，底有五孔。外壁饰一道凸棱纹。口径9.8、底径4.4、高4.2厘米（图一〇八，3）。

陶盆　1件。ⅡM6：7，泥质橙黄陶。侈口，斜平沿，方唇，上腹微鼓，下腹斜直，平底。外壁饰两道凸棱纹。口径9.6、底径4.2、高4.2~4.6厘米（图一〇八，4）。

陶斗瓶　1件。ⅡM6：6，泥质素面灰陶。侈口，尖唇，束颈，圆肩，鼓腹，平底。口径4.3、底径4.7、高5.7~6.1厘米（图一〇八，5）。

陶釜　1件。ⅡM6：3，泥质橙黄陶。器形整体矮胖，侈口，圆鼓腹，平底。腹部饰数道弦纹，内壁见轮制痕迹。口径6.8、底径5.4、高6.2~6.4厘米（图一〇八，6）。

陶盘　1件。ⅡM6：1，泥质橙黄陶。圆形，宽沿，直缘，面低于沿。盘面饰两组波浪纹。盘径17.0~17.2、厚1.6~1.9厘米（图一〇八，7）。

ⅡM7

位于Ⅱ区西部，ⅡM6东北，东西向分布。与ⅡM6为一组，未发现茔圈。

1. 墓葬形制

该墓为带长斜坡墓道单室土洞墓，由封土、墓道、甬道、墓室组成。墓向98°（图一〇九）。

封土　现呈丘状，部分叠压墓道。残径2.54、残高0.26米。

墓道　位于墓室以东，平面呈长方形，长7.44、宽0.80米。西端剖面呈长方形，底宽0.80米。东高西低，斜坡至底，斜坡长7.52米，坡度24°。近墓门处距地表深3.52米。内填灰黄色沙土，土质松散，含石砾。

甬道　位于墓道西端，连接墓道与墓室，为拱顶土洞式结构。平面呈长方形，进深0.40、宽0.80、高0.90米，北壁略有坍塌。墓门呈拱形，封门位于甬道内封，用规格不等的土坯残块垒砌而成，现高0.90、宽0.82、厚0.24米。

墓室　位于墓道以西，平面呈长方形，距墓室地面0.70米处向上斜收至顶，顶部坍塌严重，形制不详。墓室东西长1.80、南北宽1.34、残高1.26米。

2. 葬具葬式

无葬具。

该墓为单人葬。人骨扰乱严重，从残存状况判断应为仰身直肢葬。经鉴定，人骨为一成年女性。

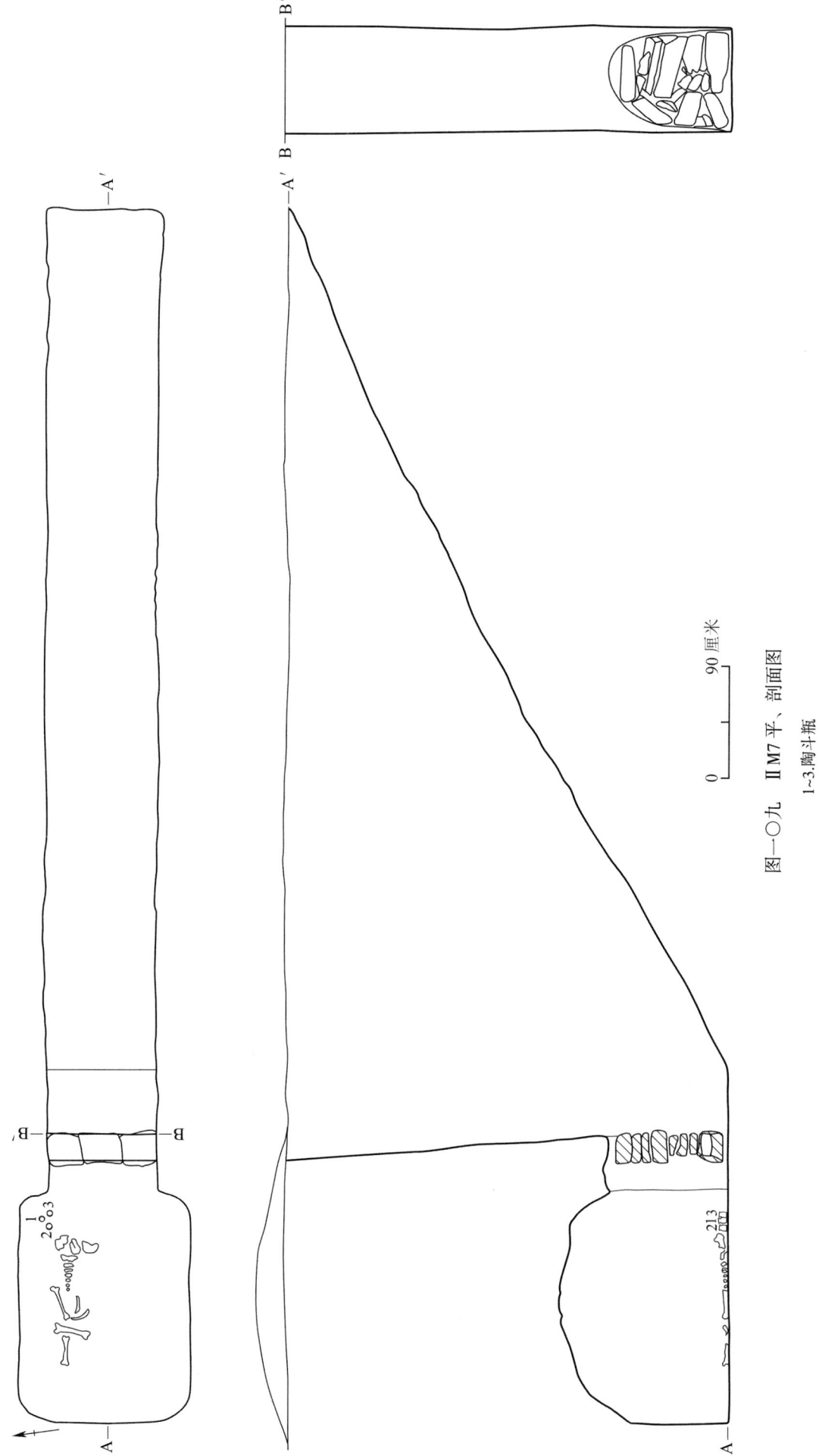

图一〇九 ⅡM7 平、剖面图
1~3.陶斗瓶

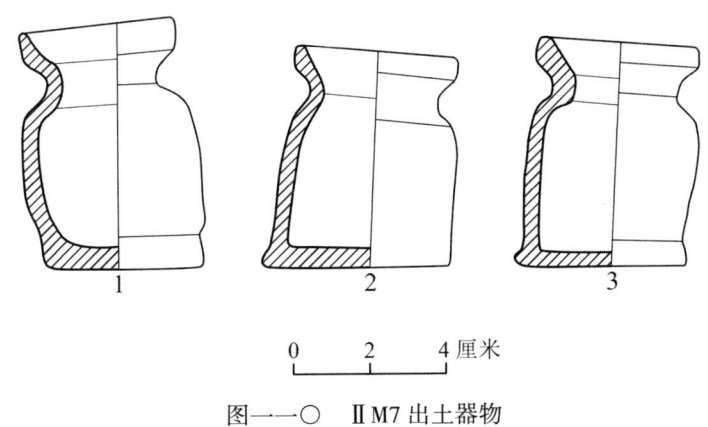

图一一〇　ⅡM7 出土器物

1~3.陶斗瓶（ⅡM7:1、ⅡM7:2、ⅡM7:3）

3. 随葬品

随葬品放置在墓室东北角，共 3 件，均为陶斗瓶。

陶斗瓶　3 件。泥质素面灰陶。器形歪扭。直口，尖圆唇，外缘呈三角状，束颈，折肩，直腹，平底。ⅡM7:1，口径 4.1、底径 4.1、高 6.2~6.6 厘米（图一一〇，1）。ⅡM7:2，口径 4.2、底径 4.9、高 5.5~5.9 厘米（图一一〇，2）。ⅡM7:3，口径 4.2、底径 4.5、高 5.7~6.1 厘米（图一一〇，3）。

ⅡM8

位于Ⅱ区西部，ⅡM2 东南，东西向分布。与ⅡM9 为一组，未发现茔圈。

1. 墓葬形制

该墓为带长斜坡墓道单室土洞墓，由封土、墓道、甬道、墓室组成。墓向 285°（图一一一）。

封土　平面呈丘状，部分叠压墓道。残径 5.20、残高 0.34 米。

墓道　位于墓室以西，平面呈长方形，长 13.65、宽 0.70 米，东端剖面呈长方形，底宽 0.70 米。西高东低，斜坡至距墓门 0.88 米处到底，其后平直延伸至墓门处，斜坡长 13.30 米，坡度 24°。近墓门处距地表深 4.86 米。内填灰黄色沙土，土质松散，含石砾。

甬道　位于墓道东端，连接墓道与墓室。拱顶土洞式结构，平面呈长方形，进深 0.76、宽 0.70、高 1.50 米。墓门呈拱形，与甬道同高等宽。封门无存。

墓室　位于墓道以东，平面呈长方形，覆斗顶，墓室顶部及四壁略有坍塌，顶部正中现存一正方形藻井，边长 0.30、深 0.08 米。墓室东西长 3.00、南北宽 2.20 米。墓室的西北角和西南角各掏一龛，西北角龛口宽 0.54、进深 0.26、高 0.37 米；西南角龛口宽 0.54、进深 0.24、高

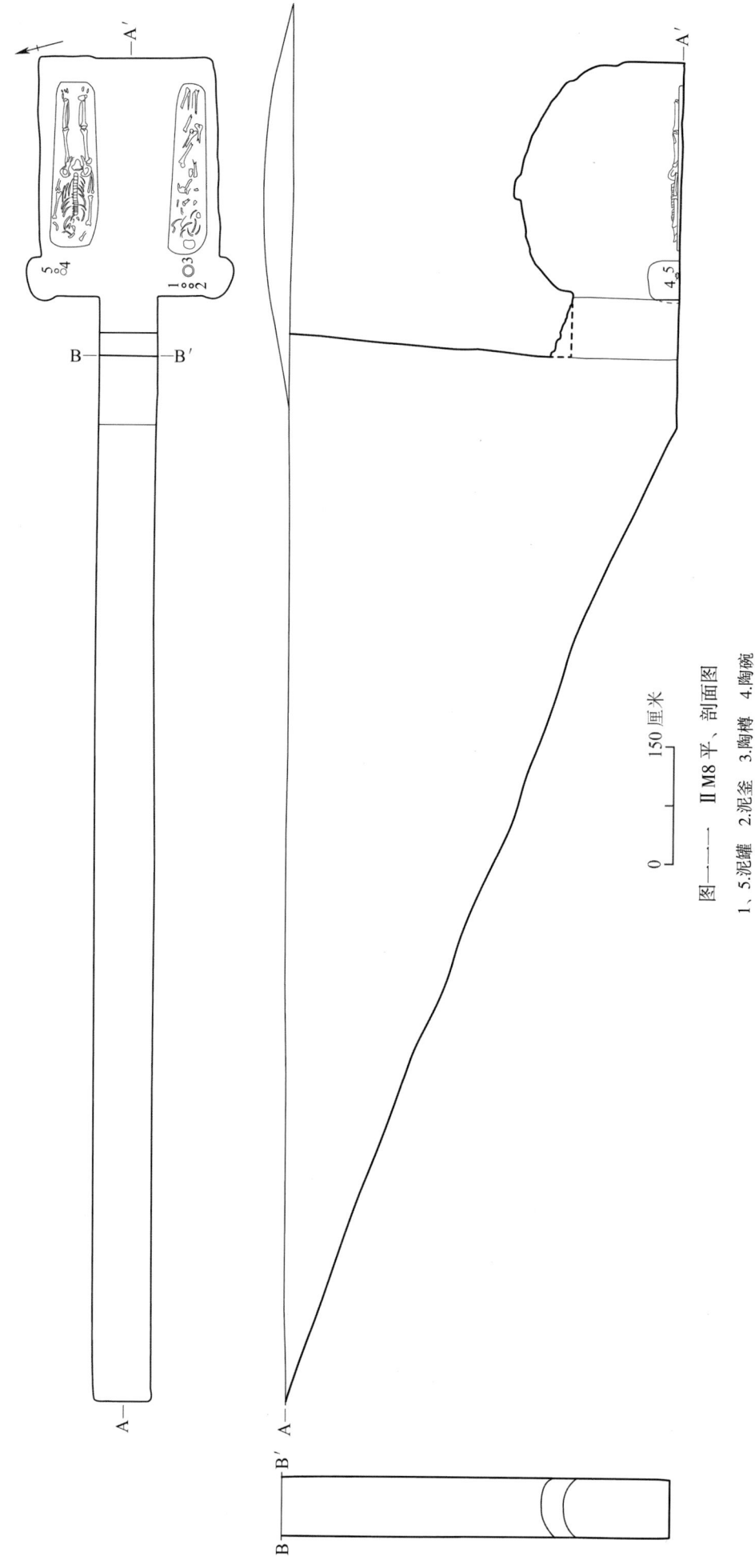

图一 ⅡM8 平、剖面图
1、5.泥罐 2.泥釜 3.陶樽 4.陶碗

0.50 米。

2. 葬具葬式

墓室南、北壁下各存一尸床,均由细沙土堆垒而成。北侧尸床长 2.10、宽 0.48~0.56、厚 0.06 米;南侧尸床长 2.20、宽 0.34~0.48、厚 0.06 米。

该墓为双人合葬。人骨均置于尸床之上,北侧人骨仰身直肢葬;南侧人骨凌乱,葬式不详。经鉴定,北侧人骨为男性,年龄 27~30 岁;南侧人骨为女性,年龄 45~50 岁。

3. 随葬品

随葬品放置于两人骨头端,共 5 件,包括泥罐 2 件、泥釜 1 件、陶樽 1 件、陶碗 1 件。

泥釜　1 件。ⅡM8:2,泥质,呈红褐色,未经烧制。残。器形整体制作粗糙,器形歪扭。敛口,腹部较鼓,平底。口径 3.2、腹径 6.0、底径 2.5、高 4.5~4.9 厘米(图一一二,1)。

泥罐　2 件。ⅡM8:1,泥质,呈红色,未经烧制,胎体厚重。残。侈口,斜直领,圆折

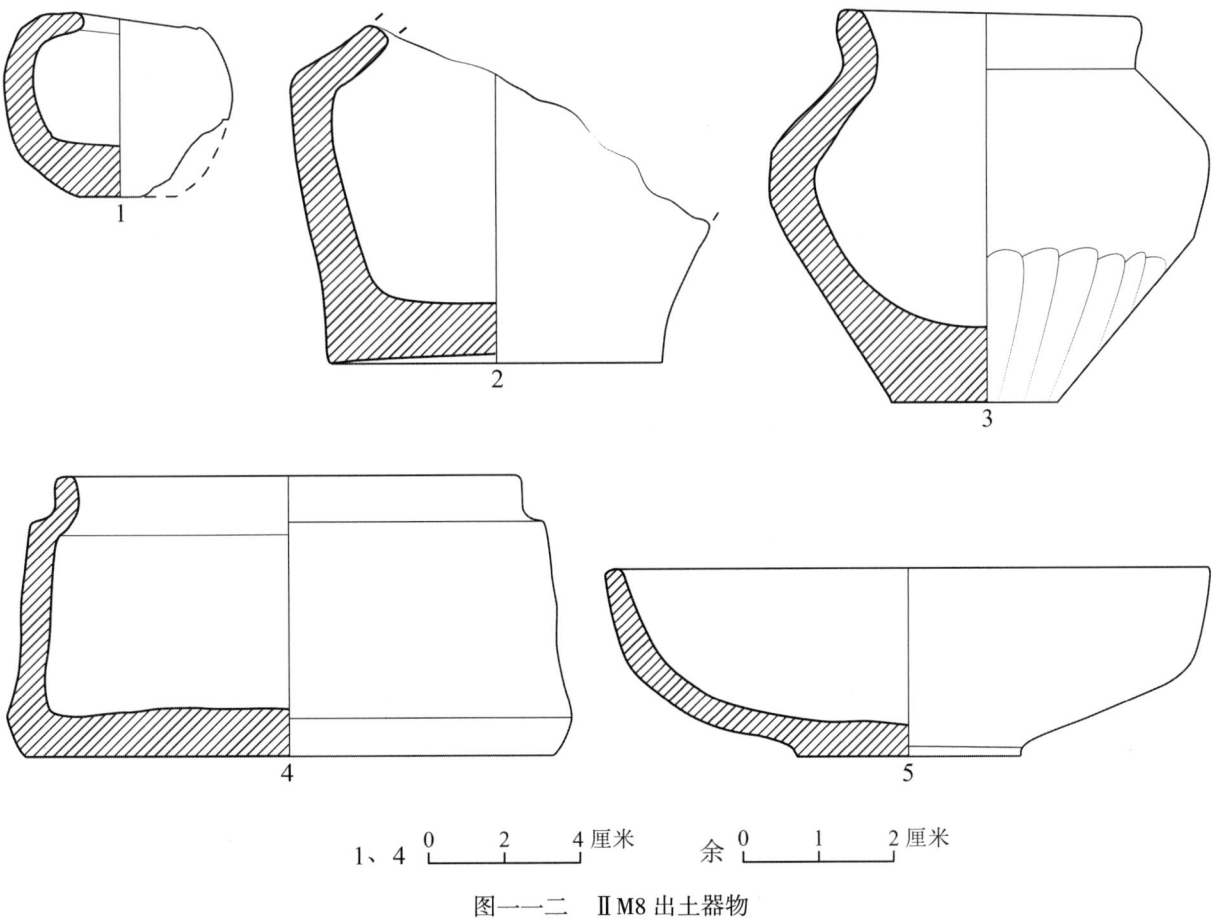

图一一二　ⅡM8 出土器物
1.泥釜(ⅡM8:2)　2、3.泥罐(ⅡM8:5、ⅡM8:1)　4.陶樽(ⅡM8:3)　5.陶碗(ⅡM8:4)

肩，圆鼓腹，平底。近底处有竖向刮削痕迹。口径4.0、腹径5.8、底径2.2、高5.0~5.2厘米（图一一二，3）。ⅡM8:5，泥质，呈红色。残。圆折肩，腹部斜直，平底。腹径5.4、底径4.4、残高4.5厘米（图一一二，2）。

陶樽　1件。ⅡM8:3，泥质灰陶。直口，圆唇，矮领，折肩，腹部较斜直，近底部饰凸棱纹。口径12.2、腹径14.0、底径14.0、高7.4厘米（图一一二，4）。

陶碗　1件。ⅡM8:4，泥质素面橙黄陶。口沿略残。侈口，圆唇，弧腹，底作矮假圈足。口径8.0、底径3.0、高2.5厘米（图一一二，5）。

ⅡM9

位于Ⅱ区西部，ⅡM8以北，东西向分布。与ⅡM8为一组，未发现茔圈。

1. 墓葬形制

该墓为带长斜坡墓道单室土洞墓，由封土、墓道、甬道、墓室组成。墓向270°（图一一三）。

封土　现呈丘状，部分叠压墓道。残径5.90、残高0.46米。

墓道　位于墓室以西，平面呈长方形，长10.40、宽0.80米。东端剖面略呈梯形，口小底大，底宽0.84米。西高东低，斜坡至底，斜坡长10.50米，坡度25°。近墓门处距地表深4.70米。内填灰黄色沙石土，土质松散，含砾石。

甬道　位于墓道东端，连接墓道与墓室，为拱顶土洞式结构，略有坍塌，平面呈长方形，进深0.98、宽0.84、残高1.06~1.32米。墓门呈拱形，与甬道同高等宽。封门位于甬道内封，以沙石和规格不等的土坯封堵，现高1.06、宽0.86、厚0.30米。

墓室　位于墓道以东，平面呈长方形，顶部略有坍塌，距墓室地面0.80米处向上斜收至覆斗顶，顶部正中有一长方形藻井，东西长0.20、南北宽0.30、深0.14米。墓室东西长2.94、南北宽2.28、残高1.88米。墓室西南角掏一龛，口宽0.30、进深0.20、高0.40米。

2. 葬具葬式

墓室北壁下存尸床和尸罩，尸床由土坯垒砌而成，厚0.05~0.08米，尸罩已朽，仅存痕迹，平面呈梯形，东西长2.04、南北宽0.50~0.54米。

该墓为单人葬。人骨置于尸床之上，仰身直肢葬，头向西。经鉴定，人骨为男性，年龄45~50岁。

3. 随葬品

无随葬品。

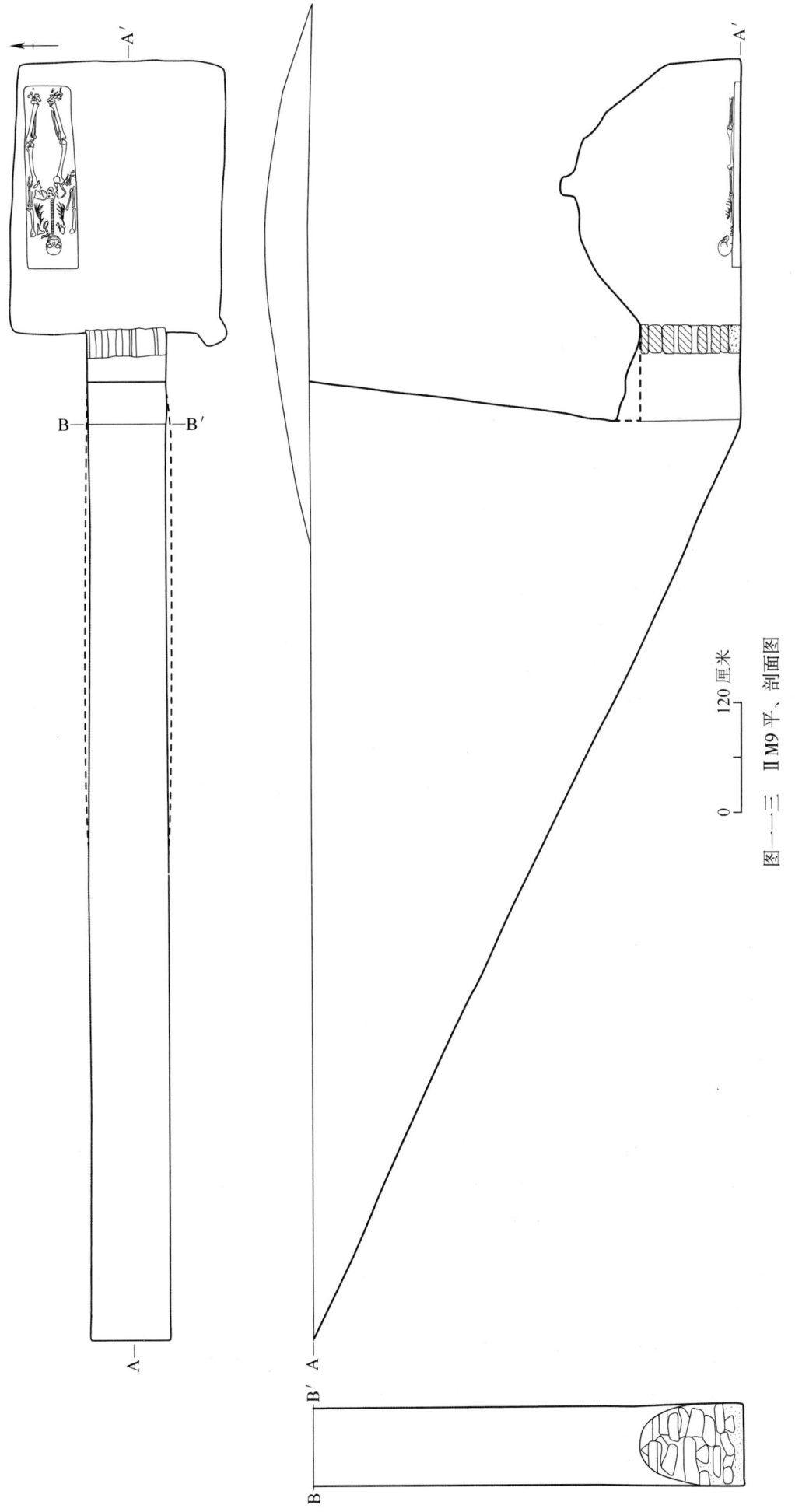

图一三 ⅡM9 平、剖面图

ⅡM10

位于Ⅱ区西部，ⅡM9东北，东西向分布。与ⅡM11为一组，未发现茔圈。

1. 墓葬形制

该墓为带长斜坡墓道单室土洞墓，由封土、墓道、甬道、墓室组成。墓向98°（图一一四）。

封土　现呈丘状，部分叠压墓道。残径5.10、残高0.28米。

墓道　位于墓室以东，平面呈长方形，长8.80、宽0.66米。西端剖面呈梯形，口小底大，底宽0.96米。东高西低，斜坡至底，斜坡长10.00米，坡度29°。近墓门处距地表深约5.98米。内填灰黄色沙石土，土质松散，含石砾。

甬道　位于墓道西端，连接墓道与墓室，为拱顶土洞式结构，平面呈长方形，进深1.00、宽0.88、高1.06米。墓门呈拱形，与甬道同高等宽。封门位于甬道内封，用沙石和规格不等的土坯混合平铺砌成，现高1.08、宽0.80、厚0.16米。

墓室　位于墓道以西，平面呈长方形，覆斗顶，顶部部分坍塌，顶部正中存一正方形藻井，边长0.24、深0.06米。墓室东西长2.90、南北宽2.20、高2.10米。墓室东北角掏两龛，北侧龛口宽0.30、进深0.20、高0.20米；东侧龛口宽0.20、进深0.16、高0.25米。

2. 葬具葬式

无葬具。

该墓为单人葬。仰身直肢葬，头向东。经鉴定，人骨为男性，年龄20~25岁。

3. 随葬品

随葬品放置在龛内及人骨头端，共6件，包括素面陶罐1件、泥器1件、陶斗瓶2件、陶碗1件、泥釜1件。

陶斗瓶　2件。泥质素面灰陶。侈口，圆唇，高斜直领，圆肩，腹部较鼓，平底。ⅡM10:1，口径4.0、腹径6.2、底径5.0、高6.2厘米（图一一五，1）。ⅡM10:2，器形歪扭。口径4.2、腹径5.8、底径4.6、高6.0~6.4厘米（图一一五，2）。

泥釜　1件。ⅡM10:4，泥质，呈红色。口部残，不可复原。圆肩，圆鼓腹，高假圈足。腹径5.5、底径2.7、残高4.5厘米（图一一五，3）。

泥器　1件。ⅡM10:5，泥质，呈红色。敛口，圆唇，腹部较鼓，底作矮假圈足。口径2.2、腹径3.4、底径1.8、高3.4厘米（图一一五，4）。

素面陶罐　1件。ⅡM10:6，泥质素面灰陶。侈口，宽平沿，圆唇，束颈，广肩，圆鼓腹，

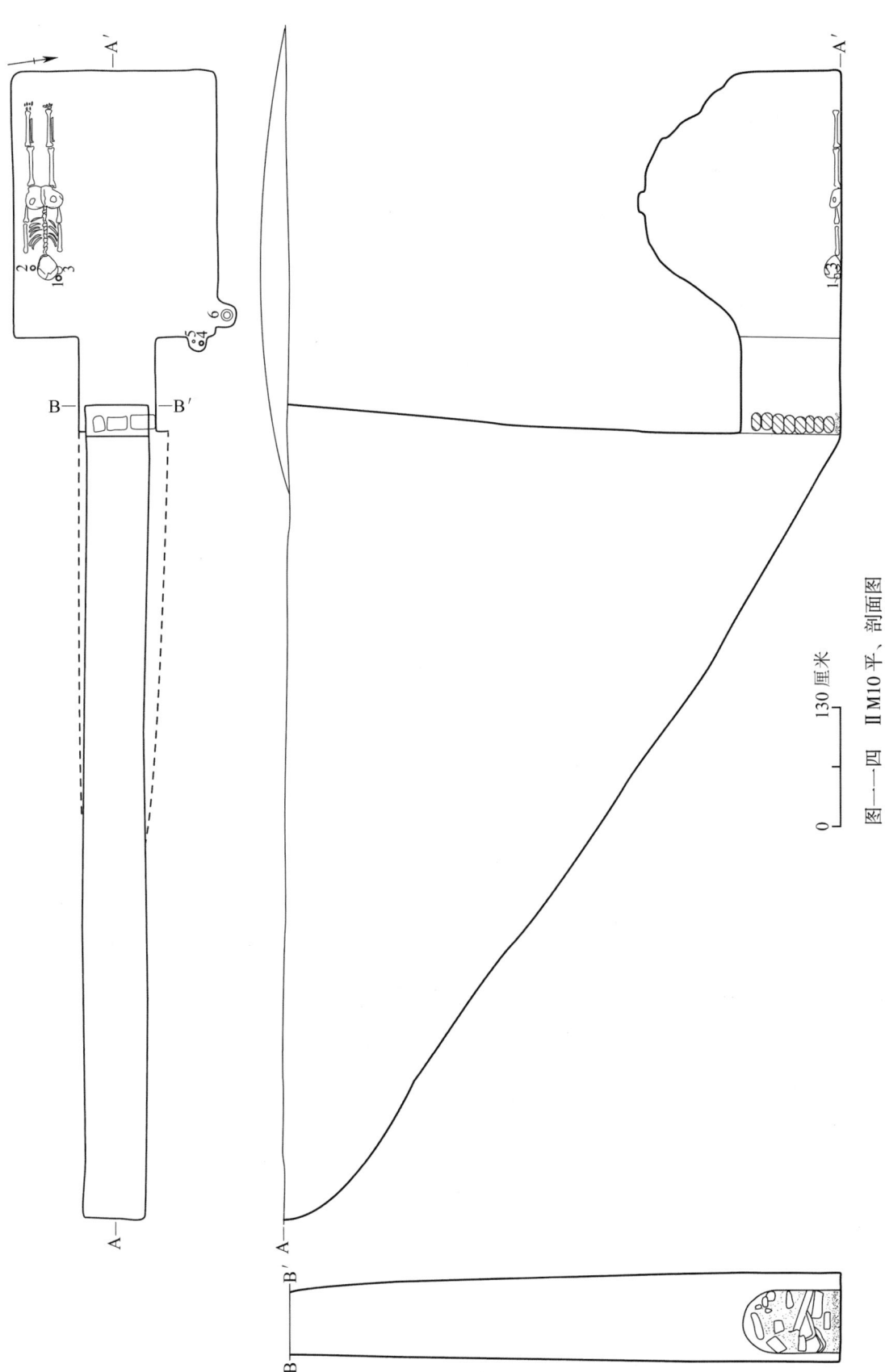

图一一四 ⅡM10 平、剖面图
1、2.陶斗瓶 3.陶碗 4.泥釜 5.泥器 6.素面陶罐

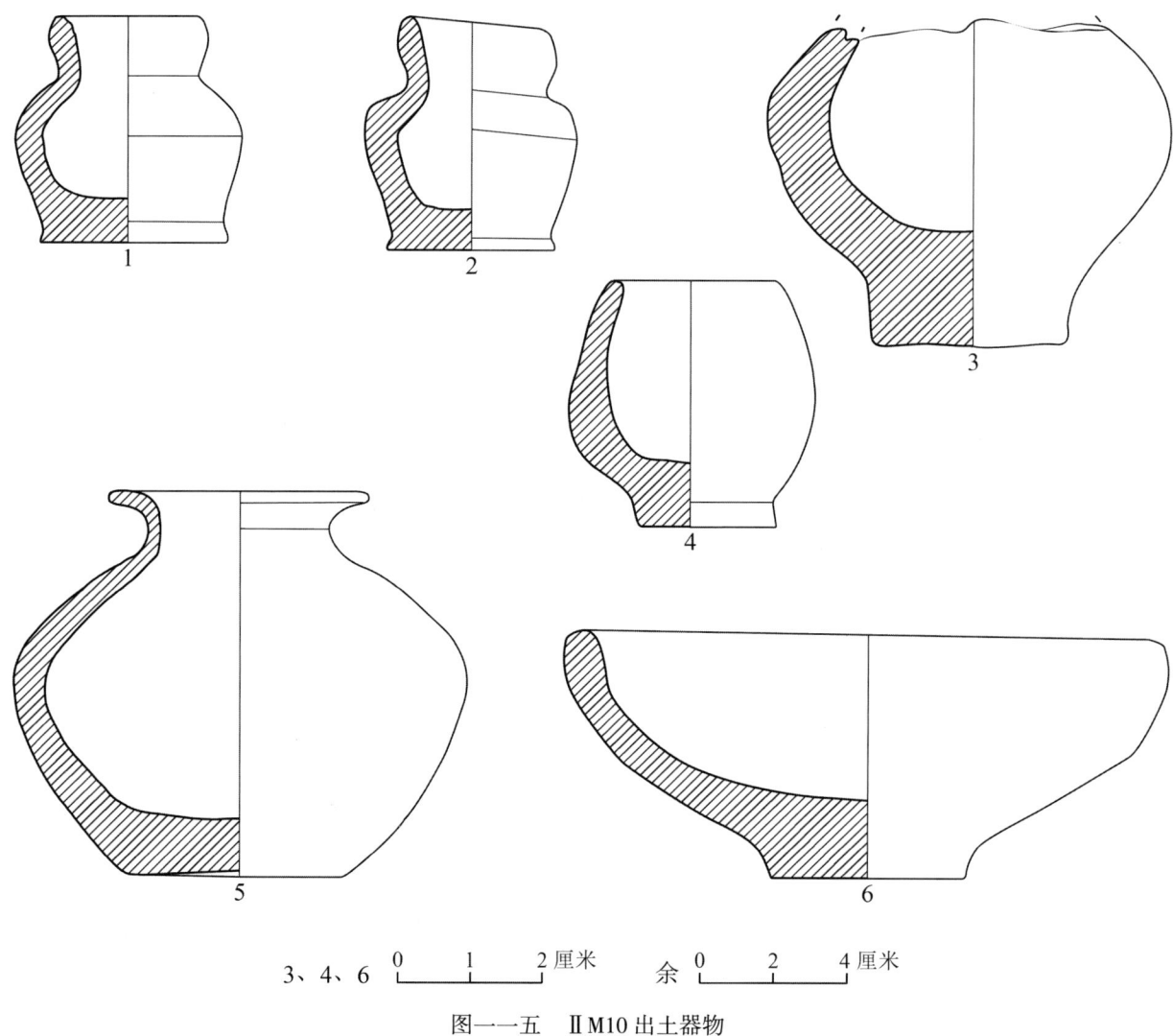

图一一五 ⅡM10 出土器物

1、2.陶斗瓶（ⅡM10:1、ⅡM10:2） 3.泥釜（ⅡM10:4） 4.泥器（ⅡM10:5） 5.素面陶罐（ⅡM10:6） 6.陶碗（ⅡM10:3）

底微凹。口径 7.2、腹径 12.4、底径 5.8、高 10.6 厘米（图一一五，5）。

陶碗　1件。ⅡM10:3，泥质素面橙黄陶。直口，圆唇，弧腹，底作矮假圈足。口径 8.2、底径 2.6、高 3.3~3.4 厘米（图一一五，6）。

ⅡM11

位于Ⅱ区西部，ⅡM10东北，东西向分布。与ⅡM10为一组，未发现茔圈。

1. 墓葬形制

该墓为带长斜坡墓道单室土洞墓，由封土、墓道、甬道、墓室组成。墓向100°（图一一六）。

封土　现呈丘状，部分叠压墓道。残径 6.50、残高 0.34 米。

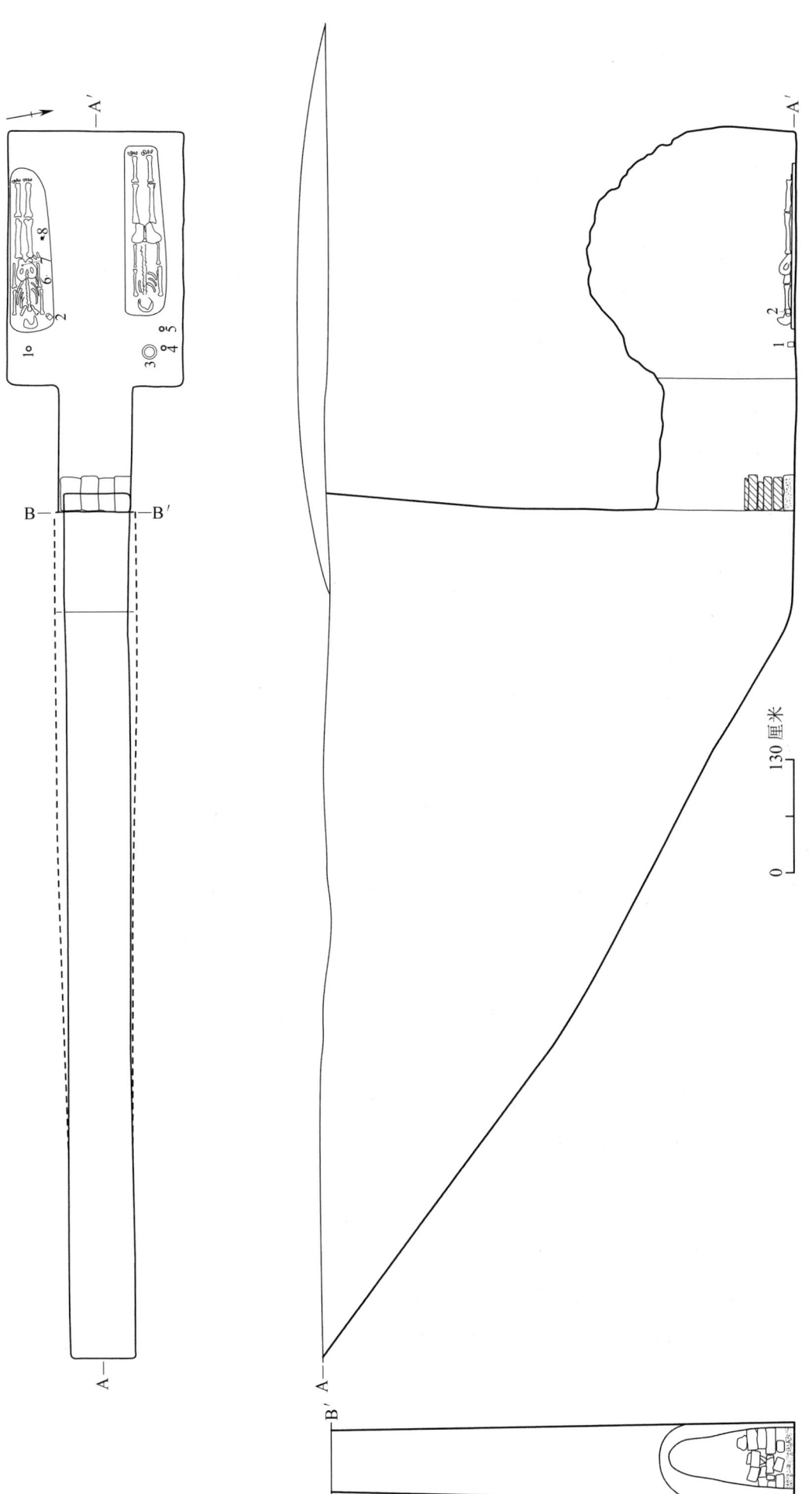

图一六 ⅡM11 平、剖面图

1、2、4、5.陶斗瓶 3.弦纹陶罐 6.银环 7.珠饰（出土于墓室填土内） 8.丝织物

墓道　位于墓室以东，平面呈长方形，长9.96、宽0.70米。西端剖面呈梯形，口小底大，底宽0.90米。东高西低，斜坡至距墓门1.14米处到底，其后平直延伸至墓门处，斜坡长9.60米，坡度25°。近墓门处距地表深约5.44米。内填灰黄色沙土，土质松散，含石砾。

甬道　位于墓道西端，连接墓道与墓室，为拱顶土洞式结构，平面呈近梯形，西窄东宽，顶部略坍塌，进深1.40，宽0.80~0.84、残高1.54米。墓门呈拱形，与甬道同高等宽。封门位于甬道内封，以规格不等的土坯错缝平砌而成，现高0.60、宽0.90、厚0.38米。

墓室　位于墓道以西，平面呈长方形，四壁及顶部坍塌严重，顶部形制不详。墓室东西长2.90、南北宽2.00、残高2.30米。

2. 葬具葬式

墓室南、北壁下各存一尸床，均由沙石堆垒而成。北侧尸床长1.88、宽0.36~0.50、厚0.05米；南侧尸床长19.40、宽0.36~0.46、厚0.05米。

该墓为双人合葬。人骨置于尸床之上，均为仰身直肢葬，头向东。经鉴定，北侧人骨为女性，年龄50~60岁；南侧人骨为男性，年龄45岁左右。

3. 随葬品

随葬品放置在人骨附近，共8件，包括陶斗瓶4件、弦纹陶罐1件、银环1件、珠饰1件、丝织物1件。

陶斗瓶　4件。泥质素面灰陶。侈口，斜直领，折肩，斜直腹，平底。ⅡM11：1，方唇。口径4.8、腹径5.9、底径5.2、高7.0厘米（图一一七，1）。ⅡM11：2，方唇。口径4.7、腹径5.7、底径5.2、高6.6~6.8厘米（图一一七，2）。ⅡM11：4，方唇。口径4.4、腹径5.5、底径4.6、高6.6~6.7厘米（图一一七，3）。ⅡM11：5，圆唇。口径4.6、腹径5.5、底径4.5、高6.8厘米（图一一七，4）。

弦纹陶罐　1件。M11：3，泥质灰陶。侈口，圆唇，束颈，溜肩，圆鼓腹，底微凹。腹部饰数道弦纹，内壁见轮制痕迹。口径11.4、腹径16.4、底径10.5、高11.4厘米（图一一七，7）。

珠饰　1件。ⅡM11：7，完整。墨绿色，圆柱状，中心有穿孔，表面有土沁。直径0.8、孔径0.3、高0.7厘米（图一一七，5；图版七一，3、4）。

银环　1件。ⅡM11：6，已氧化成褐色，呈圆环状，直径2.0厘米（图一一七，6）。

丝织物　1件。ⅡM11：8，保存状况较差。红色和黄色平纹织物，质地轻薄。残长7.5厘米（图版七一，1、2）。

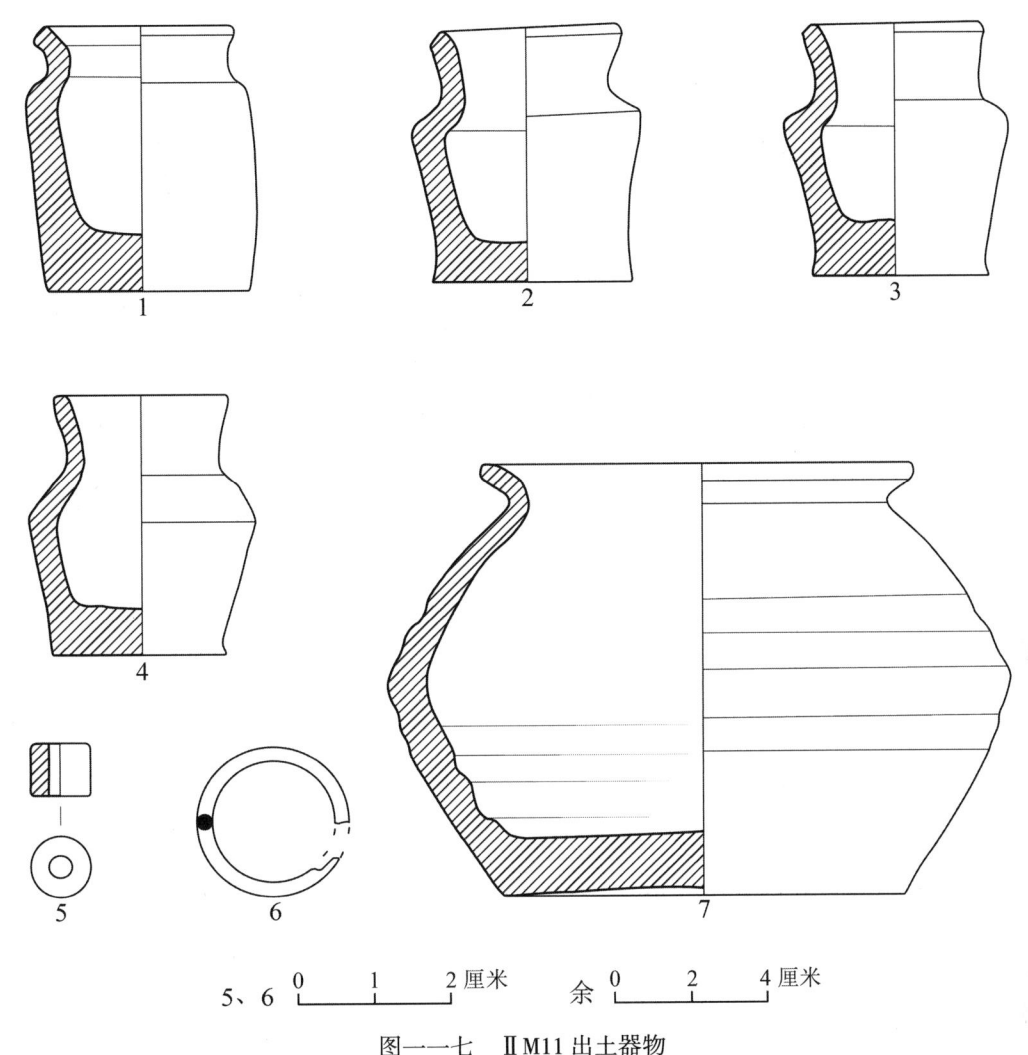

图一一七 ⅡM11出土器物

1~4.陶斗瓶（ⅡM11:1、ⅡM11:2、ⅡM11:4、ⅡM11:5） 5.珠饰（ⅡM11:7） 6.银环（ⅡM11:6） 7.弦纹陶罐（ⅡM11:3）

ⅡM12

位于Ⅱ区西部，ⅡM11西北，东西向分布。

1. 墓葬形制

该墓为带长斜坡墓道单室土洞墓，由封土、墓道、甬道、墓室组成。墓向98°（图一一八）。

封土　现呈丘状，部分叠压墓道。残径8.74、残高0.70米。

墓道　位于墓室以东，平面呈长方形，长10.20、宽0.72米。西端剖面呈梯形，口小底大，底宽1.63米。东高西低，斜坡至距墓门0.84米处到底，其后平直延伸至墓门处，斜坡长10.50米，坡度28°。近墓门处距地表深约5.10米。内填浅灰色沙石土，土质松散，含石砾。

甬道　位于墓道西端，连接墓道与墓室，为拱顶土洞式结构，平面呈长方形，进深1.00、

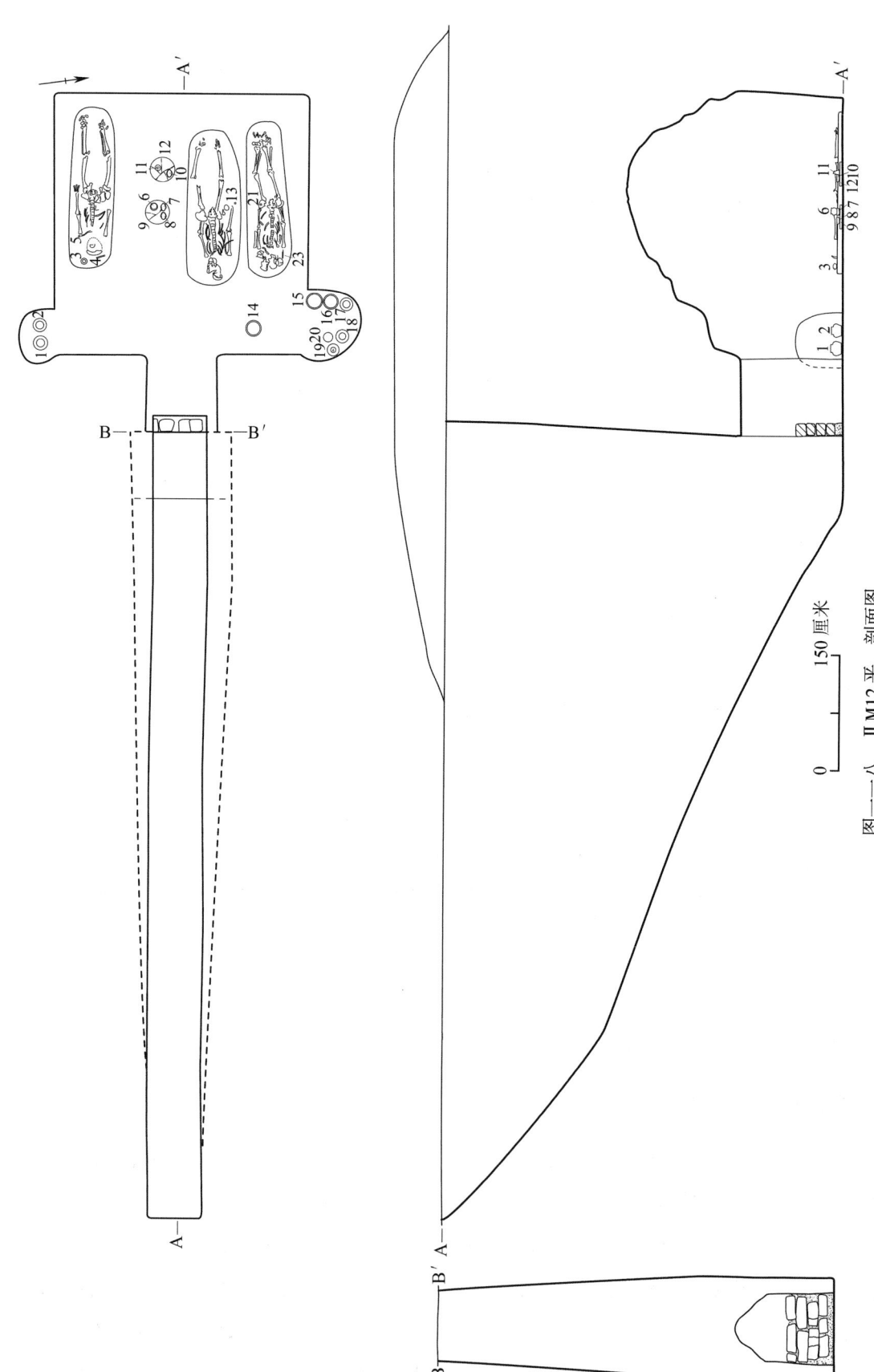

图一一八 ⅡM12 平、剖面图

1、2、17、18.波浪纹陶罐 3.素面陶罐 4、23.铜钗 5、21.铜钱 6.陶壶 7、8、10.陶耳杯 9、12.陶盘 11.陶灯 13.铜指环 14~16.陶樽 17.素面陶罐 19.陶甑 20.陶盆 22.陶釜（位于19号甑之下）

宽0.92、高1.30米。墓门呈拱形，与甬道同高等宽。封门位于甬道内封，以土坯封堵，现高0.60、宽0.92、厚0.16米，土坯长0.40、宽0.19、厚0.10米。

墓室　位于墓道以西，平面呈长方形，四壁略有坍塌，顶部坍塌严重，形制不详。墓室东西长3.40、南北宽3.32、残高2.70米。墓室的东北角和东南角各掏一龛，东北角龛口宽0.86、进深0.74、高0.60米；东南角龛口宽0.60、深0.46、高0.80米。

2. 葬具葬式

墓室存三尸床，由北向南依次排列，由细沙土堆垒而成。北侧尸床长2.00、宽0.46~0.58、厚0.06米；中部尸床长2.00、宽0.54~0.66、厚0.06米；南侧尸床长2.10、宽0.48~0.52、厚0.06米。

该墓为三人合葬。人骨置于尸床之上，均为仰身直肢葬。经鉴定，北侧人骨为女性，年龄不详；中部人骨为男性，年龄46~49岁；南侧人骨为女性，年龄50~55岁。

3. 随葬品

随葬品以陶器为主，放置于墓室中部及两龛内，共18件，包括波浪纹陶罐4件、素面陶罐1件、陶釜1件、陶壶1件、陶耳杯3件、陶盘2件、陶灯1件、陶樽3件、陶甑1件、陶盆1件。另于三人骨附近出土铜器数件，其中铜钗2件、铜指环1件、铜钱2组（37枚）（图版三四，3）。

素面陶罐　1件。ⅡM12：3，泥质素面灰陶。器形较小，直口，圆唇，矮领，溜肩，扁鼓腹，小平底。口径3.8、腹径7.8、底径3.9、高4.4厘米（图一一九，1；图版七一，6）。

陶盆　1件。ⅡM12：20，泥质素面灰陶。侈口，斜平沿，尖唇，斜直腹，平底。口径12.0、底径6.0、高4.6厘米（图一一九，2；图版七二，5）。

陶耳杯　3件。整体呈椭圆形，侈口，平沿微斜，长边两侧对称附双耳。斜弧腹，平底，口沿及外缘有修削痕迹。ⅡM12：7，泥质素面灰陶。长口径10.0、短口径4.9、长底径6.0、短底径2.7、耳长2.0~2.6、耳宽0.8~1.1、高3.3厘米（图一一九，3；图版七二，1）。ⅡM12：8，泥质素面橙黄陶。一耳残，不可复原。长口径9.4、残短口径4.3、长底径5.2、短底径3.5、耳长1.6、耳宽1.2、高3.0~3.4厘米（图一一九，4）。ⅡM12：10，泥质素面橙黄陶。长口径10.0、短口径5.0、长底径5.5、短底径3.2、耳长3.2~3.7、耳宽1.2~1.3、高3.0厘米（图一一九，5；图版七二，2）。

波浪纹陶罐　4件。器形整体矮胖，侈口，圆唇，束颈，广肩，圆鼓腹，底微凹。肩、腹部饰两组波浪纹和一组弦纹。ⅡM12：1，泥质灰陶。残，可复原。口径9.5、腹径18.4、底径13.5、高13.8厘米（图一一九，6；图版七一，5）。ⅡM12：2，泥质灰陶。残，可复原。近底处有刮削痕迹。口径9.4、腹径17.2、底径12.8、高12.8厘米（图一一九，7）。ⅡM12：17，泥

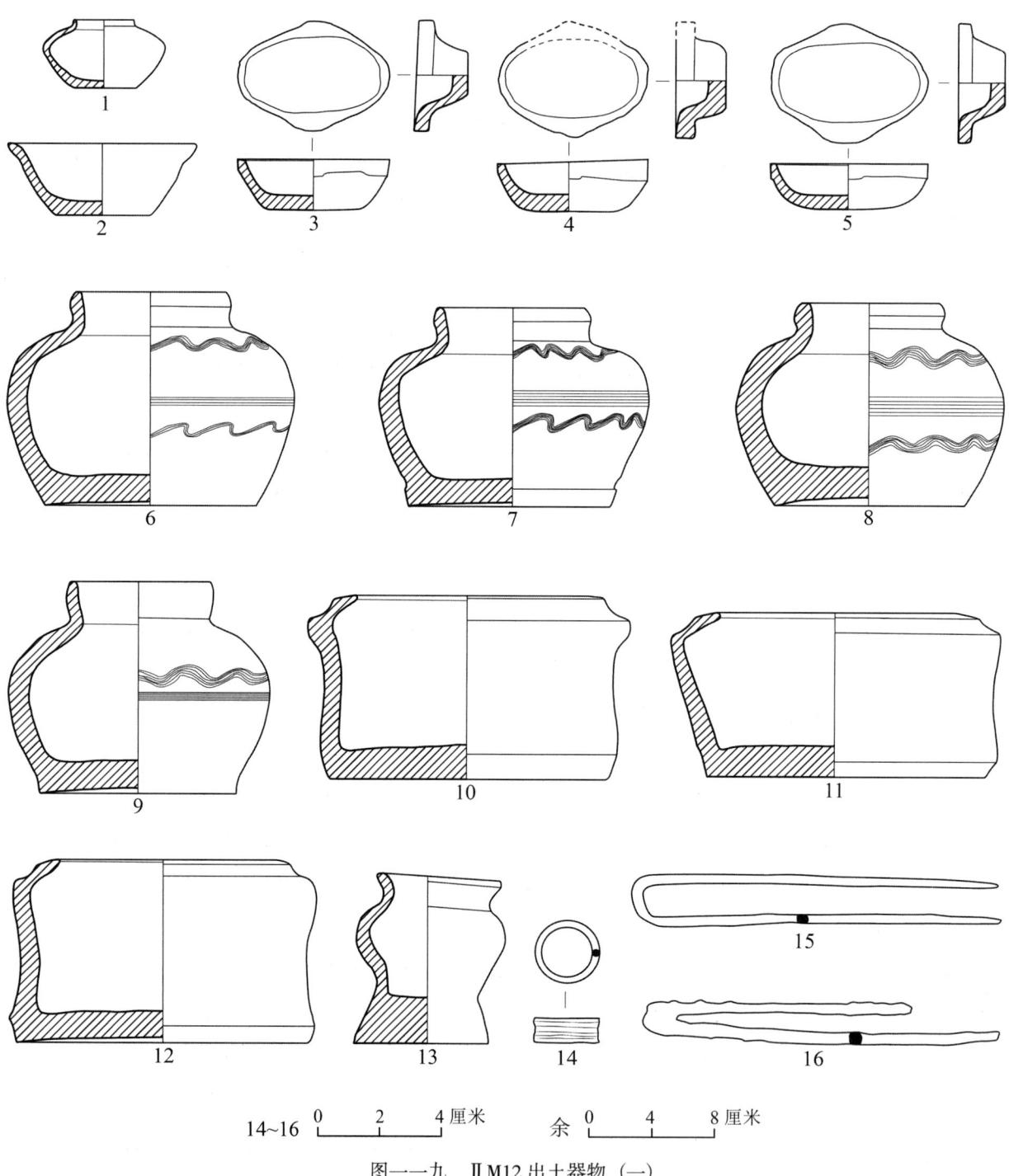

图一一九 ⅡM12 出土器物（一）

1.素面陶罐（ⅡM12:3） 2.陶盆（ⅡM12:20） 3~5.陶耳杯（ⅡM12:7、ⅡM12:8、ⅡM12:10）
6~9.波浪纹陶罐（ⅡM12:1、ⅡM12:2、ⅡM12:18、ⅡM12:17） 10~12.陶樽（ⅡM12:14、ⅡM12:15、ⅡM12:16）
13.陶壶（ⅡM12:6） 14.铜指环（ⅡM12:13） 15、16.铜钗（ⅡM12:4、ⅡM12:23）

质橙黄陶。器表剥落严重。口径9.0、腹径16.6、底径12.6、高13.6厘米（图一一九，9）。ⅡM12:18，泥质红陶。口径8.7、腹径17.0、底径12.0、高13.0厘米（图一一九，8）。

陶樽　3件。ⅡM12:14，泥质素面橙黄陶。残，可复原。敛口，尖圆唇，微斜，矮领，直腹微内收，平底。口径17.4、腹径20.0、底径17.8、高11.8厘米（图一一九，10；图版七三，1）。ⅡM12:15，泥质素面灰陶。器形歪扭。敛口，圆唇，宽斜沿，溜肩，斜直腹，平底。口径18.0、腹径21.0、底径17.7、高10.6厘米（图一一九，11；图版七三，2）。ⅡM12:16，泥质素面橙黄陶。残，可复原。圆形，敛口，尖圆唇，直腹微内收，底微凹。近底部起凸棱，台缘有修削痕迹。口径16.4、腹径19.5、底径18.8、高11.8厘米（图一一九，12）。

陶壶　1件。ⅡM12:6，泥质素面灰陶。残，可复原。器形歪扭。侈口，厚圆唇，束颈，溜肩，鼓腹，上腹部下垂，下腹部束腰外撇至大平底。口径7.9、腹径9.6、底径8.8、高10.5~11.0厘米（图一一九，13；图版七二，4）。

陶盘　2件。ⅡM12:9，泥质橙黄陶。残，可复原。圆形，盘沿微斜，外缘圆弧，盘面由沿向中心依次略低，平底。盘面饰两组波浪纹，盘心有轮旋纹痕迹。盘径31.0、厚2.8厘米（图一二〇，1；图版七三，7）。ⅡM12:12，泥质橙黄陶。残，可复原。圆形，宽平沿微凹，外缘圆弧，盘面较平整，低于口沿，平底。盘面饰两组波浪纹。盘径32.0、厚3.0厘米（图一二〇，2）。

陶釜　1件。ⅡM12:22，泥质素面灰陶。敛口，尖圆唇，平沿，溜肩，圆鼓腹，平底。口径9.6、腹径11.6、底径7.0、高8.7厘米（图一二〇，3；图版七二，3）。

陶灯　1件。ⅡM12:11，泥质灰陶。残，仅余柄部，不可复原。灯柄空心，呈喇叭形，平底。柄上部饰凸棱纹。底径7.4、残高7.9厘米（图一二〇，4）。

陶甑　1件。ⅡM12:19，泥质素面灰陶。盆形甑，侈口，圆唇，斜平沿，斜直腹，平底，底有四孔。口径15.8、底径7.4、高7.1厘米（图一二〇，5；图版七二，6）。

铜指环　1件。ⅡM12:13，圆形，环状。外壁饰弦纹四道。外径2.0、内径1.6、高0.8厘米（图一一九，14；图版七三，3、4）。

铜钗　2件。ⅡM12:4，残。双股"U"形，圆棍状，前端细，后端粗。残长11.8、宽1.3~1.7厘米（图一一九，15；图版七三，5）。ⅡM12:23，双股"U"形，细圆棍状，前端细，尾端粗。残长11.4、宽1.0~1.3厘米（图一一九，16；图版七三，6）。

铜钱　2组。均圆形方穿，以五铢钱为主，另有2枚大泉五十、1枚货泉和少量磨郭钱、剪轮钱。

ⅡM12:5-1，大泉五十，残缺，面背皆有内郭。正面穿口左右铸"五十"二字，较瘦长，上下铸"大泉"二字，较宽矮，均为篆书。"五"字较窄，交笔弯曲，"大"字一横较折弧。钱径2.57、穿宽0.74、郭宽0.17、郭厚0.17、肉厚0.11厘米，重2.72克。ⅡM12:21-1，货泉，形制较小，两面穿皆有郭，"货泉"二字篆书。钱径2.31、穿宽0.79、郭宽0.23、郭厚

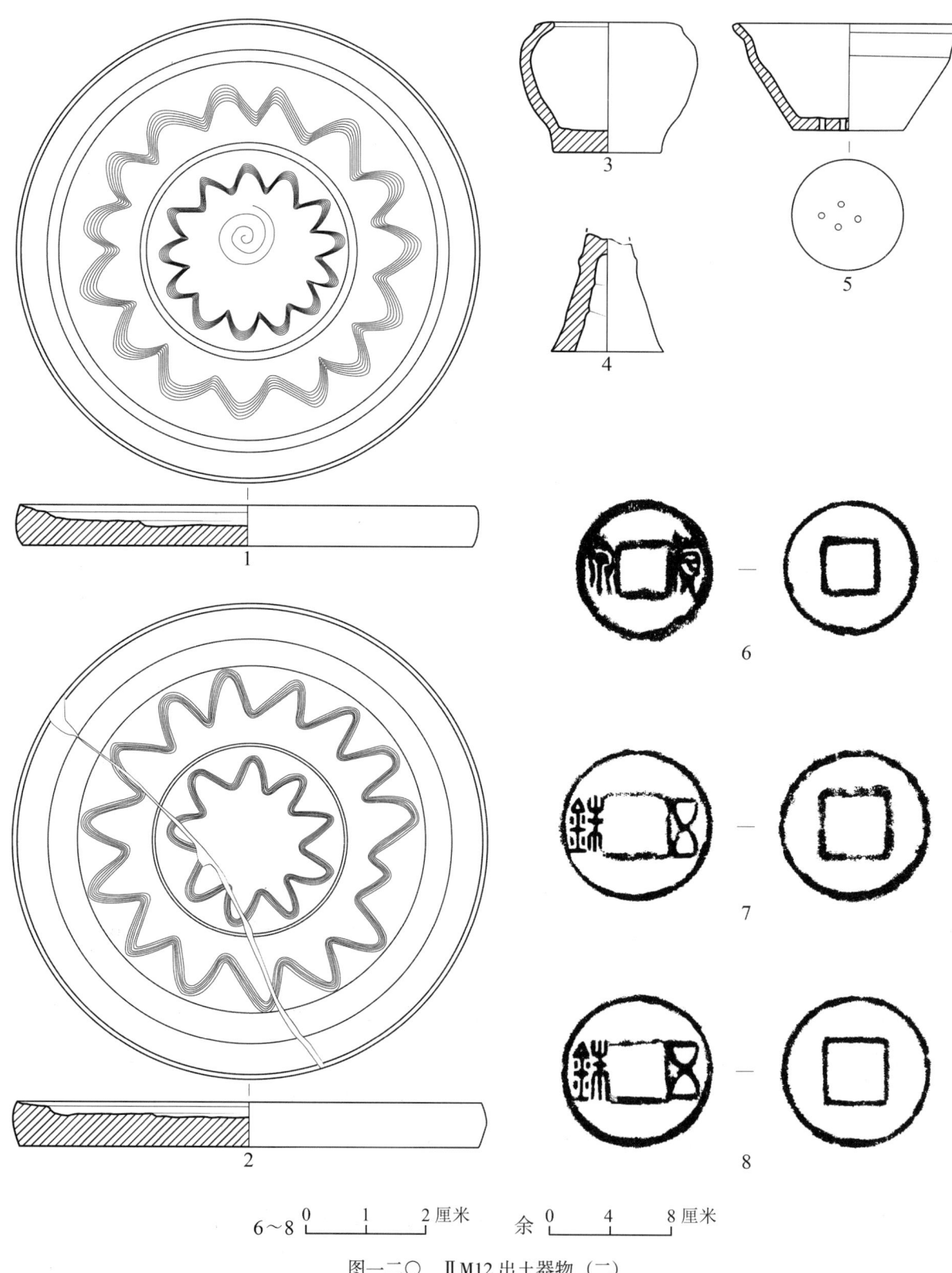

图一二〇 ⅡM12 出土器物（二）

1、2.陶盘（ⅡM12：9、ⅡM12：12） 3.陶釜（ⅡM12：22） 4.陶灯（ⅡM12：11） 5.陶甑（ⅡM12：19） 6.货泉（ⅡM12：21-1） 7、8.五铢钱（ⅡM12：21-20、ⅡM12：21-23）

0.12、肉厚 0.08 厘米，重 2.58 克（图一二〇，6）。ⅡM12：21-20，五铢钱，正面穿左右篆书"五铢"二字。"五"字较窄，交笔弯曲；"铢"字"金"字头呈三角形，中间四点较长，"朱"字上下部均圆折。钱径 2.55、穿宽 0.98、郭宽 0.13、郭厚 0.11、肉厚 0.07 厘米，重 2.84 克（图一二〇，7）。ⅡM12：21-23，五铢钱，正面穿左右篆书"五铢"二字。"五"字较窄，交笔弯曲；"铢"字"金"字头呈三角形，中间四点较短，"朱"字上下部均圆折。钱径 2.55、穿宽 0.86、郭宽 0.15、郭厚 0.15、肉厚 0.10 厘米，重 3.11 克（图一二〇，8）。

ⅡM13

位于Ⅱ区东部，ⅡM7 东侧，东西向分布。与ⅡM26 为一组，未发现茔圈。

1. 墓葬形制

该墓为带长斜坡墓道单室土洞墓，由封土、墓道、墓门、墓室组成。墓向 280°（图一二一）。

封土　现呈丘状，部分叠压墓道。残径 4.20、残高 0.32 米。

墓道　位于墓室以西，平面略呈梯形，东宽西窄，长 7.05、宽 0.66~0.72 米。东端剖面亦呈长方形，底宽 0.72 米。西高东低，斜坡至距墓门 0.60 米处到底，其后平直延伸至墓门处，坡长 6.54 米，坡度 17°。近墓门处距地表深约 2.20 米。内填灰黄色沙石土，土质松散，含石砾。

墓门　位于墓道东端，呈拱形，宽 0.70、高 0.72 米。以沙石和规格不等的土坯混合封堵，现高 0.66、宽 0.72、厚 0.30 米。无甬道。

墓室　位于墓道以东，平面呈近长方形，东西长 2.32、南北宽 0.42~0.72、高 0.70 米。

2. 葬具葬式

墓室中部存一尸床、尸罩，尸床由细沙土、席子、白灰等堆垒而成，尸罩木质，腐朽严重，塌落于尸床之上。

该墓为单人葬。人骨置于尸床之上，仰身直肢葬，头向西。经鉴定，人骨为男性，年龄 14~16 岁。

3. 随葬品

随葬品放置于人骨头部，包括木梳 1 件、铜钱 1 组（4 枚）。

木梳　1 件。ⅡM13：2，残。木质，近方形，梳背弧形，前端薄后端（背）厚，梳齿长而尖，三角状。光素无纹饰。长 5.7、宽 5.3、厚 0.15~0.6、梳齿长 3.0 厘米（图一二二，1；图版七四，1）。

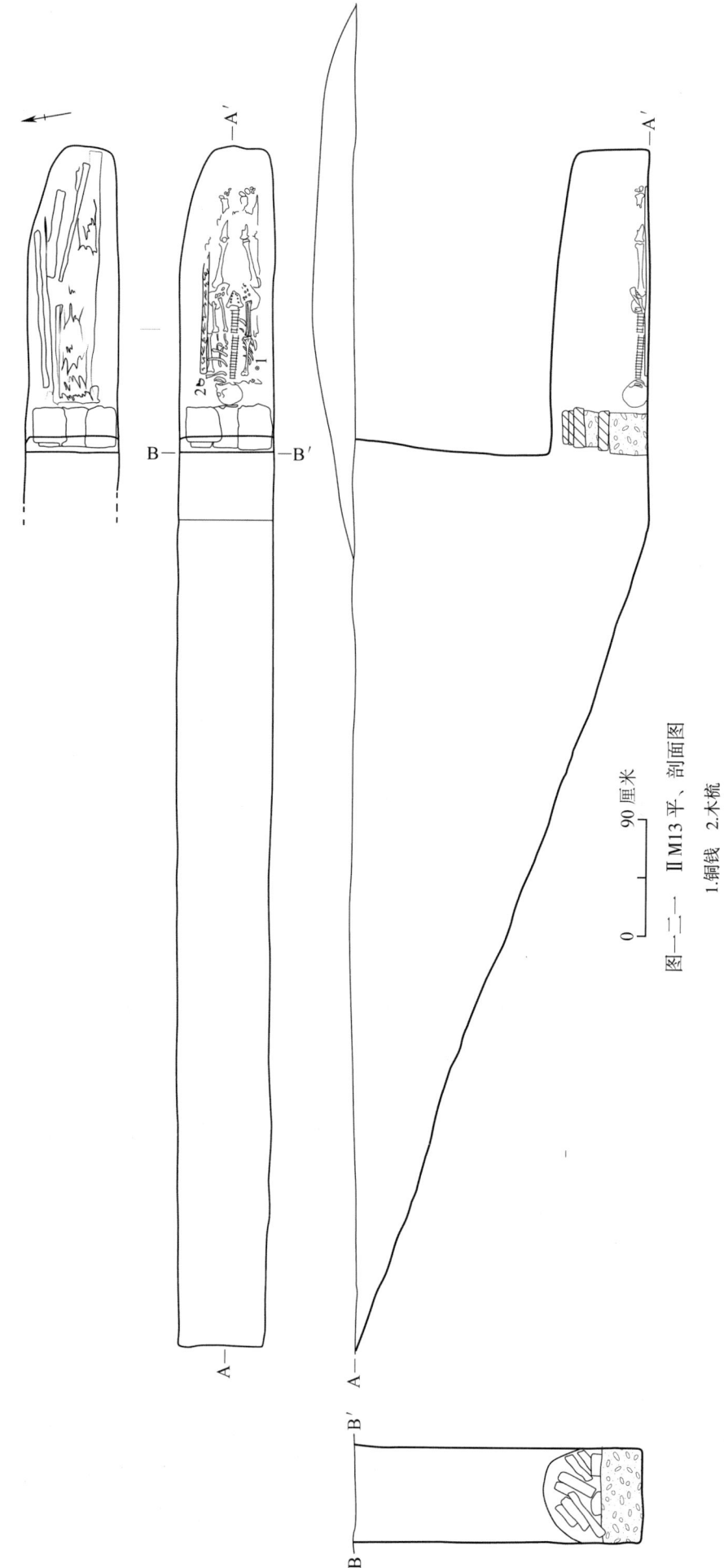

图一二一 ⅡM13 平、剖面图
1. 铜钱 2. 木梳

铜钱 1组。ⅡM13:1，4枚，均圆形方穿，以五铢钱为主，其中部分磨郭。一枚五铢钱有穿上横郭记号。

ⅡM13:1-2，五铢钱，残缺，正面穿左右篆书"五铢"二字。"五"字较窄，交笔弯曲，"铢"字"金"字头呈三角形，中间四点较短，"朱"字上下部均圆折。记号为穿上横郭。钱径2.56、穿宽1.07、郭宽0.16、郭厚0.16、肉厚0.08厘米，重1.96克。ⅡM13:1-3，五铢钱，正面穿左右篆书"五铢"二字。"五"字较宽，交笔弯曲；"铢"字"金"字头呈三角形，中间四点较长，"朱"字上下部均圆折。钱径2.63、穿宽0.90、郭宽0.19、郭厚0.15、肉厚0.11厘米，重3.06克（图一二二，2）。

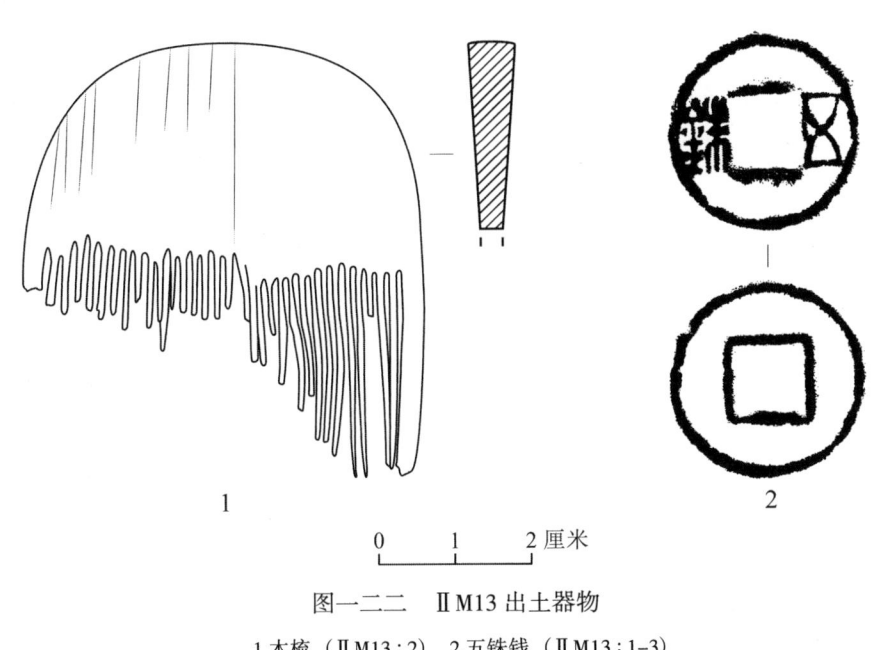

图一二二 ⅡM13出土器物

1.木梳（ⅡM13:2） 2.五铢钱（ⅡM13:1-3）

ⅡM14

位于Ⅱ区西侧，ⅡM1西南，东西向分布。

1. 墓葬形制

该墓为带长斜坡墓道单室土洞墓，由封土、墓道、甬道、墓室组成，墓向279°（图一二三）。

封土 现呈丘状，部分叠压墓道。残径5.10、残高0.40米。

墓道 位于墓室以西，西端被现代公路打破，平面呈梯形，口小底大，现存墓道长4.80、宽0.80~0.88米。东端剖面呈长方形，底宽0.88米。西高东低，斜坡至底，斜坡长6.44米，坡度23°。近墓门处距地表深4.60米。内填浅灰色沙石土，土质松散，内含砾石。

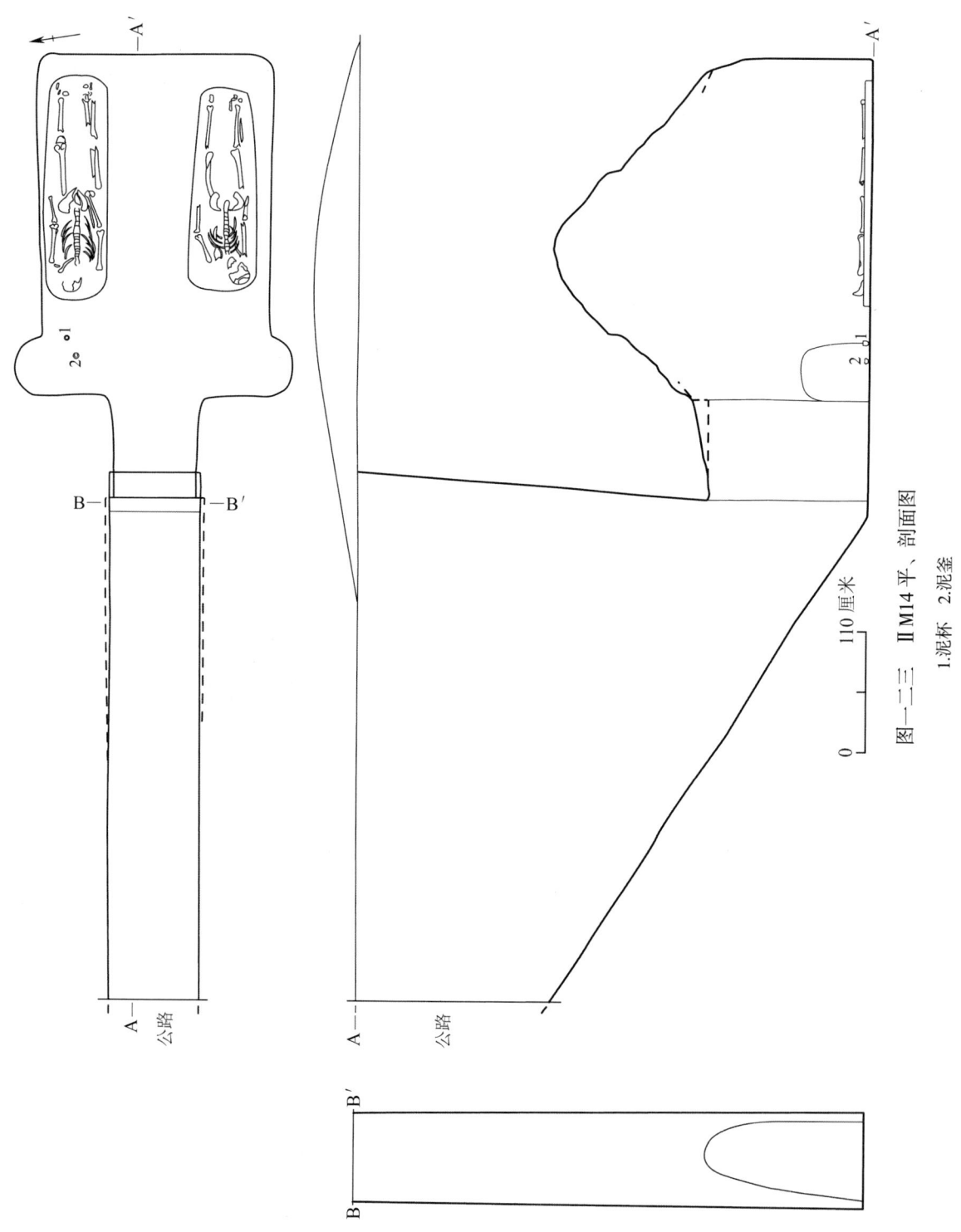

图一二三 ⅡM14平、剖面图
1.泥杯 2.泥釜

甬道　位于墓道东端，为拱顶土洞式结构，平面呈梯形，西窄东宽，进深 0.90、宽 0.72~0.80、高 1.40~1.54 米。墓门呈拱形，与甬道同高等宽。封门无存。

墓室　位于墓道以东，平面呈近长方形，顶部坍塌严重，形制不详。墓室东西长 3.10、南北宽 2.00、残高 2.78 米。墓室西北角及西南角各掏一龛，西北角壁龛口宽 0.54、进深 0.24、高 0.60 米；西南角壁龛口宽 0.54、进深 0.24、高 0.60 米。

2. 葬具葬式

墓室南、北壁下各存一尸床，均由细沙土堆垒而成。北侧尸床长 2.04、宽 0.54、厚 0.06 米；南侧尸床长 1.84、宽 0.44~0.60、厚 0.06 米。

该墓为双人合葬。人骨置于尸床之上，均仰身直肢葬，头向西。经鉴定，北侧人骨为男性，年龄 37~45 岁；南侧人骨为女性，年龄 40~44 岁。

3. 随葬品

随葬品仅两件泥器，放置于北侧人骨头端。

泥杯　1 件。ⅡM14：1，泥质，呈红色，未经烧制。残。直口，厚方唇，上腹部较直，下腹部斜收至平底。口径 4.0、腹径 4.5、底径 2.2、高 5.0 厘米（图一二四，1）。

泥釜　1 件。ⅡM14：2，泥质，呈红色，经火烧制。残，器形整体有变形。扁鼓腹，腹下收至假高圈足。腹径 5.2、底径 3.2、高 3.2~3.5 厘米（图一二四，2）。

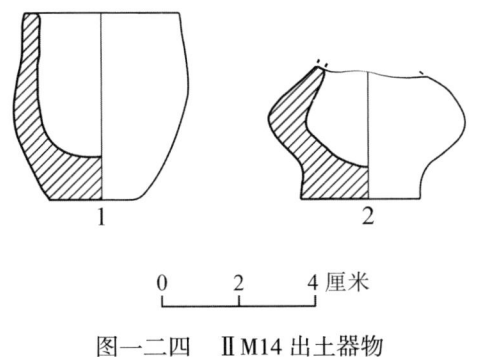

图一二四　ⅡM14 出土器物
1.泥杯（ⅡM14：1）　2.泥釜（ⅡM14：2）

ⅡM15

位于Ⅱ区东部，ⅡM13西南，东西向分布。

1. 墓葬形制

该墓为带长斜坡墓道单室土洞墓，由墓封土、墓道、甬道、墓室组成。墓向103°（图一二五）。

封土　现呈丘状，部分叠压墓道。残径5.36、残高0.64米。

墓道　位于墓室以东，平面呈长方形，长10.40、宽0.70米。西端剖面呈梯形，口小底大，底宽1.00米。东高西低，斜坡至底，斜坡长10.60米，坡度27°。近墓门处距地表深5.00米。内填灰黄色沙石土，土质松散，含石砾。

甬道　位于墓道西端，连接墓道与墓室，为拱顶土洞式结构，平面呈长方形，进深1.00、宽1.00、高1.04米。墓门呈拱形，与甬道同高等宽，封门位于甬道内封，以土坯封堵，残高0.60、宽0.86、上宽0.56、厚0.44米。

墓室　位于墓道以西，平面近长方形，顶部坍塌严重，距墓室地面0.86米处向上斜收至覆斗顶，顶部正中存一正方形藻井，边长0.32、深0.04米。墓室东西长3.06、南北宽2.86~2.92、残高2.00米。

2. 葬具葬式及葬俗

墓室南、北壁下各存一尸床，北侧尸床由木板、白灰组成，长1.60~1.76、宽0.30米；南侧尸床由细沙土和白灰堆砌而成，长1.64~1.74、宽0.56米。

该墓为双人合葬。人骨置于尸床之上，均为仰身直肢葬，头向东。经鉴定，北侧人骨疑似男性，年龄60岁左右；南侧人骨为成年女性。

北侧尸床上散置有意打碎的陶片。

3. 随葬品

随葬品以陶器为主，放置于两人骨头端及墓室中部，共12件，包括波浪纹陶罐2件、陶斗瓶2件、陶壶1件、陶釜1件、陶钵3件、陶灯1件、陶碗1件、陶楄1件。铜钱1枚出土于北侧人骨右手处（图版三五，1）。

陶斗瓶　2件。ⅡM15：4，泥质素面灰陶。器形歪扭。侈口，圆唇，束颈，溜肩，圆鼓腹，平底。口径5.2、腹径6.3、底径5.0、高6.0~6.2厘米（图一二六，2）。ⅡM15：11，泥质素面灰陶。侈口，平沿，矮斜领，束颈，溜肩，圆鼓腹，平底。口径4.5、腹径5.9、底径4.6、高6.3厘米（图一二六，1；图版七四，4）。

陶釜　1件。ⅡM15：9，泥质灰陶。直口，圆唇，矮领，溜肩，鼓腹，平底。肩部饰一周

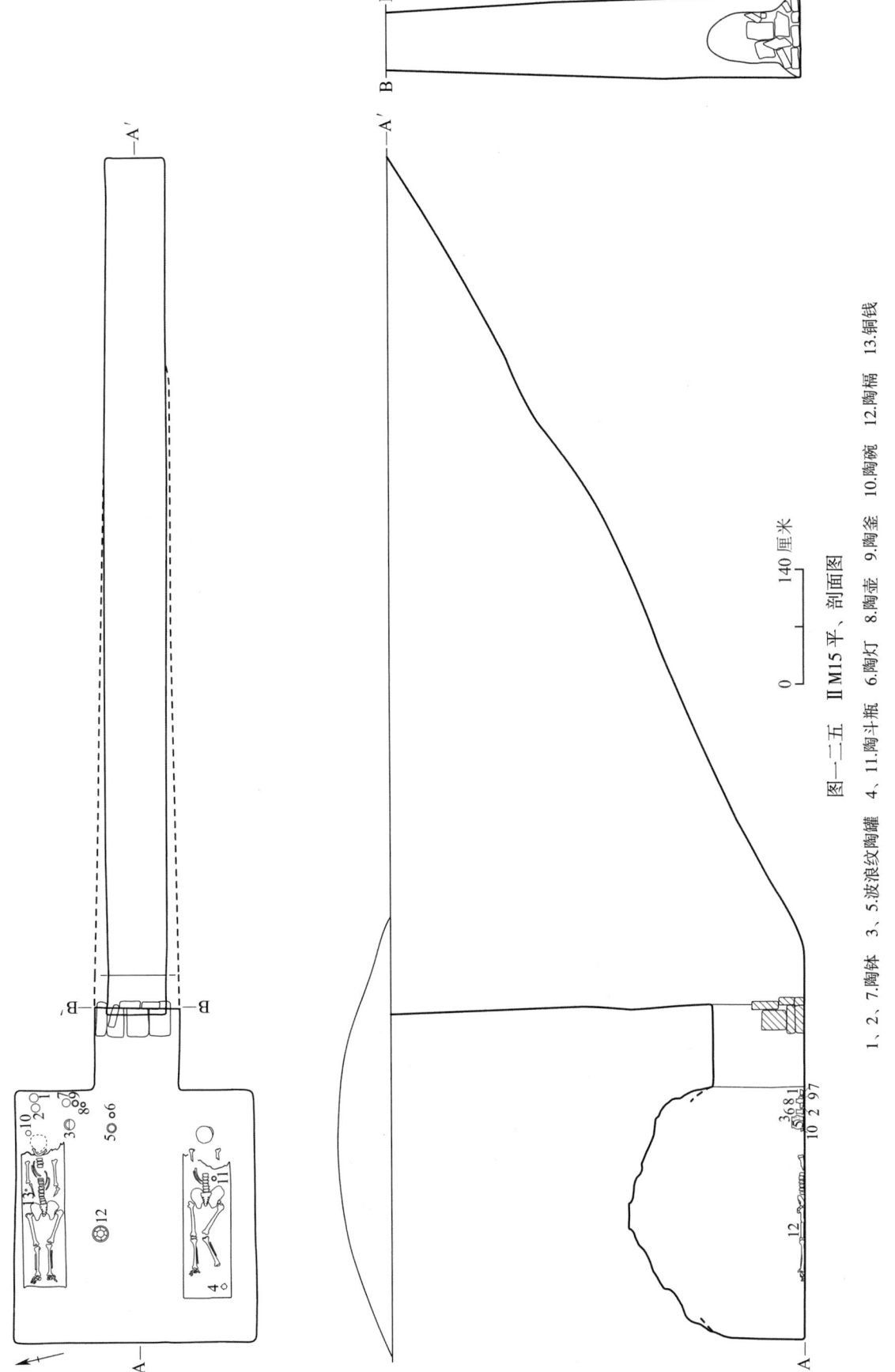

图一二五 ⅡM15 平、剖面图

1、2、7.陶钵 3、5.波浪纹陶罐 4、11.陶瓶 6.陶灯 8.陶壶 9.陶釜 10.陶碗 12.陶楯 13.铜钱

图一二六 ⅡM15 出土器物

1、2.陶斗瓶（ⅡM15:11、ⅡM15:4） 3.陶釜（ⅡM15:9） 4.陶灯（ⅡM15:6） 5.陶榀（ⅡM15:12） 6~8.陶钵（ⅡM15:1、ⅡM15:2、ⅡM15:7） 9.陶碗（ⅡM15:10） 10.陶壶（ⅡM15:8） 11、12.波浪纹陶罐（ⅡM15:3、ⅡM15:5）

凸棱纹。口径6.2、腹径8.2、底径4.9、高5.5~5.7厘米（图一二六，3；图版七四，5）。

陶灯　1件。ⅡM15:6，泥质素面橙黄陶。灯口呈钵状，侈口，尖圆唇，弧腹，灯柄实心，上细下粗，近底部外撇形成圆台状底座，平底。柄近上部有一凸棱。口径6.0、底径6.6、高8.5厘米（图一二六，4；图版七四，3）。

陶槅　1件。ⅡM15:12，泥质橙黄陶。圆形，直口，平沿，浅池，圆池内手工剔削出九槅，低于口沿，中心圆有三格，外围圆有六格，平底。外缘下饰凹弦纹一组。口径18.5、底径18.6、高3.5厘米（图一二六，5；图版七四，6）。

陶钵　3件。ⅡM15:1，泥质素面灰陶。侈口，尖圆唇，弧腹，平底。内壁见轮制痕迹。口径10.6、底径6.0、高3.8厘米（图一二六，6；图版七四，2）。ⅡM15:2，泥质素面灰陶。口残，可复原。侈口，尖圆唇，弧腹，底微凹。口径10.6、底径5.7、高4.0厘米（图一二六，7）。ⅡM15:7，泥质素面橙黄陶。侈口，圆唇，弧腹，平底。口径10.0、底径6.0、高3.5厘米（图一二六，8）。

陶碗　1件。ⅡM15:10，泥质素面灰陶。侈口，圆唇，弧腹，底作矮假圈足。口径6.4、底径4.3、高2.6~3.0厘米（图一二六，9；图版七五，2）。

陶壶　1件。ⅡM15:8，泥质素面灰陶。侈口，圆唇，束颈，溜肩，鼓腹，上腹部下垂，下腹部束腰外撇至大平底，最大径在底部，平底。近底部有轮旋纹印痕。口径5.2、腹径6.2、底径6.2、高8.8厘米（图一二六，10；图版七五，1）。

波浪纹陶罐　2件。泥质灰陶。均部分残缺，可复原。侈口，圆唇，束颈，溜肩，鼓腹，底微凹。肩、腹部饰波浪纹和弦纹组合。ⅡM15:3，残，可复原。口径9.0、腹径13.0、底径9.5、高14.0厘米（图一二六，11）。ⅡM15:5，口径8.0、腹径11.4、底径9.2、高14.0厘米（图一二六，12）。

铜钱　1枚。ⅡM15:13，五铢钱，正面穿左右篆书"五铢"二字。"五"字较宽，交笔弯曲；"铢"字"金"字头呈三角形，"朱"字上部圆折，其余锈蚀残缺不可辨。钱径2.60、穿宽0.86、郭宽0.16、郭厚0.13、肉厚0.07厘米，重2.02克。

ⅡM16

位于Ⅱ区东部，ⅡM15西北，东西向分布。与ⅡM17、ⅡM18为一组，未发现茔圈。

1. 墓葬形制

该墓为带长斜坡墓道单室土洞墓，由封土、墓道、墓门、墓室三部分组成。墓向268°（图一二七）。

封土　现呈丘状，沙石堆积而成，部分叠压墓道。残径3.60、残高0.36米。

墓道　位于墓室以西，平面呈长方形，长6.47、宽0.60米。东端剖面呈梯形，口小底大，

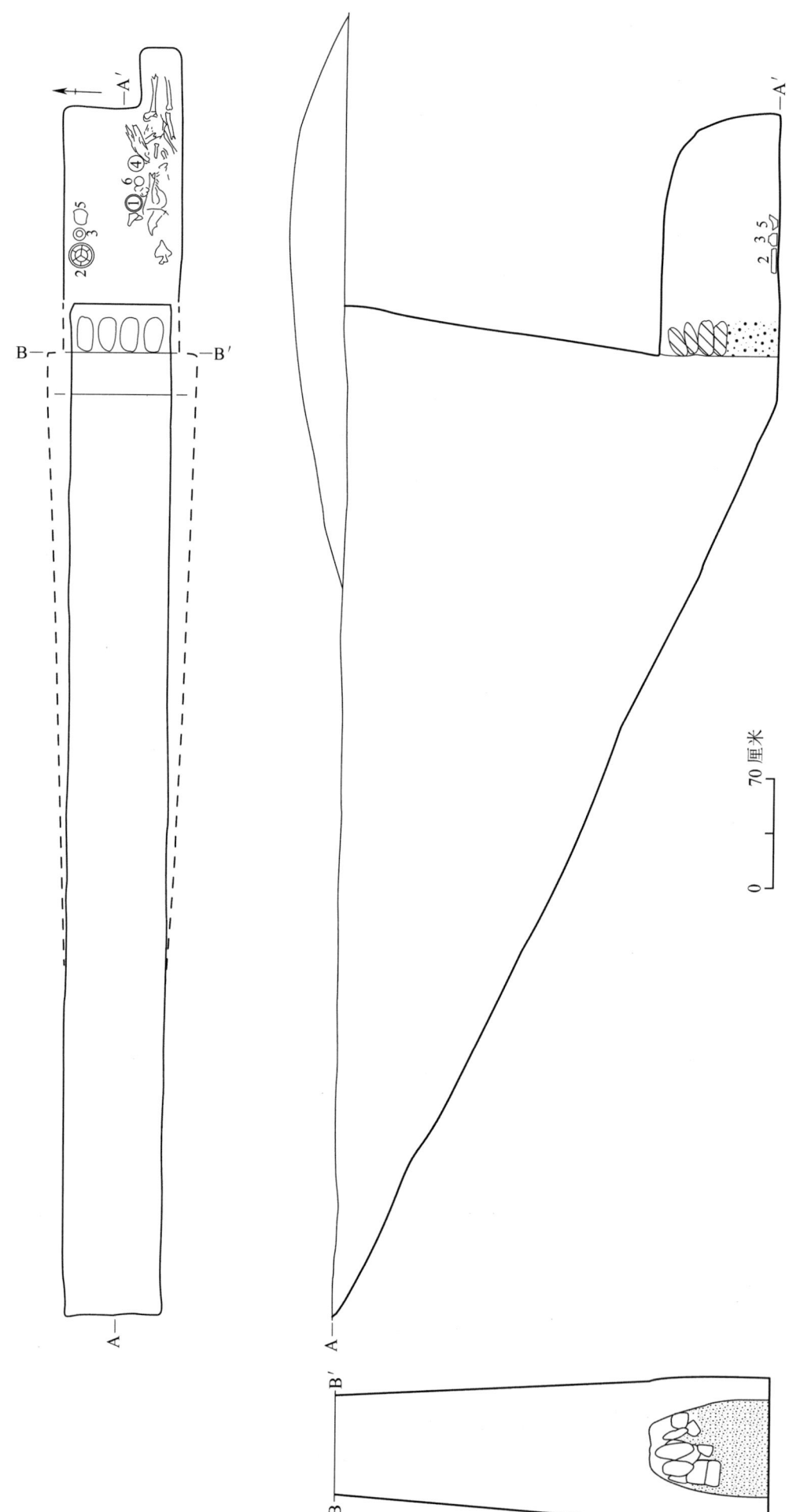

图一二七 ⅡM16 平、剖面图

1.波浪纹陶罐 2.陶桶 3、7.陶釜 4.陶甑 5.陶盆 6.陶灯

底宽0.90米。西高东低，斜坡至距墓门0.28米处到底，其后平直延伸至墓门处，斜坡长6.10米，坡度为24°。近墓门处距地表深2.70米。内填松散的灰黄色沙土，含大量的细沙、石块。

墓门　位于墓道东端，呈拱形，宽0.60、高0.72米。封门位于墓门内侧，以土坯和沙石混合封堵。无通道。

墓室　位于墓道以东，平面呈长方形，东西长1.46、南北宽0.70、高0.70米。墓室东南角有一龛，平面呈长方形，口宽0.26、进深0.36、高0.58米。

2. 葬具葬式

人骨以草席包裹。

该墓为单人葬。人骨置于墓室南壁下，仰身直肢葬，头向西。经鉴定，人骨为男性，年龄18~19岁。

3. 随葬品

随葬品放置于墓室北部及中部，均为陶器，共7件，包括波浪纹陶罐1件、陶釜2件、陶甑1件、陶盆1件、陶榻1件、陶灯1件（图版三五，2）。

陶釜　2件。ⅡM16∶3，泥质素面灰黑陶。口残，可复原。敛口，斜平沿，尖圆唇，腹部较圆鼓，底作高假圈足。口径7.8、腹径7.9、底径4.0、高5.0~5.5厘米（图一二八，2；图版七五，5）。ⅡM16∶7，泥质素面橙黄陶。口残，可复原。敛口，方唇，圆鼓腹，底作高假圈足。内壁见轮制痕迹。口径7.0、底径4.5、高5.7~6.2厘米（图一二八，1；图版七五，6）。

波浪纹陶罐　1件。ⅡM16∶1，泥质橙黄陶。器形整体瘦高。侈口，圆唇，高斜领，圆肩，圆鼓腹，平底。肩、腹部饰波浪纹和弦纹组合，内壁见轮制痕迹。口径9.1、腹径10.8、底径5.9、高10.8~11.0厘米（图一二八，3；图版七五，3）。

陶甑　1件。ⅡM16∶4，泥质素面橙黄陶。盆形甑。侈口，斜平沿，尖圆唇，斜直腹，小平底，底有五孔，未通。内壁见轮制痕迹。口径10.0、底径4.3、高5.2厘米（图一二八，4；图版七六，1）。

陶灯　1件。ⅡM16∶6，泥质素面橙黄陶。灯口呈钵状，口近直，尖圆唇，弧腹，灯柄实心，上粗下细，近底部外撇形成叠涩状底座平底。口径6.0、底径5.9、高7.6厘米（图一二八，5；图版七五，4）。

陶榻　1件。ⅡM16∶2，泥质素面橙黄陶。圆形，直口，平沿，缘部有棱台，平底，面部分内外两圈，内圈分隔为相等三单元，外圈分隔为相等六单元。面部整体低于口沿。口径14.6、底径14.9、高3.0厘米（图一二八，6；图版七六，2）。

陶盆　1件。ⅡM16∶5，泥质素面橙黄陶。残，可复原。侈口，斜平沿，圆唇，斜直腹，小平底。内壁见轮制痕迹。口径11.0、底径4.4、高5.1厘米（图一二八，7）。

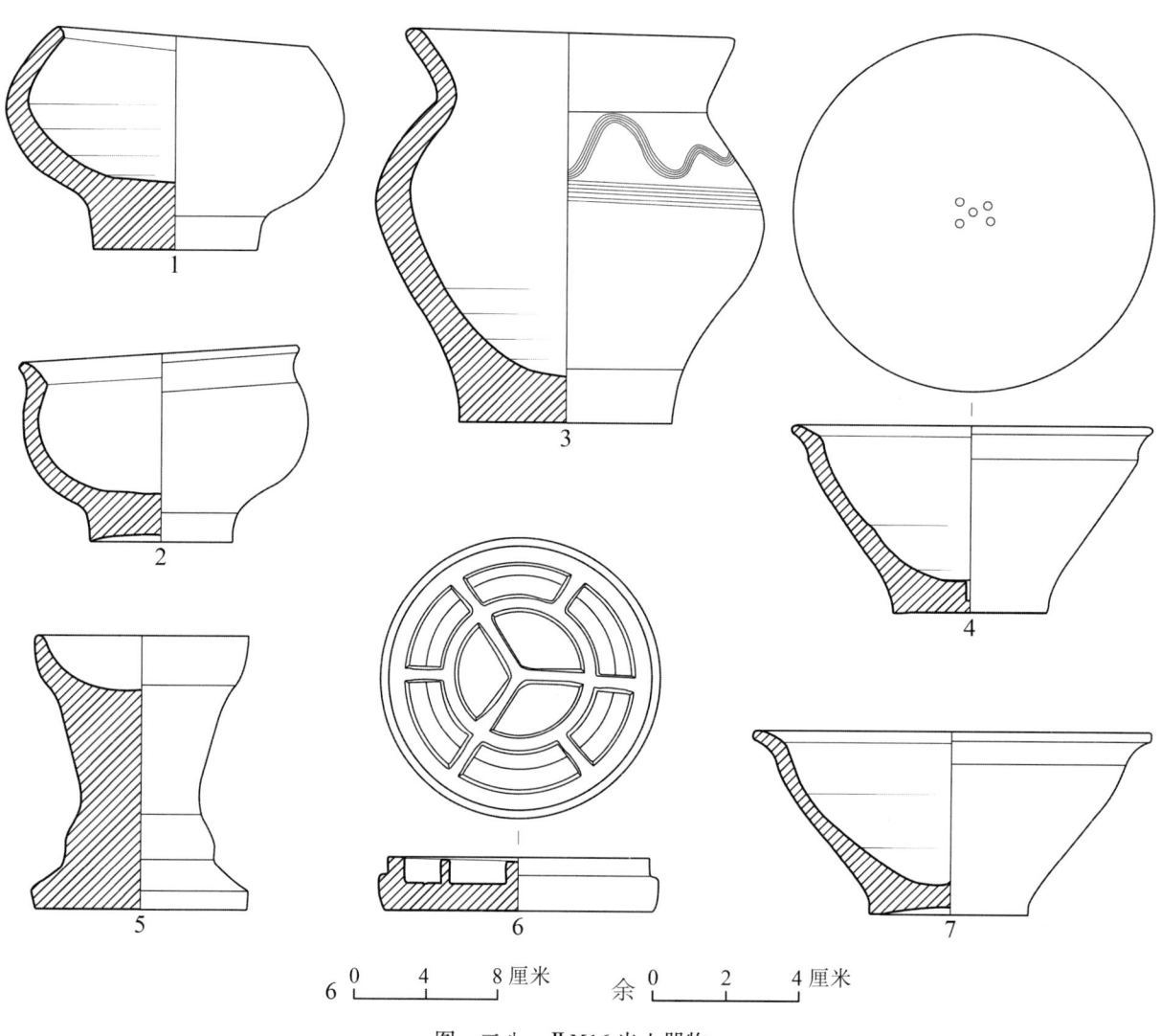

图一二八 ⅡM16 出土器物

1、2.陶釜（ⅡM16：7、ⅡM16：3） 3.波浪纹陶罐（ⅡM16：1） 4.陶甑（ⅡM16：4）
5.陶灯（ⅡM16：6） 6.陶榻（ⅡM16：2） 7.陶盆（ⅡM16：5）

ⅡM17

位于Ⅱ区东部，ⅡM16东南，东西向分布。与ⅡM16、ⅡM18为一组，未发现茔圈。

1. 墓葬形制

该墓为带长斜坡墓道双室土洞墓，由封土、墓道、甬道、前室、后室组成。墓向280°（图一二九）。

封土 现呈丘状，残径5.40、残高0.34米。

墓道 位于墓室以西，平面呈长方形，长9.80、宽0.76米。东端剖面呈梯形，口小底大，底宽1.08米。西高东低，斜坡至底，斜坡长9.60米，坡度为24°。近墓门处距地表深4.40米。

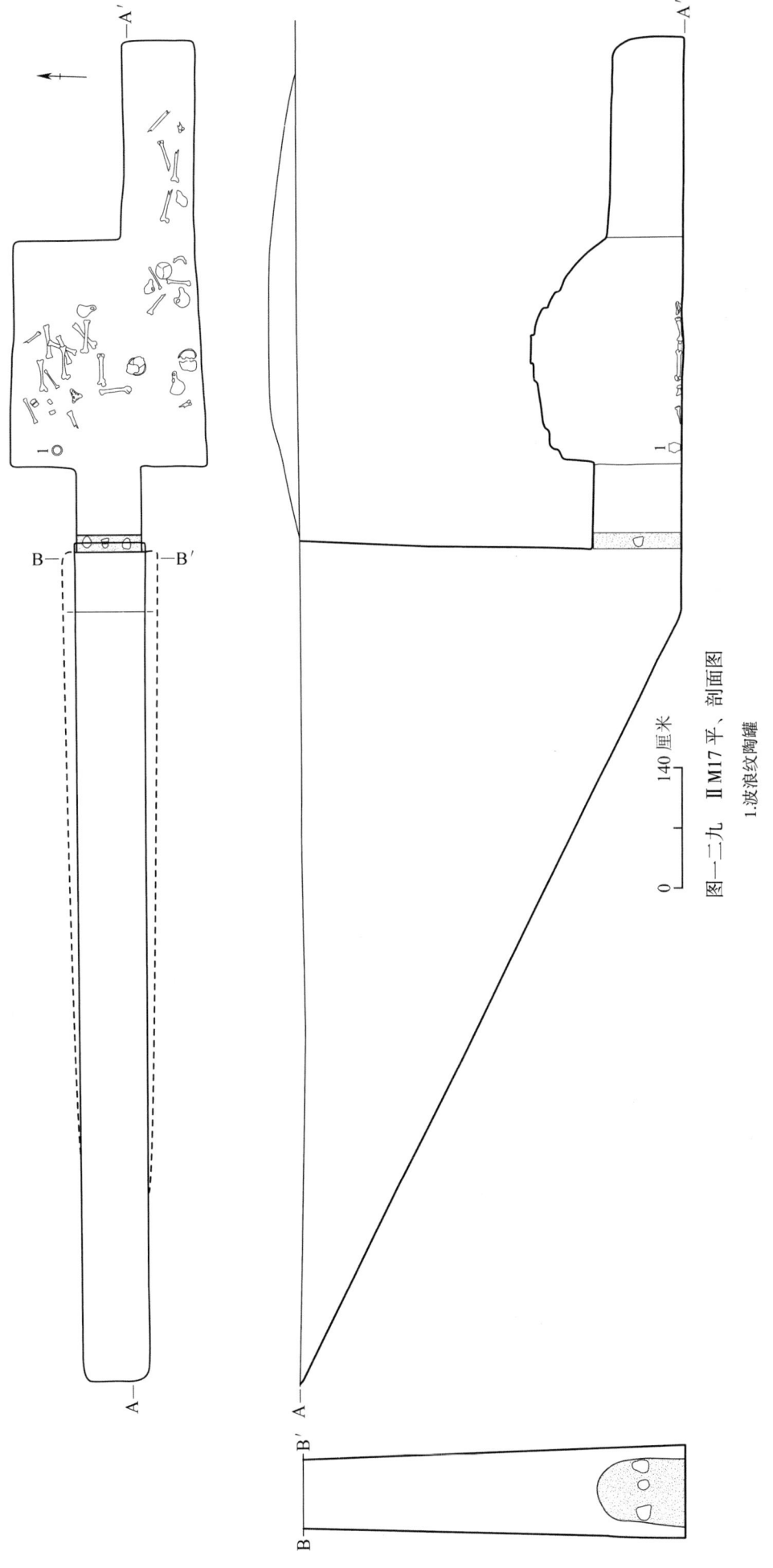

图一二九 ⅡM17 平、剖面图
1.波浪纹陶罐

内填灰黄色沙土，土质松散，含石砾。

甬道　位于墓道东端，连接墓道与墓室，为拱顶土洞式结构，平面呈长方形，进深1.00、宽0.74、高1.00米。墓门呈拱形，与甬道同高等宽，封门位于甬道内封，以沙土及石块封堵。

墓室　位于墓道以东，分前、后室。前室平面呈梯形西宽东窄，距墓室地面0.84米处向上斜收至覆斗顶，顶部坍塌严重，东西长2.60、南北宽2.06~2.20、残高1.66米。后室平面呈长方形，东西长2.30、南北宽0.84、高0.80~0.84米。

2. 葬具葬式

无葬具。

该墓为三人合葬。人骨凌乱，散布于墓室之中，疑为二次葬。经鉴定，人骨分属三个个体：其一，女性，年龄35~39岁；其二，女性，年龄45~50岁；其三，为一成年男性。

3. 随葬品

随葬品放置在墓室西北角，仅1件波浪纹陶罐。

波浪纹陶罐　1件。ⅡM17:1，泥质灰陶。口沿残，可复原。器形整体瘦高。侈口，圆唇，溜肩，鼓腹，平底。肩、腹部饰波浪纹和弦纹组合。口径8.8、腹径12.0、底径6.1、高13.0~13.3厘米（图一三〇，1）。

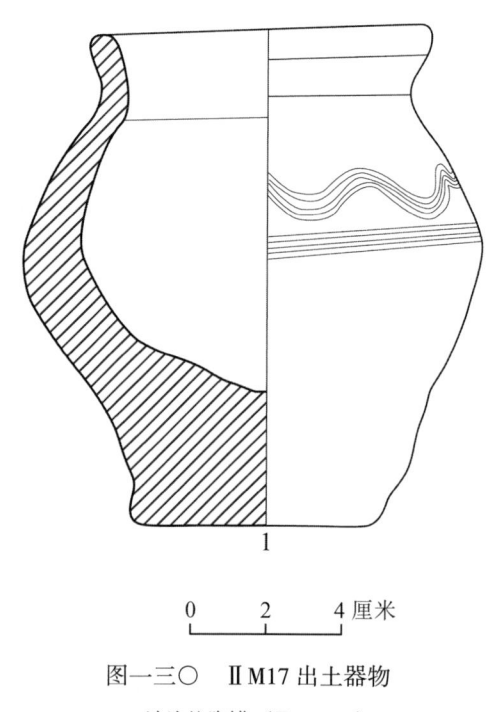

图一三〇　ⅡM17出土器物
1.波浪纹陶罐（ⅡM17:1）

ⅡM18

位于Ⅱ区东部，ⅡM17东南，东西向分布。与ⅡM16、ⅡM17为一组，未发现茔圈。

1. 墓葬形制

该墓为带长斜坡墓道单室土洞墓，由封土、墓道、甬道、墓室组成。墓向260°（图一三一）。

封土　现呈丘状，部分叠压墓道。残径5.00、残高0.48米。

墓道　位于墓室以西，平面呈长方形，长8.77、宽0.72米。东端剖面呈梯形，口小底大，底宽0.80米。西高东低，斜坡至底，斜坡长9.00米，坡度24°。近墓门处距地表深4.20米。内填灰黄色沙石土，土质松散，含石砾。

甬道　位于墓道东端，连接墓道与墓室，为拱顶土洞式结构，平面呈长方形，甬道顶部已坍塌，西高东低，进深0.86、宽0.82、残高1.30~1.38米。墓门呈拱形，与甬道同高等宽。封门位于甬道内封，以土坯及沙石封堵，残高1.00、宽0.70、厚0.34米，土坯长0.34、宽0.26、厚0.10米。

墓室　位于墓道以东，平面呈长方形，墓顶呈拱形，部分坍塌。墓室东西长2.60、南北宽1.90、残高1.30米。

2. 葬具葬式

无葬具。

该墓为双人合葬。墓室南北壁下各葬一人，北侧人骨扰乱严重，葬式不详；南侧人骨为仰身直肢葬。经鉴定，北侧人骨疑似男性，成年；南侧人骨为一成年个体，性别不详。

3. 随葬品

随葬品以陶器为主，放置于墓室北侧人骨头部，共6件，包括陶甑1件、陶釜1件、陶壶1件、陶盆1件、陶樽1件、陶榼1件。另于南侧人骨头部出土铜钱1组（11枚）。

陶榼　1件。ⅡM18:6，泥质素面橙黄陶。圆形，直口，平沿，缘部有棱台，平底，面部分内外两圈，内圈分隔为不等三单元，外圈分隔为不等六单元。面部整体低于口沿。口径15.0、底径16.0、高3.5厘米（图一三二，1）。

陶樽　1件。ⅡM18:5，泥质素面橙黄陶。直口，矮领，出肩，斜直腹，平底。口径12.6、底径13.2、高6.4厘米（图一三二，2）。

陶甑　1件。ⅡM18:1，泥质素面橙黄陶。盆形甑。侈口，尖圆唇，斜平沿，斜直腹，平底，底有七孔。口径11.5、底径5.0、高5.6厘米（图一三二，3）。

陶壶　1件。ⅡM18:3，泥质橙黄陶。侈口，圆唇，高斜直领，扁鼓腹，底座外撇，平底。

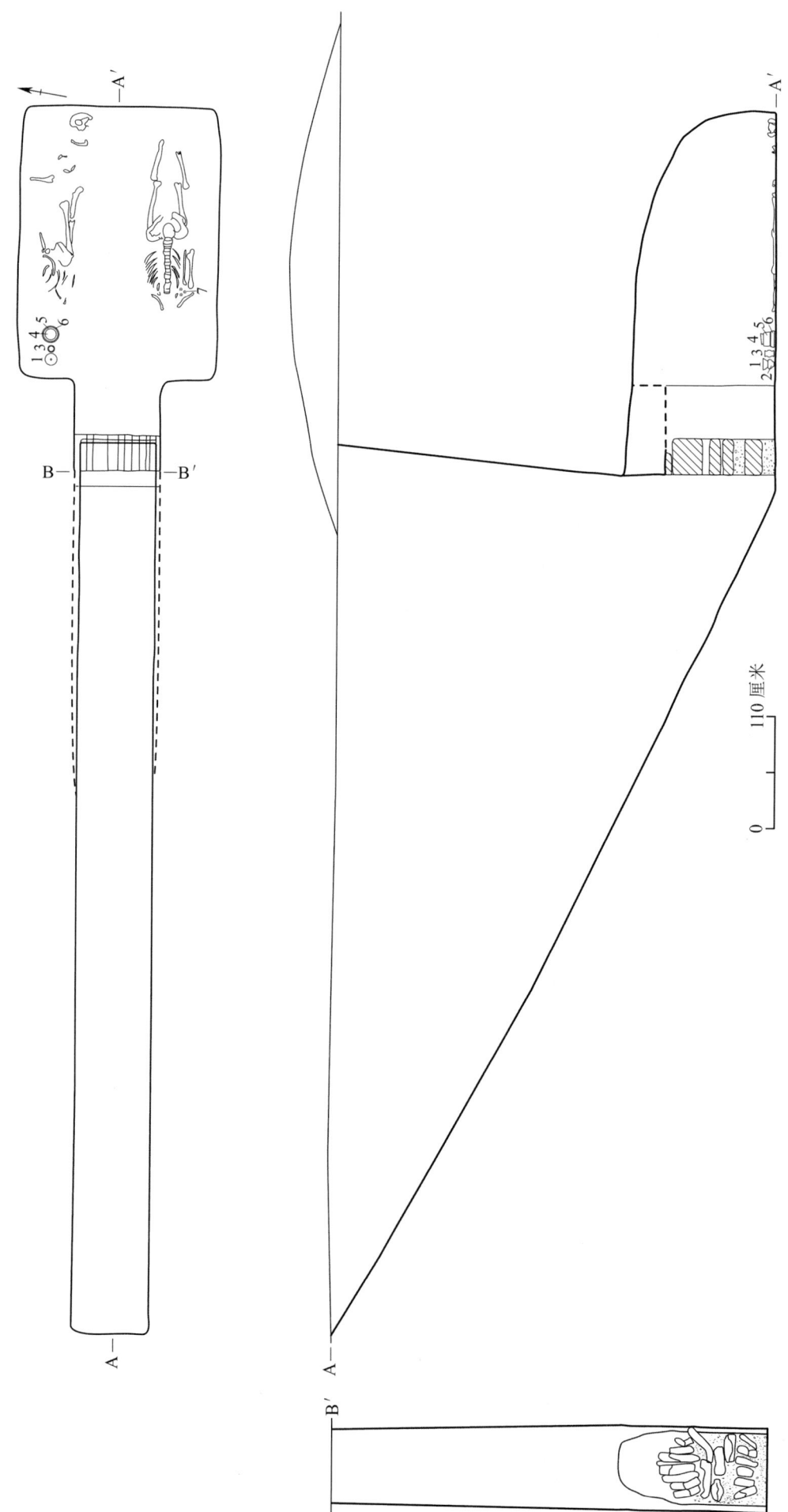

图一三一 ⅡM18 平、剖面图

1.陶甑 2.陶釜 3.陶壶 4.陶盆 5.陶樽 6.陶槅 7.铜钱

上腹部饰一组波浪纹。口径 5.5、腹径 6.7、底径 5.7、高 8.8 厘米（图一三二，4）。

陶釜　1 件。ⅡM18：2，泥质素面橙黄陶。敛口，方唇，扁鼓腹，底作高假圈足。内壁见轮制痕迹。口径 7.2、腹径 9.2、底径 4.3、高 6.0 厘米（图一三二，5）。

陶盆　1 件。ⅡM18：4，泥质素面橙黄陶。器形歪扭。侈口，斜平沿，尖圆唇，深弧腹，平底。口径 10.9、底径 5.0、高 5.0~6.1 厘米（图一三二，6）。

铜钱　1 组。ⅡM18：7，11 枚，均为剪轮钱，有方形方穿和圆形方穿两种，边有剪凿痕，钱文漫漶不可辨识，制作粗劣。钱径 0.63~1.00、穿宽 0.15~0.32、肉厚 0.06~0.18 厘米，重 0.06~0.19 克。

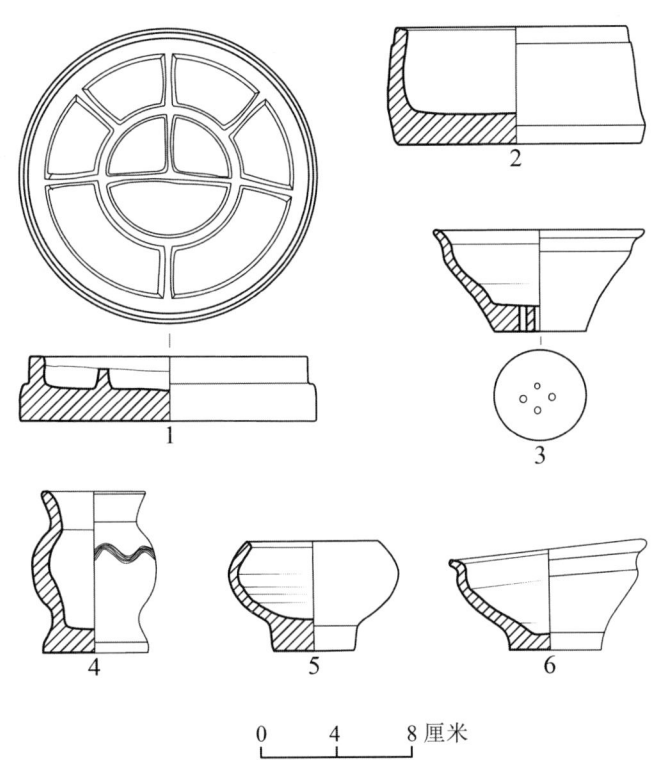

图一三二　ⅡM18 出土器物

1.陶楄（ⅡM18：6）　2.陶樽（ⅡM18：5）　3.陶甑（ⅡM18：1）　4.陶壶（ⅡM18：3）　5.陶釜（ⅡM18：2）　6.陶盆（ⅡM18：4）

ⅡM19

位于Ⅱ区东部，ⅡM15 东南，西北—东南向分布。与ⅡM20 为一组，未发现茔圈。

1. 墓葬形制

该墓为带长斜坡墓道单室洞室墓，由封土、墓道、甬道、墓室组成。墓向 288°（图一三三）。

封土　现呈丘状，部分叠压墓道，残径 3.70、残高 0.28 米。

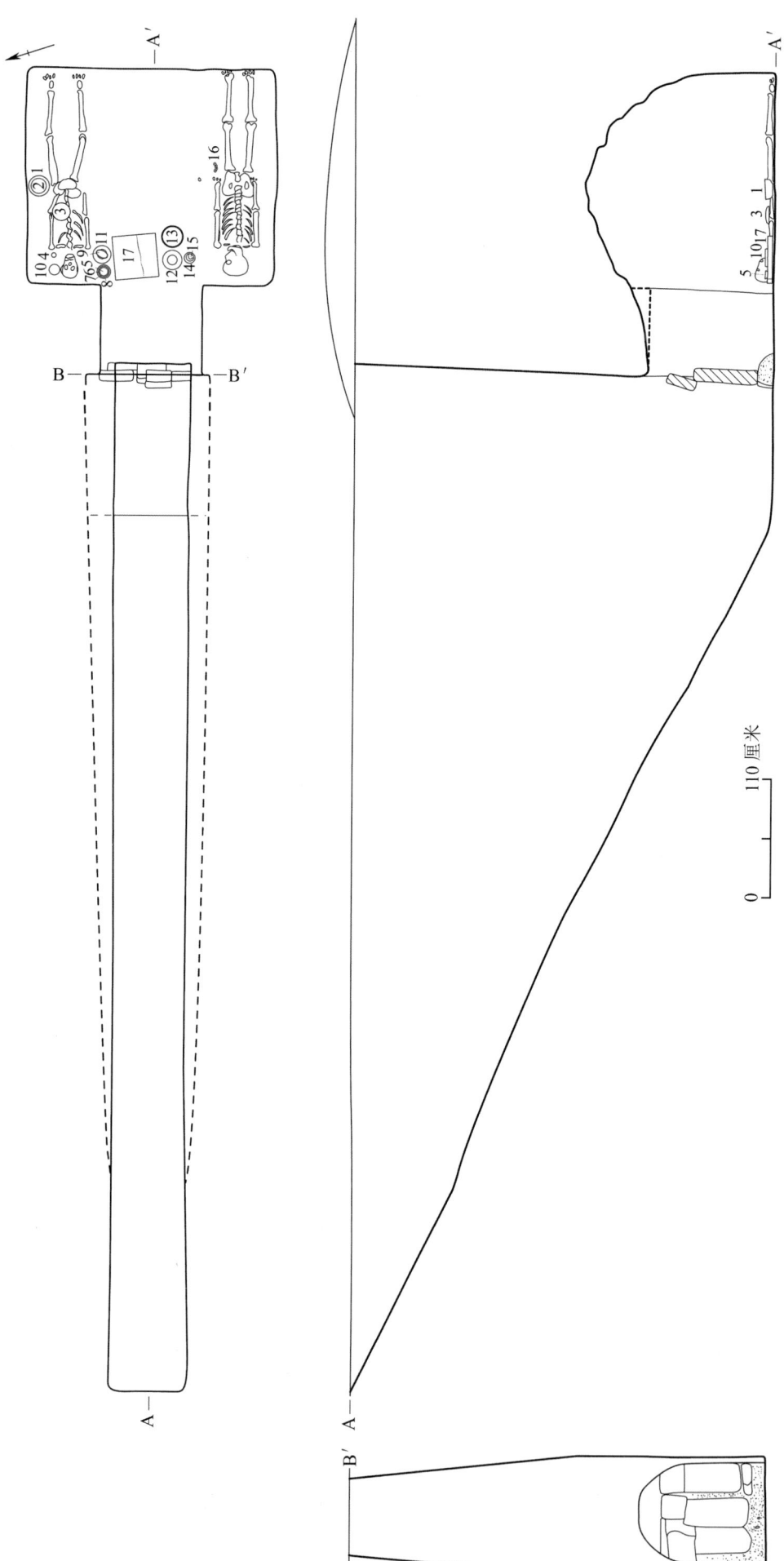

图一三三 ⅡM19 平、剖面图

1、2、7、8、11、14、15.陶钵 3、13.陶器盖 4~6、10.陶碗 9.铜耳杯 12.弦纹陶罐 16.铜钱 17.方砖

墓道　位于墓室以西，平面呈长方形，长9.40、宽0.70米。东端剖面呈梯形，口小底大，底宽1.10米。西高东低，斜坡至距墓门1.26米处到底，其后平直延伸至墓门处，斜坡长8.80米，坡度25°。近墓门处距地表深约3.80米。内填灰黄色沙石土，土质松散，含石砾。

甬道　位于墓道东端，连接墓道与墓室，平面呈长方形，顶部略有坍塌，西低东高，进深0.80、宽0.92、残高1.10~1.24米。墓门呈拱形，与甬道同高等宽。封门位于甬道内封，以土坯竖立混合沙石封堵。现高0.80、宽0.92、厚0.10米，土坯长0.56、宽0.26、厚0.12米。

墓室　位于墓道以东，平面呈长方形，距墓室地面0.76米处向上斜收，顶部坍塌，形制不详。墓室南北长2.30、东西宽2.00、残高1.66米。

2. 葬具葬式

墓室填土中出土木块，原可能存在木质葬具，具体形制不详。

该墓为双人合葬。人骨置于南、北壁下，均仰身直肢葬，头向西。经鉴定，北侧人骨为女性，年龄30岁左右；南侧人骨为男性，年龄40~44岁。

3. 随葬品

随葬品放置于墓室中部及两人骨附近，其中陶器15件，包括陶钵7件、陶器盖2件、陶碗4件、弦纹陶罐1件、方砖1件。铜器2件，包括铜耳杯1件、铜钱1组（9枚）（图版三五，3）。

弦纹陶罐　1件。ⅡM19:12，泥质灰陶。侈口，外缘呈三角状，领部较高，圆肩，圆鼓腹，下腹较斜直，平底。肩、腹部饰凹弦纹。口径7.2、腹径17.9、底径11.2、高15.5厘米（图一三四，1；图版七七，6）。

陶钵　7件。泥质素面灰陶。ⅡM19:1，口残，可复原。直口，圆唇，上腹较直，下腹弧腹至平底。内壁见轮制痕迹。口径9.4、底径5.4、高3.2~3.6厘米（图一三四，2；图版七六，3）。ⅡM19:2，口残，可复原。敛口，圆唇，上腹部外鼓，下腹部为弧腹，平底。口径12.8、底径5.8、高5.6厘米（图一三四，7）。ⅡM19:7，侈口，尖圆唇，上腹斜直，下腹弧收至平底。内壁见轮制痕迹。口径10.0、底径5.3、高3.5厘米（图一三四，3；图版七六，4）。ⅡM19:8，敛口，尖圆唇，弧腹，平底。腹部饰凹弦纹，内壁见轮制痕迹。口径11.4、底径6.5、高4.5厘米（图一三四，4；图版七六，5）。ⅡM19:11，残，可复原。敛口，尖圆唇，上腹部外鼓，下腹为弧腹，平底。口径15.6、底径5.5、高6.5厘米（图一三四，8）。ⅡM19:14，残，可复原。侈口，圆唇，弧腹，平底。内壁见轮制痕迹。口径10.0、底径3.7、高3.2厘米（图一三四，5）。ⅡM19:15，口残，可复原。侈口，尖唇，斜弧腹，平底。内壁见轮制痕迹。口径11.2、底径4.7、高4.6厘米（图一三四，6）。

陶碗　4件。泥质素面灰陶。侈口，尖圆唇，上弧腹，底作矮假圈足。ⅡM19:4，口径4.2、底径1.8、高1.5厘米（图一三五，2）。ⅡM19:5，器形歪扭。口径7.6、底径3.4、高

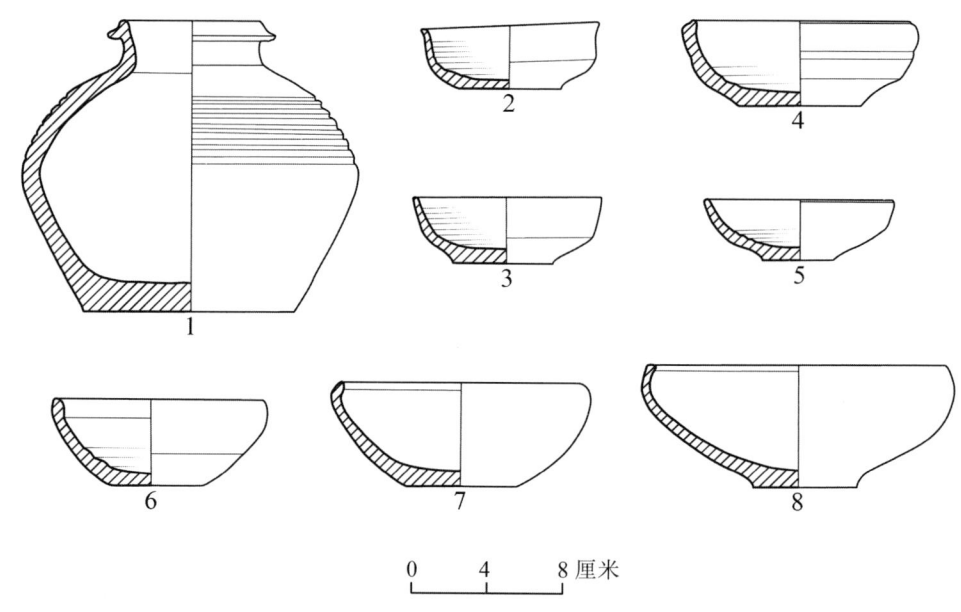

图一三四　ⅡM19 出土器物（一）

1.弦纹陶罐（ⅡM19：12）　2~8.陶钵（ⅡM19：1、ⅡM19：7、ⅡM19：8、ⅡM19：14、ⅡM19：15、ⅡM19：2、ⅡM19：11）

2.1~2.6厘米（图一三五，4；图版七七，1）。ⅡM19：6，器形歪扭。口径7.7、底径3.4、高2.7~3.0厘米（图一三五，5；图版七七，2）。ⅡM19：10，侈口，圆唇，弧腹，矮假圈足。口径9.8、底径3.6、高3.5厘米（图一三五，3）。

陶器盖　2件。泥质素面灰陶。整体呈覆钵状，弧形顶，直口，平沿。内壁见轮制痕迹。ⅡM19：3，盖径16.5、高3.0厘米（图一三五，6；图版七六，4）。ⅡM19：13，盖径19.6、高2.6厘米（图一三五，7；图版七七，3）。

方砖　1件。ⅡM19：17，青灰色，残。平面呈正方形，一面饰粗绳纹，边长40.0、厚4.5厘米（图一三五，8）。

铜耳杯　1件。ⅡM19：9，整体呈椭圆形，侈口，尖唇，长边两侧附对称半圆形双耳，弧腹，平底。长口径11.0、短口径6.2、长底径4.3、短底径3.3、耳长5.4~5.6、耳宽1.0~1.1、高2.8~3.1厘米（图一三五，1；图版七六，6）。

铜钱　1组。ⅡM19：16，9枚，均圆形方穿，形制不同，以五铢钱为主，另有1枚大泉五十、1枚货泉、1枚剪轮钱。部分五铢钱有穿下半星、穿上横郭、穿上短杠等记号，货泉面有四决文。

ⅡM19：16-2，五铢钱，正面穿左右篆书"五铢"二字。"五"字较窄，交笔弯曲；"铢"字"金"字头呈三角形，中间四点较短，"朱"字上部方折，下部圆折。记号为穿上横郭。钱径2.55、穿宽0.93、郭宽0.15、郭厚0.17、肉厚0.12厘米，重2.72克（图一三六，1；图版七七，5）。ⅡM19：16-4，五铢钱，正面穿左右篆书"五铢"二字。"五"字较宽，交笔弯曲；"铢"字"金"字头呈三角形，中间四点较短，"朱"字上部方圆折，下部圆折。钱径2.49、

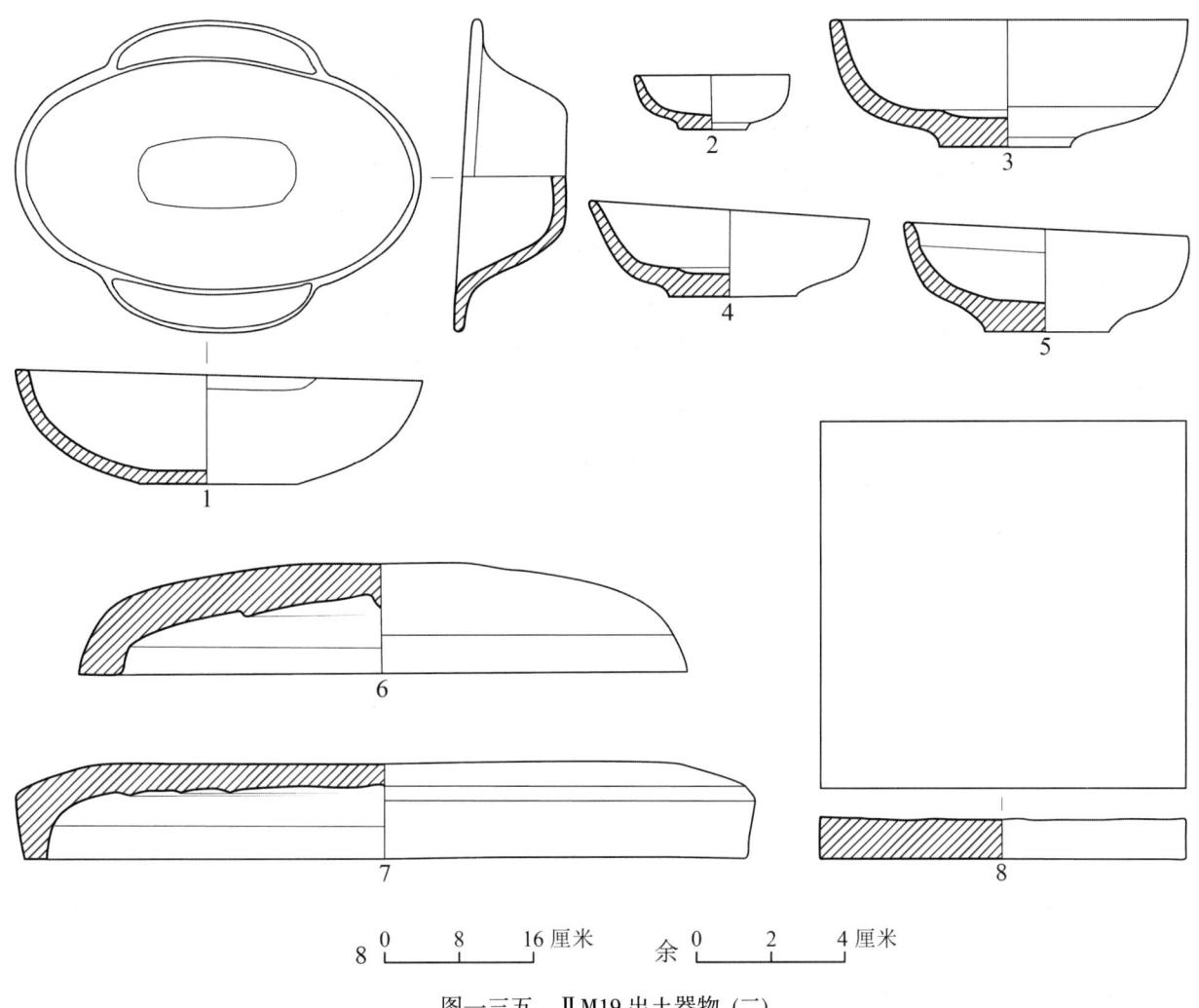

图一三五　ⅡM19出土器物（二）

1.铜耳杯（ⅡM19:9）　2~5.陶碗（ⅡM19:4、ⅡM19:10、ⅡM19:5、ⅡM19:6）
6、7.陶器盖（ⅡM19:3、ⅡM19:13）　8.方砖（ⅡM19:17）

穿宽0.98、郭宽0.09、郭厚0.12、肉厚0.07厘米，重2.12克（图一三六，2；图版七七，5）。ⅡM19:16-7，大泉五十，残缺，形制较大，形体厚重，面背皆有内郭。正面穿口左右铸"五十"二字，较瘦长，上下铸"大泉"二字，较宽矮，"泉"字锈蚀残缺，均为篆书。"五"字较窄，交笔弯曲，"大"字一横较折弧。钱径2.80、穿宽0.86、郭宽0.19、郭厚0.22、肉厚0.16厘米，重3.68克（图版七七，5）。ⅡM19:16-8，货泉，形制较小，形体厚重，两面穿皆有郭，"货泉"二字篆书。记号为面穿郭四角四出文。钱径2.42、穿宽0.75、郭宽0.19、郭厚0.25、肉厚0.21厘米，重6.30克（图一三六，3；图版七七，5）。

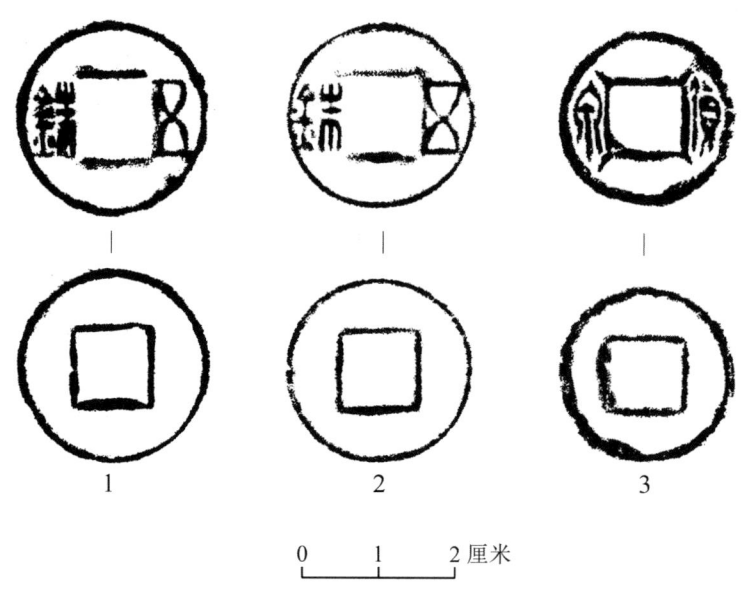

图一三六　ⅡM19 出土铜钱拓片
1、2.五铢钱（ⅡM19：16-2、ⅡM19：16-4）　3.货泉（ⅡM19：16-8）

ⅡM20

位于Ⅱ区东部，ⅡM19 以北，东西向分布。与ⅡM19 为一组，未发现茔圈。

1. 墓葬形制

该墓为带长斜坡墓道单室土洞墓，由封土、墓道、甬道、墓室组成。墓向 280°（图一三七）。

封土　现呈丘状，部分叠压墓道。残径 4.20、残高 0.40 米。

墓道　位于墓室以西，平面呈长方形，长 6.80、宽 0.80 米。东端剖面呈梯形，口小底大，底宽 1.02 米。西高东低，斜坡至底，斜坡长 7.40 米，坡度 27°。近墓门处距地表深 3.70 米。内填灰黄色沙石土，土质松散，含砾石。

甬道　位于墓道东端，连接墓道与墓室，为拱顶土洞式结构，平面呈长方形，进深 0.66、宽 0.60、高 1.14 米。墓门呈拱形，与甬道同高等宽。封门位于甬道内封，以土坯混合沙石封堵，现高 0.88、宽 0.60、厚 0.20 米，土坯长 0.38、宽 0.20、厚 0.08 米（图版五，1）。

墓室　位于甬道以东，平面呈长方形，距墓室地面 0.80 米处向上斜收至顶，顶部坍塌严重，形制不详。墓室东西长 3.02、南北宽 1.70、残高 1.90 米（图版五，2）。

2. 葬具葬式

墓室北壁下存尸床、尸罩，尸床由细沙土、木板堆垒而成，厚 0.06 米，尸罩已朽，部分残

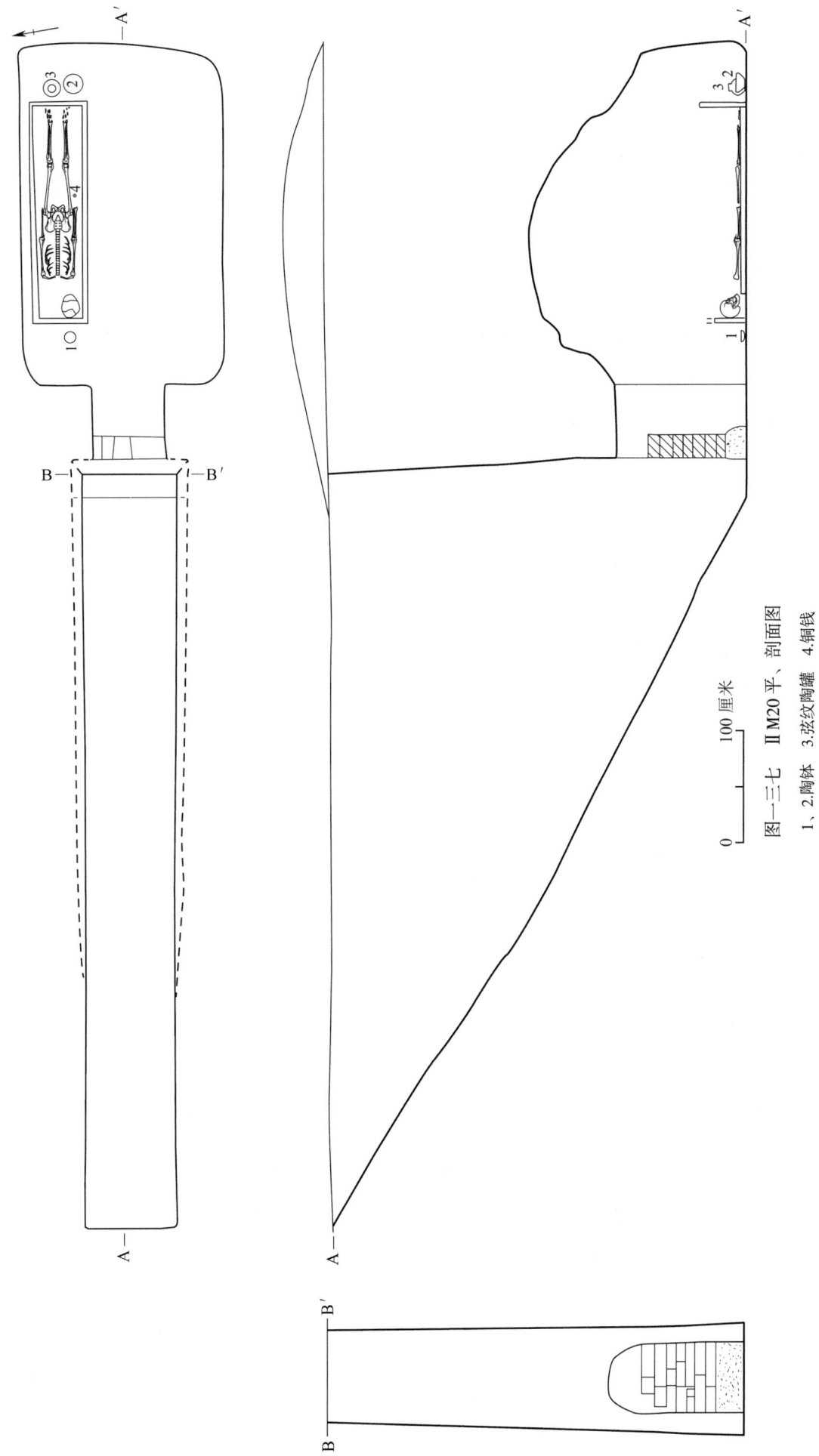

图一三七 ⅡM20 平、剖面图
1、2.陶钵 3.弦纹陶罐 4.铜钱

存,长1.95、宽0.46~0.50、残高0.30~0.42米,两挡板及侧板厚0.04~0.05米。

该墓为单人葬。人骨置于尸床之上,仰身直肢葬,头向西。经鉴定,人骨为男性,年龄40岁左右。

3. 随葬品

随葬品放置于人骨附近,共4件(组),包括陶钵2件、弦纹陶罐1件、铜钱1组(8枚)。

弦纹陶罐 1件。ⅡM20:3,泥质素面灰陶。器形歪扭。直口,尖圆唇,外缘呈三角状,束颈,溜肩,圆鼓腹,平底。肩、腹部饰数道凹弦纹。口径5.6、腹径15.0、底径6.8、高14.1~14.5厘米(图一三八,1)。

陶钵 2件。ⅡM20:1,泥质素面灰陶。侈口,圆唇,弧腹,平底。口径10.0、底径4.0、高3.0~3.2厘米(图一三八,2)。ⅡM20:2,泥质素面灰陶。敛口,圆唇,上腹圆鼓,下腹斜收至平底。口径16.0、底径7.1、高7.5~7.9厘米(图一三八,3)。

铜钱 1组。ⅡM20:4,8枚,均圆形方穿,形制不同,以五铢钱为主,部分五铢钱磨郭。一枚磨郭五铢有穿上阴刻符号。

ⅡM20:4-4,磨郭五铢,正面穿左右篆书"五铢"二字。"五"字较宽,交笔弯曲;"铢"字"金"字头呈三角形,中间四点较长,"朱"字上下部均圆折。记号为穿上阴刻"\\\\"符号。钱径2.20、穿宽0.87、肉厚0.09厘米,重1.84克(图版七八,1)。

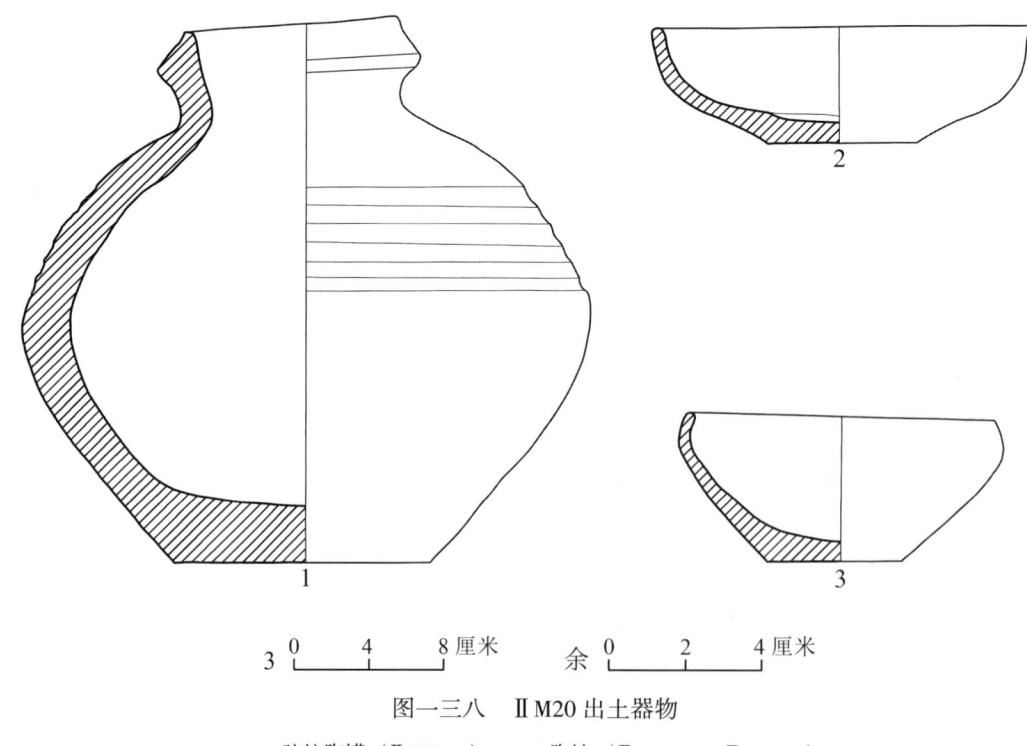

图一三八 ⅡM20出土器物

1.弦纹陶罐(ⅡM20:3) 2、3.陶钵(ⅡM20:1、ⅡM20:2)

ⅡM21

位于Ⅱ区东部，ⅡM20 东北，东西向分布。与ⅡM22 为一组，未发现茔圈。

1. 墓葬形制

该墓为带长斜坡墓道单室土洞墓，由封土、墓道、甬道、墓室组成。墓向 272°（图一三九）。

封土　现呈丘状，部分叠压墓道。残径 6.50、残高 0.54 米。

墓道　位于墓室以西，平面呈长方形，长 11.60、宽 0.70 米。东端剖面呈梯形，口小底大，底宽 1.00 米。西高东低，斜坡至底，斜坡长 11.40 米，坡度 25°。近墓门处距地表深约 4.90 米。内填灰黄色沙石土，土质松散，含大量细沙、石块。

甬道　位于墓道东端，与连接墓道与墓室，为拱顶土洞式结构，平面呈长方形，西高东低，进深 0.80、宽 0.72、高 1.34~1.44 米。墓门呈拱形，与甬道同高等宽，封门位于甬道内封，以规格不等的土坯和沙石混合封堵，现高 1.44、宽 0.70、厚 0.24 米。

墓室　位于墓道以东，平面呈长方形，墓室顶部略有坍塌，距墓室地面 0.70 米处向上斜收至覆斗顶，顶部正中现存一正方形藻井，边长 0.30、深 0.14 米。墓室东西长 3.10、南北宽 2.60、残高 1.86 米。墓室西北角和西南角各陶一龛，西北角龛口宽 0.72、进深 0.32、高 0.54 米；西南角龛口宽 0.60、进深 0.30、高 0.54 米。

2. 葬具葬式及葬俗

无葬具。

该墓为双人合葬。人骨置于南、北壁下，北侧人骨为仰身直肢葬，南侧人骨凌乱，葬式不详。经鉴定，北侧人骨为女性，年龄 50~60 岁；南侧人骨为男性，年龄 40 岁左右。

北侧人骨周围散落有意打碎的陶片。

3. 随葬品

随葬品主要放置于两龛内及北侧人骨头端，共 17 件（组），包括陶碟 1 件、陶甑 2 件、陶樽 2 件、波浪纹陶罐 3 件、陶钵 1 件、陶碗 2 件、陶盆 1 件、陶釜 2 件、陶斗瓶 2 件、铜钱 1 组（6 枚）。

陶斗瓶　2 件。泥质素面红褐陶。侈口，尖唇，束颈，圆折肩，斜直腹，平底。ⅡM21：16，口径 4.9、腹径 5.8、底径 5.0、高 6.4 厘米（图一四〇，2）。ⅡM21：17，口径 4.6、腹径 5.6、底径 5.3、高 5.8 厘米（图一四〇，1）。

陶樽　2 件。ⅡM21：4，泥质素面橙黄陶。直口，尖圆唇，矮领，折肩，直腹微内收，平

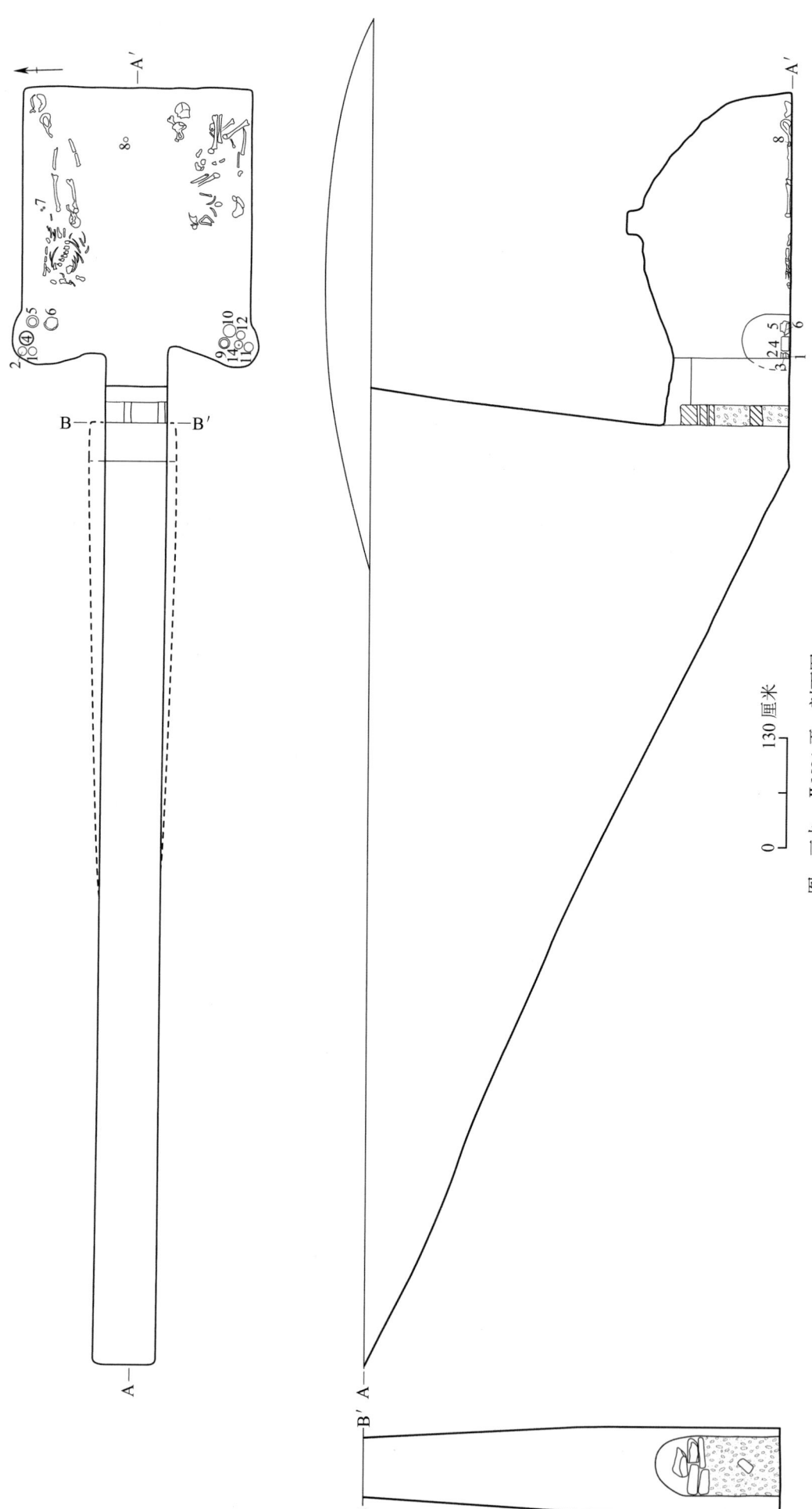

图一三九 ⅡM21 平、剖面图

1.陶碟 2、14.陶瓶 3、15.陶盒（位于11号陶碗之下） 4、10.陶樽 5、6、9.波浪纹陶罐 7.铜钱 8.陶钵 11、13.陶碗 12.陶盆 16、17.陶斗瓶（出土于墓室枕土内）

底。口径 15.5、底径 16.5、高 8.9~9.0 厘米（图一四〇，3）。ⅡM21：10，泥质灰陶。直口微侈，方唇，无领，无肩，斜直腹，平底。外缘饰凸棱纹。口径 14.8、底径 13.6、高 8.6 厘米（图一四〇，4）。

陶甑　2件。ⅡM21：2，泥质素面灰陶。盆形甑，侈口，斜平沿，尖唇，斜直腹，平底，底有三孔。口径 10.3、底径 4.3、高 3.4~3.6 厘米（图一四〇，5）。ⅡM21：14，泥质素面红陶。器形歪扭。盆形甑。侈口，尖圆唇，弧腹，平底，底有四孔。口径 9.8、底径 4.8、高 3.9~5.1 厘米（图一四〇，6）。

陶碟　1件。ⅡM21：1，泥质素面灰陶。器形歪扭。侈口，圆唇，斜腹，平底。口径 10.0、底径 3.6、高 2.5~3.7 厘米（图一四〇，7）。

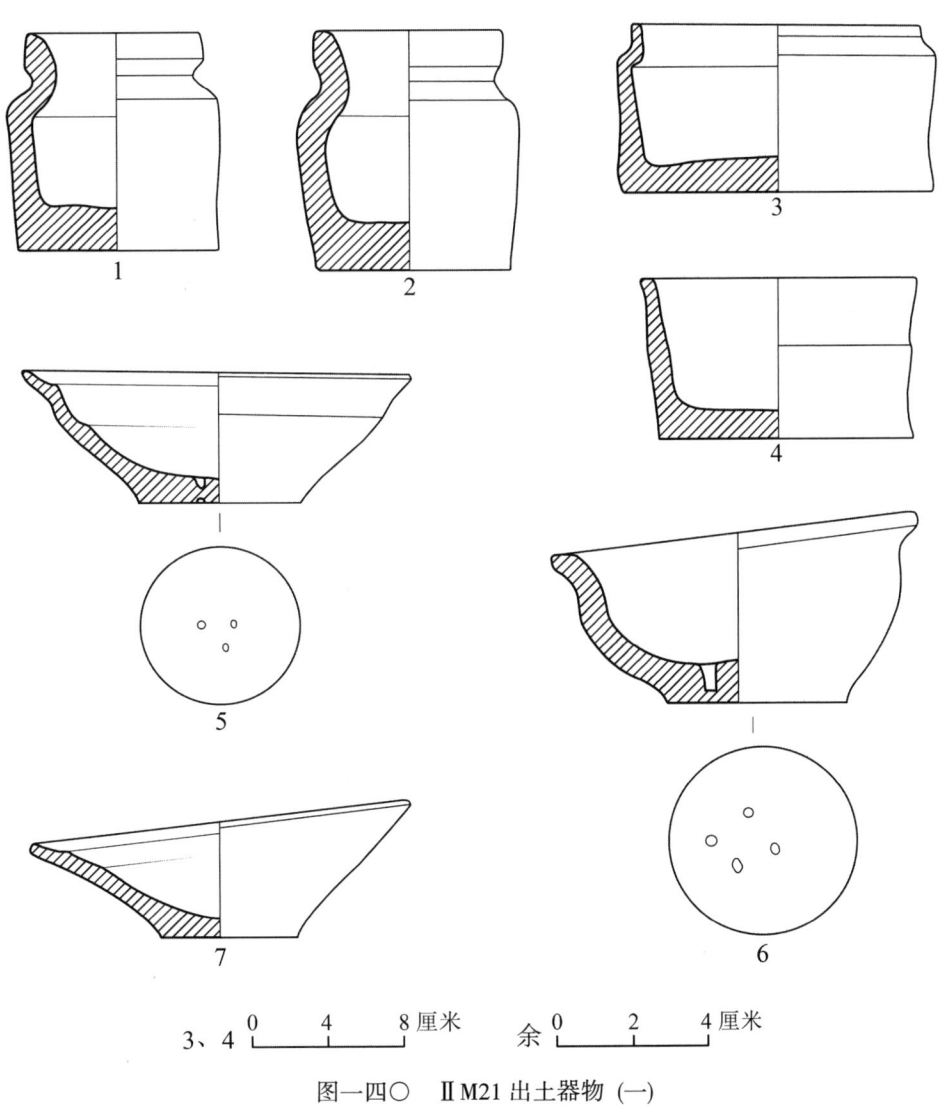

图一四〇　ⅡM21 出土器物（一）
1、2.陶斗瓶（ⅡM21：17、ⅡM21：16）　3、4.陶樽（ⅡM21：4、ⅡM21：10）
5、6.陶甑（ⅡM21：2、ⅡM21：14）　7.陶碟（ⅡM21：1）

陶钵　1件。ⅡM21∶8，泥质素面灰陶。侈口，厚圆唇，浅斜腹，平底。口径5.5、底径4.5、高2.2厘米（图一四一，1）。

陶碗　2件。ⅡM21∶11，泥质素面灰陶。直口，圆唇，深弧腹，底作矮假圈足。口径8.0、底径4.3、高4.0~4.2厘米（图一四一，3）。ⅡM21∶13，泥质素面灰陶。侈口，尖圆唇，浅弧腹，底作矮假圈足。内壁见轮制痕迹。口径11.0、底径4.5、高3.3~3.7厘米（图一四一，2）。

陶盆　1件。ⅡM21∶12，泥质素面灰陶。器形歪扭。侈口，厚圆唇，斜平沿，束颈，弧腹，平底。内壁见轮制痕迹。口径10.1、底径4.9、高3.6~5.1厘米（图一四一，4）。

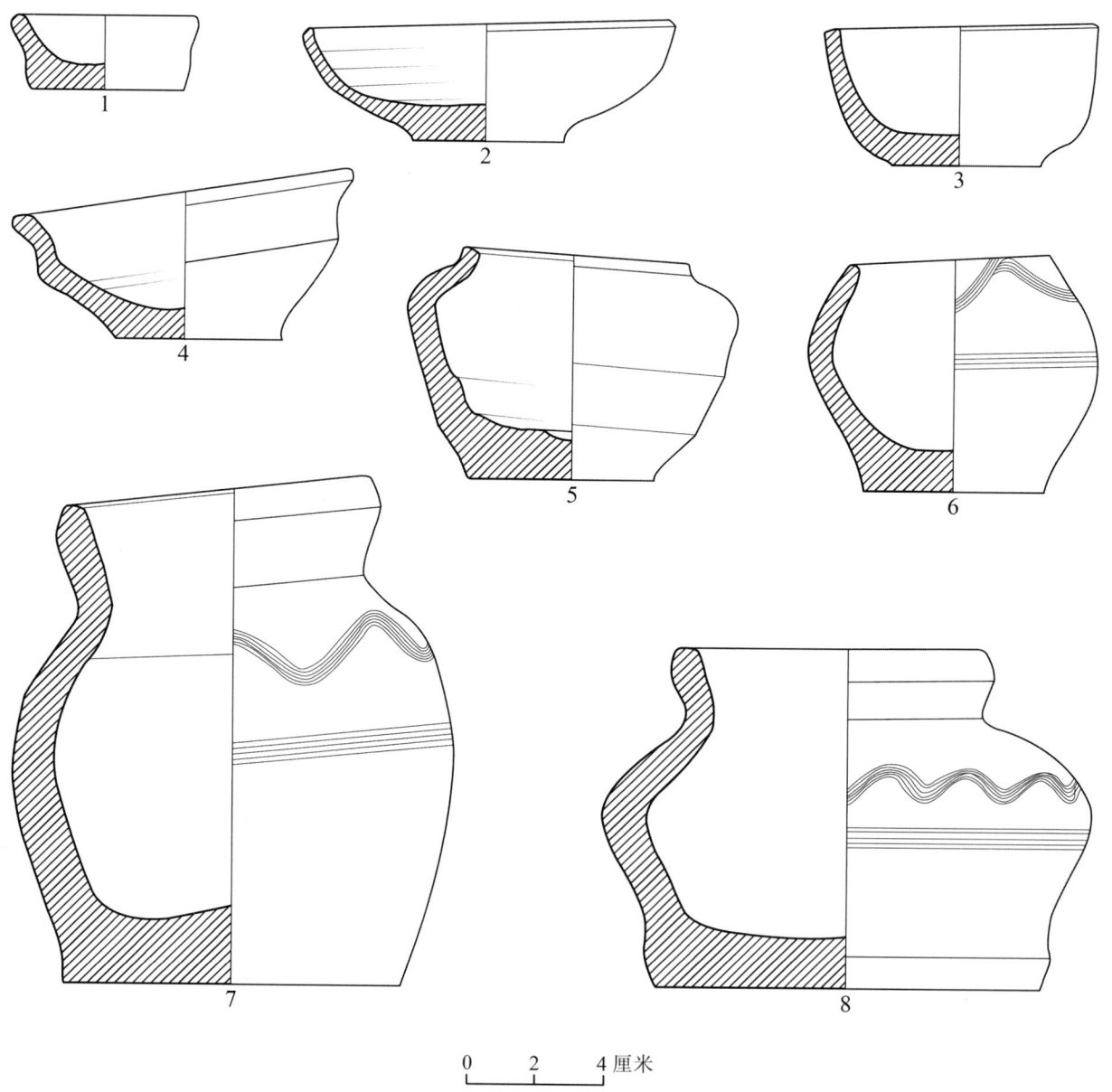

图一四一　ⅡM21出土器物（二）
1.陶钵（ⅡM21∶8）　2、3.陶碗（ⅡM21∶13、ⅡM21∶11）　4.陶盆（ⅡM21∶12）
5、6.陶釜（ⅡM21∶3、ⅡM21∶15）　7、8.波浪纹陶罐（ⅡM21∶9、ⅡM21∶5）

陶釜　2件。ⅡM21：3，泥质橙黄陶。器形歪扭。直口，平沿，矮领，上腹较鼓，下腹斜收至平底。外壁饰两道凸棱纹，内壁见轮制痕迹。口径6.6、腹径9.6、底径5.4、高6.4~6.8厘米（图一四一，5）。ⅡM21：15，泥质橙黄陶，器形歪扭。敛口，圆唇，溜肩，圆鼓腹，腹下斜收至平底。肩、腹部饰波浪纹和弦纹组合。口径5.8、腹径8.4、底径5.3、高6.7~7.0厘米（图一四一，6）。

波浪纹陶罐　3件。ⅡM21：5，泥质橙黄陶。器形整体矮胖，侈口，圆唇，矮颈，束颈，溜肩，鼓腹，平底。肩、腹部饰波浪纹和弦纹组合。口径9.0、腹径14.3、底径11.2、高10.0厘米（图一四一，8）。ⅡM21：6，泥质橙黄陶，残存底部。弧腹，平底。底径11.5、残高5.5厘米。ⅡM21：9，泥质灰陶。器形歪扭。器形整体瘦高，侈口，圆唇，沿外有凸棱，矮领，束颈，溜肩，圆鼓腹，平底。肩、腹部饰波浪纹和弦纹组合。口径9.0、腹径13.0、底径10.0、高14.0~15.0厘米（图一四一，7）。

铜钱　1组。ⅡM21：7，6枚，均为剪轮钱，方形方穿、圆形方穿均有，边有剪凿痕，钱文漫漶不可辨识，制作粗劣。钱径1.18~1.63、穿宽0.56~0.66、肉厚0.08~1.16厘米，重4.55克。

ⅡM22

位于Ⅱ区东部，ⅡM21以北，西北—东南向分布。与ⅡM21为一组，未发现茔圈。

1. 墓葬形制

该墓为带长斜坡墓道单室土洞墓，由封土、墓道、甬道、墓室组成。墓向286°（图一四二）。

封土　现呈丘状，部分叠压墓道。残径3.60、残高0.34米。

墓道　位于墓室以西，平面呈近梯形，西窄东宽，长9.26、宽0.76~0.80米。东端剖面呈长方形，底宽0.80米。西高东低，斜坡至距墓门0.54米处到底，其后平直延伸至墓门处，斜坡长9.40米，坡度26°。近墓门处距地表深4.50米。内填灰黄色沙石土，土质松散，内含大量砾石。

甬道　位于墓道东端，为拱顶土洞式结构，平面呈长方形，顶部略有坍塌，进深0.84、宽0.72~0.76、残高1.00米。墓门呈拱形，与甬道同高等宽。封门位于甬道内封，以沙石和规格不等的土坯混合封堵，封门现高1.04、宽0.70、厚0.40米。

墓室　位于墓道以东，平面呈长方形，覆斗顶，四壁及顶部坍塌严重。墓室东西长2.96、南北宽2.20、残高1.84米。

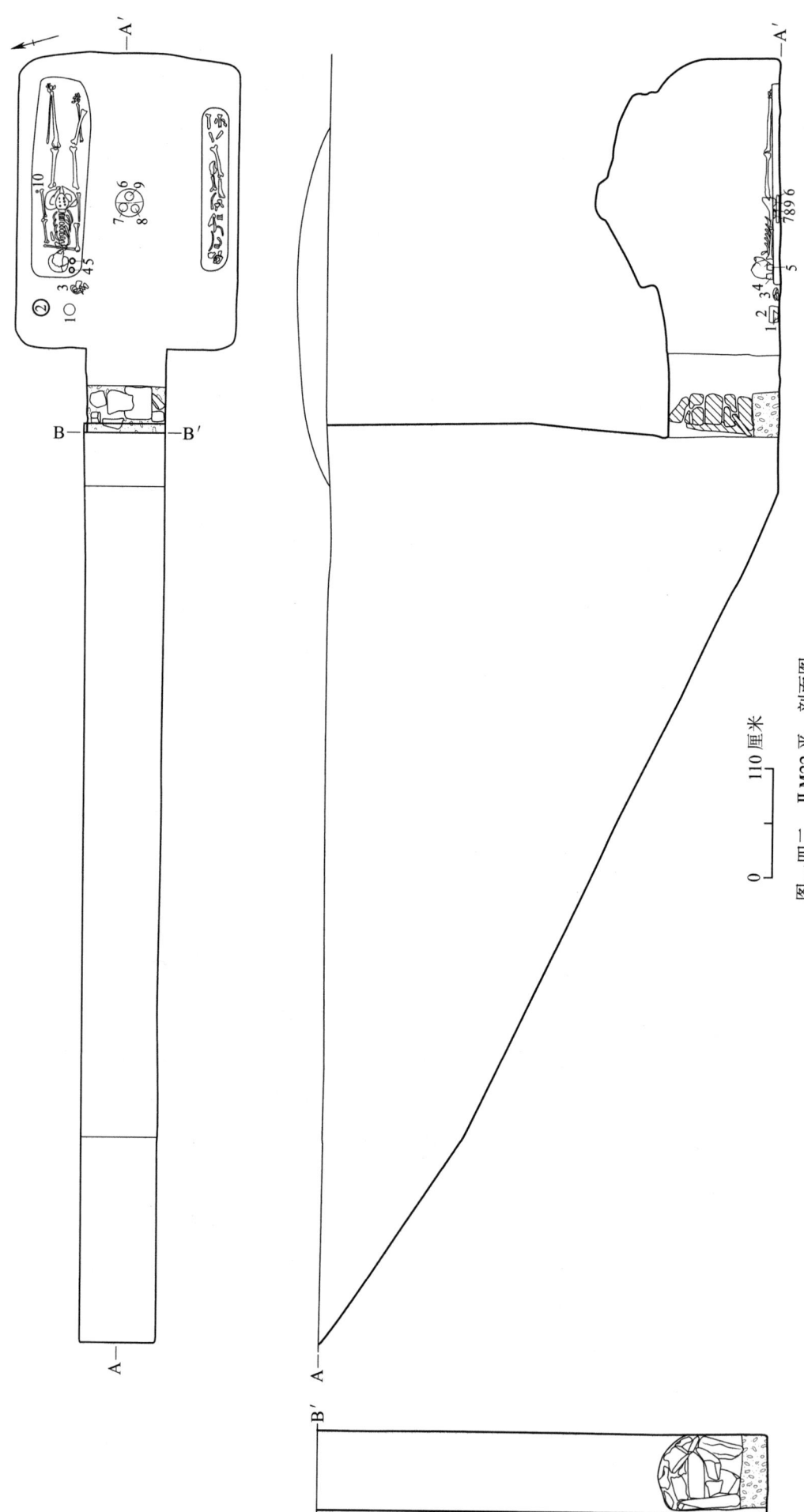

图一四二 ⅡM22 平、剖面图

1、9.陶盆 2.陶樽 3.波浪纹陶罐 4、5.陶斗瓶 6.陶盘 7、8.陶钵 10.铜钱

2. 葬具葬式及葬俗

墓室南、北壁下各存一尸床，均由沙石堆垒而成。北侧尸床长2.00、宽0.44~0.50、厚0.06米；南侧尸床长1.60、宽0.26、厚0.06米。

该墓为双人合葬。人骨均置于尸床之上，北侧人骨为仰身直肢葬，头向西；南侧人骨凌乱，葬式不详。经鉴定，北侧人骨为男性，年龄35岁左右；南侧人骨为女性，年龄18~23岁。北侧尸床上散布有意打碎的陶片。

3. 随葬品

随葬品集中放置于北侧人骨头端及墓室中部，共10件（组），其中陶盆2件、陶樽1件、波浪纹陶罐1件、陶斗瓶2件、陶盘1件、陶钵2件、铜钱1组（11枚）。

陶盆　2件。ⅡM22∶1，泥质素面橙黄陶。侈口，方唇，宽沿微凹，斜腹，平底。内壁见轮制痕迹。口径11.5、底径4.7、高4.4厘米（图一四三，1）。ⅡM22∶9，泥质素面灰陶。侈口，平沿，尖圆唇，弧腹，平底。内壁见轮制痕迹。口径9.0、底径4.0、高2.8厘米（图一四三，2）。

陶钵　2件。泥质素面橙黄陶。侈口，尖唇，弧腹，平底。内壁见轮制痕迹。ⅡM22∶7，口径8.6、底径4.4、高2.2厘米（图一四三，4）。ⅡM22∶8，口径8.0、底径4.0、高2.5厘米（图一四三，3）。

陶斗瓶　2件。ⅡM22∶4，泥质素面灰陶。侈口，圆唇，束颈，溜肩，腹部微鼓，平底。口径4.9、腹径6.0、底径5.5、高6.2厘米（图一四三，5）。ⅡM22∶5，泥质素面灰陶。侈口，圆唇，矮领，束颈，折肩，直腹，平底。口径4.9、腹径6.0、底径5.5、高5.8厘米（图一四三，6）。

陶樽　1件。ⅡM22∶2，泥质素面灰陶。直口，方唇，矮领，折肩，斜直腹，平底。内壁见轮制痕迹。口径15.7、底径14.9、高8.7厘米（图一四三，7）。

波浪纹陶罐　1件。ⅡM22∶3，泥质橙黄陶。残片，不可复原。侈口，圆唇，鼓腹。肩、腹部饰波浪纹和弦纹组合。

陶盘　1件。ⅡM22∶6，泥质橙黄陶。圆形，平沿，外缘微弧，盘面平整，略低于口沿，平底。盘面饰波浪纹两组，盘心内有轮旋纹痕迹。盘径27.7、厚2.6厘米（图一四三，8）。

铜钱　1组。ⅡM22∶10，11枚，均圆形方穿，形制不同，以五铢钱为主，另有少量剪轮钱。

ⅡM22∶10-1，蜀五铢，残缺，正面穿左右篆书"五铢"二字。形制较小，两面穿均有郭。"五"字较窄，交笔弯曲；"铢"字金字头呈箭镞状，中间四点较短，"朱"字上下部均圆折。钱径2.65、穿宽0.72、郭宽0.12、郭厚0.10、肉厚0.07厘米，重1.41克。

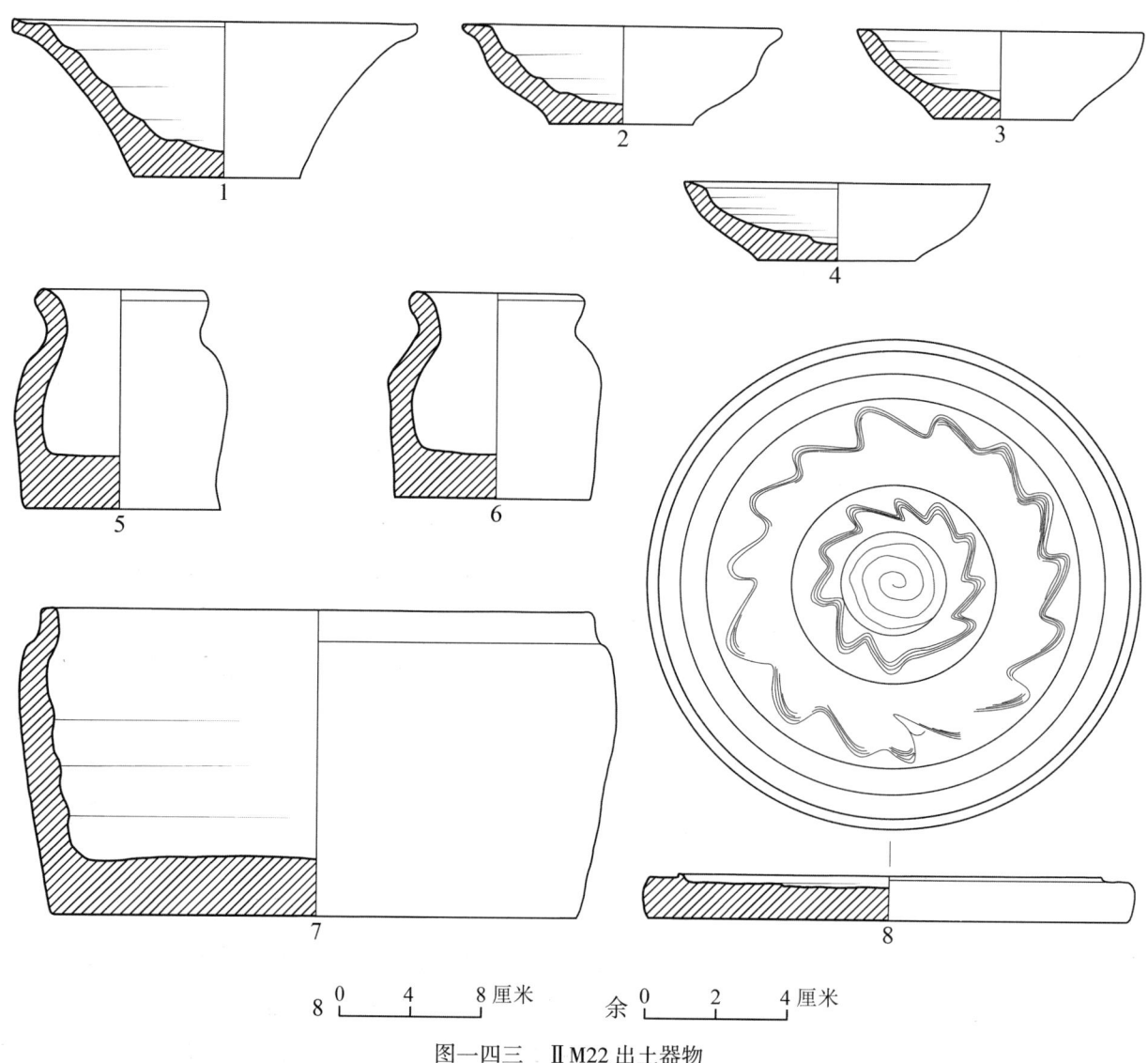

图一四三　ⅡM22 出土器物

1、2.陶盆（ⅡM22∶1、ⅡM22∶9）　3、4.陶钵（ⅡM22∶8、ⅡM22∶7）　5、6.陶斗瓶（ⅡM22∶4、ⅡM22∶5）
7.陶樽（ⅡM22∶2）　8.陶盘（ⅡM22∶6）

ⅡM23

位于Ⅱ区东部，ⅡM19 东南，东西向分布。与ⅡM24、ⅡM25 为一组，未发现茔圈。

1. 墓葬形制

该墓为带长斜坡墓道单室土洞墓，由封土、墓道、甬道、墓室组成。墓向 267°（图一四四）。

封土　现呈丘状，部分叠压墓道。残径 5.00、残高 0.60 米。

墓道　位于墓室以西，平面呈梯形，西窄东宽，长 12.50、宽 0.90~1.00 米。东端剖面呈梯

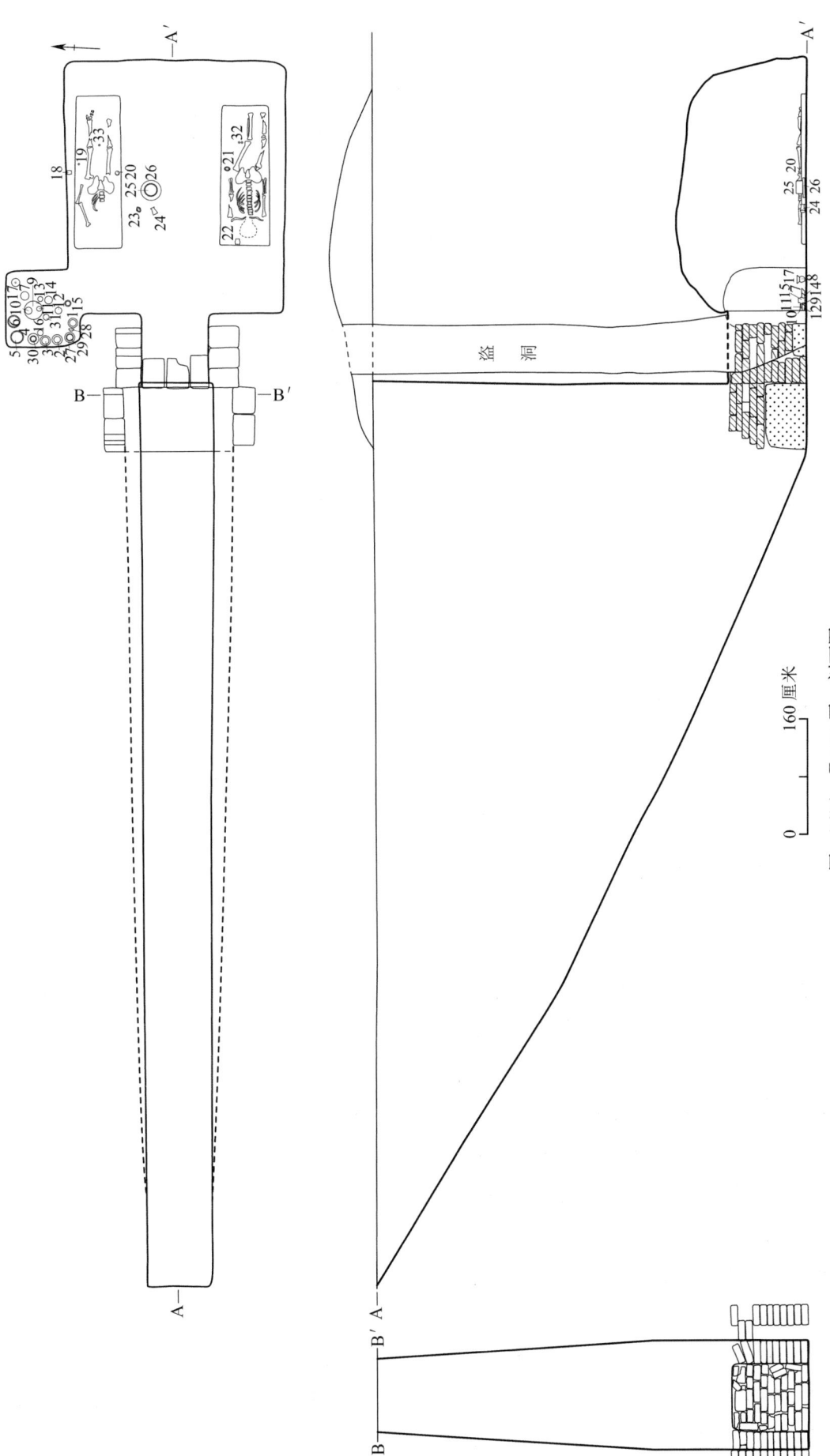

图一四四 ⅡM23 平、剖面图

1~4、27.波浪纹陶罐 5、6、25.陶樽 7.陶盆 8.陶釜 9、26.陶盘 10~14、16、28、30.陶碗 15.陶壶 17.陶甑 18、20、22.陶斗瓶 19、32、33.铜钱 21、23.陶耳杯 24.陶灯 29、31.陶钵

形，口小底大，底宽 1.50 米。西高东低，斜坡至底，坡长 13.60 米，坡度 24°。近墓门处距地表深约 6.20 米。内填灰黄色沙土，土质松散，含砾石。

甬道　位于墓道东端，连接墓道与墓室，平面呈长方形，进深 1.02、宽 0.75~0.92、高 1.10 米。甬道南北两壁距底 0.20 米以上用厚 0.08、长 0.12~0.32 米的土坯平砌垒起。在甬道口正面、墓道近甬道口的南北两壁，用长 0.34、厚 0.10、宽 0.38 米不等的四至五层土坯平砌。距底部 0.60 米，甬道口北侧高 0.24 米，南侧高 0.32 米，在墓道近甬道口的南北两壁，南壁东西长 0.40~0.48、北壁东西长 0.65~0.95、高 0.48~0.50 米。墓门顶部被盗洞打破，形制不详。封门位于甬道内封，以土坯封堵，现高 1.10、宽 0.92、厚 0.38~0.42 米，土坯厚 0.07~0.14、长 0.12~0.38 米。甬道内西距墓道 0.14 米处有一直径为 0.80 米的圆形盗洞，直下至底部。

墓室　位于墓道以东，平面呈长方形，墓室坍塌严重，采用揭取墓室顶部的方式进行清理，墓室顶部形制及高度不详。距墓室地面 0.42 米处向上斜收。墓室东西长 3.46、南北宽 3.00 米。墓室西北角存一耳室，口宽 1.06、进深 0.84、残高 1.16 米（图版六，1）。

2. 葬具葬式及葬俗

墓室南、北壁下各存一尸床，北侧尸床由木板、白灰等堆垒而成，长 2.10、宽 0.60~0.68 米；南侧尸床由细沙土堆垒而成，长 1.90、宽 0.64~0.70 米。

该墓为双人合葬。人骨置于尸床之上，北侧人骨仰身直肢，南侧人骨仰身屈肢，头向西。经鉴定，北侧人骨为一成年个体，性别不详；南侧人骨为男性，年龄 35~39 岁。

两尸床上散布有意打碎的陶片。

3. 随葬品

随葬品放置于耳室、墓室中部及人骨附近，共 33 件（组），包括波浪纹陶罐 5 件、陶樽 3 件、陶盆 1 件、陶釜 1 件、陶盘 2 件、陶碗 8 件、陶钵 2 件、陶壶 1 件、陶斗瓶 3 件、陶甑 1 件、陶耳杯 2 件、陶灯 1 件、铜钱 3 组（4 枚）（图版三六，1）。

陶钵　2 件。ⅡM23：29，泥质素面橙黄陶。侈口，尖圆唇，腹部斜直，平底。内壁见轮制痕迹。口径 8.4、底径 4.2、高 3.0 厘米（图一四五，1；图版七八，4）。ⅡM23：31，泥质素面灰陶。残，可复原。侈口，尖圆唇，弧腹，平底。内壁见轮制痕迹。口径 8.3、底径 3.8、高 2.7~3.0 厘米（图一四五，2）。

陶碗　8 件。ⅡM23：10，泥质素面灰陶。器形歪扭。侈口，尖圆唇，弧腹，底作矮假圈足。口径 9.7、底径 4.6、高 3.6~4.0 厘米（图一四五，6；图版八〇，3）。ⅡM23：11，泥质素面橙黄陶。直口，圆唇，弧腹，底作矮假圈足。口径 6.8、底径 3.6、高 2.5 厘米（图一四五，8）。ⅡM23：12，泥质素面橙黄陶。侈口，圆唇，弧腹，底作矮假圈足。口径 9.1、底径 4.5、高 3.5 厘米（图一四五，7；图版八〇，5）。ⅡM23：13，泥质橙黄陶。敛口，尖圆唇，上腹外

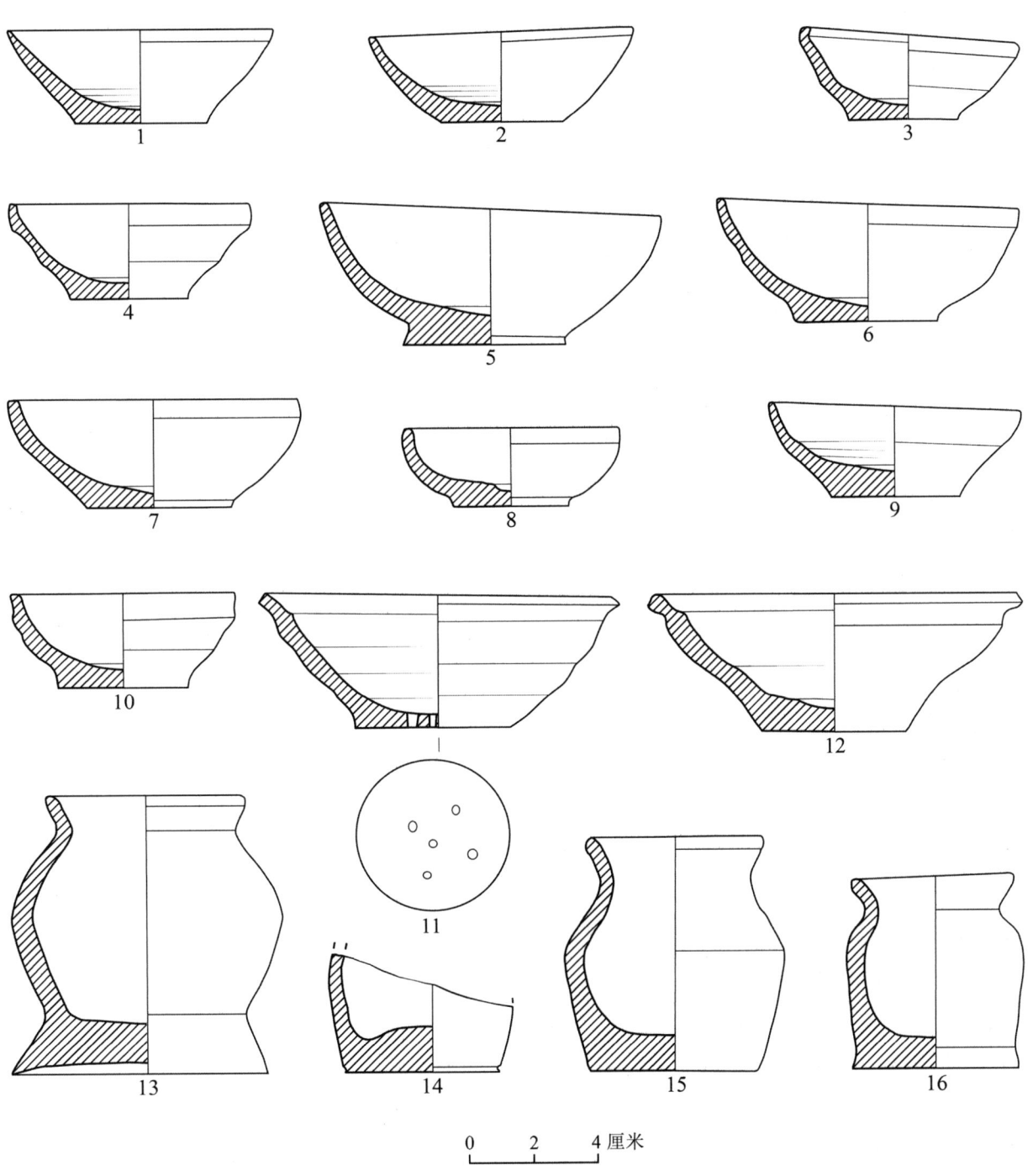

图一四五 ⅡM23 出土器物（一）

1、2.陶钵（ⅡM23∶29、ⅡM23∶31） 3~10.陶碗（ⅡM23∶13、ⅡM23∶28、ⅡM23∶14、ⅡM23∶10、ⅡM23∶12、ⅡM23∶11、ⅡM23∶16、ⅡM23∶30） 11.陶甑（ⅡM23∶17） 12.陶盆（ⅡM23∶7） 13.陶壶（ⅡM23∶15）
14~16.陶斗瓶（ⅡM23∶20、ⅡM23∶22、ⅡM23∶18）

鼓，下腹弧腹收，底作矮假圈足。外壁饰两道弦纹。口径 7.0、底径 3.5、高 2.6~3.0 厘米（图一四五，3；图版八〇，4）。ⅡM23：14，泥质素面橙黄陶。器表剥落严重。器形歪扭。侈口，圆唇，弧腹，底作假圈足。口径 10.7、底径 5.1、高 4.0~4.5 厘米（图一四五，5）。ⅡM23：16，泥质橙黄陶。侈口，尖圆唇，弧腹，底作矮假圈足。内壁见轮制痕迹，外壁饰一道弦纹。口径 8.0、底径 4.1、高 2.7~3.0 厘米（图一四五，9）。ⅡM23：28，泥质素面灰陶。直口，腹部斜直，底作矮假圈足。内壁见轮制痕迹。口径 7.6、底径 3.7、高 3.0 厘米（图一四五，4）。ⅡM23：30，泥质橙黄陶。侈口，圆唇，弧腹，底作矮假圈足。外壁饰两道凸棱纹。口径 7.1、底径 4.1、高 3.0 厘米（图一四五，10）。

  陶甑　1 件。ⅡM23：17，泥质素面灰陶。盆形甑，侈口，斜平沿，斜直腹，平底，底有五孔。内壁见轮制痕迹。口径 11.3、底径 4.9、高 4.1~4.3 厘米（图一四五，11；图版八〇，2）。

  陶盆　1 件。ⅡM23：7，泥质素面橙黄陶。侈口，斜平沿微凹，深弧腹，小平底。内壁见轮制痕迹。口径 11.9、底径 4.6、高 4.4 厘米（图一四五，12；图版八〇，1）。

  陶壶　1 件。ⅡM23：15，泥质素面橙黄陶。残，可复原。侈口，尖圆唇，高斜直领，溜肩，扁鼓腹，底座外撇至大平底，外底内凹。口径 6.3、腹径 8.6、底径 8.1、高 9.0 厘米（图一四五，13；图版七九，4）。

  陶斗瓶　3 件。泥质素面灰陶。侈口，圆唇，束颈，斜直腹，平底。ⅡM23：18，圆肩。口径 5.1、腹径 5.6、底径 5.2、高 6.0~6.2 厘米（图一四五，16；图版七九，2）。ⅡM23：20，残，不可复原。底径 4.8、残高 3.8 厘米（图一四五，14）。ⅡM23：22，折肩。口径 5.7、腹径 7.0、底径 5.3、高 7.4 厘米（图一四五，15；图版七九，1）。

  陶耳杯　2 件。泥质素面灰陶。整体呈椭圆形，侈口，尖唇，长边两侧附对称双耳，浅弧腹，平底。ⅡM23：21，长口径 7.9、短口径 4.2、长底径 5.4、短底径 2.0、耳长 1.9~2.3、耳宽 0.8~1.0、高 2.6 厘米（图一四六，1；图版七八，2）。ⅡM23：23，残长口径 7.7、残短口径 4.2、长底径 5.2、短底径 2.0、耳长 2.3~2.5、耳宽 0.8~1.0、高 2.6 厘米（图一四六，2）。

  陶灯　1 件。ⅡM23：24，泥质素面橙黄陶。灯口呈碟状，敞口，圆唇，浅腹，灯柄实心，上细下粗，平底。灯口径 6.0、底径 6.8、高 9.6 厘米（图一四六，3；图版七八，3）。

  陶樽　3 件。泥质素面橙黄陶。直口，圆唇，领部变矮，腹部较直，平底。ⅡM23：5，溜肩。口径 15.7、底径 16.7、高 10.0 厘米（图一四六，4；图版八〇，6）。ⅡM23：6，折肩。口径 14.8、底径 16.5、高 10.0 厘米（图一四六，5；图版八一，1）。ⅡM23：25，折肩。口径 16.4、底径 17.4、高 9.3 厘米（图一四六，6）。

  陶盘　2 件。圆形，盘沿较平，微内凹，外缘较直，中内凹，由盘沿向中心依次略低，平底。盘面内饰两组波浪纹。ⅡM23：9，泥质灰陶。残，可复原。盘径 25.4、厚 2.4~2.6 厘米（图一四六，7；图版七九，5）。ⅡM23：26，泥质橙黄陶。盘径 27.4、厚 2.6 厘米（图一四六，8；图版七九，6）。

图一四六 ⅡM23 出土器物（二）

1、2.陶耳杯（ⅡM23:21、ⅡM23:23） 3.陶灯（ⅡM23:24）
4~6.陶樽（ⅡM23:5、ⅡM23:6、ⅡM23:25） 7、8.陶盘（ⅡM23:9、ⅡM23:26）

陶釜　1件。ⅡM23∶8，泥质素面橙黄陶。敛口，方唇，溜肩，上腹部较圆鼓，下腹部斜收至底，底作矮假圈足。内壁见轮制痕迹。口径6.9、腹径8.5、底径4.7、高7.2厘米（图一四七，1；图版七九，3）。

波浪纹陶罐　5件。侈口，圆唇，圆肩，腹部圆鼓，平底或微凹。肩、腹部饰波浪纹、弦纹组合。ⅡM23∶1，泥质灰陶。残，可复原。器形整体显瘦高，高斜直领，平底。口径9.4、腹径13.4、底径7.3、高13.4厘米（图一四七，2）。ⅡM23∶2，泥质橙黄陶。器形整体显瘦长，高斜直领，底微凹。近底部有竖向刮削痕迹。口径8.8、腹径13.9、底径6.6、高13.5厘米（图一四七，3；图版七八，5）。ⅡM23∶3，泥质灰陶。器形整体显矮胖，平底。近底处有竖向刮削痕迹。口径9.8、腹径14.2、底径5.9、高13.3厘米（图一四七，4）。ⅡM23∶4，泥质灰陶。器形整体显矮胖。假圈足。口径9.1、腹径15.2、底径10.3、高13.5厘米（图一四七，5）。ⅡM23∶27，泥质橙黄陶。器形整体显瘦长，高斜直领，平底。近底处见竖向刮削痕迹。口径9.2、腹径14.1、底径7.0、高13.0厘米（图一四七，6；图版七八，6）。

铜钱　3组（4枚）。均圆形方穿，以五铢钱为主，另有一枚磨郭钱。

ⅡM23∶19，磨郭钱，表面锈蚀，文字不明。钱径2.24、穿宽0.74、肉厚0.12厘米，重1.40克。ⅡM23∶32-1，五铢钱，正面穿左右篆书"五铢"二字。"五"字较宽，交笔弯曲；"铢"字"金"字头呈三角形，中间四点较长，"朱"字上下部均圆折。钱径2.54、穿宽0.98、

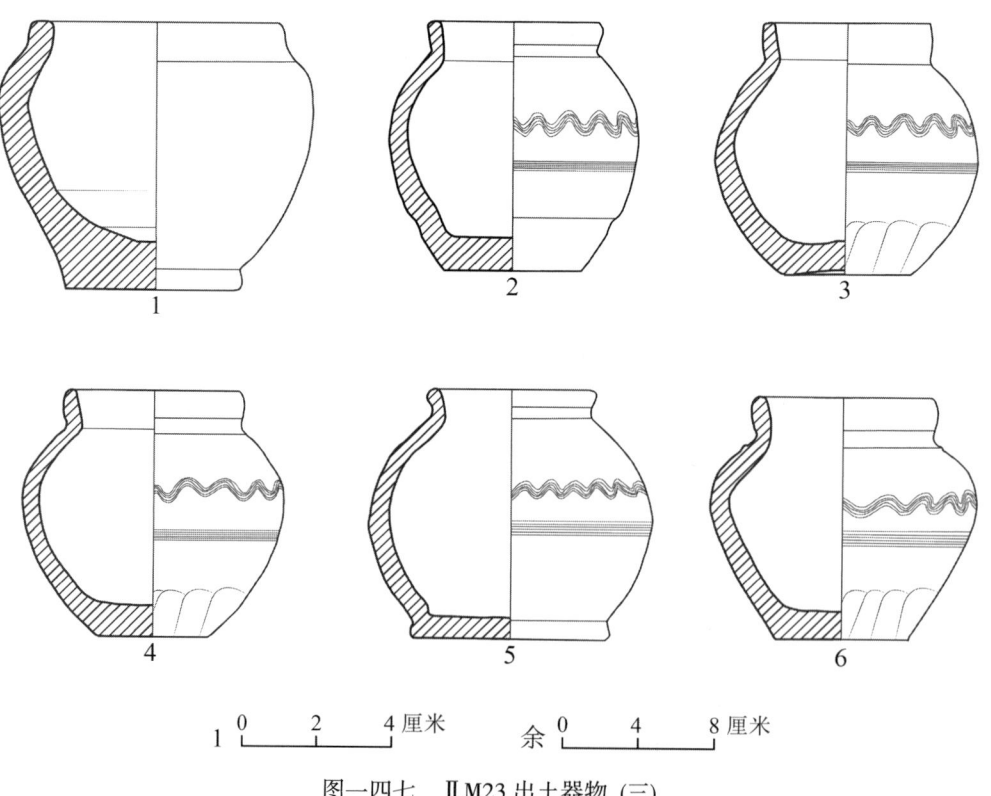

图一四七　ⅡM23出土器物（三）

1.陶釜（ⅡM23∶8）　2~6.波浪纹陶罐（ⅡM23∶1、ⅡM23∶2、ⅡM23∶3、ⅡM23∶4、ⅡM23∶27）

郭宽 0.12、郭厚 0.12、肉厚 0.08 厘米，重 2.27 克。ⅡM23：33，五铢，正面穿左右篆书"五铢"二字。"五"字较窄，交笔微曲；"铢"字锈蚀不可辨。钱径 2.21、穿宽 0.99、郭宽 0.14、郭厚 0.12、肉厚 0.08 厘米，重 0.87 克。

ⅡM24

位于Ⅱ区东部，ⅡM23 以北，东西向分布。与ⅡM23、ⅡM25 为一组，未发现茔圈。

1. 墓葬形制

该墓为带长斜坡墓道单室土洞墓，由封土、墓道、甬道、墓室组成，墓向 268°（图一四八）。

封土　现呈丘状，部分叠压墓道。残径 4.70、残高 0.74 米。

墓道　位于墓室以西，平面呈长方形，长 10.88、宽 0.78 米。东端剖面呈梯形，口小底大，底宽 0.92 米。西高东低，斜坡至底，坡长 11.60 米，坡度 25°。近墓门处距地表深 5.60 米。内填灰黄色沙石土，土质松散，内含大量砾石。

甬道　位于墓道东端，为拱顶土洞式结构，平面呈长方形，甬道西端两壁底部略有坍塌，进深 0.80、宽 0.92、残高 1.30 米。墓门呈拱形，与甬道同高等宽。封门位于甬道内封，用大小各异，厚约 0.10 米的土坯封堵，现高 0.70、宽 0.92、厚 0.24~0.44 米。

墓室　位于墓道以东，平面呈长方形，距墓室地面 0.66 米处向上斜收至顶，墓顶坍塌严重，形制不详。墓室东西长 3.30、南北宽 3.10、残高 2.24 米。墓室西北角掏一龛，口宽 0.58、进深 0.30、高 0.70 米。

2. 葬具葬式

墓室北壁下存一尸床，由沙石堆垒而成，长 2.06、宽 0.44~0.54、厚 0.06 米。

该墓为单人葬。人骨置于尸床之上，仰身直肢葬，头向西。经鉴定，人骨为女性，年龄 20~23 岁。

3. 随葬品

随葬品集中放置于墓室中部及西北角龛内，共 13 件，包括波浪纹陶罐 3 件、陶樽 1 件、陶甑 1 件、陶灯 1 件、陶釜 1 件、陶盘 1 件、陶耳杯 5 件。

陶耳杯　5 件。整体呈椭圆形，侈口，平沿，尖唇，长边两侧附对称双耳，斜弧腹，平底。ⅡM24：9，泥质素面灰陶。长口径 8.2、短口径 4.6、长底径 4.5、短底径 2.7、耳长 2.6~3.2、耳宽 0.8~1.0、高 2.5~2.7 厘米（图一四九，1）。ⅡM24：10，泥质素面红陶。器形歪扭。长口径 8.4、短口径 4.5、长底径 4.8、短底径 2.2、耳长 1.9~2.1、耳宽 0.8、高 2.2~2.5 厘米（图一四

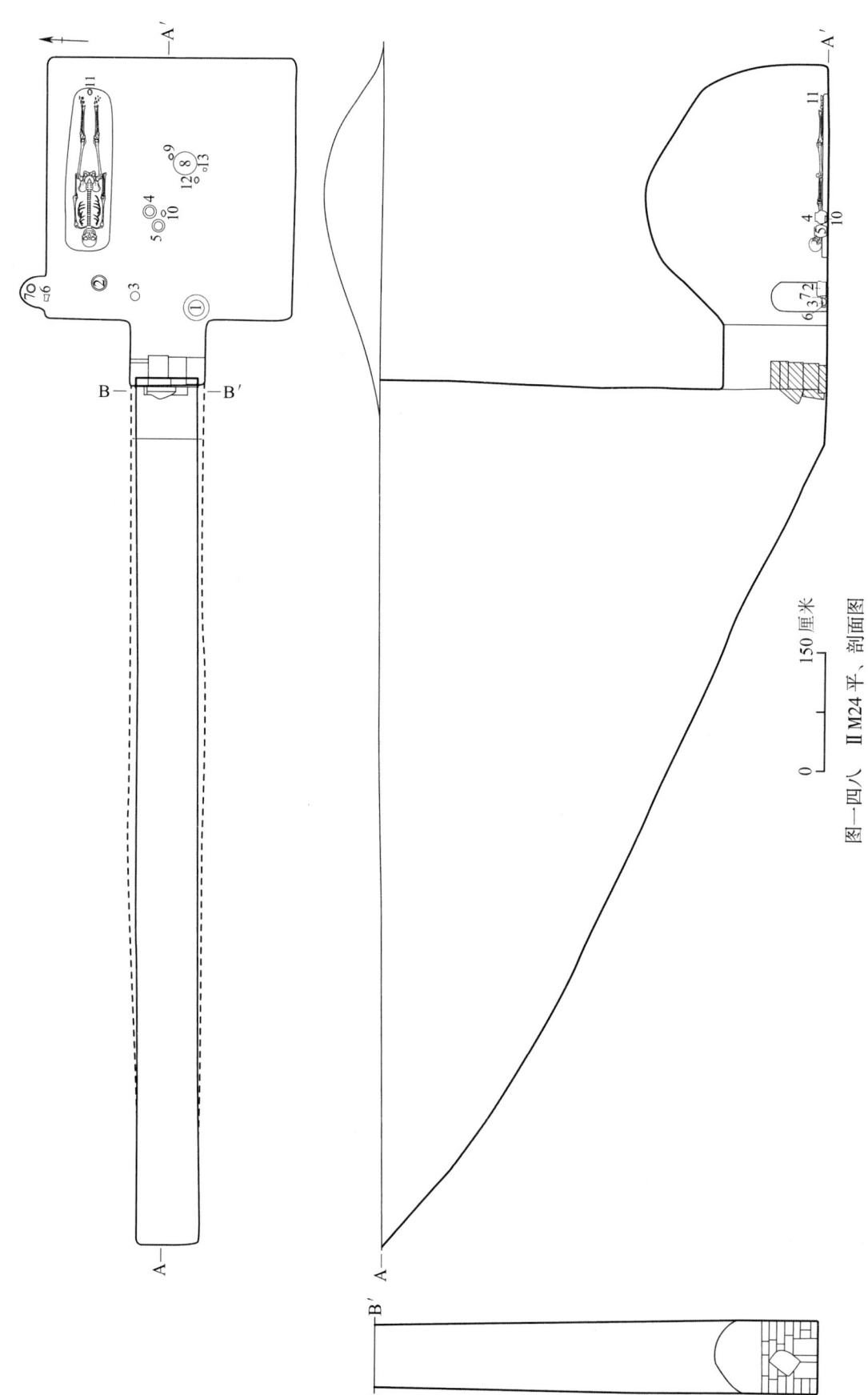

图一四八 ⅡM24 平、剖面图
1、4、5.波浪纹陶罐 2.陶樽 3.陶甑 6.陶灯 7.陶釜 8.陶盘 9~13.陶耳杯

图一四九　ⅡM24 出土器物

1~5.陶耳杯（ⅡM24:9、ⅡM24:10、ⅡM24:11、ⅡM24:12、ⅡM24:13）　6.陶灯（ⅡM24:6）　7.陶釜（ⅡM24:7）　8~10.波浪纹陶罐（ⅡM24:1、ⅡM24:4、ⅡM24:5）　11.陶甑（ⅡM24:3）　12.陶盘（ⅡM24:8）　13.陶樽（ⅡM24:2）

九，2）。ⅡM24：11，泥质素面灰陶。长口径7.5、短口径4.3、长底径4.4、短底径1.8、耳长2.5~3.1、耳宽0.6~0.8、高2.2厘米（图一四九，3）。ⅡM24：12，泥质素面灰陶。长口径8.2、短口径4.8、长底径4.7、短底径2.5、耳长2.2~2.3、耳宽0.7~0.8、高2.6厘米（图一四九，4）。ⅡM24：13，泥质素面灰陶。残长口径4.3、短口径3.9、短底径2.1、耳长1.6、耳宽0.5、残高1.0~1.7厘米（图一四九，5）。

陶灯　1件。ⅡM24：6，泥质素面红陶。器形歪扭。残存柄部。灯柄实心，上细下粗，平底。底径7.4、残高8.2~8.4厘米（图一四九，6）。

陶釜　1件。ⅡM24：7，泥质素面灰陶。敛口，圆唇，溜肩，鼓腹，底作假圈足。口径7.5、腹径11.1、底径7.1、高7.1厘米（图一四九，7）。

波浪纹陶罐　3件。ⅡM24：1，泥质灰陶。器形歪扭。侈口，圆唇，束颈，溜肩、圆鼓腹，平底。肩、腹部饰波浪纹和弦纹组合，近底处起棱台。口径9.2、腹径16.3、底径12.3、高13.2~13.7厘米（图一四九，8）。ⅡM24：4，泥质灰陶。侈口，圆唇，束颈，溜肩，圆鼓腹，平底。肩、腹部饰波浪纹和弦纹组合。口径10.4、腹径17.0、底径11.9、高14.7厘米（图一四九，9）。ⅡM24：5，泥质橙黄陶。直口，圆唇，矮领，溜肩，圆鼓腹，平底。肩、腹部饰波浪纹和弦纹组合。近底处饰凸棱纹。口径10.0、腹径16.1、底径10.4、高15.0~15.6厘米（图一四九，10）。

陶甑　1件。ⅡM24：3，泥质素面灰陶。器形歪扭。盆形甑，侈口，圆唇，斜直腹，平底，底有一方孔。口径11.5、底径5.2、高3.9~5.3厘米（图一四九，11）。

陶盘　1件。ⅡM24：8，泥质灰陶。圆形，斜平沿，外缘微弧，盘面不甚平整，低于口沿，平底。面饰两组波浪纹。盘径29.4、厚2.6厘米（图一四九，12）。

陶樽　1件。ⅡM24：2，泥质灰陶。敛口，圆唇，圆肩，直腹微束，平底。近底处饰凸棱纹。口径15.4、腹径19.8、底径17.2、高11.5~11.7厘米（图一四九，13）。

ⅡM25

位于Ⅱ区东部，ⅡM24以北，东西向分布。与ⅡM23、ⅡM24为一组，未发现茔圈。

1. 墓葬形制

该墓为带长斜坡墓道单室土洞墓，由封土、墓道、过洞、天井、甬道、墓室组成。墓向268°（图一五〇）。

封土　现呈丘状，部分叠压墓道。残径5.40、残高0.42米。

墓道　位于墓室以西，平面呈长方形，长14.66、宽0.80米。东端剖面呈梯形，口小底大，底宽1.08米。西高东低，斜坡至底，斜坡长15.00米，坡度17°。近墓门处距地表深约5.10米。内填灰黄色沙石土，土质松散，含砾石。

过洞　位于墓道以东，为拱顶土洞式结构，南北两壁均有不同程度的垮塌。长4.80、宽

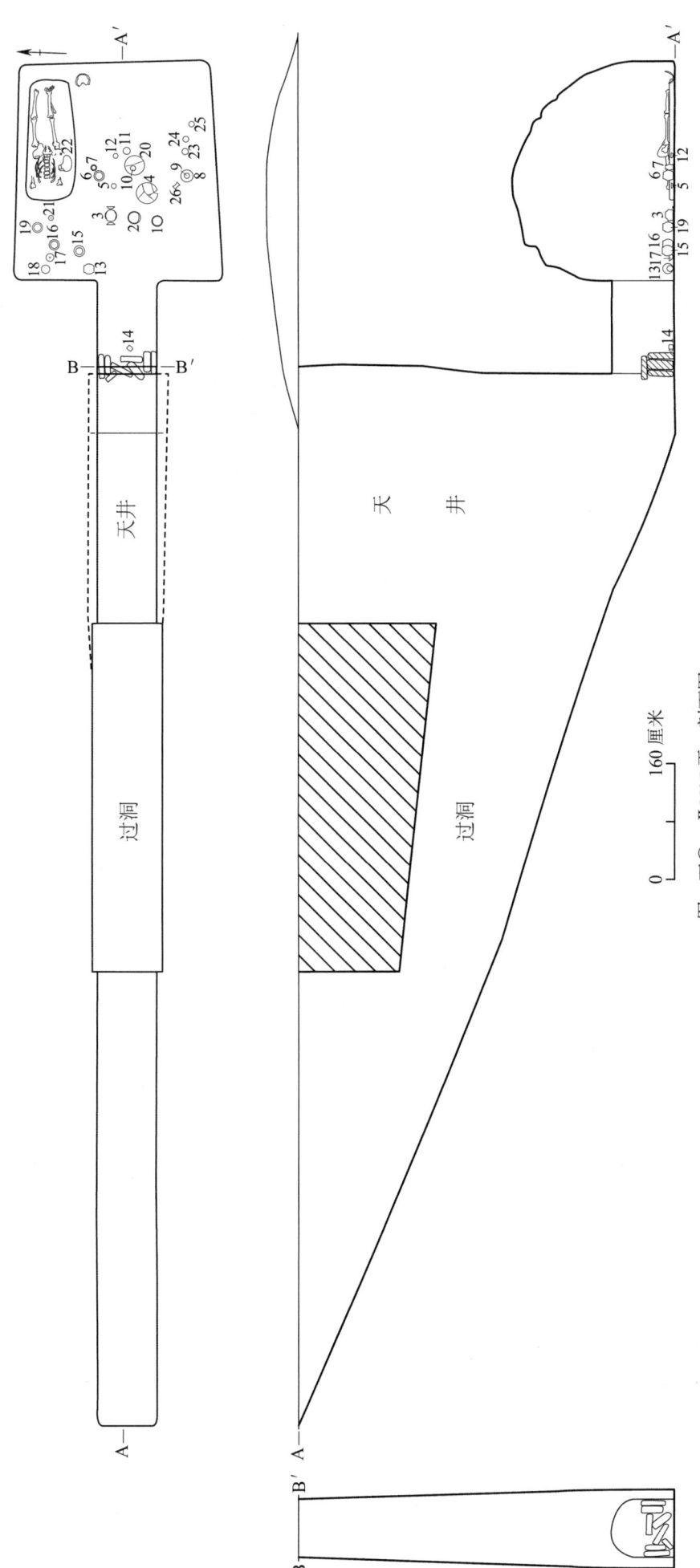

图一五〇 ⅡM25 平、剖面图

1~3.陶樽 4、20.陶盘 5、8~12、23~25.陶钵 6、13、15、16、19.波浪纹陶罐 7.陶壶 14.陶斗瓶 17.陶甑 18.陶盆 21.铜镜 22.铜钱 26.陶灯

0.94、高 1.20~2.24 米。

天井　位于过洞以东，平面呈长方形，长 3.54、宽 0.80 米。剖面呈梯形，口小底大，底宽 1.06 米。天井底部呈斜坡状，距地表深 4.12~5.16 米。

甬道　位于天井以东，与墓室相接，为拱顶土洞式结构，平面呈长方形，进深 1.20、宽 0.80、高 0.86 米。墓门呈拱形，与甬道同高等宽。封门位于甬道内封，用大小各异，厚度不等的土坯横立、竖立交错堆砌而成，残高 0.46、宽 0.80、厚 0.34 米。

墓室　位于墓道以东，平面呈梯形，西宽东窄，距墓室地面 0.64 米向上斜收至顶，顶部及四壁坍塌严重，形制不详。墓室东西长 3.10、南北宽 2.40~2.80、残高约 2.24 米。

2. 葬具葬式

墓室北壁下存一尸床，由细沙土和木板堆垒而成，长 1.66、宽 0.52~0.66、厚 0.66 米。

该墓为单人葬。人骨置于尸床之上，仰身直肢葬，头向西。经鉴定，人骨为女性，年龄 20~23 岁。

3. 随葬品

随葬品放置于墓室中部及人骨头部，共 26 件，包括陶樽 3 件、陶盘 2 件、陶钵 9 件、波浪纹陶罐 5 件、陶斗瓶 1 件、陶壶 1 件、陶甑 1 件、陶盆 1 件、陶灯 1 件、铜镜 1 件、铜钱 1 枚（图版三六，2）。

陶钵　9 件。ⅡM25：5，泥质素面橙黄陶。直口，圆唇，弧腹，平底。口径 6.8、底径 3.0、高 2.6 厘米（图一五一，1；图版八一，5）。ⅡM25：8，泥质素面灰陶。敛口，圆唇，上腹较鼓，下腹弧收，平底。口径 16.3、底径 6.1、高 5.6 厘米（图一五一，8；图版八一，4）。ⅡM25：9，泥质素面灰陶。侈口，尖唇，弧腹，平底。口径 7.2、底径 3.3、高 2.6 厘米（图一五一，2）。ⅡM25：10，泥质素面橙黄陶。侈口，尖唇，弧腹，平底。口径 7.0、底径 3.0、高 3.0 厘米（图一五一，3；图版八一，6）。ⅡM25：11，泥质素面橙黄陶。敛口，圆唇，上腹微鼓，下腹斜收至平底。口径 9.2、底径 4.3、高 3.7 厘米（图一五一，9）。ⅡM25：12，泥质素面橙黄陶，残。直口，圆唇，弧腹，平底。口径 6.6、底径 3.4、高 3.0 厘米（图一五一，4）。ⅡM25：23，泥质素面橙黄陶。残，可复原。侈口，尖唇，斜直腹，平底。口径 8.6、底径 4.1、高 2.8~3.4 厘米（图一五一，5）。ⅡM25：24，泥质素面橙黄陶。残，可复原。敛口，圆唇，弧腹，平底。口径 7.0、底径 3.7、高 2.8~3.2 厘米（图一五一，7）。ⅡM25：25，泥质素面橙黄陶。残，可复原。侈口，尖唇，斜弧腹，平底。口径 8.0、底径 3.5、高 2.4~2.7 厘米（图一五一，6）。

陶盆　1 件。ⅡM25：18，泥质素面橙黄陶。侈口，斜平沿，方唇，弧腹，平底。口径 11.0、底径 5.1、高 4.6 厘米（图一五一，10；图版八一，3）。

陶壶　1 件。ⅡM25：7，泥质素面橙黄陶。侈口，圆唇，矮领，束颈，扁鼓腹，喇叭状底

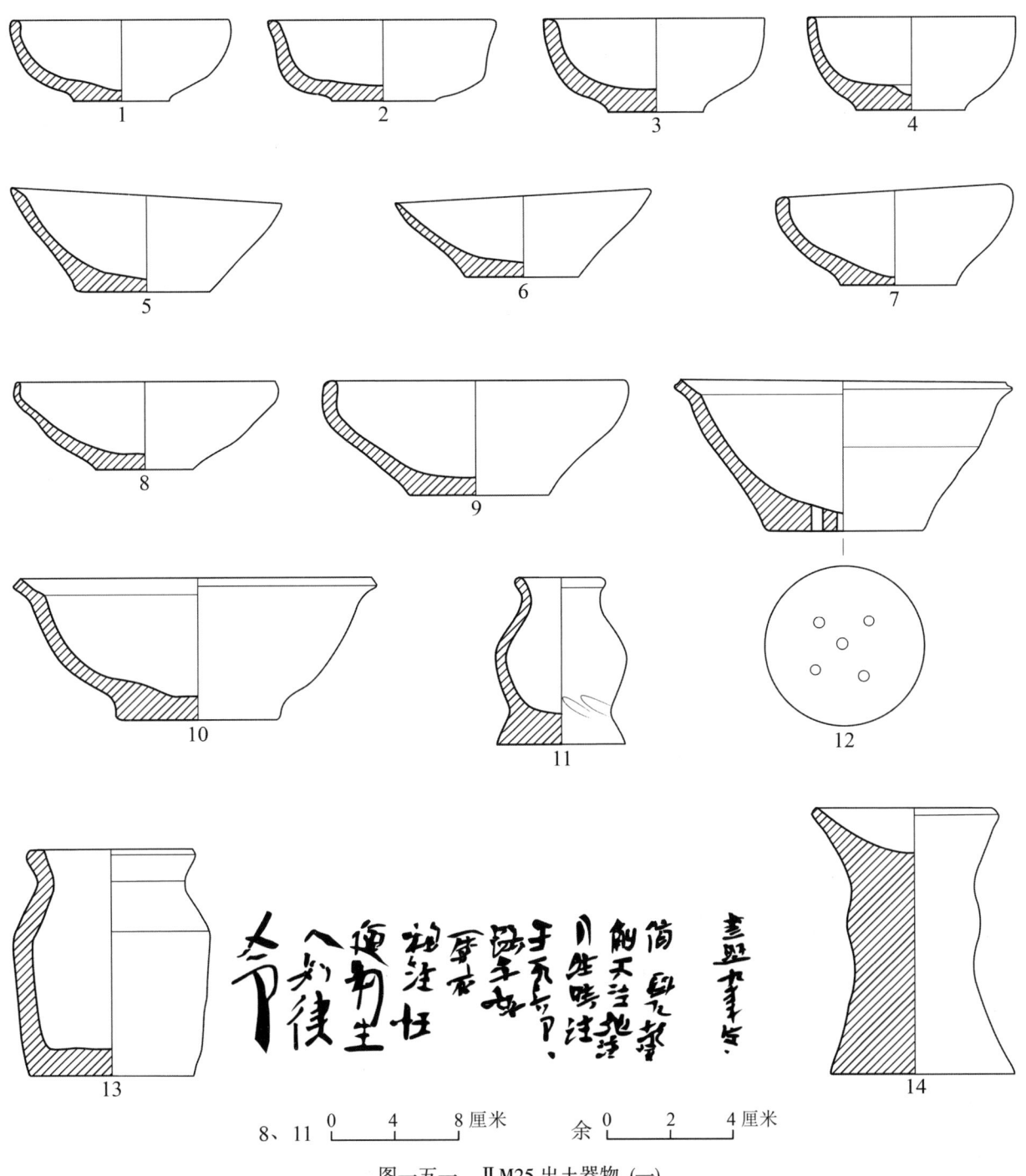

图一五一　ⅡM25 出土器物（一）

1~9.陶钵（ⅡM25:5、ⅡM25:9、ⅡM25:10、ⅡM25:12、ⅡM25:23、ⅡM25:25、ⅡM25:24、ⅡM25:8、ⅡM25:11）
10.陶盆（ⅡM25:18）　11.陶壶（ⅡM25:7）　12.陶甑（ⅡM25:17）　13.陶斗瓶（ⅡM25:14）　14.陶灯（ⅡM25:26）

座。口径5.1、底径8.1、高10.6厘米（图一五一，11；图版八二，2）。

陶甑　1件。ⅡM25：17，泥质素面橙黄陶。盆形甑，侈口，斜平沿，方唇，弧腹，平底，底有五孔。口径10.3、底径5.0、高4.7~4.8厘米（图一五一，12；图版八二，4）。

陶斗瓶　1件。泥质素面橙黄陶。侈口，圆唇，折肩，斜直腹，平底。ⅡM25：14，口径5.1、底径5.2、高7.2厘米（图一五一，13；图版八二，1）。腹部墨书镇墓文，录文作：

建兴九年□□□
……
……之□
身死□□□
值八魁九坎□
□天注地注
月注时注
生死各异
路千秋□
岁不……
相注□
□□生
人如律
令

陶灯　1件。ⅡM25：26，泥质素面橙黄陶。残，可复原。灯口呈碟状，敞口，圆唇，浅腹，灯柄实心，上小下大，近底时外撇成大平底。口径5.7、底径5.9、高8.5厘米（图一五一，14；图版八二，6）。

陶盘　2件。泥质橙黄陶。圆形，平沿微凹，盘面低于口沿，由沿向中心依次略低，平底。盘面饰两组波浪纹。ⅡM25：4，残，可复原。盘径29.3、厚2.2厘米（图一五二，1）。ⅡM25：20，盘径26.6、厚2.0厘米（图一五二，2；图版八二，3）。

波浪纹陶罐　5件。直口或侈口，圆唇，矮领，溜肩，圆鼓腹，平底。腹部饰波浪纹和弦纹组合。ⅡM25：6，泥质灰陶。直口。口径8.8、腹径14.3、底径10.1、高13.5~13.8厘米（图一五二，7）。ⅡM25：13，泥质橙黄陶。直口。近底处有竖向刮削痕迹。口径8.8、腹径14.0、底径8.4、高12.1厘米（图一五二，3）。ⅡM25：15，泥质橙黄陶。侈口。近底处有竖向刮削痕迹。口径9.0、腹径14.8、底径7.2、高14.3厘米（图一五二，4；图版八二，5）。ⅡM25：16，泥质橙黄陶。侈口。近底处有竖向刮削痕迹。口径9.4、腹径14.3、底径7.4、高13.5厘米（图

图一五二　ⅡM25 出土器物（二）

1、2.陶盘（ⅡM25:4、ⅡM25:20）　3~7.波浪纹陶罐（ⅡM25:13、ⅡM25:15、ⅡM25:16、ⅡM25:19、ⅡM25:6）
8~10.陶樽（ⅡM25:1、ⅡM25:2、ⅡM25:3）

一五二，5）。ⅡM25：19，泥质橙黄陶。侈口。近底处有竖向刮削痕迹。口径9.0、腹径14.0、底径8.0、高13.7厘米（图一五二，6）。

陶樽　3件。泥质素面橙黄陶。ⅡM25：1，敛口，方唇，矮领，折肩，腹部较直，平底。口径12.8、底径14.4、高9.3厘米（图一五二，8；图版八一，2）。ⅡM25：2，残，可复原。敛口，圆唇，矮领，圆肩，直腹微曲，平底。口径14.0、底径15.8、高10.8厘米（图一五二，9）。ⅡM25：3，残，可复原。直口，方圆唇，圆肩，曲腹，平底。口径14.0、底径13.7、高10.1~10.5厘米（图一五二，10）。

铜镜　1件。ⅡM25：21，镜体较小。圆形，镜面微弧凸，镜背正中为半球形钮，圆形钮座，镜钮上有半圆形对穿孔，主体纹饰磨损严重，不可辨识。窄素缘。面径6.8、背径6.5、钮高0.6、钮径1.1、缘宽0.4、缘厚0.3、肉厚0.2厘米，重33.9克（图版八三，1）。

铜钱　1枚。ⅡM25：22，为剪轮钱。圆形方穿，残断，边有剪凿痕，钱文漫漶不可辨识，制作粗劣。钱径1.96、穿宽0.78、肉厚0.22厘米，重1.28克。

ⅡM26

位于Ⅱ区东部，ⅡM13以南，东西向分布。与ⅡM13为一组，未发现茔圈。

1. 墓葬形制

该墓为带长斜坡墓道单室土洞墓，由封土、墓道、甬道、墓室组成。墓向280°（图一五三）。

封土　现呈丘状，部分叠压墓道。残径4.96、残高0.56米。

墓道　位于墓室以西，平面呈长方形，长8.30、宽0.70米。东端剖面呈梯形，口小底大，底宽0.80米。西高东低，斜坡至底，坡长8.60米，坡度23°。近墓门处距地表深3.62米。内填灰黄色沙石土，土质松散，含大量细沙、石块。

甬道　位于墓道东端，连接墓道与墓室，平面呈长方形，为拱顶土洞式结构，进深0.50、宽0.70、残高0.90米。墓门呈拱形，与甬道同高等宽。封门位于甬道内封，以沙石和土坯混合封堵，现高0.90、底宽0.54、厚0.40米，土坯长0.12~0.42、宽0.20、厚0.06~0.08米。

墓室　位于墓道以东，平面近长方形，距墓室地面约0.60米处向上斜收至覆斗顶，顶部略有坍塌，顶部正中存一正方形藻井，边长0.30、残深0.04米。墓室东西长1.90~2.30、南北宽1.46~1.56、现高1.20米。

2. 葬具葬式及葬俗

墓室北壁下存尸床和尸罩，尸罩保存状况较好，平面略呈梯形，西宽东窄；盖板长1.96、宽0.50~0.58米，盖板南边有一页板断裂掉入棺箱内，长1.94、上宽0.40~0.43、下宽0.44~0.51

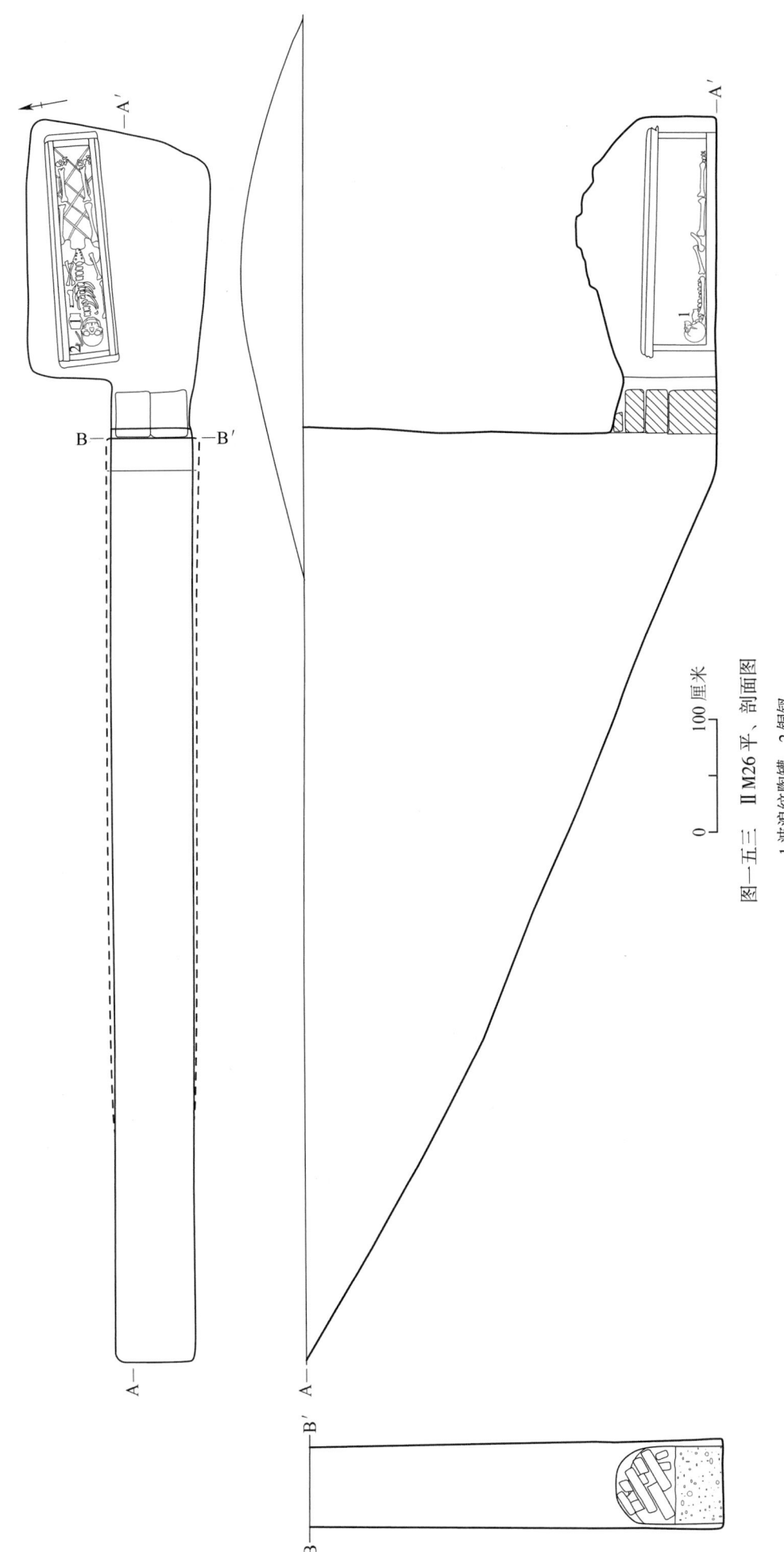

图一五三 ⅡM26 平、剖面图
1. 波浪纹陶罐 2. 铜钗

米，前高 0.52、后高 0.42、厚约 0.05 米，在尸罩的两侧板、两端挡板拼合使用了蝴蝶卯榫合法，尸罩上绘有图案。尸床上见以木条隔成的菱形格图案。

该墓为单人葬，人骨置于尸床之上，仰身直肢葬，头向西。经鉴定，人骨为女性，年龄 45~50 岁。

尸床上散置有意打碎的陶片。

3. 随葬品

随葬品放置于人骨头部，共 2 件，包括波浪纹陶罐 1 件、铜钗 1 件。

波浪纹陶罐　1 件。ⅡM26∶1，泥质红陶。侈口，圆唇，矮领，溜肩，鼓腹，底微凹。肩、腹部饰波浪纹和弦纹组合。口径 9.0、腹径 11.7、底径 7.7、高 13.4 厘米（图一五四，1）。

铜钗　1 件。ⅡM26∶2，残。双股"U"形，成叉状，前端尖细，后端宽扁，已变形。光素无纹饰。长 14.6、截面直径 0.2 厘米（图一五四，2）。

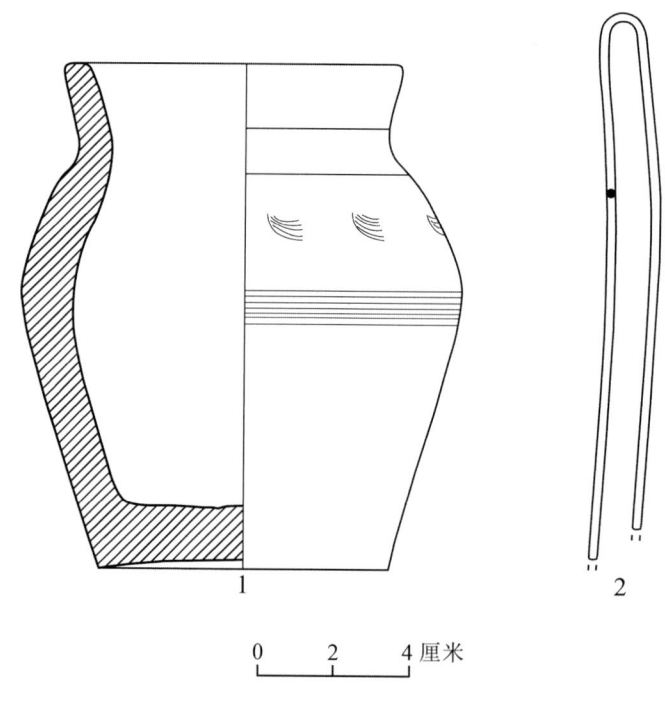

图一五四　ⅡM26 出土器物
1.波浪纹陶罐（ⅡM26∶1）　2.铜钗（ⅡM26∶2）

三 Ⅲ区

Ⅲ区位于莫高公墓路以东新建防洪沟，面积0.7万平方米，共清理墓葬57座。其中ⅢM24~ⅢM29处于同一茔圈内，茔圈平面呈长方形，南北长约65.90、东西宽56.90米。南部发现茔前山门，宽约7.90米（图一五五）。

ⅢM1

位于Ⅲ区东部，东西向分布。与ⅢM2为一组，未发现茔圈。

1. 墓葬形制

该墓为带长斜坡墓道单室土洞墓，由封土、墓道、甬道、墓室组成。墓向265°（图一五六）。

封土　现呈丘状，残径4.40、残高0.35米。

墓道　位于墓室以西，平面呈近梯形，东窄西宽，长12.36、宽0.80~0.90米。东端剖面呈长方形，底宽0.80米。西高东低，斜坡至底，坡度26°。近墓门处距地表深约4.78米。

甬道　位于墓道东端，连接墓道与墓室。进深0.70、宽0.78、高1.50米。墓门呈拱形，与甬道同高等宽。封门位于甬道内封，以土坯封堵，土坯长0.42、宽0.22、厚约0.09米。

墓室　位于墓道以东，平面呈圆角长方形，四壁略直，距墓室地面1.58米处向上斜收至顶，顶部坍塌严重，形制不详。墓室东西长3.36、南北宽3.24、残高2.80米。墓室西北角掏一龛，门宽0.44、进深0.38、高0.50米。

2. 葬具葬式

墓室南、北壁下各存一尸床，北侧尸床由沙石堆垒而成，南侧尸床由沙石及细沙土堆垒而成。

该墓为双人合葬。人骨均置于尸床之上，北侧人骨扰乱严重，葬式不详；南侧人骨为仰身直肢葬。经鉴定，北侧人骨为一成年个体，性别不详；南侧人骨为女性，年龄45岁左右。

3. 随葬品

随葬品以陶器为主，集中放置于墓室中部，共24件，包括陶盆2件、陶斗瓶3件、陶樽2件、陶钵8件、陶器盖1件、陶碗2件、陶釜1件、陶盘2件、陶甑1件、陶壶1件、陶灯1件。另有铜钱2组（15枚）散布于尸骨周围（图版三六，3）。

陶钵　8件。ⅢM1:4，泥质素面红陶。残，可复原。侈口，圆唇，弧腹，平底。口径

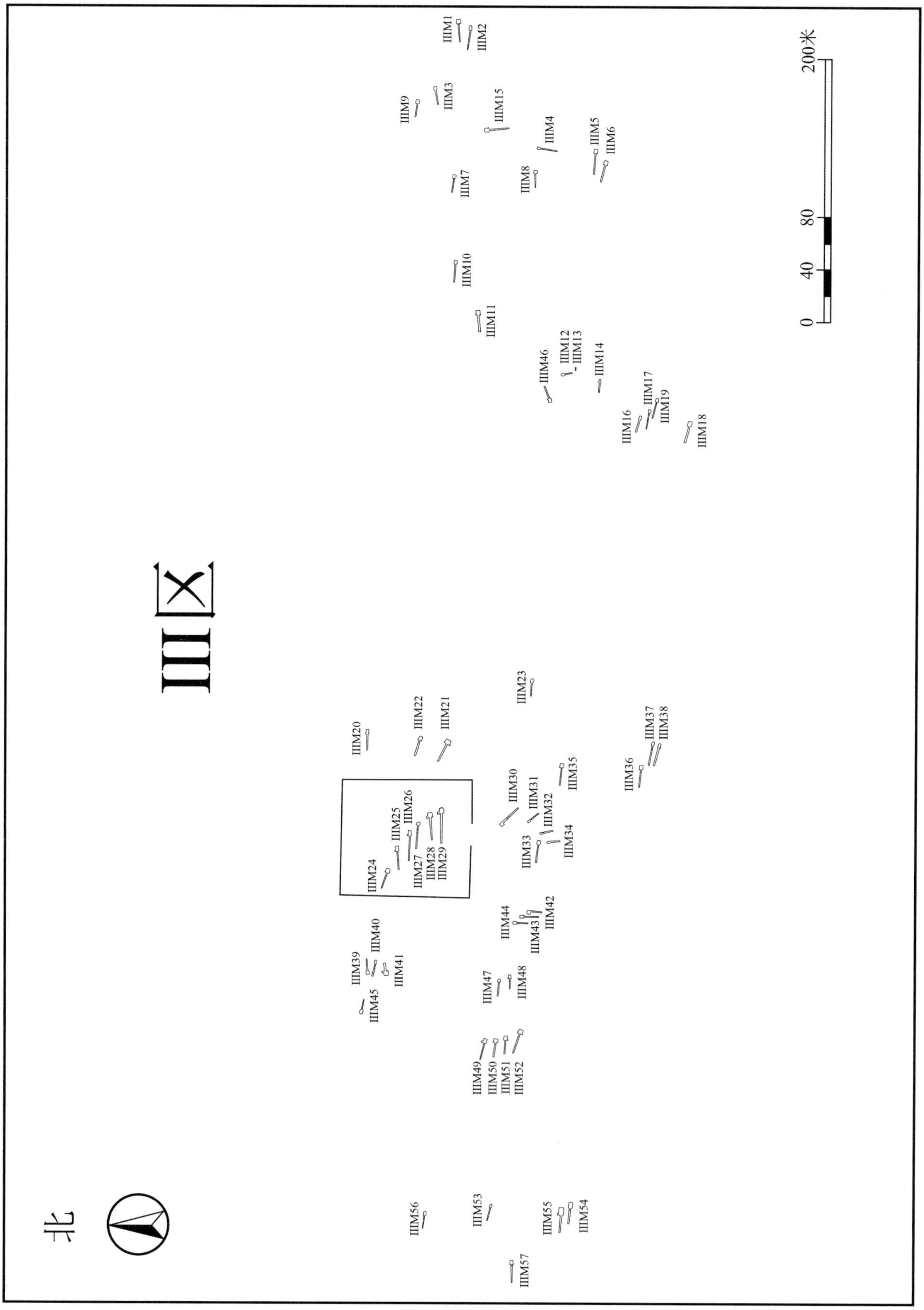

图一五五 Ⅲ区墓葬分布图

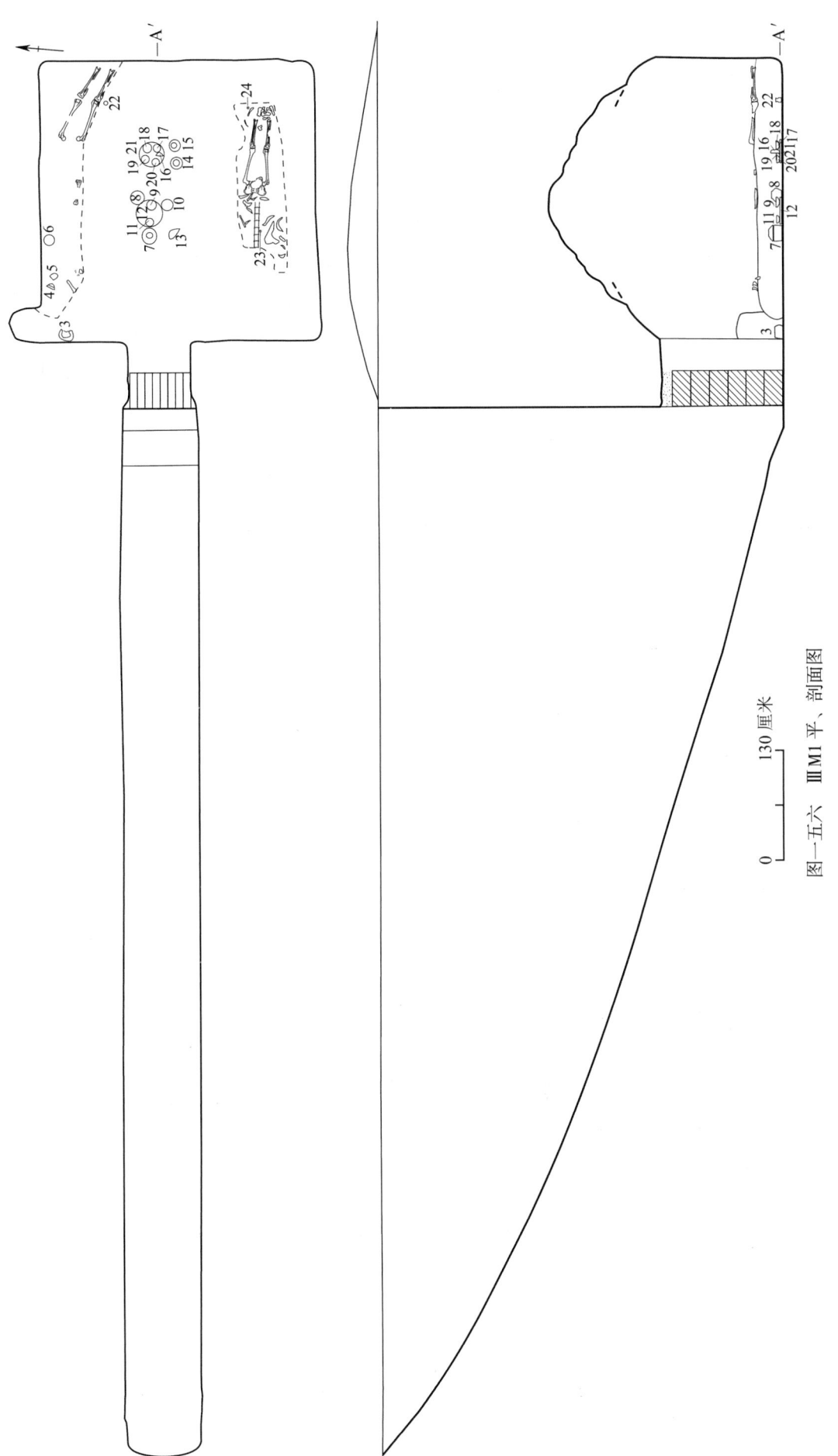

图一五六 ⅢM1 平、剖面图

1、10.陶盆 2、22、25.陶斗瓶 3、7.陶樽 4、11、16~20、26.陶钵 5.陶器盖 6、9.陶碗 8.陶釜 12、21.陶盘 13.陶甑 14.陶壶 15.陶灯 23、24.铜钱（其中1、2、25、26出土于墓室填土内）

11.4、底径 4.0、高 4.0 厘米（图一五七，1）。ⅢM1∶11，泥质素面橙黄陶。残，可复原。侈口，圆唇，弧腹，平底。口径 9.4、底径 4.2、高 3.5 厘米（图一五七，2）。ⅢM1∶16，泥质素面橙黄陶。残，可复原。侈口，尖唇，弧腹，平底。口径 10.2、底径 4.6、高 4.0 厘米（图一五七，3）。ⅢM1∶17，泥质素面橙黄陶。侈口，尖唇，弧腹，平底。内壁见轮制痕迹。口径 10.2、底径 4.1、高 4.2 厘米（图一五七，4）。ⅢM1∶18，泥质素面橙黄陶。侈口，圆唇，弧腹，平底。口径 10.8、底径 4.6、高 4.0 厘米（图一五七，6）。ⅢM1∶19，泥质素面橙黄陶。近直口，圆唇，弧腹，平底。口径 10.6、底径 4.8、高 4.3 厘米（图一五七，7；图版八三，2）。ⅢM1∶20，泥质素面橙黄陶。侈口，尖唇，弧腹，平底。口径 10.0、底径 4.0、高 3.7 厘米（图一五七，11；图版八三，3）。ⅢM1∶26，泥质素面灰陶。残，可复原。侈口，圆唇，弧腹，平底。复原口径 11.2、底径 4.2、高 3.5 厘米（图一五七，13）。

陶器盖　1 件。ⅢM1∶5，泥质素面灰陶。口残，可复原。整体呈覆钵状，平顶，弧腹，侈

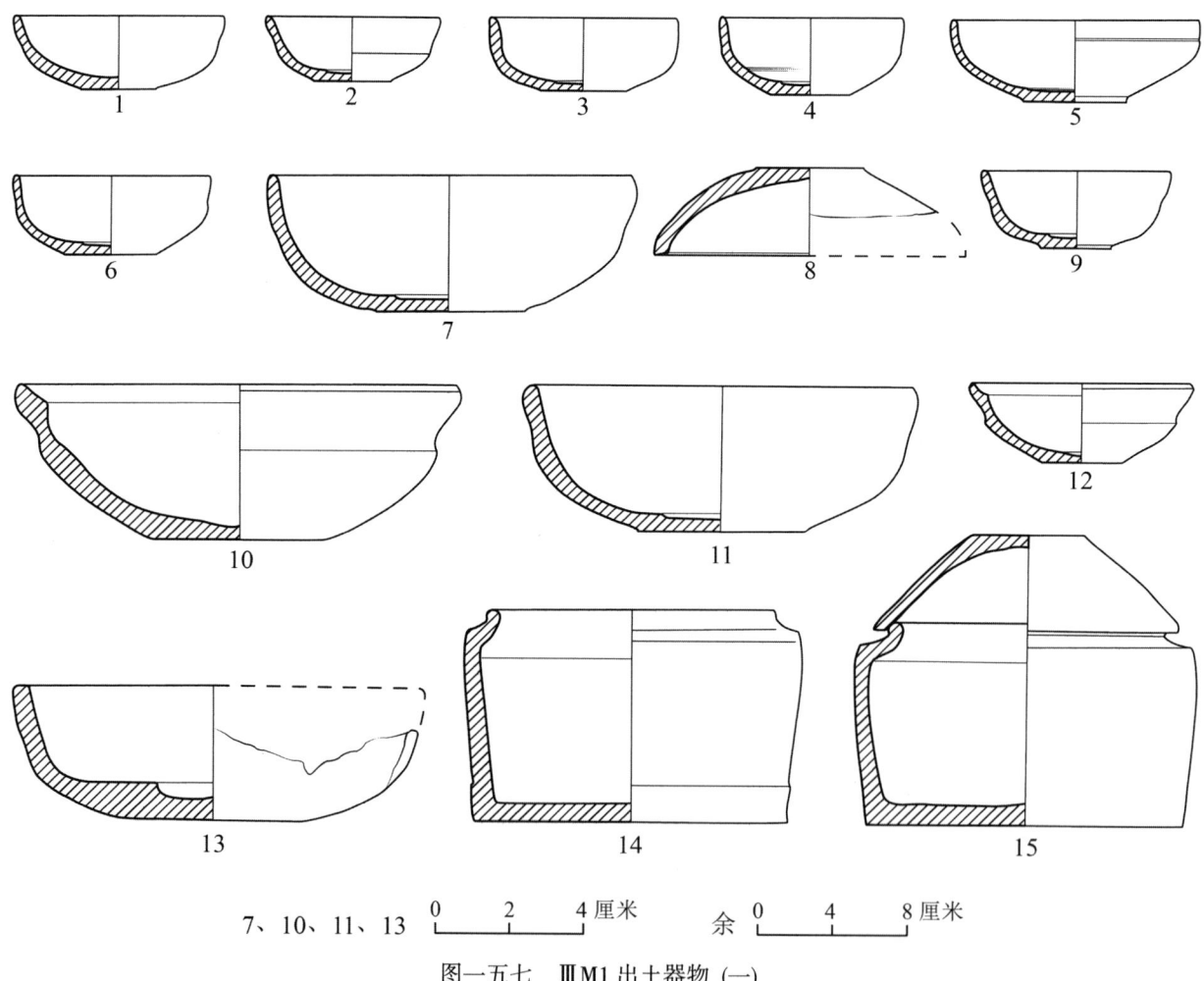

图一五七　ⅢM1 出土器物（一）

1~4、6、7、11、13.陶钵（ⅢM1∶4、ⅢM1∶11、ⅢM1∶16、ⅢM1∶17、ⅢM1∶18、ⅢM1∶19、ⅢM1∶20、ⅢM1∶26）
5、9.陶碗（ⅢM1∶6、ⅢM1∶9）　8.陶器盖（ⅢM1∶5）　10、12.陶盆（ⅢM1∶1、ⅢM1∶10）　14、15.陶樽（ⅢM1∶3、ⅢM1∶7）

口。盖径16.8、残高4.8厘米（图一五七，8）。

陶碗　2件。ⅢM1∶6，泥质素面橙黄陶。侈口，圆唇，弧腹，底略作假圈足。口径10.2、底径3.8、高4.2厘米（图一五七，5）。ⅢM1∶9，泥质灰陶。直口，圆唇，弧腹，底略作假圈足。近口沿处饰一道凹弦纹。口径13.6、底径5.6、高4.4厘米（图一五七，9；图版八四，4）。

陶盆　2件。泥质素面灰陶。侈口，斜平沿，尖圆唇，斜直腹，平底。ⅢM1∶1，口径12.0、底径4.4、高4.2厘米（图一五七，10；图版八五，1）。ⅢM1∶10，口径11.5、底径4.2、高4.3厘米（图一五七，12）。

陶樽　2件。ⅢM1∶3，泥质素面灰陶。残，可复原。敛口，圆唇，矮领，平折肩，直腹，平底。口径15.8、底径17.2、高11.5厘米（图一五七，14；图版八四，6）。ⅢM1∶7，泥质素面灰陶。盖与器身吻合较甚。盖呈覆钵状，平顶，斜直腹，侈口。樽敛口，圆唇，矮领，平折肩，斜直腹，平底。盖口径16.4、高5.2厘米；樽口径14.8、底径17.0、高11.0厘米；通高17.0厘米（图一五七，15；图版八四，5）。

陶斗瓶　3件。ⅢM1∶2，泥质素面灰陶。侈口，圆唇，溜肩，圆鼓腹，平底。口径5.4、腹径6.8、底径5.8、高7.5厘米（图一五八，2；图版八三，5）。ⅢM1∶22，泥质素面灰陶。侈口，尖圆唇，圆肩，腹部较直，平底。口径5.4、底径6.4、高8.0厘米（图一五八，3；图版八三，6）。ⅢM1∶25，泥质素面灰陶。侈口，尖圆唇，束颈，溜肩，圆鼓腹，平底。口径5.4、腹径7.0、底径5.8、高7.6厘米（图一五八，4；图版八四，1）。

陶盘　2件。陶色不均，以泥质橙黄陶为主。ⅢM1∶12，圆形，平沿，外缘弧凸，盘面较平整，低于口沿，平底。盘面饰波浪纹、弦纹组合。盘径32.0、厚2.1厘米（图一五八，5）。ⅢM1∶21，圆形，平沿，外缘方折，盘面较平整，低于口沿，平底。盘面饰波浪纹、弦纹组合。盘径34.0、厚2.2厘米（图一五八，6；图版八五，2）。

陶甑　1件。ⅢM1∶13，泥质素面灰陶。盆形甑，侈口，斜平沿，方唇，弧腹，平底，底有三孔。口径12.2、底径4.2、高5.2厘米（图一五八，7；图版八四，3）。

陶壶　1件。ⅢM1∶14，泥质素面灰陶。侈口，圆唇，斜直领，溜肩，上腹部下垂，下腹部束腰外撇至大平底。口径6.6、腹径11.8、底径12.0、高13.4厘米（图一五八，8；图版八四，2）。

陶灯　1件。ⅢM1∶15，泥质灰陶。灯口呈碟状，敞口，圆唇，柄部中空，上细下粗，近上部饰一周凸棱纹，近底部外撇形成叠涩圆台状，平底。口径7.6、底径10.8、高13.4厘米（图一五八，9；图版八三，4）。

陶釜　1件。ⅢM1∶8，泥质素面橙黄陶。残，可复原。敛口，方唇，溜肩，上腹部圆鼓，下腹部斜收至平底。口径7.4、腹径14.6、底径9.4、高11.5厘米（图一五八，10）。

铜钱　2组（15枚）。均圆形方穿，形制不同，以五铢钱为主，多为磨郭，另有1枚货泉。一枚五铢有穿上星记号。

图一五八　ⅢM1 出土器物（二）

1.磨郭五铢（ⅢM1:24-1）　2~4.陶斗瓶（ⅢM1:2、ⅢM1:22、ⅢM1:25）　5、6.陶盘（ⅢM1:12、ⅢM1:21）　7.陶甑（ⅢM1:13）　8.陶壶（ⅢM1:14）　9.陶灯（ⅢM1:15）　10.陶釜（ⅢM1:8）

ⅢM1：23-9，货泉，文字锈蚀不可辨，仅见"货"字下半部，篆书。钱径2.32、穿宽0.75、郭宽0.19、郭厚0.12、肉厚0.09厘米，重2.76克（图版八五，3）。ⅢM1：24-1，磨郭五铢，正面穿左右篆书"五铢"二字。"五"字较宽，交笔弯曲；"铢"字"金"字头呈三角形，中间四点较长，"朱"字上下部均圆折，上部外敞。钱径2.35、穿宽1.10、肉厚0.11厘米，重1.61克（图一五八，1；图版八五，3）。

ⅢM2

位于Ⅲ区东部，ⅢM1以南，东西向分布。与ⅢM1为一组，未发现茔圈。

1. 墓葬形制

该墓为带长斜坡墓道单室土洞墓，由封土、墓道、甬道、墓室组成。墓向277°（图一五九）。

封土　现呈丘状，部分叠压墓道。残径7.60、残高0.50米。

墓道　位于墓室以西，平面呈梯形，东宽西窄，长10.60、宽0.90~1.00米。东端剖面呈长方形，底宽1.00米。西高东低，斜坡至距墓门0.88米处到底，其后平直延伸至墓门处，坡度25°。近墓门处距地表深4.55米。内填灰黄色沙土，土质松散，内含大量砾石。

甬道　位于墓道东端，连接墓道与墓室。为拱顶土洞式结构，平面呈长方形，进深0.90、宽0.80、高1.30米。墓门呈拱形，与甬道同高等宽。封门位于甬道内封，以土坯堆砌封堵，土坯长0.39、宽0.20、厚0.09米。

墓室　位于墓道以东，平面呈圆角长方形，四壁略直，距墓室地面0.96米处向上斜收至拱形顶。墓室东西长3.36、南北宽2.00、高1.73米。

2. 葬具葬式及葬俗

墓室北壁下存尸床、尸罩。尸床由土坯堆垒而成，尸罩为木质，由盖板、头箱、脚箱组成，以蝴蝶榫链接，腐朽塌落于尸身上。

该墓为单人墓葬。人骨置于尸床之上，保存较好，为仰身直肢葬，头向西。经鉴定，人骨疑似女性，年龄不详。

尸床上散布有意打碎的陶片。

3. 随葬品

随葬品以陶器为主，集中放置于墓室西北角，共8件，包括弦纹陶罐5件、陶钵1件、陶瓿1件、陶瓶1件。另于人骨周围出土石砚1件、石刀1件、铜钱4组（28枚）。

弦纹陶罐　5件。ⅢM2：1，泥质灰陶。直口，尖圆唇，外缘呈三角状，束颈，圆肩，圆鼓

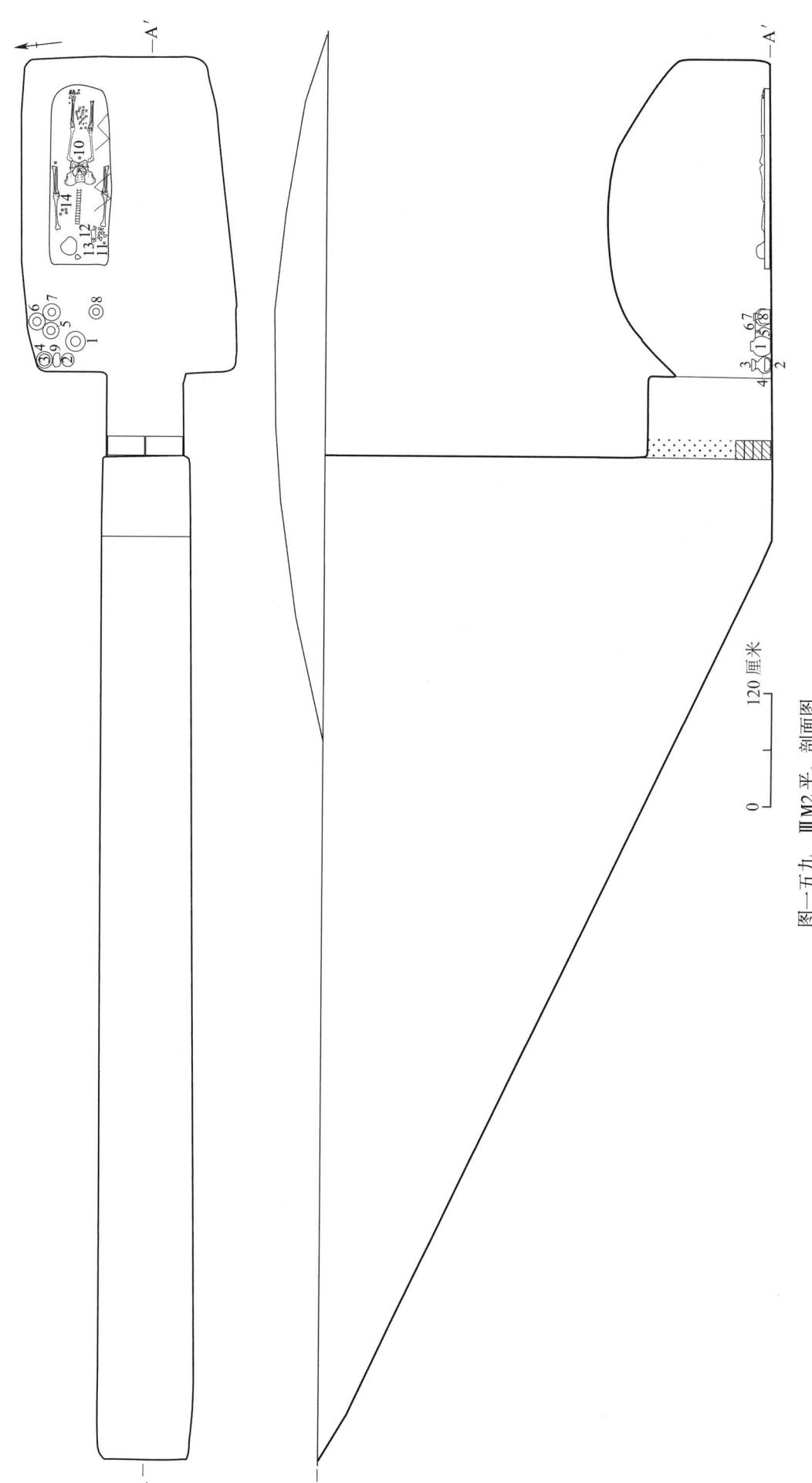

图一五九 ⅢM2 平、剖面图

1、4~7.弦纹陶罐 2.陶钵 3.陶甑 8.陶瓶 9.石砚 10、11、13、14.铜钱 12.铜刀

腹，底微凹。肩、腹部饰弦纹，近底处见竖向刮削痕迹。口径9.2、腹径21.0、底径13.8、高20.8厘米（图一六〇，1）。ⅢM2:4，泥质灰陶。侈口，尖圆唇，斜直领，圆肩，圆鼓腹，底微凹。肩、腹部饰弦纹，近底处见竖向刮削痕迹。口径8.8、腹径17.6、底径12.6、高15.6厘米（图一六〇，2）。ⅢM2:5，泥质灰陶。侈口，尖唇，斜直领，束颈，圆肩，圆鼓腹，底微凹。肩、腹部饰弦纹，近底处见竖向刮削痕迹。口径8.6、腹径17.6、底径12.4、高16.0厘米（图一六〇，3）。ⅢM2:6，泥质素面灰陶。侈口，方唇，斜直领，圆肩，圆鼓腹，下腹斜收至底，底微凹。肩、腹部饰弦纹，近底处见竖向刮削痕迹。口径8.6、腹径18.0、底径11.6、高15.4厘米（图一六〇，5）。ⅢM2:7，泥质红褐陶。直口，尖圆唇，外缘呈三状角，束颈，圆肩，圆鼓腹，下腹斜收至平底。肩、腹部饰弦纹，近底处有竖向刮削痕迹。口径7.2、腹径18.4、底径12.8、高17.4厘米（图一六〇，4）。

陶瓶　1件。ⅢM2:8，泥质素面灰陶。侈口，圆唇，束颈，折肩，直腹，底微凹。近底处见竖向刮削痕迹。口径7.0、底径14.4、高15.5厘米（图一六〇，6）。

陶钵　1件。ⅢM2:2，泥质素面灰陶。敛口，圆唇，弧腹，腹部较深，平底。口径13.4、底径5.8、高6.0厘米（图一六〇，7）。

陶甑　1件。ⅢM2:3，泥质素面灰陶。钵形甑，敛口，尖圆唇，弧腹，平底，底有四孔。内壁见轮制痕迹。口径12.2、底径4.4、高4.7厘米（图一六〇，9）。

石砚　1件。ⅢM2:9，石质。整体呈不规则椭圆状，一面微内凹，上有墨迹残留物。一侧钻两孔。通长14.9、宽8.2、最厚处1.0厘米（图一六〇，10；图版八五，4）。

石刀　1件。ⅢM2:12，石质。刀柄扁平，柄末凿一圆孔，刀末圆弧。通长10.1、刀柄宽3.0、厚0.7厘米（图一六〇，8；图版八五，5）。

铜钱　4组（28枚）。均圆形方穿，以五铢钱为主，另有一枚半两和少量磨郭钱。其中一枚五铢为合背五铢。

ⅢM2:10，五铢钱，正面穿左右篆书"五铢"二字。"五"字较窄，交笔弯曲，"铢"字"金"字头呈箭镞状，中间四点较长，"朱"字上下部均方折。钱径2.62、穿宽1.03、郭宽0.15、郭厚0.20、肉厚0.12厘米，重3.80克（图一六一，1）。ⅢM2:11-1，磨郭五铢，正面穿左右篆书"五铢"二字。"五"字较宽，交笔弯曲；"铢"字"金"字锈蚀不清，"朱"字上下部均圆折。钱径2.09、穿宽0.92、肉厚0.10厘米，重1.55克（图一六一，2）。ⅢM2:13-1，五铢钱，正面穿左右篆书"五铢"二字。"五"字较宽，交笔弯曲；铢"字"金"字头呈三角形，中间四点较长，"朱"字上部圆折，下部方折。钱径2.62、穿宽1.00、郭宽0.12、郭厚0.15、肉厚0.10厘米，重2.85克（图一六一，3）。ⅢM2:13-7，半两，穿孔两侧篆书"半两"二字，平背无郭。钱径2.3、穿宽0.80、肉厚0.10厘米，重2.59克（图一六一，5）。ⅢM2:14-4，五铢钱，正面穿左右篆书"五铢"二字。"五"字较窄，交笔弯曲；"铢"字不可辨识。钱径2.39、穿宽0.90、郭宽0.10、郭厚0.15、肉厚0.10厘米，重2.49克（图一六一，4）。

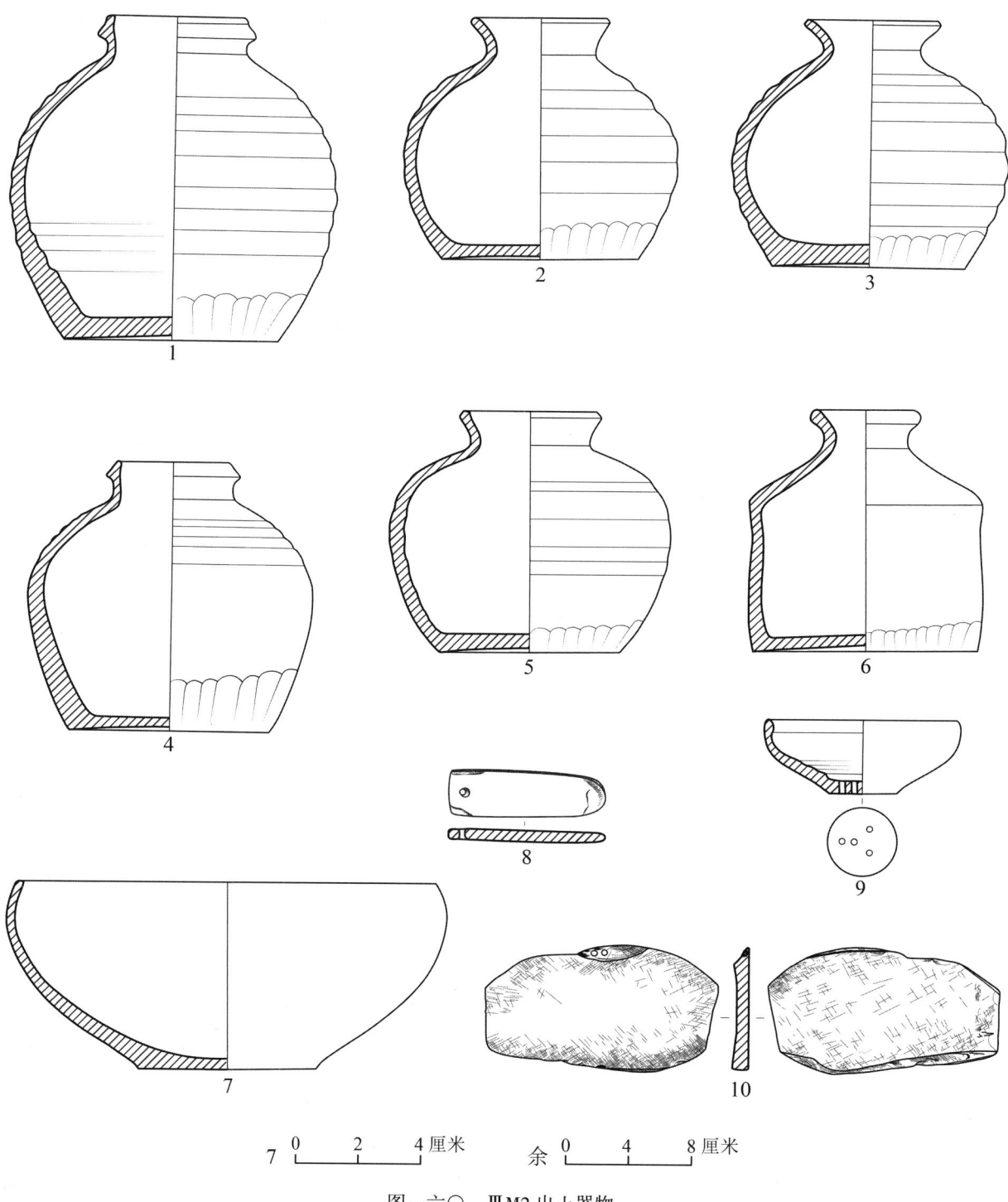

图一六〇 ⅢM2 出土器物

1~5.弦纹陶罐（ⅢM2:1、ⅢM2:4、ⅢM2:5、ⅢM2:7、ⅢM2:6） 6.陶瓶（ⅢM2:8）
7.陶钵（ⅢM2:2） 8.石刀（ⅢM2:12） 9.陶甑（ⅢM2:3） 10.石砚（ⅢM2:9）

ⅢM2∶14-7，合背五铢，两面均有"五铢"字样。一面"五"字较宽，交笔弯曲；"铢"字"金"字头呈三角形，中间四点较长，"朱"字上下部均圆折；一面"五"字较窄，交笔弯曲；"铢"字"金"字头锈蚀不明，中间四点较长，"朱"字上部不明，下部较圆折。钱径2.50、穿宽0.95、郭宽0.12、郭厚0.12、肉厚0.08厘米，重1.98克（图版八五，6、7）

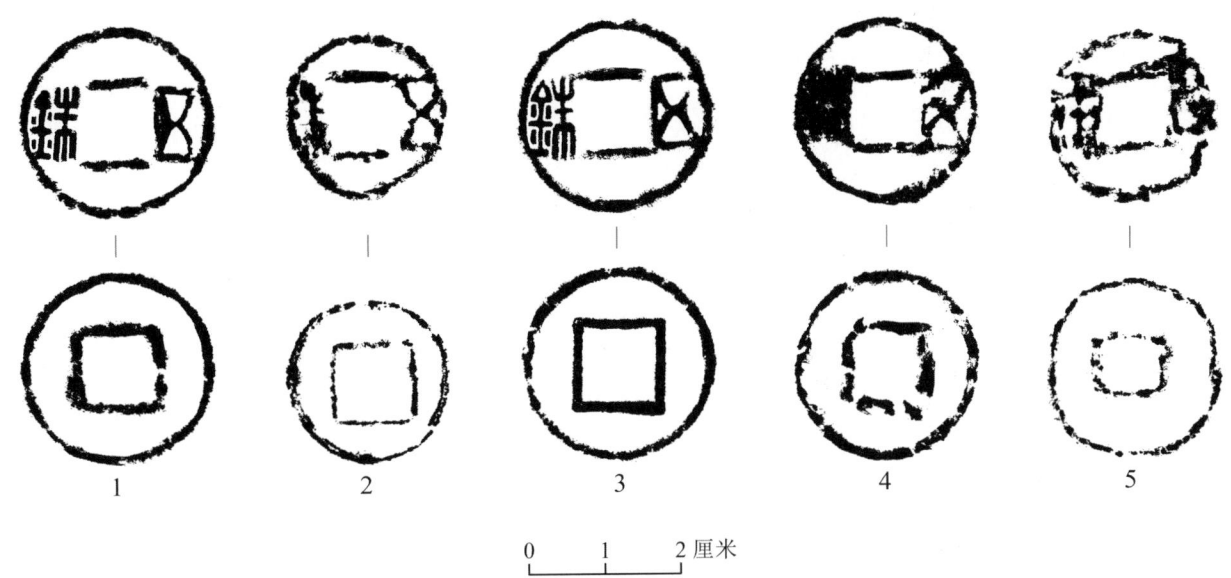

图一六一 ⅢM2出土铜钱拓片

1、3、4.五铢钱（ⅢM2∶10、ⅢM2∶13-1、ⅢM2∶14-4） 2.磨郭五铢（ⅢM2∶11-1） 5.半两（ⅢM2∶13-7）

ⅢM3

位于Ⅲ区东部，ⅢM1西北，东西向分布。与ⅢM9为一组，未发现茔圈。

1. 墓葬形制

该墓为带长斜坡墓道单室土洞墓，由封土、墓道、甬道、墓室组成。墓向260°（图一六二）。

封土 现呈丘状，部分叠压墓道。残径9.00、残高0.56米。

墓道 位于墓室以西，平面呈长方形，长11.00、宽0.72米。东端剖面呈梯形，口大底小，宽0.72~0.96米。西高东低，斜坡至底，坡度30°。近墓门处距地表深4.00米。

甬道 位于墓道东端，连接墓道与墓室，平面呈长方形，进深0.44、宽0.96、高1.70米。墓门呈拱形，与甬道同高等宽。封门位于甬道内封，以板泥、沙砾、砾石封堵。

墓室 位于墓道以东，平面呈不规则圆角长方形，斜壁上收至覆斗顶，坍塌严重，尺寸不详。墓室东西长2.60、南北宽2.20、残高2.40米。墓室西北角掏一龛，呈拱形，宽0.30、进深0.20、高0.30米（图版六，2）。

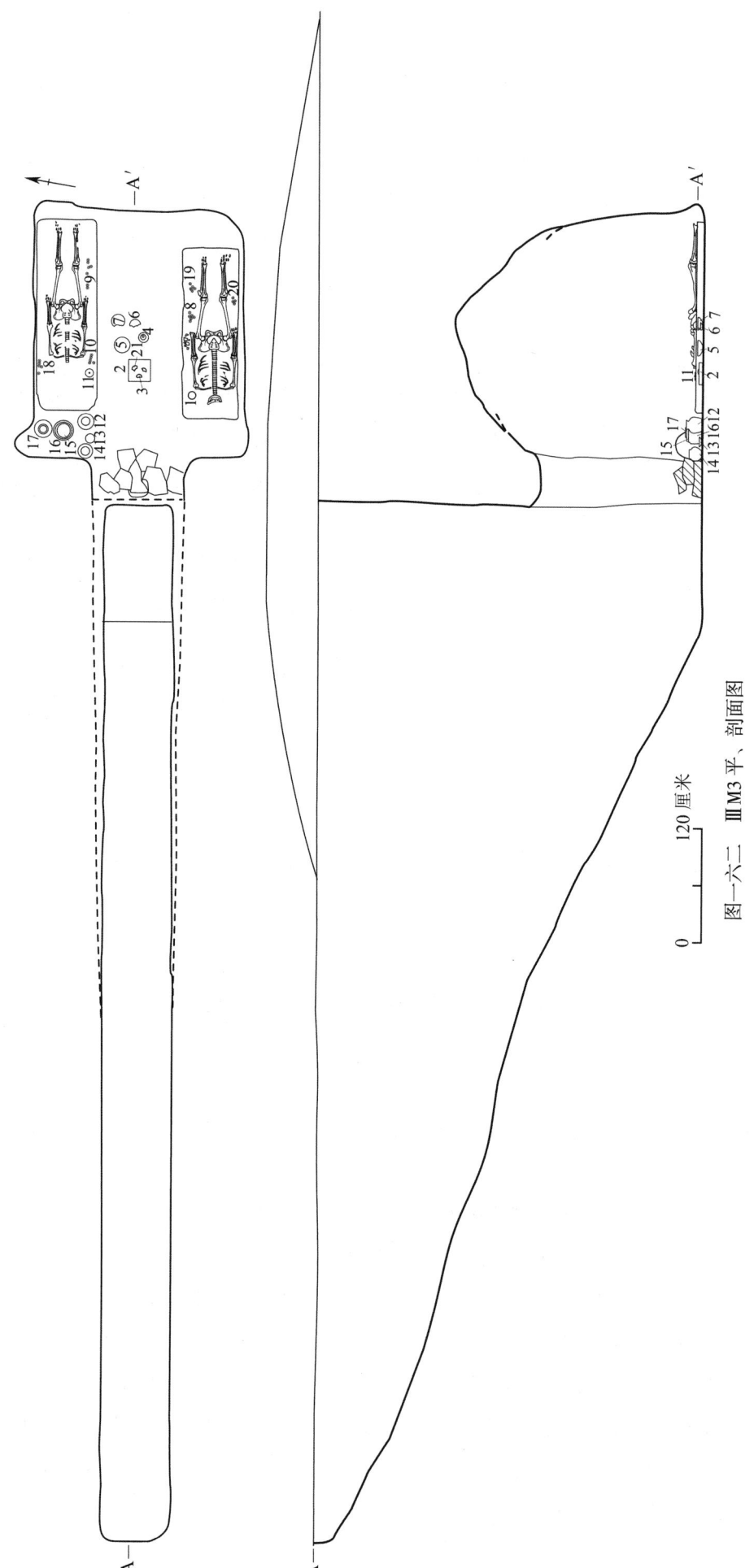

图一六二 ⅢM3 平、剖面图

1、11.铜镜 2.陶砖案 3、5、7、15、21.陶钵 4.陶壶 6、13.陶碟 8~10、18~20.铜钱 12、14、17.弦纹陶罐 16.陶樽

2. 葬具葬式

墓室南、北壁下各存一尸床，北侧尸床由沙土、黄泥、棺板由下而上砌成，长2.00、宽0.60、厚0.06米。南侧尸床仅由沙土堆垒而成，长1.80、宽0.60、厚0.05米。

该墓为双人合葬。人骨置于尸床之上，保存状况较好，均为仰身直肢。经鉴定，北侧人骨为一成年男性；南侧人骨为女性，年龄36~40岁。

3. 随葬品

随葬品以陶器为主，集中放置于墓室中部及西北角龛附近，共13件，包括陶砖案1件、陶钵5件、陶壶1件、陶碟2件、弦纹陶罐3件、陶樽1件。另于两人骨头部附近出土铜镜2件、尸骨周围出土铜钱6组（45枚）（图版三七，1）。

陶砖案　1件。ⅢM3：2，泥质素面灰陶。近方形，六面较平整，上置祭祀类器物。长31.4、宽32.4、厚5.0厘米（图一六三，1）。

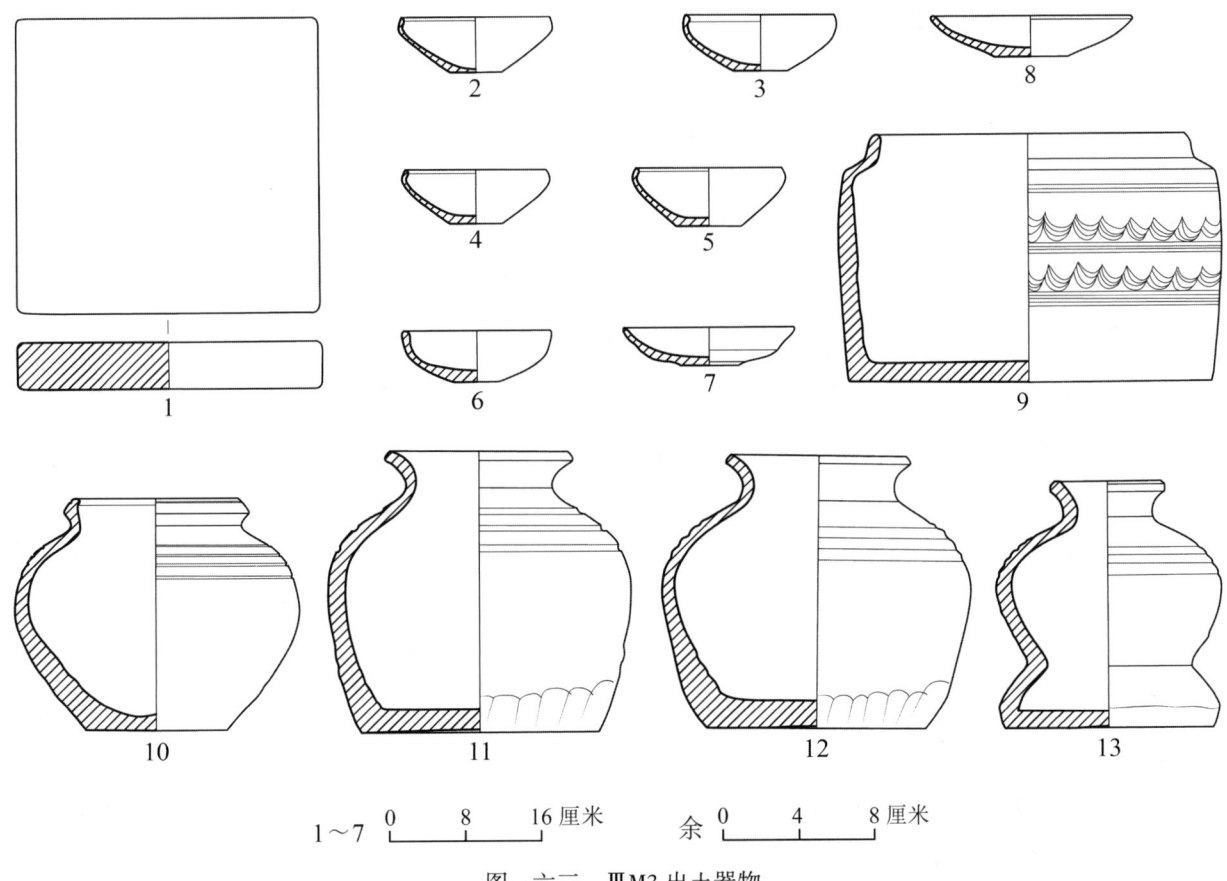

图一六三　ⅢM3出土器物
1.陶砖案（ⅢM3：2）　2~6.陶钵（ⅢM3：3、ⅢM3：5、ⅢM3：7、ⅢM3：15、ⅢM3：21）　7、8.陶碟（ⅢM3：13、ⅢM3：6）
9.陶樽（ⅢM3：16）　10~12.弦纹陶罐（ⅢM3：14、ⅢM3：12、ⅢM3：17）　13.陶壶（ⅢM3：4）

陶钵　5件。ⅢM3:3，泥质素面灰陶。残，可复原。敛口，尖唇，上腹外鼓，下腹斜收至平底。口沿下及内侧抹一层黑褐色釉。口径15.8、底径5.6、高5.9厘米（图一六三，2）。ⅢM3:5，泥质素面灰陶。敛口，尖唇，上腹外鼓，下腹斜收至平底。口径15.8、底径5.6、高6.0厘米（图一六三，3；图版八六，3）。ⅢM3:7，泥质素面灰陶。敛口，尖唇，上腹外鼓，下腹斜收至平底。口沿下及内侧抹一层黑褐色釉。口径15.0、底径5.4、高5.8厘米（图一六三，4）。ⅢM3:15，泥质素面灰陶。敛口，尖圆唇，上腹外鼓，下腹斜收至平底。口径15.2、底径6.8、高6.2厘米（图一六三，5）。ⅢM3:21，泥质素面灰陶。残，可复原。直口，圆唇，弧腹收至平底。口径7.8、底径2.3、高2.8厘米（图一六三，6）。

陶碟　2件。泥质素面灰陶。敞口，尖圆唇，浅弧腹，平底。ⅢM3:6，残，可复原。口径10.4、底径4.0、高2.2厘米（图一六三，8）。ⅢM3:13，口径9.0、底径3.0、高2.0厘米（图一六三，7；图版八六，4）。

陶壶　1件。ⅢM3:4，泥质灰陶。直口微侈，平沿内斜，方唇，束颈，扁鼓腹，束腰，矮座，平底。肩部饰四道凹弦纹。口径6.0、腹径12.0、底径11.0、高13.1厘米（图一六三，13；图版八六，6）。

弦纹陶罐　3件。ⅢM3:12，泥质灰陶。口残，可复原。侈口，方唇，圆肩，圆鼓腹，下腹斜收至平底。肩、部饰弦纹，近底处见竖向刮削痕迹。口径9.4、腹径16.0、底径12.6、高15.1厘米（图一六三，11）。ⅢM3:14，泥质灰陶。直口，圆唇，外缘呈三角状，靠近唇部饰一道凹弦纹，束颈，溜肩，鼓腹，下腹部弧收至平底。肩部饰凹弦纹。口径8.8、腹径15.2、底径7.4、高12.4厘米（图一六三，10；图版八七，4）。ⅢM3:17，泥质灰黑陶。侈口，方唇，束颈，溜肩，圆鼓腹斜收至平底。肩部饰凹弦纹，近底处见竖向刮削纹。口径9.3、腹径16.4、底径11.7、高14.5厘米（图一六三，12；图版八七，5）。

陶樽　1件。ⅢM3:16，泥质灰陶。直口，圆唇，高直领，折肩，直腹，平底。腹部饰三组凹弦纹，其间以由三道刻画线组成的垂幛纹填充。口径16.6、底径19.4、高13.3厘米（图一六三，9；图版八六，5）。

铜镜　2件。ⅢM3:1，镜体较厚重。圆形，镜面微弧凸，镜背正中为半球形钮，圆形钮座，镜钮上有半圆形对穿孔。钮座外为两周凸弦纹夹饰一周短斜线纹带两组，两斜线纹带间为四乳与四虺相间环绕，四乳带圆形凸弦纹座，宽素缘。面径8.8、背径8.6、钮高0.8、钮径1.3、缘宽1.2、缘厚0.4、肉厚0.25厘米，重118.7克（图一六四，1；图版八七，1）。ⅢM3:11，圆形，镜面微弧凸，镜背正中为半球形钮，圆形钮座，镜钮上有半圆形对穿孔。钮座外为两周弦纹，其间对称饰四蝠形叶，叶间似有铭文，不可辨。其外为八个内向连弧纹组成的圈带，宽素缘。面径9.1、背径8.7、钮高1.0、钮径1.5、缘宽1.0、缘厚0.2、肉厚0.15厘米，重71.8克（图一六四，2；图版八七，2）。

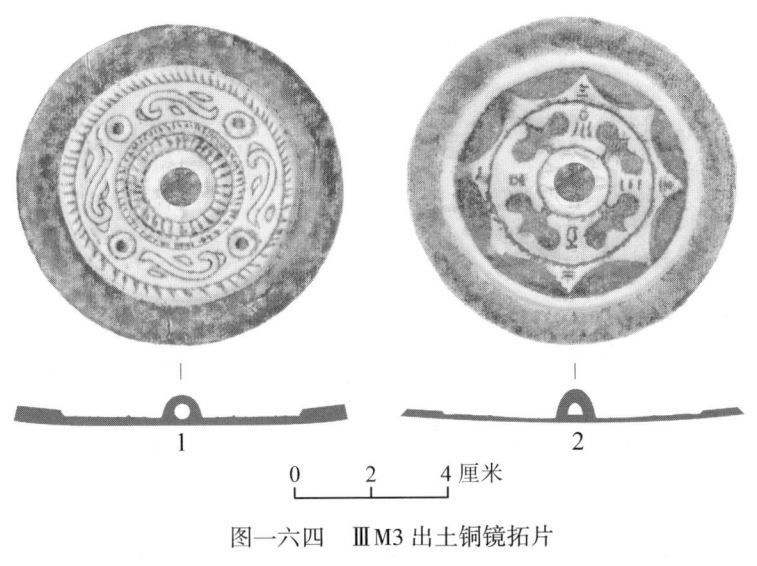

图一六四　ⅢM3出土铜镜拓片
1、2.铜镜（ⅢM3∶1、ⅢM3∶11）

铜钱　6组（45枚）。均圆形方穿，以五铢钱为主，其中少量磨郭，一枚为四出五铢。部分五铢钱有穿上横郭、穿下半星等记号。

五铢钱，正面穿左右篆书"五铢"二字。ⅢM3∶8-1，"五"字较窄，交笔弯曲；"铢"字"金"字头呈三角形，中间四点较短，"朱"字上下部均较圆折，上部外敞。钱径2.63、穿宽1.01、郭宽0.19、郭厚0.15、肉厚0.10厘米，重2.61克（图一六五，1）。ⅢM3∶8-2，"五"字较窄，交笔弯曲；"铢"字"金"字头呈三角形，中间四点较长，"朱"字上下部均圆折。钱径2.58、穿宽0.90、郭宽0.20、郭厚0.15、肉厚0.10厘米，重3.54克（图一六五，2；图版八七，3）。ⅢM3∶9-6，"五"字较宽，交笔弯曲；"铢"字"金"字头呈三角形，中间四点较短，"朱"字上部方圆折，下部方折。记号为穿上横郭。钱径2.63、穿宽0.88、郭宽0.16、郭厚0.12、肉厚0.08厘米，重2.90克（图一六五，5）。ⅢM3∶10-3，"五"字较宽，交笔弯曲；"铢"字"金"字头呈三角形，中间四点较长，"朱"字上下部均圆折。钱径2.60、穿宽0.88、郭宽0.17、郭厚0.13、肉厚0.08厘米，重2.69克（图一六五，6）。ⅢM3∶18-1，四出五铢，"五"字较宽，交笔弯曲；"铢"字"金"字头呈三角形，中间四点较长，"朱"字上下部均圆折。记号为背面穿郭四角出文到轮郭。钱径2.58、穿宽0.88、郭宽0.18、郭厚0.15、肉厚0.11厘米，重2.71克（图一六五，8；图版八六，1、2）。ⅢM3∶19-1，"五"字较宽，交笔弯曲；"铢"字"金"字头呈三角形，中间四点较短，"朱"字上部方圆折，下部圆折，上部外敞。钱径2.58、穿宽0.85、郭宽0.16、郭厚0.17、肉厚0.11厘米，重3.33克（图一六五，10；图版八七，3）。

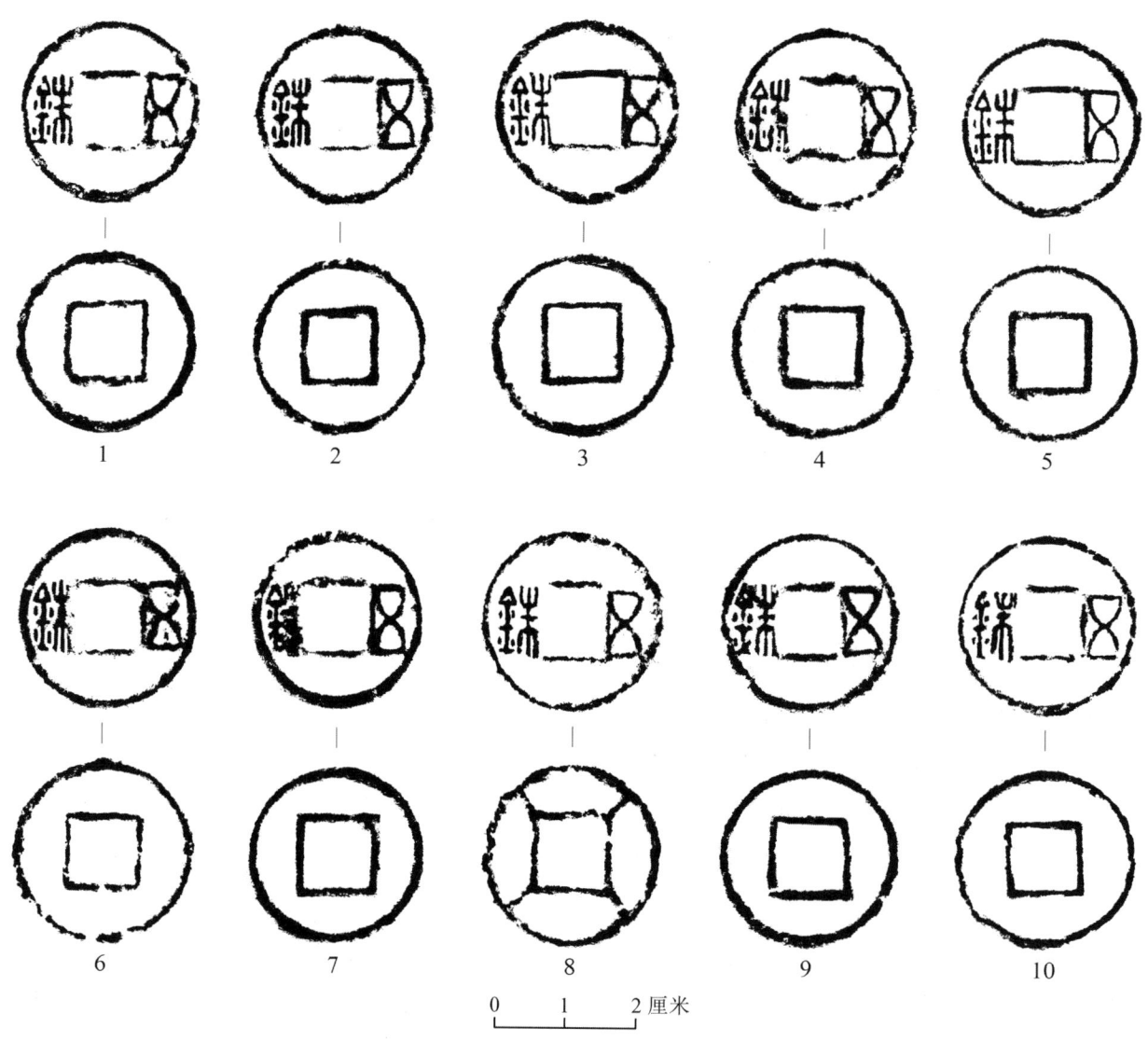

图一六五　ⅢM3 出土铜钱拓片

1~10.五铢钱（ⅢM3：8-1、ⅢM3：8-2、ⅢM3：9-1、ⅢM3：9-3、ⅢM3：9-6、ⅢM3：10-3、ⅢM3：10-8、ⅢM3：18-1、ⅢM3：18-3、ⅢM3：19-1）

ⅢM4

位于Ⅲ区东部，ⅢM2 西南，南北向分布。

1. 墓葬形制

该墓为带长斜坡墓道单室土洞墓，由封土、墓道、墓门、墓室组成。墓向189°（图一六六）。

封土　现呈丘状，部分叠压墓道。残径6.80、残高0.30米。

墓道　位于墓室以南，平面呈长方形，长6.80、宽0.78米。北端剖面亦呈长方形，底宽

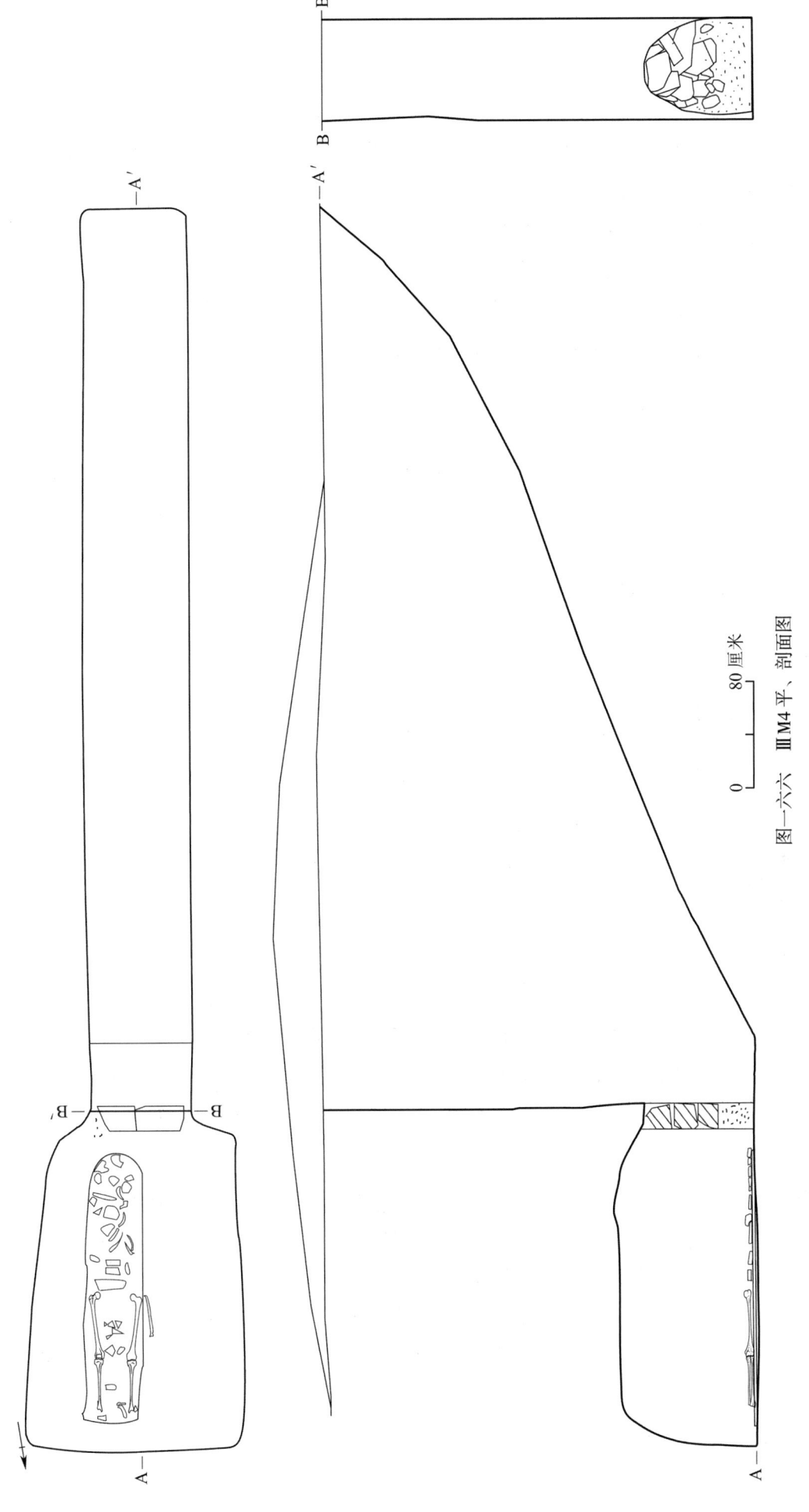

图一六六 ⅢM4 平、剖面图

0.78 米。南高北低，斜坡至距墓门 0.65 米处到底，其后平直延伸至墓门处，坡度 30°。近墓门处距地表深 3.25 米。内填灰黄色沙土，土质松散，内含大量砾石。

墓门　呈拱形，宽 0.72、高 0.80 米。封门位于墓门内侧，以不规则土坯堆砌封堵，下部填以沙土，周缘以石块封堵。无甬道。

墓室　位于墓道以北，平面呈圆角长方形，四壁斜直，距墓室地面 0.30 米处向上斜收至顶。墓室南北长 2.65、东西宽 1.32、高 1.10 米。

2. 葬具葬式及葬俗

墓室中部存一尸床，尸床由草木灰堆垒而成。

该墓为单人葬。人骨置于尸床之上，保存状况较差，葬式不详。经鉴定人骨疑似女性，年龄不详。

尸床上散布有意打碎的陶片。

3. 随葬品

无随葬品。

ⅢM5

位于Ⅲ区东部，ⅢM4 以南，东西向分布。与ⅢM6 为一组，未发现茔圈。

1. 墓葬形制

该墓为带长斜坡墓道单室土洞墓，由封土、墓道、甬道、墓室组成。墓向 275°（图一六七）。

封土　现呈丘状，部分叠压墓道。残径 6.70、残高 0.30 米。

墓道　位于墓室以西，平面呈梯形，东窄西宽，长 15.35、宽 1.10~2.20 米。东端剖面呈长方形，底宽 1.10 米。西高东低，斜坡至底，坡度 21°。近墓门处距地表深 6.60 米。内填灰黄色沙土，土质松散，内含大量砾石。

甬道　位于墓道东端，连接墓道与墓室，为拱顶土洞式结构，进深 0.90、宽 0.72、高 1.47 米。墓门呈拱形，与甬道同高等宽。封门位于甬道内封，以土坯和胶泥块封门，采用错缝平铺顺砌的方式封者，土坯长 0.43、宽 0.36、厚 0.14 米。

墓室　位于墓道以东，平面呈圆角长方形，墓顶塌陷，具体形制不详。墓室东西长 3.38、南北宽 2.72、残高 3.12 米。墓室西北角和西南角各掏一龛。西北角龛口宽约 0.70、进深约 0.54、高 0.88 米；西南角龛口宽约 0.16、进深约 0.13、高 0.21 米。

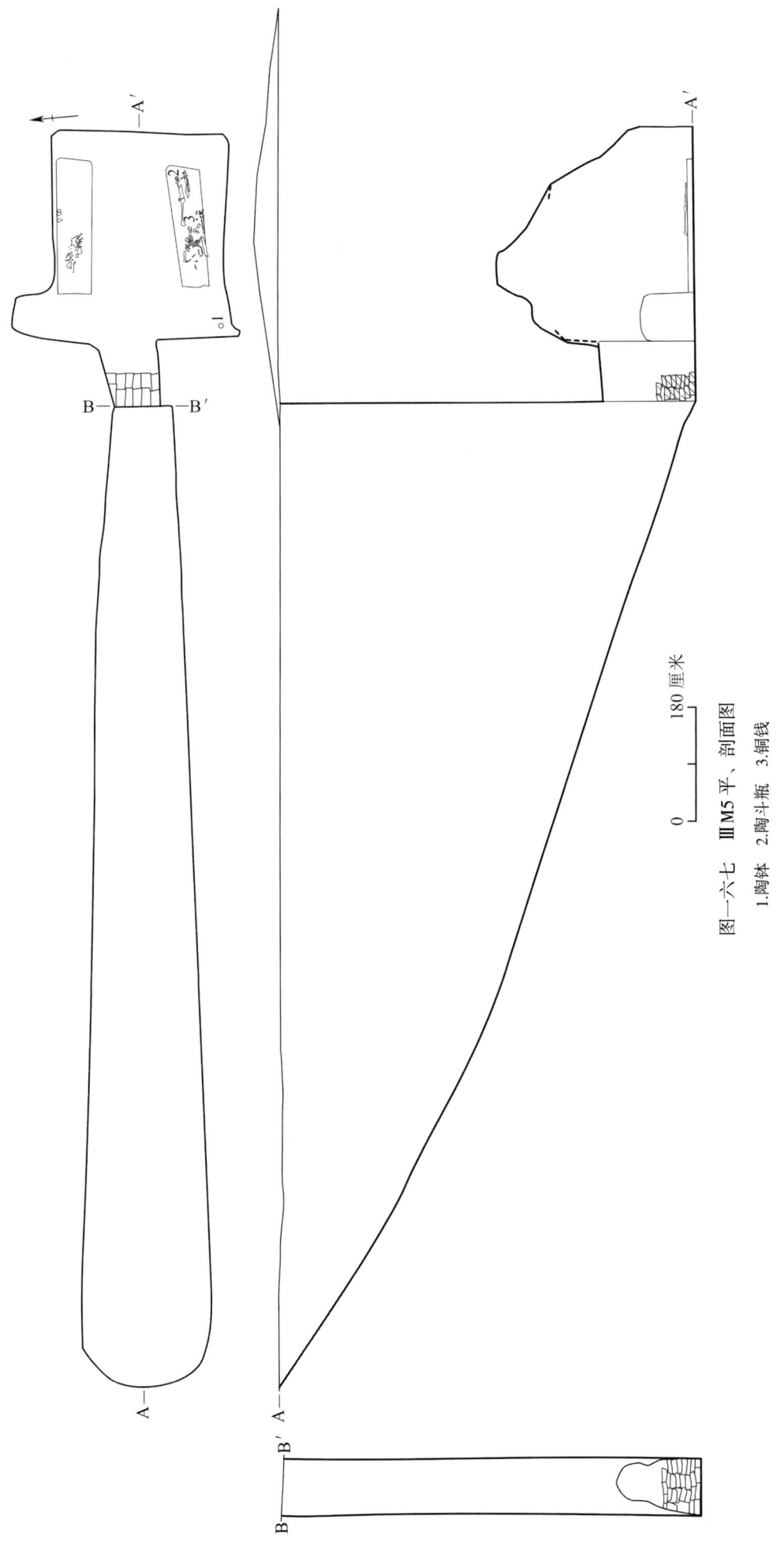

图一六七 ⅢM5 平、剖面图
1.陶钵 2.陶斗瓶 3.铜线

2. 葬具葬式

墓室南、北壁下各存一尸床，北侧尸床由细沙、木板等堆垒而成；南侧尸床由沙石堆垒而成。

该墓为双人合葬。人骨置于尸床之上。北侧人骨保存较好，为仰身直肢葬；南侧人骨扰乱严重，葬式不详。经鉴定，北侧人骨为一成年男性；南侧人骨为女性，年龄50~60岁。

3. 随葬品

随葬品较少，仅于南侧人骨附近出土陶钵1件、陶斗瓶1件、铜钱1组（4枚）。

陶钵　1件。ⅢM5:1，泥质素面灰陶。侈口，圆唇，浅腹，平底。口径6.8、底径2.6、高2.4厘米（图一六八，1）。

陶斗瓶　1件。ⅢM5:2，泥质素面橙黄陶。侈口，圆唇，溜肩，腹部微鼓，平底。腹部有朱书痕迹，漫漶不清。口径4.8、底径4.8、高5.0厘米（图一六八，2）。

铜钱　1组（4枚）。均圆形方穿，皆为剪轮钱。

ⅢM5:3，剪轮钱，无文，制作粗劣，边多有剪凿痕，为不规则圆形。钱径1.50、穿宽0.68、肉厚0.17厘米，重1.76克。

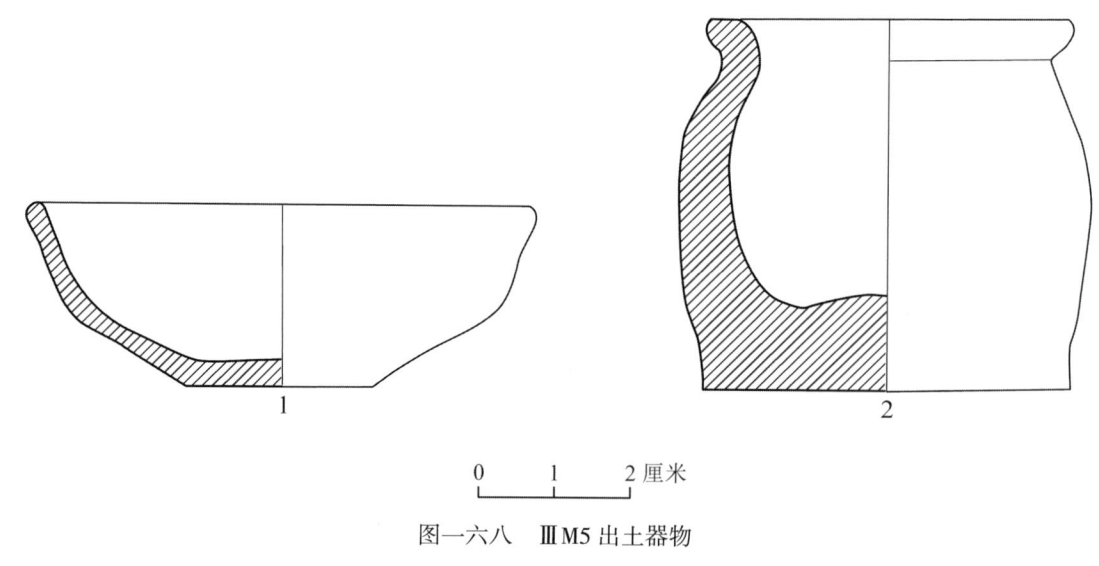

图一六八　ⅢM5出土器物
1.陶钵（ⅢM5:1）　2.陶斗瓶（ⅢM5:2）

ⅢM6

位于Ⅲ区东部，ⅢM5西南，东西向分布。与ⅢM5为一组，未发现茔圈。

1. 墓葬形制

该墓为带长斜坡墓道单室土洞墓。由封土、墓道、甬道、墓室组成。墓向280°（图一六九）。

封土　现呈丘状，部分叠压墓道。残径10.00、残高0.40米。

墓道　位于墓室以西，平面呈近梯形，东宽西窄，长14.23、宽0.80~0.95米。剖面呈长方形，底宽0.95米。西高东低，斜坡至距墓门0.60米处到底，其后平直延伸至墓门处，坡度23°。近墓门处距地表深6.10米。

甬道　位于墓道东端，连接墓道与墓室。平面呈长方形，进深1.15、宽0.90、高1.12米。墓门呈拱形，与甬道同高等宽。封门位于甬道内封，以土坯和沙石封堵，完整土坯长0.42、宽0.22、厚0.10米。

墓室　位于墓道以东，平面呈圆角长方形，四壁略直，距墓室地面1.20米处向上斜收至顶，顶部塌陷严重，形制不详。墓室东西长3.30、南北宽2.70、残高2.10米。墓室西北角和西南角各掏一龛，西北角龛口宽0.62、进深0.33、高0.53米；西南角龛口宽0.54、进深0.27、高0.57米。

2. 葬具葬式及葬俗

墓室北壁下存尸床、尸罩。尸床由细沙土堆垒而成，尸罩腐朽成块塌落于尸骨之上，大致呈长方形，有残存蝴蝶榫。

该墓为单人葬。人骨置于尸床之上，扰乱严重，葬式不详。经鉴定，人骨为男性，年龄45~60岁。

尸骨下肢骨及头骨处散布有意打碎的陶片。

3. 随葬品

随葬品主要放置于墓室南部及尸罩周围，共15件（枚），包括陶斗瓶2件、陶碟2件、波浪纹陶罐2件、陶壶1件、陶釜1件、陶樽2件、陶盘2件、陶钵1件、铜钱2枚（图版三七，2）。

陶碟　2件。泥质素面灰陶。敞口，浅腹，平底。ⅢM6：2，尖唇，斜直腹。口径7.6、底径5.0、高1.9厘米（图一七〇，1；图版八八，3）。ⅢM6：10，方唇，弧腹。近底处有刮削痕迹。口径9.0、底径4.2、高2.6厘米（图一七〇，2；图版八八，4）。

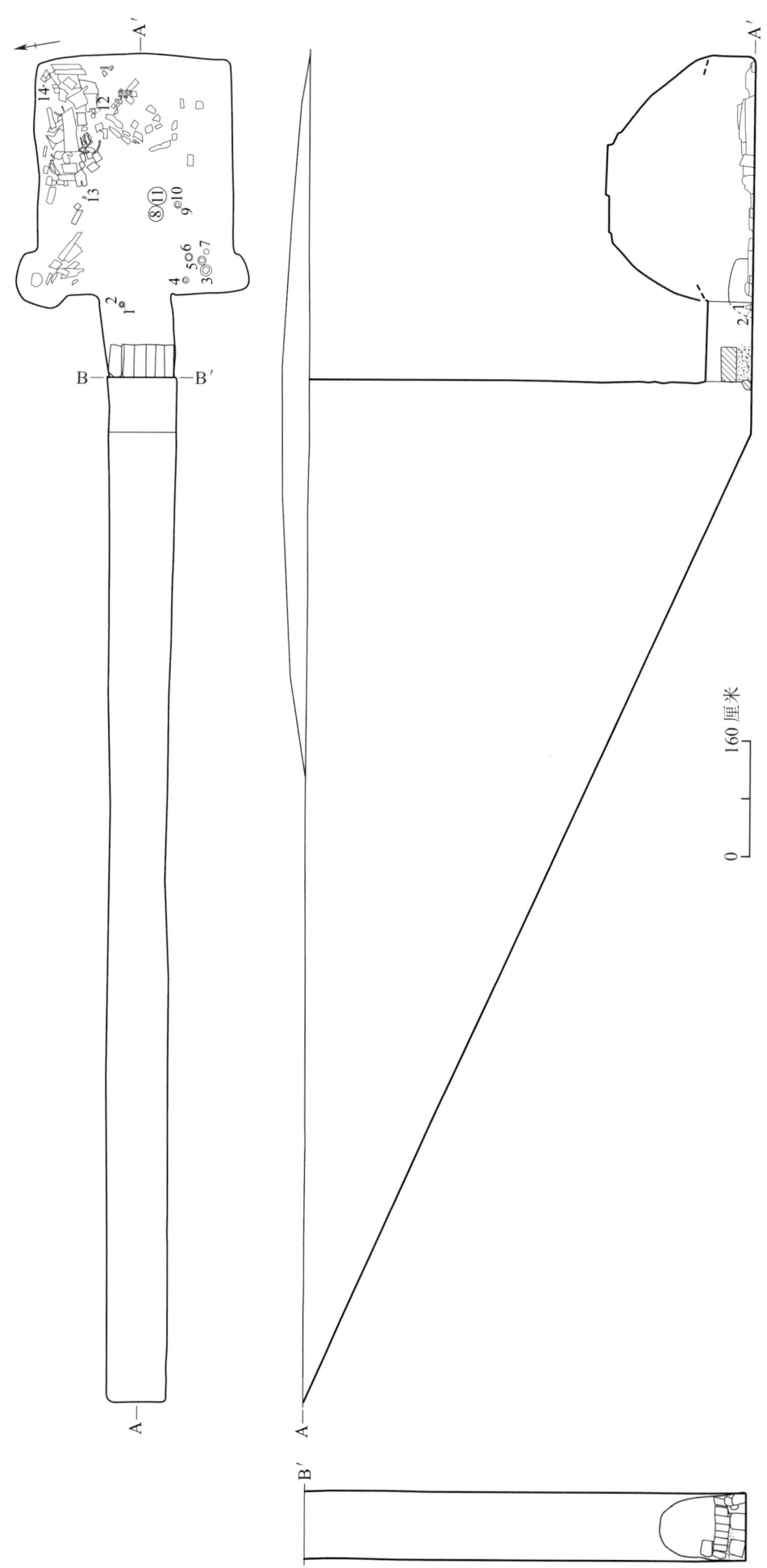

图一六九 ⅢM6 平、剖面图

1、12.陶斗瓶 2、10.陶碟 3、5.波浪纹陶罐 4.陶壶 6.陶釜 7、13.陶樽 8、11.陶盘 9.陶钵 14.铜钱

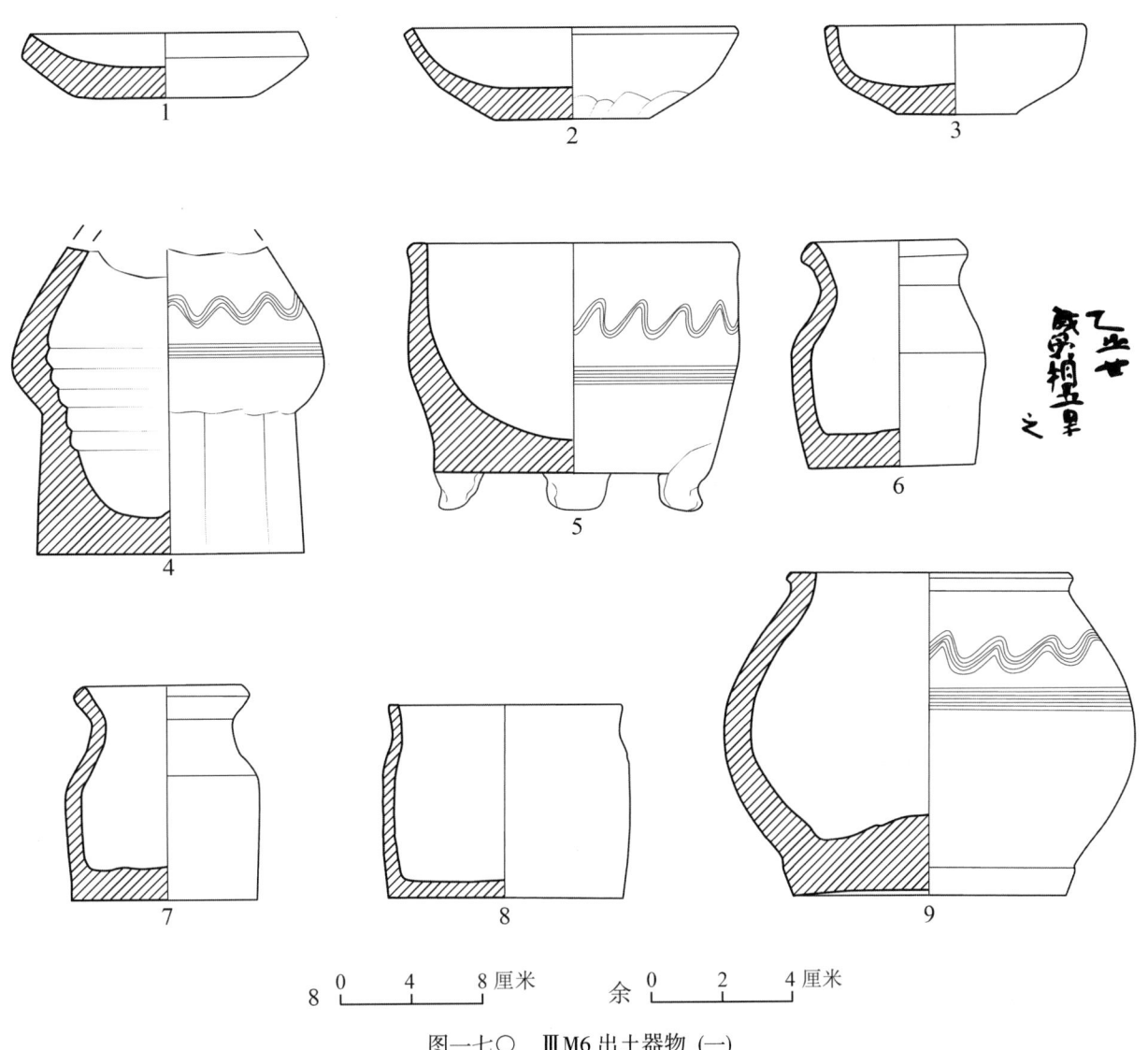

图一七〇　ⅢM6 出土器物（一）

1、2.陶碟（ⅢM6:2、ⅢM6:10）　3.陶钵（ⅢM6:9）　4.陶壶（ⅢM6:4）
5、8.陶樽（ⅢM6:7、ⅢM6:13）　6、7.陶斗瓶（ⅢM6:1、ⅢM6:12）　9.陶釜（ⅢM6:6）

陶钵　1件。ⅢM6:9，泥质素面灰陶。直口，圆唇，弧腹，平底。口径7.4、底径3.4、高2.5厘米（图一七〇，3；图版八九，3）。

陶壶　1件。ⅢM6:4，泥质灰陶。口残，不可复原。泥质灰陶。溜肩，腹部较圆鼓且下垂，高底座，平底。肩、腹部饰波浪纹和弦纹组合，底座见竖向刮削痕迹。内壁见轮制痕迹。腹径8.8、底径7.4、残高8.8厘米（图一七〇，4）。

陶斗瓶　2件。ⅢM6:1，泥素面质灰陶。侈口，尖唇，束颈，溜肩，腹部微鼓，平底。口径4.1、底径4.7、高6.4厘米（图一七〇，6；图版八八，5）。腹部朱书镇墓文，多漫漶不清，录文作：

建兴廿五年□□

戊子朔……

……之日

死……

……

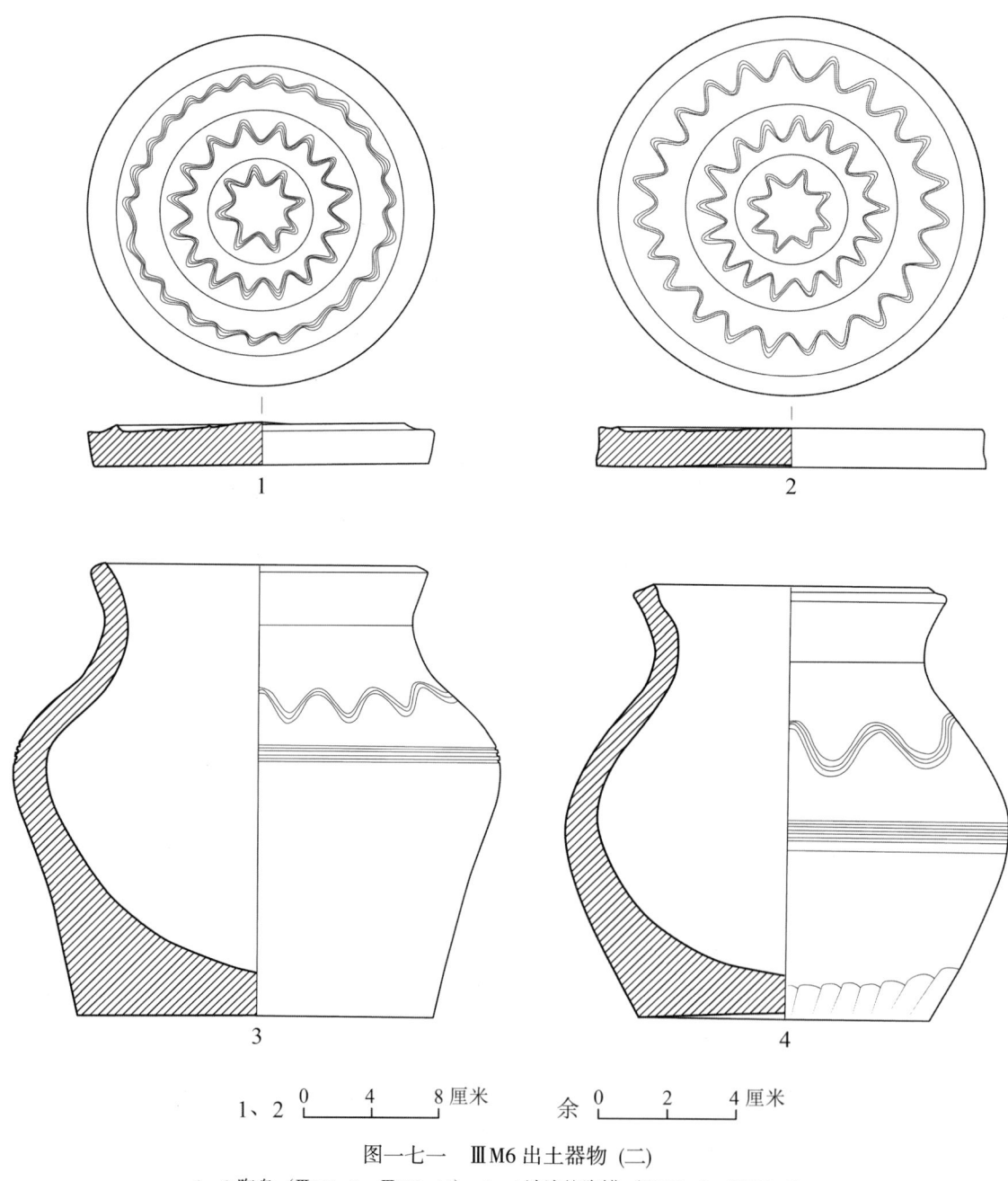

图一七一　ⅢM6 出土器物（二）
1、2.陶盘（ⅢM6：8、ⅢM6：11）　3、4.波浪纹陶罐（ⅢM6：3、ⅢM6：5）

ⅢM6：12，泥质素面灰陶。侈口，尖唇，束颈，溜肩，腹部微鼓。颈腹部朱书镇墓文，均漫漶不清。口径4.2、底径5.2、高6.0厘米（图一七〇，7；图版八八，6）。

陶樽　2件。ⅢM6：7，泥质灰陶。三足樽，直口，方唇，矮领，腹部较直，近底部内收，平底，下附三蹄足。腹部饰波浪纹、弦纹组合。口径9.4、底径7.8、高7.7厘米（图一七〇，5；图版八九，1）。ⅢM6：13，泥质素面灰陶。残，可复原。直口，方唇，矮领，肩部发育不明显，直腹，平底。口径13.2、底径13.2、高11.0厘米（图一七〇，8）。

陶釜　1件。ⅢM6：6，泥质橙黄陶。敛口，方唇，溜肩，腹部较圆鼓，底作假圈足。肩、腹部饰波浪纹和弦纹组合。口径8.0、腹径11.8、底径7.8、高9.2厘米（图一七〇，9；图版八八，2）。

陶盘　2件。ⅢM6：8，泥质灰陶。圆形，凹沿，外缘斜直，盘面中高周缘低，整体高于盘沿，平底。盘面饰波浪纹、弦纹组合。盘径20.5~20.7、厚2.5厘米（图一七一，1）。ⅢM6：11，泥质灰陶。圆形，凹沿，外缘较直，盘面较平整，整体低于盘沿，平底。盘面饰波浪纹、弦纹组合。盘径22.8、厚2.3厘米（图一七一，2；图版八九，2）。

波浪纹陶罐　2件。泥质灰陶。器形整体瘦高。侈口，斜直领，束颈，圆肩，圆鼓腹，下腹斜收至底。肩、腹部饰波浪纹和弦纹组合。ⅢM6：3，口残，可复原。圆唇，平底。口径9.2、腹径14.4、底径10.6、高13.5厘米（图一七一，3）。ⅢM6：5，方唇，底微凹。近底处见竖向刮削痕迹。口径8.0、腹径13.0、底径8.6、高12.9厘米（图一七一，4；图版八八，1）。

铜钱　2枚。均圆形方穿，皆为剪轮钱。

ⅢM6：14，剪轮钱，钱文漫漶不可辨识，制作粗劣，边有剪凿痕。钱径1.42、穿宽0.68、肉厚0.17厘米，重0.62克（图版八九，4）。ⅢM6：15，剪轮钱，钱文漫漶不可辨识，制作粗劣，边有剪凿痕。钱径1.12、穿宽0.41、肉厚0.18厘米，重0.56克（图版八九，4）。

ⅢM7

位于Ⅲ区东部，ⅢM3西南，东西向分布。

1. 墓葬形制

该墓为带长斜坡墓道单室土洞墓，由封土、墓道、甬道、墓室组成。墓向275°（图一七二）。

封土　现呈丘状，部分叠压墓道，残径4.50、残高0.30米。

墓道　位于墓室以西，平面呈近长方形，长9.80、宽约0.86米。东端剖面亦呈长方形，底宽0.86米。西高东低，斜坡至底，坡度38°。近墓门处距地表深3.84米。

甬道　位于墓道东端，连接墓道与墓室，进深0.80、宽0.79、高1.14米。墓门呈拱形，与甬道同高等宽。封门无存。

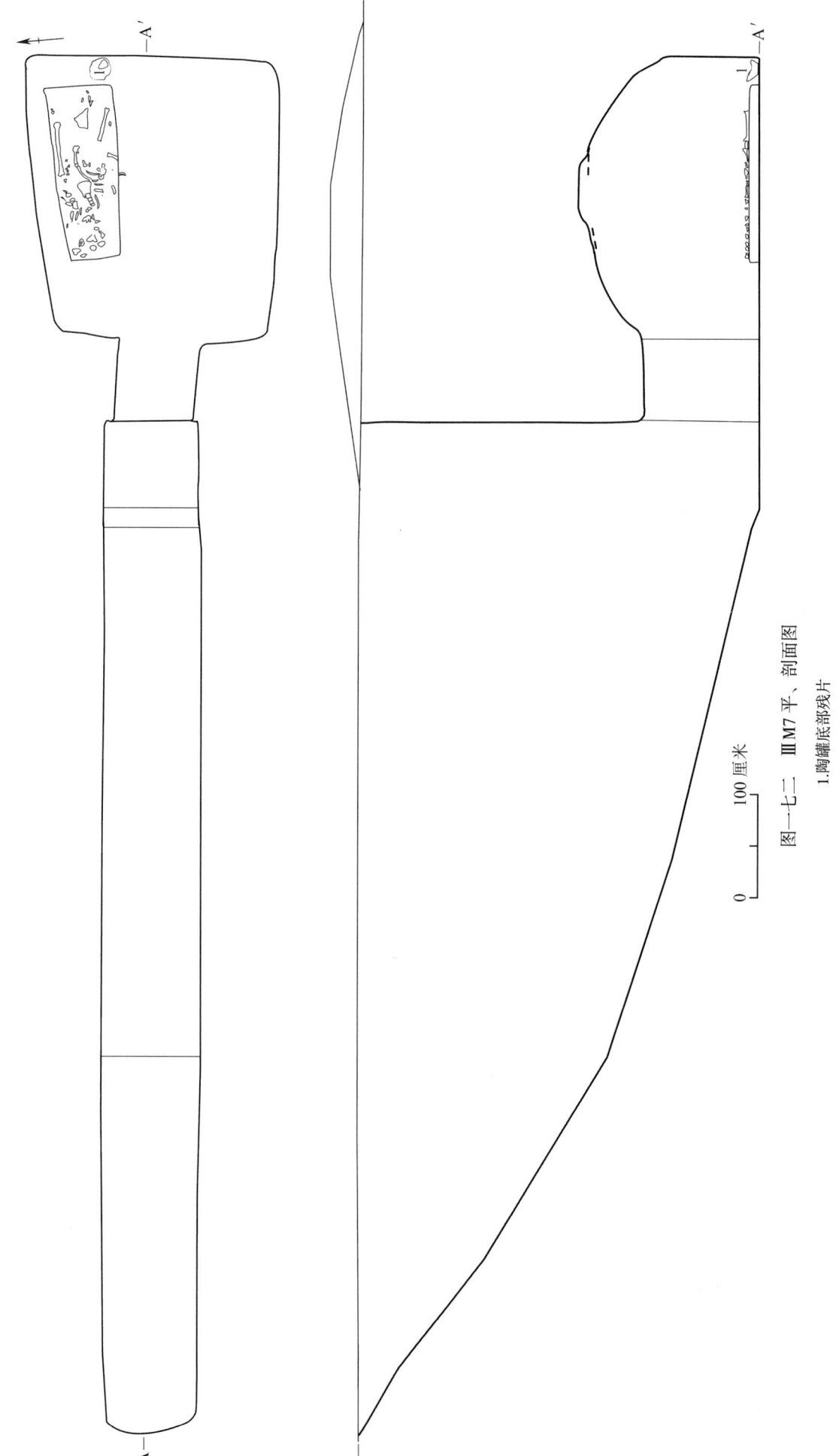

图一七二 ⅢM7 平、剖面图
1. 陶罐底部残片

墓室　位于墓道以东，平面呈圆角长方形，四壁略直，距墓室地面 0.80 米处向上斜收至覆斗顶，坍塌严重。墓室东西长 2.74、南北宽 2.36、高 1.75 米。

2. 葬具葬式

墓室北壁下存一尸床，尸床由沙石堆垒而成，尸床高 0.06 米。

该墓为单人葬。人骨置于尸床之上，扰乱严重，葬式不详。经鉴定，人骨为男性，年龄 35~39 岁。

3. 随葬品

仅于墓室东壁下出土陶罐底部残片 1 件。

陶罐底部残片　1 件。ⅢM7：1，泥质灰陶。腹部斜收，平底。底径 10.8、残高 10.9 厘米（图一七三，1；图版八九，5~7）。腹残部有竖行墨书，部分漫漶不清。录文作：

……
天注
地注
生注
死注
……
令

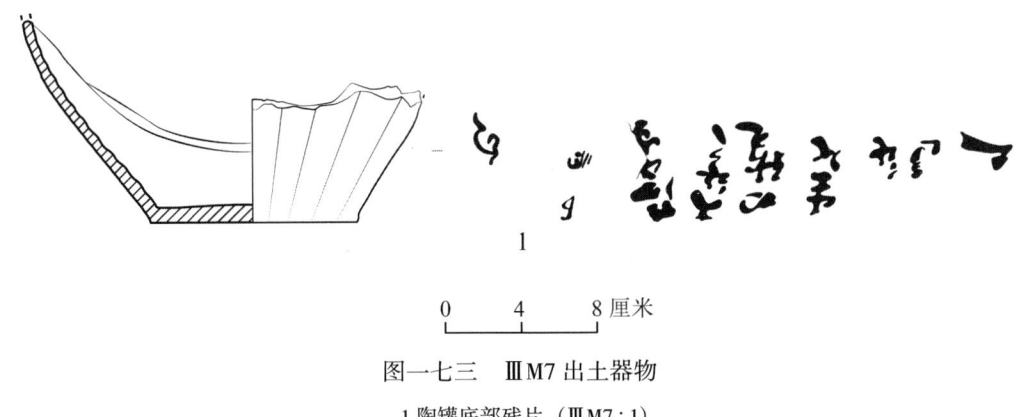

图一七三　ⅢM7 出土器物
1.陶罐底部残片（ⅢM7：1）

ⅢM8

位于Ⅲ区东部，ⅢM4西北，东西向分布。

1. 墓葬形制

该墓为带长斜坡墓道单室土洞墓，由封土、墓道、甬道、墓室组成。墓向270°（图一七四）。

封土　现呈不规则丘状，残径4.95、残高0.45米。

墓道　位于墓室以西，平面呈梯形，东宽西窄，长11.00、宽0.55~0.90米。东端剖面呈长方形，底宽0.90米。西高东低，斜坡至距墓门1.35米处到底，其后平直延伸至墓门处，坡度26°。近墓门处距地表深4.10米。

甬道　位于墓道东端，连接墓道与墓室。平面呈近梯形，西窄东宽，进深0.60、宽0.90~1.36、高1.38米。墓门呈拱形，宽0.68米。封门位于甬道内封，以石块和胶泥板堆砌封堵，胶泥版形状不规则，大小不一，最厚0.09~0.10、最薄0.03~0.04米。

墓室　位于墓道以东，平面呈圆角长方形，四壁略直，距墓室地面0.90米处向上斜收至顶，顶部坍塌严重，形制不详。墓室东西长2.40、南北宽2.30、残高1.90米。

2. 葬具葬式及葬俗

墓室南壁下存尸床、尸罩。尸床由细沙土堆垒而成，尸罩腐朽严重，散落于人骨之上。

该墓为双人合葬。人骨置于尸床之上，均扰乱严重，葬式不详。经鉴定，南侧人骨疑似女性，成年；北侧人骨为男性，年龄40~45岁。

尸床上散布有意打碎的陶片。

3. 随葬品

随葬品较少，共4件（组），出土于墓室西北角及人骨附近，其中陶甑1件、陶壶1件、铜钱2组（3枚）。

陶甑　1件。ⅢM8：1，泥质素面灰陶。钵形甑，敛口，方唇，弧腹，腹部穿一孔，平底，底穿一孔。口径14.4、底径5.6、高5.1厘米（图一七五，1）。

陶壶　1件。ⅢM8：2，泥质灰陶。口残，无法复原。口残，上腹部外鼓，下腹斜收，近底部外撇形成圆台状，大平底。近底部饰弦纹，形成叠涩外展面。底径11.6、残高10.6厘米（图一七五，2）。

铜钱　2组（3枚）。均圆形方穿，以五铢钱为主，另有一枚剪轮钱。

ⅢM8：3，2枚，五铢钱，残缺、锈蚀严重。正面穿左右篆书"五铢"二字。ⅢM8：3-1，

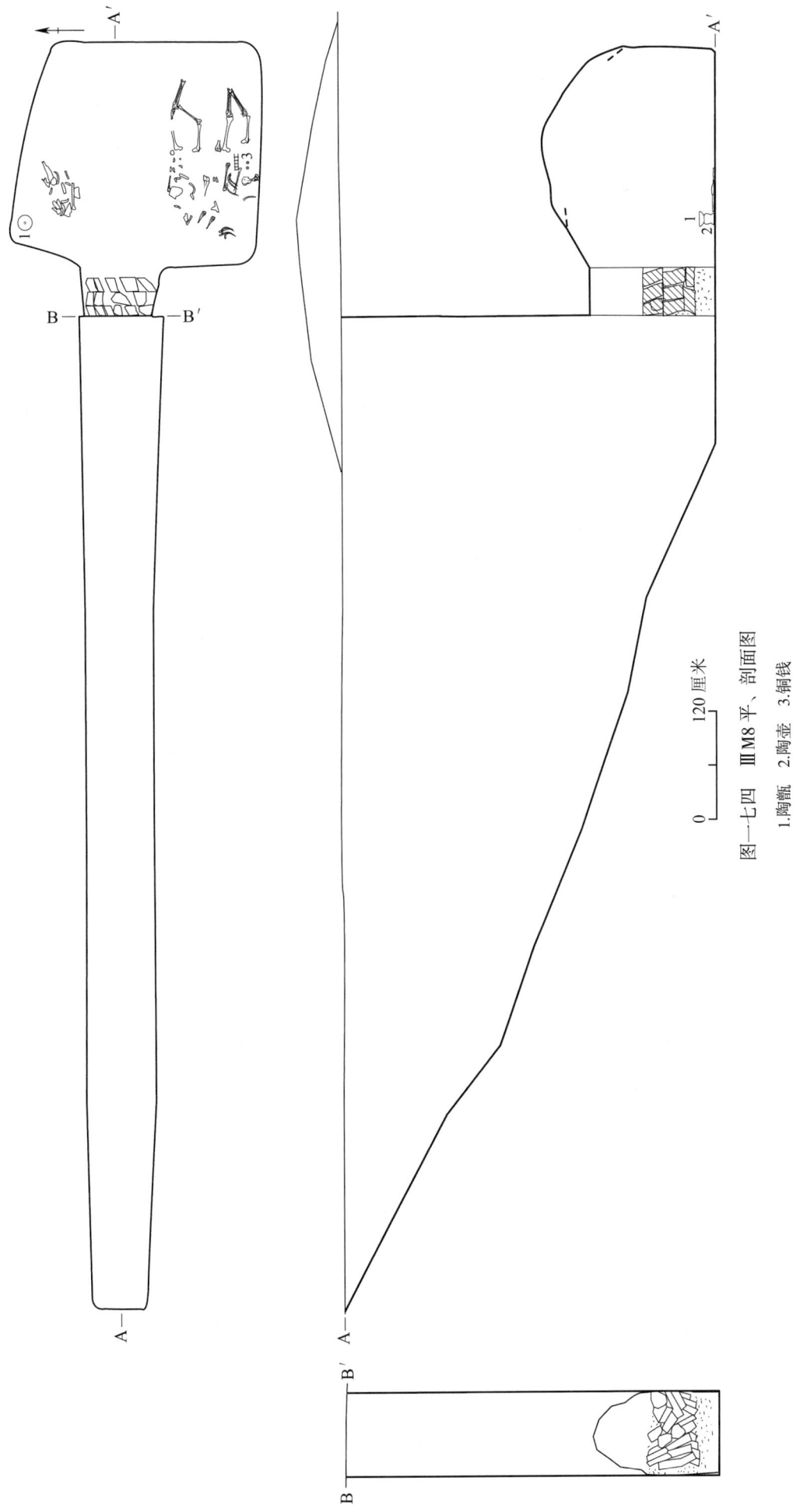

图一七四 ⅢM8 平、剖面图
1.陶瓿 2.陶壶 3.铜钱

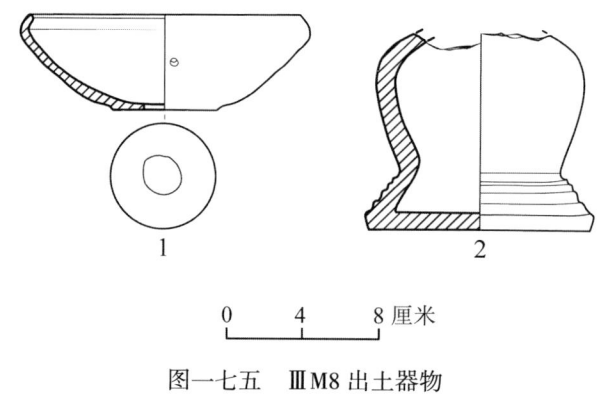

图一七五　ⅢM8 出土器物
1.陶瓿（ⅢM8∶1）　2.陶壶（ⅢM8∶2）

"五"字较窄，交笔弯曲；下半部残缺；"铢"字"金"字头呈三角形，中间四点较短，"朱"字上下部均圆折。钱径 2.67、穿宽 1.03、郭宽 0.16、郭厚 0.20、肉厚 0.17 厘米，重 2.55 克。ⅢM8∶3-2，"五"字较窄，交笔弯曲；"铢"字残缺。郭宽 0.14、郭厚 0.15、肉厚 0.10 厘米，重 0.95 克。ⅢM8∶4，剪轮钱，无文，制作粗劣，边有剪凿痕，为不规则圆形。郭厚 0.12、肉厚 0.10 厘米，重 0.21 克。

ⅢM9

位于Ⅲ区东部，ⅢM3 西北，东西向分布。与ⅢM3 为一组，未发现茔圈。

1. 墓葬形制

该墓为带长斜坡墓道单室土洞墓，由封土、墓道、甬道、墓室组成。墓向 278°（图一七六）。

封土　现呈丘状，部分叠压墓道。残径 13.48、残高 0.56 米。

墓道　位于墓室以西，平面呈梯形，西窄东宽，长 11.20、宽 0.72~0.85 米。东端剖面呈长方形，底宽 0.85 米。西高东低，斜坡至距墓门 0.60 米处到底，其后平直延伸至墓门处，坡度 22°。近墓门处距地表深 4.80 米。内填灰黄色沙土，土质松散，内含大量砾石。

甬道　位于墓道东端，连接墓道与墓室，为双甬道。前甬道进深 1.30、宽 0.94、高 1.50 米；后甬道进深 0.82、宽 0.82、高 1.06 米。墓门呈拱形，宽 0.82、高 1.08 米。墓门以土坯封堵，已被破坏，具体形制不详。土坯长 0.43、宽 0.23、高 0.90 米。

墓室　位于墓道以东，平面呈圆角长方形，四壁略直，距墓室地面 1.06 米处向上斜收至覆斗顶，顶部中央存近正方形藻井，边长 0.35、深 0.08 米。墓室东西长 3.10、南北宽 2.50、高 1.92 米。墓室西北角和西南角各掏一龛，西北角龛口宽 0.42、进深 0.58、高 0.70 米；西南角龛口宽 0.40、进深 0.37、高 0.52 米。后壁距地面高 0.60 米处有一壁龛，进深 0.24、高 0.21 米。

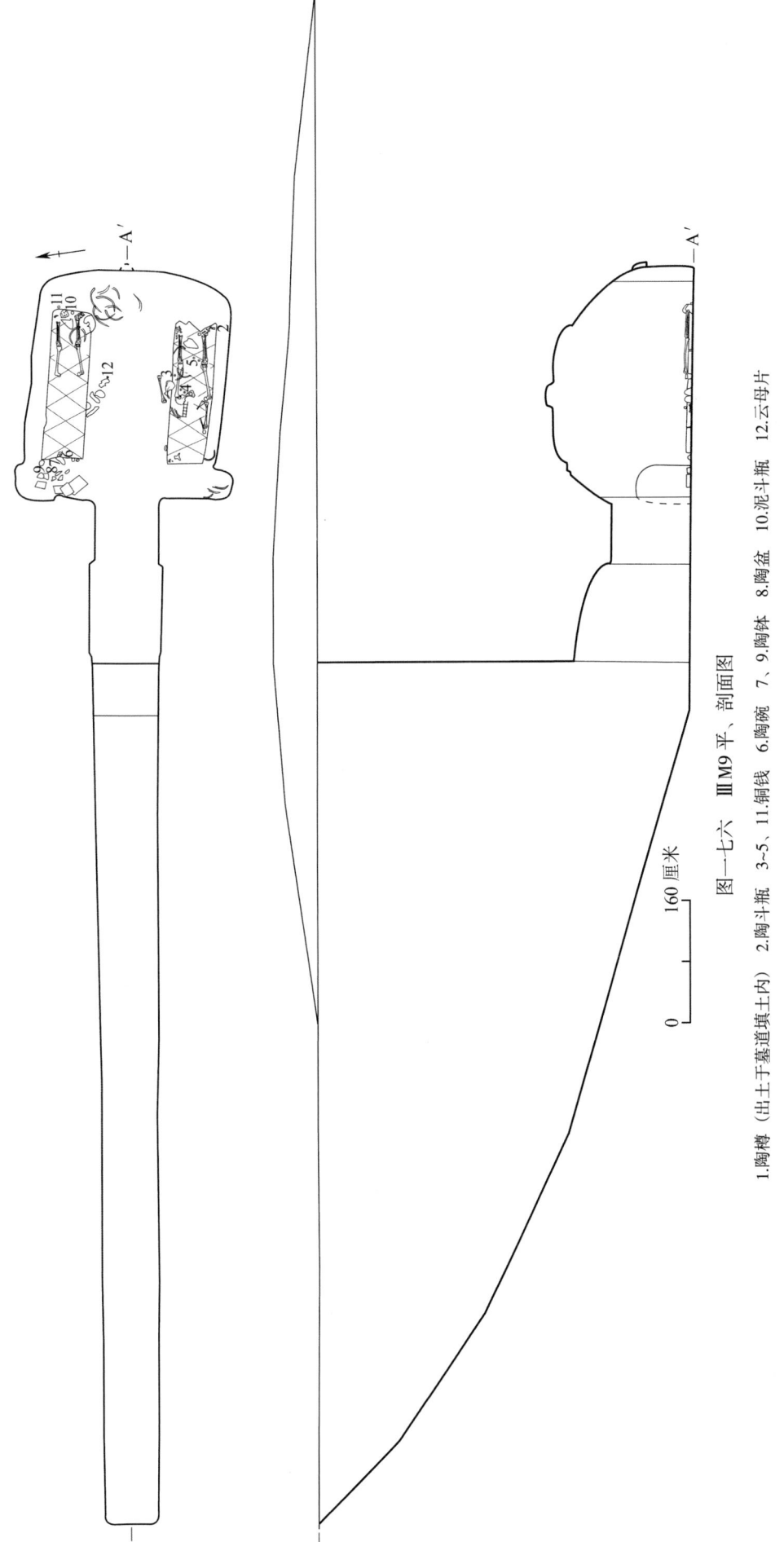

图一七六 ⅢM9 平、剖面图

1.陶樽（出土于墓道填土内） 2.陶斗瓶 3~5、11.铜钱 6.陶碗 7、9.陶钵 8.陶盆 10.泥斗瓶 12.云母片

2. 葬具葬式

墓室南、北壁下各存一尸床，尸床呈长方形，均由沙土、草木灰、白灰堆垒而成，并有菱形格，残高 0.08 米。

该墓为双人合葬。人骨置于尸床之上，扰乱严重，肱骨保存较好，据此推断应为仰身直肢葬。经鉴定，北侧人骨为女性，年龄 60 岁以上；南侧人骨为男性，年龄 60 岁以上。

3. 随葬品

随葬品放置于墓室中部、西北角及两人骨附近，共 12 件（组），包括陶樽 1 件、陶斗瓶 1 件、泥斗瓶 1 件、陶碗 1 件、陶钵 2 件、陶盆 1、云母片 1 组（6 枚）、铜钱 4 组（11 枚）。

陶钵　2 件。泥质素面灰陶。底残，不可复原。敛口，方唇，上腹外鼓，下腹弧收，底残。ⅢM9：7，口径 15.6、残高 5.6 厘米（图一七七，2）。ⅢM9：9，口径 13.4、残高 4.3 厘米（图一七七，1）。

陶樽　1 件。ⅢM9：1，泥质素面红褐陶。敛口，方唇，矮领，直腹，平底。内壁见轮制痕迹。口径 15.8、底径 16.8、高 9.0 厘米（图一七七，3）。

陶盆　1 件。ⅢM9：8，泥质素面灰陶。侈口，斜平沿，方唇，束颈，深弧腹，平底。口径 19.6，底径 7.2，高 8.9 厘米（图一七七，4）。

陶斗瓶　1 件。ⅢM9：2，泥质素面灰陶。侈口，尖圆唇，外缘呈尖三角状，束颈，溜肩，腹部微鼓，近底部较直，平底。口径 4.8、底径 6.0、高 8.2 厘米（图一七七，5）。

泥斗瓶　1 件。ⅢM9：10，泥制作而成，未经烧制。残，不可复原。腹部较直，平底。底径 5.2、残高 3.2 厘米（图一七七，6）。

陶碗　1 件。ⅢM9：6，泥质素面灰陶。略残，可复原。直口，方唇，弧腹，矮假圈足。口径 7.6、底径 3.0、高 3.0 厘米（图一七七，7）。

云母片　1 组（6 枚）。ⅢM9：12，状均为不规则圆形，圆孔。直径 2.0~2.2 厘米不等。

铜钱　4 组（11 枚）。均圆形方穿，以五铢钱为主，其中一枚为直百五铢，背有阴刻符号。

五铢钱，正面穿左右篆书"五铢"二字。ⅢM9：3，"五"字较窄，交笔弯曲；"铢"字"金"字头呈三角形，中间四点较长，"朱"字上部方圆折，下部圆折，上部微外敞。钱径 2.60、穿宽 0.95、郭宽 0.17、郭厚 0.14、肉厚 0.16 厘米，重 2.54 克（图一七八，1）。ⅢM9：5-1，"五"字较窄，交笔弯曲；"铢"字"金"字头呈三角形，中间四点较短，"朱"字上部方折，下部方圆折。钱径 2.65、穿宽 0.97、郭宽 0.18、郭厚 0.16、肉厚 0.14 厘米，重 3.37 克（图一七八，2）。ⅢM9：5-4，"五"字较窄，交笔弯曲；"铢"字锈蚀不可辨识。钱径 2.60、穿宽 0.94、郭宽 0.16、郭厚 0.15、肉厚 0.13 厘米，重 2.25 克（图一七八，3）。

ⅢM9：11-2，直百五铢，两面穿皆有郭。正面穿口左右铸"五铢"二字，为篆书，较瘦长，"五"字较窄，交笔弯曲；"铢"字"金"字锈蚀不可辨，"朱"字上下部均圆折；穿口上下铸"直百"二字，为隶书，较宽矮。记号为背面阴刻⊃、〇符号。钱径 2.59、穿宽 0.93、郭宽 0.13、郭厚 0.12、肉厚 0.10 厘米，重 2.84 克（图一七八，4；图版九〇，1、2）。

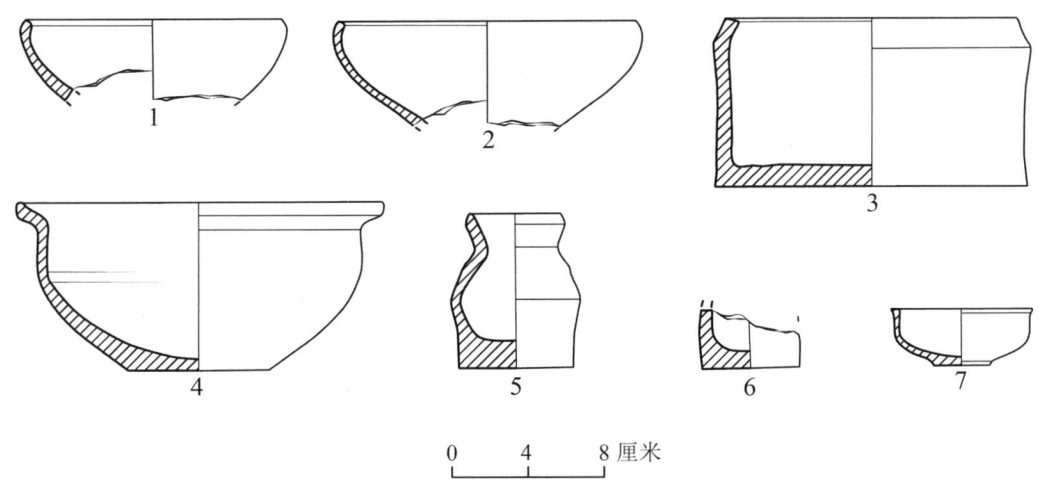

图一七七　ⅢM9 出土器物

1、2.陶钵（ⅢM9：9、ⅢM9：7）　3.陶樽（ⅢM9：1）　4.陶盆（ⅢM9：8）　5.陶斗瓶（ⅢM9：2）
6.泥斗瓶（ⅢM9：10）　7.陶碗（ⅢM9：6）

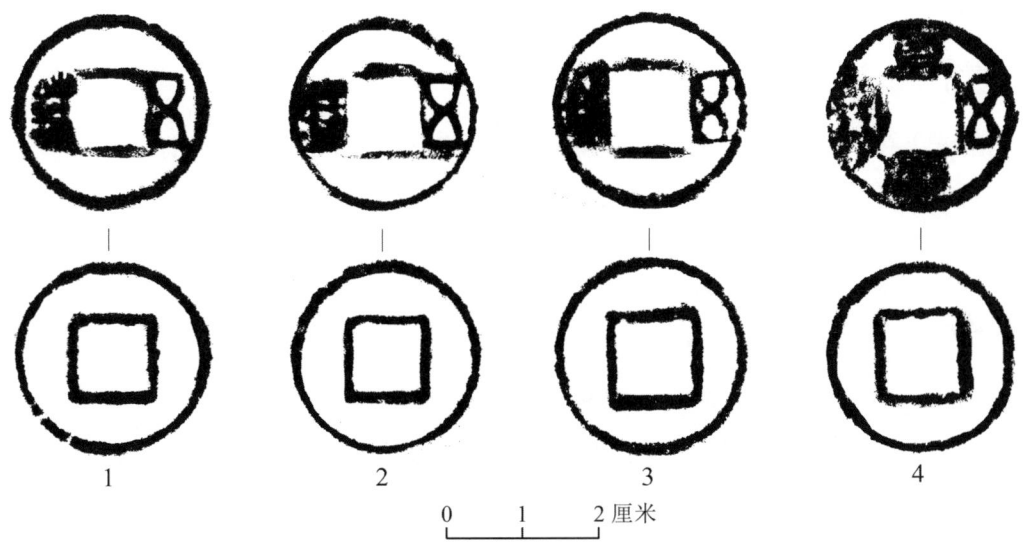

图一七八　ⅢM9 出土铜钱拓片

1~3.五铢钱（ⅢM9：3、ⅢM9：5-1、ⅢM9：5-4）　4.直百五铢（ⅢM9：11-2）

ⅢM10

位于Ⅲ区东部，ⅢM7西侧，东西向分布。

1. 墓葬形制

该墓为带长斜坡墓道单室土洞墓，由封土、墓道、甬道、墓室组成。墓向275°（图一七九）。

封土　现呈丘状，部分叠压墓道。残径9.30、残高1.10米。

墓道　位于墓室以西，平面呈梯形，东窄西宽，长12.70、宽0.90~1.40米。东端剖面呈长方形，底宽1.40米。西高东低，斜坡至底，坡度38°。近墓门处距地表深5.96米。内填灰黄色沙土，土质松散，内含大量砾石。

甬道　位于墓道东端，连接墓道与墓室，进深0.96、宽0.84、高1.10米。墓门呈拱形，与甬道同高等宽。封门位于甬道内封，外侧以细沙封门，内侧以土坯封堵，土坯垒砌杂乱，土坯长约0.50、宽约0.30、厚约0.10米。

墓室　位于墓道以东，平面呈圆角长方形，四壁略直，距墓室地面1.00米处向上斜收至覆斗顶，已坍塌。墓室东西长2.90、南北宽约2.25、高1.88米。墓室西北角和西南角各掏一龛，西北角龛口宽0.42、进深约0.20、高0.20米；西南角龛口宽0.39、进深约0.13、高0.20米。

2. 葬具葬式

墓室南壁下存一尸床，由沙土、草木灰、白灰堆垒而成，残高0.06米。

该墓为单人墓葬。人骨置于尸床之上，扰乱严重，葬式不详。经鉴定，人骨疑似男性，成年。

3. 随葬品

随葬品均为陶器，放置于墓室中部及西北部，共12件，包括陶斗瓶2件、陶釜1件、波浪纹陶罐1件、陶甑1件、陶樽2件、陶盘1件、陶碟2件、陶盆1件、陶榻1件。

陶樽　2件。泥质素面灰陶。直口，方唇，高直领，直腹。近底处见竖向刮削痕迹。ⅢM10∶5，底微凹。口径14.8、底径15.6、高9.4厘米（图一八○，1）。ⅢM10∶6，平底。口径13.4、底径14.4、高9.3厘米（图一八○，2）。

陶甑　1件。ⅢM10∶4，泥质素面灰陶。盆形甑，侈口，斜平沿，方唇，弧腹斜收至平底，底有五孔。口径9.2、底径4.4、高4.3厘米（图一八○，3）。

陶碟　2件。泥质素面灰陶。敞口，尖唇，浅腹，平底。ⅢM10∶8，浅弧腹。口径6.9、底径3.1、高1.7厘米（图一八○，4）。ⅢM10∶10，斜直腹。口径7.2、底径3.7、高2.2厘米

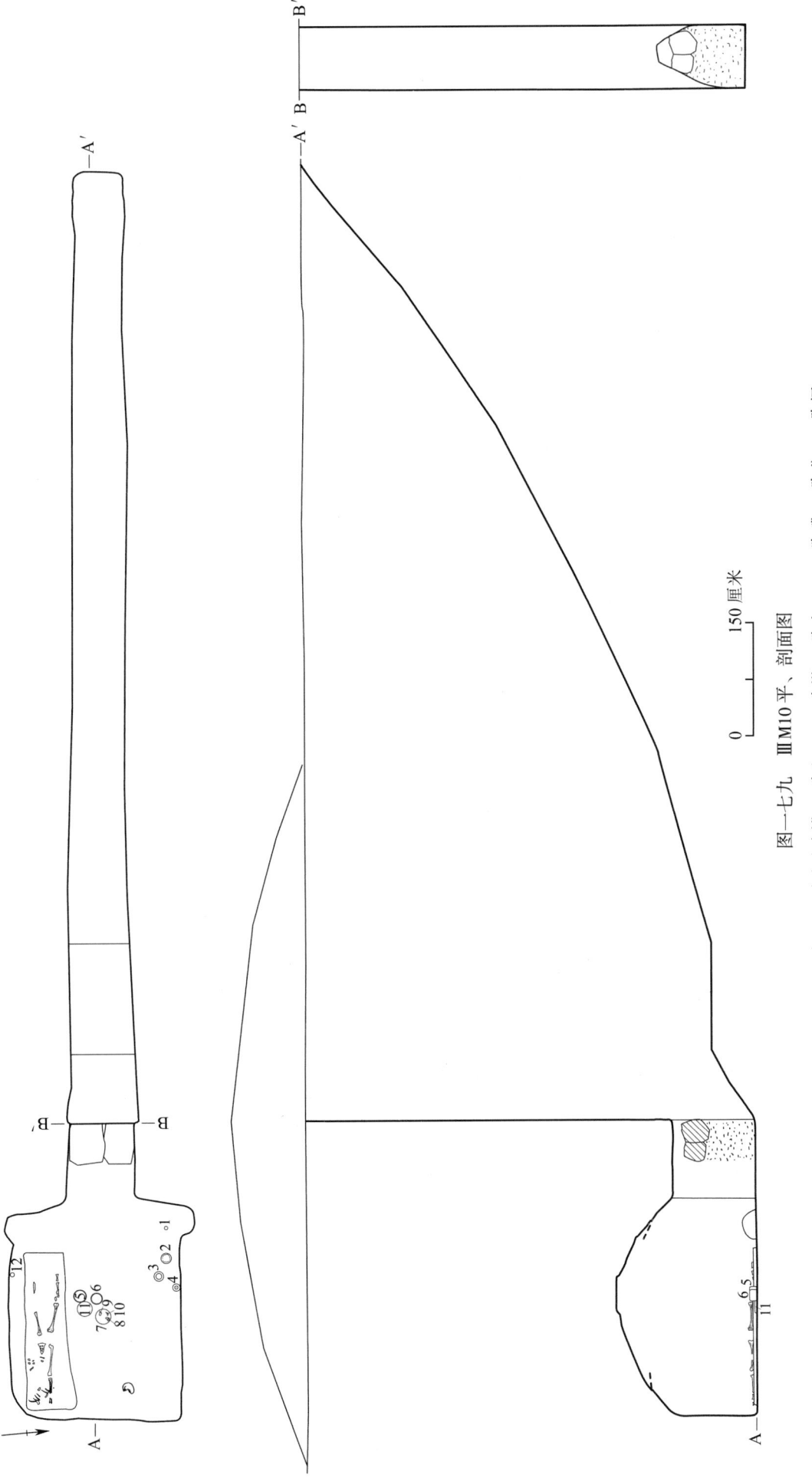

图一七九 ⅢM10 平、剖面图

1、12.陶斗瓶 2.陶釜 3.波浪纹陶罐 4.陶甑 5、6.陶樽 7.陶盘 8、10.陶碟 9.陶盆 11.陶楅

图一八〇 ⅢM10 出土器物

1、2.陶樽（ⅢM10∶5、ⅢM10∶6） 3.陶甑（ⅢM10∶4） 4、5.陶碟（ⅢM10∶8、ⅢM10∶10） 6.陶槅（ⅢM10∶11） 7.陶盘（ⅢM10∶7） 8.陶釜（ⅢM10∶2） 9.波浪纹陶罐（ⅢM10∶3） 10.陶盆（ⅢM10∶9） 11、12.陶斗瓶（ⅢM10∶1、ⅢM10∶12）

（图一八〇，5）。

陶榼 1件。ⅢM10：11，泥质素面灰陶。圆盘形，侈口，方唇，外缘呈尖三角，底略内凹，榼面中高周缘较低，外缘被隔成六格，内圆被隔成三格。口径19.6、底径18.6、厚2.5厘米（图一八〇，6）。

陶盘 1件。ⅢM10：7，泥质灰陶。圆形，凹沿，外缘较直，盘面中高周缘低，与盘面基本齐平，底微凹。盘面饰两组波浪纹、弦纹组合。盘径20.2、厚1.9厘米（图一八〇，7）。

陶釜 1件。ⅢM10：2，泥质灰陶。口残，不可复原。溜肩，圆鼓腹，下腹斜收至底，底微凹。腹部饰波浪纹、弦纹组合。内壁见轮制痕迹。腹径13.7、底径8.6、残高10.4厘米（图一八〇，8）。

波浪纹陶罐 1件。ⅢM10：3，泥质灰陶。近直口，圆唇，肩部近平，上腹圆鼓，下腹斜收至平底。腹部饰波浪纹和弦纹组合，内壁见轮制痕迹。口径7.0、腹径12.8、底径8.8、高11.4厘米（图一八〇，9）。

陶盆 1件。ⅢM10：9，泥质素面灰陶。残，可复原。侈口，斜平沿，方唇，斜直腹收至平底。口径9.6、底径4.2、高4.0厘米（图一八〇，10）。

陶斗瓶 2件。ⅢM10：1，泥质素面灰陶。口残，不可复原。溜肩，斜直腹，平底。底径4.6、残高5.0厘米（图一八〇，11）。ⅢM10：12，泥质素面灰陶。侈口，圆唇，斜直领，溜肩，斜直腹，平底。口径4.8、底径5.0、高7.0厘米（图一八〇，12）。

ⅢM11

位于Ⅲ区东部，ⅢM10西南，东西向分布。

1. 墓葬形制

该墓为带长斜坡墓道单室土洞墓，由封土、墓道、甬道、墓室组成。墓向265°（图一八一）。

封土 破坏较为严重，地面基本无存。

墓道 位于墓室以西，平面呈近梯形，东窄西宽，长13.00、宽0.70~0.90米。东端剖面亦呈梯形，口小底大，底宽0.90米。西高东低，台阶至底。近墓门处距地表深5.40米。内填灰黄色沙土，土质松散，内含大量砾石。

甬道 位于墓道东端，连接墓道与墓室，进深0.94米。墓门呈拱形，顶宽0.26、底宽0.90、高1.28米。封门位于甬道内封，原以土坯、沙砾、砾石封堵。

墓室 位于墓道以东，平面呈近长方形，斜壁上收至墓顶，顶部坍塌严重，墓顶形制及高度不详。墓室东西长3.40~3.50、南北宽3.40~3.50米。墓室西北角存一耳室，拱形顶，宽0.80、进深0.60、高0.95米；西南角掏一龛，坍塌严重，宽0.50、进深0.40米（图版七，1）。

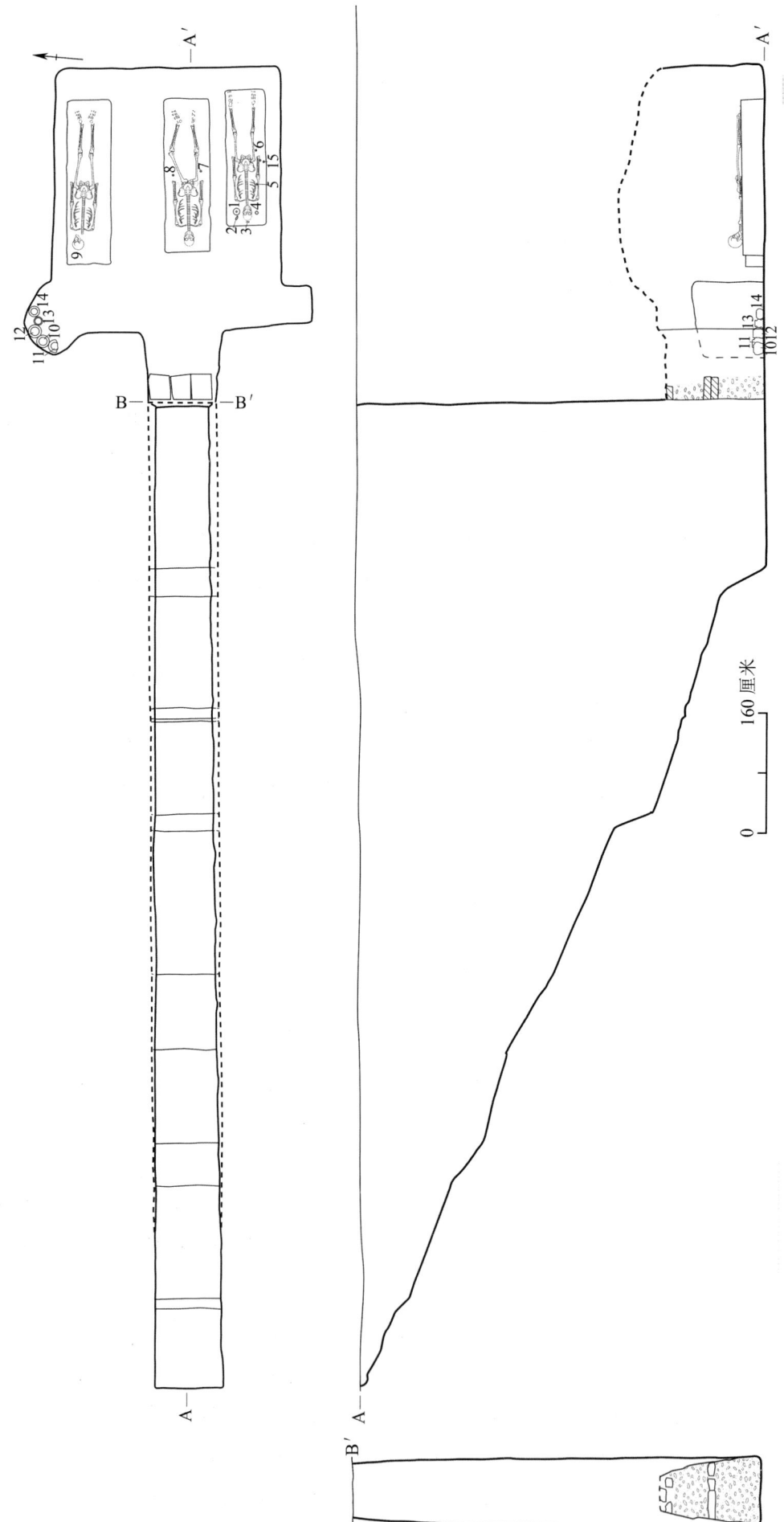

图一八一 ⅢM11 平、剖面图

1.铜镜 2.铜指环、铁器残件 3.铜钗 4.铜饰 5~9、15.铜钱 10~12.波浪纹陶罐 13.陶壶 14.陶釜

2. 葬具葬式及葬俗

墓室中存三尸床，由北向南依次东西向平行放置。北侧尸床由沙石、土坯垒砌而成，长2.20、宽0.56~0.60、高0.24米；中部尸床由沙石、土坯垒砌而成，长2.04、宽0.60、高0.30米；南侧尸床由沙土、草木灰、白灰堆垒而成，长1.80、宽0.54、高0.06米（图版七，2）。

该墓为三人合葬。人骨分别置于尸床之上，均为仰身直肢葬，头向西。经鉴定，北侧人骨为男性，年龄50岁左右；中部人骨为女性，年龄30~34岁；南侧人骨为女性，年龄60岁以上。

尸床上均散布有意打碎的陶片。

3. 随葬品

随葬品以陶器为主，集中放置于墓室西北角龛内，共5件，包括波浪纹陶罐3件、陶壶1件、陶釜1件。人骨周围散布铜、铁器及铜钱，其中铜镜1件、铜指环1件、铁器残件1件、铜钗1件、铜钱6组（10枚）。

波浪纹陶罐　3件。泥质灰陶。器形整体矮胖。ⅢM11∶10，烧制不充分。敛口，尖唇，颈微束，溜肩，圆鼓腹，平底，腹部饰弦纹和波浪纹组合。口径9.8、腹径16.8、底径12.0、高12.5厘米（图一八二，1）。ⅢM11∶11，近直口，尖圆唇，束颈，鼓肩，斜直腹收至大平底。肩、腹部饰波浪纹和弦纹组合。口径9.0、腹径16.5、底径13.8、高14.3厘米（图一八二，8）。ⅢM11∶12，直口，尖圆唇，束颈，溜肩，圆鼓腹收至平底。肩、腹部饰弦纹和波浪纹组合，近底处有竖向刮削痕迹。口径10.2、腹径17.2、底径8.6、高13.2厘米（图一八二，2）。

陶壶　1件。ⅢM11∶13，泥质灰陶。侈口，圆唇，束颈，溜肩，扁鼓腹，束腰，外撇成低台座，底径大于腹径。肩部饰凸弦纹。口径8.6、腹径11.4、底径11.8、高10.8厘米（图一八二，6）。

陶釜　1件。ⅢM11∶14，泥质灰陶。敛口，方唇，矮圆领，溜肩，圆鼓腹，底微凹。近底处有竖向刮削痕迹。口径8.8、腹径14.0、底径9.0、高9.0厘米（图一八二，7）。

铜镜　1件。ⅢM11∶1，圆形，较小。镜面微凸。镜背正中为桥形钮，圆形钮座，镜钮上有对穿孔。内区居中直行铭文"位至三公"，钮上下字数相等，两侧饰夔凤纹，外接两圈弦纹及一圈栉齿纹，宽素缘。面径8.9、背径8.5、钮高0.7、钮径1.5、缘宽1.15、缘厚0.3、肉厚0.16厘米，重78.0克（图一八三，1；图版九〇，3）。

铜钗　1件。ⅢM11∶3，锈蚀严重，残断成数截。钗尾扁平，钗头尖锐，断面呈椭圆形。残长3.4~8.6厘米（图一八二，3）。

铁器残件　1件。ⅢM11∶2-2，长条状，残缺锈蚀严重。长10.0、宽1.8、厚0.8厘米（图一八二，4）。

铜指环　1件。ⅢM11∶2-1，指环状，面饰四道凹弦纹。直径约1.8、高0.9、厚0.1厘米（图一八二，5）。

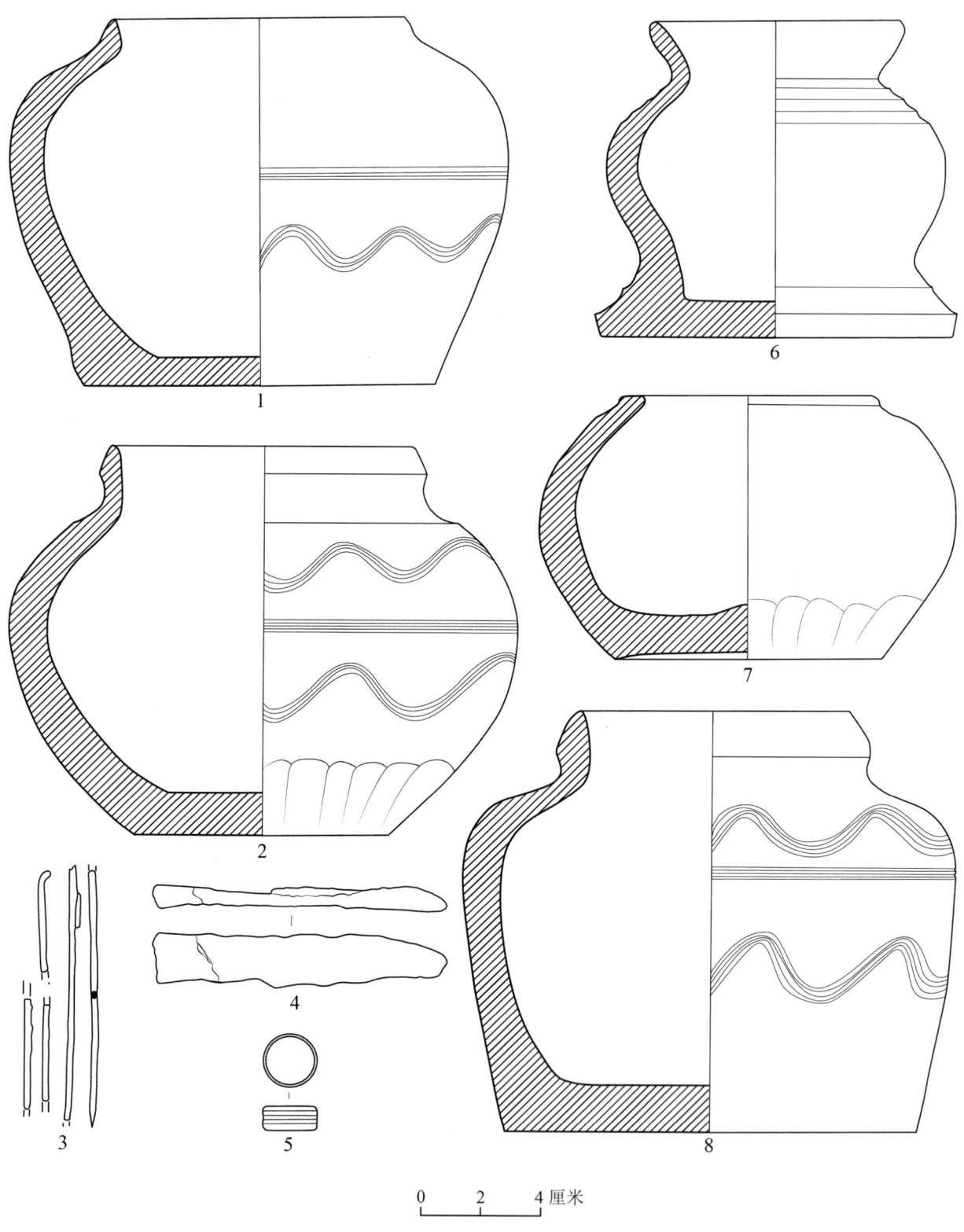

图一八二　ⅢM11 出土器物

1、2、8.波浪纹陶罐（ⅢM11：10、ⅢM11：12、ⅢM11：11）　3.铜钗（ⅢM11：3）　4.铁器残件（ⅢM11：2-2）
5.铜指环（ⅢM11：2-1）　6.陶壶（ⅢM11：13）　7.陶釜（ⅢM11：14）

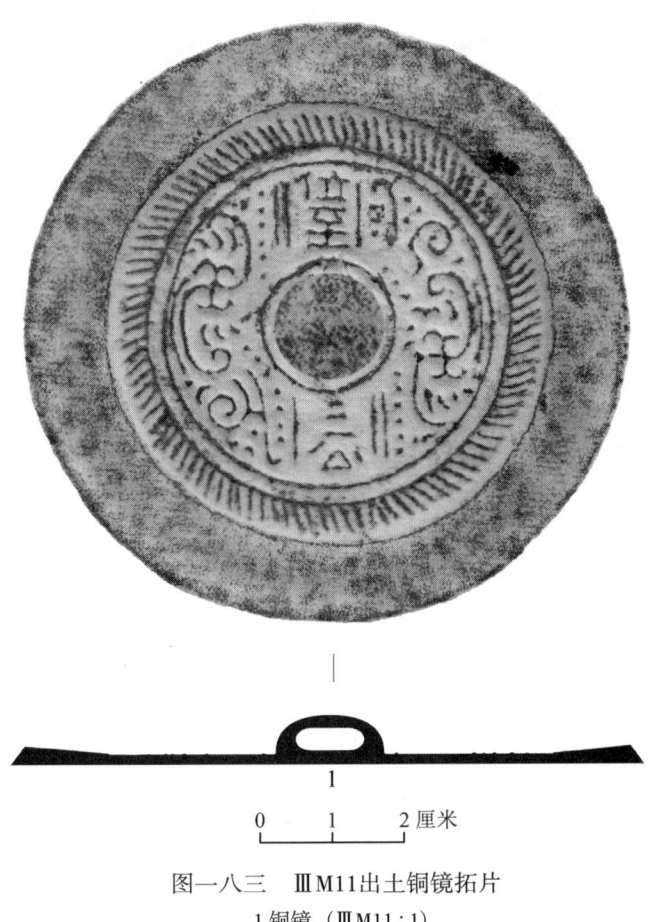

图一八三　ⅢM11出土铜镜拓片
1.铜镜（ⅢM11：1）

铜钱　6组（10枚）。均圆形方穿，形制不同，以五铢钱为主，另有一枚大泉五十和少量磨郭钱、剪轮钱。

五铢钱，正面穿左右篆书"五铢"二字。ⅢM11：5-1，"五"字较窄，交笔弯曲；"铢"字"金"字头呈箭镞状，中间四点较长，"朱"字上部方圆折，下部圆折。钱径2.61、穿宽1.03、郭宽0.19、郭厚0.16、肉厚0.13厘米，重2.53克（图一八四，1）。ⅢM11：6-1，"五"字较窄，交笔弯曲；"铢"字锈蚀不可辨识。钱径2.59、穿宽1.00、郭宽0.13、郭厚0.17、肉厚0.15厘米，重3.16克（图一八四，2）。ⅢM11：7，"五"字较窄，交笔弯曲；"铢"字锈蚀不可辨识。钱径2.16、穿宽0.97、郭宽0.12、郭厚0.13、肉厚0.10厘米，重3.18克。ⅢM11：8，"五"字较宽，交笔弯曲；"铢"字"金"字头呈三角形，中间四点较长，"朱"字上部圆折外敞，下部近方折。钱径2.60、穿宽0.92、郭宽0.14、郭厚0.15、肉厚0.13厘米，重2.59克（图一八四，3；图版九〇，4）。

大泉五十，正面穿口左右铸"五十"二字。ⅢM11：9，面背皆有内郭，字体较瘦长，上下铸"大泉"二字，较宽矮，均为篆书。"五"字较窄，交笔弯曲；"大"字一横折弧。钱径2.70、穿宽0.85、郭宽0.21、郭厚0.16、肉厚0.14厘米，重3.52克（图一八四，4；图版九〇，4）。

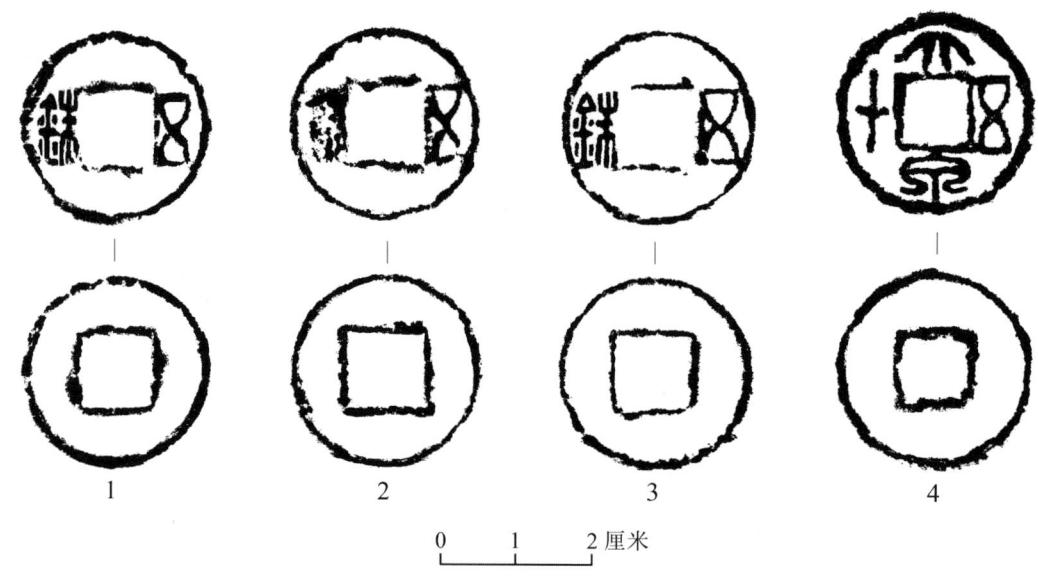

图一八四　ⅢM11出土铜钱拓片
1~3.五铢钱（ⅢM11∶5-1、ⅢM11∶6-1、ⅢM11∶8）　4.大泉五十（ⅢM11∶9）

ⅢM12

位于Ⅲ区东部，ⅢM11西南，南北向分布。

1. 墓葬形制

该墓为带长斜坡墓道单室土洞墓，由封土、墓道、甬道、墓室组成。墓向170°（图一八五）。

封土　现呈丘状，部分叠压墓道。残径9.00、高0.45米。

墓道　位于墓室以南，平面呈长方形，长7.96、宽0.60米。北端剖面呈梯形，口小底大，底宽0.86米。西高东低，台阶至底。近墓门处距地表深3.70米。内填灰黄色沙土，土质松散，内含大量砾石。

甬道　位于墓道北端，连接墓道与墓室，进深0.70米。墓门呈拱形，上宽0.40、底宽0.70、高1.50米。封门无存。

墓室　位于墓道以北，平面呈近长方形，斜壁上收至拱形顶。墓室南北长2.70、东西宽2.60、残高2.12米。

2. 葬具葬式

墓室西壁下存一尸床，由沙土、木板堆垒而成，长2.20、宽0.40、厚0.04米。

该墓为双人合葬。西侧人骨置于尸床之上，仰身直肢葬，头向南；东侧人骨保存较差，从残存的腿骨可判断为仰身直肢葬。经鉴定，西侧人骨为一成年个体，性别不详；东侧人骨疑似

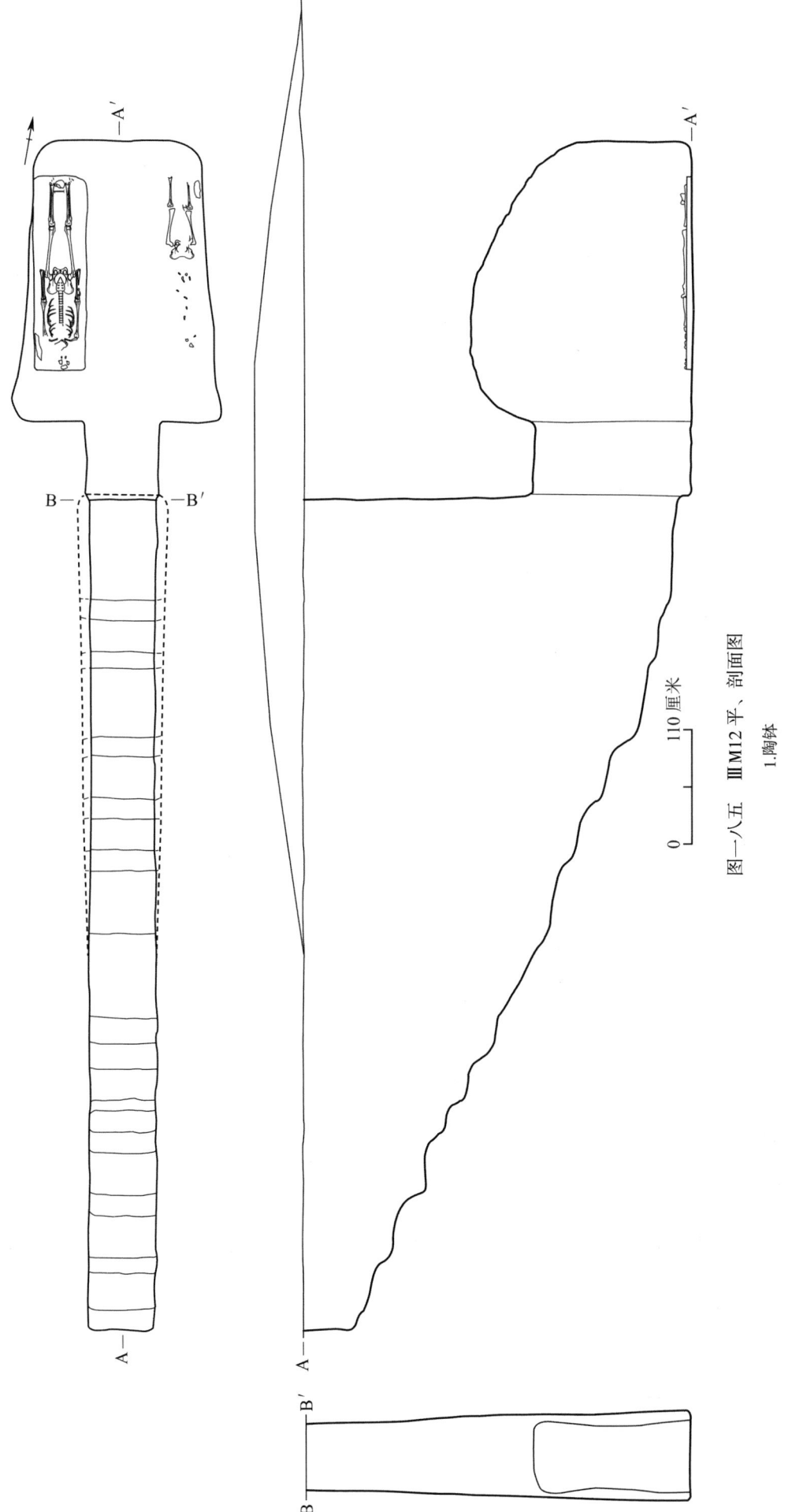

图一八五 ⅢM12 平、剖面图
1. 陶钵

女性，成年。

3. 随葬品

随葬品较少，仅于西侧人骨脚部出土陶钵1件。

陶钵 1件。ⅢM12：1，泥质素面红褐陶。残，可复原。敛口，方唇，上腹外鼓，下腹弧收至平底。腹部饰黑釉。口径14.1、底径5.6、高6.2厘米（图一八六，1）。

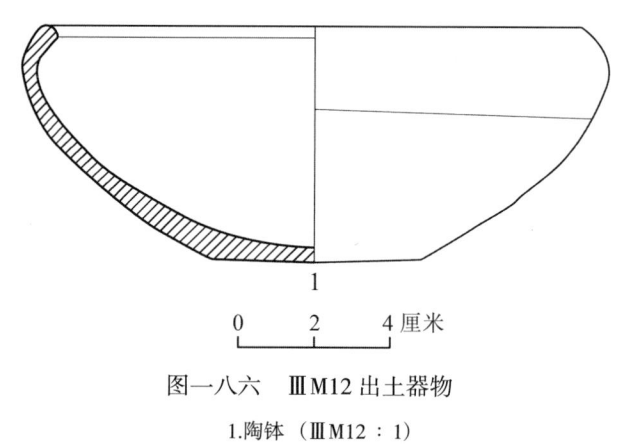

图一八六 ⅢM12出土器物

1.陶钵（ⅢM12：1）

ⅢM13

位于Ⅲ区东部，ⅢM12东南，东西向分布。

1. 墓葬形制

该墓为竖穴土坑墓，由封土、墓室两部分组成部分组成。墓向265°（图一八七）。

封土 平面呈丘状，沙石堆积而成，破坏严重，部分叠压墓道。

墓室 平面形状呈近长方形，剖面呈近梯形。坑壁较平整，底部东高西低略呈斜坡状。墓口长2.86、宽1.00~1.20米。墓室底部距地表深约1.20米。

2. 葬具葬式

墓室中部存一尸床，由细沙石堆垒而成，长1.96、宽0.46~0.48、高0.08米。

该墓为单人葬。人骨置于尸床之上，凌乱不堪，葬式不详。经鉴定，人骨为女性，年龄25岁左右。

3. 随葬品

随葬品较少，仅于头骨南侧出土弦纹陶罐残件1件。

弦纹陶罐口沿残件 1件。ⅢM13：1，泥质灰陶。残，仅余口沿，不可复原。敞口，尖圆唇，束颈，腹部饰凹弦纹。口径 13.2、残高 6.6 厘米（图一八八，1；图版九〇，5、6）。口沿内、外壁均朱书镇墓文，多已漫漶不清，录文作：

……豆……

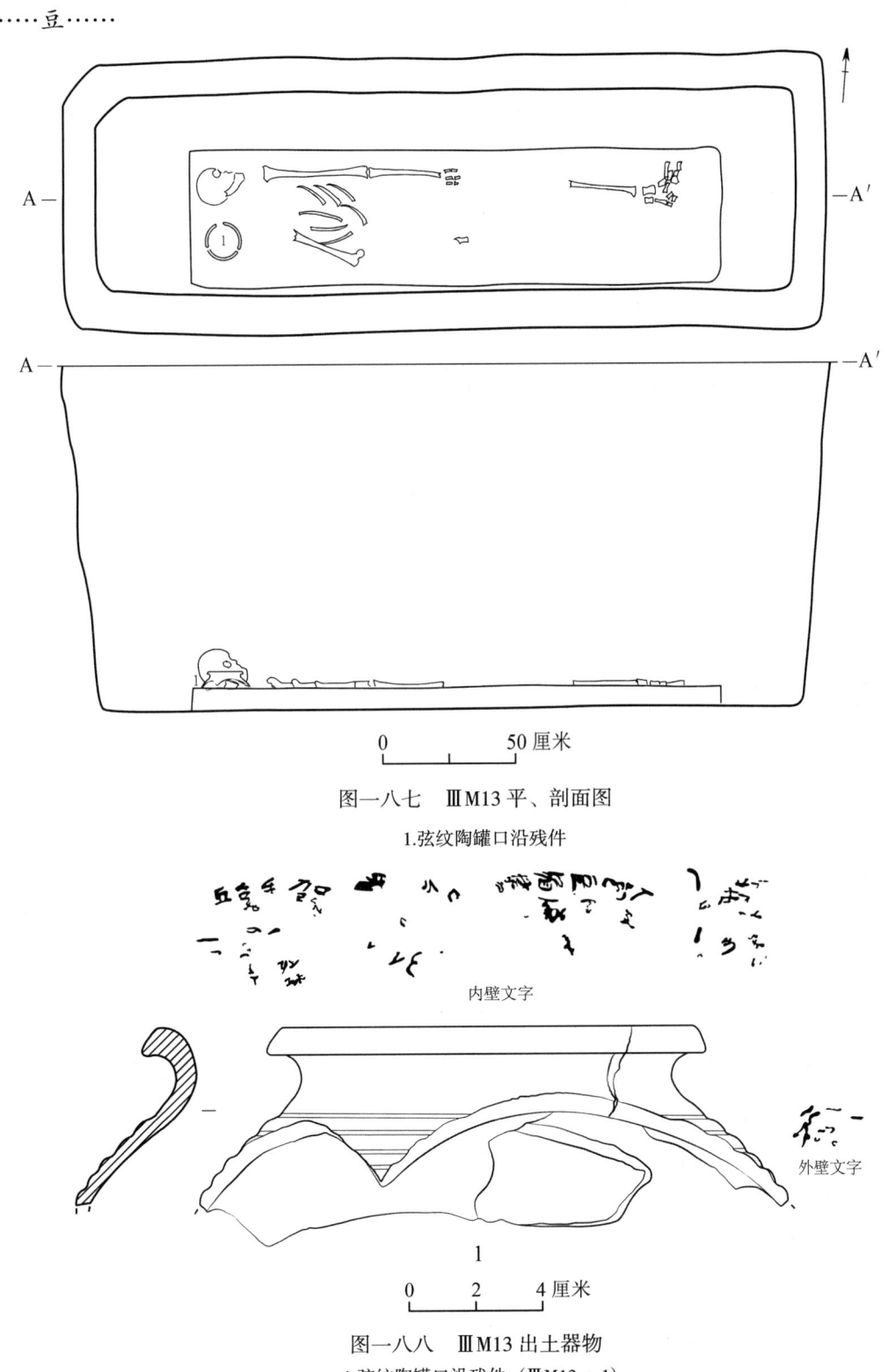

图一八七　ⅢM13 平、剖面图
1.弦纹陶罐口沿残件

图一八八　ⅢM13 出土器物
1.弦纹陶罐口沿残件（ⅢM13∶1）

ⅢM14

位于Ⅲ区东部，ⅢM13西南，东西向分布。

1. 墓葬形制

该墓为带长斜坡墓道单室土洞墓，由封土、墓道、甬道、墓室组成。墓向275°（图一八九）。

封土　现呈丘状，部分叠压墓道。残径5.00、残高0.30米。

墓道　位于墓室以西，平面呈梯形，西窄东宽，长7.98、宽0.64~0.85米。东端剖面呈长方形，底宽0.85米。西高东低，斜坡至底，坡度28°。近墓门处距地表深5.02米。内填灰黄色沙土，土质松散，内含大量砾石。

甬道　位于墓道东端，连接墓道与墓室，进深0.30、宽0.86、高1.15米。墓门呈拱形，与甬道同宽等高。封门位于甬道内封，以土坯封堵。

墓室　位于墓道以东，平面呈圆角长方形，四壁略直，距墓室地面0.60米处向上斜收至顶，顶部及近墓门处坍塌严重，形制不详。墓室东西长2.10、南北宽1.50、残高1.08米。墓室西北角和西南角各掏一龛。西北角龛口宽约0.34、进深约0.26、高0.60米；西南角龛口宽0.28、进深0.10米。

2. 葬具葬式及葬俗

墓室北壁下存一尸床，由细沙石堆垒而成，高0.06米。

该墓为单人葬。人骨置于尸床之上，凌乱不堪，葬式不详。经鉴定，人骨为一成年个体，性别不详。

尸床上散布有意打碎的陶片。

3. 随葬品

随葬品以陶器为主，集中放置于墓室中部、西北角龛及尸床周围，共12件，包括陶釜1件、波浪纹陶罐3件、陶盆1件、陶樽1件、陶盘1件、陶耳杯5件。另于人骨头部及上肢散布少量青铜器及铜钱，共4件（组），包括铜钗1件、铜指环1件、铜钱2组（6枚）。

陶耳杯　5件。器口呈椭圆形，侈口，方唇，长边两侧附对称双耳，耳上端齐平于口沿，平底。ⅢM14∶7，泥质素面灰陶。残，不可复原。斜直腹。残长口径4.7、残短口径4.6、残长底径3.0、残短底径2.0、高2.1厘米（图一九〇，1）。ⅢM14∶8，泥质素面红褐陶。残，可复原。斜弧腹。长口径7.3、短口径3.4、残长底径3.8、残短底径1.7、耳长1.7、耳宽1.0、高2.5厘米（图一九〇，2）。ⅢM14∶9，泥质素面灰陶。弧腹。长口径7.8、短口径6.1、长底径

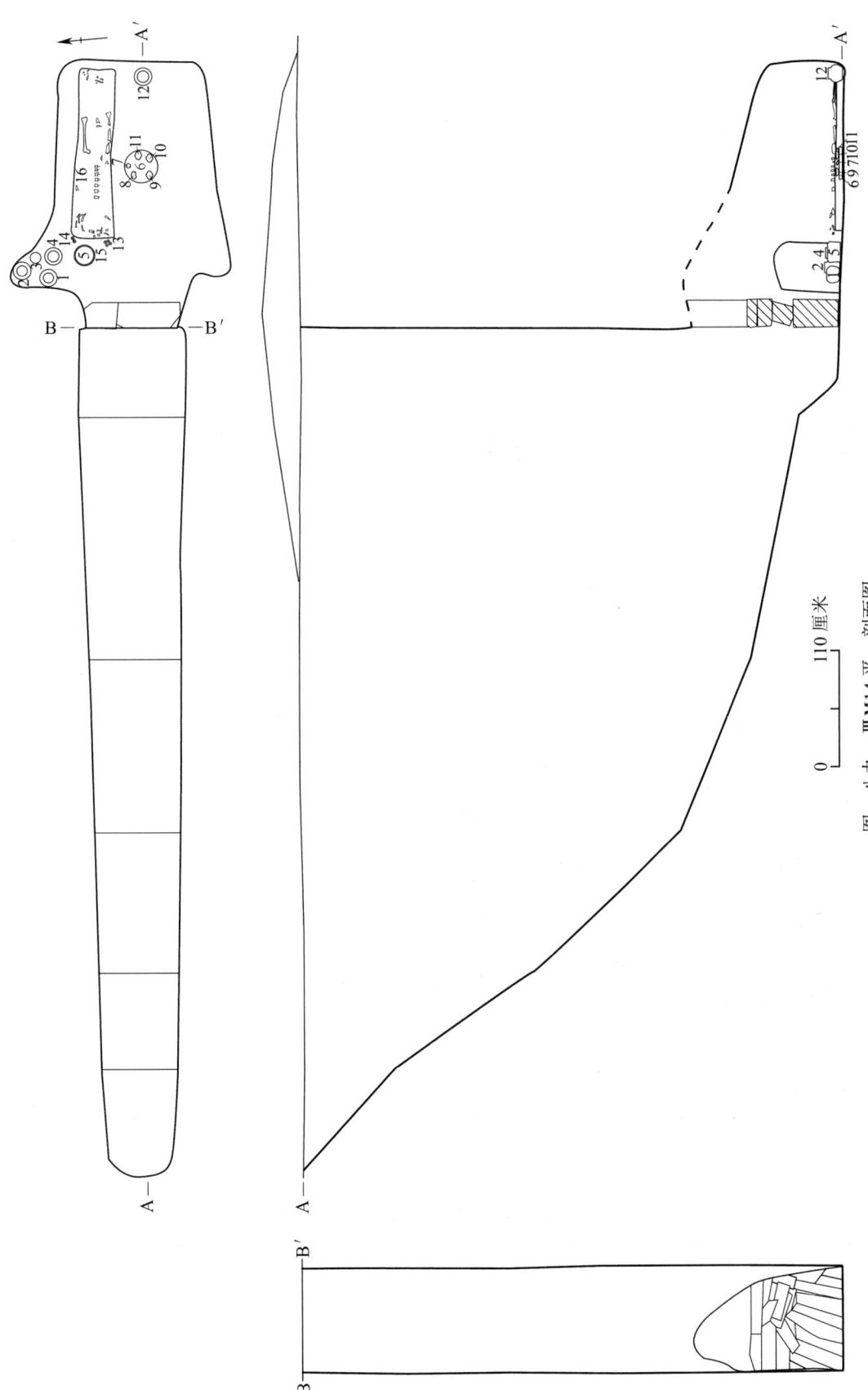

图一八九 ⅢM14 平、剖面图

1.陶釜 2、4、12.波浪纹陶罐 3.陶盆 5.陶樽 6.陶盘 7~11.陶耳杯 13、14.铜钱 15.铜钗 16.铜指环

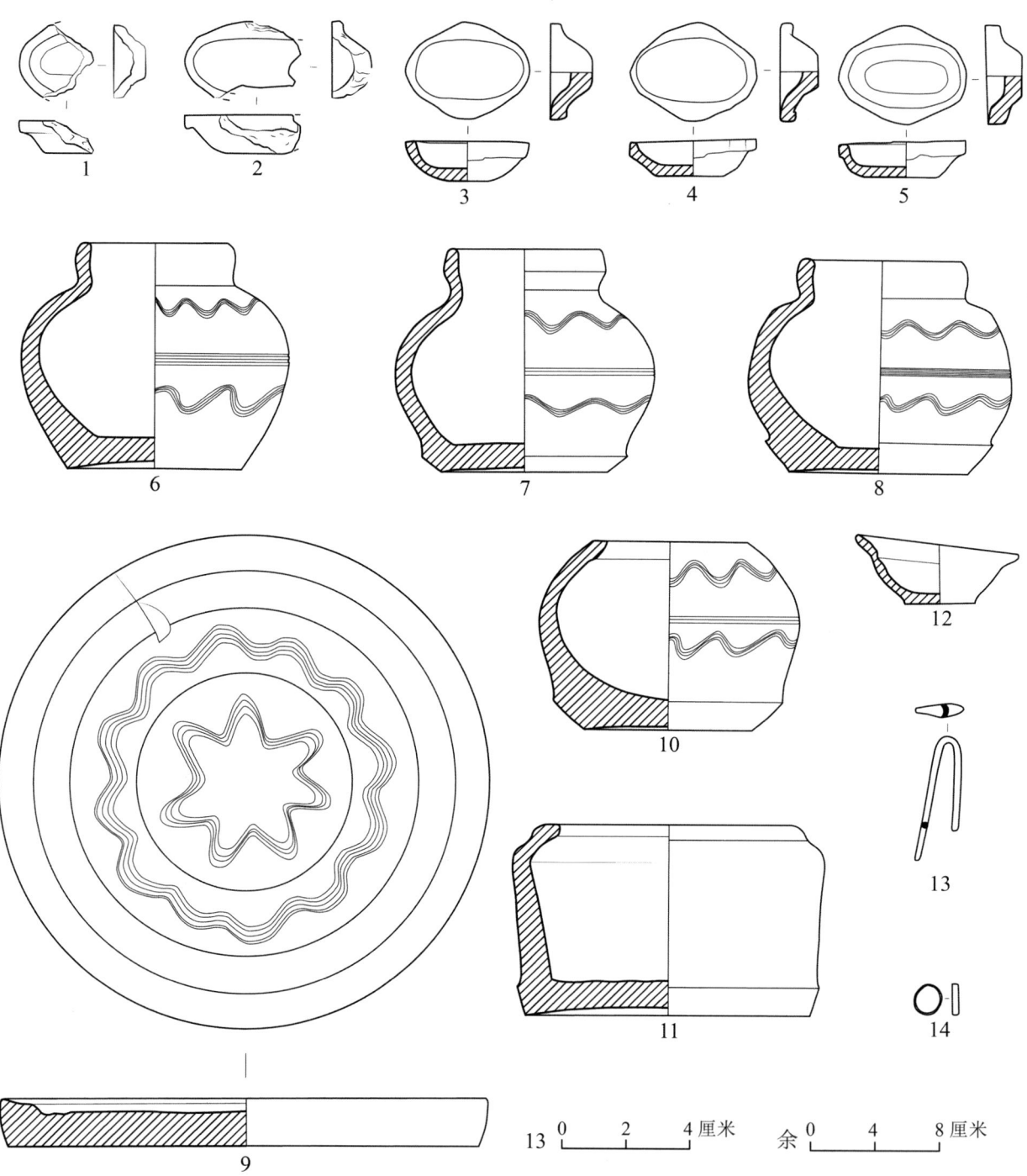

图一九〇　ⅢM14 出土器物

1~5.陶耳杯（ⅢM14：7、ⅢM14：8、ⅢM14：9、ⅢM14：10、ⅢM14：11）
6~8.波浪纹陶罐（ⅢM14：2、ⅢM14：4、ⅢM14：12）　9.陶盘（ⅢM14：6）　10.陶釜（ⅢM14：1）
11.陶樽（ⅢM14：5）　12.陶盆（ⅢM14：3）　13.铜钗（ⅢM14：15）　14.铜指环（ⅢM14：16）

2.5、短底径1.3、高2.6、耳长4.3、耳宽1.1厘米（图一九〇，3）。ⅢM14：10，泥质素面灰陶。斜直腹。长口径8.0、短口径4.0、长底径4.1、短底径2.0、高2.4、耳长3.8、耳宽0.9厘米（图一九〇，4）。ⅢM14：11，泥质素面灰陶。弧腹。长口径7.9、短口径4.0、长底径4.3、短底径2.5、高2.2、耳长4.1、耳宽1.1厘米（图一九〇，5）。

波浪纹陶罐 3件。器形整体矮胖，直口，圆唇，高直领，圆肩，圆鼓腹，底微凹。肩、腹部饰波浪纹和弦纹组合。ⅢM14：2，泥质灰陶。口径9.1、腹径16.8、底径11.0、高14.2厘米（图一九〇，6）。ⅢM14：4，泥质橙黄陶。口径9.4、腹径16.2、底径10.4、高14.1厘米（图一九〇，7）。ⅢM14：12，泥质灰陶。口径10.0、腹径16.6、底径11.2、高13.5厘米（图一九〇，8）。

陶盘 1件。ⅢM14：6，泥质灰陶。圆形，斜平沿，外缘斜直，盘面平整，低于盘沿，平底。盘面饰波浪纹和弦纹组合。盘径30.8、厚3.0厘米（图一九〇，9）。

陶釜 1件。ⅢM14：1，泥质灰陶。敛口，方唇，圆肩，圆鼓腹，底微凹。肩、腹部饰波浪纹和弦纹组合。口径9.8、腹径16.4、底径10.6、高11.9厘米（图一九〇，10）。

陶樽 1件。ⅢM14：5，泥质素面灰陶。敛口，圆唇，矮领，圆肩，腹部较直，底微凹。口径15.5、底径17.8、高12.1厘米（图一九〇，11）。

陶盆 1件。ⅢM14：3，泥质素面灰陶。侈口，斜平沿，圆唇，弧腹，平底。口径10.0、底径4.4、高4.5厘米（图一九〇，12）。

铜钗 1件。ⅢM14：15，残，钗分两股，呈"U"字形，钗头较尖，断面呈圆形。残长3.9厘米（图一九〇，13）。

铜指环 1件。ⅢM14：16，指环状，死扣。直径约1.9、高0.4厘米（图一九〇，14）。

铜钱 2组（6枚）。圆形方穿、圆形圆穿均有。以冥钱为主，另有部分钱文锈蚀不可辨。

ⅢM14：13-1，钱文锈蚀不可辨。郭厚0.15、肉厚0.11厘米，重3.76克。ⅢM14：14-1，冥钱，制作粗劣，边多有剪凿痕，形状为不规则圆形，圆穿无文。钱径1.50、穿宽0.55厘米，重0.97克。

ⅢM15

位于Ⅲ区东部，ⅢM4东北，南北向分布。

1. 墓葬形制

该墓为带长斜坡墓道单室土洞墓，由封土、墓道、过洞、天井、甬道、墓室组成。墓向175°（图一九一）。

封土 现呈丘状，残径6.00、残高0.40米。

墓道 位于墓室以南，平面呈长方形，长14.95、宽0.80米。北端剖面呈近梯形，底宽

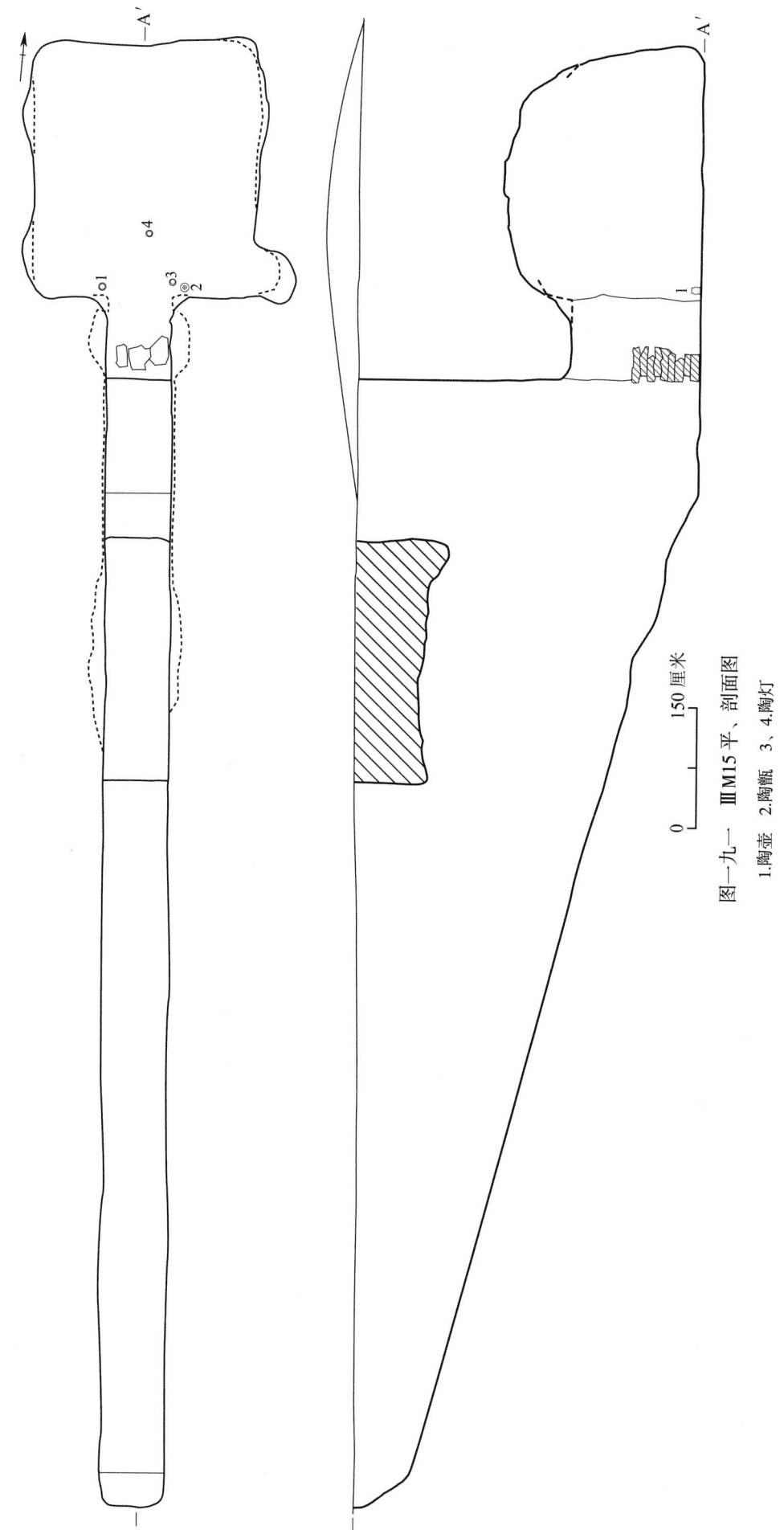

图一九一 ⅢM15平、剖面图
1.陶壶 2.陶甑 3、4.陶灯

0.88米。西高东低，斜坡至底，坡度20°。近墓门处距地表深4.18米。

过洞　南接墓道，北与天井相连，为拱形顶斜坡底土洞结构，平面呈长方形，宽0.88、进深3.00、高0.96~1.70米。

天井　南接过洞，北与甬道相连，为竖穴土坑结构，平面形状呈近长方形，底部呈斜坡状。长2.08、宽0.80米。

甬道　位于天井北端，平面呈长方形，进深1.00、宽0.80、高1.60米。墓门呈拱形，与甬道同高等宽。封门原以胶泥板、沙砾、砾石封堵。

墓室　位于墓道以北，平面呈近长方形，斜壁上收至覆斗顶，顶部塌陷。墓室东西长3.20、南北宽2.80、高2.40米。墓室西南角掏一龛，呈拱形，宽0.60、进深0.40、高0.80米。

2. 葬具葬式

无葬具及人骨。

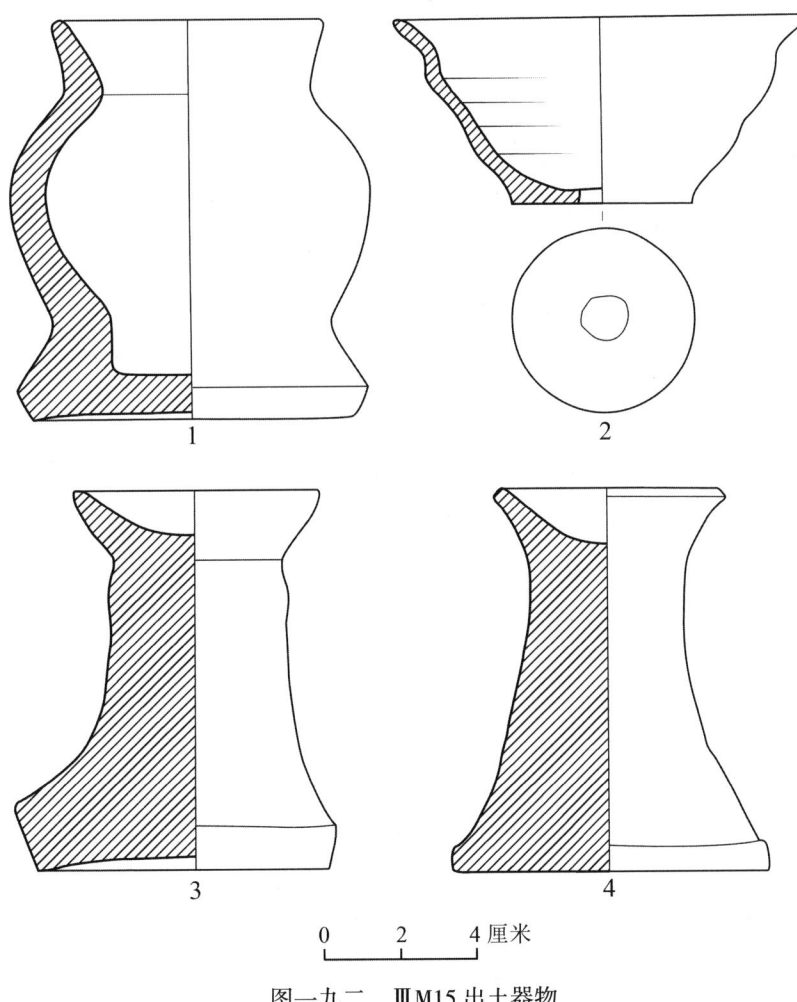

图一九二　ⅢM15出土器物

1.陶壶（ⅢM15：1）　2.陶甑（ⅢM15：2）　3、4.陶灯（ⅢM15：3、ⅢM15：4）

3. 随葬品

随葬品均为陶器，集中放置于墓门两侧，共4件，包括陶壶1件、陶甑1件、陶灯2件。

陶壶　1件。ⅢM15∶1，泥质素面灰陶。侈口，圆唇，斜直领，扁鼓腹，近底部外撇呈低台状，底微凹。口径7.0、腹径9.4、底径8.4、高10.6厘米（图一九二，1）。

陶甑　1件。ⅢM15∶2，泥质素面灰陶。可复原。盆形甑，侈口，斜平沿，尖唇，弧腹，腹部较深，平底，底穿一孔。内壁见轮制痕迹。口径10.8、底径4.8、高5.0厘米（图一九二，2）。

陶灯　2件。ⅢM15∶3，泥质素面灰陶。灯口呈碟状，敞口，尖唇，浅弧腹，灯柄实心，上细下粗，近底部外撇成高台座，底微凹。口径6.4、底径7.6、高10.0厘米（图一九二，3）。ⅢM15∶4，泥质素面灰陶。残，可复原。灯口呈碟状，敞口，方唇，浅腹，柄为实心，上小下大，近底部外撇成低台座，平底。口径6.0、底径8.4、高10.1厘米（图一九二，4）。

ⅢM16

位于Ⅲ区东部，ⅢM14西南，西北—东南向分布。与ⅢM17、ⅢM19为一组，未发现茔圈。

1. 墓葬形制

该墓为带长斜坡墓道单室土洞墓，由封土、墓道、甬道、墓室组成。墓向286°（图一九三）。

封土　现呈丘状，部分叠压墓道，残径5.60、残高0.40米。

墓道　位于墓室以西，平面呈梯形，西窄东宽，长10.10、宽0.68~0.82米。剖面亦呈梯形，上窄下宽，底宽0.86米。西高东低，斜坡至底，坡度27°。近墓门处距地表深4.56米。

甬道　位于墓道东端，连接墓道与墓室，进深0.46米。墓门呈拱形，上宽0.40、底宽0.70、高1.14米。封门位于甬道内封，原以土坯、沙砾、砾石封堵。

墓室　位于墓道以东，平面呈近长方形，斜壁上收至拱形顶，顶部塌陷严重，形制不详。墓室东西长2.60、南北宽1.90、残高约2.00米。

2. 葬具葬式

无葬具。

该墓为单人葬。人骨凌乱，堆放于墓室北侧，葬式不详。经鉴定，人骨疑似男性，成年。

3. 随葬品

随葬品集中放置于墓室西北角，共9件，包括泥椟1件、泥盘1件、泥壶3件、泥甑1件、泥罐1件、泥仓1件、陶灯1件。

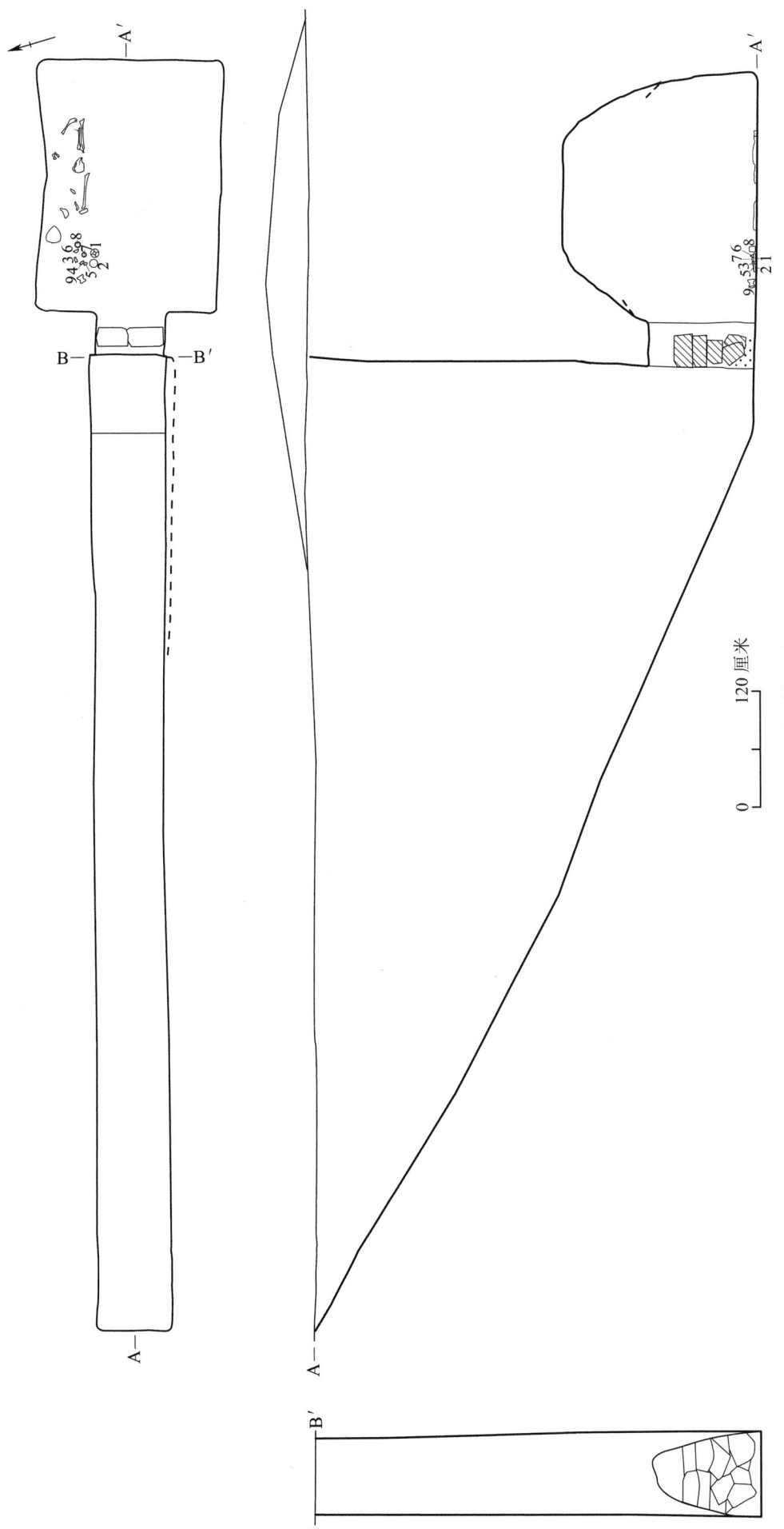

图一九三 ⅢM16 平、剖面图

1.泥桶 2.泥盘 3~5.泥壶 6.泥甄 7.泥罐 8.泥仓 9.陶灯（其中1、2未提取）

泥仓　1件。ⅢM16∶8，红胶泥捏制而成。顶残。形状大致呈圆台形，上小下大，平底，腹部以阴线刻画出门框。底径5.6、残高6.4厘米（图一九四，1）。

泥壶　3件。ⅢM16∶3，红胶泥捏制而成。直口，尖唇，颈部较高，上腹部较圆鼓，下腹束腰外撇至凹底。口径1.6、腹径2.7、底径2.6、高5.4厘米（图一九四，2）。ⅢM16∶4，红胶泥捏制而成。侈口，尖唇，颈部较高，上腹部较圆鼓，下腹束腰外撇至平底。口径1.6、腹径2.6、底径2.6、高4.9厘米（图一九四，3）。ⅢM16∶5，可复原。红胶泥捏制而成。直口，圆唇，溜肩，上腹部较圆鼓，下腹束腰外撇至平底。口径1.2、腹径2.7、底径2.0、高3.6厘米（图一九四，4）。

陶灯　1件。ⅢM16∶9，泥质素面灰陶。灯口呈钵状，直口，方唇，腹部较深，灯柄实心，近底部外撇，圆台状，平底。口径7.2、底径5.6、高7.2厘米（图一九四，5）。

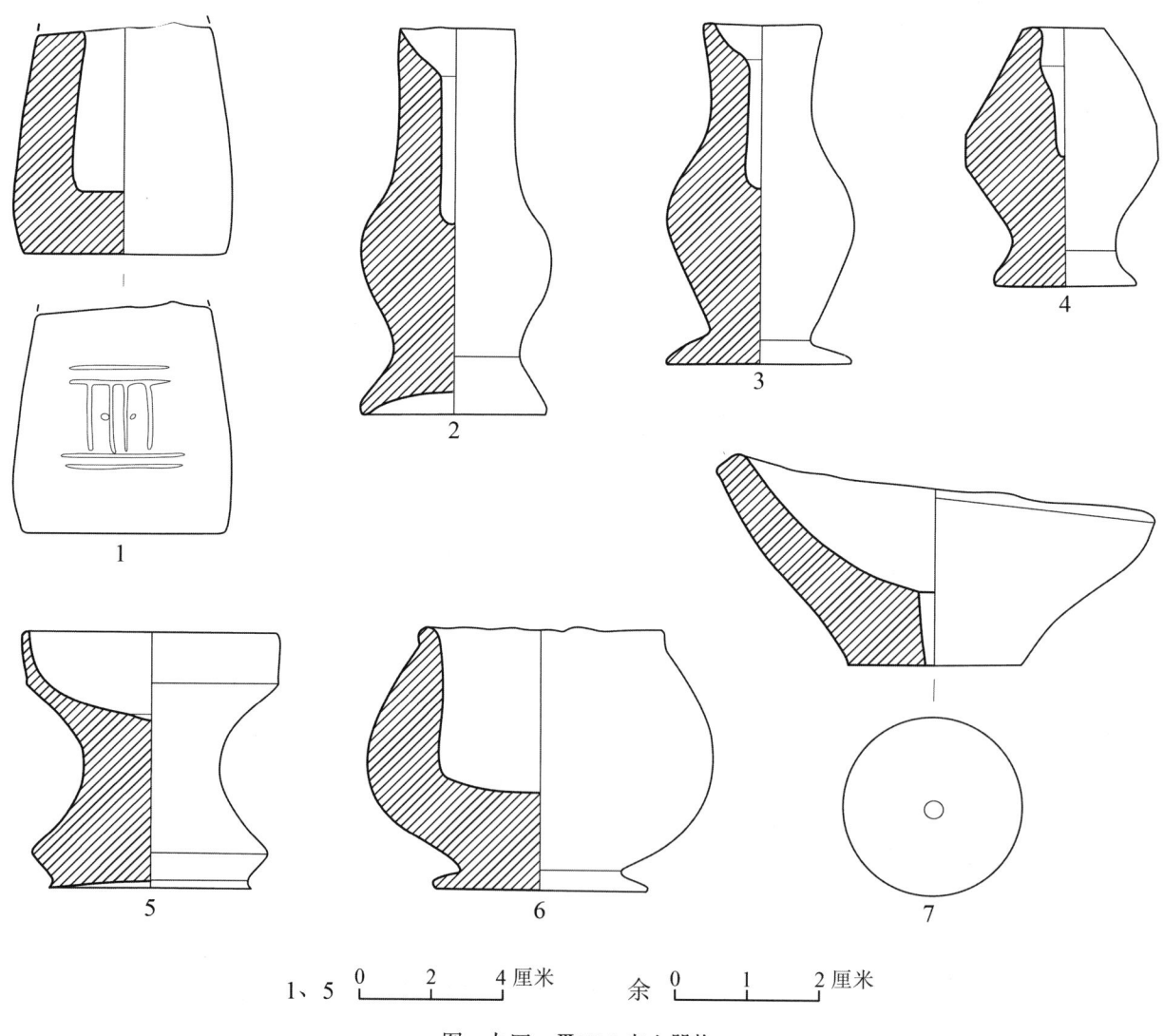

图一九四　ⅢM16出土器物

1.泥仓（ⅢM16∶8）　2~4.泥壶（ⅢM16∶3、ⅢM16∶4、ⅢM16∶5）　5.陶灯（ⅢM16∶9）　6.泥罐（ⅢM16∶7）　7.泥甑（ⅢM16∶6）

泥甑　1件。ⅢM16:6，红胶泥捏制而成。钵形甑，侈口，方唇，浅腹，平底，底穿一孔。口径6.0、底径2.4、高2.9厘米（图一九四，7）。

泥罐　1件。ⅢM16:7，红胶泥捏制而成。部分残。近直口，尖圆唇，溜肩，圆鼓腹，平底。口径3.4、腹径4.8、底径3.0、高3.7厘米（图一九四，6）。

泥槅　1件。ⅢM16:1，红胶泥捏制而成。残损严重，无法提取。圆盘状，近直口，方唇，平底。外圆略残，被分隔成六格，内圆残。

泥盘　1件。ⅢM16:2，红胶泥捏制而成。残损严重，无法提取。圆形，具体形制无法辨别。

ⅢM17

位于Ⅲ区东部，ⅢM16东南，东西向分布。与ⅢM16、ⅢM19为一组，未发现茔圈。

1. 墓葬形制

该墓为带长斜坡墓道单室土洞墓，由封土、墓道、甬道、墓室组成。墓向280°（图一九五）。

封土　现呈丘状，部分叠压墓道。残径5.40、残高0.50米。

墓道　位于墓室以西，平面呈梯形，西窄东宽，长11.20、宽0.54~0.80米。东端剖面亦呈梯形，口小底大，底宽0.94米。西高东低，斜坡至底。近墓门处距地表深6.80米。

甬道　位于墓道东端，连接墓道与墓室，进深0.70、宽0.75、高0.92米。墓门呈梯形，上宽0.30、底宽0.75、高0.92米。封门位于甬道内封，以土坯、沙砾、砾石封堵。

墓室　位于墓道以东，平面呈近长方形，斜壁上收至顶，顶部塌陷严重，形制不详。墓室东西长2.50、南北宽1.88、残高1.80米。

2. 葬具葬式

无葬具。

该墓为双人合葬。人骨凌乱，散置于墓室东北部，葬式不详。其中一具为女性，年龄不详；另外一具为男性，年龄45~50岁。

3. 随葬品

随葬品均为陶器，集中放置于墓室东南部，共9件，包括陶樽2件、素面陶罐1件、陶仓1件、泥壶底部残片1件、陶碟1件、泥槅1件、陶灶1件、陶釜底部残片1件。

素面陶罐　1件。ⅢM17:2，泥质素面灰陶。残，不可复原。口残，圆肩，圆鼓腹，下腹弧收至平底。腹径14.0、底径8.0、残高13.6厘米（图一九六，1）。

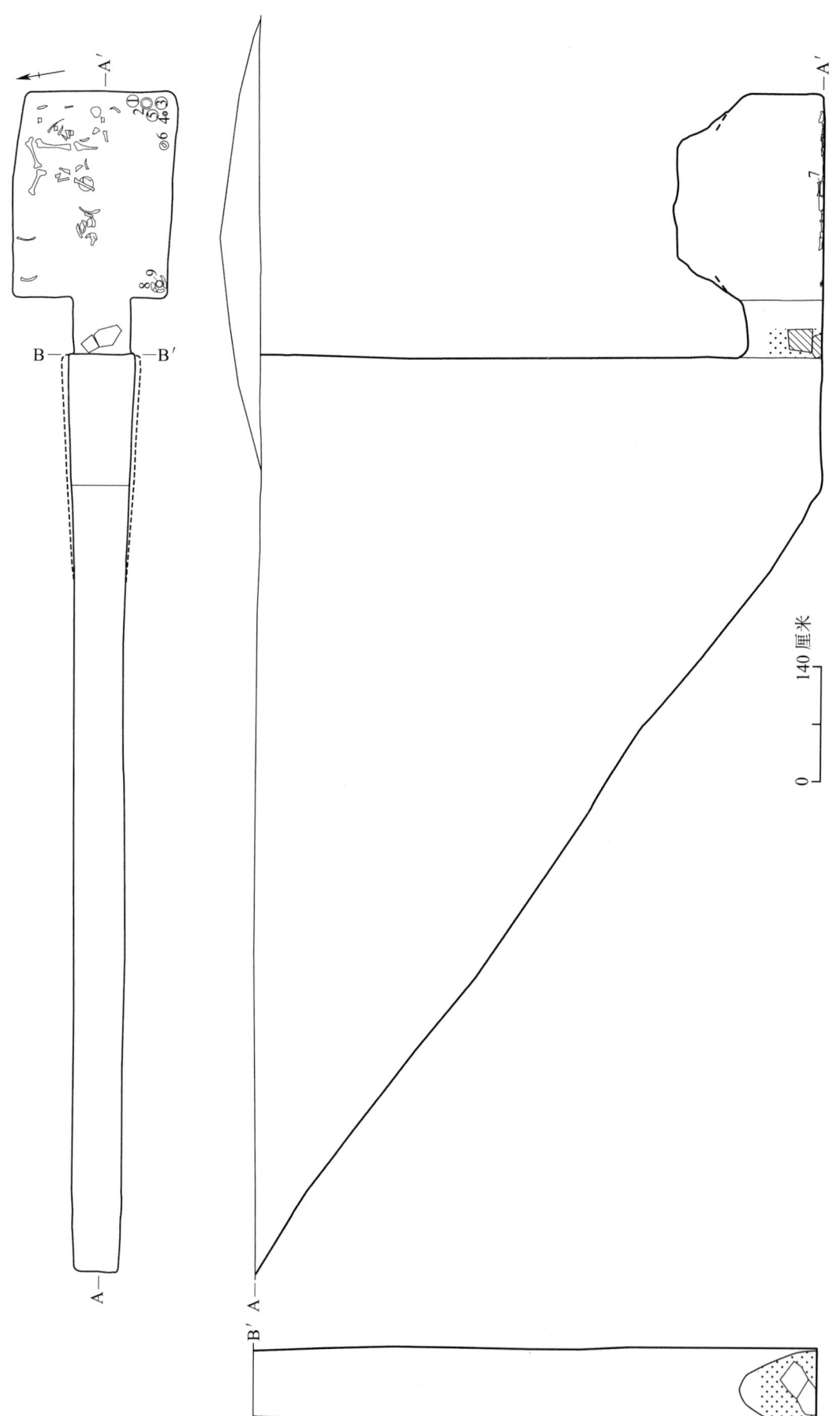

图一九五 ⅢM17 平、剖面图

1、5.陶樽 2.素面陶罐 3.陶仓 4.泥壶底部残片 6.陶碟 7.泥槅 8.陶灶 9.陶釜底部残片

陶仓　1件。ⅢM17:3，泥质红褐陶。残，无法复原。腹底残片，圆筒状，直腹，平底。下腹部阴线刻画出门框。底径14.6、残高12.6厘米（图一九六，2）。

泥壶底部残片　1件。ⅢM17:4，红胶泥制作而成。平底，中空。底径6.0、残高3.8厘米（图一九六，3）。

陶釜底部残片　1件。ⅢM17:9，泥质素面灰褐陶。腹部斜收至平底。内壁见轮制痕迹。底径4.8、残高3.5厘米（图一九六，4）。

陶樽　2件。泥质灰陶。侈口，圆唇，斜直腹，腹部较深，矮假圈足。腹部饰弦纹。ⅢM17:1，口径14.2、底径8.4、高7.4厘米（图一九六，5）。ⅢM17:5，口径14.0、底径8.6、

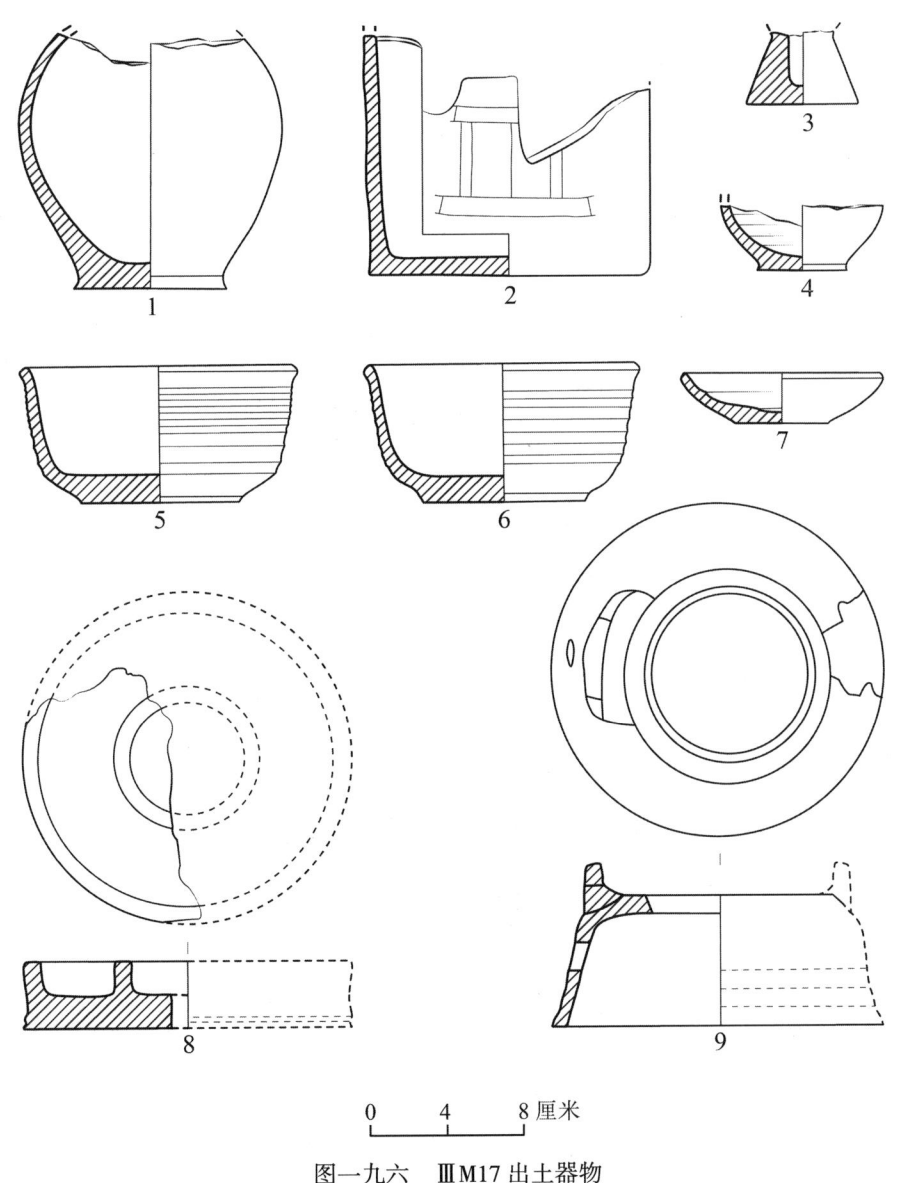

图一九六　ⅢM17出土器物

1.素面陶罐（ⅢM17:2）　2.陶仓（ⅢM17:3）　3.泥壶底部残片（ⅢM17:4）　4.陶釜底部残片（ⅢM17:9）
5、6.陶樽（ⅢM17:1、ⅢM17:5）　7.陶碟（ⅢM17:6）　8.泥楇（ⅢM17:7）　9.陶灶（ⅢM17:8）

高 7.4 厘米（图一九六，6）。

陶碟　1件。ⅢM17：6，泥质素面灰陶。敞口，方唇，浅弧腹，平底。内壁见轮制痕迹。口径 10.6、底径 5.0、高 2.7 厘米（图一九六，7）。

泥榻　1件。ⅢM17：7，泥质素面灰褐陶。残。圆盘状，直口，方唇，外缘较齐平，平底。外圆被隔若干格，内圆被隔若干格。复原口径 17.4、底径 17.4、高 3.6 厘米（图一九六，8）。

陶灶　1件。ⅢM17：8，泥质素面灰褐陶。灶体呈覆碗状，顶部中央开圆形灶孔，灶面立有鸡首、尾，鸡尾下开长方形灶门。灶口径 9.1、底径 17.7、高 6.9~8.6 厘米（图一九六，9）。

ⅢM18

位于Ⅲ区东部，ⅢM17西南，西北—东南向分布。

1. 墓葬形制

该墓为带长斜坡墓道单室土洞墓，由封土、墓道、甬道、墓室组成。墓向285°（图一九七）。

封土　现呈丘状，部分叠压墓道。残径 10.40、残高 0.72 米。

墓道　位于墓室以西，平面呈梯形，西宽东窄，长 14.64、宽 1.16~1.24 米。剖面亦呈梯形，口小底大，底宽 1.20 米。西高东低，台阶至底。近墓门处距地表深 6.40 米。内填灰黄色沙土，土质松散，内含大量砾石。

甬道　位于墓道东端，连接墓道与墓室，进深 0.90、宽 0.80、高 1.20 米。墓门呈拱形，上宽 0.40、底宽 0.80、高 1.20 米。封门位于甬道内封，以沙砾、砾石封堵。

墓室　位于墓道以东，平面呈近正方形，斜壁上收至顶，墓顶坍塌严重，形制不详。墓室边长约 3.60、残高 3.06 米。

2. 葬具葬式

墓室北壁下存一尸床，尸床由沙石垒成，残长 1.04、宽 0.60、高 0.06 米。

该墓为单人葬。人骨置于尸床之上，凌乱不堪，葬式不详。经鉴定，人骨为女性，年龄 20~23 岁。

3. 随葬品

随葬品以陶器为主，集中放置在墓室东部，共18件，包括陶盆1件、波浪纹陶罐4件、陶甑1件、陶灯1件、陶钵5件、陶碟2件、陶壶1件、陶碗1件、陶盘2件。另于人骨处出土铁剪刀1件。

波浪纹陶罐　4件。器形整体瘦高，圆唇，领部较高，束颈，溜肩，圆鼓腹，下腹斜收至

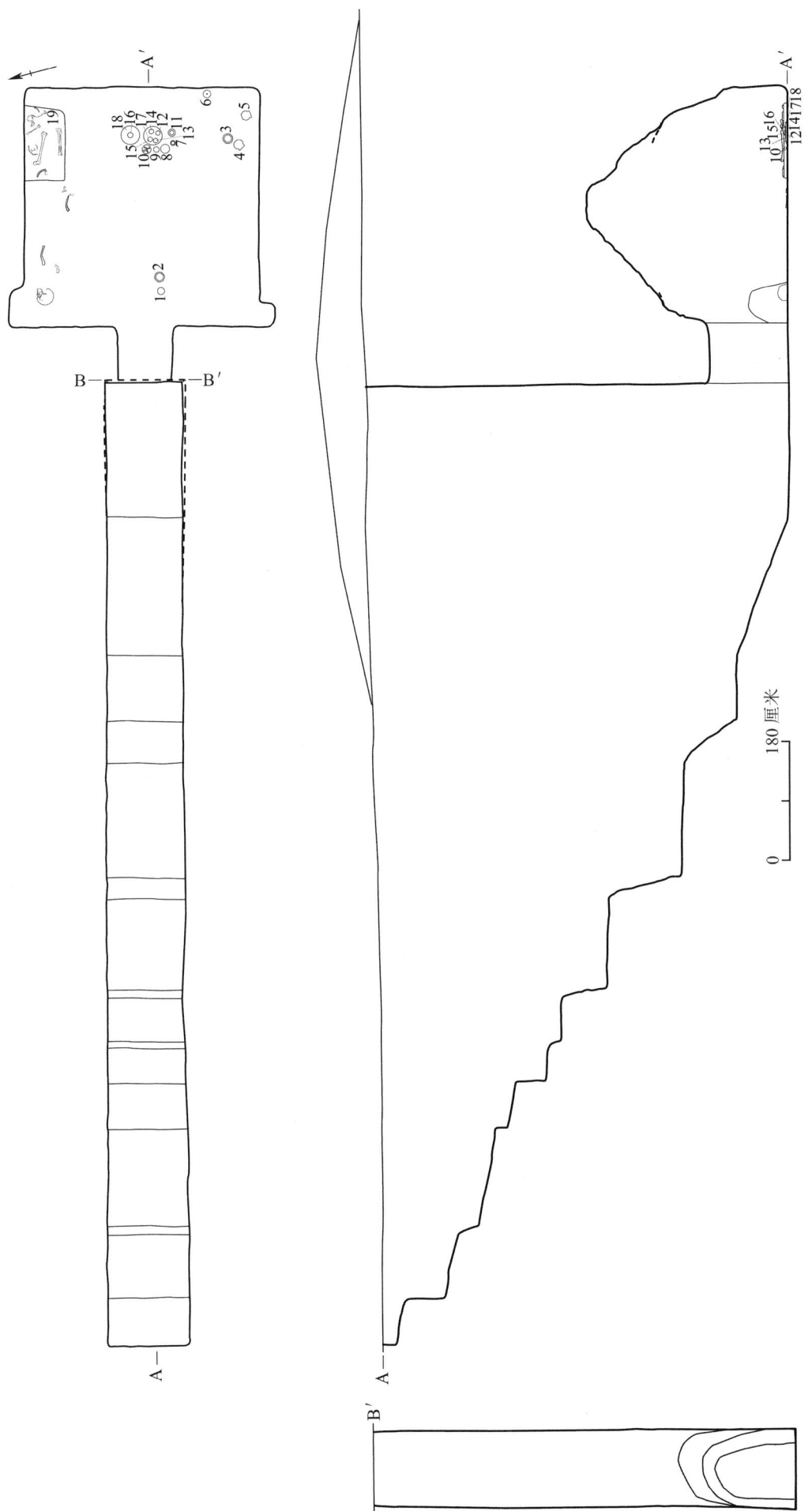

图一九七 ⅢM18 平、剖面图

1.陶盆 2~5.波浪纹陶罐 6.陶瓶 7.陶灯 8、10、12、13、15.陶钵 9、16.陶碟 11.陶壶 14.陶碗 17、18.陶盘 19.铁剪刀

平底。肩、腹部饰波浪纹和弦纹组合，近底处有竖向刮削痕迹。ⅢM18：2，泥质红褐陶。直口，口径10.0、腹径15.2、底径5.0、高15.0厘米（图一九八，1）。ⅢM18：3，泥质灰陶。侈口。口径10.2、腹径15.0、底径7.0、通高14.1厘米（图一九八，2）。ⅢM18：4，泥质灰陶。侈口。口径10.0、腹径14.8、底径6.0、高14.3厘米（图一九八，3）。ⅢM18：5，泥质灰陶。直口。口径10.2、腹径14.2、底径7.4、高13.7厘米（图一九八，4）。

陶壶　1件。ⅢM18：11，泥质素面灰陶。口残，无法复原。圆肩，扁鼓腹，下腹部束腰外撇，圆台状，大平底。底径9.4、腹径11.0、残高11.8厘米（图一九九，1）。

陶碗　1件。ⅢM18：14，泥质素面灰陶。直口，圆唇，弧腹，腹部较浅，底作假圈足。口径7.2、底径3.4、高3.0厘米（图一九九，2）。

陶盆　1件。ⅢM18：1，泥质素面灰陶。侈口，斜平沿内凹，方唇，弧腹，腹部较深，平底。口径10.2、底径4.8、高4.4厘米（图一九九，3）。

陶灯　1件。ⅢM18：7，泥质素面灰陶。灯口呈碟状，敞口，尖圆唇，浅腹，灯柄实心，上细下粗，近底部外撇至大平底。口径5.0、底径7.4、高7.9厘米（图一九九，4）。

陶盘　2件。ⅢM18：17，泥质灰陶。圆形，平沿，外缘齐斜直，盘面平整，低于盘沿，平底。盘面饰两组波浪纹。盘径28.2、厚2.0厘米（图一九九，5）。ⅢM18：18，泥质灰陶。圆形，盘沿中内凹，斜直缘，与盘面基本齐平，平底。盘面饰两组波浪纹。盘径27.6、厚2.0厘米（图一九九，6）。

陶钵　5件。ⅢM18：8，泥质灰陶。侈口，圆唇，弧腹，平底。口部以下饰数道弦纹。口径13.6、底径5.0、高4.6厘米（图二〇〇，1）。ⅢM18：10，泥质灰陶。近直口，圆唇，弧腹，平底。口部以下饰数道弦纹。口径13.3、底径5.2、高4.3厘米（图二〇〇，2）。ⅢM18：12，泥质灰陶。直口，圆唇，弧腹，腹部较深，平底。腹部饰两道弦纹。口径6.6、底径3.6、高3.5厘米（图二〇〇，3）。ⅢM18：13，泥质灰陶。直口，尖圆唇，弧腹，平底。口径7.0、底径3.8、高3.0厘米（图二〇〇，4）。ⅢM18：15，泥质素面灰褐陶。直口，圆唇，弧腹，平底。口径7.0、底径3.0、高2.5厘米（图二〇〇，5）。

陶碟　2件。泥质素面灰陶。敞口，尖唇，浅弧腹，底作矮假圈足。ⅢM18：9，口径8.6、底径4.0、高2.8厘米（图二〇〇，6）。ⅢM18：16，口径8.2、底径3.4、高3.1厘米（图二〇〇，7）。

陶甑　1件。ⅢM18：6，泥质素面灰陶。盆形甑，侈口，斜平沿，方唇，弧腹，平底，底穿一孔。口径11.0、底径5.0、高4.3厘米（图二〇〇，9）。

铁剪刀　1件。ⅢM18：19，残缺较甚，仅余部分刀刃。残长13.8、宽0.7~2.4厘米（图二〇〇，8）。

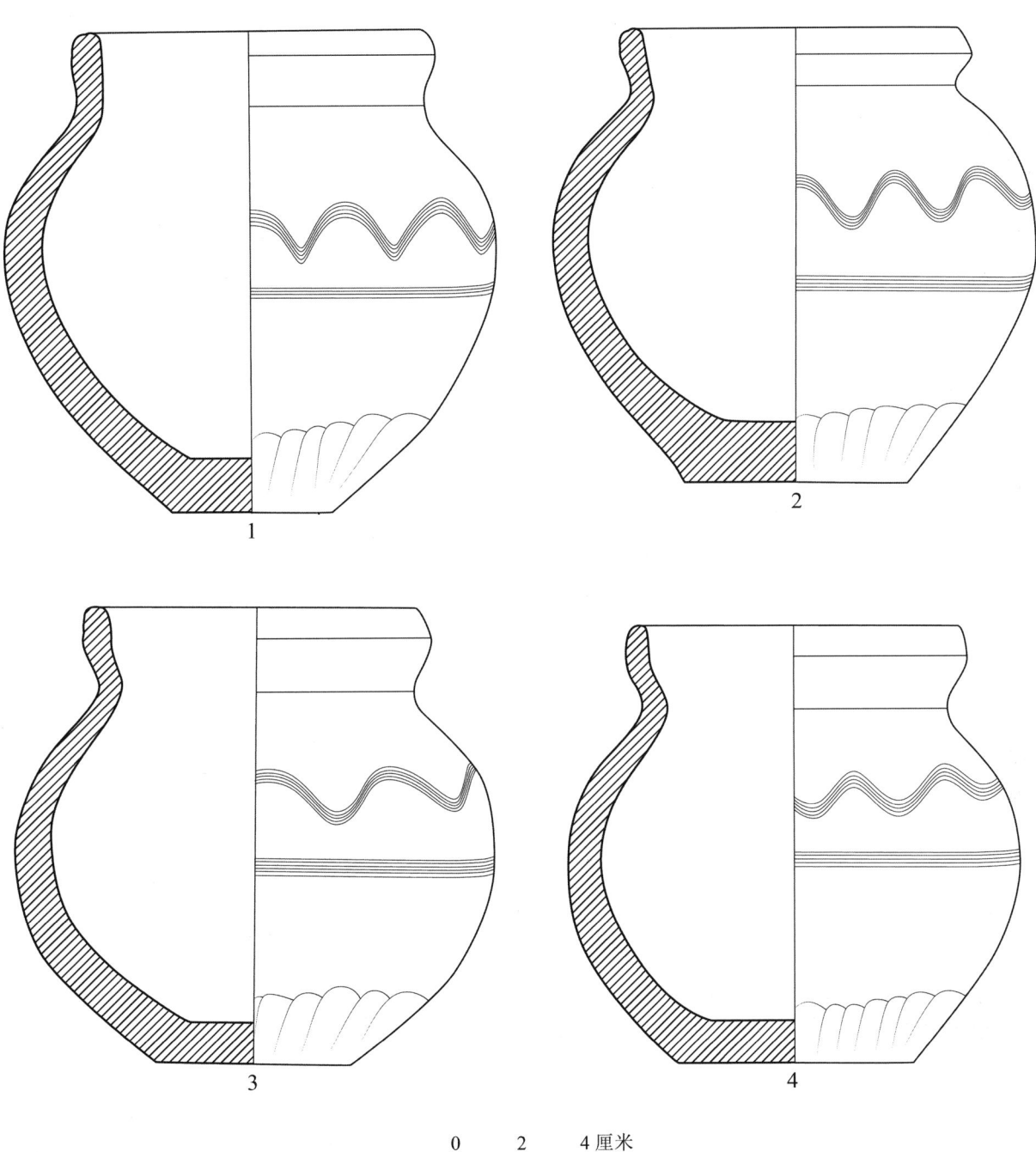

图一九八　ⅢM18 出土器物（一）

1~4.波浪纹陶罐（ⅢM18：2、ⅢM18：3、ⅢM18：4、ⅢM18：5）

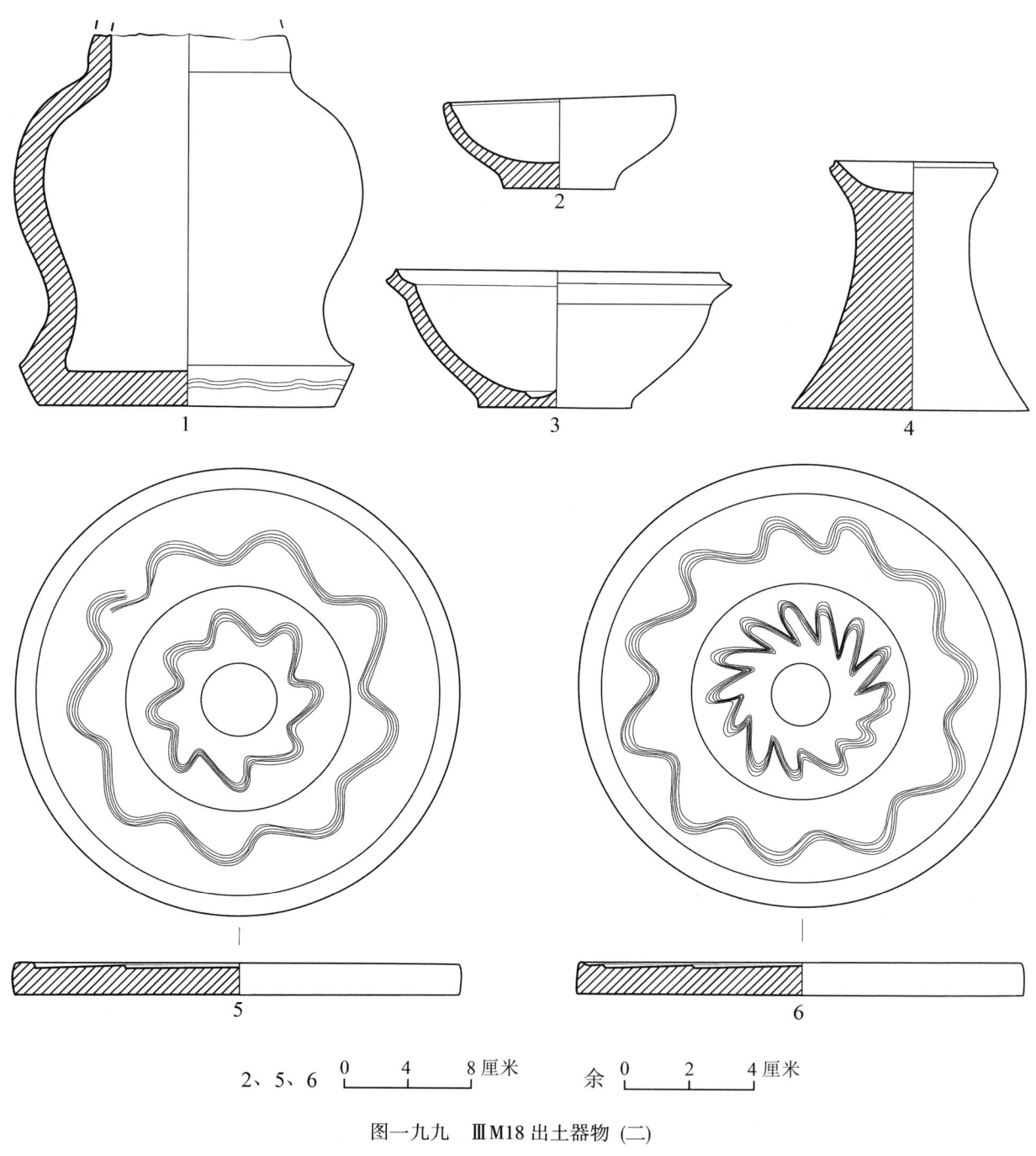

图一九九　ⅢM18 出土器物（二）
1.陶壶（ⅢM18:11）　2.陶碗（ⅢM18:14）　3.陶盆（ⅢM18:1）
4.陶灯（ⅢM18:7）　5、6.陶盘（ⅢM18:17、ⅢM18:18）

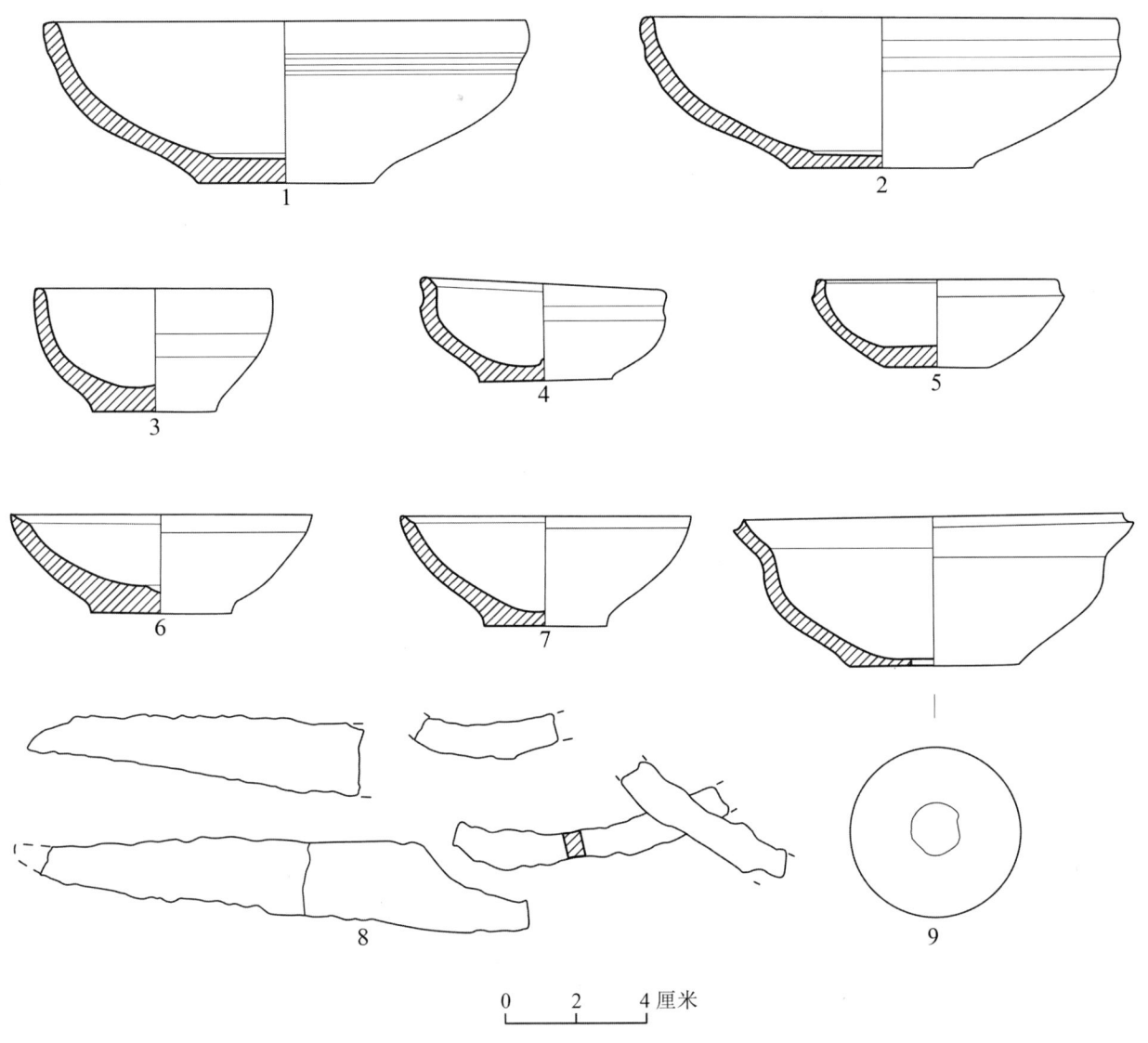

图二〇〇　ⅢM18 出土器物（三）

1~5.陶钵（ⅢM18：8、ⅢM18：10、ⅢM18：12、ⅢM18：13、ⅢM18：15）　6、7.陶碟（ⅢM18：9、ⅢM18：16）
8.铁剪刀（ⅢM18：19）　9.陶甑（ⅢM18：6）

ⅢM19

位于Ⅲ区东部，ⅢM17以南，西北—东南向分布。与ⅢM16、ⅢM17为一组，未发现茔圈。

1. 墓葬形制

该墓为带长斜坡墓道单室土洞墓，由封土、墓道、甬道、墓室组成。墓向285°（图二〇一）。

封土　现呈丘状，部分叠压墓道。残径10.40、残高0.40米。

墓道　位于墓室以西，中部窄，两头宽，长11.93、宽0.66~0.68米。剖面呈梯形，口小底

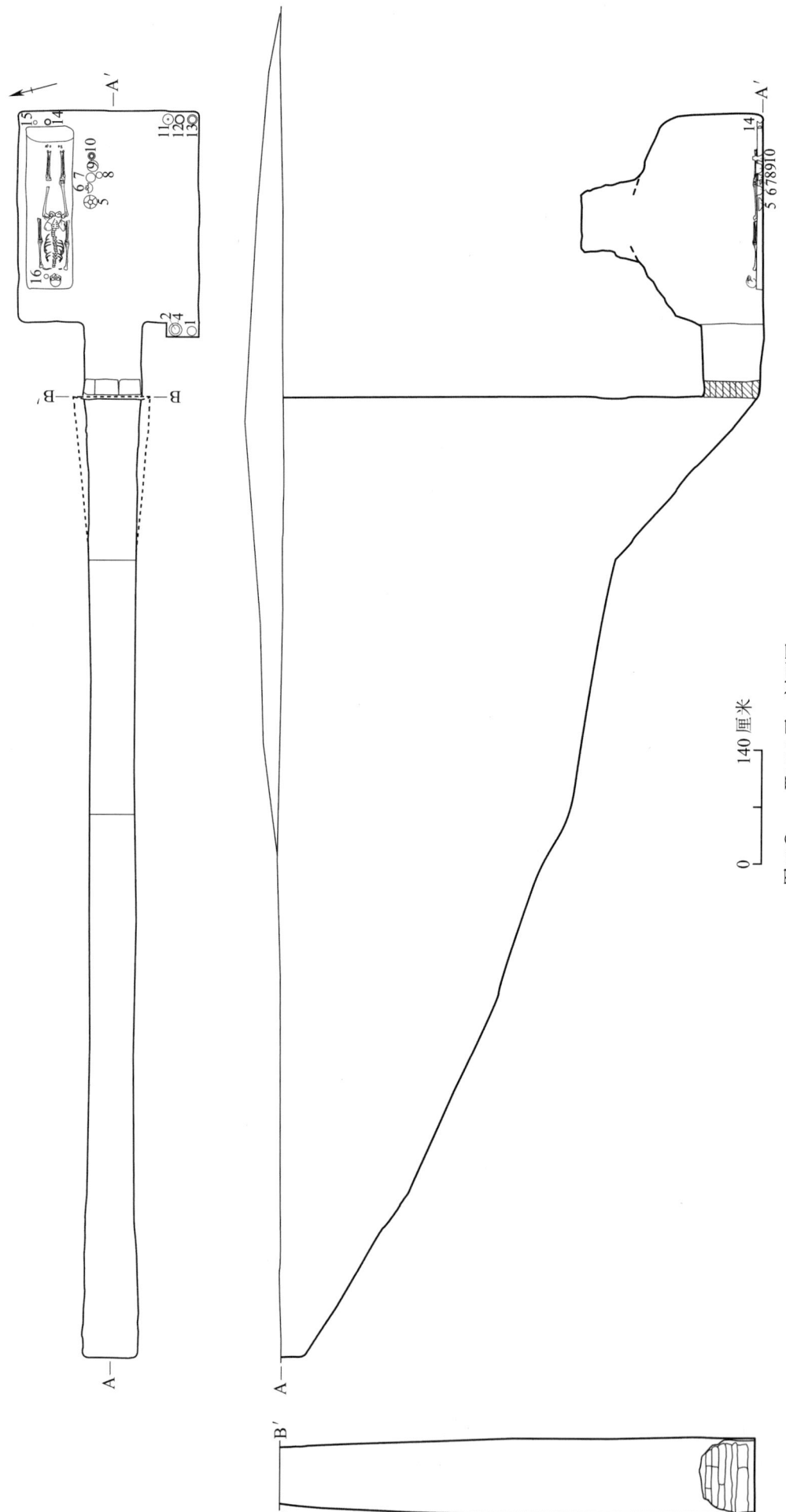

图二〇一 ⅢM19 平、剖面图

1.陶盆 2.陶甑 3.陶釜（位于2号甑下）4.陶鸡首灶 5.陶槅 6、9.陶樽 7.陶碟 8.玉灯 10.陶壶 11.陶仓 12、13.弦纹陶罐 14.陶灯 15、16.泥斗瓶 17、18.云母片（分别位于15、16斗瓶内）

大，底宽0.90米。西高东低，斜坡至底。近墓门处距地表深5.84米。

甬道　位于墓道东端，连接墓道与墓室，进深0.90、宽0.70、高0.70米。墓门呈拱形，与甬道同高等宽。封门位于甬道内封，原以土坯、沙砾、砾石封堵。

墓室　位于墓道以东，平面呈近长方形，斜壁上收至顶，坍塌严重，形制不详。墓室东西长2.60、南北宽2.20、残高2.20米。墓室西南角掏一龛，呈长方形，长0.40、进深0.20、高0.20米。

2. 葬具葬式及葬俗

墓室北壁下存尸床、脚踏、尸罩，尸床由细沙堆垒而成，人骨脚部有脚踏，尸罩为木质，腐朽严重，塌落于尸床之上。尸床长1.98、宽0.56~0.58、高0.08米。

该墓为单人葬。人骨置于尸床之上，保存状况较好，仰身直肢葬，头向西。经鉴定，人骨为男性，年龄40~44岁。

尸床上散布有意打碎的陶片。

3. 随葬品

随葬品集中放置于墓室中部、西南角龛内、墓室东南角及人骨脚端，共18件（组），包括陶盆1件、陶甑1件、陶釜1件、陶鸡首灶1件、陶槅1件、陶樽2件、陶碟1件、陶壶1件、陶仓1件、弦纹陶罐2件、陶灯1件、泥斗瓶2件、玉灯1件、云母片2组（8件）（图版三七，3）。

陶盆　1件。ⅢM19：1，泥质素面灰陶。侈口，斜平沿，圆唇，弧腹，平底。口径11.1、底径5.0、高5.2厘米（图二〇二，1；图版九二，1）。

陶灯　1件。ⅢM19：14，泥质素面灰陶。灯口呈碟状，侈口，圆唇，浅弧腹，灯柄实心，近底部外撇，圆台状，平底。口径7.2、底径6.2、高6.4厘米（图二〇二，2；图版九一，5）。

陶釜　1件。ⅢM19：3，泥质素面灰陶。侈口，尖圆唇，矮领，圆鼓腹，底作假圈足。口径8.4、底径5.0、高5.6厘米（图二〇二，3；图版九二，5）。

陶壶　1件。ⅢM19：10，泥质素面灰陶。侈口，尖唇，束颈，溜肩，腹部圆鼓且下垂，下腹外撇至大平底。口径3.8、底径9.0、高11.5厘米（图二〇二，5；图版九二，6）。

弦纹陶罐　2件。泥质灰陶。器形整体瘦高，矮领，束颈，溜肩，上腹部较圆鼓，下腹斜收至平底。肩部饰弦纹。ⅢM19：12，近直口，方唇，口径9.4、腹径11.4、底径7.4、高11.9厘米（图二〇二，6；图版九三，2）。ⅢM19：13，侈口，尖圆唇。口径8.8、腹径11.8、底径7.6、高11.6厘米（图二〇二，7）。

陶甑　1件。ⅢM19：2，泥质素面灰陶。盆形甑，侈口，斜平沿，圆唇，弧腹，平底，底穿有一孔。口径11.0、底径4.6、高4.5厘米（图二〇二，8；图版九二，3）。

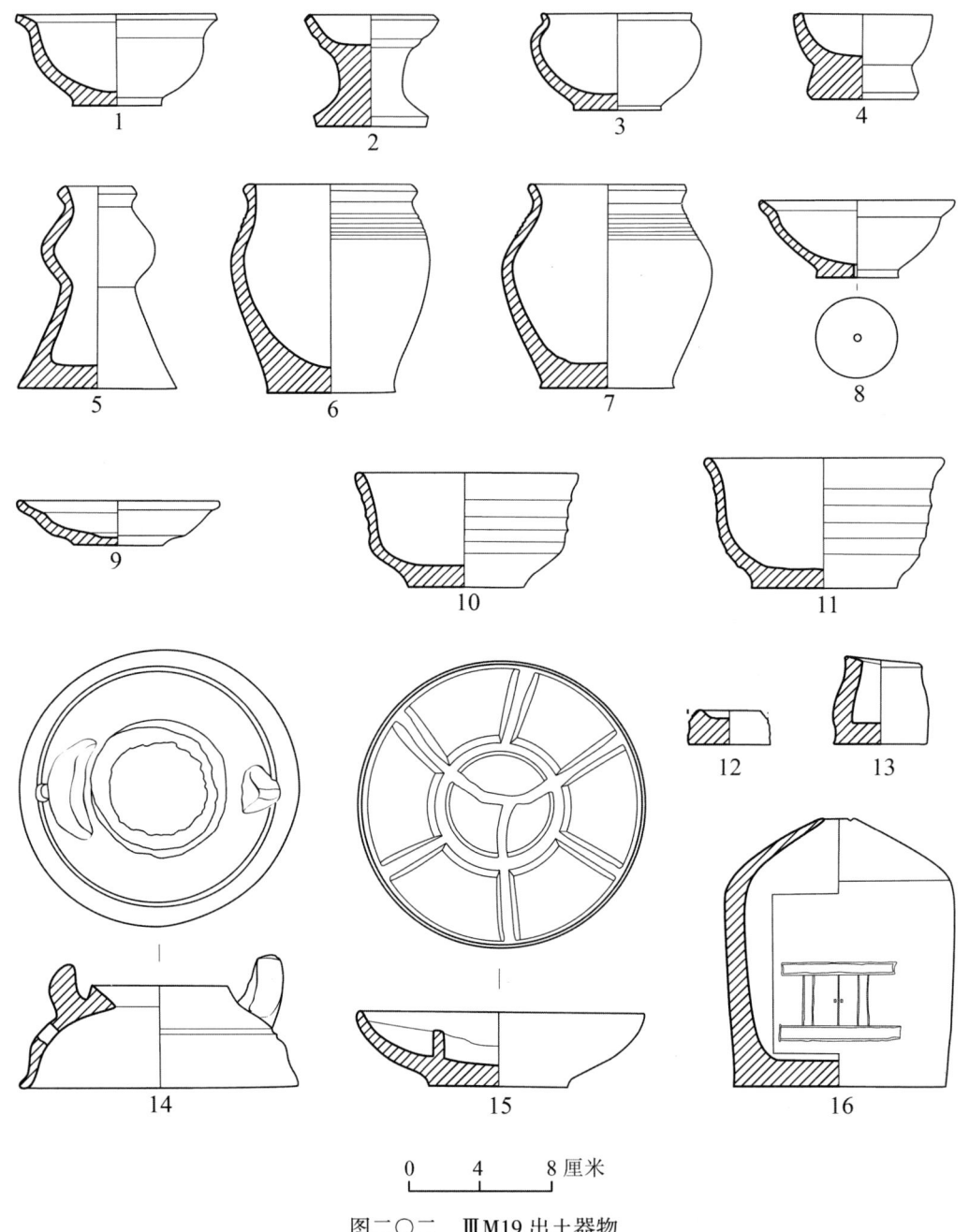

图二〇二　ⅢM19出土器物

1.陶盆（ⅢM19:1）　2.陶灯（ⅢM19:14）　3.陶釜（ⅢM19:3）　4.玉灯（ⅢM19:8）　5.陶壶（ⅢM19:10）
6、7.弦纹陶罐（ⅢM19:12、ⅢM19:13）　8.陶甑（ⅢM19:2）　9.陶碟（ⅢM19:7）　10、11.陶樽（ⅢM19:6、ⅢM19:9）
12、13.泥斗瓶（ⅢM19:15、ⅢM19:16）　14.陶鸡首灶（ⅢM19:4）　15.陶榼（ⅢM19:5）　16.陶仓（ⅢM19:11）

陶碟　1件。ⅢM19:7，泥质素面灰陶。敞口，尖圆唇，浅弧腹，平底。内壁见轮制痕迹。口径11.4、底径5.0、高2.5厘米（图二〇二，9；图版九一，6）。

陶樽　2件。泥质灰陶。侈口，圆唇，腹部较直，近底部斜收至平底，底略作假圈足。腹部饰弦纹。ⅢM19:6，残，可复原。口径12.5、底径6.6、高6.5厘米（图二〇二，10）。Ⅲ

M19:9，口径 13.6、底径 8.2、高 7.5 厘米（图二〇二，11；图版九三，1）。

泥斗瓶　2件。ⅢM19:15，泥制作而成。残，仅余底部，不可复原。平底。内发现5件云母片剪切而成的偶人。底径 4.6、残高 2.0 厘米（图二〇二，12）。ⅢM19:16，泥制作而成。敛口，方唇，垂腹，平底。腹部墨书镇墓文，漫漶不清。内发现3件云母片剪切而成的偶人。口径 4.3、底径 5.2、高 4.5~5.0 厘米（图二〇二，13；图版九一，3）。

陶鸡首灶　1件。ⅢM19:4，泥质灰陶。灶体呈覆钵状，顶部中央开圆形灶孔，灶面立有鸡首、尾，鸡尾下开一近似长方形灶门。灶体腹部饰弦纹。灶口径 7.6、底径 15.8、通高 7.5 厘米（图二〇二，14；图版九二，2）。

陶榻　1件。ⅢM19:5，泥质素面灰陶。碟状陶榻，敞口，圆唇，浅腹，平底。内面外圆被隔成六格，内圆被隔成三格。口径 16.2、底径 7.7、高 4.2 厘米（图二〇二，15；图版九二，4）。

陶仓　1件。ⅢM19:11，泥质素面灰陶。仓顶呈馒头状，有孔，腹部呈圆柱形，近底部以阴线刻画出门框，平底。顶部孔径 1.6、底径 11.9、高 15.2 厘米（图二〇二，16；图版九一，4）。

玉灯　1件。ⅢM19:8，口略残，可复原。灯口作钵状，侈口，方唇，弧腹，束腰，近底时外撇成低台座，平底。口径 7.8、底径 5.7、高 4.9 厘米（图二〇二，4；图版九三，3）。

云母片　2组（8件）。以云母片剪切成偶人形状。ⅢM19:17，5件，四肢俱全。高 2.0~3.2 厘米（图版九一，1）。ⅢM19:18，3件，人首、四肢俱全。高 2.0~5.3 厘米（图版九一，2）。

ⅢM20

位于Ⅲ区西部，东西向分布。

1. 墓葬形制

该墓为带长斜坡墓道单室土洞墓，由封土、墓道、甬道、墓室组成。墓向274°（图二〇三；图版八，1）。

封土　现呈丘状，部分叠压墓道。残径 10.8、残高 0.54 米。

墓道　位于墓室以西，平面呈近长方形，长 10.85、宽 1.00 米。剖面亦呈长方形，底宽 1.00 米。西高东低，台阶至底，有高低不等的三阶台阶。近墓门处距地表深 5.05 米。内填灰黄色沙土，土质松散，内含大量砾石。

甬道　位于墓道东端，连接墓道与墓室，顶部坍塌，高度不详，进深 1.00、宽 0.93 米。墓门呈拱形，与甬道同宽。封门位于甬道内，原以切块胶泥板堆砌封堵，堆砌不规整。

墓室　位于墓道以东，平面呈圆角长方形，四壁略直，距墓室地面 1.10 米处向上斜收至顶，坍塌严重，形制不详。墓室东西长 4.30、南北宽 2.95、残高 2.12 米。墓室西北角和西南角

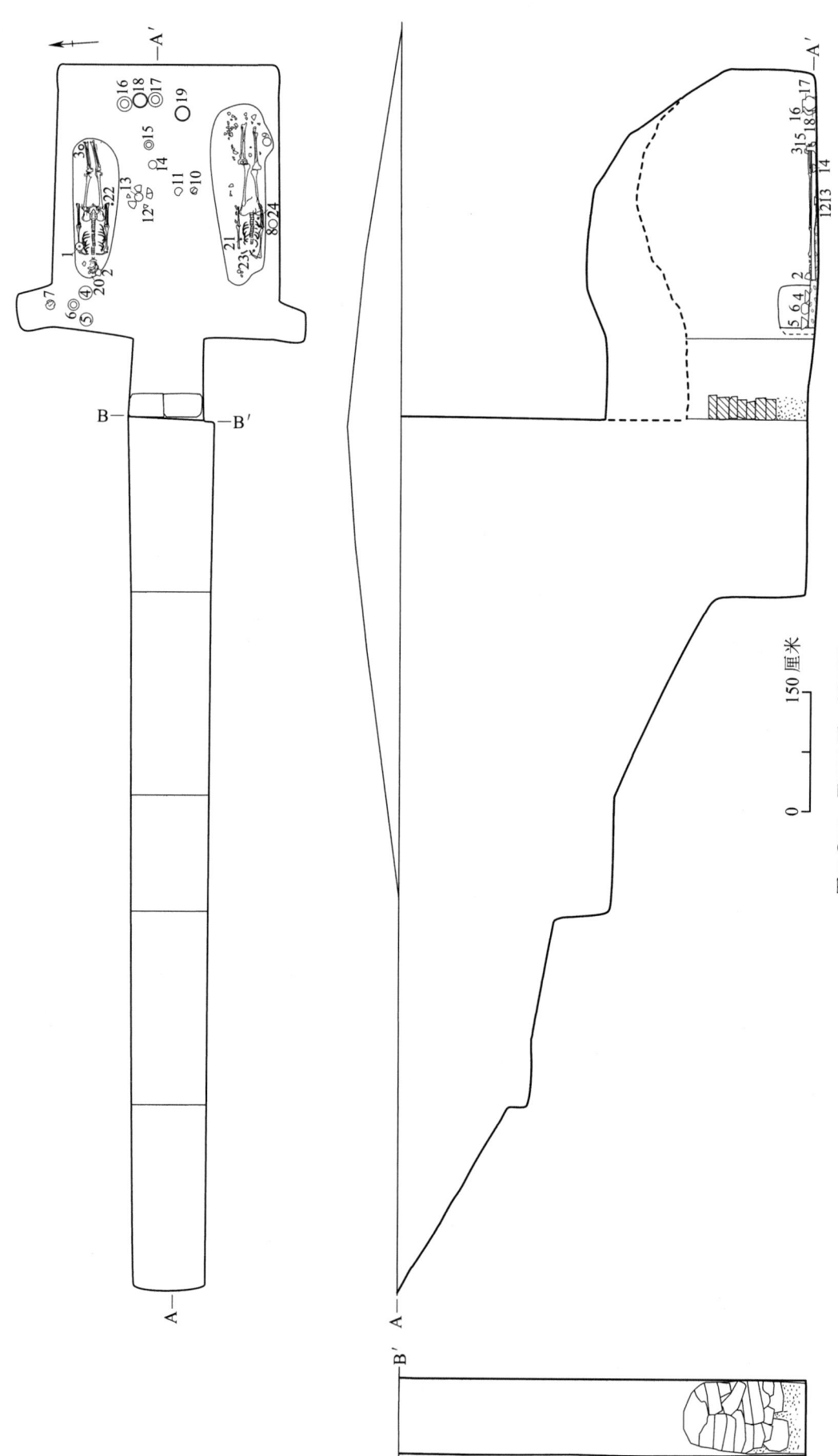

图二〇三 ⅢM20 平、剖面图

1.铜镜 2、3.陶斗瓶 4.陶器盖 5.陶瓿 6.陶釜 7.陶壶 8、9、11、14.陶钵 10、13.陶碟 12.陶盘 15.陶灯 16、17.波浪纹陶罐 18、19.陶樽 20.铜钗 21~24.铜钱

各掏一龛。西北角龛口宽 0.52、进深 0.42、高 0.48 米；西南角龛口宽 0.48、进深 0.32 米（图版八，2）。

2. 葬具葬式及葬俗

墓室南、北壁下各存一尸床，均以黄土、木板堆垒而成。

该墓为双人合葬。人骨均置于尸床之上，保存状况较好，均为仰身直肢葬，头向西。经鉴定，南侧人骨疑似女性，年龄 70 岁以上；北侧人骨性别、年龄不详。

尸床及人骨周围散落有意打碎的陶片（图版九，1）。

3. 随葬品

随葬品集中放置于北侧人骨头部、墓室中东部及人骨周围，共 24 件（组），包括陶斗瓶 2 件（图版九，2）、陶器盖 1 件、陶甑 1 件、陶釜 1 件、陶壶 1 件、陶钵 4 件、陶碟 2 件、陶盘 1 件、陶灯 1 件、波浪纹陶罐 2 件、陶樽 2 件、铜镜 1 件、铜钗 1 件、铜钱 4 组（15 枚）。

波浪纹陶罐　2 件。泥质灰陶。器形整体矮胖。直口，圆唇，外缘呈三角状，束颈，圆肩，圆鼓腹，下腹斜收至平底。肩、腹部饰波浪纹，近底处有竖向刮削痕迹。ⅢM20∶16，肩、腹部饰三组波浪纹。口径 8.7、腹径 18.4、底径 10.4、高 15.9 厘米（图二〇四，1）。ⅢM20∶17，肩、腹部饰两组波浪纹。口径 8.5、腹径 18.0、底径 9.2、高 16.3 厘米（图二〇四，2）。

陶壶　1 件。ⅢM20∶7，泥质灰陶。侈口，圆唇，领部较高，溜肩，扁鼓腹，下腹部束腰外撇至大平底。肩、腹及近底部饰弦纹。口径 7.0、腹径 12.0、底径 11.4、高 14.8 厘米（图二〇四，3）。

陶樽　2 件。泥质素面灰陶。敛口，方唇，矮领，折肩肩，腹部中曲，平底。ⅢM20∶18，口径 15.5、底径 16.4、高 10.7 厘米（图二〇四，4）。ⅢM20∶19，口径 16.0、底径 18.0、高 12.1 厘米（图二〇四，5）。

陶灯　1 件。ⅢM20∶15，泥质素面灰陶。灯口呈碟状，敞口，尖圆唇，浅弧腹，灯柄空心，上细下粗，近底部外撇形成圆台状，平底。口径 6.6、底径 11.4、高 11.8 厘米（图二〇四，6）。

陶盘　1 件。ⅢM20∶12，泥质黄褐陶。圆形，平沿，盘沿较平，盘面较平整，低于口沿，平底。盘面饰两组波浪纹。盘径 34.8、厚 2.2 厘米（图二〇四，7）。

陶钵　4 件。泥质灰陶。侈口，圆唇，浅腹，平底。口沿处有一道弦纹。ⅢM20∶8，口径 10.8、底径 4.6、高 3.9 厘米（图二〇四，8）。ⅢM20∶9，口径 10.6、底径 4.6、高 4.0 厘米（图二〇四，9）。ⅢM20∶11，口径 10.4、底径 4.4、高 3.9 厘米（图二〇四，10）。ⅢM20∶14，口径 10.6、底径 4.8、高 4.0 厘米（图二〇四，11）。

陶碟　2 件。泥质素面灰陶。敞口，尖唇，浅弧腹，平底。ⅢM20∶10，口径 10.8、底径 4.4、高 3.1 厘米（图二〇四，12）。ⅢM20∶13，口径 10.6、底径 4.0、高 2.7 厘米（图二〇四，13）。

图二〇四　ⅢM20 出土器物

1、2.波浪纹陶罐（ⅢM20∶16、ⅢM20∶17）　3.陶壶（ⅢM20∶7）　4、5.陶樽（ⅢM20∶18、ⅢM20∶19）　6.陶灯（ⅢM20∶15）
7.陶盘（ⅢM20∶12）　8~11.陶钵（ⅢM20∶8、ⅢM20∶9、ⅢM20∶11、ⅢM20∶14）　12、13.陶碟（ⅢM20∶10、ⅢM20∶13）
14.陶器盖（ⅢM20∶4）　15.陶釜（ⅢM20∶6）　16、17.陶斗瓶（ⅢM20∶2、ⅢM20∶3）　18.陶甑（ⅢM20∶5）

陶器盖　1件。ⅢM20：4，泥质素面灰陶。整体呈覆钵状，平顶，弧腹，侈口。盖径 15.6、高 5.3 厘米（图二〇四，14）。

陶釜　1件。ⅢM20：6，泥质素面灰陶。敛口，圆唇，溜肩，圆鼓腹，底略作假圈足。口径 8.1、腹径 14.0、底径 9.8、高 8.8 厘米（图二〇四，15）。

陶斗瓶　2件。泥质红褐陶。直口，外缘呈三角状，圆唇，圆肩，腹部较直，平底。肩腹部墨书镇墓，均漫漶不清。ⅢM20：2，口径 4.0、底径 6.2、高 7.8 厘米（图二〇四，16）。ⅢM20：3，口径 4.2、底径 6.0、高 8.0 厘米（图二〇四，17）。

陶甑　1件。ⅢM20：5，泥质素面灰陶。盆形甑，侈口，斜平沿，方唇，斜直腹，平底，底穿有三孔。口径 16.4、底径 5.4、高 7.8 厘米（图二〇四，18）。

铜镜　1件。ⅢM20：1，镜体厚重。圆形，镜面微弧凸。镜背正中为半球形钮，圆形钮座，镜钮上有对穿孔。内区居中直行"君宜高官"铭文，钮上下字数相等，两侧饰夔凤纹，外接两圈弦纹及一圈栉齿纹，宽素缘。面径 10.1、背径 9.6，钮高 1.0、钮径 1.9、缘宽 1.3、缘厚 0.25、肉厚 0.15 厘米，重 109.0 克（图二〇五，1；图版九三，4）。

图二〇五　ⅢM20 出土铜镜拓片
1.铜镜（ⅢM20：1）

铜钗　1件。ⅢM20：20，残缺严重，钗头截面呈圆形，钗尾扁平。残长2.6厘米。

铜钱　4组（15枚）。均圆形方穿，以五铢钱为主，另有少量剪轮钱。一枚五铢钱有穿下星记号。

ⅢM20：21，剪轮钱，制作粗劣，边多有剪凿痕，状为不规则圆形。钱径1.10~1.85、穿宽0.45~0.65、肉厚0.12~0.25厘米，重0.20~1.20克。五铢钱，正面穿左右篆书"五铢"二字。ⅢM20：22-3，"五"字较宽，交笔弯曲；"铢"字"金"字头呈三角形，中间四点较短，"朱"字上下部均圆折。钱径2.55、穿宽0.95、郭宽0.16、郭厚0.13、肉厚0.09厘米，重2.39克（图二〇六，1）。ⅢM20：23-2，"五"字较宽，交笔弯曲；"铢"字"金"字头呈三角形，中间四点较长，"朱"字上部圆折，下部锈蚀。钱径2.63、穿宽0.9、郭宽0.19、郭厚0.15、肉厚0.12厘米，重2.53克（图二〇六，2）。

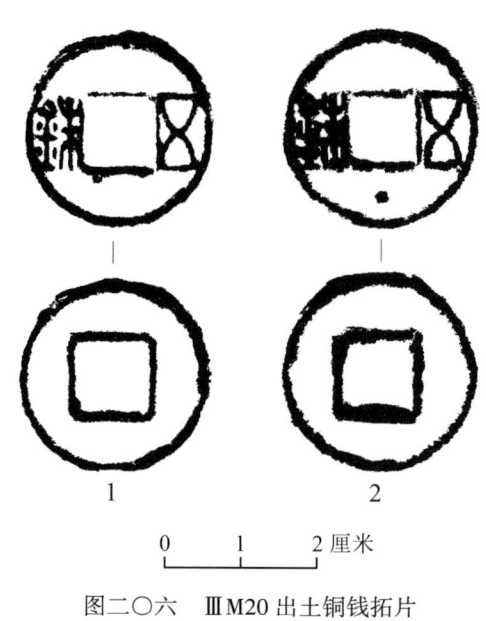

图二〇六　ⅢM20出土铜钱拓片
1、2.五铢钱（ⅢM20：22-3、ⅢM20：23-2）

ⅢM21

位于Ⅲ区西部，ⅢM20以南，西北—东南向分布。与ⅢM22为一组，未发现茔圈。

1. 墓葬形制

该墓为带长斜坡墓道单室土洞墓，由封土、墓道、甬道、墓室组成。墓向288°（图二〇七）。

封土　现呈丘状，残径5.70、残高0.35米。

墓道　位于墓室以西，平面呈长方形，长16.50、宽0.90米。东端剖面呈梯形，底宽1.40米。西高东低，在距墓门3.60米处向西起台阶6级。近墓门处距地表深6.00米。

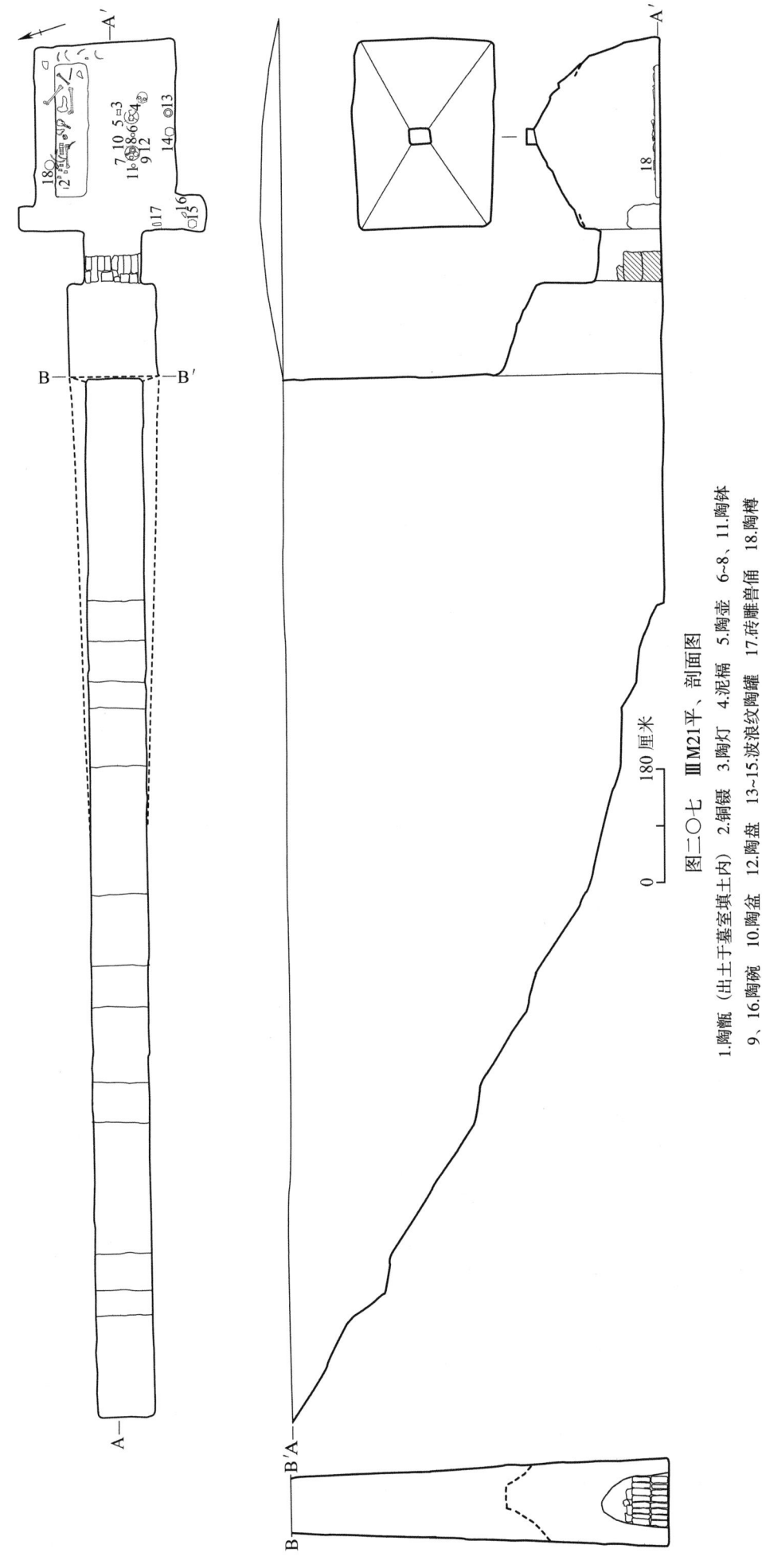

图二〇七 ⅢM21平、剖面图

1.陶甑（出土于墓室填土内） 2.铜镜 3.陶灯 4.泥楇 5.陶壶 6~8、11.陶钵 9、16.陶碗 10.陶盆 12.陶盘 13~15.波浪纹陶罐 17.砖雕兽俑 18.陶樽

甬道　位于墓道东端，连接墓道与墓室，为双甬道。前甬平面呈长方形，顶部西高东低，进深1.45、宽1.38、残高1.98~2.60米；后甬道窄于前甬道，平面呈长方形，进深0.82、宽0.90、高1.02米。墓门呈拱形，与后甬道等高等宽，以土坯封堵，现残存0.72米。封门土坯与甬道两侧残存木板痕迹，原可能存在封门板，腐朽严重，形制不详（图版一〇，1、2）。

墓室　位于墓道东部，平面呈近长方形，斜壁上收至覆斗顶，顶部中央存一正方形藻井，边长0.23、深0.12米。墓室东西长2.94、南北宽2.20、高2.16米。墓室西北角与西南角各掏一龛，西北角龛口宽0.38、进深0.20、高0.52米；西南角龛口宽0.56、进深0.48米。

2. 葬具葬式及葬俗

墓室北壁下存一尸床，由草木灰、白灰、席子由下而上依次堆垒而成，长约2.10、宽约0.50、高约0.08米。

该墓为单人葬。人骨置于尸床之上，扰乱严重，葬式不详。经鉴定，人骨为男性，年龄15~20岁。

尸床上散布有意打碎的陶片。

3. 随葬品

随葬品主要放置于墓室中南部及龛内，共18件，包括陶甑1件、陶灯1件、泥楄1件、陶壶1件、陶钵4件、陶碗2件、陶盆1件、陶盘1件、波浪纹陶罐3件、砖雕兽俑1件、陶樽1件、铜锼1件（图版三八，1）。

波浪纹陶罐　3件。泥质灰陶。器形整体瘦高，圆唇，溜肩，鼓腹，平底。肩、腹部饰波浪纹、弦纹组合。ⅢM21：13，底残，无法复原。侈口。口径7.9、腹径13.3、残高13.1厘米（图二〇八，1）。ⅢM21：14，口残，可复原。直口。口径8.7、腹径13.5、底径8.8、高13.0厘米（图二〇八，2；图版九四，1）。ⅢM21：15，直口。近底处有竖向刮削痕迹。口径8.8、腹径13.4、底径8.6、高12.6厘米（图二〇八，3；图版九四，2）。

陶钵　4件。ⅢM21：6，泥质素面红陶。直口，方唇，上腹圆鼓，下腹弧收至平底。口径5.8、底径2.8、高2.5厘米（图二〇九，1；图版九四，4）。ⅢM21：7，泥质素面灰陶。残，可复原。直口，圆唇，上腹圆鼓，下腹斜收至平底。口径6.5、底径3.0、高2.7厘米（图二〇九，2）。ⅢM21：8，泥质素面红陶。敛口，上腹圆鼓，下腹斜收至平底。口径5.5、底径3.0、高2.7厘米（图二〇九，3；图版九四，3）。ⅢM21：11，泥质素面橙黄陶。敛口，方唇，斜弧腹收至平底。口径5.8、底径2.8、高2.9厘米（图二〇九，4）。

陶甑　1件。ⅢM21：1，泥质素面橙黄陶。残，可复原。盆形甑，侈口，圆唇，斜平沿微内凹，斜直腹收至平底，底有五孔。口径5.1、底径2.0、高2.4厘米（图二〇九，5）。

陶盆　1件。ⅢM21：10，泥质橙黄陶。侈口，斜平沿，束颈，弧腹收至平底。腹部饰凸棱

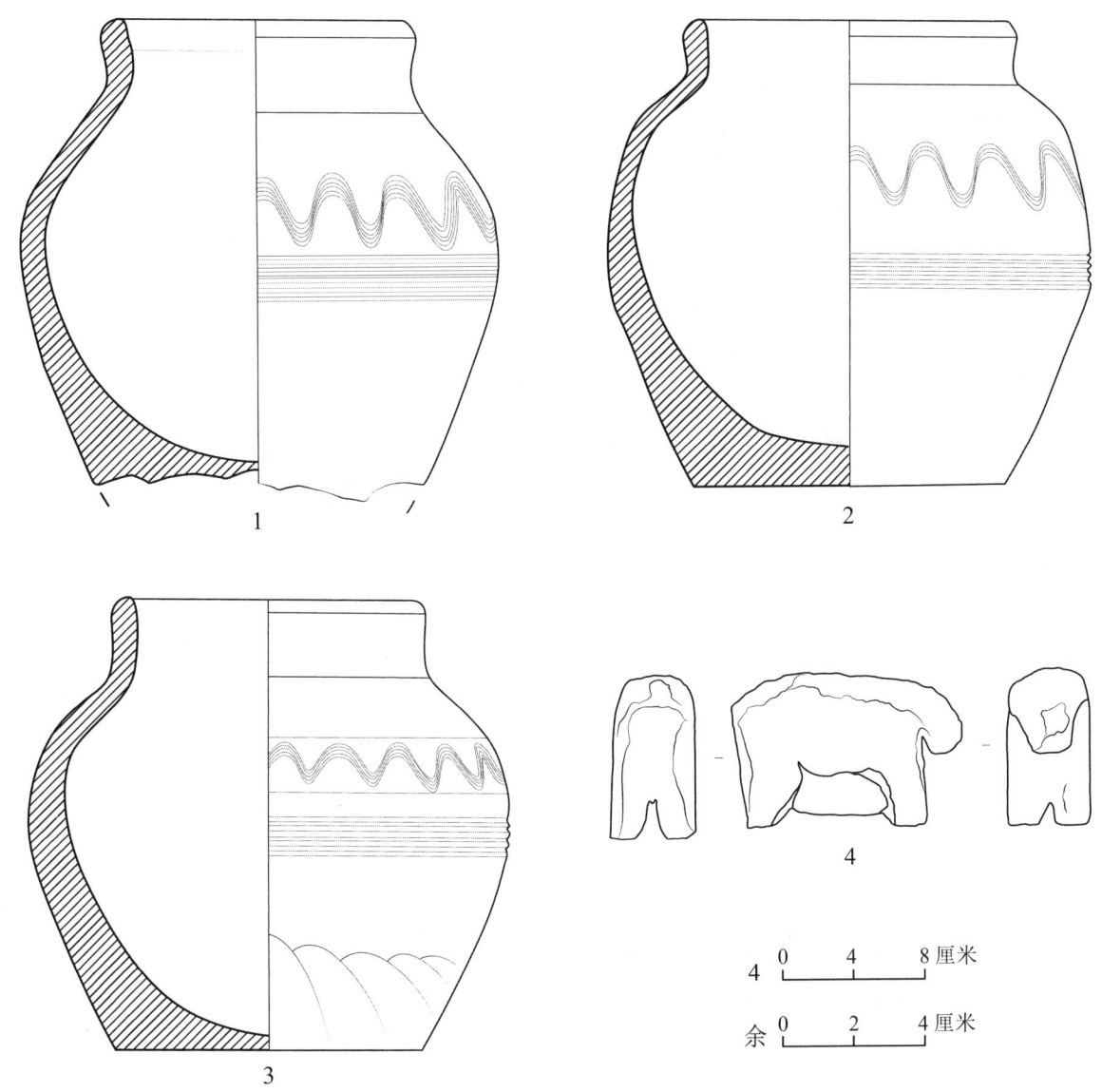

图二〇八　ⅢM21 出土器物（一）
1~3.波浪纹陶罐（ⅢM21：13、ⅢM21：14、ⅢM21：15）　54.砖雕兽俑（ⅢM21：17）

纹。口径 9.0、底径 4.4、高 3.9 厘米（图二〇九，6；图版九五，3）。

陶碗　2 件。ⅢM21：9，泥质素面灰陶。直口，厚圆唇，弧腹，底略作假圈足。口径 7.5、底径 3.0、高 2.7 厘米（图二〇九，8；图版九五，6）。ⅢM21：16，泥质素面橙黄陶。侈口，尖圆唇，弧腹，腹部较深，底略作假圈足。口径 10.2、底径 4.0、高 4.6 厘米（图二〇九，7；图版九五，7）。

陶灯　1 件。ⅢM21：3，泥质素面灰陶。灯口呈碟状，敞口，尖圆唇，浅弧腹，灯柄实心，较粗，近底时外撇，平底。口径 6.5、底径 6.5、高 8.5 厘米（图二〇九，9；图版九四，6）。

陶壶　1 件。ⅢM21：5，泥质素面灰陶。侈口，圆唇，高斜领，束颈，扁鼓腹，座面外斜，

图二〇九 ⅢM21 出土器物（二）

1~4.陶钵（ⅢM21:6、ⅢM21:7、ⅢM21:8、ⅢM21:11） 5.陶甑（ⅢM21:1） 6.陶盆（ⅢM21:10） 7、8.陶碗（ⅢM21:16、ⅢM21:9）
9.陶灯（ⅢM21:3） 10.陶壶（ⅢM21:5） 11.陶樽（ⅢM21:18） 12.铜镊（ⅢM21:2） 13.陶盘（ⅢM21:12） 14.泥楅（ⅢM21:4）

底微凹。口径 5.2、腹径 8.0、底径 6.9、高 8.7 厘米（图二〇九，10；图版九五，1）。

陶樽　1件。ⅢM21：18，陶色不均，泥质素面灰陶。直口，矮领，束颈，斜直腹，底微凹。近底处有竖向刮削痕迹。口径 14.0、底径 14.8、高 10.0 厘米（图二〇九，11；图版九六，1）。

陶盘　1件。ⅢM21：12，泥质橙黄陶。残，可复原。圆形，平沿微凹，直缘，盘面下凹，沿与盘面基本连成一线。盘面饰两组凸弦纹相间的两组波浪纹，两组波浪纹间及盘中央模印圆形花卉图案。盘径 22.7、厚 2.0 厘米（图二〇九，13；图版九五，4）。

泥槅　1件。ⅢM21：4，泥质红陶。残，可复原。圆盘状，平唇，外缘齐直，平底，外圈现存三格，内圈分三格。每格内模印圆形花卉图案。复原直径 21.8、厚 2.0 厘米（图二〇九，14；图版九五，2）。

砖雕兽俑　1件。ⅢM21：17，出土于墓门内侧，可能作为镇墓之用。由青砖雕磨而成，造型简单，制作粗糙，体形浑圆，作站立状。长 13.1、宽 4.5、高 9.1 厘米（图二〇八，4；图版九四，5）。

铜镊　1件。ⅢM21：2，柄尾相连，中空用以悬挂，柄两侧各饰两乳钉，镊头微弧。通长 8.6、宽 0.4~1.0 厘米（图二〇九，12；图版九五，5）。

ⅢM22

位于Ⅲ西部，ⅢM21以北，东西向分布。与ⅢM21为一组，未发现茔圈。

1. 墓葬形制

该墓为带长斜坡墓道单室土洞墓，由封土、墓道、甬道、墓室组成，墓向280°（图二一〇）。

封土　现呈丘状，部分叠压墓道。残径 4.40、残高 0.35 米。

墓道　位于墓室以西，平面呈近长方形，长 11.33、宽 1.14 米。东端剖面亦呈长方形，底宽 1.14 米。西高东低，斜坡至距墓门 1.22 米处到底，其后平直延伸至墓门处，坡度 26°。近墓门处距地表深约 5.40 米。墓道由东至西长约 1.40 米距离填充有细沙，可能为防盗措施（图版一〇，3）。

甬道　位于甬道东端，连接墓道与墓室。进深 0.95、宽 0.70、高 1.00 米。墓门呈拱形，与甬道同宽等高。封门位于甬道内封，以土坯封堵，顺砌立铺一层，上部以沙土填封，土坯长 0.42、宽 0.22、厚约 0.08 米。

墓室　位于墓道以东，平面为圆角长方形，墓室底部高于墓道底约 0.20 米。距墓室地面 1.40 米处向上斜收至顶，顶部坍塌严重，形制不详。墓室东西长 3.20、南北宽 2.60、残高 2.30 米。墓室西北角和西南角分别掏一龛，剖面均呈拱形，西北角龛口宽 0.50、进深 0.40、高 0.42 米；西南角龛口宽 0.40、进深 0.10、高 0.33 米。

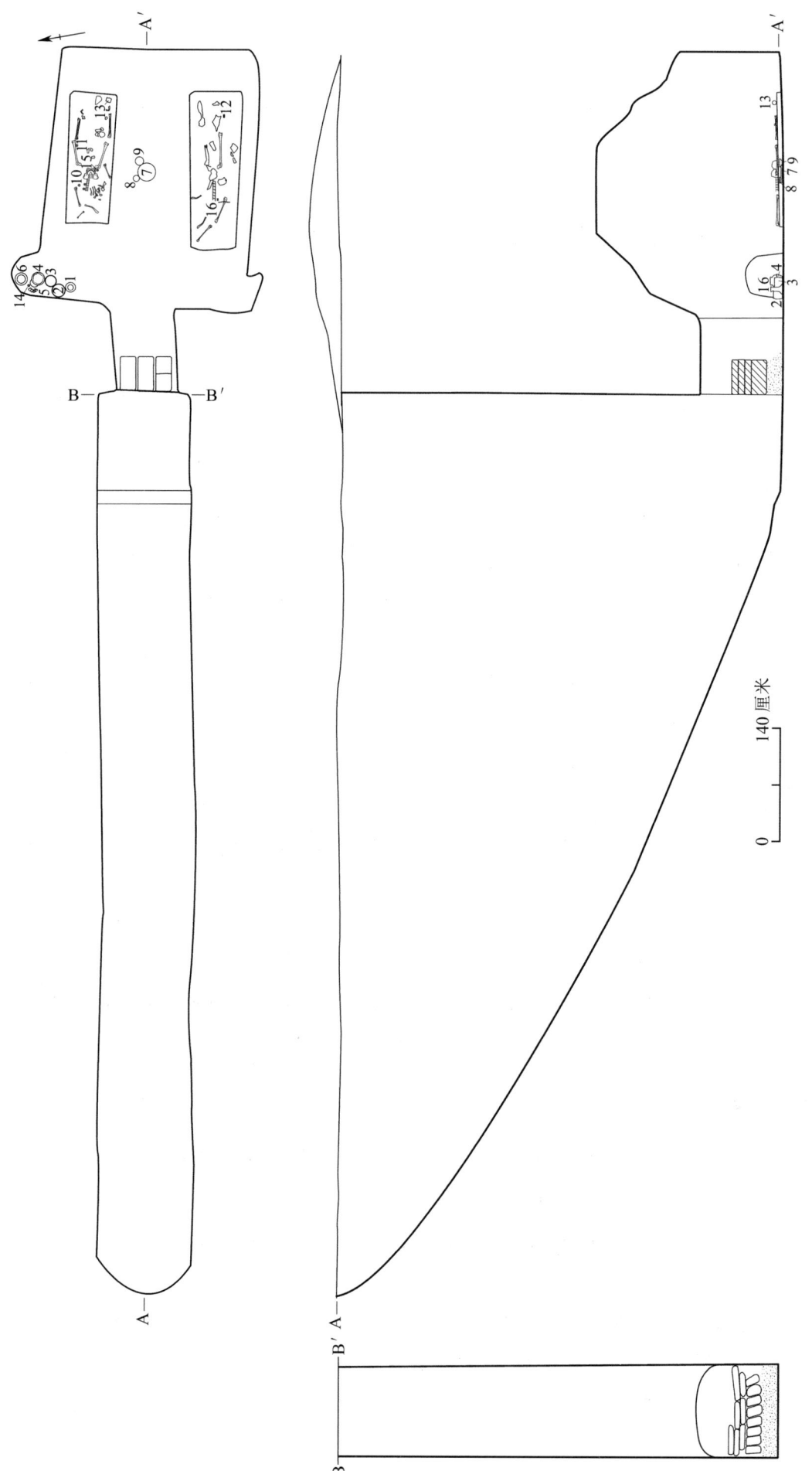

图二〇 ⅢM22 平、剖面图

1.陶灯 2、3.陶樽 4、6.波浪纹陶罐 5.陶壶底部残片 7.陶盘 8.陶钵 9.陶碟 10~12、14、15.铜钱 13.陶斗瓶 16.铅饰

2. 葬具葬式及葬俗

墓室南、北壁下各存尸床、尸罩，尸床均由草木灰、白灰、棺板堆垒而成，平面呈长方形。北侧尸床长约 1.59、宽约 0.53、厚约 0.42 米；南侧尸床长约 1.88、宽约 0.55、高约 0.05 米。尸罩均腐朽严重，塌落于尸床之上。

该墓为双人合葬。人骨均置于尸床之上，保存状况较差，从残存的人骨可判断为仰身直肢葬。北侧人骨为女性，年龄 50~60 岁；南侧人骨为男性，年龄 41~44 岁。

人骨周围散布铜钱和有意打碎的陶片。

3. 随葬品

随葬品以陶器为主，集中放置于墓室中部及西北角龛内，共 10 件，包括陶灯 1 件、陶樽 2 件、波浪纹陶罐 2 件、陶壶底部残片 1 件、陶盘 1 件、陶钵 1 件、陶碟 1 件、陶斗瓶 1 件。另于两人骨处出土铅饰 1 件、铜钱 5 组（9 枚）。

陶樽　2 件。泥质素面灰陶。直口，方唇，高领，腹部斜直，平底。ⅢM22：2，口径 15.1、底径 15.3、高 10.9 厘米（图二一一，1）。ⅢM22：3，口径 13.0、底径 12.7、高 9.7 厘米（图二一一，2）。

陶斗瓶　1 件。ⅢM22：13，泥质素面灰陶。侈口，圆唇，斜直领，圆肩，腹部较直，平底。肩腹部墨书镇墓，均漫漶不清。口径 4.6、底径 4.9、高 6.0 厘米（图二一一，3）。

陶灯　1 件。ⅢM22：1，泥质橙黄陶。灯口呈碟状，敞口，圆唇，浅腹，灯柄空心，上细下粗，近上部饰一周凸棱纹，近底部外撇，圆台状，平底。口径 7.0、底径 11.6、高 14.2 厘米（图二一一，4）。

陶壶底部残片　1 件。ⅢM22：5，泥质素面灰陶。近底部较直，平底。内壁见轮制痕迹。底径 8.6，残高 9.0 厘米（图二一一，5）。

陶盘　1 件。ⅢM22：7，泥质灰陶。圆形，盘沿较平中内凹，外缘斜直，盘面平整，低于口沿，平底。盘面饰两组波浪纹。盘径 22.2、厚 1.6 厘米（图二一一，6）。

陶钵　1 件。ⅢM22：8，泥质素面灰陶。侈口，尖圆唇，弧腹，平底。口径 7.4、底径 3.4、高 3.1 厘米（图二一二，1）。

陶碟　1 件。ⅢM22：9，泥质素面灰陶。敞口，圆唇，浅弧腹，底作矮假圈足。口径 10.4、底径 3.6、高 3.3 厘米（图二一二，2）。

波浪纹陶罐　2 件。泥质灰陶。器形整体瘦高，侈口，尖圆唇，束颈，圆肩，圆鼓腹，下腹斜收至平底。肩、腹部饰波浪纹和弦纹组合，内壁见轮制痕迹。ⅢM22：4，口径 10.6、腹径 16.0、底径 11.4、高 14.5 厘米（图二一二，6）。ⅢM22：6，口径 10.2、腹径 15.2、底径 9.8、高 14.7 厘米（图二一二，7）。

图二一一　ⅢM22 出土器物（一）
1、2.陶樽（ⅢM22：2、ⅢM22：3）　3.陶斗瓶（ⅢM22：13）　4.陶灯（ⅢM22：1）
5.陶壶底部残片（ⅢM22：5）　6.陶盘（ⅢM22：7）

铅饰　1件。ⅢM22:16，残缺较甚，平面呈长方形，残长3.2、残宽1.5、厚0.3厘米。

铜钱　5组（9枚）。均圆形方穿，以五铢钱为主，部分磨郭，另有少量剪轮钱。一枚磨郭五铢背有阴刻符号。

ⅢM22:10-1，五铢钱，正面穿左右篆书"五铢"二字。"五"字较宽，交笔弯曲；"铢"字"金"字头呈三角形，中间四点较长，"朱"字上下部均圆折。钱径2.59、穿宽0.86、郭宽0.19、郭厚0.13、肉厚0.11厘米，重2.64克（图二一二，3）。ⅢM22:10-2，磨郭五铢，正面穿左

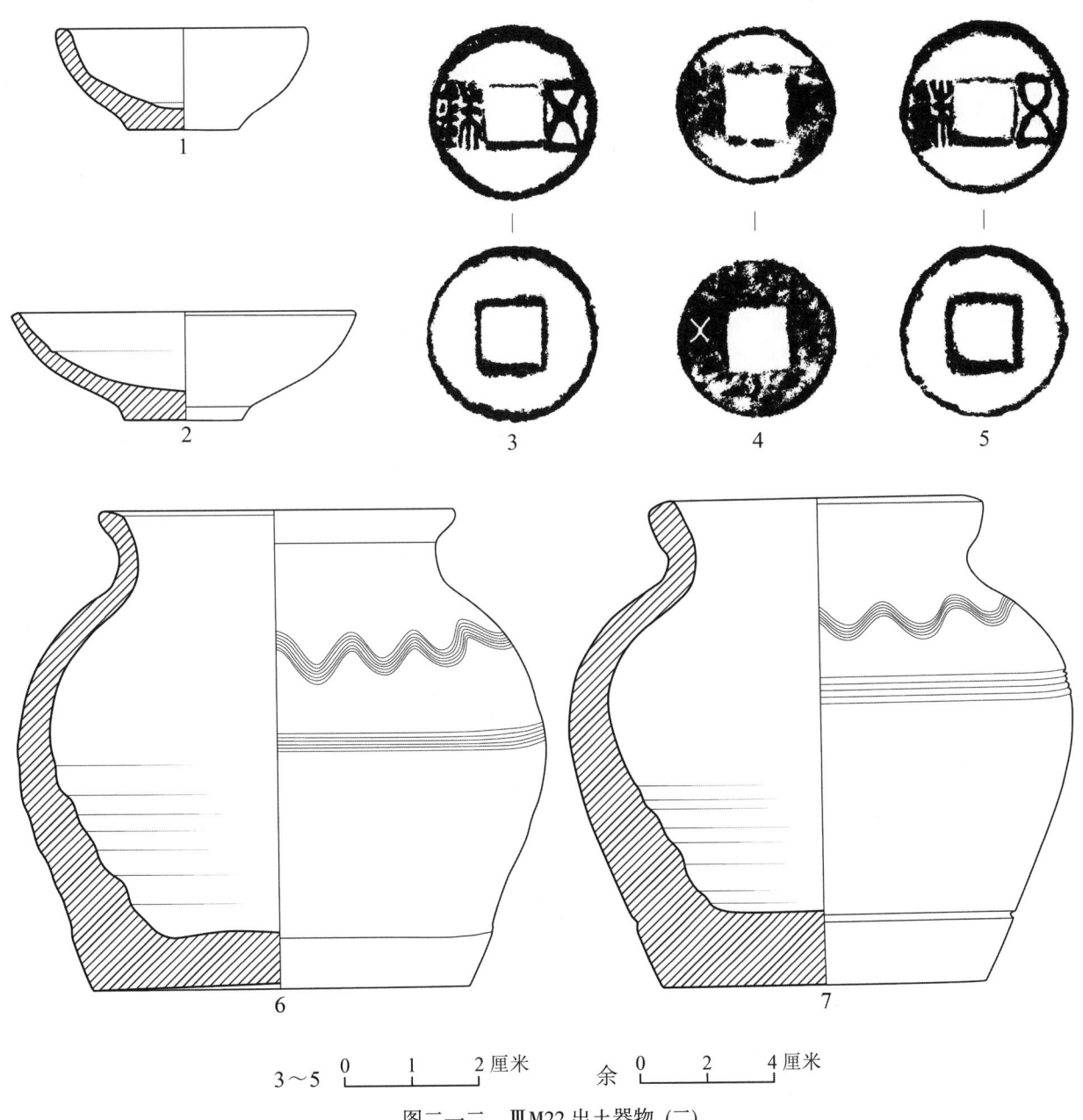

3～5　0　　1　　2厘米　　余　0　　　2　　　4厘米

图二一二　ⅢM22出土器物（二）

1.陶钵（ⅢM22:8）　2.陶碟（ⅢM22:9）　3、5.五铢钱（ⅢM22:10-1、ⅢM22:15-2）
4.磨郭五铢（ⅢM22:10-2）　6、7.波浪纹陶罐（ⅢM22:4、ⅢM22:6）

右篆书"五铢"二字。"五"字较宽，交笔弯曲；"铢"字"金"字头呈三角形，中间四点较长，"朱"字上下部均圆折。记号为背面阴刻"✗"记号。钱径 2.41、穿宽 0.90、肉厚 0.08 厘米，重 1.75 克（图二一二，4）。ⅢM22：15-2，五铢钱，正面穿左右篆书"五铢"二字。"五"字较宽，交笔弯曲；"铢"字"金"字头呈三角形，中间四点较长，"朱"字上下部均圆折。钱径 2.58、穿宽 0.86、郭宽 0.13、郭厚 0.26、肉厚 0.13 厘米，重 2.29 克（图二一二，5）。

ⅢM23

位于Ⅲ区西部，ⅢM21 东南，东西向分布。

1. 墓葬形制

该墓为带长斜坡墓道单室土洞墓，由封土、墓道、甬道、墓室组成。墓向 272°（图二一三）。

封土　现呈丘状，部分叠压墓道。残径 5.40、残高 0.30 米。

墓道　位于墓室以西，平面呈梯形，西窄东宽，长 7.94、宽 0.68~0.78 米。西端剖面呈长方形，底宽 0.78 米。东高西低，斜坡至距墓门 1.10 米处到底，其后平直延伸至墓门处，坡度 28°。近墓门处距地表深 4.10 米。内填灰黄色沙土，土质松散，内含大量砾石。

甬道　位于墓道东端，连接墓道与墓室，进深 1.10、宽 0.84、高 1.15 米。墓门呈拱形，与甬道同宽等高。封门位于甬道内封，原以土坯封门，土坯较完整者长 0.45、宽 0.22、高 0.10 米。

墓室　位于墓道以东，平面呈圆角长方形，四壁略直，距墓室地面 0.86 米处向上斜收至覆斗顶，顶部中央存一正方形藻井，边长 0.26、深 0.06 米。墓室东西长 3.10、南北宽 2.30、高 1.85 米。墓室西北角掏一龛，口宽 0.50、进深 0.16、高 0.47 米。

2. 葬具葬式

墓室南、北壁下各存一尸床，均由细沙土堆垒而成。北侧尸床上铺有席子。南侧尸床高约 0.04 米。

该墓为双人合葬。人骨置于尸床之上，凌乱不堪，葬式不详。经鉴定，北侧人骨年龄 35~40，性别不详；南侧人骨为男性，年龄 60 岁以上。

3. 随葬品

随葬品均为陶器，集中放置于墓室中部，共 4 件，包括陶斗瓶 2 件、弦纹陶罐 1 件、垂幛纹陶罐 1 件。

弦纹陶罐　1 件。ⅢM23：2，泥质灰陶。侈口，圆唇，束颈，圆肩，圆鼓腹，平底。肩、

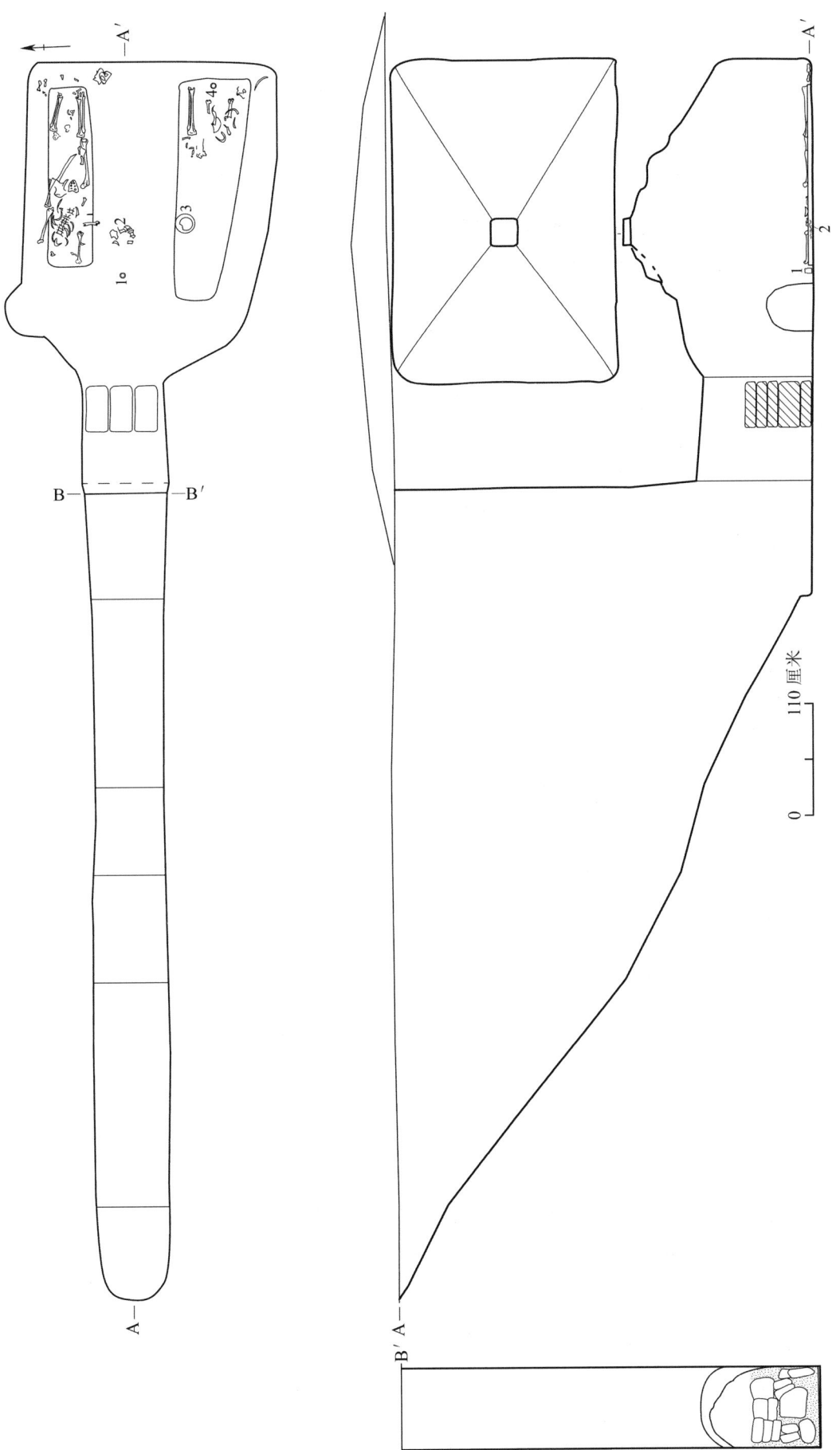

图二一三 ⅢM23 平、剖面图
1、4.陶斗瓶 2.弦纹陶罐 3.垂幛纹陶罐

腹部饰弦纹，近底处有竖向刮削痕迹。口径12.0、腹径18.0、底径13.0、高12.8厘米（图二一四，1）。

垂幛纹陶罐　1件。ⅢM23：3，泥质灰陶。底残，可复原。侈口，方唇，束颈，圆肩，圆鼓腹，平底。肩、腹部饰垂幛纹和弦纹组合。口径12.4、腹径18.8、底径13.2、高13.0厘米（图二一四，2）。

陶斗瓶　2件。泥质素面灰陶。直口，尖圆唇，外缘呈三角状，束颈，圆肩，腹部较直，平底。ⅢM23：1，腹部墨书镇墓文，均漫漶不清。口径4.0、底径4.8、高6.7厘米（图二一四，3）。ⅢM23：4，口径4.6、底5.0、高6.9厘米（图二一四，4）。

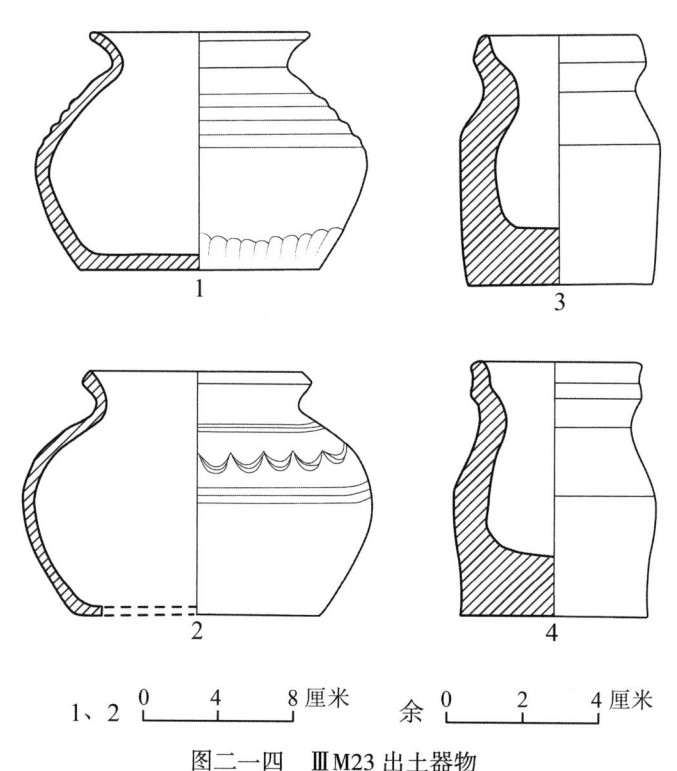

图二一四　ⅢM23出土器物
1.弦纹陶罐（ⅢM23：2）　2.垂幛纹陶罐（ⅢM23：3）　3、4.陶斗瓶（ⅢM23：1、ⅢM23：4）

ⅢM24

位于Ⅲ区西部，ⅢM20西南，东西向分布。与ⅢM25、ⅢM26、ⅢM27、ⅢM28、ⅢM29处于同一茔圈内（图版一，1）。

1. 墓葬形制

该墓为带长斜坡墓道单室土洞墓，由封土、墓道、甬道、墓室组成。墓向280°（图二一五）。

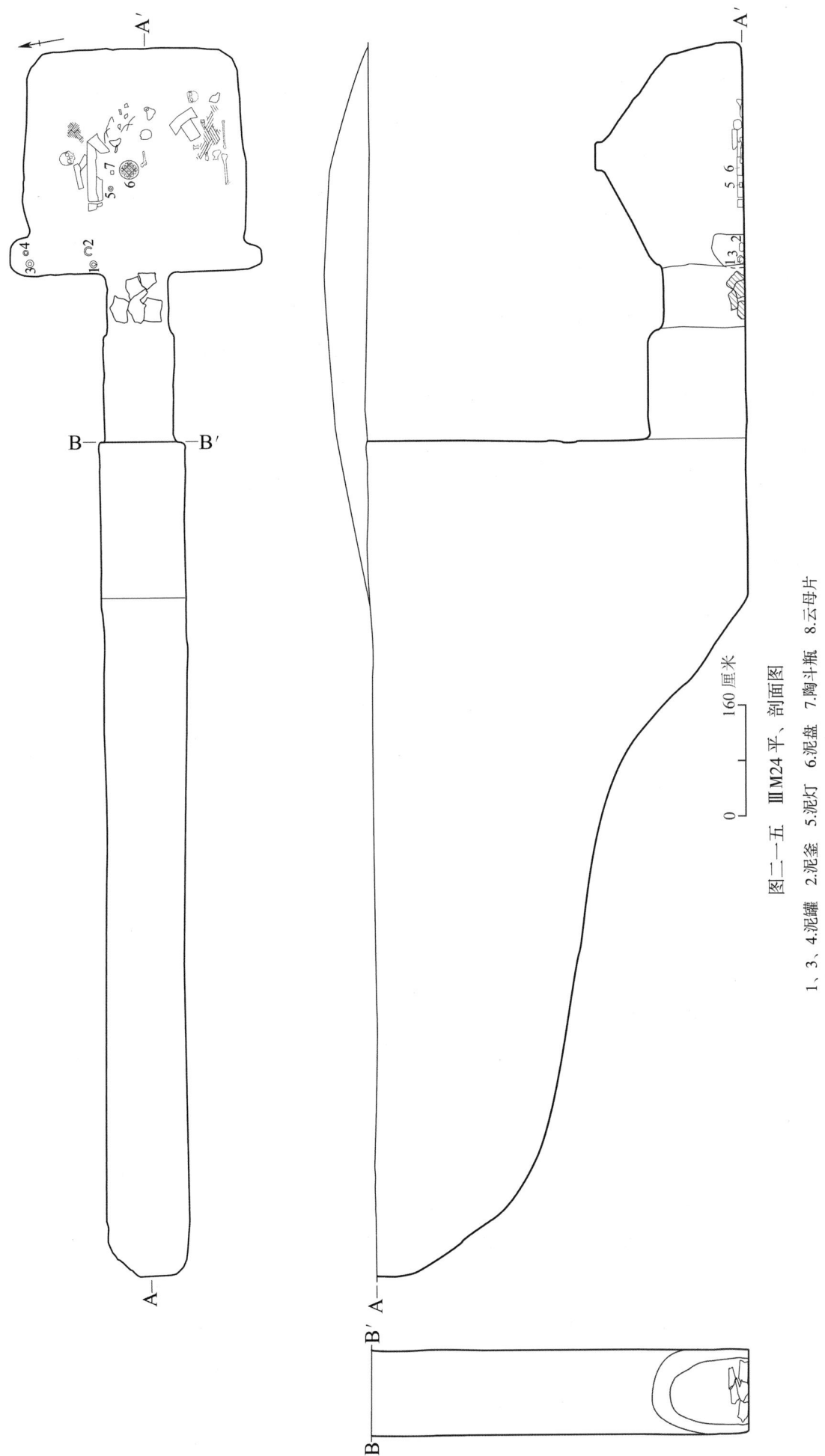

图二一五 ⅢM24 平、剖面图

1、3、4.泥罐 2.泥釜 5.泥灯 6.泥盘 7.陶斗瓶 8.云母片

封土　现呈丘状，部分叠压墓道。残径8.00、残高0.56米。

墓道　位于墓室以西，平面呈近梯形，东窄西宽，长12.00、宽1.12~1.20米。东端剖面呈长方形，底宽1.12米。西高东低，斜坡至距墓门2.26米处到底，其后平直延伸至墓门处，坡度26°。近墓门处距地表深5.40米。内填灰黄色沙土，土质松散，内含大量砾石。

甬道　位于墓道东端，连接墓道与墓室，为双甬道。平面均呈长方形。前甬道进深1.52、宽0.96、高1.42米；后甬道进深0.86、宽0.84、高1.40米。墓门呈梯形，高1.14米。封门位于后甬道内封，原以胶泥板、沙砾、砾石封堵。

墓室　位于墓道以东，平面呈圆角长方形，斜壁上收至覆斗顶，顶部中央存一正方形藻井，边长0.40、深0.08米。墓室东西长3.20、南北宽3.30、高2.00米。墓室西北角和西南角各掏一龛，西北角龛宽0.90、进深0.26、高0.46米；西南角龛宽0.44、进深0.26、高0.64米。

2. 葬具葬式

墓室中部存尸罩，残长约1.20、厚约0.06米，不见尸床，部分人骨用席子包裹，尸罩腐朽严重，塌落于人骨之上。

该墓为三人合葬。人骨散乱，堆放于墓室中部，葬式不详。经鉴定，人骨分属三个体：其一，女性，年龄40岁以上；其二，男性，年龄50岁左右；其三，女性，50岁左右。

3. 随葬品

随葬品放置于墓室中部及西北角龛内，共8件，包括泥罐3件、泥釜1件、泥灯1件、泥盘1件、陶斗瓶1件、云母片1件。

泥罐　3件。ⅢM24∶1，泥捏而成。近直口，方唇，溜肩，上腹部外鼓，下腹斜收至平底。口径5.4、腹径11.0、底径5.0、高9.1厘米（图二一六，1）。ⅢM24∶3，泥捏而成。近直口，方唇，上腹部外鼓，下腹斜收至平底。口径4.8、腹径10.2、底径4.3、高6.4厘米（图二一六，2）。ⅢM24∶4，泥捏而成。近直口，方唇，矮领，溜肩，上腹部圆鼓，下腹斜收至平底。口径4.4、腹径7.8、底径3.6、高6.0厘米（图二一六，3）。

泥盘　1件。ⅢM24∶6，泥捏而成。整体呈圆柱状，盘面平整，外缘齐平，平底。盘面横向、竖向刻画线组成棋盘状，每个方格内有一圆形凹窝。口径26.0、底径27.2、厚7.2厘米（图二一六，4）。

陶斗瓶　1件。ⅢM24∶7，泥质素面灰陶。直口，尖唇，束颈，溜肩，鼓腹，平底。口径4.2、底径4.0、高5.6厘米（图二一六，5）。

泥灯　1件。ⅢM24∶5，泥捏而成。整体呈圆柱状，上平面有一凹窝，腹部较直，平底。灯口直径3.1、灯座底径7.0、高4.0厘米（图二一六，6）。

泥釜　1件。ⅢM24∶2，泥捏而成。敛口，方唇，溜肩，上腹部外鼓，下腹斜收至平底。

口径9.0、腹径13.0、底径8.0、高6.4厘米（图二一六，7）。

云母片　1件。ⅢM24：8，剪切而成，圆形，内穿一圆孔。外径3.6，穿径0.5，厚0.01厘米（图二一六，8）。

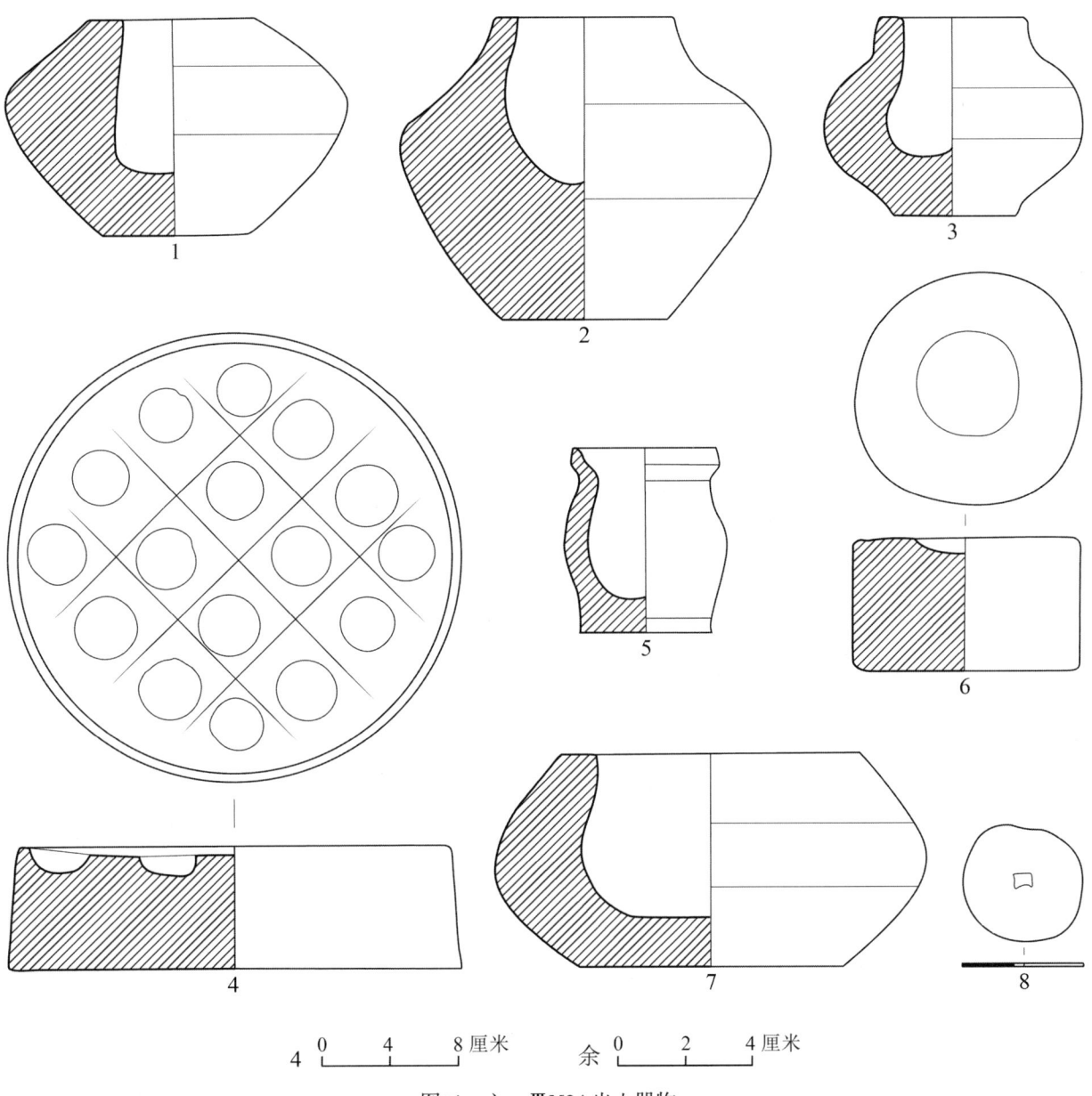

图二一六　ⅢM24出土器物

1~3.泥罐（ⅢM24：1、ⅢM24：3、ⅢM24：4）　4.泥盘（ⅢM24：6）
5.陶斗瓶（ⅢM24：7）　6.泥灯（ⅢM24：5）　7.泥釜（ⅢM24：2）　8.云母片（ⅢM24：8）

ⅢM25

位于Ⅲ区西部，ⅢM24东南，东西向分布。与ⅢM24、ⅢM26、ⅢM27、ⅢM28、ⅢM29处于同一茔圈内。

1. 墓葬形制

该墓为带长斜坡墓道单室土洞墓，由封土、墓道、甬道、墓室组成。墓向265°（图二一七）。

封土 现呈丘状，部分叠压墓道。残径5.00、残高0.40米。

墓道 位于墓室以西，平面呈长方形，长12.86、宽0.70米。东端剖面呈梯形，口小底大，底宽1.00米。西高东低，斜坡至底。近墓门处距地表深4.50米。墓道由东至西填充细沙，可能为防盗措施（图版一〇，4）。

甬道 位于墓道东端，连接墓道与墓室。平面呈近梯形，进深0.90、宽0.79、高1.40米。墓门呈拱形，与甬道同高等宽。封门位于甬道内封，以土坯、沙砾、砾石封堵。

墓室 位于墓道以东，平面呈近长方形，斜壁上收至覆斗顶，顶部坍塌严重。墓室东西长3.10、南北宽1.90、残高1.94米。墓室西北角存一耳室，呈拱形，宽0.70、进深0.50、高0.68米。

2. 葬具葬式

墓室北壁下存一尸床，由沙石堆垒而成，残长1.90、残宽0.90、高0.06米。

该墓为单人葬。人骨置于尸床之上，凌乱不堪，葬式不详。经鉴定，人骨年龄10~13岁，性别不详。

3. 随葬品

随葬品较少，放置于墓室西南部及人骨周围，共8件（组），包括波浪纹陶罐2件、铜弩机廓1件、铜饰件1件、铜钱4组（12枚）。

波浪纹陶罐 2件。泥质灰陶。器形整体矮胖，近直口，尖圆唇，束颈，圆肩，圆鼓腹。肩、腹部饰波浪纹和弦纹组合。ⅢM25：1，底微凹。口径9.6、腹径16.4、底径13.0、高13.3厘米（图二一八，2）。ⅢM25：2，平底。口径8.8、腹径15.0、底径10.0、高13.7厘米（图二一八，3）。

铜弩机廓 1件。ⅢM25：6，平面呈"凸"字形，周边有界栏，栏内有两个不规则形长条孔。通长5.8、宽2.5、高0.6厘米（图二一八，1）。

铜饰件 1件。ⅢM25：8，残缺较甚，整体呈长条状，截面呈半圆状。残长2.4厘米。

铜钱 4组（12枚）。均圆形方穿，皆为五铢钱。部分五铢钱有穿上横郭记号。

五铢钱，正面穿左右篆书"五铢"二字。ⅢM25：3-4，"五"字较宽，交笔弯曲；"铢"

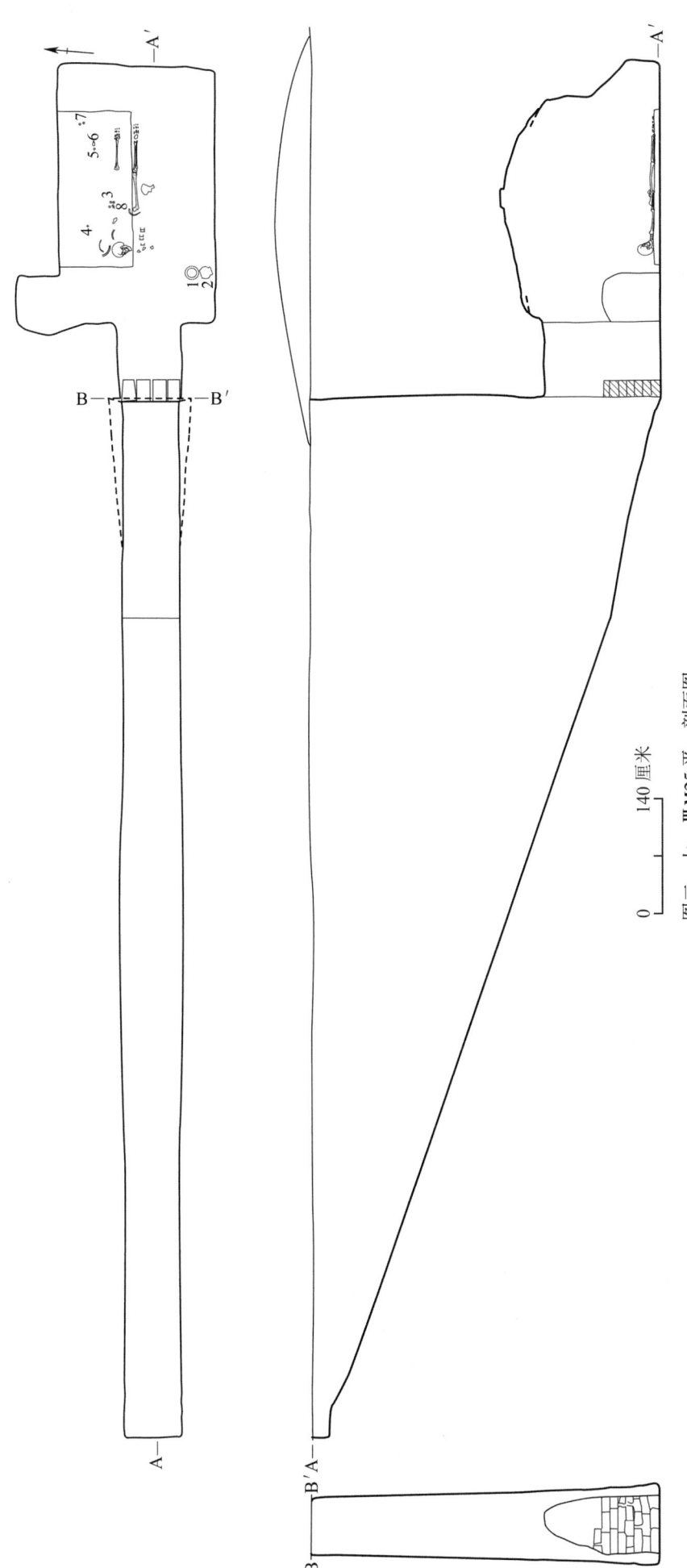

图二一七 ⅢM25 平、剖面图
1、2.波浪纹陶罐 3~5、7.铜钱 6.铜弩机廓 8.铜饰件

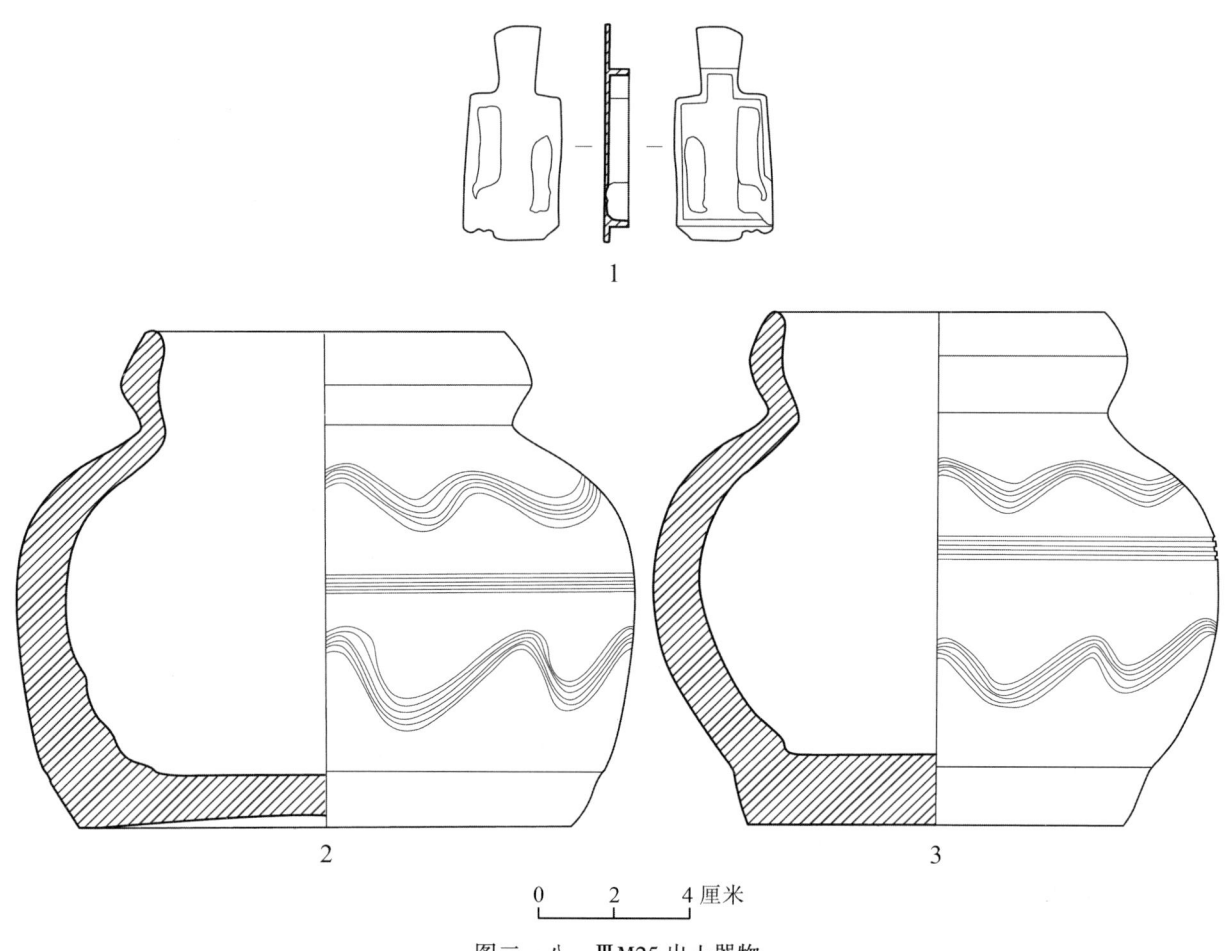

图二一八 ⅢM25 出土器物
1.铜弩机廓（ⅢM25：6） 2、3.波浪纹陶罐（ⅢM25：1、ⅢM25：2）

字"金"字头呈箭镞状，中间四点较长，朱"字上部圆折，下部锈蚀不可辨。钱径 2.57、穿宽 0.89、郭宽 0.15、郭厚 0.15、肉厚 0.12 厘米，重 3.19 克（图二一九，1）ⅢM25：3-5，"五"字较窄，交笔弯曲；"铢"字"金"字头呈三角形，中间四点较长，"朱"字上下部均方圆折，上部外敞。记号为穿上横郭。钱径 2.62、穿宽 0.90、郭宽 0.16、郭厚 0.19、肉厚 0.16 厘米，重 3.44 克（图二一九，2）。ⅢM25：4-1，"五"字较窄，交笔弯曲；"铢"字"金"字头呈三角形，中间四点较长，"朱"字上下部均圆折。记号为穿上横郭。钱径 2.53、穿宽 0.89、郭宽 0.16、郭厚 0.20、肉厚 0.17 厘米，重 3.18 克（图二一九，3）。ⅢM25：4-2，"五"字较窄，交笔弯曲；"铢"字"金"字头呈箭镞状，中间四点较短，"朱"字上下部均圆折。钱径 2.59、穿宽 0.93、郭宽 0.15、郭厚 0.16、肉厚 0.14 厘米，重 3.02 克（图二一九，4）。ⅢM25：5，"五"字较宽，交笔弯曲；"铢"字"金"字头呈三角形，中间四点锈蚀不可辨，"朱"字上下部均圆折。钱径 2.61、穿宽 1.00、郭宽 0.15、郭厚 0.20、肉厚 0.15 厘米，重 2.40 克（图二一九，5）。ⅢM25：7-2，"五"字较宽，交笔弯曲；"铢"字锈蚀不可辨。钱径 2.59、穿宽 0.89、郭宽 0.15、郭厚 0.18、肉厚 0.15 厘米，重 2.36 克（图二一九，6）

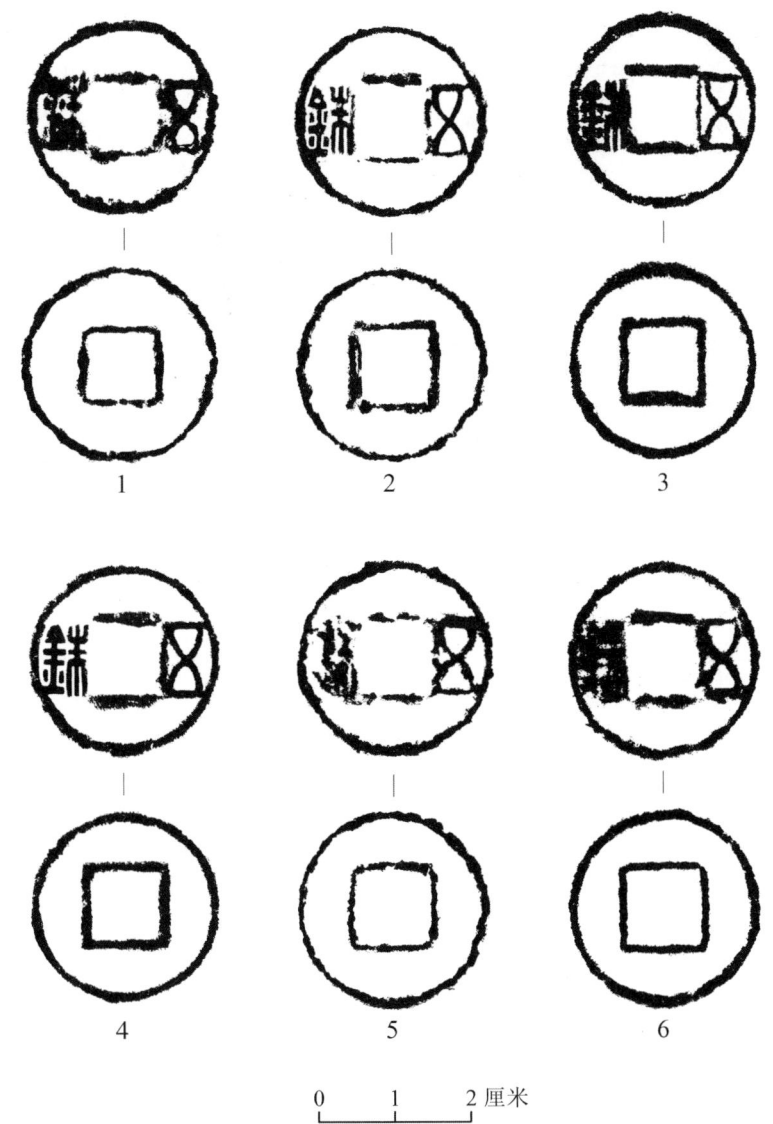

图二一九　ⅢM25 出土铜钱拓片

1~6.五铢钱（ⅢM25：3-4、ⅢM25：3-5、ⅢM25：4-1、ⅢM25：4-2、ⅢM25：5、ⅢM25：7-2）

ⅢM26

位于Ⅲ区中部，ⅢM25东南，东西向分布。与ⅢM24、ⅢM25、ⅢM27、ⅢM28、ⅢM29处于同一茔圈内。

1. 墓葬形制

该墓为带长斜坡墓道单室土洞墓，由封土、墓道、甬道、墓室组成。墓向273°（图二二〇）。

封土　现呈丘状，部分叠压墓道。残径14.30、残高0.72米。

墓道　位于墓室以西，平面呈长方形，长17.40、宽1.20米，东端剖面呈梯形，口小底大，底宽1.50米。西高东低，斜坡至底，坡度23°。近墓门处距地表深7.60米。

甬道　位于墓道东端，连接墓道与墓室，为双甬道。前甬道平面呈近长方形，进深1.90、宽1.18、高1.86米。前甬道东端两壁上相对开两壁龛。后甬道平面呈梯形，西窄东宽，进深1.20、宽0.92~1.08、高1.45米。墓门呈拱形，略窄于后甬道，与后甬道等高，宽0.90米。封门位于后甬道内封，以土坯封堵，现残存顺砌立铺土坯两层，残高0.45米。

墓室　位于墓道以东，平面呈近正方形，四壁略直，距墓室地面0.97米处向上斜收至覆斗顶，顶部中央存一正方形藻井，边长0.30、深0.20米。墓室边长约3.60、高2.50米。墓室西北角存一耳室，平面呈圆角长方形，覆斗顶，内有用土坯搭制而成的灶，灶膛内有木炭，进深1.88、宽1.20~1.50、高1.60米（图版一一，1）。西南角掏一龛，宽0.70、进深0.83、高1.05米。西壁墓门两侧并开两壁龛，壁龛距地面高约0.92米。南壁中上方存一盗洞，平面呈近圆形，直径0.73~0.74米（图二二一）。

2. 葬具葬式及葬俗

墓室北壁下存尸床和尸罩，尸床以石灰、细沙土、草木灰堆垒而成，尸罩已朽，散布于尸床周围。南壁下仅存尸床，由细沙土堆垒而成。

该墓为双人合葬。人骨置于尸床之上，盗扰严重，葬式不明。经鉴定，北侧人骨为男性，年龄60岁左右；南侧人骨为女性，年龄45~50岁。

人骨周围及尸床上散布有意打碎的陶片。

3. 随葬品

随葬品扰乱严重。陶器数量较多，主要放置于墓室中部及耳室内，共27件，包括陶樽2件、波浪纹陶罐5件、陶甑1件、陶碟2件、陶盆2件、陶釜1件、绳纹陶罐1件、泥斗瓶2件、陶斗瓶2件（图版一一，2）、陶壶1件、陶钵1件、陶碗3件、陶盘3件、陶灯1件。人骨周围出土铜钱8组（14枚）、云母片2组（3枚）、铁镜1件、铁器残件1件、丝织物2件（图版三八，2）。

陶樽　2件。ⅢM26∶1，泥质灰陶。敛口，圆唇，矮领，肩部近平，腹部中曲，平底。近底处饰数道弦纹。口径13.0、底径18.3、高12.5厘米（图二二二，1；图版一〇〇，1）。ⅢM26∶4，泥质素面橙黄陶。直口，高直领，圆唇，折肩，腹部较直，平底。口径18.5、底径18.3、高11.0厘米（图二二二，2；图版一〇〇，2）。

陶釜　1件。泥质灰陶。ⅢM26∶11，敛口，圆唇，矮领，圆鼓腹，平底。肩、腹部饰波浪纹和弦纹各组合。口径8.4、腹径12.9、底径8.0、高9.8厘米（图二二二，3；图版一〇〇，4）。

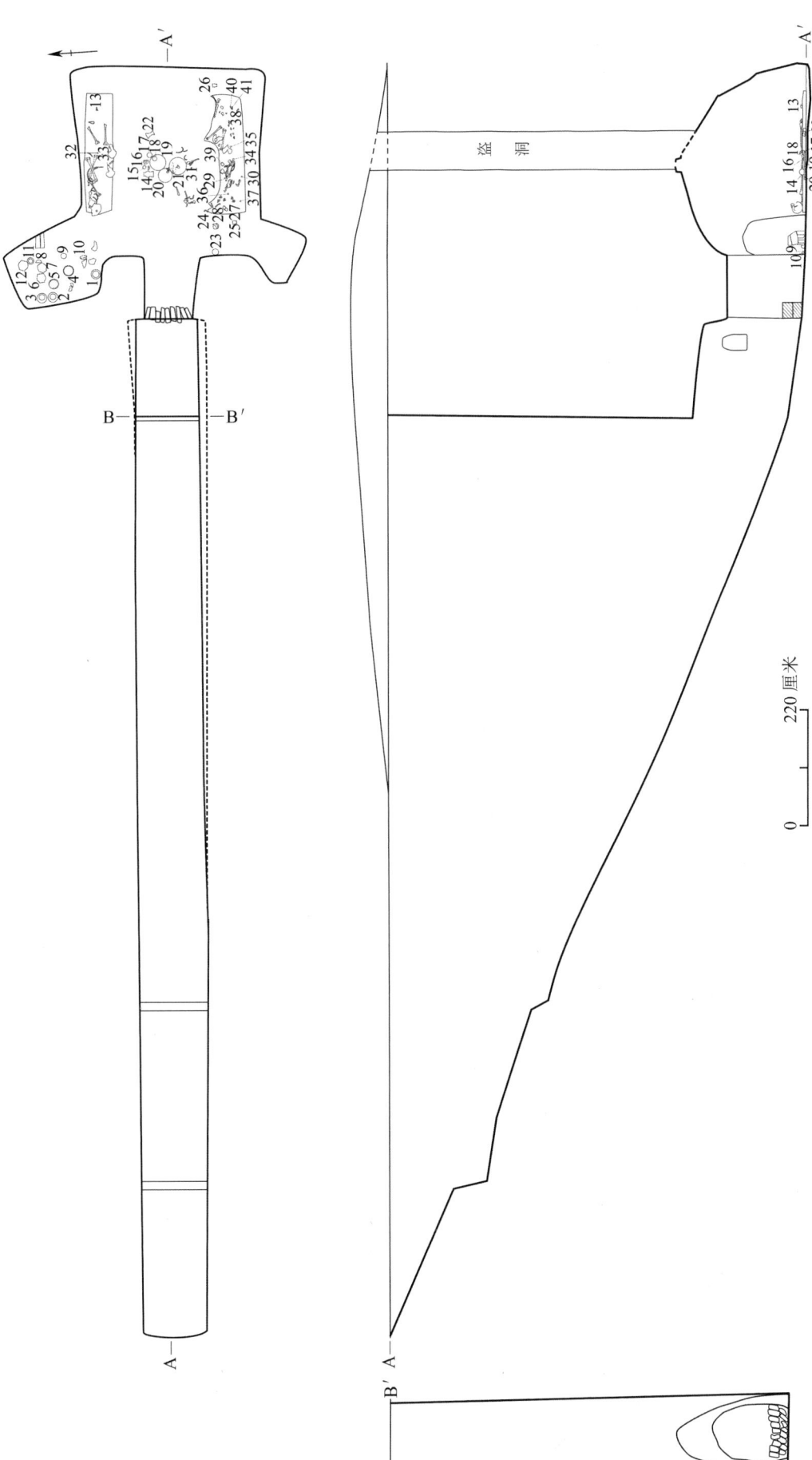

图二二〇 ⅢM26平、剖面图

1、4.陶樽 2、3、5~7.波浪纹陶罐 8.陶瓿 9、23.陶碟 10、24.陶盆 11.陶釜 12.绳纹陶罐 13、39.泥斗瓶 14.陶壶 15.陶钵 16~18.陶碗 19~21.陶盘 22.陶灯 25、26.陶斗瓶 27.铁镜 28.铁器残件 29~33、36~38.铜钱(其中35、36出土于墓室填土内) 34、35.云母片 40、41.丝织物

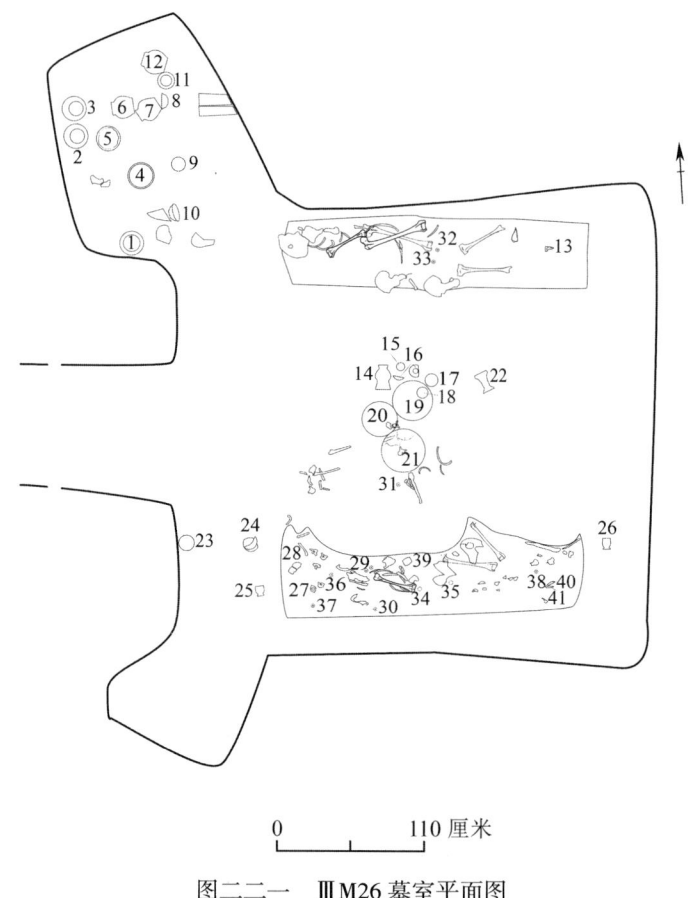

图二二一 ⅢM26 墓室平面图

波浪纹陶罐 5件。器形整体瘦高，侈口，尖圆唇，束颈，溜肩，圆鼓腹。肩、腹部饰波浪纹和弦纹组合。ⅢM26：2，泥质橙黄陶。平底。口径10.1、腹径18.4、底径11.6、高18.5厘米（图二二二，4；图版九六，2）。ⅢM26：3，泥质灰陶。底微凹。内壁见轮制痕迹。口径10.8、腹径18.5、底径12.4、高18.7厘米（图二二二，5；图版九六，4）。ⅢM26：5，泥质灰陶。平底。内壁见轮制痕迹。口径11.5、腹径18.8、底径11.0、高17.2厘米（图二二二，6）。ⅢM26：6，泥质灰陶。平底。口径9.5、底径11.8、高16.7厘米（图二二二，7）。ⅢM26：7，泥质灰陶。平底。内壁见轮制痕迹。口径9.2、腹径16.9、底径10.2、高17.4厘米（图二二二，8；图版九六，3）。

绳纹陶罐 1件。ⅢM26：12，泥质灰陶。直口，圆唇，外缘呈三角状，束颈，圆鼓腹，平底。肩、腹部饰竖向绳纹，近底处有竖向刮削痕迹。口径9.5、腹径18.5、底径11.3、高18.0厘米（图二二二，9；图版九七，5）。

陶壶 1件。ⅢM26：14，泥质灰陶。侈口，尖圆唇，高斜领，束颈，溜肩，鼓腹且下垂，束腰，座面外斜呈喇叭形，平底。肩部饰波浪纹和弦纹组合，座面有竖向刮削痕迹。口径7.0、腹径11.5、底径11.2、高18.5厘米（图二二二，10；图版九九，3）。

陶灯 1件。ⅢM26：22，泥质素面灰陶。口残，可复原。灯口呈碟状，敞口，圆唇，弧

图二二二　ⅢM26 出土器物（一）

1、2.陶樽（ⅢM26：1、ⅢM26：4）　3.陶釜（ⅢM26：11）　4~8.波浪纹陶罐（ⅢM26：2、ⅢM26：3、ⅢM26：5、ⅢM26：6、ⅢM26：7）　9.绳纹陶罐（ⅢM26：12）　10.陶壶（ⅢM26：14）　11.陶灯（ⅢM26：22）　12、13.陶盆（ⅢM26：10、ⅢM26：24）

腹，灯柄实心，上细下粗，高座。口径9.0、底径10.0、高15.0厘米（图二二二，11；图版九七，6）。

陶盆　2件。泥质素面灰陶。侈口，尖唇，斜平沿，束颈，上腹圆鼓，下腹弧收至底，底作假圈足。ⅢM26：10，口径13.4、底径5.9、高5.1厘米（图二二二，12；图版九九，5）。ⅢM26：24，残，可复原。口径11.8，底径4.6，高5.0厘米（图二二二，13）。

泥斗瓶　2件。ⅢM26：13，泥胎，未烧制。残损较甚。肩、腹部墨书镇墓文，漫漶不可辨。底径3.7、残高6.5厘米（图二二三，1；图版九六，6）。ⅢM26：39，残，可复原。泥胎，未烧制。口微侈，圆唇，束颈，溜肩，弧腹收至平底，朱书镇墓文漫漶不可辨。口径4.0、底径4.0、高6.3厘米（图二二三，3；图版九六，5）。

陶斗瓶　2件。ⅢM26：25，泥质素面灰陶。侈口，圆唇，束颈，溜肩，圆鼓腹，平底。口径5.4、底径6.2、高7.5厘米（图二二三，2；图版九八，1~4）。肩、腹部朱书镇墓文，录文作：

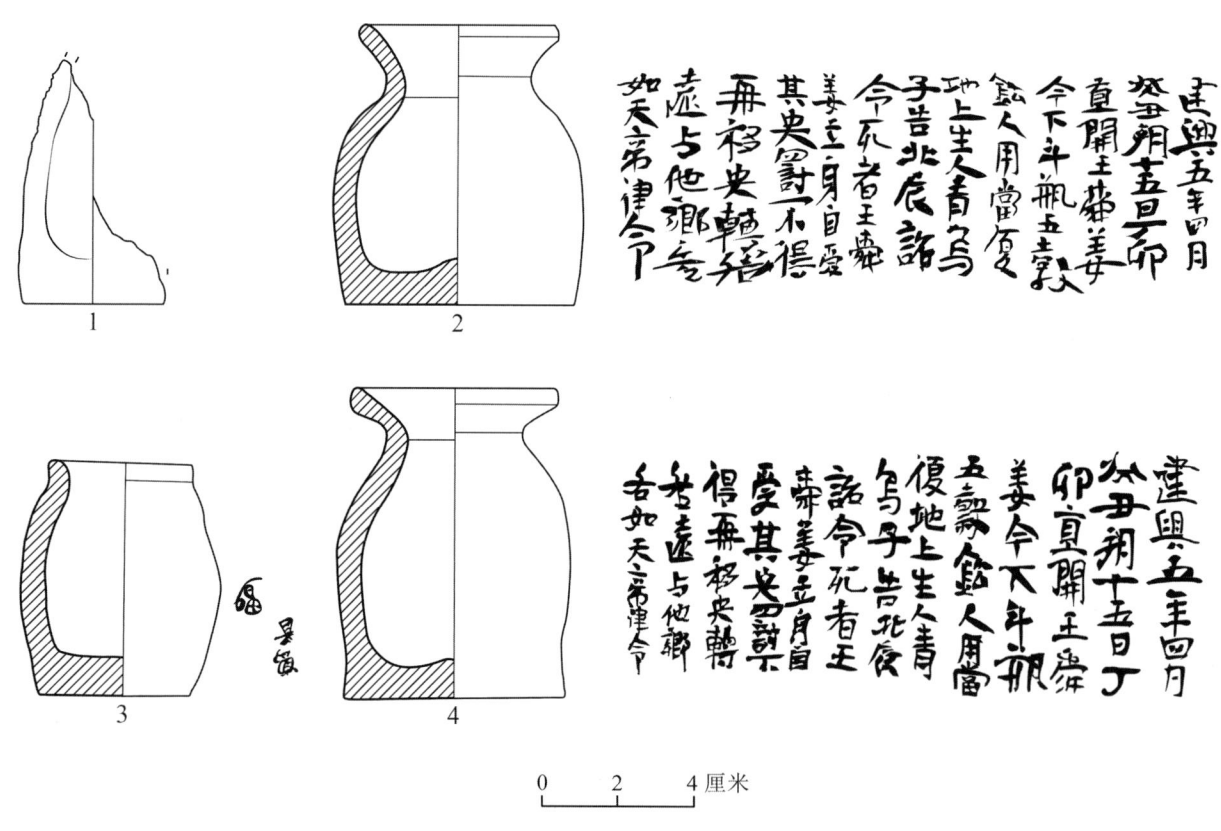

图二二三　ⅢM26出土器物（二）
1、3.泥斗瓶（ⅢM26：13、ⅢM26：39）　2、4.陶斗瓶（ⅢM26：25、ⅢM26：26）

建兴五年四月

癸丑朔十五日丁卯

直开王舜姜

今下斗瓶五谷

铅人用当复

地上生人青乌

子告北辰诏

令死者王舜

姜女（汝）身自受

其央罚不得

再移央转咎

远与他乡各

如天帝律令

ⅢM26∶26，泥质素面灰陶。侈口，圆唇，束颈，溜肩，圆鼓腹，平底。口径5.6、底径6.0、高8.4厘米（图二二三，4；图版九九，1）。肩、腹部朱书镇墓文，录文作：

建兴五年四月

癸丑朔十五日丁

卯直开王舜

姜今下斗瓶

五谷铅人用当

复地上生人青

乌子告北辰

诏令死者王

舜姜女（汝）身自

受其央罚不

得再移央转

咎远与他乡

各如天帝律令

陶甑 1件。ⅢM26∶8，泥质素面灰陶。盆形甑，侈口，圆唇，斜平沿，束颈，腹部微鼓，内收成假圈足，底有四孔。口径11.5、底径4.6、高4.8厘米（图二二四，1；图版一〇

○，3)。

陶钵　1件。ⅢM26∶15，泥质素面灰陶。直口，圆唇，弧腹，平底。口径6.0、底径2.5、高2.0厘米（图二二四，2；图版九七，4）。

陶碟　2件。泥质素面灰陶。敞口，尖唇，浅弧腹，底略作假圈足。ⅢM26∶9，内壁见轮制痕迹。口径10.6、底径4.5、高3.3厘米（图二二四，3；图版九八，5）。ⅢM26∶23，口径11.9、底径4.8、高2.8厘米（图二二四，4；图版九八，6）。

陶碗　3件。泥质素面灰陶。ⅢM26∶16，直口，圆唇，弧腹，底略作假圈足。口径9.4，底径3.8，高3.7厘米（图二二四，5）。ⅢM26∶17，直口，尖圆唇，弧腹，底略作假圈足。口径9.6、底径3.5、高4.0厘米（图二二四，6；图版九九，6）。ⅢM26∶18，侈口，圆唇，弧腹，底略作假圈足。口径8.2，底径4.0，高3.4厘米（图二二四，7；图版九九，7）。

陶盘　3件。ⅢM26∶19，泥质橙黄陶。平沿，斜直缘，沿较高，盘面较平，低于盘沿。面饰两组波浪纹。盘径29.6、厚1.8厘米（图二二四，9）。ⅢM26∶20，泥质灰陶。平沿，直缘，盘面较平，盘面略低于盘沿，面饰两组凹弦纹相间的波浪纹。盘径26.4，沿厚2.6厘米（图二二四，10；图版九九，2）。ⅢM26∶21，泥质灰陶。高凹沿内斜，尖三角缘，盘面较低，中心略高。面饰两组波浪纹。盘径31.6、厚2.8厘米（图二二四，8；图版九九，4）。

铁镜　1件。ⅢM26∶27，残缺，锈蚀严重，无法复原。残径10.5、厚0.9厘米。

铁器残件　1件。ⅢM26∶28，锈蚀严重，残断成数截，无法复原。残长2.0~7.0厘米。

云母片　2组（3枚）。圆形圆孔，不甚规则，直径1.4~1.7厘米。ⅢM26∶35，直径2.0、穿径0.3厘米。ⅢM26∶34-1，直径1.7、孔径0.5厘米。

铜钱　8组（14枚）。均圆形方穿，以五铢钱为主，另有少量铜钱表面锈蚀，文字不可辨别。

五铢钱，正面穿左右篆书"五铢"二字。ⅢM26∶29-1，蜀五铢，形制较小，两面穿均有郭。"五"字较窄，交笔微弯曲；"铢"字金字头呈箭镞状，中间四点较短，"朱"字上下部均圆折。钱径2.21、穿宽0.65、郭宽0.16、郭厚0.19、肉厚0.15厘米，重2.38克（图二二五，1；图版一○○，5）。ⅢM26∶32-1，"五"字较宽，交笔微弯曲；"铢"字金字头呈三角形，中间四点较短，"朱"字上部方圆折，下部圆折。钱径2.51、穿宽0.91、郭宽0.14、郭厚0.21、肉厚0.17厘米，重3.21克（图二二五，2；图版一○○，5）。ⅢM26∶33，"五"字较窄，交笔弯曲；"铢"字金字头呈三角形，中间四点较短，"朱"字上部方折，下部圆折。钱径2.59、穿宽0.91、郭宽0.14、郭厚0.19、肉厚0.16厘米，重3.70克（图二二五，3；图版一○○，5）。ⅢM26∶36，"五"字较宽，交笔弯曲；"铢"字金字头呈三角形，中间四点较长，"朱"字上部圆折，下部方折。钱径2.58、穿宽0.98、郭宽0.15、郭厚0.12、肉厚0.10厘米；重2.31克（图二二五，4）。ⅢM26∶37，"五"字较宽，交笔微弯曲；"铢"字金字头呈三角形，中间四点较短，"朱"字上下部均方圆折。钱径2.55、穿宽0.91、郭宽0.13、郭厚0.19、

图二二四　ⅢM26出土器物（三）

1.陶甑（ⅢM26：8）　2.陶钵（ⅢM26：15）　3、4.陶碟（ⅢM26：9、ⅢM26：23）
5~7.陶碗（ⅢM26：16、ⅢM26：17、ⅢM26：18）　8~10.陶盘（ⅢM26：21、ⅢM26：19、ⅢM26：20）

肉厚0.16厘米，重3.15克（图二二五，5；图版一〇〇，5）。ⅢM26∶38，"五"字较窄，交笔弯曲；"铢"字"金"字头锈蚀不可辨，中间四点较短，"朱"字上部方圆折，下部圆折。钱径2.52、穿宽0.89、郭宽0.12、郭厚0.19、肉厚0.16厘米，重2.44克（图二二五，6）。

丝织物　2件。ⅢM26∶40，保存状况较差。黄褐色平纹织物，空隙较大，其上附着丝状物。残长3.0厘米（图版九七，1~3）。ⅢM26∶41，保存状况较差。土黄色平纹织物，质地轻薄。残长6.0厘米。

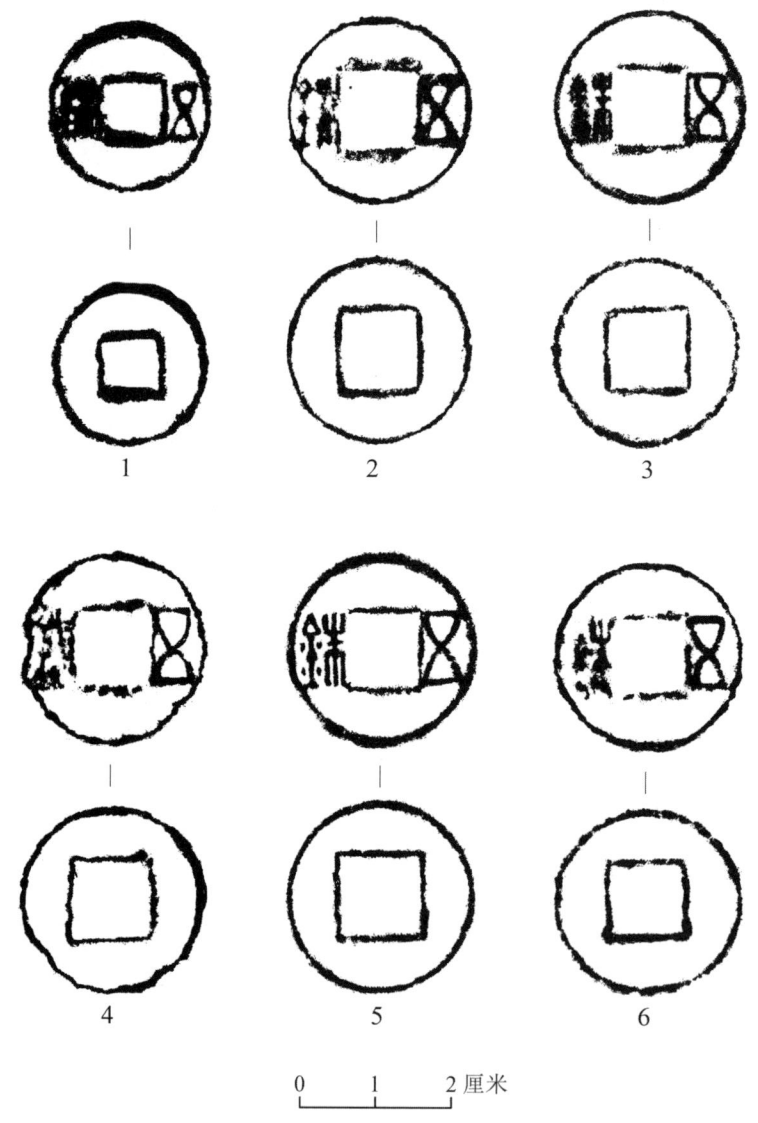

图二二五　ⅢM26出土铜钱拓片

1.蜀五铢（ⅢM26∶29-1）　2~6.五铢钱（ⅢM26∶32-1、ⅢM26∶33、ⅢM26∶36、ⅢM26∶37、ⅢM26∶38）

ⅢM27

位于Ⅲ区西部，ⅢM26东南，东西向分布。与ⅢM24、ⅢM25、ⅢM26、ⅢM28、ⅢM29处于同一茔圈内。

1. 墓葬形制

该墓为带长斜坡墓道单室土洞墓，由封土、墓道、过洞、天井、甬道、墓室组成。墓向275°（图二二六；图版一二，1）。

封土　现呈丘状，部分叠压墓道。残径12.00、残高1.50米。

墓道　位于墓室以西，平面呈梯形，西窄东宽，长12.20、宽1.16~1.60米。东端剖面呈长方形，底宽1.60米。西高东低，斜坡至底，坡度25°。近墓门处距地表深7.10米。

过洞　西接墓道，东与天井相连，为拱形顶斜坡底土洞结构，平面呈近梯形，西窄东宽。长2.63、宽1.35~1.40、东侧高2.85、西侧高2.33米。

天井　西接过洞，东与甬道相连，为竖穴土坑结构，平面形状为梯形，东宽西窄，底部呈斜坡状。长4.90、宽1.30~1.53米。

甬道　位于墓道东端，连接墓道与墓室，为双甬道。前甬道平面略呈梯形，东宽西窄，西高东低，进深2.00、宽1.52~1.58、高1.26~1.94米。后甬道平面呈长方形，进深1.45、宽0.89、高1.28米。墓门呈拱形，与后甬道同高等宽。封门位于后甬道内封，以土坯堆砌封堵，土坯长0.45、宽0.13、厚0.08米。

墓室　位于墓道以东，平面形状呈圆角长方形，四壁略直，距墓室地面1.30米处向上斜收至覆斗顶，顶部坍塌严重。墓室东西长3.38、南北宽3.28、残高2.56米。墓室西北角存一耳室，内有用土坯搭制而成的灶，灶上放置兽骨，灶膛内有木炭，耳室宽0.31、进深1.37、高1.40米（图版一二，2）。西南角掏一龛，宽0.60、进深0.57、高0.67米（图二二七）。

2. 葬具葬式及葬俗

墓室北壁下见尸床，由黄土、草木灰、白灰由下而上依次堆垒而成，长2.20、宽0.60~0.70、高0.10米（图版一三，2）。南壁下存尸床和尸罩，尸床亦由黄土、草木灰、白灰由下而上依次堆垒而成，尸罩整体呈梯形，保存状况较好，长2.20、宽0.44~0.60、高0.60米（图版一三，1）。

该墓为双人合葬。人骨置于尸床之上，扰乱严重，葬式不详。经鉴定，北侧人骨为男性，年龄50岁左右；南侧人骨为女性，年龄60岁以上。

人骨上发现有意打碎的陶片。

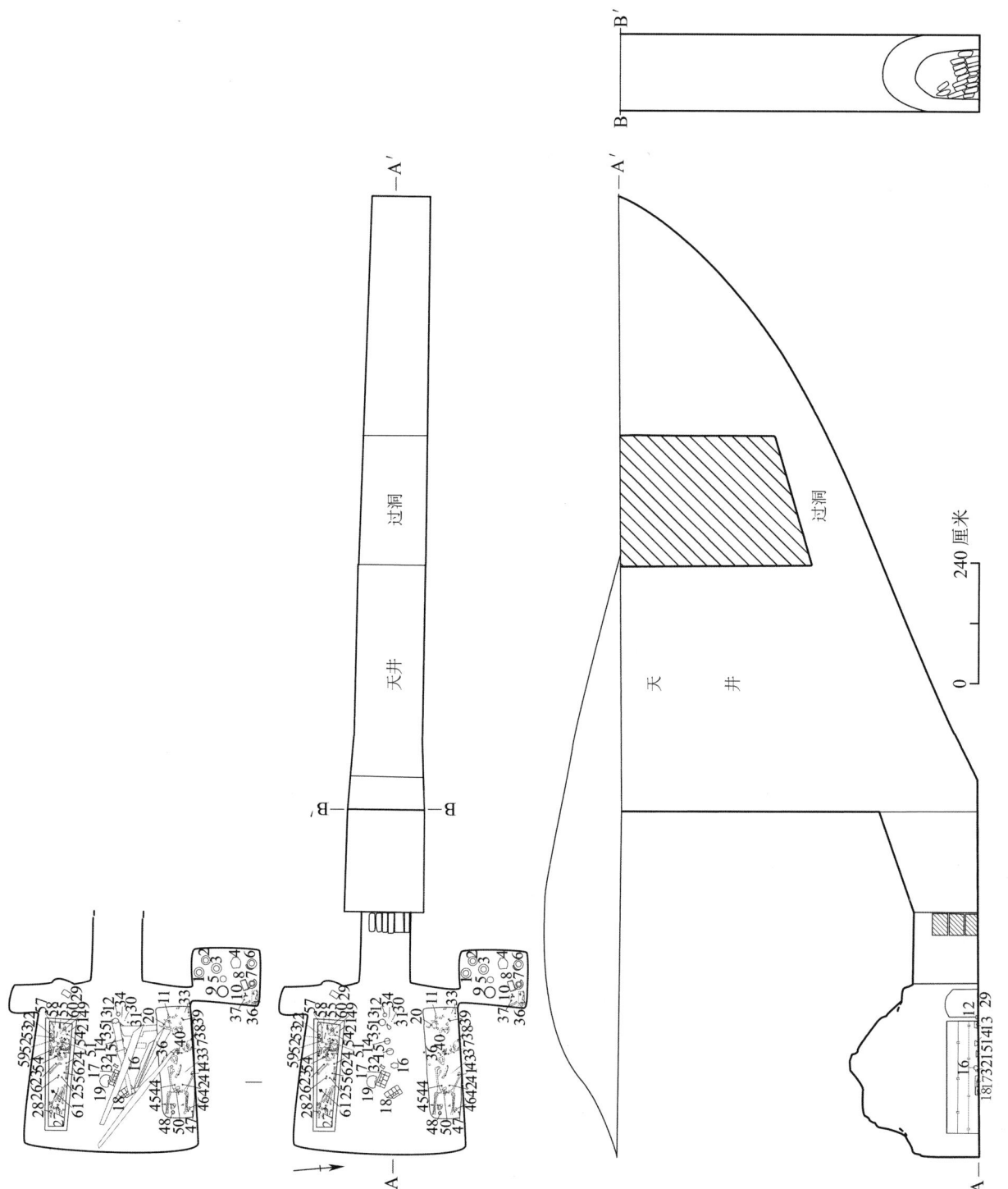

图二二六 ⅢM27平、剖面图

1~4、6.波浪纹陶罐 5.陶盆 7.陶釜 8、9、13.陶樽 10.铜叉 11、22、28、48.陶斗瓶 12、50.陶钵 14.陶罐 15.陶碟 16、20.陶壶 17、18.陶槅 19.陶盘 21、23~27、33、35、37、38、40~42、44~46、54.铜钱 29.石砚 30.金饰片 31.铁泡 32.陶灯 34、51.铁钱 60.云母片 36.铜弩机廓 39、57.铁器残件 43、53、58.铜器残件 47.铅弩机件 49.水晶饰件 52、59.骨尺 55.铁剪刀残件 56.铁镜 61.丝织物

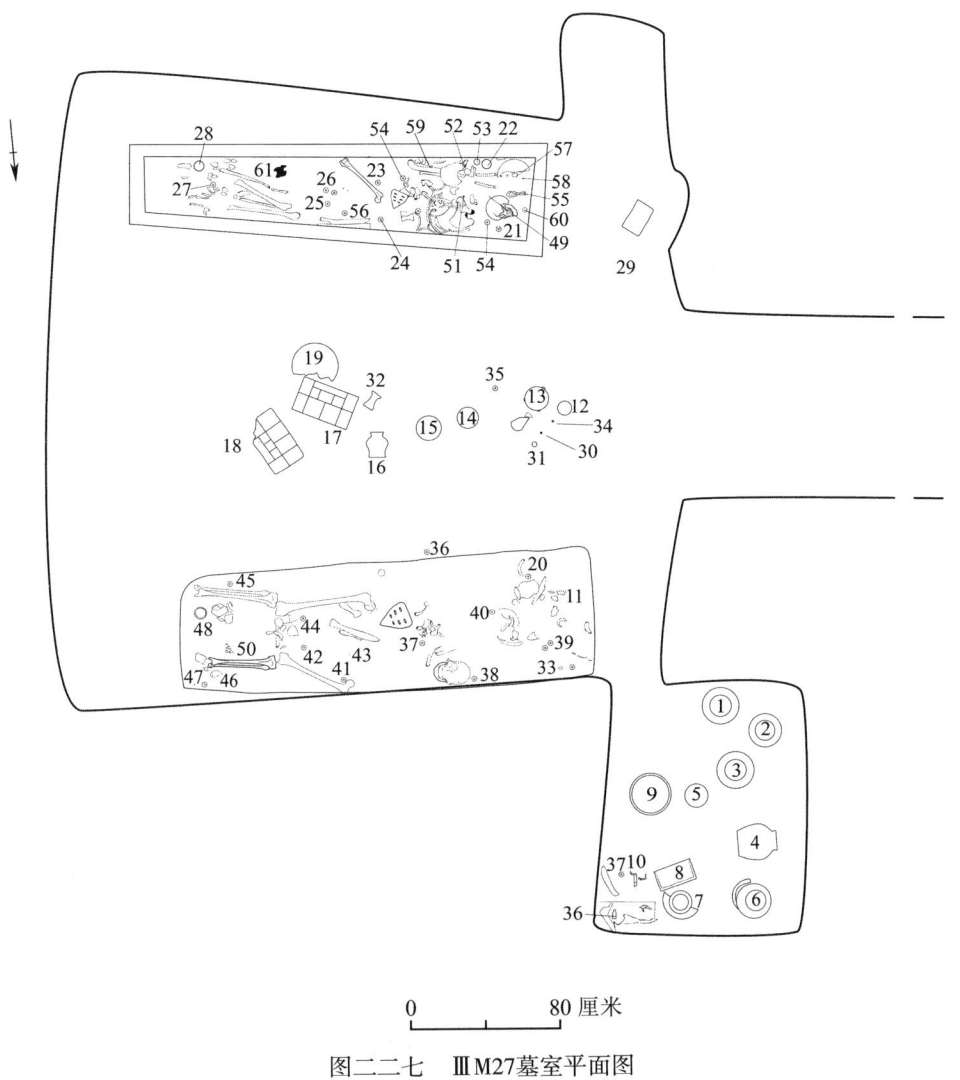

图二二七　ⅢM27墓室平面图

3. 随葬品

墓葬被盗，随葬品扰乱严重。陶器主要集中放置于墓室中部及耳室内，共24件，包括波浪纹陶罐5件、陶盆1件、陶釜1件、陶樽3件、陶斗瓶4件、陶钵2件、陶甑1件、陶碟1件、陶壶2件、陶槅2件、陶盘1件、陶灯1件。人骨周围散布铜钱、金器、铜铁器、铅器、骨器等，共36件（组），其中石砚1件、骨尺2件、金饰片1件、云母片3组（18枚）、水晶饰件1件、铜弩机廓1件、铅弩机廓1件、铜叉1件、铁泡1件、铁镜1件、铁剪刀残件1件、铜器残件4件、铁器残件2件、铜钱17组（42枚）。另于南侧人骨处出土丝织物1件（图版三八，3）。

陶盘　1件。ⅢM27∶19，泥质灰陶。残，可复原。圆形，平沿微凹，斜弧缘，盘面微凹，面饰两组凹弦纹相间的三组波浪纹。沿与盘面基本呈一条直线。盘径24.6、厚2.0厘米（图二二八，1）。

图二二八　ⅢM27 出土器物（一）

1.陶盘（ⅢM27：19）　2.陶甑（ⅢM27：14）　3.陶灯（ⅢM27：32）　4、5.陶壶（ⅢM27：20、ⅢM27：16）　6.陶碟（ⅢM27：15）　7.陶釜（ⅢM27：7）　8~12.波浪纹陶罐（ⅢM27：2、ⅢM27：6、ⅢM27：4、ⅢM27：1、ⅢM27：3）

陶甑　1件。ⅢM27：14，泥质素面橙黄陶。残，可复原。盆形甑，侈口，圆唇，斜平沿，束颈，鼓腹斜收至平底，底有五孔。口径11.4、底径4.4、高5.8厘米（图二二八，2）。

陶灯　1件。ⅢM27：32，泥质素面灰陶。灯口呈碟状，尖圆唇，弧腹，灯碗与灯柄之间收分明显，灯柄实心，上细下粗，近座处外撇形成高台座。口径5.8、底径5.4、高9.0厘米（图二二八，3；图版一〇一，6）。

陶壶　2件。泥质灰陶。侈口，圆唇，斜领，束颈，鼓腹，束腰，底座外撇成低台座，平底。肩、腹部饰波浪纹和弦纹组合，近底处有竖向刮削纹。ⅢM27：16，口径7.0、腹径11.7、底径8.8、高13.5厘米（图二二八，5；图版一〇一，5）。ⅢM27：20，口径5.8、腹径8.1、底径6.1、高10.6厘米（图二二八，4）。

陶碟　1件。ⅢM27：15，泥质素面灰陶。敞口，尖唇，斜直腹，底作矮假圈足。口径13.2、底径5.0、高3.2厘米（图二二八，6；图版一〇三，4）。

陶釜　1件。ⅢM27：7，泥质灰陶。敛口，矮领，尖唇，溜肩。圆鼓腹，底作假圈足。外沿见两圈凸棱纹，肩部饰一组波浪纹，腹部偏下饰一圈弦纹。口径8.5、腹径12.4、底径7.5、高8.5厘米（图二二八，7；图版一〇二，6）。

波浪纹陶罐　5件。泥质灰陶。器形整体瘦高，侈口，圆唇，束颈，鼓腹，底微凹。肩、腹部饰波浪纹和弦纹组合，近底处有竖向刮削痕迹。ⅢM27：1，口残，可复原，器表剥落严重。内壁见轮制痕迹。口径10.5、腹径19.7、底径12.4、高21.5厘米（图二二八，11）。ⅢM27：2，器表剥落严重。口径10.8、腹径18.0、底径11.0、高21.2厘米（图二二八，8）。ⅢM27：3，口径11.4、腹径20.1、底径12.4、高21.2厘米（图二二八，12；图版一〇一，1）。ⅢM27：4，内壁见轮制痕迹。口径10.8、腹径19.4、底径13.4、高21.0厘米（图二二八，10；图版一〇一，2）。ⅢM27：6，内壁见轮制痕迹。口径11.0、腹径18.9、底径12.4、高19.2厘米（图二二八，9）。

陶斗瓶　4件。ⅢM27：11，泥质素面橙黄陶。缺损严重。束颈，弧腹，平底。残高5.1厘米（图二二九，1；图版一〇二，2）。肩、腹部墨书镇墓文，多已漫漶不清，录文作：

……年五月寅……
……王……
……斗瓶五……
……死……
……
人……
令死……
…九…

ⅢM27：22，泥质素面灰陶。侈口，圆唇，束颈，圆肩，直腹，平底。口径 5.0、底径 5.6、高 6.4 厘米（图二二九，2；图版一〇二，3）。肩、腹部朱书镇墓文，部分漫漶不清，录文作：

建兴十七年八月
辛未朔十二日壬午
直收王婉姬汝
自薄命早殃
算尽寿
穷汝自死□
……
者……
人……
……
令

ⅢM27：28，泥质素面灰陶。侈口，圆唇，束颈，折肩，斜直腹，平底。口径 5.4、底径 5.6、高 6.6 厘米（图二二九，4；图版一〇二，1）。肩、腹部朱书镇墓文，部分漫漶不清，录文作：

建兴十七年八月辛未
朔十二日壬午直收
王宛姬汝身
薄命早终算
尽寿穷汝□
往应苦莫相
念乐莫相思
从别之后□
令死者注仵
生人祠祀□
□□激郭死
千秋万岁
不复得会
如法律
令

ⅢM27：48，泥质素面红褐陶。残缺较为严重。斜直腹，平底。腹部墨书镇墓文，漫漶不可辨。底径6.5、残高5.6厘米（图二二九，3）。

陶钵　2件。ⅢM27：12，泥质素面灰陶。残，可复原。侈口，尖圆唇，弧腹收至平底，底略作假圈足。口径7.4、底径3.4、高3.0厘米（图二三〇，3）。ⅢM27：50，泥质素面灰陶。残缺严重，底残。敛口，尖唇，上腹圆鼓，下腹弧收。腹部朱书镇墓文，漫漶不清。复原口径17.3、残高7.0厘米（图二三〇，4；图版一〇二，5）。

陶盆　1件。ⅢM27：5，泥质素面灰陶。侈口，尖圆唇，高斜领，颈微束，腹微鼓，斜收至平底。口径12.4、底径5.4、高6.6厘米（图二三〇，6；图版一〇三，1）。

陶樽　3件。ⅢM27：8，泥质素面橙黄陶。口残，可复原。侈口，尖圆唇，领部较高，肩部不明显，直腹，平底。内壁见轮制痕迹。口径20.6、底径20.4、高11.4厘米（图二三〇，7）。ⅢM27：9，泥质素面灰陶。侈口，高斜领，圆唇，肩部不明显，斜直腹，平底。内壁见轮制痕迹。口径22.2、底径21.8、高13.4厘米（图二三〇，8；图版一〇三，3）。ⅢM27：13，泥质灰陶。残，可复原。直口，圆唇，直腹，平底附加三个象鼻足。腹部饰数道弦纹。口径12.3、底径12.1、高6.5厘米（图二三〇，12；图版一〇三，6）。

陶榻　2件。泥质素面灰陶。长方形，面上有十槅，略高于台面，台面四周斜沿，底面空心，四周分别雕刻有拱门装饰，格子大小不同，深浅不一。ⅢM27：17，口径14.5、底径15.4、

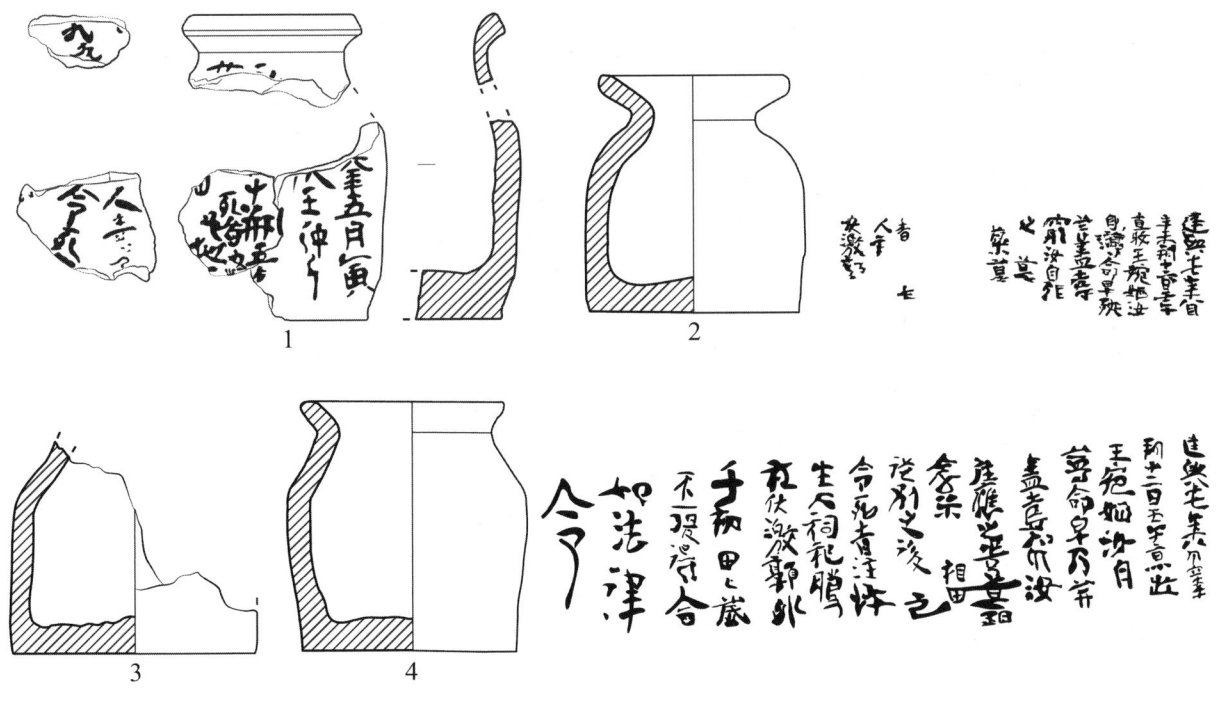

图二二九　ⅢM27出土器物（二）

1~4.陶斗瓶（ⅢM27：11、ⅢM27：22、ⅢM27：48、ⅢM27：28）

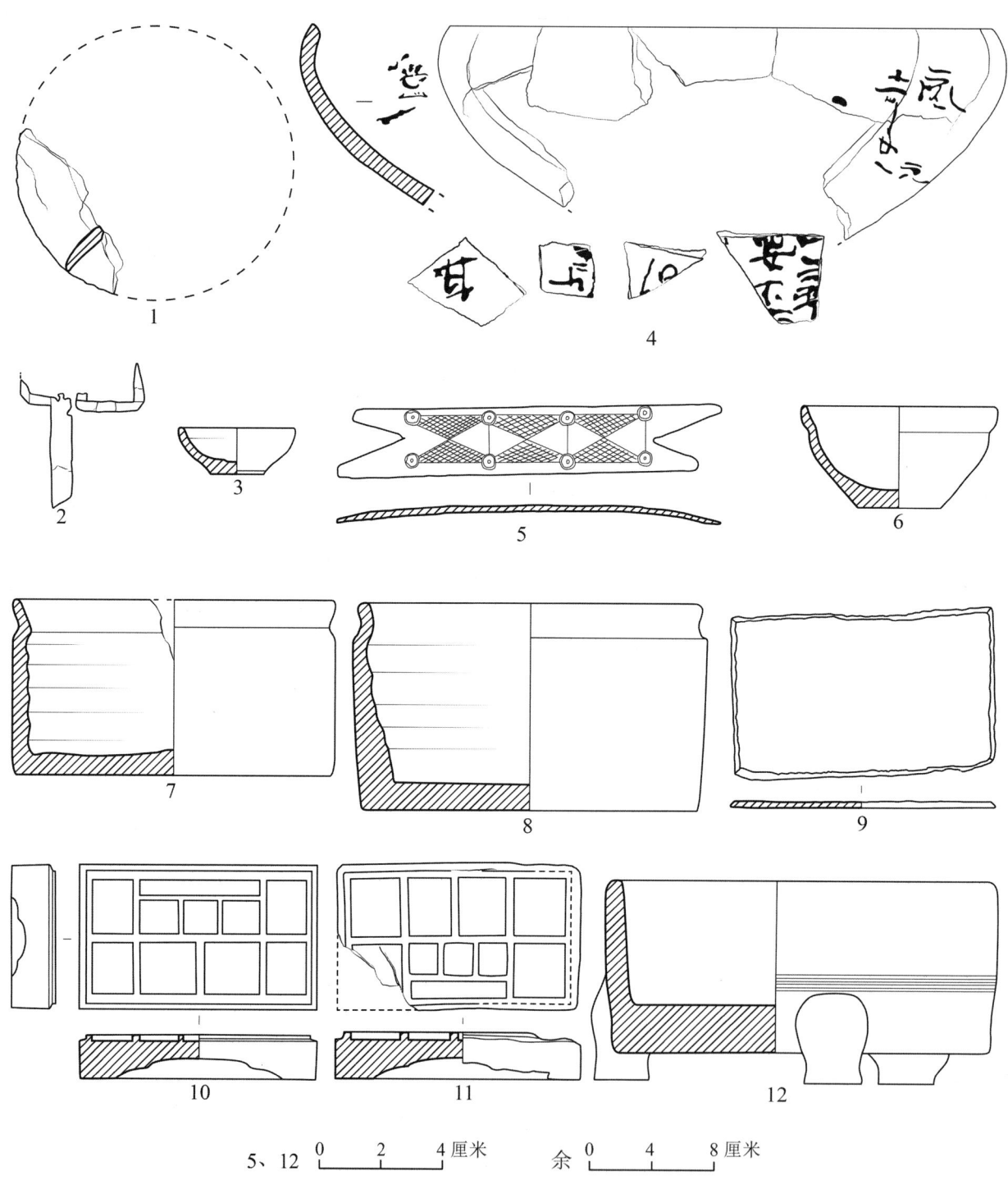

图二三〇 ⅢM27出土器物(三)

1.铁镜(ⅢM27:56) 2.铜叉(ⅢM27:10) 3、4.陶钵(ⅢM27:12、ⅢM27:50) 5.骨尺(ⅢM27:59) 6.陶盆(ⅢM27:5) 7、8、12.陶樽(ⅢM27:8、ⅢM27:9、ⅢM27:13) 9.石砚(ⅢM27:29) 10、11.陶榻(ⅢM27:17、ⅢM27:18)

宽9.4、高1.1~2.8厘米（图二三〇，10；图版一〇二，7）。ⅢM27：18，残，可复原。椭口径14.6、宽9.5、底径15.8、高1.1~3.0厘米（图二三〇，11）。

石砚　1件。Ⅲ27：29，平面呈长方形，边缘不甚规则，正面较光滑。长17.0、宽10.5、厚0.4厘米（图二三〇，9；图版一〇二，4）。

骨尺　2件。Ⅲ27：59，整体呈长条状，两端向内截成三角形，沿上下边对称饰三组同心圆，并由此出发引直线相连，将整个平面划分成由对称三角形组成的图案，并将间隔左右及上下对称的三角形内填充菱形纹。长12.5、宽2.2厘米（（图二三〇，5；图版一〇三，2）；ⅢM27：52，残损严重，纹饰及形制同ⅢM27：59。

铜弩机廓　1件。ⅢM27：36，平面呈"凸"字形，周边有界栏，栏内有两个不规则孔。长4.9、宽2.0、高0.7厘米（图二三一，2；图版一〇三，7）。

铅弩机廓　1件。ⅢM27：47，平面呈"凸"字形，周边有界栏，栏内有两个平行的长条形孔。长4.6、宽2.5、高0.2厘米（图二三一，1；图版一〇四，1）。

铁泡　1件。ⅢM27：31，半球状，锈蚀严重，不规则。直径2.6、高1.4厘米（图二三一，5；图版一〇三，5）。

金饰片　1件。ⅢM27：30，圆形，较薄，细金丝做成环状，可能用于挂坠。直径1.0厘米（图二三一，6；图版一〇一，3）。

云母片　3组（18枚）。圆形圆孔，不甚规则。ⅢM27：34，直径2.2~2.4、穿径0.2~0.4厘米（图版一〇四，2）。ⅢM27：60，直径2.4、穿径0.4厘米（图二三一，7）。ⅢM27：51-1，直径2.3、穿径0.2厘米。ⅢM27：51-2，直径2.4、穿径0.2厘米。

水晶饰件　1件。ⅢM27：49，状为不规则圆形，直径1.0、厚0.1厘米。

铁镜　1件。ⅢM27：56，残缺严重。复原直径17.8、厚1.3厘米（图二三〇，1）。

铜叉　1件。ⅢM27：10，残。三股叉，中间叉股及叉柄残断。叉柄为长方形。残长9.2、叉头宽7.92、叉柄宽1.5厘米（图二三〇，2）。

铁器残件　2件。ⅢM27：39，锈蚀残缺严重，形制不详，为扁长条形，残长4.6~11.0、宽1.2~2.0厘米（图二三一，3）。ⅢM27：57，不规则铁块，锈蚀严重，无法辨别，残长5.7、宽3.2厘米（图二三一，4）。

铜器残件　4件。ⅢM27：43，呈不规则长条形或圆柱形，截面或呈长方形或呈圆形。ⅢM27：43-1，截面呈圆形，残长3.3、最大径0.7厘米（图二三一，8）。ⅢM27：43-2，截面呈长方形，残长3.5、残宽1.0厘米（图二三一，9）。ⅢM27：53，整体呈丘状，饰三道凸棱纹，截面呈圆形，直径3.0、高1.1厘米（图二三一，12）。ⅢM27：58，铜渣残片，破坏严重，形制不详。最大块直径3.5厘米（图二三一，10）。

铁剪刀残件　1件。ⅢM27：55，残缺及锈蚀严重，仅剩剪刀把。四棱交股环形把，刀身已残。残长10.3、把长6.0厘米（图二三一，11）。

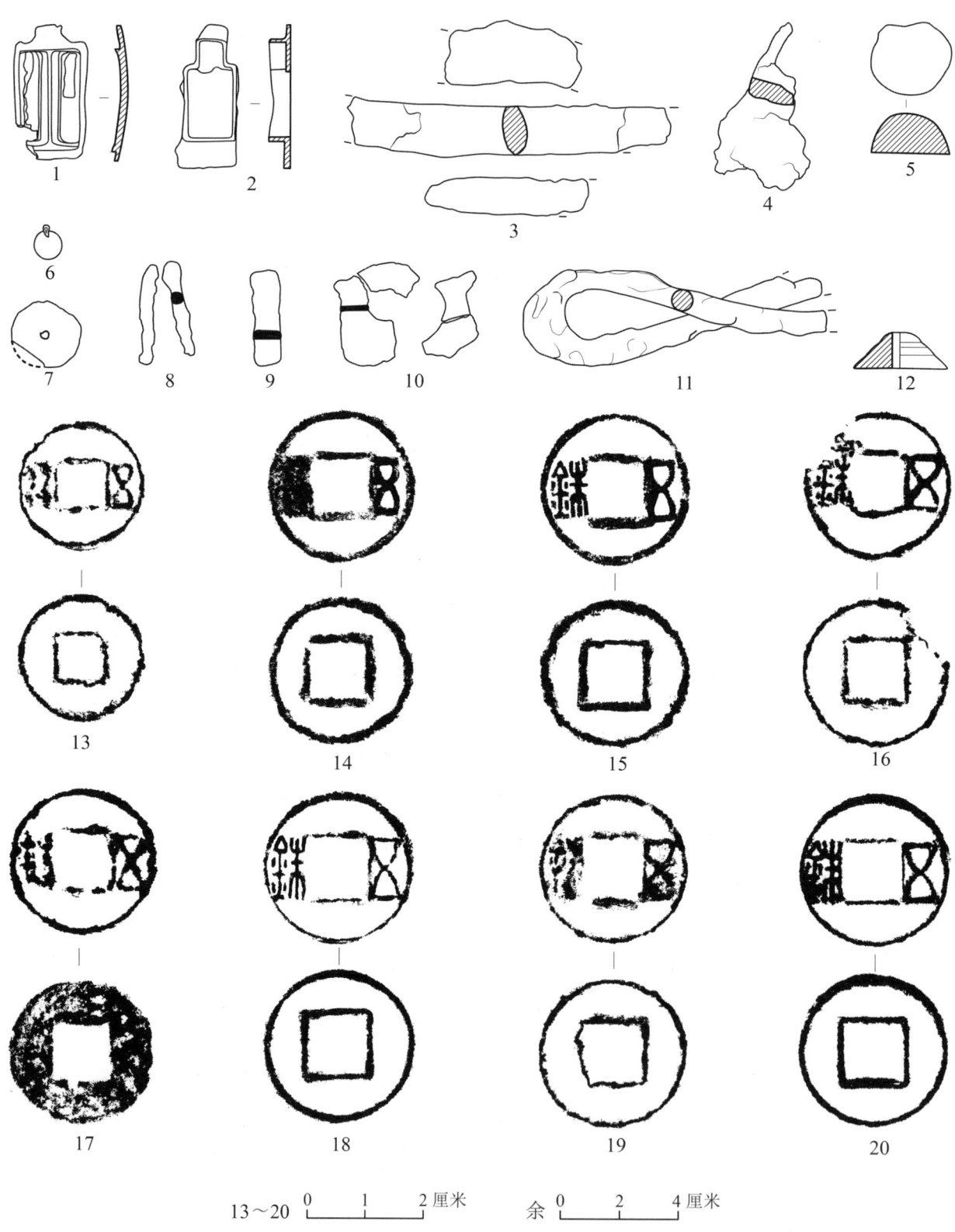

图二三一 ⅢM27出土器物（四）

1.铅弩机廓（ⅢM27：47） 2.铜弩机廓（ⅢM27：36） 3、4.铁器残件（ⅢM27：39、ⅢM27：57） 5.铁泡（ⅢM27：31） 6.金饰片（ⅢM27：30） 7.云母片（ⅢM27：60） 8、9、10、12.铜器残件（ⅢM27：43-1、ⅢM27：43-2、ⅢM27：58、ⅢM27：53） 11.铁剪刀残件（ⅢM27：55） 13.蜀五铢（ⅢM27：24） 14~20.五铢钱（ⅢM27：25-1、ⅢM27：27、ⅢM27：33-2、ⅢM27：35-8、ⅢM27：37-4、ⅢM27：45-1、ⅢM27：46-4）

铜钱 17组（42枚）。均圆形方穿，以五铢钱为主，另有少量磨郭钱。一枚五铢钱有穿上横郭的记号。

五铢钱，正面穿左右篆书"五铢"二字。ⅢM27:24，蜀五铢，形制较小，两面穿均有郭。"五"字较窄，交笔微弯曲；"铢"字"金"字锈蚀不可辨，"朱"字上部方折，下部圆折。钱径2.21、穿宽0.69、郭宽0.20、郭厚0.15、肉厚0.12厘米，重2.42克（图二三一，13；图版一〇四，5）。ⅢM27:25-1，"五"字较窄，交笔弯曲；"铢"字"金"字头呈三角形，中间四点较长，"朱"字上部锈蚀不可辨，下部圆折。钱径2.63、穿宽0.89、郭宽0.20、郭厚0.18、肉厚0.15厘米，重2.96克（图二三一，14）。ⅢM27:27，"五"字较窄，交笔弯曲；"铢"字"金"字头呈三角形，中间四点较长，"朱"字上下部均圆折。钱径2.63、穿宽0.90、郭宽0.17、郭厚0.15、肉厚0.12厘米，重3.01克（图二三一，15）。ⅢM27:33-2，"五"字较宽，交笔弯曲；"铢"字"金"字头呈三角形，中间四点较短，"朱"字上下部均圆折，上部外敞。钱径2.52、穿宽0.90、郭宽0.20、郭厚0.14、肉厚0.11厘米，重1.71克（图二三一，16）。ⅢM27:35-8，"五"字较窄，交笔弯曲；"铢"字"铢"字"金"字头呈三角形，中间四点较长，"朱"字上下部均方圆折。钱径2.55、穿宽0.94、郭宽0.15、郭厚0.17、肉厚0.14厘米，重2.64克（图二三一，17）。ⅢM27:37-4，"五"字较宽，交笔弯曲；"铢"字"金"字头呈三角形，中间四点较长，"朱"字上部方圆折，下部圆折。钱径2.65、穿宽1.00、郭宽0.18、郭厚0.14、肉厚0.11厘米，重2.22克（图二三一，18；图版一〇四，5）。ⅢM27:45-1，"五"字较宽，交笔弯曲；"铢"字"金"字头呈三角形，中间四点较长，"朱"字上下部均圆折，上部外敞。钱径2.55、穿宽0.95、郭宽0.18、郭厚0.15、肉厚0.12厘米，重2.45克（图二三一，19）。ⅢM27:46-4，"五"字较宽，交笔弯曲；"铢"字"金"字头呈三角形，中间四点较长，"朱"字上部圆折，下部方圆折。钱径2.55、穿宽0.89、郭宽0.13、郭厚0.13、肉厚0.08厘米，重2.63克（图二三一，20）。

丝织物 1件。ⅢM27:61，保存状况较差。黄色丝织物内夹杂絮状物。残长16.0厘米（图版一〇一，4）。

ⅢM28

位于Ⅲ区西部，ⅢM27东南，东西向分布。与ⅢM24、ⅢM25、ⅢM26、ⅢM27、ⅢM29处于同一茔圈内。

1. 墓葬形制

该墓为带长斜坡墓道单室土洞墓，由封土、墓道、甬道、墓室组成。墓向265°（图二三二）。

封土 现呈丘状，部分叠压墓道。残径13.20、残高0.80米。

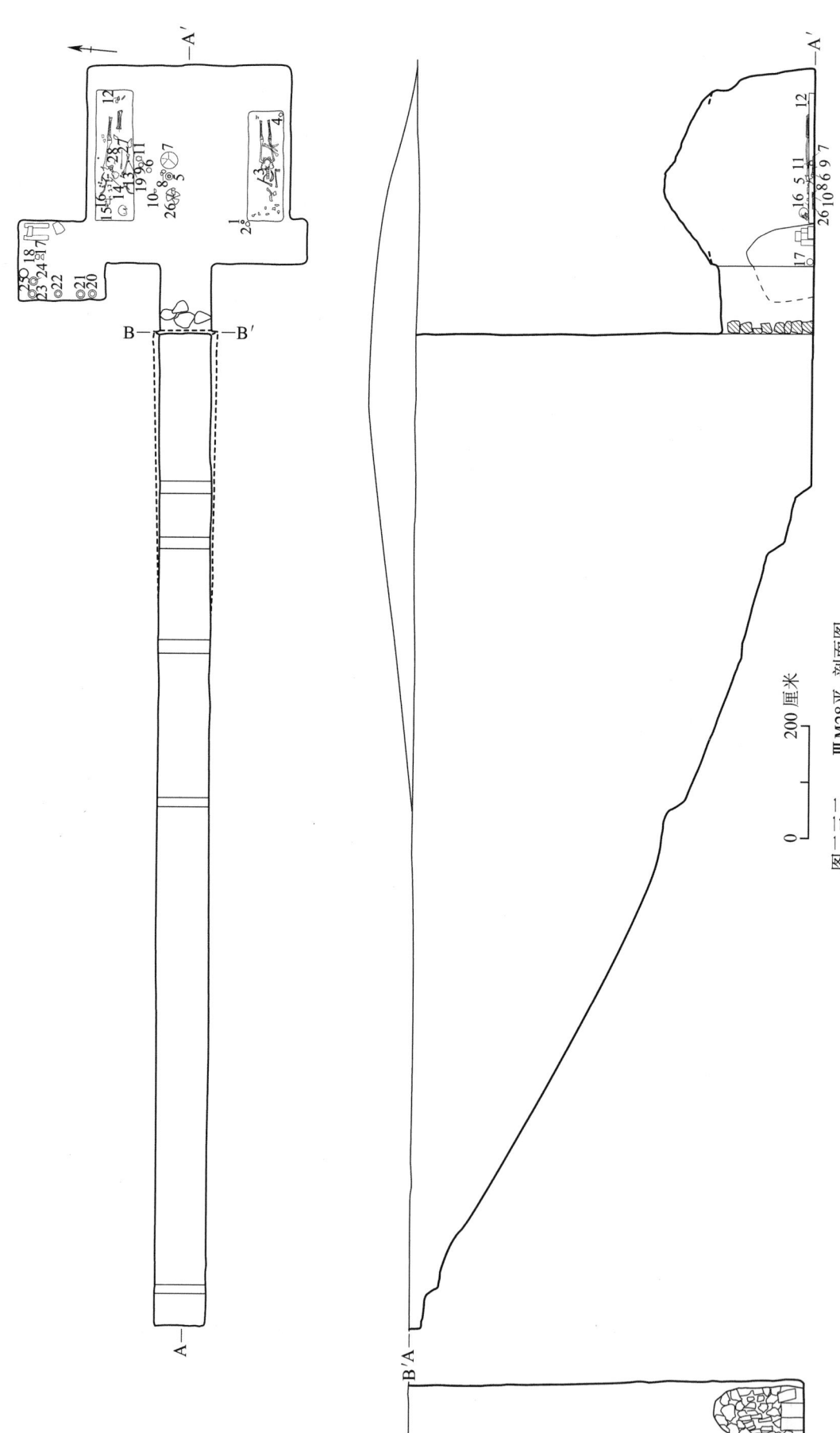

图二三二 ⅢM28平、剖面图

1.素面陶罐 2、6、10.陶钵 3、13、14、19.铜钱 4.陶斗瓶 5.陶灯 7、26.陶盘 8.陶耳杯 9.陶碟 11.陶壶 12.铜弩机廓 15.水晶饰件 16.石砚 17.陶甑 18.陶釜 20~24.波浪纹陶罐 25.陶樽 27.铜削刀 28.铜钉

墓道　位于墓室以西，平面呈近长方形，长17.47、宽0.88米。东端剖面亦呈梯形，口小底大，底宽1.12米。西高东低，斜坡至距墓门2.68米处到底，其后平直延伸至墓门处。近墓门处距地表深7.00米。内填灰黄色沙土，土质松散，内含大量砾石。

甬道　位于墓道东端，连接墓道与墓室。平面呈长方形，进深1.20、宽0.94、高1.60米。墓门呈拱形，与甬道同高等宽。封门位于甬道内封，以土坯、沙砾、砾石封堵（图版一四，1）。

墓室　位于墓道以东，平面呈近正方形，斜壁上收至顶，顶部塌陷严重，形制不详。墓室边长3.50、残高2.64米。墓室西北角存一耳室，呈拱形，内有以土坯搭制而成的灶，灶膛内有炭粒，象征庖厨之所，长0.43、宽0.30、高0.20米。耳室宽1.40、进深1.20、高1.40米（图版一五，2）。西南角掏一龛，宽0.80、进深0.30、高0.70米（图二三三；图版一四，2）。

2. 葬具葬式及葬俗

墓室南、北壁下各存一尸床，北侧尸床由沙石及白石灰堆垒而成，长2.30、宽0.64~0.70、高0.10米；南侧尸床由红泥及沙石砌成，长1.96、宽0.64、高0.08米（图版一五，1）。

该墓为双人合葬。人骨置于尸床之上，均为仰身直肢葬，头向西。经鉴定，北侧人骨为男

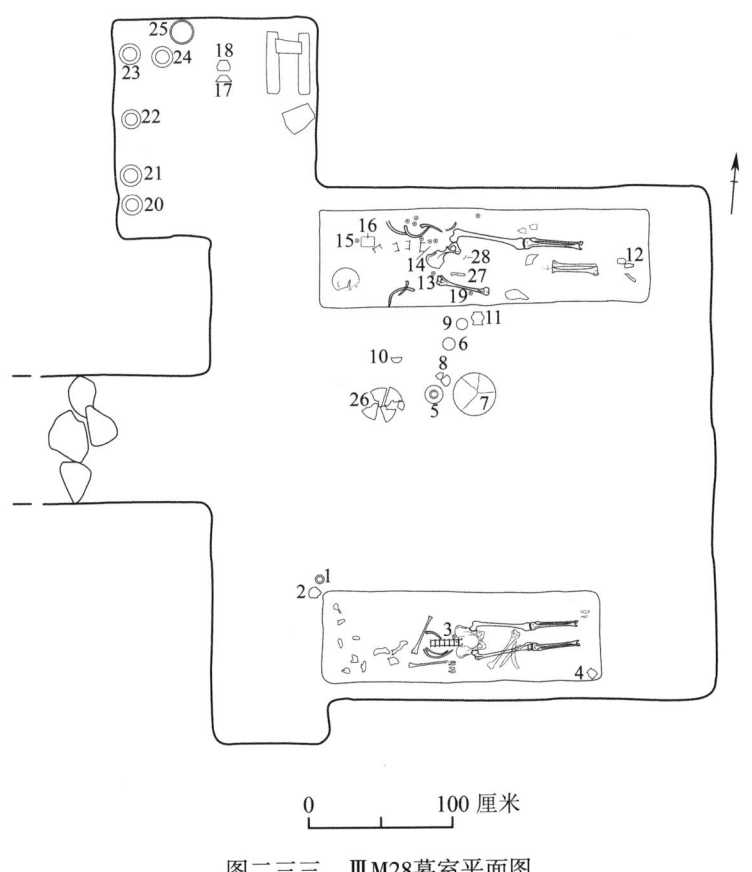

图二三三　ⅢM28墓室平面图

性,年龄35~39岁;南侧人骨为女性,年龄45~50岁。

南侧尸床及人骨之上散落大量有意打碎的陶片。

3. 随葬品

随葬品以陶器为主,主要放置于墓室中部及耳室内,共19件,包括素面陶罐1件、陶钵3件、陶斗瓶1件、陶灯1件、陶盘2件、陶耳杯1件、陶碟1件、陶壶1件、陶甗1件、陶釜1件、波浪纹陶罐5件、陶樽1件。另于北侧人骨处出土石砚1件、水晶饰件1件、铜削刀1件、铜弩机廓1件、铜钉1件,两人骨处出土铜钱4组(29枚)(图版三九,1)。

陶钵 3件。泥质素面橙黄陶。ⅢM28:2,残,可复原。侈口,圆唇,斜直腹收至平底。口径7.8、底径3.0、高2.8厘米(图二三四,1)。ⅢM28:6,残,可复原。侈口,尖唇,斜弧腹收至平底。口径8.8、底径3.5、高2.8厘米(图二三四,2)。ⅢM28:10,口残,可复原。侈口,尖唇,斜弧腹收至平底。口径7.6、底径4.0、高2.6厘米(图二三四,3;图版一〇五,2)。

陶碟 1件。ⅢM28:9,泥质素面橙黄陶。敞口,尖唇,弧腹斜收至底,底略作假圈足。口径8.0、底径3.8、高2.5厘米(图二三四,4;图版一〇五,6)。

陶甗 1件。ⅢM28:17,泥质橙黄陶。盆形甗,侈口,方唇,斜平沿微内凹,弧腹,平底,底部有一孔。腹部饰两道凸棱。口径11.2、底径4.6、高4.6厘米(图二三四,5;图版一〇六,4)。

陶壶 1件。ⅢM28:11,泥质素面灰陶。侈口,尖圆唇,束颈,扁鼓腹,束腰外撇成矮底座,底微凹。口径6.2、腹径8.8、底径7.4、高9.1厘米。内壁见轮制痕迹(图二三四,6;图版一〇六,3)。

陶耳杯 1件。ⅢM28:8,泥质素面橙黄陶。残,仅存部分底及口沿,无法复原。侈口,尖唇,平底。残口径6.2、残底径2.5、高3.1厘米(图二三四,7)。

陶釜 1件。ⅢM28:18,泥质橙黄陶。敛口,圆唇,溜肩,上腹微鼓,下腹斜收至平底。肩部有两道凹弦纹,内壁见轮制痕迹。口径7.6、腹径9.4、底径5.4、高7.3厘米(图二三四,8;图版一〇六,2)。

素面陶罐 1件。ⅢM28:1,泥质素面灰陶。带盖,盖顶呈弧形,器身口微侈,方唇,束颈,扁鼓腹,底微内凹。盖口径2.2、高1.1厘米;罐口径3.8、腹径6.2、底径3.4、高4.2厘米;通高5.3厘米(图二三四,9;图版一〇五,5)。

波浪纹陶罐 5件。器形整体矮胖,直口,尖圆唇,直领,束颈,圆鼓腹,平底。肩、腹部饰波浪纹和弦纹组合,近底处有竖向刮削痕迹。ⅢM28:20,泥质橙黄陶。器表剥落严重。口径8.8、腹径14.2、底径8.8、高13.5厘米(图二三四,12)。ⅢM28:21,泥质橙黄陶。口径9.0、腹径15.0、底径7.6、高14.0厘米(图二三四,13)。ⅢM28:22,泥质灰陶。口径7.8、腹

图二三四　ⅢM28出土器物（一）
1~3.陶钵（ⅢM28：2、ⅢM28：6、ⅢM28：10）　4.陶碟（ⅢM28：9）　5.陶甑（ⅢM28：17）　6.陶壶（ⅢM28：11）
7.陶耳杯（ⅢM28：8）　8.陶釜（ⅢM28：18）　9.素面陶罐（ⅢM28：1）　10~14.波浪纹陶罐
（ⅢM28：22、ⅢM28：23、ⅢM28：20、ⅢM28：21、ⅢM28：24）　15.陶灯（ⅢM28：5）
16.五铢钱（ⅢM28：3）　17、18.大泉五十（ⅢM28：13-3、ⅢM28：19-6）

径 13.4、底径 8.5、高 12.1 厘米（图二三四，10；图版一〇四，3）。ⅢM28:23，泥质灰陶。口径 9.4、腹径 14.8、底径 6.0、高 13.4 厘米（图二三四，11；图版一〇四，4）。ⅢM28:24，泥质灰陶。口径 8.7、腹径 14.8、底径 9.0、高 13.8 厘米（图二三四，14；图版一〇四，6）。

陶灯　1件。ⅢM28:5，泥质素面灰陶。残，可复原。灯口呈碟状，敞口，尖圆唇，弧腹，灯柄空心，上细下粗，近底时外撇成低台座，平底。口径 8.4、底径 11.2、高 13.1 厘米（图二三四，15；图版一〇五，4）。

石砚　1件。ⅢM28:16，石质。整体呈长方形，表面布满墨迹。长 9.1、宽 7.0、厚 0.5 厘米（图二三五，1；图版一〇五，1）。

铜削刀　1件。ⅢM28:27，刀身部分残。刀身平直，单面斜刃，刀柄扁平尾部略外垂，柄末凿不规则圆孔和长条形孔。残长 10.0、刀柄宽 1.2~2.0、刀身最宽处 1.9 厘米（图二三五，2）。

铜弩机廓　1件。ⅢM28:12，平面呈"凸"字形，周边有界栏，栏内有两个平行的长条形孔。长 6.3、宽 2.8、高 1.1 厘米（图二三五，3；图版一〇七，2）。

水晶饰件　1件。ⅢM28:15，整体呈半球状，截面微外鼓，截面呈圆形。截面直径 3.0、高 2.2 厘米（图二三五，4；图版一〇五，3）。

陶斗瓶　1件。ⅢM28:4，泥质素面灰陶。侈口，圆唇，束颈，圆肩，腹部近直，平底。口径 4.0、底径 5.4、高 6.3 厘米（图二三五，5；图版一〇六，1）。

陶樽　1件。ⅢM28:25，泥质素面橙黄陶。侈口，方唇，束颈，溜肩，上腹略鼓，下腹微内束，平底。口径 15.0、底径 17.0、高 10.3 厘米（图二三五，6；图版一〇七，1）。

陶盘　2件。泥质橙黄陶。平沿，外缘微弧，平底。盘面饰波浪纹和弦纹组合，盘面低于盘沿。ⅢM28:7，盘径 30.0、厚 1.8 厘米（图二三五，7；图版一〇四，7）。ⅢM28:26，盘径 24.8、厚 1.8 厘米（图二三五，8）。

铜钉　1件。ⅢM28:28，钉帽呈三角形，钉身呈三角柱状，下端残。残长 2.0 厘米。

铜钱　4组（29枚）。均圆形方穿，以五铢钱为主，另有部分大泉五十和剪轮钱。一枚五铢有穿下半星的记号。

ⅢM28:3，五铢钱，正面穿左右篆书"五铢"二字。"五"字较窄，交笔弯曲；"铢"字"金"字头呈三角形，中间四点较长，"朱"字上部方折，下部方圆折。钱径 2.61、穿宽 0.91、郭宽 0.13、郭厚 0.20、肉厚 0.16 厘米，重 3.16 克（图二三四，16）。

ⅢM28:13-3，大泉五十。形制较小，面背皆有内郭。正面穿口左右铸"五十"二字，较瘦长，上下铸"大泉"二字，较宽矮，均为篆书。"五"字较窄，交笔弯曲，"大"字一横较折弧。钱径 2.46、穿宽 0.84、郭宽 0.18、郭厚 0.20、肉厚 0.16 厘米，重 3.10 克（图二三四，17；图版一〇六，5）。ⅢM28:19-6，大泉五十。形制较大，面背皆有内郭。正面穿口左右铸"五十"二字，较瘦长，上下铸"大泉"二字，较宽矮，均为篆书。"五"字较窄，交笔弯曲；

图二三五　ⅢM28出土器物（二）
1.石砚（ⅢM28:16）　2.铜削刀（ⅢM28:27）　3.铜弩机廓（ⅢM28:12）　4.水晶饰件（ⅢM28:15）
5.陶斗瓶（ⅢM28:4）　6.陶樽（ⅢM28:25）　7、8.陶盘（ⅢM28:7、ⅢM28:26）

"大"字一横较圆弧,"泉"字"丨"中断。钱径 2.82、穿宽 0.76、郭宽 0.27、郭厚 0.21、肉厚 0.17 厘米,重 3.90 克(图二三四,18;图版一〇六,5)。

ⅢM29

位于Ⅲ区西部,ⅢM28 以南,东西向分布。与ⅢM24、ⅢM25、ⅢM26、ⅢM27、ⅢM28 处于同一茔圈内。

1. 墓葬形制

该墓为带长斜坡墓道单室砖石混合墓,由封土、墓道、照墙、甬道、墓室组成。墓向 270°(图二三六)。

封土　现呈丘状,部分叠压墓道。残径 13.20、残高 0.80 米。

墓道　位于墓室以西,平面呈梯形,西窄东宽,长 22.34、宽 1.15~2.00 米。剖面亦呈梯形,口大底小,底宽 1.40 米。西高东低,呈台阶状至底。近墓门处距地表深约 8.00 米。

照墙　基本与墓门垂直,保存较好,通高 6.20 米,自下而上循序镶嵌各种仿木构造型砖和雕刻花砖,其叠嵌方法及装饰自下而上可分为三部分:

第一部分是以仿阙造型为中心的照墙上部。照墙顶部略残,由上而下依次为三层横砌平砖间隔两层顺砌斜砖。平砖下为横砌平砖与顺砌立砖间夹素面平砖一层,其下又有两层横砌平砖间隔一层顺砌斜砖。此下横砌平砖十三层,其中两端贴嵌的仿阙造型砖和其下的竖砌立砖构成仿阙造型。中部内凹,以两块竖砌立砖表示门扉,其上一块横砌立砖并雕刻菱形窗棂,窗棂之上为仿阙造型砖两块。门扉两侧镶嵌以青砖打磨的仿木连柱斗拱。

第二部分主要是照墙中部,以横砌平砖与顺砌立砖间夹素面平砖十三层,并被由三层穿壁纹和菱形窗棂纹组合而成的花砖划分为四部分,有很强的规律性。

第三部分是照墙下部的仿木构斗拱砖雕造型,各部位均由青砖打磨而成。其构筑方法为,正中嵌熊面力士砖雕,其两侧各嵌一承柱赑屃,柱顶各嵌一熊面力士砖雕,与正中熊面力士共同手托仿木大斗拱造型砖,再上承斗拱两层。大斗拱造型砖上部正中及两侧贴嵌胜形饰件(图二三七;图版一六)。

甬道　位于墓道东端,连接墓道与墓室。平面呈长方形,进深 2.20、宽 0.92、高 1.36 米。甬道内侧墓门之上起券两重,其上用青砖顺砌平铺塞缝,地面以素面青砖错缝平铺。墓门呈拱形,与甬道通高等宽,原以土坯、青砖封堵。墓门砌三重券,券顶最高处之上以青砖横砌错缝平铺五层,其中第三层系顺砌平砖间隔平铺砖而成,形成很强的凹凸立体感;其余四层均以青砖横砌错缝平铺。

墓室　位于墓道以东,为砾石洞室,平面呈近方形,地面由青砖错缝平铺。距墓室地面 0.90 米处斜壁上收至覆斗顶,顶部部分坍塌,顶部中央存一正方形藻井,边长 0.60、深 0.05

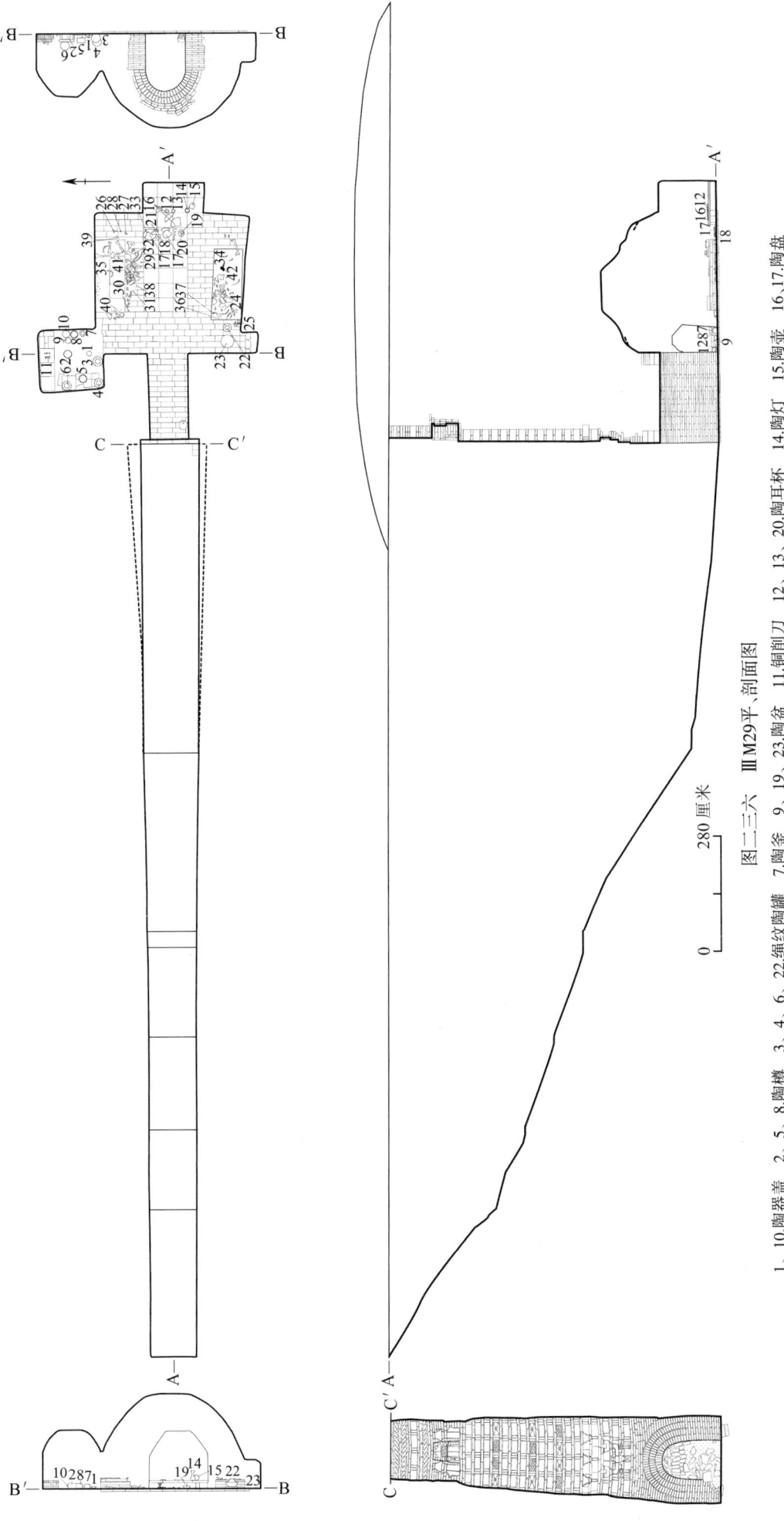

图二三六 ⅢM29平、剖面图

1、10.陶器盖 2、5、8.陶樽 3、4、6.陶釜 7.陶盆 9、19、23.绳纹陶罐 11.陶盆 12、13、20.陶耳杯 14.陶灯 15.陶壶 16、17.陶盘 18、21.陶钵 24.珠饰 25.铁镜 26.铜弩机郭 27.铜饰件 28.铜钉 29~34.铜钱 35、38~41.剪轮钱 36.铜泡钉 37.铁剪刀残件 42.丝织物

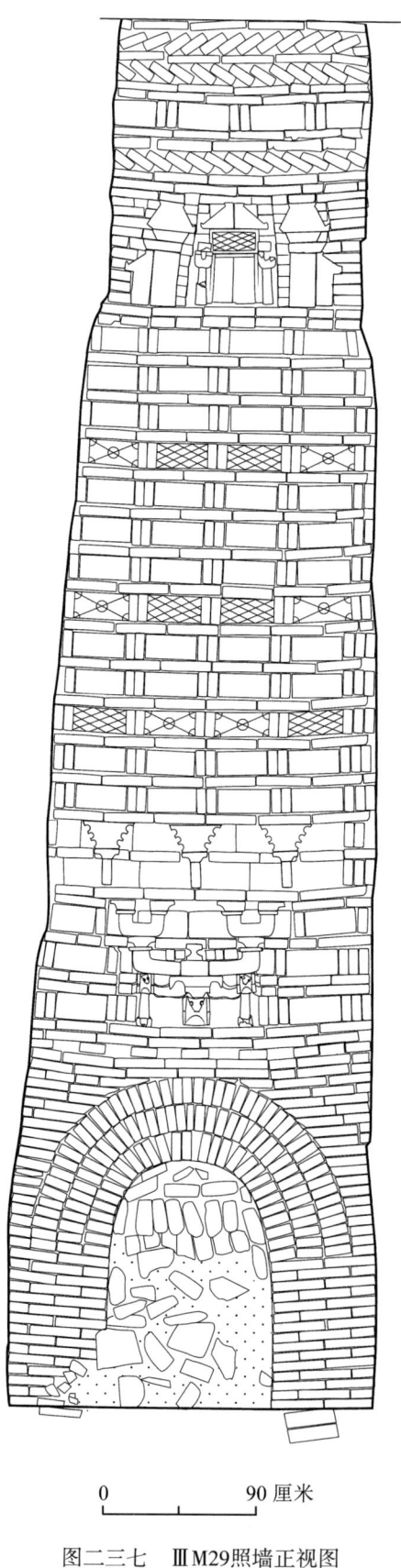

图二三七　ⅢM29照墙正视图

米。墓室边长3.50、残高2.80米。墓室西北角附一耳室，平面呈近方形，内有一青砖搭成的条案，其上放置青铜削刀和兽骨。耳室边长1.45、进深1.03、高1.45米。西南角掏一龛，口宽0.50、进深0.42米（图版一七，2）。墓室东壁中央有一龛，宽1.44、进深0.74、高1.40米，由青砖横砌立铺，并用砖雕刻成案腿形状，其上用方砖铺就，形成供台，南北长1.44、东西宽1.08米（图二三八；图版一七，1）。

2. 葬具葬式

墓室南、北壁下各存一尸床，均由三层青砖错缝顺砌平铺，其上铺以边长0.35米的方砖，再由下而上依次铺木板、白灰、席子、石膏。北侧尸床长1.76、宽0.74、高0.24米；南侧尸床长1.80、宽0.74、高0.20米。

该墓为双人合葬。人骨分别置于两尸床上，墓葬遭盗扰，人骨凌乱，散布于尸床及周围，葬式、头向不明。经鉴定，北侧人骨为男性，年龄35~39岁；南侧人骨为女性，年龄45~50岁。

3. 随葬品

随葬品扰乱严重。主要有陶器、铜器、铁器、珠饰。陶器分布于耳室及供台周围，共22件，包括陶樽3件、绳纹陶罐4件、陶釜1件、陶耳杯3件、陶灯1件、陶壶1件、陶盘2件、陶器盖2件、陶钵2件、陶盆3件。铜钱、铜铁器、丝织物及珠饰散布于人骨周围，共20件（组），其中珠饰1组（14枚）、铜削刀1件、铜弩机廓1件、铁镜1件、铜泡钉1组（3枚）、铜钉1枚、铜饰件1件、铁剪刀残件1件、铜钱11组（221枚）、丝织物1件（图版三九，2）。

陶樽　3件。泥质灰陶。直口，矮领，平折肩，腹部较直，平底。ⅢM29∶2，方唇，腹部饰两道弦纹。口径17.5、底径18.5、高12.1厘米（图二三九，1；图版一一〇，1）。ⅢM29∶5，口残，可复原。圆唇。口径17.0、底径18.5、高12.0厘米（图二三九，2；图版一一〇，2）。ⅢM29∶8，尖唇。口径15.9、底径17.6、高11.4厘米（图二三九，3；图版一一〇，3）。

陶壶　1件。ⅢM29∶15，泥质素面灰陶。侈口，圆唇，高斜领，束颈，溜肩，扁鼓腹，束腰，矮底座。口径6.8、腹径12.8、底径12.5、高13.2厘米（图二三九，4；图版一一〇，4）。

陶釜　1件。ⅢM29∶7，泥质灰陶。敛口，圆唇，圆鼓腹，下腹部内束斜收至平底。肩部及上腹部饰数道凸棱纹。口径8.5、腹径14.6、底径10.8、高9.6厘米（图二三九，5；图版一〇九，4）。

陶灯　1件。ⅢM29∶14，泥质素面灰陶。灯口呈碟状，侈口，尖唇，弧腹；灯柄实心，上细下粗，近底时外撇折收成低台座。口径8.6、底径11.2、高13.7厘米（图二三九，6；图版一〇八，6）。

陶耳杯　3件。泥质素面灰陶。整体呈椭圆形，侈口，斜平沿，长边两侧附对称双耳，斜

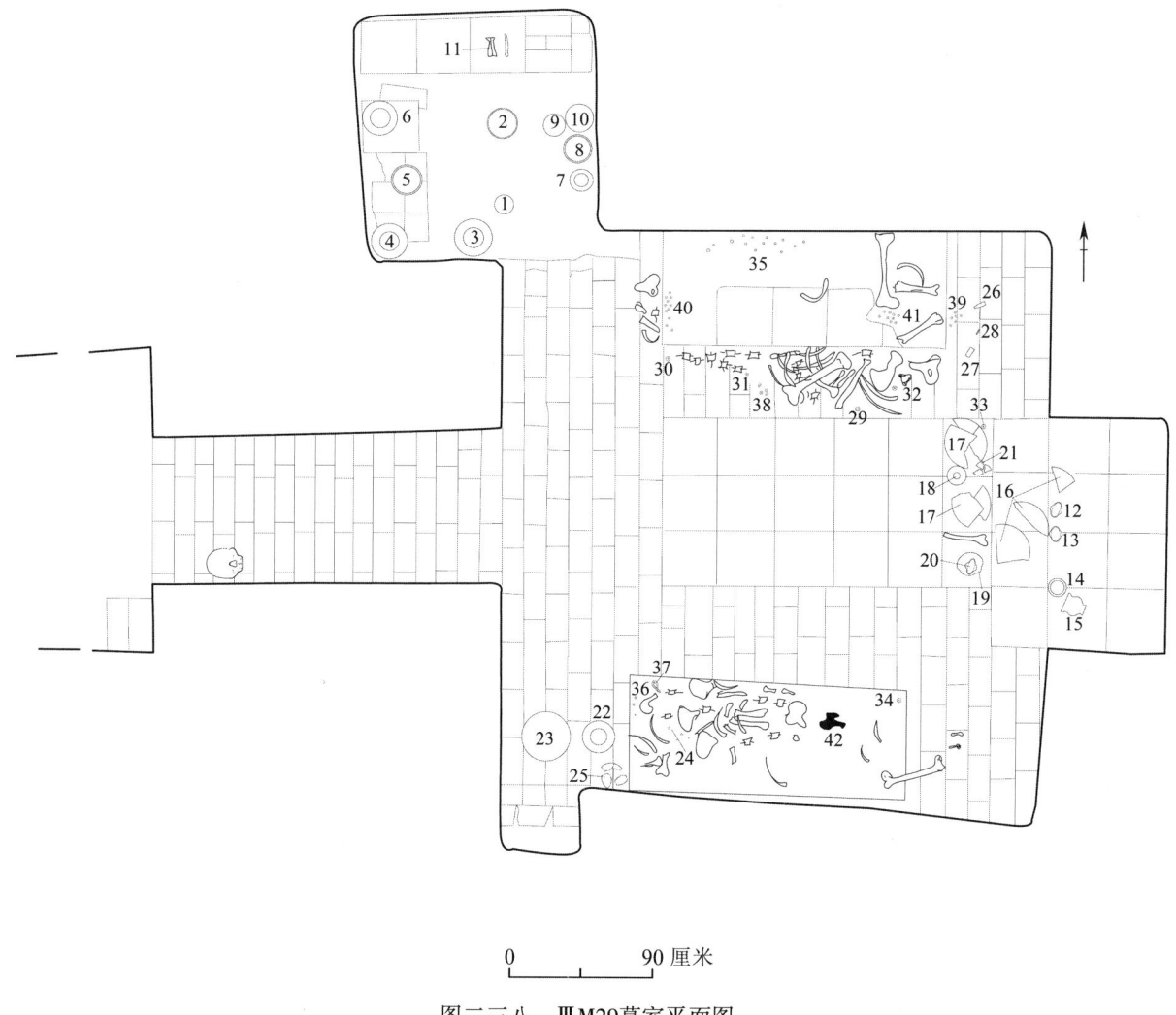

图二三八　ⅢM29墓室平面图

直腹收至平底，耳略高于口沿。ⅢM29：12，长口径10.0、短口径4.7、长底径5.8、短底径2.3、耳长4.1、耳宽1.4、高2.6厘米（图二三九，8；图版一〇九，1）。ⅢM29：13，长口径9.8、短口径5.5、长底径6.0、短底径2.6、耳长4.4、耳宽1.0、高3.0厘米（图二三九，9；图版一〇九，2）。ⅢM29：20，长口径10.0、短口径3.9、长底径6.2、短底径2.2、耳长4.9、耳宽1.4、高2.9厘米（图二三九，7；图版一〇九，3）。

陶盆　3件。ⅢM29：9，泥质灰陶。侈口，方唇，斜平沿，束颈，鼓腹弧收至平底。腹部饰数道弦纹，内壁见轮制痕迹。口径13.5、底径4.3、高6.5厘米（图二三九，11；图版一〇九，6）。ⅢM29：19，泥质灰陶。侈口，方唇，斜平沿，束颈，弧腹收至平底。腹部饰数道弦纹，内壁见轮制痕迹。口径16.5、底径6.5、高6.9厘米（图二三九，12）。ⅢM29：23，泥质素面灰陶。口残，可复原。侈口，方唇，宽斜沿，沿面中部微凸，束颈，鼓腹弧收至平底。近底处有竖向刮削痕迹。口径30.0、底径17.5、高10.2厘米（图二三九，10；图版一〇九，5）。

图二三九　ⅢM29出土器物（一）

1~3.陶樽（ⅢM29：2、ⅢM29：5、ⅢM29：8）　4.陶壶（ⅢM29：15）　5.陶釜（ⅢM29：7）　6.陶灯（ⅢM29：14）
7~9.陶耳杯（ⅢM29：20、ⅢM29：12、ⅢM29：13）　10~12.陶盆（ⅢM29：23、ⅢM29：9、ⅢM29：19）
13、14.陶盘（ⅢM29：16、ⅢM29：17）

陶盘 2件。泥质灰陶。残，可复原。圆形，平沿微凹，斜直缘，近底处内收成平底，由盘沿向盘面依次降低。盘面饰一组凸棱纹间隔的两组波浪纹。ⅢM29：16，盘径34.0、厚1.9厘米（图二三九，13；图版一○七，6）。ⅢM29：17，盘径33.8、厚1.8厘米（图二三九，14）。

绳纹陶罐 4件。泥质灰陶。直口，尖圆唇，外缘呈三角状，溜肩，圆鼓腹，下腹部弧收至平底。肩、腹部通体饰竖向绳纹。ⅢM29：3，口径10.2、腹径23.4、底径13.2、高20.2厘米（图二四○，1；图版一○七，3）。ⅢM29：4，口径10.0、腹径22.3、底径14.2、高19.3厘米（图二四○，2；图版一○七，5）。ⅢM29：6，口径9.8、腹径21.6、底径14.6、高19.2厘米（图二四○，3）。ⅢM29：22，口径10.0、腹径20.1、底径12.7、高18.2厘米（图二四○，4；图版一○七，4）。

陶钵 2件。侈口，尖圆唇，弧腹，平底。ⅢM29：18，泥质素面灰陶。内壁见轮制痕迹。口径12.0、底径4.5、高3.9厘米（图二四○，5；图版一○八，7）。ⅢM29：21，泥质素面橙黄陶。残，可复原。口径9.2、底径3.3、高2.9厘米（图二四○，6）。

陶器盖 2件。泥质素面灰陶。整体呈覆钵状，平顶，弧腹，侈口。内壁见轮制痕迹。ⅢM29：1，盖径17.5、高5.0厘米（图二四○，7）。ⅢM29：10，盖径17.5、高6.8厘米（图二四○，8）。

铁镜 1件。ⅢM29：25，残损锈蚀严重。复原直径16.7、厚1.0厘米（图二四○，9）。

铜削刀 1件。ⅢM29：11，环首直柄，柄末凿不规则椭圆形孔，刀柄一面中部内凹，刀刃斜直，单面斜刃。整个刀体微弧。通长14.6、刀身长9.9、刀柄宽1.4~2.2、刀刃宽1.1~1.8厘米（图二四○，10；图版一○七，7）。

铜钉 1枚。ⅢM29：28，残，钉帽略呈椭圆形，钉身上半部分为不规则棱柱状，下半部分残。残长3.4、钉帽径0.8、钉身径0.6厘米（图二四○，11）。

铜饰件 1件。ⅢM29：27，整体呈圆柱状，中空，底部略外鼓，内填充木屑。直径3.5、长6.0、宽3.0厘米（图二四○，12）。

珠饰 1组（14枚）。形状不规则，略作椭圆形，中心穿孔。ⅢM29：24-1~M29：24-10，外部呈黄色，无光泽，大小不一（图版一○八，3）。ⅢM29：24-2，球径1.1、孔径0.2、高1.5厘米（图二四○，14）。ⅢM29：24-11~M29：24-13，外表呈黑色，较小。M29：24-11，球径0.7、孔径0.1、高0.5厘米（图二四○，15）。ⅢM29：24-14，外表呈黄色，阴刻獠牙鼓睛竖耳怪兽形，兽首侧扭，额首横刻三道，前两足微翘，后腿圆浑作蹲跑状。球径1.5、孔径0.1、高1.5厘米（图二四○，13；图版一○八，4）。

铜泡钉 1组（3枚）。均呈半球形，界面向外延伸出沿，中空，内有棱状芯，可能用以镶嵌。ⅢM29：36-2，直径1.7、沿宽0.2、高1.0厘米（图二四○，16）。

铜弩机廓 1件。ⅢM29：26，平面呈"凸"字形，周边有界栏，栏内有两个平行的不规则长条形孔。长7.4、宽2.6、高1.4厘米（图二四○，17；图版一○八，5）。

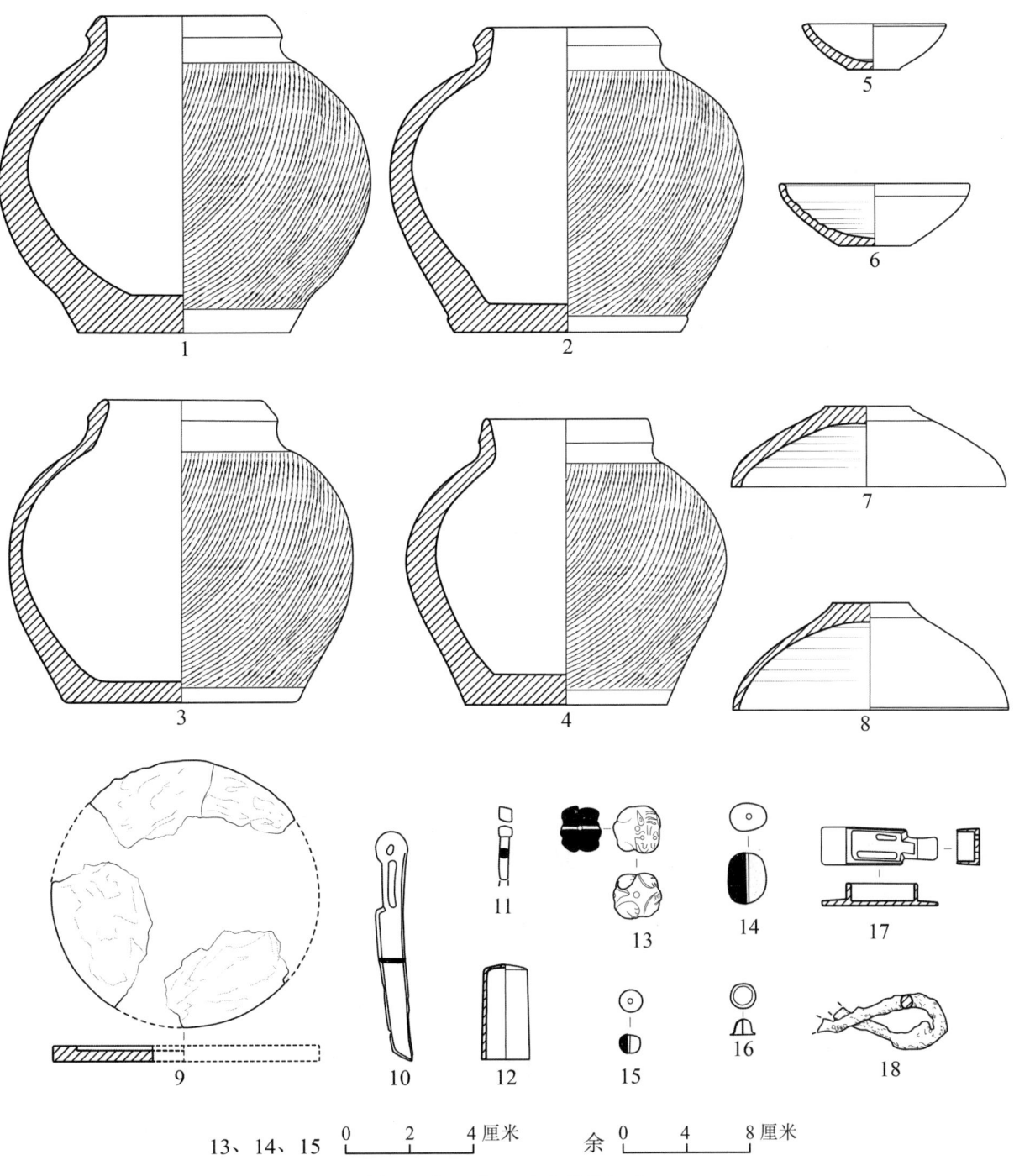

图二四〇　ⅢM29出土器物（二）

1~4.绳纹陶罐（ⅢM29∶3、ⅢM29∶4、ⅢM29∶6、ⅢM29∶22）　5、6.陶钵（ⅢM29∶18、ⅢM29∶21）
7、8.陶器盖（ⅢM29∶1、ⅢM29∶10）　9.铁镜（ⅢM29∶25）　10.铜削刀（ⅢM29∶11）　11.铜钉（ⅢM29∶28）
12.铜饰件（ⅢM29∶27）　13~15.珠饰（ⅢM29∶24-14、ⅢM29∶24-2、ⅢM29∶24-11）　16.铜泡钉（ⅢM29∶36-2）
17.铜弩机廓（ⅢM29∶26）　18.铁剪刀残件（ⅢM29∶37）

铁剪刀残件　1件。ⅢM29：37，锈蚀、残缺严重，刀身残，仅存剪刀把，交股环形把，两把延出成刀形剪身。残长8.3厘米（图二四〇，18）。

铜钱　11组（329枚）。多为圆形方穿，以剪轮钱为主，另有部分五铢钱和一枚货泉。

五铢钱，正面穿左右篆书"五铢"二字。ⅢM29：29，"五"字较宽，交笔弯曲；"铢"字"金"字头呈三角形，中间四点较长，"朱"字上下部均方圆折。钱径2.60、穿宽0.91、郭宽0.19、郭厚0.13、肉厚0.10厘米，重2.46克（图二四一，1）。ⅢM29：30，"五"字较宽，交笔弯曲；"铢"字"金"字锈蚀不可辨，"朱"字上部圆折，下部不可辨。钱径2.62、穿宽0.92、郭宽0.19、郭厚0.14、肉厚0.11厘米，重2.53克（图二四一，2）。ⅢM29：31，"五"字较宽，交笔弯曲；"铢"字"金"字头呈三角形，中间四点较长，"朱"字上下部均圆折。钱径2.55、穿宽0.89、郭宽0.16、郭厚0.14、肉厚0.11厘米，重2.39克（图二四一，3）。ⅢM29：34，"五"字较宽，交笔弯曲；"铢"字"金"字头呈三角形，中间四点较长，"朱"字上部方圆折，下部圆折。钱径2.65、穿宽0.90、郭宽0.16、郭厚0.15、肉厚0.11厘米，重2.09克（图二四一，5）。

ⅢM29：33，货泉，形制较小，两面穿皆有郭，"货"字锈蚀不可辨，泉字篆书。钱径2.20、穿宽0.60、郭宽0.20、郭厚0.18、肉厚0.15厘米，重1.69克（图二四一，4）。

丝织物　1件。ⅢM29：42，保存状况较差。黄褐色平纹织物，空隙较大，其上附着丝状物。残长6.0厘米（图版一〇八，1、2）。

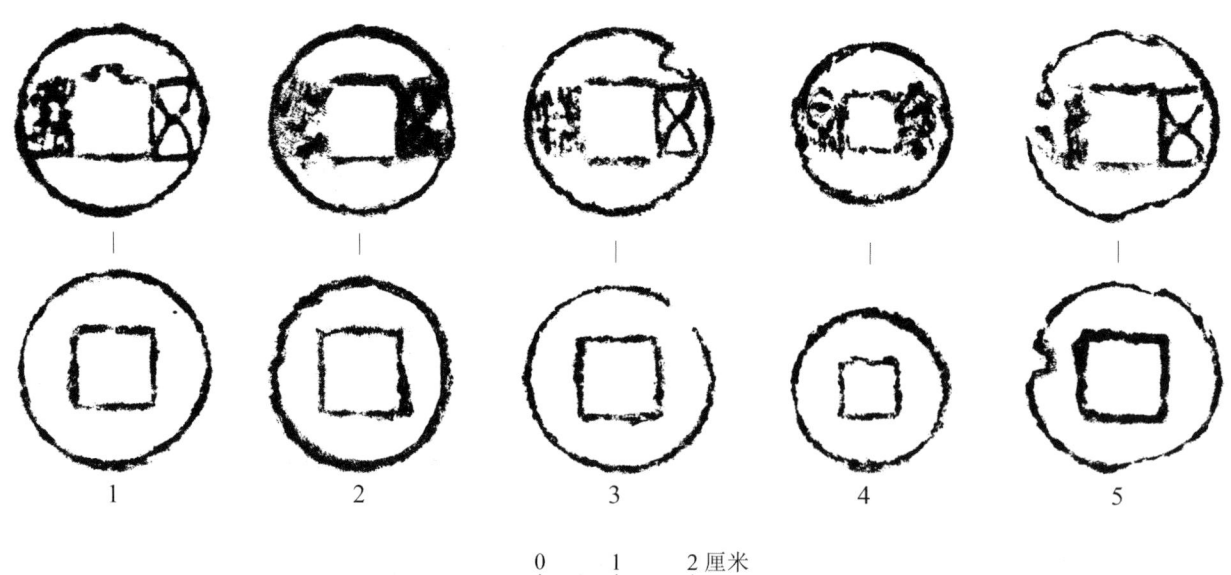

图二四一　ⅢM29出土铜钱拓片
1~3、5.五铢钱（ⅢM29：29、ⅢM29：30、ⅢM29：31、ⅢM29：34）　4.货泉（ⅢM29：33）

ⅢM30

位于Ⅲ区西部，ⅢM29以南，西北—东南向分布。与ⅢM31、ⅢM32、ⅢM34为一组，未发现茔圈。

1. 墓葬形制

该墓为带长斜坡墓道单室土洞墓，由封土、墓道、过洞、天井、甬道、墓室五部分组成。墓向135°（图二四二）。

封土　现呈丘状，部分叠压墓道。残径10.00、残高0.60米。

墓道　位于墓室东南部，平面呈不规则近长方形，长16.00、宽0.70米。西端剖面呈梯形，口小底大，底宽1.60米。西高东低，台阶至底。近墓门处距地表深5.80米。内填灰黄色沙土，土质松散，内含大量砾石。

过洞　东南接墓道，西北与天井相连，为拱形顶斜坡底土洞结构，平面呈长方形，长1.90、宽0.70、东南高2.90、西北高1.70米。

天井　东南接过洞，西北与甬道相连，为竖穴土坑结构，平面形状呈长方形，底部呈斜坡状。长4.20、宽0.70米。

甬道　位于墓道北端，连接墓道与墓室，塌陷严重，残存进深0.90米。墓门呈拱形，上宽0.70、底宽1.10、高1.95米。封门位于甬道内，原以土坯、沙砾、砾石封堵。

墓室　位于墓道西北，平面呈近正方形，斜壁上收至墓顶，顶部坍塌严重，形制不详。墓室边长约2.70、残高2.30米。

2. 葬具葬式

墓室西南壁下存一尸床，由细沙土堆垒而成，残长2.26、残宽0.40~0.60米、残高0.08米。该墓为单人墓。人骨置于尸床之上，仰身直肢葬。经鉴定，人骨为男性，年龄31~34岁。

3. 随葬品

无随葬品。

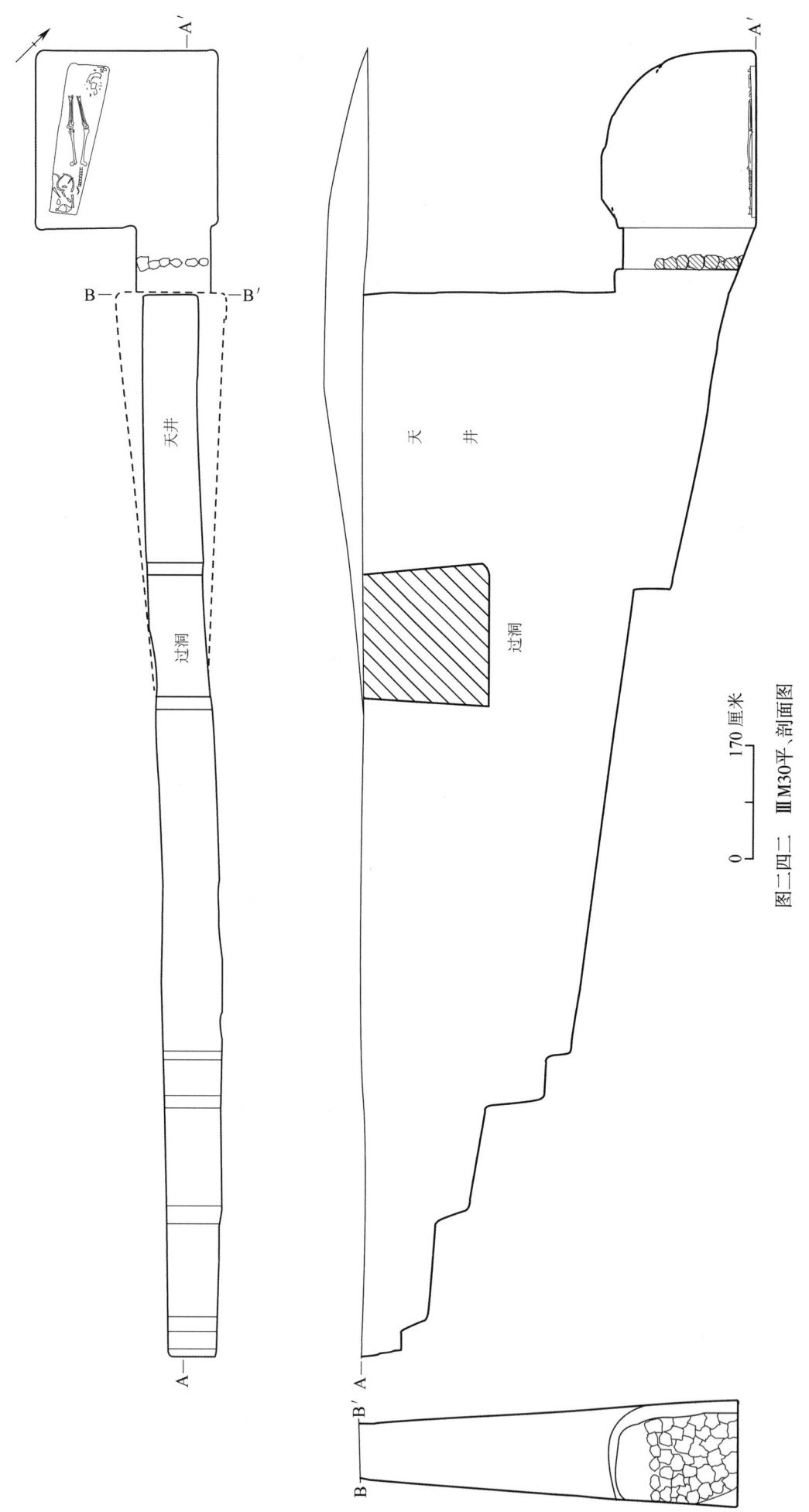

图二四二 ⅢM30平、剖面图

ⅢM31

位于Ⅲ区西部，ⅢM30以南，西北—东南北向分布。与ⅢM30、ⅢM32、ⅢM34为一组，未发现茔圈。

1. 墓葬形制

该墓为带长斜坡墓道"刀把"形单室土洞墓，由封土、墓道、甬道、墓室组成。墓向140°（图二四三）。

封土　现呈丘状，部分叠压墓道。残径5.00、残高0.40米。

墓道　位于墓室东南部，平面呈长方形，长7.20、宽1.20米。西北端剖面亦呈长方形，宽1.20米。南高北低，斜坡至距墓门1.20米处到底，其后平直延伸至墓门处。坡度25°。近墓门处距地表深3.40米。内填灰黄色沙土，土质松散，内含大量砾石。

甬道　位于墓道北端，连接墓道与墓室，进深0.36、宽0.80、高1.20米。墓门呈拱形，与甬道同高等宽。封门位于甬道内封，以土坯、沙砾、砾石封堵。

墓室　位于墓道西北，平面呈圆角长方形，斜壁上收至墓顶，顶部坍塌严重，形制不详。墓室南北长2.60、东西宽1.42、残高1.24米。

2. 葬具葬式

墓室西南壁下存一尸床，由沙石堆垒而成，脚部有腐朽的木质痕迹，可能存在脚箱。

该墓为单人葬。人骨置于尸床之上，仰身直肢葬。人骨性别、年龄不详。

3. 随葬品

随葬品仅陶盂1件，出土于人骨头部右侧。

陶盂　1件。ⅢM31:1，泥质素面灰陶。敛口，方唇，肩部近平，圆鼓腹，下腹斜收至平底。口径12.0、腹径23.8、底径10.0、高15.6厘米（图二四四，1；图版一一〇，5）。

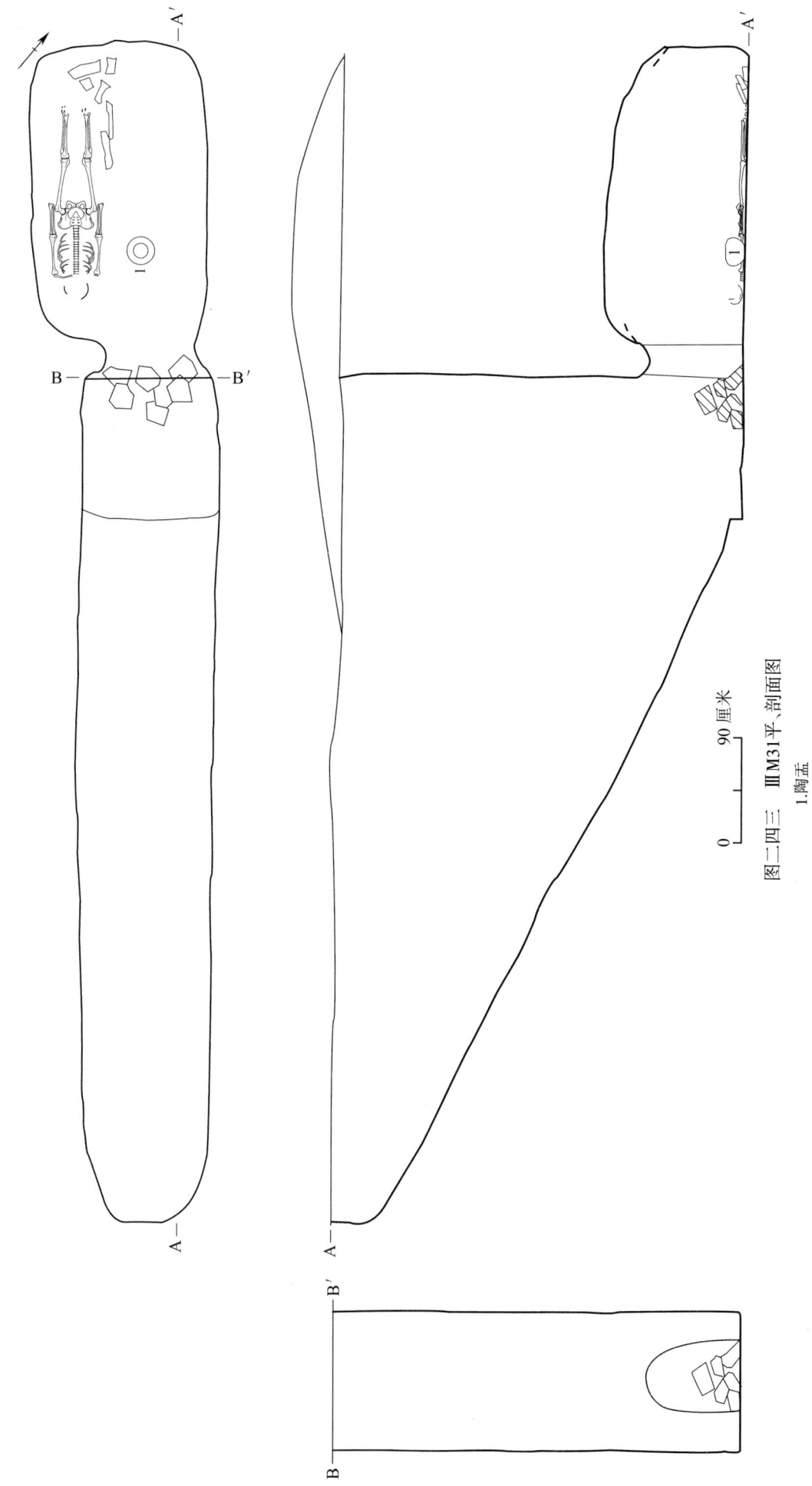

图二四三 ⅢM31平、剖面图
1.陶盂

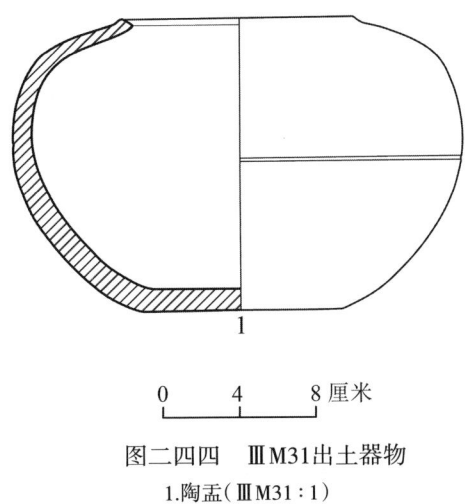

图二四四　ⅢM31出土器物
1.陶盂（ⅢM31∶1）

ⅢM32

位于Ⅲ区西部，ⅢM31西南，南北向分布。与ⅢM30、ⅢM31、ⅢM34为一组，未发现茔圈。

1. 墓葬形制

该墓为带长斜坡墓道"刀把"形单室土洞墓，由封土、墓道、甬道、墓室组成。墓向160°（图二四五）。

封土　现呈丘状，部分叠压墓道。残径4.00、残高0.38米。

墓道　位于墓室以南，平面呈近梯形，南窄北宽，长5.80、宽0.50~0.82米。北端剖面呈长方形，宽0.82米。南高北低，斜坡至距墓门1.25米处到底，其后平直延伸至墓门处，坡度26°。近墓门处距地表深约3.40米。

甬道　位于墓道北端，连接墓道与墓室，进深0.80、宽0.80、高1.00米。墓门呈拱形，略窄于墓道，上宽下窄，宽0.80~0.95米，与甬道等高。封门位于甬道内封，以不规则胶泥块封堵。

墓室　位于墓道以北，平面呈圆角长方形，西壁略直，东壁呈弧形，墓顶坍塌，形制不明。墓室南北长2.50、东西宽1.35、残高1.25米。

2. 葬具葬式

墓室西壁下存一尸床，由沙石堆垒而成，长1.80、宽0.35~0.60、高0.06米。

该墓为单人葬。人骨置于尸床之上，仰身直肢葬，头向朝南。经鉴定，人骨疑似男性，年龄30~40岁。

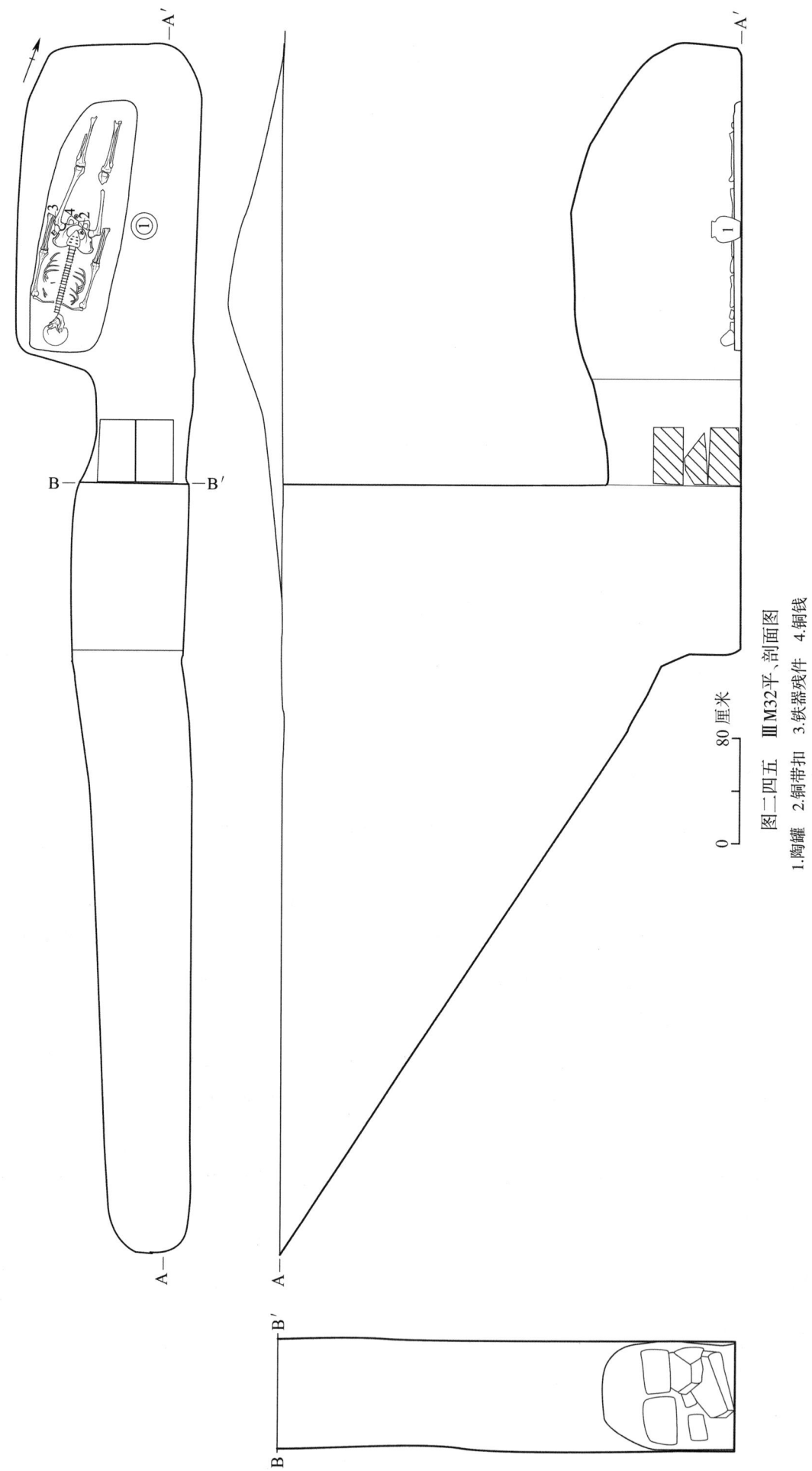

图二四五 ⅢM32平、剖面图
1.陶罐 2.铜带扣 3.铁器残件 4.铜钱

3. 随葬品

随葬品较少，仅于人骨右侧出土陶罐1件，人骨腰部出土铜钱1枚、铁器残件1件、铜带扣2组（5件）。

陶罐　1件。ⅢM32：1，泥质素面灰陶。侈口，圆唇，束颈，圆肩，腹部较瘦长，弧收至平底。口径12.4、腹径19.6、底径11.0、高21.2厘米（图二四六，2；图版———，1）。

铜带扣　2组（5件）。分长方形和近圆形两种。ⅢM32：2-1，平面呈长方形，一端开一长方形孔。长3.0、宽2.6、厚0.1厘米，长方形孔长1.8、宽0.4厘米（图二四六，3；图版———，3）。ⅢM32：2-3与ⅢM32：2-1形制相同，长2.9、宽2.8、厚0.1厘米（图二四六，4；彩

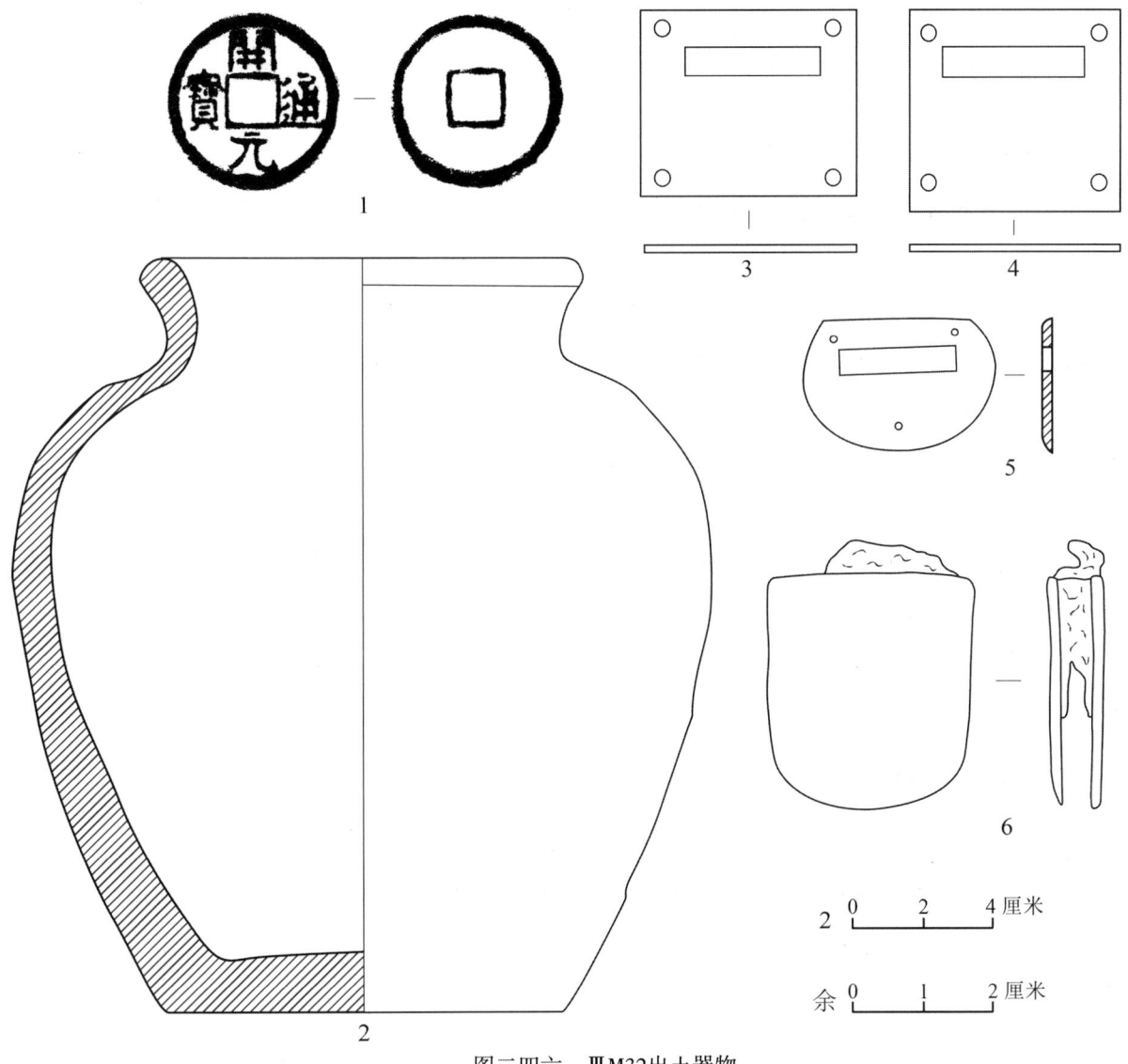

图二四六　ⅢM32出土器物
1.开元通宝（ⅢM32：4）　2.陶罐（ⅢM32：1）　3~6.铜带扣（ⅢM32：2-1、ⅢM32：2-3、ⅢM32：2-2、ⅢM32：2-5）

版——一，4）。M32：2-2，残，锈蚀严重，镶嵌在一严重锈蚀的铁器表面。整体呈近圆形，并于一端开一长方形孔，面有三孔，应为固定之用。整体残长2.7、宽1.8、厚0.15厘米，铜饰件最大径5.8、孔长3.5、宽0.7厘米（图二四六，5；图版———，2）。ⅢM32：2-5，平面呈前圆后方的马蹄状。长3.8、宽2.9、厚0.8厘米（图二四六，6；图版———，2）。

铁器残件　1件。M32：3，残缺锈蚀较甚，残断成数截，具体形制不详。

铜钱　1枚。ⅢM32：4，圆形方穿，为开元通宝。面背皆有内郭，轮廓深峻，文字精美，正面穿口左右铸"通宝"二字，上下铸"开元"二字，"元"字第二笔左挑，光背无纹饰。钱径2.42、穿宽0.60、郭宽0.20、郭厚0.20、肉厚0.16厘米，重4.19克（图二四六，1；图版——○，6）。

ⅢM33

位于Ⅲ区西部，ⅢM32西北，东西向分布。

1. 墓葬形制

该墓为带长斜坡墓道单室土洞墓，由封土、墓道、甬道、墓室组成。墓向278°（图二四七）。

封土　现呈丘状，部分叠压墓道。残径6.50、残高0.40米。

墓道　位于墓室以西，平面呈梯形，西窄东宽，长12.94、宽0.76~0.88米。东端剖面亦呈梯形，口小底大，底宽1.00米。西高东低，斜坡至距墓门1.76米处到底，其后平直延伸至墓门处。近墓门处距地表深5.40米。内填灰黄色沙土，土质松散，内含大量砾石。

甬道　位于墓道东端，连接墓道与墓室。平面呈长方形，进深0.85、宽0.80、高1.55米。墓门呈梯形，上宽0.52。封门位于甬道内封，以土坯、沙砾、砾石封堵。

墓室　位于墓道以东，平面呈近长方形，距墓室地面1.00米左右斜壁上收至顶，顶部坍塌严重，形制不详。墓室东西长3.00、南北宽2.60、残高2.00米。墓室西北角掏一龛，宽0.40、进深0.16、高0.08米。

2. 葬具葬式及葬俗

墓室北壁下存尸床与尸罩，尸床由沙土、木板、草木灰由下而上依次堆垒而成，长约2.00、宽约0.60、高约0.10米。尸罩腐朽散落于人骨之上及其周围，见脚踏。南壁下仅存尸床，由席子、白灰、沙土由上而下依次堆垒而成，长约2.10、宽约0.50、高约0.08米，见脚踏。

该墓为双人合葬。人骨置于尸床之上，均仰身直肢葬，头向西。经鉴定，北侧人骨为一成年女性；南侧人骨为男性，年龄30岁左右。

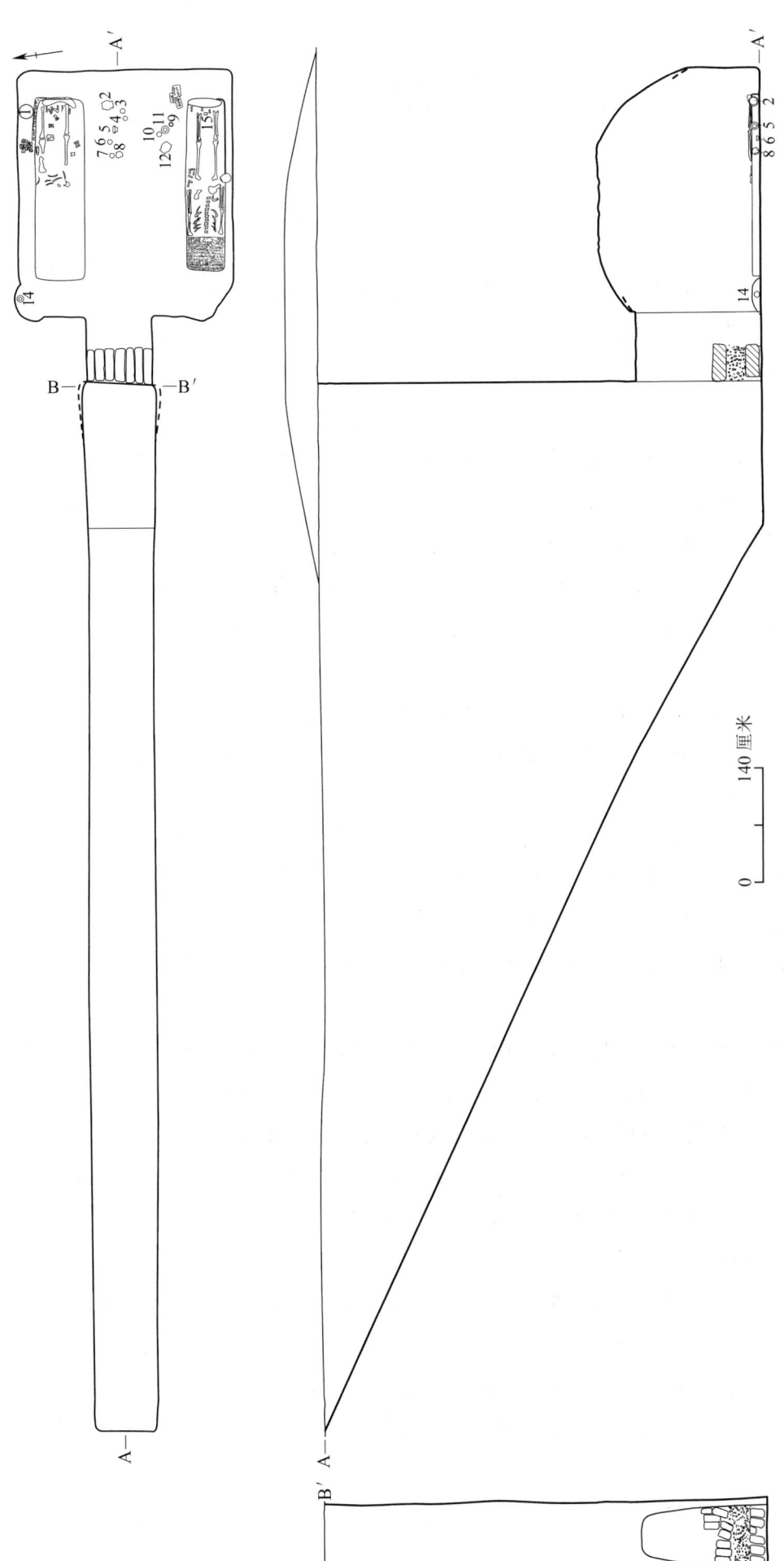

图二四七 ⅢM33平、剖面图

1.陶樽 2、12.波浪纹陶罐 3、6、10.陶碗 4、7、16.陶钵（16出土于墓室填土中） 5.陶盆 8.陶釜 9.陶灯 11.弦纹陶罐 13.泥斗瓶 14.泥釜 15.泥壶

人骨上散落有意打碎的陶片。

3. 随葬品

随葬品为陶器和泥器，放置于墓室中部、西北角龛内及人骨周围，共16件，包括陶樽1件、波浪纹陶罐2件、陶碗3件、陶钵3件、陶盆1件、陶釜1件、陶灯1件、弦纹陶罐1件、泥斗瓶1件、泥釜1件、泥壶1件（图版三九，3）。

波浪纹陶罐 2件。泥质灰陶。器形整体瘦高，侈口，斜直领，束颈溜肩，上腹部较圆鼓，下腹部斜收至平底。肩、腹部饰波浪纹和弦纹组合，内壁见轮制痕迹。ⅢM33∶2，圆唇。口径9.2、腹径11.6、底径8.0、高13.3厘米（图二四八，1；图版一一一，5）。ⅢM33∶12，尖唇。口径8.2、腹径11.5、底径7.8、高13.4厘米（图二四八，2；图版一一一，6）。

陶釜 1件。ⅢM33∶8，泥质素面灰陶。敛口，方唇，溜肩，上腹部较圆鼓，下腹部斜收至底，底作假圈足。口径5.8、腹径8.4、底径5.4、高7.1厘米（图二四八，3；图版一一二，6）。

弦纹陶罐 1件。ⅢM33∶11，泥质红褐陶。直口，方唇，矮领，圆肩，圆鼓腹，下腹部斜收至平底。口部有一对穿孔。肩腹部饰两道弦纹。口径4.6、腹径9.2、底径4.2、高6.7厘米（图二四八，4；图版一一三，2）。

陶盆 1件。ⅢM33∶5，泥质素面灰陶。侈口，斜平沿，尖唇，弧腹，底作假圈足。口径8.8、底径5.0、高4.4厘米（图二四八，5；图版一一三，3）。

陶灯 1件。ⅢM33∶9，泥质素面灰陶。灯口呈碟状，侈口，圆唇，曲腹，灯柄实心，近底部外撇形成圆台状，底微凹。口径4.8、底径5.2、高7.1厘米（图二四八，7；图版一一二，5）。

陶樽 1件。ⅢM33∶1，泥质素面灰陶。口残，可复原。侈口，圆唇，直领，溜肩，腹部较直，平底。口径16.4、底径16.4、高9.4厘米（图二四八，8；图版一一三，1）。

陶碗 3件。泥质素面灰陶。敛口，上腹圆鼓，下腹弧收至底，底作假圈足。内壁见轮制痕迹。ⅢM33∶3，圆唇。口径5.4、底径4.0、高2.9厘米（图二四八，12）。ⅢM33∶6，方唇。口径5.6、底径4.0、高2.7厘米（图二四八，13）。ⅢM33∶10，圆唇。口径5.4、底径4.0、高2.3厘米（图二四八，11；图版一一三，5）。

陶钵 3件。泥质素面灰陶。ⅢM33∶4，敛口，圆唇，上腹较鼓，下腹斜收至平底，口径5.0、底径3.8、高2.2厘米（图二四八，15；图版一一二，4）。ⅢM33∶7，敛口，圆唇，弧腹，平底。口径5.4、底径4.2、高2.5厘米（图二四八，14）。ⅢM33∶16，底残，不可复原。敛口，圆唇，弧腹。腹部墨书镇墓文，漫漶不清。复原口径16.8、残高6.5厘米（图二四八，16；图版一一三，4）。

泥斗瓶 1件。ⅢM33∶13，红胶泥捏制而成。直口，直领，溜肩，腹部圆鼓，下腹直收至

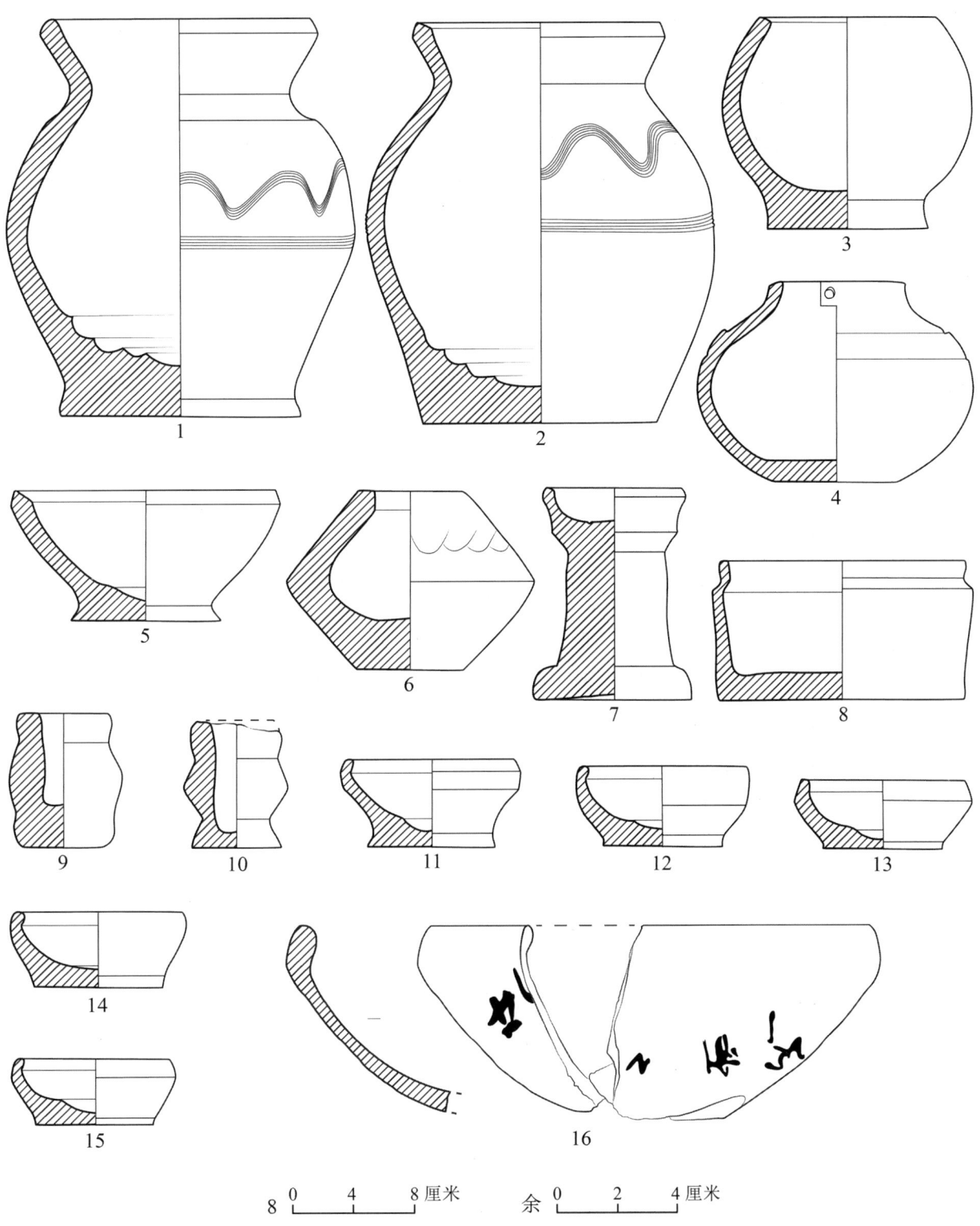

图二四八　ⅢM33出土器物

1、2.波浪纹陶罐（ⅢM33：2、ⅢM33：12）　3.陶釜（ⅢM33：8）　4.弦纹陶罐（ⅢM33：11）　5.陶盆（ⅢM33：5）　6.泥釜（ⅢM33：14）　7.陶灯（ⅢM33：9）　8.陶樽（ⅢM33：1）　9.泥斗瓶（ⅢM33：13）　10.泥壶（ⅢM33：15）　11~13.陶碗（ⅢM33：10、ⅢM33：3、ⅢM33：6）　14~16.陶钵（ⅢM33：7、ⅢM33：4、ⅢM33：16）

平底。口径 3.2、底径 2.6、高 4.5 厘米（图二四八，9；图版一一二，1）。

泥釜 1件。ⅢM33:14，红胶泥捏制而成。敛口，方唇，折肩，下腹斜收至平底。腹部见竖向刮削痕迹。口径 3.4、腹径 8.2、底径 3.4、高 6.0 厘米（图二四八，6；图版一一二，3）。

泥壶 1件。ⅢM33:15，红胶泥捏制而成。口残，不可复原。斜直领，溜肩，腹部外鼓形成一周凸棱，近底部外撇至平底。腹径 5.8、底径 3.0、残高 4.2 厘米（图二四八，10；图版一一二，2）。

ⅢM34

位于Ⅲ区西部，ⅢM33 以南，南北向分布。与ⅢM30、ⅢM31、ⅢM32 为一组，未发现茔圈。

1. 墓葬形制

该墓为带长斜坡墓道"刀把"形单室土洞墓，由封土、墓道、甬道、墓室组成。墓向 175°（图二四九）。

封土 现呈丘状，部分叠压墓道。残径 6.30、残高 0.45 米。

墓道 位于墓室以南，平面呈梯形，南宽北窄，长 6.20、宽 0.80~1.50 米。北端剖面呈长方形，宽 1.50 米。南高北低，斜坡至距墓门 1.20 米处到底，其后平直延伸至墓门处，坡度 20°。近墓门处距地表深 2.80 米。

甬道 位于墓道北端，连接墓道与墓室。平面呈长方形，进深 0.50、宽 0.74、高 1.20 米。墓门呈拱形，与甬道同宽等高。封门位于甬道内封，以胶泥板、沙砾、砾石封堵，残存 6 层。

墓室 位于墓道以北，平面形状呈近梯形，弧壁上收至顶，顶部完全塌陷，形制不明。墓室南北长 2.00~2.50、东西宽 1.40 米（图版一八，1）。

2. 葬具葬式

墓室西壁下存一木质尸床，长 1.90、宽 0.45 米。

该墓为单人葬。人骨置于尸床之上，仰身直肢葬，头向南。经鉴定，人骨为女性，年龄不详。

3. 随葬品

随葬品较少，仅于墓室中部出土彩绘陶罐 1 件、人骨头部出土铜钱 1 枚。

彩绘陶罐 1件。ⅢM34:2，泥质灰陶。口略残，侈口，方圆唇，束颈，溜肩，弧腹收至平底。黑红复彩，通体施白色陶衣，上施以红彩，再以墨线勾绘莲瓣，近底处饰卷云纹。口径 11.0、腹径 16.9、底径 9.7、高 20.0 厘米（图二五〇，1；图版一一三，6）。

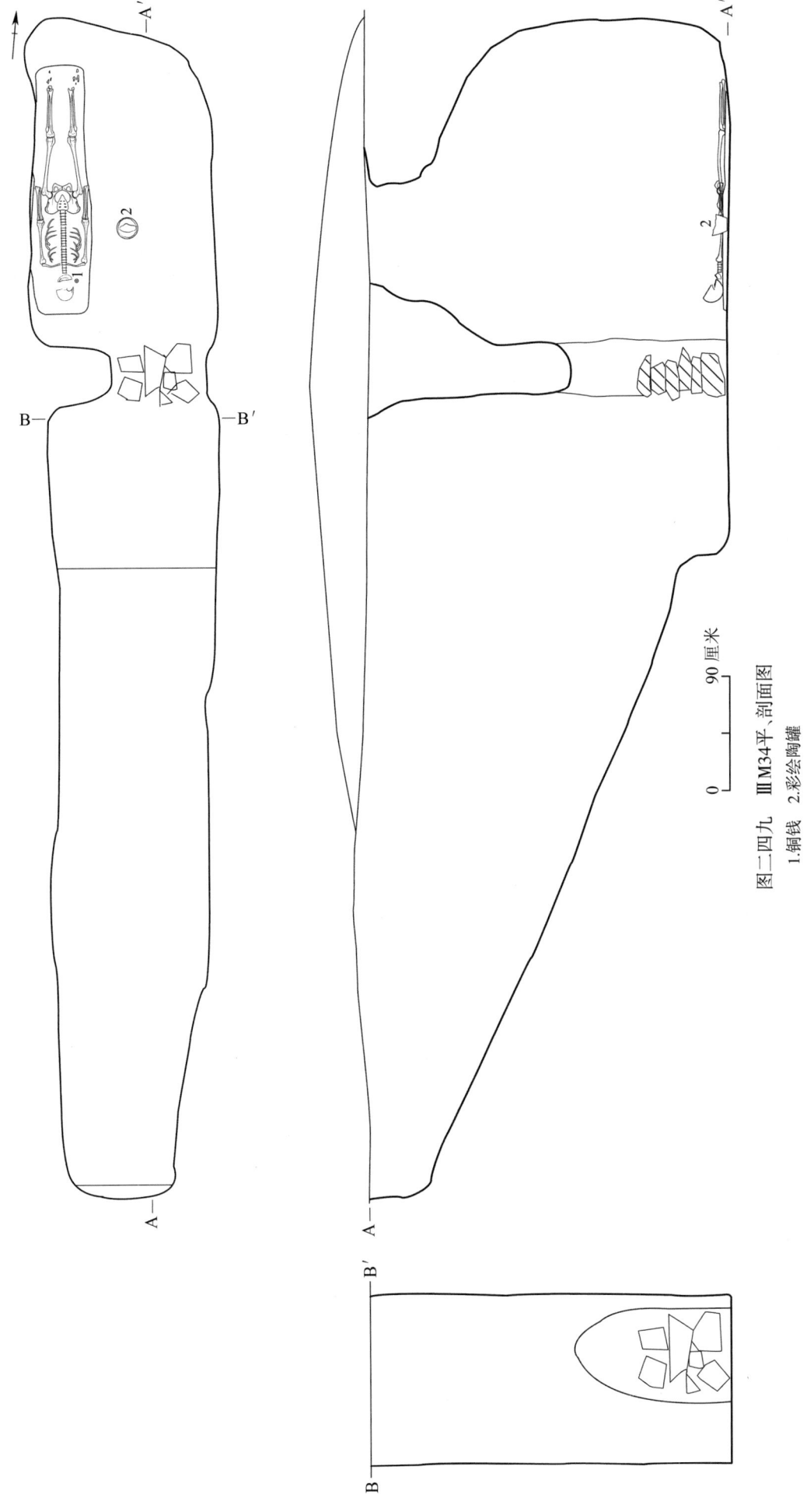

图二四九 ⅢM34 平、剖面图
1. 铜钱 2. 彩绘陶罐

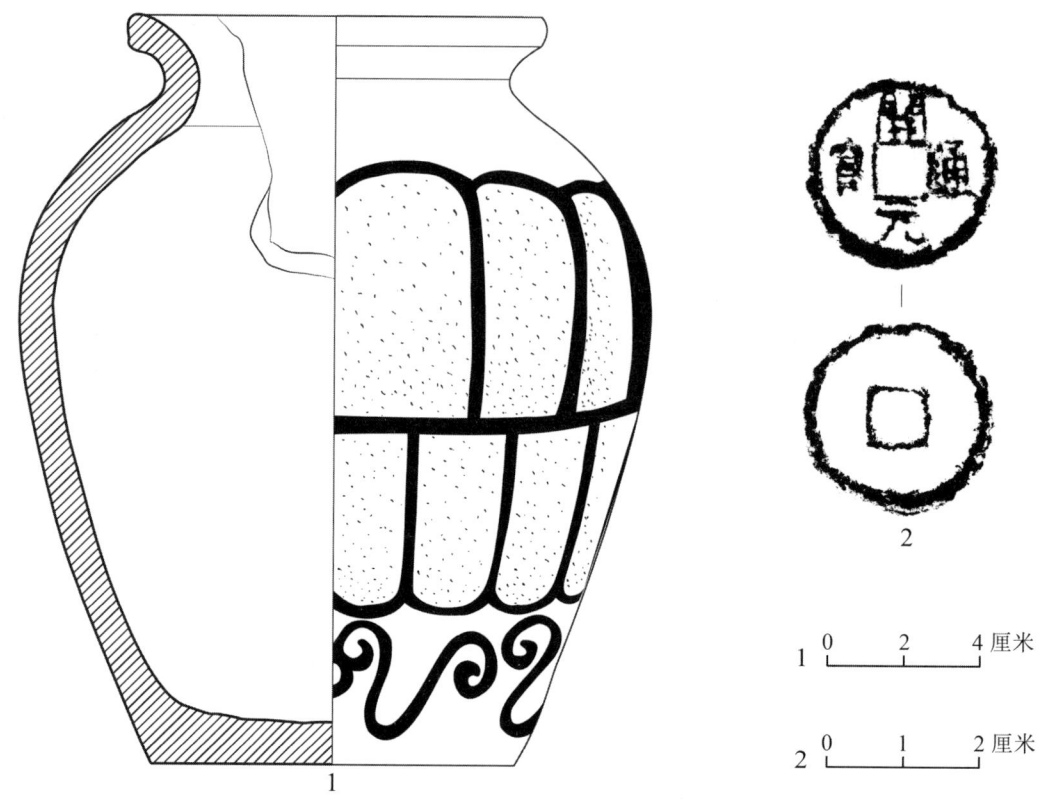

图二五〇　ⅢM34出土器物
1.彩绘陶罐（ⅢM34:2）　2.开元通宝（ⅢM34:1）

铜钱　1枚。ⅢM34:1，圆形方穿，为开元通宝。面背皆有内郭，文字稍许锈蚀，正面穿口左右铸"通宝"二字，上下铸"开元"二字，"元"字第二笔左挑。记号为背月。钱径2.55、穿宽0.60、郭宽0.27、郭厚0.19、肉厚0.16厘米，重3.12克（图二五〇，2；图版——四，1）。

ⅢM35

位于Ⅲ区西部，ⅢM34东侧，东西向分布。

1. 墓葬形制

该墓为带长斜坡墓道单室土洞墓，由封土、墓道、甬道、墓室组成。墓向275°（图二五一）。

封土　现呈丘状，部分叠压墓道。残径6.00、残高0.30米。

墓道　位于墓室以西，平面呈梯形，东宽西窄，长12.30、宽0.70~1.10米。东端剖面呈长方形，宽1.10米。西高东低，斜坡至底距墓门2.10米处到底，其后平直延伸到墓门，坡度25°，近墓门处距地表深4.38米。内填灰黄色沙土，土质松散，内含大量砾石。

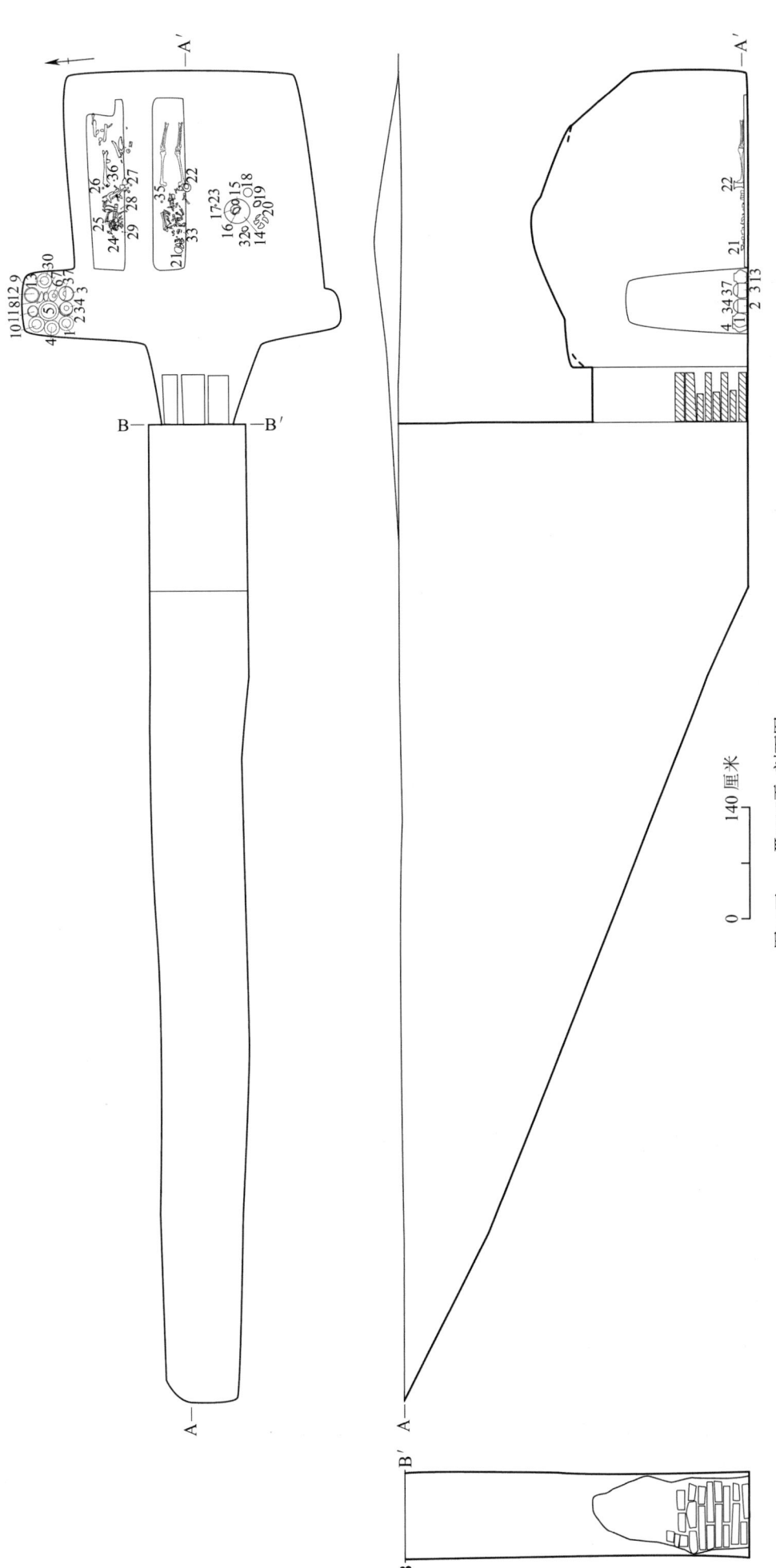

图二五一 ⅢM35平、剖面图

1、4、10、13.波浪纹陶罐 2、3、12.陶樽 5.陶釜 6.陶甑 7、18、20、21.陶碟 8、30、34、37.陶器盖 9、17.陶盆 11.泥壶 14.陶盘 15、16、19、32.陶耳杯 22.陶灯 23、24、26、27、35.铜钱 25.铜指环 28.金饰片 29.珠饰 31、36.铁饰片 (31出土于墓室填土内) 33.铜器残件

甬道　位于墓道东端，连接墓道与墓室。平面呈梯形，西窄东宽，进深0.70、宽0.88~1.40、高1.90米。墓门呈拱形，宽0.90、高1.90米。封门位于甬道内封，以土坯错缝平铺顺砌，土坯长0.46、宽0.25、厚0.10米。

墓室　位于墓道以东，平面呈圆角长方形，墓壁较为平直，距墓室地面1.44米处向上斜收至顶，坍塌严重，形制不详。墓室东西长3.47、南北宽3.08、残高2.70米。墓室西北角和西南角各掏一龛。西北角龛口宽0.85、进深0.65、高1.50米；西南角龛口宽0.50、进深0.20、高0.90米。

2. 葬具葬式及葬俗

墓室北壁下存两尸床，北侧尸床由细沙土堆垒而成，长2.12、宽0.40~0.46、厚0.03米；南侧尸床由细沙土、草木灰和白灰堆砌而成，长2.16、宽0.40、厚约0.06米。

该墓为双人合葬。人骨置于尸床之上，均仰身直肢葬，头向西。经鉴定，北侧人骨为一成年个体，性别不详；南侧人骨为男性，年龄40~50岁。

北侧人骨上散落有意打碎的陶片。

3. 随葬品

随葬品以陶器为主，放置于墓室南部、西北角龛内及人骨周围。共26件，包括波浪纹陶罐4件、陶樽3件、陶釜1件、陶甗1件、陶碟4件、陶器盖4件、陶盆2件、泥壶1件、陶盘1件、陶耳杯4件、陶灯1件。两人骨附近出土金属器及铜钱11件（组），其中铜指环1件、金饰片1件、珠饰1组（14枚）、铁器残件2件、铜器残件1件、铜钱5组（38枚）（图版四〇，1）。

陶盆　2件。ⅢM35：9，泥质素面橙黄陶。残，可复原。侈口，斜平沿，圆唇，弧腹，平底。口径12.6、底径5.2、高6.1厘米（图二五二，1）。ⅢM35：17，泥质素面灰陶。残，可复原。侈口，斜平沿微内凹，斜直腹，平底。口径13.2、底径5.2、高5.5厘米（图二五二，2）。

陶釜　1件。ⅢM35：5，泥质灰陶。器形扁圆，敛口，方唇，鼓腹，平底。肩、腹部饰弦纹和波浪纹组合，近底处有竖向刮削痕迹。口径18.4、腹径25.0、底径19.6、高11.3厘米（图二五二，4；图版一一五，6）。

陶甗　1件。ⅢM35：6，泥质灰陶。盆形甗，侈口，圆唇，斜平沿微内凹，弧腹，腹部较深，平底。腹部饰凸棱纹，底有五孔。内壁见轮制痕迹。口径13.8、底径4.8、高6.1厘米（图二五二，6；图版一一六，4）。

波浪纹陶罐　4件。器形整体矮胖，直口，尖圆唇，圆鼓腹。ⅢM35：1，泥质橙黄陶。器表剥落严重。三角缘开始蜕化。平底。肩、腹部为两组波浪纹间隔一组弦纹。口径9.4、腹径18.4、底径13.0、高17.6厘米（图二五二，7）。ⅢM35：4，泥质橙黄陶。口残，可复原。三角

图二五二　ⅢM35出土器物（一）

1、2.陶盆（ⅢM35：9、ⅢM35：17）　3.泥壶（ⅢM35：11）　4.陶釜（ⅢM35：5）　5、11、12.陶樽（ⅢM35：12、ⅢM35：2、ⅢM35：3）　6.陶甑（ⅢM35：6）　7~10.波浪纹陶罐（ⅢM35：1、ⅢM35：4、ⅢM35：10、ⅢM35：13）

缘开始蜕化。平底。肩、腹部为两组波浪纹间隔一组弦纹。口径8.8、腹径18.9、底径12.8、高17.8厘米（图二五二，8）。ⅢM35：10，泥质灰陶。三角缘开始蜕化。底微凹。肩、腹部饰两组波浪纹和一组弦纹。口径9.8、腹径19.8、底径12.6、高17.7厘米（图二五二，9；图版一一四，4）。ⅢM35：13，泥质灰陶。外缘呈三角状。底微凹。肩、腹部饰三组波浪纹。口径9.0、腹径18.2、底径10.8、高16.0厘米（图二五二，10；图版一一四，3）。

陶樽　3件。泥质素面灰陶。矮领，圆肩，腹部较直，平底。ⅢM35：2，直口，方唇。口径15.4、底径16.6、高11.2厘米（图二五二，11；图版一一六，1）。ⅢM35：3，敛口，方唇。口径15.2、底径18.0、高11.8厘米（图二五二，12；图版一一六，2）。ⅢM35：12，敛口，圆唇。口径16.0、底径18.2、高11.6厘米（图二五二，5；图版一一六，3）。

陶器盖　4件。泥质素面灰陶。整体呈覆钵状，平顶，弧腹，侈口。ⅢM35：8，内壁见轮制痕迹。盖径16.0、高5.4厘米（图二五三，1）。ⅢM35：30，残，可复原。盖径15.2、高5.0厘米（图二五三，2）。ⅢM35：34，内壁见轮制痕迹。盖径16.0、高5.3厘米（图二五三，3）。ⅢM35：37，残，可复原。内壁见轮制痕迹。盖径17.6、高5.7厘米（图二五三，8）。

陶碟　4件。敞口，尖唇，浅弧腹，平底。ⅢM35：7，泥质素面灰陶。内壁见轮制痕迹。口径11.6、底径4.4、高3.3厘米（图二五三，4；图版一一五，4）。ⅢM35：18，泥质素面灰陶。内壁见轮制痕迹。口径11.2、底径4.2、高3.2厘米（图二五三，5）。ⅢM35：20，泥质素面灰陶。残，可复原。口径12.0、底径5.2、高2.8厘米（图二五三，7）。ⅢM35：21，泥质素面橙黄陶。残，可复原。内壁见轮制痕迹。口径10.7、底径3.9、高3.0厘米（图二五三，6）。

陶灯　1件。ⅢM35：22，泥质素面橙黄陶。残，可复原。灯口呈碟状，敞口，尖圆唇，灯柄空心，上细下粗，近底处外撇折收作低台座。口径7.8、底径10.4、高12.2厘米（图二五三，9；图版一一五，3）。

陶盘　1件。ⅢM35：14，泥质橙黄陶。圆形，平沿内凹，外缘斜直，近底处内收至平底。盘面较平，低于盘沿。盘面饰两组波浪纹、弦纹组合。盘径31.2、厚2.0厘米（图二五三，10；图版一一五，7）。

陶耳杯　4件。泥质素面灰陶。整体呈椭圆形，侈口，方唇，长边两侧附对称双耳，斜弧腹。ⅢM35：15，长方形边耳，平底。长口径9.6、短口径5.0、长底径6.4、短底径4.2、耳长3.2、耳宽0.9、高2.5厘米（图二五三，14；图版一一五，1）。ⅢM35：16，长方形边耳，平底。长口径10.8、短口径5.6、长底径5.1、短底径2.5、耳长3.8、耳宽1.2、高3.3厘米（图二五三，16）。ⅢM35：19，半圆形边耳，圜底。耳与口沿齐平。长口径10.8、短口径5.8、长底径3.5、短底径1.5、高4.0厘米（图二五三，17；图版一一五，2）。ⅢM35：32，残，不可复原。长方形边耳平底。残长7.0、高3.0厘米（图二五三，15）。

泥壶　1件。ⅢM35：11，泥质红陶。残，仅余腹部和底部，无法复原。鼓腹，低台座。内壁见轮制痕迹。腹径14.0、底径12.8、残高9.2厘米（图二五二，3）。

图二五三　ⅢM35出土器物（二）

1~3、8.陶器盖（ⅢM35:8、ⅢM35:30、ⅢM35:34、ⅢM35:37）　4~7.陶碟（ⅢM35:7、ⅢM35:18、ⅢM35:21、ⅢM35:20）
9.陶灯（ⅢM35:22）　10.陶盘（ⅢM35:14）　11.铜指环（ⅢM35:25）　12.金饰片（ⅢM35:28）　13.铁器残件（ⅢM35:31）
14~17.陶耳杯（ⅢM35:15、ⅢM35:32、ⅢM35:16、ⅢM35:19）　18、19.五铢钱（ⅢM35:27-1、ⅢM35:27-5）
20.剪轮五铢（ⅢM35:23-2）

铜指环　1件。ⅢM35：25，平面呈圆环状，死扣，环体起三道凸棱，槽内为点形针眼。直径1.7、高0.6厘米（图二五三，11）。

金饰片　1件。ⅢM35：28，略残，圆片状，直径1.0、厚0.01厘米（图二五三，12；图版一一四，6）。

珠饰　1组（14枚）。大小不一，形制不尽相同（图版一一五，5）。ⅢM35：29-1，整体呈圆柱状，截面呈圆形，中穿孔。直径0.4厘米。ⅢM35：29-2，整体形状呈圆形，中穿孔，直径0.3厘米。ⅢM35：29-3，整体形状呈圆形，中穿孔，直径0.2厘米。

铁器残件　2件。ⅢM35：31，一端宽一端窄，截面呈椭圆形。长7.0、宽1.4厘米。ⅢM35：36，残缺、锈蚀严重，形制不可辨（图二五三，13）。

铜器残件　1件。ⅢM35：33，残缺、锈蚀严重，形制不可辨。

铜钱　5组（38枚）。均圆形方穿，以五铢钱为主，部分磨郭，另有少量剪轮钱。一枚磨郭五铢有穿左上星的记号。

五铢钱，正面穿左右篆书"五铢"二字。ⅢM35：23-2，剪轮五铢。形制较小，面背均有内郭，边有剪凿痕，仅余半"五"和半"铢"字，"五"字交笔弯曲，"朱"字上下部均方圆折。穿宽0.62、肉厚0.10厘米，重0.95克（图二五三，20；图版一一四，2）。ⅢM35：27-1，"五"字较宽，交笔弯曲；"铢"字锈蚀不清。钱径2.59、穿宽0.91、郭宽0.20、郭厚0.13、肉厚0.10厘米，重2.08克（图二五三，18）。ⅢM35：27-5，"五"字较宽，交笔弯曲；"铢"字"金"字头呈三角形，中间四点较短，"朱"字上部圆折，下部方圆折。钱径2.44、穿宽0.92、郭宽0.10、郭厚0.10、肉厚0.06厘米，重1.76克（图二五三，19）。

ⅢM36

位于Ⅲ区西部，ⅢM35以南，东西向分布。与ⅢM37、ⅢM38为一组，未发现茔圈。

1. 墓葬形制

该墓为带长斜坡墓道单室土洞墓，由封土、墓道、甬道、墓室组成。墓向275°（图二五四）。

封土　呈不规则丘状，部分叠压墓道。残径9.60、残高0.45米。

墓道　位于墓室以西，平面呈不规则的梯形，东宽西窄长11.50、宽0.63~0.87米。东端剖面呈长方形，底宽0.87米。西高东低，斜坡至距墓门1.06米处到底，其后平直延伸至墓门处，坡度27°。近墓门处距地表深5.40米。

甬道　位于墓道东端，连接墓道与墓室。平面呈长方形，进深2.60、宽0.59、高1.70米。甬道两侧以土坯加固，完整者长0.42、宽0.23、高0.10米。墓门呈拱形，宽0.58、高1.68米。封门位于甬道内封，以不规则胶泥版封堵。

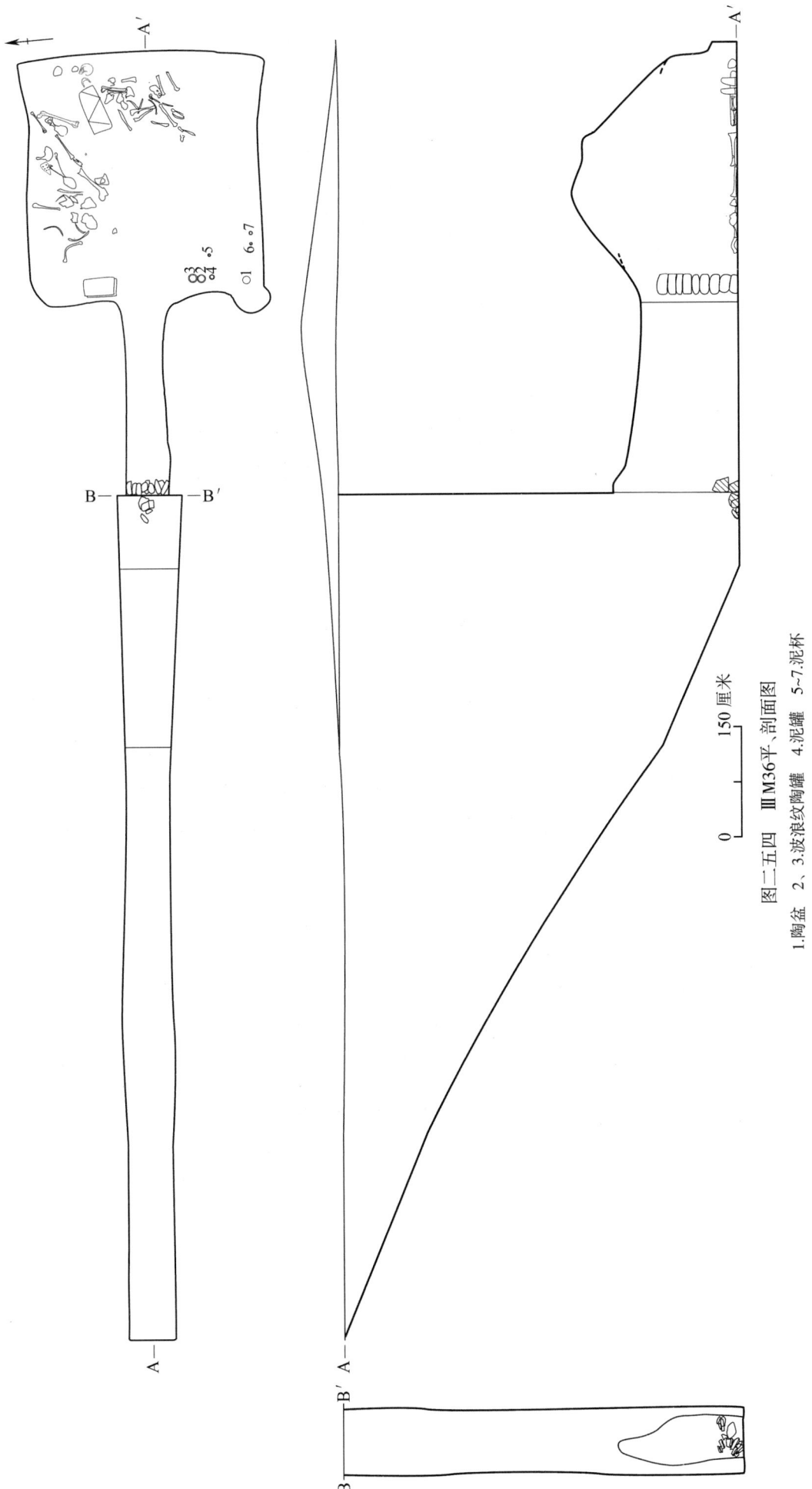

图二五四 ⅢM36平、剖面图
1.陶盆 2、3.波浪纹陶罐 4.泥罐 5~7.泥杯

墓室　位于墓道以东，平面呈圆角长方形，四壁略直，距墓室地面1.30米处向上斜收至顶，顶部坍塌严重，形制不详。墓室南北长3.42、东西宽3.32、残高2.22米。墓室前壁北侧有9块土坯上下错置叠放，土坯长0.40、宽0.22、高0.10米。墓室西南角掏一龛，覆斗顶，顶部塌陷，口宽0.40、进深0.55、高0.25米。

2. 葬具葬式

无葬具。

该墓为四人合葬。人骨散布于墓室北壁和东壁下，疑为二次葬。经鉴定，人骨分属于四个个体：其一，疑似男性，年龄40~44岁；其二，疑似女性，年龄35岁左右；其三，女性，年龄40岁左右；其四，女性，成年。

3. 随葬品

随葬品均为陶器和泥器，集中放置于墓室西南角，共7件，包括陶盆1件、波浪纹陶罐2件、泥罐1件、泥杯3件。

陶盆　1件。ⅢM36:1，泥质素面灰陶。侈口，斜平沿，方唇，斜直腹，平底。口径9.8、底径4.8、高4.3厘米（图二五五，4）。

波浪纹陶罐　2件。泥质灰陶。器形整体瘦高，侈口，圆唇，高斜领，束颈，溜肩，上腹部圆鼓，下腹斜收至平底。肩、腹部饰波浪纹和弦纹组合。ⅢM36:2，口径8.6、腹径11.4、底径9.0、高13.0厘米（图二五五，7）。ⅢM36:3，口径8.8、腹径12.0、底径7.2、最高12.6厘米（图二五五，6）。

泥罐　1件。ⅢM36:4，泥捏而成。口略残。直口，方唇，溜肩，上腹部外鼓，下腹斜收至平底。腹径7.0、底径3.6、残高6.8厘米（图二五五，5）。

泥杯　3件。ⅢM36:5，泥捏而成。口残。筒状，直口，直腹，平底。底径3.0、残高4.2厘米（图二五五，1）。ⅢM36:6，泥捏而成。口残。筒状，直腹，平底。底径3.0、残高4.0厘米（图二五五，3）。ⅢM36:7，泥捏而成。口略残。筒状，敛口，近直腹，平底。底径4.0、残高4.3厘米（图二五五，2）。

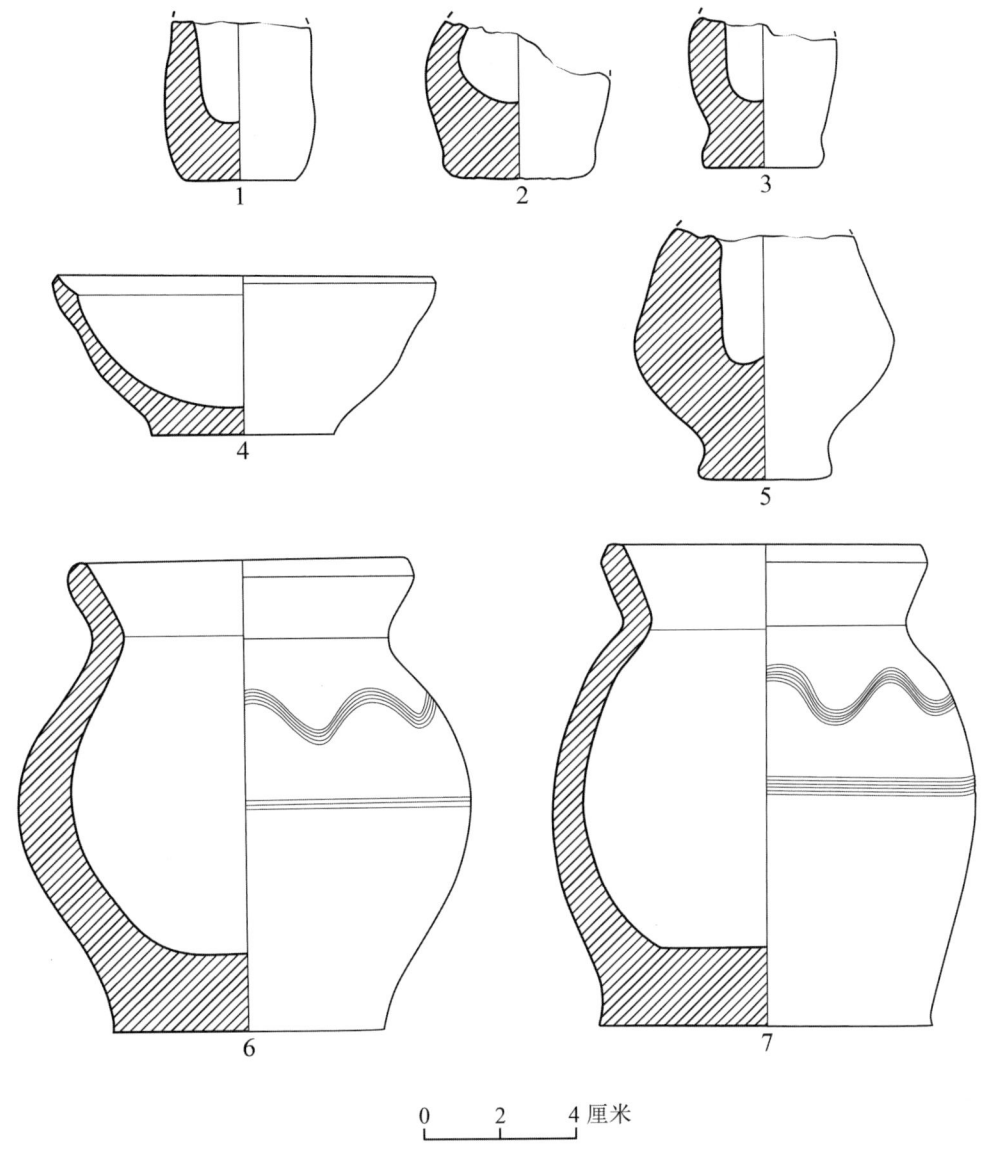

图二五五　ⅢM36出土器物

1~3.泥杯（ⅢM36:5、ⅢM36:7、ⅢM36:6）　4.陶盆（ⅢM36:1）　5.泥罐（ⅢM36:4）　6、7.波浪纹陶罐（ⅢM36:3、ⅢM36:2）

ⅢM37

位于Ⅲ区西部，ⅢM36东南，东西向分布。与ⅢM36、ⅢM38为一组，未发现茔圈。

1. 墓葬形制

该墓为带长斜坡墓道单室土洞墓，由封土、墓道、甬道、墓室组成。墓向280°（图二五六）。

封土　现呈不规则丘状，部分叠压墓道，残径10.60、残高0.50米。

墓道　位于墓室以西。平面呈近梯形，东宽西窄，长14.00、宽0.76~0.87米。东端剖面呈

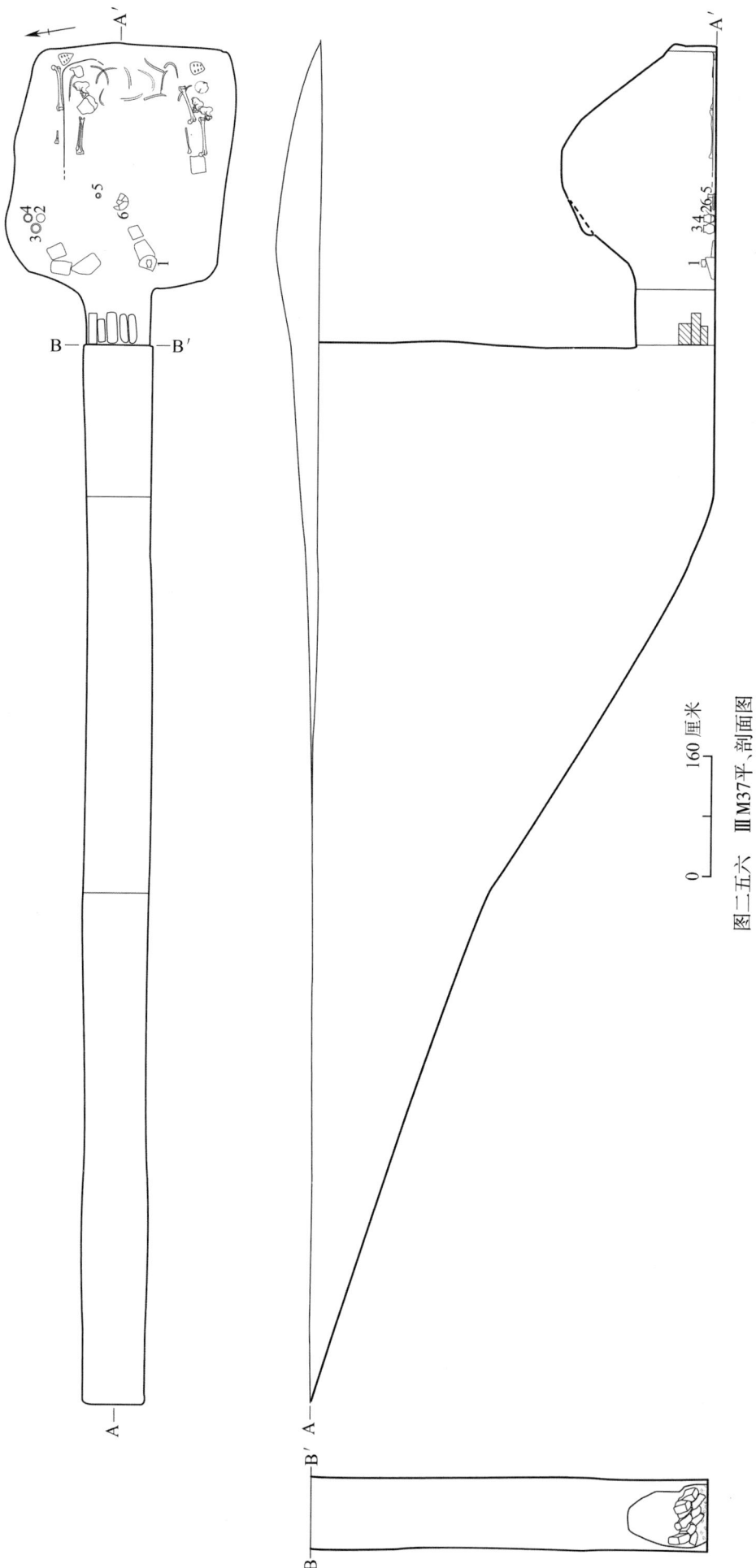

图二五六 ⅢM37平、剖面图
1.陶壶 2.陶甑 3、4.波浪纹陶罐 5.陶灯 6.陶盘

长方形，底宽 0.87 米。西高东低，斜坡至距墓门 1.90 米处到底，其后平直延伸至墓门，坡度 21°。近墓门处距地表深 5.25 米。

甬道　位于墓道东端，连接墓道与墓室。平面呈长方形，进深 0.75、宽 0.82、高 1.08 米。墓门呈拱形，与甬道同高等宽。封门位于甬道内封，以土坯封堵，部分土坯倒向墓室两侧，仅存下部，土坯完整者长 0.41、宽 0.23、高 0.90 米。

墓室　位于墓道以东，平面呈圆角长方形，四壁略直，距墓室地面 1.05 米处向上斜收至顶，顶部塌陷严重，形制不详。墓室东西长 3.22、南北宽 2.86、残高 2.04 米。

2. 葬具葬式

墓室北壁下残存尸床，由细沙土堆垒而成，残高 0.03 米。

该墓为双人合葬。人骨凌乱，散布于墓室东部，葬式不详。经鉴定，北侧人骨为男性，年龄 40~50 岁；南侧人骨为女性，年龄 45~50 岁。

3. 随葬品

随葬品均为陶器，集中放置于墓室西北角及墓室中部，共 6 件，包括陶壶 1 件、陶甑 1 件、波浪纹陶罐 2 件、陶灯 1 件、陶盘 1 件。

波浪纹陶罐　2 件。泥质灰陶。器形整体瘦高，侈口，尖圆唇，高斜领，束颈，溜肩，腹部圆鼓，平底。肩、腹部饰波浪纹和弦纹各一组，内壁见轮制痕迹。ⅢM37：3，口径 9.8、腹径 13.4、底径 8.8、高 14.0 厘米（图二五七，1）。ⅢM37：4，口径 9.2、腹径 10.6、底径 8.6、高 14.0 厘米（图二五七，2）。

陶壶　1 件。ⅢM37：1，泥质灰陶。侈口，尖唇，高斜领，束颈，扁鼓腹，束腰外撇成平底。腹部及近底处饰凸棱纹。口径 5.4、腹径 6.8、底径 5.8、高 9.9 厘米（图二五七，3）。

陶甑　1 件。ⅢM37：2，泥质素面灰陶。盆形甑，侈口，尖唇，斜沿微内凹，斜直腹，底作假圈足，底有六孔。内壁见轮制痕迹。口径 11.2、底径 5.0、高 4.6 厘米（图二五七，4）。

陶盘　1 件。ⅢM37：6，泥质灰陶。残，可复原。圆形，宽平沿微内斜，斜直缘内收至平底。盘面略低于盘沿。盘面饰波浪纹和刮削所致弦纹。复原盘径 22.0、厚 2.0 厘米（图二五七，5）。

陶灯　1 件。ⅢM37：5，泥质素面橙黄陶。灯口呈碟状，敞口，尖唇，弧腹，灯柄实心，外撇成灯座，灯座较薄。口径 6.2、底径 7.0、高 8.6 厘米（图二五七，6）。

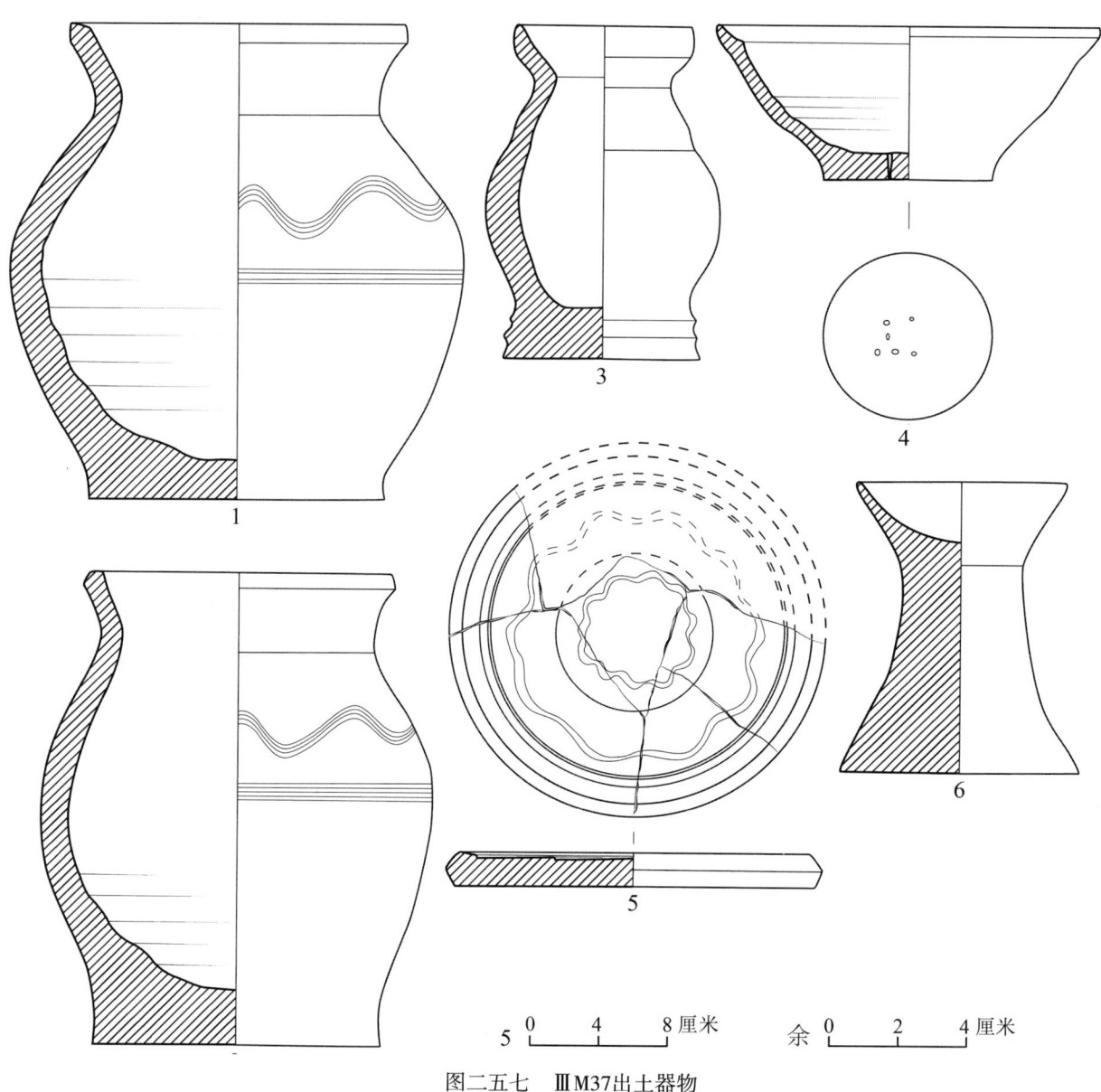

图二五七　ⅢM37出土器物
1、2.波浪纹陶罐（ⅢM37：3、ⅢM37：4）　3.陶壶（ⅢM37：1）　4.陶甑（ⅢM37：2）　5.陶盘（ⅢM37：6）　6.陶灯（ⅢM37：5）

ⅢM38

位于Ⅲ区西部，ⅢM37以南，西北—东南向分布。与ⅢM36、ⅢM37为一组，未发现茔圈。

1. 墓葬形制

该墓为带长斜坡墓道单室土洞墓，由封土、墓道、甬道、墓室组成。墓向285°（图二五八）。

封土　现呈不规则丘状，部分叠压墓道。残径8.20、残高0.40米。

墓道　位于墓室以西，平面呈梯形，东宽西窄，长12.90、宽0.82~1.13米。东端剖面呈长方形，底宽1.13米。西高东低，斜坡至距墓门1.10米处到底，其后平直延伸至墓门，东部坡

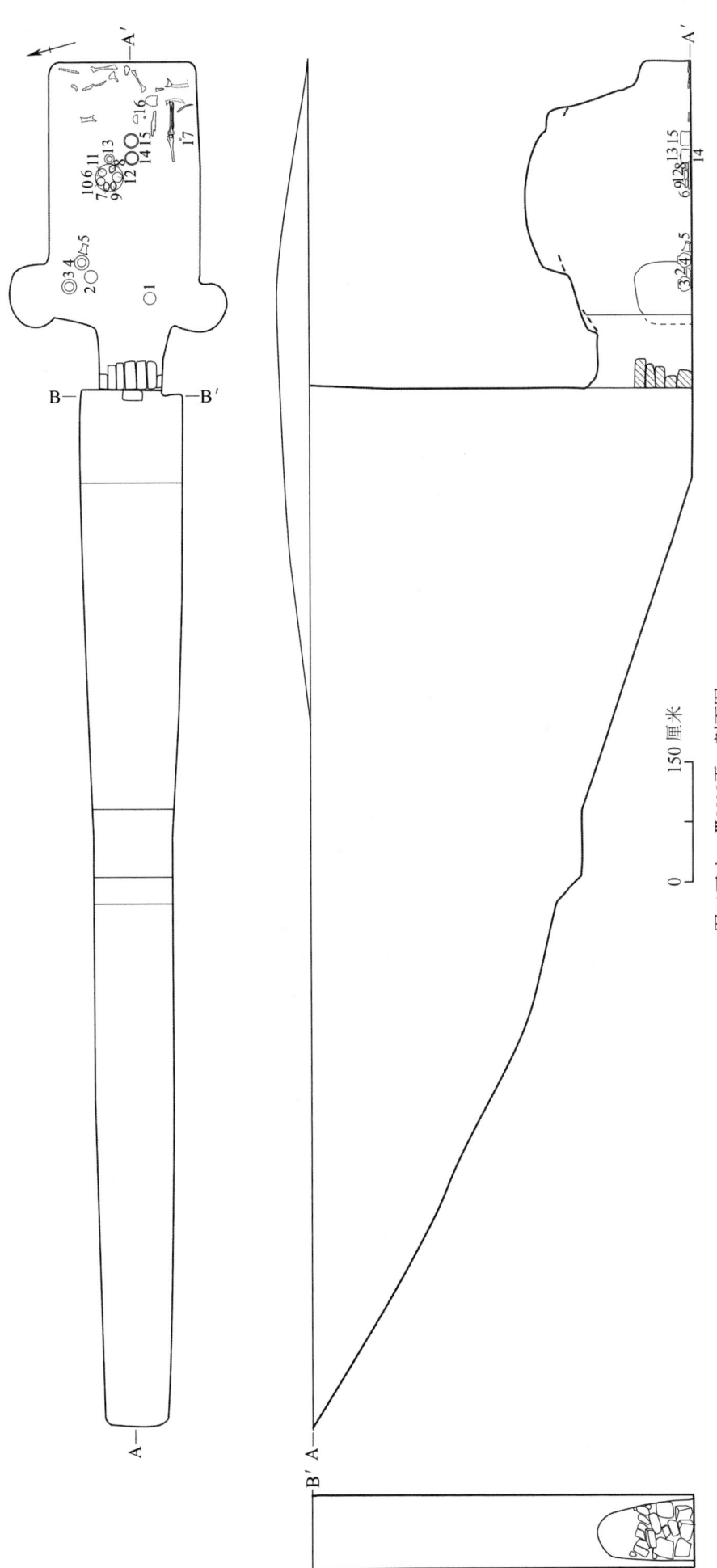

图二五八 ⅢM38平、剖面图

1、2.陶钵 3、4.波浪纹陶罐 5.陶灯 6.陶盘 7~9.陶耳杯 10、11.陶碟 12.陶盆 13.陶壶 14、15.陶樽 16、17.铜钱

度 22°，西部坡度 17°。近墓门处距地表深 4.70 米。

甬道　位于墓道东端，连接墓道与墓室。平面呈近梯形，西窄东宽，进深 0.80、宽 0.76~0.92、高 1.32 米。墓门呈拱形，与甬道同高等宽。封门位于甬道内封，以土坯堆砌封堵，土坯长 0.39、宽 0.20、厚 0.09 米。

墓室　位于墓道以东，平面呈圆角长方形，四壁略直，距墓室地面 1.22 米处向上斜收至顶，顶部坍塌严重，形制不详。墓室东西长 3.30、南北宽 1.88、残高 2.11 米。墓室西北角和西南角各掏一龛。西北角龛进深口宽 0.78、进深 0.52、高 0.72 米；西南角龛口宽 0.34、进深 0.62、高 0.58 米。

2. 葬具葬式及葬俗

墓室南壁下存一尸床，由木板、白灰堆垒而成。

该墓为单人葬。人骨散布于南侧尸床及墓室东壁下，疑为二次葬。经鉴定，人骨疑似女性，年龄 45~50 岁。

尸床上存少量有意打碎的陶片。

3. 随葬品

随葬品以陶器为主，放置于墓室中部及西北角龛附近，共 15 件，包括陶钵 2 件、波浪纹陶罐 2 件、陶灯 1 件、陶盘 1 件、陶耳杯 3 件、陶碟 2 件、陶盆 1 件、陶壶 1 件、陶樽 2 件。另于人骨处出土铜钱 2 枚。

波浪纹陶罐　2 件。泥质灰陶。器形整体矮胖，直口，圆唇，外缘呈三角状，束颈，溜肩，圆鼓腹斜收至平底。肩、腹部饰三组波浪纹，近底处有竖向刮削痕迹，内壁见轮制痕迹。ⅢM38：3，口径 9.6、腹径 18.2、底径 10.8、高 16.0 厘米（图二五九，1）。ⅢM38：4，口径 8.8、腹径 17.8、底径 9.7、高 16.5 厘米（图二五九，2）。

陶樽　2 件。泥质素面灰陶。敛口，方唇，矮领，圆肩，平底。ⅢM38：14，斜直腹，近底处有刮削痕迹，内壁见轮制痕迹。口径 14.4、底径 15.6、高 11.6 厘米（图二五九，3）。ⅢM38：15，直腹中内束。口径 15.2、底径 17.2、高 12.0 厘米（图二五九，4）。

陶壶　1 件。ⅢM38：13，泥质素面灰陶。侈口，圆唇，束颈，溜肩，扁鼓腹，束腰外撇至底，底部微内凹。口径 6.6、腹径 11.8、底径 12.4、高 12.6 厘米（图二五九，5）。

陶盘　1 件。ⅢM38：6，泥质灰陶。圆形，宽平沿，斜直缘，盘面较平，低于盘沿，平底。盘面饰波浪纹及弦纹组合。盘径 34.4、厚 2.2 厘米（图二五九，6）。

陶碟　2 件。泥质素面灰陶。敞口，尖唇，弧腹收至平底，腹部较浅。ⅢM38：10，内壁见轮制痕迹。口径 10.2、底径 4.0、高 2.9 厘米（图二五九，7）。ⅢM38：11，口径 10.0、底径 4.0、高 2.9 厘米（图二五九，8）。

图二五九　ⅢM38出土器物

1、2.波浪纹陶罐（ⅢM38：3、ⅢM38：4）　3、4.陶樽（ⅢM38：14、ⅢM38：15）　5.陶壶（ⅢM38：13）
6.陶盘（ⅢM38：6）　7、8.陶碟（ⅢM38：10、ⅢM38：11）　9.陶盆（ⅢM38：12）　10、11.陶钵（ⅢM38：1、ⅢM38：2）
12.陶灯（ⅢM38：5）　13~15.陶耳杯（ⅢM38：7、ⅢM38：8、ⅢM38：9）

陶盆　1件。ⅢM38：12，泥质素面灰陶。侈口，尖圆唇，斜平沿，弧腹，底微内凹。口径12.4、底径5.6、高4.4厘米（图二五九，9）。

陶钵　2件。敛口，尖圆唇，上腹圆鼓，下腹弧收至平底。ⅢM38：1，泥质素面灰陶。口径14.4、底径6.0、高6.5厘米（图二五九，10）。ⅢM38：2，泥质灰陶。近口沿处饰一周凹弦纹。口径15.4、底径6.0、高5.5厘米（图二五九，11）。

陶灯　1件。ⅢM38：5，泥质素面灰陶。灯口呈碟状，敞口，圆唇，斜弧腹，灯柄空心，上细下粗，近底处外撇作低台座。口径7.4、底径11.2、高11.7厘米（图二五九，12）。

陶耳杯　3件。泥质素面灰陶。整体呈椭圆形，侈口，方唇，长边两侧附对称双耳，斜直腹收至平底。ⅢM38：7，长口径10.7、短口径5.4、长底径5.9、短底径3.5、耳长3.6、耳宽0.6、高3.0厘米（图二五九，13）。ⅢM38：8，长口径10.5、短口径5.5、长底径6.6、短底径4.5、高2.7厘米（图二五九，14）。ⅢM38：9，长口径10.6、短口径5.4、长底径6.1、短底径3.6、高3.0厘米（图二五九，15）。

铜钱　2枚。圆形方穿，均为大泉五十。

ⅢM38：16，形制较大，形体厚重，面背皆有内郭。正面穿口左右铸"五十"二字，较瘦长，上下铸"大泉"二字，较宽矮，均为篆书。"五"字较窄，交笔弯曲；"十"字较长，"大"字一横较折弧。钱径2.88、穿宽0.70、郭宽0.25、郭厚0.30、肉厚0.24厘米，重7.28克（图二六〇，1）。ⅢM38：17，形制较大，形体厚重，面背皆有内郭。正面穿口左右铸"五十"二字，较瘦长，上下铸"大泉"二字，较宽矮，均为篆书。"五"字较窄，交笔弯曲；"十"字较短，"大"字一横较圆弧。钱径2.81、穿宽0.89、郭宽0.26、郭厚0.28、肉厚0.23厘米，重7.07克（图二六〇，2）。

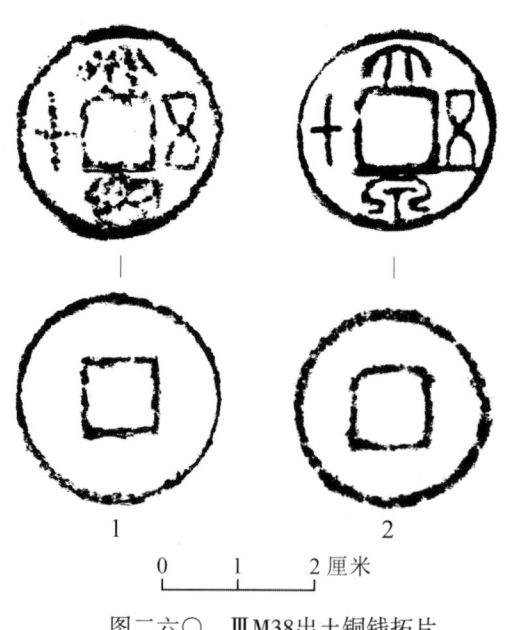

图二六〇　ⅢM38出土铜钱拓片
1、2.大泉五十（ⅢM38：16、ⅢM38：17）

ⅢM39

位于Ⅲ区西部，ⅢM24西北，东西向分布。

1. 墓葬形制

该墓为带长斜坡墓道单室土洞墓，由封土、墓道、甬道、墓室组成。墓向85°（图二六一）。

封土　现呈丘状，部分叠压墓道。残径5.20、残高0.50米。

墓道　位于墓室以东，平面呈近梯形，东窄西宽，长11.00、宽1.08~1.30米。西端剖面呈长方形，底宽1.30米。东高西低，斜坡至距墓门2.06米处到底，其后平直延伸至墓门处，坡度25°。近墓门处距地表深4.40米。

甬道　位于墓道西端，连接墓道与墓室。平面呈长方形，略窄于墓道，进深0.60、宽0.74、残高1.00~1.30米。墓门呈拱形，略窄于甬道，底宽0.50、高1.00米。

墓室　位于墓道以西，平面呈近长方形，斜壁上收至顶，顶部坍塌严重，形制不详。墓室东西长2.90、南北宽2.60、残高2.00米。

2. 葬具葬式及葬俗

墓室北壁下存一尸床，由沙石及草木灰堆垒而成，长2.00、宽0.50、厚0.08米。

该墓为单人葬，人骨置于尸床之上，仰身直肢葬，头向东。经鉴定，人骨为男性，年龄45~50岁。

尸床上存少量有意打碎的陶片。

3. 随葬品

随葬品均为陶器，主要分布于墓室东南角及中部，共11件，包括陶釜1件、陶盆1件、波浪纹陶罐3件、弦纹陶罐1件、陶灯1件、陶楄1件、陶樽1件、陶碟1件、素面陶罐1件（图版四〇，2）。

陶釜　1件。ⅢM39：1，泥质素面灰陶。残，可复原。敛口，圆唇，溜肩，上腹部圆鼓，下腹斜收至底，底作假圈足。内壁见轮制痕迹。口径7.6、腹径9.9、底径5.4、高7.2厘米（图二六二，1）。

陶灯　1件。ⅢM39：7，泥质素面灰陶。口残，可复原。灯口呈钵状，直口，尖圆唇，弧腹，灯柄实心，近底部外撇至平底。口径7.2、底径6.4、高7.6厘米（图二六二，2；图版一一七，1）。

素面陶罐　1件。ⅢM39：11，泥质素面灰陶。口残，可复原。侈口，圆唇，束颈，圆肩，上腹部较圆鼓，下腹部斜收至平底。口径6.4、腹径11.2、底径6.0、高9.2厘米（图二六二，

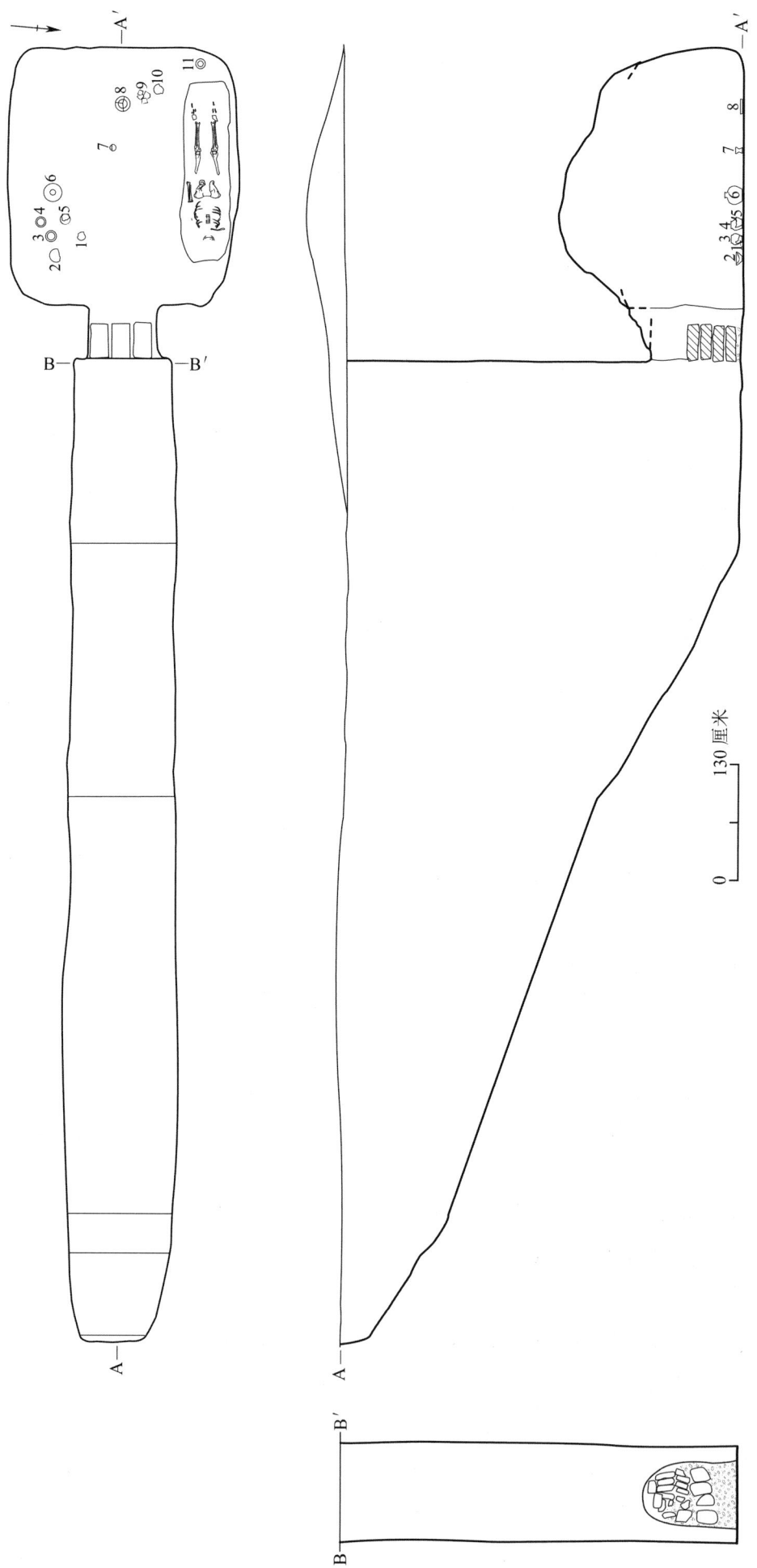

图二六一 ⅢM39平、剖面图

1.陶釜 2.陶盆 3~5.波浪纹陶罐 6.弦纹陶罐 7.陶灯 8.陶槅 9.陶樽 10.陶碟 11.素面陶罐

3；图版——六，5)。

陶梮　1件。ⅢM39：8，泥质素面灰陶。口残，可复原。圆盘状，近直口，方唇，外缘较齐平，平底。外圆略残，隔五格，内圆隔三格。口径16.8、底径15.8、厚2.4厘米（图二六二，4；图版一一七，2)。

陶盆　1件。ⅢM39：2，泥质素面灰陶。残，可复原。侈口，斜平沿，方唇，斜直腹，腹部较深，平底。口径14.6、底径6.0、高6.5厘米（图二六二，5）。

陶樽　1件。ⅢM39：9，泥质灰褐陶。残，仅余口部及腹部，不可复原。直口，圆唇，腹部较直。口径17.6、残高5.0~5.2厘米（图二六二，6）。

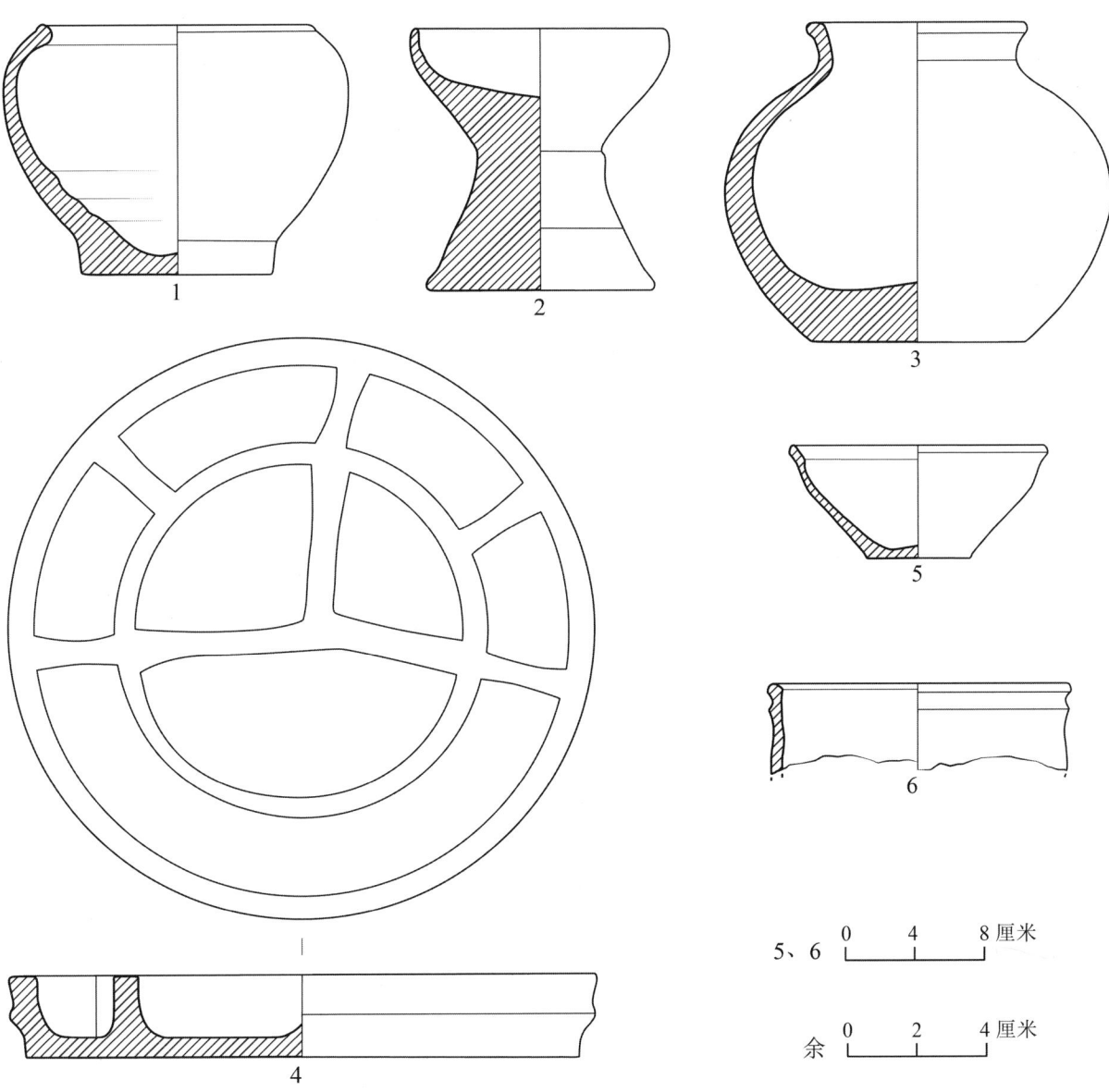

图二六二　ⅢM39出土器物（一）
1.陶釜（ⅢM39：1）　2.陶灯（ⅢM39：7）　3.素面陶罐（ⅢM39：11）　4.陶梮（ⅢM39：8）　5.陶盆（ⅢM39：2）　6.陶樽（ⅢM39：9）

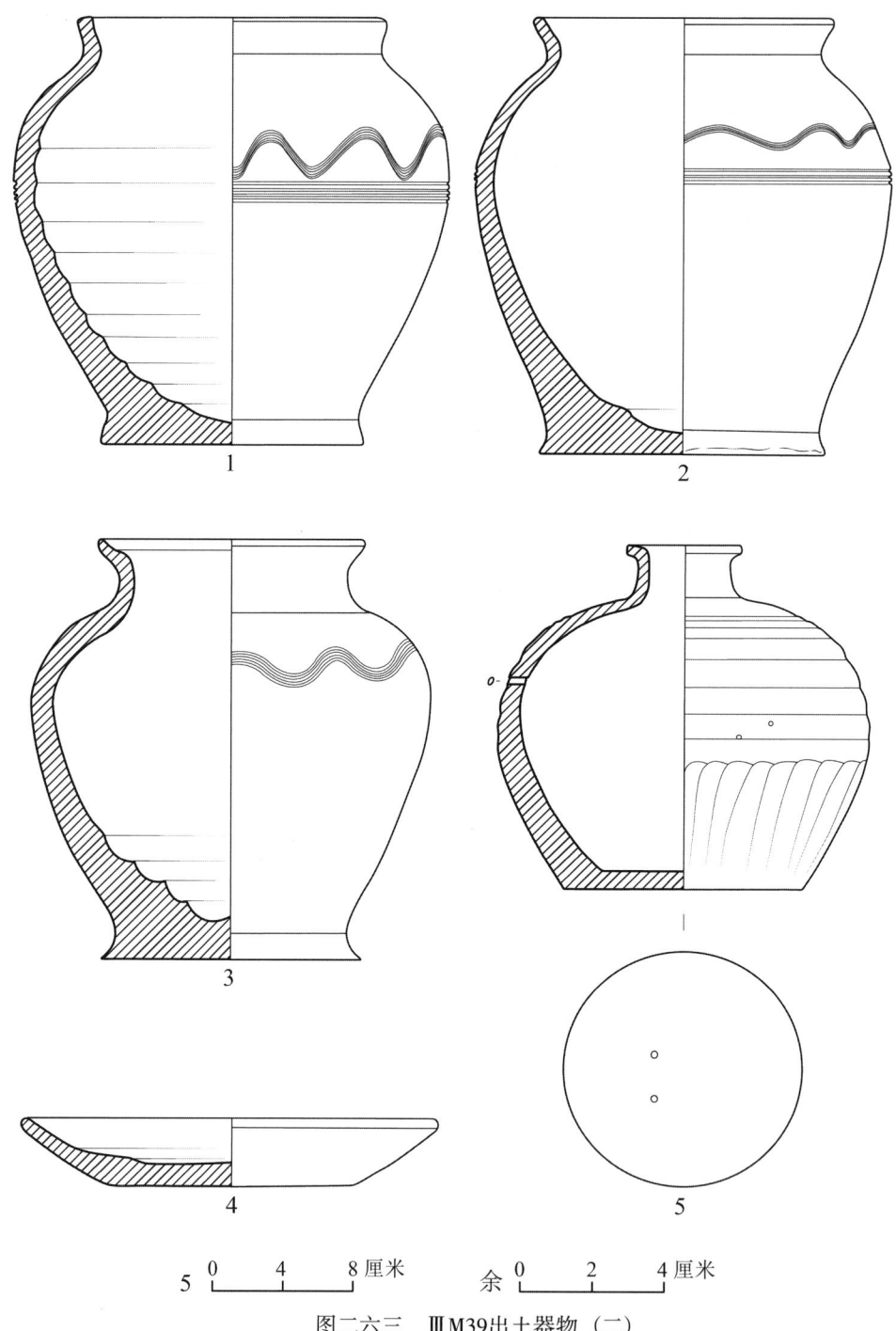

图二六三　ⅢM39出土器物（二）

1~3.波浪纹陶罐（ⅢM39：3、ⅢM39：4、ⅢM39：5）　4.陶碟（ⅢM39：10）　5.弦纹陶罐（ⅢM39：6）

波浪纹陶罐 3件。ⅢM39：3，泥质灰陶。侈口，方唇，矮领斜直，束颈，圆肩，上腹部较圆鼓，下腹部斜收至平底。肩、腹部饰波浪纹和弦纹组合，内壁见轮制痕迹。口径8.8、腹径12.3、底径7.4、高12.2厘米（图二六三，1；图版一一六，6）。ⅢM39：4，泥质灰陶。残，可复原。侈口，方唇，矮领斜直，束颈，圆肩，上腹部较圆鼓，下腹部斜收至平底。肩、腹部饰波浪纹、弦纹组合。口径8.4、腹径11.6、底径8.0、高12.3厘米（图二六三，2）。ⅢM39：5，泥质灰陶。残，可复原。侈口，尖唇，矮领，束颈，圆肩，上腹圆鼓，下腹收至平底。肩部饰一组波浪纹，内壁见轮制痕迹。口径7.6、腹径11.4、底径7.4、高12.0厘米（图二六三，3）。

陶碟 1件。ⅢM39：10，泥质素面灰陶。残，可复原。敞口，尖圆唇，斜直腹，腹部较浅，平底。内壁见轮制痕迹。口径11.8、底径6.5、高1.9厘米（图二六三，4）。

弦纹陶罐 1件。ⅢM39：6，泥质灰陶。侈口，平沿，方唇，领部较高，鼓肩，圆鼓腹，下腹斜收至平底。肩、腹部饰弦纹，近底处有竖向刮削痕迹。腹部及底部有修补时的钻孔痕迹。口径6.4、腹径21.0、底径13.4、高19.5厘米（图二六三，5；图版一一七，3）。

ⅢM40

位于Ⅲ区西部，ⅢM39以南，东西向分布。

1. 墓葬形制

该墓为带长斜坡墓道单室土洞墓，由封土、墓道、过洞、天井、甬道、墓室组成。墓向287°（图二六四）。

封土 现呈丘状，部分叠压墓道。残径9.80、残高0.40米。

墓道 位于墓室以西，平面呈梯形，西窄东宽，长13.20、宽0.68~0.98米。东端剖面呈长方形，底宽0.98米。西高东低，斜坡至底，坡度24°。近墓门处距地表深4.95米。内填灰黄色沙土，土质松散，内含大量砾石。靠近墓门处有一段墓道内填充细沙，可能为防盗措施。

过洞 西接墓道，东与天井相连，为拱形顶斜坡底土洞结构，平面形状不规则，长1.93、宽0.73~1.14、高3.14~3.57米。

天井 西接过洞，东与甬道相连，为竖穴土坑结构，平面形状呈长方形，底部呈斜坡状。宽0.73、长1.29米。

甬道 位于墓道东端，连接墓道与墓室。平面呈长方形，进深0.46、宽0.83、高1.25米。墓门呈拱形，与甬道同高等宽。封门位于甬道内封，以切块淤泥板堆砌封堵，杂乱堆砌，泥板形状不规则，大小不一。

墓室 位于墓道以东，平面呈圆角长方形，四壁略直，距墓室地面0.80米处向上斜收至顶，顶部大面积塌落，形制不详。墓室东西长4.11、南北宽2.47、残高1.95米。墓室东北角和东南角各掏一龛，西北角龛三壁较为平直，门呈不规则拱形，地面高于墓底，宽0.72、进深

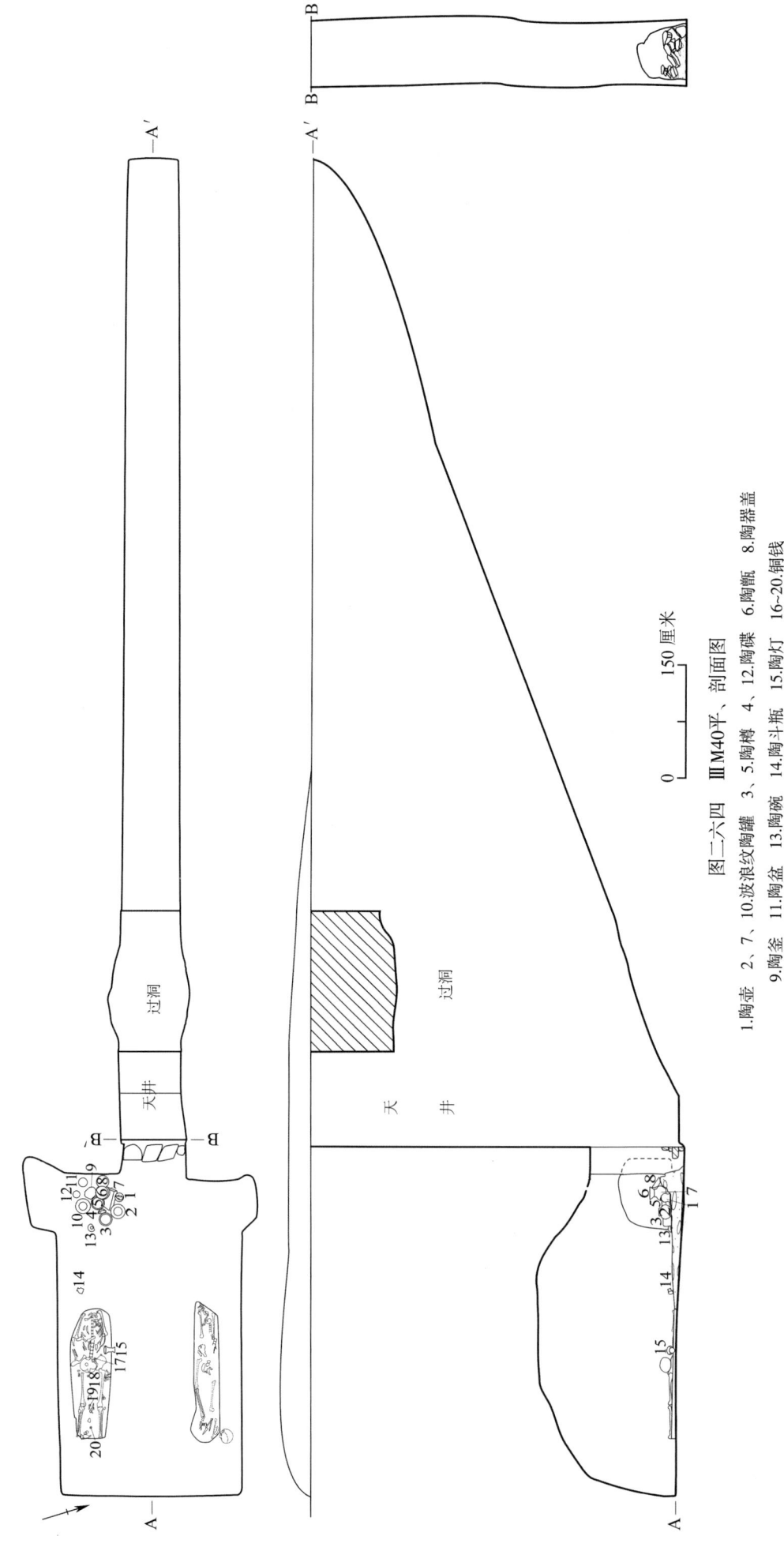

图二六四　ⅢM40平、剖面图

1.陶壶　2、7、10.波浪纹陶罐　3、5.陶樽　4、12.陶碟　6.陶甑　8.陶器盖　9.陶釜　11.陶盆　13.陶碗　14.陶斗瓶　15.陶灯　16~20.铜钱

0.20、高 0.40 米；西南角龛与西北角龛近似，宽 0.84、进深 0.44、高 0.70 米。

2. 葬具葬式及葬俗

墓室南、北壁下各存一尸床，北侧尸床由细沙土、白灰堆垒而成，长 1.80、宽 0.30~0.36、高 0.04 米。南侧尸床由土坯砌成，上有菱形凹槽，长 1.74、宽 0.44~0.54、高 0.04 米。

该墓为双人合葬。人骨置于尸床之上，均仰身直肢葬，头向西。经鉴定，北侧人骨为男性，年龄 35~39 岁；南侧人骨为女性，年龄 50~60 岁。

两尸床上散布有意打碎的陶片。

3. 随葬品

随葬品以陶器为主，主要放置于墓室西南角，共 15 件，包括陶壶 1 件、波浪纹陶罐 3 件、陶樽 2 件、陶器盖 1 件、陶碗 1 件、陶甑 1 件、陶釜 1 件、陶盆 1 件、陶碟 2 件、陶斗瓶 1 件、陶灯 1 件。南侧人骨处出土铜钱 5 组（5 枚）。

波浪纹陶罐　3 件。器形整体矮胖，直口，尖圆唇，外缘呈三角状，圆鼓腹，平底。肩、腹部饰三组波浪纹，近底处有竖向刮削痕迹。ⅢM40∶2，泥质灰陶。底残，不可复原。口径 9.2、腹径 19.2、残高 16.0 厘米（图二六五，1）。ⅢM40∶7，泥质橙黄陶。口径 9.4、腹径 18.6、底径 10.0、高 15.2 厘米（图二六五，2）。ⅢM40∶10，泥质橙黄陶。口径 9.2、腹径 19.8、底径 10.4、高 16.3 厘米（图二六五，3）。

陶樽　2 件。直口，方唇，矮领，圆折肩，平底。ⅢM40∶3，泥质素面灰陶。斜直腹。口径 13.6、底径 15.4、高 10.8 厘米（图二六五，4）。ⅢM40∶5，泥质素面橙黄陶。曲腹。口径 14.4、底径 16.8、高 11.0 厘米（图二六五，5）。

陶甑　1 件。ⅢM40∶6，泥质素面灰陶。盆形甑，侈口，方唇，斜平沿内凹，束颈，斜直腹，平底，底部有三孔。口径 16.4、底径 6.0、高 7.0 厘米（图二六五，6）。

陶釜　1 件。ⅢM40∶9，泥质素面灰陶。敛口，圆唇，矮领，溜肩，上腹部圆鼓，下腹弧收至平底。近底处有竖向刮削痕迹。口径 9.2、腹径 16.7、底径 10.8、高 13.0 厘米（图二六五，7）。

陶壶　1 件。ⅢM40∶1，泥质素面橙黄陶。侈口，圆唇，束颈，溜肩，扁鼓腹，束腰外撇成斜缘低台座，平底。口径 8.2、腹径 11.6、底径 11.0、高 13.8 厘米（图二六五，8）。

陶灯　1 件。ⅢM40∶15，泥质素面橙黄陶。灯口呈碟状，敞口，尖圆唇，弧腹，灯柄空心，上粗下细，近底时外撇成弧缘低台座。口径 7.4、底径 10.4、高 13.4 厘米（图二六五，9）。

陶碟　2 件。泥质素面灰陶。敞口，尖唇，腹部较浅，平底。ⅢM40∶4，弧腹。口径 11.0、底径 4.0、高 3.6 厘米（图二六五，11）。ⅢM40∶12，斜直腹。口径 9.3、底径 4.8、高 1.6 厘米（图二六五，10）。

陶斗瓶　1 件。ⅢM40∶14，泥质素面橙黄陶。侈口，方唇，束颈，溜肩，腹部较鼓，平

图二六五　ⅢM40出土器物

1~3.波浪纹陶罐（ⅢM40∶2、ⅢM40∶7、ⅢM40∶10）　4、5.陶樽（ⅢM40∶3、ⅢM40∶5）　6.陶甑（ⅢM40∶6）　7.陶釜（ⅢM40∶9）　8.陶壶（ⅢM40∶1）　9.陶灯（ⅢM40∶15）　10、11.陶碟（ⅢM40∶12、ⅢM40∶4）　12.陶斗瓶（ⅢM40∶14）　13.陶盆（ⅢM40∶11）　14.陶器盖（ⅢM40∶8）　15.陶碗（ⅢM40∶13）

底。肩、腹部有朱书痕迹，均漫漶不清。口径4.4、底径6.4、高8.2厘米（图二六五，12）。

陶盆 1件。ⅢM40：11，泥质素面灰陶。侈口，尖唇，斜平沿内倾，颈微束，弧腹收至平底。口径11.6、底径5.2、高4.4厘米（图二六五，13）。

陶器盖 1件。ⅢM40：8，泥质素面灰陶。整体呈覆钵状，平顶，弧腹，侈口。盖径16.2、高5.5厘米（图二六五，14）。

陶碗 1件。ⅢM40：13，泥质素面橙黄陶。侈口，尖圆唇，弧腹折收至底，腹部较深。底作假圈足。口径10.2、底径4.0、高4.0厘米（图二六五，15）。

铜钱 5组（5枚）。均圆形方穿，以五铢钱为主，另有部分铜钱钱文锈蚀不可辨。

五铢钱，穿左右篆书"五铢"二字。ⅢM40：19，"五"字较宽，交笔弯曲；"铢"字"金"字头呈三角形，中间四点较长，"朱"字上下部均圆折。钱径2.51、穿宽0.91、郭宽0.13、郭厚0.12、肉厚0.07厘米，重2.03克。ⅢM40：20，磨郭五铢，"五"字较宽，交笔弯曲；"铢"字"金"字头呈三角形，其余锈蚀不可辨。钱径2.29、穿宽0.12、肉厚0.07厘米，重1.00克。

ⅢM41

位于Ⅲ区西部，ⅢM40以南，东西向分布。

1. 墓葬形制

该墓为带长斜坡墓道单室土洞墓，由封土、墓道、甬道、墓室组成。墓向80°（图二六六）。

封土 现呈丘状，部分叠压墓道。残径10.00、残高1.00米。

墓道 位于墓室以东，平面呈近长方形，长22.20、宽1.16米。西端剖面呈梯形，口小底大，底宽1.56米。东高西低，斜坡至底。近墓门处距地表深8.40米。

甬道 位于墓道西端，连接墓道与墓室。平面呈长方形，进深1.70、宽1.00、高1.25米。墓门呈拱形，与甬道同高等宽。封门位于甬道内封，以土坯、沙砾、砾石封堵。

墓室 位于墓道以西，平面呈近长方形，斜壁上收至墓顶，顶部坍塌严重，形制不详。墓室东西长3.35、南北宽3.45、残高2.26米。墓室西壁正中存一浅龛，宽0.70、进深0.40、高0.80米。墓室东北角存一耳室，内有以土坯搭制的条案，上放置兽骨，象征庖厨之所。耳室口宽0.76、进深1.44、高0.92米。墓室东南角掏一龛，口宽0.44、进深0.32米（图二六七）。

2. 葬具葬式及葬俗

墓室南、北壁下各存一尸床，北侧尸床由细沙土和木板堆砌而成，残长2.20、残宽0.60、残高0.06米。南侧尸床由沙石和木板堆砌而成，残长2.20、残宽0.50~0.60、厚0.06米。

该墓为双人合葬，人骨置于尸床之上，扰乱严重，北侧人骨为仰身直肢葬，南侧人骨葬式

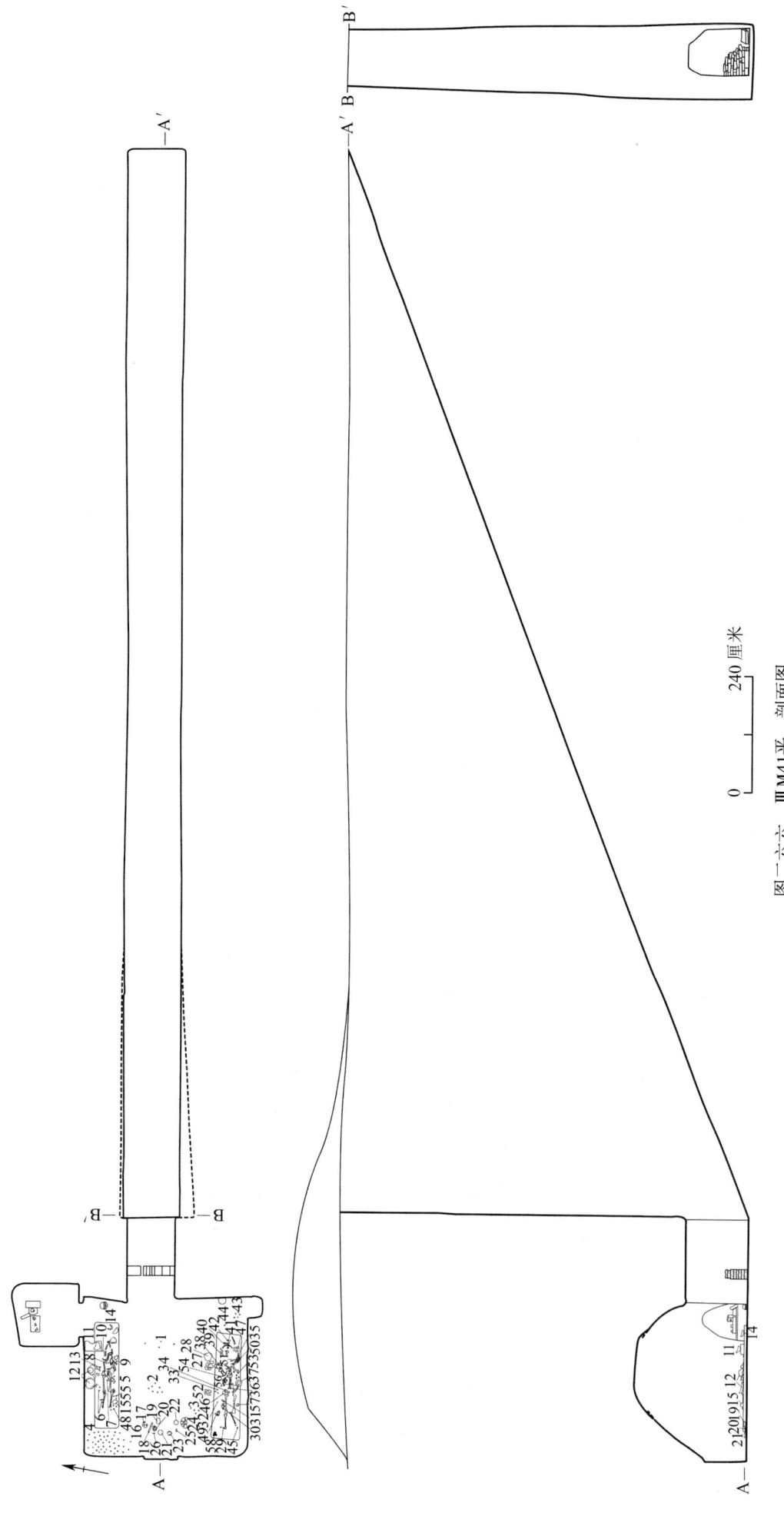

图二六六 ⅢM41平、剖面图

1、2、4、5、6、7、8、30、35、36、42、48、49、53、55.陶罐 11.陶盆 12.绳纹陶罐 13.陶樽 14、19、21、22.陶钵 15.素面陶罐 16、52.陶器盖 17.铜铃 18.铁剑 20.陶灯 23、46、57.陶盘 25.铜弩机郭 26.骨簪 28、37.弦纹陶罐 32.铜环 34.铁器残件 39.铁剪刀 44.铜铺首 47.铁镜 50.铜泡钉 51.珠饰 54.金饰片 56.石饰件 58.丝织物

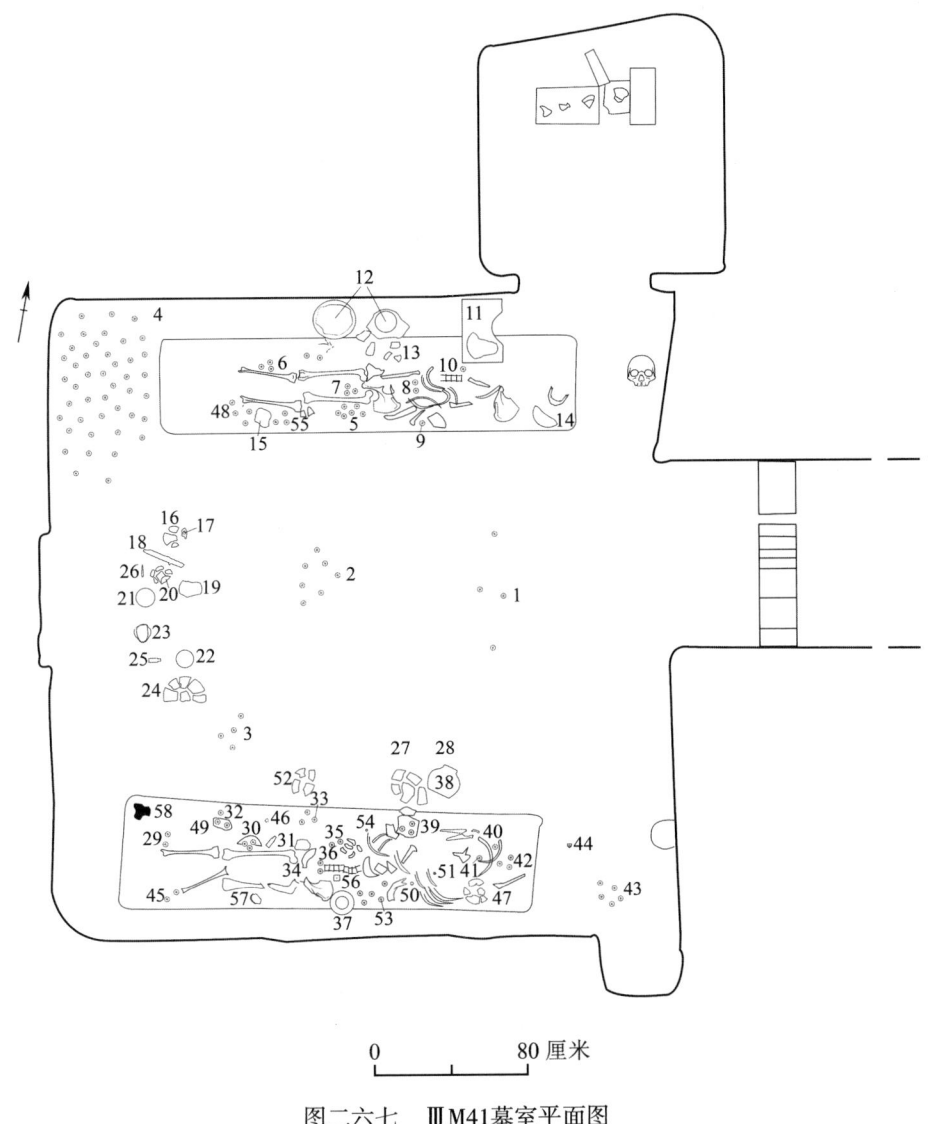

图二六七　ⅢM41墓室平面图

不详。经鉴定，北侧人骨为男性，年龄40~44岁；南侧人骨为女性，年龄60~70岁。

两尸床上散布有意打碎的陶片。

3. 随葬品

随葬陶器集中放置于墓室中部，共18件，包括陶盆1件、绳纹陶罐1件、陶钵4件、素面陶罐1件、陶器盖2件、陶樽1件、陶灯1件、陶耳杯3件、陶盘2件、弦纹陶罐2件。人骨周围出土大量铜钱及金属饰件，共39件（组），其中石饰件1件、骨簪1件、珠饰1件、金饰片1组（2件）、铁剑1件、铁剪刀1件、铁镜1件、铁器残件1件、铜铃1件、铜弩机廓2件、铜环1件、铜铺首1组（2件）、铜泡钉1件、铜钱25组（564枚）。另于南侧人骨处出土丝织物1件。

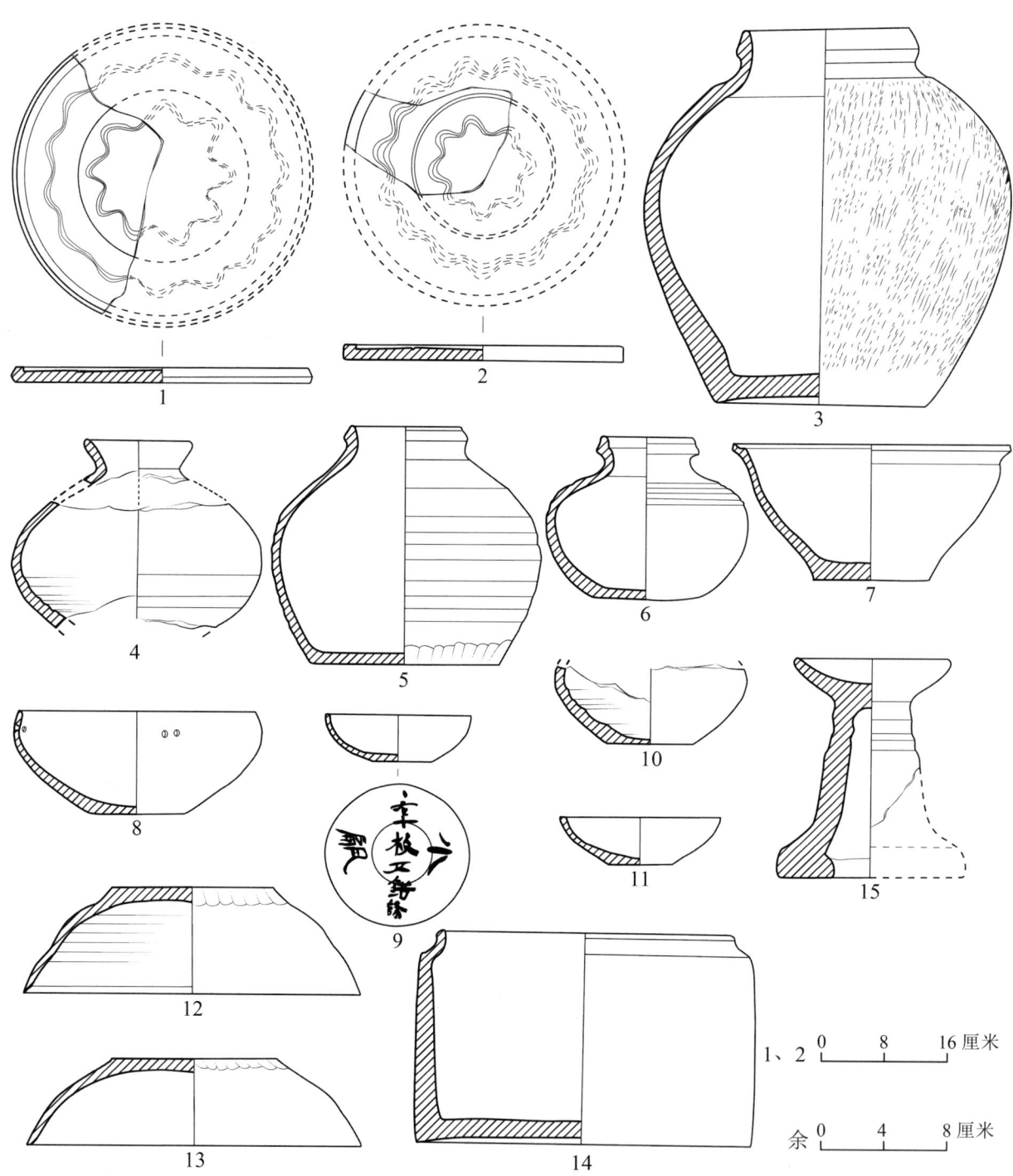

图二六八 ⅢM41出土器物（一）

1、2.陶盘（ⅢM41:24、ⅢM41:27） 3.绳纹陶罐（ⅢM41:12） 4.素面陶罐（ⅢM41:15） 5、6.弦纹陶罐（ⅢM41:28、ⅢM41:37） 7.陶盆（ⅢM41:11） 8~11.陶钵（ⅢM41:14、ⅢM41:22、ⅢM41:19、ⅢM41:21） 12、13.陶器盖（ⅢM41:52、ⅢM41:16） 14.陶樽（ⅢM41:13） 15.陶灯（ⅢM41:20）

陶盘　2件。ⅢM41∶24，泥质灰陶。残，可复原。宽平沿，外缘微弧收至平底，盘面从边到中心依次略低。盘面饰波浪纹及弦纹。复原盘径38.8、厚2.0厘米（图二六八，1）。ⅢM41∶27，泥质灰陶。残，可复原。宽平沿，斜直缘，平底，盘面从边缘到中心依次略低。盘面饰波浪纹及弦纹。复原盘径36.0、厚2.0厘米（图二六八，2）。

绳纹陶罐　1件。ⅢM41∶12，泥质灰陶。残，可复原。直口，圆唇，外缘呈三角状，束颈，溜肩，圆鼓腹，底微凹。肩、腹部饰竖向绳纹。口径10.8、腹径23.4、底径13.6、高24.4厘米（图二六八，3；图版一一七，6）。

素面陶罐　1件。ⅢM41∶15，泥质灰陶。仅存腹部近口部，无法复原。侈口，圆唇，束颈，溜肩，圆鼓腹。内壁见轮制痕迹。口径6.9、腹径16.0、残高12.2厘米（图二六八，4）。

弦纹陶罐　2件。ⅢM41∶28，泥质灰陶。口略残，可复原。直口，尖圆唇，外缘呈三角状，束颈，溜肩，圆鼓腹，平底。肩、腹部饰数道凹弦纹，近底处有竖向刮削痕迹。口径7.2、腹径17.3、底径12.1、高15.3厘米（图二六八，5；图版一二〇，2）。ⅢM41∶37，泥质灰陶。口残，可复原。直口，尖圆唇，外缘呈三角状，束颈，肩部较平，圆鼓腹，平底。肩部饰数道凹弦纹。口径6.0、腹径12.8、底径6.6、高10.4厘米（图二六八，6）。

陶盆　1件。ⅢM41∶11，泥质素面灰陶。残，可复原。侈口，斜平沿微内凹，方唇，斜直腹收至小平底，腹部较深。口径17.6、底径7.4、高8.8厘米（图二六八，7）。

陶钵　4件。ⅢM41∶14，泥质素面灰陶。口略残，可复原。敛口，尖唇，上腹圆鼓，下腹斜收至平底。近口处有锔孔。口径15.2、底径6.0、高6.6厘米（图二六八，8；图版一一九，2）。ⅢM41∶19，泥质素面灰陶。口残，无法复原。弧腹，平底。内壁见轮制痕迹。底径5.4、残高5.0厘米（图二六八，10）。ⅢM41∶21，泥质素面灰陶。侈口，尖唇，弧腹收至小平底。口径10.2、底径4.0、高3.1厘米（图二六八，11；图版一一九，1）。ⅢM41∶22，泥质素面灰陶。侈口，圆唇，弧腹收至小平底。口径9.4、底径3.8、高3.0厘米（图二六八，9；图版一一八，5、6）。底部墨书文字，录文作：

小甀
□各十枚不错谬

陶器盖　2件。泥质素面灰陶。残，可复原。整体呈覆钵状，平顶，弧腹，侈口。近底处有竖向刮削痕迹。ⅢM41∶16，盖径21.4、高5.5厘米（图二六八，13）。ⅢM41∶52，内壁见轮制痕迹。盖径21.6、高7.0厘米（图二六八，12）。

陶樽　1件。ⅢM41∶13，泥质素面灰陶。残，可复原。直口，圆唇，圆折肩，直腹，底微凹。口径19.0、底径21.3、高13.6厘米（图二六八，14）。

陶灯　1件。ⅢM41∶20，泥质素面灰陶。残，可复原。灯口呈碟状，敞口，尖唇，弧腹，

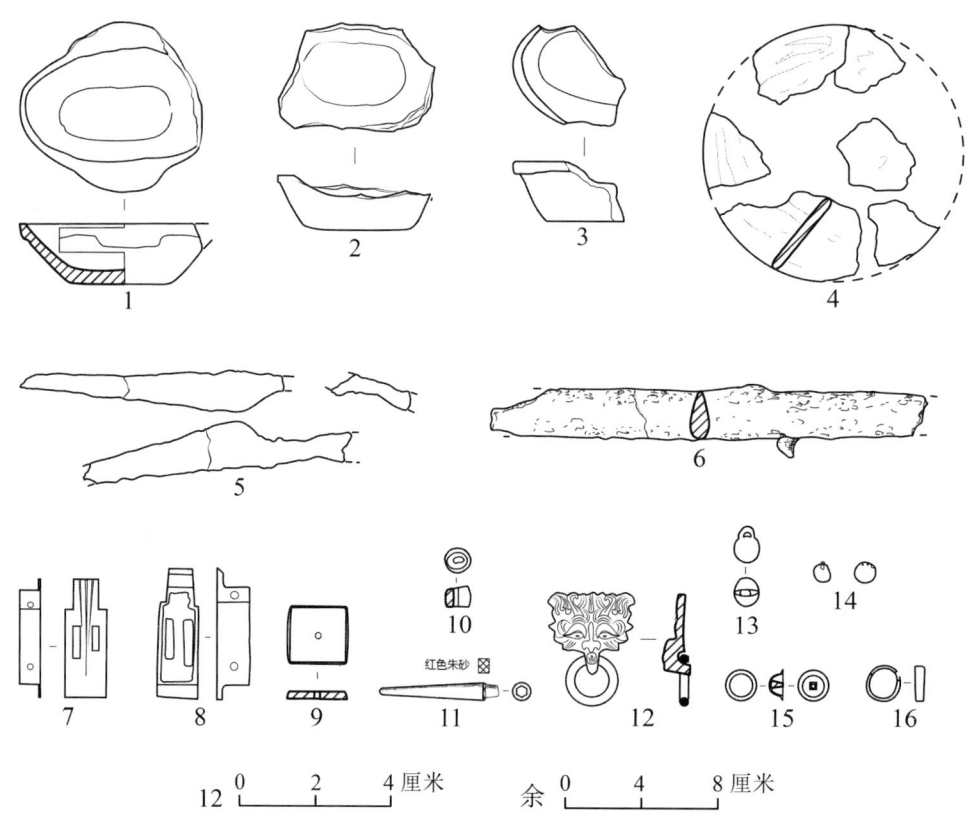

图二六九　ⅢM41出土器物（二）

1~3.陶耳杯（ⅢM41：23、ⅢM41：46、ⅢM41：57）　4.铁镜（ⅢM41：47）　5.铁剪刀（ⅢM41：39）　6.铁剑（ⅢM41：18）　7、8.铜弩机廓（ⅢM41：25、ⅢM41：31）　9.石饰件（ⅢM41：56）　10.珠饰（ⅢM41：51）　11.骨簪（ⅢM41：26）　12.铜铺首（ⅢM41：44-1）　13.铜铃（ⅢM41：17）　14.金饰片（ⅢM41：54-1）　15.铜泡钉（ⅢM41：50）　16.铜环（ⅢM41：32）

灯柄空心，上细下粗，底部外撇成斜缘低台座。口径10.0、底径12.0、高14.0厘米（图二六八，15）。

陶耳杯　3件。ⅢM41：23，泥质素面灰陶。残，可复原。整体椭圆形，侈口，尖唇，长边两侧附半圆形边耳，腹部斜收至平底。长口径9.7、短口径6.0、长底径5.5、短底径3.0、耳残长5.1、耳宽1.3、高3.2厘米（图二六九，1；图版一一九，4）。ⅢM41：46，泥质素面灰陶，残，仅存底部、腹部及部分口部，无法复原。侈口，尖唇，斜直腹收至平底。长底径5.5、短底径3.0、残高3.0厘米（图二六九，2）。ⅢM41：57，泥质素面灰陶，仅存部分口腹部，无法复原。侈口，尖唇，斜直腹，平底。残长5.9厘米（图二六九，3）。

铁镜　1件。ⅢM41：47，残缺锈蚀严重，形制不明，复原直径约13.8厘米（图二六九，4）。

铁剪刀　1件。ⅢM41：39，锈蚀残缺严重，仅存刀身残件，具体形制不明。最长处14.0厘米（图二六九，5）。

铁剑　1件。ⅢM41：18，锈蚀残缺严重，仅存部分刀身，残长23.0、宽约2.5厘米（图二六九，6)。

铜弩机廓　2件。ⅢM41∶25，平面呈"凸"字形，周边有界栏，栏内有两个平行的长条形孔。长6.3、宽2.2、高1.1厘米（图二六九，7；图版一一九，7）。ⅢM41∶31，平面呈"凸"字形，周边有界栏，栏内有两个平行的长条形孔，栏两侧各有两个圆孔。长6.8、宽2.0、高1.8厘米（图二六九，8；图版一一九，8）。

石饰件　1件。ⅢM41∶56，平面呈近方形，剖面呈近梯形，中间有一孔。其中一面磨光，上附着黑色粉末状物体。边长3.2、厚0.4、孔径0.25厘米（图二六九，9；图版一一九，6）。

珠饰　1件。ⅢM41∶51，木质。整体呈圆柱状，截面呈不规则圆形，中心有一孔用以穿系。直径1.4、高1.1厘米（图二六九，10；图版一二〇，1）。

骨簪　1件。ⅢM41∶26，骨质，磨制光滑。整体呈圆锥状，上细下粗，粗短出榫。粗短有红色物质附着。通长6.4、截面最大直径0.9厘米（图二六九，11；图版一一七，4）。

铜铃　1件。ⅢM41∶17，体呈球形，顶置半环形钮，下端开一椭圆形孔，内置一球状舌。通高2.0、体径1.1~1.3厘米（图二六九，13；图版一一九，3）。

铜铺首　1组（2件）。形制基本相同。ⅢM41∶44-1，铺首呈近梯形，四周呈锯齿状，兽面，下端衔环。长1.0~2.2、残高2.2、厚0.2厘米（图二六九，12；图版一二〇，4）。

金饰片　1组（2件）。金质薄片。ⅢM41∶54-1，略残，整体呈圆形，边缘凿两孔。直径1.2厘米（图二六九，14；图版一一七，7）。ⅢM41∶54-2，整体呈椭圆状，一端嵌一金丝弯成的环，可能用于挂系。最大直径1.0厘米（图版一一七，7）。

铜泡钉　1件。ⅢM41∶50，整体呈半球状，截面呈圆形，中空，内置一方形舌。直径1.6、高1.2厘米（图二六九，15；图版一一九，5）。

铜环　1件。ⅢM41∶32，锈蚀严重，部分残缺。整体呈圆环状，直径1.8、高0.5厘米（图二六九，16）。

铁器残件　1件。ⅢM41∶34，锈蚀残缺严重，形制不明。截面呈圆形，残长2.3厘米。

铜钱　25组（564枚）。均圆形方穿，形制不同，以五铢钱为主，另有部分剪轮钱、磨郭钱，少量大泉五十、货泉、半两等。部分五铢钱有穿下星、穿上星、穿上横郭、穿下半星等记号。

五铢钱，正面穿左右篆书"五铢"二字。ⅢM41∶1-4，"五"字较窄，交笔弯曲；"铢"字"金"字头呈三角形，中间四点较短，"朱"字上部方折，下部圆折。钱径2.62、穿宽0.95、郭宽0.13、郭厚0.15、肉厚0.12厘米，重2.39克（图二七〇，1）。ⅢM41∶5-22，"五"字较宽，交笔弯曲；"铢"字"金"字头呈三角形，中间四点较短，"朱"字上部方圆折，下部圆折。钱径2.59、穿宽0.96、郭宽0.14、郭厚0.15、肉厚0.10厘米，重2.64克（图二七〇，4）。ⅢM41∶6-15，"五"字较宽，交笔弯曲；"铢"字"金"字头呈三角形，中间四点较长，"朱"字上下部均圆折。记号为穿下星。钱径2.67、穿宽0.96、郭宽0.18、郭厚0.14、肉厚

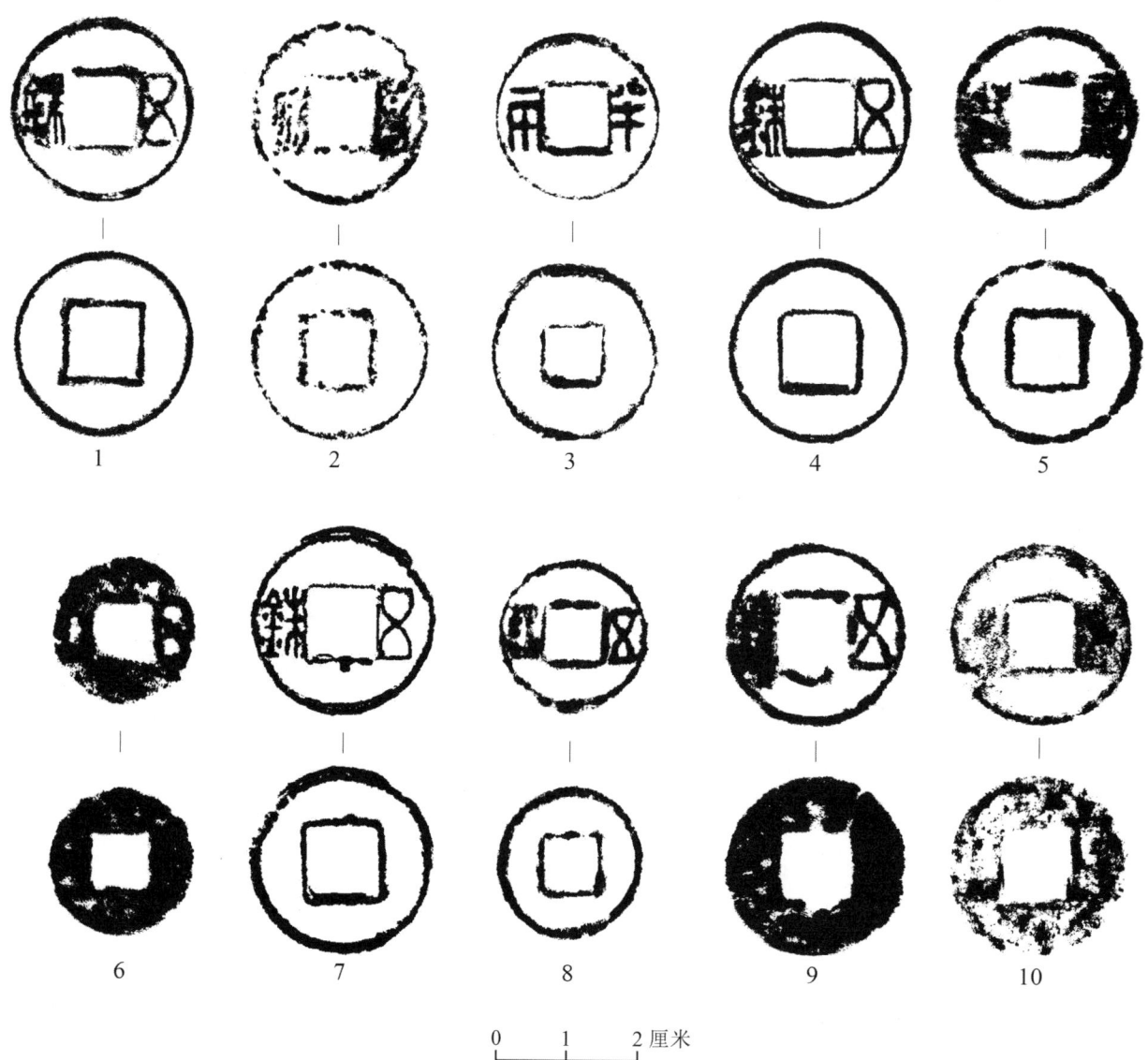

图二七〇　ⅢM41出土铜钱拓片（一）

1、2、4、5、7、9、10.五铢钱（ⅢM41:1-4、ⅢM41:4-2、ⅢM41:5-22、ⅢM41:6-1、ⅢM41:6-15、ⅢM41:7-2、ⅢM41:8-3）　3.半两（ⅢM41:4-21）　6.磨郭五铢（ⅢM41:6-2）　8.蜀五铢（ⅢM41:7-1）

0.10厘米，重2.37克（图二七〇，7）。ⅢM41:7-1，蜀五铢。形制较小，两面穿均有郭。"五"字较窄，交笔弯曲；"铢"字金字头呈箭镞状，中间四点较短，"朱"字上下部均圆折。钱径2.15、穿宽0.70、郭宽0.18、郭厚0.13、肉厚0.11厘米，重2.31克（图二七〇，8；图版一二〇，3）。ⅢM41:8-3，"五"字较宽，交笔弯曲；"铢"字金字头呈三角形，中间四点较长，"朱"字上下部均圆折。钱径2.59、穿宽0.90、郭宽0.18、郭厚0.15、肉厚0.11厘米，重2.50克（图二七〇，10）。ⅢM41:35-4，"五"字较宽，交笔弯曲；"铢"字"金"字头呈箭镞状，中间四点较短，"朱"字上部方圆折，下部圆折。钱径2.68、穿宽0.90、郭宽0.17、郭厚0.19、肉厚0.15厘米，重2.75克（图二七一，3）。ⅢM41:42-4，"五"字较宽，交笔弯

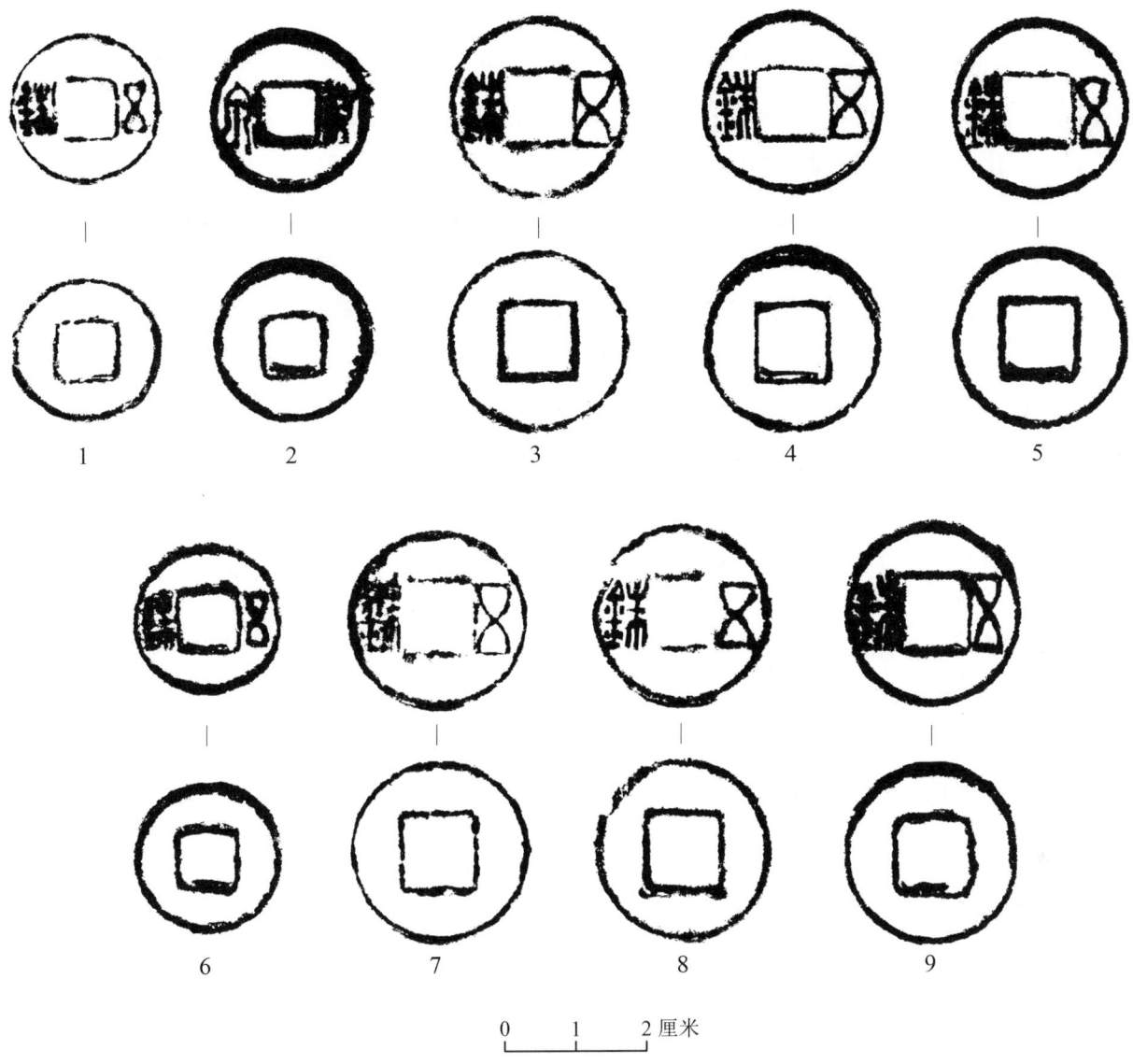

图二七一　ⅢM41出土铜钱拓片（二）
1、6.蜀五铢（ⅢM41：30-4、ⅢM41：48-1）　2.货泉（ⅢM41：30-11）
3~5、7~9.五铢钱（ⅢM41：35-4、ⅢM41：42-4、ⅢM41：45-5、ⅢM41：49-2、ⅢM41：53-4、ⅢM41：55-8）

曲；"铢"字"金"字头呈三角形，中间四点较短，"朱"字上下部均方圆折。钱径2.60、穿宽0.92、郭宽0.25、郭厚0.20、肉厚0.16厘米，重3.33克（图二七一，4）。ⅢM41：48-1，蜀五铢。形制较小，两面穿均有郭。"五"字较窄，交笔弯曲；"铢"字金字头呈箭镞状，中间四点较短，"朱"字上下部均圆折。钱径2.13、穿宽0.70、郭宽0.18、郭厚0.19、肉厚0.16厘米，重2.68克（图二七一，6）。ⅢM41：49-2，"五"字较宽，交笔弯曲；"铢"字"金"字头呈箭镞状，中间四点较长，"朱"字上部方折，下部圆折。记号为穿下半星。钱径2.60、穿宽0.90、郭宽0.17、郭厚0.20、肉厚0.16厘米，重2.86克（图二七一，7）。ⅢM41：53-4，五铢钱。"五"字较宽，交笔弯曲；"铢"字"金"字头呈三角形，中间四点较短，"朱"字上下部均圆折。钱径 2.62、穿宽 0.86、郭宽 0.21、郭厚 0.20、肉厚 0.16 厘米，重 3.38 克（图二七一，8）。ⅢM41∶55-8，"五"字较窄，交笔微弯曲；"铢"字"金"字头锈蚀不可辨，中间四点较短，"朱"字上下部均圆折。记号为穿上横郭。钱径 2.55、穿宽 0.92、郭宽 0.14、郭厚 0.20、肉厚 0.16 厘米，重 3.67 克（图二七一，9；图版一二〇，3）。

大泉五十，对书"大泉五十"。ⅢM41∶2-6，形制较小，形体较薄，面背皆有内郭。正面穿口左右铸"五十"二字，较瘦长，上下铸"大泉"二字，较宽矮，均为篆书。"五"字较窄，交笔弯曲；"大"字一横较折弧。钱径 2.61、穿宽 0.74、郭宽 0.17、郭厚 0.13、肉厚 0.12 厘米，重 2.83 克。

半两，穿左右篆书"半两"二字。ⅢM41∶4-21，平背无郭。钱径 2.38、穿宽 0.81、肉厚 0.10 厘米，重 2.41 克（图二七〇，3）。

货泉，穿左右篆书货泉二字。ⅢM41∶30-11，形制较小，两面穿皆有郭，钱径 2.29、穿宽 0.68、郭宽 0.18、郭厚 0.13、肉厚 0.10 厘米，重 2.46 克（图二七一，2）。

丝织物　1 件。ⅢM41∶58，黄色和红色平纹织物，黄色丝织物上可能存在纹饰，不可辨识。残长 8.5 厘米（图版一一八，1~4）。

ⅢM42

位于Ⅲ区西部，ⅢM34 西北，南北向分布。与ⅢM43、ⅢM44 为一组，未发现茔圈（图版一，2）。

1. 墓葬形制

该墓为带长斜坡墓道"刀把"形单室土洞墓，由封土、墓道、甬道、墓室组成。墓向 185°（图二七二）。

封土　现呈丘状，部分叠压墓道。残径 3.00、残高 0.10 米。

墓道　位于墓室以南，平面呈近长方形，长 8.00、宽 0.60 米。北端剖面呈长方形，底宽 0.60 米。南高北低，斜坡至距墓门 1.16 米处到底，其后平直延伸至墓门处，坡度 25°。近墓门处距地表深 2.30 米。

甬道　位于墓道北端，连接墓道与墓室，甬道坍塌，高度不详。进深 0.40、宽 0.60 米。墓门与甬道同宽。封门无存。

墓室　位于墓道以北，平面呈近长方形，四壁略直，距墓室地面 1.30 米处起向上斜收至顶，坍塌严重，形制不详。墓室南北长 1.75、东西宽 1.00、残高 1.45 米。

2. 葬具葬式

无葬具。

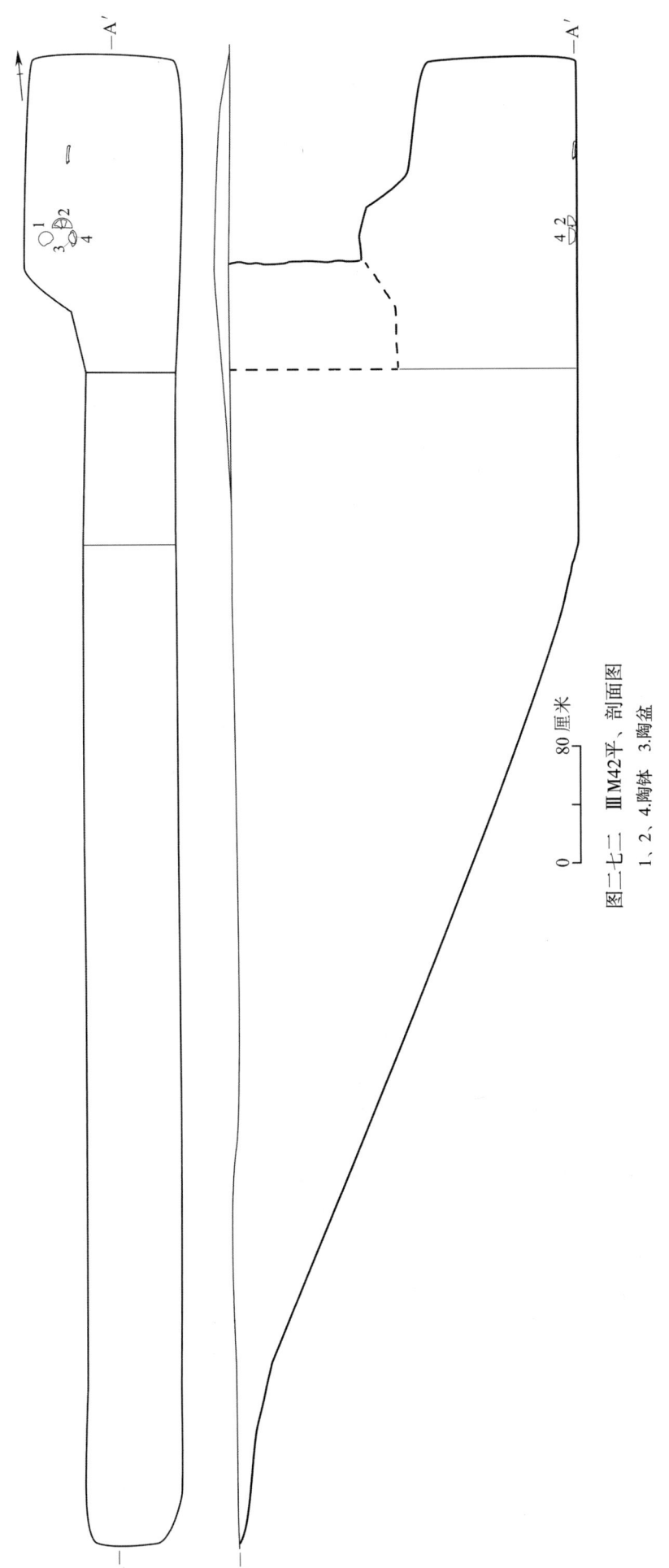

图二七二 ⅢM42平、剖面图
1、2、4.陶钵 3.陶盆

仅存头骨残片若干及腿骨半截。疑为二次葬。

3. 随葬品

随葬品仅 4 件陶器，集中放置于墓室西南部，其中陶钵 3 件、陶盆 1 件。

陶钵 3 件。ⅢM42：1，泥质素面灰陶。侈口，圆唇，弧腹，平底。口径 9.6、底径 3.6、高 4.1 厘米（图二七三，1）。ⅢM42：2，泥质素面灰陶。侈口，圆唇，弧腹，平底。口径 13.2、底径 4.4、高 5.0 厘米（图二七三，2）。ⅢM42：4，底残，可复原。泥质素面灰陶。侈口，尖圆唇，斜弧腹，平底。口径 8.0、残高 2.4 厘米（图二七三，3）。

陶盆 1 件。ⅢM42：3，泥质素面灰陶。底残，无法复原。侈口，斜平沿，方唇，弧腹，

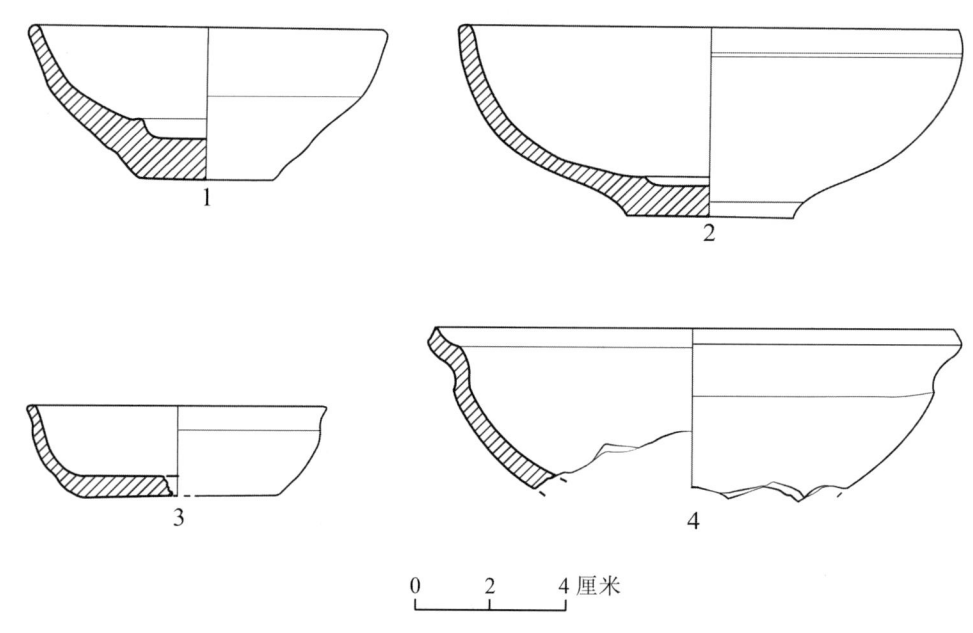

图二七三　ⅢM42 出土器物
1~3.陶钵（ⅢM42：1、ⅢM42：2、ⅢM42：4）　4.陶盆（ⅢM42：3）

腹部较深。口径 14.0、残高 4.6 厘米（图二七三，4）。

ⅢM43

位于Ⅲ区西部，ⅢM42 西侧，南北向分布。与ⅢM42、ⅢM44 为一组，未发现茔圈。

1. 墓葬形制

该墓为带长斜坡墓道单室土洞墓，由封土、墓道、甬道、墓室组成。墓向 182°（图二七四）。

封土 现呈丘状，部分叠压墓道。残径 6.50、残高 0.45 米。

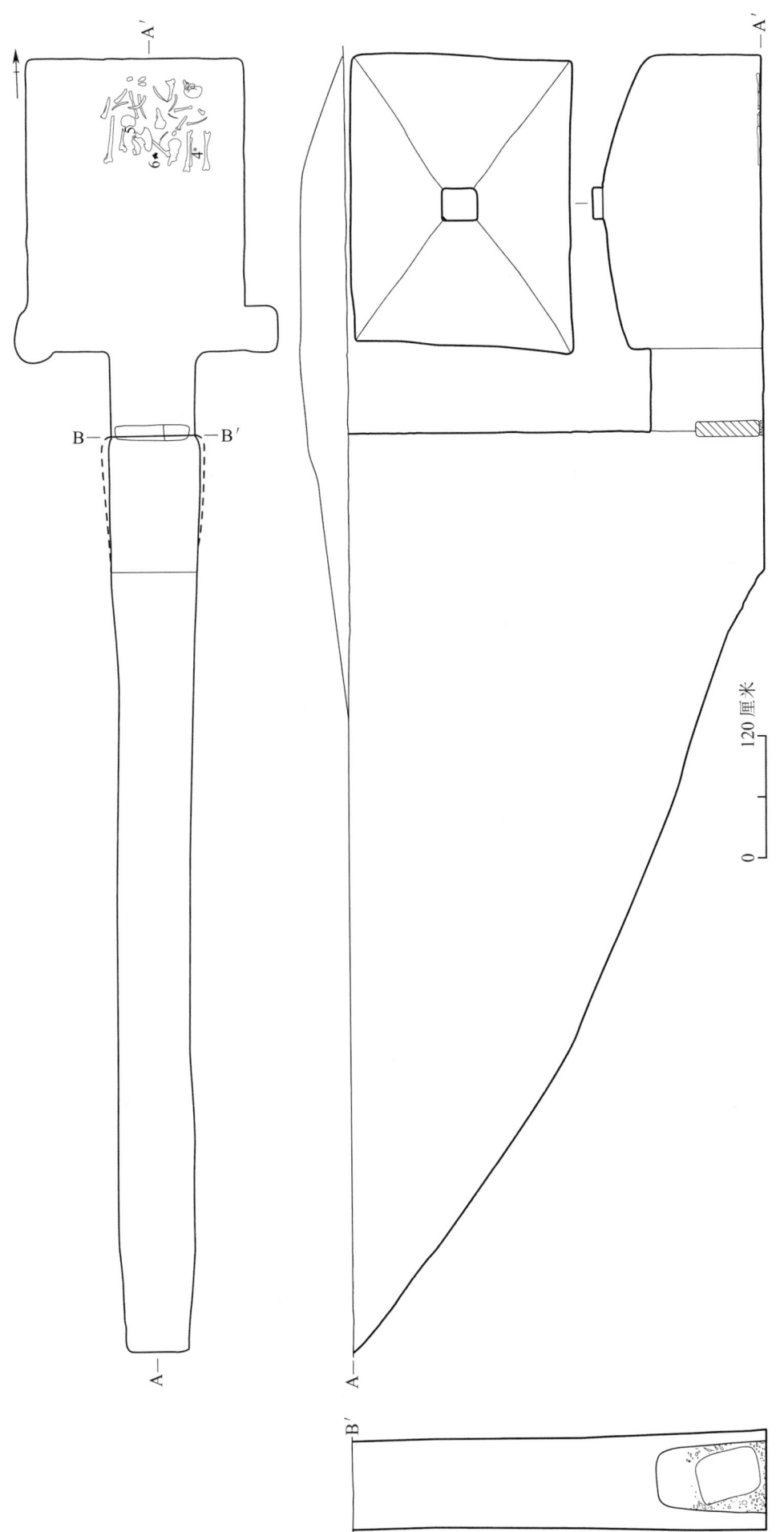

图二七四 ⅢM43平、剖面图

1.陶盘 2.陶钵 3.陶甑 4、5.铜钱（1、2、3出土于甬道填土内） 6.丝织物

墓道　位于墓室以南，平面呈梯形，北宽南窄，长 9.07、宽 0.60~0.80 米。长北端剖面呈梯形，底宽 0.88 米。南高北低，斜坡至距墓门 1.30 米处到底，其后平直延伸至墓门处。近墓门处距地表深 4.00 米。

甬道　位于墓道北端，连接墓道与墓室。平面呈长方形，进深 0.82、宽 1.00、高 1.10 米。墓门呈梯形，上宽 0.80、底宽 1.00、高 1.10 米。封门位于甬道内封，以土坯、沙砾、砾石封堵。

墓室　位于墓道以北，平面呈长方形，距墓室地面 1.20 米左右向上斜收至覆斗顶，顶部中央存一正方形藻井，边长 0.30、深 0.10 米。墓室东西长 2.10、南北宽 2.84、高 1.64 米。墓室西南角与东南角各有一龛，西南角龛宽 0.54、进深 0.12、高 0.64 米；东南角龛宽 0.42、进深 0.30 米。

2. 葬具葬式

无葬具。

人骨散乱，堆放于墓室北壁下，疑为二次葬。经鉴定，人骨分属两个个体：其一疑似男性，年龄 50 岁以上；其二，女性，年龄 45~50 岁。

3. 随葬品

随葬品较少，陶器出土于甬道填土内，共 3 件，包括陶盘 1 件、陶甑 1 件、陶钵 1 件。人骨处出土铜钱 2 枚、丝织物 1 件。

陶盘　1 件。ⅢM43:1，泥质灰陶。圆形，盘沿较平，外缘微弧，盘面较平整，低于盘沿，平底。盘面饰一周弦纹。盘径 36.0、厚 2.0 厘米（图二七五，1）。

陶甑　1 件。ⅢM43:3，泥质素面灰陶。盆形甑，侈口，斜平沿，弧腹，平底，底部有五孔。口径 14.8、底径 5.2、高 5.5 厘米（图二七五，2）。

陶钵　1 件。ⅢM43:2，泥质素面灰陶。侈口，圆唇，弧腹，平底。口径 8.6、底径 3.0、高 3.3 厘米（图二七五，3）。

铜钱　2 枚。圆形方穿，均为剪轮钱，其中一枚为剪轮五铢。

ⅢM43:4，剪轮钱。边有剪凿痕，制作粗糙，文字锈蚀不可辨。钱径 1.88、穿宽 0.94、肉厚 0.12 厘米，重 1.06 克。ⅢM43:5，剪轮五铢，正面穿左右篆书"五铢"二字。边有剪凿痕，"五"字较宽，交笔弯曲；"铢"字仅剩右部，"朱"字上下部均圆折。钱径 2.11、穿宽 0.84、肉厚 0.12 厘米，重 1.92 克（图二七五，4）。

丝织物　1 件。ⅢM43:6，土黄色及黄褐色平纹织物，质地轻薄，见缝制痕迹。残长 20.5

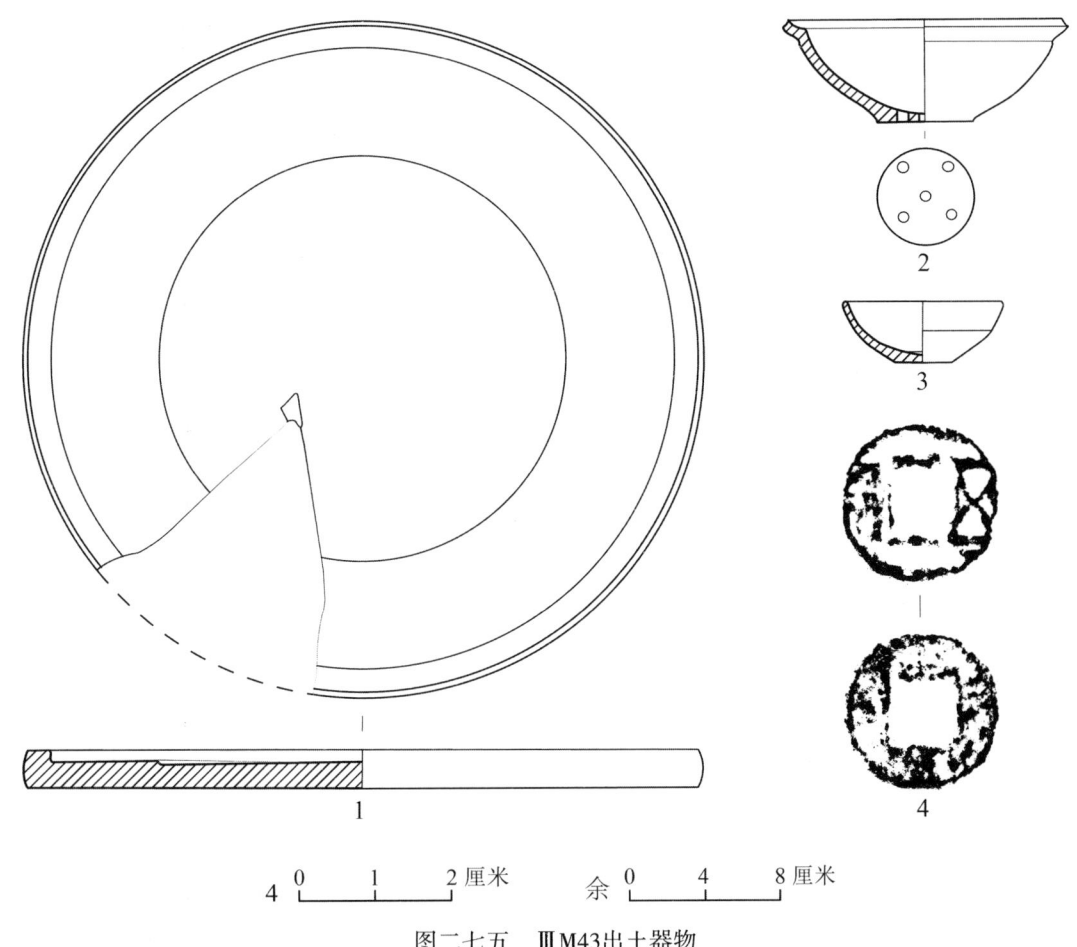

图二七五　ⅢM43出土器物
1.陶盘（ⅢM43:1）　2.陶甑（ⅢM43:3）　3.陶钵（ⅢM43:2）　4.剪轮五铢（ⅢM43:5）

厘米（图版一二〇，5；一二一，1、2）。

ⅢM44

位于Ⅲ区西部，ⅢM43西侧，南北向分布。与ⅢM42、ⅢM43为一组，未发现茔圈。

1. 墓葬形制

该墓为带长斜坡墓道单室土洞墓，由封土、墓道、墓门、墓室组成。墓向180°（图二七六）。

封土　现呈丘状，部分叠压墓道。残长4.00、残高0.15米。

墓道　位于墓室以南，平面形状呈梯形，北宽南窄，长6.86、宽0.60~0.70米。北端剖面呈长方形，底宽0.70米。南高北低，斜坡至距墓门2.58米处到底，其后平直延伸至墓门，坡度30°。近墓门处距地表深约2.70米。

墓门　宽约0.70、高约0.60米。封门无存。无甬道。

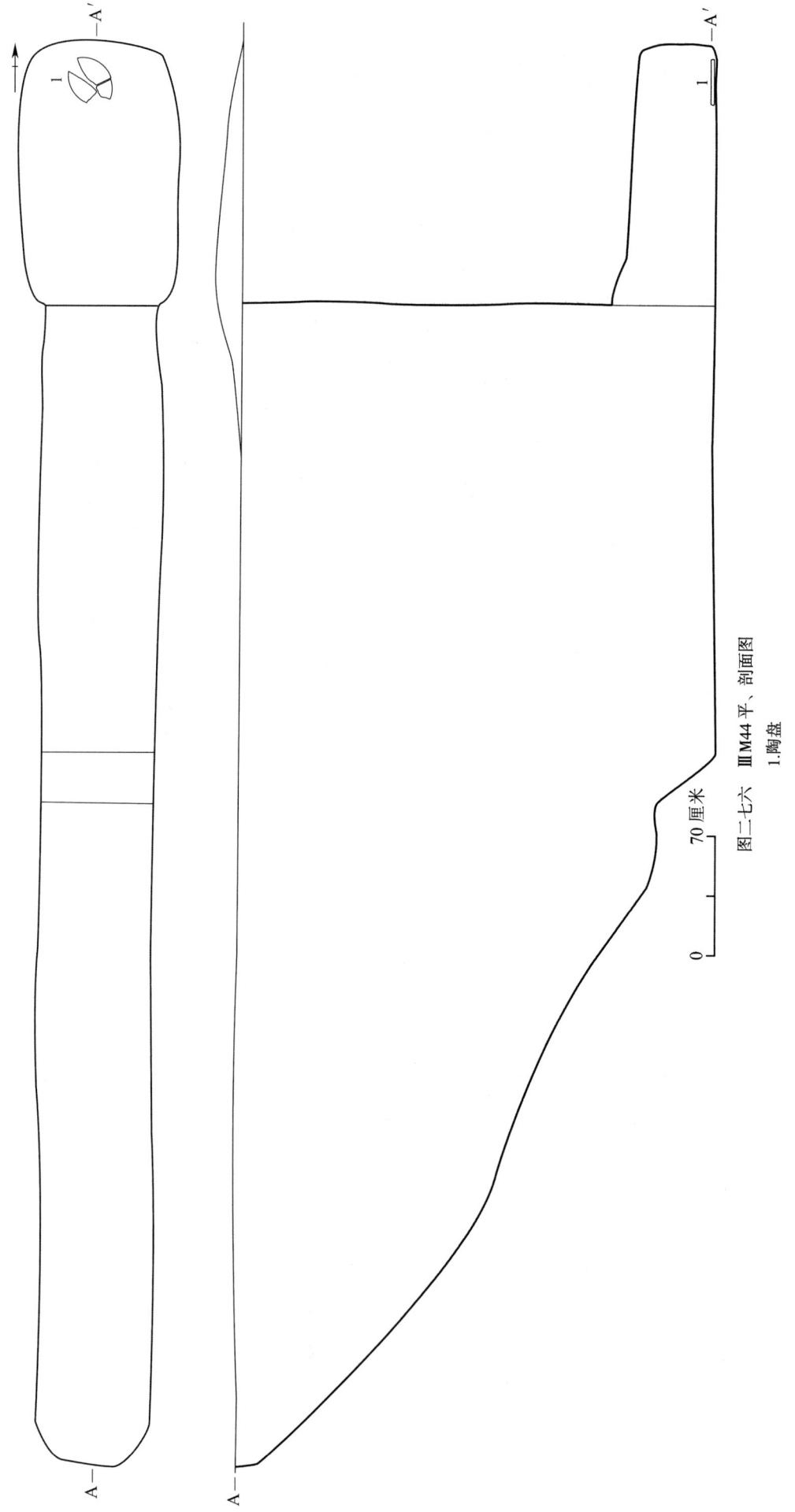

图二七六 ⅢM44 平、剖面图
1. 陶盘

墓室　位于墓道以北，平面呈圆角长方形，四壁略直，顶部坍塌，形制不详。墓室南北长1.05、东西宽0.78、残高0.50米

2. 葬具葬式

无葬具。

该墓为单人葬。仅残存人头骨一块。性别、年龄不详。

3. 随葬品

随葬品仅1件陶盘，出土于墓室北部。

陶盘　1件。ⅢM44∶1，泥质红褐陶。圆形，平沿，外缘微弧，盘面较平整，低于盘沿平底。盘面饰两组波浪纹、弦纹组合。盘径33.6、厚2.0厘米（图二七七，1）。

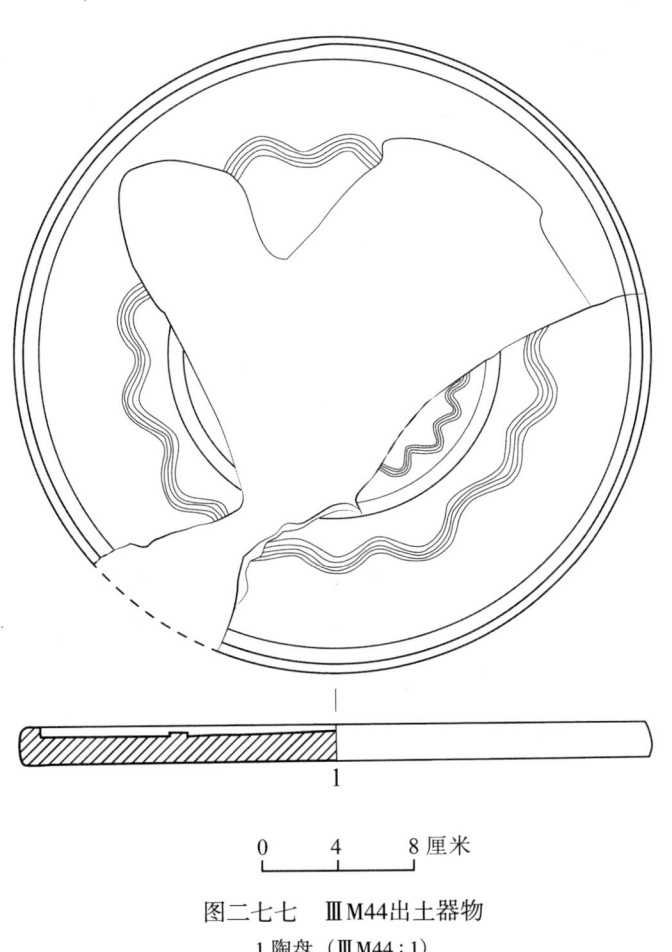

图二七七　ⅢM44出土器物
1.陶盘（ⅢM44∶1）

ⅢM45

位于Ⅲ区西部，ⅢM39西侧，东西向分布。

1. 墓葬形制

该墓为带长斜坡墓道单室土洞墓，由封土、墓道、甬道、墓室组成。墓向100°（图二七八）。

封土　现呈丘状，残径4.40、残高0.40米。

墓道　位于墓室以东，平面呈近长方形，长7.40、宽0.76米。西端剖面呈梯形，底宽0.88米。西低东高，斜坡至距墓门0.98米处到底，其后平直延伸至墓门处，坡度30°。近墓门处距地表深4.20米。

甬道　位于墓道西端，连接墓道与墓室。平面呈长方形，进深0.70、宽0.88、高1.00米。墓门呈拱形，与甬道同高等宽。封门位于甬道内封，以胶泥板、沙砾、砾石封堵。

墓室　位于墓道以西，平面呈长方形，斜壁上收至墓顶，顶部坍塌严重，形制不详。墓室东西长3.20、南北宽2.20、残高1.80米。

2. 葬具葬式

无葬具。

人骨凌乱，散布于墓室中部，疑为二次葬。经鉴定，人骨分属两个个体：其一，女性，年龄15~20岁；其二，男性，年龄20~23岁。

3. 随葬品

随葬品较少，仅于墓室东部出土陶甑1件、波浪纹陶罐残片1件。

陶甑　1件。ⅢM45:1，泥质素面灰陶。盆形甑，侈口，斜平沿，方唇，腹部斜直收至平底，底部有三孔。口径11.6、底径4.4、高5.2厘米（图二七九，1）。

波浪纹陶罐残片　1件。ⅢM45:2，泥质红褐陶。残，无法复原。腹部较圆鼓，平底。肩腹部饰波浪纹。

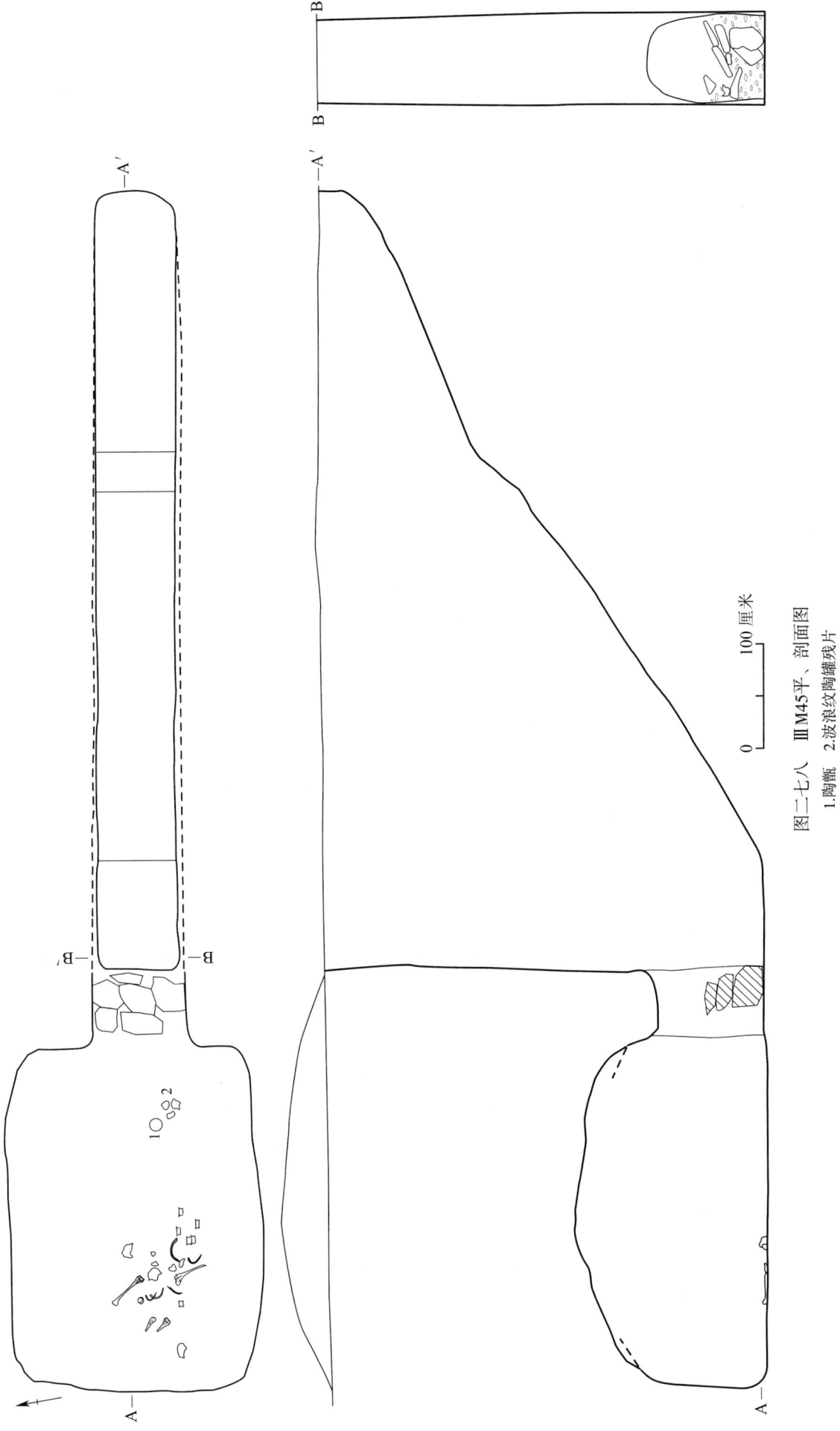

图二七八 ⅢM45平、剖面图
1.陶甑 2.波浪纹陶罐残片

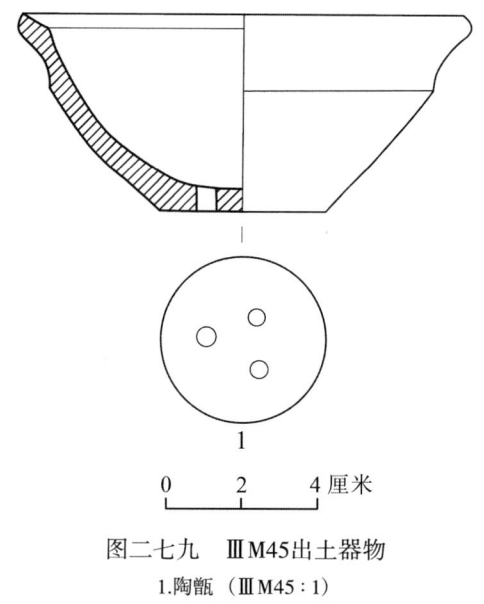

图二七九　ⅢM45出土器物
1.陶甑（ⅢM45：1）

ⅢM46

位于Ⅲ区东部，ⅢM12西北，东北—西南向分布。

1. 墓葬形制

该墓为带长斜坡墓道单室土洞墓，由封土、墓道、甬道、墓室组成。墓向70°（图二八〇）。

封土　现呈丘状，残径4.20、残高0.38米。

墓道　位于墓室以东，平面呈近长方形，长12.20、宽0.92米。西端剖面亦呈长方形，宽0.92米。西高东低，斜坡至距墓门1.28米处到底，其后平直延伸至墓门处，坡度30°。近墓门处距地表深5.40米。

甬道　位于墓道西端，连接墓道与墓室，为双甬道。前甬道平面呈长方形，进深1.34、宽0.84、高1.76米。后甬道略窄于前甬道，进深0.80、宽0.65、高1.20米。墓门呈拱形，底宽0.74、高1.26米。封门位于后甬道内封，以土坯、沙砾、砾石封堵。土坯长0.43、宽0.22、厚0.10米，共8层。

墓室　位于墓道以西，平面呈近长方形，斜壁上收至拱形顶，顶部有塌陷。墓室东西长3.80、南北宽2.60、残高2.80米。墓室东北角和东南角各掏一龛，东北角龛，呈拱形，宽0.24、进深0.16、高0.08米；东南角龛宽0.20、进深0.10、高0.05米。

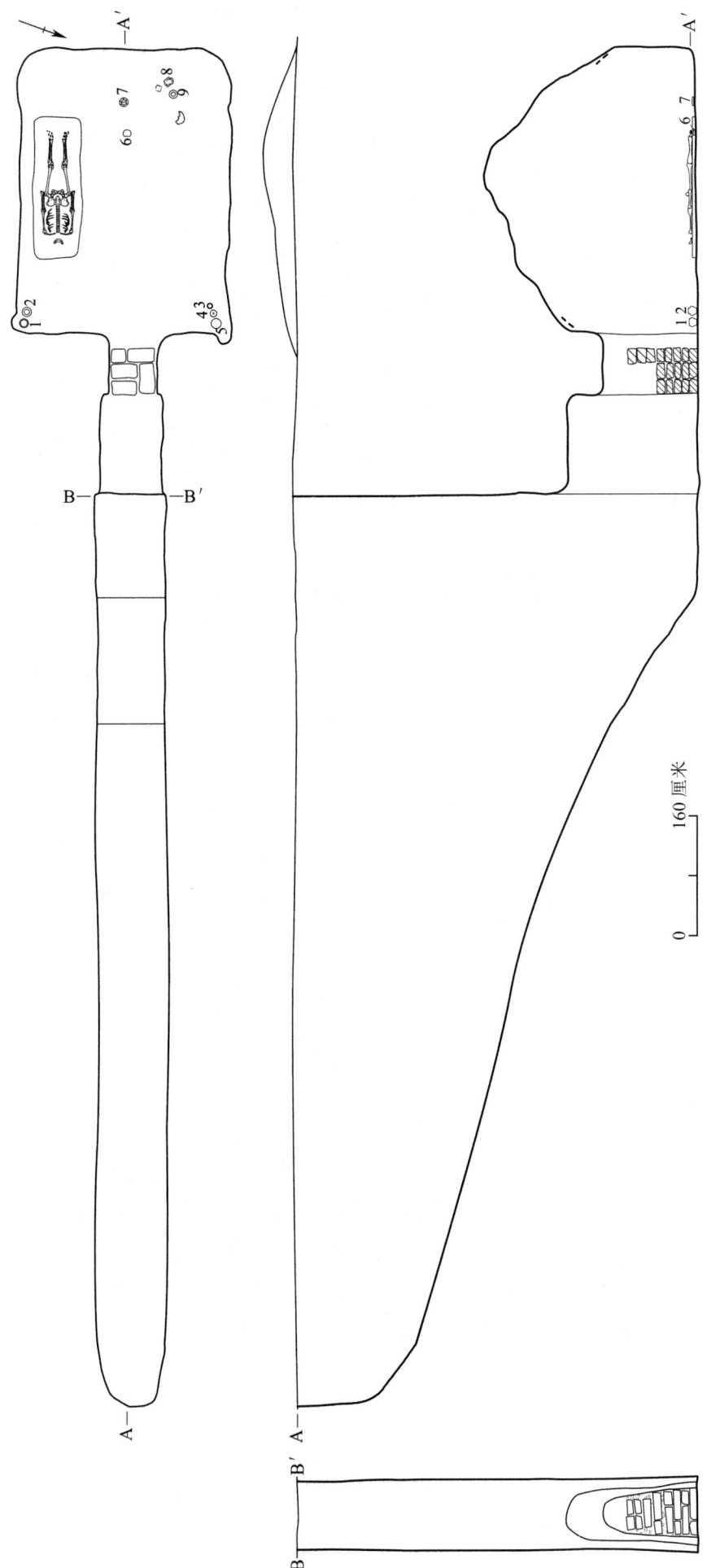

图二八〇 ⅢM46 平、剖面图

1、2.波浪纹陶罐 3.泥罐 4.泥甑 5.陶盆 6.陶碟 7.陶樽 8.垂幛纹陶罐 9.弦纹陶罐

2. 葬具葬式

墓室南壁下存一尸床，由草木灰和细沙土堆垒而成，长约1.86、宽约0.50米。

该墓为单人葬。人骨置于尸床之上，仰身直肢葬，头向东。经鉴定，人骨为男性，年龄45岁左右。

3. 随葬品

随葬品为陶器和泥器，放置于墓室西部及两龛内，共9件，包括波浪纹陶罐2件、泥罐1件、泥甑1件、陶盆1件、陶碟1件、泥槅1件、垂幛纹陶罐1件、弦纹陶罐1件（图版四〇，3）。

波浪纹陶罐　2件。器形整体瘦高，侈口，尖唇，斜直领，溜肩，上腹部较圆鼓，下腹斜收至平底。肩、腹部饰波浪纹、弦纹组合。ⅢM46：1，泥质灰陶。口径9.4、腹径12.0、底径8.0、高10.0厘米（图二八一，1；图版一二一，3）。ⅢM46：2，泥质红陶。口径7.2、腹径

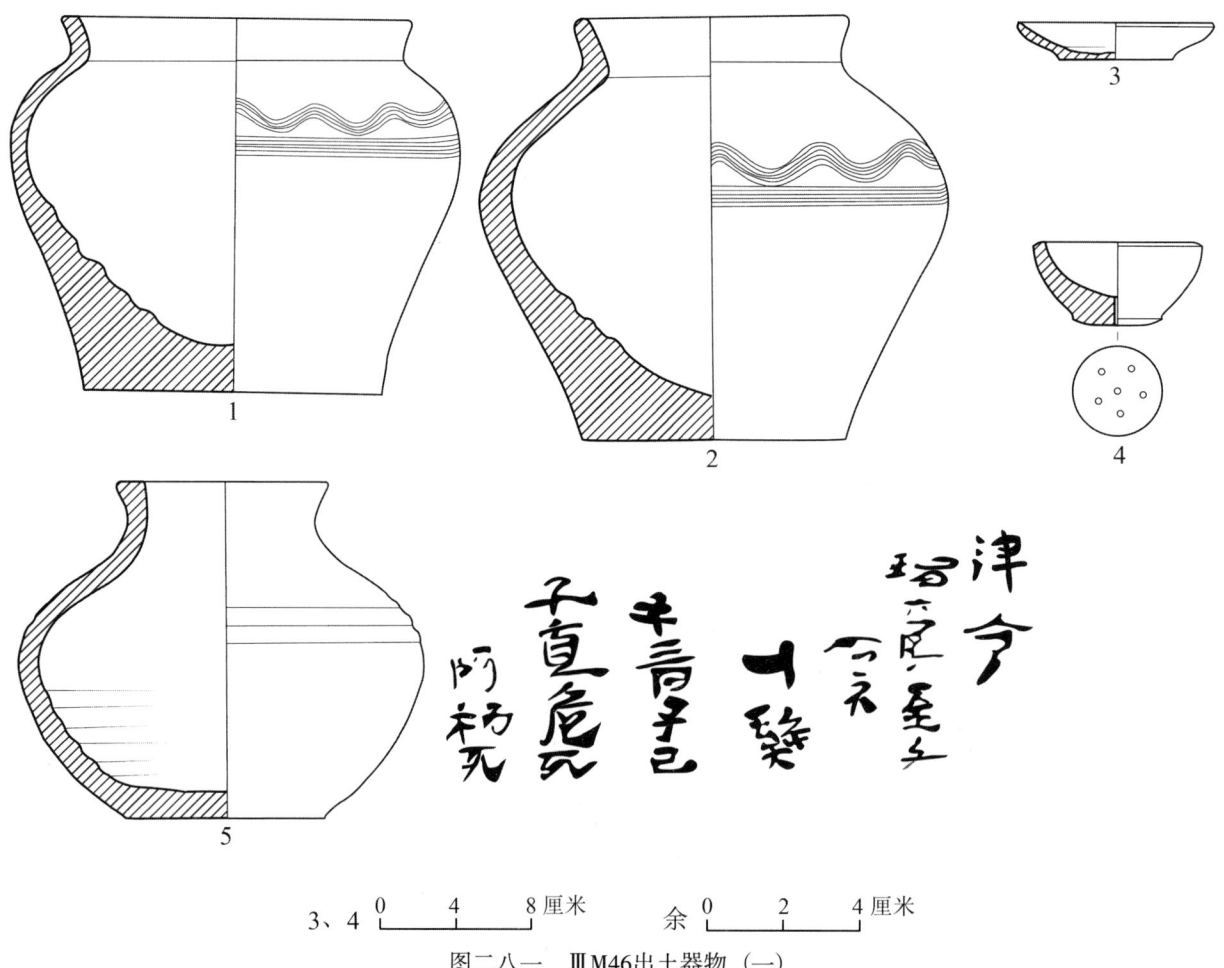

图二八一　ⅢM46出土器物（一）
1、2.波浪纹陶罐（ⅢM46：1、ⅢM46：2）3.陶碟（ⅢM46：6）4.泥甑（ⅢM46：4）5.弦纹陶罐（ⅢM46：9）

12.4、底径 7.0、高 11.3 厘米（图二八一，2）。

陶碟　1件。ⅢM46：6，泥质素面橙黄陶。残，可复原。敞口，尖唇，浅腹，平底。口径 10.4、底径 6.0、高 2.0 厘米（图二八一，3）。

泥甑　1件。ⅢM46：4，泥捏制而成。钵形甑，侈口，方唇，腹部斜收至平底，底有六孔。口径 9.0、底径 4.8、高 4.4 厘米（图二八一，4；图版一二一，6）。

弦纹陶罐　1件。ⅢM46：9，泥质灰陶。直口，矮领，圆肩，圆鼓腹，下腹斜收至平底。肩、腹部饰弦纹，内壁见轮制痕迹。口径 5.6、腹径 10.8、底径 5.3、高 8.8 厘米（图二八一，5；图版一二二，2）。颈部以下朱书镇墓文，多已漫漶不清，录文作：

……

……青子□

……子直危□

……阿□死

……

律令

垂幛纹陶罐　1件。ⅢM46：8，泥质橙黄陶。底残，不可复原。侈口，尖唇斜直领，束颈，圆肩，圆鼓腹，下腹斜收。肩、腹部饰弦纹和垂幛纹组合。口径 9.2、腹径 13.6、残高 9.5 厘米（图二八二，1）。

泥罐　1件。ⅢM46：3，泥捏制而成。直口，方唇，矮领，溜肩，腹部较圆鼓，平底。口径 5.4、腹径 7.4、底径 5.2、高 5.2 厘米（图二八二，2；图版一二一，4）。

泥槅　1件。ⅢM46：7，泥质素面灰陶。圆盘状，侈口，方唇，外缘较齐平，中有一凸棱，平底。外圆被隔六格，内圆被隔两格。口径 11.6、底径 9.6、高 2.0 厘米（图二八二，3；图版一二一，5）。

陶盆　1件。ⅢM46：5，泥质橙黄陶。侈口，尖唇，弧腹，平底。内底饰波浪纹、弦纹组合。口径 13.4、底径 8.0、高 5.1 厘米（图二八二，4；图版一二二，1）。

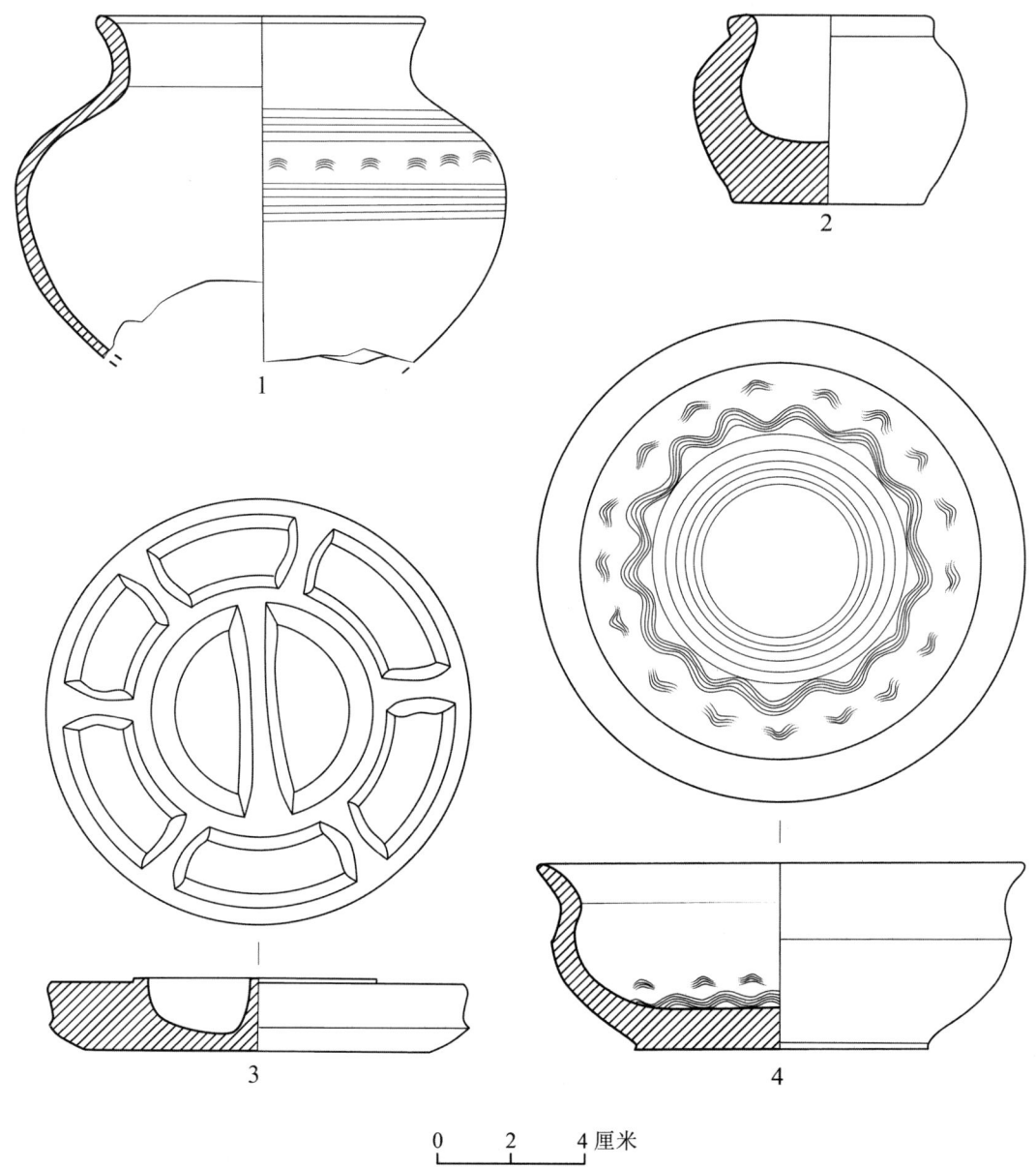

图二八二　ⅢM46出土器物（二）
1.垂幛纹陶罐（ⅢM46：8）　2.泥罐（ⅢM46：3）　3.泥槅（ⅢM46：7）　4.陶盆（ⅢM46：5）

ⅢM47

位于Ⅲ区西部，ⅢM44西北，东西向分布。与ⅢM48为一组，未发现茔圈。

1. 墓葬形制

该墓为带长斜坡墓道单室土洞墓，由封土、墓道、甬道、墓室组成。墓向275°（图二八三）。

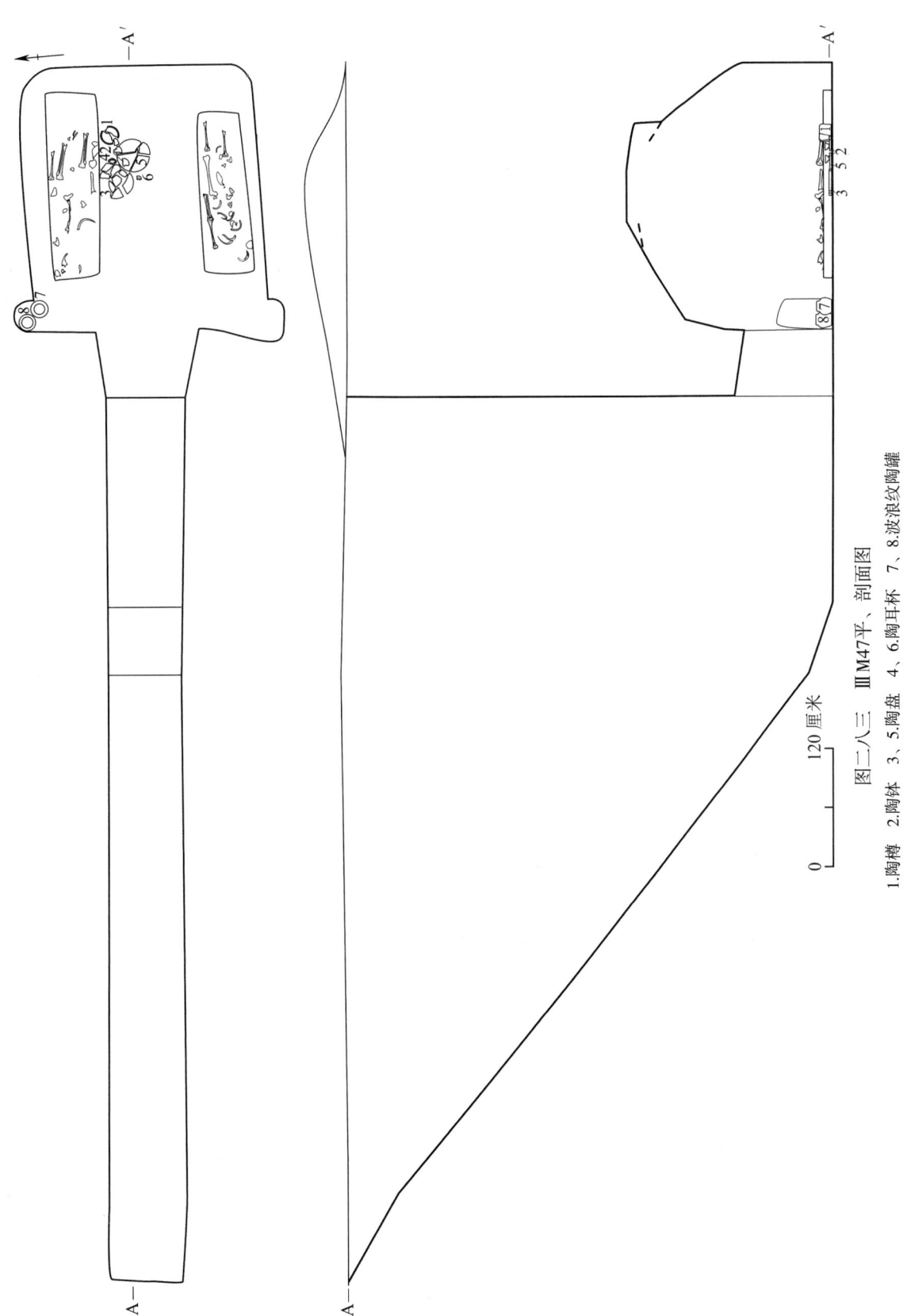

图二八三 ⅢM47平、剖面图
1.陶樽 2.陶钵 3、5.陶盘 4、6.陶耳杯 7、8.波浪纹陶罐

封土　现呈丘状，部分叠压墓道。残径 4.00、残高 0.30 米。

墓道　位于墓室以西，平面呈梯形，东窄西宽，长 9.00、宽 0.70~0.80 米。东端剖面呈长方形，底宽 0.78 米。西高东低，斜坡至距墓门 2.10 米处到底，其后平直延伸至墓门处，坡度 18°。近墓门处距地表深约 5.00 米。

甬道　位于墓道东端，连接墓道与墓室。平面呈梯形，西窄东宽，西高东低，进深 0.70、宽 0.82~1.00、高 0.90~1.00 米。墓门呈拱形，宽 0.82、高 1.00 米。封门无存。

墓室　位于墓道以东，平面呈圆角长方形，四壁略直，距墓室地面 0.95 米处向上斜收至顶，坍塌严重，形制不详。墓室东西长 2.75、南北宽 2.44、残高约 2.10 米。墓室西北角和西南角各掏一龛，均呈拱形，西北角龛宽 0.30、进深 0.18、高 0.55 米；西南角龛宽 0.40、进深 0.16、高 0.45 米。

2. 葬具葬式

墓室南、北壁下各存一尸床，尸床均由沙石堆垒而成。

该墓为双人合葬。人骨均置于尸床之上，人骨凌乱，葬式不详。性别、年龄不详。

3. 随葬品

随葬品均为陶器，集中放置于墓室中部及西北角龛内，共 8 件，包括陶樽 1 件、陶钵 1 件、陶盘 2 件、陶耳杯 2 件、波浪纹陶罐 2 件。

陶耳杯　2 件。ⅢM47：4，泥质素面灰陶。残，可复原。整体呈椭圆形，侈口，方唇，长边两侧附不对称双耳，一耳残，耳上端齐平于口沿，腹部斜收至小平底。长口径 8.0、短口径 3.6、长底径 4.5、短底径 1.5、耳长 3.4、耳宽 0.6、高 2.6 厘米（图二八四，1）。ⅢM47：6，泥质素面橙黄陶。残，不可复原。侈口，方唇，腹部较浅，平底。口沿下刮削痕迹明显。口径残长 5.0、底径残长 4.0、高 2.9 厘米（图二八四，2）。

陶钵　1 件。ⅢM47：2，泥质素面灰陶。侈口，圆唇，弧腹，腹部较深，平底。口径 10.8、底径 4.2、高 4.0 厘米（图二八四，3）。

波浪纹陶罐　2 件。ⅢM47：7，泥质灰陶。直口，圆唇，束颈，圆肩，圆鼓腹，平底。肩、腹部饰波浪纹、弦纹组合。内壁见轮制痕迹。口径 9.6、腹径 17.4、底径 12.7、高 15.1 厘米（图二八四，5）。ⅢM47：8，泥质灰陶。近直口，圆唇，束颈，圆肩，圆鼓腹，平底。肩、腹部饰波浪纹、弦纹组合。口径 10.0、腹径 16.8、底径 11.4、高 15.8 厘米（图二八四，4）。

陶樽　1 件。ⅢM47：1，泥质素面灰陶。敛口，圆唇，矮领，圆肩，直腹内束，底微凹。口径 16.5、底径 17.0、高 12.0 厘米（图二八四，6）。

陶盘　2 件。ⅢM47：3，泥质橙黄陶。圆形，盘沿斜直，盘面较平整，低于口沿，底微凹。盘面饰两组波浪纹、弦纹组合。盘径 28.2、厚 2.6 厘米（图二八四，7）。ⅢM47：5，泥质灰陶。

盘沿较平，盘面平整，低于口沿，平底。盘面饰波浪纹和弦纹组合。盘径 32.0、厚 1.9 厘米（图二八四，8）。

图二八四　ⅢM47 出土器物
1、2.陶耳杯（ⅢM47：4、ⅢM47：6）　3.陶钵（ⅢM47：2）　4、5.波浪纹陶罐（ⅢM47：8、ⅢM47：7）
6.陶樽（ⅢM47：1）　7、8.陶盘（ⅢM47：3、ⅢM47：5）

ⅢM48

位于Ⅲ区西部，ⅢM47以南，东西向分布。与ⅢM47为一组，未发现茔圈。

1. 墓葬形制

该墓为带长斜坡墓道单室土洞墓，由封土、墓道、甬道、墓室组成。墓向270°（图二八五）。

封土　现呈丘状，部分叠压墓道。残径7.40、残高0.40米。

墓道　位于墓室以西，平面呈梯形，东窄西宽，长7.50、宽0.74~0.90米。西端剖面呈长方形，底宽0.90米。西高东低，在距墓门1.40米处向西起台阶至地面。近墓门处距地表深3.80米。

甬道　位于墓道东端，连接墓道与墓室。平面呈长方形，进深0.80、宽0.70、高1.00米。墓门呈拱形，与甬道同高等宽。封门位于甬道内封，以土坯、沙砾、砾石封堵。

墓室　位于墓道以东，平面呈近长方形，距墓室地面1.08米左右向上斜收至顶，顶部塌落严重，形制不详。墓室东西长2.70、南北宽2.00、残高1.80米。墓室西北角与西南角各掏一龛，西北角龛宽0.64、进深0.40、高0.70米；西南角龛宽0.48、进深0.30米。

2. 葬具葬式及葬俗

墓室北壁下存一尸床，由沙土、白灰、席子由上而下依次堆垒而成，长约1.60、宽约0.50、高约0.08米。

该墓为单人葬。人骨散布于尸床之上，葬式不详。性别、年龄不详。

尸床上散布有意打碎的陶片。

3. 随葬品

随葬品以陶器为主，集中放置于墓室中部、西北角龛及附近，共12件，包括陶盘1件、波浪纹陶罐4件、陶樽2件、陶釜1件、陶盆1件、陶器盖2件、陶甑1件。人骨周围出土铁镜、铜指环、铁器残件各1件。

波浪纹陶罐　4件。器形整体矮胖，直口，圆唇，外缘呈三角状，束颈，圆鼓腹，平底。肩、腹部饰三组波浪纹，近底处有竖向刮削痕迹。ⅢM48:2，泥质灰陶。内壁见轮制痕迹。口径9.0、腹径20.0、底径9.8、高18.2厘米（图二八六，1）。ⅢM48:5，泥质橙黄陶。内壁见轮制痕迹。口径9.0、腹径19.6、底径10.4、高16.9厘米（图二八六，2）。ⅢM48:6，泥质灰陶。内壁见轮制痕迹。口径8.8、腹径19.4、底径9.9、高17.3厘米（图二八六，3）。ⅢM48:11，泥质橙黄陶。内壁见轮制痕迹。口径8.0、腹径19.2、底径10.4、高16.4厘米（图二八六，4）。

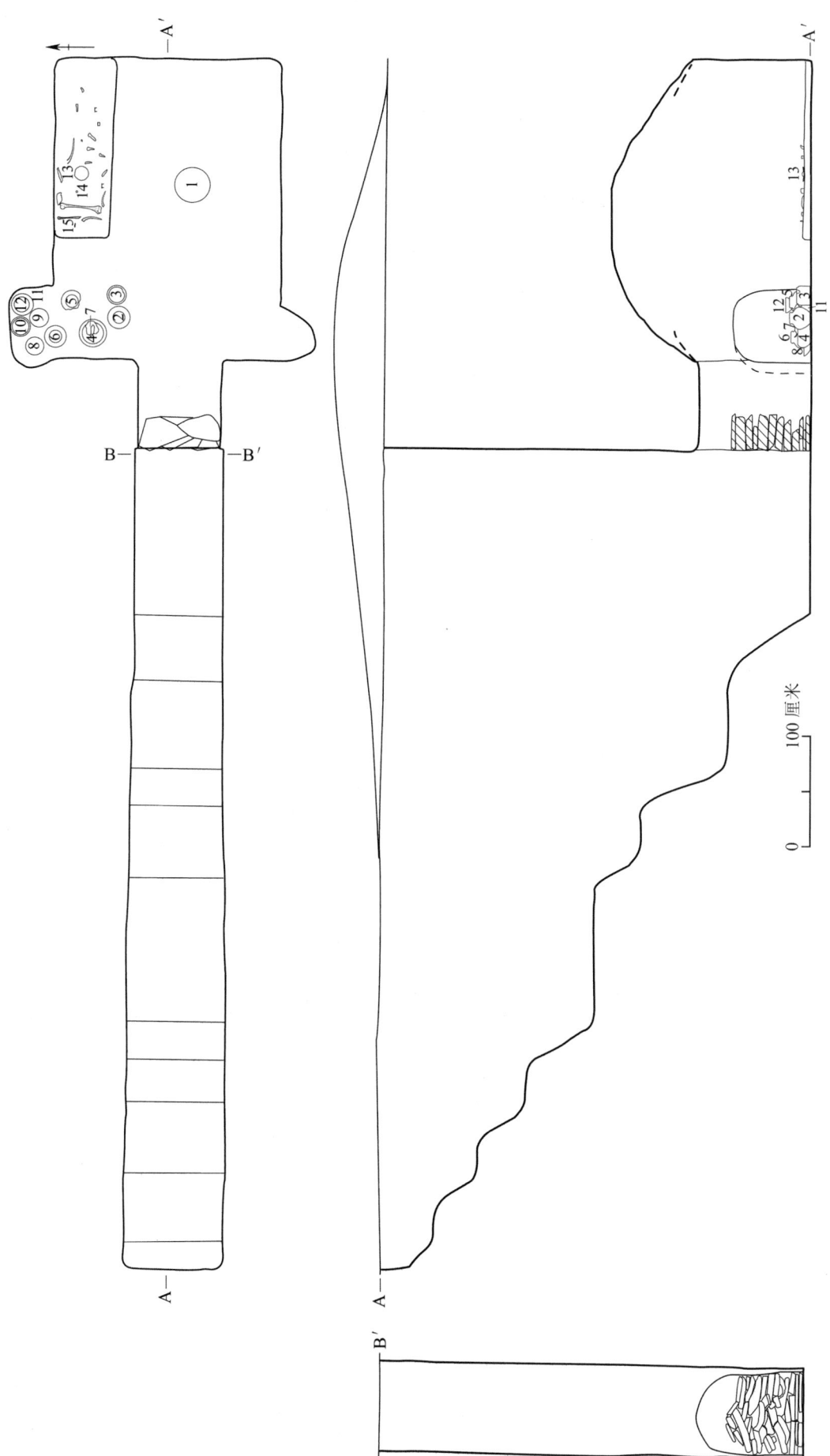

图二八五 ⅢM48平、剖面图

1.陶盘 2、5、6、11.波浪纹陶罐 3、10.陶樽 4.陶釜 7.陶盆 8、9.陶器盖 12.陶瓿 13.铁镜 14.铜指环 15.铁器残件

图二八六 ⅢM48出土器物
1~4.波浪纹陶罐（ⅢM48：2、ⅢM48：5、ⅢM48：6、ⅢM48：11） 5、6.陶樽（ⅢM48：3、ⅢM48：10）
7.陶甑（ⅢM48：12） 8.陶釜（ⅢM48：4） 9.陶盘（ⅢM48：1） 10.铜指环（ⅢM48：14）
11.陶盆（ⅢM48：7） 12、13.陶器盖（ⅢM48：8、ⅢM48：9） 14.铁镜（ⅢM48：13）

陶樽　2件。敛口，圆唇，矮领，折肩，直腹，平底。ⅢM48：3，泥质素面红褐陶。口径14.4、底径16.8、高12.0厘米（图二八六，5）。ⅢM48：10，泥质素面灰陶。口径14.0、底径17.3、高11.0厘米（图二八六，6）。

陶甑　1件。ⅢM48：12，泥质素面灰陶。钵形甑，直口，尖唇，弧腹，腹部较深，平底，底有一孔。口径13.6、底径5.4、高6.1厘米（图二八六，7）。

陶釜　1件。ⅢM48：4，泥质灰陶。敛口，方唇，矮领，圆肩，圆鼓腹，平底。肩、腹部饰波浪纹和弦纹组合，内壁见轮制痕迹。口径19.4、腹径24.8、底径17.0、高11.0厘米（图二八六，8）。

陶盘　1件。ⅢM48：1，泥质灰陶。圆形，平沿微凹，盘面平整，略低于口沿，平底。盘面饰波浪纹、弦纹组合。盘径31.2、厚2.4厘米（图二八六，9）。

陶盆　1件。ⅢM48：7，泥质素面橙黄陶。残，可复原。侈口，斜平沿，方唇，斜直腹，腹部较深，平底。内壁见轮制痕迹。口径13.8、底径5.6、高5.7厘米（图二八六，11）。

陶器盖　2件。整体呈覆钵状，平顶，弧腹，侈口。ⅢM48：8，泥质素面灰陶。盖径16.2、高5.6厘米（图二八六，12）。ⅢM48：9，泥质素面红褐陶。内壁见轮制痕迹。盖径16.8、高6.1厘米（图二八六，13）。

铁镜　1件。ⅢM48：13，锈蚀严重。圆形，半球形钮，镜面外弧。直径13.0、厚1.7厘米（图二八六，14；图版一二二，5）。

铜指环　1件。ⅢM48：14，指环状，死扣，环体起四道凸棱，槽内为点形针眼。直径1.7、厚0.01、高0.7厘米（图二八六，10；图版一二二，3、4）。

铁器残件　1件。ⅢM48：15，锈蚀残缺严重，形制不明，残长3.2厘米。

ⅢM49

位于Ⅲ区西部，ⅢM47西北，西北—东南向分布。与ⅢM50、ⅢM51、ⅢM52为一组，未发现茔圈。

1. 墓葬形制

该墓为带长斜坡墓道单室土洞墓，由封土、墓道、甬道、墓室组成。墓向285°（图二八七）。

封土　现呈丘状，部分叠压墓道。残径6.60、残高0.75米

墓道　位于墓室以西，平面呈不规则梯形，西窄东宽，长11.82、宽0.48~1.00米。东端剖面呈梯形，口小底大，底宽1.32米。西高东低，斜坡至距墓门1.58米处至底，其后平直延伸至墓门处。近墓门处距地表深约5.00米。

甬道　位于墓道东端，连接墓道与墓室。平面呈长方形，进深0.97、宽0.80、高1.30米。

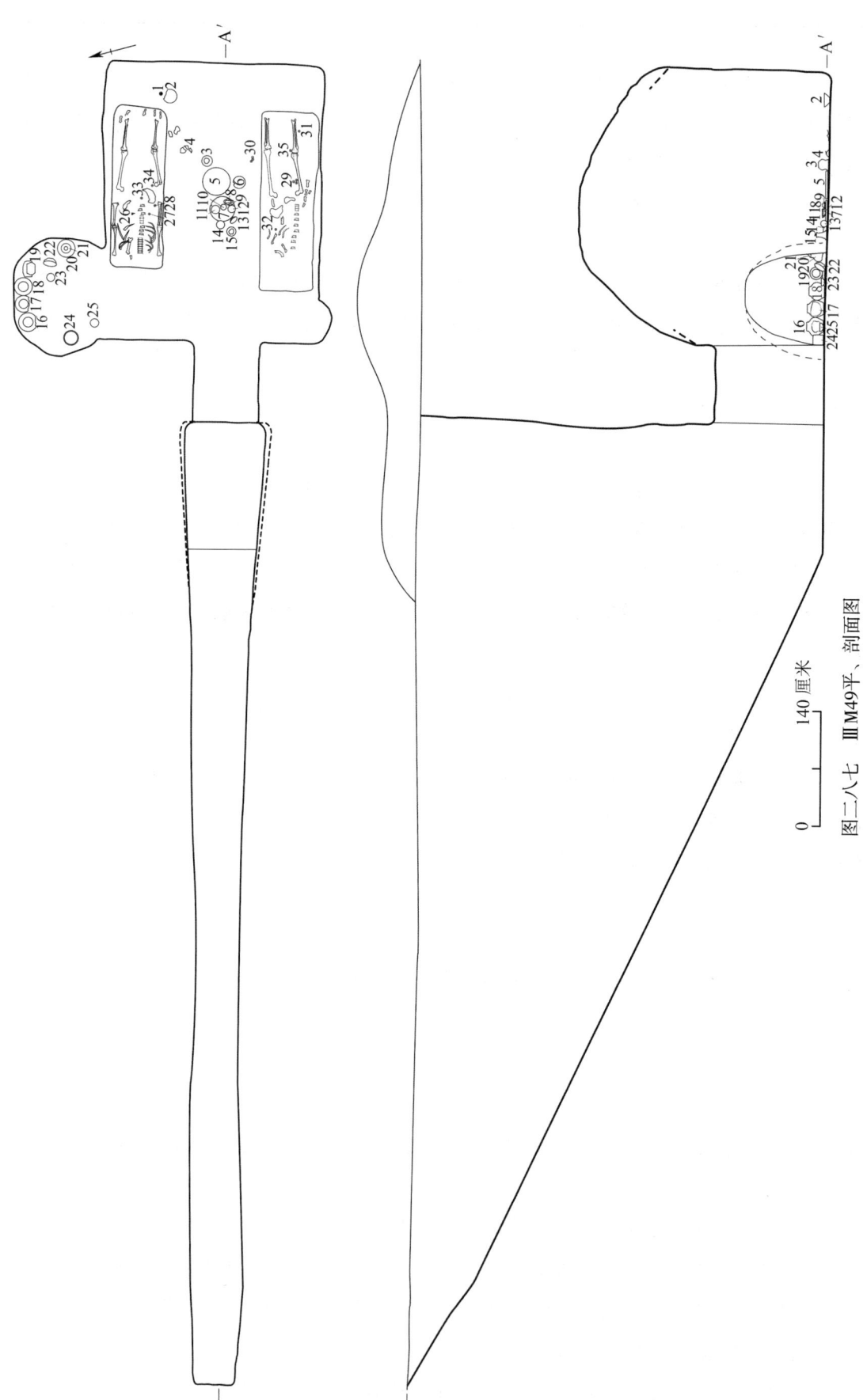

图二八七 ⅢM49平、剖面图

1.陶纺轮（出土于墓室填土内） 2、4.陶器盖 3.陶壶 5、7.陶盘 6.陶盆 8、9.陶耳杯 10、11、14、23、25.陶钵 12、13、21.陶碟 15.陶灯 16~18、20.绳纹陶罐 19.陶壶 22.陶甑 24.陶樽 26.铜弩机 27~35.铜钱

墓门呈拱形，与甬道同高等宽。封门位于甬道内封，以土坯、沙砾、砾石封堵。

墓室　位于墓道以东，平面呈近长方形，距墓室地面1.90米左右向上斜收至顶，顶部塌陷严重，形制不详。墓室东西长3.40、南北宽2.70、残高3.00米。墓室西北角存一耳室，口宽1.08、进深1.06、高0.96米；西南角掏一龛，口宽0.52、进深0.14米。

2. 葬具葬式及葬俗

墓室南、北壁下各存一尸床，均由草木灰、沙土由上而下依次堆垒而成，北侧尸床长约2.00、宽约0.50、高约0.12米；南侧尸床长约2.20、宽约0.68、高约0.15米。

该墓为双人合葬。人骨均置于尸床之上，均仰身直肢葬，头向西。经鉴定，北侧人骨为女性，年龄60~70岁；南侧人骨疑似男性，年龄不详。

两尸床上散布有意打碎的陶片。

3. 随葬品

随葬品以陶器为主，集中放置于墓室中部及耳室内，共25件，包括陶纺轮1件、陶器盖2件、陶壶1件、陶盘2件、陶盆1件、陶耳杯2件、陶钵5件、陶碟3件、陶灯1件、绳纹陶罐4件、陶釜1件、陶甑1件、陶樽1件。北侧人骨肩部出土铜弩机1件，两人骨周围出土铜钱9组（25枚）（图版四一，1）。

绳纹陶罐　4件。泥质灰陶。器形整体矮胖，直口，圆唇，外缘呈三角状，束颈，圆肩，圆鼓腹。颈部以下通体饰竖向绳纹。ⅢM49∶16，底微凹。口径10.3、腹径23.2、底径14.0、高20.1厘米（图二八八，1；图版一二三，6）。ⅢM49∶17，底微凹。口径10.0、腹径20.4、底径14.0、高19.9厘米（图二八八，2；图版一二四，1）。M49∶18，平底。口径10.0、腹径21.7、底径13.2、高18.6厘米（图二八八，3；图版一二四，2）。ⅢM49∶20，平底。口径10.5、腹径21.6、底径14.6、高18.3厘米（图二八八，4）。

陶盘　2件。ⅢM49∶5，泥质灰陶。圆形，盘沿较平，外缘微弧，盘面中高周缘较低，整体低于盘沿，平底。盘面饰波浪纹、弦纹组合。盘径33.6、厚2.6厘米（图二八八，5；图版一二五，1）。ⅢM49∶7，泥质红陶。略残，可复原。圆形，斜直缘，盘沿齐平，盘面平整，整体低于盘沿，平底。盘面饰波浪纹、弦纹组合。盘径30.6、厚2.0厘米（图二八八，6）。

陶樽　1件。ⅢM49∶24，泥质素面灰陶。敛口，方唇，矮领，折肩近平，直腹，平底。口径16.0、底径17.0、高12.5厘米（图二八八，7；图版一二四，5）。

陶壶　1件。ⅢM49∶3，泥质素面灰陶。口残，无法复原。溜肩，扁鼓腹鼓，下腹束腰外撇至大平底。底径12.9、残高12.7厘米（图二八八，8）。

陶釜　1件。ⅢM49∶19，泥质灰陶。敛口，方唇，溜肩，腹部较圆鼓，底作假圈足。近口处饰两道凹弦纹。口径10.0、腹径15.0、底径11.6、高9.9厘米（图二八八，9；图版一二四，3）。

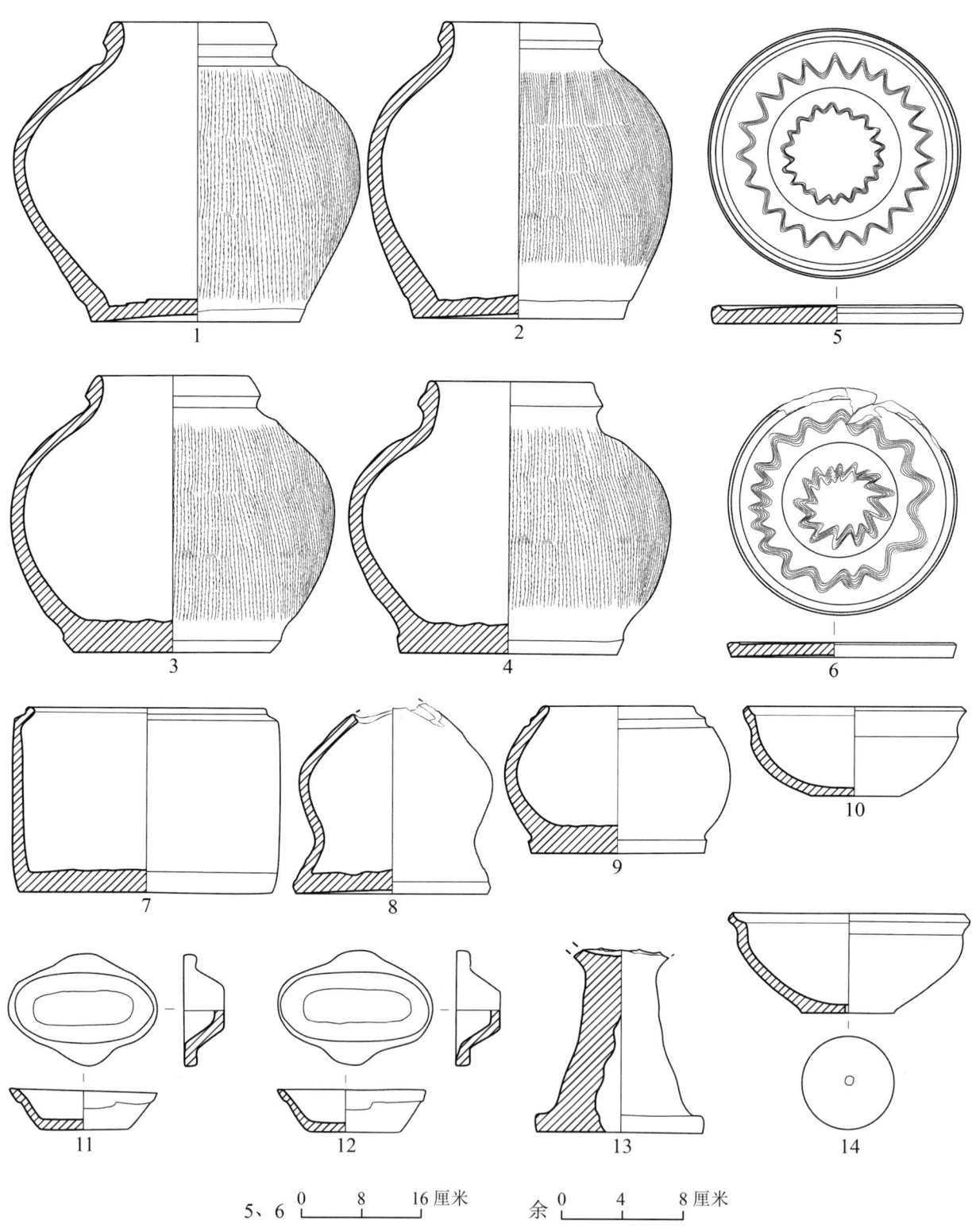

图二八八　ⅢM49出土器物（一）

1~4.绳纹陶罐（ⅢM49：16、ⅢM49：17、ⅢM49：18、ⅢM49：20）　5、6.陶盘（ⅢM49：5、ⅢM49：7）
7.陶樽（ⅢM49：24）　8.陶壶（ⅢM49：3）　9.陶釜（ⅢM49：19）　10.陶盆（ⅢM49：6）
11、12.陶耳杯（ⅢM49：8、ⅢM49：9）　13.陶灯（ⅢM49：15）　14.陶甑（ⅢM49：22）

陶盆　1件。ⅢM49：6，泥质素面灰陶。口残，可复原。侈口，斜平沿，方唇，弧腹，平底。口径14.4、底径6.0、高6.0厘米（图二八八，10；图版一二三，1）。

陶耳杯　2件。泥质素面灰陶。整体呈椭圆，侈口，方唇，长边两侧附对称双耳，且耳上端齐平于口沿，腹部斜收至平底。ⅢM49：8，长口径10.0、短口径4.7、长底径5.8、短底径2.5、耳长5.0、耳宽0.8、高2.8厘米（图二八八，11）。ⅢM49：9，长口径10.5、短口径4.7、长底径6.0、短底径2.5、耳长4.1、耳宽0.8、高2.9厘米（图二八八，12；图版一二三，2）。

陶灯　1件。ⅢM49：15，泥质素面灰陶。残，可复原。灯口呈碟状，浅腹，柄部空心，上细下粗，近底部外撇，圆台状，平底。底径11.0、残高12.0厘米（图二八八，13；图版一二三，5）。

陶甑　1件。ⅢM49：22，泥质素面灰陶。盆形甑，侈口，斜沿内凹，方唇，弧腹收至平底，底穿有一孔。口径15.4、底径6.2、高6.7厘米（图二八八，14）。

陶器盖　2件。泥质素面灰陶。整体呈覆钵状，平顶，侈口。ⅢM49：2，斜直腹。盖径16.8、高6.5厘米（图二八九，1）。ⅢM49：4，弧腹。盖径17.9、高6.8厘米（图二八九，2）。

陶碟　3件。泥质素面灰陶。敞口，浅弧腹，平底。ⅢM49：12，尖唇。口径9.1、底径3.2、高2.7厘米（图二八九，3）。ⅢM49：13，尖唇。口径10.0、底径3.4、高3.1厘米（图二八九，4）。ⅢM49：21，圆唇。内壁见轮制痕迹。口径11.8、底径4.8、高3.5厘米（图二八九，5；图版一二四，4）。

陶钵　5件。ⅢM49：10，泥质素面灰陶。口残，可复原。直口，尖唇，弧腹，平底。口径7.0、底径3.0、高2.9厘米（图二八九，6；图版一二三，3）。ⅢM49：11，泥质素面灰陶。侈口，圆唇，弧腹，平底。口径10.4、底径5.0、高3.6厘米（图二八九，8）。ⅢM49：14，泥质素面灰陶。侈口，尖圆唇，上腹微弧，下腹斜收至平底。口径10.2、底径4.6、高3.9厘米（图二八九，9；图版一二三，4）。ⅢM49：23，泥质素面灰陶。侈口，圆唇，弧腹，平底。口径10.0、底径4.0、高4.0厘米（图二八九，10）。ⅢM49：25，泥质素面灰陶。残，可复原。直口，圆唇，上腹微弧，下腹斜收至平底。口径10.6、底径4.6、高4.2厘米（图二八九，11）。

陶纺轮　1件。ⅢM49：1，泥质素面灰陶。平面大致呈圆形，一面较平整，一面隆起，中竖穿一孔。口径2.0、底径4.0、高2.0、孔径0.8厘米（图二八九，13；图版一二二，6）。

铜弩机　1件。ⅢM49：26，残。牙呈三角形，望山高3.7、整体宽2.6厘米（图二八九，7；图版一二五，3）。

铜钱　9组（25枚）。均圆形方穿，形制不同，以五铢钱为主，另有1枚大泉五十和部分剪轮钱、磨郭钱。

ⅢM49：28，剪轮钱。制作粗劣，边有剪凿痕，状为不规则圆形。钱径1.25、穿宽0.35、肉厚0.10厘米，重0.28克。ⅢM49：33-1，磨郭五铢，正面穿左右篆书"五铢"二字。"五"字较宽，交笔弯曲；"铢"字"金"字头呈三角形，中间四点较短，"朱"字上下部均圆折。

钱径 2.66、穿宽 0.92、肉厚 0.08 厘米，重 1.38 克。ⅢM49：34-1，大泉五十。形制较小，形体较薄，面背皆有内郭。正面穿口左右铸"五十"二字，较瘦长，上下铸"大泉"二字，较宽矮，均为篆书。"五"字较窄，交笔弯曲；"大"字一横较折弧。钱径 2.46、穿宽 0.98、郭宽 0.18、郭厚 0.14、肉厚 0.08 厘米，重 1.71 克（图二八九，12）。

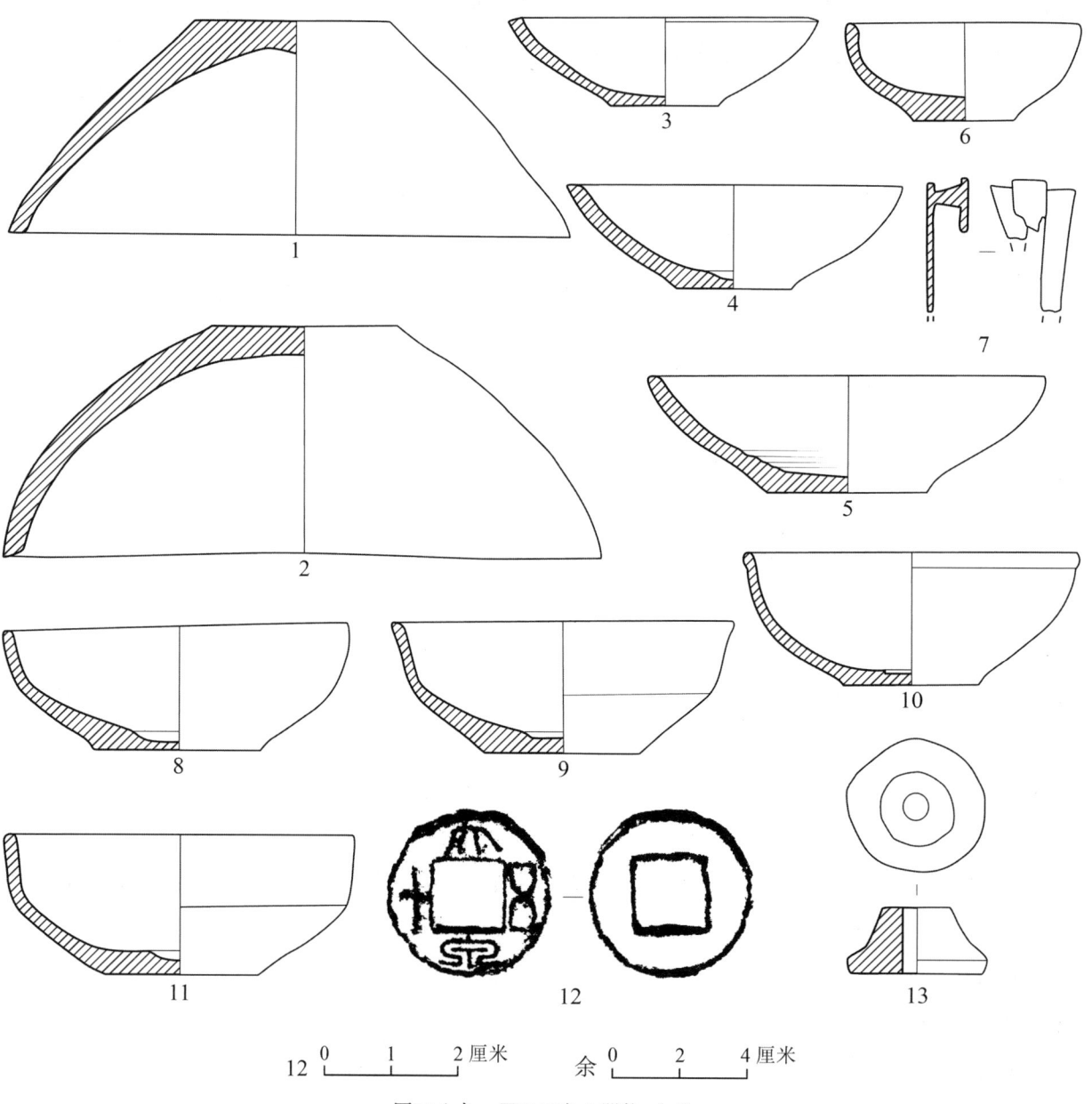

图二八九　ⅢM49 出土器物（二）

1、2.陶器盖（ⅢM49：2、ⅢM49：4）　3~5.陶碟（ⅢM49：12、ⅢM49：13、ⅢM49：21）　6、8~11.陶钵（ⅢM49：10、ⅢM49：11、ⅢM49：14、ⅢM49：23、ⅢM49：25）　7.铜弩机（ⅢM49：26）　12.大泉五十（ⅢM49：34-1）　13.陶纺轮（ⅢM49：1）

ⅢM50

位于Ⅲ区西部，ⅢM49以南，东西向分布。与ⅢM49、ⅢM51、ⅢM52为一组，未发现茔圈。

1. 墓葬形制

该墓为带长斜坡墓道单室土洞墓，由封土、墓道、甬道、墓室组成。墓向280°（图二九〇）。

封土　遭破坏，形制及尺寸不明。

墓道　位于墓室以西，平面呈梯形，西窄东宽，长11.30、宽0.76~0.88米。东端剖面亦呈梯形，口小底大，底宽0.98米。西高东低，斜坡至底。近墓门处距地表深4.70米。

甬道　位于墓道东端，连接墓道与墓室。平面呈长方形，顶部坍塌严重，进深1.30、宽0.90、残高0.90米。墓门呈拱形，与甬道同高等宽。封门位于甬道内封，以土坯、沙砾、砾石封堵。

墓室　位于墓道以东，平面呈近长方形，斜壁上收至顶，顶部坍塌严重，形制不详。墓室南北长2.90、东西宽2.70、残高1.60米。

2. 葬具葬式

墓室北壁下存一尸床，由沙石堆垒而成。残长0.70、残宽0.60、残高0.08米。

该墓为三人合葬。由北向南依次排列，北侧人骨置于尸床之上，仰身直肢葬；中部人骨仰身直肢葬；南侧人骨葬式不详。经鉴定，北侧人骨为女性，年龄45岁左右；中部人骨为男性，年龄45~50岁；南侧人骨为男性，年龄35岁左右。

3. 随葬品

随葬品以陶器为主，集中放置于北侧人骨头部及墓室中部，共17件，包括陶钵3件、陶碟1件、陶案2件、陶壶1件、陶耳杯2件、陶灯1件、陶樽3件、波浪纹陶罐3件、陶盆1件。另于人骨周围出土铜钗1件、铜钱3组（4枚）（图版四一，2）。

波浪纹陶罐　3件。泥质灰陶。器形整体矮胖，直口，圆唇，外缘呈三角状，束颈，溜肩，圆鼓腹，平底。肩、腹部饰三组波浪纹，近底处有竖向刮削痕迹。ⅢM50:16，口径10.6、腹径21.6、底径11.5、高19.4厘米（图二九一，1；图版一二五，5）。ⅢM50:19，残，可复原。口径11.6、腹径22.0、底径12.4、高18.5厘米（图二九一，2）。ⅢM50:20，口径10.7、腹径22.0、底径12.0、高18.8厘米（图二九一，6；图版一二五，6）。

陶樽　3件。ⅢM50:14，泥质素面灰陶。敛口，方唇，无领，无肩，斜直腹收至平底。口

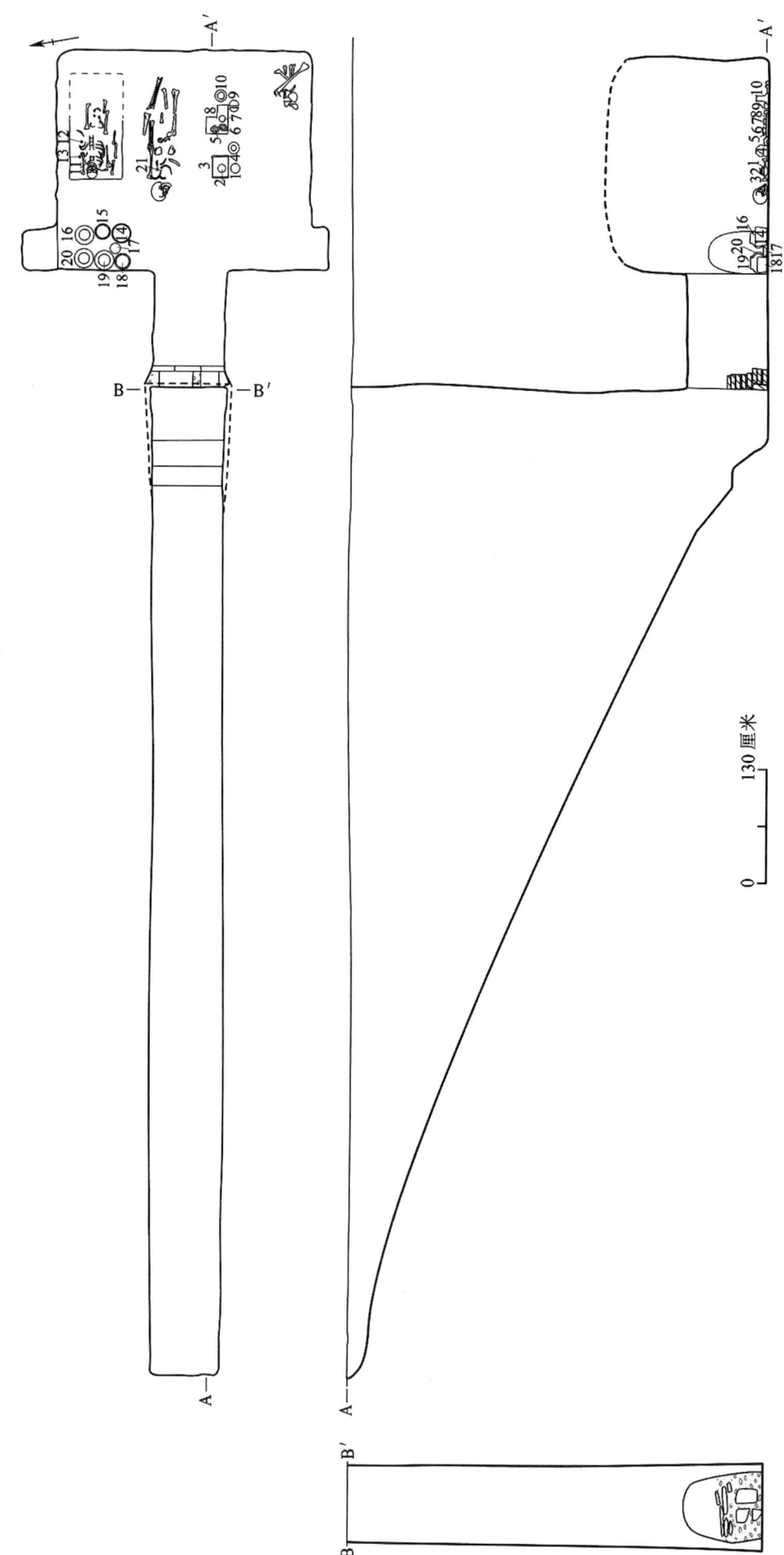

图二九 ⅢM50平、剖面图

1、7、9.陶钵 2.陶碟 3、8.陶案 4.陶壶 5、6.陶耳杯 10.陶灯 11~13.铜钱 14、15、18.陶樽 16、19、20.波浪纹陶罐 17.陶盆 21.铜钗

径20.1、底径18.8、高13.5厘米（图二九一，3；图版一二六，5）。ⅢM50：15，泥质灰陶。直口，尖圆唇，高领，圆折肩，直腹收至大平底。口径14.4、底径16.5、高11.0厘米（图二九一，4；图版一二六，6）。ⅢM50：18，泥质灰陶。口微敛，圆唇，矮领，圆折肩，直腹微内束，平底。口径14.5、底径16.6、高11.0厘米（图二九一，5）。

陶案　2件。ⅢM50：3，泥质素面灰陶。平面呈长方形，剖面呈"工"字形。案足置于两侧，承接案面，形成沿。长25.3、宽19.1、高6.0厘米（图二九一，8；图版一二六，3）。ⅢM50：8，泥质素面灰陶。残，可复原。平面呈长方形。长33.2、宽25.0、厚1.6厘米（图二九一，7）。

陶钵　3件。ⅢM50：1，泥质素面灰陶。侈口，圆唇，斜直腹内收至平底。口径10.8、底径4.6、高4.0厘米（图二九二，1；图版一二五，4）。ⅢM50：7，泥质素面灰陶。直口，圆唇，弧腹收至平底。口径7.0、底径3.6、高2.4厘米（图二九二，2）。ⅢM50：9，泥质素面灰陶。残，可复原。侈口，尖唇，弧腹，平底。口径10.9、底径5.2、高4.0厘米（图二九二，3）。

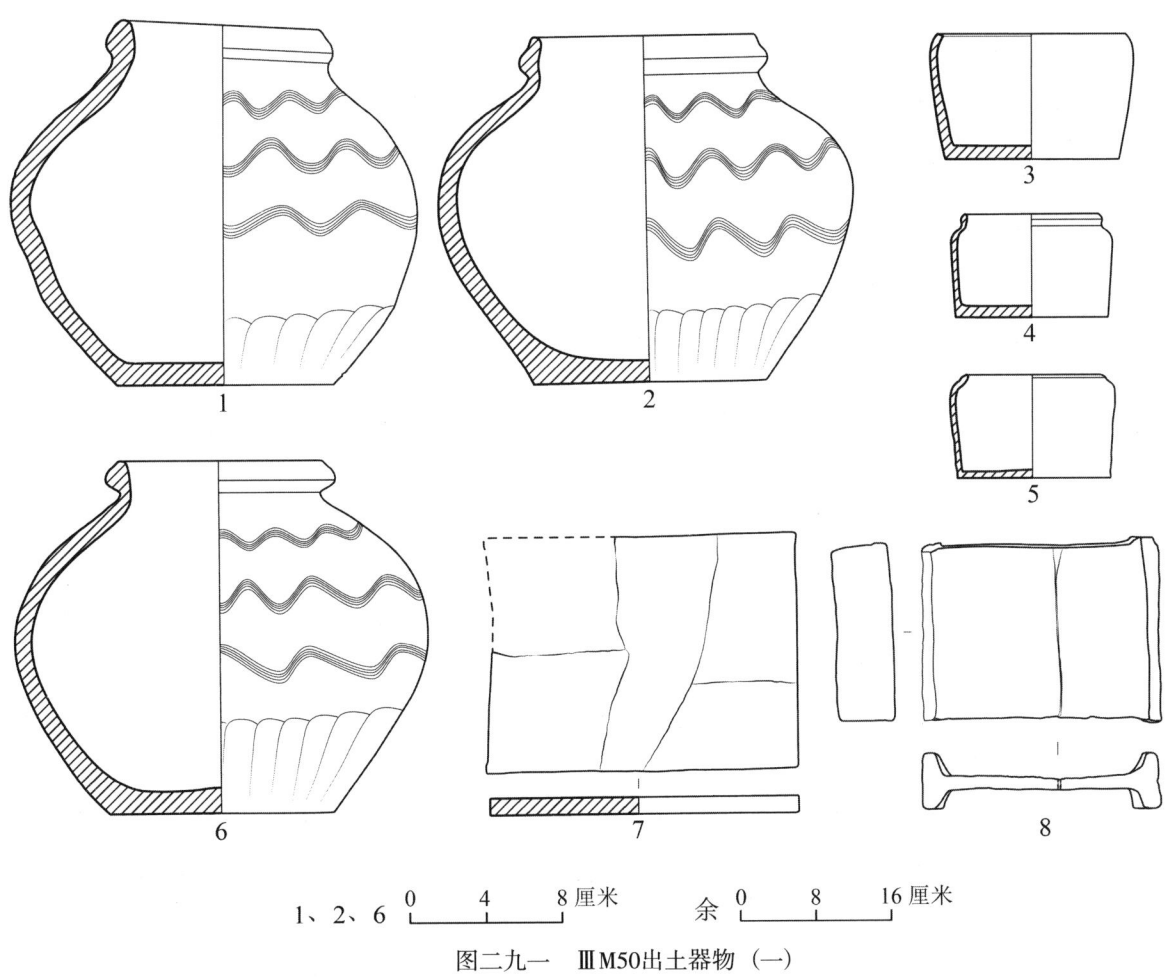

图二九一　ⅢM50出土器物（一）
1、2、6.波浪纹陶罐（ⅢM50：16、ⅢM50：19、ⅢM50：20）
3~5.陶樽（ⅢM50：14、ⅢM50：15、ⅢM50：18）　7、8.陶案（ⅢM50：8、ⅢM50：3）

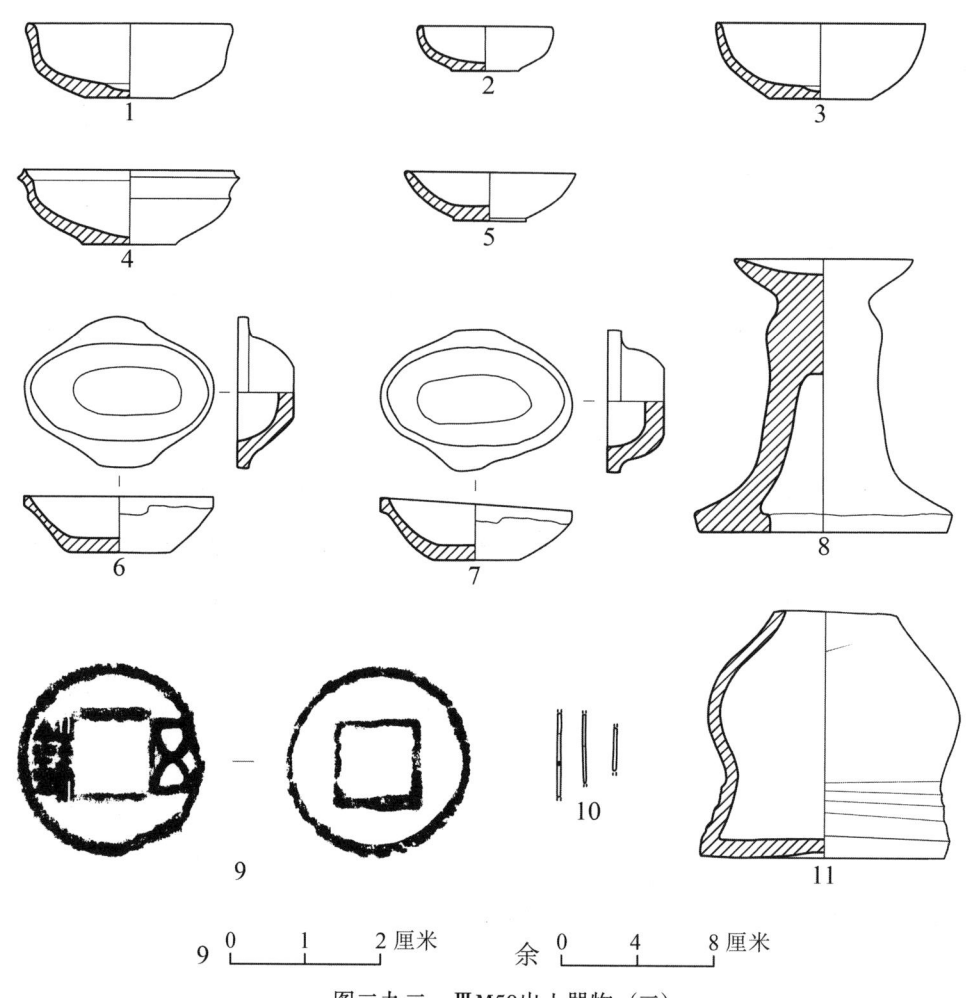

图二九二　ⅢM50出土器物（二）
1~3.陶钵（ⅢM50：1、ⅢM50：7、ⅢM50：9）　4.陶盆（ⅢM50：17）　5.陶碟（ⅢM50：2）　6、7.陶耳杯（ⅢM50：5、ⅢM50：6）
8.陶灯（ⅢM50：10）　9.五铢钱（ⅢM50：11）　10.铜钗（ⅢM50：21）　11.陶壶（ⅢM50：4）

陶盆　1件。ⅢM50：17，泥质素面灰陶。侈口，方唇，斜平沿微内凹，束颈，弧腹，平底。口径11.2、底径5.0、高4.0厘米（图二九二，4；图版一二六，4）。

陶碟　1件。ⅢM50：2，泥质素面灰陶。敞口，尖圆唇，浅弧腹，平底。口径9.0、底径3.8、高2.6厘米（图二九二，5；图版一二六，2）。

陶耳杯　2件。泥质素面灰陶。整体呈椭圆形，侈口，方唇，长边两侧附对称双耳，斜弧腹收至平底，边耳与口沿基本齐平。ⅢM50：5，长口径10.0、短口径5.0、长底径5.4、短底径2.5、耳长3.6~4.3、耳宽1.4、高3.0厘米（图二九二，6；图版一二六，1）。ⅢM50：6，长口径10.1、短口径5.2、长底径4.5、短底径3.5、耳长2.8~3.1、耳宽1.0~1.3、高2.7~3.3厘米（图二九二，7）。

陶灯　1件。ⅢM50：10，泥质素面灰陶。灯口呈碟状，敞口，尖圆唇，弧腹，灯柄空心，上细下粗，底部外撇成斜缘低台座，平底。口径9.4、底径13.0、高14.5厘米（图二九二，8；

图版一二五，2）。

陶壶　1件。ⅢM50：4，泥质灰陶。敛口，方唇，溜肩，扁鼓腹，束腰外撇成台座，底微凹。台座饰数道凸棱纹。口径6.4、腹径13.2、底径12.7、高13.1厘米（图二九二，11；图版一二七，1）。

铜钗　1件。ⅢM50：21，残断成数截，不见钗头，均呈圆柱状，截面呈圆形。最长4.4、截面直径0.15厘米（图二九二，10）。

铜钱　3组（4枚）。圆形方穿，以五铢钱为主，另有部分钱文锈蚀不可辨。

ⅢM50：11，五铢钱，正面穿左右篆书"五铢"二字。"五"字较宽，交笔弯曲；"铢"字"金"字头呈三角形，中间四点较长，"朱"字上部方折，下部圆折。钱径2.68、穿宽0.98、郭宽0.18、郭厚0.16、肉厚0.12厘米，重2.41克（图二九二，9；图版一二七，2）。

ⅢM51

位于Ⅲ区西部，ⅢM50以南，东西向分布。与ⅢM49、ⅢM50、ⅢM52为一组，未发现茔圈。

1. 墓葬形制

该墓为带长斜坡墓道单室土洞墓，由封土、墓道、甬道、墓室组成。墓向275°（图二九三）。

封土　现呈丘状，部分叠压墓道。残径4.50、残高0.40米。

墓道　位于墓室以西，平面呈近长方形，长9.80、宽1.22米。东端剖面呈长方形，底宽1.22米。西高东低，斜坡至距墓门2.14米处转折至底，其后平直延伸至墓门处，坡度22°。近墓门处距地表深4.20米。

甬道　位于墓道东端，连接墓道与墓室。平面呈梯形，西窄东宽，西低东高，长1.00、宽0.89~1.04、高1.00~1.10米。墓门呈拱形，宽0.89、高1.00米。封门位于甬道内封，以土坯堆砌封堵，土坯完整者长0.40、宽0.20、厚0.09米。

墓室　位于墓道以东，平面呈圆角长方形，四壁略直，距墓室地面1.00米处向上斜收至顶，顶部坍塌，从残存状况看应为覆斗顶。墓室东西长2.80、南北宽2.82、残高1.79米。墓室西南角掏一龛，呈拱形，宽0.56、进深0.20、高0.60米（图版一八，2）。

2. 葬具葬式

葬具仅为草席，人骨以草席包裹，下铺两张草席。

该墓为单人葬。人骨仰身直肢葬，头向西。经鉴定，人骨为女性，年龄50~60岁。

3. 随葬品

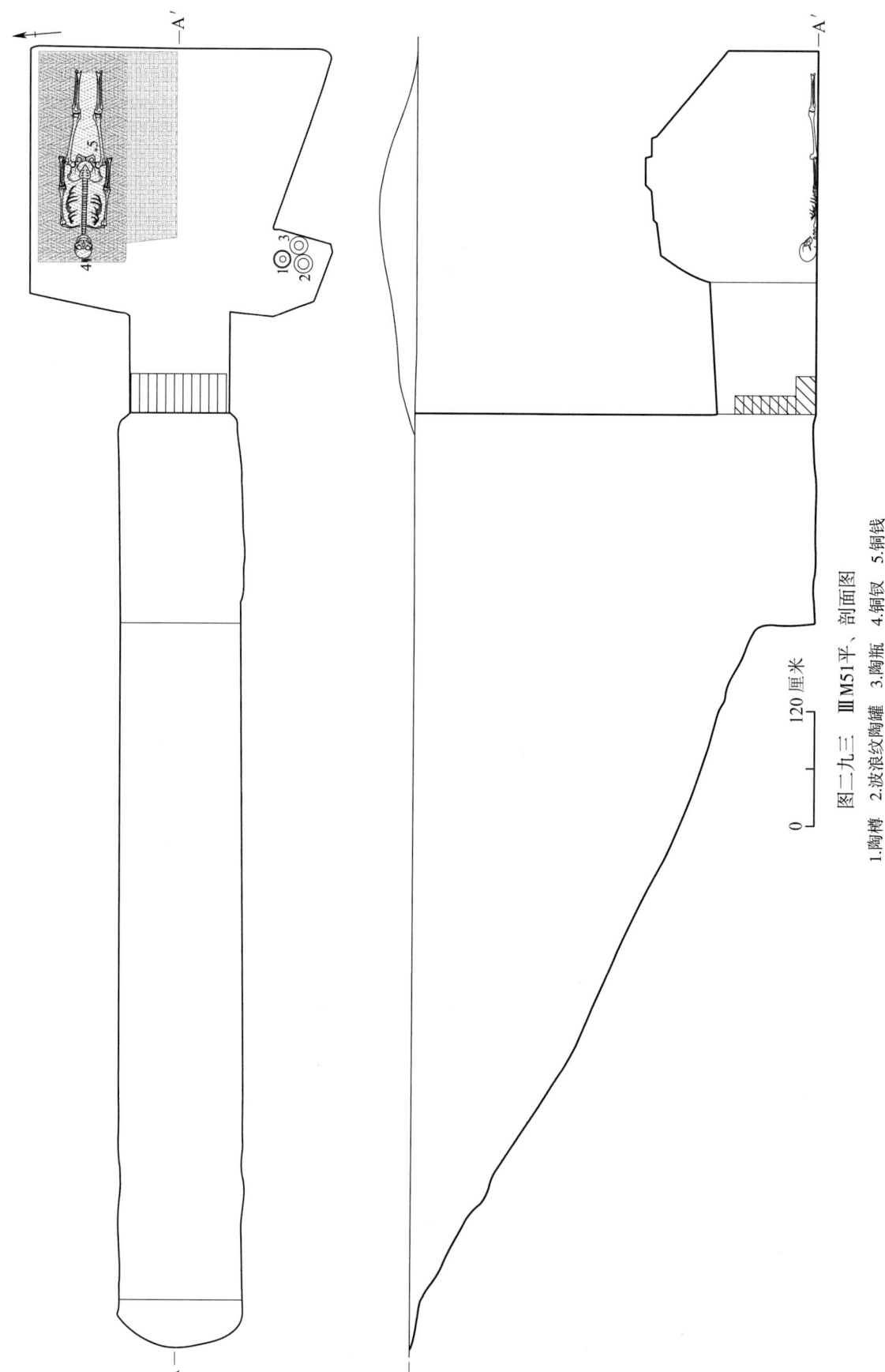

图二九三 ⅢM51平、剖面图
1.陶樽 2.波浪纹陶罐 3.陶瓶 4.铜钗 5.铜钱

随葬品以陶器为主，放置于西南角龛内，共3件，包括陶樽1件、波浪纹陶罐1件、陶瓶1件。人骨头部出土铜钗1组（4件）、两腿间出土铜钱1组（5枚）。

波浪纹陶罐　1件。ⅢM51∶2，泥质灰陶。直口，尖圆唇，外缘呈三角状，束颈，圆肩，圆鼓腹，下腹斜收至平底。肩、腹部饰三组波浪纹，近底处有竖向刮削痕迹。口径9.2、腹径19.3、底径10.4、高17.5厘米（图二九四，1）。

陶瓶　1件。ⅢM51∶3，泥质素面灰陶。侈口，圆唇，束颈，溜肩，腹部较直，平底。口径9.4、腹径18.6、底径17.4、高17.8厘米（图二九四，2）。

陶樽　1件。ⅢM51∶1，泥质素面灰陶。带盖樽，盖与器身吻合较严。盖呈覆钵状，顶有一孔，平顶，弧腹，侈口。樽敛口，方唇，矮领，折肩，直腹，平底。盖口径16.4、底径6.4、高4.2厘米，樽口径16.4、底径18.7、高11.2厘米，通高15.4厘米（图二九四，3）。

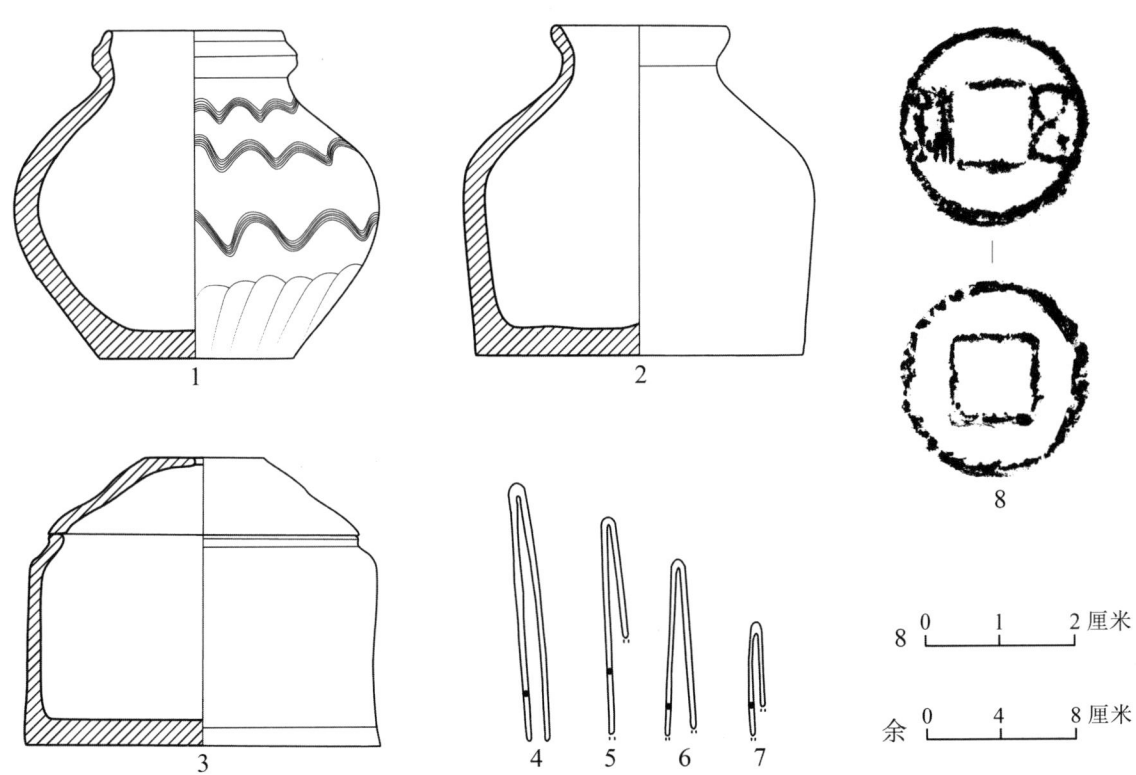

图二九四　ⅢM51出土器物
1.波浪纹陶罐（ⅢM51∶2）　2.陶瓶（ⅢM51∶3）　3.陶樽（ⅢM51∶1）
4~7.铜钗（ⅢM51∶4-1、ⅢM51∶4-2、ⅢM51∶4-3、ⅢM51∶4-4）　8.五铢钱（ⅢM51∶5-5）

铜钗　1组。ⅢM51:4，4件，均锈蚀严重，部分残段成数截。钗分两股呈"U"形，钗头微尖，断面呈圆形，钗尾断面作弯月状。ⅢM51:4-1，完整，长13.7、截面直径0.3厘米（图二九四，4）。ⅢM51:4-2，残长11.6、截面直径0.3厘米（图二九四，5）。ⅢM51:4-3，残长9.5、截面直径0.3厘米（图二九四，6）。ⅢM51:4-4，残长6.0、截面直径0.3厘米（图二九四，7）。

铜钱　1组（5枚）。ⅢM51:5，均圆形方穿，以五铢钱为主，另有少量磨郭钱。

ⅢM51:5-5，五铢钱，正面穿左右篆书"五铢"二字。"五"字较宽，交笔弯曲；"铢"字"金"字呈三角形，中间四点较短，"朱"字上部方圆折，外敞，下部方折。钱径2.65、穿宽1.10、郭宽0.18、郭厚0.17、肉厚0.12厘米，重2.61克（图二九四，8）。

ⅢM52

位于Ⅲ区西部，ⅢM51以南，西北—东南向分布。与ⅢM49、ⅢM50、ⅢM51为一组，未发现茔圈。

1. 墓葬形制

该墓为带长斜坡墓道单室土洞墓，由封土、墓道、甬道、墓室组成。墓向290°（图二九五）。

封土　现呈丘状，部分叠压墓道。残径12.00、残高0.50米。

墓道　位于墓室以西，平面呈长方形，长14.73、宽0.84米。东端剖面呈梯形，口小底大，底宽1.04米。西高东低，斜坡至墓门1.20米处到底，其后平直延伸至墓门处，坡度25°。近墓门处距地表深6.27米。

甬道　位于墓道东端，连接墓道与墓室。平面呈长方形，进深1.65、宽0.88、高1.42米。墓门呈拱形，与甬道同高等宽。封门位于甬道内封，以土坯、沙砾、黄泥封堵，土坯长0.40、宽0.20、厚0.12米。

墓室　位于墓道以东，平面呈长方形，斜壁上收至顶，顶部坍塌严重，形制不详。墓室南北长3.40、东西长3.20、残高约2.80米。墓室西北角和西南角各掏一龛，西北角龛呈拱形，宽0.50、进深0.70、高0.66米；西南角龛宽0.60、进深0.48米。

2. 葬具葬式

墓室北壁下存一尸床，由木板、草席等堆垒而成，棺木和草席腐烂严重，仅留痕迹。

该墓为单人葬。人骨散置于尸床之上，葬式不详。经鉴定，人骨为女性，年龄14~17岁。

3. 随葬品

随葬品均为陶器，放置于墓门两侧及人骨处，共17件，包括波浪纹陶罐3件、陶甑1件、

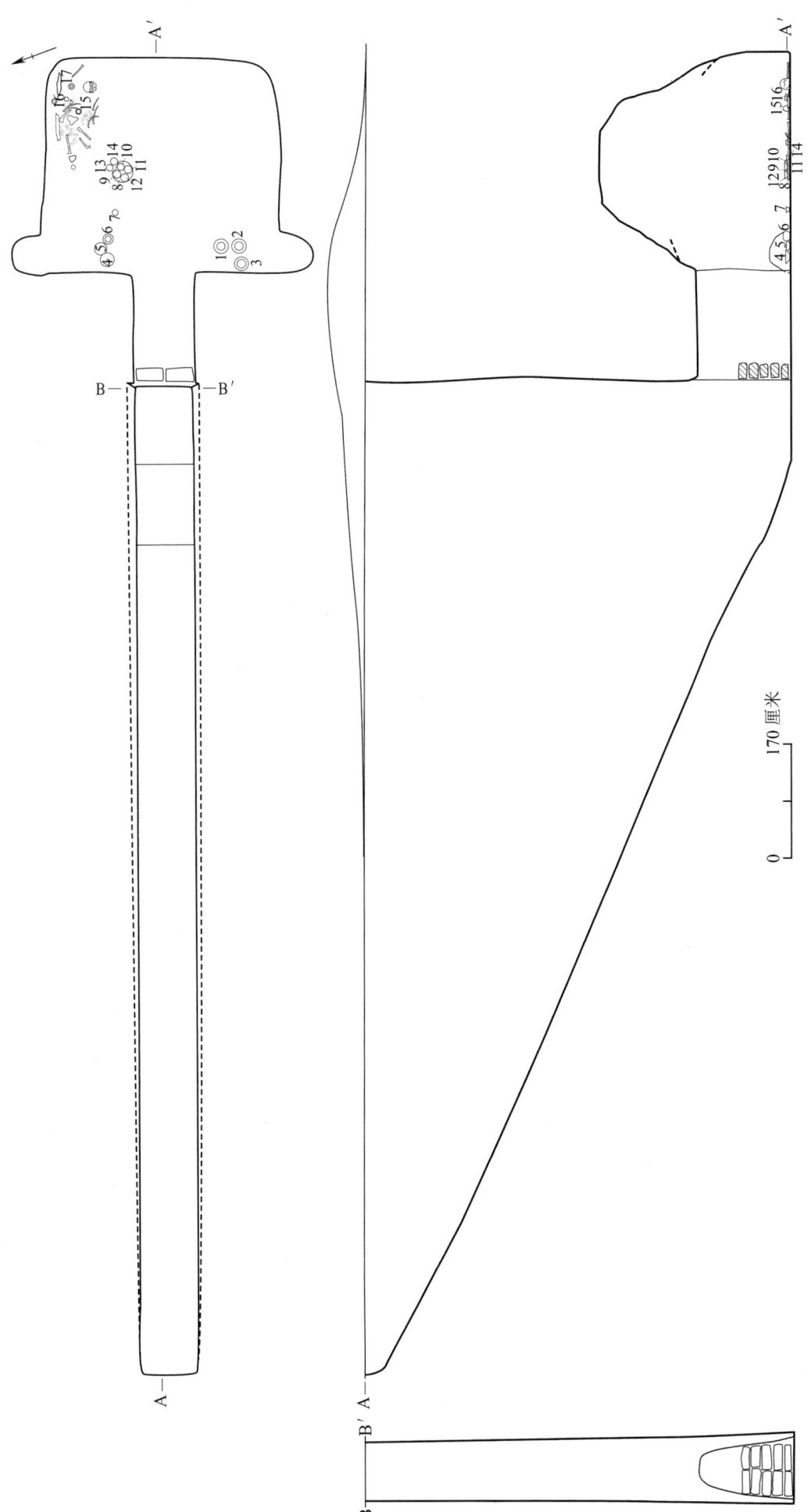

图二九五 ⅢM52平、剖面图

1~3.波浪纹陶罐 4.陶甑 5.陶器盖 6.陶釜 7.陶灯 8.陶盘 9~14.陶钵 15、16.陶斗瓶 17.素面陶罐

图二九六　ⅢM52出土器物

1~3.波浪纹陶罐（ⅢM52∶1、ⅢM52∶2、ⅢM52∶3）　4.素面陶罐（ⅢM52∶17）　5.陶灯（ⅢM52∶7）
6.陶釜（ⅢM52∶6）　7、8.陶斗瓶（ⅢM52∶15、ⅢM52∶16）　9.陶甑（ⅢM52∶4）　10.陶器盖（ⅢM52∶5）
11.陶盘（ⅢM52∶8）　12~17.陶钵（ⅢM52∶9、ⅢM52∶10、ⅢM52∶11、ⅢM52∶12、ⅢM52∶13、ⅢM52∶14）

陶器盖1件、陶釜1件、陶灯1件、陶盘1件、陶钵6件、陶斗瓶2件、素面陶罐1件。

波浪纹陶罐 3件。泥质灰陶。器形整体矮胖，直口，圆唇，外缘呈三角状，束颈，溜肩，圆鼓腹，平底。肩、腹部饰三组波浪纹，近底处有竖向刮削痕迹。ⅢM52：1，口径10.4、腹径21.6、底径11.6、高19.2厘米（图二九六，1）。ⅢM52：2，口径11.0、腹径21.6、底径13.8、高17.3厘米（图二九六，2）。ⅢM52：3，口径10.8、腹径20.4、底径10.0、高18.2厘米（图二九六，3）。

素面陶罐 1件。ⅢM52：17，泥质素面灰陶。近直口，尖圆唇，三角外缘，束颈，溜肩，鼓腹弧收至平底。口径3.4、腹径8.6、底径5.0、高6.0厘米（图二九六，4）。

陶灯 1件。ⅢM52：7，泥质素面灰陶。底部略残，可复原。器形矮小，灯口呈碟状，敞口，尖唇，浅弧腹，灯柄空心，变短，平底。口径8.8、底径6.2、高4.9厘米（图二九六，5）。

陶釜 1件。ⅢM52：6，泥质素面灰陶。敛口，方唇，鼓肩，圆鼓腹，底微凹。近底处有竖向刮削痕迹。口径9.2、腹径15.0、底径10.0、高9.7厘米（图二九六，6）。

陶斗瓶 2件。ⅢM52：15，泥质素面灰陶。敛口，圆唇，外缘呈三角状，束颈，折肩，斜直腹收至平底。口径4.6、底径7.4、高8.9厘米（图二九六，7）。ⅢM52：16，泥质素面灰陶。口部残，无法复原。束颈，溜肩，斜直腹，平底。底径7.4、残高6.7厘米（图二九六，8）。

陶甑 1件。ⅢM52：4，泥质素面灰陶。钵形甑，侈口，方唇，斜直腹收至平底，底有一孔。口径20.6、底径8.6、高5.8厘米（图二九六，9）。

陶器盖 1件。ⅢM52：5，泥质素面灰陶，整体呈覆钵状，平底，弧腹，侈口。盖径18.5、高4.9厘米（图二九六，10）。

陶盘 1件。ⅢM52：8，泥质灰陶。残，可复原。圆形，宽平沿，斜外缘微弧，盘面中高周低，底微凹。盘面饰波浪纹及弦纹组合。盘径31.5、厚2.2厘米（图二九六，11）。

陶钵 6件。泥质素面灰陶。侈口或直口，圆唇，上腹微弧，下腹斜收至平底。ⅢM52：9，侈口。口径11.6、底径5.2、高4.1厘米（图二九六，12）。ⅢM52：10，侈口。口径10.6、底径4.8、高3.6厘米（图二九六，13）。ⅢM52：11，侈口。口径11.6、底径4.6、高4.0厘米（图二九六，14）。ⅢM52：12，侈口。颈部有一周凹槽。口径9.8、底径4.2、高3.7厘米（图二九六，15）。ⅢM52：13，直口。口径9.8、底径4.2、高4.1厘米（图二九六，16）。ⅢM52：14，直口。口径10.6、底径4.8、高4.0厘米（图二九六，17）。

ⅢM53

位于Ⅲ区西部，ⅢM49西侧，东西向分布。

1. 墓葬形制

该墓为带长斜坡墓道单室土洞墓，由封土、墓道、甬道、墓室组成。墓向285°（图二九七）。

封土　现呈丘状，部分叠压墓道。残径4.40、残高0.35米。

墓道　位于墓室以西，平面呈梯形，东宽西窄，长11.20米，宽0.80~1.20米。东端剖面呈长方形，底宽1.20米。东高西低，斜坡至距墓门1.86米处转折至底，其后平直延伸至墓门处，坡度26°。近墓门处距地表深5.40米。

甬道　位于墓道东端，连接墓道与墓室，宽0.80、进深0.70、高1.30米。距墓室地面0.74米处向上斜收至顶，顶部坍塌严重，形制不详。墓门呈拱形，与甬道同高等宽。封门位于甬道内封，以土坯堆砌封堵，从下至上，顺砌立铺一层，上部以沙土填封，土坯长0.42、宽0.22、厚0.08米。

墓室　位于墓道以东，平面呈圆角长方形，四壁略直，距墓室地面1.50米处向上斜收至顶，顶部坍塌严重，形制不详。墓室东西长3.00、南北宽2.90、残高2.48米。墓室西北角和西南角各掏一龛，呈拱形。西北角龛宽0.50、进深0.30、高0.16米；西南角龛宽0.30、进深0.25、高0.20米。

2. 葬具葬式

墓室南壁下存尸床，由白灰和草木灰自下而上依次堆垒而成。

该墓为单人葬。人骨置于尸床之上，未发现头骨，仰身直肢葬。经鉴定，人骨为女性，年龄20~23岁。

3. 随葬品

随葬品较少，陶器放置于墓室西北角龛内，共3件，包括波浪纹陶罐1件、陶樽1件、陶盘1件。人骨处出土铜钱3组（10枚）。

陶樽　1件。ⅢM53:2，泥质素面红褐陶。敛口，方唇，肩部发育不良，直腹，平底。内壁见轮制痕迹。口径14.2、底径15.8、高8.2厘米（图二九八，1）。

波浪纹陶罐　1件。ⅢM53:1，泥质红褐陶。口微侈，圆唇，领部较直，圆鼓腹，平底。肩、腹部饰波浪纹、弦纹组合，内壁见轮制痕迹。口径8.1、腹径13.1、底径10.7、高10.6厘米（图二九八，2）。

陶盘　1件。ⅢM53:3，泥质红褐陶。圆形，平沿，外缘微弧，盘面平整，低于口沿，平底。盘面饰两组波浪纹、弦纹组合。盘径23.7、厚2.2厘米（图二九八，3）。

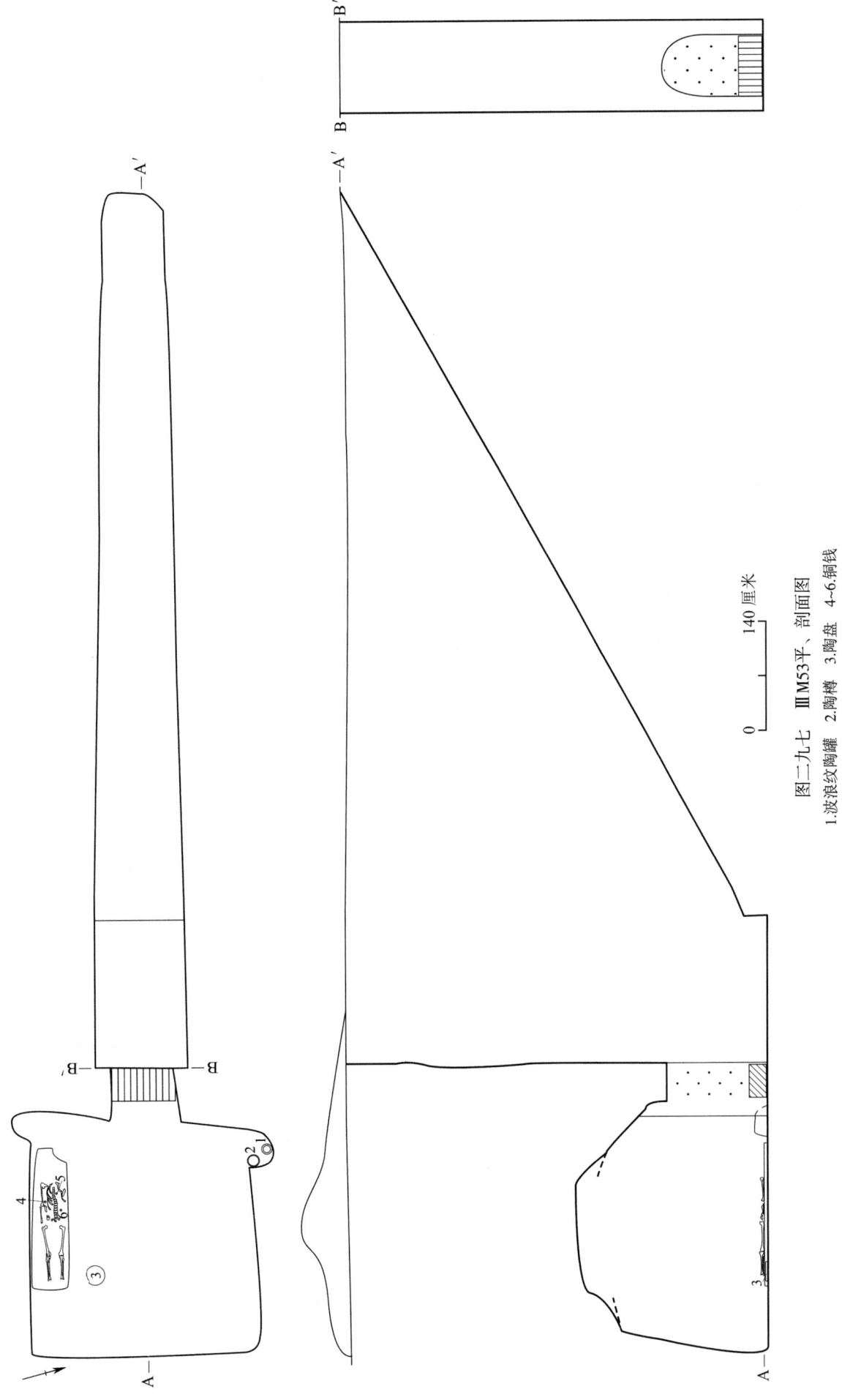

图二九七 ⅢM53平、剖面图
1.波浪纹陶罐 2.陶樽 3.陶盘 4～6.铜钱

图二九八　ⅢM53出土器物
1.陶樽（ⅢM53：2）　2.波浪纹陶罐（ⅢM53：1）　3.陶盘（ⅢM53：3）　4.五铢钱（ⅢM53：4-2）

铜钱　3组（10枚）。均圆形方穿，以五铢钱为主，另有少量剪轮钱。

五铢钱，正面穿左右篆书"五铢"二字。ⅢM53：4-2，磨郭五铢。"五"字较窄，交笔弯曲，被磨去右上角与右下角，"铢"字锈蚀不可辨识。钱径2.04、穿宽0.88、肉厚0.10厘米，重1.55克（图二九八，4）。

ⅢM54

位于Ⅲ区西部，ⅢM53以南，东西向分布。与ⅢM55为一组，未发现茔圈。

1. 墓葬形制

该墓为带长斜坡墓道双室土洞墓，由封土、墓道、甬道、前室、后室组成。墓向277°（图二九九）。

封土　现呈丘状，残径6.00、残高0.40米。

墓道　位于墓室以西，平面呈梯形，东宽西窄，长11.20、宽0.93~1.30米，东端剖面呈长方形，底宽1.30米。西高东低，斜坡至距墓门1.04米处到底，其后平直延伸至墓门处，坡度23°。近墓门处距地表深4.70米。

甬道　位于墓道东端，连接墓道与前室。平面呈梯形，西窄东宽，进深0.85、宽0.73~0.90、高1.50米。墓门呈拱形，宽0.40~0.68米，与甬道等高。封门位于甬道内封，以土坯封堵，现仅存墓门下部顺砌立铺一层，其余土坯散落于墓门前。

前室　平面呈近长方形，顶部部分坍塌，从残存情况看应为覆斗顶。前室东西长3.08、南北宽2.30、残高2.75米。前室西北角存一耳室，口宽0.94、进深0.68、高0.70米；西南角掏一龛，口宽0.44、进深0.32、高0.58米。

后室　平面呈长方形，拱形顶，长2.40、宽0.80~0.98、高1.33~1.85米（图版一九，1）。

2. 葬具葬式及葬俗

前室南、北壁下各存一尸床，均由黄土、白灰及草木灰由下而上依次堆砌而成，南侧尸床保存较好，厚0.08米。

该墓为双人合葬。人骨置于尸床之上，人骨散乱，葬式不详。后室不葬人。经鉴定，北侧人骨疑似女性，成年；南侧人骨为成年男性。

两尸床上见有意打碎的陶片。

3. 随葬品

随葬品以陶器为主，集中分布于墓室中部，共12件，包括陶甑1件、陶壶1件、陶钵4件、弦纹陶罐1件、陶盘1件、陶盆2件、陶器盖1件、绳纹陶罐1件、另于两人骨处出土铜

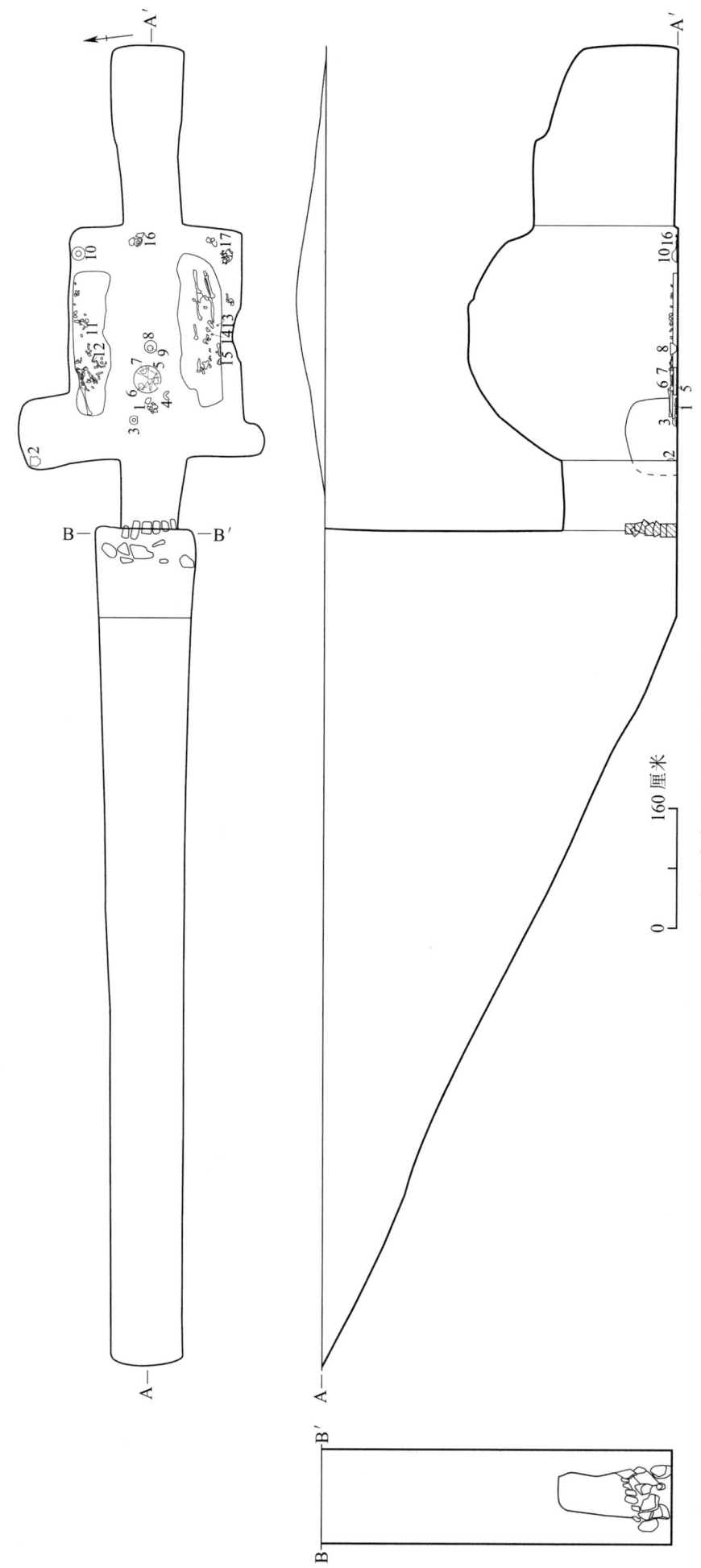

图二九九 ⅢM54平、剖面图

1.陶甑 2.陶壶 3、6、7、9.陶钵 4.弦纹陶罐 5.陶盘 8、16.陶盆 10.陶器盖 11~15、18.铜钱 17.绳纹陶罐

钱 6 组（29 枚）。

陶盘　1 件。ⅢM54：5，泥质灰陶。圆形，平沿，圆弧缘，沿与盘面基本在一个平面上。面饰两组波浪纹。盘径 36.4、厚 1.9 厘米（图三〇〇，1）。

陶盆　2 件。泥质素面灰陶。侈口，斜平沿，方唇，斜直腹，平底。内壁见轮制痕迹。ⅢM54：8，口径 16.5、底径 5.5、高 8.0 厘米（图三〇〇，2）。ⅢM54：16，口径 16.0、底径 8.0、高 6.4 厘米（图三〇〇，3）。

弦纹陶罐　1 件。ⅢM54：4，泥质灰陶。口残。溜肩，圆鼓腹，平底，肩部饰两道凹弦纹。腹径 11.5、底径 5.5、残高 8.4 厘米（图三〇〇，4）。

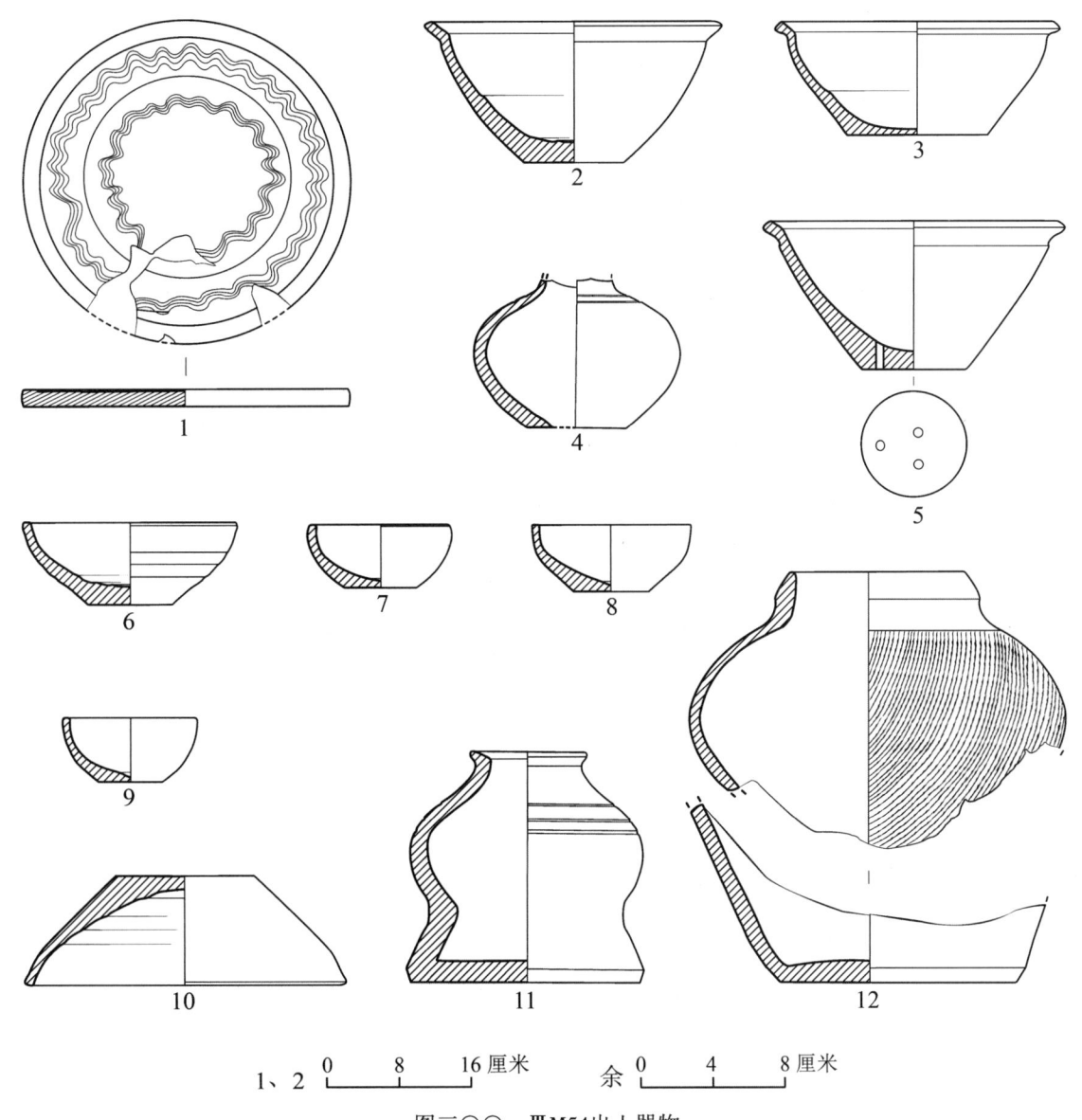

图三〇〇　ⅢM54 出土器物
1.陶盘（ⅢM54：5）　2、3.陶盆（ⅢM54：8、ⅢM54：16）　4.弦纹陶罐（ⅢM54：4）　5.陶甑（ⅢM54：1）　6~9.陶钵（ⅢM54：3、ⅢM54：6、ⅢM54：7、ⅢM54：9）　10.陶器盖（ⅢM54：10）　11.陶壶（ⅢM54：2）　12.绳纹陶罐（ⅢM54：17）

陶甑　1件。ⅢM54∶1，泥质素面灰陶。盆形甑，侈口，方唇，斜平沿，束颈，斜直腹，平底，底有三孔。口径16.2、底径5.8、高8.4厘米（图三〇〇，5）。

陶钵　4件。侈口或直口，圆唇，弧腹，平底。ⅢM54∶3，泥质灰陶。侈口。腹部饰数道凹棱纹。内壁见轮制痕迹。口径12.0、底径4.8、高4.6厘米（图三〇〇，6）。ⅢM54∶6，泥质素面灰陶。直口。口径7.8、底径4.0、高3.6厘米（图三〇〇，7）。ⅢM54∶7，泥质素面灰陶。直口。口径8.9、底径4.2、高3.8厘米（图三〇〇，8）。ⅢM54∶9，泥质素面灰陶。直口。口径7.5、底径3.6、高3.6厘米（图三〇〇，9）。

陶器盖　1件。ⅢM54∶10，泥质素面灰陶。整体呈覆钵状，平顶，弧腹，侈口。内壁见轮制痕迹。盖径18.0、高6.1厘米（图三〇〇，10）。

陶壶　1件。ⅢM54∶2，泥质灰陶。侈口，尖圆唇，束颈，扁鼓腹，束腰，平底。肩部饰三道凹弦纹。口径6.5、腹径13.0、底径12.8、高13.0厘米（图三〇〇，11）。

绳纹陶罐　1件。ⅢM54∶17，泥质灰褐陶。残损严重，仅余口部、底部和部分腹部，无法复原。直口，尖圆唇，外缘呈三角状，圆鼓腹，平底。腹部饰竖向横纹。口径9.7、底径13.4厘米（图三〇〇，12）。

铜钱　6组（29枚）。均圆形方穿，以五铢钱为主，另有少量磨郭钱。五铢有背面四出文、穿下横郭的记号。

五铢钱，正面穿左右篆书"五铢"二字。ⅢM54∶11-3，"五"字较窄，交笔弯曲；"铢"字"金"字头呈三角形，中间四点较长，"朱"字上部方圆折，下部圆折。钱径2.62、穿宽1.10、郭宽0.16、郭厚0.12、肉厚0.08厘米，重2.36克（图三〇一，1）。ⅢM54∶12-1，"五"字较窄，交笔弯曲；"铢"字"金"字头呈三角形，中间四点较短，"朱"字上下部均圆折。钱径2.67、穿宽0.94、郭宽0.18、郭厚0.18、肉厚0.11厘米，重2.60克（图三〇一，2）。ⅢM54∶13-2，"五"字较宽，交笔弯曲；"铢"字"金"字头呈三角形，中间四点较短，"朱"字上下部均方圆折。钱径2.61、穿宽0.97、郭宽0.12、郭厚0.16、肉厚0.10厘米，重2.40克（图三〇一，3）。ⅢM54∶14-2，四出五铢。"五"字较宽，交笔弯曲；"铢"字"金"字头呈三角形，中间四点较长，"朱"字上下部均圆折。记号为背面内郭四角出文到外郭。钱径2.57、穿宽0.89、郭宽0.14、郭厚0.16、肉厚0.11厘米，重3.72克（图三〇一，4；图版一二七，3、4）。ⅢM54∶15-1，"五"字较宽，交笔弯曲；"铢"字"金"字头呈三角形，中间四点较长，"朱"字上下部均圆折。钱径2.60、穿宽1.00、郭宽0.14、郭厚0.15、肉厚0.10厘米，重2.66克（图三〇一，5；图版一二七，5）。ⅢM54∶18-1，"五"字较宽，交笔弯曲；"铢"字"金"字头呈三角形，中间四点较长，"朱"字上下部均圆折，上部外敞。钱径2.60、穿宽1.10、郭宽0.18、郭厚0.13、肉厚0.09厘米，重2.65克（图三〇一，6）。

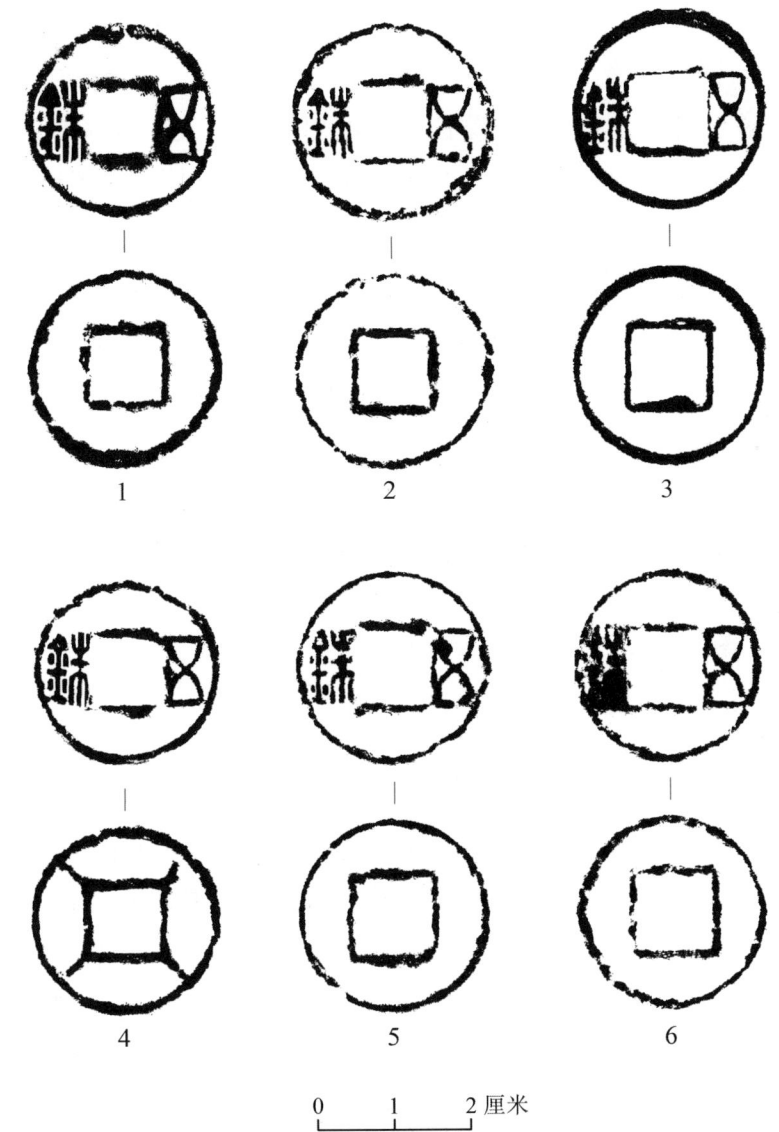

图三〇一　ⅢM54出土铜钱拓片

1~3、5、6.五铢钱（ⅢM54：11-3、ⅢM54：12-1、ⅢM54：13-2、ⅢM54：15-1、ⅢM54：18-1）　4.四出五铢（ⅢM54：14-2）

ⅢM55

位于Ⅲ区西部，ⅢM54西北，东西向分布。与ⅢM54为一组，未发现茔圈。

1. 墓葬形制

该墓为带长斜坡墓道单室土洞墓，由封土、墓道、甬道、墓室组成。墓向275°（图三〇二）。

封土　现呈不规则丘状，部分叠压墓道。残径6.50、残高0.50米。

墓道　位于墓室以西，平面呈梯形，西窄东宽，长12.20、宽0.80~1.30米。东端剖面呈长方形，底宽 1.30 米。西高东低，斜坡至距墓门 1.50 米处到底，其后平直延伸至墓门处，坡度 28°。近墓门处距地表深 5.20 米。

甬道　位于墓道东端，连接墓道与墓室。平面呈长方形，进深 1.00、宽 0.64、高 1.10 米。墓门呈拱形，与甬道同高等宽。封门位于甬道内封，以土坯封堵，土坯长约 0.39、宽约 0.20、厚约 0.09 米。

墓室　位于墓道以东，平面呈圆角长方形，四壁略直，距墓室地面 0.98 米处向上斜收至拱形顶。墓室南北长 3.30、东西宽 3.15、高 2.70 米。墓室西北角和西南角各掏一龛。西北角龛口宽约 0.55、进深约 0.70、高 1.60 米；西南角龛口宽 0.70、进深约 0.25、高 1.20 米。

2. 葬具葬式及葬俗

墓室南、北壁下各存一尸床，南侧尸床上散布木板残迹，原应存在尸罩。

该墓为双人合葬。人骨置于尸床之上，均为仰身直肢葬，头向西。经鉴定，北侧人骨为女性，年龄 60~70 岁；南侧人骨为男性，年龄 40~50 岁。

两尸床上散布有意打碎的陶片。

3. 随葬品

随葬品以陶器为主，集中放置于墓室中部、西北角龛内及两人骨头部和脚部，共 20 件，包括陶釜 1 件、陶瓶 1 件、波浪纹陶罐 3 件、素面陶罐 1 件、陶耳杯 5 件、陶壶 1 件、陶盘 2 件、陶钵 1 件、陶盆 1 件、陶灯 1 件、陶樽 1 件、陶斗瓶 2 件。两人骨处出土铜指环 1 件、铜钱 8 组（14 枚）。

陶盘　2 件。ⅢM55:8，泥质素面红褐陶。圆形，沿较平，外缘较斜直，盘面较平整，与盘沿基本齐平，平底。盘面饰波浪纹、弦纹组合。盘径 35.2、厚 2.0 厘米（图三〇三，1）。ⅢM55:15，泥质素面灰陶。圆形，平沿，外缘呈尖三角，盘面较平整，低于盘沿，平底。盘面饰波浪纹、弦纹组合。盘径 29.6、厚 2.0 厘米（图三〇三，2）。

波浪纹陶罐　3 件。器形整体矮胖，近直口，尖圆唇，三角缘开始退化，束颈，圆鼓腹，底微凹。肩、腹部饰波浪纹、弦纹组合。ⅢM55:3，泥质灰陶。口径 8.9、腹径 16.2、底径 10.4、高 13.1 厘米（图三〇三，3）。ⅢM55:17，泥质灰陶。口径 9.3、腹径 16.8、底径 12.6、高 14.4 厘米（图三〇三，4）。ⅢM55:18，泥质黄褐陶。口径 9.6、腹径 16.6、底径 12.6、高 14.0 厘米（图三〇三，5）。

素面陶罐　1 件。ⅢM55:6，泥质素面灰陶。近直口，圆唇，外缘呈三状角，束颈，圆肩，圆鼓腹，底部略残。口径 7.0、腹径 14.0、底径 6.0、高 12.5 厘米（图三〇三，6）。

陶釜　1 件。ⅢM55:1，泥质素面灰陶。敛口，方唇，圆鼓腹，底作假圈足。口径 7.0、腹径 13.6、底径 9.6、高 9.5 厘米（图三〇三，7）。

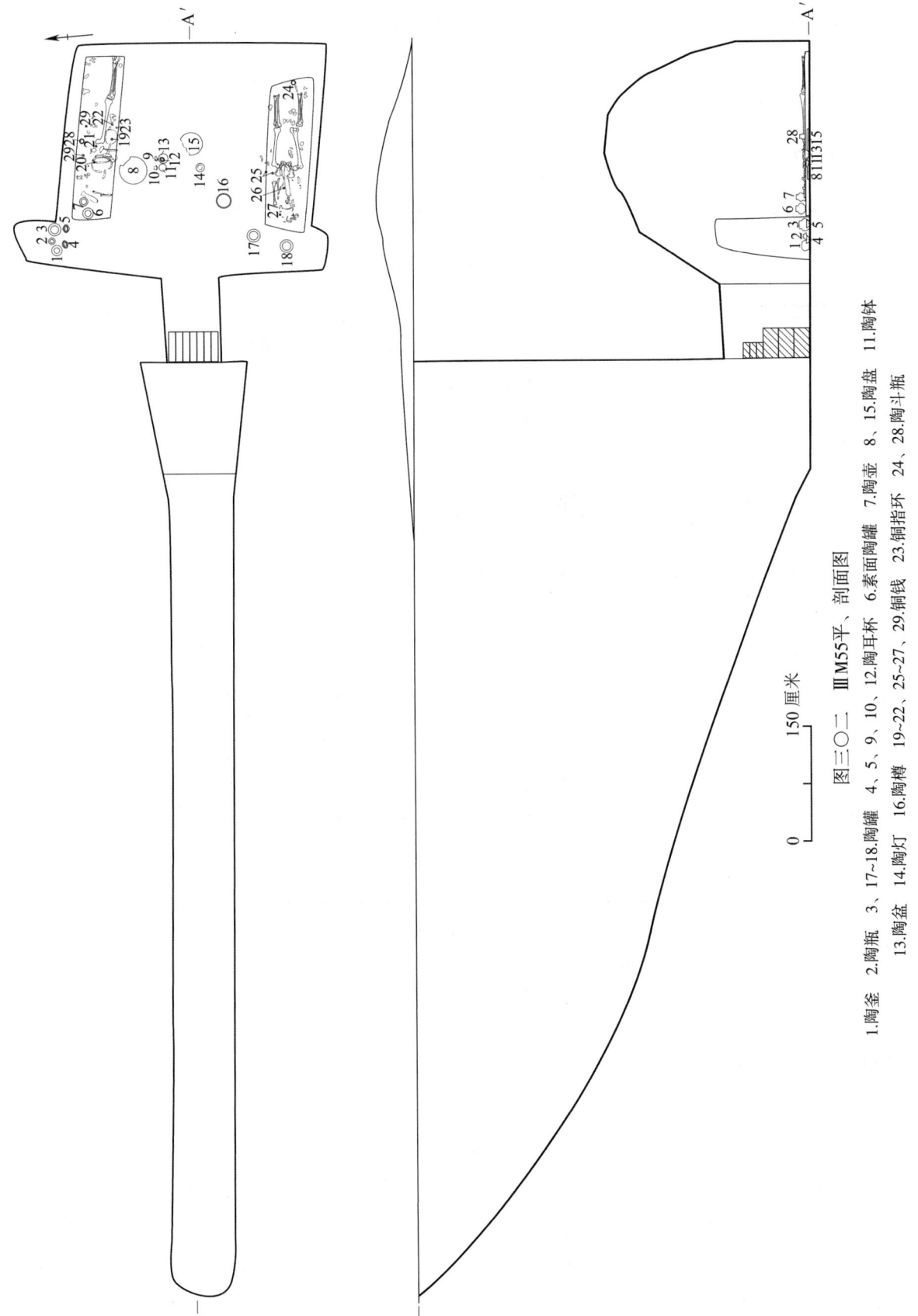

图三〇二 ⅢM55平、剖面图

1.陶釜 2.陶瓶 3、17~18.陶罐 4、5、9、10、12.陶耳杯 6.素面陶罐 7.陶壶 8、15.陶盘 11.陶钵 13.陶盆 14.陶灯 16.陶樽 19~22、25~27、29.铜钱 23.铜指环 24、28.陶斗瓶

图三〇三　ⅢM55出土器物（一）
1、2.陶盘（ⅢM55：8、ⅢM55：15）　3~5.波浪纹陶罐（ⅢM55：3、ⅢM55：17、ⅢM55：18）
6.素面陶罐（ⅢM55：6）　7.陶釜（ⅢM55：1）　8.陶樽（ⅢM55：16）　9.陶壶（ⅢM55：7）

陶樽　1件。ⅢM55：16，泥质素面黄褐陶。敛口，厚方唇，矮领，腹部斜直，平底。口径17.0、底径17.0、高9.5厘米（图三〇三，8）。

陶壶　1件。ⅢM55：7，泥质素面灰陶。侈口，圆唇，斜直领，束颈，圆肩，扁鼓腹，下腹束腰，外撇，圆台状，平底。口径7.2、腹径11.2、底径11.0、高12.0厘米（图三〇三，9）。

陶耳杯　5件。ⅢM55：4，泥质素面灰陶。整体呈椭圆形，侈口，方唇，长边两侧附对称双耳，且耳上端齐平于口沿，腹部斜收至平底。长口径10.3、短口径5.3、长底径5.5、短底径3.0、耳长3.1~3.4、耳宽1.3、高2.9~3.6厘米（图三〇四，1）。ⅢM55：5，泥质素面灰陶。整体呈椭圆形,侈口,方唇,长边两侧附对称双耳,且耳上端微上翘,腹部斜收至平底。长口径 10.3、短口径 5.8、长底径 5.4、短底径 3.0、耳长 3.0~3.2、耳宽 1.2~1.3、高 3.5 厘米(图三〇四,2)。ⅢM55:9,泥质素面红褐陶。残,无法复原。整体呈椭圆形,侈口,方唇,腹部斜收至平底。残长 6.3、高 3.1 厘米(图三〇四,3)。ⅢM55:10,泥质素面红褐陶。残,无法复原。器口平面大致呈椭圆,侈口,方唇,腹部斜收至平底。残长 6.0、高 2.0 厘米(图三〇四,4)。ⅢM55:12,泥质素面红褐陶。整体呈椭圆形,侈口,方唇,长边两侧附对称双耳,且耳上端齐平于口沿,腹部斜收至平底。长口径 7.3、短口径 3.9、长底径 3.0、短底径 2.0、耳长约 2.4~

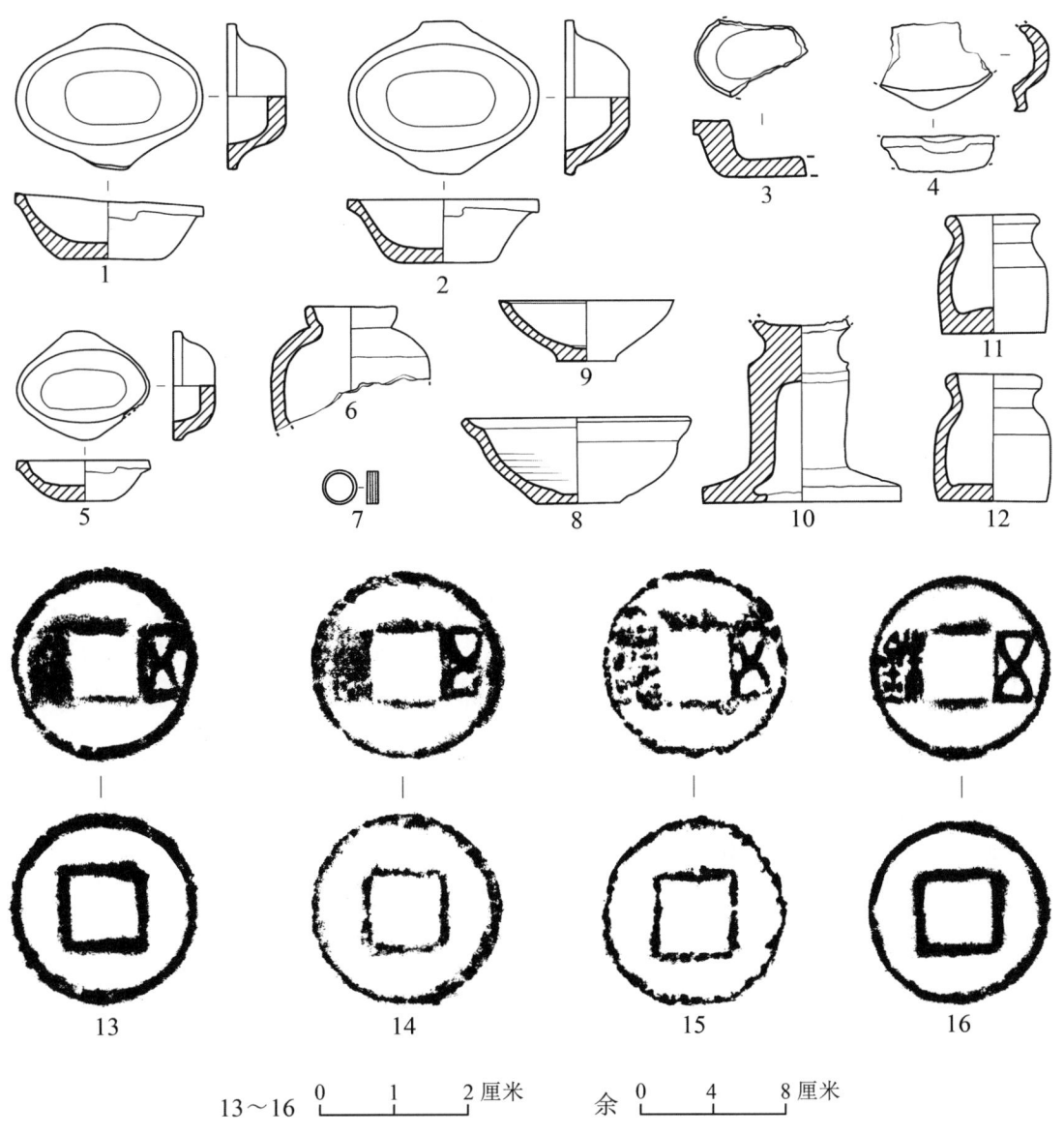

图三〇四 ⅢM55出土器物(二)

1~5.陶耳杯(ⅢM55:4、ⅢM55:5、ⅢM55:9、ⅢM55:10、ⅢM55:12) 6.陶瓶(ⅢM55:2)
7.铜指环(ⅢM55:23) 8.陶盆(ⅢM55:13) 9.陶钵(ⅢM55:11) 10.陶灯(ⅢM55:14)
11、12.陶斗瓶(ⅢM55:24、ⅢM55:28) 13~16.五铢钱(ⅢM55:20、ⅢM55:21-2、ⅢM55:26-2、ⅢM55:27)

2.6、耳宽 0.8~1.0、高 2.3 厘米（图三〇四，5）。

陶瓶　1 件。ⅢM55：2，泥质素面黄褐陶。残，无法复原。侈口，圆唇，斜直领，溜肩，腹部较直，底残。口径 5.0、残高 6.8 厘米（图三〇四，6）。

陶盆　1 件。ⅢM55：13，泥质素面灰陶。侈口，斜平沿，方唇，弧腹，平底。内壁见轮制痕迹。口径 12.2、底径 4.6、高 4.7 厘米（图三〇四，8）。

陶钵　1 件。ⅢM55：11，泥质素面灰陶。侈口，尖唇，弧腹，平底。口径 9.6、底径 3.2、高 3.4 厘米（图三〇四，9）。

陶灯　1 件。ⅢM55：14，泥质灰陶。灯口呈碟状，残，灯柄空心，上细下粗，近上部有一周凸棱，近底部外撇，圆台状，平底。底径 11.0、残高 10.0 厘米（图三〇四，10）。

陶斗瓶　2 件。泥质灰陶。侈口，圆唇，束颈，溜肩，鼓腹，平底。肩、腹部颈朱书镇墓文，均漫漶不清。ⅢM55：24，口径 5.2、底径 5.6、高 6.5 厘米（图三〇四，11）。ⅢM55：28，口径 5.3、底径 6.0、高 7.0 厘米（图三〇四，12）。

铜指环　1 件。ⅢM55：23，指环状，死扣，环体起三道凸棱，槽内为点形针眼。直径 1.8、高 0.6 厘米（图三〇四，7）。

铜钱　8 组（14 枚）。均圆形方穿，以五铢钱为主，另有少量剪轮钱、磨郭钱。五铢钱有穿上横郭的记号。

五铢钱，正面穿左右篆书"五铢"二字。ⅢM55：20，"五"字较窄，交笔弯曲；"铢"字"金"字头呈三角形，中间四点较短，"朱"字上下部均圆折。钱径 2.60、穿宽 0.91、郭宽 0.11、郭厚 0.15、肉厚 0.10 厘米，重 2.72 克（图三〇四，13）。ⅢM55：21-2，"五"字较窄，交笔弯曲；"铢"字"金"字头呈三角形，中间四点较长，"朱"字上下部均圆折。钱径 3.15、穿宽 0.88、郭宽 0.19、郭厚 0.17、肉厚 1.12 厘米，重 2.51 克（图三〇四，14）。ⅢM55：26-2，"五"字较窄，交笔弯曲；"铢"字锈蚀不可辨。钱径 2.61、穿宽 0.98、郭宽 0.12、郭厚 0.17、肉厚 0.14 厘米，重 2.26 克（图三〇四，15）。ⅢM55：27，"五"字较窄，交笔弯曲；"铢"字"金"字头呈三角形，中间四点较长，"朱"字上下部均圆折。钱径 2.54、穿宽 0.91、郭宽 0.13、郭厚 0.15、肉厚 0.10 厘米，重 2.72 克（图三〇四，16）。

ⅢM56

位于Ⅲ区西部，ⅢM53 西北，东西向分布。

1. 墓葬形制

该墓为带长斜坡墓道单室土洞墓，由封土、墓道、甬道、墓室组成。墓向 275°（图三〇五）。

封土　现呈丘状，部分叠压墓道。残径 7.00、残高 0.50 米。

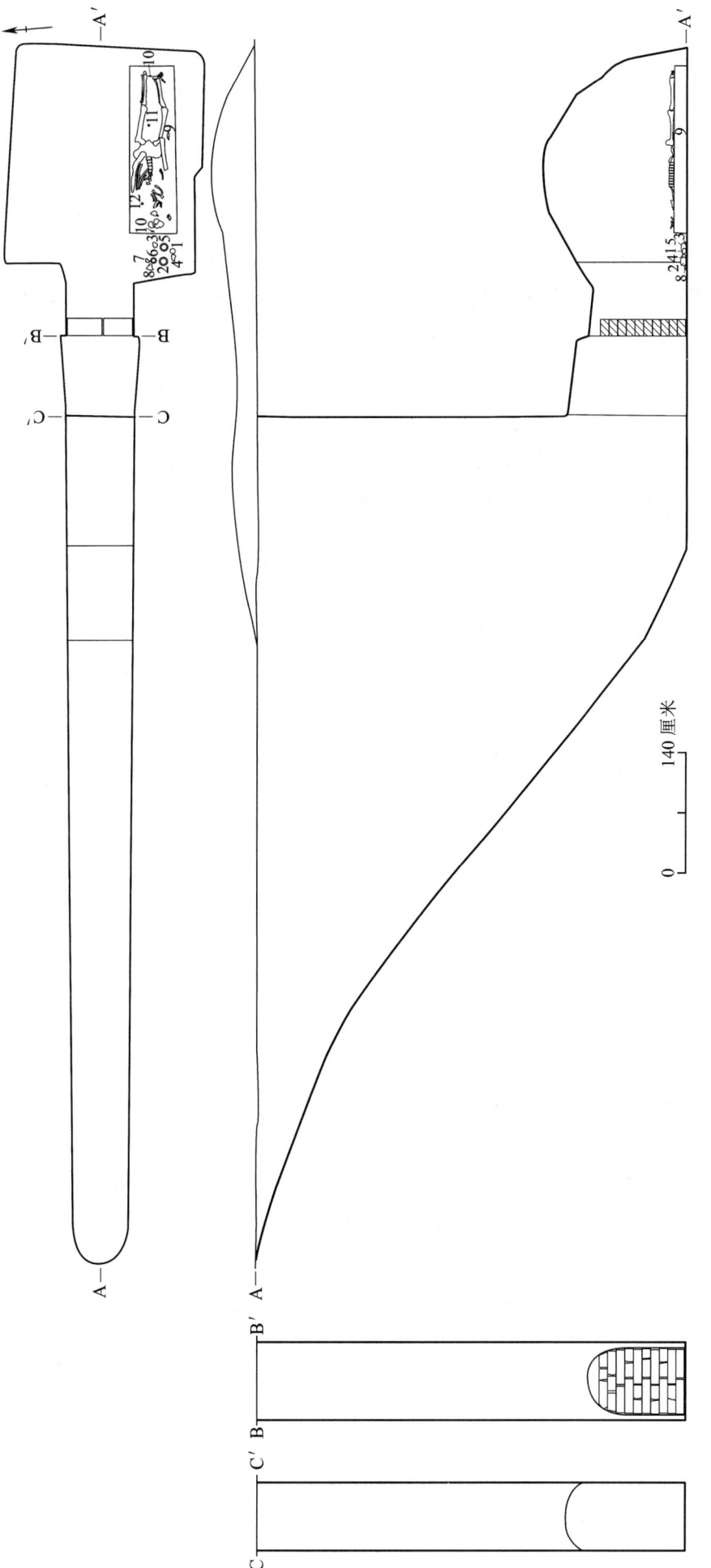

图三〇五 ⅢM56平、剖面图

1、2、6.泥罐 3.泥甑 4.泥灯 5.泥釜 7.泥斗瓶 8.泥盘 9.陶盆 10.铜钗 11、12.铜钱

墓道　位于墓室以西，平面呈梯形，西窄东宽，长10.75、宽0.60~0.75米。东端剖面呈长方形，宽0.75米。西高东低，斜坡至距墓门1.50米到底，其后平直延伸至墓门处，坡度23°。近墓门处距地表深约5.00米。

甬道　位于墓道东端，连接墓道与墓室，为双甬道。前甬道平面呈梯形，西窄东宽，西高东低，进深0.90、宽0.75~0.90、高1.20~1.40米；后甬道平面呈长方形，进深0.45、宽0.78、高1.10米。墓门呈拱形，宽约0.78、高约1.10米。封门位于甬道内封，以土坯封门，土坯较完整者长0.40、宽0.20、厚0.10米。

墓室　位于墓道以东，平面呈圆角长方形，距墓室地面0.90米处向上收斜收至拱形顶，部分坍塌。墓室东西长2.75、南北宽2.20、残高1.80米。

2. 葬具葬式及葬俗

墓室南壁下存尸床、尸罩，尸床由土坯、白灰垒砌而成，尸罩平面呈梯形，前宽后窄、前高后低，已朽塌，大体轮廓可见，由盖板、侧板、挡板、底板组成。其中盖板由木板以蝴蝶嵌榫组合，其与侧板、挡板之间以子母口、蝴蝶嵌榫套接，侧板与挡板之间以蝴蝶嵌榫组合。

该墓为单人葬，人骨置于尸床之上，保存较好，仰身直肢葬，头向西。经鉴定，人骨为男性，年龄30~40岁。

尸床上散布有意打碎的陶片。

3. 随葬品

随葬品以陶器和泥器为主，集中放置于墓室西南角，共9件，包括泥罐3件、泥甑1件、泥灯1件、泥釜1件、泥斗瓶1件、泥盘1件、陶盆1件。人骨周处出土铜钗1件、铜钱2枚。

泥盘　1件。ⅢM56∶8，泥捏制而成，残，可复原。圆形，无盘沿，盘面较平整，平底。直径15.8、厚1.5厘米（图三〇六，1）。

陶盆　1件。ⅢM56∶9，泥质素面灰陶。残，可复原。敛口，沿微卷，方唇，弧腹，腹部较深，底残。复原口径21.0、底径12.2、高9.0厘米（图三〇六，2）。

泥罐　3件。ⅢM56∶1，泥捏制而成。口略残。近直口，圆唇，腹部较直，底为圜底。口径5.0、残高5.0厘米（图三〇六，3）。ⅢM56∶2，泥捏制而成。敛口，圆唇，垂腹，平底。口径5.2、底径4.6、高6.3厘米（图三〇六，4）。ⅢM56∶6，泥捏制而成。敛口，圆唇，垂腹，平底。口径4.6、底径3.0、高4.0厘米（图三〇六，5）。

泥釜　1件。ⅢM56∶5，泥捏制而成。近直口，圆唇，腹部较圆鼓，平底。口径6.0、底径3.6、高5.8厘米（图三〇六，6）。

泥斗瓶　1件。ⅢM56∶7，泥捏制而成。残，可复原。直口，尖圆唇，矮领，折肩，直腹，

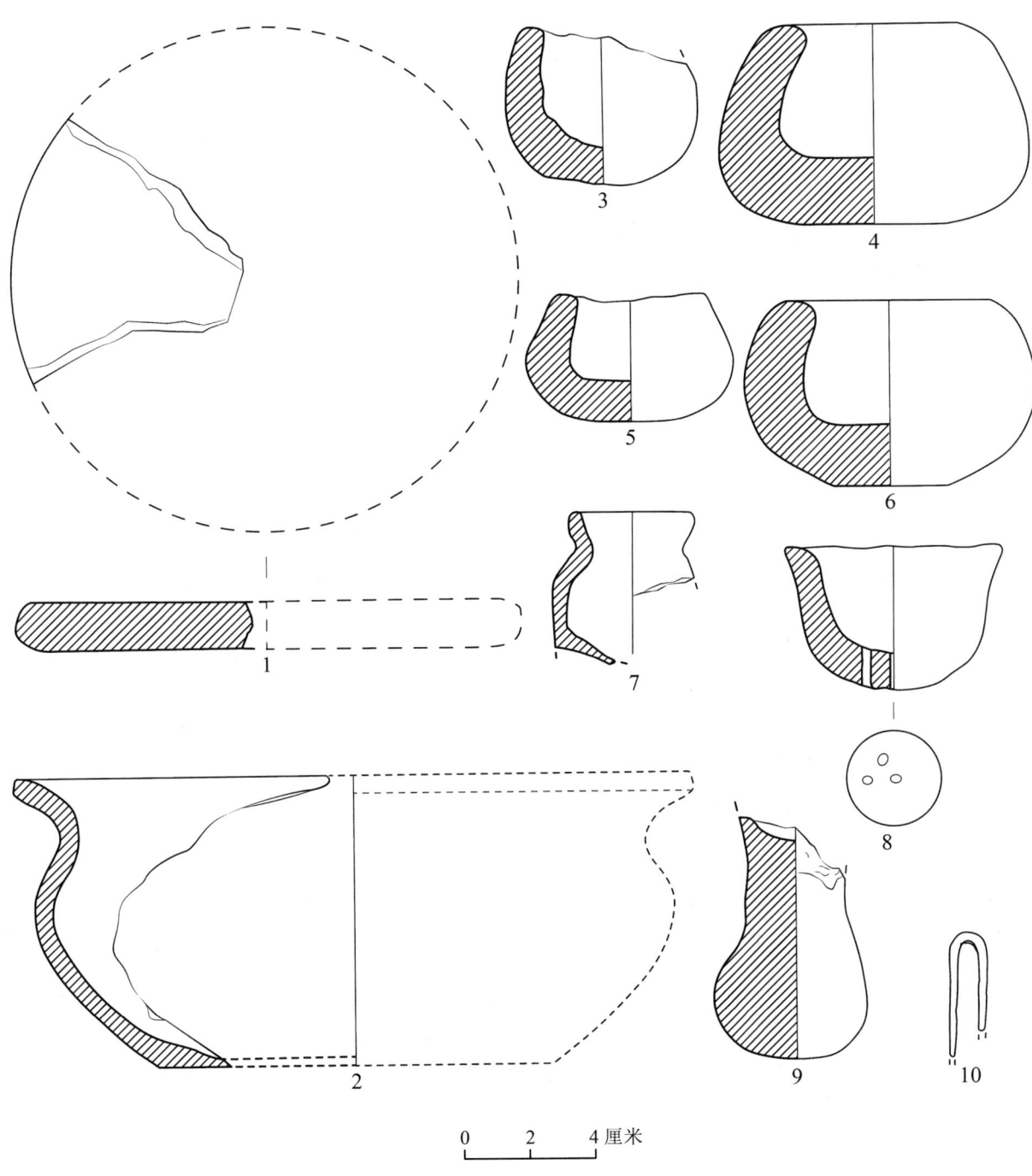

图三〇六　ⅢM56出土器物
1.泥盘（ⅢM56∶8）　2.陶盆（ⅢM56∶9）　3~5.泥罐（ⅢM56∶1、ⅢM56∶2、ⅢM56∶6）　6.泥釜（ⅢM56∶5）
7.泥斗瓶（ⅢM56∶7）　8.泥甑（ⅢM56∶3）　9.泥灯（ⅢM56∶4）　10.铜钗（ⅢM56∶10）

平底。口径4.0、残高4.8厘米（图三〇六，7）。

泥甑　1件。ⅢM56:3，泥捏制而成。残，可复原。侈口，斜平沿，腹部较深，圜底，底有三孔。口径6.8、底径3.0、高4.5厘米（图三〇六，8）。

泥灯　1件。ⅢM56:4，泥捏制而成。残，无法复原。灯口残。柄部较直，近底部外撇形成圜底。残高7.7厘米（图三〇六，9）。

铜钗　1件。ⅢM56:10，残，断成数截。钗分两股呈"U"字形，断面呈圆形。残长4.0、断面径0.2厘米（图三〇六，10）。

铜钱　2枚。均圆形方穿，钱文锈蚀不可辨。

ⅢM56:11，钱径2.62、穿宽0.83、郭宽0.11、郭厚0.12、肉厚0.08厘米，重1.15克。ⅢM56:12。重1.45克。

ⅢM57

位于Ⅲ区西部，ⅢM53西南，东西向分布。

1. 墓葬形制

该墓为带长斜坡墓道单室土洞墓，由封土、墓道、甬道、墓室组成。墓向270°（图三〇七）。

封土　现呈不规则丘状。残径8.20、残高0.60米。

墓道　位于墓室以西，平面呈梯形，东宽西窄，长13.26、宽0.60~0.87米。东端剖面呈梯形，底宽0.87米。西高东低，斜坡至距墓门1.90米处到底，其后平直延伸至墓门处。坡度25°。近墓门处距地表深5.30米。

甬道　位于墓道东端，连接墓道与墓室。平面呈梯形，西窄东宽，进深0.90、宽0.86、高1.41米。墓门呈拱形，与甬道同高等宽。封门位于甬道内封，以土坯堆砌封堵，土坯长0.42、宽0.22、厚0.10米。

墓室　位于墓道以东，平面呈圆角长方形，四壁略直，距墓室地面1.68米处向上斜收至拱形顶，顶部部分坍塌。墓室东西长3.76、南北宽2.15、残高2.20米。墓室西北角和西南角各掏一龛，西北角龛口宽0.58、进深0.30、高0.72米；西南角龛口宽0.54、进深0.21、高0.78米。

2. 葬具葬式及葬俗

墓室北壁下存一尸床，由砂石、细沙土、木板、白灰堆垒而成，高0.08米。

该墓为单人葬，人骨置于尸床之上，仰身直肢葬，头向西。经鉴定，人骨为男性，年龄14~17岁。

尸床上散布有意打碎的陶片。

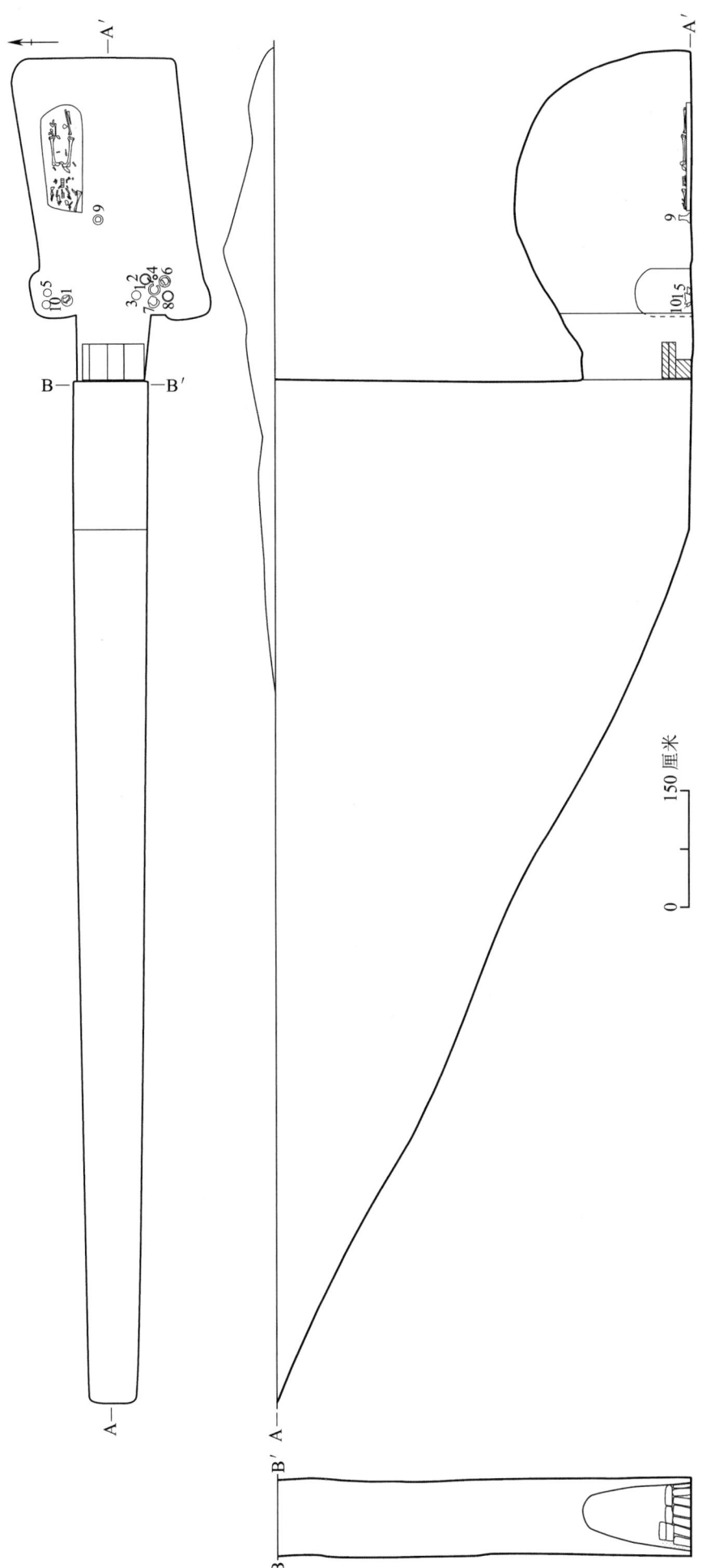

图三〇七 ⅢM57平、剖面图
1、6、7.波浪纹陶罐 2、8.陶樽 3.陶甑 4.陶斗瓶 5、10.陶钵 9.陶灯

3. 随葬品

随葬品均为陶器，集中放置于墓室西北角龛内及墓室西南部，共10件，包括波浪纹陶罐3件、陶樽2件、陶甑1件、陶斗瓶1件、陶钵2件、陶灯1件。

波浪纹陶罐 3件。泥质灰陶。器形整体瘦高，侈口，圆唇，束颈，溜肩，圆鼓腹，平底。肩、腹部分别饰一组波浪纹及弦纹，内壁见轮制痕迹。ⅢM57∶1，口径10.2、底径8.6、残高15.3厘米（图三〇八，1）。ⅢM57∶6，口径9.6、腹径14.8、底径10.8、高13.5厘米（图三〇八，9）。ⅢM57∶7，口径10.4、腹径16.4、底径11.6、高16.4厘米（图三〇八，10）。

陶樽 2件。直口，尖唇，领部较高，直腹，平底。ⅢM57∶2，泥质素面灰陶。口径13.3、底径13.4、高11.5厘米（图三〇八，2）。ⅢM57∶8，泥质灰陶。腹部饰三道弦纹。口径12.7、底径13.4、高9.8厘米（图三〇八，3）。

陶钵 2件。ⅢM57∶5，泥质素面灰陶。直口，尖圆唇，弧腹，平底。内壁见轮制痕迹。口径9.8、底径4.5、高4.3厘米（图三〇八，4）。ⅢM57∶10，泥质素面灰陶。敛口，圆唇，弧腹，平底。内壁见轮制痕迹。口径10.6、底径4.8、高4.9厘米（图三〇八，5）。

陶甑 1件。ⅢM57∶3，泥质灰陶。盆形甑，侈口，圆唇，斜平沿微内凹，束颈，弧腹斜收，底作假圈足，底有四孔。肩部饰数道凹弦纹。口径11.8、底径5.0、高5.6厘米（图三〇八，6）。

陶斗瓶 1件。ⅢM57∶4，泥质素面灰陶。侈口，圆唇，束颈，溜肩，鼓腹斜收至平底。口径5.0、底径4.6、高6.0厘米（图三〇八，7）。

陶灯 1件。ⅢM57∶9，泥质灰陶。灯口呈碟状，敞口，圆唇，浅弧腹，灯柄实心，上细下粗，底部外撇成齐缘低台座。灯柄及底座上部分别有一道凸棱。口径8.0、底径12.3、高14.1厘米（图三〇八，8）。

图三〇八　ⅢM57出土器物
1、9、10.波浪纹陶罐（ⅢM57∶1、ⅢM57∶6、ⅢM57∶7）　2、3.陶樽（ⅢM57∶2、ⅢM57∶8）
4、5.陶钵（M57∶5、ⅢM57∶10）　6.陶甑（ⅢM57∶3）　7.陶斗瓶（ⅢM57∶4）　8.陶灯（ⅢM57∶9）

四 Ⅳ区

Ⅳ区位于机场跑道延长带，东与Ⅲ区相接，西与Ⅴ区相邻，面积26万平方米，共清理墓葬28座。其中ⅣM20~ⅣM23处于同一茔圈内，茔圈平面呈长方形，南北长约65.90、东西宽56.9米。四面现存沙石混筑的垣墙，现高约0.20、厚约0.50米，北部偏西处发现茔前山门，宽约7.90米（图三〇九）。

ⅣM1

位于Ⅳ区东部，东西向分布。与ⅣM2为一组，未发现茔圈。

1. 墓葬形制

该墓为带长斜坡墓道单室土洞墓，由封土、墓道、甬道、墓室组成。墓向265°（图三一〇）。

封土　现呈丘状，部分叠压墓道。残径7.40、残高0.80米。

墓道　位于墓室以西，平面呈梯形，西窄东宽，长10.37、宽0.96~1.00米。东端剖面亦呈梯形，口小底大，底宽1.14米。西高东低，斜坡至底，坡度26°。近墓门处距地表深5.00米。墓道内填灰黄色沙土，土质松散，内含大量砾石。

甬道　位于墓道以东，连接墓道与墓室。为拱顶土洞式结构，平面呈长方形，进深0.50、宽0.88、高1.50~2.12米。墓门呈拱形，宽0.90米、高1.52米。封门位于甬道内封，上部用规格不等的土坯横竖砌成，下部铺垫沙石，封门现高0.76、宽0.90、厚0.36米。

墓室　位于墓道以东，平面呈正方形，墓顶坍塌严重，现呈拱形。墓室边长约3.60、残高2.96米。墓室西南角存一耳室，内有以土坯搭制的灶，象征庖厨之所，口宽1.18、进深0.90、高1.20米；西北角掏一龛，口宽0.78、进深0.44、高0.40米。

2. 葬具葬式

发现葬具三副，分别位于墓室南北两壁下，东西向平行放置。北侧仅存尸床，由沙石、木板及细沙土堆垒而成，平面呈梯形，西宽东窄，长2.00、宽0.66~0.72、厚0.06米；中部存尸床，由沙石、木板和细沙土堆垒而成，尸床平面呈梯形，东宽西窄，长2.24、宽0.68~0.72米，尸罩已朽，形制不详；南侧仅存尸床，由木板和细沙土堆垒而成，平面呈梯形，西宽东窄，长2.24、宽0.68~0.72米，尸罩已朽，形制不详。

该墓为三人合葬。人骨置于尸床之上，均为仰身直肢葬，头向西。经鉴定，北侧人骨为女性，年龄45~50岁；中部人骨为男性，年龄35~39岁；南侧人骨年龄60~70岁，性别不详。

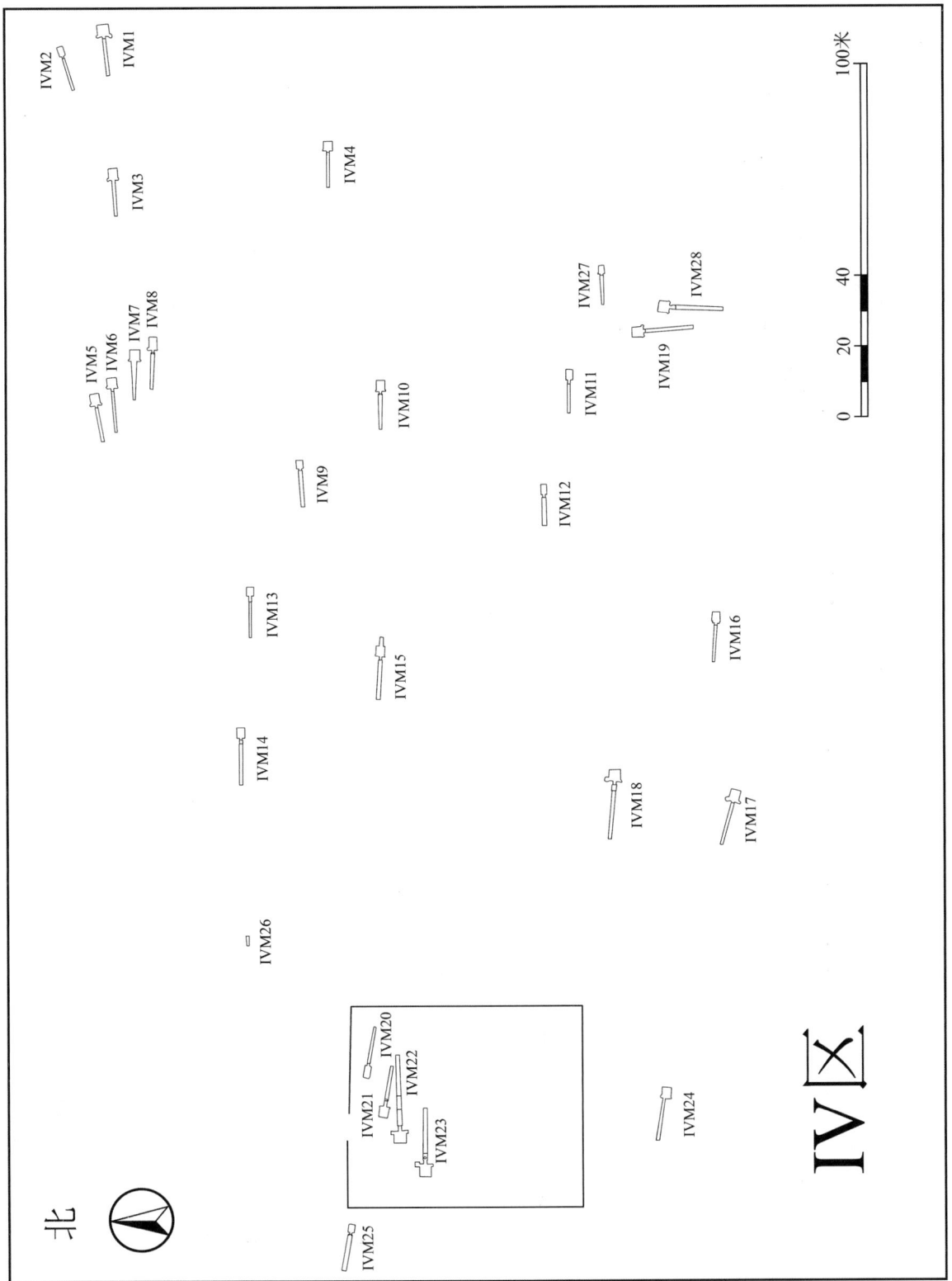

图三〇九 Ⅳ区墓葬分布图

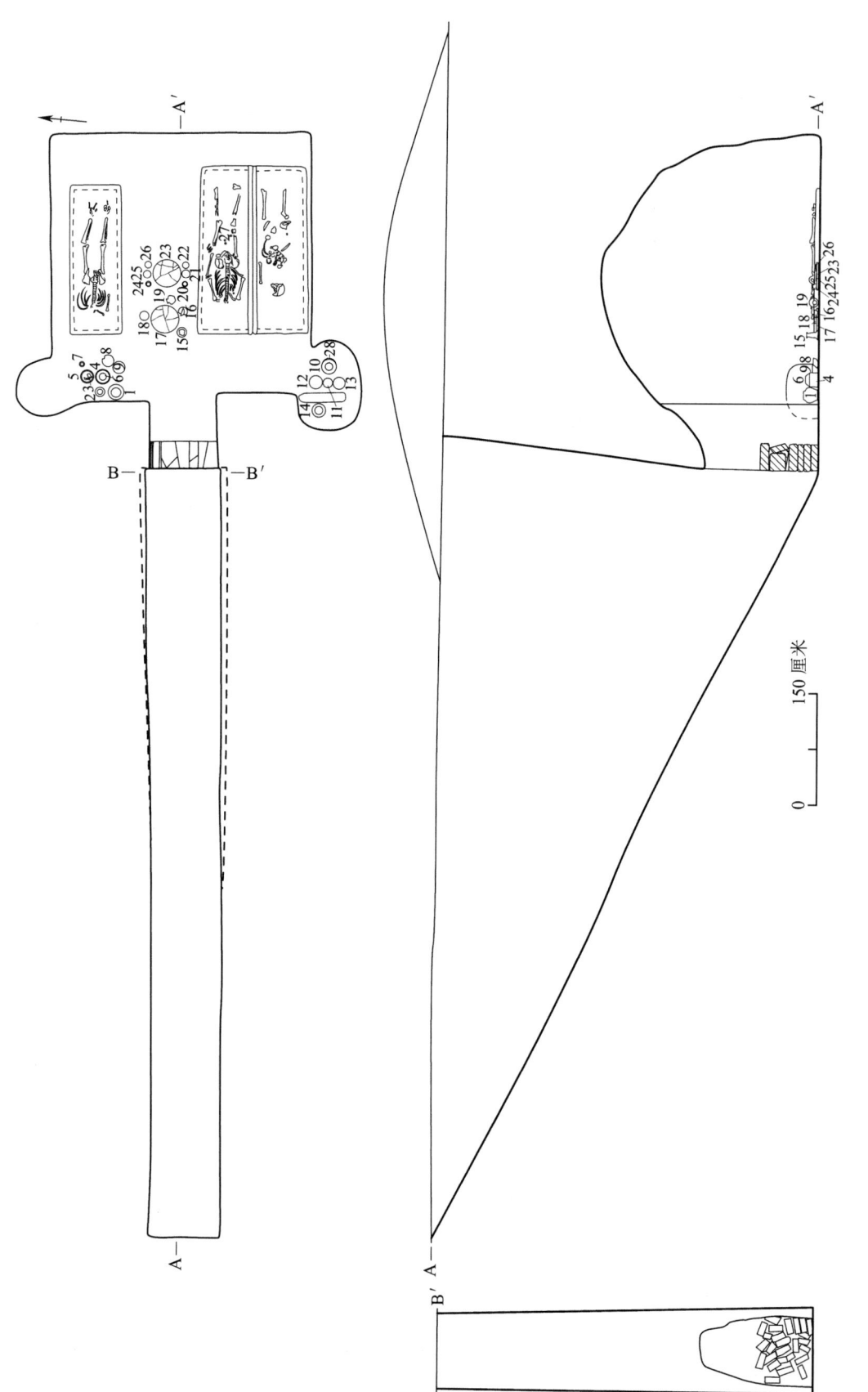

图三一〇 ⅣM1平、剖面图

1.绳纹陶罐 2.陶壶 3、6、10、12.陶器盖 4、5、28.陶樽 7、20、24.陶斗瓶 8、11、16、18、22、26.陶钵 9、13.陶盆 14.陶釜 15.陶灯 17、23.陶盘 19.素面陶罐 21、25.陶碟 27.铜钱

3. 随葬品

随葬品以陶器为主，主要放置于墓室中部、西南角耳室内及北侧人骨头端，共27件，包括绳纹陶罐1件、素面陶罐1件、陶釜1件、陶斗瓶3件、陶壶1件、陶钵6件、陶盆2件、陶器盖4件、陶樽3件、陶灯1件、陶盘2件、陶碟2件。南侧两人骨盆骨附近出土铜钱1组（23枚）（图版四一，3）。

陶钵　6件。ⅣM1∶8，泥质素面灰陶。残，可复原。侈口，方唇，翻沿，沿下有凹槽，深弧腹，平底。口径15.4、底径6.4、高6.0厘米（图三一一，6；图版一二八，3）。ⅣM1∶11，泥质素面灰陶。敛口，尖唇，深弧腹，平底。口径12.4、底径5.7、高5.3厘米（图三一一，5）。ⅣM1∶16，泥质素面灰陶。残，可复原。敛口，尖唇，弧腹，平底。内壁见轮制痕迹。口径11.6、底径5.0、高4.5~4.8厘米（图三一一，2）。ⅣM1∶18，泥质素面灰陶。侈口，尖唇，深弧腹，平底。内壁见轮制痕迹。口径12.2、底径5.0、高4.6厘米（图三一一，1；图版一二八，4）。ⅣM1∶22，泥质素面灰陶。侈口，尖唇，弧腹，平底。口径8.6、底径4.0、高3.5厘米（图三一一，4）。ⅣM1∶26，泥质素面灰陶。侈口，尖唇，弧腹，平底。口径9.0、底径3.6、高3.5厘米（图三一一，3）。

陶盆　2件。ⅣM1∶9，泥质素面橙黄陶。侈口，斜平沿微凹，方唇，颈微束，斜直腹，腹部较深，底微凹。内壁见轮制痕迹。口径16.0、底径6.1、高7.0厘米（图三一一，7）。ⅣM1∶13，泥质素面灰陶。侈口，斜平沿，方唇，深弧腹，平底。内壁见轮制痕迹。口径16.0、底径7.5、高6.2~6.5厘米（图三一一，8；图版一二九，6）。

素面陶罐　1件。ⅣM1∶19，泥质素面灰陶。侈口，圆唇，束颈，广肩，鼓腹，平底。口径6.0、腹径12.0、底径5.6、高11.0厘米（图三一一，9；图版一二八，2）。

陶器盖　4件。平顶，弧腹，侈口。内、外壁见轮制痕迹。ⅣM1∶3，泥质素面橙黄陶。盖径17.4、高5.6厘米（图三一一，12；图版一三〇，5）。ⅣM1∶6，泥质素面橙黄陶。盖径17.8、高5.4厘米（图三一一，10）。ⅣM1∶10，泥质素面灰陶。盖径19.8、高4.0厘米（图三一一，11；图版一三〇，7）。ⅣM1∶12，泥质素面橙黄陶。盖径17.8、高4.8~5.6厘米（图三一一，13）。

陶碟　2件。器形歪扭。敞口，尖唇，浅弧腹，小平底。内壁见轮制痕迹。ⅣM1∶21，泥质素面橙黄陶。口径10.8、底径4.4、高2.5~3.0厘米（图三一一，14；图版一二八，6）。ⅣM1∶25，泥质素面灰陶。口径10.2、底径3.5、高2.7~3.1厘米（图三一一，15）。

陶斗瓶　3件。ⅣM1∶7，泥质素面橙黄陶。器形歪扭。近直，圆唇，外缘呈三角状，束颈，圆肩，斜直腹，平底。口径4.2、腹径7.0、底径5.8、高7.1~7.4厘米（图三一一，16；图版一二九，1）。ⅣM1∶20，泥质素面灰陶。侈口，圆唇，外缘呈三角状，束颈，圆肩，斜直腹，平底。口径4.8、腹径7.2、底径5.4、高8.3厘米（图三一一，18；图版一二九，2）。腹部

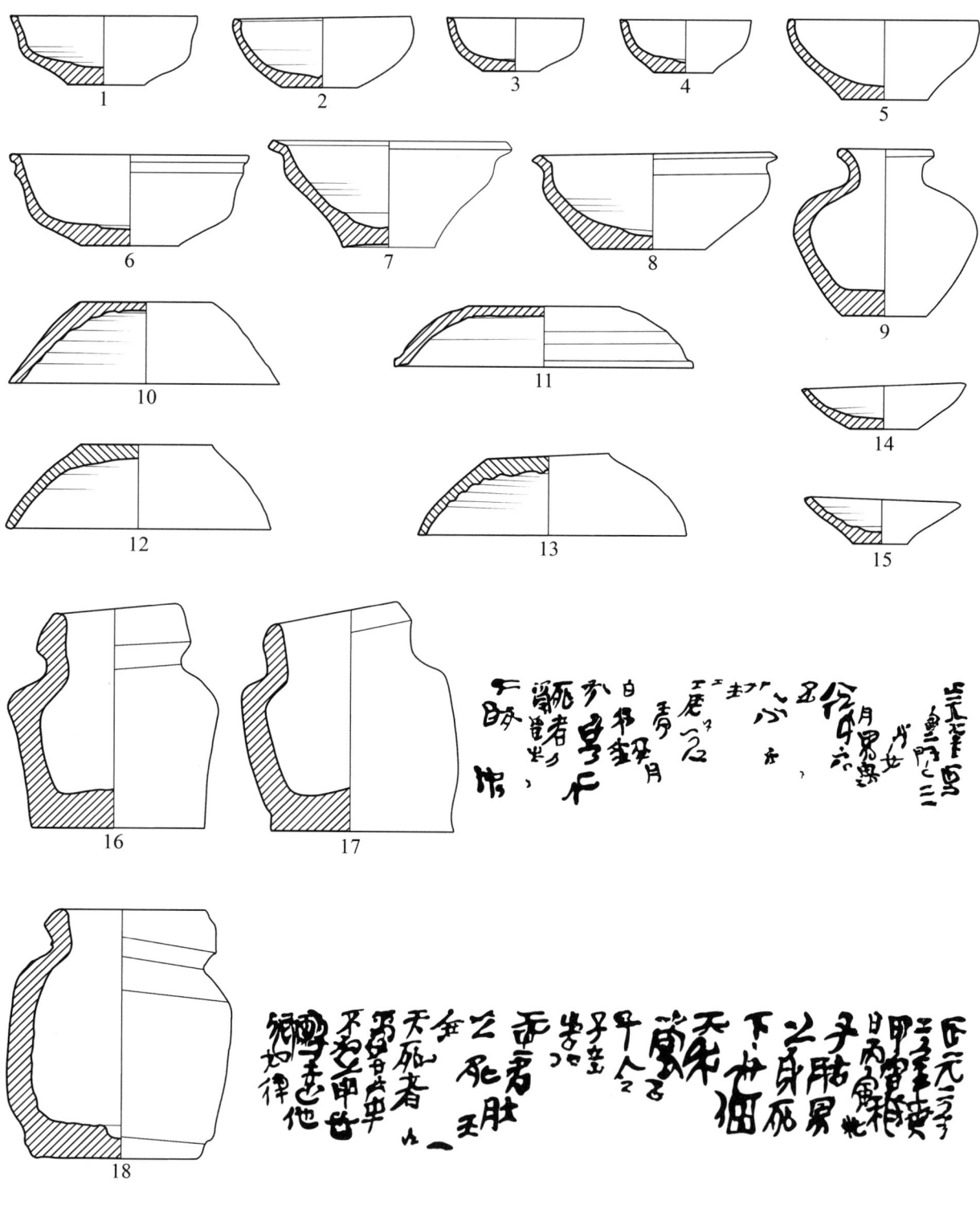

图三一一 ⅣM1出土器物（一）

1~6.陶钵（ⅣM1:18、ⅣM1:16、ⅣM1:26、ⅣM1:22、ⅣM1:11、ⅣM1:8） 7、8.陶盆（ⅣM1:9、ⅣM1:13）
9.素面陶罐（ⅣM1:19） 10~13.陶器盖（ⅣM1:6、ⅣM1:10、ⅣM1:3、ⅣM1:12） 14、15.陶碟（ⅣM1:21、ⅣM1:25）
16~18.陶斗瓶（ⅣM1:7、ⅣM1:24、ⅣM1:20）

朱书镇墓文，部分漫漶不清，录文作：

正元二年十
二月……
甲寅□朔十
日丙寅……
……令
□之身死…
…令…
之死……
天死者…
……他
乡如律…

ⅣM1∶24，泥质素面橙黄陶。器形歪扭。直口，圆唇，外缘呈三角状，圆肩，斜直腹，平底。口径4.2、腹径7.0、底径6.1、高6.8~7.6厘米（图三一一，17；图版一二九，3）。腹部朱书镇墓文，多漫漶不清，录文作：

正元二年…
…月…
……月
死者…

陶樽　3件。直口，圆唇，平折肩，直领，直腹微内束，平底。近底处有竖向刮削痕迹。ⅣM1∶4，泥质素面灰陶。口径15.8、底径18.5、高11.3厘米（图三一二，1；图版一三〇，1）。ⅣM1∶5，泥质素面灰陶。口径14.6、腹径17.7、底径18.0、高12.0厘米（图三一二，2；图版一三〇，2）。ⅣM1∶28，泥质素面橙黄陶。口径16.0、腹径18.8、底径18.0、高12.4~12.6厘米（图三一二，3；图版一三〇，3）。

绳纹陶罐　1件。ⅣM1∶1，泥质灰陶。敛口，圆唇，外缘呈三角状，束颈，圆鼓腹，下腹斜收至平底。肩、腹部通体饰竖向绳纹。口径10.4、腹径21.0、底径13.5、高18.8厘米（图三一二，4；图版一二八，1）。

陶釜　1件。ⅣM1∶14，泥质素面灰褐陶。敛口，圆唇，鼓腹，底作假圈足，平底。口径10.6、腹径18.2、底径13.0、高11.4厘米（图三一二，5；图版一二九，4）。

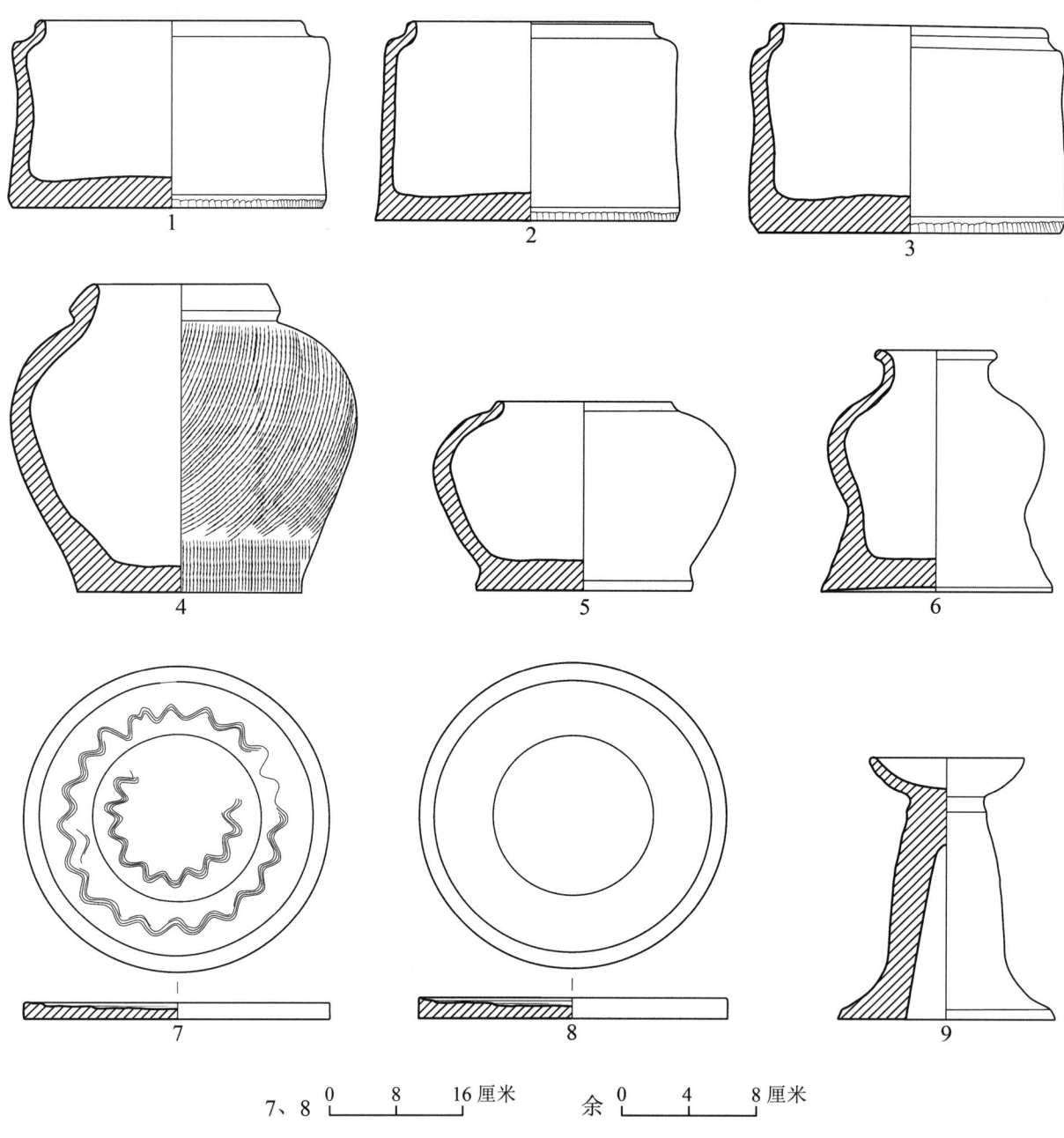

图三一二　ⅣM1出土器物（二）

1~3.陶樽（ⅣM1:4、ⅣM1:5、ⅣM1:28）　4.绳纹陶罐（ⅣM1:1）　5.陶釜（ⅣM1:14）　6.陶壶（ⅣM1:2）
7、8.陶盘（ⅣM1:17、ⅣM1:23）　9.陶灯（ⅣM1:15）

陶壶　1件。ⅣM1：2，泥质素面橙黄陶。侈口，圆唇，束颈，扁鼓腹，下腹外撇至喇叭形底座，底微凹。口径6.8、腹径13.0、底径13.8、高14.6厘米（图三一二，6；图版一二九，5）。

陶盘　2件。ⅣM1：17，泥质橙黄陶。残，可复原。圆形，宽平沿，盘面较平整，略低于口沿，平底。盘面饰两组波浪纹。盘径37.0、厚2.0厘米（图三一二，7；图版一三〇，4）。ⅣM1：23，泥质素面橙黄陶。残，可复原。圆形，宽斜沿，盘面较平，略低于盘沿，平底。盘径37.0、厚2.5厘米（图三一二，8）。

陶灯　1件。ⅣM1：15，泥质灰陶。灯口呈碟状，侈口，圆唇，弧腹，柄部中空，上小下大，近底处外撇形成低台座，平底。近上部饰一周凸棱纹。口径9.4、底径13.0、高15.8厘米（图三一二，9；图版一二八，5）。

铜钱　1组。ⅣM1：27，23枚，均圆形方穿，以五铢钱为主，其中部分磨郭，另有少量磨郭锈蚀钱。五铢钱有穿上星记号。

五铢钱，正面穿左右篆书"五铢"二字。ⅣM1：27-1，"五"字较宽，交笔弯曲；"铢"字"金"字头呈三角形，中间四点较长，"朱"字上下部均圆折。钱径2.51、穿宽0.89、郭宽0.18、郭厚0.13、肉厚0.09厘米，重3.13克（图三一三，1；图版一三〇，6）。ⅣM1：27-14，"五"字较窄，交笔弯曲；"铢"字"金"字锈蚀残缺，"朱"字上下部均圆折。记号为穿上星。钱径2.33、穿宽1.00、郭宽0.15、郭厚0.15、肉厚0.08厘米，重1.52克。ⅣM1：27-2，形制同ⅣM1：27-1，钱径2.55、穿宽0.90、郭宽0.16、郭厚0.13、肉厚0.07厘米，重3.54克（图三一三，2；图版一三〇，6）。

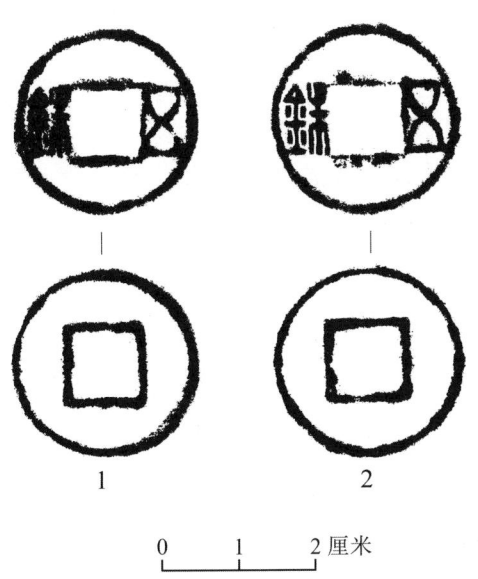

图三一三　ⅣM1出土铜钱拓片
1、2.五铢钱（ⅣM1：27-1、ⅣM1：27-2）

ⅣM2

位于Ⅳ区东部，ⅣM1以北，东西向分布。与ⅣM1为一组，未发现茔圈。

1. 墓葬形制

该墓为带长斜坡墓道单室土洞墓，由封土、墓道、甬道、墓室组成。墓向262°（图三一四）。

封土　现呈丘状，部分叠压墓道。残径3.96、残高0.40米。

墓道　位于墓室以西，平面呈长方形，长10.00、宽0.80米。东端剖面亦呈长方形，底宽0.80米。西高东低，斜坡至底，坡度23°。近墓门处距地表深4.60米。墓道内填灰黄色沙土，土质松散，内含砾石。

甬道　位于墓道东端，连接墓道与墓室，为拱顶土洞式结构，平面呈长方形，进深1.00、宽0.62、高1.20米。墓门呈拱形，与甬道同高等宽。封门位于甬道内封，用规格不等的土坯垒砌而成，现高1.04、宽0.64、厚0.28米。

墓室　位于墓道以东，平面呈长方形，距墓室地面0.80米处向上斜收至顶，墓室四壁及顶部坍塌严重，根据残存状况判断可能为覆斗顶。墓室东西长2.80、南北宽1.84、残高2.10米。

2. 葬具葬式

无葬具。

该墓为双人合葬。人骨置于墓室南、北壁下，均为仰身直肢葬，头向西。经鉴定，北侧人骨为男性，年龄30岁左右；南侧人骨为女性，年龄40~44岁。

3. 随葬品

随葬品以陶器为主，集中放置于两人骨之间及北侧人骨头部，共18件，包括波浪纹陶罐3件、素面陶罐1件、陶釜1件、陶壶1件、陶樽1件、陶盆3件、陶钵3件、陶甑1件、陶碟1件、陶耳杯2件、陶盘1件。另于北侧人骨右手处出土铜钱1组（14枚），南侧人骨头部出土铜钗1件。

陶耳杯　2件。泥质素面灰陶。整体呈椭圆形，侈口，斜沿，长边两侧附双耳，斜直腹，平底。ⅣM2∶15，长口径9.8、短口径6.5、长底径4.3、短底径3.4、耳长3.0~3.3、耳宽0.8~0.9、高3.1厘米（图三一五，1）。ⅣM2∶16，长口径9.7、短口径6.1、长底径4.2、短底径3.2、耳长2.1~2.3、耳宽0.7~1.0、高3.0厘米（图三一五，2）。

陶钵　3件。泥质素面灰陶。ⅣM2∶12，侈口，圆唇，弧腹，小平底。口径6.8、底径2.6、高2.8厘米（图三一五，3）。ⅣM2∶14，侈口，圆唇，深弧腹，平底。口径10.2、底径4.6、高

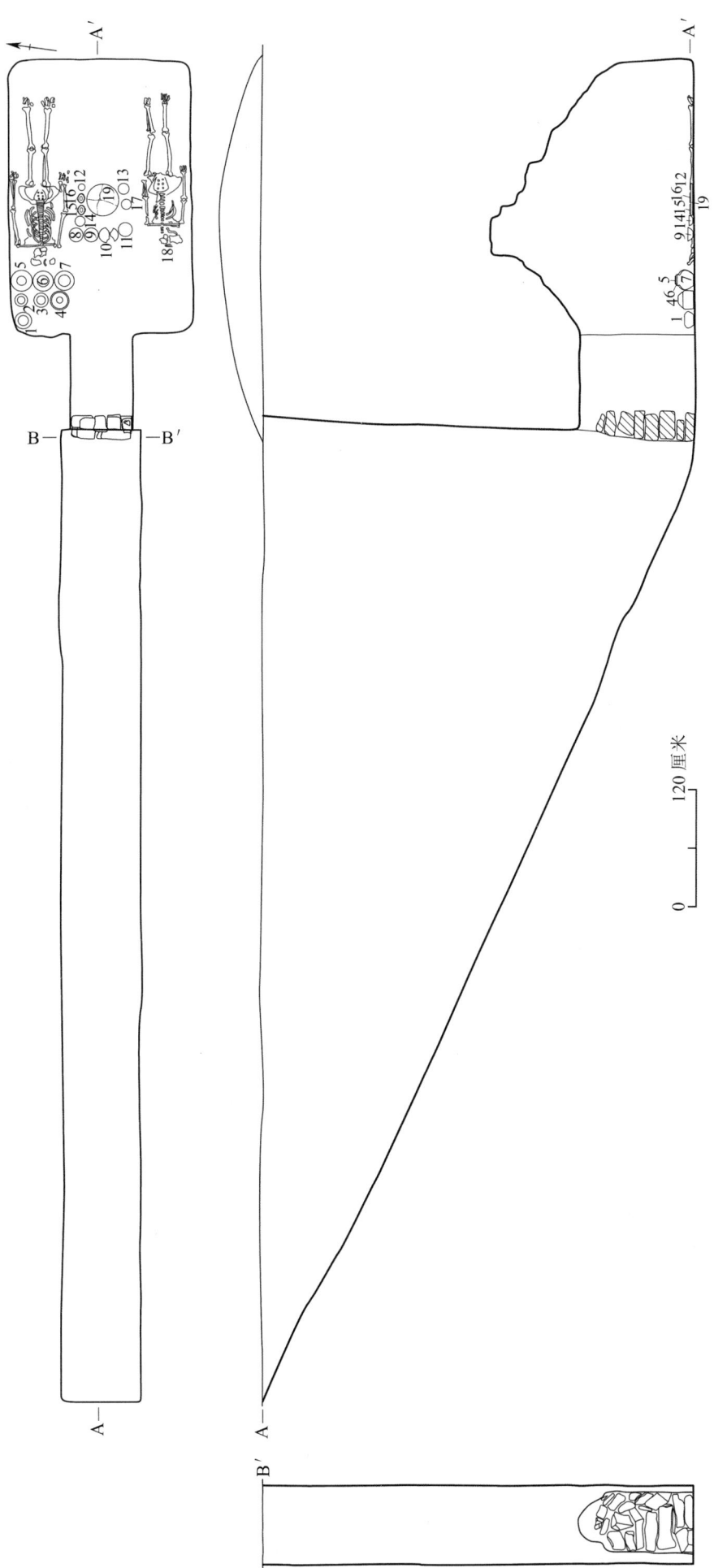

图三一四 ⅣM2平、剖面图

1.陶盔 2.陶壶 3.素面陶罐 4.陶樽 5~7.波浪纹陶罐 8、10、11.陶盆 9.陶甑 12、14、17.陶钵 13.陶碟 15、16.陶耳杯 18.铜钗 19.陶盘 20.铜钱

4.0厘米（图三一五，4）。ⅣM2：17，侈口，圆唇，弧腹，小平底。口径10.4、底径4.5、高4.0厘米（图三一五，5）。

陶碟　1件。ⅣM2：13，泥质素面灰陶。敞口，尖唇，斜直腹，腹部较浅，平底。口径11.0、底径4.8、高2.5厘米（图三一五，6）。

陶甑　1件。ⅣM2：9，泥质素面橙黄陶。盆形甑，侈口，斜平沿，尖圆唇，深弧腹，平底，底有三孔。内、外壁均见轮制痕迹。口径14.2、底径5.0、高5.4厘米（图三一五，7）。

陶盆　3件。侈口，斜平沿，方唇，深弧腹，平底。内壁见轮制痕迹。ⅣM2：8，泥质素面橙黄陶。口径14.0、底径5.4、高6.1厘米（图三一五，8）。ⅣM2：10，泥质素面灰陶。口径15.0、底径5.0、高6.0厘米（图三一五，9）。ⅣM2：11，泥质素面橙黄陶。口径14.0、底径5.6、高5.6厘米（图三一五，10）。

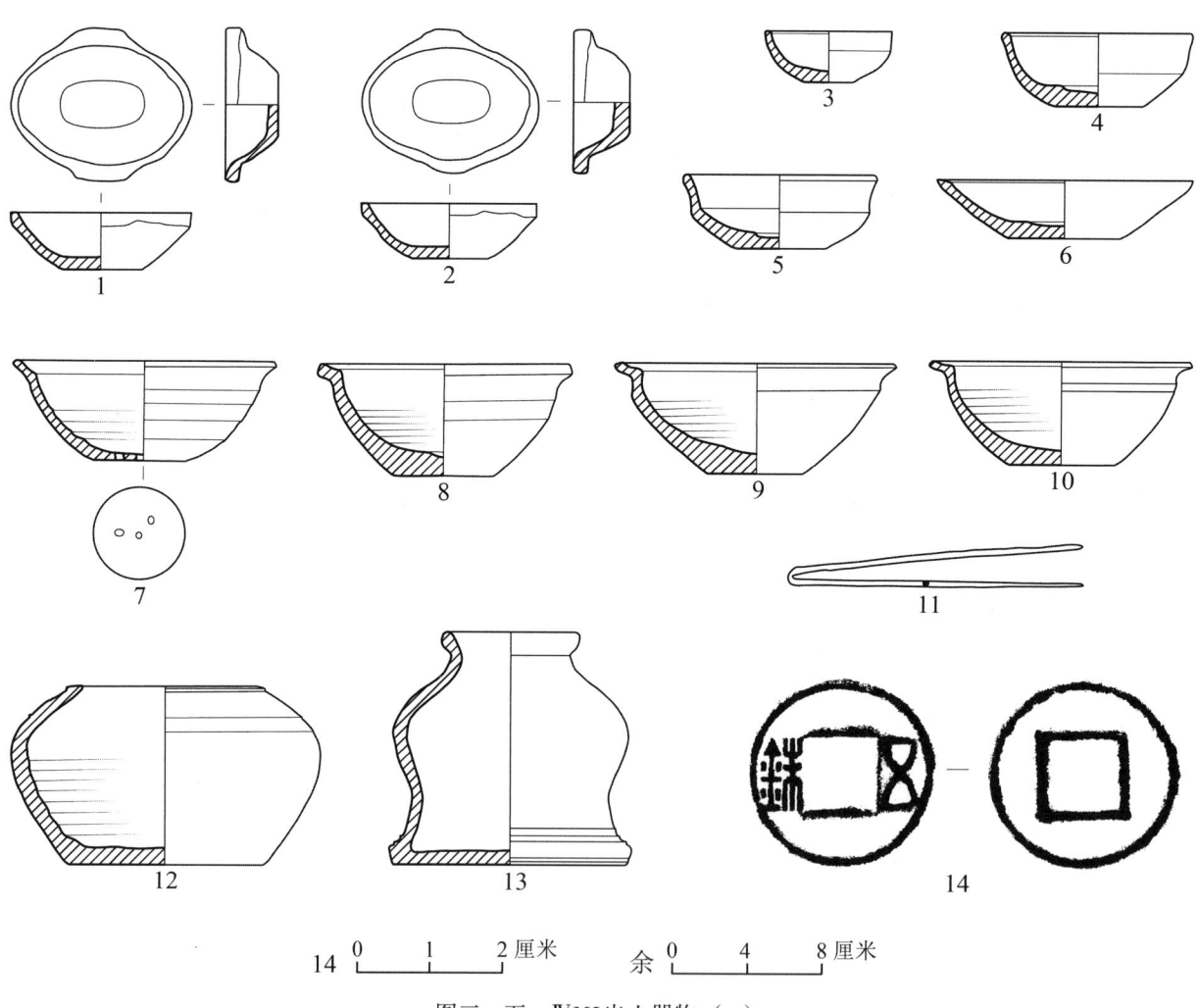

图三一五　ⅣM2出土器物（一）

1、2.陶耳杯（ⅣM2：15、ⅣM2：16）　3~5.陶钵（ⅣM2：12、ⅣM2：14、ⅣM2：17）　6.陶碟（ⅣM2：13）
7.陶甑（ⅣM2：9）　8~10.陶盆（ⅣM2：8、ⅣM2：10、ⅣM2：11）　11.铜钗（ⅣM2：18）　12.陶釜（ⅣM2：1）
13.陶壶（ⅣM2：2）　14.五铢钱（ⅣM2：20-10）

陶釜　1件。ⅣM2：1，泥质素面灰陶。器形扁圆，敛口，平沿，尖圆唇，溜肩，扁鼓腹，平底。内壁见轮制痕迹。口径10.6、腹径16.8、底径10.4、高9.6厘米（图三一五，12）。

陶壶　1件。ⅣM2：2，泥质灰陶。侈口，圆唇，束颈，扁鼓腹，近底处外撇形成叠涩状喇叭形底座，平底。近底处饰凸棱纹。口径7.2、腹径12.9、底径12.6、高12.6厘米（图三一五，13）。

素面陶罐　1件。ⅣM2：3，泥质素面灰陶。口近直，尖圆唇，外缘呈三角状，束颈，扁鼓腹，平底。内壁见轮制痕迹。口径7.4、腹径14.5、底径8.0、高11.2厘米（图三一六，1）。

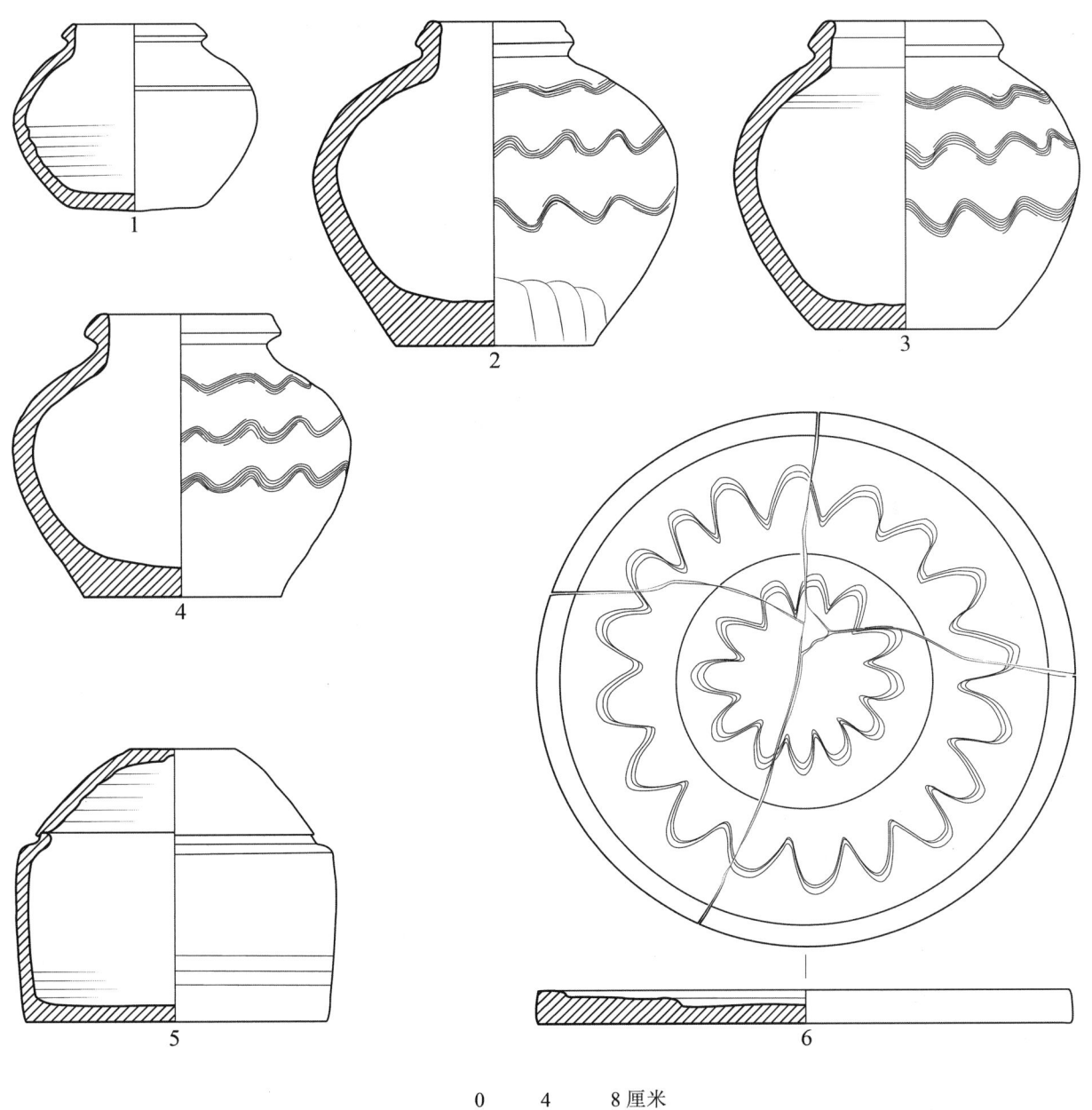

图三一六　ⅣM2出土器物（二）
1.素面陶罐（ⅣM2：3）　2~4.波浪纹陶罐（ⅣM2：5、ⅣM2：6、ⅣM2：7）　5.陶樽（ⅣM2：4）　6.陶盘（ⅣM2：19）

波浪纹陶罐　3件。泥质灰陶。器形整体矮胖，直口，圆唇，外缘呈三角状，束颈，圆鼓腹，平底。肩、腹部饰波浪纹三组。ⅣM2:5，近底处有竖向刮削痕迹。口径7.6、腹径21.4、底径11.6、高19.5厘米（图三一六，2）。ⅣM2:6，口径9.6、腹径20.5、底径10.9、高18.5厘米（图三一六，3）。ⅣM2:7，口径10.0、腹径20.0、底径11.8、高17.0厘米（图三一六，4）。

陶樽　1件。ⅣM2:4，泥质素面灰陶。盖平顶，斜弧腹，侈口，平沿；樽口近直，圆唇，平折肩，斜直腹，平底。盖及樽内壁见轮制痕迹。盖径16.6、高5.1厘米；樽口径16.0、底径18.0、高11.4厘米；通高16.4厘米（图三一六，5）。

陶盘　1件。ⅣM2:19，泥质橙黄陶。圆形，宽平沿，外缘微弧，盘面低于口沿，由沿向中心依次略低，平底。盘面饰两组波浪纹。盘径32.0、厚2.0厘米（图三一六，6）。

铜钗　1件。ⅣM2:18，锈蚀严重。双股"U"形，前端尖细，后端扁圆。光素无纹饰。尾端宽1.0、前端宽2.2、长16.0厘米（图三一五，11）。

铜钱　1组。ⅣM2:20，14枚，均圆形方穿，以五铢钱为主，部分磨郭。

ⅣM2:20-10，五铢钱，正面穿左右篆书"五铢"二字。"五"字较窄，交笔弯曲；"铢"字"金"字头呈三角形，中间四点较短，"朱"字上下部均圆折。钱径2.56、穿宽0.99、郭宽0.16、郭厚0.11、肉厚0.06厘米，重2.47克（图三一五，14；图版一三一，3）。

ⅣM3

位于Ⅳ区东部，ⅣM1西侧，东西向分布。

1. 墓葬形制

该墓为带长斜坡墓道单室土洞墓，由封土、墓道、甬道、墓室组成。墓向268°（图三一七）。

封土　现呈丘状，部分叠压墓道，残径6.20、残高0.92米。

墓道　位于墓葬以西，平面呈长方形，长9.30、宽0.80米。东端剖面呈梯形，口小底大，底宽1.18米。西高东低，斜坡至距墓门0.72米处到底，其后平直延伸至墓门处，斜坡长10.10米，坡度27°。近墓门处距地表深5.00米。内填灰黄色沙土，土质松散，内含砾石。

甬道　位于墓道东端，连接墓道与墓室，为拱顶土洞式结构，平面略呈梯形，西窄东宽，西低东高，顶部略有坍塌，长0.90、宽0.84~0.90、残高1.26~1.34米。墓门呈拱形，与甬道同高等宽。封门位于甬道内封，以不规则土坯及沙石封堵。

墓室　位于墓道以东，平面呈长方形，四壁及顶部坍塌严重，从残存状况看，应为覆斗顶。墓室东西长3.40、南北宽2.60、残高2.34米。墓室西北角及西南角各掏一龛，西北角龛口宽0.64、进深0.66、高0.78米；西南角龛口宽0.58、进深0.28、高0.78米。

第四章 墓葬分述

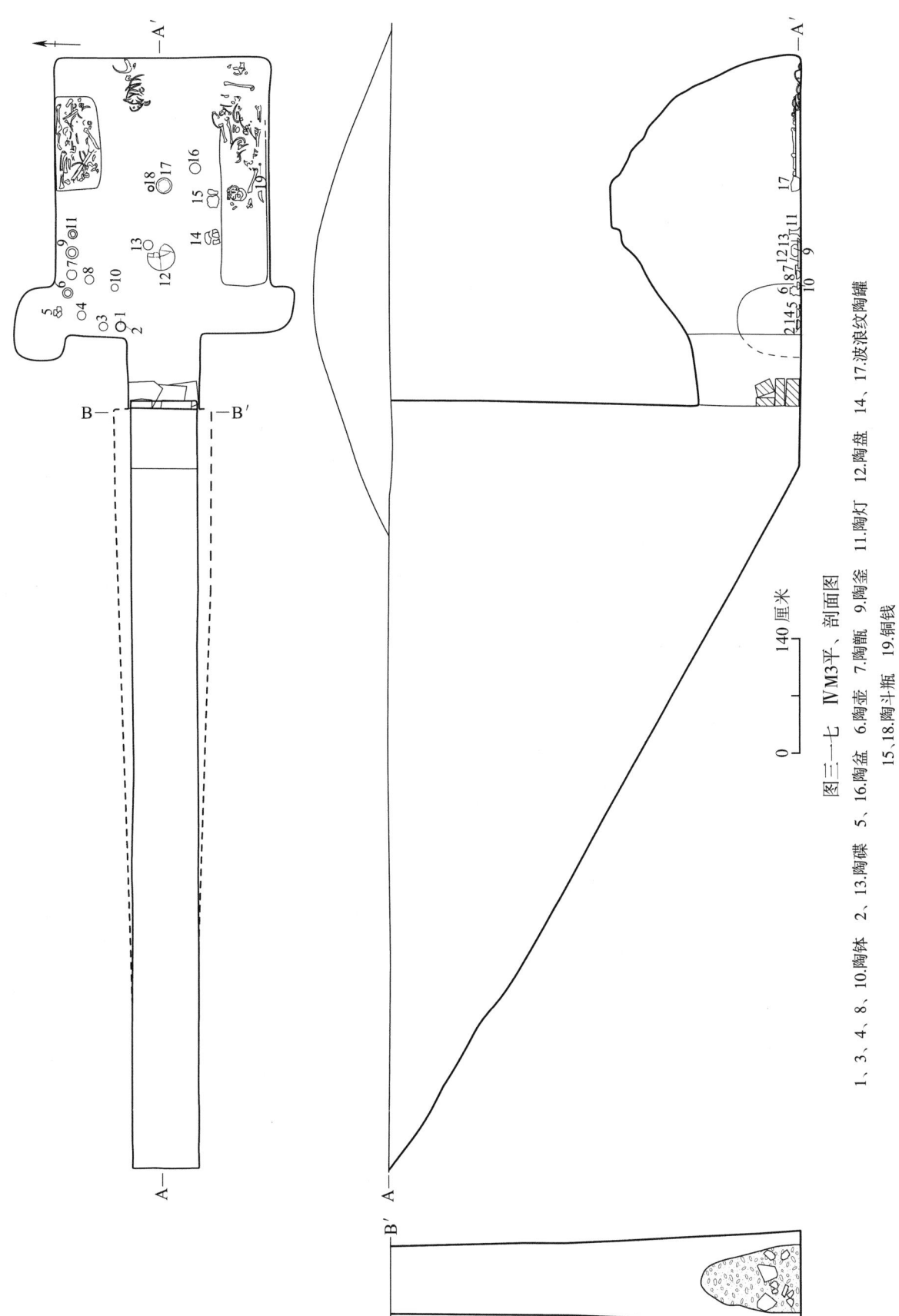

图三一七 ⅣM3平、剖面图

1、3、4、8、10.陶钵 2、13.陶碟 5、16.陶盆 6.陶壶 7.陶甑 9.陶釜 11.陶灯 12.陶盘 14、17.波浪纹陶罐 15、18.陶斗瓶 19.铜钱

2. 葬具葬式

墓室南、北壁下各存一尸床，北侧尸床由沙石堆垒而成，残长1.14、宽0.42~0.54、高0.05米；南侧尸床由细沙土及白灰堆垒而成，残长1.90、残宽0.56米。

该墓为三人合葬。人骨分别放置于尸床及墓室东壁下，人骨均凌乱不堪，疑为二次葬。经鉴定，北侧人骨为女性，年龄35~39岁；南侧人骨为一成年个体，性别不详；东壁下人骨为男性，年龄29~30岁。

3. 随葬品

随葬品放置于墓室西北角及中部，以陶器为主，共18件，其中波浪纹陶罐2件、陶壶1件、陶釜1件、陶碟2件、陶钵5件、陶盆2件、陶甑1件、陶灯1件、陶盘1件、陶斗瓶2件。另于南侧人骨处出土铜钱1组（121枚）（图版四二，1）。

陶钵　5件。泥质素面灰陶。ⅣM3∶1，残，可复原。器形歪扭。侈口，圆唇，弧腹，平底。口径11.0、底径4.3、高3.5~4.0厘米（图三一八，2）。ⅣM3∶3，器形歪扭。侈口，圆唇，弧腹，平底。口径10.6、底径4.2、高3.3~3.8厘米（图三一八，3；图版一三一，4）。ⅣM3∶4，器形歪扭。侈口，尖圆唇，上腹斜直，下腹弧收至小平底。口径11.0、底径4.5、高3.4~3.5厘米（图三一八，4）。ⅣM3∶8，侈口，圆唇，弧腹，小平底。口径11.0、底径5.0、高4.3厘米（图三一八，1）。ⅣM3∶10，残，可复原。直口，圆唇，弧腹，小平底。口径8.6、底径3.8、高3.5厘米（图三一八，5）。

陶碟　2件。泥质素面灰陶。敞口，尖唇，浅弧腹，平底。ⅣM3∶2，器形歪扭。口径12.4、底径5.6、高2.8~3.4厘米（图三一八，7）。ⅣM3∶13，口径12.0、底径5.6、高2.8~3.0厘米（图三一八，6；图版一三一，6）。

陶盆　2件。ⅣM3∶5，泥质素面灰陶。残，可复原。侈口，斜平沿微凹，圆唇，颈微束，弧腹，平底。口径12.6、底径4.2、高5.1厘米（图三一八，8）。ⅣM3∶16，泥质素面灰陶。侈口，斜平沿微凹，方唇，颈微束，上腹较鼓，下腹斜收至平底，腹部较深。口径13.0、底径5.2、高6.0厘米（图三一八，9；图版一三二，5）。

陶甑　1件。ⅣM3∶7，泥质灰陶。残，可复原。盆形甑。侈口，斜平沿，方唇，颈微束，斜直腹，小平底，底有三孔。外壁饰三道凸棱纹。口径12.4、底径4.3、高5.5厘米（图三一八，10）。

陶灯　1件。ⅣM3∶11，泥质素面灰陶。灯口残，可复原。灯口呈碟状，敞口，尖唇，浅腹，柄部中空，上小底大，近底处外撇形成叠涩低台座，平底。口径7.0、底径11.0、高13.0厘米（图三一八，11；图版一三一，7）。

陶斗瓶　2件。ⅣM3∶15，泥质素面灰陶。侈口，尖圆唇，束颈，圆折肩，直腹，底部不

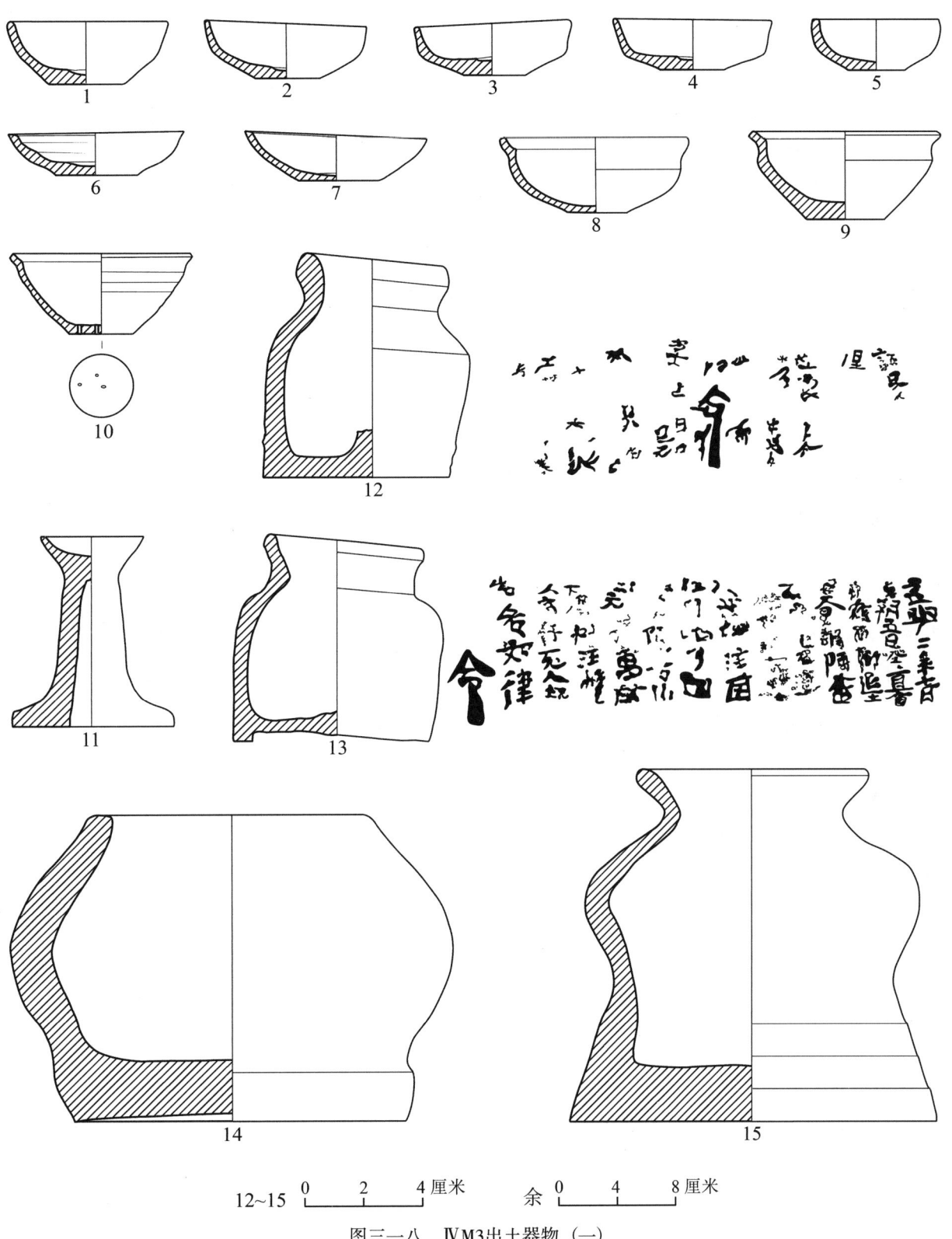

图三一八 ⅣM3出土器物（一）

1~5.陶钵（ⅣM3:8、ⅣM3:1、ⅣM3:3、ⅣM3:4、ⅣM3:10） 6、7.陶碟（ⅣM3:13、ⅣM3:2）
8、9.陶盆（ⅣM3:5、ⅣM3:16） 10.陶甑（ⅣM3:7） 11.陶灯（ⅣM3:11）
12、13.陶斗瓶（ⅣM3:18、ⅣM3:15） 14.陶釜（ⅣM3:9） 15.陶壶（ⅣM3:6）

甚规整。口径4.6、腹径7.0、底径6.3、高7.2~7.7厘米（图三一八，13；图版一三二，1）。肩、腹部朱书镇墓文，多漫漶不清，录文作：

建兴二年七月
□□朔五日□□直
开□□□□□
□□□□阿□
……
□□相注仵
…万…
人□□死人□
□□各如律
令

ⅣM3：18，泥质素面灰陶。器形歪扭。侈口，圆唇，束颈，圆肩，直腹，平底。口径5.2、腹径6.8、底径6.6、高6.6~7.1厘米（图三一八，12；图版一三二，2）。腹部朱书镇墓文，均漫漶不清，录文作：

…令…

陶釜　1件。ⅣM3：9，泥质素面灰陶。敛口，圆唇，溜肩，鼓腹，底作假圈足。口径9.6、腹径15.0、底径11.2、高10.4厘米（图三一八，14；图版一三三，1）。

陶壶　1件。ⅣM3：6，泥质灰陶。残，可复原。侈口，圆唇，束颈，溜肩，扁鼓腹，近底时外撇成大，平底。近底处饰凸棱纹。口径8.0、腹径11.5、底径12.6、高12.0厘米（图三一八，15；图版一三二，7）。

陶盘　1件。ⅣM3：12，泥质素面橙黄陶。残，可复原。圆形，宽平沿，外缘微弧，盘面较为平整，略低于口沿，平底。盘径33.0、厚2.5厘米（图三一九，1）。

波浪纹陶罐　2件。泥质灰陶。器形整体矮胖。直口，尖圆唇，外缘呈三角状，束颈，圆鼓腹，平底。腹部饰波浪纹三组，近底处有竖向刮削痕迹。ⅣM3：14，残，可复原。口径8.7、腹径18.0、底径10.5、高17.6厘米（图三一九，3）。ⅣM3：17，口径10.0、腹径19.0、底径12.2、高16.6厘米（图三一九，2；图版一三一，5）。

铜钱　1组。ⅣM3：19，121枚，均圆形方穿，形制不同，以五铢钱为主，另有部分剪轮钱、磨郭钱以及少量的大泉五十、货泉、半两。五铢钱有穿上半郭、背四出文、穿上星、穿上横郭、穿上下刻符号等记号。

ⅣM3：19-2，四出五铢，正面穿左右篆书"五铢"二字。"五"字较宽，交笔弯曲；

"铢"字金字头呈三角形，中间四点较长，"朱"字上下部均圆折。记号为背面内郭四角出文到外郭。钱径2.59、穿宽0.89、郭宽0.18、郭厚0.16、肉厚0.13厘米，重3.48克（图三一九，4；图版一三一，1、2）。ⅣM3∶19-28，五铢钱，正面穿左右篆书"五铢"二字。"五"字较宽，交笔弯曲；"铢"字金字头呈三角形，中间四点较短，"朱"字上部方圆折，下部圆折。记号为穿上星。钱径2.55、穿宽0.98、郭宽0.13、郭厚0.16、肉厚0.07厘米，重2.84克（图三一九，5；图版一三二，3、4）。ⅣM3∶19-61，磨郭五铢，正面穿左右篆书"五铢"二字。磨郭较多，"五铢"二字被磨去大半，"五"字交笔弯曲，"铢"字仅剩"朱"字，上部方折，

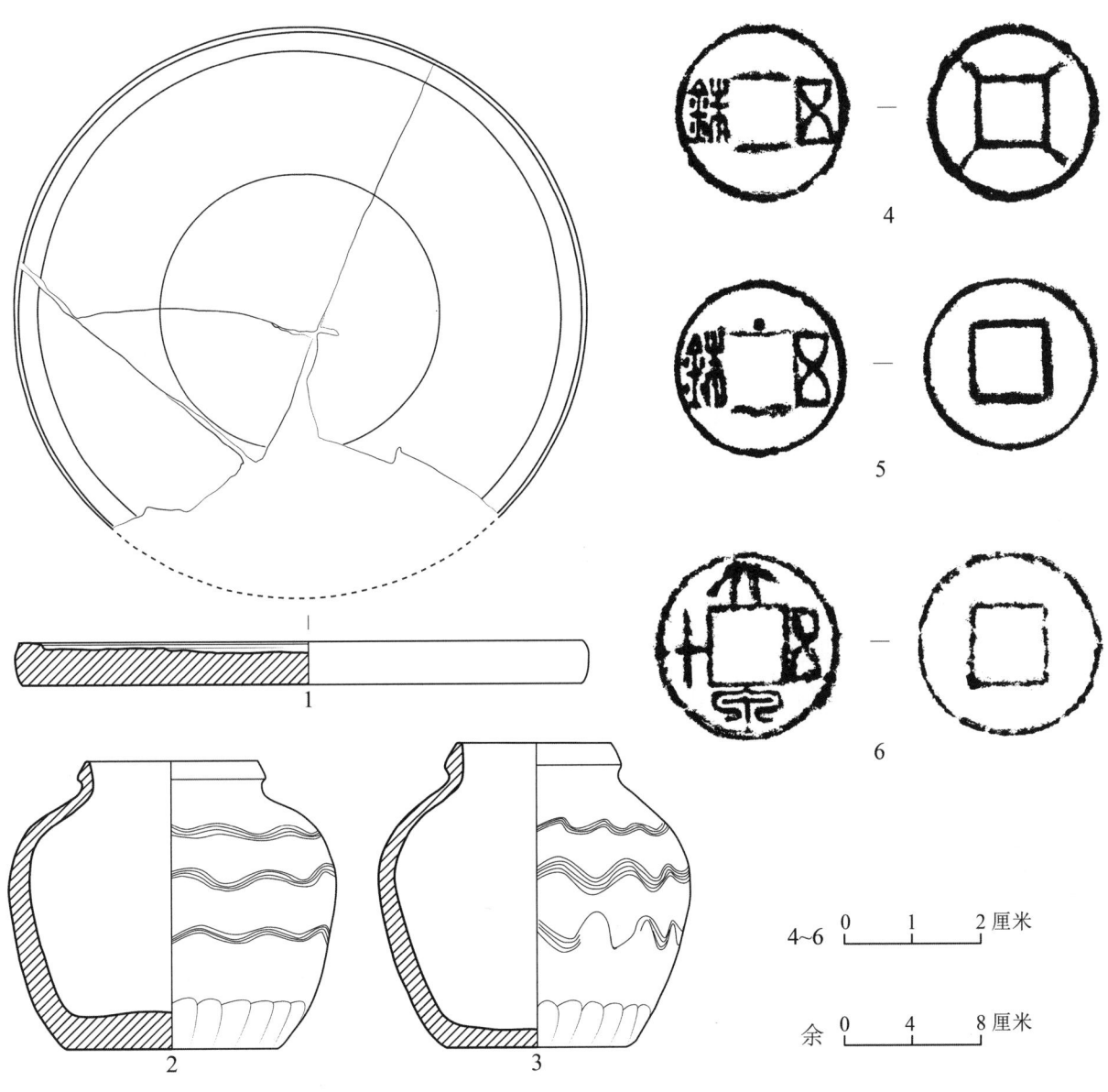

图三一九　ⅣM3出土器物（二）
1.陶盘（ⅣM3∶12）　2、3.波浪纹陶罐（ⅣM3∶17、ⅣM3∶14）　4.四出五铢（ⅣM3∶19-2）
5.五铢钱（ⅣM3∶19-28）　6.大泉五十（ⅣM3∶19-67）

下部圆折。记号为穿上下皆阴刻"十"符号。钱径1.98、穿宽0.10、肉厚0.09厘米，重1.30克（图版一三二，6）。ⅣM3：19-65，半两。平背无郭，穿孔两侧篆书"半两"二字。钱径2.10、穿宽0.66、肉厚0.07厘米，重1.28克。ⅣM3：19-67，大泉五十。形制较大，形体厚重，面背皆有内郭。正面穿口左右铸"五十"二字，较瘦长，上下铸"大泉"二字，较宽矮，均为篆书。"五"字较窄，交笔弯曲；"十"字较长，"大"字一横较折弧。钱径2.78、穿宽0.92、郭宽0.21、郭厚0.22、肉厚0.12厘米，重4.40克（图三一九，6）。ⅣM3：19-69，货泉。形制较小，两面穿皆有郭，"货泉"二字篆书，"泉"字字头较瘦长。钱径2.33、穿宽0.70、郭宽0.18、郭厚0.17、肉厚0.12厘米，重2.50克。

ⅣM4

位于Ⅳ区东部，ⅣM3以南，东西向分布。

1. 墓葬形制

该墓为带长斜坡墓道单室土洞墓，由墓道、甬道、墓室三部分组成。墓向270°（图三二〇）。

墓道 位于墓室以西，平面呈长方形，长9.82、宽0.88米。东端剖面呈梯形，口大底小，底宽0.80米。西高东低，斜坡至底，斜坡长10.44米，坡度21.5°。近墓门处距地表深4.48米。内填灰黄色沙土，土质松散，含砾石。

甬道 位于墓道东端，连接墓道与墓室，为拱顶土洞式结构，平面呈长方形，进深0.68、宽0.80、高1.24米。墓门呈拱形，与甬道同高等宽。封门无存。

墓室 位于甬道以东，平面呈长方形，距墓室地面0.40米向上斜收，四壁及顶部坍塌严重，墓顶形制不详。东西长2.80、南北宽2.60、残高2.10米。墓室西北角和西南角各掏一龛，西北角龛口宽0.60、进深0.20、高0.40米；西南角龛口宽0.54、进深0.10、高0.40米。

2. 葬具葬式

墓室南、北壁下各存一尸床，由沙石堆垒而成。北侧尸床长1.50、宽0.36~0.44、厚0.05~0.06米；南侧尸床长1.66、宽0.44~0.46、厚0.05~0.06米。

该墓为双人合葬。人骨置于尸床之上，均为仰身直肢葬，头向西。经鉴定，北侧人骨为女性，年龄40~44岁；南侧人骨为男性，年龄24~26岁。

3. 随葬品

随葬品以陶器为主，集中放置于墓室西北角龛附近及两人骨之间，共19件，包括陶壶1件、波浪纹陶罐3件、陶斗瓶4件、陶碟2件、陶钵3件、陶樽1件、陶盆3件、陶甑1件、

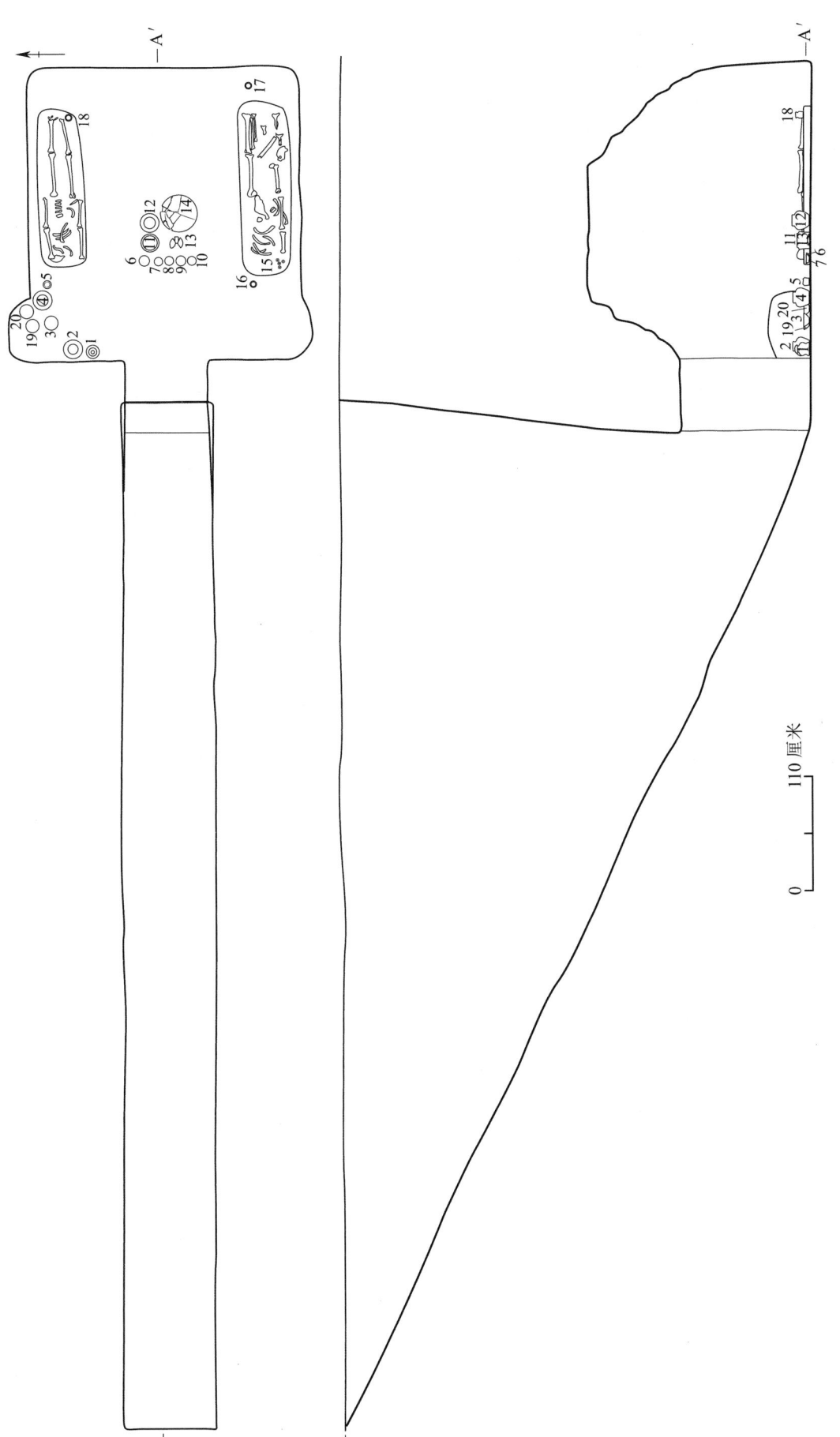

图三二〇 ⅣM4平、剖面图

1.陶壶 2、4、12.波浪纹陶罐 3.陶甑 5、16~18.陶斗瓶 6、9.陶碟 7、8、10.陶钵 11.陶樽 13、19、20.陶盆 14.陶盘 15.铜钱

陶盘 1 件。另于南侧人骨头部出土铜钱 1 组（4 枚）（图版四二，2）。

波浪纹陶罐 3 件。泥质橙黄陶。器形整体矮胖，直口，外缘呈三角状，束颈，圆肩，圆鼓腹，平底。肩、腹部饰两组或三组波浪纹，近底处有竖向刮削痕迹。ⅣM4:2，器表剥落严重。肩、腹部饰两组波浪纹。口径 8.4、腹径 18.0、底径 11.8、高 15.7 厘米（图三二一，1）。ⅣM4:4，肩、腹部饰三组波浪纹。口径 9.2、腹径 18.2、底径 11.8、高 15.6 厘米（图三二一，2；图版一三三，4）。ⅣM4:12，口径 10.0、腹径 18.0、底径 9.6、高 16.4 厘米（图三二一，3；图版一三三，3）。

陶盘 1 件。ⅣM4:14，泥质橙黄陶。残，可复原。圆形，斜平沿，外缘圆弧，平底，盘面较平整，低于口沿。盘面饰波浪纹两组。盘径 35.0、厚 2.3 厘米（图三二一，4）。

陶壶 1 件。ⅣM4:1，泥质素面灰陶。由器盖和器身组成，盖呈覆钵状，平顶，弧腹，近直口；壶喇叭口，圆唇，领部较矮，束颈，圆肩，扁鼓腹，束腰，矮底座，平底。盖径 9.0、高 2.6 厘米；壶口径 7.4、腹径 12.7、底径 12.2、高 12.3 厘米；通高 13.8 厘米（图三二一，5；图版一三三，2）。

陶碟 2 件。泥质素面橙黄陶。残，可复原。敞口，尖唇，弧腹，平底。内壁见轮制痕迹。ⅣM4:6，口径 10.0、底径 4.0、高 2.6~3.0 厘米（图三二一，6）。ⅣM4:9，器形歪扭。口径 9.4、底径 3.8、高 2.8~3.0 厘米（图三二一，7；图版一三五，1）。

陶斗瓶 4 件。泥质素面灰陶。ⅣM4:5，口残，不可复原。圆折肩，斜直腹，平底。腹部朱书镇墓文，均漫漶不清。腹径 7.5、底径 6.6、残高 6.2 厘米（图三二二，1；图版一三三，5）。ⅣM4:16，器形歪扭。侈口，三角缘，束颈，圆折肩，直腹，平底。口径 5.0、腹径 6.1、底径 6.1、高 7.4~7.6 厘米（图三二二，2；图版一三四，5）。腹部朱书镇墓文，部分文字漫漶不清，录文作：

永兴二年十一月己□□

……

……

……死□

……难

子用……

生人……

者……央罚

不□□□移殃

□□□与他乡□

如律令

图三二一　ⅣM4出土器物（一）
1~3.波浪纹陶罐（ⅣM4：2、ⅣM4：4、ⅣM4：12）　4.陶盘（ⅣM4：14）　5.陶壶（ⅣM4：1）
6、7.陶碟（ⅣM4：6、ⅣM4：9）

ⅣM4∶17，侈口，三角缘，束颈，圆折肩，直腹，平底。口径5.0、底径6.2、高7.1厘米（图三二二，3；图版一三四，1~4）。腹部朱书镇墓文，部分文字漫漶不清，录文作：

永兴二年十一月己未朔
十五日癸卯直平□
……
……女铅□□
……死□复
九坎今□
……注□注□
……注□注生死
……异路千万□
不得相注忤生人□
行死人□各如律
令

ⅣM4∶18，侈口，圆唇，束颈，圆折肩，斜直腹，平底。口径5.4、腹径6.4、底径5.6、高7.0~7.1厘米（图三二二，4；图版一三四，6）。肩、腹部朱书镇墓文，部分文字漫漶不清，录文作：

……
癸卯……
胡……
不……
九坎……
不注……
注
……
千……
相注……
□如□律令

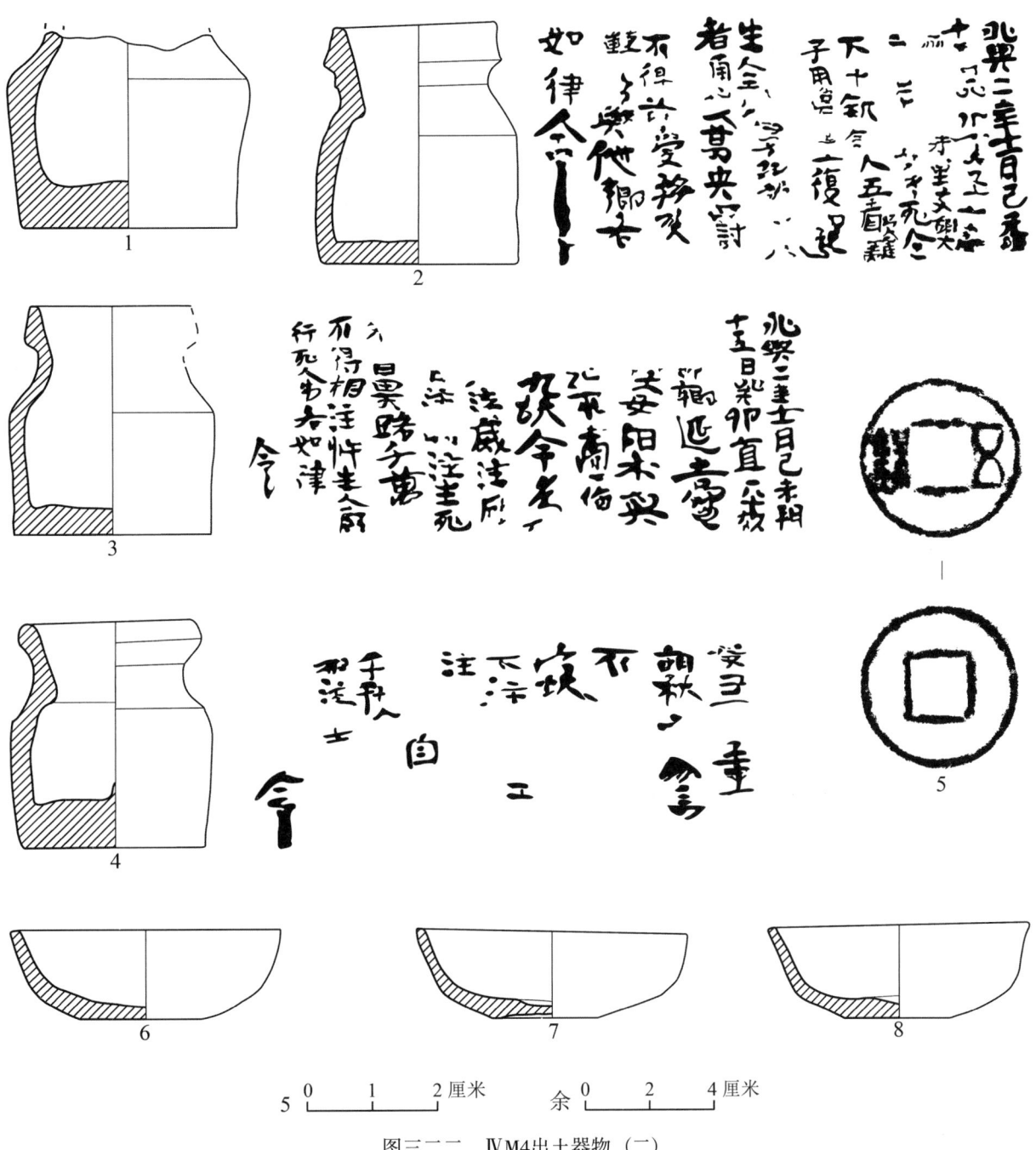

图三二二　ⅣM4出土器物（二）

1~4.陶斗瓶（ⅣM4∶5、ⅣM4∶16、ⅣM4∶17、ⅣM4∶18）　5.五铢钱（ⅣM4∶15-4）
6~8.陶钵（ⅣM4∶8、ⅣM4∶10、ⅣM4∶7）

陶钵　3件。侈口，圆唇，上腹斜直，弧腹，平底。ⅣM4：7，泥质素面橙黄陶。口径8.2、底径3.2、高2.8~3.0厘米（图三二二，8；图版一三三，6）。ⅣM4：8，泥质素面灰陶。口径8.4、底径3.8、高2.8厘米（图三二二，6）。ⅣM4：10，泥质素面灰陶。器形歪扭。口径8.4、底径3.2、高2.6~2.8厘米（图三二二，7）。

陶盆　3件。泥质素面橙黄陶。侈口，斜平沿，斜直腹，平底。ⅣM4：13，残，可复原。口径13.0、底径5.4、高4.6厘米（图三二三，2）。ⅣM4：19，口径12.6、底径4.6、高5.0厘米（图三二三，1；图版一三五，4）。ⅣM4：20，口径13.4、底径5.5、高5.0厘米（图三二三，3）。

陶甑　1件。ⅣM4：3，泥质素面橙黄陶。盆形甑。侈口，斜平沿，弧腹，平底，底有三孔。内壁见轮制痕迹。口径13.4、底径4.8、高5.3厘米（图三二三，4；图版一三五，3）。

陶樽　1件。ⅣM4：11，泥质素面灰陶。残，可复原。由盖和器身组成，盖呈覆钵状，平顶，弧腹，侈口；樽直口，圆唇，高领，曲腹，平底。盖径16.4、高5.0厘米；樽口径13.2、

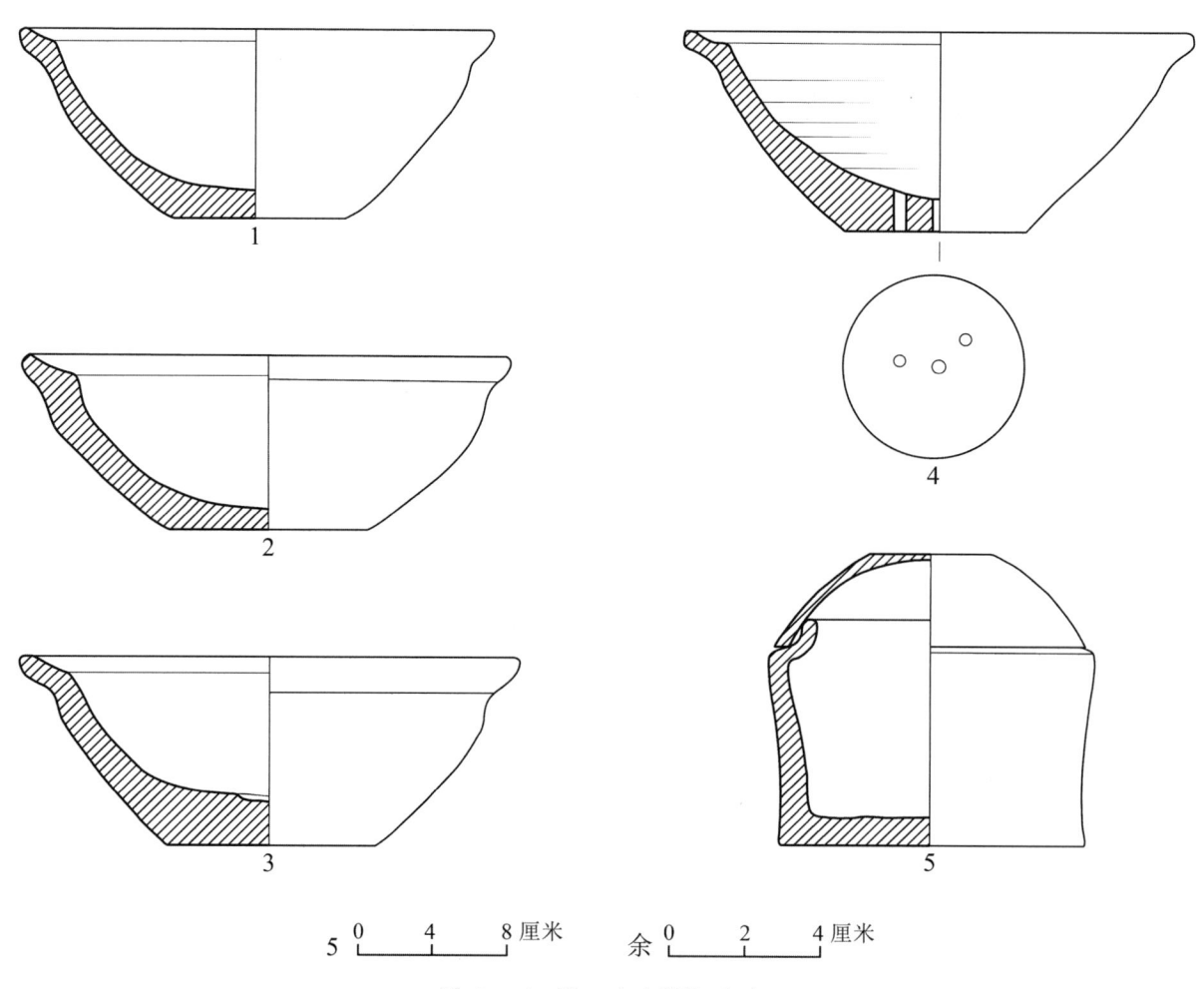

图三二三　ⅣM4出土器物（三）
1~3.陶盆（ⅣM4：19、ⅣM4：13、ⅣM4：20）　4.陶甑（ⅣM4：3）　5.陶樽（ⅣM4：11）

腹径 17.2、底径 16.0、高 12.0 厘米；通高 15.6 厘米（图三二三，5；图版一三五，2）。

铜钱　1 组。ⅣM4:15，4 枚，均圆形方穿，皆为五铢钱。

ⅣM4:15-4，五铢钱，正面穿左右篆书"五铢"二字。"五"字较窄，交笔弯曲；"铢"字"金"字头呈三角形，中间四点较长，"朱"字上下部均圆折。钱径 2.51、穿宽 0.88、郭宽 0.15、郭厚 0.15、肉厚 0.06 厘米，重 2.08 克（图三二二，5）。

ⅣM5

位于Ⅳ区东部，ⅣM3 西北，东西向分布。与ⅣM6、ⅣM7、ⅣM8 为一组，未发现茔圈。

1. 墓葬形制

该墓为带长斜坡墓道单室土洞墓，由封土、墓道、甬道、墓室组成。墓向 260°（图三二四）。

封土　现呈丘状，部分叠压墓道。残径 6.32、残高 0.62 米。

墓道　位于墓室以西，平面呈长方形，长 9.33、宽 0.90 米。东端剖面呈梯形，口小底大，底宽 1.06 米。西高东低，斜坡至底，斜坡长 10.20 米，坡度 22°。近墓门处距地表深 5.00 米。内填灰黄色沙土，土质松散，含大量砾石。

甬道　位于墓道东端，连接墓道与墓室，平面呈长方形，进深 1.00、宽 0.76、高 1.18 米。墓门呈拱形，与甬道同高等宽。封门位于甬道内封，以沙石和土坯混合封堵，封门现高 0.90、宽 0.62、厚 0.40 米，土坯长 0.40、宽 0.20、厚 0.06 米。

墓室　位于墓道以东，平面呈长方形，覆斗顶，四壁及顶部部分坍塌，顶部正中存一正方形藻井，边长 0.30、深 0.06 米。墓室东西长 3.30、南北宽 2.72、残高 1.92 米。墓室西北角和西南角各掏一龛，西北角龛口宽 0.80、进深 0.50、高 0.60 米；西南角龛口宽 0.70、进深 0.38、高 0.60 米。

2. 葬具葬式

无葬具。

该墓为双人合葬。墓室南、北壁下各存一人骨，人骨摆放较零乱，疑为二次葬，均为仰身直肢葬。经鉴定，北侧人骨为女性，年龄 50~60 岁；南侧人骨为男性，年龄 50~60 岁。

3. 随葬品

随葬品以陶器为主，集中放置于墓室中部及西北角龛内，共 17 件，包括波浪纹陶罐 1 件、陶壶 1 件、陶斗瓶 2 件、陶樽 1 件、陶甑 1 件、陶碟 6 件、陶灯 1 件、陶钵 1 件、陶盘 2 件、陶纺轮 1 件。另于南侧人骨左手处出土铜钱 1 组（15 枚），于北侧人骨左手处出土铜指环 1 件

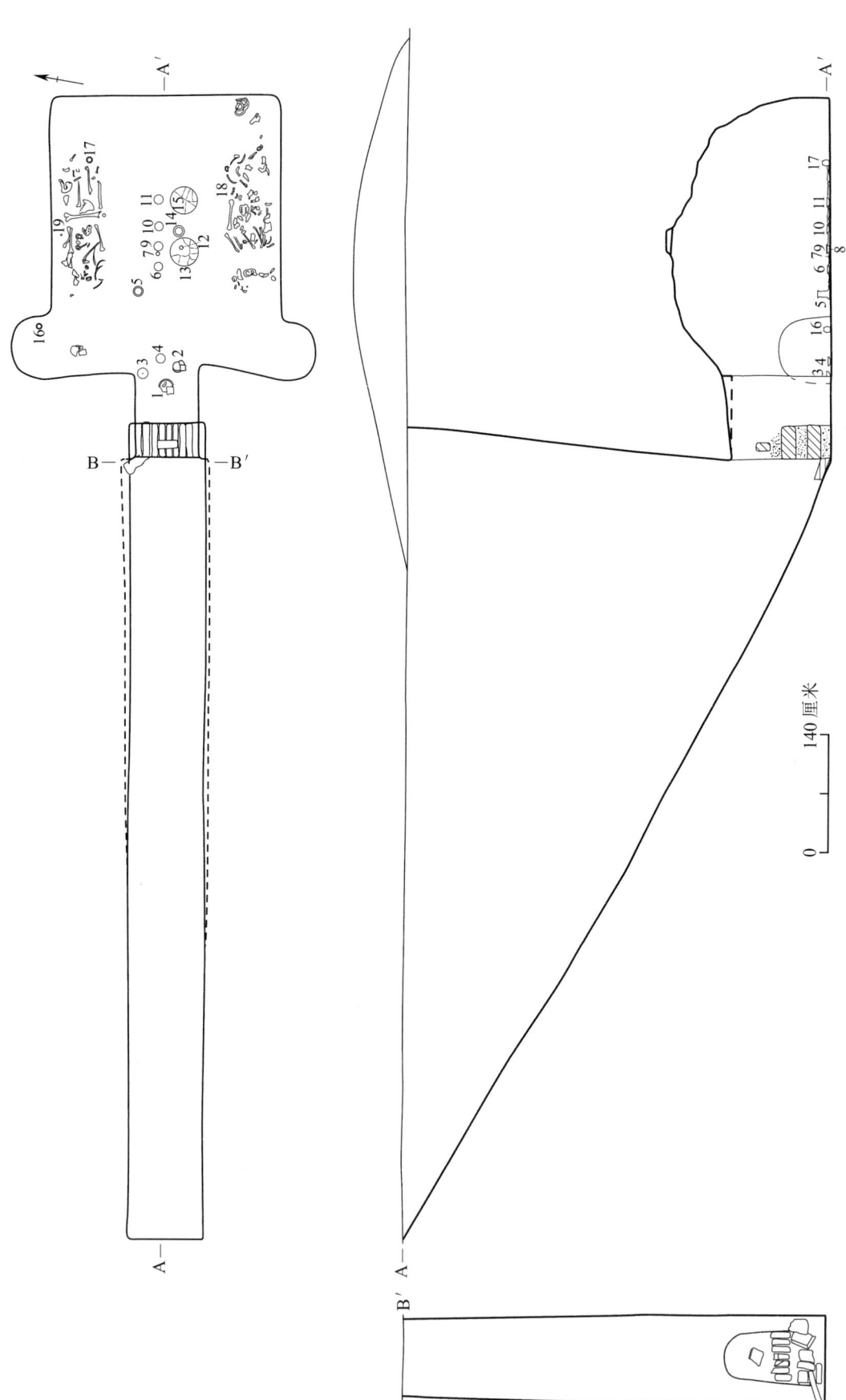

图三二四 ⅣM5平、剖面图

1.陶樽 2.波浪纹陶罐 3.陶瓶 4、6、8、9、10、11.陶碟 5.陶灯 7.陶纺轮 12.陶钵 13、15.陶盘 14.陶壶 16、17.陶斗瓶 18.铜钱 19.铜指环

(图版四二,3)。

陶斗瓶 2件。泥质素面橙黄陶。近直口,外缘呈三角状,束颈,圆折肩,斜直腹,平底。ⅣM5:16,口径4.5、腹径6.8、底径5.6、高7.5厘米(图三二五,1;图版一三六,5)。腹部朱书镇墓文,多已漫漶不清,录文作:

死者…
……生□
莫注□
……送
……
会故难
……五谷
……

ⅣM5:17,口径5.0、腹径7.2、底径6.0、高7.8厘米(图三二五,2;图版一三六,6)。腹部朱书镇墓文,多已漫漶不清,录文作:

……
死者…
…生人
…五…
谷…
……铅人□
……
如律令

陶纺轮 1件。ⅣM5:7,泥质素面红陶。圆形,中心有穿孔,顶面微隆,底面较平整。直径4.4~4.5、孔径0.4、厚0.6~0.8厘米(图三二五,3)。

陶钵 1件。ⅣM5:12,泥质素面灰陶。残,可复原。侈口,尖唇,弧腹,平底。口径4.4、底径2.4、高1.5厘米(图三二五,5;图版一三六,1)。

波浪纹陶罐 1件。ⅣM5:2,泥质橙黄陶。底残,不可复原。直口,圆唇,束颈,圆肩,圆鼓腹。肩、腹部饰波浪纹三组。口径6.9、残高5.0厘米(图三二五,6)。

陶碟 6件。敞口,尖唇,浅弧腹,平底。ⅣM5:4,泥质素面橙黄陶。口径11.0、底径

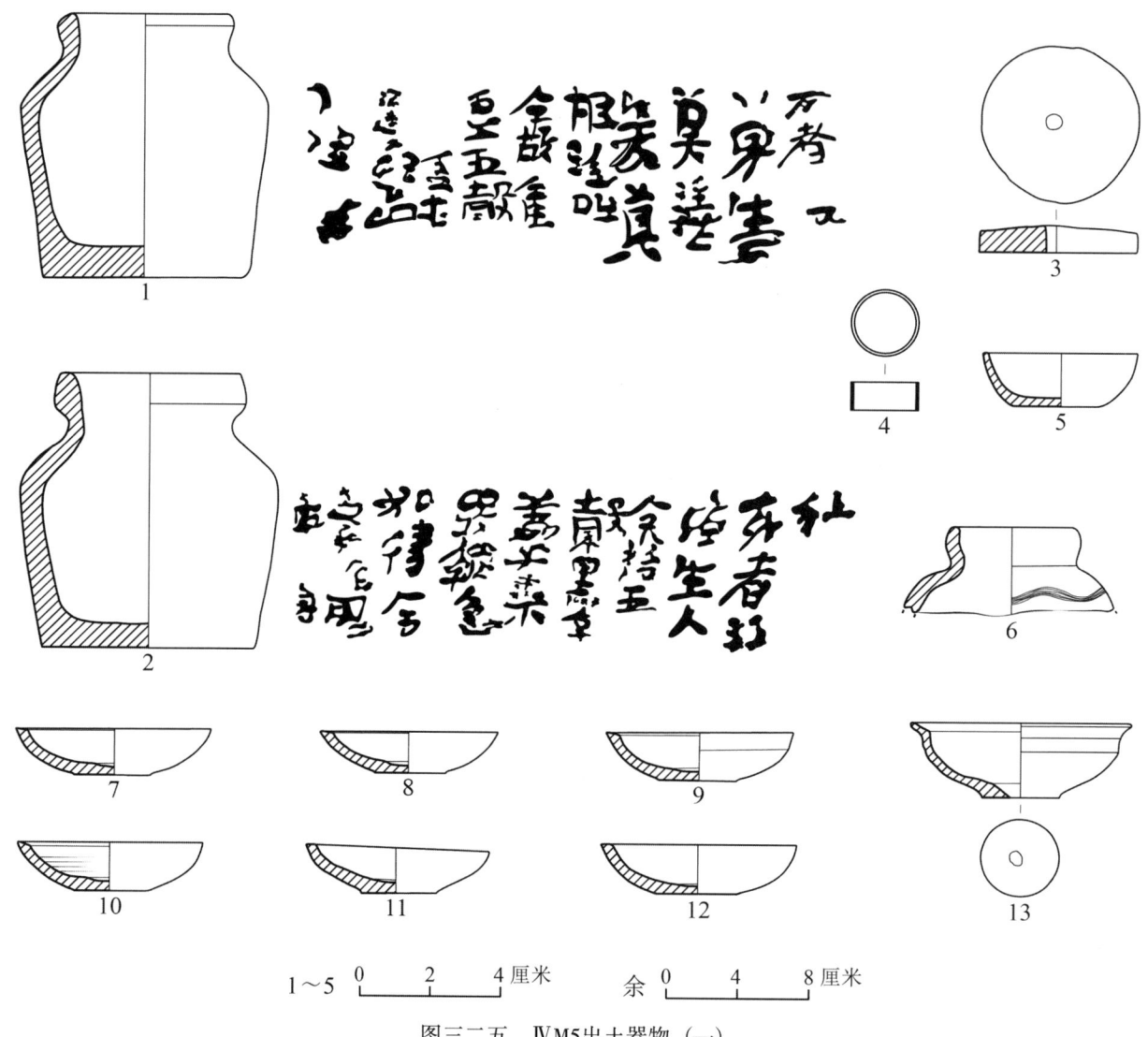

图三二五　ⅣM5出土器物（一）

1、2.陶斗瓶（ⅣM5：16、ⅣM5：17）　3.陶纺轮（ⅣM5：7）　4.铜指环（ⅣM5：19）　5.陶钵（ⅣM5：12）　6.波浪纹陶罐（ⅣM5：2）　7～12.陶碟（ⅣM5：4、ⅣM5：6、ⅣM5：8、ⅣM5：9、ⅣM5：10、ⅣM5：11）　13.陶甑（ⅣM5：3）

4.4、高2.7厘米（图三二五，7）。ⅣM5：6，泥质素面橙黄陶。口径10.2、底径4.0、高2.4厘米（图三二五，8）。ⅣM5：8，泥质素面灰陶。口径10.6、底径4.4、高2.6~2.8厘米（图三二五，9）。ⅣM5：9，泥质素面灰陶。内壁见轮制痕迹。口径10.4、底径4.0、高2.8厘米（图三二五，10）。ⅣM5：10，泥质素面灰陶。口径10.4、底径4.2、高2.4~2.8厘米（图三二五，11；图版一三六，2）。ⅣM5：11，泥质素面灰陶。口径11.0、底径4.6、高2.8厘米（图三二五，12）。

陶甑　1件。ⅣM5：3，泥质红褐陶。盆形甑。敞口，斜平沿，弧腹，平底，底有一孔。口沿下饰两周凸棱纹。口径12.4、底径4.4、高4.2厘米（图三二五，13；图版一三五，6）。

陶灯　1件。ⅣM5：5，泥质橙黄陶。残，可复原。灯口呈碟状，敞口，尖圆唇，浅弧腹，

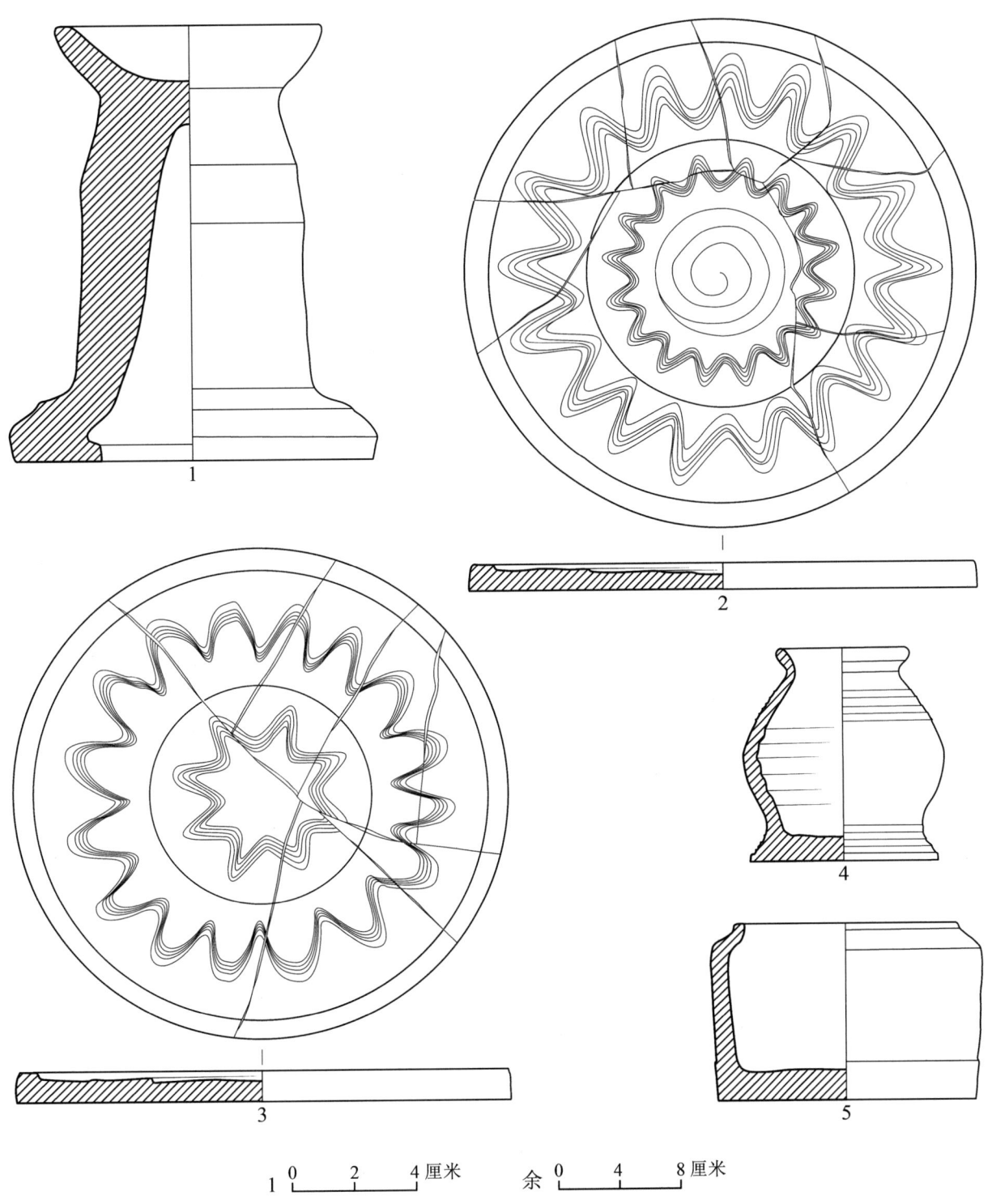

图三二六 ⅣM5出土器物（二）

1.陶灯（ⅣM5∶5） 2、3.陶盘（ⅣM5∶13、ⅣM5∶15） 4.陶壶（ⅣM5∶14） 5.陶樽（ⅣM5∶1）

灯柄中空，上细下粗，柄部上端饰一周凸棱纹，近底处外撇形成叠涩圆台状底座。柄部与底座界限明显。口径8.8、底径11.6、高14.2厘米（图三二六，1；图版一三六，3）。

陶盘　2件。泥质橙黄陶。圆形，宽平沿，外缘斜直，平底，盘面较平整，低于口沿。盘面饰两组波浪纹。ⅣM5：13，残。盘径33.4、厚1.8厘米（图三二六，2；图版一三七，1）。ⅣM5：15，残，可复原。盘径32.0、厚2.0厘米（图三二六，3）。

陶壶　1件。ⅣM5：14，泥质灰陶。侈口，圆唇，束颈，溜肩，扁鼓腹，下腹部束腰，平底。肩部及近底部饰数道弦纹，内壁见轮制痕迹。口径8.4、腹径13.2、底径12.4、高14.0~14.1厘米（图三二六，4；图版一三六，4）。

陶樽　1件。ⅣM5：1，泥质素面橙黄陶。残，可复原。直口，方唇，矮领，圆肩，直腹，平底。口径14.8、腹径17.9、底径17.0、高11.6厘米（图三二六，5；图版一三五，5）。

铜指环　1件。ⅣM5：19，质地轻薄，锈蚀严重，残。圆环形。光素无纹饰。直径1.8、高0.7厘米（图三二五，4）。

铜钱　1组。ⅣM5：18，15枚，均圆形方穿，以五铢钱为主，另有少量剪轮钱和不可辨铜钱。

ⅣM5：18-12，五铢钱，正面穿左右篆书"五铢"二字。"五"字较宽，交笔弯曲；"铢"字"金"字头呈三角形，中间四点较长，"朱"字上下部均圆折。钱径2.56、穿宽0.90、郭宽0.16、郭厚0.13、肉厚0.08厘米，重2.35克。

ⅣM6

位于Ⅳ区东部，ⅣM5东南，东西向分布。与ⅣM5、ⅣM7、ⅣM8为一组，未发现茔圈。

1. 墓葬形制

该墓为带长斜坡墓道单室土洞墓，由封土、墓道、甬道、墓室组成。墓向265°（图三二七）。

封土　现呈丘状，部分叠压墓道。残径5.80、残高0.50米。

墓道　位于墓室以西，平面呈长方形，长10.80、宽0.80米。东端剖面呈梯形，口小底大，底宽1.20米。西高东低，斜坡至底，斜坡长12.60米，坡度25°。近墓门处距地表深4.94米。内填灰黄色沙土，土质松散，含砾石。

甬道　位于墓道东端，连接墓室与墓道，平面呈长方形，为拱顶土洞式结构，进深0.90、宽0.80、高1.30米。墓门大致呈拱形，与甬道同高等宽。封门位于甬道内封，以规格不等的土坯封堵，现高0.52、宽0.80、厚0.30~0.40米。

墓室　位于墓道以东，平面呈长方形，覆斗顶，顶部中心存一正方形藻井，边长0.30、深0.10米。墓室东西长3.04、南北宽2.80、高2.40米。墓室西北角和西南角各掏一龛，西北角龛

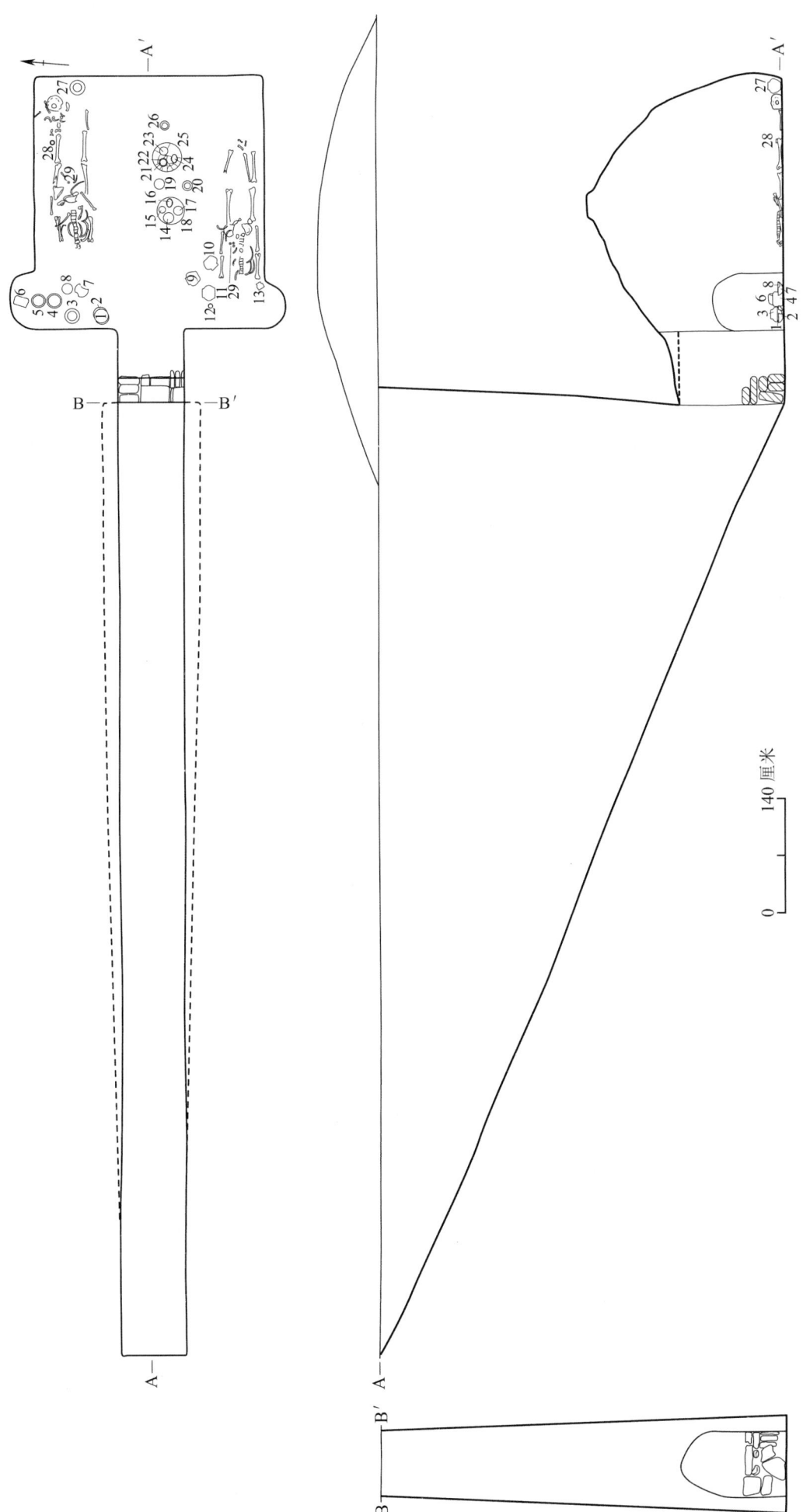

图三二七 ⅣM6平、剖面图

1、2、7.陶器盖　3、9、10、11、27.波浪纹陶罐　4~6.陶樽　8.陶瓿　12、13、28.陶斗瓶　14、19.陶盆　15.陶杯　16、24.陶耳杯　17、22、23.陶碟　18、25.陶盘　20.陶壶　21.陶碗　26.陶灯　29.铜钱

口宽 0.72、进深 0.30、高 0.88 米；西南角龛口宽 0.60、进深 0.24、高 0.40 米。

2. 葬具葬式

墓室南、北壁下各存一尸床，由细沙土草木灰、白灰等堆垒而成。

该墓为双人合葬。人骨置于尸床之上，均为仰身直肢葬，头向西。经鉴定，北侧人骨为女性，年龄 40~44 岁；南侧人骨为男性，年龄 30~34 岁。

3. 随葬品

随葬品以陶器为主，放置于墓室中部、西北角龛内、北侧人骨东端及南侧人骨头部，共 28 件，包括波浪纹陶罐 5 件、陶斗瓶 3 件、陶壶 1 件、陶器盖 3 件、陶碟 3 件、陶耳杯 2 件、陶樽 3 件、陶钵 1 件、陶碗 1 件、陶甑 1 件、陶盘 2 件、陶盆 2 件、陶灯 1 件。另于南侧人骨腹部出土铜钱 1 组（68 枚）（图版四三，1）。

陶器盖　3 件。泥质灰陶。整体呈覆钵状，平顶，弧腹，侈口。外壁饰弦纹，内、外壁见轮制痕迹。ⅣM6：1，口径 16.6、底径 6.0、高 4.6~5.6 厘米（图三二八，3；图版一三七，6）。ⅣM6：2，残，可复原。口径 16.8、底径 5.0、高 5.5 厘米（图三二八，1）。ⅣM6：7，残，可复原。口径 16.6、底径 6.0、高 5.0~5.5 厘米（图三二八，2）。

陶斗瓶　3 件。ⅣM6：12，泥质素面灰陶。器形歪扭。侈口，圆唇，斜直领，溜肩，腹部微鼓，底微凹。腹部墨书镇墓文，均漫漶不清。口径 5.0、腹径 5.6、底径 4.3、高 6.8~7.0 厘米（图三二八，4；图版一三九，5）。

ⅣM6：13，泥质素面橙黄陶。侈口，尖唇，束颈，圆折肩，腹部较直，平底。口径 5.2、腹径 8.3、底径 7.8、高 7.8~8.0 厘米（图三二八，5；图版一三九，1~4）。腹部墨书镇墓文，部分漫漶不清，录文作：

令死者

莫注

忤生人

生死异

路生人

前行死

人却步

有十□

令故□

黑豆

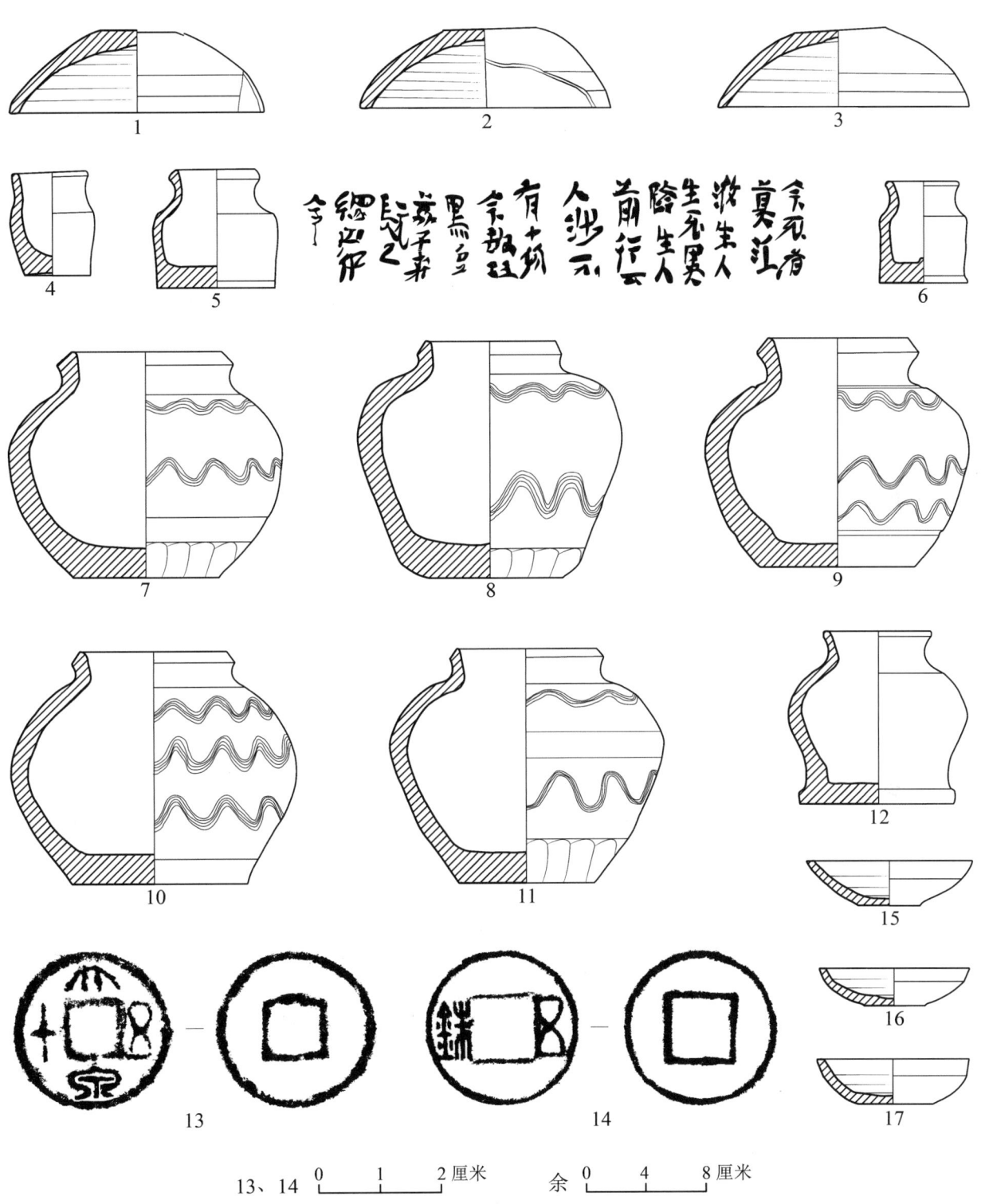

图三二八　ⅣM6出土器物（一）

1~3.陶器盖（ⅣM6：2、ⅣM6：7、ⅣM6：1）　4~6.陶斗瓶（ⅣM6：12、ⅣM6：13、ⅣM6：28）
7~11.波浪纹陶罐（ⅣM6：3、ⅣM6：9、ⅣM6：10、ⅣM6：11、ⅣM6：27）　12.陶壶（ⅣM6：20）
13.大泉五十（ⅣM6：29-5）　14.五铢钱（ⅣM6：29-48）　15~17.陶碟（ⅣM6：17、ⅣM6：22、ⅣM6：23）

荔子□

□□

罗如律

令

ⅣM6：28，泥质素面橙黄陶。侈口，圆唇，斜直领，圆折肩，腹部较直，平底。腹部墨书镇墓文，均漫漶不清。口径4.8、腹径5.8、底径5.8、高6.8厘米（图三二八，6；图版一三九，6）。

波浪纹陶罐 5件。器形整体矮胖，直口，尖圆唇，外缘呈三角状，束颈，圆肩，圆鼓腹，平底。肩、腹部饰两组或三组波浪纹。ⅣM6：3，泥质橙黄陶。肩、腹部饰两组波浪纹，近底处有竖向刮削痕迹。口径10.0、腹径18.2、底径9.6、高15.0厘米（图三二八，7；图版一三七，3）。ⅣM6：9，泥质灰陶。肩、腹部饰两组波浪纹，近底处有竖向刮削痕迹。口径8.5、腹径17.5、底径9.0、高15.8厘米（图三二八，8；图版一三七，4）。ⅣM6：10，泥质橙黄陶。肩、腹部饰三组波浪纹。口径9.4、腹径17.7、底径10.4、高15.3厘米（图三二八，9；图版一三七，5）。ⅣM6：11，泥质橙黄陶。器表剥落严重。肩、腹部饰波浪纹三组。口径9.6、腹径19.0、底径11.6、高15.5厘米（图三二八，10）。ⅣM6：27，泥质灰陶。肩、腹部饰弦纹、波浪纹组合，近底处有竖向刮削痕迹。口径9.2、腹径18.3、底径9.0、高15.6厘米（图三二八，11）。

陶壶 1件。ⅣM6：20，泥质素面灰陶。口沿略残，可复原。侈口，尖圆唇，斜直领，鼓肩，扁鼓腹，下腹部束腰外撇形成圆台状底座。口径7.0、腹径12.0、底径10.4、高11.5厘米（图三二八，12；图版一三八，5）。

陶碟 3件。泥质素面灰陶。敞口，尖唇，浅弧腹，平底。内壁见轮制痕迹。ⅣM6：17，口径11.0、底径4.0、高3.0厘米（图三二八，15；图版一三八，4）。ⅣM6：22，口径10.0、底径4.0、高2.5厘米（图三二八，16）。ⅣM6：23，口径10.2、底径5.0、高3.0厘米（图三二八，17）。

陶耳杯 2件。泥质素面灰陶。整体呈椭圆形，侈口，尖唇，长边两侧附对称双耳，斜弧腹，平底。ⅣM6：16，长口径10.6、短口径6.0、长底径5.8、短底径3.4、耳长3.0~3.2、耳宽0.7~0.8、高3.2厘米（图三二九，1）。ⅣM6：24，长口径10.4、短口径5.9、长底径6.0、短底径3.2、耳长3.0~3.1、耳宽0.7~1.0、高3.4厘米（图三二九，2；图版一三八，6）。

陶甑 1件。ⅣM6：8，泥质素面橙黄陶。盆形甑。侈口，斜平沿微凹，斜直腹，腹部较深，平底，底有三孔。内壁见轮制痕迹。口径13.0、底径4.0、高5.7厘米（图三二九，3；图版一四〇，4）。

陶钵 1件。ⅣM6：15，泥质素面灰陶。侈口，尖唇，上腹微曲，下腹斜收至平底。口径8.0、底径4.0、高2.5厘米（图三二九，4；图版一三八，3）。

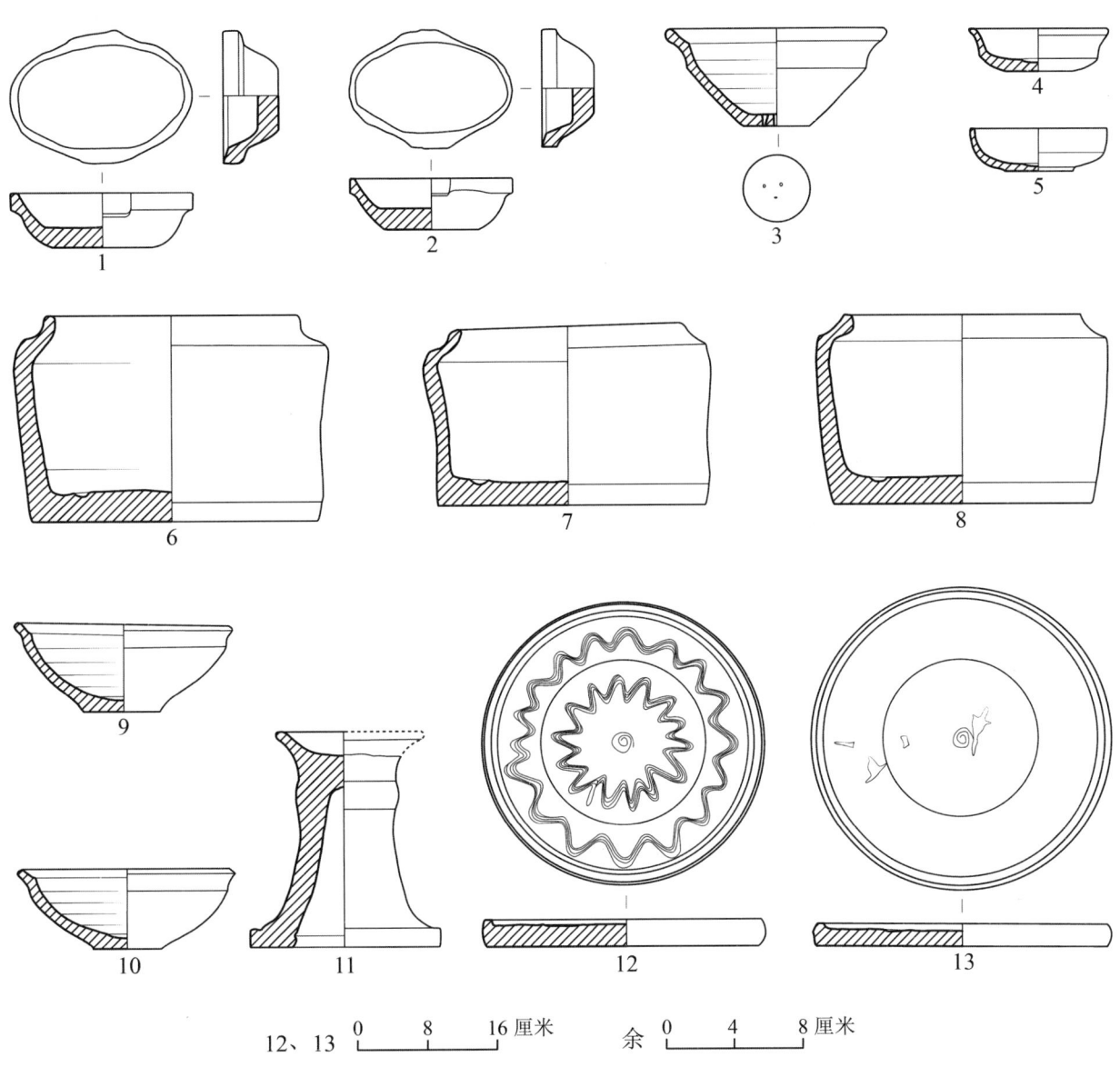

图三二九　ⅣM6出土器物（二）
1、2.陶耳杯（ⅣM6：16、ⅣM6：24）　3.陶甗（ⅣM6：8）　4.陶钵（ⅣM6：15）　5.陶碗（ⅣM6：21）
6~8.陶樽（ⅣM6：4、ⅣM6：5、ⅣM6：6）　9、10.陶盆（ⅣM6：14、ⅣM6：19）
11.陶灯（ⅣM6：26）　12、13.陶盘（ⅣM6：18、ⅣM6：25）

陶碗　1件。ⅣM6：21，泥质素面灰陶。直口，圆唇，弧腹，底作矮假圈足。口径8.0、底径4.0、高2.5厘米（图三二九，5；图版一四〇，2）。

陶樽　3件。泥质素面灰陶。ⅣM6：4，直口，圆唇，矮领，圆折肩，斜直腹，平底。口径14.4、腹径18.2、底径16.6、高12.0厘米（图三二九，6；图版一四〇，5）。ⅣM6：5，敛口，圆唇，矮领，圆折肩，腹部中曲，平底。口径13.2、腹径16.7、底径15.6、高10.2~10.6厘米（图三二九，7；图版一四〇，6）。ⅣM6：6，近直口，圆唇，矮领，折肩，斜直腹，平底。口径14.0、腹径17.0、底径15.0、高11.0厘米（图三二九，8；图版一四一，1）。

陶盆　2件。泥质素面灰陶。侈口，斜平沿，深弧腹，平底。内壁见轮制痕迹。ⅣM6：14，口径12.7、底径4.4、高5.0~5.3厘米（图三二九，9；图版一四〇，1）。ⅣM6：19，口径12.6、底径4.0、高4.7厘米（图三二九，10；图版一四〇，3）。

陶灯　1件。ⅣM6：26，泥质灰陶。残，可复原。灯口呈碟状，敞口，圆唇，浅腹，灯柄中空，上细下粗，近底部外撇形成圆台状底座，平底。柄部与底座界限明显。柄上端饰一周凸棱纹。口径8.4、底径11.0、高12.5厘米（图三二九，11；图版一三八，2）。

陶盘　2件。泥质橙黄陶。圆形，平沿，外缘微弧，盘面较平整，低于盘沿，平底。ⅣM6：18，盘面内饰波浪纹两组。盘径33.0、厚3.2厘米（图三二九，12；图版一三七，2）。ⅣM6：25，残。盘面饰有弦纹。盘径35.0、厚2.6厘米（图三二九，13）。

铜钱　1组。ⅣM6：29，68枚，均圆形方穿，形制不同，以五铢钱为主，另有少量剪轮钱、磨郭钱以及1枚大泉五十、3枚货泉。

ⅣM6：29-5，大泉五十。形制较大，形体厚重，面背皆有内郭。正面穿口左右铸"五十"二字，较瘦长，上下铸"大泉"二字，较宽矮，均为篆书。"五"字较窄，交笔弯曲；"十"字较长，"大"字一横折弧。钱径2.72、穿宽0.70、郭宽0.26、郭厚0.25、肉厚0.16厘米，重5.52克（图三二八，13；图版一三八，1）。ⅣM6：29-6，货泉。形制较小，两面穿皆有郭，货泉二字篆书，"泉"字字头较瘦长。钱径2.33、穿宽0.67、郭宽0.19、郭厚0.16、肉厚0.11厘米，重2.69克（图版一三七，7）。ⅣM6：29-48，五铢钱，正面穿左右篆书"五铢"二字。"五"字较宽，交笔弯曲；"铢"字"金"字头呈三角形，中间四点较长，"朱"字上下部均圆折。钱径2.58、穿宽1.00、郭宽0.10、郭厚0.15、肉厚0.10厘米，重2.91克（图三二八，14；图版一四一，2）。

ⅣM7

位于Ⅳ区东部，ⅣM6东南，东西向分布。与ⅣM5、ⅣM6、ⅣM8为一组，未发现茔圈。

1. 墓葬形制

该墓为带长斜坡墓道单室土洞墓，由封土、墓道、甬道、墓室组成。墓向270°（图三三〇）。

封土　现呈丘状，部分叠压墓道。残径5.30、残高0.56米。

墓道　位于墓室以西，平面呈长方形，长10.06、宽1.00米。东端剖面呈梯形，口小底大，底宽1.40米。西高东低，斜坡至底，斜坡长10.20米，坡度为20°。近墓门处距地表深4.22米。内填松散的灰黄色沙土，含大量的砾石。在墓道东部发现一南北长0.90、东西宽0.64米的椭圆形盗洞，直达墓道底部。

甬道　位于墓道东端，连接墓道与墓室，为拱顶土洞式结构，平面呈长方形，进深0.80、

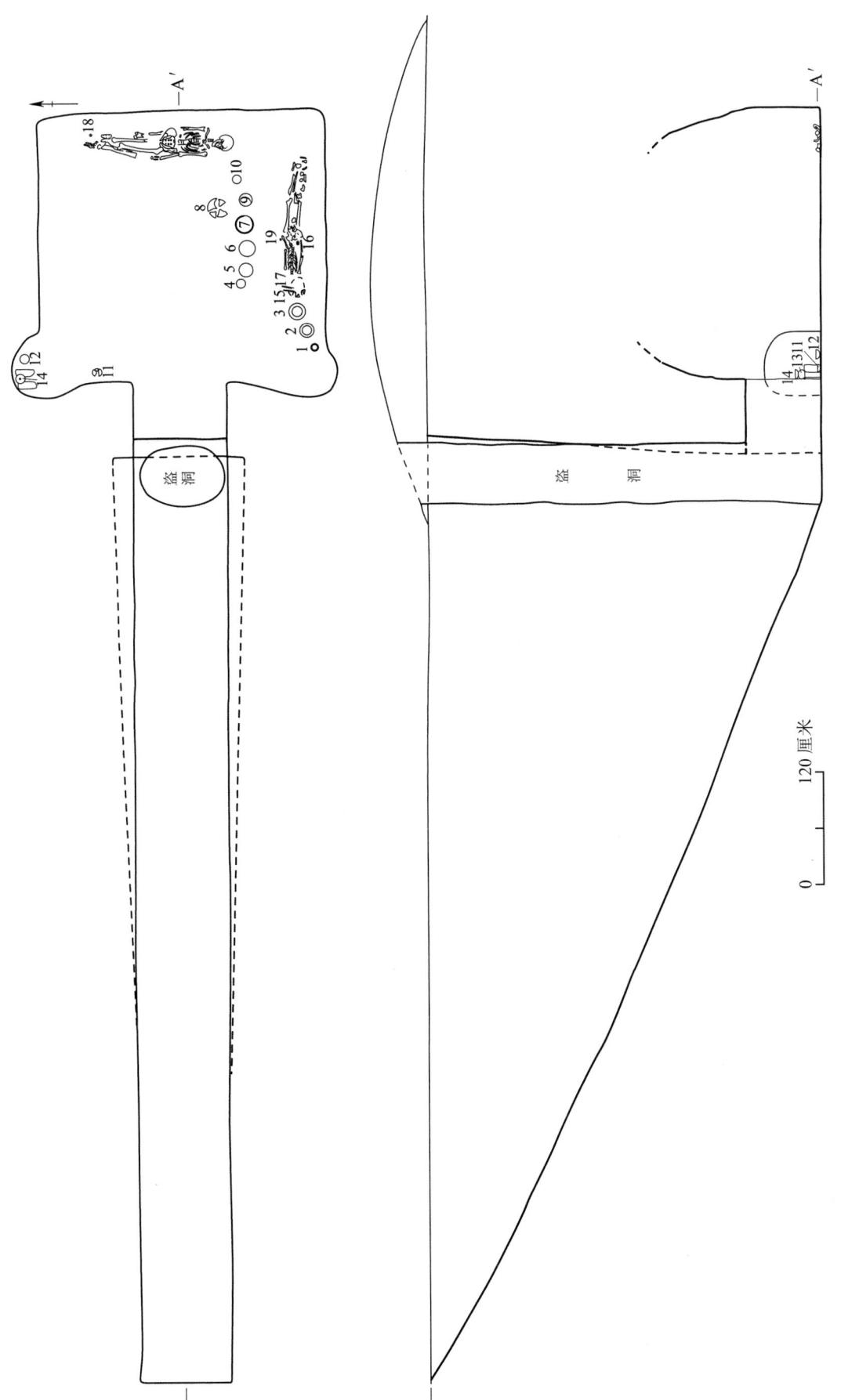

图三〇 ⅣM7平、剖面图

1.陶斗瓶 2.陶釜 3.弦纹陶罐 4~6、8~12.陶钵 7.陶樽 13.素面陶罐 14.陶瓴 15、17.铜钗 16、18.铜钱 19.铜指环

宽 1.00、高 0.80 米。墓门呈拱形，与甬道同高等宽。封门无存。

墓室　位于墓道以东，平面呈长方形，由于墓室坍塌严重，采用揭取墓室顶部的方式进行发掘，顶部形制及高度不详。墓室南北长 3.04、东西宽 2.90 米。墓室西北角及西南角各掏一龛，西北角龛内有以土坯搭制的灶，上放置陶罐和钵，灶膛内有木炭，象征庖厨之所，口宽 0.70、进深 0.28、高 0.60 米；西南角龛口宽 0.60、进深 0.12、高 0.60 米（图版一九，2）。

2. 葬具葬式及葬俗

无葬具。

该墓为双人合葬。人骨置于墓室南壁和东壁下，均为仰身直肢葬，东侧人骨头向南，南侧人骨头向西。经鉴定，南侧人骨年龄 18~19 岁，性别不详；东侧人骨疑似男性，年龄 30~35 岁。

人骨上散落有意打碎的陶片。

3. 随葬品

随葬品主要为陶器和铜器，陶器放置于墓室南部、西北角壁龛内及东部人骨头部，共 14 件，包括陶斗瓶 1 件、陶釜 1 件、弦纹陶罐 1 件、素面陶罐 1 件、陶钵 8 件、陶樽 1 件、陶甑 1 件。铜器放置于两人骨处，包括铜钗 1 组（2 件）、铜指环 1 件、铜钱 2 组（101 枚）。

陶钵　8 件。ⅣM7：4，泥质灰陶。直口，圆唇，弧腹，平底。口沿外有一周凹弦纹。口径 9.6、底径 4.2、高 3.6~4.0 厘米（图三三一，1）。ⅣM7：5，泥质素面灰黑陶。敛口，方唇，深弧腹，平底。口径 13.8、底径 5.4、高 6.0 厘米（图三三一，7）。ⅣM7：6，泥质灰黑陶。侈口，圆唇，深弧腹，平底。外壁饰数道弦纹。口径 16.6、底径 6.8、高 7.3~7.6 厘米（图三三一，8）。ⅣM7：8，泥质素面灰陶。直口，平沿，弧腹，平底。口径 20.0、底径 8.0、高 5.3 厘米（图三三一，6）。ⅣM7：9，泥质素面灰黑陶。敛口，圆唇，深弧腹，平底。口径 12.2、底径 5.0、高 5.5~6.0 厘米（图三三一，5）。ⅣM7：10，泥质素面橙黄陶。侈口，圆唇，弧腹，平底。口径 9.2、底径 4.2、高 3.2 厘米（图三三一，3）。ⅣM7：11，泥质素面灰陶。侈口，弧腹，圆唇，平底。口径 8.2、底径 3.6、高 3.0 厘米（图三三一，2）。ⅣM7：12，泥质素面灰陶。侈口，尖唇，深弧腹，平底。口径 10.0、底径 4.0、高 4.0 厘米（图三三一，4）。

陶甑　1 件。ⅣM7：14，泥质灰黑陶。钵形甑。侈口，圆唇，弧腹，平底，底有一孔。口沿外饰一周凹弦纹。口径 10.0、底径 3.8、高 3.0~3.4 厘米（图三三一，9）。

素面陶罐　1 件。ⅣM7：13，泥质素面灰陶。口残，不可复原。溜肩，扁鼓腹，平底。腹径 10.0、底径 5.8、残高 7.0 厘米（图三三一，11）。

陶樽　1 件。ⅣM7：7，泥质素面灰陶。敛口，方唇，矮领，折肩，直腹，平底。口径 17.4、腹径 19.0、底径 18.6、高 11.6 厘米（图三三一，14）。

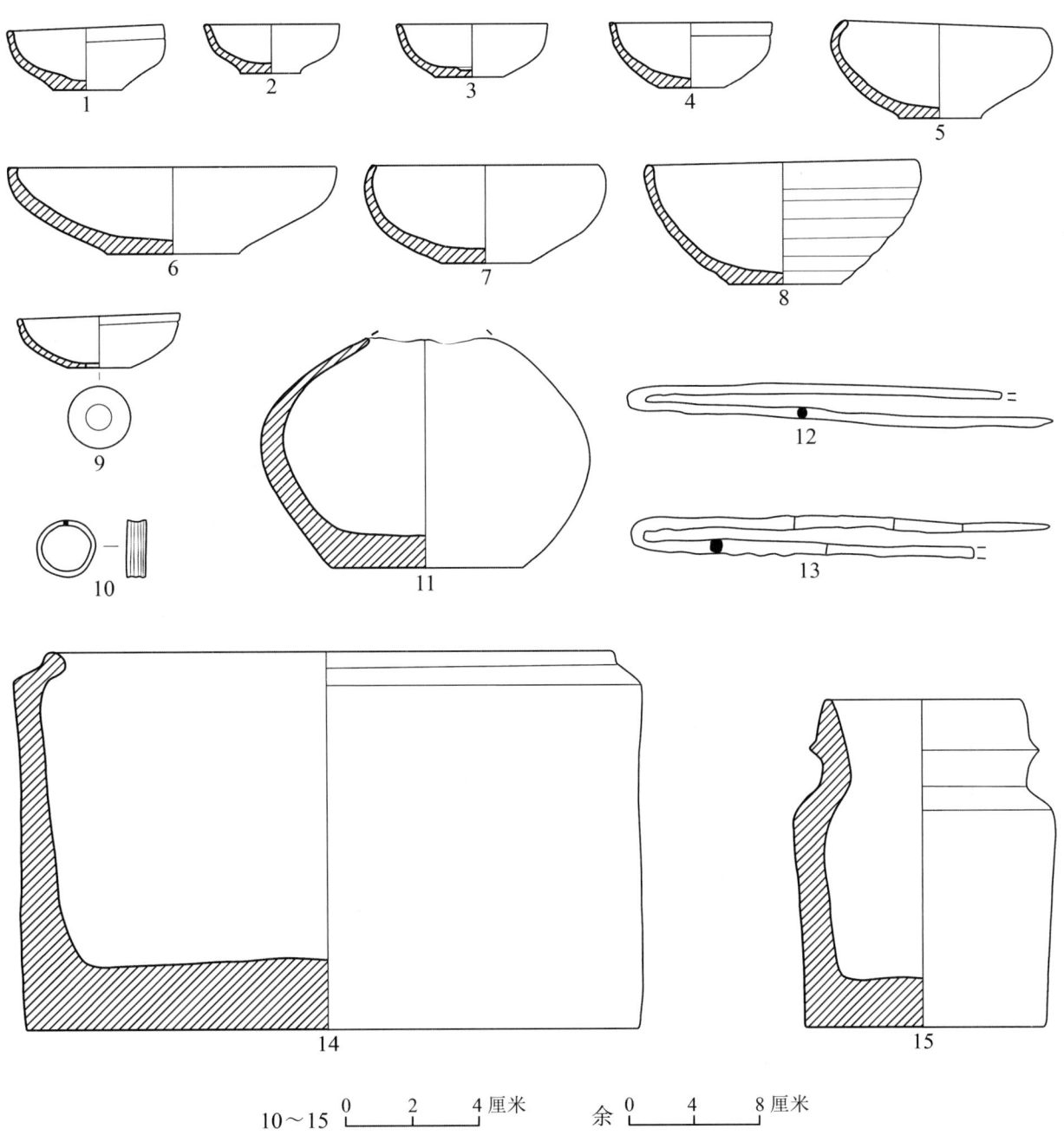

图三三一　ⅣM7出土器物（一）

1~8.陶钵（ⅣM7:4、ⅣM7:11、ⅣM7:10、ⅣM7:12、ⅣM7:9、ⅣM7:8、ⅣM7:5、ⅣM7:6）
9.陶甑（ⅣM7:14）　10.铜指环（ⅣM7:19）　11.素面陶罐（ⅣM7:13）　12、13.铜钗（ⅣM7:15、ⅣM7:17）
14.陶樽（ⅣM7:7）　15.陶斗瓶（ⅣM7:1）

陶斗瓶　1件。ⅣM7：1，泥质素面橙黄陶。直口，尖圆唇，外缘呈三角状，束颈，圆肩，直腹，平底。腹部朱书镇墓文，均漫漶不清。口径6.0、腹径8.0、底径7.4、高10.0厘米（图三三一，15）。

铜钗　1组（2件）。ⅣM7：15，锈蚀、残缺严重。双股"U"形，圆棍状，前端尖，尾端扁圆。残长13.1、宽0.8~1.1、截面直径0.3厘米（图三三一，12）。ⅣM7：17，残缺、锈蚀严重。双股"U"形，前端尖，两段扁圆。光素无纹饰。残长12.9、宽0.9~1.2、截面直径0.3厘米（图三三一，13）。

铜指环　1件。ⅣM7：19，锈蚀严重。圆形。表面饰三周凹弦纹。直径1.8、高0.6、壁厚0.15厘米（图三三一，10）。

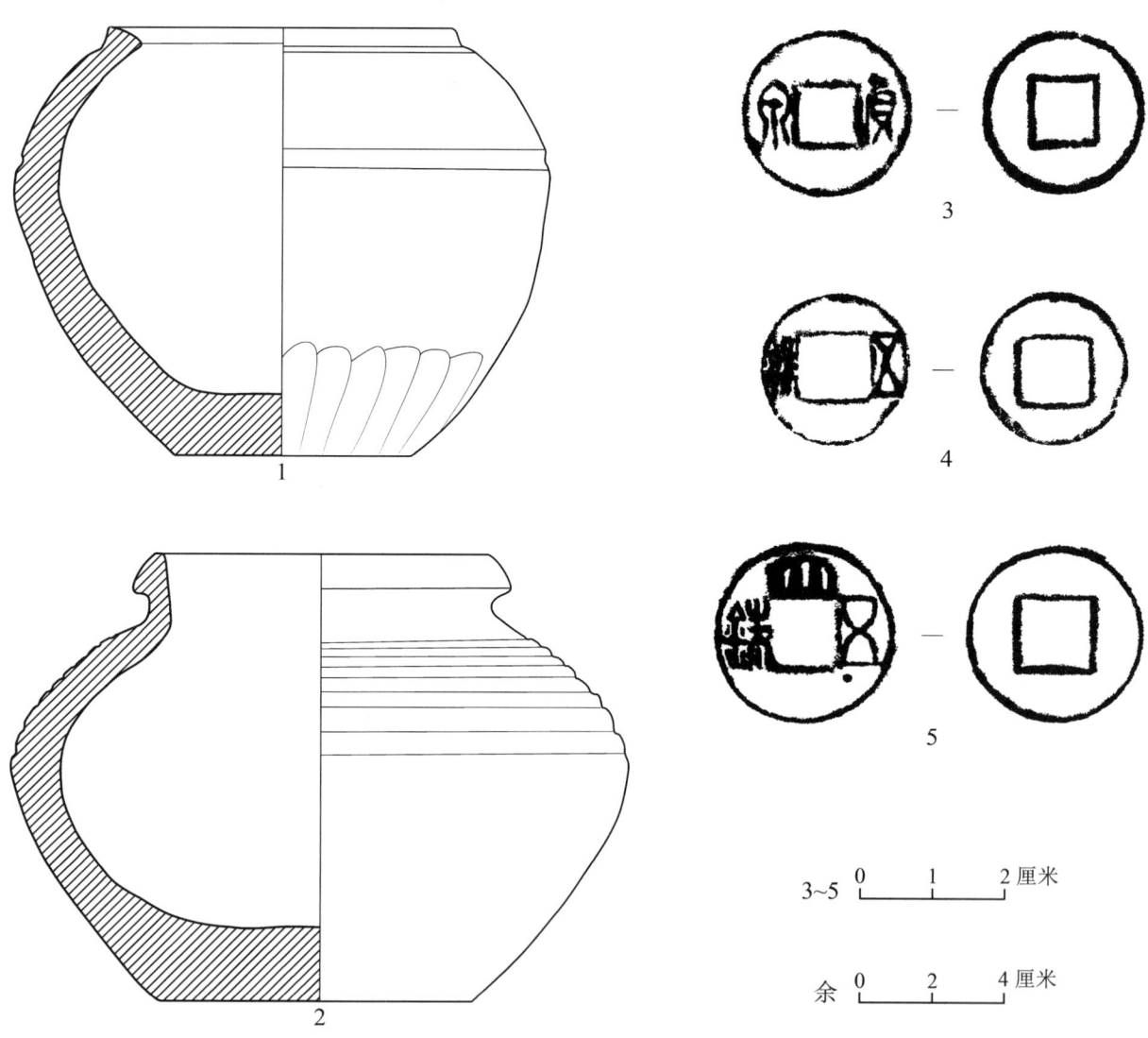

图三三二　ⅣM7出土器物（二）
1.陶釜（ⅣM7：2）　2.弦纹陶罐（ⅣM7：3）　3.货泉（ⅣM7：18-2）　4.磨郭五铢（ⅣM7：18-8）　5.五铢钱（ⅣM7：18-40）

陶釜　1件。ⅣM7：2，泥质灰陶。敛口，方唇，斜沿，圆鼓腹，平底。口沿外及腹部饰两周凹弦纹，近底处有竖向刮削痕迹。口径9.8、腹径15.0、底径6.8、高12.0厘米（图三三二，1）。

弦纹陶罐　1件。ⅣM7：3，泥质灰黑陶。直口，尖圆唇，外缘呈三角状，束颈，广肩，圆鼓腹，平底。肩部饰数道凹弦纹。口径9.4、腹径17.5、底径8.8、高12.5厘米（图三三二，2）。

铜钱　2组（101枚）。均圆形方穿，形制不同，以五铢钱为主，另有少量剪轮钱、磨郭钱以及1枚半两、1枚货泉。五铢有穿右下星，穿上刻符号等记号。

ⅣM7：18-1，半两。穿孔两侧篆书"半两"二字。记号为背铸凹陷"半两"字样。钱径2.32、穿宽0.91、郭宽0.12、郭厚0.08、肉厚0.07厘米，重1.08克。ⅣM7：18-2，货泉。形制较小，两面穿皆有郭，"货泉"二字篆书，"泉"字字头较瘦长。钱径2.37、穿宽0.78、郭宽0.13、郭厚0.12、肉厚0.08厘米，重2.84克（图三三二，3）。ⅣM7：18-8，磨郭五铢，"五"字较窄，交笔直；"铢"字"金"字头呈三角形，中间四点较短，"朱"字上下部均圆折。钱径2.10、穿宽0.90、肉厚0.10厘米，重1.93克（图三三二，4）。ⅣM7：18-40，五铢钱，正面穿左右篆书"五铢"二字。"五"字较宽，交笔弯曲；"铢"字"金"字头呈三角形，中间四点较短，"朱"字上下部均圆折。记号为穿上阴刻"Ⅲ"符号、穿右下星。钱径2.53、穿宽0.90、郭宽0.11、郭厚0.15、肉厚0.11厘米，重2.93克（图三三二，5）。

ⅣM8

位于Ⅳ区东部，ⅣM7东南，东西向分布。与ⅣM5、ⅣM6、ⅣM7为一组，未发现茔圈。

1. 墓葬形制

该墓为带长斜坡墓道单室土洞墓，由封土、墓道、甬道、墓室组成。墓向272°（图三三三）。

封土　现呈丘状，部分叠压墓道。残径3.50、残高0.20米。

墓道　位于墓室以西，平面呈长方形，长9.62、宽0.80米。东端剖面呈梯形，口小底大，底宽1.10米。西高东低，斜坡至底，斜坡长10.50米，坡度28°。近墓门处距地表深4.50米。内填灰黄色沙土，土质松散，含砾石。

甬道　位于墓道东端，连接墓道与墓室，为拱顶土洞式结构，平面呈长方形，进深0.96、宽0.72、高1.28米。墓门呈拱形，与甬道同高等宽。封门位于甬道内封，用规格不等的土坯封堵，残存两层，现高0.30、宽0.74、厚0.06~0.20米。

墓室　位于墓道以东，平面呈长方形，距墓室地面0.60米处向上斜收，顶部坍塌严重，形制不详。墓室东西长3.60、南北宽2.20、残高1.80米。墓室西北角和西南角各掏一龛，西北角龛口宽0.42、进深0.66、高0.60米；西南角龛口宽0.36、进深0.26、高0.30米。

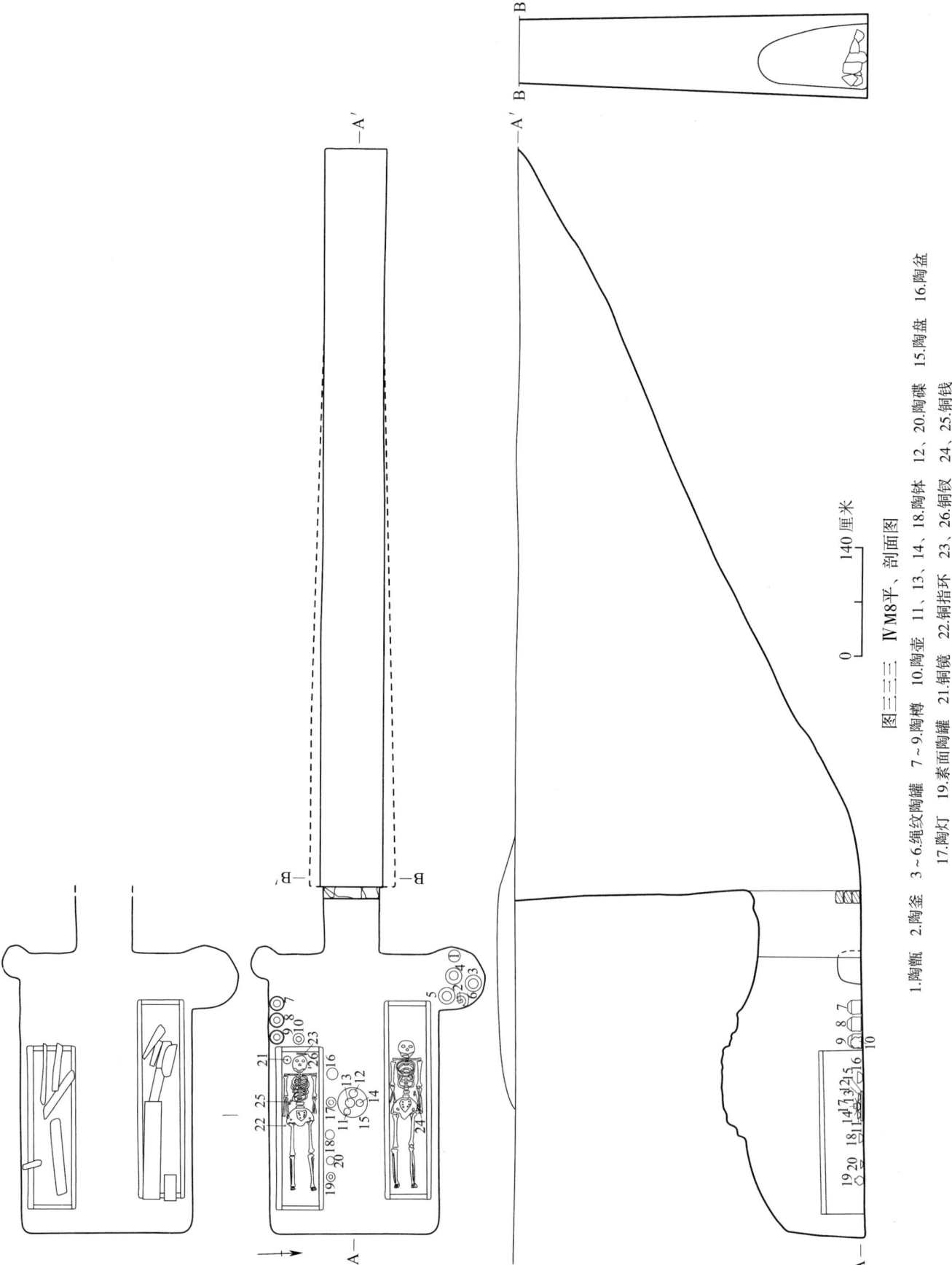

图三三三 ⅣM8平、剖面图
1.陶甑 2.陶釜 3~6.绳纹陶罐 7~9.陶樽 10.陶壶 11、13、14、18.陶钵 12、20.陶碟 15.陶盘 16.陶盆 17.陶灯 19.素面陶罐 21.铜镜 22.铜指环 23、26.铜钗 24、25.铜钱

2. 葬具葬式

墓室南、北壁下各存一尸罩，东西向平行放置。南侧尸罩长2.08、宽0.60、残高0.56米，侧板、挡板厚约0.06米；北侧尸罩长2.56、宽0.60、残高0.56米，侧板、挡板厚约0.06米。

该墓为双人合葬。人骨置于尸罩之内，均为仰身直肢葬，头向西。经鉴定，北侧人骨为男性，年龄40岁左右；南侧人骨性别、年龄不详。

3. 随葬品

随葬品为陶器和铜器，陶器集中放置于墓室中部、西北角龛内及南侧人骨西端，共20件，其中陶釜1件、绳纹陶罐4件、素面陶罐1件、陶壶1件、陶盆1件、陶甑1件、陶钵4件、陶樽3件、陶盘1件、陶灯1件、陶碟2件。南侧人骨头部出土铜镜1件、铜钗2组（4件），右手处出土铜指环1件。另于两人骨腹部出土铜钱2组（62枚）（图版四三，2）。

绳纹陶罐　4件。器形整体显瘦长，直口或敛口，三角缘，圆肩，圆鼓腹，平底或微凹。肩、腹部饰竖向、斜向绳纹。ⅣM8∶3，泥质红褐陶。器形歪扭，敛口。口径10.0、腹径21.0、底径13.6、高20.6~21.4厘米（图三三四，1；图版一四一，3）。ⅣM8∶4，泥质灰陶。器形歪扭，敛口。口径9.6、腹径21.0、底径14.4、高20.4~21.0厘米（图三三四，2）。ⅣM8∶5，泥质红灰陶。直口，底微凹。口径9.6、腹径21.2、底径13.4、高19.8~20.4厘米（图三三四，3；图版一四一，6）。ⅣM8∶6，泥质灰陶。残，可复原。敛口。口径10.0、腹径23.0、底径15.0、高21.2厘米（图三三四，4）。

素面陶罐　1件。ⅣM8∶19，泥质素面灰陶。残，可复原。器形较小，侈口，尖圆唇，束颈，溜肩，圆鼓腹，平底。口径5.2、腹径11.8、底径6.6、高10.5~10.8厘米（图三三四，5；图版一四一，5）。

陶灯　1件。ⅣM8∶17，泥质素面橙黄陶。口已残，存柄以下。灯柄中空，上细下粗，柄下部近底处外撇形成叠涩圆台状底座，平底。台缘有轮旋刮削痕迹。底径13.0、残高11.5厘米（图三三四，6）。

陶碟　2件。器形歪扭。敞口，尖唇，浅腹，平底。ⅣM8∶12，泥质素面橙黄陶。口径10.2、底径4.8、高2.2~3.0厘米（图三三四，7）。ⅣM8∶20，泥质素面灰陶。口径11.0、底径4.6、高3.0~3.3厘米（图三三四，8；图版一四二，1）。

陶钵　4件。泥质素面灰陶。侈口，弧腹，平底。ⅣM8∶11，器形歪扭，尖唇。口径9.0、底径4.0、高3.4~3.6厘米（图三三四，9）。ⅣM8∶13，尖唇。口径12.0、底径6.0、高4.6~5.0厘米（图三三四，11）。ⅣM8∶14，尖唇。口径9.2、底径4.4、高3.5厘米（图三三四，10）。ⅣM8∶18，圆唇。口径12.4、底径5.2、高4.8厘米（图三三四，12；图版一四一，4）。

陶盘　1件。ⅣM8∶15，泥质橙黄陶。圆形，宽平沿，外缘斜弧，盘面平整，低于盘沿，

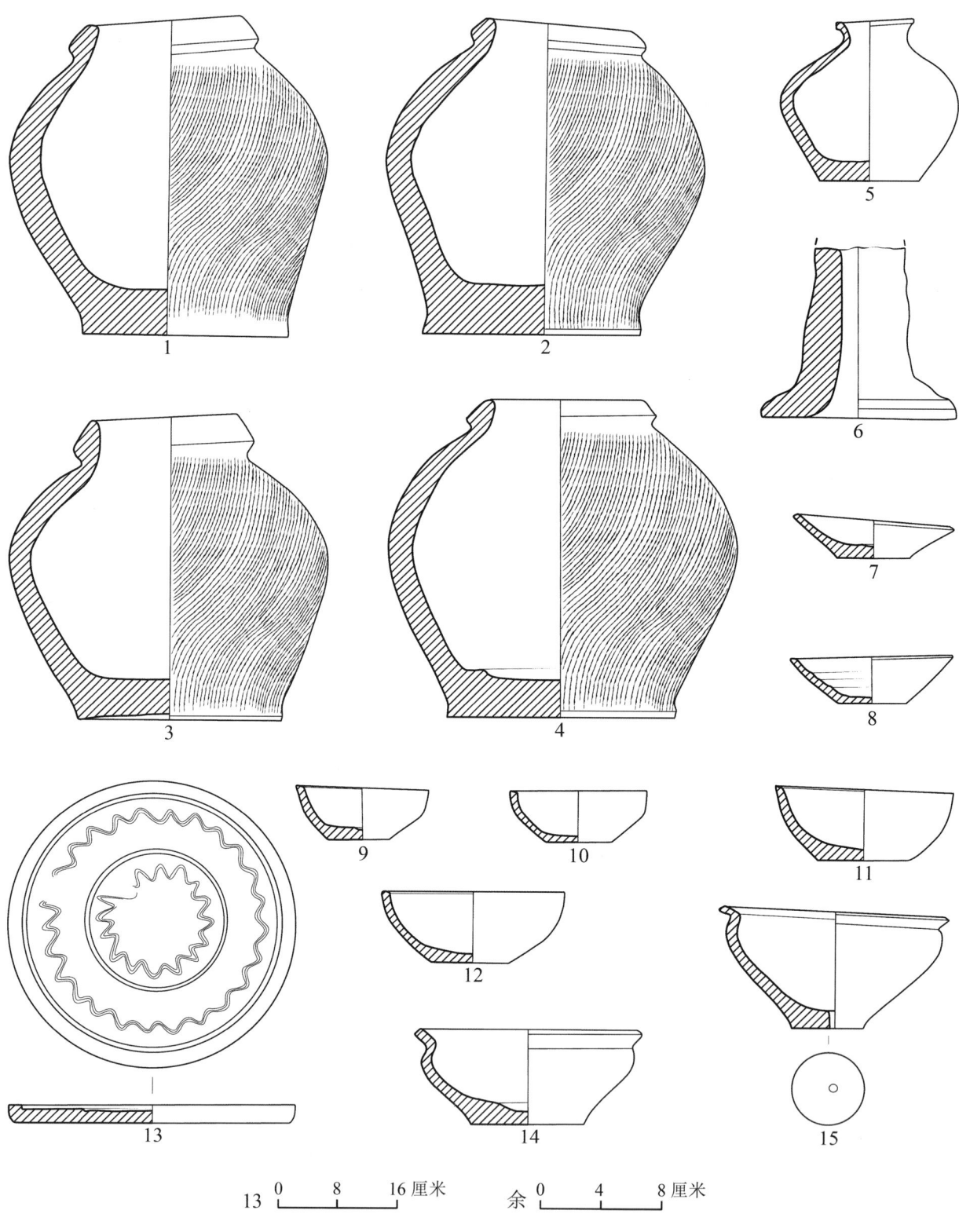

图三三四　ⅣM8出土器物（一）
1~4.绳纹陶罐（ⅣM8：3、ⅣM8：4、ⅣM8：5、ⅣM8：6）　5.素面陶罐（ⅣM8：19）　6.陶灯（ⅣM8：17）
7、8.陶碟（ⅣM8：12、ⅣM8：20）　9~12.陶钵（ⅣM8：11、ⅣM8：14、ⅣM8：13、ⅣM8：18）
13.陶盘（ⅣM8：15）　14.陶盆（ⅣM8：16）　15.陶甑（ⅣM8：1）

平底。盘面饰两组波浪纹。盘径38.0、厚2.4厘米（图三三四，13；图版一四三，2）。

陶盆　1件。ⅣM8：16，泥质素面灰陶。侈口，斜平沿，方唇，弧腹，平底。口径15.2、底径7.4、高6.3厘米（图三三四，14；图版一四二，3）。

陶甑　1件。ⅣM8：1，泥质素面灰陶。盆形甑。侈口，斜平沿，束颈，深弧腹，平底，底有一孔。口径14.8、底径4.8、高7.5~8.2厘米（图三三四，15；图版一四二，2）。

陶釜　1件。ⅣM8：2，泥质素面红陶。残，可复原，器表剥落严重。敛口，方唇，矮领，圆肩，扁鼓腹，底作矮假圈足。口径10.0、腹径18.0、底径13.0、高11.0厘米（图三三五，6）。

陶樽　3件。盖为泥质素面灰陶，樽为泥质橙黄陶。盖呈覆钵状，平顶，弧腹，侈口。樽为矮领，折肩，曲腹，平底。盖内壁见轮制痕迹。ⅣM8：7，樽敛口，腹部饰一周弦纹，近底处有凸棱。盖径17.5、高5.0~5.2厘米；樽口径15.8、腹径18.5、底径17.7、高12.2厘米；通高17.0厘米（图三三五，8；图版一四二，5）。ⅣM8：8，樽直口，腹部饰弦纹，近底处有凸棱。盖径17.4、高5.5厘米；樽口径15.6、腹径18.7、底径18.6、高12.0厘米；通高17.5厘米（图三三五，9；图版一四二，6）。ⅣM8：9，樽敛口。盖径16.6、高5.2厘米；樽口径15.8、腹径18.8、底径18.8、高12.3厘米；通高17.6厘米（图三三五，10；图版一四二，4）。

陶壶　1件。ⅣM8：10，泥质灰陶。口略残，可复原。侈口，尖唇，短颈，圆肩，扁鼓腹，下腹部束腰外撇至大平底。肩部饰弦纹。口径7.0、腹径14.3、底径14.6、高13.4厘米（图三三五，7；图版一四三，1）。

铜镜　1件。ⅣM8：21，镜体较轻薄。圆形，镜面微弧凸，镜背正中为半球形钮，圆形钮座，镜钮上有近圆形对穿孔，钮座外为一周宽凸弦纹，再外为两周短斜线纹带，两斜线纹带间为对称双"V"形规矩纹，其间纹饰磨损严重，不可辨识，疑为四兽或四神。宽缘，中间为一周凹槽，纹饰不可辨。面径10.0、背径10.0、钮高0.7、钮径1.7、缘宽1.4、缘厚0.2、肉厚0.1厘米，重95.4克（图版一四三，3）。

铜指环　1件。ⅣM8：22，锈蚀严重。似为指环，圆形，中空。面饰数道凹弦纹。直径1.8、高0.7厘米（图三三五，1）。

铜钗　2组（4件）。ⅣM8：23，3件，锈蚀、残缺严重。双股"U"形，前端尖圆，后端扁平。光素无纹饰。ⅣM8：23-1，残长4.2、截面直径0.3厘米（图三三五，3）；ⅣM8：23-2，残长10.0、截面直径0.4厘米（图三三五，4）；ⅣM8：23-3，较完整，残长14.0、截面直径0.2厘米（图三三五，5；图版一四三，4）。ⅣM8：26，1件，锈蚀、残缺严重。双股"U"形。光素无纹饰。残长4.7、截面直径0.3厘米（图三三五，2）。

铜钱　2组（62枚）。均圆形方穿，形制不同，以五铢钱为主，另有少量磨郭钱、半两、货泉以及大泉五十。五铢钱有穿下横郭记号。

ⅣM8：24-1，货泉。形制较小，两面穿皆有郭，"货泉"二字篆书。钱径2.33、穿宽

0.62、郭宽 0.19、郭厚 0.19、肉厚 0.13 厘米，重 3.44 克。ⅣM8：24-3，半两。形制较大，穿孔两侧篆书"半两"二字，平背无郭。钱径 2.82、穿宽 0.88、肉厚 0.16 厘米，重 5.13 克。ⅣM8：24-4，大泉五十。形制较大，形体厚重，面背皆有内郭。正面穿口左右铸"五十"二字，较瘦长，上下铸"大泉"二字，较宽矮，均为篆书。"五"字较窄，交笔弯曲；"大"字一横较折弧。钱径 2.79、穿宽 0.84、郭宽 0.23、郭厚 0.20、肉厚 0.17 厘米，重 5.47 克。ⅣM8：25-5，蜀五铢，正面穿左右篆书"五铢"二字。形制较小，两面穿均有郭。"五"字较窄，交笔微弯曲；"铢"字"金"字头呈箭镞状，中间四点较长，"朱"字上下部均方圆折。钱径 2.25、穿宽 0.69、郭宽 0.12、郭厚 0.13、肉厚 0.09 厘米，重 2.07 克。

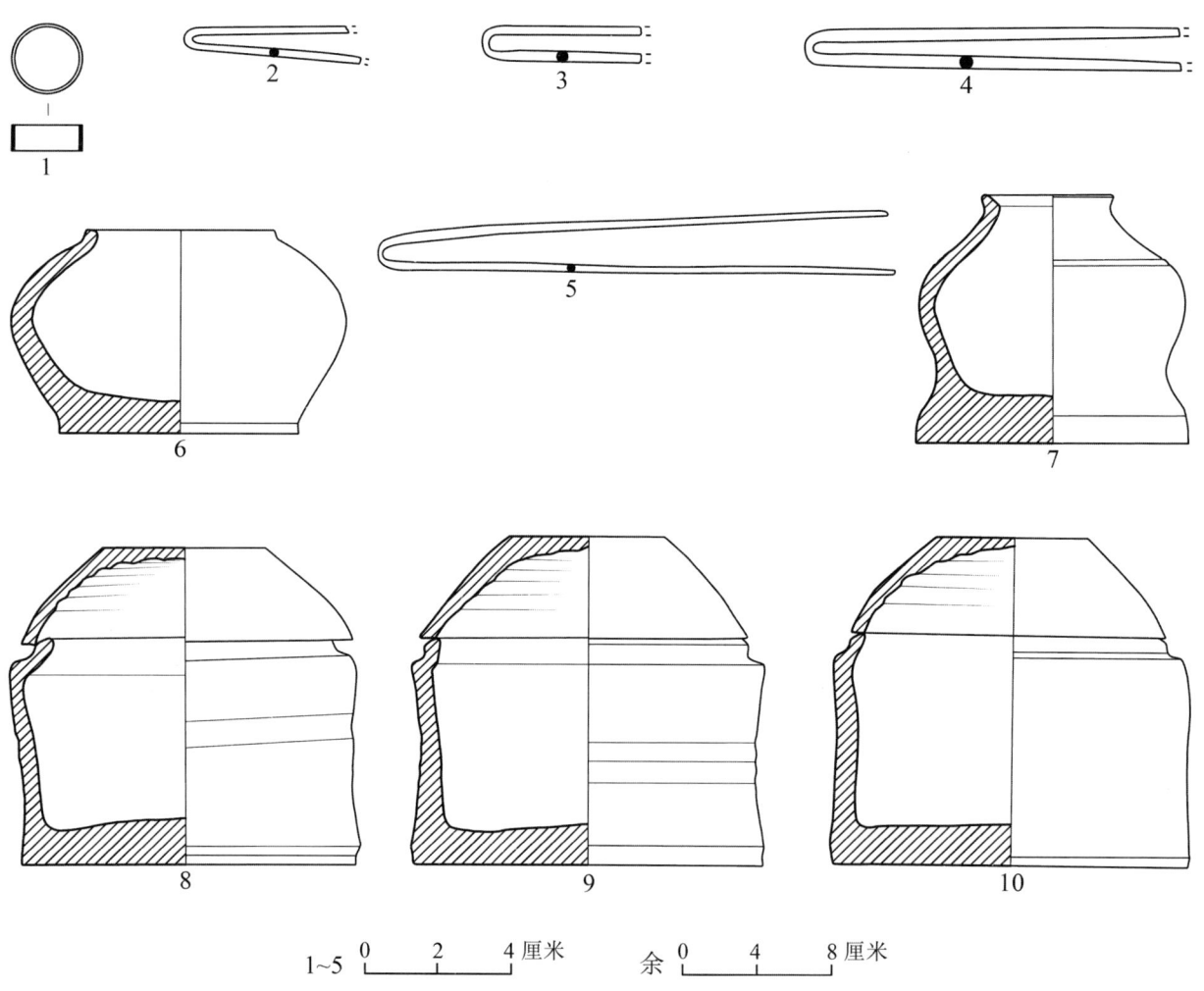

图三三五　ⅣM8 出土器物（二）
1.铜指环（ⅣM8：22）　2~5.铜钗（ⅣM8：26、ⅣM8：23-1、ⅣM8：23-2、ⅣM8：23-3）　6.陶釜（ⅣM8：2）
7.陶壶（ⅣM8：10）　8~10.陶樽（ⅣM8：7、ⅣM8：8、ⅣM8：9）

敦煌

佛爷庙湾—新店台墓群
2015年度发掘报告（中）

甘肃省文物考古研究所 编著

陈国科 主编
马洪连 王永安 副主编

甘肃教育出版社

ⅣM9

位于Ⅳ区中部，ⅣM8西南，东西向分布。

1. 墓葬形制

该墓为带长斜坡墓道单室土洞墓，由封土、墓道、甬道、墓室组成。墓向265°（图三三六）。

封土　现呈丘状，部分叠压墓道。残径4.70、残高0.60米。

墓道　位于墓室以西，平面呈长方形，长9.90、宽1.00米。东端剖面亦呈长方形，底宽1.00米。西高东低，斜坡至底，斜坡长11.20米，坡度24°。近墓门处距地表深约4.90米。内填灰黄色沙土，土质松散，含砾石。

甬道　位于墓道东端，连接墓道与墓室，为拱顶土洞式结构，平面呈正方形，顶部略坍塌，进深0.80、宽0.80、残高1.22米。墓门呈拱形，与甬道同高等宽。封门位于甬道内封，以沙石和规格不等的土坯封堵，封门现高0.80、宽0.80、厚0.22米。

墓室　位于墓道以东，平面呈长方形，四壁及顶部坍塌严重，墓顶形制不详。墓室东西长2.40、南北宽1.80、残高3.00米。墓室西南角和西北角各掏一龛，西南角龛口宽0.40、进深0.12、高0.34米；西北角龛口宽0.38、进深0.12、高0.35米。

2. 葬具葬式

墓室北壁下存一尸床，由沙石堆垒而成，长2.06、宽0.48~0.52、厚0.06米。

该墓为单人葬。人骨置于尸床之上，仰身直肢，头向西。经鉴定，人骨为男性，年龄40岁左右。

3. 随葬品

无随葬品。

ⅣM10

位于Ⅳ区中部，ⅣM9东南，东西向分布。

1. 墓葬形制

该墓为带长斜坡墓道单室土洞墓，由封土、墓道、甬道、墓室组成。墓向270°（图三三七）。

封土　现呈丘状，部分叠压墓道。残径3.60、残高0.24米。

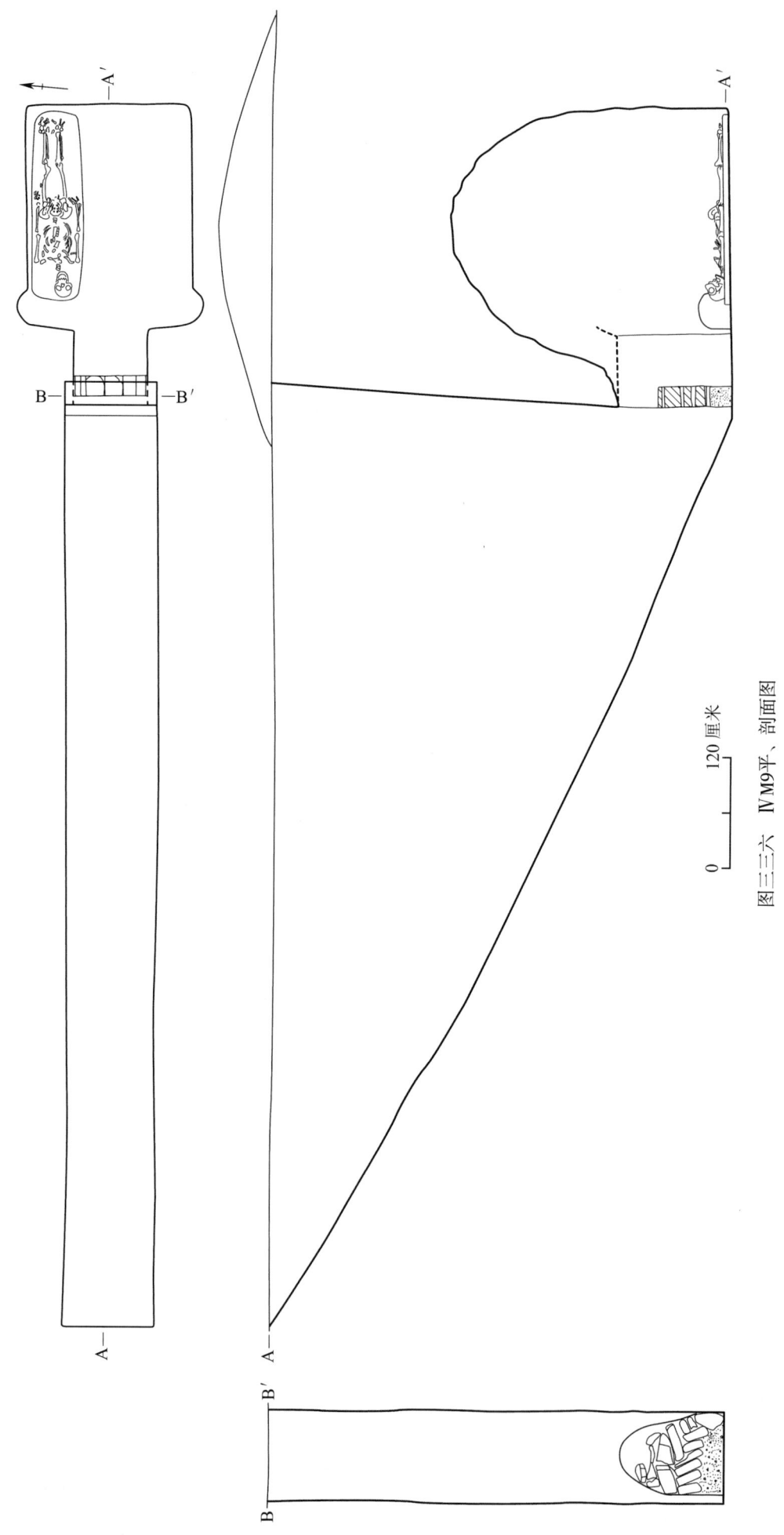

图三三六 ⅣM9 平、剖面图

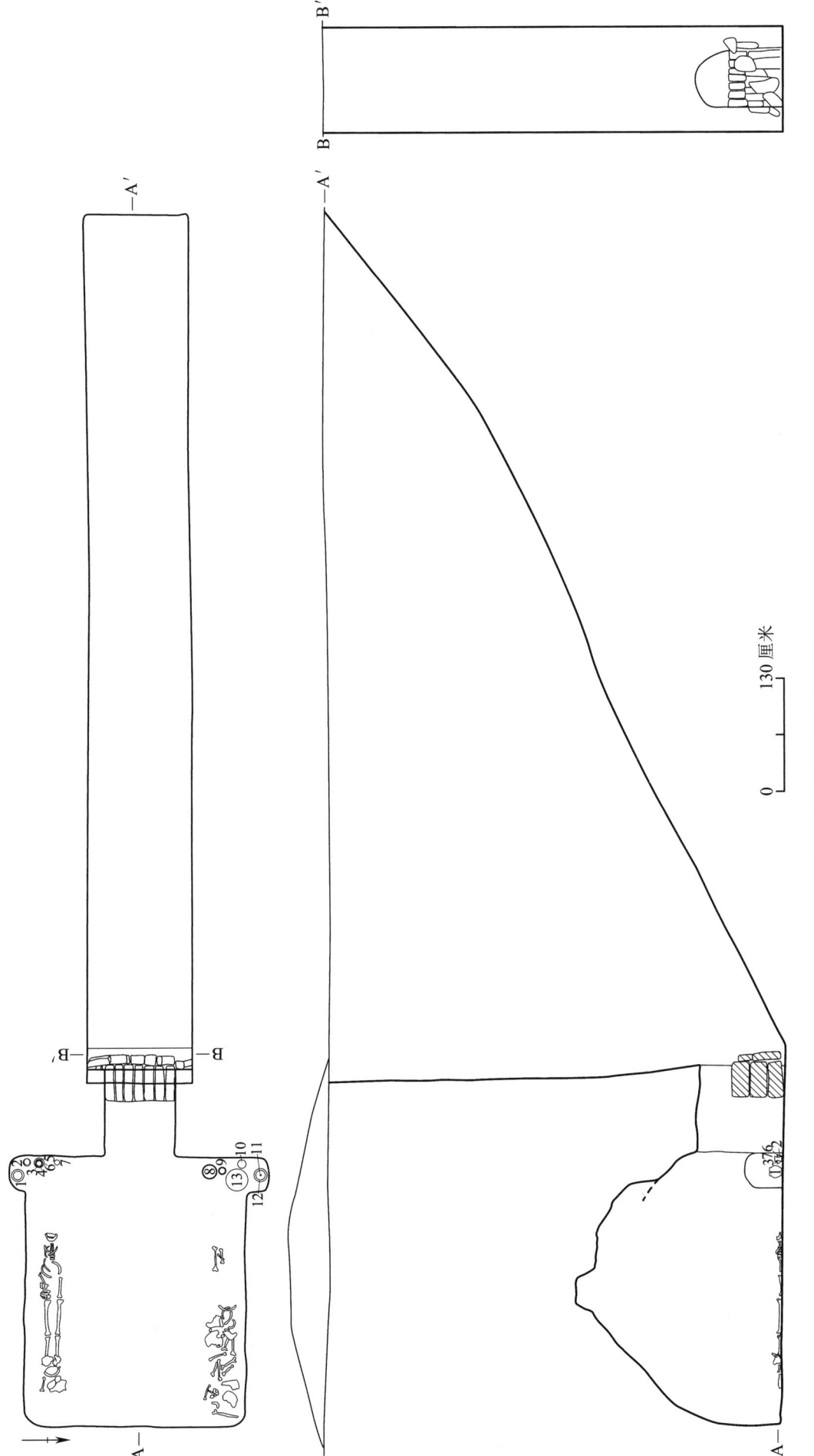

图三三七 ⅣM10平、剖面图

1、12.波浪纹陶罐 2、9.陶釜 3.陶碗 4.陶碟 5、10.陶钵 6.陶盆 7.陶灯 8.陶樽 11.陶甑 13.陶盘

墓道　位于墓室以西，平面呈长方形，长9.90、宽1.20米。东端剖面亦呈长方形，底宽1.20米。西高东低，斜坡至底，斜坡长10.70米，坡度28°。近墓门处距地表深5.24米。内填灰黄色沙土，土质松散，含砾石。

甬道　位于墓道东端，连接墓道与墓室，为拱顶土洞式结构，顶部略坍塌，平面呈长方形，进深0.90、宽0.80、残高1.00米。墓门呈拱形，与甬道同高等宽。封门位于甬道内封，用土坯横立竖砌而成，共三层，现高0.60、宽0.80、厚0.52米，土坯长0.40、宽0.20、厚0.10米。

墓室　位于墓道以东，平面呈长方形，四壁及顶部坍塌严重，覆斗顶，顶部正中存一正方形藻井，边长0.20、深0.20米。墓室东西长3.12、南北宽2.50、残高2.40米。墓室西南角和西北角各掏一龛，西南角龛口宽0.40、进深0.18、高0.40米；西北角龛口宽0.40、进深0.26、高0.44米。

2. 葬具葬式

墓室南壁下存一尸床，由沙石和木板垒砌而成。

该墓为双人合葬。南侧人骨置于尸床之上，仰身直肢，头向西；北侧人骨位于北壁下，凌乱不堪，疑为二次葬。经鉴定，北侧人骨为男性，年龄40~44岁；南侧人骨为女性，年龄50~60岁。

3. 随葬品

随葬品集中放置于两龛内，均为陶器，共13件，包括波浪纹陶罐2件、陶釜2件、陶钵2件、陶碟1件、陶碗1件、陶盆1件、陶甑1件、陶灯1件、陶樽1件、陶盘1件（图版四三，3）。

陶甑　1件。ⅣM10:11，泥质素面橙黄陶。盆形甑，侈口，斜平沿微凹，深弧腹，平底，底有一孔。口径10.8、底径4.8、高4.5厘米（图三三八，1；图版一四四，4）。

陶盆　1件。ⅣM10:6，泥质素面灰陶。侈口，尖圆唇，斜平沿，斜直腹，腹部较深，平底。口径11.0、底径4.2、高5.0厘米（图三三八，2；图版一四四，3）。

陶钵　2件。ⅣM10:5，泥质素面灰陶。侈口，尖唇，斜腹，平底。口径8.0、底径3.6、高2.8厘米（图三三八，3）。ⅣM10:10，泥质素面灰陶。残，可复原。侈口，尖圆唇，深弧腹，平底。口径9.8、底径5.0、高4.2厘米（图三三八，4）。

陶釜　2件。ⅣM10:2，泥质素面灰黑陶。口残，不可复原。扁鼓腹，平底。腹径8.6、底径4.2、残高4.5厘米（图三三八，6）。ⅣM10:9，泥质素面橙黄陶。直口，圆唇，溜肩，圆鼓腹，底作假圈足。口径7.4、腹径8.6、底径5.2、高6.2厘米（图三三八，5；图版一四四，5）。

陶碟　1件。ⅣM10:4，泥质素面灰陶。敞口，尖唇，斜直腹，平底。口径8.0、底径3.8、

图三三八　ⅣM10出土器物

1.陶甑（ⅣM10：11） 2.陶盆（ⅣM10：6） 3、4.陶钵（ⅣM10：5、ⅣM10：10） 5、6.陶釜（ⅣM10：9、ⅣM10：2）
7.陶碟（ⅣM10：4） 8.陶碗（ⅣM10：3） 9.陶灯（ⅣM10：7） 10.陶樽（ⅣM10：8）
11、12.波浪纹陶罐（ⅣM10：12、ⅣM10：1） 13.陶盘（ⅣM10：13）

高 2.2 厘米（图三三八，7；图版一四四，2）。

陶碗　1件。ⅣM10∶3，泥质素面橙黄陶。残，可复原。侈口，圆唇，弧腹，底作假圈足。口径 6.0、底径 3.0、高 3.0 厘米（图三三八，8；图版一四四，1）。

陶灯　1件。ⅣM10∶7，泥质素面灰陶。灯口呈碟状，敞口，圆唇，浅弧腹，灯柄实心，近底时外撇成平底。口径 6.0、底径 6.3、高 7.8~8.0 厘米（图三三八，9；图版一四三，7）。

陶樽　1件。ⅣM10∶8，泥质素面橙黄陶。圆形，直口，圆唇，直腹微曲，平底。腹下近底处有凸棱。口径 15.3、腹径 16.7、底径 16.0、高 10.0 厘米（图三三八，10；图版一四四，6）。

波浪纹陶罐　2件。泥质红陶。侈口，圆唇，矮领，溜肩，圆鼓腹，平底或微凹。腹部饰波浪纹和弦纹组合。ⅣM10∶1，器形整体瘦高，底微凹。近底处有竖向刮削痕迹。口径 9.0、腹径 14.0、底径 7.2、高 13.8 厘米（图三三八，12；图版一四三，6）。ⅣM10∶12，残，可复原。器形整体矮胖，平底。近底处有轮制旋纹痕迹。口径 10.2、腹径 15.0、底径 9.4、高 14.8 厘米（图三三八，11）。

陶盘　1件。ⅣM10∶13，泥质橙黄陶。圆形，宽平沿，外缘微弧，盘面较为平整，低于口沿，平底。盘面饰两组波浪纹。盘径 25.0、厚 2.5 厘米（图三三八，13；图版一四三，5）。

ⅣM11

位于Ⅳ区中部，ⅣM10以南，东西向分布。

1. 墓葬形制

该墓为带长斜坡墓道单室土洞墓，由封土、墓道、甬道、墓室组成。墓向 271°（图三三九）。

封土　现呈丘状，部分叠压墓道。残径 5.40、残高 0.70 米。

墓道　位于墓室以西，平面呈近梯形，西窄东宽，长 8.40、宽 0.80~0.90 米。东端剖面呈长方形，底宽 0.90 米。西高东低，斜坡至底，斜坡长 9.20 米，坡度 22°。近墓门处距地表深 4.30 米。内填灰黄色沙土，土质松散，含砾石。

甬道　位于墓道东端，连接墓道与墓室，为拱顶土洞式结构，平面呈长方形，进深 1.20、宽 0.80、高 1.10 米。墓门呈拱形，与甬道同高等宽。封门无存。

墓室　位于墓道以东，平面呈长方形，距墓室地面 0.50 米处向上斜收至覆斗顶，顶部正中现存一长方形藻井，东西长 0.24、南北宽 0.19、深 0.10 米。墓室东西长 2.94、南北宽 1.90、残高 1.80 米。

2. 葬具葬式

无葬具。

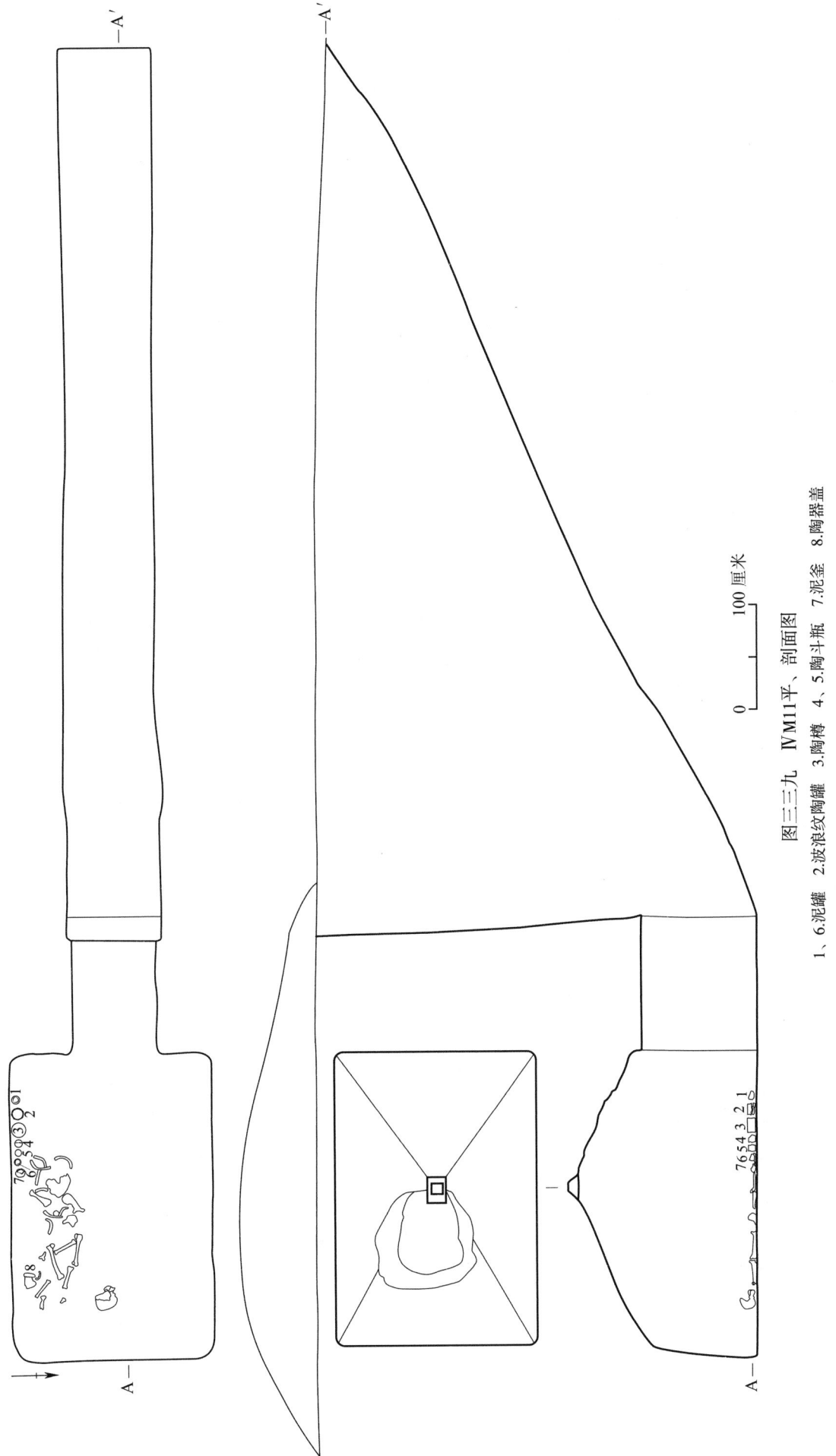

图三三九 ⅣM11平、剖面图
1、6.泥罐 2.波浪纹陶罐 3.陶樽 4、5.陶斗瓶 7.泥釜 8.陶器盖

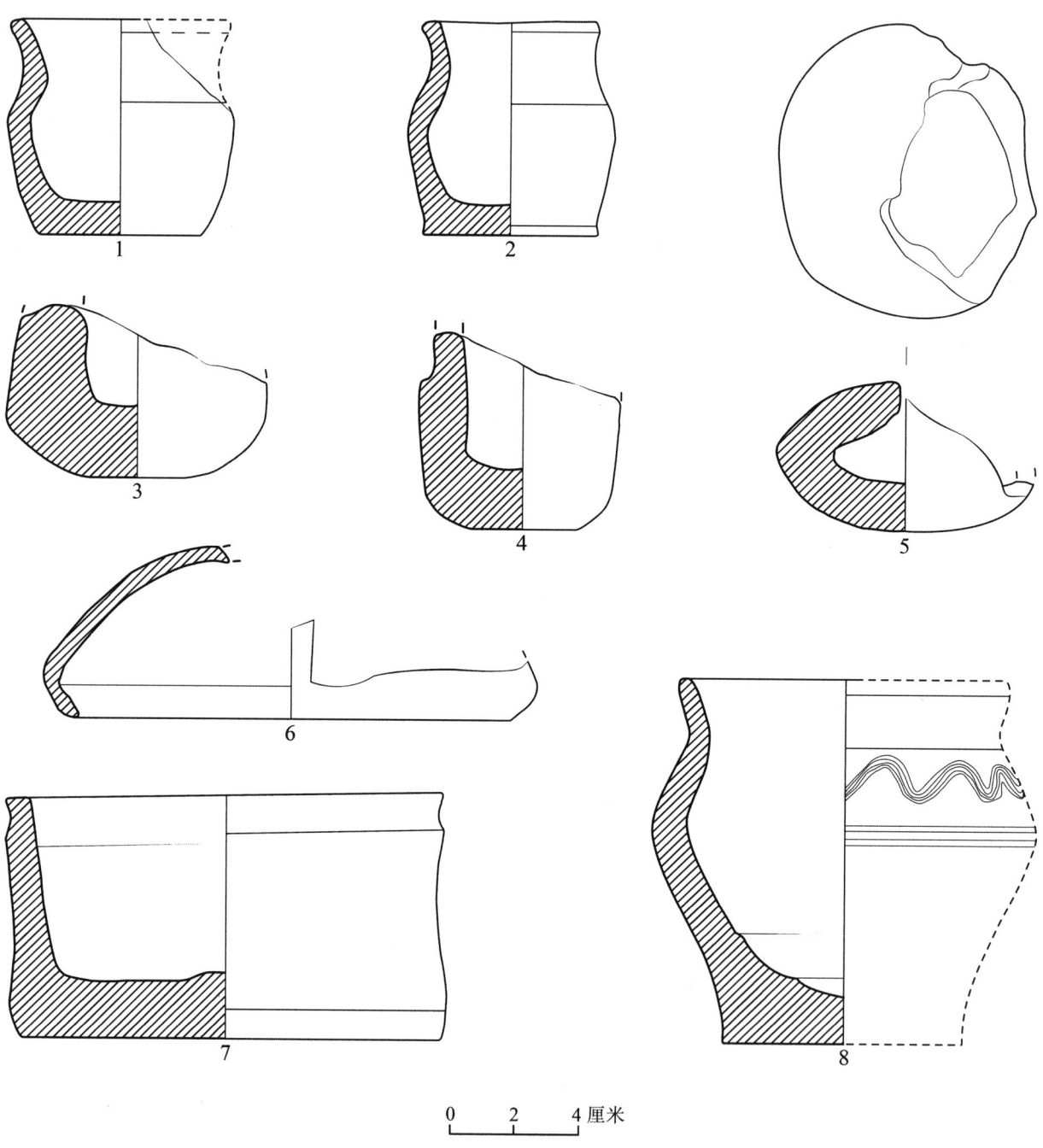

图三四〇 ⅣM11出土器物

1、2.陶斗瓶（ⅣM11:4、ⅣM11:5） 3、4.泥罐（ⅣM11:1、ⅣM11:6） 5.泥釜（ⅣM11:7） 6.陶器盖（ⅣM11:8） 7.陶樽（ⅣM11:3） 8.波浪纹陶罐（ⅣM11:2）

该墓为单人葬。人骨堆放于墓室南壁下，葬式不详，疑为二次葬。经鉴定，人骨为女性，年龄45~50岁。

3. 随葬品

随葬品放置于墓室南壁下，均为陶器和泥器，共8件，包括泥罐2件、波浪纹陶罐1件、陶斗瓶2件、陶樽1件、泥釜1件、陶器盖1件。

陶斗瓶　2件。侈口，圆唇，斜直领，溜肩，腹部微鼓，平底。ⅣM11:4，泥质素面红陶。口径6.6、腹径7.0、底径5.0、高6.7厘米（图三四〇，1）。ⅣM11:5，泥质素面灰陶。口径5.4、腹径6.4、底径5.4、高6.6厘米（图三四〇，2）。

泥罐　2件。ⅣM11:1，泥胎，手工捏制，未经烧制。口残，不可复原。残存下部，鼓腹，平底。底径3.0、残高5.4厘米（图三四〇，3）。ⅣM11:6，泥胎，胎泥土黄色。残，手工捏制，未经烧制。直口，厚圆唇，束颈，平底。束颈处有刀削痕迹。口径6.0、底径3.2、残高6.1厘米（图三四〇，4）。

泥釜　1件。ⅣM11:7，泥胎，手工捏制，未经烧制。残，严重变形。腹径9.2、底径7.6、高4.7厘米（图三四〇，5）。

陶器盖　1件。ⅣM11:8，泥质素面灰陶。顶残，不可复原。整体呈覆钵状，平顶，弧腹，敛口。盖径13.6、残高5.4厘米（图三四〇，6）。

陶樽　1件。ⅣM11:3，泥质素面红陶。侈口，方唇，肩部发育不明显，直腹中微曲，平底。口径13.4、腹径13.5、底径13.0、高7.5~7.7厘米（图三四〇，7）。

波浪纹陶罐　1件。ⅣM11:2，泥质红陶。残，可复原。整体器形显瘦长，侈口，圆唇，斜直领，溜肩，鼓腹，平底。肩、腹部饰波浪纹和弦纹各一组。复原口径10.0、腹径11.7、底径7.4、高11.3厘米（图三四〇，8）。

ⅣM12

位于Ⅳ区中部，ⅣM11西北，东西向分布。

1. 墓葬形制

该墓为带长斜坡墓道单室土洞墓，由封土、墓道、甬道、墓室组成。墓向270°（图三四一）。

封土　现呈丘状，部分叠压墓道。残径4.20、残高0.48米。

墓道　位于墓室以西，平面呈长方形，长8.40、宽1.20米。东端剖面亦呈长方形，底宽1.20米。西高东低，斜坡至底，斜坡长8.70米，坡度25°。近墓门处距地表深4.20米。内填灰黄色沙土，土质松散，含砾石。

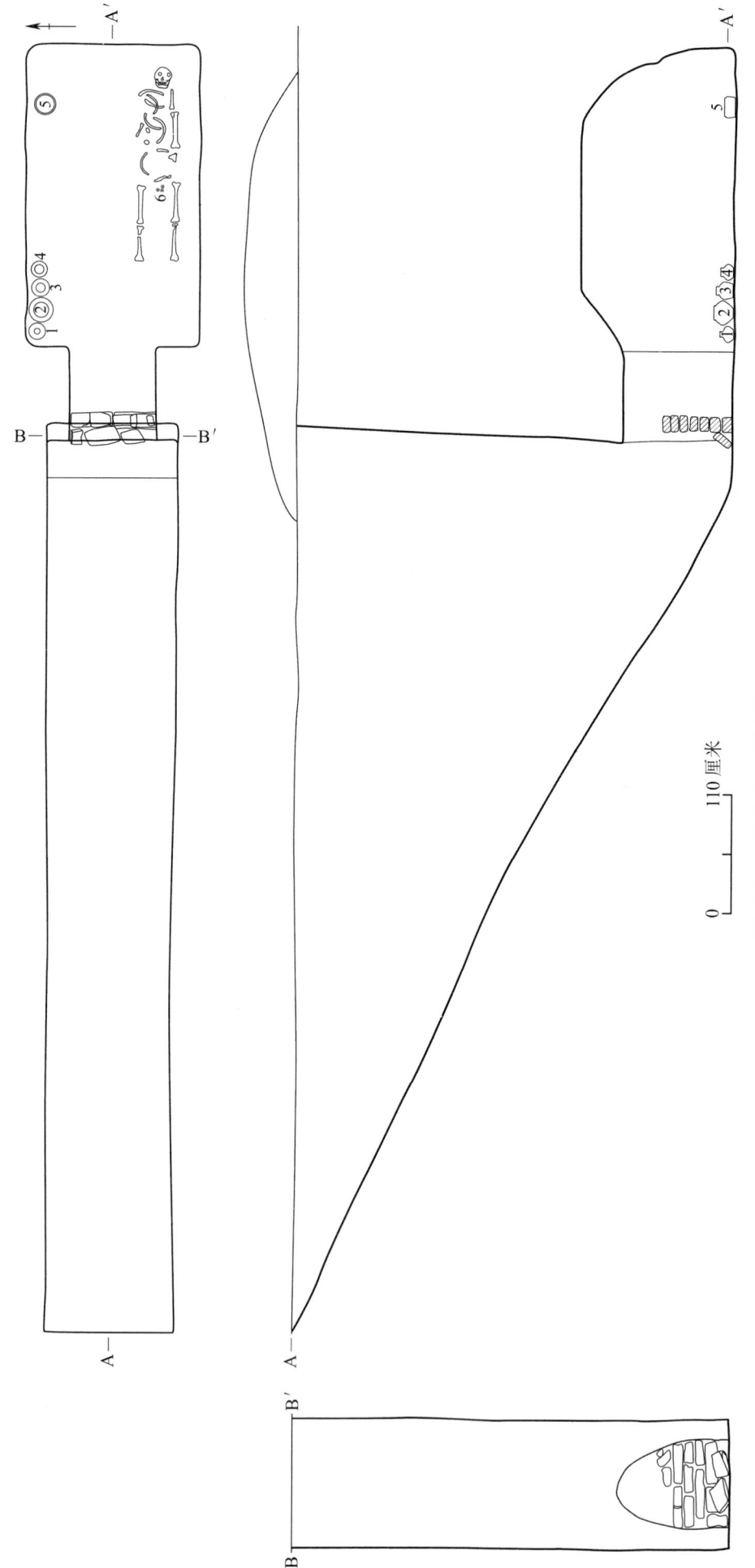

图三四 ⅣM12平、剖面图
1.素面陶罐 2~4.弦纹陶罐 5.陶樽 6.铜钱

甬道　位于墓道东端，连接墓道与墓室，为拱顶土洞式结构，平面呈正方形，进深0.80、宽0.80、高1.00米。墓门呈拱形，与甬道同高等宽。封门位于甬道内封，以规格不等的土坯封堵，现高0.66、宽0.80、厚0.30米，土坯厚约0.08米。

墓室　位于墓道以东，平面呈长方形，距墓室地面0.50米处向上斜收，顶部及四壁坍塌严重，顶部形制不详。墓室东西长2.80、南北宽1.60、残高1.40米。

2. 葬具葬式

无葬具。

该墓为单人葬。人骨置于墓室南壁下，仰身直肢，头向东。经鉴定，人骨年龄10~14岁，性别不详。

3. 随葬品

随葬品以陶器为主，集中放置于墓室北壁下，共5件，包括弦纹陶罐3件、素面陶罐1件、陶樽1件。人骨两腿间出土铜钱1枚。

陶樽　1件。ⅣM12：5，泥质素面灰陶。直口，领部较高，平肩，斜弧腹，平底。口径16.6、腹径19.4、底径18.0、高9.7厘米（图三四二，1）。

弦纹陶罐　3件。ⅣM12：2，泥质灰黑陶。直口，圆唇，外缘呈三角状，束颈，溜肩，鼓腹，平底。肩部饰三周凹弦纹，近底处有竖向刮削痕迹。口径11.8、腹径22.7、底径8.8、高17.5厘米（图三四二，2）。ⅣM12：3，泥质灰陶。直口，圆唇，外缘呈三角状，束颈，溜肩，鼓腹，下部斜收，平底。肩、腹部饰数周凹弦纹。口径7.2、腹径16.5、底径12.4、高15.2厘米（图三四二，3）。ⅣM12：4，泥质灰陶。直口，尖圆唇，外缘呈三角状，束颈，广肩，扁鼓腹，平底。肩部饰凹弦纹。口径7.4、腹径14.7、底径9.0、高11.4厘米（图三四二，4）。

素面陶罐　1件。ⅣM12：1，泥质素面橙黄陶。侈口，圆唇，束颈，广肩，扁圆腹，平底。口径5.2、腹径15.0、底径8.4、高12.3~12.5厘米（图三四二，5）。

铜钱　1枚。ⅣM12：6，五铢钱，正面穿左右篆书"五铢"二字，"五"字较窄，交笔弯曲；"铢"字"金"字部锈蚀不可辨，"朱"字上下部均圆折。钱径2.68、穿宽0.89、郭宽0.13、郭厚0.20、肉厚0.19厘米，重3.21克。

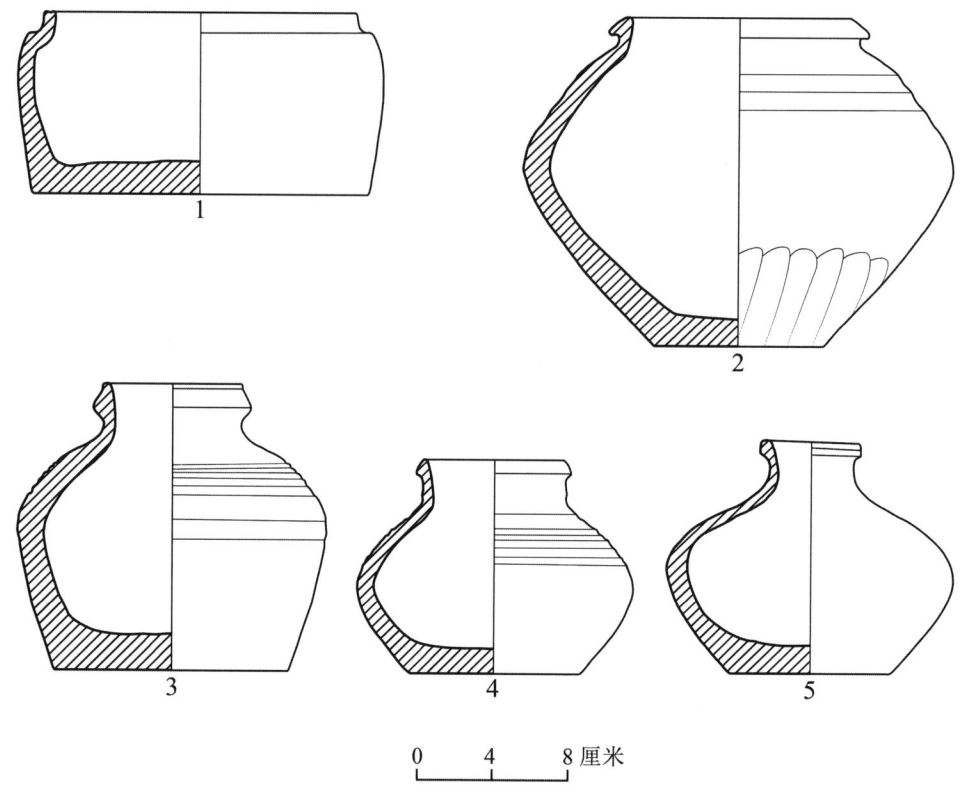

图三四二　ⅣM12出土器物
1.陶樽（ⅣM12∶5）　2~4.弦纹陶罐（ⅣM12∶2、ⅣM12∶3、ⅣM12∶4）　5.素面陶罐（ⅣM12∶1）

ⅣM13

位于Ⅳ区中部，ⅣM9西北，东西向分布。

1. 墓葬形制

该墓为带长斜坡墓道单室土洞墓，由封土、墓道、甬道、墓室组成。墓向270°（图三四三）。

封土　现呈丘状，部分叠压墓道。残径5.60、残高0.58米。

墓道　位于墓室以西，平面呈长方形，长10.10、宽0.64米。东端剖面呈梯形，口小底大，底宽0.88米。西高东低，斜坡至底，斜坡长11.00米，坡度22°。近墓门处距地表深4.64米。内填灰黄色沙土，土质松散，含砾石。

甬道　位于墓道东端，连接墓道与墓室，为拱顶土洞式结构，平面呈梯形，西宽东窄，西高东低，进深1.58、宽0.78~0.90、高1.40~1.80米。

墓室　位于墓道以东，平面呈长方形，墓室四壁坍塌严重，覆斗顶，顶部存一正方形藻井，边长0.30、深0.06米。墓室东西长2.60、南北宽2.20、残高1.90米。

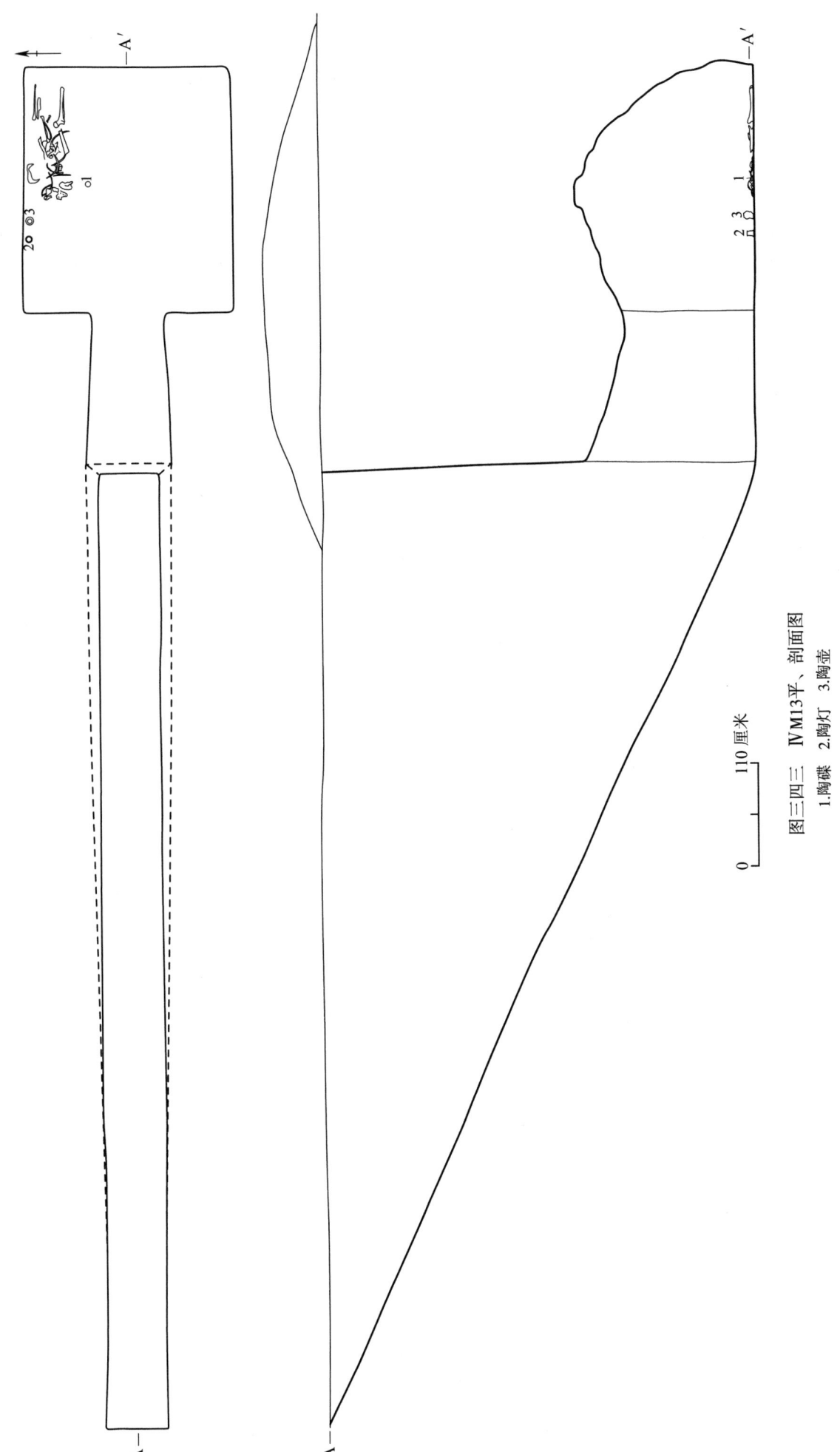

图三四三 ⅣM13平、剖面图
1.陶碟 2.陶灯 3.陶壶

2. 葬具葬式

无葬具。

该墓为单人葬。人骨置于墓室北壁下，仰身直肢，头向西。经鉴定，人骨疑似男性，年龄35~39 岁。

3. 随葬品

随葬品为3件陶器，放置于墓室北部，包括陶碟1件、陶灯1件、陶壶1件。

陶碟　1件。ⅣM13：1，泥质素面灰陶。器形歪扭。敞口，尖唇，浅弧腹，平底。内壁见轮制痕迹。口径11.0、底径6.6、高2.5~3.0厘米（图三四四，1）。

陶灯　1件。ⅣM13：2，泥质素面红陶。灯口呈碟状，敞口，圆唇，浅弧腹，灯座实心，上小底大，柄上部内弧，下部外撇至平底。口径5.2、底径7.0、高7.0厘米（图三四四，2）。

陶壶　1件。ⅣM13：3，泥质素面灰陶。口残，不可复原。束颈，圆肩，扁鼓腹，平底，下腹部束腰外撇至大平底，腹下近底外撇形成凸棱圆台状底座。腹径8.3、底径8.7、残高10.5厘米（图三四四，3）。

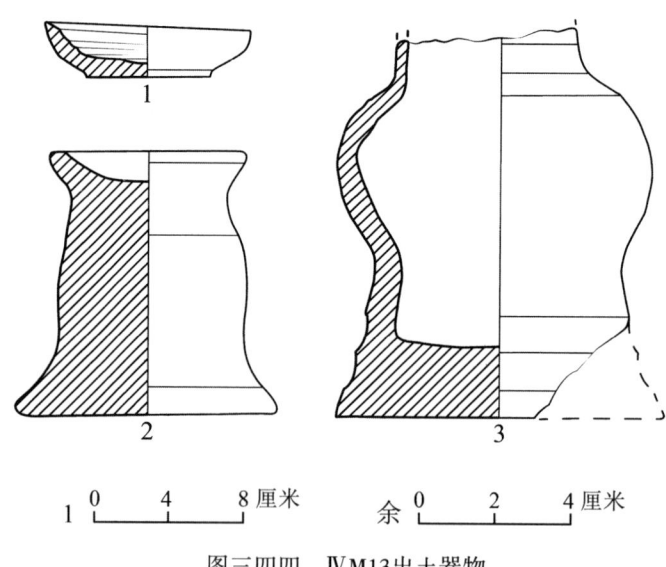

图三四四　ⅣM13出土器物

1.陶碟（ⅣM13：1）　2.陶灯（ⅣM13：2）　3.陶壶（ⅣM13：3）

ⅣM14

位于Ⅳ区中部，ⅣM13西侧，东西向分布。

1. 墓葬形制

该墓为带长斜坡墓道单室土洞墓，由封土、墓道、甬道、墓室组成。墓向270°（图三四五）。

封土　现呈丘状，部分叠压墓道。残径5.00、残高0.49米。

墓道　位于墓室以西，平面呈长方形，长11.94、宽0.96米。东端剖面亦呈长方形，底宽0.96米。西高东低，斜坡至距墓门0.72米处到底，其后平直延伸至墓门处，斜坡长12.25米，坡度28°。近墓门处距地表深5.76米。内填灰黄色沙土，土质松散，含砾石。

甬道　位于墓道东端，连接墓道与墓室，为双甬道。均为拱顶土洞式结构，平面均呈长方形。前甬道进深1.00、宽1.00、现高1.30米；后甬道进深0.60、宽0.70、现高1.00米。墓门呈拱形，与后甬道同高等宽。封门位于后甬道内封，以土坯竖立砌筑而成，现高0.48、宽0.70、厚0.22米，土坯长0.38、宽0.25、厚0.08米。

墓室　位于墓道以东，平面呈长方形，距墓室地面0.80米处向上斜收至覆斗顶，顶部略坍塌，顶部正中现存一长方形藻井，东西长0.40、南北宽0.20、深0.06米。墓室东西长3.00、南北宽2.30、残高2.20米。

2. 葬具葬式

墓室南、北壁下存尸床和尸罩，东西向平行放置。北侧尸罩已朽，仅存痕迹，长1.70、宽0.54米；尸床由草木灰、白灰等堆垒而成，厚约0.10米。南侧尸罩已朽，仅存痕迹，长2.00、西端宽0.54、东端宽约0.56米；尸床由木板、草木灰等堆垒而成，厚约0.10米。

该墓为双人合葬。人骨置于尸床之上，均为仰身直肢葬，头向西。经鉴定，北侧人骨为女性，年龄40~44岁；南侧人骨为男性，年龄50~60岁。

3. 随葬品

随葬品均为陶器，放置于墓室中部及两人骨头端，共7件，包括陶盆1件、陶樽1件、陶楅1件、陶盘1件、陶斗瓶3件。

陶斗瓶　3件。泥质素面灰陶。ⅣM14∶4，侈口，圆唇，斜领，圆肩，鼓腹，平底。口径4.6、腹径6.0、底径5.0、高6.0厘米（图三四六，1）。ⅣM14∶5，侈口，圆唇，斜领，溜肩，鼓腹，平底。口径4.1、腹径6.5、底径5.6、高6.5厘米（图三四六，2）。ⅣM14∶6，口残，不可复原。鼓腹，平底，近底处外撇至平底。腹径6.5、底径6.0、残高5.1~6.1厘米（图三四六，

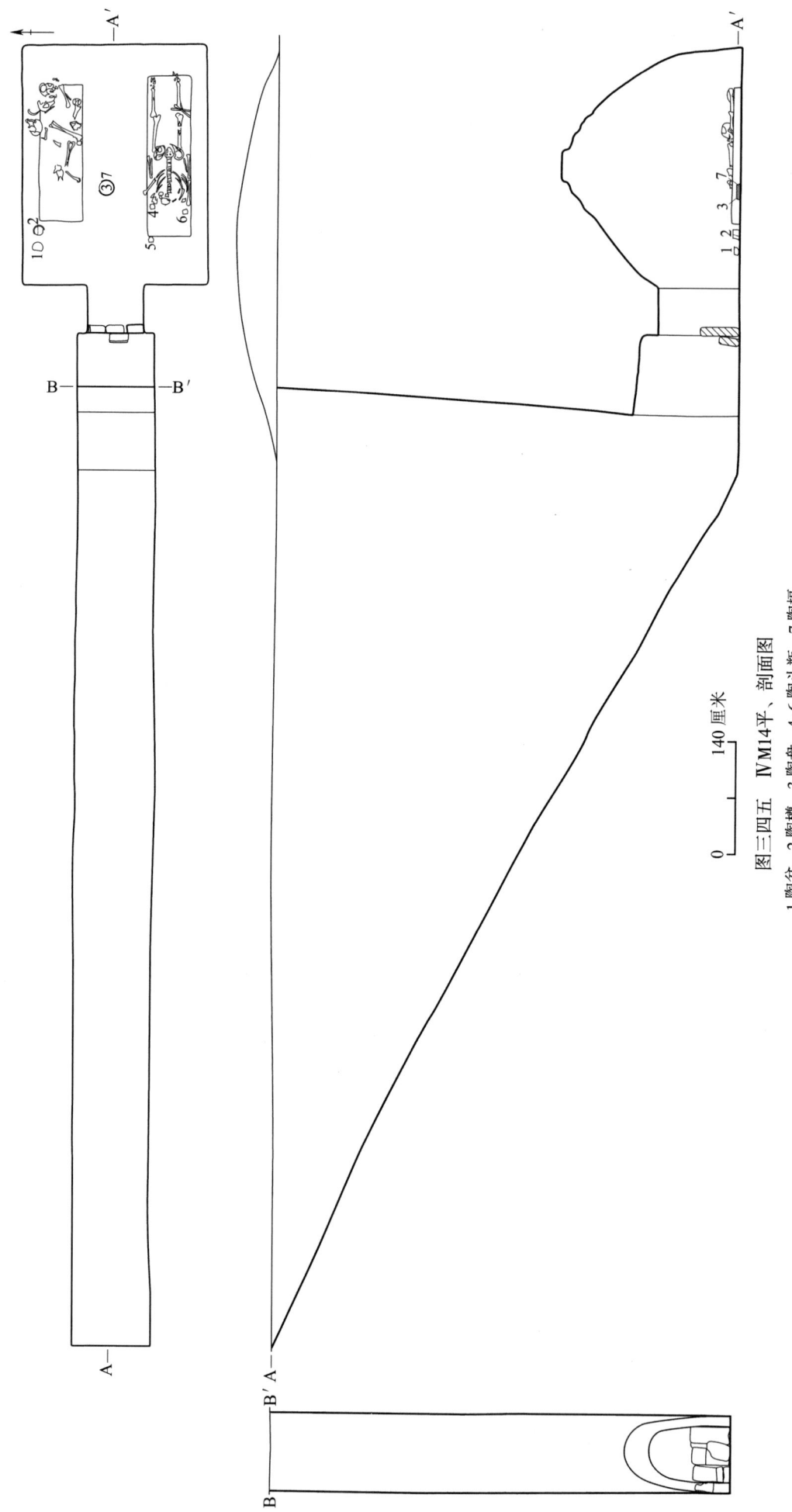

图三四五 ⅣM14平、剖面图
1.陶盆 2.陶樽 3.陶盘 4~6.陶斗瓶 7.陶椁

3)。

陶盆　1件。ⅣM14：1，泥质素面红陶。侈口，圆唇，宽沿，深弧腹，底作假圈足。内壁见轮制痕迹。口径13.0、底径5.0、高5.6厘米（图三四六，4）。

陶樽　1件。ⅣM14：2，泥质素面红陶。直口，圆唇，无领，无肩，直腹，平底。口径14.0、底径12.0、高7.5厘米（图三四六，5）。

陶盘　1件。ⅣM14：3，泥质灰陶。圆形，盘沿微弧，外缘斜直，盘面较平整，低于盘沿，中心微凹，平底。盘面饰两组间断的波浪纹。盘径17.6、厚1.7厘米（图三四六，6）。

陶榻　1件。ⅣM14：7，泥质素面灰褐陶。圆形，直口，平沿，斜直缘，榻面内有圆池，池内及外围削刻出九格，低于口沿，平底，中心圆内分三格，外围分六格。口径18.7、底径19.1、高2.0厘米（图三四六，7）。

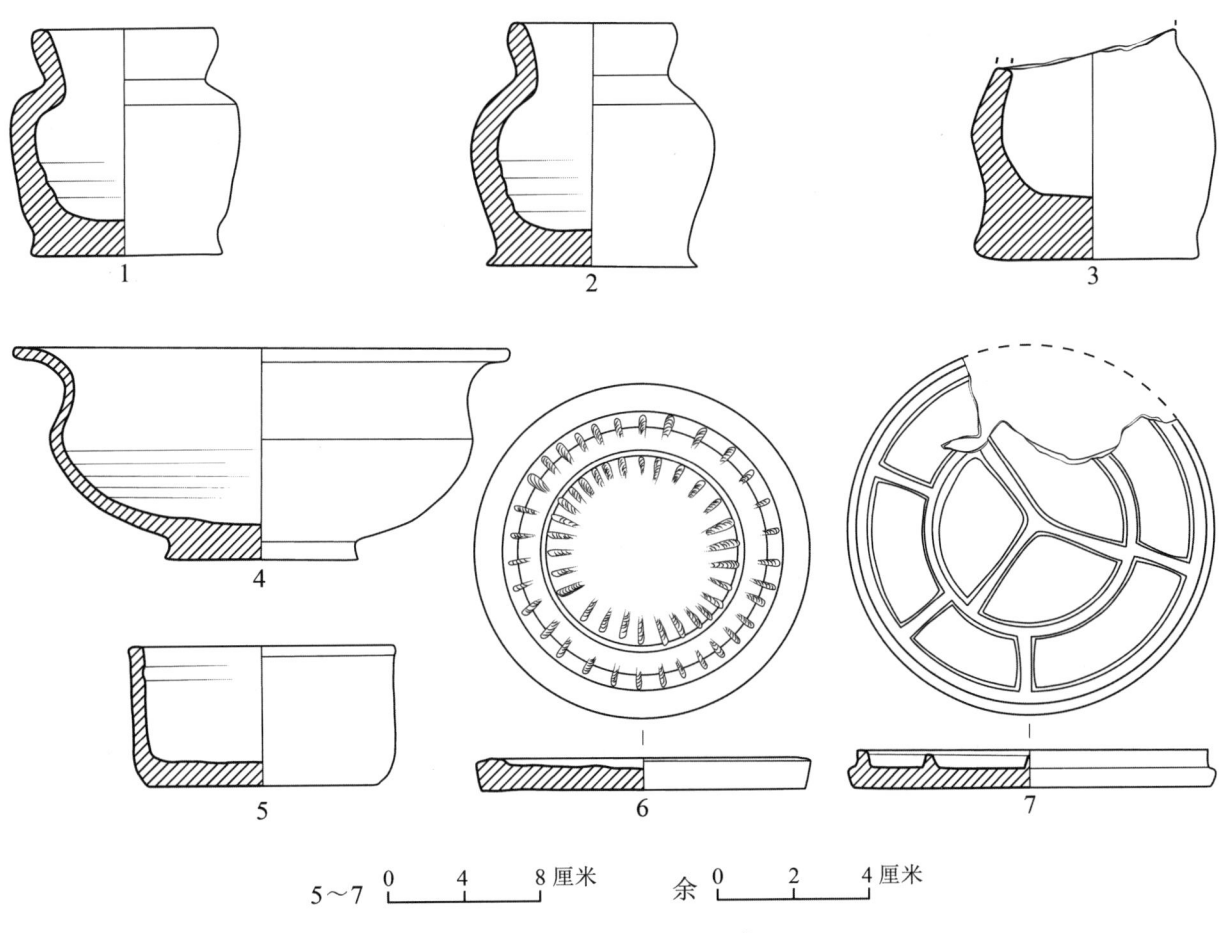

图三四六　ⅣM14出土器物
1~3.陶斗瓶（ⅣM14：4、ⅣM14：5、ⅣM14：6）　4.陶盆（ⅣM14：1）　5.陶樽（ⅣM14：2）　6.陶盘（ⅣM14：3）　7.陶榻（ⅣM14：7）

ⅣM15

位于Ⅳ区中部，ⅣM13西南，东西向分布。

1. 墓葬形制

该墓为带长斜坡墓道双室土洞墓，由封土、墓道、甬道、前室、后室组成。墓向271°（图三四七）。

封土　现呈丘状，部分叠压墓道。残径7.00、残高0.90米。

墓道　位于墓室以西，平面呈长方形，长11.14、宽0.80米。东端剖面呈梯形，口小底大，底宽1.10米。西高东低，斜坡至底，斜坡长11.50米，坡度15°。近墓门处距地表深4.92米。内填灰黄色沙土，土质松散，含砾石。

甬道　位于墓道东端，连接墓道与墓室，为拱顶土洞式结构，平面呈梯形，西窄东宽，进深1.20、宽0.60~0.80、高约1.20米。墓门呈拱形，与甬道同高等宽。封门无存。

前室　平面呈长方形，西窄东宽，顶部坍塌严重，形制不详。前室东西长2.90、南北宽2.60、残高2.36米。西北角和西南角各掏一龛，西北角龛口宽0.58、进深0.22、高0.50米；西南角龛口宽0.40、进深0.36、高0.45米。

后室　平面呈长方形，拱形顶，东西长2.48、南北宽1.00、高1.20米，底部较前室高0.20米。

2. 葬具葬式

由于被水淹没痕迹明显，木质腐朽物散落于墓室角落，原可能存在木质葬具，具体形制不详。

该墓为单人葬。后室发现残存的两条下肢骨，疑为二次葬。性别、年龄不详。

3. 随葬品

随葬品主要放置于前室及后室地面上，共30件（组），包括绳纹陶罐5件、陶壶2件、陶釜1件、陶器盖1件、陶钵8件、陶盘2件、陶甑1件、陶盆2件、陶樽3件、陶碟2件、陶灯1件、铜钱1组（10枚）、珠饰1组（13颗）（图版四四，1）。

绳纹陶罐　5件。泥质橙黄陶。器形整体显瘦高，近直口，外缘呈三角状，束颈，圆肩，圆鼓腹，平底或微凹。肩、腹部饰竖向绳纹，部分有间断，近底处有竖向刮削痕迹。ⅣM15：5，平底。口径10.8、腹径18.0、底径12.0、高18.4厘米（图三四八，1；图版一四五，2）。ⅣM15：6，器形歪扭，平底。口径12.0、腹径20.0、底径13.0、高18.0~19.0厘米（图三四八，2；图版一四五，3）。ⅣM15：7，底微凹。口径10.2、腹径17.5、底径12.0、高17.0厘米（图

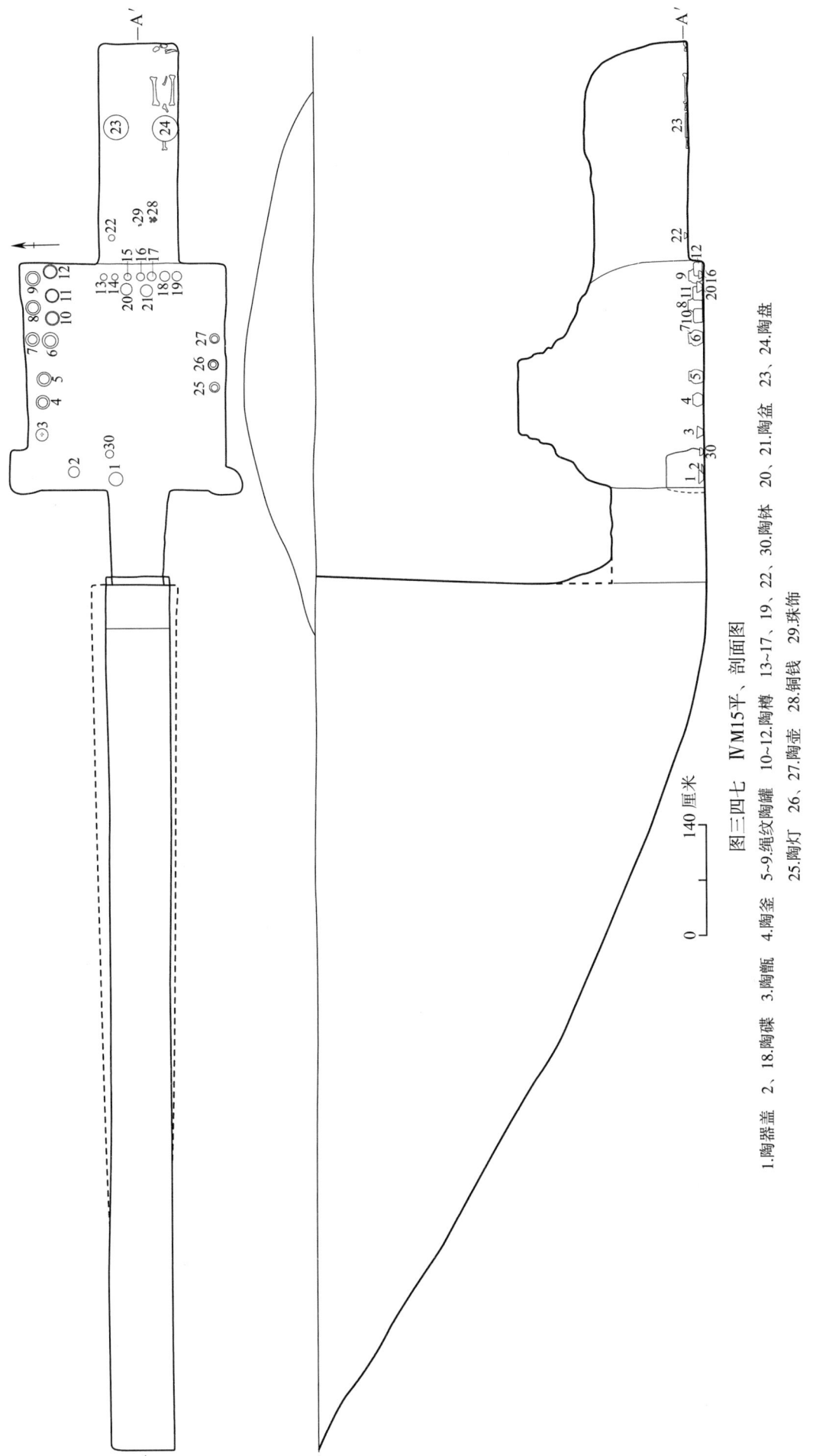

图三四七 ⅣM15平、剖面图

1.陶器盖 2、18.陶碟 3.陶甑 4.陶釜 5~9.绳纹陶罐 10~12.陶樽 13~17、19、22、30.陶钵 20、21.陶盆 23、24.陶盘 25.陶灯 26、27.陶壶 28.铜钱 29.珠饰

三四八，3）。ⅣM15：8，平底。口径12.0、腹径18.3、底径11.0、高18.6厘米（图三四八，4；图版一四五，4）。ⅣM15：9，平底。口径12.0、腹径18.5、底径11.4、高17.6厘米（图三四八，5；图版一四五，5）。

陶釜　1件。ⅣM15：4，泥质素面灰陶。器形歪扭。近直口，方唇，矮领，溜肩，圆鼓腹，平底。近底处有竖向刮削痕迹。口径11.7、腹径17.0、底径11.0、高12.6~13.0厘米（图三四八，6；图版一四六，4）。

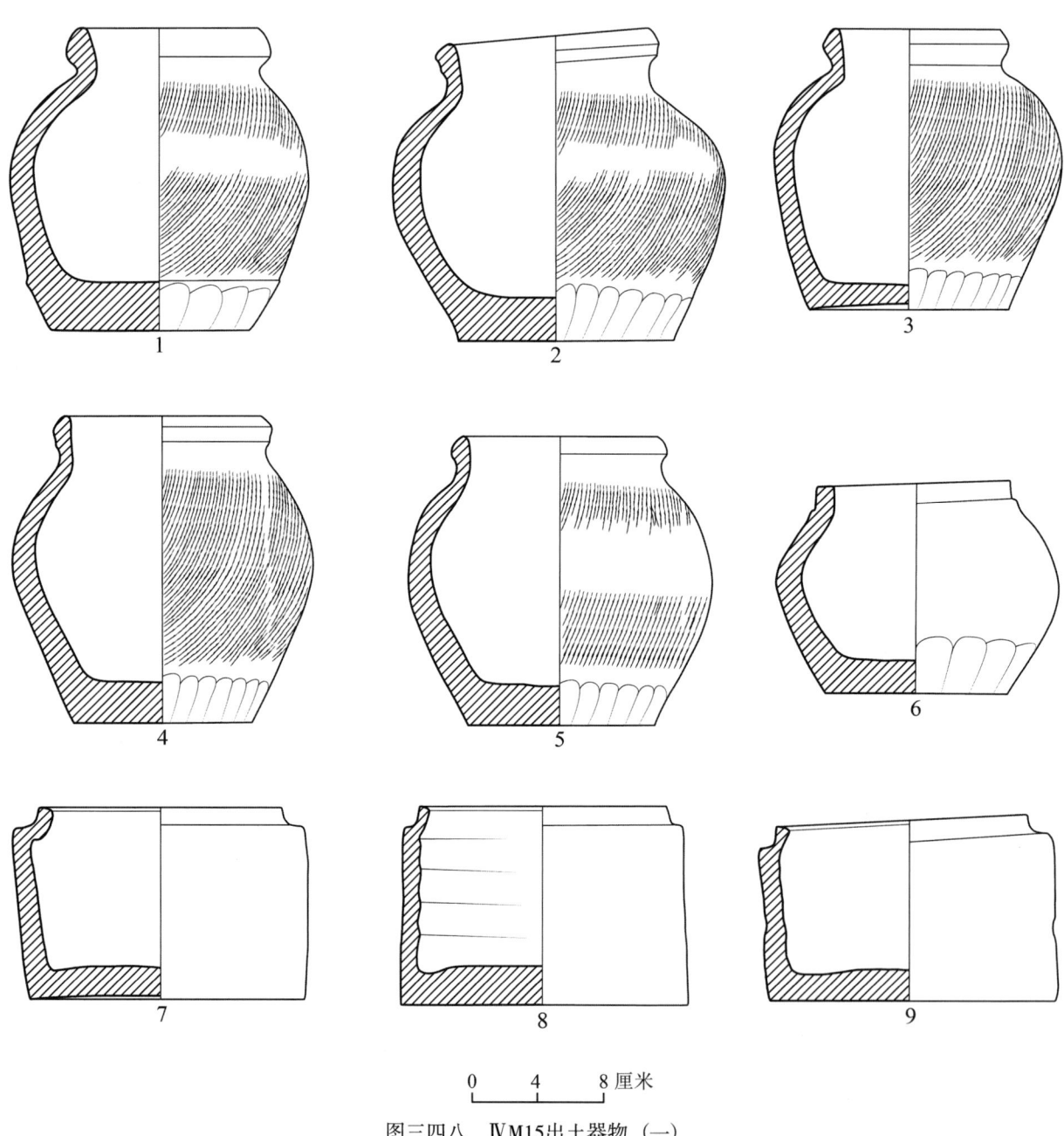

图三四八　ⅣM15出土器物（一）
1~5.绳纹陶罐（ⅣM15：5、ⅣM15：6、ⅣM15：7、ⅣM15：8、ⅣM15：9）　6.陶釜（ⅣM15：4）
7~9.陶樽（ⅣM15：10、ⅣM15：11、ⅣM15：12）

陶樽　3件。泥质素面灰陶。敛口，方唇，矮领，折肩，直腹，平底或微凹。ⅣM15：10，底微凹。口径14.6、腹径17.7、底径16.6、高11.6厘米（图三四八，7；图版一四八，1）。ⅣM15：11，平底。内壁见轮制痕迹。口径14.8、腹径17.0、底径17.4、高12.0厘米（图三四八，8；图版一四八，2）。ⅣM15：12，平底。口径15.2、腹径17.8、底径17.2、高10.6~11.4厘米（图三四八，9；图版一四八，3）。

陶钵　8件。侈口，弧腹，平底。ⅣM15：13，泥质素面橙黄陶。口径8.4、底径4.0、高3.8厘米（图三四九，1）。ⅣM15：14，泥质素面橙黄陶。口径8.0、底径3.6、高3.5厘米（图三四九，2；图版一四六，1）。ⅣM15：15，泥质素面橙黄陶。口径9.0、底径3.8、高4.0厘米（图三四九，3）。ⅣM15：16，泥质素面灰陶。口径9.8、底径4.8、高4.5厘米（图三四九，6）。ⅣM15：17，泥质素面灰陶。口径11.2、底径6.0、高5.0厘米（图三四九，7）。ⅣM15：19，泥质素面灰陶。口径12.0、底径6.2、高4.5~5.0厘米（图三四九，8）。ⅣM15：22，泥质素面橙黄陶。口径8.0、底径3.8、高3.5厘米（图三四九，4；图版一四六，2）。ⅣM15：30，泥质素面灰陶。口径10.0、底径5.0、高4.6厘米（图三四九，5）。

陶碟　2件。泥质素面灰陶。敞口，方唇，斜直腹，腹部较浅，平底。ⅣM15：2，口径13.6、底径6.0、高2.0~2.5厘米（图三四九，9；图版一四七，2）。ⅣM15：18，口径12.0、底径6.6、高3.0厘米（图三四九，10）。

陶甑　1件。ⅣM15：3，泥质素面灰黑陶。盆形甑。侈口，斜平沿，斜直腹，腹部较深，平底，底有五孔。口径15.4、底径7.2、高7.4~8.1厘米（图三四九，12；图版一四七，6）。

陶盆　2件。泥质素面灰陶。ⅣM15：20，侈口，方唇，斜平沿，弧腹，平底。口径13.6、底径6.6、高7.0厘米（图三四九，14；图版一四七，1）。ⅣM15：21，侈口，方唇，斜平沿微凹，斜直腹，腹部较深，平底。内壁见轮制痕迹。口径14.3、底径7.5、高6.0厘米（图三四九，13；图版一四七，3）。

陶壶　2件。泥质灰陶。侈口，方唇，束颈，圆肩，扁鼓腹，喇叭状底座，底微凹。ⅣM15：26，颈部较高。台缘起凸棱。口沿外饰一周弦纹。口径7.0、腹径11.8、底径13.2、高14.7厘米（图三四九，15；图版一四六，5）。ⅣM15：27，器形歪扭。近底处有竖向刮削痕迹。口径7.4、腹径12.2、底径10.2、高13.2厘米（图三四九，16；图版一四六，6）。

陶器盖　1件。ⅣM15：1，泥质灰陶。残，可复原。整体呈覆钵状。平顶，弧腹，直口。顶部及腹部饰波浪纹和弦纹组合。盖径17.4、高6.0厘米（图三五〇，1；图版一四七，5）。

陶盘　2件。圆形，平沿，外缘齐平，平底，盘面较平整，略低于盘沿。盘面饰弦纹。ⅣM15：23，泥质橙黄陶。盘径31.0、厚2.0厘米（图三五〇，2）。ⅣM15：24，泥质灰陶。盘径32.2、厚2.0厘米（图三五〇，3；图版一四七，4）。

陶灯　1件。ⅣM15：25，泥质素面灰陶。灯口呈钵状，直口，尖唇，弧腹，灯柄实心，上细下粗，中腰微鼓，近底处外撇形成圆台状底座，平底。柄部与底座界限明显。口径8.2、底

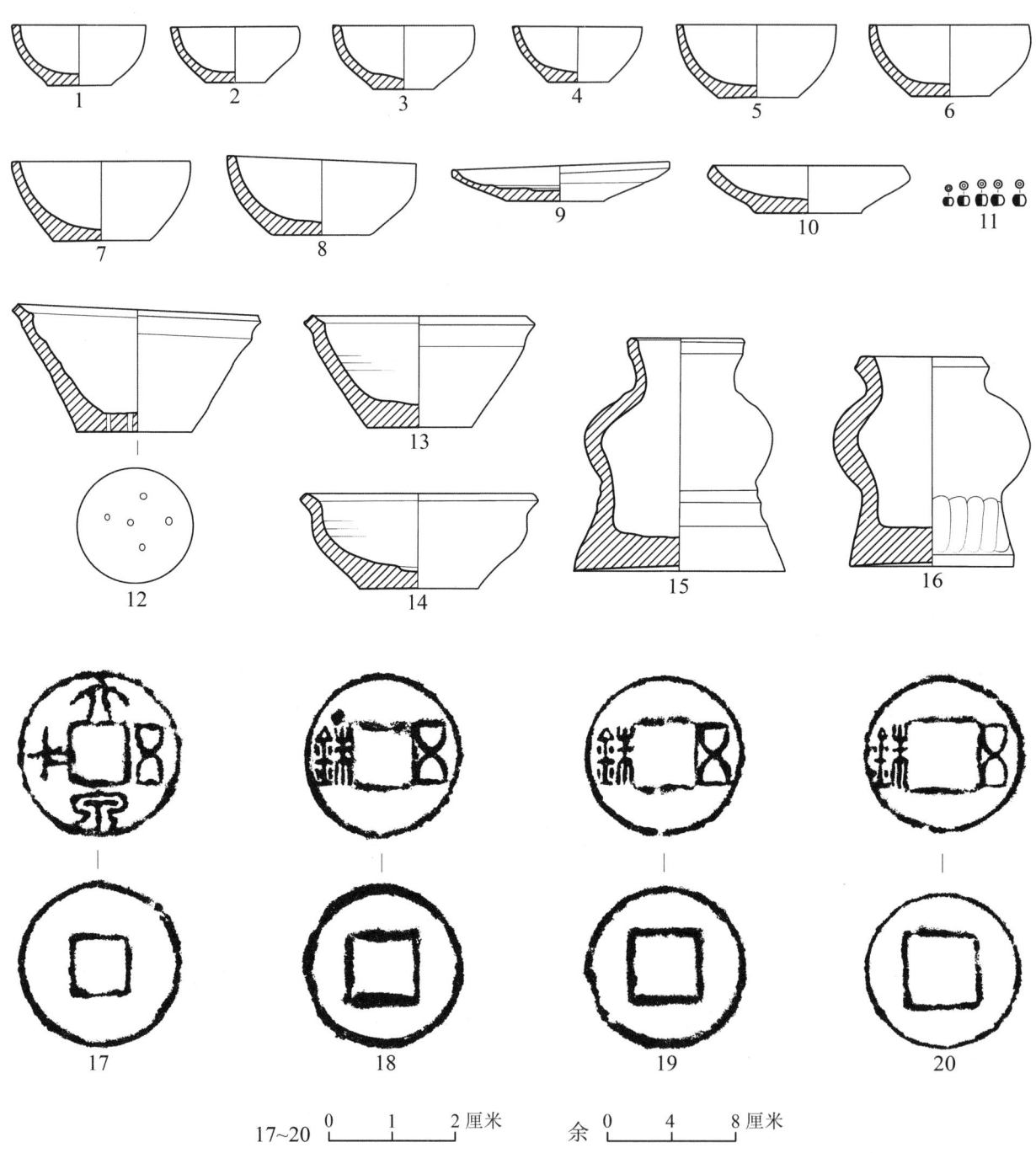

图三四九 ⅣM15出土器物（二）

1~8.陶钵（ⅣM15:13、ⅣM15:14、ⅣM15:15、ⅣM15:22、ⅣM15:30、ⅣM15:16、ⅣM15:17、ⅣM15:19） 9、10.陶碟（ⅣM15:2、ⅣM15:18） 11.珠饰（ⅣM15:29） 12.陶甑（ⅣM15:3） 13、14.陶盆（ⅣM15:21、ⅣM15:20） 15、16.陶壶（ⅣM15:26、ⅣM15:27） 17.大泉五十（ⅣM15:28-1） 18~20.五铢钱（ⅣM15:28-6、ⅣM15:28-7、ⅣM15:28-9）

径 12.2、高 17.5 厘米（图三五〇，4；图版一四六，3）。

珠饰　1组（13颗）。ⅣM15:29，木质，手工制作，除一颗为黄色外，其余均黑色。圆鼓形，中有穿孔。直径 0.6~0.8、厚 0.4~0.5 厘米；孔径均为 0.15 厘米（图三四九，11；图版一四七，7）。

铜钱　1组。ⅣM15:28，10枚。均圆形方穿，形制不同，以五铢钱为主，部分为大泉五十。五铢钱有穿左上星记号。

ⅣM15:28-1，大泉五十，形制较大，形体厚重，面背皆有内郭。正面穿口左右铸"五十"二字，较瘦长，上下铸"大泉"二字，较宽矮，均为篆书。"五"字较窄，交笔弯曲；"大"字一横较圆弧。钱径 2.66、穿宽 0.76、郭宽 0.15、郭厚 0.20、肉厚 0.14 厘米，重 3.99 克（图三四九，17；图版一四五，1）。ⅣM15:28-6，五铢钱，正面穿左右篆书"五铢"二字。"五"字较宽，交笔弯曲；"铢"字"金"字头呈三角形，中间四点较长，"朱"字上部方圆折，下部圆折。记号为穿左上星。钱径 2.58、穿宽 0.91、郭宽 0.15、郭厚 0.16、肉厚 0.10 厘米，重 2.62 克（图三四九，18；图版一四五，1）。

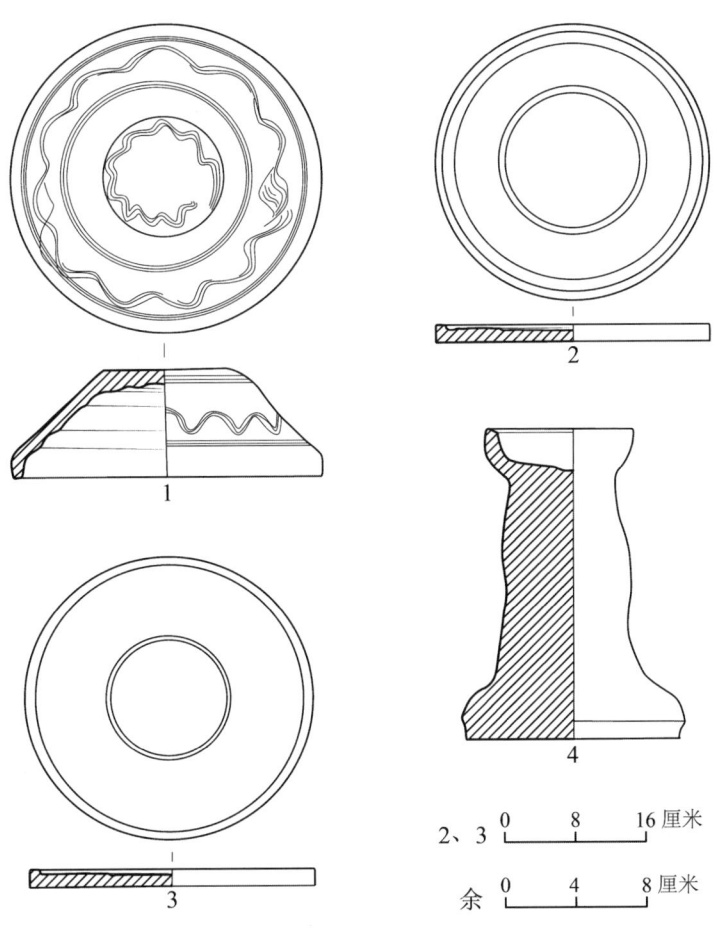

图三五〇　ⅣM15出土器物（三）
1.陶器盖（ⅣM15:1）　2、3.陶盘（ⅣM15:23、ⅣM15:24）　4.陶灯（ⅣM15:25）

ⅣM16

位于Ⅳ区中部，ⅣM12 西南，东西向分布。

1. 墓葬形制

该墓为带长斜坡墓道单室土洞墓，由封土、墓道、甬道、墓室组成。墓向 271°（图三五一）。

封土　现呈丘状，部分叠压墓道。残径 5.20、残高 0.58 米。

墓道　位于墓室以西，平面呈长方形，长 10.60、宽 0.84 米。东端剖面呈梯形，口小底大，底宽 1.20 米。西高东低，斜坡至底，斜坡长约 11.20 米，坡度 18°。近墓门处距地表深 4.48 米。内填灰黄色沙土，土质松散，含砾石。

甬道　位于墓道东端，连接墓道与墓室，为拱顶土洞式结构，平面呈长方形，进深 0.80、宽 0.84、高 1.30 米。墓门呈拱形，与甬道同高等宽。封门位于甬道内封，以规格不等的土坯错缝平铺而成，现高 0.60、宽 0.84、厚约 0.44 米，土坯厚约 0.10 米。

墓室　位于墓道以东，平面呈"凸"字形，由于墓室坍塌严重，采用揭取墓室顶部的方式发掘，故墓室顶部形制及高度不详。墓室东西长 2.60~3.30、南北宽 1.90~2.40 米。距墓室西端 0.54 米处发现一直径约 0.70 米的圆形盗洞，直达墓室底部。

2. 葬具葬式

墓室南壁下存一尸床，由细沙土堆垒而成，残长 1.02、宽 0.52 米。

该墓为单人葬。人骨置于尸床之上，仅存腿骨，葬式不详。经鉴定，人骨疑似男性，年龄不详。

3. 随葬品

随葬品以陶器为主，放置于墓室北部及中部，共 14 件，包括陶樽 1 件、陶壶 2 件、陶釜 1 件、陶钵 4 件、陶碟 2 件、陶盆 1 件、陶盘 2 件、陶耳杯 1 件。另于人骨两腿间出土铜钱 1 组（19 枚）（图版四四，2）。

陶钵　4 件。ⅣM16∶5，泥质素面灰陶。近直口，方唇，深弧腹，平底。口径 17.2、底径 6.6、高 7.8 厘米（图三五二，1；图版一四八，4）。ⅣM16∶7，泥质素面灰黑陶。直口，尖圆唇，弧腹，平底。口径 10.0、底径 4.4、高 3.5~4.0 厘米（图三五二，4）。ⅣM16∶11，泥质素面灰陶。侈口，圆唇，弧腹，平底。口径 14.2、底径 6.5、高 4.7 厘米（图三五二，2；图版一四八，5）。ⅣM16∶13，泥质素面灰黑陶。侈口，尖圆唇，弧腹，平底。口径 10.8、底径 5.0、高 3.5~3.8 厘米（图三五二，3；图版一四八，6）。

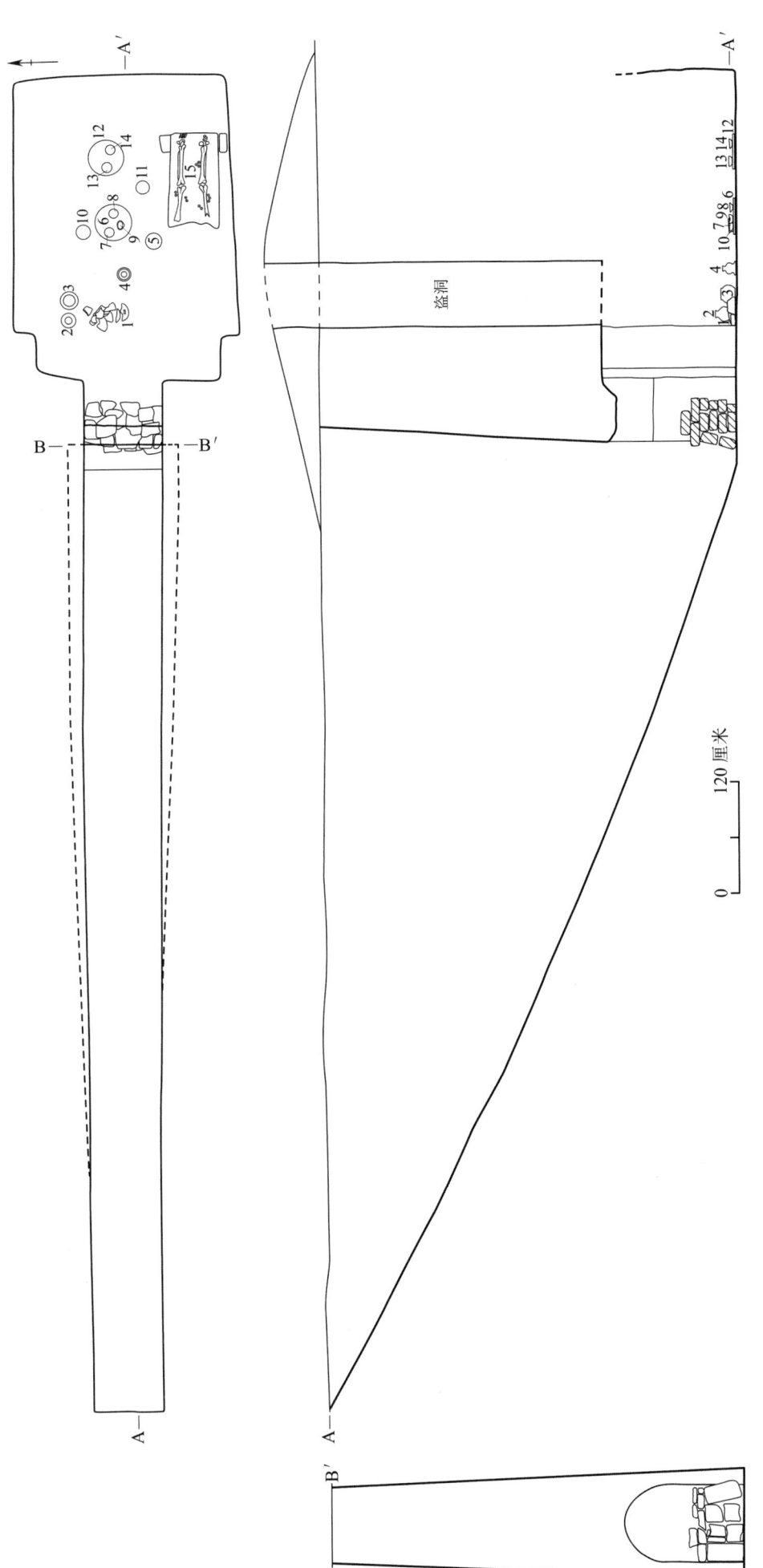

图三五一 ⅣM16 平、剖面图

1.陶樽 2、4.陶壶 3.陶釜 5、7、11、13.陶钵 6、12.陶盘 8、14.陶碟 9.陶耳杯 10.陶盆 15.铜钱

图三五二　ⅣM16出土器物

1~4.陶钵（ⅣM16:5、ⅣM16:11、ⅣM16:13、ⅣM16:7）　5、6.陶碟（ⅣM16:8、ⅣM16:14）　7.陶盆（ⅣM16:10）　8.陶耳杯（ⅣM16:9）　9、10.陶壶（ⅣM16:2、ⅣM16:4）　11.陶樽（ⅣM16:1）　12、13.陶盘（ⅣM16:12、ⅣM16:6）　14.陶釜（ⅣM16:3）

陶碟　2件。泥质素面灰陶。敞口，圆唇，斜直腹，腹部较浅，平底。内壁见轮制痕迹。ⅣM16:8，口径10.0、底径5.0、高2.7~3.3厘米（图三五二，5；图版一四九，1）。ⅣM16:14，口径10.4、底径5.5、高2.5~3.3厘米（图三五二，6）。

陶盆　1件。ⅣM16:10，泥质素面灰陶。残，可复原。器形歪扭。侈口，斜平沿，深弧腹，平底。内壁见轮制痕迹。口径15.0、底径6.2、高6.5~7.4厘米（图三五二，7；图版一四九，2）。

陶耳杯　1件。ⅣM16:9，泥质素面灰陶。残，可复原。整体呈椭圆形，侈口，平沿，长边两侧附对称双耳，弧腹，平底。长口径9.7、短口径5.3、长底径5.0、短底径3.3、耳长3.5、耳宽1.4、高3.4~4.0厘米（图三五二，8）。

陶壶　2件。侈口，方唇，圆肩，扁鼓腹，下腹束腰外撇至平底。ⅣM16:2，泥质灰陶。近底部饰凸棱纹。口径7.4、腹径15.6、底径15.0、高20.8厘米（图三五二，9；图版一四九，3）。ⅣM16:4，泥质橙黄陶。腹部饰数道弦纹。口径5.6、腹径11.8、底径14.6、高14.0厘米（图三五二，10；图版一四九，4）。

陶樽　1件。ⅣM16:1，泥质灰陶。直口，方唇，领部较高，折肩，直腹，平底。上腹部饰数道弦纹，内壁见轮制痕迹。口径20.2、腹径22.0、底径21.0、高13.6厘米（图三五二，11；图版一四九，6）。

陶盘　2件。圆形，平沿，外缘微弧，盘面较平整，低于盘沿，平底。盘面饰弦纹。ⅣM16:6，泥质灰陶。残，可复原。盘径39.0、厚1.8厘米（图三五二，13；图版一五〇，1）。ⅣM16:12，泥质橙黄陶。残，可复原。盘径38.0、厚2.0厘米（图三五二，12）。

陶釜　1件。ⅣM16:3，泥质素面灰陶。直口，方唇，矮领，圆肩，圆鼓腹，平底。近底处有竖向刮削痕迹。口径12.4、腹径19.4、底径12.6、高15.0厘米（图三五二，14；图版一四九，5）。

铜钱　1组。ⅣM16:15，19枚，均圆形方穿，以五铢钱为主，其中部分五铢为剪轮五铢。五铢有穿上星记号。

ⅣM16:15-9，五铢钱，正面穿左右篆书"五铢"二字。"五"字较窄，交笔弯曲；"铢"字"金"字头呈三角形，中间四点较长，"朱"字锈蚀不可辨。记号为穿上星。钱径2.53、穿宽1.05、郭宽0.15、郭厚0.13、肉厚0.09厘米，重2.35克（图版一五〇，2）。

ⅣM17

位于Ⅳ区中部，ⅣM16西南，东西向分布。

1. 墓葬形制

该墓为带长斜坡墓道单室土洞墓，由封土、墓道、甬道、墓室组成。墓向285°（图三五三)。

封土　现呈丘状，部分叠压墓道。残径6.40、残高0.62米。

墓道　位于墓室以西，平面呈长方形，长12.42、宽0.88米。东端剖面呈梯形，口小底大，底宽1.20米。西高东低，斜坡至底，斜坡长12.60米，坡度20°。近墓门处距地表深5.20米。内填灰黄色沙土，土质松散，含砾石。

甬道　位于墓道东端，连接墓道与墓室，为拱顶土洞式结构，平面呈长方形，顶部坍塌，进深0.80、宽0.70、残高1.30~1.76米。墓门呈拱形，与甬道同高等宽。封门位于甬道内封，以沙石和土坯横向错缝平砌而成，现高1.26、宽0.70、厚0.22米，土坯长0.44、宽0.20、厚0.14米。

墓室　位于墓道以东，平面呈长方形，四壁及顶部坍塌严重，墓顶形制不明。墓室东西长3.50、南北宽2.90、残高3.00米。墓室西北角及西南角各掏一龛，西北角龛口宽1.12、进深1.10、高1.10米；西南角龛口宽0.70、进深0.80、高0.60米。

2. 葬具葬式

无葬具。

无人骨。

3. 随葬品

随葬品放置于墓室中部、南部及西北角龛内，均为陶器，共8件，包括陶釜1件、陶斗瓶1件、陶器盖1件、陶钵3件、陶甑1件、陶盘1件。

陶钵　3件。泥质素面灰陶。ⅣM17:1，敛口，圆唇，上腹微鼓，下腹斜收至平底。口径13.8、底径5.0、高4.5厘米（图三五四，1）。ⅣM17:7，侈口，圆唇，弧腹，平底。口径8.5、底径3.8、高3.1厘米（图三五四，2）。ⅣM17:8，器形歪扭。侈口，圆唇，上腹微弧，下腹斜收至平底。口径8.2、底径3.2、高3.1~3.4厘米（图三五四，3）。

陶器盖　1件。ⅣM17:2，泥质素面灰陶。器形歪扭。整体呈覆钵状，平底，弧腹，侈口。盖径11.0、高3.3~3.6厘米（图三五四，4）。

陶斗瓶　1件。ⅣM17:4，泥质灰陶。器形歪扭。侈口，圆唇，束颈，溜肩，腹部微鼓，平底。肩部有一周弦纹。口径5.0、腹径6.5、底径5.4、高7.2~7.5厘米（图三五四，5）。

陶甑　1件。ⅣM17:6，泥质素面灰陶。盆形甑。侈口，斜平沿，尖圆唇，弧腹，平底，底部有一不规则形孔。口径13.0、底径5.0、高4.4厘米（图三五四，6）。

陶釜　1件。ⅣM17:3，泥质素面灰陶。直口，圆唇，矮领，广肩，扁鼓腹，平底。内壁见轮制痕迹。口径8.0、腹径14.0、底径7.8、高8.3厘米（图三五四，7）。

陶盘　1件。ⅣM17:5，泥质灰陶。圆形，斜平沿，外缘微弧，盘面较平整，低于盘沿，

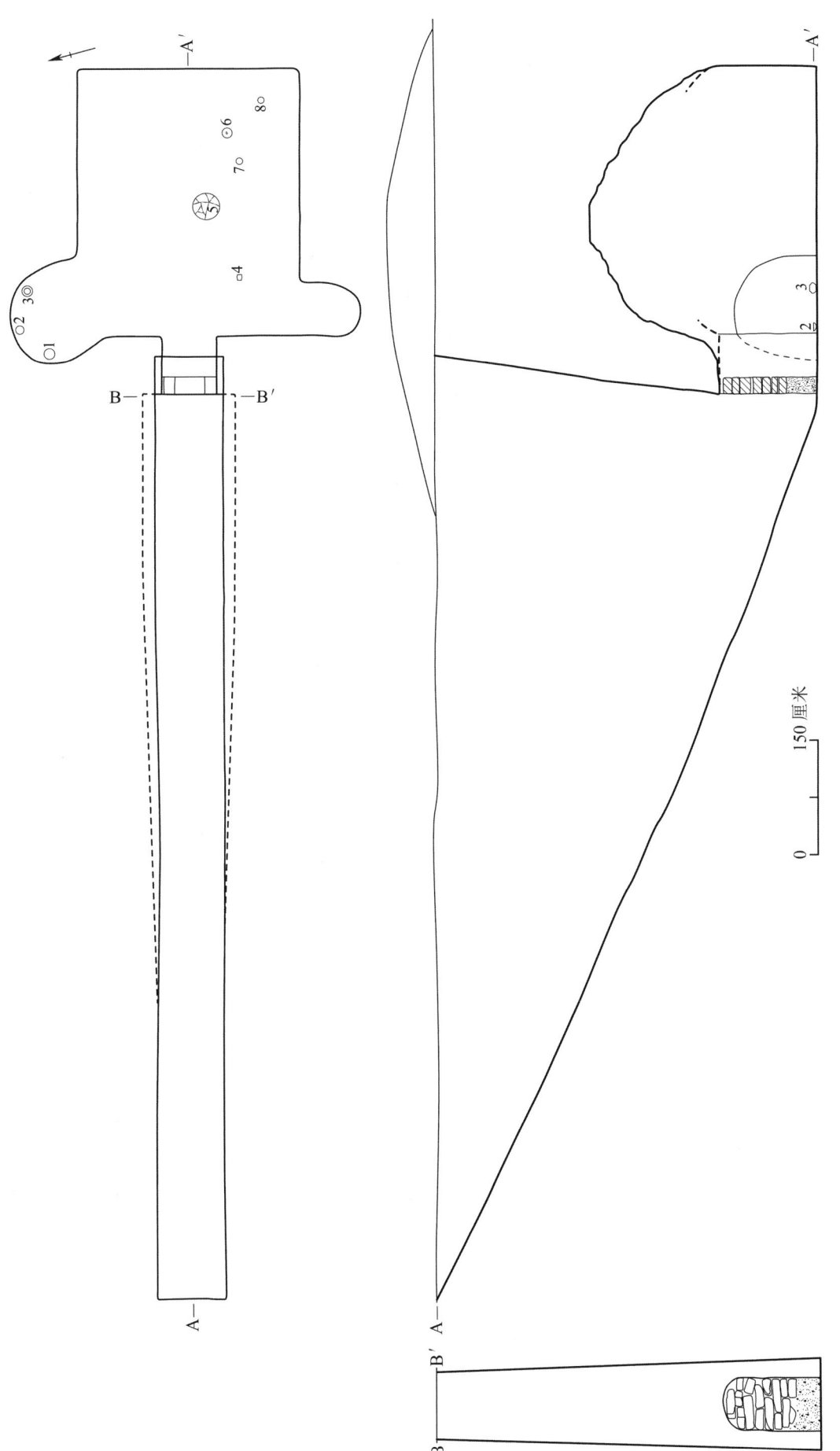

图三五三 ⅣM17平、剖面图

1、7、8.陶钵 2.陶器盖 3.陶釜 4.陶斗瓶 5.陶盘 6.陶甑

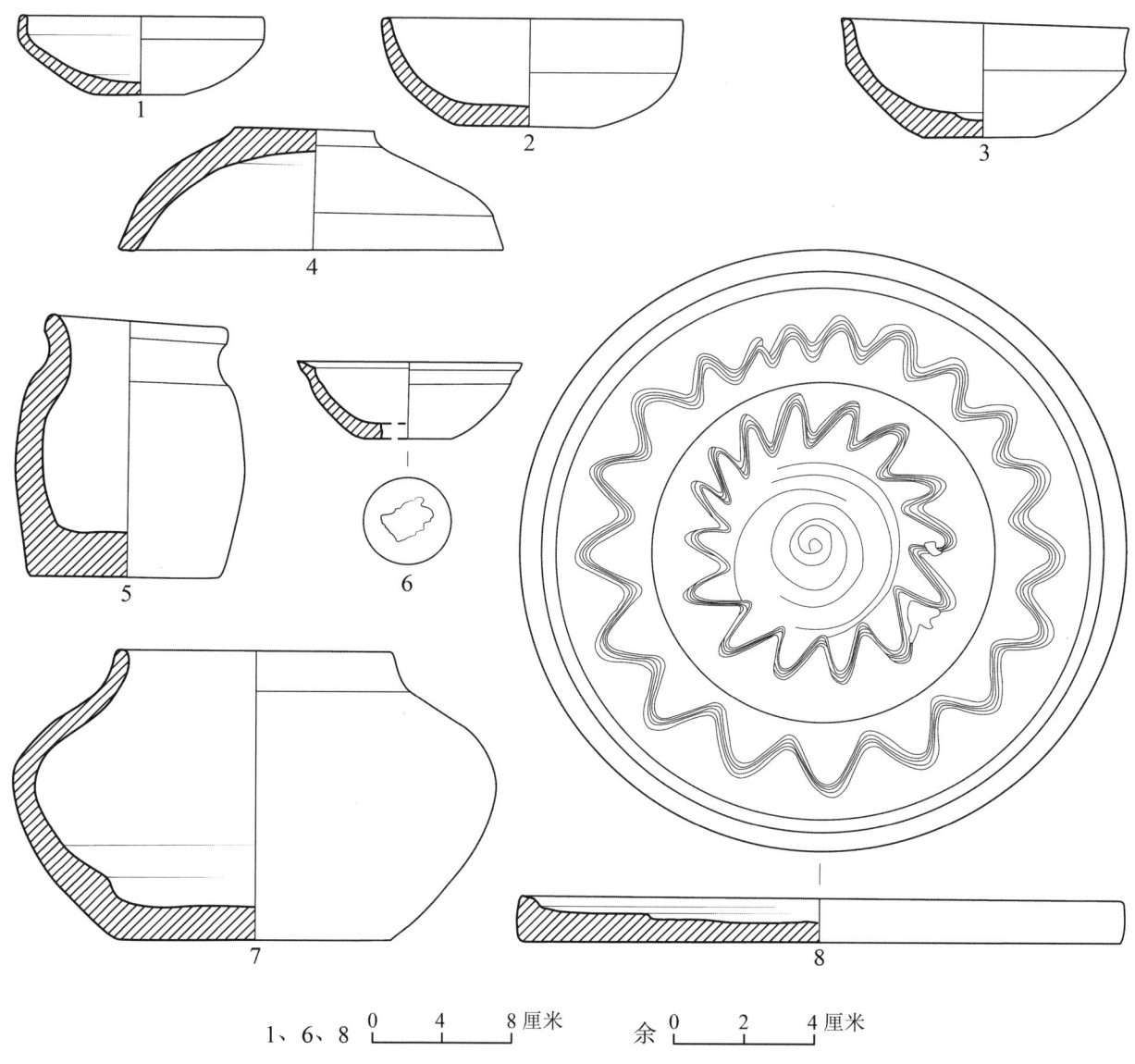

图三五四　ⅣM17出土器物

1~3.陶钵（ⅣM17：1、ⅣM17：7、ⅣM17：8）　4.陶器盖（ⅣM17：2）　5.陶斗瓶（ⅣM17：4）　6.陶甑（ⅣM17：6）
7.陶釜（ⅣM17：3）　8.陶盘（ⅣM17：5）

平底。盘面饰两组波浪纹。盘径34.6、厚2.4厘米（图三五四，8）。

ⅣM18

位于Ⅳ区中部，ⅣM17以北，东西向分布。

1. 墓葬形制

该墓为带长斜坡墓道单室土洞墓，由封土、墓道、甬道、墓室组成。墓向275°（图三五五）。

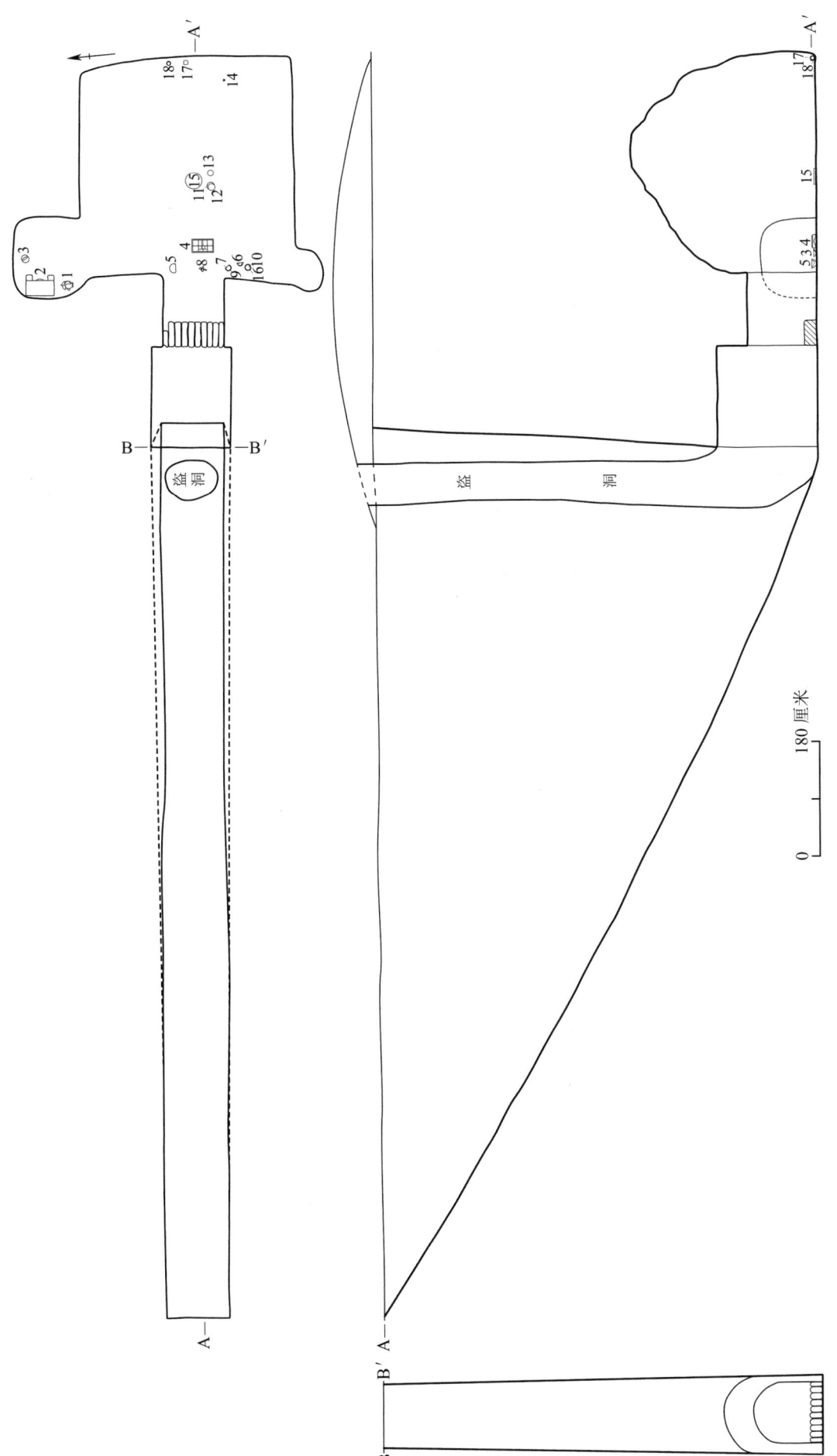

图三五五 ⅣM18平、剖面图
1、2.波浪纹陶罐 3、12.陶碟 4.陶橱 5、6、11.陶盆 7~10、13、16.陶钵 14.铜饰残片 15.陶盘 17、18.陶斗瓶

封土　现呈丘状，部分叠压墓道。残径7.40、残高0.60米。

墓道　位于墓室以西，平面呈长方形，长14.10、宽1.00米。东端剖面呈梯形，口小底大，底宽1.26米。西高东低，斜坡至底，斜坡长15.20米，坡度20°。近墓门处距地表深7.26米。内填灰黄色沙土，土质松散，含砾石。

甬道　位于墓道东端，连接墓道与墓室，为双甬道。均为拱顶土洞式结构，前甬道平面呈长方形，进深1.60、宽1.26、高1.60米；后甬道平面呈梯形，进深1.08~1.16、宽0.96、高1.10米。墓门呈拱形，与甬道同高等宽。封门位于后甬道内封，以土坯竖立砌成，现高0.20、宽0.98、厚0.40米，土坯长0.40、宽0.10、厚0.20米。

墓室　位于墓道以东，平面呈长方形，墓顶坍塌严重，形制不详。墓室东西长3.50、南北宽3.36、残高2.93米。墓室西北角存一耳室，内有由土坯搭制而成的灶，象征庖厨之所，口宽0.96、进深1.18、高0.88米；西南角掏一龛，口宽0.58、进深0.40、高0.62米。

2. 葬具葬式

无葬具。

无人骨。

3. 随葬品

随葬品以陶器为主，放置于墓室西部、中部、东部及耳室内，共18件，包括波浪纹陶罐2件、陶碟2件、陶钵6件、陶斗瓶2件、陶楎1件、陶盆3件、陶盘1件。另于墓室东壁下出土铜饰残片1件（图版四四，3）。

陶钵　6件。泥质素面橙黄陶。均不同程度残缺，可复原。侈口，圆唇，弧腹，平底。ⅣM18∶7，口径8.8、底径3.2、高3.8厘米（图三五六，1）。ⅣM18∶8，口径9.2、底径3.8、高3.5厘米（图三五六，4）。ⅣM18∶9，口径8.5、底径3.4、高3.4~3.5厘米（图三五六，2）。ⅣM18∶10，口径9.0、底径3.4、高3.5厘米（图三五六，5）。ⅣM18∶13，口径9.2、底径3.8、高3.6厘米（图三五六，3）。ⅣM18∶16，口径10.0、底径3.6、高3.6厘米（图三五六，6；图版一五〇，5）。

陶碟　2件。泥质素面橙黄陶。敞口，尖圆唇，斜弧腹，平底。内壁见轮制痕迹。ⅣM18∶3，器形歪扭。残，可复原。口径11.2、底径4.0、高2.8~3.8厘米（图三五六，7）。ⅣM18∶12，口径10.8、底径3.8、高3.4厘米（图三五六，8；图版一五〇，4）。

陶盆　3件。泥质红陶。侈口，斜平沿，束颈，弧腹，腹部较深，平底。ⅣM18∶5，残，可复原。上腹部饰弦纹。口径14.4、底径5.6、高6.7~6.8厘米（图三五六，9）。ⅣM18∶6，残，可复原。口径10.4、底径3.6、高4.7~5.2厘米（图三五六，10）。ⅣM18∶11，口径12.0、底径4.6、高5.3厘米（图三五六，11；图版一五〇，7）。

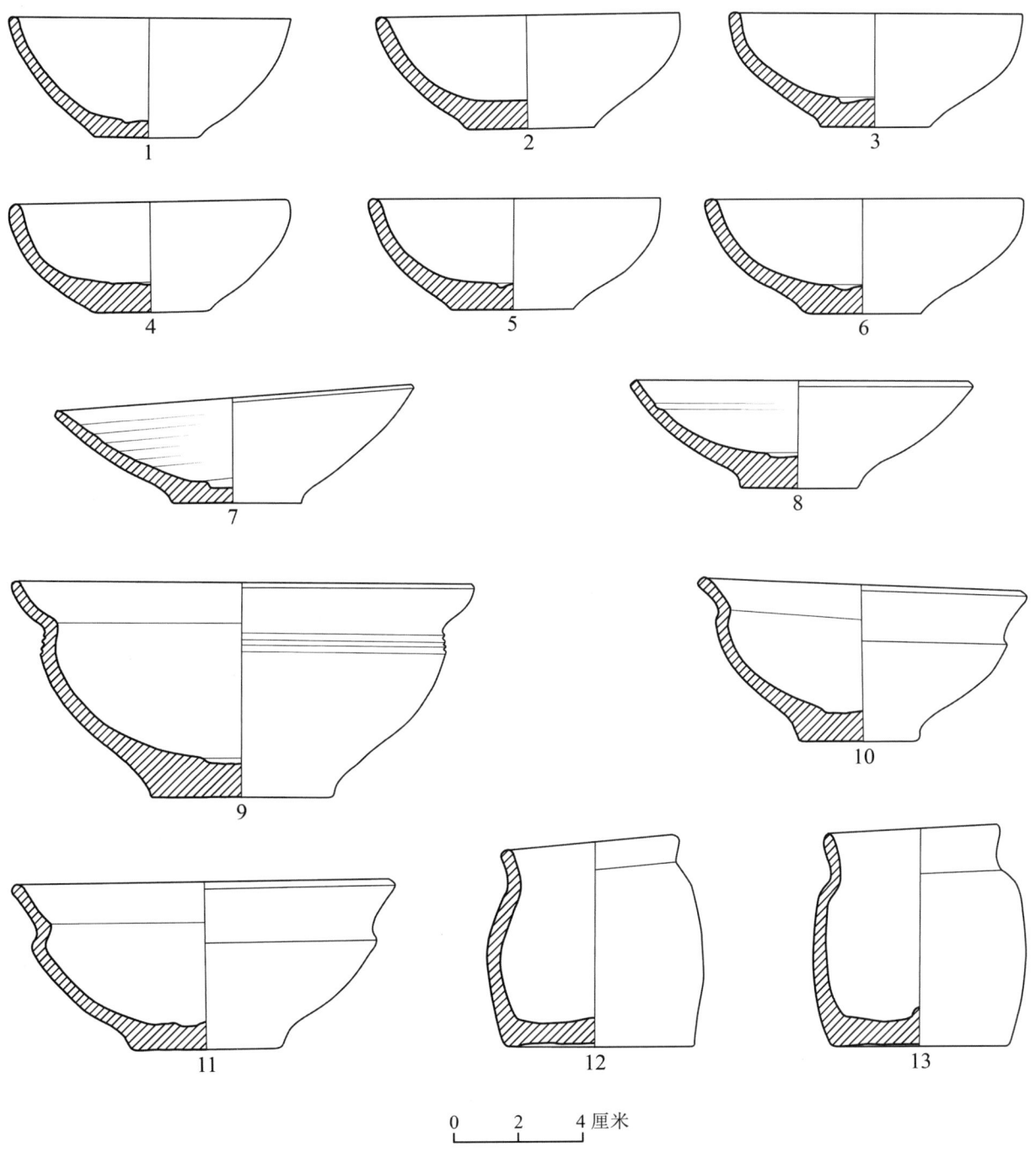

图三五六　ⅣM18出土器物（一）
1~6.陶钵（ⅣM18：7、ⅣM18：9、ⅣM18：13、ⅣM18：8、ⅣM18：10、ⅣM18：16）　7、8.陶碟（ⅣM18：3、ⅣM18：12）
9~11.陶盆（ⅣM18：5、ⅣM18：6、ⅣM18：11）　12、13.陶斗瓶（ⅣM18：17、ⅣM18：18）

陶斗瓶 2件。泥质素面灰陶。器形歪扭。侈口，圆唇，溜肩，腹部微鼓，平底。肩、腹部朱书镇墓文，均漫漶不清。ⅣM18：17，口径5.2、腹径6.8、底径5.8、高6.2~6.7厘米（图三五六，12；图版一五一，2）。ⅣM18：18，器形歪扭。口径5.3、腹径6.8、底径5.6、高6.7~7.0厘米（图三五六，13；图版一五一，1）。

陶槅 1件。ⅣM18：4，泥质素面橙黄陶。残，可复原。平面呈长方形，四周留有台沿，底中空，面上分隔成十格，四周刻有壸门状装饰。长34.2、宽21.0、高6.0厘米（图三五七，1；图版一五〇，6）。

陶盘 1件。ⅣM18：15，泥质灰陶。圆形，平沿微凹，外缘斜直，盘面较平整，低于盘沿，平底。盘面内饰波浪纹三组。盘径25.4、厚2.4厘米（图三五七，2；图版一五一，3）。

波浪纹陶罐 2件。器形整体瘦高，侈口，斜方唇，束颈，圆肩，圆鼓腹，平底。肩、腹部饰波浪纹和弦纹各一组，内壁见轮制痕迹。ⅣM18：1，泥质灰陶。残，可复原。口径11.7、腹径17.7、底径12.0、高16.4厘米（图三五七，4）。ⅣM18：2，泥质橙黄陶。口径11.0、腹径17.0、底径11.0、高15.0厘米（图三五七，3；图版一五〇，3）。

铜饰残片 1件。ⅣM18：14，锈蚀、残缺严重，形状不规则，用途不明。光素无饰，粘有红色漆皮。厚0.1厘米。

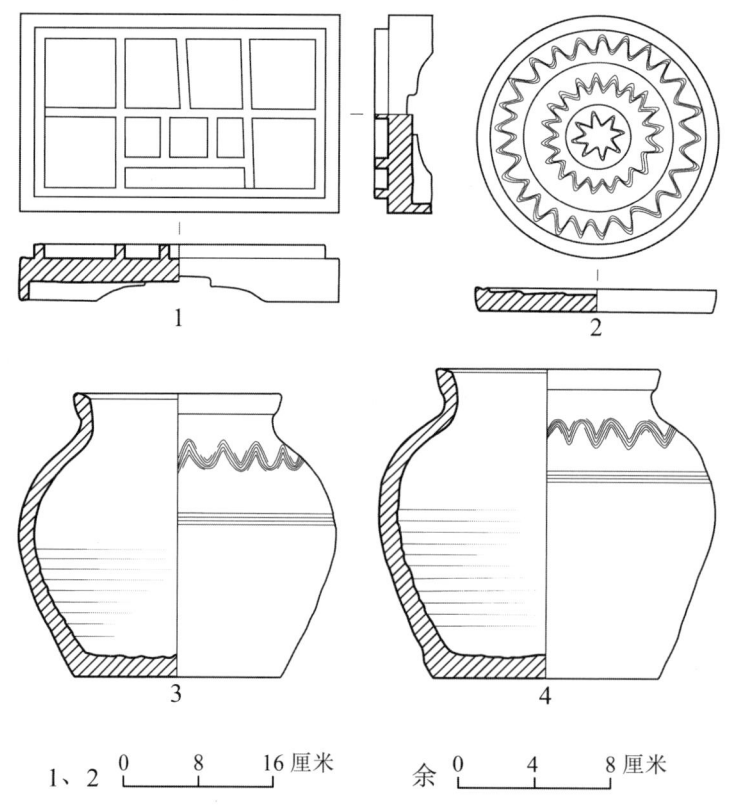

图三五七 ⅣM18出土器物（二）
1.陶槅（ⅣM18：4） 2.陶盘（ⅣM18：15） 3、4.波浪纹陶罐（ⅣM18：2、ⅣM18：1）

ⅣM19

位于Ⅳ区中部，ⅣM11东南，南北向分布。与ⅣM28为一组，未发现茔圈。

1. 墓葬形制

该墓为带长斜坡墓道单室土洞墓，由封土、墓道、甬道、墓室组成。墓向175°（图三五八）。

封土　现呈丘状，部分叠压墓道。残径5.58、残高0.60米。

墓道　位于墓室以南，平面呈长方形，长13.68、宽0.84米。北端剖面呈梯形，口小底大，底宽1.18米。南高北低，斜坡至距墓门0.94米处到底，其后平直延伸至墓门处，坡长13.70米，坡度29°。近墓门处距地表深5.68米。内填灰黄色沙土，土质松散，含砾石。

甬道　位于墓道北端，连接墓道与墓室，为拱顶土洞式结构，平面呈长方形，北低南高，进深0.80、宽0.90、高1.20~1.40米。墓门呈拱形，与甬道同高等宽。封门位于甬道内封，以长方形土坯侧立斜砌而成，现高0.64、宽0.82、厚0.44米，土坯长0.43、宽0.22、厚0.08~0.10米。

墓室　位于墓道以北，平面呈长方形，距墓室地面0.80米处向上斜收，顶部坍塌严重，形制不详。墓室南北长3.20、东西宽2.80、残高2.50米。墓室东南角和西南角各掏一龛，东南角龛口宽0.70、进深0.40、高0.86米；西南角龛口宽0.70、进深0.30、高0.85米。

2. 葬具葬式

墓室东、西壁下各存一尸床，东西向平行放置，东侧尸床由细沙土堆垒而成，残长1.80、宽0.54、厚0.04米；西侧尸床由木板、细沙土垒砌而成，残长1.80、宽0.54~0.60、厚0.04米。墓室北壁下存腐朽的木块，原可能存在木质尸罩，具体形制不详。

该墓为双人合葬。人骨置于尸床之上，凌乱不堪，葬式不详。人骨性别、年龄不详。

3. 随葬品

随葬品为陶器和泥器，放置于墓室中部及两龛内，共20件，包括泥器3件、陶灯1件、陶纺轮1件、陶釜1件、波浪纹陶罐2件、陶斗瓶2件、陶甑1件、陶盘2件、陶钵5件、陶碗1件、陶壶1件（图版四五，1）。

陶釜　1件。ⅣM19：1，泥质素面灰陶。敛口，圆唇，矮领，圆肩，上腹部较鼓，下腹部斜收至平底。内壁见轮制痕迹。口径6.0、腹径7.5、底径5.0、高6.1~6.2厘米（图三五九，1；图版一五二，5）。

陶斗瓶　2件。泥质素面灰陶。侈口，圆唇，领部较高，圆折肩，斜直腹，平底。ⅣM19：

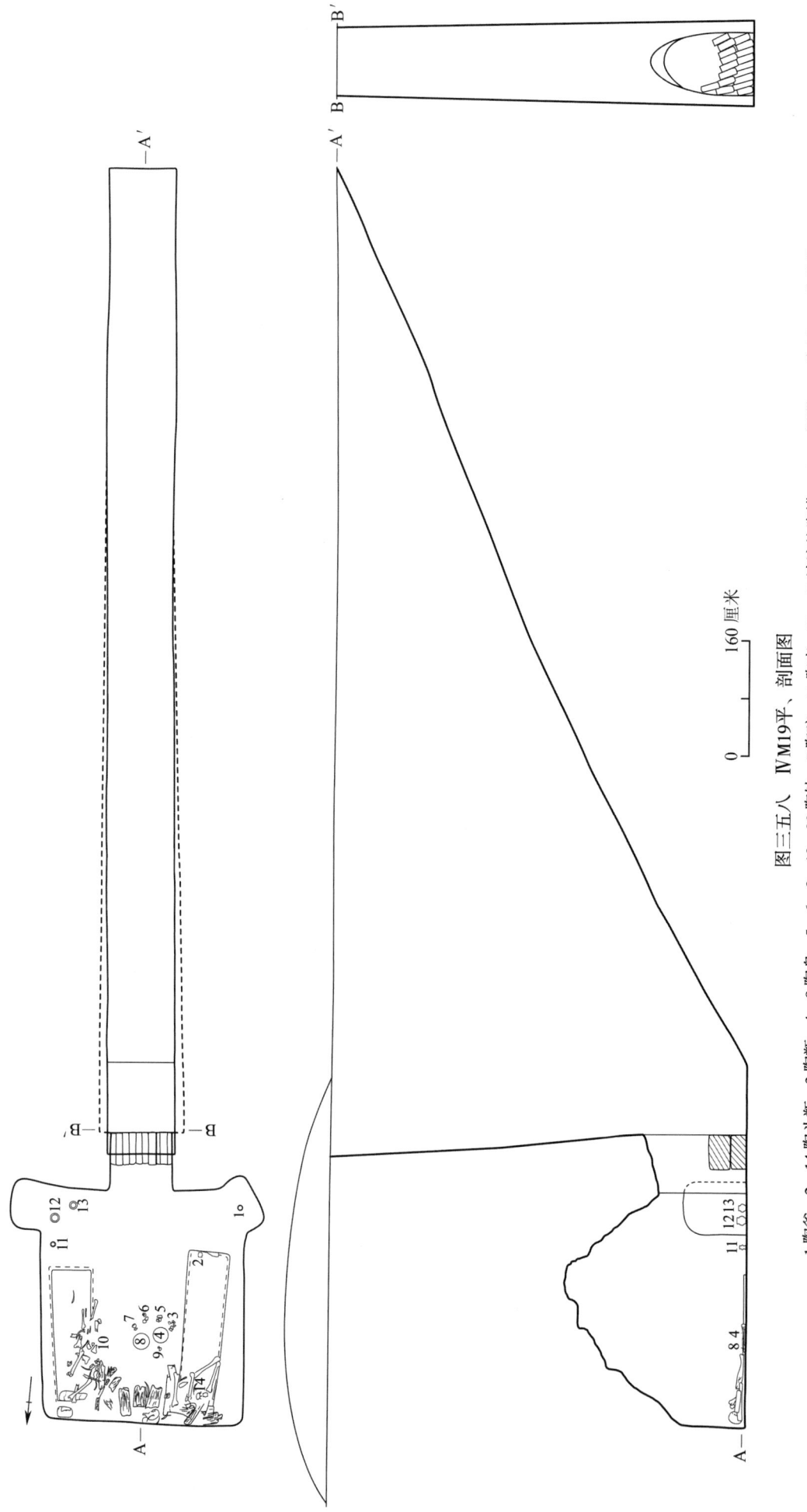

图三五八 ⅣM19平、剖面图

1.陶釜 2、14.陶斗瓶 3.陶甑 4、8.陶盘 5、6、9、10、20.陶钵 7.陶碗 11.陶壶 12、13.波浪纹陶罐 15~17.泥器 18.陶灯 19.陶纺轮

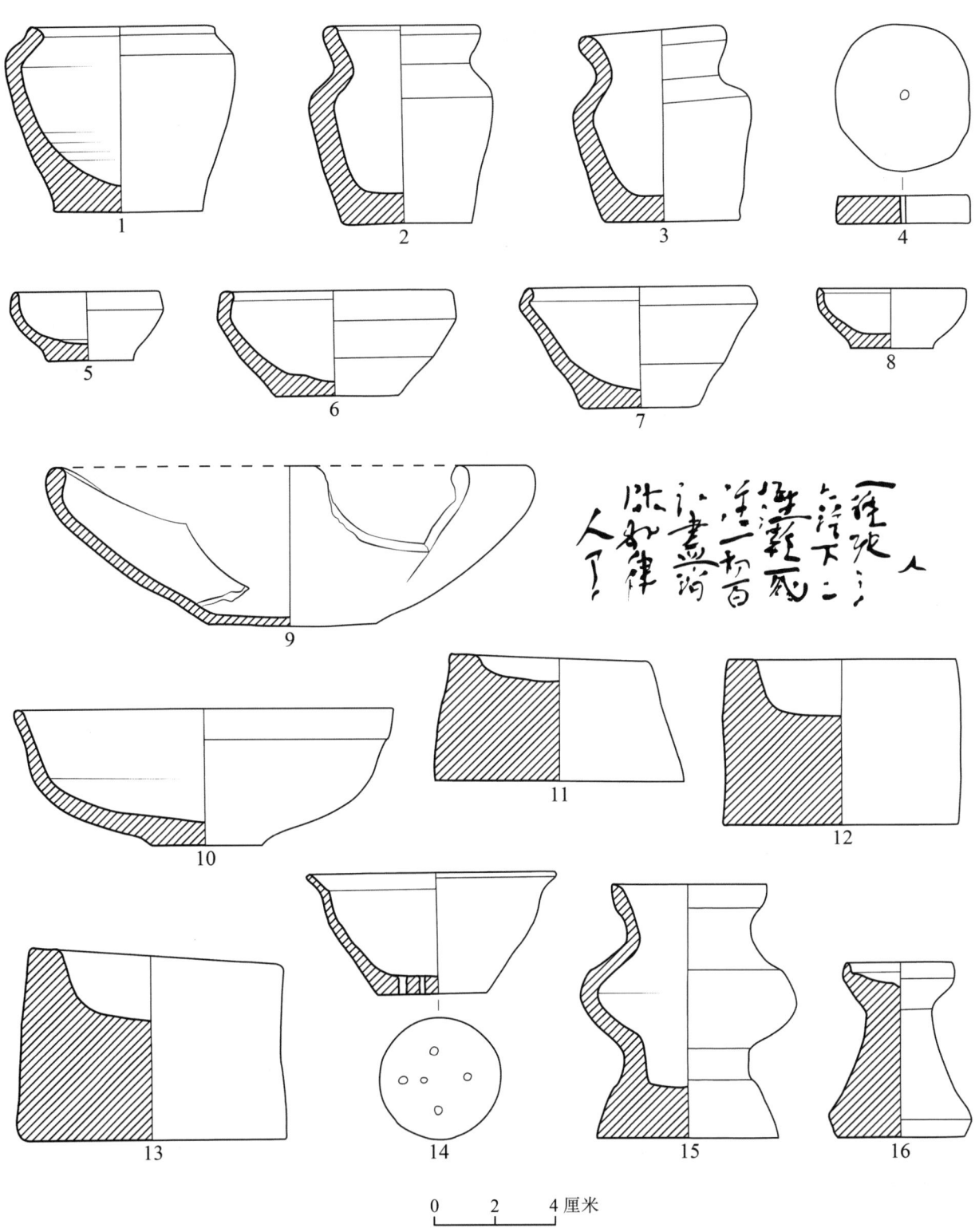

图三五九　ⅣM19出土器物（一）

1.陶釜（ⅣM19∶1）　2、3.陶斗瓶（ⅣM19∶2、ⅣM19∶14）　4.陶纺轮（ⅣM19∶19）　5.陶碗（ⅣM19∶7）　6~10.陶钵（ⅣM19∶5、ⅣM19∶6、ⅣM19∶9、ⅣM19∶10、ⅣM19∶20）　11~13.泥器（ⅣM19∶16、ⅣM19∶17、ⅣM19∶15）
14.陶甑（ⅣM19∶3）　15.陶壶（ⅣM19∶11）　16.陶灯（ⅣM19∶18）

2，口径 5.0、腹径 6.0、底径 4.2、高 6.6 厘米（图三五九，2）。ⅣM19：14，器形歪扭。口径 4.8、腹径 6.0、底径 4.6、高 6.2~6.5 厘米（图三五九，3；图版一五二，4）。

陶纺轮　1件。ⅣM19：19，泥质素面灰陶。圆形，中心有穿孔，磨制而成。直径 4.5~4.9、厚 1.0、孔径 0.3 厘米（图三五九，4）。

陶碗　1件。ⅣM19：7，泥质素面灰陶。残，可复原。直口，圆唇，弧腹，底作矮假圈足。口径 4.8、底径 2.8、高 2.3 厘米（图三五九，5；图版一五三，1）。

陶钵　5件。ⅣM19：5，泥质灰陶。残，可复原。敛口，圆唇，上腹较鼓，下腹斜直，平底。外壁饰两道凸棱纹。口径 7.6、底径 4.0、高 3.5 厘米（图三五九，6）。ⅣM19：6，泥质素面灰陶。残，可复原。敛口，圆唇，斜直腹，平底。口径 7.4、底径 3.8、高 4.0 厘米（图三五九，7）。ⅣM19：9，泥质素面灰陶。残，可复原。直口，圆唇，弧腹，平底。口径 12.5、底径 3.7、高 4.5 厘米（图三五九，8）。ⅣM19：20，泥质素面橙黄陶。侈口，圆唇，弧腹，底作矮假圈足。口径 5.0、底径 2.7、高 2.0 厘米（图三五九，10；图版一五二，2）。ⅣM19：10，泥质素面灰陶。残，不可复原。敛口，圆唇，上腹较鼓，下腹斜收，平底。口径 15.8、底径 5.4、高 5.4 厘米（图三五九，9；图版一五一，5）。外壁及底部有墨书，多已漫漶不清，录文作：

……

注□注

□注□注

生注死

注一切百

注尽消

□如律

令

泥器　3件。泥质，红色。截面呈梯形或近长方形。口部呈碟状或钵状，侈口，厚方唇，平底。ⅣM19：15，残。器形歪扭。口径 8.4、底径 9.0、高 5.8~6.4 厘米（图三五九，13）。ⅣM19：16，器形歪扭，制作不规整。口径 6.5、底径 8.2、高 4.0~4.2 厘米（图三五九，11；图版一五二，1）。ⅣM19：17，残。口径 7.6、底径 8.0、高 5.5 厘米（图三五九，12）。

陶甑　1件。ⅣM19：3，泥质素面灰陶。残，可复原。盆形甑，侈口，斜平沿，斜直腹，平底，底有五孔。口径 8.3、底径 3.6、高 4.0 厘米（图三五九，14）。

陶壶　1件。ⅣM19：11，泥质素面灰陶。侈口，尖唇，束颈，圆肩，扁鼓腹，下腹束腰，喇叭状底座。口径 5.0、腹径 7.2、底径 6.0、高 8.4 厘米（图三五九，15；图版一五二，6）。

陶灯　1件。ⅣM19：18，泥质素面灰陶。灯口呈碟状，直口，尖唇，浅腹，灯柄实心，上细下粗，平底。口径3.6、底径4.2、高5.8厘米（图三五九，16；图版一五二，3）。

波浪纹陶罐 2件。泥质灰陶。器形整体略显瘦高，不规整，侈口，圆唇，高斜直领，腹部较鼓，平底。肩、腹部饰波浪纹及弦纹组合。ⅣM19∶12，口略残，可复原。垂腹。内壁见轮制痕迹。口径8.6、腹径12.6、底径7.6、高12.2厘米（图三六〇，1；图版一五一，6）。ⅣM19∶13，口略残，可复原。口径6.4、腹径11.0、底径6.6、高10.0厘米（图三六〇，2）。

陶盘 2件。泥质橙黄陶。圆形，盘沿微凹，外缘较齐平，盘面较平整，低于盘沿，平底。盘面饰波浪纹两组。ⅣM19∶4，盘径21.0、厚1.5厘米（图三六〇，3）。ⅣM19∶8，盘径22.4、厚2.0厘米（图三六〇，4；图版一五一，4）。

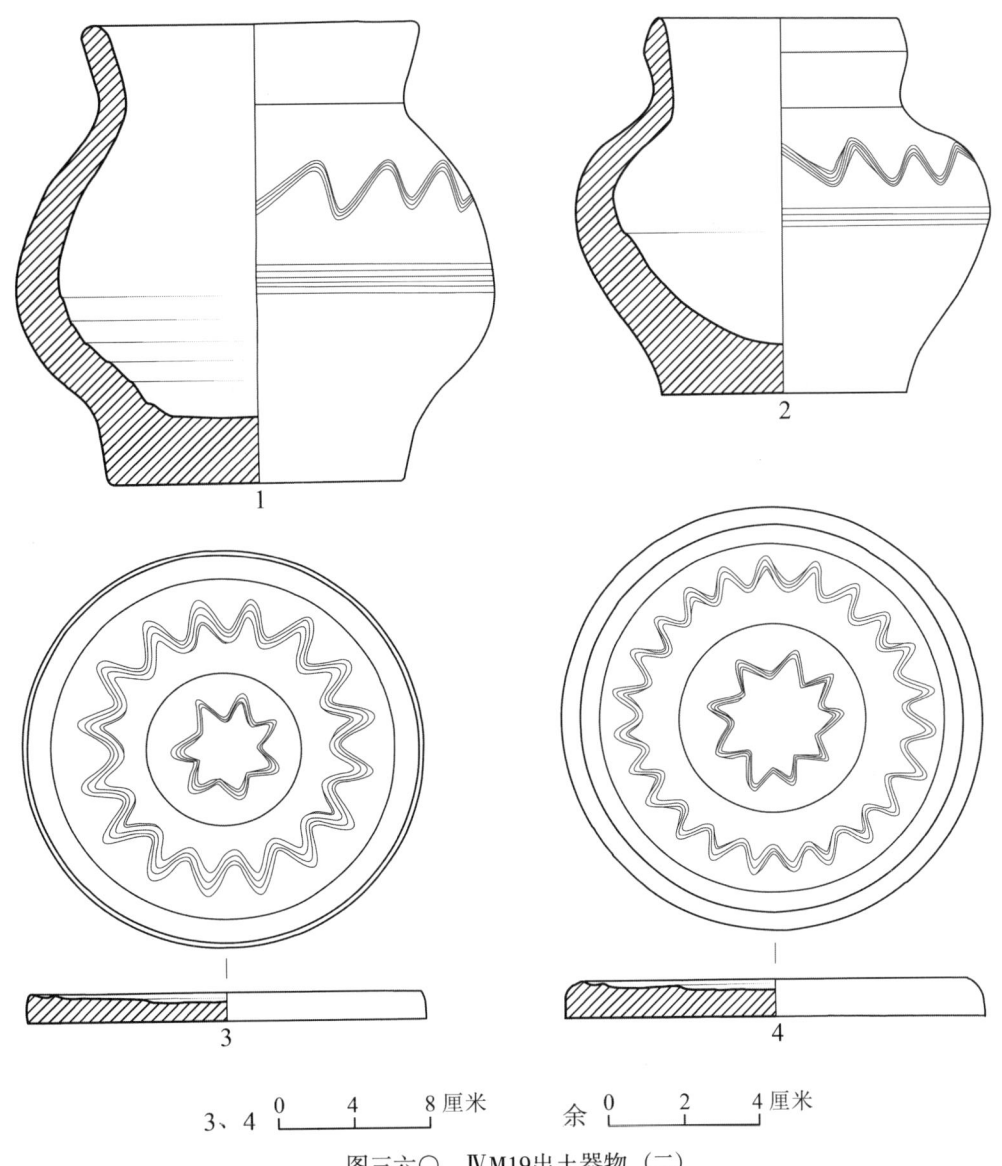

图三六〇 ⅣM19出土器物（二）
1、2.波浪纹陶罐（ⅣM19∶12、ⅣM19∶13） 3、4.陶盘（ⅣM19∶4、ⅣM19∶8）

ⅣM20

位于Ⅳ区西部,ⅣM15西侧,东西向分布。与ⅣM21、ⅣM22、ⅣM23处于同一茔圈内。

1. 墓葬形制

该墓为带长斜坡墓道单室土洞墓,由封土、墓道、甬道、墓室组成,墓向100°(图三六一)。

封土　现呈丘状,部分叠压墓道。残径4.90、残高0.76米。

墓道　位于墓室以东,平面呈长方形,长8.94、宽0.80米。西端剖面呈长方形,底宽0.80米。东高西低,斜坡至底,斜坡长9.30米,坡度24°。近墓门处距地表深3.70米。内填灰黄色沙土,土质松散,含砾石。

甬道　位于墓道西端,连接墓道与墓室,为拱顶土洞式结构,平面呈长方形,进深0.90、宽0.70、高1.08米。墓门呈拱形,与甬道同高等宽。封门位于甬道内封,以砂石和规格不等的土坯砌成,现高0.60、宽0.70、厚0.30米。

墓室　位于甬道以西,平面呈长方形,距墓室地面0.80米处向上斜收,顶部坍塌严重,形制不详。墓室东西长3.50、南北宽1.80、残高1.66米。

2. 葬具葬式

无葬具。

该墓为三人合葬。人骨散置于墓室南、北壁下及中部,疑为二次葬。经鉴定,人骨分属三个个体:其一,为男性,年龄40~44岁;其二,为女性,年龄14~17岁;其三,性别不详,年龄10~13岁。

3. 随葬品

随葬品仅陶钵1件,放置于墓室北壁下。

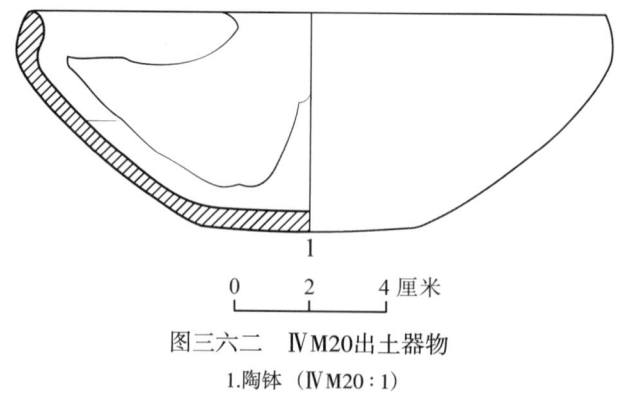

图三六二　ⅣM20出土器物
1.陶钵(ⅣM20∶1)

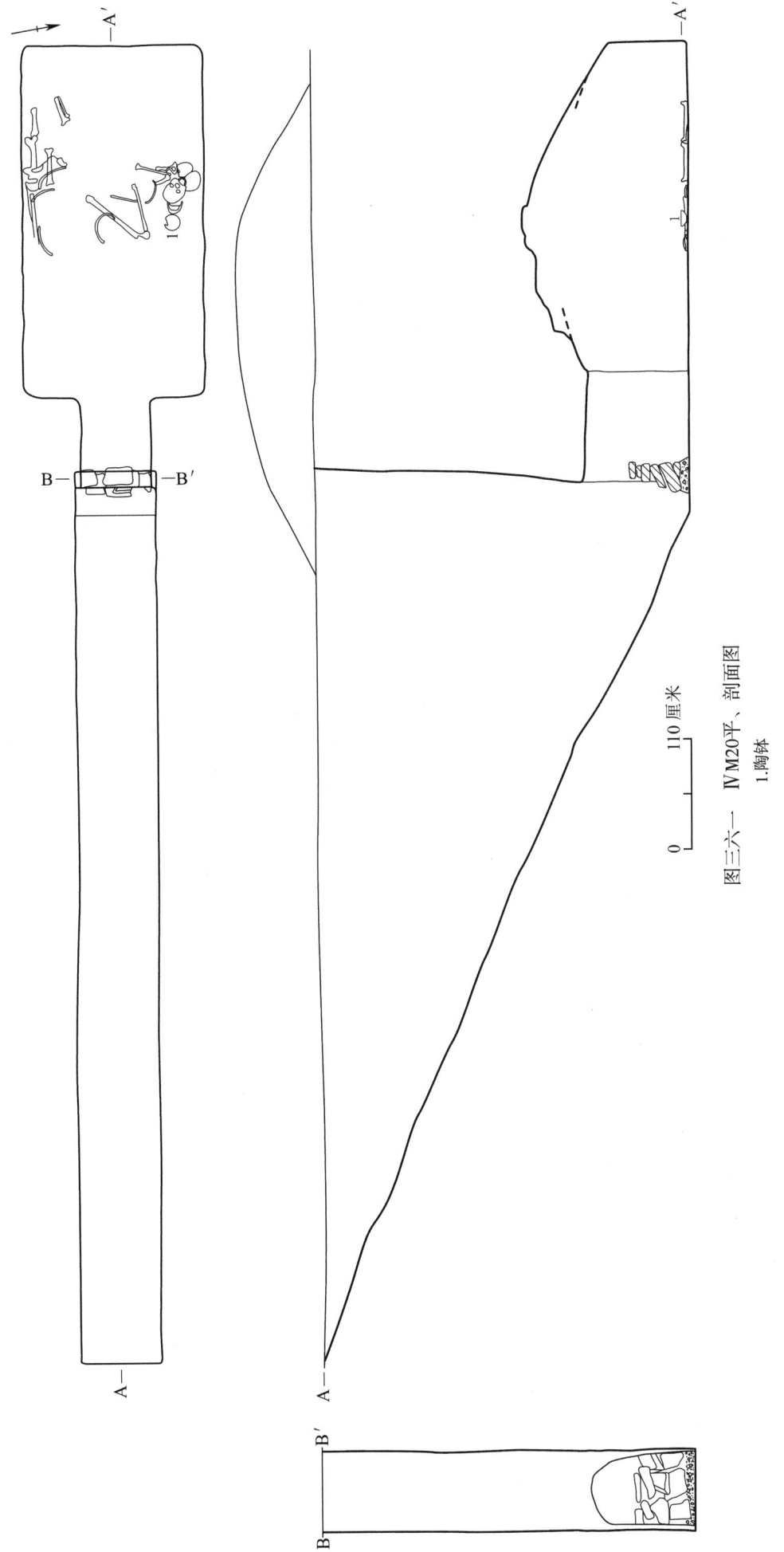

图三六一 ⅣM20平、剖面图
1.陶体

陶钵　1件。ⅣM20：1，泥质素面灰陶。敛口，圆唇，弧腹，平底。口径15.2、底径5.6、高5.7厘米（图三六二，1）。

ⅣM21

位于Ⅳ区西部，ⅣM20西南，东西向分布。与ⅣM20、ⅣM22、ⅣM23为一组，有茔圈。

1. 墓葬形制

该墓为带长斜坡墓道单室土洞墓，由封土、墓道、甬道、墓室组成，墓向100°（图三六三）。

封土　现呈丘状，部分叠压墓道。残径6.00、残高0.36米。

墓道　位于墓室以东，平面呈长方形，长10.60、宽1.00米。西端剖面亦呈长方形，底宽1.00米。东高西低，斜坡至距墓门0.68米处到底，其后平直延伸至墓门处，斜坡长10.70米，坡度20°。近墓门处距地表深4.80米。内填灰黄色沙土，土质松散，含砾石。

甬道　位于墓道西端，连接墓道与墓室，为拱顶土洞式结构，平面呈梯形，东窄西宽，进深2.10、宽0.72~0.90、高1.60米。墓门呈拱形，与甬道同高等宽。封门无存。

墓室　位于墓道以西，平面呈长方形，距墓室地面0.80米处向上斜收至覆斗顶，顶部正中为一正方形藻井，边长0.30、深0.06米，顶部略有坍塌。墓室东西长3.00、南北宽2.70、残高1.90米。墓室东北角和东南角各掏一龛，东北角龛口宽0.30、进深0.20、高0.20米；东南角龛口宽0.30、进深0.20、高0.20米。

2. 葬具葬式

无葬具。

该墓为双人合葬。人骨散置于墓室中部，疑为二次葬。经鉴定，北侧人骨为男性，年龄40~50岁；南侧人骨为女性，年龄40~44岁。

3. 随葬品

随葬品较少，墓室东南角龛附近出土波浪纹陶罐1件，北侧人骨处出土陶斗瓶2件。

波浪纹陶罐　1件。ⅣM21：1，泥质红陶。残，可复原。侈口，尖圆唇，束颈，圆肩，圆鼓腹，下腹收至平底。肩、腹部饰两组弦纹和一组波浪纹，内壁见轮制痕迹。口径7.6、腹径14.0、底径10.0、高17.0厘米（图三六四，1）。

陶斗瓶　2件。泥质素面灰陶。侈口，圆唇，束颈，溜肩，腹部微鼓，平底。ⅣM21：2，口径4.4、腹径5.5、底径4.8、高6.4厘米（图三六四，2）。ⅣM21：3，口径4.8、腹径5.4、底径4.5、高7.0厘米（图三六四，3）。

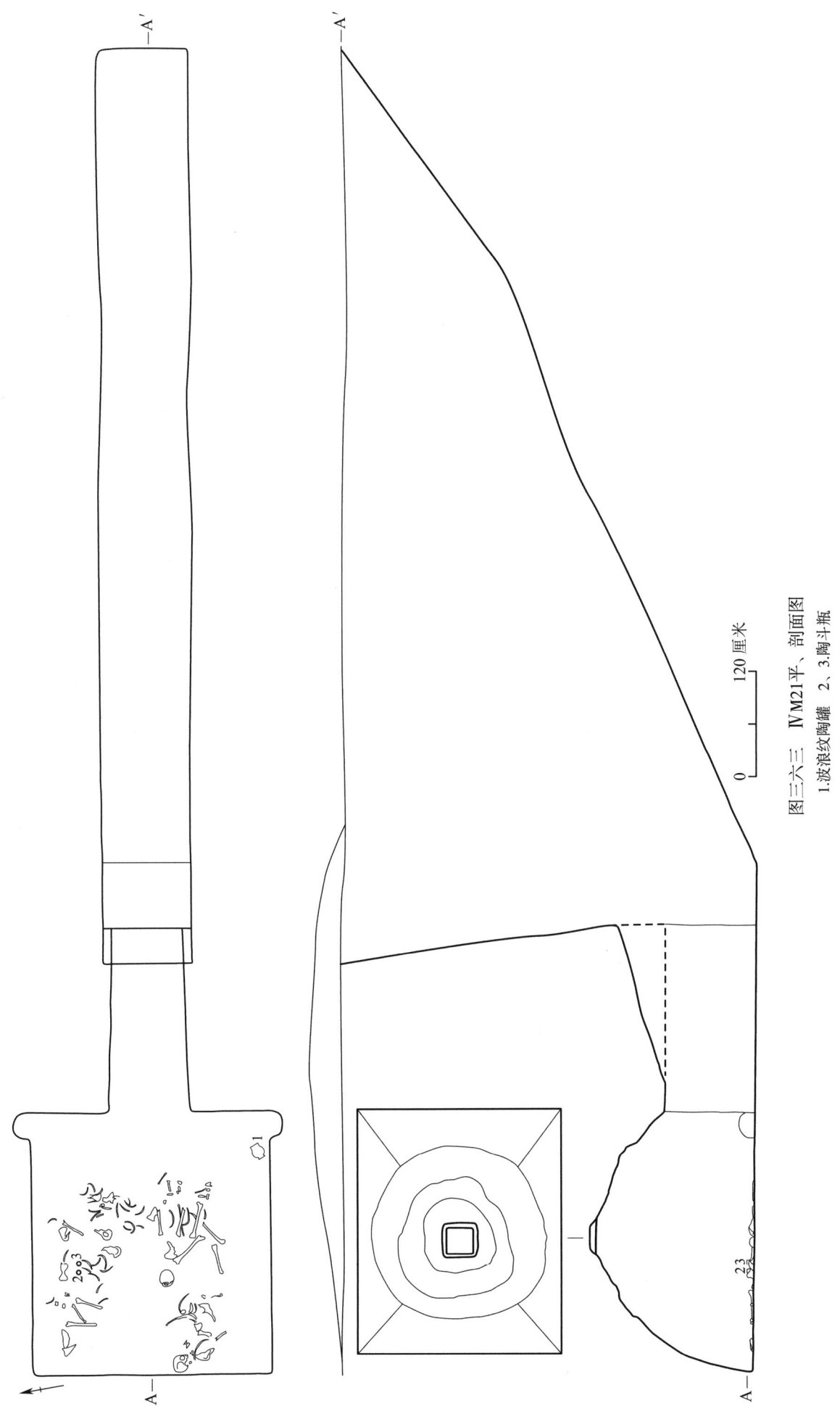

图三六三 ⅣM21平、剖面图
1.波浪纹陶罐 2、3.陶斗瓶

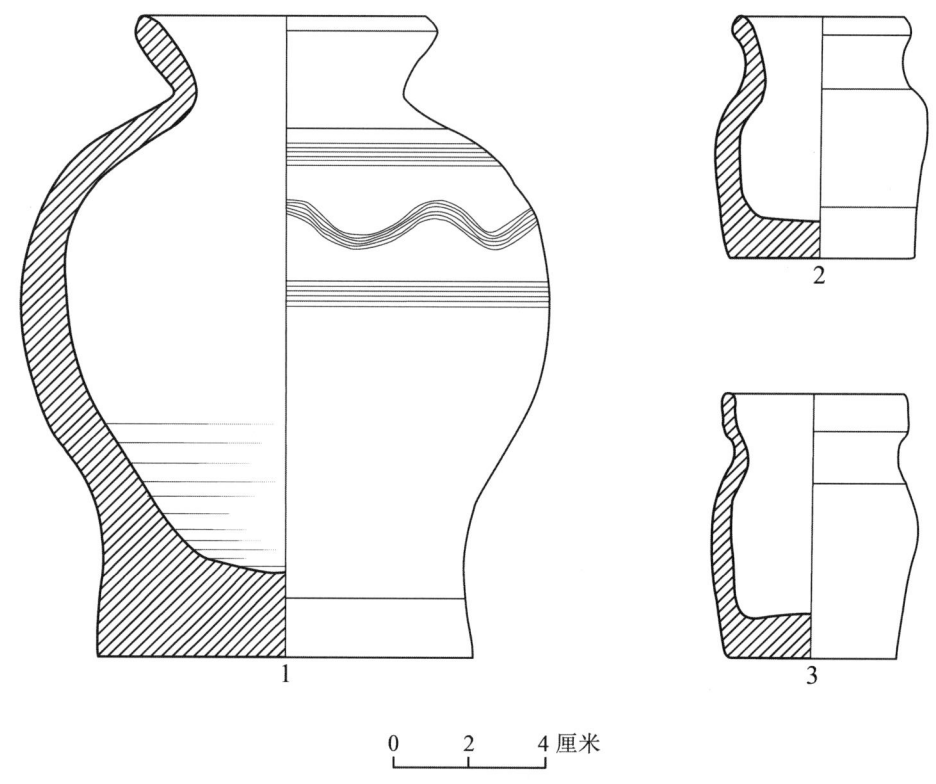

图三六四　ⅣM21出土器物
1.波浪纹陶罐（ⅣM21:1）　2、3.陶斗瓶（ⅣM21:2、ⅣM21:3）

ⅣM22

位于Ⅳ区西部，ⅣM21以南，东西向分布。与ⅣM20、ⅣM21、ⅣM23为一组，有茔圈。

1. 墓葬形制

该墓为带长斜坡墓道单室土洞墓，由封土、墓道、过洞、天井、甬道、墓室组成。墓向88°（图三六五）。

封土　现呈丘状，部分叠压墓道。残径6.70、残高1.60米。

墓道　位于墓室以东，平面呈长方形，长12.50、宽1.40米。西端剖面亦呈长方形，底宽1.40米。东高西低，斜坡至底，斜坡长20.10米，坡度22°。近墓门处距地表深6.66米。内填灰黄色沙土，土质松散，含砾石。

过洞　东接墓道，西接天井，为拱顶土洞式结构，顶部部分坍塌，平面呈长方形，长3.92、宽1.28、残高1.40~2.14米。

天井　东接过洞，西与甬道相连，竖穴土坑结构，平面呈梯形，西宽东窄，底部呈斜坡状，长2.94、宽1.36~1.44米。

第四章 墓葬分述

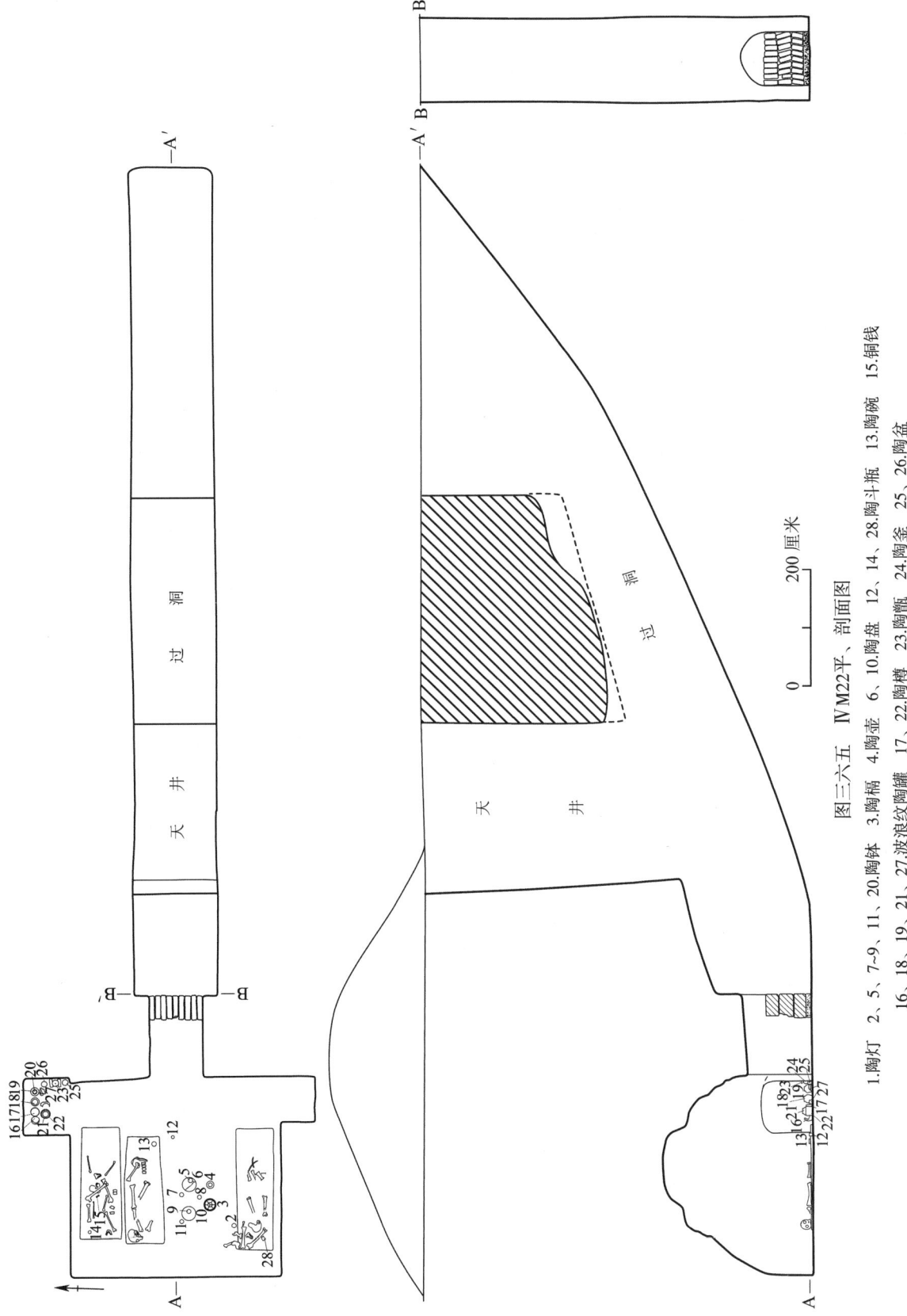

图三六五 ⅣM22平、剖面图

1.陶灯 2、5、7~9、11、20.陶钵 3.陶槅 4.陶壶 6、10.陶盘 12、14、28.陶斗瓶 13.陶碗 15.铜钱 16、18、19、21、27.波浪纹陶罐 17、22.陶樽 23.陶甑 24.陶釜 25、26.陶盆

甬道　位于天井以西，与墓室相接，为双甬道。均为拱顶土洞式结构，平面均呈长方形，东高西低。前甬道进深 2.00、宽 1.44、高 1.64~2.10 米。后甬道进深 1.40、宽 0.92、高 1.12~1.20 米。墓门呈拱形，与后甬道同高等宽。封门位于后甬道内封，以土坯和沙石封堵，现高约 0.80、宽 0.92、厚 0.40 米，土坯长 0.40、宽 0.10、厚 0.20 米。

墓室　位于墓道以西，平面长方形，距墓室地面 0.80 米处向上斜收，顶部坍塌严重，形制不详。墓室南北长 3.60、东西宽 3.44、残高 2.60 米。墓室东北角存一耳室，内发现由两块平行横立的土坯搭制的灶台，其上放置陶甑和陶罐，应象征庖厨之所，口宽 0.88、进深 0.80、高 0.90 米；墓室东南角掏一龛，口宽 0.80、进深 0.60、高 0.85 米。

2. 葬具葬式

墓室南、北壁下存葬具三副，为尸罩与尸床，东西向平行放置。尸罩均已朽烂，散落于墓室之中。北侧尸床由木板、细沙土堆垒而成，长 1.80、西端宽 0.66、东端宽 0.61、厚 0.04 米；中部尸床由木板、细沙土堆垒而成，东西长 1.86、西端宽 0.66、东端宽 0.56、厚 0.04 米；南侧尸床由木板、草木灰等堆垒而成，东西长 2.10、西端宽 0.60、东端宽 0.66、厚 0.04 米。

该墓为三人合葬。人骨凌乱不堪，散布于尸床之上，葬式不详。经鉴定，北侧人骨为女性，年龄 45~50 岁；中部人骨为女性，年龄 45~50 岁；南侧人骨为男性，年龄 40~44 岁。

3. 随葬品

随葬品以陶器为主，主要放置于墓室中部及耳室内，共 27 件，包括波浪纹陶罐 5 件、陶釜 1 件、陶斗瓶 3 件、陶灯 1 件、陶钵 7 件、陶碗 1 件、陶盆 2 件、陶楦 1 件、陶壶 1 件、陶盘 2 件、陶樽 2 件、陶甑 1 件。另于北侧人骨处出土铜钱 1 组（16 枚）（图版四五，2）。

陶钵　7 件。泥质素面灰陶。ⅣM22:2，器形歪扭。近直口，尖唇，弧腹，平底。口径 7.5、底径 3.6、高 3.0~3.2 厘米（图三六六，1）。ⅣM22:5，器形歪扭。侈口，圆唇，弧腹，平底。口径 7.6、底径 3.2、高 3.0~3.5 厘米（图三六六，2）。ⅣM22:7，器形歪扭。侈口，圆唇，弧腹，平底。口径 7.1、底径 2.8、高 2.8~3.2 厘米（图三六六，3）。ⅣM22:8，器形歪扭。近直口，圆唇，弧腹，平底。口径 6.8、底径 3.0、高 2.8~3.0 厘米（图三六六，4；图版一五三，5）。ⅣM22:9，侈口，圆唇，弧腹，平底。口径 7.0、底径 2.8、高 2.6 厘米（图三六六，5）。ⅣM22:11，敛口，圆唇，上腹部外鼓，下腹弧收，平底。口径 6.6、底径 2.8、高 3.0 厘米（图三六六，6；图版一五三，6）。ⅣM22:20，侈口，圆唇，弧腹，平底。口径 7.0、底径 3.2、高 2.2 厘米（图三六六，7；图版一五四，1）。

陶盆　2 件。泥质素面灰陶。器形歪扭。侈口，斜平沿，深腹，平底。ⅣM22:25，弧腹。口径 9.8、底径 4.4、高 4.0~4.4 厘米（图三六六，8；图版一五七，4）。ⅣM22:26，斜直腹。口径 9.4、底径 3.1、高 4.5~4.6 厘米（图三六六，9）。

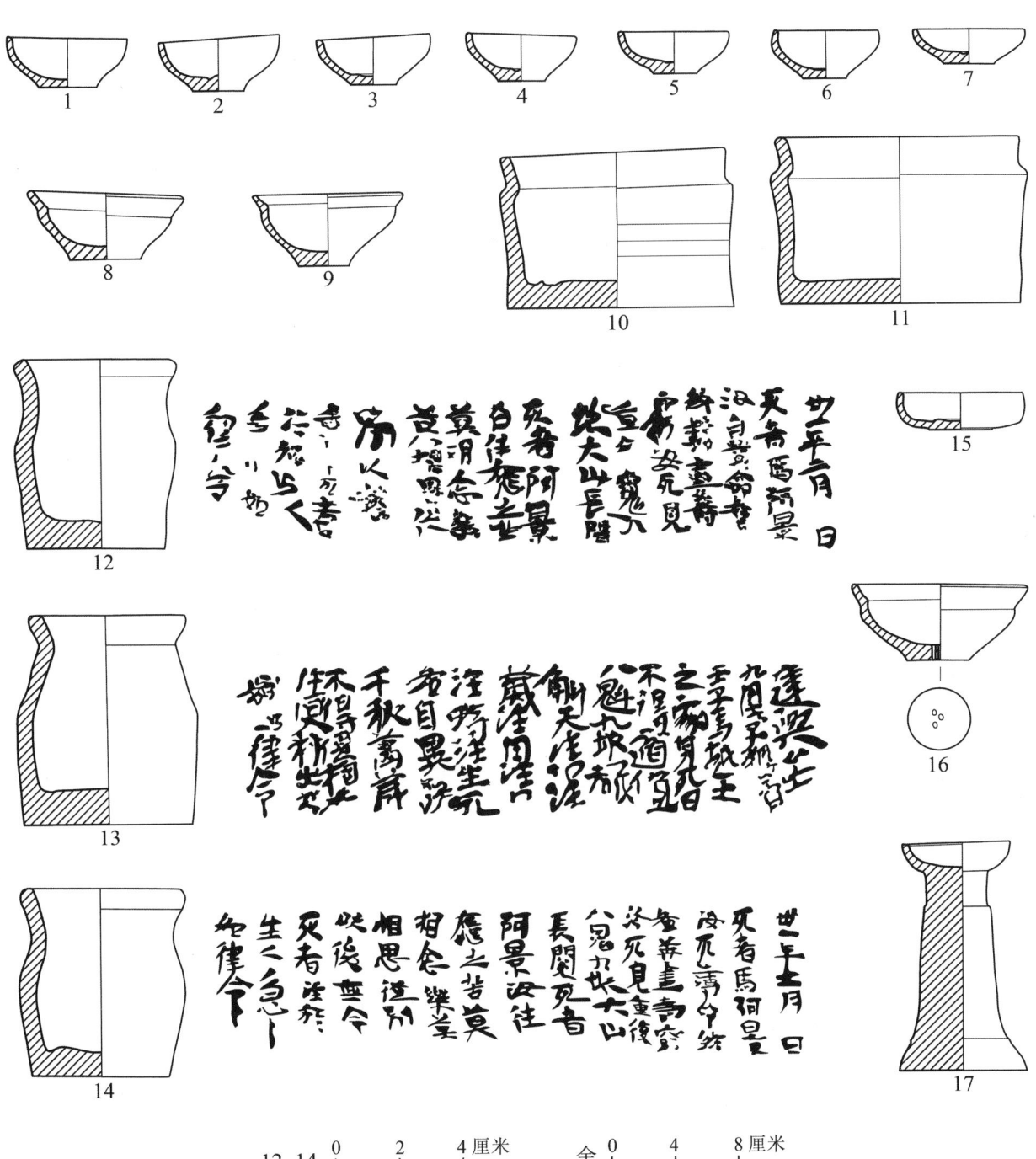

图三六六　ⅣM22出土器物（一）

1~7.陶钵（ⅣM22：2、ⅣM22：5、ⅣM22：7、ⅣM22：8、ⅣM22：9、ⅣM22：11、ⅣM22：20）　8、9.陶盆（ⅣM22：25、ⅣM22：26）　10、11.陶樽（ⅣM22：17、ⅣM22：22）　12~14.陶斗瓶（ⅣM22：14、ⅣM22：28、ⅣM22：12）　15.陶碗（ⅣM22：13）　16.陶甑（ⅣM22：23）　17.陶灯（ⅣM22：1）

陶樽　2件。泥质素面灰陶。侈口，圆唇，斜直领，圆折肩，腹部微曲，平底。ⅣM22：17，腹部见轮制痕迹。口径13.8、腹径14.5、底径14.2、高9.5~10.0厘米（图三六六，10；图版一五七，5）。ⅣM22：22，口径15.0、腹径16.0、底径15.0、高10.5厘米（图三六六，11；图版一五七，6）。

陶斗瓶　3件。器形歪扭。侈口，圆唇，斜直领，平底。ⅣM22：12，泥质素面灰陶。折肩，斜直腹。口径4.9、腹径5.2、底径4.3、高6.0厘米（图三六六，14；图版一五五，1~6）。腹部墨书镇墓文，部分漫漶不清，录文作：

建兴……
九月□子朔……
壬子马□□
之家身死日
不得适值
八魁九坎□
斟天注地注
岁注月注日
注时注生死
各自异路
千秋万岁
不得相注
件……
□如律令

ⅣM22：14，泥质素面橙黄陶。溜肩，腹部微鼓。口径5.1、腹径5.0、底径4.3、高6.0厘米（图三六六，12；图版一五四，5）。腹部墨书镇墓文，部分漫漶不清，录文作：

廿一年二月日
死者马阿景
汝自薄命早
终算尽寿
穷汝死见
重复八魁九
坎大山长问

死者阿景

自往应之苦

莫相念乐

莫相思从

别以后

□□死者

注仵生人

急急如

律令

ⅣM22∶28，泥质素面橙黄陶。溜肩，腹部微鼓。口径4.8、腹径5.6、底径5.2、高6.6厘米（图三六六，13；图版一五六，1~6）。腹部墨书镇墓文，录文作：

廿一年二月日

死者马阿景

汝死薄命早

终算尽寿穷

汝死见重复

八魁九坎大山

长问死者

阿景汝往

应之苦莫

相念乐莫

相思从别

以后无令

死者注仵

生人急急

如律令

陶碗 1件。ⅣM22∶13，泥质素面灰陶。直口，圆唇，浅弧腹，底作矮假圈足。口径7.8、底径4.0、高2.3厘米（图三六六，15；图版一五七，3）。

陶甑 1件。ⅣM22∶23，泥质素面灰陶。盆形甑，侈口，斜平沿，深弧腹，平底，底有三孔。口径11.0、底径3.9、高4.6~4.8厘米（图三六六，16；图版一五七，2）。

陶灯　1件。ⅣM22：1，泥质灰陶。口略残，可复原。灯口呈碟状，敞口，尖圆唇，浅弧腹，灯柄实心，上细下粗，上端饰一周凸棱纹，近底部外撇形成圆台状台座，平底。柄与台座界限不明显。口径6.8、底径8.0、高14.2~14.4厘米（图三六六，17；图版一五四，6）。

波浪纹陶罐　5件。泥质灰陶。器形整体显瘦高，侈口，圆唇，束颈，圆肩，圆鼓腹，下腹部斜收至平底。肩、腹部饰波浪纹或波浪纹及弦纹组合。ⅣM22：16，内壁见轮制痕迹。口径9.4、腹径13.8、底径9.6、高13.0厘米（图三六七，2）。ⅣM22：18，口径9.4、腹径14.0、底径9.8、高13.8~14.0厘米（图三六七，4；图版一五三，2）。ⅣM22：19，上腹部仅饰一组波浪纹。口径7.2、腹径14.0、底径10.0、高13.4厘米（图三六七，5；图版一五三，3）。ⅣM22：21，口径9.4、腹径13.6、底径9.5、高12.5~12.8厘米（图三六七，1；图版一五三，4）。ⅣM22：27，残，可复原。内壁见轮制痕迹。口径12.0、腹径16.0、底径10.0、高14.0厘米（图三六七，3）。

陶釜　1件。ⅣM22：24，泥质红陶。敛口，方唇，矮领，圆肩，腹部较鼓，平底。肩、腹部饰波浪纹和弦纹各一组。口径8.0、腹径11.8、底径7.8、高8.8厘米（图三六七，6；图版一五四，3）。

陶榻　1件。ⅣM22：3，泥质素面灰陶。圆形，直口，平沿，外缘出沿，平底，榻面分内外两圈，其中外圈被隔为等分六单元，内圈被隔为等分三单元。口径19.0、底径21.0、高3.6厘米（图三六七，7；图版一五八，1）。

陶壶　1件。ⅣM22：4，泥质灰陶。侈口，圆唇，高领，广肩，扁鼓腹，高底座。肩、腹部饰波浪纹和弦纹各一组，底座上有竖向刮削痕迹。口径6.4、腹径12.6、底径11.6、高16.0厘米（图三六七，8；图版一五七，1）。

陶盘　2件。泥质灰陶。圆形，盘沿微凹，外缘微弧，盘面不规整，低于口沿，平底。盘面饰波浪纹，中间多出现间断。ⅣM22：6，残，可复原。盘径24.0、厚2.0厘米（图三六七，9）。ⅣM22：10，盘径24.0、厚2.0厘米（图三六七，10；图版一五八，3）。

铜钱　1组。ⅣM22：15，15枚。均圆形方穿，以五铢钱为主，另有少量剪轮钱、磨郭钱。

ⅣM22：15-1，五铢钱，正面穿左右篆书"五铢"二字。"五"字较宽，交笔弯曲；"铢"字"金"字头呈三角形，中间四点较短，"朱"字上下部均圆折。钱径2.59、穿宽0.99、郭宽0.18、郭厚0.12、肉厚0.09厘米，重2.75克（图版一五四，4）。

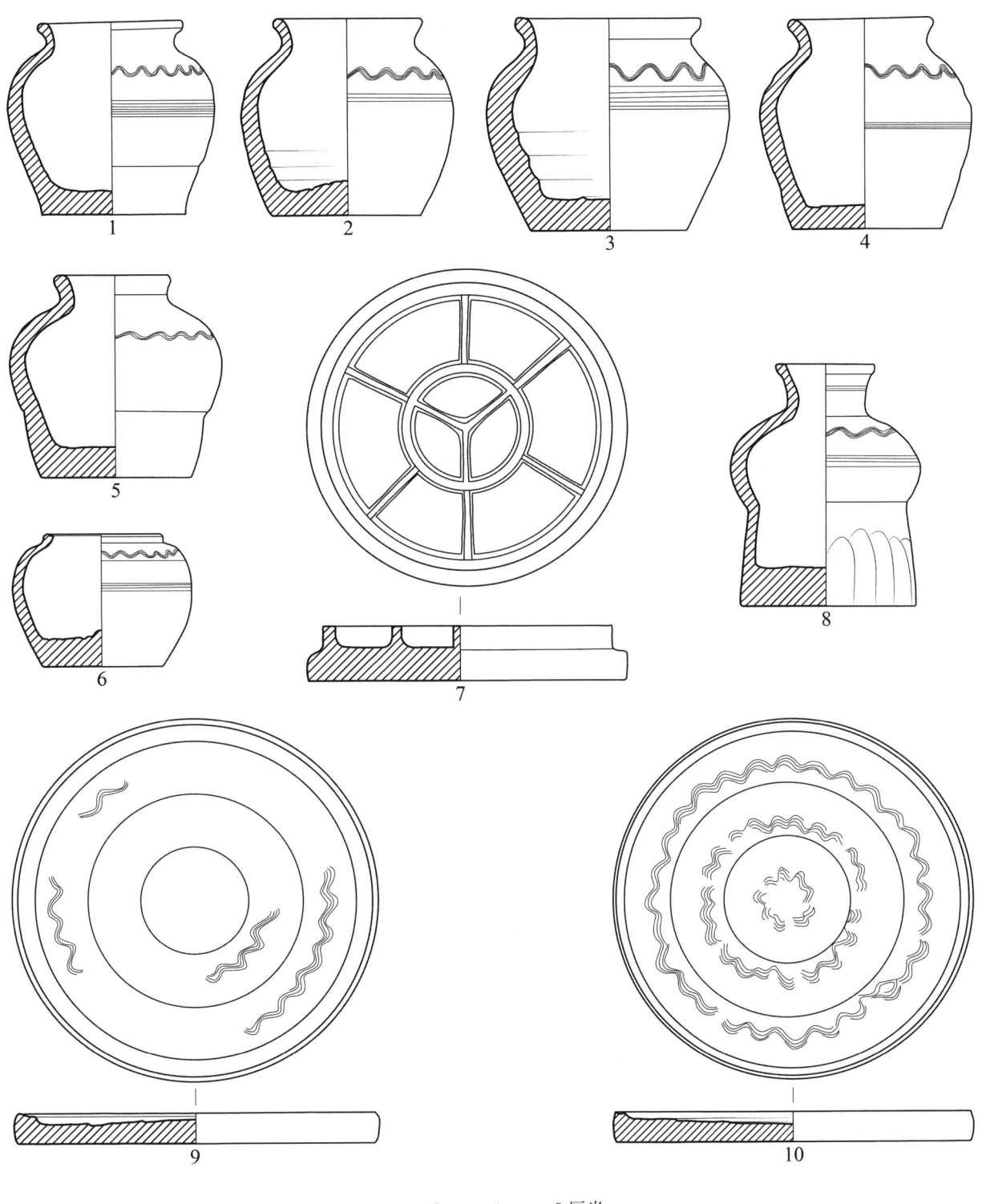

图三六七　ⅣM22出土器物（二）

1~5.波浪纹陶罐（ⅣM22：21、ⅣM22：16、ⅣM22：27、ⅣM22：18、ⅣM22：19）　6.陶釜（ⅣM22：24）　7.陶槅（ⅣM22：3）
8.陶壶（ⅣM22：4）　9、10.陶盘（ⅣM22：6、ⅣM22：10）

ⅣM23

位于Ⅳ区西部，ⅣM22西南，东西向分布，与ⅣM20、ⅣM21、ⅣM22为一组，有茔圈。

1. 墓葬形制

该墓为带长斜坡墓道单室土洞墓，由封土、墓道、甬道、墓室组成。墓向90°（图三六八）。

封土　现呈丘状，部分叠压墓道。残径6.62、残高1.00米。

墓道　位于墓室以东，平面呈长方形，长13.00、宽1.20米。西端剖面呈梯形，口小底大，底宽1.36米。东高西低，斜坡至底，斜坡长13.90米，坡度20°。近墓门处距地表深5.80米。内填灰黄色沙土，土质松散，含砾石。

甬道　位于墓道西端，连接墓道与墓室，为双甬道。均为拱顶土洞式结构，平面均呈长方形。前甬道东高西低，进深1.78、宽1.32、高1.82~2.22米；后甬道进深1.08、宽0.92、高1.30米。墓门呈拱形，与后甬道同高等宽。封门位于后甬道内封，以土坯竖立砌成，共两层，现高0.46、宽0.92、厚0.48米，土坯长0.40、宽0.20、厚0.10米。在前甬道北壁处发现一南北长0.74、东西宽0.60米的椭圆形盗洞，直达前甬道底部。

墓室　位于墓道以西，平面呈长方形，距墓室地面0.80米处向上斜收，墓顶坍塌严重，形制不详。墓室东西长3.50、南北宽3.40、残高2.34米。墓室后壁发现用两块土坯平铺垒砌的土台，疑为祭台。土坯长0.20、宽0.08、厚0.06米。墓室东北角存一耳室，内有以青砖搭制而成的灶台，灶膛内存木炭，应象征庖厨之所，口宽0.72、进深1.16、高1.00米；东南角掏一龛，口宽0.76、进深0.62~0.88米。

2. 葬具葬式

墓室南、北壁下各存一尸床，北侧尸床由土坯砌成，上有菱形凹槽，东西长2.10、南北宽0.70、厚0.06米；南侧尸床由土坯、木板堆砌而成，周围散布木质朽块，推测原可能存在木质尸罩。尸床长2.18、宽0.60~0.66、厚0.06米。

该墓为双人合葬。人骨置于尸床之上，均为仰身直肢葬。经鉴定，北侧人骨为女性，年龄50~60岁；南侧人骨为男性，年龄40~50岁。

3. 随葬品

随葬品以陶器为主，放置于墓室中部及耳室内，陶斗瓶出土于两人骨头、脚端，陶器共29件，包括波浪纹陶罐3件、陶壶2件、陶斗瓶5件、陶灯2件、陶樽2件、陶耳杯8件、陶钵3件、陶碗1件、陶碟1件、陶盘2件。南侧人骨处出土铜钱1组（105枚）、铜弩机1件（彩

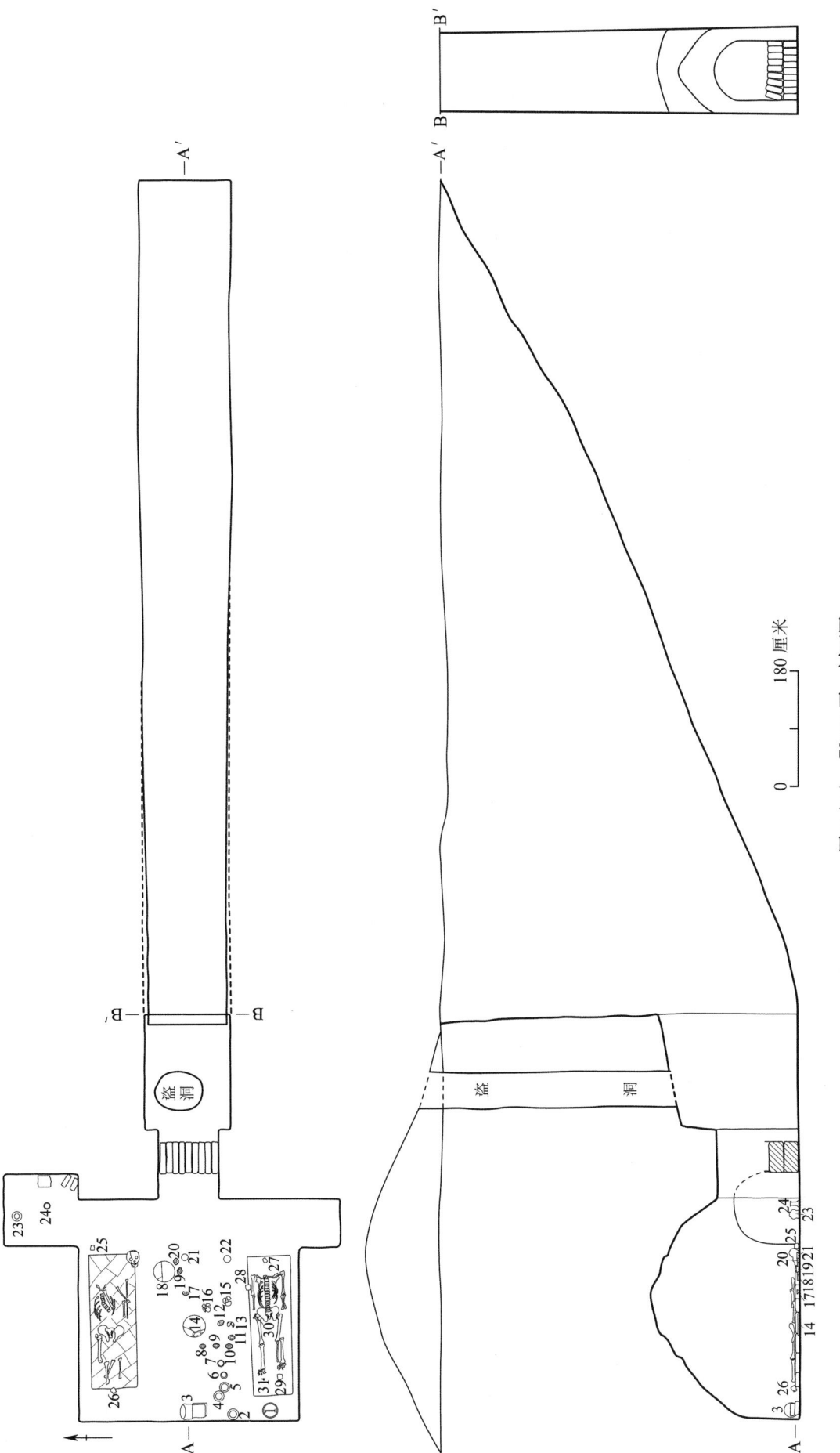

图三六八 ⅣM23平、剖面图

1、3.陶樽 2、4、5.波浪纹陶罐 6、23.陶壶 7、24.陶灯 8~12、17、19、20.陶耳杯 13、15、21.陶钵 14、18.陶盘 16.陶碗 22.陶碟 25~29.陶斗瓶 30.铜钱 31.铜弩机

版四五，3）。

陶钵 3件。侈口，圆唇，弧腹，平底。内壁见轮制痕迹。ⅣM23:13，泥质素面橙黄陶。残，可复原。口径9.2、底径3.8、高2.8厘米（图三六九，1）。ⅣM23:15，泥质素面灰陶。口径10.4、底径5.0、高3.6厘米（图三六九，3；图版一五八，4）。ⅣM23:21，泥质素面橙黄陶。口径10.2、底径5.5、高2.8厘米（图三六九，2；图版一五八，6）。

陶碟 1件。ⅣM23:22，泥质素面灰陶。口略残，可复原。器形歪扭。敞口，方唇，斜直腹，腹部较浅，底作矮假圈足。内壁见轮制痕迹。口径11.0、底径4.8、高2.8~3.6厘米（图三六九，4；图版一五九，1）。

陶碗 1件。ⅣM23:16，泥质橙黄陶。侈口，圆唇，上腹斜直，下腹弧收，底作矮假圈足。上腹饰凹弦纹。口径10.4、底径4.0、高3.6厘米（图三六九，5）。

陶耳杯 8件。整体呈椭圆形，侈口，长边两侧附对称双耳，浅腹，平底。ⅣM23:8，泥质素面灰陶。残，可复原。弧腹。长口径9.8、短口径5.7、长底径5.2、短底径3.4、耳长2.6~3.0、耳宽0.8~1.2、高2.9~3.1厘米（图三六九，6）。ⅣM23:9，泥质素面灰陶。残，可复原。器形歪扭。斜弧腹。长口径10.4、短口径6.1、长底径5.5、短底径3.8、耳长2.9~3.0、耳宽1.0~1.1、高2.5~2.9厘米（图三六九，7）。ⅣM23:10，泥质素面灰陶。斜弧腹。长口径11.0、短口径6.1、长底径5.9、短底径3.6、耳长2.7~2.9、耳宽1.0~1.1、高2.7厘米（图三六九，8；图版一六一，1）。ⅣM23:11，泥质素面橙黄陶。斜直腹。长口径10.6、短口径6.4、长底径5.4、短底径3.6、耳长3.0~3.2、耳宽0.8~1.1、高2.7厘米（图三六九，9；图版一六一，2）。ⅣM23:12，泥质素面灰陶。斜弧腹。长口径11.1、短口径6.2、长底径5.6、短底径3.6、耳长3.2~3.3、耳宽0.9~1.1、高2.8厘米（图三六九，10；图版一六一，3）。ⅣM23:17，泥质素面灰陶。斜直腹。长口径10.2、残短口径4.5、长底径5.2、残短底径3.0、耳长3.1、耳宽1.0~1.2、高2.8厘米（图三六九，11）。ⅣM23:19，泥质素面灰陶。器形歪扭，斜直腹。长口径10.7、短口径5.1、长底径5.6、短底径3.3、耳长3.3~3.4、耳宽1.3~1.6、高3.2~3.8厘米（图三六九，12）。ⅣM23:20，泥质素面红陶。斜直腹。长口径10.6、短口径6.4、长底径5.8、短底径3.6、耳长2.6~3.0、耳宽0.7~0.9、高2.0~2.7厘米（图三六九，13）。

陶壶 2件。侈口，圆唇，束颈，圆肩，腹部较鼓，下腹部束腰，外撇至大平底。内壁见轮制痕迹。ⅣM23:6，泥质素面红陶。器形歪扭。口径7.8、腹径10.4、底径9.6、高10.4~10.6厘米（图三六九，17；图版一六〇，5）。ⅣM23:23，泥质灰陶。残，可复原。近底处饰凸棱纹。口径8.0、腹径15.4、底径13.2、高14.3厘米（图三六九，16；图版一六〇，6）。

陶樽 2件。泥质素面橙黄陶。敛口或直口，圆唇，矮领，圆折肩，曲腹，平底。ⅣM23:1，敛口。内壁见轮制痕迹。口径20.4、腹径23.2、底径21.8、高14.0~14.3厘米（图三七〇，1；图版一六〇，3）。ⅣM23:3，残，可复原。直口。口径21.2、腹径24.5、底径22.5、高

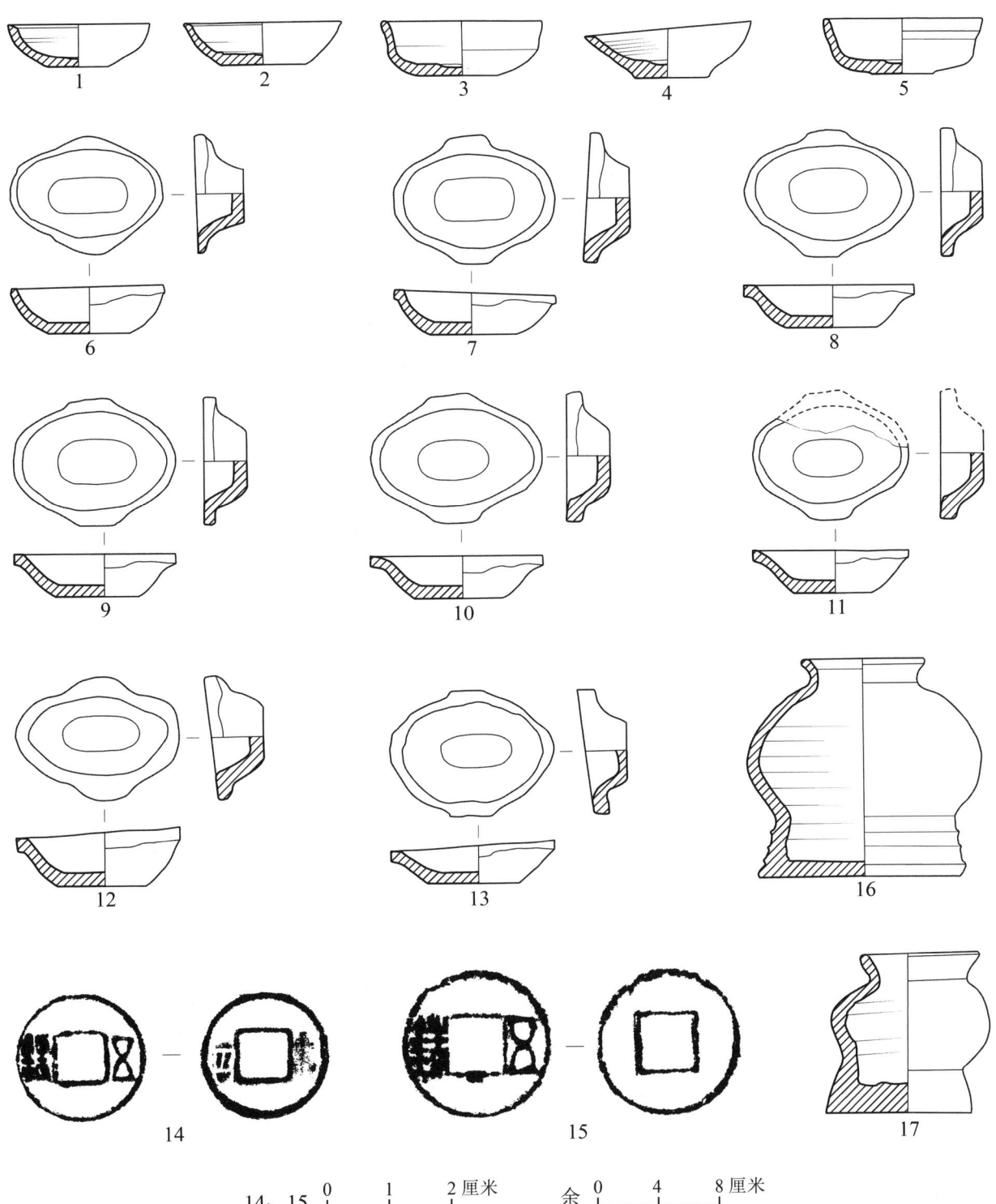

图三六九 ⅣM23出土器物（一）

1~3.陶钵（ⅣM23：13、ⅣM23：21、ⅣM23：15） 4.陶碟（ⅣM23：22） 5.陶碗（ⅣM23：16） 6~13.陶耳杯（ⅣM23：8、ⅣM23：9、ⅣM23：10、ⅣM23：11、ⅣM23：12、ⅣM23：17、ⅣM23：19、ⅣM23：20） 14.蜀五铢（ⅣM23：30-2） 15.五铢钱（ⅣM23：30-88） 16、17.陶壶（ⅣM23：23、ⅣM23：6）

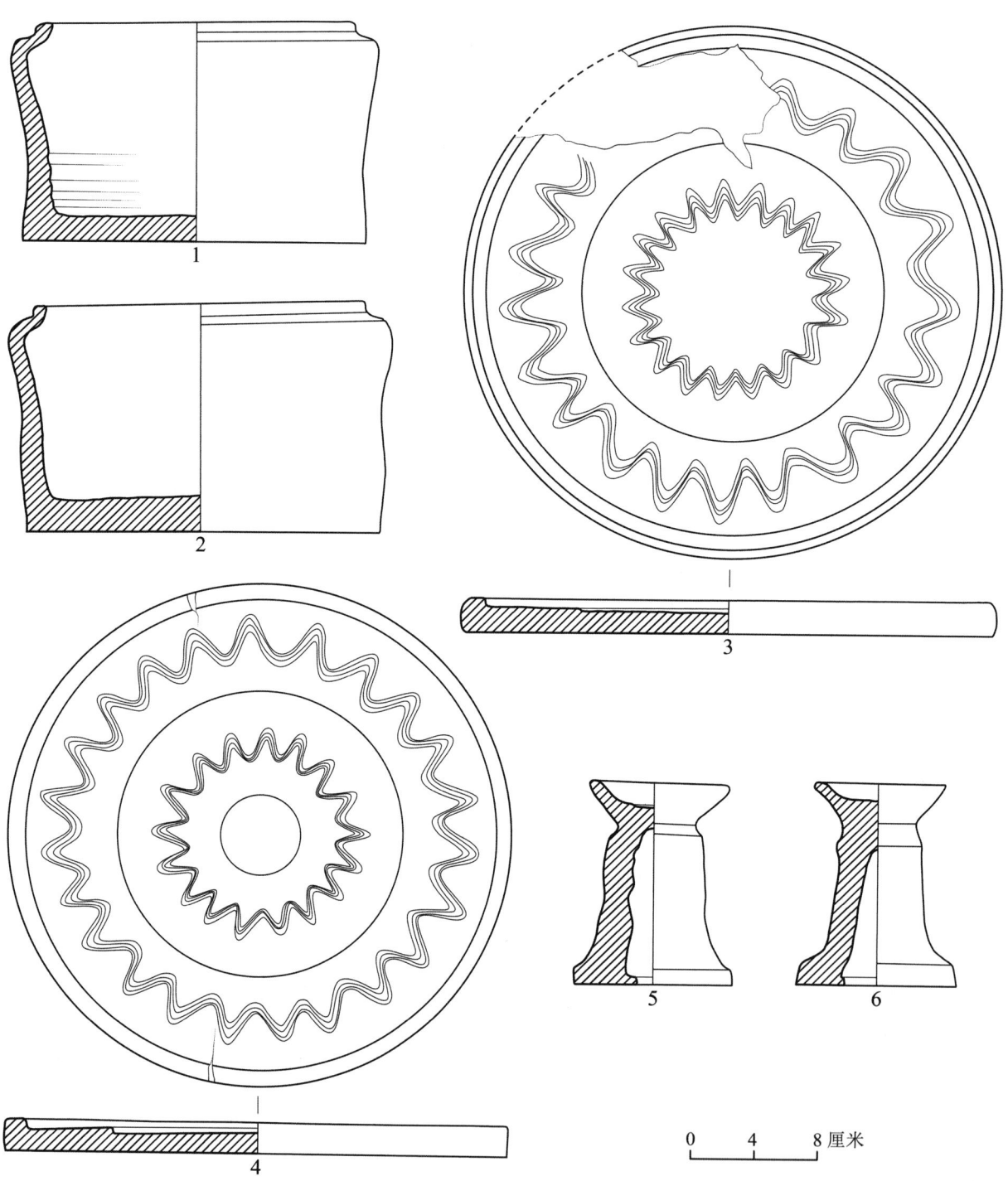

图三七〇　ⅣM23出土器物（二）
1、2.陶樽（ⅣM23:1、ⅣM23:3）　3、4.陶盘（ⅣM23:14、ⅣM23:18）　5、6.陶灯（ⅣM23:7、ⅣM23:24）

14.4~14.8 厘米（图三七〇，2；图版一六〇，4）。

陶盘　2件。泥质灰陶。圆形，平沿，外缘微弧，盘面较平整，低于盘沿，平底。盘面饰波浪纹两组。ⅣM23∶14，盘径 34.2、厚 2.2 厘米（图三七〇，3）。ⅣM23∶18，残，可复原。盘径 32.4、厚 2.0 厘米（图三七〇，4；图版一六二，3）。

陶灯　2件。灯口呈碟状，敞口，圆唇，浅腹，灯柄中空，上细下粗，近底部外撇形成圆台状台座，柄部与底座界限明显。ⅣM23∶7，泥质素面灰陶。口径 8.7、底径 10.0、高 12.8~13.0 厘米（图三七〇，5；图版一六〇，1）。ⅣM23∶24，泥质灰陶。柄上端饰一周凸棱纹。口径 8.2、底径 10.2、高 12.8~13.0 厘米（图三七〇，6；图版一六〇，2）。

陶斗瓶　5件。ⅣM23∶25，泥质素面橙黄陶。侈口，圆唇，斜直领，圆折肩，腹部较直，平底。口径 5.4、腹径 6.2、底径 5.7、高 7.5~7.7 厘米（图三七一，1；图版一五九，4）。腹部墨书镇墓文，部分漫漶不清，录文作：

建兴□□年十二月己□

朔十六日甲子直

开马□难身

死今下斗瓶五

谷铅人用当

重复……

生人青乌子

北辰诏□□

得注生人死者自

……

加两移央转

咎远与他乡

各如律令

ⅣM23∶26，泥质素面橙黄陶。底残，器表剥落严重。敛口，束颈，溜肩，腹部微鼓，平底。口径 5.4、腹径 7.4、底径 6.5、高 8.0 厘米（图三七一，3；图版一五九，5）。ⅣM23∶27，泥质素面橙黄陶。器形歪扭。侈口，圆唇，斜直领，圆折肩，腹部较斜直，平底。口径 4.5、腹径 5.6、底径 4.8、高 7.2~7.5 厘米（图三七一，2；图版一五九，6）。腹部墨书镇墓文，多漫漶不清，录文作：

建□□□年十二月□□

朔十□□甲子直□

……

下斗瓶五谷铅

人……

……

ⅣM23∶28，泥质素面橙黄陶。口沿略残。侈口，圆唇，束颈，溜肩，腹部微鼓，平底微凹。腹部朱书镇墓文，均漫漶不清。口径6.2、腹径7.8、底径6.8、高7.8~8.0厘米（图三七一，4；图版一五九，2）。ⅣM23∶29，泥质素面橙黄陶。侈口，束颈，圆肩，腹部微鼓，平底。腹部朱书镇墓文，均漫漶不清。口径6.2、腹径8.8、底径7.6、高7.6~7.7厘米（图三七一，5；图版一五九，3）。

波浪纹陶罐　3件。泥质红褐陶。圆唇，斜直领，圆肩，圆鼓腹，平底。肩、腹部饰波浪纹和弦纹各一组。ⅣM23∶2，残。器形整体矮胖。器形歪扭。直口。口径10.2、腹径16.8、底径11.4、高13.3~13.9厘米（图三七一，7）。ⅣM23∶4，器形整体矮胖。侈口。近底部起凸棱。口径10.0、腹径16.0、底径11.6、高14.0~14.4厘米（图三七一，8；图版一五八，2）。ⅣM23∶5，底残。器形整体瘦高。口径10.0、腹径15.2、残高14.5~14.8厘米（图三七一，9）。

铜弩机　1件。ⅣM23∶31，残，牙呈三角形。长4.0、宽3.2、高1.5厘米（图三七一，6；图版一五八，5）。

铜钱　1组。ⅣM23∶30，105枚，均圆形方穿，形制不同，以五铢钱为主，另有少量剪轮钱、磨郭钱和1枚货泉。五铢钱有背刻符号，穿下半星等记号。

ⅣM23∶30-1，货泉。形制较小，两面穿皆有郭，"货泉"二字篆书，锈蚀不清。钱径2.15、穿宽0.81、郭宽0.08、郭厚0.11、肉厚0.10厘米，重1.54克。ⅣM23∶30-2，蜀五铢。形制较小，正面穿左右篆书"五铢"二字。两面穿均有郭。"五"字较窄，交笔微弯曲；"铢"字金字头呈箭镞状，中间四点较短，"朱"字上下部均圆折。记号为背面阴刻"※""※"符号。钱径2.12、穿宽0.78、郭宽0.10、郭厚0.14、肉厚0.09厘米，重2.17克（图三六九，14；图版一六二，1、2）。ⅣM23∶30-88，"五"字较窄，交笔弯曲；"铢"字"金"字头呈三角形，中间四点较短，"朱"字上部圆折，下部方折。记号为穿下半星。钱径2.45、穿宽0.88、郭宽0.15、郭厚0.13、肉厚0.07厘米，重1.80克（图三六九，15）。

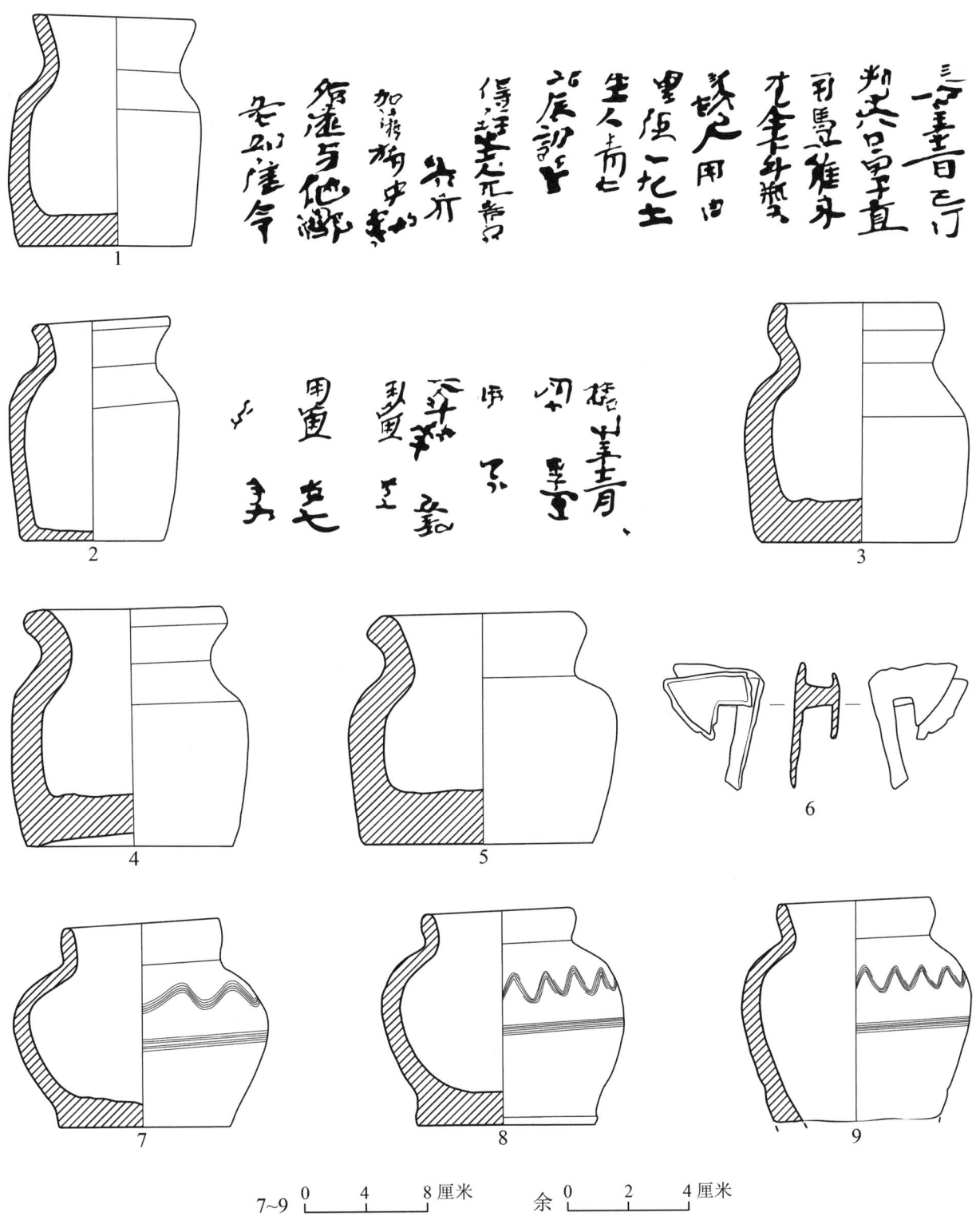

图三七一 ⅣM23出土器物（三）
1~5.陶斗瓶（ⅣM23：25、ⅣM23：27、ⅣM23：26、ⅣM23：28、ⅣM23：29） 6.铜弩机（ⅣM23：31）
7~9.波浪纹陶罐（ⅣM23：2、ⅣM23：4、ⅣM23：5）

ⅣM24

位于Ⅳ区西部，ⅣM23以南，东西向分布。

1. 墓葬形制

该墓为带长斜坡墓道单室土洞墓，由封土、墓道、甬道、墓室组成。墓向280°（图三七二；图版二〇，1）。

封土　现呈丘状，部分叠压墓道。残径5.80、残高0.60米。

墓道　位于墓室以西，平面呈长方形，长11.90、宽1.04米。东端剖面呈梯形，口小底大，底宽1.26米。西高东低，斜坡至距墓门1.02米处到底，其后平直延伸至墓门处，斜坡长约11.70米，坡度24°。近墓门处距地表深4.96米。内填灰黄色沙土，土质松散，含砾石。

甬道　位于墓道东端，连接墓道与墓室，为拱顶土洞式结构，顶部已坍塌，平面呈正方形，进深0.90、宽0.90、残高1.70米。墓门呈拱形，与甬道同高等宽。封门位于甬道内封，以沙石和土坯混合砌成，现高0.86、宽0.92、高约0.40~0.50米，土坯长0.40、宽0.20、厚0.10米。

墓室　位于墓道以东，平面呈长方形，由于墓室坍塌严重，采用揭取墓室顶部的方式发掘，顶部形制及高度不详。墓室东西长3.10~3.40、南北宽3.36米。墓室西北角存一耳室，内见两块南北向平行放置的土坯，其上各放置一件陶罐，口宽0.80、进深1.20、高1.66米；西南角掏一龛，口宽0.52、进深0.32、高0.60米（图版二〇，2）。

2. 葬具葬式

墓室南、北壁下发现三尸床，东西向平行放置，北侧尸床由木板、草木灰等堆垒而成，东西长1.76、南北宽0.50米；中部尸床由细沙土堆垒而成，东西长1.88、宽0.56、厚0.04米；南侧尸床由细沙土堆垒而成，东西长1.80、南北宽0.50、厚0.04米。

该墓为四人合葬。三人骨分别置于尸床之上，均为仰身直肢葬，头向西；另于墓室东北角发现一较小人骨，摆放凌乱，葬式不详。经鉴定，北侧人骨为女性，年龄24~26岁；中部人骨为男性，年龄50岁左右；南侧人骨为女性，年龄45~50岁；东北角人骨性别不详，年龄7~12岁。

3. 随葬品

随葬品以陶器为主，主要放置于墓室中部及耳室内，共28件，包括绳纹陶罐5件、素面陶罐1件、陶釜1件、陶盘2件、陶器盖3件、陶钵4件、陶樽3件、陶盆3件、陶甑1件、陶碟3件、陶壶1件、陶灯1件。另于北侧人骨附近出土铁剪刀、铜铃、石纺轮1件，中部人

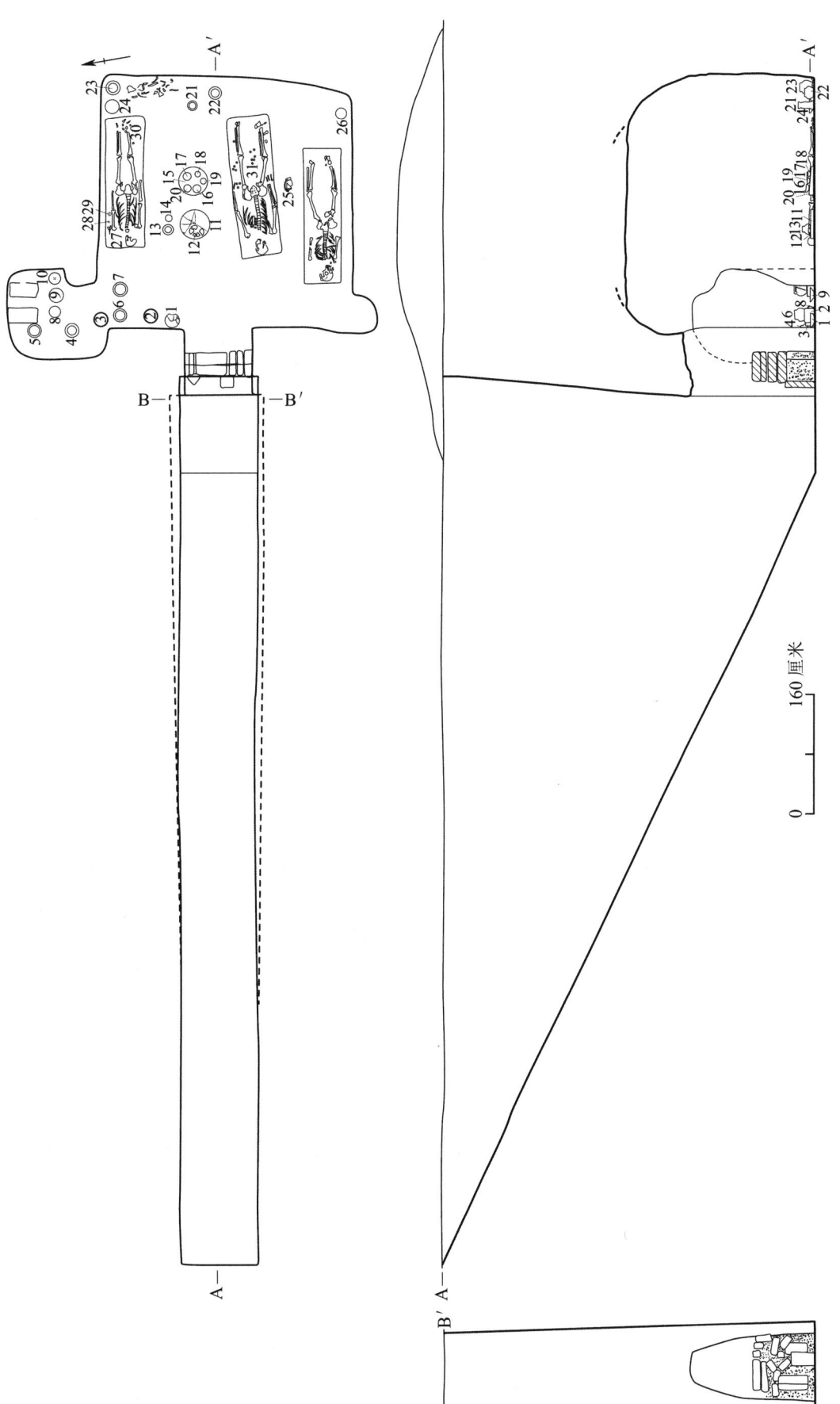

图三七二 ⅣM24平、剖面图

1、9、24.陶器盖 2、3、25.陶樽 4~7、23.绳纹陶罐 8、26、33.陶盆 10.陶瓶 11、15.陶盘 12、14、20.陶碟 13.陶壶 16~19.陶杯 21.陶灯 22.陶釜 27.铁剪刀 28.铜铃 29.石纺轮 30、31.铜钱 32.素面陶罐

骨两腿间出土铜钱2组（68枚）（图版四六，1）。

陶釜 1件。ⅣM24：22，泥质素面灰陶。近直口，方唇，矮领，圆肩，圆鼓腹，平底。近底处有竖向刮削痕迹。口径11.0、腹径17.0、底径11.0、高11.6厘米（图三七三，1；图版一六四，3）。

陶碟 3件。泥质素面灰陶。敞口，圆唇，浅弧腹，平底。内壁见轮制痕迹。ⅣM24：12，残，可复原。口径12.2、底径6.4、高2.7厘米（图三七三，4）。ⅣM24：14，口径8.8、底径4.8、高2.5厘米（图三七三，2；图版一六五，1）。ⅣM24：20，口径9.4、底径5.2、高2.7厘米（图三七三，3）。

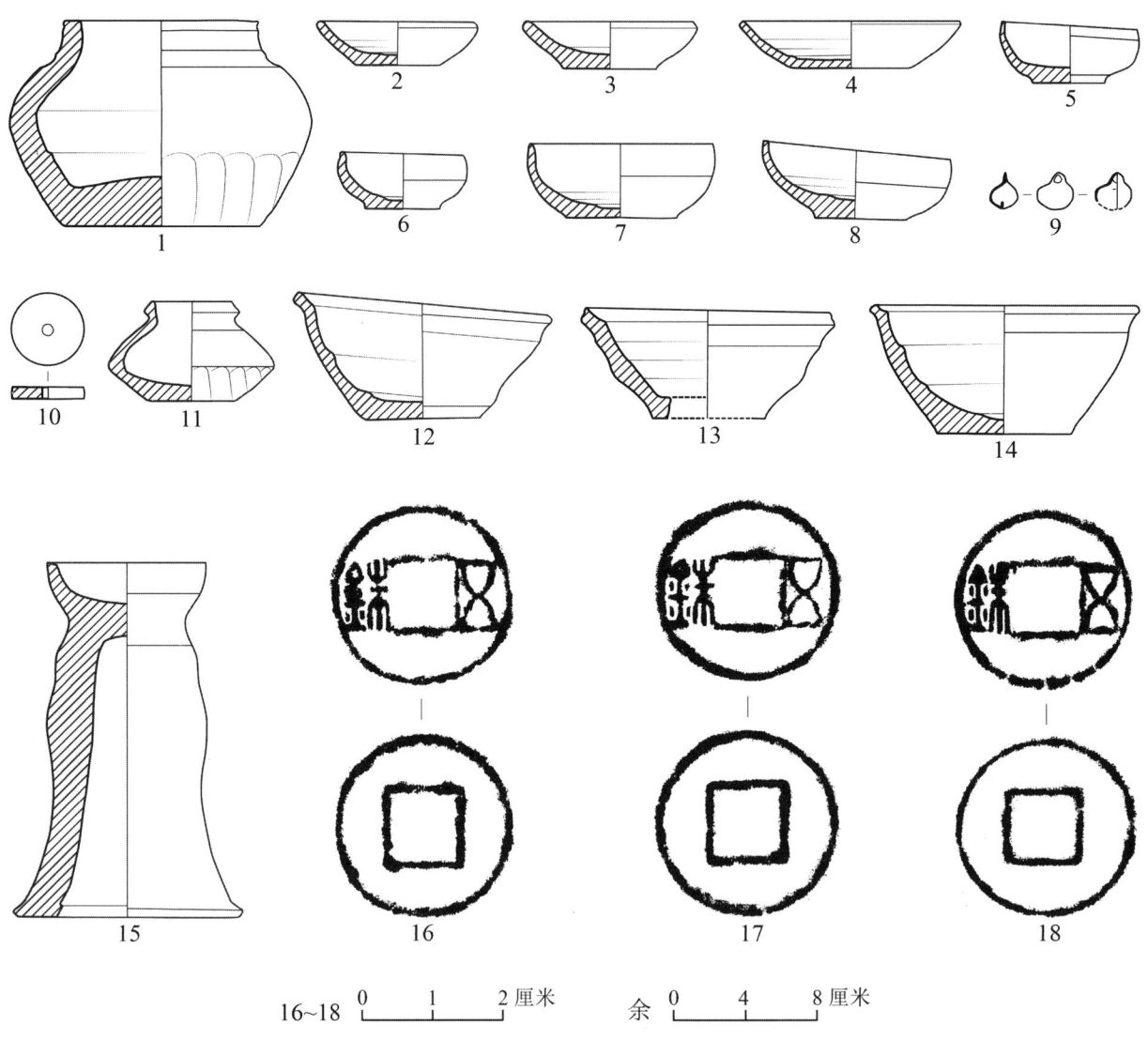

图三七三 ⅣM24出土器物（一）

1.陶釜（ⅣM24：22） 2~4.陶碟（ⅣM24：14、ⅣM24：20、ⅣM24：12） 5~8.陶钵（ⅣM24：19、ⅣM24：18、ⅣM24：17、ⅣM24：16） 9.铜铃（ⅣM24：28） 10.石纺轮（ⅣM24：29） 11.素面陶罐（ⅣM24：32） 12~14.陶盆（ⅣM24：26、ⅣM24：33、ⅣM24：8） 15.陶灯（ⅣM24：21） 16~18.五铢钱（ⅣM24：31-31、ⅣM24：31-34、ⅣM24：31-40）

陶钵　4件。泥质素面灰陶。ⅣM24：16，器形歪扭。直口，方唇，弧腹，平底。内壁见轮制痕迹。口径10.6、底径5.2、高3.4~4.4厘米（图三七三，8）。ⅣM24：17，直口，尖唇，弧腹，平底。口径10.2、底径6.2、高4.2厘米（图三七三，7；图版一六四，1）。ⅣM24：18，器形歪扭。敛口，方唇，弧腹，平底。口径7.0、底径4.2、高3.0~3.2厘米（图三七三，6；图版一六四，2）。ⅣM24：19，直口，圆唇，弧腹，矮假圈足。口径7.6、底径4.0、高3.0~3.5厘米（图三七三，5）。

素面陶罐　1件。ⅣM24：32，泥质素面灰陶。器形较小，近直口，外缘呈三角状，束颈，肩部较斜直，扁鼓腹，平底。近底处有竖向刮削痕迹。口径4.4、腹径9.3、底径5.0、高5.6厘米（图三七三，11；图版一六四，4）。

陶盆　3件。泥质素面灰陶。侈口，斜平沿微凹，斜直腹，平底。近口沿处有一道凸棱，内壁见轮制痕迹。ⅣM24：8，口径14.6、底径7.5、高7.3厘米（图三七三，14）。ⅣM24：26，器形歪扭。口径14.2、底径6.6、高5.8~7.2厘米（图三七三，12；图版一六四，6）。ⅣM24：33，底残，不可复原。口径13.7、高6.0~6.3厘米（图三七三，13）。

陶灯　1件。ⅣM24：21，泥质橙黄陶。灯口呈碟状，侈口，尖唇，弧腹，灯柄中空，上细下粗，上部饰一周凸棱纹，近底处外撇形成大平底。柄部与底部界限不明显。口径9.0、底径12.4、高20.0厘米（图三七三，15；图版一六二，6）。

绳纹陶罐　5件。泥质灰陶。器形整体矮胖，直口，外缘呈三角状，束颈，圆肩，圆鼓腹，平底。肩、腹部饰竖向绳纹，近底处有竖向刮削痕迹。ⅣM24：4，口径10.8、腹径18.6、底径10.6、高17.8厘米（图三七四，2；图版一六三，3）。ⅣM24：5，口径12.8、腹径18.4、底径11.0、高16.4厘米（图三七四，5）。ⅣM24：6，口径11.5、腹径17.6、底径11.2、高16.0~16.6厘米（图三七四，4）。ⅣM24：7，口径12.8、腹径19.0、底径11.0、高16.8厘米（图三七四，3）。ⅣM24：23，口径10.6、腹径18.5、底径11.7、高18.0厘米（图三七四，1；图版一六三，4）。

陶樽　3件。泥质素面灰陶。直口，矮领，折肩，腹部较直，中微曲，平底。内壁见轮制痕迹。ⅣM24：2，泥质素面灰陶。口径17.2、腹径19.0、底径17.5、高13.0厘米（图三七四，7；图版一六三，1）。ⅣM24：3，泥质素面灰陶。口径17.4、腹径19.2、底径17.2、高11.4~11.5厘米（图三七四，6；图版一六三，2）。ⅣM24：25，泥质素面橙黄陶。口径15.8、腹径17.0、底径14.6、高12.5厘米（图三七四，8）。

陶壶　1件。ⅣM24：13，泥质素面灰陶。侈口，尖唇，颈部较长，溜肩，鼓腹且下垂，高台座，平底。台座处有竖向刮削痕迹。口径8.2、腹径14.2、底径13.4、高15.0厘米（图三七四，9；图版一六二，5）。

陶器盖　3件。泥质灰陶。整体呈覆钵状。平顶，弧腹，直口。顶部及腹部饰波浪纹和弦纹组合，内壁见轮制痕迹。ⅣM24：1，残，可复原。盖径19.1、高5.0厘米（图三七五，3）。

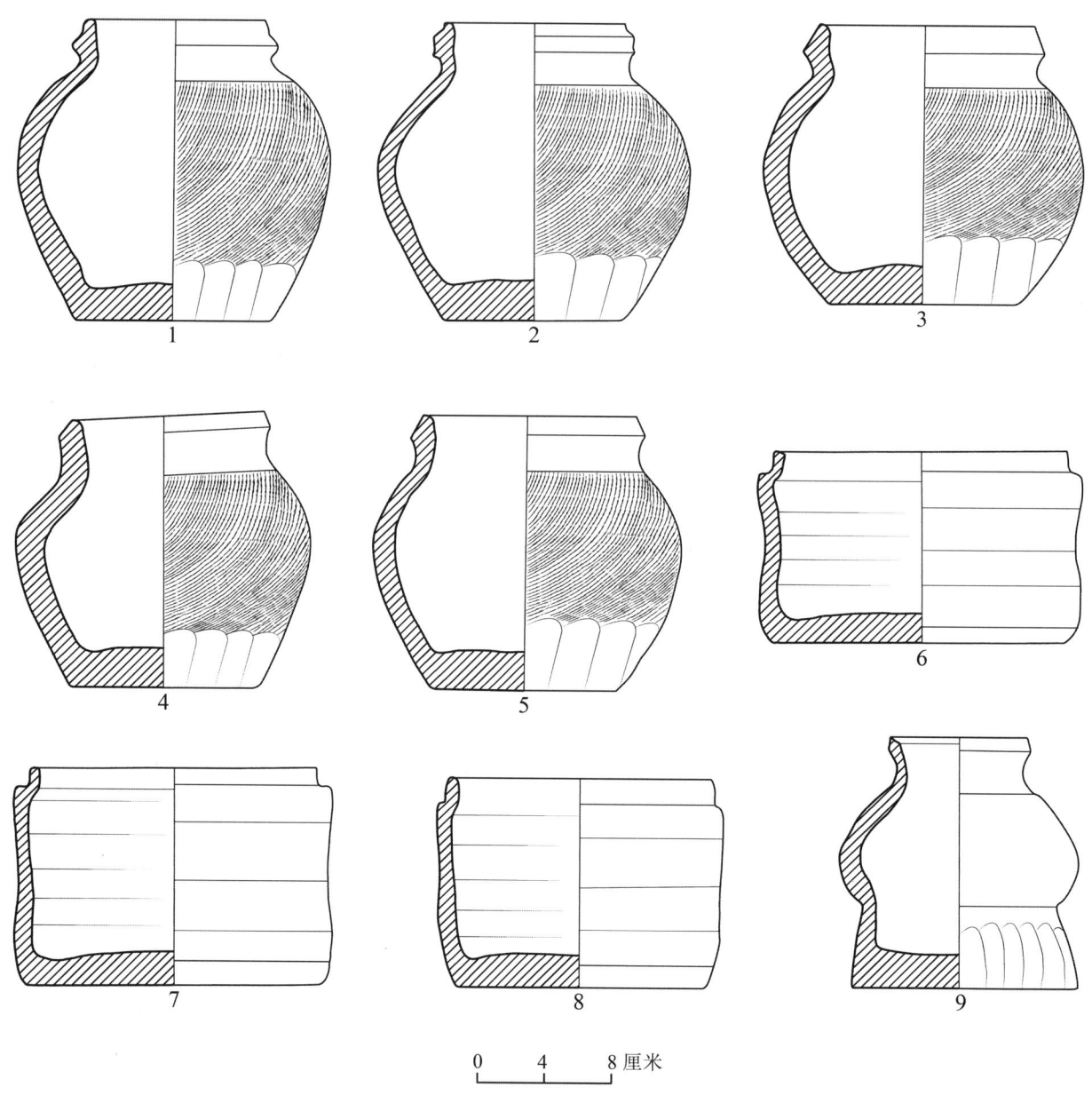

图三七四　ⅣM24出土器物（二）
1~5.绳纹陶罐（ⅣM24:23、ⅣM24:4、ⅣM24:7、ⅣM24:6、ⅣM24:5）
6~8.陶樽（ⅣM24:3、ⅣM24:2、ⅣM24:25）　9.陶壶（ⅣM24:13）

ⅣM24:9，盖径19.0、高5.0厘米（图三七五，2；图版一六三，5）。ⅣM24:24，盖径18.5、高5.0~5.5厘米（图三七五，1；图版一六三，6）。

陶甑　1件。ⅣM24:10，泥质素面灰陶。盆形甑。侈口，斜平沿，斜直腹，平底，底有五孔，未通透。内壁见轮制痕迹。口径15.5、底径6.8、高6.5厘米（图三七五，4；图版一六四，5）。

陶盘　2件。泥质灰陶。圆形，平沿，外缘齐平，盘面较平整，低于口沿，平底。盘面饰弦纹。ⅣM24:11，盘径39.4、厚4.0厘米（图三七五，5）。ⅣM24:15，器形歪扭。盘径38.0、厚 3.0~6.0 厘米（图三七五，6；图版一六二，4）。

石纺轮　1件。ⅣM24：29，石质，石质较薄，青灰色。圆形，饼状，中心有小圆孔。素面，表面平整光滑，有明显使用痕迹，边缘有磕碰残豁。直径4.2、厚0.7、孔径0.6厘米（图三七三，10；图版一六五，3）。

铁剪刀　1件。ⅣM24：27，锈蚀、残缺严重。残长12.0、下端宽3.3、上端宽2.3厘米。

铜铃　1件。ⅣM24：28，铜质，锈蚀严重，成铜绿锈色，残。扁圆形，上端有环形穿孔，下端有蛤蟆口，铃铛内核已锈蚀。素面。宽2.0、高2.0、环高0.5厘米（图三七三，9；图版一

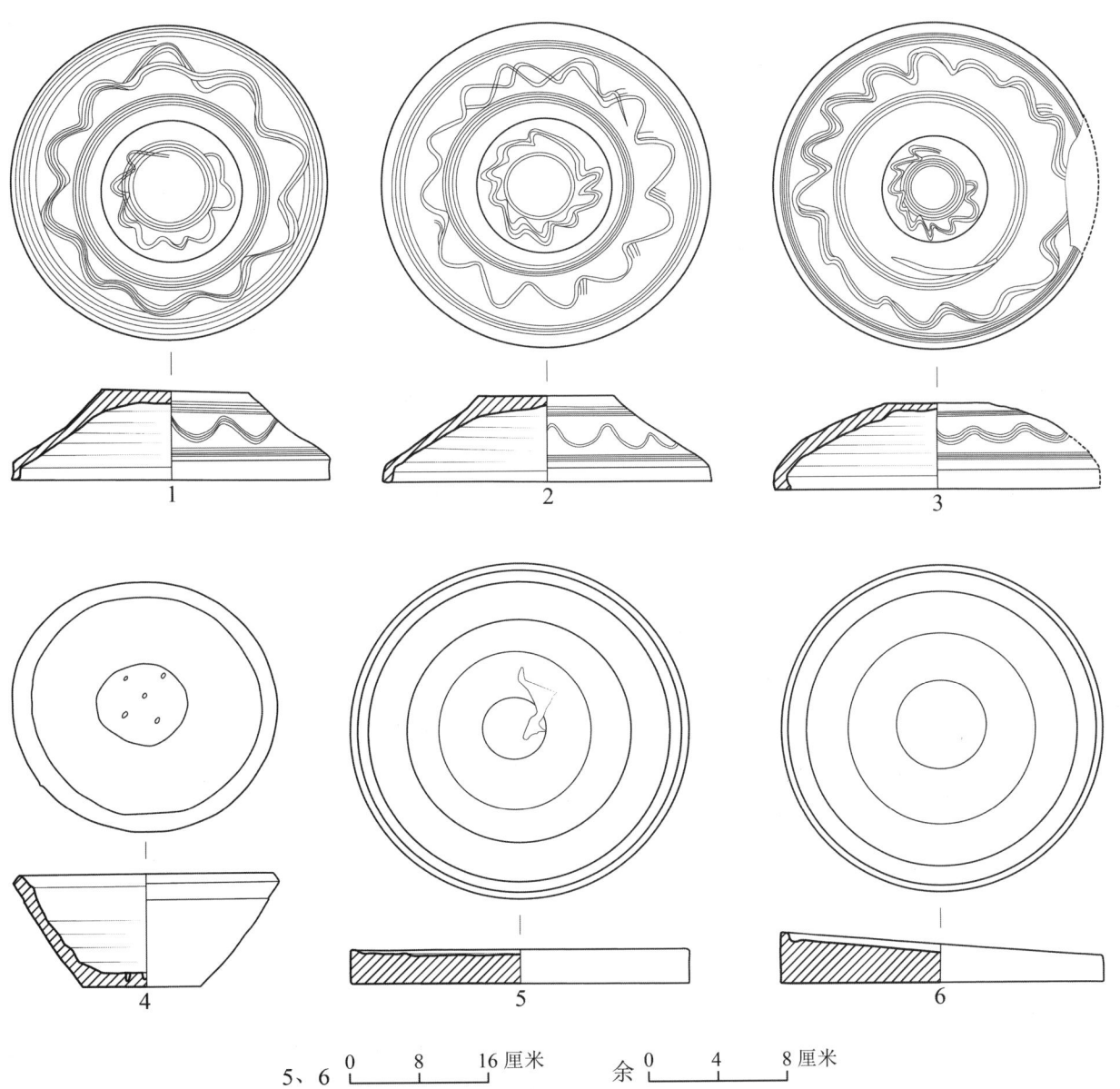

图三七五　ⅣM24出土器物（三）
1~3.陶器盖（ⅣM24：24、ⅣM24：9、ⅣM24：1）　4.陶甑（ⅣM24：10）　5、6.陶盘（ⅣM24：11、ⅣM24：15）

六五，5)。

铜钱 2组（68枚）。均圆形方穿，以五铢钱为主，另有少量剪轮钱、磨郭钱。

五铢钱，正面穿左右篆书"五铢"二字。ⅣM24：31-31，"五"字较宽，交笔弯曲；"铢"字"金"字头呈箭镞状，中间四点较长，"朱"字上下部均圆折。钱径2.58、穿宽1.00、郭宽0.13、郭厚0.12、肉厚0.09厘米，重2.53克（图三七三，16）。ⅣM24：31-34，"五"字较宽，交笔弯曲；"铢"字"金"字头呈三角形，中间四点较短，"朱"字上下部均圆折。钱径2.59、穿宽0.97、郭宽0.18、郭厚0.12、肉厚0.08厘米，重2.42克（图三七三，17）。ⅣM24：31-40，"五"字较宽，交笔弯曲；"铢"字"金"字头呈三角形，中间四点较长，"朱"字上下部均圆折。钱径2.65、穿宽0.95、郭宽0.14、郭厚0.11、肉厚0.08厘米，重2.18克（图三七三，18；图版一六五，2）。ⅣM24：31-42，形制同ⅣM24：31-40，穿下星。钱径2.61、穿宽0.92、郭宽0.17、郭厚0.14、肉厚0.09厘米，重2.18克（图版一六五，2）。

ⅣM25

位于Ⅳ区西部，ⅣM23以南，东西向分布。

1. 墓葬形制

该墓为带长斜坡墓道单室土洞墓。由封土、墓道、甬道、墓室组成。墓向280°（图三七六）。

封土 现呈丘状，部分叠压墓道。残径4.04、残高0.76米。

墓道 位于墓室以西，平面呈长方形，长10.23、宽1.20米。东端剖面亦呈长方形，底宽1.20米。斜坡长10.84米，坡度20°。近墓门处距地表深4.58米。内填灰黄色沙土，土质松散，含砾石。

甬道 位于墓道东端，连接墓道与墓室，为拱顶土洞式结构，平面呈长方形，进深0.80、宽0.60、高0.90米。墓门呈拱形，与甬道同高等宽。封门位于甬道内封，以规格不等的土坯错缝叠压、平铺横砌而成，现高0.80、宽0.60、厚0.20米。

墓室 位于墓道以东，平面呈长方形，距墓室地面0.70米处向上斜收至覆斗顶，顶部正中为一正方形藻井，边长0.20、深0.04米。墓室东西长2.40、南北宽1.80、残高1.40米。

2. 葬具葬式

无葬具。

该墓为双人合葬。墓室南、北壁下各葬一人，均为仰身直肢葬，头向东。经鉴定，北侧人骨为一成年女性；南侧人骨为男性，年龄37~45岁。

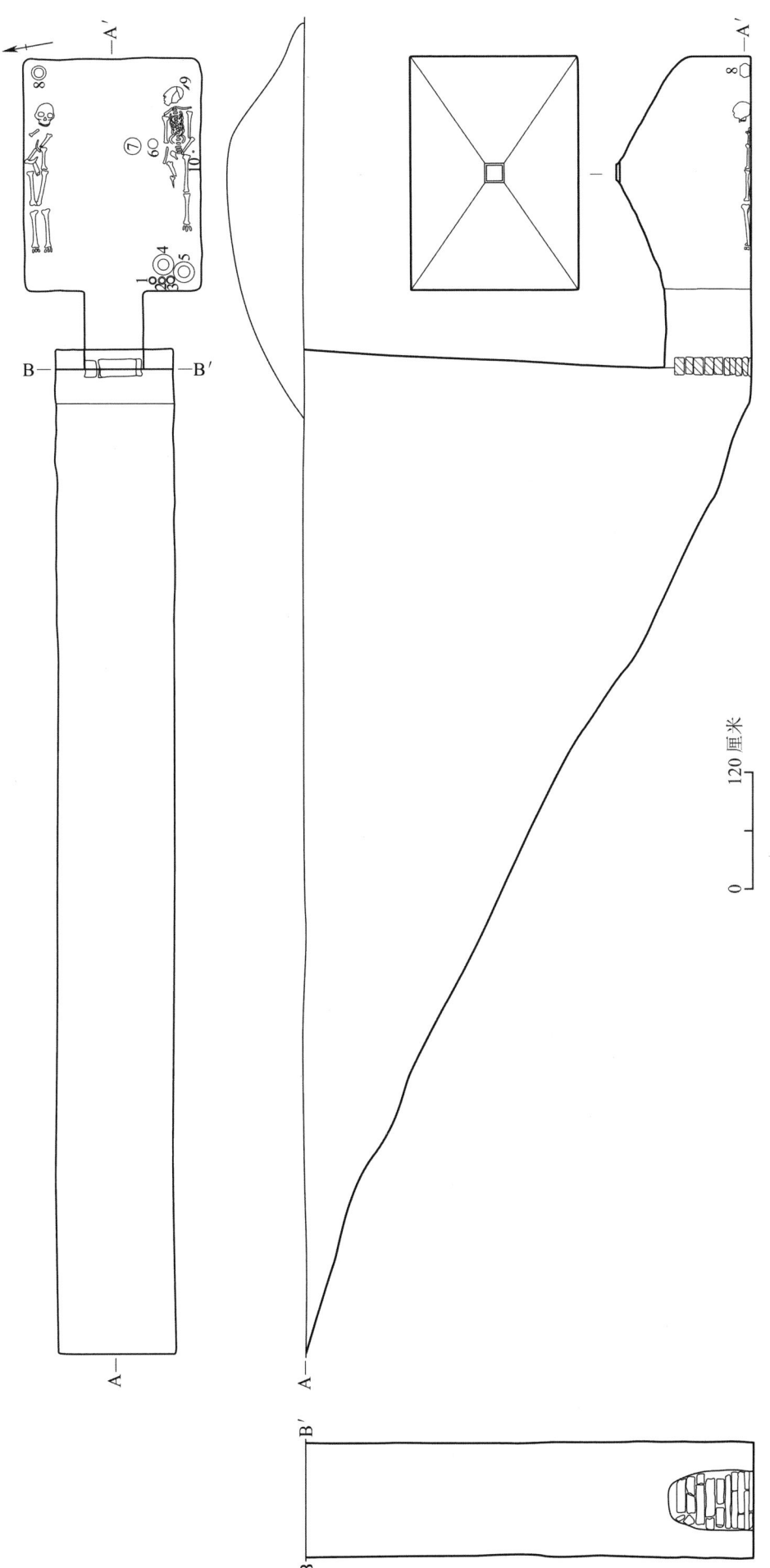

图三七六 ⅣM25平、剖面图

1~3.陶斗瓶 4、5.绳纹陶罐 6、7.陶钵 8.陶釜 9.铜钗 10.铜指环

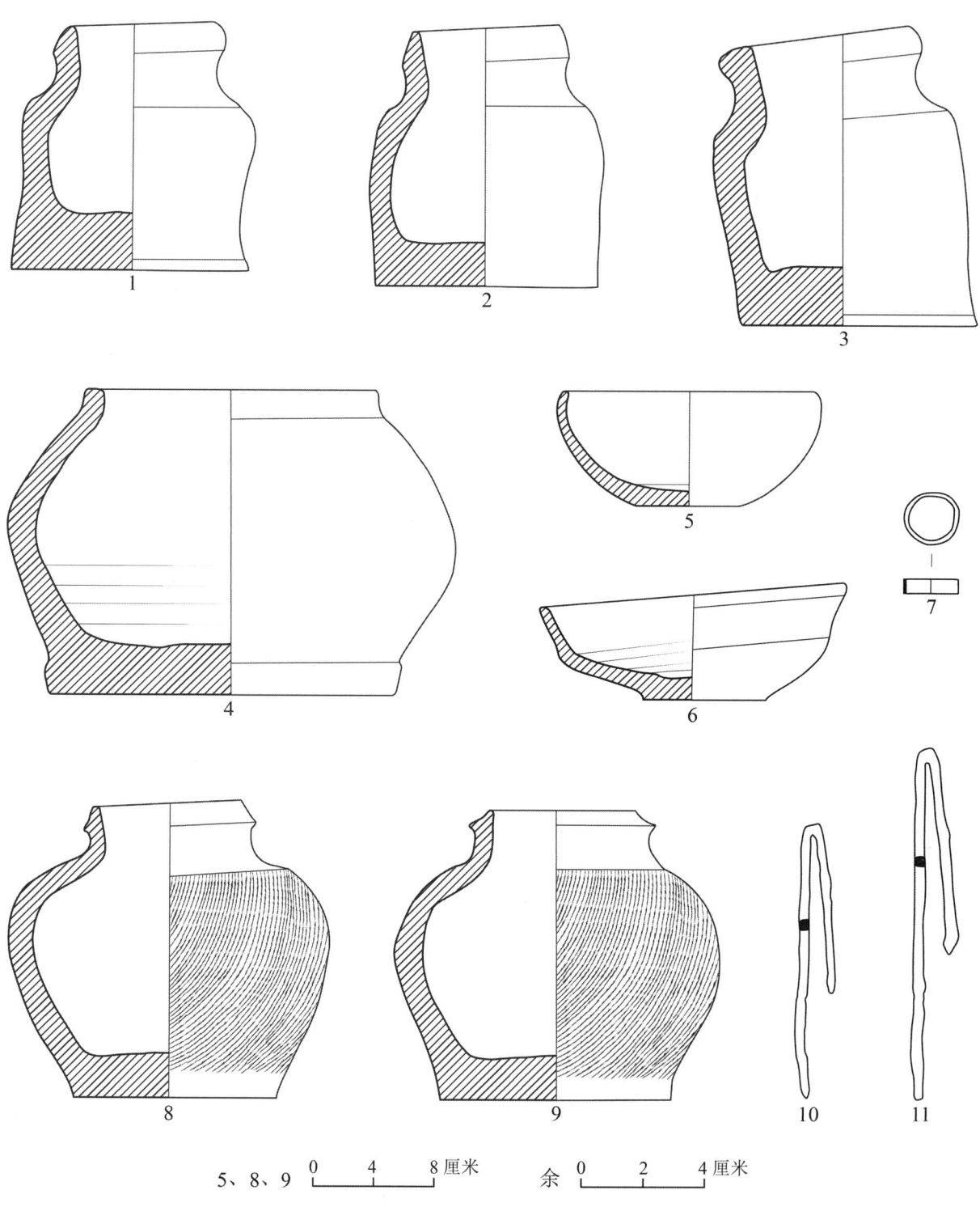

图三七七 ⅣM25出土器物
1~3.陶斗瓶（ⅣM25:1、ⅣM25:2、ⅣM25:3） 4.陶釜（ⅣM25:8） 5、6.陶钵（ⅣM25:7、ⅣM25:6） 7.铜指环（ⅣM25:10）
8、9.绳纹陶罐（ⅣM25:4、ⅣM25:5） 10、11.铜钗（ⅣM25:9-1、ⅣM25:9-2）

3. 随葬品

随葬品以陶器为主，主要放置于墓室西南角及两人骨周围，共8件，包括陶斗瓶3件、绳纹陶罐2件、陶釜1件、陶钵2件。另于南侧人骨头端出土铜钗1组（2件），左手处出土铜指环1件。

陶斗瓶　3件。泥质素面灰陶。ⅣM25：1，直口，尖圆唇，外缘呈三角状，束颈，溜肩，腹部较鼓中微曲，平底。口径4.8、腹径7.5、底径7.8、高8.0~8.2厘米（图三七七，1）。ⅣM25：2，近直口，尖唇，外缘呈三角状，束颈，溜肩，腹部微鼓，平底。口径4.8、腹径7.6、底径7.2、高8.4~8.6厘米（图三七七，2）。ⅣM25：3，器形歪扭。直口，方唇，斜直领，圆折肩，斜直腹，平底。口径5.8、腹径8.0、底径7.6、高9.0~9.8厘米（图三七七，3）。

陶釜　1件。ⅣM25：8，泥质灰陶。直口，方唇，矮领，溜肩，扁鼓腹，近底部有一周凸棱，平底。内壁见轮制痕迹。口径9.6、腹径14.8、底径11.4、高10.0厘米（图三七七，4）。

陶钵　2件。泥质素面灰陶。ⅣM25：6，器形歪扭。侈口，圆唇，上腹微弧，下腹斜收至平底。内壁见轮制痕迹。口径10.0、底径4.0、高3.0~3.8厘米（图三七七，6）。ⅣM25：7，敛口，圆唇，上腹部外鼓，下腹弧收，平底。口径16.2、底径6.8、高7.6厘米（图三七七，5）。

绳纹陶罐　2件。泥质灰陶。直口，外缘呈三角状，束颈，圆肩，圆鼓腹，平底。肩、腹部饰竖向、斜向绳纹。ⅣM25：4，口径9.6、腹径21.2、底径13.4、高19.1~19.6厘米（图三七七，8）。ⅣM25：5，口径9.6、腹径21.2、底径15.0、高19.0厘米（图三七七，9）。

铜指环　1件。ⅣM25：10，质地轻薄。圆形，环状。光素无纹饰。直径1.6~1.8、厚0.2厘米（图三七七，7）。

铜钗　1组。ⅣM25：9，2件，均残缺、锈蚀严重。呈双股"U"形，前端尖细，后端粗扁，圆棍状。光素无饰。ⅣM25：9-1，残长9.0、截面直径0.4厘米（图三七七，10）。ⅣM25：9-2，残长11.6、截面直径0.4厘米（图三七七，11）。

ⅣM26

位于Ⅳ区中部，ⅣM14西侧，东西向分布。

1. 墓葬形制

该墓为竖穴土坑墓，墓向275°（图三七八）。

开口深约0.20米，平面呈长方形，长2.60、宽0.80米，底距现地表深约1.30米，墓室四壁较直，四角略弧。

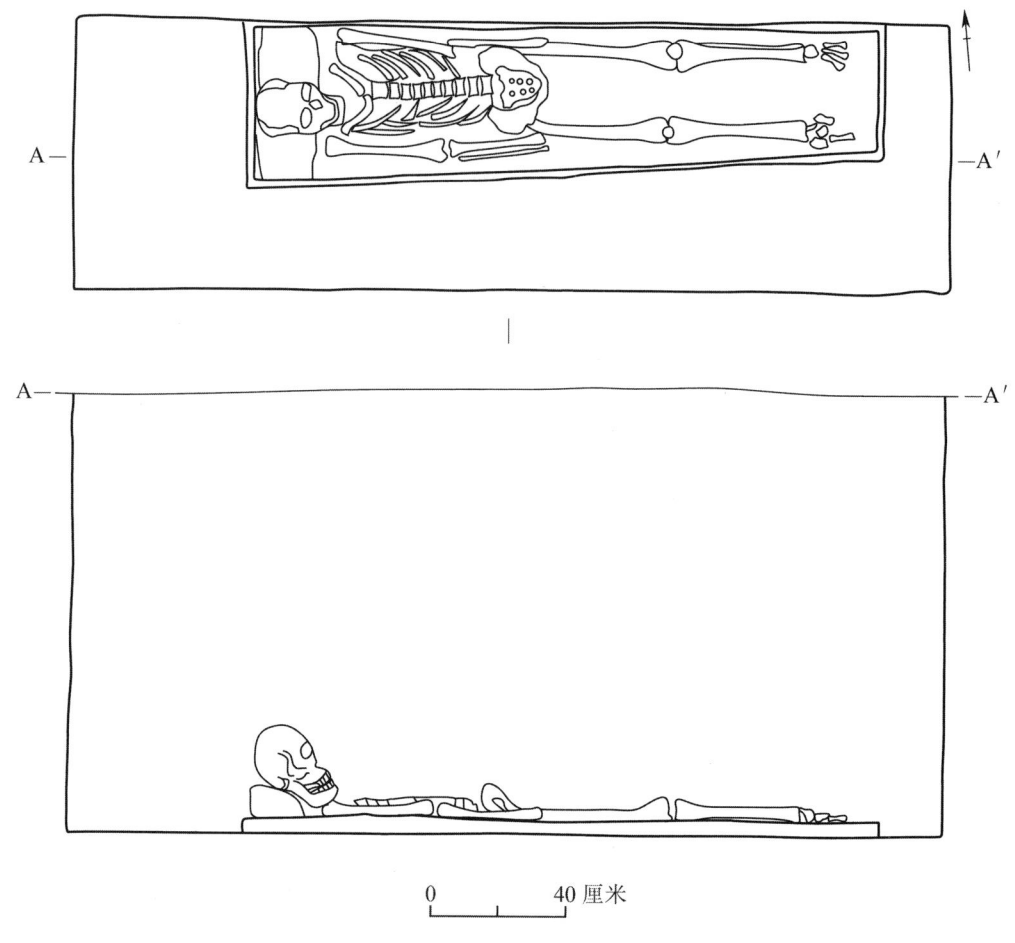

图三七八　ⅣM26平、剖面图

2. 葬具葬式

北壁下存一尸床,由木板、细沙土及黄土堆垒而成,长1.90、宽0.50、厚0.06米。人骨头下存头枕,呈长方形,以草木灰堆积而成,长0.50、宽0.18、高0.10米。

该墓为单人葬,人骨置于尸床之上,仰身直肢葬,头向西。经鉴定,人骨为男性,年龄35~39岁。

3. 随葬品

无随葬品。

ⅣM27

位于Ⅳ区中部，ⅣM11东南，东西向分布。

1. 墓葬形制

该墓为带长斜坡墓道单室土洞墓，由墓道、甬道、墓室组成。墓向268°（图三七九）。

墓道　位于墓室以西，平面呈梯形，西窄东宽，长8.33、宽0.70~0.80米。东端剖面呈梯形，口小底大，底宽1.00米。西高东低，斜坡至底，斜坡长9.06米，坡度19°。近墓门处距地表深3.80米。内填灰黄色沙土，土质松散，含砾石。

甬道　位于墓道东端，连接墓道与墓室，为拱顶土洞式结构，平面呈长方形，进深0.50、宽0.80、高1.00米。墓门呈拱形，与甬道同高等宽。封门位于甬道内封，以规格不等的土坯及沙石封堵。

墓室　位于墓道以东，平面呈梯形，东窄西宽，距墓室地面0.60米处向上斜收至顶，顶部坍塌严重，形制不详。墓室东西长2.50、南北宽1.40~1.80、残高1.90米。墓室西北角掏一龛，口宽0.30、进深0.20、高0.30米。

2. 葬具葬式及葬俗

墓室北壁下存尸床、尸罩。尸床由砾石、细沙土堆垒而成，平面呈梯形，长1.80、宽0.40~0.54、厚0.04米。尸罩已朽，散布于墓室中。

该墓为单人葬。人骨置于尸床之上，仰身直肢。经鉴定，人骨为女性，年龄40~45岁。

尸床上散布有意打碎的陶片。

3. 随葬品

随葬品以陶器为主，集中放置于墓室中部及西北角龛内，共16件，包括绳纹陶罐2件、陶釜1件、陶壶1件、陶盆3件、陶樽2件、陶器盖2件、陶盘2件、陶碟2件、陶耳杯1件。另于人骨头部出土铜镜1件、铜钗1组（2件），右腿处出土铜钱1组（14枚）。

陶碟　2件。泥质素面灰陶。敞口，圆唇，浅弧腹，平底。ⅣM27：14，内壁见轮制痕迹。口径13.8、底径6.0、高4.0厘米（图三八〇，1）。ⅣM27：15，残。口径13.8、底径6.0、高3.7厘米（图三八〇，2）。

陶器盖　2件。残。整体呈覆钵状，弧形顶，弧腹，直口。ⅣM27：7，泥质素面灰陶。盖径16.0、高5.6厘米（图三八〇，3）。ⅣM27：9，泥质素面灰褐陶。盖径20.0、高6.0厘米（图三八〇，4）。

绳纹陶罐　2件。泥质红褐陶。残，仅余口沿及肩腹部。近直口，外缘呈三角状，束颈，

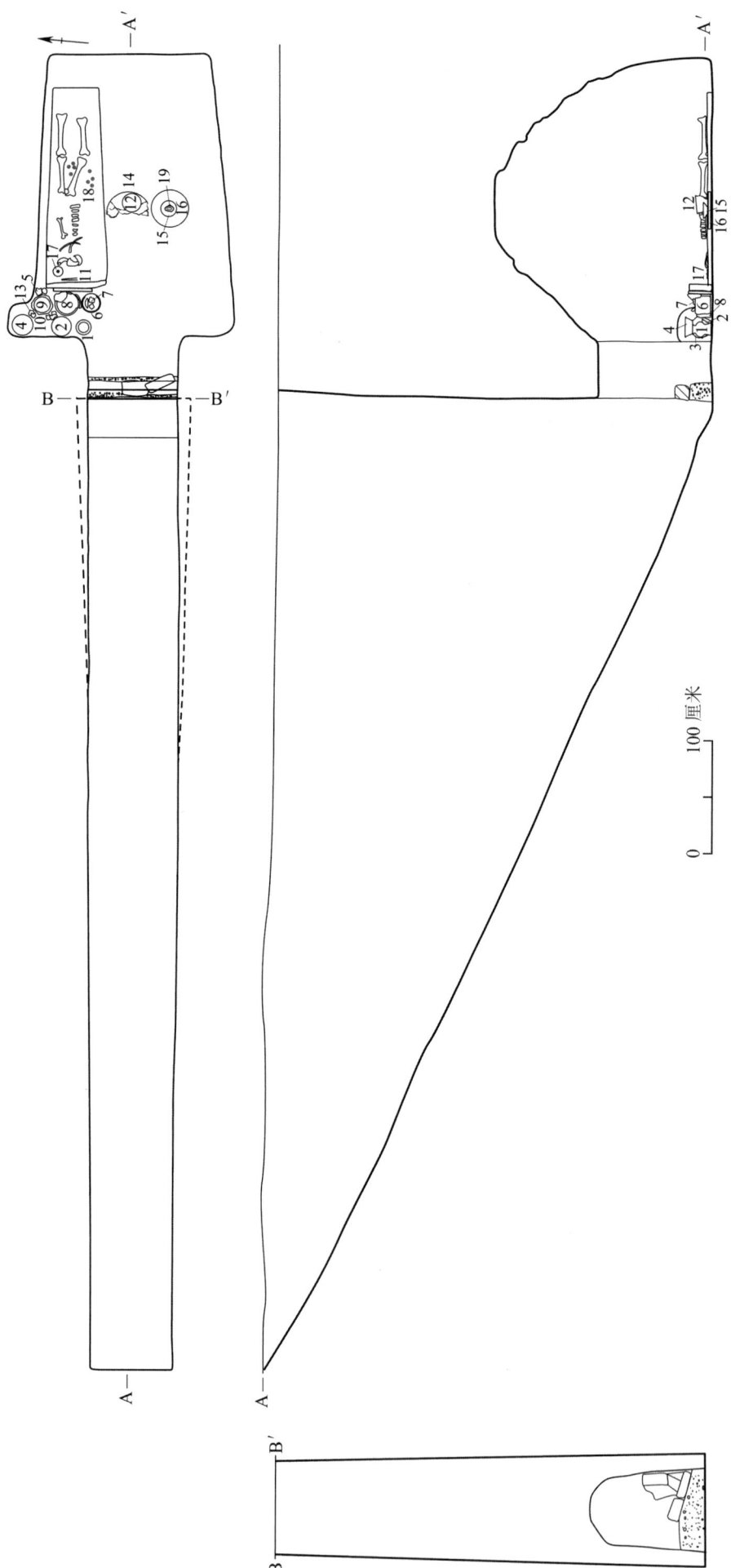

图三七九 ⅣM27平、剖面图

1.陶壶 2、4、12.陶盆 3.陶釜 5、10.绳纹陶罐 6、8.陶樽 7、9.陶器盖 11.铜钗 13、16.陶盘 14、15.陶碟 17.铜镜 18.铜钱 19.陶耳杯

溜肩。肩部饰竖向绳纹。ⅣM27：5，口径12.0、残高4.0厘米（图三八〇，5）。ⅣM27：10，口径12.0、残高9.0厘米（图三八〇，6）。

陶盆　3件。ⅣM27：2，泥质灰陶。侈口，宽平沿，方唇，深斜直腹，腹部较深，平底。外壁饰弦纹。口径17.0、底径7.5、高7.8~7.9厘米（图三八〇，9）。ⅣM27：4，泥质素面灰陶。侈口，斜平沿，方唇，斜直腹，腹部较深，平底。内壁见轮制痕迹。口径18.2、底径7.5、高9.7~10.0厘米（图三八〇，8）。ⅣM27：12，泥质素面橙黄陶。器形歪扭。侈口，斜平沿，深弧腹，小平底。口径16.6、底径7.4、高9.0~10.7厘米（图三八〇，7）。

陶樽　2件。ⅣM27：6，泥质素面灰陶。残，可复原。近直口，方唇，领部较高，折肩，腹中微曲，平底。内壁见轮制痕迹。口径15.2、腹径17.0、底径14.8、高13.3厘米（图三八〇，10）。ⅣM27：8，泥质素面灰陶。残，可复原。敛口，方唇，肩部发育不明显，腹中微曲，底微凹。口径18.4、腹径21.0、底径20.2、高12.2厘米（图三八〇，11）。

陶釜　1件。ⅣM27：3，泥质素面灰陶。略残。直口，方唇，圆肩，圆鼓腹，下腹斜收至平底。内壁见轮制痕迹。口径12.8、腹径18.8、底径11.2、高16.0厘米（图三八一，1）。

陶壶　1件。ⅣM27：1，泥质素面灰陶。侈口，斜平沿，高直领，圆肩，扁鼓腹且下垂，高台座，平底。台座上见竖向刮削痕迹。口径9.0、腹径13.4、底径11.2、高16.0厘米（图三八一，2）。

陶耳杯　1件。ⅣM27：19，残。泥质灰陶。整体呈椭圆形，侈口，方唇，长边两侧附对称双耳，斜直腹，平底。内底模印有一图案，似鱼。长口径8.1、短口径7.5、长底径3.5、短底径1.8、耳长2.1、耳宽1.0、高2.2厘米（图三八一，3）。

陶盘　2件。泥质红陶。圆形，沿内凹，平底，盘面较平整，低于盘沿。ⅣM27：13，残。外缘呈内弧形。盘面饰波浪纹两组。盘径38.0、厚2.4厘米（图三八一，5）。ⅣM27：16，外缘齐平。盘面饰弦纹。盘径33.0、厚2.0厘米（图三八一，4）。

铜钗　1组。ⅣM27：11，2件，均锈蚀、残断严重。呈双股"U"形，前端尖细，后端粗，尾端宽扁。光素无纹饰。ⅣM27：11-1，残长8.3、截面直径0.3厘米（图三八〇，12）。ⅣM27：11-2，残长14.0、截面直径0.4厘米（图三八〇，13；图版一六五，8）。

铜镜　1件。ⅣM27：17，镜体较轻薄。圆形，镜面微弧凸，镜背正中为半球形钮，圆形钮座，镜钮上有半圆形对穿孔，钮座外为对称四乳钉，乳钉间饰三鱼纹和一禽鸟纹，三鱼首尾相接。其外为一周波浪纹。窄素缘。面径8.5、背径7.6、钮高1.0、钮径1.4、缘宽0.6、缘厚0.35、肉厚0.2厘米、重54.6克（图三八二，1；图版一六六，1）。

铜钱　1组。ⅣM27：18，14枚，均圆形方穿，形制不同，以五铢钱为主，另有少量剪轮钱、磨郭钱以及2枚大泉五十。

ⅣM27：18-3，大泉五十。形制较大，形体厚重，面背皆有内郭。正面穿口左右铸"五十"二字，较瘦长，上下铸"大泉"二字，较宽矮，均为篆书。"五"字较窄，交笔弯曲；

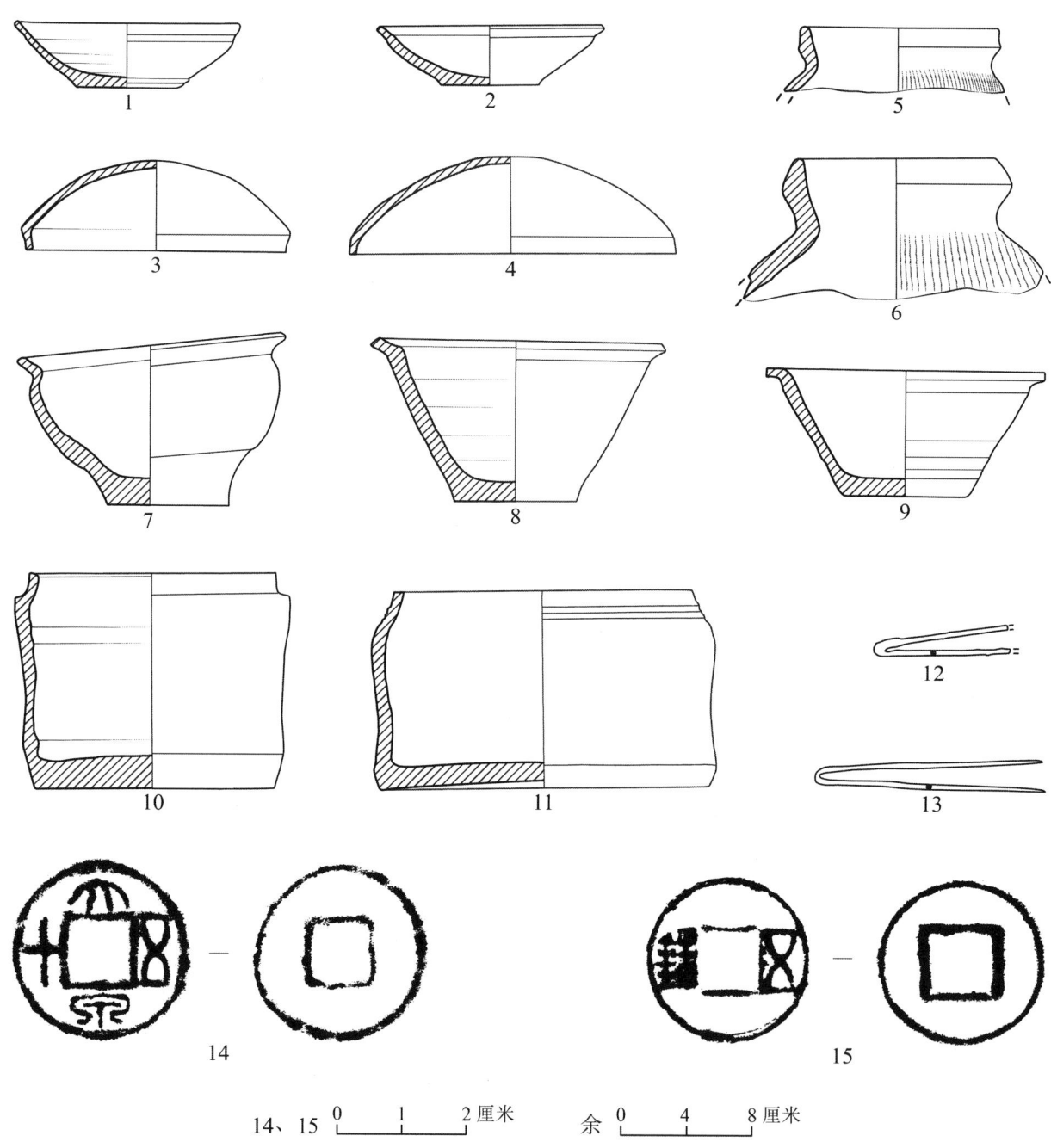

图三八〇 ⅣM27出土器物（一）

1、2.陶碟（ⅣM27∶14、ⅣM27∶15） 3、4.陶器盖（ⅣM27∶7、ⅣM27∶9） 5、6.绳纹陶罐（ⅣM27∶5、ⅣM27∶10） 7~9.陶盆（ⅣM27∶12、ⅣM27∶4、ⅣM27∶2） 10、11.陶樽（ⅣM27∶6、ⅣM27∶8） 12、13.铜钗（ⅣM27∶11-1、ⅣM27∶11-2） 14.大泉五十（ⅣM27∶18-3） 15.五铢钱（ⅣM27∶18-7）

"大"字一横较圆弧。钱径2.78、穿宽0.93、郭宽0.19、郭厚0.18、肉厚0.13厘米,重4.64克(图三八〇,14;图版一六五,6)。ⅣM27:18-7,五铢钱,正面穿左右篆书"五铢"二字。"五"字较宽,交笔弯曲;"铢"字"金"字头呈三角形,中间四点较长,"朱"字上下部均圆折。钱径2.54、穿宽0.92、郭宽0.12、郭厚0.13、肉厚0.09厘米,重2.46克(图三八〇,15)。

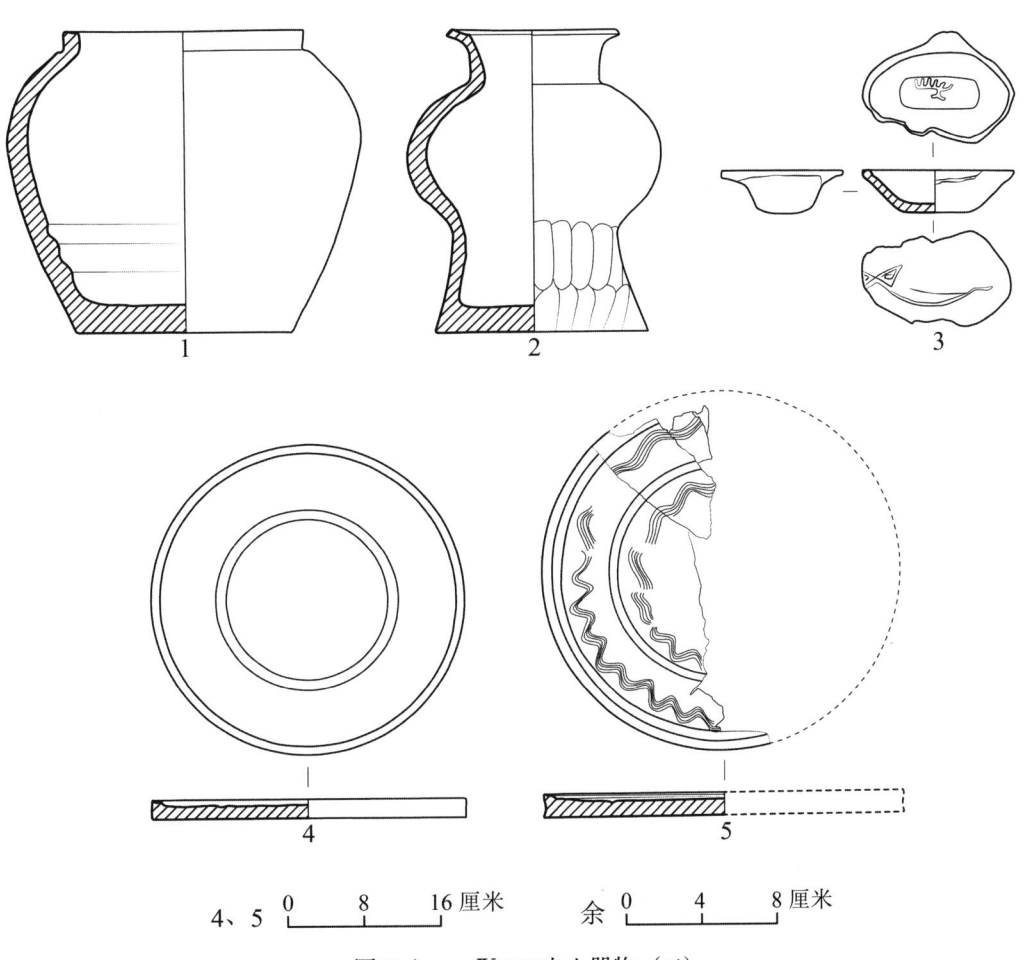

图三八一 ⅣM27出土器物(二)
1.陶釜(ⅣM27:3) 2.陶壶(ⅣM27:1) 3.陶耳杯(ⅣM27:19) 4、5.陶盘(ⅣM27:16、ⅣM27:13)

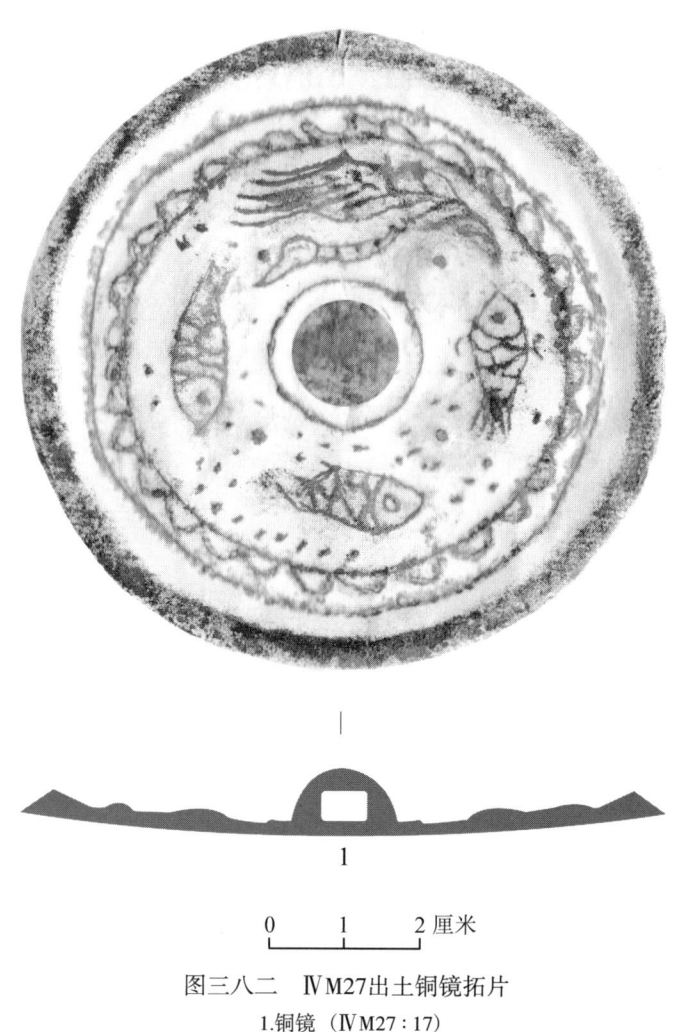

图三八二　ⅣM27出土铜镜拓片
1.铜镜（ⅣM27：17）

ⅣM28

位于Ⅳ区中部，ⅣM19东南，南北向分布。与ⅣM19为一组，未发现茔圈。

1. 墓葬形制

该墓为带长斜坡墓道单室土洞墓，由封土、墓道、甬道、墓室组成。墓向180°（图三八三）。

封土　现呈丘状，部分叠压墓道。残径6.40、残高0.60米。

墓道　位于墓室以南，平面呈长方形，长12.50、宽1.20米。北端剖面呈倒梯形，口大底小，底宽1.10米。南高北低，斜坡至底，斜坡长13.50米，坡度26°。近墓门处距地表深6.38米。内填灰黄色沙土，土质松散，含砾石。

甬道　位于墓道北端，连接墓道与墓室，为双甬道。均为拱顶土洞式结构，前甬道平面呈

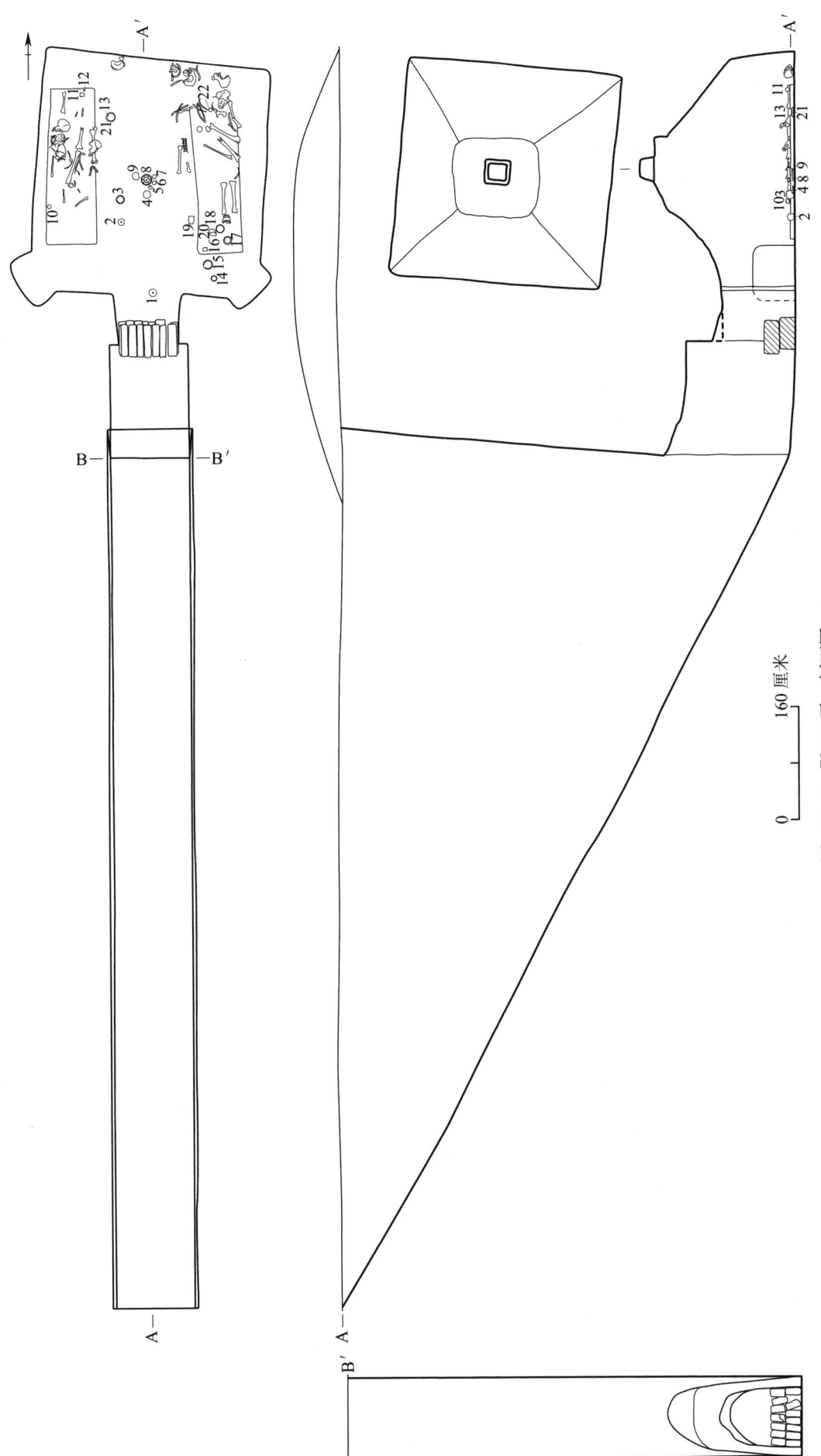

图三八三 ⅣM28平、剖面图

1.陶甑 2.陶仓 3、17、18、20.波浪纹陶罐 4.陶碟 5.陶灯 6、7.陶钵 8.陶樀 9、13.陶盆 10、11、16、22.陶斗瓶 12.铜钱 14.陶釜 15.陶樽 19.陶壶 21.陶盘

长方形，南高北低，进深 1.60、宽 1.10、高 1.56~1.80 米。后甬道平面呈近梯形，南宽北窄，顶部略坍塌，南高北低，进深 0.70、宽 0.84~0.96、残高 1.04~1.18 米。墓门呈拱形，与甬道同高等宽。封门位于后甬道内封，以土坯横立竖砌而成，现高 0.42、宽 0.84、厚 0.44 米，土坯长 0.44、宽 0.20、厚 0.10 米。

墓室　位于墓道以北，平面呈近长方形，距地面 0.90 米处向上斜收至覆斗顶，顶部正中存一正方形藻井，顶部略坍塌，边长 0.34、深 0.20 米。墓室南北长 3.24~3.40、东西宽 3.16、残高 2.20 米。墓室东南角和西南角各掏一龛，东南角龛口宽 0.70、进深 0.30、高 0.50 米；西南角龛口宽 0.66、进深 0.40、高 0.60 米。

2. 葬具葬式

墓室东、西壁下各存一尸床，南北向平行放置，东侧尸床由细沙土、木板、草木灰堆垒而成；西侧尸床由细沙土、木板、白灰等堆垒而成，长 2.16，北端宽 0.62，南端宽 0.70 米。

该墓为双人合葬。人骨置于尸床之上，凌乱不堪，葬式不详。经鉴定，东侧人骨为男性，年龄 45~50 岁；西侧人骨为女性，年龄 60 岁左右。

3. 随葬品

随葬品以陶器为主，放置于墓室中部及两人骨附近，共 21 件，包括波浪纹陶罐 4 件、陶甑 1 件、陶仓 1 件、陶碟 1 件、陶灯 1 件、陶钵 2 件、陶槅 1 件、陶盆 2 件、陶釜 1 件、陶斗瓶 4 件、陶樽 1 件、陶壶 1 件、陶盘 1 件。另于西侧人骨北端出土铜钱 1 枚（图版四六，2）。

陶钵　2 件。泥质素面灰陶。器形歪扭。侈口，尖圆唇，斜弧腹，平底。ⅣM28∶6，口径 5.2、底径 4.4、高 1.6~2.3 厘米（图三八四，1；图版一六六，2）。ⅣM28∶7，口径 5.8、底径 4.5、高 1.3~2.5 厘米（图三八四，2）。

陶碟　1 件。ⅣM28∶4，泥质素面橙黄陶。残，可复原。敞口，圆唇，浅腹，平底。内壁见轮制痕迹。口径 11.0、底径 7.0、高 1.3~2.2 厘米（图三八四，3；图版一六九，2）。

陶盆　2 件。ⅣM28∶9，泥质素面橙黄陶。侈口，斜平沿微凹，圆唇，斜直腹，平底。口径 10.4、底径 5.4、高 5.5 厘米（图三八四，5；图版一六六，3）。ⅣM28∶13，泥质素面灰陶。侈口，圆唇，曲腹，腹部较深，平底。口径 10.6、底径 6.6、高 5.0 厘米（图三八四，4；图版一六六，4）。

陶灯　1 件。ⅣM28∶5，泥质素面灰陶。残，仅存柄部。灯柄实心，下部外撇至平底。柄部与底部界限不明显。底径 5.0、残高 6.5 厘米（图三八四，6）。

陶釜　1 件。ⅣM28∶14，泥质素面灰陶。口略残，可复原。直口，圆唇，圆肩，圆鼓腹，底作矮假圈足。内壁见轮制痕迹。口径 6.8、腹径 8.5、底径 5.2、高 5.3 厘米（图三八四，7；图版一六六，5）。

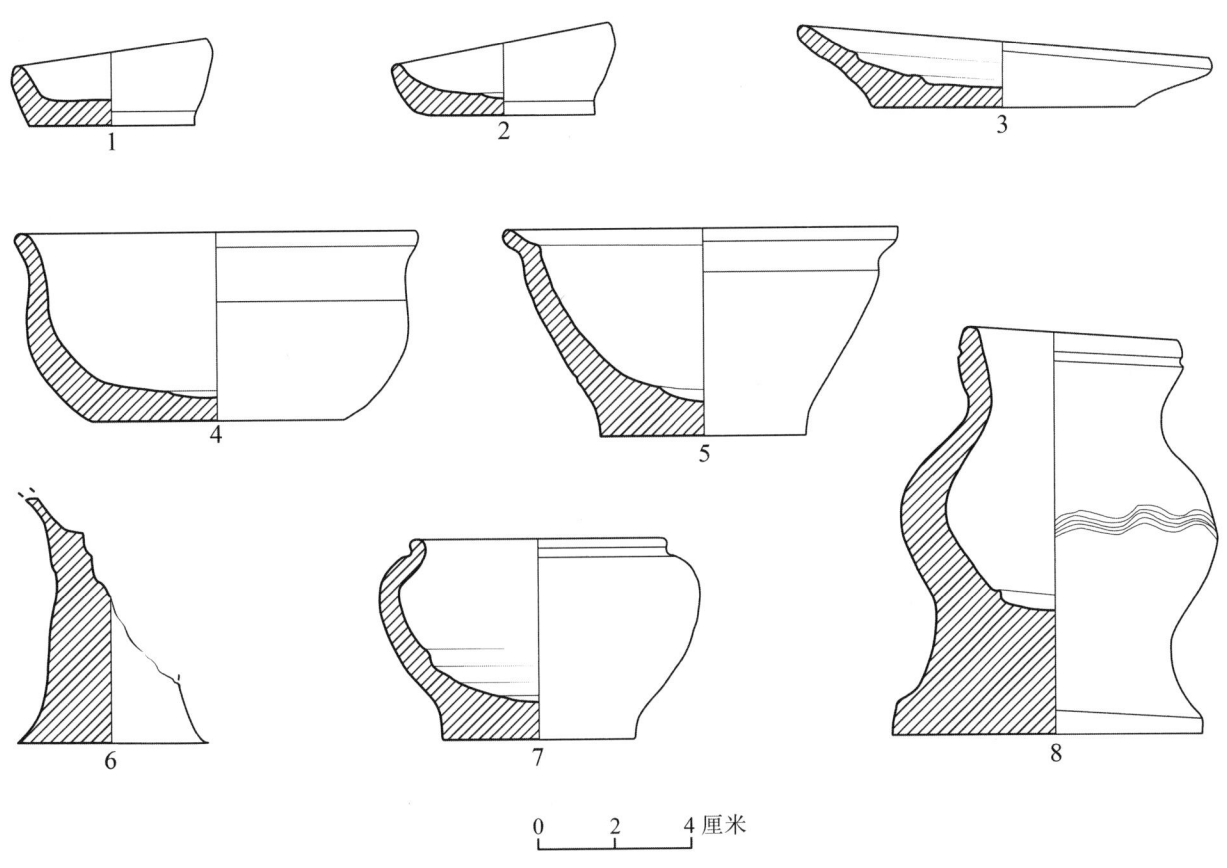

图三八四　ⅣM28出土器物（一）
1、2.陶钵（ⅣM28：6、ⅣM28：7）　3.陶碟（ⅣM28：4）　4、5.陶盆（ⅣM28：13、ⅣM28：9）　6.陶灯（ⅣM28：5）
7.陶釜（ⅣM28：14）　8.陶壶（ⅣM28：19）

陶壶　1件。ⅣM28：19，泥质灰陶。底略残，可复原。器形歪扭。侈口，尖圆唇，束颈，溜肩，扁鼓腹，下腹部束腰外撇至大平底。腹部饰波浪纹一组。口径5.7、腹径8.3、底径8.2、高10.4~10.8厘米（图三八四，8；图版一六六，6）。

波浪纹陶罐　4件。器形整体瘦高。近直口或侈口，方唇，矮领，平底。肩腹部饰波浪纹、弦纹组合。ⅣM28：3，泥质灰陶。近直口，溜肩，上腹部较鼓，下腹部斜收，底残。口径9.3、腹径11.8、残高10.2厘米（图三八五，2）。ⅣM28：17，泥质灰陶。器形歪扭。近直口，圆肩，上腹部微鼓，下腹部斜收至平底。口径8.4、腹径11.4、底径8.6、高9.4~10.0厘米（图三八五，3）。ⅣM28：18，泥质橙黄陶。底残，不可复原，器表剥落严重。侈口，圆肩，上腹部较鼓，下腹部斜收。口径10.0、腹径11.6、残高10.0厘米（图三八五，4）。ⅣM28：20，泥质橙黄陶。近直口，圆肩，圆鼓腹。内壁见轮制痕迹。口径6.0、复原腹径16.0、底径11.0、复原高14.6厘米（图三八五，1）。

陶樽　1件。ⅣM28：15，泥质素面红陶。口微侈，圆唇，肩部发育不明显，矮领，腹部微鼓，平底。口径12.0、腹径12.6、底径11.8、高7.6厘米（图三八五，5；图版一六九，3）。

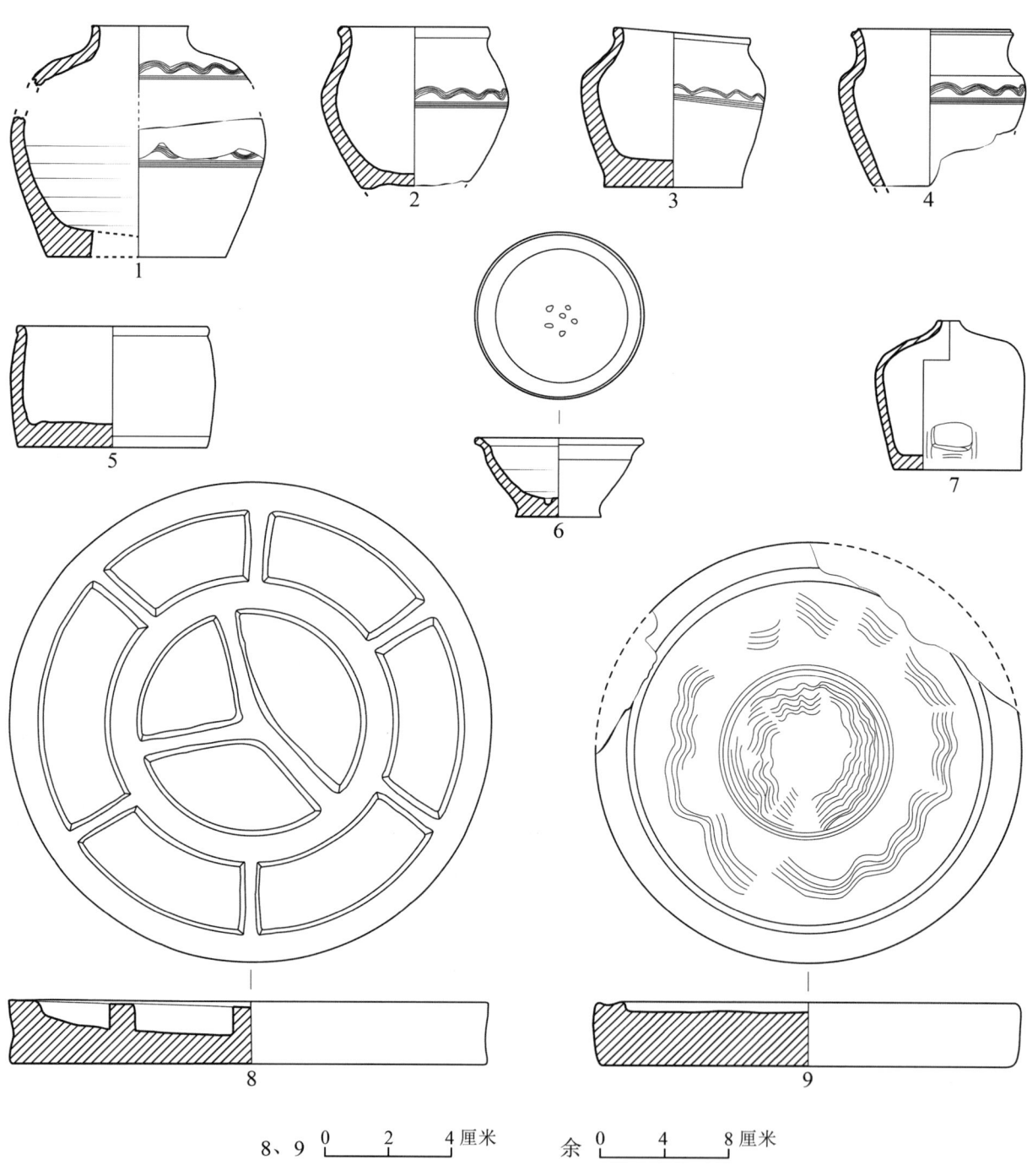

图三八五 ⅣM28出土器物（二）
1~4.波浪纹陶罐（ⅣM28：20、ⅣM28：3、ⅣM28：17、ⅣM28：18） 5.陶樽（ⅣM28：15） 6.陶甑（ⅣM28：1）
7.陶仓（ⅣM28：2） 8.陶榼（ⅣM28：8） 9.陶盘（ⅣM28：21）

陶甑　1件。ⅣM28：1，泥质素面红褐陶。盆形甑。侈口，斜平沿，斜直腹，平底，底有六孔，未通透。内壁见轮制痕迹。口径10.4、底径5.3、高5.0厘米（图三八五，6；图版一六九，1）。

陶仓　1件。ⅣM28：2，泥质素面橙黄陶。器表剥落严重。仓顶为平口，不封顶，广肩，腹部斜直收至平底。下腹部设有长方形仓门，门下刻画出踏梯。口径1.4、腹径9.2、底径7.8、仓门长2.4、宽1.1、高9.5厘米（图三八五，7；图版一六八，6）。

陶榻　1件。ⅣM28：8，泥质素面红褐陶。圆形，平沿，外缘中曲，平底，榻面分内外两圈，其中外圈被隔分隔成六格，内圈被分隔成三格。直径15.2、高2.0厘米（图三八五，8；图版一六九，4）。

陶盘　1件。ⅣM28：21，泥质红陶。圆形，平沿微凹，外缘较齐平，盘面较平整，低于盘沿，平底。盘面饰两组波浪纹。盘径13.2、厚2.0厘米（图三八五，9；图版一六九，5）。

陶斗瓶　4件。ⅣM28：10，泥质素面灰陶。侈口，圆唇，束颈，折肩，直腹，平底。口径4.8、腹径5.5、底径5.5、高5.7厘米（图三八六，1；图版一六八，3、4）。底部有朱书痕迹，漫漶不清，肩、腹部朱书镇墓文，多已漫漶不清，录文作：

……
□□之伍主□
□地□□己
□□气□
□□方□令
□兴兴之□
□有□殃
生者以天为
死者以地
界□□如律令

ⅣM28：11，泥质素面灰陶。侈口，圆唇，束颈，圆肩，直腹，平底。口径4.6、腹径5.2、底径5.5、高6.0厘米（图三八六，4；图版一六七，1~6）。底部朱书一"足"字，肩、腹部朱书镇墓文，多已漫漶不清，录文作：

西方庚辛太
白之精□□
之□主岁注

人门□己□

气□□□

方不令□

与□之身□

有祸殃生者

以天为界死者

以地为界如律

令

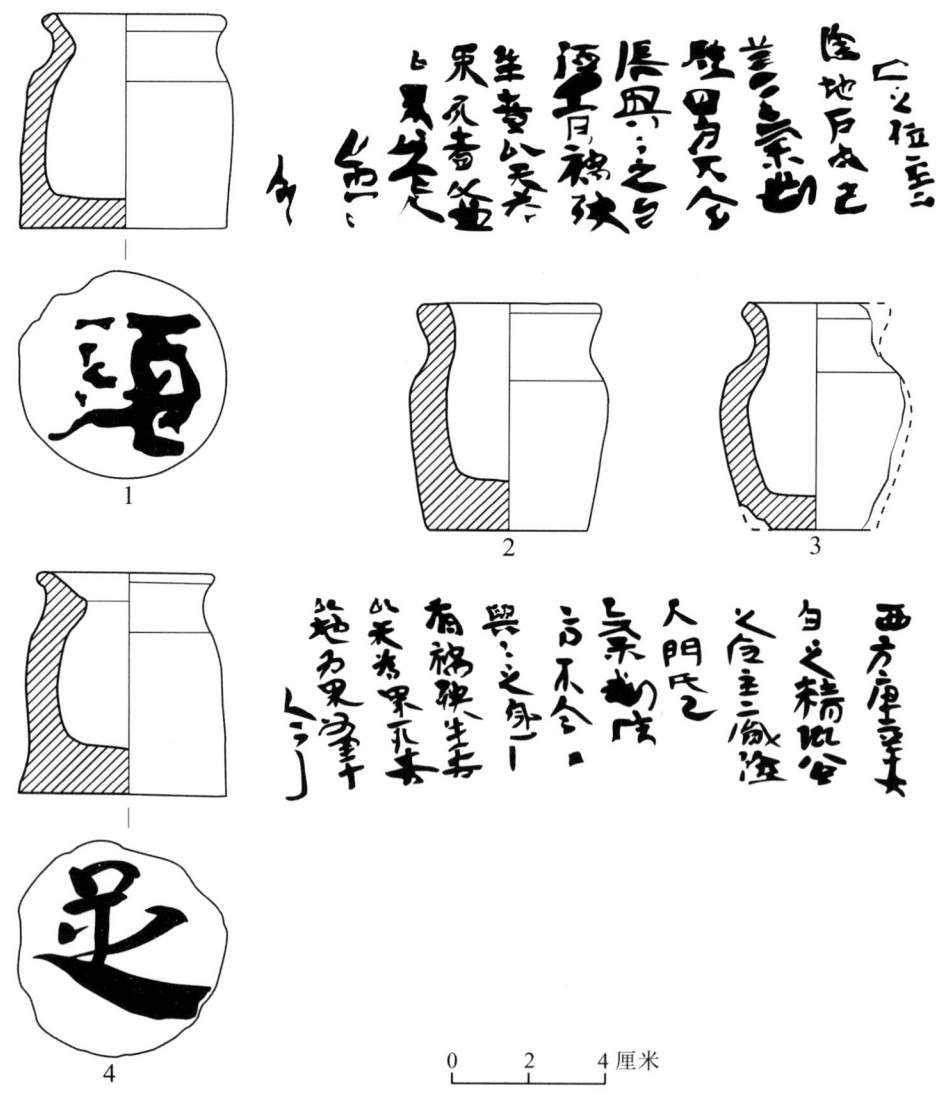

图三八六　ⅣM28出土器物（三）

1~4.陶斗瓶（ⅣM28：10、ⅣM28：16、ⅣM28：22、ⅣM28：11）

ⅣM28：16，泥质素面灰陶。侈口，厚方唇，领部较高，溜肩，腹部微鼓，平底。口径4.4、腹径5.2、底径4.2、高6.0厘米（图三八六，2；图版一六八，1、2）。肩、腹壁墨书镇墓文，多已漫漶不清，录文作：

……
复……生者天……

ⅣM28：22，泥质素面灰褐陶。残。侈口，束颈，圆肩，腹部较鼓，平底。肩、腹壁有墨书，均漫漶不清。口径3.5、腹径5.0、底径3.2、高6.0厘米（图三八六，3；图版一六八，5）。

铜钱　1枚。ⅣM28：12，五铢钱，正面穿左右篆书"五铢"二字。"五"字较窄，交笔微曲；"铢"字"金"字头呈三角形，中间四点较短，"朱"字上部方圆折，下部圆折。钱径2.55、穿宽0.95、郭宽0.13、郭厚0.18、肉厚0.12厘米，重2.73克。

五　V区

V区位于远期北侧端平滑安全区，Ⅳ区西侧，为三角地带，东宽西窄，面积2万平方米，共清理墓葬16座（图三八七）。

ⅤM1

位于V区中部，南北向分布。与ⅤM10、ⅤM11为一组，未发现茔圈。

1. 墓葬形制

该墓为带长斜坡墓道"刀把"形单室土洞墓，由封土、墓道、甬道、墓室组成。墓向181°（图三八八）。

封土　现呈丘状，部分叠压墓道。残径6.00、残高0.60米。

墓道　位于墓室以南，平面呈梯形，南宽北窄，长8.50、宽0.88~0.92米。北端剖面亦呈梯形，口小底大，底宽1.34米。南高北低，部分呈台阶状，至近墓门1.50米处到底，其后平直延伸至墓门处，坡度30°。近墓门处距地表深3.20米。

甬道　位于墓道北端，平面呈长方形，进深0.66、宽0.80、高1.04~1.20米。墓门呈拱形，与甬道同高等宽。封门无存。

墓室　位于墓道以北，平面呈近长方形，距墓室地面0.60米处向上斜收，墓顶呈拱形，坍塌严重。墓室南北长2.12、东西宽1.58~1.70、残高1.50米。

2. 葬具葬式及葬俗

墓室西壁下存尸床，由沙石铺成，平面呈近长方形。长1.50、宽0.36~0.44、高0.05~0.06米。人骨脚端及两侧有腐朽木块痕迹，推测原可能存在木质尸罩。

该墓为单人葬。人骨置于尸床之上，散乱不堪，残存盆骨、肱骨及碎骨，葬式不详。经鉴定，人骨为女性，年龄50岁左右。

尸床南部散布有意打碎的陶片。

3. 随葬品

随葬品较少，仅于人骨处出土铜带扣1组（2件）、铁钉1件。

铜带扣　1组（2件）。ⅤM1:1-1，略残。后端平面前圆后方，呈马蹄状；前端开弧形孔，孔中间装有活动的扣舌。长5.3、宽2.4厘米（图三八九，1；图版一六九，6）。ⅤM1:1-2，平面呈长方形，一端开长条形孔，背面四角有四乳钉。长2.8、宽2.4、高0.7厘米（图三八九，

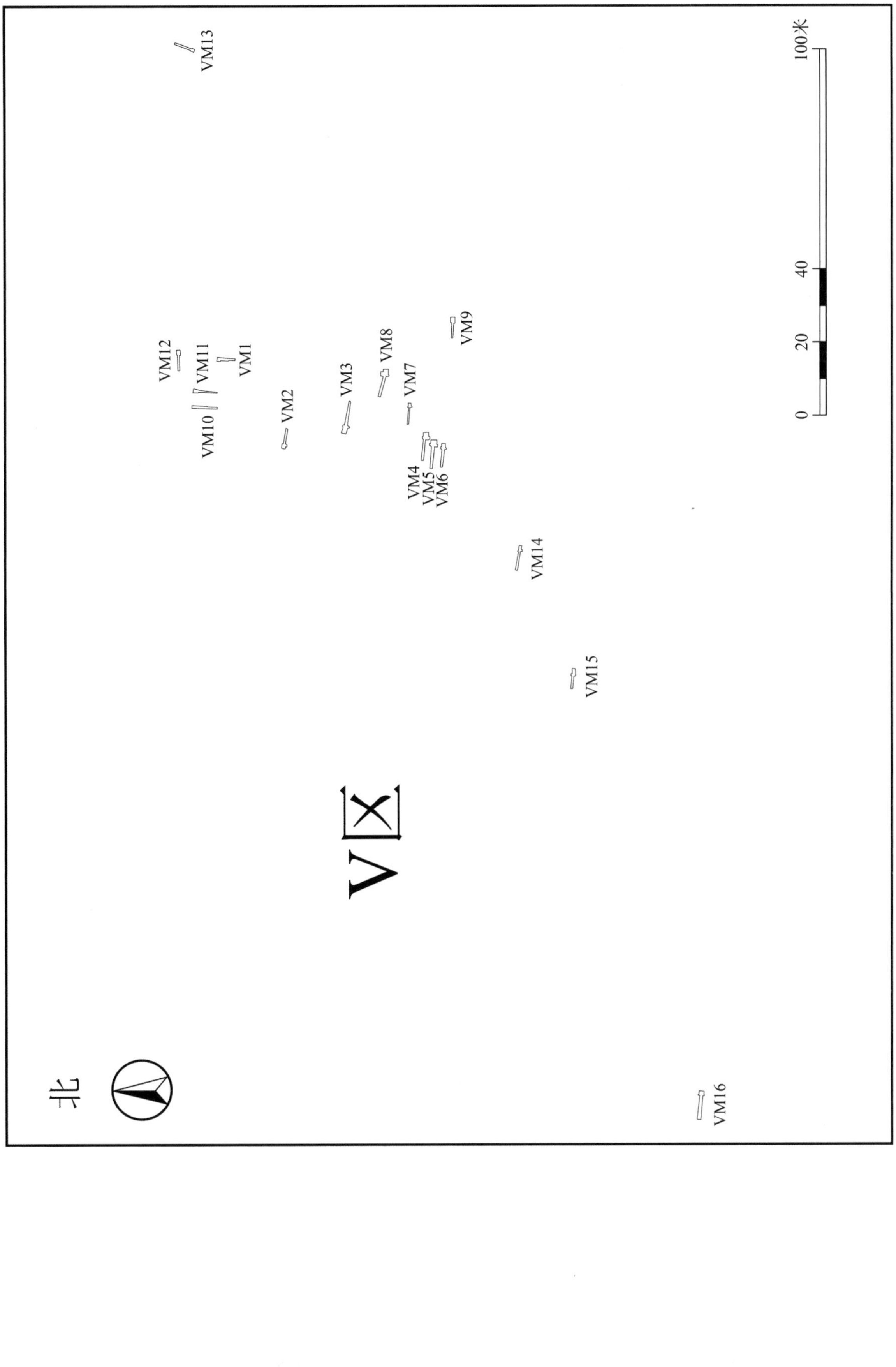

图三八七　Ⅴ区墓葬分布图

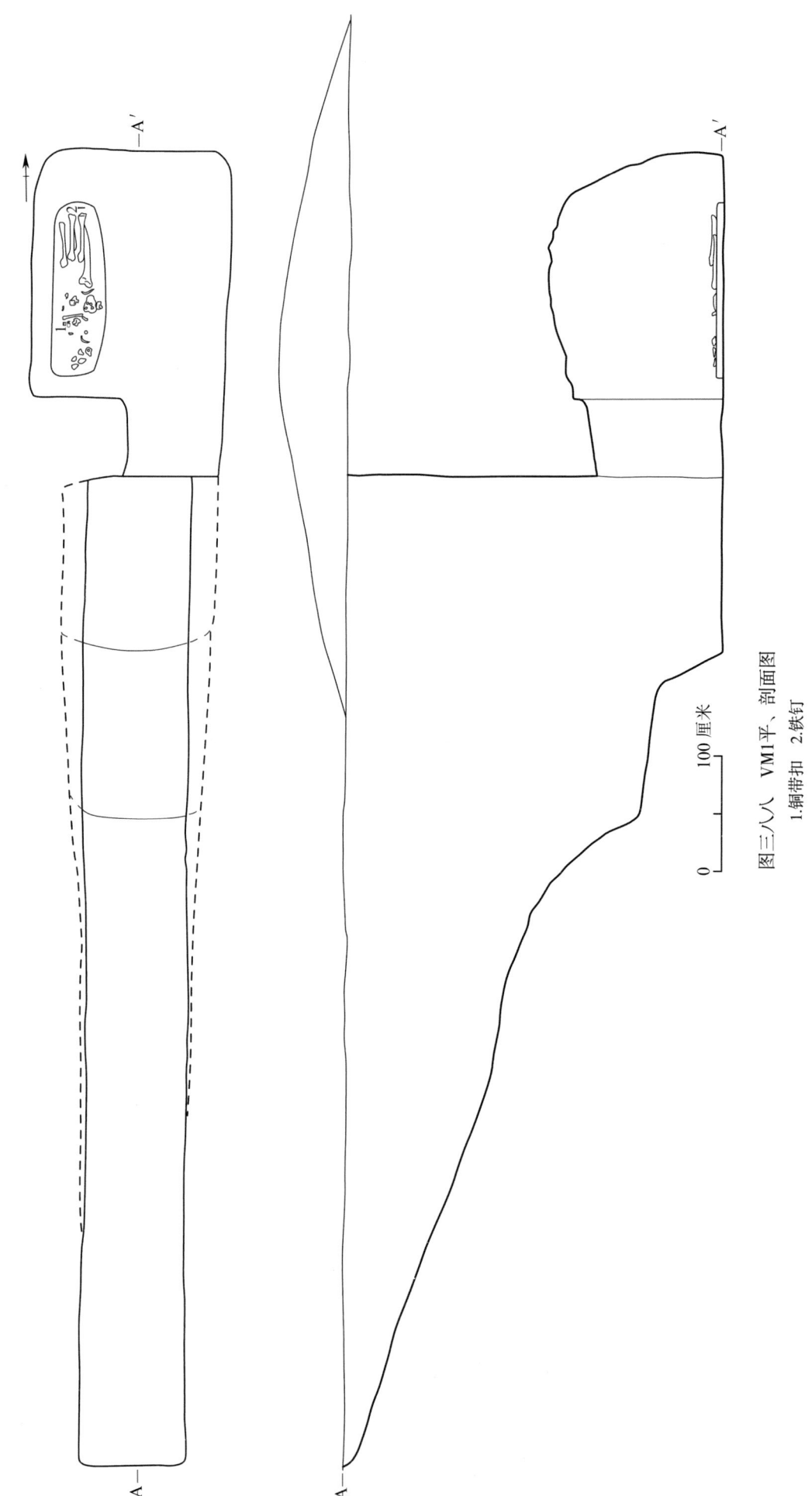

图三八八 VM1平、剖面图
1.铜带扣 2.铁钉

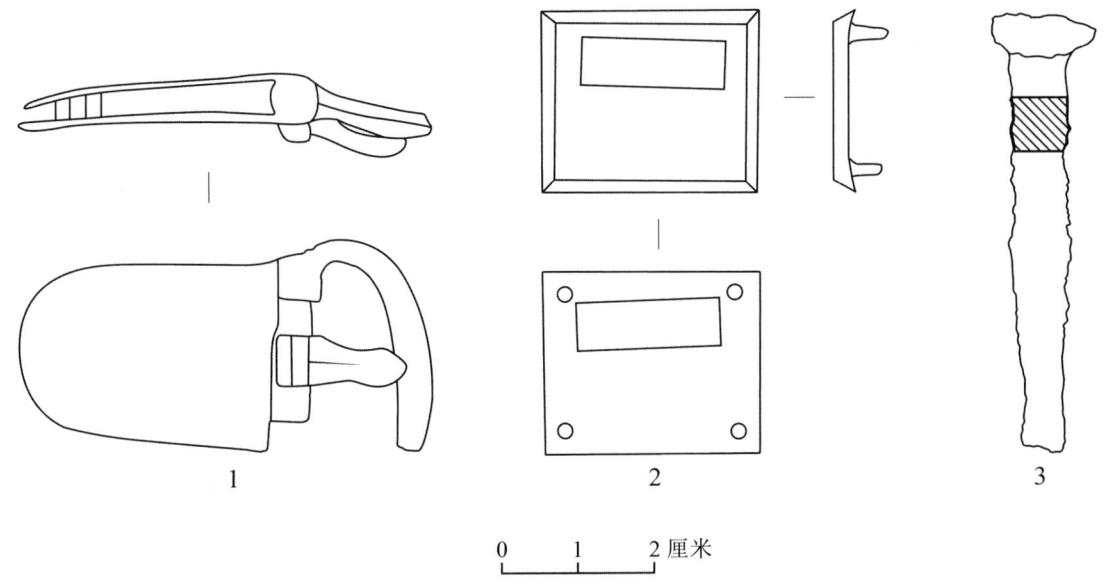

图三八九　VM1出土器物
1、2.铜带扣（VM1∶1-1、VM1∶1-2）　3.铁钉（VM1∶2）

2；图版一六九，6）。

铁钉　1件。VM1∶2，帽钉呈不规则圆形，钉身呈四棱状，上粗下细。残长5.7、截面直径0.6厘米（图三八九，3）。

VM2

位于V区中部，VM1西南，东西向分布。

1. 墓葬形制

该墓为带长斜坡墓道单室土洞墓，由封土、墓道、甬道、墓室组成。墓向100°（图三九○）。

封土　现呈丘状，部分叠压墓道。残径9.00、残高1.00米。

墓道　位于墓室以东，平面呈不规则梯形，东宽西窄，长9.72、宽0.76~0.90米。西端剖面略呈梯形，口小底大，底宽0.84米。东高西低，斜坡至距墓门1.20米处到底，其后平直延伸至墓门处。近墓门处距地表深3.80米。

甬道　位于墓道西端，平面呈长方形，进深0.44、宽0.80、现高1.20米。墓门呈拱形，与甬道同高等宽。封门无存。

墓室　位于墓道以西，平面呈近长方形，距墓室地面1.60米处向上斜收，顶部坍塌严重，形制不详。墓室东西长2.32、南北宽1.78~1.84、残高2.40米。墓室东南角掏一龛，宽0.50、进深0.16、高0.50米。

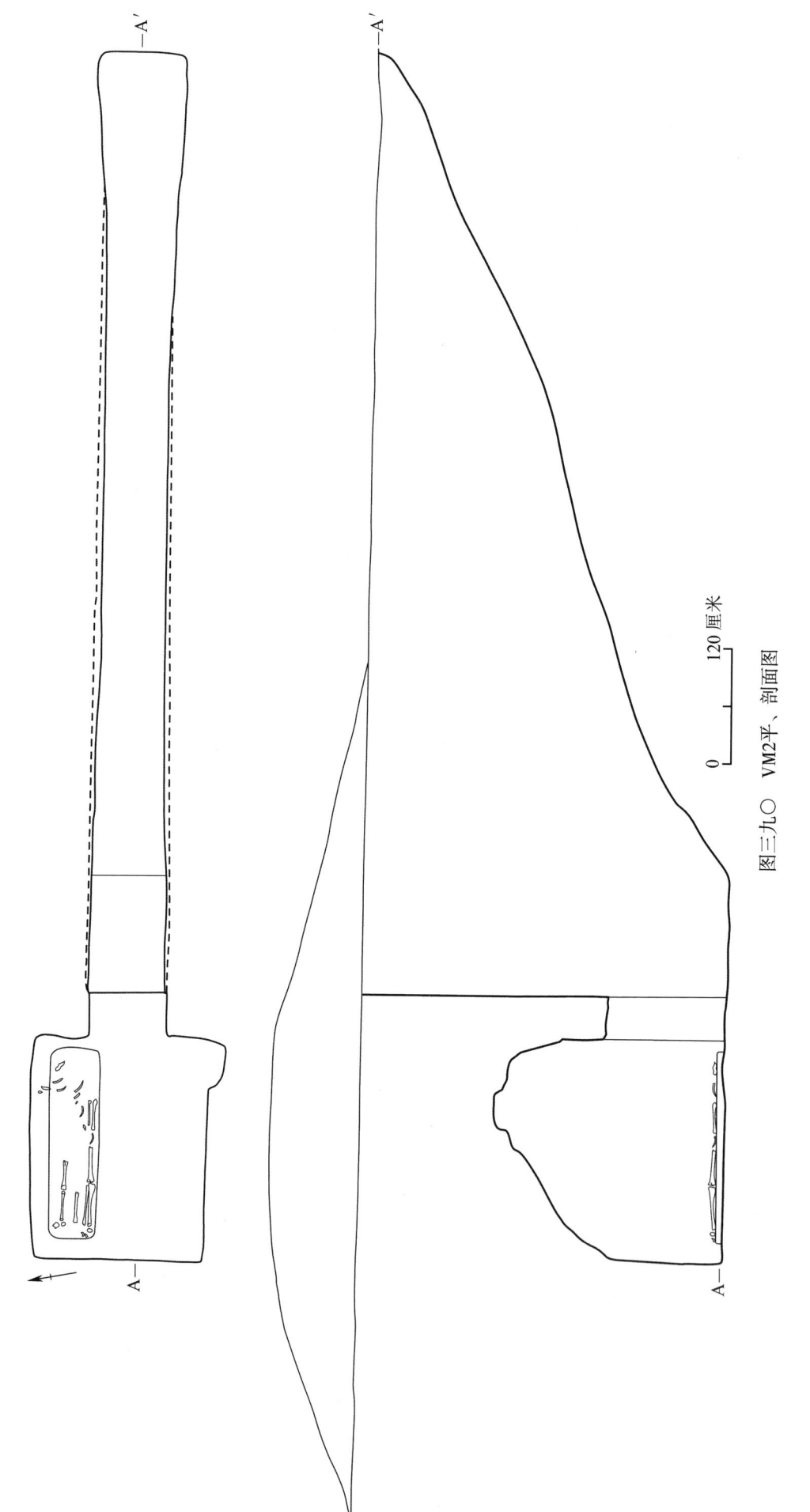

图三九〇 VM2平、剖面图

2. 葬具葬式

墓室北壁下存尸床，由沙石平铺而成，整体呈长方形，长2.00、宽0.48~0.50、高0.05~0.06米。

该墓为单人葬。人骨置于尸床之上，上半身扰乱严重，从残存状况看应为仰身直肢葬。经鉴定，人骨为女性，年龄35~39岁。

3. 随葬品

无随葬品。

ⅤM3

位于Ⅴ区中部，ⅤM2东南，东西向分布。

1. 墓葬形制

该墓为带长斜坡墓道单室土洞墓，由封土、墓道、甬道、墓室组成。墓向100°（图三九一）。

封土　边缘因被车辆碾压，有破坏痕迹，现呈丘状。残径10.00、残高1.00米。

墓道　位于墓室以东，平面略呈近梯形，西宽东窄，长13.24、宽0.84~0.94米。西端剖面呈梯形，底宽1.04米。东高西低，斜坡至距墓门1.30米处骤降至底，其后平直延伸至墓门处。近墓门处距地表深6.46米。

甬道　位于墓道东端，连接墓道与墓室，为双甬道。平面均呈长方形，前甬道进深1.68、宽1.00、高1.30~1.40米；后甬道进深0.80、宽0.86、高1.04。墓门呈拱形，封门位于后甬道内封，以土坯封堵。

墓室　位于墓道以西，平面呈长方形，覆斗顶，墓室顶部中央存一正方形藻井，边长0.40、深0.10米。墓室东西长3.26、南北宽2.90、高2.54米。墓室东北角和东南角各掏一龛，东北角壁龛宽0.56、进深0.20、高0.34米；东南角龛宽0.54、进深0.16、高0.40米。

2. 葬具葬式

墓室南、北壁下各存一尸床，北侧尸床由沙石堆垒而成，尸床上部存以草木灰做成的头枕，尸床长2.16、宽0.54~0.62、高0.05~0.06米；南侧尸床由细沙土、草木灰堆垒而成，长1.96、宽0.54~0.56、高0.05~0.06米。墓室中散布朽木，推测原存在木质尸罩。

该墓为双人合葬。人骨置于尸床之上，扰乱严重，从残存状况看应为仰身直肢。经鉴定，北侧人骨为男性，年龄45岁左右；南侧人骨为女性，年龄45~50岁。

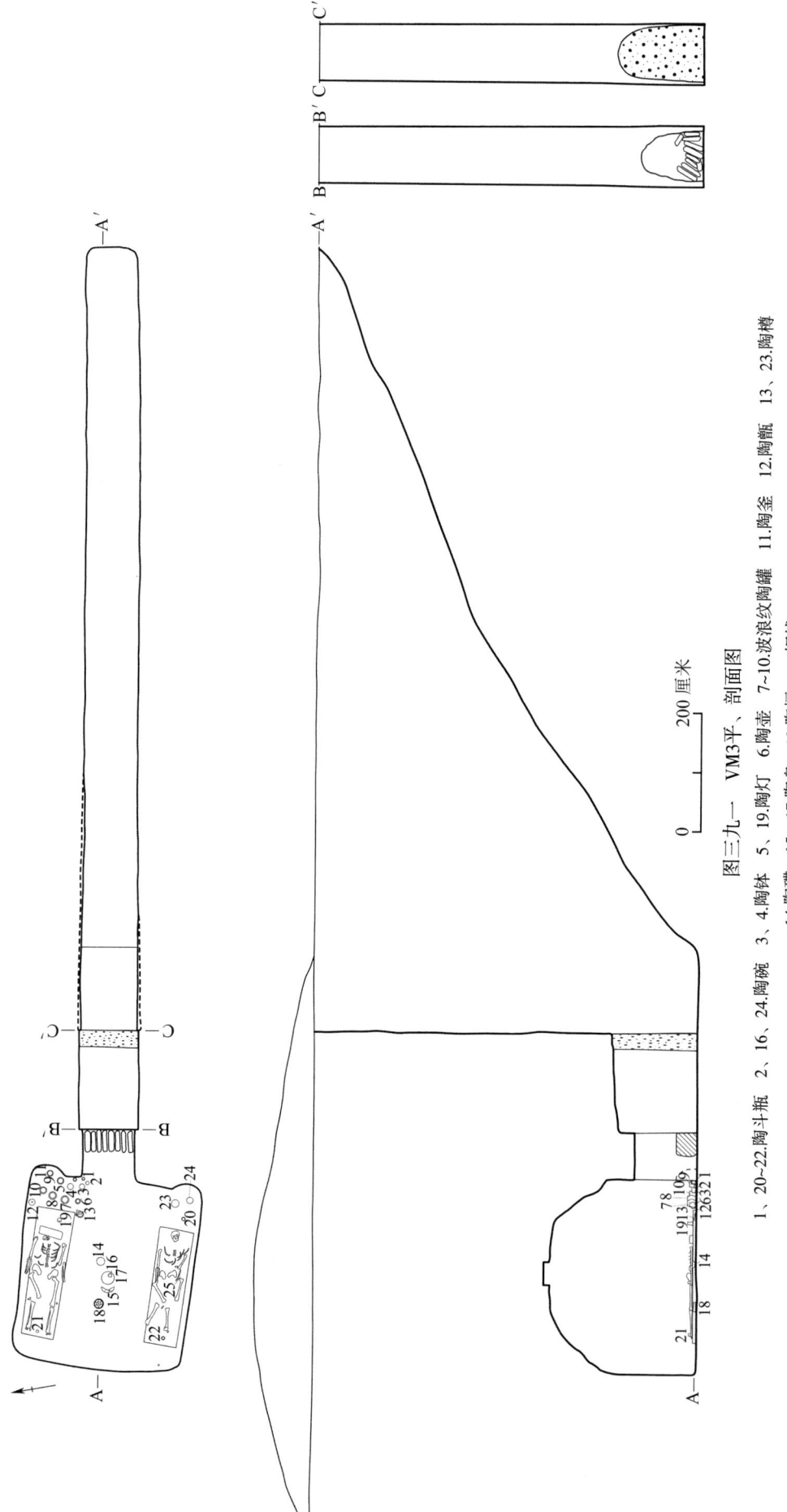

图三九 VM3平、剖面图

1、20~22.陶斗瓶 2、16、24.陶碗 3、4.陶钵 5、19.陶灯 6.陶壶 7~10.波浪纹陶罐 11.陶釜 12.陶甑 13、23.陶樽 14.陶碟 15、17.陶盘 18.陶楯 25.铜钱

3. 随葬品

随葬品以陶器为主，主要放置于墓室中部及东北角龛附近，共24件，包括陶斗瓶4件、陶钵3件、陶盆2件、陶灯2件、陶壶1件、波浪纹陶罐4件、陶釜1件、陶甑1件、陶樽2件、陶碟1件、陶盘2件、陶槅1件。另于南侧人骨附近出土铜钱1组（61枚）（图版四六，3）。

陶钵　3件。ⅤM3∶2，泥质素面灰陶。口略残，可复原。侈口，尖圆唇，腹部斜收至平底。口径5.9、底径3.3、高2.3~2.4厘米（图三九二，1；图版一七〇，3）。ⅤM3∶16，泥质灰陶。直口，圆唇，浅腹，平底。腹部饰一道凹弦纹。口径6.0、底径4.8、高3.0~3.2厘米（图三九二，2；图版一七〇，4）。ⅤM3∶24，泥质素面灰陶。残，可复原。侈口，尖唇，斜直腹收至平底。口径11.0、底径6.6、高3.5厘米（图三九二，3）。

陶碟　1件。ⅤM3∶14，泥质素面灰陶。侈口，尖圆唇，浅腹，平底，矮假圈足。内壁见轮制痕迹。口径13.6、底径7.5、高3.7~4.3厘米（图三九二，4；图版一七一，6）。

陶樽　2件。泥质素面橙黄陶。ⅤM3∶13，残，可复原。直口，方唇，无领，肩部发育不明显，仅在口沿下有一周凹槽，弧腹，平底。口径13.3、底径12.4、高7.1厘米（图三九二，5）。ⅤM3∶23，直口，方唇，无领，肩部发育不明显，直腹，底微凹。口径12.2、底径12.6、高6.3厘米（图三九二，6；图版一七二，5）。

陶釜　1件。ⅤM3∶11，泥质素面灰陶。敛口，方唇，矮领，圆肩，上腹部圆鼓，下腹部斜收至平底。近底处有竖向刮削痕迹。口径8.4、腹径10.1、底径5.8、高5.5~5.7厘米（图三九二，7；图版一七一，5）。

陶甑　1件。ⅤM3∶12，泥质素面灰陶。盆形甑，侈口，斜平沿，方唇，弧腹，腹部较深，平底，底有7孔。口径10.2、底径4.3、高5.8~6.0厘米（图三九二，8；图版一七二，4）。

陶盆　2件。泥质素面灰陶。侈口，斜平沿，方唇，束颈，弧腹收至平底，腹部较深。内外壁均见轮制痕迹。ⅤM3∶3，口径8.4、底径6.7、高6.1~6.3厘米（图三九二，9；图版一七二，2）。ⅤM3∶4，近底处有竖向刮削痕迹。口径9.6、底径5.1、高6.0~6.3厘米（图三九二，10；图版一七二，3）。

陶槅　1件。ⅤM3∶18，泥质素面橙黄陶。圆盘状，直口，方唇，外缘形成两层叠涩结构，平底。内圆分隔成三格，形状不尽相同，外圆分隔成六格，大小不一。口径15.2、底径16.2、高3.2~3.8厘米（图三九二，11；图版一七二，6）。

陶壶　1件。ⅤM3∶6，泥质素面灰陶。侈口，圆唇，束颈，斜直领，溜肩，腹部较圆鼓，束腰，近底部外撇形成矮底座，平底。口径6.2、腹径8.5、底径8.5、高10.0厘米（图三九二，12；图版一七二，1）。

陶斗瓶　4件。ⅤM3∶1，泥质素面灰陶。侈口，尖唇，束颈，折肩，腹部较直，平底。口径4.3、腹径5.1、底径5.0、高6.2~6.5厘米（图三九三，3；图版一七一，1）。ⅤM3∶20，泥

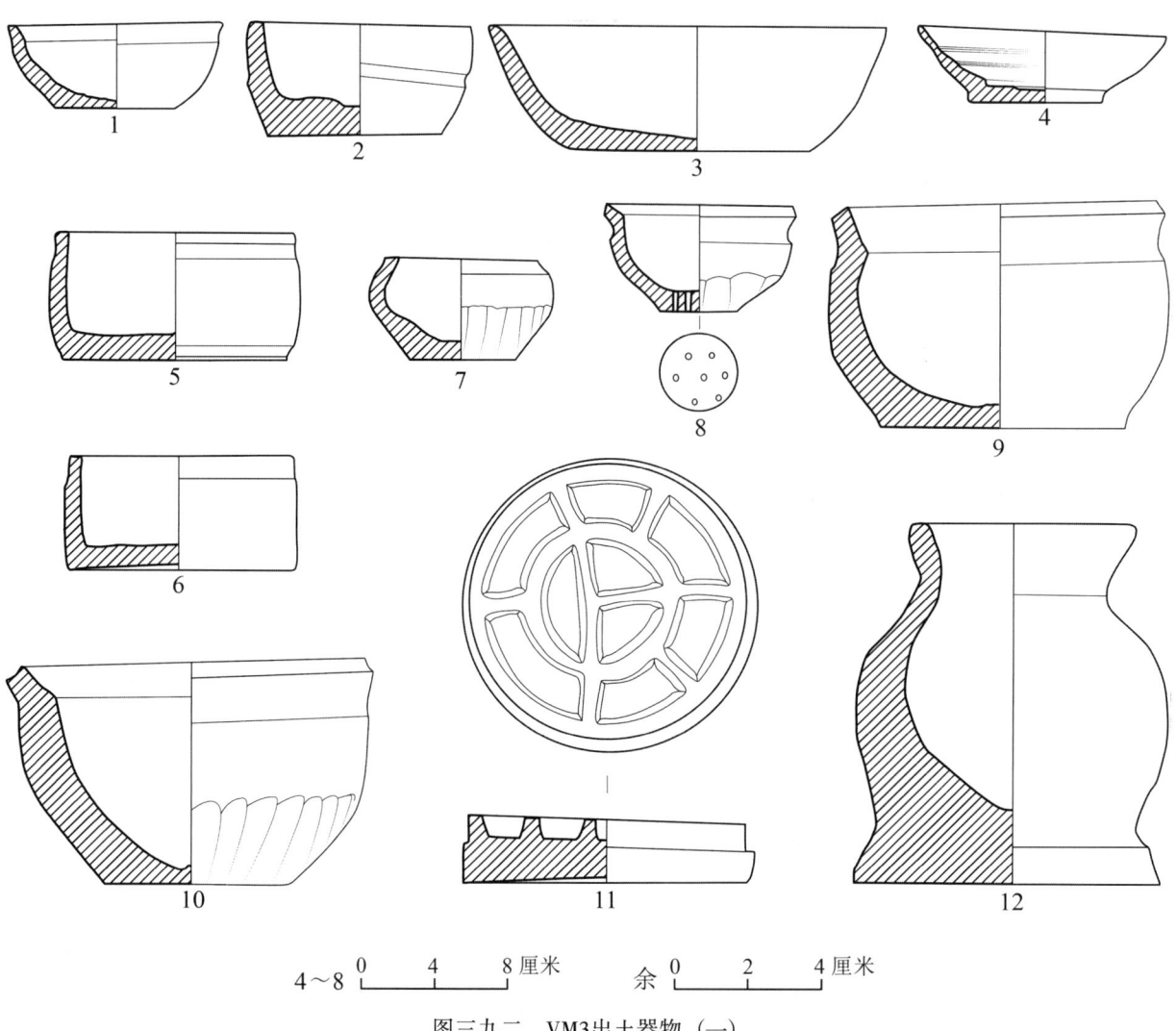

图三九二　VM3出土器物（一）
1~3.陶钵（VM3:2、VM3:16、VM3:24）　4.陶碟（VM3:14）　5、6.陶樽（VM3:13、VM3:23）　7.陶釜（VM3:11）
8.陶甑（VM3:12）　9、10.陶盆（VM3:3、VM3:4）　11.陶榻（VM3:18）　12.陶壶（VM3:6）

质素面灰陶。侈口，圆唇，领部较高，溜肩，上腹部较鼓，下腹斜收至平底。口径5.2、腹径6.1、底径5.2、高6.6~6.7厘米（图三九三，2；图版一七一，2）。肩、腹部墨书镇墓文，部分漫漶不清，录文作：

咸宁四年十一月
□□□令己卯
□□薄命
早终生人
前行死人
却步生死各

异路不得

……

铅人斗瓶

五谷□

急□如

律令

VM3：21，泥质素面灰陶。侈口，尖圆唇，束颈，折肩，腹部较直，平底。口径4.4、腹径5.0、底径4.5、高6.3~6.5厘米（图三九三，1；图版一七一，3）。VM3：22，泥质素面灰陶。侈口，圆唇，领部较高，圆肩，上腹部较鼓，下腹斜收至平底。口径4.5、腹径5.9、底径4.8、高5.6厘米（图三九三，4；图版一七一，4）。肩、腹部墨书镇墓文，多漫漶不清，录文作：

咸……

而……

目……

主……

生人……

郭…天日…

注…铅人…瓶

五……

陶灯　2件。泥质素面灰陶。VM3：5，灯口呈碟状，侈口，尖唇，腹弧腹，灯柄实心，上细下粗，近底处外撇形成低台座。口径4.7、底径5.9、高7.5厘米（图三九三，5；图版一七〇，5）。VM3：19，残，可复原。灯口呈钵状，近直口，圆唇，腹部较深，柄为实心，上细下粗，近底处外撇至平底。口径6.0、底径7.0、高8.7厘米（图三九三，6；图版一七〇，6）。

陶盘　2件。泥质橙黄陶。VM3：15，圆形，平沿，外缘微弧，由沿向中心依次降低，平底。盘面饰三组波浪纹。盘径21.6，厚2.4厘米（图三九三，7；图版一六九，7）。VM3：17，残，可复原。平沿中内凹，盘面平整，低于口沿，外缘呈尖三角，平底。盘面饰波浪纹。复原盘径20.0，厚1.8厘米（图三九三，8）。

波浪纹陶罐　4件。VM3：7，泥质橙黄陶。侈口，尖唇，斜直领，束颈，溜肩，上腹部圆鼓，下腹斜收至平底，整体瘦高。肩、腹部饰波浪纹、弦纹组合。口径10.0、腹径13.8、底径9.6、高13.3~14.0厘米（图三九四，1）。VM3：8，泥质橙黄陶。器表剥落严重。侈口，尖唇，

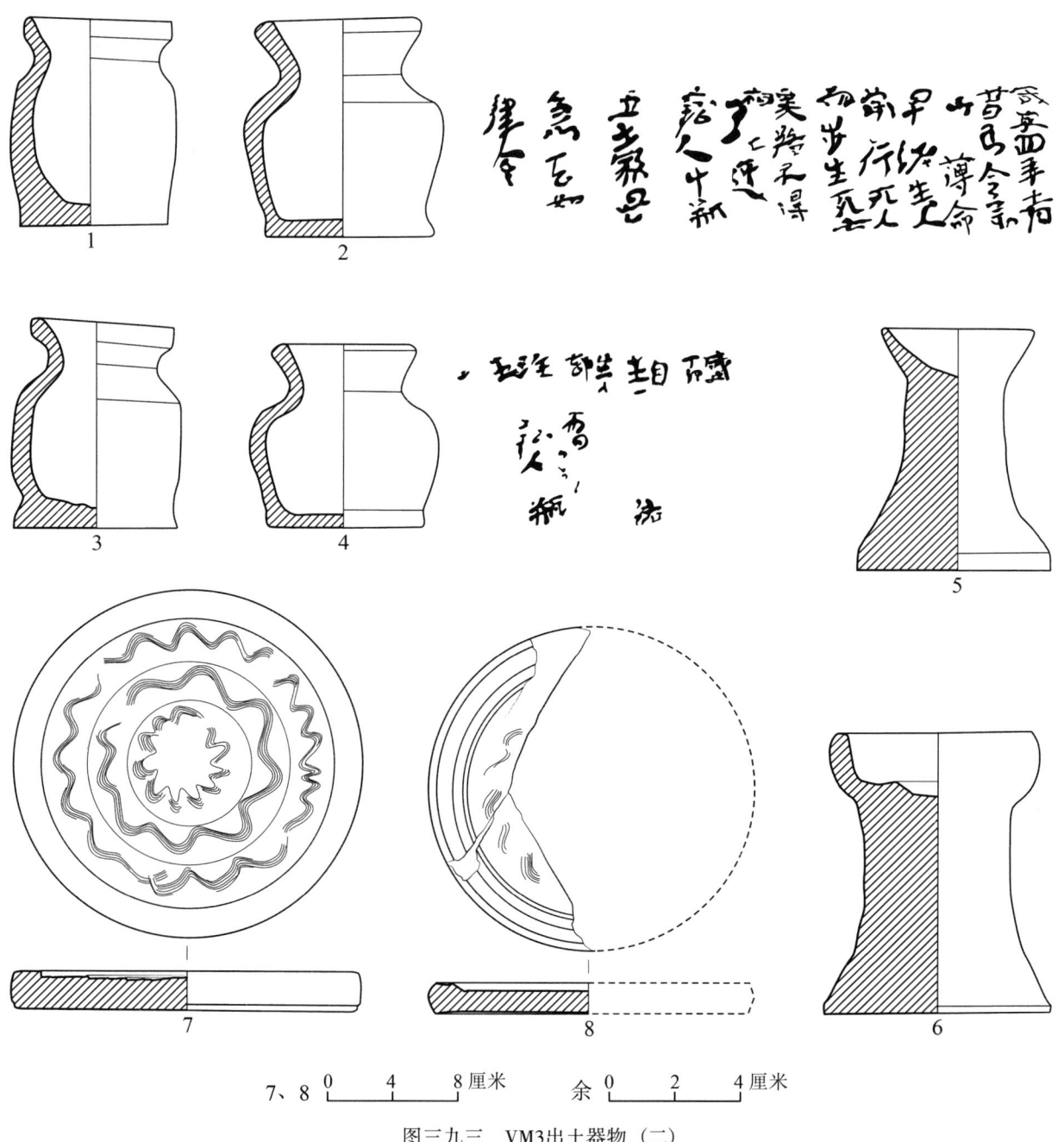

图三九三　VM3出土器物（二）

1~4.陶斗瓶（VM3：21、VM3：20、VM3：1、VM3：22）　5、6.陶灯（VM3：5、VM3：19）　7、8.陶盘（VM3：15、VM3：17）

斜直领，溜肩，上腹部较鼓，下腹斜收至平底，整体瘦高。肩、腹部饰波浪纹、弦纹组合。口径9.5、腹径13.2、底径7.9、高13.5~13.7厘米（图三九四，2）。VM3：9，泥质橙黄陶。侈口，尖唇，束颈，溜肩，圆鼓腹，平底。肩、腹部饰波浪纹、弦纹组合。口径8.9、腹径11.4、底径8.4、高10.4~10.5厘米（图三九四，4；图版一七〇，1）。VM3：10，泥质灰陶。侈口，尖唇，束颈，溜肩，圆鼓腹，平底。肩、腹部饰波浪纹、弦纹组合。口径8.9、腹径11.8、底径9.8、高9.9~10.9厘米（图三九四，3；图版一七〇，2）。

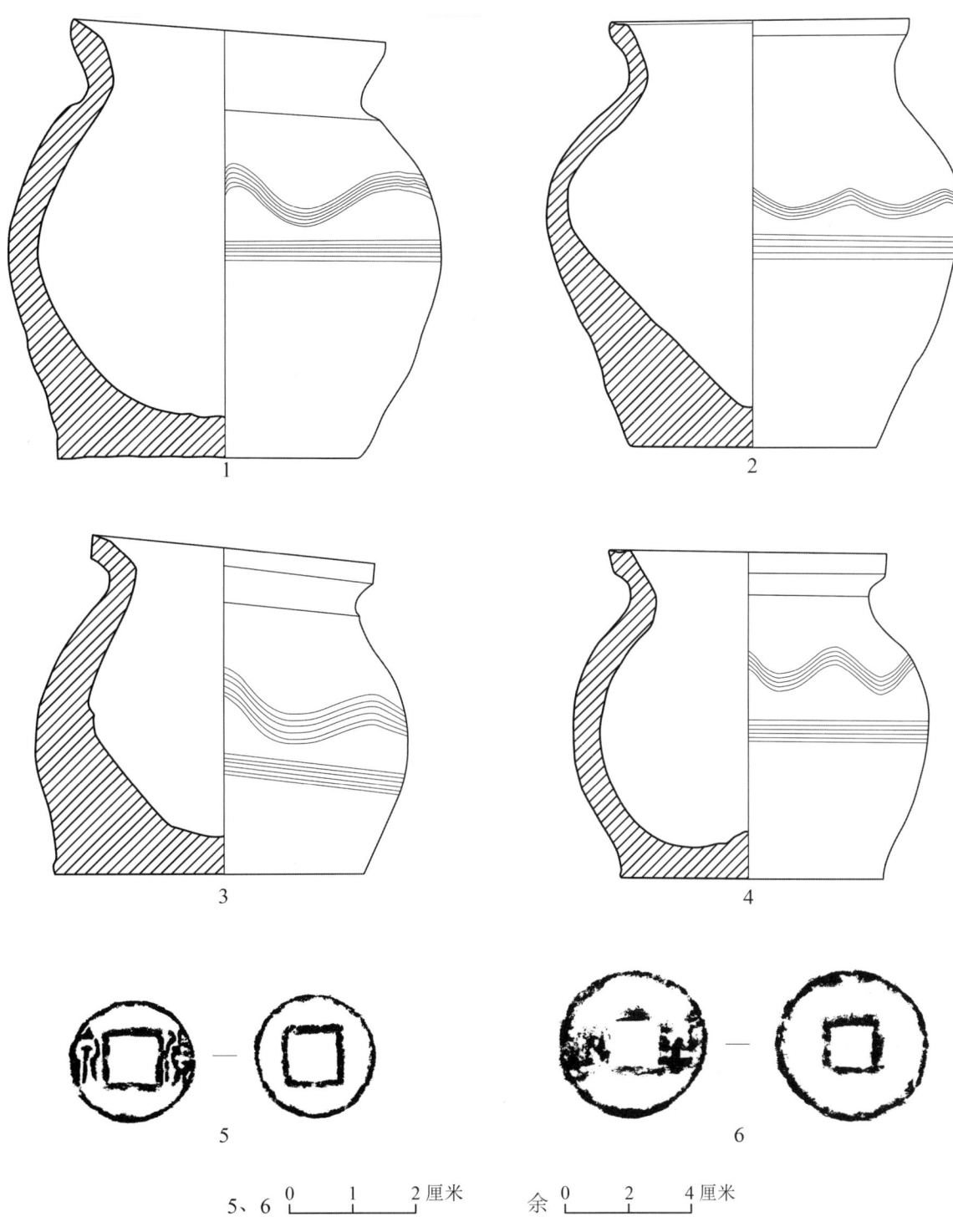

图三九四　VM3出土器物（三）
1~4.波浪纹陶罐（VM3：7、VM3：8、VM3：10、VM3：9）　5.货泉（VM3：25-1）　6.半两（VM3：25-2）

铜钱　1组。ⅤM3:25,61枚,均圆形方穿,形制不同,以五铢钱为主,另有货泉、半两各1枚,少量剪轮钱与磨郭钱。两枚五铢钱有外郭压"五"压"金"的现象。

ⅤM3:25-1,货泉,磨郭,形制较小,两面穿皆有郭,"货泉"二字篆书。钱径1.98、穿宽0.67、肉厚0.08厘米,重1.32克(图三九四,5;图版一七三,1)。ⅤM3:25-2,半两,穿孔两侧篆书"半两"二字。钱径2.43、穿宽0.68、肉厚0.12厘米,重2.68克(图三九四,6;图版一七三,1)。ⅤM3:25-34,五铢钱,正面穿左右篆书"五铢"二字。"五"字较窄,交笔弯曲;"铢"字锈蚀不可辨。钱径2.06、穿宽0.95、郭宽0.11、郭厚0.11、肉厚0.10厘米,重1.24克。记号为外郭有压"五"压"金"现象(图版一七三,1)。

ⅤM4

位于Ⅴ区中部,ⅤM3西南,东西向分布。与ⅤM5、ⅤM6为一组,未发现茔圈。

1. 墓葬形制

该墓为带长斜坡墓道单室土洞墓,由封土、墓道、甬道、墓室组成。墓向275°(图三九五)。

封土　现呈丘状,部分叠压墓道。残径10.00、残高1.00米。

墓道　位于墓室以西,平面呈近梯形,西窄东宽,长13.52、宽0.82~1.06米。东端剖面呈长方形,底宽1.06米。西高东低,斜坡至底,坡度30°。近墓门处距地表深5.48米。

甬道　位于墓道东端,连接墓道与墓室。为双甬道。前甬道平面呈梯形,西窄东宽,东端有门框痕迹,进深1.80、宽1.14~1.32、高1.70~1.88米。后甬道平面呈长方形,进深1.48、宽1.04、高1.40米。墓门呈拱形,封门位于后甬道内封,以土坯和沙石封堵。

墓室　位于墓道以东,平面呈近方形,距墓室地面1.00米处向上斜收至覆斗顶,顶部中央存一正方形藻井,边长0.40、深0.10米。墓室南北长3.20~3.46、东西宽3.24~3.48、高1.86米。墓室西北角存一耳室,宽0.70、进深1.00、高1.04米;西南角掏一龛,宽0.70、进深0.50、高0.80米。

2. 葬具葬式

无葬具。

该墓为双人合葬。墓室北壁下残存少量碎骨,葬具葬式不详。经鉴定,人骨分属两个个体:其一,为男性,年龄35~39岁;其二,为成年女性。

3. 随葬品

随葬品集中放置于墓室西北部,共9件(组),包括陶盘1件、陶壶2件、陶樽2件、陶

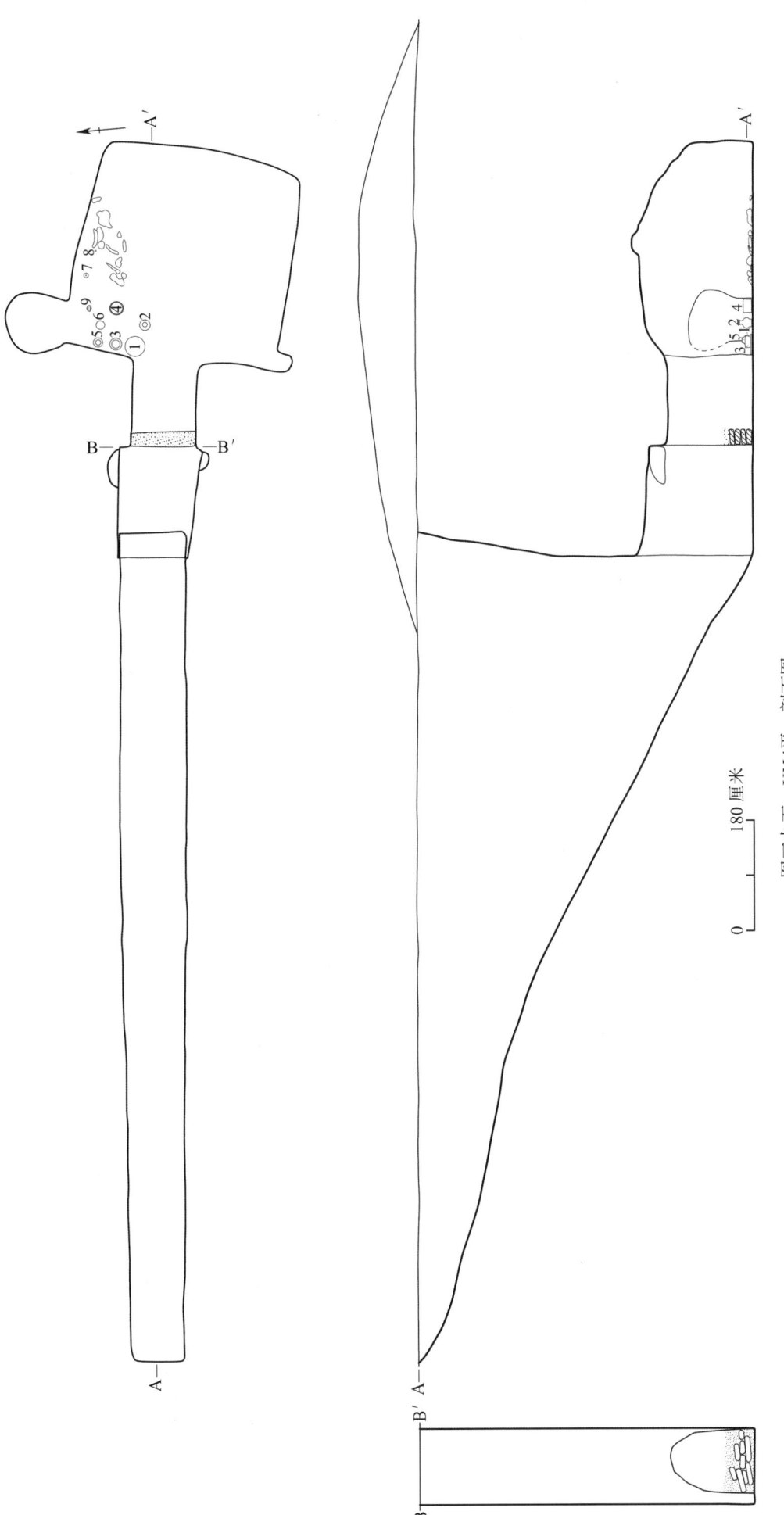

图三九五 VM4平、剖面图
1.陶盘 2、5.陶壶 3、4.陶樽 6.陶盆 7.铜镜 8.铜钱 9.陶耳杯

盆1件、陶耳杯1件、铜镜1件、铜钱1组（11枚）（图版四七，1）。

陶壶　2件。ⅤM4：2，泥质灰陶。口略残，可复原。喇叭口，尖唇，颈部较长，圆肩，圆鼓腹，底座较矮。肩、腹部饰数道弦纹。口径7.7、腹径17.2、底径12.2、高20.4~20.5厘米（图三九六，1；图版一七三，3）。ⅤM4：5，泥质素面灰陶。侈口，尖圆唇，颈部较高，溜肩，腹部圆鼓，束腰，器座外撇至平底。器座有轮制弦纹痕迹。口径8.6、腹径15.0、底径13.4、高16.4厘米（图三九六，2；图版一七三，2）。

陶耳杯　1件。ⅤM4：9，泥质素面灰陶。残，可复原。整体呈椭圆形，侈口，方唇，长边两侧附对称双耳，耳上端略高于口沿，腹部斜收至平底。长口径9.7、短口径5.4、长底径5.0、短底径3.8、耳长2.7~3.1、耳宽0.9~1.0、高2.9厘米（图三九六，3；图版一七三，4）。

陶盘　1件。ⅤM4：1，泥质灰陶。圆形，平沿，外缘斜直，由沿向中心依次降低，平底。盘面饰两组波浪纹、凹弦纹组合。盘径32.4、厚2.2厘米（图三九六，4；图版一七四，1）。

陶盆　1件。ⅤM4：6，泥质素面灰陶。残，可复原。侈口，斜平沿，方唇，弧腹，平底。口径13.9、底径6.2、高5.6厘米（图三九六，5）。

陶樽　2件。泥质素面灰陶。ⅤM4：3，略残。敛口，尖唇，矮领，平折肩，斜直腹，平底。口径13.0、底径16.8、高11.2厘米（图三九六，6）。ⅤM4：4，敛口，方唇，矮领，平折肩，直腹微曲，平底。口径19.6、底径21.0、高14.2厘米（图三九六，7）。

铜镜　1件。ⅤM4：7，镜体较小。圆形，镜面微弧凸，镜背正中为半球形钮，圆形钮座，镜钮上有半圆形对穿孔。主体纹饰磨损严重，纹饰不可辨，宽素缘。面径7.4、背径7.4、钮高0.9、钮径1.3、缘宽0.7、缘厚0.3、肉厚0.2厘米，重65.6克（图版一七三，5）。

铜钱　1组。ⅤM4：8，11枚，均圆形方穿，形制不同，以五铢钱为主，另有少量磨郭钱。一枚磨郭五铢钱穿上带记号。

ⅤM4：8-5，五铢钱，钱正面穿左右篆书"五铢"二字。"五"字较窄，交笔弯曲；"铢"字"金"字头呈三角形，中间四点较长，"朱"字上部方圆折，下部圆折。钱径2.50、穿宽0.90、郭宽0.13、郭厚0.13、肉厚0.09厘米，重2.22克（图三九六，8；图版一七四，2）。

图三九六　VM4出土器物

1、2.陶壶（VM4：2、VM4：5）　3.陶耳杯（VM4：9）　4.陶盘（VM4：1）　5.陶盆（VM4：6）　6、7.陶樽（VM4：3、VM4：4）
8.五铢钱（VM4：8-5）

ⅤM5

位于Ⅴ区中部，ⅤM5西南，东西向分布。与ⅤM4、ⅤM6为一组，未发现茔圈。

1. 墓葬形制

该墓为带长斜坡墓道单室土洞墓，由封土、墓道、甬道、墓室组成。墓向275°（图三九七）。

封土　现呈丘状，残径6.50、残高1.00米。

墓道　位于墓室以西，平面呈梯形，西窄东宽，长14.50、宽0.86~1.08米。东端剖面亦呈梯形，口小底大，底宽1.16米。西高东低，斜坡至底。近墓门处距地表深5.60米。

甬道　位于墓道东端，连接墓道与墓室，为双甬道。前甬道平面呈梯形，西窄东宽，进深2.20、宽1.16~1.44、高1.58米。后甬道平面呈长方形，进深1.50、宽1.10~1.14、高1.34米。墓门呈拱形，坍塌严重，封门位于后甬道内封，以土坯封堵。

墓室　位于墓道以东，平面呈近长方形，距墓室地面0.90米处向上斜收至覆斗顶，墓顶中央存一正方形藻井，边长0.44、深0.20米。墓室东西长3.48~3.58、南北宽3.50、高1.76米。墓室西北角存一耳室，宽1.10、进深0.90、高1.00米；西南角掏一龛，宽0.96、进深0.50、高0.90米。

2. 葬具葬式

墓室东北角和中部有朽木痕迹，推测原可能存在木质尸床或尸罩。

该墓为单人葬。墓室北壁下残存少量人骨，扰乱严重，葬式不详。经鉴定，人骨为男性，年龄30~35岁。

3. 随葬品

随葬品以陶器为主，集中放置于墓室中部及耳室内，共19件，包括陶盘2件、陶樽2件、陶釜1件、陶灯1件、波浪纹陶罐1件、陶碟3件、陶钵3件、陶耳杯2件、陶甑1件、陶盆1件、陶壶1件、陶器盖1件。另于人骨附近出土铜弩机廓1件、铜饰件1件（图版四七，2）。

陶盘　2件。ⅤM5：1，泥质灰陶。圆形，平沿，盘面平整，低于口沿，外缘圆弧，平底。盘面饰两组波浪纹、凹弦纹组合，近底处有竖向刮削痕迹。盘径33.0、厚约2.0~2.4厘米（图三九八，1；图版一七四，3）。ⅤM5：2，泥质灰陶。圆形，平沿，盘面平整，低于口沿，外缘较直，平底。盘面饰两组波浪纹、凹弦纹组合，近底处有竖向刮削痕迹。盘径34.0、厚约2.6厘米（图三九八，8；图版一七四，4）。

陶釜　1件。ⅤM5：5，泥质素面灰陶。敛口，矮领，圆肩，上腹部圆鼓，下腹部斜收至平底。近底处有竖向刮削痕迹。口径9.0、腹径17.0、底径10.0、高11.8~12.0厘米（图三九

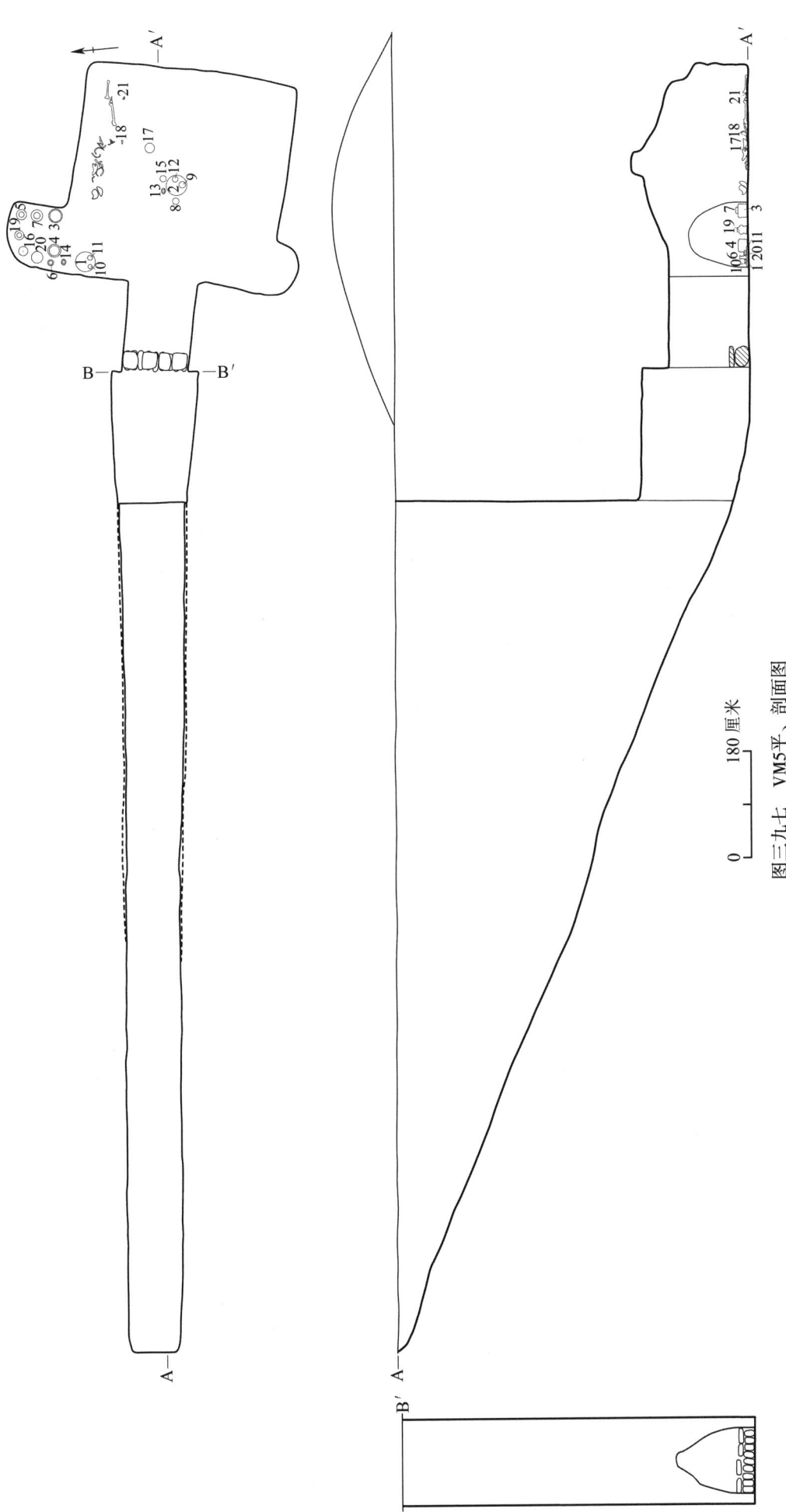

图三九七 VM5平、剖面图

1、2.陶盘 3、4.陶樽 5.陶釜 6.陶灯 7.波浪纹陶罐 8、9、12.陶碟 10、11、15.陶钵 13、14.陶耳杯 16.陶甑 17.陶盆 18.铜弩机郭 19.陶壶 20.陶器盖 21.铜饰件

八，2；图版一七五，3）。

陶壶　1件。ⅤM5:19，泥质素面灰陶。残，可复原。侈口，尖圆唇，高斜领，圆扁鼓腹，束腰，器座外撇至平底。口径7.8、腹径15.2、底径13.8、高16.0厘米（图三九八，3；图版一七五，2）。

波浪纹陶罐　1件。ⅤM5:7，泥质灰陶。近直口，圆唇，外缘呈三角状，束颈，圆肩，圆鼓腹，下腹斜收至平底。肩、腹部饰三组波浪纹，近底处有竖向刮削痕迹。口径9.2、腹径19.4、底径11.5、高18.4厘米（图三九八，4；图版一七六，1）。

陶灯　1件。ⅤM5:6，泥质灰陶。灯口残，可复原，器表剥落严重。灯口呈碟状，敞口，尖唇，浅腹，灯柄空心，上细下粗，上部饰一凸棱纹，近底时外撇形成低台座。口径6.4、底径8.8、高13.3~13.4厘米（图三九八，5；图版一七五，1）。

陶樽　2件。ⅤM5:3，泥质素面灰陶。残，可复原。敛口，方唇，矮领，平折肩，斜直腹，平底。内、外壁均见轮制痕迹。口径19.0、底径21.0、高15.0厘米（图三九八，7；图版一七五，6）。ⅤM5:4，泥质素面橙黄陶。残，可复原。敛口，方唇，矮领，平折肩，腹部较直，平底。内、外壁均见轮制痕迹。口径16.5、底径20.0、高14.8厘米（图三九八，6）。

陶钵　3件。ⅤM5:10，泥质素面橙黄陶。口略残，可复原。侈口，尖唇，弧腹，平底。口径7.2、底径3.2、高2.5厘米（图三九九，1；图版一七四，6）。ⅤM5:11，泥质素面灰陶。残，可复原。侈口，圆唇，弧腹，平底。口径8.3、底径3.3、高2.9厘米（图三九九，2）。ⅤM5:15，泥质素面红陶。直口，圆唇，弧腹，平底。口径10.3、底径5.0、高4.2厘米（图三九九，3；图版一七四，5）。

陶盆　1件。ⅤM5:17，泥质灰陶。口略残，可复原。侈口，斜平沿，方唇，斜直腹收至平底，腹部较深。近口处饰凸棱纹一周，内壁见轮制痕迹。口径15.6、底径6.2、高5.8~6.2厘米（图三九九，4；图版一七五，5）。

陶器盖　1件。ⅤM5:20，泥质素面橙黄陶。残，可复原。整体呈覆钵状，平顶，斜直腹，口近直。内壁见轮制痕迹。盖径19.3、高6.5厘米（图三九九，5）。

陶碟　3件。泥质灰陶。敞口，浅弧腹。内壁见轮制痕迹，外壁饰一道弦纹。ⅤM5:8，尖唇，平底。口径10.8、底径5.3、高2.6~2.9厘米（图三九九，6；图版一七四，7）。ⅤM5:9，尖圆唇，平底。口径10.8、底径4.6、高2.6厘米（图三九九，7）。ⅤM5:12，尖唇，底略作假圈足。口径9.4、底径3.5、高2.5~2.7厘米（图三九九，8；图版一七四，8）。

陶耳杯　2件。ⅤM5:13，泥质素面橙黄陶。整体呈椭圆形，侈口，方唇，长边两侧附对称双耳，耳上端与口沿齐平，腹部斜收至平底。长口径10.0、短口径5.0、长底径5.2、短底径2.9、耳长2.9~3.2、宽1.0~1.4、高3.0厘米（图三九九，10；图版一七五，4）。ⅤM5:14，泥质素面灰陶。整体呈椭圆形，侈口，方唇，长边两侧附对称双耳，腹部斜收至平底。长口径10.0、短口径5.6、长底径5.2、短底径3.2、耳长2.7~3.3、耳宽1.0~1.1、高2.7厘米（图三九九，9）。

图三九八　VM5出土器物（一）

1、8.陶盘（VM5：1、VM5：2）　2.陶釜（VM5：5）　3.陶壶（VM5：19）　4.波浪纹陶罐（VM5：7）　5.陶灯（VM5：6）
6、7.陶樽（VM5：4、VM5：3）

陶甑　1件。VM5：16，泥质素面灰陶。残，可复原。盆形甑，侈口，方唇，斜平沿，斜腹收至平底，腹部较深，底有三孔。口径15.0、底径5.0、高6.6厘米（图三九九，11；图版一七六，2）。

铜弩机廓　1件。VM5：18，平面呈"凸"字形，周边有界栏，栏内有两个不规则形长条孔。长6.5、宽1.1~2.0、高1.2厘米（图三九九，12；图版一七五，7）。

铜饰件　1件。VM5：21，残缺、锈蚀严重。从残存状况看可能为铜弩机。长4.1、宽2.9、高0.7~2.0厘米（图三九九，13）。

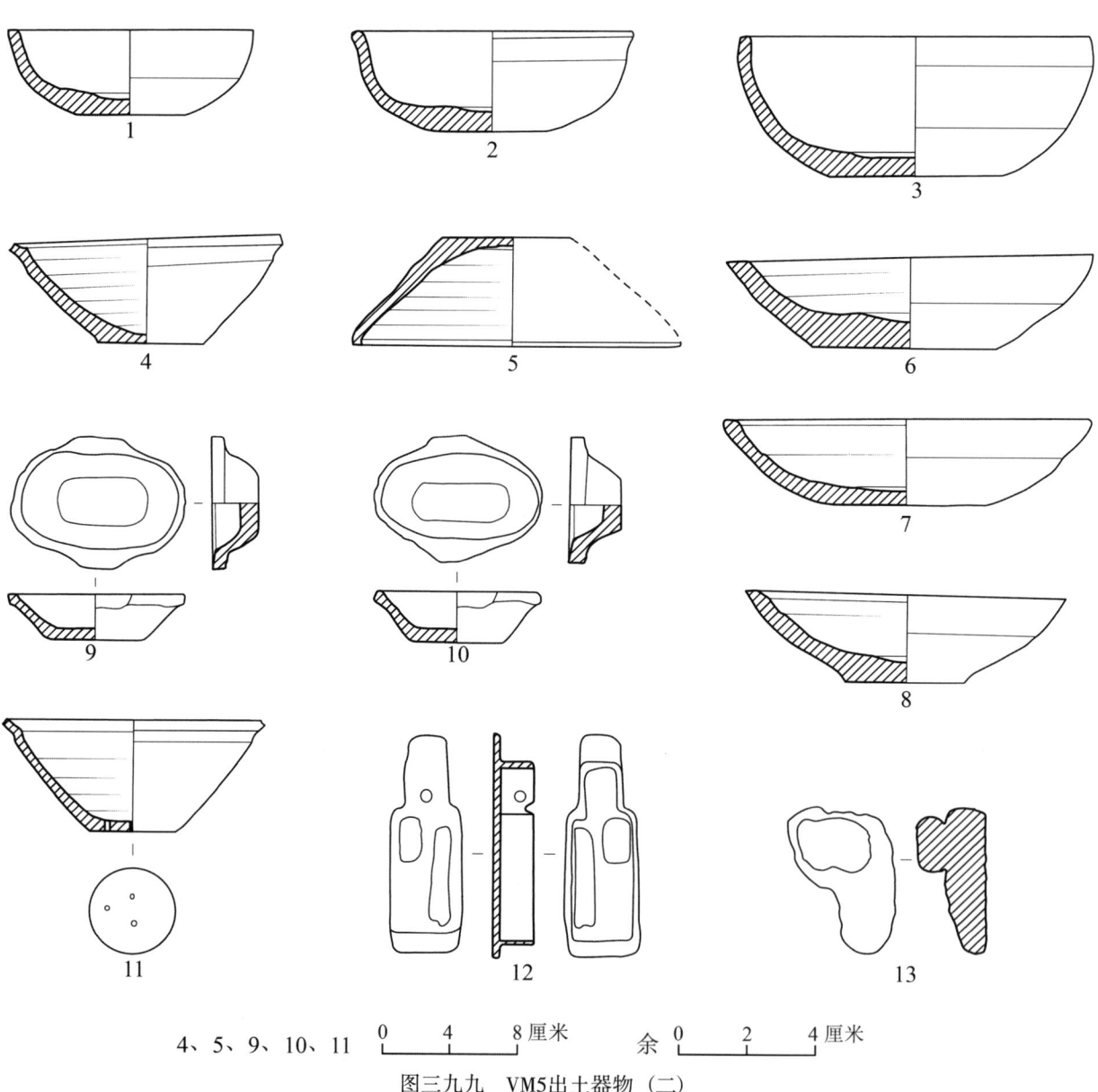

图三九九　VM5出土器物（二）

1~3.陶钵（VM5：10、VM5：11、VM5：15）　4.陶盆（VM5：17）　5.陶器盖（VM5：20）　6~8.陶碟（VM5：8、VM5：9、VM5：12）　9、10.陶耳杯（VM5：14、VM5：13）　11.陶甑（VM5：16）　12.铜弩机廓（VM5：18）　13.铜饰件（VM5：21）

ⅤM6

位于Ⅴ区中部，ⅤM5以南，东西向分布。与ⅤM4、ⅤM5为一组，未发现茔圈。

1.墓葬形制

该墓为带长斜坡墓道单室土洞墓，由封土、墓道、甬道、墓室组成。墓向275°（图四〇〇）。

封土 现呈丘状，部分叠压墓道。残径9.50、残高0.90米。

墓道 位于墓室以西，平面略呈梯形，西窄东宽，长13.20、宽0.96~1.00米。东端剖面亦呈梯形，口小底大，底宽1.02米。西高东低，斜坡至距墓门1.80米处到底，其后平直延伸至墓门处，坡度30°。近墓门处距地表深5.20米。

甬道 位于墓道东端，连接墓道与墓室。平面呈长方形，进深1.10、宽0.80、高1.14~1.24米。墓门呈拱形，与甬道同高等宽。封门无存，仅于墓室内出土土坯13块，原可能以土坯封门。

墓室 位于墓道以东，平面呈近长方形，距墓室地面0.70米处向上斜收至覆斗顶，顶部中央存一正方形藻井，边长0.26、深0.22米。墓室东西长2.94~3.12、南北宽2.40~2.58、高1.94米。墓室西北角存一耳室，宽0.50、进深0.78、高0.94米；西南角掏一龛，宽0.42、进深0.28、高0.86米。

2. 葬具葬式

墓室北壁下存一尸床，由沙石、白灰等堆垒而成，长2.20、宽0.44~0.48、高0.05米。

该墓为单人葬。人骨扰乱严重，散落于墓室之中，葬式不详。经鉴定，人骨为男性，年龄24~26岁。

3. 随葬品

随葬品较少，均为陶器，放置于墓室南部及人骨附近，共7件，包括波浪纹陶罐1件、陶器盖1件、绳纹陶罐2件、陶樽1件、陶斗瓶2件。

陶斗瓶 2件。泥质素面灰陶。器形歪扭。侈口，束颈，溜肩，领部较高，圆鼓腹，平底。ⅤM6:6，肩、腹部朱书镇墓文，均漫漶不清。口径5.2、腹径7.3、底径6.2、高6.6~7.3厘米（图四〇一，2；图版一七六，6）。ⅤM6:7，口径5.2、腹径7.3、底径6.2、高7.2~7.7厘米（图四〇一，1；图版一七六，5）。肩、腹部朱书镇墓文，多已漫漶不清，录文作：

......用......令

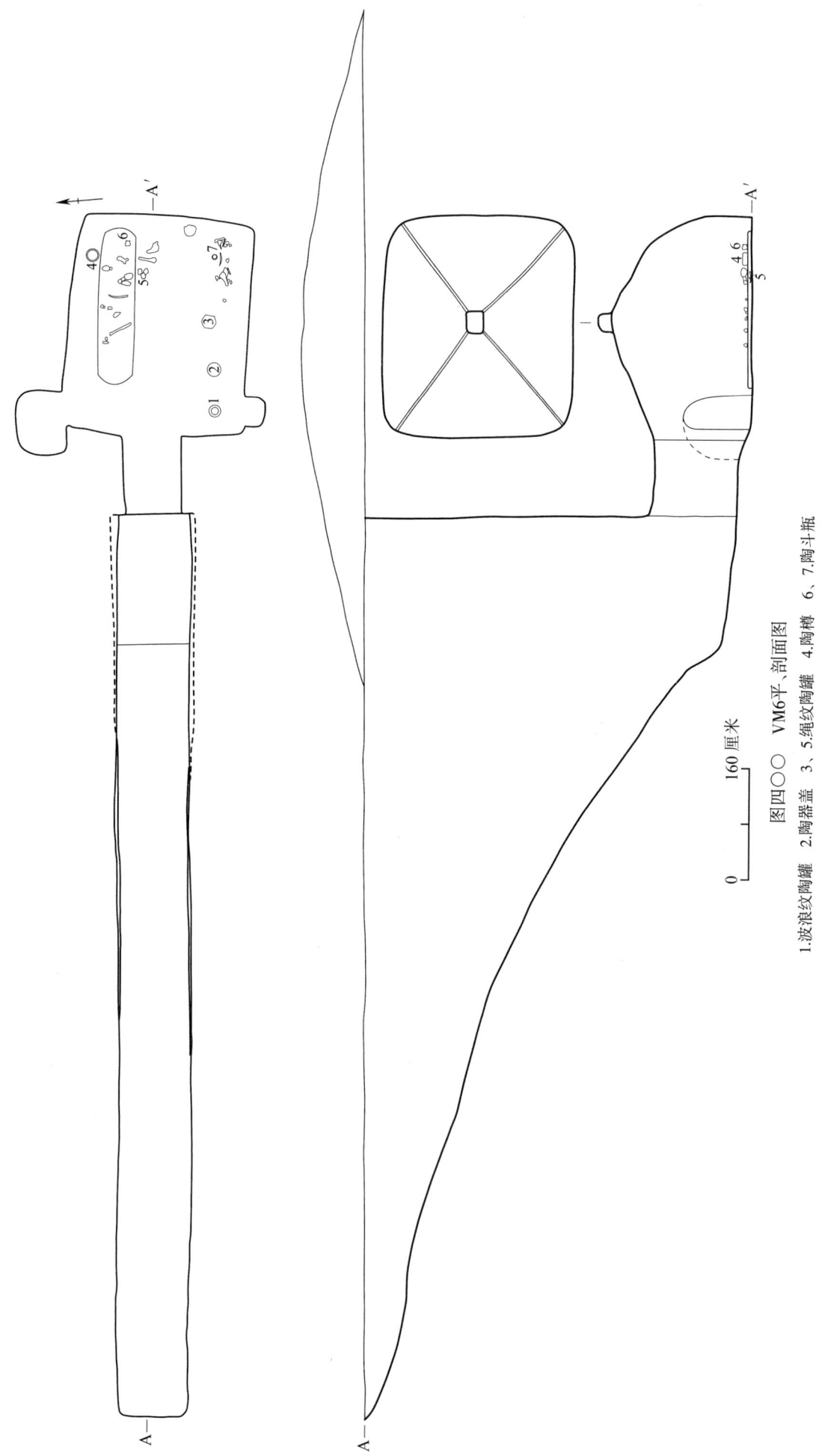

图四〇〇 VM6平、剖面图

1.波浪纹陶罐 2.陶器盖 3、5.绳纹陶罐 4.陶樽 6、7.陶斗瓶

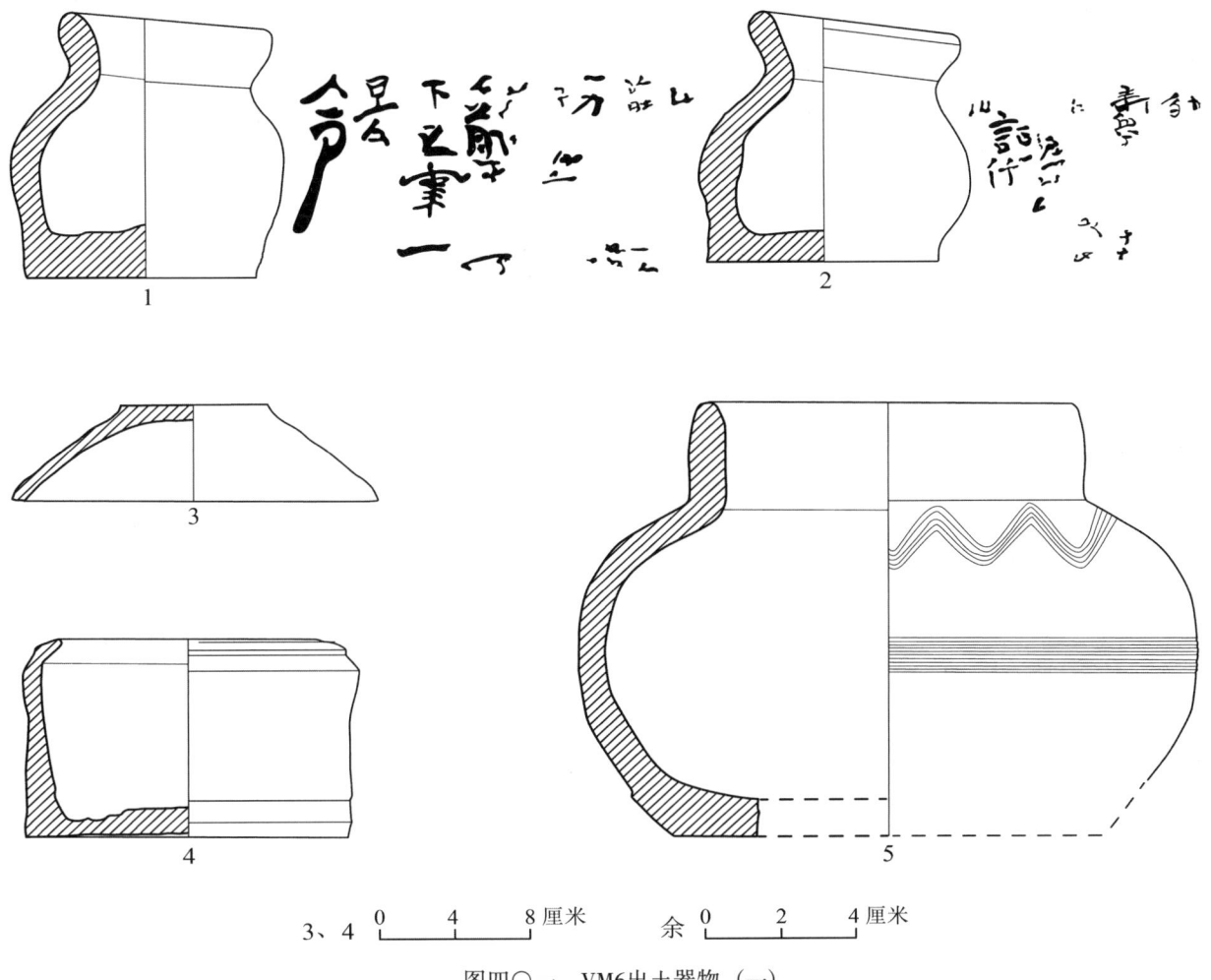

图四〇一　VM6出土器物（一）
1、2.陶斗瓶（VM6:7、VM6:6）3.陶器盖（VM6:2）4.陶樽（VM6:4）5.波浪纹陶罐（VM6:1）

陶器盖　1件。VM6:2，泥质素面橙黄陶。略残，可复原。整体呈覆钵状，平顶，斜直腹，侈口。盖径19.6、高5.5厘米（图四〇一，3）。

陶樽　1件。VM6:4，泥质素面灰陶。敛口，圆唇，平折肩，直腹微中曲，底微凹。口径13.8、底径17.2、高11.5厘米（图四〇一，4；图版一七六，3）。

波浪纹陶罐　1件。VM6:1，泥质橙黄陶。底残，可复原。器形整体矮胖，直口，圆唇，高直领，圆肩，圆鼓腹。肩、腹部饰波浪纹、弦纹组合。口径10.0、腹径16.7、底径11.6、高12.5厘米（图四〇一，5）。

绳纹陶罐　2件。VM6:3，泥质灰陶。近直口，圆唇，外缘呈三角状，溜肩，上腹部圆鼓，下腹斜收至平底。腹部通体饰竖向绳纹，近底处有竖向刮削痕迹。口径13.0、腹径20.0、底径10.0、高17.7厘米（图四〇二，1；图版一七六，4）。VM6:5，泥质灰陶。残，可复原。侈口，圆唇，外缘呈三角状，束颈，圆肩，圆鼓腹，平顶。肩、腹部饰弦断绳纹，近底处有竖向刮削痕迹。口径11.8、腹径20.0、底径10.2、高16.8厘米（图四〇二，2）。

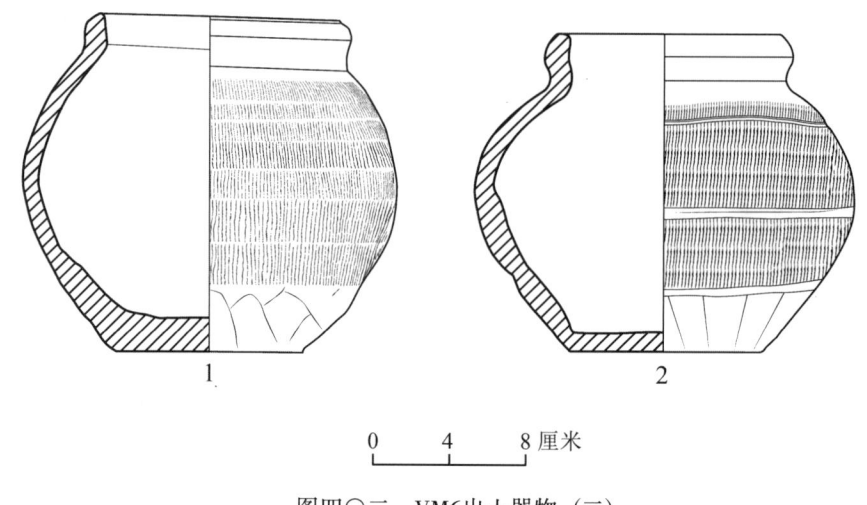

图四〇二　VM6出土器物（二）
1、2.绳纹陶罐（VM6:3、VM6:5）

ⅤM7

位于Ⅴ区中部，ⅤM4东北，东西向分布。与ⅤM8为一组，未发现茔圈。

1. 墓葬形制

该墓为带长斜坡墓道单室土洞墓，由封土、墓道、甬道、墓室组成。墓向275°（图四〇三）。

封土　现呈丘状，部分叠压墓道。残径8.00、残高0.90米。

墓道　位于墓室以西，平面呈近梯形，西宽东窄，长12.26、宽0.66~0.88米。东端剖面亦呈梯形，口小底大，底宽1.18米。西高东低，斜坡至距墓门0.92米处到底，其后平直延伸至墓门处，坡度30°。近墓门处距地表深5.00米。

甬道　位于墓道东端，连接墓道与墓室。平面呈长方形，进深0.80、宽0.96、高1.26~1.30米。墓门呈拱形，与甬道同高等宽。封门无存。

墓室　位于墓道以东，平面呈近长方形，距墓室地面0.60米处向上斜收至覆斗顶，顶部中央存一正方形藻井，边长0.72、深0.24。墓室东西长3.16~3.20、南北宽2.80~2.88、高2.26米。墓室西北角和西南角各掏一龛，西南角龛宽0.44、进深0.22、高0.46米；西北角龛宽0.68、进深0.44、高0.72米。

2. 葬具葬式

墓室中部和东北部有零散朽木，推测原可能存在尸罩。

该墓为双人合葬。人骨散置于墓室北壁下，葬式不详。经鉴定，人骨分属两个个体：其

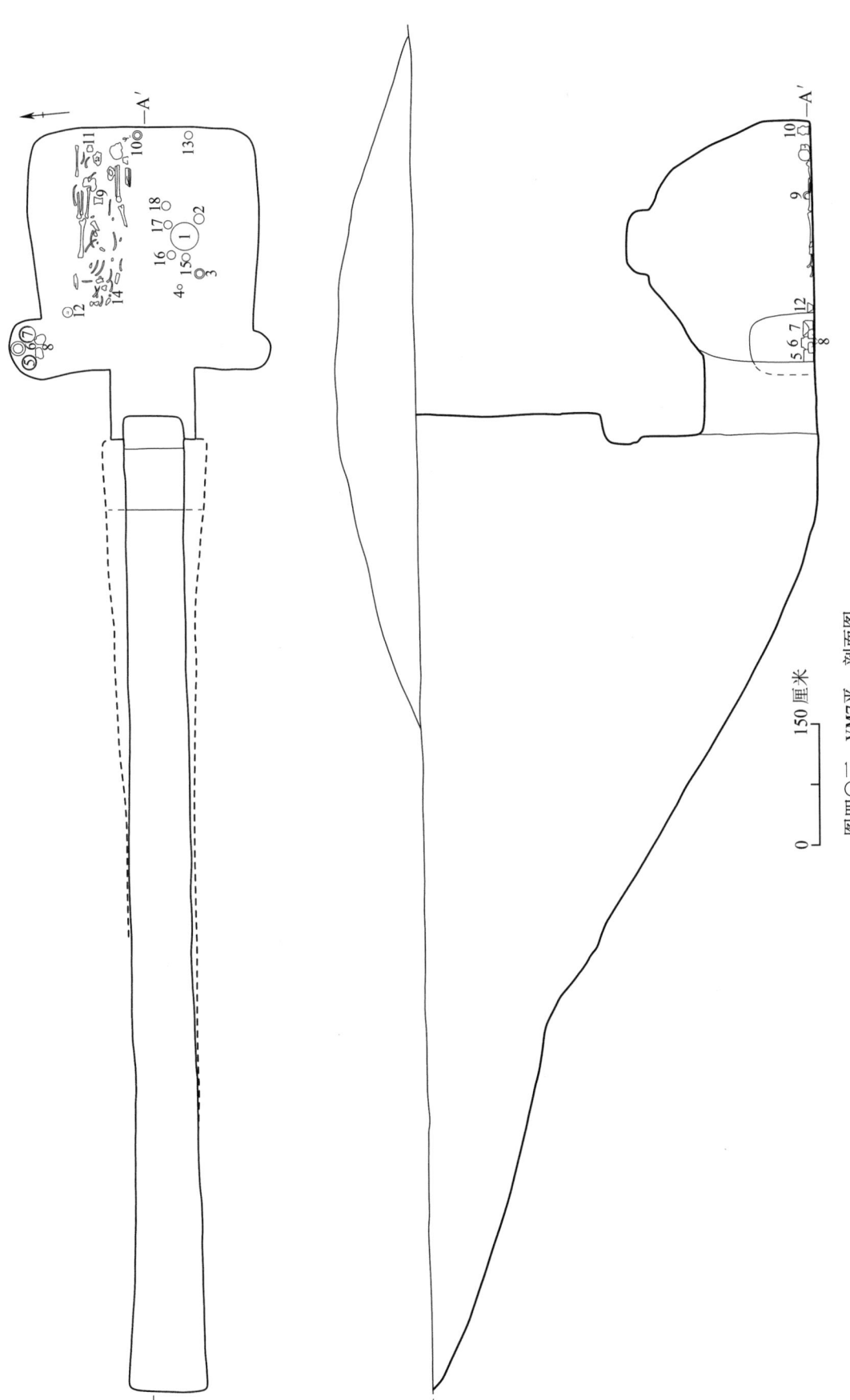

图四〇三 VM7平、剖面图

1.陶盘 2.陶盆 3.陶釜 4、11.陶斗瓶 5、7.陶樽 6、8.波浪纹陶罐 9.陶灯 10.陶壶 12.陶甑 13、16~18.陶碟 14.铜钱 15.陶碗

图四〇四 VM7出土器物

1~4.陶碟（VM7:17、VM7:13、VM7:16、VM7:18） 5.陶碗（VM7:15） 6.陶灯（VM7:9） 7.陶盆（VM7:2）
8、9.陶斗瓶（VM7:4、VM7:11）） 10.陶甑（VM7:12） 11.陶釜（VM7:3） 12、13.波浪纹陶罐（VM7:8、VM7:6）
14.陶壶（VM7:10） 15、16.陶樽（VM7:5、VM7:7） 17.五铢钱（VM7:14-1） 18.陶盘（VM7:1）

一，为男性，年龄16~17岁；其二，疑似男性，成年。

3. 随葬品

随葬品以陶器为主，放置于墓室中部、西北角龛内及人骨附近，共17件，包括陶盘1件、陶盆1件、陶釜1件、陶斗瓶2件、陶樽2件、波浪纹陶罐2件、陶灯1件、陶壶1件、陶甑1件、陶碟4件、陶碗1件。另于人骨西端出土铜钱1组（4枚）。

陶碟　4件。泥质素面灰陶。敞口，尖唇，浅弧腹，底略作矮假圈足。ⅤM7：13，口径9.0、底径4.1、高3.0厘米（图四〇四，2）。ⅤM7：16，口径9.8、底径3.7、高3.4~3.7厘米（图四〇四，3）。ⅤM7：17，口径9.3、底径3.7、高3.2厘米（图四〇四，1）。ⅤM7：18，口径10.2、底径4.6、高3.3厘米（图四〇四，4）。

陶碗　1件。ⅤM7：15，泥质素面灰陶。侈口，圆唇，腹部斜收至底，底略作假圈足。口径9.1、底径4.3、高4.1厘米（图四〇四，5）。

陶灯　1件。ⅤM7：9，泥质素面灰陶。灯口呈碟状，敞口，尖唇，浅腹，灯柄实心，上细下粗，近底部外撇至低台座，平底。口径7.0、底径9.0、高9.3厘米（图四〇四，6）。

陶盆　1件。ⅤM7：2，泥质素面灰陶。侈口，斜平沿，斜直腹收至平底，腹部较深。内壁见轮制痕迹。口径11.4、底径4.8、高5.2厘米（图四〇四，7）。

陶斗瓶　2件。ⅤM7：4，泥质素面橙黄陶。侈口，方唇，束颈，斜直腹，平底。内壁见轮制痕迹。口径5.2、腹径5.6、底径5.8、高6.4~6.6厘米（图四〇四，8）。ⅤM7：11，泥质素面灰陶。侈口，圆唇，斜直领，圆肩，上腹圆鼓，下腹斜收至平底。内壁见轮制痕迹。腹部墨书镇墓文，均漫漶不清。内有炭化粮食作物。口径4.4、腹径6.6、底径5.6、高7.1~7.5厘米（图四〇四，9）。

陶甑　1件。ⅤM7：12，泥质素面灰陶。盆形甑，侈口，斜平沿，斜直腹收至平底，腹部较深，底有六孔。口径11.0、底径4.9、高6.0厘米（图四〇四，10）。

陶釜　1件。ⅤM7：3，泥质素面灰陶。敛口，方唇，矮领，圆肩，圆鼓腹，下腹斜收至平底。口径8.1、腹径11.5、底径6.2、高8.1~8.4厘米（图四〇四，11）。

波浪纹陶罐　2件。ⅤM7：6，泥质灰陶。侈口，尖圆唇，外缘呈三角状，斜直领，圆肩，圆鼓腹。腹部饰波浪纹、弦纹组合。口径11.0、腹径16.0、底径11.3、高13.5厘米（图四〇四，13）。ⅤM7：8，泥质红陶。口残，不可复原。圆鼓腹，下腹斜收至平底，肩、腹部饰波浪纹、弦纹组合。腹径15.5、底径10.7、残高10.1厘米（图四〇四，12）。

陶壶　1件。ⅤM7：10，泥质素面灰陶。侈口，圆唇，斜直领，束颈，圆肩，扁鼓腹，束腰，近底处外撇至高底座，平底。口径6.7、腹径10.5、底径9.9、高12.4厘米（图四〇四，14）。

陶樽　2件。ⅤM7：5，泥质灰陶。已残。敛口，方唇，矮领，直腹，平底。内壁见轮制痕迹，外壁饰凸棱纹。口径15.4、底径15.7、高11.0厘米（图四〇四，15）。ⅤM7∶7，泥质素面灰陶。敛口，方唇，矮领，直腹，平底。内壁见轮制痕迹。口径16.5、底径18.0、高11.0~11.4厘米（图四〇四，16）。

陶盘　1件。ⅤM7∶1，泥质灰陶。圆形，斜平沿，外缘较直，盘面中央隆起，高于口沿，底微凹。盘面饰波浪纹、弦纹组合。盘径31.5、厚2.8~3.4厘米（图四〇四，18）。

铜钱　1组。ⅤM7∶14，4枚，均圆形方穿，形制不同，主要为五铢钱。

ⅤM7∶14-1，五铢钱，正面穿左右篆书"五铢"二字。"五"字较窄，交笔弯曲；"铢"字"金"字头呈三角形，中间四点较短，"朱"字锈蚀不可辨。钱径2.54、穿宽0.95、郭宽0.16、郭厚0.16、肉厚0.12厘米，重2.30克（图四〇四，17）。

ⅤM8

位于Ⅴ区中部，ⅤM7东北，东西向分布。与ⅤM7为一组，未发现茔圈。

1. 墓葬形制

该墓为带长斜坡墓道单室土洞墓，由封土、墓道、甬道、墓室组成。墓向284°（图四〇五）。

封土　现呈丘状，部分叠压墓道。残径13.00、残高1.10米。

墓道　位于墓室以西，平面呈梯形，西窄东宽，长13.90、宽0.88~1.00米。东端剖面呈梯形，口小底大，底宽1.32米。西高东低，斜坡至距墓门1.16米处到底，其后平直延伸至墓门处。近墓门处距地表深5.88米。

甬道　位于墓道东端，连接墓道与墓室。平面呈近梯形，西窄东宽，进深1.10、宽0.84~0.96、高1.14~1.20米。墓门呈拱形，与甬道同高等宽。封门无存。

墓室　位于墓道以东，平面呈正方形，距墓室地面1.00米处向上斜收至顶，坍塌严重，形制不详。墓室东西长3.60、南北宽2.83、残高1.96米。墓室西北角存一耳室，平面呈近长方形，进深1.48、宽0.70、高0.90米；西南角掏一龛，宽0.70、进深0.36、高0.80米。

2. 葬具葬式

无葬具。

该墓为双人合葬。墓室南、北壁下各葬一人，人骨凌乱不堪，葬式不详。经鉴定，北侧人骨为男性，年龄40~45岁；南侧人骨为女性，年龄50~60岁。

3. 随葬品

随葬品以陶器为主，散布于墓室中部及耳室内，共25件，包括陶樽4件、陶盘3件、陶

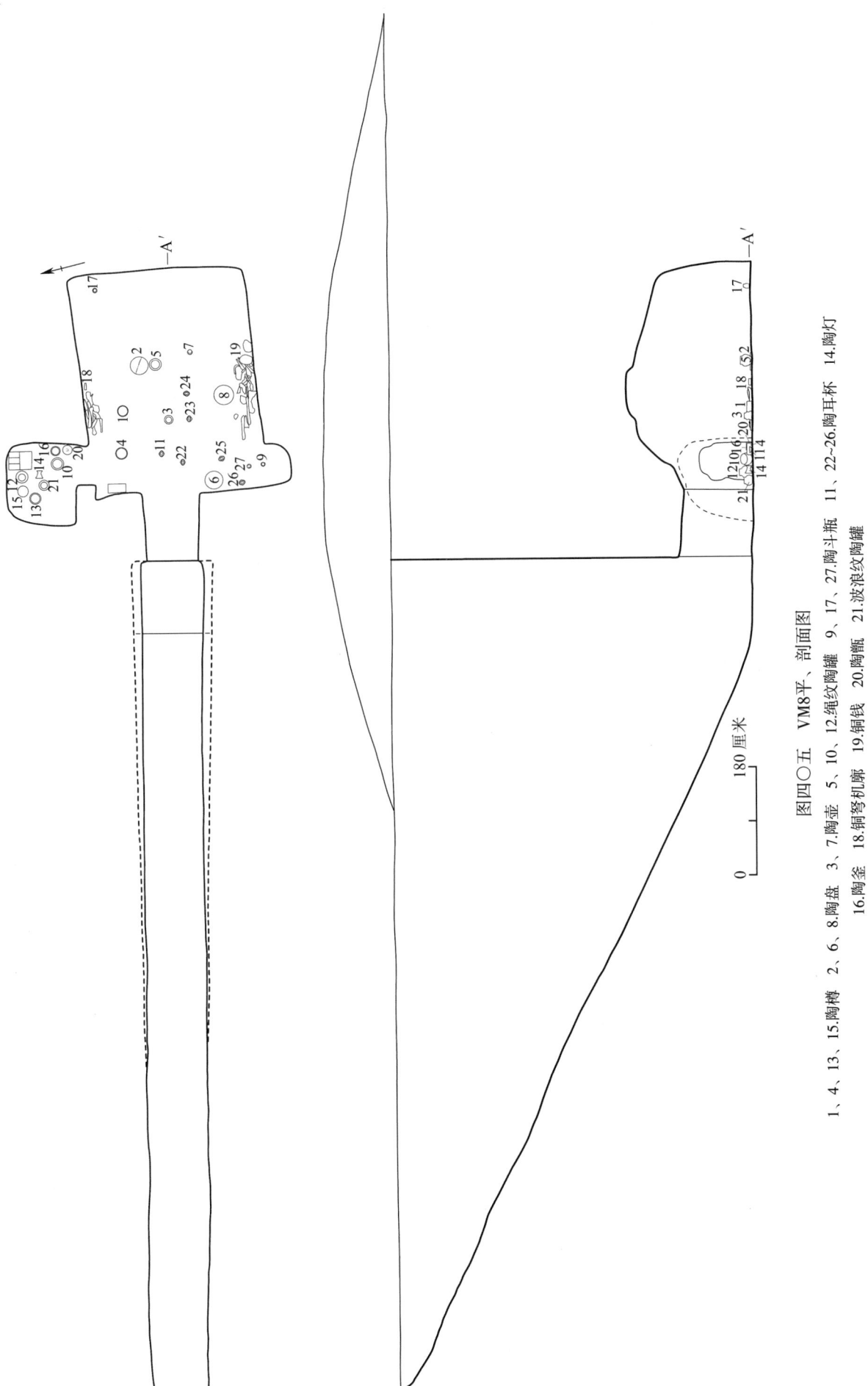

图四〇五 VM8平、剖面图

1、4、13、15.陶樽 2、6、8.陶盘 3、7.陶壶 5、10、12.绳纹陶罐 9、17、27.陶斗瓶 11、22~26.陶耳杯 14.陶灯 16.陶釜 18.铜弩机廓 19.铜钱 20.陶甑 21.波浪纹陶罐

壶2件、绳纹陶罐3件、陶斗瓶3件、陶耳杯6件、陶灯1件、陶釜1件、陶甑1件、波浪纹陶罐1件。人骨附近出土铜弩机廓1件、铜钱1组（35枚）（图版四七，3）。

陶盘　3件。ⅤM8∶2，泥质素面灰陶。残，可复原。圆形，平沿，外缘斜直，盘面平整，基本与口沿齐平，平底。盘径29.4、厚1.7~1.9厘米（图四〇六，1）。ⅤM8∶6，泥质橙黄陶。残，可复原。圆形，平沿，外缘斜直，盘面平整，低于口沿，平底。盘面饰两组波浪纹。盘径28.8、厚2.4厘米（图四〇六，2）。ⅤM8∶8，泥质灰陶。圆形，平沿，外缘斜直，盘面平整，基本与口沿齐平，平底。盘中心饰弦纹。盘径31.6、厚1.8~2.0厘米（图四〇六，3；图版一七九，4）。

陶樽　4件。泥质素面灰陶。ⅤM8∶1，残，可复原。敛口，方唇，矮领，直腹，平底。口径16.0、底径18.0、高8.0厘米（图四〇六，7）。ⅤM8∶4，口略残，可复原。敛口，方唇，圆肩，直腹，平底。口径17.2、底径18.6、高7.9厘米（图四〇六，6；图版一七八，6）。ⅤM8∶13，敛口，方唇，矮领，折肩，腹部中曲，平底。口径14.8、底径16.7、高11.9厘米（图四〇六，5；图版一七八，5）。ⅤM8∶15，带盖樽，盖呈覆钵状，弧形顶，弧腹，侈口；樽敛口，方唇，矮领，折肩，弧腹，平底。盖口径18.0、高6.3厘米；樽口径15.2、底径17.7、高9.5厘米；通高14.8厘米（图四〇六，4；图版一七九，6）。

陶釜　1件。ⅤM8∶16，泥质素面灰陶。敛口，方唇，矮领，圆肩，上腹部较鼓，下腹斜收至平底。口径12.5、腹径15.3、底径12.6、高8.5~8.9厘米（图四〇六，8；图版一七九，3）。

陶壶　2件。泥质素面灰陶。ⅤM8∶3，喇叭口，圆唇，斜直领，圆肩，圆鼓腹，束腰，近底部外撇形成矮台座，平底。口径9.3、底径14.0、高12.2~12.3厘米（图四〇六，9；图版一七八，4）。ⅤM8∶7，喇叭口，圆唇，斜直领，溜肩，圆鼓腹，束腰，高台座，平底。口径6.4、底径8.0、高11.5~11.8厘米（图四〇六，10；图版一七八，3）。

波浪纹陶罐　1件。ⅤM8∶21，泥质灰陶。口略残，可复原。直口，圆唇，斜直领，圆肩，圆鼓腹，平底。肩、腹部饰波浪纹、弦纹组合。口径9.8、腹径16.6、底径11.8、高13.3~13.4厘米（图四〇六，11；图版一七七，1）。

陶甑　1件。ⅤM8∶20，泥质素面灰陶。盆形甑。侈口，斜平沿，方唇，斜直腹收至平底，腹部较深，底有七孔。口径14.4、底径6.4、高6.1厘米（图四〇六，12；图版一七九，5）。

陶斗瓶　3件。ⅤM8∶9，残。泥质素面橙黄陶。直口，尖圆唇，外缘呈三角状，溜肩，弧腹，平底。腹部墨书镇墓文，均漫漶不清。口径4.7、腹径6.8、底径5.7、高9.5厘米（图四〇七，8）。ⅤM8∶17，泥质素面橙黄陶。直口，圆唇，外缘呈三角状，束颈，溜肩，弧腹，平底。口径4.8、底径残6.6、高9.4~9.6厘米（图四〇七，1；图版一七七，6）。肩腹部墨书镇墓文，部分漫漶不清，录文作：

图四〇六　VM8出土器物（一）

1~3.陶盘（VM8：2、VM8：6、VM8：8）　4~7.陶樽（VM8：15、VM8：13、VM8：4、VM8：1）　8.陶釜（VM8：16）
9、10.陶壶（VM8：3、VM8：7）　11.波浪纹陶罐（VM8：21）　12.陶甑（VM8：20）

□注自注……

□注生注……

路□□前行□

步……

……

万岁……

……

□除□□□

□

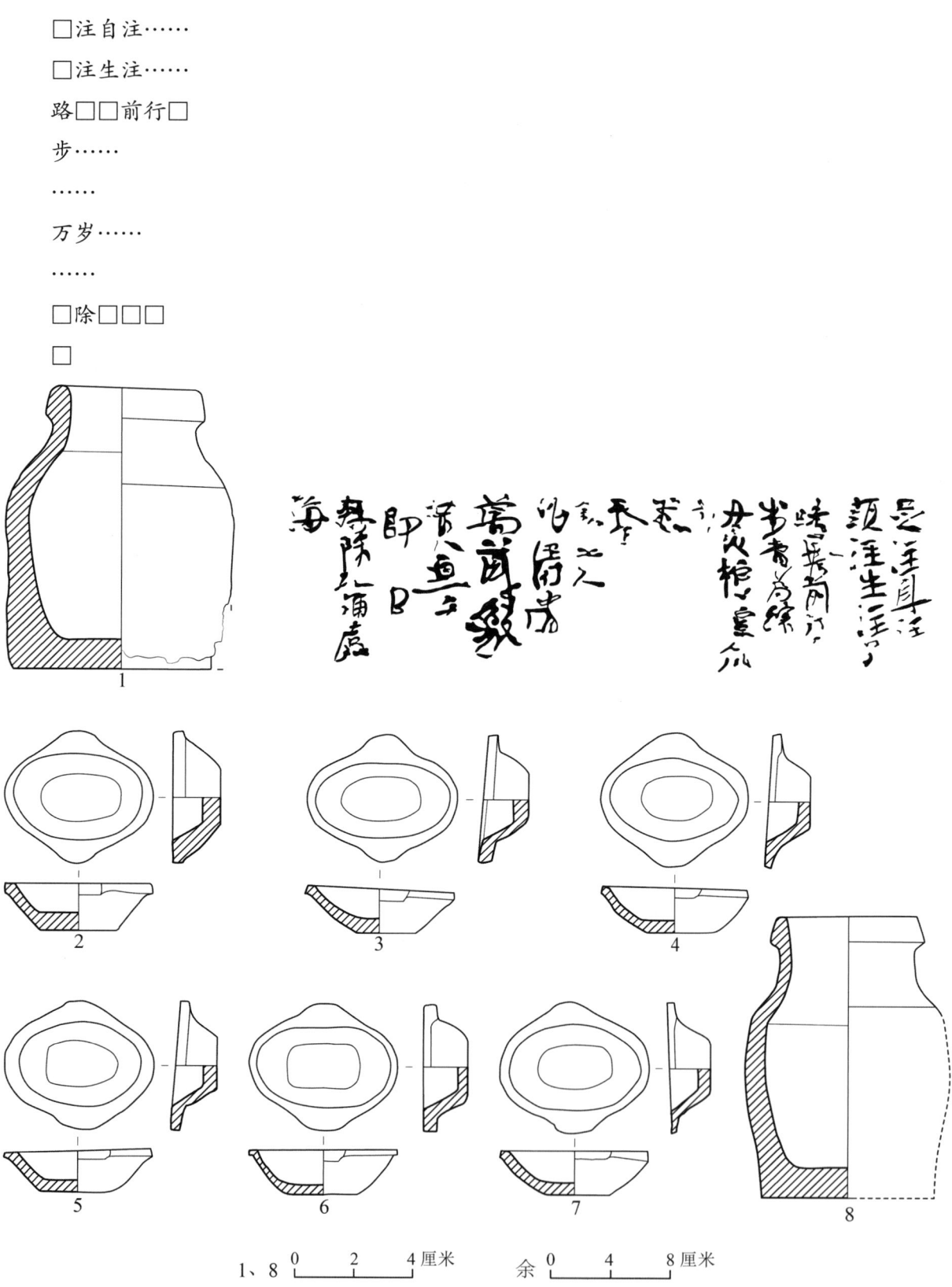

图四〇七　VM8出土器物（二）

1、8.陶斗瓶（VM8：17、VM8：9）　2~7.陶耳杯（VM8：11、VM8：22、VM8：23、VM8：24、VM8：25、VM8：26）

ⅤM8：27，泥质素面橙黄陶。残，仅余底部。平底。底径7.0、残高3.3厘米。

陶耳杯 6件。泥质素面灰陶。整体呈椭圆形，侈口，方唇，长边两侧附对称双耳，耳上端与口沿齐平，腹部斜直或微弧，平底。ⅤM8：11，斜直腹。长口径10.0、短口径5.8、长底径5.0、短底径3.6、耳长2.7~2.9、宽1.5、高3.2厘米（图四〇七，2；图版一七八，1）。ⅤM8：22，弧腹。长口径10.3、短口径5.0、长底径4.0、短底径2.8、耳长2.8~3.0、耳宽1.6~1.9、高2.8~3.2厘米（图四〇七，3）。ⅤM8：23，弧腹。长口径10.0、短口径5.6、底长径4.4、短底径3.5、耳长2.7~3.2、耳宽1.6~1.7、高2.9~3.2厘米（图四〇七，4）。ⅤM8：24，斜直腹。长口径10.0、短口径5.7、底长径4.5、短底径3.5、耳长2.3~3.0、耳宽1.3~1.5、高2.6~3.0厘米（图四〇七，5）。ⅤM8：25，斜直腹。长口径10.2、短口径5.3、长底径4.7、短底径3.6、耳长3.0、耳宽1.5~1.6、高3.0~3.1厘米（图四〇七，6；图版一七八，2）。ⅤM8：26，弧腹。长口径10.0、短口径5.8、底长径4.1、短底径3.2、耳长2.6~2.8、耳宽1.5、高3.0厘米（图四〇七，7）。

陶灯 1件。ⅤM8：14，泥质素面灰陶。灯口呈钵状，侈口，尖唇，弧腹，灯柄空心，上细下粗，近底处外撇形成矮台座。口径9.1、底径11.6、高12.2厘米（图四〇八，3；图版一七

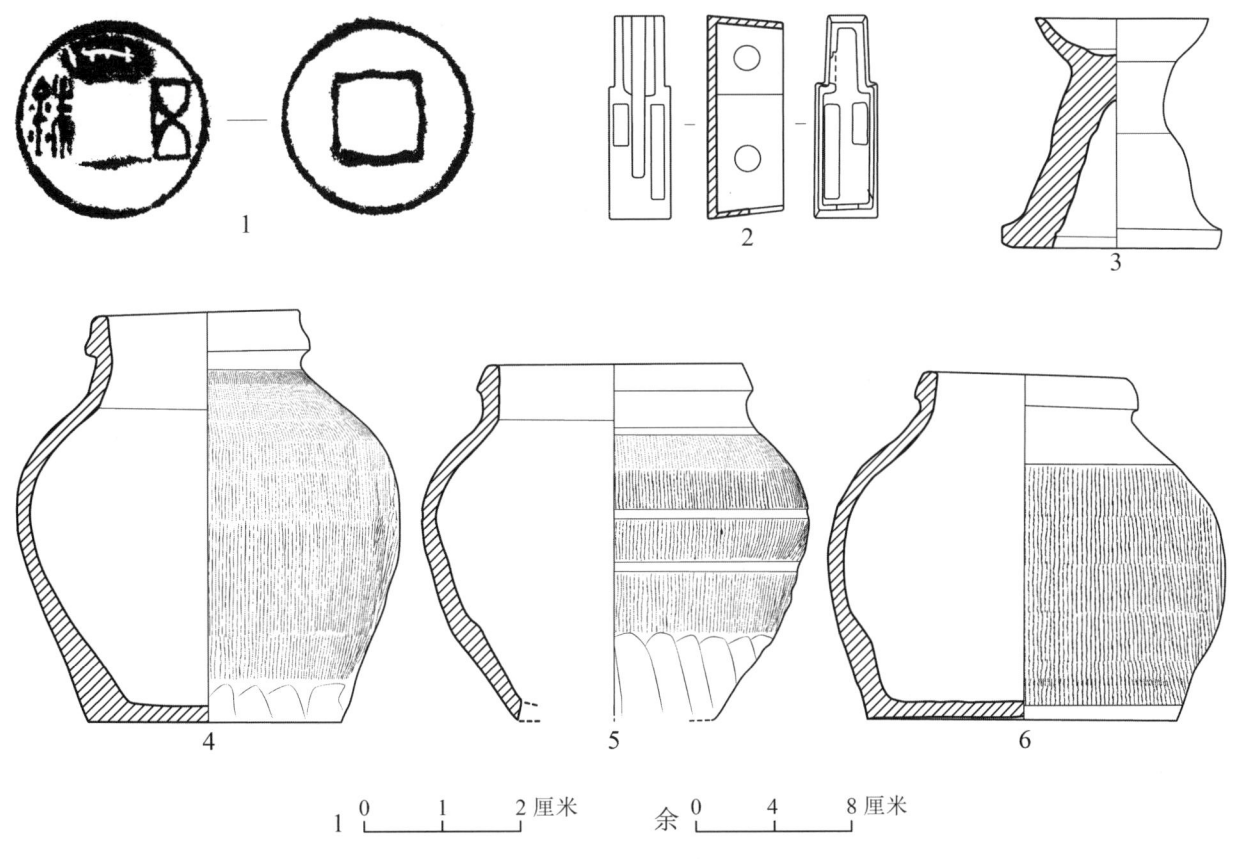

图四〇八 ⅤM8出土器物（三）
1.五铢钱（ⅤM8：19-25） 2.铜弩机廓（ⅤM8：18） 3.陶灯（ⅤM8：14） 4~6.绳纹陶罐（ⅤM8：12、ⅤM8：5、ⅤM8：10）

七，5）。

绳纹陶罐　3件。泥质灰陶。ⅤM8：5，直口，圆唇，外缘呈三状角，束颈，圆肩，圆鼓腹。肩、腹部饰以弦纹间隔的竖向绳纹，近底处见竖向刮削痕迹。口径13.1、腹径19.8、残高18.4厘米（图四〇八，5；图版一七七，2）。ⅤM8：10，直口，圆唇，外缘呈三角状，束颈，圆肩，圆鼓腹，平底。肩、腹部饰竖向绳纹。口径10.5、腹径20.6、底径16.0、高17.7~17.9厘米（图四〇八，6；图版一七七，3）。ⅤM8：12，直口，圆唇，外缘呈三角状，束颈，圆肩，圆鼓腹，平底。肩、腹部饰竖向绳纹，近底处见竖向刮削痕迹。口径10.7、腹径19.6、底径12.9、高21.0~21.3厘米（图四〇八，4；图版一七七，4）。

铜弩机廓　1件。ⅤM8：18，平面呈"凸"字形，周边有界栏，栏内有两个不规则形长条孔。长10.8、宽2.2~3.4、高4.0厘米（图四〇八，2；图版一七九，1、2）。

铜钱　1组。ⅤM8：19，35枚，均圆形方穿，形制不同，以五铢钱为主，另有少量磨郭钱和剪轮钱。

ⅤM8：19-25，五铢钱，正面穿左右篆书"五铢"二字。"五"字较宽，交笔弯曲；"铢"字"金"字头呈三角形，中间四点较短，"朱"字上下部均方圆折。记号为穿上带"⩊"符号。钱径2.56、穿宽1.00、郭宽0.15、郭厚0.15、肉厚0.11厘米，重2.39克（图四〇八，1）。

ⅤM9

位于Ⅴ区中部，ⅤM7东南，东西向分布。

1. 墓葬形制

该墓为带长斜坡墓道单室土洞墓，由封土、墓道、甬道、墓室组成。墓向274°（图四〇九）。

封土　现呈丘状，部分叠压墓道。残径6.00、残高0.90米。

墓道　位于墓室以西，平面呈梯形，西窄东宽，长10.80、宽0.64~0.72米。东端剖面亦呈梯形，口小底大，底宽0.80米。西高东低，斜坡至底。近墓门处距地表深4.46米。

甬道　位于墓道东端，平面呈长方形，进深0.42、宽0.72、高0.78米。墓门呈拱形，与甬道同高等宽。封门无存。

墓室　位于墓道以东，平面呈近长方形，距墓室地面0.60米处向上斜收至顶，坍塌严重，形制不详。墓室东西长2.28~2.34、南北宽1.84~1.90、残高1.54米。

2. 葬具葬式

墓室南壁下存一尸床，呈梯形，长1.74、宽0.50~0.54、高0.05~0.06米。墓室中部残存朽木块，推测原可能存在木质尸罩。

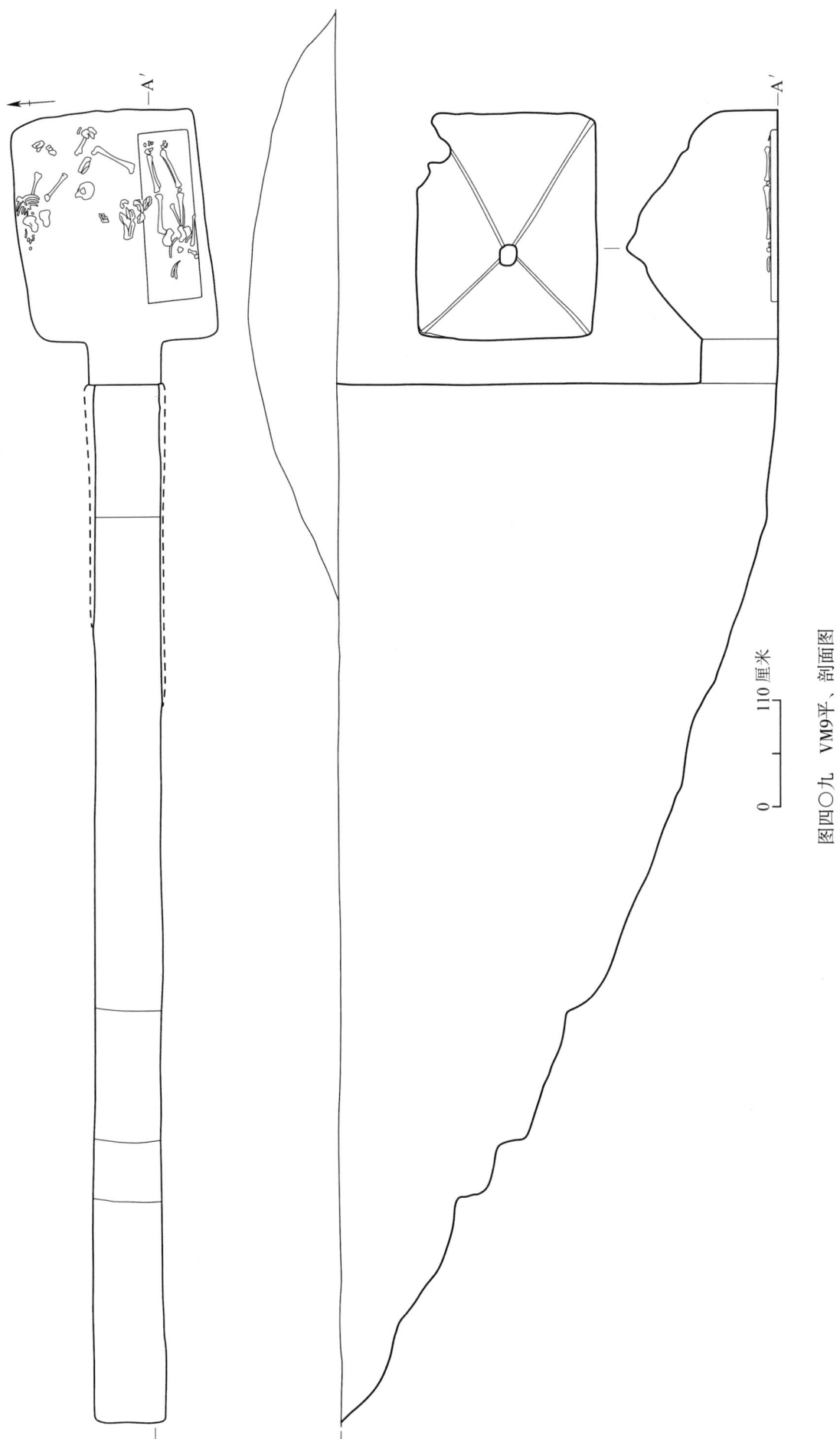

图四〇九 VM9 平、剖面图

该墓为双人合葬。一人骨置于尸床之上，另一人骨散置于墓室中部及北壁下。人骨凌乱，北侧人骨葬式不详，南侧人骨从残存状况看，应为仰身直肢葬。经鉴定，一人骨为男性，年龄35~40岁；另一人骨为女性，年龄50~60岁。

3. 随葬品

无随葬品。

ⅤM10

位于Ⅴ区中部，ⅤM1西北，南北向分布。与ⅤM1、ⅤM11为一组，未发现茔圈。

1. 墓葬形制

该墓为带长斜坡墓道"刀把"形单室土洞墓，由封土、墓道、甬道、墓室组成。墓向182°（图四一〇）。

封土　现呈丘状，部分叠压墓道。残径8.00、残高0.50米。

墓道　位于墓室以南，平面呈不规则梯形，南宽北窄，长12.77、宽0.74~0.88米。北端剖面亦呈梯形，口小底大，底宽1.02米。南高北低，斜坡至距墓门1.08米处骤降至底，其后平直延伸至墓门处。近墓门处距地表深4.26米。

甬道　位于墓道北端，平面呈不规则梯形，南宽北窄，进深0.92、宽0.76~0.96、高1.38米。墓门坍塌，形制及高度不详，宽1.00米。封门位于甬道内封，由不规则澄江泥块封堵。

墓室　位于墓道以北，平面呈不规则梯形，南宽北窄，因墓室完全坍塌，采用揭取墓顶的方式发掘，墓顶形制及高度不详。墓室南北长2.16、东西宽0.90~1.64米。

2. 葬具葬式

墓室中部存一尸床，由沙石堆垒而成，呈不规则近圆形，直径0.70~0.90、高0.20米。

该墓为单人葬。尸床上仅存尸骨残渣，葬式不详。性别、年龄不详。

3. 随葬品

无随葬品。

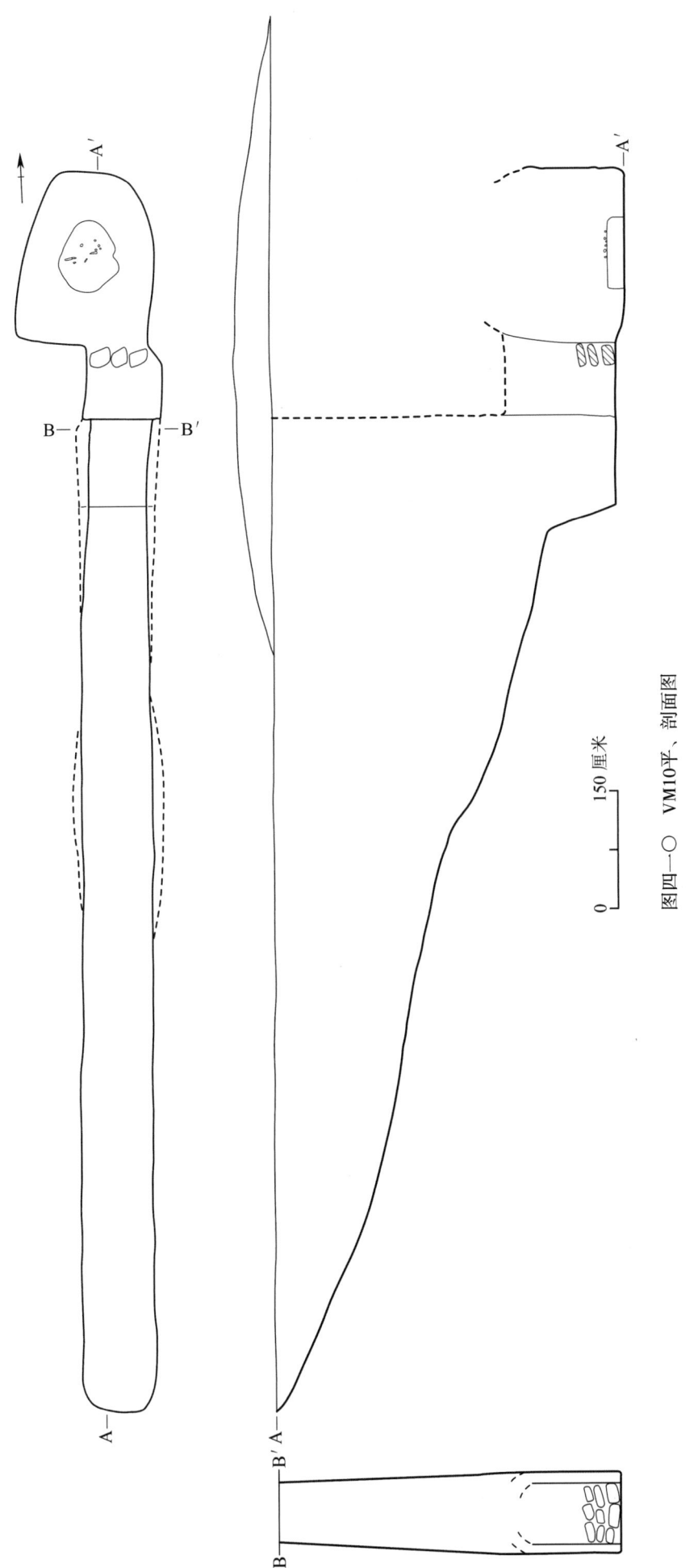

图四一〇 VM10平、剖面图

ⅤM11

位于Ⅴ区中部，ⅤM10东侧，南北向分布。与ⅤM1、ⅤM10为一组，未发现茔圈。

1. 墓葬形制

该墓为带长斜坡墓道单室土洞墓，由封土、墓道、甬道、墓室组成。墓向185°（图四一一）。

封土　现呈丘状，部分叠压墓道。残径9.00、残高0.50米。

墓道　位于墓室以南，平面呈梯形，北宽南窄，长10.38、宽0.88~1.00米。北端剖面亦呈梯形，底宽1.44米。南高北低，斜坡至距墓门0.78米处到底，其后平直延伸至墓门处。近墓门处距地表深6.33米。

甬道　位于墓道北端，连接墓道与墓室。平面呈长方形，进深1.08、宽1.04、高1.42~1.46米。墓门呈拱形，部分坍塌，宽1.00、残高1.42米。封门无存。

墓室　位于墓道以北，平面呈近梯形，南宽北窄，因墓室完全坍塌采用揭取墓顶部的方式发掘，墓顶形制及高度不详。墓室南北长2.72、东西宽2.04~2.20米。

2. 葬具葬式

墓室北壁下和南壁各存一尸床，由细沙土堆垒而成，呈长方形。北侧尸床长1.80、宽0.50、高0.05米。南侧尸床长1.66、宽0.50、高0.05米。

该墓为双人合葬。人骨置于尸床之上，均为仰身直肢葬，头向西。经鉴定，北侧人骨为男性，年龄35~39岁；南侧人骨为女性，年龄45岁左右。

3. 随葬品

随葬品较少，墓室中部出土陶罐2件，北侧人骨处出土铁钉1件、铜带扣1组（9件）。

陶罐　2件。泥质素面灰陶。ⅤM11:1，侈口，卷沿，溜肩，上腹部微鼓，下腹斜收至底，底微凹。口径11.5、腹径17.0、底径11.2、高18.2~18.6厘米（图四一二，7；图版一八〇，1）。ⅤM11:2，口略残，可复原。侈口，卷沿，溜肩，弧腹收至平底。口径13.8、腹径21.5、底径12.7、高24.0~24.2厘米（图四一二，6；图版一八〇，2）。

铁钉　1件。ⅤM11:3，钉帽不规则，较小，钉身呈圆柱状，上粗下细。长8.5、截面直径0.1~1.2厘米（图四一二，5）。

铜带扣　1组。9件，形制不尽相同（图版一七九，7）。ⅤM11:4-1，平面呈前圆后方的马蹄形。长2.7、宽0.8~2.3、厚0.6厘米（图四一二，1）。ⅤM11:4-2，平面呈长方形，一端开长条形孔。长2.5、宽2.0、厚0.6厘米（图四一二，2）。ⅤM11:4-3，平面呈椭圆形环状，

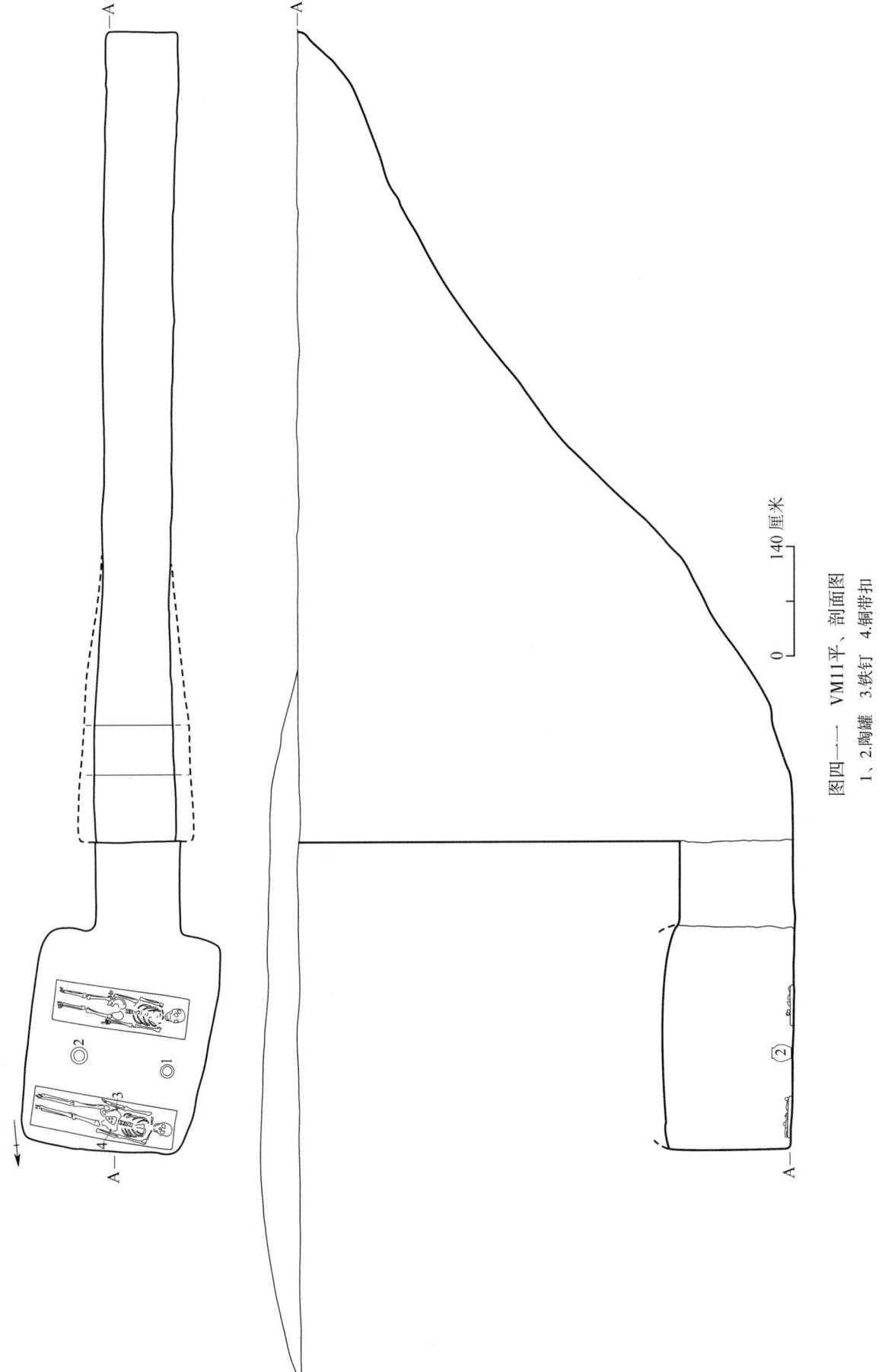

图四 VM11平、剖面图
1、2.陶罐 3.铁钉 4.铜带扣

孔中间装有活动的扣舌。长3.0、宽1.6厘米（图四一二，3）。VM11：4-4，平面呈一端平直的近椭圆形，中间开一长条形孔。长2.2、宽1.4、厚0.6厘米（图四一二，4）。

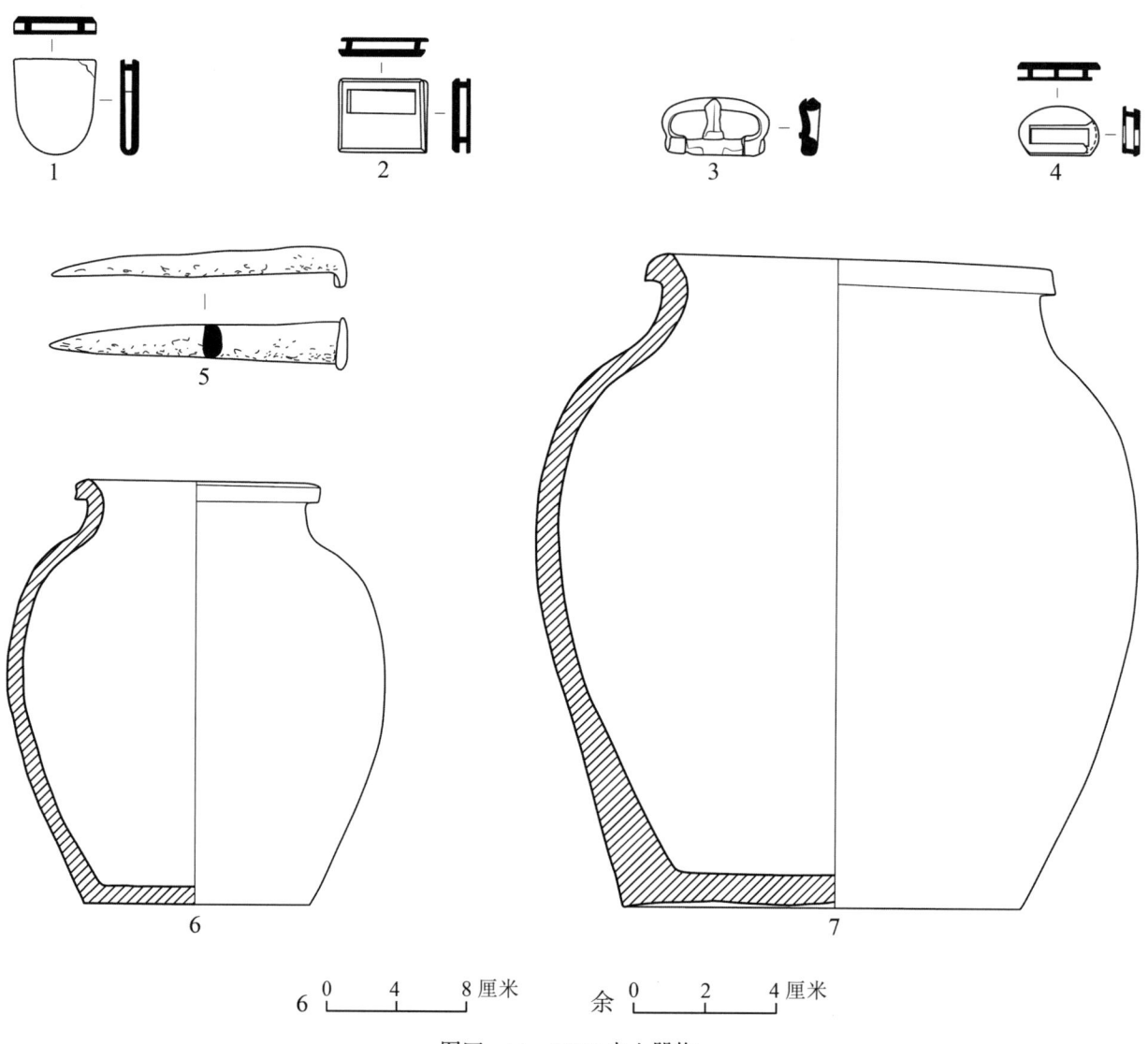

图四一二　VM11出土器物
1~4.铜带扣（VM11：4-1、VM11：4-2、VM11：4-3、VM11：4-4）　5.铁钉（VM11：3）　6、7.陶罐（VM11：2、VM11：1）

VM12

位于Ⅴ区中部，VM11东北，东西向分布。

1. 墓葬形制

该墓为带长斜坡墓道单室土洞墓，由封土、墓道、甬道、墓室组成。墓向268°（图四一三）。

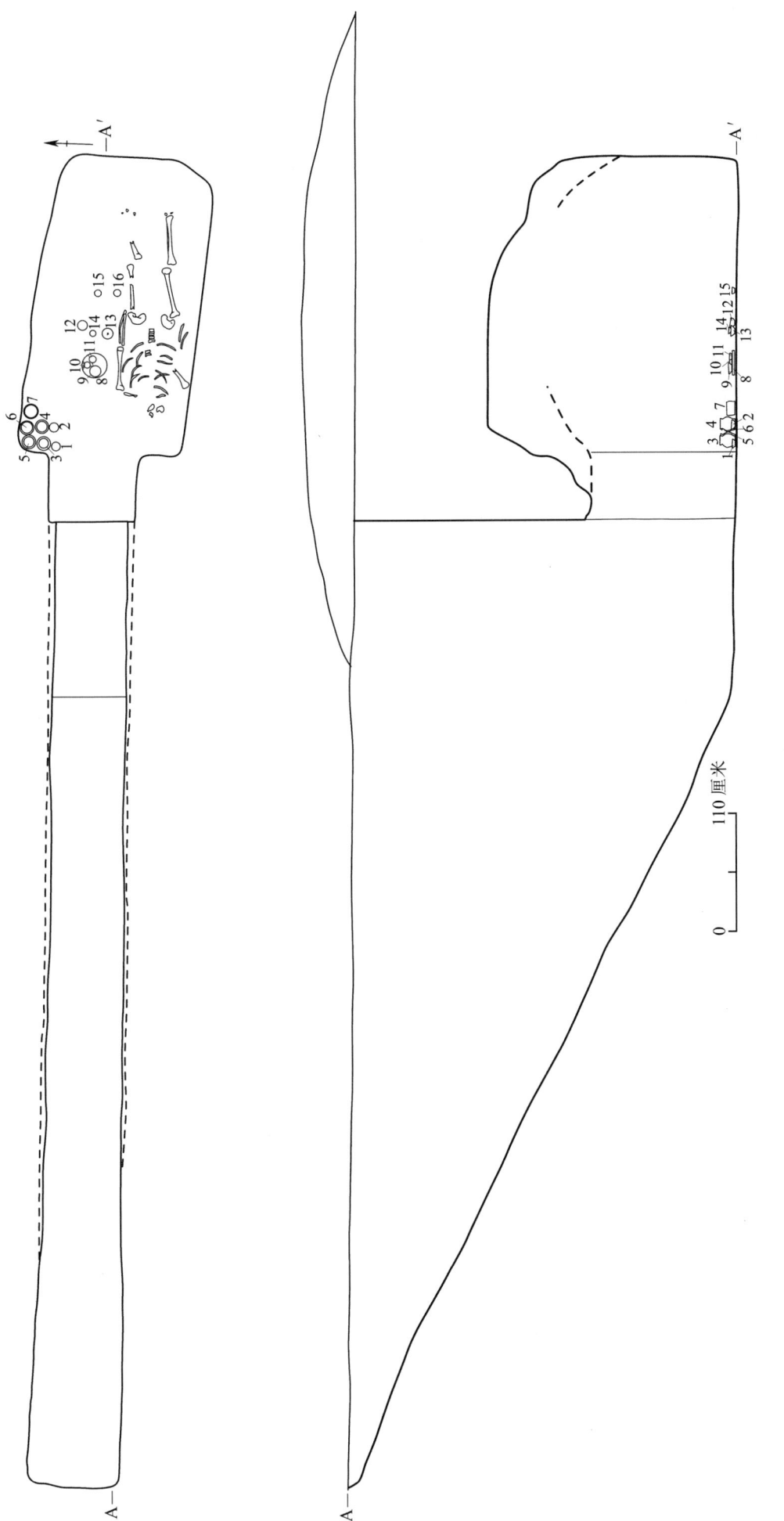

图四一三 VM12平、剖面图

1、2、9、15.陶碗 3~6.波浪纹陶罐 7.陶樽 8.陶盘 10、11、16.陶钵 12.陶盆 13.陶瓿 14.陶灯

封土　现呈丘状，部分叠压墓道。残径6.00、残高0.50米。

墓道　位于墓室以西，平面呈梯形，西宽东窄，长9.07、宽0.64~0.82米。东端剖面亦呈梯形，口小底大，底宽0.76米。西高东低，斜坡至距墓门1.52米处到底，其后平直延伸至近墓门处，坡度35°。近墓门处距地表深3.46米。

甬道　位于墓道以东，连接墓道与墓室。平面呈近长方形，进深0.60、宽0.78~0.84、残高1.32米。墓门顶部坍塌，形制及高度不详，宽0.64、残高1.32米。封门无存。

墓室　位于墓道以东，平面呈近长方形，墓顶坍塌严重，形制不详。墓室东西长2.58~2.78、南北宽1.40~1.48、残高2.28米。

2. 葬具葬式

无葬具。

该墓为单人葬。尸骨散乱分布于墓室南壁下，仰身直肢葬。经鉴定，人骨为一成年个体，性别不详。

3. 随葬品

随葬品均为陶器，放置于墓室中部和西北角，共16件，包括陶碗4件、陶钵3件、波浪纹陶罐4件、陶樽1件、陶盘1件、陶盆1件、陶甑1件、陶灯1件。

波浪纹陶罐　4件。泥质灰陶。器形整体瘦高，喇叭口，尖圆唇，领部较高，上腹部较鼓，下腹斜收至平底。肩、腹部饰波浪纹和弦纹组合。ⅤM12∶3，口径8.5、腹径12.5、底径8.4、高14.5厘米（图四一四，1）。ⅤM12∶4，口径9.6、腹径12.5、底径9.0、高14.0厘米（图四一四，2）。ⅤM12∶5，口径9.4、腹径12.6、底径8.2、高13.8厘米（图四一四，3）。ⅤM12∶6，口径10.0、腹径12.8、底径9.0、高13.0~13.2厘米（图四一四，4）。

陶碗　4件。泥质素面灰陶。器形歪扭。弧腹，矮假圈足。ⅤM12∶1，侈口，圆唇。口径8.0、底径5.8、高2.7~3.0厘米（图四一五，3）。ⅤM12∶2，侈口，尖唇。口径8.2、底径5.2、高3.2~3.6厘米（图四一五，5）。ⅤM12∶9，侈口，圆唇。口径10.0、底径6.1、高2.8~3.2厘米（图四一五，7）。ⅤM12∶15，敛口，圆唇。口径6.1、底径4.4、高2.5~2.7厘米（图四一五，1）。

陶甑　1件。ⅤM12∶13，泥质素面灰陶。盆形甑，侈口，斜平沿，方唇，斜直腹，平底，底有五孔。口径9.6、底径4.9、高3.5~3.8厘米（图四一五，2）。

陶钵　3件。泥质素面灰陶。器形歪扭。侈口，斜直腹，平底。ⅤM12∶10，尖唇。口径5.6、底径4.6、高1.8~2.3厘米（图四一五，6）。ⅤM12∶11，尖圆唇。口径5.9、底径5.1、高2.0~2.3厘米（图四一五，4）。ⅤM12∶16，残，仅余底部。底径5.1、残高1.5~2.7厘米（图四一五，10）。

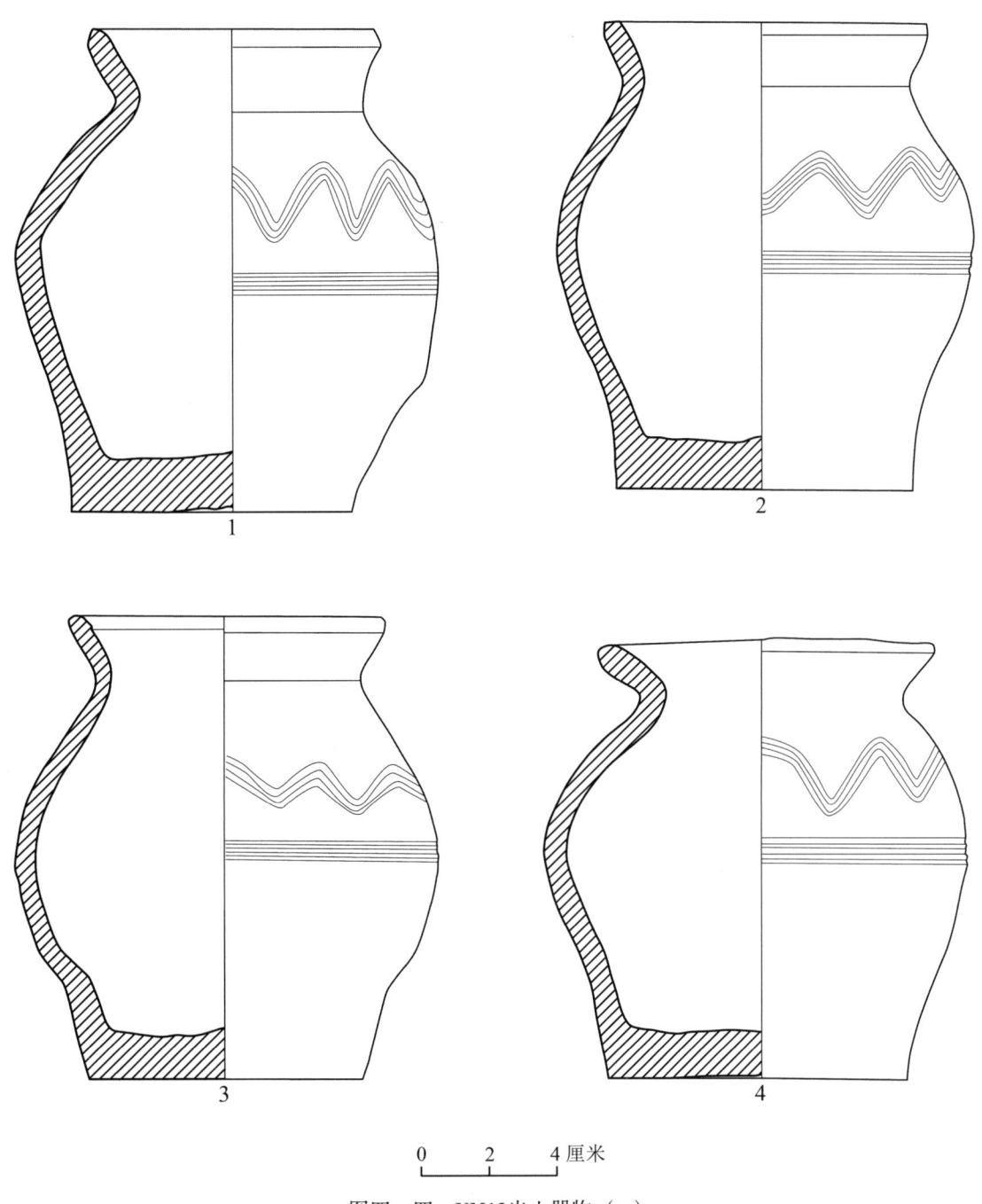

图四一四 VM12出土器物（一）
1~4.波浪纹陶罐（VM12：3、VM12：4、VM12：5、VM12：6）

陶盆　1件。VM12：12，泥质素面灰陶。侈口，斜平沿，方唇，弧腹，腹部较深，底作假圈足。口径9.0、底径4.7、高3.6~4.8厘米（图四一五，8）。

陶灯　1件。VM12：14，泥质素面灰陶。灯口呈碟状，敞口，尖唇，浅腹，内底残留灯芯灰烬，灯柄实心，上细下粗，近底处外撇形成矮台座，平底。口径5.7、底径5.5、高5.5~6.0厘米（图四一五，9）。

陶樽　1件。VM12∶7，泥质素面灰陶。直口，方唇，矮领，直腹，平底。口径12.2、底径12.6、高7.6~8.0厘米（图四一五，11）。

陶盘　1件。VM12∶8，泥质灰陶。圆形，平沿，外缘微弧，盘面略平整，基本与口沿齐平，平底。盘面饰波浪纹、弦纹组合。盘径22.6、厚2.0厘米（图四一五，12）。

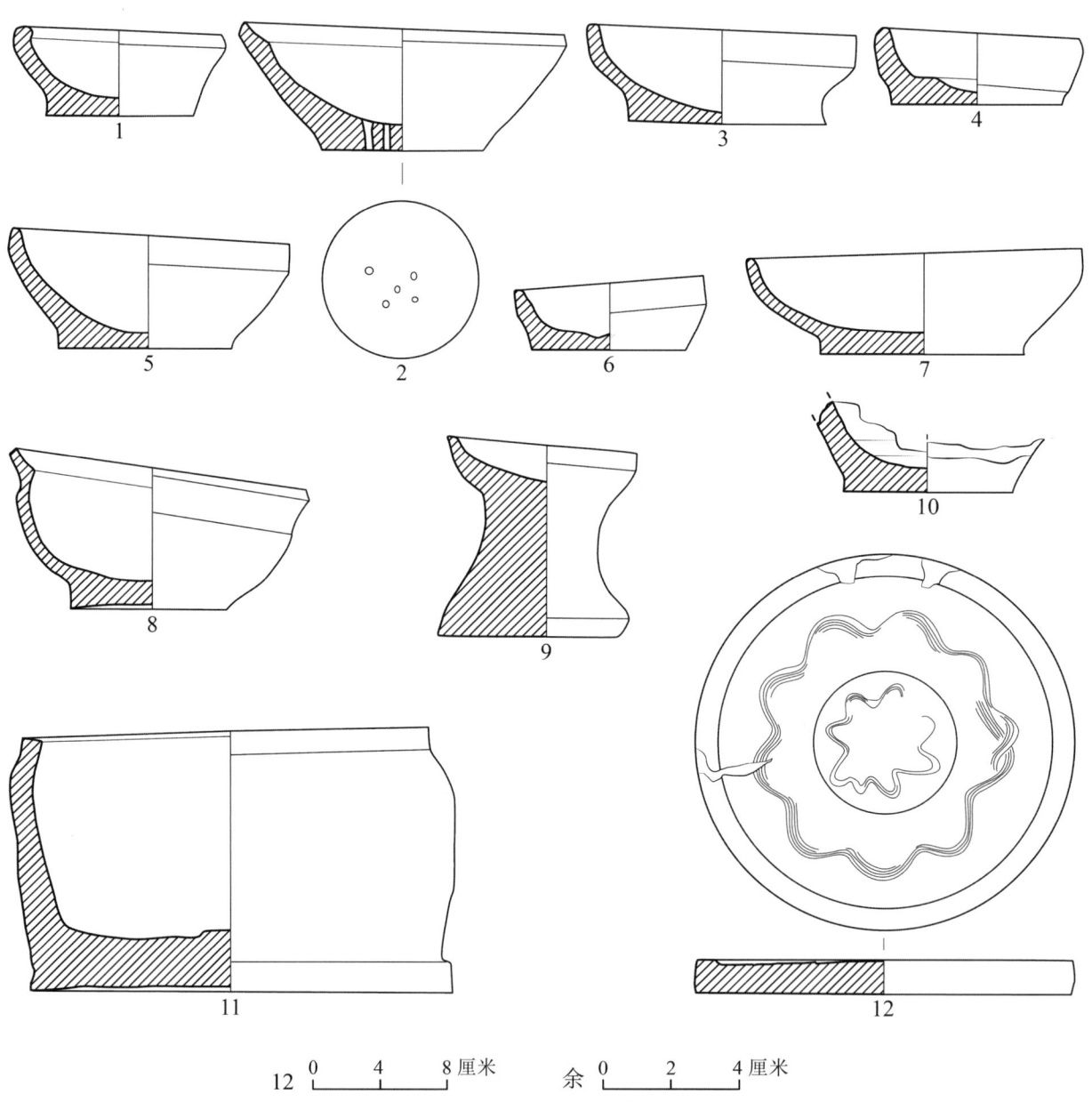

图四一五　VM12出土器物（二）

1、3、5、7.陶碗（VM12∶15、VM12∶1、VM12∶2、VM12∶9）2.陶甑（VM12∶13）4、6、10.陶钵（VM12∶11、VM12∶10、VM12∶16）8.陶盆（VM12∶12）9.陶灯（VM12∶14）11.陶樽（VM12∶7）12.陶盘（VM12∶8）

VM13

位于V区东部，VM12东侧，南北向分布。

1. 墓葬形制

该墓为带长斜坡墓道"刀把"形单室土洞墓，由封土、墓道、甬道、墓室组成。墓向20°（图四一六）。

封土　现呈丘状，部分叠压墓道。残径9.00、残高0.70米。

墓道　位于墓室以北，平面呈梯形，北窄南宽，长9.80、宽0.80~1.24米。南端剖面亦呈梯形，口小底大，底宽1.60米。北高南低，斜坡至底，近墓门处存两级台阶，坡度20°。近墓门处距地表深3.46米。

甬道　位于墓道南端，连接墓道与墓室。平面呈长方形，进深0.50、宽0.98、高1.28米。墓门呈拱形，与甬道同高等宽。封门无存。

墓室　位于墓道以南，平面呈梯形，拱形顶，南北长2.40、东西宽1.20~1.30、高1.30米。

2. 葬具葬式及葬俗

墓室内存一尸床，由沙石及细沙土堆垒而成，呈长方形。长2.08、宽0.58~0.64、高0.05米。该墓为单人葬。人骨置于尸床之上，仰身直肢葬。经鉴定，人骨为男性，年龄36~39岁。尸床及人骨上散置有意打碎的陶片。

3. 随葬品

仅于人骨右手处出土铜钱1组（6枚）。

铜钱　1组。VM13:1，6枚，形制极小，均圆形方穿，面、背皆有内郭。

VM13:1-1，小泉直一，正面穿口左右铸"直一"二字，上下铸"小泉"二字，均为篆书。钱径1.40、穿宽0.55、郭宽0.12、郭厚0.15、肉厚0.07厘米，重0.98克。VM13:1-2，5枚，小冥钱，形制极小，圆形方穿，面背皆有内郭，钱文不可辨。钱径1.29~1.51、穿宽0.32~0.55、郭宽0.15~0.20、郭厚0.20~0.22、肉厚0.10~0.11厘米，共重6.14克。

VM14

位于V区中部，VM6西南，东西向分布。

1. 墓葬形制

该墓为带长斜坡墓道单室土洞墓，由封土、墓道、甬道、墓室组成。墓向280°（图四一七）。

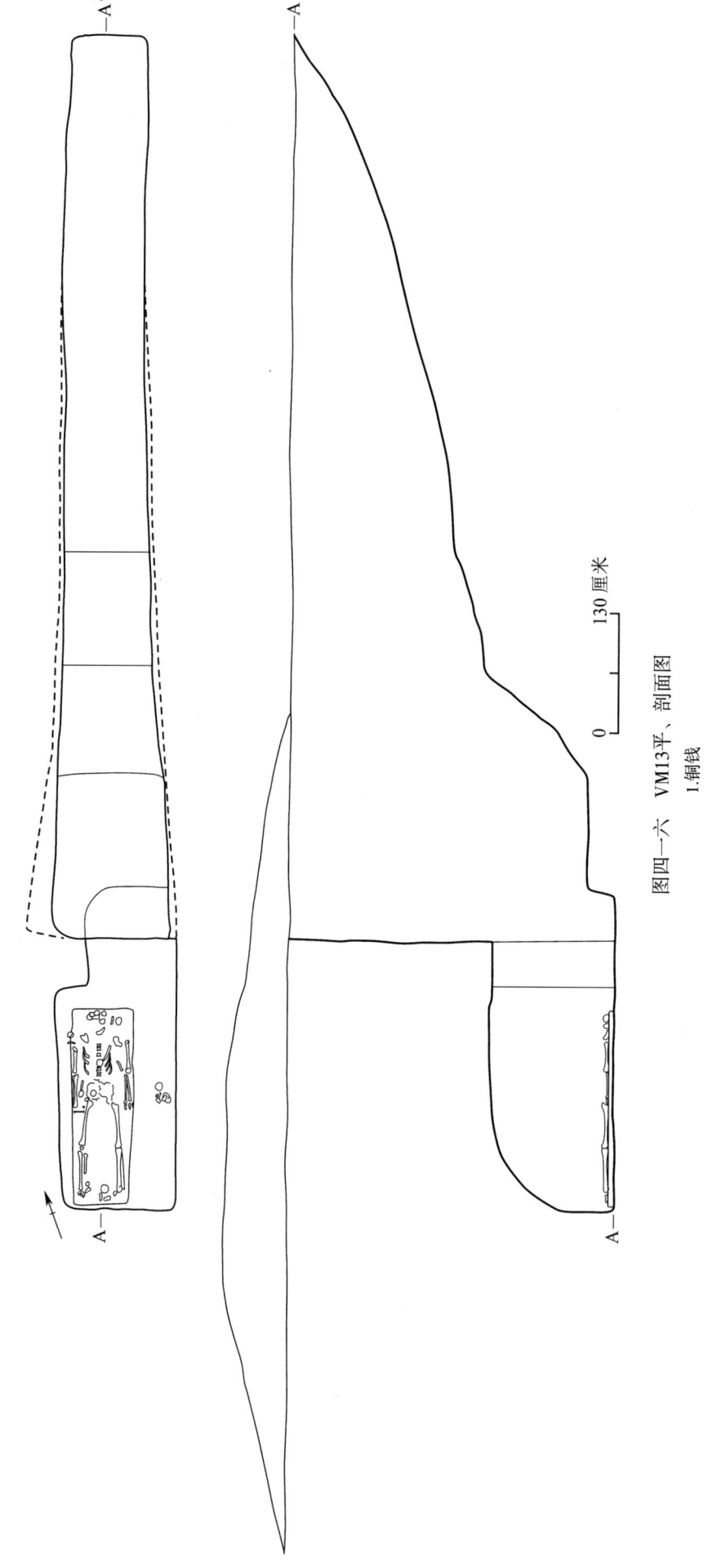

图四一六 VM13 平、剖面图
1. 铜钱

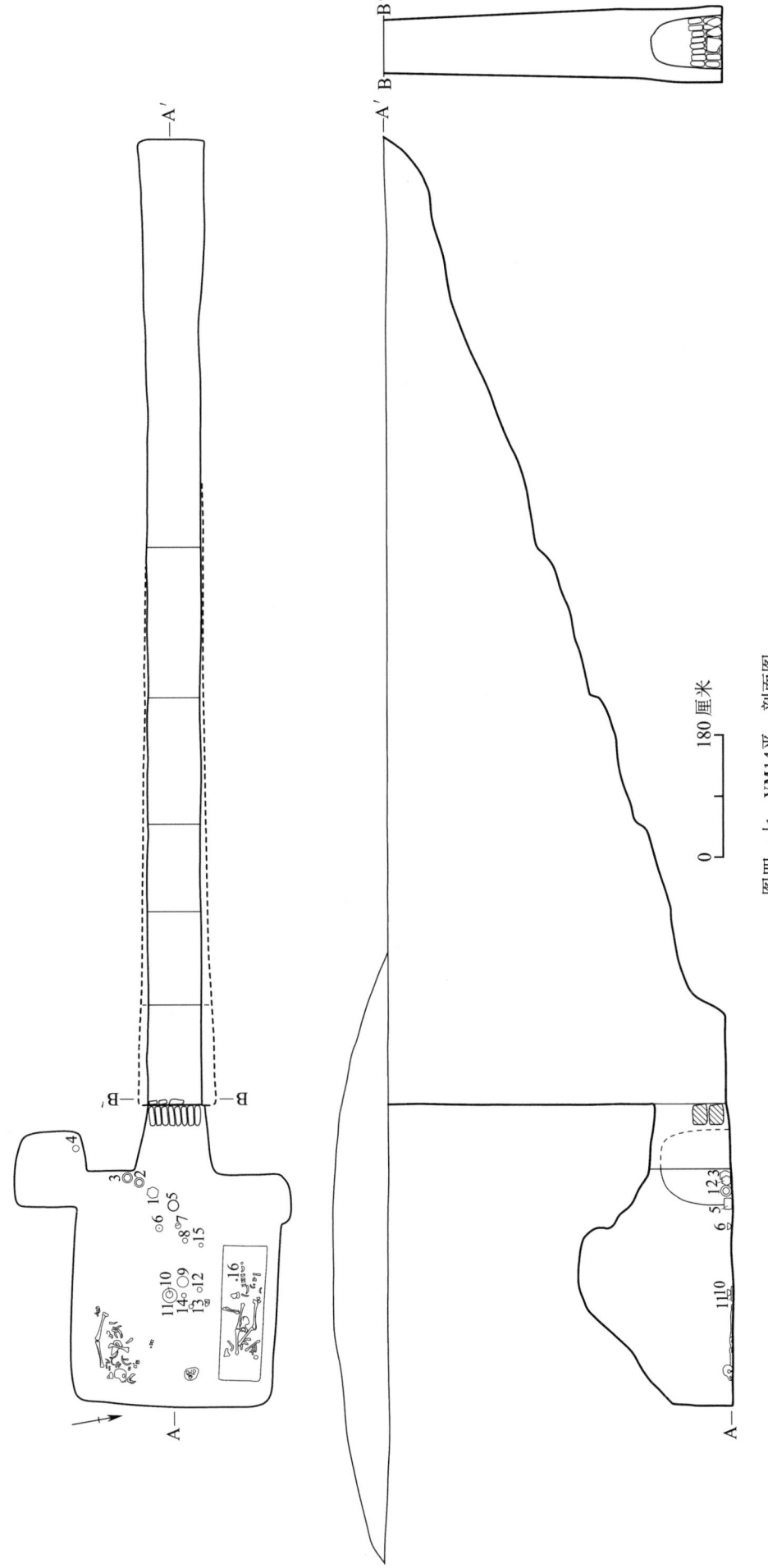

图四一七 VM14平、剖面图
1~3.波浪纹陶罐 4、12、13、14、15.陶碗 5.陶樽 6.陶甑 7.陶釜 8.陶灯 9.陶钵 10.陶盆 11.陶盘 16.铜钱

封土 现呈丘状，部分叠压墓道。残径 9.00、残高 0.80 米。

墓道 位于墓室以西，平面呈近梯形，西宽东窄，长 14.22、宽 0.78~0.96 米。东端剖面亦呈梯形，口小底大，底宽 1.12 米。西高东低，斜坡至距墓门 1.30 米处到底，其后平直延伸至墓门处，坡度 30°。近墓门处距地表深 4.96 米。

甬道 位于墓道东端，平面呈梯形，进深 0.96、宽 0.84~1.14、高 1.04~1.18 米。墓门呈拱形，与甬道同宽等高。封门位于甬道内封，以土坯封堵，残存两层。

墓室 位于墓道以东，平面呈长方形，墓顶坍塌严重，形制不详。墓室东西长 3.40、南北宽 3.00、残高 2.28 米。墓室西南角存一耳室，口宽 0.54、进深 1.08、高 1.00 米。西北角掏一龛，宽 0.74、进深 0.14、高 0.92 米。

2. 葬具葬式

墓室北壁下存一尸床，由木板、细沙土等堆垒而成，北侧尸床长 2.00、宽 0.60~0.64、高 0.05 米。墓室中存腐朽木块，推测原可能存在尸罩。

该墓为双人合葬。北侧人骨置于尸床之上，扰乱严重，葬式不详；南侧人骨堆放于墓室东南角，葬式不详。经鉴定，北侧人骨为女性，年龄 45~50 岁；南侧人骨为女性，年龄 35 岁左右。

3. 随葬品

随葬品以陶器为主，放置于墓室中部和近甬道处，共 15 件，包括波浪纹陶罐 3 件、陶樽 1 件、陶甑 1 件、陶釜 1 件、陶灯 1 件、陶碗 5 件、陶钵 1 件、陶盆 1 件、陶盘 1 件。另于南侧人骨处出土铜钱 1 组（15 枚）。

陶碗 5 件。泥质素面灰陶。弧腹，矮假圈足。ⅤM14：4，侈口，尖唇。口径 9.4、底径 5.0、高 3.5~4.0 厘米（图四一八，7）。ⅤM14：12，直口，方唇。口径 7.3、底径 3.0、高 2.8 厘米（图四一八，1）。ⅤM14：13，侈口，尖唇。口径 6.5、底径 2.7、高 2.5 厘米（图四一八，2）。ⅤM14：14，直口，方唇。口径 6.8、底径 3.2、高 2.5 厘米（图四一八，4）。ⅤM14：15，直口，方唇。口径 6.2、底径 2.2、高 2.6 厘米（图四一八，3）。

陶灯 1 件。ⅤM14：8，泥质素面灰陶。灯口呈钵状，侈口，方唇，浅弧腹，灯柄实心，上细下粗，近底部外撇形成矮台座，平底。口径 7.5、底径 6.0、高 11.2 厘米（图四一八，5）。

陶钵 1 件。ⅤM14：9，泥质素面灰陶。敛口，方唇，腹部斜收至平底。口径 15.7、底径 5.1、高 5.8 厘米（图四一八，6）。

陶甑 1 件。ⅤM14：6，泥质素面灰陶。盆形甑，侈口，斜平沿，圆唇，斜直腹，腹部较深，平底，底有 5 孔。口径 10.3、底径 4.2、高 5.1 厘米（图四一八，9）。

陶釜 1 件。ⅤM14：7，泥质素面灰陶。直口，方唇，矮领，圆肩，上腹部圆鼓，下腹斜

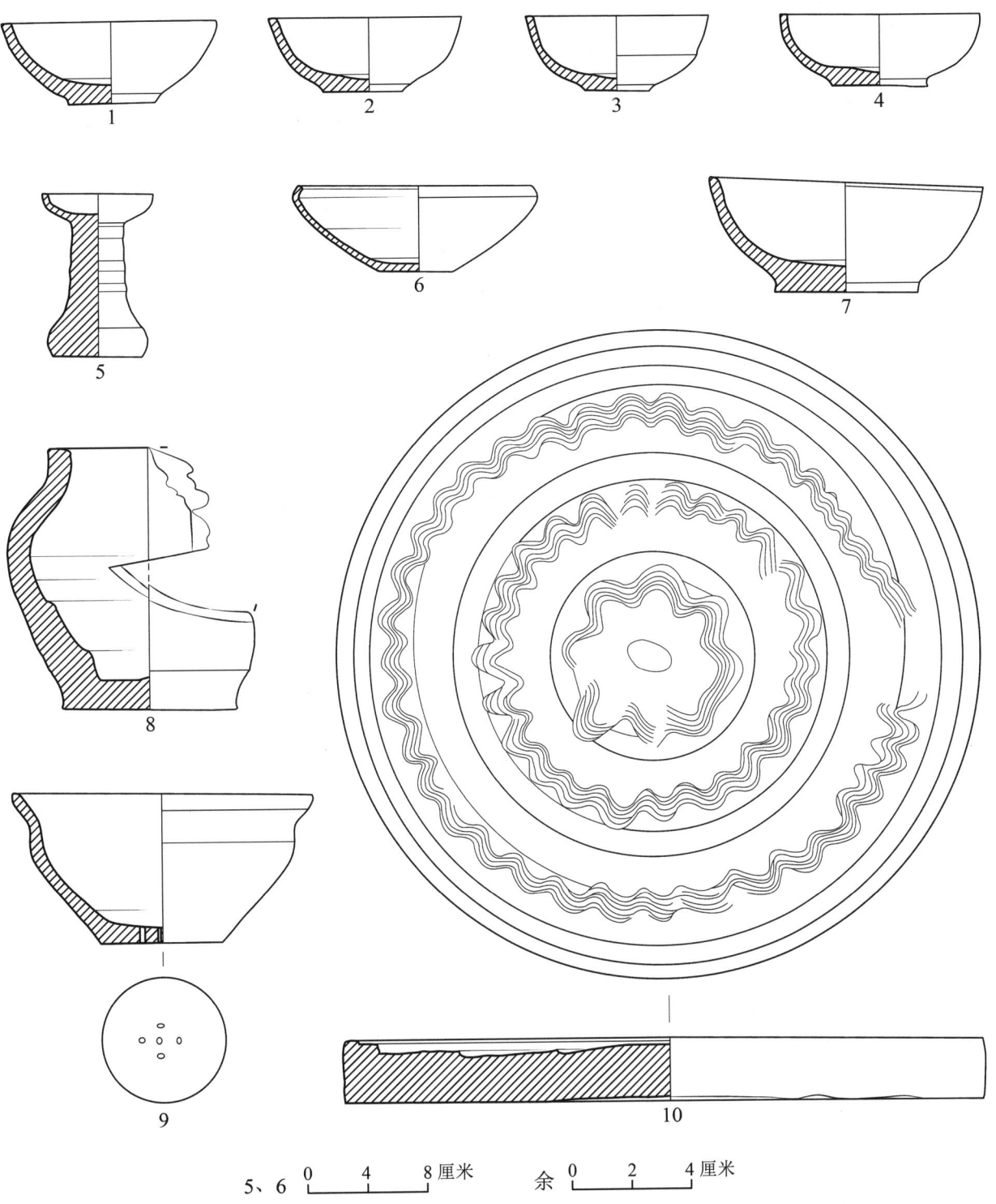

图四一八 VM14出土器物（一）
1~4、7.陶碗（VM14:12、VM14:13、VM14:15、VM14:14、VM14:4） 5.陶灯（VM14:8） 6.陶钵（VM14:9）
8.陶釜（VM14:7） 9.陶甑（VM14:6） 10.陶盘（VM14:11）

图四一九 VM14出土器物（二）

1.五铢钱（VM14：16-15） 2.陶盆（VM14：10） 3.陶樽（VM14：5） 4~6.波浪纹陶罐（VM14：2、VM14：1、VM14：3）

收至平底。内壁见轮制痕迹。底径6.0、高9.0厘米（图四一八，8）。

陶盘　1件。ⅤM14：11，泥质灰陶。圆形，平沿中内凹，斜直缘，盘面较平整，低于口沿，平底。盘面饰波浪纹和弦纹组合。盘径21.0、厚2.0厘米（图四一八，10）。

陶盆　1件。ⅤM14：10，泥质灰陶。侈口，圆唇，斜直腹，腹部较深，平底。内壁见轮制痕迹，外壁饰弦纹。口径10.1、底径4.4、高5.0~5.2厘米（图四一九，2）。

陶樽　1件。ⅤM14：5，泥质素面灰陶。直口，方唇，高领，溜折肩，直腹，平底。口径15.6、底径15.2、高11.2厘米（图四一九，3）。

波浪纹陶罐　3件。泥质灰陶。肩、腹部饰波浪纹和弦纹组合。ⅤM14：1，器形整体瘦高，侈口，圆唇，斜直领，束颈，圆肩，圆腹鼓，底微凹。口径9.6、腹径16.0、底径9.7、高15.4厘米（图四一九，5）。ⅤM14：2，器形整体矮胖，侈口，圆唇，斜直领，束颈，圆肩，圆鼓腹，平底。内壁见轮制痕迹。口径9.2、腹径14.0、底径8.9、高12.2厘米（图四一九，4）。ⅤM14：3，器形整体瘦高，侈口，圆唇，斜直领，束颈，圆肩，圆鼓腹，底微凹。内壁见轮制痕迹。口径10.0、腹径14.8、底径9.4、高14.7~14.8厘米（图四一九，6）。

铜钱　1组。ⅤM14：16，15枚，均圆形方穿，形制不同，以五铢钱为主，另有少量剪轮钱和1枚货泉。

ⅤM14：16-5，货泉，形制较小，两面穿皆有郭，"货泉"二字篆书，文字部分锈蚀。钱径2.22、穿宽0.63、郭宽0.13、郭厚0.13、肉厚0.10厘米，重1.93克。ⅤM14：16-15，五铢钱，正面穿左右篆书"五铢"二字。"五"字较宽，交笔弯曲；"铢"字"金"字头呈三角形，中间四点较长，"朱"字上下部均圆折。钱径2.59、穿宽0.87、郭宽0.15、郭厚0.13、肉厚0.09厘米，重2.48克（图四一九，1）。

ⅤM15

位于Ⅴ区中部，ⅤM14西南，东西分布。

1. 墓葬形制

该墓为带长斜坡墓道单室土洞墓，由封土、墓道、甬道、墓室组成。墓向275°（图四二〇）。

封土　现呈丘状，部分叠压墓道。残径9.00、残高1.00米。

墓道　位于墓室以西，平面呈梯形，西宽东窄，长11.20、宽0.72~0.84米。东端剖面亦呈梯形，口小底大，底宽1.02米。西高东低，台阶至距墓门1.66米处骤降至底，其后平直延伸至墓门处。近墓门处距地表深4.40米。

甬道　位于墓道东端，连接墓道与墓室。平面呈梯形，西窄东宽，进深0.74、宽0.66~0.88、高1.30~1.38米。墓门呈拱形，宽0.66、高1.30米。封门位于甬道内封，以土坯及沙石

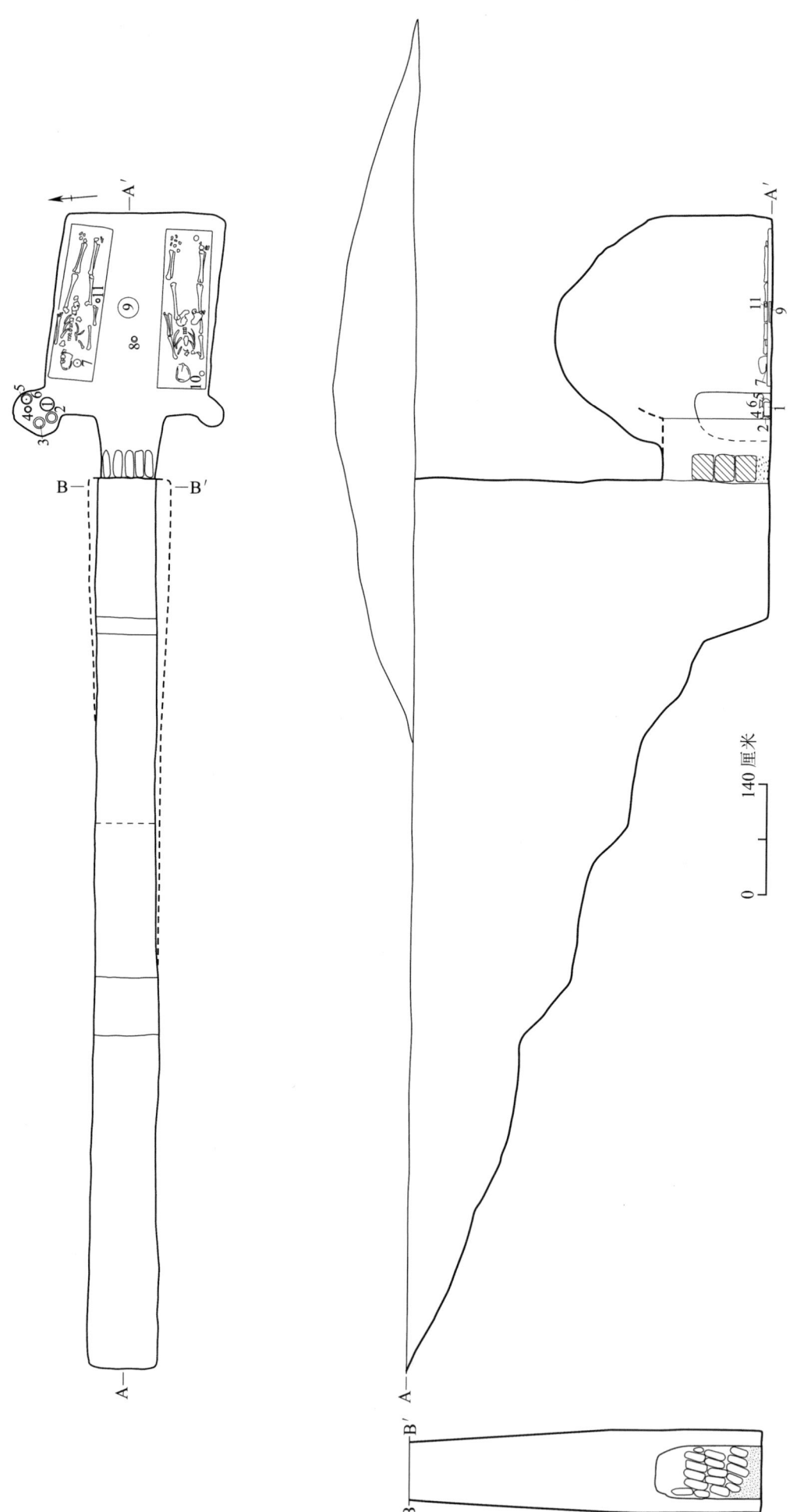

图四二〇 VM15平、剖面图

1.陶樽 2、3.波浪纹陶罐 4.陶壶 5.陶釜 6.陶甑 7.铜镜 8.陶灯 9.陶盘 10、11.陶钵

封堵，土坯不规则，长0.34、宽0.26、厚0.08~0.10米。

墓室　位于墓道以东，平面呈长方形，墓顶呈拱形，坍塌严重。墓室东西长2.52、南北宽2.02、残高2.66米。墓室西北角和西南角各掏一龛，西北角龛宽0.42、进深0.52、高0.92米；西南角龛宽0.30、进深0.30、高0.86米。

2. 葬具葬式及葬俗

墓室南、北壁下各存一尸床，尸床均由细沙土、草木灰等堆垒而成，平面呈方形。北侧尸床长1.92、宽0.52~0.54、高0.05~0.06米。南侧尸床长1.96、宽0.58~0.60、高0.05~0.06米。

该墓为双人合葬。人骨置于尸床之上，均为仰身直肢葬，头向西。经鉴定，北侧人骨为女性，年龄35~39岁；南侧人骨为男性，年龄45~50岁。

两尸床及人骨上散置有意打碎的陶片。

3. 随葬品

随葬品以陶器为主，放置于墓室中部、西北角龛内及人骨附近，共10件，包括陶樽1件、波浪纹陶罐2件、陶壶1件、陶釜1件、陶甑1件、陶灯1件、陶盘1件、陶钵2件。另于北侧人骨头部出土铜镜1件（图版四八，1）。

陶壶　1件。ⅤM15:4，泥质素面灰陶。侈口，圆唇，束颈，溜肩，扁鼓腹，下腹弧收，近底处外撇成低台座，底部微内凹。内壁见轮制痕迹。口径5.8、腹径8.4、底径7.0、高8.9厘米（图四二一，1；图版一八〇，6）。

陶甑　1件。ⅤM15:6，泥质素面灰陶。口略残，可复原。盆形甑，侈口，尖唇，斜平沿，斜直腹，平底，底有五孔。内壁见轮制痕迹。口径10.8、底径4.2、高4.3~4.6厘米（图四二一，2；图版一八一，1）。

陶樽　1件。ⅤM15:1，泥质素面灰陶。直口，平沿，矮领，圆肩，直腹，平底。口径16.2、底径17.0、高7.7~8.0厘米（图四二一，3；图版一八一，2）。

陶钵　2件。泥质素面灰陶。ⅤM15:10，侈口，圆唇，斜直腹，平底。口径6.0、底径3.2、高2.2厘米（图四二一，5；图版一八〇，3）。ⅤM15:11，敛口，平沿，圆鼓肩，腹部斜收至平底。口径4.5、底径3.3、高2.3厘米（图四二一，4；图版一八〇，4）。

波浪纹陶罐　2件。泥质灰陶。器形整体矮胖，束颈，圆鼓腹，平底。肩、腹部饰波浪纹和弦纹组合。ⅤM15:2，口残，可复原。内壁见轮制痕迹。侈口，圆唇，口径9.6、腹径14.2、底径9.2、高11.4厘米（图四二一，6）。ⅤM15:3，口残，不可复原。腹径14.2、底径9.0、高11.2厘米（图四二一，7）。

陶灯　1件。ⅤM15:8，泥质素面灰陶。灯口残，不可复原。灯口呈碟状，灯柄实心，上细下粗，近底部外撇成圆台状底座，大平底。底径7.3、残高7.1厘米（图四二一，8）。

图四二一　VM15出土器物

1.陶壶（VM15：4）　2.陶甑（VM15：6）　3.陶樽（VM15：1）　4、5.陶钵（VM15：11、VM15：10）　6、7.波浪纹陶罐（VM15：2、VM15：3）　8.陶灯（VM15：8）　9.陶盘（VM15：9）　10.陶釜（VM15：5）

陶盘　1件。VM15：9，泥质橙黄陶。圆形，盘沿较平，外缘斜直，盘面平整低于盘沿，平底。盘面饰两组波浪纹和一组弦纹组合。盘径25.8、厚2.4厘米（图四二一，9；图版一八一，4）。

陶釜　1件。VM15：5，泥质素面灰陶。直口，圆唇，直领，圆肩，上腹较鼓，下腹弧收至平底。内壁见轮制痕迹。口径8.2、腹径13.3、底径4.8、高9.6厘米（图四二一，10；图版一八〇，5）。

铜镜　1件。VM15：7，镜体较大。圆形，镜面微弧凸，镜背正中为半球形钮，圆形钮座，镜钮上有半圆形对穿孔，钮座外为一周宽凸弦纹，其外为高浮雕盘龙纹，两龙头相对，再外为两周弦纹，两弦纹间为两组锯齿纹带，窄素缘。面径9.4、背径8.5、钮高1.1、钮径1.1、缘宽0.6、缘厚0.35、肉厚0.2厘米，重93.9克（图四二二，1；图版一八一，3）。

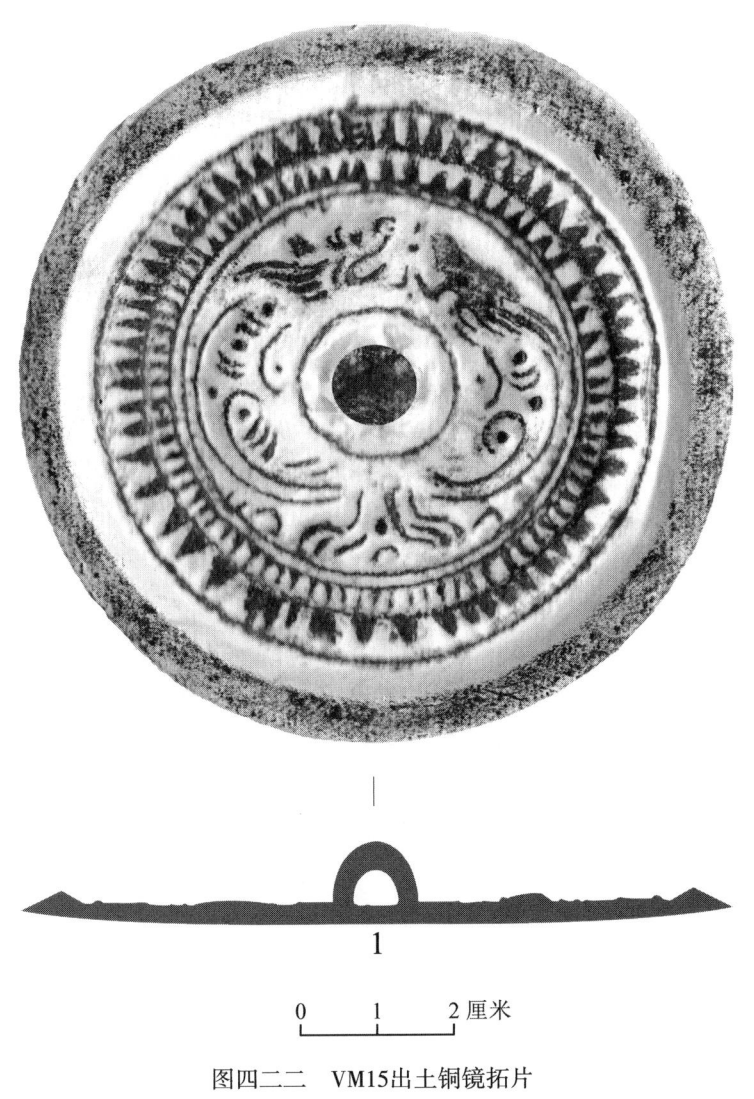

图四二二　VM15出土铜镜拓片
1.铜镜（VM15：7）

ⅤM16

位于Ⅴ区西部，ⅤM15西南，东西向分布。

1. 墓葬形制

该墓为带长斜坡墓道单室土洞墓，由封土、墓道、甬道、墓室组成。墓向275°（图四二三）。

封土　现呈丘状，部分叠压墓道。残径8.00、残高0.80米。

墓道　位于墓室以西，平面呈长方形，长14.35、宽0.80米。东端剖面呈梯形，口小底大，底宽1.00米。西高东低，斜坡至距墓门1.56米处到底，其后平直延伸至墓门处。近墓门处距地表深6.14米。

甬道　位于墓道东端，连接墓道与墓室。平面呈长方形，进深1.30、宽0.80、高1.04~1.36米。墓门呈拱形，与甬道等宽，高1.04米。封门无存。

墓室　位于墓道以东，平面呈近长方形，墓顶坍塌严重，采取揭取墓室顶部的方式发掘，高度及形制不详。墓室南北长3.04~3.22、东西宽3.16米。墓室西北角和西南角各掏一龛，西北角龛宽0.72、进深0.76、高1.20米；西南角龛宽0.56、进深0.54、高1.10米。

2. 葬具葬式

无葬具。

该墓为三人合葬。墓室南、北壁下各葬一人，另一人骨散落于墓室之中。北侧人骨扰乱严重，葬式不详；南侧人骨为仰身直肢葬。经鉴定，北侧人骨为女性，年龄45~50岁；南侧人骨为女性，年龄45岁左右；另一人骨为男性，年龄30~35岁。

3. 随葬品

随葬品以陶器为主，放置于墓室中部、两龛内及附近，共20件，包括陶樽2件、陶甑1件、陶灯2件、陶壶1件、陶钵1件、陶器盖3件、陶碟1件、素面陶罐2件、陶盘2件、陶耳杯3件、陶釜1件、三系绛釉罐1件。另于南侧人骨处出土铜钗1件、铜指环1件、铜钱1组（68枚）（图版四八，2）。

陶钵　1件。ⅤM16∶16，泥质素面灰陶。直口，圆唇，腹部斜收至平底。口径6.7、底径2.5、高3.1厘米（图四二四，1；图版一八二，1）。

陶碟　1件。ⅤM16∶11，泥质素面橙黄陶。残，可复原。敞口，圆唇，浅弧腹，平底。口径10.0、底径4.6、高2.7厘米（图四二四，2）。

陶器盖　3件。泥质素面灰陶。ⅤM16∶6，平顶，斜弧腹，侈口。内壁见轮制痕迹。盖径

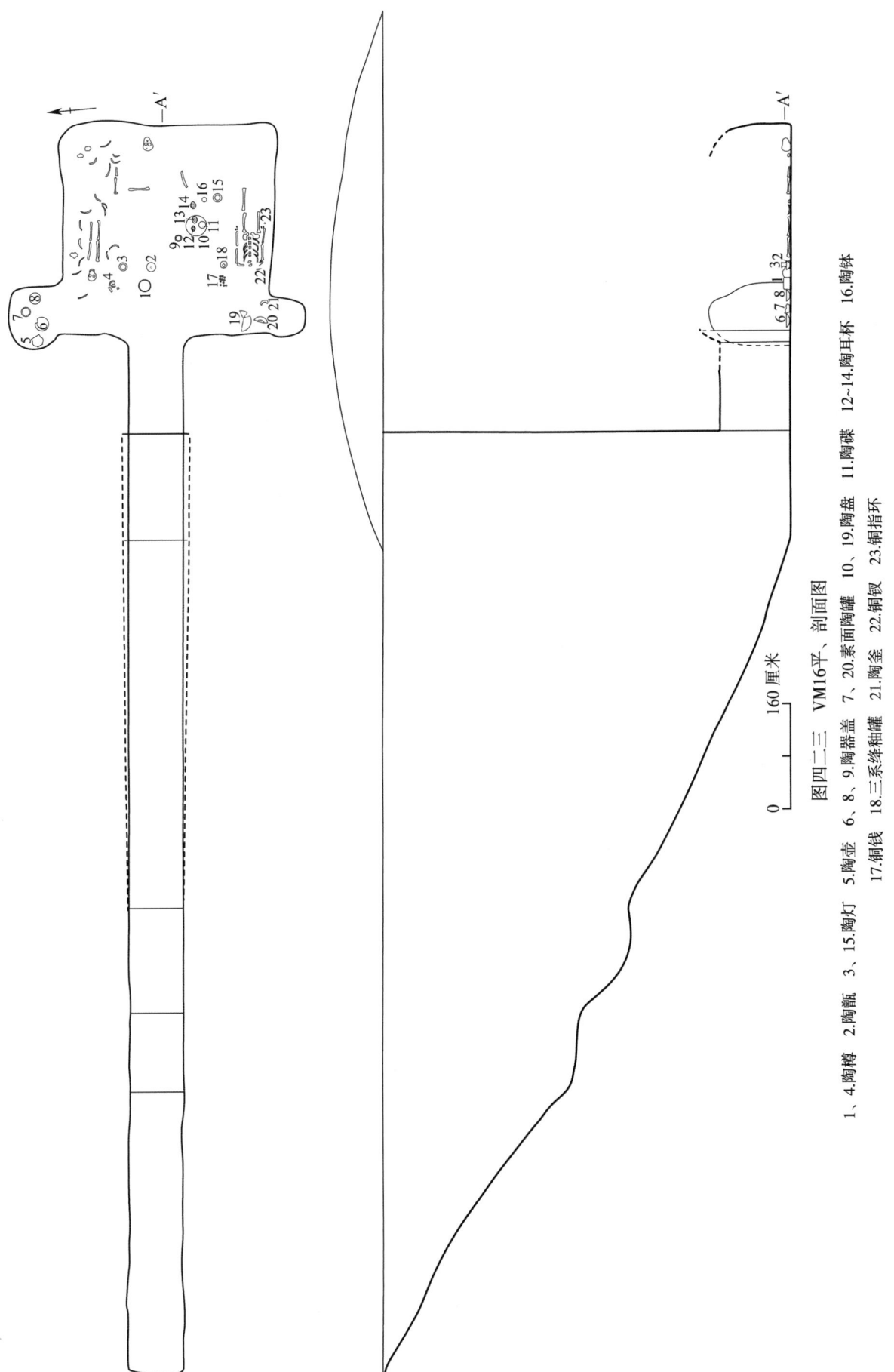

图四二三 VM16平、剖面图

1、4.陶樽 2.陶甑 3、15.陶灯 5.陶壶 6、8、9.陶器盖 7、20.素面陶罐 10、19.陶盘 11.陶碟 12~14.陶耳杯 16.陶钵 17.铜钱 18.三系绛釉罐 21.陶釜 22.铜钗 23.铜指环

20.2、高 4.1~4.9 厘米（图四二四，4；图版一八三，2）。VM16：8，残，可复原。平顶，斜弧腹，侈口。内壁见轮制痕迹。盖径 17.0、高 4.8~5.0 厘米（图四二四，5）。VM16：9，作子口，平面呈圆形，周缘向上隆起至平顶。盖径 11.1、高 2.5 厘米（图四二四，3；图版一八三，1）。

三系绛釉罐　1 件。VM16：18，略残。直口，圆唇，直领，肩部附三系耳，腹部圆鼓，平底。通体饰酱釉，颜色不均。口径 4.2、腹径 8.2、底径 4.2、高 6.6 厘米（图四二四，6；图版一八二，2）。

陶耳杯　3 件。泥质素面灰陶。整体呈椭圆形，侈口，长边两侧附对称双耳，耳上端基本与口沿齐平，平底。VM16：12，平沿，弧腹。长口径 8.4、短口径 4.0、长底径 5.6、短底径 2.5、耳长 3.0~3.1、耳宽 0.8~1.0、高 2.0 厘米（图四二四，9）。VM16：13，尖唇，曲腹。长口径 10.0、短口径 5.9、长底径 5.6、短底径 3.5、耳长 3.0~3.1、耳宽 1.0~1.3、高 2.8~3.0 厘米（图四二四，8）。VM16：14，尖唇，斜直腹。长口径 10.4、短口径 5.2、长底径 4.8、短底径 3.6、耳长 3.5~3.8、耳宽 1.5~1.6、高 2.8~2.9 厘米（图四二四，7；图版一八二，3）。

素面陶罐　2 件。残，仅余底部。平底。VM16：7，泥质素面灰陶。内壁见轮制痕迹。底径 10.8、残高 3.5~7.5 厘米（图四二四，10）。VM16：20，泥质素面红陶。底径 13.0、残高 7.2 厘米（图四二四，11）。

陶釜　1 件。VM16：21，泥质素面灰陶。残，仅余口部。直口，平沿，矮领，圆肩。口径 9.6、残高 3.6 厘米（图四二四，12）。

陶樽　2 件。VM16：1，泥质灰陶。直口，方唇，矮领，平折肩，直腹，平底。外壁饰三道凹弦纹。口径 16.1、底径 18.4、高 9.5~9.6 厘米（图四二四，13；图版一八一，7）。VM16：4，泥质素面灰陶。残，可复原。敛口，方唇，矮领，折肩，直腹，平底。口径 15.5、底径 18.5、高 10.1 厘米（图四二四，14）。

陶壶　1 件。VM16：5，泥质灰陶。直口，平沿，矮领，圆肩，扁鼓腹，束腰，高台座，平底。内壁见轮制痕迹，底座饰三道凸弦纹。口径 8.8、腹径 17.0、底径 13.8、高 15.0 厘米（图四二四，15；图版一八二，7）。

陶灯　2 件。泥质素面灰陶。灯口呈碟状，敞口，尖圆唇，浅弧腹，灯柄空心，上细下粗，近底处外撇形成矮底座。VM16：3，口径 8.0、底径 12.2、高 12.6 厘米（图四二五，2；图版一八一，6）。VM16：15，口残，可复原。口径 7.5、底径 12.6、高 12.4 厘米（图四二五，1）。

陶甑　1 件。VM16：2，泥质素面橙黄陶。盆形甑，侈口，斜平沿，方唇，斜直腹，平底，底有三孔。口径 13.5、底径 5.5、高 5.0~5.1 厘米（图四二五，5；图版一八二，6）。

陶盘　2 件。VM16：10，泥质橙黄陶。圆形，平沿，外缘较直，盘面基本齐平，低于口沿，平底。盘面饰四组波浪纹。盘径 30.4、厚 2.0~2.2 厘米（图四二五，7；图版一八一，5）。VM16：19，残。泥质灰陶。圆形，平沿，斜直缘，盘面基本齐平，低于口沿，平底。盘面饰波浪纹。复原盘径 30.4、厚 1.6~1.8 厘米（图四二五，6）。

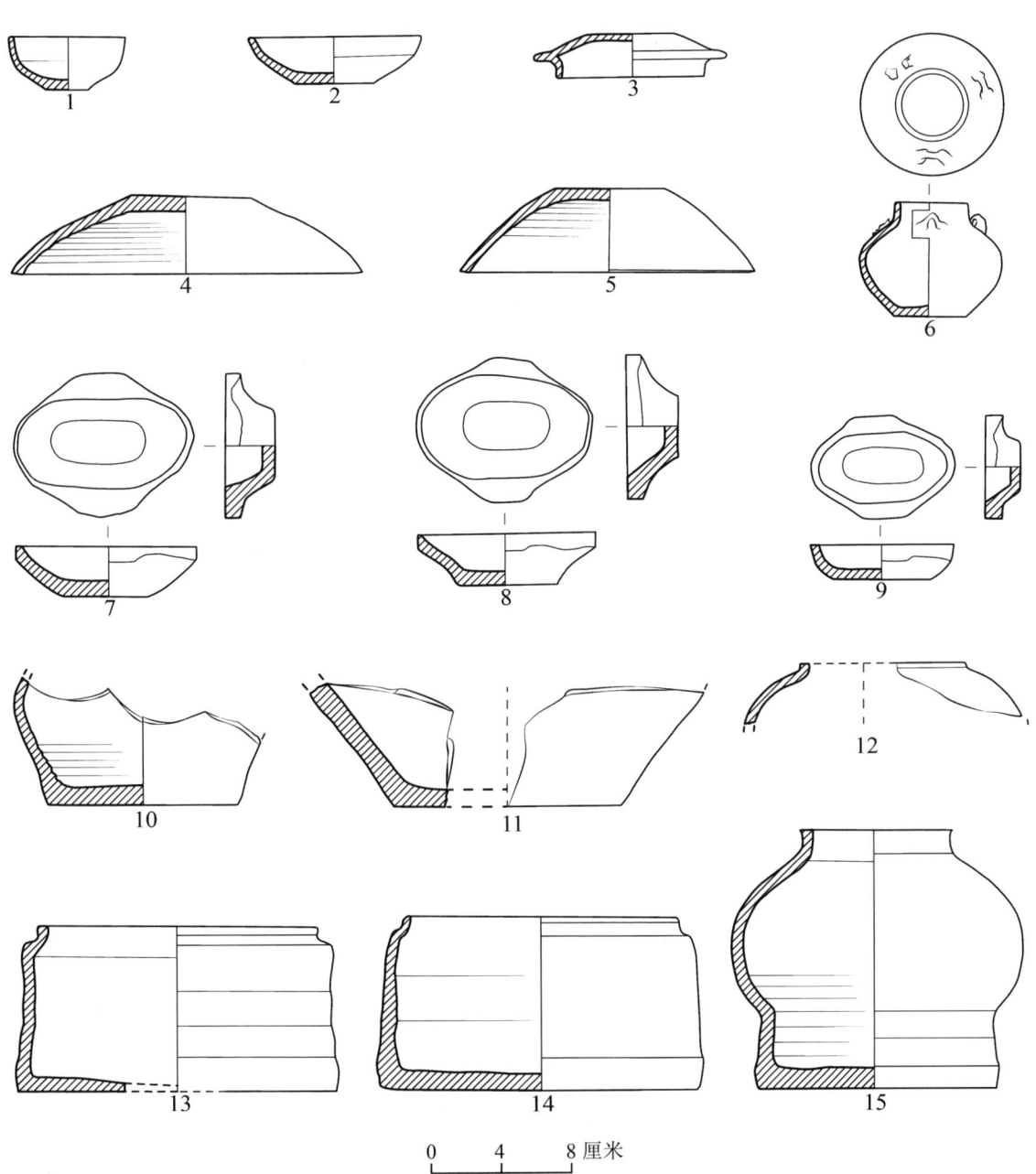

图四二四　VM16出土器物（一）

1.陶钵（VM16：16）　2.陶碟（VM16：11）　3~5.陶器盖（VM16：9、VM16：6、VM16：8）　6.三系绛釉罐（VM16：18）
7~9.陶耳杯（VM16：14、VM16：13、VM16：12）　10、11.素面陶罐（VM16：7、VM16：20）　12.陶釜（VM16：21）
13、14.陶樽（VM16：1、VM16：4）　15.陶壶（VM16：5）

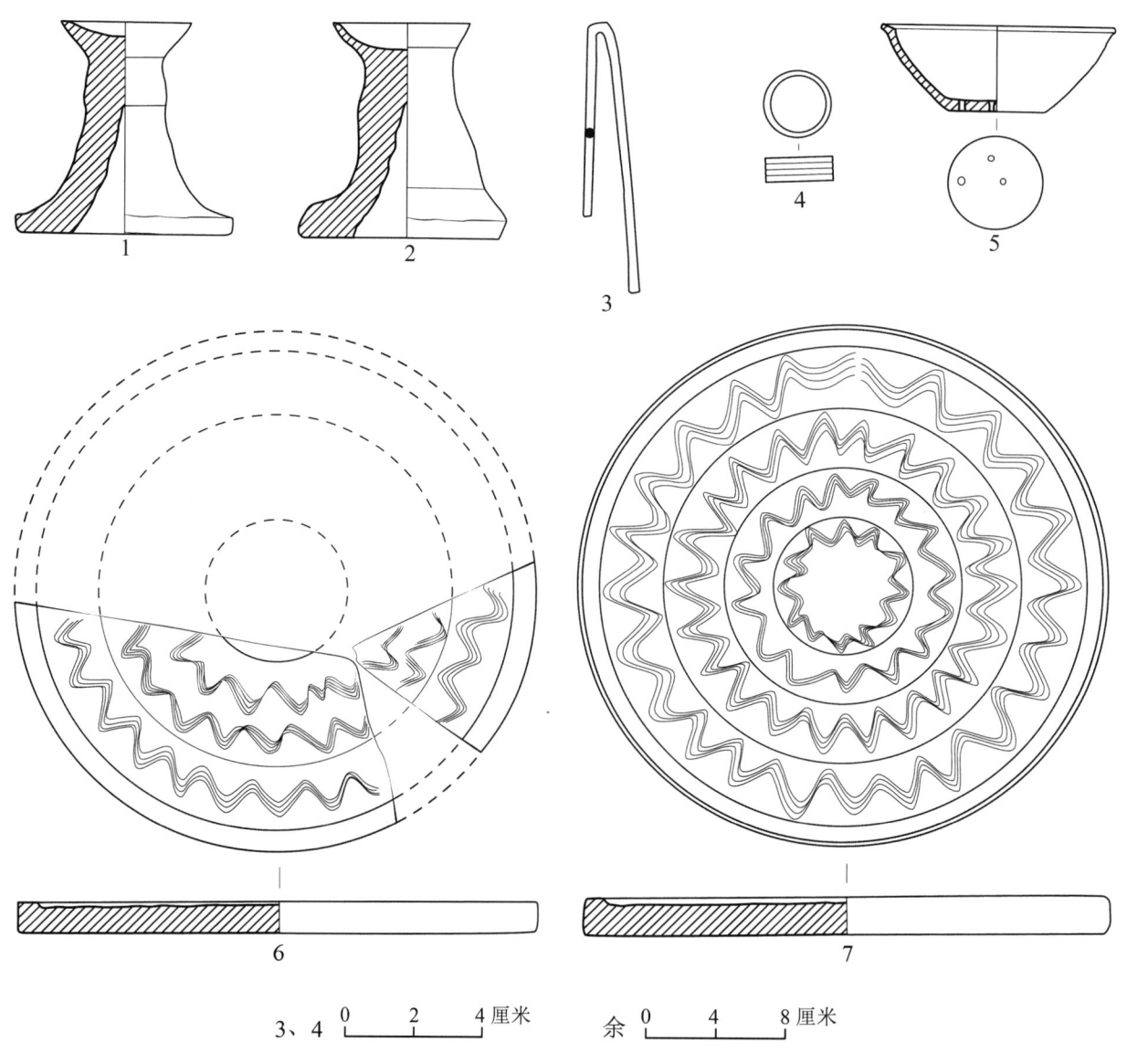

图四二五 VM16出土器物（二）
1、2.陶灯（VM16:15、VM16:3） 3.铜钗（VM16:22） 4.铜指环（VM16:23） 5.陶甑（VM16:2）
6、7.陶盘（VM16:19、VM16:10）

铜钗 1件。VM16:22，残缺、锈蚀严重。呈"U"形，截面径呈圆形。残长8.0、截面直径0.3厘米（图四二五，3）。

铜指环 1件。VM16:23，略残。平面呈圆形，器表刻有弦纹。直径1.8、厚0.2厘米（图四二五，4；图版一八二，4、5）。

铜钱 1组。VM16:17，68枚，均圆形方穿，形制不同，以五铢钱为主，另有少量大泉五十、磨郭钱以及1枚货泉。部分五铢钱有穿上星、穿下星等记号。

VM16:17-14，货泉，形制较小，两面穿皆有郭，货泉二字篆书。钱径2.36、穿宽0.58、郭宽0.25、郭厚0.19、肉厚0.12厘米，重2.43克（图四二六，1）。VM16:17-16，大泉五十，形制较大，形体厚重，面背皆有内郭。正面穿口左右铸"五十"二字，较瘦长，上下铸"大泉"二字，较宽矮，均为篆书。"五"字较宽，交笔弯曲；"大"字一横较折弧。钱径2.79、穿宽0.73、郭宽0.25、郭厚0.28、肉厚0.20厘米，重6.26克（图四二六，2）。ⅤM16：17-42，五铢钱，正面穿左右篆书"五铢"二字。"五"字较宽，交笔弯曲；"铢"字"金"字头呈三角形，中间四点较短，"朱"字上下部均圆折。记号为穿上星。钱径2.58、穿宽0.91、郭宽0.14、郭厚0.12、肉厚0.08厘米，重2.36克（图四二六，3）。ⅤM16：17-47，五铢钱，正面穿左右篆书"五铢"二字。"五"字较宽，交笔弯曲；"铢"字"金"字头呈三角形，中间四点较短，"朱"字上下部均方圆折。钱径2.63、穿宽0.87、郭宽0.17、郭厚0.15、肉厚0.10厘米，重3.19克（图四二六，4）。

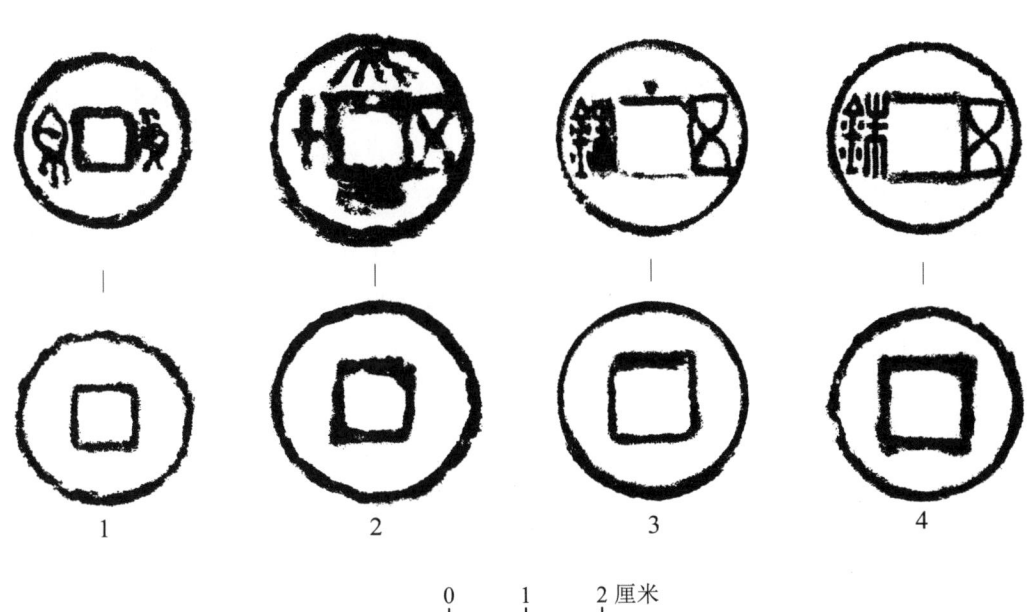

图四二六　VM16出土铜钱拓片

1.货泉（VM16：17-14）　2.大泉五十（VM16：17-16）　3、4.五铢钱（VM16：17-42、VM16：17-47）

六　Ⅵ区

Ⅵ区位于航站区，面积 7.5 万平方米，共清理墓葬 30 座（图四二七）。

ⅥM1

位于Ⅵ区南部，南北向分布。

1. 墓葬形制

该墓为带长斜坡墓道单室土洞墓，由墓道、甬道、墓室组成。墓向 195°（图四二八）。

墓道　位于墓室以南，平面呈长方形，长 9.04、宽 0.85 米。北端剖面呈梯形，口小底大，底宽 1.10 米。南高北低，呈台阶状至底，共发现台阶 16 个，每个台阶大小不尽相同，台阶宽 0.18~0.20、高 0.10~0.32 米。近墓门处距地表深 4.50 米。

甬道　位于墓道北端，连接墓道与墓室。平面呈长方形，进深 0.76、宽 0.82、高 1.20 米。墓门坍塌严重，形制不详。封门位于甬道内封，以大小不一的土坯封堵，现残存 3 层，残高 0.46 米。

墓室　位于墓道以北，平面呈长方形，距墓室地面 0.90 米处向上斜收，顶部坍塌严重，形制不详。墓室南北长 3.30、东西宽 1.90 米（图版二一，1）。

2. 葬具葬式

墓室西壁下存一尸床，由木板、白灰等堆垒而成，平面呈梯形，长 2.00、宽 0.48~0.60、厚约 0.05 米。

该墓为单人葬，人骨置于尸床之上，仰身直肢葬，头向北。经鉴定，人骨为一成年男性。

3. 随葬品

随葬品主要放置于墓室东南角及中部，均为陶器，共 12 件，其中陶钵 10 件、陶器盖 2 件（图版四八，3）。

陶钵　10 件。ⅥM1∶1，泥质素面灰陶。直口，尖唇，弧腹收至平底。口径 14.6、底径 5.4、高 6.6 厘米（图四二九，1）。ⅥM1∶2，泥质素面灰陶。直口，尖唇，弧腹收至平底。口径 14.6、底径 5.2、高 6.8 厘米（图四二九，2；图版一八三，5）。ⅥM1∶3，泥质素面灰陶。直口，尖唇，弧腹收至平底。口径 14.6、底径 6.0、高 7.0 厘米（图四二九，3）。ⅥM1∶5，泥质素面灰陶。直口，尖唇，弧腹收至平底。口径 14.2、底径 5.8、高 6.4~6.8 厘米（图四二九，4）。ⅥM1∶6，泥质素面灰陶。直口，尖唇，弧腹收至平底。口径 14.2、底径 6.2、高 6.4 厘米（图四二九，5）。ⅥM1∶7，泥质素面灰陶。侈口，圆唇，弧腹，底略作假圈足，平底。口径

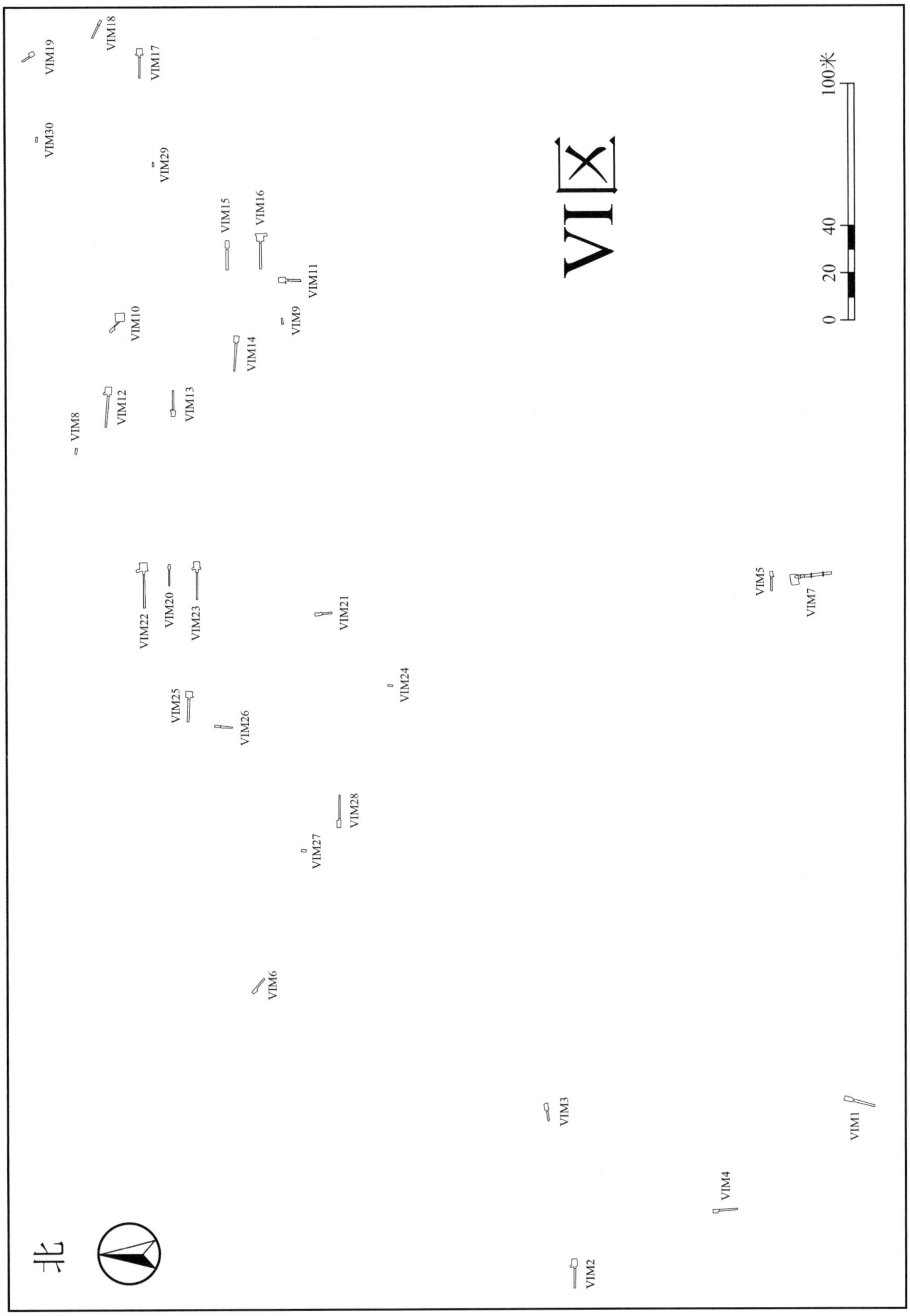

图四二七 Ⅵ区墓葬分布图

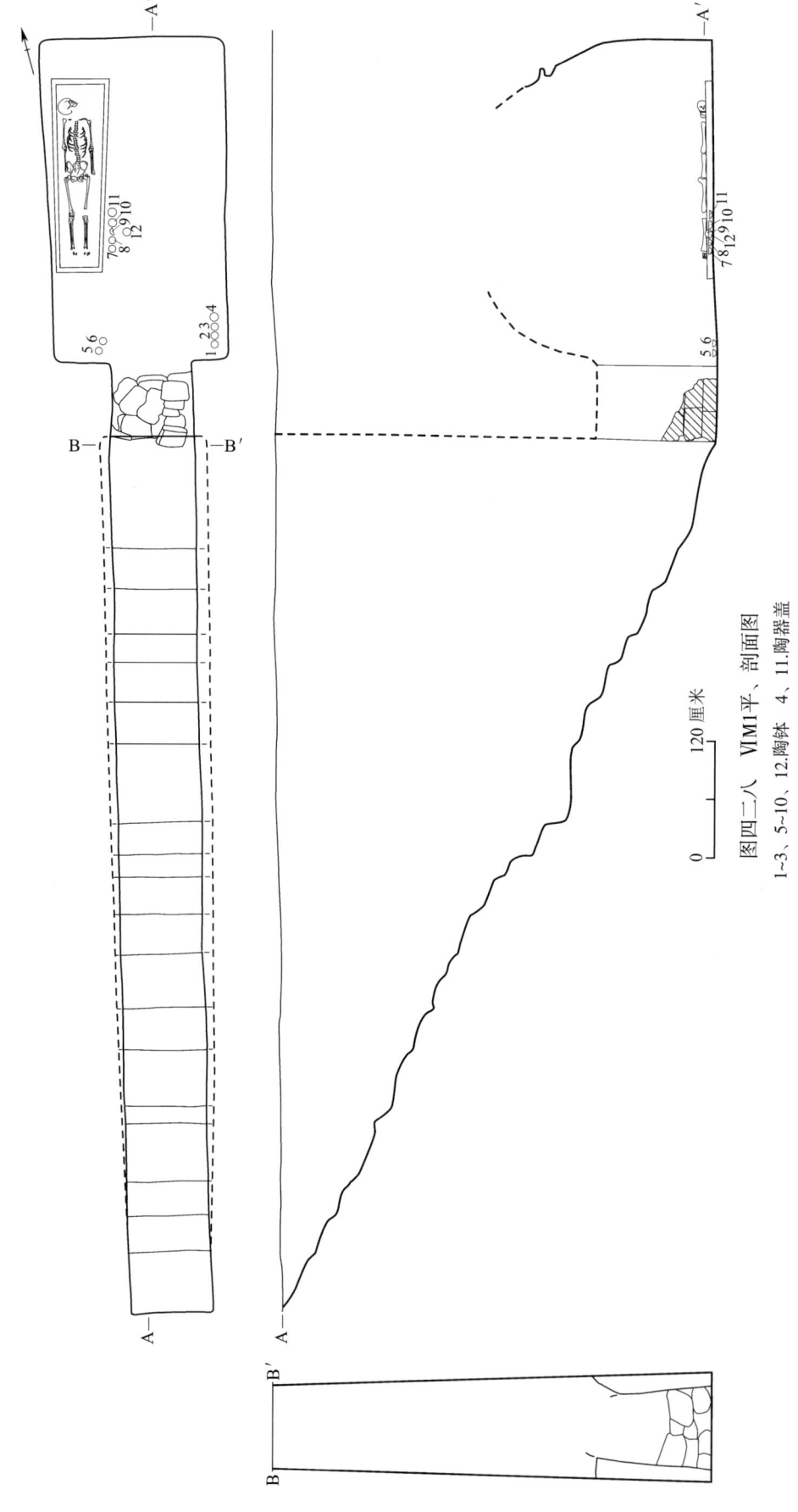

图四二八 ⅥM1平、剖面图
1~3、5~10、12.陶钵 4、11.陶器盖

7.2、底径 3.4、高 3.0 厘米（图四二九，6）。ⅥM1∶8，泥质素面灰陶。侈口，圆唇，弧腹，底略作假圈足，平底。口径 7.0、底径 2.8、高 3.1~3.2 厘米（图四二九，7）。ⅥM1∶9，泥质素面灰陶。直口，圆唇，弧腹，底略作假圈足，平底。口径 7.0、底径 3.4、高 3.2 厘米（图四二九，8）。ⅥM1∶10，泥质素面灰陶。直口，尖唇，弧腹，颈部饰一周凹槽，底略作假圈足，平底。口径 8.2、底径 3.6、高 3.8 厘米（图四二九，9）。ⅥM1∶12，泥质灰陶。直口，方圆唇，弧腹，颈部有一周弦纹，底略作假圈足，平底。口径 8.2、底径 3.4、高 3.5~3.7 厘米（图四二九，10）。

陶器盖　2 件。泥质灰陶。整体呈覆钵状，弧形顶，弧腹，直口。顶及腹部饰三组弦纹间隔的两组波浪纹。ⅥM1∶4，残，可复原。盖径 17.0、高 5.2 厘米（图四二九，11；图版一八三，3）。ⅥM1∶11，盖径 17.4、高 5.8 厘米（图四二九，12；图版一八三，4）。

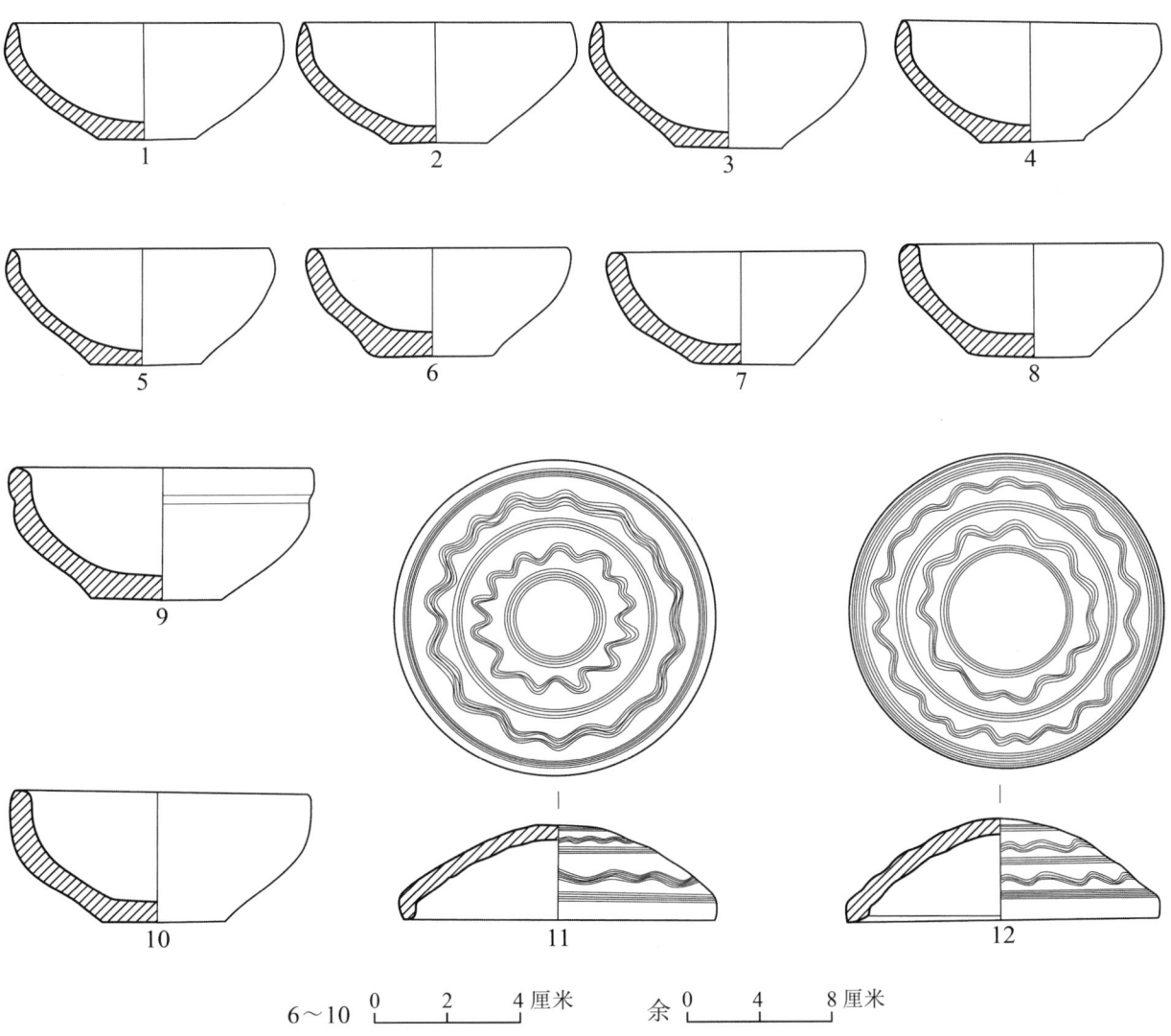

图四二九　ⅥM1 出土器物
1~10.陶钵（ⅥM1∶1、ⅥM1∶2、ⅥM1∶3、ⅥM1∶5、ⅥM1∶6、ⅥM1∶7、ⅥM1∶8、ⅥM1∶9、ⅥM1∶10、ⅥM1∶12）
11、12.陶器盖（ⅥM1∶4、ⅥM1∶11）

ⅥM2

位于Ⅵ区南部，ⅥM1西北，东西向分布。

1. 墓葬形制

该墓为带长斜坡墓道单室土洞墓，由墓道、甬道、墓室组成。墓向270°（图四三〇）。

墓道　位于墓室以西，西端因铺设石灰路且距机场防护栏较近，未进行发掘。平面呈长方形，现发掘墓道长4.16、宽0.80米，东端剖面呈梯形，口小底大，底宽0.90米。西高东低，斜坡至底，坡度27°。近墓门处距地表深4.76米。墓道北端存一椭圆形盗洞，紧贴三壁由上而下到墓口，破坏封门进入墓室，盗洞直径0.80米。

甬道　位于墓道东端，连接墓道与墓室，平面呈长方形，进深0.80、宽0.70、高1.14米。墓门呈拱形，与甬道同高等宽。封门位于甬道内封，以土坯封堵，残存一层，现存8块，土坯长0.40、宽0.20、厚0.10米。

墓室　位于墓道以东，平面呈长方形，在距墓室地面0.60米处向上斜收至顶，顶部坍塌严重，形制不详。墓室东西长3.42、南北宽2.42、残高1.90米。墓室西北角掏一龛，平面呈近长方形，拱形顶，口宽1.00、进深0.56、高0.72米。

2. 葬具葬式

墓室南、北壁下各存一尸床，均由木板、细沙土堆垒而成。南侧尸床平面呈长方形，长2.30、宽0.58、厚0.06米。北侧尸床平面呈梯形，长2.20、宽0.52~0.56、厚0.05米。

该墓为双人合葬。人骨置于尸床之上，保存状况较差，但从残存状况可判断均为仰身直肢葬，头向西。经鉴定，北侧人骨疑似男性，成年；南侧人骨为女性，年龄45~50岁。

3. 随葬品

随葬品均为陶器，放置于墓室中部及两人骨头端，共23件，包括波浪纹陶罐4件、陶甑1件、陶盆3件、陶樽2件、陶盘2件、陶耳杯2件、陶钵5件、陶碟2件、陶灯1件、陶壶1件。

波浪纹陶罐　4件。泥质灰黑陶。ⅥM2:1，仅存罐底，无法复原，下腹部斜直，平底。底径11.4、残高5.0厘米。ⅥM2:2，口微侈，圆唇，圆缘，束颈，溜肩，上腹圆鼓，下腹弧收，近底时内束，底微内凹。肩、腹部分别饰一组波浪纹和弦纹。口径9.2、腹径15.6、底径9.4、高14.6厘米（图四三一，1）。ⅥM2:3，口近直，圆唇，圆缘，束颈，溜肩，圆鼓腹弧收，近底时内束，底微内凹。肩、腹部分别饰一组波浪纹和弦纹。口径9.2、腹径17.0、底径13.0、高13.8厘米（图四三一，2）。ⅥM2:22，残，可复原。口微敛，圆唇，束颈，溜肩，上腹圆

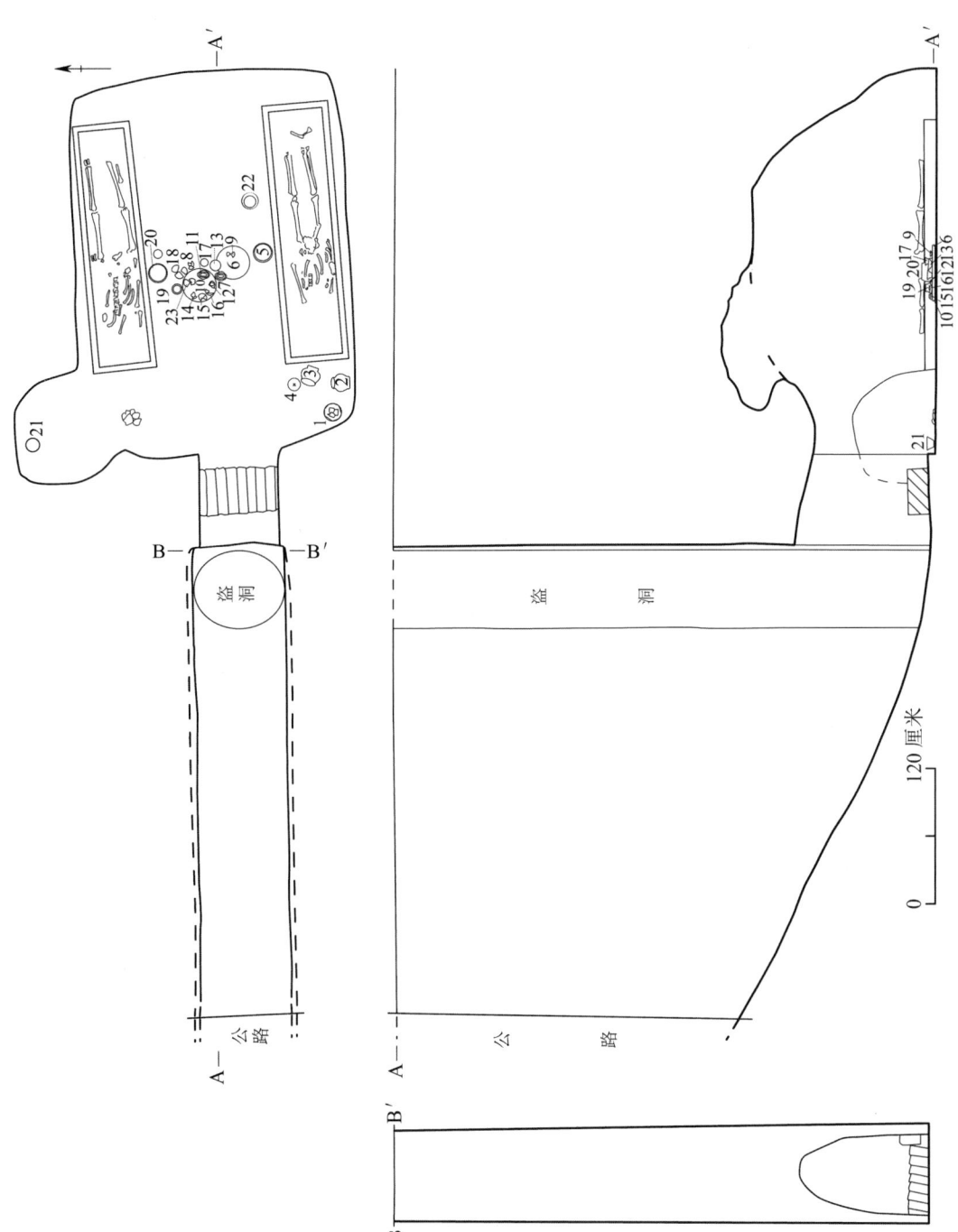

图四三〇 ⅥM2平、剖面图
1~3、22.波浪纹陶罐 4.陶甑 5、20.陶樽 6、10.陶盘 7、11.陶耳杯 8、13.陶碟 9、12、14~16.陶钵 17.陶灯 18、21、23.陶盆 19.陶壶

鼓，下腹弧收至平底。肩、腹部分别饰一组波浪纹和弦纹。口径10.0、底径11.2厘米（图四三一，3）。

陶樽　2件。泥质素面灰陶。近直口，圆肩，曲腹，底微凹。ⅥM2:5，方唇。口径14.6、腹径16.8、底径14.0、高10.2厘米（图四三一，4）。ⅥM2:20，圆唇。口径14.0、底径15.4、高11.4~11.6厘米（图四三一，5）。

陶壶　1件。ⅥM2:19，泥质素面灰陶。侈口，圆唇，矮斜领，束颈，扁鼓腹，束腰外撇成台座，底微内凹。口径7.4、腹径10.2、底径9.6、高9.6厘米（图四三一，6）。

陶甑　1件。ⅥM2:4，泥质素面灰陶。器形歪扭。盆形甑，侈口，方唇，斜平沿微内凹，斜直腹收至平底。底有五孔，未通透。口径10.8、残高4.5厘米（图四三一，7）。

陶盘　2件。泥质红陶。宽平沿，外缘微弧，底微内凹。ⅥM2:6，盘沿高于盘面。盘面饰一组弦纹间隔的两组波浪纹。盘径29.2、厚2.2厘米（图四三一，8）。ⅥM2:10，盘面由边缘向中心依次略低。盘面饰一组弦纹间隔的两组波浪纹。盘径29.6、厚2.2厘米（图四三一，9）。

陶盆　3件。泥质素面灰陶。侈口，方唇，斜平沿，斜直腹，腹部较深，平底。内壁见轮制痕迹。ⅥM2:18，口径11.6、底径4.8、高6.1~6.2厘米（图四三二，1）。ⅥM2:21，口径11.3、底径5.3、高4.9厘米（图四三二，2）。ⅥM2:23，口径11.4、底径5.4、高5.0厘米（图四三二，3）。

陶灯　1件。ⅥM2:17，泥质素面灰陶。灯口呈碟状，敞口，尖唇，弧腹，灯柄实心，上细下粗，近底时外撇成低台座，平底。口径6.8、底径7.2、高8.8厘米（图四三二，4）。

陶碟　2件。泥质素面灰陶。ⅥM2:8，敞口，尖唇，弧腹，底作假圈足。内壁见轮制痕迹。口径10.0、底径4.0、高3.4厘米（图四三二，6）。ⅥM2:13，敞口，尖唇，弧腹收至平底。内壁见轮制痕迹。口径9.6、底径4.4、高2.5~3.3厘米（图四三二，7）。

陶钵　5件。泥质素面灰陶，侈口，圆唇，弧腹，平底。ⅥM2:9，口径7.0、底径3.7、高3.5厘米（图四三二，8）。ⅥM2:12，口径7.6、底径3.2、高3.7~3.8厘米（图四三二，9）。ⅥM2:14，口径7.0、底径3.0、高3.5厘米（图四三二，10）。ⅥM2:15，口径7.2、底径3.6、高3.8厘米（图四三二，11）。ⅥM2:16，口径7.8、底径5.2、高3.8厘米（图四三二，5）。

陶耳杯　2件。泥质素面灰黑陶。整体呈椭圆形，侈口，方唇，长边两侧附对称双耳，斜弧腹收至平底。ⅥM2:7，长口径10.2、短口径5.0、长底径6.0、短底径4.0、耳长3.2~3.4、耳宽1.4~1.5、高4.0厘米（图四三二，12）。ⅥM2:11，长口径10.6、短口径4.8、长底径6.0、短底径3.4、耳长3.2~3.6、耳宽1.4~1.5、高3.0厘米（图四三二，13）。

图四三一　ⅥM2出土器物（一）

1~3.波浪纹陶罐（ⅥM2：2、ⅥM2：3、ⅥM2：22）　4、5.陶樽（ⅥM2：5、ⅥM2：20）　6.陶壶（ⅥM2：19）
7.陶甑（ⅥM2：4）　8、9.陶盘（ⅥM2：6、ⅥM2：10）

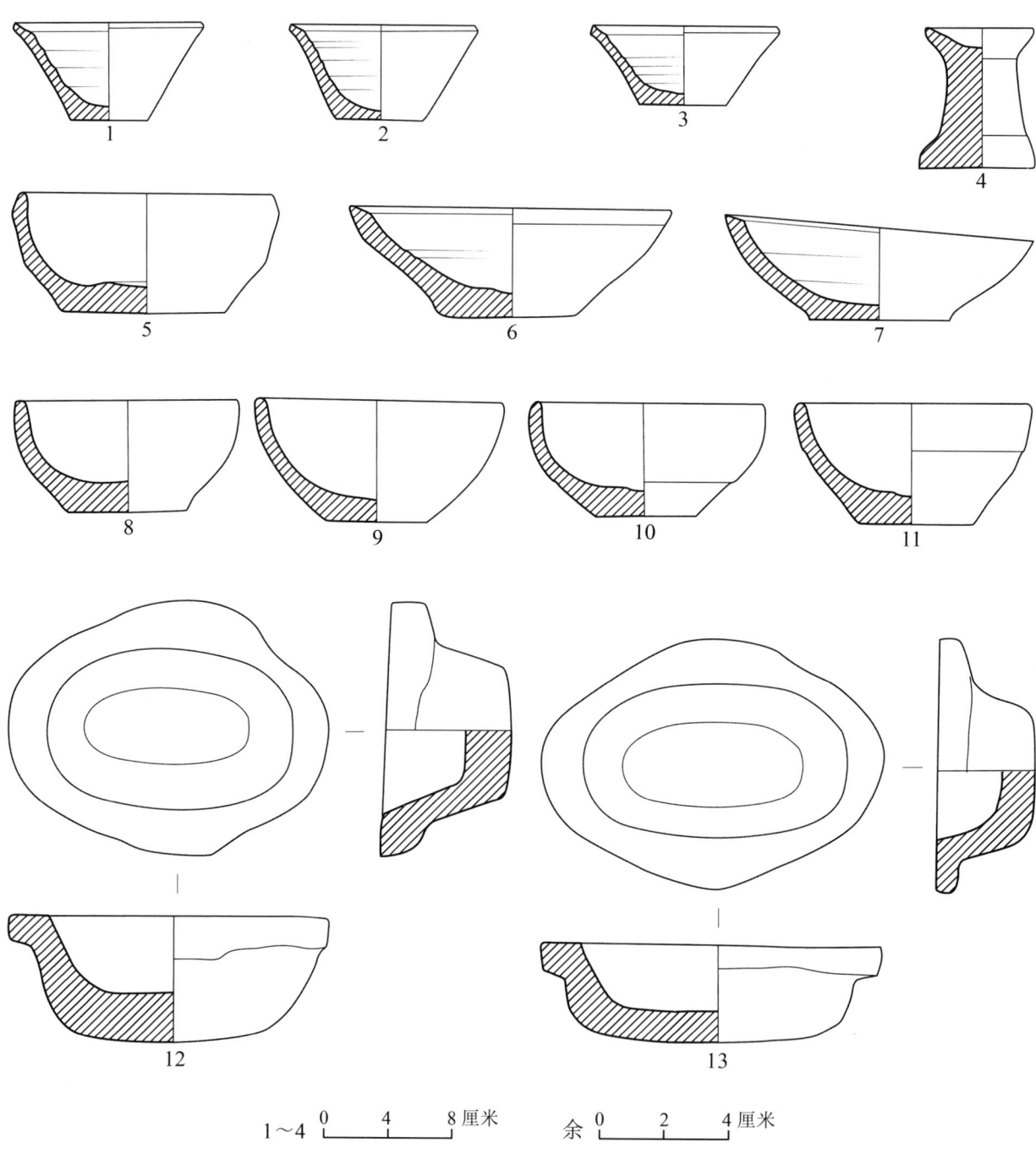

图四三二 ⅥM2出土器物（二）

1~3.陶盆（ⅥM2：18、ⅥM2：21、ⅥM2：23） 4.陶灯（ⅥM2：17） 5、8~11.陶钵（ⅥM2：16、ⅥM2：9、ⅥM2：12、ⅥM2：14、ⅥM2：15） 6、7.陶碟（ⅥM2：8、ⅥM2：13） 12、13.陶耳杯（ⅥM2：7、ⅥM2：11）

ⅥM3

位于Ⅵ区南部，ⅥM2东北，东西向分布。

1. 墓葬形制

该墓为带长斜坡墓道单室土洞墓，由墓道、甬道、墓室组成。墓向260°（图四三三）。

墓道　位于墓室以西，墓道西部地面为现代水泥沙石混合铺设路层，水泥路下为碾压的垫土沙石层，异常坚硬，故只发掘了墓道东端4.10米的距离。现存部分平面呈近长方形，宽0.66米。东端剖面呈梯形，口小底大，底宽0.96米。西高东低。台阶至底，台阶大小不一。近墓门处距地表深3.26米。墓道内填黄褐色泛灰的细沙石。

甬道　位于墓道东端，连接墓道与墓室。平面呈长方形，局部有坍塌现象，进深0.60、宽0.62、高1.55米。墓门部分坍塌，呈不规则拱形，封门位于甬道内封，以不规则胶泥块封堵，共发现5块，长径约0.32~0.46、短径约0.26~0.30米。

墓室　位于墓道以东，平面呈长方形，距墓室地面1.00米处向上斜收至拱形顶，顶部有坍塌。墓室东西长2.75、南北宽1.50~1.70、残高2.24米（图版二一，2）。

2. 葬具葬式及葬俗

墓室北壁下存一尸床，由细沙土、木板堆垒而成，平面呈梯形，长2.10、宽0.50~0.56、厚0.05米。

该墓为单人葬。人骨置于尸床之上，仰身直肢葬，头向西。经鉴定，人骨疑似男性，年龄30~35岁。

人骨下铺设一层有意打碎的碎陶片。

3. 随葬品

墓内进水造成随葬品移位，散布于墓室中部及人骨附近。随葬品以陶器为主，共10件，包括陶钵6件、弦纹陶罐3件、三足釜1件。另于人骨下出土铜钱3组（89枚），于人骨头端出土石砚1件（图版四九，1）。

陶钵　6件。泥质素面灰陶。ⅥM3：1，敛口，圆唇，上腹部圆鼓，下腹斜收至平底。口径12.4、底径4.8、高6.0厘米（图四三四，1）。ⅥM3：2，敛口，圆唇，上腹部圆鼓，下腹斜收至平底。口径12.8、底径5.4、高6.2厘米（图四三四，2；图版一八四，1）。ⅥM3：3，直口，圆唇，腹部斜收至平底。口径8.6、底径3.8、高3.6厘米（图四三四，3；图版一八四，2）。ⅥM3：4，残，可复原。直口，圆唇，上腹部较直，下腹斜收至平底。口径7.8、底径3.3、高2.9厘米（图四三四，4）。ⅥM3：6，直口，圆唇，上腹部较直，下腹斜收至平底。口径9.2、

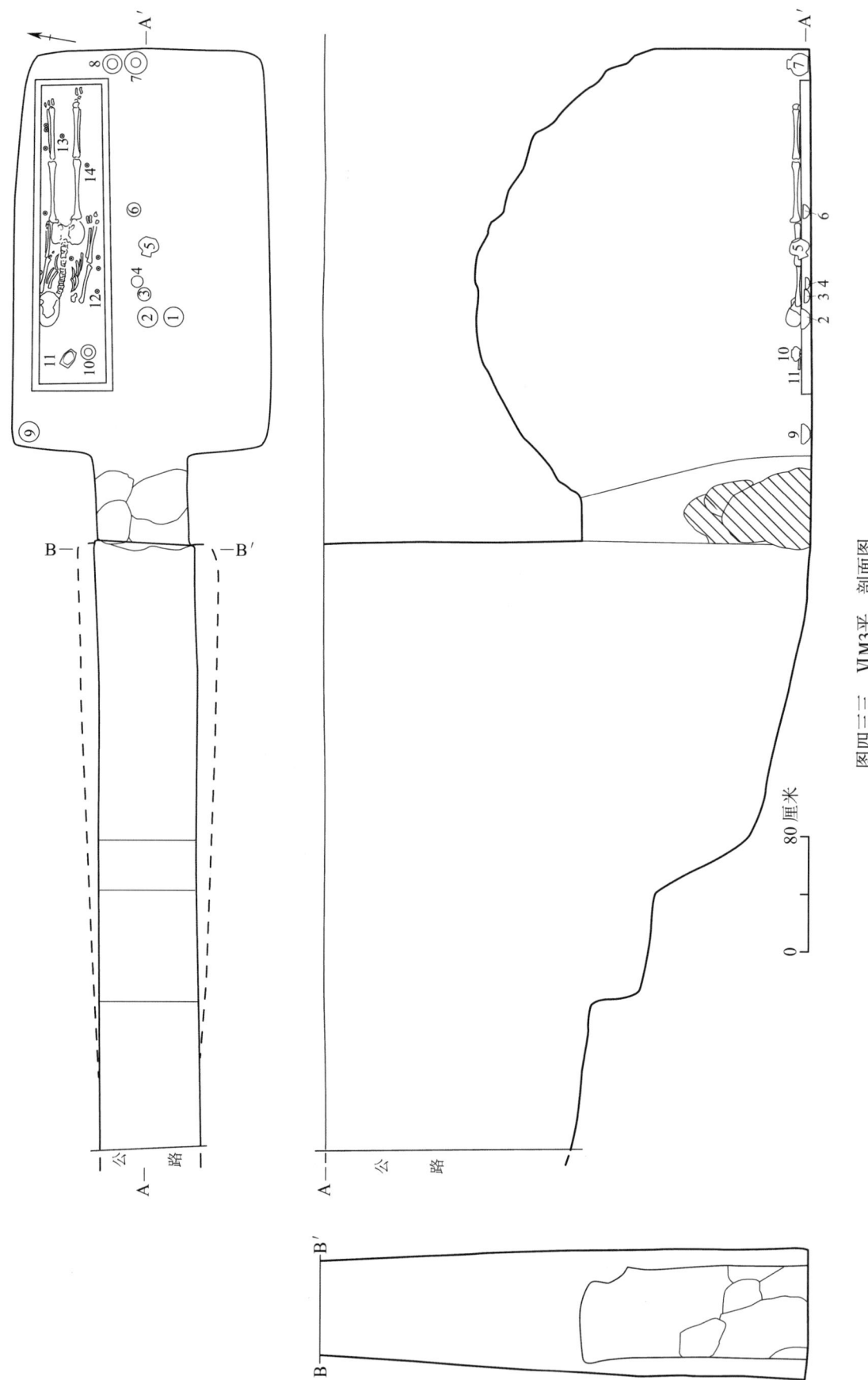

图四三三 ⅥM3平、剖面图
1~4、6、9.陶钵 5、7、8.弦纹陶罐 10.三足釜 11.石砚 12、13.铜钱 14.冥钱

底径3.0、高4.4厘米（图四三四，5）。ⅥM3∶9，敛口，尖唇，上腹部外腹，下腹斜收至平底。口径12.6、底径4.6、高6.0厘米（图四三四，6）。

三足釜　1件。ⅥM3∶10，泥质素面灰陶。侈口，尖唇，矮领，肩部近平，腹部外鼓，圜底近平，附三矮足。口径5.0、腹径10.0、通高6.0厘米（图四三四，7；图版一八四，3）。

弦纹陶罐　3件。泥质灰陶。ⅥM3∶5，侈口，尖唇，高斜领，肩部较宽，圆鼓腹，平底。腹部饰数道弦纹。口径6.4、腹径14.0、底径6.6、高12.6厘米（图四三四，9；图版一八四，4）。ⅥM3∶7，侈口，尖圆唇，外缘呈三角状，束颈，肩部较宽，圆鼓腹，平底。肩、腹部饰数道弦纹。口径5.4、腹径15.2、底径10.0、高14.0厘米（图四三四，10；图版一八四，5）。ⅥM3∶8，侈口，尖圆唇，外缘呈三角状，束颈，肩部较宽，圆鼓腹，平底。肩、腹部饰弦纹。口径6.4、腹径13.0、底径6.4、高11.0厘米（图四三四，11；图版一八四，6）。

石砚　1件。ⅥM3∶11，页岩，石质，呈墨绿色。平面大致呈梯形，正面中略内凹，上有墨迹。背面大致平整。长12.2、宽4.6~8.0、厚1.1~1.2厘米（图四三四，8；图版一八三，6）。

铜钱　3组（89枚）。均圆形方穿，形制不同，以五铢钱为主，另有少量磨郭钱、小冥钱以及1枚半两、1枚货泉。

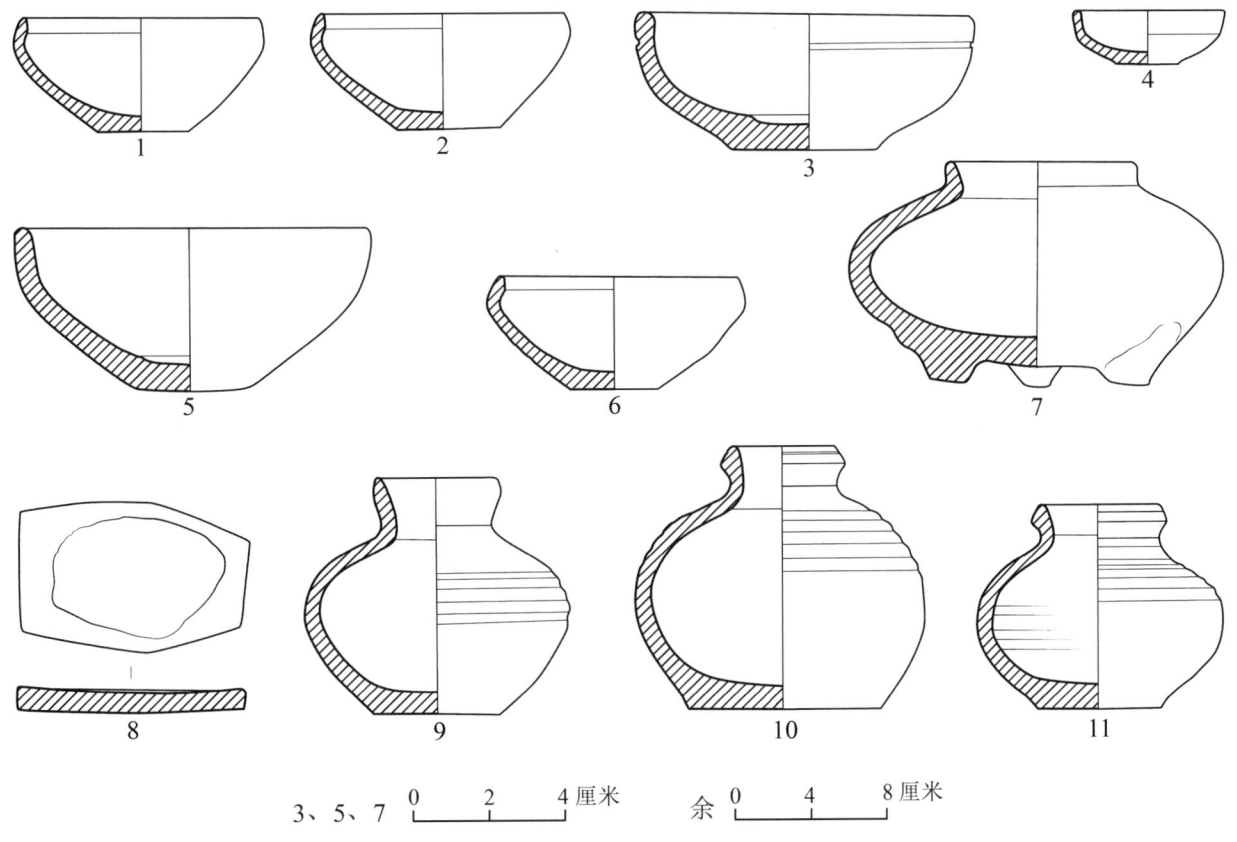

图四三四　ⅥM3出土器物
1~6.陶钵（ⅥM3∶1、ⅥM3∶2、ⅥM3∶3、ⅥM3∶4、ⅥM3∶6、ⅥM3∶9）　7.三足釜（ⅥM3∶10）　8.石砚（ⅥM3∶11）
9~11.弦纹陶罐（ⅥM3∶5、ⅥM3∶7、ⅥM3∶8）

ⅥM3：12-4，五铢钱，正面穿左右篆书"五铢"二字。"五"字较宽，交笔弯曲；"铢"字"金"字头呈三角形，中间四点较长，"朱"字上下部均圆折。钱径2.56、穿宽0.91、郭宽0.20、郭厚0.13、肉厚0.08厘米，重2.33克。ⅥM3：13-23，半两。穿孔两侧篆书"半两"二字，平背无郭。钱径2.33、穿宽0.93、肉厚0.13厘米，重2.01克。ⅥM3：13-24，货泉。形制较小，两面穿皆有郭，"货泉"二字篆书。钱径2.35、穿宽0.68、郭宽0.18、郭厚0.17、肉厚0.13厘米，重2.59克。ⅥM3：14-1，小冥钱。穿孔两侧篆书"半两"二字。钱径0.85~0.96、穿宽0.18~0.21、肉厚0.08~0.12厘米，重0.26~0.33克。

ⅥM4

位于Ⅵ区南部，ⅥM1西北，南北向分布。

1. 墓葬形制

该墓为带长斜坡墓道"刀把"形单室土洞墓，由墓道、甬道、墓室组成。墓向175°（图四三五）。

墓道　位于墓室以南，由于墓道南端被现代水泥路覆盖，故只发掘了墓道北部7.00米的部分，南部未发掘。从已发掘部分看，墓道平面呈梯形，北宽南窄，宽0.66~0.75米。北端剖面呈梯形，底宽0.90米。南高北低，斜坡至底，坡度20°。近墓门处距地表深4.48米。墓道内填黄褐色泛灰的沙石，色泛灰。

甬道　位于墓道北端，连接墓道与墓室。平面呈长方形，进深0.50、宽0.76、高1.02米。墓门呈拱形，与甬道同高等宽。封门无存。

墓室　位于墓道以北，平面呈近长方形，距墓室地面0.90米处向上斜收至拱形顶。墓室南北长2.50、东西宽1.42~1.48、高1.55米。

2. 葬具葬式及葬俗

墓室西壁下存一尸床，由细沙土、木板及草木灰由下而上依次堆垒而成，平面形状呈长方形，长1.80、宽0.51、厚0.05米。

该墓为单人葬。人骨置于尸床之上，保存差，头部仅见个别骨块和下颌骨。室内有扰迹象，在清理淤积沙石时发现少量残骨块和骨渣，葬式头向不明。经鉴定，人骨疑似男性，年龄不详。

尸床上铺设一层有意打碎的陶片。

3. 随葬品

随葬品仅见散布于墓室中的陶器残片。

陶器残片　1件。ⅥM4：1，残存口沿和腹部残片，不可复原。

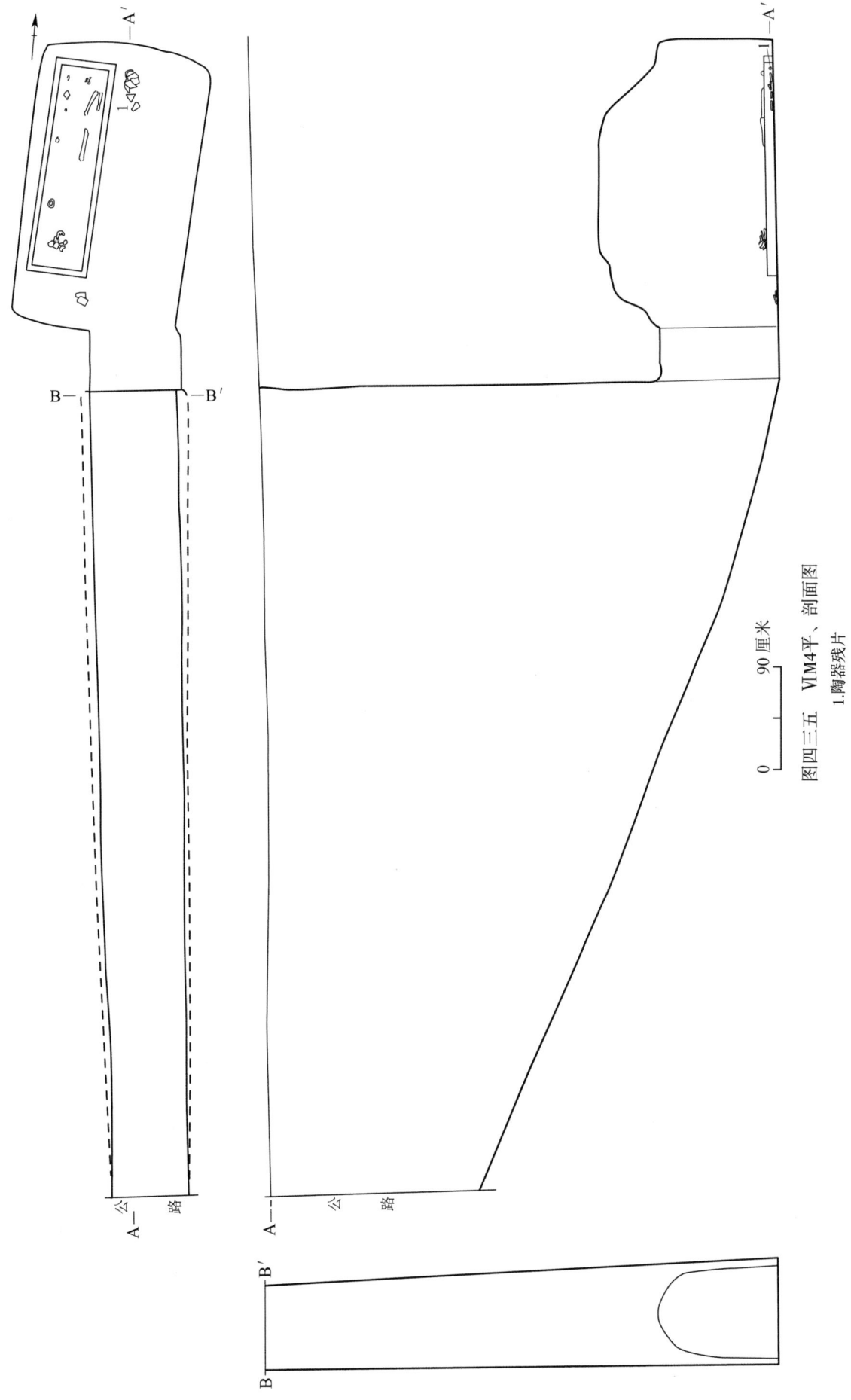

图四三五　ⅥM4平、剖面图
1.陶器残片

ⅥM5

位于Ⅵ区南部，ⅥM1东北，东西向分布。

1. 墓葬形制

该墓为带长斜坡墓道单室土洞墓，由墓道、甬道、墓室组成。墓向270°（图四三六）。

墓道　位于墓室以西，平面呈梯形，西窄东宽，长5.37、宽0.72~0.84米。东端剖面亦呈梯形，口小底大，底宽0.94米。近墓门处距地表深3.28米。墓道内填黄褐色泛灰的沙石。

甬道　位于墓道东端，连接墓道与墓室。平面呈长方形，内壁部分坍塌，进深0.86、宽0.70、高0.85米。墓门呈拱形，与甬道同宽等高。封门位于甬道内封，以土坯封堵，土坯之间的空隙处均用灰褐色胶泥粘接加固，完整土坯长0.40、宽0.20、厚0.07米。

墓室　位于墓道以东，平面呈近梯形，西宽东窄，距墓室地面0.60米处向上斜收至拱形顶，顶部部分坍塌。墓室东西长2.00、南北宽1.24~1.38、残高1.30米。墓室西南角掏一龛，平面呈长方形，拱顶土洞室，宽0.36、进深0.36、高0.64米。

2. 葬具葬式

墓室北壁下存一尸床，由细沙土和堆垒而成，从痕迹可见尸床长1.70、宽0.38~0.45米，厚度不详。

该墓为单人葬。人骨置于尸床之上，仰身直肢葬，头向西。经鉴定，人骨为女性，年龄40岁左右。

3. 随葬品

随葬品集中放置于墓室中部及西南角龛内，均为陶器，共5件，其中陶钵4件、陶盆1件。

陶钵　4件。ⅥM5:1，泥质素面灰陶。敛口，圆唇，上腹部圆鼓，下腹弧收至平底。口径14.6、底径5.4、高6.8厘米（图四三七，1）。ⅥM5:2，泥质素面灰陶。直口，圆唇，直弧腹内收至平底。内壁见轮制痕迹。口径11.2、底径4.6、高4.2厘米（图四三七，2）。ⅥM5:4，泥质素面灰陶。敛口，尖唇，上腹部圆鼓，下腹弧收至平底。口径14.8、底径4.8、高7.0厘米（图四三七，3）。ⅥM5:5，泥质灰陶。直口，圆唇，直弧腹内收至平底。近口处饰数道弦纹，内壁见轮制痕迹。口径11.4、底径4.2、高4.0厘米（图四三七，4）。

陶盆　1件。ⅥM5:3，泥质素面灰陶。侈口，方唇，斜平沿，束颈，弧腹，底微凹。近底处有竖向刮削痕迹。口径28.6、底径17.6、高9.6厘米（图四三七，5）。

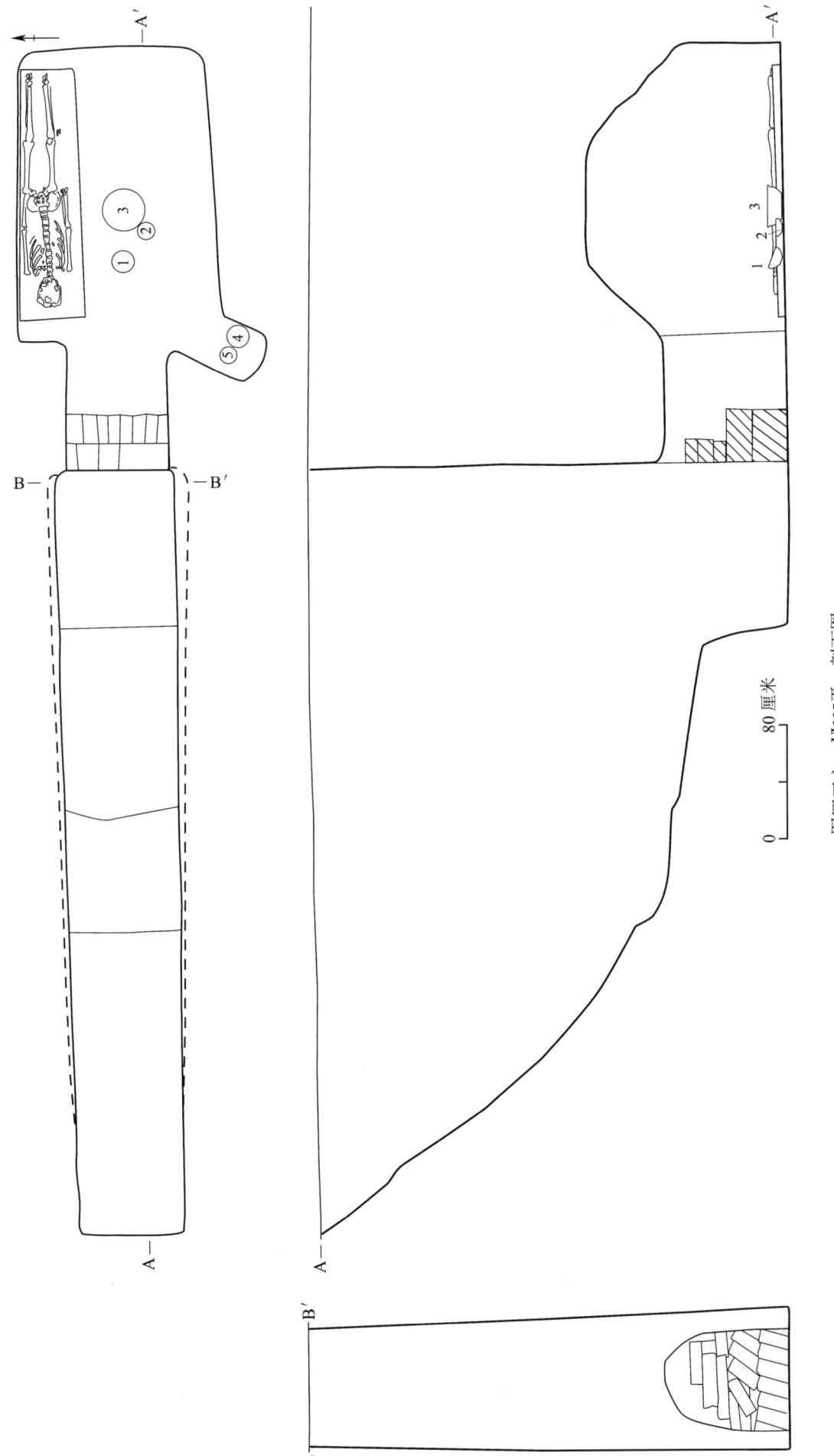

图四三六 ⅥM5平、剖面图
1、2、4、5.陶钵 3.陶盆

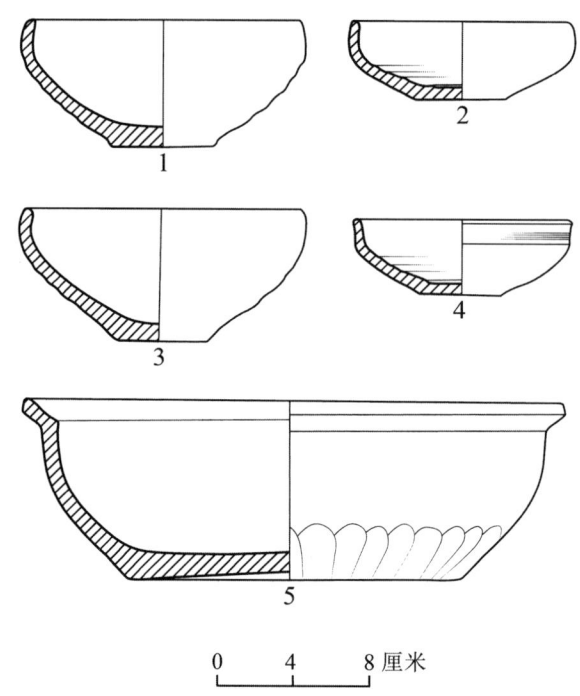

图四三七　ⅥM5出土器物
1~4.陶钵（ⅥM5∶1、ⅥM5∶2、ⅥM5∶4、ⅥM5∶5）　5.陶盆（ⅥM5∶3）

ⅥM6

位于Ⅵ区北部，ⅥM3东北，西北—东南向分布。

1. 墓葬形制

该墓为带长斜坡墓道"刀把"形单室土洞墓，由墓道、甬道、墓室组成。墓向130°（图四三八）。

墓道　位于墓室以南，平面呈梯形，南宽北窄，长4.82、宽0.60~0.66米。北端剖面亦呈梯形，口小底大，底宽1.40米。南高北低，坡长由南端开始在4.60米处向下折，形成高台，台高0.46米，底部以缓坡状延伸至墓门处。近墓门处距地表深3.20米。墓道内填黄褐色泛灰的沙石。

甬道　位于墓道北端，连接墓道与墓室。平面呈长方形，进深0.70、宽0.62、残高1.30米。墓门呈拱形，部分坍塌。封门无存。

墓室　位于墓道以北，平面呈梯形，南宽北窄，顶部坍塌严重，形制不详。墓室南北长2.46、东西宽0.96~1.50、残高2.44米。

2. 葬具葬式

墓室西壁下存一尸床，平面形状呈梯形，长1.56、宽0.46~0.58、厚0.05米。

第四章 墓葬分述

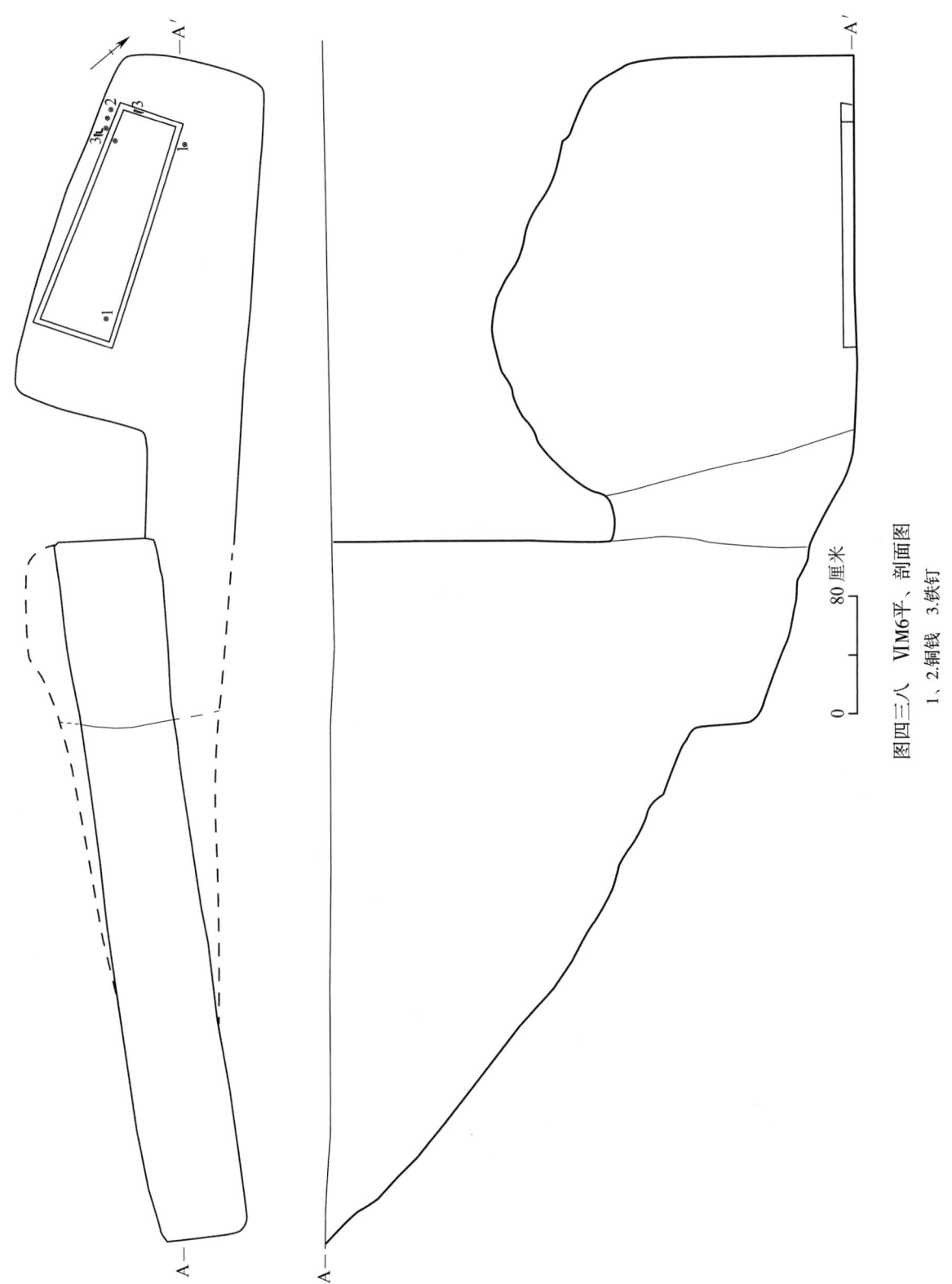

图四三八 ⅥM6平、剖面图
1、2.铜钱 3.铁钉

未见人骨，仅在填土中发现少量骨渣。性别、年龄不详。

3. 随葬品

仅于墓室北部出土铜钱2组（5枚）、铁钉1组（3件）。

铁钉　1组（3件）。ⅥM6：3，均锈蚀严重。呈上粗下细的锥状。ⅥM6：3-1，通长6.4、钉帽宽1.1、钉身截面直径0.7厘米（图四三九，1）；ⅥM6：3-2，通长5.8、钉帽宽1.3、钉身截面直径0.7厘米（图四三九，2）；ⅥM6：3-3，通长5.4、钉帽宽0.9、钉身截面直径0.7厘米（图四三九，3）。

铜钱　2组（5枚）。均为开元通宝，圆形方穿，有背上月、背下半月等记号。

ⅥM6：1，开元通宝。面背皆有内郭，轮廓深峻，文字精美，正面穿口左右铸"通宝"二字，上下铸"开元"二字，"元"字第二笔左挑。记号为背上月。钱径2.60、穿宽0.58、郭宽0.29、郭厚0.21、肉厚0.16厘米，重4.28克（图四三九，4；图版一八五，1）。ⅥM6：2-3，开元通宝。面背皆有内郭，轮廓深峻，文字精美，正面穿口左右铸"通宝"二字，上下铸"开元"二字，"元"字第二笔左挑。记号为背下半月。钱径2.57、穿宽0.58、郭宽0.23、郭厚0.17、肉厚0.12厘米，重4.23克（图四三九，5；图版一八五，2）。

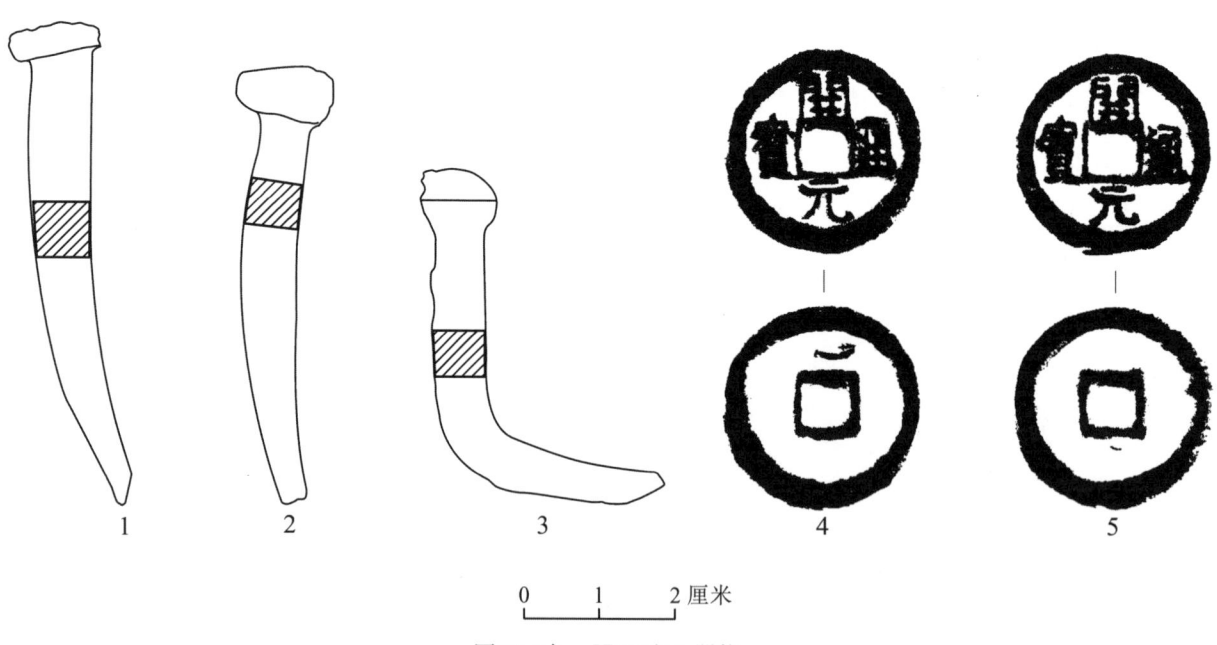

图四三九　ⅥM6出土器物
1~3.铁钉（ⅥM6：3-1、ⅥM6：3-2、ⅥM6：3-3）　4、5.开元通宝（ⅥM6：1、ⅥM6：2-3）

ⅥM7

位于Ⅵ区南部，ⅥM5以南，南北向分布。

1. 墓葬形制

该墓为带长斜坡墓道"刀把"形单室土洞墓。由墓道、过洞、天井、甬道、墓室组成。墓向174°（图四四○）。

墓道　位于墓室以南，由于路面占压，未做完全清理，只清理了距墓门12.65米的部分，总长度无法确定。墓道残长12.65、宽1.00米。近墓门处距地表深8.80米。

过洞　北接天井，南接墓道，平面呈长方形，拱形顶，长5.00、宽2.00、高2.40米。过洞南端存土坯封门，残存高度1.40米。

天井　北接墓室，南接过洞，平面呈近长方形，长4.40、宽1.30、高7.74米。天井北部存一盗洞，打破天井填土与墓门相接。

甬道　连接天井与墓室，进深1.10、宽1.66、高2.26米。墓门呈拱形，与甬道等高，略窄于甬道，宽1.60米，原以土坯封堵，现存残高1.30米（图版二二，1）。

墓室　位于墓道以北，近长方形，弧形竖壁，在距墓室地面约0.50米处向上斜收至顶，由于顶部大面积坍塌，形制不明。墓室东西长4.10~4.70、南北宽3.20~3.60、残高2.50米。墓室东南部存一盗洞（图版二二，2）。

2. 葬具葬式

该墓遭盗扰，葬具情况不明。

两具人骨散布于墓室中。葬式不详。经鉴定，西侧人骨为男性，年龄不详；东侧人骨年龄50~55岁，性别不详。

3. 随葬品

该墓遭盗扰，随葬品发现较少，主要放置于墓室中部及人骨附近，共12件（组），其中陶碗4件、铁钉1组（2件）、琉璃饰品1件、描金残片1组（2件）、彩绘俑残片1组（2件）、铜钱2组（11枚）、银币1枚。另外于墓门西侧南壁下出土墓志1合（图版四九，2）。

陶碗　4件。均侈口，平底，底作假圈足。ⅥM7：1，泥质灰陶。口残，可复原。圆唇，斜弧腹。腹部饰数道凸棱纹。口径14.4、底径8.2、高7.8厘米（图四四一，9；图版一八七，1）。ⅥM7：2，泥质素面灰陶。口略残，可复原。圆唇，鼓腹弧收至底。口径14.5、底径7.5、高8.0厘米（图四四一，10；图版一八七，2）。ⅥM7：3，泥质素面灰陶。残，可复原。侈口，尖唇，上腹部斜直，下腹部微鼓，弧收至底。口径15.0、底径7.5、高8.0厘米（图四四一，

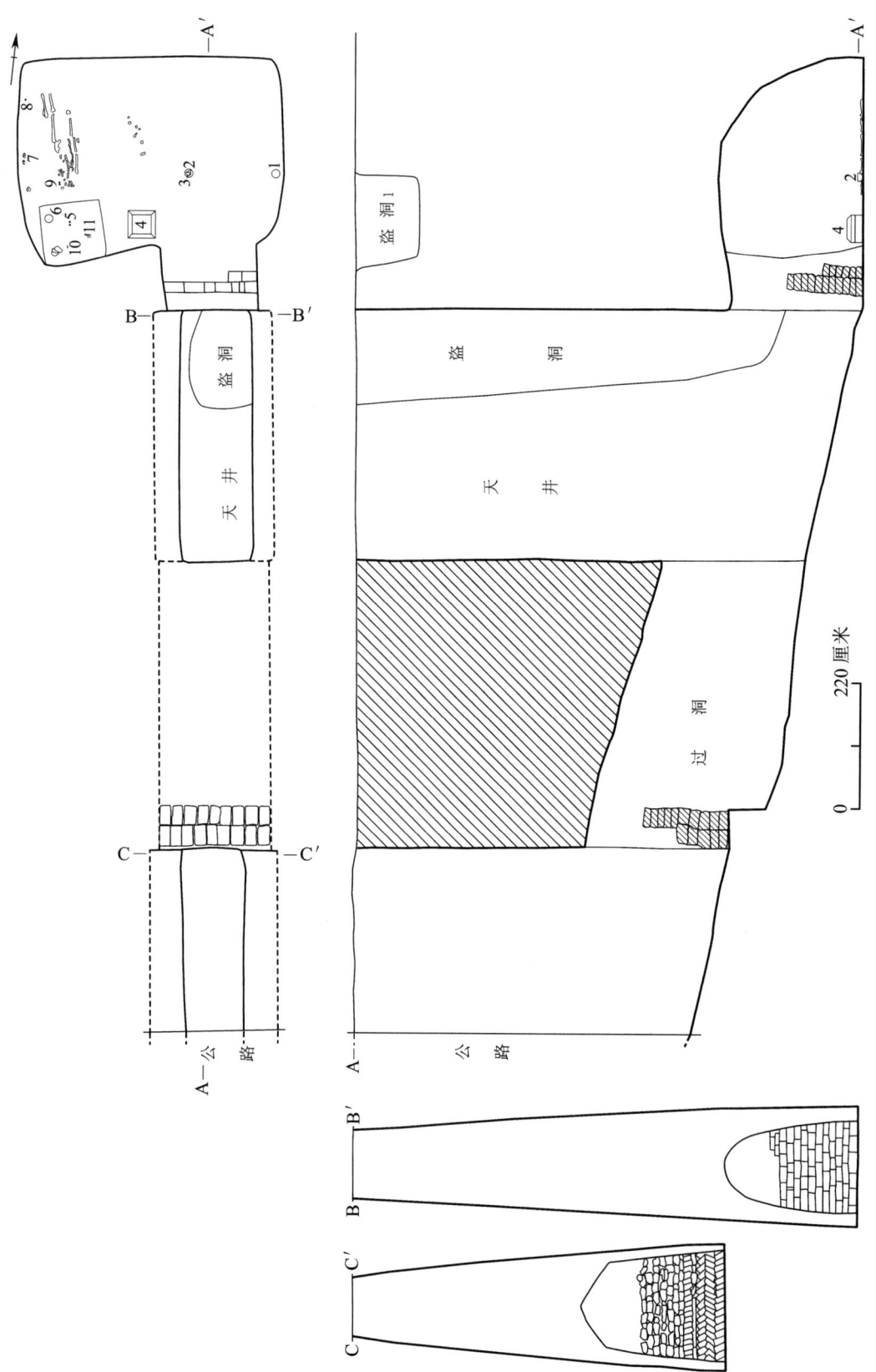

图四四〇 ⅥM7平、剖面图
1~3、6.陶碗 4.墓志 5.描金残片 7.彩绘俑残片 8、9.铜钱 10.玻璃饰品 11.铁钉

第四章 墓葬分述

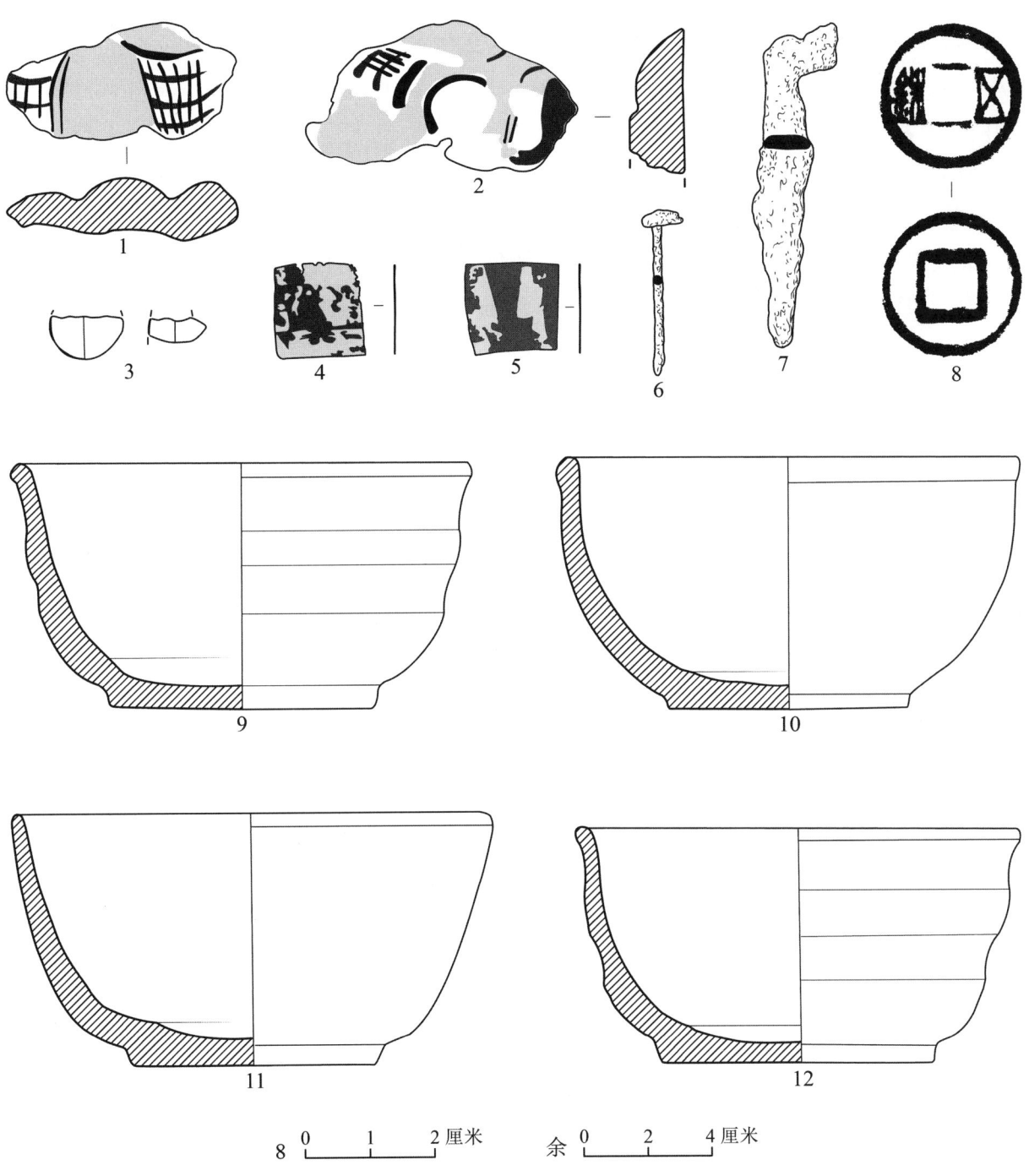

图四四一 ⅥM7出土器物
1、2.彩绘俑残片（ⅥM7:7-1、ⅥM7:7-2） 3.琉璃饰品（ⅥM7:10） 4、5.描金残片（ⅥM7:5-1、ⅥM7:5-2）
6、7.铁钉（ⅥM7:11-1、ⅥM7:11-2） 8.隋五铢（ⅥM7:9-3） 9~12.陶碗（ⅥM7:1、ⅥM7:2、ⅥM7:3、ⅥM7:6）

11)。ⅥM7：6，泥质灰陶。残，可复原。侈口，圆唇，弧腹斜收至底。腹部饰三道凹棱纹。口径14.0、底径8.6、高7.4厘米（图四四一，12；图版一八七，3）。

彩绘俑残片 1组（2件）。陶质，呈不规则状残片，表面施以彩绘（图版一八五，3）。ⅥM7：7-1，通长7.2、厚0.9~1.6厘米（图四四一，1）。ⅥM7：7-2，通长8.5、厚1.4~1.7厘米（图四四一，2）。

琉璃饰品 1件。ⅥM7：10，残，呈半球状，透明。球径2.4、残高1.3厘米（图四四一，3；图版一八五，5、6）。

描金残片 1组（2件）。ⅥM7：5，残，陶质，平面大致呈长方形，表面描金（图版一八五，4）。ⅥM7：5-1，长3.0、宽2.7、厚0.06厘米（图四四一，4）；ⅥM7：5-2，长2.9、宽2.7、厚0.06厘米（图四四一，5）。

铁钉 1组（2件）。均锈蚀严重。ⅥM7：11-1，通长5.2、钉帽宽1.3、钉身宽0.3厘米（图四四一，6）。ⅥM7：11-2，呈上粗下细的锥状，通长10.2、截面直径1.5厘米（图四四一，7）。

银币 1枚。ⅥM7：12，残，银制，圆形。应为萨珊银币，正面图案为一圈联珠，中间锈蚀不可辨，顶上有一新月，新月托一圆球；背面图案与正面呈90度错位，为联珠圈中有一祭坛，祭坛上火焰右侧有一新月，左侧为一五角星。祭坛两旁图案锈蚀不可辨。直径2.47、厚0.12厘米，重1.79克。

铜钱 2组（11枚）。均圆形方穿，以五铢钱为主，形制应为隋五铢。

ⅥM7：9-3，隋五铢，正面穿左右篆书"五铢"二字。"五"字较窄，交笔直；"铢"字"金"字头呈三角形，中间四点较长，"朱"字上部方折，下部方圆折。钱径2.23、穿宽0.76、郭宽0.17、郭厚0.15、肉厚0.10厘米，重2.50克（图四四一，8）。

墓志 1合。ⅥM7：4，石质。志盖为盝顶式，近正方形，边长42.0×41.0、厚13.0~14.0厘米。素面。志石与志盖等宽，厚14.0厘米（图版一八六，1~4）。

志盖内侧与志石内侧均阴刻志文，文行楷书，共23行，满行13字，全文共272字。志文如下：

大隋宁朔将军越骑校尉龙勒府
司马故张府君墓志
君讳毅字仲整瓜州敦煌人也其
先黄帝之后因弓得姓焉累叶重
基具诸碑碣今所条录止陈行状
祖安魏使持节车骑将军本州大
中正瓜州刺史食邑五百户父显

魏辅国将军大中正中散大夫仪
同三司赠甘州刺史洛都县开国
侯食邑七百户府君起家州举秀
才俄迁州主簿以大周大象元年
入军任都督帅都督宁朔将军越
骑校尉龙勒府司马以大业四年
从军西讨任鄯善郡司马英略智
算众莫能俦与善无征春秋六
十三遘疾终于彼郡恐见滕公
之日须镌赵橡之文其辞曰
白日空照玄扃掩扉英姿雄略
昭世长辞玉匣恒润鱼灯自辉
如何千载□壤同归
大隋大业八年十一月八日
葬迁渠庄南三里其子孙亲
属已具录碑上

ⅥM8

Ⅵ区北部，ⅥM6东北，东西向分布。

1. 墓葬形制

该墓为竖穴土坑墓，墓向95°。平面形状呈长方形，长2.55、宽0.95、深2.00米。平底，四壁略竖直，壁面粗糙，未见使用工具痕迹，内填黄褐色泛灰沙石混合物，未经人工夯打（图四四二）。

2. 葬具葬式

该墓盗扰严重，经清理未见人骨，葬具葬式不详。

3. 随葬品

仅在西壁下发现弦纹陶罐口沿和腹部残片。

弦纹陶罐残片　1件。泥质灰陶。ⅥM8∶1，残，不可复原。侈口，束颈，宽肩，腹部较圆鼓，底残。肩、腹部饰弦纹。口径9.0、残高12.4厘米（图四四三，1）。

图四四二　ⅥM8平、剖面图
1.弦纹陶罐残片

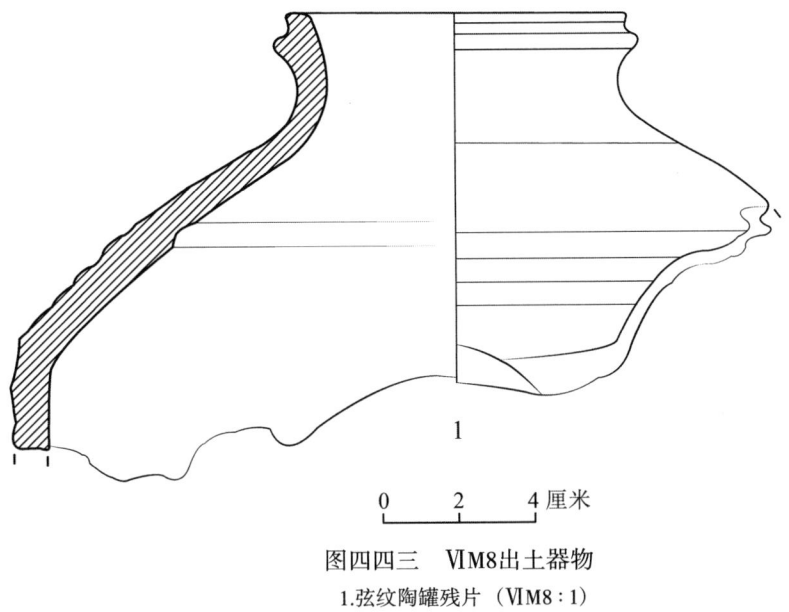

图四四三 ⅥM8出土器物
1.弦纹陶罐残片（ⅥM8∶1）

ⅥM9

位于Ⅵ区北部，ⅥM8东南，东西向分布。

1. 墓葬形制

该墓为竖穴土坑墓，墓向85°。平面形状呈长方形，长2.50、宽0.84~0.90、深1.30米。平底，四壁上下略竖直，壁面粗糙，未见使用工具痕迹，内填黄褐色泛灰沙石混合物，未经人工夯打（图四四四）。

2. 葬具葬式

该墓被盗扰，经清理未发现人骨，葬具葬式不详。

3. 随葬品

仅于西壁下发现陶盆残片，无法复原。

陶盆残片 1件。ⅥM9∶1，泥质素面灰陶。底残，无法复原。侈口，斜平沿，方唇，束颈，弧腹。口径16.0、残高4.4厘米（图四四五，1）。

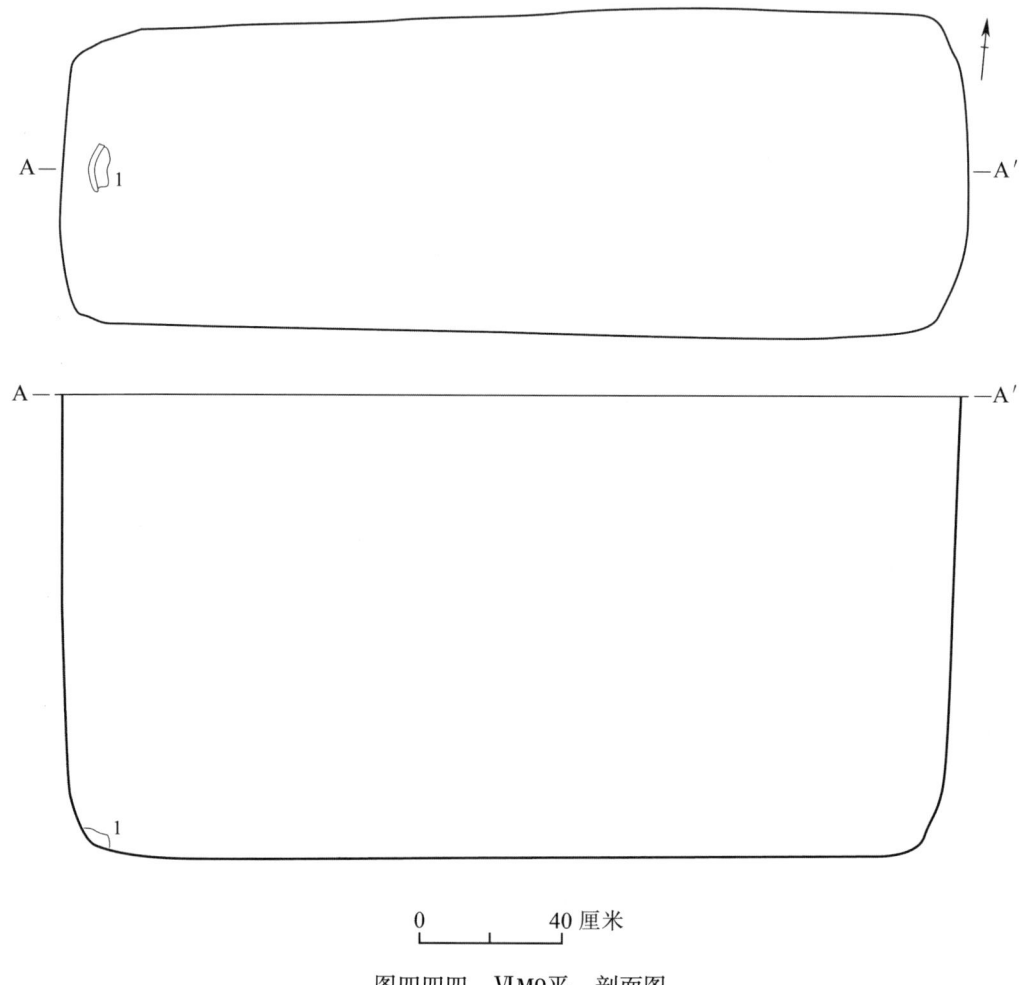

图四四四 ⅦM9平、剖面图
1.陶盆残片

图四四五 ⅦM9出土器物
1.陶盆残片（ⅦM9∶1）

ⅥM10

位于Ⅵ区北部，ⅥM8东南，西北—东南向分布。

1. 墓葬形制

该墓为带长斜坡墓道"刀把"形单室土洞墓。由墓道、甬道、墓室组成。墓向135°（图四四六）。

墓道 位于墓室以南，由于墓道中南部被棉库消防井打破，故只发掘墓道北端2.40米的距离。平面呈长方形，残长2.40、宽0.76米。北端剖面呈梯形，口小底大，底宽0.92米。南高北低，斜坡至底，坡度16°。近墓门处距地表深3.00米。内填黄褐色沙石。

甬道 位于墓道北端，连接墓道与墓室。平面呈长方形，顶部坍塌严重，高度及形制不详，进深0.76、宽0.78米。墓门坍塌，形制不详，与甬道等宽。封门位于甬道内封，以土封堵，残高1.16米，土坯大小不一，长0.40~0.50、宽0.18~0.22、厚0.16~0.18米。

墓室 位于墓道以北，平面呈梯形，南宽北窄，顶部坍塌严重，具体形状及尺寸不明。墓室南北长2.66、东西宽1.12~1.50米（图版二三，1）。

2. 葬具葬式

墓室西壁下存尸床，由木板、细沙土等堆垒而成，从痕迹判断平面形状呈梯形，长1.92、宽0.52~0.54、厚0.02~0.03米。

该墓为单人葬。人骨置于尸床之上，仰身直肢葬，头向南。经鉴定，人骨为女性，年龄40~44岁。

3. 随葬品

随葬品较少，仅于人骨头侧出土陶罐1件，人骨右肩处出土铜钱1枚。

陶罐 1件。ⅥM10：1，泥质素面灰陶。口部略残，可复原，口微侈，卷沿外翻，溜肩，上腹部圆鼓，下腹斜收至平底。口径11.2、腹径20.8、底径11.6、高24.0厘米（图四四七，1；图版一八七，4）。

铜钱 1枚。ⅥM10：2，圆形方穿，对书"开元通宝"，面背皆有内郭，轮廓深峻，文字精美。"元"字第二笔左挑，光背无纹饰。钱径2.47、穿宽0.62、郭宽0.20、郭厚0.17、肉厚0.13厘米，重4.10克（图四四七，2）。

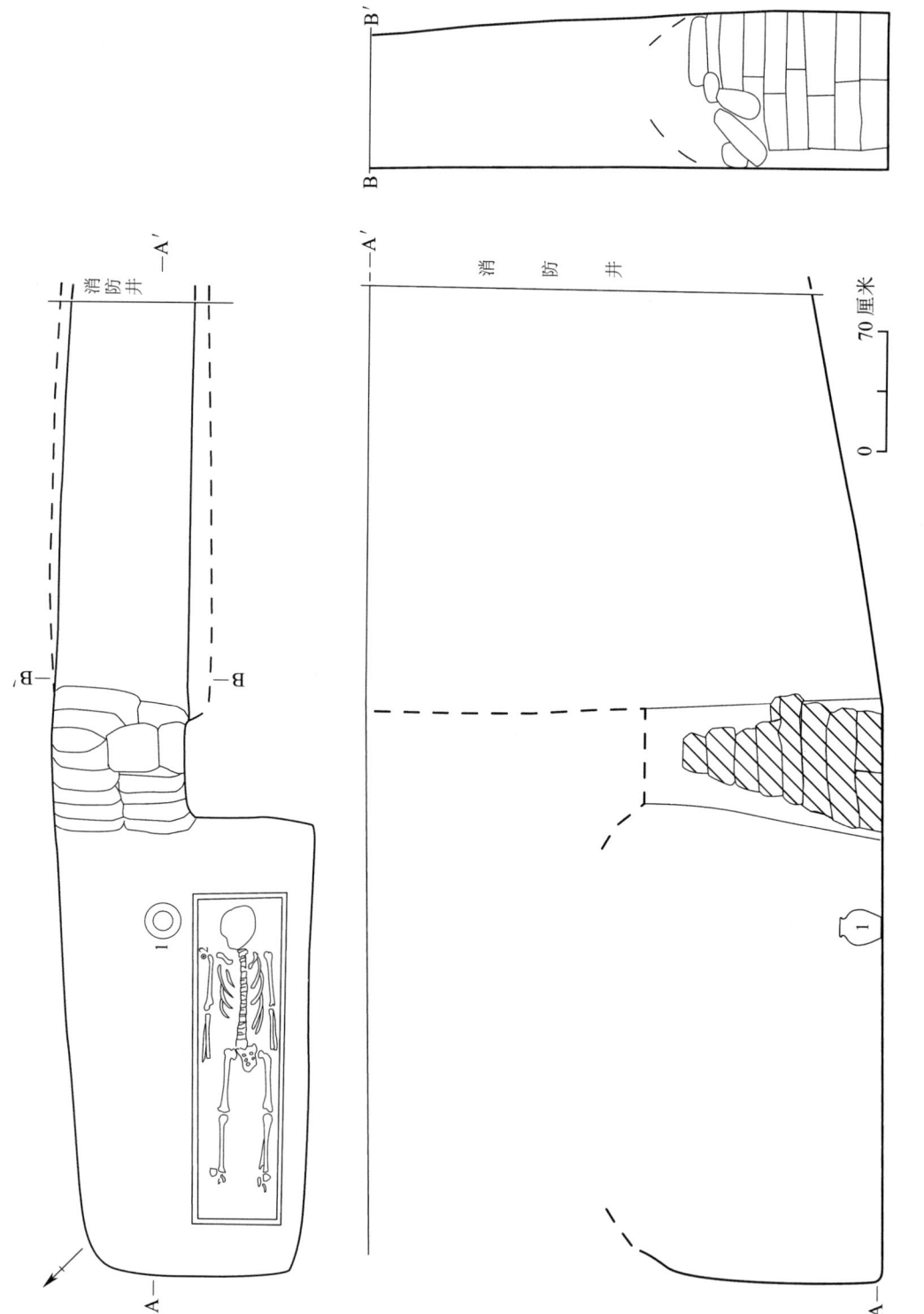

图四四六 ⅥM10平、剖面图
1.陶罐 2.铜钱

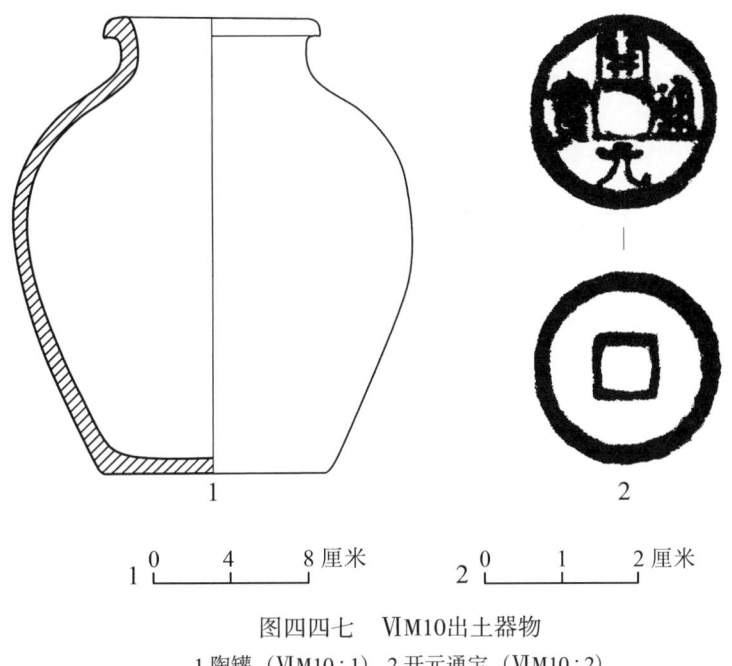

图四四七　ⅥM10出土器物
1.陶罐（ⅥM10：1）　2.开元通宝（ⅥM10：2）

ⅥM11

位于Ⅵ区北部，ⅥM9东侧，南北向分布。

1. 墓葬形制

该墓为带长斜坡墓道单室土洞墓。由墓道、甬道、墓室组成。墓向182°（图四四八）。

墓道　位于墓室以南，由于南部为棉库厂，故只发掘北部3.26米。平面呈长方形，残长3.26、宽0.90米。北端剖面呈梯形，口小底大，底宽1.00米。南高北低斜坡至底，坡度16°。近墓门处距地表深5.24米。

甬道　位于墓道北端，连接墓道与墓室，为双甬道。前甬道平面呈近梯形，进深1.62、宽1.00、高1.60米。后甬道平面呈长方形，进深1.10、宽0.80、高1.00米。墓门呈拱形，与后甬道同高等宽。封门位于后甬道内封，以土坯和沙石封堵，残高0.40米。

墓室　位于墓道以北，平面呈近梯形，南窄北宽，距墓室地面0.50米处向上斜收至覆斗顶，顶部部分坍塌，墓顶中央存一长方形藻井，南北长0.90、东西宽0.46米。墓室南北长3.04、东西宽1.90~2.44、高2.38米。墓室西南角掏一龛，平面呈椭圆形，口宽0.36、进深0.56米。

2. 葬具葬式及葬俗

墓室东壁下发现尸罩，木质朽块散布于墓室北壁下，从痕迹判断棺罩平面形状呈梯形，长1.80、宽0.54~0.58、厚0.05米，有榫卯结构。不见尸床。

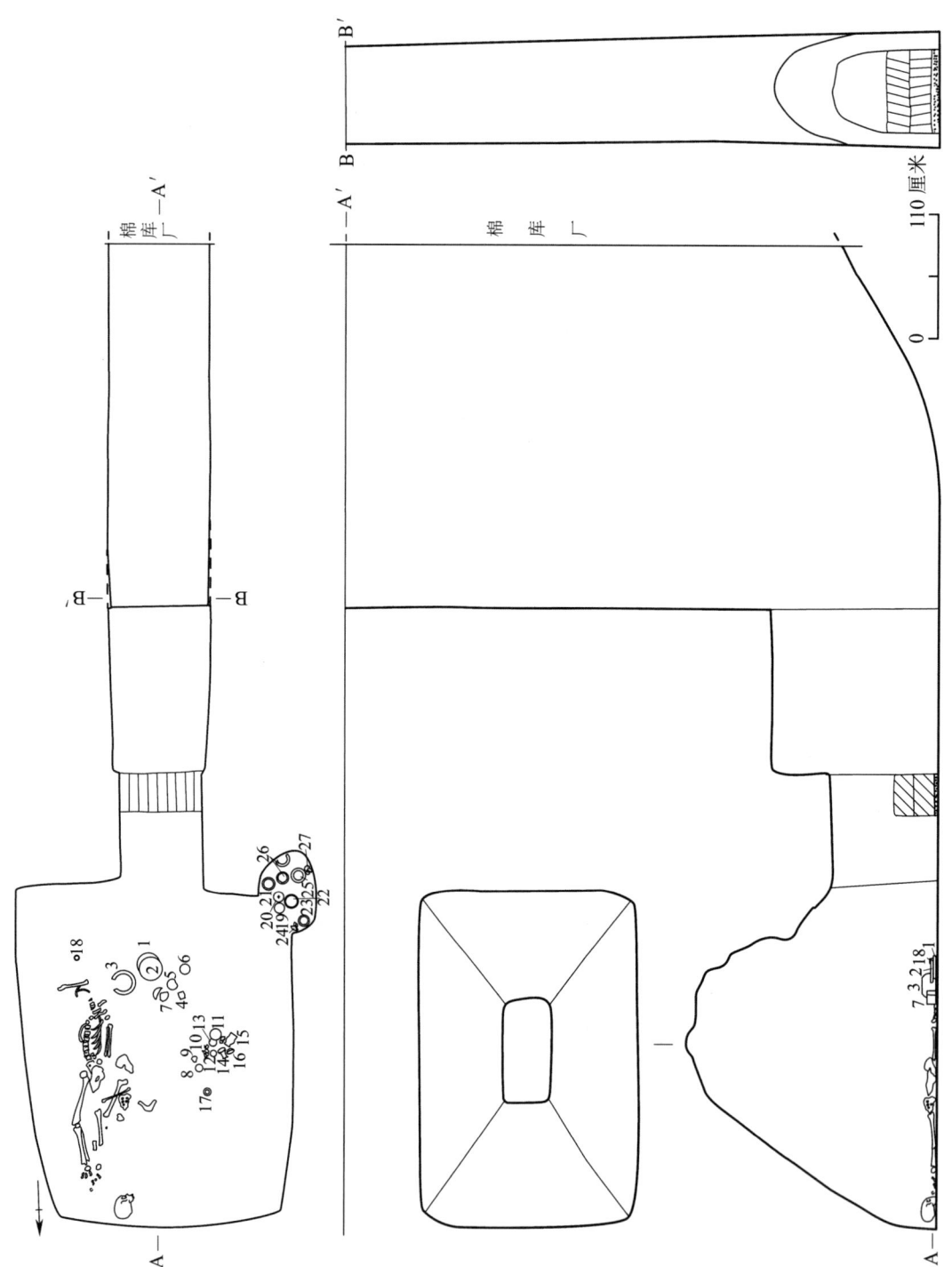

图四四八 ⅦM11平、剖面图

1、2.陶盘 3、23.陶釜 4、18.陶斗瓶 5.陶碟 6、19.陶盆 7、22.陶樽 8、13、16、17、28.陶钵 9~12、27.陶碗 14.陶灯 15.陶壶 20.陶甑 21、24~26.波浪纹陶罐

该墓为单人葬。人骨置于墓室东壁下，扰乱严重，葬式不详。经鉴定，人骨为男性，年龄60岁左右。

人骨下铺有一层有意打碎的陶片。

3. 随葬品

随葬品均为陶器，集中放置于墓室中部及西南角龛内，共28件，包括陶盘2件、陶釜2件、陶斗瓶2件、陶碟1件、陶碗5件、陶钵5件、陶盆2件、陶樽2件、陶灯1件、陶壶1件、陶甑1件、波浪纹陶罐4件（图版四九，3）。

陶钵　5件。ⅥM11∶8，泥质素面灰陶。直口，尖唇，弧腹斜收至平底。口径6.8、底径3.4、高3.1~3.4厘米（图四四九，1；图版一八七，6）。ⅥM11∶13，泥质素面灰陶。敛口，尖唇，弧腹收至平底。口径6.8、底径3.8、高2.4厘米（图四四九，2；图版一八七，5）。ⅥM11∶16，泥质素面灰陶。直口，尖唇，弧腹收至平底。口径7.2、底径3.4、高2.8~3.4厘米（图四四九，3）。ⅥM11∶17，泥质素面灰陶。直口，尖唇，弧腹收至平底。口径7.0、底径4.0、高2.6厘米（图四四九，4）。ⅥM11∶28，泥质素面红褐陶。残，可复原。直口，尖圆唇，弧腹收至平底。口径7.0、底径3.4、高3.4厘米（图四四九，5）。

陶碗　5件。侈口或直口，尖圆唇，弧腹收至平底，底作矮假圈足。ⅥM11∶9，泥质素面灰陶。残，可复原。侈口。口径5.6、底径3.0、高2.8厘米（图四四九，6）。ⅥM11∶10，泥质素面橙黄陶。残，可复原。侈口。口径10.4、底径4.6、高4.4厘米（图四四九，7）。ⅥM11∶11，泥质素面灰陶。直口。口径5.6、底径2.6、高2.3~2.8厘米（图四四九，8）。ⅥM11∶12，泥质素面灰陶。侈口。口径6.0、底径2.6、高2.6厘米（图四四九，9；图版一八九，4）。ⅥM11∶27，泥质素面灰陶。残，可复原。侈口。口径7.4、底径3.6、高3.0~3.4厘米（图四四九，10）。

陶盆　2件。ⅥM11∶6，泥质素面灰陶。侈口，圆唇，斜平沿，束颈，弧腹，近底时外撇成假圈足，底微凹。口径9.2、底径4.4、高4.7~5.0厘米（图四四九，11；图版一八九，3）。ⅥM11∶19，泥质素面灰陶。内壁见轮制痕迹。侈口，方圆唇，斜平沿，束颈，鼓腹，近底时外撇成假圈足。口径9.2、底径4.6、高4.6厘米（图四四九，12）。

陶樽　2件。直口，方圆唇，直领，束颈，直腹，平底。内壁见轮制痕迹。ⅥM11∶7，泥质素面橙黄陶。残，可复原。口径15.8、底径15.6、高9.0厘米（图四五〇，1）。ⅥM11∶22，泥质素面灰陶。底略残，可复原。口径12.2、底径12.6、高9.6厘米（图四五〇，2；图版一八九，6）。

陶壶　1件。ⅥM11∶15，泥质灰陶。侈口，圆唇，高斜领，束颈，溜肩，圆鼓腹且下垂，束腰外撇成高台座。肩、腹部饰波浪纹和弦纹组合，底座有竖向刮削痕迹。口径5.4、腹径8.2、底径7.2、高12.3~12.4厘米（图四五〇，3；图版一八八，6）。

陶甑　1件。ⅥM11∶20，泥质素面灰陶。口略残，可复原。盆形甑，侈口，圆唇，斜平

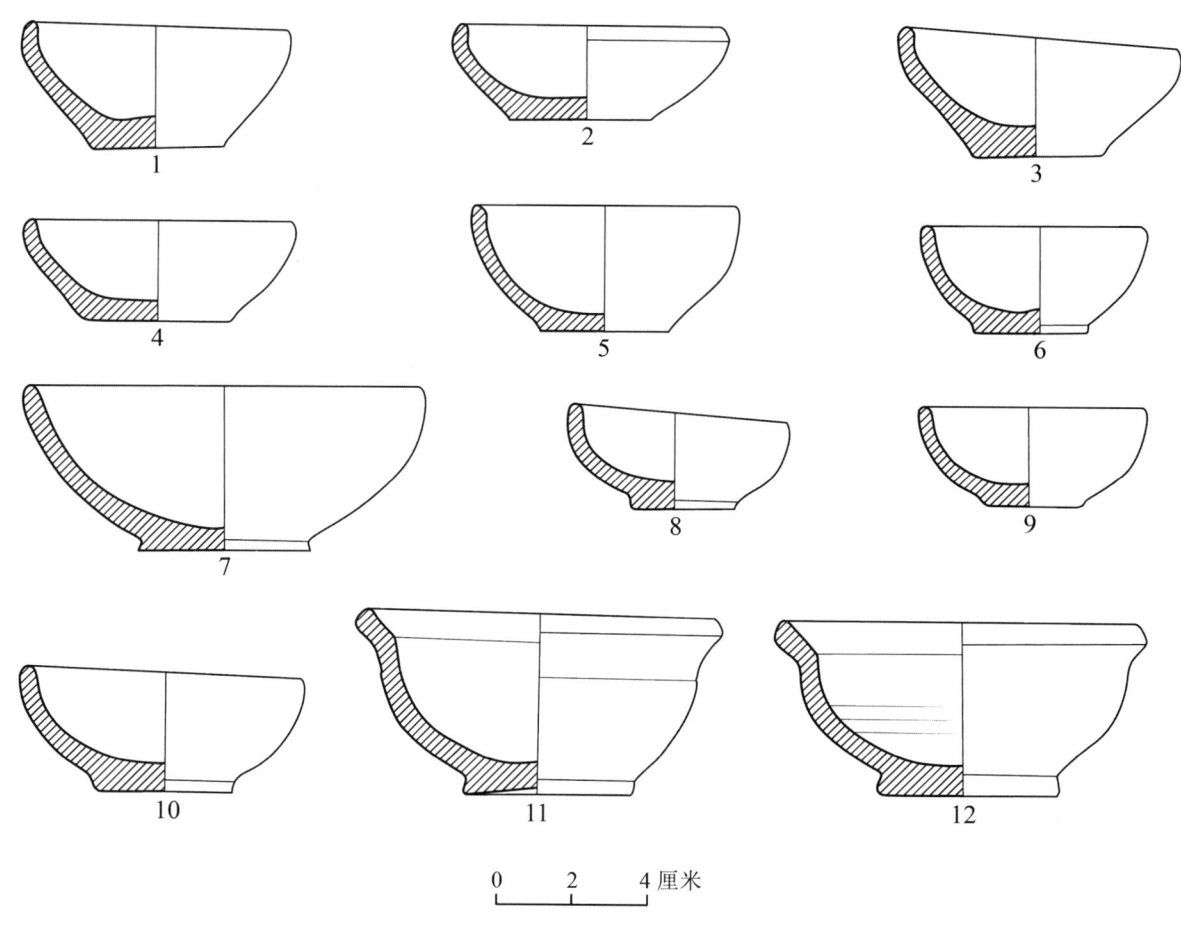

图四四九　ⅥM11出土器物（一）
1~5.陶钵（ⅥM11:8、ⅥM11:13、ⅥM11:16、ⅥM11:17、ⅥM11:28）　6~10.陶碗（ⅥM11:9、ⅥM11:10、ⅥM11:11、ⅥM11:12、ⅥM11:27）　11、12.陶盆（ⅥM11:6、ⅥM11:19）

沿，束颈，弧腹，底作矮假圈足，底有5孔。口径9.6、底径4.6、高4.8厘米（图四五〇，4；图版一八九，5）。

波浪纹陶罐　4件。泥质灰陶。ⅥM11:21，侈口，圆唇，束颈，颈部较长，溜肩，上腹圆鼓，下腹弧收至底，底部微内凹。颈部有数道凹弦纹，肩、腹部分别饰一组波浪纹和弦纹。口径8.4、腹径12.2、底径8.0、高12.6厘米（图四五〇，5；图版一八八，1）。ⅥM11:24，仅存罐底和部分口沿，无法复原。下腹部斜直，平底。底径7.6、残高5.6厘米（图四五〇，7）。ⅥM11:25，残，可复原。侈口，圆唇，束颈，溜肩，上腹圆鼓，下腹弧收至平底。肩、腹部分别饰一组波浪纹和弦纹。口径9.0、腹径14.0、底径9.0、高12.8厘米（图四五〇，8）。ⅥM11:26，残，可复原，器表剥落严重。侈口，方唇，束颈，溜肩，上腹圆鼓，下腹弧收至平底。肩、腹部分别饰一组波浪纹和弦纹。口径9.2、腹径14.0、底径8.2、高12.8厘米（图四五〇，9）。

陶釜　2件。泥质灰陶。ⅥM11:3，残，可复原。器形扁圆，敛口，圆唇，溜肩，圆鼓腹，

图四五〇 ⅥM11出土器物（二）

1、2.陶樽（ⅥM11：7、ⅥM11：22） 3.陶壶（ⅥM11：15） 4.陶甑（ⅥM11：20） 5、7~9.波浪纹陶罐（ⅥM11：21、ⅥM11：24、ⅥM11：25、ⅥM11：26） 6、10.陶釜（ⅥM11：23、ⅥM11：3） 11、12.陶斗瓶（ⅥM11：18、ⅥM11：4） 13.陶灯（ⅥM11：14） 14.陶碟（ⅥM11：5） 15、16.陶盘（ⅥM11：1、ⅥM11：2）

平底。肩、腹部饰数道弦纹。口径15.6、腹径23.4、底径17.0、高13.2厘米（图四五〇，10）。ⅥM11∶23，侈口，圆唇，腹部较鼓，平底。肩、腹部饰波浪纹和弦纹组合。口径7.8、底径7.4、高9.1~9.8厘米（图四五〇，6；图版一八八，5）。

陶斗瓶　2件。侈口，圆唇，束颈，溜肩、上腹较鼓，斜腹斜收至平底。肩、腹部墨书镇墓文，均已漫漶不清。ⅥM11∶4，泥质素面橙黄陶。口径4.6、底径5.6、高6.5厘米（图四五〇，12；图版一八八，3）。ⅥM11∶18，泥质素面灰陶。口略残，可复原。口径4.0、底径4.6、高6.2厘米（图四五〇，11；图版一八八，4）。

陶灯　1件。ⅥM11∶14，泥质素面灰陶。灯口残，可复原。灯口呈碟状，敞口，圆唇，弧腹，灯柄实心，较直，近底时外撇成高台座，台座斜直缘内凹，平底。口径8.0、底径7.4、高9.6厘米（图四五〇，13；图版一八八，2）。

陶碟　1件。ⅥM11∶5，泥质素面灰陶。残，可复原。敞口，尖圆唇，斜直腹收至平底。口径10.0、底径4.6、高3.4厘米（图四五〇，14）。

陶盘　2件。ⅥM11∶1，泥质橙黄陶。平沿微内凹，直缘，平底微内凹。盘沿高于盘面。盘面饰两组凹弦纹间隔的三组波浪纹。盘径22.0、厚2.6厘米（图四五〇，15；图版一八九，2）。ⅥM11∶2，泥质灰陶。平沿，斜直缘微弧，平底。盘沿高于盘面。盘面饰两组弦纹间隔的三组波浪纹。盘径22.4、厚2.4厘米（图四五〇，16；图版一八九，1）。

ⅥM12

位于Ⅵ区北部，ⅥM8东南，东西向分布。

1. 墓葬形制

该墓为带长斜坡墓道单室土洞墓。由墓道、甬道、墓室组成。墓向275°（图四五一）。

墓道　位于墓室以西，平面为中间窄，两头宽，长12.87、宽0.70~0.80米。东端剖面呈梯形，口小底大，底宽1.04米。西高东低，斜坡至距墓门1.20米处到底，其后平直延伸至墓门处，坡度34°。近墓门处距地表深5.90米。内填黄褐色沙石混合物。

甬道　位于墓道东端，连接墓道与墓室。平面形状呈长方形，进深0.74、宽0.88、高1.20米。墓门呈拱形，封门位于甬道内封，以土坯封堵，残高0.58、厚0.40米。

墓室　位于墓道以东，平面呈长方形，距墓室地面0.90米处开始向上斜收至顶，顶部坍塌严重，形制不明。墓室东西长3.30、南北宽2.66~2.78、残高2.44米。墓室西北角掏一龛，平面呈近椭圆形，拱顶洞室，平底，口宽0.70、进深0.75、残高1.05米。

2. 葬具葬式

墓室北壁下存一尸床，由土坯垒砌而成，平面形状呈长方形，长2.00、宽0.60米，厚度

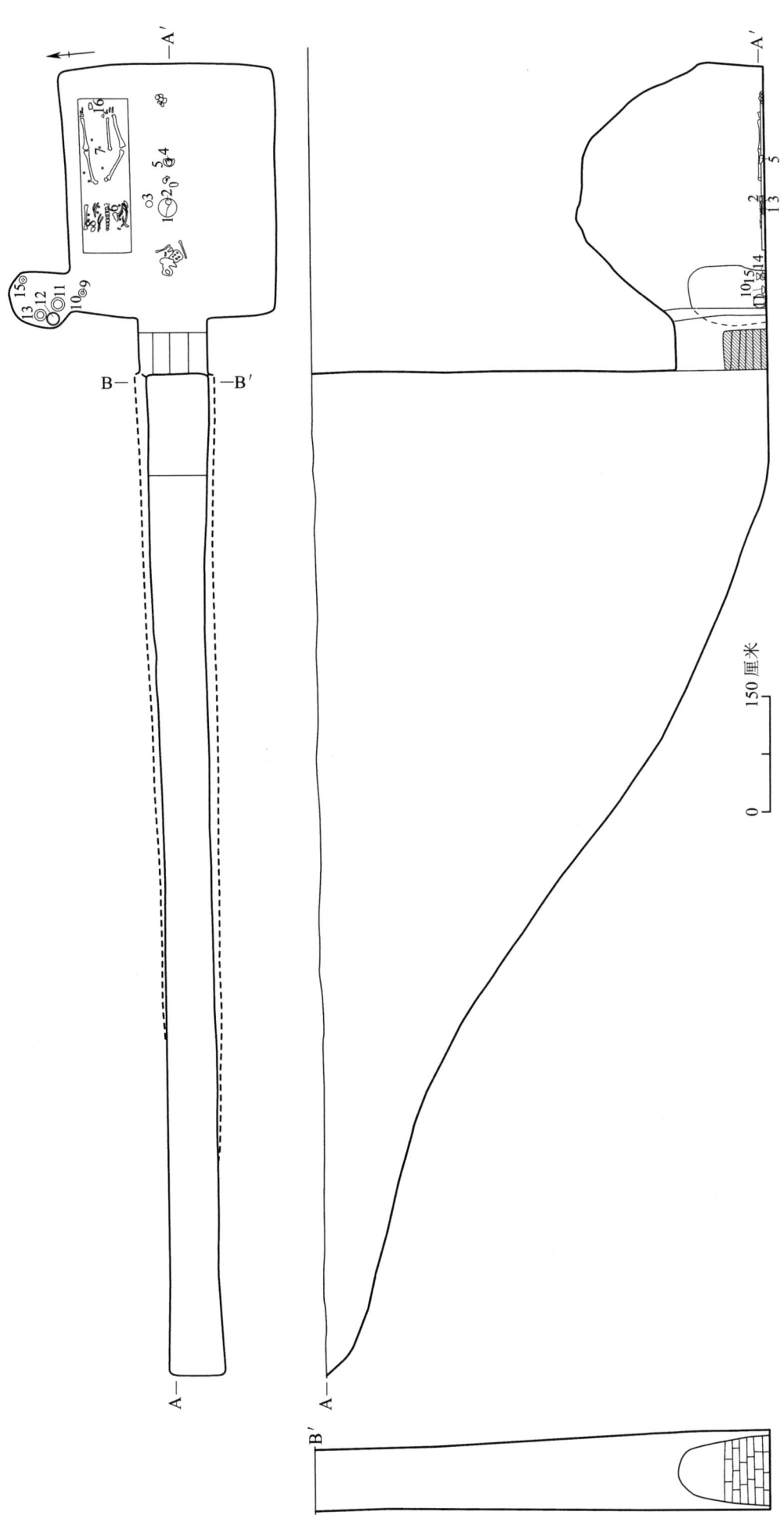

图四五一　ⅥM12平、剖面图

1.陶盘　2~5、9、10.陶钵　6~8.铜钱　11、13.波浪纹陶罐　12.陶樽　14.陶釜　15.陶甑　16.陶斗瓶

不详。

该墓为单人葬。人骨置于尸床之上，凌乱不堪，从肢体骨和下肢骨可见为仰身直肢葬。经鉴定，人骨为男性，年龄35岁左右。

3. 随葬品

随葬品以陶器为主，集中放置于墓室中部及西北角龛内，共13件，包括陶盘1件、陶钵6件、波浪纹陶罐2件、陶樽1件、陶釜1件、陶甑1件、陶斗瓶1件。另于人骨周围出土铜钱3组（15枚）。

陶斗瓶　1件。ⅥM12：16，泥质素面灰陶。侈口，圆唇，束颈，圆肩，斜直腹，平底。口径4.4、底径5.4、高8.0厘米（图四五二，1）。

陶钵　6件。ⅥM12：2，泥质素面灰陶。直口，圆唇，弧腹内收至平底。口径7.2、底径3.6、高3.0厘米（图四五二，2）。ⅥM12：3，泥质素面橙黄陶。直口，圆唇，弧腹内收至平底。口径8.4、底径4.0、高3.6厘米（图四五二，3）。ⅥM12：4，泥质素面灰陶。口近直，圆唇，弧腹内收至底，底微凹。口径7.2、底径3.4、高2.6厘米（图四五二，4）。ⅥM12：5，泥质灰陶。口微侈，圆唇，曲腹收至平底。近口处有一道凹弦纹。口径14.2、底径6.0、高4.5厘米（图四五二，6）。ⅥM12：9，泥质素面灰陶。直口，圆唇，深弧腹内收至平底。口径4.0、底径3.0、高2.8~2.9厘米（图四五二，5）。ⅥM12：10，泥质素面灰陶。侈口，尖唇，弧腹内收至底，底微凹。底部有一"十"字形凹槽。口径10.0、底径4.6、高4.0厘米（图四五二，8）。

陶盘　1件。ⅥM12：1，泥质灰陶。平沿，斜直缘微弧，平底，盘沿向中心依次降低。盘面饰两组弦纹间隔的三组波浪纹。盘径24.0、厚2.0厘米（图四五二，7）。

陶釜　1件。ⅥM12：14，泥质灰陶。敛口，方唇，溜肩，鼓腹，平底。肩、腹部饰波浪纹和弦纹组合，内壁见轮制痕迹。口径8.8、腹径13.0、底径7.5、高9.4厘米（图四五二，9）。

波浪纹陶罐　2件。ⅥM12：11，泥质橙黄陶。口部略残，可复原。侈口，圆唇，束颈，溜肩，上腹圆鼓，下腹弧收至平底。肩、腹部分别饰一组波浪纹和弦纹，内壁见轮制痕迹。口径11.4、腹径17.6、底径13.0、高15.2厘米（图四五二，10）。ⅥM12：13，泥质橙黄陶。口部残，可复原。侈口，圆唇，束颈，溜肩，上腹圆鼓，下腹弧收至平底。肩、腹部分别饰波浪纹和弦纹，内壁见轮制痕迹。口径8.0、腹径15.0、底径10.4、高14.0厘米（图四五二，11）。

陶甑　1件。ⅥM12：15，泥质素面橙黄陶。盆形甑，侈口，圆唇，斜平沿，束颈，弧腹，平底，底有四孔。口径9.4、底径4.0、孔径0.4、高4.6厘米（图四五二，12）。

陶樽　1件。ⅥM12：12，泥质素面灰陶。直口，圆唇，直缘，溜肩，腹部近直微内束，平底。内壁见轮制痕迹。口径15.6、底径16.4、高11.5厘米（图四五二，13）。

铜钱　3组（15枚）。均圆形方穿，以五铢钱为主，另有少量剪轮钱、磨郭钱。

图四五二 ⅥM12出土器物

1.陶斗瓶（ⅥM12：16） 2~6、8.陶钵（ⅥM12：2、ⅥM12：3、ⅥM12：4、ⅥM12：9、ⅥM12：5、ⅥM12：10） 7.陶盘（ⅥM12：1） 9.陶釜（ⅥM12：14） 10、11.波浪纹陶罐（ⅥM12：11、ⅥM12：13） 12.陶甑（ⅥM12：15） 13.陶樽（ⅥM12：12）

ⅥM12∶6，五铢钱，正面穿左右篆书"五铢"二字。"五"字较宽，交笔弯曲；"铢"字锈蚀不可辨。钱径 2.52、穿宽 0.85、郭宽 0.15、郭厚 0.12、肉厚 0.08 厘米，重 2.04 克。

ⅥM12∶7-1，剪轮钱。形制大小均有，边有剪凿痕，钱文漫漶不可辨识，制作粗劣。钱径 0.76~2.23、穿宽 0.62~0.88、肉厚 0.09~0.21 厘米，重 0.74~1.51 克。

ⅥM13

位于Ⅵ区北部，ⅥM12 以南，东西向分布。

1. 墓葬形制

该墓为带长斜坡墓道单室土洞墓。由墓道、甬道、墓室组成。墓向 90°（图四五三）。

墓道　位于墓室以东，平面呈长方形，长 8.00、宽 0.74 米。西端剖面呈梯形，口小底大，底宽 0.78 米。东高西低，斜坡至底，坡度 30°。近墓门处距地表深 3.16 米。墓道内填黄褐色泛灰沙石。

甬道　位于墓道西端，连接墓道与墓室。平面呈长方形，顶部坍塌严重。进深 0.48、宽 0.50、残高 1.28 米。墓门呈拱形，与甬道同高等宽。封门位于甬道内封，以土坯封堵，残存两层，土坯长 0.29、宽 0.24~0.26、厚 0.16 米。

墓室　位于墓道以西，平面呈梯形，西壁在距地面 1.00 米处开始向上斜收，顶部坍塌严重，形制及高度不详。墓室东西长 2.56、南北宽 1.44~1.74 米。墓室东北角和东南角各掏一龛。东北角龛平面呈近长方形，顶部坍塌，宽 0.26、进深 0.36、残高 0.98 米。东南角龛平面呈近长方形，宽 0.46、进深 0.20、高 0.80 米（图版二三，2）。

2. 葬具葬式及葬俗

墓室南、北壁下各存一尸床，均由细沙土堆垒而成。北侧尸床长 1.60、宽 0.46、高 0.09 米；南侧尸床长 1.80、宽 0.50、高 0.08 米。

该墓为双人合葬。人骨置于尸床之上，均仰身直肢葬，头向西。经鉴定，北侧人骨为女性，年龄 45~50 岁；南侧人骨为男性，年龄 40~44 岁。

南侧尸床上散布有意打碎的陶片。

3. 随葬品

随葬品以陶器为主，放置于墓室中部及东北角龛内，共 19 件，包括陶盘 1 件、陶钵 7 件、陶器盖 2 件、陶碟 1 件、陶耳杯 1 件、陶樽 1 件、陶壶 1 件、绳纹陶罐 2 件、弦纹陶罐 1 件、陶釜 1 件、陶甑 1 件。两人骨附近出土铜钱 4 组（8 枚），并于北侧人骨头部出土铜钗 1 组（3 件）（图版五〇，1）。

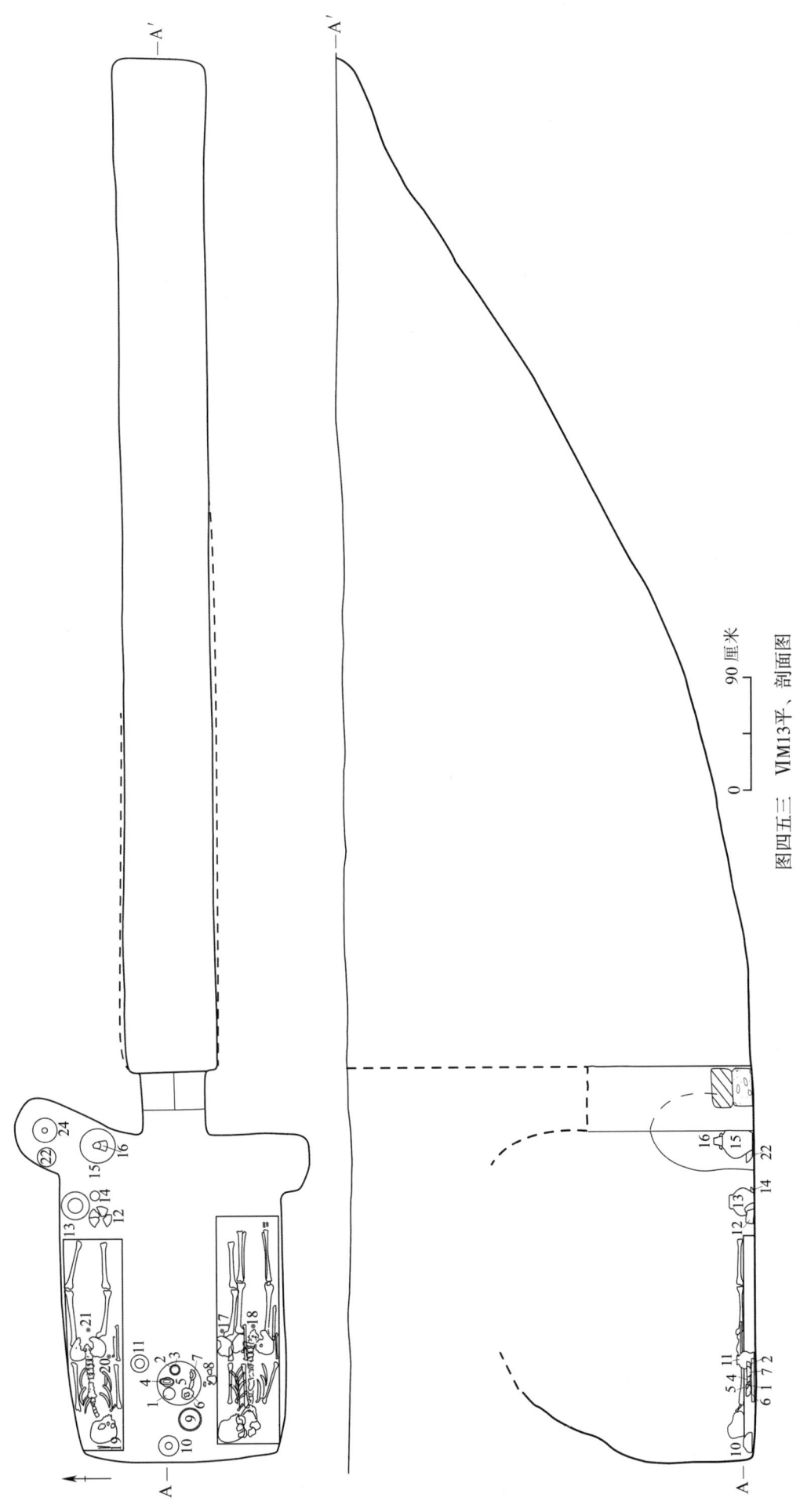

图四五三 VIM13平、剖面图

1.陶盘 2、3、5~7、10、16.陶钵 4.陶耳杯 8、22.陶器盖 9.陶樽 11.陶壶 12、13.绳纹陶罐 14.陶碟 15.弦纹陶罐 17、18、20、21.铜钱 19.铜钗 23.陶釜（位于24陶甑下）24.陶甑

陶钵 7件。ⅥM13:2，泥质素面灰陶。直口，圆唇，直弧腹内收至平底。口径8.0、底径3.4、高3.1~3.3厘米（图四五四，1；图版一九〇，4）。ⅥM13:3，泥质素面灰陶。口略残，可复原。直口，尖唇，弧腹内收至平底。口径7.2、底径2.6、高2.8厘米（图四五四，7）。ⅥM13:5，泥质素面橙黄陶。直口，圆唇，直弧腹内收至平底。口径9.0、底径4.0、高4.0厘米（图四五四，2）。ⅥM13:6，泥质素面灰陶。残，可复原。直口，尖唇，弧腹内收至平底。口径9.8、底径4.0、高3.9厘米（图四五四，3）。ⅥM13:7，泥质素面灰陶。残，可复原。直口，尖唇，斜直弧腹内收至平底。口径8.2、底径3.5、高3.5厘米（图四五四，4）。ⅥM13:10，泥质素面灰陶。敛口，圆唇，弧腹内收至平底。口径14.8、底径5.6、高7.0厘米（图四五四，5；图版一九〇，3）。ⅥM13:16，泥质素面灰陶。残，可复原。敛口，尖唇，弧腹内收至平底，腹部较浅。口径14.8、底径5.0、高6.8厘米（图四五四，6）。

陶器盖 2件。整体呈覆钵状，平顶，弧腹，侈口。ⅥM13:8，泥质素面灰陶。残，可复原。盖径10.0、高3.3~3.5厘米（图四五四，8）。ⅥM13:22，泥质素面橙黄陶。内壁见轮制痕

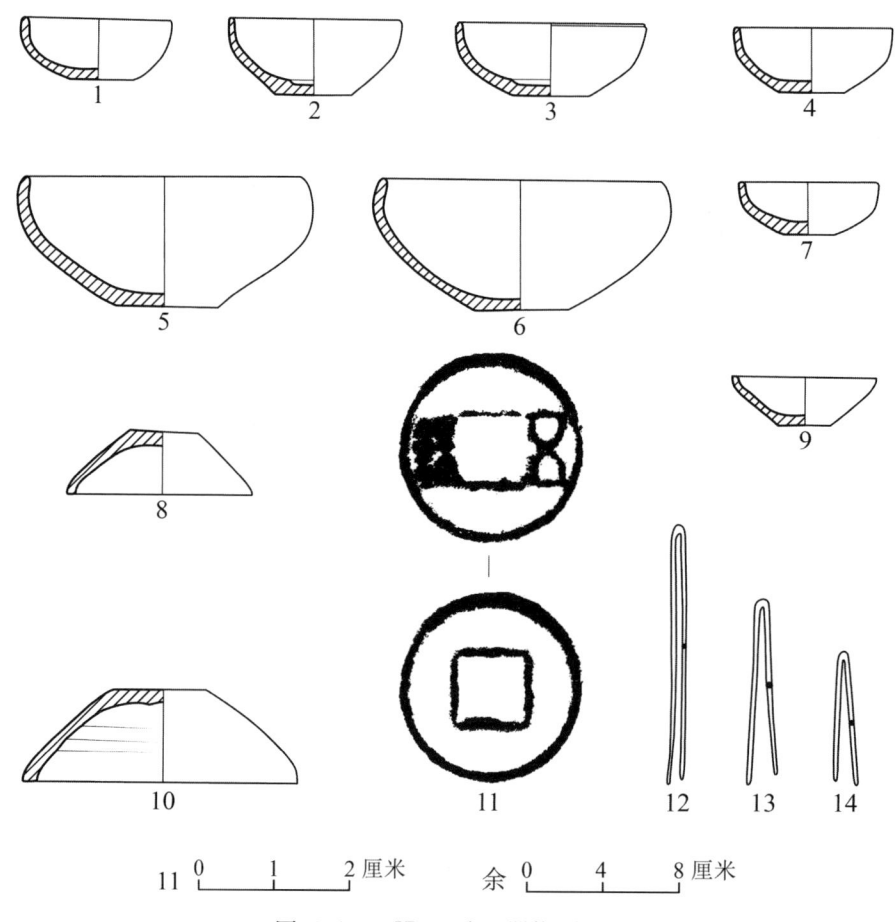

图四五四 ⅥM13出土器物（一）

1~7.陶钵（ⅥM13:2、ⅥM13:5、ⅥM13:6、ⅥM13:7、ⅥM13:10、ⅥM13:16、ⅥM2:3） 8、10.陶器盖（ⅥM13:8、ⅥM13:22） 9.陶碟（ⅥM13:14） 11.五铢钱（ⅥM13:20-2） 12~14.铜钗（ⅥM13:19-1、ⅥM13:19-2、ⅥM13:19-3）

迹。盖径 14.8、高 5.0 厘米（图四五四，10；图版一九一，4）。

陶碟　1 件。ⅥM13：14，泥质素面橙黄陶。敞口，尖唇，浅弧腹，平底。口径 7.6、底径 2.6、高 2.6 厘米（图四五四，9；图版一九〇，2）。

陶釜　1 件。ⅥM13：23，泥质灰陶。敛口，圆唇，溜肩，圆鼓腹弧收至底，底微凹。近口处有一道凸棱纹。口径 9.0、腹径 15.4、底径 11.0、高 9.8 厘米（图四五五，1；图版一九〇，6）。

陶樽　1 件。ⅥM13：9，泥质素面橙黄陶。直口，方唇，折肩，直腹，大平底。口径 15.8、底径 18.2、高 12.0 厘米（图四五五，2；图版一九一，6）。

陶壶　1 件。ⅥM13：11，泥质素面灰陶。口略残，可复原。侈口，圆唇，束颈，溜肩，扁鼓腹，束腰外撇成低台座，腰部较高。口径 6.6、腹径 13.8、底径 12.4、高 13.8 厘米（图四五五，3；图版一九一，1）。

绳纹陶罐　2 件。泥质灰陶。ⅥM13：12，仅存部分残片，无法复原。平底，腹部饰绳纹。底径 13.8、残高 6.6 厘米（图四五五，5）。ⅥM13：13，敛口，圆唇，外缘呈三角状，束颈，溜肩，圆鼓腹弧收至底，底微凹。肩、腹部饰绳纹。口径 9.2、腹径 21.8、底径 13.0、高 20.0 厘米（图四五五，4；图版一九〇，5）。

陶甑　1 件。ⅥM13：24，泥质素面灰陶。口略残，可复原。盆形甑，侈口，方唇，斜平沿，束颈，斜弧腹，平底，底有一孔。口径 18.8、底径 7.8、孔径 4.2、高 8.0 厘米（图四五五，6；图版一九一，3）。

陶盘　1 件。ⅥM13：1，泥质灰陶。残，可复原。宽沿内凹，直缘微弧，底部微内凹。由盘沿向中心依次降低。盘面饰两组波浪纹和一条弦纹。盘径 34.0、厚 2.3 厘米（图四五五，7；图版一九一，2）。

弦纹陶罐　1 件。ⅥM13：15，泥质灰陶。器形较大，侈口，尖圆唇，外缘呈三角状，束颈，溜肩，圆鼓腹，平底。肩、腹部饰数道弦纹，近底处有竖向刮削痕迹。口径 11.0、腹径 27.0、底径 13.2、高 26.5 厘米（图四五五，8；图版一九一，7）。

陶耳杯　1 件。ⅥM13：4，泥质素面灰陶。整体呈椭圆形，侈口，长边两侧附对称双耳，斜弧腹，平底。长口径 11.2、短口径 4.6、长底径 5.8、短底径 2.4、高 4.0 厘米（图四五五，9；图版一九〇，1）。

铜钗　1 组（3 件）。双股"U"形，前端尖细，后端扁圆。光素无纹饰。ⅥM13：19-1，完整。长 14.0、截面直径 0.2 厘米（图四五四，12；图版一九一，5）；ⅥM13：19-2，完整。长 10.0、截面直径 0.3 厘米（图四五四，13）；ⅥM13：19-3，完整。长 7.1、截面直径 0.2 厘米（图四五四，14）。

铜钱　4 组（8 枚）。均圆形方穿，以五铢钱为主，另有少量剪轮钱、磨郭钱。

ⅥM13：17-1，磨郭钱，钱文锈蚀不可辨。钱径 2.43、穿宽 0.88、肉厚 0.10 厘米，重 1.40 克。ⅥM13：18，剪轮钱。边有剪凿痕，钱文漫漶不可辨识，制作粗劣。钱径 1.06、穿宽 0.54、肉厚 0.13 厘米，重 0.18 克。ⅥM13∶20-2，五铢钱，正面穿左右篆书"五铢"二字。"五"字较宽，交笔弯曲；"铢"字"金"字头呈三角形，中间四点较长，"朱"字上部方圆折，下部圆折。钱径 2.60、穿宽 0.86、郭宽 0.17、郭厚 0.14、肉厚 0.10 厘米，重 2.45 克（图四五四，11）。

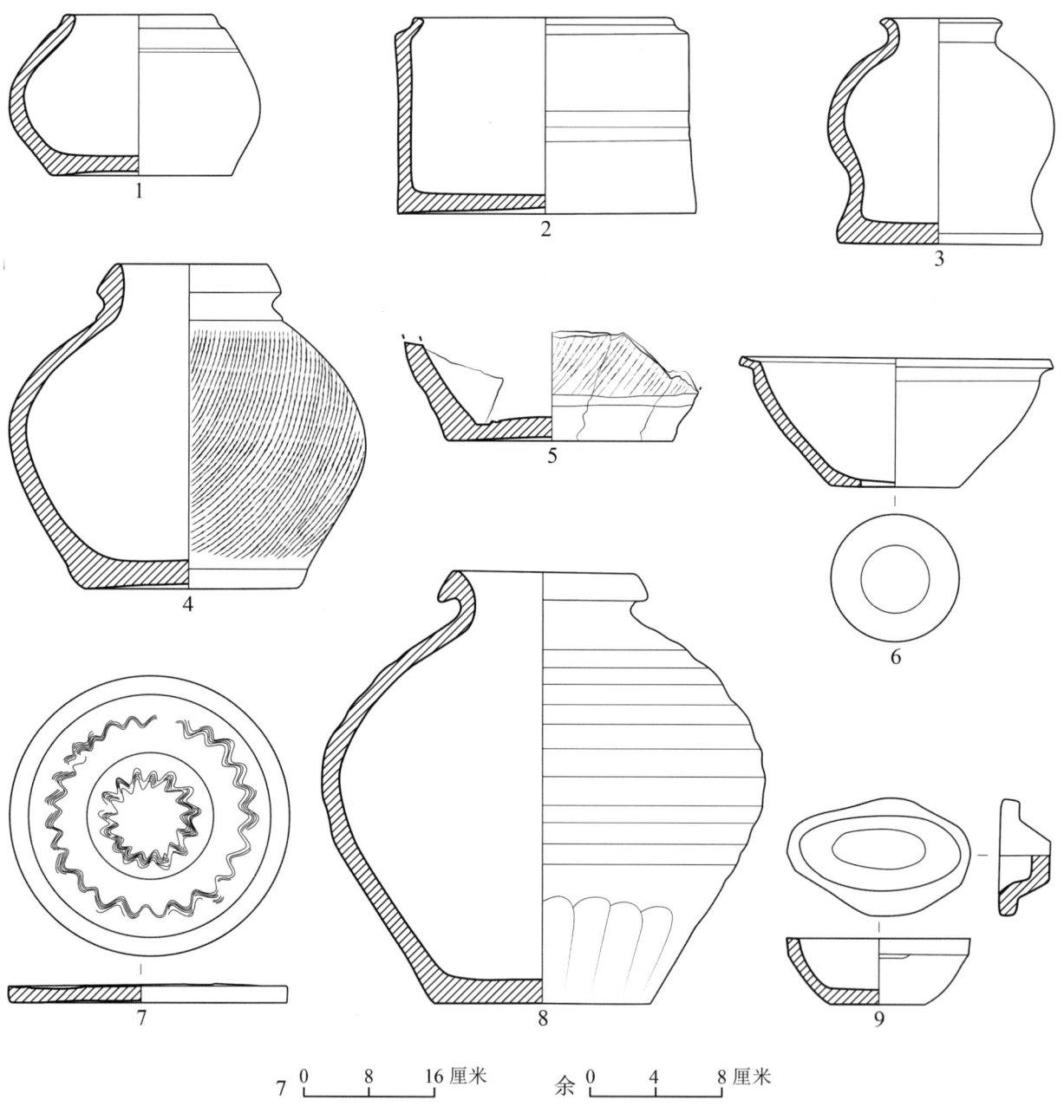

图四五五　ⅥM13出土器物（二）
1.陶釜（ⅥM13∶23）　2.陶樽（ⅥM13∶9）　3.陶壶（ⅥM13∶11）　4、5.绳纹陶罐（ⅥM13∶13、ⅥM13∶12）
6.陶甑（ⅥM13∶24）　7.陶盘（ⅥM13∶1）　8.弦纹陶罐（ⅥM13∶15）　9.陶耳杯（ⅥM13∶4）

ⅥM14

位于Ⅵ区北部，ⅥM13 东南，东西向分布。

1. 墓葬形制

该墓为带长斜坡墓道单室土洞墓。由墓道、甬道、墓室组成。墓向 274°（图四五六）。

墓道　位于墓室以西，平面呈梯形，东宽西窄，长 11.78、宽 0.80~1.00 米。东端剖面亦呈梯形，口小底大，底宽 1.00 米。西高东底，斜坡至距墓门 0.48 米处到底，其后平直延伸至墓门处，坡度 22°。近墓门处距地表深 4.48 米。内填黄褐色泛灰沙石。

甬道　位于墓道东端，连接墓道与墓室，平面形状呈长方形，进深 0.67、宽 0.80、高 0.90 米。墓门呈拱形，与甬道同高等宽。封门位于甬道内封，以土坯封堵，土坯长 0.50、宽 0.15~0.16、厚 0.09~0.12 米（图版二四，1）。

墓室　位于墓道以东，平面呈长方形，距墓室地面 0.60 米处开始向上斜收至覆斗顶，顶部中央存一长方形藻井，东西长 0.72、南北宽 0.34 米。墓室东西长 2.60、南北宽 2.10、高 1.76 米（图版二五，1）。

2. 葬具葬式

墓室南、北壁下各存尸床、尸罩。北侧尸床由木板和草木灰堆垒而成，长 1.96、宽 0.50~0.54、厚 0.08 米；尸罩为木质，内里均黑色髹漆，棺盖以蝴蝶卯套合，长约 1.94、宽 0.50~0.60、厚 0.05 米。南侧仅见尸罩，木质，已朽，内里均黑色髹漆，棺盖以蝴蝶卯套合，长 1.92、宽 0.50、厚 0.05 米（图版二四，2）。

该墓为双人合葬。人骨置于尸罩内，均仰身直肢葬，头向西。经鉴定，北侧人骨为男性，年龄 40~44 岁；南侧人骨为女性，年龄 35 岁左右。

3. 随葬品

随葬品以陶器为主，集中放置于墓室中部及南侧人骨头部，共 17 件，包括陶椁 1 件、陶碟 1 件、陶钵 1 件、陶灯 1 件、陶壶 1 件、陶盘 1 件、陶碗 1 件、陶甑 1 件、陶釜 1 件、陶灶 1 件、波浪纹陶罐 2 件、陶仓 1 件、陶樽 1 件、泥斗瓶 1 件、泥杯 2 件（图版二五，2）。另于北侧人骨脚部出土铜钱 1 枚（图版五〇，2）。

陶盘　1 件。ⅥM14：6，泥质灰陶。圆形，斜沿，外缘微弧，盘面较平整，低于盘沿，平底。盘面饰弦纹和波浪纹组合。盘径 21.0、厚 2.8 厘米（图四五七，1；图版一九三，6）。

陶甑　1 件。ⅥM14：8，泥质素面橙黄陶。盆形甑，侈口，方唇，斜平沿，束颈，弧腹，底作矮假圈足，底有五孔。内壁见轮制痕迹。口径 12.0、底径 5.0、高 5.6~6.2 厘米（图四五

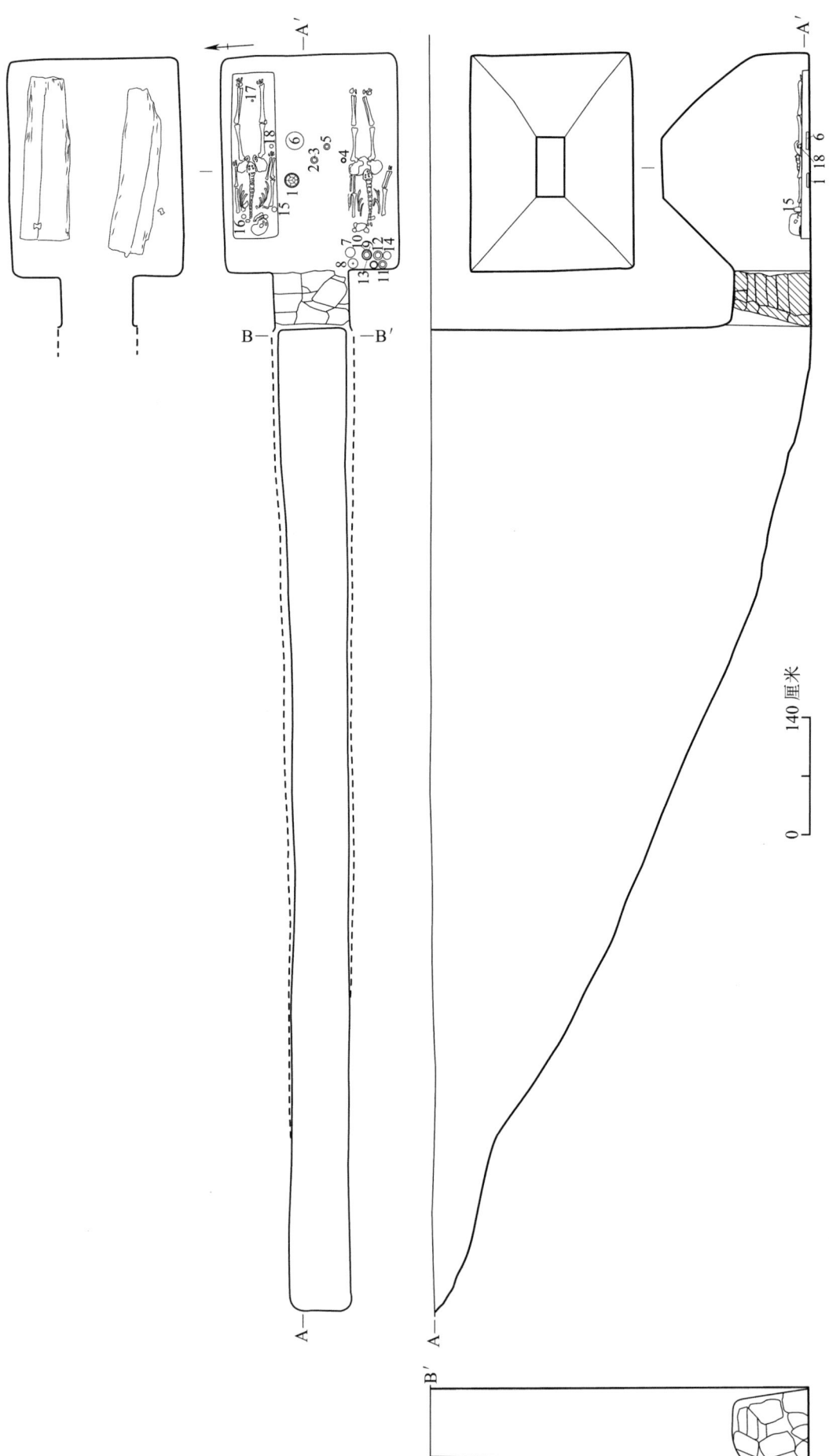

图四五六 VIM14平、剖面图

1.陶榻 2.陶碟 3.陶钵 4.陶灯 5.陶壶 6.陶盘 7.陶碗 8.陶甑 9.陶釜 10.陶灶 11、12.波浪纹陶罐 13.陶樽 14.陶仓 15.泥斗瓶 16、18.泥杯 17.铜钱

七，2；图版一九四，2)。

陶仓　1件。ⅧM14：14，泥质灰陶。仓顶呈馒头状，中凸起，无孔，腹部呈圆柱形，中以阴线刻画出长方形门框，门框两侧为卷云纹，框下刻画出梯子形状，平底。底径8.2、高12.1厘米（图四五七，3；图版一九二，6)。

陶碗　1件。ⅧM14：7，泥质素面橙黄陶。口略残，可复原。侈口，尖圆唇，颈微束，弧腹，底作矮假圈足。内壁见轮制痕迹。口径11.6、底径4.0、高5.6厘米（图四五七，4；图版一九四，1)。

陶樽　1件。ⅧM14：13，泥质素面灰陶。直口，圆唇，颈微束，斜直腹，底微凹。口径9.0、底径7.8、高6.1厘米（图四五七，5；图版一九四，4)。

陶釜　1件。ⅧM14：9，泥质素面灰陶。残，可复原。敛口，圆唇，溜肩，腹部略残，圆鼓腹，底微凹，底作矮假圈足。内壁见轮制痕迹。口径6.6、底径6.8、高8.2厘米（图四五七，6；图版一九三，5)。

陶钵　1件。ⅧM14：3，泥质素面橙黄陶。直口，圆唇，弧腹收至平底。口径5.2、底径3.0、高2.0厘米（图四五八，1；图版一九二，5)。

陶碟　1件。ⅧM14：2，泥质素面灰陶。敞口，圆唇，斜直腹收至平底，底作矮假圈足。内壁见轮制痕迹。口径8.4、底径4.0、高2.0~2.1厘米（图四五八，2；图版一九三，2)。

陶灯　1件。ⅧM14：4，泥质素面灰陶。灯口呈钵状，口近直，方唇，弧腹折收，灯柄实心，较直，近底时外撇成高台座，台座斜直缘内收，平底。口径6.0、底径5.0、高7.3~7.9厘米（图四五八，6；图版一九三，3)。

陶榼　1件。ⅧM14：1，泥质素面灰陶。圆盘形，直口，平沿，斜直缘，外圆被隔成六格，内圆被隔成三格。口径15.8、底径17.2、厚2.4厘米（图四五八，7；图版一九三，1)。

陶壶　1件。ⅧM14：5，泥质红褐陶。侈口，方唇，束颈，溜肩，上腹部较圆鼓，下腹部束腰外撇，平底。肩、腹部饰波浪纹和弦纹组合。口径4.4、腹径7.5、底径5.8、高11.0厘米（图四五八，8；图版一九三，4)。

陶灶　1件。ⅧM14：10，泥质素面橙黄陶。灶体呈覆钵状，顶部中央开圆形灶孔，灶面立有鸡首、尾，尾下开长方形灶门。口径5.8~6.3、底径6.4、高3.3厘米（图四五八，9；图版一九四，3)。

波浪纹陶罐　2件。ⅧM14：11，泥质橙黄陶。侈口，方唇，束颈，宽肩近平，圆鼓腹，下腹斜收至平底。肩、腹部饰间断的波浪纹和弦纹组合，内壁见轮制痕迹。口径6.2、腹径10.0、底径7.4、高10.0厘米（图四五八，10；图版一九二，1)。ⅧM14：12，泥质灰陶。侈口，圆唇，束颈，溜肩，鼓腹，下腹斜收至平底。肩、腹部饰间断的波浪纹和弦纹组合，内壁见轮制痕迹。口径6.2、腹径10.8、底径7.0、高11.0厘米（图四五八，11；图版一九二，2)。

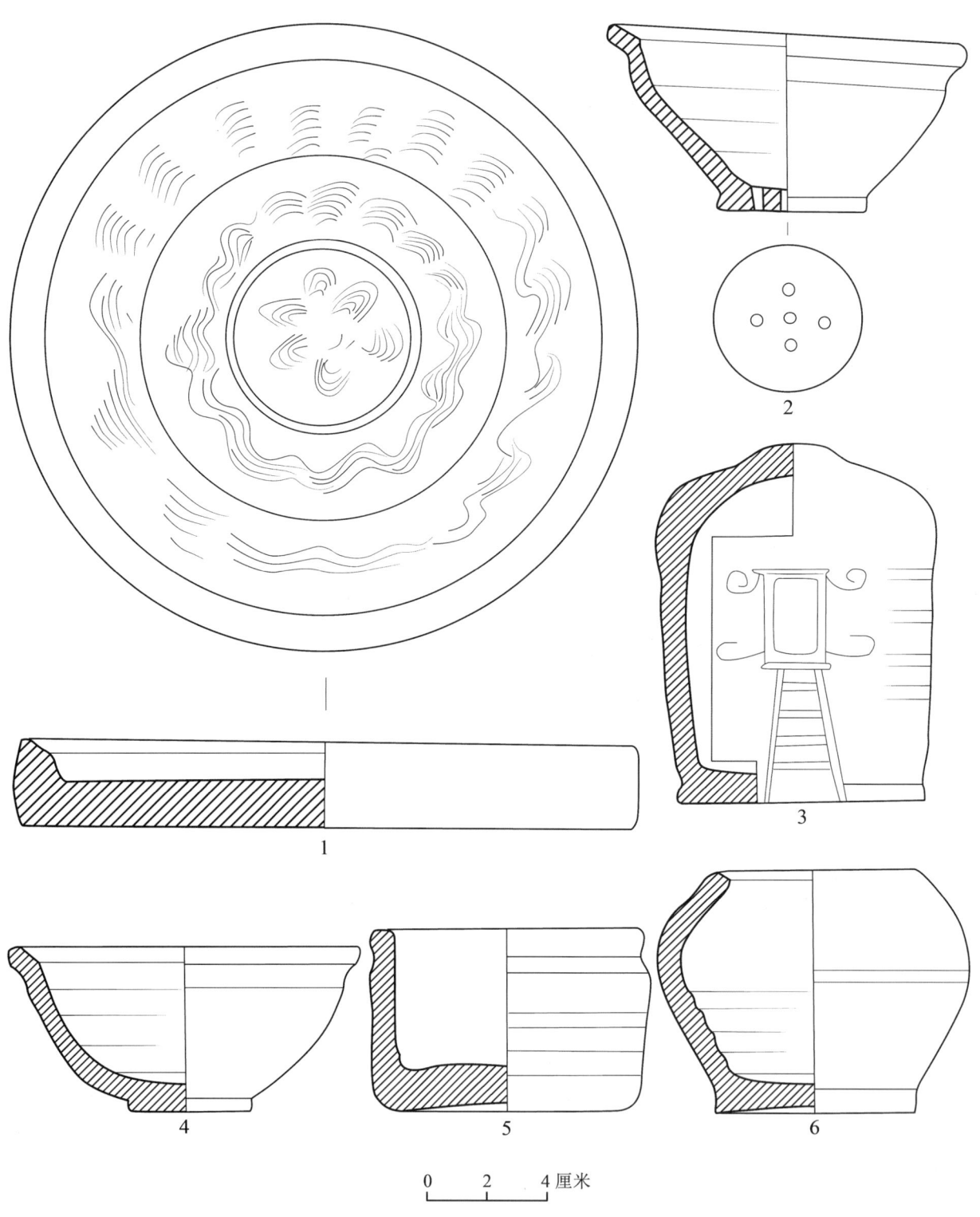

图四五七　ⅥM14出土器物（一）
1.陶盘（ⅥM14∶6）　2.陶甑（ⅥM14∶8）　3.陶仓（ⅥM14∶14）　4.陶碗（ⅥM14∶7）　5.陶樽（ⅥM14∶13）　6.陶釜（ⅥM14∶9）

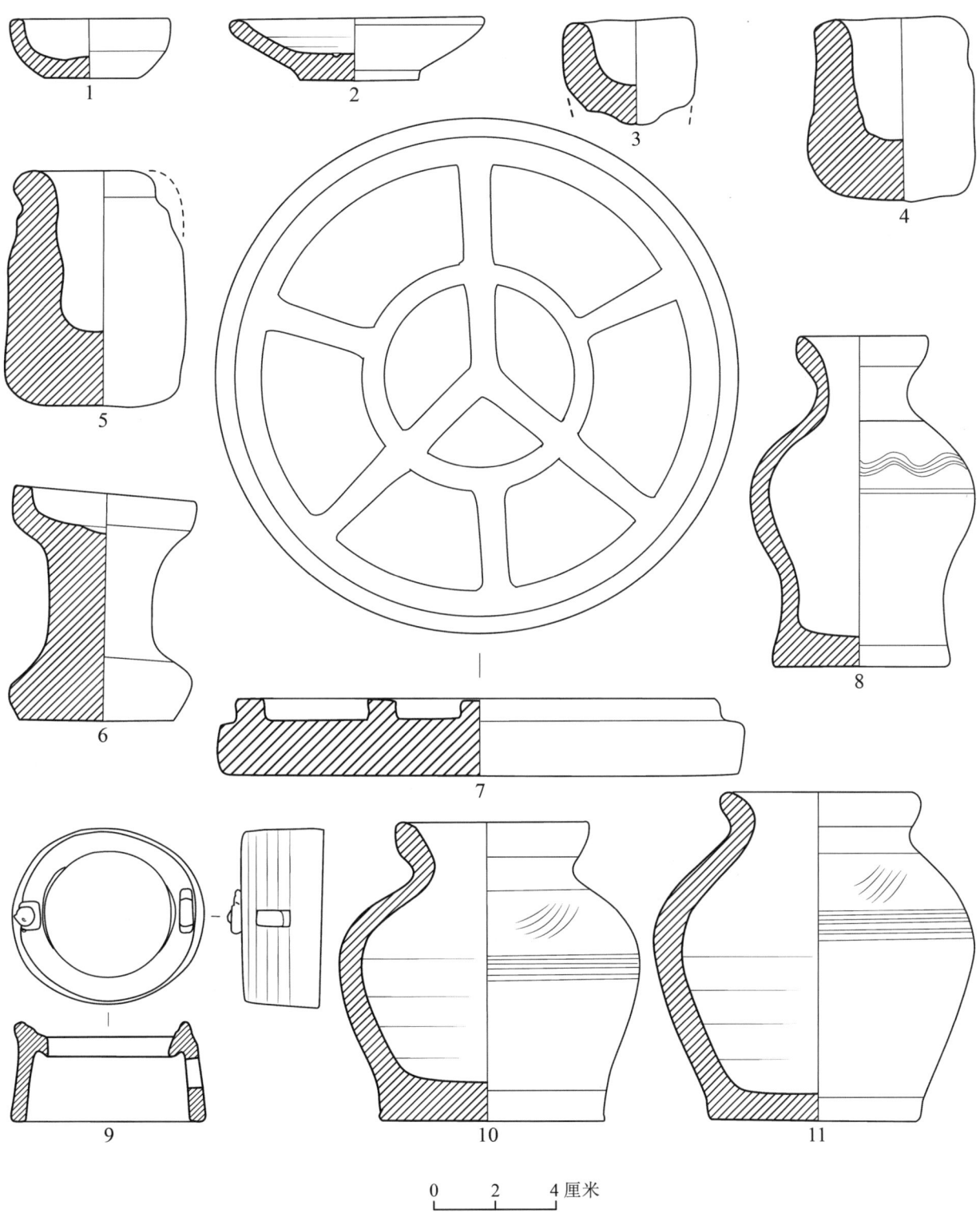

图四五八　ⅥM14出土器物（二）

1.陶钵（ⅥM14：3）　2.陶碟（ⅥM14：2）　3、4.泥杯（ⅥM14：18、ⅥM14：16）　5.泥斗瓶（ⅥM14：15）　6.陶灯（ⅥM14：4）
7.陶槅（ⅥM14：1）　8.陶壶（ⅥM14：5）　9.陶灶（ⅥM14：10）　10、11.波浪纹陶罐（ⅥM14：11、ⅥM14：12）

泥斗瓶　1件。ⅥM14：15，泥质，未经烧制。变形严重，残。侈口，圆唇，口径3.5、底径4.6、高7.8厘米（图四五八，5；图版一九二，4）。

泥杯　2件。ⅥM14：16，泥质，未经烧制。直口，圆唇，腹部较直，平底。口径4.8、底径4.6、高6.0厘米（图四五八，4；图版一九二，3）。ⅥM14：18，泥质，未经烧制。底残，不可复原。直口，圆唇。口径4.0、残高3.4厘米（图四五八，3）。

铜钱　1枚。ⅥM14：17，五铢钱，圆形方穿，正面穿左右篆书"五铢"二字。"五"字较宽，交笔弯曲；"铢"字"金"字头呈三角形，中间四点较长，"朱"字上部圆折，下部方圆折。钱径2.51、穿宽1.00、郭宽0.16、郭厚0.12、肉厚0.10厘米，重1.91克。

ⅥM15

位于Ⅵ区北部，ⅥM14东北，与ⅥM16为一组，未发现茔圈。

1. 墓葬形制

该墓为带长斜坡墓道单室土洞墓。由墓道、甬道、墓室组成。墓向90°（图四五九；图版二六，1）。

墓道　位于墓室以东，平面呈长方形，长8.86、宽1.00米。西端剖面呈梯形，口小底大，底宽1.18米。东高西低，斜坡至底，坡度33°。墓道内填黄褐色泛灰沙石。近墓门处距地表深4.50米。墓道东端存一盗洞，平面呈近方形，边长0.80米，由墓道而下破坏封门，经甬道进入墓室。

甬道　位于墓道西端，连接墓道与墓室。平面呈长方形，进深0.64、宽0.80、高1.26米。墓门呈拱形，与甬道同高等宽。封门为甬道内封，以土坯封堵，残高0.40~0.78、厚0.40米，土坯长0.40、宽0.20、厚0.10米。

墓室　位于墓道以西，平面呈长方形，距墓室地面1.08米处开始向上内收至覆斗顶，顶部部分坍塌，顶部中央存在一长方形藻井，东西长1.30、南北宽0.50米。墓室东西长3.10、南北宽1.68、高1.84米（图版二六，2）。

2. 葬具葬式及葬俗

墓室南壁下存一尸床，由细沙土、木板、草木灰依次堆垒而成，从痕迹可判断，长2.02、宽0.66、厚0.05米。

该墓为单人葬。人骨置于尸床之上，仰身直肢葬，头向西。经鉴定，人骨为男性，年龄26~35岁。

人骨周围散布有意打碎的陶片。

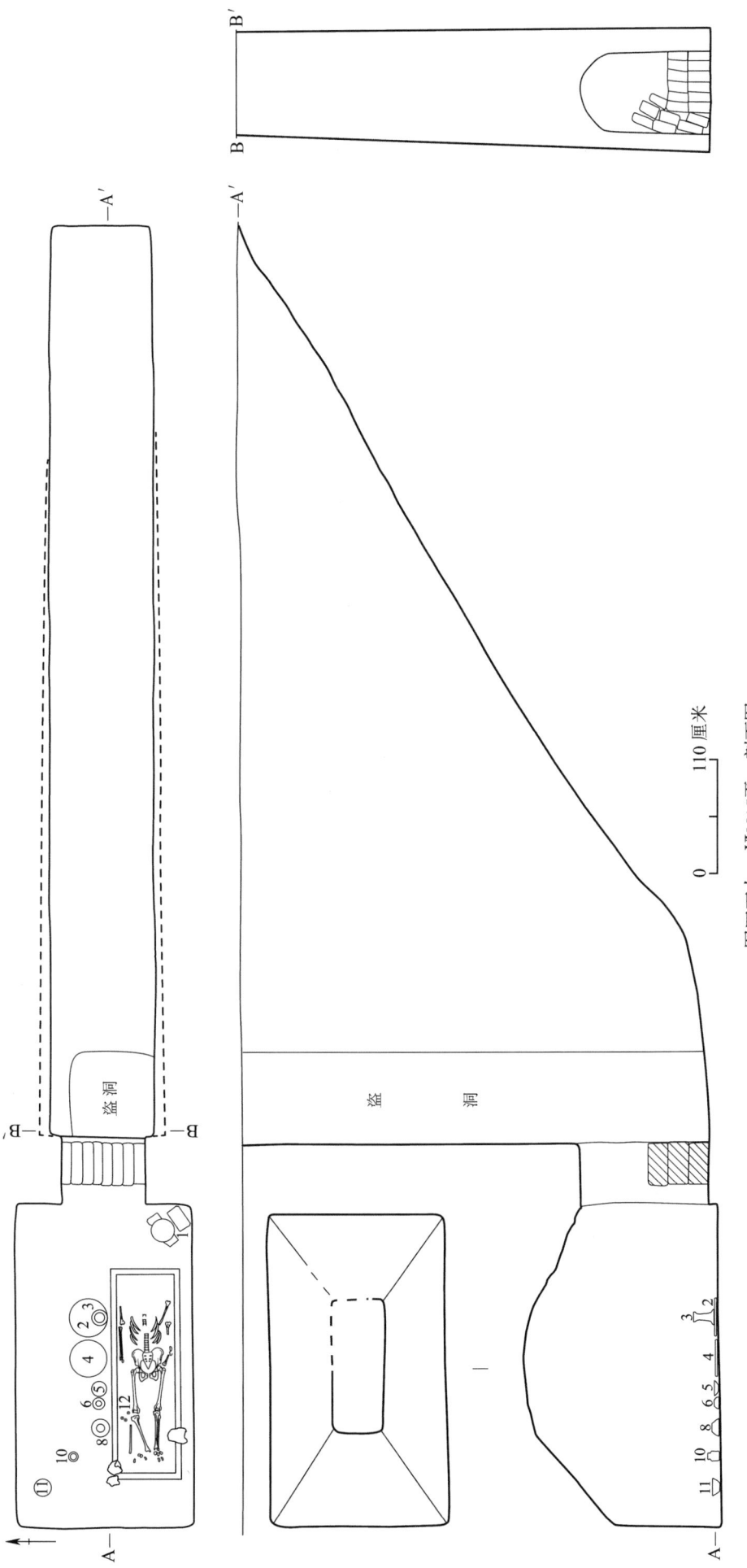

图四 五九 VIM15平、剖面图

1.陶樽 2、4.陶盘 3.陶灯 5、9.陶碟 6、7.陶钵 8、11.陶盆 10.陶斗瓶 12.铜钱（7出土于6之下，9出土于8之下）

3. 随葬品

随葬品以陶器为主，集中放置于墓室中部及墓室东南角，共 11 件，包括陶樽 1 件、陶盘 2 件、陶灯 1 件、陶碟 2 件、陶钵 2 件、陶盆 2 件、陶斗瓶 1 件。另于人骨周围出土铜钱 1 组（47 枚）（图版五〇，3）。

陶钵　2 件。泥质素面灰陶。ⅥM15：6，直口，尖唇，弧腹收至平底。口径 11.6、底径 5.4、高 4.5~5.0 厘米（图四六〇，1；图版一九四，5）。ⅥM15：7，直口，弧腹折收至平底。口径 8.4、底径 4.0、高 3.8 厘米（图四六〇，2；图版一九四，6）。

陶碟　2 件。泥质素面灰陶。ⅥM15：5，敞口，方唇，斜平沿微内凹，颈微束，弧腹收至平底。内壁见轮制痕迹。口径 14.0、底径 6.4、高 4.0 厘米（图四六〇，3；图版一九五，1）。ⅥM15：9，敞口，方唇，斜平沿，颈微束，弧腹收至平底。内壁见轮制痕迹。口径 12.8、底径 4.2、高 3.6~3.8 厘米（图四六〇，4）。

陶斗瓶　1 件。ⅥM15：10，泥质素面灰陶。底略残，可复原。直口，外缘呈三角状，束颈，圆肩，直腹，平底。口径 5.4、底径 7.6、高 11.7~12.0 厘米（图四六〇，5；图版一九五，3）。

陶灯　1 件。ⅥM15：3，泥质素面灰陶。灯口呈钵状，口近直，方唇，外缘斜直，腹部斜收，灯柄实心，上细下粗，近底时外撇成齐缘低台座。口径 9.4、底径 15.0、高 20.4 厘米（图四六〇，6；图版一九五，2）。

陶盆　2 件。泥质灰陶。ⅥM15：8，口略残，可复原。侈口，方唇，斜平沿微凹，颈微束，斜直腹收至平底。腹部较深。肩部饰一组不明显的弦纹，腹部有两周凸棱纹。口径 16.2、底径 7.6、高 7.2 厘米（图四六〇，7；图版一九六，1）。ⅥM15：11，侈口，方唇，斜平沿微内凹，颈微束，斜直腹收至平底。上腹部饰两周凸棱纹。口径 16.0、底径 7.6、高 7.4 厘米（图四六〇，8；图版一九六，2）。

陶盘　2 件。泥质灰陶。ⅥM15：2，平沿微内凹，外缘斜直内收至平底。盘面由边缘向中心依次略低，盘面饰三组波浪纹及刮削所致凹棱纹。盘径 36.4、厚 2.0 厘米（图四六〇，9；图版一九五，5）。ⅥM15：4，平沿微内凹，外缘斜直内收至平底。盘面由边缘向中心依次略低，盘面饰三组波浪纹及刮削所致凹棱纹。盘径 35.4、厚 2.0 厘米（图四六〇，10；图版一九五，6）。

陶樽　1 件。ⅥM15：1，泥质灰陶。带盖樽，子母口，盖、口吻合甚严。盖呈覆钵状，弧形顶，弧腹，直口。顶、腹部饰三组弦纹间隔的三组波浪纹。樽直口，尖圆唇，折肩，直腹，平底。盖径 22.0、高 6.4 厘米；樽口径 20.0、底径 21.0、高 12.8 厘米；通高 18.0 厘米（图四六〇，11；图版一九五，4）。

铜钱　1 组。ⅥM15：12，47 枚。均圆形方穿，形制不同，以五铢钱为主，其中部分磨郭，

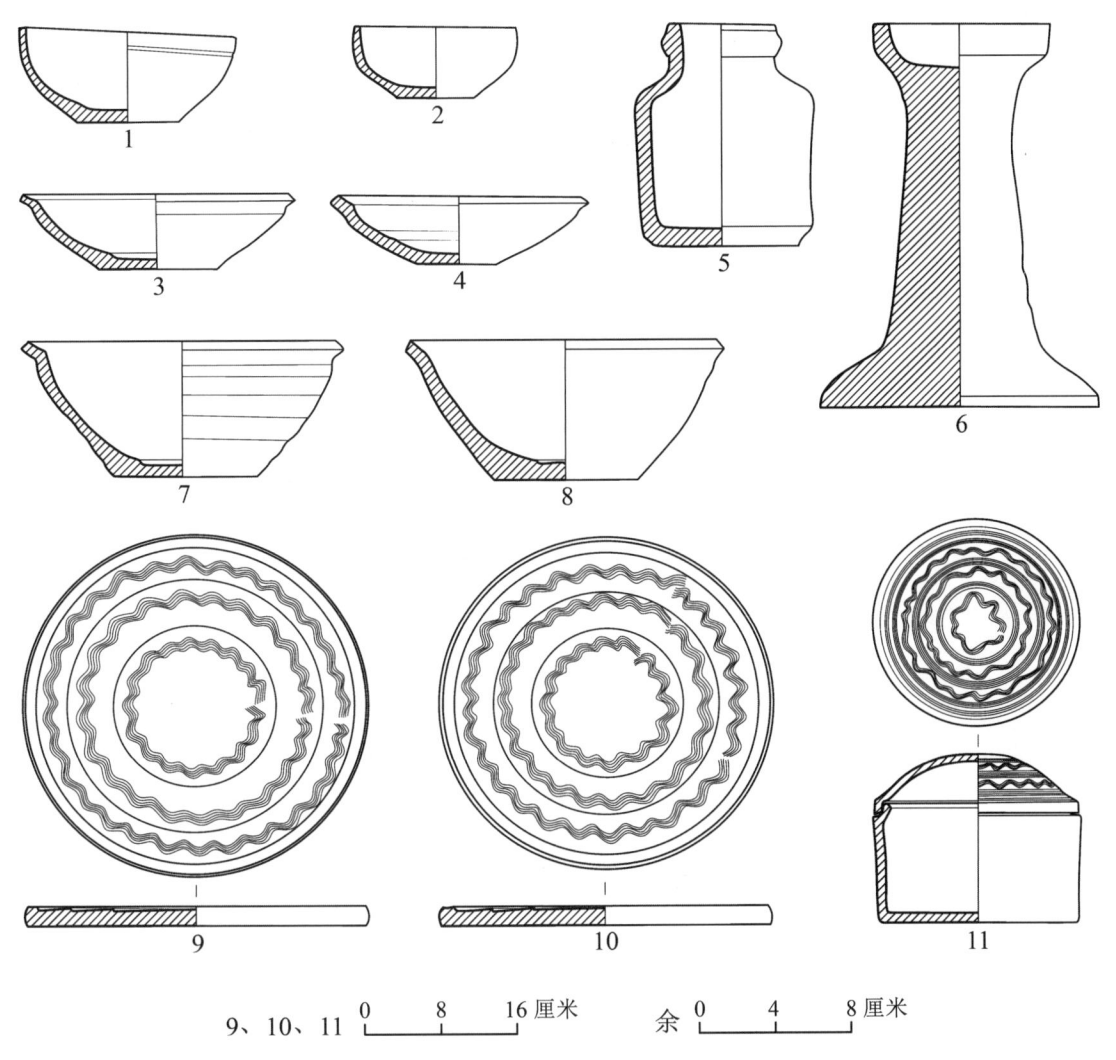

图四六〇 ⅥM15出土器物

1、2.陶钵（ⅥM15∶6、ⅥM15∶7） 3、4.陶碟（ⅥM15∶5、ⅥM15∶9） 5.陶斗瓶（ⅥM15∶10） 6.陶灯（ⅥM15∶3）
7、8.陶盆（ⅥM15∶8、ⅥM15∶11） 9、10.陶盘（ⅥM15∶2、ⅥM15∶4） 11.陶樽（ⅥM15∶1）

另有1枚货泉以及少量铜钱钱文锈蚀不可辨。部分五铢有穿右下星、穿下斜杠、穿上三竖杆、穿上星、穿上半星等记号。

ⅥM15∶12-8，货泉。形制较小，两面穿皆有郭，"货泉"二字篆书。钱径2.11、穿宽0.77、郭宽0.10、郭厚0.13、肉厚0.08厘米，重2.01克。五铢钱，正面穿左右篆书"五铢"二字（图四六一，1）。ⅥM15∶12-30，五铢钱，正面穿左右篆书"五铢"二字，"五"字较宽，交笔弯曲；"铢"字"金"字头呈三角形，中间四点较长，"朱"字上下部均圆折。记号为穿右下星。钱径2.58、穿宽0.88、郭宽0.15、郭厚0.10、肉厚0.08厘米，重2.35克（图四六一，2）。ⅥM15∶12-39，五铢钱，正面穿左右篆书"五铢"二字，"五"字较宽，交笔弯曲；"铢"字"金"字头呈三角形，中间四点较长，"朱"字上下部均圆折。记号为穿上星。钱径2.54、穿宽0.92、郭宽0.12、郭厚0.13、肉厚0.09厘米，重2.85克（图四六一，3）。

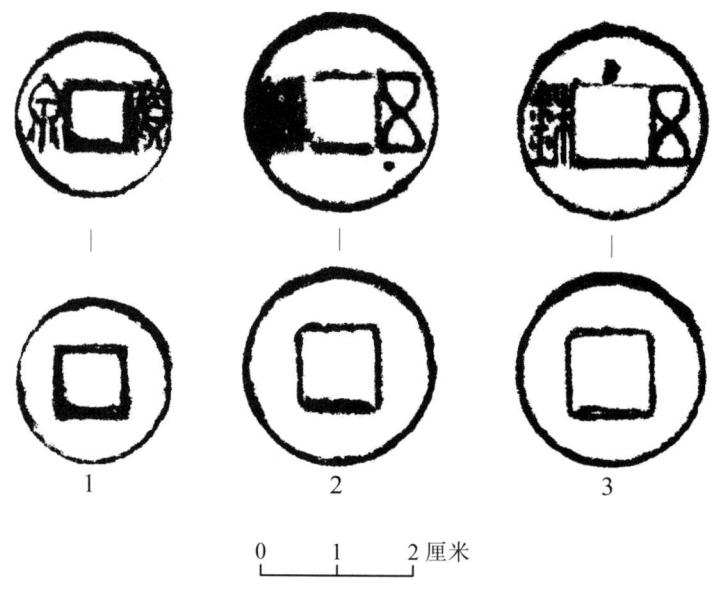

图四六一　ⅥM15出土铜钱拓片
1.货泉（ⅥM15:12-8）　2、3.五铢钱（ⅥM15:12-30、ⅥM15:12-39）

ⅥM16

位于Ⅵ区北部，ⅥM15以南，东西向分布，未发现茔圈。

1. 墓葬形制

该墓为带长斜坡墓道单室土洞室，由墓道、甬道、墓室组成。墓向90°（图四六二）。

墓道　位于墓室以东，平面呈近长方形，长10.80、宽1.00米。西端剖面呈梯形，底宽1.30米。东高西低，斜坡至距墓门1.50米处到底，其后平直延伸至墓门处，坡角30°。近墓门处距地表深4.80米。

甬道　位于墓道西端，连接墓道与墓室，进深0.90、宽0.90、高1.55米。墓门呈拱形，略宽于甬道，宽0.93米，与甬道等高。封门位于甬道内封，原以土坯封门，现存高度0.40~0.60米（图版二七，1）。

墓室　位于墓道以西，平面呈长方形，距墓室地面1.60米处开始向上斜收至顶，由于坍塌，顶部形制不明。墓室东西长3.20、南北宽3.00、残高2.40米。墓室东北角存一耳室，平面形状呈近梯形，南宽北窄，有甬道以连接耳室与墓室，甬道宽0.55、进深0.20、残高1.00米，（图版二七，2）。

2. 葬具葬式及葬俗

墓室南、北壁下，存三尸床由北向南依次排列。尸床均由红褐色细沙土和木板堆垒而成，

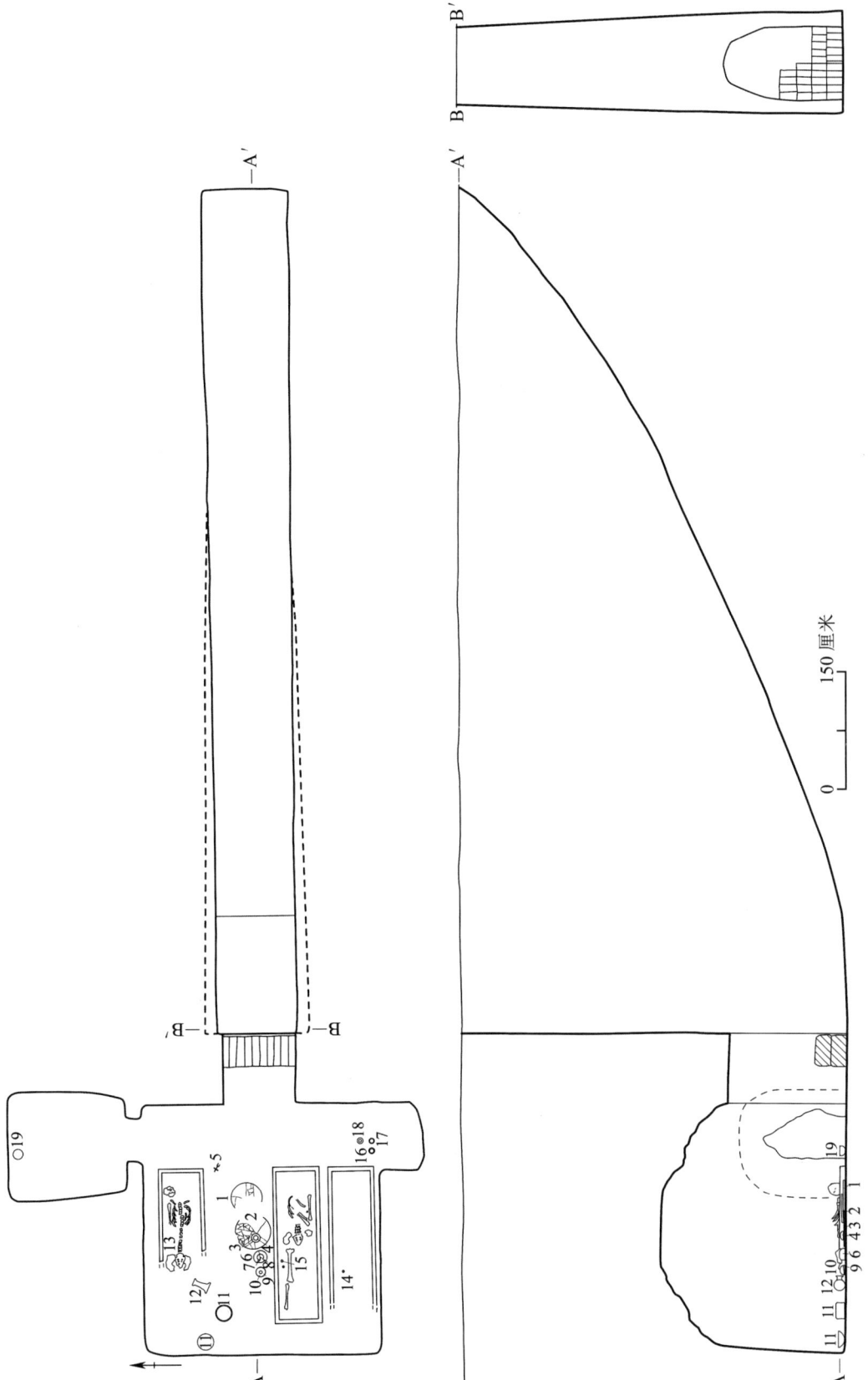

图四六二 ⅥM16平、剖面图

1~3.陶盘 4、9、10.陶钵 5.铜叉 6、19.陶盆 7、8.陶碟 11.陶樽 12.陶灯 13~15、23、24.铜钱 16、17.陶斗瓶 18.素面陶罐 20.铜钗 21.铜马镳 22.铜帽钉 (7出土于8之下，9出土于10之下，20~24出土于墓室填土内)

中部尸床相对完整，长 2.00、宽 0.60、厚 0.05 米。

人骨扰乱严重，散布于墓室之中，从残存情况看，中部和北侧人骨应为仰身直肢葬。经鉴定，北侧人骨为女性，年龄 50~60 岁；中部人骨为男性，年龄 50 岁左右；南侧人骨为一成年女性。

尸床上均散布少量有意打碎的陶片。

3. 随葬品

该墓遭盗扰，随葬品扰乱严重，以陶器和铜器为主。陶器主要分布于墓室中部及耳室和角龛内，共 15 件，其中陶钵 3 件、陶灯 1 件、素面陶罐 1 件、陶盆 2 件、陶樽 1 件、陶斗瓶 2 件（图版二八，1）、陶盘 3 件、陶碟 2 件。铜器大部分散布于墓室填土内，其中铜叉 1 件、铜钗 1 件、铜马镳 1 件、铜帽钉 1 件、铜钱 5 组（192 枚）（图版五一，1）。

陶碟　2 件。泥质素面灰陶。敞口，斜平沿，方唇，浅弧腹，平底。ⅥM16：7，残，可复原。口径 13.7、底径 5.8、高 3.4 厘米（图四六三，1；图版一九七，2）。ⅥM16：8，残，可复原。口径 12.5、底径 4.5、高 3.7~4.1 厘米（图四六三，2）。

陶钵　3 件。侈口或直口，弧腹，平底。ⅥM16：4，泥质素面灰陶。直口，圆唇，上腹略鼓，下腹弧收至底。口径 10.8、底径 5.2、高 4.0 厘米（图四六三，3）。ⅥM16：9，泥质素面灰陶。直口，方唇。口径 12.2、底径 4.8、高 5.1~5.3 厘米（图四六三，4；图版一九六，6）。ⅥM16：10，泥质素面橙黄陶。侈口，圆唇。口径 12.0、底径 3.8、高 4.6~5.0 厘米（图四六三，5；图版一九六，5）。

素面陶罐　1 件。ⅥM16：18，泥质素面灰陶。器形较小。口微侈，圆唇，束颈，溜肩，圆鼓腹斜收至底，底部微内凹。口径 3.5、腹径 7.6、底径 5.0、高 5.4 厘米（图四六三，6；图版一九六，4）。

陶盆　2 件。泥质素面灰陶。侈口，方唇，斜平沿，束颈，弧腹，平底。ⅥM16：6，残，可复原。口径 17.0、底径 8.0、高 7.0 厘米（图四六三，7）。ⅥM16：19，口径 12.8、底径 5.6、高 7.0 厘米（图四六三，8；图版一九七，1）。

陶灯　1 件。ⅥM16：12，泥质素面灰陶。灯口呈钵状，直口，方唇，直腹内折，灯柄实心，上细下粗，斜缘低台座，平底。口径 9.2、底径 14.4、高 20.6 厘米（图四六三，13；图版一九七，4）。

陶盘　3 件。均不同程度残缺，可复原。均圆形，平底。ⅥM16：1，泥质灰陶。圆弧缘，沿内斜呈重唇，盘面由沿到中间依次降低，面饰三周凹弦纹相间的三组波浪纹。盘径 39.0、厚 2.0 厘米（图四六三，14；图版一九七，5）。ⅥM16：2，泥质灰陶。直缘，平沿，沿与盘面基本在同一平面上。面饰两周凹弦纹相间的两组波浪纹。盘径 37.4、厚 2.0 厘米（图四六三，15）。ⅥM16：3，泥质素面橙黄陶。斜直缘，平沿，盘面低于盘沿，盘径 44.6、厚 1.2 厘米（图

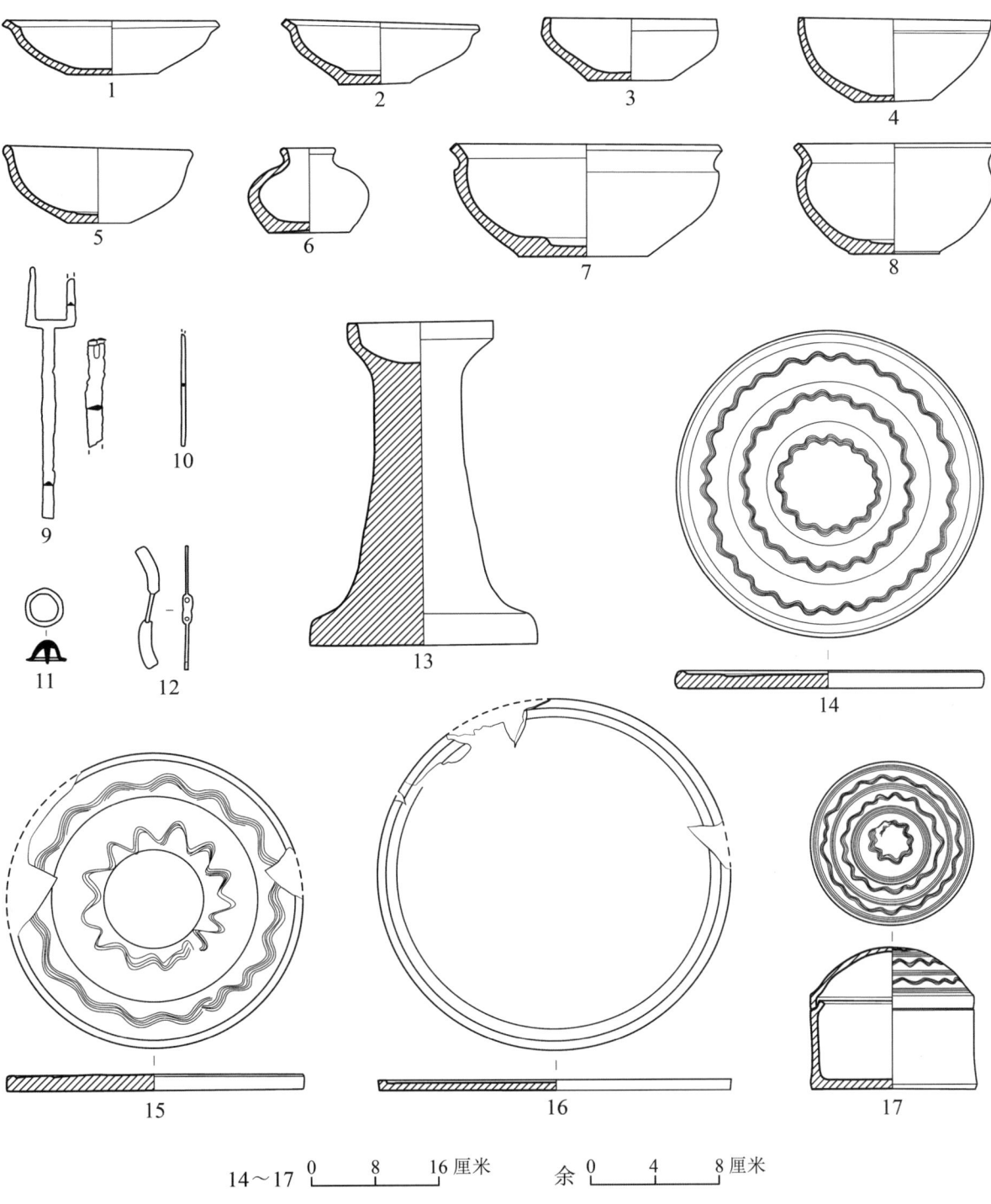

图四六三 ⅥM16出土器物（一）

1、2.陶碟（ⅥM16:7、ⅥM16:8） 3~5.陶钵（ⅥM16:4、ⅥM16:9、ⅥM16:10） 6.素面陶罐（ⅥM16:18） 7、8.陶盆（ⅥM16:6、ⅥM16:19） 9.铜叉（ⅥM16:5） 10.铜钗（ⅥM16:20-1） 11.铜帽钉（ⅥM16:22） 12.铜马镳（ⅥM16:21） 13.陶灯（ⅥM16:12） 14~16.陶盘（ⅥM16:1、ⅥM16:2、ⅥM16:3） 17.陶樽（ⅥM16:11）

四六三，16；图版一九七，6)。

陶樽　1件。VIM16：11，泥质灰陶。带盖樽，子母口，盖、口吻合甚严。盖呈覆钵状，弧形底，弧腹，直口，底、腹部饰弦纹相间的波浪纹。樽敛口，方唇，直腹，平底。盖径20.6、高7.6厘米；樽口径18.4、底径20.8、高11.2厘米；通高18.0厘米（图四六三，17；图版一九六，3)。

陶斗瓶　2件。口近直或微敛，圆唇，束颈，直腹，平底。VIM16：16，泥质素面灰陶。直口，圆唇，外缘呈三角状，束颈，圆肩，直腹，平底。口径4.2、底径7.4、高9.8厘米（图四六四，1；图版一九七，3)。腹部朱书镇墓文，多已漫漶不清，录文作：

甘露元年□□□

卯朔廿九日□□

东乡农……

……死……

……

千秋……

□得……

VIM16：17，泥质素面灰陶。直口，圆唇，外缘呈三角状，束颈，溜肩，直腹，平底。口径4.8、底径6.5、高9.8厘米（图四六四，2；图版一九八，1~6)。颈部朱书"即日记"三字；腹部朱书镇墓文一周，部分漫漶不清，录文作：

即日记

甘露元年十二月

癸卯朔廿九日辛未

东乡农居里民

孙彦通汝自薄

命早终算尽

寿穷医药不

能治死见重复

八魁九坎与同□

太山长生汝自往

应之苦莫相念

乐莫相思□

……

□二千石□□…

……

以……

注仟生人□□

与死者……

□河……

……

……千秋……

……

铜叉　1件。ⅥM16：5，为两股叉，叉柄及一股已残，叉柄及叉股呈三棱状。残长18.5、宽2.8~3.1、叉头长3.7、柄宽0.6~1.0厘米（图四六三，9；图版一九九，1）。

铜钗　1件。呈"U"形，断面呈圆形，连接处呈弧形，界面扁平。ⅥM16：20-1，残长7.0、截面直径0.3、股径0.3、头部宽0.5厘米（图四六三，10）。

铜帽钉　1件。ⅥM16：22，平面呈同心圆状，中央凸起为半球状。直径2.5、高1.5厘米（图四六三，11；图版一九九，3）。

铜马镳　1件。ⅥM16：21，总体呈"S"状，中间连接处有两孔，应为穿系之用。通长7.8、宽0.2~0.7厘米（图四六三，12；图版一九九，2）。

铜钱　5组（192枚）。均圆形方穿，形制不同，以五铢钱为主，另有少量剪轮钱、磨郭钱以及货泉。部分五铢有穿下半星、背右下决文、背左下星、穿上星、铢上横杠等记号。

五铢钱，穿左右篆书"五铢"二字。ⅥM16：15-34，"五"字较窄，交笔弯曲；"铢"字"金"字头呈三角形，中间四点较长，"朱"字上下部均圆折。记号为背右下决文。钱径2.60、穿宽0.95、郭宽0.16、郭厚0.12、肉厚0.08厘米，重2.89克（图四六四，3）。ⅥM16：15-50，"五"字较宽，交笔弯曲；"铢"字"金"字头呈三角形，中间四点较短，上下部均方圆折，"朱"字叠文，记号为穿上星。钱径2.53、穿宽0.87、郭宽0.13、郭厚0.13、肉厚0.08厘米，重3.02克（图四六四，4）。ⅥM16：15-59，"五"字较宽，交笔弯曲；"铢"字"金"字头呈三角形，中间四点较长，"朱"字上下部均圆折。钱径2.60、穿宽0.88、郭宽0.15、郭厚0.15、肉厚0.10厘米，重3.01克（图四六四，5）。ⅥM16：15-63，"五"字叠文，较宽，交笔弯曲；"铢"字"金"字头呈三角形，中间四点较长，"朱"字上下部均圆折。钱径2.57、穿宽0.88、郭宽0.14、郭厚0.15、肉厚0.08厘米，重2.94克（图四六四，6）。ⅥM16：23-28，"五"字较宽，交笔弯曲；"铢"字"金"字头呈三角形，中间四点较长，"朱"字上下部均圆折。钱径2.47、穿宽0.88、郭宽0.10、郭厚0.11、肉厚0.07厘米，重2.29克（图四六四，7）。

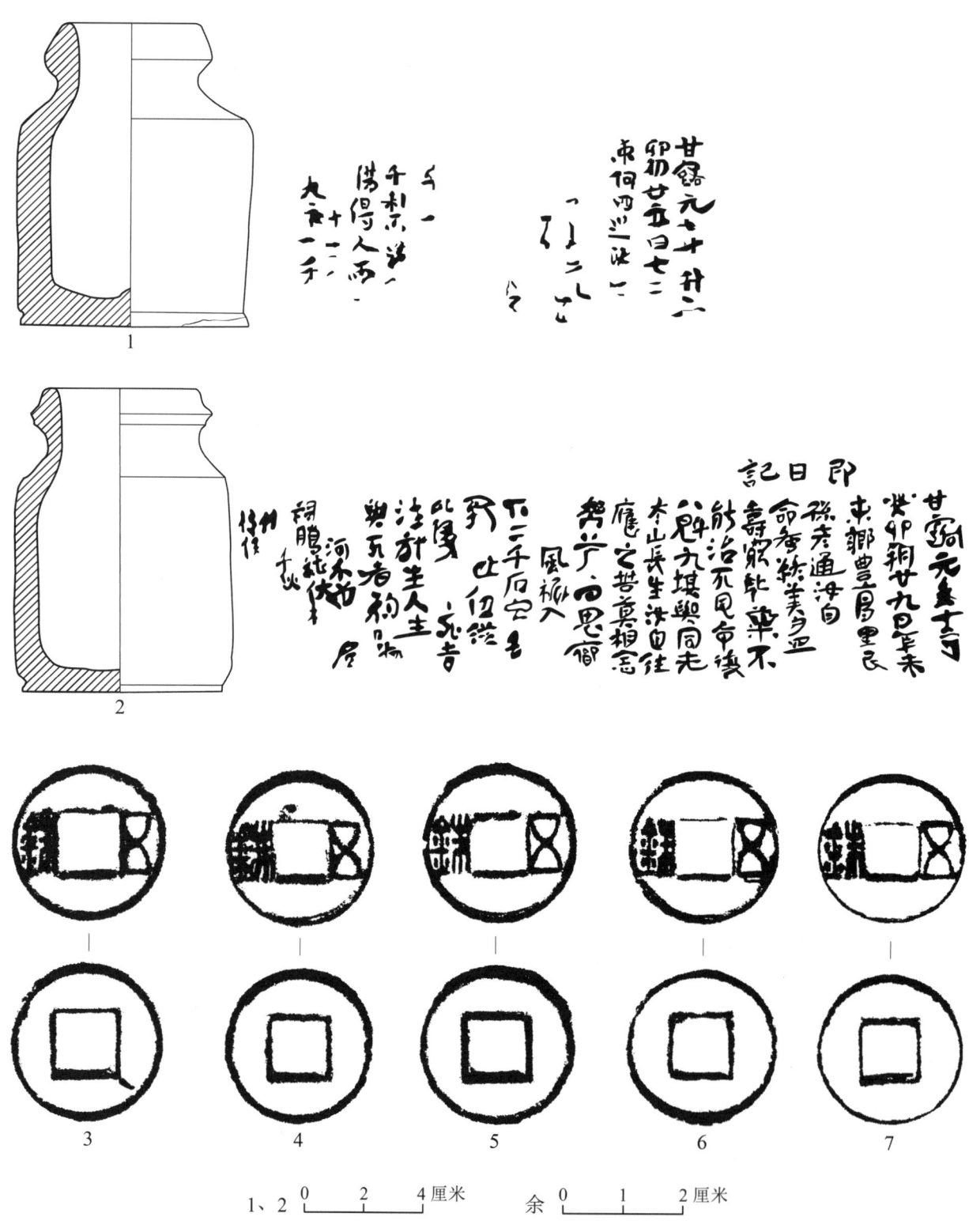

图四六四　ⅥM16出土器物（二）

1、2.陶斗瓶（ⅥM16:16、ⅥM16:17）　3~7.五铢钱（ⅥM16:15-34、ⅥM16:15-50、ⅥM16:15-59、ⅥM16:15-63、ⅥM16:23-28）

ⅥM17

位于Ⅵ区北部，ⅥM15东北，东西向分布。

1. 墓葬形制

该墓为带长斜坡墓道单室土洞墓，由墓道、甬道、墓室组成。墓向270°（图四六五）。

墓道　位于墓室以西，平面呈近梯形，西窄东宽，长8.80、宽0.60~0.70米。东端剖面亦呈梯形，口小底大，底宽1.00米。西高东低，斜坡至底，坡度32°。近墓门处距地表深4.80米。内填黄褐色泛灰沙石。墓道东端存一盗洞，延南、北、东三壁而下，平面呈长方形，直径0.70~0.80米，向下至墓道底部折向封门，打破封门后经过甬道进入墓室。

甬道　位于墓道东端，连接墓道与墓室。平面呈长方形，进深0.96、宽0.90、高0.90米。墓门呈拱形，与甬道同高等宽。封门位于甬道内封，以土坯和砂石封堵。

墓室　位于墓道以东，平面呈长方形，距墓室地面0.70米处开始向上斜收至覆斗顶，顶部部分坍塌，顶部中央存一藻井，宽约0.03、深约0.03米。墓室东西长2.70、南北宽2.50、残高2.10米。墓室西南角和西北角各掏一龛。西南角龛平面呈长方形，宽0.54、进深约0.40、高0.50米。西北角龛平面呈长方形，宽0.45、进深0.36、高0.46米。

2. 葬具葬式及葬俗

墓室北壁下存一尸床，由木板、细沙土、草木灰堆垒而成，仅见痕迹，从痕迹可见棺长1.96、宽0.54、厚0.05米，棺底部铺零乱的碎陶片。南壁仅见人骨，骨上残留灰烬，局部可见席形纹，判断为用稻草编织的草席，为裹尸之用，具体形制、结构和尺寸不明。

该墓为双人合葬。北壁下人骨保存较好，置于尸床之上，仰身直肢葬；南侧人骨凌乱，葬式不详。经鉴定，北侧人骨疑似男性，年龄28~36岁；南侧人骨为一成年女性。

北侧尸床底部散布有意打碎的陶片。

3. 随葬品

随葬品以陶器为主，集中放置于墓室中部、西北角龛内及北侧人骨头端，共17件，包括陶盘2件、陶碗2件、陶碟4件、陶灯1件、陶壶1件、陶樽3件、陶甑1件、陶釜1件、陶盆1件、陶斗瓶1件。另外于两人骨周围出土铜钱2组（11枚）、铜顶针1件（图版五一，2）。

陶碟　4件。泥质素面灰陶。敞口，尖唇，浅弧腹，底作矮假圈足。内壁见轮制痕迹。ⅥM17:2，口径9.5、底径5.0、高3.3厘米（图四六六，1）。ⅥM17:3，口径8.6、底径5.4、高3.1~3.2厘米（图四六六，2；图版一九九，4）。ⅥM17:9，口略残，可复原。口径9.6、底径5.2、高3.0~3.1厘米（图四六六，3；图版一九九，6）。ⅥM17:20，口略残，可复原。口径

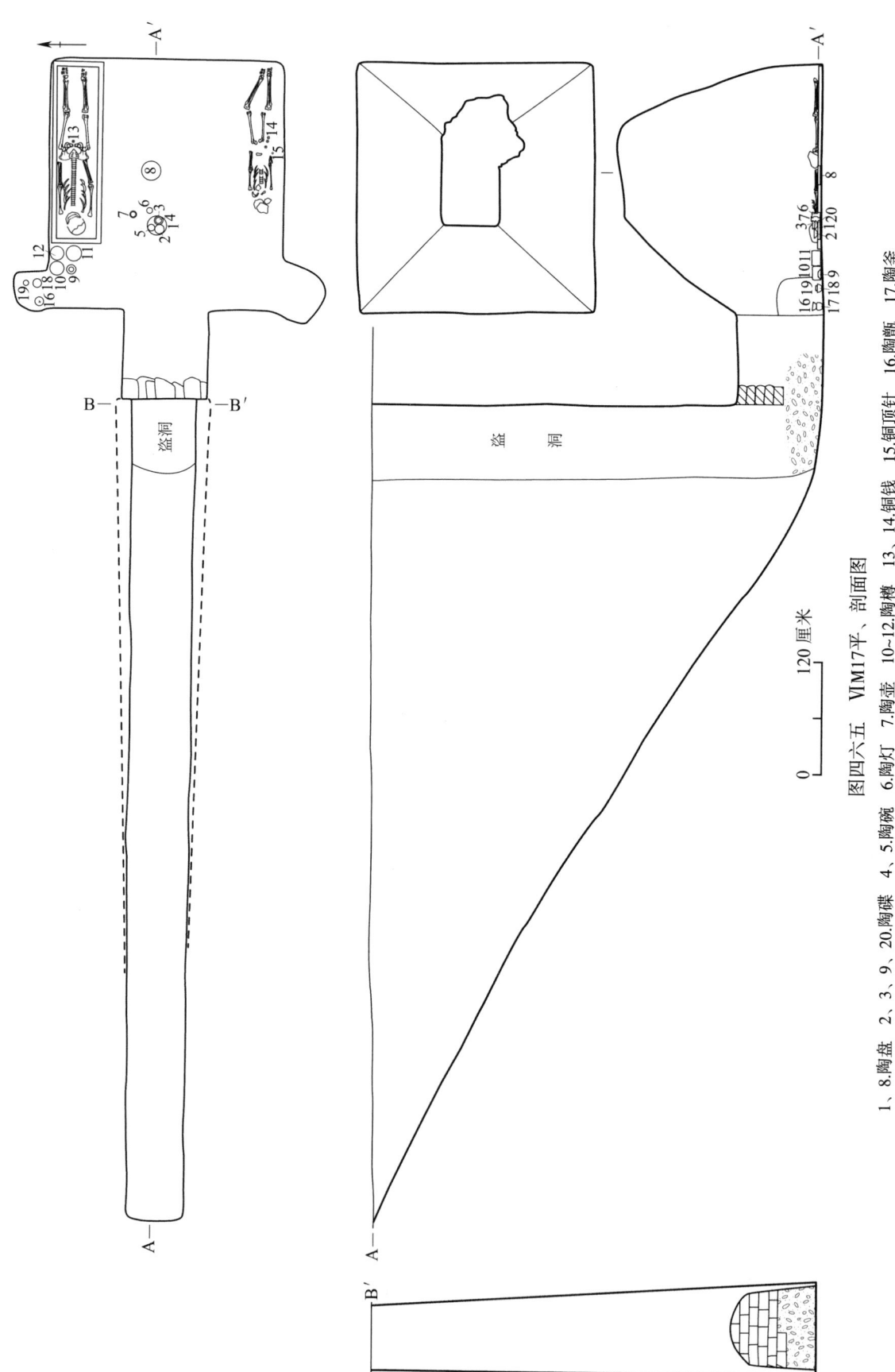

图四六五 ⅥM17平、剖面图
1、8.陶盘 2、3、9、20.陶碟 4、5.陶碗 6.陶灯 7.陶壶 10~12.陶樽 13、14.铜钱 15.铜顶针 16.陶瓶 17.陶釜 18.陶盆 19.陶斗瓶

8.8、底径 4.2、高 2.4~3.2 厘米（图四六六，4）。

陶碗　2件。ⅥM17：4，泥质素面灰陶。直口，尖圆唇，弧腹，底作矮假圈足。口径 6.2、底径 4.4、高 3.0 厘米（图四六六，5；图版二〇〇，5）。ⅥM17：5，泥质素面橙黄陶。口略残，可复原。侈口，方唇，弧腹，底作矮假圈足。口径 6.6、底径 4.4、高 2.4~2.7 厘米（图四六六，6；图版二〇〇，6）。

陶甑　1件。ⅥM17：16，泥质素面灰陶。器形歪扭。盆形甑，侈口，方唇，斜平沿，束颈，弧腹收至平底。底有五孔。口径 9.0、底径 4.9、高 3.4~4.6 厘米（图四六六，7；图版二〇一，3）。

陶盆　1件。ⅥM17：18，泥质素面灰陶。侈口，方唇，斜平沿，束颈，鼓腹，平底。口径 9.0、底径 4.7、高 4.5 厘米（图四六六，8；图版二〇〇，4）。

陶斗瓶　1件。ⅥM17：19，泥质素面红陶。侈口，尖圆唇，高斜领，束颈，溜肩，弧腹收至平底。口径 5.0、底径 4.4、高 6.3 厘米（图四六六，9；图版一九九，7）。肩、腹部墨书镇墓文，大部分漫漶不清，录文作：

廿二……

……

……

……

□生人□□诏

令□□□

……两

……转告

远与他乡

……

如律令

陶樽　3件。泥质素面灰陶。直口，方唇，束颈，直腹，平底。内壁见轮制痕迹。ⅥM17：10，口径 13.6、底径 14.4、高 9.0 厘米（图四六六，10）。ⅥM17：11，口径 15.4、底径 15.6、高 9.2 厘米（图四六六，11；图版二〇一，2）。ⅥM17：12，口径 14.0、底径 14.8、高 9.5 厘米（图四六六，12；图版二〇一，1）。

陶壶　1件。ⅥM17：7，泥质灰陶。侈口，方唇，高斜领，束颈，溜肩，扁鼓腹，近底时外撇成喇叭形底座。肩、腹部饰波浪纹和弦纹组合。口径 5.2、腹径 7.3、底径 6.2、高 9.5 厘米

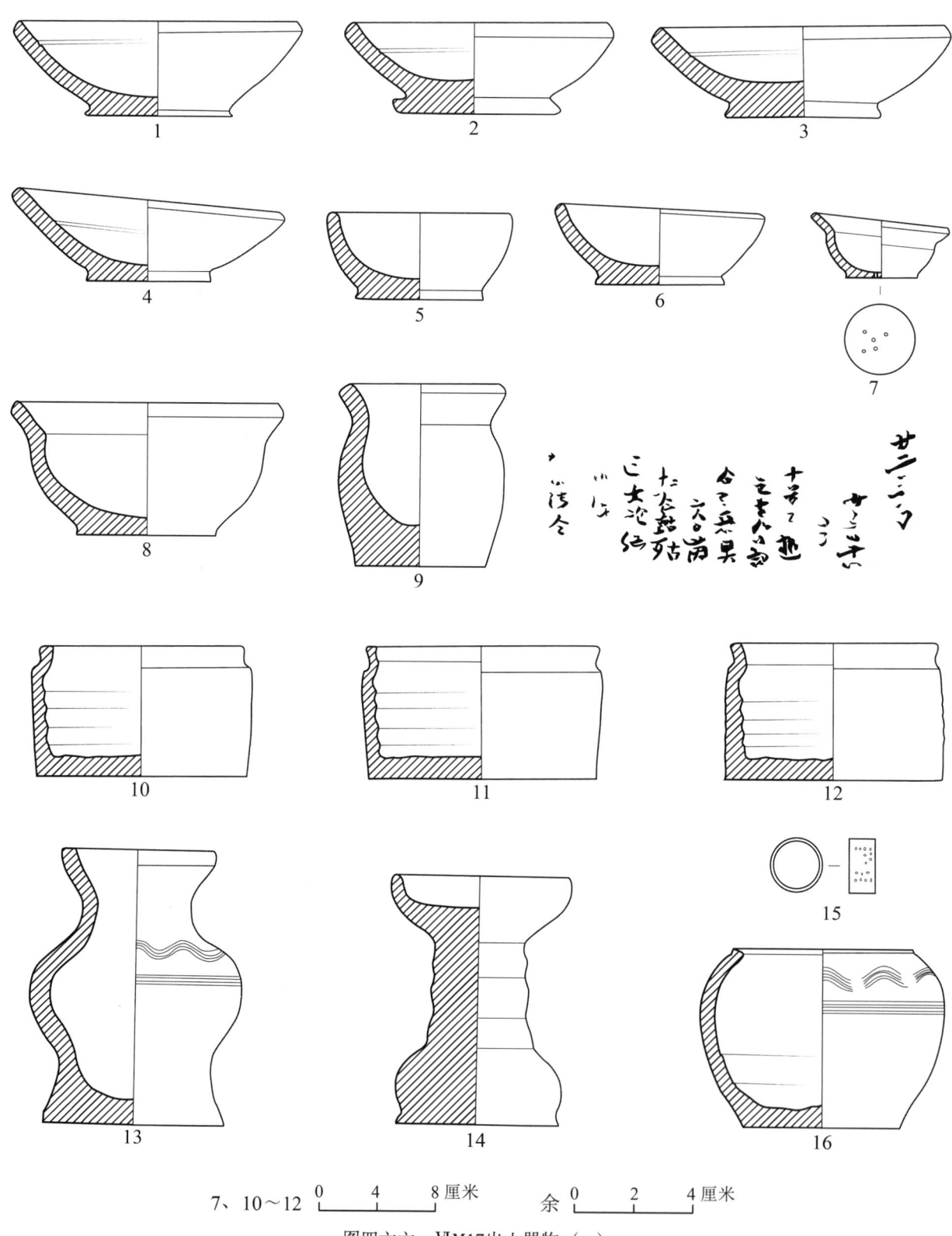

图四六六 ⅥM17出土器物（一）

1~4.陶碟（ⅥM17:2、ⅥM17:3、ⅥM17:9、ⅥM17:20） 5、6.陶碗（ⅥM17:4、ⅥM17:5） 7.陶甑（ⅥM17:16） 8.陶盆（ⅥM17:18） 9.陶斗瓶（ⅥM17:19） 10~12.陶樽（ⅥM17:10、ⅥM17:11、ⅥM17:12） 13.陶壶（ⅥM17:7） 14.陶灯（ⅥM17:6） 15.铜顶针（ⅥM17:15） 16.陶釜（ⅥM17:17）

（图四六六，13；图版二〇〇，2）。

陶灯　1件。ⅥM17∶6，泥质素面灰陶。灯口呈钵状，口近直，圆唇，弧腹，灯柄实心，近底时外撇成高台座，底座微内束。口径6.0、底径5.5、高8.5厘米（图四六六，14；图版一九九，5）。

陶釜　1件。ⅥM17∶17，泥质灰陶。敛口，方唇，圆鼓肩，平底。肩、腹部分别饰一组波浪纹和弦纹，波浪纹多有间断。口径6.2、腹径8.3、底径5.4、高6.1厘米（图四六六，16；图版二〇〇，1）。

陶盘　2件。盘面饰两组弦纹间隔的三组波浪纹，波浪纹多有间断。ⅥM17∶1，泥质橙黄陶。窄平沿微内凹，外缘较直，盘面低于盘沿，平底。盘径20.4、厚1.9~2.2厘米（图四六七，1；图版二〇〇，3）。ⅥM17∶8，泥质灰陶。宽平沿微内凹，外缘微弧，盘面低于盘沿，平底。盘径20.5、厚2.1~2.3厘米（图四六七，2）。

铜顶针　1件。ⅥM17∶15，残，可复原，锈蚀严重。指环状，直径1.8、高0.8厘米（图四六六，15）。

铜钱　2组（11枚）。均圆形方穿，皆为剪轮钱。

ⅥM17∶13，剪轮钱。形制大小均有，边有剪凿痕，钱文漫漶不可辨识，制作粗劣。钱径1.35~1.83、穿宽0.38~0.74、肉厚0.12~0.17厘米，重0.64~1.20克。ⅥM17∶14，剪轮钱。形制大小不等，边有剪凿痕，钱文漫漶不可辨识，制作粗劣。钱径1.40~1.78、穿宽0.63~0.73、肉厚0.14~0.18厘米，重0.51~0.65克。

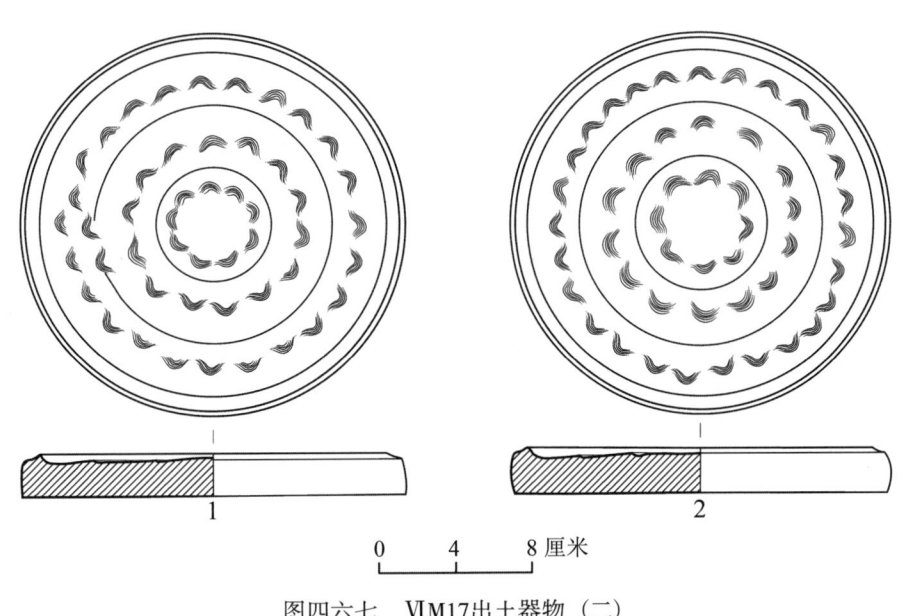

图四六七　ⅥM17出土器物（二）
1、2.陶盘（ⅥM17∶1、ⅥM17∶8）

ⅥM18

位于Ⅵ区北部，ⅥM17 东北，东北—西南向分布。

1. 墓葬形制

该墓为带长斜坡墓道单室土洞墓，由墓道、甬道、墓室组成。墓向100°（图四六八）。

墓道　位墓室以东，平面呈近梯形，西宽东窄，长 6.20、宽 0.60~0.70 米。西端剖面亦呈梯形，口小底大，底宽 1.17 米。东高西低，斜坡至底，坡度25°。近墓门处距地表深 3.42 米。内填黄褐色泛灰沙石。

甬道　位于墓道西端，连接墓道与墓室。平面呈长方形，进深 0.30、宽 1.00 米。顶部坍塌严重，高度不详。墓门坍塌，形制不详。封门位于甬道内封，以土坯封堵，残高 0.20、厚 0.20 米，土坯长 0.23~0.31、宽 0.20、厚 0.10 米。

墓室　位于墓道以西，平面呈长方形，底部呈西低东高缓坡状，四壁和墓室顶坍塌，墓顶形制及具体尺寸不详。墓室东西长 2.10、南北宽 0.80 米。

2. 葬具葬式

无葬具。

该墓为单人葬。人骨置于墓室中部，仰身直肢葬，头向东。

3. 随葬品

仅于人骨肩处出土素面陶罐 1 件。

素面陶罐　1 件。ⅥM18∶1，泥质素面灰陶。口沿残，平沿，束颈，肩部近平，弧腹，平底。底径 7.6、残高 6.4 厘米（图四六九，1）。

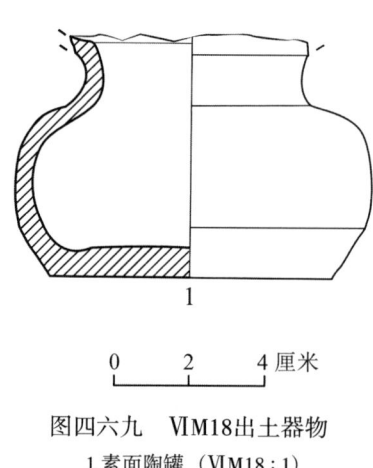

图四六九　ⅥM18出土器物
1.素面陶罐（ⅥM18∶1）

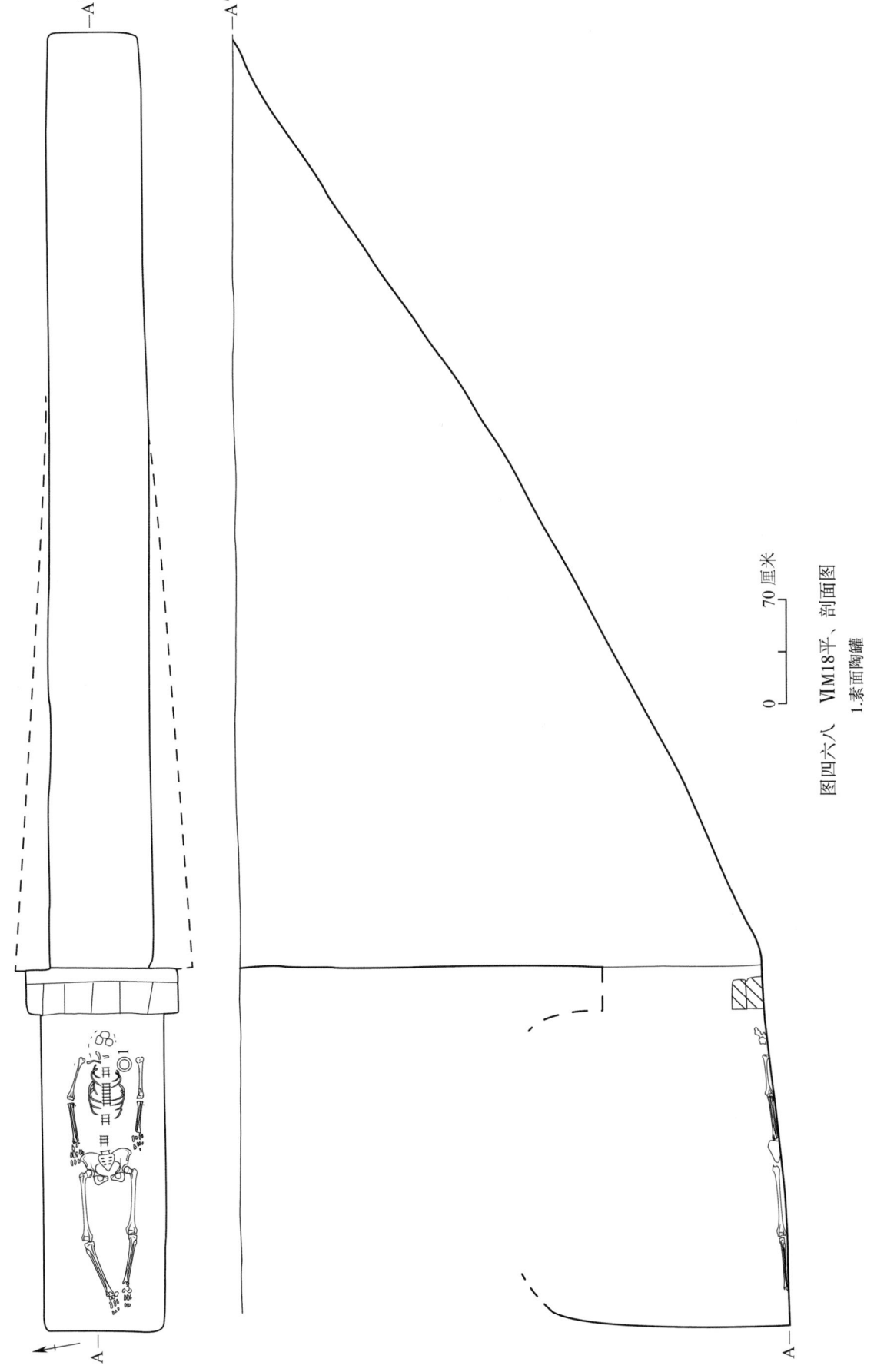

图四六八　ⅥM18平、剖面图
1.素面陶罐

ⅥM19

位于Ⅵ北部，ⅥM18西北，西北—东南向分布。

1. 墓葬形制

该墓为带长斜坡墓道"刀把"形单室土洞墓，由墓道、甬道、墓室组成，墓向200°（图四七〇）。

墓道　位于墓室以南，南端为现代水泥路面，异常坚硬，故只清理了墓道以南3.68~4.00米的距离，现存部分宽0.60米。北端剖面呈梯形，口小底大，底宽1.06米。南高北低，斜坡至底，坡度33°。近墓门处距地表深3.90米。内填黄褐色泛灰沙石。

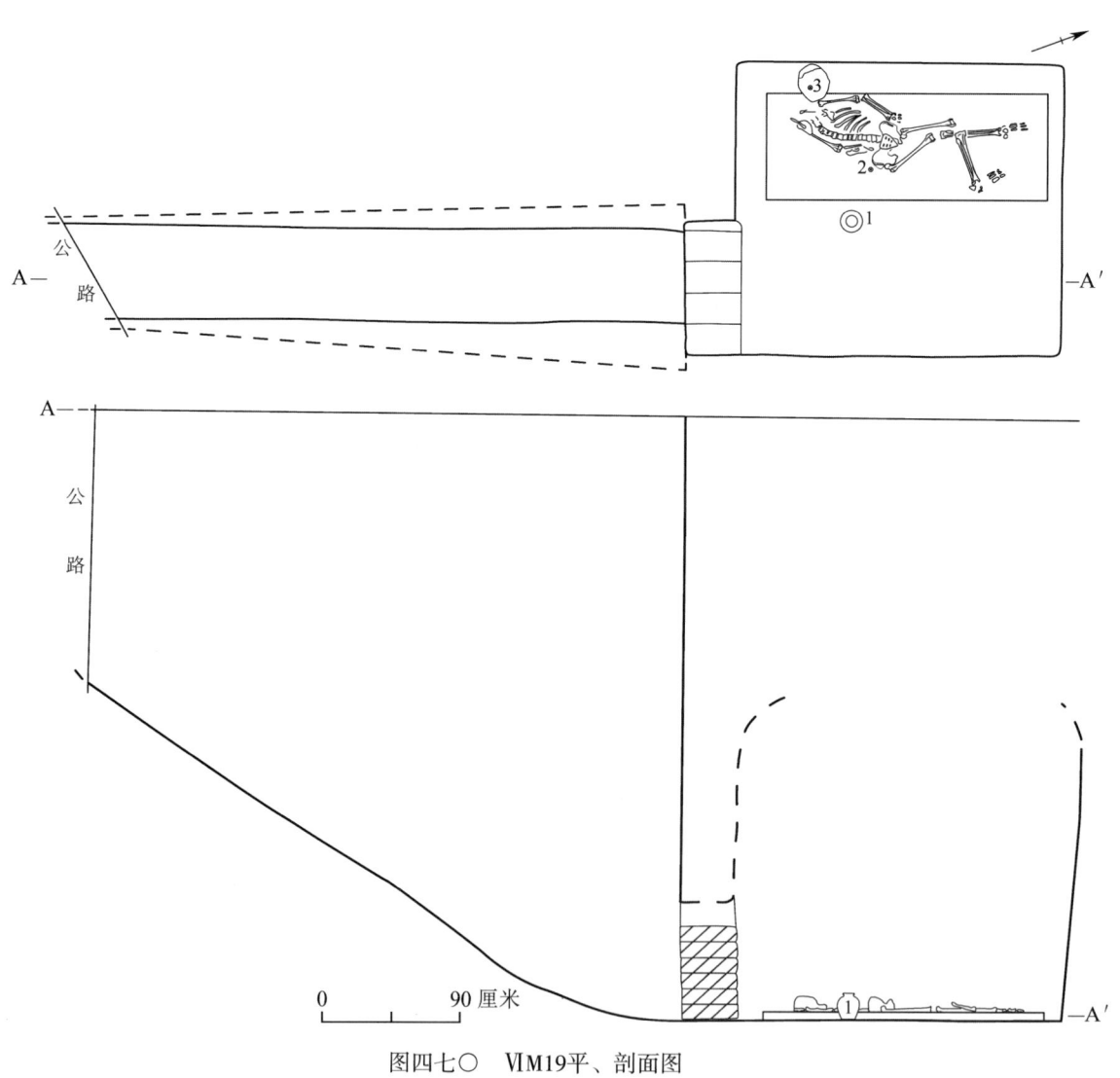

图四七〇　ⅥM19平、剖面图
1.陶罐　2、3.铜钱

甬道　位于墓道北端，连接墓道与墓室。平面呈长方形，顶部坍塌，具体形制及尺寸不详，进深 0.30、宽 0.86 米。墓门坍塌，形制及高度不详。封门位于甬道内封，以土坯错缝垒砌，残高 0.60、厚 0.03 米，土坯长 0.34、宽 0.20、厚 0.10 米。

墓室　位于墓道以北，平面呈长方形，墓室顶部坍塌，具体形制及尺寸不详。墓室南北长 2.10、东西宽 1.90 米。

2. 葬具葬式

墓室中部存一尸床，由木板、草木灰组成，从残存痕迹判断，尸床长 1.80、宽 0.70、厚 0.05 米。

该墓为单人葬。人骨置于尸床之上，侧身屈肢葬。经鉴定，人骨为成年女性。

3. 随葬品

随葬品较少，陶罐 1 件置于人骨旁，另外在人骨手部及头部出土铜钱 2 组（3 枚）。

陶罐　1 件。ⅥM19:1，泥质素面灰陶。口略残，可复原。侈口，圆唇，束颈，溜肩，鼓腹，平底。口径 7.5、腹径 14.2、底径 8.2、高 16.6 厘米（图四七一，1；图版二〇一，4）。

铜钱　2 组（3 枚）。均为开元通宝，圆形方穿。

ⅥM19:2，面背皆有内郭，轮廓深峻，文字精美，正面穿口左右铸"通宝"二字，上下铸"开元"二字，"元"字第二笔左挑，光背无纹饰。钱径 2.43、穿宽 0.63、郭宽 0.18、郭厚

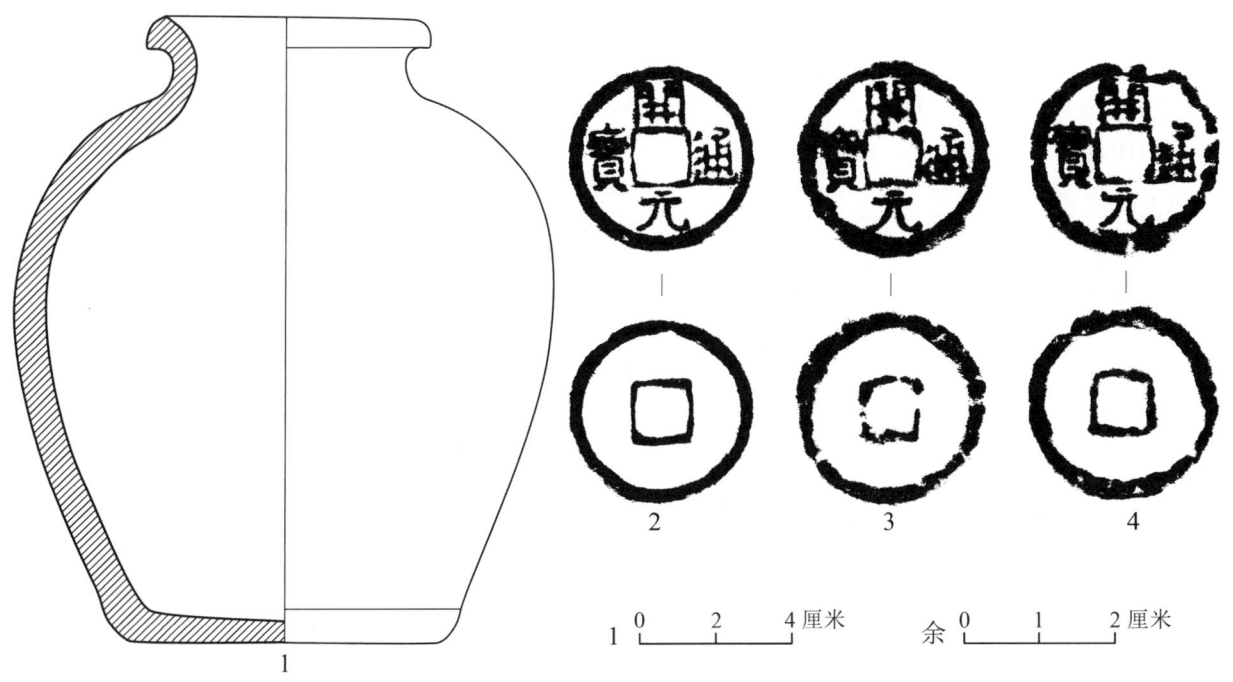

图四七一　ⅥM19 出土器物
1.陶罐（ⅥM19:1）　2~4.开元通宝（ⅥM19:2、ⅥM19:3-1、ⅥM19:3-2）

0.18、肉厚 0.13 厘米，重 3.38 克（图四七一，2；图版二〇一，5）。ⅥM19∶3-1，面背皆有内郭，轮廓深峻，文字精美，正面穿口左右铸"通宝"二字，上下铸"开元"二字，"元"字第二笔左挑，光背无纹饰。钱径 2.61、穿宽 0.60、郭宽 0.23、郭厚 0.18、肉厚 0.13 厘米，重 3.84 克（图四七一，3；图版二〇一，6）。ⅥM19∶3-2，形制同ⅥM19∶3-1，钱径 2.58、穿宽 0.59、郭宽 0.22、郭厚 0.18、肉厚 0.13 厘米，重 4.23 克（图四七一，4；图版二〇一，6）

ⅥM20

位于Ⅵ区北部，ⅥM13 西侧，南北向分布。

1. 墓葬形制

该墓为带长斜坡墓道单室土洞墓，由墓道、甬道、墓室组成。墓向 270°（图四七二）。

墓道　位于墓室以西，平面呈长方形，长 6.94、宽 0.50 米。东端剖面呈梯形，口小底大，底宽 0.70 米。西高东低，斜坡至底，坡角 25°。近墓门处距地表深 2.90 米。内填黄褐色泛灰沙石。

甬道　位于墓道东端，连接墓道与墓室。平面呈长方形，进深 0.70、宽 0.70、高 0.76 米。墓门呈拱形，与甬道同宽等高。封门位于甬道内封，以土坯和沙石封堵，残存土坯 6 层。

墓室　位于墓道以东，平面形状呈长方形，距墓室地面 0.45 米处向上斜收至顶，顶部坍塌严重，形制不详。墓室东西长 1.80、南北宽 1.00、残高 0.90 米。

2. 葬具葬式

墓室南壁下存一尸床，尸床由木板及草木灰组成，木板腐朽严重，仅见痕迹，从痕迹判断，尸床长 1.50、宽 0.50、厚 0.02 米。

人骨无存。

3. 随葬品

无随葬品。

ⅥM21

位于Ⅵ区北部，ⅥM20 西南，东西向分布。

1. 墓葬形制

该墓为带长斜坡墓道单室土洞墓，由墓道、甬道、墓室组成。墓向 175°（图四七三）。

墓道　位于墓室以南，平面呈长方形，长 4.35、宽 0.70 米。北端剖面呈梯形，口小底大，

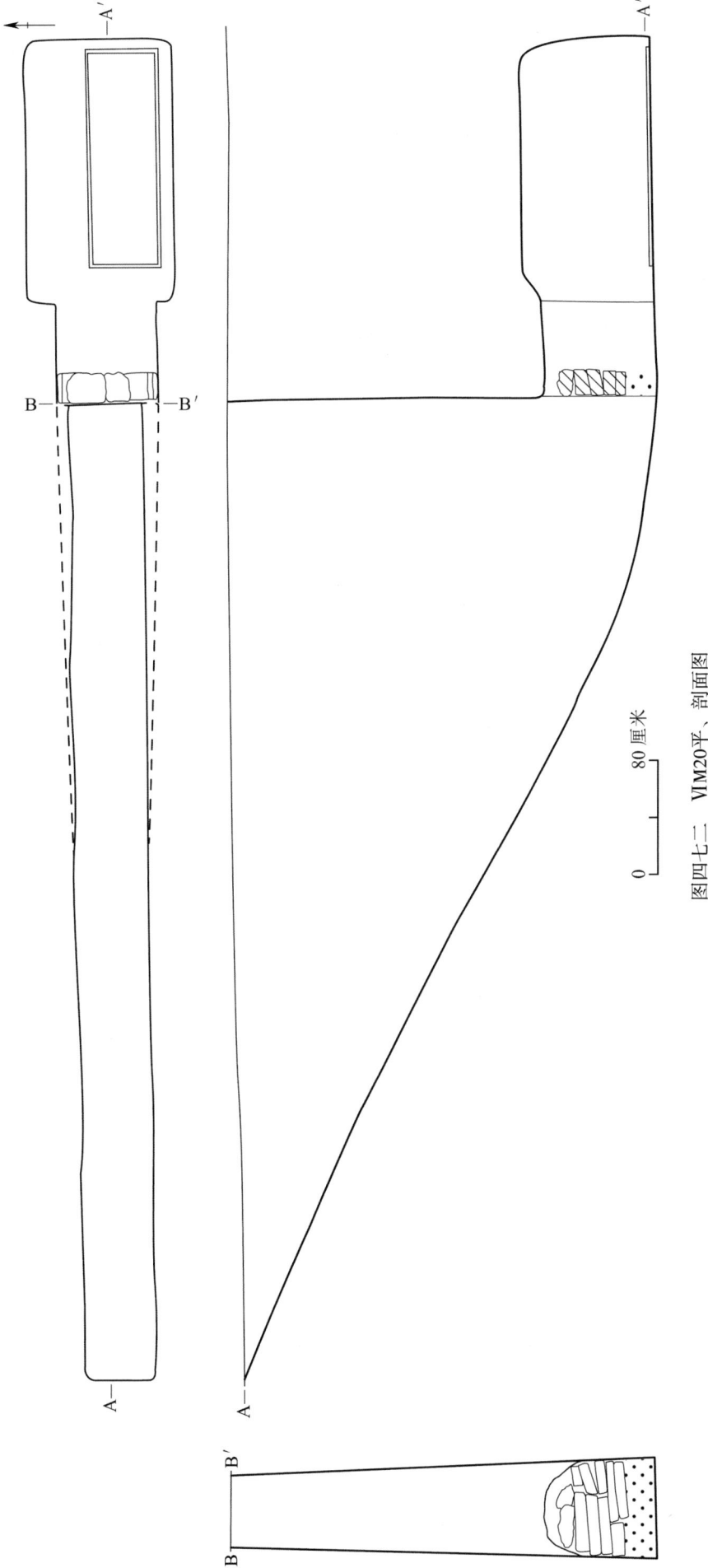

图四七三 ⅥM20平、剖面图

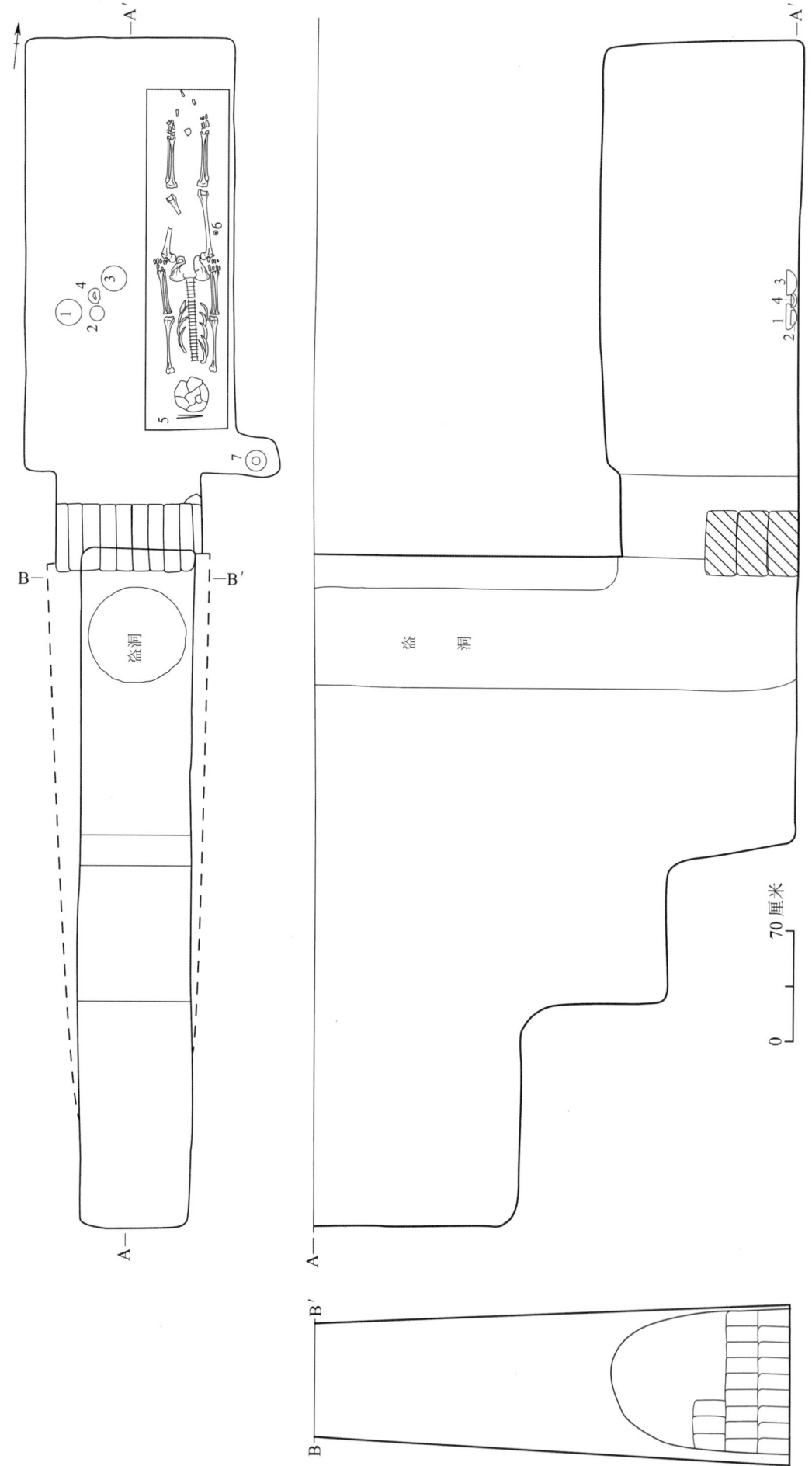

图四七三 ⅥM21平、剖面图
1~4.陶钵 5.铜钗 6.铜钱 7.弦纹陶罐

底宽 1.00 米。墓道底有两步高台阶。第一个平台位于南部，距开口处深 1.30、南北长 1.40、东西宽 0.70~0.80、高 0.90 米；第二个平台距南壁 1.30、距开口处深 2.14、南北长 0.85、东西宽 0.82~0.87、高 0.80 米。近墓门处距地表深 2.96 米。墓道内填黄褐色泛灰沙石。墓道北端存一盗洞，沿东、西、北三壁而下到封门处，破坏封门，经甬道进入墓室，盗洞平面呈近圆形，直径 0.60 米。

甬道　位于墓道北端，连接墓道与墓室。平面呈长方形，进深 0.50、宽 0.90、高 1.08 米。墓门呈拱形，与甬道同高等宽。封门位于甬道内封，以土坯封堵，残高 0.40~0.60、厚 0.40，土坯长 0.40、宽 0.20、厚 0.01 米。

墓室　位于墓道以北，平面呈长方形，距墓室地面 0.65 米处向上斜收至顶，顶部坍塌严重，形制不详。墓室南北长 2.70、东西宽 1.30、残高 1.22 米。墓室东南角掏一龛，平面呈长方形，宽 0.24、进深约 0.28、高 0.32 米。

2. 葬具葬式

墓室东壁下存一尸床，尸床由白灰、草木灰堆垒而成，现仅见痕迹，从残存痕迹可判断，尸床长 2.12、宽 0.52 米。

该墓为单人葬。人骨置于尸床之上，仰身直肢葬，头向南。经鉴定，人骨为一成年女性。

3. 随葬品

随葬品以陶器为主，集中放置于墓室中部及东南角龛内，共 5 件，包括陶钵 4 件、弦纹陶罐 1 件。另于人骨头部出土铜钗 1 组（3 件），铜钱 1 组（5 枚）。

陶钵　4 件。ⅧM21：1，泥质素面灰陶。敛口，圆唇，弧腹，圜底。口径 14.6、底径 4.0、高 6.5 厘米（图四七四，1）。ⅧM21：2，泥质素面灰陶。直口，圆唇，颈微束，弧腹收至平底，近底时微内束。口径 9.0、底径 3.8、高 3.4~3.7 厘米（图四七四，2）。ⅧM21：3，泥质灰陶。口微侈，尖圆唇，弧腹，圜底。近口处饰一道凹弦纹。口径 15.0、底径 4.0、高 6.1 厘米（图四七四，3）。ⅧM21：4，泥质素面灰陶。侈口，尖圆唇，弧腹收至平底，口径 9.2、底径 3.0、高 3.4 厘米（图四七四，4）。

弦纹陶罐　1 件。ⅧM21：7，泥质灰陶。侈口，圆唇，高斜领，束颈，肩部较平，圆鼓腹，平底。肩、腹部饰数道凹弦纹。口径 4.0、腹径 13.0、底径 5.6、高 10.0 厘米（图四七四，5）。

铜钗　1 组（3 件）。呈双股"U"形，圆棍状，前端细，后端粗。ⅧM21：5-1，残长 16.0、截面直径 0.2 厘米（图四七四，6）。ⅧM21：5-2，完整，长 17.0、截面直径 0.2 厘米（图四七四，7）。ⅧM21：5-3，残长 15.7、截面直径 0.2 厘米（图四七四，8）。

铜钱　1 组。ⅧM21：6，5 枚。均为剪轮钱，圆形方穿，形制大小不一，边有剪凿痕，钱文漫漶不可辨，制作粗劣。钱径 1.18~1.34、穿宽 0.11~0.56、肉厚 0.08~0.12 厘米，重 0.36~0.51 克。

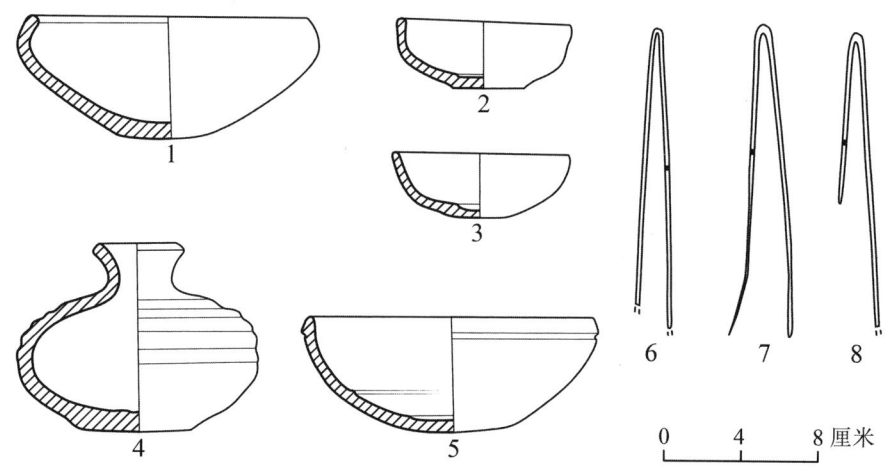

图四七四 ⅥM21出土器物
1~4.陶钵（ⅥM21:1、ⅥM21:2、ⅥM21:3、ⅥM21:4） 5.弦纹陶罐（ⅥM21:7）
6~8.铜钗（ⅥM21:5-1、ⅥM21:5-2、ⅥM21:5-3）

ⅥM22

位于Ⅵ区北部，ⅥM20以北，东西向分布。

1. 墓葬形制

该墓为带长斜坡墓道单室土洞墓，由墓道、甬道、墓室组成。墓向270°（图四七五）。

墓道 位于墓室以西，平面呈长方形，长14.40、宽0.80米。东端剖面呈梯形，口小底大，底宽1.26米。西高东底，斜坡至底，坡度20°。近墓门处距地表深5.24米。

甬道 位于墓道东端，连接墓室与墓道。平面呈长方形，进深1.40、宽0.88、高1.10米。墓门呈拱形，与甬道同高等宽。封门位于甬道内封，以土坯封堵，残高0.40~0.60米。

墓室 位于墓道以东，平面呈长方形，距墓室地面0.90米处开始向上斜收至覆斗顶，顶部中央存一边长0.28米的方形藻井。墓室东西长3.56、南北宽3.34、高2.30米。墓室西北角存一耳室，在距耳室地面0.70米处开始起拱，四壁和顶部有坍塌现象，宽1.30、进深1.46、高1.14米。墓室西南角掏一龛，门宽0.60、进深0.41、高0.50米。

2. 葬具葬式

墓室北壁下存一尸床，由细沙土及草木灰堆垒而成，从残存痕迹可判断，尸床长2.08、宽0.68、厚0.50米。头部下枕头枕，头枕长0.48、宽0.20、厚0.07米。

该墓为单人葬。人骨置于尸床之上，仰身直肢葬，头向西。经鉴定，人骨疑似男性，年龄不详。

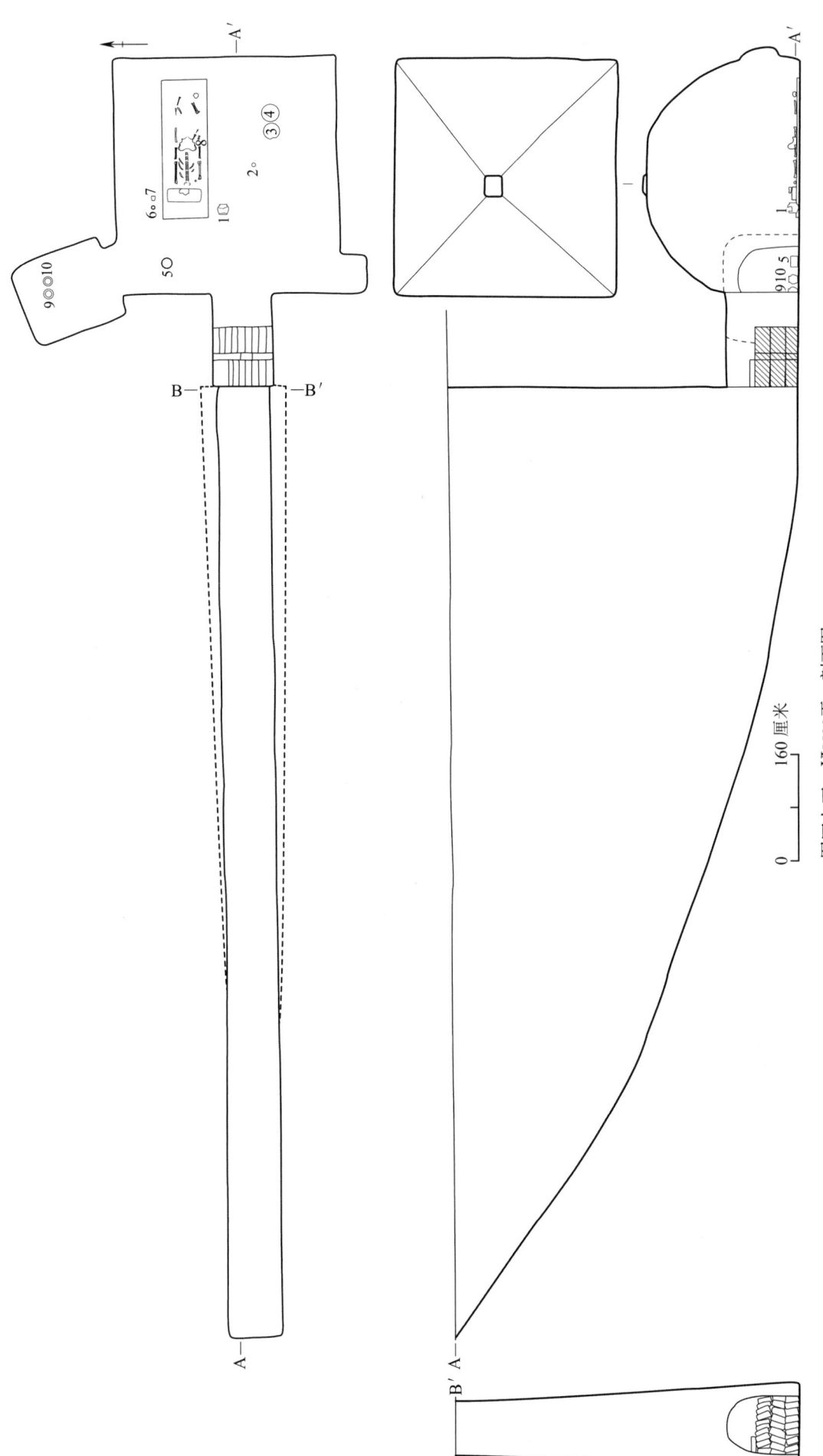

图四七五 ⅥM22平、剖面图

1、9、10.波浪纹陶罐 2.陶灯 3、4.陶盘 5.陶樽 6、7.陶斗瓶 8.铜钱

3. 随葬品

随葬品以陶器为主，集中放置于墓室中部、西北角耳室内及人骨头部，共9件，包括浪纹陶罐3件、陶灯1件、陶盘2件、陶樽1件、陶斗瓶2件。另于人骨周围出土铜钱1组（3枚）（图版五一，3）。

波浪纹陶罐 3件。泥质灰陶。器形略显瘦高，侈口，圆唇，矮领，束颈，溜肩，上腹部圆鼓，下腹部弧收至平底。肩、腹部分别饰一组波浪纹和弦纹。ⅥM22：1，口径11.0、腹径16.4、底径11.4、高15.2厘米（图四七六，1；图版二〇二，1）。ⅥM22：9，口径9.6、腹径15.0、底径8.0、高13.8~14.4厘米（图四七六，2；图版二〇二，2）。ⅥM22：10，近底处有竖向刮削痕迹。口径9.0、腹径14.0、底径9.4、高13.6厘米（图七六，3）。

陶斗瓶 2件。ⅥM22：6，泥质素面灰陶。侈口，圆唇，高斜领，束颈，溜肩，鼓腹内收至底，底部微内凹。口径5.0、底径5.6、高6.2厘米（图四七六，4；图版二〇二，5）。肩、腹部朱书镇墓文，部分漫漶不清，录文作：

　　建兴十一年□□
　　七日癸巳直开
　　□□□□□□
　　王凤子汝自
　　薄命蚤终□
　　……
　　相思苦莫□□
　　……八魁九坎
　　太山长□□见□
　　……

ⅥM22：7，泥质素面灰陶。侈口，方圆唇，高斜领，束颈，溜肩，腹部近直，平底。口径4.2、底径5.5、高6.7厘米（图四七六，6；图版二〇二，6）。肩、腹部朱书镇墓文，部分漫漶不清，录文作：

　　建兴十一年□月
　　十七日癸巳直开
　　□□□能如死
　　王□子汝自

薄命蚤终

尽□□乐

莫相思苦莫

相念见重复

八魁九坎□太□山

长问……

……

□□□□□

□□为界河

道为□□生□

……

陶灯　1件。ⅥM22∶2，泥质素面灰陶。灯口呈钵状，口近直，圆唇，弧腹，腹部较深。灯柄实心，上细下粗，近底时外撇成台座，平底。灯柄和台座之间分界不明显。近底处有竖向刮削痕迹。口径5.8、底径5.8、高9.4~10.5厘米（图四七六，5；图版二〇二，3）。

陶樽　1件。ⅥM22∶5，泥质素面灰陶。残，可复原。直口，圆唇，直领，颈微束，颈、肩部界限不明显，直腹微内曲，平底。口径15.4、底径16.4、高10.8厘米（图四七六，7；图版二〇二，4）。

陶盘　2件。泥质灰陶。ⅥM22∶3，残，可复原。宽平沿微内凹，外缘微弧，平底。盘面饰两组凹弦纹间隔的三组波浪纹。盘径24.0、厚2.4厘米（图四七七，1）。ⅥM22∶4，平沿内凹，斜直缘，平底。盘面饰两组凹弦纹间隔的三组波浪纹。盘径26.0、厚1.6~1.8厘米（图四七七，2；图版二〇三，1）。

铜钱　1组。ⅥM22∶8，3枚。均圆形方穿，为1枚剪轮钱、1枚磨郭钱、1枚五铢钱。

ⅥM22∶8-1，剪轮钱，边有剪凿痕，钱文漫漶不可辨识，制作粗劣。钱径1.70、穿宽0.63、肉厚0.16厘米，重0.94克。ⅥM22∶8-2，磨郭钱，钱文漫漶不可辨识，钱径2.10、穿宽0.88、肉厚0.10厘米，重1.23克。ⅥM22∶8-3，五铢钱，正面穿左右篆书"五铢"二字。"五"字较窄，交笔弯曲；"铢"字锈蚀残缺不可辨。钱径2.68、穿宽0.84、郭宽0.16、郭厚0.13、肉厚0.08厘米，重1.65克。

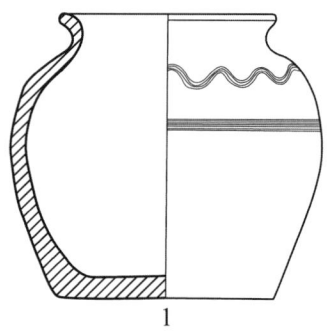 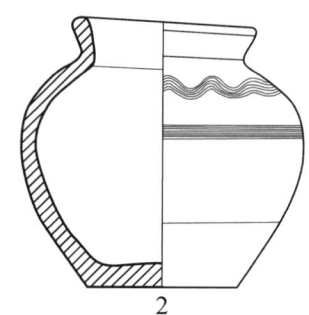 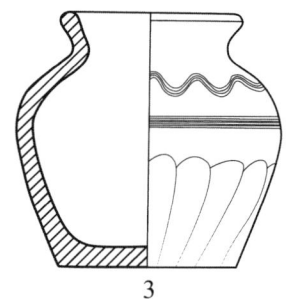

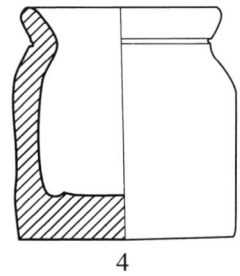 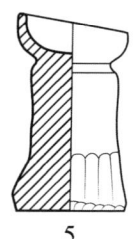

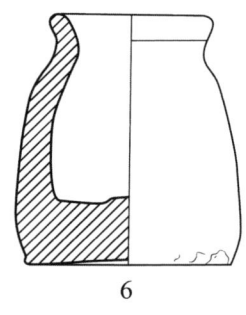 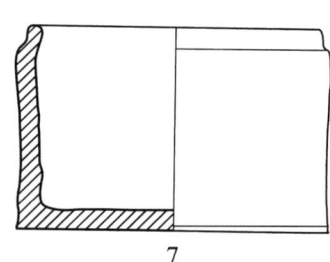

图四七六　ⅥM22出土器物（一）

1~3.波浪纹陶罐（ⅥM22：1、ⅥM22：9、ⅥM22：10）　4、6.陶斗瓶（ⅥM22：6、ⅥM22：7）　5.陶灯（ⅥM22：2）
7.陶樽（ⅥM22：5）

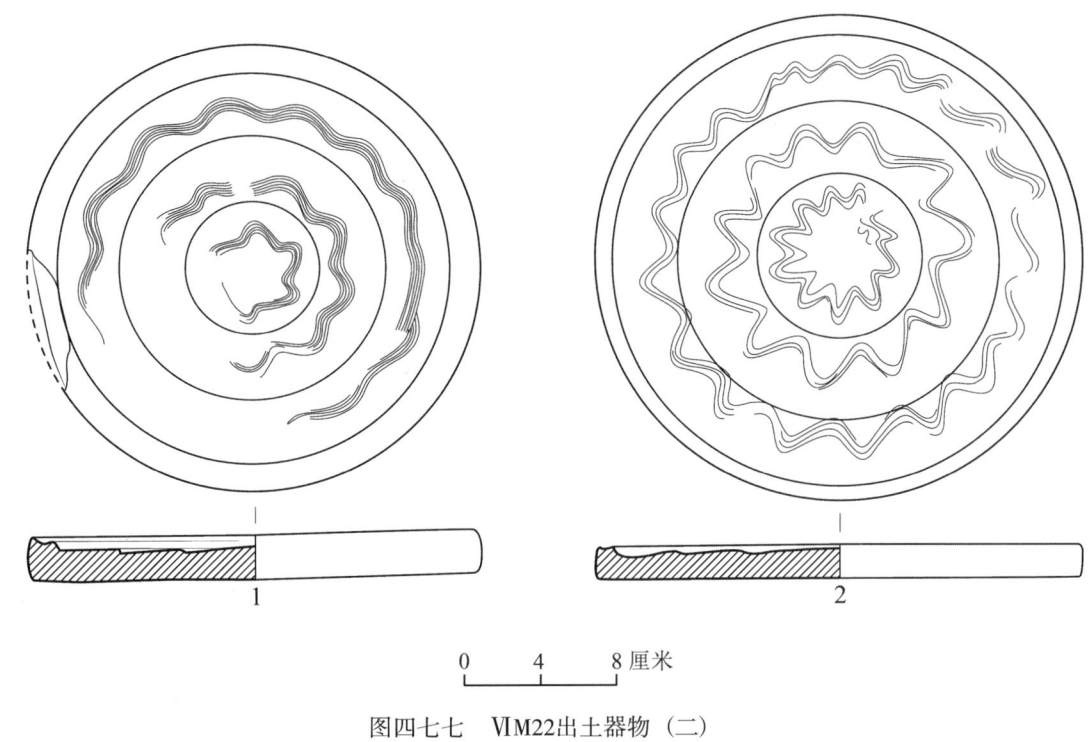

图四七七　ⅥM22出土器物（二）
1、2.陶盘（ⅥM22∶3、ⅥM22∶4）

ⅥM23

位于Ⅵ区北部，ⅥM20以南，东西向分布。

1. 墓葬形制

该墓为带长斜坡墓道单室土洞墓，由墓道、甬道、墓室组成。墓向270°（图四七八）。

墓道　位于墓室以西，平面呈长方形，长11.60、宽0.68米。东端剖面呈梯形，口小底大，底宽1.04米。西高东低，斜坡至距墓门1.34米处到底，其后平直延伸至墓门处，坡度22°。近墓门处距地表深5.54米。墓道内填黄褐色泛灰沙石。

甬道　位于墓道东端，连接墓道与墓室。平面呈长方形，进深1.40、宽0.90、高1.00米。墓门呈拱形，与甬道同高等宽。封门位于甬道内封，以土坯封堵，残高0.60、厚0.40米，土坯长0.40、宽0.20、厚0.10米。

墓室　位于墓道以东，平面呈长方形，距墓室地面0.70处开始向上斜收至覆斗顶，四壁局部有坍塌，顶部中央存一方形藻井，边长0.30、深0.12米。墓室东西长3.20、南北宽2.60、高1.88米。墓室西南角存一耳室，平面形状呈长方形，耳室内有上下叠压的青砖和石头，原可能存在灶和条案，以象征庖厨之所。耳室口宽0.66、进深0.80、高1.00米。墓室西北角掏一龛，平面形状呈长方形，口宽0.64、进深0.78、高0.46米。

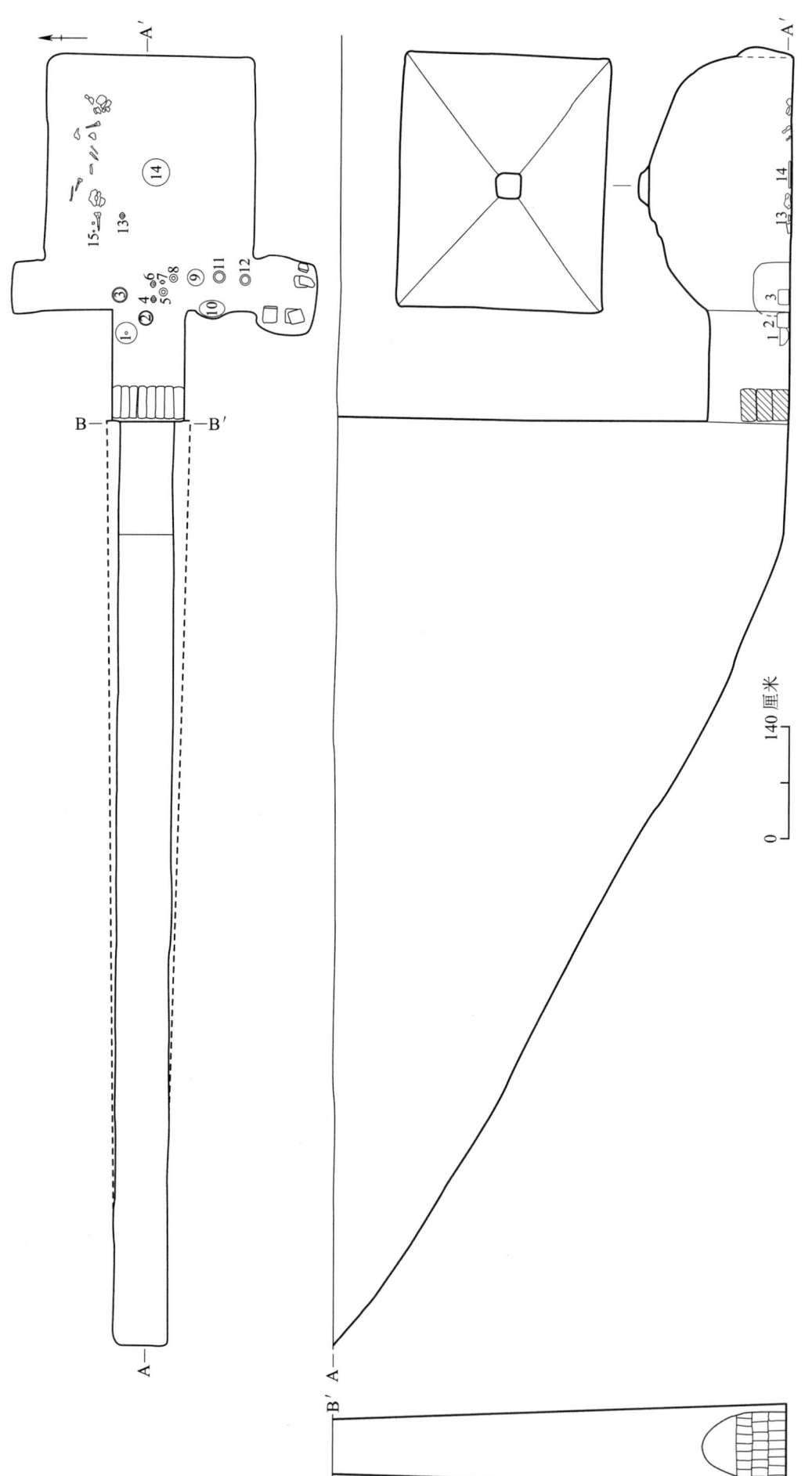

图四七八 ⅥM23平、剖面图

1.陶罐 2、3.陶樽 4、6、7、13.陶耳杯 5、8.陶碟 9.陶器盖 10、14.陶盘 11、12.陶灯 15.铜钱

2. 葬具葬式

无葬具。

该墓为单人葬。墓室北壁下葬一人。人骨扰乱严重，葬式不详。经鉴定，人骨为男性，年龄35岁左右。

3. 随葬品

随葬品以陶器为主，放置于墓室西部及中部，共14件，包括陶甑1件、陶樽2件、陶耳杯4件、陶碟2件、陶器盖1件、陶盘2件、陶灯2件。另于人骨处出土铜钱1枚。

陶耳杯　4件。泥质素面灰陶。整体呈椭圆形，侈口，尖唇，长边两侧附双耳，弧腹，平底。ⅦM23∶4，长口径9.0、短口径5.3、长底径4.8、短底径2.2、耳长3.4~4.0、耳宽0.6~0.7、高2.2~2.6厘米（图四七九，2）。ⅦM23∶6，长口径8.7、短口径5.2、长底径4.8、短底径2.3、耳长3.6~4.3、耳宽0.5~0.7、高2.8~3.0厘米（图四七九，3）。ⅦM23∶7，长口径6.3、短口径3.3、长底径3.3、短底径1.2、耳长2.6~2.7、耳宽0.4~0.6、高2.1~2.2厘米（图四七九，1）。ⅦM23∶13，长口径8.3、短口径4.8、长底径4.0、短底径2.0、耳长3.6~4.0、耳宽0.9~1.0、高2.5~2.6厘米（图四七九，4）。

陶器盖　1件。ⅦM23∶9，泥质素面灰陶。整体呈覆钵状，平顶，斜直腹，直口。盖径20.6、高4.7厘米（图四七九，5）。

陶碟　2件。泥质素面灰陶。敞口，尖唇，浅弧腹，平底。ⅦM23∶5，口径9.8、底径4.8、高2.3厘米（图四七九，6）。ⅦM23∶8，口径9.6、底径4.6、高2.4厘米（图四七九，7）。

陶樽　2件。泥质素面灰陶。直口，方唇，领部较高，直腹。ⅦM23∶2，折肩近平，底微凹。口径16.0、底径18.0、高14.4厘米（图四七九，8）。ⅦM23∶3，溜肩，平底。口径16.0、底径17.8、高13.3厘米（图四七九，9）。

陶甑　1件，ⅦM23∶1，泥质素面灰陶。盆形甑，侈口，斜平沿，圆唇，腹部斜收至平底，底有一孔。口径26.4、底径7.6、高10.5厘米（图四七九，10）。

陶灯　2件。泥质素面灰陶。灯口呈钵状，直口，方唇，浅腹，灯柄中空，上细下粗。ⅦM23∶11，口略残，近底部外撇至平底。口径10.8、底径15.0、高17.0厘米（图四七九，11）。ⅦM23∶12，近底部外撇，呈圆台状，平底。近底处有两孔，口径9.6、底径13.8、高21.0厘米（图四七九，12）。

陶盘　2件。泥质灰陶。圆形，凹沿，外缘较齐平。ⅦM23∶10，盘面中高周缘低，低于盘沿，平底。盘面饰四组波浪纹、弦纹组合。盘径32.0、厚2.0厘米（图四七九，14）。ⅦM23∶14，盘面较平整，低于盘沿，平底。盘面饰三组波浪纹、弦纹组合。盘径34.0、厚2.4厘米（图四七九，13）。

铜钱　1枚。ⅥM23:15，五铢钱，正面穿左右篆书"五铢"二字。"五"字较宽，交笔弯曲；"铢"字"金"字头呈三角形，中间四点较长，"朱"字上下部均圆折。钱径2.61、穿宽0.97、郭宽0.13、郭厚0.10、肉厚0.07厘米，重2.05克。

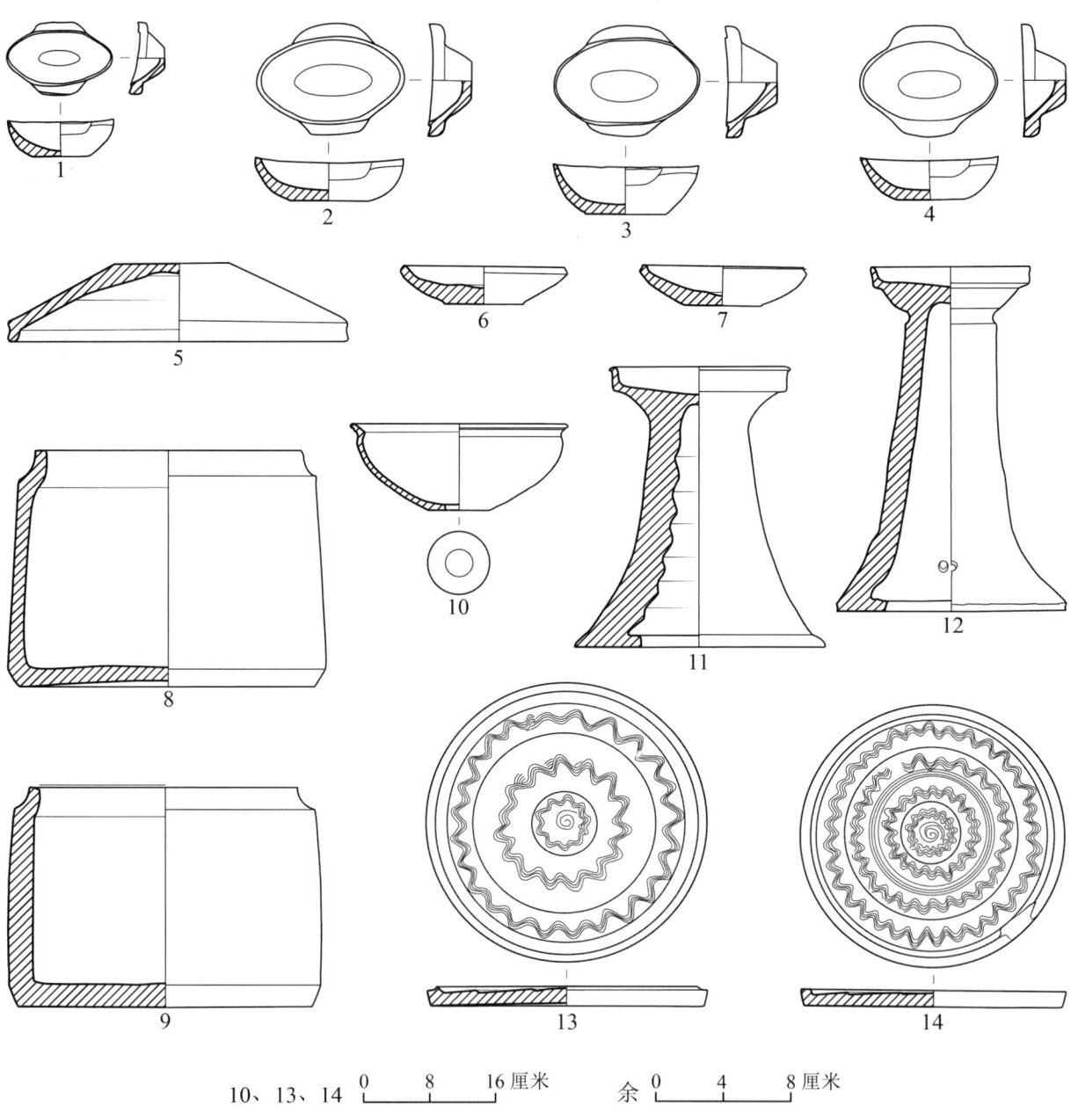

图四七九　ⅥM23出土器物
1~4.陶耳杯（ⅥM23:7、ⅥM23:4、ⅥM23:6、ⅥM23:13）　5.陶器盖（ⅥM23:9）　6、7.陶碟（ⅥM23:5、ⅥM23:8）
8、9.陶樽（ⅥM23:2、ⅥM23:3）　10.陶甑（ⅥM23:1）　11、12.陶灯（ⅥM23:11、ⅥM23:12）
13、14.陶盘（ⅥM23:14、ⅥM23:10）

ⅥM24

位于Ⅵ区北部，ⅥM21西南，南北向分布。

1. 墓葬形制

该墓为竖穴土坑墓。墓向5°。开口于现代地表下，距地面深0.12米。平面形状呈长方形，长2.20、宽0.80、深1.20米。底部同上口端尺寸一致（图四八〇）。

2. 葬具葬式

无葬具。

该墓为单人葬，仅发现零乱的个别骨块，葬式不详。经鉴定，人骨为一成年个体，性别不详。

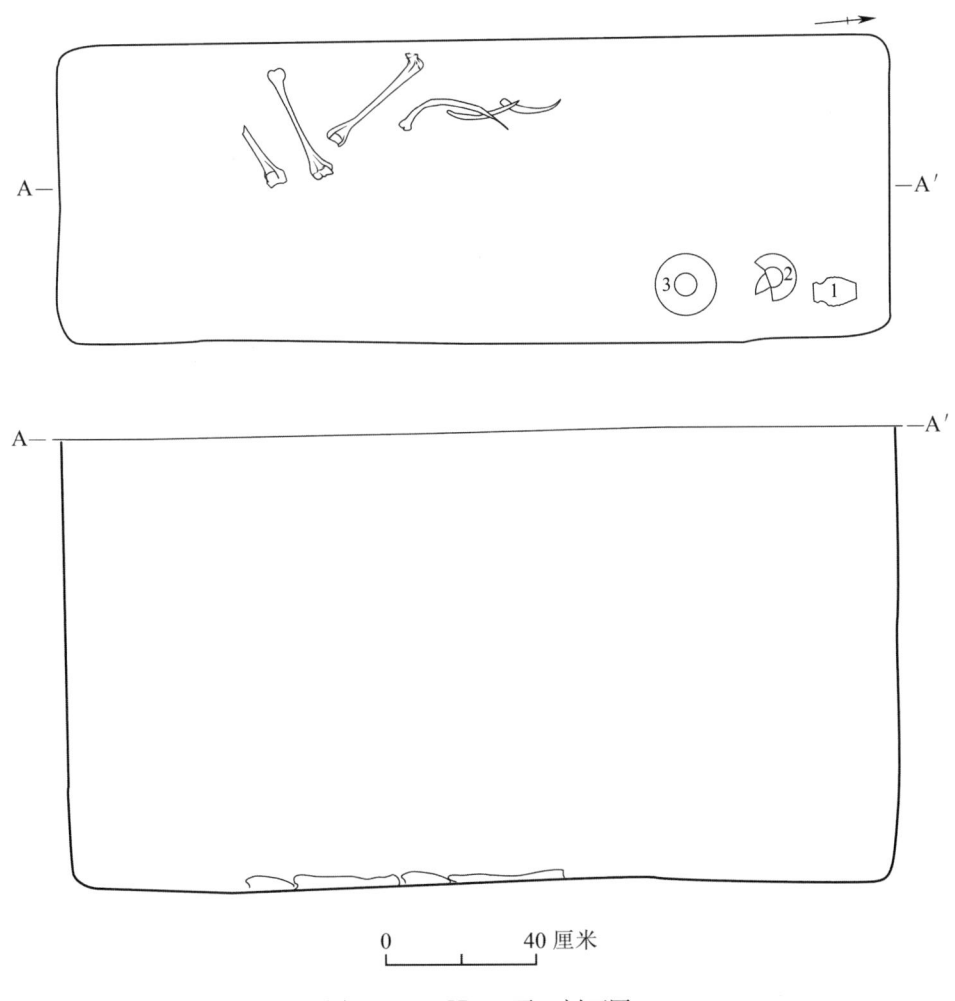

图四八〇　ⅥM24平、剖面图
1.弦纹陶罐　2、3.陶钵

3. 随葬品

随葬品较少，放置于墓室东北角，均为陶器，共3件，包括弦纹陶罐1件、陶钵2件。

弦纹陶罐　1件。ⅥM24∶1，泥质灰陶。敛口，尖圆唇，外缘呈三角状，束颈，溜肩，上腹圆鼓，下腹斜直收至平底。腹部饰数道凹弦纹，近底处有竖向刮削痕迹。口径4.4、腹径7.6、底径4.0、高11.3~11.5厘米（图四八一，1）。

陶钵　2件。ⅥM24∶2，泥质灰陶。侈口，尖圆唇，弧腹收至平底。近口处饰一道凹弦纹。口径12.2、底径5.3、高4.3~4.5厘米（图四八一，2）。ⅥM24∶3，泥质素面灰陶。直口，平沿，弧腹收至平底。内壁见轮制痕迹。口径16.2、底径6.0、高6.0厘米（图四八一，3）。

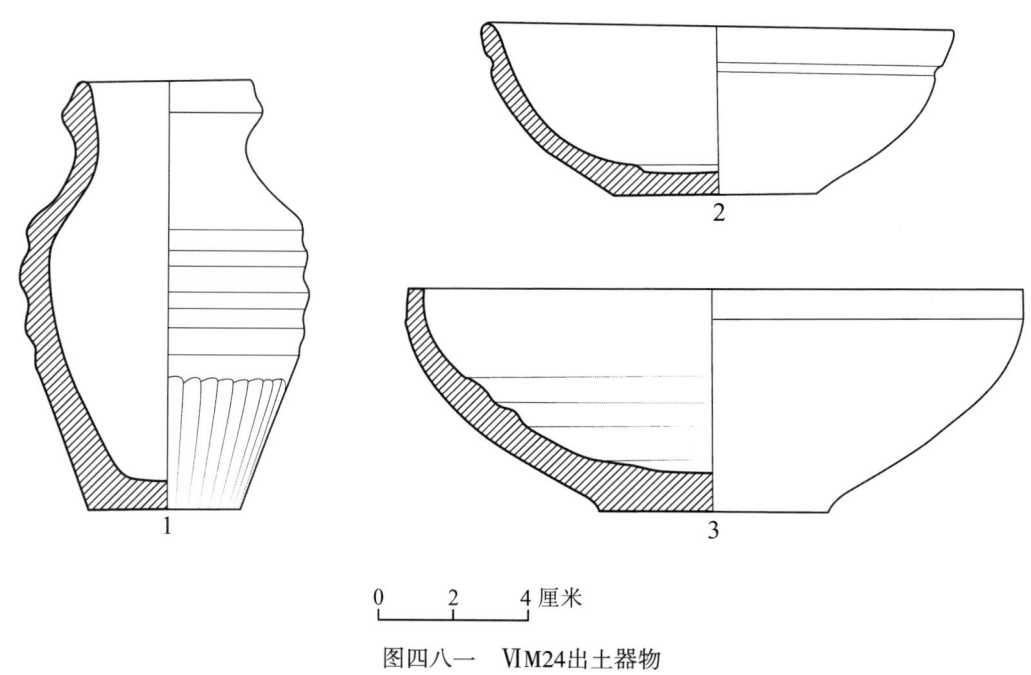

图四八一　ⅥM24出土器物
1.弦纹陶罐（ⅥM24∶1）　2、3.陶钵（ⅥM24∶2、ⅥM24∶3）

ⅥM25

位于Ⅵ区北部，ⅥM23西侧，东西向分布。

1. 墓葬形制

该墓为带长斜坡墓道单室土洞墓，由墓道、甬道、墓室组成。墓向273°（图四八二）。

墓道　位于墓室以西，平面呈梯形，西窄东宽，长9.60、宽0.84~1.00米。东端剖面亦呈梯形，口小底大，底宽1.00米。西高东低，斜坡至底，坡度27°。近墓门处距地表深5.10米。内填黄褐色泛灰沙石。

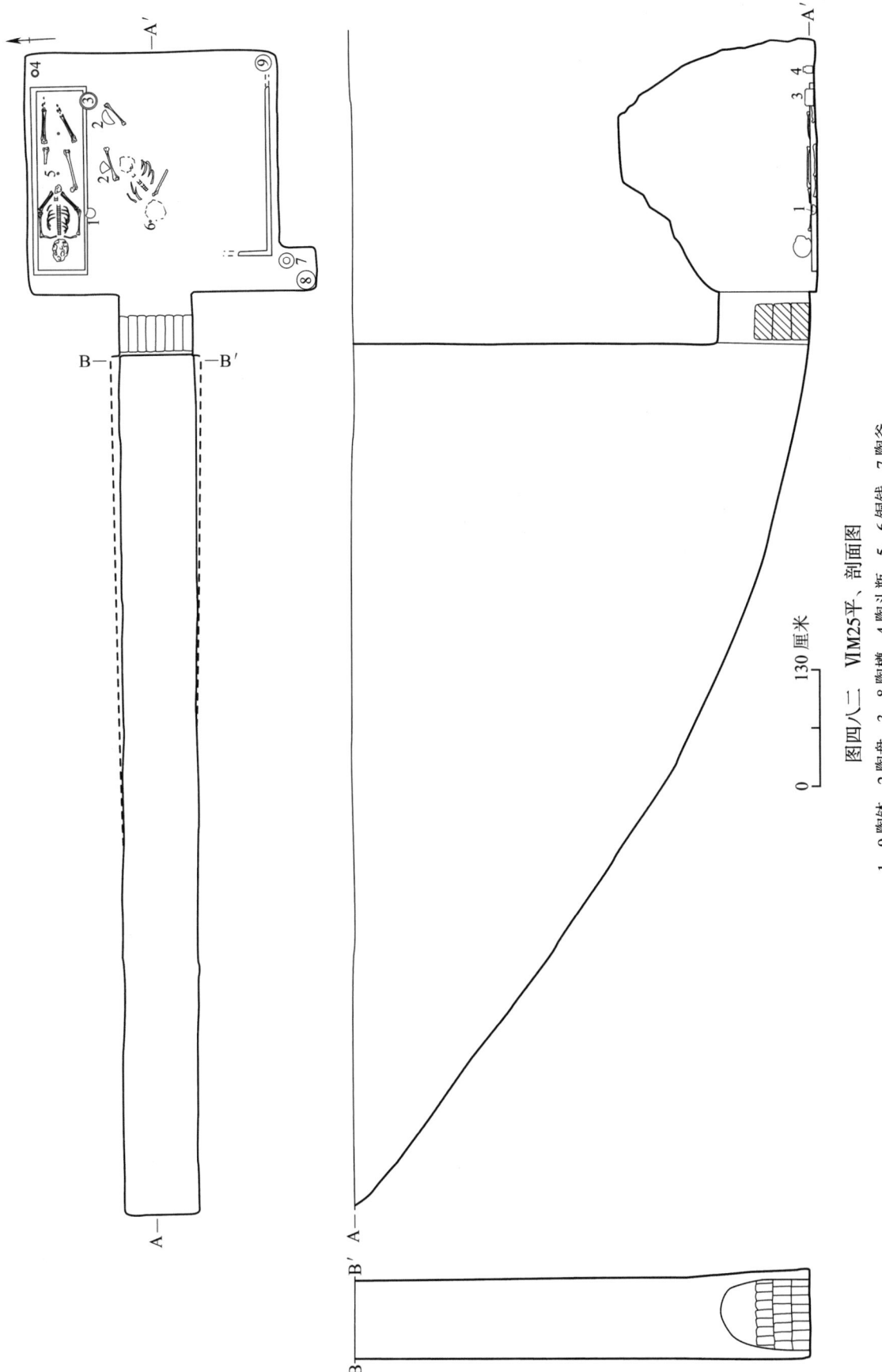

图四八二 ⅥM25平、剖面图
1、9.陶钵 2.陶盘 3、8.陶樽 4.陶斗瓶 5、6.铜钱 7.陶釜

甬道　位于墓道东端，连接墓道与墓室。平面呈长方形，进深 0.70、宽 0.80、高 1.00 米。墓门呈拱形，与甬道同高等宽。封门位于甬道内封，以土坯封堵，残高 0.60、厚 0.40 米，土坯长 0.40、宽 0.20、厚 0.08~0.10 米。

墓室　位于墓道以东，平面呈长方形，距墓室地面 0.80 米处向上斜收至顶，四壁有坍塌现象。墓室东西长 2.70、南北宽 2.80、残高 2.20 米。墓室西南角掏一龛，口宽 0.50、进深 0.40、高 0.53 米。

2. 葬具葬式

墓室北壁下存一尸床，尸床由细沙土、草木灰、白灰依次堆垒而成，从残存痕迹看判断长 2.08、宽 0.60、厚 0.05 米。

该墓为双人合葬。墓室北壁下葬两人，北侧人骨置于尸床之上，保存相对较好，仰身直肢葬，头向西。南侧人骨扰乱严重，葬式不详。经鉴定，北侧人骨疑似男性，成年；南侧人骨性别、年龄不详。

3. 随葬品

随葬品以陶器为主，放置于西南角龛及人骨附近，共 7 件，包括陶钵 2 件、陶盘 1 件、陶樽 2 件、陶斗瓶 1 件、陶釜 1 件。另于两人骨处出土铜钱 2 组（49 枚）（图版五二，1）。

陶钵　2 件。ⅥM25：1，泥质灰陶。直口，尖唇，鼓腹弧收至平底。近口处饰一道凹弦纹。口径 11.0、底径 5.0、高 4.1~5.1 厘米（图四八三，6；图版二〇三，3）。ⅥM25：9，泥质素面灰陶。敛口，尖唇，上腹圆鼓，下腹弧收至平底。口径 17.2、底径 6.6、高 7.4~8.3 厘米（图四八三，1）。

陶樽　2 件。ⅥM25：3，泥质素面灰陶。直口，圆唇，束颈、圆肩，曲腹，底微凹。口径 16.0、底径 19.0、高 9.5 厘米（图四八三，2；图版二〇三，7）。ⅥM25：8，泥质灰陶。带盖樽，盖呈覆钵状，弧形顶，弧腹，直口，底、腹部饰四组弦纹间隔的两组波浪纹。樽口近直，尖唇，平折肩，曲腹，大平底。内壁见轮制痕迹。盖径 20.6、高 5.0 厘米；樽口径 18.2、底径 20.8、高 11.6 厘米；通高 17.2 厘米（图四八三，8；图版二〇三，6）。

陶釜　1 件。ⅥM25：7，泥质素面灰陶。口部略残，可复原。敛口，圆唇，上腹部呈覆钵状，弧腹，底部外撇出沿，下腹部呈盆状，斜直沿斜直腹收至平底。近底处有竖向刮削痕迹。口径 7.0、腹径 17.0、底径 8.0、高 11.2 厘米（图四八三，3；图版二〇三，5）。

陶斗瓶　1 件。ⅥM25：4，泥质素面灰陶。直口，圆唇，外缘呈三角状，束颈，圆肩，直腹，平底。口径 5.0、底径 7.0、高 10.6 厘米（图四八三，5；图版二〇三，2）。

陶盘　1 件。ⅥM25：2，泥质灰陶。残，可复原。宽平沿，斜直缘微内束，底微内凹。由沿到中心依次降低。盘面饰两组波浪纹。盘径 36.0、厚 2.4 厘米（图四八三，7；图版二〇三，4）。

图四八三 ⅥM25出土器物
1、6.陶钵（ⅥM25：9、ⅥM25：1） 2、8.陶樽（ⅥM25：3、ⅥM25：8） 3.陶釜（ⅥM25：7） 4.货泉（ⅥM25：6–10）
5.陶斗瓶（ⅥM25：4） 7.陶盘（ⅥM25：2）

铜钱　2组（49枚）。均圆形方穿，形制不同，以五铢钱为主，另有少量剪轮钱、磨郭钱以及2枚货泉。部分铜钱有背穿下星、穿右下星等记号。

ⅥM25：6-10，货泉。形制较小，正面穿无郭，"货泉"二字篆书。记号为穿右下星。钱径2.30、穿宽0.68、郭宽0.20、郭厚0.13、肉厚0.10厘米，重1.79克（图四八三，4）。ⅥM25：6-38，五铢钱，正面穿左右篆书"五铢"二字。"五"字较宽，交笔弯曲；"铢"字"金"字头呈三角形，中间四点较长，"朱"字上部圆折，下部方圆折。记号为背穿下星。钱径2.59、穿宽0.90、郭宽0.14、郭厚0.13、肉厚0.10厘米，重2.43克。

ⅥM26

位于Ⅵ区北部，ⅥM25西南，南北向分布。

1. 墓葬形制

该墓为带长斜坡墓道"刀把"形单室土洞墓，由墓道、甬道、墓室组成。墓向186°（图四八四）。

墓道　位于墓室以南，平面呈梯形，北宽南窄，长5.00、宽0.60~0.90米。北端剖面亦呈梯形，口小底大，底宽1.20米。南高北低，斜坡至底，坡度26°。近墓门处距地表深3.10米。内填黄褐色泛灰沙石。

甬道　位于墓道北端，连接墓道与墓室。平面呈长方形，进深0.50、宽0.70、高1.30米，墓门呈拱形，与甬道同高等宽。封门为甬道内封，以不规则土坯封堵，厚0.63米，土坯长径0.26~0.38、短径0.18~0.30米。

墓室　位于墓道以北，平面呈长方形，四壁和顶部坍塌严重，顶部形制不明。墓室南北长2.10、东西宽0.93、残高1.80米（图版二八，2）。

2. 葬具葬式

无葬具。

该墓为单人葬。墓室中部葬一人，仰身直肢葬，头向南。经鉴定，人骨为女性，年龄45~50岁。

3. 随葬品

随葬仅见1件陶罐，出土于人骨右侧。

陶罐　1件。ⅥM26：1，泥质灰陶。口残，无法复原，器表剥落严重。束颈，溜肩，鼓腹弧收至平底。腹部饰数道凹弦纹，内壁见轮制痕迹。腹径17.0、底径9.2、残高18.3厘米（图四八五，1；图版二〇四，1）。

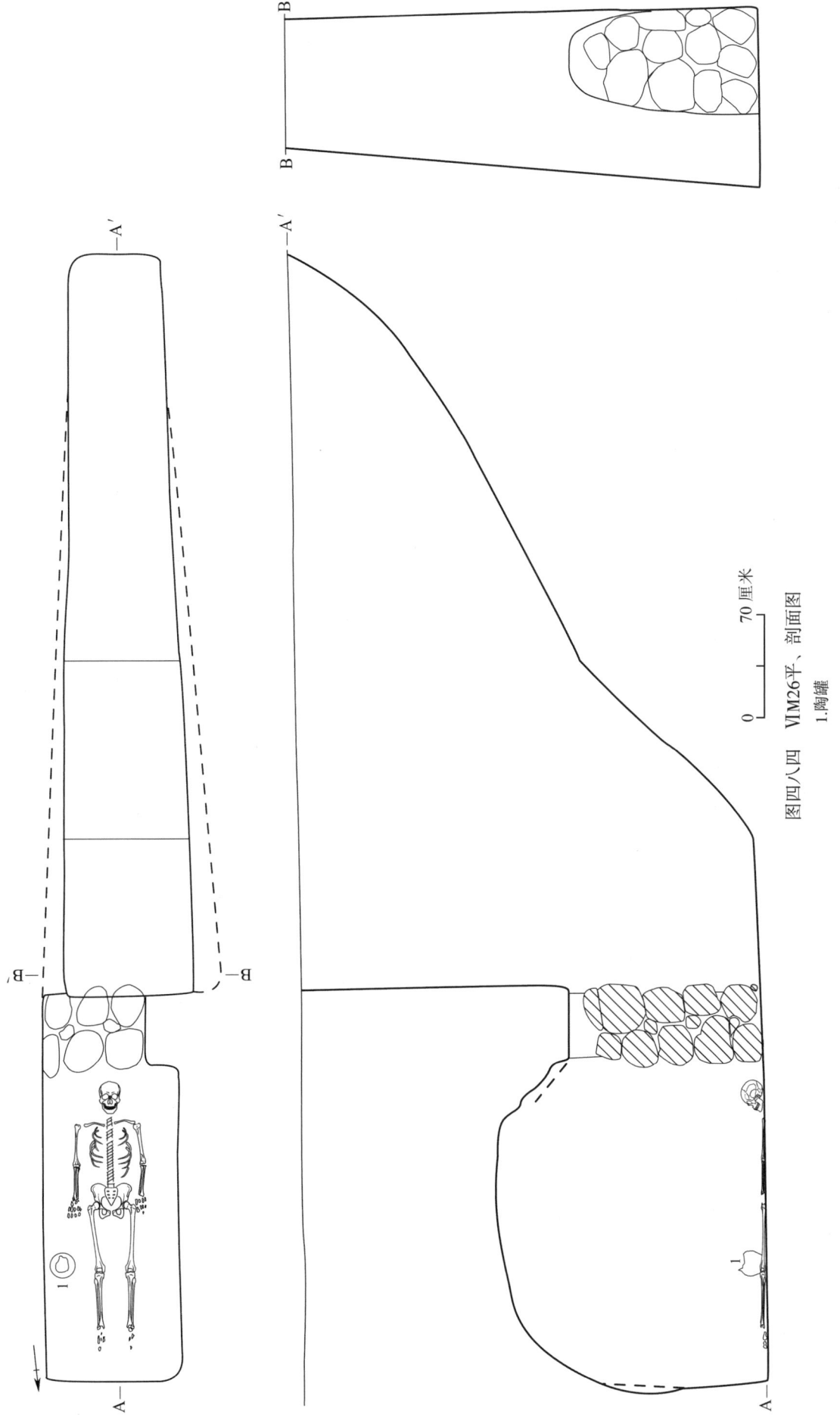

图四八四 ⅦM26平、剖面图
1.陶罐

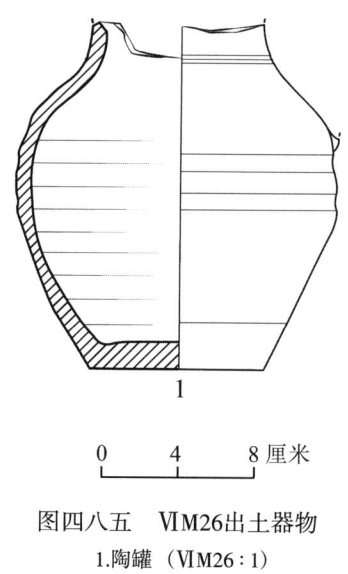

图四八五　ⅥM26出土器物
1.陶罐（ⅥM26∶1）

ⅥM27

位于Ⅵ区北部，ⅥM26西南，南北向分布。

1. 墓葬形制

该墓为竖穴土坑墓，墓向185°（图四八六）。平面形状呈长方形，长2.20、宽1.10、深1.28米。竖直壁至底，平底，底部与上口端尺寸一致。壁面粗糙，未见使用工具痕迹，内填黄褐色沙石。

2. 葬具葬式

该墓破坏严重，葬具仅在南部和西部发现木板痕迹，原应为尸床，腐朽严重，具体形制及尺寸不明。

该墓为单人葬。墓室内仅见少量残骨块。经鉴定，人骨为一成年个体，性别不详。

3. 随葬品

仅于墓室西南角出土陶斗瓶1件。

陶斗瓶　1件。ⅥM27∶1，泥质灰陶。直口，圆唇，外缘呈三角状，束颈，圆肩，腹部较直，底微凹。腹部饰弦纹。口径4.0、底径8.0、高9.6厘米（图四八七，1）。

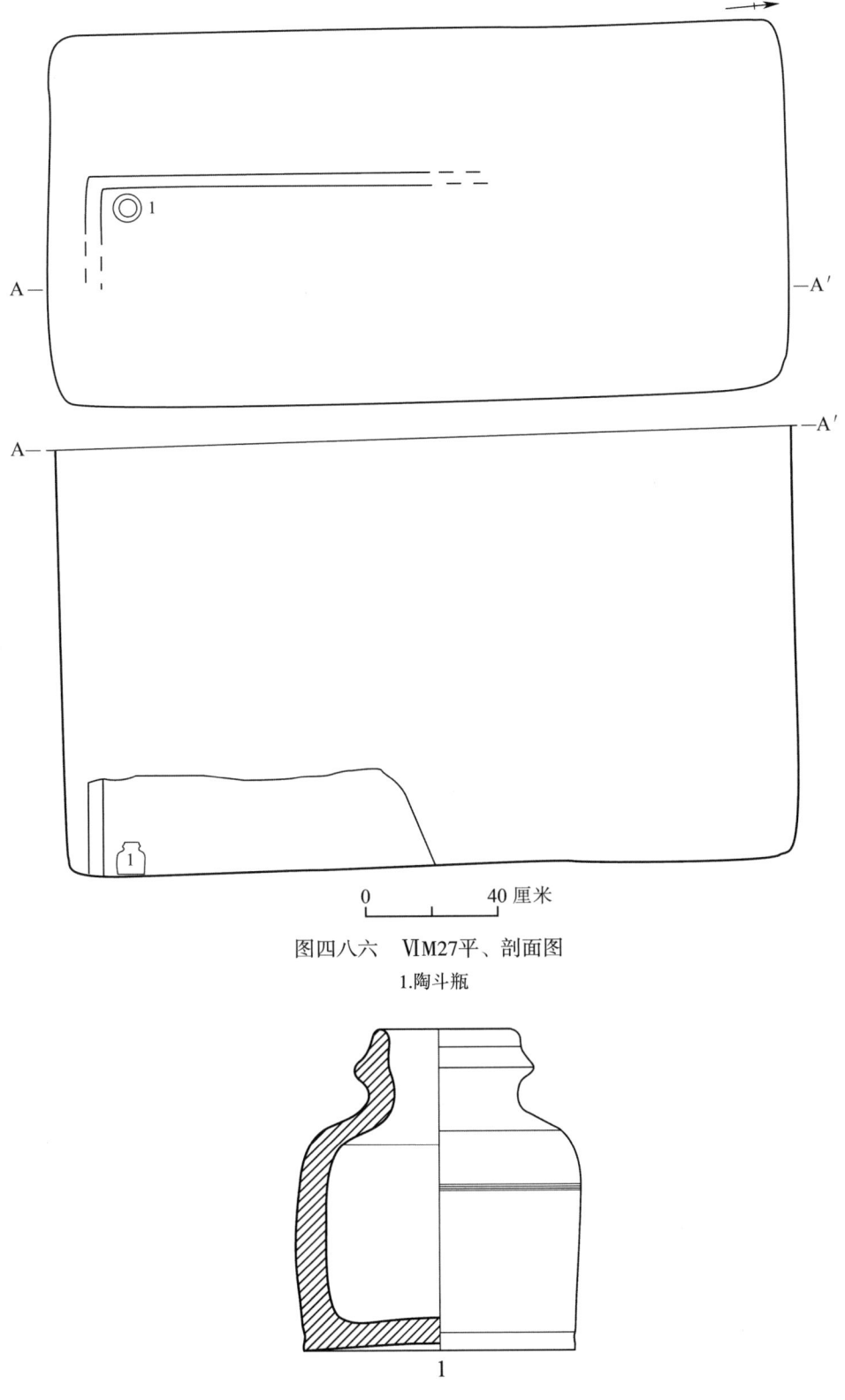

图四八六 ⅥM27平、剖面图
1.陶斗瓶

图四八七 ⅥM27出土器物
1.陶斗瓶（ⅥM27∶1）

ⅥM28

位于Ⅵ区北部，ⅥM27东南，东西向分布。

1. 墓葬形制

该墓为带长斜坡墓道单室土洞墓，由墓道、甬道、墓室组成。墓向90°（图四八八）。

墓道　位于墓室以东，平面呈长方形，东西长10.20、南北宽0.60米。西端剖面呈梯形，口小底大，底宽0.72米。东高西底，斜坡至底，坡度23°。近墓门处距地表深5.42米。内填黄褐色泛灰沙石。

甬道　位于墓道西端，连接墓道与墓室。平面呈近方形，边长0.80、高1.00米。墓门呈拱形，与甬道同高等宽。封门无存。

墓室　位于墓道以西，平面呈长方形，距墓室地面0.80米处向上斜收至顶，顶部坍塌严重，具体形制不明。墓室东西长2.90、南北宽1.60、残高1.50米。墓室东北角和东南角各掏一龛。东北角龛口宽0.40、进深0.16、高0.23米。东南角龛口宽0.48、进深0.20、高0.57米。

2. 葬具葬式

墓室南壁下存一尸床，由木板、草木灰、白灰依次堆垒而成，从残存痕迹可判断，尸床长2.13、宽0.56、厚0.05米。

该墓为单人葬。人骨置于尸床之上，仰身直肢葬，头向东。经鉴定，人骨疑似男性，成年。

3. 随葬品

随葬品均为陶器，集中放置于墓室东南角龛内及墓室中部，共6件，包括陶盘1件、陶壶1件、陶碟1件、陶釜1件、陶盆1件、陶甑1件。

陶碟　1件。ⅥM28:3，泥质素面红褐陶。敞口，尖唇，浅弧腹，底作假圈足。口径8.2、底径3.8、高2.1~2.2厘米（图四八九，1）。

陶盆　1件。ⅥM28:6，泥质素面橙黄陶。侈口，方唇，斜平沿，斜直腹，平底。内壁见轮制痕迹。口径10.4、底径4.4、高3.8厘米（图四八九，2）。

陶甑　1件。ⅥM28:4，泥质素面橙黄陶。盆形甑，侈口，斜平沿，方唇，斜直腹，平底，底有一孔。口径10.8、底径4.8、高4.4~4.5厘米（图四八九，3）。

陶盘　1件。ⅥM28:1，泥质红褐陶。平沿，外缘较直，盘面基本平整，低于盘沿，平底。盘面饰两组波浪纹。盘径27.2、厚2.6厘米（图四八九，4）。

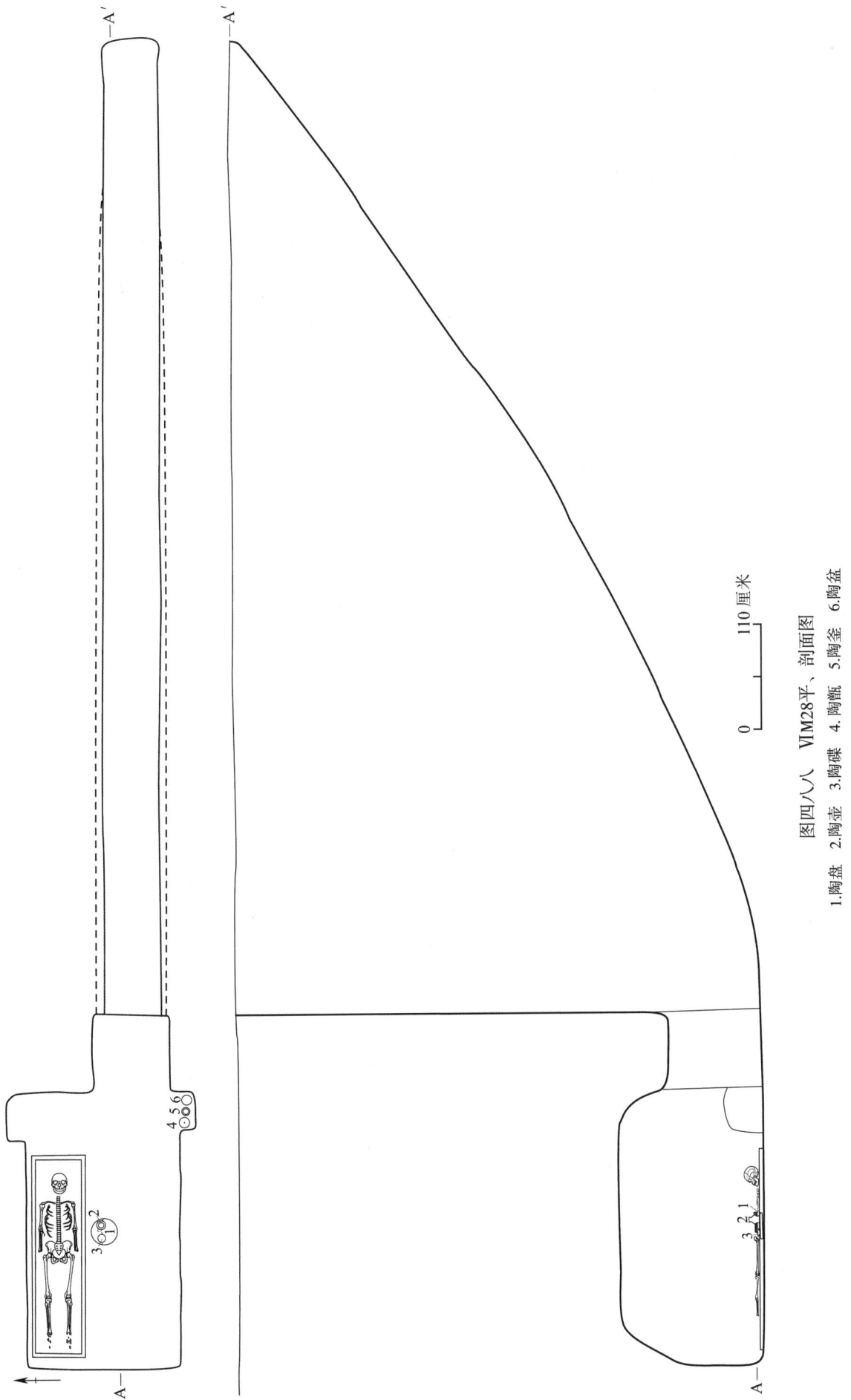

图四八八 ⅦM28平、剖面图
1.陶盘 2.陶壶 3.陶碟 4.陶瓿 5.陶釜 6.陶盆

陶壶　1件。ⅥM28:2，泥质红褐陶。直口，斜平沿，圆唇，束颈，圆肩，扁鼓腹，下腹束腰，近底部外撇成喇叭状底座，平底。下腹饰弦纹，内壁见轮制痕迹。口径5.2、腹径9.2、底径7.6、高10.8厘米（图四八九，5）。

陶釜　1件。ⅥM28:5，泥质素面红褐陶。敛口，方唇，矮领，圆肩，圆鼓腹，平底。内壁见轮制痕迹。口径5.8、腹径8.4、底径5.6、高4.9~5.5厘米（图四八九，6）。

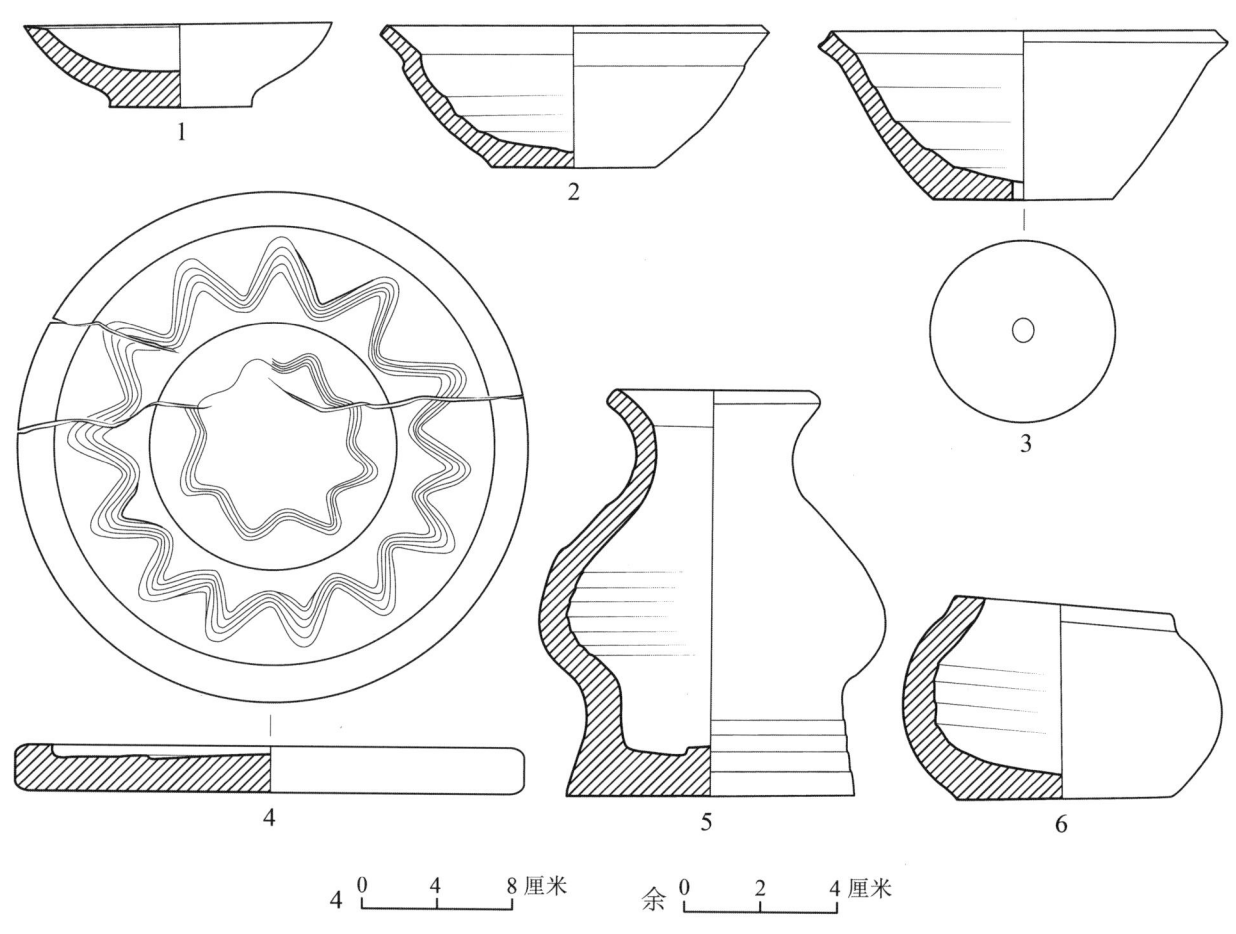

图四八九　ⅥM28出土器物
1.陶碟（ⅥM28:3）　2.陶盆（ⅥM28:6）　3.陶甑（ⅥM28:4）　4.陶盘（ⅥM28:1）　5.陶壶（ⅥM28:2）　6.陶釜（ⅥM28:5）

ⅥM29

位于Ⅵ区北部，ⅥM15东北，东西向分布。

1. 墓葬形制

该墓为竖穴土坑墓，墓向85°。平面形状呈长方形，东西长2.00、南北宽0.66、深1.30米。开口于现代地表下，距地面深0.12米。底部同上口端尺寸一致（图四九〇）。

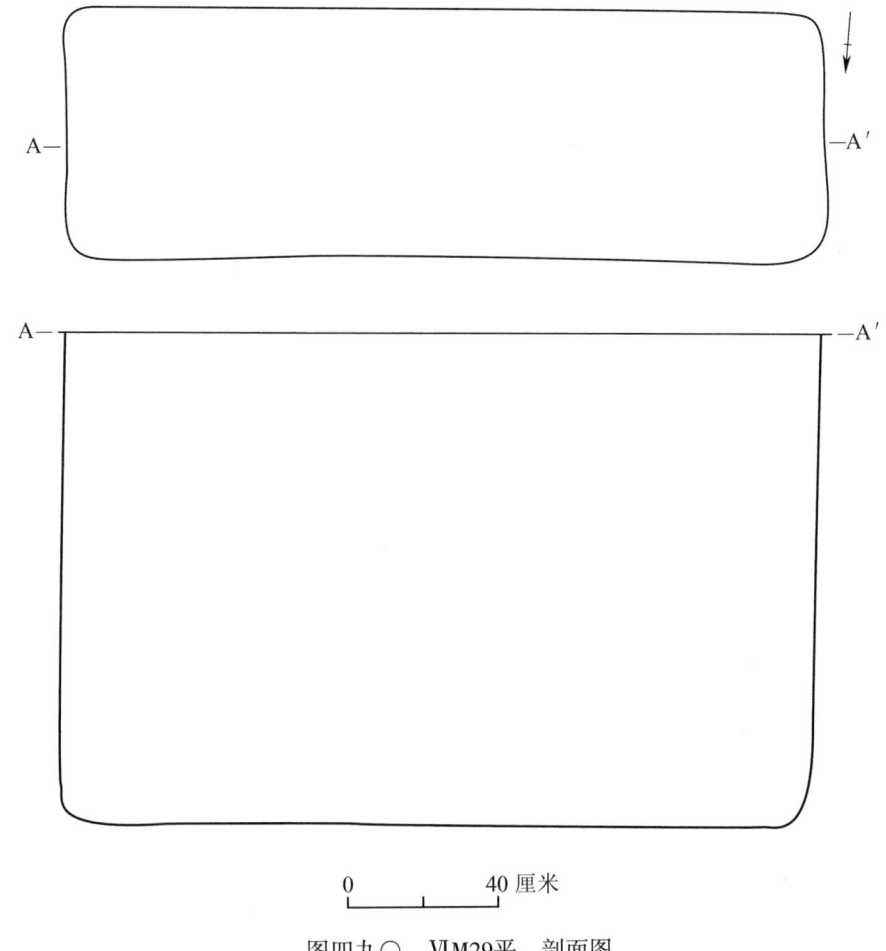

图四九〇 ⅥM29平、剖面图

2. 葬具葬式

经清理，未见葬具及人骨，仅于扰土中发现少量残碎骨渣和少量朽木屑。

3. 随葬品

无随葬品。

ⅥM30

位于Ⅵ区北部，ⅥM29东北，东西向分布。

1. 墓葬形制

该墓为竖穴土坑墓，墓向95°。平面形状呈长方形，长2.20、宽0.80、深1.50米。开口于现代地表下，距地面深0.12米。底部同上口端尺寸一致（图四九一）。

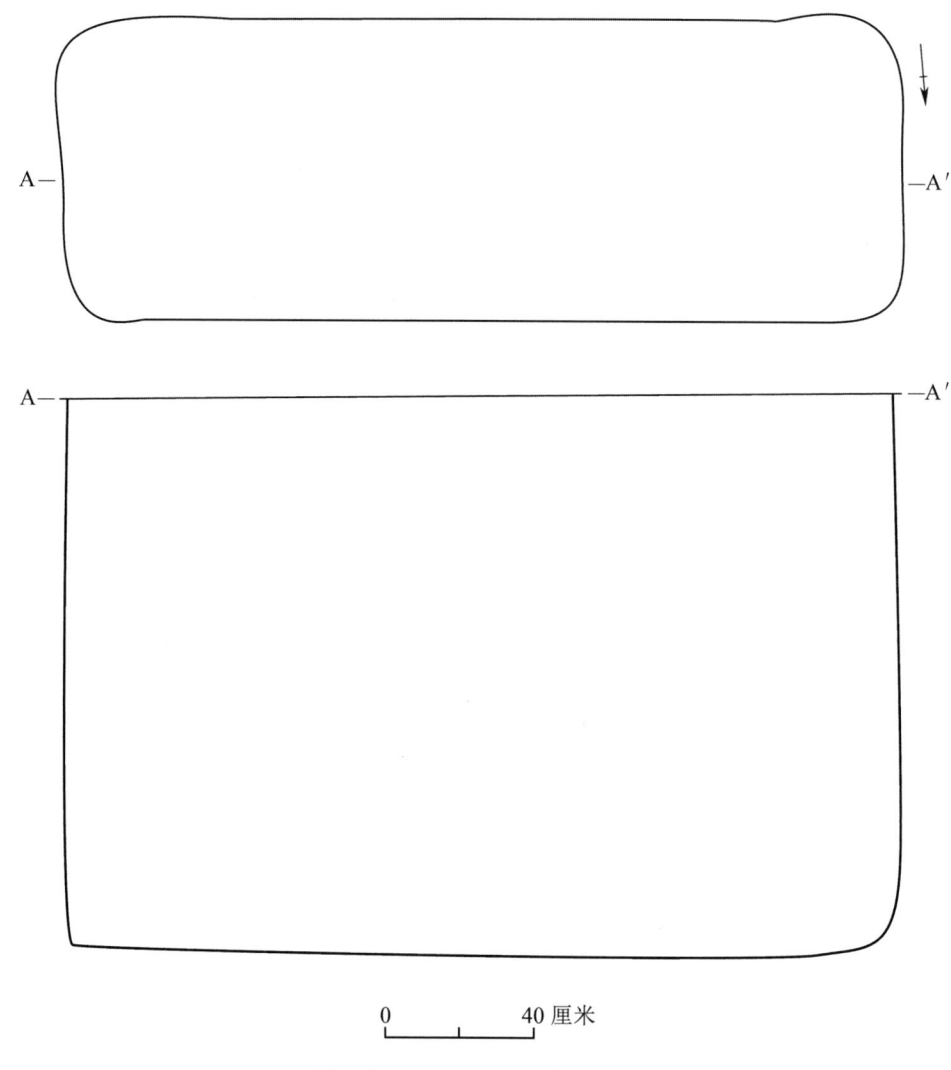

图四九一　ⅦM30平、剖面图

2. 葬具葬式

经清理，未见葬具及人骨，仅于扰土中发现少量残碎骨渣和少量朽木屑。

3. 随葬品

无随葬品。

七　Ⅶ区

Ⅶ区位于莫高公路南侧，东至敦煌机场航空加油站西围墙，南至机场跑道北围墙，面积5.4万平方米，共清理墓葬3座（图四九二）。

ⅦM1

位于Ⅶ区西南部，东西向分布。

1. 墓葬形制

该墓为带长斜坡墓道单室土洞墓，由封土、墓道、甬道、墓室组成。墓向270°（图四九三）。

封土　现呈丘状，部分叠压墓道。残径6.00、残高0.40米。

墓道　位于墓室以西，平面呈长方形，长8.90、宽1.00米。东端剖面亦呈长方形，底宽1.00米。西高东低，斜坡至底，斜坡长9.70米，坡度23°。近墓门处距地表深4.80米。内填灰黄色沙石土，土质松散，含砾石。

甬道　位于墓道东端，连接墓道与墓室，为双甬道，均为拱顶土洞式结构。前甬道平面呈长方形，进深0.90、宽1.00、高1.80米；后甬道，平面呈正方形，边长0.80、高0.90~1.20米。墓门呈近梯形，上窄下宽，宽0.52~0.80、高1.20米。封门位于后甬道内封，以沙石和规格不等的土坯混合砌成，残高0.68、宽0.80、厚0.20米（图版二九，1）。

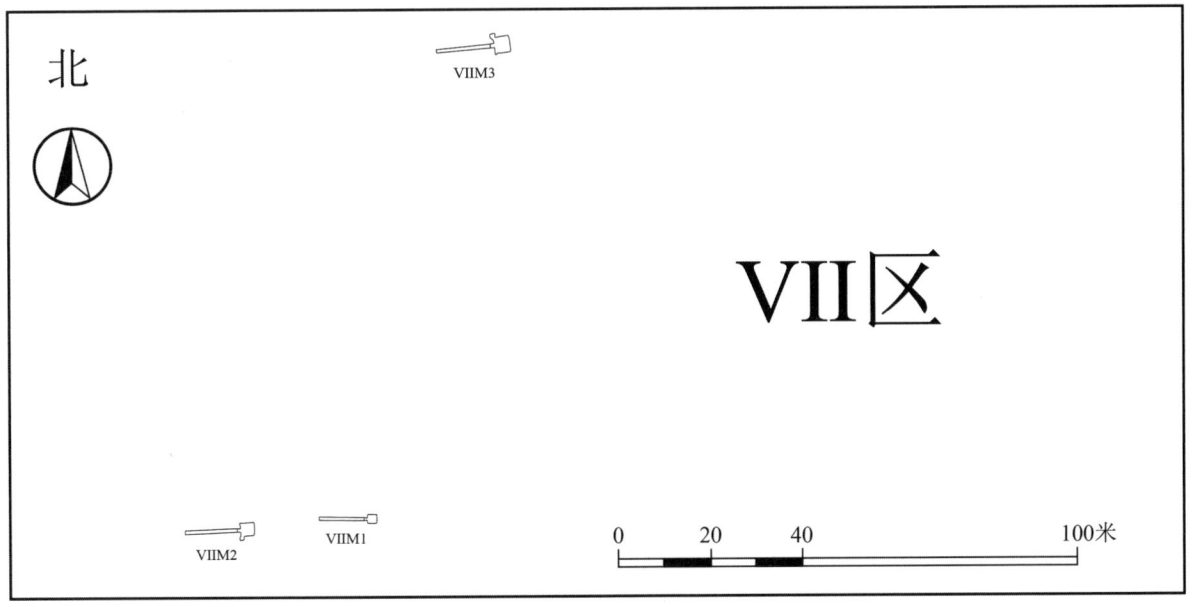

图四九二　Ⅶ区墓葬分布图

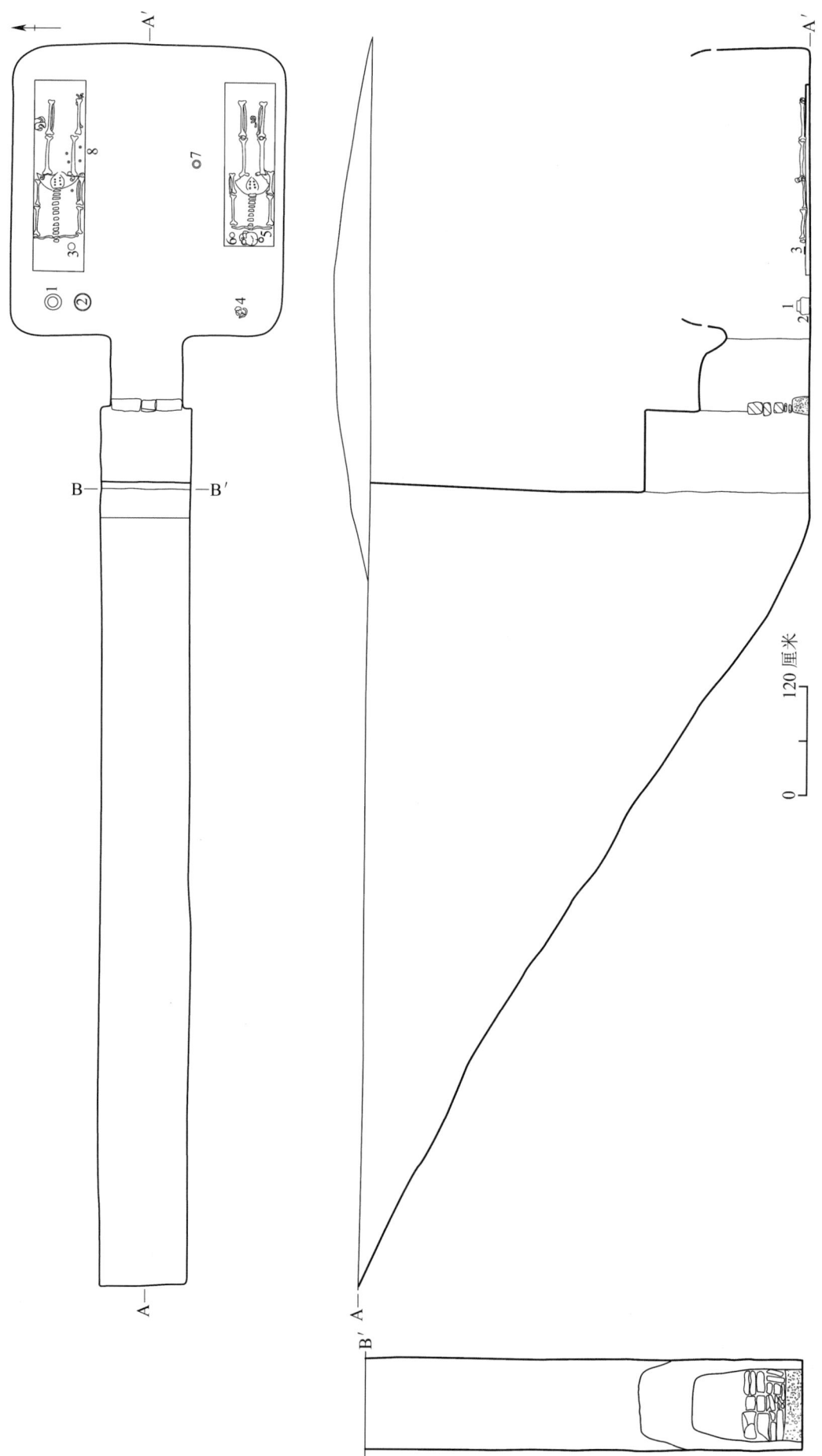

图四九三 ⅦM1平、剖面图

1.素面陶罐 2.陶樽 3.铜镜 4.陶瓶 5、6.陶甑 7.陶灯 8.铜钱

墓室　位于墓道以东，平面呈长方形，由于墓室坍塌严重，采用大揭顶的方式清理，墓顶形制及高度不详。墓室东西长3.20、南北宽3.00米。

2. 葬具葬式及葬俗

墓室南、北壁下存两尸床，东西向平行放置，北侧尸床以白灰铺就，长2.10、宽0.56、厚0.05~0.06米；南侧尸床由细沙土、草木灰及白灰堆垒而成，长1.80、宽0.56、厚0.04米。

该墓为双人合葬。人骨置于尸床之上，均为仰身直肢葬，头向西。经鉴定，北侧人骨为女性，年龄21~25岁；南侧人骨为男性，年龄24~37岁。

南侧尸床上存有意打碎的陶片。

3. 随葬品

随葬品放置于两人骨头部及两尸床上。其中陶器6件，包括素面陶罐1件、陶斗瓶2件（图版二九，2）、陶樽1件、陶甑1件、陶灯1件。另于北侧人骨头部出土铜镜1件、右手附近出土铜钱1枚。

陶灯　1件。ⅦM1:7，泥质素面灰陶。灯口呈碟状，敞口，圆唇，浅弧腹，灯柄实心，上细下粗，大平底。口径6.4、底径9.0、高10.8厘米（图四九四，1）。

陶甑　1件。ⅦM1:4，泥质灰陶。残，可复原。盆形甑，侈口，尖唇，斜直腹，平底，底有八孔，未通透。内壁见轮制痕迹，近口沿处饰一道凸棱纹。口径10.4、底径3.6、高4.5厘米（图四九四，2）。

陶斗瓶　2件。泥质素面灰陶。ⅦM1:5，侈口，圆唇，溜肩，鼓腹，平底。口径5.4、底径4.7、高6.5厘米（图四九四，3）。ⅦM1:6，口残，无法复原。直腹微鼓，平底。底径4.6、残高4.0厘米（图四九四，4）。

素面陶罐　1件。ⅦM1:1，泥质素面红陶。残，可复原。近直口，溜肩，圆鼓腹，平底。口径11.0、腹径17.3、底径9.2、高14.0厘米（图四九四，5）。

陶樽　1件。ⅦM1:2，泥质灰陶。直口，圆唇，矮领，直腹微内弧，平底。近底部饰一周凹棱纹。口径17.6、底径17.2、高9.6厘米（图四九四，6）。

铜镜　1件。ⅦM1:3，镜体轻薄。圆形，镜面微弧凸，镜背正中为半球形钮，圆形钮座，镜钮上有半圆形对穿孔。主体纹饰磨损严重，大致判断为变形夔纹，四内角有对称铭文"君宜高官"，其外为十六连弧纹一周。面径9.0、背径8.7、钮高0.6、钮径1.5、缘宽0.4、缘厚0.2、肉厚0.15厘米，重52.7克（图版二〇四，2）。

铜钱　1枚。ⅦM1:8，五铢钱，圆形方穿，正面穿左右篆书"五铢"二字。"铢"字"金"字中间四点较长，"朱"字下部圆折，其余锈蚀不可辨。钱径2.78、穿宽0.91、郭宽0.18、郭厚0.11、肉厚0.10厘米，重2.89克。

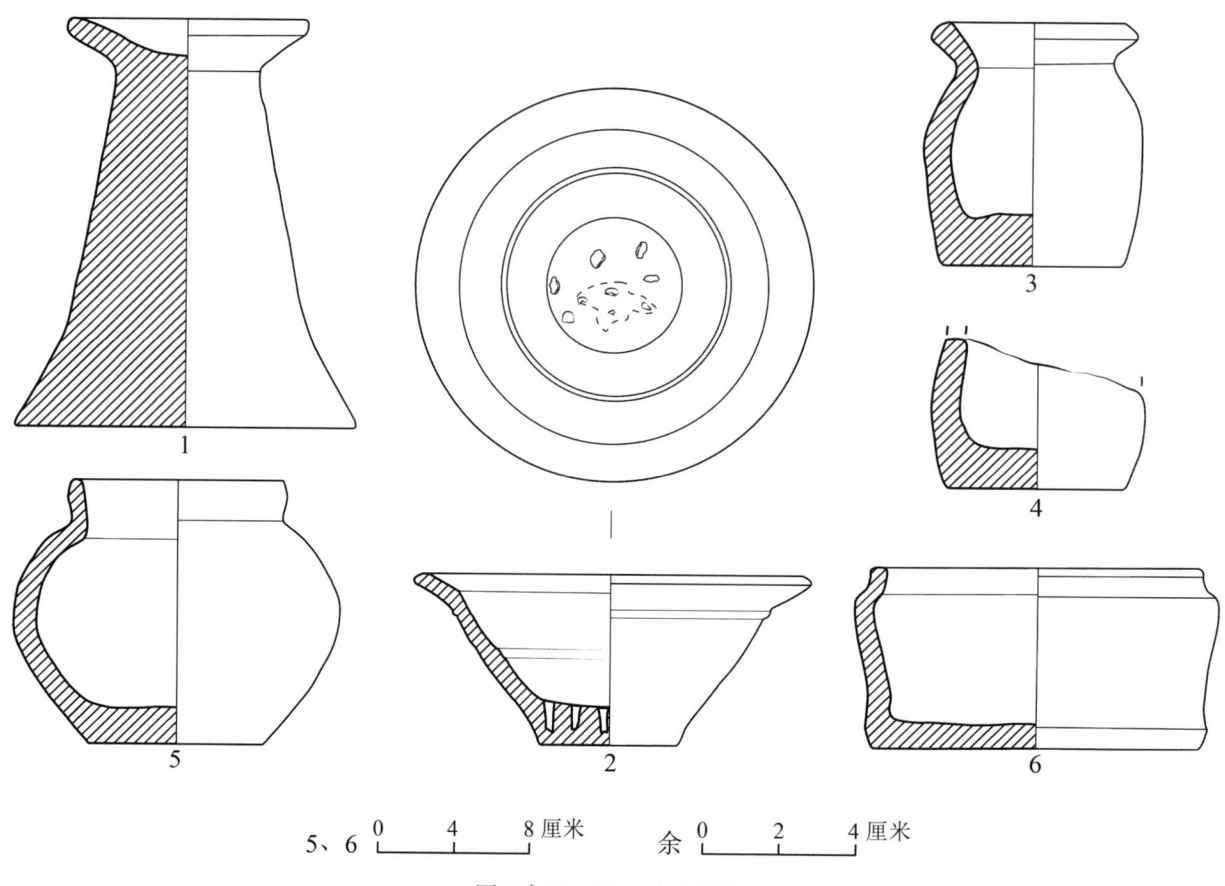

图四九四　ⅦM1出土器物

1.陶灯（ⅦM1：7）2.陶甑（ⅦM1：4）3、4.陶斗瓶（ⅦM1：5、ⅦM1：6）5.素面陶罐（ⅦM1：1）6.陶樽（ⅦM1：2）

ⅦM2

位于Ⅶ区西南部，ⅦM1西南，东西向分布。

1. 墓葬形制

该墓为带长斜坡墓道单室土洞墓，由封土、墓道、甬道、墓室四部分组成。墓向269°（图四九五）。

墓道　位于墓室以西，平面呈长方形，长11.10、宽0.88米。东端剖面呈梯形，口小底大，底宽1.18米。西高东低，斜坡至距墓门0.80米处到底，其后平直延伸至墓门处，斜坡长11.40米，坡度25°。近墓门处距表深4.80米。内填灰黄色沙石土，土质松散，含砾石。

甬道　位于墓道东端，连接墓道与墓室，为拱顶土洞式结构，平面略呈梯形，西窄东宽，进深0.90、宽0.78~0.80、高1.48~2.00米。墓门呈拱形，与甬道同高等宽。封门位于甬道内封，以沙石和规则不一的土坯混合砌成，宽0.78、厚0.24、高1.00米。

墓室　位于墓道以东，平面呈长方形，由于墓室坍塌严重，采用大开挖的方式清理，墓顶

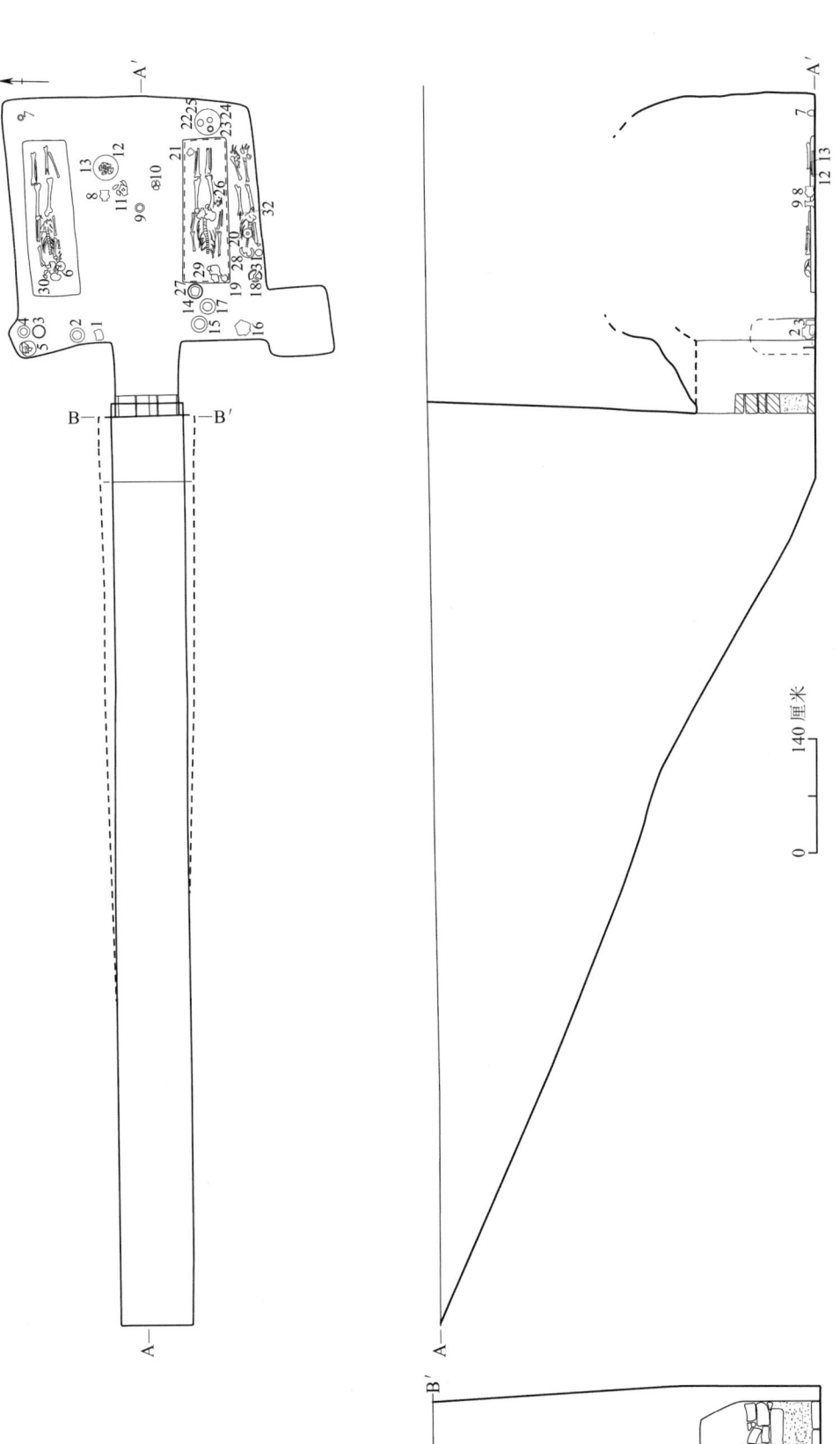

图四九五 ⅦM2平、剖面图

1.兽俑 2、5、15、17.波浪纹陶罐 3、14.陶樽 4.陶釜 6.铜镜 7、19、21、23.陶斗瓶 8.陶壶 9.陶灯 10、27、33、34.陶碟 11、18、24、25、31、35、37.陶钵 12.陶盆 13、22.陶盆 16.弦纹陶罐 20.铁镜 26.铜钱 28~30.铜钗 32.铜泡 36.陶碗
(33~37位于13之上,均残缺严重)

形制及高度不详。墓室东西长 3.02、南北宽 3.06 米。墓室西南角存一耳室，口宽 0.62、进深 0.84、残高 0.50 米。西北角掏一龛，口宽 0.50、进深 0.18、残高 0.50 米。

2. 葬具葬式

墓室南、北壁下存两尸床，东西向平行放置。北侧尸床由细沙土、木板、白灰等堆垒而成，长 1.92、宽 0.50~0.60 米、高 0.06 米；南侧尸床由细沙土堆垒而成，长 1.78、宽 0.54~0.60、厚 0.02 米（图版三〇，1）。

该墓为三人合葬。两人骨置于尸床之上，南侧尸床与南壁间葬一人，均为仰身直肢葬，头向西。经鉴定，北侧人骨疑似女性，年龄 18 岁左右；南侧人骨疑似女性，年龄 50~60 岁；南侧尸床与南壁之间人骨为男性，年龄 50 岁左右。

3. 随葬品

随葬品以陶器为主，集中放置于西北角龛内、两人骨头部及墓室中部，共 30 件，包括波浪纹陶罐 4 件、弦纹陶罐 1 件、陶钵 7 件、陶盘 2 件、陶樽 2 件、陶斗瓶 4 件（图版三〇，2）、陶壶 1 件、陶釜 1 件、陶灯 1 件、陶碟 4 件、陶盆 1 件、陶碗 1 件、砖雕兽俑 1 件。三人骨附近出土铜铁器 7 件（组），其中铜镜 1 件、铜钱 1 组（44 枚）、铜钗 3 组（10 件）、铁镜 1 件，铜泡 1 组（2 件）（图版五二，2）。

陶壶　1 件。ⅦM2:8，泥质灰陶。口残，可复原。侈口，圆唇，束颈，扁鼓腹，喇叭状底座，平底。底座饰凸弦纹。口径 7.0、腹径 11.9、底径 11.0、高 13.2 厘米（图四九六，1；图版二〇七，3）。

陶釜　1 件。ⅦM2:4，泥质素面橙黄陶。敛口，方唇，腹部较鼓，平底。近底处见竖向刮削痕迹。口径 8.5、腹径 15.0、底径 9.1、高 9.6 厘米（图四九六，2；图版二〇七，2）。

陶灯　1 件。ⅦM2:9，泥质素面橙黄陶。灯口残，可复原。灯口呈碟状，敞口，尖唇，弧腹，灯柄空心，近底部外撇形成低台座，平底。口径 7.4、底径 11.0、高 12.3 厘米（图四九六，3；图版二〇七，1）。

波浪纹陶罐　4 件。泥质橙黄陶。器形整体矮胖，直口，束颈，外缘呈三角状，圆鼓腹，平底。肩、腹部饰三组波浪纹，近底处有竖向刮削痕迹。ⅦM2:2，圆唇。口径 9.3、腹径 17.8、底径 10.2、高 15.2 厘米（图四九六，4；图版二〇四，3）。ⅦM2:5，口残，可复原。内壁见轮制痕迹。腹径 18.4、底径 11.4、高 15.2 厘米（图四九六，5）。ⅦM2:15，圆唇。口径 8.8、腹径 18.5、底径 11.5、高 15.4 厘米（图四九六，6；图版二〇四，4）。ⅦM2:17，残，可复原。尖圆唇。内壁见轮制痕迹。口径 8.5、腹径 18.2、底径 9.9、高 16.0 厘米（图四九六，8；图版二〇四，5）。

弦纹陶罐　1 件。ⅦM2:16，泥质灰陶。侈口，阔沿，束颈，鼓腹，下腹斜收至平底。肩、

第四章 墓葬分述

图四九六 ⅦM2出土器物（一）

1.陶壶（ⅦM2:8） 2.陶釜（ⅦM2:4） 3.陶灯（ⅦM2:9） 4~6、8.波浪纹陶罐（ⅦM2:2、ⅦM2:5、ⅦM2:15、ⅦM2:17）
7.弦纹陶罐（ⅦM2:16） 9、10.陶樽（ⅦM2:3、ⅦM2:14） 11、12.陶盘（ⅦM2:13、ⅦM2:22） 13.砖雕兽俑（ⅦM2:1）

腹部饰数道弦纹，近底处见竖向刮削痕迹。口径7.8、腹径19.7、底径10.7、高18.0厘米（图四九六，7；图版二〇七，6）。

陶樽 2件。ⅦM2：3，泥质素面灰陶。敛口，圆唇，矮领，圆肩，直腹，平底。内壁见轮制痕迹。口径14.0、底径15.6、高10.8~11.1厘米（图四九六，9；图版二〇八，1）。ⅦM2：14，泥质素面橙黄陶。直口，方唇，矮领，圆肩，曲腹，平底。内壁见轮制痕迹。口径14.2、底径16.8、高11.5厘米（图四九六，10；图版二〇八，2）。

陶盘 2件。泥质橙黄陶。圆形，直口，平沿，外缘微弧，盘面较平，略低于口沿，平底。ⅦM2：13，残，可复原。盘面饰两组波浪纹。盘径30.6、厚2.2厘米（图四九六，11；图版二〇七，4）。ⅦM2：22，盘面饰三组波浪纹。盘径31.8、厚2.6厘米（图四九六，12；图版二〇七，5）。

陶盆 1件。ⅦM2：12，泥质素面橙黄陶。残，可复原。侈口，斜平沿，颈微束，弧腹，平底。复原口径12.8、底径4.8、高4.4~4.9厘米（图四九七，1）。

陶钵 7件。ⅦM2：11，泥质灰陶。残，可复原。敛口，圆唇，上腹圆鼓，下腹弧收至平底。外壁饰一周弦纹。口径15.2、底径5.9、高6.1厘米（图四九七，2）。ⅦM2：18，泥质橙黄陶。残，可复原。敛口，方唇，斜直腹，平底。内壁见轮制痕迹，外壁饰数道弦纹。复原口径14.5、底径6.4、高6.5厘米（图四九七，3）。ⅦM2：24，泥质素面灰陶。侈口，尖唇，弧腹，平底。口径7.4、底径3.5、高2.3厘米（图四九七，4；图版二〇五，1）。ⅦM2：25，泥质素面灰陶。口残，可复原。直口，圆唇，弧腹，平底。口径9.0、底径4.0、高3.0厘米（图四九七，5；图版二〇五，2）。ⅦM2：31，泥质素面灰陶。口近直，弧腹，平底。口径3.2、底径1.5、高1.3厘米（图四九七，11）。ⅦM2：35，泥质素面橙黄陶。残，可复原。直口，圆唇，弧腹，平底。复原口径10.2、底径4.2、高3.9~4.3厘米（图四九七，6）。ⅦM2：37，泥质素面红陶。残，可复原。直口，圆唇，弧腹，平底。复原口径10.4、底径4.5、高3.8厘米（图四九七，7）。

陶碗 1件。ⅦM2：36，泥质素面橙黄陶。残，可复原。直口，尖圆唇，上腹较直，下腹弧收至假圈足。口径7.6、底径2.4、高3.4~4.1厘米（图四九七，8）。

陶碟 4件。ⅦM2：10，泥质素面橙黄陶。敞口，尖唇，浅腹，平底。内壁见轮制痕迹。口径10.8、底径4.4、高2.7厘米（图四九七，9；图版二〇五，3）。ⅦM2：27，泥质素面灰陶。口残，不可复原。斜直腹，平底。内、外壁见轮制痕迹。底径5.6、残高3.2厘米（图四九七，10）。ⅦM2：33，泥质素面灰陶。口残，不可复原。弧腹，平底。内壁见轮制痕迹。底径4.9、残高2.7厘米（图四九七，12）。ⅦM2：34，泥质素面灰陶。残，可复原。敞口，尖唇，浅腹，平底。内壁见轮制痕迹。口径10.0、底径3.6、高3.0~3.7厘米（图四九七，13）。

陶斗瓶 4件。ⅦM2：7，泥质素面灰陶。口近直，三角形外缘，束颈，折肩，直腹，平底。口径4.3、底径6.4、高7.9厘米（图四九八，1；图版二〇五，5）。腹部朱书镇墓文，部分

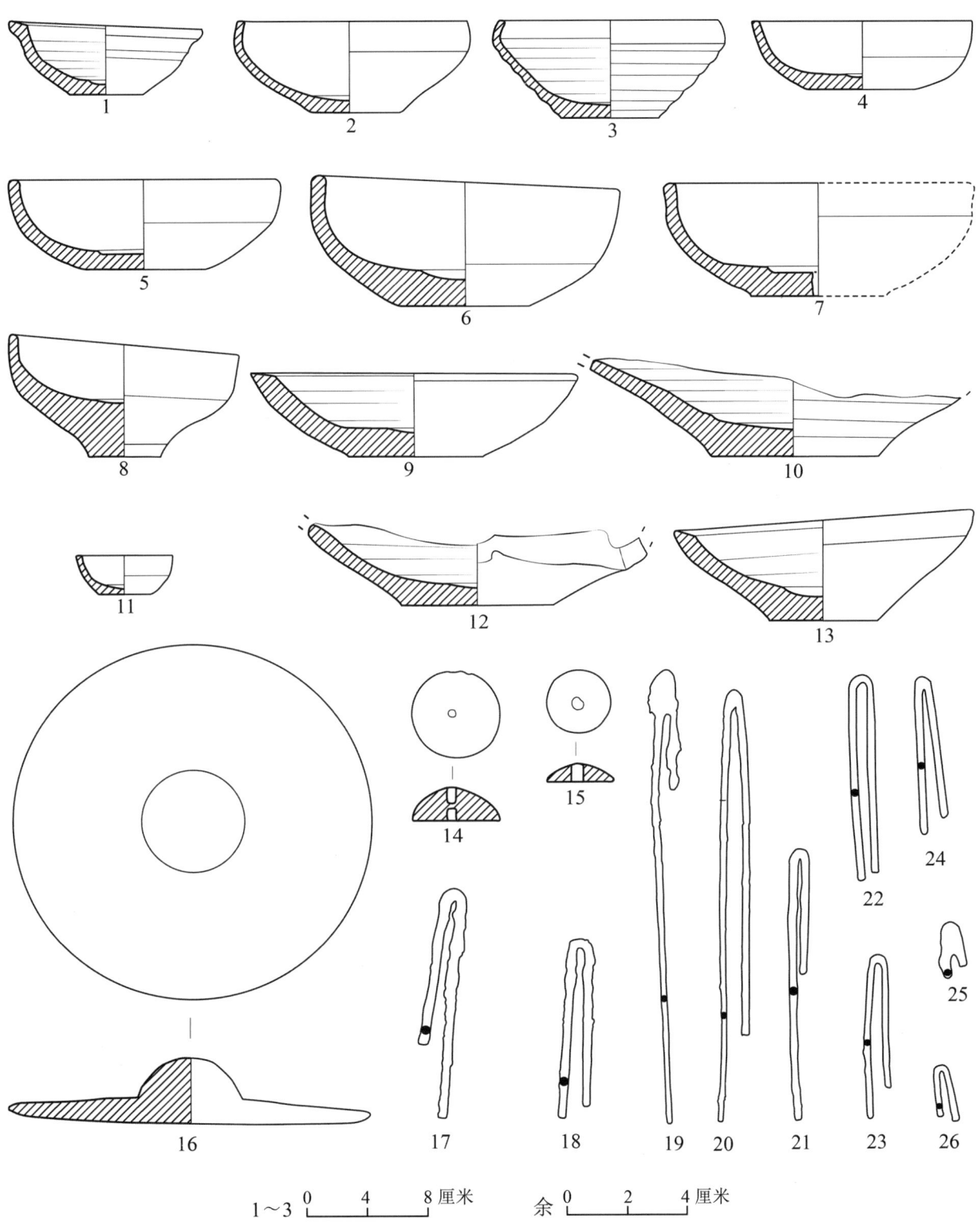

图四九七　ⅦM2出土器物（二）

1.陶盆（ⅦM2∶12）　2~7、11.陶钵（ⅦM2∶11、ⅦM2∶18、ⅦM2∶24、ⅦM2∶25、ⅦM2∶35、ⅦM2∶37、ⅦM2∶31）　8.陶碗（ⅦM2∶36）　9、10、12、13.陶碟（ⅦM2∶10、ⅦM2∶27、ⅦM2∶33、ⅦM2∶34）　14、15.铜泡（ⅦM2∶32-1、ⅦM2∶32-2）　16.铁镜（ⅦM2∶20）　17~26.铜钗（ⅦM2∶29-1、ⅦM2∶29-2、ⅦM2∶28-1、ⅦM2∶28-2、ⅦM2∶30-1、ⅦM2∶30-2、ⅦM2∶30-3、ⅦM2∶30-4、ⅦM2∶30-5、ⅦM2∶30-6）

漫漶不清，录文作：

死者□

目复

其注

不得

复□

如律

令

ⅦM2∶19，泥质素面橙黄陶。口近直，三角形外缘，束颈，圆折肩，斜直腹，平底。口径5.2、底径6.8、高7.4厘米（图四九八，3；图版二〇五，6）。腹部朱书镇墓文，多已漫漶不清。录文作：

男妃身死

今……

五……

荔……

用……

千……

青乌……

今死……

莫……

加两……

转……

与他……

者天……

界死者……

地……

如……

ⅦM2∶21，泥质素面橙黄陶。口近直，外缘基本呈三角状，束颈，折肩，斜直腹，平底。口径5.0、底径6.6、高8.4厘米（图四九八，4；图版二〇六，1~6）。腹部朱书镇墓文，部分漫漶不清，录文作：

男妃身死今
下斗瓶五谷
黑豆荔子
朌（铅）人用当
重复千人
青乌子□
告北臣（辰）诏
令死者以
受其殃
罚不加两
移央转
咎远与
他乡生者
以天为界
死者以地
各如律
令

ⅦM2∶23，泥质素面灰陶。口微侈，圆唇，束颈，圆折肩，斜直腹，平底。口径5.0、底径5.5、高8.2厘米（图四九八，2；图版二〇五，4）。腹部朱书镇墓文，部分漫漶不清，录文作：

□□□
注去不
得相
注如
律
令

砖雕兽俑　1件。ⅦM2∶1。由青砖雕磨而成，造型简单，制作粗糙，体型浑圆，作站立状。前、后上端均有圆孔，可能用于穿插木质头、尾。长13.1、宽9.9、厚6.0厘米（图四九六，13；图版二〇四，6）。

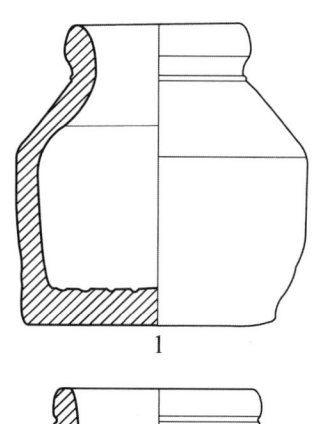
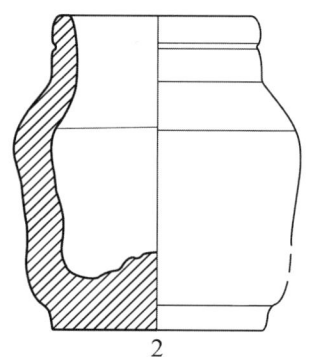
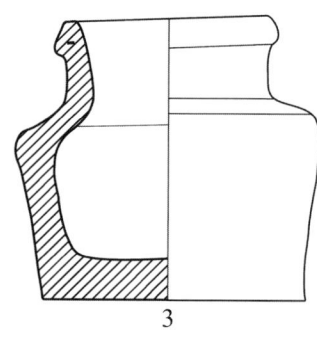
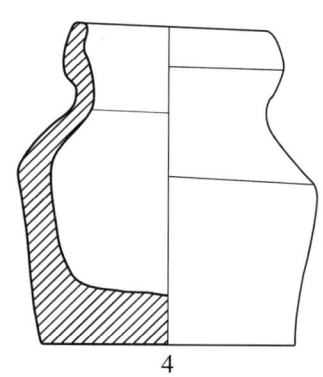

图四九八　ⅦM2出土器物（三）

1~4.陶斗瓶（ⅦM2：7、ⅦM2：23、ⅦM2：19、ⅦM2：21）

铁镜　1件。ⅧM2:20，锈蚀严重，有裂纹。圆形，乳钮，钮上有对穿孔。正反面均有细布纹包裹痕迹。直径11.9、厚0.1~0.8、镜钮高1.3厘米（图四九七，16；图版二〇八，4）。

铜镜　1件。ⅧM2:6，镜体较大且厚重。圆形，镜面微弧凸，镜背正中为半球形钮，圆形钮座，镜钮上有半圆形对穿孔，钮座外为一周宽凸弦纹，再外为两周短斜线纹带，两斜线纹带间为四乳与双龙双虎相间环绕，四乳带圆形凸弦纹座。宽缘，中间为一周连续"W"形纹和点状凸起相间的纹饰带。面径11.2、背径11.2、钮高1.0、钮径1.5、缘宽1.5、缘厚0.5、肉厚0.2厘米，重264克（图四九九，1；图版二〇八，3）。

铜泡　1组（2件）。均呈半球状，面呈螺旋状，饰三角状短线纹。中心有穿孔（图版二〇七，7）。ⅧM2:32-1，直径2.8、厚1.1、孔径0.2厘米（图四九七，14）。ⅧM2:32-2，直径2.1、厚0.6、孔径0.3厘米（图四九七，15）。

图四九九　ⅧM2出土铜镜拓片
1.铜镜（ⅧM2:6）

铜钗　3组（10件）。均锈蚀、残断严重。呈双股"U"形，圆棍状，一端细，一端粗。ⅦM2∶28-1，残长15.1、截面直径0.2厘米（图四九七，19）；ⅦM2∶28-2，较完整，残长14.4、截面直径0.2厘米（图四九七，20）；ⅦM2∶29-1，残长7.5、截面直径0.3厘米（图四九七，17）；ⅦM2∶29-2，残长6.0、截面直径0.3厘米（图四九七，18）；ⅦM2∶30-1，残长9.1、截面直径0.3厘米（图四九七，21）；ⅦM2∶30-2，残长6.9、截面直径0.2厘米（图四九七，22）；ⅦM2∶30-3，残长5.5、截面直径0.2厘米（图四九七，23）；ⅦM2∶30-4，残长5.3、截面直径0.2厘米（图四九七，24）；ⅦM2∶30-5，仅余钗头，残长2.0、截面直径0.2厘米（图四九七，25）；ⅦM2∶30-6，仅余钗头，残长2.0、截面直径0.2厘米（图四九七，26）。

铜钱　1组。ⅦM2∶26，44枚，均圆形方穿，形制不同，以五铢钱为主，另有少量剪轮钱、磨郭钱和1枚货泉。

ⅦM2∶26-10，剪轮五铢，正面穿左右篆书"五铢"二字。边有剪凿痕，形制较小，"五铢"两字剪去大半，"五"字较窄，交笔弯曲；"铢"字"朱"上下部均方折。钱径1.73、穿宽0.67、肉厚0.09厘米，重0.55克（图五〇〇，1）。ⅦM2∶26-12，货泉，形制较小，两面穿皆有郭，"货泉"二字篆书。钱径2.33、穿宽0.67、郭宽0.19、郭厚0.15、肉厚0.10厘米，重2.55克（图五〇〇，2）。ⅦM2∶26-13，蜀五铢，正面穿左右篆书"五铢"二字。形制较小，两面穿均有郭。"五"字较窄，交笔弯曲；"铢"字金字头呈箭镞状，中间四点较短，"朱"字上下部均圆折。钱径2.11、穿宽0.72、郭宽0.12、郭厚0.13、肉厚0.11厘米，重2.04克（图五〇〇，3）。ⅦM2∶26-29，五铢钱，正面穿左右篆书"五铢"二字。"五"字较窄，交笔弯曲；"铢"字"金"字头呈三角形，中间四点较长，"朱"字上下部均方折。钱径2.52、穿宽0.86、郭宽0.13、郭厚0.11、肉厚0.08厘米，重2.27克（图五〇〇，4）。

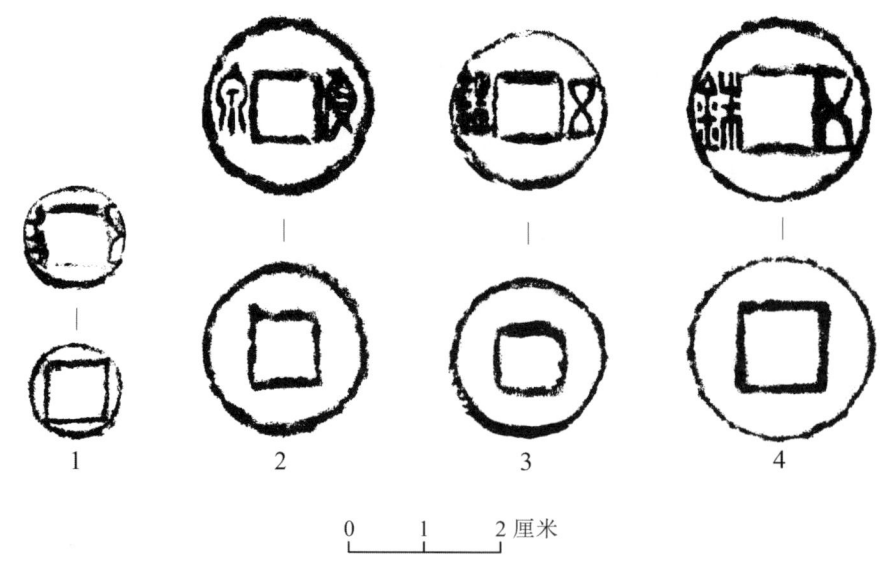

图五〇〇　ⅦM2出土铜钱拓片
1.剪轮五铢（ⅦM2∶26-10）　2.货泉（ⅦM2∶26-12）　3.蜀五铢（ⅦM2∶26-13）　4.五铢钱（ⅦM2∶26-29）

ⅦM3

位于Ⅶ西南部，ⅦM1东北，东西向分布。

1. 墓葬形制

该墓为带长斜坡墓道单室土洞墓，由封土、墓道、甬道、墓室组成。墓向265°（图五〇一；图版三一，1）。

墓道　位于墓室以西，平面呈长方形，长11.80、宽0.80米。东端剖面呈梯形，口小底大，底宽1.20米。西高东低，斜坡至距墓门0.68米处到底，其后平直延伸至墓门处，斜坡长12.00米，坡度21°。近墓门处距地表深5.10米。内填灰黄色沙石土，土质松散，含砾石。

甬道　位于墓道东端，连接墓道与墓室，为拱顶土洞式结构，平面呈长方形，进深0.90、宽0.88、高1.30米。墓门呈拱形，与甬道同高等宽。封门位于甬道内封，以土坯封堵，封门宽0.88、厚0.40、高1.24米，土坯长0.40、宽0.18、厚0.08米。

墓室　位于墓道以东，平面呈梯形，由于墓室坍塌严重，采用大揭顶的方式清理，墓顶形制及高度不详。墓室东西长3.50、南北宽3.40~3.64米。墓室西北角存一耳室，龛内北端有一南北向平行横立的土坯，其上平铺一土坯，土坯上放置一陶盆，疑为灶，口宽0.74、进深1.20、残高0.60米（图版三二，2）；西南角掏一龛，口宽0.36、进深0.26、残高0.50米（图版三一，2）。

2. 葬具葬式

墓室北壁下和墓室中部分别存一尸床，东西向平行放置。尸床由细沙土、白灰堆垒而成，北侧尸床长1.92、宽0.50~0.52、厚0.04米；南侧尸床长2.04、宽0.58~0.62、厚0.04米。

该墓为双人合葬。人骨置于尸床之上，均为仰身直肢葬，头向西。经鉴定，人骨为女性，年龄40~44岁；南侧人骨为男性，年龄50岁左右。

3. 随葬品

随葬品主要放置于墓室西北角耳室内及墓室中部，以陶器为主，共33件，包括陶斗瓶2件（图版三二，1）、波浪纹陶罐1件、素面陶罐2件、陶钵8件、陶碟3件、陶盆1件、陶盘1件、陶灯1件、陶壶1件、陶耳杯4件、陶樽3件、陶器盖3件、陶甑1件、陶釜1件、模印土坯1件。另外于两人骨头部出土铜钗2组（6件），两人骨左手处出土铜钱2组（23枚）（图版五二，3）。

陶器盖　3件。泥质素面灰陶。均不同程度残缺，可复原。整体呈覆钵状，平顶，斜弧腹，侈口。ⅦM3:7，盖径17.4、高5.6厘米（图五〇二，1）。ⅦM3:9，盖径18.2、高5.7厘米

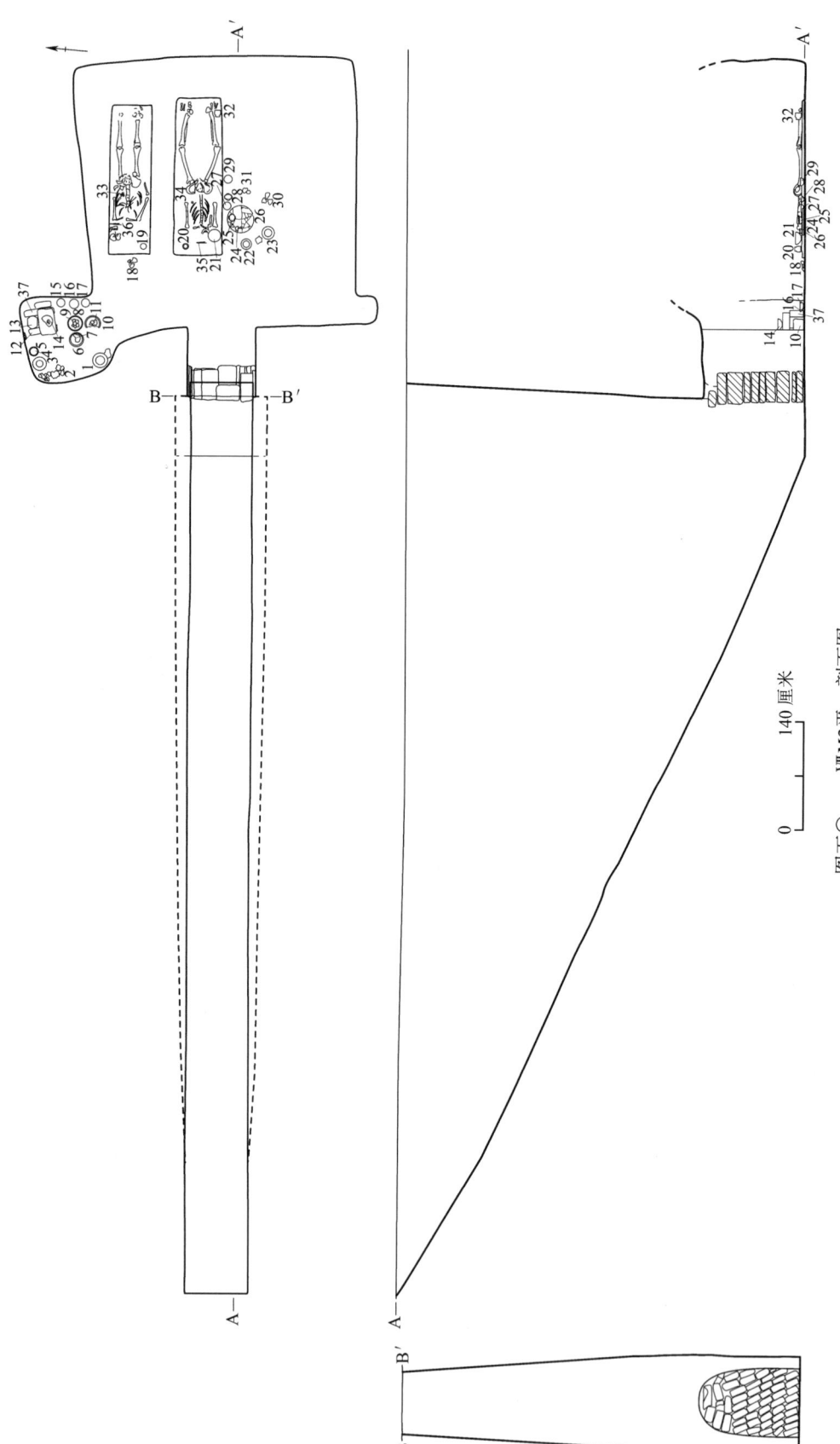

图五〇一 ⅦM3平、剖面图

1.波浪纹陶罐 2、3.素面陶罐 4、5、16.陶碟 6、8、10.陶樽 7、9、11.陶器盖 12.陶瓶 13.陶釜 14.陶盆 15、17、18、19、21、27、29、30.陶钵 20、32.陶斗瓶 22.陶灯 23.陶壶 24、25、28、31.陶耳杯 26.陶盘 33、34.铜钱 35、36.铜叉 37.模印土坯

（图五〇二，2）。ⅦM3：11，盖径17.4、高5.4厘米（图五〇二，3；图版二一〇，5）。

波浪纹陶罐　1件。ⅦM3：1，泥质灰陶。残，可复原，器表剥落严重。器形歪扭。直口，圆唇，外缘呈三角状，束颈，圆鼓腹，平底。肩、腹部饰波浪纹和弦纹组合。口径9.1、腹径19.4、底径12.8、高17.1~17.6厘米（图五〇二，4）。

素面陶罐　2件。泥质素面橙黄陶。ⅦM3：2，残，可复原。近直口，尖圆唇，外缘呈三角状，圆鼓腹，平底。复原口径10.8、腹径19.7、底径10.3、高16.5厘米（图五〇二，5）。ⅦM3：3，侈口，圆唇，束颈，圆鼓腹，底微凹。口径8.7、腹径17.5、底径11.8、高15.6厘米（图五〇二，6；图版二〇八，5）。

陶樽　3件。泥质灰陶。敛口，圆唇，矮领，圆肩，斜直腹，平底。ⅦM3：6，外壁饰数道弦纹。口径15.0、底径17.7、高11.4~11.6厘米（图五〇二，7；图版二一一，1）。ⅦM3：8，外壁饰弦纹，内壁见轮制痕迹。口径16.7、底径18.2、高11.4厘米（图五〇二8；图版二一一，2）。ⅦM3：10，外壁饰数道弦纹，内壁见轮制痕迹。口径16.7、底径18.5、高13.0厘米（图五〇二，9；图版二一一，3）。

陶盘　1件。ⅦM3：26，泥质红褐陶。残，可复原。圆形，平沿，外缘微弧，盘面较平，低于口沿。盘面饰两组波浪纹，盘心有轮旋纹痕迹。盘径35.0、厚2.0厘米（图五〇二，10；二一一，7）。

陶壶　1件。ⅦM3：23，泥质灰陶。口残，可复原。侈口，圆唇，斜直领，束颈，扁鼓腹，近底处外撇成喇叭状底座。肩部和近底部饰波浪纹两组，腹部饰凸弦纹一组。口径9.7、腹径16.5、底径15.3、高17.0厘米（图五〇二，11；图版二一〇，3）。

陶灯　1件。ⅦM3：22，泥质素面灰陶。灯口呈碟状，敞口，圆唇，浅腹，灯柄空心，上细下粗，近底部外撇形成低台座，平底。口径8.7、底径14.0、高18.2厘米（图五〇二，12；图版二一一，6）。

陶碟　3件。敞口，浅弧腹，平底。内壁有轮制痕迹。ⅦM3：4，泥质素面灰陶。口径11.1、底径3.8、高3.1厘米（图五〇三，1；图版二〇九，4）。ⅦM3：5，泥质素面灰陶。口径11.8、底径4.0、高3.5厘米（图五〇三2，）。ⅦM3：16，泥质素面橙黄陶。口径12.0、底径4.0、高3.8厘米（图五〇三，3；图版二〇九，3）。

陶钵　8件。ⅦM3：15，泥质素面灰陶。侈口，圆唇，弧腹，小平底，内底心微凹。口径10.5、底径4.0、高3.6厘米（图五〇三，4；图版二〇八，6）。ⅦM3：17，泥质素面灰陶。侈口，圆唇，上腹斜直，下腹弧收至平底。口径10.5、底径4.7、高4.0厘米（图五〇三，5）。ⅦM3：18，泥质素面橙黄陶。残，可复原。侈口，圆唇，弧腹，平底。口径11.0、底径5.0、高3.8厘米（图五〇三，6）。ⅦM3：19，泥质素面灰陶。口沿残，可复原。直口，圆唇，上腹较直，下腹弧收至平底。口径7.6、底径3.7、高2.8厘米（图五〇三，7；图版二〇九，1）。ⅦM3：21，泥质素面灰陶。敛口，圆唇，上腹圆鼓，下腹弧收至平底。口径15.0、底径5.0、

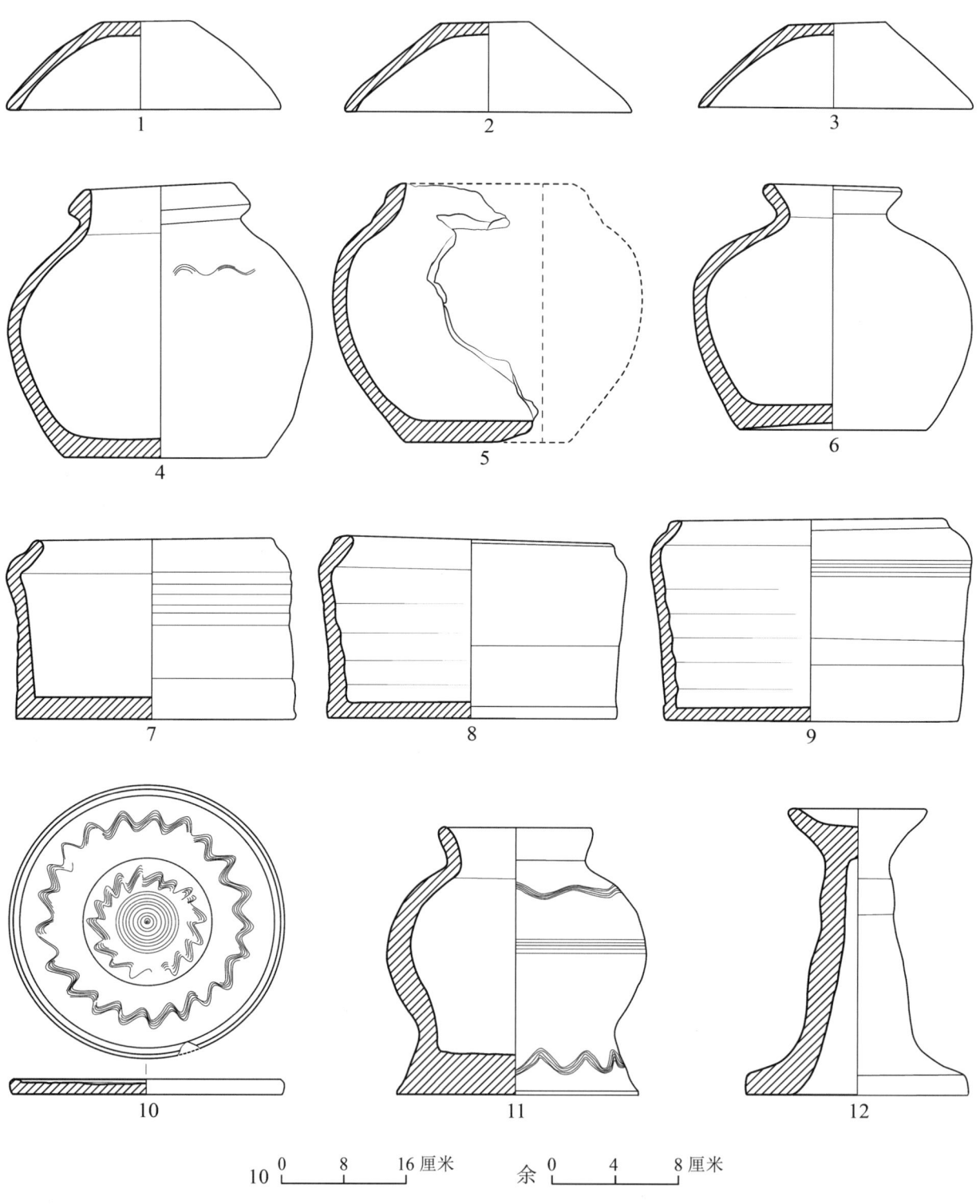

图五〇二 ⅦM3出土器物（一）

1~3.陶器盖（ⅦM3:7、ⅦM3:9、ⅦM3:11） 4.波浪纹陶罐（ⅦM3:1） 5、6.素面陶罐（ⅦM3:2、ⅦM3:3）
7~9.陶樽（ⅦM3:6、ⅦM3:8、ⅦM3:10） 10.陶盘（ⅦM3:26） 11.陶壶（ⅦM3:23） 12.陶灯（ⅦM3:22）

高7.2厘米（图五〇三，8；图版二〇九，2）。ⅦM3:27，泥质素面橙黄陶。侈口，圆唇，弧腹，小平底。口径10.0、底径3.5、高3.8厘米（图五〇三，9）。ⅦM3:29，泥质素面橙黄陶。侈口，圆唇，弧腹，平底。口径10.5、底径4.6、高4.2厘米（图五〇三，10）。ⅦM3:30，泥质素面橙黄陶。残，可复原。侈口，圆唇，弧腹，平底。复原口径11.0、底径5.0、高3.8厘米（图五〇三，13）。

陶釜 1件。ⅦM3:13，泥质素面橙黄陶。口微侈，圆唇，圆鼓腹，平底。近底处有竖向刮削痕迹。口径10.1、底径9.7、高12.7厘米（图五〇三，11；图版二一〇，4）。

陶盆 1件。ⅦM3:14，泥质素面橙黄陶。残，可复原。侈口，圆唇，斜平沿，束颈，弧腹，平底。复原口径15.0、底径4.6、高5.7厘米（图五〇三，12；图版二一一，5）。

陶甑 1件。ⅦM3:12，泥质素面灰陶。残，可复原。盆形甑，侈口，斜沿，颈微束，弧

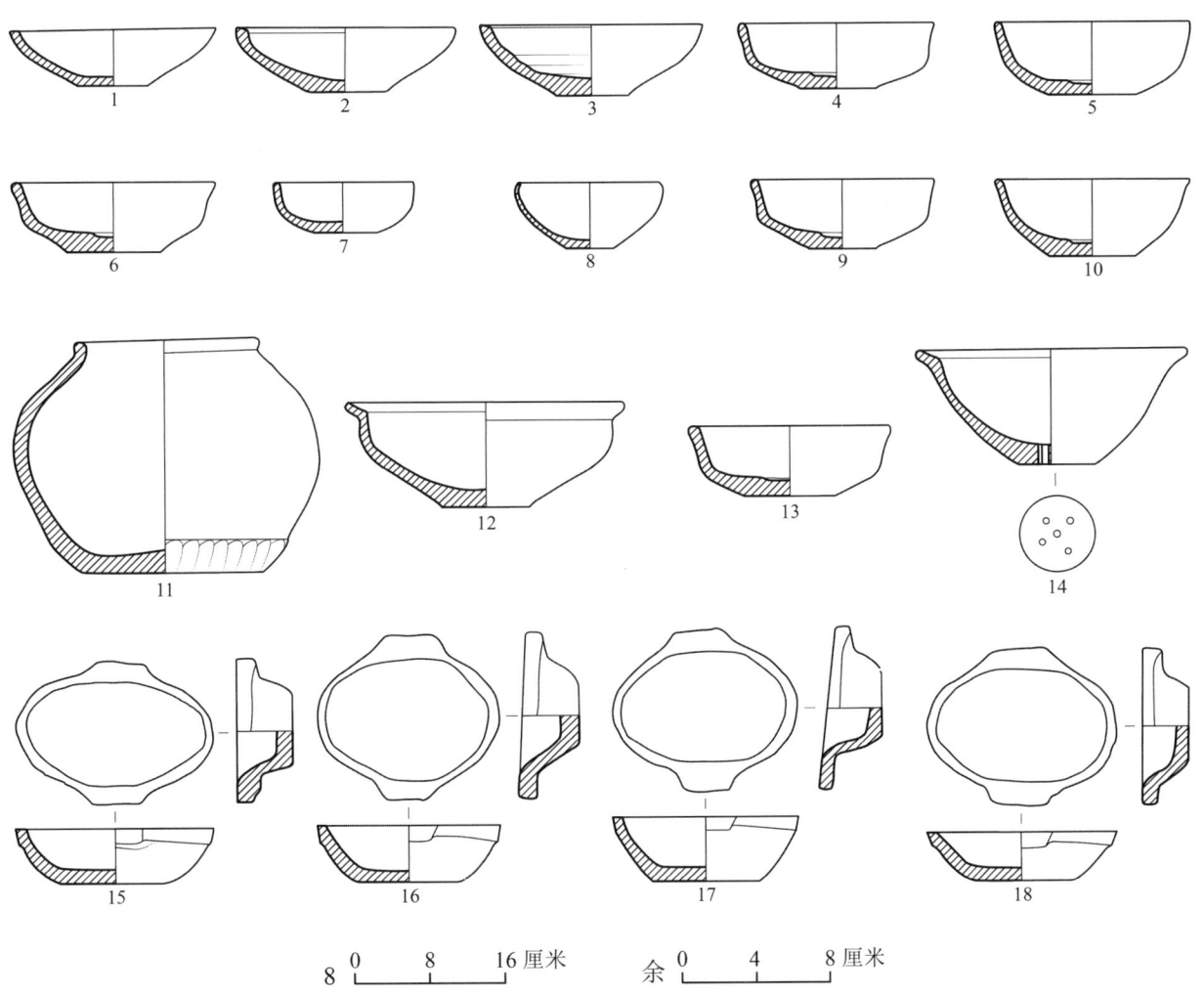

图五〇三 ⅦM3出土器物（二）

1~3.陶碟（ⅦM3:4、ⅦM3:5、ⅦM3:16） 4~10、13.陶钵（ⅦM3:15、ⅦM3:17、ⅦM3:18、ⅦM3:19、ⅦM3:21、ⅦM3:27、ⅦM3:29、ⅦM3:30） 11.陶釜（ⅦM3:13） 12.陶盆（ⅦM3:14） 14.陶甑（ⅦM3:12）
15~18.陶耳杯（ⅦM3:24、ⅦM3:25、ⅦM3:28、ⅦM3:31）

腹，平底，底有五孔。口径14.9、底径4.1、高6.3厘米（图五〇三，14；图版二一〇，6）。

陶耳杯　4件。整体呈椭圆形，侈口，斜弧腹，平底。长边两侧附对称双耳。ⅦM3：24，泥质素面橙黄陶。长口径10.6、短口径5.6、长底径5.6、短底径3.6、耳长3.9、耳宽0.6、高3.0厘米（图五〇三，15）。ⅦM3：25，泥质素面灰陶。长口径9.7、短口径6.6、长底径5.3、短底径3.0、耳长3.0、耳宽1.0、高3.1厘米（图五〇三，16）。ⅦM3：28，泥质素面灰陶。器形歪扭。长口径10.0、短口径6.0、长底径5.8、短底径3.4、耳长3.2、耳宽1.2、高3.5厘米（图五〇三，17；图版二一〇，1）。ⅦM3：31，泥质素面灰陶。长口径10.4、短口径6.1、长底径5.2、短底径3.9、耳长3.4、耳宽0.9、高2.6厘米（图五〇三，18；图版二一〇，2）。

陶斗瓶　2件。ⅦM3：20，泥质素面灰陶。直口，圆唇，外缘呈三角状，束颈，圆折肩，斜直腹，平底。口径4.3、腹径7.5、底径7.0、高7.9厘米（图五〇四，1；图版二〇九，5）。腹部朱书镇墓文，多漫漶不清，录文作：

元康元年□月□朔□

十日……神阿死

……汝自薄

命……

……

罚生者□

……者乡如律

令

ⅦM3：32，泥质素面橙黄陶。直口，尖圆唇，外缘成三角状，束颈，圆折肩，斜直腹，平底。口径5.0、腹径7.8、底径7.0、高8.5厘米（图五〇四，2；图版二〇九，6）。腹部朱书镇墓文，多漫漶不清，录文作：

……

……生人

……

……里□

……乡如律令

模印土坯　1件。ⅦM3：37，长方形，一面有一孩童脚丫印痕。长40.0、宽20.0、厚10.0厘米（图五〇四，3）。

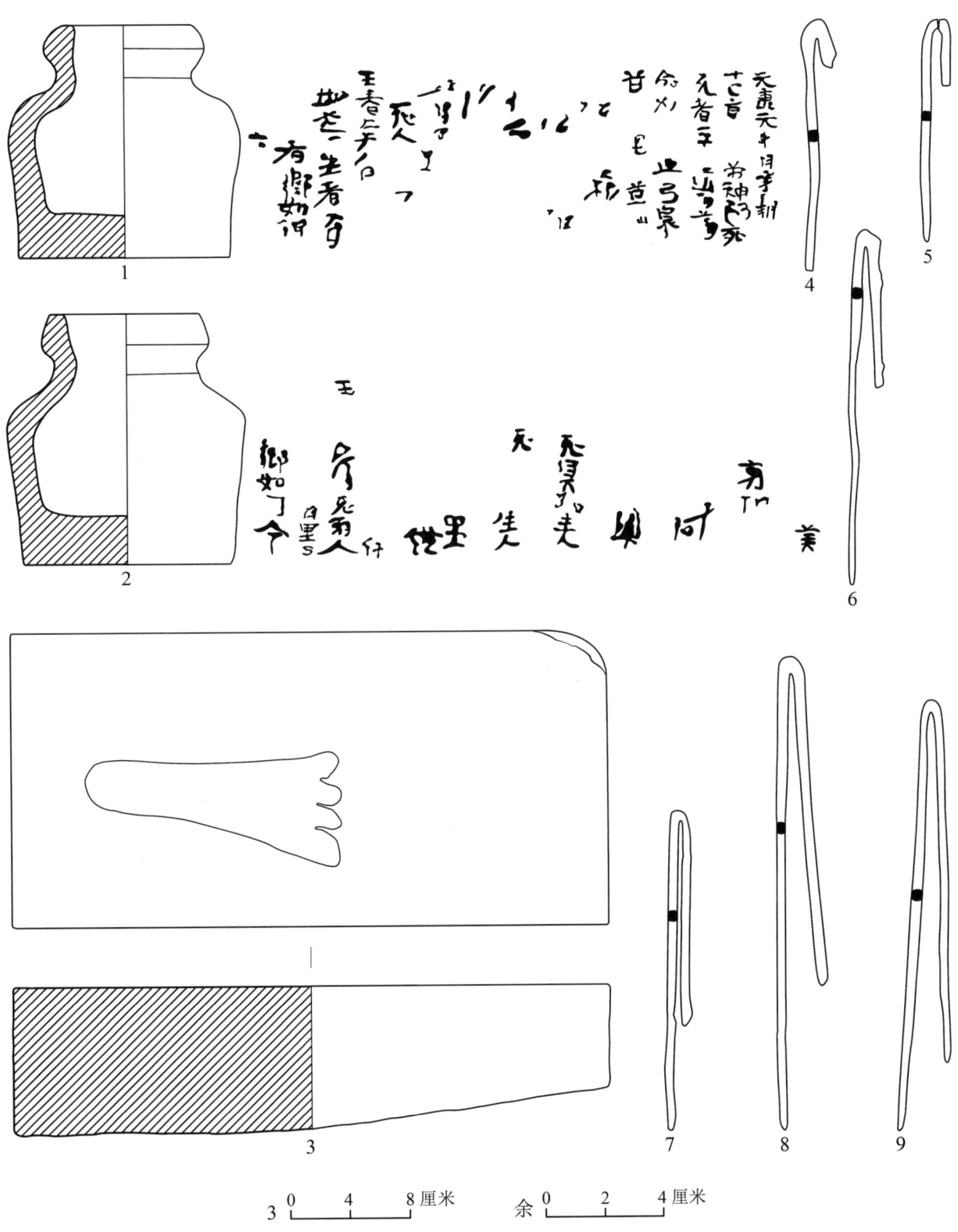

图五〇四　ⅦM3出土器物（三）
1、2.陶斗瓶（ⅦM3：20、ⅦM3：32）　3.模印土坯（ⅦM3：37）
4~9.铜钗（ⅦM3：35、ⅦM3：36-5、ⅦM3：36-4、ⅦM3：36-3、ⅦM3：36-2、ⅦM3：36-1）

铜钗　2组（6件）。ⅦM3:35，1件，锈蚀、残缺严重。双股"U"形，圆棍状，前端细，尾端粗。残长8.6、截面直径0.3厘米（图五〇四，4）。ⅦM3:36，5件。均已锈蚀、残缺严重。双股"U"形，细圆棍状，一端细，一端粗。ⅦM3:36-1，残长14.6、截面直径0.4厘米（图五〇四，9；图版二一一，4）ⅦM3:36-2，残长16.1、截面直径0.3厘米（图五〇四，8；图版二一一，4）。ⅦM3:36-3，残长0.9、截面直径0.3厘米（图五〇四，7）；ⅦM3:36-4，残长12.1、截面直径0.4厘米（图五〇四，6）。ⅦM3:36-5，残长7.6、截面直径0.3厘米（图五〇四，5）。

铜钱　2组（23枚）。均圆形方穿，以五铢钱为主，另有少量剪轮钱、磨郭钱。部分五铢钱有穿右上星、穿左上星等记号。

ⅦM3:33-4，五铢钱，正面穿左右篆书"五铢"二字。"五"字较窄，交笔弯曲；"铢"字"金"字头呈三角形，中间四点较长，"朱"字上下部均方圆折。记号为穿右上星。钱径2.58、穿宽0.89、郭宽0.16、郭厚0.20、肉厚0.14厘米，重3.75克（图五〇五，1）。ⅦM3:33-10，五铢钱，正面穿左右篆书"五铢"二字。"五"字较宽，交笔弯曲；"铢"字"金"字头呈三角形，中间四点较长，"朱"字上下部均圆折。记号为穿左上星。钱径2.53、穿宽0.88、郭宽0.10、郭厚0.14、肉厚0.08厘米，重2.37克（图五〇五，2）。ⅦM3:33-19，传形五铢，"五"字位于穿左，较宽，交笔弯曲；"铢"字位于穿右，其中"金"字位于穿右右侧，头呈三角形，中间四点较短，"朱"字位于穿右左侧，上下部均圆折。钱径2.43、穿宽0.90、郭宽0.12、郭厚0.10、肉厚0.08厘米，重1.58克（图五〇五，3）。ⅦM3:34-3，五铢钱，正面穿左右篆书"五铢"二字。"五"字较宽，交笔弯曲；"铢"字"金"字头呈三角形，中间四点较长，"朱"字上下部均圆折。钱径2.43、穿宽0.88、郭宽0.08、郭厚0.09、肉厚0.07厘米，重1.89克（图五〇五，4）。

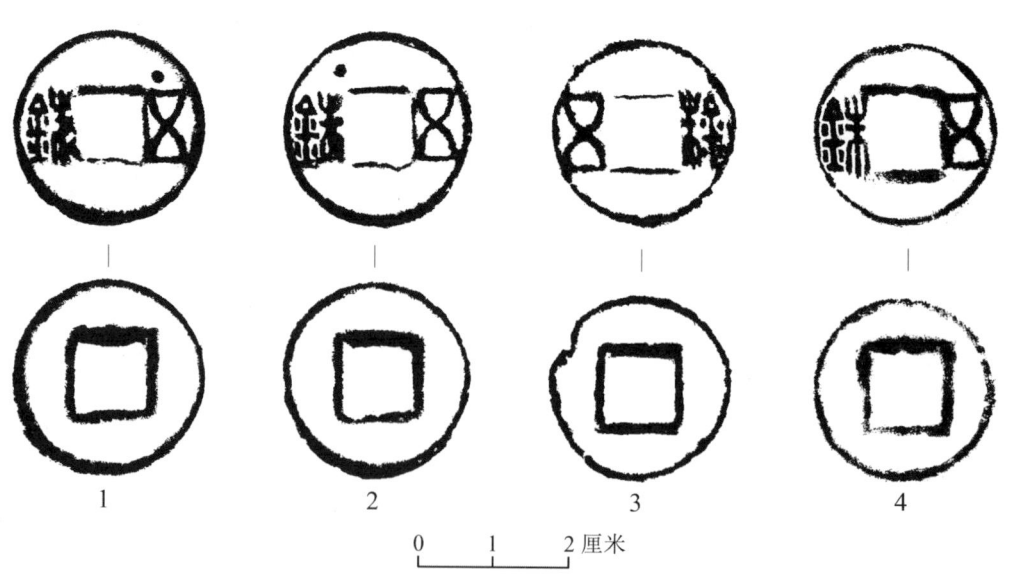

图五〇五　ⅦM3出土铜钱拓片
1、2、4.五铢钱（ⅦM3:33-4、ⅦM3:33-10、ⅦM3:34-3）3.传形五铢（ⅦM3:33-19）

第五章 相关问题讨论

第一节 魏晋十六国时期墓葬分期与历史背景

一 墓葬年代及相关问题

（一）纪年墓

河西地区魏晋十六国时期墓葬多发现纪年斗瓶，大部分表面朱书或墨书镇墓文。敦煌地区为数量之最，其年代上限可追汉魏，下限可至北凉，这也是目前河西地区纪年墓年代的上、下限[①]。本次清理149座魏晋十六国墓葬，共出土纪年斗瓶29个，其中成对者有10组。详见下表（表一）：

表一 2015年发掘佛爷庙湾—新店台墓群纪年墓葬一览表

墓葬编号	器物编号	斗瓶年号	当朝国主	公元纪年	墓葬形制	备注
ⅠM9	ⅠM9:34、35	"正始七年"	曹魏齐王曹芳	246	前后室砖石混合墓	三人合葬
	ⅠM9:25、27	"正元二年"	曹魏高贵乡公曹髦	255		
	ⅠM9:23、24	"甘露三年"	曹魏高贵乡公曹髦	258		
ⅣM1	ⅣM1:20、24	"正元二年"	曹魏高贵乡公曹髦	255	单室带单耳室及单龛洞室墓	三人合葬

[①] 敦煌七里镇三号桥墓葬发现汉魏时期斗瓶。镇墓文为"南方单沙（砂），辟除精土气，消灾。如律令！"是目前河西地区发现年代最早者。见敦煌市博物馆：《敦煌文物》，甘肃人民美术出版社，2002年，第44页。敦煌佛爷庙湾墓群80DFM1，出土两件北凉玄始十年张德政妻法静镇墓文，是目前河西地区发现年代最晚者。见甘肃省敦煌县博物馆：《敦煌佛爷庙湾五凉时期墓葬发掘简报》，《文物》1983年第10期。

续表一

墓葬编号	器物编号	斗瓶年号	当朝国主	公元纪年	墓葬形制	备注
ⅦM16	ⅦM16：16、17	"甘露元年"	曹魏高贵乡公曹髦	256	单室带单耳室及单龛洞室墓	三人合葬
ⅦM3	ⅦM3：20	"元康元年"	西晋惠帝司马衷	291	单室带单耳室及单龛洞室墓	双人合葬
ⅣM4	ⅣM4：16、17	"永兴二年"	西晋惠帝司马衷	305	单室带双龛洞室墓	双人合葬
ⅣM3	ⅣM3：15	"建兴二年"	西晋愍帝司马邺	314	单室带单耳室及单龛洞室墓	三人合葬
ⅢM26	ⅢM26：25、26	"建兴五年"	前凉张寔	317	单室带单耳室及单龛洞室墓	双人合葬
ⅡM25	ⅡM25：14	"建兴九年"	前凉张茂	321	单室洞室墓	单人葬
ⅦM22	ⅦM22：6、7	"建兴十一年"	前凉张茂	323	单室带单耳室及单龛洞室墓	单人葬
ⅢM27	ⅢM27：22、28	"建兴十七年"	前凉张骏	329	单室带单耳室及单龛洞室墓	双人葬
ⅢM6	ⅢM6：1	"建兴廿五年"	前凉张骏	337	单室带双龛洞室墓	单人葬
ⅣM22	ⅣM22：12	"建兴……年"			单室带单耳室及单龛洞室墓	三人合葬
	ⅣM22：14、28	"廿一年"	前凉张骏	333		
ⅡM5	ⅡM5：7	"建兴廿□年"	前凉张骏		单室带单耳室及单龛洞室墓	双人合葬
ⅣM23	ⅣM23：25	"建兴……年"			单室带单耳室及单龛洞室墓	双人合葬
	ⅣM23：27	"建……年"				
ⅤM3	ⅤM3：20	"咸宁四年"	后凉吕隆	402	单室带双龛洞室墓	双人合葬

上表所述纪年情况较复杂，有以下三种情况：

1. 有年号及年数："正始七年""正元二年""甘露元年""甘露三年""咸宁四年""元康元年""永兴二年""建兴二年""建兴五年""建兴九年""建兴十一年""建兴十七年""建兴廿五年"。

2. 有年号，年数漫漶不清："建兴廿□年""建兴……年""建……年"。

3. 有年无号："廿一年二月"。

第 1 种就年号又可分为两类：一类为某一朝代所独用，如正元，属曹魏高贵乡公曹髦时期（254~256 年），共三年。另一类为两个及两个以上朝代所用年号，如正始、甘露、咸宁、元康、永兴、建兴。下面分别述之：

历史上使用"正始"年号有四，分别属曹魏齐王曹芳时期（240~249 年），共 10 年；十六国北燕高云时期（407~409 年），共 3 年；北朝樊素安时期（公元 503 年），共 1 年；北魏宣武帝元恪时期（504~508 年），共 5 年。因其文为"正始七年"，显然，属曹魏齐王时期。

历史上使用"甘露"年号有五，分别属西汉宣帝刘询时期（前 53~前 50 年），共 4 年；曹魏高贵乡公曹髦时期（256~260 年），共 5 年；吴末帝孙皓时期（265~266 年），共 2 年；十六国前秦苻坚时期（359~364 年），共 6 年；五代耶律倍时期（926~936 年），共 11 年。"甘露元年"与"甘露三年"对应墓葬，年代整体属魏晋与十六国时期，首先可排除西汉宣帝刘询时期、五代耶律倍时期。其次，孙吴都建业，远在江东，与敦煌无涉，可排除。至于是否与前秦苻坚时期年号有关，因其干支纪年漫漶不清，无法做直接比对。不过从以往刊布的佛爷庙湾墓群资料及祁家湾发掘报告来看，两墓出土器物群与十六国时期相差甚远，相较与"正元二年"墓葬出土器物形制接近，两墓应同属曹魏时期，故为曹魏高贵乡公曹髦时期。

历史上使用"元康"年号有二，分别属西汉宣帝刘询时期（前 65~前 61 年），共 5 年；西晋惠帝司马衷时期（291~299 年），共 9 年。"元康元年"墓葬，年代整体属魏晋十六国时期，可排除西汉宣帝，属西晋惠帝时期。

历史上使用"永兴"年号有七，分别属东汉桓帝刘志时期（153~154 年），共 2 年；西晋惠帝司马衷时期（304~306 年），共 3 年；十六国冉魏时期（350~352 年），共 3 年；十六国前秦苻坚时期（357~359 年），共 3 年；北魏明元帝拓跋嗣时期（409~413 年），共 5 年；北魏孝武帝元修时期（532 年），共 1 年；明张惟元时期（1628 年），共 1 年。"永兴二年"与"永兴五年"对应墓葬，年代整体属魏晋十六国时期，首先可排除东汉桓帝、北魏明元帝、北魏孝武帝及明张惟元时期。其次，十六国冉魏都邺，远在中原，同样与敦煌无涉，可排除。前秦"永兴"二年（358 年），干支纪年为戊午，十一月十五日为己亥日与"癸卯"不符，故可排除。

历史上使用"建兴"年号有十一，分别属蜀汉后主刘禅时期（223~237 年），共 5 年；三国吴会稽王孙亮时期（252~253 年），共 2 年；十六国成汉李雄时期（304~306 年），共 3 年；西晋愍帝司马邺时期（313~317 年），共 5 年；十六国前凉张寔时期（317~320 年），共 4 年；十六国前凉张茂时期（320~323 年），共 4 年；十六国前凉张骏时期（324~346 年），共 23 年；十六国前凉张重华时期（346~353 年），共 8 年；十六国前凉张玄靓时期（355~360 年），共 6 年；十六国后燕慕容垂时期（386~396 年），共 11 年；渤海宣王大仁秀时期（819~830 年），共 12 年。"建兴五年""建兴九年""建兴十一年""建兴十七年"及"建兴廿五年"对应墓葬，年代整体跨魏晋与十六国，首先可排除渤海宣王大仁秀时期。其次，蜀汉和十六国成汉李雄先后仅据蜀中，吴会稽王远在江东，后燕慕容垂称雄于河北，均与敦煌无涉。西晋"建兴"仅 5

年，后前凉奉晋为正朔，沿用"建兴"年号，至"建兴卅七年"后改为"升平元年"。故而，以上冠以"建兴"年号的墓属西晋与前凉时期。

历史上使用"咸宁"年号有二，分别属西晋武帝司马炎时期（275~280年），共6年；十六国后凉吕纂时期（399~401年），共3年。因其文为"咸宁四年"，似乎该墓属西晋武帝时期。但通过下文随葬品组合分析，其与西晋早期同类器存在较大差异，诸如陶罐，器形变小，肩腹部饰波浪纹、弦纹组合；陶灯进一步趋小，柄部变为实心；陶盘盘径缩小，波浪纹明显简化；陶榻出现等特征，非这一阶段器物群，而与后凉时期同类器面貌相同，故此"咸宁四年"属后凉政权年号，即公元402年，沿用吕纂在位旧号，这一年实属后凉神鼎二年。

第二种实际属第一种，仅由于年号存在或阙失，年数漫漶不清，暂归到第二类，以便于分析：

"建兴廿□年"，具体年数有阙失，因干支不详，仅从年代区间来看，属于前凉张骏在位期间；"建兴……年"斗瓶有3，具体年数不存。根据已有信息，查《二十史朔闰表》，ⅣM22∶12，应为"建兴十四年"（326年）九月戊子朔二十五日壬子，属前凉；ⅣM23∶25应为"建兴三十六年"（348年）十二月己酉朔十六年甲子，属前凉；ⅣM23∶26，"建……年"，年号阙失，年数漫漶不清，但比较ⅣM23∶25所书干支信息，二者一致，应为一对，故该斗瓶同为"建兴三十六年"（348年），属前凉。

第三种有"廿一年二月"，查敦煌地区魏晋十六国时期年号超过二十年的仅有"建兴"。若为"建兴廿一年"，其随葬品组合亦与前凉前期同类器吻合。

通过对以上15座纪年墓分析，可知其年代区间属魏晋至后凉时期。最早纪年墓为ⅠM9，其中发现最早斗瓶书写年代在"正始七年"，即公元246年。最晚纪年墓为ⅤM3∶20，斗瓶书写年代在"咸宁四年"，即公元402年。二者跨156年，前后历曹魏、西晋、前凉、后凉，基本构成了2015年度佛爷庙湾—新店台墓群魏晋十六国墓葬的编年序列。

纵观河西地区这一时期纪年墓葬所标年代范围，已有学者做过统计[1]。近年来，又有不少纪年墓的发现[2]，兹一并列表如下（表二）：

---

[1] 贾小军先生对河西魏晋十六国时期61座纪年墓葬进行过统计。见贾小军：《河西出土魏晋十六国文献纪年信息申论》，《敦煌研究》2016年第5期。

[2] 近年来，这一时期纪年墓发掘资料有：玉门金鸡梁墓群M21出土"建兴卅五年"木牍；M5出土"建兴卅八年""升平六年"木封检与木棺挡板题记；M17出土"升平九年"砖铭。见《甘肃玉门金鸡梁十六国墓葬发掘简报》，《文物》2011年第2期。玉门毕家滩墓地出土"建元十六年""麟嘉十五年""升平十四年""庚子四年""升平廿二年""麟嘉七年""咸安五年"衣物疏七件。见张俊民：《甘肃玉门毕家滩出土的衣物疏初探》，《湖南省博物馆馆刊》2010年第7辑。酒泉丰乐三坝湾M1出土"咸熙二年"木质墓券。见《甘肃酒泉丰乐三坝湾魏晋墓2013年发掘简报》，《考古与文物》2020年第1期。2014年敦煌佛爷庙湾墓群M61出土"建兴七年"与"建兴廿二年"纪年斗瓶；M72出土"麟加六年"纪年斗瓶。见《甘肃敦煌佛爷庙湾墓群2014年发掘简报》，《文物》2019年第9期。

表二　河西地区魏晋十六国时期纪年墓葬信息统计表

序号	事主	出土地	墓葬	纪年信息（年）
1	左长	武威	新华乡缠山村	青龙四年（236）
2	段清	嘉峪关	新城1号墓	甘露二年（257）
3	焦兴胜妻王氏	酒泉	三坝湾1号墓	咸熙二年（265）
4	不详	敦煌	大方盘城东南土丘	泰始十一年（275）
5	吕阿徽	敦煌	祁家湾320号墓	咸宁二年（276）
6	顿霓儿	敦煌	祁家湾209号墓	太康六年（285）
7	吕阿丰	敦煌	祁家湾321号墓	泰熙元年（290）
8	某人铭旌	高台	骆驼城东南古墓	元康元年（291）
9	窦□	敦煌	祁家湾210号墓	元康六年（296）
10	韩治	敦煌	新店台40号墓	永安元年（304）
11	苏治	敦煌	新店台4号墓	永嘉三年（309）
12	樊氏	酒泉	酒泉三百户墓群	永嘉五年（311）
13	吕来业	敦煌	祁家湾320号墓	建兴元年（313）
14	孙香	临泽	黄家湾滩晋墓	建兴元年（313）
15	吕轩女	敦煌	祁家湾319号墓	建兴二年（314）
16	徐男	敦煌	祁家湾364号墓	建兴四年（316）
17	赵阿兹	高台	骆驼城南古墓	建兴五年（317）
18	翟兴伯	敦煌	佛爷庙湾61号墓	建兴七年（319）
19	某人	高台	许三湾古墓	建兴八年（320）
20	顿盈姜	敦煌	祁家湾208号墓	建兴九年（321）
21	阎芝	敦煌	新店台135号墓	建兴十三年（325）
22	郭綦香	敦煌	新店台187号墓	建兴十七年（329）
23	某人	敦煌	新店台67号墓	建兴十七年（329）
24	郭□子	敦煌	祁家湾328号墓	建兴十八年（330）
25	李兴初	敦煌	新店台176号墓	建兴十九年（331）
26	翟准昭	敦煌	佛爷庙湾61号墓	建兴廿二年（334）
27	周振、孙阿惠	高台	骆驼城古墓	建兴二十四年（336）
28	故郡吏	高台	骆驼城古墓	建兴二十四年（336）
29	赵季波	敦煌	新店台31号墓	建兴二十五年（337）
30	黑奴	敦煌	新店台33号墓	建兴二十六年（338）

续表二

序号	事主	出土地	墓葬	纪年信息（年）
31	假凉都督某妻	武威	旱滩坡晋墓	咸康四年（338）
32	傅长然	敦煌	新店台65号墓	建兴二十七年（339）
33	王群（洛子）	武威	磨嘴子	建兴二十八年（340）
34	万安	敦煌	祁家湾218号墓	建兴二十九年（341）
35	□佛女	敦煌	三危山墓	建兴三十年（342）
36	吴仁姜	敦煌	祁家湾356号墓	建兴卅一年（343）
37	某人	敦煌	新店台20号墓	建元六年（348）
38	魏德昌	敦煌	祁家湾371号墓	建元六年（348）
39	木牍	玉门	金鸡梁21号墓	建兴卅五年（347）
40	某人	敦煌	祁家湾351号墓	（建兴）卅七年（349）
41	封检	玉门	金鸡梁5号墓	建兴卅八年（350）
42	姬瑜	武威	旱滩坡晋墓	建兴四十三年（355）
43	姬瑜	武威	旱滩坡晋墓	建兴四十四年（356）
44	姬瑜	武威	旱滩坡晋墓	建兴四十六年（358）
45	衣物疏	玉门	毕家滩1号墓	建元十六年（358）
46	傅女芝	敦煌	新店台64号墓	建兴卅六年（358）
47	棺板题记	玉门	金鸡梁5号墓	升平六年（362）
48	砖铭	玉门	金鸡梁17号墓	升平九年（365）
49	郭遥黄	敦煌	祁家湾349号墓	升平十二年（368）
50	姬瑜	武威	旱滩坡晋墓	升平十三年（369）
51	氾心容	敦煌	新店台1号墓	升平十三年（369）
52	胡运	高台	骆驼城古墓	升平十三年（369）
53	姬令熊	敦煌	佛爷庙湾3号墓	咸安五年（375）
54	衣物疏	玉门	毕家滩40号墓	咸安五年（375）
55	梁舒、宋华	武威	墓表	前秦建元十二年（376）
56	工□子	敦煌	祁家湾348号墓	前秦建元十三年（377）
57	衣物疏	玉门	毕家滩26号墓	前凉升平十四年（377）
58	砖铭	高台	许三湾古墓	前秦建元十四年（378）
59	棺板题记	高台	许三湾古墓	前秦建元十四年（378）
60	高俟	高台	骆驼城古墓	前秦建元十八年（382）

续表二

序号	事主	出土地	墓葬	纪年信息（年）
61	高俟、朱吴桑	高台	骆驼城古墓	前秦建元十八年（382）
62	高容男	高台	骆驼城古墓	前秦建元十八年（382）
63	棺板题记	高台	许三湾古墓	前秦建元二十年（384）
64	衣物疏	玉门	毕家滩37号墓	前凉升平廿二年（385）
65	钟满	敦煌	佛爷庙湾72号墓	麟加（嘉）六年（394）
66	衣物疏	玉门	毕家滩38号墓	麟加（嘉）七年（395）
67	姬女训	敦煌	佛爷庙湾3号墓	麟加（嘉）八年（396）
68	□富昌	敦煌	祁家湾310号墓	神玺二年（398）
69	某人	敦煌	祁家湾310号墓	神玺二年（398）
70	衣物疏	玉门	毕家滩20号墓	麟加（嘉）十五年（403）
71	衣物疏	玉门	毕家滩30号墓	庚子四年（403）
72	张辅（德政）	敦煌	佛爷庙湾1号墓	庚子六年（405）
73	画房奴	敦煌	祁家湾336号墓	建初五年（409）
74	魏平友	敦煌	祁家湾369号墓	建初十一年（415）
75	□安富	敦煌	祁家湾312号墓	玄始九年（420）
76	张法静	敦煌	佛爷庙湾1号墓	玄始九年（421）

通过对河西地区已发现纪年墓系统梳理可得出以下结论：首先，其年代上下跨185年，前后历曹魏、西晋、前凉、前秦、后凉、西凉及北凉数个政权，2015年佛爷庙湾—新店台墓群纪年墓基本涵盖以上编年序列，足以代表魏晋十六国时期历史范畴。其次，上表纪年墓年代集中在西晋—前凉时期，尤以前凉前期为最，一定程度上反映出当时历史背景，即中原地区因西晋时期"八王之乱"而陷入动荡，而此时的河西地区却较为安定，时任凉州刺史的张轨"以时方多难，阴图据河西"，奉晋室为正朔，以安定人心，从而使"中州避难来者日月相继"，极大地促进了河西地区经济、政治、文化的发展。从这一点上来说，该墓群发现前凉前期纪年斗瓶所占比重亦能一定程度上说明当时历史背景。最后，通过对以往敦煌地区发现纪年斗瓶的进一步梳理，上限为西晋咸宁二年，下限为北凉玄始九年，历西晋、前凉、前秦、西凉与北凉。2015年曹魏墓葬的新发现，进一步补充了该地区墓群年代上限的空白。

（二）合葬纪年墓

纪年墓中，其中合葬墓11座，占纪年墓总数的73%。由于祔葬关系，墓主死亡、殓葬应有先后顺序，对应的随葬品组合也有一定的时序。下面分两种情况予以说明：

1. 纪年斗瓶清楚显示墓主死亡先后顺序，但随葬品不易分组

ⅠM9 为曹魏墓，三人合葬，纪年斗瓶恰好显示年号有正始、正元、甘露三组，"正始七年"下葬为后室墓主；"正元二年"下葬为前室南侧墓主；"甘露三年"下葬为前室北侧墓主。不过因三位墓主死亡间隔时间较短，共13年，随葬品不易分组。

2. 纪年斗瓶能够在一定程度上反映出墓主死亡先后顺序及随葬品分组情况

ⅣM23 为双人合葬墓，南侧墓主出土一组纪年斗瓶显示年代为"建兴三十六年"①，属AⅡ与CⅡ，与之共存器物有AⅡ波浪纹陶罐、BⅠ波浪纹陶罐、AⅡ陶壶等，可归到A组。北侧墓主发现1件斗瓶（镇墓文漫漶不清），属BⅠ，与之共存器物有AⅠ陶壶、AⅠ陶灯、Ⅱ陶盘等，可归到B组。通过下文墓葬分期研究，B组属西晋早期器物组。因此B组早于A组，即先下葬北侧墓主，同时营建耳室，后下葬南侧墓主。

3. 纪年斗瓶清楚显示墓主死亡先后顺序及随葬品分组

此次发掘中，这种情况虽未发现，但历年佛爷庙湾、祁家湾墓群中有大量这样的实例。如祁家湾M320为双人合葬墓，北侧墓主为阿征，女，卒于"咸宁二年"即公元276年，南侧墓主为吕来业，男，卒于"建兴元年"，即公元313年。二者所跨时间较长，随葬品明显可分为两组，阿征器物（A组）有AⅠ盘2、AⅠ壶1、AⅠ灯1、AⅠ绳纹罐1等，属早期器物群；吕来业器物（B组）有AⅡ盘2、AⅠ碗3、AⅠ灯1等，属晚期器物群。②

（三）家族墓排列规律及相互关系个案分析

这一时期墓群，部分家族墓周围茔圈保存较好，且家族墓中有一定数量的纪年墓，为探讨佛爷庙湾—新店台墓群中家族墓的排列规律及相互关系提供了实物资料。下面择ⅢM24~ⅢM29王氏家族墓予以分析：

ⅢM24~ⅢM29是本次发掘中数量最多的一组家族墓，纪年斗瓶显示为王氏家族。茔圈清晰可辨，平面呈长方形，山门朝南。六座墓葬墓道朝西，除ⅢM27外，墓道长度渐次增长。墓葬形制上除ⅢM29为砖土混合单室墓外，其余皆为单室土洞墓。ⅢM26与ⅢM27为纪年墓，其中ⅢM26出土一组纪年斗瓶显示墓主王舜姜卒于建兴五年（317年），ⅢM26出土两组纪年斗瓶显示墓主王仲？与王宛姬分别卒于建兴九年（321年）与建兴十七年（329年）。另通过下文墓葬分期研究，无纪年墓ⅢM29为西晋早期，ⅢM28为西晋早期至前凉前期，ⅢM25为前凉前期，ⅢM24为前凉后期，除ⅢM26与ⅢM27年代排列上出现混乱外，整体王氏家族墓依祖茔（ⅢM29）由东南向西北，年代由早到晚渐次排列，体现着家族内部较强的长幼尊卑的宗法关系。对于ⅢM26与ⅢM27年代排列上出现相悖的现象，笔者认为仍是因长幼、尊卑关系所致，ⅢM27较之ⅢM26为长或为尊，墓穴已提前规划，只不过ⅢM27墓主死亡时间偏晚，才导致年

---

① 该墓遭盗扰，斗瓶（ⅣM23：25）原本是随葬于南侧墓主身侧，而扰至北侧墓主头端。
② 甘肃省文物考古研究所：《敦煌祁家湾——西晋十六国墓葬发掘报告》，文物出版社，1994年，第149页。

代排列顺序上出现的偏差。另外，墓葬的规模与大小往往能够在一定程度上反映出家族的盛衰。祖茔ⅢM29墓道长且宽，照墙以青砖砌之，墓室底部铺砖，内设置供台。显示出王氏家族在西晋前期具有较高的经济地位。ⅢM27、ⅢM25、ⅢM24，墓道长度、墓室大小急剧缩短、缩小，随葬品种类及数量减少，出现泥器，显示王氏家族在前凉中晚期以后，经济地位严重下降，衰败形势明显。

二　墓葬分期

（一）墓葬分期

此次纪年墓涵盖佛爷庙湾—新店台墓群魏晋十六国时期大部分阶段，结合该墓群与祁家湾墓群历年发掘纪年墓资料的梳理，进而对不同类别的器物和墓葬形制的变化作全面排比分析，可归纳出魏晋十六国时期墓葬形制、主要随葬品的组合关系及不同器类的消长过程及其初步演化规律。

墓葬分组主要依据陶器组合变化及单个陶器形制特点，结合墓葬形制演变来分析，大致可分为六组（表三、表四）。

第一组　墓葬形制有甲型Ⅰ式、乙A型Ⅰ式、乙D型Ⅰ式、乙Eb型及乙Ec型。双室墓为砖室结构，前后室及耳室以甬道相连，其内以青砖搭建条案，旁置罐、甑、釜等器物，象征庖厨之所。前后室均葬人。单室墓皆为土洞，墓葬形制规整，墓室前端部分置耳室、壁龛，体大且形制规范。

随葬陶器烧制温度较高，多呈灰色及灰褐色，器形较大且形制规整，组合主要为罐、樽、灯、壶、盘、钵、碟、盆、釜、甑等。罐基本为绳纹，1~5件，分A、B两型，多为直口或近直口，口部外侧为三角缘；樽1~5件，类型上多为B型Ⅰ式，兼有少量A型Ⅰ式，多数带盖且其上多饰波浪纹；盘1~3件，均为Ⅰ式，弦纹盘与波浪纹盘并存；釜、甑、壶、灯基本为1件，其中釜有Aa型Ⅰ式、Ab型Ⅰ式及C型Ⅰ式，甑兼Aa、Ab及Ad型，壶基本为A型Ⅰ式与C型Ⅰ式，个别有汉式遗风，属B型；灯多为B型Ⅰ式，A型Ⅰ式有少量发现；金属器主要为铜器与铁器，其中铜器种类复杂，数量较多，有弩机、叉、铜镜、铜铃等，铜钱瘗埋现象普遍，多数墓葬有发现。

第二组　墓葬形制有甲型Ⅱ式、乙A型Ⅰ式、乙C型Ⅰ式、乙D型Ⅰ式、乙Eb型、乙Ec型。双室墓为土洞结构，前后室之间已无甬道相连，后室虽葬人，但已无随葬品出土。单室墓葬形制延续第一组，出现双龛墓，龛较大且较规整。

随葬陶器主要组合延续第一组，耳杯大量出现。绳纹、弦纹罐并存，其中绳纹罐1~5件，弦纹罐1~5件，分Aa型、Ab型、Ac型与B型；樽1~3件，A型Ⅰ式与B型Ⅰ式数量相当，部分带盖，基本为素面；盘1~2件，Ⅱ式出现；釜新出现D型Ⅰ式，而C型Ⅰ式消失；壶延续第一组类型，汉式壶仍有发现；灯仅有A型Ⅰ式；铜器种类及数量延续第一组，其中弩机、铜镜等比例增高，出现随葬铺首现象。

第三组　墓葬形制有乙A型Ⅰ式、乙C型Ⅰ式、乙C型Ⅱ式、乙D型Ⅰ式、乙Eb型。其中以双龛墓发现居多，此类墓葬形制已出现不规整，龛室趋小等特征。

陶器组合延续第一、二组，形制较为规整。绳纹罐基本消失，A型Ⅰ式波浪纹罐大量出现，一般为3件；樽1~2件，带盖樽发现较少，形体多变矮，多为A型Ⅱ式与B型Ⅱ式，无领C型Ⅰ式樽出现；壶、灯及盘大量出现A型Ⅱ式及Ⅱ式；铜器种类中叉、弩机、铜镜等比例明显减少，铜钱瘗埋现象仍较普遍。

第四组　墓葬形制有甲型Ⅲ式，乙A型Ⅰ式、乙A型Ⅱ式、乙B型、乙C型Ⅱ式、乙C型Ⅲ式、乙D型Ⅰ式、乙D型Ⅱ式、乙Ea型、乙Eb型、乙Ec型。其中以双龛墓为主体，此类龛室部分进一步缩小，变为盲龛。单室带耳室、壁龛墓及单龛墓，其墓葬形制多不规整，耳室或壁龛趋小。另外，土洞式的双室墓，后室既不葬人，亦不随葬器物，类似于盲龛性质。

随葬陶器多呈红褐色、橙黄色及灰色。器形仍较规整，与前一组同类器比较形体明显趋小。器物组合中出现以榼配盘共同使用的组合元素。A型Ⅰ式三组规整波浪纹罐消失，代之而起的是A型Ⅱ式波浪纹、弦纹罐，一般为2~3件；樽多为1~3件，其类型主要延续上一组，新出现D型三足樽；盘1~2件，形体较之上一组缩小，Ⅲ式盘大量出现，波浪纹线条疏朗，多已简化；釜、甑、壶、灯等形体较之上一组明显趋小，其中灯形制变化最为明显，柄部已变为实心；耳杯出土数量锐减；铜器种类及数量极具减少，以铜钱为主体。

第五组　墓葬形制趋向简单，多不规整。有乙C型Ⅲ式、乙D型Ⅱ式、乙Ea型、乙Eb型。墓室附耳室及壁龛墓消失，双龛墓、单龛墓，其龛室极小，变为盲龛。

随葬陶器风格骤变，器形遽然变小，制作工艺粗糙草率，组合多不完整。开始大量出现不加烧制的泥质随葬品。B型Ⅱ式波浪纹罐一般为2件；樽基本为1件，多为A型Ⅲ式樽；盘基本为1件，Ⅲ式与Ⅳ式比例相当；壶为A型Ⅲ式，形体最小，口部增大；灯分A型Ⅲ式与B型Ⅲ式，口部增大，口底多等同；耳杯消失；铜器仅零星发现铜钱、钗等。

第六组　墓葬形制有甲型Ⅲ式、乙B型、乙C型Ⅲ式、乙D型Ⅱ式、乙Ea型、乙Eb型、乙Ec型、乙Ed型。其中以无龛、无耳室单室墓居多，墓葬形制趋向简单。"刀把"形墓出现。

随葬陶器风格同前，颜色因烧制温度较低，呈现斑驳不均。组合中新出现鸡首灶与仓是这一组最大变化。罐、樽、釜、灯等器形口部增大，多出现口径大于底径的特点。B型Ⅲ式波浪纹罐1~4件，最大径上移，器形整体呈现出瘦高的特点；樽基本为1件，其中A型Ⅳ式樽口部增大，变为侈口，C型Ⅱ式樽因口部变为侈口，呈现出陶碗的器形特点；因榼基本代替盘，Ⅳ式盘仅有零星发现；泥器较之前一组仍有较高比例的发现。

表三 典型墓葬与出土陶器型式统计表（带斜坡墓道土洞墓共114座）

分组	型式	器形	罐（绳纹=S；波浪纹=B；弦纹=X；素面=SM；垂幛纹=C）	钵	盆	斗瓶	釜	甑	碟	壶	灯	樽	碗	盘	槅	耳杯	仓	灶	器盖	瓮	瓶	案	备注
第一组	甲Ⅰ	ⅠM9	SA1、SA残1、XAa2	C2、B5	Ab3	BⅠ4、AⅠ2		Aa1	A3、B2、残1	B1	BⅠ1	BⅠ4、残1	B1	Ⅰ2		Ⅱ1			A3				
	乙AⅠ	ⅣM1	SB1、SMA1	A2、B4	Aa1、Ab1	CⅠ3	AaⅠ1	Ab1	A2	AⅠ1	AⅠ1	AⅠ3		Ⅰ2					A4				
		ⅣM8	SB4、SMA1	B4	Bb1		AaⅠ1		A2	AⅠ1	残1	BⅠ3		Ⅰ1									
		ⅣM24	SA5、SMB1	A1、C3	Ba3		AbⅠ1	Ad1	A3	CⅠ1	AⅠ1	BⅠ3		Ⅰ2					A3				
		ⅥM16	SMA1	B1、C2	Ab1、Bb1	AⅠ2			A2		Ⅰ1	BⅠ1		Ⅰ3									
	乙DⅠ	ⅥM25		A1、C1								BⅠ1、Ⅱ1	A4	Ⅰ1									
	乙Eb	ⅡM19	XAa1	A3、B3、C1																			
	乙Ec	ⅥM1		B2、C8																			
第二组		ⅥM15		C2	Aa2	AⅠ1			A2	AⅠ2	BⅠ1	BⅠ1		Ⅰ2					B2				
	甲Ⅱ	ⅣM16	SB5	B2、C2	Ab1		AbⅠ1		A2	AⅠ2	AⅠ1	AⅠ1		Ⅰ2		Ⅰ1			B2				
		ⅣM15		A1、B7	Ba1、Bb1		AbⅠ1	Ad1	A2	AⅠ1	BⅠ1	BⅠ3							A1				
	乙AⅠ	ⅢM29	SA4	B2	Ab1、Ba1、Bb1		AaⅠ1			AⅠ1	AⅠ1	BⅠ3		Ⅱ2		Ⅱ3			A2				

续表三

分组	型式	器形	罐(绳纹=S;波浪纹=B;弦纹=X;素面=SM;垂幛纹=C)	钵	盆	斗瓶	釜	甑	碟	壶	灯	樽	碗	盘	槅	耳杯	仓	灶	器盖	瓮	瓶	案	备注
第二组	ZAⅠ	ⅢM41	SB1、XAa2、SMA1	A1、B3、残1	Ba1				A3		AⅡ1	AⅠ1		Ⅱ2		Ⅰ3			A2				
		ⅢM49	SA4	B3、C2	Bb1		AaⅠ1	Ab1	A2	AⅠ1	AⅠ1BⅠ1	AⅠ1		Ⅱ2		Ⅰ2			A2				
		ⅥM23				CⅠ2		Aa1			BⅠ1、BⅡ1			Ⅱ2		Ⅰ4			A1				
	ZCⅠ	ⅦM3	BAⅠ1、SMA1、SMB1	A1、B6、C1	Ab1		AbⅠ1	Aa1	A3	AⅠ1	AⅠ1BⅡ3	AⅠ1		Ⅱ1		Ⅰ4			A3				
		ⅢM43		B1		AⅠ1	AbⅠ1	Ab1						Ⅱ1									
		ⅣM7	XAa1、SM残1	A2、B4、C2				B1								Ⅰ1							
		ⅤM4			Bb1					AⅠ1、BⅠ1	BⅠ1			Ⅱ1									
	ZDⅠ	ⅢM3	SB2	A4、C1	Aa2、Ab1		AbⅠ1		A2	AⅠ1	BⅠ2	BⅠ1		Ⅱ1		Ⅱ1			B2				
		ⅣM27	XAa1、XB2						A2	CⅠ1	AⅠ1	AⅠ1		Ⅰ1、Ⅱ1									
		ⅥM21	XAc1	B1、C1、D2							AⅠ1、BⅠ1												

续表三

分组	型式	器形	罐(绳纹=S;波浪纹=B;弦纹=X;素面=SM;垂幛纹=C)	钵	盆	斗瓶	釜	甑	碟	壶	灯	樽	碗	盘	耳杯	仓	灶	器盖	瓶	案	备注
第二组	ZEb	ⅡM20	XAa1	A1、B1																
第二组	ZEb	ⅢM44	XAa3、SMA1	A1、B1		BⅠ2、CⅠ1	Ab Ⅰ1					AⅠ1		Ⅱ1						
第二组	ZEb	ⅣM12	SA2	A3、C3			D1	B1												
第二组	ZEc	ⅣM25	XAa2、XAc1	A1	Bb2	AⅡ2	Aa Ⅰ1	Ac1	A2	AⅡ1	AⅡ1									
第二组	ZEc	ⅥM3	XAa2、XAb3	B4、C1	Bb1	AⅠ1、CⅠ2、CⅡ1	Ab Ⅰ1	Aa1	A4	AⅡ1	AⅡ1			Ⅱ1				1		
第三组	ZAⅠ	ⅣM3	BAⅠ2	A2、B1、C4	Ba1		B1	B1	A1、B4	AⅠ1	BⅡ1	AⅡ2、BⅡ1	B1	Ⅱ2	Ⅱ4		A3			
第三组	ZAⅠ	ⅦM2	BAⅠ4、XAc1	B3、C1	Ba1		B1			AⅠ1	BⅡ1	BⅡ2		Ⅱ1			A2			
第三组	ZCⅠ	ⅡM2	BAⅠ5	B2、C1	Bb1			B1	A1	AⅡ1	AⅡ1	AⅡ1、BⅠ1、CⅠ1		Ⅱ2	Ⅱ2					A1、B1
第三组	ZCⅠ	ⅢM48	BAⅠ4																	
第三组	ZCⅠ	ⅢM50	BAⅠ3																	

续表三

分组	型式	器形	罐(绳纹=S;波浪纹=B;弦纹=X;素面=SM;垂幛纹=C)	钵	盆	斗瓶	釜	甑	碟	壶	灯	樽	碗	盘	槅	耳杯	仓	灶	器盖	瓮	瓶	案	备注
第三组	乙CⅠ	ⅢM52	BAⅠ3、SMB1	B4、C2		CⅠ2	AbⅠ1	B1		AⅡ1				Ⅱ1					A1				
		ⅣM6	BAⅠ5	B1	Bb2	AⅡ2、BⅡ1		Ac1	A3	AⅡ1	AⅡ1	AⅡ2、BⅡ1	B1	Ⅱ2		Ⅱ2			A3				
		ⅢM9	BAⅠ2	A2	Ab1	BⅡ1				AⅡ1		BⅡ1	B1	Ⅱ1									
	乙CⅡ	ⅢM38	BAⅠ3	A2	Bb1			Ab1	A2	AⅡ1	AⅡ1	BⅡ2		Ⅱ1		Ⅱ3							
		ⅣM4	BAⅠ3	B3	Ba3	AⅡ2、CⅡ2		Ab1	A2	AⅡ1	AⅡ1	AⅠ1		Ⅱ2									
		ⅣM5	B残1	B1	B1	CⅠ2	残1	Ac1	A6	AⅡ1	AⅡ1	BⅡ2		Ⅱ2		Ⅱ3			A2C1				
	乙DⅠ	ⅤM16	SM残2	C1					A1	AⅡ1	AⅡ2			Ⅱ1									
	乙Eb	ⅢM51	BAⅠ1				B1	Ab1	A1	AⅡ1	AⅡ1	BⅠ1		Ⅱ1		Ⅱ2			A1				
	甲Ⅲ	ⅣM2	BAⅠ3、SMB1	B1、C3	Bb3			Ac1	A1	AⅡ1	BⅢ1	BⅠ1		Ⅲ1					A2				
		ⅢM54	S残1、X残1、SMA1	B3	Ba2		Ab Ⅱ1	Ab1	A1	AⅡ1	AⅢ1	BⅠ3		Ⅲ1	C2								
第四组	乙AⅠ	ⅡM3	BAⅡ5、SMA1		Ba1	BⅡ3、CⅡ1				CⅡ1	AⅢ1	AⅡ1、BⅡ1	A1								残1		
		ⅡM5																					

续表三

分组	型式	器形	罐（绳纹=S；波浪纹=B；弦纹=X；素面=SM；垂幛纹=C）	钵	盆	斗瓶	釜	甑	碟	壶	灯	樽	碗	盘	槅	耳杯	仓	灶	器盖	瓮	瓶	案	备注
第四组	ZAⅠ	Ⅳ M17		A1、B2		BⅡ1	Ab Ⅱ1	Ab1		CⅡ1				Ⅱ1					A1				
		Ⅳ M22	BBⅠ5	A1、B4、C2	Ba1、Bb1	BⅡ2、CⅡ1	Ab Ⅱ1	Ab1			AⅢ1	AⅡ1	B1	Ⅳ2	AⅠ1							
		Ⅴ M14	BAⅡ1、BBⅠ2	A1	Ba1		Ab Ⅱ1	Ac1			BⅢ1	AⅡ1	A4、B1	Ⅲ1								
	ZAⅡ	Ⅰ M13	BAⅡ3、SM残1	B1、C1	Bb3	AⅡ1、B Ⅱ1、CⅡ1	Ab Ⅱ1	Ac1	B1	CⅡ1	BⅢ1	AⅡ3	A2、B4	Ⅲ2								
		Ⅲ M26	SA1、BBⅠ5	C1	Bb2	BⅡ2	Ab Ⅱ1	Ab1	B2	CⅡ1	AⅢ1	AⅡ1、BⅡ1	A1、B2	ⅡⅡ2	C2							
		Ⅲ M27	BBⅠ5	B1、A1	Bb1	AⅡ1、C Ⅱ1、残1	Aa Ⅱ1		B1	CⅡ2	AⅢ1	AⅡ2、D1		Ⅲ1	C1							
		Ⅳ M18	BBⅠ2	B6	Ba1、Bb2	AⅡ1、B Ⅱ1			A2					Ⅲ1								
	ZB	Ⅵ M22	BBⅠ3	B4、C1	Ba3						BⅢ1	AⅡ1		Ⅲ2								
		Ⅲ M25	BAⅡ2						A1、B1	AⅡ1	AⅢ1	AⅡ1 BⅡ2		Ⅲ2								
		ⅥM2	BAⅡ1、BBⅠ2、B残1					Ac1						Ⅲ2		Ⅱ2						

续表三

分组	型式	器形	罐（绳纹=S；波浪纹=B；弦纹=X；素面=SM；垂幛纹=C）	钵	盆	斗瓶	釜	甑	碟	壶	灯	樽	碗	盘	棺	耳杯	仓	灶	器盖	瓷瓶	案	备注
第四组	乙CⅡ	ⅠM2		B5	Bb1			B1						Ⅲ1								
		ⅠM3	BAⅡ3	A1、B3	Ba1		AbⅡ1	Ab1	A1	CⅡ1	AⅢ1	AⅡ4		Ⅲ1								
		ⅡM12	BAⅡ4、SMB1		Ba1		AaⅡ1	Ad1		AbⅡ1		AⅡ2		Ⅱ2		Ⅱ3						
		ⅢM6	BBⅡ2	C1		BⅡ2	AaⅡ1		A2	CⅡ1	残1	BⅡ3		Ⅱ1、Ⅲ1								
		ⅢM11	BAⅡ3	B1、C4	Bb1		AbⅡ1	Ab1		AⅡ1		AⅢ1、D1										
		ⅢM18	BBⅡ4	B1	Bb1		AaⅡ1		B2	AⅡ1	AⅢ1	BⅡ1	B1	Ⅲ2								
		ⅢM55	BAⅡ3、SMB1			BⅡ1、CⅡ1	AbⅡ1	Ac1	B4	AⅡ1		BⅡ1		Ⅱ1、Ⅲ1								
		VM7	BAⅡ2		Ba1	BⅡ1	AbⅡ1	Ac1	B4	AⅡ1		BⅡ2	A1	Ⅱ1		Ⅱ5						
		VM15		A1、B1	Bb1	BⅡ1	AbⅡ1	Ac1	B1	AⅡ1	AⅢ1	BⅡ1		Ⅲ1								
		ⅥM17		B1	Ba1	CⅡ2	AbⅡ1	Ab1、Ac1	A1	AⅡ1	BⅢ1	AⅡ3	A1、B1	Ⅲ2						残1		
		ⅥM28		B1	Bb1		AbⅢ1	Ac1				AⅡ1、CⅠ1	A1、B1	Ⅲ1							1	
	乙CⅢ	ⅡM21	BAⅡ1、BBⅠ1、残1																			

续表三

分组	型式	器形	罐(绳纹=S;波浪纹=B;弦纹=X;素面=SM;垂幛纹=C)	钵	盆	斗瓶	釜	甑	碟	壶	灯	樽	碗	盘	槅	耳杯	仓	灶	器盖	瓷瓶	案	备注
	ZCⅢ	ⅢM10	BBⅠ1		Ba1	CⅡ2	AbⅡ1	Ac1	A2			AⅡ2		Ⅲ1	AⅡ1							
		ⅢM14	BAⅡ3		Bb1		AbⅡ1					BⅡ1		Ⅱ1		Ⅱ5						
		ⅢM22	BBⅠ2	B1		CⅡ1			B1	残1	AⅡ1	AⅡ2		Ⅲ1								
		ⅢM47	BAⅡ1,BBⅠ1	B1								BⅡ1		Ⅲ2		Ⅱ2						
		ⅢM53	BAⅡ1									BⅡ1		Ⅲ1								
		ⅢM57	BBⅠ3	A1,C1				Ab1			AⅢ1	AⅡ2										
第四组	ZDⅠ	ⅡM1	BAⅡ2,BBⅠ1	B2		BⅡ1	AaⅡ1	Ab1		AⅡ1			AⅡ1 A2B1	Ⅲ1								
		ⅡM24	BAⅡ2,BBⅠ1		Bb1	AⅠ2	AaⅡ1	Ac1				残1 BⅡ1		Ⅲ1								
		ⅢM15						Ab1			AⅡ1 AⅢ2											
	ZDⅡ	ⅢM23	XAb1,C残1								CⅡ1 AⅢ1	AⅡ2		Ⅲ1		Ⅱ5						
		ⅥM11	BBⅠ3,残1	A1,C4,Bc2		BⅡ2	AbⅡ1	Ab1	A1		AⅢ1	AⅡ2	A4,B1	Ⅲ2								
		ⅥM12	BAⅡ1,BBⅠ1	B1,C5		CⅡ1	AbⅡ1	Ab1			AⅢ1	AⅡ1		Ⅲ1								
	ZEa	ⅦM1	SMB1			BⅡ1,残1		Ac1			AⅢ1	AⅡ1										

续表三

分组	型式	器形	罐(绳纹=S;波浪纹=B;弦纹=X;素面=SM;垂幛纹=C)	钵	盆	斗瓶	釜	瓿	碟	壶	灯	樽	碗	盘	槅	耳杯	仓	灶	器盖	瓷瓶	案	备注
第四组	乙Eb	ⅡM22	B残1	B2	Ba1、Bb1	AⅡ1、BⅡ1				AⅡ1		AⅡ1		Ⅲ1								
		ⅣM13								AⅡ1	AⅢ1											无
	乙Ec	ⅡM25	BBⅠ5	A3、B4、C2	Bb1	CⅡ1		Ab1		AⅡ1	AⅢ1	BⅠ1、BⅡ2		Ⅲ2								
		ⅡM8	SMA1			BⅢ2						AⅢ1	A1									
第五组	乙CⅢ	ⅡM10	BBⅡ3	A2、C2	Ba1				A1				B1									
		ⅡM14				BⅢ1																	
		ⅢM21	BAⅡ1、BBⅡ1	B2	Ba1		AaⅢ1	Ac1					A1、B1	Ⅲ1								
		ⅢM24	BBⅡ2	A3、B1、C1		CⅢ2	AbⅢ1		A1	AⅢ1	AⅢ1	AⅡ1	A1	Ⅲ1								
		ⅣM10																				
		ⅣM19	BBⅡ1					Ac1		AⅢ1	AⅢ1	AⅡ1	A1	Ⅲ1								
		ⅣM21	BBⅡ2			BⅢ2							B1	Ⅳ2								
	乙DⅡ	ⅠM16																				

续表三

分组	型式	器形	罐 (绳纹=S; 波浪纹=B; 弦纹=X; 素面=SM; 垂幛纹=C)	钵	盆	斗瓶	釜	甑	碟	壶	灯	樽	碗	盘	槅	耳杯	仓	灶	器盖	瓮瓶案	备注
第五组	ZDⅡ	ⅢM33	BBⅡ2、XAd1	A3	Bc1		AaⅢ1				AⅢ1	AⅢ1	C3								
	ZDⅡ	ⅢM36	BBⅡ2		Ba1																
	ZDⅡ	ⅡM56			Ab1																无
	ZEa	ⅡM15	BBⅠ2	B3	Ba1	BⅡ2	AbⅢ1			AⅢ1	BⅢ1				AⅠ1						
	ZEa	ⅢM37	BBⅡ2		Bc1	BⅢ1	AbⅢ1	Ac1		AⅢ1	AⅢ1		A1	Ⅲ1							
	ZEb	ⅡM6	BBⅡ2	B2、残1	Ba1			Ac1	A1		AⅢ1	AⅢ1	A3、C1	Ⅳ1							
	ZEb	V12	BBⅡ4		Bc1		AaⅢ2	Ac1	A1		BⅣ1			Ⅳ1	AⅢ1						
	甲Ⅲ	ⅡM17	BBⅡ1		Ba1		AaⅢ1	Ac1	A1	AⅢ1	残1	AⅣ1			AⅡ1		A1				
	ZB	ⅡM16	BBⅢ1		Ba1、Bb1	AⅢ2、BⅢ	AaⅢ1	Ab1	A1	CⅢ1	AⅣ1	CⅡ2		Ⅳ1	AⅢ1		A1				
	ZCⅢ	ⅢM46	BBⅢ2、C残1、XAd1		Bb1										B1			1			
	ZCⅢ	ⅣM28	BBⅢ3、BAⅡ1																		
	ZDⅡ	ⅢM19	XB2																		

续表三

分组	型式	器形	罐(绳纹=S; 波浪纹=B; 弦纹=X; 素面=SM; 垂幛纹=C)	钵	盆	斗瓶	釜	甑	碟	壶	灯	樽	碗	盘	槅	耳杯	仓	灶	器盖	瓮	瓶	案	备注
	乙Ea	ⅢM39	BBⅢ3、XAc1、SMA1		Ba1		AaⅢ1		A1			AⅣ1			AⅢ1								
		ⅡM18			Bb1		AaⅢ1	Ac1	A1	AⅢ1	BⅣ1	AⅣ1			AⅢ1								
		ⅢM16	SM残1								BⅣ1												
第五组	乙Eb	ⅢM17	BBⅢ1				残1		A1			CⅡ2					残1		残1				
		ⅣM11	BBⅢ2	C1	Bc1	BⅢ2			B1	CⅢ1		AⅣ1		Ⅳ1	AⅢ1	AⅢ1							
		ⅣM14	BBⅢ4、SMA1		Ba1、Bb1	BⅢ3	AaⅢ1	Ab1	B1		BⅣ1	AⅣ1	A1	Ⅳ1	AⅢ1	AⅢ1							
	乙Ec	ⅥM14						Ac1							AⅢ1		B1	1					
		ⅠM11	BBⅢ1																				
	乙Ed	ⅡM26	BBⅢ1																				

表四 非典型墓葬与出土陶器型式统计表（35座）

型式	器形	罐(绳纹=S;波浪纹=B;弦纹=X;素面=SM;垂幛纹=C)	钵	盆	斗瓶	釜	甑	碟	壶	灯	樽	碗	盘	槅	耳杯	仓	灶	器盖	备注
ZAⅠ	ⅢM28	BAⅡ5、SMC1	B3		AⅡ1	AbⅡ1	Ab1	B1	AⅡ1	AⅠ1	AⅡ1		Ⅲ2		残1				第二组、第四组。
	ⅣM23	BAⅡ2、BBⅠ1	B3		AⅡ1,BⅠ1,BⅡ2,CⅡ1			B1	AⅠ1、AⅡ1	AⅠ2	BⅠ2	A1	Ⅱ2		Ⅰ2、Ⅱ6				第二组、第四组。
	ⅤM6	SA2、BAⅡ1			BⅢ2						BⅠ1								第二组、第四组。
	ⅤM8	SA2、SB1、BAⅡ1			BⅠ2、残1	AbⅡ1	Ac1		AⅠ1、AⅡ1	BⅠ1	BⅠ2、BⅡ1	A1	Ⅱ1、Ⅲ2		Ⅰ3、Ⅱ3			A1	第二组、第四组。
ZB	ⅡM23	BAⅡ2、BBⅡ3	B2	Bb1	CⅡ2、残1	AaⅡ1	Ac1	A2	AⅢ1	AⅢ1	AⅡ3	A4、B3、C1	Ⅲ2		Ⅲ2				第二组、第五组。
	ⅢM20	BAⅠ2	B4		CⅠ2	AaⅠ1	Ad1	B2	AⅠ1	AⅡ1	BⅠ2	A1	Ⅱ1						第二组、第三组。
	ⅢM40	BAⅠ3		Bb1	BⅡ1	AbⅠ1	Ac1	A2、B1	AⅠ1	AⅠ1	BⅠ2				Ⅱ2			A1	第二组、第三组。
ZCⅠ	ⅤM5	BAⅠ1	B2、C1	Aa1		AbⅠ1	Ad1	B2	AⅠ1	AⅠ1	AⅠ1		Ⅲ1					A1	第三组、第四组。
	ⅥM13	SA1、S残1、XAa1	A2、C5				Aa1	A1	AⅠ1	AⅡ1	BⅠ2				Ⅱ1			A2	第三组、第四组。
ZCⅡ	ⅢM35	BAⅠ1、BAⅡ3		Ba1、Bb1		B1	Ab1	A4			BⅡ3		Ⅲ1		Ⅰ1、Ⅱ3			A4	第三组、第四组。
ZCⅢ	ⅠM18																		泥罐2，无法具体分组。

续表四

型式	器形	罐(绳纹=S;波浪纹=B;弦纹=X;素面=SM;垂幛纹=C)	钵	盆	斗瓶	釜	甑	碟	壶	灯	樽	碗	盘	榻	耳杯	仓	灶	器盖	备注
Z CⅢ	ⅢM5	BAⅡ2、BBⅡ2	B1		BⅢ1														无法具体分组。
Z CⅢ	VM3		B2、C1	Bb2	AⅡ2、BⅢ2	AbⅢ1	Ab1	B1	AⅡ1	AⅢ1、BⅢ1	CⅠ2		Ⅲ1、Ⅳ1	AⅡ1					第四组、第五组。
Z D I	ⅢM1		B7、C1	Ba2	AⅡ1、BⅡ2	AbⅠ1	Ab1		AⅠ1	AⅠ1	BⅠ2	A1、B1	Ⅱ2					A1	第二组、第三组。
Z D I	IM4		A2、C2																泥罐3,无法分组。
Z D II	IM6			Ab1															泥罐残,无法分组。
Z D II	VIM5																		无法分组。
Z D II	IM7				AⅠ3														泥罐3,泥甑1,无法分组。
Z Eb	IM12	XAb1	B1																无法分组。
Z Eb	IM17				CⅡ1、CⅢ3														泥罐3,无法分组。
Z Eb	IM19		A2				Ac1												无法分组。
Z Eb	IIM7																		无法分组。
Z Eb	IIM11	XAb1																	无法分组。
Z Eb	ⅢM45	B残1																	无法分组。
Z Eb	VIM18	SMA1																	无法分组。

续表四

型式	器形	罐(绳纹=S;波浪纹=B;弦纹=X;素面=SM;垂幛纹=C)	钵	盆	斗瓶	釜	甑	碟	壶	灯	樽	碗	盘	樀	耳杯	仓	灶	器盖	备注
乙Ec	ⅡM13																		五铢铜钱,无法分组
	ⅢM7	残1(有墨书)																	无法分组
	ⅢM8		A1																无法分组
	ⅢM12																		无法分组
乙Ed	ⅢM42		B3	Bb1															无法分组
	ⅢM13	X残1					B1												无法分组
	ⅥM8	X残1							残1										无法分组
竖穴土坑墓	ⅥM9			残1															无法分组
	ⅥM24	XB1	B1、C1																无法分组
	ⅥM27				AⅠ1														无法分组

注:非典型墓葬包括出土陶器分两组墓葬及出土陶器未能具体分组墓葬。

以上随葬陶器组合中，罐、樽、釜、甑、灯、碗、钵等器物贯穿一至六组，随葬品基本组合稳定。但同时各组面貌也呈现出鲜明差异，除以上器物本身形制演化外，部分器物组合在发展中体现出消长更替的转换趋势，如盘在一至三组占有重要地位，从四至六组逐渐被槅所代替；又如仓、灶等模型明器，仅在第六组中出现。

对照敦煌地区新发现及历年纪年墓序列，可以看到随葬品组合的差异及墓葬形制的变化具有明显阶段性：

第一组器物组合及相应墓葬形制出现于曹魏时期（年号"正始七年"至"甘露三年"）

第二组器物组合及相应墓葬形制出现于西晋早期（年号"咸宁二年"至"元康五年"）

第三组器物组合及相应墓葬形制出现于西晋中期至晚期（年号"元康六年"至"建兴四年"）

第四组器物组合及相应墓葬形制出现于前凉早期（年号"建兴五年"到"建兴三十年"前后）

第五组器物组合及相应墓葬形制出现于前凉晚期（年号"建兴三十年"前后到前凉被灭）

第六组器物组合及相应墓葬形制出现于前秦至北凉（前秦灭前凉后至北凉沮渠蒙逊时期）

在以上分析的基础上，将这批墓葬分为三期六段：

第一期　曹魏时期。

第二期　西晋时期。又可分为早、晚两阶段，即西晋早期与西晋中、晚期。

第三期　十六国时期。又可分为早、中、晚三阶段，即前凉前期，前凉晚期及前秦至北凉时期。

（二）典型陶器演变

佛爷庙湾—新店台墓群随葬陶器组合中，波浪纹罐、樽、釜、灯、壶等器物不仅延续始终，而且演化序列清楚。绳纹罐、盘、仓、灶等器物虽然仅使用一段时间或者出现于某一阶段，但其本身具有重要断代意义。现归纳如下（表五）：

波浪纹罐　依据器形整体特征分A、B两型。A型罐属于矮胖形，分两式，主要从西晋晚期出现，延续至前凉前期。其器口表现为直口到侈口，器口外侧三角缘出现到基本消失的嬗变过程。纹饰则由规整到草率，西晋中、晚期流行腹部饰三道规则波浪纹，前凉前期已变为在波浪纹组之间加弦纹组。B型罐属于瘦长形，其本身出现较A型罐偏晚，分三式，主要从前凉前期出现，延续至前秦至北凉时期。其器形整体趋势为由大至小的一个演化过程；器口表现为侈口的持续增大，至BⅢ式出现口径多大于底径的现象；器口外侧三角缘从零星发现至完全消失；器体最大径有逐渐上移趋势，至BⅢ式，最大径已接近器口；波浪纹整体由规整到草率，由细密至疏朗甚至出现不连续的退化趋势。

绳纹罐　主要发现于曹魏至西晋早期，依据器形整体特征分两型。A型属于矮胖形，B型属于瘦长形，口部外侧均为三角缘，二者并行发展。

樽　器形较为复杂，基本为素面。依据领部等特征分为四型。A 型属于高领，分四式，演化序列较长，从曹魏时期出现，延续至前秦至北凉时期。器形整体演化趋势为由大至小、由高变矮、从有盖至无盖，器口从直口演变为侈口，乃至侈口增大，出现口径大于底径的现象。B 型属于矮领，分两式，演化序列较短，从曹魏时期出现，延续至前凉前期。器形整体演化趋势同样为由大至小、由高变矮、从有盖至无盖，肩部为从平折肩演变为圆肩。C 型属于无领，分两式，出现于较晚时段，从西晋中、晚期出现，延续至前秦至北凉时期。口部变化为口底相当至口大于底，呈碗状。D 型为小型樽，下附三足。因发现少，未分型，但其出现本身意义较强，仅出现于前凉前期。

釜　器形较为复杂，多为素面，部分饰波浪纹。依据器形整体特征分四型。A 型属圆胖型，器形似罐，分两亚型，Aa 型底部为假圈足，分三式，演化序列完整，从曹魏时期出现，延续至前秦至北凉时期。器形整体演化趋势为由大至小；口部变化初为口径小于底径，后为口底相当，再后为口径大于底径。Ab 型底部属于平底，分三式，其演化序列及器物形制变化与 Aa 型相同。B 型属扁圆形，器形似盂。因发现较少，未分型定式，但其出现本身意义较强，仅出现于西晋中、晚期至前凉前期。C 型与 D 型属异形釜，仅零星发现，未能分型定式，分别出现于曹魏时期与西晋早期。

灯　器形简单，皆为素面。依据器形整体特征分两型。A 型灯口呈碟状，分四式，演化序列完整，从曹魏时期出现，延续至前秦至北凉时期。器形整体演化趋势为由大至小；口部由小口演变为大口，且出现口径大于底径现象；柄部由粗长且空心逐渐演变为细短且实心。B 型灯口呈钵状，同样分四式，演化序列完整，从曹魏时期出现，延续至前秦至北凉时期。器形整体演化趋势及细部特征同于 A 型灯。

壶　器形较为复杂，多为素面，部分发现波浪纹。依据器形整体特征分三型。A 型属扁鼓腹，分三式，演化序列较为完整，从曹魏时期出现，延续至前秦至北凉时期。器形整体演化趋势为由大至小，颈部由长变短，制作工艺由精致到粗糙。C 型腹部较鼓且下垂，高底座，演化序列较为完整，从曹魏时期出现，延续至前秦至北凉时期。器形整体演化趋势为由大至小；纹饰变化上Ⅱ式多出现波浪纹、弦纹组合，Ⅲ式高底座刮削痕迹多消失。B 型属圆鼓腹，仅零星发现，但其出现本身意义较强，仅出现于曹魏至西晋早期。

盘　器形简单，多为波浪纹。盘径本身大、小具有突出断代意义。分四式，演化序列较为完整，曹魏时期出现，前凉后期以后逐渐被陶槅所代替。一般 35.0 厘米以上接近 40.0 厘米者属曹魏时期，纹饰多为三道、四道规整波浪纹，或为弦纹；35.0 厘米以下 30.0 厘米以上多属西晋时期，波浪纹多变为两道；30.0 厘米以下 20.0 厘米以上多为前凉前期，两道波浪纹已变得稀疏；20.0 厘米以下者，在前凉后期及以后墓葬中有零星发现，波浪纹已出现间断现象。

槅　器形简单，多为素面。依据器形整体特征分三型。A 型为圆盘状，又分三式，演化序列从前凉前期出现，延续至前秦至北凉时期。器形整体演化趋势为由大至小。B 型属圆形钵状，仅零星发现，但其出现本身意义较强，仅出现于前秦至北凉时期。C型榼为长方形，有少量发现，其出现本身意义亦较强，仅出现于前凉前期。

仓　仅发现于前秦至北凉时期，依据器形整体特征分两型。A型顶部为平口，B型顶部为丘形状。二者并行发展。

鸡首灶　同仓，仅出现于前秦至北凉时期。因零星发现，未能分型定式。

三　历史背景

（一）第一期——曹魏时期

汉武帝元鼎六年（前111年），"分武威、酒泉地置张掖、敦煌郡，徙民以实之"，敦煌正式成为汉王朝一郡。经两汉300多年的开发与经营，敦煌地区社会经济、文化得到初步发展。魏初，河西四郡并入曹魏政权的统治之内。政府选派理民务实的官吏担任州郡长吏，其中张既、徐邈、皇甫隆、苏则、仓慈等在安定民生，招抚流亡，改善民族关系，改进生产技术，扩大商业贸易等诸多方面成果显著。通过一系列措施的实施，敦煌一带，经济、政治及文化得到了一定程度的发展，"岁终率计，其所省庸力过半，得谷加五"[1]是为真实写照。

从第一期墓葬特征来看，墓葬形制分双室与单室，部分墓葬为砖室墓，多构建画像砖，随葬品器类丰富，且数量较多，显示墓葬等级较高。通过梳理目前敦煌地区发现的曹魏时期墓葬，我们发现，墓葬年代集中在曹魏后期。这无不与这一时期敦煌地区获得长足发展有莫大关系。不过从整个佛爷庙湾—新店台墓群内涵来看，第一期墓葬数量极少且多集中分布，可能与大多数人群选择葬于城中而非戈壁地区有关。

（二）第二期早段——西晋早期

三国归于一统，西晋政府在政治、制度上的一系列举措大都可视为曹魏中后期政治变化的延续。在曹魏经营的基础上，西晋政府加强了对河西的控制。也在这一阶段，河西地区经济、文化得到持续发展。如西晋初年，吾彦担任敦煌太守期间，身耕力行，劝农稼穑，社会经济出现了"家给人足、晏然富庶"的繁荣局面，正如《晋书》赞曰："镇抚数年，恩威并着。"也正是这一稳定环境下，如敦煌地区培养的索靖、汜衷、张翘、索紒及索永在洛阳太学中颇负盛名，被誉为"敦煌五龙"。正如仇鹿鸣先生所言："承汉之后的魏、晋两代，所面临的共同挑战便是如何重建一个稳固的国家，这种重建事实上包含了政治、社会与文化三个不同层面，政治上统一反倒是最容易达到的一个目标。而魏、晋两代的努力首先循着第一个层面展开，通过武力手段恢复统一的政治局面，其次再通过制礼作乐的方式重建儒家式的政治秩序。由于魏、晋两代通过禅让的形式完成王朝使命，在很大程度上保存了前朝的政治结构，因而出现了晋承

---

[1]《三国志·魏书·仓慈传》引《魏略》。

魏制的局面"。①反映在墓葬材料上，晋墓与曹魏后期墓葬趋于一致，延续曹魏时期较为兴盛的局面。墓葬形制上双室、砖室及壁画墓等高等级墓葬时有发现。单室墓虽为主体，但其形制规整，前后室之间，单室与耳室之间，以甬道相连，出土器物种类与数量较之第一期，无明显差异，尤其是发现的"位至三公""君宜官位"铜镜等因素，具有强烈的中原文化传统，反映出大一统国家对西部边疆地区的持续影响力。

该时段也是佛爷庙湾—新店台墓群形成的重要时期。通过对该墓群历年发掘材料的梳理，西晋早期墓葬所占比例较曹魏时期有大幅度的提升。究其原因，据敦煌地理杂文书S1889《氾氏人物传》载："氾瑗，字彦玉，晋永平令（氾）宗之孙也。父（氾）族，有经学，郡旧时俗，皆葬于邑中，坟墓卑湿……遂葬父于东石（碛）……县令李充到官，称志孝合礼，众心乃化，遂皆出葬东西石（碛）。"②李正宇先生认为"东碛"即今敦煌古城东南鸣沙山及三危山以北戈壁高地。自西晋以来，这片戈壁高地逐渐形成佛爷庙湾—新店台公共墓葬区；"西碛"即敦煌古城以西之戈壁高地，今为敦煌七里镇以西之祁家湾古墓葬区。③汉魏以来"葬于邑中"的旧俗，皆因氾瑗葬父于东碛，以"志孝合礼"始破于上流社会，终士族之家亦趋葬于东西碛。不过需要说明的是，氾瑗葬父之例仅仅是个案，西晋以来大批族群葬所、旧俗的改变并非仅仅因"坟墓卑湿、志孝合礼"而择于"东西碛"。其根本原因仍是流民大量涌入，造成土地与人口之间矛盾的剧增，不得已选择邑外东西戈壁之上来营建其墓地。另外，据《晋书·食货志》记载："皇甫隆为敦煌太守，敦煌俗不作耧犁，及不知用水，人牛功力既费，而收谷更少。隆到，乃教作耧犁，又教使灌溉。岁终率计，所省庸力过半，得谷加五，西方以丰。"水利技术的兴修、牛耕技术的推广，敦煌地区自西晋以来良田得以大量开垦出来。出于对耕地的保护，敦煌东西两碛才得以形成公共墓葬区。

（三）第二期晚段——西晋中晚期

西晋王室统一不久，遂发生了"八王之乱"，国家政权迅速崩溃。而此时的河西地区却较为安定。时任凉州刺史的张轨"以时方多难，阴图据河西"，奉晋室为正朔以安定人心，保一方乐土，名声大噪，从而使"中州避难来者日月相继"，极大地促进了河西地区的经济、政治、文化发展。这一点，从该时段墓葬文化面貌可管窥一二。

这一时段，墓葬结构趋于简单化，诸如双室墓、壁画墓等发现较少，基本以单室墓为主，体现出较强的"晋制"特点。墓葬形制上新出现了过洞天井式墓，在祁家湾墓群尤其盛行。梳理洛阳与关中地区汉晋时期墓葬材料后我们发现，此类墓葬形制较为普遍，当与涌入河西地区的流民有关，亦契合文献所载"中州避难来者日月相继"。出土器物组合中，作为汉魏文化符

---

① 仇鹿鸣：《魏晋之际的政治权力与家族网络》，上海古籍出版社，2020年，第355页。
② 郑炳林：《敦煌地理文书汇辑校注》，甘肃教育出版社，1989年，第124页。
③ 李正宇：《敦煌古代公共墓区开始形成于西晋》，《敦煌研究》2009年第3期。

号之一的绳纹陶器已完全退出历史舞台，代之而起的是大量出现的波浪纹陶器。"汉制"向"晋制"的转变已迈出了一大步。

（四）第三期早段——前凉前期

西晋灭亡，衣冠南渡，中国历史出现了漫长的分裂时期。北方地区各政权纷纷割据以自保，但前凉张氏政权在数十年间却保持着河西地区的完整与统一。张骏"厉操改节，勤修庶政"，延续着河西地区的繁荣与稳定。

这一时段主要是前凉张轨到张骏统治时期。反映在这一时期墓葬材料上，墓葬规模趋小，过洞天井式墓有所增加，"双甬道"结构墓葬比例亦有所增高。随葬品组合中，基本延续上一时段器物组合，但器体已出现变小趋势。器物组合上一个最重要的变化就是圆形榻、方形榻的出现。其中圆形榻本多出自南方，可资说明来敦煌的流民不局限于"中州"之地，还包括一些寓居的南方士民。

（五）第三期中段——前凉后期

这一时段主要是张重华到张天锡统治时期。政局混乱，内忧于争位残杀，外患于强秦压力，兵无宁岁，国势日衰，公元376年终为前秦所灭。

反映在这一时期的墓葬材料上，墓葬形制变得多不规整，墓室附耳室及壁龛墓消失，双龛墓、单龛墓，其龛室极小，变为盲龛。随葬品的数量锐减，器物风格骤然变小。大量未烧造泥质器出现。这些改变当和前凉后期政局动荡有关。

（六）第三期晚段——前秦至北凉时期

这一时段主要是前秦灭前凉后到北凉时期。前秦时期，政府对河西地区的人口进行了大规模迁徙，先有"徙豪右七千余户于关中"[①]，后有"建元之末，徙江汉之人万余户于敦煌，中州之人有田畴不辟者，亦徙七千余户"[②]。应该说前秦政府对敦煌地区文化产生了重要影响。后吕光建后凉，推行氐族本位政治，激化了民族矛盾，更雪上加霜的是，吕氏统治集团腐败，相互残杀，民不聊生，终被灭国。西凉时期，敦煌第一次成为割据政权的政治中心。李暠以"纬世之量"，励精图治，使境内"年谷频登，百姓乐业"[③]。对外则折冲樽俎，南和秃发，东盟沮渠，使敦煌地区获得了一个较为稳定安宁的社会环境。后沮渠蒙逊灭西凉，北凉立国。其势力所及，包括湟水流域在内的整个河西，河西地区又重新统一。后北魏灭西凉，一统北方，敦煌自此归于北魏治下。

这一时期墓葬的主要特点是新的文化元素的出现和敦煌本地文化元素的外传。墓葬形制中带"天井"和"双甬道"结构墓葬在这一时期流行，后经北魏传至平城等地。随葬品组合上，

---

① 《晋书·苻坚载记》。
② 《晋书·凉武昭王李玄盛传》。
③ 《晋书·凉武昭王李玄盛传》。

这一时期器物多制造粗糙,陶色多斑驳不均。其中罐、灯、釜、壶等器形呈现出口部大于底部等特点。种类变化上在于鸡首灶和仓的出现。有关学者认为,此类器形应是伴随着江汉、中州之人迁入敦煌地区的。①

透过对佛爷庙湾—新店台墓群文化内涵沿历史轴线的解读,我们可以明显看出在魏晋十六国时期,敦煌乃至河西地区厚重的文化基因。其中五凉文化作为魏晋南北朝一个重要组成部分,它实际上在承继秦汉文化的基础上,对北朝乃至隋唐文化产生了深远影响。正如陈寅恪先生指出:"秦凉诸州西北一隅之地,其文化上续汉、魏、西晋之学风,下开(北)魏、(北)齐、隋唐之制度,承前启后,继绝扶衰,五百年间延绵一脉。"②

---

① 甘肃省文物考古研究所:《敦煌祁家湾西晋十六国墓葬发掘报告》,文物出版社,1994年,第170页。
② 陈寅恪:《隋唐制度渊源略论稿》,三联书店,2004年,第41页。

表五 典型陶器与墓葬分期对照表

器形\分期	波浪纹罐 A		波浪纹罐 B			绳纹罐 A	绳纹罐 B
	Ⅰ	Ⅱ	Ⅰ	Ⅱ	Ⅲ	A	B
第一期（曹魏时期）						ⅠM9:7	ⅣM15:8
第二期 早段（西晋早期）							
第二期 晚段（西晋中晚期）		ⅠM3:8					
第三期 早段（前凉前期）			ⅡM21:9				
第三期 中段（前凉后期）	ⅡM2:1			ⅣM21:1			
第三期 晚段（前秦—北凉）				ⅡM17:1	ⅡM16:1		

续表五

分期	器形	樽 A				B		C		D
		I	II	III	IV	I	II	I	II	
第一期（曹魏时期）		ⅣM1:6,4								
第二期	早段（西晋早期）	ⅥM23:2								
	晚段（西晋中晚期）	ⅣM4:11	IM2:2	ⅢM21:18		IM9:33 ⅢM1:7	IIM2:6	ⅢM50:14		
第三期	早段（前凉前期）						ⅢM53:2	IIM21:10		ⅢM6:7
	中段（前凉后期）				ⅥM14:13					
	晚段（前秦—北凉）								ⅢM17:5	

续表五

分期	器形	灯							
		A				B			
		Ⅰ	Ⅱ	Ⅲ	Ⅳ	Ⅰ	Ⅱ	Ⅲ	Ⅳ
第一期（曹魏时期）		ⅣM24：21							
第二期	早段（西晋早期）	ⅣM23：7					ⅦM23：11		
	晚段（西晋中晚期）		ⅢM38：5			ⅠM9：21	ⅡM2：19		
第三期	早段（前凉前期）			ⅡM25：26					
	中段（前凉后期）			ⅢM21：3				ⅠM13：26	
	晚段（前秦—北凉）				ⅢM19：14				ⅡM16：6

续表五

分期	器形	釜 Aa			Ab			B	C	D
		I	II	III	I	II	III			
第一期（曹魏时期）		ⅣM1:14								
第二期	早段（西晋早期）		ⅢM6:6		ⅣM24:22					
	晚段（西晋中晚期）	ⅢM49:19			ⅦM3:13				ⅥM25:7	
第三期	早段（前凉前期）	ⅣM3:9			ⅢM52:6	ⅡM21:15				ⅥM3:10
	中段（前凉后期）			ⅣM10:9				ⅡM2:22		
	晚段（前秦—北凉）			ⅡM18:2			ⅣM19:1	ⅥM11:3		

续表五

分期	器形	壶					
		A			B	C	
		I	II	III		I	II	III
第一期(曹魏时期)		ⅣM16:4						
第二期	早段(西晋早期)	ⅢM3:4			ⅠM9:12			
	晚段(西晋中晚期)	ⅡM2:21	ⅣM3:6		ⅤM4:2	ⅣM24:13		
第三期	早段(前凉前期)		ⅡM12:6			ⅣM27:1		
	中段(前凉后期)			ⅢM37:1			ⅡM5:6	
	晚段(前秦—北凉)			ⅣM28:19				ⅥM14:5

续表五

器形分期		A			B	C
		Ⅰ	Ⅱ	Ⅲ		
第一期（曹魏时期）						
第二期	早段 （西晋早期）					
	晚段 （西晋晚期）					ⅢM27:17
第三期	早段 （前凉前期）	ⅣM22:3	ⅢM10:11			
	中段 （前凉后期）			ⅠM11:5	ⅢM19:5	
	晚段 （前秦—北凉）					

续表五

分期	器形	盘 I	盘 II	盘 III	盘 IV	仓 A	仓 B	灶
第一期（曹魏时期）		ⅣM16:6						
第二期	早段（西晋早期）		ⅣM23:18					
	晚段（西晋晚期）		ⅦM2:13					
第三期	早段（前凉前期）			ⅦM2:6	ⅣM22:10			
	中段（前凉后期）			ⅣM10:13	ⅣM19:4			
	晚段（前秦—北凉）				ⅣM14:3	ⅢM19:11	ⅥM14:14	ⅢM19:4

第二节　魏晋十六国时期墓葬文化特征

一　墓葬特征

(一) 墓葬分布

佛爷庙湾—新店台墓群西起鸣沙山，东至五墩乡，东西绵延 25 千米，南北纵跨 5 千米，分布面积约 125 平方千米。西晋十六国墓葬为墓群主体，其分布之众，延续时间之长，在国内同时期墓群中罕见。这一时期墓葬盛行族葬与祔葬，其家族成员是按照尊卑长幼循序分布在家族茔域内。祔葬墓形式上多见两人合葬、三人合葬等。葬具中流行尸床和尸罩，木棺有少量发现。随葬品主要为象征庖厨和餐具等日常生活用具的陶器，组合常见罐、樽、盘、甑、釜、灯、壶、槅、碟、耳杯、斗瓶等，极少发现模型明器及家畜、家禽一类器物等。一定程度上反映出当时敦煌地区远离中原战乱这一独特地缘优势。河西酒泉及以东地区尚未发现同时期有佛爷庙湾—新店台墓群如此规模的墓地，其随葬日用陶器与中原、关中等地区多趋于一致，陶俑、家畜、家禽等模型明器大量发现。李正宇先生在《敦煌历史地理导论》一文中指出："敦煌地区地处西陲，当它受控于中央王朝时期，它是中央王朝的神经末梢，与中央王朝呼吸相通、影响相连……其他不直接受控于中央王朝、相对自主的时期，它的兴衰往往反映着中央王朝的衰落。如西晋时期，中央王朝在内忧外患中苟延度日，而敦煌确是安定繁荣的。"[1] 除其内政权交替基本稳定、地缘上远离中原战乱这一优势外，两汉时期在敦煌郡设立的有关应变系统，诸如长城之设、烽警之备、塞城之保、粮械之储等，也应在一定程度上对此产生影响。

(二) 曹魏墓葬特征

敦煌佛爷庙湾—新店台新发现曹魏时期纪年墓葬 3 座，以其墓葬形制及出土陶器特征为标尺做分析对比，可知另有 7 座无纪年墓属曹魏时期，故曹魏时期的墓葬占此次魏晋十六国墓葬总数的 6.8%。

关于曹魏墓的界定问题，目前开展专题研究的较少，囿于这一时期墓葬材料的匮乏，大多数学者都将曹魏作为魏晋南北朝的一个时段加以论述。有关曹魏墓葬分期问题的探讨，学界所关注的焦点集中在洛阳、关中地区。早在 1987 年，张小舟先生在《北方地区魏晋时期墓葬分区与分期》一文中[2]，将北方地区分为中原、西北、东北三区，并根据墓葬形制和随葬品的类

---

[1] 李正宇:《敦煌历史地理导论》，新文丰出版公司，1997 年，第 98 页。
[2] 张小舟:《北方地区魏晋十六国墓葬的分区与分期》，《考古学报》1987 年第 1 期。

型学分析将各区的魏晋墓葬做了分期。他将中原地区魏晋墓葬分为三期，分别为东汉献帝初平元年至曹魏正始以前、曹魏正始至西晋初的泰始之间、西晋泰始之后至西晋灭亡三期。李梅田先生在《魏晋南北朝墓葬的考古学研究》一文[1]中将洛阳、关中地区魏晋墓葬分为曹魏至西晋初期、西晋中后期，并讨论了各区之间墓葬文化的互动与嬗变。徐殿魁先生在《试述洛阳地区曹魏墓的分期问题》[2]一文中，尝试对洛阳地区曹魏时期墓葬做分期研究，认为偃师杏园M6很可能为曹魏早期墓葬代表，与东汉晚期墓之间既有明显的承继关系，又有较多的简化因素。而早年发掘的正始八年墓具有曹魏晚期墓葬特征，与西晋墓有更多联系。该文大致总结了曹魏早期与后期的墓葬特征。河西地区曹魏时期有确切纪年墓葬发现极少，在武威凉州区新华乡发现一座青龙四年曹魏墓，在酒泉丰乐三坝湾发现一座咸熙二年曹魏墓，在嘉峪关新城发现一座甘露二年曹魏墓，不具备分期条件。有个别学者围绕该区域发现的有限纪年墓资料，对周边地区墓葬年代进行了探讨，如韦正先生在《试谈吐鲁番几座魏晋、十六国早期墓葬的年代和相关问题》[3]一文认为阿斯塔那西区M408、M409为曹魏至西晋早期墓，并强调曹丕登基之初的凉州之乱对吐鲁番地区的影响。

依据学界目前的普遍观点：曹魏前期文化面貌类似于东汉末期，曹魏后期文化面貌类似于西晋时期。通过对该墓群这一时期墓葬考察，诸如双室墓中的前室为方形，已经明显不同于东汉晚期流行的横向券顶，而此类墓葬形制在西晋时期这一地区极为盛行；随葬品组合中的陶质小罐，其形制与大小类似于曹魏后期盛行的酱釉罐；再根据纪年墓年代显示范围，说明其将这批曹魏墓的时代定到曹魏后期。敦煌地区曹魏墓与洛阳地区曹魏后期墓葬相比，墓葬形制中较少发现双室墓，等级较低；出土陶器组合中，常见罐、樽、盘、耳杯、灯、壶一类生活器皿，而家禽家畜一类明器，模型明器诸如仓、灶、井、磨等尚未发现，而仅以青砖、土坯搭建条案，上置釜等器具，以象征庖厨之所。值得说明的是，此类随葬品组合特征，对敦煌地区西晋十六国时期墓葬用器制度产生了重大影响，这一阶段，敦煌地区墓葬仍延续曹魏后期以来的以罐、樽、盘、耳杯、灯、壶一类生活器具为主的做法，而诸如家禽家畜及模型明器几乎尚未发现。

（三）西晋十六国墓葬特征

西晋十六国时期墓葬在河西地区分布广泛，武威、高台、酒泉、嘉峪关及敦煌一带数量庞大。其中敦煌地区以祁家湾、佛爷庙湾—新店台墓群为代表。佛爷庙湾—新店台墓群曾先后进行过9次以上的发掘，其中大规模发掘集中在1995~2000年，清理墓葬933座。目前仅对涉及的6座画像砖墓以报告形式发表。该墓群墓葬多成群分布，聚族而葬。年代整体框架上，以前

---

[1] 李梅田：《魏晋北朝墓葬的考古学研究》，商务印书馆，2009年。
[2] 徐殿魁：《试述洛阳地区曹魏墓的分期问题》，《中原文物》1988年第4期。
[3] 韦正：《试谈吐鲁番几座魏晋、十六国早期墓葬的年代和相关问题》，《考古》2012年第9期。

凉前期为界，前一阶段墓葬规模多较大，有两室或三室墓，部分墓葬绘有壁画，随葬品质量较好；后一阶段几乎都是单室墓，墓葬壁画几乎消失，随葬品明器化。

西晋十六国虽为中国历史上一个分裂、动荡的时期，但河西地区因稳定的社会环境，实现了政治、经济、文化的快速发展。敦煌特殊的地理位置，使得这一地区西晋十六国时期墓葬又异于河西走廊周边区域，具有更鲜明的地方特色。诚如韦正先生在《魏晋南北朝考古》一文中对河西走廊汉文化因素分析及总结，"由于地理等因素的影响，汉末魏晋随外来人口一起进入河西地区的汉文化新元素，由东至西而逐渐减少，与当地早期文化元素融合也由东而西呈现出渐次变化的面貌"。[①]实际上，早在曹魏时期，该地区墓葬文化面貌已深深打上了当地的烙印。现将其代表性墓群——敦煌佛爷庙湾—新店台墓群主要特征归纳如下：

1. 盛行祔葬与族葬。祔葬墓普遍发现，在形式上不仅有夫妻二人合葬、亦有夫妻妾三人合葬。家族成员流行严格的尊卑、上下和长幼宗法关系，循序在家族茔域内按位就穴。

2. 墓葬均有计划地构筑于戈壁荒滩之上，绝大部分为斜坡墓道洞室墓。大型墓地表堆培高大覆斗形封土，墓道长且宽，照墙多以（画像）砖镶嵌，呈高大门楼式结构。小型墓墓道窄且短，一般照墙上无装饰。

3. 墓葬方向多朝东或朝西，朝南者较少，不见北向墓葬。死者头向大多数与墓向同。

4. 葬具流行尸床与尸罩，围绕墓主人周围多有头枕与脚踏。

5. 墓葬形制复杂，多为单室，平面近方形或长方形。亦见有少量双室墓，平面多为前室近方形，后室呈长方形。盛行墓室前侧带龛或耳室。墓顶多为覆斗顶或拱形顶。双甬道、过洞式天井虽有发现，但比例不高。

6. 主要随葬品为象征庖厨和餐具的日用生活陶器；流行瘗埋铜钱、金属餐具及明器化的弩机等；偶见砖雕兽俑。主要陶器组合为罐、樽、盘、榼、钵、碟、耳杯、甑、釜、灯、壶等。

7. 流行随葬斗瓶。斗瓶腹部多朱书或墨书镇墓文，瓶内装置谷物、面粉、铅人、云母片等。斗瓶多成对出现，分置于头端和脚端。

8. 家族墓墓道之间个别发现祭祀石圆圈现象；部分墓主人头端额部发现有残存纺织物痕迹，可能存在"覆面"现象；尸身周围多撒有有意打碎的灰陶片、云母片，其中陶片经复原多为盆、钵、罐一类陶器。

9. 墓葬文化内涵在时代序列中，以前凉前、后期为分水岭，前后文化面貌差异性较大。

（四）出土斗瓶镇墓文解读

该墓群此次发掘出土朱书或墨书镇墓文的斗瓶67件，保存状况较差，均有不同程度残泐，部分仅见墨迹。纪年斗瓶中，最早的为曹魏齐王曹芳"正始七年"（246年），最晚的为后凉吕

[①] 韦正：《魏晋南北朝考古》，北京大学出版社，2013年，第226—227页。

隆"咸宁四年"（402年）。

依镇墓文行文用语之别，此次出土斗瓶镇墓文大致可分为以下五种模式：

1. 干支纪年+死者姓氏+今谨送汝铅人一双、五谷，以续百廿岁，会须（复），铅人腐五谷生，乃复承为地。置根为奴，先移央转咎，后利父母及以兄弟。天寇所过，罚不得再。死者名字+死日致意八魁九坎，天恭素罗，岁月转更，持与他家。人参、远志、铅人、鈢政，让莫解难。伏令、曾青、赤粟与代重复之家。如律令！

此类型仅见于ⅠM9曹魏墓出土的6件斗瓶。其中大部分用语在敦煌地区魏晋镇墓文中较为常见，此不赘述。唯"天寇所过，罚不得再"出现者甚少，目前仅见于西晋咸宁二年（276年）吕阿征镇墓文。①"天寇"一词，见于诸多古籍，如《武经总要》后集·卷二十一："占时月宿更临四离之辰，名曰天寇，凶。"《六壬灵觉经》："……盗贼来，必战，或乘白虎作鬼劫，为真天寇，其凶尤甚……袁天罡曰：天寇课，在家吉，出外凶，占孕主女……离神见月，病主死，天寇临身，出行逢盗，谋望无成。""天寇所过"一词，见于《黄帝金匮玉衡经》第四经："四离之辰，上望见月，是谓不祥……是言春分之日，阴阳分离，各行其令。祥无少多，天寇所过。此言春分阴气在卯，盗杀百草，榆荚为落。"

从以上记载可以得知，时逢此日，是为大凶，且"阴阳分离"。以此可推测，此句镇墓文之大意为，希望死者"各行其令"，自承罪罚，不要加于生人之上。

2. 干支纪年+死者姓氏+（死日适值八魁九坎），天注、地注、岁注、月注、日注、时注，生死各自异路，千秋万岁，不得相注仵。如律令！

此类型镇墓文出现较多，"注"字初应为"注病"之义，后对注病掺杂大量的迷信成分，主观地认为是死者作祟，对此，张勋燎先生在《东汉墓葬出土的解注器材料和天师道的起源》一文中指出："道教注鬼说的起源，最初应与传染病有关……后来随着这种宗教自身的发展，注鬼说的理论由传染病扩展到一般普通疾病，然后再扩展到疾病之外的其他范围，认为一切灾厄祸殃，都有可能系注鬼所致。"②在东汉镇墓材料中，"注"的内容比较单一，主要为"尸注""鬼注"等，发展到魏晋时期，敦煌镇墓文中"注"的内容则十分广泛，包括天注、地注、人注、鬼注、岁注、月注、日注、时注等等，这可能与当时敦煌地区道教的发展和影响有关。

3. 干支纪年+死者姓氏+今下斗瓶、五谷、（黑豆、荔子）、铅人，用当复地上生人。青乌子告北辰，诏令死者自受其央，罚不得再，移央转咎，远与他乡，各如。天帝律令！

此类型镇墓文在敦煌魏晋镇墓文中较为常见，意为用铅人代替地上活着的亲人，若有"重复"殃咎，就由铅人代替。值得注意的是，只有少量斗瓶中装有铅人实物，个别以偶人状云母

---

① 甘肃省文物考古研究所：《敦煌祁家湾西晋十六国墓葬发掘报告》，文物出版社，1994年，第100—102页。
② 张勋燎：《东汉墓葬出土的解注器材料和天师道的起源》，《道教文化研究》（第9辑），上海古籍出版社，1996年，第254—255页。

片代之。

4. 干支纪年+死者姓氏+薄命早终（殃），算尽寿穷，（汝死见重复，八魁九坎，太山长间），死者汝往应之，苦莫相念，乐莫相思，从别以后，无令死者注忤生人，急急如律令！

此类型镇墓文较为常见，关于敦煌魏晋十六国"薄命早终，算尽寿穷"镇墓文已有学者做过专门研究①，此次出土的书有"薄命早终（殃），算尽寿穷"的斗瓶有6对，除1对墓主年龄不详外，其余均集中在45~60岁之间，根据对该墓群人口死亡年龄段的统计，36~55岁为死亡频率较高的年龄段，且人口平均预期寿命为40.97岁，也就是说，对于此次发掘情况而言，"薄命早终（殃）"并非真正意义上的"因为薄命，所以早终"，而是具有一定的固定套语性质。而"算尽寿穷"，应与镇墓文的解注作用相似，即隔绝生死，为生人解除灾祸。

5. 西方，庚辛，太白之精……与之身□有祸殃，生者以天为界，死者以地为界。如律令！

此类型镇墓文仅见1例，即敦煌七里镇三号桥墓葬出土汉魏时期斗瓶1件，镇墓文为"南方单沙（砂），辟除精土气，消灾。如律令！"②《太清石壁记卷（上）》："五石者，是五星之精。丹砂，太阳荧惑之精。磁石，太阴辰星之精。曾青，少阳岁星之精。雄黄，后土镇星之精。礜石，少阴太白之精。右以此五星之精，其药能令人长生不死。"古人认为，五色石具有驱邪解祸、治病、镇墓的作用。秦汉以将，人们习惯地将这五种矿物按照五行原理分别放置在特定的方位，即东方青石、南方赤石、西方白石、北方黑石、中宫黄石，用以镇墓驱邪。③如1998年，出土于河南三门峡市东汉墓葬中的5个按东、南、中、西、北方位置埋葬的镇墓陶瓶，瓶内装有5种矿石，瓶腹朱书镇墓文："东方，甲乙，神青龙，曾青九两，制中央，令母守子，祸不起，从今日始。如律令！南方，丙丁，神朱爵（雀），丹沙（砂）七两，制西方，令母守子，祸不起，从今日始。如律令！中央，戊己，神勾陈，雄黄七两，制北方，令母制子，祸不起，从今日始。如律令！西方，庚辛，神白虎，礜石八两，（制东方），令母制子，（祸不起），从今日始。如律令！北方，壬癸，（神玄武），慈（磁）石六两，制南方，令母守子，祸不起，从今日始。如律令！"④而该墓群出土的此件斗瓶仅见西方所对应之物，应为汉代镇墓文之简化，由此可窥见汉代镇墓文对敦煌魏晋镇墓文的影响。

无论是以上哪种模式，其主要内容和作用相似：其一，隔绝生死，使之不得侵扰生人，如模式二中的"生死各自异路"、模式五中的"生者以天为界，死者以地为界"；其二，解注，即解除死者的邪气对生人的侵害，如模式二中的"天注、地注、岁注、月注、日注、时注"；其三，死者自受其殃，并为生人解除殃罚，如模式三中"诏令死者自受其央，罚不得再，移央转

---

① 贾小军：《魏晋十六国"薄命早终"镇墓文研究》，《社会科学战线》，2015年第3期。
② 敦煌市博物馆：《敦煌文物》，甘肃人民美术出版社，2002年，第44页。
③ 吴浩军：《河西镇墓文丛考（一）——敦煌墓葬文献研究系列之五》，《敦煌学辑刊》2014年第1期，第55页。
④ 郝本性、魏兴涛：《三门峡南交口东汉墓镇墓瓶朱书文考略》，《文物》2009年第3期，第57—61页。

咎，远与他乡"。对于镇墓文所反映的当时人们对逝者的态度，夏鼐先生言："这表示当时生者对死去的亲人，一方面爱思未断，厚葬以奉死者；一方面又怀有畏惧的心情，怕死者作祟。当我们审视罐内的粟粒和罐外的镇墓文的时候，虽在千余年以后，还可以体会到古人这种矛盾的心情。"[1]

二 与河西地区同时期墓葬比较

（一）与敦煌周边其他墓群比较

敦煌地区是以敦煌为中心，包括瓜州、玉门市以西区域，地处河西走廊西部，是通往西域的咽喉要道。据《汉书·地理志》载：敦煌郡，武帝后元元年（前88年）分酒泉置，领县六：敦煌、冥安、效谷、渊泉、广至、龙勒。晋因汉制。十六国时期，在前凉张骏时分敦煌、晋昌、高昌三郡及西域都护、戊己校尉、玉门大护军三营为沙州，州治所在敦煌，其后又先后归属前秦、后凉、西凉、北凉政权。瓜州位于敦煌以东，汉代有冥安、广至、渊泉三县，属敦煌郡，西晋十六国时建晋昌郡，辖冥安、广至、渊泉、宜禾、伊吾、新乡、沙头、会稽县。

敦煌周边地区已发掘魏晋十六国时期墓葬有敦煌祁家湾墓群[2]、瓜州（安西）踏实一号墓葬[3]、瓜州十工山墓群[4]等。现就以上墓群基本情况列表如下（表六）：

敦煌周边地区迄今发掘魏晋十六国时期墓葬数量最多。墓葬分布呈现极强的家族墓特征，周围多分布有茔圈，内有数量不等墓葬，向左或向右多一字排列；墓葬地表可见封土，以覆斗形为主，保存较差者多呈丘形；墓道部分地表起隆，作为多人多次合葬的标识；葬具流行尸床、尸罩；魏晋时期，又流行在耳室内以砖、土坯搭摆象征性灶具等。佛爷庙湾—新店台墓群作为敦煌魏晋十六国时期的代表性墓群，与敦煌周边墓葬文化特征高度一致。墓群整体等级规模低于瓜州踏实一号墓，又普遍高于祁家湾、十工山墓群。

（二）与酒泉地区同时期墓葬比较

酒泉地区，以酒泉、嘉峪关为中心，西至玉门市以东，东至金昌以西，地处河西走廊中部狭长地带。这一区域，自汉代以来属酒泉、张掖郡的辖地，魏晋因汉制，十六国时期相继为五凉政权所属。

---

[1] 夏鼐：《敦煌考古漫记（一）》，《考古通讯》创刊号，1955年，第2—8页；夏鼐：《敦煌考古漫记》，百花文艺出版社，2002年，第53页。
[2] 甘肃省文物考古研究所：《敦煌祁家湾——西晋十六国墓葬发掘报告》，文物出版社，1994年。
[3] 甘肃省文物考古研究所、安西县博物馆：《安西县踏实一号大墓发掘简报》，《陇右文博》，2005年第1期。
[4] 甘肃省文物考古研究所：《瓜州县十工山墓群2014年发掘简报》，《甘肃省基本建设考古报告集（一）》，文物出版社，2020年。

表六　敦煌周边地区同时期墓葬统计表

墓群	年代		墓葬形制	主要随葬品
敦煌祁家湾	一期两段	西晋前期—中期	带斜坡墓道洞室墓：前后双室墓，设甬道（前室设耳室，后室葬人或不葬人）；前后双室墓，不设甬道；单室附单耳室墓（耳室规整）；单室带龛墓（双龛；无龛）；墓室平面近方形墓；墓室平面呈长方形；墓室平面呈梯形、弧方形、圆角方形墓；墓室平面呈长条形墓；"刀把"形墓。	罐1～7件，波浪纹、绳纹、弦纹罐并存；樽1～4件；盘1～2件；釜、壶、灯、甑、碟一般各1件；钵、碗多寡不等；个别墓出土耳杯；常见以砖或土坯置釜，作象征性灶具。常见日光镜、昭明镜及"位至三公"镜；铜钱普遍使用，多见西汉、东汉五铢，新莽钱，四铢半两，八铢半两等；餐具类刀、叉及弩机常见。
		西晋晚期—前凉早期	带斜坡墓道洞室墓：前后双室墓，设甬道（后室作庖厨）；单室附单耳室墓（耳室趋小；耳室不规整）；墓室平面近方形；墓室平面呈长方形；墓室平面呈梯形、弧方形、圆角方形墓；"刀把"形墓；过洞天井式带龛墓。	罐1～5件，波浪纹罐为主，仍见弦纹罐；樽1～2件；盘1～2件或1盘1樽；釜1～3件，甑、灯、壶、碟、钵各1件；钵、碗多寡不一；个别墓出土耳杯；亦见以青砖搭建置釜作灶者。出现半圆方枚神兽镜；铜钱种类仍较多，但已呈现减少趋势；餐具类刀、叉及小件金属饰件已不见。
	二期三段	前凉中期	带斜坡墓道洞室墓：单室附单耳室墓（耳室不规整）；单室单龛墓；过洞天井式（不）带龛墓；墓室平面近方形墓；墓室平面呈长方形；刀形墓。	罐1～6件，除个别弦纹罐，余均为波浪纹罐；樽1～3件；盘1件或盘与樽各1件配合使用；釜1～2件；甑、灯、壶、钵各1件；碗、钵等一套。开始出现泥质器。铜钱种类、数量均锐减，以五铢为主，偶见四铢半两、剪轮五铢等。
		前凉晚期	带斜坡墓道洞室墓：过洞天井式（不）带龛墓；墓室平面呈长方形；刀形墓。	罐1～2件，均波浪纹罐，樽1～2件；樽、釜、甑、灯、钵、碟、仓各1件；钵、碗等多寡不一；个别墓出1壶；开始出现鸡首灶。泥质器增多。一般不见铜钱。
		北凉和西凉时期	带斜坡墓道洞室墓：过洞天井式（不）带龛墓；墓室平面近方形墓；墓室平面呈长方形；刀形墓。	罐1～3件，偶见弦纹罐，波浪纹罐纹饰蜕化；樽1～2件；樽、仓、鸡首灶、釜、甑、灯、壶、碟各1件。又开始流行铜钱，但种类简单，仅为多寡不等的五铢。
瓜州踏实一号墓	魏晋时期		双室砖室墓。地表有茔圈，神道两端置四阙，高大封土，墓道起隆。	M1：出土弦纹罐、木俑、彩绘木兽头、铜钱、丝织品等；M2、M3被盗，出土画像砖。
瓜州十工山	魏晋—前凉时期		带斜坡墓道洞室墓：双室土洞墓；单室带龛土洞墓	罐1～7件，弦纹罐、素面罐；釜、甑、盆各1件；钵多寡不等。泥器有钵、灯、瓶等。金属器有"位至三公"镜、铜钗、铜钱、铁剪刀等。

这一地区已发掘魏晋十六国时期墓葬众多，主要代表性墓群有玉门金鸡梁[①]、玉门官庄[②]、酒泉下河清一号墓[③]、酒泉三坝湾[④]、酒泉孙家石滩[⑤]、酒泉西沟村[⑥]、酒泉侯家沟[⑦]、酒泉丁家闸[⑧]、酒泉小土山M1[⑨]、嘉峪关新城[⑩]、高台骆驼城、高台地埂坡、临泽黄家湾滩、临泽五三、临泽西寨等。现就以上墓群基本情况列表（表七）如下：

表七　酒泉地区同时期墓葬统计表

墓群	年代	墓葬形制	主要随葬品
玉门金鸡梁	西晋十六国	双室砖室墓；单室砖室墓；单室砖沙混合洞室墓；单室沙土洞室墓	陶器主要组合为罐、钵、壶、仓、灶、井、甑、盘等；铜器有镜、环、叉、铜钱等；木器有梳、削刀、笔、封检、衣物疏、牍等。
玉门官庄	西晋十六国	单室沙土洞室墓	陶器主要组合为罐、钵、壶、杯、甑、釜、盘等；铜器有镜、钗等；木器有耳杯。
酒泉下河清M1	魏晋时期	三室砖室墓	出土陶罐、陶灶、铜削刀、铜弩机、铜三足盘等。
酒泉三坝湾	魏晋时期	双室砖室墓；双室沙土洞室墓；单室沙土洞室墓	陶器主要组合为罐、钵、壶、仓、灶、井、盘等；铜器有镜、铜钱等；木器有梳、买地券、镇墓券、人形木片等。

---

① 甘肃省文物考古研究所：《甘肃玉门金鸡梁十六国墓葬发掘简报》，《文物》2011年第2期；甘肃省文物考古研究所：《玉门市金鸡梁西晋、前凉墓2013年发掘报告》，《甘肃省基本建设考古报告集（一）》，文物出版社，2020年。

② 甘肃省文物考古研究所：《玉门官庄魏晋墓葬发掘简报》，《考古与文物》2005年第11期。

③ 甘肃省文物管理委员会：《酒泉下河清第1号和第18号墓发掘简报》，《文物》1959年第10期。该简报误将1号墓年代判定为东汉，但此后多数学者认为1号墓的年代应属魏晋时期，参见张朋川：《河西出土汉晋绘画简述》，《文物》1978年第6期；郑岩：《魏晋南北朝壁画墓研究》，文物出版社，2002年。

④ 甘肃省文物考古研究所：《甘肃酒泉三坝湾魏晋墓葬发掘简报》，《考古与文物》2005年第5期；甘肃省文物考古研究所：《酒泉市三坝湾魏晋墓2013年发掘报告》，《甘肃省基本建设考古报告集（一）》，文物出版社，2020年。

⑤ 甘肃省文物考古研究所：《甘肃酒泉孙家石滩魏晋墓发掘简报》，《考古与文物》2005年第5期。

⑥ 甘肃省文物考古研究所：《甘肃酒泉西沟村魏晋墓发掘报告》，《文物》1996年第7期。

⑦ 甘肃省文物考古研究所：《甘肃酒泉侯家沟十六国墓地发掘简报》，《考古与文物》2016年第4期。

⑧ 甘肃省博物馆：《酒泉、嘉峪关晋墓的发掘》，《文物》1979年第6期；甘肃省文物考古研究所：《酒泉十六国墓壁画》，文物出版社，1989年；关尾史郎：《西凉嘉兴二年十二月李超夫人尹氏墓表について–五胡时代石刻ノート（2）–》，《环日本海年报12》，2005年。

⑨ 肃州区博物馆：《酒泉小土山墓葬清理简报》，《陇右文博》2004年第2期。

⑩ 嘉峪关市文物清理小组：《嘉峪关汉画像砖墓》，《文物》1972年第12期；甘肃省文物队、甘肃省博物馆、嘉峪关市文物管理所：《嘉峪关壁画墓发掘报告》，文物出版社，1985年；甘肃省博物馆：《酒泉、嘉峪关晋墓的发掘》，《文物》1979年第6期；嘉峪关市文物管理所：《嘉峪关新城十二、十三号画像砖墓发掘简报》，《文物》1982年第8期；嘉峪关长城博物馆：《嘉峪关新城魏晋砖墓发掘报告》，《陇右文博》2003年第1期。

续表七

墓群	年代	墓葬形制	主要随葬品
酒泉孙家石滩	魏晋时期	双室砖室墓；单室沙土洞室墓	陶器主要组合为罐、钵、壶、仓、灶、井、盘等；铜器有镜、削刀、叉、铜钱等；木器有马、牛、牛车、奁、梳、案、镇墓兽、人形木片等。
酒泉西沟村	魏晋时期	三室砖室墓；双室砖室墓；单室砖沙混合洞室墓；竖穴土坑墓	陶器主要组合为罐、壶、灶、井、盘、斗瓶；铜器有鼎、罐、瓶、釜、甑、盆、马、牵马俑、削刀、叉、带扣、铜钱等。
酒泉侯家沟	十六国前凉时期	双室砖室墓；单室砖室墓；单室砖沙混合洞室墓；单室沙土洞室墓	陶器主要组合为罐、钵、壶、灶、仓、井、盘、甑、盆等；铜器有钗、铜钱等；木器有木车残件等。
酒泉小土山M1	十六国西凉时期	双室砖室墓	严重被盗。出土陶灯2、陶钵1及残断银簪、扣饰、铜泡等。
酒泉丁家闸	西晋十六国	双室砖室墓；洞室墓	早期被盗。陶器组合为壶、甑、罐、盆、槅、灶、樽、井、盒、耳杯、仓、盘、碟、碗、钵等。铜器有铜削、铜饰残件、铜簪、铜镰、铜帐钩、铜钱等；铁器有铁镜、铁棺钉、铁圈等；金器有金叶片；漆器有漆盒、漆砚盒；石器有石砚；木器有木武士俑等。
嘉峪关新城	魏晋时期	三室砖室墓；双室砖室墓	陶器主要组合为罐、钵、壶、灶、仓、井、盆、甑、碗、盘等；铜器有罐、盘、镜、弩机、带钩、削刀、钗、铺首等；金银器有金叶、金饰、银环、银钗、银顶等；竹木器有马俑、仪仗俑、梳等。
高台骆驼城	魏晋十六国时期	四室砖室墓；双砖室墓；单室砖室墓；单室洞室墓	陶器主要组合为罐、钵、壶、灶、仓、井、盘、盆、甑、灯等；铜器有镜、铃、簪、带钩、铜钱等；木器有盘、耳杯、勺、马、俑、衣物疏等。
高台地埂坡	魏晋时期	双室土洞墓（其中M1、M2为仿木结构）	陶器主要组合为罐、钵、碗、灶、甑、樽等；铜器有耳杯、勺、泡、削刀、连枝灯、铺首、铜钱等；木器有俑、马等。
临泽黄家湾滩	东汉晚期—前凉早中期	双室砖室墓；双室土洞墓；单室砖室墓；单室土洞墓	陶器主要组合为罐、钵、碟、壶、灶、仓、井、灯、熏炉、盘等；铜器有镜、簪、弩机、铜钱等；木器有耳杯、勺、俑、牛、车、人形木片等。
临泽五三	汉晋时期	三室砖室墓；双室砖室墓；单室砖室墓；单室砖土混合墓；单室石室墓	陶器主要组合为鼎、罐、钵、碗、碟、杯、壶、樽、灶、仓、耳杯、灯、盘、案等；铜器有镜、印章、带钩、弩机、铜钱。
临泽西寨（M6、M7、M8、M10）	西晋时期	三室砖室墓；双室砖室墓	陶器主要组合为鼎、罐、钵、碗、杯、耳杯、壶、樽、灶、仓、井、釜、甑、盘、连枝灯、博山炉等；铜器有镜、带钩、弩机、铜钱等。

酒泉地区迄今发掘魏晋十六国时期墓葬数量是除敦煌地区以外河西境内最多区域。总体来看，两区域因距离较近，自然地貌上基本相同，因而在墓葬形制、随葬品等方面具有众多相似之处。从墓葬分布特点看，两地墓葬多埋葬于城外戈壁地带，以家族墓呈现，多在墓葬外构建茔圈。从墓葬形制上看，两地墓葬均堆培高大封土；墓葬设长斜坡墓道；大型墓葬带有高大仿木结构照墙。从葬俗上看，两地均流行祔葬。从随葬品组合看，两地均由罐、樽、盘、壶、灯、甑、釜等器物构成，单个器物形制也基本相同。

但是两地差异亦较明显。墓葬形制上，酒泉地区多见等级较高的砖室双室墓、三室墓，甚至是四室墓，且多有壁画；多室墓其前室多有一方坑及二层台；前室和中室四壁多用砖做出一至两层屋檐，屋檐之间墓壁上砌出假门。以上特点在敦煌地区不多见。葬俗上，敦煌地区魏晋墓其耳室中常搭摆象征性的灶具以寓庖厨的做法不见于该地区；敦煌地区流行在墓主头及脚端各放置一斗瓶的做法在该地区亦基本不见；该地区墓向朝北者居多，而敦煌地区墓群则以东西向为主，北向基本不见。随葬品上，该地区常见的陶俑、牛车等随葬品在敦煌地区极少见到；该地区常见的陶仓、陶灶、陶井等模型明器在敦煌魏晋至前凉时期墓葬中不见，仅在前秦至北凉时期出现鸡首灶和仓，又与酒泉地区同类器存在较大差别；敦煌地区自西晋晚期以来陶器装饰以大量波浪纹进行填充的做法在该地区极少见到，相反，该地区流行的弦纹、垂幛纹等却在敦煌地区陶器中发现较少。

从以上两地文化面貌的异同可以看出，整体共性大于异性。造成两地区差异的因素有以下三个方面：一是两区域墓主社会等级的差别，即酒泉地区墓葬多为有选择性的发掘，墓主社会身份一般较高；二是酒泉地区绿洲面积是敦煌地区的三倍以上，前者经济和实力明显优于后者；三是受中原文化影响程度的不同。酒泉地区因距离中原地区较近，其中原文化色彩相对浓郁。

（三）与武威地区同时期墓葬比较

武威地区，以武威为中心，包括现在的金昌、古浪，这一区域地处河西走廊东端。汉武帝在大破匈奴后，为显示文治武功，曾在新占领地设酒泉、武威二郡。后武威成为凉州州府所在，十六国时期又为前凉、后凉、北凉之都。

武威地区汉墓众多，而魏晋时期墓葬相较敦煌、酒泉地区，发现较少，尤其是十六国时期墓葬，比例更低。代表性墓群或墓葬有武威南滩[1]、武威旱滩坡[2]、武威臧家庄[3]、武威煤矿机械厂一号墓[4]、武威第一粮库一号墓及辛家河滩一号墓[5]等。兹列表如下（表八）：

---

[1] 武威地区博物馆：《甘肃武威南滩魏晋墓》，《文物》1987年第9期。
[2] 田健：《武威市旱滩坡西晋、前凉墓葬墓群》，《中国考古学年鉴（1986年）》，文物出版社，1988年版，第234页。
[3] 武威市博物馆：《武威臧家庄魏晋墓清理简报》，《陇右文博》2001年第2期。
[4] 武威市博物馆：《甘肃武威十六国墓葬清理记》，《文物》1993年第11期。
[5] 梁晓英、朱安：《浅析武威魏晋时期墓葬的特点》，《陇右文博》2005年第2期。

表八 武威地区同时期墓葬统计表

墓群	年代	墓葬形制	主要随葬品
武威南滩	魏晋时期	双砖室墓；单室砖室墓	陶器主要组合有罐、碟、碗、壶、盆、灶、仓、井、案、楼等；铜器有镜、连枝灯、铜钱等。
武威旱滩坡	东汉至十六国前凉时期	双砖室墓；单砖室墓；单室土洞墓	木牍、铜镜、彩绘木马、连枝灯、屏风、俑、绣花披巾、毛笔等。
武威臧家庄	魏晋时期	双砖室墓	陶器主要组合为罐、钵、碗、灶、绿釉陶仓、井、灯、案、甑、盘、博山炉等；铜器有耳杯、俑、刀、铜钱等。
武威煤矿机械厂 M1	十六国时期	双砖室墓	陶器主要组合为罐、钵、壶、灶、仓、井、盘、耳杯、圈厕、牛车等；铜器有削刀、铜钱等。
武威第一粮库 M1	魏晋时期	单室砖室墓	出土陶器有罐、壶、灶、仓、盘、灯、彩绘马、彩绘俑、牛、鸡、车、楼、等。
武威辛家河滩 M1	魏晋时期	单室砖室墓	出土器物有陶罐、铜镜、铜勺等。

武威地区魏晋十六国时期墓葬形制基本以砖室墓呈现。其中双室墓中有双后室的形制，亦有前后室之间双甬道的形制；三室墓中有三室均为覆斗顶的形制。多室墓中前室有二层台的做法与酒泉地区类似，但不见酒泉地区仿做屋檐的做法；武威地区的砖室墓也有照墙，但其整体较矮，且壁面装饰仅用黑、白两色填充，与敦煌地区复杂的照墙结构有明显区别。葬俗上，武威地区墓葬地表封土顶部和墓道末端都竖有若干大石作为标志，不同于敦煌地区墓道起隆作为其标记；武威地区流行在墓室四隅随葬谷物；葬具均为木棺，未见敦煌地区以尸床、尸罩来敛尸的做法。随葬品上，武威地区随葬器物常见中原地区流行的人俑、牛车、陶灶、陶仓等模型明器，敦煌地区墓葬都不曾见到；武威地区典型陶器诸如四系黄釉罐、双系鼓腹陶壶、单耳鹰嘴壶等在敦煌地区墓葬中尚未发现；武威地区木质随葬品极为丰富，主要器物有彩俑、镇墓兽、牛、马、案、连枝灯、毛笔、木牍、衣物疏等，在敦煌地区墓葬中极少发现；此外，与酒泉地区类似，武威地区墓葬中未见敦煌地区盛行的斗瓶。

与敦煌、酒泉地区墓葬相比，武威地区这一时期墓葬更具有强烈的中原文化色彩。长久以来，武威作为河西地区政治、经济及文化中心，更易于与关中及中原地区的文化交流与互动。同时武威又处于河西地区的前沿，受关中、中原地区文化辐射自然要强于敦煌、酒泉地区。

总体来说，河西魏晋十六国时期墓葬形制复杂，诸如墓葬构建方式的多样，墓室数量的多寡等，三个地区表现出各自较强的地域性特点。但从整体上来看，都经历了一个从复杂、规整到简单、粗糙，从多室墓到单室墓的演变过程。出土陶器组合中，罐、樽、釜、甑、壶、灯、盘、钵等生活用具始终存在，墓葬中照墙建筑又为三地区所共有，这也是河西地区魏晋十六国时期墓葬区别于其他地区同期墓葬的主要标志。进一步来说，河西地区这一时期墓葬发展规律更多地体现了文化传承、创新及流布趋势。在曹魏时期，河西地区文化主要是传承，积极地向关中、中原地区汉魏文化学习借鉴。西晋一统全国，"晋制"逐渐推广开来，河西地区在受到外来文化影响的同时，内部独特的区域文化也逐渐发展并与汉文化交流融合，形成了独具特色的地域性文化，尤其在壁画墓中有明显体现。这一阶段是重要的创新时期。河西地区在吸收其他地区文化元素的同时，又把自身文化传播到了外部。十六国时期的关中地区、北魏统一北方之后的平城地区以及北魏孝文帝迁都后的洛阳地区都在一定程度上受到了河西文化的影响。

（四）与中原地区同时期墓葬比较

东汉以降，中原地区历曹魏至西晋，一直是当时政治、经济和文化中心。反映在墓葬材料上，其丧葬制度和习俗等方面对周边地区影响巨大。在曹魏和西晋时期多延续汉墓传统，墓葬形制上多为砖室墓，墓葬构建规整，较大型墓附长斜坡墓道，并在其两侧留出递减台阶，甬道间安置石门。张小舟先生在《北方地区魏晋十六国墓葬的分区与分期》一文中，将中原地区魏晋十六国时期墓葬分为四型十式，即四个不同时期。研究指出：第一期为东汉末年至曹魏前期，墓葬形制流行方形、长方形单室墓及小型土洞或土圹墓。随葬陶器组合为（"初平式"、鼓腹带盖、直口、四耳、双唇）罐、奁、方形案、厨房明器、家畜家禽模型明器等；铜镜有四叶纹、柿蒂纹、"位至三公"双夔纹镜；铜钱常见东汉晚期"四出五铢"及董卓时期的小钱。第二期为曹魏后期至西晋初期，墓葬形制流行前后室、单室砖室墓。随葬陶器组合中，"初平式"罐已不见，新出现圆形案、兽首灯、釉陶小罐及武士俑、侍俑和鞍马等。第三期为西晋中晚期，墓葬形制种类齐全，涵盖前后室、单室砖室墓；砖土混合结构墓；方形、长方形单室墓及小型土洞或土圹墓。随葬陶器组合中，鼓腹带盖及双唇罐已不见；新出现翻口罐、空柱盆等；模型明器开始衰落，制作粗糙，器形变小；俑类增加牛车和镇墓兽，形成以牛为中心的包括武士俑、镇墓兽、男女侍俑、鞍马在内的俑群。第四期为十六国时期墓葬，其文化面貌与东北地区鲜卑慕容氏墓葬接近。[①]

在魏晋十六国时期墓葬整体年代序列所占比重中，中原地区魏晋时期墓葬发现比例较高，代表性的墓群或墓葬有洛阳偃师杏园村9M6、M34[②]，洛阳偃师朱仓M44[③]，洛阳涧西16工区M2035[①]，洛阳市西朱村M1[②]，洛阳东郊M177、M178[③]，河南新安西晋墓C12M262[④]，洛阳衡山

---

① 张小舟：《北方地区魏晋十六国墓葬的分区与分期》，《考古学报》1987年1期。
② 中国社会科学院考古研究所河南第二工作队：《河南偃师杏园村的两座魏晋墓》，《考古》1985年第8期。
③ 洛阳市第二文物工作队：《洛阳孟津大汉冢曹魏贵族墓》，《文物》2011年第9期。

路西晋墓 DM114、DM115、DM117、DM118⑤，洛阳孟津大汉冢西晋围沟墓⑥M55、M56，孟津邙山乡晋墓⑦，洛阳东郊魏晋墓，安阳西高穴 M2，河南焦作山阳北路西晋墓 M1，河南巩义站街晋墓 M1，山东省东阿县曹植墓，河北沧州市郊刘胖庄西晋墓，河北邢台西晋墓 M8 等。其中曹魏时期纪年墓葬的发现，对于中国北方其他地区曹魏墓的认识与界定具有极其重要的意义。十六国时期墓葬发现极少，仅在安阳地区有少量发现，安阳孝民屯墓葬较有代表性，年代大致在 352 年至 399 年之间，即前、后、南燕据邺时期。敦煌地区曹魏时期墓葬发现极少，可能主要原因是葬地的选择并不在戈壁之上，另外，对曹魏墓葬的厘定仍存在困难。敦煌地区西晋十六国时期墓葬发现比例极高，以佛爷庙湾及祁家湾为代表的敦煌西晋十六国时期墓群规模，在国内都极其罕见。墓葬形制上，中原地区魏晋时期墓葬以砖室墓为主体，敦煌地区在魏晋时期虽有砖室墓、双室墓发现，但其比例极低，其主体仍为单室土洞墓。具体来看，洛阳地区曹魏墓流行砖室墓、砖室土洞混合墓及土洞墓三类；墓道两侧有不同数量的台阶；双室墓的甬道长且宽，且前室平面多近方形或长方形，后室为长方形；耳室墓发达，且出现假耳室；至今尚未发现壁画墓等。敦煌地区已发现曹魏墓有砖室墓、砖室土洞混合墓及土洞墓三类；双室墓的甬道一般较窄，部分甬道较短，前室平面虽有近方形，后室为长方形者，但亦见前室平面呈长方形，后室平面近方形者；耳室墓虽有一定数量发现，但带龛墓发现比例相对更高；高等级墓葬照墙构筑高大砖砌式门楼，上多以画像砖来装饰。中原地区西晋时期墓葬虽呈现出由双室墓向单室墓演变的趋势，但这一时期墓葬形制更加多样，涵盖前后室、单室砖室墓；砖土混合结构墓；方形、长方形单室墓；小型土洞或土圹墓及近方形墓室两侧设置宽大侧室墓等。而敦煌地区西晋时期墓葬形制自曹魏时期以来，更趋向简单化，单室土洞墓为主流，墓室前端设耳室、壁龛为常见，墓室后壁多见以青砖、土坯等材料围构的供台；双室墓中，连接前、后室的甬道多已不见，后室已多不葬人。敦煌地区十六国时期墓葬，延续魏晋以来的传统，单室带龛土洞墓仍为其主流。而安阳地区，墓穴中带头龛为其显著特点，其文化内涵与鲜卑慕容氏墓葬接近。从葬具、葬式及葬俗等方面来比较，中原地区西晋以来的墓葬多流行单人葬，而敦煌地区延续汉魏以来多人多次葬的传统，两人、三人合葬墓较多；在葬具方面，敦煌地区以尸床承尸、尸罩敛尸的风俗更是异于中原地区以木棺来敛尸的传统；葬俗上，中原和关中地区汉墓常见带有镇墓文字和神符的镇墓瓶，在魏晋时期，传到了敦煌地区，其瓶之形制、书写题材及放

---

① 洛阳文物工作队：《洛阳曹魏正始八年墓发掘报告》，《考古》1989 年第 4 期。
② 洛阳市文物考古研究院：《河南洛阳市西朱村曹魏墓葬》，《考古》2017 年第 7 期。
③ 洛阳文物工作队：《洛阳市东郊两座魏晋墓的发掘》，《考古与文物》1993 年第 1 期。
④ 洛阳文物工作队：《河南新安西晋墓（C12M262）发掘简报》，《文物》2004 年第 12 期。
⑤ 洛阳市第二文物工作队：《洛阳衡山路西晋墓发掘简报》，《文物》2005 年第 7 期。
⑥ 洛阳市第二文物工作队：《洛阳孟津大汉冢西晋围沟墓发掘简报》，《文物》2011 年第 9 期。
⑦ 洛阳市文物工作队：《洛阳孟津晋墓、北魏墓发掘简报》，《文物》2009 年第 3 期。

置位置等均发生了较大变化，而在这一时期的中原与关中地区，却极为少见。从出土器物来看，敦煌地区魏晋十六国时期随葬陶器组合以罐、樽、壶、盘、灯、釜、甑等为主，而在中原以洛阳为中心地区，家禽家畜类、陶灶、陶仓等模型明器常见，更是形成以陶牛车为中心的明器组合，包括牛车、男女侍俑、武士俑、镇墓兽等器，此类组合几乎不见于敦煌地区。

总体来说，敦煌佛爷庙湾这一时期墓葬的文化内核仍是以中原文化传统为主，魏晋时期由双室墓向单室墓转变也与中原地区一致。不过中原地区尤其是洛阳，地处政治、文化中心，在中央政府的强烈干预下，形成了相对统一的墓葬范式，即完成了"汉制"向"晋制"的转换。敦煌地区远离政治、文化中心，虽受到了中原地区的影响，但在墓葬形制和随葬品组合演变上，未能形成统一的规范，墓葬面貌也更多地延续了当地的传统。

（五）与关中地区同时期墓葬比较

关中地区因魏晋以来政治中心东移，这一时期墓葬发现比例较低，其分布区主要集中在西安、咸阳等地。代表性的墓群和墓葬有西安郭杜镇曹魏景元元年墓[①]、西安东郊田王村元康四年墓[②]、西安曲江雁南二路西晋墓[③]、西安南郊郭杜镇西晋墓[④]、咸阳师范附中西晋墓[⑤]、西安草厂坡墓[⑥]、咸阳师专墓[⑦]、咸阳十六国墓[⑧]、西安中兆村十六国墓[⑨]、西安香积寺村十六国墓地[⑩]等。

因两地毗邻，二者墓葬面貌上的趋同性较中原地区更加紧密。关中地区魏晋时期墓葬的形制特点，有学者总结为，近方形单室墓数量不及双室或多室墓，间有阶梯状墓道，未发现单室墓四角砖砌柱的墓例。双室或多室墓的前室多为正方形。出土陶器组合有罐、樽、壶、盘、灯、釜、甑等；模型明器有陶鸡、陶狗等；陶棺、胡俑与洛阳地区一致，但比较粗糙。相比关中地区魏晋时期墓葬形制，敦煌地区单室墓占绝对主流，多室墓极少；阶梯状墓道有一定比例。出土陶器组合诸如罐、樽、壶、灯等生活器皿与关中地区一致，但家畜家禽一类明器及俑类题材极少；陶棺在这一时期尚未出现，表现出文化上的相对独立性。

魏晋时期关中与河西在政治上联系紧密，特别是西晋政府积极对"凉州"之经略贯穿始终。晋末永嘉之乱，河西张轨父子割据凉州时以晋之列藩，志在保境自居，大批关中流民进入

[①] 洛阳市文物工作队：《1989年洛阳市东郊两座魏晋墓的发掘》，《考古与文物》1993年第1期。
[②] 河南省文物考古研究所、安阳县文化局：《河南安阳市西高穴曹操高陵》，《考古》2010年第8期。
[③] 焦作文物工作队：《河南焦作山阳北路西晋墓发掘简报》，《文物》2011年第9期。
[④] 郑州市文物考古研究所、巩义市文物保护管理所：《河南巩义站街晋墓》，《文物》2004年第11期。
[⑤] 刘玉新：《山东省东阿县曹植墓的发掘》，《华夏考古》1999年第1期。
[⑥] 王世杰：《河北沧州市郊刘胖庄西晋墓》，《文物春秋》1989年第3期。
[⑦] 邢台市文物管理处：《河北邢台西晋墓发掘简报》，《文物》2006年第1期。
[⑧] 中国社会科学院考古研究所安阳工作队：《安阳孝民屯晋墓发掘报告》，《考古》1983年第6期。
[⑨] 韦正：《魏晋南北朝考古》，北京大学出版社，2013年，第102页。
[⑩] 李梅田：《魏晋北朝墓葬的考古学研究》，商务印书馆，2009年，第158页。

河西，更是极大地影响了敦煌地区的丧葬文化面貌。"应该说河西作为魏晋传统文化的保持之地，其文化元素更多地来自魏晋传统文化发达的关中地区"。进入十六国前凉后期，河西多陷入混乱，并且与关中地区屡屡发生冲突，二者文化上的互动相对减少。

（六）与新疆吐鲁番等地区同时期墓葬比较

新疆地区这一时期的墓葬主要发现于吐鲁番等地。代表性的墓葬和墓群有吐鲁番交河故城的康氏家族墓[①]、木纳尔墓地[②]、巴达木墓地[③]、阿斯塔那—哈拉和卓墓地[④]、阿斯塔那382号墓[⑤]、北凉武宣王沮渠蒙逊夫人彭氏墓[⑥]、库车友谊路西晋十六国时期砖室墓[⑦]等。

两地不同之处在于，墓葬分布上，吐鲁番地区流行聚族而葬，其周围同样具有和敦煌地区相近的坟院式茔圈，但其整体年代晚于敦煌地区[⑧]。墓葬形制上，吐鲁番地区西晋、十六国时期墓葬发现一类竖穴墓道土洞墓，这种墓葬形制在河西地区几乎不见。在葬式和葬具方面，吐鲁番地区流行横葬，即墓主横陈于后壁前，明显不同于敦煌地区墓主葬于墓室两侧；吐鲁番地区流行在木棺或梯形木架上铺苇席或芦柴，敦煌地区则盛行尸床、尸罩。在随葬品组合特征上，吐鲁番地区早期墓葬多为木质的盘、耳杯、碗、勺、灯座、衣架等，不同于敦煌乃至河西地区以随葬陶器为主流的特点。

两地的趋同性亦较强，诸如斜坡墓道土洞墓的形制，壁画的构图和人物形象，衣物疏及随葬陶器等特征，可以看作是中原文化传入这个地区的直接证明。正如韦正先生所指出的，"自西汉晚期设立戊己校尉至汉末曹魏西晋墓出现的二百多年间，汉人或汉式墓葬在吐鲁番地区发现几乎为零，汉末魏晋时期的变化是突发式的，是外界作用力强行推动的结构，与汉魏之际历史巨变有直接关系"。[⑨]

---

① 吐鲁番地区文物局：《新疆吐鲁番地区交河故城沟西墓地康氏家族墓》，《考古》2006年第12期。
② 吐鲁番地区文物局：《新疆吐鲁番地区木纳尔墓地的发掘》，《考古》2006年第12期。
③ 吐鲁番地区文物局：《新疆吐鲁番地区巴达木墓地的发掘》，《考古》2006年第12期。
④ 新疆文物考古研究所：《吐鲁番阿斯塔那—哈拉和卓墓地》，文物出版社，2018年。
⑤ 新疆吐鲁番地区文管所：《吐鲁番阿斯塔那382号墓清理简报》，《文物》1983年1期。
⑥ 吐鲁番地区文物保管所：《吐鲁番北凉武宣王沮渠蒙逊夫人彭氏墓》，《文物》1994年第9期。
⑦ 新疆维吾尔自治区文物考古研究所：《新疆库车友谊路十六国时期砖室墓发掘》，《中国文物报》2007年12月28日。
⑧ 吐鲁番地区发现的有聚族而葬特点的墓葬年代均在魏氏高昌晚期和唐西州早期。
⑨ 韦正：《魏晋南北朝考古》，北京大学出版社，2013年，第245页。

第三节　隋唐时期墓葬文化特征

一　河西地区发现隋唐墓述略

隋唐以降，河西地区结束了自西晋以来近300年的分裂割据，重新回到了中央政府的统辖之内。因这一时期政治稳定、经济发展、文化昌盛，河西地区社会经济得到长足发展，达到了鼎盛。兹有文献佐证，"是时中国盛强，自安远门西尽唐境凡万二千里，间阎相望，桑麻翳野，天下称富庶者无如陇右"[①]。体现在墓葬资料上，河西地区这一时期墓葬主要集中在武威、敦煌地区，张掖及酒泉地区有零星发现。详见下表（表九）：

表九　河西地区发现隋唐墓葬资料统计表（不包括敦煌地区）

序号	墓号（志主）	出土地	备注
1	（隋）成□、刘和墓	武威	出土仁寿二年（602年）墓志一合。
2	（唐）翟公墓	武威	单砖室墓，出土墓志一合。
3	（唐）翟舍集及夫人安氏墓	武威	出土墓志一合。
4	宋家园村唐墓	武威	单砖室墓，被盗。出土墓志一合。
5	赵家磨水坑村唐墓	武威	1、2号墓皆为前后室砖室墓，2号墓出土墓志一合。
6	（唐）弘化公主墓	武威	武威青嘴喇嘛湾地区是唐代吐谷浑王族先茔阳晖谷之所在。清同治年间发现弘化公主墓；1945年，夏鼐、阎文儒先生发掘了金城县主墓与慕容曦光墓；1980年武威文管会发掘了7座残墓；近几年，武威市天祝藏族自治县境内发现一处武周时期吐谷浑墓葬，出土有武周天授二年喜王慕容智墓志。 发现墓志九合：大周故西平公主墓志（弘化公主墓志），青海国王慕容忠墓志，金城县主墓志，代乐王慕容明墓志，辅国王慕容宜彻墓志，政乐王慕容宜昌墓志，燕王慕容曦光墓志，夫人李氏墓志，夫人武氏墓志。
7	（唐）慕容忠墓	武威	
8	（唐）金城县主墓	武威	
9	（唐）慕容宜昌墓	武威	

[①]《资治通鉴》卷216"玄宗天宝十二年"条。

续表九

序号	墓号（志主）	出土地	备注
10	（唐）慕容宣彻墓	武威	
11	（唐）慕容曦光墓	武威	
12	（唐）慕容明墓	武威	
13	（唐）武氏墓	武威	
14	（唐）李夫人墓	武威	
15	（唐）1980M3	武威	
16	（唐）1980M4	武威	
17	（唐）慕容智墓	武威	
18	（唐）大长岭唐墓	张掖	前后室洞室墓。
19	（唐）李礼墓	酒泉	单室砖室墓，出土墓志一合。
20	（唐）西沟唐墓	酒泉	3座唐墓。1号墓为前后室砖室墓，2、3号墓为单砖室墓。

武威地区隋墓，曾在旧城西北一千米处的孙家园有发现，此处出土有仁寿二年（602年）成□墓志，刘和墓志。[1]因远离汉晋墓地而与唐墓毗邻，宿白先生推测隋时武威居民集中区域应与唐居民集中区域接近。[2]武威地区发现唐墓较多，诸如武威大唐上柱国翟公墓[3]、武威市北郊金羊乡宋家园村唐墓[4]等。另据文献记载，自吐谷浑灭国以后，其王族一支曾迁至凉州。而围绕吐谷浑王族墓发现历程，早在清末既已开始，迄今已发现有弘化公主墓[5]、慕容忠墓[6]、金城县主墓[7]、慕容宣昌墓[8]、慕容曦光墓[9]、慕容明墓[10]、武氏墓、李夫人墓等。2019年，武威市天祝藏族自治县境内发现一处武周时期吐谷浑墓葬，出土有武周天授二年喜王慕容智墓志。该墓为武威地区发现和发掘时代最早、保存最完整的吐谷浑王族墓葬，在国内实属罕见。

张掖地区截至目前，仅在肃南西水大长岭发现有唐墓。其后室彩绘木棺的形制和装饰内容

---

[1] 此两合墓志现陈列于武威市博物馆。
[2] 宿白：《武威行》，《魏晋南北朝唐宋考古文稿辑丛》，生活·读书·新知三联书店，2011年，第105页。
[3] 黎大祥：《武威大唐上柱国翟公墓清理简报》，《陇右文博》1998年第1期。
[4] 黎大祥：《武威发现隋唐墓志》，《武威文物研究》，第171—190页。
[5] 李占忠：《吐谷浑王后——弘化公主墓解谜》，《中国土族》2003年第1期。
[6] 仅存墓志一合，现藏于武威市博物馆。
[7] 阎文儒：《河西考古杂记下》，《社会科学战线》1987年第1期。
[8] 仅存墓志一合，现藏于武威市博物馆。
[9] 仅存墓志一合，现藏于南京博物院。
[10] 仅存墓志一合，现藏于武威市博物馆。

与青海都兰、德令哈等地发现的吐蕃时期彩绘木棺非常相似，这为判断该墓葬族属及时代提供了重要依据。

酒泉地区唐墓在酒泉市新城区发现1座[①]，出土墓志显示墓主为李礼，正史无载；酒泉西沟1~3号唐墓[②]，年代为盛唐至中晚唐时期。

二　敦煌周边地区以往发现唐墓述略

敦煌作为东西方文化交流的窗口，在两汉时，设南北二道，扼守阳关、玉门关，以通西域。隋唐时期，伴随着丝路文化、佛教文化等空前兴盛，中央政府大力拓边，已增设道路八条，敦煌真正成为中西文化交流的枢纽，中西不同系统的文化在此交汇，商贾云集。据《唐会要》载，唐代元宵灯会，长安第一，敦煌第二，扬州第三，可见敦煌之繁华。反映在墓葬资料上，是瓜州锁阳城附近清理的2座唐墓[③]。其中M1为单砖室墓，随葬品丰富，发掘者推断年代为中唐时期。敦煌七里镇铁家堡村曾发现一座唐墓[④]。因墓室被水淹没，诸多随葬品被毁，从部分器物特征来看，年代大致为晚唐时期。敦煌苏家堡亦曾发现一座唐墓，因同样遭水患所致，仅有少量器物出土。敦煌佛爷庙湾墓群先后发掘过8次，其中1944年已清理唐墓9座。其中东区发现2座，为单砖室墓，属盛唐时期；西区发现7座，为双砖室墓或单砖室墓，年代确切者属盛唐时期。[⑤]1987年清理隋唐墓有砖、土洞两类，单人葬居多，随葬品较少。[⑥]1995年发掘唐墓6座[⑦]，均为长斜坡墓道的方形砖室墓，地表封土呈覆斗形，照墙部分以条砖和模印砖叠砌装饰。墓门以条砖封堵。墓室内分设置尸床与不设置尸床两类。随葬品出土较少，有陶罐及残陶俑。模印砖为其特色，图案多样，有别于魏晋十六国时期的画像砖。据戴春阳先生研究，其年代在玄宗至德宗时期。[⑧]

[①] 范晓东：《新出〈唐李礼墓志〉释略》，《档案》2017年第1期。
[②] 薛银花：《酒泉西沟唐墓研究》，西北师范大学硕士学位论文，2015年。
[③] 李春元、李长缨、李长青：《唐瓜州与其墓葬群》，《瓜州史地研究文集》，甘肃省酒泉市肃州区信翔印刷厂印刷，2006年，第300~303页。
[④] 李岩云：《敦煌的唐代墓葬群》，《甘肃日报》2002年1月8日。
[⑤] 1944—1945年，中央研究院历史语言研究所西北科学考查团历史考古组在佛爷庙湾、老爷庙两地发掘两晋和唐墓数十座，见夏鼐《敦煌考古漫记（一）》，《考古》1955年第1期；《敦煌考古漫记（二）》，《考古》1955年第2期；《敦煌考古漫记（三）》，《考古》1955年第3期。
[⑥] 何双全：《敦煌新店台、佛爷庙湾晋至唐墓群》，《中国考古学年鉴·1988》，文物出版社，1989年。
[⑦] 甘肃省博物馆：《敦煌佛爷庙湾唐代模印砖墓》，《文物》2002年第1期。
[⑧] 戴春阳：《敦煌佛爷庙湾唐代模印塑像砖墓（一）》，《敦煌研究》2015年第5期。

三 佛爷庙湾—新店台墓群新发现隋唐墓文化特征

(一) 隋墓文化特征

2015年佛爷庙湾—新店台墓群新发现隋墓1座，墓葬形制为带斜坡墓道"刀把"形单室土洞墓。此墓因被盗，出土随葬品较少，发现墓志1合，志文显示墓主为张毅，大业四年（608年）病逝，大业八年（612年）迁葬于渠庄南。参照刘呆运先生对关中地区隋墓的分期研究[①]，该墓显然属隋晚期。墓葬形制为单天井，甬道居于墓室南侧，墓室形状趋于不规范，对照关中地区墓葬形制，应属于BbⅡ式。张毅墓是佛爷庙湾—新店台墓群首次发现的纪年隋墓。其延续了魏晋十六国时期的乙Ed型墓葬形制，过洞式天井、"刀把"形墓室与之一脉相承。

(二) 志文注解及所反映的历史背景

[志文]

大隋宁朔将军越骑校尉龙勒府/司马故张府君墓志/

君讳毅，字仲整，瓜州[①]敦煌人也。其/先黄帝之后，因弓得姓焉。累叶重/基，具诸碑碣；今所条录，止陈行状。/祖安，魏使持节[②]、车骑将军[③]、本州岛大/中正[④]、瓜州刺史[⑤]，食邑五百户。父显，/魏辅国将军[⑥]、大中正、中散大夫[⑦]、仪/同三司[⑧]，赠甘州刺史、洛都县开国/侯[⑨]，食邑七百户。府君起家，州举秀/才[⑩]，俄迁州主簿[⑪]。以大周大象元年，/入军任都督[⑫]、帅都督[⑬]、宁朔将军[⑭]、越/骑校尉[⑮]、龙勒府司马[⑯]。以大业四年，/从军西讨，任鄯善郡司马[⑰]。英略智/算，众莫能俦，与善无征。春秋六/十三，遘疾终于彼郡。恐见滕公[⑱]/之日，须镌赵□掾之文。其辞曰：/白日空照，玄扃掩扉。英姿雄略，/昭世长辞。玉匣恒润，鱼灯自辉。/如何千载，□真壤同归。/

大隋大业八年十一月八日/

葬迁渠庄南三里，其子孙亲/属已具录碑上。/

[注解]

①瓜州：北魏、西魏、北周皆置瓜州，统辖郡县虽因时而异，但敦煌郡一直延续不绝。隋初撤州，瓜州改为敦煌郡，下辖敦煌、常乐、玉门三县。

②使持节：汉朝官吏奉使外出时，或由皇帝授予节杖，以提高其威权。魏晋南北朝时期，官员代表皇帝出巡以及重要军事长官出征或出镇地方时，加"使持节"，给以诛杀中级以下官吏之权。

---

① 刘呆运先生将关中地区隋墓分为两期，早期：开皇元年—仁寿四年（581—604年），晚期：大业元年—隋末（605—618年）。见刘呆运：《关中地区隋代墓葬形制研究》，《考古与文物》2012年第4期。

③车骑将军：西汉初置，魏晋南北朝多沿置，位次骠骑将军，在诸名号大将军上，多作为军府名号，以加授大臣、重要州郡长官，无具体职掌。北魏文帝太和十七年（493年）定为一品下，二十三年改为二品。

④大中正：魏晋南北朝时期负责评定士族内部品第的官员称为中正。北魏有中央任命的州中正，亦称大中正，须为本州岛世家大族，同时为现任的中央官或州的长官始得充任。其职任为掌选本州岛人才，供中央选用。

⑤瓜州刺史：北魏太武帝攻取河西，始置敦煌镇；孝明帝罢镇立瓜州。按张毅卒年推断，其祖父张安任瓜州刺史当在北魏末期至西魏年间。据李并城先生《北朝时期瓜州建置及其所属郡县考》，北魏孝明帝至西魏时期，担任瓜州刺史者有元荣、元康、邓彦、成庆、申徽、王子直、韦瑱等，并无张安。故志中所载张安任瓜州刺史，若非追封官职，则可补正史之阙。

⑥辅国将军：将军名号，东汉献帝初置。北魏孝文帝太和十七年（493年）定为三品上，二十三年改为从三品。

⑦中散大夫：西汉平帝始置，三国、两晋、南北朝沿置，多养老疾，无职事。北魏时为职事官之加官，孝文帝太和十七年（493年）定为四品上，二十三年改为四品下。

⑧仪同三司：原指非三公而给予与三公相同的待遇，南北朝时期授予范围不断扩大。一作官名，西魏、北周府兵二十四开府所统仪同府主管将军，军号为车骑大将军、仪同三司，简称仪同将军。一作勋官、散官号，无具体职掌，北周时官秩为九命。

⑨开国侯：爵名。初指侯爵中开国置官食封者，后仅为爵位名。食邑为郡或县，故爵前常冠以所封郡县名。

⑩秀才：汉朝举荐人才的科目之一，后世多沿置，南北朝略同。时秀才之选最为重要，多以此出任要职，因由州郡国中正把持选举，故所举多世家豪族。北周宣帝大成元年（579年），诏州举高才博学者为秀才，郡举经明行修者为孝廉，上州、上郡岁一人。

⑪州主簿，州之佐吏，多由刺史辟除，典领文书簿籍，经办事务。任其职者均为州内大姓子弟，年龄多在弱冠，为乡选之极品。

⑫都督：武官名，西魏、北周、隋初在各军府中设大都督、帅都督、都督。

⑬帅都督：一作武官名，西魏与北周时府兵的统兵官，多授各地豪望，秩正七命；地位在大都督之下，都督之上。一作勋官名，北周除作为府兵统兵官的帅都督之外，另有不统兵的作为勋官名号的帅都督，品秩与统兵者同（正七命）。

⑭宁朔将军，三国曹魏始置，掌征伐或驻守。隋初列为散号将军，正七品，炀帝大业三年（607年）罢。

⑮越骑校尉，隋炀帝大业三年（607年），令鹰扬每府置越骑校尉二人，掌骑士，正六品。

⑯龙勒府：在今敦煌市西南破城子。本汉龙勒县，因山为名，属敦煌郡。北周时并入鸣沙县，隋大业中改鸣沙县为敦煌县。据《元和郡县图志》卷四十"沙州·寿昌县"条记载，隋大

业十一年（615 年）在原龙勒城内置龙勒府。据此志所载，大业四年张毅随军出讨吐谷浑时已任龙勒府司马，说明此时已设龙勒府，则《元和郡县图志》所载龙勒府设置时间可能有误。

⑰鄯善郡：大业五年（609 年）隋炀帝亲征吐谷浑取胜，在吐谷浑故地设西海、河源、鄯善、且末 4 郡。鄯善在今南疆东部，统显武、济远二县。

⑱滕公：《西京杂记》卷四："滕公（夏侯婴）驾至东都门，马鸣，局不肯前，以足跑地久之。滕公使士卒掘马所跑地，入三尺所，得石椁。滕公以烛照之，有铭焉。乃以水洗写其文，文字皆古异，左右莫能知。以问叔孙通，通曰：'科斗书也，以今文写之，曰：佳城郁郁，三千年见白日，吁嗟滕公居此室。'滕公曰：'嗟乎天也，吾死其即安此乎！'死遂葬焉。"晋张华《博物志》卷七有类似记载。后以"滕公佳城"泛指墓地。

墓志盖为盝顶式，近正方形。志盖与志石内侧均阴刻志文，文行楷书，共 23 行，满行 13 字，共 272 字。志文交代了墓主出身、家族、世系、任职、葬所等实况，梳理了西魏、北周及隋代职官，可补史书之阙轶问题。而该志文书法所呈现出的楷书面貌，已基本脱离了旧朝笔法。

墓主张毅正史无载，据墓志记载，张毅曾祖为张安，时任西魏车骑将军本州岛大中正、瓜州刺史。父为张显，位居西魏辅国将军、大中正、中散大夫、仪同三司、赠甘州刺史、洛都县开国侯。志主张毅，在北周任宁朔将军、越骑校尉、龙勒府司马，隋时又任鄯善郡司马。志文同时提到，大业四年，（张毅）从军西讨，其西讨的对象为吐谷浑。隋时，吐谷浑控制着"西平临羌城以西，且末以东，祁连以南，雪山以北，东西四千里，南北两千里"的广大地区。①大业四年（608 年），炀帝为扫清经营西域障碍，在降将铁勒的协助下平定吐谷浑。史载"其故地皆空，东西四千里，南北二千里，皆为隋有，置州、县、镇、戍，天下轻罪徙居之。"②之后，炀帝在其故地设置鄯善（今新疆若羌）、且末（今新疆且末）、西海（即原吐谷浑国都，今青海湖西）、河源（即原吐谷浑之赤水城，在今青海兴海县东）四郡，其中鄯善郡下设置显武、济远二县。③志文末篇指出，墓主张毅于隋大业八年迁葬于渠庄南三里。其地名"渠庄"无考，但从永徽六年至开元十六年间制定的《敦煌水渠》（敦煌地理文书 P3560）一文可以窥知，当时已设专门管理水利的机构，各渠皆有渠人，渠人以某渠社为组织，从事渠口和渠道维修等事宜。④

---

① 《隋书·地理志（上）》。
② 《资治通鉴》卷 181。
③ 《隋书·地理志（上）》。
④ 就本卷文书年代的考证，可参正字：《唐宋时代敦煌县河渠泉泽简志》，《敦煌研究》1988 年第 4 期、1989 年第 1 期；宁欣：《唐代敦煌地区农业水利问题初探》，《敦煌吐鲁番文献研究论集》第三辑，皆有录文和研究。

(三) 唐墓文化特征

该墓群本次清理唐墓12座，墓葬形制上皆为带斜坡墓道"刀把"形土洞墓。部分墓葬虽未出土随葬品，但从墓葬分布特点及墓葬形制来看，仍可归到唐墓的范畴。此次尚未发现具有明显标识年代的器物，故其年代无从考证。仅从墓的等级上来说，相当于关中地区的Ⅲ型与Ⅵ型墓，即宿白先生认为的庶民阶层。实际上，即使关中地区的Ⅵ型墓，其形制之复杂、随葬品之丰富，远非佛爷庙湾—新店台墓群唐墓所能比，它们是最低等级唐墓的代表。诸如1995年清理的唐墓，参考《关中地区唐代墓葬研究》一书[①]，其中M121、M123、M124、M134等级上大致相当于关中地区的五品以上官秩，M125、M141相当于于关中地区的九品以上官秩。它们是佛爷庙湾—新店台墓群唐墓最高等级的代表。

第四节　墓主人相关问题的考古学观察

一　墓主性别与年龄初步研究

2015年佛爷庙湾—新店台墓群可鉴定性别的个体为202例，其中有12例样本可鉴定为疑似女性，25例样本可鉴定为疑似男性，另有24例样本因保存较差，尚无法鉴定其性别。性别比例为1∶1，男女性均衡，符合人类社会发展一般规律。

该墓群可鉴定年龄的个体为209例。对人口死亡率的统计显示，该墓群墓主死亡高峰期集中在中年，占比高达62.2%。其中男性墓主的死亡高峰期集中在中年期，占比高达67%，其次是壮年期；女性死亡高峰期集中在中年期，占比高达68.2%，其次是老年期。女性更多的死于中老年，男性则更多的死于中壮年。人类寿命的长短受所处社会生活环境、经济发展水平、医疗卫生水平等各方面因素的影响，目前很难做精准的预测，不过可以通过一定的方法预测人类未来可能存活的年数，也就是人口平均预期寿命。佛爷庙湾—新店台墓群人口平均预期寿命为40.97岁，其中男性平均预期寿命为40.48岁，女性平均预期寿命为45岁。女性的平均预期寿命高于男性，也高于全组。

以墓主死亡年龄为视角，与河西走廊中部张掖黑水国汉代墓葬比较，黑水国墓葬人口全组平均寿命为30.3岁，其中男性（包括疑似男性）平均预期寿命为33.8岁，女性（包含疑似女性）的平均预期寿命为29.1岁。无论从男性还是女性的平均预期寿命看，都远低于佛爷庙湾—

[①] 程义：《关中地区唐代墓葬研究》，文物出版社，2012年。

新店台墓群男、女平均预期寿命。对于黑水国墓葬男女死亡年龄偏小的原因，发掘者认为，黑水国作为汉代河西地区重要的屯戍区，移民戍卒的服役年龄一般在 23 到 30 多岁，同时因自然条件恶劣，加之战事频繁，大量戍卒在服役期间意外死亡而就地安葬，这才造成整个墓地人群年龄偏年轻现象。① 而到魏晋十六国时期，经两汉政府的有力开发，河西地区的经济获得了长足发展。敦煌地区又因远离中原战乱，同时经前凉张氏父子的苦心经营，社会环境安定，人口损耗较轻。众所周知，人口生育政策的出台往往能从一定程度反映出当时的社会环境。据敦煌文书《建初十二年（416 年）正月敦煌郡敦煌县西宕乡高昌里籍》残卷（S.0113）②载，西凉敦煌郡敦煌县西宕乡高昌里民众的婚龄普遍偏高，尤其对女性而言，已经远远超过当时西晋政府的规定。自古至今，河西地区都是我国人口较为稀少的地区之一，如不是社会环境安定，人口损耗较轻，西凉政府是绝不会刻意放宽男女婚龄的。以上两地墓主死亡年龄对比的个案分析，是基于人骨数据全面采集、鉴定而得出的阶段性认识。希冀今后对河西两汉魏晋十六国时期墓葬人骨体质人类学研究的加强，能看到更多有关移民史的研究成果。

二 魏晋十六国时期人群族属及层级结构

（一）人群族属蠡测

敦煌地区先民最早可以追溯到青铜文化时期，即考古学文化上的西城驿—四坝文化时期。已考古发掘的西土沟遗址，从人群使用的罐、盆及钵等的特征来看，与张掖西城驿文化同类器物具有一致性。碳十四检测数据为 3470±35BP，经牛津 Oxcal4.2.4 校正为 1886—1692BC（置信度为 95.4%）。进入铁器时代，即考古学文化上的骟马文化时期，该地区古先民据文献记载可能为月氏。以古董滩、马圈湾遗址为代表，绝对年代在公元前 1000 年左右。秦汉之际，匈奴逐月氏，而占河西。中原移民始于西汉武帝时期，"分武威、酒泉地置张掖、敦煌郡，徙民以实之"。这是敦煌首次纳入中央王朝的版图之中，徙边戍民以充斥国防，诸如长城之设、烽警之备、塞城之保等，构成了敦煌中原人群的主体。

晋代自"八王之乱"以来，战乱相循，天灾迭萌，流民甚众。一些统治者为了控制人口，凭武力强迫徙民，由此出现了北方人口之大流动现象。据陈寅恪先生考证，"从全国范围来看，当时北方人民避难流徙的方向有三：东北、西北、南方。（其中）流向西北的一支，归依于凉州张轨的领域……对五凉政权的建立，河西胡族的汉化和经济文化的发展，都起了重要的作用。"③ 如在前秦建元时期，"徙江汉之人万余户于敦煌，中州之人有田畴不辟者，亦徙七千

---

① 甘肃省文物考古研究所：《张掖甘州黑水国汉代墓葬发掘报告》，甘肃教育出版社，2019 年，第 649 页。
② 即《西凉户籍残卷》，载郝春文编《英藏敦煌社会历史文献释录》第 1 卷，科学出版社，2001 年，第 183—189 页。
③ 万绳楠：《陈寅恪魏晋南北朝史讲演录》，贵州人民出版社，2012 年，第 104—105 页。

户。"西凉李暠时期，"皆徙之于酒泉，分南人五千户分置武威、武兴、张掖三郡"。但他们绝大数曾在敦煌滞留，其中不少最后定居于敦煌。如敦煌大族张氏，原为南阳（今属河南）世家大族，系西汉宣帝时躲避霍光之妻霍显祸乱迁来。[②]敦煌大族令狐氏，原为太原（今属山西）世家大族，系西汉孺子婴时避王莽之乱迁来。[③]这构成了佛爷庙湾—新店台墓群人群主体，表现在文化元素上，诸如陶器基本组合为罐、樽、盘、灯、壶、槅、甑、釜等，属东汉以来典型中原风格之生活器皿；斗瓶书写除祈祝之词，更多源于东汉以来中原世人祈祓不详之希冀；"位至三公""君宜官位"等铜镜，皆属中原典型之器。

同时敦煌作为"华、戎所交之都会"，亦有西域文明的新因素。如《魏志·仓慈传》记载仓慈为敦煌太守时说："常日西域杂胡欲来贡献，而诸豪族多逆断绝；既与贸迁，欺诈侮易，多不得分明。胡常怨望，慈皆劳之。欲诣洛者，为封过所；欲从郡还者，官为平取，辄以府见物与共交市，使吏民护送道路，由是民夷翕然称其德惠。数年卒官，吏民悲感如丧亲戚，图画其形，思其遗像。及西域诸胡闻慈死，悉共会聚于戊己校尉及（西域）长史治下发哀，或有以刀画面，以明血诚，又为立祠，遥共祠之"。[③]反映在考古资料上的直接证据，即在敦煌西北长城烽燧遗址出土公元311年稍后的粟特文信札。信札反映了某粟特商团，由敦煌进入中国。丧葬文化中如祁家湾墓葬中出现的重层埋葬现象则更多地反映出多民族共存这一情景。佛爷庙湾—新店台墓群目前尚未发现西域文化元素，希冀今后取得突破。

（二）层级结构

2015年敦煌佛爷庙湾—新店台魏晋十六国时期墓群层级结构上基本属于平民墓。不过就墓葬形制而言，又显得尤为复杂。双室墓发现4座，年代从曹魏延续至前秦至北凉时期。依据宿白先生对双室墓制的探讨，双室墓在中原地区魏晋间为官秩二千石以上的品官至王侯所使用的Ⅱ型墓。对比本年度发掘的单室墓，出土随葬品整体上较单室墓丰富。其中ⅠM9为曹魏时期画像砖墓，墓主人为窦姓，属敦煌大族。ⅢM54与ⅣM15墓葬形制虽已简化，但仍是具有一定经济实力的势力的地主阶层。就佛爷庙湾—新店台墓群历年发掘情况来看，其中不乏ⅠM9此类画像砖墓的发现，诸如已公布的87DFM133、95DFM37、95DFM39、95DFM118、95DFM91、95DFM167等，它们是高等级墓葬的代表。

单室墓中，有带耳室及壁龛的乙A型；仅带耳室的乙B型墓；有带双龛的乙C型墓；有

[①] 吐鲁番出土武周《张怀寂墓志》云："襄避霍乱，西宅敦煌。"据p.2625号敦煌文书《敦煌名族志》记载：其时"有司隶校尉张襄者"，因"奏霍光妻显毒杀许后"，惧事泄，先"以地节元年（前69年），自清河绎幕举家西奔天水"，及病卒，子某"来适此（敦煌）郡，家于北府，俗号北府张"。霍光妻显毒杀许皇后事，《汉书》卷六八《霍光传》记载较详，可参阅。

[②]《新唐书·宰相世系表五下》令狐氏条云："世居太原。秦有太原守五马亭侯范。十四世孙汉建威将军迈，与翟义起兵讨王莽，兵败死之。三子：伯友、文公、称，皆奔敦煌。伯友入龟兹，文公入疏勒，称为故吏所匿，遂居效谷。"翟义讨王莽，在居摄二年（7年）。详细情况，可参阅《汉书》卷八四《翟方进附子义传》。

[③]《三国志·魏书》。

带单龛的乙D型墓及不带龛的乙E型墓。其中墓室近方形者，随葬品种类且数量相对较多；墓室呈长方形者，随葬品一般较为简单。刀把形墓（乙Ed型）墓室狭窄，随葬品数量更少，没有稳定的组合。乙A型、乙B型、乙C型及乙D型墓类似祁家湾墓群的乙型墓，据发掘者称，墓主约为一般中、小地主，乙Ed型墓类似祁家湾墓群的丙型墓，据发掘者称，为经济状况不佳的平民和贫民。

附　表

附表一　敦煌佛爷庙湾—新店台墓群2015年度发掘墓葬登记表

单位：米、岁

墓号	方向	年代	形制	墓道（长×宽－深）	甬道（进深×宽－高）	封门	墓室（长×宽－高）	葬式	葬具	墓主	随葬品	备注
ⅠM1	120°	时代不明	长斜坡墓道单室土洞墓	15.90×(0.74~0.88)－5.86	1.00×0.60－0.80	无存	2.60×1.70－1.96 东北角龛 0.36×0.24 东南角龛 0.54×0.36－0.22	双人合葬 不详	无存	北侧：男性 40~44 南侧：女性年龄？	无	遭盗扰
ⅠM2	265°	前凉前期	长斜坡墓道单室土洞墓	10.85×0.77－4.80	0.80×0.94－1.05	胶泥块和沙石封堵	2.87×2.30－2.46 西南角龛 0.40×0.22 西北角龛 0.50×0.20－0.52	双人合葬：北侧：仰身直肢 南侧：仰身直肢	无存	北侧：女性 45~50 南侧：男性 40~44	陶樽4、陶钵5、陶盘1、陶灯1、陶盆1、陶甑1、铜钱1组(12枚)	遭盗扰
ⅠM3	260°	前凉前期	长斜坡墓道单室土洞墓	10.56×(0.66~0.80)－4.56	0.60×0.70－1.38	胶泥块封堵	3.00×1.78－2.10 西北角龛 0.32×0.18－0.40 西南角龛 0.32×0.16	双人合葬：北侧：仰身直肢 南侧：仰身直肢	北侧：草席 南侧：尸床、尸罩	北侧：女性 60~70 南侧：男性 45~50	陶甑1、陶盆1、陶樽1、波浪纹陶罐3、陶壶1、陶盘1、陶钵1、陶碟1、陶盆1组(4枚)、铜钱1组、木兽俑1	未盗扰
ⅠM4	100°	魏晋十六国时期	长斜坡墓道单室土洞墓	9.30×0.60－3.70	1.50×0.70－(1.14~1.26)	胶泥块封堵	2.76×1.40－1.5 东北角龛 0.46×0.12－0.605	单人葬 仰身直肢	尸床	男性 24~26	泥罐3	未盗扰
ⅠM5	110°	时代不明	长斜坡墓道单室土洞墓	8.30×(0.70~0.82)－3.10	1.10×0.70－1.55	无存	2.60×2.54	无存	无存	不详	无	未盗扰
ⅠM6	70°	魏晋十六国时期	长斜坡墓道单室土洞墓	9.10×(0.62~1.06)－3.80	前甬道 1.08×0.70×1.88 后甬道 0.60×0.72×1.10	胶泥块和沙石封堵	2.70×1.40－1.14 东北角龛 0.56×0.32×0.70	单人葬 不详	尸床、尸罩	女性？ 21~22	泥罐1(未采集)	遭盗扰
ⅠM7	82°	魏晋十六国时期	长斜坡墓道单室土洞墓	10.16×0.68－3.60	0.50×0.70－0.80	胶泥块封堵	2.60×1.40－1.66	单人葬 仰身直肢？	无	男性 35±	泥罐3、泥甑1	遭盗扰

续附表一

墓号	方向	年代	形制	墓道（长×宽－深）	甬道（进深×宽－高）	封门	墓室（长×宽－高）	葬式	葬具	墓主	随葬品	备注
ⅠM8	85°	时代不明	长斜坡墓道"刀把"形单室土洞墓	9.44×(0.70~0.80)–3.70	0.64×0.74–1.80	无存	2.86×(0.97~1.14)–2.10	单人葬 不详	无存	不详	无	未盗扰
ⅠM9	265°	曹魏时期	长斜坡墓道双室砖石混合墓	20.24×(1.00~1.20)–8.00	前甬道1.00×1.20 后甬道0.40×0.80–0.60	无存	前室(3.07~4.06)–0.60 耳室1.00×1.40–2.20 西南角龛1.00×0.75–2.20 后室2.70×2.00–1.40	三人合葬 不详	前室北侧:尸床 前室南侧:尸床 后室:无存	前室北侧:女性50~60 前室南侧:男性45~50 后室西侧:性别?12~16	绳纹陶罐2、弦纹陶罐2、陶樽5、陶器盖3、陶钵8、陶碟6、陶盆3、陶碗1、陶甑1、陶壶1、陶灯1、陶盘2、陶耳杯1、陶斗瓶6、熊面人身力士2组(3件)、彩绘斗拱1组(2件)、阙形彩绘砖1件、仿木柱1组(2件)、承柱颅骨1组(2件)、彩绘装饰砖1组(3件)、砖台1、砖雕1、铜弩机廓1、铁器残件1组(2件)、铜钗1件、铜钉1件、铜削刀残件1、铜钱3组(129枚)、铅人2组(3件)	破坏严重
ⅠM10	182°	时代不明	长斜坡墓道"刀把"形单室土洞墓	6.96×0.88–2.76		无存	1.82×1.60	单人葬 不详	无存	不详	无	遭盗扰

续附表一

墓号	方向	年代	形制	墓道（长×宽－深）	甬道（进深×宽－高）	封门	墓室（长×宽－高）	葬式	葬具	墓主	随葬品	备注
ⅠM11	100°	前秦－北凉	长斜坡墓道单室土洞墓	17.80×0.90－5.70	前甬道0.38×0.88－(1.10~1.22)后甬道0.86×(0.68~0.82)－0.90	无存	2.73×(2.20~2.50)－2.22	单人葬二次葬？	尸床、尸罩	男性40±	陶瓿1、波浪纹陶罐4、素面小陶罐1、波浪纹陶罐1、陶樽1、陶盆1、陶碟2、陶斗瓶2、铁器残件1	二次葬
ⅠM12	100°	魏晋十六国时期	长斜坡墓道"刀把"形单室土洞墓	6.66×0.60－3.23		胶泥块封堵	2.93×1.20－1.50	单人葬不详	无存	女性22~25	弦纹陶罐1、陶钵1、铜钗1	遭盗扰
ⅠM13	273°	前凉前期	长斜坡墓道单室土洞墓	23.90×(0.84~1.26)－6.30	前甬道2.00×1.30－(1.60~2.30)后甬道1.10×1.00~1.10	土坯封门	3.30×3.00－3.50西北角龛0.80×1.10~1.02西南角龛0.60×0.60~0.80	双人合葬北侧：仰身直肢南侧：仰身直肢？	北侧：尸床南侧：尸床	北侧：男性成年南侧：女性50~55	波浪纹陶罐3、素面陶罐1、陶樽3、陶釜1、陶碗6、陶钵2、陶盆3、陶盘2、陶碟1、陶瓶1、陶斗瓶3、陶灯1、陶瓶1、铜钗1、珠饰1、铁钉1、铜钱1组(19枚)	遭盗扰
ⅠM14	240°	时代不明	长斜坡墓道单室土洞墓	5.82×(0.62~0.80)－3.08		无存	2.24×2.02	二次葬？	无存	不详	无	二次葬
ⅠM15	260°	时代不明	长斜坡墓道"刀把"形单室土洞墓	6.78×(0.55~0.74)－3.70	0.60×0.86－1.30	土坯封门	2.52×1.35－1.30	单人葬不详	尸罩？	男性35~39	无	遭盗扰

续附表一

墓号	方向	年代	形制	墓道（长×宽－深）	甬道（进深×宽－高）	封门	墓室（长×宽－高）	葬式	葬具	墓主	随葬品	备注
ⅠM16	100°	前凉后期	长斜坡墓道单室土洞墓	12.92×(0.58–1.06)–7.96	0.76×0.92–1.30	土坯封门	3.00×2.38–2.74 东北角龛 0.64×0.20–0.70	单人葬 不详	无存	男性？30~35	波浪纹陶罐2	未盗扰
ⅠM17	260°	魏晋十六国时期	长斜坡墓道单室土洞墓	7.50×(0.62–0.70)–2.14	前甬道 0.86×0.70–0.82 后甬道 0.44×0.56–0.56	无存	1.90×0.86	单人葬 二次葬？	无存	男性？11~15	泥罐3（未采集）	二次葬
ⅠM18	98°	魏晋十六国时期	长斜坡墓道单室土洞墓	13.40×(0.84–0.92)–3.93	0.68×0.80–1.54	胶泥块和沙石封堵	3.10×1.56–1.62 东北角龛 0.38×0.16–0.50 东南角龛 0.38×0.30–0.50	单人葬 不详	无存	女性 50~60	泥质残片	遭盗扰
ⅠM19	260°	魏晋十六国时期	长斜坡墓道单室土洞墓	13.78×(0.72–0.94)–4.00	0.54×0.96–0.86	无存	2.84×2.16–1.92	双人合葬 不详	无存	北侧：男性？成年 南侧：女性 45~50	陶钵2，铜钱1组（2枚）	遭盗扰
ⅠM20	110°	时代不明	长斜坡墓道单室土洞墓	3.85×0.72–2.97	0.96×0.74–1.60	无存	2.40×1.80–1.76	迁葬墓？	无存	不详	无	迁葬墓
ⅡM1	275°	前凉前期	长斜坡墓道单室土洞墓	8.10×0.68–3.60		土坯封门	2.20×1.10–3.60 西北角龛 0.30×0.20–0.36	不详	无存	不详	陶盆1，陶甑1，陶釜1，波浪纹陶罐3，陶樽1，陶盆1，陶碗3，陶钵2	未盗扰

续附表一

墓号 方向	年代	形制	墓道（长×宽－深）	甬道（进深×宽－高）	封门	墓室（长×宽－高）	葬式	葬具	墓主	随葬品	备注
ⅡM2 89°	西晋中晚期	长斜坡墓道单室土洞墓	15.80×(1.16–5.40	1.20×0.80–1.10	土坯封门	3.20×3.00 东北角龛 0.50×0.30–0.62 东南角龛 0.54×0.30–0.60	单人葬 仰身直肢	尸床、尸罩	男性 18~19	波浪纹陶罐5、陶樽3、陶钵4、陶耳杯4、陶碟1、陶盘2、陶灯1、陶壶1、陶器盖3、陶甑1、铜弩机廓1	未盗扰
ⅡM3 88°	前凉前期	长斜坡墓道单室土洞墓	18.20×(1.20~1.50)–7.10	前甬道 2.36×1.76–(1.70~1.90) 后甬道 1.44×1.16–1.40	土坯封门	3.76×3.90–2.98 东北角耳室 0.98×1.94–1.24 东南角龛 0.66×0.90–0.94 藻井 0.40×0.40–0.06	双人合葬 北侧:仰身直肢 南侧:仰身直肢	北侧:尸床,尸罩 南侧:尸床,尸罩	北侧:女性 60~70 南侧:男性 40±	波浪纹陶罐5、陶樽3、陶甑1、陶钵3、陶盖1、陶器盖2、陶樽1、素面陶罐1、陶桶2、陶壶1、陶碟1、陶盘1、陶盆1、陶饼1、陶斗瓶4、陶灯1、铜铃1、铁镜1、铜弩机廓2、铜钱1组（9枚）	遭盗扰
ⅡM4 270°	前凉后期	长斜坡墓道单室土洞墓	8.50×(0.76~0.84)–5.00	0.96×0.80–(0.80~1.10)	土坯封门	2.20×2.20–1.40 藻井 0.30×0.30–0.13	不详	无存	男性 40~44	泥罐1、泥钵1	遭盗扰
ⅡM5 98°	前凉前期	长斜坡墓道单室土洞墓	14.56×1.38–7.80 过洞 4.10×1.30–(1.92~2.74) 天井 3.60×1.40–7.80	前甬道 1.80×1.30–(1.80~2.00) 后甬道 1.14×1.00–1.40	土坯封门	3.70×3.52–2.82 东北角耳室 0.64×0.80–1.10 东南角龛 0.80×0.60–0.98 藻井 0.36×0.36–0.10	双人合葬 不详	北侧:尸床,尸罩 南侧:尸床,尸罩	北侧:男性 40~44 南侧:女性 40~45	陶樽2、陶斗瓶4、陶灯1、陶壶1、陶碗1	遭盗扰
ⅡM6 98°	前凉后期	长斜坡墓道单室土洞墓	8.52×0.90–4.60	0.82×0.90–1.10	沙石和土坯封门	2.70×1.90–1.70 藻井 0.24×0.24–0.06	单人葬 不详	尸罩	男性 35±	陶盘1、波浪纹陶罐2、陶甑1、陶斗瓶1、陶盆1	遭盗扰

续附表一

墓号	方向	年代	形制	墓道（长×宽-深）	甬道（进深×宽-高）	封门	墓室（长×宽-高）	葬式	葬具	墓主	随葬品	备注
ⅡM7	98°	魏晋十六国时期	长斜坡墓道单室土洞墓	7.44×0.80-3.52	0.40×0.80-0.90	土坯封门	1.80×1.34-1.26	单人葬仰身直肢	无存	女性成年	陶斗瓶3	未盗扰
ⅡM8	285°	前凉后期	长斜坡墓道单室土洞墓	13.65×0.70-4.86	0.76×0.70-1.50	无存	3.00×2.20 西北角龛0.54×0.26-0.37 西南角龛0.54×0.24-0.50 藻井0.30×0.30-0.08	双人合葬 北侧:仰身直肢 南侧:不详	北侧:尸床 南侧:尸床	北侧:男性27~30 南侧:女性45~50	泥罐2、泥釜1、陶樽1、陶碗1	未盗扰
ⅡM9	270°	时代不明	长斜坡墓道单室土洞墓	10.40×0.80-4.70	0.98×0.84(1.06-1.32)	沙石和土坯封门	2.94×2.28-1.88 西南角龛0.30×0.20-0.40 藻井0.20×0.30-0.14	单人葬仰身直肢	尸床、尸罩	男性45~50	无	未盗扰
ⅡM10	98°	前凉后期	长斜坡墓道单室土洞墓	8.80×0.66-5.98	1.00×0.88-1.06	沙石和土坯封门	2.90×2.20-2.10 东北角北龛0.30×0.20-0.20 东北角东龛0.20×0.16-0.25 藻井0.24×0.24-0.06	单人葬仰身直肢	无存	男性20~25	陶斗瓶2、陶碗1、泥釜1、素面陶罐1	未盗扰
ⅡM11	100°	魏晋十六国时期	长斜坡墓道单室土洞墓	9.96×0.70-5.44	1.40×(0.80-0.84)-1.54	土坯封门	2.90×2.00-2.30	双人合葬 北侧:仰身直肢 南侧:仰身直肢	北侧:尸床 南侧:尸床	北侧:女性50~60 南侧:男性45±	陶斗瓶4、弦纹陶罐1、银环1、珠饰1、丝织物1	未盗扰

续附表一

墓号	方向	年代	形制	墓道 (长×宽～深)	甬道 (进深×宽－高)	封门	墓室 (长×宽～高)	葬式	葬具	墓主	随葬品	备注
ⅡM12	98°	前凉前期	长斜坡墓道单墓室土洞墓	10.20×0.72~5.10	1.00×0.92~1.30	土坯封门	3.40×3.32~2.70 东北角龛 0.86×0.74~0.60 东南角龛 0.60×0.46~0.80	三人合葬 北侧:仰身直肢 中部:仰身直肢 南侧:仰身直肢	北侧:尸床 中部:尸床 南侧:尸床	北侧:女性 年龄? 中部:男性 46~49 南侧:女性 50~55	波浪纹陶罐4,素面陶罐1,陶壶1,陶耳杯3,陶盘2,陶灯1,陶樽3,陶甑1,陶盆1,陶釜1,铜钗2,铜指环1,铜钱2组(37枚)	未盗扰
ⅡM13	280°	魏晋十六国时期	长斜坡墓道单墓室土洞墓	7.05×(0.66~0.72)~2.20		沙石和土坯封门	2.32×(0.42~0.72)~0.70	单人葬 仰身直肢	尸床,尸罩	男性 14~16	木梳1,铜钱1组(4枚)	未盗扰
ⅡM14	279°	前凉后期	长斜坡墓道单墓室土洞墓	4.80×(0.80~0.88)~4.60	0.90×(0.72~0.80)~(1.40~1.54)	无存	3.10×2.00~2.78 西北角龛 0.54×0.24~0.60 西南角龛 0.54×0.24~0.60	双人合葬 北侧:仰身直肢 南侧:仰身直肢	北侧:尸床 南侧:尸床	北侧:男性 37~45 南侧:女性 40~44	泥杯1,泥盆1	未盗扰
ⅡM15	103°	前凉后期	长斜坡墓道单墓室土洞墓	10.40×0.70~5.00	1.00×1.00~1.04	土坯封门	3.06×(2.86~2.92)~2.00 藻井 0.32×0.32~0.04	双人合葬 北侧:仰身直肢 南侧:仰身直肢	北侧:尸床 南侧:尸床	北侧:男性? 60± 南侧:女性 成年	陶钵3,波浪纹陶罐2,陶斗瓶2,陶灯1,陶壶1,陶釜1,陶碗1,陶槅1,铜钱1	未盗扰

续附表一

墓号	方向	年代	形制	墓道（长×宽－深）	甬道（进深×宽－高）	封门	墓室（长×宽－高）	葬式	葬具	墓主	随葬品	备注
ⅡM16	268°	前秦—北凉	长斜坡墓道单室土洞墓	6.47×0.60~2.70		土坯和沙石封堵	1.46×0.70~0.70 东南角龛 0.26×0.36~0.58	单人葬仰身直肢	草席	男性 18~19	波浪纹陶罐 1,陶桶 1,陶盆 2,陶甑 1,陶灯 1	未盗扰
ⅡM17	280°	前秦—北凉	长斜坡墓道双室土洞墓	9.80×0.76~4.40	1.00×0.74~1.00	沙石和砂石块封堵	前室 2.60×(2.06~2.20)~1.66 后室 2.30×0.84~(0.80~0.84)	三人合葬二次葬？	无存	1.女性35~39 2.女性45~50 3.男性成年	波浪纹陶罐 1	二次葬
ⅡM18	260°	前秦—北凉	长斜坡墓道单室土洞墓	8.77×0.72~4.20	0.86×0.82~(1.30~1.38)	土坯和沙石封堵	2.60×1.90~1.30	双人合葬 北侧：不详 南侧：仰身直肢	无存	北侧：男性？成年 南侧：性别？成年	陶甑 1,陶壶 1,陶盆 1,陶樽 1,陶桶 1,铜钱 1 组（11 枚）	未盗扰
ⅡM19	288°	曹魏时期	长斜坡墓道单室土洞墓	9.40×0.70~3.80	0.80×0.92~(1.10~1.24)	土坯混合沙石封堵	2.30×2.00~1.66	双人合葬 北侧：仰身直肢 南侧：仰身直肢	尸罩？	北侧：女性 30± 南侧：男性 40~44	陶杯 7,陶器盖 2,陶碗 4,弦纹陶罐 1,方砖 1,铜耳杯 1,铜钱 1 组（9 枚）	未盗扰
ⅡM20	280°	西晋早期	长斜坡墓道单室土洞墓	6.80×0.80~3.70	0.66×0.60~1.14	土坯混合沙石封堵	3.02×1.70~1.90	单人葬仰身直肢	尸床 尸罩	男性 40±	陶钵 2,弦纹陶罐 1,铜钱 1 组（8 枚）	未盗扰

续附表一

墓号	方向	年代	形制	墓道（长×宽-深）	甬道（进深×宽-高）	封门	墓室（长×宽-高）	葬式	葬具	墓主	随葬品	备注
ⅡM21	272°	前凉前期	长斜坡墓道单室土洞墓	11.60×0.70-4.90	0.80×0.72-(1.34~1.44)	土坯和沙石混合封堵	3.10×2.60-1.86 西北角龛 0.72×0.32-0.54 西南角龛 0.60×0.30-0.54 藻井 0.30×0.30-0.14	双人合葬 北侧:仰身直肢 南侧:不详	无存	北侧:女性 50~60 南侧:男性 40±	陶碟1,陶甑2,陶樽2,波浪纹陶盆1,陶罐3,陶钵1,陶碗2,陶斗瓶2,铜钱1组(6枚)	遭盗扰
ⅡM22	286°	前凉前期	长斜坡墓道单室土洞墓	9.26×(0.76-0.80)-4.50	0.84×(0.72-0.76)-1.00	沙石和土坯混合封堵	2.96×2.20-1.84	双人合葬 北侧:仰身直肢 南侧:不详	北侧:尸床 南侧:尸床	北侧:男性 35± 南侧:女性 18~23	陶盆2,陶樽1,波浪纹陶罐1,陶甑1,陶斗瓶1,陶钵2,铜钱1组(11枚)	未盗扰
ⅡM23	267°	前凉前期—前期后期	长斜坡墓道单室土洞墓	12.50×(0.90~1.00)-6.20	1.02×(0.75-0.92)-1.10	土坯封门	3.46×3.00 西北角耳室 1.06×0.84-1.16	双人合葬 北侧:仰身直肢 南侧:仰身屈肢	北侧:尸床 南侧:尸床	北侧:性别? 成年 南侧:男性 35~39	波浪纹陶罐5,陶盘2,陶碗8,陶盆1,陶釜1,陶壶2,陶甑1,陶钵1,陶斗瓶1,陶灯1,陶耳杯1,铜钱3组(4枚)	遭盗扰
ⅡM24	268°	前凉前期	长斜坡墓道单室土洞墓	10.88×0.78-5.60	0.80×0.92-1.30	土坯封门	3.30×3.10-2.24 西北角龛 0.58×0.30-0.70	单人葬 仰身直肢	尸床	女性 20~23	波浪纹陶罐3,陶甑1,陶甑1,陶盆1,陶耳杯5	未盗扰
ⅡM25	268°	前凉前期	长斜坡墓道单室土洞墓	14.66×0.80-5.10 过洞 4.80×0.94-(1.20-2.24) 天井 3.54×0.80-(4.12-5.16)	1.20×0.80-0.86	土坯封门	3.10×(2.40~2.80)-2.24	单人葬 仰身直肢	尸床	女性 20~23	陶盘2,波浪纹陶罐5,陶钵9,陶斗瓶1,陶壶1,陶盆1,陶甑1,铜镜1,铜钱1	未盗扰

续附表一

墓号	方向	年代	形制	墓道（长×宽-深）	甬道（进深×宽-高）	封门	墓室（长×宽-高）	葬式	葬具	墓主	随葬品	备注
ⅡM26	280°	前凉—北凉	长斜坡墓道单室土洞墓	8.30×0.70-3.62	0.50×0.70-0.90	沙石和土坯混合封堵	(1.90~2.30)×(1.46~1.56)-1.20 藻井 0.30×0.30-0.04	单人葬 仰身直肢	尸床、尸罩	女性 45~50	波浪纹陶罐1，铜钗1	未盗扰
ⅢM1	265°	西晋早期—西晋晚期	长斜坡墓道单室土洞墓	12.36×(0.80~0.90)-4.78	0.70×0.78-1.50	土坯封门	3.36×3.24-2.80 西北角龛 0.44×0.38-0.50	双人合葬 北侧:不详 南侧:仰身直肢	北侧:尸床 南侧:尸床	北侧:性别? 成年 南侧:女性 45±	陶钵8、陶碗2、陶器盖1、陶樽2、陶盆1、陶甑2、陶瓶1、陶盘2、陶壶1、陶灯1、陶斗瓶3，铜钱2组（15枚）	未盗扰
ⅢM2	277°	西晋早期	长斜坡墓道单室土洞墓	10.60×(0.90~1.00)-4.55	0.90×0.80-1.30	土坯封门	3.36×2.00-1.73	单人葬 仰身直肢	尸床、尸罩	女性? 年龄?	弦纹陶罐5，陶钵1、陶甑1、陶瓶1、石砚1、石刀1，铜钱4组（28枚）	未盗扰
ⅢM3	260°	西晋早期	长斜坡墓道单室土洞墓	11.00×0.72-4.00	0.44×0.96-1.70	板泥、沙砾、砾石封堵	2.60×2.20-2.40 西北角龛 0.30×0.20-0.30	双人合葬 北侧:仰身直肢 南侧:仰身直肢	北侧:尸床 南侧:尸床	北侧:男性 成年 南侧:女性 36~40	铜镜2、陶砖案1、陶钵5、陶壶1、陶碟2、弦纹陶罐3，陶樽1，铜钱6组（45枚）	遭盗扰
ⅢM4	189°	时代不明	长斜坡墓道单室土洞墓	6.80×0.78-3.25		土坯、沙石、石块	2.65×1.32-1.10	单人葬 不详	尸床	女性? 年龄?	无	未盗扰
ⅢM5	275°	魏晋十六国时期	长斜坡墓道单室土洞墓	15.35×(1.10~2.20)-6.60	0.90×0.72-1.47	土坯和胶泥块封门	3.38×2.72-3.12 西北角龛 0.70×0.54-0.88 西南角龛 0.16×0.13-0.21	双人合葬 北侧:仰身直肢 南侧:不详	北侧:尸床 南侧:尸床	北侧:男性 成年 南侧:女性 50~60	陶钵1，陶斗瓶1，铜钱1组（4枚）	未盗扰

续附表一

墓号	方向	年代	形制	墓道（长×宽×深）	甬道（进深×宽×高）	封门	墓室（长×宽×高）	葬式	葬具	墓主	随葬品	备注
ⅢM6	280°	前凉前期	长斜坡墓道单室土洞墓	14.23×(0.80~0.95)~6.10	1.15×0.90~1.12	土坯和沙石封门	3.30×2.70~2.10 西北角龛 0.62×0.33~0.53 西南角龛 0.54×0.27~0.57	单人葬 不详	尸床、尸罩	男性 45~60	陶斗瓶 2、陶碟 2、波浪纹陶罐 2、陶壶 1、陶樽 2、陶盘 2、陶钵 1、铜钱 2	未盗扰
ⅢM7	275°	魏晋十六国时期	长斜坡墓道单室土洞墓	9.80×0.86~3.84	0.80×0.79~1.14	无存	2.74×2.36~1.75	单人葬 不详	尸床	男性 35~39	陶罐底部残片 1	未盗扰
ⅢM8	270°	魏晋十六国时期	长斜坡墓道单室土洞墓	11.00×(0.55~0.90)~4.10	0.60×(0.90~1.36)~1.38	石块和胶泥板封堵	2.40×2.30~1.90	双人合葬 不详	尸床、尸罩	南侧:女性? 成年 北侧:男性 40~45	陶甑 1、陶壶 1、铜钱 2 组（3 枚）	未盗扰
ⅢM9	278°	西晋中晚期	长斜坡墓道单室土洞墓	11.20×(0.72~0.85)~4.80	前甬道 1.30×0.94~1.50 后甬道 0.82×0.82~1.06	土坯封门	3.10×2.50~1.92 西北角龛 0.42×0.58~0.70 西南角龛 0.40×0.37~0.52 藻井 0.35×0.35~0.08	双人合葬 北侧:仰身直肢 南侧:仰身直肢?	北侧:尸床 南侧:尸床	北侧:女性 60+ 南侧:男性 60+	陶樽 1、陶斗瓶 1、泥斗瓶 1、陶碗 1、陶钵 2、陶盆 1、云母片 1 组（6 枚）、铜钱 4 组（11 枚）	未盗扰
ⅢM10	275°	前凉前期	长斜坡墓道单室土洞墓	12.70×(0.90~1.40)~5.96	0.96×0.84~1.10	土坯封门	2.90×2.25~1.88 西北角龛 0.42×0.20~0.20 西南角龛 0.39×0.13~0.20	单人葬 不详	尸床	男性? 成年	陶斗瓶 2、波浪纹陶罐 1、陶瓿 1、陶樽 2、陶盘 1、陶碟 2、陶盆 1、陶鬲 1、陶壶 1	未盗扰

续附表一

墓号	方向	年代	形制	墓道（长×宽-深）	甬道（进深×宽-高）	封门	墓室（长×宽-高）	葬式	葬具	墓主	随葬品	备注
ⅢM11	265°	前凉前期	长斜坡墓道单室土洞墓	13.00×(0.70~0.90)-5.40	0.94×(0.26~0.90)-1.28	土坯、沙砾、砾石封堵	(3.40~3.50)×(3.40~3.50)西北角耳室0.80×0.60-0.95西南角龛0.50×0.40	三人合葬 北侧:仰身直肢 中部:仰身直肢 南侧:仰身直肢	北侧:尸床 中部:尸床 南侧:尸床	北侧:男性50± 中部:女性30~34 南侧:女性60+	波浪纹陶罐3、陶壶1、铜镜1、陶戒指1、铜钗1、铁器残件1、铜钱6组（10枚）	未盗扰
ⅢM12	170°	魏晋十六国时期	长斜坡墓道单室土洞墓	7.96×0.60-3.70	0.70×(0.40~0.70)-1.50	无存	2.70×2.60-2.12	双人合葬 西侧:仰身直肢 东侧:仰身直肢?	西侧:尸床 东侧:不详	西侧:性别?成年 东侧:女性?成年	陶钵1	未盗扰
ⅢM13	265°	魏晋十六国时期	竖穴土坑墓			无存	2.86×(1.00~1.20)-1.20	单人葬 不详	尸床	女性25±	弦纹陶罐口沿残件1	未盗扰
ⅢM14	275°	前凉前期	长斜坡墓道单室土洞墓	7.98×(0.64~0.85)-5.02	0.30×0.86-1.15	土坯封门	2.10×1.50×1.08 西北角龛0.34×0.26-0.60 西南角龛0.28×0.10	单人葬 不详	尸床	性别?成年	陶釜1、陶樽1、陶盆1、波浪纹陶罐3、陶耳杯5、铜钱2组（6枚）、铜钗1、铜指环1	未盗扰
ⅢM15	175°	前凉前期	长斜坡墓道单室土洞墓	14.95×0.80-4.18 天井2.08×0.80 过洞3.00×0.88-(0.96~1.70)	1.00×0.80-1.60	板泥、沙砾、砾石封堵	3.20×2.80-2.40 西南角龛0.60×0.40-0.80	无存	无存	不详	陶壶1、陶甑1、陶灯2	遭盗扰

续附表一

墓号	方向	年代	形制	墓道 （长×宽－深）	甬道 （进深×宽－高）	封门	墓室 （长×宽－高）	葬式	葬具	墓主	随葬品	备注
ⅢM16	286°	前秦—北凉	长斜坡墓道单室土洞墓	10.10×(0.68~0.82)–4.56	0.46×(0.40~0.70)–1.14	土坯、沙砾、砾石封堵	2.60×1.90–2.00	单人葬不详	无存	男性？成年	泥楦1、泥盘1、泥壶3、泥甑1、泥罐1、泥仓1、陶灯1	未盗扰
ⅢM17	280°	前秦—北凉	长斜坡墓道单室土洞墓	11.20×(0.54~0.80)–6.80	0.70×0.75–0.92	土坯、沙砾、砾石封堵	2.50×1.88–1.80	双人合葬不详	无存	1.女性年龄？ 2.男性45~50	陶樽2、素面陶残片1、陶罐1、陶仓1、泥楦1、泥壶底部残片1、陶灶1、陶釜底部残片1	未盗扰
ⅢM18	285°	前凉—前期	长斜坡墓道单室土洞墓	14.64×(1.16-1.24)–6.40	0.90×0.80–1.20	沙砾、砾石封堵	3.60×3.60–3.06	单人葬不详	尸床	女性20~23	陶瓶1、波浪纹陶罐4、陶甑1、陶灯1、陶钵5、陶壶1、陶碟2、陶碗1、陶盘2、铁剪刀1	未盗扰
ⅢM19	285°	前秦—北凉	长斜坡墓道单室土洞墓	11.93×(0.66~0.68)–5.84	0.90×0.70–0.70	土坯、沙砾、砾石封堵	2.60×2.20–2.20 西南角龛 0.40×0.20–0.20	单人葬仰身直肢	尸床脚踏尸罩	男性40~44	陶盆1、陶甑1、陶鸡首壶1、陶壶1、陶仓1、弦纹陶罐1、陶灯2、泥斗瓶2、玉灯刀1、云母片2组(8件)	未盗扰
ⅢM20	274°	西晋早期—西晋晚期	长斜坡墓道单室土洞墓	10.85×1.00–5.05	1.00×0.93	胶泥板封堵	4.30×2.95–2.12 西北角龛 0.52×0.42–0.48 西南角龛 0.48×0.32	双人合葬北侧:仰身直肢 南侧:仰身直肢	北侧:尸床 南侧:尸床	北侧:不详 南侧:女性?70+	陶斗瓶2、陶碟2、陶甑1、陶瓶1、器盖1、陶灯1、陶钵4、陶壶1、陶樽2、波浪纹陶罐1、铜镜1、铜纹1、铜镜1、钱4组(15枚)	未盗扰
ⅢM21	288°	前凉后期	长斜坡墓道单室土洞墓	16.50×0.90–6.00	前甬道1.45×1.38–(1.98~2.60) 后甬道0.82×0.90–1.02	土坯封门	2.94×2.20–2.16 西北角龛 0.38×0.20–0.52 西南角龛 0.56×0.48 藻井 0.23×0.23–0.12	单人葬不详	尸床	男性15~20	陶灯1、泥楦2、陶甑1、陶壶1、陶盆1、陶钵4、陶碗1、陶釜1、陶盘1、波浪纹陶罐3、砖雕兽俑1、陶樽1、铜镊1	未盗扰

续附表一

墓号	方向	年代	形制	墓道（长×宽×深）	甬道（进深×宽×高）	封门	墓室（长×宽×高）	葬式	葬具	墓主	随葬品	备注
ⅢM22	280°	前凉前期	长斜坡墓道单室土洞墓	11.33×1.14~5.40	0.95×0.70~1.00	沙土、土坯封门	3.20×2.60~2.30 西北角龛 0.50×0.40~0.42 西南角龛 0.40×0.10~0.33	双人合葬 北侧:仰身直肢 南侧:仰身直肢	北侧:尸床、尸罩 南侧:尸床、尸罩	北侧:女性 50~60 南侧:男性 41~44	陶灯1、陶樽2、波浪纹陶罐2、陶壶底部残片1、陶盘1、陶钵1、陶斗瓶1、铜钱5组（9枚）、铅饰1	未盗扰
ⅢM23	272°	前凉前期	长斜坡墓道单室土洞墓	7.94×(0.68~0.78)~4.10	1.10×0.84~1.15	土坯封门	3.10×2.30~1.85 西北角龛 0.50×0.16~0.47 藻井 0.26×0.26~0.06	双人合葬 不详	北侧:尸床 南侧:尸床	北侧:性别? 35~40 南侧:男性 60+	陶斗瓶2、弦纹陶罐1、垂幛纹陶罐1	未盗扰
ⅢM24	280°	前凉后期	长斜坡墓道单室土洞墓	12.00×(1.12~1.20)~5.40	前甬道1.52× 0.96~1.42 后甬道0.86× 0.84~1.40	板泥、沙砾、砾石封堵	3.20×3.30~2.00 西北角龛 0.90×0.26~0.46 西南角龛 0.44×0.26~0.64 藻井 0.40×0.40~0.08	三人合葬 不详	尸罩 席子	1.女性 40+ 2.男性 50± 3.女性 50±	泥罐3、泥釜1、泥瓶1、泥盘1、陶斗瓶1、云母片1	遭盗扰
ⅢM25	265°	前凉前期	长斜坡墓道单室土洞墓	12.86×0.70~4.50	0.90×0.79~1.40	土坯、沙砾、沙石封堵	3.10×1.90~1.94 西北角耳室 0.70×0.50~0.68	单人葬 不详	尸床	性别? 10~13	波浪纹陶罐2、铜弩机廓1、铜饰件1、铜钱4组（12枚）	未盗扰
ⅢM26	273°	前凉前期	长斜坡墓道单室土洞墓	17.40×1.20~7.60	前甬道1.90× 1.18~1.86 后甬道1.20× (0.92~1.08)~1.45	土坯封门	3.60×3.60~2.50 西北角耳室 1.88×(1.20~1.50)~1.60 西南角龛 0.70×0.83~1.05 藻井 0.30×0.30~0.20	双人合葬 不详	北侧:尸床、尸罩 南侧:尸床	北侧:男性 60± 南侧:女性 45~50	陶樽2、波浪纹陶罐5、绳纹陶罐1、陶甑1、陶盆2、陶壶1、泥斗瓶1、陶斗瓶2、陶盘1、陶碗3、陶钵1、铁镜1、铁器残件1、云母片2组（3枚）、铜钱8组（14枚）、丝织物2	遭盗扰

续附表一

墓号	方向	年代	形制	墓道（长×宽－深）	甬道（进深×宽－高）	封门	墓室（长×宽－高）	葬式	葬具	墓主	随葬品	备注
ⅢM27	275°	前凉早－前凉前期	长斜坡墓道单室土洞墓	12.20×(1.16~1.60)－7.10 过洞 2.63×(1.35~1.40)－(2.85~2.33) 天井 4.90×(1.30~1.53)	前甬道 2.00×(1.52~1.58)－(1.26~1.94) 后甬道 1.45×0.89－1.28	土坯封门	3.38×3.28－2.56 西北耳室 0.31×1.37－1.40 西南角龛 0.60×0.57－0.67	双人合葬 不详	北侧：尸床 南侧：尸床、尸罩	北侧：男性 50± 南侧：女性 60+	波浪纹陶罐5、陶盆1、陶金1、陶樽1、陶斗瓶1、陶钵4、陶碟2、陶甑1、陶灯1、陶壶2、石砚1、骨尺2、金饰片1、云母片3、铜斗尺2、水晶饰件1、铝弩机廓1、铜弩机廓1、铜叉1、铁泡1、铜镜1、铁剪刀1、铁铃17组（42枚）、铜器残件3、铁器残件2、丝织物1	遭盗扰
ⅢM28	265°	西晋早期—前凉前期	长斜坡墓道单室土洞墓	17.47×0.88－7.00	1.20×0.94－1.60	土坯、沙砾、砾石封堵	3.50×3.50－2.64 西北角耳室 1.40×1.20－1.40 西南角龛 0.80×0.30－0.70	双人合葬 北侧：仰身直肢 南侧：仰身直肢	北侧：尸床 南侧：尸床	北侧：男性 35~39 南侧：女性 45~50	素面陶罐1、陶钵3、陶灯1、陶碟1、陶壶1、陶瓶1、陶金1、波浪纹陶罐5、陶樽1、石砚1、水晶饰件1、铜削刀1、铜弩机廓1、铜钉1、铜钱4组（29枚）	未盗扰
ⅢM29	270°	西晋早期	长斜坡墓道单室砖石混合墓	22.34×(1.15~2.00)－8.00	2.20×0.92－1.36	土坯、青砖封堵	3.50×3.50－2.80 藻井 0.60×0.60－0.05 西北角耳室 1.45×1.03－1.45 西南角龛 0.50×0.42 东壁中央龛 1.44×0.74－1.40 供台 1.44×1.08	双人合葬 不详	北侧：尸床 南侧：尸床	北侧：男性 35~39 南侧：女性 45~50	陶樽3、绳纹陶罐4、陶盒2、陶壶1、陶盖2、陶器盖1、陶耳杯3、陶灯1、陶盘2、陶钵2、陶瓶1、陶金1、铜削刀3、铜弩机廓1、铁镜1、铜泡钉1组（3件）、铜饰件1、铁剪刀残件1、铜钱11组（221枚）、珠饰1组（14枚）、丝织物1	遭盗扰

续附表一

墓号	方向	年代	形制	墓道（长×宽－深）	甬道（进深×宽－高）	封门	墓室（长×宽－高）	葬式	葬具	墓主	随葬品	备注
ⅢM30	135°	唐	长斜坡墓道单室土洞墓	16.00×0.70-5.80	0.90×(0.70~1.10)-1.95 过洞1.90×0.70-(1.70~2.90) 天井4.20×0.70	土坯、沙砾、砾石封堵	2.70×2.70-2.30	单人葬仰身直肢	尸床	男性31~34	无	遭盗扰
ⅢM31	140°	唐	长斜坡墓道"刀把"形单室土洞墓	7.20×1.20-3.40	0.36×0.80-1.20	土坯、沙砾、砾石封堵	2.60×1.42-1.24	单人葬仰身直肢	尸床	不详	陶盂1	未盗扰
ⅢM32	160°	唐	长斜坡墓道"刀把"形单室土洞墓	5.80×(0.50~0.82)-3.40	0.80×0.80-1.00	胶泥块封堵	2.50×1.35-1.25	单人葬仰身直肢	尸床	男性？30~40	陶罐1，铜带扣2组（5件），铜钱1，铁器残件1	未盗扰
ⅢM33	278°	前凉后期	长斜坡墓道单室土洞墓	12.94×(0.76~0.88)-5.40	0.85×0.80-1.55	胶泥板、沙砾、砾石封堵	3.00×2.60-2.00 西北角龛0.40×0.16-0.08	双人合葬北侧：仰身直肢南侧：仰身直肢	北侧：尸床、脚踏 南侧：尸床、脚踏	北侧：女性成年 南侧：男性30±	陶樽1，陶盆1，陶钵1，波浪纹陶罐2，陶盆1，弦纹陶罐3，陶碗3，陶灯1，陶罐1，泥壶1，泥斗瓶1，泥釜1、	未盗扰
ⅢM34	175°	唐	长斜坡墓道"刀把"形单室土洞墓	6.20×(0.80~1.50)-2.80	0.50×0.74-1.20	胶泥板、沙砾、砾石封堵	(2.00~2.50)×1.40	单人葬仰身直肢	尸床	女性年龄？	彩绘陶罐1，铜钱1	未盗扰

续附表一

墓号	方向	年代	形制	墓道（长×宽－深）	甬道（进深×宽－高）	封门	墓室（长×宽－高）	葬式	葬具	墓主	随葬品	备注
ⅢM35	275°	西晋晚期—前凉前期	长斜坡墓道单室土洞墓	12.30×(0.70~1.10)–4.38	0.70×(0.88~1.40)–1.90	土坯封门	3.47×3.08–2.70 西北角龛 0.85×0.65–1.50 西南角龛 0.50×0.20–0.90	双人合葬 北侧：仰身直肢 南侧：仰身直肢	北侧：尸床 南侧：尸床	北侧：性别？成年 南侧：男性 40~50	波浪纹陶罐4、陶樽3、陶鉴1、陶甑1、泥壶1、陶碟4、陶盘2、陶器盖4、陶耳杯4、陶灯1、铜钱5组(38枚)、铜指环1、金饰片1、珠饰1组(14枚)、铜饰件2、铁器残件1	未盗扰
ⅢM36	275°	前凉后期	长斜坡墓道单室墓	11.50×(0.63×0.87)–5.40	2.60×0.59–1.70	胶泥板封堵	3.42×3.32–2.22 西南角龛 0.40×0.55–0.25	四人合葬二次葬？	无存	1.男性？40~44 2.女性？35± 3.女性 40± 4.女性成年	陶盆1、波浪纹陶罐2、泥罐1、泥杯3	二次葬
ⅢM37	280°	前凉后期	长斜坡墓道单室墓	14.00×(0.76~0.87)–5.25	0.75×0.82–1.08	土坯封门	3.22×2.86–2.04	双人合葬不详	尸床	北侧：男性 40~50 南侧：女性 45~50	陶壶1、陶瓶1、波浪纹陶罐2、陶盘1	未盗扰
ⅢM38	285°	西晋中晚期	长斜坡墓道单室墓	12.90×(0.82~1.13)–4.70	0.80×(0.76~0.92)–1.32	土坯封门	3.30×1.88–2.11 西北角龛 0.78×0.52–0.72 西南角龛 0.34×0.62–0.58	单人葬二次葬？	尸床	女性？45~50	陶钵2、波浪纹陶罐2、陶灯1、陶瓶1、陶耳杯3、陶樽2、陶盆1、陶壶1、陶碟2、铜钱2	二次葬
ⅢM39	85°	前秦—北凉	长斜坡墓道单室土洞墓	11.00×(1.08~1.30)–4.40	0.60×0.74–(1.00~1.30)	无存	2.90×2.60–2.00	单人葬仰身直肢	尸床	男性 45~50	陶盆1、陶罐1、波浪纹陶罐3、弦纹陶樽1、陶樽1、陶碟1、陶槅1、素面陶罐1	遭盗扰

续附表一

墓号	方向	年代	形制	墓道（长×宽－深）	甬道（进深×宽－高）	封门	墓室（长×宽－高）	葬式	葬具	墓主	随葬品	备注
ⅢM40	287°	西晋早期—西晋晚期	长斜坡墓道单室土洞墓	13.20×(0.68~0.98)－4.95 过洞 1.93×(0.73~1.14)－(3.14~3.57) 天井 0.73×1.29	0.46×0.83－1.25	胶泥板封堵	4.11×2.47－1.95 西北角龛 0.72×0.20－0.40 西南角龛 0.84×0.44－0.70	双人合葬 北侧：仰身直肢 南侧：仰身直肢	北侧：尸床 南侧：尸床	北侧：男性 35~39 南侧：女性 50~60	陶壶1，波浪纹陶罐3，陶樽2，陶器盖1，陶甑1，陶斗1，陶碗1，陶盆1，陶碟2，陶灯1，陶瓶1，铜钱5组（5枚）	未盗扰
ⅢM41	80°	西晋早期	长斜坡墓道单室土洞墓	22.20×1.16－8.40	1.70×1.00－1.25	土坯、沙砾、砾石封堵	3.35×3.45－2.26 耳室 0.76×1.44×0.92 东南角龛 0.44×0.32	双人合葬 北侧：仰身直肢 南侧：不详	北侧：尸床 南侧：尸床	北侧：男性 40~44 南侧：女性 60~70	陶盆1，绳纹陶罐1，陶钵4，素面陶罐1，陶器盖2，陶樽1，陶灯1，陶罐2，陶耳杯3，陶盘2、弦纹陶罐2，石饰件2，铜铃1，铁剑1，铁剪刀1，铜弩弓机郭1，骨管1，金饰1，铜器残件1，（2件），铁镜1，珠饰片1，铁器残件1，铜环1，铁饰首1组（2件），铜钉1，铜钱25组（564枚），泡钉1，丝织物1	遭盗扰
ⅢM42	185°	魏晋十六国时期	长斜坡墓道"刀把"形单室土洞墓	8.00×0.60－2.30	0.40×0.60	无存	1.75×1.00－1.45	二次葬？	无存	不详	陶钵3，陶盆1	二次葬
ⅢM43	182°	西晋早期	长斜坡墓道单室土洞墓	9.07×(0.60~0.80)－4.00	0.82×1.00－1.10	土坯、沙砾、砾石封堵	2.10×2.84－1.64 西南角龛 0.54×0.12－0.64 东南角龛 0.42×0.30 藻井 0.30×0.30－0.10	二次葬？	无存	1.男性？ 50+ 2.女性 45~50	陶盆1，陶钵1，陶甑1，铜钱2，丝织物1	二次葬

续附表一

墓号	方向	年代	形制	墓道（长×宽-深）	甬道（进深×宽-高）	封门	墓室（长×宽-高）	葬式	葬具	墓主	随葬品	备注
ⅢM44	180°	西晋早期	长斜坡墓道单室土洞墓	6.86×(0.60~0.70)-2.70		无存	1.05×0.78-0.50	单人葬 不详	无存	不详	陶盘1	未盗扰
ⅢM45	100°	魏晋十六国时期	长斜坡墓道单室土洞墓	7.40×0.76-4.20	0.70×0.88-1.00	胶泥板、沙砾、砾石封堵	3.20×2.20-1.80	二次葬？	无存	1.女性15~20 2.男性20~23	陶甑1,波浪纹陶罐残片1	二次葬
ⅢM46	70°	前秦—北凉	长斜坡墓道单室土洞墓	12.20×0.92-5.40	前甬道1.34×0.84-1.76 后甬道0.80×0.65-1.20	土坯、沙砾、砾石封堵	3.80×2.60-2.80 东北角龛0.24×0.16-0.08 东南角龛0.20×0.10-0.05	单人葬 仰身直肢	尸床	男性45±	波浪纹陶罐2,泥罐1,泥甑1,陶钵1,陶碟1,泥桶1,垂幛纹陶罐1,弦纹陶罐1	遭盗扰
ⅢM47	275°	前凉前期	长斜坡墓道单室土洞墓	9.00×(0.70~0.80)-5.00	0.70×(0.82~1.00)-(0.90~1.00)	无存	2.75×2.44-2.10 西北角龛0.30×0.18-0.55 西南角龛0.40×0.16-0.45	双人合葬 不详	北侧:尸床 南侧:尸床	不详	陶樽1,陶钵1,陶盆2,陶耳杯2,波浪纹陶罐2	未盗扰
ⅢM48	270°	西晋中晚期	长斜坡墓道单室土洞墓	7.50×(0.74~0.90)-3.80	0.80×0.70-1.00	土坯、沙砾、砾石封堵	2.70×2.00-1.80 西北角龛0.64×0.40-0.70 西南角龛0.48×0.30	单人葬 不详	尸床	不详	陶盘1,波浪纹陶罐4,陶樽2,陶釜1,陶盆1,陶器盖2,陶甑1,铁镜1,铜指环1,铁器残件1	未盗扰

续附表一

墓号	方向	年代	形制	墓道（长×宽－深）	甬道（进深×宽－高）	封门	墓室（长×宽－高）	葬式	葬具	墓主	随葬品	备注
ⅢM49	285°	西晋早期	长斜坡墓道单室土洞墓	11.82×(0.48~1.00)－5.00	0.97×0.80－1.30	土坯、沙砾、砾石封堵	3.40×2.70－3.00 西北角耳室 1.08×1.06-0.96 西南角龛 0.52×0.14	双人合葬 北侧:仰身直肢 南侧:仰身直肢	北侧:尸床 南侧:尸床	北侧:女性 60~70 南侧:不详	陶纺轮1、陶钵5、陶碟3、陶盆1、陶壶2、陶灯1、陶耳杯2、陶甑1、陶釜1、绳纹陶罐4、陶樽1、铜弩机1、铜钱9组(25枚)	未盗扰
ⅢM50	280°	西晋中晚期	长斜坡墓道单室土洞墓	11.30×(0.76~0.88)－4.70	1.30×0.90－0.90	土坯、沙砾、砾石封堵	2.90×2.70－1.60	三人合葬 北侧:仰身直肢 中部:仰身直肢 南侧:不详	北侧:尸床 中部:不详 南侧:不详	北侧:女性 45± 中部:男性 45~50 南侧:男性 35±	陶钵3、陶盆1、陶案2、陶碟1、陶壶1、陶樽3、波浪纹陶罐3、铜钱3组(4枚)、铜钗1	遭盗扰
ⅢM51	275°	西晋中晚期	长斜坡墓道单室土洞墓	9.80×1.22－4.20	1.00×(0.89~1.04)－(1.00~1.10)	土坯封门	2.80×2.82-1.79 西南角龛 0.56×0.20－0.60	单人葬仰身直肢	草席	女性 50~60	陶罐1（4件）、铜钱1组(5枚)、陶瓶1	未盗扰
ⅢM52	290°	西晋中晚期	长斜坡墓道单室土洞墓	14.73×0.84－6.27	1.65×0.88－1.42	土坯、沙砾、黄泥封堵	3.40×3.20-2.80 西北角龛 0.50×0.70－0.66 西南角龛 0.60×0.48	单人葬 葬式不详	尸床	女性 14~17	波浪纹陶罐3、素面陶罐6、陶器盖1、陶盘1、陶灯1、陶斗瓶2、甑1	遭盗扰
ⅢM53	285°	前凉前期	长斜坡墓道单室土洞墓	11.20×(0.80~1.20)－5.40	0.80×0.70－1.30	沙土、土坯封门	3.00×2.90-2.48 西北角龛 0.50×0.30－0.16 西南角龛 0.30×0.25－0.20	单人葬仰身直肢	尸床	女性 20~23	波浪纹陶罐1、陶樽1、陶盘1、铜钱3组(10枚)	未盗扰

续附表一

墓号	方向	年代	形制	墓道 （长×宽－深）	甬道 （进深×宽－高）	封门	墓室 （长×宽－高）	葬式	葬具	墓主	随葬品	备注
ⅢM54	277°	前凉前期	长斜坡墓道双室土洞墓	11.20×(0.93~1.30)–4.70	0.85×(0.73~0.90)–1.50	土坯封门	前室3.08×2.30–2.75 后室2.40×(0.80~0.98)–(1.33~1.85) 前室西北角陶器0.94×0.68–0.70 前室耳室0.44×0.32–0.58	双人合葬 不详	北侧:尸床 南侧:尸床	北侧:女性?成年 南侧:男性成年	陶甑1,陶壶1,陶杯4,陶器盖1,陶盘1,陶盆2,弦纹陶罐1,铜钱6组(29枚)	未盗扰
ⅢM55	275°	前凉前期	长斜坡墓道单室土洞墓	12.20×(0.80~1.30)–5.20	1.00×0.64–1.10	土坯封门	3.30×3.15–2.70 西北角龛0.55×0.70–1.60 西南角龛0.70×0.25–1.20	双人合葬 北侧:仰身直肢 南侧:仰身直肢	北侧:尸床 南侧:尸床 尸罩?	北侧:女性60~70 南侧:男性40~50	陶釜1,陶瓶1,波浪纹陶罐3,素面陶罐1,陶耳杯5,陶壶1,陶盆2,陶樽1,陶斗瓶2,铜指环1,铜钱8组(14枚)	未盗扰
ⅢM56	275°	前凉后期	长斜坡墓道单室土洞墓	10.75×(0.60~0.75)–5.00	前甬道0.90×(0.75~0.90)–(0.12~1.40) 后甬道0.45×0.78–1.10	土坯封门	2.75×2.20–1.80	单人葬 仰身直肢	尸床 尸罩	男性30~40	泥罐3,泥釜1,泥甑1,泥灯1,泥斗瓶1,泥盆1,泥灯1,铜钗1,铜钱2枚	未盗扰
ⅢM57	270°	前凉前期	长斜坡墓道单室土洞墓	13.26×(0.60~0.87)–5.30	0.90×0.86–1.41	土坯封门	3.76×2.15–2.20 西北角龛0.58×0.30–0.72 西南角龛0.54×0.21–0.78	单人葬 仰身直肢	尸床	男性14~17	波浪纹陶罐3,陶甑2,陶甑1,陶斗瓶1,陶灯1,陶钵2	未盗扰

续附表一

墓号	方向	年代	形制	墓道（长×宽－深）	甬道（进深×宽－高）	封门	墓室（长×宽－高）	葬式	葬具	墓主	随葬品	备注
ⅣM1	265°	曹魏时期	长斜坡墓道单室土洞墓	10.37×(0.96~1.00)－5.00	0.50×0.88－(1.52~2.12)	土坯沙石封门	3.60×3.60－2.96 耳室 1.18×0.90－1.20 西北角龛 0.78×0.44－0.40	三人合葬 北侧:仰身直肢 中部:仰身直肢 南侧:仰身直肢	北侧:尸床 中部:尸床 南侧:尸床	北侧:女性 45~50 中部:男性 35~39 南侧:性别? 60~70	绳纹陶罐1、素面陶罐1、陶壶1、陶斗瓶1、陶钵3、陶樽盖4、陶盆2、陶器盖2、陶灯1、陶盘2、陶碟2、铜钱1组（23枚）	未盗扰
ⅣM2	262°	西晋中晚期	长斜坡墓道单室土洞墓	10.00×0.80－4.60	1.00×0.62－1.20	土坯封门	2.80×1.84－2.10	双人合葬 北侧:仰身直肢 南侧:仰身直肢	无存	北侧:男性 30± 南侧:女性 40~44	波浪纹陶罐3、陶壶1、素面陶罐1、陶釜1、陶樽1、陶盆3、陶钵3、陶瓿1、陶碟1、陶耳杯2、陶盘1、铜钗1、铜钱1组（14枚）	未盗扰
ⅣM3	268°	西晋中晚期	长斜坡墓道单室土洞墓	9.30×0.80－5.00	0.90×(0.84~0.90)－(1.26~1.34)	沙石和土坯封门	3.40×2.60－2.34 西北角龛 0.64×0.66－0.78 西南角龛 0.58×0.28－0.78	三人合葬 二次葬？	北侧:尸床 南侧:尸床	北侧:女性 35~39 南侧:成年性别? 东侧:男性 29~30	波浪纹陶罐2、陶壶1、陶釜1、陶盆2、陶瓶1、陶碟5、陶盘1、陶斗瓶2、陶瓿1、陶灯1、陶樽1、陶盘3、铜钱1组（121枚）	二次葬
ⅣM4	270°	西晋中晚期	长斜坡墓道单室土洞墓	9.82×0.88－4.48	0.68×0.80－1.24	无存	2.80×2.60－2.10 西北角龛 0.60×0.20－0.40 西南角龛 0.54×0.10－0.40	双人合葬 北侧:仰身直肢 南侧:仰身直肢	北侧:尸床 南侧:尸床	北侧:女性 40~44 南侧:男性 24~26	陶壶1、波浪纹陶罐3、陶樽4、陶碟2、陶盆3、陶瓿1、陶盘1、铜钱1组（4枚）	未盗扰
ⅣM5	260°	西晋中晚期	长斜坡墓道单室土洞墓	9.33×0.90－5.00	1.00×0.76－1.18	沙石和土坯封门	3.30×2.72－1.92 西北角龛 0.80×0.50－0.60 西南角龛 0.70×0.38－0.60 藻井 0.30×0.30－0.06	双人合葬 北侧:仰身直肢 南侧:仰身直肢	无存	北侧:女性 50~60 南侧:男性 50~60	波浪纹陶罐1、陶壶1、陶斗瓶2、陶甑1、陶钵6、陶盘1、陶灯1、陶纺轮1、铜指环1、铜钱1组（15枚）	遭盗扰

续附表一

墓号	方向	年代	形制	墓道（长×宽－深）	甬道（进深×宽－高）	封门	墓室（长×宽－高）	葬式	葬具	墓主	随葬品	备注
ⅣM6	265°	西晋中晚期	长斜坡墓道单室土洞墓	10.80×0.80－4.94	0.90×0.80－1.30	土坯封门	3.04×2.80－2.40 西北角龛 0.72×0.30－0.88 西南角龛 0.60×0.24－0.40 藻井 0.30×0.30－0.10	双人合葬 北侧：仰身直肢 南侧：仰身直肢	北侧：尸床 南侧：尸床	北侧：女性 40~44 南侧：男性 30~34	波浪纹陶罐5、陶斗瓶3、陶壶1、陶器盖3、陶樽3、陶甑1、陶盆2、陶钵1、陶碗1、陶耳杯2、陶盘2、陶灯1、铜钱1组（68枚）	未盗扰
ⅣM7	270°	西晋早期	长斜坡墓道单室土洞墓	10.06×1.00－4.22	0.80×1.00－0.80	无存	3.04×2.90 西北角龛 0.70×0.28－0.60 西南角龛 0.60×0.12－0.60	双人合葬 东侧：仰身直肢 南侧：仰身直肢	无存	南侧：性别？18~19 东侧：男性 30~35	陶斗瓶1、陶釜1、弦纹陶罐1、素面陶罐1、陶甑1、陶钵8、陶钗1组（2件）、铜钉1、铜钱2组（101枚）、铜指环1	遭盗扰
ⅣM8	272°	曹魏时期	长斜坡墓道单室土洞墓	9.62×0.80－4.50	0.96×0.72－1.28	土坯封门	3.60×2.20－1.80 西北角龛 0.42×0.66－0.60 西南角龛 0.36×0.26－0.30	双人合葬 北侧：仰身直肢 南侧：仰身直肢	北侧：尸罩 南侧：尸罩	北侧：男性 40± 南侧：性别？年龄？	陶釜2、绳纹陶罐4、素面陶罐1、陶壶1、陶盆2、陶钵1、陶樽4、陶甑1、陶灯1、铜镜1、铜指环1、铜钗2组（4件）、铜钱2组（62枚）	未盗扰
ⅣM9	265°	时代不明	长斜坡墓道单室土洞墓	9.90×1.00－4.90	0.80×0.80－1.22	沙石和土坯封门	2.40×1.80－3.00 西北角龛 0.38×0.12－0.35 西南角龛 0.40×0.12－0.34	单人葬 仰身直肢	尸床	男性 40±	无	未盗扰
ⅣM10	270°	前凉后期	长斜坡墓道单室土洞墓	9.90×1.20－5.24	0.90×0.80－1.00	土坯封门	3.12×2.50－2.40 西北角龛 0.40×0.26－0.44 西南角龛 0.40×0.18－0.40 藻井 0.20×0.20－0.20	双人合葬 北侧：二次葬？ 南侧：仰身直肢	尸床	北侧：男性 40~44 南侧：女性 50~60	波浪纹陶罐2、陶釜2、陶钵1、陶碗1、陶樽1、陶碟2、陶灯1、陶盆1、陶甑1	未盗扰

续附表一

墓号	方向	年代	形制	墓道（长×宽－深）	甬道（进深×宽－高）	封门	墓室（长×宽－高）	葬式	葬具	墓主	随葬品	备注
ⅣM11	271°	前秦—北凉	长斜坡墓道单室土洞墓	8.40×(0.80~0.90)－4.30	1.20×0.80~1.10	无存	2.94×1.90－1.80 藻井 0.24×0.19－0.10	单人葬二次葬？	无存	女性 45~50	泥罐2、波浪纹陶罐1、陶斗瓶2、陶樽1、泥釜1、陶器盖1	二次葬
ⅣM12	270°	西晋早期	长斜坡墓道单室土洞墓	8.40×1.20－4.20	0.80×0.80~1.00	土坯封门	2.80×1.60－1.40	单人葬仰身直肢	无存	性别？10~14	弦纹陶罐3、素面陶罐1、陶樽1、铜钱1	未盗扰
ⅣM13	270°	前凉前期	长斜坡墓道单室土洞墓	10.10×0.64－4.64	1.58×(0.78~0.90)－(1.40~1.80)	无存	2.60×2.20－1.90 藻井 0.30×0.30－0.06	单人葬仰身直肢	无存	男性？35~39	陶碟1、陶灯1、陶壶1	未盗扰
ⅣM14	270°	前秦—北凉	长斜坡墓道单室土洞墓	11.94×0.96－5.76	前甬道 1.00×1.00~1.30 后甬道 0.60×0.70~1.00	土坯封门	3.00×2.30－2.20 藻井 0.40×0.20－0.06	双人合葬 北侧：仰身直肢 南侧：仰身直肢	北侧：尸床、尸罩 南侧：尸床、尸罩	北侧：女性 40~44 南侧：男性 50~60	陶斗瓶1、陶盆1、陶樽1、陶盘1、陶槅1	遭盗扰
ⅣM15	271°	西晋早期	长斜坡墓道双室土洞墓	11.14×0.80－4.92	1.20×(0.60~0.80)－1.20	无存	前室 2.90×2.60~2.36 西北角龛 0.58×0.22~0.50 西南角龛 0.40×0.36－0.45 后室 2.48×1.00－1.20	单人葬二次葬？	无存	不详	绳纹陶罐5、陶壶2、陶盆1、陶器盖1、陶钵8、陶盘2、陶甑1、陶盆2、陶碟2、陶灯1、铜钱1组(10枚)、珠饰1组(13颗)	二次葬

续附表一

墓号	方向	年代	形制	墓道（长×宽-深）	甬道（进深×宽-高）	封门	墓室（长×宽-高）	葬式	葬具	墓主	随葬品	备注
ⅣM16	271°	曹魏时期	长斜坡墓道单室土洞墓	10.60×0.84-4.48	0.80×0.84-1.30	土坯封门	(2.60-3.30)×(1.90-2.40)	单人葬不详	尸床	男性?年龄?	陶樽1、陶壶1、陶釜2、陶盆1、陶钵4、陶碟2、陶盘2、陶耳杯1、铜钱1组(19枚)	遭盗扰
ⅣM17	285°	前凉前期	长斜坡墓道单室土洞墓	12.42×0.88-5.20	0.80×0.70-(1.30~1.76)	沙石和土坯封门	3.50×2.90-3.00 西北角龛 1.12×1.10-1.10 西南角龛 0.70×0.80-0.60	无存	无存	不详	陶釜1、陶斗瓶1、陶器盖1、陶钵3、陶甑1、陶盘1	未盗扰
ⅣM18	275°	前凉前期	长斜坡墓道单室土洞墓	14.10×1.00-7.26	前甬道 1.60×1.26-1.60 后甬道 (1.08~1.16)×0.96-1.10	土坯封门	3.50×3.36-2.93 耳室 0.96×1.18-0.88 西南角龛 0.58×0.40-0.62	无存	无存	不详	波浪纹陶罐2、陶碟2、陶钵6、陶斗瓶2、陶槅1、陶盘3、铜饰残片1	遭盗扰
ⅣM19	175°	前凉后期	长斜坡墓道单室土洞墓	13.68×0.84-5.68	0.80×0.90-(1.20~1.40)	土坯封门	3.20×2.80-2.50 东南角龛 0.70×0.40-0.86 西南角龛 0.70×0.30-0.85	双人合葬不详	东侧:尸床 西侧:尸床	不详	泥器3、陶灯1、陶纺轮1、陶釜1、波浪纹陶罐2、陶斗瓶2、陶甑1、陶盘2、陶钵5、陶碗1、陶亚1、	遭盗扰
ⅣM20	100°	时代不明	长斜坡墓道单室土洞墓	8.94×0.80-3.70	0.90×0.70-1.08	沙石和土坯封门	3.50×1.80-1.66	三人合葬二次葬?	无存	1.男性 40~44 2.女性 14~17 3.性别? 10~13	陶钵1	二次葬

续附表一

墓号	方向	年代	形制	墓道（长×宽-深）	甬道（进深×宽-高）	封门	墓室（长×宽-高）	葬式	葬具	墓主	随葬品	备注
ⅣM21	100°	前凉后期	长斜坡墓道单室土洞墓	10.60×1.00-4.80	2.10×(0.72-0.90)-1.60	无存	3.00×2.70-1.90 东北角龛 0.30×0.20-0.20 东南角龛 0.30×0.20-0.20 藻井 0.30×0.30-0.06	双人合葬二次葬？	无存	北侧:男性40-50 南侧:女40-44	波浪纹陶罐1、陶斗瓶2	二次葬
ⅣM22	88°	西晋早期—前凉前期	长斜坡墓道单室土洞墓	12.50×1.40-6.66 过洞3.92×1.28-(1.40-2.14) 天井2.94×(1.36-1.44)	前甬道2.00×1.44-(1.64-2.10) 后甬道1.40×0.92-(1.12-1.20)	土坯和沙石封门	3.60×3.44-2.60 耳室0.88×0.80-0.90 东南角龛0.80×0.60-0.85	三人合葬不详	北侧:尸床、尸罩 中部:尸罩 南侧:尸床、尸罩	北侧:女性45-50 中部:女性45-50 南侧:男性40-44	波浪纹陶罐5、陶灯3、陶盆2、陶槅1、陶樽1、陶瓶2、陶瓶1、铜钱1组(16枚)	未盗扰
ⅣM23	90°	曹魏时期	长斜坡墓道单室土洞墓	13.00×1.20-5.80	前甬道1.78×1.32-(1.82-2.22) 后甬道1.08×0.92-1.30	土坯封门	3.50×3.40-2.34 耳室0.72×1.16-1.00 东南角龛0.76×(0.62~0.88)	双人合葬 北侧:仰身直肢 南侧:仰身直肢	北侧:尸床 南侧:尸床	北侧:女性50-60 南侧:男性40-50	波浪纹陶罐3、陶壶2、陶耳杯8、陶钵3、陶碗1、陶碟1、陶盘2、铜钱1组(105枚)、铜弩机1	遭盗扰
ⅣM24	280°	曹魏时期	长斜坡墓道单室土洞墓	11.90×1.04-4.96	0.90×0.90-1.70	沙石和土坯封门	(3.10~3.40)×3.36 耳室0.80×1.20-1.6 西南角龛0.52×0.32-0.60	四人合葬 北侧:仰身直肢 中部:仰身直肢 南侧:仰身直肢 东北角:性别不详	北侧:尸床 中部:尸床 南侧:尸床	北侧:女性24-26 中部:男性50± 南侧:女性45-50 东北角:性别？7~12	绳纹陶罐5、素面陶罐1、陶盘2、陶器盖3、陶钵4、陶樽2、陶盆3、陶瓶1、陶碟1、陶壶3、铜铃1、铁剪刀1、石纺轮1、铜钱2组(68枚)	未盗扰
ⅣM25	280°	西晋早期	长斜坡墓道单室土洞墓	10.23×1.20-4.58	0.80×0.60-0.90	土坯封门	2.40×1.80-1.40 藻井0.20×0.20-0.04	双人合葬 北侧:仰身直肢 南侧:仰身直肢	无存	北侧:女性成年 南侧:男性37-45	陶斗瓶3、绳纹陶罐2、陶金1、陶钵2、铜钗1组(2件)、铜指环1	未盗扰

续附表一

墓号	方向	年代	形制	墓道（长×宽×深）	甬道（进深×宽×高）	封门	墓室（长×宽×高）	葬式	葬具	墓主	随葬品	备注
ⅣM26	275°	时代不明	竖穴土坑墓				2.60×0.80-1.30	单人葬仰身直肢	尸床	男性35~39	无	未盗扰
ⅣM27	268°	西晋早期	长斜坡墓道单室土洞墓	8.33×(0.70~0.80)-3.80	0.50×0.80-1.00	沙石和土坯封门	2.50×(1.40~1.80)-1.90 西北角龛 0.30×0.20-0.30	单人葬仰身直肢	尸床、尸罩	女性40~45	绳纹陶罐2，陶釜1，陶壶1，陶盘3，陶樽2，陶器盖1，陶盆2，陶碟2，陶耳杯1，铜钗1组（2件），铜镜1，铜钱1组（14枚）	未盗扰
ⅣM28	180°	前秦—北凉	长斜坡墓道单室土洞墓	12.50×1.20-6.38	前甬道1.60×1.10-(1.56~1.80) 后甬道0.70×(0.84~0.96)-(1.04~1.18)	土坯封门	(3.24~3.40)×3.16-2.20 东南角龛0.70×0.30-0.50 西南角龛0.66×0.40-0.60 藻井0.34×0.34-0.20	双人合葬不详	东侧:尸床 西侧:尸床	东侧:男性45~50 西侧:女性60±	波浪纹陶罐4，陶瓶1，陶盆2，陶灯1，陶钵2，陶仓1，陶槅1，陶壶1，陶斗瓶4，陶樽1，陶盘1，铜钱1	遭盗扰
ⅤM1	181°	唐	长斜坡墓道"刀把"形墓	8.50×(0.88~0.92)-3.20	0.66×0.80-(1.04~1.20)	无存	2.12×(1.58~1.70)-1.50	单人葬不详	尸床、尸罩?	女性50±	铜带扣1组（2件），铁钉1	遭盗扰
ⅤM2	100°	时代不明	长斜坡墓道单室土洞墓	9.72×(0.76~0.90)-3.80	0.44×0.80-1.20	无存	2.32×(1.78~1.84)-2.40 东南角龛0.50×0.16-0.50	单人葬仰身直肢	尸床	女性35~39	无	遭盗扰
ⅤM3	100°	前凉前期—前凉后期	长斜坡墓道单室土洞墓	13.24×(0.84~0.94)-6.46	前甬道1.68×(1.30~1.40)-(0.86~1.04) 后甬道0.80×0.86-1.04	土坯封门	3.26×2.90-2.54 东北角龛0.56×0.20-0.34 东侧角龛0.54×0.16-0.40 藻井0.40×0.40-0.10	双人合葬 北侧:仰身直肢 南侧:仰身直肢	北侧:尸床 南侧:尸床	北侧:男性45± 南侧:女性45~50	陶斗瓶4，陶钵3，陶盆2，陶灯2，陶釜1，陶罐2，陶瓶1，波浪纹陶樽4，陶槅1，陶盘2，陶碟2，铜钱1组（61枚）	遭盗扰

续附表一

墓号	方向	年代	形制	墓道（长×宽－深）	甬道（进深×宽－高）	封门	墓室（长×宽－高）	葬式	葬具	墓主	随葬品	备注
ⅤM4	275°	西晋早期	长斜坡墓道单室土洞墓	13.52×(0.82~1.06)－5.48	前甬道1.80×(1.14~1.32)－(1.70~1.88) 后甬道1.48×1.04－1.40	土坯和沙石封堵	(3.20~3.46)×(3.24~3.48)－1.86 西北角耳室0.70×1.00~1.04 西南角龛0.70×0.50~0.80 藻井0.40×0.40－0.10	双人合葬 不详	无存	1.男性35~39 2.女性年龄？	陶盘1,陶壶2,陶樽2,陶盆1,陶耳杯1,铜镜1,铜钱1组（11枚）	遭盗扰
ⅤM5	275°	西晋早期—西晋晚期	长斜坡墓道单室土洞墓	14.50×(0.86~1.08)－5.60	前甬道2.20×(1.16~1.44)－1.58 后甬道1.50×(1.10~1.14)－1.34	土坯封门	(3.48~3.58)×3.50－1.76 西北角耳室1.10×0.90~1.00 西南角龛0.96×0.50~0.90 藻井0.44×0.44－0.20	单人葬 不详	尸床或尸罩	男性30~35	陶盘2,陶樽2,波浪纹陶罐1,陶碟3,陶器盖2,陶盆1,陶壶1,陶耳杯1,陶钵1,陶灯1,陶甑1,铜弩机廓1,铜饰件1	遭盗扰
ⅤM6	275°	西晋早期—前凉前期	长斜坡墓道单室土洞墓	13.20×(0.96~1.00)－5.20	1.10×0.80－(1.14~1.24)	土坯封门	(2.94~3.12)×(2.40~2.58)－1.94 西北角耳室0.50×0.78~0.94 西南角龛0.42×0.28~0.86 藻井0.26×0.26－0.22	单人葬 不详	尸床	男性24~26	波浪纹陶罐1,陶器盖1,陶樽1,陶斗瓶2,绳纹陶罐2	遭盗扰
ⅤM7	275°	前凉前期	长斜坡墓道单室土洞墓	12.26×(0.66~0.88)－5.00	0.80×0.96－(1.26~1.30)	无存	(3.16~3.20)×(2.80~2.88)－2.26 西南角龛0.44×0.22~0.46 西北角龛0.68×0.44~0.72 藻井0.72×0.72－0.24	双人合葬 不详	中部:尸罩？东北部:尸罩？	1.男性16~17 2.男性成年？	陶盘1,陶盆1,陶樽2,陶罐1,陶斗瓶2,陶灯1,陶壶1,陶甑1,陶碟4,陶碗1,铜钱1组（4枚）	遭盗扰

续附表一

墓号	方向	年代	形制	墓道（长×宽－深）	甬道（进深×宽－高）	封门	墓室（长×宽－高）	葬式	葬具	墓主	随葬品	备注
ⅤM8	284°	西晋早期—前凉前期	长斜坡墓道单室土洞墓	13.90×(0.88~1.00)－5.88	1.10×(0.84~0.96)－(1.14~1.20)	无存	3.60×2.83－1.96 西北角耳室 1.48×0.70~0.90 西南角龛 0.70×0.36~0.80	双人合葬 不详	无存	北侧：男性 40~45 南侧：女性 50~60	陶樽4、陶耳杯6、陶盘3、陶壶2、绳纹陶罐3、陶斗瓶1、陶灯1、陶瓮1、陶甑1、波浪纹陶罐1、铜弩机1、铜钱1组(35枚)	遭盗扰
ⅤM9	274°	时代不明	长斜坡墓道单室土洞墓	10.80×(0.64~0.72)－4.46	0.42×0.72~0.78	无存	(2.28~2.34)×(1.84~1.90)－1.54	双人合葬 北侧：不详 南侧：仰身直肢	南侧：尸床 中部：尸罩	1.男性 35~40 2.女性 50~60	无	遭盗扰
ⅤM10	182°	时代不明	长斜坡墓道"刀把"形单室土洞墓	12.77×(0.74~0.88)－4.26	0.92×(0.76~0.96)－1.38	胶泥块封堵	2.16×(0.90~1.64)	单人葬 不详	尸床	不详	无	遭盗扰
ⅤM11	185°	唐	长斜坡墓道单室土洞墓	10.38×(0.88~1.00)－6.33	1.08×1.04－(1.42~1.46)	无存	2.72×(2.04~2.20)－?	双人合葬 北侧：仰身直肢 南侧：仰身直肢	北侧：尸床 南侧：尸床	北侧：男性 35~39 南侧：女性 45±	陶罐2、铁钉1、铜带扣1组(9件)	遭盗扰
ⅤM12	268°	前凉后期	长斜坡墓道单室土洞墓	9.07×(0.64~0.82)－3.46	0.60×(0.78~0.84)－1.32	无存	(2.58~2.78)×(1.40~1.48)－2.28	单人葬 仰身直肢	无存	性别? 成年	陶碗4、陶杯3、波浪纹陶罐4、陶樽1、陶盆1、陶甑1、陶灯1	遭盗扰
ⅤM13	20°	唐	长斜坡墓道"刀把"形单室土洞墓	9.80×(0.80~1.24)－3.46	0.50×0.98－1.28	无存	2.40×(1.20~1.30)－1.30	单人葬 仰身直肢	尸床	男性 36~39	铜钱1组(6枚)	遭盗扰

续附表一

墓号	方向	年代	形制	墓道（长×宽－深）	甬道（进深×宽－高）	封门	墓室（长×宽－高）	葬式	葬具	墓主	随葬品	备注
ⅤM14	280°	前凉前期	长斜坡墓道单室土洞墓	14.22×(0.78~0.96)−4.96	0.96×(0.84~1.14)−(1.04~1.18)	土坯封门	3.40×3.00−2.28 耳室 0.54×1.08−1.00 西北角龛 0.74×0.14−0.92	双人合葬 不详	北侧:尸床	北侧:女性 45~50 南侧:女性 35±	波浪纹陶罐3、陶碗5、陶甑1、陶樽1、陶盆1、陶釜1、陶灯1、陶盘1、铜钱1组(15枚)	遭盗扰
ⅤM15	275°	前凉前期	长斜坡墓道单室土洞墓	11.20×(0.72~0.84)−4.40	0.74×(0.66~0.88)−(1.30~1.38)	土坯、沙石封堵	2.52×2.02−2.66 西北角龛 0.42×0.52−0.92 西南角龛 0.30×0.30−0.86	双人合葬 北侧:仰身直肢 南侧:仰身直肢	北侧:尸床 南侧:尸床	北侧:女性 35~39 南侧:男性 45~50	陶樽1、波浪纹陶罐2、陶甑1、陶壶1、陶灯1、陶瓶1、陶钵2、陶盘1、铜镜1	未盗扰
ⅤM16	275°	西晋中晚期	长斜坡墓道单室土洞墓	14.35×0.80−6.14	1.30×0.80−(1.04~1.36)	无存	(3.04~3.22)×3.16 西北角龛 0.72×0.76−1.20 西南角龛 0.56×0.54−1.10	三人合葬 北侧:男性 中部:不详 南侧:不详	无存	北侧:男性 45~50 中部:男性 30~35 南侧:女性 45±	陶樽2、陶钵1、陶灯2、陶壶1、素面陶罐2、陶器盖3、陶碟1、陶釜1、三系绦釉小罐1、铜钱1组(68枚)、铜钗1、铜指环1	遭盗扰
ⅥM1	195°	曹魏时期	长斜坡墓道单室土洞墓	9.04×0.85−4.50	0.76×0.82−1.20	土坯封门	3.30×1.90	单人葬 仰身直肢	尸床	男性 成年	陶钵10、陶器盖2	未盗扰
ⅥM2	270°	前凉前期	长斜坡墓道单室土洞墓	4.16×0.80−4.76	0.80×0.70−1.14	土坯封门	3.42×2.42−1.90 西北角龛 1.00×0.56−0.72	双人合葬 北侧:仰身直肢 南侧:仰身直肢	北侧:尸床 南侧:尸床	北侧:男性? 成年 南侧:女性 45~50	波浪纹陶罐4、陶瓶2、陶钵5、陶碟2、陶灯1、陶壶1、陶盆1、陶耳杯2、陶盆1	遭盗扰
ⅥM3	260°	西晋早期	长斜坡墓道单室土洞墓	残长4.10×0.66−3.26	0.60×0.62−1.55	胶泥块封门	2.75×(1.50~1.70)−2.24	单人葬 仰身直肢	尸床	男性 30~35	陶钵6、弦纹陶罐3、三足釜1、石砚1、铜钱3组(89枚)	未盗扰

续附表一

墓号	方向	年代	形制	墓道（长×宽－深）	甬道（进深×宽－高）	封门	墓室（长×宽－高）	葬式	葬具	墓主	随葬品	备注
VIM4	175°	唐	长斜坡墓道"刀把"形单室土洞墓	7.00×(0.65–0.75)–4.48	0.50×0.76–1.02	无存	2.50×(1.42~1.48)–1.55	单人葬不详	尸床	男性年龄?	陶器残片1	遭盗扰
VIM5	270°	魏晋十六国时期	长斜坡墓道单室土洞墓	5.37×(0.72–0.84)–3.28	0.86×0.70–0.85	土坯封门	2.00×(1.24~1.38)–1.30 西南角龛 0.36×0.36–0.64	单人葬仰身直肢	尸床	女性 40±	陶钵4、陶盆1	未盗扰
VIM6	130°	唐	长斜坡墓道"刀把"形单室土洞墓	4.28×(0.60–0.66)–3.20	0.70×0.62–1.30	无存	2.46×(0.96~1.50)–2.44	不详	尸床	不详	铜钱2组（5枚）、铁钉1组（3件）	遭盗扰
VIM7	174°	隋	长斜坡墓道"刀把"形单室土洞墓	残长12.65×1.00–8.80 过洞 5.00×2.00–2.40 天井 4.40×1.30–7.74	1.10×1.66–2.26	土坯封门	(4.10~4.70)×(3.20~3.60)–2.50	双人合葬不详	无存	西侧：男性 年龄? 东侧：性别? 50~55	陶碗4、彩绘甬俑残片1组（2件）、墓志1、铜钱2组（11枚）、描金残片1组（2件）、琉璃饰品1、铁钉1组（2件）、银币1	遭盗扰
VIM8	95°	魏晋十六国时期	竖穴土坑墓				2.55×0.95–2.00	不详	无存	不详	弦纹陶罐残片1	遭盗扰
VIM9	85°	魏晋十六国时期	竖穴土坑墓				2.50×(0.84~0.90)–1.30	不详	无存	不详	陶盆残片1	遭盗扰

续附表一

墓号	方向	年代	形制	墓道（长×宽-深）	甬道（进深×宽-高）	封门	墓室（长×宽-高）	葬式	葬具	墓主	随葬品	备注
VIM10	135°	唐	长斜坡墓道"刀把"形单室土洞墓	残长2.40×0.76-3.00	0.76×0.78	土坯封门	2.66×(1.12~1.50)	单人葬 仰身直肢	尸床	女性 40~44	陶罐1、铜钱1	遭盗扰
VIM11	182°	前凉前期	长斜坡墓道单室土洞墓	残长3.26×0.90-5.24	前甬道1.62×1.00~1.60 后甬道1.10×0.80-1.00	土坯和沙石封堵	3.04×(1.90~2.44)-2.38 西南角龛0.36×0.56 藻井0.90×0.46	单人葬 不详	尸罩	男性 60±	陶盘2、陶釜2、陶碗1、陶樽5、陶灯2、陶壶1、陶甑1、陶罐4、波浪纹陶罐1、陶斗瓶2、陶盆2、陶甑2、陶罐2、	遭盗扰
VIM12	275°	前凉前期	长斜坡墓道单室土洞墓	12.87×(0.70~0.80)-5.90	0.74×0.88-1.20	土坯封门	3.30×(2.66~2.78)-2.44 西北角龛0.70×0.75-1.05	单人葬 仰身直肢	尸床	男性 35±	陶罐1、陶钵6、波浪纹陶罐2、陶樽1、陶釜1、陶甑1、陶斗瓶1、铜钱3组（15枚）	遭盗扰
VIM13	90°	西晋早期—前凉前期	长斜坡墓道单室土洞墓	8.00×0.74-3.16	0.48×0.50-1.28	土坯封门	2.56×(1.44~1.74) 东北角龛0.26×0.36-0.98 东南角龛0.46×0.20-0.80	双人合葬 北侧：仰身直肢 南侧：仰身直肢	北侧：尸床 南侧：尸床	北侧：女性45~50 南侧：男性40~44	陶盘2、陶耳杯2、陶樽1、陶钵7、陶碟1、陶器盖2、绳纹陶罐2、弦纹陶罐1、陶釜1、陶甑1、铜钱4组（8枚）	遭盗扰
VIM14	274°	前秦—北凉	长斜坡墓道单室土洞墓	11.78×(0.80~1.00)-4.48	0.67×0.80-0.90	土坯封门	2.60×2.10-1.76	双人合葬 北侧：仰身直肢 南侧：仰身直肢	北侧：尸床、尸罩 南侧：尸床、尸罩	北侧：男性40~44 南侧：女性35±	陶楅1、陶碟1、陶灯1、陶壶1、陶盆1、陶灶1、波浪纹甑1、陶罐2、陶仓2、陶樽1、泥斗瓶1、泥杯2、铜钱1	未盗扰
VIM15	90°	曹魏时期	长斜坡墓道单室土洞墓	8.86×1.00-4.50	0.64×0.80-1.26	土坯封门	3.10×1.68-1.84 藻井1.30×0.50	单人葬 仰身直肢	尸床	男性 26~35	陶钵1、陶盘2、陶灯1、陶碟2、陶钵2、陶盆2、陶斗瓶1、铜钱1组（47枚）	遭盗扰

续附表一

墓号	方向	年代	形制	墓道（长×宽-深）	甬道（进深×宽-高）	封门	墓室（长×宽-高）	葬式	葬具	墓主	随葬品	备注
VIM16	90°	曹魏时期	长斜坡墓道单室土洞墓	10.80×1.00-4.80	0.90×0.90-1.55	土坯封门	3.20×3.00-2.40 耳室(1.20~1.40)×1.50-1.40 东南角龛0.85×0.60-0.60	三人合葬 北侧:仰身直肢 中部:仰身直肢 南侧:不详	北侧:尸床 中部:尸床 南侧:尸床	北侧:女性50-60 中部:男性50± 南侧:女性成年	陶盘3、陶钵1、陶碟3、陶盆2、陶樽1、陶灯2、素面陶罐1、陶斗瓶2、铜叉1、铜钗1、铜帽钉1、铜钱5组(192枚)、陶马镫1	遭盗扰
VIM17	270°	前凉前期	长斜坡墓道单室土洞墓	8.80×(0.60~0.70)-4.80	0.96×0.90-0.90	土坯和沙石封堵	2.70×2.50-2.10 东南角龛0.54×0.40-0.50 东北角龛0.45×0.36-0.46 藻井0.03×0.03	双人合葬 北侧:仰身直肢 南侧:不详	北侧:尸床 南侧:尸床、草席	北侧:男性28-36 南侧:女性成年	陶盘2、陶碗2、陶碟4、陶灯1、陶壶1、陶樽3、陶甑1、陶釜1、陶盆1、陶斗瓶1、铜顶针1、铜钱2组(11枚)	遭盗扰
VIM18	100°	魏晋十六国时期	长斜坡墓道单室土洞墓	6.20×(0.60~0.70)-3.42	0.30×1.00	土坯封门	2.10×0.80	单人葬 仰身直肢	无存	不详	素面陶罐1	遭盗扰
VIM19	200°	唐	长斜坡墓道"刀把"形单室土洞墓	残长(3.68~4.00)×0.60-3.90	0.30×0.86	土坯封门	2.10×1.90	单人葬 侧身屈肢	尸床	女性成年	陶罐1、铜钱2组(3枚)	遭盗扰
VIM20	270°	时代不明	长斜坡墓道单室土洞墓	6.94×0.50-2.90	0.70×0.70-0.76	土坯和沙石封堵	1.80×1.00-0.90	无存	尸床	不详	无	遭盗扰
VIM21	175°	西晋早期	长斜坡墓道单室土洞墓	4.35×0.70-2.96	0.50×0.90-1.08	土坯封门	2.70×1.30-1.22 东南角龛0.24×0.28-0.32	单人葬 仰身直肢	尸床	女性成年	陶钵4、弦纹陶罐1、铜钗1组(3件)、铜钱1组(5枚)	遭盗扰

续附表一

墓号	方向	年代	形制	墓道（长×宽-深）	甬道（进深×宽-高）	封门	墓室（长×宽×高）	葬式	葬具	墓主	随葬品	备注
VIM22	270°	前凉前期	长斜坡墓道单室土洞墓	14.40×0.80-5.24	1.40×0.88-1.10	土坯封门	3.56×3.34-2.30 西北角耳室 1.30×1.46-1.14 西南角龛 0.60×0.41-0.50 藻井 0.28×0.28	单人葬 仰身直肢	尸床	男性 年龄？	波浪纹陶罐3,陶灯1,陶盘2,陶樽1,陶斗瓶2,铜钱1组（3枚）	遭盗扰
VIM23	270°	西晋早期	长斜坡墓道单室土洞墓	11.60×0.68-5.54	1.40×0.90-1.00	土坯封门	3.20×2.60-1.88 西北角耳室 0.66×0.80-1.00 西南角龛 0.64×0.78-0.46 藻井 0.30×0.30-0.12	单人葬 不详	无存	男性35±	陶瓶1,陶樽2,陶耳杯4,陶碟2,陶器盖2,陶盘2,陶灯2,铜钱1	遭盗扰
VIM24	5°	魏晋十六国时期	竖穴土坑墓				2.20×0.80-1.20	单人葬 不详	无存	性别？ 成年	弦纹陶罐1,陶钵2	遭盗扰
VIM25	273°	曹魏时期	长斜坡墓道单室土洞墓	9.60×(0.84~1.00)-5.10	0.70×0.80-1.00	土坯封门	2.70×2.80-2.20 西南角龛 0.50×0.40-0.53	双人合葬 北侧:仰身直肢 南侧:不详	北侧:尸床 南侧:无存	北侧:男性？成年 南侧:不详	陶钵2,陶盘2,陶斗瓶1,陶盆1,铜钱2组（49枚）	遭盗扰
VIM26	186°	唐	长斜坡墓道"刀把"形单室土洞墓	5.00×(0.60~0.90)-3.10	0.50×0.70-1.30	土坯封门	2.10×0.93-1.80	单人葬 仰身直肢	无存	女性 45~50	陶罐1	未盗扰
VIM27	185°	魏晋十六国时期	竖穴土坑墓				2.20×1.10-1.28	单人葬 不详	尸床	性别？ 成年	陶斗瓶1	遭盗扰

续附表一

墓号	方向	年代	形制	墓道（长×宽-深）	甬道（进深×宽-高）	封门	墓室（长×宽-高）	葬式	葬具	墓主	随葬品	备注
VIM28	90°	前凉前期	长斜坡墓道单室土洞墓	10.20×0.60-5.42	0.80×0.80-1.00	无存	2.90×1.60-1.50 东北角龛 0.40×0.16-0.23 东南角龛 0.48×0.20-0.57	单人葬仰身直肢	尸床	男性?成年	陶盘1,陶壶1,陶碟1,陶釜1,陶盆1,陶瓿1	遭盗扰
VIM29	85°	时代不明	竖穴土坑墓				2.00×0.66-1.30	不详	无存	不详	无	迁葬墓
VIM30	95°	时代不明	竖穴土坑墓				2.20×0.80-1.50	不详	无存	不详	无	迁葬墓
VIIM1	270°	前凉前期	长斜坡墓道单室土洞墓	8.90×1.00-4.80	前甬道 0.90×1.00-1.80 后甬道 0.80×0.80-(0.90~1.20)	沙石和土坯封门	3.20×3.00	双人合葬 北侧:仰身直肢 南侧:仰身直肢	北侧:尸床 南侧:尸床	北侧:女性 21~25 南侧:男性 24~37	素面陶罐1,陶斗瓶2,陶樽1,陶瓿1,陶镜1,铜镜1,铜钱1	未盗扰
VIIM2	269°	西晋中晚期	长斜坡墓道单室土洞墓	11.10×0.88-4.80	0.90×(0.78-0.80)-(1.48-2.00)	沙石和土坯封门	3.02×3.06 西南角耳室 0.62×0.84-0.50 西北角龛 0.50×0.18-0.50	三人合葬均仰身直肢	北侧:尸床 南侧:尸床	北侧:女性? 18± 南侧:女性? 50~60 南壁尸床与南侧尸床之间:男性 50±	波浪纹陶钵7,陶碗1,陶碟4,陶灯1,陶盆1,陶釜1,弦纹陶罐1,陶斗瓶4,陶樽2,陶瓿1,砖雕兽俑1,铜钱4,铜钗3组(10件),铜钗3组(44枚),铁镜1组(2件),铜泡1组	未盗扰
VIIM3	265°	西晋早期	长斜坡墓道单室土洞墓	11.80×0.80-5.10	0.90×0.88-1.30	土坯封门	3.50×(3.40~3.64) 西北角耳室 0.74×1.20-0.60 西南角龛 0.36×0.26-0.50	双人合葬 北侧:仰身直肢 南侧:仰身直肢	北侧:尸床 南侧:尸床	北侧:女性 40~44 南侧:男性 50±	陶斗瓶2,波浪纹陶罐1,素面陶钵2,陶碟8,陶灯1,陶盆1,陶盘3,陶耳杯4,陶樽3,陶器盖3,陶甑1,陶壶1,模印土坯1件,铜钱2组(23枚),铜钗2组(6件)	未盗扰

附表二　敦煌佛爷庙湾—新店台墓群2015年度出土器物登记表

单位：厘米

出土单位	器物编号	器物名称	质地	纹饰	保存程度	口	腹	底	高	文化时代	备注
ⅠM2	ⅠM2：1	陶樽	泥质灰褐陶	素面	残缺	14.6		14.3	8.2~9.0		
	ⅠM2：2	陶樽	泥质灰褐陶	素面	完整	14.6		14.8	11.5		
	ⅠM2：3	陶钵	泥质灰褐陶	素面	完整	8.2		4.7	3.2~3.5		
	ⅠM2：4	陶钵	泥质灰褐陶	素面	完整	9.7		4.1	3.6		
	ⅠM2：5	陶钵	泥质灰褐陶	素面	完整	9.0		4.0	3.9		
	ⅠM2：6	陶钵	泥质灰褐陶	素面	完整	9.2		4.0	3.9		
	ⅠM2：7	陶钵	泥质灰褐陶	素面	完整	8.6		4.0	4.2	前凉前期	
	ⅠM2：8	陶盘	泥质灰褐陶	波浪纹、弦纹	残缺		盘径27.2，厚1.8				
	ⅠM2：9	陶灯	泥质灰褐陶	素面	残缺	残6.8		11.2	13.0		
	ⅠM2：10	陶樽	泥质灰褐陶	素面	残缺	13.7		14.8	8.8~9.4		
	ⅠM2：11	陶盆	泥质灰褐陶	素面	残缺	11.2		4.6	4.8		
	ⅠM2：12	陶樽	泥质灰褐陶	素面	残缺	13.9		13.0	10.5		
	ⅠM2：13	铜钗	铜	素面	残缺		残长8.6，截面直径0.2				
	ⅠM2：14	陶瓶	泥质灰陶	素面	残缺	7.6		4.4	3.5		
ⅠM3	ⅠM3：1	陶瓶	泥质橙黄陶	素面	完整	12.5		5.3	5.1		
	ⅠM3：2	陶盆	泥质橙黄陶	素面	完整	12.5		5.2	5.0~5.6		
	ⅠM3：3	陶碟	泥质橙黄陶	素面	完整	11.5		4.7	3.0~3.5		
	ⅠM3：4	波浪纹陶罐	泥质橙黄陶	波浪纹、弦纹	完整	10.1	16.2	10.7	14.0~14.3	前凉前期	

续附表二

出土单位	器物编号	器物名称	质地	纹饰	保存程度	尺寸				文化时代	备注
						口	腹	底	高		
ⅠM3	ⅠM3:5	陶樽	泥质橙黄陶	素面	完整	13.5		14.5	10.7		
	ⅠM3:6	陶壶	泥质灰陶	波浪纹、弦纹	完整	6.4	10.0	9.5	15.3～15.8		
	ⅠM3:7	陶盘	泥质灰陶	波浪纹、弦纹	完整		盘径26.0，厚2.2				
	ⅠM3:8	波浪纹陶罐	泥质橙黄陶	波浪纹、弦纹	完整	10.8	16.0	10.8	14.5		
	ⅠM3:9	陶樽	泥质橙黄陶	素面	残缺	15.7		15.3	10.6	前凉前期	
	ⅠM3:10	波浪纹陶罐	泥质橙黄陶	波浪纹、弦纹	完整	11.0	15.9	10.2	14.3		
	ⅠM3:11	陶釜	泥质灰陶	波浪纹、弦纹	完整	8.6	12.7	8.7	8.9		
	ⅠM3:12	陶钵	泥质橙黄陶	素面	完整	10.0		4.1	4.0		
	ⅠM3:13	陶钵	泥质灰陶	素面	完整	8.6		3.6	3.7		
	ⅠM3:14	陶钵	泥质橙黄陶	素面	完整	9.1		3.5	3.4～3.7		
	ⅠM3:15	陶钵	泥质灰陶		残缺	9.8		3.0	2.6～3.0		
	ⅠM3:17	木兽俑	木		残缺		残长17.6，厚6.2，残高7.3				
ⅠM4	ⅠM4:1	泥罐	泥质	素面	残缺	3.5	6.2		5.1	魏晋十六国时期	
	ⅠM4:2	泥罐	泥质	素面	残缺	3.9	6.0		5.6		
	ⅠM4:3	泥罐	泥质	素面	残缺	3.7	5.8		5.0		
ⅠM7	ⅠM7:1	泥罐	泥质	素面	残缺	4.0	6.2	3.7	4.5	魏晋十六国时期	
	ⅠM7:2	泥罐	泥质	素面	残缺		5.4	0.3	残高3.8		
	ⅠM7:3	泥罐	泥质	素面	残缺		5.5		残高4.7		

续附表二

出土单位	器物编号	器物名称	质地	纹饰	保存程度	尺寸 口	尺寸 腹	尺寸 底	尺寸 高	文化时代	备注
ⅠM7	ⅠM7:4	泥甑	泥质	素面	残缺			3.0	残高3.7	魏晋十六国时期	
	ⅠM9:1	彩绘斗拱	青砖	红彩	残缺	通长32.0、厚5.2			15.4		
	ⅠM9:2	陶器盖	泥质灰陶	波浪纹、弦纹	残缺	盖径22.0			7.2		
	ⅠM9:3	陶樽	泥质灰陶	棱纹	残缺	20.0		19.5	13.5		
	ⅠM9:4	砖臼	砖		残缺	残长12.0、宽16.5、厚5.2					
	ⅠM9:5	铁器残件	铁		残缺						
	ⅠM9:6	铁器残件	铁		残缺						
	ⅠM9:7	绳纹陶罐	泥质灰陶	绳纹	完整	12.3	23.2	15.0	19.5		
	ⅠM9:8	陶碟	泥质灰陶	素面	残缺	13.7		5.5	4.9		
ⅠM9	ⅠM9:9	铜钉	铜			钉帽边长1.0、钉身直径0.5、通高4.2				曹魏时期	
	ⅠM9:10	陶盘	泥质灰陶	波浪纹、弦纹	残缺	盘径38.0、厚2.2			22.1		
	ⅠM9:11	陶盘	泥质灰陶	波浪纹、弦纹	完整	盘径39.0、厚2.0			3.6		
	ⅠM9:12	陶壶	泥质灰陶	素面	残缺	10.0	19.4	13.8	22.1		
	ⅠM9:13	陶碟	泥质橙黄陶	素面	残缺	9.4		3.4	3.6		
	ⅠM9:14	陶盆	泥质灰陶	弦纹	残缺	36.0		20.0	8.2		
	ⅠM9:15	陶钵	泥质灰陶	素面	残缺	9.5		3.5	3.5		
	ⅠM9:16	陶钵	泥质灰陶	素面	残缺	7.2		3.3	3.4		
	ⅠM9:17	陶樽	泥质灰陶	素面	残缺	15.2		18.0	12.6~13.1		

续附表二

出土单位	器物编号	器物名称	质地	纹饰	保存程度	尺寸				文化时代	备注
						口	腹	底	高		
ⅠM9	ⅠM9:18	弦纹陶罐	泥质灰陶	弦纹	完整	5.8	16.2	8.5	15.8	曹魏时期	
	ⅠM9:20	铜弩机廓	铜		残缺	长9.8、宽2.8、厚1.2			26.8		
	ⅠM9:21	陶灯	泥质灰陶	素面	残缺	7.7		15.4	11.5		
	ⅠM9:22	陶盆	泥质灰陶	棱纹	残缺	17.3		5.8	8.0		
	ⅠM9:23	陶斗瓶	泥质灰陶	素面	完整	4.5	6.5	4.5	7.7~7.9		朱书
	ⅠM9:24	陶斗瓶	泥质灰陶	素面	残缺	4.5		4.1	8.3~8.6		朱书
	ⅠM9:25	陶斗瓶	泥质灰陶	素面	完整	4.3		6.7	15.2		朱书
	ⅠM9:26	彩绘斗拱	青砖制	红彩	残缺	通长32.2，厚5.6					
	ⅠM9:27	陶斗瓶	泥质灰陶	素面	完整	5.0		7.3	8.4		朱书
	ⅠM9:28	仿木柱	青砖	红彩	残缺		直径4.9~6.4		14.6		
	ⅠM9:29	陶碟	泥质灰陶	素面	完整	13.6		5.2	3.3		
	ⅠM9:30	陶耳杯	泥质灰陶	波浪纹、弦纹	残缺	长径10.5 短径6.4		长径3.8 短径2.7	3.5		
	ⅠM9:31	陶器盖	泥质灰陶	波浪纹、弦纹	残缺		盖径17.0		6.5		
	ⅠM9:32	仿木柱	青砖	红彩	残缺	14.7		17.2	13.4		
	ⅠM9:33	陶樽	泥质灰陶	素面	完整	4.4	6.4	4.0	通高17.1		
	ⅠM9:34	陶斗瓶	泥质灰陶	素面	完整	5.1	7.3	5.2	8.2		朱书
	ⅠM9:35	陶斗瓶	泥质灰陶	素面	完整				8.1~8.4		朱书

续附表二

出土单位	器物编号	器物名称	质地	纹饰	保存程度	口	腹	底	高	文化时代	备注
I M9	I M9∶36	绳纹陶罐	泥质灰陶	绳纹	残缺		24.0	16.0	残高16.8		
	I M9∶37	陶碟	泥质灰陶	素面	完整	13.5		5.5	4.0		
	I M9∶38	弦纹陶罐	泥质灰陶	弦纹	完整	5.6	13.0	7.0	10.8		
	I M9∶39	陶瓿	泥质灰陶	素面	完整	15.0		5.3	12.0		
	I M9∶40	熊面人身力士	砖雕	彩绘	残缺		宽16.0,厚5.1		16.6		
	I M9∶43	陶碗	泥质灰陶	棱纹、弦纹	完整	16.5		8.0	6.1		
	I M9∶44	砖雕	红砂岩		残缺		残径13.2,厚3.2				
	I M9∶45	铜削刀残件	铜		残缺		残长6.6,宽1.4~1.9,厚0.3				
	I M9∶46	陶樽	泥质灰陶	素面	残缺	12.3		15.4	6.8~10.5		
	I M9∶47	陶钵	泥质灰陶	素面	残缺			4.4	4.4		
	I M9∶48	铜钗	铜		残缺						
	I M9∶49	陶碟	泥质灰陶	素面	残缺			5.6	3.9		
	I M9∶50-1	彩绘装饰砖	砖	彩绘	残缺		长32.0,宽16.0,厚6.0			曹魏时期	
	I M9∶51-1	承柱颅员	砖雕	彩绘	残缺		长14.0,宽10.0,厚5.2				
	I M9∶51-2	承柱颅员	砖雕	彩绘	残缺		长13.0,宽9.4,厚5.0				
	I M9∶52-1	熊面人身力士	砖雕	彩绘	残缺		宽9.6,厚6.0		8.6		
	I M9∶52-2	熊面人身力士	砖雕	彩绘	残缺		宽9.9,厚5.8		8.6		
	I M9∶53	阙形彩绘砖	砖	彩绘	残缺		残宽14.5,厚5.2		通高14.0		

续附表二

出土单位	器物编号	器物名称	质地	纹饰	保存程度	口	腹	底	高	文化时代	备注
I M9	I M9:54	陶盆	泥质灰陶	素面	残缺	20.5		6.0	10.9	曹魏时期	
	I M9:55	陶碟	泥质橙黄陶	素面	残缺	13.5		5.7	3.6~4.8		
	I M9:56	陶器盖	泥质红褐陶	波浪纹、弦纹	残缺	盖径17.8			5.8		
	I M9:57	陶钵	泥质灰陶	素面	完整	7.1		3.6	2.6~2.8		
	I M9:58	陶钵	泥质灰陶	素面	残缺	8.0		3.4	3.1		
	I M9:59	陶樽	泥质灰陶	弦纹	残缺	20.3		22.0	13.8		
	I M9:60	陶钵	泥质橙黄陶	素面	残缺	9.8			残高3.8		
	I M9:61	陶钵	泥质橙黄陶	素面	残缺			5.3	5.1		
	I M9:62	陶钵	泥质灰陶	素面	残缺	9.5		4.1	3.6		
	I M9:63	铅人	铅	素面	完整		厚0.1		4.0		
	I M9:64-1	铅人	铅	素面	残缺		厚0.1		残高2.5		
	I M9:64-2	铅人	铅	素面	残缺		厚0.1		残高1.6		
I M11	I M11:1	陶甑	泥质灰陶	素面	完整	12.9		6.4	5.7	前秦—北凉	
	I M11:2	波浪纹陶罐	泥质灰黑陶	波浪纹、弦纹	完整	9.2	12.0	7.0	12.8		
	I M11:3	陶斗瓶	泥质灰陶	素面	完整	4.8	5.7	4.7	6.3		
	I M11:4	陶碟	泥质灰陶	素面	残缺	11.8		5.0	3.0		
	I M11:5	陶槅	泥质灰陶	素面	完整	16.3		15.5	2.5		
	I M11:6	波浪纹陶罐	泥质灰陶	波浪纹、弦纹	残缺	8.8	11.4	7.7	12.6~12.8		

续附表二

出土单位	器物编号	器物名称	质地	纹饰	保存程度	尺寸 口	尺寸 腹	尺寸 底	尺寸 高	文化时代	备注
ⅠM11	ⅠM11:7	陶盆	泥质灰陶	素面	残缺	13.4		6.7	5.7	前秦—北凉	
	ⅠM11:8	陶斗瓶	泥质灰陶	素面	完整	4.3	5.9	5.2	6.4		
	ⅠM11:9	素面陶罐	泥质灰陶	素面	完整	3.1	5.5	3.4	4.0		
	ⅠM11:10	铁器残件	铁		残缺						
	ⅠM11:11	波浪纹陶罐	泥质灰陶	波浪纹、弦纹	残缺	10.0	12.8	7.0	12.6		
	ⅠM11:12	陶盆	泥质灰陶	素面	残缺	11.8		5.9	5.3		
	ⅠM11:13	波浪纹陶罐	泥质灰陶	波浪纹、弦纹	残缺	9.4	11.8	7.6	13.0~13.6		
ⅠM12	ⅠM12:1	弦纹陶罐	泥质灰陶	弦纹	残缺	8.6	17.2	8.5	18.0	魏晋十六国时期	
	ⅠM12:2	陶钵	泥质灰陶	素面	完整	7.7		4.0	2.2~2.6		
	ⅠM12:3	铜钗	铜	素面	残缺	残长15.2,股径2.4,头部宽1.7,截面直径0.2					
ⅠM13	ⅠM13:1	波浪纹陶罐	泥质灰陶	波浪纹、弦纹	残缺	8.5	12.9	9.1	13.0	前凉前期	
	ⅠM13:2	波浪纹陶罐	泥质灰陶	波浪纹、弦纹	残缺	9.0	13.8	10.2	12.7~12.9		
	ⅠM13:3	波浪纹陶罐	泥质灰陶	波浪纹	残缺			10.0	残高10.5		
	ⅠM13:4	陶罐	泥质橙黄陶	素面	残缺	14.9	12.6	14.0	残高10.4		
	ⅠM13:5	素面陶罐	泥质灰陶	素面	残缺			9.4			
	ⅠM13:6	陶甑	泥质灰陶	素面	完整	10.1		4.2	3.9~4.6		
	ⅠM13:7	陶樽	泥质橙黄陶	素面	残缺	13.7		13.1	10.0~10.2		
	ⅠM13:8	陶樽	泥质橙黄陶	素面	残缺	14.7		13.8	10.0		

续附表二

出土单位	器物编号	器物名称	质地	纹饰	保存程度	尺寸 口	尺寸 腹	尺寸 底	尺寸 高	文化时代	备注
	ⅠM13：9	陶釜	泥质灰陶	波浪纹、弦纹	完整	6.2	9.5	6.1	6.3~6.7		
	ⅠM13：10	陶盆	泥质灰陶	素面	完整	10.3		4.4	3.5~3.6		
	ⅠM13：11	陶盆	泥质灰陶	素面	完整	10.0		4.2	4.1~4.3		
	ⅠM13：12	陶盘	泥质橙黄陶	波浪纹、弦纹	完整		盘径24.0，厚1.9				
	ⅠM13：13	陶壶	泥质橙黄陶	波浪纹、弦纹	残缺	5.1	7.8	6.9	11.6		
	ⅠM13：14	陶钵	泥质灰陶	素面	完整	6.6		3.4	2.1~2.6		
	ⅠM13：15	陶盆	泥质灰陶	素面	完整	11.2		5.0	4.5~4.9		
	ⅠM13：16	陶碟	泥质灰陶	素面	完整	11.2		4.9	3.2	前凉前期	
ⅠM13	ⅠM13：17	陶碗	泥质灰陶	素面	完整	6.8		3.2	2.2~2.6		
	ⅠM13：18	陶盘	泥质橙黄陶	波浪纹、弦纹	完整		盘径24.0，厚1.3~1.8				
	ⅠM13：19	陶碗	泥质灰陶	素面	完整	6.3		3.6	2.0~2.7		
	ⅠM13：20	陶碗	泥质灰陶	素面	完整	7.3		3.6	2.1~3.2		
	ⅠM13：21	陶钵	泥质灰陶	素面	完整	7.0		3.7	2.8		
	ⅠM13：22	陶碗	泥质灰陶	素面	完整	6.5		3.2	2.2~2.7		
	ⅠM13：23	陶碗	泥质灰陶	素面	完整	7.4		3.4	2.2~2.9		
	ⅠM13：24	陶碗	泥质灰陶	素面	完整	7.2		3.7	2.0~2.3		
	ⅠM13：25	陶斗瓶	泥质橙黄陶	素面	完整	5.4		5.4	6.8		
	ⅠM13：26	陶灯	泥质橙黄陶	素面	残缺	6.6		5.3	9.1		

续附表二

出土单位	器物编号	器物名称	质地	纹饰	保存程度	尺寸 口	尺寸 腹	尺寸 底	尺寸 高	文化时代	备注
ⅠM13	ⅠM13:27	陶斗瓶	泥质橙黄陶	素面	完整	5.6		5.4	6.7	前凉前期	
	ⅠM13:28	陶斗瓶	泥质灰陶	素面	完整	5.4		5.5	6.8		
	ⅠM13:30	珠饰	石	素面	残缺	截面直径1.2~1.3,孔径0.4					
	ⅠM13:31	铁钉	铁	素面	残缺	钉帽直径3.2,钉身截面直径0.5			通高2.8		
	ⅠM13:32	铜钗	铜	素面	残缺	长5.0,截面直径0.2~0.3					
ⅠM16	ⅠM16:1	波浪纹陶罐	泥质灰陶	波浪纹、弦纹	完整	9.2		7.6	12.0~12.7	前凉后期	
	ⅠM16:2	波浪纹陶罐	泥质灰陶	波浪纹、弦纹	残缺	8.2		10.6	13.5		
ⅠM19	ⅠM19:1	陶钵	泥质灰陶	素面	完整	15.3		6.7	5.8~6.2	魏晋十六国时期	
	ⅠM19:2	陶钵	泥质灰陶	素面	完整	15.1		5.5	6.0~6.3		
ⅡM1	ⅡM1:1	陶盆	泥质灰陶	素面	完整	10.2		3.9	3.9~4.1	前凉前期	
	ⅡM1:2	陶甑	泥质灰陶	素面	残缺	10.8		4.6	4.7		
	ⅡM1:3	陶釜	泥质灰陶	素面	完整	6.6	7.5	4.2	4.5~5.0		
	ⅡM1:4	波浪纹陶罐	泥质灰陶	波浪纹、弦纹	完整	7.6	12.6	8.6	12.4~13.2		
	ⅡM1:5	波浪纹陶罐	泥质灰陶	波浪纹、弦纹	完整	8.5	12.6	7.0	11.0~11.8		
	ⅡM1:6	波浪纹陶罐	泥质灰陶	波浪纹、弦纹	完整	7.6	12.4	8.5	10.4~10.8		
	ⅡM1:7	陶樽	泥质灰陶	凸棱纹	残缺	14.3		14.6	8.5		
	ⅡM1:8	陶盘	泥质灰陶	波浪纹	残缺		盘径20.6,厚1.5				
	ⅡM1:9	陶碗	泥质灰陶	素面	残缺	5.2		2.8	2.2		

续附表二

出土单位	器物编号	器物名称	质地	纹饰	保存程度	尺寸				文化时代	备注
						口	腹	底	高		
ⅡM1	ⅡM1:10	陶钵	泥质灰陶	素面	完整	5.6		3.2	2.2	前凉前期	
	ⅡM1:11	陶碗	泥质灰陶	素面	完整	5.4		3.2	2.0		
	ⅡM1:12	陶碗	泥质灰陶	素面	完整	5.8		2.6	2.5		
	ⅡM1:13	陶钵	泥质灰陶	弦纹	残缺	8.3		4.2	2.9		
ⅡM2	ⅡM2:1	波浪纹陶罐	泥质橙黄陶	波浪纹	完整	9.0	19.3	11.8	15.8~16.0	西晋中晚期	
	ⅡM2:2	波浪纹陶罐	泥质橙黄陶	波浪纹	残缺	9.4	19.0	10.8	18.0		
	ⅡM2:3	波浪纹陶罐	泥质橙黄陶	波浪纹	完整	7.4	16.5	8.8	15.0~15.3		
	ⅡM2:4	波浪纹陶罐	泥质橙黄陶	波浪纹	残缺	9.5	18.8	9.9	17.1~17.7		
	ⅡM2:5	波浪纹陶罐	泥质橙黄陶	波浪纹	完整	9.4	19.0	10.6	17.0		
	ⅡM2:6	陶樽	泥质灰陶	素面	完整	14.2		17.1	10.3		
	ⅡM2:7	陶钵	泥质灰陶	素面	残缺	8.0		3.6	2.7~3.0		
	ⅡM2:8	陶耳杯	泥质灰陶	素面	完整	长径10.5 短径5.5		长径6.8 短径4.0	2.5~3.0		
	ⅡM2:9	陶耳杯	泥质橙黄陶	素面	残缺	长径9.7 短径4.2		长径6.8 短径2.0	3.0		
	ⅡM2:10	陶碟	泥质橙黄陶	素面	残缺	11.4		5.0	2.6		
	ⅡM2:11	陶盘	泥质橙黄陶	波浪纹	残缺			盘径32.0,厚2.0			
	ⅡM2:12	陶钵	泥质橙黄陶	素面	完整	8.0		4.0	3.2		
	ⅡM2:13	陶耳杯	泥质橙黄陶	素面	完整	长径9.5 短径5.2		长径5.8 短径3.6	3.2		

续附表二

出土单位	器物编号	器物名称	质地	纹饰	保存程度	口	腹	底	高	文化时代	备注
ⅡM2	ⅡM2:14	陶耳杯	泥质橙黄陶	素面	完整	长径9.7 短径4.8		长径6.0 短径3.5	2.7~2.9		
	ⅡM2:15	陶碟	泥质灰陶	素面	完整	10.0		4.5	2.3~2.8		
	ⅡM2:16	陶盘	泥质橙黄陶	波浪纹、弦纹	完整		盘径32.0,厚2.5				
	ⅡM2:17	陶碟	泥质灰陶	素面	残缺	9.0		4.0	2.4		
	ⅡM2:18	陶碟	泥质灰陶	素面	残缺	10.6		4.7	2.5		
	ⅡM2:19	陶灯	泥质灰陶	素面	残缺	7.0		10.3	13.2		
	ⅡM2:20	陶碟	泥质灰陶	素面	残缺	9.3		4.7	2.2~2.5		
	ⅡM2:21	陶壶	泥质灰陶	素面	残缺	7.0	12.5	12.6	13.4		
	ⅡM2:22	陶釜	泥质灰陶	波浪纹、弦纹	残缺	16.5	23.8	16.2	10.0~10.8	西晋中晚期	
	ⅡM2:23	陶樽	泥质灰陶	素面	完整	14.8		17.9	11.4		
	ⅡM2:24	陶器盖	泥质灰陶	素面	完整	盖径18.2			5.5		
	ⅡM2:25	陶器盖	泥质灰陶	素面	完整	盖径17.0			6.0		
	ⅡM2:26	陶器盖	泥质灰陶	素面	完整	盖径17.9			5.5		
	ⅡM2:27	陶盆	泥质橙黄陶	素面	完整	14.4		4.8	5.4		
	ⅡM2:28	陶甑	泥质橙黄陶	素面	完整	16.0		5.2	6.3~7.3		
	ⅡM2:29	陶樽	泥质灰陶	素面	完整	15.0		16.8	11.0		
	ⅡM2:30	陶钵	泥质橙黄陶	素面	残缺	10.5		4.0	3.7		

续附表二

出土单位	器物编号	器物名称	质地	纹饰	保存程度	口	腹	底	高	文化时代	备注
ⅡM2	ⅡM2:31	陶钵	泥质灰陶	素面	完整	11.0		5.0	3.8~4.0	西晋中晚期	
	ⅡM2:32	铜弩机廓	铜	素面	残缺		长6.0、宽2.6~2.7、高1.0				
ⅡM3	ⅡM3:1	波浪纹陶罐	泥质橙黄陶	波浪纹、弦纹	残缺	9.8	17.6	9.6	13.8	前凉前期	
	ⅡM3:2	波浪纹陶罐	泥质橙黄陶	波浪纹、弦纹	残缺	9.6	17.8	13.0	14.4		
	ⅡM3:3	波浪纹陶罐	泥质橙黄陶	波浪纹、弦纹	完整	9.5	18.2	12.8	16.2~16.6		
	ⅡM3:4	波浪纹陶罐	泥质橙黄陶	波浪纹、弦纹	完整	10.8	18.6	14.0	15.0~15.2		
	ⅡM3:5	陶樽	泥质灰陶	素面	完整	17.6		20.4	13.4~13.6		
	ⅡM3:6	陶樽	泥质灰陶	素面	完整	15.2		19.8	12.0~12.5		
	ⅡM3:7	陶樽	泥质灰陶	素面	完整	15.5		19.4	12.8~13.0		
	ⅡM3:8	陶甑	泥质灰陶	素面	完整	12.8		6.0	5.0		
	ⅡM3:9	陶钵	泥质灰陶	素面	完整	11.6		5.0	4.5		
	ⅡM3:10	陶釜	泥质灰陶	素面	完整	7.6	11.5	7.0	8.0		
	ⅡM3:11	波浪纹陶罐	泥质橙黄陶	波浪纹、弦纹	完整	9.4	16.6	13.6	13.4		
	ⅡM3:12	陶器盖	泥质灰陶	素面	完整		盖径20.0		5.9~7.0		
	ⅡM3:13	陶器盖	泥质灰陶	素面	完整		盖径20.8		5.6~6.6		
	ⅡM3:14	陶壶	泥质灰陶	素面	完整	6.6	8.5	9.0	9.6		
	ⅡM3:15	素面陶罐	泥质灰陶	素面	残缺	5.2	12.0	6.8	9.5		
	ⅡM3:16	陶楯	泥质灰陶	素面	完整		长33.4、宽22.0		6.0		

续附表二

出土单位	器物编号	器物名称	质地	纹饰	保存程度	尺寸 口	尺寸 腹	尺寸 底	尺寸 高	文化时代	备注
ⅡM3	ⅡM3:17	陶櫅	泥质灰陶	素面	完整		长35.4,宽22.0		6.0		
	ⅡM3:18	陶钵	泥质橙黄陶	素面	完整	7.5		4.4	3.5		
	ⅡM3:19	陶钵	泥质橙黄陶	素面	完整	8.0		4.6	3.2		
	ⅡM3:20	陶灯	泥质灰陶	凸棱纹	完整	6.2		9.0	10.4~10.6		
	ⅡM3:21	陶碟	泥质灰陶	素面	完整	10.4		5.0	2.8~3.3		
	ⅡM3:22	陶盘	泥质红陶	波浪纹	完整		盘径24.8,厚2.2			前凉前期	
	ⅡM3:23	陶盆	泥质灰陶	素面	完整	10.5		5.0	5.4		
	ⅡM3:24	陶饼	泥质灰陶	素面	残缺	面径7.5		7.2	4.0		
	ⅡM3:25	陶斗瓶	泥质橙黄陶	素面	完整	5.6	6.6	5.2	6.6		
	ⅡM3:26	陶斗瓶	泥质橙黄陶	素面	完整	5.3	6.0	4.5	6.0~6.6		
	ⅡM3:27	铜弩机廓	铜	素面	残缺		长5.5,宽2.0~2.2,厚0.1~0.2				
	ⅡM3:28	铜铃铛	铜	素面	残缺		直径1.5		2.0		
	ⅡM3:29	陶斗瓶	泥质橙黄陶	素面	残缺	4.9	6.0	5.3	6.9~7.1		
	ⅡM3:30	铁镜	铁	素面	残缺		残径9.7,厚0.3				
	ⅡM3:32	铜弩机廓	铜	素面	残缺		长5.0,宽1.5~2.4,厚0.3~0.5				
	ⅡM3:33	铜弩机	铜	素面	残缺	5.0		5.2	7.0		
	ⅡM3:34	陶斗瓶	泥质橙黄陶	素面	残缺		长4.5,厚0.2~0.4,高1.2				
ⅡM4	ⅡM4:1	泥罐	泥质	素面	残缺	3.2	6.9	4.6	7.3~7.7	前凉后期	

附 表

续附表二

出土单位	器物编号	器物名称	质地	纹饰	保存程度	口	腹	底	高	文化时代	备注
ⅡM4	ⅡM4:2	泥钵	泥质	素面	残缺	6.8	8.4	6.0	5.2	前凉后期	
ⅡM5	ⅡM5:1	陶樽	泥质橙黄陶	素面	残缺	15.5		15.7	12.0		
	ⅡM5:2	陶斗瓶	泥质灰陶	素面	完整	5.3	5.4	5.2	6.8~7.0		
	ⅡM5:3	陶斗瓶	泥质灰陶	素面	完整	4.6	5.0	4.6	6.7~6.9		
	ⅡM5:4	陶斗瓶	泥质灰陶	素面	完整	4.6	5.5	5.2	6.0		
	ⅡM5:5	陶灯	泥质橙黄陶	素面	残缺			4.6	残高7.0	前凉前期	
	ⅡM5:6	陶壶	泥质橙黄陶	波浪纹、弦纹	完整	5.8	8.5	7.0	12.8		
	ⅡM5:7	陶斗瓶	泥质灰陶	素面	完整	4.7	5.3	4.6	5.7~6.0		
	ⅡM5:8	陶碗	泥质灰陶	素面	残缺	9.5		4.8	2.6		
	ⅡM5:9	陶樽	泥质灰陶	素面	残缺	13.4		15.0	10.2		
ⅡM6	ⅡM6:1	陶盘	泥质橙黄陶	波浪纹	完整		盘径17.0~17.2,厚1.6~1.9				
	ⅡM6:2	波浪纹陶罐	泥质橙黄陶	波浪纹、弦纹	完整	7.2	11.4	7.9	11.1~11.7	前凉后期	
	ⅡM6:3	陶釜	泥质橙黄陶	弦纹	完整	6.8		5.4	6.2~6.4		
	ⅡM6:4	陶甑	泥质橙黄陶	凸棱纹	完整	9.8		4.4	4.2		
	ⅡM6:5	波浪纹陶罐	泥质橙黄陶	波浪纹、弦纹	残缺	5.2	11.2	7.2	12.2		
	ⅡM6:6	陶斗瓶	泥质灰褐陶	素面	完整	4.3		4.7	5.7~6.1		
	ⅡM6:7	陶盆	泥质橙黄陶	凸棱纹	完整	9.6		4.2	4.2~4.6		
ⅡM7	ⅡM7:1	陶斗瓶	泥质灰陶	素面	完整	4.1		4.1	6.2~6.6	魏晋十六国时期	

续附表二

出土单位	器物编号	器物名称	质地	纹饰	保存程度	尺寸 口	尺寸 腹	尺寸 底	尺寸 高	文化时代	备注
ⅡM7	ⅡM7:2	陶斗瓶	泥质灰陶	素面	完整	4.2		4.9	5.5~5.9	魏晋十六国时期	
	ⅡM7:3	陶斗瓶	泥质灰陶	素面	完整	4.2		4.5	5.7~6.1		
ⅡM8	ⅡM8:1	泥罐	泥质	素面	残缺	4.0	5.8	2.2	5.0~5.2	前凉后期	
	ⅡM8:2	泥釜	泥质	素面	残缺	3.2	6.0	2.5	4.5~4.9		
	ⅡM8:3	陶樽	泥质灰陶	凸棱纹	完整	12.2	14.0	14.0	7.4		
	ⅡM8:4	陶碗	泥质橙黄陶	素面	残缺	8.0		3.0	2.5		
	ⅡM8:5	泥罐	泥质	素面	完整		5.4	4.4	残高4.5		
ⅡM10	ⅡM10:1	陶斗瓶	泥质灰陶	素面	完整	4.0	6.2	5.0	6.2	前凉后期	
	ⅡM10:2	陶斗瓶	泥质灰陶	素面	完整	4.2	5.8	4.6	6.0~6.4		
	ⅡM10:3	陶碗	泥质橙黄陶	素面	完整	8.2		2.6	3.3~3.4		
	ⅡM10:4	泥釜	泥质	素面	残缺		5.5	2.7	残高4.5		
	ⅡM10:5	泥器	泥质	素面	残缺	2.2	3.4	1.8	3.4		
	ⅡM10:6	素面陶罐	泥质灰陶	素面	残缺	7.2	12.4	5.8	10.6		
ⅡM11	ⅡM11:1	陶斗瓶	泥质灰陶	素面	完整	4.8	5.9	5.2	7.0	魏晋十六国时期	
	ⅡM11:2	陶斗瓶	泥质灰陶	素面	完整	4.7	5.7	5.2	6.6~6.8		
	ⅡM11:3	弦纹陶罐	泥质灰陶	弦纹	完整	11.4	16.4	10.5	11.4		
	ⅡM11:4	陶斗瓶	泥质灰陶	素面	完整	4.4	5.5	4.6	6.6~6.7		
	ⅡM11:5	陶斗瓶	泥质灰陶	素面	完整	4.6	5.5	4.5	6.8		

续附表二

出土单位	器物编号	器物名称	质地	纹饰	保存程度	尺寸			文化时代	备注
						口	腹	底	高		
ⅡM11	ⅡM11：6	银环	银	素面	残缺		直径2.0			魏晋十六国时期	
	ⅡM11：7	珠饰	石质	素面	完整		直径0.8，孔径0.3		0.7		
	ⅡM11：8	丝织物			残缺		残长7.5				
ⅡM12	ⅡM12：1	波浪纹陶罐	泥质灰陶	波浪纹、弦纹	残缺	9.5	18.4	13.5	13.8	前凉前期	
	ⅡM12：2	波浪纹陶罐	泥质灰褐	波浪纹、弦纹	残缺	9.4	17.2	12.8	12.8		
	ⅡM12：3	素面陶罐	泥质灰陶	素面	完整	3.8	7.8	3.9	4.4		
	ⅡM12：4	铜钗	铜	素面	残缺		残长11.8，宽1.3~1.7				
	ⅡM12：6	陶壶	泥质灰陶	素面	残缺	7.9	9.6	8.8	10.5~11.0		
	ⅡM12：7	陶耳杯	泥质灰陶	素面	完整	长径10.0 短径4.9		长径6.0 短径2.7	3.3		
	ⅡM12：8	陶耳杯	泥质橙黄陶	素面	残缺	长径9.4 残短径4.3		长径5.2 短径3.5	3.0~3.4		
	ⅡM12：9	陶盘	泥质橙黄陶	波浪纹	残缺		盘径31.0，内径2.8				
	ⅡM12：10	陶耳杯	泥质橙黄陶	素面	完整	长径10.0 短径5.0		长径5.5 短径3.2	3.0		
	ⅡM12：11	陶灯	泥质灰陶	凸棱纹	残缺		7.4		残高7.9		
	ⅡM12：12	陶盘	泥质橙黄陶	波浪纹	残缺		盘径32.0，厚3.0				
	ⅡM12：13	铜指环	铜	弦纹	完整		外径2.0，内径1.6		0.8		
	ⅡM12：14	陶樽	泥质橙黄陶	素面	残缺	17.4	20.0	17.8	11.8		
	ⅡM12：15	陶樽	泥质灰陶	素面	完整	18.0	21.0	17.7	10.6		

续附表二

出土单位	器物编号	器物名称	质地	纹饰	保存程度	口	腹	底	高	文化时代	备注
ⅡM12	ⅡM12:16	陶樽	泥质橙黄陶	素面	残缺	16.4	19.5	18.8	11.8		
	ⅡM12:17	波浪纹陶罐	泥质橙黄陶	波浪纹、弦纹	残缺	9.0	16.6	12.6	13.6		
	ⅡM12:18	波浪纹陶罐	泥质红陶	波浪纹、弦纹	残缺	8.7	17.0	12.0	13.0		
	ⅡM12:19	陶瓶	泥质灰陶	素面	完整	15.8		7.4	7.1	前凉前期	
	ⅡM12:20	陶盆	泥质灰陶	素面	完整	12.0		6.0	4.6		
	ⅡM12:22	陶釜	泥质灰陶	素面	完整	9.6	11.6	7.0	8.7		
	ⅡM12:23	铜钗	铜	素面	残缺	残长11.4，宽1.0~1.3					
ⅡM13	ⅡM13:2	木梳	木	素面	残缺	长5.7，宽5.3，厚0.15~0.6，梳齿长3.0				魏晋十六国时期	
ⅡM14	ⅡM14:1	泥杯	泥质	素面	残缺	4.0	4.5	2.2	5.0	前凉后期	
	ⅡM14:2	泥釜	泥质	素面	残缺		5.2	3.2	3.2~3.5		
ⅡM15	ⅡM15:1	陶钵	泥质灰陶	素面	完整	10.6		6.0	3.8	前凉后期	
	ⅡM15:2	陶钵	泥质灰陶	素面	残缺	10.6		5.7	4.0		
	ⅡM15:3	波浪纹陶罐	泥质灰陶	波浪纹、弦纹	残缺	9.0	13.0	9.5	14.0		
	ⅡM15:4	陶斗瓶	泥质灰陶	素面	完整	5.2	6.3	5.0	6.0~6.2		
	ⅡM15:5	波浪纹陶罐	泥质灰陶	波浪纹、弦纹	残缺	8.0	11.4	9.2	14.0		
	ⅡM15:6	陶灯	泥质橙黄陶	素面	完整	6.0		6.6	8.5		
	ⅡM15:7	陶钵	泥质橙黄陶	素面	完整	10.0		6.0	3.5		
	ⅡM15:8	陶壶	泥质灰陶	素面	完整	5.2	6.2	6.2	8.8		

续附表二

出土单位	器物编号	器物名称	质地	纹饰	保存程度	尺寸				文化时代	备注
						口	腹	底	高		
ⅡM15	ⅡM15:9	陶釜	泥质灰陶	凸棱纹	完整	6.2	8.2	4.9	5.5~5.7	前凉后期	
	ⅡM15:10	陶碗	泥质灰陶	素面	完整	6.4		4.3	2.6~3.0		
	ⅡM15:11	陶斗瓶	泥质灰陶	素面	完整	4.5	5.9	4.6	6.3		
	ⅡM15:12	陶槅	泥质橙黄陶	弦纹	完整	18.5		18.6	3.5		
	ⅡM16:1	波浪纹陶罐	泥质橙黄陶	波浪纹、弦纹	完整	9.1	10.8	5.9	10.8~11.0		
	ⅡM16:2	陶槅	泥质橙黄陶	素面	完整	14.6		14.9	3.0		
	ⅡM16:3	陶釜	泥质灰黑陶	素面	残缺	7.8	7.9	4.0	5.0~5.5		
ⅡM16	ⅡM16:4	陶甑	泥质橙黄陶	素面	完整	10.0		4.3	5.2	前秦—北凉	
	ⅡM16:5	陶盆	泥质橙黄陶	素面	残缺	11.0		4.4	5.1		
	ⅡM16:6	陶灯	泥质橙黄陶	素面	完整	6.0		5.9	7.6		
	ⅡM16:7	陶釜	泥质橙黄陶	素面	残缺	7.0		4.5	5.7~6.2		
ⅡM17	ⅡM17:1	波浪纹陶罐	泥质灰陶	波浪纹、弦纹	残缺	8.8	12.0	6.1	13.0~13.3	前秦—北凉	
ⅡM18	ⅡM18:1	陶甑	泥质橙黄陶	素面	完整	11.5		5.0	5.6	前秦—北凉	
	ⅡM18:2	陶釜	泥质橙黄陶	素面	完整	7.2	9.2	4.3	6.0		
	ⅡM18:3	陶壶	泥质橙黄陶	波浪纹	完整	5.5	6.7	5.7	8.8		
	ⅡM18:4	陶釜	泥质橙黄陶	素面	完整	10.9		5.0	5.0~6.1		
	ⅡM18:5	陶盆	泥质橙黄陶	素面	完整	12.6		13.2	6.4		
	ⅡM18:6	陶槅	泥质橙黄陶	素面	残缺	15.0		16.0	3.5		

续附表二

出土单位	器物编号	器物名称	质地	纹饰	保存程度	尺寸				文化时代	备注
						口	腹	底	高		
ⅡM19	ⅡM19:1	陶钵	泥质灰陶	素面	残缺	9.4		5.4	3.2~3.6		
	ⅡM19:2	陶钵	泥质灰陶	素面	残缺	12.8		5.8	5.6		
	ⅡM19:3	陶器盖	泥质灰陶	素面	完整		盖径16.5		3.0		
	ⅡM19:4	陶碗	泥质灰陶	素面	完整	4.2		1.8	1.5		
	ⅡM19:5	陶碗	泥质灰陶	素面	完整	7.6		3.4	2.1~2.6		
	ⅡM19:6	陶碗	泥质灰陶	素面	完整	7.7		3.4	2.7~3.0		
	ⅡM19:7	陶钵	泥质灰陶	素面	完整	10.0		5.3	3.5		
	ⅡM19:8	陶钵	泥质灰陶	弦纹	完整	11.4		6.5	4.5	曹魏时期	
	ⅡM19:9	铜耳杯	铜	素面	完整	长径11.0 短径6.2		长径4.3 短径3.3	2.8~3.1		
	ⅡM19:10	陶碗	泥质灰陶	素面	完整	9.8		3.6	3.5		
	ⅡM19:11	陶钵	泥质灰陶	素面	残缺	15.6		5.5	6.5		
	ⅡM19:12	弦纹陶罐	泥质灰陶	弦纹	完整	7.2	17.9	11.2	15.5		
	ⅡM19:13	陶器盖	泥质灰陶	素面	完整		盖径19.6		2.6		
	ⅡM19:14	陶钵	泥质灰陶	素面	残缺	10.0		3.7	3.2		
	ⅡM19:15	陶钵	泥质灰陶	素面	残缺	11.2		4.7	4.6		
	ⅡM19:17	方砖	青灰色	粗绳纹	残缺		40.0×40.0,厚4.5				
ⅡM20	ⅡM20:1	陶钵	泥质灰陶	素面	完整	10.0		4.0	3.0~3.2	西晋早期	

续附表二

出土单位	器物编号	器物名称	质地	纹饰	保存程度	尺寸				文化时代	备注
						口	腹	底	高		
ⅡM20	ⅡM20:2	陶钵	泥质灰陶	素面	完整	16.0		7.1	7.5~7.9	西晋早期	
	ⅡM20:3	弦纹陶罐	泥质灰陶	弦纹	完整	5.6	15.0	6.8	14.1~14.5		
	ⅡM21:1	陶碟	泥质灰陶	素面	完整	10.0		3.6	2.5~3.7		
	ⅡM21:2	陶甑	泥质灰陶	素面	完整	10.3		4.3	3.4~3.6		
	ⅡM21:3	陶釜	泥质橙黄陶	凸棱纹	完整	6.6	9.6	5.4	6.4~6.8		
	ⅡM21:4	陶樽	泥质橙黄陶	素面	完整	15.5	14.3	16.5	8.9~9.0		
	ⅡM21:5	波浪纹陶罐	泥质橙黄陶	波浪纹、弦纹	残缺	9.0		11.2	10.0		
	ⅡM21:6	波浪纹陶罐	泥质灰陶	波浪纹	残缺			11.5	残高5.5		
	ⅡM21:8	陶钵	泥质灰陶	素面	完整	5.5		4.5	2.2		
	ⅡM21:9	波浪纹陶罐	泥质灰陶	波浪纹、弦纹	完整	9.0	13.0	10.0	14.0~15.0		
ⅡM21	ⅡM21:10	陶樽	泥质灰陶	凸棱纹	完整	14.8		13.6	8.6	前凉前期	
	ⅡM21:11	陶碗	泥质灰陶	素面	完整	8.0		4.3	4.0~4.2		
	ⅡM21:12	陶盆	泥质灰陶	素面	完整	10.1		4.9	3.6~5.1		
	ⅡM21:13	陶碗	泥质红陶	素面	完整	11.0		4.5	3.3~3.7		
	ⅡM21:14	陶甑	泥质橙黄陶	素面	完整	9.8	8.4	4.8	3.9~5.1		
	ⅡM21:15	陶釜	泥质橙黄陶	波浪纹、弦纹	完整	5.8	5.8	5.3	6.7~7.0		
	ⅡM21:16	陶斗瓶	泥质红褐陶	素面	残缺	4.9		5.0	6.4		
	ⅡM21:1	陶碟	泥质灰陶	素面	完整	10.0		3.6	2.5~3.7		

续附表二

出土单位	器物编号	器物名称	质地	纹饰	保存程度	尺寸 口	尺寸 腹	尺寸 底	尺寸 高	文化时代	备注
ⅡM21	ⅡM21:17	陶斗瓶	泥质红褐陶	素面	完整	4.6	5.6	5.3	5.8	前凉前期	
ⅡM22	ⅡM22:1	陶盆	泥质橙黄陶	素面	完整	11.5		4.7	4.4		
	ⅡM22:2	陶樽	泥质橙黄陶	素面	残缺	15.7		14.9	8.7		
	ⅡM22:3	波浪纹陶罐	泥质橙黄陶	波浪纹、弦纹	残缺						
	ⅡM22:4	陶斗瓶	泥质橙黄陶	素面	完整	4.9	6.0	5.5	6.2	前凉前期	
	ⅡM22:5	陶斗瓶	泥质灰陶	素面	完整	4.9	6.0	5.5	5.8		
	ⅡM22:6	陶盘	泥质橙黄陶	波浪纹	残缺	盘径27.7，厚2.6					
	ⅡM22:7	陶钵	泥质橙黄陶	素面	完整	8.6		4.4	2.2		
	ⅡM22:8	陶钵	泥质橙黄陶	素面	残缺	8.0		4.0	2.5		
	ⅡM22:9	陶盆	泥质灰陶	素面	完整	9.0		4.0	2.8		
ⅡM23	ⅡM23:1	波浪纹陶罐	泥质灰陶	波浪纹、弦纹	残缺	9.4	13.4	7.3	13.4	前凉前期—前凉后期	
	ⅡM23:2	波浪纹陶罐	泥质橙黄陶	波浪纹、弦纹	完整	8.8	13.9	6.6	13.5		
	ⅡM23:3	波浪纹陶罐	泥质灰陶	波浪纹、弦纹	完整	9.8	14.2	5.9	13.3		
	ⅡM23:4	波浪纹陶罐	泥质灰陶	波浪纹、弦纹	完整	9.1	15.2	10.3	13.5		
	ⅡM23:5	陶樽	泥质橙黄陶	素面	完整	15.7		16.7	10.0		
	ⅡM23:6	陶樽	泥质橙黄陶	素面	完整	14.8		16.5	10.0		
	ⅡM23:7	陶盆	泥质橙黄陶	素面	完整	11.9		4.6	4.4		
	ⅡM23:8	陶釜	泥质橙黄陶	素面	完整	6.9	8.5	4.7	7.2		

续附表二

出土单位	器物编号	器物名称	质地	纹饰	保存程度	尺寸			文化时代	备注
						口	腹	底	高		
ⅡM23	ⅡM23：9	陶盘	泥质灰陶	波浪纹	残缺		盘径25.4,厚2.4~2.6			前凉前期—前凉后期	
	ⅡM23：10	陶碗	泥质灰陶	素面	完整	9.7		4.6	3.6~4.0		
	ⅡM23：11	陶碗	泥质橙黄陶	素面	完整	6.8		3.6	2.5		
	ⅡM23：12	陶碗	泥质橙黄陶	素面	完整	9.1		4.5	3.5		
	ⅡM23：13	陶碗	泥质橙黄陶	弦纹	完整	7.0		3.5	2.6~3.0		
	ⅡM23：14	陶碗	泥质橙黄陶	素面	完整	10.7		5.1	4.0~4.5		
	ⅡM23：15	陶壶	泥质橙黄陶	素面	残缺	6.3	8.6	8.1	9.0		
	ⅡM23：16	陶碗	泥质橙黄陶	弦纹	完整	8.0		4.1	2.7~3.0		
	ⅡM23：17	陶甑	泥质灰陶	素面	完整	11.3		4.9	4.1~4.3		
	ⅡM23：18	陶斗瓶	泥质灰陶	素面	完整	5.1	5.6	5.2	6.0~6.2		
	ⅡM23：20	陶斗瓶	泥质灰陶	素面	残缺			4.8	残高3.8		
	ⅡM23：21	陶耳杯	泥质灰陶	素面	完整	长径7.9 短径4.2		长径5.4 短径2.0	2.6		
	ⅡM23：22	陶斗瓶	泥质灰陶	素面	完整	5.7	7.0	5.3	7.4		
	ⅡM23：23	陶耳杯	泥质橙黄陶	素面	残缺	残长径7.7 短径4.2		长径5.2 残短径2.0	2.6		
	ⅡM23：24	陶灯	泥质橙黄陶	素面	完整	6.0		6.8	9.6		
	ⅡM23：25	陶樽	泥质橙黄陶	素面	完整	16.4		17.4	9.3		
	ⅡM23：24	陶灯	泥质橙黄陶	素面	残缺	6.0		6.8	9.6		

续附表二

出土单位	器物编号	器物名称	质地	纹饰	保存程度	尺寸 口	尺寸 腹	尺寸 底	尺寸 高	文化时代	备注
ⅡM23	ⅡM23:25	陶樽	泥质橙黄陶	素面	完整	16.4		17.4	9.3		
	ⅡM23:26	陶盘	泥质橙黄陶	波浪纹	完整		盘径27.4,厚2.6				
	ⅡM23:27	波浪纹陶罐	泥质橙黄陶	波浪纹、弦纹	完整	9.2	14.1	7.0	13.0	前凉前期—前凉后期	
	ⅡM23:28	陶碗	泥质橙黄陶	素面	完整	7.6		3.7	3.0		
	ⅡM23:29	陶钵	泥质橙黄陶	素面	完整	8.4		4.2	3.0		
	ⅡM23:30	陶钵	泥质橙黄陶	凸棱纹	完整	7.1		4.1	3.0		
	ⅡM23:31	陶钵	泥质灰陶	素面	残缺	8.3		3.8	2.7~3.0		
	ⅡM24:1	波浪纹陶罐	泥质灰陶	波浪纹、弦纹	完整	9.2	16.3	12.3	13.2~13.7		
	ⅡM24:2	陶樽	泥质灰陶	凸棱纹	完整	15.4	19.8	17.2	11.5~11.7		
	ⅡM24:3	陶甑	泥质灰陶	素面	完整	11.5		5.2	3.9~5.3		
	ⅡM24:4	波浪纹陶罐	泥质灰陶	波浪纹、弦纹	残缺	10.4	17.0	11.9	14.7		
ⅡM24	ⅡM24:5	陶罐	泥质橙黄陶	波浪纹、弦纹、凸棱纹	残缺	10.0	16.1	10.4	15.0~15.6	前凉前期	
	ⅡM24:6	陶灯	泥质灰陶	素面	残缺			7.4	残高8.2~8.4		
	ⅡM24:7	陶釜	泥质灰陶	素面	完整	7.5	11.1	7.1	7.1		
	ⅡM24:8	陶盘	泥质灰陶	波浪纹	残缺		盘径29.4,厚2.6				
	ⅡM24:9	陶耳杯	泥质灰陶	素面	残缺	长径8.2 短径4.6		长径4.5 短径2.7	2.5~2.7		
	ⅡM24:10	陶耳杯	泥质红陶	素面	完整	长径8.4 短径4.5		长径4.8 短径2.2	2.2~2.5		

附 表

续附表二

出土单位	器物编号	器物名称	质地	纹饰	保存程度	尺寸			文化时代	备注
						口	腹	底	高		
ⅡM24	ⅡM24:9	陶耳杯	泥质灰陶	素面	残缺	长径8.2 短径4.6		长径4.5 短径2.7	2.5~2.7		
	ⅡM24:10	陶耳杯	泥质红陶	素面	完整	长径8.4 短径4.5		长径4.8 短径2.2	2.2~2.5	前凉前期	
	ⅡM24:11	陶耳杯	泥质灰陶	素面	残缺	长径7.5 短径4.3		长径4.4 短径1.8	2.2		
	ⅡM24:12	陶耳杯	泥质灰陶	素面	残缺	长径8.2 短径4.8		长径4.7 短径2.5	2.6		
	ⅡM24:13	陶耳杯	泥质灰陶	素面	残缺	残长径4.3 短径3.9		短径2.1	残高1.0~1.7		
	ⅡM25:1	陶樽	泥质橙黄陶	素面	完整	12.8		14.4	9.3		
	ⅡM25:2	陶樽	泥质橙黄陶	素面	残缺	14.0		15.8	10.8		
	ⅡM25:3	陶樽	泥质橙黄陶	素面	残缺	14.0		13.7	10.1~10.5		
	ⅡM25:4	陶盘	泥质橙黄陶	波浪纹	残缺			盘径29.3,厚2.2			
ⅡM25	ⅡM25:5	陶钵	泥质橙黄陶	素面	完整	6.8		3.0	2.6	前凉前期	
	ⅡM25:6	波浪纹陶罐	泥质灰陶	波浪纹、弦纹	完整	8.8	14.3	10.1	13.5~13.8		
	ⅡM25:7	陶壶	泥质橙黄陶	素面	完整	5.1		8.1	10.6		
	ⅡM25:8	陶钵	泥质灰陶	素面	完整	16.3		6.1	5.6		
	ⅡM25:9	陶钵	泥质灰陶	素面	完整	7.2		3.3	2.6		
	ⅡM25:10	陶钵	泥质橙黄陶	素面	完整	7.0		3.0	3.0		
	ⅡM25:11	陶钵	泥质橙黄陶	素面	完整	9.2		4.3	3.7		
	ⅡM25:1	陶樽	泥质橙黄陶	素面	完整	12.8		14.4	9.3		

续附表二

出土单位	器物编号	器物名称	质地	纹饰	保存程度	尺寸 口	尺寸 腹	尺寸 底	尺寸 高	文化时代	备注
ⅡM25	ⅡM25:12	陶钵	泥质橙黄陶	素面	残缺	6.6		3.4	3.0		
	ⅡM25:13	波浪纹陶罐	泥质橙黄陶	波浪纹、弦纹	完整	8.8	14.0	8.4	12.1		
	ⅡM25:14	陶斗瓶	泥质橙黄陶	素面	完整	5.1		5.2	7.2		
	ⅡM25:15	波浪纹陶罐	泥质橙黄陶	波浪纹、弦纹	完整	9.0	14.8	7.2	14.3		
	ⅡM25:16	波浪纹陶罐	泥质橙黄陶	波浪纹、弦纹	完整	9.4	14.3	7.4	13.5		
	ⅡM25:17	陶瓿	泥质橙黄陶	素面	完整	10.3		5.0	4.7~4.8	前凉前期	
	ⅡM25:18	陶盆	泥质橙黄陶	素面	完整	11.0		5.1	4.6		
	ⅡM25:19	波浪纹陶罐	泥质橙黄陶	波浪纹、弦纹	完整	9.0	14.0	8.0	13.7		
	ⅡM25:20	陶盘	泥质橙黄陶	波浪纹	完整	盘径26.6、厚2.0					
	ⅡM25:21	铜镜	铜	不明	残缺	面径6.8、缘厚0.3、钮高0.6					
	ⅡM25:23	陶杯	泥质橙黄陶	素面	残缺	8.6		4.1	2.8~3.4		
	ⅡM25:24	陶杯	泥质橙黄陶	素面	残缺	7.0		3.7	2.8~3.2		
	ⅡM25:25	陶杯	泥质橙黄陶	素面	残缺	8.0		3.5	2.4~2.7		
	ⅡM25:26	陶灯	泥质橙黄陶	素面	残缺	5.7		5.9	8.5		
ⅡM26	ⅡM26:1	波浪纹陶罐	泥质红陶	波浪纹、弦纹	残缺	9.0	11.7	7.7	13.4	前秦—北凉	
	ⅡM26:2	铜钗	铜	素面	完整	长14.6、截面直径0.2					
ⅢM1	ⅢM1:1	陶盆	泥质灰陶	素面	完整	12.0		4.4	4.2	西晋早期— 西晋晚期	
	ⅢM1:2	陶斗瓶	泥质灰陶	素面	完整	5.4	6.8	5.8	7.5		

续附表二

出土单位	器物编号	器物名称	质地	纹饰	保存程度	尺寸 口	尺寸 腹	尺寸 底	尺寸 高	文化时代	备注
	ⅢM1:3	陶樽	泥质灰陶	素面	残缺	15.8		17.2	11.5		
	ⅢM1:4	陶钵	泥质红陶	素面	残缺	11.4		4.0	4.0		
	ⅢM1:5	陶器盖	泥质灰陶	素面	残缺	盖径16.8			残高4.8		
	ⅢM1:6	陶碗	泥质橙黄陶	素面	完整	10.2		3.8	4.2		
	ⅢM1:7	陶樽	泥质橙黄陶	素面	残缺	盖径16.4		17.0	通高17.0		
ⅢM1	ⅢM1:8	陶釜	泥质橙黄陶	素面	残缺	7.4	14.6	9.4	11.5		
	ⅢM1:9	陶碗	泥质灰陶	弦纹	完整	13.6		5.6	4.4		
	ⅢM1:10	陶盆	泥质灰陶	素面	完整	11.5		4.2	4.3		
	ⅢM1:11	陶钵	泥质橙黄陶	素面	完整	9.4		4.2	3.5		
	ⅢM1:12	陶盘	泥质橙黄陶	波浪纹、弦纹	残缺		盘径32.0，厚2.1				
	ⅢM1:13	陶甑	泥质灰陶	素面	完整	12.2		4.2	5.2	西晋早期—西晋晚期	
	ⅢM1:14	陶壶	泥质灰陶	素面	完整	6.6	11.8	12.0	13.4		
	ⅢM1:15	陶灯	泥质灰陶	凸棱纹	完整	7.6		10.8	13.4		
	ⅢM1:16	陶钵	泥质橙黄陶	素面	残缺	10.2		4.6	4.0		
	ⅢM1:17	陶钵	泥质橙黄陶	素面	完整	10.2		4.1	4.2		
	ⅢM1:18	陶钵	泥质橙黄陶	素面	完整	10.8		4.6	4.0		
	ⅢM1:19	陶钵	泥质橙黄陶	素面	完整	10.6		4.8	4.3		

续附表二

出土单位	器物编号	器物名称	质地	纹饰	保存程度	口	腹	底	高	文化时代	备注
ⅢM1	ⅢM1:20	陶钵	泥质橙黄陶	素面	完整	10.0		4.0	3.7	西晋早期—西晋晚期	
	ⅢM1:21	陶盘	泥质橙黄陶	波浪纹、弦纹	完整	盘径34.0，厚2.2					
	ⅢM1:22	陶斗瓶	泥质灰陶	素面	完整	5.4		6.4	8.0		
	ⅢM1:25	陶斗瓶	泥质灰陶	素面	完整	5.4	7.0	5.8	7.6		
	ⅢM1:26	陶钵	泥质灰陶	素面	残缺	11.2		4.2	3.5		
ⅢM2	ⅢM2:1	弦纹陶罐	泥质灰陶	弦纹	完整	9.2	21.0	13.8	20.8	西晋早期	
	ⅢM2:2	陶钵	泥质灰陶	素面	完整	13.4		5.8	6.0		
	ⅢM2:3	陶瓿	泥质灰陶	素面	完整	12.2		4.4	4.7		
	ⅢM2:4	弦纹陶罐	泥质灰陶	弦纹	完整	8.8	17.6	12.6	15.6		
	ⅢM2:5	弦纹陶罐	泥质灰陶	弦纹	完整	8.6	17.6	12.4	16.0		
	ⅢM2:6	弦纹陶罐	泥质灰陶	弦纹	完整	8.6	18.0	11.6	15.4		
	ⅢM2:7	弦纹陶罐	泥质红褐陶	弦纹	完整	7.2	18.4	12.8	17.4		
	ⅢM2:8	陶瓶	泥质灰陶	素面	完整	7.0		14.4	15.5		
	ⅢM2:9	石砚	石	素面	完整	通长14.9，宽8.2，厚1.0					
	ⅢM2:12	石刀	石	素面	完整	通长10.1，刀柄宽3.0，厚0.7					
	ⅢM3:1	铜镜	铜	四乳四虺纹	完整	面径8.8，缘厚0.4，钮高0.8					
ⅢM3	ⅢM3:2	陶砖案	泥质灰陶	素面	完整	长31.4，宽32.4，厚5.0				西晋早期	
	ⅢM3:3	陶钵	泥质灰陶	素面	残缺	15.8		5.6	5.9		

续附表二

出土单位	器物编号	器物名称	质地	纹饰	保存程度	尺寸 口	尺寸 腹	尺寸 底	尺寸 高	文化时代	备注
ⅢM3	ⅢM3:4	陶壶	泥质灰陶	弦纹	完整	6.0	12.0	11.0	13.1		
	ⅢM3:5	陶钵	泥质灰陶	素面	完整	15.8		5.6	6.0		
	ⅢM3:6	陶碟	泥质灰陶	素面	残缺	10.4		4.0	2.2		
	ⅢM3:7	陶钵	泥质灰陶	素面	完整	15.0		5.4	5.8		
	ⅢM3:11	铜镜	铜	弦纹、连弧纹	完整	面径9.1，缘厚0.2，钮高1.0				西晋早期	
	ⅢM3:12	弦纹陶罐	泥质灰陶	弦纹	残缺	9.4	16.0	12.6	15.1		
	ⅢM3:13	陶碟	泥质灰陶	素面	完整	9.0		3.0	2.0		
	ⅢM3:14	弦纹陶罐	泥质灰陶	弦纹	完整	8.8	15.2	7.4	12.4		
	ⅢM3:15	陶钵	泥质灰陶	素面	完整	15.2		6.8	6.2		
	ⅢM3:16	陶樽	泥质灰陶	垂幛纹、弦纹	完整	16.6		19.4	13.3		
	ⅢM3:17	弦纹陶罐	泥质灰黑陶	弦纹	完整	9.3	16.4	11.7	14.5		
	ⅢM3:21	陶钵	泥质灰陶	素面	残缺	7.8		2.3	2.8		
ⅢM5	ⅢM5:1	陶钵	泥质灰陶	素面	完整	6.8		2.6	2.4	魏晋十六国时期	
	ⅢM5:2	陶斗瓶	泥质橙黄陶	素面	完整	4.8		4.8	5.0		
ⅢM6	ⅢM6:1	陶斗瓶	泥质灰陶	素面	完整	4.1		4.7	6.4	前凉前期	朱书
	ⅢM6:2	陶碟	泥质灰陶	素面	完整	7.6		5.0	1.9		
	ⅢM6:3	波浪纹陶罐	泥质灰陶	波浪纹、弦纹	残缺	9.2	14.4	10.6	13.5		
	ⅢM6:4	陶壶	泥质灰陶	波浪纹、弦纹	残缺		8.8	7.4	残高8.8		

续附表二

出土单位	器物编号	器物名称	质地	纹饰	保存程度	尺寸 口	尺寸 腹	尺寸 底	尺寸 高	文化时代	备注
ⅢM6	ⅢM6:5	波浪纹陶罐	泥质灰陶	波浪纹、弦纹	完整	8.0	13.0	8.6	12.9		
	ⅢM6:6	陶釜	泥质橙黄陶	波浪纹、弦纹	完整	8.0	11.8	7.8	9.2		
	ⅢM6:7	陶樽	泥质灰陶	波浪纹、弦纹	完整	9.4		7.8	7.7		
	ⅢM6:8	陶盘	泥质灰陶	波浪纹、弦纹	完整	盘径 20.5~20.7，厚 2.5				前凉前期	
	ⅢM6:9	陶钵	泥质灰陶	素面	完整	7.4		3.4	2.5		
	ⅢM6:10	陶碟	泥质灰陶	素面	完整	9.0		4.2	2.6		
	ⅢM6:11	陶盘	泥质灰陶	波浪纹、弦纹	完整	盘径 22.8，厚 2.3					
	ⅢM6:12	陶斗瓶	泥质灰陶	素面	残缺	4.2		5.2	6.0		朱书
	ⅢM6:13	陶樽	泥质灰陶	素面	残缺	13.2		13.2	11.0		
ⅢM7	ⅢM7:1	陶罐底部碎片	泥质灰陶	素面	残缺			10.8	残高10.9	魏晋十六国时期	墨书
ⅢM8	ⅢM8:1	陶甑	泥质灰陶	素面	完整	14.4		5.6	5.1	魏晋十六国时期	
	ⅢM8:2	陶壶	泥质灰陶	弦纹	残缺			11.6	残高10.6		
ⅢM9	ⅢM9:1	陶樽	泥质红褐陶	素面	残缺	15.8		16.8	9.0	西晋中晚期	
	ⅢM9:2	陶斗瓶	泥质灰陶	素面	完整	4.8		6.0	8.2		
	ⅢM9:6	陶碗	泥质灰陶	素面	残缺	7.6		3.0	3.0		
	ⅢM9:7	陶钵	泥质灰陶	素面	残缺	15.6			残高5.6		
	ⅢM9:8	陶盆	泥质灰陶	素面	残缺	19.6		7.2	8.9		
	ⅢM9:9	陶钵	泥质灰陶	素面	残缺	13.4			残高4.3		

续附表二

出土单位	器物编号	器物名称	质地	纹饰	保存程度	尺寸 口	尺寸 腹	尺寸 底	尺寸 高	文化时代	备注
ⅢM9	ⅢM9:10	泥斗瓶	泥质	素面	残缺			5.2	残高3.2	西晋中晚期	
	ⅢM9:12	云母片			残缺	直径2.0~2.2					
	ⅢM10:1	陶斗瓶	泥质灰陶	素面	残缺			4.6	残高5.0	前凉前期	
	ⅢM10:2	陶釜	泥质灰陶	波浪纹、弦纹	残缺		13.7	8.6	残高10.4		
	ⅢM10:3	波浪纹陶罐	泥质灰陶	波浪纹、弦纹	残缺	7.0	12.8	8.8	11.4		
	ⅢM10:4	陶甑	泥质灰陶	素面	残缺	9.2		4.4	4.3		
ⅢM10	ⅢM10:5	陶樽	泥质灰陶	素面	完整	14.8		15.6	9.4		
	ⅢM10:6	陶樽	泥质灰陶	素面	完整	13.4		14.4	9.3		
	ⅢM10:7	陶盘	泥质灰陶	波浪纹、弦纹	完整		盘径20.2,厚1.9				
	ⅢM10:8	陶碟	泥质灰陶	素面	残缺	6.9		3.1	1.7		
	ⅢM10:9	陶盆	泥质灰陶	素面	残缺	9.6		4.2	4.0		
	ⅢM10:10	陶碟	泥质灰陶	素面	残缺	7.2		3.7	2.2		
	ⅢM10:11	陶槅	泥质灰陶	素面	完整	19.6		18.6	2.5		
	ⅢM10:12	陶斗瓶	泥质灰陶	素面	完整	4.8		5.0	7.0		
	ⅢM11:1	铜镜	铜	夔凤纹、弦纹、柿蒂纹	完整		面径8.9,缘厚0.3,钮高0.7			前凉前期	
ⅢM11	ⅢM11:2-1	铜指环	铜	弦纹	残缺		直径1.8,厚0.1,高0.9				
	ⅢM11:2-2	铁器残件	铁		残缺		长10.0,宽1.8,厚0.8				
	ⅢM11:3	铜钗	铜		残缺		残长3.4~8.6				

续附表二

出土单位	器物编号	器物名称	质地	纹饰	保存程度	尺寸 口	尺寸 腹	尺寸 底	尺寸 高	文化时代	备注
ⅢM11	ⅢM11:10	波浪纹陶罐	泥质灰陶	波浪纹、弦纹	残缺	9.8	16.8	12.0	12.5		
	ⅢM11:11	波浪纹陶罐	泥质灰陶	波浪纹、弦纹	残缺	9.0	16.5	13.8	14.3	前凉前期	
	ⅢM11:12	波浪纹陶罐	泥质灰陶	波浪纹、弦纹	残缺	10.2	17.2	8.6	13.2		
	ⅢM11:13	陶壶	泥质灰陶	弦纹	残缺	8.6	11.4	11.8	10.8		
	ⅢM11:14	陶釜	泥质灰陶	素面	完整	8.8	14.0	9.0	9.0		
ⅢM12	ⅢM12:1	陶钵	泥质红褐陶	素面	残缺	14.1		5.6	6.2	魏晋十六国时期	
ⅢM13	ⅢM13:1	弦纹陶罐口沿残件	泥质灰陶	弦纹	残缺	13.2			残高6.6	魏晋十六国时期	
ⅢM14	ⅢM14:1	陶釜	泥质灰陶	波浪纹、弦纹	残缺	9.8	16.4	10.6	11.9		
	ⅢM14:2	波浪纹陶罐	泥质灰陶	波浪纹、弦纹	完整	9.1	16.8	11.0	14.2		
	ⅢM14:3	陶盆	泥质灰陶	素面	完整	10.0		4.4	4.5		
	ⅢM14:4	波浪纹陶罐	泥质橙黄陶	波浪纹、弦纹	完整	9.4	16.2	10.4	14.1	前凉前期	
	ⅢM14:5	陶樽	泥质灰陶	素面	完整	15.5		17.8	12.1		
	ⅢM14:6	陶盘	泥质灰陶	波浪纹、弦纹	残缺		盘径30.8,厚3.0				
	ⅢM14:7	陶耳杯	泥质灰陶	素面	残缺	残长径4.7 残短径4.6		残长径3.0 残短径2.0	2.1		
	ⅢM14:8	陶耳杯	泥质红褐陶	素面	残缺	长径7.3 短径3.4		残长径3.8 残短径1.7	2.5		
	ⅢM14:9	陶耳杯	泥质灰陶	素面	完整	长径7.8 短径6.1		长径2.5 短径1.3	2.6		

续附表二

出土单位	器物编号	器物名称	质地	纹饰	保存程度	尺寸 口	尺寸 腹	尺寸 底	尺寸 高	文化时代	备注
ⅢM14	ⅢM14:10	陶耳杯	泥质灰陶	素面	完整	长径8.0 短径4.0		长径4.1 短径2.0	2.4	前凉前期	
	ⅢM14:11	陶耳杯	泥质灰陶	素面	完整	长径7.9 短径4.0		长径4.3 短径2.5	2.2		
	ⅢM14:12	波浪纹陶罐	泥质灰陶	波浪纹、弦纹	残缺	10.0	16.6	11.2	13.5		
	ⅢM14:15	铜钗	铜	素面	残缺		残长3.9				
	ⅢM14:16	铜指环	铜	素面	完整		直径1.9，高0.4				
ⅢM15	ⅢM15:1	陶壶	泥质灰陶	素面	完整	7.0	9.4	8.4	10.6	前凉前期	
	ⅢM15:2	陶甑	泥质灰陶	素面	残缺	10.8		4.8	5.0		
	ⅢM15:3	陶灯	泥质灰陶	素面	完整	6.4		7.6	10.0		
	ⅢM15:4	陶灯	泥质灰陶	素面	残缺	6.0		8.4	10.1		
ⅢM16	ⅢM16:1	泥槅	泥质	素面	残缺					前秦—北凉	未提取
	ⅢM16:2	泥盘	泥质	素面	完整						未提取
	ⅢM16:3	泥壶	泥质	素面	残缺	1.6	2.7	2.6	5.4		
	ⅢM16:4	泥壶	泥质	素面	完整	1.6	2.6	2.6	4.9		
	ⅢM16:5	泥壶	泥质	素面	残缺	1.2	2.7	2.0	3.6		
	ⅢM16:6	泥甑	泥质	素面	残缺	6.0		2.4	2.9		
	ⅢM16:7	泥罐	泥质	素面	残缺	3.4	4.8	3.0	3.7		
	ⅢM16:8	泥仓	泥质	素面	残缺			5.6	残高6.4		

续附表二

出土单位	器物编号	器物名称	质地	纹饰	保存程度	口	腹	底	高	文化时代	备注
ⅢM16	ⅢM16:9	陶灯	泥质灰陶	素面	完整	7.2		5.6	7.2	前秦—北凉	
ⅢM17	ⅢM17:1	陶樽	泥质灰陶	弦纹	完整	14.2		8.4	7.4		
	ⅢM17:2	素面陶罐	泥质灰陶	素面	残缺			8.0	残高13.6		
	ⅢM17:3	陶仓	泥质红褐陶	素面	残缺		14.0	14.6	残高12.6		
	ⅢM17:4	泥壶底部残片	红胶泥质	素面	残缺			6.0	残高3.8		
	ⅢM17:5	陶樽	泥质灰陶	弦纹	完整	14.0		8.6	7.4	前秦—北凉	
	ⅢM17:6	陶碟	泥质灰陶	素面	残缺	10.6		5.0	2.7		
	ⅢM17:7	泥槅	泥质灰褐陶	素面	残缺	17.4		17.4	3.6		
	ⅢM17:8	陶灶	泥质灰褐陶	素面	残缺	9.1		17.7	6.9~8.6		
	ⅢM17:9	陶釜底部残片	泥质灰褐陶	素面	残缺			4.8	残高3.5		
ⅢM18	ⅢM18:1	陶盆	泥质灰陶	素面	完整	10.2		4.8	4.4	前凉前期	
	ⅢM18:2	波浪纹陶罐	泥质红褐陶	波浪纹、弦纹	完整	10.0	15.2	5.0	15.0		
	ⅢM18:3	波浪纹陶罐	泥质灰陶	波浪纹、弦纹	残缺	10.2	15.0	7.0	14.1		
	ⅢM18:4	波浪纹陶罐	泥质灰陶	波浪纹、弦纹	完整	10.0	14.8	6.0	14.3		
	ⅢM18:5	波浪纹陶罐	泥质灰陶	波浪纹、弦纹	完整	10.2	14.2	7.4	13.7		
	ⅢM18:6	陶甑	泥质灰陶	素面	残缺	11.0		5.0	4.3		
	ⅢM18:7	陶灯	泥质灰陶	素面	完整	5.0		7.4	7.9		
	ⅢM18:8	陶钵	泥质灰陶	弦纹	完整	13.6		5.0	4.6		

续附表二

出土单位	器物编号	器物名称	质地	纹饰	保存程度	口	腹	底	高	文化时代	备注
ⅢM18	ⅢM18:9	陶碟	泥质灰陶	素面	完整	8.6		4.0	2.8		
	ⅢM18:10	陶钵	泥质灰陶	弦纹	完整	13.3		5.2	4.3		
	ⅢM18:11	陶壶	泥质灰陶	素面	残缺		11.0	9.4	残高11.8		
	ⅢM18:12	陶钵	泥质灰褐陶	素面	完整	6.6		3.6	3.5		
	ⅢM18:13	陶钵	泥质灰陶	素面	完整	7.0		3.8	3.0	前凉前期	
	ⅢM18:14	陶碗	泥质灰陶	素面	完整	7.2		3.4	3.0		
	ⅢM18:15	陶钵	泥质灰褐陶	素面	完整	7.0		3.0	2.5		
	ⅢM18:16	陶碟	泥质灰陶	素面	完整	8.2		3.4	3.1		
	ⅢM18:17	陶盘	泥质灰陶	波浪纹	完整			盘径28.2,厚2.0			
	ⅢM18:18	陶盘	泥质灰陶	波浪纹	完整			盘径27.6,厚2.0			
	ⅢM18:19	铁剪刀	铁	素面	残缺			残长13.8,宽0.7~2.4			
ⅢM19	ⅢM19:1	陶盆	泥质灰陶	素面	完整	11.1		5.0	5.2		
	ⅢM19:2	陶甑	泥质灰陶	素面	完整	11.0		4.6	4.5		
	ⅢM19:3	陶釜	泥质灰陶	素面	完整	8.4		5.0	5.6		
	ⅢM19:4	陶鸡首灶	泥质灰陶	弦纹	完整	7.6		15.8	通高7.5	前秦—北凉	
	ⅢM19:5	陶槅	泥质灰陶	素面	完整	16.2		7.7	4.2		
	ⅢM19:6	陶樽	泥质灰陶	弦纹	残缺	12.5		6.6	6.5		
	ⅢM19:7	陶碟	泥质灰陶	素面	完整	11.4		5.0	2.5		

续附表二

出土单位	器物编号	器物名称	质地	纹饰	保存程度	尺寸 口	尺寸 腹	尺寸 底	尺寸 高	文化时代	备注
ⅢM19	ⅢM19:8	玉灯	玉	素面	完整	7.8		5.7	4.9		
	ⅢM19:9	陶樽	泥质灰陶	弦纹	完整	13.6		8.2	7.5		
	ⅢM19:10	陶壶	泥质灰陶	素面	完整	3.8		9.0	11.5		
	ⅢM19:11	陶仓	泥质灰陶	素面	完整	顶部孔径 1.6		11.9	15.2		
	ⅢM19:12	弦纹陶罐	泥质灰陶	弦纹	残缺	9.4	11.4	7.4	11.9	前秦—北凉	
	ⅢM19:13	弦纹陶罐	泥质灰陶	弦纹	残缺	8.8	11.8	7.6	11.6		
	ⅢM19:14	陶灯	泥质灰陶	素面	残缺	7.2		6.2	6.4		
	ⅢM19:15	泥斗瓶	泥质	素面	残缺	4.3		4.6	残高 2.0		
	ⅢM19:16	泥斗瓶	泥质	素面	残缺			5.2	4.5~5.0		
	ⅢM19:17	云母片		素面	完整	高 2.0~3.2					
	ⅢM19:18	云母片		素面	完整	高 2.0~5.3					
ⅢM20	ⅢM20:1	铜镜	铜	夔凤纹、弦纹、栉齿纹	残缺	面径10.1，缘厚0.25，钮高1.0					
	ⅢM20:2	陶斗瓶	泥质红褐陶	素面	完整	4.0		6.2	7.8	西晋早期—西晋晚期	
	ⅢM20:3	陶斗瓶	泥质红褐陶	素面	完整	4.2		6.0	8.0		
	ⅢM20:4	陶器盖	泥质灰陶	素面	完整	盖径15.6		5.4	5.3		
	ⅢM20:5	陶瓿	泥质灰陶	素面	完整	16.4			7.8		
	ⅢM20:6	陶釜	泥质灰陶	素面	完整	8.1	14.0	9.8	8.8		
	ⅢM20:7	陶壶	泥质灰陶	弦纹	完整	7.0	12.0	11.4	14.8		

续附表二

出土单位	器物编号	器物名称	质地	纹饰	保存程度	口	腹	底	高	文化时代	备注
ⅢM20	ⅢM20:8	陶钵	泥质灰陶	弦纹	完整	10.8		4.6	3.9		
	ⅢM20:9	陶钵	泥质灰陶	弦纹	完整	10.6		4.6	4.0		
	ⅢM20:10	陶碟	泥质灰陶	素面	残缺	10.8		4.4	3.1		
	ⅢM20:11	陶钵	泥质灰陶	弦纹	完整	10.4		4.4	3.9		
	ⅢM20:12	陶盘	泥质黄褐陶	波浪纹	完整		盘径34.8，厚2.2			西晋早期—西晋晚期	
	ⅢM20:13	陶碟	泥质灰陶	素面	完整	10.6		4.0	2.7		
	ⅢM20:14	陶钵	泥质灰陶	弦纹	完整	10.6		4.8	4.0		
	ⅢM20:15	陶灯	泥质灰陶	素面	完整	6.6		11.4	11.8		
	ⅢM20:16	波浪纹陶罐	泥质灰陶	波浪纹	完整	8.7	18.4	10.4	15.9		
	ⅢM20:17	波浪纹陶罐	泥质灰陶	波浪纹	完整	8.5	18.0	9.2	16.3		
	ⅢM20:18	陶樽	泥质灰陶	素面	完整	15.5		16.4	10.7		
	ⅢM20:19	陶樽	泥质灰陶	素面	完整	16.0		18.0	12.1		
	ⅢM20:20	铜钗	铜	素面	残缺		残长2.6				
ⅢM21	ⅢM21:1	陶甑	泥质橙黄陶	素面	残缺	5.1		2.0	2.4	前凉后期	
	ⅢM21:2	铜镶	铜	素面	残缺		通长8.6，宽0.4~1.0				
	ⅢM21:3	陶灯	泥质灰陶	素面	残缺	6.5		6.5	8.5		
	ⅢM21:4	泥槅	泥质红陶	圆形花卉	残缺		直径21.8，厚2.0				
	ⅢM21:5	陶壶	泥质灰陶	素面	完整	5.2	8.0	6.9	8.7		

续附表二

出土单位	器物编号	器物名称	质地	纹饰	保存程度	尺寸 口	尺寸 腹	尺寸 底	尺寸 高	文化时代	备注
ⅢM21	ⅢM21:6	陶钵	泥质红陶	素面	完整	5.8		2.8	2.5		
	ⅢM21:7	陶钵	泥质灰陶	素面	残缺	6.5		3.0	2.7		
	ⅢM21:8	陶钵	泥质红陶	素面	完整	5.5		3.0	2.7		
	ⅢM21:9	陶碗	泥质灰陶	素面	完整	7.5		3.0	2.7		
	ⅢM21:10	陶盆	泥质橙黄陶	凸棱纹	完整	9.0		4.4	3.9		
	ⅢM21:11	陶钵	泥质橙黄陶	素面	完整	5.8		2.8	2.9		
	ⅢM21:12	陶盘	泥质黄陶	弦纹、波浪纹、圆形花卉	残缺		盘径22.7,厚2.0			前凉启期	
	ⅢM21:13	波浪纹陶罐	泥质灰陶	波浪纹、弦纹	残缺	7.9	13.3	8.8	残高13.1		
	ⅢM21:14	波浪纹陶罐	泥质灰陶	波浪纹、弦纹	残缺	8.7	13.5	8.8	13.0		
	ⅢM21:15	波浪纹陶罐	泥质灰陶	波浪纹、弦纹	完整	8.8	13.4	8.6	12.6		
	ⅢM21:16	陶碗	泥质橙黄陶	素面	完整	10.2		4.0	4.6		
	ⅢM21:17	砖雕兽俑	青砖	素面	残缺		长13.1,宽4.5		9.1		
	ⅢM21:18	陶灯	泥质橙黄陶	凸棱纹	完整	14.0		14.8	10.0		
ⅢM22	ⅢM22:1	陶樽	泥质灰陶	素面	残缺	7.0		11.6	14.2	前凉前期	
	ⅢM22:2	陶樽	泥质灰陶	素面	完整	15.1		15.3	10.9		
	ⅢM22:3	陶樽	泥质灰陶	素面	完整	13.0		12.7	9.7		
	ⅢM22:4	波浪纹陶罐	泥质灰陶	波浪纹、弦纹	完整	10.6	16.0	11.4	14.5		
	ⅢM22:5	陶壶底部残片	泥质灰陶	素面	残缺			8.6	残高9.0		

续附表二

出土单位	器物编号	器物名称	质地	纹饰	保存程度	尺寸 口	尺寸 腹	尺寸 底	高	文化时代	备注
ⅢM22	ⅢM22:6	波浪纹陶罐	泥质灰陶	波浪纹、弦纹	完整	10.2	15.2	9.8	14.7	前凉前期	
	ⅢM22:7	陶盘	泥质灰陶	波浪纹、弦纹	残缺		盘径22.2，厚1.6				
	ⅢM22:8	陶杯	泥质灰陶	素面	完整	7.4		3.4	3.1		
	ⅢM22:9	陶碟	泥质灰陶	素面	完整	10.4		3.6	3.3		
	ⅢM22:13	陶斗瓶	泥质灰陶	素面	完整	4.6		4.9	6.0		
	ⅢM22:16	铅饰	铅	素面	残缺		残长3.2，残宽1.5，厚0.3				
ⅢM23	ⅢM23:1	陶斗瓶	泥质灰陶	素面	完整	4.0		4.8	6.7	前凉前期	
	ⅢM23:2	弦纹陶罐	泥质灰陶	弦纹	残缺	12.0	18.0	13.0	12.8		
	ⅢM23:3	垂幛纹陶罐	泥质灰陶	垂幛纹、弦纹	残缺	12.4	18.8	13.2	13.0		
	ⅢM23:4	陶斗瓶	泥质灰陶	素面	完整	4.6		5.0	6.9		
ⅢM24	ⅢM24:1	泥罐	泥质	素面	残缺	5.4	11.0	5.0	9.1	前凉后期	
	ⅢM24:2	泥釜	泥质	素面	残缺	9.0	13.0	8.0	6.4		
	ⅢM24:3	泥罐	泥质	素面	残缺	4.8	10.2	4.3	6.4		
	ⅢM24:4	泥罐	泥质	素面	完整	4.4	7.8	3.6	6.0		
	ⅢM24:5	泥灯	泥质	素面	残缺	3.1		7.0	4.0		
	ⅢM24:6	泥盘	泥质	素面	残缺	26.0		27.2	7.2		
	ⅢM24:7	陶斗瓶	泥质灰陶	素面	完整	4.2		4.0	5.6		
	ⅢM24:8	云母片	石质	素面	残缺	外径3.6，孔径0.5，厚0.01					

续附表二

出土单位	器物编号	器物名称	质地	纹饰	保存程度	尺寸				文化时代	备注
						口	腹	底	高		
ⅢM25	ⅢM25:1	波浪纹陶罐	泥质灰陶	波浪纹、弦纹	完整	9.6	16.4	13.0	13.3	前凉前期	
	ⅢM25:2	波浪纹陶罐	泥质灰陶	波浪纹、弦纹	残缺	8.8	15.0	10.0	13.7		
	ⅢM25:6	铜弩机廓	铜	素面	残缺	通长5.8、宽2.5、高0.6					
	ⅢM25:8	铜饰件	铜	素面	残缺	残长2.4					
ⅢM26	ⅢM26:1	陶樽	泥质灰陶	弦纹	完整	13.0		18.3	12.5	前凉前期	
	ⅢM26:2	波浪纹陶罐	泥质橙黄陶	波浪纹、弦纹	完整	10.1	18.4	11.6	18.5		
	ⅢM26:3	波浪纹陶罐	泥质橙黄陶	波浪纹、弦纹	残缺	10.8	18.5	12.4	18.7		
	ⅢM26:4	陶樽	泥质灰陶	素面	完整	18.5		18.3	11.0		
	ⅢM26:5	波浪纹陶罐	泥质灰陶	波浪纹、弦纹	残缺	11.5	18.8	11.0	17.2		
	ⅢM26:6	波浪纹陶罐	泥质灰陶	波浪纹、弦纹	残缺	9.5		11.8	16.7		
	ⅢM26:7	波浪纹陶罐	泥质灰陶	波浪纹、弦纹	完整	9.2	16.9	10.2	17.4		
	ⅢM26:8	陶瓿	泥质灰陶	素面	完整	11.5		4.6	4.8		
	ⅢM26:9	陶碟	泥质灰陶	素面	完整	10.6		4.5	3.3		
	ⅢM26:10	陶盆	泥质灰陶	素面	完整	13.4		5.9	5.1		
	ⅢM26:11	陶釜	泥质灰陶	波浪纹、弦纹	完整	8.4	12.9	8.0	9.8		
	ⅢM26:12	绳纹陶罐	泥质灰陶	绳纹	完整	9.5	18.5	11.3	18.0		
	ⅢM26:13	泥斗瓶	泥质	素面	残缺			3.7	残高6.5		
	ⅢM26:14	陶壶	泥质灰陶	波浪纹、弦纹	完整	7.0	11.5	11.2	18.5		墨书

续附表二

| 出土单位 | 器物编号 | 器物名称 | 质地 | 纹饰 | 保存程度 | 尺寸 | | | 文化时代 | 备注 |
						口	腹	底	高		
	ⅢM26:15	陶钵	泥质灰陶	素面	完整	6.0		2.5	2.0		
	ⅢM26:16	陶碗	泥质灰陶	素面	残缺	9.4		3.8	3.7		
	ⅢM26:17	陶碗	泥质灰陶	素面	完整	9.6		3.5	4.0		
	ⅢM26:18	陶碗	泥质灰陶	素面	完整	8.2		4.0	3.4		
	ⅢM26:19	陶盘	泥质橙黄陶	波浪纹	完整		盘径29.6,厚1.8				
	ⅢM26:20	陶盘	泥质灰陶	波浪纹、弦纹	完整		盘径26.4,厚2.6				
ⅢM26	ⅢM26:21	陶盘	泥质灰陶	波浪纹	完整		盘径31.6,厚2.8			前凉前期	
	ⅢM26:22	陶灯	泥质灰陶	素面	残缺	9.0		10.0	15.0		
	ⅢM26:23	陶碟	泥质灰陶	素面	完整	11.9		4.8	2.8		
	ⅢM26:24	陶盆	泥质灰陶	素面	残缺	11.8		4.6	5.0		
	ⅢM26:25	陶斗瓶	泥质灰陶	素面	残缺	5.4		6.2	7.5		朱书
	ⅢM26:26	陶斗瓶	泥质灰陶	素面	残缺	5.6		6.0	8.4		朱书
	ⅢM26:27	铁镜	铁		残缺		残长10.5,厚0.9				
	ⅢM26:28	铁器残件	铁		残缺		残长2.0~7.0厘米				
	ⅢM26:34-1	云母片	石质	素面	残缺		直径1.7,孔径0.5厘米				墨书
	ⅢM26:35	云母片	石质	素面	残缺		直径2.0,穿0.3厘米				朱书
	ⅢM26:39	泥斗瓶	泥质	素面	完整	4.0		4.0	6.3		
	ⅢM26:40	丝织物			残缺		残长3.0				

续附表二

出土单位	器物编号	器物名称	质地	纹饰	保存程度	尺寸				文化时代	备注
						口	腹	底	高		
ⅢM26	ⅢM26:41	丝织物			残缺		残长6.0			前凉前期	
ⅢM27	ⅢM27:1	波浪纹陶罐	泥质灰陶	波浪纹、弦纹	残缺	10.5	19.7	12.4	21.5		
	ⅢM27:2	波浪纹陶罐	泥质灰陶	波浪纹、弦纹	残缺	10.8	18.0	11.0	21.2		
	ⅢM27:3	波浪纹陶罐	泥质灰陶	波浪纹、弦纹	完整	11.4	20.1	12.4	21.2		
	ⅢM27:4	波浪纹陶罐	泥质灰陶	波浪纹、弦纹	完整	10.8	19.4	13.4	21.0		
	ⅢM27:5	陶盆	泥质灰陶	素面	完整	12.4		5.4	6.6		
	ⅢM27:6	波浪纹陶罐	泥质灰陶	波浪纹、弦纹	残缺	11.0	18.9	12.4	19.2		
	ⅢM27:7	陶釜	泥质灰陶	凸棱纹、波浪纹、弦纹	完整	8.5	12.4	7.5	8.5		
	ⅢM27:8	陶樽	泥质橙黄陶	素面	残缺	20.6		20.4	11.4		
	ⅢM27:9	陶樽	泥质灰陶	素面	完整	22.2		21.8	13.4		
	ⅢM27:10	铜叉	铜	素面	残缺	残长9.2,头宽7.9,柄宽1.5			残高5.1	前凉前期	
	ⅢM27:11	陶斗瓶	泥质橙黄陶	素面	残缺	7.4		3.4	3.0		
	ⅢM27:12	陶钵	泥质灰陶	弦纹	残缺	12.3		12.1	6.5		
	ⅢM27:13	陶樽	泥质橙黄陶	素面	残缺	11.4		4.4	5.8		
	ⅢM27:14	陶甑	泥质灰陶	素面	完整	13.2		5.0	3.2		
	ⅢM27:15	陶碟	泥质灰陶	波浪纹、弦纹	完整	7.0	11.7	8.8	13.5		
	ⅢM27:16	陶壶	泥质灰陶	素面	完整	14.5	宽9.4	15.4	1.1~2.8		

续附表二

出土单位	器物编号	器物名称	质地	纹饰	保存程度	口	腹	底	高	文化时代	备注
	ⅢM27:18	陶桶	泥质灰陶	素面	残缺	14.6	宽9.5	15.8	1.1~3.0		
	ⅢM27:19	陶盘	泥质灰陶	波浪纹、弦纹	残缺		盘径24.6、厚2.0				
	ⅢM27:20	陶壶	泥质灰陶	波浪纹、弦纹	完整	5.8	8.1	6.1	10.6		
	ⅢM27:22	陶斗瓶	泥质灰陶	素面	完整	5.0		5.6	6.4		
	ⅢM27:28	陶斗瓶	泥质灰陶	素面	完整	5.4		5.6	6.6		
	ⅢM27:29	石砚	石	素面	残缺		长17.0、宽10.5、厚0.4				
	ⅢM27:30	金饰片	金	素面	完整		直径1.0				
ⅢM27	ⅢM27:31	铁泡	铁	素面	残缺		直径2.6		1.4	前凉前期	
	ⅢM27:32	陶灯	泥质灰陶	素面	残缺	5.8		5.4	9.0		
	ⅢM27:34	云母片		素面	残缺		直径2.2~2.4、芽径0.2~0.4				
	ⅢM27:36	铜弩机廓	铜	素面	残缺		长4.9、宽2.0		0.7		
	ⅢM27:39	铁器残件	铁		残缺		残长4.6~11.0、宽1.2~2.0				
	ⅢM27:43-1	铜器残件	铜	素面	残缺		残长3.3、最大直径0.7				
	ⅢM27:43-2	铜器残件	铜	素面	残缺		残长3.5、残宽1.0				
	ⅢM27:47	铝弩机廓	铝	素面	残缺		长4.6、宽2.5		0.2		
	ⅢM27:48	陶斗瓶	泥质红褐陶	素面	残缺			6.5	残高5.6		
	ⅢM27:49	水晶饰件	石英	素面	残缺		直径1.0、厚0.1				
	ⅢM27:50	陶钵	泥质灰陶	素面	残缺	复原17.3			残高7.0		

续附表二

出土单位	器物编号	器物名称	质地	纹饰	保存程度	尺寸			文化时代	备注
						口	腹	底	高		
ⅢM27	ⅢM27：51-1	云母片		素面	残缺		直径2.3、孔径0.2				
	ⅢM27：51-2	云母片		素面	残缺		直径2.4、孔径0.2				
	ⅢM27：52	骨尺	骨	菱形纹	残缺						
	ⅢM27：53	铜器残件	铜	凸棱纹	残缺		直径3.0		1.1		
	ⅢM27：55	铁剪刀残件	铁		残缺		残长10.3、把长6.0			前凉前期	
	ⅢM27：56	铁镜	铁		残缺		复原直径17.8、厚1.3				
	ⅢM27：57	铁器残件	铁		残缺		残长5.7、宽3.2				
	ⅢM27：58	铜器残件	铜	菱形纹	残缺		最大块直径3.5				
	ⅢM27：59	骨尺	骨		残缺		总长12.5、宽2.2				
	ⅢM27：60	云母片	石	素面	残缺		直径2.4、穿0.4				
	ⅢM27：61	丝织物			残缺		残长16.0				
ⅢM28	ⅢM28：1	素面陶罐	泥质灰陶	素面	残缺	盖径2.2	6.2	3.4	通高5.3	西晋早期—前凉前期	
	ⅢM28：2	陶钵	泥质橙黄陶	素面	残缺	7.8		3.0	2.8		
	ⅢM28：4	陶斗瓶	泥质灰陶	素面	完整	4.0		5.4	6.3		
	ⅢM28：5	陶灯	泥质灰陶	素面	残缺	8.4	11.2		13.1		
	ⅢM28：6	陶钵	泥质橙黄陶	素面	残缺	8.8		3.5	2.8		
	ⅢM28：7	陶盘	泥质橙黄陶	波浪纹、弦纹	完整		盘径30.0、厚1.8		3.1		
	ⅢM28：8	陶耳杯	泥质橙黄陶	素面	残缺	残6.2		残2.5			

续附表二

出土单位	器物编号	器物名称	质地	纹饰	保存程度	尺寸 口	尺寸 腹	尺寸 底	尺寸 高	文化时代	备注
ⅢM28	ⅢM28:9	陶碟	泥质橙黄陶	素面	残缺	8.0		3.8	2.5		
	ⅢM28:10	陶钵	泥质橙黄陶	素面	残缺	7.6		4.0	2.6		
	ⅢM28:11	陶壶	泥质灰陶	素面	完整	6.2	8.8	7.4	9.1		
	ⅢM28:12	铜弩机廓	铜	素面	残缺	长6.3,宽2.8			1.1		
	ⅢM28:15	水晶饰件	石英	素面	完整	截面直径3.0			2.2		
	ⅢM28:16	石砚	石	素面	残缺	长9.1,宽7.0,厚0.5					
	ⅢM28:17	陶甑	泥质橙黄陶	凸棱纹	残缺	11.2		4.6	4.6		
	ⅢM28:18	陶釜	泥质橙黄陶	弦纹	完整	7.6	9.4	5.4	7.3		
	ⅢM28:20	波浪纹陶罐	泥质橙黄陶	波浪纹、弦纹	残缺	8.8	14.2	8.8	13.5		
	ⅢM28:21	波浪纹陶罐	泥质橙黄陶	波浪纹、弦纹	残缺	9.0	15.0	7.6	14.0		
	ⅢM28:22	波浪纹陶罐	泥质灰陶	波浪纹、弦纹	残缺	7.8	13.4	8.5	12.1		
	ⅢM28:23	波浪纹陶罐	泥质灰陶	波浪纹、弦纹	完整	9.4	14.8	6.0	13.4		
	ⅢM28:24	波浪纹陶罐	泥质灰陶	波浪纹、弦纹	残缺	8.7	14.8	9.0	13.8		
	ⅢM28:25	陶樽	泥质橙黄陶	素面	完整	15.0		17.0	10.3		
	ⅢM28:26	陶盘	铜	素面	残缺	盘径24.8,厚1.8				西晋早期—前凉前期	
	ⅢM28:27	铜削刀	铜	素面	残缺	残长10.0,刀柄宽1.2~2.0					
	ⅢM28:28	铜钉	泥质灰陶	素面	残缺	残长2.0					
ⅢM29	ⅢM29:1	陶器盖	泥质灰陶	素面	完整	盖径17.5			5.0	西晋早期	

续附表二

出土单位	器物编号	器物名称	质地	纹饰	保存程度	尺寸 口	尺寸 腹	尺寸 底	尺寸 高	文化时代	备注
	ⅢM29:2	陶樽	泥质灰陶	弦纹	完整	17.5		18.5	12.1		
	ⅢM29:3	绳纹陶罐	泥质灰陶	绳纹	完整	10.2	23.4	13.2	20.2		
	ⅢM29:4	绳纹陶罐	泥质灰陶	绳纹	完整	10.0	22.3	14.2	19.3		
	ⅢM29:5	陶樽	泥质灰陶	素面	残缺	17.0		18.5	12.0		
	ⅢM29:6	绳纹陶罐	泥质灰陶	绳纹	完整	9.8	21.6	14.6	19.2		
	ⅢM29:7	陶釜	泥质灰陶	凸棱纹	完整	8.5	14.6	10.8	9.6		
	ⅢM29:8	陶樽	泥质灰陶	素面	完整	15.9		17.6	11.4		
	ⅢM29:9	陶盆	泥质灰陶	弦纹	完整	13.5		4.3	6.5		
ⅢM29	ⅢM29:10	陶器盖	泥质灰陶	素面	完整	盖径17.5			6.8	西晋早期	
	ⅢM29:11	铜削刀	铜	素面	残缺	通长14.6,刀身长9.9,柄宽1.4~2.2,刃宽1.1~1.8					
	ⅢM29:12	陶耳杯	泥质灰陶	素面	完整	长径10.0 短径4.7		长径5.8 短径2.3	2.6		
	ⅢM29:13	陶耳杯	泥质灰陶	素面	完整	长径9.8 短径5.5		长径6.0 短径2.6	3.0		
	ⅢM29:14	陶灯	泥质灰陶	素面	完整	8.6	12.8	11.2	13.7		
	ⅢM29:15	陶壶	泥质灰陶	素面	完整	6.8		12.5	13.2		
	ⅢM29:16	陶盘	泥质灰陶	凸棱纹、波浪纹	残缺		盘径34.0、厚1.9				
	ⅢM29:17	陶盘	泥质灰陶	凸棱纹、波浪纹	残缺		盘径33.8、厚1.8				
	ⅢM29:18	陶钵	泥质灰陶	素面	完整	12.0		4.5	3.9		

续附表二

出土单位	器物编号	器物名称	质地	纹饰	保存程度	尺寸 口	尺寸 腹	尺寸 底	尺寸 高	文化时代	备注
	ⅢM29:19	陶盆	泥质灰陶	弦纹	残缺	16.5		6.5	6.9		
	ⅢM29:20	陶耳杯	泥质灰陶	素面	完整	长径10.0 短径3.9		长径6.2 短径2.2	2.9		
	ⅢM29:21	陶钵	泥质橙黄陶	素面	残缺	9.2		3.3	2.9		
	ⅢM29:22	绳纹陶罐	泥质灰陶	绳纹	完整	10.0	20.1	12.7	18.2		
	ⅢM29:23	陶盆	泥质灰陶	素面	残缺	30.0		17.5	10.2		
ⅢM29	ⅢM29:24-2	珠饰	木	素面	残缺		球径1.1,孔径0.2,厚1.5			西晋早期	
	ⅢM29:24-11	珠饰	木	素面	残缺		球径0.7,孔径0.1,高0.5				
	ⅢM29:24-14	珠饰	木	獠牙兽纹	残缺		球径1.5,孔径0.1,高1.5				
	ⅢM29:25	铁镜	铁		残缺		复原直径16.7,厚1.0				
	ⅢM29:26	铜弩机廓	铜	素面	完整		长7.4,宽2.6,高1.4				
	ⅢM29:27	铜饰件	铜	素面	残缺		直径3.5,长6.0,宽3.0				
	ⅢM29:28	铜钉	铜	素面	残缺		残长3.4,钉身径0.6,钉帽径0.8				
	ⅢM29:36-2	铜泡钉	铜		残缺		直径1.7,沿宽0.2		1.0		
	ⅢM29:37	铁剪刀残件	铁		残缺		残长8.3				
	ⅢM29:42	丝织物			残缺		残长6.0				
ⅢM31	ⅢM31:1	陶盂	泥质灰陶	素面	完整	12.0	23.8	10.0	15.6	唐	
ⅢM32	ⅢM32:1	陶罐	泥质灰陶	素面	完整	12.4	19.6	11.0	21.2	唐	

续附表二

出土单位	器物编号	器物名称	质地	纹饰	保存程度	尺寸 口	尺寸 腹	尺寸 底	尺寸 高	文化时代	备注
ⅢM32	ⅢM32:2-1	铜带扣	铜	素面	完整		长3.0，宽2.6，厚0.1			唐	
	ⅢM32:2-2	铜带扣	铜	素面	完整		长2.7，宽1.8，厚0.15				
	ⅢM32:2-3	铜带扣	铜	素面	完整		长2.9，宽2.8，厚0.1				
	ⅢM32:2-5	铜带扣	铜	素面	完整		长3.8，宽2.9，厚0.8				
	ⅢM32:3	铁器残件	铁		残缺						
ⅢM33	ⅢM33:1	陶樽	泥质灰陶	素面	残缺	16.4		16.4	9.4	前凉后期	
	ⅢM33:2	波浪纹陶罐	泥质灰陶	波浪纹、弦纹	完整	9.2	11.6	8.0	13.3		
	ⅢM33:3	陶碗	泥质灰陶	素面	完整	5.4		4.0	2.9		
	ⅢM33:4	陶钵	泥质灰陶	素面	完整	5.0		3.8	2.2		
	ⅢM33:5	陶盆	泥质灰陶	素面	完整	8.8		5.0	4.4		
	ⅢM33:6	陶碗	泥质灰陶	素面	完整	5.6		4.0	2.7		
	ⅢM33:7	陶钵	泥质灰陶	素面	完整	5.4		4.2	2.5		
	ⅢM33:8	陶釜	泥质灰陶	素面	完整	5.8	8.4	5.4	7.1		
	ⅢM33:9	陶灯	泥质灰陶	素面	完整	4.8		5.2	7.1		
	ⅢM33:10	陶碗	泥质灰陶	素面	完整	5.4		4.0	2.3		
	ⅢM33:11	弦纹陶罐	泥质红褐陶	弦纹	完整	4.6	9.2	4.2	6.7		
	ⅢM33:12	波浪纹陶罐	泥质灰陶	波浪纹、弦纹	完整	8.2	11.5	7.8	13.4		
	ⅢM33:13	泥斗瓶	泥质	素面	完整	3.2		2.6	4.5		

续附表二

出土单位	器物编号	器物名称	质地	纹饰	保存程度	尺寸 口	尺寸 腹	尺寸 底	尺寸 高	文化时代	备注
ⅢM33	ⅢM33:14	泥釜	泥质	素面	残缺	3.4	8.2	3.4	6.0	前凉后期	
	ⅢM33:15	泥壶	泥质	凸棱纹	残缺		5.8	3.0	残高4.2		
	ⅢM33:16	陶钵	泥质灰陶	素面	残缺	复原16.8			残高6.5		墨书
ⅢM34	ⅢM34:2	彩绘陶罐	泥质橙黄陶	卷云纹、莲瓣纹	残缺	11.0	16.9	9.7	20.0	唐	
ⅢM35	ⅢM35:1	波浪纹陶罐	泥质橙黄陶	波浪纹、弦纹	完整	9.4	18.4	13.0	17.6	西晋晚期—前凉前期	
	ⅢM35:2	陶樽	泥质灰陶	素面	完整	15.4		16.6	11.2		
	ⅢM35:3	陶樽	泥质灰陶	素面	完整	15.2		18.0	11.8		
	ⅢM35:4	波浪纹陶罐	泥质橙黄陶	波浪纹、弦纹	残缺	8.8	18.9	12.8	17.8		
	ⅢM35:5	陶釜	泥质灰陶	弦纹、波浪纹	完整	18.4	25.0	19.6	11.3		
	ⅢM35:6	陶甑	泥质灰陶	凸棱纹	残缺	13.8		4.8	6.1		
	ⅢM35:7	陶碟	泥质灰陶	素面	完整	11.6		4.4	3.3		
	ⅢM35:8	陶器盖	泥质灰陶	素面	完整	盖径16.0			5.4		
	ⅢM35:9	陶盆	泥质橙黄陶	素面	残缺	12.6		5.2	6.1		
	ⅢM35:10	波浪纹陶罐	泥质灰陶	波浪纹、弦纹	完整	9.8	19.8	12.6	17.7		
	ⅢM35:11	泥壶	泥质红陶	素面	残缺		14.0	12.8	残高9.2		
	ⅢM35:12	陶樽	泥质灰陶	素面	完整	16.0		18.2	11.6		
	ⅢM35:13	波浪纹陶罐	泥质灰陶	波浪纹	完整	9.0	18.2	10.8	16.0		
	ⅢM35:14	陶盘	泥质橙黄陶	波浪纹、弦纹	完整	盘径31.2、厚2.0					

续附表二

出土单位	器物编号	器物名称	质地	纹饰	保存程度	尺寸 口	尺寸 腹	尺寸 底	尺寸 高	文化时代	备注
ⅢM35	ⅢM35:15	陶耳杯	泥质灰陶	素面	完整	长径9.6 短径5.0		长径6.4 短径4.2	2.5	西晋晚期—前凉前期	
	ⅢM35:16	陶耳杯	泥质灰陶	素面	完整	长径10.8 短径5.6		长径5.1 短径2.5	3.3		
	ⅢM35:17	陶盆	泥质灰陶	素面	残缺	13.2		5.2	5.5		
	ⅢM35:18	陶碟	泥质灰陶	素面	完整	11.2		4.2	3.2		
	ⅢM35:19	陶耳杯	泥质灰陶	素面	完整	长径10.8 短径5.8		长径3.5 短径1.5	4.0		
	ⅢM35:20	陶碟	泥质灰陶	素面	残缺	12.0		5.2	2.8		
	ⅢM35:21	陶碟	泥质橙黄陶	素面	残缺	10.7		3.9	3.0		
	ⅢM35:22	陶灯	泥质橙黄陶	素面	残缺	7.8		10.4	12.2		
	ⅢM35:25	铜指环	铜	凸棱纹	残缺		直径1.7		0.6		
	ⅢM35:28	金饰片	金	素面	残缺		直径1.0,厚0.01				
	ⅢM35:29-1	珠饰	石	素面	残缺		直径0.4				
	ⅢM35:29-2	珠饰	石	素面	残缺		直径0.3				
	ⅢM35:29-3	珠饰	石	素面	残缺		直径0.2				
	ⅢM35:30	陶器盖	泥质灰陶	素面	残缺	盖径15.2			5.0		
	ⅢM35:31	铁器残件	铁		残缺		长7.0,宽1.4				
	ⅢM35:32	陶耳杯	泥质灰陶	素面	残缺		残长7.0		3.0		
	ⅢM35:33	铜器残件	铜		残缺						

续附表二

出土单位	器物编号	器物名称	质地	纹饰	保存程度	尺寸 口	尺寸 腹	尺寸 底	尺寸 高	文化时代	备注
ⅢM35	ⅢM35:34	陶器器盖	泥质灰陶	素面	完整	盖径16.0			5.3	西晋晚期—前凉前期	
	ⅢM35:36	铁器残件	铁		残缺						
	ⅢM35:37	陶器盖	泥质灰陶	素面	残缺	盖径17.6			5.7		
ⅢM36	ⅢM36:1	陶盆	泥质灰陶	素面	残缺	9.8		4.8	4.3		
	ⅢM36:2	波浪纹陶罐	泥质灰陶	波浪纹、弦纹	完整	8.6	11.4	9.0	13.0		
	ⅢM36:3	波浪纹陶罐	泥质灰陶	波浪纹、弦纹	完整	8.8	12.0	7.2	12.6		
	ⅢM36:4	泥罐	泥质	素面	残缺		7.0	3.6	残高6.8	前凉后期	
	ⅢM36:5	泥杯	泥质	素面	残缺			3.0	残高4.2		
	ⅢM36:6	泥杯	泥质	素面	残缺			3.0	残高4.0		
	ⅢM36:7	泥杯	泥质	凸棱纹	残缺			4.0	残高4.3		
ⅢM37	ⅢM37:1	陶壶	泥质灰陶	素面	完整	5.4	6.8	5.8	9.9		
	ⅢM37:2	陶甑	泥质灰陶	波浪纹、弦纹	残缺	11.2		5.0	4.6		
	ⅢM37:3	波浪纹陶罐	泥质灰陶	波浪纹、弦纹	完整	9.8	13.4	8.8	14.0	前凉后期	
	ⅢM37:4	波浪纹陶罐	泥质橙黄陶	波浪纹、弦纹	完整	9.2	10.6	8.6	14.0		
	ⅢM37:5	陶灯	泥质灰陶	素面	残缺	6.2		7.0	8.6		
	ⅢM37:6	陶盘	泥质灰陶	波浪纹、弦纹	残缺		复原盘径22.0，厚2.0				
ⅢM38	ⅢM38:1	陶钵	泥质灰陶	素面	完整	14.4		6.0	6.5	西晋中晚期	
	ⅢM38:2	陶钵	泥质灰陶	弦纹	完整	15.4		6.0	5.5		

续附表二

出土单位	器物编号	器物名称	质地	纹饰	保存程度	口	腹	底	高	文化时代	备注
ⅢM38	ⅢM38:3	波浪纹陶罐	泥质灰陶	波浪纹	完整	9.6	18.2	10.8	16.0		
	ⅢM38:4	波浪纹陶罐	泥质灰陶	波浪纹	完整	8.8	17.8	9.7	16.5		
	ⅢM38:5	陶灯	泥质灰陶	素面	完整	7.4		11.2	11.7		
	ⅢM38:6	陶盘	泥质灰陶	波浪纹、弦纹	完整	盘径34.4，厚2.2					
	ⅢM38:7	陶耳杯	泥质灰陶	素面	完整	长径10.7 短径5.4		长径5.9 短径3.5	3.0	西晋中晚期	
	ⅢM38:8	陶耳杯	泥质灰陶	素面	完整	长径10.5 短径5.5		长径6.6 短径4.5	2.7		
	ⅢM38:9	陶耳杯	泥质灰陶	素面	完整	长径10.6 短径5.4		长径6.1 短径3.6	3.0		
	ⅢM38:10	陶碟	泥质灰陶	素面	完整	10.2		4.0	2.9		
	ⅢM38:11	陶碟	泥质灰陶	素面	完整	10.0		4.0	2.9		
	ⅢM38:12	陶盆	泥质灰陶	素面	完整	12.4		5.6	4.4		
	ⅢM38:13	陶壶	泥质灰陶	素面	完整	6.6	11.8	12.4	12.6		
	ⅢM38:14	陶樽	泥质灰陶	素面	完整	14.4		15.6	11.6		
	ⅢM38:15	陶樽	泥质灰陶	素面	完整	15.2		17.2	12.0		
ⅢM39	ⅢM39:1	陶釜	泥质灰陶	素面	残缺	7.6	9.9	5.4	7.2		
	ⅢM39:2	陶盆	泥质灰陶	素面	残缺	14.6		6.0	6.5	前秦—北凉	
	ⅢM39:3	波浪纹陶罐	泥质灰陶	波浪纹、弦纹	完整	8.8	12.3	7.4	12.2		
	ⅢM39:4	波浪纹陶罐	泥质灰陶	波浪纹、弦纹	残缺	8.4	11.6	8.0	12.3		

续附表二

出土单位	器物编号	器物名称	质地	纹饰	保存程度	口	腹	底	高	文化时代	备注
ⅢM39	ⅢM39:5	波浪纹陶罐	泥质灰陶	波浪纹	残缺	7.6	11.4	7.4	12.0		
	ⅢM39:6	弦纹陶罐	泥质灰陶	弦纹	完整	6.4	21.0	13.4	19.5		
	ⅢM39:7	陶灯	泥质灰陶	素面	残缺	7.2		6.4	7.6		
	ⅢM39:8	陶桶	泥质灰陶	素面	残缺	16.8		15.8	厚2.4	前秦—北凉	
	ⅢM39:9	陶樽	泥质灰褐陶	素面	残缺	17.6			残高5.0~5.2		
	ⅢM39:10	陶碟	泥质灰陶	素面	残缺	11.8	11.2	6.5	1.9		
	ⅢM39:11	素面陶罐	泥质灰陶	素面	残缺	6.4		6.0	9.2		
ⅢM40	ⅢM40:1	陶壶	泥质橙黄陶	素面	残缺	8.2	11.6	11.0	13.8		
	ⅢM40:2	波浪纹陶罐	泥质灰陶	波浪纹	残缺	9.2	19.2		残高16.0		
	ⅢM40:3	陶樽	泥质灰陶	素面	完整	13.6		15.4	10.8		
	ⅢM40:4	陶碟	泥质灰陶	素面	残缺	11.0		4.0	3.6		
	ⅢM40:5	陶樽	泥质橙黄陶	素面	完整	14.4		16.8	11.0		
	ⅢM40:6	陶甑	泥质灰陶	素面	完整	16.4		6.0	7.0	西晋早期—西晋晚期	
	ⅢM40:7	波浪纹陶罐	泥质橙黄陶	波浪纹	完整	9.4	18.6	10.0	15.2		
	ⅢM40:8	陶器盖	泥质灰陶	素面	完整	盖径16.2			5.5		
	ⅢM40:9	陶釜	泥质灰陶	素面	完整	9.2	16.7	10.8	13.0		
	ⅢM40:10	波浪纹陶罐	泥质橙黄陶	波浪纹	完整	9.2	19.8	10.4	16.3		
	ⅢM40:11	陶盆	泥质灰陶	素面	完整	11.6		5.2	4.4		

续附表二

出土单位	器物编号	器物名称	质地	纹饰	保存程度	尺寸 口	尺寸 腹	尺寸 底	尺寸 高	文化时代	备注
ⅢM40	ⅢM40:12	陶碟	泥质灰陶	素面	完整	9.3		4.8	1.6		
	ⅢM40:13	陶碗	泥质橙黄陶	素面	残缺	10.2		4.0	4.0	西晋早期—西晋晚期	
	ⅢM40:14	陶斗瓶	泥质橙黄陶	素面	完整	4.4		6.4	8.2		
	ⅢM40:15	陶灯	泥质橙黄陶	素面	完整	7.4		10.4	13.4		
	ⅢM41:11	陶盆	泥质灰陶	素面	残缺	17.6		7.4	8.8		
	ⅢM41:12	绳纹陶罐	泥质灰陶	绳纹	残缺	10.8	23.4	13.6	24.4		
	ⅢM41:13	陶樽	泥质灰陶	素面	残缺	19.0		21.3	13.6		
	ⅢM41:14	陶钵	泥质灰陶	素面	残缺	15.2	16.0	6.0	6.6		
	ⅢM41:15	素面陶罐	泥质灰陶	素面	残缺	6.9			残高12.2		
	ⅢM41:16	陶器盖	泥质灰陶	素面	完整	盖径21.4			5.5		
ⅢM41	ⅢM41:17	铜铃	铜		残缺		体径1.1~1.3		通高2.0	西晋早期	
	ⅢM41:18	铁剑	铁		残缺		残长23.0,宽约2.5				
	ⅢM41:19	陶钵	泥质灰陶	素面	残缺	10.0		5.4	残高5.0		
	ⅢM41:20	陶灯	泥质灰陶	素面	完整	10.2		12.0	14.0		
	ⅢM41:21	陶钵	泥质灰陶	素面	完整	9.4		4.0	3.1		
	ⅢM41:22	陶钵	泥质灰陶	素面	完整			3.8	3.0		
	ⅢM41:23	陶耳杯	泥质灰陶	素面	残缺	长径9.7 短径6.0		长径5.5 短径3.0	3.2		
	ⅢM41:24	陶盘	泥质灰陶	波浪纹、弦纹	残缺		盘径38.8,厚2.0				

续附表二

出土单位	器物编号	器物名称	质地	纹饰	保存程度	尺寸 口	尺寸 腹	尺寸 底	尺寸 高	文化时代	备注
ⅢM41	ⅢM41:25	铜弩机廓	铜	素面	残缺	长6.3		宽2.2	1.1		
	ⅢM41:26	骨簪	骨	素面	完整	通长6.4,截面最大直径0.9					
	ⅢM41:27	陶盘	泥质灰陶	波浪纹、弦纹	残缺	盘径36.0,厚2.0					
	ⅢM41:28	弦纹陶罐	泥质灰陶	弦纹	残缺	7.2	17.3	12.1	15.3		
	ⅢM41:31	铜弩机廓	铜	素面	残缺	长6.8		宽2.0	1.8		
	ⅢM41:32	铜环	铜		残缺		直径1.8		0.5		
	ⅢM41:34	铁器残件	铁		残缺		残长2.3				
	ⅢM41:37	弦纹陶罐	泥质灰陶	弦纹	残缺	6.0	12.8	6.6	10.4		
	ⅢM41:39	铁剪刀	铁		残缺		最长处14.0			西晋早期	
	ⅢM41:44-1	铜铺首	铜	兽面状	残缺		长1.0~2.2,厚0.2		残高2.2		
	ⅢM41:46	陶耳杯	泥质灰陶	素面	残缺			长径5.5 短径3.0	残高3.0		
	ⅢM41:47	铁镜	铁		完整		复原直径13.8				
	ⅢM41:50	铜泡钉	铜	素面	残缺		直径1.6		1.2		
	ⅢM41:51	珠饰	木	素面	完整		直径1.4		1.1		
	ⅢM41:52	陶器盖	泥质灰陶	素面	残缺	盖径21.6			7.0		
	ⅢM41:54-1	金饰片	金	素面	残缺		直径1.2				
	ⅢM41:54-2	金饰片	金	素面	残缺		最大直径1.0				
	ⅢM41:56	石饰件	石	素面	完整		边长3.2,孔径0.25,厚0.4				

续附表二

出土单位	器物编号	器物名称	质地	纹饰	保存程度	尺寸 口	尺寸 腹	尺寸 底	尺寸 高	文化时代	备注
ⅢM41	ⅢM41:57	陶耳杯	泥质灰陶	素面	残缺			残长5.9		西晋早期	
	ⅢM41:58	丝织物			残缺			残长8.5			
ⅢM42	ⅢM42:1	陶钵	泥质灰陶	素面	残缺	9.6		3.6	4.1	魏晋十六国时期	
	ⅢM42:2	陶钵	泥质灰陶	素面	残缺	13.2		4.4	5.0		
	ⅢM42:3	陶盆	泥质灰陶	素面	残缺	14.0			残高4.6		
	ⅢM42:4	陶钵	泥质灰陶	素面	残缺	8.0			残高2.4		
ⅢM43	ⅢM43:1	陶盘	泥质灰陶	弦纹	残缺		盘径36.0,厚2.0			西晋早期	
	ⅢM43:2	陶钵	泥质灰陶	素面	残缺	8.6		3.0	3.3		
	ⅢM43:3	陶甑	泥质灰陶	素面	残缺	14.8		5.2	5.5		
	ⅢM43:5	丝织物			残缺		残长20.5				
ⅢM44	ⅢM44:1	陶盘	泥质红褐陶	波浪纹、弦纹	残缺		盘径33.6,厚2.0			西晋早期	
ⅢM45	ⅢM45:1	陶甑	泥质灰陶	素面	残缺	11.6		4.4	5.2	魏晋十六国时期	
	ⅢM45:2	波浪纹陶罐残片	泥质红褐陶	波浪纹	残缺						
ⅢM46	ⅢM46:1	波浪纹陶罐	泥质灰陶	波浪纹、弦纹	完整	9.4	12.0	8.0	10.0	前秦—北凉	
	ⅢM46:2	波浪纹陶罐	泥质红陶	波浪纹、弦纹	完整	7.2	12.4	7.0	11.3		
	ⅢM46:3	泥罐	泥质	素面	残缺	5.4	7.4	5.2	5.2		
	ⅢM46:4	泥甑	泥质	素面	残缺	9.0		4.8	4.4		
	ⅢM46:5	陶盆	泥质橙黄陶	波浪纹、弦纹	残缺	13.4		8.0	5.1		

续附表二

出土单位	器物编号	器物名称	质地	纹饰	保存程度	口	腹	底	高	文化时代	备注
ⅢM46	ⅢM46:6	陶碟	泥质橙黄陶	素面	残缺	10.4		6.0	2.0	前秦—北凉	
	ⅢM46:7	泥塙	泥质灰陶	凸棱纹	残缺	11.6		9.6	2.0		
	ⅢM46:8	垂幛纹陶罐	泥质灰褐陶	垂幛纹、弦纹	残缺	9.2	13.6		残高9.5		
	ⅢM46:9	弦纹陶罐	泥质灰陶	弦纹	残缺	5.6	10.8	5.3	8.8		朱书
ⅢM47	ⅢM47:1	陶樽	泥质灰陶	素面	残缺	16.5		17.0	12.0	前凉前期	
	ⅢM47:2	陶钵	泥质灰陶	素面	残缺	10.8		4.2	4.0		
	ⅢM47:3	陶盘	泥质橙黄陶	波浪纹、弦纹	完整		盘径28.4,厚2.6				
	ⅢM47:4	陶耳杯	泥质灰陶	素面	残缺	长径8.0 短径3.6		长径4.5 短径1.5	2.6		
	ⅢM47:5	陶盘	泥质灰陶	波浪纹、弦纹	残缺		盘径32.0,厚1.9				
	ⅢM47:6	陶耳杯	泥质橙黄陶	素面	残缺	残长5.0		残长4.0	2.9		
	ⅢM47:7	波浪纹陶罐	泥质灰陶	波浪纹、弦纹	完整	9.6	17.4	12.7	15.1		
	ⅢM47:8	波浪纹陶罐	泥质灰陶	波浪纹、弦纹	完整	10.0	16.8	11.4	15.8		
ⅢM48	ⅢM48:1	陶盘	泥质灰陶	波浪纹、弦纹	残缺		盘径31.2,厚2.4			西晋中晚期	
	ⅢM48:2	波浪纹陶罐	泥质灰陶	波浪纹	完整	9.0	20.0	9.8	18.2		
	ⅢM48:3	陶樽	泥质红褐陶	素面	残缺	14.4		16.8	12.0		
	ⅢM48:4	陶釜	泥质橙黄陶	波浪纹、弦纹	完整	19.4	24.8	17.0	11.0		
	ⅢM48:5	波浪纹陶罐	泥质橙黄陶	波浪纹	残缺	9.0	19.6	10.4	16.9		
	ⅢM48:6	波浪纹陶罐	泥质灰陶	波浪纹	完整	8.8	19.4	9.9	17.3		

续附表二

出土单位	器物编号	器物名称	质地	纹饰	保存程度	尺寸 口	尺寸 腹	尺寸 底	尺寸 高	文化时代	备注
ⅢM48	ⅢM48:7	陶盆	泥质橙黄陶	素面	残缺	13.8		5.6	5.7		
	ⅢM48:8	陶器盖	泥质灰陶	素面	完整	盖径16.2			5.6		
	ⅢM48:9	陶器盖	泥质红褐陶	素面	完整	盖径16.8			6.1		
	ⅢM48:10	陶樽	泥质灰陶	素面	完整	14.0		17.3	11.0		
	ⅢM48:11	波浪纹陶罐	泥质橙黄陶	波浪纹	完整	8.0	19.2	10.4	16.4	西晋中晚期	
	ⅢM48:12	陶甑	泥质灰陶	素面	完整	13.6		5.4	6.1		
	ⅢM48:13	铁镜	铁		残缺		直径13.0,厚0.01				
	ⅢM48:14	铜指环	铜	凸棱纹	完整		直径1.7,厚1.7		0.7		
	ⅢM48:15	铁器残件	铁		残缺		残长3.2				
ⅢM49	ⅢM49:1	陶纺轮	泥质灰陶	素面	完整	口径2.0,底径4.0,孔径0.8			2.0		
	ⅢM49:2	陶器盖	泥质灰陶	素面	残缺	盖径16.8			6.5		
	ⅢM49:3	陶壶	泥质灰陶	素面	残缺			12.9	残高12.7		
	ⅢM49:4	陶器盖	泥质灰陶	素面	残缺	盖径17.9			6.8		
	ⅢM49:5	陶盘	泥质灰陶	波浪纹、弦纹	完整		盘径33.6,厚2.6			西晋早期	
	ⅢM49:6	陶盆	泥质红陶	素面	残缺	14.4		6.0	6.0		
	ⅢM49:7	陶盘	泥质灰陶	波浪纹、弦纹	残缺		盘径30.6,厚2.0				
	ⅢM49:8	陶耳杯	泥质灰陶	素面	完整	长径10.0 短径4.7		长径5.8 短径2.5	2.8		
	ⅢM49:9	陶耳杯	泥质灰陶	素面	完整	长径10.5 短径4.7		长径6.0 短径2.5	2.9		

续附表二

出土单位	器物编号	器物名称	质地	纹饰	保存程度	尺寸 口	尺寸 腹	尺寸 底	尺寸 高	文化时代	备注
ⅢM49	ⅢM49：10	陶钵	泥质灰陶	素面	残缺	7.0		3.0	2.9		
	ⅢM49：11	陶钵	泥质灰陶	素面	完整	10.4		5.0	3.6		
	ⅢM49：12	陶碟	泥质灰陶	素面	完整	9.1		3.2	2.7		
	ⅢM49：13	陶碟	泥质灰陶	素面	完整	10.0		3.4	3.1		
	ⅢM49：14	陶钵	泥质灰陶	素面	完整	10.2		4.6	3.9		
	ⅢM49：15	陶灯	泥质灰陶	素面	残缺			11.0	残高12.0		
	ⅢM49：16	绳纹陶罐	泥质灰陶	绳纹	残缺	10.3	23.2	14.0	20.1	西晋早期	
	ⅢM49：17	绳纹陶罐	泥质灰褐陶	绳纹	残缺	10.0	20.4	14.0	19.9		
	ⅢM49：18	绳纹陶罐	泥质灰陶	绳纹	残缺	10.0	21.7	13.2	18.6		
	ⅢM49：19	陶釜	泥质灰陶	弦纹	完整	10.0	15.0	11.6	9.9		
	ⅢM49：20	绳纹陶罐	泥质灰陶	绳纹	残缺	10.5	21.6	14.6	18.3		
	ⅢM49：21	陶碟	泥质灰陶	素面	完整	11.8		4.8	3.5		
	ⅢM49：22	陶甑	泥质灰陶	素面	完整	15.4		6.2	6.7		
	ⅢM49：23	陶钵	泥质灰陶	素面	完整	10.0		4.0	4.0		
	ⅢM49：24	陶樽	泥质灰陶	素面	完整	16.0		17.0	12.5		
	ⅢM49：25	陶钵	泥质灰陶	素面	残缺	10.6		4.6	4.2		
	ⅢM49：26	铜弩机	铜	素面	残缺		望山高3.7、宽2.6				
ⅢM50	ⅢM50：1	陶钵	泥质灰陶	素面	完整	10.8		4.6	4.0	西晋中晚期	

续附表二

出土单位	器物编号	器物名称	质地	纹饰	保存程度	尺寸 口	尺寸 腹	尺寸 底	尺寸 高	文化时代	备注
	ⅢM50:2	陶碟	泥质灰陶	素面	完整	9.0		3.8	2.6		
	ⅢM50:3	陶案	泥质灰陶	素面	完整	长25.3,宽19.1			6.0		
	ⅢM50:4	陶壶	泥质灰褐陶	凸棱纹	完整	6.4	13.2	12.7	13.1		
	ⅢM50:5	陶耳杯	泥质灰陶	素面	完整	长径10.0 短径5.0		长径5.4 短径2.5	3.0		
	ⅢM50:6	陶耳杯	泥质灰陶	素面	完整	长径10.1 短径5.2		长径4.5 短径3.5	2.7~3.3		
	ⅢM50:7	陶钵	泥质灰陶	素面	完整	7.0		3.6	2.4		
ⅢM50	ⅢM50:8	陶案	泥质灰陶	素面	残缺	长33.2		宽25.0	厚1.6	西晋中晚期	
	ⅢM50:9	陶钵	泥质灰陶	素面	残缺	10.9		5.2	4.0		
	ⅢM50:10	陶灯	泥质灰陶	素面	残缺	9.4		13.0	14.5		
	ⅢM50:14	陶樽	泥质灰陶	弦纹	完整	20.1		18.8	13.5		
	ⅢM50:15	陶樽	泥质灰陶	波浪纹	完整	14.4	21.6	16.5	11.0		
	ⅢM50:16	波浪纹陶罐	泥质灰陶	波浪纹	完整	10.6		11.5	19.4		
	ⅢM50:17	陶盆	泥质灰陶	素面	完整	11.2		5.0	4.0		
	ⅢM50:18	陶樽	泥质灰陶	弦纹	完整	14.5		16.6	11.0		
	ⅢM50:19	波浪纹陶罐	泥质灰陶	波浪纹	残缺	11.6	22.0	12.4	18.5		
	ⅢM50:20	波浪纹陶罐	泥质灰陶	波浪纹	完整	10.7	22.0	12.0	18.8		
	ⅢM50:21	铜钗	铜	素面	残缺	最长4.4,截面直径0.15					

续附表二

出土单位	器物编号	器物名称	质地	纹饰	保存程度	尺寸				文化时代	备注
						口	腹	底	高		
ⅢM51	ⅢM51:1	陶樽	泥质灰陶	素面	残缺	盖径16.4		18.7	通高15.4		
	ⅢM51:2	波浪纹陶罐	泥质灰陶	波浪纹	残缺	9.2	19.3	10.4	17.5		
	ⅢM51:3	陶瓶	泥质灰陶	素面	残缺	9.4	18.6	17.4	17.8		
	ⅢM51:4-1	铜钗	铜		残缺	长13.7，截面直径0.3				西晋中晚期	
	ⅢM51:4-2	铜钗	铜		残缺	残长11.6，截面直径0.3					
	ⅢM51:4-3	铜钗	铜		残缺	残长9.5，截面直径0.3					
	ⅢM51:4-4	铜钗	铜		残缺	残长6.0，截面直径0.3					
ⅢM52	ⅢM52:1	波浪纹陶罐	泥质灰陶	波浪纹	完整	10.4	21.6	11.6	19.2		
	ⅢM52:2	波浪纹陶罐	泥质灰陶	波浪纹	完整	11.0	21.6	13.8	17.3		
	ⅢM52:3	波浪纹陶罐	泥质灰陶	波浪纹	完整	10.8	20.4	10.0	18.2		
	ⅢM52:4	陶甑	泥质灰陶	素面	完整	20.6		8.6	5.8		
	ⅢM52:5	陶器盖	泥质灰陶	素面	完整	盖径18.5			4.9	西晋中晚期	
	ⅢM52:6	陶釜	泥质灰陶	波浪纹	完整	9.2	15.0	10.0	9.7		
	ⅢM52:7	陶灯	泥质灰陶	素面	残缺	8.8		6.2	4.9		
	ⅢM52:8	陶盘	泥质灰陶	波浪纹、弦纹	残缺	盘径31.5，厚2.2					
	ⅢM52:9	陶钵	泥质灰陶	素面	完整	11.6		5.2	4.1		
	ⅢM52:10	陶钵	泥质灰陶	素面	完整	10.6		4.8	3.6		
	ⅢM52:11	陶钵	泥质灰陶	素面	完整	11.6		4.6	4.0		

续附表二

出土单位	器物编号	器物名称	质地	纹饰	保存程度	尺寸 口	尺寸 腹	尺寸 底	尺寸 高	文化时代	备注
ⅢM52	ⅢM52:12	陶钵	泥质灰陶	素面	完整	9.8		4.2	3.7		
	ⅢM52:13	陶钵	泥质灰陶	素面	残缺	9.8		4.2	4.1		
	ⅢM52:14	陶钵	泥质灰陶	素面	完整	10.6		4.8	4.0		
	ⅢM52:15	陶斗瓶	泥质灰陶	素面	完整	4.6		7.4	8.9	西晋中晚期	
	ⅢM52:16	陶斗瓶	泥质灰陶	素面	完整			7.4	残高6.7		
	ⅢM52:17	素面陶罐	泥质灰陶	素面	残缺	3.4	8.6	5.0	6.0		
ⅢM53	ⅢM53:1	波浪弦纹陶罐	泥质红褐陶	波浪纹、弦纹	残缺	8.1	13.1	10.7	10.6	前凉前期	
	ⅢM53:2	陶樽	泥质红褐陶	素面	残缺	14.2		15.8	8.2		
	ⅢM53:3	陶盘	泥质红褐陶	波浪纹、弦纹	残缺		盘径23.7,厚2.2				
	ⅢM54:1	陶甑	泥质灰陶	素面	残缺	16.2		5.8	8.4		
	ⅢM54:2	陶壶	泥质灰陶	弦纹	残缺	6.5	13.0	12.8	13.0		
	ⅢM54:3	陶钵	泥质灰陶	凹棱纹	残缺	12.0		4.8	4.6		
	ⅢM54:4	弦纹陶罐	泥质灰陶	弦纹	残缺		11.5	5.5	残高8.4		
ⅢM54	ⅢM54:5	陶盘	泥质灰陶	波浪纹	残缺		盘径36.4,厚1.9			前凉前期	
	ⅢM54:6	陶钵	泥质灰陶	素面	残缺	7.8		4.0	3.6		
	ⅢM54:7	陶钵	泥质灰陶	素面	残缺	8.9		4.2	3.8		
	ⅢM54:8	陶盆	泥质灰陶	素面	残缺	16.5		5.5	8.0		
	ⅢM54:9	陶钵	泥质灰陶	素面	残缺	7.5		3.6	3.6		

续附表二

出土单位	器物编号	器物名称	质地	纹饰	保存程度	尺寸 口	尺寸 腹	尺寸 底	尺寸 高	文化时代	备注
ⅢM54	ⅢM54:10	陶器盖	泥质灰陶	素面	残缺	盖径18.0			6.1	前凉前期	
	ⅢM54:16	陶盆	泥质灰陶	素面	残缺	16.0		8.0	6.4		
	ⅢM54:17	绳纹陶罐	泥质灰褐陶	绳纹	残缺	9.7	13.4				
	ⅢM55:1	陶釜	泥质灰陶	素面	残缺	7.0	13.6	9.6	9.5		
	ⅢM55:2	陶瓶	泥质黄褐陶	素面	残缺	5.0			残高6.8		
	ⅢM55:3	波浪纹陶罐	泥质灰陶	波浪纹、弦纹	完整	8.9	16.2	10.4	13.1		
	ⅢM55:4	陶耳杯	泥质灰陶	素面	完整	长径10.3 短径5.3		长径5.5 短径3.0	2.9~3.6		
	ⅢM55:5	陶耳杯	泥质灰陶	素面	完整	长径10.3 短径5.8		长径5.4 短径3.0	3.5		
	ⅢM55:6	素面陶罐	泥质灰陶	素面	残缺	7.0	14.0	6.0	12.5		
ⅢM55	ⅢM55:7	陶壶	泥质灰陶	素面	残缺	7.2	11.2	11.0	12.0	前凉前期	
	ⅢM55:8	陶盘	泥质灰陶	波浪纹、弦纹	残缺		盘径35.2，厚2.0				
	ⅢM55:9	陶耳杯	泥质红褐陶	素面	残缺		残长6.3		3.1		
	ⅢM55:10	陶耳杯	泥质红褐陶	素面	残缺		残长6.0		2.0		
	ⅢM55:11	陶钵	泥质灰陶	素面	残缺	9.6		3.2	3.4		
	ⅢM55:12	陶耳杯	泥质红褐陶	素面	残缺	长径7.3 短径3.9		长径3.0 短径2.0	2.3		
	ⅢM55:13	陶盆	泥质灰陶	素面	完整	12.2		4.6	4.7		
	ⅢM55:14	陶灯	泥质灰陶	凸棱纹	残缺			11.0	残高10.0		

续附表二

出土单位	器物编号	器物名称	质地	纹饰	保存程度	口	腹	底	高	文化时代	备注
ⅢM55	ⅢM55:15	陶盘	泥质灰陶	波浪纹、弦纹	残缺		盘径29.6,厚2.0				
	ⅢM55:16	陶樽	泥质黄褐陶	素面	完整	17.0		17.0	9.5		
	ⅢM55:17	波浪纹陶罐	泥质黄褐陶	波浪纹、弦纹	完整	9.3	16.8	12.6	14.4	前凉前期	
	ⅢM55:18	波浪纹陶罐	泥质黄褐陶	波浪纹、弦纹	完整	9.6	16.6	12.6	14.0		
	ⅢM55:23	铜指环	铜	凸棱纹	完整		直径1.8		0.6		
	ⅢM55:24	陶斗瓶	泥质灰陶	素面	完整	5.2		5.6	6.5		朱书
	ⅢM55:28	陶斗瓶	泥质灰陶	素面	完整	5.3		6.0	7.0		朱书
ⅢM56	ⅢM56:1	泥罐	泥质	素面	残缺	5.0			残高5.0		
	ⅢM56:2	泥罐	泥质	素面	残缺	5.2		4.6	6.3		
	ⅢM56:3	泥甑	泥质	素面	残缺	6.8		3.0	4.5		
	ⅢM56:4	泥灯	泥质	素面	残缺				残高7.7		
	ⅢM56:5	泥釜	泥质	素面	残缺	6.0		3.6	5.8	前凉后期	
	ⅢM56:6	泥罐	泥质	素面	残缺	4.6		3.0	4.0		
	ⅢM56:7	泥斗瓶	泥质	素面	残缺	4.0			残高4.8		
	ⅢM56:8	泥盘	泥质	素面	残缺		盘径15.8,厚1.5				
	ⅢM56:9	陶盆	泥质灰陶	素面	残缺	复原21.0		12.2	9.0		
	ⅢM56:10	铜钗	铜	素面	残缺		残长4.0,截面直径0.2				
ⅢM57	ⅢM57:1	波浪纹陶罐	泥质灰陶	波浪纹、弦纹	残缺	10.2		8.6	残高15.3	前凉前期	

续附表二

出土单位	器物编号	器物名称	质地	纹饰	保存程度	尺寸				文化时代	备注
						口	腹	底	高		
ⅢM57	ⅢM57:2	陶樽	泥质灰陶	素面	残缺	13.3		13.4	11.5		
	ⅢM57:3	陶甑	泥质灰陶	弦纹	残缺	11.8		5.0	5.6		
	ⅢM57:4	陶斗瓶	泥质灰陶	素面	完整	5.0		4.6	6.0		
	ⅢM57:5	陶钵	泥质灰陶	素面	完整	9.8		4.5	4.3		
	ⅢM57:6	波浪纹陶罐	泥质灰陶	波浪纹、弦纹	残缺	9.6	14.8	10.8	13.5	前凉前期	
	ⅢM57:7	波浪纹陶罐	泥质灰陶	波浪纹、弦纹	残缺	10.4	16.4	11.6	16.4		
	ⅢM57:8	陶樽	泥质灰陶	弦纹	残缺	12.7		13.4	9.8		
	ⅢM57:9	陶灯	泥质灰陶	凸棱纹	残缺	8.0		12.3	14.1		
	ⅢM57:10	陶钵	泥质灰陶	素面	完整	10.6		4.8	4.9		
ⅣM1	ⅣM1:1	绳纹陶罐	泥质灰陶	绳纹	残缺	10.4	21.0	13.5	18.8		
	ⅣM1:2	陶壶	泥质橙黄陶	素面	完整	6.8	13.0	13.8	14.6		
	ⅣM1:3	陶器盖	泥质橙黄陶	素面	完整		盖径17.4		5.6		
	ⅣM1:4	陶樽	泥质灰陶	素面	残缺	15.8		18.5	11.3	曹魏时期	
	ⅣM1:5	陶樽	泥质灰陶	素面	完整	14.6	17.7	18.0	12.0		
	ⅣM1:6	陶器盖	泥质橙黄陶	素面	残缺		盖径17.8		5.4		
	ⅣM1:7	陶斗瓶	泥质橙黄陶	素面	完整	4.2	7.0	5.8	7.1~7.4		
	ⅣM1:8	陶钵	泥质灰陶	素面	残缺	15.4		6.4	6.0		
	ⅣM1:9	陶盆	泥质橙黄陶	素面	完整	16.0		6.1	7.0		

续附表二

出土单位	器物编号	器物名称	质地	纹饰	保存程度	尺寸				文化时代	备注
						口	腹	底	高		
IVM1	IVM1:10	陶器盖	泥质灰陶	素面	完整		盖径19.8		4.0		
	IVM1:11	陶钵	泥质灰陶	素面	完整	12.4		5.7	5.3		
	IVM1:12	陶器盖	泥质橙黄陶	素面	完整		盖径17.8		4.8~5.6		
	IVM1:13	陶盆	泥质灰褐陶	素面	完整	16.0		7.5	6.2~6.5		
	IVM1:14	陶釜	泥质灰陶	凸棱纹	完整	10.6	18.2	13.0	11.4		
	IVM1:15	陶灯	泥质灰陶	素面	残缺	9.4		13.0	15.8		
	IVM1:16	陶钵	泥质灰陶	波浪纹	残缺	11.6		5.0	4.5~4.8		
	IVM1:17	陶盘	泥质橙黄陶	素面	残缺		盘径37.0,厚2.0			曹魏时期	
	IVM1:18	陶钵	泥质灰陶	素面	完整	12.2		5.0	4.6		
	IVM1:19	素面陶罐	泥质灰陶	素面	完整	6.0	12.0	5.6	11.0		
	IVM1:20	陶斗瓶	泥质灰陶	素面	完整	4.8	7.2	5.4	8.3		
	IVM1:21	陶碟	泥质橙黄陶	素面	完整	10.8		4.4			
	IVM1:22	陶钵	泥质灰陶	素面	完整	8.6		4.0	3.5		
	IVM1:23	陶盘	泥质橙黄陶	素面	残缺		盘径37.0,厚2.5				
	IVM1:24	陶斗瓶	泥质橙黄陶	素面	完整	4.2	7.0	6.1	6.8~7.6		
	IVM1:25	陶碟	泥质灰陶	素面	完整	10.2		3.5	2.7~3.1		
	IVM1:26	陶钵	泥质灰陶	素面	完整	9.0		3.6	3.5		
	IVM1:28	陶樽	泥质橙黄陶	素面	残缺	16.0	18.8	18.0	12.4~12.6		

续附表二

出土单位	器物编号	器物名称	质地	纹饰	保存程度	尺寸				文化时代	备注
						口	腹	底	高		
	ⅣM2:1	陶釜	泥质灰陶	素面	完整	10.6	16.8	10.4	9.6		
	ⅣM2:2	陶壶	泥质灰陶	凸棱纹	完整	7.2	12.9	12.6	12.6		
	ⅣM2:3	素面陶罐	泥质灰陶	素面	完整	7.4	14.5	8.0	11.2		
	ⅣM2:4	陶樽	泥质灰陶	素面	残缺	盖径16.6		18.0	通高16.4		
	ⅣM2:5	波浪纹陶罐	泥质灰陶	波浪纹	完整	7.6	21.4	11.6	19.5		
	ⅣM2:6	波浪纹陶罐	泥质灰陶	波浪纹	完整	9.6	20.5	10.9	18.5		
	ⅣM2:7	波浪纹陶罐	泥质灰陶	波浪纹	完整	10.0	20.0	11.8	17.0		
ⅣM2	ⅣM2:8	陶盆	泥质橙黄陶	素面	完整	14.0		5.4	6.1	西晋中晚期	
	ⅣM2:9	陶甑	泥质橙黄陶	素面	完整	14.2		5.0	5.4		
	ⅣM2:10	陶盆	泥质橙黄陶	素面	残缺	15.0		5.0	6.0		
	ⅣM2:11	陶盆	泥质灰陶	素面	残缺	14.0		5.6	5.6		
	ⅣM2:12	陶钵	泥质灰陶	素面	完整	6.8		2.6	2.8		
	ⅣM2:13	陶碟	泥质灰陶	素面	完整	11.0		4.8	2.5		
	ⅣM2:14	陶钵	泥质灰陶	素面	完整	10.2		4.6	4.0		
	ⅣM2:15	陶耳杯	泥质灰陶	素面	完整	长径9.8 短径6.5		长径4.3 短径3.4	3.1		
	ⅣM2:16	陶耳杯	泥质灰陶	素面	完整	长径9.7 短径6.1		长径4.2 短径3.2	3.0		
	ⅣM2:17	陶钵	泥质灰陶	素面	完整	10.4		4.5	4.0		
	ⅣM2:18	铜钗	铜	素面	残缺	尾端宽1.0、前宽2.2、长16.0					

续附表二

出土单位	器物编号	器物名称	质地	纹饰	保存程度	尺寸 口	尺寸 腹	尺寸 底	尺寸 高	文化时代	备注
ⅣM2	ⅣM2:19	陶盘	泥质橙黄陶	波浪纹	残缺		盘径32.0,厚2.0			西晋中晚期	
ⅣM3	ⅣM3:1	陶钵	泥质灰陶	素面	残缺	11.0		4.3	3.5~4.0		
	ⅣM3:2	陶碟	泥质灰陶	素面	完整	12.4		5.6	2.8~3.4		
	ⅣM3:3	陶钵	泥质灰陶	素面	完整	10.6		4.2	3.3~3.8		
	ⅣM3:4	陶钵	泥质灰陶	素面	完整	11.0		4.5	3.4~3.5		
	ⅣM3:5	陶盆	泥质灰陶	素面	残缺	12.6		4.2	5.1		
	ⅣM3:6	陶壶	泥质灰陶	凸棱纹	残缺	8.0	11.5	12.6	12.0		
	ⅣM3:7	陶甑	泥质灰陶	凸棱纹	残缺	12.4		4.3	5.5		
	ⅣM3:8	陶钵	泥质灰陶	素面	完整	11.0		5.0	4.3		
	ⅣM3:9	陶釜	泥质灰陶	素面	完整	9.6	15.0	11.2	10.4	西晋中晚期	
	ⅣM3:10	陶钵	泥质灰陶	素面	残缺	8.6		3.8	3.5		
	ⅣM3:11	陶灯	泥质灰陶	素面	残缺	7.0		11.0	13.0		
	ⅣM3:12	陶盘	泥质橙黄陶	素面	残缺		盘径33.0,厚2.5				
	ⅣM3:13	陶碟	泥质灰陶	素面	完整	12.0		5.6	2.8~3.0		
	ⅣM3:14	波浪纹陶罐	泥质灰陶	波浪纹	残缺	8.7	18.0	10.5	17.6		
	ⅣM3:15	陶斗瓶	泥质灰陶	素面	完整	4.6	7.0	6.3	7.2~7.7		朱书
	ⅣM3:16	陶盆	泥质灰陶	素面	完整	13.0		5.2	6.0		
	ⅣM3:17	波浪纹陶罐	泥质灰陶	波浪纹	残缺	10.0	19.0	12.2	16.6		

续附表二

出土单位	器物编号	器物名称	质地	纹饰	保存程度	尺寸 口	尺寸 腹	尺寸 底	尺寸 高	文化时代	备注
ⅣM3	ⅣM3:18	陶斗瓶	泥质灰陶	素面	完整	5.2	6.8	6.6	6.6~7.1	西晋中晚期	朱书
ⅣM4	ⅣM4:1	陶壶	泥质灰陶	素面	完整	盖径9.0	12.7	12.2	通高13.8	西晋中晚期	
	ⅣM4:2	波浪纹陶罐	泥质橙黄陶	波浪纹	残缺	8.4	18.0	11.8	15.7		
	ⅣM4:3	陶甑	泥质橙黄陶	素面	完整	13.4		4.8	5.3		
	ⅣM4:4	波浪纹陶罐	泥质橙黄陶	波浪纹	残缺	9.2	18.2	11.8	15.6		
	ⅣM4:5	陶斗瓶	泥质灰陶	素面	残缺		7.5	6.6	残高6.2		
	ⅣM4:6	陶碟	泥质橙黄陶	素面	残缺	10.0		4.0	2.6~3.0		
	ⅣM4:7	陶钵	泥质橙黄陶	素面	完整	8.2		3.2	2.8~3.0		
	ⅣM4:8	陶钵	泥质灰陶	素面	完整	8.4		3.8	2.8		
	ⅣM4:9	陶碟	泥质橙黄陶	素面	完整	9.4		3.8	2.8~3.0		
	ⅣM4:10	陶钵	泥质橙黄陶	素面	完整	8.4		3.2	2.6~2.8		
	ⅣM4:11	陶樽	泥质橙黄陶	素面	残缺	盖径16.4	17.2	16.0	通高15.6		
	ⅣM4:12	波浪纹陶罐	泥质橙黄陶	波浪纹	完整	10.0	18.0	9.6	16.4		
	ⅣM4:13	陶盆	泥质橙黄陶	素面	残缺	13.0		5.4	4.6		
	ⅣM4:14	陶盘	泥质橙黄陶	波浪纹	残缺		盘径35.0,厚2.3				
	ⅣM4:16	陶斗瓶	泥质灰陶	素面	完整	5.0	6.1	6.1	7.4~7.6		
	ⅣM4:17	陶斗瓶	泥质灰陶	素面	残缺	5.0	6.2	6.2	7.1		
	ⅣM4:18	陶斗瓶	泥质灰陶	素面	完整	5.4	6.4	5.6	7.0~7.1		

续附表二

出土单位	器物编号	器物名称	质地	纹饰	保存程度	口	腹	底	高	文化时代	备注
ⅣM4	ⅣM4:19	陶盆	泥质橙黄陶	素面	完整	12.6		4.6	5.0	西晋中晚期	
	ⅣM4:20	陶盆	泥质橙黄陶	素面	完整	13.4		5.5	5.0		
ⅣM5	ⅣM5:1	波浪纹陶罐	泥质橙黄陶	素面	残缺	14.8	17.9	17.0	11.6	西晋中晚期	
	ⅣM5:2	陶樽	泥质橙黄陶	波浪纹	残缺	6.9			残高5.0		
	ⅣM5:3	陶甑	泥质红褐陶	凸棱纹	完整	12.4		4.4	4.2		
	ⅣM5:4	陶碟	泥质橙黄陶	素面	完整	11.0		4.4	2.7		
	ⅣM5:5	陶灯	泥质橙黄陶	凸棱纹	残缺	8.8		11.6	14.2		
	ⅣM5:6	陶碟	泥质橙黄陶	素面	完整	10.2		4.0	2.4		
	ⅣM5:7	陶纺轮	泥质红陶	素面	残缺	直径4.4~4.5,孔径0.4,厚0.6~0.8					
	ⅣM5:8	陶碟	泥质灰陶	素面	完整	10.6		4.4	2.6~2.8		
	ⅣM5:9	陶碟	泥质灰陶	素面	残缺	10.4		4.0	2.8		
	ⅣM5:10	陶碟	泥质灰陶	素面	完整	10.4		4.2	2.4~2.8		
	ⅣM5:11	陶碟	泥质灰陶	素面	完整	11.0		4.6	2.8		
	ⅣM5:12	陶钵	泥质灰陶	素面	残缺	4.4		2.4	1.5		
	ⅣM5:13	陶盘	泥质橙黄陶	波浪纹	残缺		盘径33.4,厚1.8				
	ⅣM5:14	陶壶	泥质灰陶	弦纹	完整	8.4	13.2	12.4	14.0~14.1		
	ⅣM5:15	陶盘	泥质橙黄陶	波浪纹	残缺		盘径32.0,厚2.0				
	ⅣM5:16	陶斗瓶	泥质橙黄陶	素面	完整	4.5	6.8	5.6	7.5		朱书

续附表二

出土单位	器物编号	器物名称	质地	纹饰	保存程度	口	腹	底	高	文化时代	备注
ⅣM5	ⅣM5:17	陶斗瓶	泥质橙黄陶	素面	完整	5.0	7.2	6.0	7.8	西晋中晚期	朱书
	ⅣM5:19	铜指环	铜	素面	残缺		直径1.8		0.7		
ⅣM6	ⅣM6:1	陶器盖	泥质灰陶	弦纹	完整	16.6		6.0	4.6~5.6	西晋中晚期	
	ⅣM6:2	陶器盖	泥质灰陶	弦纹	残缺	16.8		5.0	5.5		
	ⅣM6:3	波浪纹陶罐	泥质橙黄陶	波浪纹	完整	10.0	18.2	9.6	15.0		
	ⅣM6:4	陶樽	泥质灰陶	素面	完整	14.4	18.2	16.6	12.0		
	ⅣM6:5	陶樽	泥质灰陶	素面	完整	13.2	16.7	15.6	10.2~10.6		
	ⅣM6:6	陶樽	泥质灰陶	素面	完整	14.0	17.0	15.0	11.0		
	ⅣM6:7	陶器盖	泥质橙黄陶	弦纹	残缺	16.6		6.0	5.0~5.5		
	ⅣM6:8	陶甑	泥质灰陶	素面	完整	13.0		4.0	5.7		
	ⅣM6:9	波浪纹陶罐	泥质橙黄陶	波浪纹	完整	8.5	17.5	9.0	15.8		
	ⅣM6:10	波浪纹陶罐	泥质橙黄陶	波浪纹	完整	9.4	17.7	10.4	15.3		
	ⅣM6:11	波浪纹陶罐	泥质橙黄陶	波浪纹	完整	9.6	19.0	11.6	15.5		
	ⅣM6:12	陶斗瓶	泥质橙黄陶	素面	完整	5.0	5.6	4.3	6.8~7.0		墨书
	ⅣM6:13	陶斗瓶	泥质橙黄陶	素面	完整	5.2	8.3	7.8	7.8~8.0		墨书
	ⅣM6:14	陶盆	泥质灰陶	素面	完整	12.7		4.4	5.0~5.3		
	ⅣM6:15	陶钵	泥质灰陶	素面	完整	8.0		4.0	2.5		
	ⅣM6:16	陶耳杯	泥质灰陶	素面	完整	长径10.6 短径6.0		长径5.8 短径3.4	3.2		

续附表二

出土单位	器物编号	器物名称	质地	纹饰	保存程度	尺寸 口	尺寸 腹	尺寸 底	尺寸 高	文化时代	备注
ⅣM6	ⅣM6:17	陶碟	泥质灰陶	素面	完整	11.0		4.0	3.0	西晋中晚期	
	ⅣM6:18	陶盘	泥质橙黄陶	波浪纹	完整		盘径33.0,厚3.2			西晋中晚期	
	ⅣM6:19	陶盆	泥质灰陶	素面	完整	12.6		4.0	4.7	西晋中晚期	
	ⅣM6:20	陶壶	泥质灰陶	素面	残缺	7.0	12.0	10.4	11.5	西晋中晚期	
	ⅣM6:21	陶碗	泥质灰陶	素面	完整	8.0		4.0	2.5	西晋中晚期	
	ⅣM6:22	陶碟	泥质灰陶	素面	完整	10.0		4.0	2.5	西晋中晚期	
	ⅣM6:23	陶碟	泥质灰陶	素面	完整	10.2		5.0	3.0	西晋中晚期	
	ⅣM6:24	陶耳杯	泥质灰陶	弦纹	完整	长径10.4 短径5.9		长径6.0 短径3.2	3.4	西晋中晚期	
	ⅣM6:25	陶盘	泥质灰陶	凸棱纹	残缺		盘径35.0,厚2.6			西晋中晚期	
	ⅣM6:26	陶灯	泥质灰陶	波浪纹、弦纹	残缺	8.4	11.0		12.5	西晋中晚期	
	ⅣM6:27	波浪纹陶罐	泥质橙黄陶	素面	残缺	9.2	18.3	9.0	15.6	西晋中晚期	
	ⅣM6:28	陶斗瓶	泥质橙黄陶	素面	完整	4.8	5.8	5.8	6.8	西晋中晚期	
ⅣM7	ⅣM7:1	陶斗瓶	泥质橙黄陶	素面	残缺	6.0	8.0	7.4	10.0	西晋早期	
	ⅣM7:2	陶釜	泥质灰陶	弦纹	完整	9.8	15.0	6.8	12.0	西晋早期	
	ⅣM7:3	弦纹陶罐	泥质灰陶	弦纹	残缺	9.4	17.5	8.8	12.5	西晋早期	墨书
	ⅣM7:4	陶钵	泥质灰陶	素面	完整	9.6		4.2	3.6~4.0	西晋早期	朱书
	ⅣM7:5	陶钵	泥质灰黑陶	素面	完整	13.8		5.4	6.0	西晋早期	
	ⅣM7:6	陶钵	泥质灰黑陶	弦纹	残缺	16.6		6.8	7.3~7.6	西晋早期	

续附表二

出土单位	器物编号	器物名称	质地	纹饰	保存程度	尺寸			高	文化时代	备注
						口	腹	底			
ⅣM7	ⅣM7:7	陶樽	泥质灰陶	素面	残缺	17.4	19.0	18.6	11.6	西晋早期	
	ⅣM7:8	陶钵	泥质灰陶	素面	残缺	20.0		8.0	5.3		
	ⅣM7:9	陶钵	泥质灰黑陶	素面	残缺	12.2		5.0	5.5~6.0		
	ⅣM7:10	陶钵	泥质橙黄陶	素面	完整	9.2		4.2	3.2		
	ⅣM7:11	陶钵	泥质灰陶	素面	残缺	8.2		3.6	3.0		
	ⅣM7:12	陶钵	泥质灰陶	素面	残缺	10.0		4.0	4.0		
	ⅣM7:13	素面陶罐	泥质灰陶	素面	残缺		10.0	5.8	残高7.0		
	ⅣM7:14	陶瓯	泥质灰黑陶	弦纹	完整	10.0		3.8	3.0~3.4		
	ⅣM7:15	铜钗	铜	素面	残缺	残长13.1,宽0.8~1.1,截面直径0.3					
	ⅣM7:17	铜钗	铜	素面	残缺	残长12.9,宽0.9~1.2,截面直径0.3					
	ⅣM7:19	铜指环	铜	弦纹	残缺	直径1.8,壁厚0.15			0.6		
ⅣM8	ⅣM8:1	陶瓿	泥质灰陶	素面	完整	14.8	18.0	4.8	7.5~8.2	曹魏时期	
	ⅣM8:2	陶釜	泥质红陶	素面	残缺	10.0	18.0	13.0	11.0		
	ⅣM8:3	绳纹陶罐	泥质红褐陶	绳纹	完整	10.0	21.0	13.6	20.6~21.4		
	ⅣM8:4	绳纹陶罐	泥质灰陶	绳纹	完整	9.6	21.0	14.4	20.4~21.0		
	ⅣM8:5	绳纹陶罐	泥质红灰陶	绳纹	完整	9.6	21.2	13.4	19.8~20.4		
	ⅣM8:6	绳纹陶罐	泥质灰陶	绳纹	残缺	10.0	23.0	15.0	21.2		
	ⅣM8:7	陶樽	盖泥质灰褐陶,樽泥质橙黄陶	弦纹,凸棱纹	完整	盖径17.5	18.5	17.7	通高17.0		

续附表二

出土单位	器物编号	器物名称	质地	纹饰	保存程度	尺寸 口	尺寸 腹	尺寸 底	尺寸 高	文化时代	备注
IVM8	IVM8：8	陶樽	盖泥质灰褐樽泥质橙黄陶	凸棱纹	残缺	盖径17.4	18.7	18.6	通高17.5		
	IVM8：9	陶樽	盖泥质灰褐樽泥质橙黄陶	素面	完整	盖径16.6	18.8	18.8	通高17.6		
	IVM8：10	陶壶	泥质灰陶	弦纹	残缺	7.0	14.3	14.6	13.4		
	IVM8：11	陶钵	泥质灰陶	素面	完整	9.0		4.0	3.4~3.6		
	IVM8：12	陶碟	泥质橙黄陶	素面	完整	10.2		4.8	2.2~3.0		
	IVM8：13	陶钵	泥质橙黄陶	素面	完整	12.0		6.0	4.6~5.0		
	IVM8：14	陶钵	泥质橙黄陶	素面	完整	9.2		4.4	3.5		
	IVM8：15	陶盘	泥质橙黄陶	波浪纹	完整		盘径38.0，厚2.4			曹魏时期	
	IVM8：16	陶盆	泥质灰陶	素面	完整	15.2		7.4	6.3		
	IVM8：17	陶灯	泥质灰陶	素面	残缺	12.4		13.0	残高11.5		
	IVM8：18	陶钵	泥质灰陶	素面	完整	5.2	11.8	5.2	4.8		
	IVM8：19	素面陶罐	泥质灰陶	素面	残缺	5.2		6.6	10.5~10.8		
	IVM8：20	陶碟	泥质灰陶	素面	完整	11.0		4.6	3.0~3.3		
	IVM8：21	铜镜	铜	弦纹、短斜线纹	残缺	面径10.0、缘厚0.2、钮高0.7					
	IVM8：22	铜指环	铜	弦纹	残缺	直径1.8			高0.7		
	IVM8：23-1	铜钗	铜	素面	残缺	残长4.2、截面直径0.3					
	IVM8：23-2	铜钗	铜	素面	残缺	残长10.0、截面直径0.4					

续附表二

出土单位	器物编号	器物名称	质地	纹饰	保存程度	尺寸 口	尺寸 腹	尺寸 底	尺寸 高	文化时代	备注
ⅣM8	ⅣM8:23-3	铜钗	铜	素面	残缺		残长14.0、截面直径0.2			曹魏时期	
	ⅣM8:26	铜钗	铜	素面	残缺		残长4.7、截面直径0.3				
ⅣM10	ⅣM10:1	波浪纹陶罐	泥质红陶	波浪纹、弦纹	完整	9.0	14.0	7.2	13.8		
	ⅣM10:2	陶釜	泥质灰黑陶	素面	残缺		8.6	4.2	残高4.5		
	ⅣM10:3	陶碗	泥质橙黄陶	素面	残缺	6.0		3.0	3.0		
	ⅣM10:4	陶碟	泥质灰陶	素面	残缺	8.0		3.8	2.2		
	ⅣM10:5	陶杯	泥质灰陶	素面	完整	8.0		3.6	2.8		
	ⅣM10:6	陶盆	泥质灰陶	素面	完整	11.0		4.2	5.0		
	ⅣM10:7	陶灯	泥质灰陶	素面	残缺	6.0		6.3	7.8~8.0	前凉后期	
	ⅣM10:8	陶樽	泥质橙黄陶	素面	完整	15.3	16.7	16.0	10.0		
	ⅣM10:9	陶釜	泥质橙黄陶	素面	完整	7.4	8.6	5.2	6.2		
	ⅣM10:10	陶钵	泥质灰陶	素面	残缺	9.8		5.0	4.2		
	ⅣM10:11	陶甑	泥质橙黄陶	素面	完整	10.8		4.8	4.5		
	ⅣM10:12	波浪纹陶罐	泥质橙黄陶	波浪纹、弦纹	残缺	10.2	15.0	9.4	14.8		
	ⅣM10:13	陶盘	泥质灰陶	波浪纹	完整		盘径25.0、厚2.5				
ⅣM11	ⅣM11:1	泥罐	泥质	素面	残缺	10.0		3.0	残高5.4	前秦—北凉	
	ⅣM11:2	波浪纹陶罐	泥质红褐	波浪纹、弦纹	残缺	11.7	11.7	7.4	11.3		
	ⅣM11:3	陶樽	泥质红陶	素面	残缺	13.4	13.5	13.0	7.5~7.7		

续附表二

出土单位	器物编号	器物名称	质地	纹饰	保存程度	口	腹	底	高	文化时代	备注
ⅣM11	ⅣM11:4	陶斗瓶	泥质红陶	素面	残缺	6.6	7.0	5.0	6.7	前秦—北凉	
	ⅣM11:5	陶斗瓶	泥质灰陶	素面	残缺	5.4	6.4	5.4	6.6		
	ⅣM11:6	泥罐	泥质	素面	残缺	6.0		3.2	残高6.1		
	ⅣM11:7	泥釜	泥质	素面	残缺		9.2	7.6	4.7		
	ⅣM11:8	陶器盖	泥质橙黄陶	素面	残缺		盖径13.6		残高5.4		
ⅣM12	ⅣM12:1	素面陶罐	泥质灰黑陶	素面	完整	5.2	15.0	8.4	12.3~12.5	西晋早期	
	ⅣM12:2	弦纹陶罐	泥质灰陶	弦纹	完整	11.8	22.7	8.8	17.5		
	ⅣM12:3	弦纹陶罐	泥质灰陶	弦纹	完整	7.2	16.5	12.4	15.2		
	ⅣM12:4	弦纹陶罐	泥质灰陶	弦纹	完整	7.4	14.7	9.0	11.4		
	ⅣM12:5	陶樽	泥质灰陶	素面	完整	16.6	19.4	18.0	9.7		
ⅣM13	ⅣM13:1	陶碟	泥质灰陶	素面	残缺	11.0		6.6	2.5~3.0	前凉前期	
	ⅣM13:2	陶灯	泥质红陶	素面	残缺	5.2		7.0	7.0		
ⅣM14	ⅣM14:1	陶盆	泥质红陶	素面	完整	13.0		5.0	5.6	前秦—北凉	
	ⅣM14:2	陶樽	泥质红陶	波浪纹	完整	14.0		12.0	7.5		
	ⅣM14:3	陶盘	泥质灰陶	素面	完整		盘径17.6，厚1.7				
	ⅣM14:4	陶斗瓶	泥质灰陶	素面	完整	4.6	6.0	5.0	6.0		
	ⅣM14:5	陶斗瓶	泥质灰陶	素面	完整	4.1	6.5	5.6	6.5		
	ⅣM14:6	陶斗瓶	泥质灰陶	素面	残缺		6.5	6.0	5.1~6.1		

续附表二

出土单位	器物编号	器物名称	质地	纹饰	保存程度	尺寸				文化时代	备注
						口	腹	底	高		
ⅣM14	ⅣM14∶7	陶槅	泥质灰褐陶	素面	残缺	18.7		19.1	2.0	前秦—北凉	
	ⅣM15∶1	陶器盖	泥质灰陶	波浪纹、弦纹	残缺		盖径17.4		6.0		
	ⅣM15∶2	陶碟	泥质灰陶	素面	完整	13.6		6.0	2.0~2.5		
	ⅣM15∶3	陶瓯	泥质灰黑陶	素面	完整	15.4		7.2	7.4~8.1		
	ⅣM15∶4	陶釜	泥质橙黄陶	素面	完整	11.7	17.0	11.0	12.6~13.0		
	ⅣM15∶5	绳纹陶罐	泥质橙黄陶	绳纹	完整	10.8	18.0	12.0	18.4		
	ⅣM15∶6	绳纹陶罐	泥质橙黄陶	绳纹	完整	12.0	20.0	13.0	18.0~19.0		
	ⅣM15∶7	绳纹陶罐	泥质橙黄陶	绳纹	完整	10.2	17.5	12.0	17.0		
	ⅣM15∶8	绳纹陶罐	泥质橙黄陶	绳纹	完整	12.0	18.3	11.0	18.6	西晋早期	
ⅣM15	ⅣM15∶9	绳纹陶罐	泥质橙黄陶	绳纹	完整	12.0	18.5	11.4	17.6		
	ⅣM15∶10	陶樽	泥质灰陶	素面	完整	14.6	17.7	16.6	11.6		
	ⅣM15∶11	陶樽	泥质灰陶	素面	完整	14.8	17.0	17.4	12.0		
	ⅣM15∶12	陶樽	泥质灰陶	素面	完整	15.2	17.8	17.2	10.6~11.4		
	ⅣM15∶13	陶钵	泥质橙黄陶	素面	完整	8.4		4.0	3.8		
	ⅣM15∶14	陶钵	泥质橙黄陶	素面	完整	8.0		3.6	3.5		
	ⅣM15∶15	陶钵	泥质橙黄陶	素面	完整	9.0		3.8	4.0		
	ⅣM15∶16	陶钵	泥质灰陶	素面	完整	9.8		4.8	4.5		
	ⅣM15∶17	陶钵	泥质灰陶	素面	残缺	11.2		6.0	5.0		

续附表二

出土单位	器物编号	器物名称	质地	纹饰	保存程度	尺寸 口	尺寸 腹	尺寸 底	尺寸 高	文化时代	备注
ⅣM15	ⅣM15:18	陶碟	泥质灰陶	素面	残缺	12.0		6.6	3.0	西晋早期	
	ⅣM15:19	陶钵	泥质灰陶	素面	完整	12.0		6.2	4.5~5.0		
	ⅣM15:20	陶盆	泥质灰陶	素面	完整	13.6		6.6	7.0		
	ⅣM15:21	陶盆	泥质灰陶	素面	完整	14.3		7.5	6.0		
	ⅣM15:22	陶钵	泥质橙黄陶	素面	完整	8.0		3.8	3.5		
	ⅣM15:23	陶盘	泥质橙黄陶	弦纹	完整		盘径31.0,厚2.0				
	ⅣM15:24	陶盘	泥质灰陶	素面	完整		盘径32.2,厚2.0				
	ⅣM15:25	陶灯	泥质灰陶	素面	完整	8.2		12.2	17.5		
	ⅣM15:26	陶壶	泥质灰陶	弦纹	完整	7.0	11.8	13.2	14.7		
	ⅣM15:27	陶壶	泥质灰陶	素面	完整	7.4	12.2	10.2	13.2		
	ⅣM15:29	珠饰	木质	素面	残缺	直径0.6~0.8,厚0.4~0.5,孔径0.15					
	ⅣM15:30	陶钵	泥质灰陶	素面	完整	10.0		5.0	4.6		
ⅣM16	ⅣM16:1	陶樽	泥质灰陶	弦纹	残缺	20.2	22.0	21.0	13.6	曹魏时期	
	ⅣM16:2	陶壶	泥质灰陶	凸棱纹	残缺	7.4	15.6	15.0	20.8		
	ⅣM16:3	陶釜	泥质橙黄陶	素面	完整	12.4	19.4	12.6	15.0		
	ⅣM16:4	陶壶	泥质橙黄陶	弦纹	完整	5.6	11.8	14.6	14.0		
	ⅣM16:5	陶钵	泥质灰陶	素面	完整	17.2		6.6	7.8		
	ⅣM16:6	陶盘	泥质灰陶	弦纹	残缺		盘径39.0,厚1.8				

续附表二

出土单位	器物编号	器物名称	质地	纹饰	保存程度	尺寸 口	尺寸 腹	尺寸 底	尺寸 高	文化时代	备注
ⅣM16	ⅣM16:7	陶钵	泥质灰黑陶	素面	完整	10.0		4.4	3.5~4.0		
	ⅣM16:8	陶碟	泥质灰陶	素面	完整	10.0		5.0	2.7~3.3		
	ⅣM16:9	陶耳杯	泥质灰陶	素面	残缺	长径9.7 短径5.3		长径5.0 短径3.3	3.4~4.0		
	ⅣM16:10	陶盆	泥质灰陶	素面	残缺	15.0		6.2	6.5~7.4	曹魏时期	
	ⅣM16:11	陶钵	泥质灰黑陶	素面	完整	14.2		6.5	4.7		
	ⅣM16:12	陶盘	泥质灰橙陶	弦纹	残缺		盘径38.0,厚2.0				
	ⅣM16:13	陶钵	泥质灰黑陶	素面	完整	10.8		5.0	3.5~3.8		
	ⅣM16:14	陶碟	泥质灰陶	素面	完整	10.4		5.5	2.5~3.3		
ⅣM17	ⅣM17:1	陶钵	泥质灰陶	素面	完整	13.8		5.0	4.5		
	ⅣM17:2	陶器盖	泥质灰陶	素面	完整		盖径11.0		3.3~3.6		
	ⅣM17:3	陶釜	泥质灰陶	素面	残缺	8.0	14.0	7.8	8.3	前凉前期	
	ⅣM17:4	陶斗瓶	泥质灰陶	弦纹	完整	5.0	6.5	5.4	7.2~7.5		
	ⅣM17:5	陶盘	泥质灰陶	波浪纹	残缺		盘径34.6,厚2.4				
	ⅣM17:6	陶甑	泥质灰陶	素面	完整	13.0		5.0	4.4		
	ⅣM17:7	陶瓶	泥质灰陶	素面	完整	8.5		3.8	3.1		
	ⅣM17:8	陶钵	泥质灰陶	素面	完整	8.2		3.2	3.1~3.4		
ⅣM18	ⅣM18:1	波浪纹陶罐	泥质灰陶	波浪纹、弦纹	残缺	11.7	17.7	12.0	16.4	前凉前期	
	ⅣM18:2	波浪纹陶罐	泥质橙黄陶	波浪纹、弦纹	残缺	11.0	17.0	11.0	15.0		

续附表二

出土单位	器物编号	器物名称	质地	纹饰	保存程度	尺寸				文化时代	备注
						口	腹	底	高		
ⅣM18	ⅣM18:3	陶碟	泥质橙黄陶	素面	残缺	11.2		4.0	2.8~3.8		
	ⅣM18:4	陶槅	泥质橙黄陶	素面	残缺	长34.2,宽21.0,高6.0					
	ⅣM18:5	陶盆	泥质红陶	弦纹	残缺	14.4		5.6	6.7~6.8		
	ⅣM18:6	陶盆	泥质红陶	素面	残缺	10.4		3.6	4.7~5.2		
	ⅣM18:7	陶钵	泥质橙黄陶	素面	残缺	8.8		3.2	3.8		
	ⅣM18:8	陶钵	泥质橙黄陶	素面	残缺	9.2		3.8	3.5		
	ⅣM18:9	陶钵	泥质橙黄陶	素面	残缺	8.5		3.4	3.4~3.5	前凉前期	
	ⅣM18:10	陶钵	泥质橙黄陶	素面	残缺	9.0		3.4	3.5		
	ⅣM18:11	陶盆	泥质红陶	素面	完整	12.0		4.6	5.3		
	ⅣM18:12	陶碟	泥质橙黄陶	素面	残缺	10.8		3.8	3.4		
	ⅣM18:13	陶钵	泥质橙黄陶	素面	残缺	9.2		3.8	3.6		
	ⅣM18:14	铜饰残片	铜	素面	残缺	厚度0.1					
	ⅣM18:15	陶盘	泥质橙黄陶	波浪纹	完整		盘径25.4,厚2.4				
	ⅣM18:16	陶钵	泥质橙黄陶	素面	残缺	10.0		3.6	3.6		
	ⅣM18:17	陶斗瓶	泥质灰陶	素面	完整	5.2	6.8	5.8	6.2~6.7		
	ⅣM18:18	陶斗瓶	泥质灰陶	素面	完整	5.3	6.8	5.6	6.7~7.0		
ⅣM19	ⅣM19:1	陶釜	泥质灰陶	素面	完整	6.0	7.5	5.0	6.1~6.2	前凉后期	
	ⅣM19:2	陶斗瓶	泥质灰陶	素面	完整	5.0	6.0	4.2	6.6		

续附表二

出土单位	器物编号	器物名称	质地	纹饰	保存程度	口	腹	底	高	文化时代	备注
	ⅣM19:3	陶甑	泥质灰陶	素面	残缺	8.3		3.6	4.0		
	ⅣM19:4	陶盘	泥质橙黄陶	波浪纹	残缺		盘径21.0,厚1.5				
	ⅣM19:5	陶钵	泥质灰陶	凸棱纹	残缺	7.6		4.0	3.5		
	ⅣM19:6	陶钵	泥质灰陶	素面	残缺	7.4		3.8	4.0		
	ⅣM19:7	陶碗	泥质灰陶	素面	残缺	4.8		2.8	2.3		
	ⅣM19:8	陶盘	泥质橙黄陶	波浪纹	残缺		盘径22.4,厚2.0				
	ⅣM19:9	陶钵	泥质灰陶	素面	残缺	12.5		3.7	4.5	前凉后期	
ⅣM19	ⅣM19:10	陶钵	泥质灰陶	波浪纹、弦纹	残缺	15.8		5.4	5.4		
	ⅣM19:11	陶壶	泥质灰陶	素面	完整	5.0	7.2	6.0	8.4		
	ⅣM19:12	波浪纹陶罐	泥质灰陶	波浪纹、弦纹	残缺	8.6	12.6	7.6	12.2		
	ⅣM19:13	波浪纹陶罐	泥质灰陶	波浪纹、弦纹	残缺	6.4	11.0	6.6	10.0		
	ⅣM19:14	陶斗瓶	泥质灰陶	素面	完整	4.8	6.0	4.6	6.2~6.5		
	ⅣM19:15	泥器	泥质	素面	残缺	8.4		9.0	5.8~6.4		
	ⅣM19:16	泥器	泥质	素面	残缺	6.5		8.2	4.0~4.2		
	ⅣM19:17	泥器	泥质	素面	残缺	7.6		8.0	5.5		
	ⅣM19:18	陶灯	泥质灰陶	素面	完整	3.6		4.2	5.8		
	ⅣM19:19	陶纺轮	泥质灰陶	素面	完整		直径4.5~4.9,孔径0.3,厚1.0				
	ⅣM19:20	陶钵	泥质橙黄陶	素面	完整	5.0		2.7	2.0		

续附表二

出土单位	器物编号	器物名称	质地	纹饰	保存程度	尺寸 口	尺寸 腹	尺寸 底	尺寸 高	文化时代	备注
ⅣM20	ⅣM20:1	陶钵	泥质灰陶	素面	完整	15.2		5.6	5.7	时代不明	
ⅣM21	ⅣM21:1	波浪纹陶罐	泥质红陶	波浪纹、弦纹	残缺	7.6	14.0	10.0	17.0	前凉后期	
	ⅣM21:2	陶斗瓶	泥质灰陶	素面	完整	4.4	5.5	4.8	6.4		
	ⅣM21:3	陶斗瓶	泥质灰陶	素面	残缺	4.8	5.4	4.5	7.0		
ⅣM22	ⅣM22:1	陶灯	泥质灰陶	凸棱纹	残缺	6.8		8.0	14.2~14.4	前凉前期	
	ⅣM22:2	陶钵	泥质灰陶	素面	完整	7.5		3.6	3.0~3.2		
	ⅣM22:3	陶槅	泥质灰陶	素面	完整	19.0		21.0	3.6		
	ⅣM22:4	陶壶	泥质灰陶	浪纹、弦纹	完整	6.4	12.6	11.6	16.0		
	ⅣM22:5	陶钵	泥质灰陶	素面	完整	7.6		3.2	3.0~3.5		
	ⅣM22:6	陶盘	泥质灰陶	波浪纹	残缺		盘径24.0,厚2.0				
	ⅣM22:7	陶钵	泥质灰陶	素面	完整	7.1		2.8	2.8~3.2		
	ⅣM22:8	陶钵	泥质灰陶	素面	完整	6.8		3.0	2.8~3.0		
	ⅣM22:9	陶钵	泥质灰陶	素面	完整	7.0		2.8	2.6		
	ⅣM22:10	陶盘	泥质灰陶	波浪纹	完整		盘径24.0,厚2.0				
	ⅣM22:11	陶钵	泥质灰陶	素面	完整	6.6		2.8	3.0		
	ⅣM22:12	陶斗瓶	泥质灰陶	素面	完整	4.9	5.2	4.3	6.0		
	ⅣM22:13	陶碗	泥质灰陶	素面	完整	7.8		4.0	2.3		
	ⅣM22:14	陶斗瓶	泥质橙黄陶	素面	完整	5.1	5.0	4.3	6.0		

续附表二

出土单位	器物编号	器物名称	质地	纹饰	保存程度	尺寸 口	尺寸 腹	尺寸 底	尺寸 高	文化时代	备注
ⅣM22	ⅣM22:16	波浪纹陶罐	泥质灰陶	波浪纹、弦纹	残缺	9.4	13.8	9.6	13.0		
	ⅣM22:17	陶樽	泥质灰陶	素面	完整	13.8	14.5	14.2	9.5~10.0		
	ⅣM22:18	波浪纹陶罐	泥质灰陶	波浪纹、弦纹	完整	9.4	14.0	9.8	13.8~14		
	ⅣM22:19	波浪纹陶罐	泥质灰陶	波浪纹	完整	7.2	14.0	10.0	13.4		
	ⅣM22:20	陶钵	泥质灰陶	素面	完整	7.0		3.2	2.2		
	ⅣM22:21	波浪纹陶罐	泥质灰陶	波浪纹、弦纹	完整	9.4	13.6	9.5	12.5~12.8	前凉前期	
	ⅣM22:22	陶樽	泥质灰陶	素面	完整	15.0	16.0	15.0	10.5		
	ⅣM22:23	陶甑	泥质灰陶	素面	完整	11.0	11.8	3.9	4.6~4.8		
	ⅣM22:24	陶釜	泥质红陶	素面	完整	8.0		7.8	8.8		
	ⅣM22:25	陶盆	泥质灰陶	素面	完整	9.8		4.4	4.0~4.4		
	ⅣM22:26	陶盆	泥质灰陶	素面	完整	9.4		3.1	4.5~4.6		
	ⅣM22:27	波浪纹陶罐	泥质灰陶	波浪纹、弦纹	残缺	12.0	16.0	10.0	14.0		
	ⅣM22:28	陶斗瓶	泥质橙黄陶	素面	完整	5.2	5.6	4.3	6.6		
ⅣM23	ⅣM23:1	陶樽	泥质橙黄陶	素面	残缺	20.4	23.2	21.8	14.0	西晋早期—前凉前期	
	ⅣM23:2	波浪纹陶罐	泥质红褐陶	波浪纹、弦纹	残缺	10.2	16.8	11.4	13.3~13.9		
	ⅣM23:3	陶樽	泥质橙黄陶	素面	残缺	21.2	24.5	22.5	14.4~14.8		
	ⅣM23:4	波浪纹陶罐	泥质红褐陶	波浪纹、弦纹、凸棱纹	完整	10.0	16.0	11.6	14.0~14.4		
	ⅣM23:5	波浪纹陶罐	泥质红褐陶	波浪纹、弦纹	残缺	10.0	15.2		残高 14.5~14.8		

续附表二

出土单位	器物编号	器物名称	质地	纹饰	保存程度	尺寸 口	尺寸 腹	尺寸 底	尺寸 高	文化时代	备注
	ⅣM23:6	陶壶	泥质红陶	素面	残缺	7.8	10.4	9.6	10.4~10.6		
	ⅣM23:7	陶灯	泥质灰陶	素面	完整	8.7		10.0	12.8~13.0		
	ⅣM23:8	陶耳杯	泥质灰陶	素面	残缺	长径9.8 短径5.7		长径5.2 短径3.4	2.9~3.1		
	ⅣM23:9	陶耳杯	泥质灰陶	素面	残缺	长径10.4 短径6.1		长径5.5 短径3.8	2.5~2.9		
	ⅣM23:10	陶耳杯	泥质灰陶	素面	完整	长径11.0 短径6.1		长径5.9 短径3.6	2.7		
	ⅣM23:11	陶耳杯	泥质灰陶	素面	完整	长径10.6 短径6.4		长径5.4 短径3.6	2.7		
ⅣM23	ⅣM23:12	陶耳杯	泥质灰陶	素面	完整	长径11.1 短径6.2		长径5.6 短径3.6	2.8	西晋早期—前凉前期	
	ⅣM23:13	陶钵	泥质橙黄陶	素面	残缺	9.2		3.8	2.8		
	ⅣM23:14	陶盘	泥质灰陶	波浪纹	残缺		盘径34.2,厚2.2				
	ⅣM23:15	陶钵	泥质灰陶	素面	残缺	10.4		5.0	3.6		
	ⅣM23:16	陶碗	泥质橙黄陶	弦纹	残缺	10.4		4.0	3.6		
	ⅣM23:17	陶耳杯	泥质灰陶	素面	残缺	长径10.2 残短径4.5		长径5.2 残短径3.0	2.8		
	ⅣM23:18	陶盘	泥质灰陶	波浪纹	残缺		盘径32.4,厚2.0				
	ⅣM23:19	陶耳杯	泥质灰陶	素面	残缺	长径10.7 短径5.1		长径5.6 短径3.3	3.2~3.8		
	ⅣM23:20	陶耳杯	泥质红陶	素面	完整	长径10.6 短径6.4		长径5.8 短径3.6	2.0~2.7		

续附表二

出土单位	器物编号	器物名称	质地	纹饰	保存程度	尺寸				文化时代	备注
						口	腹	底	高		
ⅣM23	ⅣM23:21	陶钵	泥质橙黄陶	素面	完整	10.2		5.5	2.8		
	ⅣM23:22	陶碟	泥质灰陶	素面	残缺	11.0		4.8	2.8~3.6		
	ⅣM23:23	陶壶	泥质灰陶	凸棱纹	完整	8.0	15.4	13.2	14.3		
	ⅣM23:24	陶灯	泥质橙黄陶	凸棱纹	完整	8.2		10.2	12.8~13.0		
	ⅣM23:25	陶斗瓶	泥质橙黄陶	素面	完整	5.4	6.2	5.7	7.5~7.7	西晋早期—前凉前期	
	ⅣM23:26	陶斗瓶	泥质橙黄陶	素面	残缺	5.4	7.4	6.5	8.0		
	ⅣM23:27	陶斗瓶	泥质橙黄陶	素面	完整	4.5	5.6	4.8	7.2~7.5		
	ⅣM23:28	陶斗瓶	泥质橙黄陶	素面	完整	6.2	7.8	6.8	7.8~8.0		
	ⅣM23:29	陶斗瓶	泥质橙黄陶	素面	完整	6.2	8.8	7.6	7.6~7.7		
	ⅣM23:31	铜弩机	铜		残缺	长4.0,宽3.2,高1.5					
ⅣM24	ⅣM24:1	陶器盖	泥质灰陶	波浪纹、弦纹	残缺	17.2	盖径19.1	17.5	5.0	曹魏时期	
	ⅣM24:2	陶樽	泥质灰陶	素面	完整	17.4	19.0	17.2	13.0		
	ⅣM24:3	陶樽	泥质灰陶	素面	完整	10.8	19.2	10.6	11.4~11.5		
	ⅣM24:4	绳纹陶罐	泥质灰陶	绳纹	完整	12.8	18.6	11.0	17.8		
	ⅣM24:5	绳纹陶罐	泥质灰陶	绳纹	完整	11.5	18.4	11.2	16.4		
	ⅣM24:6	绳纹陶罐	泥质灰陶	绳纹	完整	12.8	17.6	11.0	16.0~16.6		
	ⅣM24:7	绳纹陶罐	泥质灰陶	绳纹	完整		19.0		16.8		
	ⅣM24:8	陶盆	泥质灰陶	素面	完整	14.6		7.5	7.3		

续附表二

出土单位	器物编号	器物名称	质地	纹饰	保存程度	尺寸 口	尺寸 腹	尺寸 底	尺寸 高	文化时代	备注
IVM24	IVM24:9	陶器盖	泥质灰陶	波浪纹、弦纹	完整	15.5	盖径19.0		5.0		
	IVM24:10	陶甑	泥质灰陶	素面	完整			6.8	6.5		
	IVM24:11	陶盘	泥质灰陶	弦纹	残缺		盘径39.4,厚4.0				
	IVM24:12	陶碟	泥质灰陶	素面	残缺	12.2		6.4	2.7		
	IVM24:13	陶壶	泥质灰陶	素面	完整	8.2	14.2	13.4	15.0		
	IVM24:14	陶碟	泥质灰陶	素面	完整	8.8		4.8	2.5		
	IVM24:15	陶盘	泥质灰陶	弦纹	完整		盘径38.0,厚3.0~6.0			曹魏时期	
	IVM24:16	陶钵	泥质灰陶	素面	完整	10.6		5.2	3.4~4.4		
	IVM24:17	陶钵	泥质灰陶	素面	完整	10.2		6.2	4.2		
	IVM24:18	陶钵	泥质灰陶	素面	完整	7.0		4.2	3.0~3.2		
	IVM24:19	陶钵	泥质灰陶	素面	完整	7.6		4.0	3.0~3.5		
	IVM24:20	陶碟	泥质灰陶	素面	完整	9.4		5.2	2.7		
	IVM24:21	陶灯	泥质橙黄陶	凸棱纹	完整	9.0		12.4	20.0		
	IVM24:22	陶盆	泥质灰陶	素面	完整	11.0	17.0	11.0	11.6		
	IVM24:23	绳纹陶罐	泥质灰陶	绳纹	完整	10.6	18.5	11.7	18.0		
	IVM24:24	陶器盖	泥质灰陶	波浪纹、弦纹	残缺		盖径18.5		5.0~5.5		
	IVM24:25	陶樽	泥质橙黄陶	素面	残缺	15.8	17.0	14.6	12.5		
	IVM24:26	陶盆	泥质灰陶	素面	完整	14.2		6.6	5.8~7.2		

续附表二

出土单位	器物编号	器物名称	质地	纹饰	保存程度	尺寸 口	尺寸 腹	尺寸 底	尺寸 高	文化时代	备注
ⅣM24	ⅣM24:27	铁剪刀	铁		残缺		残长12.0、下宽3.3、上宽2.3			曹魏时期	
	ⅣM24:28	铜铃	铜	素面	残缺		宽2.0、高2.0、环高0.5				
	ⅣM24:29	石纺轮	石质	素面	完整		直径4.2、孔径0.6、厚0.7				
	ⅣM24:32	素面陶罐	泥质灰陶	素面	完整	4.4	9.3	5.0	5.6		
	ⅣM24:33	陶盆	泥质灰陶	素面	残缺	13.7			6.0~6.3		
ⅣM25	ⅣM25:1	陶斗瓶	泥质灰陶	素面	完整	4.8	7.5	7.8	8.0~8.2	西晋早期	
	ⅣM25:2	陶斗瓶	泥质灰陶	素面	完整	4.8	7.6	7.2	8.4~8.6		
	ⅣM25:3	陶斗瓶	泥质灰陶	素面	完整	5.8	8.0	7.6	9.0~9.8		
	ⅣM25:4	绳纹陶罐	泥质灰陶	绳纹	完整	9.6	21.2	13.4	19.1~19.6		
	ⅣM25:5	绳纹陶罐	泥质灰陶	绳纹	完整	9.6	21.2	15.0	19.0		
	ⅣM25:6	陶钵	泥质灰陶	素面	完整	10.0		4.0	3.0~3.8		
	ⅣM25:7	陶钵	泥质灰陶	素面	完整	16.2		6.8	7.6		
	ⅣM25:8	陶釜	泥质灰陶	凸棱纹	完整	9.6	14.8	11.4	10.0		
	ⅣM25:9-1	铜钗	铜	素面	残缺		残长9.0、截面直径0.4				
	ⅣM25:9-2	铜钗	铜	素面	残缺		残长11.6、截面直径0.4				
	ⅣM25:10	铜指环	铜	素面	残缺		直径1.6~1.8、厚0.2				
ⅣM27	ⅣM27:1	陶壶	泥质灰陶	素面	完整	9.0	13.4	11.2	16.0	西晋早期	
	ⅣM27:2	陶盆	泥质灰陶	弦纹	完整	17.0		7.5	7.8~7.9		

续附表二

出土单位	器物编号	器物名称	质地	纹饰	保存程度	尺寸 口	尺寸 腹	尺寸 底	尺寸 高	文化时代	备注
ⅣM27	ⅣM27:3	陶釜	泥质灰陶	素面	残缺	12.8	18.8	11.2	16.0	西晋早期	
	ⅣM27:4	陶盆	泥质灰陶	素面	残缺	18.2		7.5	9.7~10.0		
	ⅣM27:5	绳纹陶罐	泥质红褐陶	绳纹	残缺	12.0			残高4.0		
	ⅣM27:6	陶樽	泥质灰陶	素面	残缺	15.2	17.0	14.8	13.3		
	ⅣM27:7	陶器盖	泥质灰陶	素面	残缺		盖径16.0		5.6		
	ⅣM27:8	陶樽	泥质灰陶	素面	残缺	18.4	21.0	20.2	12.2		
	ⅣM27:9	陶器盖	泥质灰陶	素面	残缺	12.0	盖径20.0		6.0		
	ⅣM27:10	绳纹陶罐	泥质红褐陶	绳纹	残缺				残高9.0		
	ⅣM27:11-1	铜钗	铜	素面	残缺		残长8.3、截面直径0.3				
	ⅣM27:11-2	铜钗	铜	素面	残缺		残长14.0、截面直径0.4				
	ⅣM27:12	陶盆	泥质橙黄陶	素面	完整	16.6	7.4	7.4	9.0~10.7		
	ⅣM27:13	陶盘	泥质红陶	波浪纹	残缺		盘径38.0、厚2.4				
	ⅣM27:14	陶碟	泥质灰陶	素面	残缺	13.8		6.0	4.0		
	ⅣM27:15	陶碟	泥质灰陶	素面	残缺	13.8		6.0	3.7		
	ⅣM27:16	陶盘	泥质红褐陶	弦纹	残缺		盘径33.0、厚2.0				
	ⅣM27:17	铜镜	铜	鱼纹、禽鸟纹	残缺		面径8.5、缘厚0.35、钮高1.0				
	ⅣM27:19	陶耳杯	泥质灰陶	鱼纹?	残缺	长径8.1 短径7.5		长径3.5 短径1.8	2.2		模印图案
ⅣM28	ⅣM28:1	陶瓶	泥质红褐陶	素面	完整	10.4		5.3	5.0	前秦—北凉	

续附表二

出土单位	器物编号	器物名称	质地	纹饰	保存程度	尺寸 口	尺寸 腹	尺寸 底	尺寸 高	文化时代	备注
	ⅣM28:2	陶仓	泥质橙黄陶	素面	残缺	1.4	9.2	7.8	9.5		
	ⅣM28:3	波浪纹陶罐	泥质灰陶	波浪纹、弦纹	残缺	9.3	11.8		残高10.2		
	ⅣM28:4	陶碟	泥质橙黄陶	素面	残缺	11.0		7.0	1.3~2.2		
	ⅣM28:5	陶灯	泥质灰陶	素面	残缺			5.0	残高6.5		
	ⅣM28:6	陶钵	泥质灰陶	素面	完整	5.2		4.4	1.6~2.3		
	ⅣM28:7	陶钵	泥质灰陶	素面	完整	5.8		4.5	1.3~2.5		
	ⅣM28:8	陶榼	泥质红褐陶	素面	完整		直径15.2		2.0		
ⅣM28	ⅣM28:9	陶盆	泥质灰陶	素面	残缺	10.4		5.4	5.5	前秦—	
	ⅣM28:10	陶斗瓶	泥质灰陶	素面	完整	4.8	5.5	5.5	5.7	北凉	朱书
	ⅣM28:11	陶斗瓶	泥质灰陶	素面	完整	4.6	5.2	5.5	6.0		朱书
	ⅣM28:13	陶盆	泥质灰陶	素面	完整	10.6		6.6	5.0		
	ⅣM28:14	陶釜	泥质红陶	素面	残缺	6.8	8.5	5.2	5.3		
	ⅣM28:15	陶樽	泥质红陶	素面	残缺	12.0	12.6	11.8	7.6		
	ⅣM28:16	陶斗瓶	泥质灰陶	素面	完整	4.4	5.2	4.2	6.0		墨书
	ⅣM28:17	波浪纹陶罐	泥质橙黄陶	波浪纹、弦纹	残缺	8.4	11.4	8.6	9.4~10.0		
	ⅣM28:18	波浪纹陶罐	泥质灰陶	波浪纹、弦纹	残缺	10.0	11.6		残高10.0		
	ⅣM28:19	陶壶	泥质灰陶	波浪纹	残缺	5.7	8.3	8.2	10.4~10.8		
	ⅣM28:20	波浪纹陶罐	泥质橙黄陶	波浪纹、弦纹	残缺	6.0	复原16.0	11.0	复原14.6		

续附表二

出土单位	器物编号	器物名称	质地	纹饰	保存程度	尺寸 口	尺寸 腹	尺寸 底	尺寸 高	文化时代	备注
ⅣM28	ⅣM28:21	陶盘	泥质红陶	波浪纹	残缺	3.5	盘径13.2、厚2.0		6.0	前秦—北凉	
	ⅣM28:22	陶斗瓶	泥质灰褐陶	素面	残缺		5.0	3.2			墨书
ⅤM1	ⅤM1:1-1	铜带扣	铜	素面	残缺		长5.3、宽2.4			唐	
	ⅤM1:1-2	铜带扣	铜	素面	残缺		长2.8、宽2.4		0.7		
	ⅤM1:2	铁钉	铁	素面	残缺		残长5.7、截面直径0.6				
ⅤM3	ⅤM3:1	陶斗瓶	泥质灰陶	素面	残缺	4.3	5.1	5.0	6.2~6.5	前凉前期—前凉后期	
	ⅤM3:2	陶钵	泥质灰陶	素面	残缺	5.9		3.3	2.3~2.4		
	ⅤM3:3	陶盆	泥质灰陶	素面	完整	8.4		6.7	6.1~6.3		
	ⅤM3:4	陶盆	泥质灰陶	素面	完整	9.6		5.1	6.0~6.3		
	ⅤM3:5	陶灯	泥质灰陶	素面	完整	4.7		5.9	7.5		
	ⅤM3:6	陶壶	泥质灰陶	素面	完整	6.2	8.5	8.5	10.0		
	ⅤM3:7	波浪纹陶罐	泥质橙黄陶	波浪纹、弦纹	完整	10.0	13.8	9.6	13.3~14.0		
	ⅤM3:8	波浪纹陶罐	泥质橙黄陶	波浪纹、弦纹	残缺	9.5	13.2	7.9	13.5~13.7		
	ⅤM3:9	波浪纹陶罐	泥质橙黄陶	波浪纹、弦纹	完整	8.9	11.4	8.4	10.4~10.5		
	ⅤM3:10	波浪纹陶罐	泥质灰陶	波浪纹、弦纹	完整	8.9	11.8	9.8	9.9~10.9		
	ⅤM3:11	陶釜	泥质灰陶	素面	完整	8.4	10.1	5.8	5.5~5.7		
	ⅤM3:12	陶瓶	泥质灰陶	素面	完整	10.2		4.3	5.8~6.0		
	ⅤM3:13	陶樽	泥质橙黄陶	素面	残缺	13.3		12.4	7.1		

续附表二

出土单位	器物编号	器物名称	质地	纹饰	保存程度	尺寸 口	尺寸 腹	尺寸 底	尺寸 高	文化时代	备注
ⅤM3	ⅤM3:14	陶碟	泥质灰陶	素面	完整	13.6		7.5	3.7~4.3		
	ⅤM3:15	陶盘	泥质橙黄陶	波浪纹	完整		盘径21.6,厚2.4				
	ⅤM3:16	陶钵	泥质灰陶	弦纹	完整	6.0		4.8	3.0~3.2		
	ⅤM3:17	陶盘	泥质橙黄陶	波浪纹	完整		复原盘径20.0,厚1.8				
	ⅤM3:18	陶槅	泥质橙黄陶	素面	完整	15.2		16.2	3.2~3.8		
	ⅤM3:19	陶灯	泥质灰陶	素面	残缺	6.0		7.0	8.7	前凉前期—前凉后期	
	ⅤM3:20	陶斗瓶	泥质灰陶	素面	完整	5.2	6.1	5.2	6.6~6.7		墨书
	ⅤM3:21	陶斗瓶	泥质灰陶	素面	完整	4.4	5.0	4.5	6.3~6.5		
	ⅤM3:22	陶斗瓶	泥质灰陶	素面	完整	4.5	5.9	4.8	5.6		墨书
	ⅤM3:23	陶樽	泥质橙黄陶	素面	完整	12.2		12.6	6.3		
	ⅤM3:24	陶钵	泥质灰陶	素面	残缺	11.0		6.6	3.5		
ⅤM4	ⅤM4:1	陶盘	泥质灰陶	波浪纹、弦纹	完整		盘径32.4,厚2.2				
	ⅤM4:2	陶壶	泥质灰陶	弦纹	残缺	7.7	17.2	12.2	20.4~20.5		
	ⅤM4:3	陶樽	泥质灰陶	素面	残缺	13.0		16.8	11.2	西晋早期	
	ⅤM4:4	陶樽	泥质灰陶	素面	残缺	19.6		21.0	14.2		
	ⅤM4:5	陶壶	泥质灰陶	素面	残缺	8.6	15.0	13.4	16.4		
	ⅤM4:6	陶盆	泥质灰陶	素面	残缺	13.9		6.2	5.6		
	ⅤM4:7	铜镜	铜	不明	完整		面径7.4,缘厚0.3,钮高0.9				

续附表二

出土单位	器物编号	器物名称	质地	纹饰	保存程度	口	腹	底	高	文化时代	备注
ⅤM4	ⅤM4：9	陶耳杯	泥质灰陶	素面	残缺	长径9.7 短径5.4		长径5.0 短径3.8	2.9	西晋早期	
ⅤM5	ⅤM5：1	陶盘	泥质灰陶	波浪纹、弦纹	完整		盘径33.0，厚2.0~2.4			西晋早期—西晋晚期	
	ⅤM5：2	陶盘	泥质灰陶	波浪纹、弦纹	完整		盘径34.0，厚2.6				
	ⅤM5：3	陶樽	泥质灰陶	素面	残缺	19.0	21.0		15.0		
	ⅤM5：4	陶樽	泥质橙黄陶	素面	残缺	16.5	20.0		14.8		
	ⅤM5：5	陶盆	泥质灰陶	素面	完整	9.0	17.0	10.0	11.8~12.0		
	ⅤM5：6	陶灯	泥质灰陶	凸棱纹	残缺	6.4		8.8	13.3~13.4		
	ⅤM5：7	波浪纹陶罐	泥质灰陶	波浪纹	完整	9.2	19.4	11.5	18.4		
	ⅤM5：8	陶碟	泥质灰陶	弦纹	完整	10.8		5.3	2.6~2.9		
	ⅤM5：9	陶碟	泥质灰陶	弦纹	残缺	10.8		4.6	2.6		
	ⅤM5：10	陶钵	泥质橙黄陶	素面	残缺	7.2		3.2	2.5		
	ⅤM5：11	陶钵	泥质灰陶	素面	残缺	8.3		3.3	2.9		
	ⅤM5：12	陶碟	泥质灰陶	弦纹	完整	9.4		3.5	2.5~2.7		
	ⅤM5：13	陶耳杯	泥质橙黄陶	素面	完整	长径10.0 短径5.0		长径5.2 短径2.9	3.0		
	ⅤM5：14	陶耳杯	泥质灰陶	素面	完整	长径10.0 短径5.6		长径5.2 短径3.2	2.7		
	ⅤM5：15	陶钵	泥质红陶	素面	完整	10.3		5.0	4.2		
	ⅤM5：16	陶甑	泥质灰陶	素面	残缺	15.0		5.0	6.6		

续附表二

出土单位	器物编号	器物名称	质地	纹饰	保存程度	尺寸 口	尺寸 腹	尺寸 底	尺寸 高	文化时代	备注
VM5	VM5:17	陶盆	泥质灰陶	凸棱纹	残缺	15.6		6.2	5.8~6.2		
	VM5:18	铜弩机廓	铜	素面	残缺		长6.5、宽1.1~2.0		1.2	西晋早期—西晋晚期	
	VM5:19	陶壶	泥质灰陶	素面	残缺	7.8	15.2	13.8	16.0		
	VM5:20	陶器盖	泥质橙黄陶	素面	残缺		盖径19.3		6.5		
	VM5:21	铜饰件	铜		残缺		长4.1、宽2.9		0.7~2.0		
VM6	VM6:1	波浪纹陶罐	泥质橙黄陶	波浪纹、弦纹	残缺	10.0	16.7	11.6	12.5		
	VM6:2	陶器盖	泥质橙黄陶	素面	残缺		盖径19.6		5.5		
	VM6:3	绳纹陶罐	泥质灰陶	绳纹	完整	13.0	20.0	10.0	17.7		
	VM6:4	陶樽	泥质灰陶	素面	完整	13.8		17.2	11.5	西晋早期—前凉前期	
	VM6:5	绳纹陶罐	泥质灰陶	绳纹	残缺	11.8	20.0	10.2	16.8		
	VM6:6	陶斗瓶	泥质灰陶	素面	完整	5.2	7.3	6.2	6.6~7.3		朱书
	VM6:7	陶斗瓶	泥质灰陶	素面	完整	5.2	7.3	6.2	7.2~7.7		朱书
VM7	VM7:1	陶盘	泥质灰陶	波浪纹、弦纹	残缺		盘径31.5、厚2.8~3.4				
	VM7:2	陶盆	泥质灰陶	素面	完整	11.4		4.8	5.2		
	VM7:3	陶瓮	泥质灰陶	素面	完整	8.1	11.5	6.2	8.1~8.4	前凉前期	
	VM7:4	陶斗瓶	泥质橙黄陶	素面	完整	5.2	5.6	5.8	6.4~6.6		
	VM7:5	陶樽	泥质灰陶	凸棱纹	残缺	15.4		15.7	11.0		
	VM7:6	波浪纹陶罐	泥质灰陶	波浪纹、弦纹	残缺	11.0	16.0	11.3	13.5		

续附表二

出土单位	器物编号	器物名称	质地	纹饰	保存程度	尺寸 口	尺寸 腹	尺寸 底	尺寸 高	文化时代	备注
ⅤM7	ⅤM7:7	陶樽	泥质灰陶	素面	残缺	16.5		18.0	11.0~11.4		
	ⅤM7:8	波浪纹陶罐	泥质红陶	波浪纹、弦纹	残缺		15.5	10.7	残高10.1		
	ⅤM7:9	陶灯	泥质灰陶	素面	完整	7.0		9.0	9.3		
	ⅤM7:10	陶壶	泥质灰陶	素面	完整	6.7	10.5	9.9	12.4		
	ⅤM7:11	陶斗瓶	泥质灰陶	素面	完整	4.4	6.6	5.6	7.1~7.5		
	ⅤM7:12	陶甑	泥质灰陶	素面	完整	11.0		4.9	6.0	前凉前期	
	ⅤM7:13	陶碟	泥质灰陶	素面	完整	9.0		4.1	3.0		
	ⅤM7:15	陶碗	泥质灰陶	素面	完整	9.1		4.3	4.1		
	ⅤM7:16	陶碟	泥质灰陶	素面	完整	9.8		3.7	3.4~3.7		墨书
	ⅤM7:17	陶碟	泥质灰陶	素面	残缺	9.3		3.7	3.2		
	ⅤM7:18	陶碟	泥质灰陶	素面	完整	10.2		4.6	3.3		
ⅤM8	ⅤM8:1	陶樽	泥质灰陶	素面	残缺	16.0		18.0	8.0		
	ⅤM8:2	陶盘	泥质灰陶	素面	残缺		盘径29.4,厚1.7~1.9				
	ⅤM8:3	陶壶	泥质灰陶	素面	完整	9.3		14.0	12.2~12.3		
	ⅤM8:4	陶樽	泥质灰陶	素面	残缺	17.2		18.6	7.9	西晋早期—前凉前期	
	ⅤM8:5	绳纹陶罐	泥质灰陶	弦纹、绳纹	完整	13.1	19.8		残高18.4		
	ⅤM8:6	陶盘	泥质橙黄陶	波浪纹	残缺		盘径28.8,厚2.4				
	ⅤM8:7	陶壶	泥质灰陶	素面	完整	6.4		8.0	11.5~11.8		

续附表二

出土单位	器物编号	器物名称	质地	纹饰	保存程度	尺寸 口	尺寸 腹	尺寸 底	尺寸 高	文化时代	备注
V M8	ⅤM8：8	陶盘	泥质灰陶	弦纹	完整		盘径31.6,厚1.8~2.0				
	ⅤM8：9	陶斗瓶	泥质橙黄陶	素面	残缺	4.7	6.8	5.7	9.5		墨书
	ⅤM8：10	绳纹陶罐	泥质灰陶	绳纹	完整	10.5	20.6	16.0	17.7~17.9		
	ⅤM8：11	陶耳杯	泥质灰陶	素面	完整	长径10.0 短径5.8		长径5.0 短径3.6	3.2		
	ⅤM8：12	绳纹陶罐	泥质灰陶	绳纹	完整	10.7	19.6	12.9	21.0~21.3		
	ⅤM8：13	陶樽	泥质灰陶	素面	完整	14.8		16.7	11.9		
	ⅤM8：14	陶灯	泥质灰陶	素面	完整	9.1		11.6	12.2		
	ⅤM8：15	陶樽	泥质灰陶	素面	完整	盖径18.0	15.3	17.7	通高14.8		
	ⅤM8：16	陶盒	泥质灰陶	素面	完整	12.5		12.6	8.5~8.9		
	ⅤM8：17	陶斗瓶	泥质橙黄陶	素面	残缺	4.8		残6.6	9.4~9.6	西晋早期—前凉前期	墨书
	ⅤM8：18	铜弩机郭	铜		完整	长10.8,宽2.2~3.4			4.0		
	ⅤM8：20	陶甑	泥质灰陶	素面	完整	14.4		6.4	6.1		
	ⅤM8：21	波浪纹陶罐	泥质灰陶	波浪纹、弦纹	残缺	9.8	16.6	11.8	13.3~13.4		
	ⅤM8：22	陶耳杯	泥质灰陶	素面	完整	长径10.3 短径5.0		长径4.0 短径2.8	2.8~3.2		
	ⅤM8：23	陶耳杯	泥质灰陶	素面	完整	长径10.0 短径5.6		长径4.4 短径3.5	2.9~3.2		
	ⅤM8：24	陶耳杯	泥质灰陶	素面	完整	长径10.0 短径5.7		长径4.5 短径3.5	2.6~3.0		
	ⅤM8：25	陶耳杯	泥质灰陶	素面	完整	长径10.2 短径5.3		长径4.7 短径3.6	3.0~3.1		

续附表二

出土单位	器物编号	器物名称	质地	纹饰	保存程度	尺寸 口	尺寸 腹	尺寸 底	尺寸 高	文化时代	备注
ⅤM8	ⅤM8:26	陶耳杯	泥质灰陶	素面	完整	长径10.0 短径5.8		长径4.1 短径3.2	3.0	西晋早期—前凉前期	
	ⅤM8:27	陶斗瓶	泥质橙黄陶	素面	残缺			7.0	残高3.3		
ⅤM11	ⅤM11:1	陶罐	泥质灰陶	素面	完整	11.5	17.0	11.2	18.2~18.6	唐	
	ⅤM11:2	陶罐	泥质灰陶	素面	残缺	13.8	21.5	12.7	24.0~24.2		
	ⅤM11:3	铁钉	铁	素面	残缺		长8.5,截面直径0.1~1.2				
	ⅤM11:4-1	铜带扣	铜	素面	残缺		长2.7,宽0.8~2.3,厚0.6				
	ⅤM11:4-2	铜带扣	铜	素面	残缺		长2.5,宽2.0,厚0.6				
	ⅤM11:4-3	铜带扣	铜	素面	残缺		长3.0,宽1.6				
	ⅤM11:4-4	铜带扣	铜	素面	残缺		长2.2,宽1.4,厚0.6				
ⅤM12	ⅤM12:1	陶碗	泥质灰陶	素面	完整	8.0		5.8	2.7~3.0	前凉后期	
	ⅤM12:2	陶碗	泥质灰陶	素面	残缺	8.2		5.2	3.2~3.6		
	ⅤM12:3	波浪纹陶罐	泥质灰陶	波浪纹、弦纹	残缺	8.5	12.5	8.4	14.5		
	ⅤM12:4	波浪纹陶罐	泥质灰陶	波浪纹、弦纹	完整	9.6	12.5	9.0	14.0		
	ⅤM12:5	波浪纹陶罐	泥质灰陶	波浪纹、弦纹	完整	9.4	12.6	8.2	13.8		
	ⅤM12:6	波浪纹陶罐	泥质灰陶	波浪纹、弦纹	残缺	10.0	12.8	9.0	13.0~13.2		
	ⅤM12:7	陶樽	泥质灰陶	素面	完整	12.2		12.6	7.6~8.0		
	ⅤM12:8	陶盘	泥质灰陶	波浪纹、弦纹	残缺		盘径22.6,厚2.0				
	ⅤM12:9	陶碗	泥质灰陶	素面	完整	10.0		6.1	2.8~3.2		

续附表二

出土单位	器物编号	器物名称	质地	纹饰	保存程度	尺寸				文化时代	备注
						口	腹	底	高		
ⅤM12	ⅤM12：10	陶钵	泥质灰陶	素面	完整	5.6		4.6	1.8~2.3	前凉后期	
	ⅤM12：11	陶钵	泥质灰陶	素面	完整	5.9		5.1	2.0~2.3		
	ⅤM12：12	陶盆	泥质灰陶	素面	完整	9.0		4.7	3.6~4.8		
	ⅤM12：13	陶甑	泥质灰陶	素面	完整	9.6		4.9	3.5~3.8		
	ⅤM12：14	陶灯	泥质灰陶	素面	完整	5.7		5.5	5.5~6.0		
	ⅤM12：15	陶碗	泥质灰陶	素面	残缺	6.1		4.4	2.5~2.7		
	ⅤM12：16	陶钵	泥质灰陶	素面	残缺			5.1	残高 1.5~2.7		
ⅤM14	ⅤM14：1	波浪纹陶罐	泥质灰陶	波浪纹、弦纹	完整	9.6	16.0	9.7	15.4	前凉前期	
	ⅤM14：2	波浪纹陶罐	泥质灰陶	波浪纹、弦纹	残缺	9.2	14.0	8.9	12.2		
	ⅤM14：3	波浪纹陶罐	泥质灰陶	波浪纹、弦纹	残缺	10.0	14.8	9.4	14.7~14.8		
	ⅤM14：4	陶碗	泥质灰陶	素面	残缺	9.4		5.0	3.5~4.0		
	ⅤM14：5	陶樽	泥质灰陶	素面	残缺	15.6		15.2	11.2		
	ⅤM14：6	陶甑	泥质灰陶	素面	完整	10.3		4.2	5.1		
	ⅤM14：7	陶釜	泥质灰陶	素面	残缺	7.5		6.0	9.0		
	ⅤM14：8	陶灯	泥质灰陶	素面	残缺	15.7		6.0	11.2		
	ⅤM14：9	陶钵	泥质灰陶	素面	完整	10.1		5.1	5.8		
	ⅤM14：10	陶盆	泥质灰陶	弦纹	残缺			4.4	5.0~5.2		
	ⅤM14：11	陶盘	泥质灰陶	波浪纹、弦纹	完整	盘径21.0，厚2.0					

续附表二

出土单位	器物编号	器物名称	质地	纹饰	保存程度	尺寸 口	尺寸 腹	尺寸 底	尺寸 高	文化时代	备注
ⅤM14	ⅤM14:12	陶碗	泥质灰陶	素面	完整	7.3		3.0	2.8		
	ⅤM14:13	陶碗	泥质灰陶	素面	完整	6.5		2.7	2.5	前凉前期	
	ⅤM14:14	陶碗	泥质灰陶	素面	完整	6.8		3.2	2.5		
	ⅤM14:15	陶碗	泥质灰陶	素面	完整	6.2		2.2	2.6		
ⅤM15	ⅤM15:1	陶樽	泥质灰陶	素面	完整	16.2		17.0	7.7~8.0		
	ⅤM15:2	波浪纹陶罐	泥质灰陶	波浪纹、弦纹	残缺	9.6	14.2	9.2	11.4		
	ⅤM15:3	波浪纹陶罐	泥质灰陶	波浪纹、弦纹	残缺		14.2	9.0	11.2		
	ⅤM15:4	陶壶	泥质灰陶	素面	完整	5.8	8.4	7.0	8.9		
	ⅤM15:5	陶釜	泥质灰陶	素面	完整	8.2	13.3	4.8	9.6	前凉前期	
	ⅤM15:6	陶甑	泥质灰陶	素面	残缺	10.8		4.2	4.3~4.6		
	ⅤM15:7	铜镜	铜	双龙纹、弦纹	完整	面径9.4,缘厚0.35,钮高1.1					
	ⅤM15:8	陶灯	泥质橙黄陶	素面	残缺			7.3	残高7.1		
	ⅤM15:9	陶盘	泥质橙黄陶	波浪纹、弦纹	残缺		盘径25.8,厚2.4				
	ⅤM15:10	陶钵	泥质灰陶	素面	完整	6.0		3.2	2.2		
	ⅤM15:11	陶钵	泥质灰陶	素面	完整	4.5		3.3	2.3		
ⅤM16	ⅤM16:1	陶樽	泥质灰陶	弦纹	完整	16.1		18.4	9.5~9.6		
	ⅤM16:2	陶甑	泥质橙黄陶	素面	完整	13.5		5.5	5.0~5.1	西晋中晚期	
	ⅤM16:3	陶灯	泥质灰陶	素面	完整	8.0		12.2	12.6		

续附表二

出土单位	器物编号	器物名称	质地	纹饰	保存程度	尺寸 口	尺寸 腹	尺寸 底	尺寸 高	文化时代	备注
	ⅤM16：4	陶樽	泥质灰陶	素面	残缺	15.5		18.5	10.1		
	ⅤM16：5	陶壶	泥质灰陶	弦纹	完整	8.8	17.0	13.8	15.0		
	ⅤM16：6	陶器盖	泥质灰陶	素面	完整		盖径20.2		4.1~4.9		
	ⅤM16：7	陶罐	泥质灰陶	素面	残缺			10.8	残高3.5~7.5		
	ⅤM16：8	陶器盖	泥质灰陶	素面	残缺		盖径17.0		4.8~5.0		
	ⅤM16：9	陶器盖	泥质灰陶	素面	完整		盖径11.1		2.5		
ⅤM16	ⅤM16：10	陶盘	泥质橙黄陶	波浪纹	残缺		盘径30.4，厚2.0~2.2			西晋中晚期	
	ⅤM16：11	陶碟	泥质橙黄陶	素面	残缺	10.0		4.6	2.7		
	ⅤM16：12	陶耳杯	泥质灰陶	素面	完整	长径8.4 短径4.0		长径5.6 短径2.5	2.0		
	ⅤM16：13	陶耳杯	泥质灰陶	素面	完整	长径10.0 短径5.9		长径5.6 短径3.5	2.8~3.0		
	ⅤM16：14	陶耳杯	泥质灰陶	素面	完整	长径10.4 短径5.2		长径4.8 短径3.6	2.8~2.9		
	ⅤM16：15	陶灯	泥质灰陶	素面	残缺	7.5		12.6	12.4		
	ⅤM16：16	陶钵	泥质灰陶	素面	完整	6.7		2.5	3.1		
	ⅤM16：18	三系绿釉小罐	瓷	酱釉	残缺	4.2	8.2	4.2	6.6		
	ⅤM16：19	陶盘	泥质灰陶	波浪纹	残缺		复原盘径30.4，厚1.6~1.8				
	ⅤM16：20	陶罐	泥质红陶	素面	残缺			13.0	残高7.2		
	ⅤM16：21	陶釜	泥质灰陶	素面	残缺	9.6			残高3.6		

续附表二

出土单位	器物编号	器物名称	质地	纹饰	保存程度	尺寸				文化时代	备注
						口	腹	底	高		
ⅤM16	ⅤM16:22	铜钗	铜		残缺		残长8.0,截面直径0.3			西晋中晚期	
	ⅤM16:23	铜指环	铜	弦纹	残缺		直径1.8,厚0.2				
ⅥM1	ⅥM1:1	陶钵	泥质灰陶	素面	完整	14.6		5.4	6.6		
	ⅥM1:2	陶钵	泥质灰陶	素面	完整	14.6		5.2	6.8		
	ⅥM1:3	陶钵	泥质灰陶	素面	完整	14.6		6.0	7.0		
	ⅥM1:4	陶器盖	泥质灰陶	波浪纹、弦纹	残缺		盖径17.0		5.2	曹魏时期	
	ⅥM1:5	陶钵	泥质灰陶	素面	完整	14.2		5.8	6.4~6.8		
	ⅥM1:6	陶钵	泥质灰陶	素面	完整	14.2		6.2	6.4		
	ⅥM1:7	陶钵	泥质灰陶	素面	完整	7.2		3.4	3.0		
	ⅥM1:8	陶钵	泥质灰陶	素面	完整	7.0		2.8	3.1~3.2		
	ⅥM1:9	陶钵	泥质灰陶	素面	完整	7.0		3.4	3.2		
	ⅥM1:10	陶钵	泥质灰陶	素面	完整	8.2		3.6	3.8		
	ⅥM1:11	陶器盖	泥质灰陶	波浪纹、弦纹	完整		盖径17.4		5.8		
	ⅥM1:12	陶钵	泥质灰陶	弦纹	完整	8.2		3.4	3.5~3.7		
ⅥM2	ⅥM2:1	波浪纹陶罐	泥质灰黑陶	波浪纹	残缺		15.6	11.4	残高5.0	前凉前期	
	ⅥM2:2	波浪纹陶罐	泥质灰黑陶	波浪纹、弦纹	完整	9.2	17.0	9.4	14.6		
	ⅥM2:3	波浪纹陶罐	泥质灰黑陶	波浪纹、弦纹	残缺	9.2		13.0	13.8		
	ⅥM2:4	陶瓿	泥质灰陶	素面	完整	10.8			残高4.5		

续附表二

出土单位	器物编号	器物名称	质地	纹饰	保存程度	尺寸			文化时代	备注
						口	腹	底	高		
	ⅥM2:5	陶樽	泥质灰陶	素面	残缺	14.6	16.8	14.0	10.2		
	ⅥM2:6	陶盘	泥质红陶	波浪纹、弦纹	残缺	盘径29.2，厚2.2					
	ⅥM2:7	陶耳杯	泥质灰黑陶	素面	完整	长径10.2 短径5.0		长径6.0 短径4.0	4.0		
	ⅥM2:8	陶碟	泥质灰陶	素面	完整	10.0		4.0	3.4		
	ⅥM2:9	陶钵	泥质灰陶	素面	残缺	7.0		3.7	3.5		
ⅥM2	ⅥM2:10	陶盘	泥质红陶	波浪纹、弦纹	残缺		盘径29.6，厚2.2			前凉前期	
	ⅥM2:11	陶耳杯	泥质灰黑陶	素面	完整	长径10.6 短径4.8		长径6.0 短径3.4	3.0		
	ⅥM2:12	陶钵	泥质灰陶	素面	残缺	7.6		3.2	3.7~3.8		
	ⅥM2:13	陶碟	泥质灰陶	素面	残缺	9.6		4.4	2.5~3.3		
	ⅥM2:14	陶钵	泥质灰陶	素面	残缺	7.0		3.0	3.5		
	ⅥM2:15	陶钵	泥质灰陶	素面	残缺	7.2		3.6	3.8		
	ⅥM2:16	陶钵	泥质灰陶	素面	残缺	7.8		5.2	3.8		
	ⅥM2:17	陶灯	泥质灰陶	素面	残缺	6.8		7.2	8.8		
	ⅥM2:18	陶盆	泥质灰陶	素面	残缺	11.6		4.8	6.1~6.2		
	ⅥM2:19	陶壶	泥质灰陶	素面	残缺	7.4	10.2	9.6	9.6		
	ⅥM2:20	陶樽	泥质灰陶	素面	残缺	14.0		15.4	11.4~11.6		
	ⅥM2:21	陶盆	泥质灰陶	素面	残缺	11.3		5.3	4.9		
	ⅥM2:22	波浪纹陶罐	泥质灰黑陶	波浪纹、弦纹	残缺	10.0		11.2			

续附表二

出土单位	器物编号	器物名称	质地	纹饰	保存程度	尺寸 口	尺寸 腹	尺寸 底	尺寸 高	文化时代	备注
ⅥM2	ⅥM2:23	陶盆	泥质灰陶	素面	残缺	11.4		5.4	5.0	前凉前期	
ⅥM3	ⅥM3:1	陶钵	泥质灰陶	素面	完整	12.4		4.8	6.0		
	ⅥM3:2	陶钵	泥质灰陶	素面	完整	12.8		5.4	6.2		
	ⅥM3:3	陶钵	泥质灰陶	素面	完整	8.6		3.8	3.6		
	ⅥM3:4	陶钵	泥质灰陶	素面	残缺	7.8		3.3	2.9		
	ⅥM3:5	弦纹陶罐	泥质灰陶	弦纹	完整	6.4	14.0	6.6	12.6	西晋早期	
	ⅥM3:6	陶钵	泥质灰陶	素面	完整	9.2		3.0	4.4		
	ⅥM3:7	弦纹陶罐	泥质灰陶	弦纹	完整	5.4	15.2	10.0	14.0		
	ⅥM3:8	弦纹陶罐	泥质灰陶	弦纹	完整	6.4	13.0	6.4	11.0		
	ⅥM3:9	陶钵	泥质灰陶	素面	完整	12.6		4.6	6.0		
	ⅥM3:10	三足鐎	泥质灰陶	素面	完整	5.0	10.0		通高6.0		
	ⅥM3:11	石砚	石质	素面	完整	长12.2,宽4.6~8.0,厚1.1~1.2					
ⅥM5	ⅥM5:1	陶钵	泥质灰陶	素面	完整	14.6		5.4	6.8	魏晋十六国时期	
	ⅥM5:2	陶钵	泥质灰陶	素面	完整	11.2		4.6	4.2		
	ⅥM5:3	陶盆	泥质灰陶	素面	完整	28.6		17.6	9.6		
	ⅥM5:4	陶钵	泥质灰陶	素面	完整	14.8		4.8	7.0		
	ⅥM5:5	陶钵	泥质灰陶	弦纹	完整	11.4		4.2	4.0		

续附表二

出土单位	器物编号	器物名称	质地	纹饰	保存程度	尺寸 口	尺寸 腹	尺寸 底	高	文化时代	备注
ⅥM6	ⅥM6:3—1	铁钉	铁		完整	通长6.4,钉帽宽1.1,钉身截面直径0.7			0.7	唐	
	ⅥM6:3—2	铁钉	铁		完整	通长5.8,钉帽宽1.3,钉身截面直径0.7			0.7		
	ⅥM6:3—3	铁钉	铁		完整	通长5.4,钉帽宽0.9,钉身截面直径0.7			0.7		
ⅥM7	ⅥM7:1	陶碗	泥质灰陶	凸棱纹	残缺	14.4		8.2	7.8	隋	
	ⅥM7:2	陶碗	泥质灰陶	素面	残缺	14.5		7.5	8.0		
	ⅥM7:3	陶碗	泥质灰陶	素面	残缺	15.0		7.5	8.0		
	ⅥM7:4	墓志	石质	素面	残缺	边长42.0×41.0,厚13.0~14.0					
	ⅥM7:5—1	描金残片	陶质	描金	残缺	长3.0,宽2.7,厚0.06					
	ⅥM7:5—2	描金残片	陶质	描金	残缺	长2.9,宽2.7,厚0.06					
	ⅥM7:6	陶碗	泥质灰陶	凹棱纹	残缺	14.0		8.6	7.4		
	ⅥM7:7—1	彩绘俑残片	陶质	彩绘	残缺	通长7.2,厚0.9~1.6					
	ⅥM7:7—2	彩绘俑残片	陶质	彩绘	残缺	通长8.5,厚1.4~1.7					
	ⅥM7:10	琉璃饰品	玻璃	素面	残缺	球径2.4					
	ⅥM7:11—1	铁钉	铁		残缺	通长5.2,钉帽宽1.3,钉身宽0.3			残高1.3		
	ⅥM7:11—2	铁钉	铁		残缺	通长10.2,截面直径1.5					
ⅥM8	ⅥM8:1	弦纹陶罐残片	泥质灰陶	弦纹	残缺	9.0			残高12.4	魏晋十六国时期	
ⅥM9	ⅥM9:1	陶盆残片	泥质灰陶	素面	残缺	16.0			残高4.4	魏晋十六国时期	
ⅥM10	ⅥM10:1	陶罐	泥质灰陶	素面	残缺	11.2	20.8	11.6	24.0	唐	

续附表二

出土单位	器物编号	器物名称	质地	纹饰	保存程度	尺寸 口	尺寸 腹	尺寸 底	尺寸 高	文化时代	备注
VIM11	VIM11:1	陶盘	泥质橙黄陶	波浪纹、弦纹	完整		盘径22.0、厚2.6			前凉前期	
	VIM11:2	陶盘	泥质橙黄陶	波浪纹、弦纹	完整		盘径22.4、厚2.4				
	VIM11:3	陶釜	泥质灰陶	弦纹	残缺	15.6	23.4	17.0	13.2		
	VIM11:4	陶斗瓶	泥质橙黄陶	素面	完整	4.6		5.6	6.5		
	VIM11:5	陶碟	泥质灰陶	素面	残缺	10.0		4.6	3.4		
	VIM11:6	陶盆	泥质橙黄陶	素面	完整	9.2		4.4	4.7~5.0		
	VIM11:7	陶樽	泥质橙黄陶	素面	残缺	15.8		15.6	9.0		
	VIM11:8	陶钵	泥质灰陶	素面	完整	6.8		3.4	3.1~3.4		
	VIM11:9	陶碗	泥质灰陶	素面	残缺	5.6		3.0	2.8		
	VIM11:10	陶碗	泥质灰陶	素面	完整	10.4		4.6	4.4		
	VIM11:11	陶碗	泥质灰陶	素面	完整	5.6		2.6	2.3~2.8		
	VIM11:12	陶碗	泥质灰陶	素面	完整	6.0		2.6	2.6		
	VIM11:13	陶钵	泥质灰陶	素面	完整	6.8		3.8	2.4		
	VIM11:14	陶灯	泥质灰陶	素面	残缺	8.0		7.4	9.6		
	VIM11:15	陶壶	泥质灰陶	波浪纹、弦纹	完整	5.4	8.2	7.2	12.3~12.4		
	VIM11:16	陶钵	泥质灰陶	素面	完整	7.2		3.4	2.8~3.4		
	VIM11:17	陶钵	泥质灰陶	素面	完整	7.0		4.0	2.6		
	VIM11:18	陶斗瓶	泥质灰陶	素面	残缺	4.0		4.6	6.2		

续附表二

出土单位	器物编号	器物名称	质地	纹饰	保存程度	尺寸 口	尺寸 腹	尺寸 底	尺寸 高	文化时代	备注
VIM11	VIM11:19	陶盆	泥质灰陶	素面	完整	9.2		4.6	4.6		
	VIM11:20	陶瓿	泥质灰陶	素面	残缺	9.6		4.6	4.8		
	VIM11:21	波浪纹陶罐	泥质灰陶	波浪纹、弦纹	完整	8.4	12.2	8.0	12.6		
	VIM11:22	陶樽	泥质灰陶	素面	残缺	12.2		12.6	9.6		
	VIM11:23	陶釜	泥质灰陶	波浪纹、弦纹	完整	7.8		7.4	9.1~9.8	前凉前期	
	VIM11:24	波浪纹陶罐	泥质灰陶	波浪纹	残缺	7.6			残高5.6		
	VIM11:25	波浪纹陶罐	泥质灰陶	波浪纹、弦纹	残缺	9.0	14.0	9.0	12.8		
	VIM11:26	波浪纹陶罐	泥质灰陶	波浪纹、弦纹	残缺	9.2	14.0	8.2	12.8		
	VIM11:27	陶碗	泥质灰陶	素面	残缺	7.4		3.6	3.0~3.4		
	VIM11:28	陶钵	泥质红褐陶	素面	残缺	7.0		3.4	3.4		
VIM12	VIM12:1	陶盘	泥质灰陶	波浪纹、弦纹	残缺		盘径24.0,厚2.0				
	VIM12:2	陶钵	泥质灰陶	素面	完整	7.2		3.6	3.0		
	VIM12:3	陶钵	泥质橙黄陶	素面	残缺	8.4		4.0	3.6		
	VIM12:4	陶钵	泥质灰陶	素面	完整	7.2		3.4	2.6	前凉前期	
	VIM12:5	陶碗	泥质灰陶	弦纹	残缺	14.2		6.0	4.5		
	VIM12:9	陶钵	泥质灰陶	素面	完整	4.0		3.0	2.8~2.9		
	VIM12:10	陶钵	泥质灰陶	素面	残缺	10.0		4.6	4.0		
	VIM12:11	波浪纹陶罐	泥质橙黄陶	波浪纹、弦纹	残缺	11.4	17.6	13.0	15.2		

续附表二

出土单位	器物编号	器物名称	质地	纹饰	保存程度	口	腹	底	高	文化时代	备注
ⅥM12	ⅥM12：12	陶樽	泥质灰陶	素面	残缺	15.6		16.4	11.5		
	ⅥM12：13	波浪纹陶罐	泥质橙黄陶	波浪纹、弦纹	残缺	8.0	15.0	10.4	14.0	前凉前期	
	ⅥM12：14	陶釜	泥质灰陶	波浪纹、弦纹	残缺	8.8	13.0	7.5	9.4		
	ⅥM12：15	陶甑	泥质橙黄陶	素面	完整	9.4		4.0	4.6		
	ⅥM12：16	陶斗瓶	泥质灰陶	素面	残缺	4.4		5.4	8.0		
ⅥM13	ⅥM13：1	陶盘	泥质灰陶	波浪纹、弦纹	残缺		盘径34.0，厚2.3			西晋早期—前凉前期	
	ⅥM13：2	陶钵	泥质灰陶	素面	完整	8.0		3.4	3.1～3.3		
	ⅥM13：3	陶钵	泥质橙黄陶	素面	残缺	7.2		2.6	2.8		
	ⅥM13：4	陶耳杯	泥质灰陶	素面	残缺	长径11.2 短径4.6		长径5.8 短径2.4	4.0		
	ⅥM13：5	陶钵	泥质灰陶	素面	完整	9.0		4.0	4.0		
	ⅥM13：6	陶钵	泥质灰陶	素面	残缺	9.8		4.0	3.9		
	ⅥM13：7	陶钵	泥质灰陶	素面	残缺	8.2		3.5	3.5		
	ⅥM13：8	陶器盖	泥质灰陶	素面	残缺		盖径10.0		3.3～3.5		
	ⅥM13：9	陶樽	泥质灰陶	素面	完整	15.8		18.2	12.0		
	ⅥM13：10	陶钵	泥质灰陶	素面	完整	14.8	13.8	5.6	7.0		
	ⅥM13：11	陶壶	泥质灰陶	素面	残缺	6.6	13.8	12.4	13.8		
	ⅥM13：12	绳纹陶罐	泥质灰陶	绳纹	残缺		21.8	13.8	残高6.6		
	ⅥM13：13	绳纹陶罐	泥质灰陶	绳纹	完整	9.2		13.0	20.0		

续附表二

出土单位	器物编号	器物名称	质地	纹饰	保存程度	尺寸 口	尺寸 腹	尺寸 底	尺寸 高	文化时代	备注
VIM13	VIM13：14	陶碟	泥质橙黄陶	素面	完整	7.6		2.6	2.6		
	VIM13：15	弦纹陶罐	泥质灰陶	弦纹	完整	11.0	27.0	13.2	26.5		
	VIM13：16	陶钵	泥质灰陶	素面	残缺	14.8		5.0	6.8		
	VIM13：19-1	铜钗	铜	素面	完整		长14.0，截面直径0.2			西晋早期—前凉前期	
	VIM13：19-2	铜钗	铜	素面	完整		长10.0，截面直径0.3				
	VIM13：19-3	铜钗	铜	素面	完整		长7.1，截面直径0.2				
	VIM13：22	陶器盖	泥质橙黄陶	素面	完整		盖径14.8		5.0		
	VIM13：23	陶盒	泥质灰陶	凸棱纹	完整	9.0	15.4	11.0	9.8		
	VIM13：24	陶甑	泥质灰陶	素面	残缺	18.8		7.8	8.0		
VIM14	VIM14：1	陶槅	泥质灰陶	素面	完整	15.8		17.2	2.4	前秦—北凉	
	VIM14：2	陶碟	泥质红褐陶	素面	完整	8.4		4.0	2.0~2.1		
	VIM14：3	陶钵	泥质橙黄陶	素面	完整	5.2		3.0	2.0		
	VIM14：4	陶灯	泥质灰陶	素面	完整	6.0		5.0	7.3~7.9		
	VIM14：5	陶壶	泥质红褐陶	波浪纹、弦纹	残缺	4.4	7.5	5.8	11.0		
	VIM14：6	陶盘	泥质灰陶	波浪纹、弦纹	完整		盘径21.0，厚2.8				
	VIM14：7	陶碗	泥质橙黄陶	素面	残缺	11.6		4.0	5.6		
	VIM14：8	陶甑	泥质橙黄陶	素面	完整	12.0		5.0	5.6~6.2		
	VIM14：9	陶釜	泥质灰陶	素面	残缺	6.6		6.8	8.2		

续附表二

出土单位	器物编号	器物名称	质地	纹饰	保存程度	口	腹	底	高	文化时代	备注
VIM14	VIM14:10	陶灶	泥质橙黄陶	素面	残缺	5.8~6.3		6.4	3.3	前秦—北凉	
	VIM14:11	波浪纹陶罐	泥质橙黄陶	波浪纹、弦纹	完整	6.2	10.0	7.4	10.0		
	VIM14:12	波浪纹陶罐	泥质灰陶	波浪纹、弦纹	完整	6.2	10.8	7.0	11.0		
	VIM14:13	陶樽	泥质灰陶	素面	完整	9.0		7.8	6.1		
	VIM14:14	陶仓	泥质灰陶	卷云纹	完整			8.2	12.1		
	VIM14:15	泥斗瓶	泥质	素面	残缺	3.5		4.6	7.8		
	VIM14:16	泥杯	泥质	素面	残缺	4.8		4.6	6.0		
	VIM14:18	泥杯	泥质灰陶	素面	残缺	4.0			残高3.4		
VIM15	VIM15:1	陶樽	泥质灰陶	波浪纹、弦纹	残缺	盖径22.0		21.0	通高18.0	曹魏时期	
	VIM15:2	陶盘	泥质灰陶	波浪纹、凹棱纹	完整	盘径36.4,厚2.0					
	VIM15:3	陶灯	泥质灰陶	素面	完整	9.4		15.0	20.4		
	VIM15:4	陶盘	泥质灰陶	波浪纹、凹棱纹	完整	盘径35.4,厚2.0					
	VIM15:5	陶碟	泥质灰陶	素面	完整	14.0		6.4	4.0		
	VIM15:6	陶钵	泥质灰陶	素面	完整	11.6		5.4	4.5~5.0		
	VIM15:7	陶钵	泥质灰陶	素面	完整	8.4		4.0	3.8		
	VIM15:8	陶盆	泥质灰陶	弦纹、凸棱纹	残缺	16.2		7.6	7.2		
	VIM15:9	陶碟	泥质灰陶	素面	完整	12.8		4.2	3.6~3.8		
	VIM15:10	陶斗瓶	泥质灰陶	素面	残缺	5.4		7.6	11.7~12.0		

续附表二

出土单位	器物编号	器物名称	质地	纹饰	保存程度	口	腹	底	高	文化时代	备注
VIM15	VIM15:11	陶盆	泥质灰陶	凸棱纹	完整	16.0		7.6	7.4	曹魏时期	
VIM16	VIM16:1	陶盘	泥质灰陶	波浪纹、弦纹	残缺		盘径39.0、厚2.0				
	VIM16:2	陶盘	泥质灰陶	波浪纹、弦纹	残缺		盘径37.4、厚2.0				
	VIM16:3	陶盘	泥质橙黄陶	素面	残缺		盘径44.6、厚1.2				
	VIM16:4	陶钵	泥质灰陶	素面	完整	10.8		5.2	4.0		
	VIM16:5	铜叉	铜	素面	残缺	残长18.5、宽2.8~3.1、叉头长3.7、柄宽0.6~1.0					
	VIM16:6	陶盆	泥质灰陶	素面	残缺	17.0		8.0	7.0		
	VIM16:7	陶碟	泥质灰陶	素面	残缺	13.7		5.8	3.4		
	VIM16:8	陶碟	泥质灰陶	素面	残缺	12.5		4.5	3.7~4.1		
	VIM16:9	陶钵	泥质灰陶	素面	完整	12.2		4.8	5.1~5.3	曹魏时期	
	VIM16:10	陶钵	泥质橙黄陶	素面	完整	12.0		3.8	4.6~5.0		
	VIM16:11	陶樽	泥质灰陶	波浪纹、弦纹	完整	盖径20.6		20.8	通高18.0		
	VIM16:12	陶灯	泥质灰陶	素面	残缺	9.2		14.4	20.6		
	VIM16:16	陶斗瓶	泥质灰陶	素面	完整	4.2		7.4	9.8		
	VIM16:17	陶斗瓶	泥质灰陶	素面	完整	4.8		6.5	9.8		
	VIM16:18	素面陶罐	泥质灰陶	素面	完整	3.5	7.6	5.0	5.4		
	VIM16:19	陶盆	泥质灰陶	素面	残缺	12.8		5.6	7.0		
	VIM16:20-1	铜钗	铜	素面	残缺	残长7.0、截面直径0.3、股径0.3、头部宽0.5					

续附表二

出土单位	器物编号	器物名称	质地	纹饰	保存程度	尺寸 口	尺寸 腹	尺寸 底	尺寸 高	文化时代	备注
VIM16	VIM16:21	铜马镳	铜	素面	完整		通长7.8、宽0.2~0.7			曹魏时期	
	VIM16:22	铜帽钉	铜	素面	残缺		直径2.5		1.5		
VIM17	VIM17:1	陶盘	泥质橙黄陶	波浪纹、弦纹	完整		盘径20.4、厚1.9~2.2			前凉前期	
	VIM17:2	陶碟	泥质灰陶	素面	完整	9.5		5.0	3.3		
	VIM17:3	陶碟	泥质灰陶	素面	完整	8.6		5.4	3.1~3.2		
	VIM17:4	陶碗	泥质灰陶	素面	完整	6.2		4.4	3.0		
	VIM17:5	陶碗	泥质橙黄陶	素面	残缺	6.6		4.4	2.4~2.7		
	VIM17:6	陶灯	泥质灰陶	素面	完整	6.0		5.5	8.5		
	VIM17:7	陶壶	泥质灰陶	波浪纹、弦纹	完整	5.2	7.3	6.2	9.5		
	VIM17:8	陶盘	泥质灰陶	波浪纹、弦纹	完整		盘径20.5、厚2.1~2.3				
	VIM17:9	陶碟	泥质灰陶	素面	残缺	9.6		5.2	3.0~3.1		
	VIM17:10	陶樽	泥质灰陶	素面	完整	13.6		14.4	9.0		
	VIM17:11	陶樽	泥质灰陶	素面	完整	15.4		15.6	9.2		
	VIM17:12	陶樽	泥质灰陶		完整	14.0		14.8	9.5		
	VIM17:15	铜顶针	铜	素面	残缺		直径1.8		0.8		
	VIM17:16	陶瓿	泥质灰陶	素面	完整	9.0		4.9	3.4~4.6		
	VIM17:17	陶釜	泥质灰陶	波浪纹、弦纹	完整	6.2	8.3	5.4	6.1		
	VIM17:18	陶盆	泥质灰陶	素面	完整	9.0		4.7	4.5		

续附表二

出土单位	器物编号	器物名称	质地	纹饰	保存程度	尺寸 口	尺寸 腹	尺寸 底	尺寸 高	文化时代	备注
VIM17	VIM17：19	陶斗瓶	泥质红陶	素面	完整	5.0		4.4	6.3	前凉前期	
	VIM17：20	陶碟	泥质灰陶	素面	残缺	8.8		4.2	2.4~3.2		
VIM18	VIM18：1	素面陶罐	泥质灰陶	素面	残缺			7.6	残高6.4	魏晋十六国时期	
VIM19	VIM19：1	陶罐	泥质灰陶	素面	残缺	7.5	14.2	8.2	16.6	唐	
VIM21	VIM21：1	陶钵	泥质灰陶	素面	完整	14.6		4.0	6.5	西晋早期	
	VIM21：2	陶钵	泥质灰陶	素面	完整	9.0		3.8	3.4~3.7		
	VIM21：3	陶钵	泥质灰陶	弦纹	完整	15.0		4.0	6.1		
	VIM21：4	陶钵	泥质灰陶	素面	残缺	9.2		3.0	3.4		
	VIM21：5-1	铜钗	铜	素面	残缺		残长16.0，截面直径0.2				
	VIM21：5-2	铜钗	铜	素面	完整		长17.0，截面直径0.2				
	VIM21：5-3	铜钗	铜	素面	残缺		残长15.7，截面直径0.2				
	VIM21：7	弦纹陶罐	泥质灰陶	弦纹	完整	4.0	13.0	5.6	10.0		
VIM22	VIM22：1	波浪纹陶罐	泥质灰陶	波浪纹、弦纹	残缺	11.0	16.4	11.4	15.2	前凉前期	
	VIM22：2	陶灯	泥质灰陶	素面	残缺	5.8		5.8	9.4~10.5		
	VIM22：3	陶盘	泥质灰陶	波浪纹、弦纹	残缺		盘径24.0，厚2.4				
	VIM22：4	陶盘	泥质灰陶	波浪纹、弦纹	完整		盘径26.0，厚1.6~1.8				
	VIM22：5	陶樽	泥质灰陶	素面	残缺	15.4		16.4	10.8		
	VIM22：6	陶斗瓶	泥质灰陶	素面	完整	5.0		5.6	6.2		朱书

续附表二

出土单位	器物编号	器物名称	质地	纹饰	保存程度	尺寸 口	尺寸 腹	尺寸 底	尺寸 高	文化时代	备注
VIM22	VIM22:7	陶斗瓶	泥质灰陶	素面	完整	4.2		5.5	6.7		朱书
	VIM22:9	波浪纹陶罐	泥质灰陶	波浪纹、弦纹	完整	9.6	15.0	8.0	13.8~14.4	前凉前期	
	VIM22:10	波浪纹陶罐	泥质灰陶	波浪纹、弦纹	完整	9.0	14.0	9.4	13.6		
VIM23	VIM23:1	陶瓿	泥质灰陶	素面	完整	26.4		7.6	10.5		
	VIM23:2	陶樽	泥质灰陶	素面	残缺	16.0		18.0	14.4		
	VIM23:3	陶樽	泥质灰陶	素面	完整	16.0		17.8	13.3		
	VIM23:4	陶耳杯	泥质灰陶	素面	完整	长径9.0 短径5.3		长径4.8 短径2.2	2.2~2.6		
	VIM23:5	陶碟	泥质灰陶	素面	完整	9.8		4.8	2.3		
	VIM23:6	陶耳杯	泥质灰陶	素面	完整	长径8.7 短径5.2		长径4.8 短径2.3	2.8~3.0	西晋早期	
	VIM23:7	陶耳杯	泥质灰陶	素面	完整	长径6.3 短径3.3		长径3.3 短径1.2	2.1~2.2		
	VIM23:8	陶碟	泥质灰陶	素面	完整	9.6		4.6	2.4		
	VIM23:9	陶器盖	陶	素面	完整		盖径20.6		4.7		
	VIM23:10	陶盘	泥质灰陶	波浪纹、弦纹	完整		盘径32.0,厚2.0				
	VIM23:11	陶灯	泥质灰陶	素面	残缺	10.8		15.0	17.0		
	VIM23:12	陶灯	泥质灰陶	素面	完整	9.6		13.8	21.0		
	VIM23:13	陶耳杯	泥质灰陶	素面	完整	长径8.3 短径4.8		长径4.0 短径2.0	2.5~2.6		
	VIM23:14	陶盘	泥质灰陶	波浪纹、弦纹	残缺		盘径34.0,厚2.4				

续附表二

出土单位	器物编号	器物名称	质地	纹饰	保存程度	尺寸 口	尺寸 腹	尺寸 底	尺寸 高	文化时代	备注
VIM24	VIM24:1	弦纹陶罐	泥质灰陶	弦纹	完整	4.4	7.6	4.0	11.3~11.5	魏晋十六国时期	
	VIM24:2	陶钵	泥质灰陶	弦纹	完整	12.2		5.3	4.3~4.5		
	VIM24:3	陶钵	泥质灰陶	素面	残缺	16.2		6.0	6.0		
	VIM25:1	陶钵	泥质灰陶	弦纹	完整	11.0		5.0	4.1~5.1		
	VIM25:2	陶盘	泥质灰陶	波浪纹	残缺		盘径36.0,厚2.4				
VIM25	VIM25:3	陶樽	泥质灰陶	素面	残缺	16.0		19.0	9.5	曹魏时期	
	VIM25:4	陶斗瓶	泥质灰陶	素面	完整	5.0		7.0	10.6		
	VIM25:7	陶釜	泥质灰陶	素面	残缺	7.0	17.0	8.0	11.2		
	VIM25:8	陶樽	泥质灰陶	波浪纹、弦纹	残缺	盖径20.6		20.8	通高17.2		
	VIM25:9	陶钵	泥质灰陶	素面	完整	17.2		6.6	7.4~8.3		
VIM26	VIM26:1	陶罐	泥质灰陶	弦纹	残缺		17.0	9.2	残高18.3	唐	
VIM27	VIM27:1	陶斗瓶	泥质灰陶	弦纹	残缺	4.0		8.0	9.6	魏晋十六国时期	
	VIM28:1	陶盘	泥质红褐陶	波浪纹	残缺		盘径27.2,厚2.6				
	VIM28:2	陶壶	泥质红褐陶	弦纹	残缺	5.2	9.2	7.6	10.8		
VIM28	VIM28:3	陶碟	泥质红褐陶	素面	完整	8.2		3.8	2.1~2.2	前凉前期	
	VIM28:4	陶甑	泥质橙黄陶	素面	残缺	10.8		4.8	4.4~4.5		
	VIM28:5	陶釜	泥质红褐陶	素面	残缺	5.8	8.4	5.6	4.9~5.5		
	VIM28:6	陶盆	泥质橙黄陶	素面	完整	10.4		4.4	3.8		

续附表二

出土单位	器物编号	器物名称	质地	纹饰	保存程度	尺寸 口	尺寸 腹	尺寸 底	尺寸 高	文化时代	备注
ⅦM1	ⅦM1:1	素面陶罐	泥质红陶	素面	残缺	11.0	17.3	9.2	14.0	前凉前期	
	ⅦM1:2	陶樽	泥质灰陶	凹棱纹	完整	17.6		17.2	9.6		
	ⅦM1:3	铜镜	铜	夔纹、连弧纹	残缺	面径9.0,缘厚0.2,钮高0.6					
	ⅦM1:4	陶甑	泥质灰陶	凸棱纹	残缺	10.4		3.6	4.5		
	ⅦM1:5	陶斗瓶	泥质灰陶	素面	完整	5.4		4.7	6.5		
	ⅦM1:6	陶斗瓶	泥质灰陶	素面	残缺			4.6	4.0		
	ⅦM1:7	陶灯	泥质灰陶	素面	完整	6.4		9.0	10.8		
ⅦM2	ⅦM2:1	砖雕兽甬	青砖	素面	残缺	长13.1,宽9.9,厚6.0				西晋中晚期	
	ⅦM2:2	波浪纹陶罐	泥质橙黄陶	波浪纹	完整	9.3	17.8	10.2	15.2		
	ⅦM2:3	陶樽	泥质灰陶	素面	完整	14.0		15.6	10.8~11.1		
	ⅦM2:4	陶釜	泥质橙黄陶	素面	完整	8.5	15.0	9.1	9.6		
	ⅦM2:5	波浪纹陶罐	泥质橙黄陶	波浪纹	残缺		18.4	11.4	15.2		
	ⅦM2:6	铜镜	铜	双龙双虎、乳钉	残缺	面径11.2,缘厚0.5,钮高1.0					
	ⅦM2:7	陶斗瓶	泥质灰陶	素面	完整	4.3		6.4	7.9		
	ⅦM2:8	陶壶	泥质灰陶	弦纹	残缺	7.0	11.9	11.0	13.2		
	ⅦM2:9	陶灯	泥质橙黄陶	素面	残缺	7.4		11.0	12.3		
	ⅦM2:10	陶碟	泥质橙黄陶	素面	残缺	10.8		4.4	2.7		
	ⅦM2:11	陶钵	泥质灰陶	弦纹	残缺	15.2		5.9	6.1		

续附表二

出土单位	器物编号	器物名称	质地	纹饰	保存程度	口	腹	底	高	文化时代	备注
VIIM2	VIIM2:12	陶盆	泥质橙黄陶	素面	残缺	复原12.8		4.8	4.4~4.9	西晋中晚期	
	VIIM2:13	陶盘	泥质橙黄陶	波浪纹	残缺		盘径30.6,厚2.2				
	VIIM2:14	陶樽	泥质橙黄陶	素面	完整	14.2		16.8	11.5		
	VIIM2:15	波浪纹陶罐	泥质橙黄陶	波浪纹	完整	8.8	18.5	11.5	15.4		
	VIIM2:16	弦纹陶罐	泥质灰陶	弦纹	完整	7.8	19.7	10.7	18.0		
	VIIM2:17	波浪纹陶罐	泥质橙黄陶	波浪纹	完整	8.5	18.2	9.9	16.0		
	VIIM2:18	陶钵	泥质橙黄陶	弦纹	残缺	复原14.5		6.4	6.5		
	VIIM2:19	陶斗瓶	泥质橙黄陶	素面	完整	5.2		6.8	7.4		
	VIIM2:20	铁镜	铁	素面	残缺		直径11.9,厚0.1~0.8,钮高1.3				
	VIIM2:21	陶斗瓶	泥质橙黄陶	波浪纹	完整	5.0		6.6	8.4		
	VIIM2:22	陶盘	泥质橙黄陶	素面	完整		盘径31.8,厚2.6				
	VIIM2:23	陶斗瓶	泥质灰陶	素面	完整	5.0		5.5	8.2		
	VIIM2:24	陶钵	泥质灰陶	素面	完整	7.4		3.5	2.3		朱书
	VIIM2:25	陶钵	泥质灰陶	素面	残缺	9.0		4.0	3.0		
	VIIM2:27	陶碟	泥质灰陶		残缺			5.6	残高3.2		朱书
	VIIM2:28-1	铜钗	铜		残缺		残长15.1,截面直径0.2				
	VIIM2:28-2	铜钗	铜		残缺		残长14.4,截面直径0.2				朱书
	VIIM2:29-1	铜钗	铜		残缺		残长7.5,截面直径0.3				

续附表二

出土单位	器物编号	器物名称	质地	纹饰	保存程度	尺寸 口	尺寸 腹	尺寸 底	尺寸 高	文化时代	备注
ⅦM2	ⅦM2:29-2	铜钗	铜		残缺		残长6.0,截面直径0.3				
	ⅦM2:30-1	铜钗	铜		残缺		残长9.1,截面直径0.3				
	ⅦM2:30-2	铜钗	铜		残缺		残长6.9,截面直径0.2				
	ⅦM2:30-3	铜钗	铜		残缺		残长5.5,截面直径0.2				
	ⅦM2:30-4	铜钗	铜		残缺		残长5.3,截面直径0.2				
	ⅦM2:30-5	铜钗	铜		残缺		残长2.0,截面直径0.2				
	ⅦM2:30-6	铜钗	铜		残缺		残长2.0,截面直径0.2				
	ⅦM2:31	陶钵	泥质灰陶	素面	完整	3.2		1.5	1.3	西晋中晚期	
	ⅦM2:32-1	铜泡	铜	短线纹	完整		直径2.8,厚1.1,孔径0.2				
	ⅦM2:32-2	铜泡	铜	短线纹	完整		直径2.1,厚0.6,孔径0.3				
	ⅦM2:33	陶碟	泥质灰陶	素面	残缺	10.0		4.9	残高2.7		
	ⅦM2:34	陶碟	泥质灰陶	素面	残缺	10.2		3.6	3.0~3.7		
	ⅦM2:35	陶钵	泥质橙黄陶	素面	残缺	7.6		4.2	3.9~4.3		
	ⅦM2:36	陶碗	泥质橙黄陶	素面	残缺	复原10.4		2.4	3.4~4.1		
	ⅦM2:37	陶钵	泥质红陶	波浪纹	残缺	9.1		4.5	3.8		
ⅦM3	ⅦM3:1	波浪纹陶罐	泥质灰陶	波浪纹	残缺	10.8	19.4	12.8	17.1~17.6	西晋早期	
	ⅦM3:2	素面陶罐	泥质橙黄陶	素面	残缺	10.8	19.7	10.3	16.5		
	ⅦM3:3	素面陶罐	泥质橙黄陶	素面	完整	8.7	17.5	11.8	15.6		

续附表二

出土单位	器物编号	器物名称	质地	纹饰	保存程度	尺寸 口	尺寸 腹	尺寸 底	尺寸 高	文化时代	备注
	ⅦM3：4	陶碟	泥质灰陶	素面	完整	11.1		3.8	3.1		
	ⅦM3：5	陶碟	泥质灰陶	素面	完整	11.8		4.0	3.5		
	ⅦM3：6	陶樽	泥质灰陶	弦纹	完整	15.0		17.7	11.4～11.6		
	ⅦM3：7	陶器盖	泥质灰陶	素面	残缺		盖径17.4		5.6		
	ⅦM3：8	陶樽	泥质灰陶	弦纹	完整	16.7		18.2	11.4		
	ⅦM3：9	陶器盖	泥质灰陶	素面	残缺		盖径18.2		5.7		
	ⅦM3：10	陶樽	泥质灰陶	弦纹	残缺	16.7		18.5	13.0		
ⅦM3	ⅦM3：11	陶器盖	泥质灰陶	素面	残缺		盖径17.4		5.4	西晋早期	
	ⅦM3：12	陶瓿	泥质灰陶	素面	残缺	14.9		4.1	6.3		
	ⅦM3：13	陶釜	泥质橙黄陶	素面	完整	10.1		9.7	12.7		
	ⅦM3：14	陶盆	泥质橙黄陶	素面	残缺	复原15.0		4.6	5.7		
	ⅦM3：15	陶钵	泥质橙黄陶	素面	完整	10.5		4.0	3.6		
	ⅦM3：16	陶碟	泥质橙黄陶	素面	完整	12.0		4.0	3.8		
	ⅦM3：17	陶钵	泥质橙黄陶	素面	完整	10.5		4.7	4.0		
	ⅦM3：18	陶钵	泥质灰陶	素面	残缺	11.0		5.0	3.8		
	ⅦM3：19	陶钵	泥质灰陶	素面	残缺	7.6		3.7	2.8		
	ⅦM3：20	陶斗瓶	泥质灰陶	素面	完整	4.3	7.5	7.0	7.9		朱书
	ⅦM3：21	陶钵	泥质灰陶	素面	完整	15.0		5.0	7.2		

续附表二

出土单位	器物编号	器物名称	质地	纹饰	保存程度	尺寸 口	尺寸 腹	尺寸 底	尺寸 高	文化时代	备注
ⅦM3	ⅦM3:22	陶灯	泥质灰陶	素面	完整	8.7		14.0	18.2		
	ⅦM3:23	陶壶	泥质灰陶	波浪纹、弦纹	残缺	9.7	16.5	15.3	17.0		
	ⅦM3:24	陶耳杯	泥质橙黄陶	素面	残缺	长径10.6 短径5.6		长径5.6 短径3.6	3.0		
	ⅦM3:25	陶耳杯	泥质橙黄陶	素面	完整	长径9.7 短径6.6		长径5.3 短径3.0	3.1		
	ⅦM3:26	陶盘	泥质红褐陶	波浪纹	残缺			盘径35.0，厚2.0			
	ⅦM3:27	陶钵	泥质橙黄陶	素面	完整	10.0		3.5	3.8		
	ⅦM3:28	陶耳杯	泥质灰陶	素面	完整	长径10.0 短径6.0		长径5.8 短径3.4	3.5		
	ⅦM3:29	陶钵	泥质橙黄陶	素面	完整	10.5		4.6	4.2		
	ⅦM3:30	陶钵	泥质橙黄陶	素面	残缺	复原11.0		5.0	3.8		
	ⅦM3:31	陶耳杯	泥质灰陶	素面	残缺	长径10.4 短径6.1		长径5.2 短径3.9	2.6		
	ⅦM3:32	陶斗瓶	泥质橙黄陶	素面	完整	5.0	7.8	7.0	8.5		
	ⅦM3:35	铜钗	铜		残缺		残长8.6，截面直径0.3				
	ⅦM3:36-1	铜钗	铜		残缺		残长14.6，截面直径0.4			西晋早期	
	ⅦM3:36-2	铜钗	铜		残缺		残长16.1，截面直径0.3				
	ⅦM3:36-3	铜钗	铜		残缺		残长0.9，截面直径0.3				
	ⅦM3:36-4	铜钗	铜		残缺		残长12.1，截面直径0.4				
	ⅦM3:36-5	铜钗	铜		残缺		残长7.6，截面直径0.3				
	ⅦM3:37	模印土坯		素面	完整		长40.0，宽20.0，厚10.0				朱书

敦煌

佛爷庙湾—新店台墓群
2015年度发掘报告 下

甘肃省文物考古研究所 编著

陈国科 主编
马洪连 王永安 副主编

甘肃教育出版社

附表三 敦煌佛爷庙湾—新店台墓群2015年度出土铜钱登记表

单位：厘米，克

编号	种类	特征	记号	钱径	穿宽	郭宽	郭厚	肉厚	重量	图号、图版号	备注
ⅠM2:15-1	剪轮钱	边有剪留痕，钱文漫漶不可辨识，制作粗劣。		2.06	1.86			0.13	0.67		表面锈蚀，文字不明
ⅠM2:15-2		磨郭		2.51	0.83			0.12	2.17		残，同上
ⅠM2:15-3	不明	磨郭		1.34	0.92			0.08	1.20		同上
ⅠM2:15-4		磨郭		2.47	0.93			0.12	1.69		同上
ⅠM2:15-5				2.52	0.88	0.11	0.11	0.10	1.81		同上
ⅠM2:15-6				2.57	0.97	0.18	0.10	0.12	1.76		同上
ⅠM2:15-7				2.60	0.89	0.17	0.12	0.08	2.10		同上
ⅠM2:15-8	货泉	形制较小，两面穿皆有郭，货泉二字篆书。		2.41	0.75	0.18	0.18	0.11	2.24		残
ⅠM2:15-9	五铢	"五"字较宽，交笔弯曲，"金"字头呈三角形，中间四点较长，"朱"字上下部均圆折。		2.62	0.90	0.18	0.13	0.09	2.19	图五一，1	
ⅠM2:15-10		"五"字较宽，交笔弯曲，"金"字头呈三角形，中间四点较长，"朱"字上部方圆形，下部圆折。		2.61	0.94	0.17	0.13	0.10	2.58	图五一，2	
ⅠM2:15-11		"五"字较宽，交笔弯曲，"铢"字锈蚀不可辨。		2.76	0.93	0.16	0.17	0.13	2.26		残，表面锈蚀，文字模糊

续附表三

编号	种类	特征	记号	钱径	穿宽	郭宽	郭厚	肉厚	重量	图号、图版号	备注
ⅠM2：15-12		"五"字锈蚀残缺，"铢""金"字头呈三角形，中间四点较短，上下部均圆折。		2.75	1.18	0.16	0.18	0.11	1.61		同上
ⅠM3：16-1	剪轮钱	边有剪凿痕，线文漫漶不可辨识，制作粗劣。		1.84	0.95			0.14	1.25		表面锈蚀，文字不明
ⅠM3：16-2		磨郭		2.18	0.94			0.10	1.16		同上
ⅠM3：16-3	不明	磨郭		2.09	0.92			0.13	1.29		残，同上
ⅠM3：16-4				2.41	0.82			0.14	2.17		同上
ⅠM9：19-1		"五"字较窄，交笔弯曲，"铢"字"金"字头呈三角形，中间四点较短，"朱"字上下部均圆折。		2.58	0.84	0.16	0.20	0.15	4.39		
ⅠM9：19-2		"五"字较窄，交笔弯曲，"铢"字"金"字头呈三角形，中间四点较短，"朱"字上部方折，下部圆折。		2.56	0.899	0.18	0.19	0.14	3.28		
ⅠM9：19-3	五铢	同上		2.53	0.92	0.15	0.17	0.13	3.18		
ⅠM9：19-4		同上		2.53	0.92	0.09	0.16	0.12	3.63		
ⅠM9：19-5		"五"字头呈三角形，中间四点较短，"朱"字上部方折，下部方圆折。		2.56	0.97	0.18	0.21	0.15	4.37		

续附表三

编号	种类	特征	记号	钱径	穿宽	郭宽	郭厚	肉厚	重量	图号、图版号	备注
ⅠM9：41-1	大泉五十	形制较小，形体较薄，面背皆有内郭。正面穿口左右铸"大泉"二字，较瘦长，上下铸"五十"二字，较宽矮，均为篆书。"大"字一横较弯曲，"五"字较窄，交笔较折弧。	合背，背篆文"大泉五十"	2.45	0.91	0.17	0.17	0.11	2.63	图六九，1	残
ⅠM9：41-2		形制较大，形体厚重，面背皆有内郭。正面穿口左右铸"大泉"二字，较瘦长，上下铸"五十"二字，较宽矮，均为篆书。"大"字一横较弯曲，"五"字较窄，交笔较圆弧。		2.74	0.82	0.18	0.18	0.12	4.92	图六九，2	
ⅠM9：41-3	不明	形制小，有内外郭，锈蚀严重，疑为小五铢。		0.82	0.38	0.08	0.12	0.10	0.32		表面锈蚀，文字不明
ⅠM9：41-4		同上		1.30	0.38	0.12	0.19	0.16	0.61		同上
ⅠM9：41-5		同上		1.24	0.38	0.11	0.15	0.11	0.56		同上
ⅠM9：41-6		面背均有内郭		2.39	0.64	0.19	0.15	0.11	2.70		同上
ⅠM9：41-7		同上		2.34	0.70	0.19	0.14	0.10	3.28		同上
ⅠM9：41-8		同上		2.53	0.92	0.17	0.11	0.08	2.12		同上
ⅠM9：41-9				2.58	0.81	0.20	0.17	0.12	1.88		同上
ⅠM9：41-10				2.58	0.87	0.21	0.22	0.18	3.24		同上
ⅠM9：41-11				2.76	0.74	0.23	0.19	0.15	4.68		同上

续附表三

编号	种类	特征	记号	钱径	穿宽	郭宽	郭厚	肉厚	重量	图号、图版号	备注
ⅠM9：41-12				2.80	0.12	0.13	0.17	0.14	4.15		同上
ⅠM9：41-13				2.58	0.89	0.15	0.18	0.14	2.56		同上
ⅠM9：41-14				2.43	2.77	0.19	0.21	0.19	5.45		同上
ⅠM9：41-15	不明			2.57	0.93	0.12	0.18	0.16	3.37		同上
ⅠM9：41-16				2.53	0.93	0.18	0.13	0.09	1.71		同上
ⅠM9：41-17				2.58	0.83	0.11	0.19	0.18	3.85		同上
ⅠM9：41-18				2.51	0.98	0.11	0.15	0.13	1.94		同上
ⅠM9：41-19				2.46	0.68	0.22	0.25	0.20	5.67		同上
ⅠM9：41-20				2.55	0.97	0.16	0.13	0.11	2.69		同上
ⅠM9：41-21				2.33	0.79	0.13	0.12	0.09	2.28		同上
ⅠM9：41-22	四出五铢	"五"字较宽，交笔弯曲，"铢"字"金"字头呈三角形，中间四点较长，"朱"字上下部均圆折，背面穿郭四角出文到外郭。	背面	四出	2.55	0.85	0.19	0.17	0.13	3.59	
ⅠM9：41-23		同上	同上	2.54	0.78	0.16	0.16	0.11	3.36		
ⅠM9：41-24		同上	同上	2.51	0.83	0.18	0.19	0.15	3.60		
ⅠM9：41-25			同上	同上	2.66	0.90	0.13	0.18	0.13	3.73	

续附表三

编号	种类	特征	记号	钱径	穿宽	郭宽	郭厚	肉厚	重量	图号、图版号	备注
ⅠM9∶41-26	四出五铢	"五"字较宽，交笔弯曲，"铢"字"金"字头呈三角形，中间四点圆长，"朱"字上部方圆折，下部圆折，背面穿郭四角出文到外郭。	同上	2.58	0.94	0.22	0.15	0.11	3.03	图版六二，5、6	
ⅠM9∶41-27		"五"字较宽，交笔弯曲，"铢"字"金"字头呈三角形，中间四点圆短，"朱"字上下部均方圆折，背面穿郭四角出文到外郭。	同上	2.62	0.84	0.18	0.18	0.12	3.48		
ⅠM9∶41-28	货泉	形制较小，两面穿皆有郭，货字锈蚀不可辨，泉字篆书。		2.31	2.68	0.20	0.18	0.15	3.25		表面锈蚀，文字模糊
ⅠM9∶41-29	布泉	形制较大，两面穿皆有郭，布泉二字篆书，字体瘦长清秀。		2.63	1.10	0.17	0.15	0.11	3.28	图六九，3	
ⅠM9∶41-30	五铢	五铢"五"字头窄，交笔微曲，"铢"字"金"字头呈箭镞状，中间四点圆折，"朱"字上下部均圆折。		2.62	0.86	0.21	0.23	0.20	4.19		表面锈蚀，文字模糊
ⅠM9∶41-31		同上		2.55	0.10	0.11	0.13	0.10	2.00		同上
ⅠM9∶41-32		"五"字较窄，交笔微曲，"铢"字"金"字头呈箭镞状，中间四点圆短，"朱"字上下部均圆折。		2.56	0.92	0.17	0.19	0.16	4.06		
ⅠM9∶41-33		"五"字较窄，交笔微曲，"铢"字"金"字头呈三角形，中间四点圆长，"朱"字上部方圆折，下部圆折。		2.59	0.96	0.15	0.13	0.10	2.56		残

续附表三

编号	种类	特征	记号	钱径	穿宽	郭宽	郭厚	肉厚	重量	图号、图版号	备注
I M9：41-34		同上		2.43	0.91	0.11	0.13	0.09	2.60		
I M9：41-35		同上	穿上	横郭	2.51	0.97	0.10	0.10	0.08	2.11	残
I M9：41-36		同上	穿上	横郭	2.52	1.06	0.11	0.15	0.13	2.30	
I M9：41-37		"五"字较窄，交笔微曲，"铢"字"金"字头呈三角形，中间四点较长，"朱"字上下部均方圆折。		2.53	1.92	0.14	0.13	0.09	2.62		残
I M9：41-38		同上		2.60	0.97	0.11	0.13	0.07	1.87		
I M9：41-39		"五"字较窄，交笔微曲，"铢"字"金"字头呈三角形，中间四点较长，"朱"字上部方折，下部圆折。		2.56	0.99	0.15	0.17	0.13	3.34		
I M9：41-40	五铢	"五"字较窄，交笔弯曲，"铢"字锈蚀不可辨。	穿下	短杠	2.49	0.97	0.11	0.15	0.09	2.92	表面锈蚀，文字模糊
I M9：41-41			穿上横郭	0.63	0.89	0.11	0.13	0.09	2.62		残，同上
I M9：41-42		"五"字头呈箭状，中间四点方折，下部圆折。"铢"字"金"字头呈箭状，中间四点方折，下部圆折。	穿上横郭	2.57	0.97	0.19	0.17	0.12	2.70		
I M9：41-43		同上	穿上横郭	2.57	1.30	0.12	0.17	0.12	3.20	彩图六三, 1	
I M9：41-44		"五"字头呈箭状，中间四点较短，"朱"字上下部均圆折。	穿上横郭	2.56	0.97	0.13	0.12	0.10	2.77		

续附表三

编号	种类	特征	记号	钱径	穿宽	郭宽	郭厚	肉厚	重量	图号、图版号	备注
ⅠM9：41-45		"五"字较窄，交笔弯曲，"金"字头呈三角形，中间四点锈蚀不可辨，"朱"字上部方圆折，下部圆折。	穿下短杠	2.52	0.93	0.13	0.19	0.14	3.23		表面锈蚀，文字模糊
ⅠM9：41-46		"五"字较窄，交笔弯曲，"金"字头呈三角形，中间四点圆折，"朱"字上部方圆折，下部圆折。	穿上半郭	2.58	1.00	0.12	0.15	0.10	3.19	图版六三，1	
ⅠM9：41-47		"五"字较窄，交笔弯曲，"金"字头呈三角形，中间四点圆折，"朱"字上部方圆折，下部圆折。	穿上横郭	2.52	0.91	0.15	0.18	0.15	3.66		
ⅠM9：41-48	五铢	"五"字呈三角形，"金"字头呈三角形，中间四点圆折长，"朱"字上下部均方折	穿下半星	2.47	0.91	0.13	0.15	0.10	2.51		残
ⅠM9：41-49		"五"字较窄，交笔弯曲，"金"字头呈三角形，中间四点圆折长，"朱"字上下部均方折	穿上横郭	2.53	0.98	0.13	0.14	0.09	1.82		
ⅠM9：41-50		"五"字较窄，交笔弯曲，"金"字头呈三角形，中间四点圆折短，"朱"字上下部均圆折。	穿上横郭	2.57	0.93	0.17	0.19	0.12	3.56	图版六三，1	
ⅠM9：41-51		同上	穿上横郭	2.53	0.95	0.14	0.17	0.12	3.04		
ⅠM9：41-52		"五"字较窄，交笔弯曲，"金"字头呈三角形，中间四点锈蚀不可辨，"朱"字锈蚀不可辨。	穿上横郭	2.53	1.00	0.13	0.16	0.12	2.50		表面锈蚀，文字模糊
ⅠM9：41-53		"五"字较窄，交笔弯曲，"金"字头呈三角形，中间四点圆折短，"朱"字上下部均圆折。	穿上横郭	2.60	1.00	0.13	0.13	0.09	2.83		

续附表三

编号	种类	特征	记号	钱径	穿宽	郭宽	郭厚	肉厚	重量	图号,图版号	备注
I M9:41-54	五铢	"五"字较窄,交笔弯曲,"铢"字"金"字头呈三角形,中间四点较短,"朱"字上部方圆折,下部圆折。	穿下半星	2.60	0.89	0.12	0.17	0.13	3.83		
I M9:41-55		"五"字较窄,交笔弯曲,"铢"字"金"字锈蚀不可辨		2.64	0.92	0.14	0.20	0.17	3.41		表面锈蚀,文字模糊
I M9:41-56		同上		2.61	0.86	0.18	0.20	0.18	3.25		同上
I M9:41-57		同上		2.65	0.88	0.18	0.18	0.15	3.98		同上
I M9:41-58		同上		2.63	0.91	0.21	0.15	0.13	3.67		同上
I M9:41-59		同上		2.53	0.95	0.16	0.18	0.12	2.89		同上
I M9:41-60		同上		2.58	0.93	0.13	0.15	0.12	3.27		同上
I M9:41-61		"五"字较窄,交笔弯曲,"金"字头呈箭镞状,中间四点较短,"朱"字上部方圆折,下部均为方圆折。		2.57	0.98	0.15	0.14	0.12	2.36		残
I M9:41-62		同上		2.58	0.89	0.15	0.17	0.14	3.15		
I M9:41-63		"五"字较窄,交笔弯曲,"铢"字"金"字头呈三角形,中间四点均为方圆折。		2.69	0.93	0.16	0.17	0.15	3.41		
I M9:41-64		"五"字较窄,交笔弯曲,"铢"字"金"字头呈三角形,中间四点较短,"朱"字上部方圆折,下部圆折。		2.52	0.92	0.14	0.14	0.11	3.45		
I M9:41-65		"五"字较窄,交笔弯曲,"铢"字"金"字头呈三角形,中间四点较短,"朱"字锈蚀不可辨		2.53	0.98	0.13	0.13	0.10	2.84		表面锈蚀,文字模糊

续附表三

编号	种类	特征	记号	钱径	穿宽	郭宽	郭厚	肉厚	重量	图号、图版号	备注
IM9：41-66	五铢	"五"字较窄，交笔弯曲，"铢"字"金"字头呈三角形，中间四点较短，"朱"字上下部方折。		2.55	2.91	0.12	0.18	0.13	3.73		
IM9：41-67		同上		2.53	0.97	0.12	0.13	0.11	2.51		
IM9：41-68		"五"字较窄，交笔弯曲，"铢"字"金"字头呈三角形，中间四点较短，"朱"字上下部均圆折。		2.48	0.85	0.12	0.20	0.15	3.53		
IM9：41-69		同上		2.48	0.88	0.11	0.20	0.18	3.41		
IM9：41-70		"五"字较窄，交笔弯曲，"铢"字"金"字头呈三角形，中间四点较短，"朱"字上下部均圆折。		2.47	0.92	0.08	0.10	0.09	1.96		残
IM9：41-71		同上		2.51	0.94	0.13	0.17	0.12	2.55		
IM9：41-72		"五"字较宽，交笔弯曲，"铢"字"金"字头呈三角形，中间四点较长，"朱"字上下部均圆折。		2.55	0.97	0.13	0.18	0.13	1.97		残
IM9：41-73		同上		2.61	1.03	0.18	0.18	0.14	2.93		
IM9：41-74		"五"字较宽，交笔弯曲，"铢"字"金"字头呈三角形，中间四点较长，"朱"字上部方折，下部圆折。		2.56	0.88	0.12	0.15	0.11	3.27		
IM9：41-75		同上		2.56	0.90	0.14	0.15	0.12	2.61		残
IM9：41-76		"五"字较宽，交笔弯曲，"铢"字锈蚀不可辨。		2.69	0.89	0.25	0.12	0.09	2.86		表面锈蚀，文字模糊
IM9：41-77		同上		2.57	0.88	0.15	0.15	0.12	2.97		同上

续附表三

编号	种类	特征	记号	钱径/横郭	穿宽	郭宽	郭厚	肉厚	重量	图号,图版号	备注
ⅠM9：41-78		"五"字较宽，交笔弯曲，"铢"字"金"字头呈箭镞状。中间四点较短，"朱"字上部方折，下部圆折。	穿上	横郭	2.60	0.95	0.15	0.17	0.13	3.09	
ⅠM9：41-79		"五"字较宽，交笔弯曲，"铢"字"金"字头呈三角形，中间四点均方折，下部圆折。		2.50	2.87	0.18	0.15	0.11	2.09		
ⅠM9：41-80		同上		2.56	0.86	0.13	0.18	0.16	3.16		
ⅠM9：41-81		"五"字较宽，交笔弯曲，"铢"字"金"字头呈三角形，中间四点较短，"朱"字上部方折，下部均方折。		2.61	0.95	0.18	0.16	0.10	2.19	图版六三，1	
ⅠM9：41-82	五铢	"五"字较宽，交笔弯曲，"铢"字"金"字头呈三角形，中间四点均方折，下部圆折。		2.61	0.86	0.15	0.12	0.09	2.75		
ⅠM9：41-83		同上		2.60	0.93	0.19	0.15	0.11	3.12		
ⅠM9：41-84		"五"字较宽，交笔弯曲，"铢"字"金"字头呈三角形，中间四点较长，"朱"字上下部均圆折。		2.61	0.88	0.17	0.18	0.13	2.86		
ⅠM9：41-85		"五"字较宽，交笔弯曲，"铢"字"金"字头呈三角形，中间四点圆折，下部方折，"朱"字上下部均圆折。		2.61	0.90	0.18	0.14	0.11	3.16		
ⅠM9：41-86		同上		2.62	0.87	0.14	0.19	0.15	4.78		
ⅠM9：42-1	不明			2.67	0.90	0.22	0.23	0.18	2.47		表面锈蚀，文字不明

续附表三

编号	种类	特征	记号	钱径	穿宽	郭宽	郭厚	肉厚	重量	图号、图版号	备注
ⅠM9：42-2				2.49	0.93	0.16	0.18	0.16	2.63		同上
ⅠM9：42-3				2.58~2.270	0.89~1.10	0.14~0.18	0.10~0.17	0.07~0.12	35.98		同上，一组10枚
ⅠM9：42-4		"五"字较宽，交笔弯曲，"铢"字"金"字头呈三角形，中间四点方圆折，下部方圆折。		2.59	0.85	0.18	0.18	0.12	3.43		
ⅠM9：42-5		同上		2.56	0.89	0.14	0.18	0.12	3.49		
ⅠM9：42-6		"五"字较宽，交笔弯曲，"铢"字"金"字头呈三角形，中间四点方圆折，下部方圆折。		2.55	0.93	0.13	0.16	0.12	3.34		
ⅠM9：42-7	五铢	"五"字较宽，交笔弯曲，"铢"字"朱"下部圆折，其余锈蚀不可辨。		2.64	0.94	0.18	0.19	0.14	3.19		表面锈蚀，文字模糊
ⅠM9：42-8		"五"字较窄，交笔弯曲，"铢"字锈蚀不可辨。		2.67	0.85	0.18	0.18	0.13	3.99		同上
ⅠM9：42-9		"五"字较窄，交笔弯曲，"铢"字"金"字头呈三角形，中间四点方圆折，下部方圆折。		2.63	0.89	0.16	0.18	0.13	4.02		同上
ⅠM9：42-10		同上		2.63	0.92	0.17	0.18	0.12	3.69		同上
ⅠM9：42-11		同上		2.61	0.98	0.18	0.17	0.12	3.47		同上
ⅠM9：42-12		同上		2.67	0.94	0.17	0.17	0.12	3.77		同上
ⅠM9：42-13		"五"字头呈箭镞状，中间四点方折，"朱"字上部方折，下部圆折。	穿上横郭		2.57	0.94	0.13	0.21	0.14	3.19	

续附表三

编号	种类	特征	记号	钱径	穿宽	郭宽	郭厚	肉厚	重量	图号、图版号	备注
IM9：42-14	五铢	"五"字较窄,交笔弯曲,"铢"字"金"字头呈箭镞状,"朱"字上部方圆折,下部圆折。		2.54	0.89	0.13	0.16	0.12	3.29		
IM9：42-15		"五"字较窄,交笔弯曲,"铢"字"金"字头呈三角形,中间四点较短,"朱"字上下部均圆折。		2.61	0.97	0.12	0.17	0.11	2.90		
IM9：42-16		"五"字较窄,交笔弯曲,"铢"字"金"字头呈三角形,中间四点较短,"朱"字上部方圆折,下部圆折。		2.52	0.95	0.10	0.16	0.13	3.43		
IM9：42-17		同上		2.59	0.89	0.16	0.18	0.13	3.27		
IM9：42-18		"五"字较窄,交笔弯曲,"铢"字"金"字头呈三角形,中间四点较短,"朱"字上部方圆折,下部圆折。		2.55	1.08	0.17	0.18	0.12	3.48		
IM9：42-19		同上	穿下	短杠	2.60	0.90	0.13	0.18	0.12	3.79	
IM9：42-20		"五"字较窄,交笔弯曲,"铢"字"金"字头呈三角形,中间四点较短,"朱"字上部方圆折,下部圆折。	穿上	横郭	2.57	0.91	0.15	0.17	0.13	3.78	
IM9：42-21		同上	穿上	横郭	2.50	1.00	0.13	0.16	0.11	2.48	
IM9：42-22		"五"字较窄,交笔弯曲,"铢"字"金"字头呈三角形,中间锈蚀不可辨,"朱"字上部方圆折,下部圆折。		2.59	0.87	0.16	0.19	0.14	3.82		表面锈蚀,文字模糊。
IM9：42-23		"五"字较窄,交笔弯曲,"铢"字"金"字头呈三角形,中间四点较长,"朱"字上下部均圆折。		2.61	0.92	0.14	0.17	0.12	3.18		
IM9：42-24		同上		2.53	0.93	0.13	0.14	0.10	2.75		

续附表三

编号	种类	特征	记号	钱径	穿宽	郭宽	郭厚	肉厚	重量	图号，图版号	备注
ⅠM9：42-25		同上		2.51	1.10	0.11	0.10	0.08	1.94		残
ⅠM9：42-26		"五"字较窄，"铢"字交笔弯曲，"金"字头呈三角形，中间四点较长，"朱"字上部方折，下部圆折。	穿上横郭，五内上星，穿右下星	2.55	0.97	0.11	0.17	0.12	3.35	图六九，4	
ⅠM9：42-27		同上	穿上	横郭	2.55	0.92	0.13	0.15	0.11	3.59	
ⅠM9：42-28		同上		2.52	0.89	0.13	0.14	0.10	3.31		
ⅠM13：29-1	剪轮钱	边有剪凿痕，钱文漫漶不可辨识，制作粗劣。		1.91	0.78			0.11	1.26		表面锈蚀，文字不明
ⅠM13：29-2		同上		0.83	0.82			0.11	1.14		同上
ⅠM13：29-3		磨郭		2.08	0.94	0.18		0.14	1.90		同上
ⅠM13：29-4	不明			2.63	0.99	0.18	0.18	0.15	2.72		同上
ⅠM13：29-5				2.53	0.88	0.19	0.19	0.17	2.83		同上
ⅠM13：29-6				2.58	0.88	0.15	0.17	0.14	2.17		同上
ⅠM13：29-7				2.49	0.85	0.08	0.24	0.19	2.67		残，同上
ⅠM13：29-8	五铢	"五"字较窄，交笔弯曲，"铢"字锈蚀不可辨。		2.72	0.94	0.16	0.18	0.16	2.49		残，表面锈蚀，文字模糊

续附表三

编号	种类	特征	记号	钱径	穿宽	郭宽	郭厚	肉厚	重量	图号、图版号	备注
ⅠM13:29-9		同上		2.47	0.89	0.16	0.14	0.11	1.87		同上
ⅠM13:29-10		形制较小，"五"字较窄，交笔弯曲，"铢"字"金"字头呈三角形，中间四点较短，"朱"字上部圆折，下部方圆折。		2.29	0.97	0.16	0.16	0.13	2.47		
ⅠM13:29-11		"五"字较宽，交笔弯曲，"铢"字锈蚀不可辨。		2.58	0.88	0.11	0.15	0.08	2.27		残，表面锈蚀，文字模糊
ⅠM13:29-12	五铢	"五"字较宽，交笔弯曲，"铢"字"金"字头呈三角形，中间四点较短，"朱"字上下部均圆折。		2.57	0.94	0.18	0.16	0.12	2.96	图七九,21；图版六五,5	
ⅠM13:29-13		同上		2.61	0.88	0.18	0.17	0.14	2.69		
ⅠM13:29-14		同上		2.65	0.85	0.22	0.19	0.15	3.65		
ⅠM13:29-15		同上		2.62	0.85	0.19	0.16	0.12	3.02	图七九,22	
ⅠM13:29-16		同上		2.62	0.93	0.17	0.18	0.14	3.62		
ⅠM13:29-17		"五"字较宽，交笔弯曲，"铢"字"金"字头呈三角形，中间四点较短，"朱"字上下部均圆折。		2.67	0.97	0.19	0.17	0.12	2.83	图版六五,5	残
ⅠM13:29-18		"五"字较宽，交笔弯曲，"铢"字"金"字头呈三角形，中间四点较长，"朱"字上下部均方圆折。		2.50	0.88	0.13	0.13	0.08	2.32		残

续附表三

编号	种类	特征	记号	钱径	穿宽	郭宽	郭厚	肉厚	重量	图号、图版号	备注
ⅠM13：29-19		"五"字较宽，交笔弯曲，"铢"字"金"字头呈三角形，中间四点较长，"朱"字上下部均圆折。		2.63	0.89	0.18	0.18	0.14	2.64		
ⅠM19：3-1	五铢	"五"字较宽，交笔弯曲，"铢"字锈蚀不可辨。		2.65	0.92	0.11	0.13	0.10	2.45	图八七，3	表面锈蚀，文字模糊
ⅠM19：3-2	磨郭五铢	"五"字较宽，交笔弯曲，"铢"字"金"字头呈三角形，中间四点较短，"朱"字上下部均圆折。		2.42	0.90		0.13	0.11	2.45		
ⅡM3：31-1	蜀五铢	形制较小，两面穿均有郭。"五"字较窄，交笔弯曲，"铢"字金字头呈筒镞状，中间四点较短，"朱"字上下部均圆折。		2.28	0.68	0.15	0.15	0.11	2.32	图一〇二，1	
ⅡM3：31-2	磨郭五铢	"五"字较宽，交笔弯曲，"铢"字"金"字头呈三角形，中间四点均，"朱"字上下部均圆折。		2.33	0.88		0.11	0.08	1.71		
ⅡM3：31-3		"五"字较宽，交笔弯曲，"铢"字"金"字头呈三角形，中间四点较长，"朱"字上下部均圆折，上部外敞。		2.57	0.94	0.13	0.11	0.09	2.56		
ⅡM3：31-4	五铢	同上		2.57	0.98	0.15	0.14	0.10	2.61	图一〇二，3	
ⅡM3：31-5		同上		2.52	0.86	0.17	0.13	0.10	2.78		
ⅡM3：31-6		同上		2.58	0.93	0.14	0.12	0.09	2.64		
ⅡM3：31-7		同上		2.62	0.95	0.15	0.14	0.11	2.24		残

续附表三

编号	种类	特征	记号	钱径	穿宽	郭宽	郭厚	肉厚	重量	图号、图版号	备注
ⅡM3:31-8		同上		2.63	0.85	0.16	0.15	0.13	同上		残
ⅡM3:31-9		同上		2.66	0.84	0.18	0.15	0.12	2.02		残
ⅡM3:31-10	不明								4.25		残块，表面锈蚀，文字不明，一组
ⅡM12:5-1	大泉五十	面背皆有肉郭。正面穿口左右铸"大泉"二字，较瘦长，上下铸"五十"二字，较宽矮，均为篆书。"五"字二字较窄，交笔弯曲，"大"字一横较折弧。		2.57	0.74	0.17	0.17	0.11	2.72		残
ⅡM12:5-2		同上		2.55	0.77	0.17	0.14	0.09	同上		残
ⅡM12:5-3	不明			2.51	0.68	0.21	0.19	0.16	5.79		表面锈蚀，文字不明
ⅡM12:5-4						0.22	0.24	0.17	2.71		残块，同上，一组
ⅡM12:21-1	货泉	形制较小，两面穿皆有郭，货泉二字篆书，边有剪凿痕。		2.31	0.79	0.23	0.12	0.08	2.58	图一二〇,6	
ⅡM12:21-2	剪轮五铢	形制较小，"五铢"两字剪去大半，"五"字较窄，交笔弯曲，"铢"上下部均圆折。		1.65	0.79			0.08	0.96		

续附表三

编号	种类	特征	记号	钱径	穿宽	郭宽	郭厚	肉厚	重量	图号、图版号	备注
ⅡM12∶21-3		"五"字较窄,交笔弯曲,"铢"字锈蚀不可辨。		2.09	0.88			0.08	1.37		残,表面锈蚀,文字模糊
ⅡM12∶21-4		同上		2.68	0.93			0.09	1.19		残,同上
ⅡM12∶21-5		同上		2.65	0.91			0.07	1.30		同上
ⅡM12∶21-6		同上		2.37	0.87			0.09	1.91		同上
ⅡM12∶21-7		同上		2.41	0.89			0.13	2.16		同上
ⅡM12∶21-8	磨郭五铢	"五"字较宽,交笔弯曲,"铢"字"金"字三角形,中间四点较长,"朱"字上下部均圆折。		2.45	0.85			0.08	2.14		
ⅡM12∶21-9		同上		2.32	0.94			0.07	1.61		
ⅡM12∶21-10		同上		2.62	0.88			0.08	1.38		
ⅡM12∶21-11		"五"字较宽,交笔弯曲,"铢"字"金"字三角形上部方圆折,下部圆折。		2.43	0.87			0.08	1.49		残
ⅡM12∶21-12		"五"字较宽,交笔弯曲,"铢"字"金"字三角形,中间四点较短,"朱"字上下部均圆折。		2.35	0.82			0.06	1.82		残
ⅡM12∶21-13	不明	磨郭		2.32	0.86			0.11	1.84		
ⅡM12∶21-14		磨郭		2.33	0.87			0.10	2.25		

续附表三

编号	种类	特征	记号	钱径	穿宽	郭宽	郭厚	肉厚	重量	图号、图版号	备注
ⅡM12:21-15	不明	磨郭		2.11	0.91			0.07	0.79		残
ⅡM12:21-16				2.59	0.91			0.10	2.00		
ⅡM12:21-17	五铢	"五"字较窄,交笔弯曲,"金"字头呈三角形,中间四点锈蚀不可辨,"朱"字		2.37	0.83	0.17	0.11	0.08	2.10		表面锈蚀,文字模糊
ⅡM12:21-18		"五"字较窄,交笔弯曲,"金"字头呈三角形,中间四点较短,"朱"字上下部均圆折。		2.63	0.98	0.20	0.12	0.07	2.74		残
ⅡM12:21-19		"五"字较窄,交笔弯曲,"金"字头呈三角形,中间四点较短,"朱"字上部方圆折,下部圆折。		2.58	0.95	0.13	0.13	0.09	2.40		
ⅡM12:21-21		同上		2.58	0.97	0.15	0.12	0.08	2.31		残
ⅡM12:21-22		同上		2.55	0.96	0.14	0.13	0.07	2.02		残
ⅡM12:21-23		"五"字呈宽,交笔弯曲,"金"字头呈三角形,中间四点较短,"朱"字上下部均圆折。		2.55	0.86	0.15	0.15	0.10	3.11	图一二〇,8	
ⅡM12:21-24		"五"字呈窄,交笔弯曲,"金"字头呈三角形,中间四点较短,"朱"字上部方折,下部圆折。		2.54	0.90	0.13	0.14	0.05	1.66		残
ⅡM12:21-25		"五"字呈宽,交笔弯曲,"金"字头呈三角形,中间四点较长,"朱"字上下部均圆折。		2.52	0.89	0.16	0.14	0.10	3.27		残
ⅡM12:21-26		同上		2.56	0.99	0.12	0.11	0.08	1.81		残

续附表三

编号	种类	特征	记号	钱径	穿宽	郭宽	郭厚	肉厚	重量	图号、图版号	备注
ⅡM12:21-27		同上		2.59	0.88	0.16	0.13	0.08	2.09		残
ⅡM12:21-28		同上		2.46	0.94	0.13	0.10	0.07	1.63		残
ⅡM12:21-29		同上		2.49	0.84	0.13	0.11	0.08	1.64		残
ⅡM12:21-30		同上		2.55	0.88	0.15	0.13	0.09	2.66		残
ⅡM12:21-31	五铢	"五"字较宽，交笔弯曲，"铢"字"金"字头呈三角形，中间四点均方圆折长，"朱"字上下部均方圆折。		2.53	0.87	0.15	0.11	0.08	1.79		残
ⅡM12:21-32		"五"字较宽，交笔弯曲，"铢"字"金"字头呈三角形，中间四点均圆折长，"朱"字上部方圆折，下部圆折。		2.58	0.92	0.15	0.13	0.09	2.67		
ⅡM12:21-33		"五"字较宽，交笔弯曲，"铢"字"金"字头呈三角形，中间四点均圆折长，"朱"字上部方圆折，下部圆折。		2.52	0.93	0.17	0.14	0.09	2.49		
ⅡM12:21-34		"五"字较宽，交笔弯曲，"铢"字"金"字头呈三角形，中间四点均圆折长，"朱"字锈蚀不可辨。		2.63	0.89	0.16	0.11	0.08	2.22		表面锈蚀，文字模糊
ⅡM13:1-1	磨郭五铢	"五"字较宽，交笔弯曲，"铢"字"金"字头呈三角形，中间四点锈蚀不可辨。		2.38	0.88			0.07	1.45		残，表面锈蚀，文字模糊
ⅡM13:1-2	五铢	"五"字较窄，交笔弯曲，"铢"字"金"字头呈三角形，中间四点均圆折短，"朱"字上下部均圆折。	穿上横郭	2.56	1.07	0.16	0.16	0.08	1.96		残

续附表三

编号	种类	特征	记号	钱径	穿宽	郭宽	郭厚	肉厚	重量	图号、图版号	备注
ⅡM13:1-3		"五"字较宽,交笔弯曲,"铢"字"金"字头三角形,中间四点均匀点长,"未"字上下部圆折。		2.63	0.90	0.19	0.15	0.11	3.06	图一二二,2	
ⅡM13:1-4		同上		2.61	0.91	0.18	0.11	0.07	2.17		
ⅡM15:13	五铢	"五"字头三角形,交笔弯曲,"铢"字"金"字上部圆折,其余锈蚀残缺不可辨。		2.60	0.86	0.16	0.13	0.07	2.02		残
ⅡM18:7	剪轮钱	边有剪留痕,钱文漫漶不可辨识,制作粗劣。		0.63~1.00	0.15~0.32			0.06~0.18	0.06~0.19		残,表面锈蚀,文字不明,一组11枚
ⅡM19:16-1		"五"字锈蚀残缺,"铢"字"金"字头三角形,中间四点瘦长,"未"字上部方折,下部圆折。	穿下半星	2.55	0.88	0.14	0.14	0.08	2.12		残
ⅡM19:16-2		五"字头窄,交笔弯曲,"铢"字"金"字头三角形,中间四点方折,"未"字上部方短。	穿上横郭	2.55	0.93	0.15	0.17	0.12	2.72	图一二六,1;图版七七,5	
ⅡM19:16-3	五铢	"五"字较宽,交笔弯曲,"铢"字"金"字头短,"未"字上下部圆折。	穿上短杠	2.51	0.93	0.12	0.18	0.12	3.09		残
ⅡM19:16-4		"五"字较宽,交笔弯曲,"铢"字"金"字头短,"未"字上部方圆折,下部圆折。		2.49	0.98	0.09	0.12	0.07	2.12	图一二六,2;图版七七,5	

续附表三

编号	种类	特征	记号	钱径	穿宽	郭宽	郭厚	肉厚	重量	图号、图版号	备注
ⅡM19:16-5	五铢	"五"字较宽，交笔弯曲，"金"字头呈三角形，中间四点方圆，长，"朱"字上部方圆折，下部圆折。	穿上横郭	2.65	0.93	0.18	0.14	0.10	2.94	图版七七,5	
ⅡM19:16-6		"五"字较宽，交笔弯曲，"金"字头呈三角形，中间四点方圆，长，"朱"字上部方圆折，下部圆折。		2.49	0.89	0.11	0.16	0.11	3.23	图版七七,5	
ⅡM19:16-7	大泉五十	形制较大，形体厚重，面背皆有内郭。正面穿口左右铸"大泉"二字，较瘦长，上下铸"五十"二字，较矮，"五"字锈蚀残缺，均为篆书。"泉"字较窄，交笔弯曲，"大"字一横较折弧。		2.80	0.86	0.19	0.22	0.16	3.68	图版七七,5	残
ⅡM19:16-8	货泉	形制较小，形体厚重，两面穿皆有郭，货泉二字篆书。	面穿郭部四角四出文	2.42	0.75	0.19	0.25	0.21	6.30	图一三六,3；图版七七,5	
ⅡM19:16-9	剪轮钱	边有剪凿痕迹，钱文漫漶不可辨识，制作粗劣。		0.87	0.17			0.05	0.15		残，表面锈蚀，文字不明
ⅡM20:4-1		"五"字较宽，交笔弯曲，"金"字头呈三角形，中间四点方圆，长，"朱"字上部方圆折，下部圆折。		2.37	0.88			0.10	2.07		
ⅡM20:4-2	磨郭五铢	同上		2.41	0.97			0.07	1.72		
ⅡM20:4-3		"五"字较宽，交笔弯曲，"金"字头呈三角形，中间四点方圆，长，"朱"字上下部均圆折。		2.38	0.89			0.08	2.02		

续附表三

编号	种类	特征	记号	钱径	穿宽	郭宽	郭厚	肉厚	重量	图号、图版号	备注
ⅡM20:4-4	磨郭五铢	同上	穿上刻"小"	2.20	0.87			0.09	1.84	图版七八,1	
ⅡM20:4-5	五铢	"五"字锈蚀残缺,"铢"字"金"字头呈三角形,中间四点较长,"朱"字上下部均圆折。		2.59	0.90	0.16	0.14	0.07	1.62		残
ⅡM20:4-6		"五"字较宽,交笔弯曲,"铢"字"金"字头呈三角形,中间四点较长,"朱"字上下部均方圆折。		2.61	0.88	0.15	0.11	0.07	2.28		残
ⅡM20:4-7		"五"字较宽,交笔弯曲,"铢"字"金"字头呈三角形,中间四点较长,"朱"字上部方圆折,下部圆折。		2.53	0.89	0.13	0.15	0.10	3.12	图版七八,1	
ⅡM20:4-8		"五"字较宽,交笔弯曲,"铢"字"金"字头呈三角形,中间四点较短,"朱"字上下部均圆折。		2.54	0.98	0.11	0.12	0.07	1.89		残
ⅡM21:7	剪轮钱	边有剪凿痕,钱文漫漶不可辨识,制作粗劣。		1.18~1.63	0.56~0.66			0.08~1.16	4.55		表面锈蚀,文字不明,共一组6枚
ⅡM22:10-1	蜀五铢	形制较小,两面穿均有郭,"五"字较窄,交笔弯曲,"铢"字"金"字头呈箭镞状,中间四点较短,"朱"字上下部均圆折。		2.65	0.72	0.12	0.10	0.07	1.41		残
ⅡM22:10-2	剪轮五铢	边有剪凿痕,制作粗劣。"五"字交笔弯曲,"铢"字被剪去部分,"铢"字仅余"朱"字,上下部均圆折。		1.71	0.78			0.08	0.67		

续附表三

编号	种类	特征	记号	钱径	穿宽	郭宽	郭厚	肉厚	重量	图号，图版号	备注
ⅡM22：10-3		同上		1.79	0.91			0.06	0.99		
ⅡM22：10-4		边有剪凿痕，制作粗糙，"五"字较宽，交笔弯曲，"朱"字锈蚀不可辨。		2.72	0.85			0.09	1.42		表面锈蚀，文字模糊
ⅡM22：10-5	剪轮钱	形制大小均有，边有剪凿痕，钱文漫漶不可辨识，制作粗劣。		1.03~2.05	0.50~0.88			0.09~0.19	0.21~1.07		残，表面锈蚀，文字不明，一组7枚
ⅡM23：19	不明	磨郭		2.24	0.74			0.12	1.40		残，表面锈蚀，文字不明
ⅡM23：32-1	五铢	"五"字较宽，交笔呈三角形，"金"字头呈三角形，中间四点较长，"朱"字上下部均圆折。		2.54	0.98	0.12	0.12	0.08	2.27		
ⅡM23：32-2	五铢	"五"字较窄，交笔呈三角形，"金"字头呈三角形，中间四点较长，"朱"字上下部均圆折。		2.51	1.00	0.13	0.12	0.08	1.82		残
ⅡM23：33	五铢	"五"字较窄，交笔微曲，"铢"字锈蚀不可辨。		2.21	0.99	0.14	0.12	0.08	0.87		残，表面锈蚀，文字模糊
ⅡM25：22	剪轮钱	边有剪凿痕，钱文漫漶不可辨识，制作粗劣。		1.96	0.78			0.22	1.28		残，表面锈蚀，文字不明

续附表三

编号	种类	特征	记号	钱径	穿宽	郭宽	郭厚	肉厚	重量	图号、图版号	备注
ⅢM1:23-1		"五"字较窄，交笔弯曲，"铢"字"金"字头呈小三角形，中间四点较长，"朱"字上部圆折，下部方折。		2.40	1.10			0.12	2.05		
ⅢM1:23-2		"五"字较宽，交笔弯曲，"铢"字"金"字头呈三角形，中间四点较短，"朱"字上下部均方折。		2.35	0.96			0.11	1.74	图版八五,3	表面锈蚀，文字模糊
ⅢM1:23-3	磨郭五铢	"五"字较宽，交笔弯曲，"铢"字"金"字头呈三角形，中间四点均长，"朱"字上下部均圆折，上部外敞。	穿上星	2.31	0.91			0.10	1.69		
ⅢM1:23-4		同上		2.21	0.98			0.11	1.47		
ⅢM1:23-5		"五"字呈三角形，"铢"字锈蚀不清。		2.30	0.86		0.13	0.11	1.91		表面锈蚀，文字模糊
ⅢM1:23-6	五铢	"五"字较窄，交笔弯曲，"金"字头锈蚀不清，"朱"字上下部均圆折。		2.22	1.00			0.10	2.01		同上
ⅢM1:23-7	不明	磨郭		2.30	0.95			0.15	2.28		同上
ⅢM1:23-8		磨郭		2.15	0.95			0.10	1.28		同上
ⅢM1:23-9	货泉	文字锈蚀不可辨，仅见"货"字下半部，篆书。		2.32	0.75	0.19	0.12	0.09	2.76	图版八五,3	同上
ⅢM1:24-1	磨郭五铢	"五"字呈三角形，交笔弯曲，"铢"字"金"字头呈三角形，中间四点均长，"朱"字上下部均圆折，上部外敞。		2.35	1.10			0.11	1.61	图一五八,1;图版八五,3	

续附表三

编号	种类	特征	记号	钱径	穿宽	郭宽	郭厚	肉厚	重量	图号、图版号	备注
ⅢM1:24-2	磨郭五铢	"五"字较宽,交笔弯曲,"金""铢"字部分锈蚀不清,"朱"字上下部均方折。		2.45	1.05			0.09	2.05		表面锈蚀,文字模糊
ⅢM1:24-3		"五"字较宽,交笔弯曲,"金"字部分锈蚀不清,"朱"字上部圆折,下部方折。		2.21	0.90			0.11	1.98		同上
ⅢM1:24-4	五铢	"五"字锈蚀,"金""铢"字部分锈蚀不清,"朱"字上部圆折,下部方折。		2.56	0.90		0.14	0.10	2.57		同上
ⅢM1:24-5	磨郭五铢	"五"字较宽,交笔弯曲,"铢"字锈蚀不清。		2.50	1.10			0.10	1.65		同上
ⅢM1:24-6		"五"字较窄,交笔弯曲,其余文字锈蚀不清。		2.55	1.00			0.10	1.17		残
ⅢM2:10	五铢	"五"字较窄,交笔弯曲,"铢""金"字头呈箭镞状,中间四点较长,"朱"字上下部均方折。		2.62	1.03	0.15	0.20	0.12	3.80	图一六,1	
ⅢM2:11-1		"五"字较窄,交笔弯曲,"金""铢"字上下部均圆折。		2.09	0.92			0.10	1.55	图一六,2	
ⅢM2:11-2	磨郭五铢	"五"字较模糊,似交笔弯曲,"铢"字不清。		2.30	0.90			0.15	2.33		表面锈蚀,文字模糊
ⅢM2:11-3	不明	磨郭		2.31	0.95			0.09	1.88		表面锈蚀,文字不明
ⅢM2:11-4		磨郭		2.30	0.91			0.1	1.58		同上

附 表

续附表三

编号	种类	特征	记号	钱径	穿宽	郭宽	郭厚	肉厚	重量	图号、图版号	备注
ⅢM2:11-5	不明	磨郭		2.29	0.96			0.1	1.22		残，同上
ⅢM2:13-1	五铢	"五"字较宽，交笔弯曲，铢"字金"字头呈三角形，中间四点较长，"朱"字上部圆折，下部方折。		2.62	1.00	0.12	0.15	0.10	2.85	图一六一，3	
ⅢM2:13-2	磨郭五铢	磨郭。"五"字较宽，交笔弯曲，铢"字金"字头呈三角形，中间四点较长，"朱"字上下部均圆折。		2.44	0.90			0.10	1.91		
ⅢM2:13-3	五铢	"五"字较宽，交笔弯曲，"铢"字"金"字头呈箭镞状，中间四点较长，"朱"字锈蚀不清。		2.48	1.00	0.12	0.11	0.05	1.97		表面锈蚀，文字模糊
ⅢM2:13-4		"五"字较窄，交笔弯曲，铢"字金"字头呈三角形，中间四点较长，"朱"字上部方折，下部圆折。		2.60	0.90	0.14	0.15	0.80	2.99		
ⅢM2:13-5	磨郭五铢	部分磨郭。"五"字较窄，交笔弯曲，"铢"字锈蚀残损不明。		2.51	0.85		0.12	0.06	1.88		表面锈蚀，文字模糊
ⅢM2:13-6		同上		2.60	0.90	0.15	0.15	0.10	2.61		同上
ⅢM2:13-7	半两	穿孔两侧篆书"半两"二字，平背无郭。		2.30	0.80			0.10	2.59	图一六一，5	表面锈蚀，文字模糊
ⅢM2:13-8		磨郭		2.15	0.90			0.70	1.17		表面锈蚀，文字不明
ⅢM2:13-9	不明	疑为五铢		2.70	0.95	0.20	0.12	0.08	2.44		同上

续附表三

附 表

编号	种类	特征	记号	钱径	穿宽	郭宽	郭厚	肉厚	重量	图号，图版号	备注
ⅢM2:14-1	五铢	"五"字不可辨识，"铢"字呈三角形，"朱"字上下部均圆折。		2.45	0.95	0.12	0.15	0.09	2.23		残，表面锈蚀，文字模糊
ⅢM2:14-2		"五"字较窄，交笔较直，"铢"字可辨识。		2.60	0.90	0.15	0.20	0.10	3.60		同上
ⅢM2:14-3		"五"字较宽，交笔弯曲，"铢"字"金"字头不可辨识，中间四点较长，"朱"字下部较方折。		2.55	0.95	0.12	0.15	0.80	2.07		同上
ⅢM2:14-4		"五"字较窄，交笔弯曲，"铢"字可辨识。		2.39	0.90	0.10	0.15	0.10	2.49	图一六一，4	同上
ⅢM2:14-5		"五"字较宽，交笔弯曲，"铢"字可辨识。		2.62	0.10	0.15	0.11	0.07	2.08		同上
ⅢM2:14-6		"五"字头呈三角形，"铢"字"金"字头弯曲，中间四点较长，"朱"字上下部均圆折。		2.56	0.90	0.15	0.11	0.07	1.88		残
ⅢM2:14-7	合背五铢	两面均有"五铢"字样。一面"五"字头呈三角形，交笔弯曲，"铢"字较宽，中间四点圆折；一面"五"字较窄，交笔弯曲，"铢"字"金"字头锈蚀不明，"朱"字较长，下部较圆折。		2.50	0.95	0.12	0.12	0.08	1.98	图版八五，6,7	残，表面锈蚀，文字模糊
ⅢM2:14-8	不明			2.40	0.90	0.11	0.15	0.10	2.25		残，表面锈蚀，文字不明

续附表三

编号	种类	特征	记号	钱径	穿宽	郭宽	郭厚	肉厚	重量	图号、图版号	备注
ⅢM2:14-9				2.55	0.90	0.15	0.14	0.08	2.09		同上
ⅢM2:14-10	不明	磨郭		2.48	0.91			0.10	1.60		同上
ⅢM2:14-11				2.52	0.92	0.15	0.10	0.05	2.10		同上
ⅢM2:14-12		形制较大，残损严重		2.95	1.00	0.20	0.20	0.14	2.75		同上
ⅢM2:14-13		剪轮，钱文锈蚀不清		1.75	0.70			0.12	0.95		同上
ⅢM3:8-1	五铢	"五"字较窄，交笔弯曲，"铢"字"金"字头呈三角形，中间四点较短，"朱"字上下部均较圆折，上部外敞。		2.63	1.01	0.19	0.15	0.10	2.61	图一六五,1	
ⅢM3:8-2	磨郭五铢	"五"字较窄，交笔弯曲，"铢"字"金"字头呈三角形，中间四点较短，"朱"字上下部均较圆折。		2.58	0.90	0.20	0.15	0.10	3.54	图一六五,2;图版八七,3	
ⅢM3:8-3		"五"字较宽，交笔弯曲，"铢"字"金"字头呈三角形，中间四点较长，"朱"字上下部均圆折，上部外敞。		2.40	0.88			0.10	2.21		残
ⅢM3:8-4	五铢	"五"字较宽，交笔弯曲，"铢"字"金"字头呈三角形，中间四点较长，"朱"字上下部均圆折。		2.62	1.00	0.15	0.15	0.11	2.81		
ⅢM3:8-5		同上		2.60	1.00	0.15	0.15	0.10	2.41		残
ⅢM3:8-6	磨郭五铢	"五"字较窄，交笔弯曲，"铢"字"金"字头呈三角形，中间四点较短，"朱"字上部较方折，下部圆折。		2.60	1.00			0.90	2.73		表面锈蚀，文字模糊

续附表三

编号	种类	特征	记号	钱径	穿宽	郭宽	郭厚	肉厚	重量	图号,图版号	备注
ⅢM3:8-7	磨郭五铢	"五"字较窄,交笔弯曲,"铢"字"金"字头呈三角形,中间四点较长,"朱"字上下部均圆折,上部外敞。		2.41	0.85			0.07	1.60		残
ⅢM3:8-8	五铢	"五"字较窄,交笔弯曲,"铢"字锈蚀,不可辨识		2.55	1.00	0.15	0.12	0.06	2.63		表面锈蚀,文字模糊
ⅢM3:8-9		同上		2.78	0.90	0.18	0.12	0.07	2.28		同上
ⅢM3:8-10	不明			2.65	0.95	0.19	0.15	0.08	1.55		残,表面锈蚀,文字不明
ⅢM3:9-1	五铢	"五"字较窄,交笔弯曲,"铢"字"金"字头呈三角形,中间四点较长,"朱"字上下部均圆折,上部外敞。		2.65	0.85	0.19	0.19	0.14	3.64	图一六五,3;图版八七,3	
ⅢM3:9-2		同上		2.62	0.95	0.19	0.12	0.07	2.43	图版八七,3	残
ⅢM3:9-3	五铢	"五"字宽,交笔弯曲,"铢"字"金"字头呈三角形,中间四点较长,"朱"字上下部均圆折,上部外敞。		2.60	0.90	0.14	0.15	0.10	3.63	图一六五,4;图版八七,3	
ⅢM3:9-4		同上		2.56	0.90	0.14	0.14	0.10	2.40		
ⅢM3:9-5	磨郭五铢	同上		2.41	0.93			0.09	1.07		残
ⅢM3:9-6	五铢	"五"字宽,交笔弯曲,"铢"字"金"字头呈三角形,中间四点较短,"朱"字上部圆折,下部方折。	穿上横郭		2.63	0.88	0.16	0.12	0.08	2.90	图一六五,5

续附表三

编号	种类	特征	记号	钱径	穿宽	郭宽	郭厚	肉厚	重量	图号、图版号	备注
ⅢM3∶9-7	五铢	"五"字较窄，交笔弯曲，"金"字头呈小三角形，中间四点较短，"朱"字上部方折，下部圆折。	穿下	半星	2.55	0.92	0.13	0.15	0.10	3.26	
ⅢM3∶9-8		"五"字较窄，交笔弯曲，"金"字头呈三角形，中间四点较长，"朱"字上下部均方折。		2.55	0.89	0.14	0.15	0.10	2.54	图版八七,3	文字轻微锈蚀
ⅢM3∶9-9		同上，"朱"字上部多一短横		2.60	0.90	0.19	0.18	0.12	2.76		
ⅢM3∶9-10		"五"字较窄，交笔弯曲，"金"字头呈箭镞状，中间四点较短，"朱"字上下部均圆折，上部外敞。		2.50	0.93	0.15	0.13	0.09	2.91		
ⅢM3∶9-11		"五"字较宽，交笔弯曲，"金"字头锈蚀不可辨识		2.63	0.93	0.15	0.13	0.09	3.05		表面锈蚀，文字模糊
ⅢM3∶9-12		"五"字较窄，交笔弯曲，"金"字头锈蚀不可辨识，中间四点较长，"朱"字上部锈蚀不可辨识，下部圆折。		2.59	0.91	0.16	0.11	0.09	2.46		残，表面锈蚀，文字模糊
ⅢM3∶9-13		"五"字较宽，交笔弯曲，"金"字头呈三角形，中间四点较长，"朱"字锈蚀不可辨识		2.60	0.88	0.15	0.15	0.10	3.00		表面锈蚀，文字模糊
ⅢM3∶9-14		"五"字残断，"金"字头四点均较长，"朱"字上下部均圆折。		2.59	0.81	0.12	0.12	0.06	1.10		残缺
ⅢM3∶9-15	不明	"五"字"金"字头呈三角形，中间四点均圆折，上下部圆折。				0.13	0.15	0.21	3.26		残，表面锈蚀，文字不明

续附表三

编号	种类	特征	记号	钱径	穿宽	郭宽	郭厚	肉厚	重量	图号、图版号	备注
ⅢM3:10-1	五铢	"五"字较宽,交笔弯曲,"铢"字"金"字头呈三角形,中间四点较短,"朱"字上下部均圆折。		2.58	0.86	0.15	0.13	0.09	2.89		残
ⅢM3:10-2		同上		2.53	0.87	0.16	0.13	0.08	2.99		
ⅢM3:10-3		"五"字较宽,交笔弯曲,"铢"字"金"字头呈三角形,中间四点较长,"朱"字上下部均圆折。		2.60	0.88	0.17	0.13	0.08	2.69	图一六五,6	
ⅢM3:10-4		"五"字较宽,交笔弯曲,"铢"字"金"字头小呈三角形,中间四点较短,"朱"字上部方折,下部圆折。		2.61	0.88	0.20	0.16	0.10	3.18		残
ⅢM3:10-5		同上		2.61	0.89	0.15	0.16	0.08	2.71		残
ⅢM3:10-6		"五"字较宽,交笔弯曲,"铢"字"金"字头呈三角形,中间四点较长,"朱"字上部方折,下部圆折。		2.63	0.88	0.16	0.13	0.07	2.80		残
ⅢM3:10-7		"五"字较宽,交笔弯曲,"铢"字"金"字头锈蚀不可辨识,中间四点较短,"朱"字上下部均圆折。		2.61	0.90	0.12	0.18	0.08	2.83		残,表面锈蚀,文字模糊
ⅢM3:10-8		"五"字较窄,交笔弯曲,"铢"字"金"字头小呈三角形,中间四点较短,"朱"字上下部均圆折。		2.65	0.83	0.17	0.19	0.13	10.51	图一六五,7	表面锈蚀,文字模糊
ⅢM3:10-9	不明			2.69	0.84	0.13	0.15	0.13	3.16		残,表面锈蚀,文字不明

续附表三

编号	种类	特征	记号	钱径	穿宽	郭宽	郭厚	肉厚	重量	图号，图版号	备注
ⅢM3:10-10	不明			3.01	1.00	0.18	0.19	0.17	2.63		残，表面锈蚀，文字不明
ⅢM3:18-1	四出五铢	"五"字较宽，交笔弯曲，"铢"字"金"字头三角形，中间四点较长，"朱"字上下部均圆折，背面穿郭四角出文到轮廓	背面四出	2.58	0.88	0.18	0.15	0.11	2.71	图一六五，8;图版八六1、2	
ⅢM3:18-2		"五"字较宽，交笔弯曲，"铢"字"金"字头小三角形，中间四点较短，"朱"字上部方圆折，下部圆折，上部外敞。		2.59	0.92	0.16	0.13	0.07	2.39		
ⅢM3:18-3	五铢	"五"字较宽，交笔弯曲，"铢"字"金"字头小三角形，中间四点较长，"朱"字上下部均圆折。		2.59	0.89	0.18	0.12	0.07	2.36	图一六五，9;图版八七、3	
ⅢM3:18-4		"五"字较宽，交笔弯曲，"铢"字锈蚀不可辨识		2.73	0.88	0.16	0.13	0.06	2.83		表面锈蚀，文字模糊
ⅢM3:18-5		"五"字较窄，交笔弯曲，"铢"字"金"字头小三角形，中间四点较短，"朱"字上部方圆折，下部锈蚀不可辨。		2.61	0.93	0.16	0.16	0.10	3.33		表面锈蚀，文字模糊
ⅢM3:19-1	五铢	"五"字较宽，交笔弯曲，"铢"字"金"字头三角形，中间四点较短，"朱"字上部方圆折，下部圆折，上部外敞。		2.58	0.85	0.16	0.17	0.11	3.33	图一六五，10;图版八七、3	

续附表三

编号	种类	特征	记号	钱径	穿宽	郭宽	郭厚	肉厚	重量	图号、图版号	备注
ⅢM3:20-1	五铢	"五"字较窄，交笔弯曲，"金"字头呈三角形，中间四点较短，"朱"字上部方圆形，外敞，下部锈蚀不可辨		2.53	0.83	0.14	0.13	0.09	3.10		表面锈蚀，文字模糊
ⅢM3:20-2	五铢	"五"字较窄，交笔弯曲，"金"字头呈小三角形，中间四点较短，"朱"字上下部均圆折。		2.55	0.87	0.15	0.14	0.07	2.57		残
ⅢM3:20-3	五铢	"五"字较窄，交笔弯曲，"金"字头呈三角形，中间四点较长，"朱"字上下部均圆折。		2.88	0.93	0.15	0.17	0.12	3.44		表面锈蚀，文字模糊
ⅢM3:20-4	不明			2.73	0.80	0.18	0.16	0.06	2.07		残，表面锈蚀，文字不明
ⅢM5:3	剪轮钱	无文，制作粗劣，边多有剪凿痕，为不规则圆形		1.50	0.68			0.17	1.76		残断严重，共1组4枚
ⅢM6:14	剪轮钱	钱文漫漶不可辨识，制作粗劣，边有剪凿痕。		1.42	0.68			0.17	0.62	图版八九,4	表面锈蚀，文字不明
ⅢM6:15		同上		1.12	0.41			0.18	0.56	图版八九,4	同上
ⅢM8:3-1	五铢	"五"字较窄，交笔弯曲，下半部残缺，"金"字头呈三角形，中间四点较短，"朱"字上下部均圆折。		2.67	1.03	0.16	0.20	0.17	2.55		残，表面锈蚀，文字模糊

续附表三

编号	种类	特征	记号	钱径	穿宽	郭宽	郭厚	肉厚	重量	图号，图版号	备注
ⅢM8:3-2	五铢	"五"字较窄，交笔弯曲，"铢"字残缺。				0.14	0.15	0.10	0.95		残，表面锈蚀，文字模糊
ⅢM8:4	剪轮钱	无文，制作粗劣，边有剪凿痕，为不规则圆形。					0.12	0.10	0.21		残断严重
ⅢM9:3	五铢	"五"字较窄，交笔弯曲，"铢"字"金"字头呈三角形，中间四点方圆折，下部圆折，上部微外敞。		2.60	0.95	0.17	0.14	0.16	2.54	图一七八，1	残
ⅢM9:4-1				2.51	0.89	0.19	0.19	0.17	2.40		表面锈蚀，文字不明
ⅢM9:4-2	不明			2.61	0.91	0.20	0.19	0.13	2.44		残，表面锈蚀，文字不明
ⅢM9:5-1	五铢	"五"字较窄，交笔弯曲，"铢"字"金"字头呈三角形，中间四点较短，"朱"字上部方折，下部均圆折。		2.65	0.97	0.18	0.16	0.14	3.37	图一七八，2	
ⅢM9:5-2		"五"字较窄，交笔弯曲，"铢"字"金"字头锈蚀不可辨识，中间四点较短，"朱"字上下部圆折。		2.58	0.95	0.17	0.15	0.13	2.55		
ⅢM9:5-3	五铢	"五"字较窄，交笔微曲，"铢"字"金"字头呈三角形，中间四点较长，"朱"字上部圆折，下部方圆折。		2.56	0.98	0.15	0.16	0.14	1.86		

续附表三

编号	种类	特征	记号	钱径	穿宽	郭宽	郭厚	肉厚	重量	图号、图版号	备注
ⅢM9∶5-4	五铢	"五"字较窄，交笔弯曲，"铢"字锈蚀不可辨识		2.60	0.94	0.16	0.15	0.13	2.25	图一七八,3	表面锈蚀，文字模糊
ⅢM9∶5-5	五铢	同上		2.52	0.89	0.18	0.15	0.13	2.11		同上
ⅢM9∶5-6	不明	同上		2.60	0.95	0.14	0.13	0.11	2.10		残，同上
ⅢM9∶11-1	直百五铢	两面穿皆有郭。正面穿口左右铸"五铢"二字较窄，为篆书，"五"字较宽长，"铢"字上下部均圆折；穿口上下铸"直百"二字，为求书，较宽矮；背面有阴刻符号。	背刻: 5〇、	2.60	0.94	0.17	0.15	0.12	1.88		残，表面锈蚀，文字不明
ⅢM9∶11-2	五铢	"五"字头呈箭镞状，"铢"字"金"字上部较长，"朱"字上部方圆折，下部圆折		2.59	0.93	0.13	0.12	0.10	2.84	图一七八,4;图版九〇,1,2	表面锈蚀
ⅢM11∶5-1	不明	磨郭		2.61	1.03	0.19	0.16	0.13	2.53	图一八四,1	
ⅢM11∶5-2	五铢	"五"字较窄，交笔弯曲，"铢"字锈蚀不可辨识		2.39	0.95	0.11	0.13	0.11	1.84		表面锈蚀，文字不明
ⅢM11∶6-1	不明	磨郭		2.59	1.00	0.13	0.17	0.15	3.16	图一八四,2	表面锈蚀，文字模糊
ⅢM11∶6-2				2.51	0.91		0.11	0.11	1.96		表面锈蚀，文字不明

续附表三

编号	种类	特征	记号	钱径	穿宽	郭宽	郭厚	肉厚	重量	图号、图版号	备注
ⅢM11:7	五铢	"五"字较窄,交笔弯曲,"铢"字锈蚀不可辨识。		2.61	0.97	0.12	0.13	0.10	3.18		残,表面锈蚀,文字模糊
ⅢM11:8	五铢	"五"字较宽,交笔弯曲,"铢"字"金"字头呈三角形,中间四点外敞,下部近长,"朱"字上部圆折方折。		2.60	0.92	0.14	0.15	0.13	2.59	图一八四,3;图版九〇,4	
ⅢM11:9	大泉五十	面背皆有内郭。正面穿口左右铸"大泉"二字,较瘦长,上下铸"五十"二字,较宽矮,均为篆书。"五"字交笔弯曲,"大"字一横折弧。		2.70	0.85	0.21	0.16	0.14	3.52	图一八四,4;图版九〇,4	
ⅢM11:15-1	磨郭五铢	"五"字较窄,交笔弯曲,"铢"字锈蚀不可辨识		2.29	0.91			0.13	1.77		表面锈蚀,文字模糊
ⅢM11:15-2	剪轮钱	边有剪凿痕迹,文字不可辨识。		2.10	0.99			0.11	0.93		残,表面锈蚀,文字不明
ⅢM11:15-3	不明					0.13	2.00	0.12	2.83		同上
ⅢM14:13-1	不明						0.15	0.11	3.76		残断,表面锈蚀,文字不明
ⅢM14:13-2				2.65				0.11	2.20		同上

续附表三

编号	种类	特征	记号	钱径	穿宽	郭宽	郭厚	肉厚	重量	图号、图版号	备注
ⅢM14:13-3	不明							0.12	1.63		同上
ⅢM14:14-1	冥钱	制作粗劣，边多有剪凿痕，状为不规则圆形，圆穿无文。		1.50	0.55				0.97		残，表面锈蚀
ⅢM14:14-2		同上		1.31					1.03		同上
ⅢM14:14-3		同上		1.45					0.70		同上
ⅢM20:21	剪轮钱	制作粗劣，边多有剪凿痕，状为不规则圆形。		1.10~1.85	0.45~0.65			0.12~0.25	0.20~1.20		残，表面锈蚀，一组6枚
ⅢM20:22-1	五铢钱	"五"字较宽，交笔弯曲，"铢"字"金"字头呈三角形，中间四点较长，"朱"字上部圆折，下部均可辨。		2.48	0.85	0.08	0.12	0.09	1.67		
ⅢM20:22-2		"五"字较宽，交笔弯曲，"铢"字"金"字头呈箭镞状，中间四点均圆折，"朱"字上下部锈蚀不可辨。		2.58	0.90	0.17	0.14	0.09	1.99		残，表面锈蚀，文字模糊
ⅢM20:22-3		"五"字较宽，交笔弯曲，"铢"字"金"字头呈三角形，中间四点均圆折，"朱"字上下部均圆折。		2.55	0.95	0.16	0.13	0.09	2.39	图二〇六，1	
ⅢM20:23-1		"五"字较宽，交笔弯曲，"铢"字"金"字头呈箭镞状，中间四点均圆折，"朱"字上下部圆折。		2.61	1.10	0.11	0.13	0.11	2.64		表面锈蚀，文字模糊
ⅢM20:23-2		"五"字较宽，交笔弯曲，"铢"字"金"字头呈三角形较长，中间四点均圆折，"朱"字上下部锈蚀。	穿下星	2.63	0.90	0.19	0.15	0.12	2.53	图二〇六，2	同上

续附表三

编号	种类	特征	记号	钱径	穿宽	郭宽	郭厚	肉厚	重量	图号,图版号	备注
ⅢM20:24	剪轮钱	制作粗劣,边多有剪凿痕,状为不规则圆形。		1.10~1.31	0.35~0.55			0.18~0.22	0.39~0.52	图版九三,5	残,表面锈蚀,一组4枚
ⅢM22:10-1	五铢	"五"字较宽,交笔弯曲,"铢"字"金"字头呈三角形,"朱"字上下部均圆折。		2.59	0.86		0.13	0.11	2.64	图二一三,3	
ⅢM22:10-2	磨郭五铢	"五"字较宽,交笔弯曲,"铢"字"金"字头呈三角形,"朱"字上下部均圆折。	背刻"*"记号	2.41	0.90			0.08	1.75	图二一三,4	
ⅢM22:10-3		同上		2.40	0.85			0.09	1.94		
ⅢM22:11	不明	磨郭		2.30	0.99			0.13	1.55		表面锈蚀,文字不明
ⅢM22:12	剪轮钱	制作粗劣,边多有剪凿痕,状为不规则圆形。		1.51	0.77			0.11	0.68		残,表面锈蚀,共一组2枚
ⅢM22:14	不明								0.93		残,表面锈蚀,文字不明
ⅢM22:15-1	不明			2.46	0.88			0.08	1.26		同上
ⅢM22:15-2	五铢	"五"字较宽,交笔弯曲,"铢"字"金"字头呈三角形,"朱"字上下部均圆折。		2.58	0.86	0.13	0.16	0.13	2.29	图二一三,5	

续附表三

编号	种类	特征	记号	钱径	穿宽	郭宽	郭厚	肉厚	重量	图号、图版号	备注
ⅢM25∶3-1		"五"字较宽,交笔弯曲,"铢"字"金"字头近三角形,中间四点较短,外敞,下部方折。		2.62	0.91	0.17	0.15	0.11	2.34		
ⅢM25∶3-2		"五"字较窄,交笔弯曲,"铢"字"金"字头近三角形,中间四点较长,外敞,下部方折。		2.61	0.90	0.18	0.19	0.16	3.57		
ⅢM25∶3-3	五铢	"五"字较宽,交笔弯曲,"铢"字"金"字头近三角形,中间四点较短,下部圆折,"未"字上下部圆折。		2.68	1.10	0.12	0.15	0.13	2.21	图二一九,1	表面锈蚀,文字模糊
ⅢM25∶3-4		"五"字较窄,交笔弯曲,"铢"字"金"字头呈箭镞状,中间四点较长,下部锈蚀不可辨。		2.57	0.89	0.15	0.15	0.12	3.19	图二一九,2	表面锈蚀,文字模糊
ⅢM25∶3-5		"五"字较宽,交笔弯曲,"铢"字"金"字头三角形,中间四点方折,下部圆折,上部外敞。	穿上横郭	2.62	0.90	0.16	0.19	0.16	3.44		
ⅢM25∶3-6		"五"字较窄,交笔弯曲,"铢"字"金"字头三角形,中间四点较长,"未"字上下部均圆折。		2.70	0.91	0.19	0.20	0.16	3.19	图二一九,3	残
ⅢM25∶4-1	五铢	"五"字较宽,交笔弯曲,"铢"字"金"字头呈三角形,中间四点较短,"未"字下部均圆折。	穿上横郭	2.53	0.89	0.16	0.20	0.17	3.18	图二一九,4	
ⅢM25∶4-2		"五"字较窄,交笔弯曲,"铢"字"金"字头呈箭镞状,中间四点较短,"未"字上下部均圆折。		2.59	0.93	0.15	0.16	0.14	3.02		

续附表三

编号	种类	特征	记号	钱径	穿宽	郭宽	郭厚	肉厚	重量	图号、图版号	备注
ⅢM25:4-3	五铢	"五"字较窄,交笔弯曲,"铢""金"字头呈三角形,中间四点较短,"朱"字上下均部方圆折,上部外敞。		2.60	0.89	0.17	0.19	0.16	3.21		
ⅢM25:5	五铢	"五"字较宽,交笔弯曲,"铢""金"字头呈三角形,中间四点四折,"朱"字上下部方圆折。		2.61	1.00	0.15	0.20	0.15	2.40	图二一九,5	
ⅢM25:7-1	五铢	"五"字较宽,交笔弯曲,"铢""金"字头呈三角形,中间四点较短,"朱"字上下部方圆折。		2.61	0.95	0.17	0.16	0.13	2.85		
ⅢM25:7-2	五铢	"五"字较宽,交笔弯曲,"铢""金"字锈蚀不可辨。		2.59	0.89	0.15	0.18	0.15	2.36	图二一九,6	表面锈蚀,文字模糊
ⅢM26:29-1	蜀五铢	形制较小,两面穿均有郭。"五"字较窄,交笔微弯曲,"铢"字金头呈箭镞状,中间四点较短,"朱"字上下部均圆折。		2.21	0.65	0.16	0.19	0.15	2.38	图二一五,1;图版一〇〇,5	
ⅢM26:29-2	五铢	"五"字较宽,交笔弯曲,"铢""金"字头锈蚀不可辨,"朱"字上下部均圆折。		2.55	0.90	0.12	0.15	0.12	2.19		表面锈蚀,文字模糊
ⅢM26:29-3	不明			2.65	0.89	0.11	0.16	0.14	2.95		表面锈蚀,文字不明
ⅢM26:30	不明			2.80	0.86	0.19	0.25	0.18	6.63		残,表面锈蚀,文字不明,一组2枚

续附表三

编号	种类	特征	记号	钱径	穿宽	郭宽	郭厚	肉厚	重量	图号、图版号	备注
ⅢM26:31-1	不明						0.21	0.16	2.86		残,表面锈蚀,文字不明
ⅢM26:31-2	五铢	"五"字较宽,交笔微弯曲,"铢"字金字头呈三角形,中间四点较长,"朱"字上下部均圆折。		2.58	0.90	0.15	0.16	0.13	2.23		
ⅢM26:31-3	五铢	同上		2.60	0.91	0.17	0.15	0.12	2.66		
ⅢM26:32-1	五铢	"五"字较窄,交笔微弯曲,"铢"字金字头呈三角形,中间四点较短,"朱"字上部方圆折,下部圆折。		2.51	0.91	0.14	0.21	0.17	3.21	图二二五,2;图版一〇〇,5	
ⅢM26:32-2	五铢	"五"字较宽,交笔弯曲,"铢"字金字锈蚀不可辨,"朱"字上下部均圆折。		2.60	0.92	0.11	0.19	0.16	3.35		
ⅢM26:33	五铢	"五"字较宽,交笔弯曲,"铢"字金字头呈三角形,"朱"字上部方折,下部圆折。		2.59	0.91	0.14	0.19	0.16	3.70	图二二五,3;图版一〇〇,5	
ⅢM26:36	五铢	"五"字较宽,交笔弯曲,"铢"字金字头呈三角形,中间四点较长,"朱"字上部方圆折,下部方折。		2.58	0.98	0.15	0.12	0.10	2.31	图二二五,4	
ⅢM26:37	五铢	"五"字较宽,交笔弯曲,"铢"字金字头呈三角形,中间四点较短,"朱"字上下部均圆折。		2.55	0.91	0.13	0.19	0.16	3.15	图二二五,5;图版一〇〇,5	
ⅢM26:38	五铢	"五"字较窄,交笔弯曲,"铢"字金字头锈蚀不可辨,中间四点较短,"朱"字上下部方圆折。		2.52	0.89	0.12	0.19	0.16	2.44	图二二五,6	表面锈蚀,文字模糊

续附表三

编号	种类	特征	记号	钱径	穿宽	郭宽	郭厚	肉厚	重量	图号、图版号	备注
ⅢM27:21	不明							0.09	2.76		残，表面锈蚀，文字不明。
ⅢM27:23	不明	磨郭		2.31	0.91		0.13	0.1	1.55		表面锈蚀，文字不明。
ⅢM27:24	蜀五铢	形制较小，两面夯均有郭。"五"字较窄，交笔微弯曲，"铢"字上部方折，下部圆折。		2.21	0.69	0.20	0.15	0.12	2.42	图二三一13;图版一〇四,5	表面锈蚀，文字模糊。
ⅢM27:25-1	五铢	"五"字窄，交笔弯曲，"铢"字头呈三角形，中间四点较长，"朱"字上部锈蚀不可辨，下部圆折。		2.63	0.89	0.20	0.18	0.15	2.96	图二三一14	同上
ⅢM27:25-2	磨郭五铢	"五"字较宽，交笔弯曲，"铢"字锈蚀不可辨识		2.42	0.91			0.11	1.74		表面锈蚀，文字模糊。
ⅢM27:25-3	不明			2.32	0.90			0.10	1.52		表面锈蚀，文字不明。
ⅢM27:26	磨郭五铢	"五"字较窄，交笔弯曲，"铢"字锈蚀不可辨识		2.35	0.88			0.10	1.46		表面锈蚀，文字模糊。

续附表三

编号	种类	特征	记号	钱径	穿宽	郭宽	郭厚	肉厚	重量	图号、图版号	备注
ⅢM27:27	五铢	"五"字较窄,交笔弯曲,"铢"字"金"字头呈三角形,中间四点较长,下部均圆折。		2.63	0.90	0.17	0.15	0.12	3.01	图二三一,15	
ⅢM27:33-1	不明	磨郭		2.50	0.86			0.19	1.31		文字不明
ⅢM27:33-2	五铢	"五"字较宽,交笔弯曲,"铢"字"金"字头呈三角形,中间四点较短,"朱"字上下部均圆折,上部外敞		2.52	0.90	0.20	0.14	0.11	1.71	图二三一,16	残
ⅢM27:33-3		"五"字较窄,交笔弯曲,"铢"字"金"字头呈三角形,中间四点较短,"朱"字上部方折,下部圆折。	穿上横郭	2.50	0.92	0.15	0.20	0.15	2.90		残
ⅢM27:35-1				2.60	0.90	0.14	0.15	0.11	1.70		残,表面锈蚀,文字不明。
ⅢM27:35-2		磨郭		2.12	0.81			0.12	1.18		同上
ⅢM27:35-3	不明				0.60			0.11	1.58		同上
ⅢM27:35-4		形制较小		2.27	0.60	0.12	0.18	0.15	2.27		表面锈蚀,文字不明。
ⅢM27:35-5				2.57	0.90	0.13	0.15	0.13	2.32		同上
ⅢM27:35-6				2.70	0.91	0.19	0.20	0.16	3.73		同上

续附表三

编号	种类	特征	记号	钱径	穿宽	郭宽	郭厚	肉厚	重量	图号、图版号	备注
ⅢM27:35-7	五铢	"五"字较宽，交笔弯曲，"铢""金"字头呈三角形，中间四点较短，"朱"字上下部均方圆折。		2.64	0.81	0.18	0.20	0.16	2.96		
ⅢM27:35-8		"五"字较窄，交笔弯曲，"铢""金"字头呈三角形，中间四点均匀，"朱"字下部均方圆折。		2.55	0.94	0.15	0.17	0.14	2.64	图二三一, 17	
ⅢM27:37-1		"五"字较宽，交笔弯曲，"铢"字残缺不明				0.16	0.19	0.11	0.67		残，表面锈蚀，文字模糊
ⅢM27:37-2	五铢	"五"字较宽，交笔弯曲，"铢""金"字头呈三角形，中间四点较短，"朱"字上下部均方圆折。		2.62	0.91		0.16	0.10	2.18		残
ⅢM27:37-3		"五"字较宽，交笔弯曲，"铢""金"字头呈三角形，中间四点较长，"朱"字上下部圆折。		2.65	1.00	0.19	0.18	0.15	2.27		残
ⅢM27:37-4		"五"字较宽，交笔弯曲，"铢""金"字头呈三角形，中间四点较长，"朱"字上部方折，下部圆折。				0.18	0.14	0.11	2.22	图二三一, 18；图版一〇四, 5	
ⅢM27:38-1	五铢	"五"字较宽，交笔弯曲，"铢"字残缺不明							1.39		残，表面锈蚀，文字模糊
ⅢM27:38-2		"五"字较宽，交笔弯曲，"铢""金"字锈蚀不清，"朱"字上部圆折。		2.53	0.89	0.16	0.18	0.15	2.57		表面锈蚀，文字模糊

续附表三

编号	种类	特征	记号	钱径	穿宽	郭宽	郭厚	肉厚	重量	图号、图版号	备注
ⅢM27：40	不明					0.17	0.19	0.11	2.48		残，表面锈蚀，文字不明。
ⅢM27：41-1	五铢	"五"字较窄，交笔弯曲，"铢"字"金"字头呈三角形，中间四点较短，"朱"字上部方折，下部圆折。		2.62	0.1	0.19	0.19	0.16	2.60		
ⅢM27：41-2	不明			2.77	0.80	0.18	0.19	0.12	2.61		残，表面锈蚀，文字不明。
ⅢM27：42-1		"五"字较窄，交笔弯曲，"铢"字锈蚀不清。		2.52		0.11	0.15	0.11	2.27		表面锈蚀，文字模糊
ⅢM27：42-2	五铢	"五"字呈三角形，交笔弯曲，"铢"字"金"字头呈三角形，中间四点较短，"朱"字上下部均圆折。				0.15	0.11	0.09	1.67		残
ⅢM27：44	五铢	"五"字较窄，交笔弯曲，"铢"字"金"字头呈三角形，中间四点锈蚀不可辨，下部圆折。		2.59	0.89	0.17	0.14	0.11	2.52		
ⅢM27：45-1	五铢	"五"字较宽，交笔弯曲，"铢"字"金"字头呈三角形，中间四点较短，"朱"字上部圆折，下部外敞。		2.55	0.95	0.18	0.15	0.12	2.45	图二三一，19	
ⅢM27：45-2	五铢	"五"字较宽，交笔弯曲，"铢"字"金"字头较长，"朱"字锈蚀不可辨。		2.85	0.80	0.18	0.20	0.16	3.46		表面锈蚀，文字模糊

续附表三

编号	种类	特征	记号	钱径	穿宽	郭宽	郭厚	肉厚	重量	图号、图版号	备注
ⅢM27∶45-3	不明			2.69	0.82		0.16	0.12	2.53		残,表面锈蚀,文字不明。
ⅢM27∶45-4				2.59	0.80	0.15	0.20	0.15	2.61		同上
ⅢM27∶46-1	磨郭五铢	"五"字较窄,交笔弯曲,"铢"字金字头呈三角形,中间四点较长,"朱"字上下部均圆折。		2.43	0.92	0.11	0.13	0.10	2.35		
ⅢM27∶46-2	五铢	"五"字较窄,交笔弯曲,"铢"字金字头呈三角形,中间四点较长,"朱"字下部均圆折。		2.50	0.90	0.13	0.12	0.08	2.36		
ⅢM27∶46-3		"五"字较宽,交笔弯曲,"铢"字金字头呈三角形,中间四点较长,"朱"字上部圆折,下部方圆折缺		2.68	0.90	0.16	0.12	0.10	2.25		残
ⅢM27∶46-4		"五"字较宽,交笔弯曲,"铢"字金字头呈三角形,中间四点较长,"朱"字上部圆折,下部方圆折。		2.55	0.89	0.13	0.13	0.08	2.63	图二三一,20	
ⅢM27∶46-5		同上		2.66	0.98	0.13	0.12	0.09	2.32		残
ⅢM27∶54-1	不明			2.31	0.65				2.17		表面锈蚀,文字不明。
ⅢM27∶54-2				2.47	0.81			0.15	2.42		同上
ⅢM28∶3	五铢	"五"字较窄,交笔弯曲,"铢"字金字头呈三角形,中间四点较长,"朱"字上部方折,下部方圆折。		2.61	0.91	0.13	0.20	0.16	3.16	图二三四,16	残

续附表三

编号	种类	特征	记号	钱径	穿宽	郭宽	郭厚	肉厚	重量	图号、图版号	备注
ⅢM28:13-1	五铢	"五"字较窄,交笔弯曲,"铢"字"金"字头呈三角形,中间四点较长,"朱"字上部方折,下部方圆折。	穿下半星	2.49	0.95	0.11	0.15	0.12	2.43		残
ⅢM28:13-2		"五"字较窄,交笔弯曲,"铢"字"金"锈蚀不可辨,"朱"字上部圆折,下部方折。		2.60	0.91	0.12	0.18	0.15	2.88		表面锈蚀,文字模糊
ⅢM28:13-3	大泉五十	形制较小,面背皆有内郭。正面穿口左右铸"五十"二字,较瘦长,上下铸"大泉"二字,较宽矮,均为篆书。"五"字较窄,交笔弯曲,"大"字一横较圆弧。		2.46	0.84	0.18	0.20	0.16	3.10	图三三四,17;图版一〇六,5	
ⅢM28:13-4		形制较大,面背皆有内郭。正面穿口左右铸"五十"二字,较宽矮,上下铸"大泉"二字较窄,交笔弯曲,均为篆书。"五"字"金"字头呈三角形,中间四点较长,"朱"字上下部皆方圆折。		2.78	0.79	0.20	0.28	0.21	4.47	图版一〇六,5	
ⅢM28:14-1	五铢	"五"字呈三角形,中间四点较长,"朱"字上下部皆方圆折。		2.51	0.94	0.15	0.20	0.16	2.20		残
ⅢM28:14-2	大泉五十	形制中等,面背皆有内郭。正面穿口左右铸"五十"二字,较瘦长,上下铸"大泉"二字,较宽矮,均为篆书。文字较模糊		2.50	0.70	0.19	0.19	0.15	1.98		残,表面锈蚀,文字模糊
ⅢM28:14-3		形制较小,特征同上。		2.06	0.73	0.11	0.11	0.08	0.82		同上
ⅢM28:14-4	剪轮钱	形制较小,边有剪凿痕迹。		1.74	0.74			0.17	1.23		残,表面锈蚀严重

续附表三

编号	种类	特征	记号	钱径	穿宽	郭宽	郭厚	肉厚	重量	图号、图版号	备注
ⅢM28:14-5	不明			2.44	0.56	0.23	0.21	0.16	5.13		表面锈蚀，文字不明
ⅢM28:14-6	大泉五十	形制较小，面背皆有内郭。正面穿口左右铸"五十"二字，较瘦长，上下铸"大泉"二字，较宽矮，均为篆书。"五"字交笔弯曲，"大"字一横较折弧。		2.35	0.85	0.11	0.13	0.09	2.08		
ⅢM28:14-7		同上		2.45	0.86	0.17	0.13	0.08	1.67		残
ⅢM28:14-8		形制较小，面背皆有内郭。正面穿口左右铸"五十"二字，较宽矮，均为篆书。"大泉"二字较窄，交笔弯曲，"五"字一横较圆弧。		2.41	0.75	0.20	0.10	0.08	2.09		
ⅢM28:14-9		形制较大，面背皆有内郭。正面穿口左右铸"五十"二字，较瘦长，上下铸"大泉"二字，较宽矮，均为篆书。"五"字交笔弯曲，"大"字一横较折弧。		2.63	0.82	0.15	0.18	0.10	1.88		残
ⅢM28:14-10		同上		2.76	0.77	0.19	0.18	0.11	3.03		残
ⅢM28:14-11		形制较大，面背皆有内郭。正面穿口左右铸"五十"二字，较宽矮，均为篆书。"大泉"二字较窄，交笔弯曲，"五"字一横较圆弧。		2.67	0.91	0.20	0.19	0.13	3.52		
ⅢM28:14-12		同上		2.67	0.79	0.21	0.20	0.11	2.97		

续附表三

编号	种类	特征	记号	钱径	穿宽	郭宽	郭厚	肉厚	重量	图号、图版号	备注
ⅢM28:14-13		"五"字较窄，交笔弯曲，"铢"字"金"字头呈三角形，中间四点点较长，"朱"字上下部均圆折。		2.72	1.00	0.20	0.19	0.12	2.60		残
ⅢM28:14-14		"五"字较宽，交笔弯曲，"铢"字"金"字头呈箭镞状，中间四点点较短，"朱"字上部方折，下部圆折。		2.63	0.93	0.15	0.15	0.09	2.06		残
ⅢM28:14-15	五铢	"五"字较宽，交笔弯曲，"铢"字"金"字头呈三角形，中间四点点较短，"朱"字上下部均方折。		2.66	0.90	0.15	0.18	0.12	2.77		
ⅢM28:14-16		"五"字较宽，交笔弯曲，"铢"字"金"字头呈三角形，中间四点点较长，"朱"字上部方折，下部圆折。		2.50	0.94	0.12	0.20	0.13	3.06		
ⅢM28:14-17		"五"字较窄，交笔弯曲，"铢"字"金"字头呈三角形，中间四点点较短，"朱"字上下部均方折。		2.52	0.92	0.13	0.10	0.09	1.93		残
ⅢM28:19-1	不明					0.17	0.23	0.19	1.18		残缺严重，表面锈蚀
ⅢM28:19-2		"五"字较窄，交笔弯曲，"铢"字"金"字头呈大三角形，中间四点点较长，"朱"字上部方折，下部圆折。		2.62	0.99	0.19	0.15	0.11	2.35	图版一○六，5	
ⅢM28:19-3	五铢	"五"字较窄，交笔弯曲，"铢"字"金"字头呈箭镞状，中间四点点较短，"朱"字上部方折，下部圆折。		2.60	0.91	0.17	0.19	0.16	2.83		
ⅢM28:19-4		"五"字较宽，交笔弯曲，"铢"字锈蚀不可辨。		2.59	0.90	0.21	0.21	0.16	3.01		表面锈蚀，文字模糊

续附表三

编号	种类	特征	记号	钱径	穿宽	郭宽	郭厚	肉厚	重量	图号、图版号	备注
ⅢM28:19-5	五铢	"五"字较宽，交笔弯曲，"铢""金"字头呈三角形，中间四点较长，"朱"字上下部均圆折，"丨"出头，长于上部两边。		2.52	0.89	0.12	0.12	0.10	1.90		残
ⅢM28:19-6	大泉五十	形制较大，面背皆有内郭。正面穿口左右铸"五十"二字，较瘦长，上下铸"大泉"二字，较宽矮，均为篆书。"五"字较窄，交笔弯曲，"大"字一横较圆弧，"泉"字"丨"中断。		2.82	0.76	0.27	0.21	0.17	3.90	图三三〇，18；图版一〇六，5	
ⅢM28:19-7		形制中等，面背皆有内郭。正面穿口左右铸"五十"二字，较瘦长，上下铸"大泉"二字，较宽矮，均为篆书。"大泉"字交笔较窄，"大"字一横弯弧。		2.62	0.90	0.20	0.15	0.10	2.22		残
ⅢM29:29	五铢	"五"字较宽，交笔弯曲，"铢""金"字头呈三角形，中间四点较长，"朱"字上下部均方折。		2.60	0.91	0.19	0.13	0.10	2.46	图二四一，1	
ⅢM29:30	五铢	"五"字较宽，交笔弯曲，"铢""金"字头呈三角形，"朱"字上部圆折，下部锈蚀不可辨。		2.62	0.92	0.19	0.14	0.11	2.53	图二四一，2	
ⅢM29:31	五铢	"五"字较宽，交笔弯曲，"铢""金"字头呈三角形，中间四点较长，"朱"字上下部均圆折。		2.55	0.89	0.16	0.14	0.11	2.39	图二四一，3	
ⅢM29:32	磨郭五铢	"五"字较宽，交笔弯曲，"铢"字锈蚀不可辨。		2.22	0.90			0.12	1.78		表面锈蚀，文字模糊

续附表三

编号	种类	特征	记号	钱径	穿宽	郭宽	郭厚	肉厚	重量	图号、图版号	备注
ⅢM29：33	货泉	形制较小，两面穿皆有郭，"货"字锈蚀不可辨，泉字篆书。		2.20	0.60	0.20	0.18	0.15	1.69	图二四一，4	残，表面锈蚀，文字模糊
ⅢM29：34	五铢	"五"字较宽，交笔弯曲，"铢"字"金"字头呈三角形，中间四点较长，"朱"字上部方圆形，下部圆折。		2.65	0.90	0.16	0.15	0.11	2.09	图二四一，5	残，表面锈蚀，文字模糊
ⅢM29：35	剪轮钱	制作粗劣，边多有剪凿痕，状为不规则圆形。							共34.48		表面锈蚀，共一组108枚
ⅢM29：38	剪轮钱	同上							共22.98		表面锈蚀，共一组66枚
ⅢM29：39	剪轮钱	同上							共3.18		表面锈蚀，共一组7枚
ⅢM29：40	剪轮钱	同上							共6.01		表面锈蚀，共一组17枚
ⅢM29：41	剪轮钱	同上							共5.25		表面锈蚀，共一组17枚

续附表三

编号	种类	特征	记号	钱径	穿宽	郭宽	郭厚	肉厚	重量	图号、图版号	备注
ⅢM32:4	开元通宝	面背皆有内郭,轮廓深峻,文字精美,正面穿口左右铸"开元""通宝"二字,上下铸"开元"二字第二笔左挑,光背无纹饰。		2.42	0.60	0.20	0.20	0.16	4.19	图二四六,1;图版一一〇,6	
ⅢM34:1	开元通宝	面背皆有内郭,文字稍许锈蚀,正面穿口左右铸"通宝"二字,上下铸"开元"二字,"元"字第二笔左挑。	背月	2.55	0.60	0.27	0.19	0.16	3.12	图二五〇,2;图版一一四,1	
ⅢM35:23-1	不明			2.70	0.90	0.19	0.20	0.13	2.10		残,表面锈蚀,文字不明
ⅢM35:23-2	剪轮五铢	形制较小,面背均有内郭,边有剪凿痕,仅余半"五"和半"铢"字,"五"字交笔弯曲,"铢"字上下部均方圆折。			0.62			0.10	0.95	图二五三,20;图版一一四,2	
ⅢM35:23-3		边有剪凿痕,仅余半"五"和半"铢"字,"五"字交笔弯曲,"铢"字上下部均圆折。			0.75			0.11	1.11		
ⅢM35:23-4		形制较小,边有剪凿痕,文字锈蚀不可辨。			0.69			0.10	0.39		表面锈蚀,文字不明
ⅢM35:23-5	剪轮钱	形制大小均有,边有剪凿痕,制作粗糙,文字锈蚀不可辨。		1.30~1.80	0.42~0.91			0.10~013	0.40~0.99	图版一一四,5	残,表面锈蚀,文字不明,一组20枚

续附表三

编号	种类	特征	记号	钱径	穿宽	郭宽	郭厚	肉厚	重量	图号，图版号	备注
ⅢM35：24	不明										残，表面锈蚀，文字不明
ⅢM35：26-1	磨郭五铢	"五"字较宽，交笔弯曲，"铢"字锈蚀不清。	穿左上星	2.30	0.84			0.12	4.98		表面锈蚀，文字模糊
ⅢM35：26-2		"五"字较宽，交笔弯曲，"铢"字"金"字头呈三角形，"朱"字上下部均圆折。		2.37	0.90			0.08	1.87		
ⅢM35：26-3		同上		2.39	0.90			0.06	1.65		残
ⅢM35：26-4	五铢	"五"字较宽，交笔弯曲，"铢"字"金"字头呈三角形，中间四点均圆形。		2.60	2.90	0.17	0.13	0.08	1.58		
ⅢM35：26-5		同上		2.51	1.00	0.17	0.11	0.07	2.13		
ⅢM35：26-6		同上		2.52	2.90	0.15	0.13	0.09	2.06		残
ⅢM35：27-1	五铢	"五"字较宽，交笔弯曲，"铢"字锈蚀不清。		2.59	0.91	0.20	0.13	0.10	1.81	图二五三18	表面锈蚀，文字模糊
ⅢM35：27-2	磨郭五铢	"五"字较宽，交笔弯曲，"铢"字"金"字头呈三角形，"朱"字上下部均圆折。		2.32	0.86			0.10	2.08		残
ⅢM35：27-3	五铢	"五"字较窄，交笔弯曲，"铢"字"金"字头呈三角形，中间四点较长，下部方圆折。		2.52	2.91	0.13	0.11	0.08	2.03		残

续附表三

编号	种类	特征	记号	钱径	穿宽	郭宽	郭厚	肉厚	重量	图号、图版号	备注
ⅢM35:27-4	五铢	"五"字较宽，交笔弯曲，"铢"字"金"字头呈三角形，中间四点较长，"朱"字上部方圆形，下部圆折。		2.59	0.88	0.16	0.13	0.05	2.06		残
ⅢM35:27-5	五铢	"五"字较宽，交笔弯曲，"铢"字"金"字头呈三角形，中间四点较短，"朱"字上部圆折，下部方圆折。		2.44	0.92	0.10	0.10	0.06	1.76	图二五三，19	
ⅢM35:35-1	五铢	"五"字交笔弯曲，"铢"字"金"字锈蚀不可辨，"朱"字上下部均圆折。		2.60	0.95	0.15	0.18	0.14	2.23		表面锈蚀，文字模糊
ⅢM35:35-2	不明			2.70	0.90	0.20	0.15	0.11	2.14		残，表面锈蚀，文字不明
ⅢM38:16	大泉五十	形制较大，形体厚重，面背皆有内郭。正面穿口左右铸"大泉"二字，上下铸"五十"二字，较瘦长，均为篆书。"五"字较窄，交笔弯曲，"十"字较长，"大"字一横较折长。		2.88	0.70	0.25	0.30	0.24	7.28	图二六〇，1	
ⅢM38:17	大泉五十	形制较大，形体厚重，面背皆有内郭。正面穿口左右铸"大泉"二字，上下铸"五十"二字，较瘦长，均为篆书。"五"字较窄，交笔弯曲，"十"字较短，"大"字一横较圆弧。		2.81	0.89	0.26	0.28	0.23	7.07	图二六〇，2	
ⅢM40:16	不明						0.17	0.11	1.56		残，表面锈蚀，文字不明
ⅢM40:17	不明						0.18	0.12	1.52		同上

续附表三

编号	种类	特征	记号	钱径	穿宽	郭宽	郭厚	肉厚	重量	图号、图版号	备注
ⅢM40∶18	不明			2.54	0.85	0.15	0.15	0.11	1.70		同上
ⅢM40∶19	五铢	"五"字较宽,交笔弯曲,"铢"字"金"字头呈三角形,中间四点较长,"朱"字上下部均圆折。		2.51	0.91	0.13	0.12	0.07	2.03		
ⅢM40∶20	磨郭五铢	"五"字较宽,交笔弯曲,"铢"字"金"字头呈三角形,其余锈蚀不可辨。		2.29	0.12			0.07	1.00		残
ⅢM41∶1-1	不明		磨郭		2.40	0.89			0.12	1.83	
ⅢM41∶1-2		"五"字较宽,交笔弯曲,"铢"字"金"字头呈三角形,中间四点较长,"朱"字上下部均圆折。		2.69	0.93	0.18	0.21	0.17	3.34		
ⅢM41∶1-3	五铢	"五"字较窄,交笔弯曲,"铢"字"金"字头呈三角形,中间四点较短,"朱"字上部圆折,下部方折。		2.60	1.00	0.19	0.19	0.16	2.55		表面锈蚀,文字模糊
ⅢM41∶1-4		"五"字三角形,中间四点较短,"朱"字上部方折,下部圆折。		2.62	0.95	0.13	0.15	0.12	2.39	图二七〇,1	
ⅢM41∶2-1	不明	磨郭		2.12	0.92			0.14	1.08		表面锈蚀,文字不明
ⅢM41∶2-2	剪轮钱	边有剪凿痕,钱文漫漶不可辨识,制作粗劣。		1.60	0.82			0.11	0.57		残,同上
ⅢM41∶2-3	剪轮五铢	边有剪凿痕,"五铢"两字剪去大半,"五"字交笔弯曲,"铢"字锈蚀不可辨。		1.72	0.80			0.12	1.07		表面锈蚀,文字模糊

续附表三

编号	种类	特征	记号	钱径	穿宽	郭宽	郭厚	肉厚	重量	图号、图版号	备注
ⅢM41:2-4	不明								共6.51		残,表面锈蚀,文字不明,共一组,均为残块
ⅢM41:2-5	大泉五十	形制较小,形体较薄,面背皆有内郭,残缺仅余"泉""十"两字,均为篆书。		2.61	0.74	0.11	0.08	0.05	0.57		残
ⅢM41:2-6		形制较小,形体较薄,面背皆有内郭,正面穿口左右铸"大泉"二字,较瘦长,上下铸"五十"二字,较宽矮,均为篆书。"五"字较窄,交笔弯曲,"大"字一横较折弧。			0.17	0.13	0.12	2.83			
ⅢM41:2-7		磨郭		2.33	0.92			0.16	2.02		残
ⅢM41:2-8		磨郭		2.38	0.79			0.18	1.74		残
ⅢM41:2-9		磨郭		2.15	0.93			0.07	0.85		残
ⅢM41:2-10	不明	磨郭		2.60	0.88			0.08	1.01		残
ⅢM41:2-11				2.46	0.85			0.17	1.74		残
ⅢM41:2-12				2.60	0.86	0.15	0.16	0.15	2.44		残
ⅢM41:2-13				2.60	0.89			0.17	2.23		残

续附表三

编号	种类	特征	记号	钱径	穿宽	郭宽	郭厚	肉厚	重量	图号、图版号	备注
ⅢM41∶2-14	不明				2.56	0.89	0.13	0.11	0.07	1.44	
ⅢM41∶2-15	剪轮钱	形制大小均有，边有剪凿痕，钱文漫漶不可辨识，制作粗劣。		1.55~1.80	0.62~0.77			0.10~0.18	0.87~1.35		残，表面锈蚀，文字不明，一组2枚
ⅢM41∶2-16		"五"字较宽，交笔弯曲，"铢"字锈蚀不可辨。		2.18	0.88			0.10	1.75		表面锈蚀，文字模糊
ⅢM41∶2-17		同上		2.38	0.93			0.13	2.05		同上
ⅢM41∶2-18	磨郭五铢	同上		2.30	0.90			0.11	1.99		同上
ⅢM41∶2-19		"五"字较宽，"铢"字"金"字头呈三角形，中间四点均点，"朱"字上下部均方圆折。		2.36	0.88			0.08	1.30		
ⅢM41∶2-20		"五"字较宽，交笔弯曲，"铢"字"金"字头呈三角形，中间四点均点，"朱"字上下部均方圆折。		2.38	0.92			0.11	1.85		
ⅢM41∶2-21		"五"字锈蚀不可辨，"铢"字"金"字中间四点较长，"朱"字下部短，其余部分锈蚀。		2.50	0.88			0.11	1.43		残，表面锈蚀，文字模糊
ⅢM41∶2-22	五铢	"五"字"铢"字"金"字头呈三角形，中间四点均点，"朱"字上部锈蚀，下部圆折。		2.64	0.99	0.16	0.16	0.13	2.05		同上

续附表三

编号	种类	特征	记号	钱径	穿宽	郭宽	郭厚	肉厚	重量	图号、图版号	备注
ⅢM41:2-23	五铢	"五"字较宽，交笔弯曲，"铢"字头呈三角形，中间四点较短，"朱"字锈蚀不可辨。		2.64	0.92	0.19	0.19	0.15	2.68		同上
ⅢM41:2-24		"五"字较窄，交笔弯曲，"铢"字头呈三角形，中间四点较长，"朱"字上部方圆形，下部圆折。		2.48	0.89	0.15	0.15	0.10	2.63		
ⅢM41:2-25		"五"字较窄，交笔弯曲，"铢"字头呈三角形，中间四点较长，"朱"字上部均方形，下部圆折。		2.61	0.93	0.15	0.12	0.08	1.94		
ⅢM41:2-26		"五"字较窄，交笔弯曲，"铢"字头呈三角形，中间四点较长，"朱"字上部均圆形，下部圆折。		2.52	0.89	0.16	0.12	0.08	2.38		
ⅢM41:2-27		"五"字较宽，交笔弯曲，"铢"字可见。		2.36	0.82	0.07	0.09	0.07	1.13		残，表面锈蚀，文字模糊
ⅢM41:2-28		同上		2.47	0.86			0.21	2.00		同上
ⅢM41:2-29		"五"字较窄，交笔弯曲，"铢"字头呈三角形，中间四点较长，"朱"字锈蚀不可辨。		2.53	0.92	0.11	0.13	0.10	1.51		同上
ⅢM41:2-30		同上		2.62	1.00	0.14	0.13	0.09	1.95		同上
ⅢM41:2-31		同上		2.60	0.91	0.16	0.11	0.08	1.57		同上
ⅢM41:2-32		"五"字较宽，交笔弯曲，"铢"字锈蚀残缺。		2.67	0.93	0.16	0.16	0.09	2.38		同上

续附表三

编号	种类	特征	记号	钱径	穿宽	郭宽	郭厚	肉厚	重量	图号、图版号	备注
ⅢM41：2-33		"五"字较窄，交笔弯曲，"铢"字"金"字头呈三角形，中间四点较短，"朱"字上下部均圆折。		2.32	0.93	0.17	0.14	0.08	1.75		残
ⅢM41：2-34		"五"字较窄，交笔弯曲，"铢"字"金"字头呈三角形，中间四点较长，"朱"字上下部均圆折。		2.59	0.91	0.14	0.14	0.08	2.30		
ⅢM41：2-35		同上		2.63	0.95	0.22	0.13	0.09	2.72		
ⅢM41：2-36		同上		2.53	1.38	0.17	0.14	0.10	2.87		
ⅢM41：2-37	五铢	同上		2.60	0.93	0.13	0.13	0.09	1.86		残
ⅢM41：2-38		同上		2.60	0.89	0.13	0.13	0.11	2.54		
ⅢM41：2-39		"五"字较宽，交笔弯曲，"铢"字"金"字头呈三角形，中间四点均方折，下部圆折。		2.55	0.90	0.13	0.13	0.08	1.86		残
ⅢM41：2-40		同上		2.53	0.90	0.11	0.11	0.06	1.65		残
ⅢM41：2-41		"五"字较宽，交笔弯曲，"铢"字"金"字头呈三角形，中间四点较长，"朱"字上部方折，下部圆折。		2.50	0.93	0.11	0.08	0.07	1.86		
ⅢM41：2-42		同上		2.62	0.92	0.13	0.16	0.08	2.57		
ⅢM41：2-43		同上		2.60	0.95	0.17	0.12	0.07	2.43		

续附表三

编号	种类	特征	记号	钱径	穿宽	郭宽	郭厚	肉厚	重量	图号、图版号	备注
ⅢM41:3-1	五铢	"五"字较宽，交笔弯曲，"铢"字"金"字头呈三角形，中间四点较长，"朱"字上部圆折，下部锈蚀不可辨。	穿下星	2.58	0.90	0.18	0.16	0.14	1.91		
ⅢM41:3-2		"五"字较宽，交笔弯曲，"铢"字"金""字上可辨。		2.68	0.90	0.20	0.21	0.17	2.48		残，表面锈蚀，文字模糊
ⅢM41:3-3		"五"字较窄，交笔弯曲，"铢"字锈蚀，不可辨。		2.50	0.90	0.15	0.15	0.14	2.17		同上
ⅢM41:3-4	不明	磨郭		2.41	0.90			0.10	1.71		表面锈蚀，文字不明
ⅢM41:3-5		磨郭		2.1	0.90			0.16	1.51		残，同上
ⅢM41:3-6	剪轮五铢	边有剪凿痕，"五铢"两字剪去大半，"五"字交笔弯曲，"铢"字"金""朱"字上下部均圆折		1.72	0.71			0.12	1.06		
ⅢM41:3-7		磨郭		1.95	0.79			0.13	1.30		残，表面锈蚀，文字不明
ⅢM41:3-8	不明				2.46	0.85			0.15	1.24	
ⅢM41:3-9		同上			0.88					1.68	
ⅢM41:3-10	磨郭五铢	"五"字较宽，交笔弯曲，"铢"字锈蚀不可辨。		2.28	0.88			0.10	1.43		表面锈蚀，文字模糊

续附表三

编号	种类	特征	记号	钱径	穿宽	郭宽	郭厚	肉厚	重量	图号、图版号	备注
ⅢM41:3-11		"五"字锈蚀不可辨,"铢"字"金"字头呈三角形,中间四点较长,"铢"字上部方圆折,下部圆折。		2.50	0.95	0.15	0.09	0.07	2.23		同上
ⅢM41:3-12		"五"字较宽,交笔弯曲,"铢"字锈蚀不可辨。		2.49	0.83	0.17	0.13	0.11	2.33		残,同上
ⅢM41:3-13		同上		2.61	0.89	0.18	0.18	0.10	1.77		残,同上
ⅢM41:3-14		同上		2.59	0.95	0.19	0.17	0.11	2.27		残,同上
ⅢM41:3-15	五铢	"五"字较窄,交笔弯曲,"铢"字头呈三角形,中间四点较长,"铢"字蚀不可辨。		2.59	0.86	0.16	0.15	0.12	2.84		同上
ⅢM41:3-16		"五"字较宽,交笔弯曲,"铢"字头呈三角形,中间四点均蚀短,"铢"字上下部均圆折。		2.50	0.90	0.14	0.12	0.07	1.84		残
ⅢM41:3-17		"五"字较窄,交笔弯曲,"铢"字"金"字头呈三角形,中间四点较长,"朱"字上部方圆折,下部圆折。		2.58	0.88	0.12	0.14	0.09	2.76		
ⅢM41:3-18		"五"字较宽,交笔弯曲,"铢"字"金"字头呈三角形,中间四点较长,"朱"字上部方折,下部圆折。		2.61	0.90	0.15	0.15	0.07	2.15		残
ⅢM41:4-1	不明								0.43~1.92		残,表面锈蚀,文字不明,共一组6枚

续附表三

编号	种类	特征	记号	钱径	穿宽	郭宽	郭厚	肉厚	重量	图号、图版号	备注
ⅢM41:4-2	五铢	"五"字较窄，交笔弯曲，"铢"字"金"字头呈三角形，中间四点较长，"朱"字上下部均圆折，上部外敞。		2.60	0.88	0.09	0.12	0.10	2.04	图二七○,2	
ⅢM41:4-3		"五"字较窄，交笔弯曲，"铢"字"金"字头呈三角形，中间四点较长，"朱"字锈蚀不可辨。		2.59	0.94	0.11	0.13	0.12	2.52		表面锈蚀，文字模糊
ⅢM41:4-4		"五"字较窄，交笔弯曲，"铢"字"金"字头呈三角形，中间四点较短，"朱"字上下部均圆折。		2.70	0.91	0.13	0.20	0.18	3.36		残
ⅢM41:4-5	磨郭五铢	"五"字较窄，交笔弯曲，"铢"字"金"字锈蚀不清，"朱"字上下部均圆折。		2.10	0.73		0.11	0.11	1.48		残，表面锈蚀，文字模糊
ⅢM41:4-6	大泉五十	形制较小，形体较薄，面背皆有内郭。正面穿口左右铸"五十"二字，较瘦长，较宽窄，均为篆书。"五"字较窄，交笔弯曲，"十"字较长，"大"字一横较圆弧。		2.21	0.91	0.18	0.11	0.07	0.99		残
ⅢM41:4-7	剪轮钱	边有剪凿痕，钱文漫漶不可辨识，制作粗劣。		1.79	0.95			0.11	0.87		残，表面锈蚀，文字不明
ⅢM41:4-8		同上		1.90	0.90			0.12	1.25		同上
ⅢM41:4-9		同上		1.90	0.80			0.15	1.32		同上
ⅢM41:4-10		磨郭		2.12	0.90			0.14	1.77		同上

续附表三

编号	种类	特征	记号	钱径	穿宽	郭宽	郭厚	肉厚	重量	图号、图版号	备注
ⅢM41：4-11		磨郭		2.01	0.80			0.15	1.61		同上
ⅢM41：4-12		磨郭		2.05	0.81			0.12	1.39		同上
ⅢM41：4-13				2.32	0.95	0.17	0.15	0.14	2.55		同上
ⅢM41：4-14				2.78	0.91	0.15	0.2	0.17	2.89		同上
ⅢM41：4-15	不明			2.38	0.89	0.17	0.19	0.16	2.79		同上
ⅢM41：4-16				2.65	0.90	0.14	0.18	0.16	2.41		同上
ⅢM41：4-17				2.30	0.80	0.13	0.16	0.14	1.83		同上
ⅢM41：4-18				2.60	0.89	0.15	0.18	0.15	2.41		同上
ⅢM41：4-19				2.34	0.90	0.14	0.15	0.12	1.68		同上
ⅢM41：4-20				2.52	0.91			0.15	2.34		同上
ⅢM41：4-21	半两	穿孔两侧篆书"半两"二字，平背无郭。		2.38	0.81			0.10	2.41	图二七〇,3	
ⅢM41：4-22	蜀五铢	形制较小，两面穿均有郭。"五"字较窄，交笔微弯曲。"铢"字头呈箭镞状，中间四点较长，"朱"字上下部均方圆折。		2.20	0.68	0.11	0.13	0.10	2.19		
ⅢM41：4-23	不明	磨郭		2.39	0.95			0.11	1.70		表面锈蚀，文字不明
ⅢM41：4-24		磨郭		2.10	0.83			0.11	1.22		残，同上

续附表三

编号	种类	特征	记号	钱径	穿宽	郭宽	郭厚	肉厚	重量	图号、图版号	备注
ⅢM41:4-25	不明										
ⅢM41:4-26		磨郭		2.36	0.96			0.09	1.09		残,同上
ⅢM41:4-27	磨郭五铢			2.59	0.90	0.16	0.15	0.12	1.96		残,同上
ⅢM41:4-28		"五"字锈蚀不可辨,"铢"字"金"字头呈三角形,交笔三角形,下部方圆折。		2.62	0.88	0.16	0.16	0.10	2.16		残
ⅢM41:4-29		"五"字较宽,交笔弯曲,"铢"字"金"字头呈三角形,中间四点较短,"朱"字上下部方圆折。		2.58	0.88	0.16	0.13	0.09	1.90		
ⅢM41:4-30		"五"字较宽,交笔弯曲,"铢"字"金"字头呈三角形,中间四点较短,"朱"字上下部均圆折。		2.66	1.00	0.15	0.15	0.10	1.50		残
ⅢM41:4-31	五铢	"五"字较宽,交笔弯曲,"铢"字"金"字头呈三角形,中间四点较短,"朱"字上下部圆方折。		2.62	0.92	0.17	0.17	0.12	3.12		
ⅢM41:4-32		"五"字较宽,交笔弯曲,"铢"字"金"字头呈三角形,中间四点较短,"朱"字上下部方圆折。		2.58	0.83	0.16	0.16	0.12	3.01		
ⅢM41:4-33		"五"字较宽,交笔弯曲,"铢"字"金"字锈蚀,中间四点较短,"朱"字上部圆折。		2.62	0.93	0.16	0.13	0.08	2.08		表面锈蚀,文字模糊
ⅢM41:4-34		"五"字较宽,交笔弯曲,"铢"字"金"字头呈三角形,中间四点较长,"朱"字上下部均圆折。		2.58	0.91	0.17	0.15	0.08	2.09		残

续附表三

编号	种类	特征	记号	钱径	穿宽	郭宽	郭厚	肉厚	重量	图号、图版号	备注
ⅢM41:4-35		同上		2.61	0.92	0.18	0.22	0.16	2.91		
ⅢM41:4-36		同上		2.53	0.90	0.10	0.12	0.10	2.45		
ⅢM41:4-37		同上		2.59	0.89	0.11	0.13	0.07	2.16		残
ⅢM41:4-38		"五"字较宽，交笔弯曲，"铢"字头呈三角形，中间四点较长，"朱"字上下部均方圆折。		2.59	0.90	0.13	0.16	0.08	2.28		残
ⅢM41:4-39	五铢	同上		2.58	0.89	0.14	0.11	0.07	1.88		残
ⅢM41:4-40		同上	穿上星	2.58	0.97	0.12	0.12	0.06	1.70		
ⅢM41:4-41		"五"字较宽，交笔弯曲，"铢"字头呈三角形，中间四点较长，"朱"字上下部均方圆折。		2.52	0.88	0.12	0.12	0.10	2.66		残
ⅢM41:4-42		同上		2.57	0.92	0.15	0.15	0.08	1.94		残
ⅢM41:4-43		同上		2.62	0.90	0.18	0.15	0.14	3.10		
ⅢM41:5-1	不明			2.45	0.90			0.11	0.88~2.07		残，表面锈蚀，文字不明，共一组21枚

续附表三

编号	种类	特征	记号	钱径	穿宽	郭宽	郭厚	肉厚	重量	图号、图版号	备注
ⅢM41:5-2		"五"字较窄，交笔弯曲，"铢"字锈蚀不可辨识		2.51	0.91	0.18	0.15	0.11	2.4		表面锈蚀，文字模糊
ⅢM41:5-3	五铢	同上		2.6	0.89	0.15	0.18	0.13	3.04		残，同上
ⅢM41:5-4		"五"字较宽，交笔弯曲，"铢"字"金"字上部方折，下部圆折。		2.61	0.94	0.15	0.16	0.13	3.45		同上
ⅢM41:5-5		"五"字较宽，交笔弯曲，"铢"字"金"字呈三角形，"朱"字上部圆折，下部方圆折。		2.55	0.89	0.12	0.13	0.10	1.75		残
ⅢM41:5-6	磨郭五铢	"五"字较宽，交笔弯曲，"铢"字锈蚀不可辨识		2.40	0.98			0.11	2.21		表面锈蚀，文字模糊
ⅢM41:5-7	不明	磨郭		2.10	0.85			0.12	1.40		表面锈蚀，文字不明
ⅢM41:5-8									1.55		残，同上，共一组，均为残块
ⅢM41:5-9		"五"字头呈三角形，"字"字呈三角形，中间四点较长，"朱"字上下部均圆折。		2.40	1.00			0.11	1.35		残
ⅢM41:5-10	磨郭五铢	"五"字锈蚀不可辨识，"铢"字"金"字部被磨去，"朱"字上下部均圆折。		1.86	0.81			0.12	0.88		表面锈蚀，文字模糊

续附表三

编号	种类	特征	记号	钱径	穿宽	郭宽	郭厚	肉厚	重量	图号、图版号	备注
ⅢM41：5-11		"五"字较窄，交笔弯曲，"铢"字锈蚀残缺。				0.16	0.14	0.06	0.80		残
ⅢM41：5-12		"五"字较窄，交笔弯曲，"铢"字头呈三角形，中间四点较短，"朱"字上部方圆，下部圆折。		2.56	0.92	0.15	0.15	0.10	2.91		
ⅢM41：5-13		"五"字较窄，交笔弯曲，"铢"字头呈三角形，中间四点较短，"朱"字上下部均圆折。		2.60	0.91	0.17	0.16	0.10	2.23		
ⅢM41：5-14		"五"字较窄，交笔弯曲，"铢"字头呈三角形，中间四点较长，"朱"字上下部均方圆折。		2.53	0.90	0.11	0.13	0.08	2.26		
ⅢM41：5-15	五铢	同上		2.61	0.95	0.16	0.13	0.08	1.98		
ⅢM41：5-16		"五"字较宽，交笔弯曲，"铢"字头呈三角形，中间四点较长，"朱"字上下部均方圆折。		2.56	0.93	0.18	0.12	0.06	1.84		残
ⅢM41：5-17		"五"字较宽，交笔弯曲，"铢"字锈蚀残缺。		2.64	0.92	0.19	0.14	0.08	1.58		残，表面锈蚀，文字模糊
ⅢM41：5-18		"五"字较宽，交笔弯曲，"铢"字头锈蚀不可辨，"朱"字上部圆折，下部方折。		2.60	0.98	0.12	0.12	0.09	1.78		同上
ⅢM41：5-19		"五"字较宽，交笔弯曲，"铢"字头呈三角形，中间四点较长，"朱"字上下部均圆折。		2.56	0.94	0.12	0.13	0.08	1.65		同上
ⅢM41：5-20		"五"字较窄，交笔弯曲，"铢"字头锈蚀残缺，中间四点较短，"朱"字上下部均圆折。		2.58	0.96	0.16	0.10	0.08	2.02		残

续附表三

编号	种类	特征	记号	钱径	穿宽	郭宽	郭厚	肉厚	重量	图号、图版号	备注
ⅢM41:5-21		"五"字较宽,交笔弯曲,"铢"字"金"字头呈三角形,"铢"字较短,下部圆折。		2.56	0.96	0.12	0.12	0.08	2.16		残
ⅢM41:5-22		"五"字较宽,交笔弯曲,"铢"字"金"字头呈三角形,"铢"字较短,下部方圆折。		2.59	0.96	0.14	0.15	0.10	2.64	图二七〇,4	
ⅢM41:5-23		同上		2.59	0.90	0.15	0.12	0.05	2.06		残
ⅢM41:5-24		"五"字较宽,交笔弯曲,"铢"字"金"字头呈三角形,其余锈蚀不可辨。	穿下星	2.61	0.88	0.18	0.14	0.10	2.81		
ⅢM41:5-25	五铢	"五"字较宽,交笔弯曲,"铢"字"金"字头呈三角形,"铢"字较长,下部均圆折。		2.43	0.88	0.12	0.13	0.08	2.00		
ⅢM41:5-26		同上		2.45	0.96	0.17	0.13	0.08	2.27		
ⅢM41:5-27		同上		2.53	0.82	0.18	0.11	0.07	2.18		
ⅢM41:5-28		同上		2.62	0.95	0.14	0.11	0.07	2.48		
ⅢM41:5-29		同上		2.42	0.90	0.11	0.12	0.05	1.76		残
ⅢM41:5-30		同上		2.60	0.99	0.16	0.13	0.08	2.08		残
ⅢM41:5-31		同上		2.61	0.91	0.13	0.13	0.06	1.94		残
ⅢM41:5-32		同上		2.63	0.88	0.17	0.13	0.09	2.41		残
ⅢM41:5-33		同上		2.55	0.86	0.15	0.12	0.08	1.74		残

续附表三

编号	种类	特征	记号	钱径	穿宽	郭宽	郭厚	肉厚	重量	图号、图版号	备注
ⅢM41:5-34		"五"字较宽，交笔弯曲，"铢"字"金"字头呈三角形，中间四点较长，"朱"字上下部方圆折，下部圆折。		2.59	0.86	0.16	0.16	0.11	2.76		残
ⅢM41:5-35	五铢	同上		2.56	0.93	0.13	0.11	0.08	2.15		
ⅢM41:5-36		同上		2.56	0.90	0.14	0.13	0.09	2.53		
ⅢM41:5-37		"五"字较宽，交笔弯曲，"铢"字"金"字头呈三角形，中间四点较长，"朱"字上下部均方圆折。		2.56	0.89	0.15	0.10	0.07	2.06		残
ⅢM41:6-1	五铢	"五"字较窄，交笔弯曲，"铢"字"金"字锈蚀不可辨，"朱"字上部方圆折，下部锈蚀不清。		2.67	0.90	0.20	0.18	0.16	3.24	图二七○,5	表面锈蚀，文字模糊
ⅢM41:6-2	磨郭五铢	"五"字较窄，交笔弯曲，"金"字被磨去部分，"朱"字上下部均圆折。		2.10	0.78			0.11	1.83	图二七○,6	同上
ⅢM41:6-3	不明					0.15	0.17	0.13	3.16		残，表面锈蚀，文字不明
ⅢM41:6-4				2.60	0.89	0.18	0.21	0.18	2.90		同上
ⅢM41:6-5	不明			2.40	0.86	0.07	0.11	0.09	1.32		残，表面锈蚀，文字不明
ⅢM41:6-6				2.43	0.91	0.10	0.13	0.08	1.45		同上

续附表三

编号	种类	特征	记号	钱径	穿宽	郭宽	郭厚	肉厚	重量	图号、图版号	备注
ⅢM41:6-7				2.50	0.92	0.15	0.11	0.10	2.20		同上
ⅢM41:6-8	不明			2.62	0.92	0.14	0.17	0.15	2.20		同上
ⅢM41:6-9				2.76	0.91	0.22	0.19	0.14	2.07		同上
ⅢM41:6-10	货泉	形制较小，两面穿皆有郭，货泉二字篆书。		2.26	0.59	0.20	0.12	0.05	1.08		残
ⅢM41:6-11	磨郭五铢	"五"字较宽，交笔弯曲，"铢"字金字头呈三角形，中间四点较长，朱字上下部圆折，下方圆折。		2.32	0.94			0.10	1.49		残
ⅢM41:6-12		同上		2.34	0.97			0.09	1.56		残
ⅢM41:6-13		"五"字较宽，交笔弯曲，"铢"字金字头呈三角形，中间四点均方圆折，朱字上下部圆折。		2.40	0.92			0.08	1.50		
ⅢM41:6-14		"五"字较宽，交笔弯曲，"铢"字锈蚀不可辨。		2.60	0.95	0.17	0.14	0.09	1.96		残，表面锈蚀，文字模糊
ⅢM41:6-15		"五"字头呈三角形，"铢"字金字头较长，朱字上下部圆折。	穿下星	2.67	0.96	0.18	0.14	0.10	2.37	图二七○,7	
ⅢM41:6-16		"五"字头呈三角形，"铢"字金字头较长，朱字上部方圆折，下部圆折。		2.57	0.90	0.19	0.14	0.10	3.04		

续附表三

编号	种类	特征	记号	钱径	穿宽	郭宽	郭厚	肉厚	重量	图号、图版号	备注
ⅢM41：7-1	蜀五铢	形制较小，两面穿均有郭。"五"字较窄，交笔弯曲，"铢"字金字头呈箭镞状，中间四点均较短，"朱"字上下部均圆折。		2.15	0.70	0.18	0.13	0.11	2.31	图二七〇,8；图版一二〇,3	
ⅢM41：7-2	五铢	"五"字较窄，交笔微弯曲，"铢"字金字头呈三角形，中间四点较短，"朱"字上部方折，下部圆折。	穿上横郭	2.59	0.95	0.11	0.15	0.13	3.43	图二七〇,9；图版一二〇,3	
ⅢM41：7-3		"五"字较窄，交笔弯曲，"铢"字锈蚀不可辨。				0.17	0.16	0.10	2.46		残，表面锈蚀，文字模糊
ⅢM41：7-4	五铢	"五"字较宽，交笔弯曲，"铢"字金字头呈三角形，"朱"字上部圆折，其余部分锈蚀不可辨。				0.15	0.17	0.12	3.29		同上
ⅢM41：7-5	不明								1.48		残，表面锈蚀，文字不明，共一组，均为残块
ⅢM41：7-6	蜀五铢	形制较小，两面穿均有郭。"五"字较窄，交笔弯曲，"铢"字金字头呈箭镞状，中间四点均较短，"朱"字上下部均方圆折。		2.34	0.72	0.14	0.13	0.08	2.14		残

续附表三

编号	种类	特征	记号	钱径	穿宽	郭宽	郭厚	肉厚	重量	图号、图版号	备注
ⅢM41:7-7	五铢	"五"字较窄，交笔微曲，"铢""金"字头呈三角形，中间四点较短，"朱"字上下部均方圆折。		2.52	0.88	0.13	0.12	0.07	2.03		残
ⅢM41:7-8	五铢	"五"字较宽，交笔微曲，"铢""金"字头呈三角形，中间四点较长，"朱"字上下部均圆折。		2.58	0.88	0.13	0.13	0.08	2.27		
ⅢM41:7-9		同上		2.60	0.95	0.15	0.16	0.15	2.64		残
ⅢM41:7-10		同上		2.60	0.88	0.14	0.12	0.09	1.92		
ⅢM41:8-1	不明								共8.44		残，表面锈蚀，文字不明，共一组2枚
ⅢM41:8-2	不明			3.00	0.93	0.17	0.2	0.18	3.91		残，表面锈蚀，文字不明
ⅢM41:8-3	五铢	"五"字较宽，交笔弯曲，"铢""金"字头呈三角形，中间四点较长，"朱"字上下部均圆折。		2.59	0.90	0.18	0.15	0.11	2.50	图二七○、10	残
ⅢM41:8-4	蜀五铢	形制较小，两面穿均有郭。"五"字较窄，交笔微弯曲，"铢"字金字头呈箭镞状，中间四点较短，"朱"字上下部均方圆折。		2.58	0.87	0.15	0.14	0.10	2.27		

续附表三

编号	种类	特征	记号	钱径	穿宽	郭宽	郭厚	肉厚	重量	图号、图版号	备注
ⅢM41:8-5		"五"字较窄，交笔弯曲，"铢"字"金"字头呈三角形，中间四点较长，"朱"字上下部方圆折。		2.58	0.91	0.20	0.13	0.08	2.32		
ⅢM41:8-6		"五"字较宽，交笔弯曲，"铢"字"金"字锈蚀不可辨识		2.62	0.88	0.15	0.15	0.08	2.38		表面锈蚀，文字模糊
ⅢM41:8-7	五铢	"五"字较宽，交笔弯曲，"铢"字"金"字头呈三角形，中间四点均长，"朱"字上下部均圆折。		2.56	0.88	0.14	0.12	0.07	2.50		
ⅢM41:8-8		同上		2.60	0.88	0.15	0.14	0.08	2.58		残
ⅢM41:8-9		"五"字较窄，交笔弯曲，"铢"字"金"字头呈三角形，中间四点较长，"朱"字上下部方圆折。		2.57	0.93	0.15	0.13	0.07	2.13		
ⅢM41:8-10		同上		2.53	0.87	0.14	0.14	0.08	2.60		
ⅢM41:9	不明			2.77	0.82				3.75		残，表面锈蚀严重，文字不明
ⅢM41:10-1	不明								1.20		同上
ⅢM41:10-2	剪轮钱	边有剪凿痕，钱文漫漶不可辨识，制作粗劣。		1.85	0.89			0.21	1.52		残，表面锈蚀，文字不明

续附表三

编号	种类	特征	记号	钱径	穿宽	郭宽	郭厚	肉厚	重量	图号、图版号	备注
ⅢM41:10-3	五铢	"五"字较宽，交笔弯曲，"铢"字金字头呈三角形，中间四点较短，"朱"字上下部均圆折。		2.60	0.90	0.18	0.16	0.14	2.10		残，表面锈蚀，文字不明
ⅢM41:10-4	不明								1.09		同上
ⅢM41:29-1	不明			2.73	0.92	0.17	0.21	0.15	4.07		残
ⅢM41:29-2	五铢	"五"字较宽，交笔弯曲，"铢"字金字头呈三角形，中间四点较长，"朱"字上下部均圆折。		2.43	0.89	0.11	0.11	0.09	1.73		残
ⅢM41:29-3	磨郭五铢	"五"字较宽，交笔弯曲，"铢"字金字头呈三角形，中间四点较长，"朱"字上下部均圆折。		2.31	0.96			0.12	1.84		残，表面锈蚀，文字不明，共一组3枚
ⅢM41:30-1	不明	边有剪凿痕，钱文漫漶不可辨识，制作粗劣。							共11.39		
ⅢM41:30-2	剪轮钱	"五"字残缺，"铢"字金字头较长，"朱"字上下部方圆折。		1.80	0.70			0.13	1.49		残，表面锈蚀，文字不明
ⅢM41:30-3	五铢	"五"字较窄，"铢"字金字头呈三角形，中间四点较长，"朱"字上部圆折，下部方圆折。		2.65	0.95	0.20	0.20	0.15	2.22		残

续附表三

编号	种类	特征	记号	钱径	穿宽	郭宽	郭厚	肉厚	重量	图号、图版号	备注
ⅢM41:30-4	蜀五铢	形制较小，两面穿均有郭。"五"字较窄，交笔微弯曲，"铢"字金字头呈箭簇状，中间四点较短，"朱"字上下部均为圆折。		2.18	0.75	0.14	0.15	0.11	1.75	图二七一，1	
ⅢM41:30-5							0.12	0.11	1.67		残，表面锈蚀，文字不明
ⅢM41:30-6	不明	磨郭		2.25	0.96			0.10	1.41		表面锈蚀，文字不明
ⅢM41:30-7		磨郭		2.34	0.9			0.11	1.39		同上
ⅢM41:30-8		磨郭		2.40	0.90			0.09	1.42		同上
ⅢM41:30-9	不明			2.53	0.80	0.13	0.16	0.14	2.39		同上
ⅢM41:30-10									3.12		残，同上共一组，均为残块
ⅢM41:30-11	货泉	形制较小，两面穿皆有郭，"货泉"二字篆书。		2.29	0.68	0.18	0.13	0.10	2.46	图二七一，2	
ⅢM41:30-12	半两	穿孔两侧篆书"半两"二字，平背无郭。		2.32	0.75		0.14	0.14	2.70		
ⅢM41:30-13	磨郭五铢	"五"字较宽，交笔弯曲，"铢"字锈蚀不可辨。		2.56	0.97			0.10	2.39		表面锈蚀，文字模糊

续附表三

编号	种类	特征	记号	钱径	穿宽	郭宽	郭厚	肉厚	重量	图号、图版号	备注
ⅢM41:30-14	磨郭五铢	"五"字较宽，交笔弯曲，"铢"字"金"字头呈三角形，中间四点较短，"朱"字上下部均圆折。		2.46	0.82			0.08	1.73		
ⅢM41:30-15	五铢	"五"字较宽，交笔弯曲，"铢"字"金"字头呈三角形，中间四点锈蚀残缺，"朱"字上下部圆折。		2.59	0.09	0.16	0.14	0.12	2.51		残，表面锈蚀，文字模糊
ⅢM41:30-16	五铢	"五"字较宽，交笔弯曲，"铢"字"金"字头呈三角形，中间四点较短，"朱"字上部方圆折，下部圆折。		2.58	0.98	0.17	0.13	0.08	2.12		
ⅢM41:30-17	五铢	"五"字较宽，交笔弯曲，"铢"字"金"字头呈三角形，中间四点较长，"朱"字上下部均圆折。		2.65	0.89	0.17	0.15	0.07	2.28		残
ⅢM41:30-18	五铢	"五"字较宽，交笔弯曲，"铢"字"金"字头呈三角形，中间四点较长，"朱"字上下部均圆折。		2.60	0.88	0.19	0.15	0.09	2.44		
ⅢM41:33-1	不明								共9.43		残，表面锈蚀，文字不明，共一组4枚
ⅢM41:33-2	剪轮五铢	边有剪凿痕，制作粗劣，"五铢"两字被剪去部分，"五"字交笔弯曲，"铢"字仅余"朱"字，上下部圆折。		1.86	0.80			0.11	1.13		

续附表三

编号	种类	特征	记号	钱径	穿宽	郭宽	郭厚	肉厚	重量	图号、图版号	备注
ⅢM41:33-3	不明	磨郭		2.25	0.90			0.14	1.52		残，表面锈蚀，文字不明
ⅢM41:33-4	五铢	"五"字较狭，交笔弯曲，"铢"字"金"字头呈三角形，中间四点较短，"朱"字上下部均圆折。		2.61	0.95	0.14	0.16	0.12	2.74		
ⅢM41:35-1				2.80	0.95	0.15	0.18	0.11	1.97		残，表面锈蚀，文字不明，共一组4枚
ⅢM41:35-2	不明	磨郭		2.80	0.93			0.10	1.02		残，表面锈蚀，文字不明
ⅢM41:35-3	剪轮钱	边有剪凿留痕，钱文漫漶不可辨识，制作粗劣。		1.90	0.72			0.20	1.79		同上
ⅢM41:35-4	五铢	"五"字较宽，交笔弯曲，"铢"字"金"字头呈箭镞状，中间四点较短，"朱"字上部方圆折，下部圆折。		2.68	0.90	0.17	0.19	0.15	2.75	图二七-、3	
ⅢM41:35-5		"五"字较宽，交笔弯曲，"铢"字"金"字头呈三角形，中间四点较短，"朱"字上下部均圆折。		2.59	0.89	0.18	0.14	0.11	2.30		
ⅢM41:35-6		同上		2.56	0.89	0.20	0.14	0.12	2.15		

续附表三

编号	种类	特征	记号	钱径	穿宽	郭宽	郭厚	肉厚	重量	图号、图版号	备注
ⅢM41:35-7	五铢	"五"字较窄,交笔弯曲,"铢""金"字头呈三角形,中间四点较长,下部方圆折。		2.55	0.91	0.13	0.18	0.15	2.07		
ⅢM41:35-8		"五"字较宽,交笔弯曲,"铢""金"字头呈三角形,中间四点较窄,"金"字整体较短,"朱"字上下部均圆折。		2.52	0.99	0.18	0.13	0.10	1.39		残
ⅢM41:35-9		磨郭		2.30	0.82			0.15	1.98		
ⅢM41:35-10		磨郭		2.20	0.88			0.18	1.81		
ⅢM41:35-11		磨郭		2.46	0.86			0.13	1.87		
ⅢM41:35-12	不明			2.60	0.84	0.12	0.12	0.09	1.82		
ⅢM41:35-13									共6.77		表面锈蚀,文字不明,共一组,均为残块
ⅢM41:35-14	货泉	形制较小,两面穿皆有郭,"货泉"二字篆书。		2.03	0.19	0.11	0.10	0.07	1.27		
ⅢM41:35-15	磨郭五铢	"五"字较宽,交笔弯曲,"铢"字锈蚀不可辨。		2.34	0.88			0.10	1.91		表面锈蚀,文字模糊
ⅢM41:35-16		同上		2.14	0.85			0.06	1.58		同上

续附表三

编号	种类	特征	记号	钱径	穿宽	郭宽	郭厚	肉厚	重量	图号、图版号	备注
ⅢM41：35-17		"五"字较宽,交笔弯曲,"铢"字"金"字头呈三角形,中间四点较长,"朱"字上下部均圆折。		2.45	0.90			0.07	1.29		残
ⅢM41：35-18		同上		2.44	0.88			0.10	1.70		残
ⅢM41：35-19	磨郭五铢	同上		2.33	0.83			0.10	2.25		残
ⅢM41：35-20		同上		2.09	0.93			0.06	1.26		残
ⅢM41：35-21		同上		2.39	0.88			0.08	1.45		残
ⅢM41：35-22		同上		2.57	0.79			0.09	1.88		残
ⅢM41：35-23		"五"字锈蚀不可辨,"铢"字"金"字头呈三角形,中间四点较长,"朱"字上下部均圆折。		2.62	0.85	0.21	0.15	0.10	2.26		残,表面锈蚀,文字模糊
ⅢM41：35-24		"五"字较窄,交笔弯曲,"铢"字锈蚀不可辨。		2.26	1.03	0.15	0.10	0.09	1.69		表面锈蚀,文字模糊
ⅢM41：35-25	五铢	"五"字较窄,交笔弯曲,"铢"字"金"字头呈三角形,中间四点较短,"朱"字上下部均方折。		2.57	0.88	0.18	0.12	0.08	2.34		
ⅢM41：35-26		"五"字较窄,交笔弯曲,"铢"字"金"字头呈三角形,中间四点较长,"朱"字上下部均方折。		2.61	0.89	0.14	0.12	0.07	2.01		残
ⅢM41：35-27		同上		2.62	0.90	0.13	0.15	0.05	2.23		残

续附表三

编号	种类	特征	记号	钱径	穿宽	郭宽	郭厚	肉厚	重量	图号、图版号	备注
ⅢM41:35-28		"五"字较宽，交笔弯曲，"铢"字锈蚀不可辨。		2.57	0.91	0.16	0.11	0.07	1.90		残，表面锈蚀，文字模糊
ⅢM41:35-29		同上		2.65	0.93	0.16	0.16	0.13	2.62		残，同上
ⅢM41:35-30		同上		2.69	1.03	0.15	0.18	0.14	3.97		残，同上
ⅢM41:35-31		"五"字较宽，交笔弯曲，"铢"字"金"字头呈三角形，中间四点较短，"朱"字上下部均圆折。		2.59	0.93	0.14	0.12	0.09	1.70		残
ⅢM41:35-32		"五"字较宽，交笔弯曲，"铢"字"金"字头呈三角形，中间四点较短，"朱"字上部方折，下部圆折。		2.60	0.95	0.15	0.15	0.06	1.83		残
ⅢM41:35-33		同上		2.64	0.93	0.20	0.14	0.06	2.11		残
ⅢM41:35-34		"五"字较宽，交笔弯曲，"铢"字"金"字头呈三角形，中间四点较短，"朱"字上部方圆折。		2.61	0.90	0.16	0.16	0.11	2.82		
ⅢM41:35-35		"五"字较宽，交笔弯曲，"铢"字"金"字头呈三角形，中间四点较长，"朱"字上部圆折。		2.62	0.91	0.16	0.14	0.09	3.10		
ⅢM41:35-36		同上		2.57	0.06	0.18	0.12	0.06	1.74		残，表面锈蚀，文字模糊
ⅢM41:35-37		同上		2.62	0.93	0.18	0.13	0.07	2.33		残，同上

续附表三

编号	种类	特征	记号	钱径	穿宽	郭宽	郭厚	肉厚	重量	图号、图版号	备注
ⅢM41∶35-38		同上		2.70	0.78	0.20	0.19	0.14	4.36		同上
ⅢM41∶35-39		"五"字较宽，交笔弯曲，"铢"字"金"字头呈三角形，中间四点较长，"朱"字上下部均圆折。		2.60	0.85	0.19	0.12	0.07	2.61		
ⅢM41∶35-40		同上		2.56	0.92	0.13	0.14	0.08	2.58		
ⅢM41∶35-41		同上		2.61	0.88	0.15	0.15	0.10	2.24		残
ⅢM41∶35-42		同上		2.53	0.89	0.15	0.11	0.06	1.69		残
ⅢM41∶35-43		"五"字较宽，交笔弯曲，"铢"字"金"字头呈三角形，中间四点较长，"朱"字上部方圆折，下部圆折。		2.60	0.90	0.14	0.12	0.07	2.69		
ⅢM41∶35-44		同上		2.59	0.86	0.15	0.13	0.08	2.86		
ⅢM41∶35-45		同上		2.62	0.88	0.15	0.15	0.08	2.28		残
ⅢM41∶35-46		"五"字较宽，交笔弯曲，"铢"字"金"字头呈三角形，中间四点较长，"朱"字上下部均方圆折。		2.66	0.94	0.16	0.13	0.09	3.05		
ⅢM41∶35-47		同上		2.58	0.84	0.16	0.15	0.10	3.03		
ⅢM41∶35-48		同上		2.61	0.92	0.12	0.12	0.07	2.33		
ⅢM41∶36-1	不明			2.72	0.90			0.15	2.14		残，表面锈蚀，文字不明
ⅢM41∶36-2				2.59	0.91	0.2	0.14	0.11	1.39		同上

续附表三

编号	种类	特征	记号	钱径	穿宽	郭宽	郭厚	肉厚	重量	图号、图版号	备注
ⅢM41:36-3				2.60	0.90	0.17	0.22	0.16	3.06		同上
ⅢM41:36-4				2.8	0.81			0.30	3.59		同上
ⅢM41:36-5								0.11	1.57		同上
ⅢM41:36-6				2.55	0.90	0.21	0.20	0.18	1.73		同上
ⅢM41:36-7				2.60	0.90	0.13	0.20	0.13	2.03		同上
ⅢM41:36-8	剪轮五铢		穿上星	1.90	7.70			0.17	3.11		
ⅢM41:36-9		边有剪凿痕，"五铢"两字剪去大半，"铢"字"金"字被剪，"朱"字上下部均圆折。		2.10	0.85			0.11	1.08		表面锈蚀，文字不明
ⅢM41:36-10	剪轮钱	边有剪凿痕，钱文漫漶不可辨识，制作粗劣。		2.02	0.82			0.15	1.23		同上
ⅢM41:36-11		同上		2.05	0.86			0.18	1.80		同上
ⅢM41:36-12		同上		2.05	0.82			0.13	1.26		同上
ⅢM41:36-13		同上		2.02	0.90			0.12	1.19		残，同上
ⅢM41:36-14		磨郭		2.45	0.86			0.11	1.06		同上
ⅢM41:36-15	不明	同上		2.52	0.75			0.13	1.74		同上
ⅢM41:36-16								0.12	2.42		同上

续附表三

编号	种类	特征	记号	钱径	穿宽	郭宽	郭厚	肉厚	重量	图号、图版号	备注
ⅢM41:36-17		同上		2.30	0.85			0.12	2.10		同上
ⅢM41:36-18		同上		2.40	0.83			0.16	2.51		同上
ⅢM41:36-19		同上		2.40	0.90			0.12	1.95		同上
ⅢM41:36-20		"五"字锈蚀不可辨，"铢""金"字头呈三角形，中间四点较长，"朱"字上下部均呈圆折。		2.40	0.91			0.11	1.26		残，表面锈蚀，文字模糊
ⅢM41:36-21		"五"字弯，交笔弯曲，"铢"字锈蚀不可辨。		2.32	0.95			0.10	1.25		同上
ⅢM41:36-22	磨郭五铢	"五"字与"铢"字的"金"字部锈蚀不可辨，"朱"字上下部均呈方圆折。		2.31	0.90			0.12	1.77		同上
ⅢM41:36-23		"五"字较宽，交笔弯曲，"铢"字锈蚀不可辨。		2.45	0.89			0.11	1.88		同上
ⅢM41:36-24		"五"字较窄，交笔弯曲，"铢"字部锈蚀不可辨，"朱"字上下部均呈圆折。		2.15	0.85			0.14	1.63		同上
ⅢM41:36-25		"五"字较窄，交笔弯曲，"铢"字锈蚀不可辨。		2.1	0.90			0.13	1.39		同上
ⅢM41:36-26		同上		2.2	0.80			0.15	2.05		同上
ⅢM41:36-27		"五"字较窄，交笔弯曲，"铢""金"字头呈三角形，中间四点较长，"朱"字上下部均呈圆折。		2.52	0.96	0.20	0.18	0.15	3.07		
ⅢM41:36-28	五铢	同上		2.60	0.90	0.21	0.17	0.14	2.77		
ⅢM41:36-29		同上		2.55	0.95	0.16	0.13	0.11	2.18		

续附表三

编号	种类	特征	记号	钱径	穿宽	郭宽	郭厚	肉厚	重量	图号、图版号	备注
ⅢM41:36-30		同上		2.60	0.91	0.2	0.15	0.11	2.16		
ⅢM41:36-31		同上		2.60	0.90	0.19	0.15	0.11	2.45		
ⅢM41:36-32		"五"字较宽，交笔弯曲，"金"字头呈三角形，中间四点较短，"朱"字上下部均圆折。		2.60	0.89	0.17	0.20	0.13	3.03		残
ⅢM41:36-33		同上		2.55	0.83	0.16	0.19	0.14	2.45		残
ⅢM41:36-34		"五"字较宽，交笔弯曲，"铢"字锈蚀，仅可辨"朱"字上部为圆折。		2.61	0.90	0.20	0.18	0.15	2.63		残，表面锈蚀，文字模糊
ⅢM41:36-35		同上		2.60	0.90	0.20	0.21	0.15	2.68		同上
ⅢM41:36-36		"五"字较宽，交笔弯曲，"铢"字上部不可辨。		2.50	0.94	0.12	0.11	0.10	1.96		同上
ⅢM41:36-37		同上			0.85	0.15	0.19	0.15	2.29		同上
ⅢM41:36-38		同上		2.45	0.92	0.16	0.12	0.10	2.02		同上
ⅢM41:36-39		同上		2.52	1.00	0.12	0.11	0.10	1.58		同上
ⅢM41:36-40		同上		2.57	0.89	0.21	0.17	0.17	2.65		同上
ⅢM41:36-41		同上		2.63	0.90	0.20	0.22	0.18	2.56		同上
ⅢM41:36-42		同上		2.52			0.16	0.11	1.72		同上

续附表三

编号	种类	特征	记号	钱径	穿宽	郭宽	郭厚	肉厚	重量	图号、图版号	备注
ⅢM41∶36-43		"五"字较窄，交笔弯曲，"铢"字"金"字头呈三角形，中间四点较长，"朱"字上下部均圆折。		2.61	0.93	0.19	0.20	0.13	2.12		
ⅢM41∶36-44		同上		2.55	0.89	0.19	0.13	0.11	2.58		
ⅢM41∶36-45		"五"字较窄，交笔微弯曲，"铢"字"金"字头呈三角形，中间四点较长，"朱"字上部方圆折，外敞，下部圆折。		2.61	0.85	0.21	0.19	0.80	3.59		
ⅢM41∶36-46		"五"字较窄，交笔弯曲，"铢"字"金"字头呈三角形，中间四点较长，"朱"字上部方折，下部圆折。	穿下半星	2.65	0.99	0.17	0.19	0.12	2.03		残
ⅢM41∶36-47		"五"字较窄，交笔弯曲，"铢"字"金"字头呈三角形，中间四点较长，"朱"字锈蚀不可辨。		2.41	1.00			0.11	1.53		残，表面锈蚀，文字模糊
ⅢM41∶36-48		"五"字较窄，交笔弯曲，"铢"字"金"字头呈三角形，中间四点较长，"朱"字上下部均方圆折		2.60	0.92	0.18	0.16	0.12	2.90		
ⅢM41∶36-49		"五"字较窄，交笔弯曲，"铢"字"金"字头呈三角形，中间四点较短，"朱"字锈蚀不可辨。				0.16	0.15	0.12	2.31		残，表面锈蚀，文字模糊
ⅢM41∶36-50		文字锈蚀，仅见"铢"字"朱"字部上下均圆折。		2.58	0.95	0.20	0.20	0.14	2.35		同上
ⅢM41∶36-51		同上		2.55	0.91	0.15	0.20	0.16	1.88		同上

续附表三

编号	种类	特征	记号	钱径	穿宽	郭宽	郭厚	肉厚	重量	图号、图版号	备注
ⅢM41:36-52	蜀五铢	形制较小，两面穿均有郭。"五"字较窄，交笔弯曲，"铢"字金字头呈箭镞状，中间四点较短，"朱"字上下部均呈圆折。		2.20	0.69	0.12	0.18	0.15	2.22	图版一二〇,3	
ⅢM41:36-53	半两	穿孔两侧呈篆书"半两"二字，平背无郭。		2.42	0.76			0.14	2.35	图版一七,5	
ⅢM41:36-54	货泉	形制较小，两面穿皆有郭，货泉二字篆书。		2.33	0.59	0.20	0.19	0.15	2.44	图版一七,5	
ⅢM41:38-1	五铢	"五"字较窄，交笔弯曲，"铢"字金字头呈三角形，中间四点较长，"朱"字上下部均呈圆折。		2.52	0.92	0.15	0.14	0.11	1.80		
ⅢM41:38-2		"五"字较窄，交笔弯曲，"铢"字金字头呈三角形，中间四点较短，"朱"字上下部均呈圆折。		2.65	0.96	0.20	0.17	0.14	2.00		残
ⅢM41:38-3	不明	磨郭		2.35	0.83			0.16	1.77		表面锈蚀，文字不明
ⅢM41:40-1	蜀五铢	形制较小，两面穿均有郭。"五"字较窄，交笔弯曲，"铢"字金字头呈箭镞状，中间四点较短，"朱"字上下部均呈圆折。		2.21	0.72	0.15	0.20	0.16	2.52		
ⅢM41:40-2		同上		2.2	0.69	0.17	0.20	0.16	2.62		
ⅢM41:40-3		同上		2.2	0.70	0.20	0.16	0.11	2.31		
ⅢM41:40-4		同上		2.21	0.71	0.20	0.15	0.12	2.40		

续附表三

编号	种类	特征	记号	钱径	穿宽	郭宽	郭厚	肉厚	重量	图号、图版号	备注
ⅢM41:40-5		"五"字较宽，交笔弯曲，"铢"字"金"字头呈三角形，中间四点较短，"朱"字上下部均圆折。		2.60	0.82	0.24	0.21	0.17	4.10		
ⅢM41:40-6		同上		2.62	0.92	0.20	0.17	0.12	2.74		
ⅢM41:40-7		同上		2.58	0.82	0.21	0.19	0.14	3.33		
ⅢM41:40-8		同上		2.60	0.89	0.20	0.15	0.11	2.62		
ⅢM41:40-9		同上		2.50	0.82	0.15	0.12	0.09	1.87		
ⅢM41:40-10	五铢	"五"字较宽，交笔弯曲，"铢"字"金"字头呈三角形，中间四点均圆折，上部外敞。		2.60	0.90	0.25	0.22	0.15	3.54		
ⅢM41:40-11		"五"字较宽，交笔弯曲，"铢"字"金"字头呈三角形，中间四点均圆折，下部圆折。		2.55	0.81	0.20	0.18	0.13	2.65		
ⅢM41:40-12		同上		2.59	0.83	0.20	0.18	0.13	3.29		
ⅢM41:40-13		"五"字较宽，交笔弯曲，"铢"字"金"字头呈三角形，中间四点较短，"朱"字上下部均方折。		2.67	0.91	0.15	0.19	0.14	3.01		残
ⅢM41:40-14		"五"字较宽，交笔弯曲，"铢"字"金"字头呈三角形，中间四点较长，"朱"字上下部均圆折。		2.58	0.95	0.14	0.15	0.11	2.44		
ⅢM41:40-15		"五"字较宽，交笔弯曲，"铢"字"金"字头呈箭镞状，中间四点较短，"朱"字上部方折，下部圆折。		2.55	0.90	0.21	0.20	0.15	2.25		

续附表三

编号	种类	特征	记号	钱径	穿宽	郭宽	郭厚	肉厚	重量	图号、图版号	备注
ⅢM41：40-16		"五"字较宽，交笔弯曲，"铢"字"金"字头锈蚀不可辨，中间四点较短，"朱"字上下部均圆折。		2.6	0.90	0.16	0.19	0.15	3.05		表面锈蚀，文字模糊
ⅢM41：40-17		同上		2.61	0.93	0.15	0.14	0.11	2.59		同上
ⅢM41：40-18		同上		2.62	0.90	0.20	0.18	0.14	2.60		同上
ⅢM41：40-19		同上		2.66	0.85	0.20	0.19	0.15	2.73		同上
ⅢM41：40-20		"五"字较宽，交笔弯曲，"铢"字锈蚀不可辨。		2.61	0.92	0.23	0.20	0.16	2.54		同上
ⅢM41：40-21		同上		2.52	0.84	0.20	0.19	0.14	2.99		同上
ⅢM41：40-22		同上		2.60	0.85	0.21	0.20	0.15	3.08		同上
ⅢM41：40-23		"五"字较窄，中间四点较长，"朱"字上下部均圆折。		2.65	0.91	0.20	0.18	0.14	2.40		
ⅢM41：40-24		同上		2.56	0.90	0.19	0.18	0.14	2.51		
ⅢM41：40-25		同上		2.60	0.89	0.20	0.20	0.15	2.94		
ⅢM41：40-26		"五"字较宽，交笔弯曲，"铢"字"金"字头呈三角形，中间四点较长，"朱"字上部方形，下部圆折。		2.54	0.85			0.11	2.46		
ⅢM41：40-27		"五"字较窄，交笔弯曲，"铢"字"金"字头呈三角形，中间四点较长，"朱"字上部方折，下部圆折。		2.55	0.91	0.15	0.13	0.11	2.30		

续附表三

编号	种类	特征	记号	钱径	穿宽	郭宽	郭厚	肉厚	重量	图号、图版号	备注
ⅢM41：40-28		"五"字较窄，交笔弯曲，"铢""金"字头呈三角形，中间四点较短，"朱"字上下部均方折。		2.70	0.95	0.21	0.16	0.12	3.36		
ⅢM41：40-29		"五"字较窄，交笔弯曲，"铢""金"字头呈三角形，中间四点较短，"朱"字上部方圆折，下部圆折。		2.50	0.87			0.12	2.04		
ⅢM41：40-30		"五"字较窄，交笔弯曲，"铢""金"字头呈三角形，中间四点较短，"朱"字上下部均圆折。		2.61	0.90	0.20	0.20	0.15	2.46		
ⅢM41：40-31		"五"字较窄，交笔弯曲，"铢""金"字头呈箭镞状，中间四点较短，"朱"字上下部均圆折。		2.65	0.91	0.18	0.22	0.16	2.79		
ⅢM41：40-32		"五"字较窄，交笔弯曲，"铢""金"字头呈箭镞状，中间四点锈蚀不可辨。		2.58	0.90	0.21	0.20	0.13	2.57		残，表面锈蚀，文字模糊
ⅢM41：40-33		"五"字锈蚀不可辨，"铢""金"字头锈蚀不可辨，"朱"字上下部均圆折。		2.61	0.89	0.20	0.15	0.11	2.37		同上
ⅢM41：40-34		"五"字较窄，交笔弯曲，"铢"字锈蚀不可辨。		2.53	0.86	0.18	0.21	0.14	2.73		同上
ⅢM41：40-35		同上		2.65	0.95	0.21	0.21	0.15	2.76		同上
ⅢM41：40-36	磨郭五铢	"五"字宽，交笔弯曲，"铢""金"字头呈三角形，中间四点较长，"朱"字上下部均圆折。		2.40	0.89			0.10	1.86		

续附表三

编号	种类	特征	记号	钱径	穿宽	郭宽	郭厚	肉厚	重量	图号、图版号	备注
ⅢM41:40-37		"五"字较宽,交笔弯曲,"铢"字锈蚀不辨。		2.42	0.90	0.13	0.15	0.11	1.84		表面锈蚀,文字模糊
ⅢM41:40-38		同上		2.40	0.89			0.11	1.36		同上
ⅢM41:40-39		"五"字较窄,交笔弯曲,"铢"字"金"字头呈三角形,中间四点较长,"朱"字上下部均圆折。		2.25	0.89			0.13	1.53		
ⅢM41:40-40		"五"字较窄,交笔弯曲,"铢"字"金"字锈蚀不可辨,"朱"字下部均方折。		2.35	0.89	0.13	0.12	0.11	2.91		表面锈蚀,文字模糊
ⅢM41:40-41		"五"字较窄,交笔弯曲,"铢"字"金"字可辨,"朱"字下部圆折。		2.29	0.90			0.11	1.50		同上
ⅢM41:40-42		"五"字锈蚀不可辨,"铢"字"金"字头呈三角形,中间四点较长,"朱"字上部方圆折,下部圆折。		2.40	0.90	0.1	0.13	0.11	2.50		同上
ⅢM41:40-43		磨郭		2.31	0.85			0.11	1.68		表面锈蚀,文字不明
ⅢM41:40-44		磨郭		2.40	0.90			0.15	2.09		同上
ⅢM41:40-45	不明	磨郭		2.41	0.89			0.14	2.23		同上
ⅢM41:40-46		磨郭		2.35	0.90			0.10	1.94		同上
ⅢM41:40-47		磨郭		2.32	0.84			0.13	1.82		同上
ⅢM41:40-48		磨郭		2.35	0.82			0.11	2.04		同上
ⅢM41:40-49				2.47	1.00			0.12	1.32		残,同上

续附表三

编号	种类	特征	记号	钱径	穿宽	郭宽	郭厚	肉厚	重量	图号、图版号	备注
ⅢM41：40-50	剪轮五铢	形制较小，边有剪凿痕，"五铢"两字剪去大半，"五"字较窄，交笔弯曲，"铢"字锈蚀不可辨。		1.80	0.70			0.12	1.14		表面锈蚀，文字模糊
ⅢM41：40-51		形制较小，边有剪凿痕，钱文漫漶不可辨识，制作粗劣。		1.62	0.82			0.14	0.85		表面锈蚀，文字不明
ⅢM41：40-52		同上		1.71	0.71			0.15	1.03		同上
ⅢM41：40-53		同上		1.74	0.82			0.12	0.84		同上
ⅢM41：40-54		形制较大，边有剪凿痕，钱文漫漶不可辨识，制作粗劣。		2.25	0.83			0.13	1.81		同上
ⅢM41：40-55	剪轮钱	同上		2.05	0.85			0.14	1.49		同上
ⅢM41：40-56		同上		2.10	0.89			0.11	1.51		同上
ⅢM41：40-57		同上		2.23	0.86			0.15	2.20		同上
ⅢM41：40-58		同上		2.20	0.80			0.14	2.28		同上
ⅢM41：40-59		同上		2.05	0.90			0.12	1.37		同上
ⅢM41：40-60		同上		2.08	0.91			0.11	1.29		同上
ⅢM41：40-61		同上		2.20	0.90			0.15	1.86		同上
ⅢM41：40-62	冥钱	制作粗劣，边有剪凿痕，状为不规则圆形。		1.30~1.40	0.58~0.63			0.15~0.30	0.53~0.60		残，表面锈蚀，共一组2枚

续附表三

编号	种类	特征	记号	钱径	穿宽	郭宽	郭厚	肉厚	重量	图号、图版号	备注
ⅢM41:40-63	货泉	形制较小，两面穿皆有郭，"货泉"二字篆书。		2.35	0.61	0.22	0.15	0.11	2.42	图版一一七，5	残，表面锈蚀，文字不明
ⅢM41:40-64				2.18	0.98			0.15	1.44		
ⅢM41:40-65				2.12	0.93			0.18	1.96		同上
ⅢM41:40-66				2.28	0.81			0.16	2.10		
ⅢM41:40-67				2.70	1.00	2.00	2.00	0.15	1.94		
ⅢM41:40-68				2.69	0.90	0.19	0.24	0.18	3.49		同上
ⅢM41:40-69	不明			2.62	0.94			0.17	2.38		同上
ⅢM41:40-70				2.61	0.81	0.20	0.21	0.14	2.84		同上
ⅢM41:40-71				2.71	0.90	0.13	0.18	0.12	1.82		同上
ⅢM41:40-72				2.50	0.81	0.14	0.15	0.15	2.83		同上
ⅢM41:40-73				2.59	0.98	0.11	0.13	0.11	1.87		同上
ⅢM41:40-74				2.39	0.87			0.11	2.04		同上
ⅢM41:40-75								0.15	1.72		同上
ⅢM41:40-76				2.60	0.95			0.13	1.79		同上

续附表三

编号	种类	特征	记号	钱径	穿宽	郭宽	郭厚	肉厚	重量	图号、图版号	备注
ⅢM41:40-77				2.49	0.83	0.16	0.15	0.11	2.66		
ⅢM41:40-78				2.46	0.80	0.13	0.21	0.14	2.10		同上
ⅢM41:40-79				2.55	0.89	0.19	0.18	0.15	1.63		同上
ⅢM41:40-80				2.20	0.91			0.13	0.81		同上
ⅢM41:40-81									共5.7		同上，均为残块，共一组
ⅢM41:40-82	五铢	"五"字较宽，交笔弯曲，"铢"字"金"字头呈三角形，中间四点不可辨，"朱"字上下部锈蚀不可辨，下部圆折。		2.60	0.89	0.21	0.18	0.12	1.39		残，表面锈蚀，文字模糊
ⅢM41:40-83		"五"字较窄，交笔弯曲，"铢"字"金"字头呈三角形，中间四点较长，"朱"字上下部均圆折。		2.70	0.90	0.19	0.16	0.12	2.22		残
ⅢM41:41-1		形制较大，"五"字头呈三角形，交笔弯曲，"铢"字"金"字头呈三角形，中间四点较短，"朱"字上下部均方折。		2.87	0.91	0.20	0.20	0.15	3.10		残
ⅢM41:41-2	五铢	"五"字较宽，交笔弯曲，"铢"字"金"字头呈三角形，中间四点较短，"朱"字上下部圆折，上部外敞。		2.48	0.90	0.14	0.15	0.13	2.33		
ⅢM41:41-3		"五"字较窄，交笔弯曲，"铢"字"金"字头呈三角形，中间四点较长，"朱"字上下部方圆折，下部圆折。		2.54	0.90	0.19	0.20	0.16	2.87		

续附表三

编号	种类	特征	记号	钱径	穿宽	郭宽	郭厚	肉厚	重量	图号、图版号	备注
ⅢM41∶41-4		"五"字较窄,交笔弯曲,"铢"字"金"字头呈三角形,中间四点较长,"朱"字上下部均圆折,上部外敞。		2.62	0.94	0.18	0.20	0.17	2.58		
ⅢM41∶41-5		"五"字较窄,交笔弯曲,"铢"字"金"字锈蚀不可辨,"朱"字上下部均圆折。		2.51	0.90	0.18	0.21	0.16	2.43		残,表面锈蚀,文字模糊
ⅢM41∶41-6	剪轮五铢	边有剪蹭痕,"五铢"两字剪去大半,"五"字较窄,交笔弯曲,"铢"字"金"被剪,"朱"字上下部均圆折。		1.82	0.83			0.12	0.98		
ⅢM41∶41-7	半两	平背无郭,穿孔两侧象书"半两"二字。		2.42	0.97			0.10	1.59		
ⅢM41∶41-8				2.56	0.81	0.16	0.21	0.17	2.81		残,表面锈蚀,文字不明
ⅢM41∶41-9				2.61	0.90	0.20	0.16	0.13	2.66		同上
ⅢM41∶41-10				2.65	0.86	0.21	0.24	0.11	2.33		同上
ⅢM41∶41-11	不明			2.72		0.20	0.20	0.15	1.96		同上
ⅢM41∶41-12				2.55	0.90	0.20	0.17	0.13	2.14		同上
ⅢM41∶41-13				2.54	0.83	0.19	0.15	0.11	2.13		同上
ⅢM41∶41-14				2.34	0.86			0.13	1.63		同上

续附表三

编号	种类	特征	记号	钱径	穿宽	郭宽	郭厚	肉厚	重量	图号、图版号	备注
ⅢM41:41-15		"五"字较宽,交笔弯曲,"铢"字"金"字头呈三角形,"铢"字中间四点较短,"朱"字上下部均圆折。		2.59	0.93	0.17	0.19	0.10	1.08		同上
ⅢM41:42-1		同上		2.60	0.85	0.20	0.20	0.14	3.10		
ⅢM41:42-2		"五"字较宽,交笔弯曲,"铢"字"金"字头呈三角形,"铢"字中间四点较短,"朱"字上部方圆折。		2.70	0.91	0.21	0.20	0.15	3.17		
ⅢM41:42-3		同上		2.58	0.95	0.19	0.20	0.14	2.18		
ⅢM41:42-4	五铢	"五"字较宽,交笔弯曲,"铢"字"金"字头呈三角形,"铢"字中间四点较短,"朱"字上下部均圆折。		2.60	0.92	0.25	0.20	0.16	3.33	图二七-4	
ⅢM41:42-5		"五"字较宽,交笔弯曲,"铢"字"金"字头呈三角形,"铢"字中间四点较短,部锈蚀不可辨,下部圆折。		2.63	0.89	0.20	0.19	0.15	3.25		表面锈蚀,文字模糊
ⅢM41:42-6		"五"字较宽,交笔弯曲,"铢"字"金"字头呈三角形,"铢"字中间四点较短,"朱"字锈蚀不可辨。		2.75	1.00	0.16	0.20	0.16	2.57		同上
ⅢM41:42-7		"五"字较宽,交笔弯曲,"铢"字"金"字头呈三角形,"铢"字中间四点较长,"朱"字上下部圆折。		2.63	0.92	0.15	0.20	0.16	2.50		
ⅢM41:42-8		"五"字较宽,交笔弯曲,"铢"字"金"字头呈三角形,"铢"字中间四点较长,"朱"字上下部方圆折。		2.49	0.82	0.15	0.15	0.11	2.55		表面锈蚀,文字模糊
ⅢM41:42-9		同上		2.69	1.01	0.19	0.20	0.16	2.75		同上
ⅢM41:42-10		同上		2.66	0.91	0.21	0.22	0.16	3.71		同上

续附表三

编号	种类	特征	记号	钱径	穿宽	郭宽	郭厚	肉厚	重量	图号、图版号	备注
ⅢM41:42-11		"五"字较宽，交笔弯曲，"铢"字锈蚀不可辨。		2.61	0.91	0.15	0.20	0.15	2.91		同上
ⅢM41:42-12		"五"字较狭，交笔弯曲，"铢"字"金"字头呈三角形，中间四点较短，"朱"字上部方折，下部方圆折。		2.59	1.00	0.18	0.15	0.11	2.82		
ⅢM41:42-13		"五"字较狭，交笔弯曲，"铢"字"金"字头呈三角形，中间四点较短，"朱"字上下部均圆折。		2.52	0.89	0.15	0.16	0.12	2.90		
ⅢM41:42-14		"五"字较狭，交笔弯曲，"铢"字锈蚀不可辨。		2.55	0.88	0.16	0.20	0.17	2.60		表面锈蚀，文字模糊
ⅢM41:42-15	五铢	同上		2.60	0.90	0.12	0.15	0.11	2.67		同上
ⅢM41:42-16		同上		2.30	0.92	0.16	0.20	0.16	1.95		残，同上
ⅢM41:42-17		边有剪凿痕，"五铢"两字剪去大半。		1.80	0.86			0.15	1.03		
ⅢM41:42-18	剪轮五铢	"五"字较狭，交笔弯曲，"铢"字"金"被剪，"朱"字下部均圆折。		2.10	0.92			0.12	1.71		
ⅢM41:42-19		同上		2.01	0.91			0.11	1.64		
ⅢM41:42-20	剪轮钱	边有剪凿痕，钱文漫漶不可辨识，制作粗劣。		1.99	0.91			0.09	0.89		表面锈蚀，文字不明
ⅢM41:42-21	不明	磨郭		2.34	0.90			0.10	1.69		残，表面锈蚀，文字不明

续附表三

编号	种类	特征	记号	钱径	穿宽	郭宽	郭厚	肉厚	重量	图号、图版号	备注
ⅢM41:42-22				2.52	0.98	0.19	0.17	0.12	2.45		同上
ⅢM41:42-23				2.50	0.85	0.15	0.20	0.16	2.52		同上
ⅢM41:42-24				2.55	0.92	0.12	0.18	0.15	2.10		同上
ⅢM41:42-25				2.71	0.83	0.18	0.15	0.12	2.80		同上
ⅢM41:43-1	五铢	"五"字较宽，交笔弯曲，"铢"字"金"字头呈三角形，中间四点均呈圆形，"朱"字上下部均圆折。		2.55	1.01	0.15	0.11	0.09	2.00		残
ⅢM41:43-2		"五"字锈蚀残缺，交笔弯曲，"铢"字"金"字头呈三角形，中间四点均呈圆形，"朱"字上下部均圆折。		2.58	0.86	0.18	0.21	0.16	2.05		残，表面锈蚀，文字模糊
ⅢM41:43-3		"五"字较宽，交笔弯曲，"铢"字"金"字上部方折，下部圆折。		2.82	0.91	0.19	0.20	0.15	3.15		同上
ⅢM41:43-4	磨郭五铢	"五"字较宽，交笔弯曲，"铢"字锈蚀不可辨。		2.23	0.92			0.16	2.06		表面锈蚀，文字模糊
ⅢM41:43-5	剪轮钱	边有剪凿痕，钱文漫漶不可辨识，制作粗劣。		2.05	0.99			0.15	0.71		残，表面锈蚀，文字不明
ⅢM41:43-6	不明			2.50	0.90	0.12	0.14	0.11	1.86		同上

续附表三

编号	种类	特征	记号	钱径	穿宽	郭宽	郭厚	肉厚	重量	图号、图版号	备注
ⅢM41∶45-1	五铢	"五"字较宽，交笔弯曲，"铢"字"金"字头呈三角形，中间四点较短，"朱"字上下部均圆折。		2.60	0.92	0.13	0.15	0.11	2.31		
ⅢM41∶45-2		同上		2.40	0.92	0.11	0.13	0.11	1.81		
ⅢM41∶45-3		"五"字较宽，交笔弯曲，"铢"字"金"字头呈三角形，中间四点较短，"朱"字上下部均方圆折。		2.60	0.91	0.17	0.19	0.16	2.70		
ⅢM41∶45-4		"五"字较宽，交笔弯曲，"铢"字锈蚀不可辨		2.62	0.90	0.16	0.15	0.12	2.32		表面锈蚀，文字模糊
ⅢM41∶45-5		"五"字较窄，交笔弯曲，"铢"字"金"字头呈三角形，中间四点较长，"朱"字上部方折，下部圆折。		2.58	0.90	0.20	0.18	0.15	2.94	图二七一,5	
ⅢM41∶45-6		"五"字较窄，交笔弯曲，"铢"字"金"字头呈三角形，中间四点较长，"朱"字上下部均圆折。		2.55	0.91	0.17	0.19	0.16	2.17		残
ⅢM41∶45-7		"五"字较窄，交笔弯曲，"铢"字"金"字头呈三角形，中间四点较长，"朱"字锈蚀不可辨。		2.55	0.90	0.15	0.13	0.11	2.62		表面锈蚀，文字模糊
ⅢM41∶45-8	磨郭五铢	"五"字较窄，交笔弯曲，"铢"字"金"字头呈三角形，中间四点较长，"朱"字上部方折，下部圆折。		2.08	0.85			0.11	1.61		
ⅢM41∶45-9	不明	磨郭		2.35	0.91			0.15	2.01		表面锈蚀，文字不明

续附表三

编号	种类	特征	记号	钱径	穿宽	郭宽	郭厚	肉厚	重量	图号、图版号	备注
ⅢM41:45-10		磨郭		2.59	0.96			0.11	2.27		同上
ⅢM41:45-11				2.50	0.89	0.15	0.12	0.10	1.63		同上
ⅢM41:48-1	蜀五铢	形制较小，两面穿均有郭。"五"字较窄，交笔弯曲，"铢"字金字头呈箭镞状，中间四点短，"朱"字上下部均圆折。		2.13	0.70	0.18	0.19	0.16	2.68	图二七—,6	
ⅢM41:48-2		同上		2.20	0.71	0.20	0.20	0.11	1.86		残
ⅢM41:48-3		"五"字较宽，交笔弯曲，"铢"字金字头呈三角形，中间四点较短，"朱"字上下部均圆折。		2.58	0.88	0.21	0.20	0.13	3.29		
ⅢM41:48-4		同上		2.55	0.90	0.19	0.17	0.13	2.72		残
ⅢM41:48-5		同上		2.61	0.97	0.21	0.18	0.15	1.99		
ⅢM41:48-6		同上		2.60	0.92	0.2	0.18	0.14	2.44		残
ⅢM41:48-7	五铢	同上		2.60	1.00	0.12	0.14	0.11	2.27		
ⅢM41:48-8		"五"字较宽，交笔弯曲，"铢"字金字头呈金字形，"朱"字上下部锈蚀不可辨。		2.65	0.91	0.18	0.15	0.10	3.22		表面锈蚀，文字模糊
ⅢM41:48-9		同上		2.55	0.90	0.16	0.18	0.13	2.63		残,同上
ⅢM41:48-10		同上		2.58	0.86	0.21	0.17	0.14	2.64		同上

续附表三

编号	种类	特征	记号	钱径	穿宽	郭宽	郭厚	肉厚	重量	图号、图版号	备注
ⅢM41:48-11		"五"字较窄，交笔弯曲，"铢"字"金"字头呈三角形，中间四点较短，"朱"字上部方圆形，下部圆折。		2.52	0.91	0.15	0.19	0.16	2.91		
ⅢM41:48-12		同上		2.56	0.94	0.15	0.22	0.16	3.19		
ⅢM41:48-13		"五"字较窄，交笔弯曲，"铢"字"金"字头呈三角形，中间四点较短，"朱"字上下部均圆折。		2.51	0.95	0.15	0.19	0.15	2.57		
ⅢM41:48-14		同上		2.60	0.90	0.21	0.18	0.14	2.07		残
ⅢM41:48-15		"五"字较窄，交笔弯曲，"铢"字"金"字头呈三角形，中间四点较短，"朱"字上下部均圆折。	穿上横郭	2.61	0.95	0.20	0.20	0.16	3.10	图版一二〇,3	表面锈蚀，文字模糊
ⅢM41:48-16		"五"字较窄，交笔弯曲，"铢"字锈蚀不可辨，缺不可辨。		2.71	0.99	0.21	0.2	0.15	2.00		残，表面锈蚀，文字模糊
ⅢM41:48-17		同上		2.60	0.92	0.19	0.2	0.16	2.18		同上
ⅢM41:48-18		同上			0.96	0.18	0.17	0.12	0.84		同上
ⅢM41:48-19		同上		2.60	0.82	0.20	0.13	0.10	1.49		同上
ⅢM41:48-20		同上		2.60	0.9	0.22	0.2	0.14	2.03		同上
ⅢM41:48-21		同上	穿上星	2.51	0.89	0.16	0.18	0.14	1.90		同上
ⅢM41:48-22		"五"字较宽，交笔弯曲，"铢"字锈蚀残缺不可辨。				0.11	0.21	0.15	0.77		同上

续附表三

编号	种类	特征	记号	钱径	穿宽	郭宽	郭厚	肉厚	重量	图号、图版号	备注
ⅢM41:48-23	货泉	形制较小,"货泉"二字篆书。		2.21	0.61	0.21	0.19	0.15	2.44		
ⅢM41:48-24		形制较小,两面穿皆有郭,"货泉"二字篆书。		2.23	0.70	0.18	0.15	0.11	1.62		
ⅢM41:48-25		磨郭		2.60	0.95			0.12	1.83		残,表面锈蚀,文字不明
ⅢM41:48-26				2.49	0.91			0.13	2.48		同上
ⅢM41:48-27				2.65	0.95	0.18	0.20	0.14	2.01		同上
ⅢM41:48-28				2.50	0.93			0.13	1.54		同上
ⅢM41:48-29	不明			2.62	0.86			0.13	1.74		同上
ⅢM41:48-30				2.55	0.87	0.19	0.20	0.16	2.58		同上
ⅢM41:48-31				2.71	0.90	0.20	0.19	0.15	2.20		同上
ⅢM41:48-32				2.45	0.89	0.20	0.21	0.17	2.24		同上
ⅢM41:48-33					0.80	0.15	0.2	0.16	2.23		同上
ⅢM41:48-34									共18.55		同上,均为残块,共一组

续附表三

编号	种类	特征	记号	钱径	穿宽	郭宽	郭厚	肉厚	重量	图号、图版号	备注
ⅢM41:48-35	冥钱	制作粗劣，边有剪凿痕，状为不规则圆形。		1.21	0.55			0.12	0.51		残，表面锈蚀
ⅢM41:49-1	五铢	"五"字较窄，交笔弯曲，"铢"字"金"字头呈三角形，中间四点较短，"朱"字上下部均圆折。		2.57	0.93	0.12	0.16	0.11	2.54		
ⅢM41:49-2		"五"字较宽，交笔弯曲，"铢"字"金"字头呈箭镞状，中间四点较长，"朱"字上部方折，下部圆折。	穿下	半星	2.60	0.90	0.17	0.20	0.16	2.86	图二七、7
ⅢM41:49-3	磨郭五铢	"五"字较宽，交笔弯曲，"铢"字"金"字头呈三角形，中间四点较短，"朱"字上部方折，下部圆折。		2.50	0.92			0.11	1.81		
ⅢM41:49-4		"五"字较宽，交笔弯曲，"铢"字"金"字头呈三角形，中间四点较长，"朱"字上下部均圆折。		2.30	0.95			0.10	1.51		
ⅢM41:53-1	蜀五铢	形制较小，两面穿均有郭，"五"字，交笔弯曲，"铢"字"金"字头呈箭镞状，中间四点较短，"朱"字上下部均方折。		2.22	0.70	0.20	0.20	0.16	2.33		
ⅢM41:53-2	五铢钱	"五"字较宽，交笔弯曲，"铢"字"金"字头锈蚀箭头可辨。		2.63	0.91	0.20	0.19	0.15	2.51		表面锈蚀，文字模糊
ⅢM41:53-3		同上		2.52	0.90	0.20	0.12	0.10	1.84		同上
ⅢM41:53-4		"五"字较宽，交笔弯曲，"铢"字"金"字头呈三角形，中间四点较短，"朱"字上下部均圆折。		2.65	0.86	0.21	0.20	0.16	3.38	图二七、8	

续附表三

编号	种类	特征	记号	钱径	穿宽	郭宽	郭厚	肉厚	重量	图号、图版号	备注
ⅢM41:53-5	不明	磨郭		2.35	0.89			0.14	1.42		表面锈蚀，文字不明
ⅢM41:53-6				2.59	0.91	0.19	0.20	0.16	2.07		残，同上
ⅢM41:55-1		"五"字较宽，交笔弯曲，"铢"字"金"字头呈三角形，中间四点较短，"朱"字上下部均圆折。		2.60	0.90	0.20	0.21	0.15	2.93		
ⅢM41:55-2		同上		2.55	0.96	0.17	0.15	0.13	2.77		
ⅢM41:55-3		"五"字较宽，交笔弯曲，"铢"字"金"字头呈三角形，中间四点较短，"朱"字上部方折，下部圆折。		2.57	0.85	0.16	0.15	0.12	2.53		
ⅢM41:55-4		"五"字较宽，交笔弯曲，"铢"字"金"字头呈三角形，中间四点较短，"朱"字锈蚀不可辨。		2.58	0.90	0.19	0.19	0.15	3.21		表面锈蚀，文字模糊
ⅢM41:55-5	五铢	"五"字较宽，交笔弯曲，"铢"字"金"字头呈三角形，中间四点可辨。		2.61	0.89	0.19	0.20	0.15	2.85		同上
ⅢM41:55-6		"五"字较窄，交笔弯曲，"铢"字"金"字头呈三角形，中间四点较长，"朱"字上部圆折，下部方折。		2.55	0.85	0.20	0.18	0.14	2.68		
ⅢM41:55-7		"五"字较窄，交笔微弯曲，"铢"字"金"字头呈三角形，中间四点可辨，"朱"字上下部均方折。		2.60	0.93	0.20	0.20	0.15	2.53		
ⅢM41:55-8		"五"字头锈蚀不可辨，中间四点较短，"朱"字上下部均圆折。	穿上	横郭	2.55	0.92	0.14	0.20	0.16	3.67	图二七一，9;图版一二〇,3

续附表三

编号	种类	特征	记号	钱径	穿宽	郭宽	郭厚	肉厚	重量	图号、图版号	备注
ⅢM41:55-9		"五"字锈蚀残缺,"铢"字"金"字头呈三角形,中间四点较长,"朱"字上下部均圆折。		2.60	0.95	0.16	0.18	0.14	1.75		残,表面锈蚀,部分文字不明
ⅢM41:55-10		同上		2.71	0.92	0.14	0.20	0.16	1.43		同上
ⅢM41:55-11		同上		2.4	0.90	0.15	0.14	0.11	1.82		同上
ⅢM41:55-12		"五"字较窄,交笔弯曲,"铢"字锈蚀残缺。		2.62	0.90	0.18	0.15	0.11	1.27		同上
ⅢM41:55-13		同上		2.52	0.75	0.13	0.18	0.15	1.33		同上
ⅢM41:55-14	磨郭五铢	"五"字较窄,交笔弯曲,"铢"字"金"字头呈三角形,中间四点较短,"朱"字上下部均圆折。		2.21	0.76			0.12	1.98		
ⅢM41:55-15		"五"字较窄,交笔弯曲,"铢"字锈蚀不可辨。		2.33	0.90			0.11	1.54		残,表面锈蚀,文字模糊
ⅢM41:55-16	剪轮五铢	边有剪凿痕,"五铢"两字剪去大半,"五"字交笔弯曲,"铢"字"金"被剪,"朱"字上下部均圆折。		1.74	0.89			0.15	0.84		
ⅢM41:55-17		同上		1.96	0.89			0.13	1.22		
ⅢM41:55-18		同上		1.83	0.70			0.11	1.31		
ⅢM41:55-19		同上		1.80	0.78			0.12	0.99		
ⅢM41:55-20		同上		1.90	0.80			0.13	1.36		

续附表三

编号	种类	特征	记号	钱径	穿宽	郭宽	郭厚	肉厚	重量	图号、图版号	备注
ⅢM41:55-21	剪轮钱	边有剪凿痕，钱文漫漶不可辨识，制作粗劣。		1.79	0.78			0.13	1.15		残，表面锈蚀，文字不明
ⅢM41:55-22	货泉	形制较小，两面穿皆有郭，"货"字锈蚀不可辨，"泉"字篆书，		2.11	0.62	0.20	0.18	0.14	1.52		残，表面锈蚀，文字模糊
ⅢM41:55-23		磨郭		2.29	1.00			0.15	1.46		残，表面锈蚀，文字不明
ⅢM41:55-24		磨郭		2.40	0.92			0.15	1.64		同上
ⅢM41:55-25		磨郭		2.37	0.90			0.14	1.76		同上
ⅢM41:55-26		磨郭		2.40	0.89			0.15	1.95		同上
ⅢM41:55-27		两面穿皆有郭		2.31	0.62	0.20	0.15	0.11	1.79		同上
ⅢM41:55-28	不明			2.71	0.9			0.21	4.13		同上
ⅢM41:55-29				2.34	0.82	0.16	0.17	0.13	1.93		同上
ⅢM41:55-30				2.3	0.79			0.15	3.00		同上
ⅢM41:55-31				2.32	0.89	0.15	0.16	0.11	2.00		同上
ⅢM41:55-32				2.70	0.90			0.14	2.41		同上
ⅢM41:55-33				2.51	0.82	0.20	0.20	0.16	1.95		同上

续附表三

编号	种类	特征	记号	钱径	穿宽	郭宽	郭厚	肉厚	重量	图号、图版号	备注
ⅢM41:55-34				2.52	0.80	0.17	0.16	0.14	2.43		同上
ⅢM41:55-35				2.72	0.91	0.21	0.20	0.13	2.64		同上
ⅢM41:55-36									共10.81		同上,均为残块,共一组
ⅢM43:4	剪轮钱	边有剪凿痕,制作粗糙,文字锈蚀不可辨。		1.88	0.94			0.12	1.06		表面锈蚀,文字不明
ⅢM43:5	剪轮五铢	边有剪凿痕,"五"字较宽,交笔弯曲,"铢"字右部,"朱"字仅剩上下部均圆折。		2.11	0.84			0.12	1.92	图二七五,4	
ⅢM49:27	不明	磨郭		2.30	0.93			0.13	2.01		表面锈蚀,文字不明
ⅢM49:28	剪轮钱	制作粗劣,边有剪凿痕,状为不规则圆形。		1.25	0.35			0.10	0.28		残,表面锈蚀
ⅢM49:29	剪轮钱	形制大小均有,制作粗劣,边有剪凿痕,状为不规则圆形。		1.08~1.43	0.48~0.50			0.17~0.21	4.00	图版一二四,6	残,表面锈蚀,文字不明,一组8枚
ⅢM49:30	剪轮钱	同上		1.13~1.18	0.40~0.53			0.16~0.30	3.75		同上,共一组6枚

续附表三

编号	种类	特征	记号	钱径	穿宽	郭宽	郭厚	肉厚	重量	图号、图版号	备注
ⅢM49:31	剪轮钱	同上		1.19	0.45			0.18	0.44		同上,共1枚
ⅢM49:32	剪轮钱	同上		1.15	0.81			0.12	0.44		同上,共1枚
ⅢM49:33-1	磨郭五铢	"五"字较宽,交笔弯曲,"铢"字"金"字头呈三角形,中间四点较短,"朱"字上下部均圆折。		2.66	0.92			0.08	1.38		
ⅢM49:33-2	五铢	"五"字较宽,交笔弯曲,"铢"字"金"字头呈三角形,中间四点较短,"朱"字上部方圆折,下部圆折。		2.51	0.89	0.15	0.12	0.07	1.68		
ⅢM49:34-1	大泉五十	形制较小,形体较薄,面背皆有内郭。正面穿口左右铸"五十"二字,较宽长,上下铸"大泉"二字,均为篆书。"五"字交笔,交笔弯曲,"大"字一横较折弧。		2.46	0.98	0.18	0.14	0.08	1.71	图二八九,12	
ⅢM49:34-2		"五"字较宽,交笔弯曲,"铢"字锈蚀不可辨。		2.48	0.85	0.08	0.11	0.10	2.23		表面锈蚀,文字模糊
ⅢM49:34-3	五铢	"五"字较宽,交笔弯曲,"铢"字"金"字头呈三角形,中间四点较长,"朱"字上下部均圆折。		2.44	0.90	0.10	0.09	0.08	1.87		
ⅢM49:34-4		"五"字较宽,交笔弯曲,"铢"字"金"字头呈三角形,中间四点较短,"朱"字锈蚀不可辨。		2.50	0.93	0.11	0.09	0.08	1.92		
ⅢM49:35	剪轮钱	边有剪凿痕,制作粗糙。		1.42	1.00			0.27	0.84		表面锈蚀,文字不明

续附表三

编号	种类	特征	记号	钱径	穿宽	郭宽	郭厚	肉厚	重量	图号、图版号	备注
ⅢM50:11		"五"字较宽,交笔弯曲,"铢"字"金"字头呈三角形,中间四点较长,"朱"字上部方折,下部圆折。		2.68	0.98	0.18	0.16	0.12	2.41	图二九二,9;图版二七,2	
ⅢM50:12-1	不明			2.51	0.92	0.12	0.15	0.10	2.37		残,表面锈蚀,文字不明
ⅢM50:12-2	不明			2.35	0.82	0.16	0.21	0.14	1.86		同上
ⅢM50:13	不明	磨郭		2.20	0.89	0.15	0.23	0.18	2.06		同上
ⅢM51:5-1	不明	磨郭		2.28	1.05			0.09	2.11		残,表面锈蚀,文字不明
ⅢM51:5-2				2.43	0.86			0.08	1.57		同上
ⅢM51:5-3		"五"字较宽,交笔弯曲,"铢"字上部锈蚀不可辨,"朱"字上部圆折,下部方折。		2.70	0.93	0.22	0.25	0.18	3.40		表面锈蚀,文字模糊
ⅢM51:5-4		"五"字较宽,交笔弯曲,"铢"字锈蚀不可辨。		2.55	0.94	0.17	0.13	0.10	2.15		同上
ⅢM51:5-5	五铢	"五"字较宽,交笔弯曲,"朱"字上部呈三角形,中间四点较短,"朱"字上部方圆折,外敞,下部方折。		2.65	1.10	0.18	0.17	0.12	2.61	图二九四,8	
ⅢM53:4-1	不明	磨郭		2.45	0.88			0.11	2.05		表面锈蚀,文字不明

续附表三

编号	种类	特征	记号	钱径	穿宽	郭宽	郭厚	肉厚	重量	图号、图版号	备注
ⅢM53:4-2	磨郭五铢	"五"字较窄，交笔弯曲，被磨去右上角与右下角，"铢"字锈蚀不可辨识。		2.04	0.88			0.10	1.55	图二九八，4	表面锈蚀，文字模糊
ⅢM53:4-3	剪轮钱	边有剪凿痕，制作粗糙。		1.81	0.81			0.17	1.35		表面锈蚀，文字不明
ⅢM53:5-1	不明			2.87	0.17			0.15	2.77		残，表面锈蚀，文字不明
ⅢM53:5-2	剪轮钱	边有剪凿痕，制作粗糙。		1.83	0.96			0.08	0.69		同上
ⅢM53:5-3		同上		1.78	0.90			0.11	0.83		同上
ⅢM53:5-4	五铢	"五"字较窄，交笔弯曲，"铢"字"金"字中间四点较长，其余锈蚀不可辨识。		2.52	0.97	0.13	0.16	0.12	2.77		表面锈蚀，文字模糊
ⅢM53:6-1	不明			2.71	0.88	0.17	0.20	0.14	3.23		残，表面锈蚀，文字不明
ⅢM53:6-2	不明								3.27		同上
ⅢM53:6-3	五铢	"五"字较窄，交笔弯曲，"铢"字锈蚀不可辨识。		2.68	0.91	0.13	0.17	0.12	2.26		残，表面锈蚀，文字模糊

续附表三

编号	种类	特征	记号	钱径	穿宽	郭宽	郭厚	肉厚	重量	图号、图版号	备注
ⅢM54∶11-1	五铢	"五"字较窄，交笔弯曲，"铢"字"金"字头呈三角形，中间四点较长，"朱"字上下部均圆折。		2.60	0.96	0.18	0.15	0.10	2.51		
ⅢM54∶11-2	五铢	同上		2.60	0.92	0.16	0.15	0.09	2.66	图版一二七,5	
ⅢM54∶11-3	五铢	"五"字较窄，交笔弯曲，"铢"字"金"字头呈三角形，中间四点较长，下部方圆折。		2.62	1.10	0.16	0.12	0.08	2.36	图三〇一,1	
ⅢM54∶11-4	磨郭五铢	"五"字较宽，交笔弯曲，"铢"字锈蚀不可辨识。		2.43	0.92			0.09	2.17		表面锈蚀，文字模糊
ⅢM54∶12-1	五铢	"五"字头呈三角形，"铢"字"金"字弯曲，中间四点均方圆折。		2.67	0.94	0.18	0.18	0.11	2.60	图三〇一,2	
ⅢM54∶12-2	五铢	"五"字较宽，交笔弯曲，"铢"字锈蚀不可辨识。		2.52	0.88	0.15	0.13	0.10	2.33		表面锈蚀，文字模糊
ⅢM54∶13-1	不明								2.35		残，表面锈蚀，文字不明
ⅢM54∶13-2	五铢	"五"字较窄，交笔弯曲，"铢"字"金"字头呈三角形，中间四点较短，"朱"字上下部均圆折。		2.61	0.97	0.12	0.16	0.10	2.40	图三〇一,3	
ⅢM54∶13-3	五铢	"五"字较宽，交笔弯曲，"铢"字"金"字头呈三角形，中间四点较长，"朱"字上下部均圆折。		2.53	0.89	0.14	0.11	0.08	2.86		

续附表三

编号	种类	特征	记号	钱径	穿宽	郭宽	郭厚	肉厚	重量	图号、图版号	备注
ⅢM54:13-4		同上		2.53	2.88	0.13	0.11	0.08	2.04		残
ⅢM54:13-5		同上		2.58	0.93	0.16	0.16	0.08	2.34		残
ⅢM54:14-1	不明			2.68	1.20	0.18	0.14	0.12	2.04		残,表面锈蚀,文字不明
ⅢM54:14-2	四出五铢	"五"字较宽,交笔弯曲,"铢""金"字头呈三角形,中间四点较长,"朱"字上下部均圆折。	背面穿廓四角出文到轮廓	2.57	0.89	0.14	0.16	0.11	3.72	图三〇一,4;图版一二七,3,4	
ⅢM54:14-3		同上	穿下横郭	2.45	0.89	0.07	0.12	0.10	1.97		
ⅢM54:14-4	五铢	同上		2.60	0.99	0.20	0.19	0.13	2.61		残
ⅢM54:14-5		"五"字较窄,交笔弯曲,"铢""金"字头呈三角形,中间四点较长,"朱"字锈蚀不可辨。		2.28	0.89			0.10	1.99		表面锈蚀,文字模糊
ⅢM54:14-6	磨郭五铢	"五"字较宽,交笔弯曲,"铢""金"字头呈三角形,中间四点较长,"朱"字上下部少许被磨去,左部圆折。		2.29	0.91			0.08	1.48	图版一二七,5	
ⅢM54:14-7		"五"字较宽,交笔弯曲,"铢"仅"朱"字上部圆折,其余锈蚀不可辨。		2.33	0.89			0.07	1.81		表面锈蚀,文字模糊

续附表三

编号	种类	特征	记号	钱径	穿宽	郭宽	郭厚	肉厚	重量	图号、图版号	备注
ⅢM54:15-1	五铢	"五"字较宽，交笔弯曲，"铢"字"金"字头呈三角形，中间四点较长，"朱"字上下部均圆折。		2.60	1.00	0.14	0.15	0.10	2.66	图三〇一，5;图版二七,5	
ⅢM54:15-2	不明	磨郭		2.72	1.10			0.13	4.42		表面锈蚀，文字不明
ⅢM54:18-1		"五"字较宽，交笔弯曲，"铢"字"金"字头呈三角形，中间四点较长，"朱"字上下部均圆折，上部外敞。		2.60	1.10	0.18	0.13	0.09	2.65	图三〇一,6	
ⅢM54:18-2		"五"字较窄，交笔弯曲，"铢"字"金"字头呈三角形，中间四点较短，"朱"字上下部均圆折，上部外敞。		2.54	0.85	0.18	0.13	0.08	2.76		残
ⅢM54:18-3		同上		2.62	0.94	0.18	0.18	0.12	2.43		
ⅢM54:18-4	五铢	"五"字较窄，交笔弯曲，"铢"字"金"字头呈三角形，中间四点较短，"朱"字锈蚀不可辨		2.47	0.98	0.17	0.13	0.08	2.27		表面锈蚀，文字模糊
ⅢM54:18-5		"五"字较宽，交笔弯曲，"铢"字"金"字"朱"字锈蚀不可辨		2.51	0.97	0.11	0.13	0.09	2.46		同上
ⅢM54:18-6		"五"头头呈三角形，中间四点较长，"朱"字上下部均圆折，上部外敞。		2.43	0.88	0.13	0.15	0.10	2.11		
ⅢM54:18-7		"五"字较宽，交笔弯曲，"铢"字锈蚀不可辨		2.72	1.20	0.17	0.18	0.13	2.90		残，表面锈蚀，文字模糊

续附表三

编号	种类	特征	记号	钱径	穿宽	郭宽	郭厚	肉厚	重量	图号、图版号	备注
ⅢM54:18-7	磨郭五铢	"五铢"两字部分磨去，"五"字较窄，交笔弯曲，"铢"字"金"锈蚀不可辨，"朱"字上下部均圆折。		2.22	1.20			0.09	1.50		表面锈蚀，文字模糊
ⅢM54:18-9	不明	磨郭		2.42	0.88			0.12	1.72		表面锈蚀，文字不明
ⅢM54:18-10	不明			2.55	0.90	0.18	0.13	0.11	2.30		残块同上
ⅢM55:19	不明	磨郭		2.38	0.91			0.11	1.69		表面锈蚀，文字不明
ⅢM55:20	五铢	"五"字头呈三角形，中间四点较短，"朱"字上下部均圆折。		2.60	0.91	0.11	0.15	0.10	2.72	图三〇四，13	
ⅢM55:21-1	不明	磨郭		2.31	0.89			0.10	1.83		表面锈蚀，文字不明
ⅢM55:21-2	五铢	"五"字较窄，交笔弯曲，"铢"字头呈三角形，中间四点较长，"朱"字上下部均圆折。		3.15	0.88	0.19	0.17	1.12	2.51	图三〇四，14	
ⅢM55:22-1	五铢	"五"字头呈三角形，中间四点较短，"朱"字上下部均圆折。		2.58	0.95	0.15	0.13	0.10	2.72		
ⅢM55:22-2	五铢	同上		2.60	0.84	0.18	0.14	0.10	2.58		
ⅢM55:25-1	不明	磨郭		2.05	0.93			0.10	1.28		表面锈蚀，文字不明

续附表三

编号	种类	特征	记号	钱径	穿宽	郭宽	郭厚	肉厚	重量	图号、图版号	备注
ⅢM55:25-2	五铢	"五"字较窄，交笔弯曲，"铢"字锈蚀不可辨。		2.94	0.90	0.09	0.13	0.12	1.95		表面锈蚀，文字模糊
ⅢM55:26-1	剪轮五铢	边有剪凿痕迹，"五铢"两字被剪去部分，"五"字较窄，"铢"字仅余"朱"字，上下部均圆折。		1.96	0.94			0.08	1.09		
ⅢM55:26-2	五铢	"五"字较窄，交笔弯曲，"铢"字锈蚀不可辨。		2.61	0.98	0.12	0.17	0.14	2.26	图三〇四，15	表面锈蚀，文字模糊
ⅢM55:27	五铢	"五"字较窄，交笔弯曲，"铢"字"金"字头呈三角形，中间四点均短，"朱"字上下部均圆折。		2.54	0.91	0.13	0.15	0.10	2.72	图三〇四，16	
ⅢM55:29-1	不明	磨郭		2.39	0.94			0.13	1.86		表面锈蚀，文字不明
ⅢM55:29-2	磨郭五铢	"五"字较宽，交笔弯曲，"铢"字头锈蚀不可辨，"朱"字上下部均圆折。		2.34	0.96			0.12	1.87		表面锈蚀，文字模糊
ⅢM55:29-3	五铢	"五"字较宽，交笔弯曲，仅可辨"朱"字下部分残缺，"铢"字部分残。	穿上横郭	2.62	0.95	0.13	0.17	0.07	1.70		残
ⅢM56:11				2.62	0.83	0.11	0.12	0.08	1.15		残，表面锈蚀，文字不明
ⅢM56:12	不明								1.45		同上

续附表三

编号	种类	特征	记号	钱径	穿宽	郭宽	郭厚	肉厚	重量	图号、图版号	备注
ⅣM1∶27-1		"五"字较窄，交笔弯曲，"铢"字"金"字头呈三角形，中间四点较长，"朱"字上下部均圆折。		2.51	0.89	0.18	0.13	0.09	3.13	图三一三，1;图版一三〇,6	
ⅣM1∶27-2		同上		2.55	0.90	0.16	0.13	0.07	3.54	图三一三，2;图版一三〇,6	
ⅣM1∶27-3		同上		2.45	0.89	0.10	0.12	0.08	1.80		
ⅣM1∶27-4		同上		2.56	0.93	0.12	0.10	0.06	2.00		
ⅣM1∶27-5		"五"字较宽，交笔弯曲，"铢"字"金"字头呈三角形，中间四点较长，"朱"字上部方折，下部圆折。		2.50	0.96	0.11	0.11	0.08	1.87	图版一三〇,6	
ⅣM1∶27-6		"五"字较宽，交笔弯曲，"铢"字"金"字头呈三角形，中间四点较长，"朱"字上下部均圆折。		2.45	0.93	0.15	0.12	0.07	2.21	图版一三〇,6	
ⅣM1∶27-7		"五"字较宽，交笔弯曲，"铢"字"金"字头呈三角形，中间四点较短，"朱"字上下部均方折。		2.59	0.95	0.15	0.12	0.08	2.13		
ⅣM1∶27-8		同上		2.58	0.98	0.20	0.16	0.10	3.20		残
ⅣM1∶27-9		同上		2.56	1.00	0.10	0.13	0.6	2.06		残
ⅣM1∶27-10		同上		2.58	1.10	0.12	0.12	0.09	2.25		
ⅣM1∶27-11		"五"字较宽，交笔微弯曲，"铢"字"金"字头呈三角形，中间四点短，呈点斜状，"朱"字上部方折，下部圆折。		2.57	1.00	0.13	0.19	0.10	3.39	图版一三〇,6	

续附表三

编号	种类	特征	记号	钱径	穿宽	郭宽	郭厚	肉厚	重量	图号、图版号	备注
ⅣM1:27-12		"五"字较窄，交笔弯曲，"铢"字"金"字头呈三角形，中间四点较长，"朱"字上下部均圆折。		2.56	0.90	0.12	0.11	0.08	2.41		
ⅣM1:27-13		同上		2.46	0.91	0.07	0.12	0.07	1.85		残，表面锈蚀，文字模糊
ⅣM1:27-14		"五"字较窄，交笔弯曲，"铢"字"金"字头呈三角形，"朱"字上下部锈蚀残缺。	穿上星	2.33	1.00	0.15	0.15	0.08	1.52		同上
ⅣM1:27-15		"五"字锈蚀残缺，"铢"字"金"字头呈三角形，中间四点较短，"朱"字上下部均圆折。		2.56	0.99	0.11	0.12	0.09	2.38		
ⅣM1:27-16		"五"字较窄，交笔弯曲，"铢"字"金"字头呈三角形，"朱"字上下部均方圆折。		2.39	1.00			0.08	1.69		
ⅣM1:27-17		"五"字较宽，交笔弯曲，"铢"字"金"字头呈三角形，中间四点较长，"朱"字上下部均圆折。		2.27	0.99			0.10	1.56		
ⅣM1:27-18	磨郭五铢	同上		2.44	0.98			0.09	1.92		
ⅣM1:27-19		同上		2.15	0.88			0.07	1.45	图版一三〇,6	
ⅣM1:27-20		"五"字较宽，交笔弯曲，"铢"字锈蚀不可辨。		2.35	0.92			0.08	1.52		表面锈蚀，文字模糊
ⅣM1:27-21		"五"字较宽，交笔弯曲，"铢"字锈蚀不可辨。		2.12	0.98			0.08	1.21		同上

续附表三

编号	种类	特征	记号	钱径	穿宽	郭宽	郭厚	肉厚	重量	图号、图版号	备注
ⅣM1：27-22	不明	磨郭		2.46	0.89			0.09	1.94		表面锈蚀，文字不明
ⅣM1：27-23		磨郭		2.20	0.99			0.08	1.27		同上
ⅣM1：27-24									2.81		同上，均为残块，共一组
ⅣM2：20-1	五铢	"五"字较宽，交笔弯曲，"铢"字"金"字头呈三角形，中间四点均长下部均圆折。		2.57	1.10	0.15	0.13	0.09	2.32	图版一三—，3	
ⅣM2：20-2		同上		2.58	0.95	0.14	0.15	0.08	2.42		
ⅣM2：20-3				2.59	0.96	0.12	0.11	0.07	2.44		
ⅣM2：20-4		同上		2.39	0.91	0.11	0.11	0.09	2.13		
ⅣM2：20-5		同上		2.51	1.31	0.17	0.13	0.11	1.93		残
ⅣM2：20-6		"五"字较窄，交笔弯曲，"铢"字"金"字头呈三角形，中间四点较短，"朱"字上下部均圆折。		2.38	0.88	0.12	0.11	0.09	1.63		残
ⅣM2：20-7		同上		2.62	0.94	0.18	0.18	0.06	2.93		残
ⅣM2：20-8		"五"字较宽，交笔弯曲，"铢"字"金"字头呈三角形，中间四点较长，"朱"字锈蚀不可辨。		2.40	0.93	0.13	0.19	0.05	1.11		表面锈蚀，文字模糊

续附表三

编号	种类	特征	记号	钱径	穿宽	郭宽	郭厚	肉厚	重量	图号、图版号	备注
ⅣM2:20-9		"五"字较宽，交笔弯曲，"铢"字锈蚀不可辨。		2.59	0.91	0.18	0.12	0.07	2.24		同上
ⅣM2:20-10		"五"字较窄，交笔弯曲，"铢"字金"字头呈三角形，中间四点较短，"朱"字上下部均圆折。		2.56	0.99	0.16	0.11	0.06	2.47	图一五，14；图版一三一，3	
ⅣM2:20-11		"五"字较窄，交笔弯曲，"铢"字金"字头呈三角形，中间四点较长，"朱"字上下部均圆折。		2.58	0.96	0.12	0.12	0.05	1.85		残
ⅣM2:20-12	磨郭五铢	"五"字较宽，交笔弯曲，"铢"字锈蚀不可辨。		2.29	1.00			0.08	1.38		残，表面锈蚀，文字模糊
ⅣM2:20-13		同上		2.39	0.96			0.10	2.24		同上
ⅣM2:20-14		"五"字较窄，交笔弯曲，"铢"字金"字头呈三角形，中间四点较短，"朱"字上下部均圆折。		2.42	0.90			0.09	1.96		
ⅣM3:19-1	五铢	"五"字较宽，交笔弯曲，"铢"字金字头呈三角形，中间四点较长，"朱"字上下部均圆折。	穿上半郭	2.71	1.12	0.17	0.13	0.09	1.72	图三一，1,2	残
ⅣM3:19-2		同上	背面穿郭四角出文到外郭	2.59	0.89	0.18	0.16	0.13	3.48	图三一，4；图版一三二，6	
ⅣM3:19-3		同上		2.61	1.11	0.19	0.13	0.10	2.70		

续附表三

编号	种类	特征	记号	线径	穿宽	郭宽	郭厚	肉厚	重量	图号、图版号	备注
ⅣM3:19-4		同上		2.58	0.95	0.12	0.11	0.07	2.41		
ⅣM3:19-5		同上		2.63	0.98	0.18	0.15	0.10	2.97		
ⅣM3:19-6		同上		2.57	0.99	0.18	0.10	0.08	2.50		
ⅣM3:19-7		同上		2.50	0.93	0.19	0.14	0.07	2.48		
ⅣM3:19-8		同上		2.63	1.40	0.20	0.16	0.11	3.45		
ⅣM3:19-9		同上		2.60	0.94	0.18	0.16	0.12	2.93		
ⅣM3:19-10		同上		2.61	0.96	0.18	0.15	0.10	2.91		
ⅣM3:19-11		同上		2.51	0.87	0.15	0.18	0.12	3.10		
ⅣM3:19-12		同上		2.59	0.93	0.14	0.12	0.06	2.18		
ⅣM3:19-13		同上		2.61	0.96	0.18	0.12	0.07	2.22		
ⅣM3:19-14		同上		2.65	1.00	0.19	0.18	0.11	2.66		
ⅣM3:19-15		同上		2.61	0.97	0.19	0.13	0.07	2.81		
ⅣM3:19-16		同上		2.66	1.00	0.17	0.17	0.08	2.70		
ⅣM3:19-17		同上		2.51	0.89	0.18	0.10	0.09	2.07		

续附表三

编号	种类	特征	记号	钱径	穿宽	郭宽	郭厚	肉厚	重量	图号、图版号	备注
ⅣM3:19-18		同上		2.50	0.92	0.15	0.12	0.10	2.04		残
ⅣM3:19-19		同上		2.59	0.90	0.19	0.14	0.08	2.11		残
ⅣM3:19-20		同上		2.68	0.98	0.18	0.17	0.09	2.21		残
ⅣM3:19-21		同上		2.62	0.99	0.15	0.11	0.08	2.21		残
ⅣM3:19-22		同上		2.69	0.96	0.13	0.11	0.09	2.61		残
ⅣM3:19-23		同上		2.59	0.16	0.19	0.10	0.08	1.83		残
ⅣM3:19-24		"五"字较宽，交笔弯曲，"铢"字金字头呈三角形，中间四点较长，"朱"字上部方折，下部圆折。		2.61	0.10	0.18	0.13	0.07	2.44		
ⅣM3:19-25		同上		2.60	1.00	0.17	0.14	0.07	1.96		
ⅣM3:19-26		"五"字较宽，交笔弯曲，"铢"字金字头呈三角形，中间四点较长，"朱"字上部方折，下部圆折。		2.43	1.10	0.12	0.12	0.08	1.84		
ⅣM3:19-27		"五"字较宽，交笔弯曲，"铢"字金字头呈三角形，中间四点较长，"朱"字上下部均为圆折。		2.53	1.15	0.13	0.12	0.06	2.13		
ⅣM3:19-28		"五"字较宽，交笔弯曲，"铢"字金字头呈三角形，中间四点较短，"朱"字上部方圆折，下部圆折。	穿上星	2.55	0.98	0.13	0.16	0.07	2.84	图三一九；图版一三二，3,4,5	

续附表三

编号	种类	特征	记号	钱径	穿宽	郭宽	郭厚	肉厚	重量	图号、图版号	备注
ⅣM3:19-29		同上		3.05	0.99	0.12	0.13	0.09	2.22		
ⅣM3:19-30		"五"字较宽，交笔弯曲，"铢"字金字头呈三角形，中间四点较短，"朱"字上下部均呈圆折。		2.62	0.99	0.15	0.14	0.08	2.59		
ⅣM3:19-31		同上		2.48	0.92	0.13	0.11	0.06	1.65		
ⅣM3:19-32		同上		2.57	1.10	0.18	0.09	0.07	2.41		
ⅣM3:19-33		同上		2.51	1.00	0.14	0.13	0.07	2.22		
ⅣM3:19-34		同上		2.55	0.96	0.12	0.11	0.09	2.68		残
ⅣM3:19-35		同上		2.58	1.06	0.18	0.16	0.06	2.12		残
ⅣM3:19-36		"五"字较宽，交笔弯曲，"铢"字金字头呈三角形，中间四点较短，"朱"字上下部方折。		2.60	1.10	0.22	0.17	0.08	2.71		
ⅣM3:19-37		同上		2.62	1.00	0.12	0.12	0.09	2.22		残
ⅣM3:19-38		"五"字较宽，交笔弯曲，"铢"字金字头呈三角形，中间四点较短，"朱"字上下部均方折		2.63	0.99	0.11	0.14	0.08	1.92		
ⅣM3:19-39		"五"字较宽，交笔弯曲，"铢"字金字头呈三角形，中间四点较短，"朱"字上部锈蚀不可辨，下部圆折。		2.68	0.95	0.18	0.13	0.06	1.91		表面锈蚀，文字模糊
ⅣM3:19-40		"五"字较宽，交笔弯曲，"铢"字金字头呈三角形，中间四点较短，"朱"字上部圆折，下部锈蚀不可辨。		2.47	0.95	0.19	0.11	0.09	1.46		同上

续附表三

编号	种类	特征	记号	钱径	穿宽	郭宽	郭厚	肉厚	重量	图号、图版号	备注
ⅣM3:19-41		"五"字较宽，交笔弯曲，"铢""金"字头呈三角形，中间四点较短，"朱"字锈蚀不可辨。		2.66	0.94	0.12	0.11	0.08	2.17		同上
ⅣM3:19-42		"五"字较窄，交笔弯曲，"铢""金"字头呈三角形，中间四点较短，"朱"字上下部均圆折。		2.59	1.12	0.16	0.17	0.10	2.38		残
ⅣM3:19-43		同上		2.58	1.04	0.11	0.11	0.08	1.98		残
ⅣM3:19-44		同上		2.67	1.00	0.16	0.12	0.07	1.82		
ⅣM3:19-45		"五"字较窄，交笔弯曲，"铢""金"字头呈三角形，中间四点较短，"朱"字上部方折，下部圆折。		2.70	0.94	0.17	0.17	0.08	3.18		
ⅣM3:19-46		"五"字较窄，交笔弯曲，"铢""金"字头呈三角形，中间四点较长，"朱"字上下部均圆折。		2.60	1.00	0.16	0.14	0.10	2.52		
ⅣM3:19-47			穿上	横郭	2.42	0.99	0.11	0.12	0.10	3.04	图版一三二, 6
ⅣM3:19-48		同上		2.61	0.93	0.20	0.17	0.11	3.37		
ⅣM3:19-49		同上		2.59	0.92	0.10	0.10	0.08	2.28		
ⅣM3:19-50		"五"字较宽，交笔弯曲，"铢""金"字头呈三角形，中间四点较长，"朱"字上下部均圆折。		2.64	0.98	0.17	0.12	0.09	2.04		
ⅣM3:19-51	磨郭五铢			2.37	0.91			0.08	1.92		

续附表三

编号	种类	特征	记号	钱径	穿宽	郭宽	郭厚	肉厚	重量	图号、图版号	备注
ⅣM3∶19-52		同上		2.18	0.91			0.08	1.26		
ⅣM3∶19-53		同上		2.31	0.91			0.08	1.83		
ⅣM3∶19-54		"五"字较宽,交笔弯曲,"铢"字"金"字头呈三角形,中间四点较长,"朱"字上下部均方折。		2.37	1.20			0.09	2.24		
ⅣM3∶19-55		"五"字较宽,交笔弯曲,"铢"字锈蚀不可辨。		2.34	0.98			0.07	1.26		表面锈蚀,文字模糊
ⅣM3∶19-56		同上		2.41	0.91			0.08	1.27		同上
ⅣM3∶19-57		同上		2.36	0.89			0.09	2.08		同上
ⅣM3∶19-58		同上		2.18	0.91			0.12	1.14		同上
ⅣM3∶19-59		"五"字较窄,交笔弯曲,"铢"字"金"字头呈箭镞状,中间四点较长,"朱"字上下部均圆折。		2.12	0.93			0.10	1.89		
ⅣM3∶19-60		磨郭较多,"五铢"二字被磨去大半,"五"字交笔弯曲,"铢"字仅剩"朱"字,上部方折,下部圆折。	上下穿皆"十"符号	1.89	0.91			0.07	0.78		
ⅣM3∶19-61		同上		1.98	0.10			0.09	1.30	图版一三二,6	
ⅣM3∶19-62		同上		1.98	0.92			0.97	1.06		残
ⅣM3∶19-63		磨郭较多,"五铢"二字被磨去大半,"五"字交笔弯曲,"铢"字锈蚀不可辨。		1.98	1.05			0.08	1.18		表面锈蚀,文字模糊

续附表三

编号	种类	特征	记号	钱径	穿宽	郭宽	郭厚	肉厚	重量	图号、图版号	备注
ⅣM3：19-52		同上		2.18	0.91			0.08	1.26		
ⅣM3：19-53		同上		2.31	0.91			0.08	1.83		
ⅣM3：19-54		"五"字较宽，交笔三角形，"铢"字"金"字头呈三角形，中间四点较长，"未"字上下部均方折。		2.37	1.20			0.09	2.24		
ⅣM3：19-55		"五"字较宽，交笔弯曲，"铢"字锈蚀不可辨。		2.34	0.98			0.07	1.26		表面锈蚀，文字模糊
ⅣM3：19-56		同上		2.41	0.91			0.08	1.27		同上
ⅣM3：19-57		同上		2.36	0.89			0.09	2.08		同上
ⅣM3：19-58		同上		2.18	0.91			0.12	1.14		同上
ⅣM3：19-59		"五"字较窄，交笔弯曲，"铢"字"金"字头呈箭镞状，中间四点较长，"未"字上下部均圆折。		2.12	0.93			0.10	1.89		
ⅣM3：19-60		磨郭较多，"五铢"二字被磨去大半，"铢"字仅剩"未"字，上部方折，下部圆折。		1.89	0.91			0.07	0.78		
ⅣM3：19-61		同上	上下穿皆"十"符号	1.98	0.10			0.09	1.30	图版一三二，6	
ⅣM3：19-62		同上		1.98	0.92			0.97	1.06		残
ⅣM3：19-63		磨郭较多，"五铢"二字被磨去大半，"五"字交笔弯曲，"铢"字锈蚀不可辨。		1.98	1.05			0.08	1.18		表面锈蚀，文字模糊

续附表三

编号	种类	特征	记号	钱径	穿宽	郭宽	郭厚	肉厚	重量	图号、图版号	备注
ⅣM3:19-72		边有剪凿痕,"五铢"两字剪去大半,"五"字交笔弯曲,"铢"字"金"被剪,"朱"字上下部均圆折。		1.88	0.92			0.08	0.80		残
ⅣM3:19-73		同上		1.23	0.86			0.10	0.90		残
ⅣM3:19-74		同上		1.77	0.87			0.11	1.06		残
ⅣM3:19-75		同上		1.28	0.81			0.12	1.14		残
ⅣM3:19-76		同上		1.29	0.75			0.14	1.34		残
ⅣM3:19-77		同上		1.81	0.80			0.08	0.95		残
ⅣM3:19-78	剪轮五铢	同上		1.94	1.00			0.09	0.65		残
ⅣM3:19-79		边有剪凿痕,"五铢"两字剪去大半,"五"字交笔弯曲,"铢"字锈蚀不可辨。		1.91	0.67			0.08	0.49		残
ⅣM3:19-80		同上		1.26	0.69			0.09	0.37		残
ⅣM3:19-81		同上		1.21	0.85			0.12	1.10		残
ⅣM3:19-82		同上		2.05	0.98			0.09	1.25		残
ⅣM3:19-83		同上		1.76	0.85			0.09	0.73		残
ⅣM3:19-84		同上		1.85	0.93			0.11	1.05		残
ⅣM3:19-85	剪轮钱	形制有大有小,边有剪凿痕,钱文漫漶不可辨识,制作粗劣。		1.15~2.66	0.68~1.03			0.08~0.13	0.46~1.57		表面锈蚀,文字不明,一组12枚

续附表三

编号	种类	特征	记号	钱径	穿宽	郭宽	郭厚	肉厚	重量	图号、图版号	备注
ⅣM3:19-86	不明	磨郭		2.11	0.98			0.07	1.24		残,表面锈蚀,文字不明
ⅣM3:19-87		磨郭		2.39	0.91			0.12	2.11		同上
ⅣM3:19-88		磨郭		2.30	0.91			0.06	1.45		同上
ⅣM3:19-89		磨郭		2.02	0.98			0.09	1.55		同上
ⅣM3:19-90		磨郭		2.25	0.95			0.09	1.19		同上
ⅣM3:19-91		磨郭		2.06	0.91			0.10	1.27		同上
ⅣM3:19-92		磨郭		2.51	1.00			0.07	1.63		同上
ⅣM3:19-93				2.56	1.03			0.11	1.89		同上
ⅣM3:19-94				2.43	0.87			0.08	1.56		同上
ⅣM3:19-95	五铢								9.72		同上,均为残块,共一组
ⅣM3:19-96		"五"字较宽,交笔弯曲,"铢"字"金"字头呈三角形,中间四点较长,"朱"字上下部均圆折。		2.37	0.98	0.12	0.14	0.08	0.97		残
ⅣM3:19-97		同上		2.28	0.88	0.18	0.19	0.12	2.31		残

续附表三

编号	种类	特征	记号	钱径	穿宽	郭宽	郭厚	肉厚	重量	图号、图版号	备注
ⅣM3：19-98		同上		2.19	0.93	0.17	0.14	0.09	1.69		残
ⅣM3：19-99		同上		2.48	1.12	0.13	0.13	0.05	1.18		残
ⅣM3：19-100		"五"字较窄，交笔弯曲，"铢"字"金"字头呈三角形，中间四点较长，"朱"字上下部均呈圆折。		2.54	0.98	0.12	0.12	0.09	1.69		残
ⅣM3：19-101		"五"字较窄，交笔弯曲，"铢"字锈蚀不可辨。		2.23	0.78	0.11	0.13	0.08	1.32		残，表面锈蚀，文字模糊
ⅣM3：19-102		"五"字锈蚀残缺，"铢"字"金"字头呈三角形，中间四点较长，"朱"字上下部均方折。		2.05	0.92	0.18	0.11	0.08	1.11		同上
ⅣM3：19-103		同上		2.16	1.00	0.16	0.16	0.11	1.86		同上
ⅣM3：19-104		同上		2.18	0.95	0.17	0.15	0.08	1.44		同上
ⅣM3：19-105		"五"字呈三角形，"铢"字"金"字头长，"朱"字上下部方折。		2.05	0.90	0.16	0.18	0.08	1.42		同上
ⅣM3：19-106		"五"字锈蚀残缺，"铢"字"金"字头短，"朱"字上下部三角形，中间四点均圆折。		2.16	0.94	0.16	0.11	0.09	1.16		同上
ⅣM3：19-107		同上		2.34	0.98	0.11	0.11	0.07	0.60		同上
ⅣM3：19-108		同上		2.03	0.91	0.12	0.14	0.09	1.81		同上

续附表三

编号	种类	特征	记号	钱径	穿宽	郭宽	郭厚	肉厚	重量	图号，图版号	备注
ⅣM3:19-109		"五"字较宽，交笔弯曲，"铢"字锈蚀残缺，仅见"金"字头呈三角形，"朱"字上部圆折。		2.57	0.95	0.20	0.18	0.07	1.50		同上
ⅣM3:19-110		"五"字较宽，交笔弯曲，"铢"字锈蚀残缺。		2.55	1.10	0.14	0.10	0.08	1.39		同上
ⅣM3:19-111		同上		2.03	0.96	0.18	0.15	0.08	0.91		同上
ⅣM4:15-1	五铢	"五"字较宽，交笔弯曲，"铢"字锈蚀不可辨识。		2.69	0.91	0.18	0.19	0.10	2.15		残，表面锈蚀，文字模糊
ⅣM4:15-2		"五"字较宽，交笔弯曲，"铢"字"金"字头呈三角形，中间四点较长，"朱"字上下部均圆折。		2.54	0.90	0.14	0.14	0.06	2.04		残
ⅣM4:15-3		"五"字较窄，交笔弯曲，"铢"字锈蚀不可辨识。		2.33	0.99	0.16	0.13	0.08	2.02		残，表面锈蚀，文字模糊
ⅣM4:15-4		"五"字较窄，交笔弯曲，"铢"字"金"字头呈三角形，中间四点较长，"朱"字上下部均圆折。		2.51	0.88	0.15	0.15	0.06	2.08	图三二二,5	残
ⅣM5:18-1	剪轮钱	边有剪凿痕，钱文漫漶不可辨识，制作粗劣。		1.82	0.75			0.15	1.02		表面锈蚀，文字不明
ⅣM5:18-2	不明			2.72	0.87	0.17	0.17	0.13	3.76		残，同上

续附表三

编号	种类	特征	记号	钱径	穿宽	郭宽	郭厚	肉厚	重量	图号、图版号	备注
ⅣM5∶18-3				2.68	0.85			0.10	3.28		残，同上
ⅣM5∶18-4				2.81	0.83	0.15	0.17	0.10	3.82		残，同上
ⅣM5∶18-5				2.48	0.84	0.15	0.12	0.11	2.13		残，同上
ⅣM5∶18-6		"五"字锈蚀不可辨，"铢"字"金"字头呈三角形，"朱"字上部圆折，下部方圆折。		2.63	0.91	0.09	0.13	0.10	2.43		残，表面锈蚀，文字模糊
ⅣM5∶18-7		"五"字交笔弯曲，"铢"字"金"字头呈三角形，中间四点较短，"朱"字锈蚀不可辨。		2.55	0.98	0.14	0.14	0.09	1.72		残，同上
ⅣM5∶18-8	五铢	"五"字交笔略直，"铢"字"金"字头呈三角形，中间四点均方圆折。		2.58	0.92	0.10	0.18	0.08	2.58		残
ⅣM5∶18-9		"五"字较窄，交笔弯曲，"铢"字"金"字头呈三角形，中间四点锈蚀残缺不可辨。		2.60	0.94	0.18	0.13	0.10	2.06		残，表面锈蚀，文字模糊
ⅣM5∶18-10		"五"字较窄，交笔弯曲，"铢"字"金"字头呈三角形，中间四点较短，"朱"字上下部均方圆折。		2.66	0.89	0.13	0.13	0.08	2.32		
ⅣM5∶18-11		"五"字较宽，交笔弯曲，"铢"字"金"字头呈三角形，中间四点较长，"朱"字上下部均圆折。		2.61	0.80	0.18	0.12	0.08	2.32		

续附表三

编号	种类	特征	记号	钱径	穿宽	郭宽	郭厚	肉厚	重量	图号、图版号	备注
ⅣM5:18-12		同上		2.56	0.90	0.16	0.13	0.08	2.35		
ⅣM5:18-13		同上		2.49	0.85	0.16	0.14	0.09	2.51		
ⅣM5:18-14		同上		2.59	0.86	0.13	0.16	0.11	2.31		残
ⅣM5:18-15		同上		2.63	0.92	0.18	0.14	0.09	2.60		残
ⅣM6:29-1		磨郭		2.24	1.05			0.10	1.92		残，表面锈蚀，文字不明
ⅣM6:29-2		磨郭		2.03	0.91			0.05	0.84		同上
ⅣM6:29-3				2.50	0.93			0.08	2.12		同上
ⅣM6:29-4									2.20		同上，均为残块，共一组
ⅣM6:29-5	大泉五十	形制较大，形体厚重，面背皆有内郭。正面穿口左右铸"大泉"二字，上下铸"五十"二字，较宽矮，均为篆书。"五"字较窄，交笔弯曲，"十"字较长，"大"字一横较折弧。		2.72	0.70	0.26	0.25	0.16	5.52	图三二八，13；图版一三八，1	
ⅣM6:29-6	货泉	形制较小，两面穿皆有郭，"货泉"二字篆书，"泉"字字头较瘦长。		2.33	0.67	0.19	0.16	0.11	2.69	图版一三七，7	
ⅣM6:29-7		同上		2.32	1.65	0.21	0.16	0.10	2.98	图版一三七，7	

续附表三

编号	种类	特征	记号	钱径	穿宽	郭宽	郭厚	肉厚	重量	图号、图版号	备注
ⅣM6：29-8		同上		2.77	0.69	0.15	0.16	0.10	2.48	图版一三七，7	
ⅣM6：29-9	剪轮钱	形制有大有小，边有剪凿痕，钱文漫漶不可辨识，制作粗劣。		1.88~2.03	0.86~0.99			0.09~0.13	0.35~1.26		表面锈蚀，文字不明，一组6枚
ⅣM6：29-10		边有剪凿痕，"五铢"两字剪去大半，"五"字交笔弯曲，"铢"字"金"被剪，"朱"字上下部均圆折。		2.03	0.95			0.10	1.45	图版一四一，2	
ⅣM6：29-11		同上		1.78	0.94			0.11	0.87		
ⅣM6：29-12	剪轮五铢	同上		1.78	0.98			0.05	0.57	图版一四一，2	
ⅣM6：29-13		同上		1.74	0.90			0.08	0.75		
ⅣM6：29-14		同上		1.73	0.96			0.10	0.99		
ⅣM6：29-15		同上		1.61	0.83			0.08	0.61		残
ⅣM6：29-16		"五"字较宽，交笔弯曲，"铢"字锈蚀残缺。		2.16	1.00			0.09	0.97		残，表面锈蚀，文字模糊
ⅣM6：29-17	磨郭五铢	"五"字较窄，交笔弯曲，"铢"字"金"部锈蚀不可辨，"朱"字上下部均圆折。		2.05	0.98			0.08	1.10		同上
ⅣM6：29-18		同上		2.28	0.92			0.09	1.61		同上

续附表三

编号	种类	特征	记号	钱径	穿宽	郭宽	郭厚	肉厚	重量	图号、图版号	备注
ⅣM6:29-19		"五"字较宽,交笔弯曲,"铢"字锈蚀残缺。		2.43	0.96			0.08	2.37		同上
ⅣM6:29-20		"五"字较宽,交笔弯曲,"铢"字锈蚀不可辨。		2.07	1.10			0.07	1.71		同上
ⅣM6:29-21		同上		2.22	0.91			0.09	1.65		同上
ⅣM6:29-22		"五"字较宽,交笔弯曲,"铢"字锈蚀,仅"金"字部分可辨。		2.37	1.20			0.09	2.15		同上
ⅣM6:29-23		"五"字较宽,交笔弯曲,"铢"字"金"字头呈三角形,其余部分锈蚀不可辨。		2.37	0.95			0.07	1.67		同上
ⅣM6:29-24		"五"字较宽,交笔弯曲,"铢"字"金"字头呈三角形,"朱"字下部圆折,蚀残缺。		2.42	0.89			0.11	1.73		同上
ⅣM6:29-25		"五"字较宽,交笔弯曲,"铢"字"金"字头呈三角形,中间四点较短,其余部分锈蚀不可辨。		2.52	1.10			0.07	1.64		同上
ⅣM6:29-26		"五"字较宽,交笔弯曲,"铢"字"金"字头呈三角形,"朱"字上部锈蚀不可辨。		2.36	0.92			0.09	1.74		同上
ⅣM6:29-27		"五"字较宽,交笔弯曲,"铢"字"金"字头呈三角形,中间四点较短,"朱"字上下部均方折。		2.42	1.10			0.08	1.22			残
ⅣM6:29-28		"五"字较宽,交笔弯曲,"铢"字"金"字头呈三角形,中间四点较短,"朱"字上下部均圆折。		2.38	1.00			0.08	1.49		残
ⅣM6:29-29		"五"字较宽,交笔弯曲,"铢"字"金"字头呈三角形,中间四点较长,"朱"字上下部均圆折。		2.35	0.98			0.10	2.38	图版一四一,2	

续附表三

编号	种类	特征	记号	钱径	穿宽	郭宽	郭厚	肉厚	重量	图号、图版版号	备注
ⅣM6：29-30		同上		2.36	0.92			0.09	1.67		
ⅣM6：29-31		同上		2.38	0.97			0.10	1.92		
ⅣM6：29-32		同上		2.37	0.98			0.10	1.75		
ⅣM6：29-33		同上		2.30	1.00			0.08	1.35		残
ⅣM6：29-34		同上		2.56	1.10			0.11	1.44		残
ⅣM6：29-35		同上		2.39	0.91			0.10	2.13		
ⅣM6：29-36		"五"字较宽，交笔弯曲，"铢"字"金"字头呈三角形，中间四点较长，"未"字上部方圆形，下部圆折。		2.14	0.99			0.08	1.28		残
ⅣM6：29-37		"五"字较宽，交笔弯曲，"铢"字"金"字头呈三角形，中间四点较长，"未"字上部均方圆形，下部圆折。		2.32	0.90			0.11	1.75		
ⅣM6：29-38		同上		2.28	0.99			0.08	1.47		残
ⅣM6：29-39		"五"字较窄，交笔弯曲，"铢"字"金"字头呈三角形，中间四点较长，"未"字上部方圆形，下部圆折。		2.38	0.95			0.09	1.59		残
ⅣM6：29-40		"五"字较窄，交笔弯曲，"铢"字锈蚀不可辨。		2.46	0.12	0.20	0.15	0.11	2.26		残，表面锈蚀，文字模糊
ⅣM6：29-41	五铢	"五"字较窄，交笔弯曲，"铢"字"金"字头呈三角形，中间四点较长，"未"字上部圆折，下部圆折。		2.50	0.98	0.10	0.08	0.05	1.35		残

续附表三

编号	种类	特征	记号	钱径	穿宽	郭宽	郭厚	肉厚	重量	图号,图版号	备注
ⅣM6:29-42		"五"字较窄,交笔弯曲,"铢"字"金"字头呈三角形,中间四点较长,"朱"字上下部均方折。		2.67	0.97	0.16	0.12	0.09	2.29		
ⅣM6:29-43		"五"字较宽,交笔弯曲,"铢"字"金"字头呈三角形,其余部分锈蚀不可辨。		2.60	0.89	0.15	0.13	0.08	1.89		残,表面锈蚀,文字模糊
ⅣM6:29-44		"五"字锈蚀残缺,"铢"字"金"字头呈三角形,中间四点较短,下部残缺。		1.23		0.15	0.11	0.07	0.48		残块
ⅣM6:29-45		"五"字较宽,交笔弯曲,"铢"字"金"字头呈三角形,中间四点均长,"朱"字上下部均圆折。		2.54	0.94	0.21	0.13	0.10	2.02		
ⅣM6:29-46		"五"字锈蚀残缺,"铢"字"金"字头呈三角形,"朱"字上下部均圆折。		2.39	0.98	0.11	0.11	0.06	1.20		残,表面锈蚀,文字模糊
ⅣM6:29-47		"五"字较宽,交笔弯曲,"铢"字"金"字头呈三角形,中间四点均短,"朱"字上下部均残缺。		2.58	1.00	0.11	0.12	0.09	1.07		同上
ⅣM6:29-48		"五"字较宽,交笔弯曲,"铢"字"金"字头呈三角形,中间四点均长,"朱"字上下部均圆折。		2.58	1.00	0.10	0.15	0.10	2.91	图三八14;图版一四,2	
ⅣM6:29-49		同上		2.58	0.91	0.16	0.13	0.09	1.92		
ⅣM6:29-50		同上		2.57	0.95	0.14	0.15	0.10	2.77	图版一四一,2	
ⅣM6:29-51		同上		2.5	0.91	0.12	0.13	0.11	2.64		

续附表三

编号	种类	特征	记号	钱径	穿宽	郭宽	郭厚	肉厚	重量	图号、图版号	备注
ⅣM6:29-52		同上		2.56	1.10	0.18	0.17	0.12	2.68		
ⅣM6:29-53		同上		2.55	0.94	0.17	0.12	0.08	2.75		
ⅣM6:29-54		同上		2.57	0.95	0.15	0.14	0.08	2.56		
ⅣM6:29-55		同上		2.41	0.92	0.12	0.12	0.08	2.18		
ⅣM6:29-56		同上		2.46	0.93	0.12	0.13	0.10	1.95		残
ⅣM6:29-57		同上		2.52	1.00	0.11	0.10	0.08	2.18		残
ⅣM6:29-58		同上		2.45	0.92	0.08	0.11	0.08	2.12		残
ⅣM6:29-59		同上		2.58	0.98	0.20	0.12	0.07	1.79		残
ⅣM6:29-60		同上		2.52	0.90	0.18	0.15	0.08	2.10		残
ⅣM6:29-61		同上		2.51	0.91	0.12	0.11	0.06	1.91		残
ⅣM6:29-62		"五"字较宽,交笔弯曲,"铢"字金字头呈三角形,中间四点较长,"朱"字上下部均方圆折。		2.58	0.99	0.15	0.13	0.08	2.70		
ⅣM6:29-63		"五"字较宽,交笔弯曲,"铢"字金字头呈三角形,中间四点较长,"朱"字上下部均方圆折。		2.55	0.99	0.13	0.18	1.12	3.10	图版一四一,2	
ⅣM6:29-64		同上		2.57	0.13	0.17	0.14	0.09	2.77		

续附表三

编号	种类	特征	记号	钱径	穿宽	郭宽	郭厚	肉厚	重量	图号、图版号	备注
ⅣM7:16-1		"五"字较宽,交笔弯曲,"铢"字"金"字头呈三角形,中间四点较长,"朱"字上下部均圆折。		2.58	1.00	0.17	0.13	0.08	2.18		残
ⅣM7:16-2		同上		2.69	1.01	0.15	0.16	0.08	2.44		残
ⅣM7:16-3		同上		2.62	0.96	0.15	0.13	0.08	2.24		残
ⅣM7:16-4		同上		2.51	0.96	0.14	0.12	0.10	1.88		残
ⅣM7:16-5		同上		2.59	0.99	0.18	0.11	0.06	1.98		残
ⅣM7:16-6	五铢	同上		2.52	0.91	0.17	0.18	0.09	1.79		残
ⅣM7:16-7		"五"字较宽,交笔弯曲,"铢"字"金"字头呈三角形,中间四点较短,"朱"字上下部均圆折。		2.58	0.98	0.18	0.12	0.11	2.69		残
ⅣM7:16-8		"五"字较宽,交笔弯曲,"铢"字"金"字头呈箭镞状,中间四点较长,"朱"字上下部均圆折。		2.56	0.99	0.18	0.11	0.08	2.48		残
ⅣM7:16-9		"五"字较宽,交笔弯曲,"铢"字"金"字头呈三角形,中间四点较长,"朱"字残缺锈蚀。		2.68	0.97	0.13	0.11	0.10	1.49		残,表面锈蚀,文字模糊
ⅣM7:16-10		"五"字较窄,交笔弯曲,"铢"字"金"字头呈三角形,中间四点较长,"朱"字上部方折,下部圆折。		2.61	0.98	0.19	0.15	0.07	2.20		

续附表三

编号	种类	特征	记号	钱径	穿宽	郭宽	郭厚	肉厚	重量	图号、图版号	备注
ⅣM7∶16-11		"五"字较窄，交笔弯曲，"铢"字"金"字头呈三角形，中间四点较长，"朱"字上下部均圆折。		2.59	0.99	0.19	0.13	0.07	2.81		
ⅣM7∶16-12		形制较小，"五"字较窄，交笔弯曲，"铢"字"金"字部锈蚀不可辨，"朱"字上部圆折，下部方折。		2.40	0.91	0.19	0.13	0.09	1.90		表面锈蚀，文字模糊
ⅣM7∶16-13		"五"字较窄，交笔弯曲，"铢"字锈蚀残缺		2.57	0.99	0.15	0.17	0.13	1.44		残，表面锈蚀，文字模糊
ⅣM7∶16-14		"五"字呈三角形，中间四点均长，"铢"字"金"字较长，"朱"字上下部均圆折。		2.46	1.10	0.12	0.16	0.08	0.99		同上
ⅣM7∶16-15		"五"字锈蚀残缺，"铢"字上下部可见		2.25	1.11	0.15	0.14	0.11	1.20		同上
ⅣM7∶16-16		"五"字较宽，交笔弯曲，"铢"字锈蚀残缺，"朱"字上下部均可辨		2.48	0.89	0.18	0.13	0.09	2.08		同上
ⅣM7∶16-17	磨郭五铢	"五"字呈三角形，中间四点均长，"铢"字"金"字头呈三角形，"朱"字上下部均圆折。		2.40	0.17			0.08	0.72		同上
ⅣM7∶16-18		"五"字和"铢"字部锈蚀残缺，"朱"字上下部均圆折。		2.41	0.91			0.09	0.83		同上
ⅣM7∶16-19	剪轮钱	边有剪凿痕，钱文漫漶不可辨识，制作粗劣。		1.71	0.80			0.12	0.77		残，表面锈蚀，文字不明

续附表三

编号	种类	特征	记号	钱径	穿宽	郭宽	郭厚	肉厚	重量	图号、图版号	备注
ⅣM7:16–20	不明								7.06		同上,均为残块,共一组
ⅣM7:18-1	半两	穿孔两侧篆书"半两"二字。	背铸回陷"半两"字样	2.32	0.91	0.12	0.08	0.07	1.80		
ⅣM7:18-2	货泉	形制较小,两面穿皆有郭,货泉二字篆书,"泉"字字头较薄长。		2.37	0.78	0.13	0.12	0.08	2.84	图三二二,3	
ⅣM7:18-3		"五"字较宽,交笔弯曲,"铢"字"金"字头呈三角形,中间四点较长,"朱"字上下部均圆折。		2.90	0.93			0.07	1.67		残
ⅣM7:18-4		"五"字较宽,交笔弯曲,"铢"字"金"字头呈三角形,中间四点较长,"朱"字上部方折,下部圆折。		2.29	0.97			0.08	1.63		残
ⅣM7:18-5	磨郭五铢	同上		2.38	0.90			0.11	2.09		残
ⅣM7:18-6		"五"字较宽,交笔弯曲,"铢"字"金"字头呈三角形,中间四点较长,"朱"字上部均方折。		2.32	0.95			0.90	1.39		残
ⅣM7:18-7		"五"字较窄,交笔直,"铢"字"金"字头呈三角形,中间四点较短,"朱"字上部圆折,下部方折。		2.23	1.10			0.10	1.75		
ⅣM7:18-8		"五"字较窄,交笔直,"铢"字"金"字头呈三角形,中间四点直,"朱"字上下部均圆折。		2.10	0.90			0.10	1.93	图三二二,4	

续附表三

编号	种类	特征	记号	钱径	穿宽	郭宽	郭厚	肉厚	重量	图号、图版号	备注
ⅣM7：18-9		磨郭较多，"五铢"二字被磨去大半，"五"字较宽，交笔弯曲，"铢"字仅剩"朱"字，上下部均圆折。		2.11	1.10			0.09	1.32		残
ⅣM7：18-10		同上		1.91	0.91			0.08	1.08		
ⅣM7：18-11		同上		1.92	0.92			0.07	0.88		
ⅣM7：18-12		"五"字交笔弯曲，"铢"字"金"字头呈三角形，中间四点较短，"朱"字上下部均圆折。		2.31	0.90			0.08	1.13		残
ⅣM7：18-13		同上		2.18	1.98			0.09	1.27		残
ⅣM7：18-14		同上		2.32	0.88			0.05	0.71		残
ⅣM7：18-15		同上		2.63	1.10			0.11	1.26		残
ⅣM7：18-16		"五"字交笔弯曲，"铢"字"金"字头锈蚀残缺，中间四点较短，"朱"字上下部均圆折。		2.18	1.00			0.06	1.08		残，表面锈蚀，文字模糊
ⅣM7：18-17	剪轮五铢	边有剪凿痕，"五铢"两字剪去大半，"五"字交笔弯曲，"金"字被剪，"朱"字上下部均圆折。		1.25	0.84			0.10	1.23		残
ⅣM7：18-18		同上		1.29	0.95			0.07	0.76		残
ⅣM7：18-19		同上		1.88	0.78			0.09	1.41		残
ⅣM7：18-20	剪轮钱	形制有大有小，边有剪凿痕，钱文漫漶不可辨识，制作粗劣。		1.25~1.48	0.61~0.88			0.08~0.12	0.42~0.90		表面锈蚀，文字不明，一组6枚

续附表三

编号	种类	特征	记号	钱径	穿宽	郭宽	郭厚	肉厚	重量	图号、图版号	备注
ⅣM7:18-21	不明	磨郭		2.21	0.97			0.08	1.60		表面锈蚀,文字不明
ⅣM7:18-22		磨郭		2.21	0.88			0.10	1.70		同上
ⅣM7:18-23		磨郭		2.08	1.00			0.08	1.05		同上
ⅣM7:18-24	五铢	"五"字较宽,交笔弯曲,"铢"字头呈三角形,中间四点较长,"朱"字上下部均圆折。						1.54-1.89	1.93	残,同上,均为残块,共一组	
ⅣM7:18-25		同上		2.52	0.93	0.13	0.12	0.09	2.45		
ⅣM7:18-26		同上		2.45	0.86	0.11	0.13	0.08	2.50		
ⅣM7:18-27		同上		2.51	0.89	0.12	0.10	0.08	2.89		
ⅣM7:18-28		同上		2.51	0.85	0.15	0.14	0.10	2.64		
ⅣM7:18-29		同上		2.62	1.10	0.16	0.10	0.08	3.17		
ⅣM7:18-30		同上		2.63	0.94	0.15	0.16	0.10	2.29		
ⅣM7:18-31		同上		2.53	0.93	0.16	0.14	0.07	1.97		
ⅣM7:18-32		同上		2.46	0.89	0.09	0.10	0.06	1.98		
ⅣM7:18-33		同上		2.44	0.89	0.14	0.12	0.10			

续附表三

编号	种类	特征	记号	钱径	穿宽	郭宽	郭厚	肉厚	重量	图号、图版号	备注
ⅣM7:18-34		同上		2.54	1.00	0.15	0.13	0.09	2.25		残
ⅣM7:18-35		同上		2.63	0.94	0.18	0.11	0.06	2.00		残
ⅣM7:18-36		同上		2.57	0.93	0.15	0.13	0.08	2.23		残
ⅣM7:18-37		"五"字较宽，交笔弯曲，"铢"字金"字头呈三角形，中间四点较长，"朱"字上部方折，下部圆折。		2.62	0.95	0.14	0.15	0.10	3.00		
ⅣM7:18-38		"五"字较宽，交笔弯曲，"铢"字金"字头呈三角形，中间四点较长，"朱"字上部圆折，下部圆折。		2.56	0.91	0.19	0.15	0.11	3.18		
ⅣM7:18-39		同上		3.58	0.98	0.12	0.13	0.05	2.34		残
ⅣM7:18-40		"五"字较宽，交笔弯曲，"铢"字金"字头呈三角形，中间四点较短，"朱"字上下部均圆折。	穿上丈"Ⅲ"，穿右下星	2.53	0.90	0.11	0.15	0.11	2.93	图三三二,5	
ⅣM7:18-41		同上	穿右下星	2.51	0.92	0.11	0.18	0.12	2.96		残
ⅣM7:18-42		同上		2.59	0.99	0.18	0.13	0.07	2.67		
ⅣM7:18-43		同上		2.56	0.91	0.13	0.16	0.11	2.57		
ⅣM7:18-44		同上		2.66	0.92	0.18	0.13	0.08	2.93		
ⅣM7:18-45		同上		2.58	0.94	0.16	0.16	0.10	3.42		
ⅣM7:18-46		同上		2.51	0.93	0.19	0.15	0.08	2.14		残

续附表三

编号	种类	特征	记号	钱径	穿宽	郭宽	郭厚	肉厚	重量	图号、图版号	备注
ⅣM7:18-47		同上		2.63	0.91	0.19	0.15	0.09	2.56		残
ⅣM7:18-48		同上		2.62	0.98	0.19	0.17	0.09	2.60		残
ⅣM7:18-49		同上		2.47	0.97	0.11	0.11	0.08	2.38		残
ⅣM7:18-50		"五"字较宽，交笔弯曲，"铢"字"金"字头呈三角形，中间四点较短，"朱"字上下部方圆折。		2.62	0.98	0.13	0.15	0.11	2.28		残
ⅣM7:18-51		"五"字较宽，交笔弯曲，"铢"字锈蚀残缺。		2.38		0.11	0.10	0.07	0.60		残，表面锈蚀，文字模糊
ⅣM7:18-52		"五"字较宽，交笔弯曲，"铢"字"金"字头呈三角形残缺，中间四点较短，"朱"字上下部均圆折。		2.41	0.88	0.09	0.11	0.06	1.63		同上
ⅣM7:18-53		"五"字锈蚀残缺，"铢"字"金"字头呈三角形，中间四点较短，"朱"字上下部均圆折。		2.37	0.91	0.09	0.12	0.11	1.48		同上
ⅣM7:18-54		"五"字较窄，交笔弯曲，"铢"字"金"字头呈三角形，中间四点较长，"朱"字上下部均圆折。		2.50	0.92	0.14	0.13	0.07	2.10		
ⅣM7:18-55		同上		2.49	0.93	0.13	0.18	0.11	2.74		
ⅣM7:18-56		同上		2.63	0.98	0.16	0.13	0.09	2.78		
ⅣM7:18-57		同上		2.63	0.93	0.19	0.13	0.10	3.27		

续附表三

编号	种类	特征	记号	钱径	穿宽	郭宽	郭厚	肉厚	重量	图号、图版号	备注
ⅣM7:18-58		同上		2.63	0.94	0.19	0.10	0.06	2.15		
ⅣM7:18-59		同上		2.67	0.99	0.18	0.14	0.09	2.91		
ⅣM7:18-60		同上		2.48	0.94	0.09	0.12	0.07	1.98		
ⅣM7:18-61		同上		2.59	1.00	0.18	0.14	0.10	2.37		
ⅣM7:18-62		同上		2.57	0.93	0.18	0.13	0.10	2.99		
ⅣM7:18-63		同上		2.63	0.98	0.15	0.13	0.08	2.37		
ⅣM7:18-64		同上		2.42	1.00	0.10	0.10	0.07	2.10		
ⅣM7:18-65		同上		2.51	0.97	0.12	0.10	0.08	1.35		残
ⅣM7:18-66		"五"字较窄，交笔弯曲，"铢"字"金"字头呈三角形，中间四点较短，"朱"字上下部均圆折。		2.39	0.97	0.08	0.09	0.08	1.96		
ⅣM7:18-67		同上		2.59	0.91	0.17	0.16	0.12	2.90		
ⅣM7:18-68		同上		2.51	0.91	0.13	0.18	0.10	3.20		
ⅣM7:18-69		同上		2.56	0.90	0.18	0.16	0.09	3.04		
ⅣM7:18-70		同上		2.66	0.93	0.19	0.10	0.08	2.26		
ⅣM7:18-71		同上		2.61	0.98	0.19	0.13	0.07	2.12		残
ⅣM7:18-72		同上		2.61	1.00	0.17	0.14	0.08	2.25		残

续附表三

编号	种类	特征	记号	钱径	穿宽	郭宽	郭厚	肉厚	重量	图号、图版号	备注
ⅣM7:18-73		"五"字较窄，交笔弯曲，"铢"字"金"字头呈三角形，中间四点较短，"朱"字上下部均方圆折。		2.65	0.95	0.12	0.17	0.10	2.85		
ⅣM7:18-74		"五"字较窄，交笔弯曲，"铢"字"金"字头呈三角形，中间四点较短，"朱"字上下部均方圆折。		2.67	0.98	0.13	0.12	0.08	2.60		
ⅣM7:18-75		同上。		2.59	0.99	0.17	0.18	0.10	3.37		
ⅣM7:18-76		"五"字较窄，交笔弯曲，"铢"字"金"字头呈三角形，中间四点较短，"朱"字锈蚀不可辨。		2.62	1.10	0.18	0.13	0.07	1.82		表面锈蚀，文字模糊
ⅣM7:18-77		"五"字较窄，交笔微曲，"铢"字"金"字头呈三角形，中间四点较短，"朱"字上下部均圆折。		2.63	1.50	0.12	0.17	0.11	3.10		
ⅣM8:24-1	货泉	形制较小，两面穿皆有郭，货泉二字篆书。		2.33	0.62	0.19	0.19	0.13	3.44		
ⅣM8:24-2		同上。		2.27	0.63	0.19	0.17	0.12	2.21		
ⅣM8:24-3	半两	形制较大，穿孔两侧篆书"半两"二字，平背无郭。		2.82	0.88			0.16	5.13		
ⅣM8:24-4	大泉五十	形制较大，形体厚重，面背皆有内郭。正面穿口左右铸"五十"二字，较瘦长，上下铸"大泉"二字，较宽长，均为篆书。"五"字弯曲，"大"字一横较折弧。		2.79	0.84	0.23	0.20	0.17	5.47		
ⅣM8:24-5		同上。		2.82	0.75	0.26	0.28	0.22	1.48		
ⅣM8:24-6		同上。		2.73	0.76	0.22	0.25	0.20	6.01		

续附表三

编号	种类	特征	记号	钱径	穿宽	郭宽	郭厚	肉厚	重量	图号、图版号	备注
ⅣM8：24-7		同上		2.73	0.76	0.21	0.24	0.18	6.06		
ⅣM8：24-8		同上		2.73	0.86	0.14	0.16	0.08	2.14		残
ⅣM8：24-9		形制较大，形体厚重，面背皆有内郭。正面穿口左右铸"五十"二字，较瘦长，上下铸"大泉"二字，较宽矮，均为篆书。"五"字较窄，交笔弯曲，"大"字一横较圆弧。		2.78	0.82	0.18	0.20	0.10	4.26		残
ⅣM8：24-10		形制较小，形体轻薄，面背皆有内郭。正面穿口左右铸"五十"二字，较宽矮，均为篆书。"五"字较窄，交笔弯曲，"大"字一横较折弧。		2.63	0.82	0.20	0.13	0.10	2.79		
ⅣM8：24-11	不明	磨郭，形体厚重。		2.03	0.91			0.23	3.68		
ⅣM8：24-12	蜀五铢	形制较小，两面郭均有郭。"五"字较窄，交笔微弯曲，"铢"字金字头呈箭镞状，中间四点均方状。		2.21	0.71	0.11	0.15	0.09	2.12		
ⅣM8：24-13	五铢	"五"字较窄，交笔弯曲，"铢"字"金"字头呈三角形，中间四点铁长，"米"字上下部圆折。		2.15	2.90	0.18	0.20	0.10	3.71		
ⅣM8：25-1	半两	穿孔两侧篆书"半两"二字，平背无郭。		2.34	0.79			0.09	2.16		
ⅣM8：25-2		同上		2.46	0.88			0.08	2.37		
ⅣM8：25-3		同上		2.48	0.63			0.07	2.32		

续附表三

编号	种类	特征	记号	钱径	穿宽	郭宽	郭厚	肉厚	重量	图号、图版号	备注
ⅣM8:25-4	货泉	形制较小，两面穿皆有郭，"货泉"二字篆书。		2.35	0.65	0.20	0.13	0.10	2.63		
ⅣM8:25-5	蜀五铢	形制较小，两面穿均有郭，"五"字较窄，交笔微弯曲，"铢"字金字头呈箭镞状，中间四点较长，"朱"字上下部均方圆折。		2.25	0.69	0.12	0.13	0.09	2.07		
ⅣM8:25-6		磨郭		2.09	0.93			0.06	1.34		
ⅣM8:25-7		磨郭		2.03	0.90			0.08	1.17		
ⅣM8:25-8		磨郭		2.09	0.88			0.12	1.21		
ⅣM8:25-9	不明	磨郭		2.42	0.85			0.09	1.45		残
ⅣM8:25-10		磨郭		2.40	0.88			0.09	1.51		
ⅣM8:25-11		磨郭		2.56	0.95			0.09	1.80		
ⅣM8:25-12		磨郭		2.45	0.90	0.16	0.13	0.09	1.97		
ⅣM8:25-13		"五"字较窄，交笔弯曲，"铢"字金字头呈三角形，中间四点四点锈蚀不可辨。		2.19	0.89			0.07	1.71		残，表面锈蚀，文字模糊
ⅣM8:25-14	磨郭五铢	"五"字较宽，交笔弯曲，"铢"字锈蚀不可辨。		2.28	0.88			0.06	1.19		同上
ⅣM8:25-15		同上		2.49	0.95			0.08	2.12		同上
ⅣM8:25-16		同上		2.30	0.88			0.08	1.60		同上

续附表三

编号	种类	特征	记号	钱径	穿宽	郭宽	郭厚	肉厚	重量	图号、图版号	备注
ⅣM8：25-17		"五"字较宽,交笔弯曲,"铢"字"金"字头呈三角形,中间四点较长,"朱"字上下部均圆折。		2.47	0.87			0.09	1.82		
ⅣM8：25-18		同上		2.39	0.87			0.11	2.27		
ⅣM8：25-19		同上		2.43	0.96			0.09	2.00		
ⅣM8：25-20		同上		2.32	0.90			0.06	1.51		
ⅣM8：25-21		同上		2.34	.091			0.08	1.25		
ⅣM8：25-22		"五"字三角形,交笔弯曲,"铢"字"金"字头呈三角形,中间四点四点方折,下部圆折。		2.35	0.88			0.80	1.88		
ⅣM8：25-23		"五"字宽,交笔弯曲,中间四点均较短,"朱"字上下部均圆折。		2.30	0.97			0.08	1.19		
ⅣM8：25-24		"五"字较宽,交笔弯曲,"铢"字"金"字头呈三角形,中间四点较长,"朱"字上下部均圆折。		2.58	0.95	0.20	0.13	0.08	2.03		
ⅣM8：25-25	五铢	"五"字三角形,交笔弯曲,"铢"字"金"字头呈三角形,中间四点较短,"朱"字上下部均圆折。		2.55	0.85	0.19	0.10	0.08	2.04		
ⅣM8：25-26		"五"字较窄,交笔弯曲,"铢"字"金"字头呈三角形,中间四点较长,"朱"字上下部均方折。		2.56	0.95	0.13	0.11	0.08	2.42		
ⅣM8：25-27		同上		2.51	0.91	0.14	0.12	0.07	2.11		

续附表三

编号	种类	特征	记号	钱径	穿宽	郭宽	郭厚	肉厚	重量	图号、图版号	备注
ⅣM8:25-28		"五"字较宽，交笔弯曲，"铢"字"金"字头呈箭簇状，中间四点较长，"朱"字上下部均圆折。		2.61	0.88	0.13	0.13	0.09	2.84		
ⅣM8:25-29		"五"字较宽，交笔弯曲，"铢"字"金"字头呈三角形，中间四点较长，"朱"字上下部均圆折。		2.52	0.88	0.10	0.13	0.09	2.39		表面锈蚀，文字模糊
ⅣM8:25-30		"五"字较宽，交笔弯曲，"铢"字"金"字头呈三角形，中间四点较长，"朱"字上下部均圆折。		2.54	0.94	0.14	0.13	0.08	2.16		残
ⅣM8:25-31		同上		2.44	0.83	0.10	0.15	0.12	3.31		
ⅣM8:25-32		同上		2.60	0.90	0.16	0.11	0.08	2.52		
ⅣM8:25-33		同上		2.55	0.90	0.14	0.14	0.10	2.18		
ⅣM8:25-34		同上		2.62	0.90	0.19	0.11	0.08	2.09		
ⅣM8:25-35		"五"字较宽，交笔弯曲，"铢"字"金"字头呈三角形，中间四点较长，"朱"字上下部均方圆折。		2.54	2.89	0.13	0.13	0.09	2.07		
ⅣM8:25-36		同上		2.60	0.93	0.14	0.12	0.08	2.75		
ⅣM8:25-37		同上		2.55	0.95	0.18	0.13	0.09	2.61		
ⅣM8:25-38		同上		2.58	0.89	0.16	0.14	0.10	2.28		
ⅣM8:25-39		同上		2.58	0.93	0.18	0.12	0.09	2.35		
ⅣM8:25-40		同上		2.63	0.91	0.21	0.13	0.09	2.63		

续附表三

编号	种类	特征	记号	钱径	穿宽	郭宽	郭厚	肉厚	重量	图号、图版号	备注
ⅣM8∶25-41		同上		2.58	0.88	0.16	0.11	0.07	2.13		
ⅣM8∶25-42		同上		2.63	0.98	0.18	0.11	0.07	2.12		
ⅣM8∶25-43		"五"字较宽，交笔弯曲，"铢"字"金"字头呈三角形，中间四点较长，"朱"字上部方圆折，下部圆折。		2.59	0.90	0.16	0.13	0.09	2.43		
ⅣM8∶25-44		同上	穿下横郭	2.59	0.90	0.17	0.15	0.11	3.04		
ⅣM8∶25-45		同上		2.70	0.87	0.20	0.12	0.10	2.56		
ⅣM8∶25-46		"五"字较宽，交笔弯曲，"铢"字"金"字头呈三角形，中间四点较长，"朱"字上下部均圆折。		2.56	0.95	0.13	0.10	0.07	1.63		
ⅣM8∶25-47		同上		2.60	0.90	0.16	0.12	0.10	2.16		
ⅣM8∶25-48		同上		2.56	0.82	0.16	0.16	0.12	3.22		
ⅣM8∶25-49		"五"字锈蚀残缺，"铢"字"金"字头呈三角形，中间四点较短，"朱"字上下部均圆折。		2.81	0.78	0.18	0.20	0.13	2.37		残，表面锈蚀，文字模糊。
ⅣM8∶25-50	不明								共3.51		残，表面锈蚀，文字不明，均为残块，一组

续附表三

编号	种类	特征	记号	钱径	穿宽	郭宽	郭厚	肉厚	重量	图号、图版号	备注
ⅣM12:6	五铢	"五"字较窄,交笔弯曲,"铢"字"金"字部锈蚀不可辨,"朱"字上下部均圆折。		2.68	0.89	0.13	0.20	0.19	3.21		残,表面锈蚀,文字模糊
ⅣM15:28-1	大泉五十	形制较大,形体厚重,面背有内郭。正面穿口左右铸"五十""二字,上下铸"大泉""二字,较宽矮,均为篆书。"五"字较窄,交笔弯曲,"大"字一横较圆弧。		2.66	0.76	0.15	0.20	0.14	3.99	图三四九17;图版一四五,1	
ⅣM15:28-2		形制较小,形体较薄,面背有内郭。正面穿口左右铸"五十""二字,较宽矮,均为篆书。"五"字较窄,交笔弯曲,"大"字一横较圆弧。		2.56	0.71	0.20	0.16	0.11	2.86	图版一四五,1	残
ⅣM15:28-3		形制较小,形体较薄,面背有内郭。正面穿口左右铸"五十""二字,较宽矮,残缺,上下铸"大泉""二字,交笔弯曲,"大"字一横较圆弧。		2.68	0.89	0.20	0.13	0.08	2.11		残
ⅣM15:28-4		"五"字较宽,交笔弯曲,"铢"字"金"字头呈三角形,中间四点较长,"朱"字上下部均圆折。		2.61	0.92	0.19	0.14	0.10	3.33		
ⅣM15:28-5	五铢	同上	穿左上星	2.59	0.93	0.18	0.12	0.07	2.09		
ⅣM15:28-6		"五"字较宽,交笔弯曲,"铢"字"金"字头呈三角形,中间四点较长,"朱"字上部圆折,下部方圆折。		2.58	0.91	0.15	0.16	0.10	2.62	图三四九18;图版一四五,1	

续附表三

编号	种类	特征	记号	钱径	穿宽	郭宽	郭厚	肉厚	重量	图号、图版号	备注
ⅣM15∶28-7		同上		2.63	0.90	0.17	0.12	0.09	2.52	图三四九,19;图版一四五,1	
ⅣM15∶28-8		"五"字较窄,交笔弯曲,"铢""金"字头呈三角形,中间四点较短,"朱"字上部方折,下部圆折。		2.65	1.00	0.21	0.20	0.12	3.58		
ⅣM15∶28-9		"五"字较窄,交笔弯曲,"铢""金"字头箭镞状,中间四点较短,"朱"字上部方折,下部圆折。		2.62	1.00	0.17	0.18	0.10	2.32	图三四九,20	
ⅣM15∶28-10		"五"字较窄,交笔弯曲,"铢""金"字头呈三角形,中间四点较短,"朱"字上部蚀圆折。		2.62	0.92	0.12	0.14	0.11	1.78		残,表面锈蚀,文字模糊
ⅣM16∶15-1	五铢	同上		2.67	0.94	0.11	0.13	0.07	2.63		残
ⅣM16∶15-2		同上		2.58	0.90	0.17	0.14	0.10	2.29		残
ⅣM16∶15-3		同上		2.53	1.07	0.11	0.15	0.08	1.57		残
ⅣM16∶15-4		同上		2.50	0.91	0.13	0.13	0.09	2.67		残
ⅣM16∶15-5		同上		2.57	0.95	0.15	0.15	0.09	2.05		残
ⅣM16∶15-6		"五"字较宽,交笔弯曲,"铢""金"字头蚀残缺,"朱"字上下部均圆折。		2.55	0.92	0.15	0.10	0.07	1.91		残

续表附三

编号	种类	特征	记号	钱径	穿宽	郭宽	郭厚	肉厚	重量	图号、图版号	备注
ⅣM16:15-7		"五"字较宽，交笔弯曲，"铢"字"金"字头锈蚀残缺，中间四点较短，下部圆折。		2.58	0.99	0.14	0.13	0.09	2.61	图版一五○,2	残
ⅣM16:15-8		"五"字较窄，交笔弯曲，"铢"字"金"字头呈三角形，中间四点较长，"朱"字上下部均圆折。		2.59	0.92	0.14	0.12	0.08	2.08		残
ⅣM16:15-9		"五"字较窄，交笔弯曲，"铢"字"金"字头呈三角形，中间四点较长，"朱"字上部方圆折，下部圆折。	穿上星	2.53	1.05	2.35	0.15	0.13	0.09	图版一五○,2	表面锈蚀，文字模糊
ⅣM16:15-10		"五"字较窄，交笔弯曲，"铢"字"金"字头呈三角形，中间四点较短，"朱"字锈蚀不可辨。		2.55	1.00	0.19	0.13	0.10	1.48		残
ⅣM16:15-11		"五"字较窄，交笔弯曲，"铢"字"金"字头呈三角形，中间四点较长，"朱"字上部方圆折，下部圆折。		2.60	0.99	0.15	0.15	0.08	1.49		残，表面锈蚀，文字模糊
ⅣM16:15-12		同上		2.58	1.20	0.18	0.13	0.07	1.72		同上
ⅣM16:15-13		同上		2.70	1.00	0.20	0.15	0.10	1.96		同上
ⅣM16:15-14		"五"字锈蚀残缺，"铢"字锈蚀不可辨。		2.37	0.95	0.10	0.11	0.10	1.06		同上
ⅣM16:15-15		"五"字锈蚀残缺，"铢"字"金"字头呈三角形，中间四点较长，"朱"字上下部均圆折。		2.55	0.92	0.16	0.11	0.07	1.31		同上
ⅣM16:15-16		同上		2.61	0.99	0.18	0.13	0.09	1.64		同上

续附表三

编号	种类	特征	记号	钱径	穿宽	郭宽	郭厚	肉厚	重量	图号、图版号	备注
ⅣM16:15-17	剪轮五铢	边有剪凿痕,"五"字交笔弯曲,"铢"字锈蚀残缺不可辨。		2.27	1.00			0.12	1.25		同上
ⅣM16:15-18		边有剪凿痕,"五"字锈蚀残缺,"铢"字"金"字头呈三角形,"朱"字上下部均圆折。		2.08	0.98			0.07	1.11		
ⅣM16:15-19	不明			2.52	0.99	0.11	0.09	0.06	1.93		残,表面锈蚀,文字不明
Ⅳ16:15-20											同上,均为残块,共一组
ⅣM22:15-1	五铢	"五"字较宽,交笔弯曲,"铢"字"金"字头呈三角形,中间四点均短,下部均圆折。		2.59	0.99	0.18	0.12	0.09	2.75	图版一五四,4	
ⅣM22:15-2		同上		2.67	1.00	0.12	0.14	0.10	2.13		残
ⅣM22:15-3		"五"字较宽,交笔弯曲,"铢"字"金"字头呈三角形,中间四点较长,"朱"字上部圆折,下部方折。		2.39	0.97	0.08	0.11	0.08	1.77		残
ⅣM22:15-4		"五"字较宽,交笔弯曲,"铢"字"金"字头呈三角形,中间四点均长,"朱"字上下部均圆折。		2.38	0.91	0.07	0.13	0.07	1.53		残
ⅣM22:15-5		"五"字较宽,交笔弯曲,"铢"字"金"字头呈三角形,中间四点均圆折不辨,"朱"字上下部均圆折。		2.66	1.01	0.15	0.13	0.08	2.61		残,表面锈蚀,文字模糊

续附表三

编号	种类	特征	记号	钱径	穿宽	郭宽	郭厚	肉厚	重量	图号、图版号	备注
ⅣM22:15-6		"五"字较宽，交笔弯曲，"铢""金"字头呈三角形，中间四点较短，"朱"字上部圆折，下部锈蚀残缺。		2.62	0.98	0.19	0.12	0.09	1.99		同上
ⅣM22:15-7		"五"字较宽，交笔弯曲，"铢""金"字头呈三角形，"朱"字上部圆折，其余锈蚀不可辨。		2.49	0.88	0.12	0.11	0.07	1.58		同上
ⅣM22:15-8		"五"字较宽，交笔弯曲，"铢""金"字锈蚀不可辨。		2.59	0.91	0.10	0.12	0.10	2.54		同上
ⅣM22:15-9		同上。		2.41	0.91	0.06	0.11	0.09	1.55		同上
ⅣM22:15-10	磨郭五铢	"五"字较宽，交笔弯曲，"金"字头呈三角形，中间四点被磨去一半，"朱"字上下部均为方圆折。		2.28	0.95			0.10	1.72	图版一四,4	
ⅣM22:15-11	剪轮五铢	边有剪凿痕，"五"字交笔弯曲，"朱"字上下部均圆折。"金"锈蚀不可辨。		2.07	1.00			0.09	1.23		表面锈蚀，文字模糊
ⅣM22:15-12	剪轮钱	形制大小均有，边有剪凿痕，钱文漫漶不可辨识，制作粗劣。		1.39~1.79	0.70~0.85			0.10~0.19	0.55~1.12	图版一四,2	残，表面锈蚀，文字不明，一组4枚
ⅣM22:15-13	不明								1.40		残，表面锈蚀，文字不明
ⅣM23:30-1	货泉	形制较小，两面穿皆有郭，"货泉"二字篆书，锈蚀不清。		2.15	0.81	0.08	0.11	0.10	1.54		表面锈蚀，文字模糊

续附表三

编号	种类	特征	记号	钱径	穿宽	郭宽	郭厚	肉厚	重量	图号、图版号	备注
ⅣM23:30-2	蜀五铢	形制较小，两面穿均有郭。"五"字较窄，交笔微弯曲，"铢"字金字头呈箭镞状，中间四点较短，"朱"字上下部均呈圆折。	背符号"⇃"、	2.12	0.78	0.10	0.14	0.09	2.17	图三六九，14;图版一六二，1,2	
ⅣM23:30-3		同上		2.18	0.80	0.15	0.15	0.11	2.36	图版一六一，5	
ⅣM23:30-4		边有剪凿痕，"五铢"两字剪去大半，"五"字较窄，交笔弯曲，"铢"字金"字被剪，"朱"字上下部均圆折。		1.96	0.88			0.10	1.17	图版一六一，5	
ⅣM23:30-5	剪轮五铢	同上		1.70	0.70			0.06	0.93		
ⅣM23:30-6		同上		1.88	0.95			0.09	1.25		
ⅣM23:30-7		同上		1.79	0.98			0.10	0.92		
ⅣM23:30-8		同上		1.23	0.71			0.09	0.47		
ⅣM23:30-9	剪轮钱	边有剪凿痕，钱文漫漶不可辨识，制作粗劣。		1.15~1.49	0.53~0.71			0.07~0.15	0.39~0.69	图版一六一，4	表面锈蚀，文字不明，一组5枚
ⅣM23:30-10	剪轮五铢	"五"字较宽，交笔弯曲，"铢"字金字头呈三角形，中间四点较长，"朱"字上下部均圆折。		2.50	0.93			0.09	2.05		
ⅣM23:30-11		同上		2.11	0.93			0.09	1.52		残
ⅣM23:30-12		同上		2.39	0.89			0.09	1.84		残

续附表三

编号	种类	特征	记号	钱径	穿宽	郭宽	郭厚	肉厚	重量	图号、图版号	备注
ⅣM23:30-13		同上		2.37	0.90			0.08	1.27		残
ⅣM23:30-14		同上		2.37	0.98			0.06	1.39		残
ⅣM23:30-15		同上		2.43	0.98			0.08	1.38		残
ⅣM23:30-16		"五"字较宽，交笔弯曲，"铢"字"金"字头呈三角形，中间四点较长，"朱"字上部方圆折，下部锈蚀不可辨		2.41	0.92			0.11	1.96		残，表面锈蚀，文字模糊
ⅣM23:30-17		"五"字较宽，交笔弯曲，"铢"字"金"字头呈三角形，中间四点较短，"朱"字上部方圆折，下部圆折。		2.32	1.10			0.10	1.71		残
ⅣM23:30-18		同上		2.66	0.95			0.09	1.92		残
ⅣM23:30-19		"五"字较宽，交笔弯曲，"铢"字锈蚀不可辨。		2.41	0.90			0.08	1.74		表面锈蚀，文字模糊
ⅣM23:30-20		同上		2.39	0.95			0.08	1.61		同上
ⅣM23:30-21		同上		2.39	0.91			0.11	2.05		同上
ⅣM23:30-22		"五"字较窄，交笔弯曲，"铢"字锈蚀不可辨		2.11	1.00			0.09	1.40		同上
ⅣM23:30-23		同上		2.16	1.00			0.09	1.54		残，同上
ⅣM23:30-24		"五"字与"铢"字的"金"字部锈蚀不可辨，"朱"字上下部均圆折。		2.29	1.02			0.08	0.97		同上

续附表三

编号	种类	特征	记号	钱径	穿宽	郭宽	郭厚	肉厚	重量	图号、图版号	备注
ⅣM23:30-25		磨郭较多，"五"字交笔弯曲，"铢"字"金"被磨去，"朱"字上部下部圆折。		2.00	1.00			0.09	1.26	图版一六一,5	
ⅣM23:30-26		同上		2.04	0.93			0.09	1.30		
ⅣM23:30-27		磨郭		2.09	0.92			0.09	1.37		表面锈蚀，文字不明
ⅣM23:30-28	不明								28.42		残，同上，均为残块，共一组
ⅣM23:30-29		"五"字较宽，交笔弯曲，"铢"字"金"字头呈三角形，"朱"字上下部均圆折。		2.67	1.10	0.18	0.13	0.10	2.37		
ⅣM23:30-30		同上		2.62	0.98	0.19	0.11	0.09	2.88		
ⅣM23:30-31	五铢	同上		2.53	0.98	0.15	0.12	0.08	2.43	图版一六一,5	
ⅣM23:30-32		同上		2.55	0.95	0.18	0.18	0.12	2.51		
ⅣM23:30-33		同上		2.61	0.89	0.19	0.15	0.10	2.56		
ⅣM23:30-34		同上		2.58	0.94	0.19	0.12	0.07	2.21		残
ⅣM23:30-35		同上		2.59	0.99	0.19	0.14	0.09	2.43		

续附表三

编号	种类	特征	记号	钱径	穿宽	郭宽	郭厚	肉厚	重量	图号、图版号	备注
ⅣM23：30-36		同上		2.52	0.97	0.12	0.13	0.07	2.39	图版一六一，5	
ⅣM23：30-37		同上		2.61	0.99	0.12	0.15	0.10	2.67		
ⅣM23：30-38		同上		2.60	0.92	0.17	0.15	0.09	2.03		残
ⅣM23：30-39		同上		2.49	0.96	0.09	0.10	0.07	1.86		
ⅣM23：30-40		同上		2.50	1.20	0.09	0.12	0.08	1.69	图版一六一，5	残
ⅣM23：30-41		同上		2.58	0.97	0.15	0.18	0.12	2.63		残
ⅣM23：30-42		同上		2.59	1.06	0.18	0.13	0.07	2.28		
ⅣM23：30-43		同上		2.51	0.98	0.12	0.14	0.08	1.46		
ⅣM23：30-44		同上		2.40	0.92	0.07	0.10	0.09	1.80		
ⅣM23：30-45		同上		2.50	0.97	0.16	0.12	0.09	1.96		
ⅣM23：30-46		同上		2.61	0.89	0.18	0.14	0.07	2.01		
ⅣM23：30-47		同上		2.53	0.99	0.18	0.11	0.06	2.06		
ⅣM23：30-48		同上		2.62	1.00	0.17	0.18	0.11	2.32		残
ⅣM23：30-49		同上		2.62	0.98	0.19	0.14	0.08	2.36		残
ⅣM23：30-50		同上		2.61	0.92	0.18	0.15	0.10	1.61		残

续附表三

编号	种类	特征	记号	镞径	穿宽	郭宽	郭厚	肉厚	重量	图号、图版号	备注
ⅣM23:30-51		同上		2.43	0.98	0.09	0.11	0.08	1.39		残
ⅣM23:30-52		同上		2.56	0.98	0.13	0.10	0.07	2.19		残
ⅣM23:30-53		同上		2.62	0.98	0.11	0.12	0.10	2.10		残
ⅣM23:30-54		同上		2.25	0.91	0.09	0.08	0.06	0.87		残
ⅣM23:30-55		"五"字较宽，交笔弯曲，"镞"字"金"字头呈三角形，中间四点较长，"朱"字上部圆折，下部方圆折。		2.58	1.12	0.13	0.18	0.12	2.92	图版一六一，5	
ⅣM23:30-56		同上		2.58	0.98	0.15	0.16	0.11	2.81		
ⅣM23:30-57		"五"字较宽，交笔弯曲，"镞"字"金"字头呈三角形，中间四点较长，"朱"字上部方圆折，下部圆折。		2.57	0.92	0.11	0.17	0.11	2.27		
ⅣM23:30-58		同上		2.53	0.91	0.12	0.13	0.09	2.56		
ⅣM23:30-59		"五"字较宽，交笔弯曲，"镞"字"金"字头呈三角形，中间四点较长，"朱"字上部圆折，下部圆折。		2.61	0.98	0.18	0.12	0.07	2.28	图版一六一，5	
ⅣM23:30-60		同上		2.53	0.93	0.11	0.11	0.09	2.04		残
ⅣM23:30-61		同上		2.59	0.92	0.18	0.15	0.11	2.21	图版一六一，5	
ⅣM23:30-62		同上		2.49	0.99	0.11	0.09	0.07	2.07		
ⅣM23:30-63		同上		2.52	0.91	0.19	0.13	0.09	2.46		

续附表三

编号	种类	特征	记号	钱径	穿宽	郭宽	郭厚	肉厚	重量	图号、图版号	备注
ⅣM23:30-64		同上		2.56	0.89	0.18	0.15	0.10	3.33		
ⅣM23:30-65		同上		2.49	0.97	0.09	0.15	0.10	2.37		
ⅣM23:30-66		同上		2.55	0.98	0.12	0.12	0.09	2.68		
ⅣM23:30-67		同上		2.52	0.92	0.15	0.11	0.09	2.57		
ⅣM23:30-68		同上		2.57	0.90	0.12	0.16	0.11	3.13		
ⅣM23:30-69		同上		2.59	1.08	0.15	0.14	0.07	1.99		
ⅣM23:30-70		同上		2.56	1.00	0.18	0.11	0.08	2.37		
ⅣM23:30-71		同上		2.51	0.98	0.13	0.10	0.07	1.95		残
ⅣM23:30-72		同上		2.59	0.95	0.15	0.14	0.09	2.07		残
ⅣM23:30-73		"五"字较宽，交笔弯曲，"铢""金"字头呈三角形，中间四点较短，"朱"字上下部均圆折。		2.60	0.99	0.18	0.16	0.10	2.88		
ⅣM23:30-74		同上		2.59	0.98	0.14	0.16	0.12	3.20		
ⅣM23:30-75		同上		2.52	1.00	0.11	0.13	0.10	2.85		
ⅣM23:30-76		同上		2.51	0.91	0.17	0.16	0.11	2.75		
ⅣM23:30-77		同上		2.60	0.90	0.18	0.18	0.13	1.80		残

续附表三

编号	种类	特征	记号	钱径	穿宽	郭宽	郭厚	肉厚	重量	图号、图版号	备注
ⅣM23:30-78		同上		2.54	1.00	0.13	0.16	0.10	1.97		残
ⅣM23:30-79		"五"字较宽,交笔弯曲,"铢"字字头呈箭镞状,中间四点较短,"朱"字上部方圆折,下部圆折。		2.57	0.92	0.18	0.15	0.10	3.09		残
ⅣM23:30-80		"五"字较宽,交笔弯曲,"铢"字字头呈三角形,中间四点较短,"朱"字上部方圆折,下部圆折。		2.58	1.00	0.18	0.16	0.11	3.25		
ⅣM23:30-81		"五"字较窄,交笔弯曲,"铢"字字头呈三角形,中间四点较长,"朱"字上部方圆折,下部圆折。		2.51	0.98	0.12	0.15	0.10	2.35		
ⅣM23:30-82		同上		2.60	0.89	0.17	0.12	0.08	3.00		残
ⅣM23:30-83		"五"字较宽,交笔弯曲,"铢"字字头呈三角形,中间四点较短,"朱"字上部方圆折,下部圆折。		2.57	1.01	0.15	0.13	0.07	2.03		残
ⅣM23:30-84		"五"字较窄,交笔弯曲,"铢"字字头呈三角形,中间四点均短,"朱"字上部均方折。		2.54	1.00	0.12	0.16	0.11	1.75		
ⅣM23:30-85		"五"字较窄,交笔弯曲,"铢"字字头呈三角形,中间四点较长,"朱"字上部方折,下部圆折。		2.52	1.00	0.16	0.14	0.08	2.06		残
ⅣM23:30-86		"五"字较窄,交笔弯曲,"铢"字字头呈三角形,中间四点较短,"朱"字上部圆折,下部均方折。		2.63	1.00	0.18	0.17	0.12	3.62		
ⅣM23:30-87		"五"字较窄,交笔弯曲,"铢"字字头呈三角形,中间四点较短,"朱"字上部圆折,下部均方折。		2.59	1.00	0.15	0.12	0.08	2.11		

续附表三

编号	种类	特征	记号	钱径	穿宽	郭宽	郭厚	肉厚	重量	图号、图版号	备注
ⅣM23：30-88		"五"字较窄，交笔弯曲，"铢"字头呈三角形，中间四点较短，"朱"字上部圆折，下部方折。	穿下半星	2.45	0.88	0.15	0.13	0.07	1.80	图三六九，15	残
ⅣM23：30-89		"五"字较窄，交笔弯曲，"铢"字锈蚀残缺。		2.58	1.00	0.19	0.15	0.09	1.94		残，表面锈蚀，文字模糊
ⅣM23：30-90		同上		2.40	1.11	0.11	0.10	0.08	1.69		同上
ⅣM23：30-91		同上		2.94	2.74	0.18	0.15	0.11	0.92		残块
ⅣM23：30-92		"五"字较宽，交笔弯曲，"铢"字锈蚀残缺。		2.29	0.95	0.15	0.13	0.06	0.67		残块
ⅣM23：30-93		同上		2.01	0.97	0.13	0.12	0.07	0.46		残块
ⅣM23：30-94		"五"字锈蚀残缺，"铢"字头呈三角形，中间四点较短，"朱"字上下部均圆折。		2.55	0.89	0.18	0.15	0.06	0.99		残块
ⅣM23：30-95		"五"字锈蚀残缺，"铢"字头呈三角形，中间四点较短，"朱"字上部方圆折，下部方折。		2.48	0.97	0.11	0.10	0.07	0.98		残块
ⅣM23：30-96		"五"字锈蚀残缺，"铢"字头呈三角形，中间四点较短，"朱"字上部圆折，下部方折。		2.55	0.96	0.14	0.13	0.11	1.16		残块
ⅣM23：30-97		"五"字锈蚀残缺，"铢"字头呈三角形，中间四点较短，"朱"字上下部均方折。		2.12	0.87	0.18	0.17	0.11	0.85		残块

续附表三

编号	种类	特征	记号	钱径	穿宽	郭宽	郭厚	肉厚	重量	图号、图版号	备注
ⅣM23：30-98		"五"字锈蚀残缺，"铢"字"金"字头呈三角形，中间四点较长，"朱"字上下部均圆折。		2.35	0.89	0.18	0.14	0.10	1.06		残块
ⅣM23：30-99		同上		2.29	0.99	0.15	0.12	0.08	0.60		残块
ⅣM23：30-100		同上		2.51	0.94	0.18	0.12	0.07	1.17		残块
ⅣM23：30-101		"五"字锈蚀残缺，"铢"字"金"字头呈三角形，中间四点较长，"朱"字上部方折，下部方圆折。		2.66	1.10	0.11	0.11	0.10	2.07		残块
ⅣM23：30-102	五铢	"五"字锈蚀残缺，"铢"字"金"字锈蚀不可辨，"朱"字上下部均圆折。		2.29	0.89	0.18	0.13	0.09	1.66		表面锈蚀，文字模糊
ⅣM24：30-1		"五"字较宽，交笔弯曲，"铢"字锈蚀不可辨。		2.62	0.91	0.13	0.14	0.10	1.87		残，表面锈蚀，文字模糊
ⅣM24：30-2		同上		2.59	0.88	0.18	0.18	0.13	2.94		同上
ⅣM24：30-3	不明			2.68	0.81	0.19	0.18	0.13	2.56		残，表面锈蚀，文字不明
ⅣM24：30-4				2.68	0.89	0.16	0.15	0.12	2.15		同上
ⅣM24：31-1	剪轮五铢	边有剪凿痕，"五铢"两字剪去大半，"五"字交笔弯曲，"铢"字"金"被剪，"朱"字上部方圆折，下部圆折。		1.70	0.78			0.08	1.01		残

续附表三

编号	种类	特征	记号	钱径	穿宽	郭宽	郭厚	肉厚	重量	图号、图版号	备注
ⅣM24:31-2		同上		1.25	1.20			0.08	0.54		残
ⅣM24:31-3		边有剪凿痕,"五铢"两字剪去大半,"五"字交笔弯曲,"铢"字锈蚀不可辨		1.81	0.83			0.10	1.23		残,表面锈蚀,文字模糊
ⅣM24:31-4	剪轮钱	边有剪凿痕,钱文漫漶不可辨识,制作粗劣。		1.08~1.44	0.48~0.84			0.08~0.15	0.43~0.67	图版一六五,4	表面锈蚀,文字不明,一组9枚
ⅣM24:31-5		磨郭		2.38	0.91			0.11	1.81		表面锈蚀,文字不明
ⅣM24:31-6	不明			0.27	0.98	0.09	0.12	0.07	2.10		同上
ⅣM24:31-7									55.42		同上,均为残块,共一组
ⅣM24:31-8	磨郭五铢	"五"字较宽,交笔弯曲,"铢"字磨去大半,"朱"字上下部均圆折。		2.04	0.99			0.08	1.24		残
ⅣM24:31-9		"五"字较宽,交笔弯曲,"铢"字"金"字头呈三角形,中间四点均较短,"朱"字上下部均圆折。		2.18	0.97			0.07	1.54		残

续附表三

编号	种类	特征	记号	钱径	穿宽	郭宽	郭厚	肉厚	重量	图号、图版号	备注
ⅣM24:31-10		"五"字锈蚀残残缺，"铢"字"金"字部锈蚀不可辨，"朱"字上下部均圆折。		2.35	0.94			0.90	1.68		残，表面锈蚀，文字模糊
ⅣM24:31-11		"五"字较宽，交笔弯曲，"铢"字"金"字部锈蚀不可辨，"朱"字上下部均圆折。		2.40	0.88			0.07	1.59		同上
ⅣM24:31-12		同上		2.44	0.89			0.08	2.01		同上
ⅣM24:31-13		"五"字较宽，交笔弯曲，"铢"字"金"字头呈三角形，中间点较长，"朱"字上下部均圆折。		2.41	0.96			0.08	1.85		
ⅣM24:31-14		同上		2.23	0.93			0.07	1.75		
ⅣM24:31-15		同上		2.46	0.95			0.08	2.12		
ⅣM24:31-16		同上		2.46	0.87			0.08	1.65		
ⅣM24:31-17		同上		2.49	0.11			0.06	1.67		残
ⅣM24:31-18		同上		2.38	0.92			0.09	1.38		残
ⅣM24:31-19		同上		2.28	0.95			0.08	1.55		残
ⅣM24:31-20		同上		2.39	0.95			0.11	1.65		残
ⅣM24:31-21		同上		2.45	0.93			0.13	2.64		残

续附表三

编号	种类	特征	记号	钱径	穿宽	郭宽	郭厚	肉厚	重量	图号、图版号	备注
ⅣM24:31-22		"五"字较窄,交笔弯曲,"铢"字锈蚀残缺。		2.59	0.94	0.16	0.16	0.11	2.07		残,表面锈蚀,文字模糊
ⅣM24:31-23		同上		2.68	0.95	0.18	0.18	0.12	1.56		同上
ⅣM24:31-24		同上		2.36	0.98	0.14	0.18	0.11	1.24		同上
ⅣM24:31-25		"五"字较窄,交笔弯曲,"铢"字锈蚀不可辨。		2.69	0.91	0.17	0.13	0.08	2.09		
ⅣM24:31-26		"五"字较窄,交笔略直,"铢"字头呈三角形,中间四点均直,下部均方圆折。		2.58	0.96	0.12	0.18	0.12	3.55		
ⅣM24:31-27	五铢	"五"字较窄,交笔弯曲,"铢"字"金"字头呈三角形,"朱"字上下部均圆折。		2.57	0.98	0.19	0.10	0.07	2.08		
ⅣM24:31-28		"五"字较窄,交笔弯曲,"铢"字头呈三角形,中间四点较短,下部方折,下部圆折。		2.68	0.90	0.13	0.12	0.09	2.50		
ⅣM24:31-29		"五"字较窄,交笔弯曲,"铢"字"金"字头呈三角形,"朱"字上锈蚀不可辨。		2.38	0.92	0.15	0.10	0.06	1.26		残,表面锈蚀,文字模糊
ⅣM24:31-30		"五"字较宽,交笔弯曲,"铢"字"金"字头较短,"朱"字上锈蚀可辨。		2.57	0.92	0.18	0.14	0.08	2.20		同上
ⅣM24:31-31		"五"字较宽,交笔弯曲,"铢"字头呈箭镞状,中间四点较长,"朱"字上下部均圆折。		2.58	1.00	0.13	0.12	0.09	2.53	图三七,16	

续附表三

编号	种类	特征	记号	钱径	穿宽	郭宽	郭厚	肉厚	重量	图号、图版号	备注
ⅣM24：31-32		同上		2.61	0.93	0.18	0.12	0.09	2.57		
ⅣM24：31-33		"五"字较宽，交笔弯曲，"铢"字"金"字头呈三角形，中间四点锈蚀不可辨，"朱"字上下部均方圆折。		2.61	0.98	0.20	0.15	0.07	2.43		
ⅣM24：31-34		"五"字较宽，交笔弯曲，"铢"字"金"字头呈三角形，中间四点较短，"朱"字上下部均圆折。		2.59	0.97	0.18	0.12	0.08	2.42	图三七三，17	
ⅣM24：31-35		同上		2.54	0.94	0.14	0.13	0.10	2.58		残
ⅣM24：31-36		"五"字较宽，交笔弯曲，"铢"字"金"字头呈三角形，中间四点较短，"朱"字上部方圆折，下部均圆折。		2.53	0.93	0.09	0.11	0.08	2.70		
ⅣM24：31-37		同上		2.61	0.81	0.16	0.13	0.06	2.72		
ⅣM24：31-38		同上		2.63	1.10	0.13	0.11	0.05	1.64		残
ⅣM24：31-39		同上		2.59	0.90	0.15	0.14	0.09	2.58		残
ⅣM24：31-40		"五"字较宽，交笔弯曲，"铢"字"金"字头呈三角形，中间四点较短，"朱"字上下部均圆折。		2.65	0.95	0.14	0.11	0.08	2.18	图三七三，18；图版一六五，2	
ⅣM24：31-41		同上		2.58	0.90	0.14	0.15	0.08	2.12		残
ⅣM24：31-42		同上	穿下星	2.61	0.92	0.17	0.14	0.09	2.15	图版一六五，2	
ⅣM24：31-43		同上		2.13	0.93	0.17	0.12	0.08	2.50		

续附表三

编号	种类	特征	记号	钱径	穿宽	郭宽	郭厚	肉厚	重量	图号、图版号	备注
ⅣM24:31-44		同上		2.61	0.95	0.15	0.09	0.06	1.92		
ⅣM24:31-45		同上		2.61	0.88	0.17	0.17	0.12	2.80		
ⅣM24:31-46		同上		2.62	0.93	0.18	0.13	0.07	2.33		
ⅣM24:31-47		同上		2.61	0.91	0.15	0.13	0.08	2.19		残
ⅣM24:31-48		同上		2.58	0.93	0.13	0.13	0.08	2.76		残
ⅣM24:31-49		同上		2.40	0.90	0.13	0.12	0.07	1.68		残
ⅣM24:31-50		同上		2.53	0.97	0.16	0.13	0.07	2.22		残
ⅣM24:31-51		同上		2.61	0.93	0.17	0.14	0.06	2.02		残
ⅣM24:31-52		同上		2.57	0.97	0.16	0.14	0.08	1.99		残
ⅣM24:31-53		同上		2.58	1.00	0.13	0.12	0.06	1.93		残
ⅣM24:31-54		同上		2.45	0.92	0.11	0.12	0.07	1.70		
ⅣM24:31-55		同上		2.56	0.96	0.13	0.16	0.12	3.28		
ⅣM24:31-56		"五"字较宽,交笔弯曲,"铢"字金字头呈三角形,中间四点较长,"朱"字上部方圆折,下部圆折。		2.61	0.94	0.15	0.12	0.08	2.05	图版一六五,2	残
ⅣM24:31-57		同上		2.56	0.92	0.13	0.14	0.10	2.76		

续附表三

编号	种类	特征	记号	钱径	穿宽	郭宽	郭厚	肉厚	重量	图号，图版号	备注
ⅣM27∶18-1	剪轮五铢	边有剪凿痕，"五铢"两字被剪去大半，"五"字较窄，交笔弯曲，"铢"字"金"被剪，"朱"字上下部均圆折。		1.31	0.74			0.10	0.54	图版一六五，7	
ⅣM27∶18-2	剪轮钱	形制大小皆有，边有剪凿痕，钱文漫漶不可辨识，制作粗劣。		1.24~1.88	0.66~0.91			0.08~0.12	0.53~1.50	图版一六五，7	表面锈蚀，文字不明，一组4枚
ⅣM27∶18-3	大泉五十	形制较大，形体厚重，面背皆有内郭。正面穿口左右铸"五十"二字，较瘦长，上下铸"大泉"二字，较宽矮，均为篆书。"五"字较窄，交笔弯曲，"大"字一横较圆弧。		2.78	0.93	0.19	0.18	0.13	4.64	图三八〇，14；图版一六五，6	
ⅣM27∶18-4		同上		2.80	0.80	0.19	0.23	0.15	6.48	图版一六五，6	
ⅣM27∶18-5	剪轮五铢	"五"字较宽，交笔弯曲，"铢"字"金"字头呈三角形，中间四点均为字上下部均圆折。		2.38	0.92			0.10	1.51		残
ⅣM27∶18-6		同上		2.34	0.95			0.09	1.47		残
ⅣM27∶18-7		"五"字剪轮较宽，"铢"字"金"字头呈三角形，中间四点长，"朱"字上下部均圆折。		2.54	0.92	0.12	0.13	0.09	2.46	图三八〇，15	
ⅣM27∶18-8	五铢	同上		2.57	0.93	0.12	0.13	0.09	2.46		
ⅣM27∶18-9		同上		2.51	0.84	0.16	0.16	0.08	1.72		残
ⅣM27∶18-10		同上		2.59	1.00	0.14	0.17	0.07	1.60		残

续附表三

编号	种类	特征	记号	钱径	穿宽	郭宽	郭厚	肉厚	重量	图号、图版号	备注
ⅣM27:18-11	五铢	"五"字较窄,交笔弯曲,"铢"字"金"字头呈三角形,中间四点较短,"朱"字上下部均方圆折。		2.58	0.99	0.14	0.18	0.12	3.32		
ⅣM27:18-12	不明								4.24		表面锈蚀,文字不明,均为残块,共一组
ⅣM28:12	五铢	"五"字较窄,交笔微曲,"铢"字"金"字头呈三角形,中间四点较短,"朱"字上部方圆折,下部圆折。		2.55	0.95	0.13	0.18	0.12	2.73		残
ⅤM3:25-1	货泉	磨郭,形制较小,两面穿皆有郭,"货泉"二字篆书。		1.98	0.67			0.08	1.32	图三九四5;图版一七三,1	
ⅤM3:25-2	半两	穿孔两侧篆书"半两"二字,平背无郭。		2.43	0.68			0.12	2.68	图三九四6;图版一七三,1	
ⅤM3:25-3	剪轮钱	形制大小均有,边有剪凿痕,钱文漫漶不可辨识,制作粗劣。		1.18~1.33	0.50~0.91			0.10~0.14	0.30~1.05		表面锈蚀,文字不明,共一组7枚

续附表三

编号	种类	特征	记号	钱径	穿宽	郭宽	郭厚	肉厚	重量	图号、图版号	备注
ⅤM3∶25-4	剪轮五铢	边有剪凿痕,"五铢"两字被剪去大半,"五"字较窄,交笔弯曲,"铢"字"金"被剪,"朱"字上下部均圆折。		1.85	0.97			0.08	0.80		
ⅤM3∶25-5		同上		1.88	0.78			0.10	1.04		
ⅤM3∶25-6		同上		1.84	0.76			0.09	1.27		
ⅤM3∶25-7		同上		1.65	0.75			0.12	0.90		
ⅤM3∶25-8		同上		1.88	0.67			0.09	1.26		
ⅤM3∶25-9		同上		1.82	0.82			0.07	0.94		
ⅤM3∶25-10		同上		1.75	0.78			0.08	0.83		
ⅤM3∶25-11	不明	磨郭		2.06	0.88			0.07	1.50		表面锈蚀,文字不明
ⅤM3∶25-12		磨郭		2.00	0.84			0.11	1.42		同上
ⅤM3∶25-13		磨郭		1.91	0.89			0.09	1.06		同上
ⅤM3∶25-14		磨郭		2.34	0.88			0.10	1.74		同上
ⅤM3∶25-15		磨郭		2.36	0.85			0.11	1.68		同上
ⅤM3∶25-16				2.59	0.85			0.13	2.85		同上
ⅤM3∶25-17				2.62	0.87	0.17	0.13	0.12	2.43		同上

续附表三

编号	种类	特征	记号	钱径	穿宽	郭宽	郭厚	肉厚	重量	图号、图版号	备注
ⅤM3:25-19		形制较小,"五"字较窄,交笔弯曲,"铢"字锈蚀不可辨。		1.97	0.81			0.08	1.50		表面锈蚀,文字模糊
ⅤM3:25-20		同上		1.92	0.86			0.11	1.16		同上
ⅤM3:25-21		同上		1.96	0.86			0.10	1.41		同上
ⅤM3:25-22		同上		2.02	0.85			0.09	1.62		同上
ⅤM3:25-23		"五"字较窄,交笔弯曲,"铢"字部上下均方圆折。		2.06	0.82			0.08	1.45		同上
ⅤM3:25-24		"五"字较窄,交笔弯曲,"铢"字"朱"字部下部圆折,其余锈蚀不可辨。		2.15	0.90			0.08	1.31		同上
ⅤM3:25-25	磨郭五铢	"五"字较窄,交笔弯曲,"铢"字"朱"字部上下均圆折,其余锈蚀不可辨。		2.11	0.78			0.08	1.54		同上
ⅤM3:25-26		"五"字较宽,交笔弯曲,"铢"字锈蚀不可辨。		2.46	0.92			0.10	1.53		同上
ⅤM3:25-27		同上		2.46	0.89			0.13	2.15		同上
ⅤM3:25-28		同上		2.30	0.86			0.08	1.91		同上
ⅤM3:25-29		同上		2.41	0.87			0.07	1.63		同上
ⅤM3:25-30		"五"字较宽,交笔弯曲,"金"字头呈三角形,中间四点较长,"朱"字上下部均圆折。		2.38	0.86			0.12	2.13		
ⅤM3:25-31		"五"字较宽,交笔弯曲,"金"字头呈三角形,中间四点长,"朱"字上部方圆形,下部方圆折。		2.29	0.88			0.10	1.82		

续附表三

编号	种类	特征	记号	钱径	穿宽	郭宽	郭厚	肉厚	重量	图号、图版号	备注
ⅤM3:25-32		同上		2.39	0.92			0.07	1.62		
ⅤM3:25-33		同上		2.42	0.95			0.09	2.28		
ⅤM3:25-34		"五"字较窄，交笔弯曲，"铢"字锈蚀不可辨。	外郭压五压金	2.06	0.95	0.11	0.11	0.10	1.24	图版一七三,1	表面锈蚀，文字模糊
ⅤM3:25-35		同上	外郭压五压金	2.04	0.94	0.13	0.11	0.10	1.28	图版一七三,1	同上
ⅤM3:25-36	五铢	"五"字三角形，交笔微曲，"铢"字"金"字头呈三角形，中间四点较短，"朱"字上下部均圆折。		2.59	0.92	0.17	0.19	0.13	3.04		
ⅤM3:25-37		"五铢"两字瘦长，"五"字头可辨，"铢"字"金"字头锈蚀不可辨，交笔弯曲，中间四点较长，"朱"字上下部均圆折。		2.61	1.00	0.16	0.15	0.09	2.25		
ⅤM3:25-38		"五"字三角形，交笔弯曲，"铢"字锈蚀不可辨，"朱"字上下部均圆折。		2.38	0.83	0.06	0.11	0.10	2.22		表面锈蚀，文字模糊
ⅤM3:25-39		"五"字较宽，交笔弯曲，"铢"字"金"字头锈蚀不可辨，中间四点较短，"朱"字上部方折，下部圆折。		2.61	0.84	0.15	0.18	0.12	3.66		同上
ⅤM3:25-40		"五"字三角形，交笔弯曲，"铢"字较短，"朱"字锈蚀不可辨。		2.45	0.88	0.06	0.08	0.07	2.03		同上
ⅤM3:25-41		同上		2.56	0.95	0.10	0.11	0.08	1.85		同上

续附表三

编号	种类	特征	记号	钱径	穿宽	郭宽	郭厚	肉厚	重量	图号、图版号	备注
ⅤM3:25-42		"五"字较宽，交笔弯曲，"铢"字"金"字头呈三角形，中间四点较短，"朱"字上下部均圆折。		2.61	0.83	0.19	0.18	0.13	3.32		
ⅤM3:25-43		同上		2.45	0.84	0.11	0.12	0.10	2.15		
ⅤM3:25-44		同上		2.32	0.93	0.11	0.12	0.11	1.56		
ⅤM3:25-45		同上		2.55	0.97	0.15	0.13	0.11	1.67		
ⅤM3:25-46		同上		2.28	0.92	0.16	0.14	0.08	1.86		残
ⅤM3:25-47		"五"字较宽，交笔弯曲，"铢"字"金"字头呈三角形，中间四点较长，"朱"字上部锈蚀不可辨，下部圆折。		2.46	0.79	0.12	0.09	0.07	1.75		表面锈蚀，文字模糊
ⅤM3:25-48		"五"字较宽，交笔弯曲，"铢"字"金"字头呈三角形，中间四点较长，"朱"字上部锈蚀不可辨，下部圆折。		2.46	0.87	0.15	0.11	0.08	1.37		同上
ⅤM3:25-49		"五"字较宽，交笔弯曲，"铢"字"金"字头呈三角形，中间四点较长，"朱"字上下部均圆折。		2.52	0.87	0.15	0.13	0.10	2.33		
ⅤM3:25-50		同上		2.58	0.88	0.17	0.13	0.08	1.99		残
ⅤM3:25-51		同上		2.53	0.94	0.12	0.11	0.07	1.84		残
ⅤM3:25-52		"五"字较宽，交笔弯曲，"铢"字"金"字头呈三角形，中间四点较长，"朱"字上部方圆折，下部圆折。		2.41	0.93	0.10	0.12	0.07	1.84		
ⅤM3:25-53		同上		2.53	0.90	0.18	0.15	0.11	2.46		

续附表三

编号	种类	特征	记号	钱径	穿宽	郭宽	郭厚	肉厚	重量	图号、图版号	备注
ⅤM3：25-54		同上		2.52	0.82	0.15	0.13	0.09	1.99		
ⅤM3：25-55		同上		2.45	0.88	0.16	0.11	0.09	1.85		表面锈蚀，文字不明
ⅤM4：8-1	不明	磨郭		2.10	0.92			0.11	1.48		残，同上
ⅤM4：8-2				2.70	0.88	0.21	0.13	0.12	2.99		
ⅤM4：8-3	磨郭五铢	"五"字较宽，交笔弯曲，"铢"字"金"字头呈三角形，中间四点点较短，"朱"字上下部均圆折。	穿上双星夹竖杆	2.38	0.83			0.11	2.20	图版一七四,2	
ⅤM4：8-4		"五"字较窄，交笔弯曲，"铢"字"金"字头呈三角形，中间四点点较长，"朱"字上下部均圆折。		2.50	0.90	0.13	0.13	0.09	2.22		
ⅤM4：8-5		同上		2.61	0.89	0.22	0.25	0.18	3.24	图三九六,8；图版一七四,2	
ⅤM4：8-6	五铢	"五"字锈蚀残缺，"铢"字锈蚀不可辨，"朱"字上下部均方圆折。		2.61	0.86	0.18	0.16	0.09	1.75		残，表面锈蚀，文字模糊
ⅤM4：8-7		"五"字较宽，交笔弯曲，"铢"字"金"字头呈三角形，中间四点点较短，"朱"字上下部方圆折，下部圆折。		2.48	0.96	0.11	0.13	0.09	2.31		

续附表三

编号	种类	特征	记号	钱径	穿宽	郭宽	郭厚	肉厚	重量	图号，图版号	备注
VM4:8-8		"五"字较宽，交笔弯曲，"铢""金"字头呈三角形，中间四点较长，"朱"字上下部均圆折。		2.58	0.87	0.17	0.14	0.10	2.46		
VM4:8-9		同上		2.58	0.87	0.13	0.13	0.09	2.58		残
VM4:8-10		同上		2.59	0.89	0.12	0.15	0.11	3.50		
VM4:8-11		同上		2.63	0.83	0.28	0.17	0.08	2.92		残
VM7:14-1	五铢	"五"字较窄，交笔弯曲，"铢""金"字头呈三角形，中间四点较短，"朱"字锈蚀不可辨。		2.54	0.95	0.16	0.16	0.12	2.30	图四〇四，17	表面锈蚀，文字模糊
VM7:14-2				2.50	0.83	0.17	0.16	0.11	2.32		表面锈蚀，文字模糊
VM7:14-3	不明			2.66	0.90	0.18	0.18	0.11	2.09		残，同上
VM7:14-4				2.67	0.62	0.18	0.14	0.11	1.17		残，同上
VM8:19-1		磨郭		2.45	0.85			0.12	1.89		表明锈蚀，文字不明
VM8:19-2	不明	磨郭		2.41	0.81			0.11	2.24		同上
VM8:19-3		磨郭		2.49	0.85			0.13	2.02		残，同上
VM8:19-4		磨郭		2.37	0.83			0.12	0.87		残，同上

续附表三

编号	种类	特征	记号	钱径	穿宽	郭宽	郭厚	肉厚	重量	图号、图版号	备注
ⅤM8∶19-5				2.59	0.88	0.18	0.18	0.15	2.96		残,同上
ⅤM8∶19-6				2.66	0.83	0.19	0.15	0.11	2.67		同残,上
ⅤM8∶19-7				2.66	0.92	0.19	0.16	0.14	2.89		同上
ⅤM8∶19-8				2.51	0.88	0.17	0.15	0.11	2.13		同上
ⅤM8∶19-9				2.35	0.93			0.15	2.54		同上
ⅤM8∶19-10	剪轮钱	剪轮较少,边有剪凿痕,线文漫漶不可辨识,制作粗劣。		2.09	0.88			0.13	2.21		同上
ⅤM8∶19-11		剪轮较多,边有剪凿痕,线文漫漶不可辨识,制作粗劣。		1.38	0.54			0.15	1.04		同上
ⅤM8∶19-12		"五"字较窄,交笔弯曲,"铢"字"金"字头呈三角形,中间四点较长,"朱"字上部方圆折,下部圆折。		2.53	0.88	0.16	0.19	0.15	3.05		
ⅤM8∶19-13	五铢	"五"字较宽,交笔弯曲,"铢"字锈蚀不可辨。		2.61	0.88	0.20	0.15	0.11	2.80		表面锈蚀,文字模糊
ⅤM8∶19-14		同上		2.61	0.83	0.17	0.16	0.12	2.77		同上
ⅤM8∶19-15		同上		2.58	0.85	0.18	0.17	0.14	2.92		同上
ⅤM8∶19-16		同上		2.58	0.88	0.17	0.16	0.11	3.18		同上
ⅤM8∶19-17		同上		2.49	0.93	0.17	0.15	0.10	2.46		同上

续附表三

编号	种类	特征	记号	钱径	穿宽	郭宽	郭厚	肉厚	重量	图号、图版号	备注
VM8：19-18		"五"字较宽，交笔弯曲，"铢"字"金"字头锈蚀不可辨，中间四点较长，"朱"字上下部均圆折。		2.58	0.83	0.18	0.17	0.10	2.27		残，同上
VM8：19-19		同上		2.56	0.80	0.17	0.14	0.10	2.84		同上
VM8：19-20		同上		2.65	0.95	0.18	0.18	0.15	3.48		同上
VM8：19-21		同上		2.72	0.92	0.13	0.10	0.08	2.89		残，同上
VM8：19-22		"五"字较宽，交笔弯曲，"铢"字"金"字头呈三角形，中间四点呈圆折，"朱"字上部方圆折，下部圆折。		2.37	0.82	0.13	0.13	0.09	2.77		同上
VM8：19-23		"五"字较宽，交笔弯曲，"铢"字"金"字头呈三角形，中间四点矩短，"朱"字上下部均圆折。		2.47	0.87	0.11	0.12	0.09	2.26		
VM8：19-24		同上		2.62	0.89	0.19	0.12	0.08	2.55		
VM8：19-25		"五"字较宽，交笔弯曲，"铢"字"金"字头呈三角形，中间四点较短，"朱"字上下部均方圆折。	穿上"一"符号	2.56	1.00	0.15	0.15	0.11	2.39	图四〇八，1	
VM8：19-26		"五"字较宽，交笔弯曲，"铢"字"金"字头呈三角形，中间四点较长，"朱"字上下部均圆折。		2.53	0.80	0.14	0.19	0.13	2.70		
VM8：19-27		同上		2.47	0.88	0.10	0.11	0.08	2.04		
VM8：19-28		同上		2.85	0.79	0.17	0.13	0.10	3.41		
VM8：19-29		同上		2.63	0.88	0.13	0.15	0.10	3.04		

续附表三

编号	种类	特征	记号	钱径	穿宽	郭宽	郭厚	肉厚	重量	图号、图版号	备注
ⅤM8：19-30		同上		2.53	0.83	0.11	0.13	0.09	1.94		
ⅤM8：19-31		同上		2.62	0.86	0.19	0.18	0.13	2.73		
ⅤM8：19-32		同上		2.68	0.85	0.18	0.17	0.12	2.98		
ⅤM8：19-33		同上		2.46	0.88	0.10	0.12	0.07	1.66		残
ⅤM8：19-34		"五"字较宽，交笔弯曲，"铢"字"金"字头呈三角形，中间四点较长，"朱"字上部方折，下部圆折。		2.61	0.93	0.17	0.14	0.09	2.55		
ⅤM8：19-35		"五"字较宽，交笔弯曲，"铢"字"金"字头呈三角形，中间四点较长，"朱"字上下部均方圆折。		2.56	0.91	0.14	0.16	0.11	2.59		
ⅤM13：1-1	小泉直一	形制极小，面背皆有内郭，正面穿左右铸"直一"二字，上下铸"小泉"二字，均为篆书。		1.40	0.55	0.12	0.15	0.07	0.98		
ⅤM13：1-2	小泉钱	形制极小，圆形方穿，面背皆有内郭，钱文不可辨。		1.29~1.51	0.32~0.55	0.15~0.2	0.20~0.22	0.10~0.11	共6.14		表面锈蚀，文字不明，一组5枚
ⅤM14：16-1				2.60	0.83	0.18	0.10	0.07	2.42		表面锈蚀，文字不明
ⅤM14：16-2	不明			2.49	0.83	0.13	0.08	0.06	1.41		残，同上
ⅤM14：16-3				2.59	0.78	0.11	0.13	0.09	1.39		残，同上

续附表三

编号	种类	特征	记号	钱径	穿宽	郭宽	郭厚	肉厚	重量	图号、图版号	备注
VM14:16-4									4.54		残,同上,均为残块共一组
VM14:16-5	货泉	形制较小,两面穿皆有郭,"货泉"二字篆书,文字部分锈蚀。		2.22	0.63		0.13	0.10	1.93		残,表面锈蚀,文字不明
VM14:16-6	剪轮钱	形制较小,边有剪凿痕,钱文漫漶不可辨识,制作粗劣。		1.46	0.72			0.12	0.65		表面锈蚀,文字不明
VM14:16-7	剪轮五铢	形制较大,边有剪凿痕,"五铢"两字剪去大半,"朱"字上部方圆折,其余锈蚀不可辨。		2.00	0.90			0.06	0.95		表面锈蚀,文字模糊
VM14:16-8		形制较小,边有剪凿痕,"五铢"两字剪去大半,"五"字较窄,交笔弯曲,"朱"字上下部均圆折。		1.67	0.83			0.10	0.81		表面锈蚀,文字模糊
VM14:16-9	五铢	"五"字较宽,交笔弯曲,"金"字头呈三角形,中间四点较长,"朱"字上下部均方圆折。		2.63	0.81	0.18	0.19	0.14	3.11		
VM14:16-10		"五"字较宽,交笔弯曲,"铢"字锈蚀不可辨。		2.10	0.86	0.18	0.14	0.11	2.12		残,表面锈蚀,文字模糊
VM14:16-11		"五"字较宽,交笔弯曲,"金"字头呈三角形,中间四点短,"朱"字上下部均圆折。		2.58	0.88	0.17	0.17	0.13	2.81		

续附表三

编号	种类	特征	记号	钱径	穿宽	郭宽	郭厚	肉厚	重量	图号、图版号	备注
VM14∶16-12		同上		2.63	0.87	0.15	0.13	0.09	1.90		
VM14∶16-13		同上		2.50	0.92	0.13	0.14	0.13	2.65		
VM14∶16-14		"五"字较宽,交笔弯曲,"铢"字"金"字头呈三角形,中间四点较长,"朱"字上下部均圆折。		2.66	0.91	0.23	0.17	0.12	2.72		残
VM14∶16-15		同上		2.59	0.87	0.15	0.13	0.09	2.48	图四一九,1	
VM14∶16-16		"五"字较宽,交笔弯曲,"铢"字"金"字头呈三角形,中间四点较长,"朱"字上部方折,下部圆折。		2.61	0.89	0.18	0.12	0.10	2.18		残
VM16∶17-1	不明	磨郭		2.41	0.88			0.09	1.67		残,表面锈蚀,文字不明
VM16∶17-2		磨郭		2.30	0.88			0.14	1.66		同上
VM16∶17-3		磨郭		2.62	0.82			0.13	2.44		同上
VM16∶17-4				2.65	0.82	0.18	0.12	0.81	3.28		同上
VM16∶17-5				2.68	0.91	0.17	0.18	0.13	2.78		同上
VM16∶17-6				2.59	0.81	0.16	0.15	0.11	2.47		同上
VM16∶17-7				2.68	0.88	0.18	0.20	0.15	3.15		同上

续附表三

编号	种类	特征	记号	钱径	穿宽	郭宽	郭厚	肉厚	重量	图号、图版号	备注
VM16:17-8				2.60	0.92	0.13	0.13	0.10	2.10		同上
VM16:17-9				2.58	0.93	0.18	0.15	0.10	2.31		同上
VM16:17-10				2.59	0.83	0.15	0.22	0.08	2.24		同上
VM16:17-11				2.63	0.91	0.18	0.14	0.09	2.09		同上
VM16:17-12				2.48~2.98	0.78~0.88			0.17~0.23	38.76		同上，粘连，共一组12枚
VM16:17-13				2.27~2.68	0.80~0.86			0.11~0.20	17.24		同上，残块，一组
VM16:17-14	货泉	形制较小，两面穿皆有郭，"货泉"二字篆书。		2.36	0.58	0.25	0.19	0.12	2.43	图四二六,1	
VM16:17-15	大泉五十	形制较大，形体厚重，面背皆有内郭。正面穿口左右铸"大泉"二字，上下铸"五十"二字，较宽矮，均为篆书。"五"字较宽，交笔弯曲，"大"字一横较圆弧。		2.91	0.70	0.72	0.21	0.15	5.97		
VM16:17-16		形制较大，形体厚重，面背皆有内郭。正面穿口左右铸"大泉"二字，上下铸"五十"二字，较瘦长，均为篆书。"五"字较宽，交笔弯曲，"大"字一横较折弧。		2.79	0.73	0.25	0.28	0.20	6.26	图四二六,2	

续附表三

编号	种类	特征	记号	钱径	穿宽	郭宽	郭厚	肉厚	重量	图号、图版号	备注
V M16：17-17		"五"字较宽,交笔弯曲,"铢""金"字头呈三角形,中间四点较短,"朱"字上下部均圆折。		2.36	0.90			0.13	1.87		
V M16：17-18	磨郭五铢	"五"字较宽,交笔弯曲,"铢""金"字头呈三角形,中间四点较短,"朱"字上下部均圆折。		2.34	0.85			0.13	2.04		表面锈蚀,文字模糊
V M16：17-19		"五"字较宽,交笔弯曲,"铢""金"字头呈三角形,中间四点均锈蚀不可辨。		2.36	0.84			0.13	2.02		
V M16：17-20		"五"字较宽,交笔弯曲,"铢""金"字头呈三角形,中间四点较长,"朱"字上部圆折,下部方圆折。		2.48	0.91			0.09	1.98		
V M16：17-21		同上		2.65	0.81	0.19	0.18	0.10	2.59		残,表面锈蚀,文字模糊
V M16：17-22	五铢	"五"字较窄,交笔弯曲,"铢""金"字头呈三角形,中间四点均较短,"朱"字上下部均圆折。		2.62	0.76	0.18	0.18	0.10	2.15		同上
V M16：17-23		"五"字较宽,交笔弯曲,"铢""金"字头呈三角形,中间四点较长,"朱"字上下部均圆折。		2.68	0.85	0.18	0.17	0.11	2.65		
V M16：17-24		"五"字较窄,交笔弯曲,"铢""金"字头呈三角形,中间四点圆折,下部圆折。		2.63	0.89	0.13	0.12	0.08	2.35		
V M16：17-25		"五"字较宽,交笔弯曲,"铢"字锈蚀不可辨。		2.63	0.86	0.23	0.25	0.19	4.10		表面锈蚀,文字模糊

续附表三

编号	种类	特征	记号	钱径	穿宽	郭宽	郭厚	肉厚	重量	图号、图版号	备注
VM16:17-26		同上		2.67	0.83	0.22	0.18	0.13	3.03		同上
VM16:17-27		同上		2.56	0.85	0.13	0.16	0.14	2.93		同上
VM16:17-28		同上		2.65	0.84	0.17	0.15	0.10	2.26		同上
VM16:17-29		同上		2.70	0.88	0.23	0.20	0.16	4.05		同上
VM16:17-30		同上		2.64	0.93	0.17	0.15	0.12	2.72		同上
VM16:17-31		同上		2.40	0.77	0.17	0.15	0.10	2.25		同上
VM16:17-32		同上		2.58	0.81	0.17	0.18	0.11	2.85		同上
VM16:17-33		同上		2.67	0.80	0.21	0.19	0.16	3.10		同上
VM16:17-34		同上		2.73	0.95	0.20	0.21	0.12	3.20		同上
VM16:17-35		同上		2.77	0.89	0.19	0.21	0.13	2.56		同上
VM16:17-36		同上		2.50	0.78	0.15	0.16	0.12	2.34		同上
VM16:17-37		同上		2.62	0.81	0.15	0.14	0.09	2.24		同上
VM16:17-38		同上		2.76	0.89	0.17	0.15	0.07	1.92		残，同上
VM16:17-39		"五"字较宽，交笔弯曲，"铢"字"金"字头呈三角形，其余锈蚀不可辨。		2.51	0.82	0.14	0.15	0.10	2.15		同上
VM16:17-40		"五"字较宽，交笔弯曲，"铢"字"金"字头呈三角形，中间四点锈蚀不可辨，"朱"字上下部均圆折。		2.62	0.91	0.17	0.14	0.10	2.45		同上

续附表三

编号	种类	特征	记号	钱径	穿宽	郭宽	郭厚	肉厚	重量	图号、图版号	备注
VM16:17-41		"五"字较宽,交笔弯曲,"铢"字"金"字头呈三角形,中间四点锈蚀不可辨,"朱"字上部方圆折,下部圆折。		2.63	0.88	0.18	0.14	0.09	2.71		同上
VM16:17-42		"五"字较宽,交笔弯曲,"铢"字"金"字头呈三角形,中间四点,"朱"字上部方圆折,下部圆折。	穿上星	2.58	0.91	0.14	0.12	0.08	2.36	图四二六,3	
VM16:17-43		同上		2.61	0.89	0.17	0.15	0.10	2.99		
VM16:17-44		同上		2.54	0.84	0.16	0.14	0.08	2.20		
VM16:17-45		"五"字较宽,交笔弯曲,"铢"字"金"字头呈三角形,中间四点,"朱"字上部方折,下部圆折。	穿下星	2.76	0.85	0.17	0.18	0.12	2.11		残
VM16:17-46		同上		2.66	0.82	0.20	0.17	0.13	3.15		
VM16:17-47		"五"字较宽,交笔弯曲,"铢"字"金"字头呈三角形,中间四点,"朱"字上部方圆折,下部圆折。		2.63	0.87	0.17	0.15	0.10	3.19	图四二六,4	
VM16:17-48		同上		2.58	0.92	0.17	0.15	0.10	2.24		
VM16:17-49		"五"字较宽,交笔弯曲,"铢"字"金"字头呈三角形,中间四点,"朱"字上部圆折,下部方折。		2.63	0.88	0.16	0.15	0.09	2.17		
VM16:17-50		"五"字较宽,交笔弯曲,"铢"字"金"字头呈三角形,中间四点,"朱"字上部圆折,下部均圆折。		2.60	0.90	0.17	0.13	0.09	2.55		

续附表三

编号	种类	特征	记号	钱径	穿宽	郭宽	郭厚	肉厚	重量	图号、图版号	备注
VM16:17-51		"五"字较宽，交笔弯曲，"铢"字"金"字头呈三角形，"朱"字上下部均方圆折。		2.57	0.83	0.16	0.13	0.08	2.56		
VM16:17-52		同上		2.59	0.83	0.19	0.17	0.12	3.11		
VM16:17-53		同上		2.76	0.86	0.19	0.15	0.10	2.44		
VM16:17-54		"五"字较宽，交笔弯曲，"铢"字"金"字头呈三角形，"朱"字上下部圆折，下部方圆折。		2.55	0.92	0.17	0.15	0.10	2.67		
VM16:17-55		"五"字较宽，交笔弯曲，"铢"字"金"字头呈三角形，"朱"字上下部均方圆折。		2.58	0.86	0.17	0.14	0.08	2.76		
VM16:17-56		同上		2.59	0.90	0.17	0.18	0.13	3.86		
VM16:17-57		同上		2.62	0.84	0.19	0.15	0.09	1.99		
VM16:17-58	不明			2.66	0.88	0.16	0.14	0.08	2.10		残，表面锈蚀，文字不明
VIM3:12-1	不明			2.79	0.88			0.12	3.36		残，表面锈蚀，文字不明
VIM3:12-2				2.62	0.80	0.17	0.18	0.15	2.15		同上

续附表三

编号	种类	特征	记号	钱径	穿宽	郭宽	郭厚	肉厚	重量	图号、图版号	备注
VIM3:12-3	磨郭五铢	"五"字较宽,交笔弯曲,"铢"字金"字头呈三角形,中间四点较长,"朱"字上部方形,下部圆折。		2.46	0.93			0.05	1.57		
VIM3:12-4		"五"字较宽,交笔弯曲,"铢"字金"字头呈三角形,中间四点较长,"朱"字上下部均圆折。		2.56	0.91	0.20	0.13	0.08	2.33		
VIM3:12-5	五铢	同上		2.58	0.95	0.20	0.15	0.08	1.53		残
VIM3:12-6		同上		2.59	0.93	0.15	0.13	0.07	1.90		残
VIM3:12-7		同上		2.55	0.83	0.17	0.13	0.08	2.06		残
VIM3:13-1		磨郭		2.68	0.85			0.10	1.60		残,表面锈蚀,文字不明
VIM3:13-2				2.98	0.82	0.18	0.15	0.20	2.64		同上
VIM3:13-3	不明			2.45	0.82			0.13	2.23		同上
VIM3:13-4				2.66	0.85	0.17	0.15	0.13	2.96		同上
VIM3:13-5				2.77	0.87	0.19	0.17	0.12	2.90		同上
VIM3:13-6									3.02		同上
VIM3:13-7				2.67~2.32	0.83~0.90				共5.08		同上,共一组2枚

续附表三

编号	种类	特征	记号	钱径	穿宽	郭宽	郭厚	肉厚	重量	图号、图版号	备注
VIM3 : 13-8									共12.6		同上，均为残块，共一组
VIM3 : 13-9	五铢	"五"字较宽，交笔弯曲，"铢"字锈蚀不可辨。		2.93	0.88	0.11	0.15	0.12	2.22		残，表面锈蚀，文字模糊
VIM3 : 13-10		"五"字较宽，交笔弯曲，"铢"字"金"字头呈三角形，中间四点较短，"朱"字上部方圆折，下部圆折。		2.80	0.90	0.17	0.13	0.12	3.63		残
VIM3 : 13-11		磨郭		2.32	0.85			0.06	1.33		表面锈蚀，文字不明
VIM3 : 13-12		磨郭		2.70	0.92			0.10	1.82		同上
VIM3 : 13-13		磨郭		2.16	0.83			0.10	1.74		同上
VIM3 : 13-14		磨郭		2.09	0.83			0.12	1.36		同上
VIM3 : 13-15	不明			2.56	0.84	0.18	0.15	0.12	2.51		残，同上
VIM3 : 13-16				2.38	0.90			0.10	1.57		残，同上
VIM3 : 13-17				2.30	0.87			0.10	1.60		残，同上
VIM3 : 13-18				2.50	0.83			0.10	1.07		残，同上

续附表三

编号	种类	特征	记号	钱径	穿宽	郭宽	郭厚	肉厚	重量	图号、图版号	备注
ⅥM3：13-19				2.47	0.97	0.09	0.13	0.08	2.13		残，同上
ⅥM3：13-20				2.8	0.86	0.16	0.13	0.12	2.42		残，同上
ⅥM3：13-21				2.52	0.92			0.12	1.84		残，同上
ⅥM3：13-22									共3.83		残，同上，共一组，均为残块
ⅥM3：13-23	半两	穿孔两侧面篆书"半两"二字，平背无郭。		2.33	0.93			0.13	2.01		表面锈蚀，文字模糊
ⅥM3：13-24	货泉	形制较小，两面穿皆有郭，"货泉"二字篆书。		2.35	0.68	0.18	0.17	0.13	2.59		
ⅥM3：13-25		"五"字锈蚀不可辨，"铢"字"金"字头呈三角形，中间四点较长，"朱"字上部方圆折，下部圆折。		2.38	0.85			0.12	1.79		表面锈蚀，文字模糊
ⅥM3：13-26		"五"字较窄，交笔弯曲，"铢"字锈蚀不可辨。		2.30	2.88			0.09	1.60		同上
ⅥM3：13-27	磨郭五铢	"五"字较窄，交笔弯曲，"朱"字上下部均方圆折。		2.08	0.90			0.12	1.18		同上
ⅥM3：13-28		"五"字较宽，交笔弯曲，"铢"字锈蚀不可辨。		2.51	0.92			0.11	1.83		同上
ⅥM3：13-29		同上		2.30	0.88			0.07	1.13		同上

续附表三

编号	种类	特征	记号	钱径	穿宽	郭宽	郭厚	肉厚	重量	图号、图版号	备注
ⅦM3:13-30		同上		2.38	0.85			0.09	1.71		同上
ⅦM3:13-31		"五"字较宽,交笔弯曲,"铢"字头锈蚀不可辨,"金"字"朱"字上下部均圆折。		2.10	0.89			0.10	1.34		同上
ⅦM3:13-32		同上		2.27	0.90			0.07	1.44		同上
ⅦM3:13-33		"五"字三角形,"铢"字头呈三角形,中间四点较长,"金"字"朱"字上下部均圆折。		2.30	0.86			0.80	1.67		
ⅦM3:13-34		"五"字三角形,"铢"字头呈三角形,中间四点较长,"金"字"朱"字上下部均圆折。		2.31	0.90			0.07	1.27		残
ⅦM3:13-35		"五"字三角形,"铢"字头呈三角形,中间四点较长,"金"字"朱"字上部圆折,下部方折。		2.12	0.79			0.10	2.06		
ⅦM3:13-36		"五"字较宽,交笔弯曲,"铢"字头呈三角形,中间四点较长,"金"字"朱"字上部方折,下部圆折。		2.38	0.87			0.07	1.89		
ⅦM3:13-37		"五"字锈蚀不可辨,"铢"字头呈三角形,中间四点较长,"金"字"朱"字上下部均圆折。		2.60	1.01	0.10	0.14	0.09	2.13		残,表面锈蚀,文字模糊
ⅦM3:13-38	五铢	"五"字较窄,交笔弯曲,"铢"字头呈三角形,中间四点较短,"金"字"朱"字上下部均圆折。		2.66	0.84	0.23	0.16	0.11	2.79		
ⅦM3:13-39		同上		2.57	0.93	0.16	0.13	0.07	1.51		残

续附表三

编号	种类	特征	记号	钱径	穿宽	郭宽	郭厚	肉厚	重量	图号、图版号	备注
ⅥM3∶13-40		"五"字较窄,交笔弯曲,"铢"字"金"字头呈三角形,中间四点较短,"朱"字上下部均为方折。		2.56	0.90	0.15	0.13	0.11	2.32		
ⅥM3∶13-41		"五"字较宽,交笔弯曲,"铢"字锈蚀不可辨。		2.50	0.88	0.16	0.15	0.14	2.74		表面锈蚀,文字模糊
ⅥM3∶13-42		同上		2.53	0.91			0.10	1.88		同上
ⅥM3∶13-43		同上		2.50	0.92	0.13	0.15	0.13	2.41		同上
ⅥM3∶13-44		同上		2.68	0.89	0.17	0.15	0.12	2.69		同上
ⅥM3∶13-45		同上		2.65	0.87	0.13	0.13	0.08	2.68		同上
ⅥM3∶13-46		同上		2.66	0.92	0.09	0.12	0.10	2.45		同上
ⅥM3∶13-47		同上		2.57	0.91	0.14	0.12	0.10	2.02		同上
ⅥM3∶13-48		同上		2.66	0.76	0.13	0.15	0.12	2.78		残,同上
ⅥM3∶13-49		"五"字较宽,交笔弯曲,"铢"字"金"字中间四点较短,其余锈蚀不可辨。		2.63	0.91	0.15	0.16	0.12	2.71		残,同上
ⅥM3∶13-50		"五"字较宽,交笔弯曲,"铢"字"金"字头呈三角形,其余锈蚀不可辨。		2.55	1.00	0.11	0.10	0.07	2.06		残,同上
ⅥM3∶13-51		同上		2.61	0.93	0.13	0.15	0.10	2.19		残,同上
ⅥM3∶13-52		"五"字较窄,交笔弯曲,"铢"字"金"字头呈三角形,中间四点较短,"朱"字上下部均圆折。		2.60	0.82	0.19	0.16	0.12	3.41		

续附表三

编号	种类	特征	记号	钱径	穿宽	郭宽	郭厚	肉厚	重量	图号、图版号	备注
VIM3：13-53		同上		2.59	0.90	0.17	0.12	0.08	2.15		
VIM3：13-54		"五"字较宽，交笔弯曲，"铢"字"金"字头呈三角形，中间四点较短，"朱"字上部方圆折，下部圆折。		2.60	0.93	0.17	0.12	0.10	2.43		
VIM3：13-55		"五"字较宽，交笔弯曲，"铢"字"金"字头呈三角形，中间四点较短，"朱"字上部方圆折，下部圆折。		2.59	0.92	0.17	0.13	0.07	1.31		
VIM3：13-56		"五"字较宽，交笔弯曲，"铢"字"金"字头呈三角形，中间四点较长，"朱"字上部锈蚀不可辨。		2.56	0.90	0.13	0.13	0.11	2.00		残，表面锈蚀，文字模糊
VIM3：13-57		"五"字较宽，交笔弯曲，"铢"字"金"字头呈三角形，中间四点较长，"朱"字上下部均方圆折。		2.62	0.90	0.17	0.16	0.12	3.01		
VIM3：13-58		同上		2.58	0.85	0.15	0.14	0.11	2.51		
VIM3：13-59		同上		2.68	0.90	0.16	0.16	0.12	2.67		
VIM3：13-60		同上		2.54	0.89	0.17	0.12	0.08	2.26		
VIM3：13-61		同上		2.58	0.85	0.17	0.14	0.11	2.67		
VIM3：13-62		同上		2.50	0.68	0.08	0.13	0.09	1.94		
VIM3：13-63		同上		2.63	0.87	0.17	0.15	0.11	2.52		
VIM3：13-64		"五"字较宽，交笔弯曲，"铢"字"金"字头呈三角形，中间四点较长，"朱"字上下部均方圆折。		2.62	0.83	0.17	0.15	0.11	2.85		

续附表三

编号	种类	特征	记号	钱径	穿宽	郭宽	郭厚	肉厚	重量	图号、图版号	备注
VIM3:13-65		同上		2.61	0.93	0.16	0.12	0.10	2.41		
VIM3:13-66		同上		2.63	0.87	0.14	0.16	0.13	3.56		
VIM3:13-67		同上		2.63	0.97	0.16	0.13	0.09	2.34		
VIM3:14-1	小货钱	穿孔两侧篆书"半两"二字。		0.85~0.96	0.18~0.21			0.08~0.12	0.26~0.33		一组2枚
VIM3:14-2		形制极小,圆形方穿,面背皆有内郭,钱文不可辨。		0.88~0.18	0.21~0.36			0.10~0.15	0.19~0.39		表面锈蚀,文字不明,一组14枚
VIM6:1	开元通宝	面背皆有内郭,轮廓深峻,文字精美,正面穿口左右铸"通宝"二字,上下铸"开元"二字,"元"字第二笔左挑。	背上月	2.60	0.58	0.29	0.21	0.16	4.28	图四三九,4;图版一八五,1	
VIM6:2-1	开元通宝	面背皆有内郭,轮廓深峻,文字精美,正面穿口左右铸"通宝"二字,上下铸"开元"二字,"元"字第二笔左挑。		2.57	0.63	0.16	0.15	0.10	3.31	图版一八五,2	残
VIM6:2-2		同上	背上月	2.56	0.61	0.24	0.18	0.13	4.37	图版一八五,2	
VIM6:2-3		同上	背下半月	2.57	0.58	0.23	0.17	0.12	4.23	图四三九,5;图版一八五,2	
VIM6:2-4		同上		2.51	0.58	0.25	0.18	0.13	4.20	图版一八五,2	

续附表三

编号	种类	特征	记号	钱径	穿宽	郭宽	郭厚	肉厚	重量	图号、图版号	备注
VIM7:8-1	隋五铢	形制较小，"五"字较窄，"铢"字"金"字头呈三角形，中间四点较短，"朱"字上部方折，下部圆折。		2.53	0.75	0.18	0.10	0.07	1.41		残
VIM7:9-1	不明			2.36	0.65	0.19	0.16	0.09	1.13		残块，表面锈蚀，文字不明
VIM7:9-2	隋五铢	"五"字较窄，交笔直，"铢"字锈蚀残缺。		2.35	0.20	0.16	0.16	0.11	1.01		残，同上
VIM7:9-3		"五"字较窄，交笔直，"铢"字"金"字头呈三角形，中间四点较长，"朱"字上部方折，下部圆折。		2.23	0.76	0.17	0.15	0.10	2.50	图四四一，8	
VIM7:9-4		同上		2.31	0.82	0.23	0.13	0.09	2.24		
VIM7:9-5		同上		2.35	0.74	0.23	0.15	0.10	2.36		残
VIM7:9-6		同上		2.35	0.92	0.22	0.11	0.07	1.98		残
VIM7:9-7		同上		2.56	0.78	0.18	0.14	0.08	1.91		残
VIM7:9-8		同上		2.33	0.79	0.23	0.12	0.07	2.00		残
VIM7:9-9		同上		2.32	0.82	0.23	0.13	0.08	2.08		残
VIM7:9-10		同上		2.30	0.80	0.21	0.13	0.08	1.80		残
VIM10:2	开元通宝	面背皆有内郭，轮廓深峻，文字精美，正面穿口左右铸"通宝"二字，上下"开元"二字，"元"字第二笔左挑，光背无纹饰。		2.47	0.62	0.20	0.17	0.13	4.10	图四四七，2	

续附表三

编号	种类	特征	记号	钱径	穿宽	郭宽	郭厚	肉厚	重量	图号、图版号	备注
VIM12：6	五铢	"五"字较宽，交笔弯曲，"铢"字锈蚀不可辨。		2.52	0.85	0.15	0.12	0.08	2.04		残，表面锈蚀，文字模糊
VIM12：7-1	剪轮钱	形制大小均有，边有剪凿痕，钱文漫漶不可辨识，制作粗劣。		0.76~2.23	0.62~0.88			0.09~0.21	0.74~1.51		表面锈蚀，文字不明，一组11枚
VIM12：7-2	剪轮五铢	边有剪凿痕，"五"字较窄，交笔弯曲，"铢"字锈蚀不可辨。		1.82	0.83			0.10	1.13		表面锈蚀，文字模糊
VIM12：7-3	磨郭五铢	"五"字较宽，交笔弯曲，"铢"字锈蚀不可辨。		2.13	0.95			0.08	1.15		残，同上
VIM12：8	剪轮钱	边有剪凿痕，钱文漫漶不可辨识，制作粗劣。		1.20	0.59			0.11	0.47		表面锈蚀，文字不明
VIM13：17-1	不明	磨郭		2.43	0.88			0.10	1.40		表面锈蚀，文字不明
VIM13：17-2		磨郭		2.38	0.88			0.09	1.49		同上
VIM13：18	剪轮五铢	边有剪凿痕，钱文漫漶不可辨识，制作粗劣。		1.06	0.54			0.13	0.18		同上
VIM13：20-1	五铢	"五"字较窄，交笔弯曲，"铢"字金字头呈三角形，中间四点较长，"朱"字上下部均圆折。		2.66	0.84	0.17	0.13	0.09	2.07		残

续附表三

编号	种类	特征	记号	钱径	穿宽	郭宽	郭厚	肉厚	重量	图号、图版号	备注
VIM13:20-2		"五"字较宽，交笔弯曲，"铢"字"金"字头呈三角形，中间四点较长，"朱"字上部方圆折，下部圆折。		2.60	0.86	0.17	0.14	0.10	2.45	图四五四，11	
VIM13:20-3		同上		2.56	0.89	0.11	0.15	0.06	2.17		残
VIM13:21-1	不明	磨郭		2.08	0.78			0.12	2.10		表面锈蚀，文字模糊
VIM13:21-2		磨郭		2.22	0.86			0.10	1.51		同上
VIM14:17	五铢	"五"字较宽，交笔弯曲，"铢"字"金"字头呈三角形，中间四点较长，"朱"字上部方圆折，下部圆折。		2.51	1.00	0.16	0.12	0.10	1.91		
VIM15:12-1				2.43	0.91			0.09	1.50		残，表面锈蚀，文字不明
VIM15:12-2	不明			2.49	0.85	0.18	0.14	0.16	2.30		同上
VIM15:12-3				2.73	0.95			0.10	1.83		同上
VIM15:12-4									共5.91		同上，均为残块，共一组
VIM15:12-5	五铢	"五"字较宽，交笔弯曲，"铢"字"金"字头呈三角形，中间四点较长，"朱"字上部方圆折，下部圆折。		2.64	0.80	0.14	0.14	0.08	1.77		残

续附表三

编号	种类	特征	记号	钱径	穿宽	郭宽	郭厚	肉厚	重量	图号、图版号	备注
ⅥM15：12-6	不明			2.34	0.88			0.12	1.47		残，表面锈蚀，文字不明
ⅥM15：12-7				2.39	0.85			0.11	1.25		同上
ⅥM15：12-8	货泉	形制较小，两面穿皆有郭，货泉二字篆书。		2.11	0.77	0.10	0.13	0.08	2.01	图四六一，1	
ⅥM15：12-9	磨郭五铢	"五"字较窄，交笔弯曲，"铢"字锈蚀不可辨。		2.53	0.92			0.09	1.52		残，表面锈蚀，文字模糊
ⅥM15：12-10		"五"字较宽，交笔弯曲，"铢"字"金"字头呈三角形，中间四点较短，"朱"字上部圆折，下部方圆折。		2.32	0.90			0.10	0.96		残
ⅥM15：12-11		"五"字较宽，交笔弯曲，"铢"字锈蚀不可辨。		2.49	0.93			0.08	1.54		残，表面锈蚀，文字模糊
ⅥM15：12-12		"五"字较宽，交笔弯曲，"铢"字"金"字头呈三角形，中间四点较短，"朱"字上下部均方圆折。		2.50	0.98			0.09	1.94		残
ⅥM15：12-13		"五"字较宽，交笔弯曲，"铢"字"金"字头呈三角形，中间四点较短，"朱"字上下部均方圆折。		2.27	0.95			0.09	1.64		残
ⅥM15：12-14		"五"字较宽，交笔弯曲，"铢"字"金"字头呈三角形，中间四点较长，"朱"字上部圆折，下部方圆折。		2.24	0.98			0.07	1.75		

续附表三

编号	种类	特征	记号	钱径	穿宽	郭宽	郭厚	肉厚	重量	图号、图版号	备注
ⅥM15:12-15		同上		2.28	0.93			0.10	2.02		
ⅥM15:12-16		同上		2.42	0.80			0.10	1.75		残
ⅥM15:12-17		"五"字较宽，交笔弯曲，"铢"字"金"字头呈三角形，中间四点较长，"朱"字上下部均方圆折。		2.68	0.96			0.11	2.84		残
ⅥM15:12-18		同上		2.30	0.89			0.09	1.69		残
ⅥM15:12-19	不明			2.65	0.95	0.22	0.12	0.08	1.48		残，表面锈蚀，文字不明
ⅥM15:12-20		"五"字锈蚀残缺不可辨，"铢"字"金"字头呈三角形，中间四点均圆折。		2.41	0.95	0.12	0.10	0.09	1.66		残，表面锈蚀，文字模糊
ⅥM15:12-21		同上		2.47	0.87	0.13	0.13	0.08	0.89		同上
ⅥM15:12-22	五铢	"五"字较窄，交笔弯，"铢"字头呈三角形，中间四点较长，"朱"字上下部均方圆折。		2.58	0.96	0.19	0.10	0.07	1.66		
ⅥM15:12-23		"五"字较窄，交笔弯曲，"铢"字"金"字头呈三角形，中间四点较长，"朱"字上下部均方圆折。		2.59	0.97	0.20	0.15	0.10	2.81		
ⅥM15:12-24		同上		2.63	0.93	0.17	0.13	0.07	2.27		残

续附表三

编号	种类	特征	记号	钱径	穿宽	郭宽	郭厚	肉厚	重量	图号、图版号	备注
ⅦM15:12-25		"五"字较宽,交笔弯曲,"铢"字锈蚀残缺不可辨。		2.59	0.95	0.13	0.13	0.09	1.82		残,表面锈蚀,文字模糊
ⅦM15:12-26		同上		2.39	0.88	0.11	0.10	0.09	1.62		同上
ⅦM15:12-27		"五"字较宽,交笔弯曲,"铢"字"金"字部锈蚀残缺,"朱"字上下部均方圆折。		2.60	0.92	0.15	0.15	0.10	1.80		残
ⅦM15:12-28		"五"字较宽,交笔弯曲,"铢"字"金"字头呈三角形,中间四点较短,"朱"字上下部均方圆形。		2.56	0.90	0.16	0.14	0.10	2.87		
ⅦM15:12-29		"五"字较宽,交笔弯曲,"铢"字"金"字头呈三角形,中间四点较短,"朱"字上部圆折,下部方圆折。		2.60	1.00	0.12	0.12	0.06	1.33		残
ⅦM15:12-30		"五"字较宽,交笔弯曲,"铢"字"金"字头呈三角形,中间四点较长,"朱"字上下部均圆折。	穿右下星	2.58	0.88	0.15	0.10	0.08	2.35	图四六一,2	
ⅦM15:12-31		同上		2.60	0.88	0.13	0.13	0.08	2.51		残
ⅦM15:12-32		同上		2.57	0.93	0.10	0.11	0.08	2.16		残
ⅦM15:12-33		同上		2.49	0.83	0.11	0.10	0.07	1.64		
ⅦM15:12-34		同上	穿下斜杠	2.61	0.97	0.13	0.10	0.08	2.41		残
ⅦM15:12-35		同上	穿上三竖杆	2.45	0.87	0.11	0.09	0.08	1.90		

续附表三

编号	种类	特征	记号	钱径	穿宽	郭宽	郭厚	肉厚	重量	图号、图版号	备注
VIM15:12-36		同上		2.65	0.95	0.16	0.14	0.10	2.91		残
VIM15:12-37		同上		2.43	0.88	0.07	0.10	0.08	1.96		残
VIM15:12-38		同上		2.63	0.89	0.17	0.13	0.09	2.43		
VIM15:12-39		同上	穿上星	2.54	0.92	0.12	0.13	0.09	2.85	图四六—,3	残
VIM15:12-40		同上		2.60	0.90	0.16	0.13	0.09	2.62		
VIM15:12-41		"五"字较宽,交笔弯曲,"铢"字金"字头呈三角形,中间四点较长,"朱"字上下部均方折。		2.53	0.88	0.15	0.15	0.07	1.33		残
VIM15:12-42		"五"字较宽,交笔弯曲,"铢"字金"字头呈三角形,中间四点较长,"朱"字上部圆折,下部方圆折。		2.56	0.92	0.15	0.13	0.08	2.06		残
VIM15:12-43		"五"字较宽,交笔弯曲,"铢"字金"字头呈三角形,中间四点较长,"朱"字上部方折,下部圆折。		2.48	0.93	0.09	0.14	0.09	2.04		残
VIM15:12-44		同上		2.62	0.93	0.09	0.11	0.06	1.89		残
VIM15:12-45		"五"字较宽,交笔弯曲,"铢"字金"字头呈三角形,中间四点较长,"朱"字上部圆折,下部圆折。		2.58	0.89	0.13	0.13	0.08	2.34		
VIM15:12-46		同上		2.58	0.97	0.13	0.13	0.08	2.23		
VIM15:12-47		同上		2.67	0.96	0.14	0.12	0.08	2.09		残

续附表三

编号	种类	特征	记号	钱径	穿宽	郭宽	郭厚	肉厚	重量	图号、图版号	备注
VIM15:12-48		"五"字较窄,交笔弯曲,"铢"字头呈三角形,中间四点较长,"朱"字上下部均为方圆折。	穿上半星	2.56	0.97	0.11	0.10	00.9	2.81		表面锈蚀,文字不明
VIM16:13-1		磨郭		2.26	0.92			0.11	1.73		同上
VIM16:13-2		磨郭		2.32	0.92			0.11	1.82		同上
VIM16:13-3		磨郭		1.79	0.90			0.10	1.02		同上
VIM16:13-4		磨郭		1.77	0.83			0.13	1.12		同上
VIM16:13-5		磨郭		2.10	0.86			0.12	1.47		同上
VIM16:13-6	不明	磨郭		2.13	0.86			0.10	1.81		同上
VIM16:13-7		磨郭		2.12	0.85			0.09	1.30		同上
VIM16:13-8		磨郭		2.16	0.86			0.10	1.52		同上
VIM16:13-9		磨郭		2.10	0.85			0.12	1.41		同上
VIM16:13-10		磨郭		1.36~2.06	0.61~0.81			0.05~0.11	2.95		同上,粘贴3枚
VIM16:13-11				2.38	0.81			0.13	1.61		残,同上

续附表三

编号	种类	特征	记号	钱径	穿宽	郭宽	郭厚	肉厚	重量	图号、图版号	备注
VIM16:13-12	剪轮钱	边有剪凿痕，钱文漫漶不可辨识，制作粗劣。		1.29~1.72	0.51~0.80			0.07~0.15	0.48~1.16		表面锈蚀，文字不明，一组13枚
VIM16:13-13	磨郭五铢	"五"字较窄，交笔弯曲，"铢"字可辨		1.89	0.85			0.12	1.51		表面锈蚀，文字模糊
VIM16:13-14		"五"字较宽，交笔弯曲，"铢"头呈三角形，中间四点较长，下部方圆形。		2.08	0.91			0.07	1.47		
VIM16:13-15		"五"字较宽，交笔弯曲，"铢"头呈三角形，中间四点较长，"金"字上下部均圆折。		2.22	0.86			0.12	1.64		
VIM16:13-16	货泉	形制较小，两面穿皆有郭，"货泉"二字篆书。		2.10	0.65	0.12	0.11	0.07	2.09		残
VIM16:13-17		"五"字较宽，交笔弯曲，"铢"头呈三角形，中间四点较长，"金"字上"朱"字下部圆折。		2.70	1.00	0.10	0.14	0.10	3.14		残
VIM16:13-18	五铢	"五"字较宽，交笔弯曲，"铢"字锈蚀残缺。		2.64	0.84	0.20	0.18	0.10	2.00		残
VIM16:13-19		同上		2.70	0.88	0.21	0.18	0.14	2.92		残
VIM16:13-20		同上		2.65	0.88	0.20	0.14	0.08	2.31		残
VIM16:13-21		"五"字较宽，交笔弯曲，"铢"字锈蚀不可辨。		2.65	0.89	0.17	0.20	0.15	3.09		表面锈蚀，文字模糊

续附表三

编号	种类	特征	记号	钱径	穿宽	郭宽	郭厚	肉厚	重量	图号、图版号	备注
VIM16:13-22	不明					0.23	0.20	0.14	1.64		表面锈蚀，文字不明，共一组残块
VIM16:14-1	剪轮钱	边有剪凿痕，钱文漫漶不可辨识，制作粗劣。		1.57	0.80			0.09	0.95		表面锈蚀，文字不明
VIM16:14-2	磨郭五铢	"五"字较宽，交笔弯曲，"铢"字锈蚀不可辨。		2.03	0.94			0.10	1.43		表面锈蚀，文字模糊
VIM16:14-3	五铢	"五"字较宽，交笔弯曲，"铢"字锈蚀不可辨。		2.66	0.86	0.20	0.18	0.12	3.28		同上
VIM16:14-4		"五"字较宽，交笔弯曲，"铢"字锈蚀不可辨，"朱"字上下部均圆折。		2.59	0.82	0.10	0.13	0.09	2.71		同上
VIM16:15-1		磨郭		2.52	0.89			0.11	1.71		残
VIM16:15-2		磨郭		2.16	0.97			0.07	1.31		
VIM16:15-3	不明	磨郭		2.02	0.90			0.11	1.33		
VIM16:15-4		磨郭		2.38	0.90			0.07	1.28		
VIM16:15-5				2.49	0.94			0.10	1.76		

续附表三

编号	种类	特征	记号	钱径	穿宽	郭宽	郭厚	肉厚	重量	图号、图版号	备注
VIM16：15-6	货泉	形制较小，两面穿皆有郭，"货泉"二字篆书。		2.16	0.65	0.15	0.10	0.08	1.65		
VIM16：15-7		同上		2.69	0.78	0.16	0.15	0.10	1.87		表面锈蚀，文字模糊，共一组8枚
VIM16：15-8	剪轮钱	形制大小均有，边有剪凿痕，钱文漫漶不可辨识，制作粗劣。		1.25~2.08	0.60~0.92			0.06~0.16	0.48~1.32		
VIM16：15-9		边有剪凿痕，"五铢"两字弯曲，"五"字交笔弯曲，"铢"字"金"被剪，"朱"字上下部均圆折。		2.00	0.86			0.10	1.25		
VIM16：15-10	剪轮五铢	同上		1.80	0.75			0.08	1.25		
VIM16：15-11		同上		2.00	0.98			0.13	1.51		
VIM16：15-12		同上		1.88	0.88			0.07	1.21		
VIM16：15-13		同上		1.80	0.80			0.06	1.03		
VIM16：15-14	不明	磨郭		2.35	0.86			0.10	1.91		表面锈蚀，文字模糊
VIM16：15-15		磨郭		2.13	0.91			0.08	1.58		同上
VIM16：15-16	磨郭五铢	"五"字较窄，交笔弯曲，"铢"字"金"字头上呈三角形，中间四点较短，"朱"字上下部均圆折。		2.20	1.05			0.06	1.39		

续附表三

编号	种类	特征	记号	钱径	穿宽	郭宽	郭厚	肉厚	重量	图号、图版号	备注
VIM16∶15-17		同上		2.06	0.80			0.13	2.11		
VIM16∶15-18		"五"字较窄，交笔弯曲，"铢"字"金"字被磨去，"朱"字上下部均圆折。		2.00	0.84			0.08	1.14		
VIM16∶15-19		"五"字较窄，交笔弯曲，"铢"字"金"字头呈三角形，中间四点较短，"朱"字上下部均方折。		2.37	0.88			0.12	2.18		残
VIM16∶15-20		"五"字较宽，交笔弯曲，"铢"字锈蚀不可辨。		2.28	0.83			0.10	1.94		表面锈蚀，文字模糊
VIM16∶15-21		同上		2.45	0.91			0.11	2.63		同上
VIM16∶15-22		同上		2.00	0.91			0.13	1.78		同上
VIM16∶15-23		同上		2.30	0.90			0.10	1.76		同上
VIM16∶15-24		同上		2.14	0.88			0.10	1.80		同上
VIM16∶15-25		"五"字较宽，交笔弯曲，"铢"字"金"字头呈三角形，中间四点较短，"朱"字上下部均圆折。		2.36	0.81			0.09	1.70		残，同上
VIM16∶15-26		"五"字较宽，交笔弯曲，"铢"字"金"字头呈三角形，中间四点较短，"朱"字上下部均圆折。		2.39	0.93			0.10	1.76		
VIM16∶15-27		"五"字较宽，交笔弯曲，"铢"字"金"字头呈三角形，中间四点较长，"朱"字上下部均圆折。		2.38	0.84			0.10	2.23		
VIM16∶15-28		同上		2.32	0.89			0.08	1.65		

续附表三

编号	种类	特征	记号	钱径	穿宽	郭宽	郭厚	肉厚	重量	图号、图版号	备注
VIM16:15-29		同上		2.40	0.84			0.09	1.71		
VIM16:15-30		同上		2.28	0.97			0.08	1.48		
VIM16:15-31		"五"字较宽，交笔弯曲，"铢""金"字头呈三角形，中间四点较长，"朱"字上下部圆折。		2.32	0.90			0.08	2.09		
VIM16:15-32		"五"字较宽，交笔弯曲，"铢""金"字头呈三角形，中间四点较长，"朱"字上下部均为方圆折。		2.16	0.97			0.10	1.71		
VIM16:15-33	五铢	"五"字较宽，交笔弯曲，"铢""金"字头呈三角形，中间四点较长，"朱"字上下部均为方圆折。	穿下半星	2.55	0.97	0.19	0.14	0.08	2.83		
VIM16:15-34		"五"字较宽，交笔弯曲，"铢""金"字头呈三角形，中间四点较长，"朱"字上下部均方圆折。	背右下夹文	2.60	0.95	0.16	0.12	0.08	2.89	图四六四,3	
VIM16:15-35		"五"字较窄，交笔弯曲，"铢""金"字头呈三角形，中间四点较长，"朱"字上下部方圆折。		2.62	0.97	0.18	0.14	0.08	2.73		
VIM16:15-36		"五"字较窄，交笔弯曲，"铢""金"字头呈三角形，中间四点较长，"朱"字上下部圆折，下部圆折。		2.58	0.92	0.14	0.15	0.10	3.12		
VIM16:15-37		同上	背左下星	2.68	0.87	0.19	0.16	0.11	2.87		
VIM16:15-38		"五"字较宽，交笔弯曲，"铢"字锈蚀不可辨。		2.60	0.85	0.16	0.15	0.13	3.92		表面锈蚀，文字模糊

续附表三

编号	种类	特征	记号	钱径	穿宽	郭宽	郭厚	肉厚	重量	图号、图版号	备注
VIM16∶15-39		同上		2.55	0.93	0.16	0.10	0.07	1.65		同上
VIM16∶15-40		同上		2.72	0.95	0.13	0.13	0.08	3.29		残,同上
VIM16∶15-41		"五"字较宽,交笔弯曲,"铢"字"金"字头呈三角形,中间四点较短,"朱"字上下部均圆折。		2.57	0.95	0.13	0.10	0.07	1.97		残
VIM16∶15-42		同上		2.60	0.91	0.14	0.11	0.10	2.99		
VIM16∶15-43		同上		2.65	0.93	0.13	0.13	0.09	2.32		
VIM16∶15-44		同上		2.58	0.96	0.16	0.13	0.09	2.24		
VIM16∶15-45		同上		2.62	0.89	0.17	0.16	0.11	2.79		
VIM16∶15-46		同上		2.58	0.92	0.16	0.13	0.08	2.15		残
VIM16∶15-47		"五"字较宽,交笔弯曲,"铢"字"金"字头呈三角形,中间四点较短,"朱"字上部方圆折,下部圆折。		2.60	0.98	0.13	0.12	0.08	2.05		残
VIM16∶15-48		同上		2.62	0.94	0.16	0.16	0.12	2.85		
VIM16∶15-49		同上		2.60	0.90	0.15	0.12	0.07	2.47		
VIM16∶15-50		"五"字较宽,交笔弯曲,"铢"字"金"字头呈三角形,中间四点叠文,上下部均方圆折。	穿上星	2.53	0.87	0.13	0.13	0.08	3.02	图四六四,4	
VIM16∶15-51		"五"字较宽,交笔弯曲,"铢"字"金"字头呈三角形,中间四点较长,"朱"字上下部均圆折。		2.54	0.89	0.15	0.11	0.08	2.73		

续附表三

编号	种类	特征	记号	钱径	穿宽	郭宽	郭厚	肉厚	重量	图号、图版号	备注
ⅥM16:15-52		同上		2.55	0.87	0.16	0.13	0.09	3.02		
ⅥM16:15-53		同上		2.38	0.91			0.07	1.51		残
ⅥM16:15-54		同上	铢上横杠	2.60	0.87	0.18	0.12	0.07	2.39		
ⅥM16:15-55		同上		2.61	0.87	0.14	0.15	0.11	3.13		
ⅥM16:15-56		同上		2.53	0.88	0.16	0.10	0.07	2.03		残
ⅥM16:15-57		同上		2.56	0.91	0.14	0.14	0.10	3.14		
ⅥM16:15-58		同上		2.60	0.88	0.19	0.13	0.12	3.35		
ⅥM16:15-59		同上		2.60	0.88	0.15	0.15	0.10	3.01	图四六四,5	
ⅥM16:15-60		同上		2.57	0.90	0.17	0.12	0.08	2.22		残
ⅥM16:15-61		同上		2.58	0.95	0.15	0.13	0.07	1.96		残
ⅥM16:15-62		同上		2.58	0.97	0.16	0.13	0.07	2.63		
ⅥM16:15-63		"五"字叠文，较宽，交笔弯曲，"铢"字"金"字头呈三角形，中间四点较长，"朱"字上下部均圆折。		2.57	0.88	0.14	0.15	0.08	2.94	图四六四,6	
ⅥM16:15-64		同上		2.60	0.88	0.13	0.10	0.07	2.72		
ⅥM16:15-65		"五"字较宽，交笔弯曲，"铢"字"金"字头呈三角形，中间四点较长，"朱"字上下部均方圆折。		2.58	0.95	0.13	0.16	0.08	3.04		

续附表三

编号	种类	特征	记号	钱径	穿宽	郭宽	郭厚	肉厚	重量	图号、图版号	备注
ⅥM16:15-66		同上		2.61	0.90	0.16	0.13	0.09	3.54		
ⅥM16:15-67		同上		2.53	0.93	0.17	0.10	0.07	1.86		残
ⅥM16:23-1	不明	磨郭		0.38	0.88			0.11	1.74		表面锈蚀，文字不明
ⅥM16:23-2				2.61	0.90	0.19	0.13	0.07	1.50		残，同上
ⅥM16:23-3	磨郭五铢	"五"字叠文，较宽，交笔弯曲，"铢"字头呈三角形，中间四点较长，"朱"字上下部均圆折。		2.38	0.91		0.10		1.28		残
ⅥM16:23-4		"金"字头头呈三角形，中间四点较长，"朱"字上下部圆折。		2.36	0.85	0.09	0.12	0.09	1.78		
ⅥM16:23-5		"五"字较窄，交笔弯曲，"铢"字"金"字头呈三角形，中间四点较长，"朱"字上下部均圆折。		2.60	0.93	0.20	0.13	0.10	2.83		
ⅥM16:23-6	五铢	同上		2.62	0.98	0.15	0.13	0.07	2.13		
ⅥM16:23-7		"五"字较窄，交笔弯曲，"铢"字"金"字头呈三角形，中间四点较长，"朱"字上部圆折，下部方圆折。		2.40	0.92	0.17	0.11	0.07	1.70		
ⅥM16:23-8		同上		2.52	0.92	0.13	0.11	0.08	2.20		
ⅥM16:23-9		"五"字较窄，交笔弯曲，"铢"字"金"字头呈三角形，中间四点较长，"朱"字上部方圆折，下部圆折。		2.53	0.90	0.158	0.13	0.07	2.17		

续附表三

编号	种类	特征	记号	钱径	穿宽	郭宽	郭厚	肉厚	重量	图号、图版号	备注
VIM16:23-10		"五"字较宽,交笔弯曲,"铢"字锈蚀残缺。		2.57	0.92	0.16	0.12	0.07	1.68		残,表面锈蚀,文字模糊
VIM16:23-11		"五"字弯曲,"铢"字锈蚀不可辨。		2.60	0.91	0.18	0.13	0.09	2.44		表面锈蚀,文字模糊
VIM16:23-12		同上		2.60	0.91	0.16	0.14	0.10	2.15		同上
VIM16:23-13		同上		2.70	0.90	0.1	0.12	0.11	2.93		同上
VIM16:23-14		"五"字较宽,交笔弯曲,"铢"字"金"字头呈三角形,中间四点较长,"朱"字上下部均圆折。		2.58	0.89	0.17	0.11	0.07	1.73		残
VIM16:23-15		同上		2.50	0.89	0.14	0.10	0.08	1.63		
VIM16:23-16		同上		2.55	0.93	0.10	0.12	0.09	2.18		
VIM16:23-17		同上		2.59	0.86	0.16	0.13	0.10	2.83		
VIM16:23-18		同上		2.56	0.88	0.14	0.12	0.08	2.49		
VIM16:23-19		同上		2.58	0.90	0.15	0.10	0.06	2.09		
VIM16:23-20		同上		2.58	0.88	0.14	0.12	0.08	2.07		残
VIM16:23-21		同上		2.58	0.85	0.20	0.15	0.12	2.84		
VIM16:23-22		同上		2.55	0.86	0.17	0.16	0.10	2.42		

续附表三

编号	种类	特征	记号	钱径	穿宽	郭宽	郭厚	肉厚	重量	图号、图版号	备注
ⅥM16：23-23		同上		2.65	0.87	0.20	0.17	0.12	3.70		
ⅥM16：23-24		同上		2.68	0.90	0.16	0.12	0.10	2.43		
ⅥM16：23-25		同上		2.60	0.91	0.16	0.13	0.09	2.58		
ⅥM16：23-26		同上		2.50	0.93	0.13	0.13	0.09	2.46		
ⅥM16：23-27		"五"字较宽，交笔弯曲，"铢"字"金"字头呈三角形，"朱"字上部圆折，其余锈蚀不可辨。		2.58	0.94	0.10	0.12	0.08	1.67		残
ⅥM16：23-28		"五"字较宽，交笔弯曲，"铢"字"金"字头呈三角形，中间四点较长，"朱"字上下部均方圆折。		2.47	0.88	0.10	0.11	0.07	2.29	图四六四，7	
ⅥM16：23-29		"五"字较宽，交笔弯曲，"铢"字"金"字头呈三角形，中间四点较长，"朱"字上下部均圆折。		2.60	0.87	0.18	0.13	0.08	2.53		
ⅥM16：23-30		"五"字较宽，交笔弯曲，"铢"字"金"字头呈三角形，中间四点较长，"朱"字上下部均方圆折。		2.60	0.93	0.22	0.13	0.08	2.24		
ⅥM16：23-31		同上		2.58	0.88	0.13	0.13	0.08	2.14		
ⅥM16：23-32		同上		2.45	0.88	0.14	0.13	0.08	1.86		
ⅥM16：23-33		"五"字三角形，中间四点较长，"朱"字上部圆折，下部方圆折。		2.54	0.91	0.18	0.14	0.10	3.16		

续附表三

编号	种类	特征	记号	钱径	穿宽	郭宽	郭厚	肉厚	重量	图号、图版号	备注
ⅥM16:24-1	剪轮钱	形制大小均有，边有剪凿痕，钱文漫漶不可辨识，制作粗劣。		1.19~2.00	0.44~0.90			0.06~0.19	0.34~1.15		表面锈蚀，文字不明，一组41枚
ⅥM16:24-2		边有剪凿痕，"五铢"两字剪去大半，"五"字较窄，交笔弯曲，"铢"字"朱"字上下部均为方圆折。		1.80	0.81			0.11	0.92		
ⅥM16:24-3		同上		1.80	0.80			0.10	1.23		
ⅥM16:24-4	剪轮五铢	边有剪凿痕，"五铢"两字剪去大半，"五"字较窄，交笔弯曲，"铢"字"朱"字上下部均为圆折。		1.68	0.78			0.08	0.90		
ⅥM16:24-5		同上		1.75	0.73			0.08	1.16		
ⅥM16:24-6		边有剪凿痕，"五铢"两字剪去大半，"五"字较窄，交笔弯曲，"铢"字"朱"字上下部均为方折。		1.22	0.63			0.07	0.47		
ⅥM17:13	剪轮钱	形制大小均有，边有剪凿痕，钱文漫漶不可辨识，制作粗劣。		1.35~1.83	0.38~0.74			0.12~0.17	0.64~1.20		表面锈蚀，文字不明，一组7枚

续附表三

编号	种类	特征	记号	钱径	穿宽	郭宽	郭厚	肉厚	重量	图号、图版号	备注
ⅥM17：14	剪轮钱	形制大小均有，边有剪凿痕，钱文漫漶不可辨识，制作粗劣。		1.40~1.78	0.63~0.73			0.14~0.18	0.51~0.65		表面锈蚀，文字不明，一组4枚
ⅥM19：2	开元通宝	面背皆有内郭，轮廓深峻，文字精美，正面穿口左右铸"通宝"二字，上下铸"开元"二字，"元"字第二笔左挑，光背无纹饰。		2.43	0.63	0.18	0.18	0.13	3.38	图四七-2;图版二〇一、5	
ⅥM19：3-1	开元通宝	面背皆有内郭，轮廓深峻，文字精美，正面穿口左右铸"通宝"二字，上下铸"开元"二字，"元"字第二笔左挑，光背无纹饰。		2.61	0.60	0.23	0.18	0.13	3.84	图四七-3;图版二〇一、6	
ⅥM19：3-2		同上		2.58	0.59	0.22	0.18	0.13	4.23	图四七-4;图版二〇一、6	
ⅥM21：6	剪轮钱	形制大小均有，边有剪凿痕，钱文漫漶不可辨识，制作粗劣。		1.18~1.34	0.56~0.11			0.08~0.12	0.36~0.51		表面锈蚀，文字不明，一组5枚
ⅥM22：8-1	剪轮钱	边有剪凿痕，钱文漫漶不可辨识，制作粗劣。		1.70	0.63			0.16	0.94		表面锈蚀，文字不明
ⅥM22：8-2	不明	磨郭		2.10	0.88			0.10	1.23		同上
ⅥM22：8-3	五铢	"五"字较窄，交笔弯曲，"铢"字锈蚀残缺不可辨。		2.68	0.84	0.16	0.13	0.08	1.65		表面锈蚀，文字模糊

续附表三

编号	种类	特征	记号	钱径	穿宽	郭宽	郭厚	肉厚	重量	图号、图版号	备注
VIM23:15	五铢	"五"字较宽,交笔弯曲,"铢"字"金"字头呈三角形,中间四点较长,"朱"字上下部均圆折。		2.61	0.97	0.13	0.10	0.07	2.05		残
VIM25:5	五铢	"五"字较窄,交笔弯曲,"铢"字"金"字头呈三角形,中间四点较长,"朱"字上下部均圆折。		2.62	0.93	0.20	0.13	0.08	2.39		
VIM25:6-1	不明								2.56		残,表面锈蚀,文字不明
VIM25:6-2	剪轮钱	形制大小均有,边有剪凿痕,钱文漫漶不可辨识,制作粗劣。		1.55~1.85	0.74~0.84			0.13~0.18	0.43~1.11		表面锈蚀,文字不明,一组3枚
VIM25:6-3	五铢	"五"字较宽,交笔弯曲,"铢"字锈蚀不可辨。		2.47	0.83	0.16	0.13	0.07	1.77		表面锈蚀,文字模糊
VIM25:6-4		表面锈蚀,文字不明	磨郭		2.23	0.96			0.10	1.43	
VIM25:6-5			磨郭		2.70	0.91			0.13	1.13	
VIM25:6-6		同上			2.60	0.87	0.18	0.12	0.11	2.40	
VIM25:6-7		同上			2.60	0.83	0.16	0.13	0.11	2.58	
VIM25:6-8	不明	同上			2.36~2.43	0.83~0.88			0.08~0.10	共3.08	

续附表三

编号	种类	特征	记号	钱径	穿宽	郭宽	郭厚	肉厚	重量	图号、图版号	备注
VIM25:6-9	货泉	形制较小，两面穿皆有郭，货泉二字篆书。		2.34	2.60	0.16	0.17	0.13	3.04		
VIM25:6-10		形制较小，正面穿无郭，货泉二字篆书。"泉"字"丨"中断。	穿右下星	2.30	0.68	0.20	0.13	0.10	1.97	图四八三,4	残
VIM25:6-11		"五"字较窄，交笔弯曲，"铢"字锈蚀不可辨。		2.35	0.97			0.11	1.81		表面锈蚀，文字模糊
VIM25:6-12		"五"字较宽，交笔弯曲，"铢"字上下部均圆折。		2.41	0.91			0.12	2.12		同上
VIM25:6-13	磨郭五铢	"五"字较宽，交笔弯曲，"朱"字上下部均圆折。		2.33	0.88			0.10	1.52		同上
VIM25:6-14		"五"字较宽，交笔弯曲，"金"字头呈三角形，中间四点均圆折，下部均圆折。		2.43	0.86			0.08	1.53		
VIM25:6-15		同上		2.38	0.86			0.10	1.61		
VIM25:6-16		同上		2.30	0.86			0.09	1.69		
VIM25:6-17		"五"字锈蚀不可辨，"铢"字"金"字头呈三角形，中间四点较短，"朱"字上下部均圆折。		2.50	0.85	0.13	0.10	0.09	1.90		表面锈蚀，文字模糊
VIM25:6-18	五铢	"五"字较窄，交笔弯曲，"铢"字"金"字头呈三角形，中间四点较短，"朱"字上下部方圆折，下部圆折。		2.56	0.90	0.19	0.13	0.09	2.25		
VIM25:6-19		同上		2.42	0.92	0.12	0.13	0.08	1.85		残
VIM25:6-20		"五"字较宽，交笔弯曲，"铢"字锈蚀不可辨。		2.65	0.84	0.18	0.14	0.10	2.47		表面锈蚀，文字模糊

续附表三

编号	种类	特征	记号	钱径	穿宽	郭宽	郭厚	肉厚	重量	图号、图版号	备注
VIM25:6-21		"五"字较宽，交笔弯曲，"铢"字"金"字部锈蚀不可辨，"朱"字上下部均圆折。		2.63	0.87	0.23	0.13	0.12	3.62		同上
VIM25:6-22		"五"字较宽，交笔弯曲，"铢"字"金"字头呈三角形，中间四点较短，"朱"字上下部均圆折。		2.61	1.00	0.16	0.12	0.09	2.73		
VIM25:6-23		"五"字较宽，交笔弯曲，"铢"字"金"字头呈三角形，中间四点较短，"朱"字上下部方圆折，下部均圆折。		2.63	0.94	0.18	0.17	0.12	3.27		
VIM25:6-24		"五"字较宽，交笔弯曲，"铢"字"金"字头呈三角形，中间四点较长，"朱"字上下部均圆折。		2.60	0.89	0.17	0.15	0.10	2.53		
VIM25:6-25		同上		2.59	0.88	0.12	0.15	0.13	3.49		
VIM25:6-26		同上		2.65	0.98	0.18	0.13	0.08	2.43		
VIM25:6-27		同上		2.64	0.95	0.19	0.15	0.10	2.72		
VIM25:6-28		同上		2.58	0.88	0.16	0.14	0.10	3.35		
VIM25:6-29		同上		2.50	0.86	0.11	0.13	0.10	2.57		
VIM25:6-30		同上		2.45	0.84	0.13	0.10	0.08	1.99		
VIM25:6-31		同上		2.68	0.85	0.18	0.16	0.14	2.18		
VIM25:6-32		同上		2.58	0.86	0.18	0.13	0.10	3.72		
VIM25:6-33		同上		2.50	0.89	0.16	0.14	0.10	2.34		

续附表三

编号	种类	特征	记号	钱径	穿宽	郭宽	郭厚	肉厚	重量	图号、图版号	备注
ⅥM25:6-34		同上		2.67	1.00	0.18	0.17	0.12	2.31		
ⅥM25:6-35		同上		2.60	0.93	0.16	0.12	0.08	2.56		
ⅥM25:6-36		同上		2.50	0.89	0.13	0.12	0.10	2.50		
ⅥM25:6-37		同上		2.70	0.83	0.14	0.14	0.11	3.05		
ⅥM25:6-38		"五"字较宽，交笔弯曲，"铢"字"金"字头呈三角形，中间四点较长，"朱"字上部圆折，下部方圆折。	背穿下星	2.59	0.90	0.14	0.13	0.10	2.43		
ⅥM25:6-39		同上		2.60	0.94	0.16	0.15	0.11	2.29		
ⅥM25:6-40		同上		2.60	0.89	0.16	0.11	0.08	2.61		
ⅥM25:6-41		同上		2.53	0.91	0.14	0.08	0.06	1.89		
ⅥM25:6-42		同上		2.80	0.90	0.16	0.15	0.08	2.40		
ⅥM25:6-43		"五"字较宽，交笔弯曲，"铢"字"金"字头呈三角形，中间四点较长，"朱"字上部方折，下部方折。		2.56	0.93	0.18	0.13	0.09	3.01		
ⅥM25:6-44		"五"字较宽，交笔弯曲，"铢"字"金"字头呈三角形，中间四点较长，"朱"字上部方折，下部圆折。		2.60	0.89	0.17	0.14	0.08	2.75		残
ⅥM25:6-45		"五"字较宽，交笔弯曲，"铢"字"金"字头呈三角形，中间四点较长，"朱"字上下部均方折。		2.65	0.92	0.17	0.17	0.13	2.97		

续附表三

编号	种类	特征	记号	钱径	穿宽	郭宽	郭厚	肉厚	重量	图号、图版号	备注
ⅧM1:8	五铢	"铢""金"字中间四点较长，"朱"字下部圆折，其余锈蚀不可辨。		2.78	0.91	0.18	0.11	0.10	2.89		残，表面锈蚀，文字模糊
ⅧM2:26-1	不明	磨郭		2.28	0.08			0.06	1.36		残，表面锈蚀，文字不明
ⅧM2:26-2				1.95	1.95			0.10	1.62		同上
ⅧM2:26-3		磨郭		2.38	0.88			0.08	1.68		同上
ⅧM2:26-4	剪轮钱	形制大小均有，方边圆边均有，边剪凿痕，钱文漫漶不可辨识，制作粗劣。		1.23~1.78	0.42~0.88			0.08~0.13	0.28~1.09		同上，一组11枚
ⅧM2:26-5		边有剪凿痕，形制较小，"五铢"两字剪去大半，"五"字较窄，交笔弯曲，"铢"字锈蚀不可辨。		1.30	0.60			0.10	0.55		表面锈蚀，文字模糊
ⅧM2:26-6		边有剪凿痕，形制较大，"五铢"两字剪去大半，"五"字较窄，交笔弯曲，"铢"字锈蚀不可辨。		1.68	0.70			0.10	1.00		同上
ⅧM2:26-7	剪轮五铢	边有剪凿痕，形制较大，"五铢"两字剪去大半，"五"字较窄，交笔弯曲，"铢""朱"上下部均圆折。		1.58	0.75			0.10	1.05		
ⅧM2:26-8		同上		1.76	0.78			0.09	1.00		
ⅧM2:26-9		边有剪凿痕，形制较小，"五铢"两字剪去大半，"五"字较窄，交笔弯曲，"铢""朱"上下部均圆折。		1.26	0.66			0.09	0.54		

续附表三

编号	种类	特征	记号	钱径	穿宽	郭宽	郭厚	肉厚	重量	图号,图版号	备注
ⅦM2:26-10		边有剪凿痕,形制较小,"五铢"两字剪去大半,"五"字较窄,交笔弯曲,"铢"字朱上下部均方折。		1.73	0.67			0.09	0.55	图五〇〇,1	
ⅦM2:26-11		边有剪凿痕,形制较大,"五铢"两字剪去大半,"五"字较窄,交笔弯曲,"铢"字锈蚀残缺。		1.89	0.95			0.07	0.54		残
ⅦM2:26-12	货泉	形制较小,两面穿皆有郭,货泉二字篆书。		2.33	0.67	0.19	0.15	0.10	2.55	图五〇〇,2	
ⅦM2:26-13	蜀五铢	形制较小,两面穿均有郭。"五"字较窄,交笔弯曲,"铢"字金字头呈箭簇状,中间四点较短,朱字上下部均圆折。		2.11	0.72	0.12	0.13	0.11	2.04	图五〇〇,3	
ⅦM2:26-14		"五"字较窄,交笔弯曲,"铢"字锈蚀不可辨。		2.14	0.93			0.11	1.38		残,表面锈蚀,文字模糊
ⅦM2:26-15		"五"字较宽,交笔弯曲,"铢"字锈蚀不可辨。		2.12	0.88			0.07	1.17		同上
ⅦM2:26-16	磨郭五铢	"五"字较宽,交笔弯曲,"铢"字朱下部圆折,其余锈蚀不可辨。		2.36	0.98			0.10	2.48		同上
ⅦM2:26-17		"五"字较宽,交笔弯曲,"铢"字金字头呈三角形,中间四点长,"朱"字锈蚀不可辨。		2.40	0.78			0.08	1.82		同上
ⅦM2:26-18		同上		2.45	0.91			0.10	2.29		同上
ⅦM2:26-19		"五"字较宽,交笔弯曲,"铢"字金字头呈三角形,中间四点长,"朱"字上下部均圆折。		2.31	0.87			0.09	1.68		

续附表三

编号	种类	特征	记号	钱径	穿宽	郭宽	郭厚	肉厚	重量	图号、图版号	备注
ⅦM2：26-20		同上		2.35	0.88			0.05	1.37		残
ⅦM2：26-21		同上		2.34	0.90			0.10	1.92		残
ⅦM2：26-22		同上		2.38	0.85			0.10	2.44		残
ⅦM2：26-23		"五"字较宽，交笔弯曲，"铢"字"金"字头呈三角形，中间四点较长，"朱"字上部方折，下部圆折。		2.07	0.88			0.09	1.56		残
ⅦM2：26-24		"五"字较宽，交笔弯曲，"铢"字"金"字头呈三角形，中间四点较长，"朱"字上部圆折，下部圆折。		2.19	0.95			0.11	1.67		
ⅦM2：26-25		形制较小，"五"字较窄，"铢"字"金"字锈蚀不可辨，下部方折。		2.22	0.95	0.13	0.11	0.09	2.29		表面锈蚀，文字模糊
ⅦM2：26-26	五铢	"五"字较窄，交笔弯曲，"铢"字"金"字头呈三角形，中间四点较短，"朱"字上部方折，下部圆折。		2.51	0.98	0.15	0.13	0.06	1.94		残
ⅦM2：26-27		"五"字较宽，交笔弯曲，"铢"字"金"字头呈三角形，中间四点较短，"朱"字上部锈蚀不可辨，下部圆折。		2.58	0.98	0.16	0.12	0.09	2.42		表面锈蚀，文字模糊
ⅦM2：26-28		"五"字较宽，交笔弯曲，"铢"字"金"字头锈蚀残缺，中间四点较长，"朱"字上部圆折，下部圆折。		2.56	0.95	0.13	0.10	0.08	2.02		残
ⅦM2：26-29		"五"字较窄，交笔弯曲，"铢"字"金"字头呈三角形，中间四点较长，"朱"字上下部均方折。		2.52	0.86	0.13	0.11	0.08	2.27	图五〇〇，4	

续附表三

编号	种类	特征	记号	钱径	穿宽	郭宽	郭厚	肉厚	重量	图号、图版号	备注
ⅧM2：26-30		"五"字较宽，交笔弯曲，"铢"字"金"字头呈三角形，中间四点较长，"朱"字上下部均方圆折。		2.61	0.86	0.13	0.11	0.08	2.30		
ⅧM2：26-31		"五"字较宽，交笔弯曲，"铢"字"金"字头呈三角形，中间四点较长，"朱"字上下部均方圆折。		2.56	0.90	0.14	0.11	0.07	2.07		残
ⅧM2：26-32		同上		2.53	0.95	0.12	0.11	0.07	2.30		残
ⅧM2：26-33		同上		2.41	0.90	0.05	0.07	0.06	1.85		残
ⅧM2：26-34		同上		2.36	0.79	0.13	0.09	0.08	1.62		残
ⅧM3：33-1	不明								1.10		残，表面锈蚀，文字不明，共一组，均为残块
ⅧM3：33-2	磨郭五铢	"五"字较宽，交笔弯曲，"铢"字"金"字头呈三角形，中间四点均长，"朱"字上下部均圆折。		2.39	0.83			0.09	1.98		残
ⅧM3：33-3	五铢	"五"字较窄，交笔弯曲，"铢"字"金"字头呈三角形，中间四点较短，"朱"字上部方折，下部圆折。		2.61	0.94	0.16	0.14	0.10	3.36		
ⅧM3：33-4		"五"字较窄，交笔弯曲，"铢"字"金"字头呈三角形，中间四点较长，"朱"字上下部均圆折。	穿右上星	2.58	0.89	0.16	0.20	0.14	3.75	图五〇，1	

续附表三

编号	种类	特征	记号	钱径	穿宽	郭宽	郭厚	肉厚	重量	图号、图版号	备注
ⅦM3:33-5		同上		2.55	0.90	0.16	0.10	0.07	2.47		
ⅦM3:33-6		"五"字较窄，交笔弯曲，"铢"字"金"字头呈三角形，中间四点较长，"朱"字上下部均圆折。		2.58	0.86	0.20	0.18	0.12	2.98		残，表面锈蚀，文字模糊
ⅦM3:33-7		"五"字较窄，交笔弯曲，"铢"字"金"字头呈三角形，"铢"字锈蚀残缺不可辨。		2.48	0.90	0.13	0.11	0.07	1.60		
ⅦM3:33-8		"五"字较窄，交笔弯曲，"铢"字"金"字头呈三角形，中间四点较短，"朱"字上下部均圆折。		2.66	0.99	0.17	0.12	0.08	2.54		
ⅦM3:33-9		"五"字较宽，交笔弯曲，"铢"字"金"字头呈三角形，中间四点较短，"朱"字上部圆折，下部方圆折。		2.62	0.90	0.17	0.12	0.07	2.33		残
ⅦM3:33-10		"五"字较宽，交笔弯曲，"铢"字"金"字头呈三角形，中间四点较长，"朱"字上下部均圆折。	穿左上星	2.53	0.88	0.10	0.14	0.08	2.37	图五○五,2	
ⅦM3:33-11		同上		2.54	0.98	0.15	0.10	0.06	1.86		
ⅦM3:33-12		同上		2.45	0.88	0.13	0.09	0.07	1.95		残
ⅦM3:33-13		同上		2.50	0.98	0.17	0.11	0.08	0.99		残
ⅦM3:33-14		同上		2.59	0.89	0.16	0.13	0.09	2.43		
ⅦM3:33-15		"五"字较宽，交笔弯曲，"铢"字"金"字头呈三角形，中间四点较长，"朱"字上部方圆宽，下部圆折。		2.55	0.94	0.15	0.15	0.07	2.43		残

续附表三

编号	种类	特征	记号	钱径	穿宽	郭宽	郭厚	肉厚	重量	图号、图版号	备注
ⅦM3:33-16	传形五铢	"五"字较宽，交笔弯曲，"铢"字"金"字头呈三角形，中间四点较长，"朱"字上部方圆折，下部方圆折。		2.58	0.93	0.13	0.16	0.10	2.48		残
ⅦM3:33-17		"五"字较宽，交笔弯曲，"铢"字"金"字头呈三角形，中间四点较长，"朱"字上部方圆折，下部方圆折。		2.54	0.88	0.15	0.13	0.06	1.53		残
ⅦM3:33-18		"五"字较宽，交笔弯曲，"铢"字"金"字头呈三角形，中间四点较长，"朱"字上部方圆折，下部方圆折。		2.57	0.90	0.19	0.11	0.08	2.35		
ⅦM3:33-19		"五"字位于穿右，"铢"字位于穿左，其中"金"字头呈三角形，中间四点均较短，"朱"字穿右左侧，上下部均圆折。		2.43	0.90	0.12	0.10	0.08	1.58	图五〇五,3	残
ⅦM3:34-1	不明			1.14~2.08	0.49~0.88			0.11~0.15	0.21~1.48		残，表面锈蚀，文字不明，共一组，均为残块
ⅦM3:34-2	五铢	"五"字较宽，交笔弯曲，"铢"字"金"字头呈三角形，中间四点较短，"朱"字上下部均方圆折。		2.42	0.93	0.13	0.13	0.08	1.73		残
ⅦM3:34-3		"五"字较宽，交笔弯曲，"铢"字"金"字头呈三角形，中间四点均较长，"朱"字上下部均圆折。		2.43	0.88	0.08	0.09	0.07	1.89	图五〇五,4	

续附表三

编号	种类	特征	记号	钱径	穿宽	郭宽	郭厚	肉厚	重量	图号、图版号	备注
ⅦM3：34-4	磨郭五铢	"五"字较宽，交笔弯曲，"铢"字"金"字头呈三角形，中间四点均长，"朱"字上下部均圆折。		2.35	0.88			0.06	1.37		
ⅦM3：34-5		"五"字较宽，交笔弯曲，"铢"字"金"字头呈三角形，中间四点较长，"朱"字锈蚀不可辨		2.29	0.93			0.09	1.97		残，表面锈蚀，文字模糊
ⅦM3：34-6	剪轮钱	方边，有剪凿痕，钱文漫漶不可辨识，制作粗劣。		1.50	0.89			0.08	0.55		表面锈蚀，文字不明

附 录

附录一

敦煌佛爷庙湾—新店台墓群人骨初步研究

熊建雪[1] 蒙海亮[1] 文少卿[2] 李翰隆[3]

(1.复旦大学现代人类学教育部重点实验室；2.复旦大学科技考古研究院；
3.邓小平故里管理局)

前 言

佛爷庙湾—新店台墓群位于敦煌市五墩乡新店台村南 1 千米、杨家桥乡鸣山村佛爷庙湾东 1.5 千米处的祁连山山前戈壁上。墓群西起佛爷庙湾，东至新店台，北至安敦公路，南至文化公路，东西长 20 千米，南北宽约 5 千米，平面为不规则长方形，面积约 100 万平方米，区域内分布着万余座墓葬，是敦煌古墓群中规模最大的一处。为配合敦煌机场扩建工程，甘肃省文物考古研究所于 2015 年 11 月至 2016 年 2 月对敦煌机场扩建工程涉及佛爷庙湾—新店台墓群保护范围内的墓葬进行勘探及考古发掘，共清理墓葬 180 座。墓葬方向多为朝东或朝西者，南向较少，尚未发现北向墓葬。佛爷庙湾—新店台墓群的发掘为我们研究魏晋十六国时期河西地区的人群历史提供了重要的资料。

一 性别年龄分析

性别年龄鉴定是建立人口学框架的基础。根据朱泓《体质人类学》[①]、吴新智《人体测量方法》[②]及 Tim D. White《人骨手册》[③]鉴定个体的性别年龄，未成年人的年龄鉴定主要根据骨

---

① 朱泓：《体质人类学》，高等教育出版社，2004 年，第 99 页。
① 吴新智、席焕久、陈昭：《人体测量方法（第二版）》，科学出版社，2010 年。
② Tim D. White , Pieter A. Folkens 著，杨天潼译：《人骨手册》，北京科学技术出版社，2018 年。

化点的出现、牙齿的萌出、骨骺的愈合状况，成年人的年龄鉴定主要根据耻骨联合面的变化、颅骨骨缝的愈合及牙齿的磨耗情况。鉴定结果以数字形式记录，部分个体由于保存状况较差，只能根据骨骺的愈合情况，鉴定为成年或未成年，具体年龄不清。性别的判定主要依据颅骨及骨盆的形态特征，结果记录为："男性""女性""男性？（疑似男性）""女性？（疑似女性）"，性别不明的记录为"？"。

1.1 人口性别年龄分布

本次整理研究的佛爷庙湾—新店台墓群可供鉴定的个体为264例。其中可鉴定性别的个体为202例，鉴定率为76.5%，有12例样本可鉴定为疑似女性，25例样本可鉴定为疑似男性，24例样本因保存较差，无法鉴定性别。性别比例为1∶1，男女性均衡，符合人类社会发展一般规律。可鉴定年龄的个体为209例，鉴定率为79.2%。从表1中可以看出，佛爷庙湾—新店台墓群人口死亡高峰期集中在中年期，死亡率高达62.2%。其中男性的死亡高峰期集中在中年期，死亡率高达67%，其次是壮年期；女性死亡高峰期集中在中年期，死亡率高达68.2%，其次是老年期。女性更多的死于中老年，男性则更多的死于中壮年。在佛爷庙湾—新店台墓群中未见婴幼儿个体，仅见少量的儿童和少年期个体。

1.2 人口平均预期寿命

人类寿命的长短受所处社会生活环境、经济发展水平、医疗卫生水平等各方面因素的影响，我们很难精准的预测，但通过一定的方法可以预测人类未来可能存活的年数，也就是人口平均预期寿命。它是一个假定指标，是指在一定的死亡水平下，预期每个人出生时平均可存活的年数，也就是一群人从出生到死亡平均每人可以存活多少年，是度量人口健康状况的重要指

表1 佛爷庙湾—新店台墓群人口性别年龄分布

	男性	女性	男性？	女性？	？	总计
14岁以下（未成年）	0	0	1(10%)	0	5(50%)	6(2.9%)
15-23（青年期）	8(8.5%)	9(10.2%)	0	2(28.6%)	2(20%)	21(10.0%)
24-35（壮年期）	19(20.2%)	8(9.1%)	5(50%)	2(28.6%)	0	34(16.3%)
36-55（中年期）	63(67.0%)	60(68.2%)	3(30%)	2(28.6%)	2(20%)	130(62.2%)
56以上（老年期）	4(4.3%)	11(12.5%)	1(10%)	1(14.3%)	1(10%)	18(8.6%)
总计	94	88	10	7	10	209
成年	6	9	11	4	11	41
？	1	4	4	2	3	14
	101	101	25	13	24	264

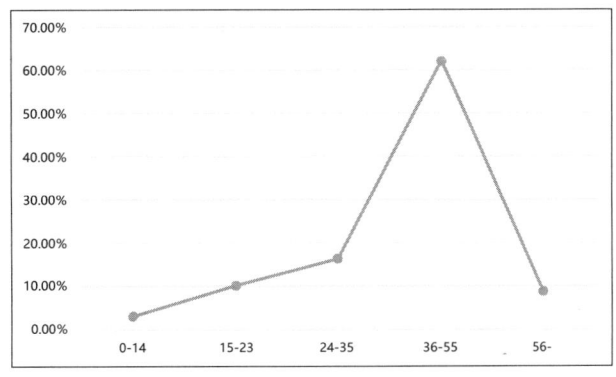

图1 不同年龄段人口的死亡率(图版二三六,2)

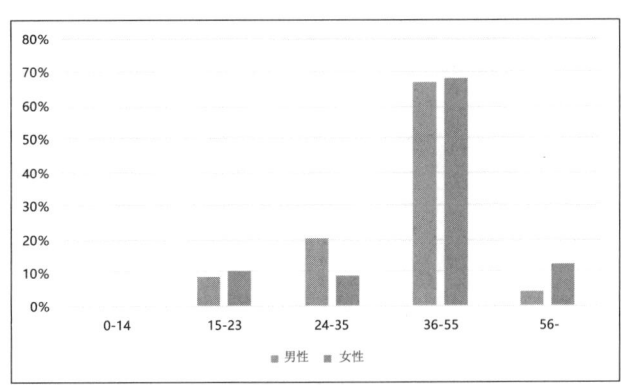

图2 不同性别在各个年龄段的死亡率(图版二三六,3)

表2 全组人口平均预期寿命表

年龄组(X)	死亡率	尚存人数	各年龄组内死亡人数	各年龄组内生存人年数 nlx	未来生存人年数累计 Tx	平均预期寿命 Ex
0-	0	209	0	209	8562.5	40.9689
1-	0	209	0	836	8353.5	39.9689
5-	0.0047847	209	1	1042.5	7517.5	35.9689
10-	0.0240385	208	5	1027.5	6475	31.129808
15-	0.0541872	203	11	987.5	5447.5	26.834975
20-	0.0572917	192	11	932.5	4460	23.229167
25-	0.0497238	181	9	882.5	3527.5	19.48895
30-	0.0755814	172	13	827.5	2645	15.377907
35-	0.1886792	159	30	720	1817.5	11.430818
40-	0.3023256	129	39	547.5	1097.5	8.5077519
45-	0.3333333	90	30	342.5	550	6.1111111
50-	0.6170213	47	29	162.5	207.5	4.4148936
55-	1	18	18	45	45	2.5

表3　男性平均预期寿命表

年龄组（X）	死亡率	尚存人数	各年龄组内死亡人数	各年龄组内生存人年数 nlx	未来生存人年数累计 Tx	平均预期寿命 Ex
0-	0	94	0	94	3805	40.478723
1-	0	94	0	376	3711	39.478723
5-	0	94	0	470	3335	35.478723
10-	0	94	0	470	2865	30.478723
15-	0.0638298	94	6	455	2395	25.478723
20-	0.0227273	88	2	435	1940	22.045455
25-	0.0581395	86	5	417.5	1505	17.5
30-	0.0864198	81	7	387.5	1087.5	13.425926
35-	0.2567568	74	19	322.5	700	9.4594595
40-	0.4545455	55	25	212.5	377.5	6.8636364
45-	0.6	30	18	105	165	5.5
50-	0.5	12	6	45	60	5
55-	1	6	6	15	15	2.5

表4　女性平均预期寿命表

年龄组（X）	死亡率	尚存人数	各年龄组内死亡人数	各年龄组内生存人年数 nlx	未来生存人年数累计 Tx	平均预期寿命 Ex
0-	0	88	0	88	3960	45
1-	0	88	0	352	3872	44
5-	0	88	0	440	3520	40
10-	0	88	0	440	3080	35
15-	0.0340909	88	3	432.5	2640	30
20-	0.0823529	85	7	407.5	2207.5	25.970588
25-	0.0384615	78	3	382.5	1800	23.076923
30-	0.0266667	75	2	370	1417.5	18.9
35-	0.0958904	73	7	347.5	1047.5	14.349315
40-	0.1969697	66	13	297.5	700	10.606061
45-	0.4528302	53	24	205	402.5	7.5943396
50-	0.137931	29	4	135	197.5	6.8103448
55-	1	25	25	62.5	62.5	2.5

标之一[①]。对于墓葬中出土人骨材料的人口平均预期寿命的研究通常是通过编制"简略生命表"的形式实现。人口学研究中，生命表通常是将同时出生的一群人随着年龄增长陆续死亡的人数按死亡年龄编制的一种表格，通常以1岁为一组，若将若干岁合并为一个年龄组，则称为简略生命表。考古发掘出土的人类学材料年龄的鉴定通常是以年龄段的方式来记录的，很难将其准确到1岁范围内，所以通常将年龄段划分为 [0-1) 岁，[1-5) 岁，5岁之后则以5岁为一个年龄段，性别、年龄不清楚的样本则不参与统计[②]。

从上面的表格中可以看出，佛爷庙湾—新店台墓群人口平均预期寿命为40.97岁，其中男性平均预期寿命为40.48岁，女性平均预期寿命为45岁。女性的平均预期寿命高于男性，也高于全组。人口平均预期寿命的大小取决于各年龄组死亡率的相对水平。如果低年龄组死亡人数所占的比重越大，平均预期寿命就会越低；如果高年龄段所占比重越大，平均预期寿命就会越高。而婴儿死亡率的高低对平均预期寿命的影响更为明显，二者呈负相关关系[③]。女性平均预期寿命高于男性是因为更多的女性死于中老年阶段，而更多的男性死于中壮年阶段，高年龄段的死亡人数越高，人口平均预期寿命就越高。男性全组样本中包含有部分低年龄段个体，因此全组的平均预期寿命也低于女性。从图3中可以看出，除了20-25岁，在15岁以后的其他年龄段男性的死亡率一直高于女性，这个年龄段女性高死亡风险可能与生育有关。

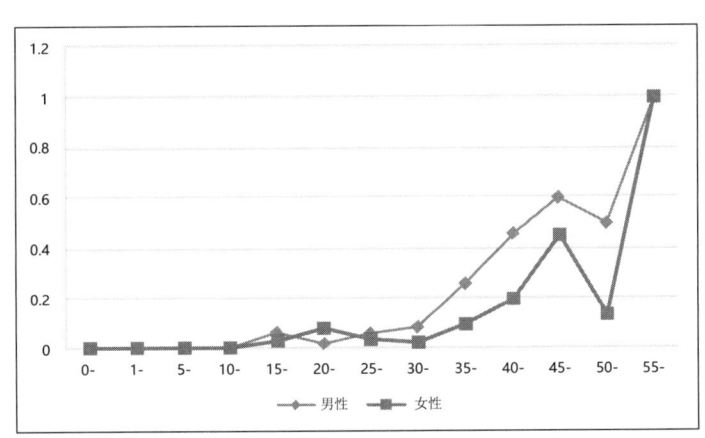

图3　男女性在不同年龄段死亡率（图版二三六，4）

二　颅骨非测量性状研究

颅骨形态学特征的研究，一方面依托于具有明确数值的测量性状，另一方面则要靠非测量性状，亦称"观察项目"。颅骨非测量性状的比较是人类学研究中不可或缺的部分，与测量性状具有同等重要的意义。本文统计的颅骨非测量性状包括颅形、额倾斜度、颅顶缝、眉弓突度、眉弓范围、眉间突度、眶形、眶口倾斜度（平面）、眶口倾斜度（正面）、鼻根凹陷、鼻梁形态、鼻骨形态、梨状孔、梨状孔下缘、鼻棘、犬齿窝、乳突、枕外隆突、翼区、颧形、颧颌缘结节、腭圆枕、颏形、颏孔位置、下颌角区、下颌圆枕、摇椅下颌。统计结果见下表（表5）：

[①] 宋先杰：《基于生命表法的大汶口文化时期古人平均预期寿命初探》，山东大学硕士学位论文，2011年。
[②] 于世永、康志海：《陕西潼关南寨子遗址人口的平均预期寿命与死亡模式》，《地球环境学报》2012年第1期。
[③] 同②。

表5 颅骨非测量性状统计表

项目	性别	形态分类及出现率					
		椭圆	卵圆	圆形	五角	菱形	楔形
颅形	男性	4(15.4%)	21(80.8%)	0	1(3.8%)	0	0
	女性	3(10.3%)	24(82.8%)	0	2(6.9%)	0	0
		平直	中斜	斜			
额倾斜度	男性	4(14.3%)	11(39.3%)	13(46.4%)			
	女性	8(28.6%)	10(35.7%)	8(28.6%)			
颅顶缝	前囟段	微波	深波	锯齿	复杂		
	男性	13(59.1%)	5(22.7%)	4(18.2%)	0		
	女性	18(64.3%)	7(25%)	3(10.7%)	0		
	顶段	微波	深波	锯齿	复杂		
	男性	0	3(13.6%)	15(68.2%)	4(18.2%)		
	女性	2(7.4%)	4(14.8%)	21(77.8%)	0		
	顶孔段	微波	深波	锯齿	复杂		
	男性	11(55%)	4(20%)	5(25%)	0		
	女性	10(38.5%)	8(30.8%)	8(30.8%)	0		
	后段	微波	深波	锯齿	复杂		
	男性	6(28.6%)	3(14.3%)	11(52.4%)	1(4.8%)		
	女性	5(19.2%)	5(19.2%)	12(46.2%)	4(15.4%)		
		无	弱	中等	显著	特显	粗壮
眉弓突度	男性	0	5(14.7%)	17(50%)	12(35.3%)	0	0
	女性	1(2.7%)	23(62.2%)	11(29.7%)	2(5.4%)	0	0
		1.无	2.<1/2	3.= 或 >1/2	4.全长		
眉弓范围	男性	1(3.1%)	24(75%)	7(21.9%)	0		
	女性	1(2.7%)	30(81.1%)	6(16.2%)	0		
		无	弱	中等	显著	特显	粗壮
眉间突度	男性	4(16.7%)	9(37.5%)	7(29.2%)	4(16.7%)	0	0
	女性	8(36.4%)	11(50%)	3(13.6%)	0	0	0
		圆形	椭圆	方形	长方	斜方	
眶形	男性	4(13.8%)	17(58.6%)	1(3.4%)	7(24.1%)	0	
	女性	6(20.7%)	19(65.5%)	3(10.3)	1(3.4%)	0	

续表5

项目	性别	形态分类及出现率					
眶口倾斜度（平面）		后倾	垂直	前倾	五角	菱形	楔形
	男性	4(14.8%)	19(70.4%)	4(14.8%)			
	女性	2(7.7%)	23(88.5%)	1(3.8%)			
眶口倾斜度（正面）		水平	上斜	3.下斜			
	男性	8(27.6%)	0	21(72.4%)			
	女性	9(31%)	0	20(69.0%)			
鼻根凹陷		无	浅	3.深			
	男性	0	23(82.1%)	5(17.9%)			
	女性	5(16.1%)	24(77.4%)	2(6.5%)			
鼻梁形态		凹凸型	凹型	直型	凸型		
	男性	4(16%)	20(80%)	1(4%)	0		
	女性	3(10.3%)	26(89.7%)	0	0		
鼻骨形态		Ⅰ型-中窄	Ⅱ型-上窄	Ⅲ型-等宽			
	男性	17(56.7%)	9(30%)	4(13.3%)			
	女性	11(35.5%)	17(54.8%)	3(9.7%)			
梨状孔		心形	梨形	三角形			
	男性	5(19.2%)	19(73.1%)	2(7.7%)			
	女性	5(18.5%)	22(81.5%)	0			
梨状孔下缘		锐型	钝型	鼻前窝型	鼻前沟型	不对称型	
	男性	7(20%)	9(25.7%)	13(37.1%)	6(17.1%)	0	
	女性	12(40%)	11(36.7%)	3(10%)	4(13.3%)	0	
鼻棘		不显	稍显	中等	显著	特显	
	男性	4(12.5%)	17(53.1%)	7(21.9%)	4(12.5%)	0	
	女性	5(16.1%)	20(64.5%)	5(16.1%)	1(3.2%)	0	
犬齿窝		无	浅	中等	深	极深	
	男性	3(8.3%)	27(75%)	2(5.6%)	3(8.3%)	1(2.8%)	
	女性	1(2.9%)	24(68.6%)	8(22.9%)	2(5.7%)	0	
乳突		特小	小	中	大	特大	
	男性	1(2.7%)	2(5.6%)	11(30.6%)	18(50%)	4(11.1%)	
	女性	3(8.8%)	10(29.4%)	14(41.2%)	6(17.6%)	1(2.9%)	

续表 5

项目	性别	形态分类及出现率					
枕外隆突		无	稍显	中等	显著	极显	喙状
	男性	3(8.1%)	13(35.1%)	9(24.3%)	9(24.3%)	1(2.7%)	2(5.4%)
	女性	8(23.5%)	22(64.7%)	3(8.8%)	1(2.9%)	0	0
翼区		H型-顶蝶型	I型-额颞型	K、X型-点型	翼上骨		
	男性	23(88.5%)	0	0	3(11.5%)		
	女性	23(85.2%)	0	0	4(14.8%)		
颧形		斜型	直型	钝型			
	男性	9(37.5%)	2(8.3%)	13(54.2%)			
	女性	2(13.3%)	4(26.7%)	9(60%)			
颧颌缘结节		无	弱	中等	显著		
	男性	7(35%)	12(60%)	0	1(5%)		
	女性	5(33.3%)	8(53.3%)	0	2(13.3%)		
腭圆枕		无	嵴状	丘状	瘤状		
	男性	10(32.2%)	3(9.7%)	16(51.6%)	2(6.5%)		
	女性	8(28.6%)	2(7.1%)	17(60.7%)	1(3.6%)		
颏形		方形	圆形	尖形	角形	杂形	
	男性	5(20%)	13(52%)	7(28%)	0	0	
	女性	3(13.0%)	12(52.2%)	6(26.1%)	2(8.7%)	0	
颏孔位置		P1P2	P2	P2M1	M1		
	男性	7(26.9%)	13(50%)	5(19.2%)	1(3.8%)		
	女性	7(31.8%)	10(45.5%)	5(22.7%)	0		
下颌角		内翻	直型	外翻			
	男性	2(7.1%)	2(7.1%)	24(85.7%)			
	女性	2(8%)	1(4%)	22(88%)			
下颌圆枕		无	小	中	大		
	男性	12(48%)	6(24%)	6(24%)	1(4%)		
	女性	12(52.2%)	5(21.7%)	4(17.4%)	2(8.7%)		
摇椅下颌		非	轻度	3.明显			
	男性	11(45.8%)	12(50%)	1(4.2%)			
	女性	11(61.1%)	4(22.2%)	3(16.7%)			

男性和女性的颅形都以卵圆形为主，占到总数的80%以上，其次是椭圆形。额倾斜度男性以斜为主，其次是中斜；女性则以中斜为主，其次是平直和斜。

颅顶缝前囟段男、女性都以微波型为主，其次是深波型，仅少部分个体为锯齿型；顶段男性以锯齿型为主，其次是复杂型，女性以锯齿型为主，其次是深波型；顶孔段男性以微波型为主，其次是锯齿型，女性以微波型为主，其次是深波型和锯齿型；后段男性以锯齿型为主，其次是微波型，女性以锯齿型为主，其次是微波型和深波型。

眉弓突度男性以中等为主，其次是显著；女性以弱为主，其次是中等。眉弓范围男、女性都以小于1/2为主，其次是大于或等于1/2。眉间突度男性以弱为主，其次是中等；女性以弱为主，其次是无。

眶形男性以椭圆形为主，其次是长方形；女性则以椭圆形为主，其次是圆形。眶口倾斜度（平面）男性以垂直为主，其次是后倾和前倾，女性则以垂直为主，其次是后倾；眶口倾斜度（正面）男女性都以下斜为主，其次是水平。

鼻根凹陷男性以浅为主，其次是深，女性以浅为主，其次是无；鼻梁形态男、女性都以凹型为主，其次是凹凸型；鼻骨形态男性以中窄型为主，其次是上窄型；女性以上窄型为主，其次是中窄型。梨状孔男、女性皆以梨形为主，其次是心形；梨状孔下缘男性以鼻前窝型为主，其次是钝型，女性以锐型为主，其次是钝型。鼻棘男性以稍显为主，其次是中等；女性以稍显为主，其次是无和中等。

犬齿窝男性以浅为主，其次是无和深；女性以浅为主，其次是中等。乳突男性以大为主，其次是中；女性以中为主，其次是小。枕外隆突男性以稍显为主，其次是中等和显著；女性以稍显为主，其次是无。翼区男、女性皆以顶蝶型为主，其次是翼上骨型。

颧形男性以钝型为主，其次是斜型，女性以钝型为主，其次是直型；颧颌缘结节男女性都以弱为主，其次是无。

腭形男性以椭圆形为主，其次是U形，女性以U形为主，其次是椭圆形；腭圆枕男、女性以丘状为主，其次是无；颏形男、女性以圆形为主，其次是尖形；颏孔位置男、女性以P2位为主，其次是P1P2位，再次是P2M1位。下颌角区男性以外翻为主，其次是内翻和直形，女性以外翻为主，其次是内翻；下颌圆枕男性以无为主，其次是小和中，女性以无为主，其次是小；男性以轻度摇椅下颌为主，其次是非摇椅下颌；女性以非摇椅下颌为主，其次是轻度摇椅下颌。

男女性在颅形、颅顶缝、眉弓范围、眉间突度、眶形、眶口倾斜度（平面）、眶口倾斜度（正面）、鼻根凹陷、鼻梁形态、梨状孔形态、鼻棘、犬齿窝、枕外隆突、翼区、颧形、颧颌缘结节、腭圆枕、颏形、颏孔位置、下颌角区、下颌圆枕等特征上都有较大的一致性，在额倾斜度、眉弓突度、鼻骨形态、梨状孔下缘形态、乳突、摇椅下颌等特征上有较大差异，其中额倾斜度、眉弓突度、乳突等特征是与男女性别差异有关。

三 颅骨测量性特征分析

佛爷庙湾—新店台墓地人群颅面部测量特征出现的频率见表6。从颅指数上看,该墓群男性以中颅型为主,其次是圆颅型,女性则以中颅型为主,其次是长颅型。从颅长高指数看,男性皆为高颅型,女性以高颅型为主,其次是正颅型。从颅宽高指数看,男性和女性皆以狭颅型为主,其次是中颅型。从额顶宽指数看,男性以狭额型为主,其次是中额型,女性以阔额型为主,其次是狭额型,狭额型与阔额型的频率比较接近。从全面指数看,男性和女性皆以狭面型为主;从上面指数看,男、女性皆以中上面型为主。从眶指数看,男性左侧以低眶型为主,其次是高眶型,右侧以低眶型为主,其次是中眶型;女性左、右侧皆以低眶型为主,其次是中眶型。男性以阔鼻型为主,其次是中鼻型,女性则以阔鼻型为主,其次是狭鼻型。从上颌齿槽指数看,男、女性皆以短颌型为主。从腭指数看,男性以阔腭型为主,其次是狭腭型;女性以阔

表6 测量特征的形态类型及出现率

项目	性别	形态类型及出现率				
颅指数		长颅型	中颅型	圆颅型	特圆颅型	超圆颅型
	男性	4(21.1%)	8(42.1%)	6(31.6%)	1(5.3%)	
	女性	4(22.2%)	12(66.7%)	2(11.1%)		
颅长高指数		低颅型	正颅型	高颅型		
	男性	0	0	18(100%)		
	女性	1(6.25%)	4(25%)	11(68.75%)		
颅宽高指数		阔颅型	中颅型	狭颅型		
	男性	0	7(38.9%)	11(61.1%)		
	女性	0	7(43.75%)	9(56.25%)		
额顶宽指数		狭额型	中额型	阔额型		
	男性	13(65%)	4(20%)	3(15%)		
	女性	6(40%)	2(13.3%)	7(46.7%)		
全面指数		特阔面型	阔面型	中面型	狭面型	特狭面型
	男性	0	1(12.5%)	2(25%)	5(62.5%)	0
	女性	0	0	1(25%)	2(50%)	1(25%)

续表6

项目	性别	形态分类及出现率				
上面指数		特阔上面型	阔上面型	中上面型	狭上面型	特狭上面型
	男性	0	1(8.3%)	9(75%)	2(16.7%)	0
	女性	0	1(12.5%)	6(75%)	1(12.5%)	0
眶指数		低眶型	中眶型	高眶型		
	男性L	13(56.5%)	1(4.3%)	9(39.1%)		
	女性L	10(50%)	9(45%)	1(5%)		
	男性R	16(72.7%)	6(27.3%)	0		
	女性R	15(75%)	5(25%)	0		
鼻指数		狭鼻型	中鼻型	阔鼻型	特阔鼻型	
	男性	2(9.1%)	8(36.4%)	10(45.5%)	2(9.1%)	
	女性	6(25%)	4(16.7%)	13(54.2%)	1(4.2%)	
上颌齿槽指数		长颌型	中颌型	短颌型		
	男性	3(15.8%)	2(10.5%)	14(73.7%)		
	女性	0	1(7.1%)	13(92.9%)		
腭指数		狭腭型	中腭型	阔腭型		
	男性	2(12.5%)	1(6.25%)	13(81.25%)		
	女性	3(17.6%)	4(23.5%)	10(58.8%)		
面部突度指数		正颌型	中颌型	突颌型		
	男性	16(84.2%)	3(15.8%)	0		
	女性	7(53.8%)	6(46.2%)	0		

腭型为主，其次是中腭型。从面部突度指数看，男女性都以正颌型为主，其次是中颌型，但男性正颌型的比例远高于女性。佛爷庙湾男、女性人群在大部分特征上表现出一致性，但在额顶宽指数上有明显差异，男性以狭额型为主，女性以阔额型为主。

从表7中可以看出，佛爷庙湾人群颅长、颅宽、颅指数、颅高、颅长高指数、颅宽高指数、最小额宽、额侧角、颧宽、上面高、垂直颅面指数、面指数、鼻颧角、面角、眶指数、鼻指数、鼻根指数17项项目皆落入亚洲蒙古人种的范围内。其中落入北亚人群范围内的项目包

表7　与亚洲蒙古人种不同地区类型头骨测量变异的比较

马丁号	比较项目	佛爷庙湾	亚洲蒙古人种				
			北亚蒙古人种	东北亚蒙古人种	东亚蒙古人种	南亚蒙古人种	亚洲蒙古人种范围
1	颅长	178.1	174.90~192.70	180.7~192.4	175.0~182.2	169.9~181.3	169.9~192.7
8	颅宽	139.5	144.40~151.50	134.3~142.6	137.6~143.9	137.9~143.9	134.3~151.5
8:1	颅指数	71.1	75.4~85.9	69.8~79.0	76.9~81.5	76.9~83.3	69.8~85.9
17	颅高	140.6	127.10~132.40	132.9~141.1	135.3~140.2	134.4~137.8	127.1~141.1
17:1	颅长高指数	79.3	67.4~73.5	72.6~75.2	74.3~80.10	76.5~79.5	67.4~80.1
17:8	颅宽高指数	100.5	85.2~91.7	93.3~102.8	94.4~100.3	95~101.3	85.2~102.8
9	最小额宽	91.8	90.6~95.8	94.2~96.6	89.0~93.7	89.7~95.4	89.0~96.6
32	额侧角	86.6	77.3~85.1	77~79	83.3~86.9	84.2~87	77~87
45	颧宽	138.8	138.2~144.00	137.9~144.8	131.3~136	131.5~136.3	131.3~144.8
48	上面高	72.6	72.10~77.60	74~79	70.20~76.6	66.1~71.5	66.1~79.4
48:17	垂直颅面指数	51.2	55.80~59.20	53~58.4	52~54.9	48~52.2	48~59.2
48:45	面指数(pr)	53.1	51.40~55	51.3~56.6	51.7~56.8	49.9~53.3	49.9~56.8
77	鼻颧角	148.1	147.00~151.4	149~152.0	145~146.6	142.1~146	142.1~152.0
72	面角	85.9	85.3~88.1	80.5~86.3	80.6~86.5	81.1~84.2	80.5~88.1
52:51	眶指数(L)	81.7	79.3~85.7	81.4~84.9	80.7~85.0	78.2~81	78.2~85.7
54:55	鼻指数	52.4	45.00~50.7	42.6~47.6	45.2~50.2	50.3~55.5	42.6~55.5
SS:SC	鼻根指数	34.2	26.9~38.5	34.7~42.5	31~35	26.1~36.1	26.1~42.5

括颅长、最小额宽、颧宽、上面高、面指数、鼻颧角、面角、眶指数、鼻根指数等9项；落入东北亚人群范围内的项目包括颅宽、颅指数、颅高、颅宽高指数、颧宽、面指数、眶指数等7项；落入东亚人群范围内的项目包括颅长、颅宽、颅长高指数、最小额宽、额侧角、上面高、面指数、面角、眶指数、鼻根指数等10项；落入南亚范围内的项目包括颅长、颅宽、颅长高指数、颅宽高指数、最小额宽、额侧角、垂直颅面指数、面指数、鼻指数、鼻根指数等10项。从这些项目看，佛爷庙湾人群更接近东亚蒙古人种和南亚蒙古人种。

将佛爷庙湾人群与周边不同时代的人群进行比较，比较组按时代可分汉代之前和汉代之

表8 佛爷庙湾—新店台与周边地区汉代之前人群比较

墓葬	鼻高	鼻骨最小高	鼻骨最小宽	鼻宽	鼻颧角	两眶外缘宽	颅高	颅宽	颅长	颧宽	颧上颌角 ZM	上面高 sd	中部面宽 ZM	总面角	最小额宽	眶高	眶宽
佛爷庙湾	52.7	2.5	7.1	27.5	148.1	96.9	141.1	139.5	178.1	138.8	128.1	72.6	102.6	85.9	91.8	34.2	42.2
上马	54.3	2.9	7.5	27.2	143.8	98.3	141.3	143.5	181.5	137.3	131	75.1	102.1	82.5	92.5	33.5	42.4
内阴垣	53.4	2.4	7.2	26.9	150.1	97.9	139.5	143	181.7	136	130.4	75.3	100.6	82.5	92.7	33.2	41.9
火烧沟	53.7	2.3	6.5	26.7	145	96.9	139.8	138.5	183.2	136.7	131.4	73.7	103.1	86.7	90.1	33.7	42
陶寺	53.1	3	8	27.8	144.7	98.6	140.4	142.8	180.7	136.8	127	74.7	102.3	82.1	91.3	33.7	43.2
横水	54.5	2.3	7	26.9	143.6	97.6	140	140.1	181.5	136.4	128.6	72.2	100.8	85.7	92.4	32.7	42.5
天马—曲村	53.9	2.6	7	27.2	146.1	99.3	141.4	141.7	182.9	139.2	128	73.4	104.2	85.7	95	33.8	44.4
上孙家寨卡约	56.2	2.5	6.8	26.5	146.7	96.9	138.1	139.8	183	135.9	131.3	76.6	103.4	86.1	90.7	34.8	42.1
后李	52.7	1.6	6.7	25.7	145.9	95.5	136.8	138.5	177.7	132.8	130.9	72.7	101.3	86.5	91.5	33.9	41.2
瓦窑沟	55	2	7.8	26.4	145.1	98	139.5	140.1	181.3	136.3	119.8	72.5	98.5	83.3	91.5	33.4	41.9
北吕	52.4	2.6	7.5	28.1	148.7	97.8	135.5	135.6	179.2	135.8	131.2	70	102.5	82.9	93.2	33	40
殷墟中小墓	54.2	2.6	7.3	27.3	144.8	97.8	139.6	140.6	184.6	136.4	129.1	73.8	102	84.1	91.1	33.8	42.5
李家山	57	2.9	7.4	26.7	147.7	98.1	136.3	140	181.6	138.3	128.8	77.4	102.5	87.4	91.4	35.1	42.7
三角城	56.8	3.2	8.1	26.5	151.3	97.7	129.2	148.5	178.6	141.6	133.1	75.1	104.4	91.3	90.1	34.1	41.2
干骨崖	53.6	2	7	26.4	151.3	95.5	133.9	138	180.1	133	134.4	73.7	102	87.9	89.7	34	41.7
毛家坪	52.7	2.7	7.5	26.8	142.6	97.5	135.9	140.9	183.7	139	127.9	74.3	103.7	86	92	33.9	41.3
李家崖	55.3	2.2	6.7	27.8	147.1	100.9	142.7	140.4	184.2	139.4	133.6	74.2	106.7	85.6	95.8	33.4	43.8
土城子	54.8	2.9	7.8	26.6	143.1	97.3	140.6	139.5	180.5	135.4	123.9	75.5	101.4	82.8	91.7	34	42.9
新店子	56.6	3	8.3	27.1	149.5	101.6	129.4	153.5	176.5	141.7	138	73.7	108.6	88.7	94.2	33.3	43.4
侯马乔村	54.6	2.7	7.9	26.3	145.1	97.6	141.1	142.8	180.9	137.4	126.1	74.2	102.2	84.3	92.3	34.2	43.6
川掌遗址	52.8	1.8	7.4	26.4	144.2	95.3	139.6	139.3	177.7	134	122.1	73.2	100.4	89.3	90.2	33	42.5
梁带村	54.5	2.6	7.9	28.2	145.2	103.3	142.6	141.3	182.4	141.1	131.3	76.6	103.2	85	94.2	35.4	44.7

表9 佛爷庙湾—新店台与周边地区汉代之后人群比较

tomb	鼻高	鼻骨最小高	鼻骨最小宽	鼻宽	鼻颧角	两眶外缘宽	颅高	颅宽	颅长	颧宽	颧上颌角ZM	上面高sd	中部面宽ZM	总面角	最小额宽	眶高	眶宽
佛爷庙湾	52.7	2.5	7.1	27.5	148.1	96.9	141.1	139.5	178.1	138.8	128.1	72.6	102.6	85.9	91.8	34.2	42.2
吴忠	54.3	2.6	6.7	25.5	146.8	94.9	133.2	140	177.8	136	128.5	71.5	99.9	85.1	91.1	35.1	42.5
大槽子	58.5	2.5	7.9	27.6	146.4	99.2	136.3	144.6	183.2	140.1	137.2	78.5	105.5	81.4	92	35.7	43
上孙家寨-汉	56.3	2.2	6.9	27	146.5	96.9	136.2	139.6	180.9	136.9	126.6	75.4	102.5	85.6	90.8	35.6	42.2
陶家寨	54.3	2.6	6.9	26.5	145.6	97.6	135.5	140.4	184.2	137.6	128.1	76	101.9	84.3	90.3	36.1	43.8
郑州薛村	54.4	3.1	7.8	27.3	141.2	99.4	137.9	139.2	179.1	139.7	125.6	74.7	103.9	85.1	91.6	35.6	44.5
环保局	54.2	2.2	7	26.4	146	97	139.5	140.1	181	135.2	127.6	72.4	100.8	87.9	92.1	34	42.4
澄城良辅	52.7	2	7.4	26.1	142.5	100.5	137.6	141.2	184.9	136.3	128	74.7	103.6	84.8	93.5	36.2	44.4
山东乙烯	55.3	2.5	7.5	27.2	144.6	99.1	138.1	141.8	183.2	140.1	126.2	74.3	101.6	87	94.8	34.4	43.3
水泊寺	55.2	2.5	7.2	26.7	146.3	98.9	137.9	145.4	180.3	137.8	131.8	74.6	104.1	86.6	94.1	33.8	41.4
大同北魏	56.3	2.1	8.1	28.2	148.2	99	136.5	146.7	180	137.9	130.6	77.2	104.2	85	93	34.6	43
完工	59	2.5	9	26.8	148.3	98.5	139	140.6	184.3	142.5	139.6	77.5	110.8	88	91	33.5	43.3
扎赉诺尔	57.2	2.6	7.1	26.9	146.5	97.2	133	148.2	183.9	138	133.8	76.6	104.4	86.5	93.9	33.3	41.8
南杨家营子	57.5	2.3	8.5	27	150.4	95.7	126	144.8	179.6	136.8	139.6	75	107.5	91.2	90	34.3	41.8
东大井	56.4	2.2	6.4	27	147.7	99.9	129.3	147.5	185.5	142.3	131.5	74.6	109.7	88.7	90.9	34.4	43.9
三道湾	56.5	3.1	7	27.7	152.3	97.3	131	149	181.4	141.2	133.9	76.5	104.7	87.5	93.2	34.1	43.4
尼雅	50.5	4	9.5	24.3	139	100.8	139.5	139.7	184.5	135.5	127	68.5	91.2	86	97	33.7	41.5
黑水国	53.9	2.6	6.5	27	147.4	100.3	140.6	143.1	182.3	142	130.5	76.3	100.9	88.9	97.8	35.6	43.5
延庆西屯	54.5	2.7	7	27.2	144.9	98.5	139.8	140	181.8	136.1	125.6	73.9	102.6	82.2	94	35.4	44.2
新丰	55.7	2	6.7	26.5	147.1	100	140.9	141	182.5	135.2	124.5	75.6	105.1	83.7	93.7	34	43.9
库车	53	4	9	27.4	142.7	100.7	141	140	181.6	133.2	127.5	73.7	96.7	85	96.7	33.8	43.7
辽宁喇嘛洞	54	2.5	7	26.6	143.6	98.1	144.2	136.3	178	137.1	127.7	75	101.5	85.8	92.4	33.5	43.5

后两组。汉代之前组包括：酒泉干骨崖[①]、玉门火烧沟[②]、三角城[③]、甘谷毛家坪[④]、上孙家寨卡约文化组[⑤]、青海李家山[⑥]、土城子[⑦]、新店子[⑧]、川掌遗址[⑨]、北吕周人墓地[⑩]、山东后李村[⑪]、天马—曲村[⑫]、清涧李家崖[⑬]、瓦窑沟[⑭]、韩城梁带村[⑮]、内阳垣[⑯]、侯马乔村[⑰]、上马墓地[⑱]、陶寺[⑲]、绛县横水墓地[⑳]、殷墟中小墓[㉑]。汉代之后组包括：山东乙烯生活区[㉒]、张掖黑水国[㉓]、郑州薛村[㉔]、临潼新丰[㉕]、澄城良辅[㉖]、上孙家寨汉代组[㉗]、陶家寨[㉘]、延庆西屯[㉙]、

[①] 郑晓瑛：《甘肃酒泉青铜时代人类头骨种系类型的研究》，《人类学学报》1993年第12卷第4期，第327—336页。

[②] 韩康信、谭婧泽、张帆：《甘肃玉门火烧沟古墓地人骨研究》，见韩康信、谭婧泽、张帆：《中国西北地区古代居民种族研究》，复旦大学出版社，2005年。

[③] 韩康信、谭婧泽、张帆：《甘肃玉门火烧沟古墓地人骨研究》，见韩康信、谭婧泽、张帆：《中国西北地区古代居民种族研究》，复旦大学出版社，2005年，第191—284页。

[④] 洪秀媛：《甘谷毛家坪沟东墓葬区出土人骨的研究》，西北大学硕士学位论文，2014年。

[⑤] 韩康信、谭婧泽、张帆：《青海大通上孙家寨古墓地人骨的研究》，见韩康信、谭婧泽、张帆：《中国西北地区古代居民种族研究》，复旦大学出版社，2005年，第1—190页。

[⑥] 张君：《青海李家山卡约文化墓地人骨种系研究》，《考古学报》1993年第3期，第381—413页。

[⑦] 顾玉才：《内蒙古和林格尔县土城子遗址战国时期人骨研究》，吉林大学博士学位论文，2007年。

[⑧] 张全超：《内蒙古和林格尔县新店子墓地人骨研究》，吉林大学博士学位论文，2005年。

[⑨] 阿娜尔：《内蒙古准格尔旗川掌遗址人骨研究》，吉林大学博士学位论文，2018年。

[⑩] 宝鸡市周原博物馆：《北吕周人墓地》，西北大学出版社，1995年12月。

[⑪] 松下孝幸：《山东省临淄的周—汉代人骨与弥生人骨》，见日本土井浜遗址人类学博物馆、山东省文物考古研究所：《探索渡来系弥生人大陆区域的源流》，アリフク印刷株式会社，2000年，第198—332页。

[⑫] 北京大学考古学系商周组、山西省考古研究所：《天马—曲村（1980—1989）》第三册，科学出版社，2000年。

[⑬] 韩康信：《韩康信人类学文选》，科学出版社，2017年6月，第314—328页。

[⑭] 陈靓：《瓦窑沟青铜时代墓地颅骨的人类学特征》，《人类学学报》2000年第19卷第1期，第32—43页。

[⑮] 郑兰爽：《韩城梁带村芮国塞地出土人骨研究》，西北大学硕士论文，2012年。

[⑯] 贾莹：《山西浮山桥北及乡宁内阳垣先秦时期人骨研究》，吉林大学博士学位论文，2006年。

[⑰] 潘其风：《侯马乔村墓地出土人骨的人类学研究》，见山西省考古研究所：《侯马乔村墓地（1959—1996）》，科学出版社，2004年，第1218—1299页。

[⑱] 潘其风：《上马墓地出土人骨的初步研究》，见山西省考古研究所：《上马墓地》，文物出版社，1994年，第398—483页。

[⑲] 满星妤：《山西襄汾陶寺北墓地出土人骨研究》，吉林大学硕士学位论文，2020年。

[⑳] 王伟：《山西绛县横水西周墓地人骨研究》，吉林大学硕士学位论文，2012年。

[㉑] 韩康信、潘其风：《殷墟中小墓头骨测量表》，见：中国社会科学院历史研究所、中国社会科学院考古研究所：《安阳殷墟头骨研究》，文物出版社，1985年，第354—375页。

[㉒] 松下孝幸：《山东省临淄的周—汉代人骨与弥生人骨》，见日本土井浜遗址人类学博物馆、山东省文物考古研究所：《探索渡来系弥生人大陆区域的源流》，アリフク印刷株式会社，2000年，第198—332页。

[㉓] 作者测量

[㉔] 孙蕾：《郑州汉唐宋墓葬出土人骨研究》，吉林大学博士学位论文，2013年。

[㉕] 邓普迎：《陕西临潼新丰镇秦文化墓葬人骨研究》，西北大学硕士学位论文，2010年。

[㉖] 韩巍：《陕西澄城良辅墓地汉代人骨研究》，吉林大学硕士学位论文，2006年。

[㉗] 韩康信、谭婧泽、张帆：《青海大通上孙家寨古墓地人骨的研究》，见韩康信、谭婧泽、张帆：《中国西北地区古代居民种族研究》，复旦大学出版社，2005年，第1—190页。

[㉘] 张敬雷：《青海省西宁市陶家寨汉晋时期墓地人骨研究》，吉林大学博士学问论文，2008年。

[㉙] 周亚威：《北京延庆西屯墓地人骨研究》，吉林大学博士学位论文，2014年。

吴忠[①]、山东环保局[②]、辽宁喇嘛洞[③]、完工[④]、东大井[⑤]、三道湾[⑥]、平安大槽子[⑦]、大同北魏[⑧]、

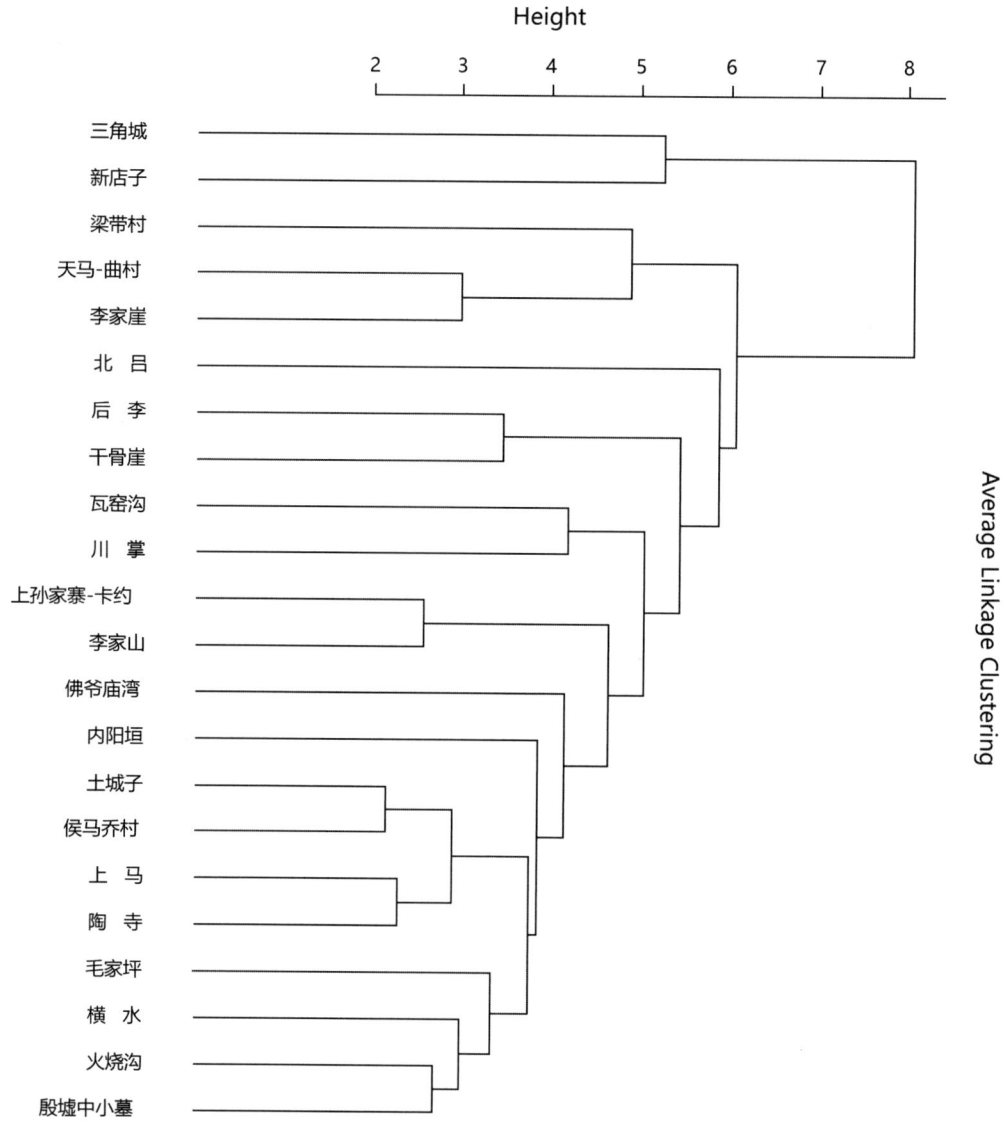

图4　佛爷庙湾与周边地区汉代之前人群比较聚类图

[①] 韩康信、谭婧泽：《宁夏古人类学研究报告集》，科学出版社，2009年，第50—103页。
[②] 韩康信：未发表资料。
[③] 陈山：《喇嘛洞墓地三燕文化居民人骨研究》，吉林大学博士学位论文，2009年。
[④] 潘其风、韩康信：《东汉北方草原游牧民族人骨的研究》，《考古学报》1982年第1期，第117—136页。
[⑤] 陈靓、朱泓、郑丽慧：《内蒙古东大井东汉时期鲜卑墓葬人骨研究》，见魏坚：《内蒙古地区鲜卑墓葬的发现与研究》，科学出版社，2004年，第289—308页。
[⑥] 朱泓：《察右后旗三道湾汉代鲜卑颅骨的人种学研究》，见魏坚：《内蒙古地区鲜卑墓葬的发现与研究》，科学出版社，2004年，第273—288页。
[⑦] 李墨岑：《青海平安大槽子东汉墓地人骨研究》，吉林大学硕士学位论文，2015年。
[⑧] 张振标：《大同北魏时期墓葬人骨的种族特征》，《文物季刊》1995年第3期，第21—33页。

水泊寺[①]、扎赉诺尔[②]、南杨家营子[③]、尼雅[④]、库车[⑤]。文章中所应用的对比数据是从已发表的文献中录入个体数据，并对数据进行重新校对，筛选出其中的异常值，重新计算平均值。

从图4中可以看出，所选对比组土城子遗址、侯马乔村、上马墓地、陶寺的人群首先聚集在一起，甘青地区早期人群甘谷毛家坪、玉门火烧沟人群与绛县横水、殷墟中小墓人群聚集在一起。在聚合水平为4的时候，佛爷庙湾人群与土城子遗址、侯马乔村、上马墓地、陶寺遗址、甘谷毛家坪、玉门火烧沟、绛县横水、殷墟中小墓、内阳垣的人群聚集在一起。与汉代之后的人群相比较，在聚合水平为5~6时，所选人群被分为四组，扎赉诺尔、水泊寺、大同北魏、三道湾、大槽子、东大井、完工聚集为一组，吴忠、喇嘛洞、佛爷庙湾、山东环保局、山东乙烯生活区、黑水国、郑州薛村、上孙家寨汉代组、陶家寨、澄城良辅组、延庆西屯、临潼新丰聚集为一类，南杨家营子在较远的距离与前两组聚集在一起。新疆地区的尼雅和库车两个人群单独聚集为一类，在聚合水平为8时与其他人群聚集在一起。佛爷庙湾人群与山东环保局、辽宁喇嘛洞、宁夏吴忠的关系最近。

为了进一步理清佛爷庙湾人群与其他人群之间的关系，我们采用主成分分析法探讨佛爷庙湾人群与不同时代人群之间的关系。与汉代之前的周边人群相比较，从PC1上看，与佛爷庙湾关系最近的是内阳垣、土城子、殷墟中小墓；从PC2上看，与佛爷庙湾人群关系最近的是火烧沟、内阳垣、北吕、毛家坪。整体上看，与佛爷庙湾人群关系最近的是内阳垣、毛家坪。与汉代之后的人群相比，从PC1上看，与佛爷庙湾关系最近的人群是山东环保局、吴忠、山东乙烯、临潼新丰；从PC2上看，与佛爷庙湾人群最接近的是山东环保局和吴忠。整体来看，佛爷庙湾人群与山东环保局和宁夏吴忠的关系比较近，与甘青地区的陶家寨、上孙家寨-汉代组、青海大槽子和黑水国人群的关系比较疏远。

[①] 李鹏程：《山西省大同市水泊寺廉租房墓地人骨研究》，辽宁大学硕士学位论文，2018年。
[②] 潘其风、韩康信：《东汉北方草原游牧民族人骨的研究》，《考古学报》1982年第1期，第117—136页；朱泓：《扎赉诺尔汉代墓葬第三次发掘出土颅骨的初步研究》，《人类学学报》1989年第8卷第2期，第123—130页。
[③] 潘其风、韩康信：《东汉北方草原游牧民族人骨的研究》，《考古学报》1982年第1期，第117—136页。
[④] 崔静、王博、吐尔逊江、甘子明：《新疆和田民乐县尼雅遗址墓葬出土颅骨种族人类学研究》，《解剖学杂志》2000年第23卷第1期，第84—86页。
[⑤] 新疆龟兹学会：《龟兹学研究》（第四辑），新疆人民出版社，2012年，第117—151页。

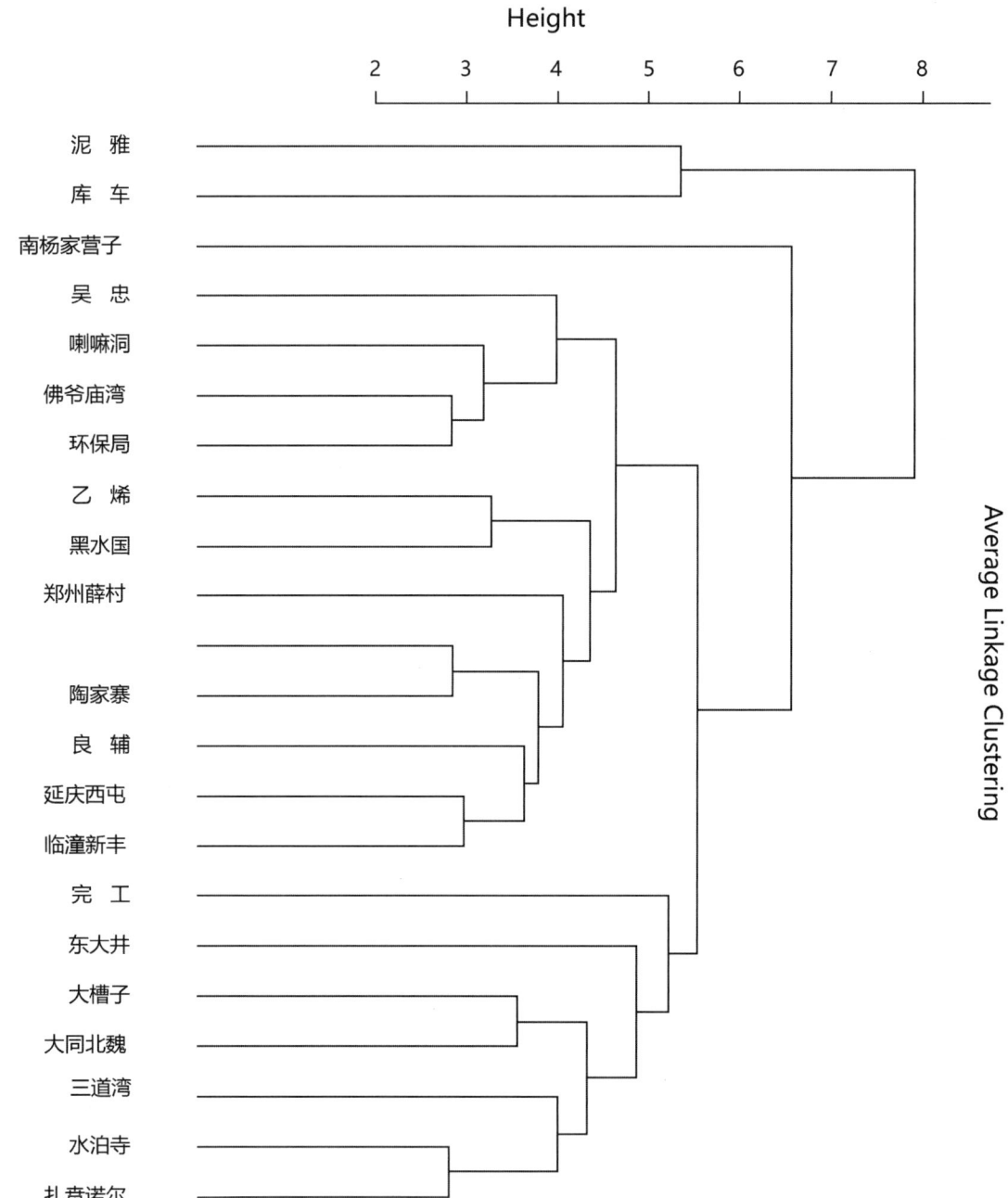

图5　佛爷庙湾与周边地区汉代之后人群比较聚类图

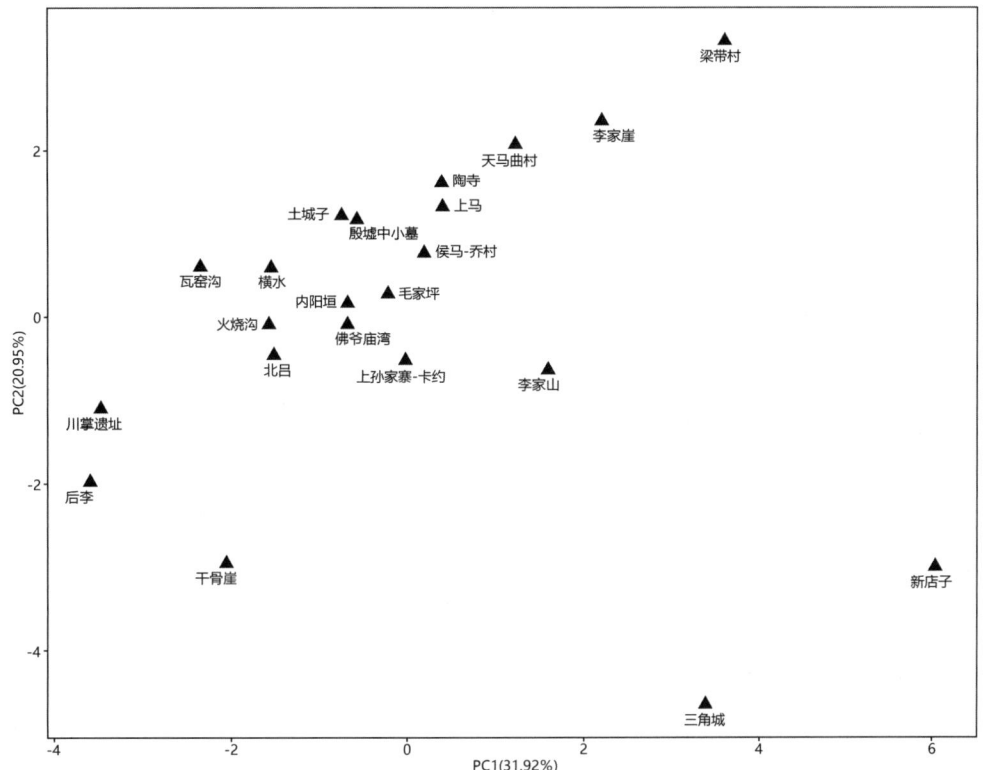

图6 佛爷庙湾与周边地区汉代之前人群比较主成分分析图

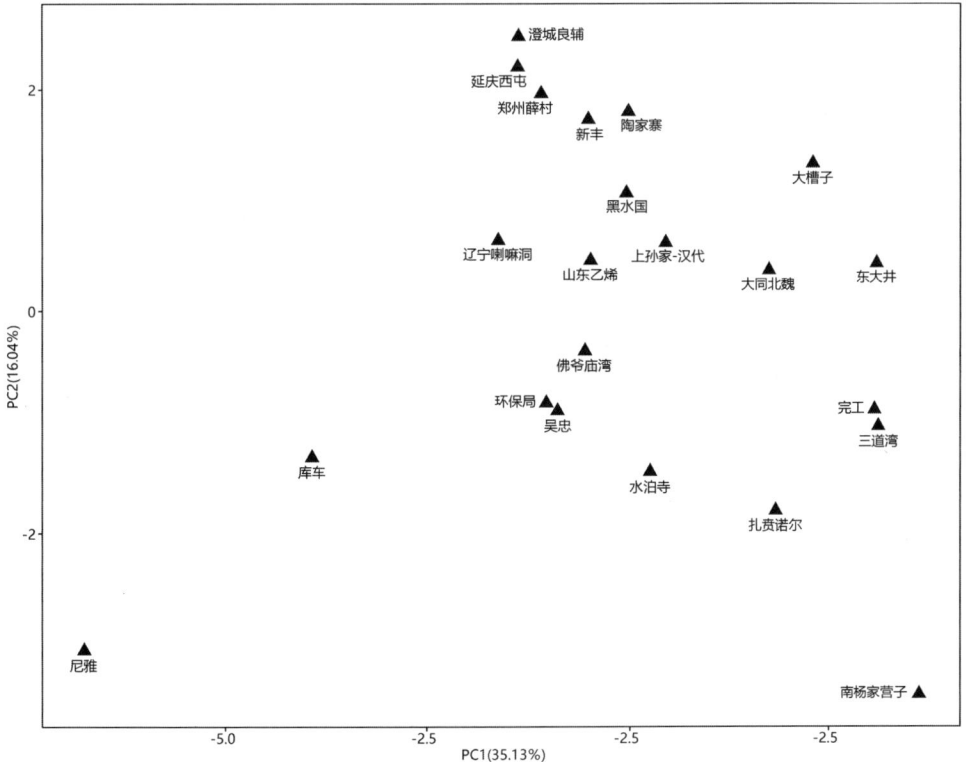

图7 佛爷庙湾与周边地区汉代之后人群比较主成分分析图

四 结论

佛爷庙湾—新店台墓群男女性性别比例为1∶1，男女性别比例基本均衡，符合人类社会发展的一般规律。人群死亡高峰期集中在中年期，死亡率高达62.2%，其中男性死亡高峰期集中在中、壮年期，女性死亡高峰期集中在中、老年期，未见婴幼儿个体，仅有少量的未成年个体。佛爷庙湾—新店台墓群人口平均预期寿命为40.97岁，其中男性平均预期寿命为40.48岁，女性平均预期寿命为45岁。女性的平均预期寿命高于男性。

男女性在大部分非测量性特征上具有一致性。颅形以卵圆形为主，颅顶缝的前囟段以微波型为主，顶段以锯齿型为主，顶孔段以微波型为主，后段以锯齿型为主。眉弓突度以中等为主，眉弓范围小于1/2。眶形以椭圆形为主，眶口倾斜度（平面）以垂直为主，眶口倾斜度（正面）以下斜为主。鼻梁形态以凹型为主，鼻棘稍显。犬齿窝以浅为主，枕外隆突稍显，翼区以顶蝶型为主。颧形以钝型为主，颧颌缘结节弱。颏形以圆形为主，颏孔位置为P2位，下颌角外翻，下颌圆枕以无为主。佛爷庙湾—新店台人群在额倾斜度、眉弓突度、鼻骨形态、梨状孔下缘形态、乳突、摇椅下颌等特征上有男女性有较大差异，其中额倾斜度、眉弓突度、乳突等特征是与男女性别差异有关的。

从颅骨测量特征看，佛爷庙湾—新店台人群颅形主要为中颅型、高颅型结合狭颅型，从全面指数和上面指数看男女性皆以狭面型、中上面型为主。眶指数表明佛爷庙湾—新店台人群为低眶型，鼻形以阔鼻型为主。从上颌齿槽指数看，男、女性皆以短颌型为主，腭形主要为狭腭型。从面部突度指数看佛爷庙湾—新店台人群主要为正颌型。在所有的测量指数中，佛爷庙湾—新店台人群男性和女性个体仅在额顶宽指数上有明显差异，男性以狭额型为主，女性以阔额型为主。通过与亚洲蒙古人种的不同地区类型相比较，发现佛爷庙湾人群与东亚蒙古人种和南亚蒙古人种的关系更近。

聚类分析表明，与汉代之前的人群相比，佛爷庙湾人群与土城子遗址、侯马乔村、上马墓地、陶寺遗址、甘谷毛家坪、玉门火烧沟、绛县横水、殷墟中小墓、内阳垣的人群聚集在一起。与汉代之后的人群相比较，佛爷庙湾人群与山东环保局、喇嘛洞、宁夏吴忠的人群聚集在一起。我们采用主成分分析的方法进一步理清佛爷庙湾人群与周边人群之间的的关系，发现在汉代之前，与佛爷庙湾—新店台人群关系较近的人群主要为内阳垣和毛家坪。与汉代之后的人群相比，佛爷庙湾—新店台人群与山东环保局和宁夏吴忠的人群关系最近，而与甘青地区的陶家寨、上孙家寨—汉代组、青海大槽子和黑水国人群的关系比较疏远。

附表1 男性颅骨测量数据

马丁号		平均值	ⅠM3 南	ⅠM15	ⅠM11	ⅡM5 右	ⅡM6	ⅡM9	ⅡM19 南	ⅡM22 北侧	ⅡM13	ⅢM21	ⅢM43	ⅢM27R2	ⅢM19	ⅢM50 中部
1	颅长 (g-op)	178.1	174.9	182.0		176.0	173.5				175.0	171.3	172.0		179.0	188.0
5	颅底长 (n-ba)	100.4	104.2	100.5		104.3	98.0	98.0			100.0	101.0	92.0			
	颅底长 (n-enba)	101.3	105.4	102.2		105.1	97.5	99.0			100.0	102.0	92.0			
40	面底长 (n-ba)	95.7	102.2	101.3			90.3	93.3	108.7		93.9	89.0	90.2			
	面底长 (n-enba)	93.4	99.8	97.8			89.0	90.3	105.4		92.3	88.2	88.0			
MOW	中眶间宽	70.9		79.2			69.6	70.6	84.3		72.9	53.0	50.5	52.7	66.4	79.0
7	枕大孔长 (ba-o)	36.2	35.6	33.5		42.0	40.9	33.8	35.7		36.9	35.5	32.0			
16	枕大孔宽	31.6	32.8	28.9		34.9	31.1	34.1			3NA7	32.5	30.0			
17	颅高 (ba-b)	141.1	134.5	138.5		143.3	137.3	137.5	150.5		140.3	147.0	136.0			
18	颅底垂直高 (ba-v)	142.0	135.2	139.6		148.0	138.3	139.2			139.7		135.5			147.0
20	耳门前囟高 (po-b)	132.7	128.5	134.0		137.0	132.0	132.0			137.0		128.0			137.0
21	耳上颅高	133.2	129.5	136.5		142.0	132.5	132.5			140.0	131.0	128.0			138.0
8	颅宽 (eu-eu)	139.5	134.5	142.0		155.0	136.5	138.5				141.7	142.0			134.0
9	最小额宽 (ft-ft)	91.8	86.7	91.8		98.0	85.9	92.6			91.8	89.5	91.0	94.6	91.6	94.7
10	最大额宽 (co-co)	117.3	115.0	118.0		121.5	108.0	120.2			115.3					
11	耳点间宽 (au-au)	129.1	131.7	137.7		141.8	126.8	129.6	126.5			126.0	114.0			126.0
PB	耳门上点宽 (po-po)	122.5	122.0	131.5		132.5	119.1	121.2	119.6		115.6	111.2				121.3
23	颅周长	512.0	508.0	521.0		520.0	502.0				501.5	498.0	502.0			528.0
24	颅横弧 (过V)	317.4	312.0	321.5			320.0					322.0	306.0			317.0
25	颅矢状弧 (arc n-o)	372.7	352.5	389.0		360.0	359.5				367.0		381.0			
26	额弧 (arc n-b)	126.7	120.0	134.0		124.0	120.0	123.0			131.0	123.0	124.0	131.0	123.0	134.0
27	顶弧 (arc b-l)	128.5	123.0	128.0		125.0	124.0	122.5			122.0	128.0				132.0

续附表 1

马丁号		平均值	ⅠM3 南	ⅠM15	ⅠM11	ⅡM5 右	ⅡM6	ⅡM9	ⅡM19 南	ⅡM22 北侧	ⅡM13	ⅢM21	ⅢM43	ⅢM27R2	ⅢM19	ⅢM50 中部
28	枕弧 (arc l–o)	115.4	109.2	126.5		115.0	115.0				110.0	113.0	127.0			
29	额弦 (chord n–b)	111.8	103.3	97.6		111.8	106.7	107.6			117.1	111.2	117.0	113.9	109.6	118.7
30	顶弦 (chord b–l)	114.3	109.1	113.9		107.7	112.2				110.8	113.2	111.0			118.0
31	枕弦 (chord l–o)	98.5	89.4	118.4		103.0	98.8				95.8	100.0	101.5			
45	颧宽 (zy–zy)	138.8	140.5	144.4		146.0	134.0	137.5	140.7							
46	中面宽 (zm–zm)	102.6	102.2	108.2		104.1	96.9	101.0	101.9			99.7		102.3	108.2	105.3
	中面宽 (zm1–zm1)	101.4	98.6	106.8			96.0	99.3	104.5		91.9	97.3		98.5	109.0	106.0
MH	颧骨高 (fmo–zm) 左	44.3	39.8	41.1		51.8	50.4	41.2	47.8	44.8		36.2		45.3	43.6	39.3
	颧骨高 (fmo–zm) 右	45.9	38.6	46.7		50.0	49.4	41.2			40.2	43.3	40.2	45.5	49.2	45.0
MB'	颧骨宽 (zm–rim orb.) 左	32.9	23.1	28.4		29.2	28.4	23.1	27.8	23.7		44.5	23.5	23.1	47.0	45.9
	颧骨宽 (zm–rim orb.) 右	26.8	22.9	30.3		28.7	28.5	24.1			22.3	25.3		29.0	30.5	27.0
43–1	两眶外缘宽 (fmo–fmo)	96.9	94.4	98.7		96.1	91.3	95.7			91.6	99.4		97.3	98.3	99.9
49a	眶内缘点间宽 (d–d)	22.3	18.5	22.3		18.1	19.7	30.3	27.6			21.0	21.7		22.5	22.8
	眶间宽 (mf–mf)	19.2	18.0	19.4		16.5	19.0	18.5			16.3	18.8	17.3	23.0	18.7	19.4
51	眶宽 (mf–ek) 左	42.1	41.0	42.3		43.0	40.4	40.8	46.0		41.5	41.1		38.5	41.4	42.2
	眶宽 (mf–ek) 右	42.4	43.0	42.5		43.9	40.1	41.4			41.6	43.0	40.7		42.0	44.0
51a	眶宽 (d–ek) 左	39.6	38.6	39.1		41.3	37.9	39.5	42.2		37.8	40.0	37.9	37.2	38.8	39.0
	眶宽 (d–ek) 右	40.1	41.4	39.3		42.4	37.7	40.6			38.4	40.3			40.0	41.0
52	眶高 左	34.4	34.4	32.6		36.5	33.6	34.4	35.9		32.1	34.0		32.2	32.7	33.0
	眶高 右	34.1	32.7	32.4		36.1	33.2	34.2			31.7	34.5	33.0		33.3	31.9
54	鼻宽	27.5	28.2	26.8		27.9	26.0	25.7	28.3	26.3	24.6	25.5	24.4	27.7	28.3	27.5

续附表 1

马丁号		平均值	ⅠM3 南	ⅠM15	ⅠM11	ⅡM5 右	ⅡM6	ⅡM9	ⅡM19 南	ⅡM22 北侧	ⅡM13	ⅢM21	ⅢM43	ⅢM27R2	ⅢM19	ⅢM50 中部
55	鼻高 (n–ns)	52.7	54.7	52.9		56.7	55.0	54.8			47.5	49.0	44.3		52.3	48.0
	鼻骨长 (n–rhi)	25.1	28.8	25.1		26.7	25.4	26.8					18.4		24.1	22.2
	鼻尖齿槽长 (rhi–pr)	43.2	71.7	48.4			48.6	16.3	55.3	53.3			41.8		43.3	43.2
SC	鼻骨最小宽	7.1	5.2	8.2		7.7	6.1	8.8	12.3		7.6		4.8	6.9	7.3	5.6
SS	鼻骨最小宽高	2.5	1.4	2.7		3.0	1.5	3.7	6.8			3.9	0.7	2.9	1.9	1.7
47	全面高 (n–gn)	122.0	117.2	126.6			125.0	124.0			109.6					
48	上面高 (n–pr)	70.0	71.8	72.4			72.8	70.8		53.3	62.6	68.2	60.8		68.4	66.3
	上面高 (n–sd)	72.6	75.3	76.6			74.0	74.2		68.6	64.1	70.0	63.3		53.0	67.4
60.0	齿槽弓长 (pr–alv)	52.7	54.0	54.8		67.8	53.1	51.3	59.6		49.5	49.5				54.0
61	齿槽弓宽 (ekm–ekm)	64.7	61.9	70.7			64.4	65.5	52.4		63.0	63.0	39.0	72.7	71.0	
62	腭长 (ol–sta)	43.1	42.6	46.8		34.9	42.7	44.6	43.4		42.5	41.5				42.6
63	腭宽 (enm–enm)	39.8	34.1	41.0			36.4	34.8	68.8	39.6	37.8	36.2		43.3	43.6	39.3
65	下颌髁间宽 (cdl–cdl)	124.4	132.3	126.4			82.2	125.0	130.8	138.4	110.5	126.2				
66	下颌角间宽 (go–go)	106.0	104.0	101.4	110.9		127.3	103.9	112.7	101.5						
67	颏孔间宽 (ml–ml)	47.8	46.6	48.3	51.1	45.0	47.5	46.7	49.0	49.5	44.5	47.0				
	下颌联合高 (id–gm)	34.7		36.2	37.0	31.5	36.5	33.3	34.0	35.0	29.9	36.3				34.4
	颏孔间弧 (arc.ml–ml)	55.9	55.5	56.0	60.5	51.0	52.0	55.0	60.0	58.0	52.0	55.0				
	下颌联合弧 (arc.id–gn)	35.0		38.0	41.0	32.0	36.0	33.0	34.0	34.0	34.0	33.3			33.8	36.7
69(2)	下颌体高 (M1–M2) 左	31.9	34.1	33.2	30.9		30.6	32.1	44.3	32.5	28.3					
	下颌体高 (M1–M2) 右	27.9	25.0	35.6	31.3	32.0	29.7	30.5	38.3	33.3	28.4	13.0			14.9	20.0
69(3)	下颌体厚 (M1–M2) 左	15.7		17.1	16.0		16.2	15.6	13.5	16.4	14.9					

续附表 1

马丁号		平均值	ⅠM3 南	ⅠM15	ⅠM11	ⅡM5 右	ⅡM6	ⅡM9	ⅡM19 南	ⅡM22 北侧	ⅡM13	ⅢM21	ⅢM43	ⅢM27R2	ⅢM19	ⅢM50 中部
71a	下颌体厚 (M1-M2) 右	16.5	18.1	18.0	17.3	17.4	17.2	16.2	13.5	16.8	16.5					
	下颌枝最小宽 左	35.5	33.1	39.5	35.0	34.8	32.7	34.1	40.2	37.1	39.4	33.0				
	下颌枝最小宽 右	34.4	31.8	40.1	33.6	33.2	34.2	35.2	37.2	35.1	37.5	30.0			28.7	32.1
32	额倾角 (n-m-FH)	86.6		83.0		89.3	87.0	85.3			91.3	87.0	90.5			78.8
	额倾角 (g-m-FH)	80.3		77.0		84.0	80.3	80.5			89.3	77.0	88.7			71.8
32(1a)	前囟角Ⅰ (g-b-FH)	47.6	49.9	47.0		43.3	48.0	51.0			53.2	47.5	47.5			48.8
	前囟角Ⅱ (n-b-FH)	52.2	53.0	54.1		55.7	56.0	51.0			50.8					
72	面角 (n-pr-FH)	85.9	85.7	90.4			93.0	87.8			90.9	89.5	87.5			67.8
72(5)	上齿槽角 (n-pr-ba)	125.2	131.2	123.4		126.6	133.5	131.1	115.5			127.0	73.8		130.2	135.9
72b	鼻根角 (ba-n-pr)	62.9	66.1	66.6			60.7	61.5			64.4	58.8	66.7			
72c	颅底角 (n-ba-pr)	43.1	41.1	42.8			45.5	46.2			37.7	42.8	39.4			
73	鼻面角 (n-ns-FH)	87.3	89.4	90.3		90.0	94.0	86.7			88.8	76.0	85.5			93.0
74	齿槽面角 (ns-pr-FH)	84.6	73.0	82.0			88.5	87.5			91.0	89.5	85.8			67.8
75	鼻尖角 (n-rhi-FH)	82.2	90.3	94.0		81.3	70.7	79.3					88.5			86.8
76a	颧上颌角 (zm1-ss-zm1)	133.8	135.1	128.1			138.4	131.4	129.1		132.0	140.1			136.1	143.5
76b	颧上颌角 (zm-ss-zm)	128.1	131.2	123.4		126.6	133.5	131.1	115.5			127.0			130.2	135.9
77	鼻颧角 (fmo-n-fmo)	148.1	147.7	130.9		150.9	150.5	144.1			142.1	154.6			160.8	

续附表1

马丁号		ⅢM24北.南	ⅢM29北侧	ⅢM50南侧	ⅢM41北侧	ⅣM8墓室北侧	ⅣM9北	ⅣM14墓室南侧	ⅣM20南	ⅣM21北	ⅣM25墓室南侧	ⅣM26	ⅣM28墓室东棺内	ⅣM29墓室西侧	ⅦM3南
1	颅长 (g-op)	173.0	185.5	183.0	179.0	178.5	182.0		177.2	180.0	175.5	181.5	175.0	179.0	
5	颅底长 (n-ba)	93.0	106.0	105.0	100.0	106.5	103.0		100.0	99.0	100.5	99.0	95.0	102.0	
40	颅底长 (n-enba)	95.0	106.0	106.0	101.0	107.5	104.0		101.0	101.0	100.8	101.0	96.3	103.0	
	面底长 (n-ba)	92.0	106.5	98.0	95.2	98.3	95.1		94.6	93.3	89.4	94.3	91.7	97.3	
	面底长 (n-enba)	89.0	99.0	95.7	93.1	96.6	93.3		97.3	92.0	87.8	91.3	87.1	95.2	
MOW	中眶间宽 (or-or)	57.4	87.7	75.4	75.6		74.3		70.8	78.7	80.2	69.2		71.3	
7	枕大孔长 (ba-o)	31.0	41.0	33.8	36.0	32.8	34.6		39.0	39.6	37.6	39.0	35.2	34.5	
16	枕大孔宽 (ba-o)		31.0	33.6	30.3	28.7	33.1		35.5	33.3	29.9	28.7	29.9	30.2	
17	颅高 (ba-b)	136.0	143.0	142.5	135.0	143.0	140.0		142.5	145.5	140.8	142.0	146.0		
18	颅底垂直高 (ba-v)		144.0	143.8	137.7	142.0	140.5		145.2	149.0	143.0	143.0	145.0		
20	耳门前囟高 (po-b)		132.0	131.0	132.0	128.5	125.5		131.5	138.0	132.0	132.0	140.0		
21	耳上颅高	128.0	132.0	131.5	132.0	127.5	125.0		132.0	142.0	134.0	133.0	140.0		
8	颅宽 (eu-eu)	141.0		139.0	138.5	130.0	144.5		126.3	149.5	139.0	136.0	146.5	136.0	
9	最小额宽 (ft-ft)	85.5	87.0	95.1	89.0	99.7	92.2		96.0	99.4	89.3	88.1	90.0	91.0	
10	最大额宽 (co-co)					114.7	123.5		105.3	121.0	118.6	118.0	125.3		
11	耳点额宽 (au-au)	124.7	138.5	127.0	127.0	121.5	139.5		123.4	138.0		127.4	129.7	125.6	
PB	耳门上点宽 (po-po)		130.0	123.0	128.0	116.0	122.0		117.9	133.8		121.3	122.7	118.7	
23	颅周长 (眉上)	506.0		521.0	510.0	503.0	517.0		505.7	525.0	507.5	518.0	522.0		
24	颅横弧 (过 V)	315.0		312.0	317.0		319.0		305.9	338.5		320.0			
25	颅矢状弧 (arc n-o)	370.0	374.0	382.0	378.0	371.0	372.0		375.4	385.0	358.0	376.5	385.0		
26	额弧 (arc n-b)	118.5	128.5	129.0	125.0	126.0	123.0		127.0	132.0	116.5	132.0	143.5		

续附表 1

马丁号		ⅢM24北.南	ⅢM29北侧	ⅢM50南侧	ⅢM41北侧	ⅣM8墓室北侧	ⅣM9北	ⅣM14南侧	ⅣM20南	ⅣM21北	ⅣM25墓室南侧	ⅣM26	ⅣM28墓室东棺内	ⅣM29西墓室西侧	ⅦM3南
27	顶弧 (arc b-l)	131.0	131.0	128.0	134.0	129.0	133.0		130.2		134.0	130.0			
28	枕弧 (arc l-o)	119.0	113.5	117.0	116.5	115.0	112.0		118.2		106.0	114.0			
29	额弦 (chord n-b)	107.8	113.0	114.7	116.0	110.0	109.0		114.3	117.5	105.2	114.3	122.9		
30	顶弦 (chord b-l)	116.3	115.2	113.2	118.9	113.8	116.2		118.0		120.8	114.7			
31	枕弦 (chord l-o)	100.2	95.2	94.7	95.0	97.3	98.3		100.1		91.3	96.7			
45	颧宽 (zy-zy)			135.1	133.0	131.5	139.0		136.5	144.0		138.0	143.0		
46	中面宽 (zm-zm)			100.2	103.2	94.0	103.4		103.8	101.6	98.0	108.3	107.9		
	中面宽 (zm1-zm1)			106.4	105.8	94.3	103.9		101.5	98.7	96.0	105.8	107.1		
MH	颧骨高 (fmo-zm) 左	37.8		42.0	37.4	41.6	46.2		46.5	52.1	47.7	47.3	51.3		
	颧骨高 (fmo-zm) 右	39.1		48.1	50.0	42.7	50.6		46.3	50.6	46.5	47.2	51.7	47.8	
MB'	颧骨宽 (zm-rim orb.) 左		46.2	54.2	47.2	21.7	28.9		28.2	33.7	28.1	28.6	30.8		
	颧骨宽 (zm-rim orb.) 右	23.1		24.0	27.9	20.8	25.6		28.5	32.0	27.4	29.0	31.1	29.1	
43-1	两眶外缘宽 (fmo-fmo)	88.1		99.8	93.0	103.0	99.6		96.0	102.4	98.0	96.3	99.1	97.7	
49a	眶内缘点间宽 (d-d)	20.3	24.1	23.8	24.1	20.9	23.4		20.8	22.3	19.7	21.3	21.9	23.2	
	眶间宽 (mf-mf)	17.1	25.4	19.7	22.1	19.9	21.0		20.1	17.8	17.9	19.0	18.1	19.9	
51	眶宽 (mf-ek) 左	38.0	44.0	43.6	39.7	43.9	42.4		43.0	46.2	42.7	40.7	43.7	42.5	
	眶宽 (mf-ek) 右	37.2	43.0	43.9	39.5	44.2	43.9		42.7	44.9	44.4	42.7	43.1	40.8	
51a	眶宽 (d-ek) 左	37.8	43.5	40.7	35.9	41.4	38.9		40.0	40.9	41.3	39.4	40.2	38.4	
	眶宽 (d-ek) 右	36.7	42.4	41.3	38.2	41.7	40.7		40.1	42.3	41.9	39.5	39.7	38.5	
52	眶高 左	31.3	33.0	34.0	33.0	35.9	37.0		38.7	35.6	33.9	35.6	37.2	33.8	

续附表 1

马丁号		ⅢM24北南	ⅢM29北侧	ⅢM50南侧	ⅢM41北侧	ⅣM8墓茔北侧	ⅣM9北	ⅣM14南侧	ⅣM20南	ⅣM21北	ⅣM25墓茔南侧	ⅣM26	ⅣM28墓茔东棺内	ⅣM29墓茔西侧	ⅦM3南
54	眶高 右	31.1	32.5	35.1	33.2	36.4	37.4		37.3	37.1	33.8	33.1	36.1	34.2	
55	鼻宽	27.0	31.0	32.2	28.3	23.9	27.6		31.3	29.6	26.4	27.5	29.0	26.8	
	鼻高 (n-ns)	46.8	53.5	51.2	56.6	52.8	55.7		53.0	54.0	55.1	54.7	55.4	55.5	
	鼻骨长 (n-rhi)	21.5	24.9	25.7	27.0	26.7	28.7		23.8	24.1	24.4	27.1	25.7		
	鼻尖齿槽长 (rhi-pr)	43.6	47.5	44.3	50.4	46.1	50.0		17.1	52.2	47.5	18.6	43.9		
SC	鼻骨最小宽	5.3	10.0	9.7	9.5	6.3	8.5		7.0	3.8	4.9	6.4	4.5		
SS	鼻骨最小宽高	1.2	3.1	3.0	4.0	3.8	1.9		1.1	1.5	1.0	3.4	1.3		
47	全面高 (n-gn)			118.9	122.0		127.7					127.4			
48	上面高 (n-pr)	62.0	71.0	70.2	74.8	69.9	78.2		73.9	74.8	69.0	72.8	67.2	71.1	
	上面高 (n-sd)	64.2	78.2	72.6	76.0	71.6	81.5		75.8	77.8	71.9	76.1	70.8	75.8	
60.0	齿槽弓长 (pr-alv)	51.2	56.0	52.2		51.9	51.7		55.2	55.4	47.2	51.0	50.9		
61	齿槽弓宽 (ekm-ekm)	67.4	60.8	73.2	67.7	59.1	66.3		44.2	71.1	60.8	68.3	64.3		
62	腭长 (ol-sta)	42.4		42.0		46.1	44.1		42.0	46.0	40.3	44.4			
63	腭宽 (enm-enm)	37.8		42.0	37.4	35.4	38.0		39.5	39.2	37.8	41.8	37.7		
65	下颌髁间宽 (cdl-cdl)			121.0	114.4	122.6	120.4	126.3				127.2	145.4	135.1	131.0
66	下颌角间宽 (go-go)			107.2	102.1	99.9	98.5					99.7		105.3	109.9
67	颏孔间宽 (ml-ml)			50.0	49.2	46.7	45.7	47.2	46.3		46.6	47.5	53.0	46.9	49.0
	下颌联合高 (id-gn)			33.5	33.1	30.0	34.1	36.8	39.3			38.4	35.1		
	颏孔联合弧 (arc.ml-ml)			58.0		57.5	53.5	57.5	51.0		55.0	56.0	64.0	55.0	55.5
	下颌联合弧 (arc.id-gn)			35.0	34.5	30.0	34.0		41.0			34.0	35.0		
69(2)	下颌体高 (M1-M2) 左			29.7			30.9		29.3		31.4	31.3		32.5	29.2

续附表 1

马丁号		ⅢM24 北南	ⅢM29 北侧	ⅢM50 南侧	ⅢM41 北侧	ⅣM8 墓室北侧	ⅣM9 北	ⅣM14 南侧	ⅣM20 南	ⅣM21 北	ⅣM25 墓室南侧	ⅣM26	ⅣM28 墓室东棺内	ⅣM29 墓室西侧	ⅦM3 南
69(3)	下颌体高 (M1–M2) 右			17.0											
	下颌体厚 (M1–M2) 左			17.3							16.5				
	下颌体厚 (M1–M2) 右														
71a	下颌枝最小宽 左			33.2	32.3	28.7	33.9		29.3			32.7		30.4	31.1
	下颌枝最小宽 右			31.5		28.7	34.9	37.0	15.0		36.6	14.5	39.3	14.0	16.7
32	额倾角 (n–m–FH)	80.0	84.5	88.7	83.0	82.5	84.0		15.9	90.5		15.8	39.9	14.3	16.5
	颏倾角 (g–m–FH)	77.0	79.7	75.5	80.5	73.0	77.2		90.2	79.0		37.8	95.0	35.2	36.9
32(1a)	前囟角 I (g–b–FH)	43.0	44.5	43.5	43.5	47.0	49.0		82.5	48.4	36.6	37.7	86.5	35.0	36.6
	前囟角 II (n–b–FH)					49.5	46.0		48.5	54.3		88.5	47.0		
72	面角 (n–pr–FH)	76.5	77.0	85.5	93.0	86.3	76.5		54.5	92.5	50.8	86.5	52.0	89.5	
72(5)	上齿槽角 (n–pr–ba)			123.4	120.8	121.5	136.4		88.0	127.8	54.2	88.5	83.5		
72b	鼻根角 (ba–n–pr)	66.0	62.9	62.1	62.1	62.1	60.2		135.3	62.1	89.0	129.0	134.0	63.9	
72c	颏底角 (n–ba–pr)	41.2	44.7	42.1	46.2	40.9	46.6		66.1	45.9	123.0	62.0	62.2	42.1	
73	鼻面角 (n–ns–FH)	73.5	87.0	87.4	84.5	87.8	88.3		44.0	93.0	59.0	44.8	43.0	89.9	
74	齿槽面角 (ns–pr–FH)	76.5	77.0	85.5	93.0	78.5	88.5		93.7	84.9	42.3	89.5	79.0	91.0	
75	鼻尖角 (n–rhi–FH)	64.5	81.0	88.8	78.0	75.5	83.5		79.8	91.8	87.0	93.5	78.0		
76a	颧上颌角 (zm1–ss–zm1)			132.6	126.6	123.3	140.9		87.8	132.9	100.0	82.0	79.0		
76b	颧上颌角 (zm–ss–zm)				120.8	121.5	136.4		139.2	127.8	77.0	129.3	140.3		
77	鼻颧角 (fmo–n–fmo)				146.2	144.6	144.2		135.3	145.8	128.8	129.0	134.0	148.8	
									147.7		123.0	155.2	154.6		
											149.4				

附表2 女性颅骨测量数据

		平均值	ⅠM3北	ⅠM6	ⅠM7	ⅠM1南	ⅡM5左	ⅡM17耳室	ⅡM19塞室北侧	ⅡM21塞室北侧	ⅡM26	ⅡM14	ⅢM24北	ⅢM18	ⅢM50北侧	ⅢM24南
1	颅长 (g–op)	175.8	167.5	176.0	186.0		177.5			178.0	174.2		176.0			188.0
5	颅底长 (n–ba)	97.5	98.1	101.0	105.2		96.3			103.5	98.6		93.0			106.0
	颅底长 (n–enba)	98.2	98.8	101.5	106.7		98.0			104.5	98.8		94.0	96.5		106.0
40	面底长 (n–ba)	94.3		98.1	105.6		94.4			92.6			93.7			97.0
	面底长 (n–enba)	92.7		95.9	103.9		92.4			91.0			92.7			95.8
MOW	中眶间宽 (or–or)	71.5	71.4	71.7	76.7		72.1						56.8	74.7	76.0	79.0
7	枕大孔长 (ba–o)	35.7		34.7	37.4		39.2			35.9	36.0		34.4	34.0	34.5	37.3
16	枕大孔宽	29.5		31.1	30.2		28.0			28.4	29.3		28.6	30.0	29.2	29.7
17	颅高 (ba–b)	134.6	132.3	144.5	148.8		136.8			141.0	142.0		125.0	140.0		142.0
18	颅底垂直高 (ba–v)	136.0	135.8	144.6	149.9		138.3			140.2	140.5					
20	耳门前囟高 (po–b)	129.3	129.0	137.5	137.5		131.5			133.0	134.0					
21	耳上颅高	129.4	137.5	137.0	139.0		132.0			131.0	135.0		121.0			133.0
8	颅宽 (eu–eu)	134.9	137.5	132.2	137.5		136.0			141.5	137.0		133.5			133.0
9	最小额宽 (ft–ft)	88.9	89.5	86.4	86.0	92.9	86.0	57.9		94.1	95.7		94.5	91.0	87.0	99.0
10	最大额宽 (co–co)	114.0	112.0	106.5	114.0		109.2			109.5	119.0					116.0
11	耳点间宽 (au–au)	125.1		125.8	128.5		123.3			128.5	123.1		125.0			130.4
PB	耳门上点宽 (po–po)	119.8		119.5	120.1		116.7			120.9	117.5		125.0	119.3		130.4
23	颅周长 (眉上)	525.4	489.0	499.5	520.0		506.0			511.0	504.0		505.0			530.0
24	颅横弧 (过 V)	311.6		325.5	326.0					320.0			296.0			316.0
25	颅矢状弧 (arc n–o)	358.8		317.5			375.0			356.5	371.0		359.0	385.0		378.0

续附表 2

		平均值	ⅠM3北	ⅠM6	ⅠM7	ⅠM1南	ⅡM5左	ⅡM17耳室	ⅡM19墓室北侧	ⅡM21墓室北侧	ⅡM26	ⅡM14	ⅢM24北	ⅢM18	ⅢM50北侧	ⅢM24南
26	额弧 (arc n-b)	122.4	114.0	127.0	137.0		122.0			117.5	127.0		123.0	128.0	136.0	128.0
27	顶弧 (arc b-l)	126.2	122.0	143.0			121.5			127.0	124.0		111.0	132.0	133.0	132.0
28	枕弧 (arc l-o)	116.5		100.0	112.0		131.0			114.0	119.7		127.0	116.0		118.0
29	额弦 (chord n-b)	108.0	103.8	113.9	122.0		110.9			106.9	112.7		106.6	111.0	120.2	112.0
30	顶弦 (chord b-l)	112.2	104.7	124.7	122.3		112.1			116.1	110.5		100.4	118.3	119.0	116.5
31	枕弦 (chord l-o)	97.7		86.7	93.0		108.0			91.8	102.9		101.5	96.1		98.0
45	颧宽 (zy-zy)	129.7		131.0	138.2					109.5			130.0			139.0
46	中面高 (zm-zm)	98.7	99.7	93.2	104.2				96.6	109.3			103.8		102.0	105.7
	中面宽 (zm1-zm1)	97.4	99.0	89.4	101.2				96.4				104.0		101.0	105.7
MH	颧骨高 (fmo-zm)左	42.9	39.6	42.4	44.8	45.9	39.3		45.5	43.5		48.8	40.4		43.3	45.5
	颧骨高 (fmo-zm)右	42.2	40.0	40.3	43.1				43.7	43.7	42.8		41.1	41.6	43.0	44.8
MB'	颧骨宽 (zm-rim orb.)左	24.3	21.1	20.6	26.2	22.6	24.9		23.1	22.8	19.7	28.2	20.3		26.8	28.8
	颧骨宽 (zm-rim orb.)右	24.1	22.4	21.8	25.3				22.5	25.4			25.9	21.5	26.0	28.5
43-1	两眶外缘宽 (fmo-fmo)	95.2	91.9	92.9	100.8	97.2	92.5						95.4		96.3	98.4
49a	眶内缘点间宽 (d-d)	30.0	18.8	18.1	20.3	17.0	22.5			26.8			23.6	207.0	23.8	23.0
	眶间宽 (mf-mf)	19.1	16.0	17.7	17.2	14.3	18.0			24.0	19.7		20.3	18.8	21.2	21.2
51	眶宽 (mf-ek)左	41.0	41.7	40.9	43.2	44.9	37.8			41.9			40.0		39.5	41.0
	眶宽 (mf-ek)右	41.3	41.2	40.9	43.0		40.6			42.2	44.8		39.9	39.7	39.4	41.3
51a	眶宽 (d-ek)左	37.7	38.8	39.6	40.2	42.2	35.4			39.7			36.2		37.0	38.8
	眶宽 (d-ek)右	38.0	39.7	39.4	41.5		36.6			39.9			36.7	31.8	36.2	39.5

续附表2

		平均值	ⅠM3 北	ⅠM6	ⅠM7	ⅠM1 南	ⅡM5 左	ⅡM17 耳室	ⅡM19 墓室北侧	ⅡM21 墓室北侧	ⅡM26	ⅡM14	ⅢM24 北	ⅢM18	ⅢM50 北侧	ⅢM24 南
52	眶高 左	33.9	32.8	30.2	34.0	37.1	31.5			36.3			32.5	32.3	34.1	33.2
	眶高 右	33.5	33.1	30.9	33.6		32.0			35.3	36.0		31.9		33.8	32.7
54	鼻宽	25.9	26.0	25.5	26.0	23.6	27.8		26.1	28.1			27.5	25.8	25.2	25.3
55	鼻高 (n–ns)	50.5	48.7	48.3	55.5	51.3	49.7		46.1	54.3			45.7	45.8	50.2	56.5
	鼻骨长 (n–rhi)	24.6	22.6	21.1	24.1		19.8			26.0			22.0	20.0	25.1	
	鼻尖齿槽长 (rhi–pr)	42.2		47.3	52.5		47.9			45.5			39.9		44.2	
SC	鼻骨最小宽	7.5	6.1	2.6	4.5	6.9	8.3			11.8				5.8	6.3	8.6
SS	鼻骨最小宽高	2.8	1.8	0.3	1.9	4.0	2.3			2.3				2.0	11.4	2.5
47	全面高 (n–gm)	117.2		119.3	134.5										114.2	
48	上面高 (n–pr)	67.7		67.4	74.8	71.3	65.1		62.0				62.2		68.5	74.4
	上面高 (n–sd)	71.2		69.8	79.5	75.5	69.8		64.9				65.5		71.0	76.0
60.0	齿槽弓长 (pr–alv)	52.0		51.7	56.6	52.4	51.8		52.2	45.8			53.1		54.0	54.0
61	齿槽弓宽 (ekm–ekm)	63.5		57.7	64.0	64.8	63.8		63.3					64.3	63.6	71.5
62	腭长 (ol–sta)	43.4		44.4	51.3	42.8	45.5		44.5	41.8			43.3		44.0	42.5
63	腭宽 (enm–enm)	37.7		35.2	37.3	37.5	38.9	50.9	41.7	40.7			32.5	37.2	41.2	39.0
65	下颌髁间宽 (cdl–cdl)	124.3		120.6	121.4		158.0		123.3			128.4	107.9		125.3	124.2
66	下颌角间宽 (go–go)	95.4		101.8	94.3		108.7		97.8				81.2		103.0	
67	颏孔间宽 (ml–ml)	46.6	46.7	44.1	49.1		49.0		41.8				45.7		51.3	51.3
	下颌联合高 (id–gm)	34.4			43.4								30.4		30.0	39.5
	颏孔间弧 (arc.ml–ml)	54.7	52.8	50.3	58.7		58.0	61.0	50.5				57.5		59.0	57.0

附 录 ·1231·

续附表2

编号	项目	平均值	ⅠM3北	ⅠM6	ⅠM7	ⅠM1南	ⅡM5左	ⅡM17耳室	ⅡM19墓室北侧	ⅡM21墓室北侧	ⅡM26	ⅡM14	ⅢM24北	ⅢM18	ⅢM50北侧	ⅢM24南
	下颌联合弧 (arc.id-gn)	33.8														39.0
69(2)	下颌体高 (M1-M2) 左	28.4	3NA5	29.0	35.5		25.2		27.5				28.0			
	下颌体高 (M1-M2) 右	28.3		30.1	35.3		31.9		13.8				32.0		28.8	34.3
69(3)	下颌体厚 (M1-M2) 左	17.0	11.7	16.6	15.4		16.2		27.6				15.0			
	下颌体厚 (M1-M2) 右	15.6		16.5	16.1		17.2		14.9				15.0		16.9	
71a	下颌枝最小宽 左	33.6	34.7	34.1	38.9		33.1		31.5			35.8	38.0			
	下颌枝最小宽 右	33.0		32.1	39.1		33.3		30.2			34.2	37.0		35.2	34.3
32	额倾角 (n-m-FH)	86.1	87.5	92.2	83.5		89.0			82.5	89.5		88.0			91.0
	额倾角 (g-m-FH)	77.4	78.0	87.0	77.5		81.9			78.8	73.2		82.0			45.0
32(1a)	前囟角Ⅰ (g-b-FH)	50.0	52.8	52.5	49.7		47.8			53.3	51.0		42.0			43.0
	前囟角Ⅱ (n-b-FH)	56.1	57.0	59.8	51.8		56.0			50.8	58.3					
72	面角 (n-pr-FH)	84.2		88.3	85.5		82.0			90.0			82.0			78.5
72(5)	上齿槽角 (n-pr-ba)	76.6		74.1	70.0		73.1						70.7			75.9
72b	鼻根角 (ba-n-pr)	65.7		66.0	68.1		66.6						70.2			61.2
72c	颅底角 (n-ba-pr)	42.3		39.9	41.9		40.3						39.1			42.9
73	鼻面角 (n-ns-FH)	84.2	84.0	91.0	89.5		90.0			92.0			82.0			88.5
74	齿槽面角 (ns-pr-FH)	82.2		85.0	69.5		85.8			94.0			77.5			89.0
75	鼻尖角 (n-rhi-FH)	78.8	79.0	92.0	83.2		75.8			81.5			74.5			
76a	颧上颌角 (zm1-ss-zm1)	134.6	139.9	137.9	127.2				132.6	115.5			137.7		138.8	138.9
76b	颧上颌角 (zm-ss-zm)	132.6	143.1	139.6	125.1				130.5	133.6			131.6		131.9	125.3
77	鼻颧角 (fmo-n-fmo)	149.1	147.2	147.4	151.3	153.5	149.9									

续附表 2

马丁号	测量项目	ⅢM51	ⅢM52	ⅢM36 东侧中央	ⅢM37 南侧	ⅢM27	ⅢM41 南侧	ⅢM40 北侧 R1	ⅣM10 南	ⅣM21	ⅣM22 中棺	ⅣM24 南	ⅣM20 北	ⅣM25 墓室北侧	ⅣM28 墓室西棺	ⅣM19 东部
1	颅长 (g-op)	168.5	172.5	167.0	178.0	178.0		181.5		173.5	177.0		172.0		173.5	
5	颅底长 (n-ba)	90.5	98.0	97.0				99.0		100.0	88.0		96.0		95.0	93.0
40	颅底长 (n-enba)	92.2		97.0				99.2		100.1	89.0		97.0		96.0	94.0
	面底长 (n-ba)	92.0		95.7				92.2		97.8	89.2		91.3		91.1	89.5
	面底长 (n-enba)	90.1		94.0				90.0		96.4	87.7		89.7		90.4	87.6
MOW	中眶间宽 (or-or)	68.3		48.8			56.6	74.2	83.4	74.6	75.5				79.1	76.4
7	枕大孔长 (ba-o)	30.5	35.7	40.0				34.0		34.9	36.4		37.5		33.2	37.0
16	枕大孔宽	31.7	27.5					31.7		31.2	29.0		28.6		28.6	
17	颅高 (ba-b)	116.0	123.0	135.0			131.0	130.0		134.0	125.5		135.0		139.5	136.5
18	颅底垂直高 (ba-v)	125.5	121.0					130.5		135.5	130.5		134.0		142.5	
20	耳门前囟高 (po-b)	118.5	118.0			130.0		128.0		133.0	120.0		124.5		136.0	
21	耳上颅高	119.5	119.0	126.0	136.0	131.0		127.0		126.0	124.0		123.0		138.0	
8	颅宽 (eu-eu)	124.5	130.0	131.0		141.5		140.0		127.3	134.5		133.0		143.0	
9	最小额宽 (ft-ft)	88.5	91.0	87.2		90.0	89.6	98.0		92.4		83.7		82.1	92.7	
10	最大额宽 (co-co)					116.0							119.5		118.0	
11	耳点间宽 (au-au)	113.5	119.8	122.5		131.7		125.2			125.3		123.5		130.7	
PB	耳门上点宽 (po-po)	108.5	118.0	117.3		127.3		120.3		116.0	120.3		115.0		122.3	
23	颅周长 (眉上)	782.0	486.0	481.0		515.0		522.0							505.0	
24	颅横弧 (过 V)	285.0	289.0			312.0		311.0					315.0		332.0	
25	颅矢状弧 (arc n-o)	346.0	341.5		365.0	361.0		377.0		306.2			362.0		382.0	

续附表2

马丁号	测量项目	ⅢM51	ⅢM52	ⅢM36东侧中央	ⅢM37南侧	ⅢM27	ⅢM41南侧	ⅢM40北侧R1	ⅣM10南	ⅣM21	ⅣM22中棺	ⅣM24南	ⅣM20北	ⅣM25墓茔北侧	ⅣM28墓茔西棺	ⅣM19东部
26	额弧 (arc n-b)	117.5	115.0	116.0	120.0	121.0	116.5	131.0		120.0			121.0	112.3	120.0	
27	顶弧 (arc b-l)	116.0	122.0	124.0	124.0	111.0	123.0	130.0		122.0	135.0		130.0		141.0	
28	枕弧 (arc l-o)	112.0	105.0		119.0	125.0		115.0		116.0	120.0		110.0		121.0	
29	额弦 (chord n-b)	101.2	99.8	105.0	108.0		102.5	110.2		104.9	117.1		102.0	101.3	105.3	
30	顶弦 (chord b-l)	102.0	108.3	91.5	110.0		109.7	114.2		108.1			116.0		123.1	
31	枕弦 (chord l-o)	95.0	90.0	106.0	102.0	107.0	91.0	91.1		98.9	104.1		94.3		98.6	
45	颧宽 (zy-zy)	123.5		134.0				132.1							129.7	
46	中面宽 (zm-zm)	96.0	96.8	94.6			97.0	95.8	98.8		92.7			96.1	95.6	
	中面宽 (zm1-zm1)	94.1	96.2	95.2			99.0	94.5	98.1		91.8			96.8	96.5	
MH	颧骨高 (fmo-zm) 左	44.1	46.0	46.0		43.4	24.0	43.5	46.9	43.1	42.7	39.3	43.4	43.8	45.7	
	颧骨高 (fmo-zm) 右	44.5	47.0	43.0	41.4		24.0	43.0	45.4					41.9	44.8	
MB'	颧骨宽 (zm-rim orb.) 左	20.2	26.8	25.0		22.3	32.3	24.8	25.9	26.0	23.6	22.5	24.6	23.5	21.2	22.8
	颧骨宽 (zm-rim orb.) 右	22.5	27.2	23.0	22.1		30.0	25.2	26.0					19.6	20.4	22.7
43-1	两眶外缘宽 (fmo-fmo)	91.8	93.0	96.5		96.4	93.0	96.7		9NA8					96.0	94.0
49a	眶内缘点间宽 (mf-mf)	21.6	18.0	21.3		20.6	21.3	25.9	24.0	20.9	21.0	18.3	22.0		18.8	24.3
	眶间宽 (mf-mf)	20.5	17.8	20.0	17.2			21.8	20.2	18.9	16.9	15.4	18.7		16.7	22.5
51	眶宽 (mf-ek) 左	41.0	39.8	40.0			38.8	38.7	41.3		42.4	40.6		38.8	41.9	43.0
	眶宽 (mf-ek) 右	40.3	40.0	41.2	45.8	42.2		41.0	42.2	39.1			4NA7	38.9	42.7	43.3
51a	眶宽 (d-ek) 左	38.5	37.3	38.0				36.2	28.5		38.5	38.1	36.7	36.1	39.4	39.5
	眶宽 (d-ek) 右	38.7	39.2	40.0			36.0	37.3	38.4	35.2				36.4	39.9	39.4

续附表 2

马丁号	测量项目	ⅢM51	ⅢM52	ⅢM36东侧中央	ⅢM37南侧	ⅢM27	ⅢM41南侧	ⅢM40北侧R1	ⅣM10南	ⅣM21	ⅣM22中棺	ⅣM24南	ⅣM20北	ⅣM25塞室北侧	ⅣM28墓室西棺	ⅣM19东部
52	眶高 左	33.1	32.4	34.7				34.8	34.3		34.4	34.6	35.1	31.2	35.6	37.1
	眶高 右	33.0	33.4	33.7	31.4	37.3	32.0	32.3	34.0	31.4					35.1	37.0
54	鼻宽	22.2	25.0	22.5	28.0		24.0	25.1	27.8	29.0	26.2	26.8		24.7	25.5	27.9
55	鼻高 (n-ns)	45.1	57.8	51.3	51.2		51.7	55.1	51.9	51.3	46.1	46.9	52.6	45.6	52.0	50.6
	鼻骨长 (n-rhi)	22.3		27.0		26.2	46.8	27.0	27.1	24.3	21.8	23.8	22.7		20.4	22.9
	鼻尖齿槽长 (rhi-pr)	40.2		48.0			41.0	44.0	42.5	47.1	41.5	19.0	47.4		49.7	19.4
SC	鼻骨最小宽	9.0	8.7	7.3	9.1	7.2	8.6	7.7	10.3	10.0	7.0		7.0	5.3	5.9	7.8
SS	鼻骨最小宽高	0.8	4.3	1.7	2.7	3.0	4.5	3.4	3.3	2.4	1.0		1.7	1.8	2.7	2.3
47	全面高 (n-gn)	107.8								119.0	104.8				120.9	
48	上面高 (n-pr)	62.4		73.7	67.5		62.0	71.5	69.4	70.5	62.3	65.7	70.3	64.6	68.0	69.2
	上面高 (n-sd)	64.8		77.0	71.0			75.0	72.1	70.3	66.5	70.9	72.8	68.2	71.6	72.6
60.0	齿槽弓长 (pr-alv)	53.0		53.8		37.3	47.0	52.0		50.6	49.7		57.8		49.4	51.0
61	齿槽弓宽 (ekm-ekm)	64.2	42.7	65.2			60.2	64.5		61.3			63.7		61.2	
62	腭长 (ol-sta)	43.8		45.5			35.7	45.5				42.0	42.3		43.7	40.3
63	腭宽 (enm-enm)	38.7	36.5	38.2		37.3	39.1	38.7		37.3	36.8	34.3	35.3		36.3	39.4
65	下颌髁间宽 (cdl-cdl)	114.0		131.0						13NA7	119.7				118.4	
66	下颌角间宽 (go-go)	92.3									93.8		85.5			
67	颏孔间宽 (ml-ml)	42.1								46.7	46.4		42.8		45.0	
	下颌联合高 (id-gn)	28.0		37.2		34.3					32.3					
	颏孔间弧 (arc.ml-ml)	48.5								57.0	53.0		50.0		52.8	

续附表2

马丁号	测量项目	ⅢM51	ⅢM52	ⅢM36东侧中央	ⅢM37南侧	ⅢM27	ⅢM41南侧	ⅢM40北侧R1	ⅣM10南	ⅣM21	ⅣM22中棺	ⅣM24南	ⅣM20北	ⅣM25墓室北侧	ⅣM28墓室西棺	ⅣM19东部
69(2)	下颌联合弧(arc.id–gn)	29.0				37.0					30.0				34.0	
69(2)	下颌体高(M1–M2)左	23.0	69.0	30.0		30.0				29.9	26.9		29.8		27.3	
69(3)	下颌体高(M1–M2)右	23.2	68.0	30.0						31.0	27.2		28.6		26.3	
69(3)	下颌体厚(M1–M2)左	18.0	64.0	19.0		12.7				14.7	19.3		13.6			
	下颌体厚(M1–M2)右	15.2		17.0						15.1	14.5		15.6			
71a	下颌枝最小宽 左	28.0				33.2					30.7				31.0	
	下颌枝最小宽 右	28.5								30.1	29.7					
32	额颏角(n-m-FH)	87.5	69.5	77.0				79.0					95.1		94.7	
	额倾角(g-m-FH)	83.5	68.0	71.0				79.3					89.0		90.0	
32(1a)	前囟角Ⅰ(g-b-FH)	47.4	64.0	45.5				40.8		49.3	55.0		53.0		52.3	
	前囟角Ⅱ(n-b-FH)									55.3	56.0		58.4		57.5	
72	面角(n-pr-FH)	79.0	70.0	82.0				90.2	137.2	83.5	85.0		84.5		84.0	
72(5)	上齿槽角(n-pr-ba)	70.1		69.5				74.6	137.2	71.7	69.5		72.6		72.2	71.7
72b	鼻根角(ba-n-pr)	69.4		65.2				61.2	134.8	66.3	69.0		63.1		64.9	63.4
72c	颅底角(n-ba-pr)	40.4		45.4				44.1	137.2	42.0	41.5		44.3		42.9	44.9
73	鼻面角(n-ns-FH)	77.0	70.0	84.0				89.0		88.5	70.0		87.5		79.5	
74	齿槽面角(ns-pr-FH)	72.0		80.0				76.4		81.8	88.5		84.2		84.8	
75	鼻尖角(n-rhi-FH)	83.5		81.0				70.3		77.0	78.0		75.5		72.5	
76a	颧上颌角(zm1-ss-zm1)	138.0	139.3	136.5			143.6	137.2			137.6				130.0	122.8
76b	颧上颌角(zm-ss-zm)	137.2	133.1	136.1			137.7	132.9			131.3				128.8	119.9
77	鼻颧角(fmo-n-fmo)			149.6		140.0				150.5					149.5	152.0

附录二

敦煌佛爷庙湾—新店台墓群出土人骨的稳定同位素分析

李昕 [1,2], 卢敏霞 [1], 杨谊时 [1,3]

(1. 兰州大学资源环境学院西部环境教育部重点实验室;
2. 兰州大学公共卫生学院; 3. 甘肃省文物考古研究所)

河西走廊是历史时期丝绸之路的关键节点,是研究历史时期东西方文化交流和民族融合的理想区域。由于历史文献记载有限,因此河西走廊地区历史时期先民的生业模式尚不清楚。佛爷庙—新店台墓群位于敦煌市五墩乡新店台村南1千米处、杨家桥乡鸣山村佛爷庙东1.5千米的戈壁上,是敦煌古墓群中规模最大的一个[①]。2015年12月—2016年2月甘肃省文物考古研究所对墓群进行抢救性清理,共清理出古墓葬180座。墓葬主体为魏晋十六国时期,可以分为三期:第一期为曹魏时期,第二期为西晋五凉时期,第三期为隋唐时期。本文对佛爷庙—新店台墓群IV区出土的43具人骨进行了碳、氮稳定同位素分析,旨在揭示该遗址先民的摄食结构和生业模式特点。

一 样品和方法

43具人骨样品均取自佛爷庙—新店台墓群。骨胶原的提取在兰州大学西部环境教育部重点实验室完成,提取方法在Richards和Hedges[②]基础上进行了改进。首先清理骨骼样品的表面,根据骨骼保存状况切取0.5—1.5g的样品,然后加入15ml左右0.5mol/L的盐酸,将样品放置在4℃的环境中,每两天更换盐酸直至没有气泡产生。将样品洗至中性后加入0.125mol/L的氢氧化钠溶液,在4℃的环境中反应20个小时。再次洗中性后加入pH=3的盐酸,在75℃的烘箱中酸化48个小时。酸化完成后进行过滤,最后进行冷冻干燥,获得骨胶原样品。

骨胶原碳、氮稳定同位素测试在兰州大学西部环境重点实验室完成,分析仪器为同位素质谱仪(Thermo Fisher Flash EA1112- MAT253)。碳、氮稳定同位素的比值分别表示为相对于国际标准VPDB和AIR的$\delta^{13}C$和$\delta^{15}N$值。另外,在测试过程中每10个样品抽取一个重复样,标准物质和重复样的结果显示,碳、氮同位素的分析精度均小于或等于±0.2‰。骨胶原碳、氮元素含量测试在兰州大学应用有机化学国家重点实验室完成,分析仪器为元素分析仪(Elementar

---

① 王辉、陈国科、岳晓东等:《2015年敦煌佛爷庙湾—新店台墓群III区西晋十六国墓葬发掘简报》,《文博》2019年第5期,第12—27页。

② Richards, M.P., and Hedges, R.E.M. 1999. Stable isotope evidence for similarities in the types of marine foods used by late Mesolithic humans at sites along the Atlantic coast of Europe. Journal of Archaeological Science 26 (6): 717–722.

Analysensysteme GmbH varioEL cube)。

二 结果

骨骼样品在长期的埋藏过程中，可能会受到外界的污染，改变化学成分。通常用骨胶原碳氮摩尔比和产率来判断样品的保存情况。当骨胶原样品的碳、氮摩尔比在 2.9–3.6，且产率大于 1%时[1]，认为样品保存较好。佛爷庙湾—新店台遗址共采集了 43 个人骨遗存，全部提取出骨胶原，骨胶原碳、氮摩尔比范围为 3.3—3.4，产率范围为 0.9%—11.3%。虽然有个别样品产率没有达到 1%，但是碳、氮摩尔比在 2.9—3.6 之间，因此也认为保存较好，43 个骨胶原样品均可用于本文的分析。

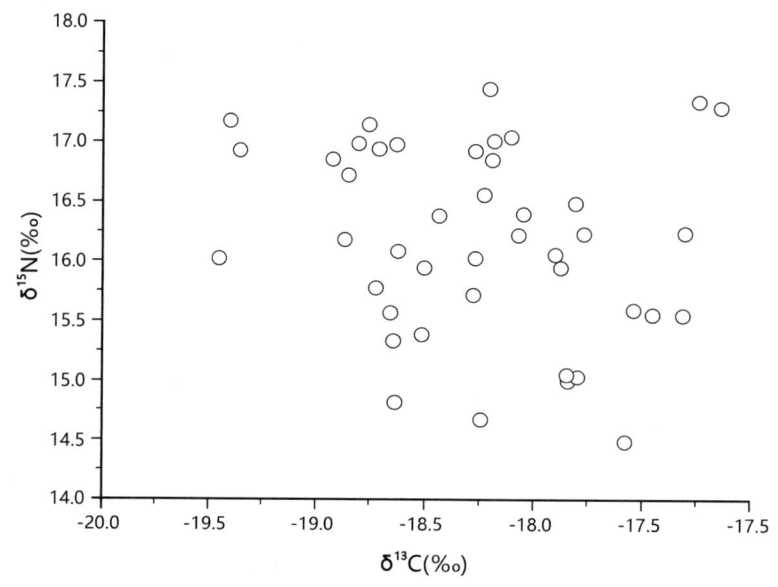

图1 佛爷庙湾—新店台遗址人骨胶原碳、氮同位素结果散点图

如图 1 所示，佛爷庙湾—新店台遗址人骨胶原 $\delta^{13}C$ 值的范围为 -19.5‰ ~ -17.0‰（均值= -18.2±0.6‰），大部分样品呈现 C_3 信号，部分呈现 C_3/C_4 混合信号。人骨胶原 $\delta^{15}N$ 的值范围为 11.4‰ ~ 17.4‰（均值=16.1±1.1‰），样品呈现出较高的 $\delta^{15}N$ 值。

三 讨论

人和动物骨骼中的碳、氮稳定同位素都来自个体生前的饮食，因此分析骨胶原的 $\delta^{13}C$ 和 $\delta^{15}N$ 值可以重建个体生前的食谱，进而分析史前先民的生业模式。

根据质量数和光合作用方式的不同，自然界中的植物可以分为 C_3 植物、C_4 植物和 CAM

---

[1] Hedges, R. E. M, and Reynard, L. M. 2007. Nitrogen isotopes and the trophic level of humans in archaeology. Journal of Archaeological Science 34(8): 1240–1251.

（景天酸代谢）光合途径的植物。常见的 C_3 类植物有水稻、小麦、大麦、青稞和豆类等，C_4 类植物主要有粟、黍、玉米和高粱等。随着碳同位素在生态系统中的流动循环，不同光合作用途径植物之间碳同位素的差异会反映到骨胶原中。因此分析骨胶原的 $\delta^{13}C$ 值可以还原先民摄入作物的构成，推测先民食用的植物类型。现代植物和表土的碳稳定同位素结果显示 4,5，佛爷庙湾—新店台遗址周边以 C_3 植被为主，C_4 植被较少。另外，模拟研究也显示，周边环境中的自然植被以 C_3 植物为主[①]。人骨胶原 $\delta^{13}C$ 值的范围为 $-19.5‰ \sim -17.0‰$（均值 $= -18.2\pm0.6‰$）（图 1），显示佛爷庙湾—新店台遗址先民在魏晋时期主要食用了 C_3 食物（如小麦、大麦、青稞、荞麦、水稻和以 C_3 食物为食的动物产品）。[②]

骨胶原稳定氮同位素主要来自食物中的蛋白质，一般来说，营养级每升高一级，$\delta^{15}N$ 富集 $3‰ \sim 5‰$，也有研究认为富集程度可达 $6‰$[③]。佛爷庙湾—新店台遗址人骨胶原 $\delta^{15}N$ 值的范围为 $11.4‰ \sim 17.4‰$（均值 $=16.1\pm1.1‰$），说明魏晋时期该遗址的人群可能摄入了较多的动物蛋白。但是由于极端干旱环境的动植物 $\delta^{15}N$ 值往往表现高值[④]，而佛爷庙湾—新店台遗址没有同时代同地区的食草动物骨胶原 $\delta^{15}N$ 值作为基准，因此很难判断该遗址人群的高 $\delta^{15}N$ 值是摄食结构还是干旱环境的影响。相近地点的三坝洞子遗址（3450 - 3950 a BP）人骨胶原 $\delta^{15}N$ 平均值比食草动物高 $9.5‰$，比家养动物高 $6.9‰$，均超过了一个营养级。说明干旱环境对这一区域人骨胶原的 $\delta^{15}N$ 值产生了一定的影响。因此，可以推测佛爷庙湾—新店台遗址人骨胶原的高 $\delta^{15}N$ 值可能是先民摄入的大量蛋白质和极端干旱环境共同作用的结果。

四 结论

对佛爷庙湾—新店台遗址人骨碳、氮稳定同位素分析，可以得到以下几个结论：

1. 佛爷庙湾—新店台遗址人骨胶原碳同位素大部分呈现 C_3 信号，少量呈现 C_3/C_4 混合信号。结合墓葬出土的小麦和粟黍作物遗存，说明该遗址先民在魏晋时期主要食用 C_3 作物（麦类作物或以麦类作物为食的动物蛋白），粟黍仅作为辅食。

2. 佛爷庙湾—新店台遗址人骨胶原氮同位素较高，可能是由于该遗址人群在魏晋时期食用了大量动物蛋白，另外极端干旱的环境也是骨胶原呈现高 $\delta^{15}N$ 值的重要原因。

---

① Jiang W, Wu H, Li Q, et al. Spatiotemporal changes in C4 plant abundance in China since the Last Glacial Maximum and their driving factors[J]. Palaeogeography, Palaeoclimatology, Palaeoecology, 2019, 518: 10–21.

② Zhang D, Yang Y, Ran M. Variations of surface soil δ13Corg in the different climatic regions of China and paleoclimatic implication[J]. Quaternary International, 2020, 536: 92–102.

③ O'Connell, T. C., Kneale, C. J., Tasevska, N., and Kuhnle, G. G. C. 2012. The diet - body offset in human nitrogen isotopic values: A controlled dietary study. American journal of physical anthropology 149(3): 426–434.

④ Sealy J C, Merwe N J V D, Thorp J A L et al. Nitrogen isotopic ecology in southern Africa: Implications for environmental and dietary tracing[J]. GeochimicaEtCosmochimicaActa. 1987, 51(10): 2707–2717.

附录三

敦煌佛爷庙湾—新店台墓群出土金属器的科学分析

魏强兵[1]　李延祥[1]

(1.北京科技大学科技史与文化遗产研究院)

内容摘要：敦煌佛爷庙湾—新店台墓群主体时代是西晋十六国，部分时代属曹魏和隋唐时期，从考古学文化因素来看，具有典型的中原文化特征。该时期的金属器科学分析较少，对该墓群金属器的分析，对于了解西晋十六国时期敦煌地区金属器的制作技术，与周围地区技术交流和互动具有重要意义。对该墓群金属器的分析，表明该墓地铜器合金类型主要以铜锡铅为主，存在少量铜锌合金。三件黄铜器物是河西走廊地区目前发现的最早的黄铜制品，说明最迟到西晋十六国时期，河西走廊地区已经出现了黄铜制品。相同类型的铜器合金成分差别较大，器物类型和成分之间没有明显关系。铜器锡和铅含量相对较低，合金化程度不高。制作技术按照器物性能的要求，选择了合适的加工工艺，如钗多数是热锻而成，其他器物主要采用了铸造成型。金饰片材质为金银合金。

关键词：敦煌；西晋十六国；佛爷庙湾—新店台；金属器；黄铜

一　遗址简介

敦煌佛爷庙湾—新店台墓群从20世纪40年代以来，经历了多次发掘。从公布的资料来看，该墓葬群所属年代为魏晋、十六国及隋唐时期，分布面积约为100万平方米，区域内分布着万余座墓葬，是敦煌古墓群中规模最大的一处。2015年甘肃省文物考古研究所对敦煌佛爷庙湾—新店台墓群保护范围内8个分区的180座墓葬进行了发掘，时代多为西晋十六国时期，少数是曹魏和隋唐墓，此次发掘丰富了河西地区该时段的考古资料，对进一步研究河西地区的历史、文化、丧葬习俗等具有重要意义[①②]。本文主要对2015年发掘出土的金属器进行了检测分析。

---

① 甘肃省文物考古研究所：《2015年敦煌佛爷庙湾—新店台墓群Ⅲ区西晋十六国墓葬发掘简报》，《文博》2019年第5期。
② 甘肃省文物考古研究所：《甘肃敦煌佛爷庙湾—新店台墓群曹魏、隋唐墓2015年发掘简报》，《文物》2019年第9期。

二 样品及实验方法

本研究对敦煌佛爷庙湾—新店台墓葬群出土的金属器进行了检测分析，分析的金属类型有铜器、铅器、金器、铁器等。样品取自4个发掘区的26个墓葬，类型包含钗、叉、饰件、削刀、带扣、铜钱、金饰片等。取样时尽量选择文物残片，以免破坏文物完整性。对众多墓葬进行了取样，取样种类丰富，覆盖了墓葬早晚期器物。铁器锈蚀严重，经过分析无法判别工艺，故本文内容不再涉及铁器。

采用型号为VHX-6000超景深视频三维显微镜对样品的显微组织进行观察并拍照。采用VEGA3XMU型扫描电子显微镜，配制Bruker Nano Gmbh610M型X射线能谱仪对样品进行形貌观察和成分分析，分析设定电压为20kV，工作距离15mm。考虑到样品成分不均匀，选择两个不同区域分析，取平均值作为样品分析结果。对成分测定时，尽量选择未锈蚀区域，通过样品的锈蚀情况选择可用于讨论成分的检测数据。

三 实验结果

（一）显微组织观察结果

显微组织观察结果详情见表1。部分器物锈蚀严重无法辨认组织，只对可以辨认组织的进行介绍。共分析6件铜钗，其中DFX09锈蚀严重无法辨认出组织，DFX01存在等轴晶及孪晶，分布有大量的灰色夹杂物，部分铅和夹杂物沿加工方向变形，通过热锻而成（图版二三四，1）。DFX02存在着等轴晶及孪晶，分布有大量的灰色夹杂物，存在大量的滑移线，部分铅和夹杂物沿加工方向变形，热锻后经过冷加工（图版二三四，2）。DFX01和DFX02组织中晶粒比较细碎，原因可能是多次经历退火过程使得晶粒细碎化。古代"退火过程"与有意识进行的退火工艺不同，青铜样品在热锻成型时，在热状态下稍微停留保温一下，随后冷却下来，就会得到退火组织，这一过程称为"经历退火过程"，以区别于有意识将铸件重新加热、保温、冷却的热处理工艺。[①]两者组织中存在大量的夹杂物，夹杂物呈不规则颗粒状弥散分布，主要和铅伴生在一起。DFX03存在等轴晶和孪晶，夹杂物和铅颗粒伴生分布在晶界，沿加工方向被拉长，存在大量滑移线，部分晶粒变形被拉长，为热锻组织，且热锻后又经过冷加工（图版二三四，3）。DFX16存在等轴晶和孪晶，夹杂和铅颗粒沿加工方向被拉长，存在着富铁相，局部晶内存在滑移线，为热锻组织，且热锻后又经过冷加工（图版二三四，8）。DFX17金相组织显示为铸造而成，样品可能取自钗尾，不排除钗首经过热锻（图版二三五，1）。

铜带扣分析4件，DFX10、DFX12树枝状晶偏析明显，存在大量不规则的夹杂物，铸造而成（图版二三四，6）。DFX11锈蚀严重，无法辨认组织。DFX19存在等轴晶和孪晶，夹杂和铅

[①] 孙淑云、韩汝玢、李秀辉：《中国古代金属材料显微组织图谱有色金属卷》，科学出版社，2011年。

颗粒沿加工方向被拉长，局部存在滑移线，为热锻组织。

弩机（廓）共分析 4 件，其中 DFX04 弩机是铸造而成（图版二三四，4），DFX15 铜弩机局部存在着晶粒和铅颗粒被拉长，存在着滑移线，说明可能经过了冷加工，可能是铸造后冷加工，或者取样造成的（图版二三四，7）。DFX07 弩机廓锈蚀严重，经鉴定，为铅质，锈蚀严重无法辨认组织。

铜钱共分析 16 枚，其中包含有小冥钱 3 枚。总体来看钱币锈蚀严重，其中 DFX28、DFX30、DFX34、DFX36 这 4 枚锈蚀严重，组织无法辨认。其余 10 枚，组织树枝晶偏析明显，为铸造而成。其中 DFX26、DFX31 部分存在着等轴晶，组织显示出均匀化的特征，为铸后受热现象（图版二三五，6）。DFX22、DFX24、DFX27、DFX31 存在着大量硫化物夹杂，夹杂物大多数呈现出小颗粒的圆球状，在组织中弥散分布，硫化物中硫含量在 20% 左右，应该是硫化亚

表1 样品信息及器物金相组织观察结果

实验编号	器物名称	考古编号	取样部位	年代	显微组织观察
DFX01	铜钗	2015DFXⅠM13:32	钗头部		存在等轴晶和孪晶,夹杂和铅颗粒沿加工方向拉长,为热锻组织。
DFX02	铜钗	2015DFXⅢM12:23	中部		存在等轴晶和孪晶,夹杂和铅颗粒沿加工方向被拉长,存在大量滑移线,为热锻组织,后续经过冷加工。
DFX03	铜钗	2015DFXⅢM20:20	钗首	西晋十六国	存在等轴晶和孪晶,夹杂和铅颗粒沿加工方向被拉长,存在大量滑移线,部分晶粒变形被拉长,为热锻组织,后续冷加工。
DFX04	铜弩机廓	2015DFXⅢM25:6	残片	西晋十六国	树枝状晶偏析明显,存在大量不规则的夹杂物,存在少量共析体,铸造而成。
DFX05	铜叉	2015DFXⅢM27:10	残片	西晋十六国	锈蚀严重。
DFX06	铜器残件	2015DFXⅢM27:43	残片	西晋十六国	树枝状晶偏析明显,存在大量不规则的夹杂物,存在少量共析体,铸造而成。
DFX07	铅弩机	2015DFXⅢM27:47	残片	西晋十六国	锈蚀严重,铸造而成。
DFX08	铜削刀	2015DFXⅢM28:27	刀把	西晋十六国	锈蚀严重。
DFX09	铜钗	2015DFXⅠM9:48	残片		锈蚀严重。
DFX10	铜带扣	2015DFXⅢM32:2-1	边缘处	唐代	树枝状晶偏析明显,存在大量不规则的夹杂物,铸造而成。
DFX11	铜带扣	2015DFXⅢM32:2-2	边缘处	唐代	锈蚀严重。
DFX12	铜带扣	2015DFXⅢM32:2-3	边缘处	唐代	树枝状晶偏析明显,存在大量不规则的夹杂物,存在共析体,铸造而成。

续表 1

实验编号	器物名称	考古编号	取样部位	年代	显微组织观察
DFX13	铜器残件	2015DFXⅢM35:33	残片	西晋十六国	存在等轴晶和孪晶,夹杂和铅颗粒沿加工方向被拉长,为热锻组织。铅颗粒被拉长,晶体组织非常细小。
DFX14	铜泡钉	2015DFXⅢM41:50	残片	西晋十六国	锈蚀严重,铸造组织。
DFX15	铜弩机	2015DFXⅢM49:26	残片	西晋十六国	树枝状晶偏析明显,存在大量不规则的夹杂物,局部晶粒被拉长,存在滑移线,为铸造冷加工。
DFX16	铜钗	2015DFXⅢM50:21	中部(残)	西晋十六国	存在等轴晶和孪晶,夹杂和铅颗粒沿加工方向被拉长,为热锻组织。
DFX17	铜钗	2015DFXⅢM51:4	残片	西晋十六国	晶内偏析明显,铸造组织。
DFX18	铅饰	2015DFXⅢM22:16	中部	西晋十六国	锈蚀严重。
DFX19	铜带扣	2015DFXⅤM1:1	残片		存在等轴晶和孪晶,夹杂和铅颗粒沿加工方向被拉长,局部存在滑移线,为热锻组织。
DFX20	铜饰	2015DFXⅤM11:4	残片		晶内偏析明显,铸造组织。
DFX21	铜钱	2015DFXⅠM13:29	残片		锈蚀严重。
DFX22	铜钱	2015DFXⅢM1:24	残片	西晋十六国	锈蚀严重,树枝晶偏析明显,铸造组织,存在大量夹杂物。
DFX23	铜钱	2015DFXⅢM2:10	残片	西晋十六国	锈蚀严重,铸造组织。
DFX24	铜钱	2015DFXⅢM14:13	残片	西晋十六国	锈蚀严重,树枝晶偏析明显,铸造组织,存在大量夹杂物。
DFX25	铜钱	2015DFXⅢM26:30	残片	西晋十六国	树枝晶偏析明显,铸造组织,存在大量夹杂物。
DFX26	铜钱	2015DFXⅢM26:31	残片	西晋十六国	晶界锈蚀严重,存在等轴晶,铸后受热。
DFX27	铜钱	2015DFXⅢM26:38	残片	西晋十六国	树枝晶偏析明显,铸造组织,存在大量夹杂物。
DFX28	小冥钱	2015DFXⅢM29	残片	西晋十六国	锈蚀严重。
DFX29	小冥钱	2015DFXⅢM29	残片	西晋十六国	树枝晶偏析明显,铸造组织,存在大量夹杂物。
DFX30	铜钱	2015DFXⅢM40:17	残片	西晋十六国	锈蚀严重。

续表1

实验编号	器物名称	考古编号	取样部位	年代	显微组织观察
DFX31	铜钱	2015DFXⅢM40:20	残片	西晋十六国	铸造后受热组织。
DFX32	小冥钱	2015DFXⅢM49	残片	西晋十六国	树枝晶偏析明显，铸造组织。
DFX33	五铢钱	2015DFXⅢM54:18	残片	西晋十六国	局部存在共析体，铸造组织。
DFX34	五铢钱	2015DFXⅢM55:29	残片	西晋十六国	锈蚀严重。
DFX35	铜钱	2015DFXⅢM56:11	残片	西晋十六国	树枝晶偏析明显，铸造组织。
DFX36	铜钱	2015DFXⅤM8:19	残片		锈蚀严重。

（二）成分检测结果

通过金相组织观察，部分铜器锈蚀严重，故其成分主要用来讨论参与合金化的金属元素，而不进行精细的成分讨论，成分分析结果见表2。总体来看，该墓地分析的铜器类型主要为铅锡青铜，少数存在着微量的银和铁，另外分析显示3件是黄铜。1件铜带扣DFX11，锈蚀严重，通过对成分的分析，其含铁53.2%，含铜8.3%，通过超景深观察都是铁的锈蚀产物，此件器物应该是被接触的铁器的锈蚀产物所污染，取样时采集了铜带扣边缘铁锈，未取到金属基体。DFX07弩机含铅93.1%，不含其他杂质和成分，为纯铅器。DFX18饰件为铅器，含有0.4%的锡。对于铜器而言，经过成分检测的有30件，但只对锈蚀不严重的13件铜器成分进行讨论。

铜钗DFX01、DFX02分属于不同的发掘区和墓葬，锡含量分别为9.4%和6.4%，DFX01含0.3%的Ag，两者存在着一定的差异，但其主量元素都是铜锡铅。铜钗DFX09为黄铜，其含锌为5.9%，含有少量的锡和铅。铜钗DFX03、DFX16、DFX17都属于第Ⅲ发掘区，其锡含量分别为6.6%、0.3%、9.9%，存在着较大的差异，主量元素都是铜锡铅。DFX16铜钗含锌量为24.3%，含少量的锡和铅，并且含有1.5%的铁，为黄铜制品。

弩机共分析3件，其中DFX07是纯铅器，其余两件DFX04、DFX15是铜锡铅三元合金，但是锡含量存在差别。

DFX13铜器残件为黄铜，含锌量15.2%，含有少量的锡和铅。DFX20铜饰件为含锡为10%，含铅较低的锡青铜。

对于铜钱而言，成分分析了16枚，除DFX29和DFX29小铜钱（冥币）外，其余锈蚀严重，从而不做精细化的合金元素讨论。从参与合金化的元素来看，主量元素为铅锡铜，部分是铜锡，未检测出铅，虽然锈蚀，但不会使得铅全部流失，说明钱币的合金类型至少包含两种类型，即铜铅锡钱币和铜锡钱币。

3件金饰片经过分析，含银为10.2%~16.1%之间，金含量在81.4%~88.9%之间。除此之外未检测出其他杂质元素（图1；图版二三六，5）。

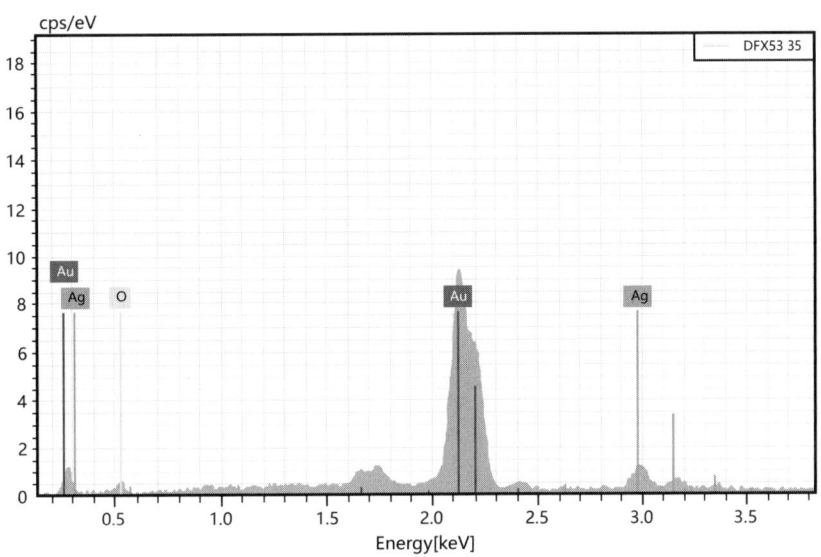

图1　DFX53金饰片　EDS能谱谱峰图（图版二三六，5）

表2　敦煌佛爷庙湾—新店台墓群出土金属器成分分析结果

实验编号	样品名称	墓葬号	年代	元素含量(wt%)							
				O	S	Cu	Zn	Ag	Sn	Pb	其他
DFX01	铜钗	2015DFXⅠM13:32		0.2	0.6	87.8		0.3	9.4	3.2	
DFX02	铜钗	2015DFXⅢM12:23		0.4	0.2	89.2			6.4	3.7	
DFX03	铜钗	2015DFXⅢM20:20	西晋十六国	0.7	0.8	86.8			6.6	5.1	
DFX04	铜弩机廓	2015DFXⅢM25:6	西晋十六国	1.2	0.9	87.7			7.9	2.4	
DFX05	铜叉	2015DFXⅢM27:10	西晋十六国	10.5		83.5			0.1	0.8	Cl:5.2
DFX06	铜器残件	2015DFXⅢM27:43	西晋十六国	0.1	0.3	90.8			5.7	3.1	
DFX07	铅弩机廓	2015DFXⅢM27:47	西晋十六国	6.9						93.1	
DFX08	铜削刀	2015DFXⅢM28:27	西晋十六国	15.2		59.2			12.2	11.7	Cl:1.8

续表2

实验编号	样品名称	墓葬号	年代	元素含量(wt%)						
				O	S	Cu	Zn	Ag	Sn	Pb	其他
DFX09	铜钗	2015DFXⅠM9:48		15.1		69	5.9		0.4	0.9	Cl 8.6
DFX10	铜带扣	2015DFXⅢM32:2-1	唐代	1.6		82.4			7	9	
DFX11	铜带扣	2015DFXⅢM32:2-2	唐代	35.5		8.3					Si 1, Ca1.1, Fe 53.2
DFX12	铜带扣	2015DFXⅢM32:2-3	唐代	0.5	0.3	77.7			6.5	15	
DFX13	铜器残件	2015DFXⅢM35:33	西晋十六国	0.3	0.2	80.5	15.2		2.7	1.1	
DFX14	铜泡钉	2015DFXⅢM41:50	西晋十六国	17.4	0.3	28.6			31.5	15.5	Cl 6.7
DFX15	铜弩机	2015DFXⅢM49:26	西晋十六国	1.1	0.4	88.9			4.5	5.1	
DFX16	铜钗	2015DFXⅢM50:21	西晋十六国	0.2	0.4	72.2	24.3		0.3	1.3	Fe 1.5
DFX17	铜钗	2015DFXⅢM51:4	西晋十六国	0.9	0.2	86.1			9.9	2.9	
DFX18	铅饰	2015DFXⅢM22:16	西晋十六国	5.4					0.4	90.6	Si 7.6
DFX19	铜带扣	2015DFXⅤM1:1				74.9			5.7	17.1	Fe 2.4
DFX20	铜饰	2015DFXⅤM11:4		0.1		88			10.4	1	Fe 0.2
DFX21	铜钱	2015DFXⅠM13:29		14.2	2.5	71.1			4.8		Cl 3.5, Fe3.9
DFX22	铜钱	2015DFXⅢM1:24	西晋十六国	3.1		70.4			2.7		Cl 23.8
DFX23	铜钱	2015DFXⅢM2:10	西晋十六国	9.1		38.7			1.6	43	Cl 4.9 Fe2.8
DFX24	铜钱	2015DFXⅢM14:13	西晋十六国	3.2		72.2			2	0.5	Cl 22.1
DFX25	铜钱	2015DFXⅢM26:30	西晋十六国	3.1		83.7			2.9	10.3	

续表2

实验编号	样品名称	墓葬号	年代	元素含量(wt%)							
				O	S	Cu	Zn	Ag	Sn	Pb	其他
DFX26	铜钱	2015DFXⅢM26:31	西晋十六国	5.3		62.1			5	26.2	Cl1.3
DFX27	铜钱	2015DFXⅢM26:38	西晋十六国	3.4		72.3			3.3	21.1	
DFX28	铜冥币	2015DFXⅢM29	西晋十六国	27.6		45.9					Al3.3 Si2.9 Cl9.3 Ca1.0
DFX29	铜冥币	2015DFXⅢM29	西晋十六国	0.6		87.7			6	5.7	
DFX30	铜钱	2015DFXⅢM40:17	西晋十六国	12.9	1.2	80.5			2.5		Cl 3.0
DFX31	铜钱	2015DFXⅢM40:20	西晋十六国	1.8	2.4	93.4			1.8	0.7	
DFX32	铜冥币	2015DFXⅢM49	西晋十六国	3.5		78.4			6.5	10.8	Cl 0.8
DFX33	五铢钱	2015DFXⅢM54:18	西晋十六国	3.1		59			4.5	33.5	
DFX34	五铢钱	2015DFXⅢM55:29	西晋十六国	8.9		54.7			13.3	19.7	Cl 3.3
DFX35	铜钱	2015DFXⅢM56:11	西晋十六国	11	1.9	69.7			15		Cl 2.5
DFX36	铜钱	2015DFXⅤM8:19		1.5	2.1	94.4			2		
DFX53	金饰片	2015DXFⅢM27:30	西晋十六国	6.5				12.1			Au 81.4
DFX54	金饰片	2015DXFⅢM35:29	西晋十六国	0.6				16.1			Au 83.3
DFX55	金饰片	2015DXFⅢM41:54	西晋十六国	0.9				10.2			Au 88.9

* 阴影部分由于样品锈蚀严重,成分只作参考。

四　讨论

(一) 金属器制作工艺

铜钗对制作后的性能具有一定的要求，如具有较强的硬度和强度，才能保证在使用过程中不易弯曲和变形。青铜经过热加工，可减少成分偏析，使组织均匀化，高锡的脆性δ相分解，热加工可消除或减少铸造孔洞，使组织致密可改善合金的强度和硬度。该墓地铜钗经过分析，除一件不能确定是否为热锻，其余基本都是热锻而成，从而使其减少了铸造缺陷，保证了其具有一定的硬度和强度，满足使用的性能要求。除了铜钗之外，其余的铜器如铜饰件等，没有铜钗对强度和硬度的性能高，并且热加工一般不能制作形制复杂的器物，从而采用了铸造。说明该墓地在金属制作工艺方面，能够选择合适的加工工艺。

2枚铜钱组织显示出均匀化的组织特征，是铸后受热组织，一般而言，古代钱币实际上铸造后经过打磨，就可以流通，不需要进行这种加工，与火长时间接触也会产生这种组织，推测这两枚钱币可能在流通过程中不经意受热，在以往钱币金相分析中，钱币的这种组织也有所发现。其余的钱币部分锈蚀严重，但是基本上都能看出树枝晶偏析，是铸造而成。

据报告ⅢM29出土冥钱5组215枚，为大小不一的不规则圆形，其为剪轮钱制作，制作粗劣。[1]从显微组织来看，DFX29和DFX32这两枚冥钱存在树枝晶偏析，为铸造而成。这些冥币在铸造之后，通过剪凿外廓，减轻其重量或大小。东汉末期盛行剪凿铜钱，古代钱币存在着一些异品钱，都是在铸造后经过了剪凿加工处理，类型主要有磨边五铢钱、剪边五铢钱、对文五铢钱、铸对文五铢钱。其中对文五铢钱是将五铢钱从中间剪凿成两部分，中心部分为对文，即指其文字只剩一半，綖环五铢指剩余钱币的外部，周郭薄细如綖，内作大圆穿，形如环[2]。剪轮钱为凿外廓，綖环钱为凿内轮，两者皆是通过剪凿钱币框线以达到缩减材料的目的。除了五铢钱外，当然也存在着大泉五十的剪凿钱。从东汉末年一直延续到清代都存在着剪凿钱的传统。为什么会存在剪钱这种做法，一种观点是为了盗铜[3]。另外一个观点认为可能是官方所为[4]，理由是对文五铢和綖环钱的重量和内径测定表明基本相等，且綖环钱内外径之比为一定值，从分析的钱币数量来看特别少，此观点值得研究和商榷。

(二) 金属器成分特征

铜器以铜铅锡三元合金元素为主，存在3件黄铜。从合金成分来看，相同发掘区同一类型

---

[1] 甘肃省文物考古研究所：《2015年敦煌佛爷庙湾—新店台墓群Ⅲ区西晋十六国墓葬发掘简报》，《文博》2019年第5期。

[2] 谢世平：《浅谈五铢磨边、剪边、对文的区别》，《中国钱币》1986年第1期。

[3] 谢世平：《浅谈五铢磨边、剪边、对文的区别》，《中国钱币》1986年第1期。

[4] 潘用福：《中国历代剪凿钱币初探》，见福建省钱币学会：《福建省钱币学会第二次会员代表大会、第五次东南亚历史货币暨海上丝绸之路货币研讨会专辑》，1994年第2辑。

的器物，其合金成分差别较大，说明该墓地铜器合金元素含量的配比不存在明显规律。

从分析的11件青铜器来看，8件检测出了硫，硫含量都在1%以下，在0.2%~0.9%之间。铅含量1%~4%的有6件，5%~6%的2件，9%的1件，在15%~18%的2件，铅含量大多数在6%以下。锡含量4.5%~10.4%之间，平均7.3%，锡含量较低。总体而言，该墓群铜器铅锡含量不高，合金化程度较低。

本次分析的小型铜冥币共3枚，其中两枚锈蚀严重，但是检测出的元素包含有铜锡铅。另外一枚DFX29，含铜量为87.7%，含铅6%，含锡5.7%，合金元素以铜锡铅为主，年代属于西晋十六国，这时期的货币特点是货币铸造非常混乱，名目繁多。周卫荣分析该时期货币减重很严重，但是货币的成色却普遍较高，铜含量大量在70%以上，铅锡的配用量呈现出适当增高的趋势。[①]本次分析的钱是冥钱，制作粗劣，但是合金成分与实际流通的钱币无较大差别。从出土的数量看，M29出土此类冥钱215枚，说明不是专门为了陪葬而制作的钱币，有可能专门选择了这种剪轮钱。

3件金饰片经过分析，含银为10.2%~16.1%之间，金含量在81.4%~88.9%之间。为金银合金，不是纯金器。合金中银的加入有两种可能，一种是人工加入的银，一种是自然金中带入的银。对于自然金来说，砂金矿和脉金矿，通常含有一定量的银（5%~45%），少量的铜 (0.1%~5%) 及其他一些杂质。本次分析的金饰片，除了含有金和银外，未检测出其他杂质。银是否是人工加入需待考究。

(三) 出土黄铜相关问题探讨

本文分析的3件黄铜，2件未锈蚀的年代属于西晋十六国，并且都是热加工而成，DFX09锈蚀含锌5.9%，其余2件锈蚀不严重的DFX13和DFX16含锌分别为15.2%和24.3%，三者锌含量差别较大，都含有少量的锡和铅，而DFX16含有1.5%的铁，显示出质地不纯净的特征，其冶炼技术需进一步探究。

这3件黄铜是河西走廊地区目前发现的最早的黄铜制品。河西走廊地区4100年前已经开始铜冶金活动，特征是同时进行红铜和砷铜的冶炼，并且很早已经开始锡青铜冶炼，砷铜从西城驿二期到骟马文化，在河西走廊地区使用延续了1000年，在河西走廊地区的早期文化中，锡青铜常与砷铜共存，虽然四坝文化铜器体现出锡青铜比重明显增加的趋势，但是在长期的发展中，锡青铜从未将砷铜取而代之，锡青铜取代砷铜，很可能在汉以后[②]。通过对黑水国遗址汉代墓葬的分析发现，未发现砷青铜，说明汉代砷铜在河西走廊某些地区已经不被使用。本次分析发现黄铜制品，说明最迟在西晋十六国时期，河西走廊地区已经出现了黄铜制品。

[①] 周卫荣：《中国古代钱币合金成分研究》，中华书局，2004年。
[②] 李延祥、陈国科、潜伟：《敦煌西土沟遗址冶金遗物研究》，《敦煌研究》2018年第2期。

五　结语

通过对敦煌佛爷庙湾—新店台墓群金属器的分析，得出以下几点结论：

1. 该墓地铜器合金元素主要以铜、锡、铅为主，同时存在着少量黄铜。发现的黄铜是目前河西走廊地区最早的黄铜制品，说明最迟到西晋十六国时期，河西走廊地区已经出现了黄铜制品。

2. 同一类型的器物，其合金成分差别较大，说明该墓地铜器合金元素含量的控制参差不齐，铜器成分无明显配比规律。成型工艺主要采用了铸造、热锻、部分是热锻之后冷加工。从合金成分来看，其中铜钗大部分是热锻而成，热锻可进一步使组织均匀化，减少缺陷，冷加工则可使合金的硬度增加，说明当时根据对性能的要求选择合适的加工工艺。

3. 三件金饰片含银在 10.2%~16.1% 之间，金含量在 81.4%~88.9% 之间。为金银合金，不是纯金器。本次分析的金银饰片，除了含有金和银外，未检测出其他杂质，质地纯净。

附录四

敦煌佛爷庙湾—新店台墓群出土植物遗存鉴定报告

李 若

(兰州大学资源环境学院)

一 遗址概况

敦煌佛爷庙湾—新店台墓群位于敦煌市以东，瓜敦公路以南的戈壁之上。北望北湖汉长城遗址，南临莫高窟，东与悬泉置遗址相望，西与祁家湾墓群遥相呼应，构成了敦煌地区魏晋十六国墓群主体。其西起鸣沙山的佛爷庙湾，东至五墩乡新店台村，东西绵延25千米，南北纵跨5千米，分布面积约125平方千米。墓群主体为西晋十六国时期。本次敦煌佛爷庙湾—新店台墓群考古发掘是为配合敦煌机场扩建工程建设而进行的抢救性清理。

河西走廊地区是汉唐"丝绸之路"的必经之地，敦煌地区是关键区域。河西走廊地区汉晋十六国墓葬出土了大量的简牍和画像砖，记载和描绘了河西走廊汉晋时期相关生产活动，然而对当时先民的主要利用植物缺乏详细的记载和描述。对佛爷庙出土植物遗存的研究，对构建敦煌地区魏晋至隋唐时期先民植物资源利用历史具有重要价值。

二 方法和材料

此次考古发掘从2015年12月开始，到2016年2月结束，共清理古墓葬180座。植物遗存主要出自土样与随葬品中的出土器物等40个遗存单位，器物主要为象征庖厨和食具的日常生活用具，包括陶罐、斗瓶等陶器。由于植物遗存样品较为脆弱，破碎程度较高的样品不可鉴定。容器中植物遗存需要小心取样，从容器中完整倒出，收集于样品盒中，不再进行筛分与挑选，直接在低倍显微镜下进行鉴定，避免植物遗存出土后的破碎。植物遗存鉴定在中国社会科学院植物考古研究所完成，遗存均为植物种子相关遗物遗迹。因大部分植物遗存为出土容器中取出，容器内出土植物遗存种类较为集中，可能与容器类型与使用功能有关，本研究仅对出土植物遗存进行种类鉴定，没有数量统计。

三 鉴定结果

敦煌佛爷庙湾—新店台墓群出土植物遗存种类丰富，包括粟、黍、小麦、大麦、麻、大豆等作物，葡萄、甜瓜等水果，以及牵牛花等花卉种子，且牵牛花种子仅在两个斗瓶容器中发现（表1），几乎不含杂草。

表1 敦煌佛爷庙湾—新店台墓群出土植物遗存种类统计表

出土单位	种属	种属	种属	种属	种属
2015DFXⅠM9:34 陶斗瓶内	黍	粟			
2015DFXⅠM9:25 陶斗瓶内	粟	黍			
2015DFXⅠM9:35 陶斗瓶内	粟				
2015DFXⅡM5:6 陶壶内	黍				
2015DFXⅡM22:5 陶斗瓶	粟	黍	葡萄		
2015DFXⅡM25:6 波浪纹陶罐内	未知				
2015DFXⅢM52:16 陶斗瓶内	未知				
2015DFXⅢM1:2 陶斗瓶内	粟				
2015DFXⅢM22:13 陶斗瓶内	牵牛花	黍	大麦		
2015DFXⅢM26:25 陶斗瓶内	粟				
2015DFXⅢM28:22 波浪纹陶罐内	粟				
2015DFXⅢM29:6 绳纹陶罐内	未知				
2015DFXⅢM37:3 波浪纹陶罐内	未知				
2015DFXⅢM51:1 陶樽内	黍				
2015DFXⅢM51:2 波浪纹陶罐内	小麦				
2015DFXⅢM51:3 陶瓶内	小麦	黍			
2015DFXⅢM52:16 陶斗瓶内	未知				
2015DFXⅣM12:2 弦纹陶罐内	黍				
2015DFXⅣM17:4 陶斗瓶内	黍				
2015DFXⅣM22:19 波浪纹陶罐内	甜瓜类				
2015DFXⅣM23:25 陶斗瓶内	黍	麻			
2015DFXⅣM23:28 陶斗瓶内	未知				
2015DFXⅣM25:4 绳纹陶罐内	黍				
2015DFXⅣM25:5 绳纹陶罐内	黍				
2015DFXⅣM27:5 绳纹陶罐内	粟				

续表1

出土单位	种属	种属	种属	种属	种属
2015DFXⅣM28:10 陶斗瓶内	粟				
2015DFXⅤM3:20 陶斗瓶内	大豆	大麦	麻	粟	黍
2015DFXⅤM3:22 陶斗瓶内	大麻				
2015DFXⅤM7:11 陶斗瓶内	裸大麦	牵牛花			
2015DFXⅤM8:5 绳纹陶罐内	小麦				
2015DFXⅤM12:5 波浪纹陶罐内	未知				
2015DFXⅥM11:4 陶斗瓶	粟				
2015DFXⅥM11:18 陶斗瓶内	粟				
2015DFXⅦM2:7 陶斗瓶内	粟				
2015DFXⅦM3:32 陶斗瓶内	未知				
2015DFXⅦM3:6 陶樽内	黍				
2015DFXⅢM29:6 绳纹陶罐内	未知				
M20:18 土样	粟				

四　讨论与分析

敦煌位于河西走廊西端，四周多为戈壁沙漠，属典型的大陆性气候，太阳辐射强，光照充足，热量丰富但不稳定，降水少且不稳定，蒸发量大。相较东部地区，敦煌的农业生产具有明显的地域性[①]。佛爷庙湾—新店台墓群位于"丝绸之路"的重要节点，自史前时代开始就深受东西方文化交流的影响。距今5000年前后马家窑文化人群扩散至河西走廊，粟黍农业开始发展，至距今4000年前后大麦与小麦传播至河西走廊，3700年前河西走廊地区发生从粟黍为主到麦类作物为主的农业转型[②]。至西汉时期，政府向敦煌徙民屯田，农业生产快速发展，魏晋时期，敦煌的农业生产技术有所提高[③]。敦煌佛爷庙湾—新店台墓群出土植物遗存中主要农作物为粟、黍、小麦、大麦，无杂草，同时存在葡萄、麻与牵牛花等经济作物（图版二三六，1）。

---

① 郝二旭：《唐五代敦煌农业专题研究》，兰州大学博士学位论文，2011年。
② Zhou XY, Li XQ, Dodson J, et al. Rapid agricultural transformation in the prehistoric Hexi corridor, China [J]. Quaternary International, 2016, 426(dec.28):33–41.
③ 陈寿著，裴松之注：《三国志》，中华书局，1959年，第513页。

墓群各作物出土概率可能指示当时人群使用的主要农作物为粟黍。不同器物出土植物类型存在一定差异，斗瓶内出土植物类型最多，可能为使用频率较高的器物。

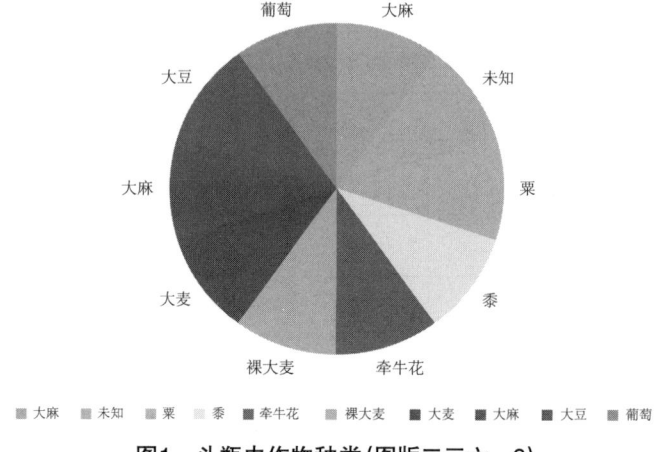

图1　斗瓶内作物种类(图版二三六，6)

（附记：感谢中国社会科学院考古研究所杨金刚先生对敦煌佛爷庙湾—新店台墓群出土植物遗存的鉴定工作。）

后 记

2015年敦煌佛爷庙湾—新店台墓群发掘工作由陈国科领队主持，参与发掘的有甘肃省文物考古研究所、陕西龙腾勘探有限公司、银川惠晟博钻探有限公司和敦煌市博物馆四家单位。其中甘肃省文物考古研究所参与发掘的人员包括陈国科、郑国穆、岳晓东、周静、王永安、马洪连、孙明霞、李万荣及技工赵亚君、赵章赫，同时兰州大学历史文化学院硕士研究生张利明、张敏、郑彤彤、王文君，博士研究生吴通参与了实习发掘。

本报告的资料整理及撰写工作由陈国科主持，周静和岳晓东负责第Ⅰ区和第Ⅴ区基础资料汇总工作，陈国科和郑国穆负责第Ⅱ区和第Ⅳ区基础资料汇总工作，王永安和马洪连负责第Ⅲ区、第Ⅵ区和第Ⅴ区基础资料汇总工作。报告第一、二、三、五章由王永安、马洪连、陈国科执笔，第四章由马洪连、王永安、陈国科、周静完成，最终的统稿工作由陈国科完成。本报告为集体研究成果，其中陈国科完成65万字，王永安完成56万字，马洪连完成56万字，周静完成9万字，杨谊时完成8万字。

器物照片由兰州大学博士研究生仇梦晗拍摄。孙明霞、赵亚君、张利明、张敏、郑彤彤、王文君、李旻睿、景小庆、卢菲菲、朱明杰、杨清峰、王晨达、王振宇、袁云江、王凯瑞等先后参与了线图的绘制工作。陶器的修复工作由技工赵亚君、黄熙钰完成。铜器的修复工作由甘肃省文物考古研究所庞萍、芦敏、顾文婷及技工黄熙钰完成。所有拓片由赵亚君和朱明杰制作。斗瓶镇墓文的释读工作由马洪连和王永安完成。

科技检测部分，复旦大学完成了人骨鉴定工作，鉴定报告由熊建雪博士、蒙海亮博士、文少卿副研究员、李翰隆馆员完成。北京科技大学对出土金属器进行了检测分析，检测分析报告由李延祥教授和魏强兵博士撰写。兰州大学完成了植物种子的鉴定工作，鉴定报告由李若博士撰写。兰州大学完成了人骨同位素的分析，报告由李昕、卢敏霞、杨谊时撰写。

此次发掘和资料整理，得到了敦煌市政府、敦煌市文物局、陕西龙腾勘探有限公司、银川惠晟博钻探有限公司、敦煌市博物馆的积极协助。在报告即将付梓之际，对辛勤参与佛爷庙湾—新店台墓群发掘和报告整理工作的诸位表示感谢！

本次发掘所有资料以本报告为准。由于编者水平有限，书中难免存在诸多错讹之处，敬请专家、学者批评指正！

编　者

2021 年 7 月于兰州

1. ⅢM24~ⅢM29 家族墓

2. ⅢM42~ⅢM44 家族墓

ⅢM24~ⅢM29、ⅢM42~ⅢM44 家族墓远景

图版二

1. ⅢM20 发掘现场

2. ⅢM29 发掘现场

ⅢM20、ⅢM29 发掘现场

图版三

1. 报告整理现场

2. 报告整理现场

报告整理现场

图版四

1. ⅡM2 墓葬全景（由东向西）

2. ⅡM2 墓室全景（由南向北）

ⅡM2 墓葬情况

图版五

1. ⅡM20 墓门及封门（由西向东）

2. ⅡM20 墓室全景（由西向东）

ⅡM20 墓葬情况

图版六

1. ⅡM23 墓室全景（由西向东）

2. ⅢM3 墓室全景（由西向东）

ⅡM23、ⅢM3 墓室全景

图版七

1. ⅢM11 墓室全景（由西向东）

2. ⅢM11 中部尸床及有意打碎的陶片（由北向南）

ⅢM11 墓室及中部尸床出土情况

图版八

1. ⅢM20 墓葬全景（由东向西）

2. ⅢM20 墓室全景（由西向东）

ⅢM20 墓葬情况

图版九

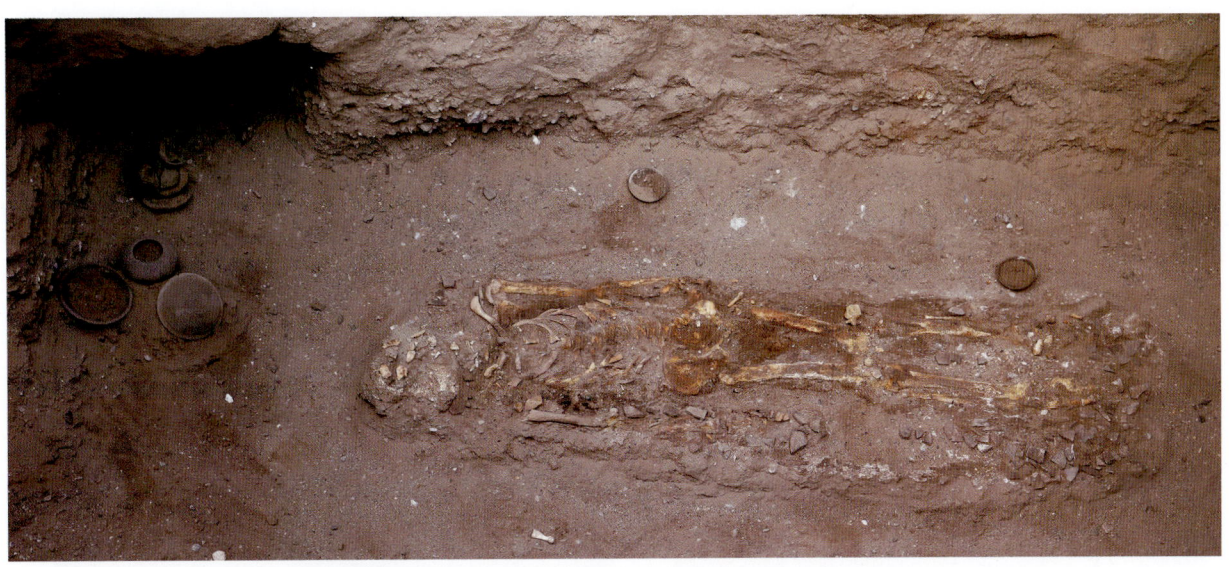

1. ⅢM20 北侧墓主及有意打碎的陶片（由南向北）

2. ⅢM20 南侧墓主随葬斗瓶及铜镜情况（由北向南）

ⅢM20 南、北侧墓主及随葬品出土情况

图版一〇

1. ⅢM21 甬道及封门（由西向东）

2. ⅢM21 封门板痕迹（由西向东）

3. ⅢM22 墓道东端细沙土封门（由西向东）

4. ⅢM25 墓道东端细沙土封门（由西向东）

ⅢM21 甬道及ⅢM22、ⅢM25 墓道东端细沙土封门情况

图版一一

1. ⅢM26 耳室（由南向北）

2. ⅢM26 南侧墓主随葬斗瓶情况（由北向南）

ⅢM26 耳室及南侧墓主随葬斗瓶情况

图版一二

1. ⅢM27 墓葬全景（由西向东）

2. ⅢM27 耳室（由南向北）

ⅢM27 墓葬全景及耳室

图版一三

1. ⅢM27 南侧尸罩（由西向东）

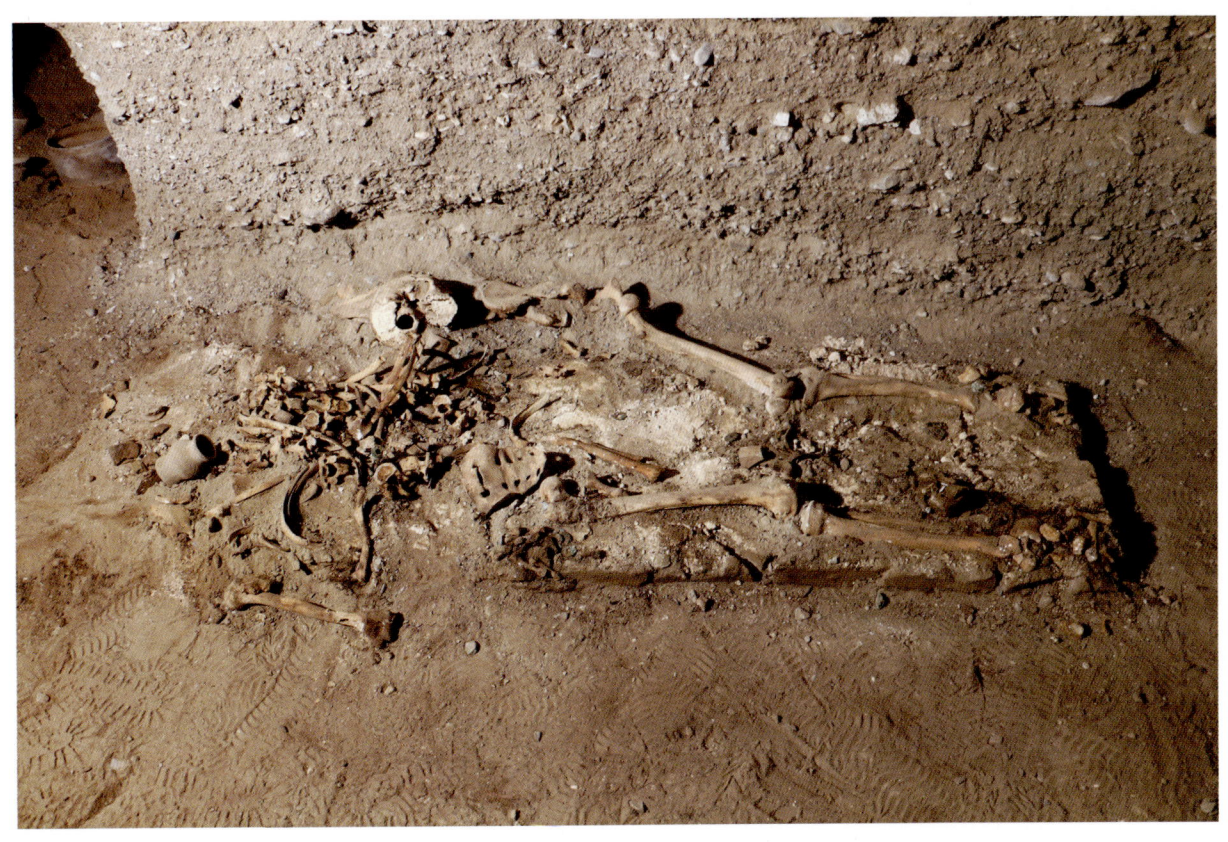

2. ⅢM27 北侧墓主及尸床（由南向北）

ⅢM27 墓主及葬具

图版一四

1. ⅢM28墓门及封门（由西向东）

2. ⅢM28墓室全景（由西向东）

ⅢM28墓葬情况

图版一五

1. ⅢM28 南侧墓主及随葬斗瓶情况（由北向南）

2. ⅢM28 耳室（由南向北）

ⅢM28 南侧墓主及耳室

图版一六

ⅢM29 照墙及封门（由西向东）

ⅢM29 照墙及封门

图版一七

1. ⅢM29 墓室全景（由西向东）

2. ⅢM29 耳室（由南向北）

ⅢM29 墓室全景及耳室

图版一八

1. ⅢM34 墓室全景（由南向北）

2. ⅢM51 墓室全景（由西向东）

ⅢM34、ⅢM51 墓室全景

图版一九

1. ⅢM54 墓室全景（由西向东）

2. ⅣM7 墓室全景（由北向南）

ⅢM54、ⅣM7 墓室全景

图版二〇

1. ⅣM24 墓葬全景（由西向东）

2. ⅣM24 墓室全景（由西向东）

ⅣM24 墓葬情况

图版二一

1. ⅥM1 墓室全景（由南向北）

2. ⅥM3 墓室全景（由西向东）

ⅥM1、ⅥM3 墓室全景

图版二二

1. ⅥM7 甬道及墓道（由北向南）

2. ⅥM7 墓室全景（由东向西）

ⅥM7 墓葬情况

图版二三

1. ⅥM10 墓室全景（由北向南）

2. ⅥM13 墓室全景（由北向南）

ⅥM10、ⅥM13 墓室全景

图版二四

1. ⅦM14 墓门及封门（由西向东）

2. ⅦM14 葬具情况（由西向东）

ⅦM14 墓门及葬具情况

图版二五

1. ⅥM14 墓室全景（由西向东）

2. ⅥM14 随葬斗瓶情况

ⅥM14 墓室全景及随葬斗瓶情况

图版二六

1. ⅥM15 墓葬全景（由东向西）

2. ⅥM15 墓室全景（由东向西）

ⅥM15 墓葬情况

1. ⅧM16 墓门及封门（由东向西）

2. ⅧM16 墓室全景（由东向西）

ⅧM16 墓葬情况

图版二八

1. ⅦM16 斗瓶出土情况（由北向南）

2. ⅦM26 墓室全景（由南向北）

ⅦM16 斗瓶出土情况及ⅦM26 墓室全景

图版二九

1. VIIM1 墓门及封门（由西向东）

2. VIIM1 南侧墓主随葬斗瓶情况

VIIM1 封门及南侧墓主随葬斗瓶情况

图版三〇

1. VIIM2 南侧墓主及尸床（由北向南）

2. VIIM2 南侧墓主脚端随葬斗瓶情况

VIIM2 南侧墓主及随葬斗瓶情况

图版三一

1. VIIM3 墓葬全景（由西向东）

2. VIIM3 墓室全景（由西向东）

VIIM3 墓葬情况

图版三二

1. VIIM3 南侧墓主头部随葬斗瓶情况

2. VIIM3 耳室（由南向北）

VIIM3 耳室及南侧墓主随葬斗瓶情况

图版三三

1. ⅠM3 陶器组合

2. ⅠM9 陶器组合

3. ⅠM11 陶器组合

ⅠM3、ⅠM9、ⅠM11 陶器组合

图版三四

1. ⅡM2 陶器组合

2. ⅡM5 陶器组合

3. ⅡM12 陶器组合

ⅡM2、ⅡM5、ⅡM12 陶器组合

图版三五

1. ⅡM15 陶器组合

2. ⅡM16 陶器组合

3. ⅡM19 陶器组合

ⅡM15、ⅡM16、ⅡM19 陶器组合

图版三六

1. ⅡM23 陶器组合

2. ⅡM25 陶器组合

3. ⅢM1 陶器组合

ⅡM23、ⅡM25、ⅢM1 陶器组合

图版三七

1. ⅢM3 陶器组合

2. ⅢM6 陶器组合

3. ⅢM19 器物组合

ⅢM3、ⅢM6 陶器组合及ⅢM19 器物组合

图版三八

1. ⅢM21 陶器组合

2. ⅢM26 陶器组合

3. ⅢM27 陶器组合

ⅢM21、ⅢM26、ⅢM27 陶器组合

图版三九

1. ⅢM28 陶器组合

2. ⅢM29 陶器组合

3. ⅢM33 陶器组合

ⅢM28、ⅢM29、ⅢM33 陶器组合

图版四〇

1. ⅢM35 陶器组合

2. ⅢM39 陶器组合

3. ⅢM46 陶器组合

ⅢM35、ⅢM39、ⅢM46 陶器组合

图版四一

1. ⅢM49 陶器组合

2. ⅢM50 陶器组合

3. ⅣM1 陶器组合

ⅢM49、ⅢM50、ⅣM1 陶器组合

图版四二

1. ⅣM3 陶器组合

2. ⅣM4 陶器组合

3. ⅣM5 陶器组合

ⅣM3~ⅣM5 陶器组合

图版四三

1. ⅣM6 陶器组合

2. ⅣM8 陶器组合

3. ⅣM10 陶器组合

ⅣM6、ⅣM8、ⅣM10 陶器组合

图版四四

1. ⅣM15 陶器组合

2. ⅣM16 陶器组合

3. ⅣM18 陶器组合

ⅣM15、ⅣM16、ⅣM18 陶器组合

图版四五

1. ⅣM19 陶器组合

2. ⅣM22 陶器组合

3. ⅣM23 陶器组合

ⅣM19、ⅣM22、ⅣM23 陶器组合

图版四六

1. ⅣM24 陶器组合

2. ⅣM28 陶器组合

3. ⅤM3 陶器组合

ⅣM24、ⅣM28、ⅤM3 陶器组合

图版四七

1. ⅤM4 陶器组合

2. ⅤM5 陶器组合

3. ⅤM8 陶器组合

ⅤM4、ⅤM5、ⅤM8 陶器组合

图版四八

1. ⅤM15 陶器组合

2. ⅤM16 陶器组合

3. ⅥM1 陶器组合

ⅤM15、ⅤM16、ⅥM1 陶器组合

图版四九

1. ⅥM3 陶器组合

2. ⅥM7 陶器组合

3. ⅥM11 陶器组合

ⅥM3、ⅥM7、ⅥM11 陶器组合

图版五〇

1. ⅥM13 陶器组合

2. ⅥM14 陶器组合

3. ⅥM15 陶器组合

ⅥM13~ⅥM15 陶器组合

图版五一

1. ⅥM16 陶器组合

2. ⅥM17 陶器组合

3. ⅥM22 陶器组合

ⅥM16、ⅥM17、ⅥM22 陶器组合

图版五二

1. ⅥM25 陶器组合

2. ⅦM2 陶器组合

3. ⅦM3 陶器组合

ⅥM25、ⅦM2、ⅦM3 陶器组合

图版五三

1. 波浪纹陶罐（ⅠM3∶4）

2. 波浪纹陶罐（ⅠM3∶10）

3. 陶釜（ⅠM3∶11）

4. 陶钵（ⅠM3∶12）

5. 陶碟（ⅠM3∶3）

6. 陶钵（ⅠM3∶15）

ⅠM3 出土器物

图版五四

1. 陶樽（ⅠM3∶5）

2. 陶樽（ⅠM3∶9）

3. 陶盆（ⅠM3∶2）

4. 陶壶（ⅠM3∶6）

5. 陶盘（ⅠM3∶7）

6. 剪轮钱、磨郭钱（ⅠM3∶16-1、16-4）

ⅠM3 出土器物

图版五五

1. 彩绘斗拱（ⅠM9：1）

2. 彩绘斗拱（ⅠM9：26）

3. 仿木柱（ⅠM9：32）

4. 阙形彩绘砖（ⅠM9：53）

5. 承柱赑屃（ⅠM9：51-1、51-2）

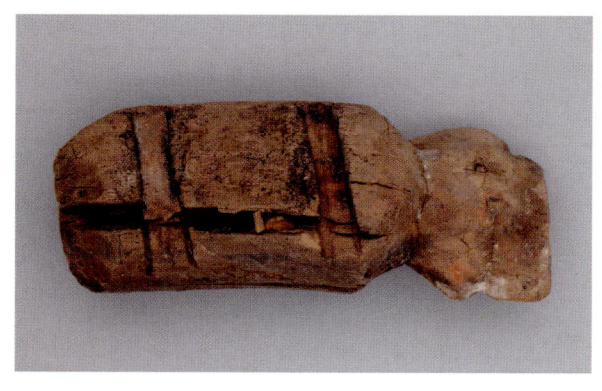

6. 木兽俑（ⅠM3：17）

7. 砖臼（ⅠM9：4）

ⅠM3、ⅠM9 出土器物

图版五六

2. 熊面人身力士（ⅠM9：52-1、52-2）

1. 熊面人身力士（ⅠM9：40）

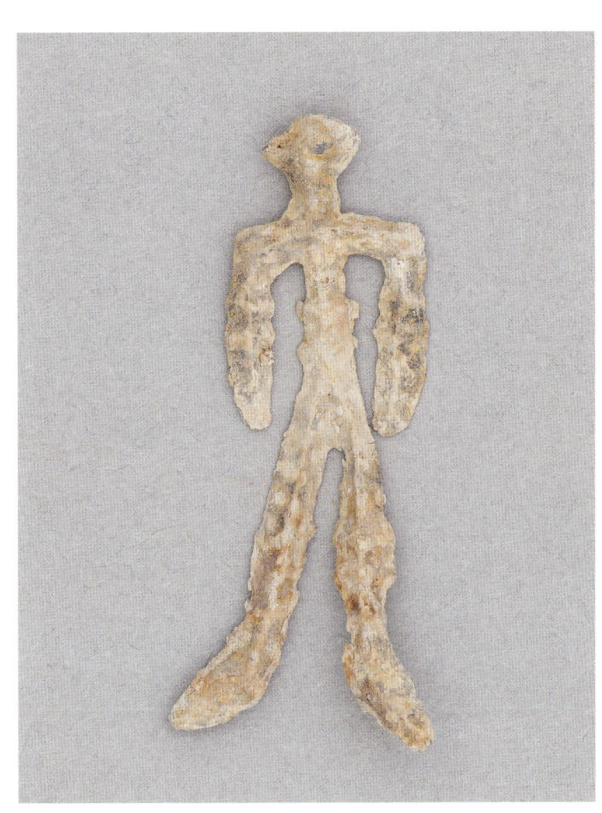

3. 铅人（ⅠM9：64-1、64-2）

4. 铅人（ⅠM9：63）

5. 陶灯（ⅠM9：21）

6. 彩绘装饰砖（ⅠM9：50）

ⅠM9 出土器物

图版五七

1. 陶斗瓶（ⅠM9∶23）

2. 陶斗瓶（ⅠM9∶23）

3. 陶斗瓶（ⅠM9∶23）

4. 陶斗瓶（ⅠM9∶23）

5. 陶斗瓶（ⅠM9∶23）

6. 陶斗瓶（ⅠM9∶23）

ⅠM9 出土斗瓶

图版五八

1. 陶斗瓶（ⅠM9：23）

2. 陶斗瓶（ⅠM9：24）

3. 陶斗瓶（ⅠM9：25）

4. 陶斗瓶（ⅠM9：34）

5. 陶斗瓶（ⅠM9：35）

6. 陶钵（ⅠM9：57）

ⅠM9 出土器物

1. 陶斗瓶（ⅠM9：27）

2. 陶斗瓶（ⅠM9：27）

3. 陶斗瓶（ⅠM9：27）

4. 陶斗瓶（ⅠM9：27）

5. 陶斗瓶（ⅠM9：27）

6. 陶斗瓶（ⅠM9：27）

ⅠM9 出土斗瓶

图版六〇

1. 陶碟（ⅠM9∶37）

2. 陶碟（ⅠM9∶13）

3. 陶耳杯（ⅠM9∶30）

4. 陶盆（ⅠM9∶22）

5. 陶盆（ⅠM9∶54）

6. 陶盆（ⅠM9∶14）

ⅠM9 出土器物

图版六一

1. 陶樽（ⅠM9∶33）

2. 陶壶（ⅠM9∶12）

3. 陶器盖（ⅠM9∶56）

4. 陶碗（ⅠM9∶43）

5. 陶甑（ⅠM9∶39）

6. 陶盘（ⅠM9∶11）

ⅠM9 出土器物

图版六二

1. 铜弩机廓、铜削刀残件（ⅠM9：20、ⅠM9：45）

2. 弦纹陶罐（ⅠM9：38）

3. 绳纹陶罐（ⅠM9：7）

4. 弦纹陶罐（ⅠM9：18）

5. 四出五铢正面（ⅠM9：41-26）

6. 四出五铢背面（ⅠM9：41-26）

ⅠM9 出土器物

图版六三

1. 五铢钱（ⅠM9：41-43、41-26、41-50、41-46、41-81）

2. 陶斗瓶（ⅠM11：8）

3. 陶斗瓶（ⅠM11：3）

4. 素面陶罐（ⅠM11：9）

5. 波浪纹陶罐（ⅠM11：2）

ⅠM9、ⅠM11 出土器物

图版六四

1. 陶盆（ⅠM11：7）

2. 陶甑（ⅠM11：1）

3. 陶榻（ⅠM11：5）

4. 陶斗瓶（ⅠM13：28）

5. 陶斗瓶（ⅠM13：27）

6. 陶斗瓶（ⅠM13：25）

ⅠM11、ⅠM13 出土器物

图版六五

1. 陶碟（ⅠM13∶16）

2. 陶钵（ⅠM13∶21）

3. 陶壶（ⅠM13∶13）

4. 陶灯（ⅠM13∶26）

5. 五铢钱（ⅠM13∶29-12、29-17）

6. 陶釜（ⅠM13∶9）

ⅠM13 出土器物

图版六六

1. 陶碗（ⅠM13：23）

2. 陶甑（ⅠM13：6）

3. 陶盘（ⅠM13：18）

4. 陶盆（ⅠM13：11）

5. 波浪纹陶罐（ⅡM2：1）

6. 波浪纹陶罐（ⅡM2：5）

ⅠM13、ⅡM2 出土器物

图版六七

1. 波浪纹陶罐（ⅡM2∶3）

2. 陶釜（ⅡM2∶22）

3. 陶钵（ⅡM2∶12）

4. 陶钵（ⅡM2∶31）

5. 陶耳杯（ⅡM2∶13）

6. 陶耳杯（ⅡM2∶14）

ⅡM2 出土器物

图版六八

1. 陶灯（ⅡM2∶19）

2. 陶壶（ⅡM2∶21）

3. 陶樽（ⅡM2∶6）

4. 陶樽（ⅡM2∶29）

5. 陶盘（ⅡM2∶11）

6. 陶盘（ⅡM2∶16）

7. 陶碟（ⅡM2∶15）

8. 陶盆（ⅡM2∶27）

ⅡM2 出土器物

图版六九

1. 陶甑（ⅡM2:28）

2. 铜弩机廓（ⅡM2:32）

3. 陶器盖（ⅡM2:25）

4. 铁镜（ⅡM3:30）

5. 铜铃（ⅡM3:28）

6. 陶壶（ⅡM5:6）

7. 铜弩机（ⅡM3:33）

ⅡM2、ⅡM3、ⅡM5 出土器物

图版七〇

1. 陶斗瓶（ⅡM5∶3）

2. 陶斗瓶（ⅡM5∶4）

3. 陶斗瓶（ⅡM5∶7）

4. 陶斗瓶（ⅡM5∶2）

5. 陶碗（ⅡM5∶8）

6. 陶樽（ⅡM5∶9）

ⅡM5 出土器物

图版七一

1. 丝织物（ⅡM11:8）

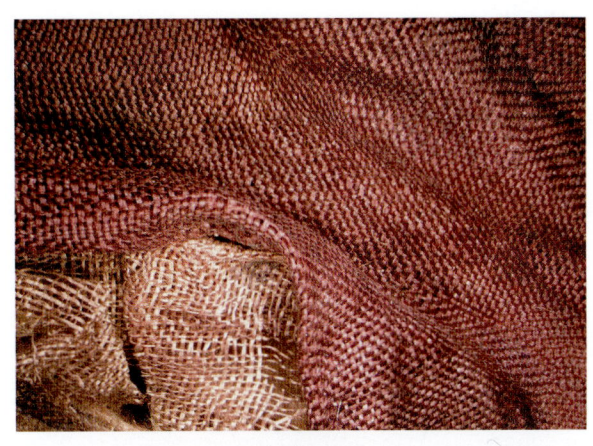

2. 丝织物超景深显微照（ⅡM11:8）

3. 珠饰（ⅡM11:7）

4. 珠饰（ⅡM11:7）

5. 波浪纹陶罐（ⅡM12:1）

6. 素面陶罐（ⅡM12:3）

ⅡM11、ⅡM12 出土器物

图版七二

1. 陶耳杯（ⅡM12：7）

2. 陶耳杯（ⅡM12：10）

3. 陶釜（ⅡM12：22）

4. 陶壶（ⅡM12：6）

5. 陶盆（ⅡM12：20）

6. 陶甑（ⅡM12：19）

ⅡM12 出土器物

图版七三

1. 陶樽（ⅡM12∶14）

2. 陶樽（ⅡM12∶15）

3. 铜指环（ⅡM12∶13）

4. 铜指环（ⅡM12∶13）

5. 铜钗（ⅡM12∶4）

6. 铜钗（ⅡM12∶23）

7. 陶盘（ⅡM12∶9）

ⅡM12 出土器物

图版七四

1. 木梳（ⅡM13∶2）

2. 陶钵（ⅡM15∶1）

3. 陶灯（ⅡM15∶6）

4. 陶斗瓶（ⅡM15∶11）

5. 陶釜（ⅡM15∶9）

6. 陶槅（ⅡM15∶12）

ⅡM13、ⅡM15 出土器物

图版七五

1. 陶壶（ⅡM15∶8）

2. 陶碗（ⅡM15∶10）

3. 波浪纹陶罐（ⅡM16∶1）

4. 陶灯（ⅡM16∶6）

5. 陶釜（ⅡM16∶3）

6. 陶釜（ⅡM16∶7）

ⅡM15、ⅡM16 出土器物

图版七六

1. 陶甑（ⅡM16∶4）

2. 陶榻（ⅡM16∶2）

3. 陶钵（ⅡM19∶1）

4. 陶钵（ⅡM19∶7）

5. 陶钵（ⅡM19∶8）

6. 铜耳杯（ⅡM19∶9）

ⅡM16、ⅡM19 出土器物

图版七七

1. 陶碗（ⅡM19：5）

2. 陶碗（ⅡM19：6）

3. 陶器盖（ⅡM19：13）

4. 陶器盖（ⅡM19：3）

5. 五铢钱、大泉五十、货泉
（ⅡM19：16-2、16-4、16-5、16-7、16-8、16-6）

6. 弦纹陶罐（ⅡM19：12）

ⅡM19 出土器物

图版七八

1. 磨郭五铢、五铢钱（ⅡM20：4-4、4-7）

2. 陶耳杯（ⅡM23：21）

3. 陶灯（ⅡM23：24）

4. 陶钵（ⅡM23：29）

5. 波浪纹陶罐（ⅡM23：2）

6. 波浪纹陶罐（ⅡM23：27）

ⅡM20、ⅡM23 出土器物

图版七九

1. 陶斗瓶（ⅡM23：22）

2. 陶斗瓶（ⅡM23：18）

3. 陶釜（ⅡM23：8）

4. 陶壶（ⅡM23：15）

5. 陶盘（ⅡM23：9）

6. 陶盘（ⅡM23：26）

ⅡM23 出土器物

图版八〇

1. 陶盆（ⅡM23∶7）

2. 陶甑（ⅡM23∶17）

3. 陶碗（ⅡM23∶10）

4. 陶碗（ⅡM23∶13）

5. 陶碗（ⅡM23∶12）

6. 陶樽（ⅡM23∶5）

ⅡM23 出土器物

图版八一

1. 陶樽（ⅡM23∶6）

2. 陶樽（ⅡM25∶1）

3. 陶盆（ⅡM25∶18）

4. 陶钵（ⅡM25∶8）

5. 陶钵（ⅡM25∶5）

6. 陶钵（ⅡM25∶10）

ⅡM23、ⅡM25 出土器物

图版八二

1. 陶斗瓶（ⅡM25∶14）

2. 陶壶（ⅡM25∶7）

3. 陶盘（ⅡM25∶20）

4. 陶甑（ⅡM25∶17）

5. 波浪纹陶罐（ⅡM25∶15）

6. 陶灯（ⅡM25∶26）

ⅡM25 出土器物

图版八三

1. 铜镜（ⅡM25∶21）

2. 陶钵（ⅢM1∶19）

3. 陶钵（ⅢM1∶20）

4. 陶灯（ⅢM1∶15）

5. 陶斗瓶（ⅢM1∶2）

6. 陶斗瓶（ⅢM1∶22）

ⅡM25、ⅢM1 出土器物

图版八四

1. 陶斗瓶（ⅢM1∶25）

2. 陶壶（ⅢM1∶14）

3. 陶甑（ⅢM1∶13）

4. 陶碗（ⅢM1∶9）

5. 陶樽（ⅢM1∶7）

6. 陶樽（ⅢM1∶3）

ⅢM1 出土器物

图版八五

1. 陶盆（ⅢM1∶1）

2. 陶盘（ⅢM1∶21）

3. 磨郭五铢、货泉（ⅢM1∶24-1、23-2、23-9）

4. 石砚（ⅢM2∶9）

5. 石刀（ⅢM2∶12）

6. 合背五铢正面（ⅢM2∶14-7）

7. 合背五铢背面（ⅢM2∶14-7）

ⅢM1、ⅢM2 出土器物

图版八六

1. 四出五铢正面（ⅢM3∶18-1）

2. 四出五铢背面（ⅢM3∶18-1）

3. 陶钵（ⅢM3∶5）

4. 陶碟（ⅢM3∶13）

5. 陶樽（ⅢM3∶16）

6. 陶壶（ⅢM3∶4）

ⅢM3 出土器物

图版八七

1. 铜镜（ⅢM3∶1）

2. 铜镜（ⅢM3∶11）

3. 五铢钱（ⅢM3∶18-1、18-3、9-1、9-2、9-3、9-8、19-1、8-2）

4. 弦纹陶罐（ⅢM3∶14）

5. 弦纹陶罐（ⅢM3∶17）

ⅢM3 出土器物

图版八八

1. 波浪纹陶罐（ⅢM6∶5）

2. 陶釜（ⅢM6∶6）

3. 陶碟（ⅢM6∶2）

4. 陶碟（ⅢM6∶10）

5. 陶斗瓶（ⅢM6∶1）

6. 陶斗瓶（ⅢM6∶12）

ⅢM6 出土器物

图版八九

1. 陶樽（ⅢM6∶7）

2. 陶盘（ⅢM6∶11）

4. 剪轮钱（ⅢM6∶14、15）

3. 陶钵（ⅢM6∶9）

5. 陶罐底部残片（ⅢM7∶1）

6. 陶罐底部残片（ⅢM7∶1）

7. 陶罐底部残片（ⅢM7∶1）

ⅢM6、ⅢM7 出土器物

图版九〇

1. 直百五铢正面（ⅢM9：11-2）

2. 直百五铢背面（ⅢM9：11-2）

3. 铜镜（ⅢM11：1）

4. 五铢钱、大泉五十（ⅢM11：8、9）

5. 弦纹陶罐口沿残件（ⅢM13：1）

6. 弦纹陶罐口沿残件（ⅢM13：1）

ⅢM9、ⅢM11、ⅢM13 出土器物

图版九一

1. 云母片（ⅢM19∶17）

2. 云母片（ⅢM19∶18）

3. 泥斗瓶（ⅢM19∶16）

4. 陶仓（ⅢM19∶11）

5. 陶灯（ⅢM19∶14）

6. 陶碟（ⅢM19∶7）

ⅢM19 出土器物

图版九二

1. 陶盆（ⅢM19∶1）

2. 陶鸡首灶（ⅢM19∶4）

3. 陶甑（ⅢM19∶2）

4. 陶榻（ⅢM19∶5）

5. 陶釜（ⅢM19∶3）

6. 陶壶（ⅢM19∶10）

ⅢM19 出土器物

图版九三

1. 陶樽（ⅢM19∶9）

2. 弦纹陶罐（ⅢM19∶12）

3. 玉灯（ⅢM19∶8）

4. 铜镜（ⅢM20∶1）

5. 剪轮钱（ⅢM20∶24）

ⅢM19、ⅢM20 出土器物

图版九四

1. 波浪纹陶罐（ⅢM21∶14）

2. 波浪纹陶罐（ⅢM21∶15）

3. 陶钵（ⅢM21∶8）

4. 陶钵（ⅢM21∶6）

5. 砖雕兽俑（ⅢM21∶17）

6. 陶灯（ⅢM21∶3）

ⅢM21 出土器物

图版九五

1. 陶壶（ⅢM21∶5）

2. 泥榼（ⅢM21∶4）

4. 陶盘（ⅢM21∶12）

5. 铜镊（ⅢM21∶2）

3. 陶盆（ⅢM21∶10）

6. 陶碗（ⅢM21∶9）

7. 陶碗（ⅢM21∶16）

ⅢM21 出土器物

图版九六

1. 陶樽（ⅢM21：18）

2. 波浪纹陶罐（ⅢM26：2）

3. 波浪纹陶罐（ⅢM26：7）

4. 波浪纹陶罐（ⅢM26：3）

5. 泥斗瓶（ⅢM26：39）

6. 泥斗瓶（ⅢM26：13）

ⅢM21、ⅢM26 出土器物

图版九七

1. 丝织物超景深显微照（ⅢM26：40）

2. 丝织物超景深显微照（ⅢM26：40）

3. 丝织物超景深显微照（ⅢM26：40）

4. 陶钵（ⅢM26：15）

5. 绳纹陶罐（ⅢM26：12）

6. 陶灯（ⅢM26：22）

ⅢM26 出土器物

图版九八

1. 陶斗瓶（ⅢM26∶25）

2. 陶斗瓶（ⅢM26∶25）

3. 陶斗瓶（ⅢM26∶25）

4. 陶斗瓶（ⅢM26∶25）

5. 陶碟（ⅢM26∶9）

6. 陶碟（ⅢM26∶23）

ⅢM26 出土器物

图版九九

1. 陶斗瓶（ⅢM26∶26）

3. 陶壶（ⅢM26∶14）

6. 陶碗（ⅢM26∶17）

2. 陶盘（ⅢM26∶20）

4. 陶盘（ⅢM26∶21）

5. 陶盆（ⅢM26∶10）

7. 陶碗（ⅢM26∶18）

ⅢM26 出土器物

图版一○○

1. 陶樽（ⅢM26：1）

2. 陶樽（ⅢM26：4）

3. 陶甑（ⅢM26：8）

4. 陶釜（ⅢM26：11）

5. 五铢钱（ⅢM26：29-1、32-1、33、37）

ⅢM26 出土器物

图版一〇一

1. 波浪纹陶罐（ⅢM27∶3）

2. 波浪纹陶罐（ⅢM27∶4）

3. 金饰片（ⅢM27∶30）

4. 丝织物超景深显微照（ⅢM27∶61）

5. 陶壶（ⅢM27∶16）

6. 陶灯（ⅢM27∶32）

ⅢM27 出土器物

图版一〇二

1. 陶斗瓶（ⅢM27：28）

3. 陶斗瓶（ⅢM27：22）

6. 陶釜（ⅢM27：7）

2. 陶斗瓶（ⅢM27：11）

4. 石砚（ⅢM27：29）

5. 陶钵（ⅢM27：50）

7. 陶榻（ⅢM27：17）

ⅢM27 出土器物

图版一〇三

1. 陶盆（ⅢM27∶5）

3. 陶樽（ⅢM27∶9）

6. 陶樽（ⅢM27∶13）

2. 骨尺（ⅢM27∶59）

4. 陶碟（ⅢM27∶15）

5. 铁泡（ⅢM27∶31）

7. 铜弩机廓（ⅢM27∶36）

ⅢM27 出土器物

图版一〇四

1. 铅弩机廓（ⅢM27：47）

2. 云母片（ⅢM27：34）

3. 波浪纹陶罐（ⅢM28：22）

4. 波浪纹陶罐（ⅢM28：23）

6. 波浪纹陶罐（ⅢM28：24）

5. 五铢钱（ⅢM27：24、37-4）

7. 陶盘（ⅢM28：7）

ⅢM27、ⅢM28 出土器物

图版一〇五

1. 石砚（ⅢM28∶16）

2. 陶钵（ⅢM28∶10）

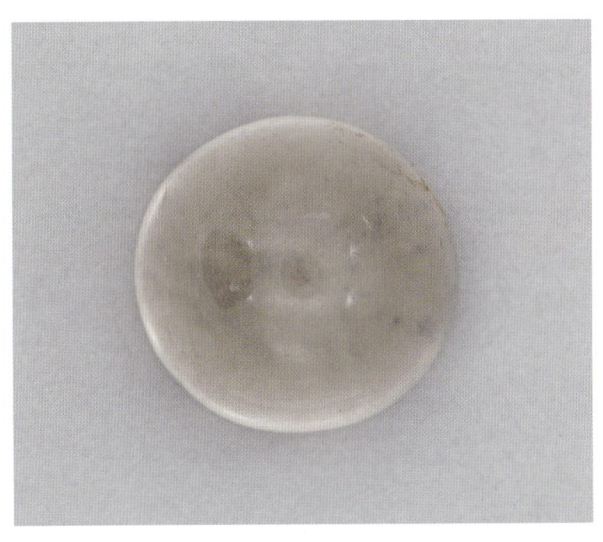

3. 水晶饰件（ⅢM28∶15）

4. 陶灯（ⅢM28∶5）

5. 素面陶罐（ⅢM28∶1）

6. 陶碟（ⅢM28∶9）

ⅢM28 出土器物

图版一〇六

1. 陶斗瓶（ⅢM28：4）

2. 陶釜（ⅢM28：18）

3. 陶壶（ⅢM28：11）

4. 陶甑（ⅢM28：17）

5. 大泉五十、五铢钱（ⅢM28：13-3、13-4、19-6、19-2）

ⅢM28 出土器物

1. 陶樽（ⅢM28∶25）

2. 铜弩机廓（ⅢM28∶12）

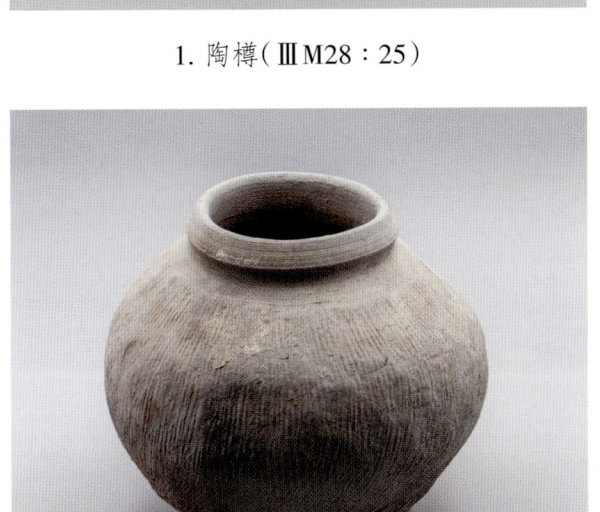

3. 绳纹陶罐（ⅢM29∶3）

4. 绳纹陶罐（ⅢM29∶22）

5. 绳纹陶罐（ⅢM29∶4）

6. 陶盘（ⅢM29∶16）

7. 铜削刀（ⅢM29∶11）

ⅢM28、ⅢM29 出土器物

图版一〇八

1. 丝织物超景深显微照（ⅢM29：42）

2. 丝织物（ⅢM29：42）

3. 珠饰（ⅢM29：24-1~24-14）

4. 珠饰（ⅢM29：24-14）

5. 铜弩机廓（ⅢM29：26）

6. 陶灯（ⅢM29：14）

7. 陶钵（ⅢM29：18）

ⅢM29 出土器物

图版一〇九

1. 陶耳杯（ⅢM29:12）

2. 陶耳杯（ⅢM29:13）

3. 陶耳杯（ⅢM29:20）

4. 陶釜（ⅢM29:7）

5. 陶盆（ⅢM29:23）

6. 陶盆（ⅢM29:9）

ⅢM29 出土器物

图版一一〇

1. 陶樽（ⅢM29∶2）

2. 陶樽（ⅢM29∶5）

3. 陶樽（ⅢM29∶8）

4. 陶壶（ⅢM29∶15）

5. 陶盂（ⅢM31∶1）

6. 开元通宝（ⅢM32∶4）

ⅢM29、ⅢM31、ⅢM32 出土器物

图版一一一

1. 陶罐（ⅢM32∶1）

2. 铜带扣（ⅢM32∶2-5、2-2）

3. 铜带扣（ⅢM32∶2-1）

4. 铜带扣（ⅢM32∶2-3）

5. 波浪纹陶罐（ⅢM33∶2）

6. 波浪纹陶罐（ⅢM33∶12）

ⅢM32、ⅢM33 出土器物

图版一一二

1. 泥斗瓶（ⅢM33：13）

2. 泥壶（ⅢM33：15）

3. 泥釜（ⅢM33：14）

4. 陶钵（ⅢM33：4）

5. 陶灯（ⅢM33：9）

6. 陶釜（ⅢM33：8）

ⅢM33 出土器物

图版一一三

1. 陶樽（ⅢM33:1）

2. 弦纹陶罐（ⅢM33:11）

3. 陶盆（ⅢM33:5）

4. 陶钵（ⅢM33:16）

5. 陶碗（ⅢM33:10）

6. 彩绘陶罐（ⅢM34:2）

ⅢM33、ⅢM34 出土器物

图版一一四

1. 开元通宝（ⅢM34∶1）

2. 剪轮五铢（ⅢM35∶23-2）

3. 波浪纹陶罐（ⅢM35∶13）

4. 波浪纹陶罐（ⅢM35∶10）

5. 剪轮钱（ⅢM35∶23-5）

6. 金饰片（ⅢM35∶28）

ⅢM34、ⅢM35 出土器物

图版一一五

1. 陶耳杯（ⅢM35：15）

2. 陶耳杯（ⅢM35：19）

3. 陶灯（ⅢM35：22）

4. 陶碟（ⅢM35：7）

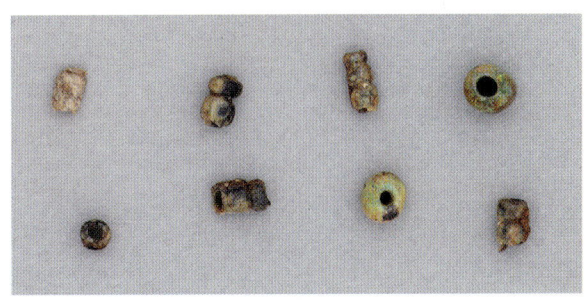

5. 珠饰（ⅢM35：29-1~29-14）

6. 陶釜（ⅢM35：5）

7. 陶盘（ⅢM35：14）

ⅢM35 出土器物

图版一一六

1. 陶樽（ⅢM35：2）

2. 陶樽（ⅢM35：3）

3. 陶樽（ⅢM35：12）

4. 陶甑（ⅢM35：6）

5. 素面陶罐（ⅢM39：11）

6. 波浪纹陶罐（ⅢM39：3）

ⅢM35、ⅢM39 出土器物

图版一一七

1. 陶灯（ⅢM39：7）

2. 陶榼（ⅢM39：8）

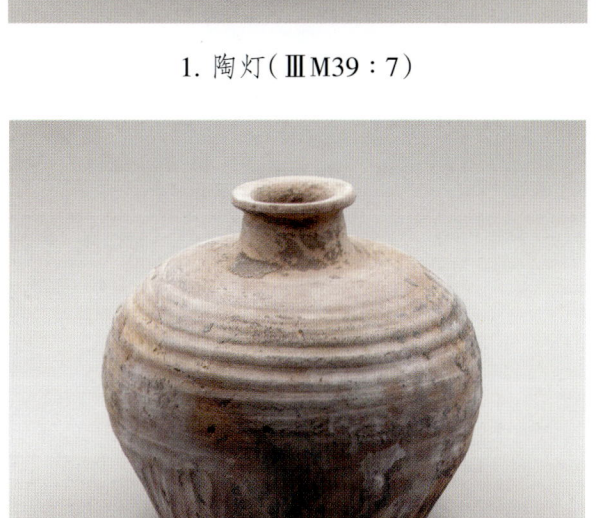

3. 弦纹陶罐（ⅢM39：6）

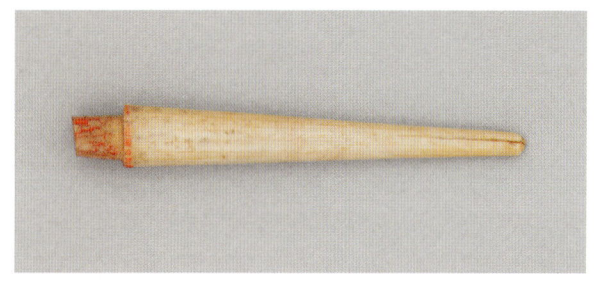

4. 骨簪（ⅢM41：26）

5. 货泉、半两（ⅢM41：36-54、40-63、36-53）

6. 绳纹陶罐（ⅢM41：12）

7. 金饰片（ⅢM41：54-1、54-2）

ⅢM39、ⅢM41 出土器物

图版一一八

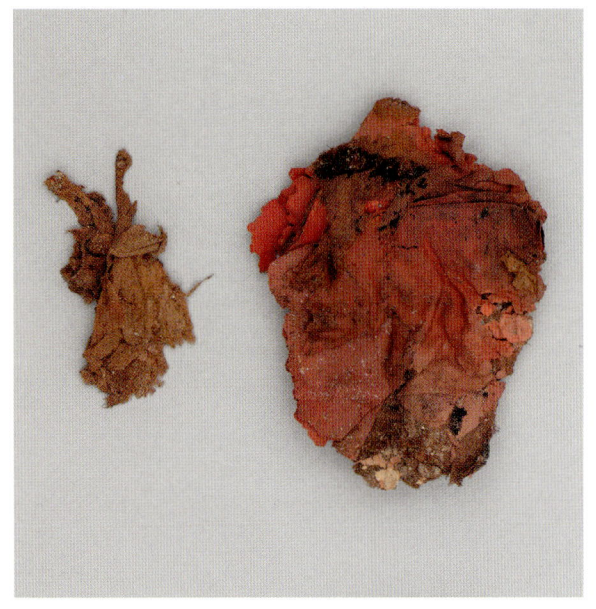

1. 丝织物（ⅢM41∶58）

2. 丝织物超景深显微照（ⅢM41∶58）

3. 丝织物超景深显微照（ⅢM41∶58）

4. 丝织物超景深显微照（ⅢM41∶58）

5. 陶钵（ⅢM41∶22）

6. 陶钵（ⅢM41∶22）

ⅢM41 出土器物

图版一一九

1. 陶钵（ⅢM41：21）

2. 陶钵（ⅢM41：14）

3. 铜铃（ⅢM41：17）

4. 陶耳杯（ⅢM41：23）

5. 铜泡钉（ⅢM41：50）

6. 石饰件（ⅢM41：56）

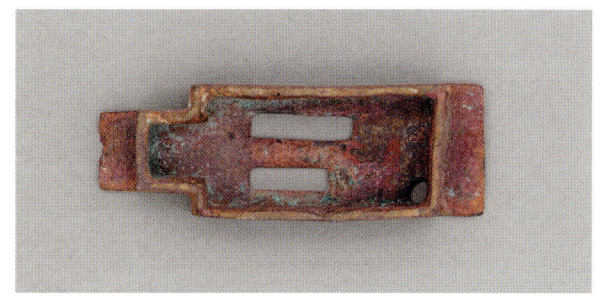

7. 铜弩机廓（ⅢM41：25）

8. 铜弩机廓（ⅢM41：31）

ⅢM41 出土器物

图版一二〇

1. 珠饰（ⅢM41∶51）

2. 弦纹陶罐（ⅢM41∶28）

3. 五铢钱（ⅢM41∶7-2、55-8、48-15、7-1、36-52）

4. 铜铺首（ⅢM41∶44-1、44-2）

5. 丝织物（ⅢM43∶6）

ⅢM41、ⅢM43 出土器物

图版一二一

1. 丝织物超景深显微照（ⅢM43∶6）

2. 丝织物超景深显微照（ⅢM43∶6）

3. 波浪纹陶罐（ⅢM46∶1）

4. 泥罐（ⅢM46∶3）

5. 泥榻（ⅢM46∶7）

6. 泥甑（ⅢM46∶4）

ⅢM43、ⅢM46 出土器物

图版一二二

1. 陶盆（ⅢM46∶5）

2. 弦纹陶罐（ⅢM46∶9）

3. 铜指环（ⅢM48∶14）

4. 铜指环（ⅢM48∶14）

5. 铁镜（ⅢM48∶13）

6. 陶纺轮（ⅢM49∶1）

ⅢM46、ⅢM48、ⅢM49 出土器物

图版一二三

1. 陶盆（ⅢM49∶6）

2. 陶耳杯（ⅢM49∶9）

3. 陶钵（ⅢM49∶10）

4. 陶钵（ⅢM49∶14）

5. 陶灯（ⅢM49∶15）

6. 绳纹陶罐（ⅢM49∶16）

ⅢM49 出土器物

图版一二四

1. 绳纹陶罐（ⅢM49∶17）

2. 绳纹陶罐（ⅢM49∶18）

3. 陶釜（ⅢM49∶19）

4. 陶碟（ⅢM49∶21）

5. 陶樽（ⅢM49∶24）

6. 剪轮钱（ⅢM49∶29）

ⅢM49 出土器物

1. 陶盘（ⅢM49∶5）

2. 陶灯（ⅢM50∶10）

3. 铜弩机（ⅢM49∶26）

4. 陶钵（ⅢM50∶1）

5. 波浪纹陶罐（ⅢM50∶16）

6. 波浪纹陶罐（ⅢM50∶20）

ⅢM49、ⅢM50 出土器物

图版一二六

1. 陶耳杯（ⅢM50∶5）

2. 陶碟（ⅢM50∶2）

3. 陶案（ⅢM50∶3）

4. 陶盆（ⅢM50∶17）

5. 陶樽（ⅢM50∶14）

6. 陶樽（ⅢM50∶15）

ⅢM50 出土器物

图版一二七

1. 陶壶（ⅢM50：4）

2. 五铢钱（ⅢM50：11）

3. 四出五铢正面（ⅢM54：14-2）

4. 四出五铢背面（ⅢM54：14-2）

5. 五铢钱、磨郭五铢（ⅢM54：11-2、14-2、15-1、14-6）

ⅢM50、ⅢM54 出土器物

图版一二八

1. 绳纹陶罐（ⅣM1∶1）

2. 素面陶罐（ⅣM1∶19）

3. 陶钵（ⅣM1∶8）

4. 陶钵（ⅣM1∶18）

5. 陶灯（ⅣM1∶15）

6. 陶碟（ⅣM1∶21）

ⅣM1 出土器物

图版一二九

1. 陶斗瓶（ⅣM1∶7）

2. 陶斗瓶（ⅣM1∶20）

3. 陶斗瓶（ⅣM1∶24）

4. 陶釜（ⅣM1∶14）

5. 陶壶（ⅣM1∶2）

6. 陶盆（ⅣM1∶13）

ⅣM1 出土器物

图版一三〇

1. 陶樽（ⅣM1：4）

2. 陶樽（ⅣM1：5）

3. 陶樽（ⅣM1：28）

4. 陶盘（ⅣM1：17）

5. 陶器盖（ⅣM1：3）

6. 五铢钱
（ⅣM1：27-1、27-2、27-5、27-6、27-11、27-19）

7. 陶器盖（ⅣM1：10）

ⅣM1 出土器物

图版一三一

1. 四出五铢正面(ⅣM3：19-2)

2. 四出五铢背面(ⅣM3：19-2)

3. 五铢钱(ⅣM2：20-1、20-10)

5. 波浪纹陶罐(ⅣM3：17)

4. 陶钵(ⅣM3：3)

6. 陶碟(ⅣM3：13)

7. 陶灯(ⅣM3：11)

ⅣM2、ⅣM3 出土器物

图版一三二

1. 陶斗瓶（ⅣM3：15）

2. 陶斗瓶（ⅣM3：18）

3. 五铢钱正面（ⅣM3：19-28）

4. 五铢钱背面（ⅣM3：19-28）

5. 陶盆（ⅣM3：16）

6. 五铢钱、磨郭五铢（ⅣM3：19-2、19-47、19-61）

7. 陶壶（ⅣM3：6）

ⅣM3 出土器物

图版一三三

1. 陶釜（ⅣM3∶9）

2. 陶壶（ⅣM4∶1）

3. 波浪纹陶罐（ⅣM4∶12）

4. 波浪纹陶罐（ⅣM4∶4）

5. 陶斗瓶（ⅣM4∶5）

6. 陶钵（ⅣM4∶7）

ⅣM3、ⅣM4 出土器物

图版一三四

1. 陶斗瓶（ⅣM4∶17）

2. 陶斗瓶（ⅣM4∶17）

3. 陶斗瓶（ⅣM4∶17）

4. 陶斗瓶（ⅣM4∶17）

5. 陶斗瓶（ⅣM4∶16）

6. 陶斗瓶（ⅣM4∶18）

ⅣM4 出土斗瓶

图版一三五

1. 陶碟（ⅣM4：9）

2. 陶樽（ⅣM4：11）

3. 陶甑（ⅣM4：3）

4. 陶盆（ⅣM4：19）

5. 陶樽（ⅣM5：1）

6. 陶甑（ⅣM5：3）

ⅣM4、ⅣM5 出土器物

图版一三六

1. 陶钵（ⅣM5∶12）

2. 陶碟（ⅣM5∶10）

3. 陶灯（ⅣM5∶5）

4. 陶壶（ⅣM5∶14）

5. 陶斗瓶（ⅣM5∶16）

6. 陶斗瓶（ⅣM5∶17）

ⅣM5 出土器物

1. 陶盘（ⅣM5：13）

2. 陶盘（ⅣM6：18）

3. 波浪纹陶罐（ⅣM6：3）

4. 波浪纹陶罐（ⅣM6：9）

5. 波浪纹陶罐（ⅣM6：10）

6. 陶器盖（ⅣM6：1）

7. 货泉（ⅣM6：29-6、29-7、29-8）

ⅣM5、ⅣM6 出土器物

图版一三八

1. 大泉五十（ⅣM6：29-5）

2. 陶灯（ⅣM6：26）

3. 陶钵（ⅣM6：15）

4. 陶碟（ⅣM6：17）

5. 陶壶（ⅣM6：20）

6. 陶耳杯（ⅣM6：24）

ⅣM6 出土器物

1. 陶斗瓶（ⅣM6：13）

2. 陶斗瓶（ⅣM6：13）

3. 陶斗瓶（ⅣM6：13）

4. 陶斗瓶（ⅣM6：13）

5. 陶斗瓶（ⅣM6：12）

6. 陶斗瓶（ⅣM6：28）

ⅣM6 出土斗瓶

图版一四〇

1. 陶盆（ⅣM6：14）

2. 陶碗（ⅣM6：21）

3. 陶盆（ⅣM6：19）

4. 陶甑（ⅣM6：8）

5. 陶樽（ⅣM6：4）

6. 陶樽（ⅣM6：5）

ⅣM6 出土器物

图版一四一

1. 陶樽（ⅣM6∶6）

2. 五铢钱、剪轮五铢、磨郭五铢（ⅣM6∶29-63、
29-48、29-50、29-12、29-10、29-29）

3. 绳纹陶罐（ⅣM8∶3）

4. 陶钵（ⅣM8∶18）

5. 素面陶罐（ⅣM8∶19）

6. 绳纹陶罐（ⅣM8∶5）

ⅣM6、ⅣM8 出土器物

图版一四二

1. 陶碟（ⅣM8∶20）

2. 陶甑（ⅣM8∶1）

3. 陶盆（ⅣM8∶16）

4. 陶樽（ⅣM8∶9）

5. 陶樽（ⅣM8∶7）

6. 陶樽（ⅣM8∶8）

ⅣM8 出土器物

图版一四三

1. 陶壶（ⅣM8：10）

2. 陶盘（ⅣM8：15）

4. 铜钗（ⅣM8：23-3）

3. 铜镜（ⅣM8：21）

5. 陶盘（ⅣM10：13）

6. 波浪纹陶罐（ⅣM10：1）

7. 陶灯（ⅣM10：7）

ⅣM8、ⅣM10 出土器物

图版一四四

1. 陶碗（ⅣM10∶3）

2. 陶碟（ⅣM10∶4）

3. 陶盆（ⅣM10∶6）

4. 陶甑（ⅣM10∶11）

5. 陶釜（ⅣM10∶9）

6. 陶樽（ⅣM10∶8）

ⅣM10 出土器物

图版一四五

1. 大泉五十、五铢钱（ⅣM15：28-1、28-2、28-6、28-7）

2. 绳纹陶罐（ⅣM15：5）

3. 绳纹陶罐（ⅣM15：6）

4. 绳纹陶罐（ⅣM15：8）

5. 绳纹陶罐（ⅣM15：9）

ⅣM15 出土器物

图版一四六

1. 陶钵（ⅣM15：14）

2. 陶钵（ⅣM15：22）

3. 陶灯（ⅣM15：25）

4. 陶釜（ⅣM15：4）

5. 陶壶（ⅣM15：26）

6. 陶壶（ⅣM15：27）

ⅣM15 出土器物

图版一四七

1. 陶盆（ⅣM15：20）

3. 陶盆（ⅣM15：21）

6. 陶甑（ⅣM15：3）

2. 陶碟（ⅣM15：2）

4. 陶盘（ⅣM15：24）

5. 陶器盖（ⅣM15：1）

7. 珠饰（ⅣM15：29）

ⅣM15 出土器物

图版一四八

1. 陶樽（ⅣM15∶10）

2. 陶樽（ⅣM15∶11）

3. 陶樽（ⅣM15∶12）

4. 陶钵（ⅣM16∶5）

5. 陶钵（ⅣM16∶11）

6. 陶钵（ⅣM16∶13）

ⅣM15、ⅣM16 出土器物

图版一四九

1. 陶碟（ⅣM16∶8）

2. 陶盆（ⅣM16∶10）

3. 陶壶（ⅣM16∶2）

4. 陶壶（ⅣM16∶4）

5. 陶釜（ⅣM16∶3）

6. 陶樽（ⅣM16∶1）

ⅣM16 出土器物

图版一五〇

1. 陶盘（ⅣM16∶6）

2. 五铢钱（ⅣM16∶15-7、15-9）

4. 陶碟（ⅣM18∶12）

6. 陶榻（ⅣM18∶4）

3. 波浪纹陶罐（ⅣM18∶2）

5. 陶钵（ⅣM18∶16）

7. 陶盆（ⅣM18∶11）

ⅣM16、ⅣM18 出土器物

图版一五一

1. 陶斗瓶（ⅣM18∶18）

2. 陶斗瓶（ⅣM18∶17）

3. 陶盘（ⅣM18∶15）

4. 陶盘（ⅣM19∶8）

5. 陶钵（ⅣM19∶10）

6. 波浪纹陶罐（ⅣM19∶12）

ⅣM18、ⅣM19 出土器物

图版一五二

1. 泥器（ⅣM19∶16）

2. 陶钵（ⅣM19∶20）

3. 陶灯（ⅣM19∶18）

4. 陶斗瓶（ⅣM19∶14）

5. 陶釜（ⅣM19∶1）

6. 陶壶（ⅣM19∶11）

ⅣM19 出土器物

图版一五三

1. 陶碗（ⅣM19∶7）

2. 波浪纹陶罐（ⅣM22∶18）

3. 波浪纹陶罐（ⅣM22∶19）

4. 波浪纹陶罐（ⅣM22∶21）

5. 陶钵（ⅣM22∶8）

6. 陶钵（ⅣM22∶11）

ⅣM19、ⅣM22 出土器物

图版一五四

1. 陶钵（ⅣM22∶20）

2. 剪轮钱（ⅣM22∶15-12）

3. 陶釜（ⅣM22∶24）

4. 五铢钱、磨郭五铢（ⅣM22∶15-1、15-10）

5. 陶斗瓶（ⅣM22∶14）

6. 陶灯（ⅣM22∶1）

ⅣM22 出土器物

图版一五五

1. 陶斗瓶（ⅣM22：12）

2. 陶斗瓶（ⅣM22：12）

3. 陶斗瓶（ⅣM22：12）

4. 陶斗瓶（ⅣM22：12）

5. 陶斗瓶（ⅣM22：12）

6. 陶斗瓶（ⅣM22：12）

ⅣM22 出土斗瓶

图版一五六

1. 陶斗瓶（ⅣM22：28）

2. 陶斗瓶（ⅣM22：28）

3. 陶斗瓶（ⅣM22：28）

4. 陶斗瓶（ⅣM22：28）

5. 陶斗瓶（ⅣM22：28）

6. 陶斗瓶（ⅣM22：28）

ⅣM22 出土斗瓶

图版一五七

1. 陶壶（ⅣM22：4）

2. 陶甑（ⅣM22：23）

3. 陶碗（ⅣM22：13）

4. 陶盆（ⅣM22：25）

5. 陶樽（ⅣM22：17）

6. 陶樽（ⅣM22：22）

ⅣM22 出土器物

图版一五八

1. 陶榻（ⅣM22：3）

2. 波浪纹陶罐（ⅣM23：4）

3. 陶盘（ⅣM22：10）

4. 陶钵（ⅣM23：15）

5. 铜弩机（ⅣM23：31）

6. 陶钵（ⅣM23：21）

ⅣM22、ⅣM23 出土器物

图版一五九

1. 陶碟（ⅣM23∶22）

2. 陶斗瓶（ⅣM23∶28）

3. 陶斗瓶（ⅣM23∶29）

4. 陶斗瓶（ⅣM23∶25）

5. 陶斗瓶（ⅣM23∶26）

6. 陶斗瓶（ⅣM23∶27）

ⅣM23 出土器物

图版一六〇

1. 陶灯（ⅣM23：7）

2. 陶灯（ⅣM23：24）

3. 陶樽（ⅣM23：1）

4. 陶樽（ⅣM23：3）

5. 陶壶（ⅣM23：6）

6. 陶壶（ⅣM23：23）

ⅣM23 出土器物

图版一六一

1. 陶耳杯（ⅣM23∶10）

2. 陶耳杯（ⅣM23∶11）

3. 陶耳杯（ⅣM23∶12）

4. 剪轮钱（ⅣM23∶30-9）

5. 五铢钱、磨郭五铢（ⅣM23∶30-2、30-3、30-4、30-25、30-31、30-36、30-40、30-56、30-59、30-61）

ⅣM23 出土器物

图版一六二

1. 五铢钱正面（ⅣM23∶30-2）

2. 五铢钱背面（ⅣM23∶30-2）

3. 陶盘（ⅣM23∶18）

4. 陶盘（ⅣM24∶15）

5. 陶壶（ⅣM24∶13）

6. 陶灯（ⅣM24∶21）

ⅣM23、ⅣM24 出土器物

图版一六三

1. 陶樽（ⅣM24：2）

2. 陶樽（ⅣM24：3）

3. 绳纹陶罐（ⅣM24：4）

4. 绳纹陶罐（ⅣM24：23）

5. 陶器盖（ⅣM24：9）

6. 陶器盖（ⅣM24：24）

ⅣM24 出土器物

图版一六四

1. 陶钵（ⅣM24∶17）

2. 陶钵（ⅣM24∶18）

3. 陶釜（ⅣM24∶22）

4. 素面陶罐（ⅣM24∶32）

5. 陶甑（ⅣM24∶10）

6. 陶盆（ⅣM24∶26）

ⅣM24 出土器物

图版一六五

1. 陶碟（ⅣM24：14）

2. 五铢钱（ⅣM24：31-57、31-42、31-40）

3. 石纺轮（ⅣM24：29）

4. 剪轮钱（ⅣM24：31-4）

5. 铜铃（ⅣM24：28）

6. 大泉五十（ⅣM27：18-3、18-4）

7. 剪轮钱（ⅣM27：18-1、18-2）

8. 铜钗（ⅣM27：11-2）

ⅣM24、ⅣM27 出土器物

图版一六六

1. 铜镜（ⅣM27:17）

2. 陶钵（ⅣM28:6）

3. 陶盆（ⅣM28:9）

4. 陶盆（ⅣM28:13）

5. 陶釜（ⅣM28:14）

6. 陶壶（ⅣM28:19）

ⅣM27、ⅣM28 出土器物

图版一六七

1. 陶斗瓶（ⅣM28∶11）

2. 陶斗瓶（ⅣM28∶11）

3. 陶斗瓶（ⅣM28∶11）

4. 陶斗瓶（ⅣM28∶11）

5. 陶斗瓶（ⅣM28∶11）

6. 陶斗瓶底部（ⅣM28∶11）

ⅣM28 出土斗瓶

图版一六八

1. 陶斗瓶（ⅣM28:16）

2. 陶斗瓶底部（ⅣM28:16）

3. 陶斗瓶（ⅣM28:10）

4. 陶斗瓶底部（ⅣM28:10）

5. 陶斗瓶（ⅣM28:22）

6. 陶仓（ⅣM28:2）

ⅣM28 出土器物

图版一六九

1. 陶甑（ⅣM28：1）

3. 陶樽（ⅣM28：15）

6. 铜带扣（ⅤM1：1-1、1-2）

2. 陶碟（ⅣM28：4）

4. 陶榻（ⅣM28：8）

5. 陶盘（ⅣM28：21）

7. 陶盘（ⅤM3：15）

ⅣM28、ⅤM1、ⅤM3 出土器物

图版一七〇

1. 波浪纹陶罐（VM3∶9）

2. 波浪纹陶罐（VM3∶10）

3. 陶钵（VM3∶2）

4. 陶钵（VM3∶16）

5. 陶灯（VM3∶5）

6. 陶灯（VM3∶19）

VM3 出土器物

图版一七一

1. 陶斗瓶（ⅤM3:1）

2. 陶斗瓶（ⅤM3:20）

3. 陶斗瓶（ⅤM3:21）

4. 陶斗瓶（ⅤM3:22）

5. 陶釜（ⅤM3:11）

6. 陶碟（ⅤM3:14）

ⅤM3出土器物

图版一七二

1. 陶壶（ⅤM3∶6）

2. 陶盆（ⅤM3∶3）

3. 陶盆（ⅤM3∶4）

4. 陶甑（ⅤM3∶12）

5. 陶樽（ⅤM3∶23）

6. 陶榻（ⅤM3∶18）

ⅤM3出土器物

图版一七三

1. 货泉、半两、五铢钱（ⅤM3：25-1、25-2、25-34、25-35）

2. 陶壶（ⅤM4：5）

3. 陶壶（ⅤM4：2）

4. 陶耳杯（ⅤM4：9）

5. 铜镜（ⅤM4：7）

ⅤM3、ⅤM4 出土器物

图版一七四

1. 陶盘（ⅤM4：1）

2. 五铢钱（ⅤM4：8-3、8-5）

3. 陶盘（ⅤM5：1）

4. 陶盘（ⅤM5：2）

5. 陶钵（ⅤM5：15）

6. 陶钵（ⅤM5：10）

7. 陶碟（ⅤM5：8）

8. 陶碟（ⅤM5：12）

ⅤM4、ⅤM5 出土器物

图版一七五

1. 陶灯（ⅤM5∶6）

2. 陶壶（ⅤM5∶19）

3. 陶釜（ⅤM5∶5）

4. 陶耳杯（ⅤM5∶13）

5. 陶盆（ⅤM5∶17）

6. 陶樽（ⅤM5∶3）

7. 铜弩机廓（ⅤM5∶18）

ⅤM5 出土器物

图版一七六

1. 波浪纹陶罐（ⅤM5∶7）

2. 陶甑（ⅤM5∶16）

3. 陶樽（ⅤM6∶4）

4. 绳纹陶罐（ⅤM6∶3）

5. 陶斗瓶（ⅤM6∶7）

6. 陶斗瓶（ⅤM6∶6）

ⅤM5、ⅤM6出土器物

图版一七七

1. 波浪纹陶罐（VM8:21）

2. 绳纹陶罐（VM8:5）

3. 绳纹陶罐（VM8:10）

4. 绳纹陶罐（VM8:12）

5. 陶灯（VM8:14）

6. 陶斗瓶（VM8:17）

VM8 出土器物

图版一七八

1. 陶耳杯（ⅤM8∶11）

2. 陶耳杯（ⅤM8∶25）

3. 陶壶（ⅤM8∶7）

4. 陶壶（ⅤM8∶3）

5. 陶樽（ⅤM8∶13）

6. 陶樽（ⅤM8∶4）

ⅤM8出土器物

1. 铜弩机廓正面（VM8:18）

2. 铜弩机廓侧面（VM8:18）

3. 陶釜（VM8:16）

4. 陶盘（VM8:8）

5. 陶甑（VM8:20）

6. 陶樽（VM8:15）

7. 铜带扣（VM11:4-1~4-9）

VM8、VM11 出土器物

图版一八〇

1. 陶罐（ⅤM11∶1）

2. 陶罐（ⅤM11∶2）

3. 陶钵（ⅤM15∶10）

4. 陶钵（ⅤM15∶11）

5. 陶釜（ⅤM15∶5）

6. 陶壶（ⅤM15∶4）

ⅤM11、ⅤM15 出土器物

图版一八一

1. 陶甗（VM15:6）

2. 陶樽（VM15:1）

3. 铜镜（VM15:7）

4. 陶盘（VM15:9）

5. 陶盘（VM16:10）

6. 陶灯（VM16:3）

7. 陶樽（VM16:1）

VM15、VM16 出土器物

图版一八二

1. 陶钵（VM16∶16）

2. 三系绛釉罐（VM16∶18）

3. 陶耳杯（VM16∶14）

4. 铜指环（VM16∶23）

5. 铜指环（VM16∶23）

6. 陶甑（VM16∶2）

7. 陶壶（VM16∶5）

VM16 出土器物

图版一八三

1. 陶器盖（ⅤM16∶9）

2. 陶器盖（ⅤM16∶6）

3. 陶器盖（ⅥM1∶4）

4. 陶器盖（ⅥM1∶11）

5. 陶钵（ⅥM1∶2）

6. 石砚（ⅥM3∶11）

ⅤM16、ⅥM1、ⅥM3 出土器物

图版一八四

1. 陶钵（ⅥM3∶2）

2. 陶钵（ⅥM3∶3）

3. 三足釜（ⅥM3∶10）

4. 弦纹陶罐（ⅥM3∶5）

5. 弦纹陶罐（ⅥM3∶7）

6. 弦纹陶罐（ⅥM3∶8）

ⅥM3 出土器物

图版一八五

1. 开元通宝（ⅥM6∶1）

2. 开元通宝（ⅥM6∶2-1、2-2、2-3、2-4）

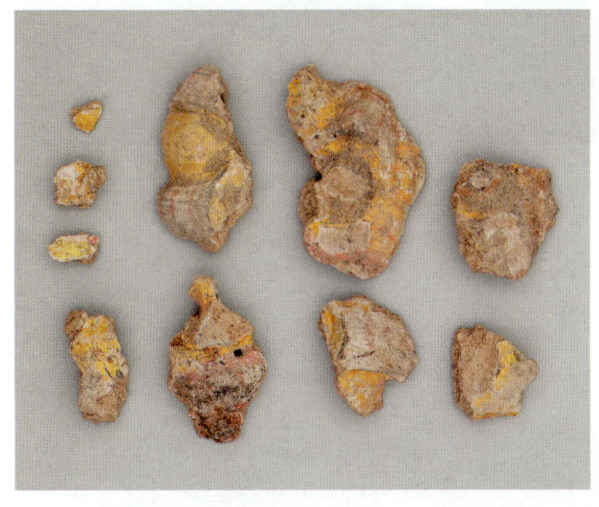

3. 彩绘俑残片（ⅥM7∶7-1、7-2）

4. 描金残片（ⅥM7∶5-1、5-2）

5. 琉璃饰品正面（ⅥM7∶10）

6. 琉璃饰品背面（ⅥM7∶10）

ⅥM6、ⅥM7 出土器物

图版一八六

1. 墓志志石（ⅦM7：4）

2. 墓志志石拓片（ⅦM7：4）

3. 墓志志盖内侧（ⅦM7：4）

4. 墓志志盖内侧拓片（ⅦM7：4）

ⅦM7 出土墓志

图版一八七

1. 陶碗（ⅥM7∶1）

2. 陶碗（ⅥM7∶2）

3. 陶碗（ⅥM7∶6）

4. 陶罐（ⅥM10∶1）

5. 陶钵（ⅥM11∶13）

6. 陶钵（ⅥM11∶8）

ⅥM7、ⅥM10、ⅥM11 出土器物

图版一八八

1. 波浪纹陶罐（ⅥM11∶21）

2. 陶灯（ⅥM11∶14）

3. 陶斗瓶（ⅥM11∶4）

4. 陶斗瓶（ⅥM11∶18）

5. 陶釜（ⅥM11∶23）

6. 陶壶（ⅥM11∶15）

ⅥM11 出土器物

图版一八九

1. 陶盘（ⅥM11：2）

2. 陶盘（ⅥM11：1）

3. 陶盆（ⅥM11：6）

4. 陶碗（ⅥM11：12）

5. 陶甑（ⅥM11：20）

6. 陶樽（ⅥM11：22）

ⅥM11 出土器物

图版一九〇

1. 陶耳杯（ⅥM13：4）

2. 陶碟（ⅥM13：14）

3. 陶钵（ⅥM13：10）

4. 陶钵（ⅥM13：2）

5. 绳纹陶罐（ⅥM13：13）

6. 陶釜（ⅥM13：23）

ⅥM13出土器物

图版一九一

1. 陶壶（ⅧM13：11）

2. 陶盘（ⅧM13：1）

4. 陶器盖（ⅧM13：22）

3. 陶甑（ⅧM13：24）

5. 铜钗（ⅧM13：19-1）

6. 陶樽（ⅧM13：9）

7. 弦纹陶罐（ⅧM13：15）

ⅧM13 出土器物

图版一九二

1. 波浪纹陶罐（ⅦM14：11）

2. 波浪纹陶罐（ⅦM14：12）

3. 泥杯（ⅦM14：16）

4. 泥斗瓶（ⅦM14：15）

5. 陶钵（ⅦM14：3）

6. 陶仓（ⅦM14：14）

ⅦM14 出土器物

图版一九三

1. 陶榼（ⅥM14∶1）

2. 陶碟（ⅥM14∶2）

3. 陶灯（ⅥM14∶4）

4. 陶壶（ⅥM14∶5）

5. 陶釜（ⅥM14∶9）

6. 陶盘（ⅥM14∶6）

ⅥM14 出土器物

图版一九四

1. 陶碗（ⅥM14∶7）

2. 陶甑（ⅥM14∶8）

3. 陶灶（ⅥM14∶10）

4. 陶樽（ⅥM14∶13）

5. 陶钵（ⅥM15∶6）

6. 陶钵（ⅥM15∶7）

ⅥM14、ⅥM15 出土器物

1. 陶碟（ⅥM15∶5）

2. 陶灯（ⅥM15∶3）

3. 陶斗瓶（ⅥM15∶10）

4. 陶樽（ⅥM15∶1）

5. 陶盘（ⅥM15∶2）

6. 陶盘（ⅥM15∶4）

ⅥM15 出土器物

图版一九六

1. 陶盆（ⅥM15∶8）

2. 陶盆（ⅥM15∶11）

3. 陶樽（ⅥM16∶11）

4. 素面陶罐（ⅥM16∶18）

5. 陶钵（ⅥM16∶10）

6. 陶钵（ⅥM16∶9）

ⅥM15、ⅥM16 出土器物

图版一九七

1. 陶盆（ⅥM16∶19）

2. 陶碟（ⅥM16∶7）

3. 陶斗瓶（ⅥM16∶16）

4. 陶灯（ⅥM16∶12）

5. 陶盘（ⅥM16∶1）

6. 陶盘（ⅥM16∶3）

ⅥM16 出土器物

图版一九八

1. 陶斗瓶（ⅥM16：17）

2. 陶斗瓶（ⅥM16：17）

3. 陶斗瓶（ⅥM16：17）

4. 陶斗瓶（ⅥM16：17）

5. 陶斗瓶（ⅥM16：17）

6. 陶斗瓶（ⅥM16：17）

ⅥM16出土斗瓶

图版一九九

1. 铜叉（ⅥM16∶5）

2. 铜马镳（ⅥM16∶21）

3. 铜帽钉（ⅥM16∶22）

4. 陶碟（ⅥM17∶3）

5. 陶灯（ⅥM17∶6）

6. 陶碟（ⅥM17∶9）

7. 陶斗瓶（ⅥM17∶19）

ⅥM16、ⅥM17 出土器物

图版二〇〇

1. 陶釜（ⅥM17∶17）

2. 陶壶（ⅥM17∶7）

3. 陶盘（ⅥM17∶1）

4. 陶盆（ⅥM17∶18）

5. 陶碗（ⅥM17∶4）

6. 陶碗（ⅥM17∶5）

ⅥM17 出土器物

图版二○一

1. 陶樽（ⅥM17∶12）

2. 陶樽（ⅥM17∶11）

3. 陶甑（ⅥM17∶16）

4. 陶罐（ⅥM19∶1）

5. 开元通宝（ⅥM19∶2）

6. 开元通宝（ⅥM19∶3-1、3-2）

ⅥM17、ⅥM19 出土器物

图版二〇二

1. 波浪纹陶罐（ⅥM22∶1）

2. 波浪纹陶罐（ⅥM22∶9）

3. 陶灯（ⅥM22∶2）

4. 陶樽（ⅥM22∶5）

5. 陶斗瓶（ⅥM22∶6）

6. 陶斗瓶（ⅥM22∶7）

ⅥM22 出土器物

图版二〇三

1. 陶盘（ⅥM22∶4）

2. 陶斗瓶（ⅥM25∶4）

3. 陶钵（ⅥM25∶1）

4. 陶盘（ⅥM25∶2）

5. 陶釜（ⅥM25∶7）

6. 陶樽（ⅥM25∶8）

7. 陶樽（ⅥM25∶3）

ⅥM22、ⅥM25 出土器物

图版二〇四

1. 陶罐（ⅥM26∶1）

2. 铜镜（ⅦM1∶3）

3. 波浪纹陶罐（ⅦM2∶2）

4. 波浪纹陶罐（ⅦM2∶15）

5. 波浪纹陶罐（ⅦM2∶17）

6. 砖雕兽俑（ⅦM2∶1）

ⅥM26、ⅦM1、ⅦM2 出土器物

图版二〇五

1. 陶钵（ⅦM2：24）

2. 陶钵（ⅦM2：25）

3. 陶碟（ⅦM2：10）

4. 陶斗瓶（ⅦM2：23）

5. 陶斗瓶（ⅦM2：7）

6. 陶斗瓶（ⅦM2：19）

ⅦM2 出土器物

图版二〇六

1. 陶斗瓶（ⅦM2∶21）

2. 陶斗瓶（ⅦM2∶21）

3. 陶斗瓶（ⅦM2∶21）

4. 陶斗瓶（ⅦM2∶21）

5. 陶斗瓶（ⅦM2∶21）

6. 陶斗瓶（ⅦM2∶21）

ⅦM2 出土斗瓶

图版二〇七

1. 陶灯（ⅦM2：9）

2. 陶釜（ⅦM2：4）

3. 陶壶（ⅦM2：8）

4. 陶盘（ⅦM2：13）

5. 陶盘（ⅦM2：22）

6. 弦纹陶罐（ⅦM2：16）

7. 铜泡（ⅦM2：32-1、32-2）

ⅦM2 出土器物

图版二〇八

1. 陶樽（ⅦM2∶3）

2. 陶樽（ⅦM2∶14）

3. 铜镜（ⅦM2∶6）

4. 铁镜（ⅦM2∶20）

5. 素面陶罐（ⅦM3∶3）

6. 陶钵（ⅦM3∶15）

ⅦM2、ⅦM3 出土器物

图版二〇九

1. 陶钵（ⅦM3：19）

2. 陶钵（ⅦM3：21）

3. 陶碟（ⅦM3：16）

4. 陶碟（ⅦM3：4）

5. 陶斗瓶（ⅦM3：20）

6. 陶斗瓶（ⅦM3：32）

ⅦM3 出土器物

图版二一〇

1. 陶耳杯（ⅦM3:28）

2. 陶耳杯（ⅦM3:31）

3. 陶壶（ⅦM3:23）

4. 陶釜（ⅦM3:13）

5. 陶器盖（ⅦM3:11）

6. 陶甑（ⅦM3:12）

ⅦM3 出土器物

图版二一一

1. 陶樽（ⅦM3：6）

2. 陶樽（ⅦM3：8）

3. 陶樽（ⅦM3：10）

4. 铜钗（ⅦM3：36-1、36-2）

5. 陶盆（ⅦM3：14）

6. 陶灯（ⅦM3：22）

7. 陶盘（ⅦM3：26）

ⅦM3 出土器物

图版二一二

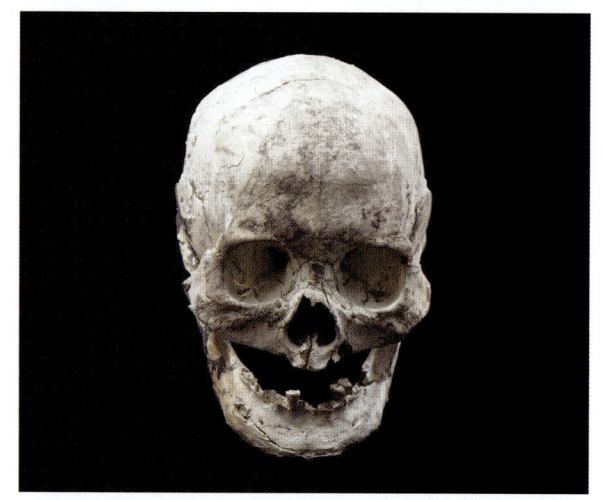

1. ⅠM3 北侧女性颅骨正面

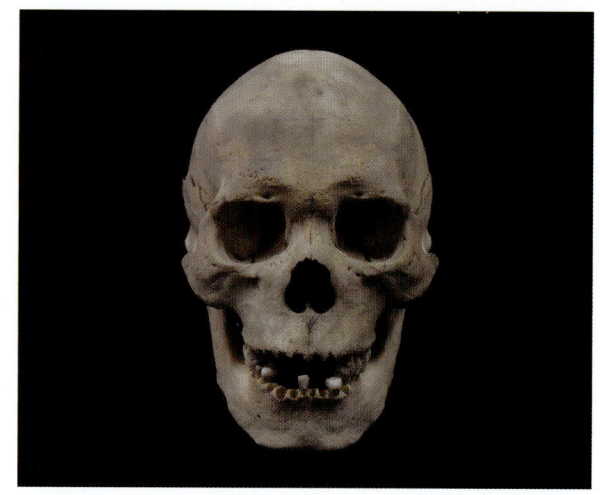

4. ⅠM15 男性颅骨正面

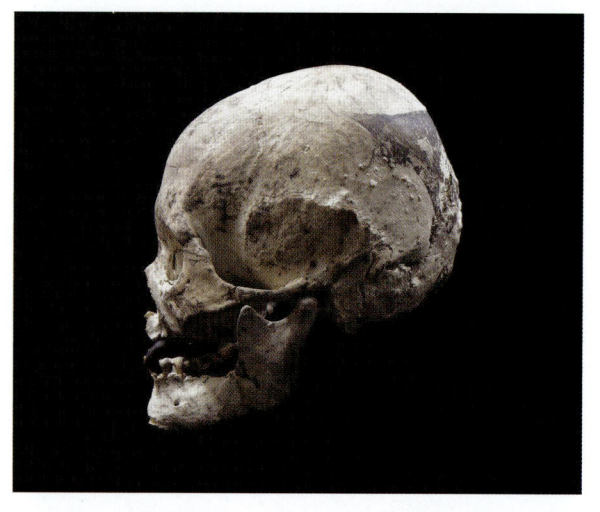

2. ⅠM3 北侧女性颅骨侧面

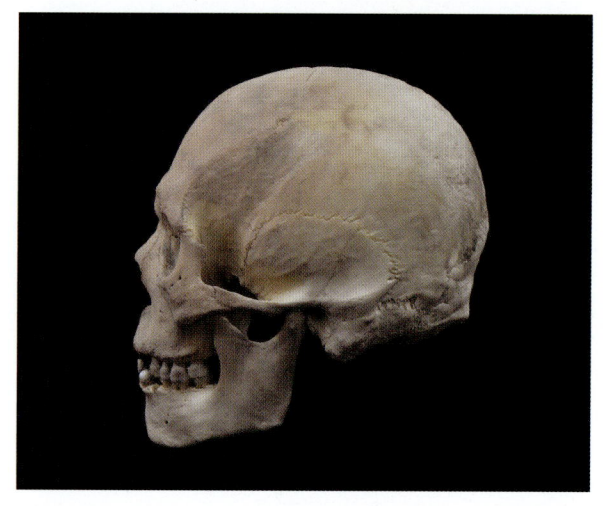

5. ⅠM15 男性颅骨侧面

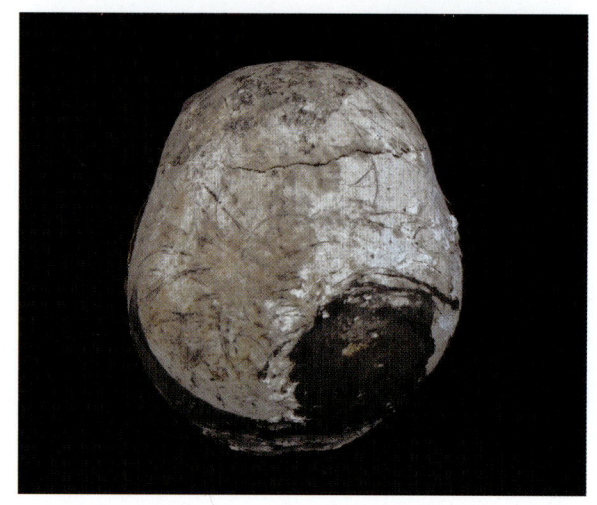

3. ⅠM3 北侧女性颅骨顶面

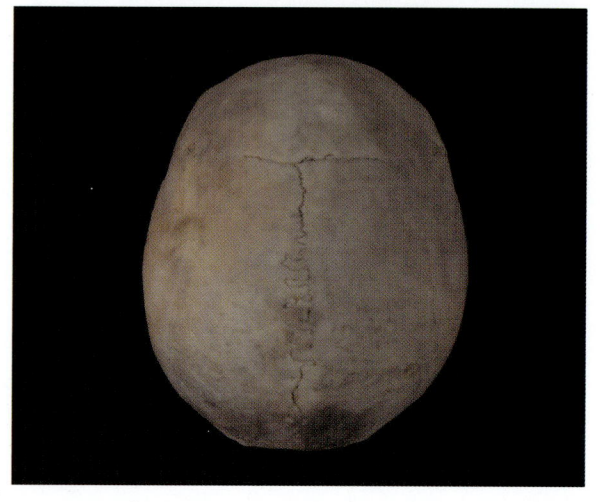

6. ⅠM15 男性颅骨顶面

ⅠM3、ⅠM15 出土颅骨

图版二一三

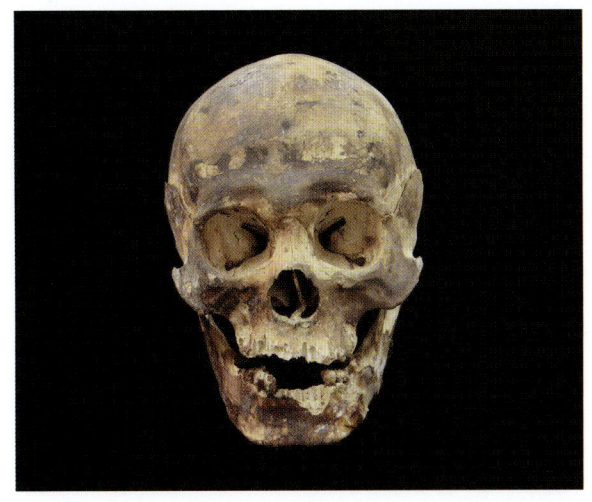

1. ⅡM5 北侧男性颅骨正面

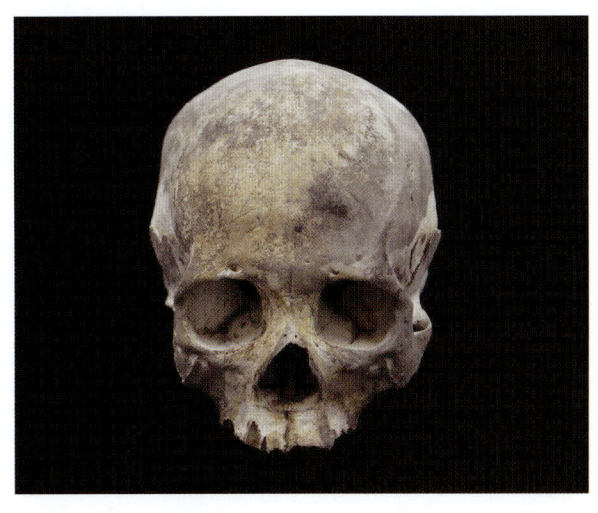

4. ⅡM5 南侧女性颅骨正面

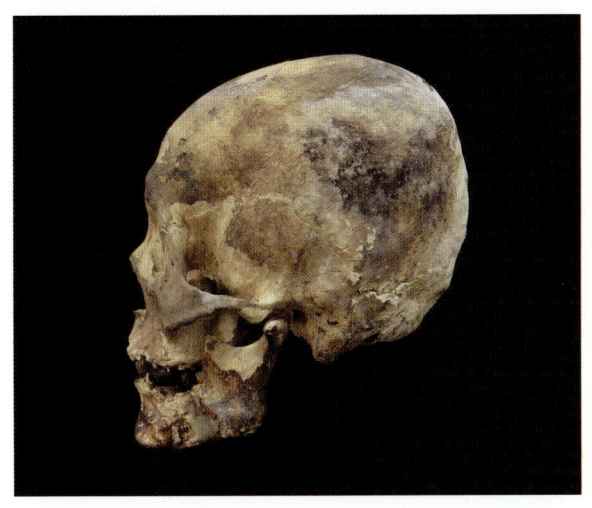

2. ⅡM5 北侧男性颅骨侧面

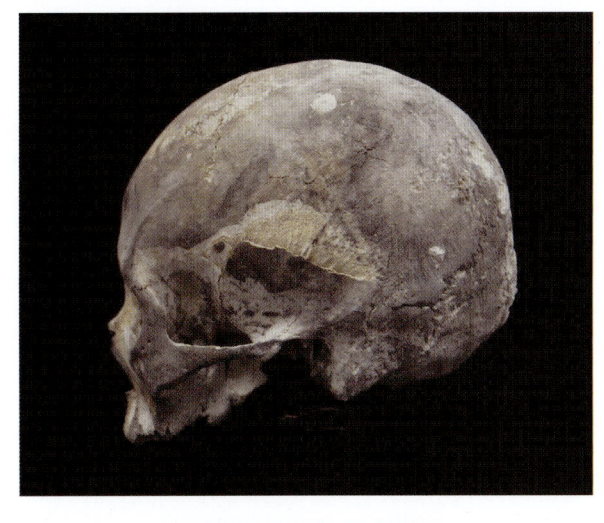

5. ⅡM5 南侧女性颅骨侧面

3. ⅡM5 北侧男性颅骨顶面

6. ⅡM5 南侧女性颅骨顶面

ⅡM5 出土颅骨

图版二一四

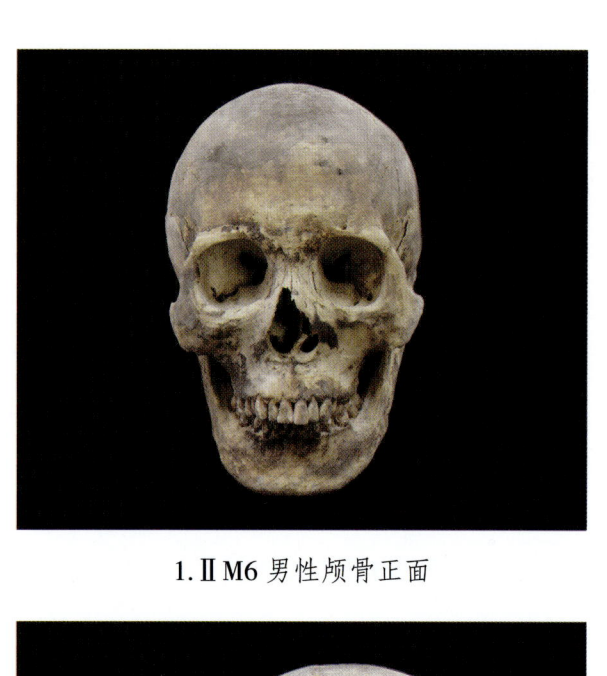

1. ⅡM6 男性颅骨正面

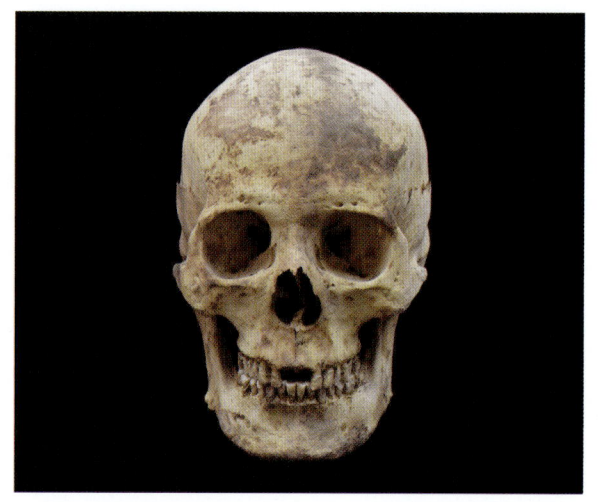

4. ⅡM9 男性颅骨正面

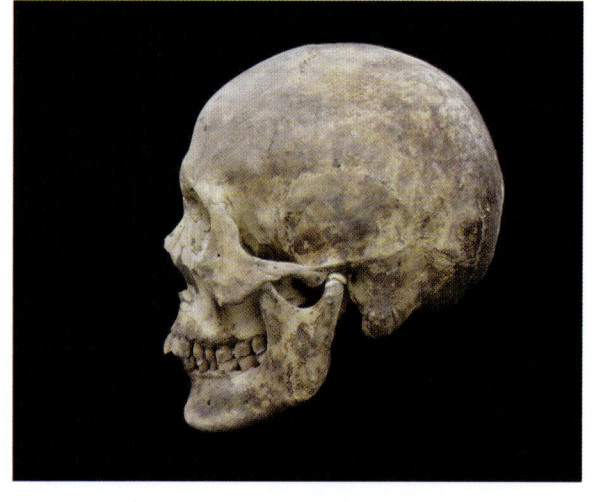

2. ⅡM6 男性颅骨侧面

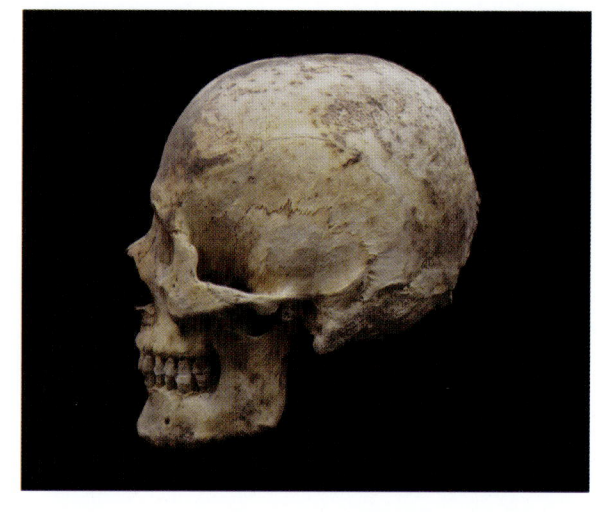

5. ⅡM9 男性颅骨侧面

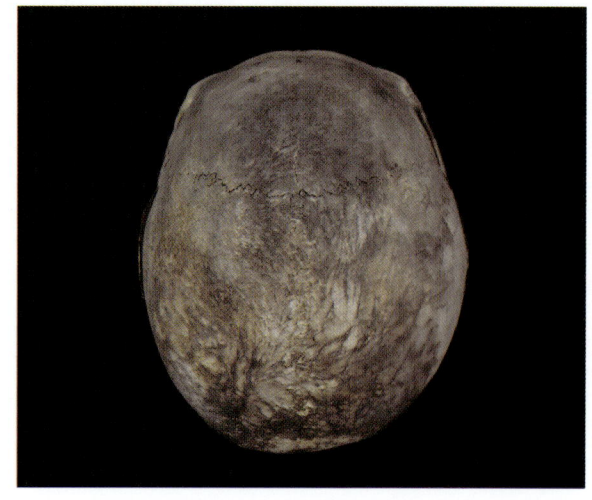

3. ⅡM6 男性颅骨顶面

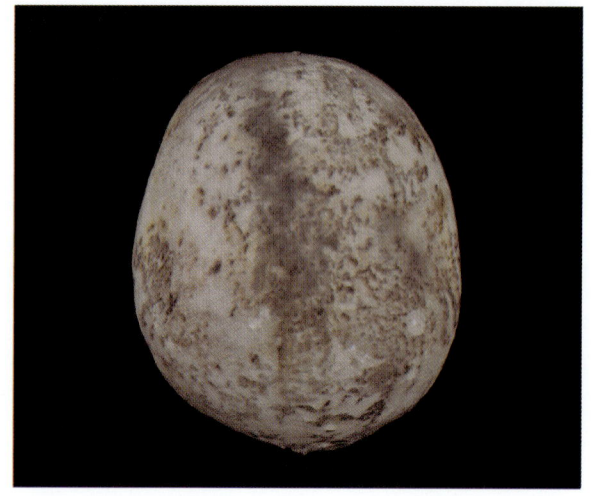

6. ⅡM9 男性颅骨顶面

ⅡM6、ⅡM9 出土颅骨

图版二一三

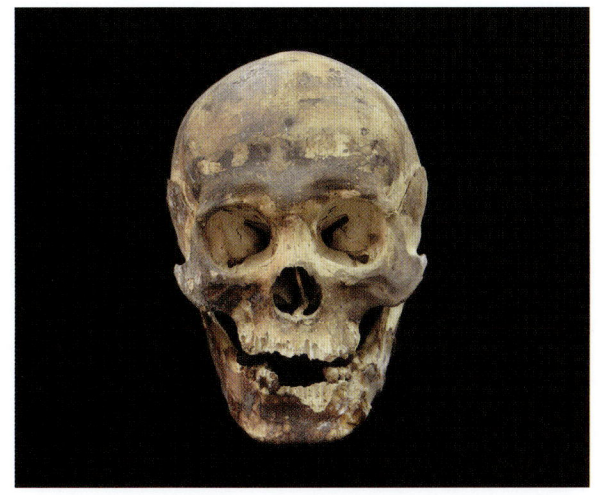

1. ⅡM5 北侧男性颅骨正面

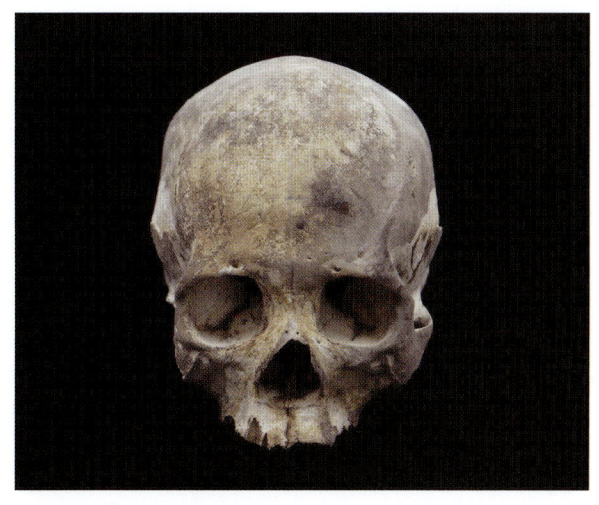

4. ⅡM5 南侧女性颅骨正面

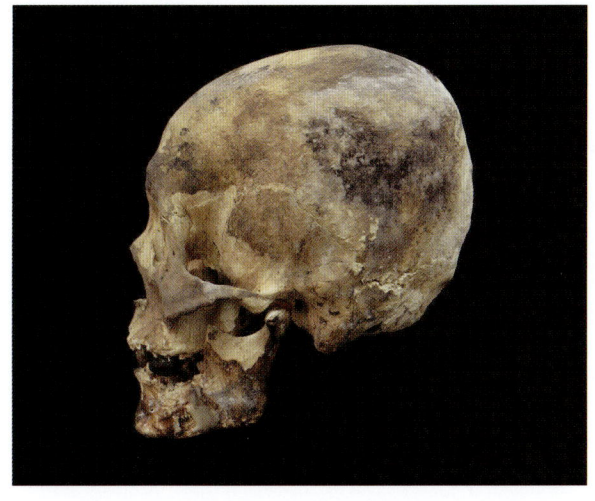

2. ⅡM5 北侧男性颅骨侧面

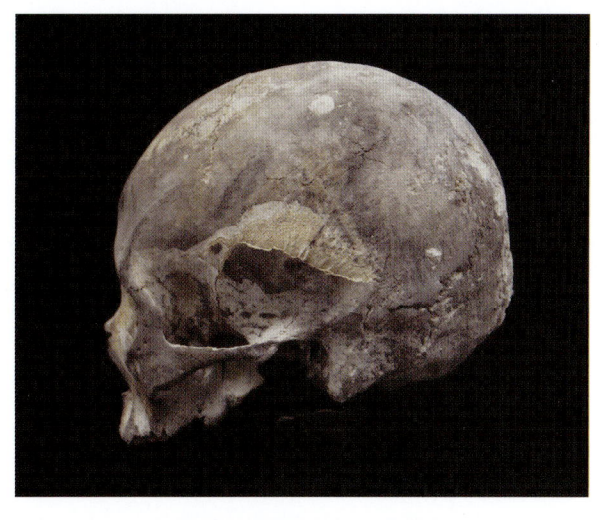

5. ⅡM5 南侧女性颅骨侧面

3. ⅡM5 北侧男性颅骨顶面

6. ⅡM5 南侧女性颅骨顶面

ⅡM5 出土颅骨

图版二一四

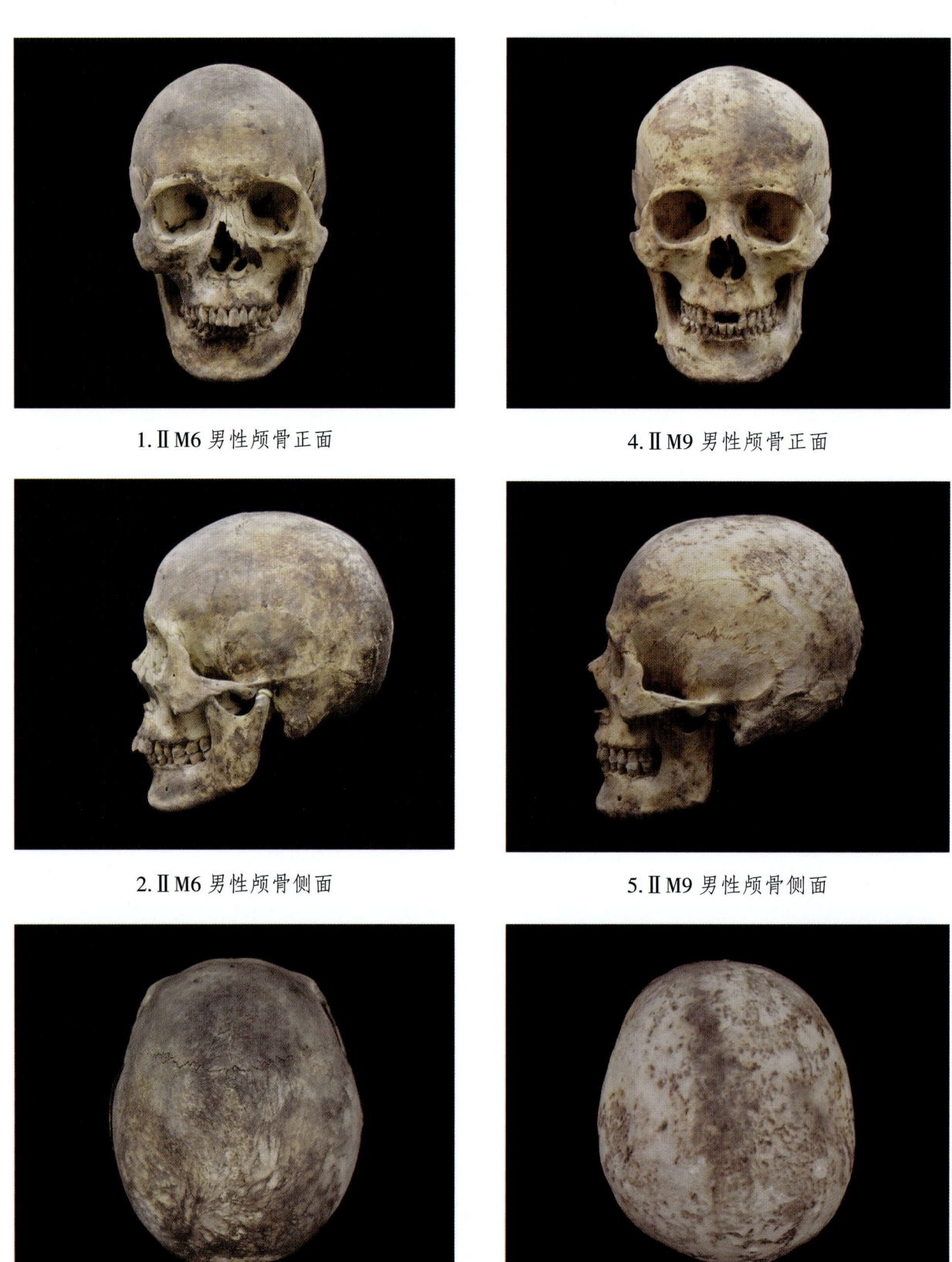

1. ⅡM6 男性颅骨正面
4. ⅡM9 男性颅骨正面
2. ⅡM6 男性颅骨侧面
5. ⅡM9 男性颅骨侧面
3. ⅡM6 男性颅骨顶面
6. ⅡM9 男性颅骨顶面

ⅡM6、ⅡM9 出土颅骨

图版二一五

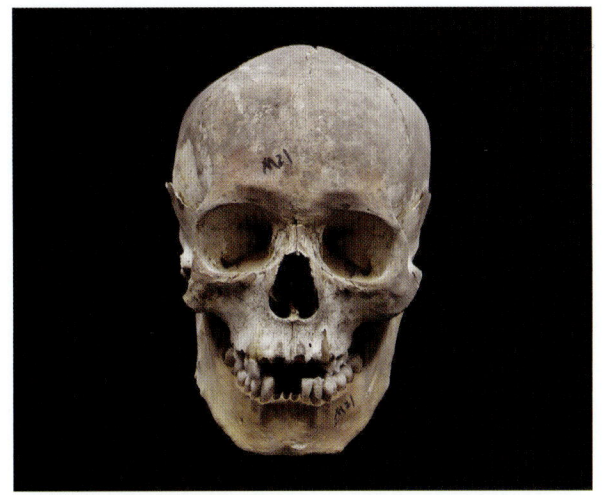

1. ⅢM21 男性颅骨正面

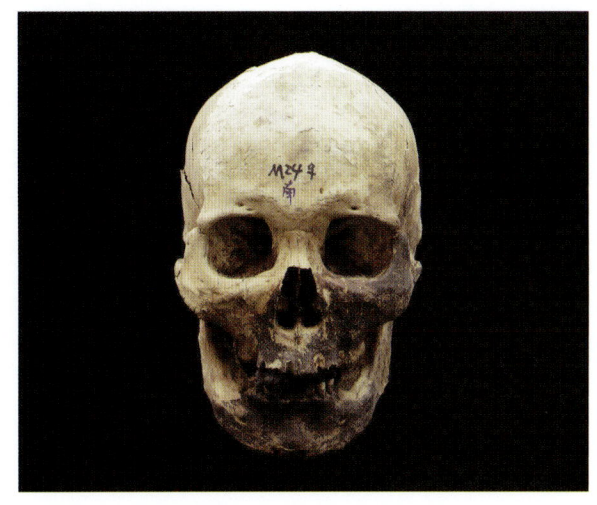

4. ⅢM24 女性颅骨正面

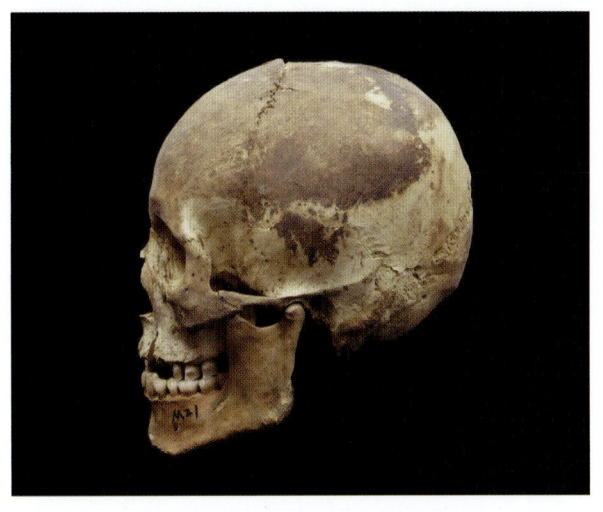

2. ⅢM21 男性颅骨侧面

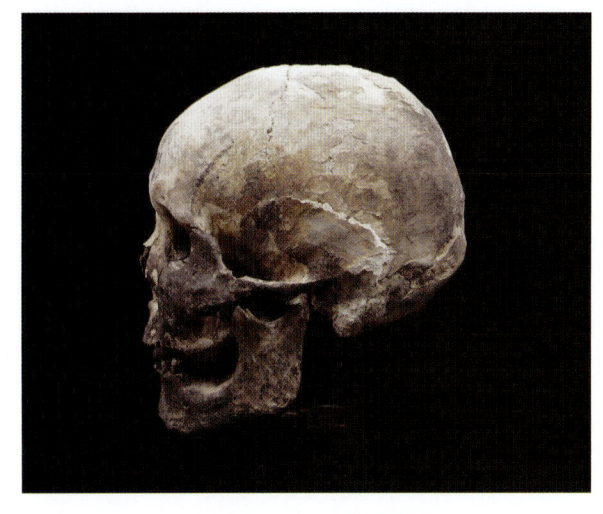

5. ⅢM24 女性颅骨侧面

3. ⅢM21 男性颅骨顶面

6. ⅢM24 女性颅骨顶面

ⅢM21、ⅢM24 出土颅骨

图版二一六

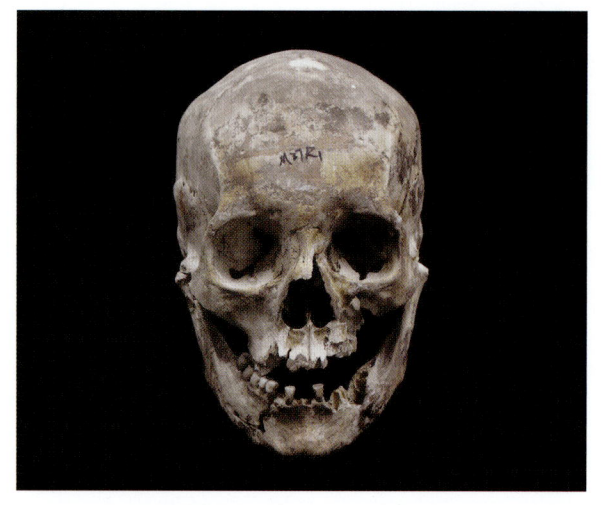

1. ⅢM27 南侧女性颅骨正面

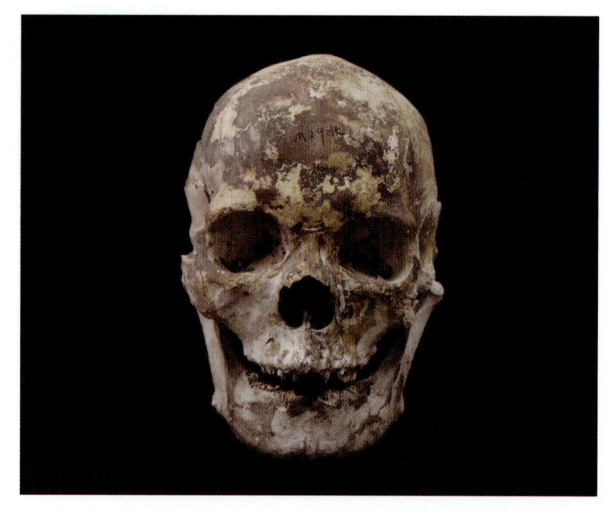

4. ⅢM29 北侧男性颅骨正面

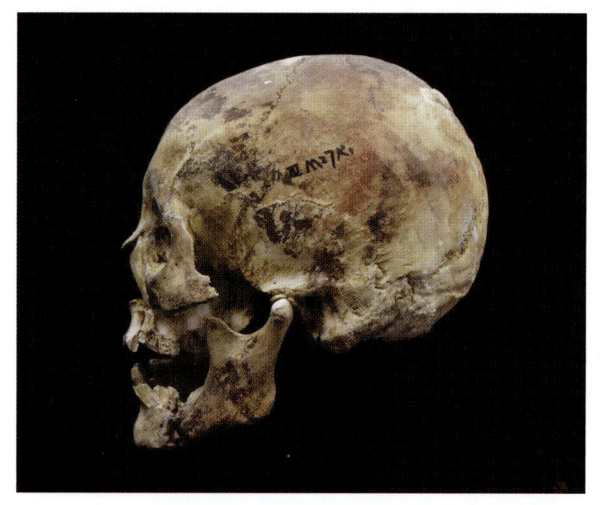

2. ⅢM27 南侧女性颅骨侧面

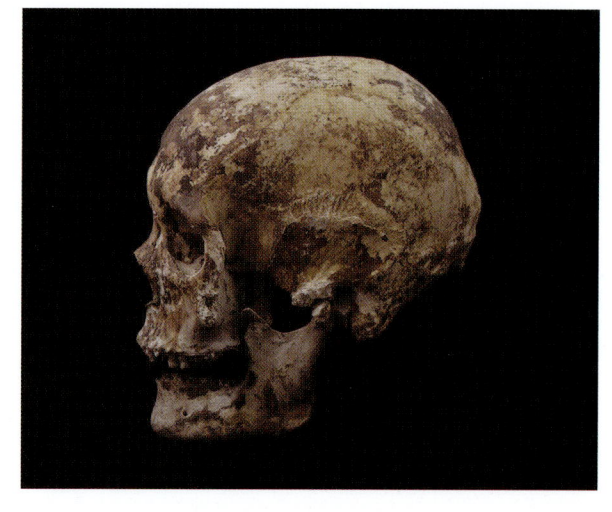

5. ⅢM29 北侧男性颅骨侧面

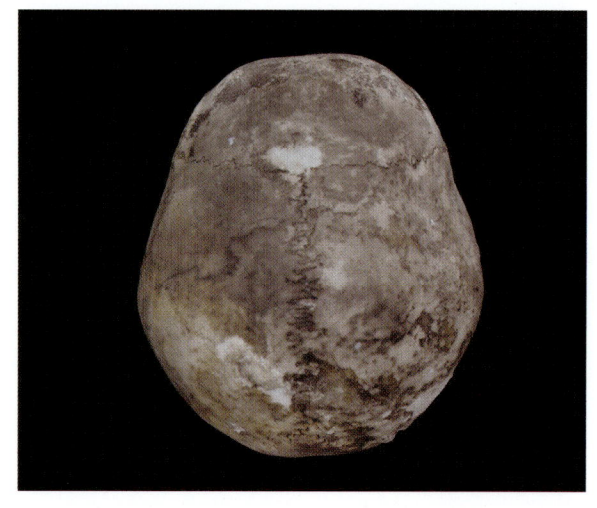

3. ⅢM27 南侧女性颅骨顶面

6. ⅢM29 北侧男性颅骨顶面

ⅢM27、ⅢM29 出土颅骨

图版二一七

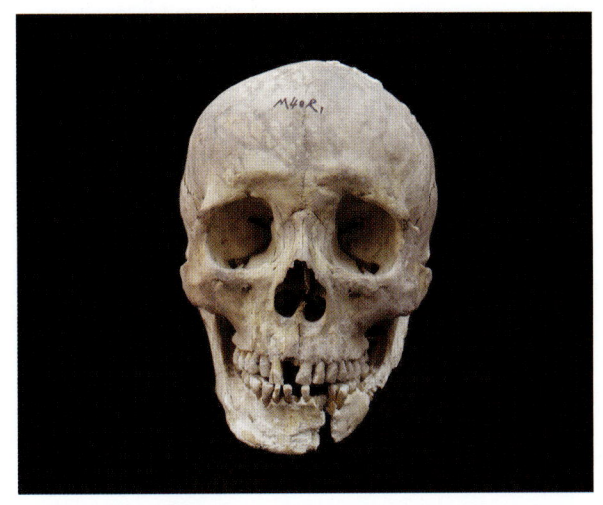

1. ⅢM40 北侧男性颅骨正面

4. ⅢM41 北侧男性颅骨正面

2. ⅢM40 北侧男性颅骨侧面

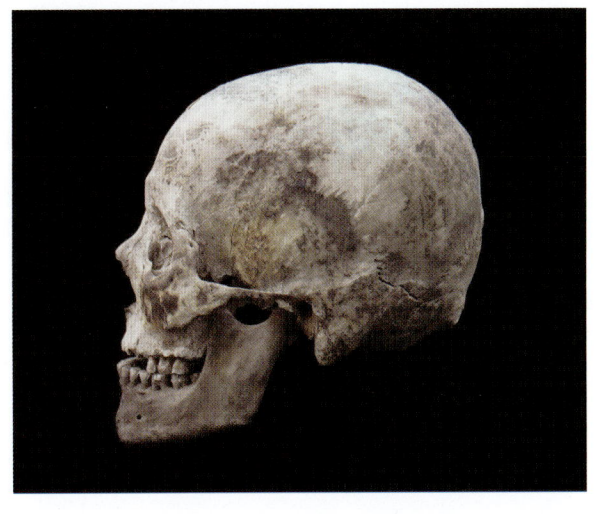

5. ⅢM41 北侧男性颅骨侧面

3. ⅢM40 北侧男性颅骨顶面

6. ⅢM41 北侧男性颅骨顶面

ⅢM40、ⅢM41 出土颅骨

图版二一八

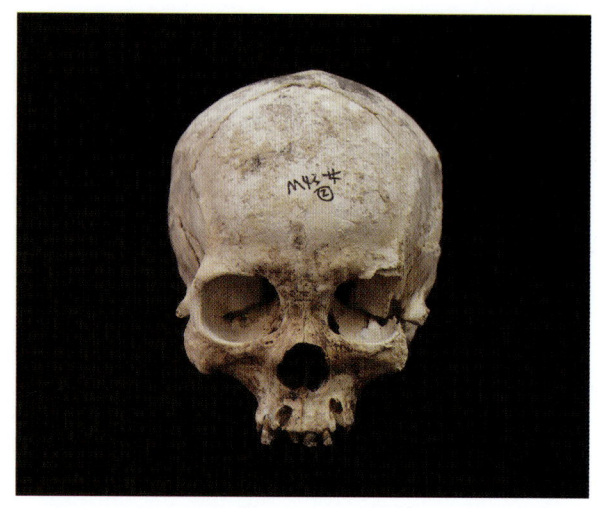

1. ⅢM43 女性颅骨正面

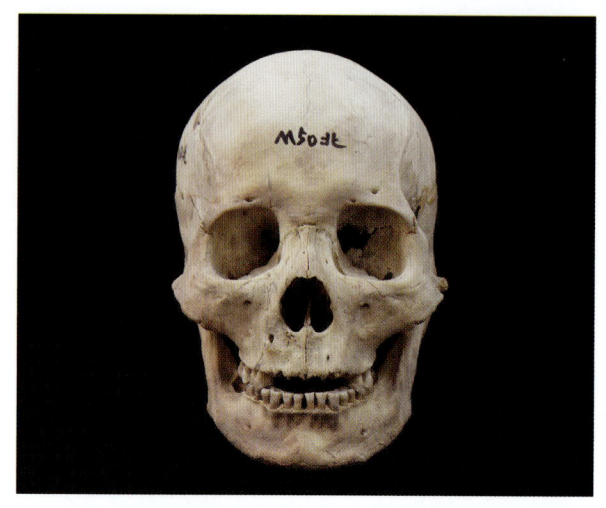

4. ⅢM50 北侧女性颅骨正面

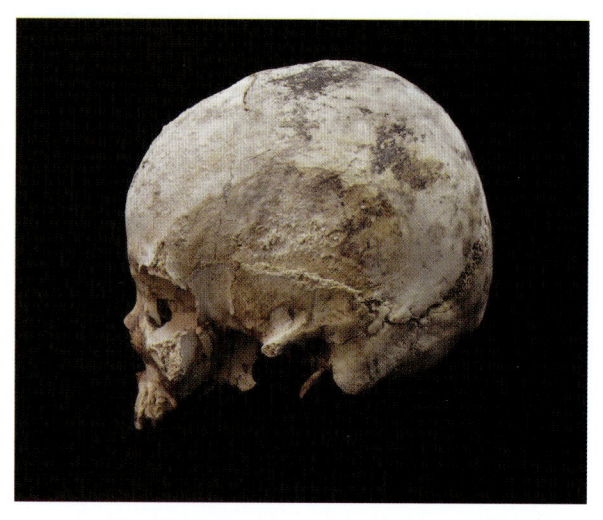

2. ⅢM43 女性颅骨侧面

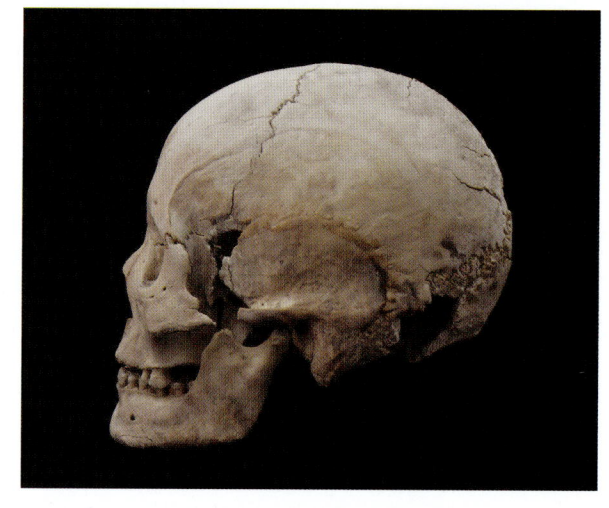

5. ⅢM50 北侧女性颅骨侧面

3. ⅢM43 女性颅骨顶面

6. ⅢM50 北侧女性颅骨顶面

ⅢM43、ⅢM50 出土颅骨

图版二一九

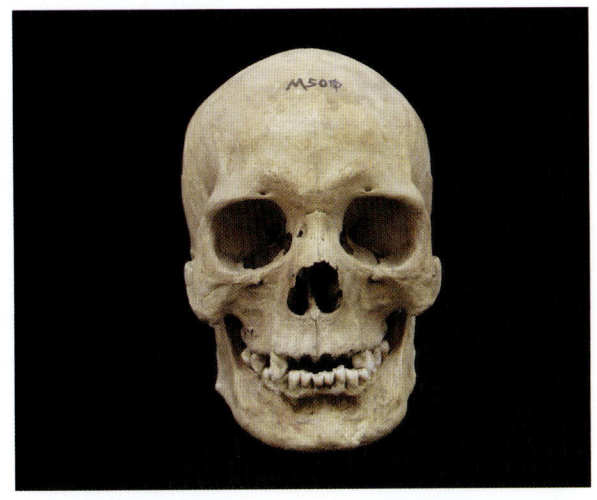

1. ⅢM50 南侧男性颅骨正面

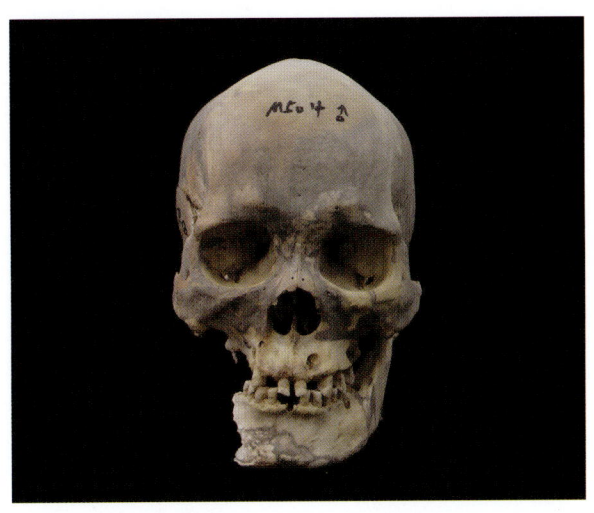

4. ⅢM50 中部男性颅骨正面

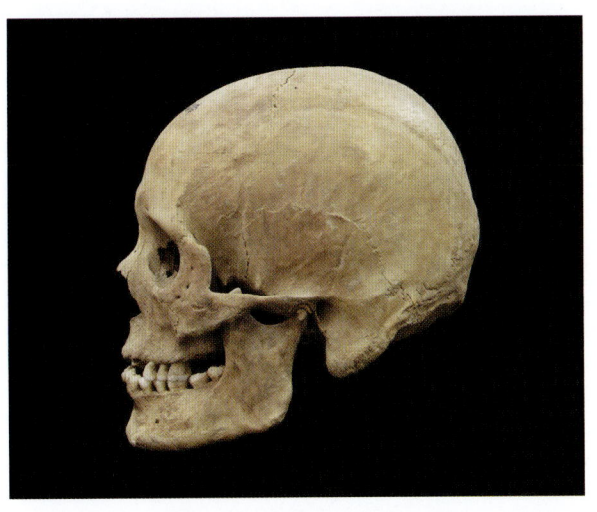

2. ⅢM50 南侧男性颅骨侧面

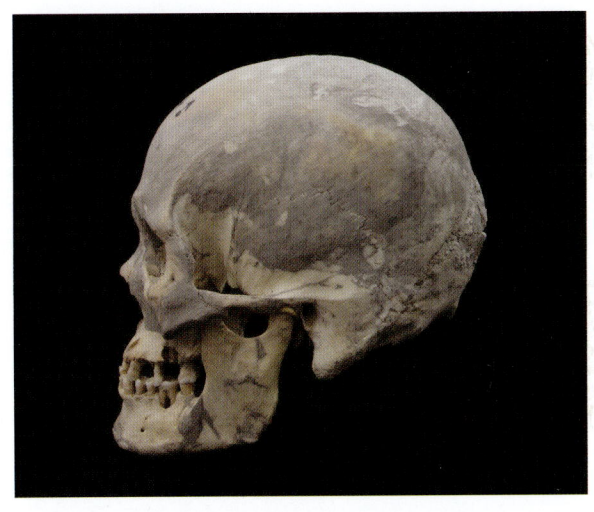

5. ⅢM50 中部男性颅骨侧面

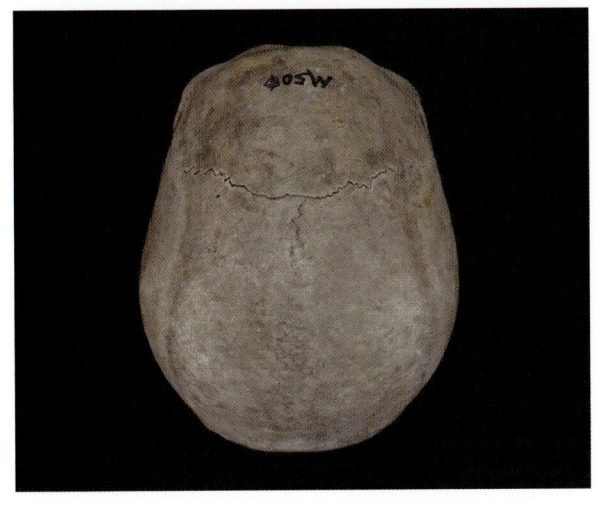

3. ⅢM50 南侧男性颅骨顶面

6. ⅢM50 中部男性颅骨顶面

ⅢM50 出土颅骨

图版二二〇

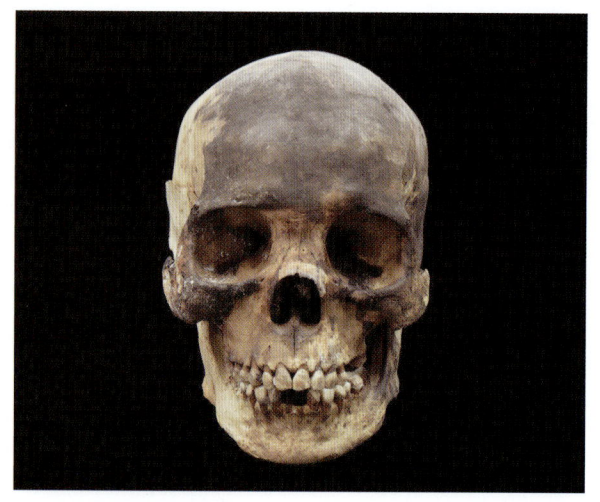

1. ⅢM51 女性颅骨正面

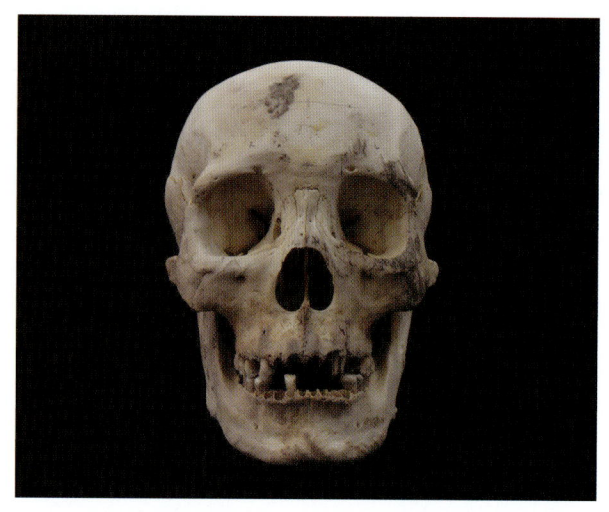

4. ⅣM9 男性颅骨正面

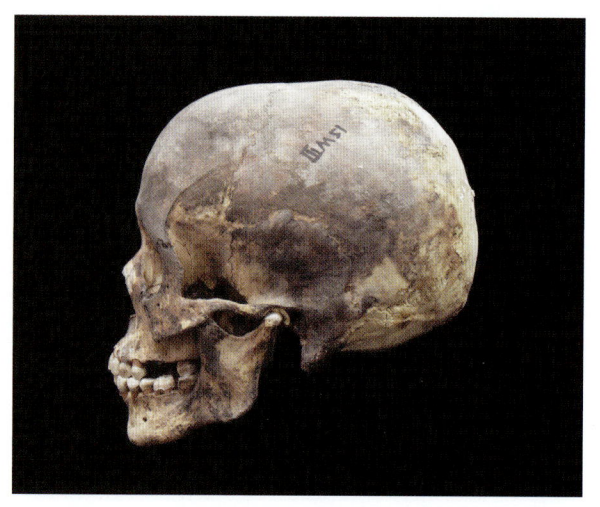

2. ⅢM51 女性颅骨侧面

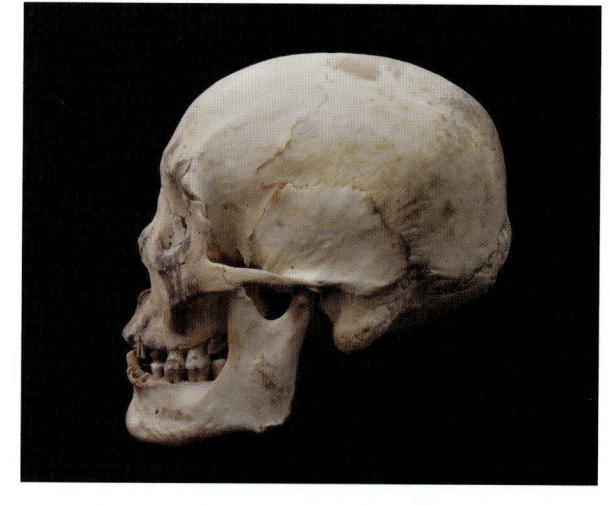

5. ⅣM9 男性颅骨侧面

3. ⅢM51 女性颅骨顶面

6. ⅣM9 男性颅骨顶面

ⅢM51、ⅣM9 出土颅骨

图版二二一

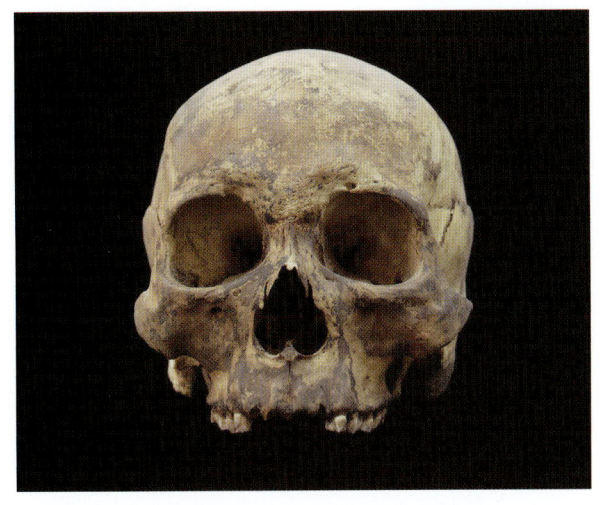

1. IVM21 北侧男性颅骨正面

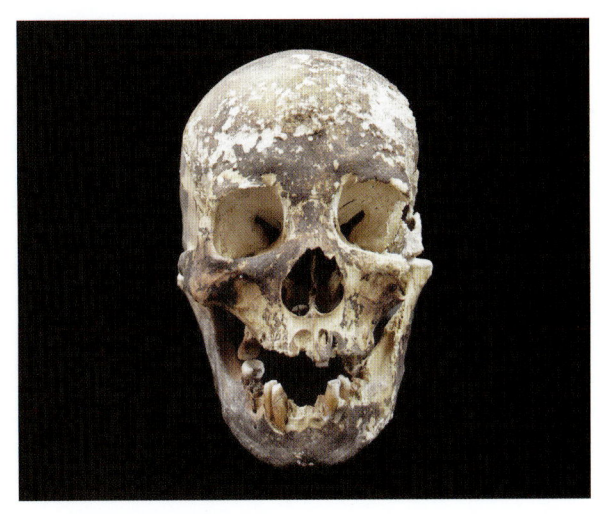

4. IVM21 南侧女性颅骨正面

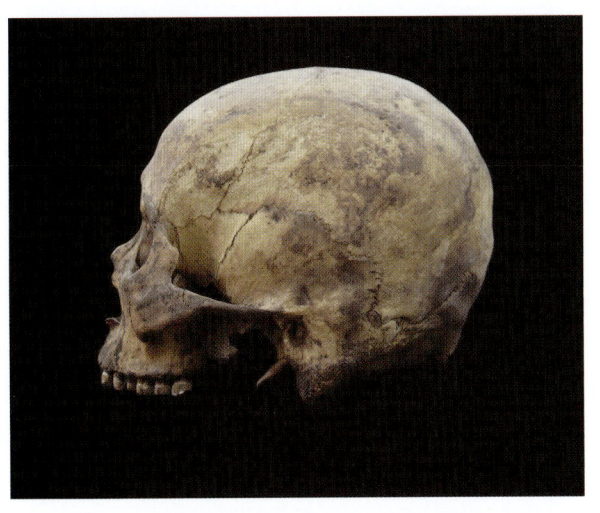

2. IVM21 北侧男性颅骨侧面

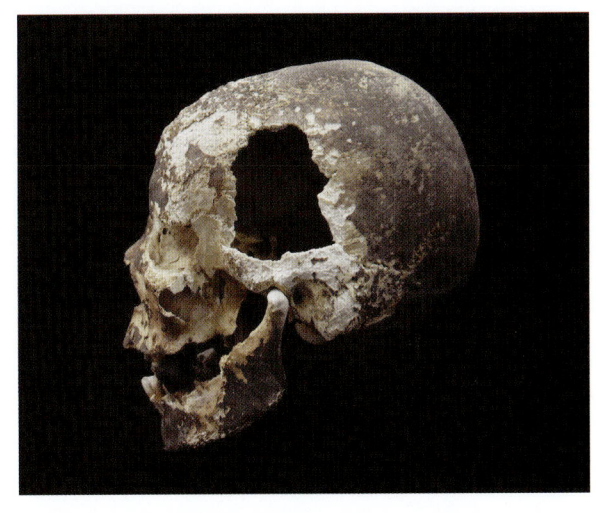

5. IVM21 南侧女性颅骨侧面

3. IVM21 北侧男性颅骨顶面

6. IVM21 南侧女性颅骨顶面

IVM21 出土颅骨

图版二二二

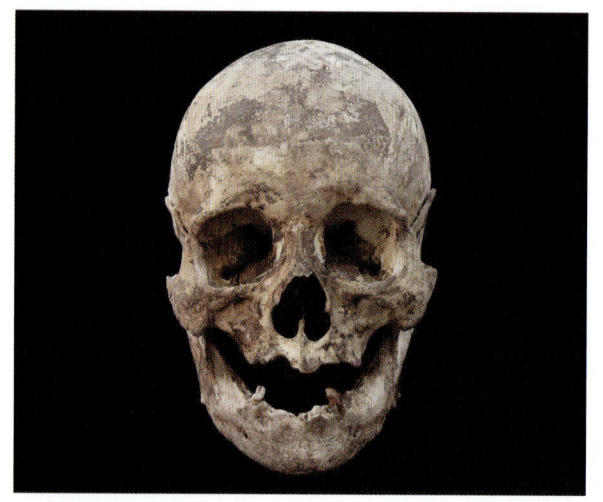

1. ⅣM28 东侧男性颅骨正面

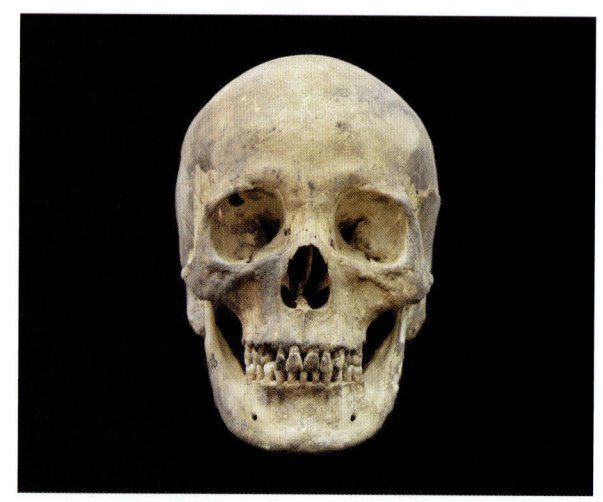

4. ⅣM28 西侧女性颅骨正面

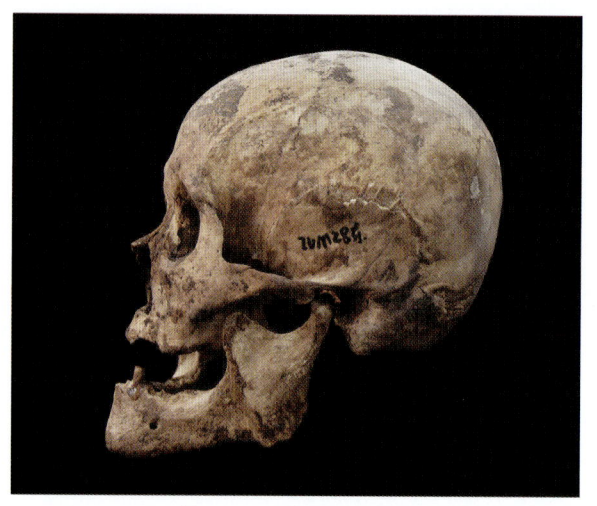

2. ⅣM28 东侧男性颅骨侧面

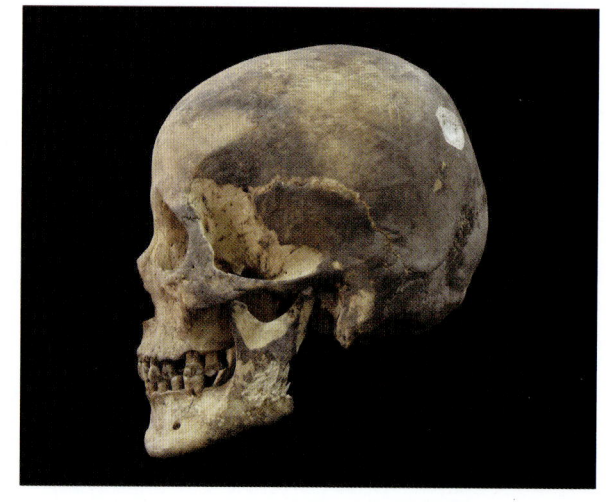

5. ⅣM28 西侧女性颅骨侧面

3. ⅣM28 东侧男性颅骨顶面

6. ⅣM28 西侧女性颅骨顶面

ⅣM28 出土颅骨

图版二二三

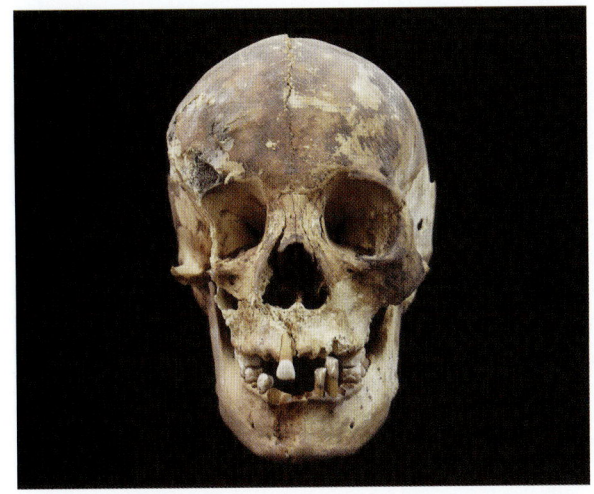

1. IVM22 北侧女性颅骨正面

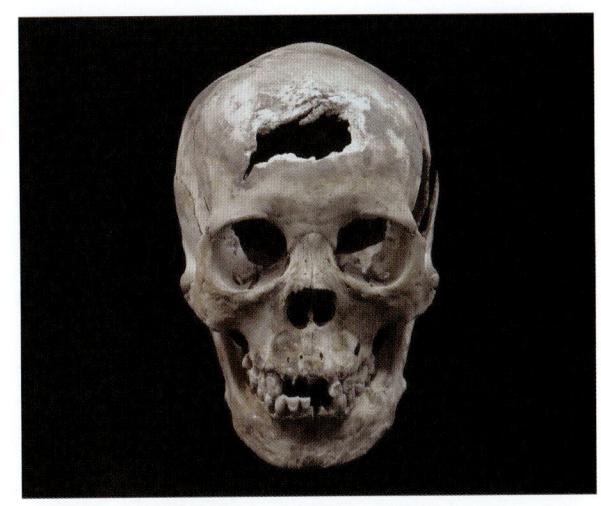

4. VM16 中部男性颅骨正面

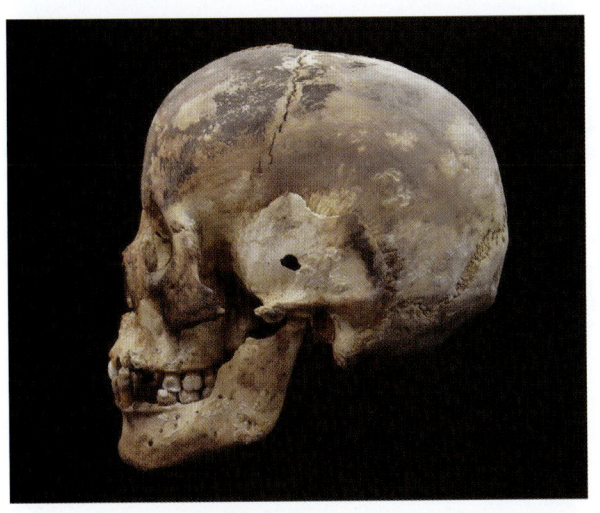

2. IVM22 北侧女性颅骨侧面

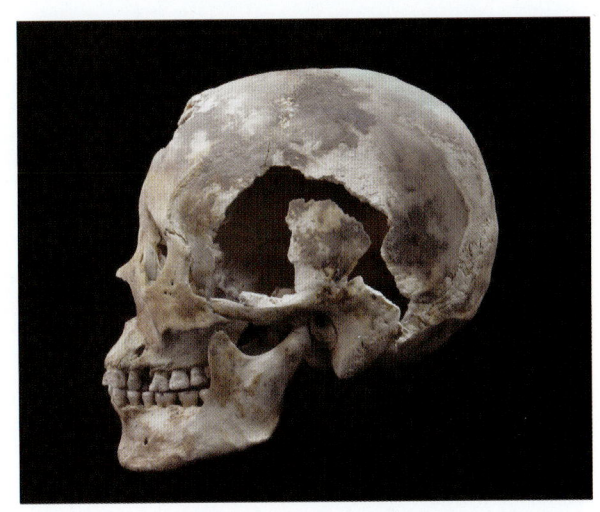

5. VM16 中部男性颅骨侧面

3. IVM22 北侧女性颅骨顶面

6. VM16 中部男性颅骨顶面

IVM22、VM16 出土颅骨

图版二二四

1. 骶骨尾骨融合（ⅠM4）

2. 脊柱裂（ⅡM4）

人骨病变

图版二二五

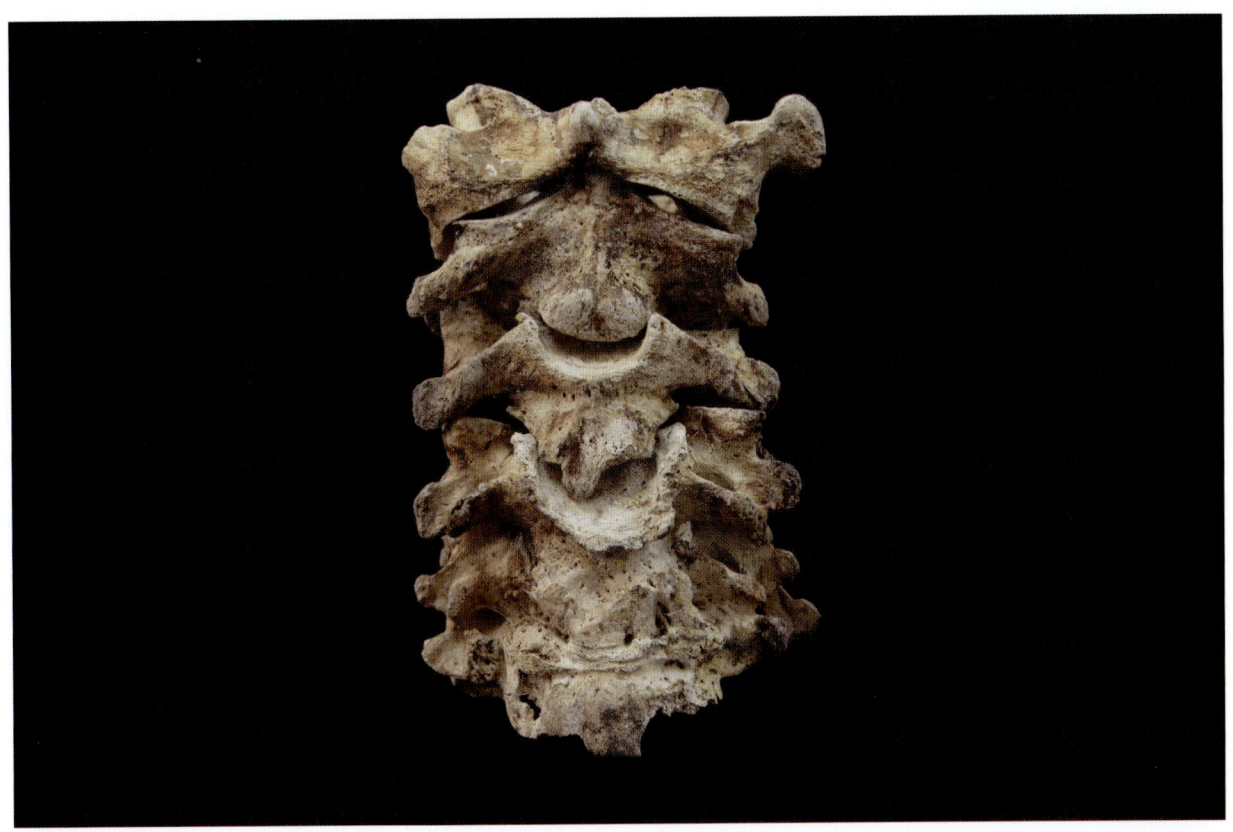

1. 颈椎融合（ⅡM5 北侧）

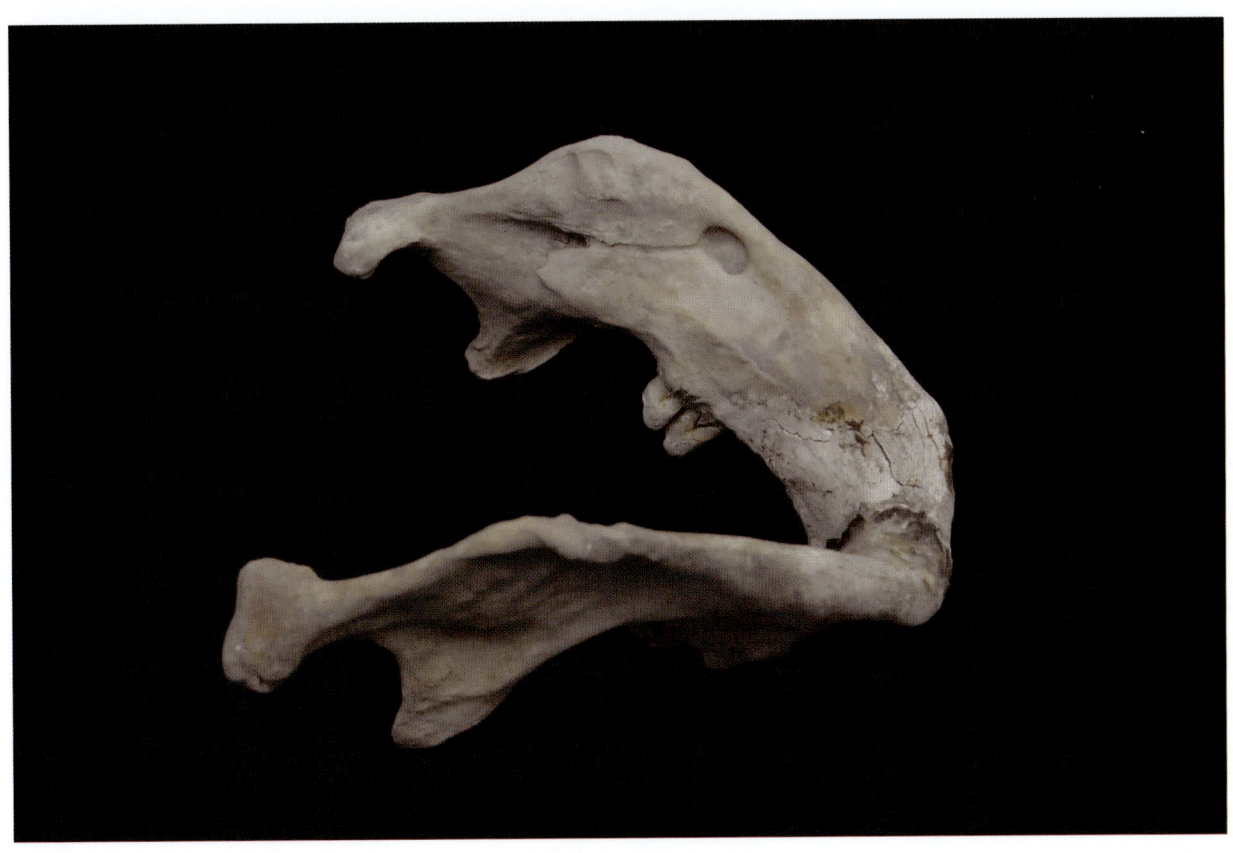

2. 下颌囊肿（ⅡM19 南侧）

人骨病变

图版二二六

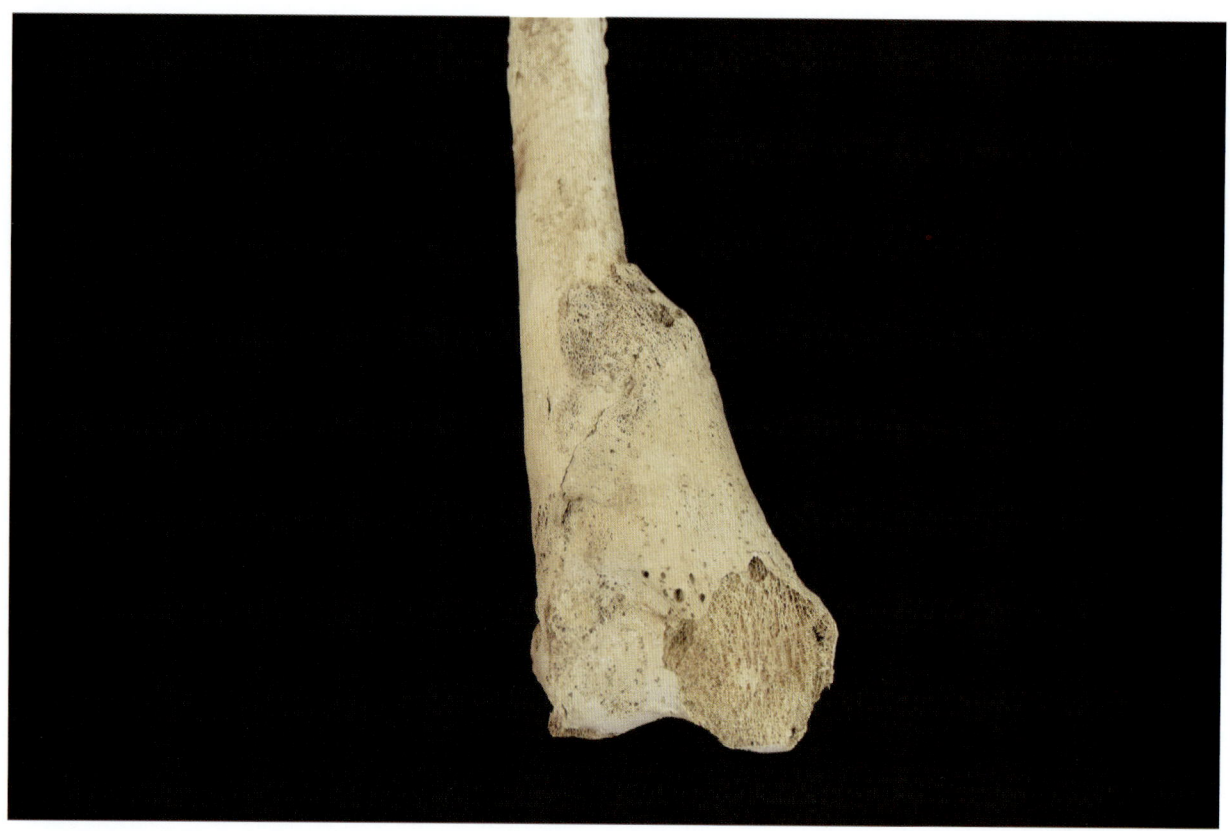

1. 骨折（ⅡM26）

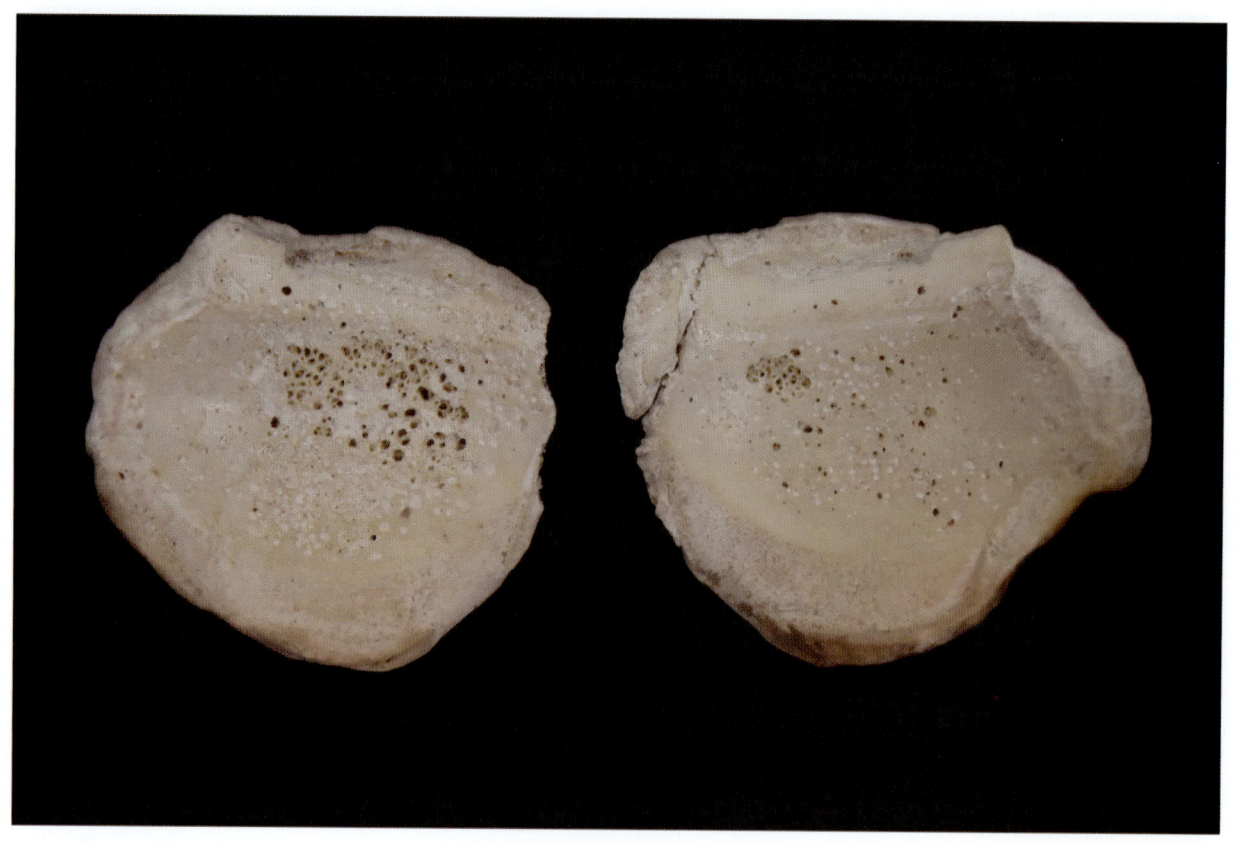

2. 髌骨关节炎（ⅢM11 北侧）

人骨病变

图版二二七

1. 肱骨骨折（ⅦM14 北侧）

2. 腰椎骶椎化（ⅢM27 北侧）

人骨病变

图版二二八

1. 胸骨融合（ⅧM2 南侧）

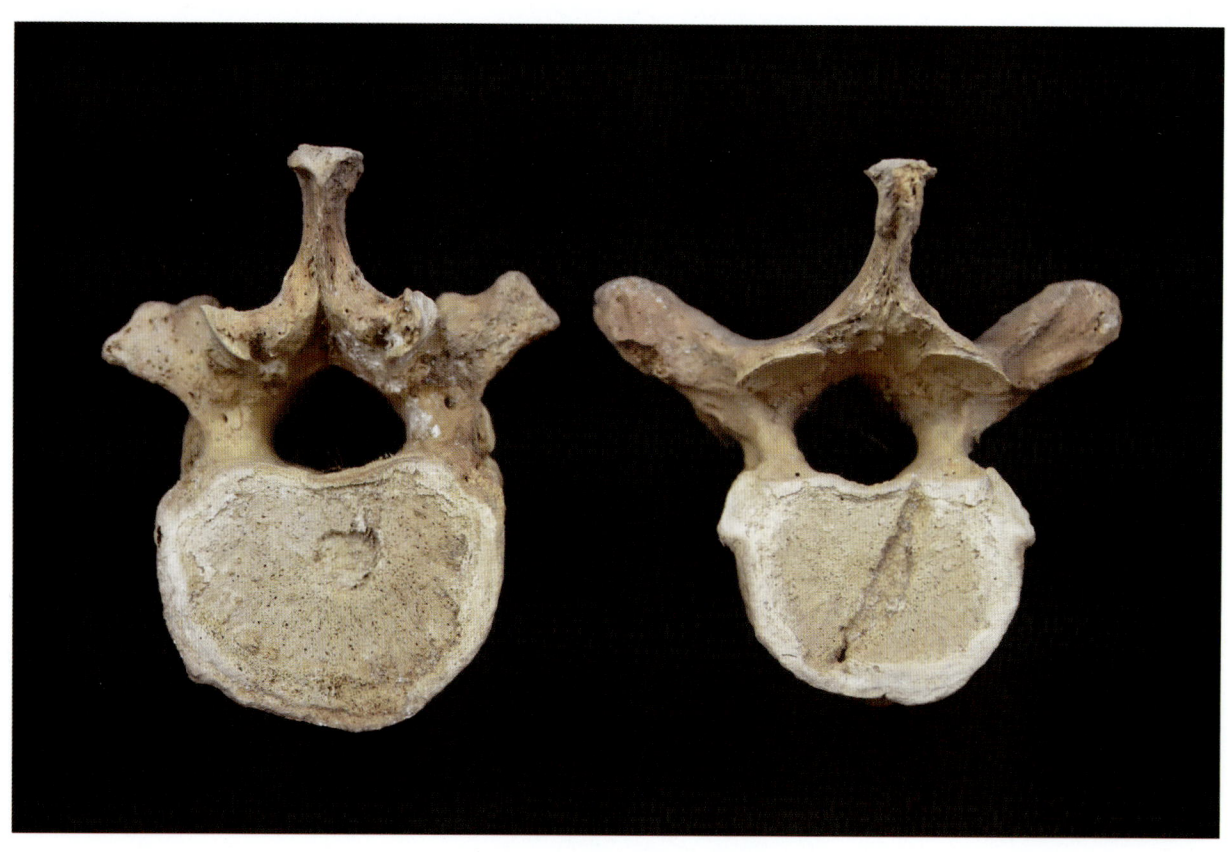

2. 施莫尔结节（ⅧM2 南侧）

人骨病变

图版二二九

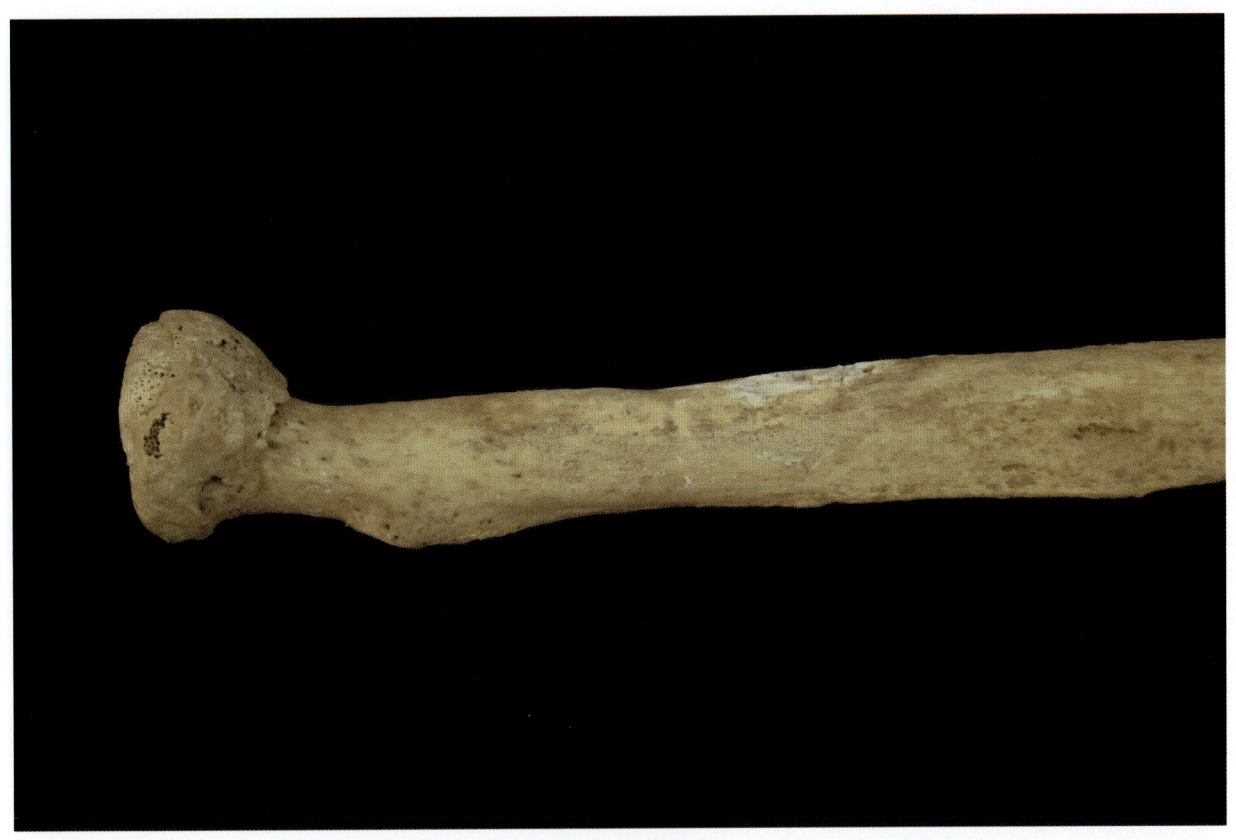

1. 桡骨关节炎（ⅤM1）

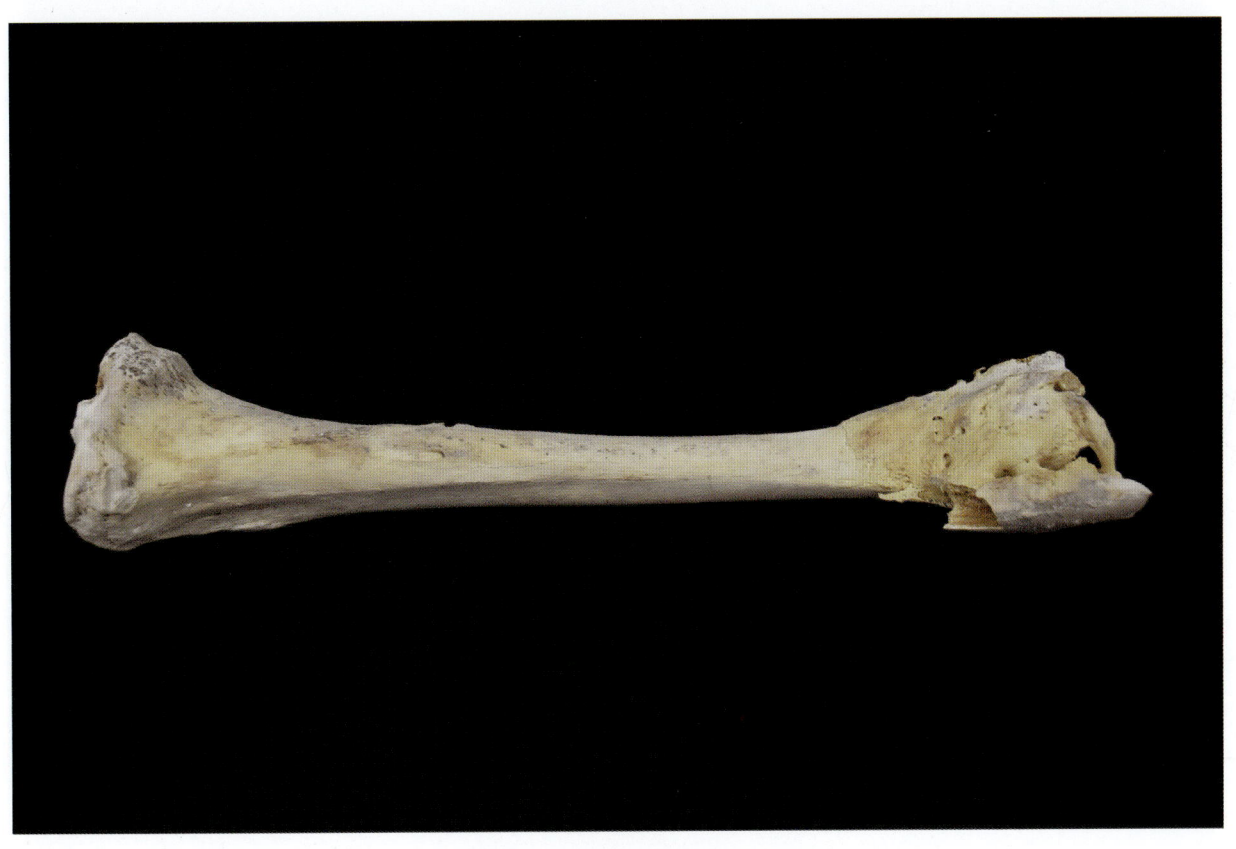

2. 胫骨腓骨远端融合（ⅦM3 南侧）

人骨病变

图版二三〇

1. 胸骨体变异（ⅤM7）

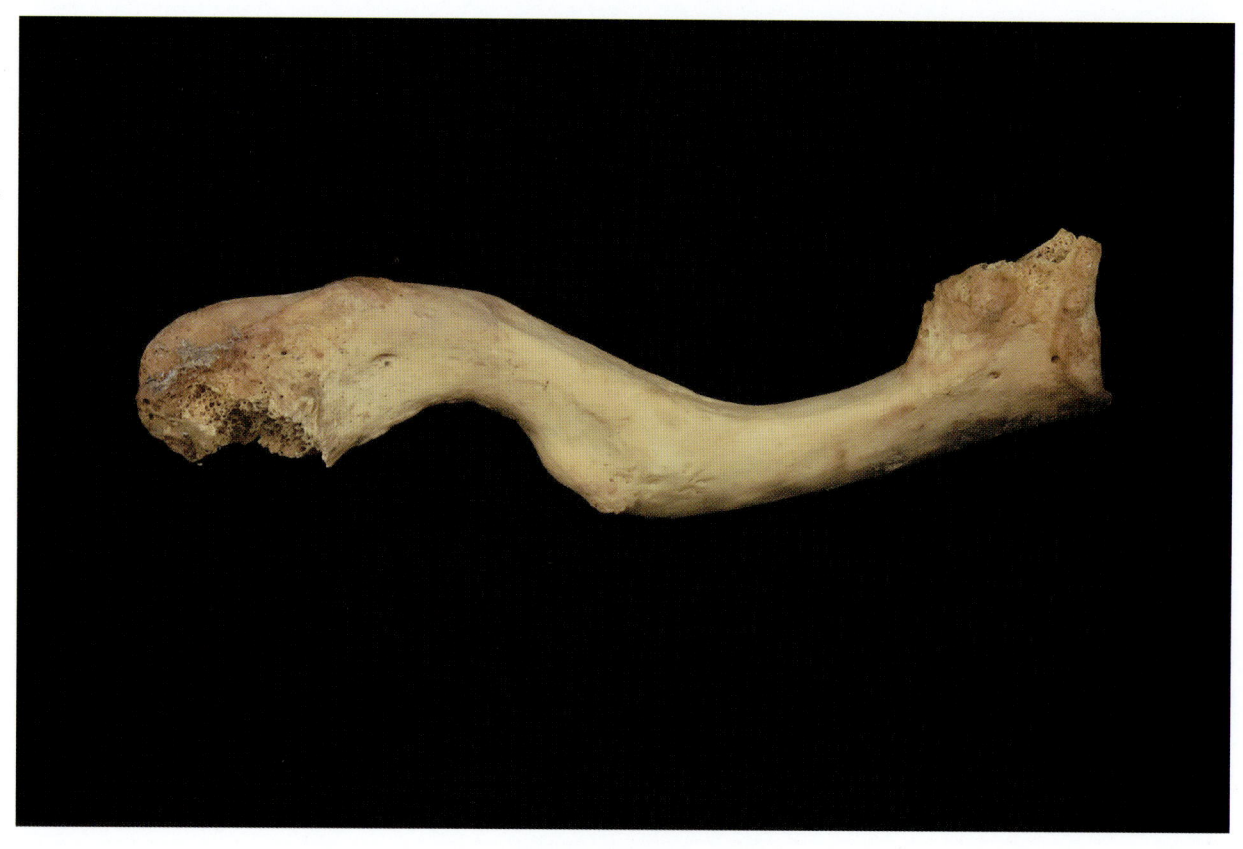

2. 锁骨骨折（ⅤM15 北侧）

人骨病变

图版二三一

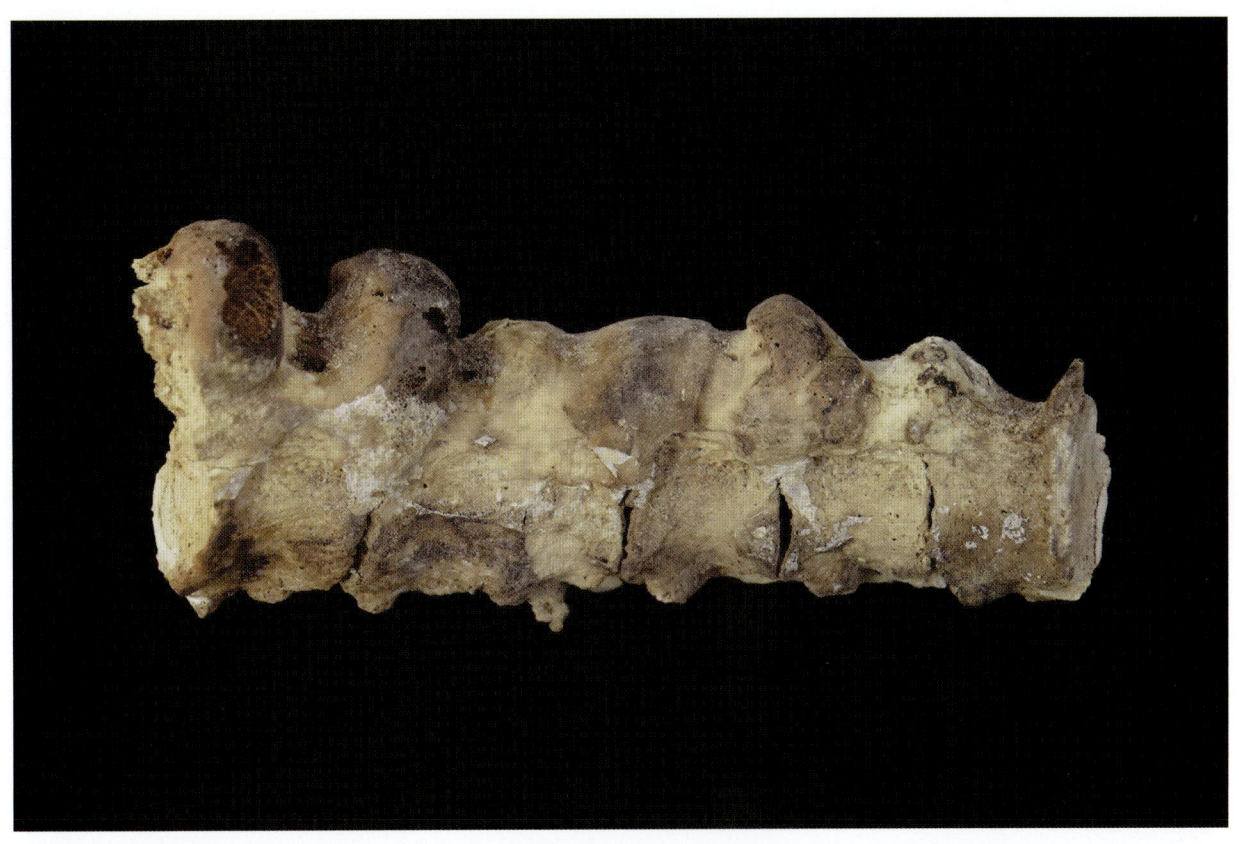

2. 椎骨融合（IVM14 南侧）

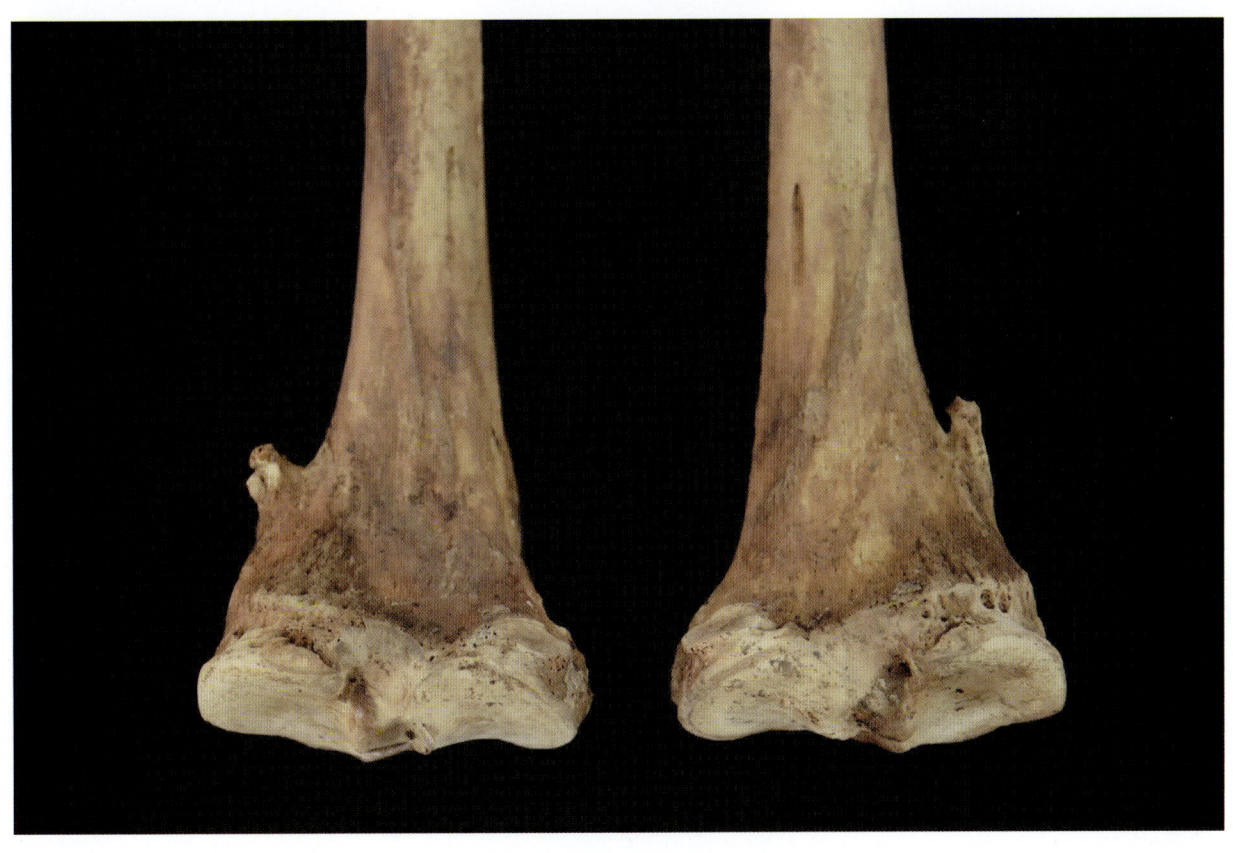

1. 胫骨近端变异（VM16 南侧）

人骨病变

图版二三二

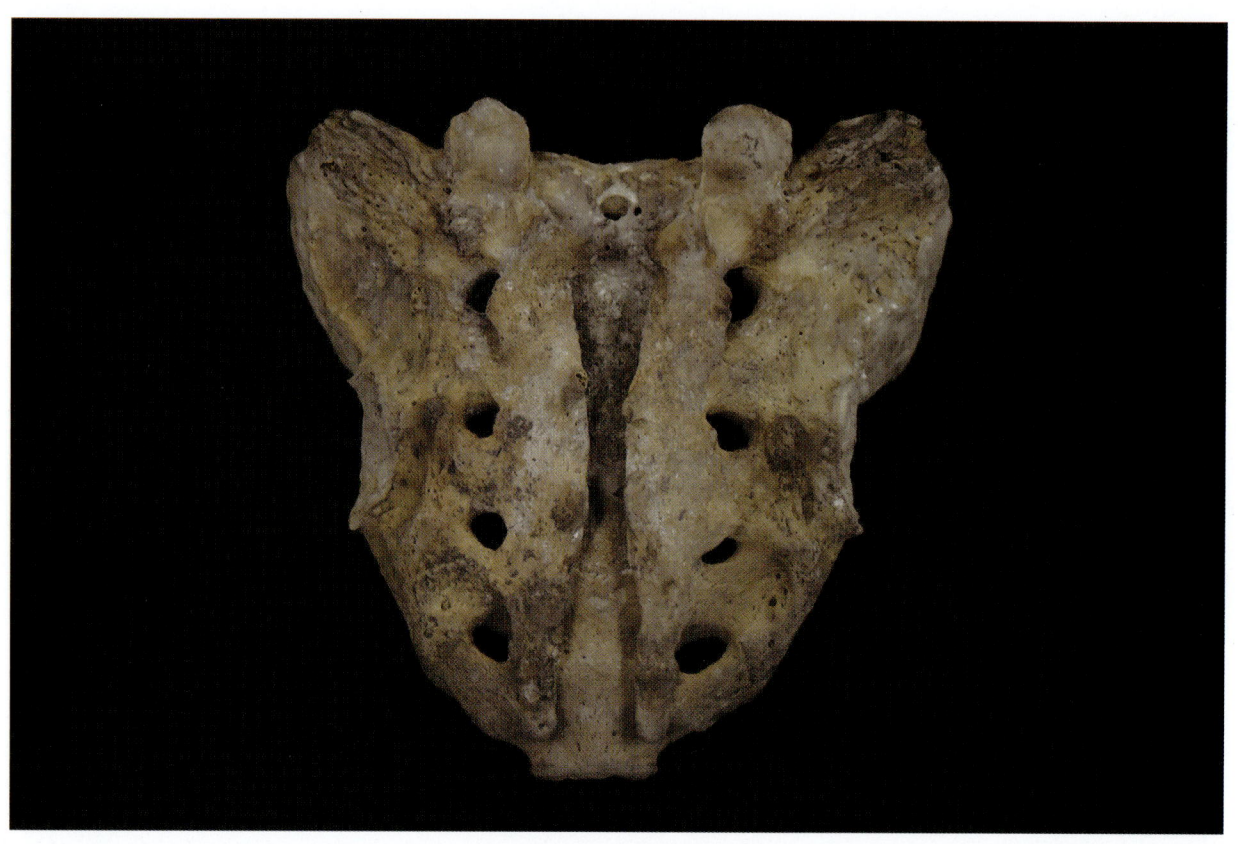

1. 脊柱裂（IVM19 西侧）

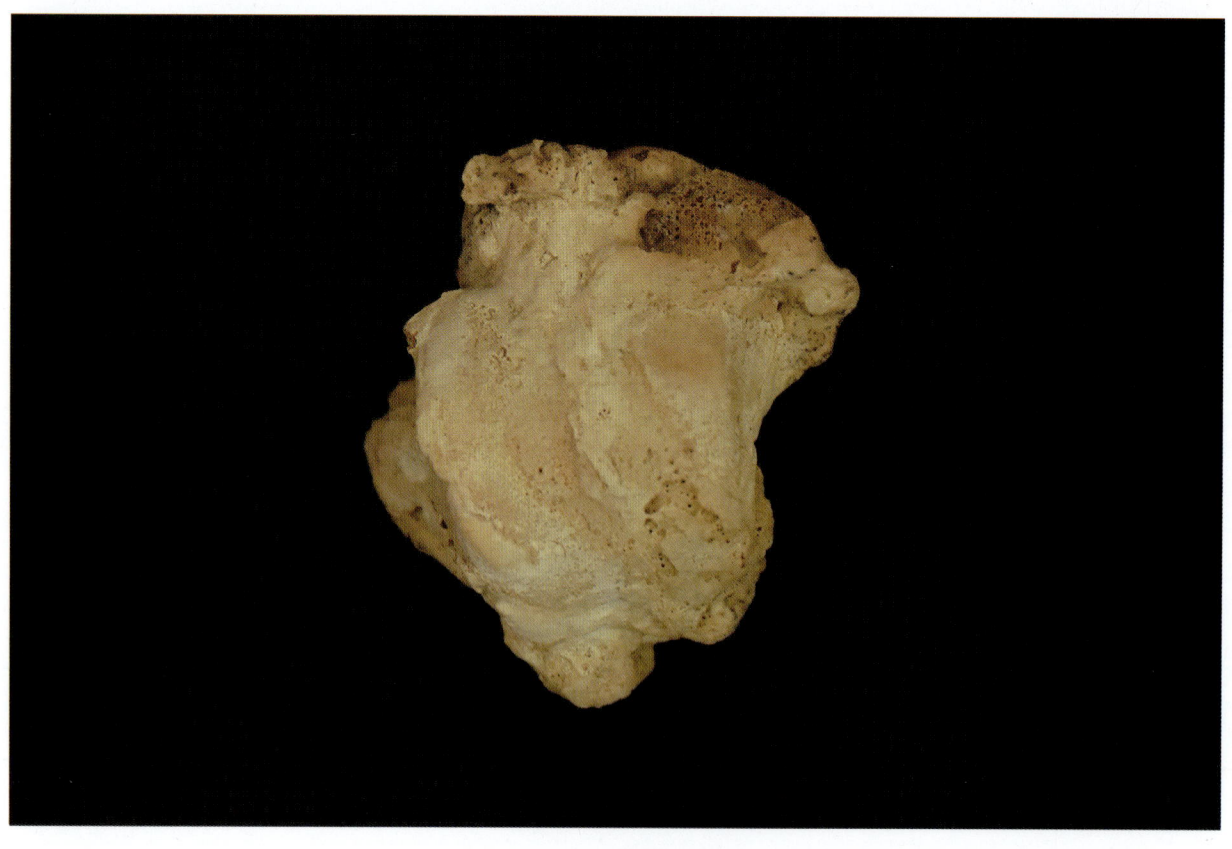

2. 关节炎（VIIM3 南侧）

人骨病变

图版二三三

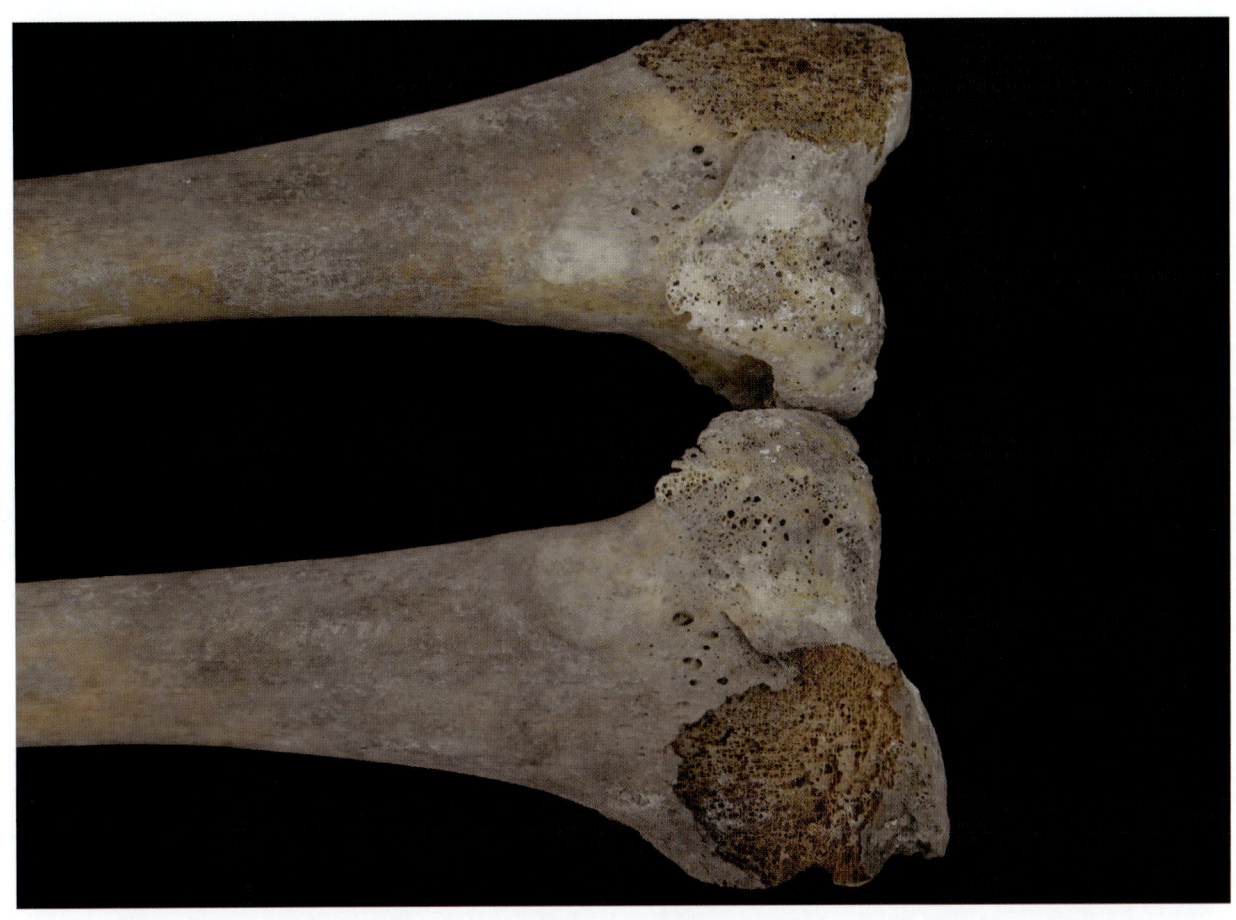

1. 关节炎（ⅡM14）

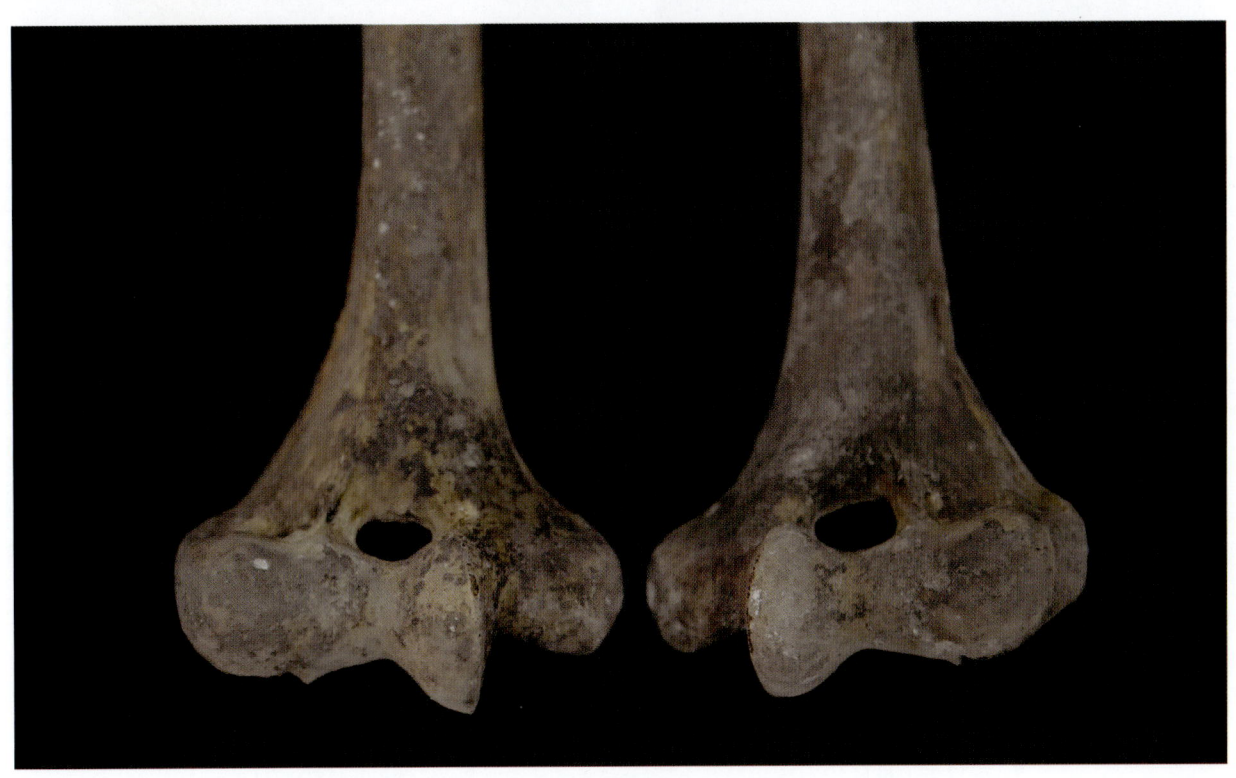

2. 上髁孔（ⅢM53 南侧）

人骨病变

图版二三四

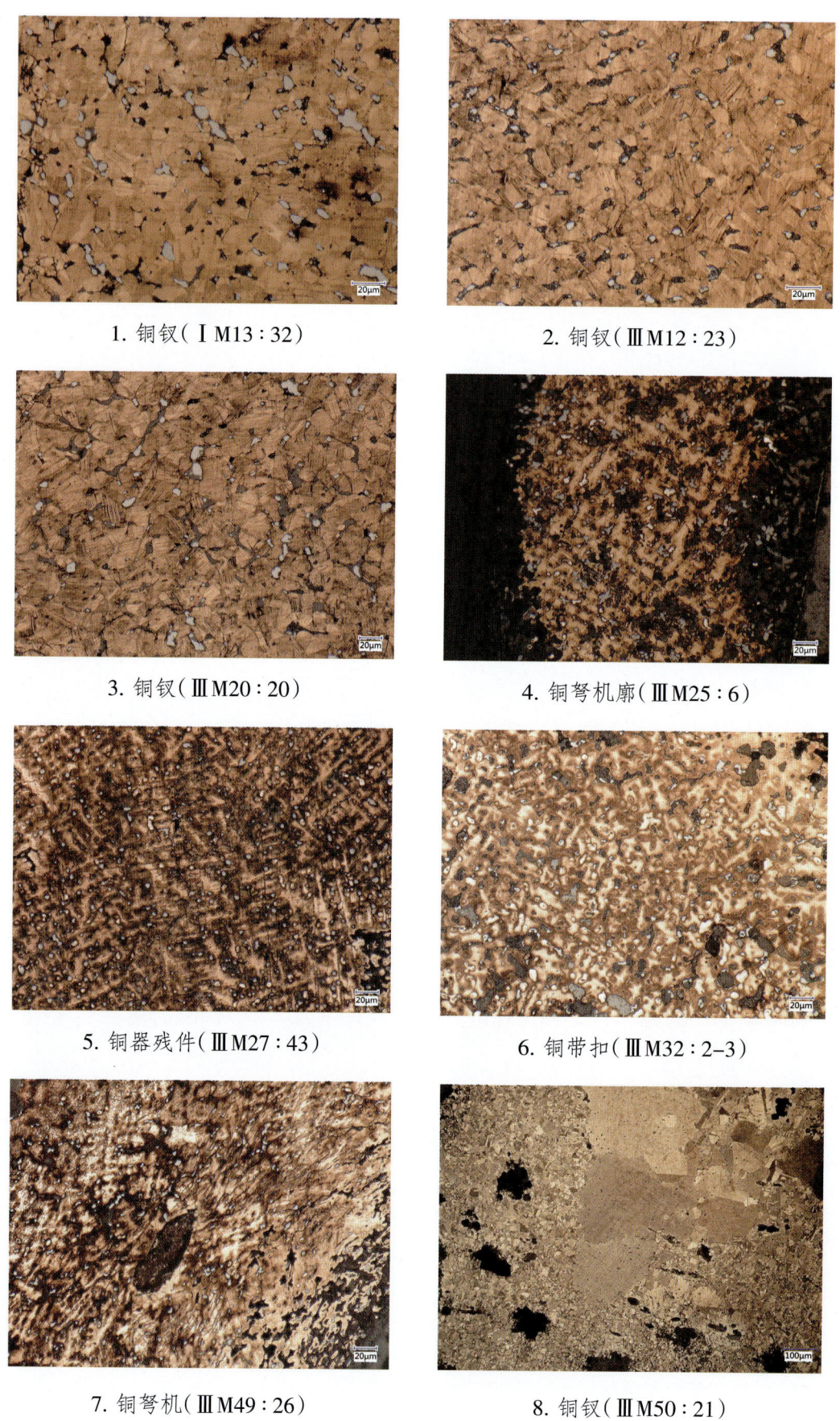

1. 铜钗（ⅠM13∶32） 2. 铜钗（ⅢM12∶23）

3. 铜钗（ⅢM20∶20） 4. 铜弩机廓（ⅢM25∶6）

5. 铜器残件（ⅢM27∶43） 6. 铜带扣（ⅢM32∶2-3）

7. 铜弩机（ⅢM49∶26） 8. 铜钗（ⅢM50∶21）

金属器金相组织照

图版二三五

1. 铜钗（ⅢM51∶4） 2. 铜饰（ⅤM11∶4）

3. 铜钱（ⅢM1∶24） 4. 铜钱（ⅢM14∶13）

5. 铜钱（ⅢM26∶38） 6. 铜钱（ⅢM40∶20）

7. 五铢钱（ⅢM54∶18） 8. 铜钱（ⅢM56∶11）

金属器金相组织照

图版二三六

1. 出土植物种子（a、c、d.黍　b.粟　e、f、h.小麦　g、i.大麦　j、k.小麦碎块）

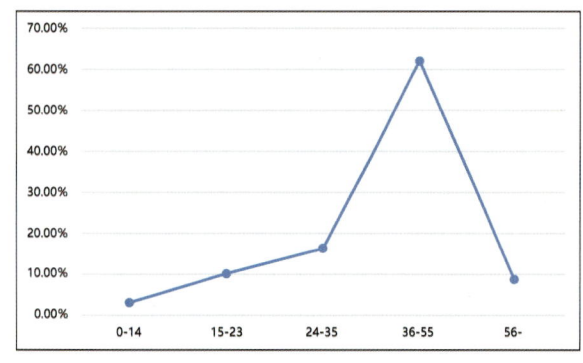

2. 不同年龄段人口的死亡率

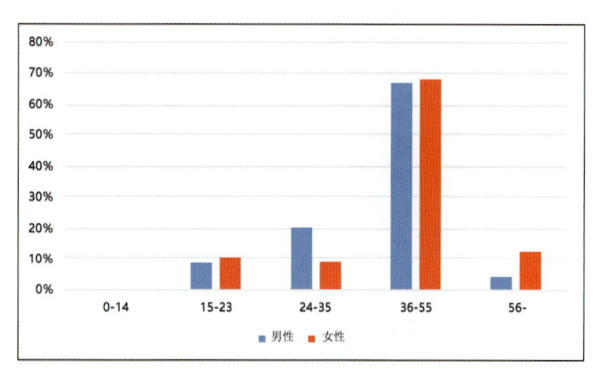

3. 不同性别在各个年龄段的死亡率

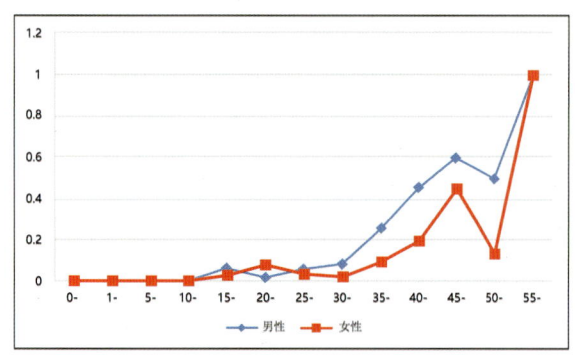

4. 男女性在不同年龄段死亡率

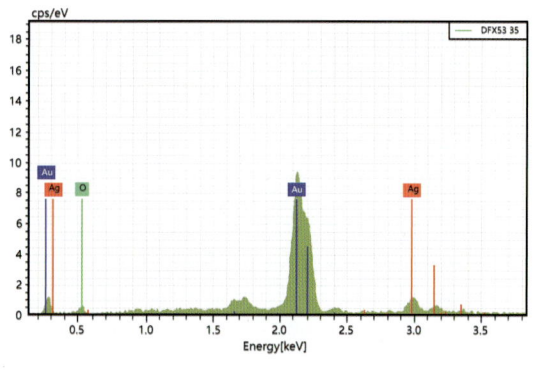

5. DFX53 金饰片 EDS 能谱谱峰图

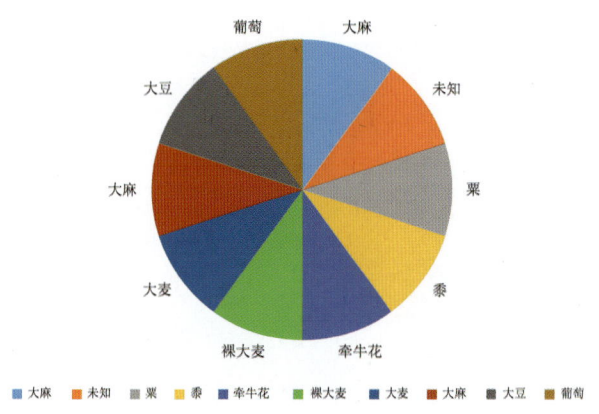

6. 斗瓶内作物种类

出土植物种子、数据分析图